Deutsche Kommunisten • Biographisches Handbuch 1918 bis 1945

Hermann Weber/Andreas Herbst

Deutsche Kommunisten

Biographisches Handbuch
1918 bis 1945

Karl Dietz Verlag Berlin

Die Drucklegung wurde mit Mitteln der Rosa-Luxemburg-Stiftung. Gesellschaftsanalyse und Politische Bildung e. V. gefördert.

ISBN 3-320-02044-7

Einband: Heike Schmelter/MediaService
Typographie/Satz: Anna-Maria Claus
Druck- und Bindearbeit: Ueberreuter Buchbinderei und Buchproduktion
Printed in Austria

Vorwort

Die zeitgeschichtliche Forschung befaßt sich seit längerem nicht nur mit den historischen Abläufen von Gesellschaft, Politik und Ideologie sowie den Strukturen politischer Systeme, sondern auch mit den aktiv handelnden Personen. Biographien wichtiger Persönlichkeiten, ebenso Kollektivbiographien können einen Erklärungsansatz für politische Entwicklungen liefern. Bei der Erforschung des Nationalsozialismus haben biographische Herangehensweisen positive Ergebnisse gebracht. Auch die kommunistische Bewegung kann – vor allem seit Öffnung der Archive – durch die Darstellung von Lebensläufen führender Kommunisten stärker unter biographischen Gesichtspunkten beurteilt werden.

In der Weimarer Republik, im Widerstand gegen das NS-Regime und im Exil spielten die deutschen Kommunisten eine beträchtliche Rolle. Die SED-Diktatur nach 1945 wurde einerseits durch die Übertragung des sowjetischen Modells geprägt sowie andererseits von den Erfahrungen der deutschen Kommunisten vor 1945. Während die Forschung die Strukturen der KPD als Teil der von Moskau beherrschten Kommunistischen Internationale analysierte und sich (neuerdings) mit der Sozialgeschichte des deutschen Kommunismus beschäftigt, sind deren Akteure nur in Ausnahmefällen einbezogen worden.

Bisher fehlte der historischen Forschung ein spezielles Biographisches Handbuch über den deutschen Kommunismus, welches ermöglicht, die Leitung der KPD über 25 Jahre, von 1918 bis 1945, personell nachzuweisen. Herkunft und Sozialisation, politische Aktivitäten und Karrieren der Führungspersonen werden nun ebenso beschrieben wie Opposition oder Anpassung an die jeweilige Parteilinie, Einsatz für die KPD oder Bruch mit ihr sowie Verfolgungen bis hin zum häufig tragischen Lebensende.

Die Erforschung der kommunistischen Parteielite (und damit auch die Schicksale deutscher Kommunisten in der Sowjetunion) wurde bis 1989 durch die Geheimhaltungspraxis kommunistischer Regime stark behindert. Seit der Öffnung der Archive in Moskau und in der früheren DDR gibt es die Chance, die Lebensläufe hoher Funktionäre der KPD von 1918 bis 1945 bis ins Detail zu beschreiben. Dadurch war es möglich, dieses Biographische Handbuch des Führungskorps der KPD zu erstellen.

Damit entstand auch eine Dokumentation der kaderpolitischen Veränderungen in den Führungsgremien der Partei während der Weimarer Republik sowie der zerschlagenen und ins Exil getriebenen KPD bis 1945. Hierdurch lassen sich die Wandlung der KPD zur Partei sowjetischen Typs, aber ebenso die Auswirkungen des nationalsozialistischen und insbesondere des stalinistischen Terrors nachweisen. Ein Biographisches Handbuch kann daher nicht nur das Funktionärskorps des deutschen Kommunismus bis zur Zäsur 1945 dokumentieren, sondern zugleich die kadermäßige Ausgangssituation in Deutschland bei Kriegsende.

Das vorliegende Biographische Handbuch kann Probleme des deutschen Kommunismus erklären helfen. Gerade die Lebensläufe der Parteiführer zeigen einerseits die dramatische Entwicklung des Kommunismus in Deutschland und belegen andererseits die erschreckend hohe Zahl der Opfer an Funktionären, die deren Kampf gegen die NS-Diktatur forderte. Sie lassen darüber hinaus die geradezu absurden katastrophalen Verhältnisse in der Stalin-Ära erkennen: Dort wurden mehr eigene Führer und Funktionäre umgebracht, als bei den Feinden des Kommunismus. Vor allem diese unglaubliche Besonderheit der Geschichte des Stalinismus spiegelt sich in den Lebenswegen von Parteiführern der KPD.

Bei der Darstellung von 1.400 Biographien des Führungskorps der KPD konnten die Herausgeber zunächst auf Untersuchungen Hermann Webers wie »Die Wandlung des deutschen Kommunismus«, Band 2 von 1969, sowie »Weiße Flecken in der Geschichte« von 1989 zurückgreifen. Anhand der bis 1990 gesperrten Aktenbestände der SED und Überlieferungen des Moskauer Komintern-Archivs wurden Biographien nun überprüft, erweitert und korrigiert. Durch die Ausweitung des Untersuchungszeitraums auf die gesamten Jahre von 1918 bis 1945 erfährt der Leser viele neue, teilweise bisher unbekannte Lebensschicksale. Damit werden sowohl Mechanismen der Kaderpolitik als auch die wechselnde Zusammensetzung der Führung sowie Folgen des nationalsozialistischen und stalinistischen Terrors sichtbar.

Die Biographien sind von beiden Herausgebern gemeinsam erstellt worden, für die Einleitung trägt Hermann Weber die Verantwortung, für den Anhang Andreas Herbst. Bei einem solchen Lexikon ist zahlreichen Institutionen und Personen zu danken, im Nachwort werden sie aufgeführt. Selbstverständlich sind weitere Hinweise sehr erwünscht.

Mannheim/Berlin. *Die Herausgeber*

I. Einleitung

Die kommunistische Bewegung in Deutschland entstand im Ersten Weltkrieg als Abspaltung von der klassischen Arbeiterbewegung, der Sozialdemokratie. Jahrzehntelang hatten sich die verschiedenen Flügel in der SPD (Reformisten, Revisionisten, orthodoxe Marxisten und radikale Linke) innerhalb der Partei heftig auseinandergesetzt, aber keine Richtung wollte die organisatorische Spaltung. Erst im Weltkrieg ergab sich eine neue Situation. Eine Mehrheit vertrat die Politik der »Vaterlandsverteidigung« und des »Burgfriedens« im Innern, eine immer stärkere Minderheit wandte sich dagegen und hielt an den traditionellen internationalistischen Positionen fest. Die Abspaltung der USPD 1917 zeigte, daß es weniger um die alten Rechts-links-Differenzen in der Partei ging, denn zur USPD gehörten sowohl der Führer der Revisionisten, Eduard Bernstein, der Führer des maxistischen Zentrums, Karl Kautsky, und auch die radikale Linke Rosa Luxemburg. Der Weltkrieg bedeutete indes nicht nur für die Arbeiterbewegung die tiefgreifende Urkatastrophe des 20. Jahrhunderts, sondern für die gesamte Gesellschaft. In diesem Massenkrieg wurde brutale Gewalt und das Töten des Feindes belohnt. Die Gewalt bekam allgemein einen neuen und besonderen Stellenwert, wurde auf die Politik übertragen und dort zu einem alltäglichen Mittel, sie wurde zum Kennzeichen des ganzen Jahrhunderts. Rückblickend brachte daher schon der Erste Weltkrieg die verheerenden einschneidenden Auswirkungen und nicht erst die russische Oktoberrevolution.

Für die äußerste Linke wurde dann freilich die Oktoberrevolution der Bolschewiki 1917 ein Fanal. Während Rosa Luxemburg manche gewaltsame Aktion und die Diktatur der russischen Kommunisten noch ablehnte, andere eher reserviert blieben, setzte sich das Vorbild Sowjetrußland als Idol der radikalen Linken in Deutschland rasch durch. Ein Blick in die Geschichte der KPD macht allerdings deutlich, wie widersprüchlich die Anpassung vor sich ging und wie maßgeblich dabei die Kader waren. Das Führungskorps der KPD, das in diesem Band mit 1.400 Biographien vorgestellt wird, besaß in der zentralistischen KPD ausschlaggebende Bedeutung. Aber selbst diese Spitzenfunktionäre wurden sowohl von der Lage in Deutschland als auch in der Sowjetunion geprägt. Die Parteiführer wirkten zwar auf die Politik der KPD ein, sie waren aber zugleich abhängig von den Komintern-Anweisungen und in straffe Organisationsstrukturen eingebunden. Zudem beleuchten die Biographien die damaligen Verhältnisse, das oft wiederspruchsvolle Leben und die unterschiedliche Rolle der Kader in der Partei und nicht selten deren Ausschluß oder Trennung von der KPD. Zum Verständnis ist zunächst eine Skizzierung der KPD-Geschichte von 1918 bis 1945 angebracht.

1) Die KPD in der Weimarer Republik und im Widerstandkampf 1918-1945

Im demokratischen Parteiensystem der Weimarer Republik war die KPD nicht konsensfähig: Auf dem äußersten linken Flügel stehend, forderte sie ein »Rätedeutschland« und die »Diktatur des Proletariats«; sie verwarf den Parlamentarismus und bekämpfte sämtliche anderen Parteien. Der Grundwiderspruch der KPD ergab sich indes daraus, daß sie sich einerseits der Kommunistischen Internationale (Komintern) völlig untergeordnet hatte (als deren Sektion war sie nach den Statuten keine selbständige Partei), sie damit die zunehmende Vorherrschaft der KPdSU Stalins akzeptierte und ihre Autonomie verlor. Andererseits aber stand die KPD in der Tradition der deutschen Arbeiterbewegung, und sie repräsentierte radikale Kreise der Arbeiterschaft in Deutschland.

Die KPD war in der Weimarer Republik[1] Teil der deutschen Arbeiterbewegung. Sie wurde um die Jahreswende 1918/19 gegründet als Zusammenschluß des Spartakusbundes und der Internationalen Kommunisten.[2] Unter Führung von Rosa Luxemburg und Karl Liebknecht (die beide schon am 15. Januar 1919 ermordet wurden) und ihren Nachfolgern war die junge Partei anfangs eine schwache Organisation.

Die KPD-Entwicklung verlief entsprechend den drei Etappen der Weimarer Republik. Während der revolutionären Nachkriegsphase bis 1923 versuchte sie, durch Aktionen und Aufstände an die Macht zu kommen. In der Stabilisierungsphase der Republik von 1924 bis 1929 waren die Aktivitäten der KPD insbesondere auf die inneren Strukturen gerichtet, durch die Stalinisierung der Partei wurde sie zu einer von der Komintern und damit von der Stalinschen Sowjetunion abhängigen Organisation. In der deutschen Krisensituation ab 1929 wuchs die KPD zur drittstärksten Partei an und vertrat den verheerenden ultralinken Kurs Stalins (»Hauptfeind Sozialdemokratie«, als »Sozialfaschismus« diffamiert), der zum Untergang der Weimarer Republik beitrug.

Auch wenn damals kaum sichtbar, standen vor der KPD vor allem drei Probleme: Erstens mußte die Partei ihr Verhältnis zur Sowjetunion ordnen, entscheidend war der Grad der Abhängigkeit vom Sowjetstaat; zweitens ging es um die innere Parteistruktur, um das Maß innerparteilicher Demokratie und drittens schließlich um die politische Linie, um die Frage, ob die Partei eine ultralinke intransigente oder eine realistische linksoppositionelle Politik gegenüber der Weimarer Republik und der SPD zu führen hatte.

1 Vgl. zur Geschichte der KPD Ossip K. Flechtheim: Die KPD in der Weimarer Republik. Frankfurt/M. 1969. Die DDR-Version in: Geschichte der deutschen Arbeiterbewegung. Bd. 3 und 4. Berlin (Ost) 1969. Zum Forschungsstand in den achtziger Jahren Hermann Weber: Kommunismus in Deutschland 1918 bis 1945. Darmstadt 1983. Zur neueren Literatur Klaus Michael Mallmann: Kommunisten in der Weimarer Republik. Sozialgeschichte einer revolutionären Bewegung. Darmstadt 1996; Klaus Kinner: Der deutsche Kommunismus. Die Weimarer Zeit. Berlin 1999.

2 Vgl. Hermann Weber (Hrsg.): Der Gründungsparteitag der KPD. Protokoll und Materialien. Frankfurt/M. 1969 bzw. Die Gründung der KPD. Berlin 1993.

Letztlich drehten sich die Auseinandersetzungen in der KPD immer wieder um diese Grundfragen. Dabei brachte der innere Zwist die Partei mehr als einmal an den Rand des Zerfalls, jede Absplitterung bedeutete ja einen erheblichen Aderlaß. Die Partei hatte einen beispiellosen Verlust an erfahrenen Funktionären und Mitgliedern zu registrieren.
Die Stalinisierung der KPD löste die Probleme rigoros und einseitig: Die KPD wurde völlig von Moskau abhängig, die innerparteiliche Demokratie aufgehoben und ab 1929 ein ultralinker Kurs gesteuert.
Trotz dieser Tendenz behielt die KPD in der Weimarer Republik eine wichtige Funktion. Die Stärke des deutschen Kommunismus lag »in seiner Kritik an dem gegenwärtigen wirtschaftlichen und politischen System« und im Widerstand gegen »Möglichkeiten rechtsradikaler Vorstöße«, wie Sigmund Neumann konstatierte.[3] Die KPD mobilisierte darüber hinaus breite Kreise der Arbeiterschaft, sie gab den ungelernten Arbeitern und vor allem den Erwerbslosen ein politisches Betätigungsfeld. Als Teil der Arbeiterbewegung zog sie überdies viele Kräfte an, die gegen die Restauration kämpfen wollten.

Revolutionäre Phase 1919-1923

In der revolutionären Phase der Weimarer Republik bis 1923 entwickelte sich aus einer kleinen kommunistischen Gruppierung die Massenpartei KPD, der die Machterringung durch einen »revolutionären Aufstand« mißlang. Die Zusammensetzung der Partei war zunächst heterogen: An der Spitze befanden sich zwar einige hervorragende Marxisten, doch viele Funktionäre orientierten sich rasch am Leninismus. Die KPD mußte ihren Standort zwischen Sozialdemokratie und Syndikalismus damals erst finden, aber ultralinke Vorstellungen wirkten bis 1933 weiter. Bereits 1920 hatten mit der Abspaltung der Kommunistischen Arbeiterpartei (KAPD) von der KPD etliche ihrer »Gründungsväter« die Partei verlassen.
Eine Massenpartei wurde die KPD dann Ende 1920. Die Radikalisierung der deutschen Arbeiter, die von den Ergebnissen der Revolution ebenso enttäuscht waren wie über die elende materielle Lager erbittert, hatte die USPD gestärkt. Deren linke Kräfte näherten sich dem Kommunismus. Im Oktober 1920 spaltete sich diese Partei, im Dezember schloß sich der linke USPD-Flügel (über 350.000 Mitglieder, von denen allerdings viele den Wechsel nicht mitmachten), mit einem funktionierenden Parteiapparat sowie zahlreichen Tageszeitungen, mit der 80.000 Mitglieder zählenden schwachen KPD-Organisation zur VKPD zusammen. Damit stießen zu den Kadern der KPD, die aus dem Spartakusbund stammten, nun viele aus der USPD, gemeinsam bildeten sie das Führungskorps der KPD, das mit Kurzbiographien in diesen Band vorgestellt wird. Führer, Funktionäre und Anhänger der »Vereinigten Kommunistischen Partei Deutschlands« bekannten sich zur Kommunistischen

3 Sigmund Neumann: Die deutschen Parteien. Wesen und Wandel nach dem Kriege. Berlin 1932, S. 97.

Internationale (Komintern), propagierten die Diktatur des Proletariats sowie ein Rätesystem in Deutschland und begannen, ihre Organisation nach den bolschewistischen Prinzipien des »demokratischen Zentralismus« aufzubauen.

Als Sektion der Komintern unterstand die KPD nicht nur der Führung dieser Weltorganisation, sondern wurde gleichzeitig vom sowjetischen Staat abhängig. Bei der Gründung der Kommunistischen Internationale, der Komintern, im März 1919 hatte sich zwar gerade der Vertreter der KPD, Hugo Eberlein (noch im Auftrag der inzwischen ermordeten Rosa Luxemburg), als einziger Delegierter gegen die Schaffung der neuen, III. Internationale gewandt, dennoch war die deutsche Partei sofort beigetreten. Da der Zustrom zur KPD nach 1920 nicht zuletzt wegen der Sympathie vieler linker Arbeiter und Intellektueller zur russischen Revolution, zu Sowjetrußland und zur Internationale erfolgte, spielte das Verhältnis der KPD zur Sowjetunion und zur Komintern rasch eine zentrale Rolle.

Besonders gravierend war die wachsende Abhängigkeit der KPD von der Komintern und deren Unterwerfung unter die Politik der russischen Bolschewiki. Auch wenn die KP Rußland in der Exekutive nominell über keine Mehrheit verfügte, regierte sie doch das Land, auf dessen technische und finanzielle Hilfe die Komintern stets angewiesen war. Vor allem diente die Sowjetunion als Vorbild, ihre Autorität war in der Internationale grundlegend, »so daß die faktische Vorherrschaft der Bolschewiki in der Komintern trotz der formellen Majorität der Nichtrussen gesichert war«.[4] Anstelle von gleichberechtigten Sektionen gab es bald nur noch die führende KPdSU und ausführende Sektionen. Wenn die jeweiligen nationalen Parteien trotzdem an Einfluß gewannen, so waren dabei die sozialen und politischen Verhältnisse in den einzelnen Ländern von größerem Gewicht als die Direktiven aus Moskau. Doch das Führungskorps selbst geriet zunehmend in ideologische, politische und materielle Abhängigkeit von der Sowjetunion.

Bereits 1921 verursachte die sogenannte März-Aktion (ein von der Komintern mitinszenierter Aufstand in Mitteldeutschland) eine tiefe Krise in der KPD, sie ließ die Problematik der Hegemonie der Komintern und Sowjetrußlands gegenüber den deutschen Kommunisten erkennen.[5] Daraus ergab sich (nach der Abspaltung der KAPD 1920) der zweite große Aderlaß an Funktionären, denn außer dem Parteiführer Paul Levi trennten sich viele der »Neukommunisten« aus der USPD von der KPD, sie bildeten zunächst die kommunistische Arbeitsgemeinschaft, die KAG.

1921 zählte die VKPD, die Vereinigte Kommunistische Partei Deutschlands, 356.000 Mitglieder. Das war der höchste Mitgliederstand, den die kommunistische Bewegung in der Weimarer Republik jemals erreichte. Allerdings hatte die Partei

4 Richard Löwenthal: Rußland und die Bolschewisierung des deutschen Kommunismus, in: Deutsch-russische Beziehungen von Bismarck bis zur Gegenwart. Hrsg. W. Markert. Stuttgart 1964, S. 105.

5 Vgl. dazu Sigrid Koch-Baumgarten: Aufstand der Avantgarde. Die Märzaktion der KPD 1921. Frankfurt/M.-New York 1986; außerdem Werner T. Angress: Die Kampfzeit der KPD 1921-1923. Düsseldorf 1973.

damit lediglich knapp fünf Prozent der in den freien Gewerkschaften organisierten Arbeiter in ihren Reihen, und bei den Preußischen Landtagswahlen vom Februar 1921 wählten 5,5 Prozent der Stimmberechtigten die Kommunistische Partei (d. h. nur etwa 20 Prozent der Arbeiter).

Diese KPD entfernte sich bald von den Vorstellungen des Spartakusbundes. Mit der USPD kamen auch solche Führer in die VKPD, die der Komintern uneingeschränkte Sympathien entgegenbrachten und dem Bolschewismus sehr viel näherstanden als dem »Luxemburgismus«. Gleichzeitig war die Spaltung der sozialistischen Arbeiterbewegung in SPD und KPD permanent geworden und ergab eine unüberbrückbare Frontstellung: Die KPD sah ihr Ideal immer mehr im russischen Bolschewismus, die SPD identifizierte sich mit der Demokratie der Weimarer Republik.

Als sich die KPD im Herbst 1923 auf einen revolutionären Umsturz vorbereitete, orientierte sie sich am Schema der russischen Oktoberrevolution. Dem vom Exekutivkomitee der Komintern, dem EKKI, in Moskau festgelegten Aktionsplan entsprechend, organisierte der Militärapparat der KPD den bewaffneten Aufstand. Im Oktober 1923 waren deutsche Kommunisten in die Landesregierungen von Sachsen und Thüringen eingetreten. Aber nach der Absetzung des sächsischen Kabinetts durch die Reichsregierung schien der KPD unter Leitung Heinrich Brandlers ein Aufstand nicht mehr durchführbar. Allein in Hamburg kam es zu bewaffneten Auseinandersetzungen; aber diese isolierte Rebellion wurde dort rasch niedergeschlagen, der »deutsche Oktober« war mißglückt.[6] Damit war die letzte militärische Aktion der KPD in Deutschland zusammengebrochen. Der KPD war es nicht gelungen, durch einen Umsturz an die Macht zu kommen.

KPD und Stabilisierung der Republik 1924-1929

In der Phase der Stabilisierung der Weimarer Republik von 1924 bis 1929 behielt die KPD zwar politisches Gewicht (130.000 Mitglieder und 3,2 Millionen Wähler 1928), doch blieb sie vorrangig mit inneren Auseinandersetzungen beschäftigt. Seinerzeit kam es zur Wandlung des deutschen Kommunismus, die KPD geriet – wie damals alle kommunistischen Parteien – in den Sog der Stalinisierung.[7] Bei den deutschen Kommunisten war Stalin noch bis 1923 weitgehend unbekannt. Ab Mitte der zwanziger Jahre beteiligte sich die KPD nun ebenfalls am Personenkult um Stalin, den sie dann ständig praktizierte. Beispielsweise wählten die Delegierten des XI. Parteitages 1927 – was vorher nicht üblich gewesen war – den abwesenden Stalin, aber ebenso Bucharin u. a., in ein »Ehrenpräsidium«. Auch der letzte,

6 Vgl. Bernhard H. Bayerlein u. a. (Hrsg.): Deutscher Oktober 1923. Ein Revolutionsplan und sein Scheitern. (Archive der Kommunismus-Pfade des XX. Jahrhunderts, Bd. 3). Berlin 2003. Otto Wenzel: 1923. Die gescheiterte deutsche Oktoberrevolution. Münster 2003.

7 Vgl. zu den Einzelheiten Hermann Weber: Die Wandlung des deutschen Kommunismus. Die Stalinisierung der KPD in der Weimarer Republik. 2 Bde. Frankfurt/M. 1969.

XII. KPD-Parteitag 1929 nahm (unter »Bravo und langanhaltendem, stürmischem Beifall«, wie das Protokoll vermerkte) Stalin wieder in das »Ehrenpräsidium« auf.[8] Anläßlich seines 50. Geburtstages im Dezember 1929 verbreitete die KPD 1930 sogar eine eigene Broschüre »J. W. Stalin«. Darin hatte Heinz Neumann (später selbst Opfer der Stalinschen Säuberungen) die Kommunisten auf Stalin eingeschworen: Sie müßten »von Stalin lernen, fest zu sein wie Felsen, hart wie Stahl, kühn und siegesgewiß wie der Bolschewismus«.[9]

Doch weitaus schwerwiegender als der Personenkult war die Oktroyierung der von Stalin in der KPdSU und in der Komintern durchgesetzten Strukturen sowie seiner jeweiligen Strategie. Die politische Linie der KPD war widerspruchsvoll: Sie steuerte 1924/25 unter Ruth Fischer, Arkadi Maslow, Werner Scholem und Ernst Thälmann einen ultralinken Kurs, betrieb 1926/27 unter Ernst Meyer und Thälmann eine gemäßigte Realpolitik und schwenkte 1928 unter Thälmann, Hermann Remmele und Heinz Neumann erneut um auf ultralinke Positionen. Bei jedem Kurswechsel kam es zu heftigen internen Kämpfen, aus denen jeweils der Apparat als Gewinner hervorging, aber gleichzeitig ein ständiger Austausch der Kader erfolgte. Nicht zuletzt haben gezielte Eingriffe der Komintern die KPD zwischen 1924 und 1929 zu einer stalinistischen Partei verändert. Der »Offene Brief« der Komintern vom August 1925 setzte faktisch die erst wenige Wochen vorher von einem KPD-Parteitag gewählte Fischer-Maslow-Parteiführung ab, ein Eingriff Moskaus, der heftige interne Kämpfe auslöste.

Die Stalinisierung bedeutete für die KPD den Wandel von einer Partei mit innerer Demokratie in eine straff disziplinierte Organisation mit strikt zentralisierter Befehlsgewalt. Stalinisierung hieß Veränderung des inneren Aufbaus, Entstehung einer monolithischen, hierarchischen Partei. In ihr beherrschte die Spitze mit Hilfe des Apparates (der hauptamtlichen, von der Führung abhängigen Funktionäre) die Mitgliedschaft; die Politik wurde schließlich im Sinne und entsprechend den Weisungen der Stalinschen KPdSU praktiziert. Gerade im deutschen Führungskorps brachte die Stalinisierung eine große Fluktuation und einen Aderlaß, wie die Biographien zeigen. Damit änderten sich Charakter und Funktion der KPD. Die von Rosa Luxemburg begründete radikal-marxistische Partei entwickelte sich zur stalinistischen Apparatpartei, wurde eine Hilfstruppe der UdSSR Stalins.

Die KPD in der Krise 1929-1933

Diese KPD trug dann von 1929 bis 1933 durch ihre ultralinke Politik und die Spaltung der Arbeiterbewegung ungewollt zum Sieg Hitlers bei. Während der Welt-

8 Vgl. Bericht über die Verhandlungen des XI. Parteitages der Kommunistischen Partei Deutschlands (Sektion der Kommunistischen Internationale), Essen. 2. bis 7. März 1927. Berlin 1927, S. 11; Protokoll der Verhandlungen des XII. Parteitages der Kommunistischen Partei Deutschlands (Sektion der Kommunistischen Internationale), Berlin-Wedding. 9. bis 16. Juni 1929. Berlin 1929. S. 12.

9 Heinz Neumann, Vorwort in: J. W. Stalin. Hamburg-Berlin 1930, S. 9.

wirtschaftskrise wuchs der Zulauf zur KPD (1932 etwa 300.000 Mitglieder und sechs Millionen Wähler). Gestützt auf verwirrende Faschismus-Theorien (die alle Nichtkommunisten – selbst »Abweichler« unter den Kommunisten –, zumal aber die Sozialdemokraten als Faschisten denunzierten) betrieb die Parteispitze eine gezielt destruktive Strategie. Ungeachtet der heraufziehenden Gefahr des Nationalsozialismus bekämpfte die KPD – den Komintern-Direktiven folgend – die SPD als ihren »Hauptfeind« (»Sozialfaschismus«-These). Entsprechend den Vorgaben Stalins galten SPD und NSDAP für sie als »Zwillingsbrüder«. Damit leugnete sie nicht nur den prinzipiellen Unterschied zwischen Weimarer Republik und Hitler-Faschismus, sondern sie unterschätzte die NSDAP bis zuletzt als nur eine unter anderen gegnerischen Parteien. Schließlich verursachten die Kommunisten auch eine Spaltung der Gewerkschaften. Trotz dieses Verhaltens in der Weimarer Republik wurde die KPD – vor allem durch ihr Engagement und die Aktivitäten der Funktionäre für die verelendeten unteren Schichten – zur drittstärksten Partei in Deutschland. Aber die Anbindung an die Komintern und damit die Festlegung auf die Politik Stalins hat 1933 wesentlich zu ihrer Zerschlagung beigetragen.
Die ultralinke Strategie der KPD-Führung war zeitweise erfolgreich, weil sich das Heer verzweifelter Arbeitsloser ständig vergrößerte und viele enttäuschte Menschen ihre Hoffnung nunmehr auf diese radikale Partei setzten. Als schwerwiegend erwies sich aber die Tatsache, daß das feindselige Verhalten der Kommunisten gegenüber der Sozialdemokratie den Riß innerhalb der Arbeiterbewegung vertiefte. Die KPD-Leitung befolgte unkritisch jede Weisung Moskaus, symptomatisch war, daß sie – entgegen vorherigen Bedenken – auf Anordnung der Komintern und somit Stalins im Juli 1931 einen Volksentscheid sogar gemeinsam mit Deutschnationalen und Nationalsozialisten gegen die sozialdemokratisch geführte Regierung Preußens mittrug. Und 1932 organisierte sie gegen die Beschlüsse der Gewerkschaften einen größeren Streik in der Berliner Verkehrs-Gesellschaft, der BVG, dem sich die Nationalsozialisten anschlossen. Auf ihrer verhängnisvollen Generallinie beharrte die KPD-Spitze trotz einzelner taktischer Varianten bis 1933.[10]
Diese Strategie wurde der Partei erleichtert durch Maßnahmen der Staatsmacht, die gegen die Kommunisten härter vorging als gegen die für die Republik viel gefährlicheren Nationalsozialisten. Die KPD war ständig von Polizeiaktionen betroffen (z. B. 1932 über tausend), und Verbote kommunistischer Zeitungen waren häufig an der Tagesordnung. In den letzten drei Jahren der Republik wurden bei politischen Auseinandersetzungen sogar 170 Kommunisten von der Polizei erschossen. Die einseitige Haltung der Justiz war offensichtlich, sie war Klassenjustiz gegenüber den Kommunisten. Dies führte zu einer weiteren Radikalisierung, so daß selbst die unsinnige und verheerende These der KPD-Führung: »Brüning hat eine absolute

10 Vgl. dazu Hermann Weber: Hauptfeind Sozialdemokratie. Strategie und Taktik der KPD 1929 bis 1933. Düsseldorf 1982.

Diktatur eingerichtet wie sie die Nationalsozialisten nicht absoluter schaffen können«,[11] in der Partei kritiklos akzeptiert wurde. Nicht nur Führung und Funktionäre der KPD, sondern auch Mitglieder und Anhänger gerieten in eine immer schärfere Feindschaft zum Staat von Weimar, von dem sich große Teile der Arbeiterschaft, aber auch Intellektuelle und Künstler, entfremdeten.

Widerstand gegen die NS-Diktatur

Der Machtantritt Hitlers 1933 war für die deutschen Kommunisten, insbesondere ihre Kader, ihr Führungskorps, eine Katastrophe. Im Widerstand gegen den Nationalsozialismus hatten sie dann die größten Blutopfer zu bringen. Von allen politischen Gruppierungen hat die Hitler-Diktatur die Kommunisten am frühesten verfolgt. Tausende ihrer Funktionäre und Mitglieder verloren von 1933 bis 1945 ihr Leben; sie wurden hingerichtet, in Konzentrationslagern umgebracht, angeblich »auf der Flucht erschossen« oder in den Selbstmord getrieben. Nach realistischen Berechnungen waren bereits 1933/34 60.000 Kommunisten inhaftiert; 1935 nahmen die NS-Behörden 15.000 kommunistische Widerstandskämpfer fest. Insgesamt befanden sich nach Angaben der früheren SED-Geschichtsschreibung von den rund 300.000 KPD-Mitgliedern des Jahres 1932 etwa 150.000 mehr oder weniger lange in Haft. Bereits in den beiden ersten Jahren des NS-Regimes wurden etwa 2.000 deutsche Kommunisten ermordet; bis Kriegsende soll deren Zahl auf 20.000 gestiegen sein.[12] Die Biographien dokumentieren, daß vom kommunistischen Führungskorps viele Personen zu den Opfern des Hitler-Terrors gehörten.

Die brutale Unterdrückung der deutschen Kommunisten, ihre Verfolgung nach 1933 hat die kommunistische Bewegung auf mehrfache Weise geprägt: Aus der Isolation in der Weimarer Republik geriet sie in Hitler-Deutschland in die Rolle des erbarmungslos bekämpften Außenseiters. Nicht zuletzt dadurch wurde die nationale Identität der deutschen Kommunisten (anders als etwa bei den französischen Kommunisten) gestört und statt dessen ihre emotionale Bindung an die Sowjetunion verstärkt. Zum anderen entwickelte sich aus dem Haß auf den Faschismus ein militanter Antifaschismus, der eine ideologische Grundlage der KPD bildete. Indes war sogar der Antifaschismus der Parteidisziplin untergeordnet: Der Hitler-Stalin-Pakt 1939 rief bei deutschen Kommunisten zwar einen Schock hervor, doch die überwiegende Mehrheit der kommunistischen Emigranten akzeptierte letztlich auch diese Strategie. Die bitteren Erfahrungen mit der NS-Gewaltherrschaft haben der kommunistischen Politik in Deutschland vor allem nach 1945 ihren Stempel aufgedrückt.

Aber selbst diejenigen Kommunisten, die aus Hitler-Deutschland in die Sowjetunion flüchten konnten, wurden dort ebenfalls verfolgt; sie gerieten in die blutigen

11 Hunger-Diktatur in Brüning-Deutschland. Zur IV. Notverordnung, hrsg. vom ZK der KPD, o. O. und o. J. (Berlin, Ende 1931), S. 14.

12 Vgl. Horst Duhnke: Die KPD von 1933 bis 1945. Köln 1972, S. 525.

Säuberungen Stalins. Von den führenden politischen Emigranten sind damals in der UdSSR über zwei Drittel eingesperrt und zumeist umgebracht worden. Nicht wenige Deutsche wurden nach dem Hitler-Stalin-Pakt von Moskau an die Nazis ausgeliefert. Es bleibt die besondere Tragik dieser Kommunisten im Exil, daß sie ausgerechnet von »eigenen« Leuten, von sowjetischen Staatsorganen, verhaftet, gefoltert und oft auch ermordet wurden. Dies war für verhaftete Kommunisten schwerer zu ertragen als die Brutalität in den KZs und Zuchthäusern Hitlers: Von ihrem Feind hatten sie nichts anderes zu erwarten. Aber in der Sowjetunion unschuldig – fast alle wurden ja später (meist posthum) rehabilitiert – verfolgt zu werden, dies war unfaßbar. Und Überlebende hatten später in der DDR ein Schweigegebot zu befolgen, sie durften über die Stalinsche Schreckenszeit nichts berichten. So blieb eine unglaubliche Tatsache ein Tabu: Aus der obersten Spitzenführung der KPD, dem Politbüro, sind sogar mehr Personen dem Stalin-Terror als dem Hitler-Terror zum Opfer gefallen.[13]

Diese stalinistischen Repressalien entwickelten sich nach dem Muster, das sich bereits in der Weimarer Republik während der innerparteilichen Säuberungen – beim Kampf gegen »Abweichler« – abgezeichnet hatte. Jeder Kritiker galt als potentieller Parteifeind, Oppositionelle wurden diffamiert und ausgeschlossen, in der UdSSR dann schließlich »ausgemerzt«, liquidiert, d. h. umgebracht. Aus den Lebensläufen der KPD-Führer ist zu entnehmen, wie verheerend diese Säuberungen waren und wie sie vor sich gingen.

2) Das Führungskorps der KPD

Die erwähnte Wandlung des deutschen Kommunismus in den zwanziger Jahren brachte eine Veränderung in der Zusammensetzung der Kader und insbesondere des Führungspersonals. Vor diesem Hintergrund hinterließen die innerparteilichen Kämpfe sowie die häufigen Säuberungen gerade in den Spitzengremien tiefe Spuren, wie die Biographien belegen.

Denn die Stalinisierung ging nicht ohne heftige innere Auseinandersetzungen und mehrmalige Auswechslung in den Leitungen ab: Von den 16 Spitzenführern (Politbüro, damals Polbüro genannt) aus der Zeit 1923/24 befanden sich 1929 nur noch zwei (Ernst Thälmann und Hermann Remmele) im Polbüro, aber nicht weniger als elf waren inzwischen aus der KPD ausgeschlossen worden. Von den rund 250 Funktionären der Führungsmannschaft von 1924 waren im Laufe von fünf Jahren bereits 105 aus der Partei ausgeschlossen worden oder ausgetreten, 1929 hatten nurmehr 95 noch Leitungsfunktionen inne. Von ihren zu den Reichstagswahlen 1924 nomi-

13 Vgl. Hermann Weber: »Weiße Flecken« in der Geschichte. Die KPD-Opfer der Stalinschen Säuberungen und ihre Rehabilitierung. Frankfurt/M. 1989, Berlin 1990. Vgl. auch unten, I,4, S. 35 ff.

nierten 484 Kandidaten hatte die KPD 1930 lediglich 42 Personen – weniger als zehn Prozent – nochmals aufgestellt.

Mit dem Kampf gegen »linke und rechte Abweichungen« veränderte sich also die Zusammensetzung des Führungskorps drastisch. Davon war innerhalb nur weniger Jahre ein nicht geringer Teil ihrer Kader aus der Partei ausgeschieden. Die dabeigebliebenen Leiter und die neu aufgestiegenen Repräsentanten, die Karriere machten, wurden umgeformt und parteilich ausgerichtet zu indoktrinierten »Apparat«-Leuten. Vor allem die emotionale, geistige und materielle Abhängigkeit der Funktionsträger von der Partei und der Komintern begünstigte die weitreichende Durchsetzung der Stalinisierung. An die Stelle von Pluralismus, Selbständigkeit, Diskussion und Autonomie traten Ergebenheit, Gläubigkeit, Disziplin und Gehorsam.

Anfangs existierten in der KPD verschiedene Richtungen, die sich besonders bei den Kontroversen innerhalb der Parteiführung zeigten. Generell bestanden zwei Grundströmungen: eine realpolitische, die zuerst die Mehrheit der Massen erringen wollte, ehe sie durch einen Aufstand die Macht zu erobern und die neue Gesellschaft aufzubauen gedachte. Sie war daher im Tageskampf zu Kompromissen und einer »Einheitsfront« mit den Führungen anderer Arbeiterorganisationen bereit. Die radikale linke Strömung hingegen lehnte jeden Kompromiß ab. Diese Linken erstrebten direkt den revolutionären Aufstand und die rasche Machteroberung.

Die Realpolitiker in der Führung warfen den Vertretern des radikalen linken Flügels Putschismus und Utopismus vor und bekämpften diese als Ultralinke. Umgekehrt griffen die Linken die gemäßigten Kommunisten als Rechte an, beschuldigten sie des Verrats an den Grundsätzen und der Anpassung an die Sozialdemokratie. Solche heftigen Konflikte führten gerade im Führungskorps oft zu Konkurrenzverhalten und Feindschaften, beeinflußten die Politik und brachten Auswechslungen der Personen, bis durch die Stalinisierung »Einheitlichkeit« hergestellt schien.

Schon 1932 wurden für die frühe KPD die »zwei stets wirksamen Tendenzen« beschrieben, nämlich der »ewige Zug nach links« in die direkte Parteiaktion und Isolierung und dann wiederum die Korrektur durch den rechten Kurs, der die Niederlage »wettmachen sollte«.[14] Aber nach der Stalinisierung der Partei war das fast bedeutungslos: »Die Generallinie jedoch, die ursprünglich Resultante des relativen Gleichgewichts des rechten und linken Flügels war, wurde in dem Maße, in dem die Partei ihre Flügel verlor und zu einer konformistisch-autoritären Organisation erstarrte, immer stärker von den Befehlen Moskaus abhängig, das schließlich die Wendung nur noch unter dem Gesichtspunkt seiner eigenen Interessen anordnete.«[15]

In den zwanziger Jahren hatten sich die führenden Kommunisten je nach ihrer Stellung im »Links-rechts-Schema« der Partei noch zu Gruppen und Fraktionen

14 Walter Riest: Die innere Krise der KPD, in: »Neue Blätter für den Sozialismus«, Heft 3, März 1932, S. 145.

15 Flechtheim: KPD (Anm. 1), S. 336.

zusammengefunden. Die Zugehörigkeit zu Rechten, Versöhnlern (Mittelgruppe), Linken und Ultralinken spielte nicht nur bei den zahlreichen Ausschlüssen aus der KPD eine Rolle, wie die Biographien zeigen. Auch für die Karriere und nicht zuletzt in den Säuberungen war die Zuordnung zu Gruppen für das Schicksal der Funktionäre oftmals entscheidend.

Das »Links-rechts-Schema« in der Politik war innerhalb der KPD der Weimarer Republik besonders ausgeprägt. Die Fraktionenkämpfe in dieser Partei wurden in den zwanziger Jahren beinahe nur unter dem Gesichtspunkt geführt, die jeweils »rechten« oder »linken« gegnerischen Gruppen in der Partei anzugreifen, zu besiegen und möglichst aus den eigenen Reihen zu entfernen. Dies eskalierte, nachdem durch die Stalinisierung der Komintern, der KPdSU und auch der KPD »rechte« oder »linke« Abweichungen von der Generallinie als parteifeindlich diffamiert wurden.

Beim Blick auf die Protagonisten der kommunistischen Bewegung wie auf Führer solcher »Rechtskommunisten« oder »Linkskommunisten« wird allerdings deutlich, daß dieses Schema selbstverständlich eine Vereinfachung war, die inneren Streitigkeiten durchaus auch andere Beweggründe hatten. Der Prototyp des Rechtskommunismus, Nikolai Bucharin, bekam erst durch Stalins »Linkswendung« von 1928 diese Etikettierung, denn bei der Auseinandersetzung mit Lenin 1918 war er immerhin noch der Führer der »linken« Kommunisten. Ähnlich sah es in Deutschland aus, wo Heinrich Brandler bis heute als Kopf der »Rechtskommunisten« gilt. In den Debatten um die März-Aktion 1921 und die »Offensivtheorie« stand Brandler aber gegen Paul Levi auf dem »linken« Flügel. Biographische Untersuchungen können zur Erhellung des Rechts-links-Musters in der KPD beitragen. Daher hier eine Aufzählung dieser Richtungen.

Noch im März 1926 unterteilte der Komintern-Vorsitzende Grigori Sinowjew die innerhalb der KPD vorhandenen Strömungen in drei Gruppen, und er versuchte, ihren Einfluß quantitativ zu schätzen. Nach Sinowjew waren 80 bis 85 Prozent Anhänger der »Linken«, 3 bis 5 Prozent Anhänger der »Rechten« und etwa 10 Prozent »Ultralinke aller Schattierungen«.[16] Diese Zuordnung war recht grob, die geschätzten Prozentzahlen unbewiesen, immerhin enthalten Sinowjews Angaben Hinweise auf Gruppierungen, die während der zwanziger Jahren in der KPD existierten:

1. Die Rechten

Zu den rechten Kommunisten zählten nach dem Ausschluß der frühen »Rechtsabweichler« um Paul Levi und die KAG diejenigen Parteiführer (Heinrich Brandler, August Thalheimer, Paul Frölich, Jacob Walcher) und ihre Anhänger, die von 1921 bis 1923 die Politik der KPD bestimmten. Sie hielten nach der Oktoberniederlage 1923 an ihren Positionen fest, gerieten deswegen in Konflikt mit der Komintern

16 Protokoll. Erweiterte Exekutive der Kommunistische Internationale. Moskau. 17. Februar bis 15. März 1926. Hamburg-Berlin 1926, S. 108.

und verloren fast alle durch die Radikalisierung der KPD ihre Funktionen. Die Rechten versuchten, in Deutschland Realpolitik zu betreiben: Sie bejahten ausdrücklich die Einheitsfront mit der SPD, waren für die Mitarbeit der Kommunisten in den freien Gewerkschaften, für aktive Parlamentsarbeit. Damit knüpften sie an die Tradition der Linken der Vorkriegs-Sozialdemokratie an, das Gros ihrer Führer hatte dem Spartakusbund angehört. Stalins Vormachtstellung in der Komintern lehnten die Rechten ab, anerkannten diese aber für Sowjetrußland, und sie waren Kontrahenten von Trotzki und Sinowjew. Zu ihrer Anhängerschaft in der KPD gehörten in erster Linie qualifizierte Arbeiter, Gewerkschafts- und Kommunalfunktionäre usw. Die Rechten besaßen ihre Hauptstützpunkte in Sachsen und Thüringen und in Städten wie Offenbach, Stuttgart, Solingen. 1928/29 verließen die Rechten die KPD bzw. sie wurden ausgeschlossen und gründeten dann die KPO, die über 4.000 Mitglieder registrierte.

2. Die Mittelgruppe/Versöhnler

Als sich die KPD-Führung anfangs 1924 spaltete, trennte sich die Mehrheit von Brandler-Thalheimer und bildete die »Mittelgruppe«, hinter der stand damals etwa ein Viertel der Mitgliedschaft. Nach dem Sieg der Linken im Sommer 1924 ging ein Teil der Mittelgruppe und ihrer Führer (Hermann Remmele, Ernst Schneller, Wilhelm Koenen) zu den Linken über, andere setzten unter Ernst Meyer die Opposition gegen Ruth Fischer fort. Nach Ruth Fischers Ablösung kam diese Fraktion von 1926 bis 1928 zusammen mit der kominterntreuen Linken unter Ernst Thälmann an die Spitze der KPD. Die seit 1927 als Versöhnler bezeichnete Gruppe mit Ernst Meyer, Arthur Ewert, Hugo Eberlein, Gerhart Eisler, Georg Schumann war leninistisch. Sie bejahte wie die Rechte – von der sie sich hierin nur in Nuancen unterschied – eine kommunistische Realpolitik (Einheitsfront mit der SPD, aktive Gewerkschafts- und Parlamentsarbeit). Rechte und Versöhnler trennte vor allem die Haltung gegenüber der Sowjetunion und zur Einheit der Partei: Die Versöhnler traten betont für die Hegemonie der KPdSU in der Komintern ein, und sie waren bemüht, um jeden Preis innerhalb der KPD zu bleiben, eine Parteispaltung kam für sie nicht in Frage. Aus der KPdSU bekamen sie hauptsächlich Rückhalt von Bucharin. Die Versöhnler stützten sich vorwiegend auf Intellektuelle und »Berufsrevolutionäre«. Nach Ernst Meyers Tod (Anfang 1930) kapitulierten Ewert und die übrigen Versöhnler vor dem ZK, doch wirkten Reste der Versöhnler-Gruppe in der KPD illegal weiter.

3. Die Linken

Bereits 1920 waren die radikalen Linken, die die KPD 1918/19 mitbegründet hatten, aus der Partei ausgeschlossen worden. Sie vereinten sich zur ultralinken KAPD. Doch entstand danach rasch wieder eine neue Linke. Diese hatte sich als linke Opposition gegen das Polbüro – zunächst unter Ernst Meyer (1921/22) und dann unter Heinrich Brandler (1922/23) – zusammengefunden, und sie besaßen bereits

1923 die Mehrheit in den wichtigen Industriebezirken Berlin, Wasserkante und Mittelrhein. Mit Ruth Fischer, Arkadi Maslow, Ernst Thälmann, Werner Scholem, Paul Schlecht, Iwan Katz u. a. an der Spitze übernahmen jüngere Linke 1924 die Macht in der Partei und steuerten nun einen schärferen Kurs. Diese Linken (viele davon 1920 aus der USPD gekommen) vertraten abstrakt-radikale Tendenzen. Die Mehrzahl der Linken bejahte formal den Leninismus und befürwortete die Bolschewisierung der KPD. Dabei stützten sich die Linken auf die radikalisierten Arbeiter, insbesondere die Arbeitslosen, 1924 bekannten sich fast Dreiviertel der Parteimitglieder zu den linken Kommunisten, sie dominierten ab Mitte 1924 in allen Bezirken. Der Widerspruch zwischen ultraradikaler Politik und der Realität stürzte die KPD in eine Krise, und unter dem Druck der Komintern (»Offener Brief«) spaltete sich im Herbst 1925 die eigentliche Linke. Schließlich übernahm die kominterntreue Richtung (Ernst Thälmann, Ottomar Geschke, Philipp Dengel, Ernst Schneller) die Parteileitung. Nachdem Ruth Fischer, Arkadi Maslow, Paul Schlecht und ihre Anhänger von ihren Funktionen enthoben wurden, bildeten diese erneut eine linke Opposition, die sich mit Sinowjew in der Sowjetunion identifizierte und zunächst in Berlin noch stark war. In einem »Brief der 700« wandten sich im September 1926 immerhin 700 führende Funktionäre gegen das Thälmann-ZK und solidarisierten sich mit der linken Opposition in der KPdSU gegen Stalin. 1926/27 verließen zahlreiche Linke die Partei bzw. wurden ausgeschlossen. Deren Versuch, sich im Leninbund zu organisieren, mißglückte, der Leninbund blieb eine Sekte. Die Thälmann-Führung entwickelte sich zur deutschen Stalin-Fraktion, allerdings existierten selbst in der Folgezeit noch einige Oppositionsgruppen, z. B. 1927 die »Chemnitzer Linke«, 1930 die Merker-Gruppe und 1932 die Remmele-Neumann-Opposition, doch kapitulierten alle rasch vor dem ZK.

4. Die Ultralinken

Im Frühjahr 1925 spalteten sich die sogenannten Ultralinken von den Linken in der Partei ab. Ihr Kern waren einerseits Intellektuelle in Führungspositionen der KPD (die Zentrale-Mitglieder Werner Scholem, Arthur Rosenberg und Iwan Katz, außerdem Karl Korsch, Ernst Schwarz, Theodor Neubauer), andererseits bekannte Arbeitervertreter wie Hans Weber, Arthur Vogt und Wilhelm Kötter, die über eine Mehrheit in den KPD-Bezirken Pfalz, Westsachsen und in Berlin-Wedding verfügten. Die Ultralinken lehnten die »Rechtswendung« der Fischer-Maslow-Thälmann-Führung im Frühjahr 1925 ab, sie verharrten auf den alten linksradikalen Positionen. In die Opposition gedrängt, wandten sie sich auch gegen den Führungsanspruch der KPdSU in der Komintern und waren die schärfsten Kritiker Stalins. Sie kamen auf mehrere tausend Aktivisten und hatten vor allem Zulauf von arbeitslosen Parteimitgliedern. Bereits 1926 brachen die Ultralinken in divergierende Gruppen auseinander und hatten bis 1928 jeglichen Einfluß verloren. Eine Gruppe um Iwan Katz, die scharf antibolschewistisch auftrat, wurde Anfang 1926 als erste aus der

KPD ausgeschlossen; ihre Absicht, einen »Spartakusbund II« ins Leben zu rufen, scheiterte. Im Frühjahr 1926 spaltete sich auch die übrige Ultralinke: Um Schwarz und Korsch bildete sich die Gruppe »Entschiedene Linke«, die nochmals auseinanderbrach (Schwarz ging 1927 zur linksradikalen KAPD). Scholem und seine Anhänger arbeiteten bald wieder mit Ruth Fischer zusammen, Rosenberg wandte sich nach rechts, er stand später – wie zahlreiche Ultralinke – der SPD nahe; andere zogen sich aus der aktiven Politik zurück. Die ultralinke Arbeitergruppe, die sogenannte Weddinger Opposition, konnte ihre Positionen in Berlin-Wedding, in der Pfalz und in Westsachsen nur bis 1927/28 halten, zerbrach dann ebenfalls in rivalisierende Gruppen. Es gelang dem ZK, deren Führer aus Parteifunktionen zu verdrängen; einige (Weber, Kötter) wurden ausgeschlossen, andere (Vogt) sowie weitere führende Ultralinke (Theodor Neubauer, Robert Neddermeyer, Alexander Abusch) kapitulierten vor der Thälmann-Leitung. Auch ein Teil der ultralinken Arbeiter ging zurück zur KPD. Da die KPD ab 1929 selbst einen ultralinken Kurs steuerte, war dieser Opposition die Basis entzogen.

5. Apparat und Fachleute

Die bisher angeführten politisch-ideologischen Richtungen umreißen nicht die ganze Skala der in der KPD damals agierenden Gruppen. Viele Funktionäre bekannten sich immer zur jeweils herrschenden Fraktion, ohne sich mit einer bestimmten Strömung zu identifizieren. Die ausgesprochenen »Fachleute« im Parteiapparat bemühten sich sogar, wie in ihren Biographien ersichtlich, nicht in die Gruppenkämpfe hineingezogen zu werden (z. B. Parlamentarier wie Ernst Torgler oder Wilhelm Kasper, Propagandisten wie Hermann Duncker, Agrarspezialisten wie Heinrich Rau, Redakteure, Kommunalpolitiker usw.). Das gilt besonders für jene Apparatführer, die zwar an entscheidenden Machthebeln saßen, aber eher im Hintergrund wirkten (Walter Ulbricht, Franz Dahlem). Ihre Zusammenarbeit mit der kominterntreuen Linken, schließlich die Verschmelzung dieser beiden Gruppen zur deutschen Stalin-Fraktion waren die wichtigste Voraussetzung für die endgültige Stalinisierung der KPD.

Diese weitreichende Veränderung der Organisationsstruktur der KPD während der zwanziger Jahre forcierte vor allem die Zentralisierung der Partei: eine entsprechend vergrößerte Machtbefugnis der Zentrale; eine straffere Anleitung des Apparates von oben; ein Deutungsmonopol der Führung durch Presse und Schulung; nicht zuletzt aber die Zerschlagung der Fraktionen und die Ausschaltung jeder legalen Opposition. Der Parteiideologe Lenz-Winternitz schrieb dazu bereits 1924: »Leninismus, das ist vor allem eiserne Disziplin seitens der Mitgliedschaft, das ist militärische Zentralisation.«[17]

17 »Der Funke« Nr. 15 von 28. August 1924. Auch 1928 sprach er von »militärischer Disziplin« in der Partei (»Die Rote Fahne« von 30. Dezember 1928).

Die Komintern forderte: »Die Kommunistischen Parteien müssen aufgebaut werden als geistig absolut monolithe Organisationen.«[18] Parteikontrollen (später Generalmusterung genannt[19]) sollten nun in erster Linie Fraktionsbildungen verhindern. Zusammenschlüsse von Funktionären (selbst wenn sie nur lose oder informell waren) gegen die Parteilinie und gegen den Kurs der Führung wurden unterbunden. Das war ursprünglich ganz anders. Bei den fraktionellen Differenzen 1921 (nach der März-Aktion) herrschte noch breite innerparteiliche Demokratie: Erklärungen Oppositioneller wurden selbstverständlich in der Parteipresse abgedruckt, sie hielten Korreferate usw.[20] Um die Frage Einheitsfront oder Aufstand in jedem Fall (Offensivtheorie genannt) wurde heftig gerungen. Ähnliche Möglichkeiten besaßen sie auch in den Jahren 1922 und 1923. Selbst nach der Oktoberniederlage 1923 spiegelte sich die innerparteiliche Demokratie in den Fraktionsauseinandersetzungen: Rechte, Mittelgruppe und Linke traten auf allen Delegiertenkonferenzen, Bezirksparteitagen usw. mit eigenen Rednern und Plattformen auf, und die aktive Mitgliedschaft konnte ihren Willen äußern. Das Ziel der Linken nach 1924, durch die »Bolschewisierung« sämtliche Fraktionen zu liquidieren, wurde nicht erreicht, denn schon im Frühjahr 1925 bestand eine ultralinke Opposition und auch die gemäßigten Kräfte in der Partei arbeiteten mehr oder weniger fraktionell.

1926 führte die Überspitzung der Auseinandersetzungen schließlich dazu, daß sich innerhalb und außerhalb der KPD fast ein Dutzend Fraktionen bekämpften[21] und

18 Die Komintern vor dem 6. Weltkongreß. Hamburg 1928, S. 13.

19 »Generalmusterung unserer Partei« hieß ein Artikel Walter Ulbrichts (»Die Rote Fahne« vom 3. Januar 1930), in dem er eine Überprüfung der KPD ankündigte. Die Oppositionspresse schrieb über diese Methode spöttisch: »KPD-Feldwebel Ulbricht, der neueste den Berlinern aufoktroyierte Feldwebel, hat zur Behebung der Mängel in der KPD Berlin-Brandenburg eine ›Generalmusterung‹ angeordnet ... Getreu dem alten Feldwebelgehirne sagt sich auch Ulbricht: wir haben einen großen Kaiser (Stalin), haben eine geniale Regierung (ZK), haben glänzende Generale (Merker, Dahlem, Ulbricht), doch wir haben bei den Mannschaften eine Sauschlamperei.« (»Gegen den Strom« vom 14. Januar 1930).

20 Nach der März-Aktion 1921 druckte die Parteipresse alle Erklärungen der Opposition, auch solche, in denen die Zentrale wegen der Aktion scharf angegriffen wurde. In der »Roten Fahne« vom 24. Dezember 1921 kamen z. B. nochmals 128 oppositionelle Funktionäre aus Berlin, Barmen, Hamborn, Remscheid, Königsberg usw. zu Wort, sie veröffentlichten praktisch eine Fraktionsplattform.

21 Das »Mitteilungsblatt« der linken Opposition zählte für Anfang 1927 zehn Fraktionsgruppen innerhalb und außerhalb der KPD auf:
»1. die offene Brandler-Fraktion mit Paul Böttcher, Jacob Walcher, Robert Siewert, Rosi Wolfstein, Arthur Rosenberg;
2. die Ernst-Meyer-Fraktion, die Versöhnler;
3. die Parteibeamten - Arthur Ewert, Wilhelm Pieck, Walter Ulbricht, Hans Pfeiffer;
4. die Thälmann-Fraktion mit Philipp Dengel, Heinz Neumann, Ernst Schneller, Theo Neubauer, Heinrich Süßkind, Karl Volk;
5. die Chemnitzer linke Fraktion unter Führung von Paul Bertz, die auch Gruppen in Berlin und Mittelrhein hatte;
6. die Pfälzer ultralinke Gruppe unter Führung von Hans Weber;
7. eine ultralinke Gruppe unter Führung von Paul [Wilhelm] Kötter (Weddinger Linke);
8. die linke Opposition unter Führung von Arkadi Maslow, Hugo Urbahns, Ruth Fischer;
9. die ultralinke Gruppe von Karl Korsch;
1o. die ultralinke Gruppe von Ernst Schwarz.«
(»Mitteilungsblatt«. Linke Opposition der KPD. Nr. 7 vom 15. März 1927.)

die Partei zu zersplittern drohte. Das erleichterte es der Parteiführung und ihrem Apparat, bei den meisten Mitgliedern und Funktionären Abscheu vor jeder Fraktionstätigkeit zu erwecken, der Ruf nach Disziplin, nach einer »monolithischen« Partei wurde unterstützt. Schließlich basierte die Einheitlichkeit auf dem gemeinsamen Anspruch, radikal die Gesellschaft zu verändern.

Für die KPD-Elite von 1919 bis 1945 war der Radikalismus typisch. Die Verhältnisse in Deutschland boten dafür manchen Anlaß und viel Raum, Radikalität prägte die kommunistische Bewegung seit Beginn. Das Ziel – die sozialistische Gesellschaft – wollte sie schnell mit revolutionären, radikalen Mitteln erreichen. Daß jedoch solche linksradikalen Tendenzen untauglich für die praktische Politik waren, konstatierte Rosa Luxemburg schon auf dem Gründungsparteitag der KPD am 30. Dezember 1918, als sie sich bei der Diskussion über die Wahlbeteiligung kritisch an die Mehrheit der Delegierten wandte: »Ich habe die Überzeugung, Ihr wollt Euch Euren Radikalismus ein bißchen bequem und rasch machen...«[22] Die Kommunisten, die sich an der bolschewistischen Revolution und dem russischen Bürgerkrieg orientierten, heroisierten zudem Gewalt als notwendige politische Maßnahme. Im »Spartakus-Programm« der KPD von 1918 hatte Rosa Luxemburg noch geschrieben, die proletarische Revolution bedürfe keines Terrors, sie sei »kein verzweifelter Versuch einer Minderheit, die Welt mit Gewalt nach ihrem Ideal zu modeln«; zugleich aber sollte »der Gewalt der bürgerlichen Gegenrevolution ... die revolutionäre Gewalt des Proletariats entgegengestellt« werden.[23] Und auch 1923 beabsichtigte die KPD, »mit diktatorischer Gewalt alle Widerstände der Gegenrevolution« niederzuschlagen.[24] Daß mit Radikalität in Krisenzeiten Anhänger zu gewinnen waren, aber damit keine dauerhafte Politik zu gestalten sei, bestätigte Curt Geyer 1923 in seiner Analyse: Der Radikalismus »ist der Ausfluß der Ungeduld der Massen, die nicht auf allmähliches Wachsen von Organisationen und Wahlstimmen und allmählich sich auswirkende Ergebnisse parlamentarischer Reformarbeit warten wollen, sondern durch Willen und Ungestüm und Gewalt glauben, in der Gegenwart für die Gegenwart alles erreichen zu können.« Geyer folgerte daraus: »Der Radikalismus ist daher eine äußerst labile Bewegung. Er hängt ab von der momentanen Lage und Stimmung der Massen.«[25]

Insbesondere mit der Stalinisierung des Kommunismus wurde bei dessen Anhängern ein radikales, undifferenziertes Freund-Feind-Schema bestimmend. Die Aggressivität steigerte sich, Organisationen wie der »Rote Frontkämpferbund« zeigten eine Militarisierung der Bewegung, die nach dessen Verbot 1929 weiterging. Vor allem die

22 Die Gründung der KPD. Protokoll und Materialien des Gründungsparteitags der KPD. Hrsg. von Hermann Weber. Berlin 1993, S. 99.

23 Ebenda, S. 296 f.

24 Bericht über die Verhandlungen des III. (8.) Parteitages der KPD (Sektion der Kommunistischen Internationale). Abgehalten in Leipzig vom 28. 1. bis 1. 2. 1923, Berlin 1923. S. 417.

25 Curt Geyer: Der Radikalismus in der deutschen Arbeiterbewegung. Ein soziologischer Versuch. Jena 1923, S. 62.

Komintern bekannte sich eindeutig zur Gewalt. In ihrem Programm von 1928 wurde die »entschlossene Anwendung der Gewalt des Proletariats«, die »gewaltsame Vernichtung der bürgerlichen Macht« als notwendiges Vorgehen proklamiert.[26]
Doch nicht nur das russische Vorbild, sondern auch die praktischen Revolutionserfahrungen in Deutschland nach 1918, die politischen Tumulte auf der Straße ab 1930, nicht zuletzt aber die brutale Unterdrückung der Kommunisten durch den Terror der Nationalsozialisten hatte ihr Verhältnis zur Gewalt geprägt. Im gewaltsamen Radikalismus der KPD widerspiegelte sich auch die deutsche Realität. Waren doch – anders als etwa in England – weder demokratische Verhaltensweisen noch Kompromißfähigkeit im Kaiserreich eingeübt oder praktiziert worden, und sie wurden auch später nicht als positive Eigenschaften akzeptiert. Dies zeigte sich im Leben ihrer Führer, wie die Biographien in diesem Handbuch nachweisen. In der Politik der KPD führte der generelle Radikalismus zu Schwankungen zwischen ultralinkem Vorpreschen und realpolitischen Ansätzen. Obwohl schon 1920 als »Kinderkrankheit« theoretisch verworfen,[27] bildete er die Basis einer ultralinken, abenteuerlichen Strategie, die dann ab 1930 zum Untergang der Partei beitrug.
Gravierender war indes der Verlust politischer Autonomie, bedingt durch die wachsende Abhängigkeit der KPD von der Sowjetunion. Denn auf die UdSSR waren die führenden deutschen Kommunisten immer fixiert, und für ihre Kader wurde das Bekenntnis zu »Rußland« und die Ergebenheit zur jeweiligen Führung der KPdSU schließlich ein Axiom. Schon im Dezember 1924 hatte eine KPD-Zeitung, die »Sozialistische Republik« in Köln, geschrieben, Kommunisten haben »nur ein Vaterland und eine Heimat, das ist Sowjetrußland«.[28] Für Thälmann war 1929 klar, die KPD benötige eine »feste, militärische« Disziplin zur »Verteidigung der Sowjetunion«.[29] Mit der Behauptung, die UdSSR sei von einem Krieg bedroht, wurden die Kommunisten ständig mobilisiert und diszipliniert sowie »Abweichungen« kriminalisiert.
Auf dem XII. Parteitag 1929 zog Thälmann sogar eine direkte Linie von der drohenden Kriegsgefahr zu seiner kurzzeitigen Absetzung im September 1928 (im Zusammenhang mit einer Unterschlagung, der sogenannten Wittorf-Affäre[30]) durch Führer oppositioneller Gruppen der Rechten und der Versöhnler: »Nehmen wir nur den 26. September 1928. War nicht der Klassenfeind in unsere Organisation eingedrungen, hatten wir nicht vorübergehend die Partei dem Gegner ausge-

26 Programm der Kommunistischen Internationale. Angenommen vom VI. Weltkongreß am 1. September 1928 in Moskau. Hamburg-Berlin 1928, S. 36. Wieder abgedruckt in Hermann Weber: Die Kommunistische Internationale. Eine Dokumentation. Hannover 1966, S. 165-244.
27 Lenins Schrift gegen die ultralinken Kommunisten erschien in der deutschen Übersetzung mit dem Titel: Der »Radikalismus«, die Kinderkrankheit des Kommunismus. Leipzig 1920.
28 »Sozialistische Republik« vom 10. Dezember 1924.
29 Protokoll. 10. Plenum des Exekutivkomitees der Kommunistischen Internationale, Juli 1929. Hamburg-Berlin o. J. (1929), S. 560.
30 Vgl. Der Thälmann-Skandal. Geheime Korrespondenzen mit Stalin. Hrsg. Hermann Weber und Bernhard H. Bayerlein (Archive der Kommunismus-Pfade des XX.-Jahrhunderts, Bd. 2). Berlin 2003.

liefert ...?«[31] Zur Herstellung »militärischer Disziplin« diente »ideologischer Terror«, d. h. jede Kritik an der UdSSR, der KPdSU, vor allem an Stalin, galt als »Abweichung«, als konterrevolutionär, klassenfeindlich, als Unterstützung der »imperialistischen Kriegstreiber«. Umgekehrt förderte die verstärkte Zentralisierung zugleich den Personenkult um den »Führer« Thälmann,[32] sogar Bezirksleiter wurden als »Führer der Bezirke« herausgestellt.

Neben dem Dilemma, als deutsche Arbeiterpartei sowjetische Interessen vertreten zu wollen und zu müssen, bestand noch ein weiterer Grundwiderspruch: Als Massenpartei konnte sich die KPD ja nicht nur auf eine verbalradikale Revolutionsideologie beschränken, sondern war darüber hinaus gefordert, praktische Tagespolitik zu betreiben. Diese Diskrepanz kennzeichnete immer wieder, vor allem dann in der Weltwirtschaftskrise, die Situation der KPD.

Genau das hat Arthur Rosenberg als Kernproblem der KPD gesehen: »Die KPD betrieb seit 1928 eine lärmende Agitation, die ganz auf die Bedürfnisse utopisch-radikaler Erwerbsloser eingerichtet war. Den Arbeitern im Betrieb, die doch immerhin auch noch existierten, den Angestellten, den Intellektuellen und Mittelschichten bot die Partei nichts. Mit wachsender Arbeitslosigkeit gewann die KPD einen gewissen Anhang unter solchen Erwerbslosen, die vor allem wünschten, daß ihr Elend laut in die Welt hinausgeschrien wurde. Aber das ist keine Grundlage, auf der die Revolution durchgekämpft und ein sozialistisches Gemeinwesen errichtet werden kann.«[33] Aber die Führung suchte die Identität im Radikalismus; Kompromißlosigkeit wurde zur politischen Tugend stilisiert, die Forderung des Alles oder Nichts schien allein angemessen. Damit blieb zugleich die strikte Abgrenzung von der SPD gewahrt, worauf sich die deutschen Kommunisten als ihrer Konkurrentin und Gegnerin stets konzentrierten. Schließlich blieb es unverzichtbares Ziel der kommunistischen Zentrale, die Macht zu erringen, die Hegemonie in der Arbeiterbewegung, ja der gesamten Arbeiterschaft zu gewinnen. Über diese Frage herrschte bei allen KPD-Kadern Einigkeit, ganz gleich, zu welcher innerparteilichen Richtung sie gehörten und welchen Typus des Parteiführers sie auch repräsentierten.

3) Zum Typus des Parteiführers

Die KPD verstand sich als eine revolutionäre Partei, also als eine Bewegung, die »für das Morgen existiert«.[34] Opponierende Jugendliche und rebellische Geister, die nicht

31 Stiftung Archiv der Parteien und Massenorganisationen der DDR im Bundesarchiv (SAPMO), RY 1, 11/26. Bl. 506 f. (Geschlossene Sitzung des XII. Parteitages der KPD 1929).
32 »Heute spricht unser Führer« kündigte »Die Rote Fahne« am 12. September 1930 eine Rede Thälmanns an. Der Personenkult um Thälmann ähnelte immer stärker dem Stalin-Kult und dem Hitler-Kult.
33 Arthur Rosenberg: Geschichte der Deutschen Republik. Karlsbad 1935, S. 227.
34 Sigmund Neumann: Die deutschen Parteien (Anm. 3), S. 89.

resignieren wollten, suchten hier ihre politische Heimstätte. Ebenso wurden selbstbewußte Arbeiter, die nicht nur materielle Besserungen erstrebten, sondern in erster Linie nach gesellschaftlicher Gleichberechtigung und Anerkennung ihrer Menschenwürde verlangten, von der kämpferischen Agitation und den programmatischen Zielen der KPD angezogen. In den dreißiger Jahren sahen auch progressive Intellektuelle, Künstler und Schriftsteller die Kommunisten als einzige Alternative zur Gefahr des Faschismus. Aus solchem Umfeld rekrutierte sich das kommunistische Führungskorps, dessen Autorität und Einsatzbereitschaft vor diesem Hintergrund verständlich war.

Bei allen großen Wendungen der Parteilinie, im Kampf gegen die linken Kommunisten 1920 und dann 1926/27 sowie gegen die rechten Kommunisten 1921, 1923/24 und schließlich 1928/29 wurde jeweils das Funktionärkorps weitgehend erneuert. Anfang 1927 forderte die Führung, die Mängel der Organisation zu beseitigen »durch breite Heranziehung neuer Funktionäre, Kader aus der Arbeiterschaft«.[35] Im März 1929 erklärte Thälmann, nun gegen die Rechten gewandt: »Wir brauchen eine Erweiterung und Erneuerung unserer Parteikader.«[36]

Daher konnten Funktionäre immer hoffen, in den hauptamtlichen Apparat aufzurücken und bis ins Führungskorps zu gelangen, wie die Biographien zeigen. Die ständigen Säuberungen im Apparat und die Ausschaltung Oppositioneller boten etliche Aufstiegschancen. Eine beachtliche Anzahl ehrenamtlicher Funktionäre arbeitete ohnehin in Parteibetrieben oder hatte die Arbeitsstelle durch Parteibeziehungen erhalten, sie gerieten dadurch in materielle Abhängigkeit von der KPD. Die Reichskontrolle 1927 ergab,[37] daß 2.348 Personen, also fast zwei Prozent der rund 140.000 Mitglieder, direkt bei der KPD beschäftigt waren. Der eigentliche Parteiapparat, d. h. die von der Partei bezahlten politischen Funktionäre, dürften jeweils 500 Personen umfaßt haben, die Mehrheit der Parteiangestellten setzte sich zusammen aus Arbeitern in den parteieigenen Druckereien und Verlagen, Stenotypistinnen usw. Weitere 3.736 Kommunisten arbeiteten bei Konsumgenossenschaften oder Sowjetinstitutionen in Deutschland. Die meisten dieser über 5.000 KPD-Mitglieder, die ihren Arbeitsplatz direkt oder indirekt der Partei verdankten, d. h. etwa 20 Prozent aller Funktionäre (also der etwa 20.000 bis 30.000 aktiven Kommunisten[38]), waren unmittelbar angewiesen auf die KPD-Führung und die Komintern.[39]

35 »Die Rote Fahne« vom 28. Januar 1927.
36 »Die Rote Fahne« vom 19. März 1929.
37 Wienand Kaasch in: »Die Kommunistische Internationale«. 1928. Heft 19, S. 1052.
38 Vgl. Weber: Wandlung (Anm. 7), Bd. 1, S. 280 ff., hier S. 288.
39 In Berlin war dieser Anteil höher. Nach offiziellen Angaben waren 1927 572 Mitglieder Angestellte der Partei und 438 bei Gewerkschaften, Genossenschaften usw. beschäftigt, also 1010 Personen oder 7,2 % aller Mitglieder. Eine Oppositionszeitung schätzte sogar 1300 Kommunisten, die in Parteibetrieben usw. arbeiten, also fast 10 % der Mitglieder oder etwa ein Drittel der Funktionäre. Die »Kommunistische Politik« hatte 1925 ähnliche Zahlen errechnet. In der Berliner BL waren 1926 nach offiziellen Angaben von 77 Mitgliedern 24 Parteiangestellte, 1928 von 104 Mitgliedern 47 Parteiangestellte und 1929 31 Parteiangestellte. (Bericht BL Berlin-Brandenburg 1927, Berlin, o. J. S. 106 - »Schacht und Hütte«, Nr. 7 vom 2. Dezember 1927 - StA Oldenburg - 86-132).

Die daneben vorhandenen illegalen Apparate (M-Apparat[40] für die militärische Organisation, Z-Apparat für die Zersetzung der Reichswehr, Kurierdienst usw.) unterstanden weitgehend dem EKKI in Moskau, aber auch durch sie verstärkten sich die Apparattendenzen in der KPD.

Nicht zu übersehen ist, daß in der KPD verschiedene Strömungen wirksam waren, die nicht nur unter die Rubriken rechts oder links einzuordnen sind. Es gab auf der einen Seite einen radikal-demokratischen, humanistischen Flügel, der aus der Kriegsgegnerschaft, aus Protest gegen die Klassensituation und Unterdrückung zur Partei gestoßen war, während andererseits über viele Zwischenstufen als anderes Extrem eine bürokratisch-diktatorische Gruppe existierte.

Wie aber erging es den Personen an der KPD-Spitze? Schon beim ersten Blick in die Biographien ist das schlimme Los deutscher kommunistischer Führer zu erkennen. Unglaublich hoch ist die Zahl der Ermordeten, der in Hitlers, aber auch Stalins Zuchthäusern und Lagern Umgebrachten. Die Lebensdaten der hier erfaßten Parteiführer weisen auf sehr junge Spitzenfunktionäre hin, diese waren in der Mehrzahl um 1890, spätere Funktionäre um die Jahrhundertwende geboren. Hingegen ist den Todesdaten zu entnehmen, daß von diesen viele sehr früh starben. Das macht auch deutlich, daß zahlreiche Parteiführer keines »normalen Todes« starben, sondern im Lager oder an den Folgen fürchterlicher Gefangenschaft ihr Leben verloren, und nicht wenige wurden jung hingerichtet, ermordet oder wählten den Freitod.

Der Blick in die Biographien zeigt, daß von diesen 1.400 KPD-Führern über 400, also fast jeder Dritte, gewaltsam ums Leben kamen. Opfer der NS-Diktatur wurden davon 222, der Stalinschen Säuberungen 178 Personen, einige wurden bereits nach der Revolution 1918 ermordet, andere fielen im Spanischen Bürgerkrieg. Eine katastrophal hohe Zahl, die die Schrecken des 20. Jahrhunderts drastisch belegt. Doch es ist ebenso tragisch, daß auch Familienangehörige von KPD-Kadern in das Verhängnis einbezogen waren. Daher enthalten Biographien Hinweise und Daten auf die Lebensgefährten, meist Frauen, die ebenfalls – oft sogar noch ihre Kinder – als Kommunisten Furchtbares erlitten. Gerade dabei ist auf die Flüchtlinge aus NS-Deutschland zu verweisen, die in Stalins Gulag verschwanden, sogar an NS-Deutschland ausgeliefert wurden. Auch die in den Westen emigrierten Führer bekamen hier viele Probleme, wurden interniert, an die Gestapo ausgeliefert usw. Und beim Kampf gegen den Franco-Faschismus sind damals Kommunisten aus dem deutschen Führungskorps gefallen.

Es sind nur ganz wenige Funktionäre, die nicht irgendwann mit einem Gefängnis »Bekanntschaft« machen mußten. Ihre Leiden unter unmenschlichen Bedingungen bleiben unvorstellbar. Allerdings ist die Heroisierung der gefangenen und ermordeten kommunistischen Führer, wie sie die SED-Geschichtsschreibung betrieb, unbe-

40 Der Militärapparat war nach 1923 erheblich eingeschränkt worden. 1928/29 unter Führung Kippenbergers wieder ausgebaut, hieß er nun AM-Apparat.

rechtigt und sogar falsch. In der »Wolfsgesellschaft« der NS-Lager war kaum Raum für strahlendes Heldentum, der schreckliche Alltag der Gefangenen, die grausamen Folterungen waren eher geeignet, Menschen zu zerbrechen, und das alles trifft natürlich ebenso zu auf die Verhältnisse im stalinistischen Gulag-System.

Zudem ist auffallend, daß einige der früheren Opfer nach 1945 selbst noch zu Tätern wurden. Häufig ist indes aus den Lebensläufen der parteitreuen Kommunisten ablesbar, daß sie später in der DDR mit untergeordneten Funktionen abgespeist wurden, etliche sogar in SED-Säuberungen gerieten. Diese begannen bereits 1950 nach den Schauprozessen von 1949 gegen Laszlo Rayk in Ungarn und Traitscho Kostoff in Bulgarien. Der amerikanische Quäker und Kommunist Noel H. Field, in Ungarn inhaftiert, wurde zur belastenden Schlüsselfigur der Säuberungen. Er hatte in der Schweiz bis 1945 mit Hilfsgeldern des amerikanischen »Unitarien Service Committee« auch emigrierte deutsche Kommunisten unterstützt. In der »Field-Affäre« 1950 wurde er von der SED als »Spion« bezeichnet, Verbindungen zu ihm in der Emigration kriminalisiert. Die Biographien zeigen, wie führende deutsche Kommunisten wegen »Verrats« und »Hilfe für den Klassenfeind« im Zusammenhang mit der »Field-Affäre« abgesetzt, verfolgt und Willi Kreikemeyer sogar umgebracht wurde.

Schwer hatten es insbesondere diejenigen KPD-Führer, die bereits vor 1933 mit der stalinistischen Partei in Konflikt geraten waren und sich dennoch der SED angeschlossen hatten. Die Hinweise in den Biographien auf »Rügen« oder andere Verwarnungen lassen mancherlei Bedrängnis erahnen. Auch Auszeichnungen der KPD-Alt-Kader durch die SED sind interessant (genannt werden die jeweils höchsten Orden, die verliehen wurden).

Vor allem die Oppositionellen, die während der zahlreichen Wandlungen als linke oder rechte Abweichler einst die Partei verlassen hatten oder ausgeschlossen wurden, bekamen nach 1945 erneut Schwierigkeiten. Von ihnen sind manche zur SPD gestoßen, aber nicht wenige haben sich nach den Erfahrungen ganz von der Politik abgewandt.

Im allgemeinen blieb für die meisten Kommunisten, gerade die Führer, der Einsatz für die Armen und Unterdrückten, für eine Welt ohne Ausbeutung und Klassen, ohne Entbehrung und Zwang, ohne Rassenhaß und Krieg der beispielhafte Antrieb ihres Handelns, auch wenn die hehren Ideale dann oft in Rituale erstarrten und instrumentalisiert wurden.

Die Biographien machen allerdings deutlich, daß es sich bereits in den zwanziger Jahren – und erst recht danach – speziell bei den innerparteilichen Auseinandersetzungen nicht nur um theoretische oder politische Konflikte handelte. Selbstverständlich existierten untereinander Rivalitäten, persönliche Abneigungen oder Freundschaften. Unter den Kadern befanden sich immer aufrechte Idealisten, unerschrockene Streiter für eine bessere Welt, integre Personen, aber auch ihnen war nichts Menschliches fremd. Daneben wirkten allerlei fanatische Revoluzzer, kom-

promißlose Radikalinskis, verwegene Abenteurer, korrumpierte Egoisten, rücksichtlose Gewaltmenschen und zynische Karrieristen und selbst brutale Rabauken. Schon damals waren für manche »Kader« Machterringung und Machterhalt, oder gar Privilegien, das Entscheidende, selbst wenn sie dies hinter idealistischen Motiven (alles für »die Sache«) zu verstecken wußten. Dazwischen gab es noch die skeptische »ehrliche Haut«, die sich instrumentalisieren ließ.
Das Eingebundensein der kommunistischen Funktionäre in die Konkurrenzsituation der Ellbogengesellschaft widerspiegelte sich im Führungskorps. Die Möglichkeit, durch eine Partei-Karriere aus dem ärmlichen, öden Leben des Proletariats herauszukommen oder als »abgebrochener« Student zum Berufsrevolutionär in der Hierarchie aufsteigen zu können, schien durch Anpassung leichter erreichbar. Und so war die Treue gegenüber der Stalinschen Sowjetunion nicht nur dem Glauben an die bessere Gesellschaft geschuldet, sondern zugleich dem Wissen, was dem Häretiker blüht.
Eine Alternative war in der Weimarer Republik für exponierte Kommunisten schwer zu finden. In der Hitler-Diktatur bestand praktisch kein Ausweg. Schon in den zwanziger Jahren war bekannten führenden KPD-Funktionären nach ihrer politischen Aktivität eine Rückkehr in den alten Beruf meist versperrt. Die Trennung von der KPD schien vielen trotz der Einsicht, einen falschen Weg zu gehen, unmöglich. Dies bedeutete ja nicht nur das Aufgeben alter Ideale oder den Verlust der Existenz, sondern zugleich Bruch mit der politischen »Familie«. Besonders in wirtschaftlichen Krisenzeiten wurde die materielle Abhängigkeit von der KPD oftmals ausschlaggebender als das Beharren auf der oppositionellen Haltung.
Ruth Fischer berichtete, wie ein treuer Funktionär der linken Opposition und einer ihrer aktivsten Anhänger gegen Thälmann ihr 1927 eines Tages ankündigte, er werde vor dem ZK kapitulieren, die Opposition verlassen. Auf ihre erstaunte Frage nach den Gründen für das Abschwören seiner bisherigen Meinung antwortete er: vier. Und auf die nun noch erstauntere Nachfrage welche vier Gründe, lautete seine Antwort: eine Frau und drei Kinder. Dieses Verhalten eines Familienvaters hat Ruth Fischer wohl kaum erfunden, es war Realität. Trotzki soll später gesagt haben: »Es war das größte Verbrechen der Komintern, daß sie jene, die aufgebrochen waren, um die Menschheit in eine bessere Zukunft zu führen, korrumpierte.«[41] Dies gilt auch für deutsche Kader. Der gegenseitige Konkurrenzkampf beim »Aufstieg« ist nicht zu übersehen. Ein intimer Kenner stalinistischer Kaderpolitik wie Herbert Wehner hat das 1946 »Streben nach Emporkommen, Anstrengungen zum Erklimmen der nächsten Leitersprosse« genannt. Generalisierend hielt er fest: »Das System der gewaltsamen Brechung der Individuen ist nicht einfach dumm, es ist teuflisch, weil es gewisse Erfolge gewährleistet.«[42]

41 Rosa Meyer-Leviné: Im inneren Kreis. Erinnerung einer Kommunistin in Deutschland 1920-1933. Köln 1979, S. 105.
42 Günter Reimann/Herbert Wehner. Zwischen zwei Epochen. Briefe 1946. Leipzig 1998, S. 108 ff.

Wenn dennoch zahlreiche Parteiführer immer wieder gegen die Umwandlung des Kommunismus durch Stalin opponierten, ist dies um so bemerkenswerter und widerlegt die Auffassung, überall gelte eben nur: »Wes' Brot ich eß', des Lied ich sing.«

Umgekehrt waren Gläubigkeit und Ergebenheit entscheidende Leitmotive der Anpassung, die Ideale bei den Kadern so sehr verinnerlicht, daß sie – selbst Verfolgte nach ihren schrecklichen Gulag-Erfahrungen – »der Partei« die Treue hielten, weiter mitmachten. Und erst recht fühlten sich diejenigen Kommunisten in ihren orthodoxen Anschauungen bestätigt, die dem barbarischen Hitler-Terror ausgeliefert waren und ihn überlebt hatten.

Die Biographien zeigen insofern, daß in der Leitung des deutschen Kommunismus kein einheitlicher Typ existierte, sondern sehr gegensätzliche Charaktere dazu zählten, Persönlichkeiten vielerlei Schattierungen anzutreffen waren. Die bis 1933 fast ständigen innerparteilichen Auseinandersetzungen und ebenso die Fixierung auf die Sowjetunion und die Unterwerfung unter die jeweilige Führung in Moskau standen der Homogenität im Wege. Außerdem stammte die Mehrzahl der Parteiführer zwar aus Arbeiterhaushalten und waren zunächst selbst Arbeiter (überwiegend Metallarbeiter), sie kamen aber auch aus kleinbürgerlichem oder sogar großbürgerlichem Milieu, Künstler, Intellektuelle (etliche promoviert), waren dort durchaus vertreten. Radikalisiert hatte sie vor allem der Weltkrieg. Kommunisten traten dann als Gegner der Weimarer Republik auf und waren schließlich Feinde der NS-Diktatur. Der Zusammenhalt resultierte – obwohl manchmal nur in jeweiligen Gruppen der Linken, Rechten usw. – aus der gleichen oder ähnlichen Zielsetzung, dem Bekenntnis zur russischen Oktoberrevolution und später zur stalinistischen Sowjetunion. Schließlich haben auch die Zeitumstände sie immer wieder zusammengeschweißt. Doch ansonsten gab es die so häufig beschworene und nach außen gezeigte Konformität des Führungskorps nicht. Die Divergenzen zählten überdies zu den Gründen für das Auseinanderfallen in Gruppierungen, aber die Menge der Ausschlüsse und Ausstritte rührte eher von den Befehlen der Komintern und der KPdSU her.

Vielen Kadern in der KPD-Spitze – wie den Daten in den Biographien zu entnehmen ist – mangelte es durch dauernde Umbesetzungen an fester Ortsgebundenheit und somit auch an kontinuierlicher Verbindung mit den Massen. Damit sollten beständige Freundschaften oder gar Seilschaften verhindert werden, nicht zuletzt, um dem Alptraum »Fraktionen« vorzubeugen. In den biographischen Angaben sind aber auch die kommunistischen Hochburgen zu erkennen. Auffällig ist, daß die meisten Funktionäre dort irgendwann agierten, z. B. in den Bezirken Berlin-Brandenburg, Halle-Merseburg, Wasserkante, Ruhrgebiet und in den rheinischen sowie den sächsischen Bezirken.

Die oberste Parteiinstanz (oder die Komintern-Leitung in Moskau) bestimmte den Einsatz der Funktionäre, selbst des Spitzenkorps. Die häufigen Versetzungen brachten auch Familien in Schwierigkeiten, die Unruhe wurde durch »Aktionen« noch verschärft. Wenn es in der Kurzbiographie lapidar heißt »er ging nach X«, bedeutete dies in der Praxis, ein Befehl »der Partei« ordnete den Umzug an, der ja stets mit der neuen Funktion verbunden war. Auffallend ist zudem der vielfache Gebrauch von Pseudonymen bzw. Parteinamen, mit denen sich führende Kommunisten immer wieder tarnten. Von manchen wurden sie beibehalten und verdrängten sogar den Geburtsnamen.

Die Tendenz zur Abkapselung eines elitären Führungskorps wurde indirekt gesteigert durch intensive Schulungen, die fast alle Funktionäre durchliefen. Allein die KPD-Parteischule in Fichtenau bei Berlin absolvierten (meist in Vierteljahreskursen) über 1.000 Aktivisten (darunter 1929 bis 1933 nur 101 Frauen). Die meisten Führer wurden in sowjetischen Bildungsstätten (etwa der Moskauer Internationalen Leninschule) in längeren Kursen indoktriniert. Deshalb wähnten sie sich über alle Ereignisse gut informiert, sei es die chinesische Revolution oder ein Lohnstreik in einer beliebigen Gegend Deutschlands; damit entstand die Verbundenheit eines »wissenden Zirkels«. Denn sie glaubten sich im Besitz einer absoluten »historischen Wahrheit« und hatten »immer recht«, bezeichneten sich sogar selbst als »Avantgarde«. Auf diese Weise entwickelte sich ein vielfach durch primitives Freund-Feind-Denken sowie Intoleranz geprägter autoritärer Typ, er wurde Pfeiler einer überheblichen Führungsclique. Als eine Verpflichtung galt das ständige »wachsame« Aufspüren von »Feinden« und die Denunzierung von »Abweichler« bis hin zur Kriminalisierung Andersdenkender. Geringe Lernfähigkeit führte zu Ignoranz, die oft in Willkür und Repression endete, was bereits in der Weimarer Republik Parteiausschluß und Diskriminierung kommunistischer Opponenten bedeutete, dann ab 1929 Bekämpfung aller Nichtkommunisten als »Faschisten« hieß.

Dazu stellte ein kritischer Beobachter 1932 fest: »Kein Anhänger der KPD vermag den Bannkreis seiner Ideologie zu durchbrechen. Als subjektive Idealisten vermögen die KPD-Leute die Welt und die eigene Existenz immer nur durch die traditionellen, vorgefaßten Meinungen, Dogmen und ›Axiome‹ ihrer Partei zu betrachten ... Niemals bildete eine voraussetzungslose marxistische Erkenntnis der Wirklichkeit, immer bildeten dagegen die subjektiven, marxistisch umkleideten Wünsche und Theorien der KPD die Grundlage und den Ausgangspunkt ihres jeweiligen Handelns.«[43]

So entstand in der KPD dann jener Prototyp des ergebenen Funktionärs, der jederzeit die (oft wechselnde) Linie kritiklos mitmachte, der sich freiwillig unterordnete und wie ein »Parteisoldat« Disziplin einhielt. Nach außen, gegenüber dem Feind, war er kämpferisch und selbstlos einsatzbereit, aber innerhalb der Organisation völlig angepaßt; mit seiner Parteidisziplin zeigte er mangelnde Zivilcourage, war ein Untertan.

43 Walter Rist: Die innere Krise der KPD (Anm. 14), S.134.

4) Wer leitete die Partei? – Das Polbüro

Die innerparteilichen Säuberungen – wie die Verfolgung von Kommunisten durch Kommunisten verharmlosend genannt wurden – haben den Stalinismus gekennzeichnet und den Kommunismus tief geprägt. Sie gehörten immanent zur Veränderung von einer traditionell radikal-sozialen Bewegung in eine diktatorische Institution. Die Parteisäuberungen verursachten – das belegen die Biographien – eine ständige Auswechslung der Kader im Führungskorps. Durch Ausschlüsse oder Austritte kam es zu einem drastischen personellen Austausch. Bereits seit den zwanziger Jahren wurden in den Parteien des Weltkommunismus alle oppositionellen Gruppen, sogenannte Fraktionen und Kritiker hinausgedrängt. Hieraus ergab sich eine weitere Besonderheit. Die kommunistischen Organisationen veränderten sich weg vom Typus moderner Parteien und hin zu einem strenggläubigen, hyperzentralistisch strukturierten »Orden«; Stalin sprach einmal vom »Schwertträgerorden«. Damit wandelten sich die Karriere-Kriterien. Entsprechend angepaßte Funktionäre rückten nun nicht nur nach oben durch ihre Aktivität und Einsatzbereitschaft, sondern zugleich durch »Kritik und Selbstkritik«, d. h. wechselseitige Diffamierungen und Verleumdungen sowie Unterwerfung. Sie waren Befehlsempfänger, wer kritisierte oder sich wehrte, wurde als »Renegat«, Antikommunist und Sowjetfeind verfemt. Die Androhung von Parteiverfahren, die Angst vor Funktionsverlust oder gar Ausschluß hinderte sie daran, eine kritische Meinung offen zu äußern. Selbst die leitenden Kader – auch das zeigen die Biographien – mußten sich ohne zu schwanken Moskau und der gerade gültigen »Linie« als Parteisoldaten völlig unterordnen oder aber zum vollständigen Bruch mit der Partei bereit sein, gestattet war weder ein abweichender »Mittelweg« noch eine Teil-Opposition. Diese Entwicklung ist bei den Parteiführern an der Spitze der KPD, dem Polbüro bzw. Politbüro zwischen 1920 und 1945 deutlich zu registrieren. Dieses Gremium soll hier in seiner Zusammensetzung etwas näher geprüft werden.

Dem Polbüro gehörten seit seinem Bestehen 1920 und der letzten Wahl 1939 (auf der »Berner Konferenz«) 47 Personen an. Um auch die Frühphase zu berücksichtigen, wurden die Mitglieder der Gründungszentrale 1919 bzw. des V. Parteitags der KPD (Spartakusbund) im April 1920, dem letzten vor der Vereinigung, sowie die acht »Sekretäre« des Vereinigungsparteitags mit der USPD von Ende 1920 einbezogen, insgesamt sind das 59 Spitzenführer (vgl. die Tabelle).

Das Durchschnittsalter in dieser Führung betrug 1928 41 Jahre (fiktiv, da bereits einige in der Anfangsphase starben). Unter den fast 60 Spitzenführern befanden sich nur sieben Frauen, sie waren also noch mehr unterrepräsentiert als in der Mitgliedschaft (ca. 17 Prozent). Allerdings entsprachen die ca. 8,5 Prozent dem Frauenanteil im gesamten Führungskorps, von dessen 1.400 Personen auch nur 129 weiblich waren.

Die soziale Herkunft der 59 Spitzenführer:

Gelernte Arbeiter	13 (darunter 10 Metallarbeiter)
ungelernte Arbeiter	3
Angestellte	11
Handwerker, handwerkliche Arbeiter, sonstige	7
Akademiker	12
Lehrer	5
Schriftsteller, »Berufsrevolutionäre«	6
Techniker	2

Nur ein Viertel des Polbüros bzw. der ursprünglichen Führungsmannschaft rekrutierte sich aus gelernten Arbeitern, diese waren gegenüber der Partei oder dem gesamten Führungskorps unterrepräsentiert, Angestellte mit elf und intellektuelle Berufe mit 25 Personen erheblich überrepräsentiert.
Von den 59 Parteiführern des Polbüro bzw. der frühen Zentrale hatten sich elf bereits vor 1900 der Arbeiterbewegung angeschlossen, 29 sich zwischen 1901 und 1914 in der SPD organisiert, sieben kamen direkt zur USPD und sechs zur KPD (Spartakusbund), ebenfalls sechs dann erst nach der Vereinigung 1920 zur KPD (bzw. waren vorher in der KPÖ oder KPČ). Zwischen 1918 und 1920 gehörten 18 Spitzenführer zur USPD, 21 zur KPD (Spartakusbund). Anders als im gesamten Führungskorps, in dem frühere USPD-Mitglieder überwogen, bestand das Polbüro fast gleichmäßig aus ehemaligen Angehörigen beider Parteien.
Bei den Auseinandersetzungen 1923/24 zählten 16 Führer zu den Linken, elf zur Mittelgruppe, fünf zu den Rechten, die übrigen waren nicht festgelegt. Während der Stalinisierung in den zwanziger Jahren schlossen sich fünf Parteiführer der linken und drei der ultralinken Opposition an, bei den Rechten standen sechs; die Mehrheit vertrat die jeweilige Parteilinie. Aber 23 Personen wurden aus der KPD ausgeschlossen, davon acht wegen linker, elf wegen rechter Abweichungen und vier aus sonstigen Gründen.
Am Ende des Zweiten Weltkriegs 1945 waren von den 59 Polbüromitglieder 25 bereits verstorben, 19 der Überlebenden schlossen sich dann der SED an, elf waren nicht mehr organisiert, in anderen politischen Gruppen tätig (oder es war nicht zu ermitteln, ob sie sich noch politisch betätigen), vier gehörten der SPD an. Von den 19 ehemaligen KPD-Führern in der SED gerieten allerdings sieben dann in der DDR in Parteisäuberungen.
Zusammenfassend ist festzuhalten: Die Spitzengruppe der KPD-Führung, das Polbüro, zeigte relativ junge Funktionäre, ehemalige Arbeiter und Akademiker stellten das Gros der lange im Parteiapparat tätigen und in der Arbeiterbewegung organisierten Personen. Alle Schattierungen im innerparteilichen Links-rechts-Spektrum waren vertreten. Auffallend ist der außergewöhnlich große Aderlaß der Spitzenkader: 40 Prozent wurden aus

der Partei ausgeschlossen oder verließen die Partei. Von den 59 KPD-Führern wurden drei in den Kämpfen 1919 ermordet, sechs fielen dem Hitler-Terror und sieben (vielleicht sogar acht) dem Stalin-Terror zum Opfer, mehr als ein Viertel aller Führer des Polbüros kamen zwischen 1919 und 1945 gewaltsam ums Leben (vgl. die Tabelle).

*Mitglieder und Kandidaten des Politbüros (Polbüros) bzw. der frühen Führung der KPD 1919-1939**

Name	Mitglied (Kandidat) des Polbüros oder der frühen Führung	Ausschluß aus der KPD	In den Stalinschen Säuberungen oder in Hitler-Deutschland ermordet
Anton Ackermann (1905-1973)	1935-1939		
Karl Becker (1894-1942)	1923		Opfer Hitlers
Paul Böttcher (1891-1975)	1921-1923	1929 Ausschluß	
Heinrich Brandler (1881-1967)	1919-1923	1929 Ausschluß	
Otto Brass (1875-1950)	1920	1921 Austritt	
Bertha Braunthal (1887-1967)	1920		
Ernst Däuming (1866-1922)	1920	1921 Austritt	
Franz Dahlem (1892-1981)	1928-1939		
Philipp Dengel (1888-1948)	1925-1929		
Hermann Duncker (1874-1960)	1919		
Käte Duncker (1871-1953)	1919		
Hugo Eberlein (1887-1941)	1919, 1924, 1927/28		Opfer Stalins
Gerhart Eisler (1897-1968)	1927/28		

* Nicht aufgenommen wurden die Jugendfunktionäre, die als Vertreter des KJVD im Polbüro waren (Konrad Blenkle, Walter Häbich, Kurt Müller usw.).

Arthur Ewert (1890-1959)	1925-1929		
Ruth Fischer (1895-1961)	1924/25	1926 Ausschluß	
Leo Flieg (1893-1939)	1927-1932		Opfer Stalins
Wilhelm Florin (1894-1944)	1929-1939		
Ernst Friesland (Reuter) (1889-1953)	1920/21	1921 Ausschluß	
Paul Frölich (1884-1953)	1919/20	1928 Ausschluß	
Ottomar Geschke (1882-1957)	1925-1927		
Fritz Heckert (1884-1936)	1927-1933		
Wilhelm Hein (1889-1958)	1929-1933	1933 Ausschluß	
Edwin Hoernle (1883-1952)	1921-1923		
Leo Jogiches (1867-1919)	1919		Ermordet 1919
Wilhelm Kasper (1892-1985)	1929-1933	1935 Ausschluß	
Iwan Katz (1889-1956)	1924/25	1926 Ausschluß	
August Kleine (1885-1960)	1922/23	[1924 aus KPD-Arbeit entfernt]	[UdSSR verhaftet]
Wilhelm Koenen (1886-1963)	1921-1924		
Paul Lange (1880-1951)	1919/20	1920 Austritt	
Paul Levi (1883-1930)	1919/20	1921 Ausschluß	
Karl Liebknecht (1871 -1919)	1919		Ermordet 1919
Rosa Luxemburg (1871-1919)	1919		Ermordet 1919
Arkadi Maslow (1891-1941)	1924/25	1926 Ausschluß	[vermutl. Opfer Stalins]

Paul Merker (1894-1969)	1927-1930, 1935		
Ernst Meyer (1887-1930)	1919/21, 1927-1929		
Heinz Neumann (1902-1937)	1928-1932		Opfer Stalins
Helene Overlach (1894-1983)	1929-1932		
Wilhelm Pieck (1876-1960)	1919, 1927-1939		
Hermann Remmele (1880-1939)	1920, 1924-1933		Opfer Stalins
Arthur Rosenberg (1889-1943)	1924/25	1927 Austritt	
John Schehr (1896-1934)	1932/33		Opfer Hitlers
Paul Schlecht (1882-1947)	1924/25	1927 Ausschluß	
Friedrich Schnellbacher (1884-1947)	1920		
Ernst Schneller (1890-1944)	1925-1929		Opfer Hitlers
Werner Scholem (1895-1940)	1924/25	1926 Ausschluß	Opfer Hitlers
Hermann Schubert (1886-1938)	1932-1935		Opfer Stalins
Max Schütz (1894-1961)	1924/25	1926 Ausschluß	
Fritz Schulte (1890-1943)	1929-1935		Opfer Stalins
Wilhelm Schwan (1884-1960)	1925	1926 Ausschluß	
Walter Stoecker (1891-1939)	1921, 1924		Opfer Hitlers
Heinrich Süßkind (1895-1937)	1927/28		Opfer Stalins
Ernst Thälmann (1886-1944)	1924-1933		Opfer Hitlers
August Thalheimer (1884-1948)	1919-1923	1928 Ausschluß	

Walter Ulbricht (1893-1973)	1929-1939		
Jacob Walcher (1887-1970)	1921-1923	1928 Ausschluß	
Herbert Wehner (1906-1990)	1935-1939	1942 Ausschluß	
Jean Winterich (1886-1931)	1929-1931		
Rosi Wolfstein (1888-1987)	(1920)	1929 Ausschluß	
Clara Zetkin (1857-1933)	1919-1923		

Beim interessanteren Vergleich der KPD-Leitungen, die zu verschiedenen Zeiten, nämlich in der Zentrale 1919/20, dann 1924, 1929 und 1935 im Polbüro, wirkten, ergibt sich folgendes Bild:

Die Führung von 1919
Zur ersten KPD-Zentrale, auf dem Gründungsparteitag 1918/19 gewählt, gehörten zwölf Mitglieder. Deren Durchschnittsalter betrug 41 Jahre, der Älteste war Leo Jogiches (52 Jahre), der Jüngste Ernst Meyer (32 Jahre). Acht Akademikern (davon fünf promoviert) standen drei Angestellte und nur ein handwerklicher Arbeiter (Wilhelm Pieck) gegenüber. Die Zentrale setzte sich zusammen aus zehn Männern und zwei Frauen (Käte Duncker und Rosa Luxemburg). Von den Zentrale-Mitgliedern war die Hälfte über 20 Jahre in der Arbeiterbewegung, die anderen zwischen 20 und zehn Jahren.
Von dieser ersten Zentrale sind drei ihrer Mitglieder (Rosa Luxemburg, Karl Liebknecht und Leo Jogiches) bereits 1919 ermordet worden, 1920/21 schieden zwei Personen aus (Paul Levi und Paul Lange). Bei den Auseinandersetzungen 1923/24 standen zwei der übrigen sieben Gründer bei den Rechten, die anderen bei der Mittelgruppe, niemand zählte zu den Linken. Ende der zwanziger Jahren sind zwei (Paul Frölich, August Thalheimer) als Rechte ausgeschlossen worden, zwei waren Versöhnler (Hugo Eberlein, Ernst Meyer). Von diesen Gründerführern wurde Eberlein später ein Opfer der Stalinschen Säuberungen. Nach 1945 gehörten von den sechs Überlebenden drei der SED an (Hermann Duncker, Paul Lange, Wilhelm Pieck), einer war in der SPD (Paul Frölich), einer in der früheren KPO (August Thalheimer), Käte Duncker war nicht mehr organisiert.
Die bei Gründung gewählte Zentrale der KPD bildeten überwiegend Akademiker, die meisten hatten in der deutschen (Rosa Luxemburg und Leo Jogiches zugleich in der polnischen) Arbeiterbewegung eine Rolle gespielt, und vor 1914 dem linken

Flügel der SPD angehört. Aber erst durch die Spaltung im Weltkrieg wurden sie zu Führern einer eigenen, relativ kleinen Partei. Davon übte jedoch 1929 nur noch einer (Pieck) eine wichtige Funktion in der KPD aus. Alle anderen Mitbegründer von 1918/19 waren zehn Jahre danach tot, aus der Partei ausgeschlossen oder ins Abseits gedrängt.

Das Polbüro von 1924

Nach der radikalen Linkswendung der KPD 1924 änderte sich auch die Zusammensetzung des Polbüros völlig. Dieses neue Polbüro zählte 1924 neun Mitglieder, das Durchschnittsalter betrug 35 Jahre, der Älteste (Hermann Remmele) war 44 Jahre, die beiden Jüngsten (Ruth Fischer und Werner Scholem) waren 29 Jahre alt. Drei gelernten und einem ungelernten Arbeiter standen drei Akademiker und zwei Personen mit abgebrochenem Studium gegenüber. Nur ein Funktionär war über 20 Jahre in der Arbeiterbewegung organisiert, vier zwischen 20 und zehn Jahren, je zwei waren direkt zur USPD bzw. KPD gekommen. Zwischen 1918 und 1920 hatten sechs der USPD und nur drei der KPD angehört. In den Auseinandersetzungen von 1923 zählten acht zur Linken und einer war Anhänger der Mittelgruppe. 1924 war von den Polbüromitgliedern einer länger als 20 Jahre hauptamtlich tätig, sieben zwischen zwei und fünf Jahren und einer ein Jahr. Während der folgenden Stalinisierung haben sich vier der linken und drei der ultralinken Opposition angeschlossen, einer ging später zur Neumann-Gruppe und nur einer (Ernst Thälmann) vertrat die Parteilinie. Und von diesen neun Polbüromitgliedern des Jahres 1924 waren sieben bis 1929 aus der Partei ausgeschlossen oder ausgetreten, nur zwei (Ernst Thälmann und Hermann Remmele) blieben in der KPD. Von diesem Polbüro sind zwei unter Hitler (der Vorsitzende Ernst Thälmann sowie der »Parteifeind« Werner Scholem) und einer (Hermann Remmele) unter Stalin ums Leben gekommen. Einer von diesen Spitzenführern war nach 1945 kurz in der KPD/SED (Max Schütz), einer war nicht organisiert, einer gehörte zu einer linken Gruppe, sechs waren inzwischen verstorben.

Das Polbüro von 1924 setzte sich aus jungen, mit den Traditionen der Arbeiterbewegung nur wenig verbundenen, radikalen linken Kommunisten zusammen; es rekrutierte sich je zur Hälfte aus Intellektuellen und Arbeitern, der Großteil davon ist später aus der Partei verdrängt worden.

Das Polbüro von 1929

1929 hatte das umfangreichere Polbüro eine andere Zusammensetzung: Es bestand nun aus 15 Personen (elf Mitgliedern und vier Kandidaten). Das Durchschnittsalter lag mit 38 Jahren etwa höher (der Älteste wieder Remmele mit 49 Jahren, der Jüngste Heinz Neumann mit 27 Jahren). Von den neun Führern des Polbüros von 1924 saßen im Polbüro des Jahres 1929 nur noch zwei: Remmele und Thälmann. Die soziale Herkunft hatte sich weitgehend geändert: Es gab nun sechs gelernte und zwei ungelernte Arbeiter, zwei sonstige Arbeitnehmer (ein Handwerker und ein Kellner), drei Angestellte, einen Lehrer und einen »Berufsrevolutionär«; intellektuell Tätige waren fast ganz ausgeschieden. Ihre hauptamtliche Arbeit im Parteiapparat erstreckte sich allerdings über eine erheblich längere Zeitspanne: Einer war über 20 Jahre, fünf zwischen 20 und zehn Jahren und acht zwischen zehn und fünf Jahren bezahlte Funktionäre, einer seit zwei Jahren.

In der Arbeiterbewegung organisiert waren von diesem Polbüro 1929 vier länger als 20 Jahre, fünf zwischen 20 und zehn Jahren, vier waren direkt zur USPD gekommen und zwei nach 1920 beigetreten. Bei den Auseinandersetzungen 1923/24 hatten sechs zu den Linken gezählt, sieben zur Mittelgruppe und zwei waren als Apparatfunktionäre »neutral«. Während der Stalinisierung gehörte keiner zu einer Oppositionsgruppe, allerdings schlossen sich fünf später der Merker- bzw. der Neumann-Gruppe an.

Aus dem Polbüro von 1929 wurde ein Kommunist unter Hitler ermordet (Ernst Thälmann), aber vier (Leo Flieg, Heinz Neumann, Hermann Remmele, Fritz Schulte) fielen den Stalinschen Säuberungen zum Opfer. Am Ende des Zweiten Weltkrieges waren acht Personen bereits gestorben, fünf (Franz Dahlem, Paul Merker, Helene Overlach, Wilhelm Pieck, Walter Ulbricht) saßen in der SED-Führung, zwei waren nicht mehr organisiert.

Diese ungleiche Zusammensetzung der Polbüros von 1924 und 1929 macht deutlich, daß die Stalinisierung erhebliche Veränderungen in der obersten Parteispitze mit sich gebracht hatte. Die »Kader-Auslese« der KPD schien perfekt, dennoch forderte die Stalinsche Säuberung später auch unter diesen Akteuren viele Opfer.

Das Politbüro von 1935

Das auf der »Brüsseler Konferenz« der KPD 1935 gewählte illegale Politbüro bestand dann nur noch aus acht Personen (der in Abwesenheit ebenfalls »gewählte« Ernst Thälmann war in Hitler-Deutschland inhaftiert). Nun betrug das Durchschnittsalter 42 Jahre, Ältester war Wilhelm Pieck (59 Jahre), Jüngster Herbert Wehner (29 Jahre). Ihre soziale Herkunft war eine andere, neben vier gelernten Arbeitern (darunter zwei handwerkliche) und einem ungelernten Arbeiter gab es drei Angestellte. Standen bei Gründung der KPD an der Spitze überwiegend Akademiker, so fehlten diese inzwischen ganz. Bei den Auseinandersetzungen der zwanziger Jahre hatten die beiden jüngeren 1935er »Politbüro-Kandidaten« (Ackermann und Wehner) die erst 1926 bzw. 1927 zur KPD kamen, noch keine Rolle gespielt, alle übrigen vertraten bis 1933 immer die Parteilinie (nur Merker war 1930 abgesetzt worden).

Und in dieser Spitze saßen auch nur Männer. Davon war Pieck am längsten in der Arbeiterbewegung organisiert (40 Jahre), die übrigen weit kürzer, aber alle waren schon lange im hauptamtlichen Apparat und hatten somit die oben erwähnten Prozeduren durchlaufen. Kein Mitglied des Exil-Politbüros von 1935 war in den Stalinschen Säuberungen inhaftiert, Heckert und Florin sind in der Sowjetunion

gestorben. Wehner war der einzige dieser Spitzenführer, der sich von der KPD lossagte und nach 1945 maßgeblich in der SPD arbeitete. Die übrigen fünf erhielten 1945 in der KPD/SED erneut Führungspositionen. Die von Stalin protegierten Ulbricht und Pieck wurden bestimmend. Aber drei (Ackermann, Dahlem und Merker) gerieten in die Partei-Säuberungen der SED, und Merker mußte in der DDR sogar zeitweise ins Gefängnis.
Dieses Politbüro der KPD von 1935 (das letzte, auf der »Berner Konferenz« 1939 berufene, bestand faktisch aus den gleichen Personen) war nach der Zerschlagung der KPD in NS-Deutschland dann im Exil ohne nennenswerte Bedeutung, es befand sich in völliger Abhängigkeit von der Sowjetunion Stalins.

5) Veränderung des Führungskorps

Insgesamt zeigen sowohl die Zusammensetzung als auch die Entwicklung der obersten KPD-Spitze, des Polbüros, in der Zeit von 1918 bis 1945 noch drastischer als das umfangreichere breitere Führungskorps, wie sich die deutsche Partei innerhalb einer relativ kurzen Zeitspanne personell wie inhaltlich veränderte. Der Blick auf die hier biographisch vorgestellten 1.400 Funktionäre läßt erkennen, daß die KPD mehrheitlich von jungen Aktivisten, die sich als »Berufsrevolutionäre« für die Partei einsetzten, geleitet wurde.
Vor 1870 geboren (also 1920 über 50 Jahre alt) waren von den 1.400 Personen nur 20, und lediglich sechs gehörten zu den bereits vor 1860 geborenen Veteranen. Ältester war Franz Mehring (* 1846), dann folgten Joseph Herzfeld und Friedrich Geyer (beide Jahrgang 1853). Demgegenüber waren 54 der Parteiführer erst ab 1908 geboren, d. h. vier Prozent dieser KPD-Kader von 1918 bis 1945 waren 1928 jünger als 20 Jahre. Die drei Jüngsten gehörten sogar zum Jahrgang 1913 (Adolf Buchholz, Artur Mannbar und Margarete Walter).
In der Parteiführung gab es nur wenige Frauen, nur 129 standen 1.273 Männern gegenüber. Frühere Arbeiter, Angestellte und Intellektuelle bildeten das Hauptkontingent der von der Partei bezahlten Spitzenfunktionäre. Die Älteren waren oft geformt durch längere Wanderschaft, während der sie Länder Europas kennengelernt und ihren Horizont erweitert hatten. Sie erlebten materielle Not, zeigten aber unbändigen Wissensdurst und Lernbereitschaft. Die übergroße Zahl der Kader war durch die Erfahrungen des Weltkriegs geprägt und radikalisiert, in dem zahlreiche – wie in den Biographien nachzulesen – zum Militär mußten. Viele waren schon vor 1917 in der SPD organisiert gewesen, kamen aus der USPD, eine kleinere Zahl auch aus dem Spartakusbund. Die meisten verfügten über langjährige Erfahrungen im hauptamtlichen Apparat.
Während der innerparteilichen Auseinandersetzungen im Links-rechts-Schema der zwanziger Jahre standen sie bei den unterschiedlichen Gruppen der Rechten, Ver-

söhnler, Linken oder Ultralinken, die Mehrzahl wich aber nicht von der offiziellen Parteilinie ab. Eine beträchtliche Anzahl der ursprünglichen Führer wurde während der Stalinisierung aus der KPD ausgeschlossen oder verließ die Partei. Das bot jüngeren Funktionären eine schnelle Aufstiegschance. Radikale personelle Veränderung war für das gesamte Führungskorps von 1918 bis 1945 typisch.

Beim Blick in die Biographien der 1.400 führender Kader ist festzustellen, was sie zur kommunistischen Bewegung brachte, warum sie sich trotz wechselnder Politik mit ihr identifizierten oder warum sie (ein geringerer Teil) die Partei verließen. Insbesondere durch die Anpassung an die jeweils von »oben« diktierte Linie, die kritiklose Unterwerfung, wurde vielen das »politische Rückgrat« gebrochen. Nach Ende der Richtungskämpfe mit Ausschluß der Linken 1926/27 und der Rechten 1928/29 brachten die späteren Auseinandersetzungen mit der »Merker-Gruppe« 1930 und vor allem mit der »Neumann-Remmele-Gruppe« 1932 neue Rituale der Kapitulation. Diese fanden schließlich während der blutigen Stalinschen Säuberungen 1936/38 eine beispiellose Fortsetzung.

Dies geht nicht etwa nur aus dem Schicksal der Mitglieder des Polbüros hervor, der hier beschriebenen jeweiligen Zusammensetzung usw. Diese Tendenz ist den Biographien aller 1.400 Funktionäre zu entnehmen, zeigt sich aber bei bestimmten Gruppen, etwa bei den Akademikern, besonders deutlich. Immerhin zählten 62 Personen zu Akademikern mit dem Abschluß einer Promotion. Von ihnen sind 26 (also 40 Prozent) aus der KPD ausgeschlossen worden oder verließen die Partei. Bemerkenswert aber vor allem, daß von den promovierten Spitzenfunktionären ein Drittel gewaltsam ums Leben kamen: fünf Führer durch den Hitler-Terror und vier schon in der Frühphase der Partei, jedoch elf Funktionäre in den Stalinschen Säuberungen.

Der Kommunismus war die einzige Bewegung der jüngeren Geschichte, die mehr ihrer eigenen Führer, Funktionäre und Mitglieder selbst umgebracht hat, als das ihre Feinde taten. Dies geschah vor allem in den Massenrepressalien in der Stalin-Ära der dreißiger Jahren, denen über eine Million Kommunisten zum Opfer fielen, unter denen sich auch zahlreiche Emigranten der KPD befanden.

Dramatisch ist das Schicksal der hier erfaßten 1.400 Kommunisten. Daß, wie nachgewiesen, mehr als 400 von ihnen gewaltsam ums Leben kamen, davon 222 Opfer des Hitler-Terrors und nicht weniger als 178 des Stalin-Terrors wurden, scheint unglaublich. Der gefahrvolle Lebensweg, den die einzelnen Biographien in diesem Handbuch erkennen lassen, wird durch solche Zahlen dokumentiert.

Bei Kriegsende 1945 waren von den (relativ jungen) 1.400 Personen des Führungskorps 546 bereits tot, 33 weitere waren dies mit größter Wahrscheinlichkeit. Doch wo standen die 821 früheren Spitzenführer, die überlebt hatten? Von ihnen gehörten die Hälfte, nämlich 418, zur SED-Nomenklatur. Sie übten freilich sehr unterschiedliche Funktionen aus, vom Generalsekretär Ulbricht bis zum kleinen Mitarbeiter im Apparat. Weitere 99 schlossen sich der KPD in der Bundesrepublik an.

Von den überlebenden Spitzenfunktionären hatten zwei Drittel dem Kommunismus »die Treue gehalten«. Allerdings sind viele davon in neue Parteisäuberungen geraten, abgesetzt, ausgeschlossen, ja inhaftiert worden.
Ein nicht geringer Teil der Überlebenden hatte sich gleich nach 1945 oder im Laufe der Jahre von der Bewegung abgewandt, 195 sich überhaupt nicht mehr politisch organisiert. 85 gingen zur SPD, 17 blieben bei der rechtskommunistischen Gruppe Arbeiterpolitik und sieben bei anderen Gruppen, von der Deutschen Partei bis zur Bayernpartei. Auch ein solcher Überblick macht das Los der 1.400 Personen anschaulich, zeigt die Unterschiede der Lebensläufe.
Die Umformung des deutschen Kommunismus ist an der wachsenden Abhängigkeit von Moskau erkennbar, dem Verlust der Autonomie, dem Verschwinden der innerparteilichen Demokratie und an der strikt durchgesetzten stalinistischen Generallinie der Partei. Noch drastischer als die Eingriffe in die Strukturen und die von Stalin befohlene Politik belegen freilich die Biographien der Funktionäre, wie sich der Kommunismus in Deutschland veränderte. Der ständige Austausch der Führerpersönlichkeiten reflektiert die Wandlung des deutschen Kommunismus von einem radikalen Teil der Emanzipationsbewegung deutscher Arbeiter zu einer Organisation, die sich politisch und personell der Komintern und der KPdSU Stalins unterordnete.

II. Zu den Biographien

Der Forschungsstand ist beim Funktionärskorps des deutschen Kommunismus vor 1945 günstiger als bei den meisten anderen kommunistischen Parteien. Lebensdaten von 500 wichtigen KPD-Kadern der Jahre 1924 bis 1929 konnten bereits 1969 in »Die Wandlung des deutschen Kommunismus« veröffentlicht werden.[44] Kurze Zeit danach erschien in der DDR – allerdings entsprechend der SED-»Parteilichkeit« angefertigt – ein »Biographisches Lexikon der deutschen Arbeiterbewegung«,[45] das ebenfalls Fakten über zahlreiche führende deutsche Kommunisten brachte.

Der Zugang zum guten Quellenbestand in den ehemaligen DDR-Archiven sowie im Komintern-Archiv in Moskau ermöglicht es, jetzt dieses grundlegende Biographisches Handbuch des deutschen Kommunismus von 1918 bis 1945 zu veröffentlichen.

Hier sind erstmals die Biographien von 1.400 leitenden Kommunisten in Deutschland erarbeitet. Damit wird eine umfassende Gesamtübersicht des Führungskorps des deutschen Kommunismus, eine biographische Datei der Führungselite der KPD von 1918 bis 1945 und ihrer Vorfeldorganisationen erstellt. Aufgenommen wurden Personen nach folgenden Kriterien:

- Teilnehmer am Gründungsparteitag der KPD Ende 1918
- Mitglieder der obersten Führungsorgane der KPD, des Politbüros (bis 1933 Polbüro) bzw. des Sekretariats (Politsekretariat) und des Orgbüros
- Mitglieder der Zentrale der KPD (1919 bis 1924)
- Mitglieder des Zentralausschusses (ZA), d. h. der Vertreter der Bezirke bis 1924 (1925 wurde der ZA abgeschafft)
- Mitglieder und Kandidaten des Zentralkomitees (ZK, 1925-1939)
- deutsche Mitglieder der internationalen Führungsgremien in der Komintern (EKKI, IKK), der Kommunistischen Jugendinternationale (KJI) sowie der Gewerkschaftsinternationale (RGI)
- Politische- und Organisationsleiter der KPD-Bezirke (Polleiter, Orgleiter)
- Sekretäre für Agitation/Propaganda sowie für Gewerkschaftsarbeit der wichtigen KPD-Bezirke
- Abteilungsleiter des Zentralkomitees

44 Weber: Wandlung (Anm. 7), Bd. 2.

45 Geschichte der deutschen Arbeiterbewegung. Biographisches Lexikon. Hrsg. Institut für Marxismus-Leninismus beim ZK der SED. Berlin (Ost) 1970. Das Lexikon wurde allerdings noch im gleichen Jahr wieder zurückgezogen. Vgl. H. Weber: Wird der Fortschritt eingestampft?, in: »Deutschland Archiv«, 3. Jg. 1970, S. 1116 f. - Vgl. auch Biographisches Handbuch der deutschsprachigen Emigration nach 1933, hrsg. vom Institut für Zeitgeschichte in München und von der Resarch Foundation for Jewish Immigration, Inc., New York unter der Gesamtleitung von Werner Röder und Herbert A. Strauss, Bd. 1, München u. a. 1980.

- Chefredakteure und Redakteure der »Roten Fahne« sowie Chefredakteure der KPD-Zeitungen
- Sämtliche Reichs-, Landtags- und Bürgerschaftsabgeordnete der KPD (letztere, soweit sie zugleich Mitglieder der Bezirksleitung in Hamburg bzw. Bremen waren)
- Spitzenführer der »Massenorganisationen«, d. h. Mitglieder des ZK des Kommunistischen Jugendverbandes (KJVD) (bis 1925 Kommunistische Jugend Deutschlands, KJD), der Bundesleitung des Roten Frontkämpferbundes (RFB), der Reichsleitung der Revolutionären Gewerkschafts-Opposition (RGO), Sekretäre der Reichsleitung der Roten Hilfe Deutschlands (RHD), der Internationalen Arbeiter-Hilfe (IAH), Leiter der Kostufra, der kommunistischen Studentenfraktion sowie etwa des Bundes proletarisch-revolutionärer Schriftsteller (BPRS), der Assoziation Revolutionärer Bildender Künstler oder der Arbeitsgemeinschaft sozialpolitischer Organisationen (ARSO) usw.
- Führer der illegalen KPD nach 1933 (Landesleitung – LL oder Abschnittsleitungen – AL – der Emigration)
- Teilnehmer der »Brüsseler Konferenz« vom Oktober 1935 in Moskau
- Teilnehmer der »Berner Konferenz« vom Januar/Februar 1939 in Draveil bei Juvisy, (nahe Paris)
- Leitende Funktionäre der Geheimapparate (M-Apparat, Z-Apparat, Nachrichten-Apparat), die erstmals nach Öffnung der Archive erfaßt werden konnten, sowie Biographien weiterer deutscher Opfer der Stalinschen Säuberung.

Aufgenommen sind außerdem Biographien einiger weithin bekannter deutscher Kommunisten, obwohl sie offiziell keine höhere Parteifunktion innehatten, beispielsweise Max Hoelz. Auch Sozialisten, die bei der Vorbereitung der KPD (Franz Mehring, Julian Marchlewski, Friedrich Westmeyer) oder in den Anfängen der Partei Bedeutung hatten (Eduard Fuchs u. a.) Das gilt ebenso für Theoretiker, Künstler oder Schriftsteller, die als deutsche Kommunisten populär waren. Hier konnten jedoch nicht sämtliche Personen aufgeführt werden, die sich zum Kommunismus bekannten oder dazu gezählt wurden (wie Ernst Bloch, Bert Brecht, Egon Erwin Kisch, Leo Kofler, Hans Mayer, Erwin Piscator, Anna Seghers, usw.) – über diese gibt es ausführliche Biographien. Einbezogen wurden aber diejenigen, die in der KPD oder ihren Nebenorganisationen zeitweise Funktionen ausübten (z. B. George Grosz, John Heartfield, Alfred Kantorowicz usw.) oder die noch in der Emigration in der UdSSR eine Rolle spielten (z. B. Theodor Plivier, Herwarth Walden). Und es wurden einige Biographien von solchen Personen gebracht, die den Auswahlkriterien nicht exakt entsprechen, aber etwa wegen spektakulärer Übertritte zur KPD Aufsehen erregten (z. B. Pfarrer Erwin Eckert, Reichswehroffizier Richard Scheringer) oder als »Nationalbolschewisten« vorübergehend in der KPD aktiv waren (Hans von Hentig, »Beppo« Römer).

Die Auswahlkriterien lassen erkennen, daß der Terminus dieses Bandes »deutsche Kommunisten« sich natürlich im wesentlichen auf das Führungskorps der KPD bezieht, doch auch Personen aufgenommen wurden, die in der Öffentlichkeit (und sei es teilweise nur regional) als leitende Kommunisten populär waren und sich für die Bewegung einsetzten. Die Bezeichnung »deutsche Kommunisten« ist zwar auf das Führungskorps eingegrenzt, wurde aber nicht zu eng ausgelegt, um anhand dieser Biographien ein Bild von den Akteuren des deutschen Kommunismus zwischen 1918 und 1945 zu vermitteln.

Was die Kriterien selbst angeht, so ist aus obiger Zusammenstellung zu entnehmen, daß sämtliche leitenden Funktionäre der zentralistischen Partei erfaßt wurden.[46] Das gilt durchgehend für die obersten Gremien Polbüro, ZK (bis 1925 Zentrale) sowie wichtige Mitarbeiter des ZK und Chefredakteure. Da fast alle Parteiführer auch juristisch »abgesichert« werden sollten, Immunität benötigten, wurden die meisten als Abgeordnete entweder in den Reichstag, den Preußischen Landtag oder regional in die Parlamente entsandt. Damit erwarben sie nicht nur Ansehen und Diäten, sie waren auch beweglich, hatten Freifahrkarten bei der Bahn usw.

Die entsprechenden Listen (im Anhang) zeigen, daß in diesem Band sämtliche kommunistischen Abgeordneten des Reichstags sowie des Preußischen Landtags mit Kurzbiographien vorgestellt werden. Das gilt auch für alle Mitglieder des Polbüros und (mit wenigen Ausnahmen[47]) für das ZK. Schwieriger war es beim ZA, dessen Mitglieder nicht vollständig mit Lebensläufen aufgeführt werden konnten. Einige wenige Lücken sind bei der Darstellung von ZK-Mitarbeitern und Redakteuren zu registrieren, ebenso bei Spitzenfunktionären der Massenorganisationen oder bei den Delegierten des Gründungsparteitags der KPD Ende 1918. Die regionale Ebene ist ebenfalls gut dokumentiert mit allen Polleitern und Orgleitern sowie den meisten Landtagsabgeordneten.

Für die Zeit nach 1933, die Jahre der Illegalität und Emigration, als die Partei keine Abgeordneten mehr hatte, war die Auswahl schwieriger, schließlich waren die Strukturen nicht mehr so übersichtlich. Neben den bekannten Mitgliedern der Spitzengremien (Politbüro, ZK, Vertreter auf den Parteikonferenzen 1935 und 1939) mußten hier die Funktionäre der Auslandsleitungen und der innerdeutschen Gruppen gefunden werden, wobei die Fluktuation wegen der Verfolgungen noch weitaus größer war als in der Weimarer Republik.

46 Obwohl die Anleitung von Moskau aus geschah, wurden für die KPD entscheidende russische Führer wie Karl Radek, Dmitri Manuilski oder der Ungar Bela Kun, der Bulgare Georgi Dimitroff usw. nicht aufgenommen, weil sie und ihre Mitarbeiter den Rahmen gesprengt hätten. Der Begriff »deutsche Kommunisten« wurde für die KPD als Sektion der Komintern nur dann erweitert, wenn Moskauer Emissäre wie August Kleine-Guralski direkt der Zentrale angehörten, oder wie Jakob Reich-Thomas, Werner Rakow-Wolf, Alexander Emel-Lurje, Peter Skoblewski usw. unmittelbar in die KPD-Strukturen eingebunden waren.

47 Beim umfangreichen ZK, das der XII. Parteitag 1929 wählte, betrifft das nur Fritz Hastenreiter. Von diesem Mitglied ist nur bekannt, daß er Bergarbeiter war und später in NS-Haft saß. Unbekannt ist auch Emil Svoboda (vermutlich Pseudonym), der auf der »Berner Konferenz« 1939 ins ZK berufen wurde.

Die häufige Auswechslung hat die Zahl der in diesem Handbuch aufgenommenen führenden deutschen Kommunisten mitbestimmt. Denn die obengenannten Kriterien für politische Leitungspositionen dürften jeweils bei etwa 500 Funktionen gelegen haben, die ständig zu besetzen waren.[48] Wenn in diesem Band aber 1.400 Personen erfaßt sind, dann belegt das den andauernden Personalaustausch, läßt erkennen, wie zwischen 1918 und 1945 viele Posten zu verschiedenen Zeiten immer wieder umbesetzt wurden. Dies ist zugleich ein Beispiel für die zahlreichen Degradierungen und Ausschlüsse sowie den Aufstieg neuer Parteiführer. Das zeigt aber auch den Aderlaß durch die Ermordung von Funktionären, der bereits 1919 mit der Bluttat an Rosa Luxemburg, Karl Liebknecht und Leo Jogiches begann.

In diesem Handbuch wird der Großteil der zwischen 1918 und 1945 führenden und bekannten deutschen Kommunisten (z. T. erstmals) vorgestellt. Daß die Biographien nicht gleich lang sind, hängt von verschiedenen Faktoren ab, hat nicht nur mit der Aufgabe und dem Rang der Funktionäre zu tun, sondern auch mit der Materiallage oder der Nennung neuer Fakten.

Bei etlichen Personen war das überquellende Material zu kürzen, öfter aber fehlten interessante Details. Da von den bekannten Spitzenführern (z. B. Rosa Luxemburg, Karl Liebknecht, Heinrich Brandler, Wilhelm Pieck, Walter Ulbricht, Ruth Fischer, Ernst Thälmann usw.) inzwischen viele umfangreiche Biographien oder Sammlungen vorliegen, war eine knappere Beschreibung erlaubt als deren Bedeutung erfordert hätte. Auch bei einigen anderen wichtigen Führern, über die weit weniger detailreiche Darstellungen vorliegen, war schon aus Platzgründen nur eine kurze Biographie möglich. Ausführlichere Schilderungen erfolgten dann, wenn bisher unbekannte gewichtige Fakten oder neue Dokumente mitgeteilt werden konnten. Von manchen Mitgliedern der Parlamente oder der Geheimapparate liegen nur dürre Daten vor, sind die Biographien also sehr knapp. Da es über diese (vor allem über zahlreiche in den stalinistischen Säuberungen ermordete Funktionäre) bisher kaum Daten gab, ist auch das als ein Fortschritt positiv zu sehen.

Für die Biographien mußten eine Vielzahl von Belegen herangezogen, Umfragen angestellt und Auskünfte eingeholt werden. Da es sich häufig um die gleichen Quellen handelte und um die Lesbarkeit nicht zu sehr zu stören, wurde darauf verzichtet, jede Fundstelle direkt bei der einzelnen Biographie anzuführen. Alle Quellen sind daher zusammengefaßt im Anhang genannt. Hinweise für die Biographien fanden sich vor allem in den Unterlagen der Staatsarchive, in den Handbüchern der Parlamente, bei der Auswertung der kommunistischen Presse und der Literatur mit biographischen Angaben. Außerdem wurden die entsprechenden Standesämter bzw. Einwohnermeldeämter, Gemeindeämter usw. in der Bundesrepublik und im Ausland befragt, die dankenswerter Weise zahlreiche Auskünfte und Nachweise

48 Vgl. dazu Weber: Wandlung (Anm. 7), Bd. 2, S. 4 f.

erteilten. In den letzten Jahren erschienene umfassende Biographien sind am Schluß der jeweiligen Kurzbiographie genannt.

Sehr nützliche schriftliche und mündliche Mitteilungen gaben damals noch lebende ehemalige Funktionäre schon für die »Wandlung des deutschen Kommunismus«. Ergänzt wurden diese nun teilweise von ihren Angehörigen, außerdem von vielen Personen, die Mitglieder aus dem Führungskorps kannten.

Es versteht sich, daß die biographischen Daten jeweils durch mehrere Belege gesichert sind, bei widersprüchlichen Angaben wurde versucht, diese zu klären, wo das nicht möglich war, ist es im Text vermerkt. In Ausnahmefällen ist bei besonders prekären Aussagen auch die Quelle direkt benannt.

Ziel war es, von den 1.400 Parteiführern von 1918 bis 1945 soweit möglich, den vollständigen Lebensweg nachzuzeichnen. Im allgemeinen wird die Tätigkeit der Überlebenden nach 1945 zwar einbezogen, aber nicht zuletzt aus Platzgründen relativ kurz abgehandelt. Erfreulich ist, daß hier erstmals von den allermeisten Personen die Daten bis zum Lebensende zusammengetragen werden konnten, nur bei relativ wenigen blieb leider zu notieren: »Der weitere Lebensweg war nicht zu ermitteln.«

Um die damaligen Funktionäre im Bild vorzustellen,[49] wurden, falls vorhanden, Fotos der Personen beschafft und teilweise erstmals gezeigt; wenn möglich, aus der Zeit zwischen 1918 und 1945. Durch die hier wiedergegebenen etwa 800 Fotografien gewinnen die Personen noch an Anschaulichkeit. Ein großer Teil der Bilder ist bereits in »Die Wandlung des deutschen Kommunismus«, Bd. 2, veröffentlicht worden. Durch die Unterstützung von Verwandten und Bekannten der KPD-Führer konnten nun weitere unbekannte Privatfotos abgedruckt werden. Dafür danken die Herausgeber.

49 Die Fotos stammen aus Privatbesitz, Rainer Golembiewski/Offenbach, dem Stadtarchiv Detmold, dem Stadtarchiv Offenbach, Prof. Günter Bers/Brühl, aus dem Bildarchiv des Karl Dietz Verlages, aus dem früheren Bildarchiv Gerstenberg, Reichstagshandbüchern, der Gedenkstätte Deutscher Widerstand, der Stiftung Archiv der Parteien und Massenorganisationen der DDR im Bundarchiv (SAPMO), dem Landesarchiv Berlin, der »Wandlung des deutschen Kommunismus« und aus dem Archiv Weber.

A

▸ Abel, Karl (* 1897 – † 1971)

Geboren am 10. Februar 1897 in Obernkirchen/Wesergebirge, gelernter Schuhmacher. 1916 bis 1919 Soldat. Danach Wanderschaft, seit 1921 Bergarbeiter. Abel trat 1914 der Gewerkschaft, 1916 der Sozialistischen Jugend und 1921 der KPD bei. Von 1924 bis 1932 war er Abgeordneter im Preußischen Landtag. 1926 von seinem Betrieb Preußag entlassen; er wurde hauptamtlicher Funktionär. Bei den Auseinandersetzungen mit der ultralinken Katz-Gruppe wurde Abel, der immer die Parteilinie vertrat, 1925 Gauleiter des RFB Niedersachsen. 1927 zunächst Leiter der Arbeiterbuchhandlung in Hannover, dann Sekretär für Gewerkschaftsfragen. Anfang 1929 Orgleiter in der KPD-BL Niedersachsen. Im gleichen Jahr schloß ihn die Gewerkschaft wegen der RGO-Politik aus dem Bergarbeiterverband aus. In den letzten Jahren der Weimarer Republik trat er in der KPD etwas in den Hintergrund.

1933/34 Festungshaft, anschließend ließ er sich als orthopädischer Schuhmacher nieder. Wegen seiner kommunistischen Vergangenheit und Verbindung zu Widerstandskreisen kam er 1938 ins KZ Sachsenhausen. 1940 freigelassen und Soldat, jedoch 1944 nochmals inhaftiert und 1945 aus dem KZ Sachsenhausen befreit. Er schloß sich wieder der KPD an und zog als Abgeordneter in den Landtag von Niedersachsen ein. Von November 1946 bis Mai 1947 war Abel Minister für Volksgesundheit und Staatswohlfahrt in Niedersachsen, anschließend bis Februar 1948 Staatsminister ohne Geschäftsbereich. Nach seinem Rücktritt wieder Schuhmachermeister und Schuhhändler. Er wohnte in Obernkirchen, betätigte sich politisch für die Vereinigung für Frieden und Sicherheit (VFS) und war Vorsitzender der VVN in Niedersachsen. Karl Abel starb am 28. April 1971.

▸ Abshagen, Robert (* 1911 – † 1944)

Geboren am 12. Januar 1911 in Hamburg, nach einer kaufmännischen Lehre war er im Versicherungswesen beschäftigt. Danach fuhr er u. a. zur See und fand schließlich eine Anstellung bei einer Bank. 1931 trat er der KPD bei und arbeitete ehrenamtlich in der BL Wasserkante. Nach 1933 aktiv in der illegalen Arbeit gegen das NS-Regime, wurde er von Oktober 1933 bis Januar 1934 inhaftiert. Im Herbst 1934 erneut festge-

nommen und zu zweieinhalb Jahren Zuchthaus verurteilt. Nach der Haft in Bremen-Oslebshausen wurde er in das KZ Sachsenhausen gebracht, im Zusammenhang mit der Amnestie anläßlich des 50. Geburtstages Hitlers im April 1939 entlassen. Abshagen bemühte sich in den folgenden Jahren gemeinsam mit ▸ Bernhard Bästlein und ▸ Franz Jacob um die Zusammenfassung der isoliert voneinander arbeitenden illegalen KPD-Gruppen und Zellen im Großraum Hamburg.
Er fuhr nach Berlin, Sachsen, Thüringen sowie in das Rhein-Ruhr-Gebiet und knüpfte Verbindungen zu den dort agierenden Widerstandsgruppen. So gab es Kontakte zu ▸ Wilhelm Guddorf, ▸ John Sieg und ▸ Anton Saefkow in Berlin. Im Zusammenhang mit der großen Verhaftungsaktion der Gestapo gegen die in Berlin wirkende Schulze-Boysen/Harnack-Gruppe wurden auch deren Verbindungen nach Hamburg aufgedeckt. Am 19. Oktober 1942 wurde Robert Abshagen in Hamburg verhaftet, im Mai 1944 vom Hanseatischen OLG zum Tode verurteilt und am 10. Juli 1944 in Hamburg hingerichtet.

▸ Abusch, Alexander (* 1902 – † 1982)

Als Sohn des Kutschers und späteren Huthändlers Chaskel Abusch am 14. Februar 1902 in Krakau geboren. Nach der kaufmännischen Lehre (von 1916 bis 1919) kurze Zeit kaufmännischer Angestellter. 1918 Mitglied der FSJ, 1919 der KPD, Redakteur bei KP-Organen, zunächst der »Nordbayerischen Volkszeitung« in Nürnberg. Wegen eines Hochverratsverfahrens Flucht nach Thüringen und ab März 1923 politische Arbeit unter dem Pseudonym Ernst Reinhardt, politischer Redakteur der »Neuen Zeitung« in Jena. Nach dem Reichswehreinmarsch und dem Verbot der Partei 1923 wurde Abusch Chefredakteur der illegalen Zeitung »Revolution«, nach Aufhebung des Verbots der KPD dann vom März 1924 bis Januar 1926 Chefredakteur der »Neuen Zeitung«, Jena.
Abusch gehörte dem linken Parteiflügel an, er war von 1923 bis 1926 Mitglied der BL Großthüringen und von 1924 bis 1926 Mitglied des ZA der KPD. 1925 schloß er sich der ultralinken Opposition ▸ (Werner Scholem, Arthur Rosenberg, Theodor Neubauer) an und war nach dem »Offenen Brief« der Komintern (1925) für diese bis Dezember 1926 aktiv. Auf der Konferenz des KJVD am 15. Oktober 1925 trat er als Korreferent gegen das ZK-Mitglied ▸ Philipp Dengel auf. Im März 1926 wegen seiner oppositionellen Haltung als Chefredakteur abgelöst und nach Berlin versetzt, Redakteur am Kommunistischen Pressedienst, danach ab Herbst 1926 Redakteur der »Roten Fahne«. Abusch trennte sich von der Opposition und ging zur Thälmann-Gruppe über. Im November 1928 kam er nach der Wittorf-Affäre als Chefredakteur an das »Ruhr-Echo« in Essen, er löste den Versöhnler Stephan ab. Im Rahmen des ultralinken Kurses wieder in der Spitzenführung, ab Juni 1930 politischer Redakteur der »Roten Fahne«, und einige Monate sogar deren Chefredakteur, als Neumann-Anhänger im Juni 1932 abgesetzt. Auf der Reichsparteikonferenz der KPD im Oktober 1932 gab Abusch eine selbstkritische Erklärung ab und bekannte sich zur Linie Thälmann. Bis Januar 1933 Chefredakteur und Mitglied des Sekretariats der BL in Essen. Abusch wurde von ▸ Walter Ulbricht zunächst nach Paris geschickt, war dort einer der beiden Hauptredakteure des »Braunbuches über den Reichstagsbrand« und an der Kampagne zur Befreiung

Georgi Dimitroffs durch die Gegenprozesse in London und Paris beteiligt. Im August-September 1934 wurde er als Chefredakteur an die KPD-»Arbeiterzeitung« im Saargebiet zum Abstimmungskampf beordert und blieb nach der Niederlage dort, um die neue illegale Parteileitung zu beraten. Vom März 1936 bis September 1939 war Abusch Mitarbeiter des Politbüros der KPD und Chefredakteur der »Roten Fahne« zuerst in Prag, dann in Paris. In dieser Eigenschaft nahm er am VII. Weltkongreß der Komintern, an der »Brüsseler Parteikonferenz« 1935 und an der »Berner Konferenz« 1939 teil.
Nach Kriegsausbruch bis Oktober 1939 in Frankreich interniert, gehörte Abusch im Winter 1939/40 der illegalen KPD-Leitung unter ▸ Anton Ackermann an. Am 8. März 1940 verhaftet, kam er in ein Internierungslager, Flucht nach Toulouse, hier von Juli 1940 bis Mai 1941 Mitglied der Leitung der illegalen KPD mit ▸ Walter Beling und ▸ Otto Niebergall. Im Oktober 1941 konnte er nach Mexiko reisen, wo er u. a. Chefredakteur der Zeitschrift »Freies Deutschland« wurde. Über Wladiwostok ist er am 16. Juli 1946 gemeinsam mit ▸ Paul Merker nach Berlin zurückgekehrt. Das ZS setzte Abusch als Sekretär des »Kulturbundes« (KB) ein und kooptierte ihn Ende 1947 in den PV der SED. Im Februar 1950 Mitglied des Sekretariats des Politbüros, im Zusammenhang mit der Noel-H.-Field-Affäre als erster führender Funktionär abgesetzt. Nach der Entmachtung und späteren Verhaftung Merkers war er vor allem 1952/53 als Jude und Westemigrant besonders gefährdet. 1951 hat ihn das MfS als »geheimen Informator« angeworben, doch 1956 beendete das MfS die Zusammenarbeit.
Erst mit Beginn der »Entstalinisierung« trat Abusch wieder in den Vordergrund. Von 1956 bis 1958 Staatssekretär im Ministerium für Kultur, nach dem Tode ▸ Johannes R. Bechers trat er dessen Nachfolge als Minister für Kultur an. Im Februar 1957 zum Mitglied des ZK kooptiert, dem er bis zu seinem Tode angehörte. Bereits 1949/50 Mitglied der Provisorischen Volkskammer, 1958 wurde er erneut Abgeordneter und war lange Jahre Vorsitzender der KB-Fraktion. Von 1961 bis 1971 Stellvertreter des Vorsitzenden des Ministerrates, verantwortlich für Kultur und Erziehung. Nach 1945 Autor einer Reihe von Büchern, darunter »Der Irrweg einer Nation« (1947), »Stalin und die Schicksalsfragen der deutschen Nation« (1949). 1981 veröffentliche er seine Memoiren »Der Deckname«, 1986 folgte der zweite Band »Mit offenem Visier«. 1967 verlieh ihm die Universität Jena die Ehrendoktorwürde. Er war Träger hoher Orden, darunter des Karl-Marx-Ordens. Alexander Abusch starb am 27. Januar 1982 in Berlin

▸ Ackermann, Anton (* 1905 – † 1973)

Geboren am 25. Dezember 1905 in Thalheim/Erzgeb. als Eugen Hanisch, Sohn eines Strumpfwirkers und Heimarbeiters, auch er arbeitete als Strumpfwirker. 1919 schloß er sich der FSJ, 1920 der KJVD und dem Textilarbeiterverband an. 1926 trat er der KPD bei und wurde Bezirksleiter des KJVD Erzgebirge/Vogtland. 1929 Kursant an der Internationalen Leninschule in Moskau, von 1931 bis 1933 dort Aspirant und Lektor. Zeitweilig arbeitete er auch in der Deutschland-Abteilung des EKKI als persönlicher Mitarbeiter von ▸ Fritz Heckert und ▸ Wilhelm Pieck. Im März 1933 nach Deutschland zurückgekehrt, gehörte er bis September 1933 zunächst als Sekretär von ▸ John Schehr, dann als Agitpropleiter der illegalen Landesleitung an, von Oktober 1933 bis Juli 1935 Polleiter der illegalen KPD-Bezirksorganisation Berlin. Im Juli 1935 nahm er am VII. Weltkongreß der Komintern in Moskau teil. Ackermann unterstützte in dieser Zeit ▸ Walter Ulbricht und Wilhelm Pieck im Machtkampf gegen die Gruppe um ▸ Hermann Schubert und ▸ Fritz Schulte. Auf der »Brüsseler Konferenz« zum Mitglied des ZK und Kandidaten des Polbüros gewählt. Von Ende 1935 bis April 1937 gehörte er zur KPD-Leitung in Prag, von 1937 bis März 1940 in Paris, Mitglied des vorbereitenden Ausschusses für eine Deutsche Volksfront. 1937 leitete er zeitweilig die Politschule der Internationalen Brigaden in Spanien. Im April 1940 kam er nach Moskau, wurde 1941 Redakteur der Zeitung »Das freie Wort«, ab 1943 Chefredakteur des NKFD-Senders.

Am 1. Mai 1945 traf Ackermann als Leiter der KPD-Gruppe für Sachsen in Deutschland ein. Mitverfasser des Aufrufs der KPD vom 11. Juni 1945, gehörte dem Sekretariat des ZK der KPD an. Im Februar 1946 erschien sein programmatischer Aufsatz »Gibt es einen besonderen deutschen Weg zum Sozialismus?«, den er im September 1948 selbstkritisch widerrufen mußte. Mit Helmut Lehmann (SPD) verfaßte Ackermann die »Grundsätze und Ziele der SED«. Von 1946 bis 1954 Mitglied des PV bzw. des ZK der SED, bis Sommer 1953 gehörte er dem ZS bzw. ab 1949 dem Politbüro als Kandidat an. Im Herbst 1946 in den Sächsischen Landtag gewählt. Ab Oktober 1949 Staatssekretär im Außenministerium, dort gleichzeitig für den Aufbau des DDR-Nachrichtendienstes zuständig, und Anfang 1953 zusätzlich Direktor des Marx-Engels-Lenin-Stalin-Instituts. Wegen seiner Kritik an Ulbricht und Beteiligung an der innerparteilichen »Fraktionsarbeit« von ▸ Wilhelm Zaisser und ▸ Rudolf Herrnstadt im August 1953 aus allen Funktionen abberufen, erhielt er im Januar 1954 eine »strenge Rüge«. Von 1954 bis 1958 zum Leiter der Hauptverwaltung Film im MfK degradiert. Seine Parteistrafe wurde zwar im Juli 1956 gelöscht, doch erlangte er nie mehr die herausragende Bedeutung wie vor seinem Sturz. Ab 1958 Mitglied und Abteilungsleiter in der Staatlichen Plankommission (SPK). Im Juni 1962 von allen Funktionen entbunden, lebte er als Parteiveteran. Anton Ackermann beging am 4. Mai 1973 Selbstmord. Er war Träger hoher Auszeichnungen, darunter des VVO in Gold (1965). Ackermann war von 1932 bis 1949 in erster Ehe mit ▸ Elli Schmidt verheiratet.

▸ Ackermann, Henriette (* 1887 – † 1977)

Geboren am 8. September 1887 in Köln-Ehrenfeld als Tochter eines Barbiers, sie arbeitete nach der kaufmännischen Lehre als Kontoristin. 1905 Mitglied der SPD, protestierte gegen die Bewilligung der Kriegskredite durch die Reichstagsfraktion der SPD. Im Oktober 1916 in Köln Mitbegründerin einer Sektion der Spartakusgruppe. Wegen ihrer Befürwortung einer Kandidatur ▸ Karl Liebknechts als Nachfolger des verstorbenen Kölner Reichstagsabgeordneten Adolf Hofrichter wurde Henriette Ackermann aus der SPD ausgeschlossen. 1917 Delegierte des Gründungsparteitags der USPD in Gotha, Ende 1917 wurde sie wegen antimilitaristischer Propaganda in Berlin inhaftiert. Als Delegierte für Köln-Ehrenfeld nahm sie am Gründungsparteitag der KPD Ende 1918 in Berlin teil. Nach der KPD-Gründung blieb sie zunächst noch offiziell Funktionärin der USPD, führte aber bereits um die Jahreswende 1920/21 zusammen mit ▸ Franz Dahlem und ▸ Philipp Fries den VKPD-Bezirk Mittelrhein. Gleichzeitig war sie Vorsitzende der Kölner Stadtverordnetenfraktion der VKPD.

Nach dem Ausschluß ▸ Ernst Frieslands (Reuter) verließ sie Anfang Februar 1922 die KPD und wurde zunächst KAG-, dann USPD-Mitglied. Die Vereinigung der Rest-USPD mit der SPD im September 1922 lehnte sie ab und blieb Mitglied der USPD unter Georg Ledebour und Theodor Liebknecht. Eine Zeitlang einzige Abgeordnete der USPD in der Kölner Stadtverordnetenversammlung. Sie war bis 1932 Angestellte des Kölner Büro des Freidenkerverbandes. Im März 1933 wurde sie in »Schutzhaft« genommen, 1939/40 und 1944/45 im KZ Ravensbrück inhaftiert. 1945 zunächst Kontoristin in Berlin, anschließend einige Zeit Angestellte der Kölner Stadtverwaltung. Politisch ist sie nicht mehr hervorgetreten. Henriette Ackermann starb am 31. August 1977 in Brühl bei Köln.

▸ Adam, Wilhelm (* 1905 – † 1991)

Geboren am 27. Juli 1905 in Ludenburg bei Düsseldorf als Sohn eines Metallarbeiters. Zahntechniker, 1921 Mitglied der SAJ, 1922 der KJD, 1923 der KPD. Ab Februar 1933 illegale Arbeit, Emigration in das Saargebiet und nach Frankreich, 1934 nach Dänemark. Unter den Decknamen Gilbert und kleiner Hans war er Leiter der AL Nord mit Sitz in Kopenhagen, bis er 1936 von ▸ Sepp Schwab abgelöst wurde. Im Dezember 1936 reiste er zu Einheitsverhandlungen mit anderen antifaschistischen Gruppen nach Norwegen, anschließend leitete er wieder von Dänemark aus die »Grenzarbeit« in Südjütland, nach der Besetzung Dänemarks redigierte er u. a die illegale Zeitung »Deutsche Nachrichten«. Im April 1945 noch in Gestapohaft. 1945 kehrte Adam nach Deutschland zurück, wurde Mitglied der KPD/SED und war bis 1948 Sekretär für Kultur und Erziehung der KPD/SED Schwerin. Im Oktober 1949 wurde er Hauptreferent der Westkommission beim PV der SED, bis 1963 dann Sektorleiter für gesamtdeutsche Arbeit in der Kulturabteilung des ZK. 1963 ging Adam an die Filmhochschule nach Potsdam-Babelsberg, war dort Dozent, Parteisekretär und Prorektor für Studienangelegenheiten, 1967 kommissarischer Direktor des Instituts für Filmwissenschaft, er erhielt den VVO in Gold. Wilhelm Adam starb am 1. August 1991 in Berlin.

▸ Adler, Julius (* 1894 – † 1945)

Geboren als Sohn eines Bergmanns am 23. Januar 1894 in Neunkirchen/Saar. Nach der Schul-

entlassung Metallarbeiter. Zunächst Mitglied einer katholischen Jugendorganisation. 1923 Eintritt in die KPD. 1924 Stadtverordneter in Hamborn, 1925 Provinziallandtagsabgeordneter, 1928 bis 1933 Reichstagsabgeordneter. Seit 1930 hauptamtlicher Sekretär des KPD-UB Hamborn, ab März 1932 des UB Dortmund. Am 15. März 1933 wurde Adler verhaftet und bis 11. Januar 1935 im KZ Lichtenburg festgehalten. Am 12. Januar 1935 zu einem Jahr und sechs Monaten Gefängnis verurteilt, danach wieder bis Ende August 1937 in »Schutzhaft« im KZ Börgermoor. Nach seiner Freilassung war er als Hilfsarbeiter beim Autobahnbau beschäftigt. Zu 60 Prozent kriegsbeschädigt, erhielt er eine Rente von 85 Mark. Bei Kriegsausbruch (1. September 1939) wurde er erneut verhaftet. Julius Adler starb am 8. April 1945 im Vernichtungslager Bergen-Belsen an Flecktyphus.

▸ Adolphs, Karl (* 1904 – † 1989)

Geboren am 9. November 1904 in Solingen, Sohn einer Arbeiterfamilie; Nickelpolierer. Im November 1919 Mitglied der kommunistischen Jugend. 1922 trat er der KPD bei und wurde 1925 UB-Sekretär des UB Solingen. Von 1926 bis 1928 absolvierte Adolphs die Internationale Leninschule in Moskau. Nach seiner Rückkehr arbeitete er 1928/29 in der Orgabteilung des

ZK. Im Januar 1929 Instrukteur in Breslau, gemeinsam mit ▸ Ernst Wollweber zerschlug er die rechte Opposition in der BL Schlesien. Nach dem Weggang von ▸ Albert Kuntz wurde Adolphs Orgleiter der BL Hessen in Frankfurt/M., 1930/31 in gleicher Funktion Orgleiter der BL Pommern in Stettin. Das ZK zog ihn und den Polleiter ▸ Max Strötzel Mitte 1932 »aufgrund mangelhafter Arbeit des Sekretariats« aus Stettin ab. Danach in Essen für den Literaturvertrieb im Ruhrgebiet verantwortlich, von November 1932 bis April/Mai 1933 UB-Sekretär in Bochum.

Im September 1933 wurde Adolphs Leiter der illegalen KPD im Bezirk Mittelrhein, im März 1934 Sekretär der illegalen BL Hannover-Braunschweig. Am 4. Februar 1935 in Hannover inhaftiert und im Juni 1936 vom VGH zu 15 Jahren Zuchthaus verurteilt, von März 1944 bis April 1945 Häftling im KZ Buchenwald. Nach der Befreiung wurde Adolphs im Mai 1945 Bürgermeister von Ballenstedt, ab Februar 1946 Oberbürgermeister von Bernburg und von November 1946 bis November 1949 Oberbürgermeister von Dessau, danach Intendant des Mitteldeutschen Rundfunks. Ab August 1952 Vorsitzender des Rates des Bezirkes Leipzig, im April 1959 von dieser Funktion entbunden und auf den einflußlosen Posten eines Direktors des zentralen Kulturparks »Clara Zetkin« abgeschoben. Von 1961 bis 1965 Stellvertreter des Oberbürgermeisters von Leipzig. Er erhielt den Karl-Marx-Orden. Karl Adolphs starb am 24. Dezember 1989.

▸ Aenderl, Franz Xaver (* 1883 – † 1951)

Am 25. November 1883 in Steinweg bei Regensburg geboren, entstammte einer bayerischen Bürgerfamilie, seine Vorfahren wurden schon im 17. Jahrhundert in Rohr (Niederbayern) erwähnt. Aenderl besuchte die Mittelschule und wurde nach der kaufmännischen Lehre Versicherungskaufmann. Als Soldat geriet er in Kriegsgefangenschaft. Nach dem Krieg Mitglied und hauptamtlicher Parteisekretär der USPD, Anhänger des linken Parteiflügels. Mit der linken USPD Ende 1920 zur KPD, Delegierter des Spaltungsparteitags der USPD und des Vereinigungsparteitages KPD-USPD. 1921 als Abgeordneter in den Bayerischen Landtag gewählt. In der KPD stand Aenderl auf dem rechten Parteiflügel, wurde aber mit Unterstützung des KPD-Führers ▸ Emil Höllein 1924 erneut als Landtagskandidat aufgestellt und gewählt. Im August 1924 Ausschluß aus der KPD, da er sich gegen die linke Taktik der Ruth-Fischer-Führung wandte. Eintritt in die SPD, für die er bis 1928 sein Mandat behielt und 1928 erneut in den Bayerischen Landtag einzog, dem er bis 1932 angehörte. Er lebte als Schriftsteller in Kulmbach.

1933 verhaftet und ins KZ gebracht, nach der Freilassung als Tagelöhner beschäftigt. Angebote von nationalsozialistischer Seite wies er schroff zurück, mußte deshalb mit erneuter Verhaftung rechnen, und emigrierte im August 1934 in die Tschechoslowakei. 1938 floh er über Polen und Dänemark nach England. Als Journalist an einer Londoner Zeitung tätig, veröffentlichte Aenderl 1943 die Broschüre »Bavaria, the problem of German federalism«. 1942/43 sprach er in katholischen Sendungen des Londoner Rundfunks und gründete den »Bavariancircle«, eine unpolitische Vereinigung.

Auf Wunsch des bayerischen Ministerpräsidenten Wilhelm Hoegner kehrte Aenderl 1946 nach Deutschland zurück, wurde Redakteur an der »Mittelbayerischen Zeitung« in Regensburg. 1947 erschien die deutsche Ausgabe seiner Broschüre »Bayern. Das Problem des deutschen Föderalismus«. Aenderl, inzwischen aktiver bayerischer Föderalist, wandte sich scharf gegen den preußischen Militarismus. 1947 mußte er das Angebot, in Straubing eine eigene Zeitung herauszugeben, wegen Krankheit ablehnen. Er übersiedelte nach Kulmbach, war aber nicht mehr in der SPD, sondern gehörte der Bayern-Partei an, für die er auch in seinem Wohnort wirkte. Franz Aenderl starb am 20. Oktober 1951 in Kulmbach.

▸ Agatz, Wilhelm (* 1904 – † 1957)

Geboren am 10. Juni 1904 in Heisingen bei Essen, Sohn eines Bergarbeiters. Nach der Schulentlassung Bergmann, 1918 Mitglied des Bergarbeiterverbandes, 1920 der SAJ, von der er 1922 zur kommunistischen Jugend übertrat, 1924 Mitglied der KPD. Agatz war aktiver Gewerkschafter. Nach seinem Ausschluß 1930 aus dem Bergarbeiterverband gehörte er im Ruhrgebiet zu den Aktivisten der RGO. 1931 Leiter des Einheitsverbandes der Bergarbeiter innerhalb der RGO und deren Reichsleitung. Seit September 1930 war Agatz Reichstagsabgeordneter.

Nach dem Machtantritt der Nazis organisierte er bis zu seiner Verhaftung im Januar 1934 von Berlin aus die illegale Arbeit der RGO. Im Februar 1935 wurde er vom VGH zu drei Jahren Zuchthaus verurteilt, die er in Luckau verbüßte, anschließend war er bis Oktober 1939 im KZ Sachsenhausen inhaftiert. Bis zu seiner Einberufung zur Wehrmacht im Januar 1943 Maurer bei der Hochtief AG. 1945 zunächst in sowjetischer Kriegsgefangenschaft, danach schickte ihn das ZK der KPD in die Westzonen, wo er sich beim Aufbau der Bergarbeitergewerkschaft engagierte. Bis Ende 1948 war Agatz 2. Vorsitzender des Industrieverbandes Bergbau der britischen Besatzungszone, anschließend Sekretär der Hauptverwaltung der IG Bergbau im DGB. Da er innerhalb des DGB die Politik der KPD vertrat, wurde er im August 1950 aus dem DGB ausgeschlossen. Anschließend war Agatz politischer Mitarbeiter des KPD-Parteivorstandes, dem er bis zum Verbot 1956 angehörte. Er war von 1946 bis 1949 MdL in Nordrhein-Westfalen und von 1949 bis 1953 Abgeordneter der KPD im Deutschen Bundestag. Wilhelm Agatz starb am 29. August 1957 in Ost-Berlin.

▸ Ahlers, Marie (* 1889 – † 1968)

Geboren am 4. April 1889 in Siersleben/Mansfelder Gebirgskreis als Marie Albrecht, Tochter eines Bergarbeiters; Landarbeiterin und Näherin (1917 Heirat mit Hermann Ahlers). 1918 Mitglied der USPD, 1920 der KPD. Von 1929 bis

1933 Stadtverordnete in Eisleben sowie von 1929 bis 1933 Mitglied des erweiterten Frauensekretariats des ZK der KPD und seit Gründung in der Reichsleitung des Roten Frauen- und Mädchenbundes. 1930 Lebensgemeinschaft, ab 1945 Ehe mit Gerhard Taubenheim (* 1891 – † 1973). Im September 1930 wurde Marie Ahlers im Wahlkreis Merseburg in den Reichstag gewählt, dem sie bis März 1933 angehörte. Nach 1933 leistete sie illegale Arbeit. 1945/46 Mitarbeiterin im KPD- und Verwaltungsapparat in Berlin-Tegel und Leiterin des dortigen antifaschistischen Frauenausschusses. Von 1948 bis 1953 war sie 2. Vorsitzende des ZV der IG Land- und Forstwirtschaft im FDGB, von 1958 bis 1963 gehörte sie der ZRK der SED an. Marie Ahlers starb am 17. August 1968.

▸ Albrecht, Paul (* 1902 – † 1985)

Geboren am 7. Februar 1902 in Erfurt als Sohn einer Arbeiterfamilie; erlernte das Schlosserhandwerk in Erfurt. 1919 trat er der USPD bei. Im März 1920 nahm er als Zugführer der »1. Volkswehrarmee Gotha« aktiv an der Niederschlagung des Kapp-Putsches teil. 1921 wurde er Mitglied der anarchosyndikalistischen Freien Arbeiter-Union Deutschlands (FAUD). Ab 1924 Schlosser bei den Norddeutschen Kabelwerken in Berlin-Neukölln, von 1925 bis 1930 dort Betriebsratsvorsitzender. 1927 näherte sich Albrecht der KPD und trat aus der FAUD aus, 1929 Mitglied der KPD. Nach einem Lehrgang an der Propagandistenschule der KPD in Freienwalde 1930 zunächst Org- bzw. ab 1932 Bezirksleiter der RGO Berlin. Von November bis Dezember 1932 war Albrecht Abgeordneter des Reichstages, ab Dezember 1932 (und im März 1933 wiedergewählt) des Preußischen Landtages. Bereits am 28. Februar 1933 inhaftiert, kam er zunächst in »Schutzhaft« in das Lager Spandau, anschließend in das KZ Sonnenburg, dort nach schweren Mißhandlungen durch die SS Ende 1933 freigelassen. Im April 1937 erneut verhaftet, saß er bis Juni 1937 im KZ Sachsenhausen. Albrecht zog im Februar 1943 nach Genthin, wo ihn die russische Kommandantur 1945 als Bürgermeister einsetzte. Er wurde ab August 1945 Landrat des Kreises Jerichow II. Dann arbeitete er ab 1949 als Hauptabteilungsleiter im Innenministerium der Landesregierung Sachsen-Anhalt. Paul Albrecht starb am 22. Mai 1985 in Halle/Saale.

▸ Alexander, Eduard Dr. jur. (* 1881 – † 1945)

Geboren am 14. März 1881 in Essen. Abitur in Essen, Jurastudium in Freiburg, Lausanne und Berlin. 1909 Rechtsanwalt bei der Allgemeinen Versicherungs-Aktionsgesellschaft in Magdeburg; 1911 Rechtsanwalt in Berlin. Seit 1908 verheiratet mit ▸ Gertrud Alexander, geborene Gaudin.

Eduard Alexander war Gründungsmitglied des Spartakusbundes und der KPD in Berlin. Von 1921 bis 1925 dort Stadtverordneter. Unter dem Pseudonym E. Ludwig leitete er 1922 den kommunistischen Pressedienst, Anfang 1924 war er kurze Zeit Chefredakteur der »Roten Fahne«, dann jahrelang deren Wirtschaftsredakteur, sogar in der Ruth-Fischer-Ära, obwohl er der Mittelgruppe angehörte. 1929 als Versöhnler abgelöst. Von 1928 bis 1930 Reichstagsabgeordneter, danach als Versöhnler nicht mehr aufgestellt. Rechtsanwalt in Berlin-Friedenau. Im August 1931 wählte die Gemeinde Boizenburg (Mecklenburg) Alexander mit 1752 Stimmen der KPD und SPD gegen den Vertreter der NSDAP (1625 Stimmen) zum Bürgermeister. Da die mecklenburgische Regierung seine Bestätigung verweigerte, konnte er dieses Amt nicht ausüben. Nach 1933 Berufsverbot, Alexander betätigte sich bis 1940 als Schiedsmann in Handelsangelegenheiten bei der deutsch-sowjetischen Handelsgesellschaft. Am 2. August 1944 verhaftet, kam Eduard Alexander am 1. März 1945 während des Transports vom KZ Sachsenhausen ins KZ Bergen-Belsen ums Leben.

▸ Alexander, Gertrud (* 1882 – † 1967)

Geboren am 7. Januar 1882 in Ruhla/Thüringen als Gertrud Mathilde Bertha Gaudin, Tochter eines Arztes. Studium an der Universität Jena, anschließend an der Kunsthochschule Eisenach und an der königlichen Kunsthochschule in Berlin. Um das Studium zu finanzieren, arbeitete sie als Zeichenlehrerin. 1902 lernte sie ▸ Eduard Alexander kennen, sie heirateten 1908, die Ehe wurde in den zwanziger Jahren geschieden. 1907 Bekanntschaft mit ▸ Clara Zetkin und Beginn erster publizistischer Arbeiten für die sozialdemokratische Presse, u. a. 1909 die Artikelserie »Die Prometheussage« in der Frauenzeitschrift »Die Gleichheit«. Mitglied der SPD, während des Krieges illegale Arbeit für die Spartakusgruppe, 1919 Mitglied der KPD, leitete innerhalb der Agitpropabteilung die Kulturarbeit und war für das Feuilleton der »Roten Fahne« verantwortlich. Zwischen 1920 und 1925 erschienen von ihr 160 Beiträge. Sie galt in dieser Zeit als wichtigste Kunstkritikerin der KPD. 1923 erarbeitete sie gemeinsam mit ▸ Hermann Duncker und ▸ Karl August Wittfogel das »kulturpolitische Notprogramm der KPD«. Sie übersiedelte im Dezember 1925 nach Moskau und kam ins Frauensekretariat der Komintern. Seit 1926 Mitglied der KPdSU, war sie von 1931 bis 1939 Bevollmächtigte von der Hauptverwaltung für Literatur (Gawlit) sowie politische Redakteurin an der Moskauer Staatlichen Zentralbibliothek und der Leninbibliothek. Sie war während der Stalinschen Säuberungen 1937 auch kurz inhaftiert, von 1939 bis 1944 evakuiert. Nach 1945 freiberufliche Übersetzerin und Redakteurin für das Sowinformbüro und die Zeitschrift »Sowjetliteratur«. Gertrud Alexander starb am 22. März 1967 in Moskau.

▸ Altmann, Heinz (* 1905 – † 1939)

Am 30. Januar 1905 in Berlin-Charlottenburg geboren, war nach dem Besuch des Realgymnasiums von 1923 bis 1926 Lehrling in einer Buchhandlung und dann Kraftfahrer. 1921 trat er der kommunistischen Jugend bei und war seit 1926 in der Berliner KPD aktiv. Er arbeitete in der Agitpropabteilung in Berlin und war seit 1927 Lehrer an legalen und illegalen Schulen der KPD und ihrer Organisationen. 1930 in Berlin UB-Leiter, gleichzeitig im illegalen AM-Apparat tätig (Deckname Heinz Schreiber). Von Mai bis Dezember 1934 im KZ, er wurde schwer mißhandelt. In Moskau berichtete er, daß ihm zehn Genossen gegenübergestellt wurden, die ihn auf Weisung der SS verprügeln mußten. Nur ▸ Werner Hirsch weigerte sich, »die Peitsche auch nur in die Hand zu nehmen«. Daraufhin wurde Hirsch von der SS bewußtlos geschlagen. Altmann emigrierte 1934 über die ČSR und die Schweiz in die UdSSR. Er wurde Sowjetbürger und Lehrer an der Internationalen Leninschule in Moskau. Anfang 1937 vom NKWD verhaftet, schloß ihn das ZK der KPD im März 1937 aus der Partei aus. Auch seine Frau Elisabeth Schmidt war inhaftiert. Er selbst kam für kurze Zeit wieder frei, wurde aber am 17. August 1938 erneut festgenommen. Heinz Altmann wurde in Moskau am 2. März 1939 zum Tode verurteilt und am 3. März 1939 erschossen, 1956 »posthum rehabilitiert«.

▸ Altwein, Fritz (* 1889 – † 1966)

Geboren am 5. Juni 1889 in Jena als Sohn eines Zimmererpoliers, erlernte den Beruf eines Lithographen. Von 1908 bis 1924 arbeitete er bei Zeiss Jena. Altwein gehörte um 1908 mit ▸ Willi Münzenberg und ▸ Georg Schumann zu den Mitbegründern der Arbeiterjugend in Thüringen. 1908 trat er der SPD und den Gewerkschaften bei. 1917/18 Soldat, wurde Mitglied der Spartakusgruppe und der USPD. 1920 ging er zur KPD, war in Jena Ortsgruppenvorsitzender und vertrat die Partei in der Stadtverordnetenversammlung.
Altwein war Mitglied der KPD-BL Groß-Thüringen und Anhänger ▸ Heinrich Brandlers. 1924 wurde er Sekretär der RHD Bezirk Thüringen, 1925 Zentralsekretär der Reichsleitung der RHD in Berlin. Im April 1929 wurde Altwein wegen seiner Kritik am ultralinken Kurs der KPD-Führung aus der KPD ausgeschlossen und verlor auch seine Stellung als RHD-Angestellter. In der KPO aktiv, ging er mit deren Minderheit im April 1932 zur SAP. Von 1929 bis zu seiner Entlassung im Juni 1933 war er städtischer Wohlfahrtspfleger in Berlin, 1931/32 besuchte er die Hochschule für Politik. Von November 1933 bis Juni 1934 Instrukteur der illegalen SAP in Berlin, er floh wegen drohender Verhaftung über Holland in die ČSR und setzte hier die antifaschistische Arbeit fort. Im Sommer 1938 gelangte Altwein über Rotterdam nach Norwegen und arbeitete als Retuscheur. 1940 nach Schweden emigriert, war er dort zeitweilig interniert. Ab 1943 Lithograph in Stockholm und betätigte sich in der Landesgruppe deutscher Gewerkschafter. Da er zunächst keine Rückkehrerlaubnis erhielt, konnte er erst 1958 in die Bundesrepublik ausreisen. Er lebte in Oberursel im Taunus und wurde Mitglied der SPD. Fritz Altwein starb am 11. Februar 1966.

▸ Ambs, Hans (* 1898 – † 1962)

Geboren als einziges Kind eines Schlossermeisters am 5. Juni 1898 in Augsburg; erlernte das Bauschlosserhandwerk. Nach einjähriger Gesellenzeit im März 1917 als Matrose eingezogen. Nach Ausbildung bei der I. Werft-Division in Kiel Dienst in der Mittelmeer-Halbflottille. Im Oktober 1918 Rückkehr nach Kiel. Die Matrosenerhebung hatte für Ambs ferneres Leben entscheidenden Einfluß, er trat im Januar 1919 der USPD und im Januar 1920 der Gewerkschaft bei. Ab 1919 war er in Rostock auf verschiedenen Werften als Schlosser tätig. 1920 mit der linken USPD Übertritt zur KPD. 1923 besuchte Ambs für drei Monate die Parteischule der KPD in Jena. Er wurde im Februar 1924 in den Mecklenburg-Schweriner Landtag gewählt. Nach dem »Offenen Brief« 1925 war er aktiv für die linke Opposition tätig, gehörte zur ultralinken Gruppe um ▸ Karl Korsch und ▸ Ernst Schwarz und wurde deshalb am 20. August 1926 aus der KPD ausgeschlossen. Er hielt Verbindung mit den linken Gruppen (Leninbund usw.), war aber nicht mehr politisch tätig. Nach dem Besuch von Abendschulen legte Ambs 1930 die Meisterprüfung ab und zog nach Berlin, wo er bei verschiedenen Firmen arbeitete. 1942 zum Militär eingezogen, bei Kriegsende Stabsgefreiter. 1945 Übersiedlung nach Eckernförde, wieder Mitglied der KPD. Ambs war Delegierter zum Reichsparteitag der KPD in Berlin im April 1946. Er wurde 2. Vorsitzender der Gewerkschaft Metall in Eckernförde, stellvertretender Landrat und 1946 von der Besatzungsmacht ernannter KPD-Landtagsabgeordneter in Schleswig-Holstein sowie 1946/47 Mitglied des Zonenbeirats der britischen Zone zur Neugliederung der Länder. 1949 verließ Ambs die KPD wegen erneuter Differenzen und trat im Mai 1950 zur SPD über. Im Oktober 1953 wurde er Bevollmächtigter der IG Metall, Verwaltungsstelle Nordenham. Hans Ambs starb am 8. Oktober 1962 in Nordenham.

▸ Anders, Karl (* 1907 – † 1997)

Geboren als Kurt Wilhelm Naumann am 24. Januar 1907 in Berlin, Sohn eines Handwerksmeisters. Nach der Gesellenprüfung arbeitete Naumann im Polstermöbelbau, dann als Gartenbautechniker. 1921 im Wandervogel aktiv, ab 1923 in der Arbeiterjugendbewegung. Seit 1929 in der KPD, wurde 1931 Parteisekretär. Zeitweise leitete er die Agitpropabteilung des KPD-Bezirks Berlin-Brandenburg.

1933 Instrukteur des ZK für die Herstellung der illegalen Druckerzeugnisse im Reich, im März 1934 flüchtete er nach Prag und war dort 1936/37 im Vorstand der Roten Hilfe. Anders emigrierte 1939 über Polen nach Großbritannien, wo er von Juni bis Dezember 1940 interniert war. Anders schloß sich 1940 der sozialdemokratischen Gruppe »Neu Beginnen« an und war dann von 1943 bis 1949 in der Deutschlandabteilung von BBC tätig. 1949 kehrte er nach Deutschland zurück und leitete von 1953 bis 1957 den Verlag der »Frankfurter Rundschau« und wurde Mitglied der SPD. Im Wahlkampf 1961/62 gehörte er zur zentralen Wahlkampfleitung der Partei. Als Berater der Gewerkschaft IG Bau veröffentlichte er deren Geschichte: »Stein auf Stein. Die Leute von Bau-Steine-Erden und ihre Gewerkschaften«, Hannover 1969. Von 1971 bis 1974 in der Grundwertekommission der SPD, danach in deren Seniorenrat. Karl Anders starb am 27. Februar 1997 in Dreieich bei Frankfurt/M.

▸ André, Edgar (* 1894 – † 1936)

Am 17. Januar 1894 in Aachen geboren, seine Jugend verbrachte André als Waise in Belgien, wo er sich der Jungen Sozialistischen Garde anschloß. Nach der Schulentlassung Arbeiter. Im Krieg als Freiwilliger deutscher Soldat, geriet 1918 in französische Gefangenschaft. Nach dem Weltkrieg Rückkehr nach Deutschland, SPD-Mitglied in Koblenz, ab 1922 in Hamburg Hafenarbeiter. 1923 Übertritt zur KPD, 1925 Leiter des RFB Wasserkante, Mitglied der BL und von Oktober 1927 bis 1933 Abgeordneter der Hamburger Bürgerschaft, ab 1930 auch Stadtverordneter in Cuxhaven. Nach dem Verbot des RFB (1929) leitete er die illegale Organisation. Einem Mordanschlag auf André fiel der kommunistische Funktionär ▸ Ernst Henning zum Opfer. André arbeitete 1932 einige Zeit für die KP in Frankreich. Nach dem Reichstagsbrand wurde er am 5. März 1933 verhaftet und für die Zusammenstöße zwischen SA und RFB in Hamburg verantwortlich gemacht. Er erlitt

schwere Mißhandlungen, da ihn die SA für einen Juden (er war »Arier«) hielt. Am 10. Juli 1936 verurteilte das Hanseatische OLG André wegen »mehrfachen Mordes« zum Tode, obwohl die Mehrzahl der Richter zunächst nicht bereit war, dem Antrag des Staatsanwaltes zuzustimmen. Angeblich hatte Hitler selbst auf das Todesurteil gedrungen. In seinem Schlußwort erklärte André: »Sollten Sie hier das Unmögliche möglich machen und einen unschuldigen Kämpfer zum Richtblock bringen, so bin ich bereit, diesen schweren Gang zu gehen. Ich will keine Gnade! Als Kämpfer habe ich gelebt und als Kämpfer werde ich sterben mit den letzten Worten: Es lebe der Kommunismus!« Trotz zahlreicher Proteste aus dem Ausland wurde Edgar André in Gegenwart von 75 politischen Mitgefangenen am 4. November 1936 mit dem Handbeil enthauptet. Seine Frau, Martha, war ebenfalls einige Zeit inhaftiert, sie emigrierte später und lebte nach 1945 als Parteiveteranin der SED in Berlin, sie starb am 22. Oktober 1966.

▸ Andre, Max (* 1884 – † 1945)

Geboren am 5. Juni 1884 in Stettin, Steinträger. Mitglied der SPD, später der USPD, Kassenführer der USPD in Randow-Greifenhagen. Seit Dezember 1920 Mitglied der KPD, gehörte er der BL Pommern an und war zeitweise Orgleiter bzw. Geschäftsführer der BL in Stettin, dort auch Stadtverordneter für die KPD. Auf dem VIII. Leipziger Parteitag 1923 Wahl zum Ersatzmitglied des Zentralausschusses. Später Leiter der Kampfgemeinschaft für rote Sporteinheit in Stettin. Am 2. Mai 1933 in Stettin festgenommen, »Schutzhaft« u. a. im KZ Sonnenburg. Im September 1933 entlassen. 1945 zunächst in Stettin, später in Randow/Mecklenburg, soll Max Andre 1945 Selbstmord begangen haben.

▸ Angermeier, Heinrich (* 1884 – † 1945)

Geboren am 5. April 1884 in Groß-Zimmern/Hessen, Sohn einer Bauernfamilie. Schon sein Vater war Sozialist gewesen. Im Weltkrieg wurde Angermeier schwer verwundet. Er stieß 1920 zur KPD und wurde 1924 Abgeordneter des Hessischen Landtages, in dem er sich als Experte für Agrarfragen einen Namen machte. Mitglied der UB-Leitung Darmstadt. 1927 erneut in den Landtag gewählt. Nach dem Ausscheiden von ▸ Heinrich Galm (1929) verließ Angermeier als Rechter die KPD und führte sein Mandat für die KPO weiter. Auch 1931 kandidierte er (nicht gewählt) auf der Liste der KPO für die Hessischen Landtagswahlen. Er war kein hauptamtlicher Funktionär, sondern blieb stets als Landwirt tätig. 1933 verhaftet, war er über ein Jahr im KZ Osthofen. Danach wieder Landwirt in Groß-Zimmern, dort wurde er im August 1944 erneut verhaftet und ins KZ Dachau gebracht, wo Heinrich Angermeier am 22. Februar 1945 ums Leben kam.

▸ Antes, Kurt (* 1906 – † 1942)

Geboren am 24. Mai 1906 in Ottweiler/Saar, Arbeiter. Er war seit 1926 in der KPD aktiv und soll im illegalen Apparat der KP-Saar tätig gewesen sein. Antes kam im August 1930 in die Sowjetunion und arbeitete als Hauer in den Kohlegruben des Donezbeckens. Von 1933 bis Dezember 1934 studierte er an der Kommunistischen Universität der nationalen Minderheiten des Westens, einer Kaderschule, und arbeitete anschließend als Referent beim EKKI in Moskau. 1937 als angeblicher Neumann-Anhänger vom NKWD verhaftet und am 8. Januar 1938 aus der UdSSR nach Deutschland ausgewiesen. Hier kam er ins KZ Buchenwald. Kurt Antes starb am 1. März 1942 im KZ Neuengamme an Fleckfieber.

▸ Apelt, Fritz (* 1893 – † 1972)

Geboren am 4. Februar 1893 in Tiefenfurt/Krs. Görlitz, Sohn eines Landbriefträgers; lernte Schlosser und Werkzeugmacher. 1911 Mitglied der SPD, 1917 der USPD. Apelt war bis 1921 DMV-Vertrauensmann und Betriebsrat bei AEG in Berlin, 1920 Mitglied der KPD. 1923 wegen

Führung eines »wilden Streiks« aus dem DMV ausgeschlossen, wurde im Juli 1923 Gewerkschaftsredakteur der »Roten Fahne«. Im September 1924 verhaftet und am 7. November 1924 vom Reichsgericht zu einem Jahr Festungshaft verurteilt, die er in Gollnow absaß. Von 1925 bis 1927 Redakteur beim KPD-Pressedienst bzw. bei der »Roten Fahne«. Anfang 1927 nach Moskau geschickt, wo er als Vertreter der RGO im Vollzugsbüro der RGI in Moskau arbeitete und dort 1928 für Jugendfragen verantwortlich war. Im Oktober 1929 kehrte Apelt nach Deutschland zurück, bis Ende 1932 war er Chefredakteur des »Thüringer Volksblattes« und Mitglied der BL-Thüringen, ab November 1932 Chefredakteur der »Arbeiterstimme« in Mannheim. Im August 1933 verhaftet, war er bis Mai 1934 in den KZs Heuberg und Kieslau inhaftiert. Nach seiner Freilassung Oberberater des ZK im Rheinland und im Ruhrgebiet. Im März 1935 emigrierte er über Paris in die UdSSR. Von 1935 bis 1943 Mitarbeiter der Komintern und des ZK der KPD, zeitweilig Redakteur des Deutschen Volkssenders und des Senders des NKFD Freies Deutschland. Wegen »mangelnder Wachsamkeit« erhielt Apelt von der Moskauer KPD-Führung im Oktober 1942 eine »strenge Rüge«.
Im Juni 1945 Rückkehr nach Deutschland, zunächst war er Mitglied des Vorbereitenden Gewerkschaftsausschusses für Sachsen und 2. Vorsitzender des FDGB-Landesausschusses. Im September 1945 wurde Apelt Chefredakteur der Zeitung »Die Freie Gewerkschaft«, ab 1947 der »Tribüne«. Von 1947 bis 1953 Vorsitzender des »Verbandes der deutschen Presse«, im Januar 1954 wurde er Staatssekretär bzw. 1. Stellvertreter des Ministers für Kultur, er trat 1956 in den Ruhestand. Er war seit November 1952 mit ▸ Frieda Malter verheiratet, erhielt 1970 die Ehrenspange zum VVO in Gold. Fritz Apelt starb am 28. Januar 1972.

▸ Aquila, Giulio (Giulia Sas) (* 1896 – † ?)

Seine Herkunft liegt im dunkeln, er war Angestellter und trat 1921 in die KPD ein. Bis 1928 übte er verschiedene Positionen aus und war von 1928 bis 1931 in der KPdSU in Moskau aktiv. Auf Betreiben ▸ Ernst Thälmanns kehrte er nach Berlin zurück und wurde Redakteur für Außenpolitik der »Roten Fahne«. Im April 1933 verhaftet, konnte er in die UdSSR entkommen, wo er lange mit Karl Radek zusammenarbeitete. Im Januar 1934 folgte ihm seine Frau **Valentina Adler** (1898-1942, Tochter des berühmten Psychologen Alfred Adler) aus Berlin nach Moskau. Dort wurden beide im Februar 1937 vom NKWD verhaftet, das Politbüro der KPD schloß sie noch im gleichen Jahr aus der KPD aus. Valentina Adler starb 1942 im Lager, Giulio Aquila ist verschollen.

▸ Arendsee, Martha (* 1885 – † 1953)

Geboren am 29. März 1885 in Berlin als Tochter eines Schriftsetzers; kaufmännische Lehre, danach Angestellte der Konsumgenossenschaft Berlin. Nach einer Operation schwer körperbehindert, war sie von 1903 bis 1910 Heimarbeiterin. 1906 Mitglied der SPD, ab 1909 Frauenleiterin im Kreisverband Niederbarnim. Während des Weltkrieges gehörte sie zu den führenden Köpfen der »Niederbarnimer Opposition« und

war Teilnehmerin der Internationalen Frauenkonferenz in Bern 1915. 1917 Übertritt zur USPD, Abgeordnete dieser Partei in der Preußischen Landesversammlung von 1919 bis 1921. Nach der Spaltung der USPD im Oktober 1920 Mitglied des ZK der linken USP. Mit dieser im Dezember 1920 zur KPD, deren Abgeordnete sie von 1921 bis 1924 im Preußischen Landtag und von Dezember 1924 bis 1930 im Reichstag war. Zunächst in der Frauenarbeit der KPD tätig, zeichnete Martha Arendsee 1922 bis 1924 für die Zeitschrift »Die Kommunistin« verantwortlich, danach Redakteurin an der Zeitschrift »Proletarische Sozialpolitik«. Ab 1925 vor allem in der IAH tätig, derem Vorstand sie angehörte. 1930 wegen ihrer Sympathie für den rechten Parteiflügel nicht mehr für den Reichstag nominiert.

Im April 1933 verhaftet und bis September im Berliner Frauengefängnis Barnimstraße inhaftiert. Nach der Freilassung emigrierte sie im April 1934 zusammen mit ihrem Mann, ▸ Paul Schwenk, in die Sowjetunion. Dort wurde Schwenk während der Stalinschen Säuberung von 1937 bis 1941 inhaftiert. Martha Arendsee war zunächst Mitarbeiterin der RGI, dann zeitweilig in der Leitung des »Klubs ausländischer Arbeiter« und ab 1941 bei Radio Moskau. Sie war einziges weibliches Mitglied des 1943 gegründeten Nationalkomitees Freies Deutschland (NKFD). Anfang Juni 1945 kehrte sie mit ▸ Wilhelm Pieck nach Deutschland zurück, wurde Mitunterzeichnerin des ersten Aufrufs des ZK der neugebildeten KPD vom 11. Juni 1945. Martha Arendsee war ab August 1945 Mitglied des Zentralen Frauenausschusses beim Berliner Magistrat und noch einige Zeit in der Frauenarbeit der KPD-SED tätig. Sie gehörte dem I. Parteivorstand der SED an, wurde aber schon auf dem II. Parteitag der SED im September 1947 nicht wiedergewählt. Nach Gründung des FDGB leitete sie die Abteilung Sozialpolitik im Bundesvorstand. 1949/50 Vorsitzende der Sozialversicherungsanstalt von Ost-Berlin. Martha Arendsee starb am 22. Mai 1953 in Ost-Berlin.

▸ Arfmann, Dietrich (* 1897 – † 1945)

Geboren am 19. November 1897 in Ritterhude bei Bremen, Sohn eines Zigarrenmachers; Lehre als Maler. 1917/18 Soldat, im August 1918 schwere Verwundung. Von 1924 bis 1933 als Malergeselle bei der »Deutschen Vakuum-Öl-Gesellschaft« in Oslebshausen, schloß sich 1920 der SPD und 1926 dem Fabrikarbeiterverband an und trat 1931 zur KPD und RGO über. Ab 1933 führte er die KPD-Ortsgruppen in Ritterhude und Osterholz-Scharmbeck in die Illegalität. 1934 arbeitete er als Kurier für die illegale KPD in Bremen und Hamburg. Im August 1935 reiste Arfmann als Vertreter des Bezirks Nordwest über die ČSR in die UdSSR, um an der »Brüsseler Konferenz« der KPD bei Moskau teilzunehmen. Hier erkrankte er an Ruhr und konnte erst im November 1935 nach Bremen zurückkehren. Am 19. August 1936 wurde er verhaftet und am 28. April 1938 zu vier Jahren Zuchthaus verurteilt. Arfmann, der nach seiner Verhaftung die übrigen Mitglieder der Ritterhuder Widerstandszelle verraten haben soll, gehörte Anfang Mai 1945 zu den Gründern des überparteilichen Kampfbundes gegen den Faschismus in Ritterhude. Die Bezirksleitung der KPD in Bremen beschloß, daß er nicht am Neuaufbau der KPD teilnehmen dürfe. Dietrich

Arfmann kam Ende Mai 1945 beim Minenräumen ums Leben.

▸ Argus, Rudolf Martin (* 1888 – † 1969)

Geboren am 17. Dezember 1888 in Reudnitz/Thüringen, übersiedelte 1912 nach der Lehrerausbildung nach Bremen und arbeitete als Volksschullehrer. Während des Krieges schloß er sich den Bremer Linksradikalen an und war seit Gründung in der KPD. Argus wurde Mitglied der BL Nordwest und 1921 für die KPD in die Bremer Bürgerschaft gewählt, er war einer der Hauptredner der Partei in diesem Parlament. Im November 1923 und Dezember 1924 wiedergewählt, schied er 1927 aus der Bürgerschaft aus. Argus zog sich von der Parteiarbeit zurück. Nach 1933 blieb er Lehrer und trat der SA bei. Nach der Pensionierung zog er 1941 nach Füssen (Allgäu) und anschließend ins Rheinland. Nach 1945 politisch nicht mehr aktiv, lebte in Siegen. Rudolf Argus starb am 16. Januar 1969.

▸ Arnold, Rudolf Friedrich (* 1896 – † 1950)

Geboren am 20. Dezember 1896 in Eisenach als Sohn eines Fleischers; wurde Dreher und Werkzeugmacher bei den Bayerischen Motorenwerken in Eisenach. 1911 trat Arnold der Arbeiterjugend bei. Im April 1916 als Soldat nach Kiel einberufen, schloß sich während der Novemberrevolution dem Spartakusbund an und gehörte zum Arbeiter- und Soldatenrat in Memel. 1919 Rückkehr nach Eisenach, war von 1920 bis 1927 Mitglied der KAPD, erst dann der KPD. Seit 1928 erwerbslos, 1931 wurde er festangestellter Mitarbeiter der BL und leitete den Literaturvertrieb der KPD für Thüringen. Im Juli 1932 wurde Arnold zum Abgeordneten des Thüringischen Landtages gewählt. Bereits am 28. Februar 1933 verhaftet, verurteilte ihn das OLG Jena am 19. Mai 1933 zu zwei Jahren Gefängnis. Von 1935 bis 1944 arbeitete er als Werkzeugmacher in Eisenach. Am 10. August 1944 wurde er erneut inhaftiert und in das KZ Buchenwald gebracht. Von Juni 1945 bis August 1949 war Arnold Bürgermeister von Ruhla, dann Leiter der Hauptabteilung Landes-, Kreis- und Gemeindeverwaltung im Innenministerium. Er war auch Abgeordneter des Kreistages von Eisenach und dortiger Kreistagsvorsitzender. Rudolf Arnold starb am 15. Juli 1950 in Eisenach.

▸ Aschenbrenner, Rosa (* 1885 – † 1966)

Rosa Lierl, am 27. April 1885 in Beilngries/Bayern als Tochter eines Uhrmachers, der auch eine Landwirtschaft betrieb, geboren; arbeitete zwölf Jahre als Dienstmädchen. Sie heiratete 1909 den Arbeiter Hans Aschenbrenner und trat nach der Heirat der SPD bei. Sie war ab 1917 in der USPD aktiv, stand auf dem linken Flügel der Partei und war Delegierte des Vereinigungsparteitages mit der KPD im Dezember 1920 sowie des VI. KPD-Parteitages in Jena 1921. Ab 1921 vertrat sie die KPD im Bayerischen Landtag. In der BL Südbayern war sie anfangs für die Frauenarbeit, nach 1925 für die Kasse verantwortlich. 1924 und 1928 erneut in den Landtag gewählt, geriet sie jedoch 1928 wegen des ultralinken Kurses in Konflikt mit der Partei. Sie wurde bereits 1928 verwarnt, weil sie gegen die EKKI-Beschlüsse gestimmt hatte. Am 11. Juni 1929

erklärte Rosa Aschenbrenner in einer Stellungnahme im Landtag gegen die »Katastrophenpolitik« der KPD-Führung ihren Austritt aus der Partei. Sie weigerte sich, unter der »derzeitigen Parteiführung mit ihrem verderblichen politischen Kurs« ihr Mandat niederzulegen und trat der KPO bei. Ihr Ehemann Hans wurde im Juli 1929 aus der KPD ausgeschlossen, da er sich mit seiner Frau solidarisiert hatte. Von der KPD-Presse als »politischer Leichnam« beschimpft, trat sie im Mai 1930 zur SPD über und behielt ihr Mandat bis zum Ende der Legislaturperiode bei. Rosa Aschenbrenner wurde am 17. März 1933 für drei Monate in »Schutzhaft« genommen und anschließend unter Polizeiaufsicht gestellt. 1936 wurde sie erneut verhaftet und wegen »Verstoßes gegen das Heimtückegesetz« (Abhören »feindlicher« Sender) zu sechs Wochen Gefängnis verurteilt.
1945 Mitbegründerin der SPD in München und Mitglied der Verfassunggebenden Versammlung Bayerns. Rosa Aschenbrenner, die auf dem linken Flügel der SPD stand, war von 1946 bis 1948 SPD-Abgeordnete im Bayerischen Landtag, bis 1956 im Münchener Stadtrat. Rosa Aschenbrenner starb am 9. Februar 1966 in München.

▸ Auer, Erich (* 1902 – † 1978)

Geboren am 26. April 1902 in Hesserode bei Nordhausen, Sohn eines Tischlers; Druckerlehre. 1916 Mitglied der Arbeiterjugend, war im Mai 1916 Teilnehmer an der Osterkonferenz der oppositionellen Arbeiterjugend und begegnete dort ▸ Karl Liebknecht. Auer trat 1918 der FSJ und im April 1920 der KPD bei und war von 1923 bis 1925 Leiter der KJD bzw. KJVD-BL Thüringen. 1923 auf dem Reichskongreß ins ZK der KJD gewählt, wurde er 1925 bis Anfang 1928 Orgleiter des ZK des KJVD. Als KJVD-Vertreter war er bis Ende 1928 Referent des EK der KJI in Moskau. Anschließend war er in Berlin Mitarbeiter in der Gewerkschaftsabteilung des ZK der KPD und bis 1932 Mitglied des Reichskomitees der RGO und deren Agitpropsekretär. Ende 1932 wurde er Gewerkschaftsredakteur des »Ruhr-Echos« in Essen.
1933 Instrukteur in Danzig, Ostpreußen, und später im Ruhrgebiet, 1934 Oberberater für die Bezirke Ostpreußen und Königsberg. Im März 1934 wurde Auer in Berlin verhaftet und am 31. Juli 1934 zu eineinhalb Jahren Gefängnis verurteilt. Nach der Freilassung Drucker in der Deutschen Zentraldruckerei. 1937 erneut festgenommen und drei Monate inhaftiert. Am 1. März 1944 zum Strafbataillon 999 eingezogen, wegen einer schweren Erkrankung aber wieder entlassen.
1945/46 war Auer stellvertretender Bürgermeister in Berlin-Bohnsdorf, von 1946 bis 1949 Bezirksrat für allgemeine Verwaltung und Sozialwesen in Berlin-Treptow. Auer wurde 1950 vorgeworfen, sich 1941 gegenüber der Gestapo bereit erklärt zu haben, politische Stimmungsberichte abzuliefern. Daraufhin als Kulturleiter auf das VEG Groß-Lüsewitz in Mecklenburg abgeschoben, bis 1967 Kaderleiter des Instituts für Pflanzenzüchtung der AdL. Ab 1952 gehörte er dem Sekretariat des Bezirksvorstandes der Gewerkschaft Wissenschaft Rostock an. Erich Auer, der in erster Ehe mit der 1944 hingerichteten Widerstandskämpferin Judith Auer verheiratet war, starb am 1. Juni 1978.

▸ Augustat, Elise (* 1889 – † 1940)

Geboren am 20. Juli 1889 als Elise Queck in Waldkeim/Ostpreußen. Sie arbeitete auf dem Lande und war als Hausfrau u. a. in Hamburg tätig. Von 1916 bis 1918 Mitglied der SPD, trat sie 1918 der USPD und 1919 der KPD bei. Elise Augustat war ab 1924 Gemeindevertreterin für die KPD in Lägerdorf/Schleswig-Holstein, ab 1929 Abgeordnete des Provinziallandtages Schleswig-Holstein. Sie war Mitglied der KPD-BL Wasserkante. Im September 1930 wurde sie auf dem Reichswahlvorschlag der KPD in den Reichstag gewählt, dem sie bis 1933 angehörte. Elise Augustat wurde im September 1933 wegen »Hochverrats« verhaftet

und bis 18. Januar 1934 in »Schutzhaft« gehalten. Das Verfahren, das beim OLG Hamburg anhängig war, endete am 15. Januar 1934 mit einem Freispruch. Im September 1939 wurde sie erneut festgenommen und in das KZ Ravensbrück gebracht, aber im Dezember 1939 wegen schwerer Krankheit »beurlaubt«. Elise Augustat starb am 13. März 1940 in Lägerdorf an den Haftfolgen.

▸ Ausländer, Fritz, Dr. phil. (* 1885 – † 1943)

Geboren am 24. November 1885 in Königsberg als Sohn des Kaufmanns Alexander Traugott Ausländer. Besuch des Altstädtischen Gymnasiums in Königsberg, dann Studium in Königsberg. Als Philologiestudent Mitglied der SPD. Kurze Zeit Referendar in Königsberg und Breslau, dann Studienrat in Hamburg, Marburg und Berlin. Hier schon vor dem Weltkrieg Angehöriger des linken Flügels der SPD und Freund ▸ Karl Liebknechts.

Ausländer war Mitbegründer der Gruppe Internationale und Herausgeber von Schulungsmaterialien der Linken im Kreis Niederbarnim. 1914 bis November 1915 Kriegsteilnehmer. Nach Rückkehr in Berlin für den Spartakusbund aktiv. Seit Gründung der Partei Funktionär der KPD, vor allem im Bildungswesen der Partei tätig. In den zwanziger Jahren Studienrat in Berlin und unbesoldeter KPD-Stadtrat. Seine geistige Haltung umschrieb er so: »Die proletarische Diktatur ist der Hebel, um den Weg frei zu machen für das Neue, das im Schoß der Gesellschaft herangereift ist. Daher bekenne ich mich gerade auch als Historiker und Pädagoge zur Kommunistischen Weltpartei.« 1924 Sekretär der Reichsfraktion kommunistischer Lehrer, 1928 Abgeordneter des Preußischen Landtags. Als Versöhnler 1932 nicht mehr als Kandidat zum Landtag aufgestellt, trat Ausländer 1932 aus Protest gegen die ultralinke Haltung aus der KPD aus.

1933 in der Nacht des Reichstagsbrandes von SA-Männern verhaftet, bis Juni 1935 im Zuchthaus Sonnenburg und KZ Esterwegen festgehalten. Da ihm die zustehende Pension wegen seiner kommunistischen Vergangenheit verweigert wurde, verdiente er seinen Lebensunterhalt dann durch Adressenschreiben. Später war er Auslandskorrespondent bei der »Deutschen Buch-Gemeinschaft« Berlin. Bei Kriegsausbruch an seiner Arbeitsstelle erneut festgenommen, kam er ins KZ Sachsenhausen, wurde aber nach einem Selbstmordversuch Weihnachten 1939 entlassen. Fritz Ausländer nahm sich am 21. Mai 1943 aus Angst vor erneuter Verhaftung das Leben. Seine Witwe und seine Tochter, die Lehrerin war, flüchteten nach 1945 nach Ostfriesland.

▸ Auweck, Franz (* 1884 – † 1964)

Geboren am 7. August 1884 in München, Sohn eines Gärtners und Fabrikarbeiters. Er besuchte bis 1905 das katholische Lehrerseminar in Freising. Zunächst als Hilfslehrer an Schulen in Schröding, Gilching und München tätig, erhielt Auweck 1913 eine Stelle als Lehrer. Er wurde 1917 Soldat und schloß sich im Mai 1919 der USPD an. Als einer der Münchner Führer der linken USPD nahm er am USPD-Parteitag in Halle teil und trat dort für den Anschluß an die Komintern ein. Seine politische Einstellung brachte Auweck im November 1920 wegen »Aufreizung zum Klassenhaß und der Aufforderung zum Hochverrat« vor Gericht, er wurde jedoch freigesprochen. Ende 1920 trat er zur KPD über und war im Januar 1922 Nachrücker als Abgeordneter des Bayerischen Landtags. Nach ständigen Disziplinarmaßnahmen seitens der Schulbehörde wurde er schließlich 1922 aus dem bayerischen Schuldienst entlassen, im Oktober 1922 aber als Berufsschullehrer in Thüringen eingestellt. Auweck, der eng mit dem 1921 aus der KPD ausgeschlossenen bayerischen Landtagsabgeordneten ▸ Otto Graf verbunden war, wechselte noch während der laufenden Legislaturperiode aus der bayrischen KPD-Fraktion zur SPD. 1925 gründete er eine private Berufsmittelschule, die 1926 durch den Staat Türingen anerkannt wurde. Ab 1930 im Wartestand, 1933 Entlassung aus dem thüringischen Schuldienst und bis 1943 Arbeit in einem Tabakwarengeschäft. Von September 1945 bis 1952 war er Rektor bzw. Leiter einer Berufsmittelschule in München. Sein Privatvermögen stiftete er für die Einrichtung eines Wohnheims für Schüler des Zweiten Bildungsweges. Franz Auweck starb am 2. April 1964 in München.

B

▸ Bachmann, Otto Karl (* 1877 – † 1954)

Geboren am 18. Februar 1877 in Hintersee-Prettin/Krs. Torgau als Sohn eines Fleischermeisters. Nach der Lehrzeit als Maurer ging er zwei Jahre auf Wanderschaft und arbeitete an verschiedenen Orten Deutschlands als Maurergeselle. 1900 zog er nach Chemnitz und kam 1908 als Gewerkschaftsangestellter nach Breslau (Maurerverband). Im Jahre 1911 nach Chemnitz zurückgekehrt, war er bis 1916 als 2. Arbeitersekretär im ADGB. Von 1916 bis 1918 Soldat an der Verdunfront in Frankreich. Ende 1918 im Arbeiter- und Soldatenrat in Chemnitz und wieder als Gewerkschaftssekretär im Bauarbeiterverband tätig. Seit 1897 in der SPD, stand er auf dem äußersten linken Flügel. Bachmann gehörte 1918 dem Spartakusbund an und wurde 1919 Mitglied der KPD. Auf dem Vereinigungsparteitag mit der USPD im Dezember 1920 kam er in die Organisationskommission. Als der von ihm seit 1919 geführte Bauarbeiterverband Chemnitz im März 1921 aus dem Zentralverband ausgeschlossen wurde, gründete er im Auftrag der Zentrale der KPD den Verband der ausgeschlossenen Bauarbeiter, dem sich auch andere örtliche Gruppen im Reich anschlossen. Er war Delegierter des Gründungskongresses der RGI 1921 in Moskau und wurde im März 1921 von Chemnitz nach Berlin berufen, um in der Gewerkschaftsabteilung der KPD-Zentrale die Gruppe Bau zu übernehmen. Von September 1923 bis März 1926 (Auflösung) war Bachmann 1. Vorsitzender des (kommunistischen) Verbandes der ausgeschlossenen Bauarbeiter Deutschlands. Im Juni 1927 wurde Bachmann als erster Kommunist in Deutschland zum Bürgermeister einer Stadtgemeinde (Oelsnitz/Vogtland, 18.000 Einwohner) gewählt und blieb dies bis zum 8. März 1933. Bachmann gehörte zum rechten Parteiflügel, im März 1929 aus der KPD ausgeschlossen. Er trat der KPO bei und war für diese aktiv, auch als Bürgermeister. Weil er die Hakenkreuzfahne von seinem Rathausturm heruntergerissen hatte, wurde Bachmann am 8. März 1933 verhaftet und bis Februar 1934 im KZ Schloß Osterstein/Zwickau gefangengehalten. Ab 1934 wieder Maurer und Polier in Berlin, leistete Bachmann mit seiner Frau Anna illegale Arbeit in einer Widerstandsgruppe in Berlin-Britz, der auch ▸ Jakob Schloer angehörte. Im April/Mai 1945 wurde er Bürgermeister in Eggersdorf und anschließend Bauführer in Berlin-Schöneberg-Friedenau. 1945 Mitglied der KPD. Ende 1945 Vorsitzender der IG Bau des FDGB im Land Brandenburg, schied er im März 1949 krankheitsbedingt aus und wurde zum Ehrenmitglied des Zentralvorstandes der IG Bau ernannt. Da er schon vor den großen Säuberungskampagnen der SED die hauptamtliche Tätigkeit im FDGB aufgegeben hatte, wurde er wegen seinen früheren Aktivitäten in der KPO nicht gemaßregelt. Otto Karl Bachmann starb am 18. Januar 1954 in Potsdam. Seiner Frau **Anna Bachmann** (* 5. 11. 1894 – † 12. 6. 1977), die in den zwanziger Jahren Sekretärin von ▸ Wilhelm Pieck und ▸ Walter Ulbricht im ZK war, brachte hingegen die ehemalige Mitgliedschaft in der KPO Anfang der fünfziger Jahre Nachteile.

▸ Backenecker, Maria (* 1893 – † 1931)

Maria Scharnetzki wurde am 20. März 1893 in Bochum geboren. Sie heiratete einen Arbeiter namens Backenecker, war Hausfrau. 1919 Mitglied der USPD, 192O der KPD, betätigte sie sich 1923/24 aktiv in der kommunistischen Frauenbewegung des Ruhrgebiets. Im Mai 1924 wurde sie in den Reichstag gewählt. Für die Wahlen im Dezember 1924 auf einen aussichtslosen Platz der Kandidatenliste gesetzt, kam sie nicht wieder ins Parlament.

Maria Backenecker stand auf dem linken Parteiflügel. Nach dem »Offenen Brief« aktiv für die linke Opposition tätig, wurde sie Anfang 1927 aus der KPD ausgeschlossen. Sie war Mitbegründerin des Leninbundes. Später trennte sie sich mit den Trotzkisten vom Leninbund und leitete die Gruppe der Trotzkisten in Hamborn. Maria Backenecker starb am 24. Dezember 1931.

▸ Bästlein, Bernhard (* 1894 – † 1944)

Am 3. Dezember 1894 in Hamburg geboren, entstammte einem sozialistischen Elternhaus. Nach der Lehre Feinmechaniker. 1911 Eintritt in die Arbeiterjugend. Kurz vor dem Weltkrieg, den er als Soldat an der Westfront mitmachte, trat er der SPD bei. 1918 schloß er sich der USPD an und kam mit deren linkem Flügel im Dezember 1920 zur KPD. 1921 wurde er Abgeordneter der Hamburger Bürgerschaft. Wegen seiner Teilnahme an den Märzkämpfen 1921 von der Polizei gesucht, flüchtete Bästlein an Bord eines Schiffes, das russische Kriegsgefangene von Stettin nach Petrograd brachte, nach Sowjetrußland, wo er in der Autonomen Republik der Wolgadeutschen die »Deutsche Bauernzeitung« redigierte. Nach einer Amnestie Anfang 1923 nach Deutschland zurückgekehrt, wurde er Redakteur der »Westfälischen Arbeiterzeitung« in Dortmund. 1924 gehörte Bästlein zur Mittelgruppe und wurde deshalb nach Hagen und später nach Barmen versetzt. Ab 1926 Redakteur der »Bergischen Volksstimme« in Remscheid und Vorsitzender des Remscheider RFB, 1929 Chefredakteur der »Solinger Bergischen Arbeiterstimme«. Im Oktober 1929 UB-Leiter der KPD in Düsseldorf, von Februar 1931 bis Mai 1933 Polleiter des Bezirks Mittelrhein, seit April 1932 auch MdL Preußen und am 5. März 1933 noch in den Reichstag gewählt. Im Mai 1933 wurde Bästlein – mit dem Aufbau der illegalen KPD im Großraum Frankfurt/M. beauftragt – verhaftet und im Dezember 1934 zu 20 Monaten Zuchthaus verurteilt. Nach der Strafzeit im Zuchthaus Siegburg war er fünf Jahre im KZ, Anfang 1940 entlassen, arbeitete er als Wagenwäscher, dann als Chauffeur in Hamburg. Dort organisierte er mit den ehemaligen KPD-Funktionären ▸ Robert Abshagen und ▸ Franz Jacob eine Widerstandsgruppe. Er wurde am 17. Oktober 1942 erneut verhaftet und von einem Gestapobeamten beim Fluchtversuch durch einen Steckschuß verletzt. Einen anschließenden Selbstmordversuch im Stadthaus, dem Hamburger Gestapo-Hauptquartier, überlebte er. Im Sommer 1943 wurde Bästlein zur Aburteilung nach Berlin gebracht, wo es ihm während eines Luftangriffes am 30. Januar 1944 gelang, aus dem Gefängnis Plötzensee zu entfliehen. Er fand Anschluß an die KP-Widerstandsgruppe ▸ Anton Saefkow. Am 30. Mai 1944 abermals verhaftet und am 5. September 1944 zum Tode verurteilt, wurde Bernhard Bästlein am 18. September 1944 zusammen mit Saefkow im Zuchthaus Brandenburg/Havel hingerichtet.

▸ Bäumer, Ludwig (* 1888 – † 1928)

Geboren am 1. September 1888 in Melle bei Hannover, 1911 brach er das Jura-Studium in Göttingen ab und kam in die Künstlerkolonie nach Worpswede bei Bremen. Hier mit ▸ Heinrich und Martha Vogeler befreundet, begann er ein Liebesverhältnis mit Martha Vogeler, die ihren Mann und das Haus in Worpswede verließ. Bäumer war ein enger Mitarbeiter ▸ Franz Pfemferts und der von ihm herausgegebenen Zeitschrift »Aktion«. Im Ersten Weltkrieg Unteroffizier, dann Kriegsgegner, gehörte er während der Novemberrevolution zu den aktivsten Bremer Kommunisten. Ende 1918 nahm er als Worpsweder Delegierter am Gründungsparteitag der KPD in Berlin teil. Er wurde im Januar 1919 Mitglied des Rates der Volksbeauftragten der Bremer Räterepublik und war nach deren Niederwerfung inhaftiert. Bäumer tendierte zum Syndikalismus und trat im Juni 1919 aus der KPD aus, war seitdem parteilos. 1919 erschien seine Schrift »Das Wesen des Kommunismus«. Der zum Bremer Künstlerkreis gehörende Bäumer wohnte bis 1922 in Worpswede, war zuletzt Geschäftsführer eines Lokals. Später heiratete er eine vermögende Frau und zog nach Süddeutschland, er lebte als freier Schriftsteller in München und Berlin. Ludwig Bäumer starb er am 28. August 1928.

▸ Bahnik, Wilhelm (* 1900 – † 1938)

Geboren am 15. Mai 1900 in Gnesen/Posen als Sohn eines Eisenbahnarbeiters; besuchte die Handelsschule. 1918 Soldat; ab 1919 Versicherungsangestellter in Magdeburg, trat 1921 in die SPD ein, 1923 Wechsel zur KPD. 1925 wurde er Mitglied der BL Magdeburg-Anhalt und Leiter des AM-Apparates. Am 4. Juni 1927 wurde Bahnik in Magdeburg verhaftet und am 3. April 1928 vom 4. Strafsenat des Reichsgerichts zu zwei Jahren und neun Monaten Festung verurteilt, kam aber bereits im Sommer 1928 durch eine Amnestie aus Gollnow frei. 1928 bis 1930 offiziell als Druckereihilfsarbeiter bei der Peuvag-Filiale in Magdeburg-Sudenburg, tatsächlich aber illegal weiter für den zentralen AM-Apparat tätig. Er wurde nach einem Lehrgang an der M-Schule der KI in Moskau 1930/31 Mitarbeiter des ZK der KPD. Unter Leitung von ▸ Hans Kippenberger agierte Bahnik unter verschiedenen Pseudonymen wie Theo, Martin oder auch Ewald. Nach dem Machtantritt der Nazis leitete er in Berlin den BB-Bereich im AM-Apparat. Im März 1935 in die UdSSR emigriert, wurde Bahnik 1936 in Deutschland in Abwesenheit zum Tode verurteilt. Nach einer Ausbildung an der Sonderschule der Moskauer Militärakademie in Rjasan ging er im Oktober 1936 nach Spanien und war unter dem Namen Fernando Leiter der Kaderarbeit der Internationalen Brigaden in Albacete. Ab Herbst 1937 als Offizier im »Edgar-André-Bataillon« im Fronteinsatz, Wilhelm Bahnik fiel am 12. März 1938.

▸ Baier, Karl (* 1887 – † 1973)

Geboren am 3. Januar 1887 in Magdeburg, Sohn eines Malers; lernte Modelltischler, von 1907 bis 1910 Militärdienst in der Marine, 1912 Mitglied der SPD, im Krieg wieder bei der Marine. 1917 USPD, während der Revolution 1918/19 Vorsitzender des Soldatenrates in Cuxhaven. Als Mitglied der IKD Gast am Gründungsparteitag der KPD in Berlin. Nach der Besetzung Hamburgs durch Truppen des Freikorps Gerstenberger im Februar 1919 vier Monate inhaftiert. Ab Frühjahr 1919 Tischler in Magdeburg, war er von

Herbst 1920 bis 1923 hauptamtlicher Orgleiter des Bezirks Magdeburg. 1923 Orgleiter des KPD-Bezirks Hessen-Waldeck, im November in Kassel verhaftet und zu einem Jahr Gefängnis verurteilt. Nach vier Monaten zwecks Ausübung seines Mandats als Provinziallandtagsabgeordneter von der Haft »beurlaubt«, Baier tauchte unter und wurde von der Zentrale 1924 als Geschäftsführer der »Gelsenkirchner Arbeiterzeitung« eingesetzt. Im September 1924 erneut verhaftet, mußte er seine Reststrafe absitzen. Im Oktober 1925 Instrukteur des Zentralvorstandes der RHD, arbeitete er 1927 als Sekretär der MOPR, der Internationalen Roten Hilfe. Baier gehörte zu den Kritikern des ultralinken Kurses. Im Juli 1929 aus der KPD ausgeschlossen, trat er der KPO bei, war dann Mitglied der Leitung der IHV und der Verlagsgenossenschaft Arbeiterpresse. Vom Oktober 1929 bis März 1933 Angestellter des Bezirksamtes Berlin-Prenzlauer Berg. Im Januar 1932 ging er zur SAP und war ab 1933 Orgleiter der illegalen SAP in Berlin. Am 22. August 1933 wurde Baier verhaftet und am 5. Dezember 1934 vom 2. Senat des VGH zu zweieinhalb Jahren Gefängnis verurteilt. Von 1936 bis 1945 betrieb er dann ein eigenes Versandgeschäft.

Im Mai 1945 wurde Baier von der russischen Kommandantur als Bürgermeister von Fangschleuse, bzw. Werlsee bei Erkner eingesetzt, ab Herbst 1948 leitete er das Sozialamt des Ostberliner Magistrats, dann 1950/51 das Amt für Kirchenfragen. Im Jahre 1951 geriet er in die Parteiüberprüfung, wurde am 19. September 1951 wegen »ideologischer Schwächen« aus der SED ausgeschlossen und im Februar 1952 auch aus dem Ostberliner Magistratsdienst entlassen. Sein Parteiausschluß wurde am 18. April 1952 durch die ZPKK aufgehoben; ab 1954 Beauftragter des Tribüne-Buchverlages. 1971 erhielt er den VVO in Gold. Karl Baier starb am 12. April 1973 in Ost-Berlin.

▸ Bargstädt, Karl (* 1904 – † 1974)

Geboren am 30. Oktober 1904 in Hamburg; Metallarbeiter. Mitglied der KPD-BL Hamburg, Orgleiter des RFB Gau Wasserkante. 1933 Emigration nach Skandinavien, Ende 1933 Leiter der KPD-Gruppe in Schweden, im März 1935 von Schweden nach Norwegen. Anerkennung als politischer Flüchtling, 2. Vorsitzender der Emigrationsgemeinschaft und Leiter der KPD-Gruppe in Oslo. Gemeinsam mit Emil Dinka Leiter des KPD-SAP Sonderausschusses für Gewerkschaftsfragen. Bargstädt wurde technischer Berater der von ▸ Ernst Wollweber geführten Sabotage-Organisation. Diese Gruppe verübte mit massiver sowjetischer Unterstützung von Dänemark und Norwegen aus Anschläge auf deutsche und italienische Schiffe. Von November 1936 bis September 1937 reiste er u. a. unter dem Namen Karl Weinberg illegal durch Europa. Im März 1938 erhielt er eine Aufenthaltserlaubnis für Norwegen, flüchtete im April 1940 nach Schweden, war dort interniert. Von Göteborg aus beschaffte er sich im Februar 1941 ein Einreisevisum für die Sowjetunion. Nach dem Überfall Deutschlands auf die UdSSR wurde er verhaftet und wegen »Spionage« angeklagt. Er saß in der Lubjanka, anschließend in der Butyrka und in einem Gefängnis bei Saratow, zuletzt war er in Kasachstan interniert., 1947 kehrte er nach Deutschland zurück, wurde Mitglied der SED und war bis Ende 1947 hauptamtlicher Funktionär des FDGB. Er trennte sich von der SED, flüchtete in den Westen, ging nach Norwegen. Ab 1948 wieder in Hamburg, trat er 1952 in Düsseldorf vor einem »Internationalen Komitee gegen KZ-Regime« auf und berichtete über die unmenschlichen Zustände in sowjetischen Lagern. Karl Bargstädt starb 1974 in Hamburg.

▸ Baron, Erich (* 1881 – † 1933)

Geboren am 20. Juli 1881 als Sohn einer jüdischen Fabrikantenfamilie in Berlin; Baron studierte von 1901 bis 1904 Jura, aber auch Philosophie und Architektur. Er trat der SPD bei und arbeitete als Journalist. 1907 übersiedelte er mit seiner späteren Frau nach Brandenburg/Havel, wurde Redakteur der sozialdemokratischen »Brandenburger Zeitung« und von 1910 bis 1918 SPD-Stadtverordneter in Brandenburg, er war besonders in Jugendfragen aktiv. Baron, der sich während des Ersten Weltkrieges der USPD anschloß, gehörte zu den Anhängern ▸ Karl Liebknechts. Seit August 1916 Soldat, kehrte im Sommer 1918 verwundet nach Brandenburg zurück, wurde hier im November 1918 einer der drei Vorsitzenden des Arbeiter- und Soldatenrates. Anfang 1919 übersiedelte er nach Berlin und wurde Redakteur der USPD-Zeitung »Freiheit«. Auf dem USPD-Parteitag 1920 trat Baron für die Vereinigung mit der KPD ein, als Mitglied der VKPD arbeitete er bis Februar 1924 als Inlandsredakteur im Pressebüro der KPD-Zentrale. Ab Februar 1924 war er Generalsekretär der Gesellschaft der Freunde des neuen Rußlands und redigierte deren Zeitschrift »Das neue Rußland«. Als seine Freunde ▸ Eduard Fuchs und ▸ Heinrich Vogeler 1929 mit den rechten Kommunisten aus der KPD verdrängt wurden und zur KPO gingen, blieb Baron in der Partei. Obwohl von Moskau bis 1932 immer wieder heftig kritisiert (und dort mehrfach seine Absetzung erwogen wurde), vertrat er die stalinistische Politik in der Gesellschaft der Freunde, deretwegen z. B. Heinrich Mann 1931 austrat. Mitte 1932 mußte auch die von ihm geleitete Zeitschrift »Das neue Rußland« ihr Erscheinen einstellen. In der Nacht zum 28. Februar 1933, der Nacht des Reichstagsbrandes, wurde er von SA-Leuten aus seiner Wohnung abgeführt und in das Polizeipräsidium gebracht. Wenige Wochen später verübte Erich Baron nach fürchterlichen Folterungen durch die Nazis am 29. April 1933 Selbstmord.

▸ Barteck, Leo (* 1887 – † 1968)

Geboren am 12. Mai 1887 in Königsberg als Sohn eines Korbmachers, ging als Gelegenheitsarbeiter auf Wanderschaft und blieb bis 1912 in der Schweiz, wo er nach dem Erlernen der französischen Sprache in Hotels und Büros sowie als Buchhändler arbeitete. Barteck lebte von 1913 bis 1919 in Großbritannien, nach Ausbruch des Krieges kam er von Dezember 1914 bis 1919 als Zivilinternierter auf die Isle of Man. 1919 kehrte er nach Königsberg zurück, wurde Mitglied der KPD und war von 1920 bis 1924 Geschäftsführer des Verlages »Rote Fahne des Ostens«. Zeitweilig setzte ihn die Komintern als Kurier und Transportleiter auf der Linie Kowno-Berlin ein. Barteck fungierte auch als Treuhänder der illegalen KP Litauens in Finanzangelegenheiten. Von 1924 bis 1930 war er RHD-Sekretär in Königsberg und auch Mitglied deren Reichsleitung. Wegen seiner Ablehnung der ultralinken

Politik der KPD-Führung 1930 aus der KPD ausgeschlossen und auch als RHD-Angestellter entlassen, wurde er Mitglied der KPO. Bis 1936 war Barteck als Erd- und Bauarbeiter beschäftigt. Da er nach 1933 in Königsberg illegale Arbeit leistete, wurde er im Dezember 1936 verhaftet, kam von April 1937 bis Februar 1941 ins KZ Sachsenhausen. Danach Lagerist, 1944 nach Stettin dienstverpflichtet. Im Mai 1945 Übersiedlung nach Schwerin, dort Eintritt in die KPD. Von September 1945 bis 1948 war Barteck Leiter des Kulturamtes der Stadt Schwerin und dann Leiter der Personalabteilung des Ministeriums für Volksbildung der Landesregierung Mecklenburg. Während der Parteiüberprüfungen Anfang 1950 wegen seiner früheren KPO-Tätigkeit abgesetzt, im Juni 1950 als Kulturleiter der Sozialversicherungsanstalt SVA nach Heiligendamm abgeschoben. Leo Barteck starb am 26. September 1968.

▸ Bartel, Walter (* 1904 – † 1992)

Geboren am 15. September 1904 in Fürstenberg/Havel als Sohn einer Arbeiterfamilie. Nach der kaufmännischen Lehre Angestellter. 1920 Mitglied der FSJ und des ZdA, 1923 der KPD. Im Herbst 1923 gehörte Bartel zur illegalen BL Südbayerns, er kam von Oktober 1923 bis April 1924 in »Schutzhaft«, anschließend aus Bayern ausgewiesen. Bis 1928 gehörte er zur BL des KJVD Berlin-Brandenburg, ab 1925 auch dem ZK des KJVD. Er war zunächst ehrenamtlicher Orgleiter, dann Agitpropleiter des KJVD-BL Berlin-Brandenburg, von 1926 bis 1928 Buchhalter beim Verlag der Jugendinternationale in Berlin. 1928/29 war Bartel hauptamtlicher Sekretär in der Abteilung Agitation der KPD-BL Berlin-Brandenburg. 1929 Studium an der Internationalen Leninschule in Moskau, bis 1932 dort Aspirant. Nach Deutschland zurückgekehrt, zunächst im Ruhrgebiet, anschließend ab Oktober 1932 im Sekretariat der BL Berlin-Brandenburg eingesetzt. Anfang 1933 Sekretär für Agitprop im Bezirk Halle-Merseburg, danach im Verbindungsbüro des illegalen ZK-Sekretariats in Berlin. Am 26. Juni 1933 in Berlin verhaftet, wurde Bartel im Februar 1934 zu zwei Jahren und drei Monaten Zuchthaus verurteilt, die er im Zuchthaus Brandenburg-Görden verbüßte. Im April 1936 emigrierte er in die Tschechoslowakei, wo er »wegen Feigheit« (Verpflichtungserklärung für die Gestapo) aus der KPD ausgeschlossen wurde. Nach der deutschen Besetzung der ČSR am 16. März 1939 verhaftet und im Oktober in das KZ Buchenwald überführt, bildete Bartel bald zusammen mit ▸ Ernst Busse und ▸ Harry Kuhn den sogenannten Dreierkopf, die illegale Parteileitung im KZ Buchenwald. Ab 1943 auch Vorsitzender des illegalen Lagerkomitees und führend an den Befreiungsaktivitäten der Häftlinge am 11. April 1945 beteiligt. Mitte Juni 1945 nach Berlin zurückgekehrt, wurde Bartel von Juli 1945 bis Mai 1946 Dezernent für Volkshochschulen beim Berliner Magistrat. Nach einem Überprüfungsverfahren hob das Sekretariat des ZK der KPD am 11. März 1946 den Parteiausschluß auf. Bis Frühjahr 1953 war Bartel nun persönlicher Referent ▸ Wilhelm Piecks für Parteifragen. 1950 zwar in die Säuberungs- und Überprüfungskampagnen geraten, konnte er sich dank der Fürsprache Piecks als dessen einflußreicher Bürochef behaupten. Erst im Zusammenhang mit der Entmachtung ▸ Franz Dahlems im Juli 1953 wurde er auf Beschluß der ZPKK seiner Funktion enthoben und als Lektor nach Leipzig abgeschoben. Dort promovierte er und erhielt eine Professur für Neue und Neueste Geschichte. Von 1957 bis 1962 Leiter des Deutschen Instituts für Zeitgeschichte Berlin, 1962 kam er als Professor für Neuere und Neueste Geschichte an die Humboldt-Universität Berlin. Er erhielt 1974 den Karl-Marx-Orden. Walter Bartel starb am 16. Januar 1992 in Berlin.

▸ Bartels, Wolfgang (* 1890 – † 1971)

Geboren am 11. Juli 1890 in Hayn/Harz als Sohn des Revierförsters Wilhelm Bartels. Er besuchte das Leibniz-Gymnasium in Hannover und absolvierte die Journalistenhochschule in Berlin. Danach an verschiedenen Zeitungen tätig (»Krefelder Zeitung«, »Frankfurter Zeitung«). Im Oktober 1913 wurde Bartels aktiver Soldat. Seit 1914 an der Front, nach einer Verwundung kam er 1916 zur Fliegertruppe. Er gehörte vor dem Weltkrieg der »Demokratischen Vereinigung« an, nahm 1916 Verbindung mit dem späteren USPD-Führer Wilhelm Dittmann sowie dem später führenden KAP-Rechtsanwalt Barbasch auf und trat selbst der SPD bei.

1918 während der Revolution zum Vorsitzenden des Soldatenrates in Doblen (Kurland) gewählt; nach der Heimkehr 1919 wurde er Mitglied der USPD; zunächst Redakteur der »Hamburger Volkszeitung«, dann der »Leipziger Volkszeitung«. 1920 politischer Redakteur der »Sozialistischen Republik« in Köln.

Im Dezember 1920 trat Bartels mit der linken USPD zur KPD über. Während des Abwehrkampfes gegen den rheinischen Separatismus 1921 von der belgischen Besatzung einige Monate lang interniert, dann 1922 von einem deutschen Gericht wegen Beleidigung Noskes zu drei Monaten Gefängnis verurteilt. 1923 kurze Zeit Chefredakteur der »Arbeiterzeitung« in Saarbrücken, auch dort verhaftet und ausgewiesen. Bartels gehörte zu den Linken um ▸ Ruth Fischer und ▸ Arkadi Maslow. Nach dem IX. Parteitag 1924 Chefredakteur der »Hamburger Volkszeitung«. Im Mai 1924 Reichstagsabgeordneter, von Dezember 1924 bis 1928 KPD-Abgeordneter des Preußischen Landtags und Mitglied des Fraktionsvorstands. In den Auseinandersetzungen nach dem »Offenen Brief« 1925 war Bartels einer der aktiven Anhänger der linken Opposition, als deren Sprecher er auf dem XI. Parteitag (März 1927) auftrat. Sofort danach erfolgte sein Ausschluß aus der KPD. 1928 gehörte er zu den Mitbegründern des Leninbundes und übernahm die Redaktion des Organs dieser Gruppe »Volkswille«, zunächst in Suhl, später (nach dem Übertritt ▸ Guido Heyms zur SPD) in Berlin. Zugleich Redakteur des theoretischen Organs des Leninbundes »Fahne des Kommunismus«. Mitte Januar 1929 trat Bartels zur SPD über, er wurde Chefredakteur des Braunschweiger »Volksfreundes« und gehörte der SPD-BL Braunschweig an. Im Mai 1933 verhaftet, saß er bis März 1934 in »Schutzhaft« in Braunschweig. Von August bis November 1935 im KZ Dachau inhaftiert, blieb er nach der Entlassung 1935 unter Polizeiaufsicht. 1938 erneut verhaftet, zusammen mit Otto Grotewohl und anderen Sozialdemokraten angeklagt, das Verfahren wurde jedoch niedergeschlagen. Nochmals 1944 inhaftiert, wieder entlassen und 1945 zum Militärdienst eingezogen.

1945 trat Bartels wieder der SPD bei. Von der amerikanischen Besatzung zum Lizenzträger der »Hessischen Nachrichten« in Kassel ernannt, schied er 1955 aus der Redaktion dieser Zeitung aus. Seit 1956 lebte er mit seiner Familie in München und gab dort bis 1967 die Zeitschrift »Das Gewissen« heraus, ein »unabhängiges Organ zur Bekämpfung der Atomgefahr«. Wolfgang Bartels starb am 24. Oktober 1971 in München.

▸ Barthel, Karl (* 1907 – † 1974)

Geboren am 20. März 1907 in Lohmen bei Cobitz/Krs. Pirna in Sachsen, Sohn einer Arbeiterfamilie. Hilfs- und Landarbeiter, anschließend Vertikal- und Horizontaldreher in Dresden. Hier 1922 Mitglied des DMV und des KJVD, 1924 der KPD. 1927 Leiter des KJVD in Sachsen, ab November 1927 bis März 1931 Sekretär des KJVD in Thüringen, war er von Dezember 1929 bis März 1931 auch Abgeordneter des Thüringer Landtages. Ab Juni 1931 Orgleiter des Bezirks Hessen-Waldeck, wo er im November 1931 ▸ Ernst Lohagen als Polleiter ablöste. Im Juli 1932 jüngster Reichstagsabgeordneter, (Wahlkreis Hessen-Nassau). Ab Februar 1933 ZK-Instrukteur in Halle und Berlin, ab August 1933 in Niederschlesien. Am 28. Oktober 1933 in Breslau verhaftet, wurde Barthel nach elfmonatiger U-Haft im Polizeigefängnis im September 1934 vom OLG Breslau zu zweieinhalb Jahren Zuchthaus verurteilt. Von Oktober 1934 bis Oktober 1936 Haft im Zuchthaus Wohlau/Schlesien, 1936 Überführung in das KZ Lichtenburg, 1937 in das KZ Buchenwald, wo er bis zum 11. April 1945 inhaftiert war.

Von Juli 1945 bis Anfang April 1946 war Barthel Bürgermeister der Stadt Jena und leitete anschließend bis Dezember 1964 die Stadtwerke bzw. den VEB (K) Wasserwirtschaft Jena. Er mußte sich nach 1945 gegen Vorwürfe wegen angeblichen Fehlverhaltens in der Haft, wie Fehler in seiner Tätigkeit als Bürgermeister wehren, leitete aber bis Februar 1953 als Sekretär den VVN-Bezirksvorstand bzw. die VdN-Bezirkskommission Gera. Von 1957 bis 1962 Vorsitzender des Kreisausschusses der Nationalen Front in Jena, 1967 erhielt er den VVO in Gold. Mit Hilfe seiner Frau war es ihm gelungen, Skizzen und Nachrichten über das Leben im KZ nach draußen zu schmuggeln. Daraus entstand 1946 einer der eindrucksvollsten KZ-Berichte: »Die Welt ohne Erbarmen«, Greifenverlag, Rudolstadt. Karl Barthel starb am 21. Februar 1974 in Jena.

▸ Bartz, Wilhelm (* 1881 – † 1929)

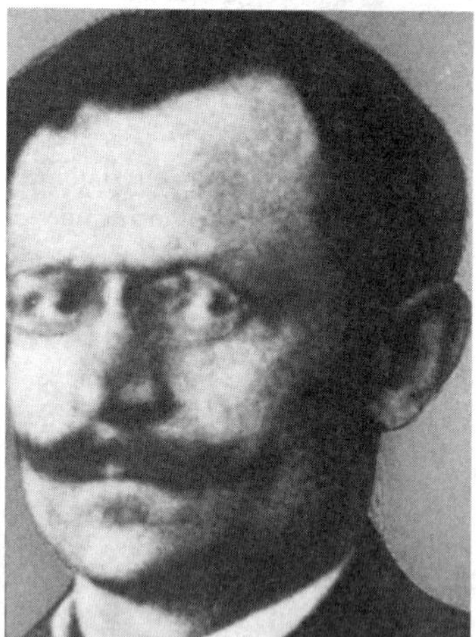

Geboren am 10. Dezember 1881 in Tangermünde, Buchdrucker, trat 1900 in die Gewerkschaft und die SPD ein. Er wurde 1907 hauptamtlicher Funktionär der SPD und Redakteur der »Norddeutschen Volksstimme« in Bremerhaven, dieses Blatt leitete er bis 1919. 1910/11 Besuch der SPD-Parteischule in Berlin. Im Mai 1919 Übertritt zur USPD, Redakteur der »Arbeiterzeitung« für das Unterwesergebiet. 1920 war er Abgeordneter der USPD im Reichstag. Mit dem linken Flügel der USPD trat er (Delegierter des USPD-Spaltungsparteitages) für den Anschluß an die KI ein, bei der Verschmelzung im Dezember 1920 ging er zur KPD. Bartz gehörte zu den Führern der KPD in Hannover, er unterschrieb im Streit zwischen der Levi-Gruppe und der Zentrale nach der März-Aktion 1921 eine Erklärung gegen die Zentrale. Doch schloß er sich der KAG nicht an und blieb bis 1924 MdR der KPD. 1921 Redakteur der »Internationalen Pressekorrespondenz« in Berlin. 1922 (gemeinsam mit ▸ Wilhelm Koenen) Vorsitzender der kommunistischen Reichstagsfraktion. 1924 kurze Zeit verhaftet, dann in der Orgabteilung des ZK tätig, 1925 übernahm er die Geschäftsführung der »Roten Fahne«. Er vertrat die KPD im Preußischen Staatsrat. Seit 1923 bei den Berliner Linken, auf dem X. Parteitag (1925) war er Schriftführer und Mitglied der Politischen Kommission. Nach dem »Offenen Brief« im September 1925 trennte er sich von der Ruth-Fischer-Führung und ging zu ▸ Ernst Thälmann über, zuletzt war er Wirtschaftsleiter der »Internationalen Pressekorrespondenz« und ihrer Nachrichtenagentur. Wilhelm Bartz starb am 18. März 1929 in Berlin.

▸ Bassüner, Albert (* 1891 – † 1946)

Geboren am 25. Januar 1891 in Wittenberg. Arbeiter in den Stickstoffwerken Piesteritz, wo er Mitte der zwanziger Jahre Betriebsratsvorsitzender wurde. 1920 Übertritt von der USPD zur KPD. Mitglied des Provinziallandtags Merseburg. Auf dem XI. Parteitag (1927) Schriftführer, wurde als Kandidat ins ZK gewählt. 1928 stand Bassüner gemeinsam mit ▸ Erich Hausen und ▸ Heinrich Galm auf dem rechten Flügel im ZK der KPD und trat in der Wittorf-Affäre aktiv gegen ▸ Ernst Thälmann auf. Weil er sich weigerte, die Forderungen des ZK zu akzeptieren, wurde er am 29. Dezember 1928 aus der KPD ausgeschlossen. Die Komintern stimmte (da er im ZK saß, war dies formell notwendig) seinem Ausschluß zu. Bassüner war dann ein führendes Mitglied der KPO. Gegen den Widerstand der KPD im Februar 1929 wieder zum Vorsitzenden des ADGB in Wittenberg gewählt, eine Funktion, die er schon längere Zeit inne hatte. 1932 trat er zur SAP über. Im Juli 1935 wurde er im KZ Prettin inhaftiert. Albert Bassüner starb am 23. März 1946 in Piesteritz.

▸ Baumgärtel, Karl (* 1899 – † 1968)

Geboren am 24. Dezember 1899 in Delitzsch als Sohn eines Buchbindermeisters. Kaufmännischer Angestellter. Nach der Revolution 1918 schloß er sich der KPD an und übte verschiedene Funktionen aus. Wegen seiner Tätigkeit bei den Aufstandsvorbereitungen vom Oktober 1923 am 24. Juli 1924 zu zweieinhalb Jahren Gefängnis verurteilt. Die KPD-Presse feierte ihn, weil er noch im Gerichtssaal ausrief: »Es lebe die KPD, es lebe die Weltrevolution!« Baumgärtel kam zur Strafverbüßung ins Zentralgefängnis Cottbus, im März 1926 wurde er amnestiert. 1927 gegen den Protest der Linken zum Agitpropsekretär des Bezirks Halle-Merseburg gewählt, am 23. April 1927 wurde er Orgleiter der BL Westsachsen unter Polleiter ▸ Georg Schumann. Mit der Mehrheit dieser BL gehörte Baumgärtel zu den Versöhnlern und wurde deshalb Anfang 1929 seiner Funktion enthoben. Er näherte sich den Rechten, woraufhin ihn die KPD-Führung als »Adjutanten Brandlers« bezeichnete und am 25. Februar 1930 aus der Partei ausschloß. Danach aktiv in der KPO, 1932 ging er zur SAP, arbeitete als Lagerarbeiter in Delitzsch. 1945 schloß sich Baumgärtel weder der KPD noch 1946 der SED an. Er lebte in seinem Geburtsort Delitzsch und war Lagerhalter der Deutschen Saatgutzentrale. Da er keine herausragenden Funktionen ausübte, lediglich der DBD beitrat, wurde er wegen seiner früheren

KPO-Zugehörigkeit auch nicht gemaßregelt. Karl Baumgärtel starb am 19. Januar 1968 in Delitzsch.

▸ Baumgärtner, Friedrich (* 1897 – † 1957)

Geboren am 14. März 1897 in Dielkirchen. Schon in jungen Jahren Arbeiter bei der BASF Ludwigshafen/Rhein. 1919 Mitglied der USPD, 1920 der KPD. 1923 hauptamtlicher Sekretär des Industrieverbandes der chemischen Arbeiter, der sich von den freien Gewerkschaften abgespalten hatte. 1924 KPD-Abgeordneter des Bayerischen Landtags. 1925, als der selbständige Chemie-Verband wieder in die freie Gewerkschaft übergeführt wurde, Sekretär der KPD. Mit der Mehrheit des Bezirks Pfalz gehörte Baumgärtner zum linken Flügel der Partei (Weddinger Opposition). Nach dem »Offenen Brief« 1925 Nachfolger von ▸ Hans Weber als Polleiter der KPD in der Pfalz. Noch auf dem Bezirksparteitag 1927 – gegen den Willen des ZK – zum Polleiter wiedergewählt. Am 7. Februar 1928 aus der KPD ausgeschlossen, ging er nun zu der von ▸ Max Frenzel geleiteten Oppositionsgruppe der Pfalz, die sich aber im Oktober 1929 von ihm trennte. Baumgärtner näherte sich wieder der KPD und wurde 1931 Leiter der RGO in Ludwigshafen. 1933 verhaftet, saß er bis April 1934 im KZ-Dachau, anschließend 18 Monate im Gefängnis. Im Mai 1936 entlassen, bis zur Einberufung zur Wehrmacht Schlosser. Im Juni 1944 kam er erneut in »Schutzhaft«.

1945 Erster Bezirksvorsitzender der pfälzischen KPD, Mitbegründer der KPD Hessen-Pfalz, bis 1948 Mitglied des Sekretariats des Landesvorstandes. Baumgärtner war zunächst Sekretär, dann bis zu seinem Tod Landesvorsitzender der Industriegewerkschaft Metall in Rheinland-Pfalz sowie Betriebsratsvorsitzender der Firma »Halberg« in Ludwigshafen. 1946/47 Mitglied der Beratenden Landesversammlung Rheinland-Pfalz, von 1947 bis 1951 Abgeordneter im Rheinland-Pfälzischen Landtag. Bei den ersten Bundestagswahlen 1949 noch KPD-Kandidat im Wahlkreis Zweibrücken-Pirmasens-Bergzabern, geriet Baumgärtner wegen der Gewerkschaftshaltung in Konflikt mit seiner Partei. Er trat am 20. Februar 1951 aus der KPD aus und blieb bis Ende der Legislaturperiode fraktionsloser Landtagsabgeordneter, er war nicht mehr parteipolitisch organisiert. Friedrich Baumgärtner starb am 10. April 1957 in Ludwigshafen/Rh. an Diabetes.

▸ Becher, Johannes Robert (* 1891 – † 1958)

Geboren am 22. Mai 1891 in München als Sohn des Amtsrichters Heinrich Becher. Schon früh erwachte in Johannes Becher das Interesse an der Literatur, zunächst schlug er aber auf Drängen des Vaters eine militärische Laufbahn ein. Nach dem Abitur veröffentlichte er die Kleist-Hymne »Der Ringende« sowie den Lyrikband »Verfall und Vernunft«, in dem er die Gesellschaftsordnung des Kaiserreichs angriff. Im April 1910 wollte er mit seiner Freundin Selbstmord begehen, sie starb, Becher kam mit schweren Schußverletzungen sechs Monate ins Krankenhaus. Er studierte von 1911 bis 1918 in München und Jena Philosophie und Medizin, allerdings ohne Abschluß. Als Mitarbeiter an der Zeitschrift »Aktion« von ▸ Franz Pfemfert sowie »Die neue Kunst« gehörte er zu den Wortführern des

Expressionismus. Von 1914 bis 1918 wegen Morphiumabhängigkeit in einer psychiatrischen Klinik. 1917 trat er in die USPD ein und wurde 1918 Mitglied des Spartakusbundes, 1919 der KPD. Damals erschien seine bekenntnishafte Gedichtsammlung »An Alle«. Enttäuscht über die fehlgeschlagene Novemberrevolution, verließ er die KPD und wandte sich der Religion zu. Ab 1923 engagierte er sich wieder in der KPD, publizierte 1926 den Antikriegsroman »Levisite oder Der einzig gerechte Krieg«, wurde deswegen angeklagt (»Vorbereitung zum Hochverrat«), das Verfahren aber nach nationalen und internationalen Protesten eingestellt. 1928 Mitbegründer und Erster Vorsitzender des Bundes proletarisch-revolutionärer Schriftsteller (BPRS), gab er ab 1929 dessen Organ »Die Linkskurve« heraus. Becher emigrierte 1933 zuerst nach Prag, dann nach Paris und 1935 nach Moskau, dort Chefredakteur der Exilzeitschrift »Internationale Literatur – Deutsche Blätter«. Hier wurde ▸ Lilly Korpus ab 1936 seine ständige Mitarbeiterin und Lebensgefährtin, sie kam im Juni 1945 als Frau Johannes R. Bechers nach Deutschland zurück. Im Moskauer Exil unternahm er Selbstmordversuche, weil ihn die KPD-Führung für politisch unzuverlässig hielt. Durch die Freundschaft mit dem Philosophen Georg Lukács (* 1885 – † 1971) wandte sich Becher »dem klassischen Erbe« zu und entdeckte die Form des Sonetts für sich. 1940 erschien sein autobiographischer Roman »Abschied«. Becher gehörte 1943 zu den Mitbegründern des NKFD. Bereits im Juni 1945 nach Berlin zurückgekehrt, hat er hier den »Kulturbund zur demokratischen Erneuerung Deutschlands« mitbegründet und wurde dessen erster Präsident. Durch seine Initiative entstand der Aufbau-Verlag, die Monatszeitschrift »Aufbau« und die Wochenzeitung »Sonntag«. Becher gehörte dem Parteivorstand der SED (ab 1950 ZK) an, 1953 wurde er Präsident der DDR-Akademie der Künste und war seit 1954 Kulturminister der DDR, verlor aber ab 1957 seinen politischen Einfluß. Mehrfach mit dem Nationalpreis ausgezeichnet (u. a. als Verfasser des Textes der DDR-National-Hymne). Er gilt zwar als wichtiger Vertreter des »sozialistischen Realismus« in Deutschland, doch sein Lebensweg vom wortgewaltigen Expressionisten zum Verkünder des »sozialistischen Realismus« machte ihn zu einem der umstrittensten deutschen Schriftsteller. Johannes R. Becher starb am 11. Oktober 1958 in Ost-Berlin. Bechers Gesammelte Werke in 18 Bänden wurden zwischen 1966 und 1981 publiziert, Briefe von ihm im Jahre 1993. Eine neue Biographie veröffentlichte 1998 Jens-Fietje Dwars, 2003 erschien eine politische Biographie Bechers von Alexander Behrens.

▸ Beck, Hans (* 1894 – † 1937)

Geboren am 4. Januar 1894 in Erfurt. Feinmechanikerlehre, Eintritt in die Gewerkschaft, 1913 Mitglied der SPD. 1914 zum Militär eingezogen. Später Mechaniker im Reichsbahnausbesserungswerk Erfurt. Beck trat 1917 der USPD bei, gehörte im Januar 1919 zu den Mitbegründern der KPD in Thüringen. Später in den Zeiss-Werken tätig, dort 1923 Arbeiterratsvorsitzender. 1924 zum Abgeordneten des Thüringer Landtags gewählt. Von Juli bis August 1925 leitete er die erste deutsche Arbeiterdelegation in die Sowjetunion und hielt sich seit Mitte 1926 erneut in der Sowjetunion auf. Hier lernte er seine Frau, eine Russin, kennen. Mit seiner Frau **Tatjana Beck** (* 30. 12 1900 – † 23. 2.

1983) kehrte er Ende 1926 nach Deutschland zurück und wurde zunächst Mitarbeiter in der Gewerkschaftsabteilung des ZK, dann Mitglied der KPD-BL Thüringen und Redakteur der »Neuen Zeitung« in Jena. Er zeichnete mitverantwortlich für die Zeitschrift »Einheit«, die Sozialdemokraten unter den Arbeiterdelegationen in Sowjetrußland für die KPD gewinnen sollte. Wie die ganze Gruppe um die »Einheit« war auch Beck Anhänger des rechten Flügels der KPD. Auf dem XI. Parteitag 1927 wandte er sich gegen die Schaffung eigener kommunistischer Gewerkschaftsorganisationen. Im Oktober 1928 aus der KPD ausgeschlossen, wurde Beck Mitglied der KPO, deren Reichsleitung er von 1929 bis 1932 angehörte. Wegen eines Hochverratsverfahrens flüchtete er im September 1932 nach Norwegen. Hier arbeitete er mit seiner Frau, die Mitglied der KPD blieb, an der sowjetischen Handelsvertretung in Oslo. 1933 begann in norwegischen Zeitungen eine Kampagne gegen die Becks. Der Vorwurf lautete, sie wären Komintern-Agenten. Daraufhin emigrierten sie im Oktober 1933 von Norwegen in die UdSSR, nach Kusnezk/Stalinsk. Er arbeitete bis 1935 im Metallurgischen Kombinat Nowokusnezk, danach im Moskauer Werk für Präzisionsmeßgeräte »Tispribor«. Hans Beck, der noch regelmäßigen Briefkontakt zu ▸ Heinrich Brandler hielt, wurde am 9. August 1936 verhaftet und vom Militärkollegium des Obersten Gerichts der UdSSR am 25. August 1937 wegen »Teilnahme an konterrevolutionärer Tätigkeit« zum Tode durch Erschießen verurteilt. Das Urteil wurde am gleichen Tag vollstreckt.

Becks Frau, Tatjana Beck, wurde am 11. Dezember 1937 verhaftet und am 16. April 1938 zu acht Jahren Lagerhaft verurteilt. Sie überlebte Lager und Verbannung und kam mit ihren beiden Kindern im Februar 1959 in die DDR. Im August 1956 wurde sie und im April 1958 Hans Beck posthum durch das Oberste Gericht der UdSSR »rehabilitiert«. Tatjana Beck arbeitete von 1959 bis 1968 als Übersetzerin am Deutschen Institut für Zeitgeschichte bzw. ab 1968 freischaffend für das IPW. Sie erhielt 1965 den VVO in Silber.

▸ Becker, Anton (* 1883 – † 1965)

Geboren am 19. April 1883 in Stoßdorf/Krs. Siegburg als Sohn eines Landarbeiters (»Äckerers«). Zunächst selbst Landarbeiter, dann Lehre und Tätigkeit als Dreher. Vor dem Weltkrieg Übersiedlung nach Hamburg, Mitglied der SPD. Nach dem Krieg Übertritt zur USPD, 1920 mit der linken USPD zur KPD. In den zwanziger Jahren lange erwerblos, wurde Becker einer der Führer der Hamburger Arbeitslosen; 1925 Mitglied der BL Wasserkante, von 1926 bis 1931 Abgeordneter der Hamburger Bürgerschaft. 1931 schied er wegen Differenzen aus der BL aus und zog sich von der aktiven Politik zurück. 1943 verzog er von Hamburg nach Düsseldorf. Nach 1945 lebte er als Rentner in Geesthacht, war politisch aber nicht mehr aktiv. Anton Becker starb am 12. April 1965 in Geesthacht.

▸ Becker, Artur (* 1905 – † 1938)

Geboren am 12. Mai 1905 in Remscheid, Sohn des Feilenhauers Walter Becker, eines Sozialisten, der nach dem Kriege der USPD angehörte; Schlosserlehre. 1920 Mitglied der FSJ. 1923 Eintritt in die KPD; Orgleiter und ab Januar 1925 Polleiter des UB Remscheid des KJVD. Absolvent der Schule der Kommunistischen Jugendinternationale in Moskau. Nach seiner Rückkehr 1926 Leiter des Bezirks Niederrhein der kommunistischen Jugend. 1929 2. Vorsitzender des KJVD. 1930 jüngster Reichstagsabgeordneter, wurde 1931 einige Monate Vorsitzender des KJVD. Im Frühjahr 1932 für die Fehlschläge der KJV-Arbeit verantwortlich gemacht, aus dem ZK des KJVD entfernt und zur Jugendarbeit in der RGO abgestellt. Becker wurde im November 1932 »rehabilitiert« und seine Absetzung als Intrige der Neumann-Gruppe bezeichnet. Er übersiedelte nach Moskau und arbeitete im EKKI der Jugendinternationale. 1936 Angehöriger, später Kommissar der XI. Internationalen Brigade im Spanischen Bürgerkrieg. Am 13. April 1938 geriet Artur Becker verwundet in die Gefangenschaft der Franco-Truppen, die ihn am 16. Mai 1938, vier Tage nach seinem 33. Geburtstag, in Burgos erschossen.

▸ Becker, Ernst (* 1900 – † 1932)

Als Kind einer proletarischen Sozialistenfamilie (▸ Karl Albin Becker war sein Bruder, ▸ Lina Becker seine Schwester) 1900 geboren. Schon als Schüler Mitglied der revolutionären Jugendorganisation. Nach dem Krieg in KPD-Organisationen in Hamburg (u. a. in der IAH) tätig. Später Redakteur in Breslau. 1922 wurde Becker zu einem Jahr Festung verurteilt, anschließend arbeitete er im Pressedienst der KPD in Berlin. Ab 1925 Redakteur der KPD-Zeitung in Gotha, Anfang 1927 Chefredakteur der Solinger »Bergischen Arbeiterstimme«. Becker stand auf dem rechten Flügel der Partei und setzte sich schon im Februar 1927, auf dem Bezirksparteitag Niederrhein, für die rechte Gruppe um ▸ Paul Herbert Böttcher ein. Nach der Wittorf-Affäre 1928 als Rechter entlassen und im Dezember 1928 aus der KPD ausgeschlossen. Becker trat der KPO bei und gab seit April 1929 deren Organ »Klassenkampf« in Düsseldorf heraus, später war er Gewerkschaftsredakteur des KPO-Organs »Arbeiterpolitik«. Ernst Becker starb am 1. Juli 1932 an einem Herzleiden.

Seine Frau, die kommunistische Funktionärin ▸ Martha Moritz, geboren am 16. Juni 1904 in Hamburg, von Beruf Kontoristin, war seit 1921 Mitglied der KPD. Sie wurde ebenfalls im Januar 1929 »wegen brandlerischer Fraktionstätigkeit« ausgeschlossen, trat aber im Mai 1931 der KPD erneut bei und war zeitweilig für das Auslandsbüro der KP Finnlands tätig. Sie emigrierte im April 1933 in die Sowjetunion und arbeitete bis zu ihrer Verhaftung am 7. September 1937 als Referentin beim EKKI. Vom Militärkollegium des Obersten Gerichts der UdSSR wurde sie der »antisowjetischen terroristischen Tätigkeit« beschuldigt und am 8. April 1938 zum Tode verurteilt und am gleichen Tag erschossen.

▸ Becker, Friedrich (* 1886 – † ?)

Geboren am 5. November 1886 in Schlagbrügge, Arbeiter. Er gehörte vor dem Ersten Weltkrieg der SPD an und ging 1919 in Bremen zur KPD. Er war zeitweise Vorsitzender der KPD in Bremen-Stadt und von 1924 bis 1927 sowie von 1927 bis 1933 Mitglied der Bremer Bürgerschaft. Anfang 1931 wurde seine Immunität vorübergehend aufgehoben. 1933 inhaftiert, später arbeitete er als Vertreter für Elektrowaren. Sein weiteres Schicksal ließ sich nicht ermitteln.

▸ Becker, Gesine (* 1888 – † 1968)

Gesine Bolle wurde am 16. April 1888 in Meinershausen/Krs. Osterholz bei Bremen als Tochter eines Kleinbauern geboren. Sie arbeitete als Laden- und Haushaltshilfe, von 1911 bis 1925 als Hausmeisterin, später als Kontoristin. 1910 wurde sie Mitglied der SPD und kam über die »Bremer Linksradikalen« 1919 zur KPD. Ihr Mann, **Gottfried Becker** (* 1. 2. 1884 – † 22. 10. 1956) war 1921 Leiter der Bremer KPD. Von 1919 bis 1929 vertrat Gesine Becker die KPD in der Bremer Bürgerschaft. 1923/24 arbeitete sie aktiv in der Mittelgruppe. Von 1925 bis 1927 Kontoristin, half sie später ihrem Ehemann, der ein Werbebüro für die Reichsbahn unterhielt. 1929 war Gesine Becker einige Monate Orgleiter des KPD-Bezirks Nordwest. Im Dezember 1930 verzog sie mit ihrem Mann (er war bis zum Machtantritt der Nazis als Akquisiteur für die gesamte KPD-Presse zuständig) aus Bremen nach Berlin-Lichtenberg. Von 1934 bis 1936 war Gesine Becker hier Inhaberin des Cafés »Derby« in der Schlesischen Straße. Von 1939 bis 1944 als Kontoristin dienstverpflichtet. Nach 1945 zunächst Hausfrau, wurde Gesine Becker 1946 Mitglied der SED, ohne wichtige Funktionen auszuüben. Bis 1955 Büroangestellte im VEB Schrott Berlin-Lichtenberg, danach Sachbearbeiterin in der Kaderabteilung der Humboldt-Universität Berlin. Gesine Becker starb am 9. Dezember 1968 in Ost-Berlin.

▸ Becker, Karl Albin (* 1894 – † 1942)

Geboren am 19. November 1894 in Hannover als Kind einer sozialistischen Familie; von Beruf Schriftsetzer. Auch seine Geschwister waren später Kommunisten (▸ Ernst Becker, ▸ Lina Becker). Mit 15 Jahren 1909 Mitglied der sozialistischen Jugendorganisation, 1912 der SPD. Während des Weltkrieges gehörte er zunächst in Dresden, dann in Bremen zu den führenden Köpfen der Bremer Linksradikalen. Deswegen 1917 verhaftet, erst durch den Ausbruch der Novemberrevolution wieder frei. Mitglied des Arbeiter- und Soldatenrates Dresden, Delegierter der Internationalen Kommunisten Deutschlands auf dem Gründungsparteitag der KPD. 1919 aktiver Funktionär der KPD, Mitglied des »Bremer 21er Ausschusses«. Bei der Spaltung 1919 zunächst beim linken Flügel, aktiver Anhänger der Allgemeinen-Arbeiter-Union. Im März 1920 Abkehr von der Opposition, 1921 führend in der Hamburger KP und Chefredakteur der »Hamburger Volkszeitung«. Auf dem VIII. Parteitag im Januar 1923 als einer der Jüngsten zum Mitglied der Zentrale gewählt, sogar ins Polbüro berufen, mußte nach dem Parteiverbot 1923 – steckbrieflich gesucht – untertauchen. Vorübergehend in Schlesien und dann bis zum IX. Parteitag (1924) wieder Chefredakteur der »Hamburger Volkszeitung«. In den Auseinandersetzungen nach 1923 gehörte er zu den Rechten (▸ Heinrich Brandler, ▸ August Thalheimer, ▸ Jacob Walcher). Er lebte einige Zeit in Moskau, schloß sich nach seiner Rückkehr im Jahre 1925 eng an die Gruppe um ▸ Ernst Meyer an und gelangte mit dieser Gruppe 1926 wieder in wichtige Funktionen. Becker arbeitete in der Gewerkschaftsabteilung des ZK, war von 1927 bis Anfang 1928 Chefredakteur der KPD-Gewerkschaftszeitung »Kampf«. Der XI. Parteitag 1927 wählte Becker wieder als Mitglied ins ZK. 1928 KPD-Abgeordneter des Preußischen Landtags. Bei den innerparteilichen Auseinandersetzungen 1928 einer der Wortführer der Versöhnler und mit diesen aus allen wichtigen Funktionen verdrängt, 1929 nicht mehr ins ZK gewählt. Bekker kapitulierte und betätigte sich in Nebenorganisationen der KPD (Rote Hilfe, Kampfbund gegen den Faschismus). Von 1931 bis 1933 in Berlin Landessekretär des Bundes der Freunde der Sowjetunion. 1933 ging Becker in die Illegalität, emigrierte im Oktober 1934 zunächst nach Prag, dann nach Amsterdam und arbeitete später für die KPD in Frankreich. 1937 übernahm er beim »Weltkomitee der Freunde der Sowjetunion« in Paris eine führende Funktion. Am 18. Juni 1941 verhaftet, wurde Karl Albin Becker vom Vichy-Regime an Deutschland ausgeliefert, am 4. September 1942 zum Tode verurteilt und am 1. Dezember 1942 in Plötzensee hingerichtet.

▸ Becker, Karl (* 1896 – † 1961)

Geboren am 3. September 1896 in Gülchen/ Schlesien, Schmied. 1913 bis 1918 Militärdienst und Soldat im Weltkrieg. Seit 1919 Mitglied des DMV und Mitglied der KPD, Becker gehörte in den zwanziger Jahren zu den führenden KPD-Funktionären im Waldenburger Bergbaugebiet in Niederschlesien. 1929 Gemeindevertreter in seinem Heimatort Dittersbach, wo er als Schmied arbeitete. Er wurde im September 1930 für den Wahlkreis Breslau in den Reichstag gewählt, dem er bis März 1933 angehörte. 1933 lebte er zehn Monate illegal in Schlesien, floh im Dezember 1933 in die ČSR. Im Februar 1939 ausgewiesen, emigrierte er nach Großbritannien, wo er von 1940 bis 1942 insgesamt 20 Monate interniert war. Becker gehörte in Großbritannien dem Vorstand der Landesgruppe deutscher Gewerkschafter an, war von 1941 bis 1945 außerdem Mitglied der Bergarbeiter-Internationale. 1946 im Arbeitsausschuß freigewerkschaftlicher Bergarbeiter Deutschlands in Paris, im gleichen Jahr kehrte er nach Deutschland zurück, zunächst war er von Juni bis November 1946 Sekretär der IG Bergbau Bezirk Gelsenkirchen-Buer, von Dezember 1946 bis Dezember 1948 Mitglied des Geschäftsführenden Vorstands der IG Bergbau Bochum und von Januar 1949 bis Dezember 1951 Sekretär in der Hauptverwaltung der IG Bergbau in Bochum, verantwortlich für Schulung und Bildung, er wurde Mitglied der SPD. Karl Becker starb am 5. Dezember 1961 in Gelsenkirchen.

▸ Becker, Lina Maria (* 1893 [1898?] – † ?)

Geboren am 13. Januar 1893 [22. März 1898?] als Kind einer sozialistischen Arbeiterfamilie in Arrisau/Ostpreußen [Hannover?], schloß sie sich wie ihre Brüder ▸ Ernst Becker und ▸ Karl Albin Becker nach 1918 der KPD an und war in Hamburg aktiv. Von 1924 bis 1927 vertrat sie die KPD in der Hamburger Bürgerschaft. Verheiratet mit ▸ Emil Unfried; Übersiedlung nach Berlin. Wie ihre Brüder und ihr Mann stand sie den rechten Kommunisten nahe. Sie zog sich später aus der Politik zurück, ihr weiteres Schicksal ließ sich nicht ermitteln.

▸ Becker, Ludwig (* 1892 – † 1974)

Geboren am 25. Oktober 1892 in Gmünd/ Württemberg als Sohn eines Goldschmieds und Sozialisten; erlernte den Beruf eines Fassers (Spezialberuf der Goldschmiedebranche) und ging anschließend auf Wanderschaft. 1907 Eintritt in die Gewerkschaft und die sozialistische Jugendorganisation, 1910 in die SPD. Übersiedelte 1911 von Gmünd nach Berlin, besuchte hier die Arbeiterbildungsschule, an der auch ▸ Rosa Luxemburg wirkte.

1913 Einberufung zum Militär, bis 1918 Soldat. Von der Front aus hielt er enge Verbindung mit der Stuttgarter radikalen Gruppe Westmeyer. 1918 in den Soldatenrat gewählt. Mitglied des Spartakusbundes, seit der Gründung für die KPD aktiv. Bis 1922 in seinem Beruf tätig. Mit anderen Stuttgarter Funktionären wurde Becker wegen seiner Tätigkeit für die illegale KPD Anfang 1924 verhaftet und am 27. September 1924 zu eineinhalb Jahren Gefängnis verurteilt. Während der Haft im Mai 1924 in den Württembergischen Landtag gewählt, so daß er als Abgeordneter einige Monate früher aus dem

Gefängnis entlassen werden mußte. Im Juli 1925 Parteisekretär in Stuttgart. In den folgenden Jahren im Bezirk Württemberg tätig; Anhänger des rechten Parteiflügels. 1928 erneut in den Landtag gewählt. 1929 als Rechter aus der KPD ausgeschlossen. Er trat zur KPO über und blieb für diese bis 1932 im Württembergischen Landtag. Im Dezember 1930 hauptamtlicher Bevollmächtigter des Metallarbeiterverbandes in Schwenningen; diese Funktion behielt er bis 1933. 1933 versuchte die »Deutsche Arbeitsfront« ihn für die NSDAP zu gewinnen. Becker lehnte alle Angebote ab und arbeitete bis 1938 in seinem Beruf. Als oppositioneller Kommunist kam er von 1938 bis 1945 ins KZ Buchenwald. Nach Schwenningen zurückgekehrt, baute Becker 1945 die KPD auf und war hier einige Monate stellvertretender Bürgermeister. 1948 Leiter der IG Metall Südwürttemberg-Hohenzollern und KPD-Abgeordneter des Landtags Südwürttemberg-Hohenzollern. Nach neuen Differenzen mit der KPD wurde er 1951 aus der Partei ausgeschlossen, er trat 1955 der SPD bei. Von 1953 bis 1959 war Becker Bezirksleiter der IG Metall Baden-Württemberg in Stuttgart, seit 1969 im Ruhestand. Ludwig Becker starb am 9. April 1974 in Stuttgart.

▸ Behnke, Erich (* 1893 – † 1977)

Geboren am 10. August 1893 in Berlin als Sohn eines Schlossers; kaufmännische Lehre. 1910 Mitglied der Gewerkschaft, 1912 der Arbeiterjugend. 1911 Gewerkschaftsangestellter in Berlin, anschließend Arbeiter. Von 1915 bis 1919 Soldat. Er trat im Mai 1920 der KPD bei und war ab 1926 hauptamtlicher Funktionär, 1926/27 Sekretär des UB Bitterfeld. Von 1924 bis 1933 war Behnke Stadtverordneter in Wittenberg und Halle, ab 1927 Redakteur an der KPD-Zeitung »Klassenkampf«. Von September 1929 bis September 1930 Kursant an der Internationalen Leninschule in Moskau. Nach seiner Rückkehr übernahm er von ▸ Fritz Rau die Chefredaktion der Zeitung »Klassenkampf« und gehörte dem Sekretariat der BL Halle-Merseburg an. Er wurde bereits im April 1933 inhaftiert und war bis Februar 1935 im KZ Lichtenburg, danach Tiefbauarbeiter in Halle. Von September 1939 bis April 1940 im KZ Buchenwald, später hatte er Kontakt zur Widerstandsgruppe um ▸ Georg Schumann. Von Mai 1945 bis Mai 1946 Leiter des Personalamtes der Stadtverwaltung Halle, zeitweilig stellvertretender Oberbürgermeister. Behnke wurde im August 1949 Chefredakteur der SED-Zeitung »Freiheit«, 1952 zunächst Pressereferent beim Rat des Bezirkes und ab Februar 1953 politischer Mitarbeiter der BL Halle. Zuletzt arbeitete er an der Martin-Luther-Universität Halle-Wittenberg. Er erhielt 1973 den VVO in Gold. Erich Behnke starb am 16. November 1977.

▸ Behr, Karl (* 1892 – † ?)

Geboren am 29. Mai 1892 in Gleiwitz/Oberschlesien, arbeitete in mehreren Berufen, u. a. als Autoschaffner. Behr trat 1920 der KPD bei und übte verschiedene Funktionen aus, u. a. gehörte er als KPD-Abgeordneter dem Schlesischen Provinziallandtag an. 1927 wurde er Orgleiter des Bezirks Oberschlesien, leitete nach 1928 die RGO und war 1932 kurze Zeit Polleiter in Oberschlesien. Er lebte auch in den dreißiger Jahren in Gleiwitz und kandidierte 1932 für den Preußischen Landtag. Weitere Daten seines Lebenslaufs ließen sich nicht ermitteln.

▸ Behring, Joseph (* 1884 – † ?)

Geboren am 7. August 1884 in Gelsenkirchen, schloß sich vor dem Ersten Weltkrieg der SPD an und trat 1917 zur USPD über. Er kam mit der linken USPD 1920 zur KPD und wurde Parteisekretär im Bezirk Wasserkante. Von 1921 bis 1924 Mitglied der Hamburger Bürgerschaft, trat danach in den Hintergrund. Sein weiterer Lebensweg ließ sich nicht ermitteln.

▸ Beimler, Hans (* 1895 – † 1936)

Geboren am 2. Juli 1895 in München, Sohn eines Landarbeiters; Schlosser und Metallarbeiter. Von 1914 bis 1918 Soldat, 1918 Mitglied des Spartakusbundes, dann der KPD, Teilnehmer an den Kämpfen der Bayerischen Räterepublik. 1921 Verhaftung und im Juni Verurteilung zu zwei Jahren Festung. Nach der Entlassung in einer Lokomotivfabrik in München beschäftigt, dort Mitglied des Betriebsrates. Im August 1925 Teilnehmer der ersten deutschen Arbeiterdelegation in die UdSSR, danach hauptamtlicher Funktionär der BL Südbayern. Von April 1928 bis 1932 Leiter des UB Augsburg. Im Frühjahr 1932 wurde Beimler Polleiter der BL Südbayern, im Juli 1932 im Wahlkreis Oberbayern-Schwaben in den Reichstag gewählt und im November 1932 noch zusätzlich in den Bayerischen Landtag. Er nahm im Februar 1933 an der illegalen Funktionärstagung in Ziegenhals teil. Am 11. April 1933 verhaftet und nach brutalen Folterungen in das KZ Dachau gebracht, dort gelang ihm in der Nacht vom 8. zum 9. Mai 1933 die Flucht. Emigration in die Schweiz, später nach Frankreich, in die ČSR bzw. die Sowjetunion. Beimler veröffentlichte hier die Broschüre »Im Mörderlager Dachau – vier Wochen in den Händen der braunen Banditen«. Im August 1936 wurde er zur politischen Arbeit unter den deutschen Emigranten nach Spanien entsandt, zunächst am deutschsprachigen Sender in Barcelona und beim Aufbau der »Centuria Thälmann«. Unklar sind die Umstände seines Todes. Bis heute ist umstritten, ob Hans Beimler bei einem Aufenthalt in der Gefechtsstellung des »Thälmann-Bataillons« am 1. Dezember 1936 bei Madrid durch einen Schuß eines Scharfschützen der Franco-Truppen ums Leben kam oder ob der sowjetische Geheimdienst NKWD in diesen Fall verstrickt war. Tatsache ist, daß sein am 28. April 1921 in München geborener Sohn Johann Beimler 1937 in Moskau wegen angeblicher Teilnahme an der Vorbereitung eines Attentates auf Stalin verhaftet, später freigelassen wurde und nach Mexiko fliehen konnte.
Seine zweite Frau (seit Juli 1930), **Centa Beimler** (* 12. 3. 1909 – † 19. 8. 2000), war Sekretärin in der Redaktion der KPD-Zeitung »Neue Zeitung« in München. Im April 1933 wurde Centa verhaftet, anschließend war sie im Frauen-KZ Moringen. 1942 erneut festgenommen und vom OLG München zu eineinhalb Jahren Gefängnis verurteilt. 1945 wurde sie hauptamtliche Funktionärin in der VVN und der KPD in Bayern.

▸ Beling, Walter (* 1899 – † 1988)

Geboren am 19. Mai in Berlin, Sohn eines Schneiders; nach der Fachschule Maschinenschlosser bzw. Angestellter in Handelsbetrieben. Von 1916 bis 1918 Soldat, er beteiligte sich 1918/19 an den Aufständen in Kiel und Berlin. 1924 Mitglied der KPD. 1928 wurde er unter dem Reichskassierer ▸ Arthur Golke hauptamtlicher Mitarbeiter in der Abteilung Kasse, die er ab 1932 leitete. Nachdem Golke im April 1933 seiner Funktion enthoben, wurde Beling zentraler Kassierer des ZK der KPD. Am 20. Juli 1933 durch Verrat von ▸ Paul Grobis und ▸ Werner Kraus in Berlin verhaftet, verurteilte ihn der VGH zu zweieinhalb Jahren Zuchthaus. Nach seiner Entlassung aus dem Zuchthaus Luckau im Januar 1936 flüchtete er in die ČSR, von dort im November 1936 nach Frankreich. Hier war Beling Mitglied der Emigrationsleitung der

KPD, arbeitete als Redakteur der »Roten Fahne« und am »Freiheitssender 29,8«. Im September 1939 interniert, gelang ihm im Juni 1940 die Flucht in die unbesetzte Zone Frankreichs. Am 12. Dezember 1941 in Marseille verhaftet, konnte am 1. September 1942 erneut fliehen und war in der Résistance aktiv. Im November 1945 kehrte er nach Deutschland zurück. Zunächst Chefredakteur beim Berliner Rundfunk, bei Gründung der SED wurde Beling Leiter der Abteilung Organisation im ZS des PV. Der II. SED-Parteitag im September 1947 wählte ihn in den Parteivorstand und in dessen ZS, bis zu seinem Ausscheiden 1950 verantwortlich für die Parteikasse und alle Geschäftsangelegenheiten der SED. Im Zusammenhang mit der Noel-H.-Field-Affäre verlor Beling im August 1950 sämtliche Ämter. Wegen der gegen ihn erhobenen Vorwürfe schwer erkrankt, blieb er bis November 1951 arbeitsunfähig, dann als Normensachbearbeiter in den VEB-Kranbau Eberswalde abgeschoben, später dort Vizedirektor. Nachdem das 28. ZK-Plenum im Juli 1956 die Parteistrafen von August 1950 auch formal annullierte, ohne eine wirkliche Rehabilitierung vorzunehmen, kam Beling als Hauptabteilungsleiter in das DDR-Außenministerium. Von 1959 bis 1965 war er Ständiger Vertreter der DDR bei der UNO-Wirtschaftskommission für Europa in Genf. Als Parteiveteran erhielt er u. a. 1969 den Karl-Marx-Orden. Walter Beling starb am 31. Mai 1988.

▸ Bellemann, Franz (* 1899 – † 1987)

Geboren am 30. August 1899 in Heilbronn; lernte Buchbinder und war in diesem Beruf tätig. 1919 USPD, 1920 mit deren linkem Flügel zur KPD, in der er zunächst wiederum dem linken Flügel angehörte. Nach dem IX. Frankfurter Parteitag 1924 trat er in Württemberg in den Vordergrund. Auf dem X. Berliner Parteitag 1925 Mitglied der Politischen Kommission. Ab 1925 Leiter des RFB in Württemberg und zugleich Mitglied der BL, 1926/27 arbeitete er eng mit dem neuen Polleiter ▸ Karl Fugger zusammen. Bellemann wurde auf dem XI. Parteitag 1927 als Kandidat ins ZK gewählt. Während der Auseinandersetzung nach der Wittorf-Affäre stand er bei den Versöhnlern, nach der Auflösung dieser Gruppe wurde er Agitpropsekretär in Württemberg. Zusammen mit dem Polleiter ▸ Joseph Schlaffer und Orgleiter ▸ Karl Schneck wurde Bellemann im Januar 1932 vom ZK-Beauftragten ▸ Walter Ulbricht abgesetzt. Er konnte sich im März 1933 der Festnahme entziehen, wurde jedoch am 16. Juni 1933 durch die Gestapo verhaftet und am 28. September 1933 vom Landgericht Stuttgart zu einem Jahr Gefängnis verurteilt. Da er nach seiner Entlassung weiter illegal tätig war, erneut festgenommen und bis 1945 im KZ. Nach 1945 wieder als Buchbinder tätig; er war nicht mehr hauptamtlich für die KPD aktiv, soll aber Mitglied der Partei gewesen sein. Franz Bellemann starb am 30. März 1987 in Stuttgart.

▸ Bellert, August (* 1877 – † 1951)

Geboren am 3. Juli 1877 in Langenzenn/Fürth in Bayern als Sohn eines Drechslers. Lehre und bis 1908 Arbeit als Drechsler. Ab 1908 hauptamtlicher Angesteller der Stockarbeiter-Branche im Deutschen Holzarbeiterverband in Solingen. Bellert war von 1908 bis 1917 Sekretär der SPD in Solingen. 1917 trat er der USPD bei und führte die Mehrheit der Solinger USPD als ihr Vorsitzender im Dezember 1920 in die VKPD. Während der Novemberrevolution Mitglied im geschäftsführenden Ausschuß des Arbeiter- und Soldatenrates in Solingen. 1919/1920 gehörte er der Verfassunggebenden Preußischen Versammlung an. August Bellert, der seit 1920 in Nürnberg wohnte, trat politisch nicht mehr hervor, er starb am 25. Februar 1951.

▸ Benedum, Fritz (* 1902 – † 1965)

Geboren am 20. Februar 1902 in Kusel, von Beruf Kraftfahrer. Benedum war Mitglied der KPD und seit 1929 Mitglied der BL Pfalz, im

November 1932 für den Wahlkreis Pfalz in den Reichstag gewählt. Im Frühjahr 1933 Emigration in das Saargebiet. Da er sich zunächst weigerte, zur illegalen Arbeit nach Deutschland zu gehen, aus der KPD ausgeschlossen. Schließlich wurde er nach seiner Rückkehr nach Deutschland am 8. Juni 1933 verhaftet und bis Juli 1933 in »Schutzhaft« genommen. Bei Kriegsausbruch im September 1939 erneut inhaftiert, blieb er bis Januar 1940 im KZ Buchenwald. Nach der Entlassung wieder Arbeiter in Kusel. Von Januar 1942 bis 1945 Wehrmacht, zuletzt Obergefreiter. 1945 wieder Mitglied der KPD, 1946 Mitglied der KL Kusel und in den Kreistag gewählt, 1948 zusätzlich Mitglied des Stadtrates von Kusel. Im September 1949 noch Kandidat zur Bundestagswahl, trennte sich Benedum von der KPD und ging 1950 zur UAPD über, später trat er politisch nicht mehr hervor. Fritz Benedum starb am 25. Dezember 1965 in Kusel.

▸ Benkwitz, Max (* 1889 – † 1974)

Geboren am 23. Juli 1889 in Groitschen/Thüringen, lernte Former. 1909 Mitglied der Gewerkschaft und 1912 der SPD, 1917 der USPD; trat mit der linken USPD 1920 zur KPD über. Benkwitz spielte eine führende Rolle in Zeitz, wo er sich nach dem Krieg als Bergarbeiter niedergelassen hatte. Nach den Unruhen der Bergarbeiter im Zeitzer Gebiet (1923), bei denen es elf Tote gab, mußte er fliehen. Danach Parteisekretär in Schlesien und Oberschlesien, dort im November 1923 in Breslau (die Polizei war durch ▸ Alfred Hamann genau informiert) verhaftet. Weil Benkwitz im Mai 1924 zum Reichstagsabgeordneten der KPD gewählt wurde, aus dem Gefängnis entlassen. Als Anhänger der Ruth-Fischer-Führung Mitglied der BL und Leiter des UB Zeitz. Im Dezember 1924 nicht mehr in den Reichstag gewählt. Nach dem »Offenen Brief« 1925 schloß sich Benkwitz der linken Opposition an und faßte noch im August 1927 als Polleiter die linken Funktionäre in Zeitz zu Fraktionssitzungen zusammen, auf denen ▸ Hugo Urbahns sprechen konnte. Er löste sich von der Opposition, wohl nicht zuletzt deshalb, weil ihm 1927 ein Prozeß vor dem Reichsgericht bevorstand. Die KPD-Führung drohte ihm die Entziehung jeder Unterstützung an, falls er sein »fraktionelles Treiben« nicht aufgäbe. Benkwitz erhielt zwei Jahre Festung (wegen Zersetzung der Schupo und Vorbereitung zum Hochverrat), die er teilweise auf der Festung Gollnow absaß. 1928 Mitglied des Provinziallandtags von Halle-Merseburg. Leiter des RFB Halle-Merseburg, den er (nach dessen Verbot 1929) illegal weiterführte. 1930 bis 1933 war Benkwitz Filialleiter des Neuen Deutschen Verlages in Halle, Leipzig, Berlin und Hamburg. Da er 1933 illegal für die KPD weiterarbeitete, schon im Mai 1933 inhaftiert und bis 1937 im KZ. Anschließend Arbeiter in einer Kiesgrube, am 1. September 1939 wurde er erneut verhaftet, er war bis 1945 im KZ Buchenwald. 1945 wurde Benkwitz Leiter der KPD in Zeitz und Stadtrat, 1946 bis 1950 einer der beiden Vorsitzenden der SED in Zeitz. Von 1950 bis 1952 gehörte er der LPKK Sachsen-Anhalt an und war 1950 Kandidat der ZPKK. Bis 1958 Abteilungsleiter beim Rat der Stadt Halle. bzw. beim Rat der Stadt Zeitz tätig. Als Arbeiterveteran erhielt er 1973 den Karl-Marx-Orden. Max Benkwitz starb am 12. Oktober 1974 in Zeitz.

▸ Benscheid, Gustav Adolf (* 1888 – † 1961)

Geboren am 9. September 1888 in Remscheid, Sohn eines Feilenhauers. Schlosser, von 1914 bis 1918 Soldat einer Pionierkompanie, anschließend bis 1920 in seinem Beruf tätig. Seit 1907 Mitglied der Gewerkschaft und der SPD. 1910 Funktionär der Ortsverwaltung Remscheid des DMV. Er trat 1914 aus Protest aus der SPD, schloß sich während des Krieges der Spartakusgruppe an und wurde Mitglied der KPD bei deren Gründung. Benscheid arbeitete von 1920 bis 1923 als hauptamtlicher Gewerkschaftssekretär, doch 1923 wurde er aus dem DMV ausgeschlossen. Danach Redakteur der KPD-Zeitung »Bergische Volksstimme« und Agitator der KPD im Rheinland, 1924 im Wahlkreis Westfalen-Süd in den Preußischen Landtag gewählt. Auf dem X. KPD-Parteitag 1925 Mitglied der Politischen Kommission. Mitte 1926 wurde Benscheid nach München-Gladbach geschickt, um dort den Einfluß des Ultralinken ▸ Heinrich Schlagewerth einzudämmen. Delegierter des XI. Parteitages 1927, auf dem er gegen die linke Opposition auftrat. Seit Oktober 1927 Sekretär des UB Koblenz. Auch 1928 wieder in den Landtag gewählt, diesmal im Wahlkreis Koblenz, Trier. Auf dem XII. Parteitag in Berlin-Wedding 1929 wandte er sich nicht nur scharf gegen die Versöhnler, sondern warf der Partei auch »Brandlerismus« vor, weswegen ihn ▸ Ernst Thälmann angriff. Die Delegation Niedersachsen distanzierte sich von Benscheid, und in der Folgezeit trat er etwas in den Hintergrund. 1932 Instrukteur der KPD in Braunschweig, zur Landtagswahl in Preußen 1932 jedoch nicht mehr als Kandidat aufgestellt. 1933 wurde er verhaftet und war einige Zeit im KZ Dachau, danach bei der Aktion »Gewitter« am 22. August 1944 erneut inhaftiert. Nach der Entlassung wieder als Feilenhauer in Heimarbeit beschäftigt, eröffnete er nach dem Krieg eine kleine Fabrik in Remscheid. 1946 Kandidat der KPD für die Wahlen zum Remscheider Stadtparlament und seit 1950 1. Vorsitzender der VVN in Remscheid. Gustav Adolf Benscheid starb am 26. Oktober 1961 in Remscheid.

▸ Benz, Irene (* 1899 – † 1937)

Geboren 1899 in Rußland, ihr ursprünglicher Name war Rosa Hartmann. Sie war Angestellte und seit 1924 Mitglied der KPD. Von 1923 bis 1930 bei der sowjetischen Handelsvertretung in Berlin und auch im illegalen Apparat der KPD tätig. 1930 in die Sowjetunion zurückgerufen, arbeitete sie 1931 in der Bauern-Internationale. Danach im Apparat der Komintern eingesetzt, ab 1934 in deren »Verbindungsdienst« der »Abteilung SS«. Im August 1937 vom NKWD verhaftet und in einer Sitzung der KPD-Führung am 23. September 1937 aus der Partei ausgeschlossen. Vom Militärkollegium des Obersten Gerichts der UdSSR wurde Irene Benz (Rosa Hartmann) am 1. November 1937 zum Tode verurteilt und erschossen.

▸ Berg, Romanus (* 1894 – † 1978)

Geboren am 9. August 1894 in Lebehnke/Krs. Deutsch-Krone, von Beruf Bauarbeiter; seit 1919 Mitglied der KPD, 1928 Leiter des KPD-UB Schneidemühl. Berg wurde sowohl im Juli 1932 als auch im November 1932 im Wahlkreis Frankfurt /O. in den Reichstag gewählt. Am 15. März

1933 in Schneidemühl verhaftet, bis September 1934 in den KZs Hammerstein, Lichtenburg und Papenburg-Esterwegen in »Schutzhaft«. Nach seiner Entlassung Gelegenheitsarbeiter und von 1940 bis August 1944 Wehrmachtsangehöriger, zuletzt Oberbootsmaat (Hafen-Kommandant von Nizza). Nach 1945 lebte er in Niedersachsen, er trat politisch nicht mehr hervor. Romanus Berg starb am 8. Oktober 1978 in Stade.

▸ Berger, Franz (* 1900 – † 1938?)

Geboren am 1. Juni 1900 in Halle/Saale, lernte Schlosser. 1919 trat er der KPD bei und war in Bitterfeld für die Partei aktiv. 1930 als Sekretär in die Genossenschaftsabteilung des ZK der KPD in Berlin berufen, er übersiedelte 1932 nach Moskau zur Genossenschaftsabteilung der Komintern. 1934 Rückkehr nach Deutschland, illegale Arbeit für die KPD, noch im gleichen Jahr wieder nach Moskau. Dort wurde er 1937 verhaftet und vermutlich 1938 erschossen. 1956 wurde Franz Berger von der SED »nach mutmaßlichem Tod rehabilitiert«.

▸ Bergmann, Hermann (* 1892 – † 1938)

Geboren am 31. Dezember 1892 in Küstrin als Sohn eines Bankdirektors. Nach dem Studium arbeitete Bergmann als Arzt. 1918 Mitglied der USPD, 1920 der KPD, 1920/21 Mitglied der Zentrale des KJVD, außerdem ehrenamtlich für die KPD im Parteibezirk Berlin-Brandenburg tätig. 1933 zunächst nach Prag, anschließend in die UdSSR emigriert. Hier Arzt im Kreml-Krankenhaus, in der IRH und als Oberinspektor im Moskauer Volkskommissariat für Gesundheitswesen. Im November 1936 wurde er vom NKWD verhaftet und am 16. August 1937 zu fünf Jahren Freiheitsentzug verurteilt. Er kam in das Lager Magadan, wo er 1938 starb.
Bergmann war von 1917 bis 1933 mit Franziska Hentschel (* 6. 4. 1894 – † 25. 2. 1971) verheiratet. **Franziska Bergmann**, die ebenfalls der Zentrale des KJVD angehörte, war Redakteurin der Zeitung »Junge Garde«, später bei Eugen Varga in der sowjetischen Botschaft in Berlin. Im April 1933 mit Hermann Bergmann in die UdSSR emigriert, später heiratete sie dort den Arzt **Joseph Rubens** (* 1900 – † 1969), der von März 1938 bis November 1939 ebenfalls in der UdSSR in Haft war. Der mit in die Sowjetunion emigrierte Sohn **Peter Bergmann** (* 10. September 1921) wurde am 10. September 1941 unter dem Vorwurf des Verdacht der Spionage verhaftet. Franziska Bergmanns Bemühungen ihren Sohn zu retten, waren vergebens. Peter Bergmann wurde als »sozialgefährliches Element« am 13. Juni 1942 zu fünf Jahren Verbannung verurteilt, er starb am 4. Juli 1942 im Lager Krasnojarsk. Franziska und Joseph Rubens kamen 1948 in die SBZ. Sie war zunächst in der Abteilung Politkultur der HVDVP, später Mitarbeiterin im ZK der SED, zuletzt am IML. Hermann Bergmann wurde 1957 »rehabilitiert«.

▸ Bergmann, Karl Hans (* 1910)

Geboren am 17. März 1910 als Sohn eines Arztes; März 1929 Abitur, 1929 bis 1932 Studium der Geschichte und Theaterwissenschaften. 1931 Dramaturgie-Assistent an der Volksbühne Berlin, ab 1931 in der KPD, Mitglied des Reichskomitees der RGO und ab Ende 1932 Leiter der

RGO-Gruppe Film-Bühne-Musik. Von 1933 bis 1935 illegale Arbeit als UB-Leiter und Instrukteur der BL in Berlin. Am 27. März 1935 verhaftet, 5./6. Januar 1936 Verurteilung zu zwei Jahren Gefängnis, von 1937 bis 1939 im KZ Dachau und Sachsenhausen, danach in der Widerstandsgruppe um ▸ Beppo Römer, Oktober 1942 Flucht in die Schweiz, Redakteur der Zeitung »Freies Deutschland«. Im Oktober 1945 kehrte er nach Deutschland zurück, Mitarbeiter im ZK der KPD, 1946 bis 1949 Lizenzträger und Direktor der DEFA, später des Deutschen Filmverlages. Im März 1949 Austritt und Bruch mit der SED, war bis 1950 freier Mitarbeiter an »Der Neuen Zeitung«. Von 1952 bis 1968 Geschäftsführer der Freien Volksbühne Berlin. Im Jahre 2003 veröffentlichte Karl Hans Bergmann unter dem Titel: »Der Schlaf vor dem Erwachen. Stationen der Jahre 1931-1949« seine Lebenserinnerungen.

▸ Berthelé, Georg (* 1877 – † 1949)

Geboren am 2. August 1877 in Berlin als Sohn eines Maschinenbauers, Lehre und Beruf als Schriftsetzer. Berthelé besuchte Kurse der Humboldt-Hochschule und der Arbeiter-Bildungsschule. 1897 wurde er Mitglied der SPD und 1899 der Gewerkschaft. Er war SPD-Abteilungs- und Bezirksführer und hatte im 4. Berliner Wahlkreis zahlreiche Funktionen, u. a. Parteivorstandsmitglied im Wahlkreisverband Berlin-Brandenburg. Ab September 1915 Soldat, kehrte er als Schwerkriegsbeschädigter zurück. 1917 trat er zur USPD über und war Distriktleiter im 6. Distrikt Berlin-Brandenburg, bis 1920 Beisitzer im USPD-Zentralvorstand. Ab 9. November 1918 war Berthelé Sekretär von ▸ Emil Eichhorn im Berliner Polizeipräsidium, nur mit knapper Not konnte er im Januar 1919 der Erschießung in der Alexanderkaserne entgehen. Mit der linken USPD kam er Ende 1920 zur KPD und gehörte als Beisitzer dem VKPD-Bezirksverband Berlin-Brandenburg an. Er war im Juni 1920 für die USPD in den Deutschen Reichstag gewählt worden. Berthelé zählte zu den USPD-Abgeordneten, die nach der Vereinigung mit der KPD zur VKPD mit ▸ Clara Zetkin und ▸ Paul Levi eine gemeinsame kommunistische Reichstagsfraktion bildeten. Am 24. Januar 1922 trat er mit ▸ Otto Brass, Emil Eichhorn, ▸ Heinrich Malzahn u. a. zur Fraktion der KAG über. Anfang November 1922 trennte er sich dann mit Eichhorn, Malzahn und ▸ Hermann Reich wieder von der KAG und schloß sich als Hospitant der KPD-Fraktion an. Er wurde 1924 nicht mehr für den Reichstag aufgestellt. Bethelé wirkte im »Internationalen Bund der Opfer des Krieges und der Arbeit« und war Mitglied des Bundesvorstandes

des IB, von 1925 bis 1933 Leiter der Anzeigen-Expedition von kommunistischen Presseorganen. Ab 1933 illegale Arbeit im Rahmen der Roten Hilfe, wurde er am 19. Juli 1935 inhaftiert und schwer mißhandelt. Im Januar 1936 von der Moabiter Strafkammer zu 15 Monaten Gefängnis verurteilt, blieb er nach der Haftentlassung aus der Strafanstalt Berlin-Tegel unter Polizeiaufsicht. Bis 1945 u. a. als Kassenbote und Kontorist tätig. Im Mai 1945 wurde Berthelé Mitarbeiter der Kartenstelle des Bezirksamtes Berlin-Pankow. Er trat der KPD, bzw. 1946 der SED bei. Georg Berthelé starb am 4. November 1949 in Berlin.

▸ Bertram, Ernst (* 1909 – † 1938)

Geboren am 24. März 1909 in Solingen als Sohn eines Fabrikarbeiters; kaufmännische Lehre, Mitglied des KJVD und der KPD. Ab Februar 1929 Leiter der KJVD-BL Niederrhein, auf dem 11. Verbandskongreß des KJVD im September 1929 Wahl in das ZK des KJVD, ab Juli 1930 Mitglied der engeren Reichsleitung und Redakteur der Zeitung »Junge Garde« in Berlin. Im Juli 1931 vom ZK des KJVD nach Moskau delegiert, dort blieb er bis Juli 1932 Sekretär der Delegation des KJVD beim EK der KJI. Danach wegen Zugehörigkeit zur Neumann-Gruppe innerhalb der KJVD-Führung abberufen. Im Dezember 1932 kehrte Bertram nach Solingen zurück. Anfang 1933 leistete er illegale Arbeit und geriet am 28. Februar 1933 zeitweilig in »Schutzhaft«. Nach der Freilassung Leitung der illegalen Arbeit in Hagen und Wuppertal und beteiligt am Wiederaufbau gewerkschaftlicher Betriebsgruppen. Bertram wurde am 22. Mai 1935 durch einen Zufall verhaftet, als ihn ein Gestapobeamter im D-Zug Berlin-Düsseldorf erkannte. Am 22. Mai 1935 vom Volkgerichthof in Berlin zu 15 Jahren Zuchthaus verurteilt. Obwohl schwer lungenkrank, mußte er im Zuchthaus Münster zunächst in der staubigen Mattenflechterei arbeiten. Ernst Bertram starb am 14. Oktober 1938 im Gefängnislazarett des Zuchthauses Brandenburg-Görden.

▸ Bertz, Paul (* 1886 – † 1950)

Geboren am 2. August 1886 in Mühlhausen/Thüringen als Sohn eines Schuhmachers; lernte Werkzeugschlosser, 1902 Mitglied des DMV. Nach der Militärzeit ging er 1909 auf Wanderschaft und trat 1910 der SPD bei. Er ließ sich in Chemnitz nieder, wo er dem Spartakusbund und der KPD seit ihrer Gründung angehörte. Delegierter des Vereinigungsparteitages 1920 und des

VII. Parteitags. In Chemnitz stand Bertz, der von 1922 bis 1924 Polleiter des UB Chemnitz war, auf dem linken Flügel der Partei. Seit Dezember 1924 KPD-Abgeordneter im Sächsischen Landtag, im Dezember 1924 (und erneut 1928) auch in den Reichstag gewählt. 1924 Orgleiter des Bezirks Erzgebirge-Vogtland, dann vorübergehend Polleiter in diesem Bezirk. Auf dem X. Parteitag der KPD (Juli 1925) Mitglied der Politischen Kommission und zum Kandidaten des ZK berufen. Delegierter des Erweiterten EKKI und der Orgkonferenz des EKKI in Moskau 1925. Ab August 1925 in der Gewerkschaftsabteilung des ZK, dort Leiter der Industriegruppe Textil. Der XII. Parteitag 1929 wählte Bertz als Kandidat ins ZK, er gehörte zur sogenannten Chemnitzer Richtung, die in den Jahren 1926/28 eine linke Opposition betrieb. Nach der Kursschwenkung 1928/29 trat er rasch in den Vordergrund. Doch wurde er schon 1930 zusammen mit ▸ Paul Merker wegen »linker Abweichung« angegriffen und deshalb 1930 nicht mehr in den Reichstag gewählt. 1931/32 leitetet er die Betriebsräteabteilung im RGO-Reichskomitee. Im Dezember 1932 wurde Bertz wegen Auseinandersetzungen mit ▸ Fritz Schulte über die Taktik bei den kommenden Betriebsrätewahlen als hauptamtlicher RGO-Angestellter entlassen. Dann erwerbslos, bis ihn das ZK im Februar 1933 als Instrukteur nach Bayern schickte. Im Frühjahr 1933 Polleiter der KPD Hamburg, Anfang Dezember Oberberater im Westen (Ruhrgebiet, Nieder- und Mittelrhein) sowie ab Mai 1934 Oberberater im Bezirk Berlin-Brandenburg. Im Oktober 1934 emigrierte Bertz, er leitete von der Schweiz aus die Grenzarbeit für die KPD-Bezirke in Süddeutschland. Ab 1935 gehörte er dem Sekretariat des ZK in Frankreich an. 1936 übernahm er als Johann die AL West der illegalen KPD (vom Ausland her) und war dann Oberberater in Amsterdam. Bertz nahm 1935 am VII. Weltkongreß der Komintern teil und wurde auf den Parteikonferenzen der Emigrations-KPD 1935 und 1939 ins ZK gewählt. Bis Kriegsausbruch blieb er Sekretär des ZK in Paris, wurde 1939 dort interniert, konnte aber 1940 in die Schweiz fliehen. Bertz hatte sich 1939 gegen den Stalin-Hitler-Pakt ausgesprochen und übte deshalb offiziell keine Funktion mehr aus. Trotzdem spielte er in der KPD-Emigration in der Schweiz eine führende Rolle und stand in engem Kontakt mit Noel H. Field. 1945 nach Berlin zurückgekehrt, wurde er Stellvertretender Chef der Deutschen Zentralverwaltung für Justiz. Da er die Vereinigung mit der SPD ablehnte und die Politik der KPD bzw. der SED nicht billigte, erhielt er 1946 (obwohl SED-Mitglied) keine hauptamtliche Parteifunktion. Er war 1948/49 stellvertretender Abteilungsleiter im Zentralauschuß für Sozialhilfe von Ost-Berlin, ab Mai 1949 Direktor der Kommunal-Wirtschaftlichen Unternehmung Chemnitz. Paul Bertz verübte am 19. April 1950 Selbstmord. Kurz nach seinem Tode (am 24. August 1950) veröffentlicht das ZK der SED eine Erklärung zur Verbindung ehemaliger Emigranten mit Noel Field. Darin wurde Bertz (gemeinsam mit ▸ Willi Kreikemeyer, ▸ Lex Ende, Leo Bauer u. a.) beschuldigt, ein »Agent« gewesen zu sein.

▸ Besser, Erich (* 1890 – † 1972)

Geboren am 27. Februar 1890 in Aschersleben, Sohn eines Kürschnermeisters. Nach dem Besuch der Mittelschule Gärtner. 1910 Mitglied der SPD und des Deutschen Transportarbeiterverbandes. 1912 Militärdienst, anschließend Soldat im Weltkrieg. 1919 führender Funktionär der USP in Bernburg, trat er Ende 1920 mit der linken USP zur KPD über. 1924 in den Landtag von Anhalt gewählt, übernahm er die Orgleitung des Bezirks Magdeburg-Anhalt. Delegierter des IX. und X. Parteitages, auf dem X. Parteitag 1925 in die Politische Kommission gewählt. Besser war 1925 Anhänger der Ultralinken und nach dem »Offenen Brief« aktiver Anhänger der linken Opposition und einer der wenigen, die auf der I. Parteikonferenz im Oktober 1925 gegen den Ausschluß ▸ Werner Scholems aus dem ZK protestierten. Ende 1925 als Orgleiter abgesetzt; er solidarisierte sich 1926 mit der russischen Opposition. 1927 aus der KPD ausgeschlossen, blieb aber bis 1928 im Landtag von Anhalt. Nachdem er 1928 vor dem ZK kapitulierte, wurde er wieder in die Partei aufgenommen und 1928 sowie 1932 erneut Abgeordneter des Landtags von Anhalt. Anfang April 1933 verhaftet, saß er bis 1935 in »Schutzhaft«. Nach seiner Freilassung eröffnete Besser ein Kolonialwarengeschäft. Er wurde 1944 erneut inhaftiert, weil er zur kommunistischen Widerstandsgruppe ▸ Martin Schwantes Verbindung hatte.

Besser wurde im Juni 1945 Leiter des KPD-UB Dessau und im Sommer 1945 berief ihn die SMA Sachsen-Anhalt zum 1. Vizepräsidenten der Bezirksverwaltung Dessau. Ab 1946 Vorsitzender des SED-Bezirksvorstands Dessau und von 1946 bis 1950 Abgeordneter des Landtages von Sachsen-Anhalt. Seit 1947 Mitglied des Sekretariats des LV Sachsen-Anhalt, 1949 Vorsitzender der LPKK Sachsen-Anhalt. Aufgrund der Denunziation eines einstigen Genossen wurde Besser am 13. Juli 1950 durch sowjetische Militärorgane verhaftet. Er hatte während der Nazizeit Mitgenossen erklärt, daß er Trotzki Stalin vorziehe, zugleich seine Ablehnung der Moskauer Prozesse bekundet und 1939 den Stalin-Hitler-Pakt kritisiert. Das Militärtribunal der SMA verurteilte Besser am 29. Dezember 1950 in Halle zu 25 Jahren Arbeits- und Besserungslager. Auf dem III. Parteitag 1950 erwähnte Pieck eine Reihe von »Trotzkisten«, die inzwischen »entlarvt« seien, unter diesen Wolfgang Leonhard und »Erich Besser, der sich in den Vorsitz der Landespartei-Kontrollkommission eingeschlichen« hatte. Besser kam in den Gulag, im Oktober 1955 konnte er in die DDR zurückkehren. In einem Gespräch mit der ZPKK wegen seiner Wiederaufnahme in die SED blieb Besser bei seinem ablehnenden Standpunkt zu den Moskauer Prozessen und zum Pakt. Doch 1965 verlieh ihm der Staatsrat den VVO in Silber. Besser lebte als Parteiveteran in Bernburg, seine strafrechtliche Rehabilitierung durch die Russische Förderation erfolgte erst am 14. August 1996. Erich Besser war am 5. April 1972 gestorben.

▸ Betz, Adolf (* 1897 – † 1970)

Geboren am 11. Mai 1897 in Pirmasens, Zuschneider in einer Schuhfabrik. 1919 Mitbegründer der KPD-Ortsgruppe Pirmasens. Seit 1921 Mitglied der BL Pfalz und Vorsitzender der Ortsgruppe Pirmasens. Betz gehörte mit der Mehrheit der BL zu den Ultralinken, dann zur Weddinger Opposition. Er wurde als Vertreter der Weddinger Oppositon der Pfalz vom XI. Parteitag 1927 in die Politische Kommission und dann ins ZK gewählt. Auf der ZK-Tagung am 8./9. Dezember 1927 trennte sich Betz, der sich schon auf dem XI. Parteitag von seiner Fraktion entfernt hatte, offiziell von der Opposition und ging zur Thälmann-Mehrheit über. 1929 nicht mehr ins ZK gewählt, war er von 1929 bis 1933 Angestellter beim Neuen Deutschen Verlag, Zweigstelle Essen. Von Februar bis November 1933 in »Schutzhaft« in Duisburg, anschließend arbeitslos, von 1935 bis 1940 lebte er als selbständiger Schuhwarenhändler in Essen, danach bis 1945 Angestellter der Firma Krupp in Essen. Betz kehrte im Oktober 1945 nach Pirmasens zurück, wurde Leiter der Feststellungsbehörde. Betz war Kreisvorsitzender der KPD und Mitglied der BL Pfalz, von 1946 bis 1948 Stadtrats- und Kreistagsmitglied, 1946/47 Dritter Bürgermeister in Pirmasens und dann von 1947 bis 1959 dort Verwaltungsangestellter, von 1946 bis 1951 Abgeordneter im Landtag von Rheinland-Pfalz. Adolf Betz starb am 9. August 1970 in Pirmasens.

▸ Beutling, Theodor (* 1898 – † 1942)

Geboren am 22. Januar 1898 in Odessa, Sohn eines Glasbläsers, der nach Rußland ausgewandert war. Bereits 1898 verließen die Eltern Odessa und übersiedelten nach Graz und später nach Wien. Beutling wurde Glasbläser und Metallarbeiter in Rädnitz bei Crossen bzw. in Berlin. Von 1916 bis 1918 Militärdienst, 1918 Mitglied der USPD, ab 1920 der KPD. In Berliner Metallbetrieben tätig, als Betriebsrat wegen der Organisierung von Streiks 1921 und 1923 gemaßregelt. Das ZK der KPD schickte Beutling 1926 an die Internationale Leninschule nach Moskau. Nach seiner Rückkehr 1928 zunächst Polleiter des UB Berlin-Neukölln und Ende 1928 bis Oktober 1929 Nachfolger von ▸ Max Frenzel als Sekretär für Gewerkschaftsfragen der BL Berlin-Brandenburg. Im Mai 1928 zog er als Abgeordneter in den Reichstag ein (Wahlkreis 3 Potsdam II). Doch da er sich während der Wittorf-Affäre 1928 innerhalb der Reichstagsfraktion nicht entschieden genug von den Rechten und Versöhnlern distanzierte, wurde er 1930 nicht wieder aufgestellt. Im Herbst 1929 als Sekretär der BL Berlin-Brandenburg abgesetzt, danach Reichssekretär des Bundes der Freunde der Sowjetunion, bis April 1933 arbeitete er als Angestellter der sowjetischen Handelsvertretung in Berlin. 1933 emigrierte Beutling in die Sowjetunion, wo er zunächst Mitarbeiter der RGI bzw. bis 1937 Leiter der deutschen Sektion der KUNMS war. Anschließend Redakteur im Verlag für fremdsprachige Literatur. Am 27. Januar 1938 in Moskau vom NKWD festgenommen und während seiner Haft schwer gefoltert und so zu Aussagen gezwungen. Im April 1938 schrieb ▸ Wilhelm Pieck an Georgi Dimitroff und setzte sich u. a. für Beutlings Freilassung ein. Obwohl Beutling die erzwungenen Aussagen vor dem Militärgericht im März 1939 widerrief, wurde er weiter im Moskauer Butyrka-Gefängnis festgehalten. Nachdem ihm am 21. April 1941 das Urteil »acht Jahre wg. Teilnahme an einer antisowjetischen Organisation« bekanntgegeben und er in ein Lager in der ASSR der Komi gebracht wurde, wandte er sich verzweifelt am 24. Februar 1941 an die Spezialabteilung des NKWD sowie am 28. Mai 1941 an den Generalstaatsanwalt Wyschinski mit der Bitte um Aufhebung des Urteils und Freilassung oder Ausreise nach Deutschland »auf eigene Gefahr«. Theodor Beutling soll 1942 in Shelesnodoroshny »verstorben« sein.

Seine Ehefrau **Maria Beutling** (* 27. 4. 1901 – † 2. 4. 1991) hatte sich nach der Verhaftung ihres Mannes geweigert, sich von ihm zu distanzieren. Sie kam im Dezember 1945 in die SBZ und war von 1946 bis 1953 technische Mitarbeiterin des ZK der SED. Auf Antrag seines Sohnes Horst, der im April 1946 nach Deutschland zurückkehren konnte, wurde Theodor Beutling am 19. November 1956 von der SED-ZPKK posthum »rehabilitiert«.

▸ Beuttel, Wilhelm (* 1900 – † 1944)

Geboren am 10. August 1900 in Durlach/Baden als Sohn eines Lederarbeiters und einer Tabakarbeiterin; lernte das Schneiderhandwerk. Er trat 1917 in die USPD ein und ging mit deren linkem Flügel 1920 zur KPD. Von 1921 bis 1923

Leiter des Bezirks Hessen der kommunistischen Jugend. 1929 Orgleiter des Bezirks Hessen-Kassel. 1929 kam Beuttel auf die Leninschule nach Moskau, von der er 1931 zurückkehrte und Orgleiter des Bezirks Hessen-Frankfurt wurde. Er gehörte bis 1933 als Abgeordneter dem Hessischen Landtag an. 1933 für die KPD in Hessen illegal tätig, übernahm er Anfang 1934 die Leitung der Roten Hilfe in Berlin. Im Herbst 1934 mußte er flüchten, arbeitete in der Emigration für die KPD und leitete bis 1938 in Paris die Schulung der Partei. 1942 kehrte Beuttel zur illegalen Arbeit nach Deutschland zurück, er gehörte zur Widerstandsgruppe Knöchel. Nachdem ▸ Willi Seng, ▸ Alfred Kowalke und ▸ Wilhem Knöchel bereits verhaftet waren und ausgesagt hatten, konnte die Gestapo im Januar 1943 auch Beuttel festnehmen. Er wurde zum Tode verurteilt und am 27. Juli 1944 hingerichtet. In seinem letzten Brief an seine Frau hatte er geschrieben: »Dieser Brief ist das letzte Lebenszeichen und Liebeszeichen von mir. Heute, am 27. Juli, 15 Uhr, wird mein Kopf, der so viele liebe Gedanken für Dich barg, in den Sand rollen. ... Aber ich schrieb Dir schon im letzten Brief, daß gegen Verrat noch kein Kraut gewachsen ist.«

▸ Beyer, Paul (* 1890 – † 1968)

Geboren am 13. Juni 1890 in Danzig als Sohn einer Arbeiterfamilie; lernte Former. Von 1914 bis 1918 Soldat im Weltkrieg, Kriegsinvalide. Beyer wurde 1919 Mitglied der USPD, 1921 der KPD, von der er sich 1923 trennte und zur SPD zurückging. Im Juni 1920 war er für die USPD in den Volkstag Danzig gewählt worden, er gehörte 1921 bis 1923 der VKPD-Fraktion an, danach der SPD. Bei Kriegsende 1945 flüchtete Beyer aus Danzig, er lebte zunächst in Gütersloh, ab Juli 1953 in Verl, wo Paul Beyer am 27. August 1968 starb.

▸ Beyling, Fritz (* 1909 – † 1963)

Geboren am 4. Januar 1909 in Hettstedt/Krs. Mansfeld als Sohn eines Bergarbeiters; Mittelschule, danach Land- und Bergarbeiter bzw. Angestellter der Krankenkasse in Halle. 1923 wurde Beyling Mitglied des KJVD, Anfang 1927 Sekretär der KJVD-BL Halle-Merseburg, im gleichen Jahr Mitglied der KPD. Von 1928 bis 1930 zunächst Volontär, später Redakteur der KPD-Zeitung »Klassenkampf« in Halle. 1930/31 war Beyling Chefredakteur der »Tribüne« in Magdeburg, im Sommer 1931 als politischer Redakteur an die KPD-Zeitung »Kämpfer« in Chemnitz und im Frühjahr 1932 Chefredakteur der Zeitung »Arbeiterstimme« in Dresden. Ab Ende Januar 1933 arbeitete Beyling illegal in Dresden und Leipzig. Zusammen mit ▸ Karl Raddatz,

▸ Fritz Selbmann u. a. gab er die illegale Zeitung »Rote Sturmfahne« heraus. Im Juni 1933 wurde er in Magdeburg verhaftet und im September 1934 zu zwei Jahren und zehn Monaten verurteilt. Nach seiner Haftentlassung Lagerarbeiter bzw. Angestellter in einer Seifenfabrik in Dresden. 1942 zum Strafbataillon 999 eingezogen, kam er von April 1943 bis September 1946 in französische Kriegsgefangenschaft in Algerien. Im Herbst 1946 Rückkehr nach Deutschland und Mitglied der SED. Redakteur, ab Mai 1948 Chefredakteur der SED-Zeitung »Freiheit« in Halle, seit 1948 1. Vorsitzender des VVN-LV Sachsen-Anhalt. 1951 wurde er Generalekretär der VVN und führte Ende 1952 Anfang 1953 alle Weisungen des ZK der SED zur Auflösung der VVN bedingungslos aus, er spielte eine unrühmliche Rolle bei der Ausschaltung jüdischer Mitglieder im Zentralvorstand der VVN. Er war im April 1953 Gründungsmitglied des Komitees der Antifaschistischen Widerstandskämpfer, von April 1953 bis Frühjahr 1958 Leiter des Presseamtes beim Vorsitzenden des Ministerrates der DDR, 1958 bis 1963 1. Vorsitzender des Sekretariats des DSF-Zentralvorstandes. Er erhielt 1959 den VVO in Silber. Fritz Beyling starb am 9. Februar 1963.

▸ Biefang, Johann (Julius) (* 1893 – † 1937/38)

Geboren am 2. August 1893 in Moers, Bergarbeiter, nach dem Weltkrieg Mitglied der USPD, ab 1920 Mitglied und ehrenamtlicher Funktionär der KPD. Bis 1929 Bergarbeiter und 1. Vorsitzender des Betriebsrates einer Schachtanlage. 1927 auf dem XI. Parteitag der KPD in Essen zum Mitglied des ZK der KPD gewählt. Dort war er einer der »Arbeitervertreter« und hatte die Zahlen-Deckbezeichnung »38« sowie »44«, wurde aber auf dem XII. Parteitag 1929 nicht wiedergewählt. Im Mai 1929 anläßlich der Organisierung eines Proteststreiks wegen des »Blutmais 1929« von der Grubendirektion entlassen, wurde Biefang zunächst als Lokalredakteur an die »Niederrheinische Arbeiterzeitung« nach Duisburg bzw. an die »Arbeiterzeitung« nach Dortmund geschickt, zuletzt Redakteur am »Ruhr-Echo« in Essen. 1930 Übersiedlung in die Sowjetunion, dort Anerkennung als Politemigrant. Mitarbeiter der deutschen Sektion bei der Komintern bzw. Bergarbeiter im Donbaß. 1932 erschien in Moskau seine Broschüre: Hans Biefang, Ruhrkumpel in Sowjetstädten. Bis heute ist das weitere Schicksal Johann Biefangs ungeklärt. Wahrscheinlich ist, daß er – wie tausende andere – Opfer der stalinistischen Säuberungen wurde. Seine mit ihm 1930 in die Sowjetunion übergesiedelte Frau **Helene Biefang,** geborene Dolleck (* 30. 6. 1895 – † 18. 3. 1988), kam im Mai 1950 in die DDR. Von 1933 bis 1936 war sie Kursantin an der KUNMS in Moskau, von 1937 bis 1946 Sekretärin im Verlag für ausländische Literatur, von 1947 bis 1950 in gleicher Funktion beim Ministerium für Innere Angelegenheiten in Moskau. Seit ihrer Ankunft in der DDR Mitglied der SED, arbeitete sie von 1950 bis 1958 und von 1965 bis 1970 als Hilfsredakteurin am IML. 1980 erhielt sie den VVO in Gold. Aus ihren Kader-Unterlagen geht hervor, daß ihr Sohn **Hans Biefang** (* 15. 6. 1920) 1941 wegen Papierdiebstahls in der UdSSR zu eineinhalb Jahren Gefängnis verurteilt, 1942 in Engels (Wolgagebiet) krank aus der Haft entlassen wurde und 1944 gestorben ist. Über ihren Mann gab sie lediglich zu Protokoll, er sei 1937 nach Spanien gegangen und dort 1938 gefallen. Auch die Gedenktafel für die im »Spanischen Freiheitskampf Gefallenen« auf dem Zentralfriedhof Berlin-Friedrichsfelde verzeichnet Biefang. Das ist aber kein Beweis dafür, daß er nicht doch ein Opfer der stalinistischen Säuberungen wurde.

▸ Biewald, Wilhelm (* 1897 – † 1938)

Geboren am 2. November 1897 in Rostow am Don als Sohn einer deutschen Familie, die vor dem Weltkrieg nach Schlesien übersiedelte. 1920 Mitglied der USPD, im gleichen Jahr der KPD. Biewald gehörte zu den führenden kommunistischen Funktionären in Schlesien. 1931 hauptamtlicher KPD-Sekretär in Düsseldorf, dann Redakteur am »Klassenkampf« in Halle. Zu 15 Monaten Gefängnis verurteilt, floh er Ende 1932 in die Sowjetunion, nach Rostow, seinem Geburtsort. Redakteur an der Zeitung »Molat«. Dort lebte er mit seiner Frau **Johanna Biewald,** geb. Hertwig (* 9. 10. 1902 – † 3. 10. 1985), einer Beamtentochter, seit 1924 KPD und aktive Funktionärin. Nach der Heirat 1926 in der Redaktion der schlesischen »Arbeiterzeitung«, später für den gesamten Pressevertrieb der RGO verantwortlich und von 1932 bis 1935 ebenfalls in der Redaktion »Molat«. Wilhelm Biewald wurde im November 1937 in Rostow verhaftet, er kam 1938 im Gulag ums Leben. Johanna Biewald war von 1941 bis 1943 evakuiert. Von 1943 an als Politinstrukteurin in sowjetischen Kriegsgefangenenlagern. 1948/49 in Bergwerk, bis 1955 Bibliothekarin in Rostow. Im April 1955 durfte sie in die DDR und wurde Mitglied der SED und Lektorin im Verlag Tribüne. 1963 mit dem VVO in Silber ausgezeichnet, Johanna Biewald starb am 3. Oktober 1985 in Ost-Berlin.

▸ Bingen, Gerhard (* 1900 – † 1940)

Geboren am 24. Februar 1900 in Köln, Sohn eines Tagelöhners, des später führenden Kölner SPD-Funktionärs Johann Bingen. Lehre als Dreher. Während des Krieges Mitglied der USPD, im November 1918 Mitglied des Kölner Arbeiter- und Soldatenrates, Ende 1918 Delegierter für Köln-Niehl auf dem Gründungsparteitag der KPD in Berlin. Im Januar 1919 wurde Bingen wegen »revolutionärer Propaganda« unter den britischen Besatzungstruppen von einem Kriegsgericht zu einer mehrjährigen Haftstrafe verurteilt, die er in Siegburg verbüßte. In den folgenden Jahren agitatorisch für die KPD tätig, ohne eine erkennbare Parteifunktion auszuüben. Bingen trat aus der KPD aus und wurde später wieder Mitglied der SPD. Er arbeitete seit dem 1. Oktober 1923 bei den Kölner Verkehrsbetrieben, von denen er am 12. Juni 1939 entlassen wurde. Er war wegen »Vorbereitung zum Hochverrat« von Juli bis September 1936 in Köln inhaftiert. Gerhard Bingen starb am 22. August 1940 in Köln-Weidenpesch an den Folgen der Mißhandlungen, die er 1936 während seiner Haft erlitten hatte.

▸ Birkenhauer, Erich (* 1903 – † 1941)

Geboren am 21. Januar 1903 in Essen, besuchte bis 1922 das Lehrerseminar, ohne seine Ausbildung zu beenden. 1919 Mitglied der FSJ, er und sein Bruder Wilhelm traten 1924 der KPD bei. Ende 1925 war er Leiter des UB Essen des KJVD. Anfang 1928 Redaktionsvolontär, anschließend Lokalredakteur an der »Niederrheinischen Arbeiterzeitung« in Duisburg, Ende 1928 politischer Redakteur. Von Oktober 1929 bis Oktober 1930 saß Birkenhauer wegen »literarischen Hochverrats« in der Festung Gollnow und im Gefängnis Bielefeld. Im November 1930 wurde er Agitpropsekretär der BL Ruhrgebiet, ab März 1931 Nachfolger von ▸ Albert Norden als Chefredakteur des »Ruhr-Echos«. Birkenhauer übersiedelte im Mai 1932 nach Berlin und gehörte neben ▸ Werner Hirsch und ▸ Heinrich Meyer zu jenen engen Mitarbeitern ▸ Ernst Thälmanns, welche auf die Politik der KPD großen Einfluß hatten. Nach einem Treffen mit ▸ Herbert Wehner und ▸ Sepp Schwab wurde Birkenhauer am 3. März 1933 verhaftet. Bei seiner Vernehmung erklärte er: »Ich bin heute in Berlin aus Essen angekommen, traf einige Freunde und bin dann zur Wohnung Thälmanns in der Lützowstr. 9 verwiesen worden. Darüber, mit wem ich in Essen zu tun gehabt habe, möchte ich nichts sagen. Die Bezeichnung ›Sekretär‹ des Herrn Thälmann ist dahingehend zu verstehen, daß ich einer seiner Mitarbeiter bin.« Birkenhauer saß bis zum 22. September 1933 im Polizeipräsidium Berlin, in Berlin-Plötzensee und im KZ Sonnenburg. Er war als Zeuge zum Reichstagsbrandprozeß geladen, erschien aber nicht. Birkenhauers Aussage in der Voruntersuchung belastete allerdings ▸ Ernst Torgler im Reichstagsbrandprozeß: Um nicht selbst in Verdacht zu geraten, hatte Birkenhauer die Unwahrheit gesagt und damit Torgler schwer geschadet. Birkenhauer emigrierte im Oktober 1933 zunächst nach Paris, wo er bis Februar 1935 Sekretär bzw. Mitarbeiter beim ZK war. Er schloß sich Ende 1934 der Mehrheit des Politbüros unter ▸ Hermann Schubert und ▸ Fritz Schulte an. Vor dem VII. Weltkongreß und der »Brüsseler Konferenz« 1935 kapitulierte er und erklärte Pieck gegenüber seinen Bruch mit der »Sektierer-Clique.« Im Juli 1935 wurde er Sekretär des Internationalen Thälmann-Befreiungskomitees in Paris. Birkenhauer mußte im Juni 1937 zur Berichterstattung nach Moskau kommen, wurde dort im November 1937 verhaftet und am 21. Juli 1939 durch das MKOG zu zwölf Jahren Arbeitslager verurteilt. Während der NKWD-Haft hatte er einen Antrag auf Ausreise nach Deutschland gestellt. Bei erneuter Verhandlung seiner Angelegenheit am 8. September 1941 wurde er vom gleichen Gremium zum Tode verurteilt und am 11. September 1941 im Wald von Orjol erschossen. 1958 durch das MKOG »rehabilitiert«. Seine Frau **Herta Birkenhauer,** geborene Pigorsch (* 28. 9. 1904 – † 2. 4. 1982), Verkäuferin, wurde 1921 Mitglied des KJVD, 1928 der KPD. Von 1926 bis 1932 arbeitete sie als Stenotypistin in der Redaktion des »Ruhr-Echos« in Essen. 1930 Heirat mit Erich Birkenhauer, 1932 Übersiedlung nach Berlin, wo sie Mitarbeiterin ihres Mannes im Sekretariat von Ernst Thälmann war. Ende 1933 Emigration nach Frankreich, 1936/37 im »Thälmann-Komitee«, anschließend im Frauenkomitee tätig. 1940 im Lager Gurs interniert, gelang ihr die Flucht nach Toulouse, wo sie ab 1943 illegale Arbeit leistete. Im Dezember 1947 kehrte sie nach Deutschland zurück und wurde Mitarbeiterin im PV bzw. ab 1950 im ZK der SED, zuletzt Sekretärin in der Kaderabteilung bzw. in der Abteilung Internationale Verbindungen.

▸ Bischof, Hugo (* 1892 – † 1971)

Geboren am 4. Oktober 1892 in Hamburg als Sohn einer Arbeiterfamilie; Metallarbeiter in Hamburg und Hannover. 1912 Eintritt in die Gewerkschaft und in die SPD. August 1914 Einberufung als Soldat, 1916 wegen schwerer Verwundung entlassen, anschließend Bürodienst. 1918 Mitglied der USPD in Elmshorn, im November Mitglied des Arbeiter- und Soldatenrates und Ende 1920 dort VKPD-Vorsitzender. Bischof wurde auf dem VIII. Parteitag der KPD 1923 als Ersatzmitglied für den Bezirk Wasserkante in den ZA gewählt und kam im März 1923 als Volontär in die BL nach Thüringen, anschließend Orgsekretär der BL Thüringen. Von November 1923 bis Januar 1924 inhaftiert, wurde er anschließend aus Thüringen ausgewiesen. Die Zentrale schickte ihn zunächst als Parteisekretär nach Hagen/Westfalen bzw. nach Auflösung des Parteibezirks Hagen als Orgsekretär nach Siegen. Ende 1924 Rückkehr nach Elmshorn, von 1927 bis 1929 Kreistagsabgeordneter in Pinneberg. 1929 wurde Bischof aus der KPD ausgeschlossen und trat der KPO bei. Von Juni bis September 1933 war er in KZs inhaftiert. Nach seiner Entlassung arbeitete er auf der Deutschen Werft als Lohnbuchhalter. 1945 hauptamtlicher KPD-Sekretär für Pinneberg und Mitglied der BL Wasserkante. 1946 MdL Schleswig-Holstein und stellvertretender Vizepräsident des Landtages. Von 1946 bis 1950 Mitglied der KPD-Landesleitung Wasserkante bzw. Schleswig-Holstein, verantwortlicher Sekretär für Landwirtschaft. Wegen einer schweren Nervenerkrankung beendete er 1950 die hauptamtliche Parteiarbeit und ging in Rente. 1968 übersiedelte er zu seinen Angehörigen in die DDR, nach Rostock, wo Hugo Bischof am 11. Oktober 1971 starb.

▸ Bischoff, Fritz (* 1900 – † 1945)

Geboren am 1. Juli 1900 in Rixdorf bei Berlin, Sohn einer Arbeiterfamilie. Nach kaufmännischer Lehre Angestellter. Er schloß sich 1916 der Spartakusgruppe und 1918 der KPD an. Ab 1921 arbeitete er bei der Universum-Film AG (UFA). Wegen seiner kommunistischen Tätigkeit 1922 gemaßregelt, war er anschließend bis Dezember 1930 Angestellter bei der sowjetischen Handelsvertretung in Berlin und Hamburg. Bischoff leitete ehrenamtlich die Agitpropabteilung der BL Berlin-Brandenburg bzw. Wasserkante in Hamburg. Ende 1930 Vorsitzender der Interessengemeinschaft für Arbeiterkultur und des Verbandes der proletarischen Freidenker, 1933 Polleiter der BL Hessen-Frankfurt/M. Im September 1934 in Heidelberg verhaftet und im Ende Dezember zu acht Jahren Zuchthaus verurteilt, 1942 aus dem Zuchthaus Kassel-Wehlheiden in das KZ Sachsenhausen und 1944 in das KZ Neuengamme verbracht. Er gehörte Anfang Mai 1945 zu den tausenden Gefangenen, die von der SS auf das Schiff »Cap Arcona« in der Lübecker Bucht getrieben wurden. Bei der Versenkung des Schiffs am 3. Mai 1945 durch die britische Luftwaffe kam Bischoff ums Leben.

Seine Frau **Charlotte Bischoff**, geborene Wielepp (* 5. 10. 1901 – † 4. 11. 1994), Kontoristin und Stenotypistin, wurde 1920 Mitglied des KJVD, 1923 der KPD. 1923 Heirat mit Fritz Bischoff, ab 1930 Stenotypistin im ZK der KPD. 1933 illegale Arbeit. Im Dezember 1933 Emigration mit ihrer Tochter Renate (* 9. 9. 1924, spätere Ehefrau des SED-Politbüromitglieds Bruno Leuschner) in die UdSSR. Mitarbeiterin der MOPR bzw. der Abteilung Internationale Verbindungen des EKKI in Moskau. Von Februar 1935 bis November 1937 im Auftrag der Komintern in den Niederlanden und in Dänemark, ab Dezember 1938 in Schweden. Dort Anfang 1939 inhaftiert, anschließend Haushaltshilfe beim sowjetischen Handelsvertreter. Im Juni 1941 reiste Charlotte Bischoff im Auftrag von ▸ Herbert Wehner und ▸ Karl Mewis zur illegalen Arbeit nach Deutschland, bekam Ende Juli 1941 Verbindungen zu Widerstandsgruppen, auch zur Saefkow-Gruppe. 1942 arbeitete sie zeitweise mit ▸ Wilhelm Knöchel zusammen. Ab Mai 1945 zunächst Stenotypistin für die sowjetische Kommandantur in Berlin-Charlottenburg. Von 1947 bis 1952 Leiterin der Abteilung Sozialpolitik des FDGB Groß-Berlin, von 1952 bis 1957 Vorsitzende der Sozialhilfe in Ost-Berlin.

› Bischoff, Hermann (* 1875 – † 1959)

Geboren am 18. Oktober 1875 in Gräfenroda, Sohn eines Kleinbauern, Streckenarbeiter, erlernte während seiner Wanderschaft das Müllerhandwerk. Er kehrte in seine Thüringer Heimat zurück, wo er sich noch vor dem Weltkrieg der SPD anschloß. 1916 wurde er Soldat und ging 1917 zur USPD. 1920 Mitglied der KPD und Mitbegründer der Notgemeinschaft der Roggenschuldner, einer der KPD nahestehenden Kleinbauernorganisation in Thüringen. Im Oktober 1923 delegierte ihn die Zentrale der KPD zum 1. Internationalen Bauernkongreß nach Moskau. Von 1924 bis 1927 KPD-Landtagsabgeordneter in Thüringen (Wahlkreis Arnstadt) und Mitglied der BL (Abt. Land). Eine erneute Kandidatur für den Landtag wurde 1927 durch die BL verhindert. Bischoff zog sich aus der Parteiarbeit zurück und machte sich selbständig auf einem Waldgut in Ölschroda bei Friedersdorf. Hier nach 1933 Pächter einer Gastwirtschaft. Am 22. August 1944 verhaftet und ins KZ Buchenwald eingeliefert, am 2. September 1944 wieder freigelassen. 1945 trat Bischoff der KPD bei, bis 1956 Vorsitzender des VdgB-Ortsausschusses Holzhausen und Parteisekretär am Ort. 1957 Übersiedlung nach Arnstadt, er erhielt den VVO in Bronze. Hermann Bischoff starb am 16. Dezember 1959 in Arnstadt.

› Bitsch, Wilhelm (* 1893 – † 1941)

Geboren am 1. Juni 1893 in Walldorf, lernte Maurer und wurde im Krieg Soldat. 1918 trat er der USPD, 1922 der KPD bei. Mitglied der BL Hessen-Frankfurt und Funktionär in Mörfelden, wo er 1. Beigeordneter der Stadt wurde. Nach den Unruhen in Mörfelden 1932, die der KPD als stärkster Partei angelastet wurden, flüchtete er in die UdSSR. Seine Frau und zwei Töchter folgten ihm. Bitsch arbeitete in Stalinogorsk, wo er am 13. Juli 1937 verhaftet wurde. Das Sondertribunal beim NKWD verurteilte ihn am 27. Dezember 1937 zu zehn Jahren Arbeitslager, Frau und Kinder wurden nach Hitler-Deutschland ausgewiesen. Wilhelm Bitsch starb am 28. November 1941 im Gulag, 1989 wurde das Urteil in der UdSSR aufgehoben.

› Bittel, Karl, Dr. rer. pol. (* 1892 – † 1969)

Geboren am 22. Juni 1892 in Darmstadt, Sohn eines hessischen Staatsbeamten. 1911 Abitur am Realgymnasium in Freiburg, Mitglied der von ihm 1909 mitgegründeten bürgerlichen Jugendbewegung »Wandervogel«. Er studierte in Heidelberg, Freiburg und Tübingen, wo er am 11. März 1915 mit einer Dissertation über das Thema: »Eduard Pfeiffer und die deutsche Konsumgenossenschaft« promovierte. Gleichzeitig von 1913 bis 1916 Sekretär beim Konsumverein in Esslingen. Von 1917 bis 1919 Geschäftsführer im Lebensmittelamt Mannheim und im Badischen Landeswohnungsverein Karlsruhe. Während der Krieges betätigte sich Bittel als Journalist; er gab die Zeitschrift »Politische Rundbriefe« heraus und gehörte der »Freideutschen-Jugend« an. Nach der Novemberrevolution 1918 wurde er in den Arbeiter- und Soldatenrat in Karlsruhe gewählt, trat der SPD bei, wechselte aber schon im Februar 1919 in Stuttgart zur KPD. In der Folgezeit hauptamtlicher Funktionär der KPD, zunächst als Redakteur (u. a. beim Chemnitzer »Kämpfer«). 1921 Leiter der Abteilung Genossenschaft in der Berliner Zentrale und von 1922/23 zugleich besoldeter Sekretär des Konsumvereins und Stadtverordneter von Weißenfels. Ende 1924 ging Bittel als Spezialist für Genossenschaftswesen nach Moskau und arbeitete in der Gewerkschaftsabteilung des EKKI. Im Januar 1927 Rückkehr nach Deutschland, erneut in der Genossenschaftsabteilung des ZK der KPD tätig. Da er zum rechten Flügel der Partei tendierte, trat er in der ultralinken Periode nach 1928 politisch in den Hintergrund. Von 1928 bis 1930 in der sowjetischen Handelsvertretung beschäftigt, von 1930 bis April 1933 bei der »Derop« in Berlin. Im Mai 1933 von der Gestapo am Bodensee verhaftet, blieb er bis 1934 in den KZs Heuberg und Ulm. Bittel stand bis 1945 unter Polizeiaufsicht, konnte aber unbehelligt am Bodensee leben und wissenschaftlich arbeiten. 1940 erschien eine Arbeit »Messmer und sein Problem«, 1942 eine Paracelsus-Dokumentation. Seine Werke wurden in NS-Deutschland gedruckt. 1945 wurde Bittel wieder journalistisch aktiv und trat der KPD bei. 1946 Chefredakteur und Lizenzträger der KPD-Zeitung »Unser Tag« in Offenburg und Mitglied des Sekretariats der KPD-Landesleitung in Südbaden. Bittel war bis zu seiner Übersiedlung im Frühjahr 1949 in die SBZ auch Vorsitzender der VVN Baden. Im Juni 1949 wurde er Geschäftsführer und stellvertretender Leiter, 1951 bis 1957 Direktor des Deutschen Instituts für Zeitgeschichte in Ost-Berlin, gleichzeitig gab er die Halbmonatsschrift »Dokumentation der Zeit« heraus. Er wurde am 1. Oktober 1957 zum Professor mit Lehrauftrag an die Humboldt-Universität berufen. Bittel erhielt zu seinem 70. Geburtstag den Karl-Marx-Orden. Auch nach 1945 Autor zahlreicher Schriften, u. a. »Die Feinde der deutschen Nation«, 1952; »Zeitgeschichte als Wissenschaft«, 1956. Er übersiedelte in den sechziger Jahren nach Ahrenshoop und wirkte als stellvertretender Vorsitzender des Kulturbundes im Bezirk Rostock. Karl Bittel starb am 18. April 1969 in Ost-Berlin.

▸ Blatt, Max (* 1905 – † 1978)

Geboren als Moses Blad, Sohn eines polnisch-jüdischen Arbeiters 1905, kam er als Lederarbeiter vor dem Ersten Weltkrieg nach Breslau. 1923 Mitglied des KJVD, Mitglied der BL Schlesien des KJVD und später auch des ZK des Jugendverbandes. Funktionär bei der Gewerkschaft der Lederarbeiter, 1927 hauptamtlicher Mitarbeiter in der Gewerkschaftsabteilung des ZK der KPD in Berlin. Aus Protest gegen die Spaltungspolitik der RGO legte er schon1928 seine Funktion nieder und ging nach Breslau zurück, wo er aktiv in der KPO wirkte. Mit der Minderheit der KPO trat Blatt 1932 der SAP bei. 1933 wurde er verhaftet und als polnischer Staatsbürger ausgewiesen. In Polen arbeitete er für die Gruppe »Neu Beginnen« und gelangte 1939 über die Sowjetunion nach Shanghai, wo er bis Kriegsende (unter japanischer Besatzung) im jüdischen Ghetto lebte. Nach dem Zweiten Weltkrieg kam er nach Australien, Max Blatt soll 1978 in Melbourne gestorben sein.

▸ Blau, Ewald (Thoma, Karl) (* 1903 – † 1939)

Geboren am 12. Juni 1903 als Karl Thoma in Kaufbeuren, Sohn einer Arbeiterfamilie. Metallarbeiter in München, Bremen und Berlin. Im Januar 1919 Mitglied der FSJ. Thoma nahm an den Kämpfen der Bayerischen Räterepublik teil, er trat im März 1920 in die KPD ein und trug ab dieser Zeit den Parteinamen Ewald Blau. Im September 1920 inhaftiert und wegen Hochverrats angeklagt, gelang ihm die Flucht aus der Psychiatrischen Klinik in München, in die er zur Untersuchung seines Geisteszustandes gebracht worden war. Als blinder Passagier floh Blau über Stettin und Riga nach Moskau. Im Frühjahr 1922 nach Deutschland zurückgekehrt, arbeitete er als Maschinenschlosser in Berlin-Borsigwalde, wurde aber wegen seiner Beteiligung am Cuno-Streik 1924 entlassen. Er war seit 1923 im AM-Apparat tätig, ab 1924 Sekretär im illegalen Apparat des KJVD. Thoma-Blau war außerdem seit 1926 Archivar im ZK der KPD und zugleich von 1925 bis 1929 Polleiter der KPD Berlin-Moabit. Seine Zugehörigkeit zum AM-Apparat war bekannt, deshalb wurde er Ende 1925 verhaftet, aber nach einer nichtöffentlichen Sitzung des Staatsgerichtshofes am 11. März 1926 außer Verfolgung gesetzt. 1927 Delegierter des XI. Parteitages, in die Politische Kommission gewählt. Nach der Linkswendung von 1928 übernahm der dem linken Flügel angehörige Thoma-Blau auch wichtige politische Funktionen. Er gewann wesentlichen Einfluß auf die Geschäftsführung der KPD und nahm als Delegierter Berlins am XII. Parteitag 1929 teil. Nach dem Zusammenschluß der drei sächsischen Parteibezirke ging er im Juli 1930 als Agitpropsekretär nach Sachsen. 1931 war er Kursant an der Internationalen

Leninschule in Moskau, dann nach seiner Rückkehr im August 1932 Mitarbeiter der Orgabteilung des ZK. Er galt 1932 als aktiver Anhänger der Neumann-Gruppe. Im April 1933 wurde Blau-Thoma gemeinsam mit ▸ Arthur Vogt in Berlin inhaftiert und zu zwei Jahren und drei Monaten Gefängnis verurteilt. Nach seiner Freilassung emigrierte er in die UdSSR und ging 1937 nach Spanien. Dort unter dem Namen Ernst Blank Politkommissar der XI. Internationalen Brigade, er ist am 29. Januar 1939 bei Cranolliers/Katalonien gefallen. Es gab Vermutungen, nach denen Blau in der KPD-Zentrale Polizeiagent gewesen war und der Abteilung IA des Berliner Polizeipräsidiums wichtige Informationen lieferte. Seine erstaunliche Freilassung 1926 nährte diesen Verdacht, der nie bewiesen wurde, da der tatsächliche Vertrauensmann der politischen Polizei im ZK nicht bekannt wurde. Blau war seit 1928 mit Emmi Christoph verheiratet gewesen, der späteren Frau von ▸ Georg Handke.

▸ Bleier, Oswald (* 1889 – † 1936)

Geboren am 17. Dezember 1889 in Voigtsgrün bei Neudeck als Sohn eines Tagelöhners. Lehre und anschließend Tätigkeit als Porzellanschleifer, die er aus gesundheitlichen Gründen aufgeben mußte. Bleier zog 1907 nach Riesa und arbeitete hier im Stahlwerk. 1912 Einberufung zum Militärdienst, im Weltkrieg nach schwerer Verwundung an der russischen Front Entlassung als Kriegsbeschädigter, lebte er in Riesa. Bereits vor dem Weltkrieg Mitglied der SPD, trat er 1917 zur USPD über und schloß sich 1920 der KPD an. Ab September 1920 lange Zeit erwerbslos, fand er nach einer mehrmonatigen Tbc-Heilkur 1925 Arbeit in einer Riesaer Brauerei. Von 1924 bis 1926 dort Stadtverordneter der KPD, 1926 Abgeordneter des Landtags von Sachsen. Bei der Spaltung der Fraktion Anfang 1929 blieb er mit der Mehrheit auf der ZK-Linie, wurde aber trotzdem 1929 nicht mehr als Landtagskandidat aufgestellt. Bleier wurden zwar »versöhnlerische Tendenzen« vorgeworfen, er blieb aber weiter in der KPD aktiv. Er war von 1926 bis 1930 Sekretär des UB Riesa-Oschatz-Großenhain und bis 1930 Mitglied der BL Westsachsen. Im März 1933 wurde Bleier verhaftet und ins KZ überführt. Nach seiner Freilassung Ende 1933 reihte er sich in den illegalen Widerstandskampf ein. Am 2. Oktober 1934 erneut verhaftet und am 8. Juli 1935 durch das OLG Dresden zu fünf Jahren Zuchthaus verurteilt. Bleier, inzwischen als staatenlos erklärt, sollte auf Antrag der Polizei Dresden nach der Haft mit seiner Ehefrau aus Deutschland ausgewiesen werden. Doch schon am 9. Mai 1936 ist Oswald Bleier im Zuchthaus Waldheim an Lungentuberkulose gestorben.

▸ Blenkle, Konrad (* 1901 – † 1943)

Geboren am 28. Dezember 1901 in Berlin, Sohn des Schlossers und späteren Gastwirts Reinhold Blenkle. Der gelernter Bäcker wurde 1919 Mitglied der FSJ, später der kommunistischen Jugend und 1920 der KPD. 1921 Anstellung bei der diplomatischen Vertretung der RSFSR in Berlin. Auf dem 7. Reichsjugendkongreß im März 1923 ins ZK des KJD gewählt, er wurde Wortführer der Linken. Bis September 1923 Polleiter des Bezirksverbandes Berlin-Brandenburg, im Dezember 1923 kam Blenkle ins Sekretariat des ZK des Jugendverbandes und war bis August 1924 für Pressearbeit zuständig. Dann bis April 1925 Einsatz in Moskau beim EKKI der KJI, dem er seit dem IV. Weltkongreß (Juli 1924) als Mitglied angehörte. In Berlin trat Blenkle bereits Ende April 1925 neben ▸ Hermann Jacobs faktisch an die Spitze der KJD und wurde am 22. Mai 1925 vom ZK der KPD förmlich mit der politischen Leitung der kommunistischen Jugend betraut. Als Vorsitzender des KJVD gehörte er in den folgenden Jahren auch dem ZK der KPD an. 1925 zählte Blenkle mit der Mehrheit des KJVD zu den unbedingten Anhängern des EKKI, er trat bereits auf dem X. Parteitag 1925 gegen die Ruth-Fischer-Führung auf. Deswegen vor allem von ▸ Ottomar Geschke heftig attackiert, aber doch wieder ins ZK gewählt. Nach dem »Offenen Brief« war Blenkles Stellung gefestigt, er wurde als Jugendvertreter Mitglied des Polbüros und auch der XI. Parteitag 1927 wählte ihn erneut als Mitglied ins ZK der KPD. ▸ Clara Zetkin fand Blenkle allerdings »unklar und unreif« und kritisierte seinen »Drang«, sich »radikal« und »links« zu geben. 1928 kam er als jüngster Abgeordneter in den Reichstag und wurde auf dem VI. Weltkongreß der Komintern 1928 Mitglied des EKKI. Im Zusammenhang mit der Wittorf-Affäre stimmte das Büro des ZK des KJVD unter Führung Blenkles einstimmig den Beschlüssen des ZK der KPD zu, die Funktionen ▸ Ernst Thälmanns bis zur Klärung ruhen zu lassen. Auch als das ZK des KJVD am 12. Oktober 1928 geschlossen die neuen Moskauer Direktiven zur Wiedereinsetzung Thälmanns bejahte, blieben Zweifel an der unbeirrbaren Treue Blenkles zu Thälmann. Diese wurden noch verstärkt, als das Büro des ZK des KJVD unter Blenkles Vorsitz am 17. Oktober 1928 den BL des Jugendverbandes mitteilte, daß es mit einigen Fragen des EKKI-Beschlusses nicht einverstanden sei, aber im Interesse der Liquidierung aller fraktionellen Gruppierungen zugestimmt habe. Anfang November 1928 konstatierte das Sekretariat des ZK der KPD, Blenkle trage für die »politischen Schwankungen« im KJVD die Hauptverantwortung, deshalb sei er abzulösen und durch ▸ Walter Häbich, den bisherigen Orgleiter, zu ersetzen. Eine Reichskonferenz des KJVD beschloß dies am 10./11. November 1928, doch wählten die Delegierten Blenkle zum Ehrenmitglied. Er gehörte weder zu den Versöhnlern noch zu den Rechten, aber ihm schien die Methode falsch, mit der die Korruption vertuscht worden war. Deshalb wurde er degradiert. In der Folgezeit war Blenkle Redakteur der »Jungen Garde«, des Organs des KJVD, außerdem betätigte er sich im illegalen RFB. Ins ZK (1929) und in den Reichstag (1930) wurde er nicht mehr gewählt. 1931 wegen Pressevergehens zu eineinhalb Jahren Festung verurteilt, hat ihn die Parteiführung nach seiner Freilassung 1932 in Oberschlesien eingesetzt. Ab März 1933 illegale Arbeit in Berlin, im April 1934 flüchtete er in das Saargebiet, im Sommer 1934 nach Amsterdam, dort war er bis Dezember 1936 Instrukteur der AL Nordwest. Im November 1937 in der Schweiz verhaftet; Blenkes Auslieferung nach NS-Deutschland konnte erst in letzter Minute verhindert werden. Ab 1938 2. Leiter der KPD-AL Nord in Kopenhagen, die für Norddeutschland zuständig war. Nach der Verhaftung ▸ Heinrich Wiatreks im Mai 1941 wurde Blenkle faktisch Leiter der kommunistischen Parteigruppe in Kopenhagen. Dort am 16. Dezember 1941 festgenommen und dann vom VGH am 25. November 1942 zum Tode verurteilt. Konrad Blenkle wurde am 20. Januar 1943 in Berlin-Plötzensee hingerichtet.

▸ Blinn, Klara (* 1895 – † 1977)

Klara Guntwolf wurde am 14. September 1895 in Rapperswil/Schweiz als Tochter eines Heizers geboren. Der Vater, ein Württemberger, war Sozialist, der mit der Familie durch die Lande zog. Nach der Schulentlassung arbeitete Klara Guntwolf fünf Jahre in der Schweiz und ein Jahr in Luxemburg als Hausmädchen. Sie kam dann nach Emmendingen im Schwarzwald, wo die Eltern seit 1908 wohnten, und fand Arbeit in einer Schuhfabrik. 1919 heiratete sie einen Arbeiter namens Blinn, im gleichen Jahr trat sie der USP bei und kam mit der linken USP 1920 zur KPD. Ab Mitte der zwanziger Jahre Mitglied der BL Baden, wurde sie vom XII. Parteitag 1929 als Kandidatin ins ZK gewählt. Seit 1931 erwerbslos, gehörte sie bis 1933 ehrenamtlich dem ZK an. 1933 einige Wochen verhaftet, danach wieder als Arbeiterin tätig und 1944 nochmals kurz inhaftiert. 1945 wieder Mitglied der KPD, ab 1969 der DKP, war sie für die Partei im lokalen Rahmen aktiv. Klara Blinn starb am 27. Dezember 1977 in Emmendingen.

▸ Blum, Maria (* 1890 – † 1961)

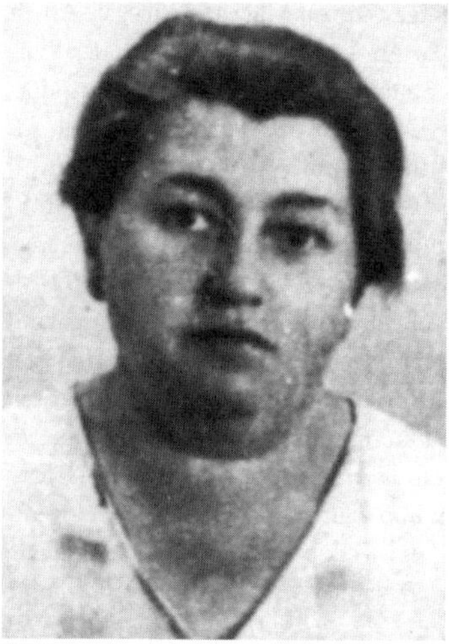

Geboren als Maria Holl am 27. Oktober 1890 in Schwabmünchen, Arbeiterin. Maria Blum war seit Anfang der zwanziger Jahre Mitglied der KPD, 1926 stand sie zeitweilig in Opposition zum ZK. Sie arbeitete von 1927 bis 1929 als Redakteurin an der »Arbeiterzeitung« in Aachen, 1929/30 wechselte sie an die »Neue Zeitung« nach Jena. Maria Blum wurde im September 1930 für den Wahlkreis Thüringen in den Reichstag gewählt. Wegen »Vorbereitung zum Hochverrat« wurde sie 1930 zu einem Jahr und drei Monaten Festungshaft verurteilt, die sie im Juli 1930 in Preungesheim/Hessen antrat, aber wegen der Zugehörigkeit zum Reichstag nicht absitzen mußte. Im November 1932 gelangte sie über den Reichswahlvorschlag wieder ins Parlament. Bei den Preußischen Landtagswahlen im März 1933 hatte sie erfolglos kandidiert und entzog sich der sicheren Verhaftung durch Flucht in die ČSR. Hier arbeitete sie in Westböhmen illegal für die KPD. 1944 kehrte sie nach Aachen zurück, politisch trat sie nicht mehr hervor. Maria Blum starb am 15. Juni 1961 in Aachen.

▸ Bobek, Felix, Dr. phil. (* 1898 – † 1938)

Geboren am 21. August 1898 in Prag. Sohn eines Universitätsprofessors, lebte mit seiner Mutter im Haus der Großeltern in Nürnberg, anschließend in Graz. Nach dem Abitur im Sommer 1916 studierte er Chemie und Physik, wurde 1917 zum Heer eingezogen, Offiziersanwärter. Während des Studiums schloß er sich der Naturfreundebewegung an. Nach dem Krieg studierte er zunächst in München, ab 1920 in Berlin und promovierte 1924 an der philosophischen Fakultät. Anschließend war er im Versuchslabor der Firma Osram beschäftigt. Bobek arbeitete seit 1932 für den Nachrichtendienst der KPD und hatte enge Kontakte zu ▸ Wilhelm Bahnik, dem Leiter des Betriebs-Berichterstattungs-Apparats, seinen Mitarbeitern ▸ Hans Israel und ▸ Ewald Jahnen. Er fotografierte Berichte über geheime Rüstungsvorhaben und übergab diese den Mitarbeitern des BB-Apparates. Das propagandistisch verwertbare Material erhielt die KPD-Führung, die technisch relevanten Informationen gelangten zur IV. Abteilung des Generalstabs der Roten Armee. Wegen seiner »nichtarischen Abstammung« wurde Bobek im Sommer 1933 bei Osram entlassen. 1934 war er für mehrere Monate beim Luma-Konzern in Stockholm tätig. Bobek wurde im Mai 1935 in Berlin verhaftet, ihm gelang jedoch im Oktober 1935 die Flucht aus der Untersuchungshaft. Zwei Wochen konnte er sich in der Umgebung Berlins verstecken, dann erneut festgenommen, vom VGH am 10. März 1937 wegen »Vorbereitung zum Hochverrat in Tateinheit mit Verrat militärischer Geheimnisse« zum Tode verurteilt. Felix Bobek wurde am 22. Januar 1938 in Berlin-Plötzensee hingerichtet.

Bobek war seit 1926 mit **Gertrud Bobek**, geborene Denner (* 15. 11. 1898), verheiratet, die 1928 promoviert hatte. Sie gehörte wie ihr Mann ab 1932 dem AM-Apparat der KPD an. Ihr gelang 1935 mit den beiden Töchtern die Flucht in die Sowjetunion, dort später Mitarbeiterin am Geographischen Institut der AdW der UdSSR. 1938 erhielt Gertrud Bobek eine Parteistrafe wegen »mangelnder Wachsamkeit« und wurde 1941 nach Alma-Ata evakuiert. Im Sommer 1944 Rückkehr nach Moskau, im Mai 1945 Heimkehr nach Deutschland, ab Oktober 1946 Kreisrat für Volksbildung in Bautzen, von 1954 bis 1958 Vizeministerin für Volksbildung, dann bis 1963 Direktorin der Pädagogischen Schule für Kindergärtnerinnen in Leipzig. Gertrud Bobek starb am 25. Juni 2000 in Bautzen. Unter dem Titel »Erinnerungen an mein Leben« hatte sie 1998 einen Bericht veröffentlicht.

▸ Bochert, Alfred Max (* 1887 – † 1975)

Geboren am 20. Juni 1887 in Schmiedefeld/Krs. Schleusingen als Sohn eines Geigenbauers; er erlernte das Schneiderhandwerk in Bad Ilmenau, 1907 bis 1909 Militärdienst. 1910 trat Bochert der SPD bei, ab 1911 war er selbständiger Schneidermeister. Von 1914 bis 1919 Soldat. 1919 Mitglied der USPD, 1921 der KPD, er wurde Vorsitzender der KPD in Pößneck und KPD-Kreistagsmitglied in Saalfeld. Auf dem VII. Parteitag 1921 wurde Bochert in die Statutenkommission und als Mitglied in den ZA gewählt, dem er bis 1923 angehörte. Von 1922 bis 1925 hauptamtlicher Beigeordneter der Stadt Pößneck, anschließend bis 1928 dort Schneidermeister. Er war von 1928 bis zu seiner Entlassung 1932 einer der wenigen kommunistischen Bürgermeister (in Katzhütte). Von 1921 bis 1926 KPD-Landtagsabgeordneter in Thüringen. Bochert zählte zu den Versöhnlern und trat nach 1928 in der KPD nicht mehr hervor. Er wurde 1932 Gauleiter des »Internationalen Bundes der Opfer des Krieges« in Hamburg, kehrte im April 1933 nach Pößneck zurück und arbeitete wieder als Schneider. Am 22. August 1944 ins KZ Buchenwald eingeliefert, wo er bis April 1945 inhaftiert blieb. 1945 wurde Bochert als Bürgermeister von Pößneck eingesetzt, trat wieder der KPD bei. 1946 Ortsvorsitzender der SED in Pößneck, von 1948 bis 1950 Landrat des Kreises Saalfeld. Als Parteiveteran erhielt er 1959 den VVO in Silber. Alfred Max Bochert starb am 8. Januar 1975.

▸ Bock, Max (* 1881 – † 1946)

Geboren am 29. Oktober 1881 in Altona, Sohn eines Gastwirts; lernte Schmied. Während seiner Wanderschaft schloß er sich 1904 in der Schweiz der Sozialdemokratie an und war von 1911 bis 1915 Gewerkschaftssekretär in Zürich und Basel. 1916 kehrte er nach Deutschland zurück und war noch bis 1918 als Soldat im Krieg. 1917 Mitglied der USPD, für diese war er nach 1918 als Sekretär in Südbaden aktiv. 1918/19 Sekretär des Arbeiter- und Soldatenrates in Lörrach, 1919 Mitglied der Landeszentrale (Elfer-Ausschuß) der Arbeiter-, Bauern- und Volksräte in Baden. Delegierter zum 2. Reichsrätekongreß im April 1919 in Berlin, USPD-Fraktion, und 1920 Delegierter des USPD-Spaltungsparteitags. Mit der linken USPD trat Bock im Dezember 1920 zur KPD über, war Delegierter des Vereinigungsparteitages, der ihn in den ZA wählte. Seit 1921 vertrat er die KPD im Badischen Landtag und war von 1922 bis 1924 Stadtrat in Lörrach. Er wurde im Zusammenhang mit den KPD-Aufständen in Süd- und Mittelbaden im Oktober 1923 verhaftet, aber im April 1924 wieder freigelassen. Als »Nurparlamentarier« beteiligte sich Bock nicht an den inneren Parteiauseinandersetzungen und blieb auch in den folgenden Perioden (1925, 1929) Vorsitzender oder stellvertretender Vorsitzender der KPD-Gruppe im Badischen Landtag. Nach 1933 lebte er – einige Male für kürzere Zeit verhaftet – in Heidelberg und arbeitete als Holzschnitzer. 1945 trat er wieder der KPD bei. Im Januar und Februar 1946 war Bock der erste Arbeitsminister von Württemberg-Baden. Er mußte sein Amt wegen schwerer Krankheit aufgeben. Max Bock starb am 15. März 1946 in Heidelberg.

▸ Böhme, Wilhelm (* 1895 – † 1978)

Geboren am 5. September 1895 in Tießau/Elbe, kam der Arbeiter Böhme 1920 zur KPD. Da er sich im illegalen Apparat betätigte, wurde er in den zwanziger Jahren zu einer mehrjährigen Zuchthausstrafe verurteilt. 1924 Abgeordneter im Landtag von Mecklenburg-Schwerin. Nach 1933 einige Male inhaftiert (u. a. in Bützow). Es ist nicht festzustellen, ob er nach 1945 wieder politisch aktiv war. Wilhelm Böhme starb am 19. Juni 1978 in Ludwigslust.

▸ Boelke, Richard (* 1868 – † 1943)

Geboren am 7. März 1868 in Halle/Saale, Tischler. 1919 Mitglied der USPD. Boelke wurde am 6. Juni 1920 als USPD-Abgeordneter in die Bremer Bürgerschaft gewählt. Ende 1920 ging er mit der Minderheit der Bremer USPD in die VKPD. Am 1. Februar 1924 kam er als Nachrücker erneut für die KPD in die Bremer Bürgerschaft. Als im Mai 1924 die Fischer-Maslow-Führung mit ▸ Eugen Eppstein, und ▸ Max Kranz eine linke BL in Bremen installierte und namhafte langjährige Bremer Kommunisten wie ▸ Wilhelm Dantz, ▸ Wilhelm Deisen und ▸ Adolf Ehlers ausschloß, verließ Boelke die KPD im Juni des gleiches Jahres aus Protest gegen die neue Linie. Er gehörte bis zum Ende der Legislaturperiode am 6. Dezember 1924 der Bürgerschaft als fraktionsloser Abgeordneter an, danach trat er politisch nicht mehr hervor. Richard Boelke starb am 27. November 1943 in Bremen.

▸ Böning, Hermann (* 1894 – † 1939)

Geboren am 18. Mai 1894 in Heidelberg, Sohn eines Arbeiters. Von 1908 bis 1911 Schlosserlehre, von 1914 bis 1918 Soldat. Nach dem Krieg Schlosser in Heidelberg, wo er 1920 in die KPD eintrat. Zeitweise war Böning Vorsitzender der Karlsruher KPD-Ortsgruppe und dort Stadtverordneter. 1929 hauptamtlicher Gewerkschaftssekretär der BL Baden und im gleichen Jahr Abgeordneter des Badischen Landtags. Von 1931 bis 1933 Leiter der IAH in Baden und bis 1933 Mitglied der erweiterten BL Baden. 1933 Flucht nach Basel, zunächst Grenzarbeit mit Unterstützung der KP der Schweiz, anschließend zur Parteiarbeit nach Deutschland als Instrukteur für die südbadischen UB zurückgeschickt. Bereits am 5. August 1933 verhaftet und am 2. Februar 1935 vom OLG Karlsruhe zu sechs Jahren Zuchthaus verurteilt. Bei einem Transport vom Zuchthaus Ludwigsburg nach Asperg kam Böning am 2. November 1939 ums Leben. Da dem Fahrer des Autos nichts passierte, liegt die Vermutung nahe, daß Hermann Böning ermordet wurde.

▸ Böschen, Heinrich (* 1887 – † 1945)

Geboren am 27. Oktober 1887 in Bremen, Sohn eines Maurers, lernte ebenfalls Maurer. 1906 trat er dem Baugewerksbund bei und wurde Mitglied der SPD, 1917 der USPD. Als Vertreter der Danziger USPD Delegierter des Vereinigungsparteitags KPD-USPD im Dezember 1920. Böschen übersiedelte ins Rheinland, er war dort von 1920 bis 1926 Fraktionsleiter für das Baugewerbe Rheinland-Westfalen des DMV. Von 1920 bis 1926 Mitglied der Leitung des KPD-UB Solingen und auf dem VII. Parteitag 1921 und dem VIII. Parteitag 1923 für den Parteibezirk Rheinland-Süd in den ZA berufen. Ab 1926 Sekretär für Gewerkschaftsfragen bei der KPD-BL Niederrhein. 1928 als KPD-Abgeordneter (Wahlkreis Düsseldorf-Ost) in den Preußischen Landtag gewählt. Er wurde 1929 Orgleiter des Bezirks Niederrhein, Delegierter des XII. Parteitags 1929. 1930 legte er seine Funktion als Orgleiter nieder und wurde 1931 Polleiter des Einheitsverbandes der Bauarbeiter in der RGO. 1932 nicht mehr als Landtagskandidat aufgestellt, war aber weiter in der RGO tätig. Böschen wurde 1933 in Berlin verhaftet und noch im gleichen Jahr zu zwei Jahren und neun Monaten Zuchthaus verurteilt, danach längere KZ-Haft. Während des Krieges zur Organisation »Todt« eingezogen, ist er bei Kriegsende verschollen. Heinrich Böschen wurde 1959 mit dem Zeitpunkt des 31. Dezember 1945 für tot erklärt.

▸ Böse, Ernst (* 1901 – † 1962)

Geboren am 1. März 1901 in Oebisfelde, nach dem Besuch des Lehrerseminars Volksschullehrer in Neuhaldensleben. Seit 1919 in der KPD aktiv, wurde er im Prozeß gegen Kommunisten vor dem Landgericht Magdeburg im April 1921 freigesprochen. Auf dem VIII. Parteitag der KPD 1923 als Anhänger der rechten Kommunisten zum Ersatzmitglied des ZA für den Bezirk Magdeburg-Anhalt gewählt, arbeitete als Redakteur für die KPD-Zeitung in Bernburg. 1924 zog Böse für die KPD als Abgeordneter in den Landtag von Anhalt ein. Aus Protest gegen den ultralinken Kurs der Partei trat er noch 1924 gemeinsam mit weiteren Kommunisten aus der KPD aus. Bekannt wurde er durch seine gegen die Führung gerichtete Schrift »Wahnsinn oder Verbrechen? Am Grabe des Kommunismus« (Bernburg, März 1925). Er griff die neue linke Führung, namentlich ▸ Arkadi Maslow, ▸ Arthur Rosenberg, ▸ Max Schütz u. a. an, denen er vorwarf, den Begriff der Disziplin bis »zum Kadavergehorsam« überspannt zu haben, die KPD leiste der »Reaktion Vorschub«. Böse trat zur SPD über und war auch nach 1945 für diese Partei in Hamburg aktiv. Hier war er vor allem in der Schulungsarbeit tätig und setzte sich mit dem Marxismus auseinander. Seine Schrift »Materialistische Geschichtsauffassung. Eine kritische Einführung« erschien 1947 (2. Aufl. 1948) im Hamburger SPD-Verlag, ebenso »Karl Marx. Sein Leben und Werk« (1948) und auch »Probleme der Marxistischen Gesellschaftslehre« (1948). Böse verteidigte den Marxismus, distanzierte sich aber scharf vom Leninismus. Zu seinen Arbeiten hatte ▸ Herbert Wehner 1947 positive Gutachten für den Verlag angefertigt. Ernst Böse starb am 12. September 1962 in Hamburg.

▸ Böse, Hermann (* 1871 – † 1943)

Geboren am 4. Mai 1871 in Hildesheim, arbeitete nach der Ausbildung zum Lehrer von 1897 bis 1907 an der Bremer Taubstummenanstalt. Um 1900 trat der Schulreformer der SPD bei und beteiligte sich am schulpolitischen Kampf der deutschen Sozialdemokratie. Er war auch langjähriger Leiter der Bremer Arbeitersängerbewegung. Böse schloß sich während des Weltkrieges den Bremer Linksradikalen an und trat im Januar 1919 der KPD bei. 1919/20 Abgeordneter der Bremer Bürgerschaft. 1933 aus dem Schuldienst entlassen, unterstützte Böse später die Widerstandsgruppe um ▸ Bernhard Bästlein und ▸ Franz Jacob. Im November 1942 verhaftet, wurde er in das Zuchthaus Hamburg-Fuhlsbüttel eingeliefert. Zwei Tage nach seiner Freilassung starb er am 17. Juli 1943 an den Folgen der Haft. In Bremen wurde nach 1945 eine Hauptstraße nach ihm benannt.

▸ Böttcher, Paul Herbert (* 1891 – † 1975)

Geboren am 2. Mai 1891 in Leipzig, Sohn eines Schmieds; gelernter Schriftsetzer. 1907 trat er in die sozialistische Jugendbewegung ein, leitete 1908 als Vorsitzender die Leipziger Gruppe dieser Organisation (der auch ▸ Walter Ulbricht angehörte) und wurde 1908 Mitglied der SPD. Nach der Lehre von 1909 bis 1913 arbeitete er als Setzer und bereiste als Wandergeselle Europa. 1914 hauptamtlicher Jugendsekretär der Gewerkschaft. Böttcher stand auf dem linken Flügel der SPD und schloß sich 1917 der USPD an. Im November 1918 Redakteur der »Leipziger Volkszeitung«, übersiedelte er 1920 nach Stuttgart und wurde Chefredakteur des »Sozialdemokrat« (Organ der linken USPD – nach dem Zusammenschluß mit der KPD in »Kommunist« umbenannt). Delegierter des Spaltungsparteitages der USPD im Oktober und des Vereinigungsparteitages mit der KPD im Dezember 1920, dort in den ZA der VKPD gewählt. Ab Februar 1921 Chefredakteur des Zentralorgans der KPD »Die Rote Fahne«. Auf dem VII. Parteitag 1921 als Mitglied in die Zentrale der KPD berufen, übernahm Böttcher im Oktober 1921 die Redaktion des »Roten Kuriers« bzw. 1922/23 der »Sächsischen Arbeiterzeitung« in Leipzig, im November 1922 wurde er Abgeordneter im Sächsischen Landtag. Zeitweilig jedoch wieder in die Zentrale beordert, bis er 1923 Vorsitzender der Sächsischen Landtagsfraktion und Leiter des Bezirks Westsachsen wurde. Auch der VIII. Parteitag 1923 wählte ihn in die Zentrale. Im Oktober 1923 vertrat er die KPD als Finanzminister in der sächsischen Regierung unter Zeigner. Böttcher war Mitglied des Erweiterten EKKI. Als prominenter Vertreter der Rechten in der KPD verlor er nach dem IX. Parteitag 1924 seine Funktionen, blieb aber einer der Wortführer der rechten Opposition und weiterhin Mitglied und Sekretär der KPD-Fraktion im Landtag von Sachsen. Ab 1924 Redakteur der von der RGI in Berlin herausgegebenen Zeitschrift »Der Metallarbeiter«, arbeitete er dann bis 1926 als Redakteur an der »Roten Fahne«. Zwar auf dem XI. Parteitag 1927 wegen des Widerstands der Leipziger Linken nicht ins ZK gewählt, aber bis 1928 sowohl Vorsitzender der sächsischen Landtagsfraktion als auch Mitglied der BL Westsachsen. Ab Januar 1928 erneut Chefredakteur der »Sächsischen Arbeiterzeitung« in Leipzig, kündigte ihm die KPD als »führendem Rechten« am 7. November 1928. Noch am gleichen Tag brachte die sozialdemokratische »Leipziger Volkszeitung« den Artikel: »Bravo Paul«, mit einem Briefauszug von ▸ Clara Zetkin an Paul Böttcher, die ihn in seinem Kampf gegen ▸ Ernst Thälmann unterstützte. Am 4. Januar 1929 aus der KPD ausgeschlossen, gehörte er bis 1933 zur Führung der KPO. Er war Polsekretär der KPO-BL Westsachsen, Mitglied der Reichsleitung der KPO und vorübergehend Redakteur ihres Organs »Arbeiterpolitik«. Böttcher emigrierte am 28. Februar 1933 nach Schaffhausen, einer

Hochburg der Schweizer KPO unter Walther Bringolf. Schon im Juni 1934 wegen politischer Betätigung ausgewiesen, lebte aber bis 1944 illegal in Genf. Dort war Böttcher Journalist, unter Sándor Radó aber auch für den sowjetischen Nachrichtendienst GRU (dem er wahrscheinlich schon seit 1927 angehört hatte) tätig. Am 12. April 1944 von der schweizerischen Bundespolizei verhaftet, konnte er im Juli 1945 aus dem Gefängnis Siewen nach Paris flüchten. In der Schweiz wurde er in Abwesenheit (am 23. Oktober 1945) zu zwei Jahren Gefängnis verurteilt. Böttcher kehrte im September 1945 nach Deutschland zurück. In Berlin bat er ▸ Walter Ulbricht und ▸ Wilhelm Pieck sich dafür einzusetzen, ihn von der Arbeit für den sowjetischen Nachrichtendienst zu entbinden. Doch wurde er zusammen mit Sándor Radó und dessen Frau, angeblich zur Klärung seiner Arbeit in der Schweiz, am 23. Februar 1946 vom Flugplatz Berlin-Schönefeld nach Moskau geflogen. Dort sofort verhaftet und am 12. Februar 1947 mit Leopold Trepper, dem »Grand Chef der Roten Kapelle« u. a. ohne Gerichtsverhandlung wegen »passiver Spionage« zu zehn Jahren Arbeitslager verurteilt, die er im Gulag verbringen mußte. Als Schwerkranker durfte Böttcher im März 1956 nach Ost-Berlin und dann zu seiner Familie nach Leipzig. Hier im September 1956 »rehabilitiert« und in die SED aufgenommen. Noch 1956 zum stellvertretenden Chefredakteur der »Leipziger Volkszeitung« berufen, blieb er bis 1974 in dieser Funktion. Doch seine frühere Zugehörigkeit zur KPO sowie seine lange Haft in der Sowjetunion wurden in offiziellen Verlautbarungen unterschlagen. Böttcher erhielt 1966 den Karl-Marx-Orden. Er hatte etliche Broschüren veröffentlicht, darunter 1927 »Der Arbeiter-Korrespondent«. Paul Herbert Böttcher starb am 17. Februar 1975.

▸ Böttge, Bruno (* 1891 – † 1967)

Geboren am 29. August 1891 in Halle/Saale, Sohn einer Arbeiterfamilie, Schlosser. 1908 Mitglied der Arbeiterjugend und der SPD in Bernburg. Von 1911 bis 1917 zum Militärdienst bei der Marine eingezogen, wurde er 1917 wegen »Zersetzung der kaiserlichen Armee« zu drei Jahren Festungshaft verurteilt. Nach der Revolution im November 1918 Entlassung und Rückkehr nach Bernburg, wo er den USPD-Kreisverband Bernburg führte und Stadtverordneter war. Als Vertreter der Linken in der USPD plädierte er für die Annahme der 21 Bedingungen der KI. Auf dem Vereinigungsparteitag von KPD und USPD-Linke zur VKPD 1920 in Berlin wurde er für den Bezirk Magdeburg-Anhalt in den ZA gewählt. Von 1920 bis 1922 vertrat er die USPD bzw. die VKPD als Abgeordneter im Anhaltinischen Landtag. 1922 trennte sich Böttge von der KPD und wurde erneut Mitglied der SPD. 1923/24 Lokalredakteur der sozialdemokratischen »Mansfelder Volkszeitung« und anschließend UB-Sekretär der SPD in Eisleben, war er dann von 1924 bis 1933 Bürgermeister in Teutschenreuth bei Halle. Er wurde im Februar 1933 verhaftet und im KZ Lichtenburg schwer mißhandelt. 1934 freigelassen, von 1935 bis 1940 Handelsvertreter und von 1940 bis 1945 zur Luftschutzpolizei eingezogen, leistete Böttge Widerstand gegen die NS-Diktatur. Im Juni 1945 wurde er Bezirksleiter, später Provinzialsekretär der SPD für Sachsen-Anhalt. Er war für die Vereinigung mit der KPD und war von 1946 bis 1948 Mitglied des SED-Parteivorstands.

Gemeinsam mit ▸ Bernhard Koenen war Böttge Vorsitzender der SED in Sachsen-Anhalt und ab Herbst 1946 Abgeordneter und Präsident des Landtages Sachsen-Anhalt. Im Spätsommer 1948 geriet er in die beginnenden Parteisäuberungen der SED. Wegen angeblicher Unregelmäßigkeiten bei der Verwendung von Parteifinanzen (er soll frühere SPD-Gelder nicht der Einheitspartei zugeführt, sondern für Schulungen verwendet haben) unter Druck gesetzt, legte Böttge seine Funktion als SED-Landesvorsitzender von Sachsen-Anhalt und am 20. September 1948 auch als Parteivorstandsmitglied nieder. Eine Woche später erfolgte seine Demission als Landtagspräsident. 1949 wegen »Unterschlagung« aus der SED ausgeschlossen, wurde Böttge im März 1954 verhaftet und am 14. Mai 1955 vom Bezirksgericht Halle/S. zu acht Jahren Gefängnis wegen »Vergehens gegen die Kontrollratsdirektive 38« verurteilt. Er war bis zu seiner Begnadigung im April 1956 in der Strafvollzugsanstalt Naumburg inhaftiert. Böttge wurde später wieder in die SED aufgenommen und danach Instrukteur der Abteilung Feriendienst des FDGB-Bezirksvorstand Rostock. Bruno Böttge starb am 7. Januar 1967.

▸ Bohla, Hans (* 1891 – † 1928)

Geboren am 26. Januar 1891 in Herreth/Oberfranken, Sohn eines Oberlehrers. Besuchte das Gymnasium in Erlangen, anschießend Studium in Leipzig. 1918 Mitglied der USPD, trat mit deren linkem Flügel 1920 zur KPD über. Seit 1919 Redakteur am »Volksblatt«, dem USPD-Organ für Halle, nach der Vereinigung von USPD und KPD beim »Klassenkampf« in Halle, ab April 1921 Redakteur des »Kommunist« in Stuttgart (unter dem Pseudonym Ernst Kunert). 1922/23 arbeitete Bohla als KPD-Sekretär in der Pfalz, bis ihn die französischen Behörden auswiesen. Er stand auf dem linken Parteiflügel und wurde 1924 von der Ruth-Fischer-Führung als Polleiter in den rechten Bezirk Württemberg entsandt. Dort arbeitet er unter dem Namen Meyer und stieß auf großen Widerstand seitens der Parteiorganisation. Im September 1924 wurde er in Stuttgart verhaftet; nach seiner Wahl in den Reichstag, im Dezember 1924, jedoch wieder freigelassen. Bohla schloß sich 1925 den Ultralinken an, er übte verschiedene Funktionen aus, wurde aber nach dem »Offenen Brief« im August 1925 aus dem hauptamtlichen Apparat verdrängt. Im Reichstag gehörte er ab 1926 zur Gruppe der linken Kommunisten. Am 3. August 1927 trat er aus der KPD aus, um sich mit ▸ Georg Kenzler und anderen gemaßregelten Linken zu solidarisieren. Hans Bohla starb am 8. Januar 1928.

▸ Bohn, Willi Karl (* 1900 – † 1985)

Geboren am 6. August 1900 in Gotha als ältestes von drei Kindern eines Instrumentenmachers. Der Vater arbeitete in einer Pianofabrik, war Mitglied der SPD und starb 1910. Bohn kam nach der Schulentlassung 1915 zu einem Rechtsanwalt in die Lehre und hatte sich bis 1920 zum 2. Vorsteher des Büros heraufgearbeitet. Ab Mai 1918 Mitglied der USPD, ging mit dem linken USPD-Flügel 1920 zur KPD. 1921 Stadtverordneter in Gotha, seit 1922 hauptamtlicher Funktionär der KPD. Zunächst Redakteur des Gothaer »Volksblattes«, 1924 kam er als Chefredakteur zur »Niedersächsischen Arbeiterzeitung« nach Hannover. Nach Ausschaltung der Katz-Gruppe aus der politischen Führung in Niedersachsen wurde Bohn dort im Juni 1925 Bezirkssekretär und im August 1925 Polleiter des Bezirks. Anschließend erneut Chefredakteur der »Niedersächsischen Arbeiterzeitung«, die im November 1926 in »Neue Arbeiterzeitung« umbenannt und Organ der KPD in Niedersachsen und Hessen-Kassel wurde. Da Bohn 1930 »schwankte« und nicht »konsequent« gegen die Versöhnler auftrat, wurde er kurzfristig von ▸ John Schehr als Polleiter des Bezirks Niedersachsen abgelöst und an die Internationale Leninschule nach Moskau geschickt. Nach Rückkehr im Herbst 1932 Chefredakteur der »Süddeutschen Arbeiterzeitung« in Stuttgart. 1933/34 illegale Arbeit in Süddeutschland (Grenzarbeit), ab Februar 1934 in Berlin, dort im Oktober 1934 verhaftet und am 3. Oktober 1935 zu zehn Jahren Zuchthaus verurteilt, die er im Zuchthaus Ludwigsburg und zuletzt im KZ Kaltenstein bei Vaihingen-Enz absaß. Von 1945 bis 1949 Politikredakteur, dann Leiter der Lokalredaktion bei der überparteilichen »Stuttgarter Zeitung«. Er war von 1946 bis zum KPD-Verbot 1956 Stadtrat im Stuttgarter Gemeindeparlament und Fraktionsvorsitzender der KPD, dort blieb er von 1956 bis 1959 parteiloser Abgeordneter. Von 1950 bis 1956 Chefredakteur des »Volksechos«, Organ der KPD Württemberg. Ab 1969 Mitglied der DKP, Autor mehrerer Bücher, sein bekanntestes erschien 1969 unter dem Titel »Stuttgart Geheim! – Ein Bericht über den Stuttgarter Widerstand«. Willi Karl Bohn starb am 23. Januar 1985.

▸ Bohnenstengel, Karl (* 1890 – † 1965)

Geboren am 4. Mai 1890 in Landsberg/Warthe, Fleischerlehre, dann Bauarbeiter. 1909 trat Bohnenstengel dem Bauhilfsarbeiter-Verband bei. Nach seinem Militärdienst von 1910 bis 1912 wurde er Mitglied der SPD. Als Soldat von 1914 bis 1918 an der Front, wegen einer Verwundung erst im September 1919 aus dem Lazarett entlassen. Von 1919 bis 1924 war er im Kreis Landsberg Geschäftsführer des Deutschen Landarbeiterverbandes und 1919 auch SPD-Stadtverordneter in Landsberg. Bohnenstengel verließ 1923 die SPD und wurde Mitglied der KPD, daraufhin aus dem Landarbeiterverband ausgeschlossen, er verlor seine gewerkschaftliche Stellung. Von 1924 bis 1930 Steineträger in verschiedenen Baubetrieben. Bohnenstengel gehörte von 1927 bis 1930 dem Provinziallandtag Brandenburg an und wurde im September 1930 im Wahlkreis Frankfurt/O. für die KPD in den Reichstag gewählt. Von 1930 bis Anfang 1933 Instrukteur für Landarbeiterfragen der BL Berlin-Brandenburg und auch Vorsitzender des Landarbeiterverbandes der RGO Berlin-Brandenburg. Bohnenstengel konnte sich der Ende Februar 1933 einsetzenden Verhaftungswelle zunächst entziehen, wurde aber später mehrmals kurzzeitig inhaftiert. Von Ende 1933 bis 1939 betrieb er einen kleinen Lebensmittelladen in Berlin, danach arbeitete er bei den Norddeutschen Eisenwerken. Dort am 22. August 1944 festgenommen und bis April 1945 im KZ Sachsenhausen inhaftiert. 1945 wurde er Kreisleiter der KPD im Kreis Teltow, ab Dezember 1945 bis Ende 1950 Referent in der KPD-BL Brandenburg, bzw. der SED-Landesleitung Brandenburg in Potsdam. Karl Bohnenstengel starb am 16. Juli 1965.

▸ Boller, Wilhelm (* 1904 – † 1943)

Geboren am 22. Oktober 1904 in Hamburg. Wie sein Vater kaufmännischer Angestellter,

1925 trat er der KPD bei. Funktionär in der Roten Jungfront und der KPD in Hamburg. 1933 im KZ, Ende 1934 konnte er nach Kopenhagen flüchten, und wurde Mitglied der dortigen KPD-»Landesleitung«. Von Oktober 1936 bis Frühjahr 1937 war Boller »Abwehrmann«, also verantwortlich für die Abwehr der AL Nord (Deckname Arne), dann bis Herbst 1938 Kurier dieser Leitung unter ▸ Heinrich Wiatrek. Im Oktober 1943 von der dänischen Polizei festgenommen und nach Deutschland ausgeliefert. Im Juni 1943 angeklagt und am 21. Juli vom VGH zum Tod verurteilt. Wilhelm Boller wurde am 19. Oktober 1943 im Zuchthaus Brandenburg hingerichtet.

▸ Bolze, Waldemar (* 1896 – † 1951)

Geboren am 11. Januar 1896 in Buk/Posen, gelernter Tischler. Als 18jähriger Mitglied der Gewerkschaft, 1906 der SPD. Nach kurzer Wanderschaft kam er nach Berlin, wo er bald Funktionen in SPD und Gewerkschaft ausübte. Bei Kriegsausbruch trat er unter Protest gegen die Haltung der SPD aus der Partei aus. Er war vier Jahre Soldat, ging 1917 zur USPD und im Januar 1919 zur KPD. Bolze nahm an den Spartakuskämpfen in Berlin teil, wurde 1920 Mitarbeiter der »Roten Fahne« und 1921 der Gewerkschaftsabteilung der KPD-Zentrale. 1924 als Gegner ▸ Ruth Fischers und als Rechter aus der Zentrale entlassen, blieb Bolze einer der wenigen Wortführer der Rechten in der Berliner KPD. Von 1926 bis Anfang 1929 kam er wieder in die Gewerkschaftsabteilung des ZK. Anhänger ▸ Heinrich Brandlers und Gegner des RGO-Kurses, deshalb wurde er im Januar 1929 aus der KPD ausgeschlossen. Danach gehörte er bis 1933 der KPO und deren Leitung an. 1933 Emigration, zuerst nach Frankreich, im November 1936 ging Bolze nach Spanien, um dort für die Republikaner zu kämpfen. Er arbeitete in einem Flugzeugwerk in Barcelona und hatte enge Verbindung zur Gruppe POUM, die von den Stalinisten als »trotzkistisch« verfolgt wurde. Auch Bolze wurde von der GPU in Spanien verhaftet und dort über ein Jahr in deren spanischen Kerkern festgehalten. Da die stalinistische Gefängniswache im letzten Augenblick flüchtete, entging er den Franco-Truppen und konnte mit anderen Gefangenen über die Pyrenäen entkommen. Von Frankreich nach Belgien ausgewiesen, floh Bolze im Mai 1940 vor den deutschen Truppen wieder nach Frankreich. In Südfrankreich interniert, entkam er und lebte bis 1945 illegal. Die Genehmigung der Alliierten zur Rückkehr nach Deutschland erhielt Bolze erst 1948. Er arbeitete nun als Tischler in den Reichswerken Salzgitter und gehörte der Gruppe Arbeiterpolitik, der Nachfolgeorganisation der KPO an. Waldemar Bolze starb am 14. Dezember 1951 in Salzgitter an Lungentuberkulose.

▸ Borchardt, Julian (* 1868 – † 1932)

Geboren am 30. Dezember 1868 in Bromberg als Sohn eines Kaufmanns. Er übersiedelte 1876 nach Berlin und wurde nach dem Schulabschluß 1885 Handlungsgehilfe. Von 1896 bis 1900 lebte Borchardt in Brüssel und studierte Volkswirtschaft. Er trat der SPD bei, wurde 1900 Redakteur am sozialdemokratischen »Volksblatt« in Hamburg und von 1901 bis 1908 am SPD-Organ »Königsberger Volkszeitung«. Danach war er bis 1913 als Wanderredner

für die Sozialdemokratie tätig und wurde durch seine Vorträge über Nationalökonomie und historischen Materialismus in ganz Deutschland bekannt. Von 1911 bis 1913 vertrat er die SPD als Mitglied im Preußischen Abgeordnetenhaus. Ab 1913 Herausgeber der Zeitschrift »Lichtstrahlen«, Borchardt sammelte mit Beginn des Weltkrieges eine Gruppe linksradikaler Gegner der SPD-Politik um sich (Internationale Sozialisten Deutschlands). Teilnehmer der internationalen Sozialistischen Konferenz der Kriegsgegner im September 1915 in Zimmerwald (Schweiz), wo er sich (im Gegensatz zur Gruppe Internationale) Lenins »Zimmerwalder Linken« anschloß. Im Februar 1916 kam Borchardt in »Schutzhaft«, im April 1916 wurden die »Lichtstrahlen« verboten. In der Novemberrevolution ging er zu den Internationalen Kommunisten Deutschlands, die sich mit dem Spartakusbund Ende 1918 zur KPD vereinten. Doch schon auf der Reichskonferenz der IKD Mitte Dezember 1918 wurde Borchardt wegen seiner anarchistischen Tendenzen ausgeschlossen, er gehörte in der Weimarer Republik keiner Partei an. Von 1918 bis 1921 publizierte er erneut die radikalen »Lichtstrahlen« sowie Schriften über Sowjetrußland. 1920 veröffentlichte er eine Volksausgabe des »Kapitals« von Marx, die bis 1931 in sieben Auflagen erschien. Er war im Schutzverband Deutscher Schriftsteller aktiv, lehrte auch an der Marxistischen Arbeiterschule (MASCH), stand aber in kritischer Distanz zur KPD. Eine Berufung an das Marx-Engels-Institut in Moskau konnte er 1931 wegen schwerer Erkrankung nicht annehmen. Julian Borchardt starb am 16. Februar 1932 in Berlin.

▸ Borkenau, Franz, Dr. phil. (* 1900 – † 1957)

Geboren am 15. Dezember 1900 in Wien als Sohn des Universitätsprofessors Rudolf Pollack. 1918 Soldat, von 1919 bis 1924 Studium in Wien und Leipzig, 1924 Promotion. Ab 1921 Mitglied der KPD, Leiter des Roten Studentenbundes. Bis 1929 Mitarbeiter des Westeuropäischen Büros in Berlin sowie bei Eugen Varga. Als Rechter 1929 ausgeschlossen, war Borkenau kurze Zeit in der KPO aktiv. 1933 Emigration über Wien und Frankreich nach Großbritannien. Seine in London veröffentlichten Bücher über den Spanischen Bürgerkrieg bzw. die Kommunistische Internationale (1936 bzw. 1938) waren eine scharfe Absage an den Kommunismus. 1940 interniert, arbeitete Borkenau 1943/44 bei der BBC in London. 1945 nach Deutschland zurükgekehrt, lehrte er von 1946 bis 1948 als außerplanmäßiger Professor in Marburg und war dann Chefredakteur der »Ostprobleme«. 1952 erschien sein Buch »Der europäische Kommunismus«. Franz Borkenau starb am 22. Mai 1957 in Zürich.

▸ Borochowicz, Leo (* 1900 – † 1953)

Geboren etwa 1900 in Polen, kam er Ende 1918 zum Studium nach Deutschland. Er schloß sich der KPD an und wurde (von ▸ August Thalheimer gefördert) Redakteur der »Roten Fahne«. Ab 1923 stand Borochowicz auf dem rechten Parteiflügel und war vor allem auf theoretischem Gebiet tätig. 1929 ging er zur KPO und war als Leo ein wichtiger Funktionär im Hintergrund, neben ▸ Heinrich Brandler und August Thalheimer Führer dieser Organisation. 1933 emigrierte er über Straßburg nach Paris und gehörte der

Auslandsleitung der KPO an. Nach Differenzen mit Thalheimer und Brandler schied er aus der KPO aus. Borochowicz emigrierte 1939 in die USA und hatte sich völlig vom stalinistischen Kommunismus getrennt. Um seine Umsiedlung vorzubereiten, traf er 1953 in Deutschland ein. Dabei ist Leo Borochowicz im Februar 1953 in Frankfurt/M. an einem Herzinfarkt gestorben.

▸ Borowski, Noah (August) (* 1885 – † 1944)

Geboren am 1. Oktober 1885 in Peski im Gouvernement Grodno/Rußland, Sohn einer armen jüdischen Familie. Als Mitglied des Allgemeinen Jüdischen Arbeiterbundes 1905 Teilnahme an der russischen Revolution. Anfang 1906 verhaftet und nach Tobolsk in Sibirien verbannt, erhielt im Sommer 1907 die Genehmigung, wegen Krankheit nach Königsberg auszureisen. Hier fand er Arbeit als Buchhalter und Russisch-Korrespondent. Bei Kriegsbeginn Ausweisung als »feindlicher Ausländer« und Übersiedlung nach Chemnitz, wo er sich 1915 der SPD anschloß und als kaufmännischer Angestellter arbeitete. Während des Krieges trat er der USPD bei und gehörte dem Spartakusbund an. Borowski schrieb für die »Leipziger Volkszeitung«. Mit ▸ Fritz Heckert war er Mitbegründer der KPD in Chemnitz und nahm an einigen Parteitagen der KPD teil, darunter dem III. Parteitag im Februar 1920. Der VII. Parteitag 1921 wählte ihn in den ZA, auf dem VIII. Parteitag 1923 kam er in die Redaktionskommission. Borowski arbeitete als Redakteur am Chemnitzer »Kämpfer« und war 1923/24 dessen Chefredakteur. Als Anhänger ▸ Heinrich Brandlers im Herbst 1924 entlassen, wurde er Anfang 1925 aus der KPD ausgeschlossen. Nach der Ruth-Fischer-Ära wieder in die KPD aufgenommen, übersiedelte Borowski im Frühjahr 1926 nach Berlin und war dort Dolmetscher und Übersetzer im Verlag für Literatur und Politik. Da er weiter zu Brandler hielt, wurde er im Frühjahr 1929 aus der KPD ausgeschlossen, gehörte nun der KPO-Führung an. Weil er gegen die Aufstellung eigener Kandidaten bei Wahlen durch die KPO war, verließ er 1930 die Organisation. Im Herbst 1931 Übersiedlung in die UdSSR, dort zunächst Übersetzer und Redakteur bei der RGI. Bis 1935 in der VAA, an der deutschen Übersetzung der Werke Lenins beteiligt. Anschließend im Trust Turkstroi beschäftigt, aber im Dezember 1941 nach Alma-Ata verbannt. Noah Borowski starb laut Aussagen seiner in Großbritannien lebenden Angehörigen am 8. April 1944 im Alma-Ata.

▸ Borrmann, Gustav (* 1895 – † 1975)

Geboren am 25. September 1895 in Halle/Saale, Sohn einer Arbeiterfamilie; Steindrucker. 1911 Mitglied der SAJ. 1914 Soldat, schloß er sich im Krieg der Spartakusgruppe an und wurde Anfang 1919 Mitbegründer der KPD in Halle. Wegen seiner Mitgliedschaft in der sogenannten Militärkommission der KPD während des Kapp-Putsches im August 1920 verhaftet und im Oktober 1920 zu eineinhalb Jahren Haft verurteilt. 1922 Orgsekretär des Bezirks Halle-Merseburg, 1923 Sekretär der KPD in Essen und 1923/24 im Bezirk Hessen-Waldeck, wurde er 1924 Geschäftsführer der KPD-Bezirksbuchhandlung Halle-Merseburg. Borrmann war 1924 Mitbegründer und bis 1933 Vorsitzender des RFB in Halle und stellvertretender Vorsitzender der RFB-Gauleitung Halle-Merseburg. Von 1929 bis 1933 leitete er den

Vertrieb der AIZ, der von ▸ Willi Münzberg herausgegebenen »Arbeiter-Illustrierten Zeitung«, für Sachsen-Anhalt. Im März 1933 wurde er verhaftet, bis März 1934 im KZ. Im Februar 1935 Emigration in die ČSR, im August 1935 in die UdSSR, wo er als Steindruckmaschinenmeister und Korrektor im Verlag für fremdsprachige Literatur in Moskau arbeitete. Von 1936 bis 1939 Angehöriger der Internationalen Brigaden in Spanien, danach wieder in die UdSSR. Borrmann wurde 1941 nach Karaganda evakuiert und dort 1944/45 im Gebietskomitee der Roten Hilfe eingesetzt. 1946 kam er nach Deutschland zurück, trat der SED bei und wurde im Rang eines Ministerialrats stellvertretender Chef der DVP-Landesbehörde Sachsen-Anhalt. 1950 wechselte er zum MfS und wurde in Ost-Berlin Leiter der Hauptabteilung I (Allgemeines/Personal), 1951 Leiter der Presse- und Informationsabteilung. 1953 zum Oberst befördert, leitete Borrmann bis zu seinem Ausscheiden 1958 die Abteilung Agitation im MfS. 1970 erhielt er den Karl-Marx-Orden. Gustav Borrmann starb am 7. Juni 1975.

▸ Borstel, Hans von (* 1888 – † 1962)

Geboren am 3. März 1888 in Stade, Eisenbahnarbeiter. Vor dem Weltkrieg Mitglied der SPD, 1917 Übertritt zur USPD und 1920 mit deren linkem Flügel zur KPD. 1921 gemeinsam mit ▸ Ernst Thälmann Vorsitzender der KPD in Hamburg, von 1921 bis 1927 in der Beschwerde- und Revisionskommission der BL. Als Anhänger Thälmanns nahm er am VIII. KPD-Parteitag 1923 bzw. am IX. Parteitag 1924 teil, auf denen er in die Gewerkschaftskommission delegiert wurde. Von 1923 bis 1926 Redakteur der »Hamburger Volkszeitung«. Borstel brach im November 1926 mit der KPD. Weil er sich weigerte, die Trennung Thälmanns von ▸ Ruth Fischer mitzumachen, wurde er wegen angeblicher »Intrigen« ausgeschlossen. Später arbeitete er bei der Hamburger Wohlfahrtsbehörde, war ein Anhänger der Korsch-Gruppe. Von 1928 bis 1933 Mitglied der SPD, deshalb nach 1933 einige Zeit inhaftiert. Er schloß sich nach 1945 kommunistischen Oppositionsgruppen an. Hans von Borstel starb am 6. Oktober 1962 in Hamburg an Kehlkopfkrebs.

▸ Bottin, Otto Gustav (* 1884 – † ?)

Geboren am 2. März 1884 in Rügenwalde, lernte Maurer und übersiedelte nach Hamburg. 1910 der SPD beigetreten, war er 1919/20 in der USPD und kam 1920 in die KPD. Als Arbeiter am Staatskai beschäftigt, wurde er Betriebsrat. 1929 Mitglied der KPD-BL Wasserkante und Delegierter auf dem XII. Parteitag. Von 1931 bis 1933 gehörte er der Hamburger Bürgerschaft an. Sein weiterer Lebensweg konnte nicht ermittelt werden.

▸ Bottländer, Theodor (* 1904 – † ?)

Geboren am 18. November 1904 in Schwartau bei Lübeck, Kesselschmied, schloß sich 1921 dem KJVD und 1926 der KPD an. Wegen Teilnahme an Sprengstoffanschlägen in Osnabrück und Einbeck flüchtete er in die Sowjetunion, arbeitete zunächst in Leningrad und war ab Frühjahr 1925 Kursant an der Internationalen Leninschule in Moskau. Im Sommer 1926 kehrte Bottländer nach Deutschland zurück, wurde verhaftet und im Dezember 1927 vom Reichsgerichts wegen »Vorbereitung zum Hochverrat« zu sechs Jahren Zuchthaus verurteilt. Im Zuge der Reichsamnestie vom Sommer 1928 entlassen, wirkte ab 1928 als Ressortleiter Reichswehr in der M-Abteilung des ZK der KPD. Er löste hier ▸ Arthur Heimburger ab, der als Rechter aus dem Apparat ausschied. 1929/30 absolvierte Bottländer unter dem Decknamen Fritz u. a. mit ▸ Hermann Dünow die M-Schule der Komintern in Moskau. Nach seiner Rückkehr arbeitete er erneut im AM-Apparat der KPD, wo er die »Zersetzungsarbeit« in der Schutzpolizei und der Reichswehr leitete. Von 1931 bis Mitte 1933 war er für das Ressort »Faschistische Organisationen« zuständig und wurde von ▸ Hans Kippenberger 1932 als Leiter des »Aufbruch-Arbeits-Kreises« eingesetzt (Deckname Arthur). Im März 1933 kurzzeitig inhaftiert, wurde er nach der Verhaftung ▸ Ernst Thälmanns mit der Sondierung von Befreiungsaktionen beauftragt, fuhr im Auftrage von Kippenberger in die Niederlande und untersuchte die Herkunft van der Lubbes und seine Verbindung zu links- und rechtsgerichteten Kreisen. Im September 1933 verhaftet, soll er sich später von der Gestapo anwerben lassen haben mit dem Ziel, Informationen aus der Führung der KPD zu erlangen. Bottländer fuhr u. a. nach Paris, konnte aber keine Kontakte zum Sekretariat des ZK herstellen. In der Zeitschrift »Internationale« erschienen 1938 zwei Artikel, die vor Bottländer warnten. Nach Erinnerungen Hermann Dünows soll Theodor Bottländer angeblich 1945 in Berlin in britischer Uniform aufgetaucht sein. Näheres war nicht zu ermitteln.

▸ Boulanger, Jakob (* 1897 – † 1968)

Geboren am 8. Januar 1897 in Köln, durchlebte eine schwere Kindheit; nach dem frühen Tod des Vaters mußte die Mutter ihn und vier Geschwister allein ernähren. Nach der Schulentlassung arbeitete er zunächst als Schleifer in einer Aluminiumfabrik, mußte diese Tätigkeit aber einstellen, da er zu schwach und unterernährt war. Boulanger lernte das Kunstschmiedehandwerk und trat 1915 der Gewerkschaft bei. 1916 kam er an die Front und wurde dort zum Sozialisten. Nach dem Krieg übersiedelte er nach Nürnberg und schloß sich 1919 der KPD an. Boulanger besuchte 1924/25 die Parteischule in Moskau. 1927 Gauführer und Sekretär des RFB in Nordbayern, 1929 Orgleiter der KPD Nordbayern und 1930 Polleiter dieses KPD-Bezirks, dann 1932 auch in den Bayerischen Landtag gewählt. Im April 1933 kam er als Polleiter nach Thüringen, wo er am 29. Juli festgenommen und anschließend zu drei Jahren Zuchthaus verurteilt wurde. Am 12. September 1936 aus dem Zuchthaus Amberg ins KZ Dachau eingeliefert, begann für Boulanger, der nach den Worten Himmlers der »bestgehaßte Mann in Bayern« war, ein Martyrium. Er verbrachte drei Jahre im berüchtigten »Bunker«. Im September 1939 nach Buchenwald überführt, wurde er hier weitere drei Jahre im »Bunker« – einer Zelle von 2 Meter Länge und 1,20 Meter Breite – eingesperrt. Die anschließende Haft im Vernichtungslager Mauthausen endete für ihn erst am 5. Mai 1945. In seinem Erlebnisbericht (Jakob Boulanger/Michael Tschesno-Hell: »Eine Ziffer über dem Herzen«, Berlin 1957) ist das erschütternd dokumentiert. 1946 wurde Boulanger 1. Vizepräsident der Zentralverwaltung für Industrie in der SBZ. Dort »aufgrund eines in Gang befindlichen Parteiverfahrens wegen grober Verfehlungen in seinem persönlichen Verhalten im Amte« im November 1947 abgesetzt, wurde er später Kulturdirektor in Hennigsdorf und Potsdam-Babelsberg. Von 1951 bis 1956 war er Werkleiter des VEB Straßenbahn- und Waggonbau Berlin-Johannisthal bzw. des VEB LOWA Waggonbau Reparaturwerks, schließlich im Dezember 1956 Generaldirektor des Außenhandelsunternehmens Invest-Export, danach Parteiveteran. Zum 70. Geburtstag 1967 noch mit dem VVO in Gold ausgezeichnet, starb Jakob Boulanger am 16. März 1968 in Ost-Berlin.

▸ Brack, Fritz (* 1896 – † ?)

Geboren am 24. April 1896 in Hamburg, lebte als Landarbeiter in Mecklenburg. 1920 trat er der KPD bei und leitete die Ortsgruppe Schönberg. Von 1919 bis 1933 Abgeordneter des Landtages von Mecklenburg-Strelitz, kam Brack 1933 in »Schutzhaft« und saß bis November 1933 im KZ Oranienburg. Wegen illegaler Tätigkeit für die KPD im November 1934 erneut verhaftet, ist er im April 1935 zu einem Jahr und neun Monaten Gefängnis verurteilt worden. Sein weiteres Schicksal ließ sich nicht ermitteln.

▸ Bräuning, Karl (* 1886 – † 1962)

Geboren am 5. Januar 1886 in Ilversgehofen bei Erfurt, Sohn eines Bergmanns, der später ein Milchgeschäft betrieb. Gelernter Metalldreher, 1903 Mitglied des Deutschen Metallarbeiterverbandes. Nach der Lehre ging Bräuning auf Wanderschaft und trat 1906 in Düsseldorf der SPD bei. Nach seiner Militärzeit 1906 bis 1908 arbeitete er in den Zeiss-Werken in Jena und wurde dort später Betriebsrat. 1917 Mitglied der USPD, 1920 mit deren linkem Flügel zur KPD. Obwohl schon während des Krieges Mitglied der Spartakusgruppe, wollten er und seine Freunde erst die Mehrheit der USPD für die KPD gewinnen. Von 1923 bis Januar 1924 inhaftiert, wurde Bräuning 1928 Orgleiter der KPD Thüringen. Er gehörte zum rechten Parteiflügel. Auf dem Thüringer Bezirksparteitag im Januar 1929 vertrat er die Opposition, wurde deshalb aus der KPD ausgeschlossen und ging zur KPO. Als Sekretär in der Thüringer KPO-Organisation führend, arbeitete er für sie nach 1933 illegal, war dann Orgleiter des Berliner Komitees der KPO und für diese bis 1941 in der Emigration tätig. Bräuning nahm am Spanischen Bürgerkrieg teil. Weil er Verbindungen zur POUM hatte, wurde er in Spanien von den Stalinisten verhaftet und über ein Jahr im Gefängnis festgehalten. Er konnte nach Frankreich entkommen, flüchtete 1942 in die USA und kehrte erst 1955 nach Deutschland zurück. Hier trat er der SPD bei. Karl Bräuning starb am 14. September 1962 in Darmstadt.

▸ Brandler, Heinrich (* 1881 – † 1967)

Geboren am 3. Juli 1881 in Warnsdorf/Böhmen. Sein Vater, Joseph Brandler, der zur Zeit des Sozialistengesetzes verbotene Literatur geschmuggelt hatte und die örtliche Maurer-Gewerkschaft begründete, starb, als Brandler neun Jahre alt war. Brandler erlernte das Maurerhandwerk und arbeitete als Fliesenleger, er wurde bereits mit 16 Jahren Schriftführer des Bauarbeiterverbandes. Drei Jahre lang durchwanderte er Europa bis nach Italien. 1901 kam er nach Hamburg, wurde Mitglied der SPD und Vorsitzender des Arbeiterbildungsvereins. 1904 aus Hamburg ausgewiesen, übersiedelte er nach

Bremen. Auch dort vor allem im sozialdemokratischen Bildungsverein aktiv. Delegierter auf dem SPD-Parteitag 1908 in Nürnberg. 1909 zog Brandler in die Schweiz, wo er im Sommer als Fliesenleger arbeitete und im Winter als Wanderlehrer für die Sozialdemokratie warb, er vertrat linksradikale Positionen. Im Juni 1914 Übersiedlung nach Chemnitz, dort 1914 hauptamtlicher Sekretär im Bauarbeiterverband. 1915 wurde Brandler als Anhänger ▸ Karl Liebknechts aus der SPD ausgeschlossen. Während des Krieges leitete er gemeinsam mit ▸ Fritz Heckert (beide waren nicht zum Militär eingezogen worden) die illegale Arbeit der Spartakusgruppe in Chemnitz. Brandler nahm an fast allen Konferenzen der Spartakusgruppe in Berlin teil. Im Oktober 1918 von der Regierung aus Deutschland ausgewiesen, erlebte er die Revolution in Wien. Ende 1918 kam Brandler nach Bayern, hier wollte Kurt Eisner ihn zum Staatssekretär für Äußeres ernennen. Doch er lehnte ab und kehrte nach Chemnitz zurück, wo er die Zeitung »Kämpfer« begründete und in der damals stärksten KP-Organisation Deutschlands tätig war. Als Delegierter des II. Parteitages der KPD im Oktober 1919 in die Zentrale der Partei gewählt. In der Folgezeit mehrmals verhaftet, wurde Brandler nach dem Rücktritt ▸ Paul Levis im Februar 1921 Mitvorsitzender der KPD. Wegen seines maßgebenden Anteils an der März-Aktion im April 1921 verhaftet und zu fünf Jahren Festung verurteilt. Über seine Verteidigung vor Gericht kam es in der KPD zu kritischen Diskussionen, da er »nicht kämpferisch genug« aufgetreten sei; dagegen hatte z. B. der Bezirksausschuß Erzgebirge »einmütig bekundet, daß die Organisation volles Vertrauen zum Genossen Brandler« habe. Der III. Weltkongreß der Komintern 1921 wählte ihn zu seinem Ehrenpräsidenten. Im November 1921 floh er aus der Festung Gollnow nach Sowjetrußland und wurde in Moskau stellvertretender Generalsekretär des Vollzugsbüros der RGI. Nach der »Rathenau-Amnestie« kehrte Brandler nach Deutschland zurück, nachdem er zuvor bis September 1922 in der KP der ČSR gearbeitet hatte. In Berlin übernahm er nun als Sekretär des Polbüros die Führung der KPD und hatte auf dem VIII. Parteitag im Januar 1923 eine starke Mehrheit hinter sich. Unter seiner Leitung bereitete sich die KPD im Sommer 1923 auf einen Umsturz in Deutschland vor. Vom 10. bis 29. Oktober 1923 gehörte Brandler als Leiter der Staatskanzlei der sozialdemokratisch/kommunistischen sächsischen Regierung an. Er wollte die Einheitsfrontpolitik mit der SPD. Als die linke SPD auf der Chemnitzer Betriebsrätekonferenz 1923 die Teilnahme am Generalstreik ablehnte, entschloß sich die KPD unter Brandlers Führung den Aufstand abzusagen, der nur isoliert in Hamburg ausbrach und scheiterte. Nach dem KPD-Verbot billigte die Mehrheit der Führung zwar zunächst noch Brandlers Linie, doch rasch war die übergroße Zahl der Parteimitglieder gegen ihn und seine »rechte Politik«. Er wurde – besonders nach dem Eingreifen Sinowjews und der Komintern – zum »Hauptschuldigen« am Fehlschlag erklärt, im Januar 1924 abgesetzt und nach Moskau befohlen. Von der deutschen Polizei gesucht (unter dem falschen Namen Otto Ilgner und dem Steckbrief: »1,62 groß, hohe Stirn, braune Augen, breiter Mund, volles Gesicht, linksseitig Buckel, sächsischer Dialekt«), befand er sich bereits in der UdSSR. Auf dem IX. Parteitag im April 1924 erlitten er und ▸ August Thalheimer eine vollständige Niederlage. Versuche seiner Freunde, ihn zur Parteispaltung zu überreden, lehnte er ab, weil er befürchtete, daß von den 27 Zeitungen nicht einmal vier zu halten seien, daß es unmöglich sein würde, die Parteiangestellten zu bezahlen usw. Brandler arbeitete – nunmehr Mitglied der russischen KP – in Moskau zunächst im Obersten Volkswirtschaftsrat. Nach dem Ende des ultralinken Kurses in Deutschland wurde er 2. Vorsitzender der Roten Bauerninternationale. Da schon in der Ruth-Fischer-Ära sein Ausschluß aus der KPD nicht durchgesetzt werden konnte, beschloß das neue ZK 1927 ihn wieder zur Parteiarbeit in Deutschland heranzuziehen. Doch durfte er auch 1928 sein unfreiwilliges Exil nicht verlassen, obwohl seine Frau bereits ein Jahr zuvor nach Deutschland zurückgekehrt war. Nach der

Wittorf-Affäre reiste er – entgegen dem Parteibeschluß – nach Deutschland. Am 28. Oktober 1928 in Berlin eingetroffen, übernahm er zusammen mit Thalheimer die Leitung der oppositionellen rechten Kommunisten. Brandler wurde im Januar 1929 aus der KPdSU und damit aus der Komintern ausgeschlossen. Seit Dezember 1929 Mitglied der Reichsleitung der KPO und deren eigentlicher Führer. Er war 1931 gemeinsam mit Thalheimer Hauptrepräsentant der Mehrheitsgruppe der KPO, die 1932 einen Zusammenschluß mit der SAP ablehnte. 1933 Emigration nach Frankreich, 1941 nach Kuba, wo er mit Thalheimer (der dort starb) blieb, bis er 1947 die Erlaubnis zur Übersiedlung nach England und 1949 zur Rückkehr nach Deutschland erhielt. Anfangs noch in der Gruppe Arbeiterpolitik tätig (die er schon von Kuba aus mit den »Briefen aus der Ferne« politisch zu orientieren suchte), zog er sich später von der aktiven Politik zurück. Heinrich Brandler lebte zuletzt in Hamburg, er starb dort am 26. September 1967. Jens Becker veröffentlichte 2001 eine umfangreiche Arbeit: »Heinrich Brandler. Eine politische Biographie«.

▸ Brandt, Ernst (* 1896 – † 1956)

Geboren am 19. November 1896 in Magdeburg, Sohn eines Schlossers. Schlosserlehre, Mitglied des DMV. Ab 1915 Soldat, geriet Brandt 1916 in französische Kriegsgefangenschaft, aus der er 1919 entlassen wurde. Während des Kapp-Putsches Mitglied der USPD, im Mai 1920 der KPD. 1927 Kassierer des RFB Gau Magdeburg, er gehörte von 1928 bis 1931 als Sekretär für Gewerkschaftsarbeit der BL Magdeburg-Anhalt an. Von 1931 bis 1933 arbeitete er hauptamtlich als Sekretär der RGO im Bezirk Magdeburg, dort von 1929 bis 1933 Stadtverordneter. Im Juli 1932 wurde Brandt im Wahlkreis Magdeburg in den Reichstag gewählt, dem er bis 1933 angehörte. Im Mai 1933 inhaftiert, am 29. Mai 1934 zu drei Jahren Zuchthaus verurteilt, bis 1937 saß er im KZ Lichtenburg. Danach arbeitete er als Schlosser, wurde im September 1939 erneut festgenommen und bis 1943 im KZ Buchenwald inhaftiert. Nach seiner Freilassung Schlosser in Magdeburg, er hatte Kontakte zur Widerstandsgruppe um ▸ Martin Schwantes und wurde im März 1944 abermals verhaftet und in das KZ Neuengamme gebracht. Nach der Befreiung wurde Brandt 1945 Bezirksleiter der KPD Magdeburg, von 1946 bis 1948 im SED-LV Sachsen-Anhalt und 1946/47 Vorsitzender des Bezirksverbandes Magdeburg. 1948 Minister für Land- und Forstwirtschaft der Landesregierung Sachsen-Anhalt und 1949 Mitglied der DWK. Im November 1950 nicht wieder für ein Ministeramt benannt, dann von April bis Juni 1951 Kulturdirektor im VEB Dampfkesselbau Hohenthurm. Er wurde von Juli 1951 bis November 1951 wegen angeblichen Verstoßes gegen Gesetze und Verordnungen der Volkskammer und der DDR-Regierung inhaftiert. Anfang 1952 als Assistent des Werkleiters in der Maschinenfabrik Halle eingesetzt, war Brandt ab Juli 1952 Direktor für Arbeit, ab September 1954 Parteiorganisator des ZK im VEB Waggonbau Ammendorf, später Werkleiter in der VEB Maschinenfabrik Halle. Er blieb jedoch ständigen Nachforschungen der ZPKK ausgesetzt. Vorwürfe, er hätte Verrat geübt und Schwantes und Genossen der Gestapo ausgeliefert, erwiesen sich als haltlos. Ernst Brandt starb am 17. Dezember 1956.

▸ Brandt, Gustav (* 1894 – † 1945)

Geboren am 4. April 1894 in Wolfsdorf/Krs. Elbing in Ostpreußen. Ab 1908 Angehöriger der Handelsmarine, 1910 Mitglied der SPD. 1914 Einberufung zur kaiserlichen Marine, während des Weltkrieges Anhänger der Spartakusgruppe. Im Dezember 1918 kam er nach Berlin und wurde dort Mitglied der Volksmarinedivision. 1919 trat er der KPD bei und arbeitete zunächst erneut als Seemann, anschließend auf Hamburger Werften, später als Wohlfahrtspfleger und Magazinverwalter tätig. Brandt leitete ab 1924 die Sektion der »Roten Marine« im RFB-Gau Wasserkante. Hier wirkte er als Instrukteur. Von 1931 bis 1933 gehörte Brandt der Hamburger Bürgerschaft an, ohne aber nennenswert hervorzutreten. 1933 verhaftet, im Zusammenhang mit den Ereignissen am »Altonaer Blutsonntag« vom Juli 1932 wurde er zu elf Jahren Zuchthaus verurteilt, die er im Zuchthaus Münster verbrachte. Als er im Frühjahr 1945 mit anderen Häftlingen von Münster nach Werl überführt werden sollte, wurde der Transport nach Celle umgeleitet. Da er nie angekommen ist, liegt die Vermutung nahe, daß Gustav Brandt beim Evakuierungsmarsch im April 1945 von der SS erschossen wurde.

▸ Brandt, (Max) Karl (* 1891 – † 1957)

Geboren am 16. September 1891 in Langensalza als Sohn der Fabrikarbeiterin Minna Wode, der Vater Otto Brandt heiratete die Mutter 1893. Max Karl Brandt lernte Möbeltischler und übersiedelte nach Hannover. Er trat 1911 der SPD bei und war während des Krieges in der Spartakusgruppe aktiv, die er in Hannover begründete. 1920 hielt er sich in Schlesien auf und ist auf den Parteitagen der KPD 1920 in den Zentralausschuß gewählt worden. Nach Hannover zurückgekehrt, wurde Brandt 1921 Sekretär der KPD, 1923 in der BL Sekretär für Gewerkschaftsfragen. Ende 1923 als Rechter entlassen, blieb er in der KPD zunächst Redakteur und wurde deswegen im März 1925 zu sechs Monaten Gefängnis verurteilt. Brandt machte den ultralinken Kurs ab Ende 1928 nicht mit, trennte sich 1929 von der KPD und trat politisch nicht mehr hervor. Karl Brandt starb 1957 in Hannover.

▸ Brandt, Rudolf (* 1905 – † 1988)

Geboren am 13. September 1905 in Oberhone/Bezirk Kassel, Sohn eines Gastwirts. 1912 Übersiedlung der Eltern nach Posen. 1919 Mitglied der SAJ, 1924 des KJVD. 1920 bis 1923 Lehre als Drucker, anschließend Wanderschaft,

Tiefbauarbeiter, Hilfsdrucker, Metallhilfsarbeiter. 1924 wurde er Mitglied der KPD, zwei Jahre später bereits Leiter der Gewerkschaftsabteilung der KPD-BL Hessen-Waldeck und Lokalredakteur an der »Arbeiterzeitung«, 1927/28 Orgsekretär der BL unter ▸ Ernst Lohagen. 1928 bis 1930 politischer Redakteur an der »Sächsischen Arbeiterzeitung« in Leipzig, der »Tribüne« in Magdeburg und der »Arbeiter-Zeitung« in Breslau. Wegen eines Hochverratsverfahrens lebte Brandt bereits 1931 illegal, arbeitete unter falschen Namen bei der sowjetischen Handelsvertretung in Berlin und wurde Ende 1931 Agitpropleiter in der Reichsleitung der Kampfgemeinschaft gegen den Faschismus. Er war verantwortlicher Redakteur der »Fanfare« und des Funktionärsorgans »Sturmbanner«. Ab Februar 1933 im Widerstand gegen das NS-Regime, wurde er im Oktober 1933 verhaftet und im Dezember 1934 durch das Kammergericht Berlin zu zweieinhalb Jahren Zuchthaus verurteilt. Nach seiner Entlassung aus dem Zuchthaus Lukkau zunächst noch »Schutzhaft« im KZ Lichtenburg. Er arbeitete dann bei Telefunken in Berlin-Zehlendorf und beteiligte sich am Widerstand. 1945 wieder Mitglied der KPD/SED, war zunächst Direktor bei der Firma Telefunken. Ende der vierziger Jahre dann Chefredakteur der Ostberliner Zeitung »Die Wirtschaft«. Brandt geriet Anfang der fünfziger Jahre in die stalinistischen Säuberungen, einer Verhaftung entzog er sich durch Flucht in die Bundesrepublik. Er lebte hier als freier Journalist und Referent und schrieb u. a. für die Zeitschriften »Der Monat« und »Das Parlament«. Rudolf Brandt starb am 13. Juni 1988 in Rommerskirchen.

▸ Brass, Otto (* 1875 – † 1950)

Geboren am 21. Dezember 1875 in Wermelskirchen, Sohn eines Webers. Feilenhauerlehre, von 1895 bis 1897 Militärdienst. Brass trat 1893 der Gewerkschaft und zwei Jahre später der SPD bei. Von 1897 bis 1903 war er selbständiger Feilenhauermeister in Remscheid, anschließend Krankenkassenangestellter. Ab 1898 Vorsitzender der Filiale des Feilenhauerverbandes und Vorstandsmitglied der SPD Remscheid, 1905 Geschäftsführer und Verleger der »Arbeiterzeitung« in Remscheid. 1914 Gegner der Politik des Parteivorstandes, wurde er 1917 Mitglied der USPD und Vorsitzender der Bezirksorganisation Niederrhein sowie Geschäftsführer der »Bergischen Volksstimme«. Von 1917 bis 1920 gehörte er dem ZK der USPD an. Brass war für Düsseldorf Delegierter zum 1. und 2. Reichsrätekongreß, er trat für die Annahme der 21 Bedingungen zur Aufnahme in die Komintern ein. 1919 Abgeordneter der Nationalversammlung und von 1920 bis 1924 des Reichstags (Wahlkreis Düsseldorf-Ost). Im Dezember 1920 wurde er Mitglied der Zentrale der VKPD, schied aber bereits zwei

Monate später aus diesem Gremium aus. Brass unterstützte die von ▸ Paul Levi eingebrachte Resolution gegen die Haltung der Komintern zur Gründung der KP Italiens. Im August 1921 nahm er noch am VII. Parteitag der KPD teil, wurde aber im Januar 1922 aus der KPD ausgeschlossen und trat der KAG bei. Anschließend ging er zur USPD und ab September 1922 zurück in die SPD. Brass gründete 1920 den Zentralvertrieb zeitgeschichtlicher Bücher und übernahm 1921 die Laubsche Verlagsbuchhandlung, beide Institutionen leitete er bis 1933. Im März 1933 von der SA verhaftet und im KZ Columbiahaus gefoltert. Nach seiner Freilassung suchte Brass Kontakt zu ehemaligen Mitgenossen und bildete mit Hermann Brill die Widerstandsgruppe Deutsche Volksfront, die Verbindung zur Gruppe »Neu Beginnen« hatte. 1935 verfaße er ein »10-Punkte-Programm für die Entwicklung nach dem Sturz Hitlers«. Im September 1938 wurde Brass mit der Mehrzahl der Mitglieder dieser Widerstandsgruppe Opfer einer Verhaftungswelle. In der Gestapozentrale in der Prinz-Albrecht-Straße schwer gefoltert, im Juli 1939 vom VGH zu zwölf Jahren Zuchthaus verurteilt, saß er bis zur Befreiung im April 1945 in Brandenburg/Görden.

Brass gehörte sofort dem Vorbereitenden Gewerkschaftsausschuß für Groß-Berlin an und war Mitunterzeichner des Aufrufs zur Schaffung freier Gewerkschaften vom 15. Juni 1945. Er arbeitete hauptamtlich im FDGB-Bundesvorstand und in der Versicherungsanstalt Groß-Berlin und war seit 1946 Mitglied der SED. Otto Brass starb am 13. November 1950 in Masserberg/Thüringen.

Sein Sohn **Otto Brass jun.** (* 11. 9. 1900 – † 23. 9. 1972), geboren in Remscheid, von Beruf Elektriker, war seit 1920 Mitglied der KPD und lebte ab 1932 mit der Familie in der UdSSR. Dort am 28. August 1937 vom NKWD verhaftet, wurde er am 16. Februar 1938 wegen »konterrevolutionärer Tätigkeit« zu zehn Jahren Arbeitslager verurteilt. Seine gesamte Familie, Frau und drei Kinder, wurde nach Sibirien verbannt. Otto Brass jun. war ununterbrochen bis 1954 im Gulag. Erst am 8. April 1954 wurde er entlassen und am 28. März 1955 durch die sowjetischen Behörden rehabilitiert. Er kehrte nicht nach Deutschland zurück und starb in Fergana/Usbekistan.

▸ Braun, Otto (* 1900 – † 1974)

Geboren am 28. September 1900 in Ismaning bei München, Sohn eines Buchhalters, der bereits 1901 verstarb. Er besuchte (Freistelle) die Lehrerbildungsanstalt Pasing. 1917 dem »Vaterländischen Hilfsverein« beigetreten, wurde er 1918 eingezogen und kam als Soldat an die Front. Im Dezember 1918 Mitglied der FSJ. Im April 1919 Mitglied der KPD. Wegen Teilnahme an den Kämpfen der Münchner Räterepublik flüchtete Braun und hielt sich bis Frühjahr 1921 in Norddeutschland auf, wirkte u.a. in Hamburg als Referent der BL Wasserkante. Nach dem Kapp-Putsch schloß sich Braun zeitweilig der KAPD an, kehrte im Herbst 1920 aber zur KPD zurück. Von Frühjahr 1921 bis 1923 im AM-Apparat der Zentrale der KPD angestellt. Braun wurde am 28. Juli 1921 wegen eines von ihm organisierten Aktenraubs bei dem weißgardistischen Oberst Freyberg in Untersuchungshaft genommen, aber auf Kaution freigelassen. Vor Gericht behauptete er, nur zum Schein mit Kommunisten zu verkehren, in Wirklichkeit sympathisiere er mit den Rechtsparteien. Am 9. Mai 1922 zu sieben Monaten Gefängnis verurteilt, ging auf Anweisung der KPD in die Illegalität. Volontär im zentralen Pressedienst bzw. Redakteur der Parteizeitung »Volkswille« in Suhl. Anfang 1924 Orgsekretär für die illegale BL Thüringen. 1923/24 Anhänger der Mittelgruppe, nach dem IX. Parteitag 1924 wieder in den Apparat des ZK übernommen. Als Leiter der Abwehr führte er »Spezialaufträge« durch und schrieb Artikel in der militärpolitischen Zeitschrift »Oktober«. Am 10. September 1926 als sogenannter Reichsnachrichtenleiter der KPD in Berlin verhaftet, er blieb eineinhalb Jahre in Untersuchungshaft. Der Prozeß im Mai 1928 gegen Braun sollte die illegale Arbeit der KPD enthüllen. Doch am 11. April 1928 gelang es der KPD, ihn in einem Handstreich durch fünf Bewaffnete gewaltsam aus der Untersuchungshaft zu befreien, er floh mit seiner Freundin Olga Benario nach Moskau. Dort lebte er unter dem Decknamen Wagner. Ab Sommer 1928 in Moskau militärische Ausbildung, anschließend Kursant an der Frunse-Kriegsakademie, die er 1932 mit »Auszeichnung« und dem Dienstgrad Regimentskommandeur abschloß.

Im April 1932 entsandte ihn die Komintern nach Charbin/China. Hier war Braun zunächst Resident der GRU, fungierte von Herbst 1932 bis 1939 als militärischer Berater des EKKI-Vertreters (1932–1934 war das ▸ Arthur Ewert) beim ZK der KP Chinas. Braun war der einzige deutsche Teilnehmer des legendären »langen Marsches« von Maos Armee. Ende 1939 nach Moskau zurückgekehrt, erhielt er durch die IKK eine strenge Rüge wegen angeblicher fachlicher und politischer Fehler 1934 in China. Er war bis Oktober 1941 Übersetzer und Redakteur im Moskauer Verlag für fremdsprachige Literatur. Bis Frühjahr 1946 Politinstrukteur in verschiedenen Kriegsgefangenenlagern für deutsche und später auch japanische Offiziere. Von 1948 bis 1954 erneut im Verlag für fremdsprachige Literatur, wurde 1948 sowjetischer Staatsbürger. Im April 1952 in den sowjetischen Schriftstellerverband aufgenommen, lebte er bis Mai 1954 als freier Schriftsteller in Moskau. Nach wiederholten Bemühungen übersiedelte Otto Braun im Juni 1954 in die DDR und wurde Mitglied der SED. Mitarbeiter am IML, Übersetzer zahlreicher russischer Bücher und ein verantwortlicher Redakteur für die deutsche Ausgabe der Werke W. I. Lenins, von 1961 bis 1964 Erster Sekretär des Schriftstellerverbandes der DDR. Im »Neuen Deutschland« vom 27. Mai 1964 wandte er sich scharf gegen die chinesische Führung. Unter der Überschrift: »In wessen Namen spricht Mao Tse-tung?« griff er seine ehemaligen chinesischen Genossen an, deren Politik ihn »schmerzlich berühre«. 1970 erhielt er den Karl-Marx-Orden. Otto Braun starb am 15. August 1974 während eines Erholungsaufenthalts in Warna/Bulgarien.

▸ Braunthal, Bertha (* 1887 – † 1967)

Geboren am 1. Februar 1887 in Wien als Tochter eines jüdischen Buchhalters. Sie war die ältere Schwester der bekannten Sozialisten Alfred und Julius Braunthal. Während des Weltkrieges kaufmännische Angestellte in einer Fabrik in den Niederlanden, dann in Berlin. Sie war mit dem britischen Staatsbürger William Clark verheiratet. Mitglied der USPD und auf deren Parteitag im Dezember 1919 in das sechsköpfige Sekretariat des ZK gewählt. Ab März 1920 leitete sie als Sekretärin die Propagandaarbeit unter den Frauen. Bertha Braunthal stand auf dem linken Flügel der USPD. Auf dem Spaltungsparteitag im Oktober 1920 in Halle kam sie in das vierköpfige Sekretariat des ZK der USPD (Linke). Der Vereinigungsparteitag von KPD und USPD (Linke) im Dezember 1920 wählte Bertha Braunthal in die Zentrale der KPD und übertrug ihr die Leitung des Frauensekretariats. Während der Parteikrise im Frühjahr 1921 gehörte sie zur Mehrheit der Zentrale, die ▸ Paul Levis Parteiausschluß forderte. Sie nahm am III. Weltkongreß der Komintern in Moskau teil. Auf dem VII. Parteitag der KPD im August 1921 und auf dem VIII. Parteitag 1923 wieder in die Zentrale gewählt und mit der Leitung des Frauensekretariats beauftragt. Später mit ihrem Mann in der Redaktion der von Julius Alpári geleiteten Zeitschrift der Komintern »Inprekorr« in Berlin, ab 1933 in London für die »Baseler

Rundschau«, dem Nachfolgeorgan der »Inprekorr«. Nach Auflösung der Komintern 1943 war sie als Übersetzerin für die Kommunistische Partei Großbritanniens tätig. Berta Braunthal starb 1967 in Großbritannien.

▸ Brechenmacher, Hans (* 1892 – † 1975)

Geboren am 23. Oktober 1892 als Sohn eines Textilarbeiters und aktiven Sozialdemokraten in Weißenburg/Bayern, lernte Exportkaufmann und hielt sich bis 1914 in Südamerika auf. Im Weltkrieg Soldat, trat er 1919 der KPD bei. Seit 1921 arbeitete Brechenmacher in der Gewerkschaftsabteilung der KPD-Zentrale in Berlin, mußte aber Ende 1923 als rechter Kommunist ausscheiden. Wegen Fortführung der illegalen KPD 1924 kurz im Gefängnis, übernahm er ab 1926 verschiedene Funktionen im Parteiapparat. 1929 aus der KPD ausgeschlossen, soll er zeitweilig der KPO angehört haben, war aber seit 1931 Funktionär der SAP, von 1933 bis zur Emigration 1937 in der Führung der illegalen SAP. Brechenmacher war dann in der Auslandsleitung der SAP in Paris aktiv. Er wurde 1943 in Lyon verhaftet und zu drei Jahren Zuchthaus verurteilt, die er in Brandenburg/Havel und im KZ Vaihingen absaß. Nach seiner Befreiung kehrte er 1945 nach Weißenburg zurück und war dort in der Finanzverwaltung angestellt. Er war für die Gruppe Arbeiterpolitik, die Nachfolgerin der KPO, tätig und hat in deren Organ publiziert, bis er 1959 in die Schweiz übersiedelte. Hans Brechenmacher starb dort am 28. April 1975.

▸ Bredel, Willi (* 1901 – † 1964)

Geboren am 2. Mai 1901 in Hamburg, Sohn eines Tabakarbeiters. Lehre als Dreher, Mitglied der Arbeiterjugend, des Spartakusbundes und seit 1919 der KPD. 1923 Teilnahme am Hamburger Aufstand, zwei Jahre Haft; anschließend Seemann, Journalist und Dreher. Ab 1928 Redakteur der »Hamburger Volkszeitung«, 1930 wegen »Vorbereitung zum literarischen Hoch- und Landesverrat« zu zwei Jahren Festungshaft verurteilt. Während dieser Zeit schrieb er die Romane »Maschinenfabrik N&K« (1930) und »Die Rosenhofstraße« (1931), trat aber im Bund proletarisch-revolutionärer Schriftsteller wenig hervor. Im März 1933 verhaftet und in das KZ Fuhlsbüttel eingeliefert, 1934 entlassen, gelang ihm die Flucht über die ČSR nach Moskau, wo im selben Jahr sein Roman »Die Prüfung« erschien, der als erster international beachteter Roman (in 17 Sprachen übersetzt) über den Terror in einem deutschen KZ berichtete. Bredel gab von 1936 bis 1939 gemeinsam mit Bertolt Brecht und Lion Feuchtwanger die literarische Zeitschrift »Das Wort« heraus. 1937/38 Kriegskommissar des »Thälmann-Bataillons« der Internationalen Brigaden im Spanischen Bürgerkrieg, anschließend über Paris erneut nach Moskau. Ab 1941 Angehöriger der Politischen Hauptverwaltung der Roten Armee, 1943 Mitbegründer des NKFD. Im Mai 1945 kehrte Bredel als Mitglied der Initiativgruppe des ZK der KPD für Mecklenburg unter Leitung von ▸ Gustav Sobottka nach Deutschland zurück, Vorsitzender des KB in Mecklenburg, Chefredakteur der Zeitschrift »Heute und Morgen« (1947 bis 1954). 1950 Gründungsmitglied der DDR-Akademie der Künste und ab 1963 deren Präsident sowie von 1953 bis 1956 Chefredakteur der »Neuen Deutschen Literatur«. Von 1954 bis 1964 war er Mitglied des ZK der SED und erhielt 1961 den VVO in Gold. Willi Bredel starb am 27. Oktober 1964 in Ost-Berlin. Zwischen 1962 und 1976 wurden 14 Bände seiner Gesammelten Werke in Einzelausgaben publiziert.

▸ Breitenborn, Hugo (* 1894 – † 1945)

Geboren am 12. Mai 1894 in Leipzig-Probstheida, Sohn eines Malergehilfen; wurde Maurer und Schornsteinbauer. Von 1914 bis 1918 Soldat, 1919 Mitglied der KPD. Breitenborn gehörte der Leitung des UB Leipzig an und arbeitete an der »Sächsischen Arbeiterstimme«, dem Organ der BL Westsachsen. 1923 lebte er zeitweilig in der Sowjetunion. Ab 1929 war er Mitglied der BL Westsachsen, ab Januar 1930 auch Mitglied der erweiterten BL Sachsen, wurde er 1930 hauptamtlicher RGO-Funktionär in Sachsen und ab April 1932 Kassierer der RGO-Landesleitung Sachsen. Breitenborn war von 1929 bis 1933 Abgeordneter des Sächsischen Landtags. Bereits am 25. März 1933 in Leipzig verhaftet. Bis August 1934 »Schutzhaft«, danach Maurer. Er hatte Kontakte zur Widerstandsgruppe um Schwarz, deshalb am 22. August 1944 erneut festgenommen und im KZ Sachsenhausen inhaftiert. Während des Transports in das KZ Bergen-Belsen ist Hugo Breitenborn Ende Februar/Anfang März 1945 umgekommen.

▸ Breitenstein, Franz (* 1890 – † 1968)

Geboren am 16. Februar 1890 in Magdeburg als Sohn einer Arbeiterfamilie; Lehre und Arbeit als Former. 1907 Mitglied der Gewerkschaft (DMV), 1911 der SPD, 1917 der USPD. 1917 Einberufung zum Militär, er entzog sich im Mai 1918 durch Selbstverstümmelung dem Kriegsdienst. Nach fünfmonatigem Aufenthalt im Würzburger Lazarett im November 1918 Rückkehr nach Magdeburg. Ende Dezember 1918 war Breitenstein Gastdelegierter des Gründungsparteitags der KPD in Berlin, 1919 Mitbegründer von deren Ortsgruppe Magdeburg und später auch Mitbegründer des RFB. Von 1921 bis 1936 Kohlenträger bei Krupp-Gruson und zeitweilig Betriebsrat, ab 1937 Bauarbeiter. Von 1945 bis 1958 arbeitete er im VEB Schwermaschinenkombinat »Ernst Thälmann« Magdeburg als Brigadier. 1946 Mitglied der SED, zeitweilig Sekretär der SED-Parteileitung in der Eisengießerei des Kombinats. Franz Breitenstein starb am 30. Dezember 1968 in Magdeburg.

▸ Breitmeyer, Wilhelm (* 1887 – † 1974)

Geboren am 23. August 1887 in Gröningen/Krs. Oschersleben, Sohn einer Arbeiterfamilie; Tischler, Wanderschaft. 1907 Mitglied der SPD. Während des Weltkrieges aktiv in der Bremer SPD, 1917 Vorsitzender des USPD-Wahlvereins Bremen. Bevor Breitmeyer 1917 zum Militärdienst eingezogen wurde, hielt er sich zeitweise in Rumänien auf, da er in Bremen polizeilich gesucht wurde. Im November 1918 als Mitglied der Bremer Linksradikalen im Arbeiter- und Soldatenrat von Bremen. Stadtkommandant und Mitglied des Verteidigungsrates während der Bremer Räterepublik. Er flüchtete im Februar 1919, kam aber bereits im März nach Bremen zurück und wurde sofort inhaftiert. In die Bremer Bürgerschaft gewählt, wurde er 1919 aus der Haft entlassen. Breitmeyer war 1920 Orgsekretär der KPD in

Bremen, ab 1921 selbständiger Tischler. Von April bis Juni 1933 »Schutzhaft«, dann wieder Tischler, später wurde er in einen Rüstungsbetrieb dienstverpflichtet. Im Februar 1945 noch zur Wehrmacht einberufen, von Mai bis Juli 1945 in britischer Kriegsgefangenschaft in Schleswig-Holstein. 1945 übersiedelte Breitmeyer in die SBZ nach Olbernhau im Erzgebirge. Dort baute er die Gewerkschaft auf und wurde 1946 Mitglied der SED. Ab März 1947 war er 1. Vorsitzender des FDGB-Kreisvorstandes Olbernhau. Wilhelm Breitmeyer starb am 6. Oktober 1974.

▸ Brenzel, Otto (* 1898 – † 1945)

Geboren am 22. Mai 1898 in Frankfurt/M., lernte Schreiner. 1913 Mitglied der Arbeiterjugend, später Funktionär der KPD im Bezirk Hessen, wurde im September 1930 im Wahlkreis Hessen-Darmstadt in den Reichstag gewählt, dem er bis 1933 angehörte. 1933 zunächst illegale Arbeit, dann Emigration in die Schweiz, wo er 1936 verhaftet und nach Frankreich abgeschoben wurde. In Moskau erteilte ihm das Sekretariat des EKKI eine Rüge wegen seines Verhaltens vor dem Schweizer Gericht, er wurde aber nicht aus der KPD ausgeschlossen, wie ursprünglich vorgesehen. Brenzel soll auch in Spanien gewesen sein, bevor er nach Dänemark emigrierte und dort als Vertreter der Roten Hilfe wirkte. In Kopenhagen lebte er ab Anfang 1937 unter dem Decknamen Peter und leitete die Arbeit der Roten Hilfe für Dänemark, Norwegen und Schweden. Nach der deutschen Besetzung untergetaucht, hatte er Verbindungen zu dänischen Widerstandskreisen. Otto Brenzel starb am 27. September 1945 während einer Sitzung der KPD-Auslandsleitung in Kopenhagen an Herzschlag. Seine Frau Luise Wolf-Brenzel war 1941 in Deutschland zu drei Jahren und neun Monaten Haft verurteilt worden.

▸ Brichmann, Karl (* 1902 – † ?)

Geboren am 24. März 1902 in Berlin-Weißensee als Sohn eines Handwerkers. Lehre und Arbeit als Schriftsetzer; 1920 Mitglied der KPD, ab 1923 in der sowjetischen Botschaft beschäftigt, arbeitete für den AM-Apparat der KPD und für die OMS der Komintern. Ab 1931 viel im Ausland unterwegs, kehrte Brichmann 1933 nicht mehr nach Berlin zurück. 1934 folgte ihm seine Frau **Elisabeth Brichmann** (* 3. 1. 1902) mit der dreijährigen Tochter zunächst nach Kopenhagen, 1936 nach Paris. Brichmann wurde im Sommer 1937 aufgefordert nach Moskau zu kommen und reiste im August aus Paris ab. Er wurde am 3. August 1937 in Moskau verhaftet und am 4. Mai 1939 vom MKOG zu 20 Jahren Arbeitslager verurteilt. Während der Haft im Lager Nordost im Gebiet Magadan ist Karl Brichmann ums Leben gekommen. Seine Frau Elisabeth, die sich nach seinem Schicksal erkundigte, wurde im unklaren gehalten. Nach der Besetzung Frankreichs kehrte sie mit ihrer Tochter nach Deutschland zurück, kam in das Gefängnis nach Saarbrücken und wurde Anfang 1941 nach Berlin überführt. Ende Januar 1941 entlassen, lebte sie dann bis Kriegsende unter Polizeiaufsicht in Berlin. Sie schloß sich 1946 der SED an und lebte bis zu ihrem Tod am 23. Juni 1976 in Ost-Berlin.

▸ Brodde, Werner (* 1898 – † 1955)

Geboren am 14. August 1898 im pommerschen Pyritz als Sohn einer Kindergärtnerin, sein Vater war der jüdische Arzt Dr. Walter Gutmann, der aus Angst vor der Deportation 1939 Selbstmord beging. Nach Beendigung der Schule besuchte er die Präparandenanstalt und war von 1914 bis 1918 Soldat im Weltkrieg. Anschließend kaufmännische Lehre und arbeitete als Reisender und Vertreter. 1925 Mitglied der KPD. 1928 UB-Sekretär in Görlitz. 1929 wurde er Leiter der KPD im Stadtteil Breslau-West, 1930 Kassierer und Mitglied des Sekretariats der KPD-BL Breslau. Ende 1930 wurde er wegen »Beleidigung, Hausfriedensbruchs, Landfriedensbruchs und Widerstandes« zu 15 Monaten Gefängnishaft verurteilt. Nach seiner Entlassung zunächst Polleiter des Freidenkerverbandes in Breslau, dann ab Frühjahr 1932 Agitpropsekretär der KPD-BL Schlesien in Breslau. Brodde, der auch Vorsitzender der Stadtverordnetenfraktion der KPD in Breslau war, wurde Ende März 1933 verhaftet, bis Herbst 1933 im KZ. Von 1935 bis 1938 in der von der Mutter betriebenen Tabakwarenhandlung, anschließend war er wieder als Reisender und Vertreter tätig. Von 1942 bis 1944 Sachbearbeiter des Rüstungsbetriebes Rheinmetall-Borsig in Breslau-Hundsfeld. Im August 1944 als ehemaliger KPD-Funktionär erneut verhaftet und bis November 1944 im KZ Groß-Rosen festgehalten. 1945 kam Brodde nach Sachsen, wurde wieder Mitglied der KPD/SED und leitete den Sachsenverlag in Dresden, bis 1948 Generaldirektor der Export und Import GmbH in Dresden. Im Juni 1948 wurde er Sekretär für Wirtschaftspolitik des SED-LV Sachsen, später wurde er hauptamtlicher Vorstandsvorsitzender des Verbandes Sächsischer Konsumgenossenschaften. 1953 wurde Brodde wegen »parteischädigenden Verhaltens« aus der SED ausgeschlossen und seine VdN-Anerkennung zurückgenommen. Nach Einspruch bei der ZPKK wieder Mitglied der SED. Werner Brodde starb im Sommer 1955.

▸ Brodmerkel, Hans (* 1887 – † 1932)

Geboren am 29. März 1887 in Burgebrach/Oberfranken Er übersiedelte nach Bremen und wurde selbständiger Schlachter. Vor 1914 Mitglied der SPD und während des Krieges Vorsitzender der Fleischergewerkschaft. Als Funktionär der Bremer Linksradikalen wurde er im Juni 1916 wegen Verbreitung illegaler Flugschriften kurzzeitig inhaftiert. Brodmerkel war Delegierter der Linksradikalen auf dem USPD-Gründungsparteitag 1917 in Gotha und auf dem Gründungsparteitag der KPD Ende 1918 in Berlin. Er war Vorsitzender des Arbeiter- und Soldatenrates in der Bremer Räterepublik 1919. In der KPD aktiv, wurde Brodmerkel 1923 deren Abgeordneter in der Bremer Bürgerschaft. Anfang 1925 als Rechter aus der KPD ausgeschlossen, wurde aber Ende 1925 wieder aufgenommen. Nach erneutem Ausschluß 1929 Übertritt zur KPO und Funktionär dieser Gruppierung. Hans Brodmerkel starb am 2. Februar 1932 in Bremen.

▸ Brömmer, Hugo August (* 1895 – † 1978)

Geboren am 22. März 1895 in Schlotheim/Thüringen, Sohn eines Maurers; Seilerlehrling, 1911 Eintritt in den Deutschen Textilarbeiterverband, 1913 Mitglied der Arbeiterjugend. Von 1916 bis 1918 Soldat. Brömmer wurde 1917 Mitglied der SPD, trat 1919 der USPD bei und wurde ihr Ortsgruppenvorsitzender in Schlotheim. Im Herbst 1920 führte er die Mehrheit der Ortsgruppe in die VKPD. Von 1922 bis 1927 Stadtrat in Schlotheim und Mitglied des Kreisrates von Sondershausen, von Februar 1924 bis Februar 1927 Abgeordneter des Thüringer Landtags. 1928 in Pößneck KPD-Stadtverordneter, trat im Februar 1929 wegen des ultralinken Kurses aus der KPD aus und schloß sich im März 1930 der SPD an, für die er bis 1932 Abgeordneter im Kreisrat Saalfeld war. Als ehemaliger Funktionär der KPD bzw. SPD geriet Brömmer im August 1944 in die Verhaftungsaktion »Gewitter« der Gestapo und war bis Dezember 1944 im KZ Buchenwald inhaftiert. 1945/46 Parteisekretär der SPD in Pößneck, wurde im April 1946 Mitglied der SED und Angestellter der Stadtverwaltung Pößneck. Die Anerkennung als VdN wurde ihm 1950 aberkannt. Hugo August Brömmer starb am 6. Dezember 1978 in Pößneck.

▸ Brönnle, Karl (* 1879 – † 1952)

Geboren am 4. Januar 1879 in Reichenbach/ Württemberg, Sohn eines Eisenbahnexpedienten. Nach dem Besuch der Oberschule ebenfalls Eisenbahndienst (Eisenbahninspektor), aber zugleich auch Schriftsteller. Er schloß sich 1904 der SPD, 1917 der USPD und 1920 der KPD an und arbeitete als Literatur- und Theaterkritiker für Parteizeitungen.
Brönnle hatte zwar keinen Einfluß im Parteiapparat, wurde aber von der Führung geschätzt, weil er gute Verbindungen zu bürgerlichen Kreisen besaß und als Fachmann für Kulturfragen galt. Von 1924 bis 1928 vertrat er die KPD im Württembergischen Landtag. Er stand auf dem rechten Flügel der KPD, die er 1929 verließ, um sich der KPO anzuschließen. Bald trat er politisch nicht mehr in Erscheinung. Bis zu seiner Pensionierung 1945 bei der Bahn beschäftigt, hat er sich auch nach 1945 nicht mehr politisch betätigt. Karl Brönnle starb am 29. Mai 1952 in Stuttgart.

▸ Brückmann, Georg (* 1903 – † 1942?)

Geboren am 28. November 1903 in Berlin, lernte das Schlosserhandwerk. 1923 wurde er Mitglied der KPD und arbeitete ehrenamtlich als Funktionär im Arbeitersport und im RFB. Von Dezember 1928 bis Dezember 1929 Orgleiter des 5. Verwaltungsbezirks der KPD in Berlin-Friedrichshain, anschließend Kassierer im KPD-UB Ost. Im Dezember 1930 vom Reichsgericht zu Festungshaft verurteilt, entzog sich Brückmann dieser Strafe durch die Flucht in die Sowjetunion. Hier war er unter dem Emigrantennamen Albert Müller (Kader-Müller) zunächst im Mitteleuropäischen Ländersekretariat der Komintern tätig, später mit ▸ Grete Wilde als Referent für die KPD-Angelegenheiten in der Kaderabteilung der Komintern. Er nahm als Beobachter des Mitteleuropäischen Sekretariats an der »Brüsseler Konferenz« im Oktober 1935 in Moskau teil, wurde 1936 Mitglied der Kommission zur Überprüfung der Politemigranten. »Kader-Müller« war tief in die Säuberungen verstrickt, insbesondere wegen seiner vielen Untersuchungsberichte, die zum Parteiausschluß von hunderten KPD-Emigranten führten. Er gab aber auch »Mitteilungen« an das NKWD weiter, die zu Verhaftungen und Verurteilungen der KPD-Funktionäre genutzt wurden. Im Herbst 1938 geriet er selbst in die Säuberungen. Er wurde mit Grete Wilde verhaftet und am 7. April 1941 durch das Sondertribunal des NKWD zu acht Jahren Arbeitslager verurteilt. Georg Brückmann kam in das Lager Kotlas bzw. nach Workuta, wo er 1942 verstorben sein soll. Das Militärtribunal des Moskauer Militärbezirks »rehabilitierte« ihn am 26. März 1958.

▸ Bruhn, Gustav (* 1889 – † 1944)

Geboren am 16. März 1889 in Angermünde, Sohn eines Eisenbahnarbeiters; lernte Tischler. Nach der Lehrzeit Soldat in Kiel, machte er hier die Bekanntschaft seiner späteren Frau Elisabeth, die aus einer Landarbeiterfamilie stammte. 1912 trat er in Hannover der SPD bei. Im Weltkrieg zunächst bei einer Matrosendivision, später bei einer Pionierkompanie in Flandern. 1919 USPD und Delegierter des Spaltungsparteitags in Halle, 1920 Übertritt zur KPD. Bruhn wohnte in

Heide/Holstein, dort 1923 beim Aufstandsversuch festgenommen. Als Anhänger des linken Flügels der KPD Delegierter auf dem V. Weltkongreß der Komintern. Seit 1925 hauptamtlicher Parteisekretär für Heide-Itzehoe, von 1926 bis 1929 Mitglied der erweiterten BL Wasserkante sowie 1927 UB-Leiter in Lübeck. Im gleichen Jahre wegen Vertriebs einer Broschüre zur Zersetzung der Marine verhaftet, zu drei Jahren Festung verurteilt, kam auf die Festung Gollnow. Dort freigelassen, weil er 1928 im Wahlkreis Schleswig-Holstein als Abgeordneter in den Preußischen Landtag gewählt worden war. 1932 kam Bruhn nicht mehr ins Parlament. Im April 1933 »Schutzhaft«, zwar im Juli wieder freigelassen, jedoch wegen illegaler Arbeit für die KPD im September 1933 erneut verhaftet, am 14. März 1934 vom VGH zu drei Jahren Zuchthaus verurteilt. Seine Frau **Elisabeth Bruhn** erhielt 1934 zwei Jahre Gefängnis. Nach Verbüßung der Zuchthausstrafe kam Gustav Bruhn ins KZ Sachsenhausen. Dort 1939 entlassen, schloß er sich gemeinsam mit seiner Frau wieder einer kommunistischen Widerstandsgruppe (Bästlein-Jacob-Abshagen-Gruppe) an, und beide wurden im Herbst 1942 abermals verhaftet. Nach den Fliegerangriffen auf Hamburg sind sie für zwei Monate »beurlaubt« worden, doch meldeten sie sich nicht wieder, sondern gingen in die Illegalität. Bruhn geriet am 16. Dezember 1943 in die Hände eines Gestapospitzels, seine Frau wurde am 3. Februar 1944 verhaftet. Beide wurden ins KZ Neuengamme gebracht und dort am 14. Februar 1944 erhängt.

‣ Buchholz, Adolf (* 1913 – † 1978)

Geboren am 5. Juli 1913 in Berlin-Spandau, Sohn eines Maurers; wurde Former. 1926 Mitglied des Jung-Spartakusbundes, 1928 des DMV und des KJVD. Jugendsekretär beim RGO-Einheitsverband der Metallarbeiter Berlins. 1932 Mitglied der KPD und der KJVD-BL Berlin. Nach der Ausschaltung der Neumann-Gruppe in der KJVD-Führung kam Buchholz im Sommer 1932 ins ZK des KJVD und wurde Anfang 1933 Orgleiter des KJVD Berlin-Brandenburg. Im März 1934 verhaftet und im September 1934 zu zweieinhalb Jahren Zuchthaus verurteilt. Ende 1936 aus dem Zuchthaus Luckau entlassen, emigrierte er im Juni 1937 in die ČSR, dort aktiv bei der Bildung der Freien Deutschen Jugend. Im November 1938 Emigration nach Großbritannien, arbeitete in London als Modellformer und Versuchstechniker, war bis 1941 Vorsitzender der Freien Deutschen Jugend in England und gehörte der KPD-Leitung in Großbritannien an. Im September 1946 kehrte er nach Deutschland zurück, 1946/47 Chefredakteur der »Jungen Welt«. Von 1947 bis 1949 arbeitete er als Journalist im Sowjetischen Nachrichtenbüro SNB. Von 1949 bis 1951 als Personalleiter in der HV Metallurgie der DWK bzw. im Ministerium für Schwerindustrie tätig, anschließend Direktor des VEB Maxhütte Unterwellenborn. Ab 1960 Abteilungsleiter in der SPK im Volkswirtschaftsrat der DDR. Adolf Buchholz starb am 9. Mai 1978.

‣ Buchmann, Albert (* 1894 – † 1975)

Geboren am 28. Oktober 1894 in Pirmasens, Sohn eines Schuhmachers. Arbeiter in Schuhfabriken. 1910 Mitglied der Gewerkschaft und 1911 der SPD. Von 1914 bis 1919 Soldat bei der bayerischen Infanterie. Nach dem Krieg kam Buchmann im Januar 1921 über die USPD zur KPD. 1920 war er nach München übergesiedelt, wurde hier 1922 Vorsitzender der Schuharbeitergewerkschaft und im Januar 1923 Leiter der KPD München. Seit Herbst 1923 hauptamtlicher Sekretär der KPD Südbayern, wurde im Oktober 1923 verhaftet. Von Mai 1924 bis 1933 ununterbrochen Reichstagsabgeordneter der KPD im Wahlkreis Oberbayern-Schwaben bzw. Wahlkreis Württemberg. Als Nachfolger ▸ Joseph Schlaffers von 1925 bis 1932 Polleiter des Bezirks Südbayern der KPD. 1932 wurde Buchmann Polleiter im Bezirk Württemberg. 1932 inhaftiert und zu 18 Monaten Festungshaft verurteilt, durch die Amnestie aber im Dezember 1932 freigelassen.

Ab Februar 1933 Leiter der illegalen KPD-Organisation in Württemberg, wurde Buchmann am 3. Mai 1933 verhaftet und am 27. Oktober 1933 vom OLG Stuttgart zu drei Jahren Gefängnis verurteilt, die er im Zuchthaus Rottenburg verbüßte, anschließend im KZ Dachau. Ende 1936 erneut zu drei Jahren Zuchthaus verurteilt, saß er bis 1945 in Ludwigsburg und im KZ Sachsenhausen und war zuletzt im KZ Flossenbürg inhaftiert, dort am 23. April 1945 durch amerikanische Truppen befreit. Nach Zulassung der Parteien war Buchmann Vorsitzender der KPD von Nordwürttemberg, später von Württemberg-Baden; Abgeordneter (Fraktionsvorsitzender) der KPD im Landtag. 1948 Mitglied des PV der westdeutschen KPD, gehörte bis 1953 dem KPD-PV, ab 1953 dem ZK der KPD an. Im Sommer 1953 ist er mit seiner Familie in die DDR übergesiedelt. In Ost-Berlin zunächst Instrukteur des Arbeitsbüros bzw. der Westabteilung des ZK der SED und von 1953 bis 1969 hauptamtlicher Parteisekretär der Einjahresschule »Ernst Thälmann« der illegalen KPD in Schmerwitz in der DDR. 1959 wurde er als »Delegierter der KPD« zur Konferenz der Großmächte nach Genf entsandt. Albert Buchmann starb am 17. Dezember 1975 in Ost-Berlin. Seine Frau **Erika Buchmann** (* 11. 11. 1902 – † 20. 11. 1971), war die Tochter des bekannten Münchener Armen-Arztes Schollenbruch, sie wurde als aktive kommunistische Funktionärin von den Nazis verfolgt und war von 1935 bis 1945 in Stuttgart und zuletzt im KZ Ravensbrück inhaftiert. Danach leitete sie die Frauenarbeit der westdeutschen KPD. Inge Buchmann (* 24. 3. 1927 – † Mai 1987), die Tochter von Albert und Erika Buchmann, war in der FDJ aktiv und zeitweilig mit dem 1953 in die Bundesrepublik geflüchteten 2. Sekretär des FDJ-ZR Heinz Lippmann verheiratet.

▸ Budich, Willi (* 1890 – † 1938)

Geboren am 16. April 1890 in Cottbus, Kind einer sorbischen Bauernfamilie. Schlosserlehre, 1909 Ingenieurstudium am Technikum in Mittweida. 1910 Mitglied des DMV und der SPD. 1914 Einberufung zum Militärdienst, während des Krieges stieß er zur Spartakusgruppe und wurde enger Mitarbeiter von ▸ Leo Jogiches und ▸ Hugo Eberlein. Nach einer Verwundung an der Westfront Schreiber der Berliner Garnisonsverwaltung (Garde-Feldartillerie). Budich gehörte als Spartakusmitglied auch der USPD an und war an der Herstellung und Verbreitung illegaler Flugblätter für die Armee beteiligt. Gemeinsam mit Jogiches einer der Organisatoren des Spartakusbundes (Deckname Brandt), wurde am 24. März 1918 verhaftet. Durch die Revolution befreit, leitete er in der Zentrale des Spartakusbundes die militärische Arbeit, als Führer des Roten Soldatenbundes. Bei einer Demonstration am 6. Dezember 1918 schwer verletzt, verlor

Budich einen Arm. Gerüchte um seinen Tod veranlaßten ▸ Rosa Luxemburg, Lotte Pulewka zu beauftragen, nach Budich zu suchen. Diese fand ihn im Berliner Virchow-Krankenhaus.
Nach seiner Genesung im März 1919 Übersiedlung nach München, in der Räterepublik Mitglied des Vollzugsrats (Pseudonym Dietrich). Nach der Niederschlagung der Räterepublik 1919 zunächst Flucht nach Wien, anschließend in die Sowjetunion. Dort Delegierter des II. Weltkongreß der KI, wurde persönlich von Lenin empfangen. In der zweiten Hälfte des Jahres 1921 illegale Rückkehr nach Deutschland. Nach dem VII. Parteitag der KPD 1921 Leiter des Oberbezirks der KPD Nord-Ost (Pommern, Ostpreußen, Danzig und Mecklenburg). Im Frühjahr 1922 verhaftet, Überstellung nach Berlin. Da die Gefahr der Auslieferung nach Bayern bestand, wo ihn ein Todesurteil erwartete, flüchtete Budich erneut in die Sowjetunion. Hier im Apparat der Komintern und in der Leitung der Internationalen Roten Hilfe (IRH) tätig. Von 1924 bis 1928 unter dem Pseudonym Gerbilski Leiter der russisch-österreichischen Handelsgesellschaft »Russawstorg« in Wien. Ab 1928 wieder in Moskau, Mitarbeiter am MELI. Da der Haftbefehl aus dem Jahre 1919 durch eine Amnestie aufgehoben worden war, konnte Budich im Dezember 1929 nach Deutschland zurückkehren. Er wurde Redakteur der »Roten Fahne«, anschließend Leiter der Verlagszentrale AG (Druck und Vertrieb der KPD-Presse- und Literatur) und Leiter der Geschäftsabteilung (GESCHA) des ZK.
Im November 1932 in den Reichstag gewählt, wurde ihm während der Reichstagssitzung am 7. Dezember 1932 bei einer Schlägerei mit den Nazis das Knie zertrümmert. Im Dezember 1932 befand er sich in einer Klinik und lebte bis Mai 1933 illegal. Ende Mai 1933 wurde Budich mit zwei seiner Sekretärinnen von der Gestapo verhaftet und im KZ Columbiahaus schwer mißhandelt. Eine von ▸ Fritz Heckert und Jelena Stassowa von Moskau aus organisierte internationale Befreiungskampagne, die auch die französischen Schriftsteller Louis Aragon und Romain Rolland unterstützten, führte zu Budichs Entlassung aus der Gestapohaft. Über Prag emigrierte er im August 1933 in die UdSSR, kam sofort in ein Sanatorium und arbeitete anschließend als Mitglied der Exekutive der IRH (MOPR) in Moskau. Dort wurde er vom NKWD am 19. September 1936 verhaftet. Am 22. März 1938 wurde Willi Budich in Moskau zum Tode verurteilt und am gleichen Tag erschossen.

▸ Büchs, Franz Xaver (* 1889 – † 1940)

Geboren am 18. April 1889 in Augsburg, Sohn eines Malers und einer Arbeiterin; gelernter Schlosser. 1910 kam Büchs nach Nürnberg und arbeitete bei der Firma MAN. 1910 Mitglied der SPD, 1917 der USPD. Aktive Beteiligung am Munitionsarbeiterstreik 1918. Mit der linken USPD (Delegierter des Spaltungsparteitags) ging Büchs 1920 zur KPD und wurde deren Vorsitzender in Nürnberg, blieb aber weiterhin im Betrieb tätig. Auf Anordnung der Zentrale gab er 1923 die Fabrikarbeit auf, um illegal für die verbotene KPD zu wirken. Anfang 1924 zusammen mit anderen Kommunisten bei einer illegalen Sitzung in Stuttgart verhaftet und zu sechs Monaten Gefängnis verurteilt. Im April 1924 und wieder 1928 als Abgeordneter in den Bayerischen Landtag gewählt, mußte er vorzeitig aus der Haft entlassen werden. Neben seiner Tätigkeit als Landtagsabgeordneter in den folgenden Jahren für die Betriebszellenarbeit der KPD in Bayern verantwortlich. Büchs zählte zum rechten Parteiflügel;

deshalb Anfang 1930 zusammen mit anderen bayerischen Opponenten aus der KPD ausgeschlossen. Er war kurze Zeit in der KPO, dann in der SPD, für die er bis 1932 im Landtag blieb. Danach eröffnete er in Nürnberg ein Zigarrengeschäft. 1933 einige Male verhaftet und bei mehrfachen polizeilichen Vernehmungen mißhandelt. Im Juni 1940 verhaftete die Gestapo Büchs sowie ein anderes SPD-Mitglied erneut. Nachdem sich dieser Mitgefangene (wahrscheinlich nicht freiwillig) aus dem Fenster gestürzt hatte, erhielt seine Frau die Nachricht, Franz Xaver Büchs habe sich am 22. Juni 1940 in seiner Zelle erhängt. Seinen Leichnam konnte sie erst nach der Aufbahrung im Leichenhaus sehen, irgendwelche Anzeichen einer Strangulation waren nicht festzustellen. Über die Todesursache wurde keine schriftliche Bescheinigung erteilt, mehrere Hinweise deuten darauf hin, daß Büchs ermordet wurde.

▸ Bürger, Kurt (Ganz, Karl) (* 1894 – † 1951)

Geboren am 27. August 1894 in Karlsruhe als Karl Ganz, Sohn einer Arbeiterfamilie; Handelsschule, Lehre und Arbeit als Schlosser in München. 1912 Mitglied des DMV und der SPD. 1913/14 Wanderschaft. Von 1914 bis 1917 Soldat, dann wegen schwerer Verwundung dienstuntauglich. Von 1917 bis 1919 Schlosser in einem Münchner Munitionsbetrieb. Im November 1918 Mitglied des Münchner Arbeiter- und Soldatenrates und Anfang 1919 Mitbegründer der KPD in Bayern sowie Kommandeur einer Einheit der Roten Armee der Bayerischen Räterepublik im April 1919. Ein Standgericht verurteilte ihn zu vier Jahren Haft, er war bis 1923 im Zuchthaus Straubing. Von 1924 bis 1927 Mitglied der BL Südbayern, Tätigkeit für den illegalen KPD-Apparat, 1926/27 erneut in Untersuchungshaft. Von Juli 1927 bis März 1929 politischer Redakteur an der »Hamburger Volkszeitung«. Im Mai 1928 vom Reichsgericht zu einem Jahr Festung verurteilt, nach acht Monaten amnestiert. Von April 1929 bis 1933 hauptamtlicher Mitarbeiter im Apparat des ZK der KPD in Berlin, zuerst im illegalen Apparat, anschließend im Pressedienst und zuletzt stellvertretender Leiter der Orgabteilung des ZK. Ab Februar 1933 wurde er Leiter des Kurier- und Verbindungsdienstes des ZK unter dem Namen Kurt Bürger, den er bis zu seinem Tod beibehielt. Nach dem Verrat durch seine Mitarbeiter ▸ Werner Kraus, ▸ Paul Grobis und ▸ Helmuth Lass im November 1933 in die UdSSR geflüchtet, dort bis Oktober 1934 stellvertretender Leiter der Orgabteilung für Mitteleuropa beim EKKI. Von November 1934 bis September 1936 stellvertretender Leiter der Presseabteilung und Gehilfe des Generalsekretärs der RGI. 1936 Kommissar beim Stab der Internationalen Brigaden in Albacete, aber im April 1937 wegen Krankheit nach Paris. Bürger kehrte nach einer Operation im März 1938 in die UdSSR zurück. Dort ab 1939 Redakteur und bis 1941 Lehrer am Sprachinstitut. Von September 1941 bis April 1945 Politinstrukteur unter deutschen Kriegsgefangenen. Im Mai 1945 kam Bürger mit der Gruppe ▸ Gustav Sobottka nach Mecklenburg, ab Dezember 1945 1. Vorsitzender der KPD-Landesleitung Mecklenburg und von 1946 bis zu seinem Tode Vorsitzender des SED-LV bzw. 1.

Sekretär der SED-Landesleitung (bis 1948 zusammen mit Carl Moltmann). Bürger war von 1946 bis 1951 Mitglied des PV bzw. des ZK der SED und gehörte von 1946 bis 1951 dem Landtag von Mecklenburg an, 1949/50 MdV. Noch am 20. Juli 1951 Nachfolger von Wilhelm Hökker als Ministerpräsident des Landes Mecklenburg, starb Kurt Bürger bereits acht Tage später, am 28. Juli 1951, an einem schweren Herzanfall.

▸ Büser, Joseph (* 1886 – † 1954)

Geboren am 7. Juli 1886 in Langenfeld/Rheinland als Sohn eines Bauern; arbeitete nach der Lehre als Schmied, 1908 Mitglied der SPD. Im Weltkrieg Soldat, übersiedelte nach dem Krieg nach Köln. Er schloß sich der USPD an und kam mit deren linkem Flügel 1920 zur KPD. Aktiver Funktionär im Bezirk Mittelrhein, Mitglied der BL und 1924 und 1928 Kandidat bei den Reichstagswahlen (aber nicht gewählt). Der XII. Parteitag der KPD 1929 berief Büser als Betriebsarbeiter (er war Angestellter der städtischen Verkehrsbetriebe Köln und seit 1927 Betriebsratsvorsitzender des Gesamtbetriebsrats) zum Mitglied des ZK. Von 1925 bis 1929 auch Stadtverordneter der KPD in Köln. Da er bei den anstehenden Neuwahlen im Herbst auf einen aussichtslosen Listenplatz gesetzt wurde, soll er sich an dem KPD-Funktionär ▸ Michael Sommer »gerächt« haben, indem er diesen wegen des ungerechtfertigten Benutzens der Freifahrkarte denunzierte. Büser wurde von den städtischen Betrieben gekündigt und ging zeitweilig als Parteisekretär nach Stuttgart.

Das Polbüro sprach Büser am 4. Oktober 1929 eine »scharfe Rüge« aus. Anfang Februar 1930 noch zum Vorsitzenden des II. Bezirkskongresses der RGO in Stuttgart gewählt. Eine in Moskau in den dreißiger Jahren gefertigte Aufstellung der auf dem XII. Parteitag gewählten Mitglieder und Kandidaten des ZK der KPD vermerkte, Büser sei 1931 wegen »Korruption« bzw. Schlägerei unter Freunden aus der Partei ausgeschlossen worden. Das Polbüro hatte in seiner Sitzung vom 14. Januar 1931 den »Fall Büser« als »erledigt« erklärt. Im Frühjahr 1931 soll ein Brief Büsers an den Kölner Oberbürgermeister Adenauer bekannt geworden sein, in dem er Adenauer um eine Wiederbeschäftigung im Dienst der Stadt Kölns gebeten habe. Die BL Mittelrhein gab bekannt, »Büser«, ein »wild gewordener Bürger, aber kein revolutionärer Arbeiter«, sei bereits 1930 aus der Partei ausgeschlossen worden. Wie bei »Abweichlern« üblich, wurde auch beim ZK-Mitglied Büser versucht, ihn zu kriminalisieren. Nach 1933 mehrfach verhaftet, trat er nach 1945 nicht mehr politisch hervor. Joseph Büser starb am 1. September 1954 in Köln-Ehrenfeld.

▸ Buhler, Alfred (* 1890 – † 1977)

Geboren am 14. Januar 1890 in Bürgel/Thüringen, Sohn eines Schneiders; Lichtdruck-Retuscheur bzw. Stockarbeiter in Bürgel. 1908 Mitglied der SPD und des Verbandes der Lithographen und Steindrucker. 1910/11 besuchte Buhler in Jena Kurse von ▸ Otto Rühle. Von 1915 bis 1918 Frontsoldat. Nach seiner Rückkehr Mitbegründer der USPD in Bürgel, wurde 1920 Mitglied der KPD und Delegierter des VII. Parteitages 1921. 1922 hauptamtlicher UB-Leiter der KPD in Sangerhausen und Merseburg, dann Übersiedelung nach Rostock und dort bis 1927 Sekretär der KPD des UB Rostock sowie 1924 Landtagsabgeordneter von Mecklenburg-Schwerin. Von 1921 bis 1924 Mitglied des ZA der KPD für Mecklenburg. Der VIII. Parteitag 1923 berief Buhler in die Beschwerdekommission. Zwar im Mai 1927 wieder in den Landtag gewählt, wurde er Ende August 1927 aus der KPD ausgeschlossen, angeblich wegen »Unregelmäßigkeiten«; doch wurde bekannt, daß es politische Differenzen gegeben hatte, da Buhler auf dem linken Parteiflügel stand. Er blieb zunächst als Fraktionsloser bis 1929 im Landtag, schloß sich zeitweilig der SPD an, trat aber 1929 wegen deren Zustimmung zum Panzerkreuzerbau wieder aus. 1929 Rückkehr nach Bürgel und Vorsitzender des dortigen Arbeitslosen-Ausschusses. 1933 zeitweilig in »Schutzhaft«, dann bis 1939 Arbeiter beim Autobahnbau, 1940 bis 1945 Hilfsschreiber in den Zeiss-Werken in Jena. Von 1945 bis 1947 Angestellter beim Arbeitsamt in Eisenberg, 1945 trat Buhler wieder der KPD bei. Er war 1947 Kassenbote der Stadtsparkasse Eisenberg, bis er 1949 Lektor an der SED-Kreisparteischule »Magnus Poser« in Jena wurde und ein Jahr später Lehrer an der Betriebsparteischule in Hartmannsdorf. Zuletzt Instrukteur des Rates des Kreises Eisenberg. Alfred Buhler starb am 31. Mai 1977.

▸ Bulian, Otto (* 1886 – † 1937)

Geboren am 21. März 1886 in Granowka/Krs. Thorn. In der Kindheit Übersiedlung nach Berlin, Lehre als Maschinenformer, anschließend in seinem Beruf tätig. Vor dem Weltkrieg Mitglied der SPD, seit Gründung der Partei 1919 in der KPD aktiv. 1923 im Militärapparat und anschließend im »Ordner-Dienst« der KPD tätig. Im Oktober 1925 wegen dieser illegalen Arbeit zu zweieinhalb Jahren Gefängnis verurteilt. Nach der Entlassung aus dem Gefängnis in den hauptamtlichen Apparat übernommen, 1929 kurze Zeit auch Sekretär für Gewerkschaftsfragen der BL Berlin-Brandenburg. 1928 Kandidat für die Reichstagswahlen, aber nicht gewählt. Bulian war bis 1933 wieder im AM-Apparat tätig, dort vor allem für Waffenbeschaffung verantwortlich. Er emigrierte in die Sowjetunion, wurde dort während der Stalinschen Säuberungen 1937 verhaftet und kam ums Leben.

▸ Burde, Fritz (Burchard) (* 1901 – † 1937)

Geboren am 20. September 1901 in Berlin, lernte Schlosser. 1920 trat er der KPD bei, Mitte der zwanziger Jahre übte er wichtige Funktionen im illegalen AM-Apparat ▸ Hans Kippenbergers aus. 1932 kam er nach Moskau und arbeitete 1933/34 in Dänemark, Schweden und der ČSR, danach wieder in Moskau in der 4. Abteilung der Verwaltung »Aufklärung« der Roten Armee. Am 7. September 1937 verhaftet, wurde Fritz Burde zum Tode verurteilt und am gleichen Tag erschossen.

▸ Busse, Ernst (* 1897 – † 1952)

Geboren am 24. November 1897 in Solingen als Sohn eines Schleifers; lernte auch Schleifer. 1916/17 Soldat, wegen Krankheit in die Rüstungsindustrie entlassen. 1918 Mitglied des Spartakusbundes, 1919 der KPD, ehrenamtlich Referent der BL Rheinland-Westfalen. 1925 in München-Gladbach zum hauptamtlichen DMV-Sekretär gewählt, blieb er bis 1930 in dieser Funktion. 1930 Ausschluß aus dem DMV. 1931 zusammen mit ▸ Bernhard Bästlein Leiter des Sekretariats der RGO im Bezirk Köln-Aachen-Trier. Im Juli 1932 im Wahlkreis Koblenz-Trier in den Reichstag gewählt, dem er bis März 1933 angehörte. Ab Januar 1933 RGO-Leiter in Thüringen, leistete er bis zu seiner Verhaftung im Oktober 1933 in Erfurt illegale Arbeit. Im November 1934 vom VGH zu drei Jahren Zuchthaus verurteilt, die er in Kassel-Wehlheiden verbüßte. Ab 1937 im KZ Buchenwald. Dort gehörte er zum illegalen »Parteiaktiv« und war deutscher Vertreter im Internationalen Lagerkomitee. Als Blockältester, 1. Lagerältester und zuletzt Kapo im Krankenbau, besaß er eine einflußreiche Position in der von der SS geduldeten Lagerselbstverwaltung. Nach der Befreiung stellvertretender Chef der Polizei in Weimar, leitete er die KPD-BL Thüringen. Nachdem die US-Besatzungstruppen abgezogen und die SMA gebildet war, wurde Busse 1. Vizepräsident der Landesverwaltung Thüringen bzw. ab Herbst 1946 Innenminister. 1946/47 gehörte er dem Sekretariat des SED-LV Thüringen an. Gegen Busse gab es seitens der Berliner KPD-Zentrale mehrere Untersuchungen und Anschuldigungen wegen seiner Rolle als Lagerältester in Buchenwald und Kapo im Krankenbau.

Er wurde 1947 aus Thüringen nach Berlin berufen und als Vizepräsident der Deutschen Zentralverwaltung für Land- und Forstwirtschaft politisch »kaltgestellt«. Gegen Busse ermittelten dann auch sowjetische Stellen wegen des Vorwurfs von Liquidierungen russischer Häftlinge im Krankenbau des KZ Buchenwald. Am 29. März 1950 zu einer Besprechung nach Berlin-Karlshorst einbestellt, wurde er dort vom NKWD verhaftet. Am 27. Februar 1951 wurde Busse vom Militärtribunal der sowjetischen Garnison in Berlin aufgrund des Kontrollratsgesetzes Nr. 10 als »Kriegsverbrecher« zu lebenslänglicher Lagerhaft verurteilt und am 11. Juni 1951 in das Sonderlager Nr. 6 in Workuta eingeliefert. Dort ist Ernst Busse am 31. August 1952 im Schacht 1 infolge der unmenschlichen Haftbedingungen umgekommen. Seine Frau bekam jahrelang keine Auskunft über seinen Aufenthalt, erst nach dem XX. Parteitag der KPdSU 1956 wurde ihr mündlich mitgeteilt, daß Busse verstorben sei. Durch die ZPKK der SED 1956 »nichtöffentlich rehabilitiert«, blieb er dennoch über dreißig Jahre in der DDR eine »Unperson«, 1990 hat ihn die PDS dann öffentlich »rehabilitiert«.

▸ Bussow, Carl (* 1887 – † 1972)

Am 24. Januar 1887 in Boizenburg geboren, übersiedelte er 1905 nach Hamburg und wurde Hafenarbeiter. Bussow kam mit der linken USPD 1920 zur KPD, in der er verschiedene Funktionen ausübte, u. a. wurde er 1924 Mitglied der Hamburger Bürgerschaft. 1926 als Ultralinker aus der KPD ausgeschlossen, legte Bussow sein Mandat nieder und zog sich aus der Politik zurück. Carl Bussow starb am 3. September 1972.

C

▸ Callam, Albert (* 1887 – † 1956)

Geboren am 31. Januar 1887 in Stolp/Pommern, Sohn eines Bautechnikers, ab dem 11. Lebensjahr Waise. Maurer und Fliesenleger in verschiedenen Städten Deutschlands und der Schweiz. 1907 Mitglied der SPD, bis 1914 politische Arbeit in der Schweiz (u. a. mit ▸ Fritz Heckert). Von 1915 bis 1918 Soldat. 1916 schloß er sich der Spartakusgruppe in Chemnitz an und wurde 1917 Mitglied der USPD, 1919 der KPD. Er war bis 1933 Geschäftsführer von KPD-Verlagen und Druckereien u. a. der »Neuen Zeitung« in Jena. Zeitweise leitete er auch den Verlag des Zentralorgans »Die Rote Fahne«. Auf dem VIII. Parteitag 1923 in Leipzig in die Revisionskommission der KPD gewählt. Callam wurde am 30. April 1933 in Breslau verhaftet und bis Februar 1934 im KZ Esterwegen festgehalten, emigrierte im Mai 1934 nach Prag, 1937 nach Frankreich. Hier war er u. a. für den Druck illegaler Materialien der KPD-Auslandsleitung zuständig. Im September 1939 interniert, gelang Callam im Dezember 1941 die Ausreise nach Mexiko, wo er von 1942 bis 1946 als Verlagsleiter bzw. Geschäftsführer der Zeitschrift »Freies Deutschland« tätig war. Im Mai 1946 reiste er gemeinsam mit ▸ Alexander Abusch und ▸ Paul Merker über Wladiswostok nach Deutschland, wo sie im Juli 1946 in Berlin eintrafen. Er wurde Mitglied der SED, zeitweilig Geschäftsführer beim Berliner Verlag. Albert Callam starb am 1. März 1956.

▸ Charpentier, Fritz (* 1869 – † 1928)

Am 22. Dezember 1869 in Norden/Aurich geboren, nach dem Besuch der Bürger- und Handelsschule in einer Privaten Lehranstalt zum Kaufmann ausgebildet. Kaufmann und Reisender im Rheinland und im Ruhrgebiet, trat er vor dem Weltkrieg der Sozialdemokratie bei. Als Kriegsgegner 1917 Mitglied der USPD, 1919 Parteisekretär in Solingen. Mit dem linken Flügel der USPD (Delegierter des Spaltungsparteitags) kam Charpentier 1920 zur KPD, übernahm als Sekretär die Leitung des UB Solingen. Ab 1921 Abgeordneter des Preußischen Landtags. Als Levi-Anhänger und Gegner der März-Aktion, wurde er im Herbst 1921 in einer Funktionärssitzung von Vertretern der »Offensivtheorie« niedergeschlagen und verletzt. Charpentier blieb nach einigen Schwankungen (kurze Zeit gehörte er im Landtag zur »Kommunistischen Arbeitsgemeinschaft« ▸ Paul Levis) in der KPD, er wurde Parteisekretär in Elberfeld. Anfang 1924 als Anhänger der Mittelgruppe Chefredakteur der Remscheider »Bergischen Volksstimme«. Im Juli 1924 von den Linken dieser Funktion enthoben und 1924 nicht wieder in den Landtag gewählt. Wegen seiner Aktivität bei den Aufstandsvorbereitungen 1923 polizeilich gesucht, emigrierte er nach Sowjetrußland, lebte in Leningrad und geriet in Opposition zum dortigen System. Die sozialdemokratische Presse berichtete 1928, Charpentier sei in Leningrad erschossen worden. Diese Meldung wies die »Rote Fahne« zurück und schrieb, Charpentier sei längere Zeit krank gewesen, im Juli in ein Moskauer Krankenhaus eingeliefert worden und dort am 2. August 1928 gestorben. Da die

Gerüchte, Fritz Charpentier sei 1928 in der Sowjetunion im Gefängnis umgekommen, nicht verstummten, kam es zu Auseinandersetzungen in der rheinischen KPD.

▸ Chemnitz, Walter (* 1901 – † 1947)

Geboren am 10. September 1901 in Rudolstadt/Thüringen, lernte Maurer. Von 1926 bis 1933 in der Stadtverordnetenversammlung in Lörrach/Baden für die KPD aktiv, wurde im Oktober 1929 in den Badischen Landtag und im September 1930 in den Reichstag gewählt, dem er bis März 1933 angehörte. Walter Chemnitz war Vorsitzender der RGO-BL Baden-Pfalz. Anfang 1933 hielt sich Chemnitz in der Schweiz auf und wurde wegen politischer Betätigung ausgewiesen, im April 1933 in Deutschland verhaftet und in das KZ Kislau gebracht. Nach seiner Freilassung emigriert, während des Spanischen Bürgerkrieges Soldat der Internationalen Brigaden. 1938 schwer verwundet, kehrte Chemnitz nach Deutschland zurück, arbeitete als Maurer in Rudolstadt und wurde dort im August 1938 verhaftet. Nach einem langjährigen Zuchthausaufenthalt gegen Kriegsende noch in eine Strafeinheit gepreßt. An der Ostfront eingesetzt, geriet er in sowjetische Kriegsgefangenschaft. Walter Chemnitz starb am 2. Oktober 1947 in Kuibyschew (Samara).

▸ Chmiel, Markus (* 1897 – † ?)

Geboren am 10. April 1897 in Ostrolenka; Arbeiter, war 1918 Soldat und für die Spartakusgruppe aktiv. Vorsitzender der kleinen Gruppe von Spartakusanhängern in Bismarckhütte und Beuthen in Oberschlesien, kam als Delegierter zum Gründungsparteitag der KPD Ende 1918 nach Berlin. Chmiel wurde in die nach langer Debatte vom Gründungsparteitag gebildete Programmkommission (von 15 Mitglieder) für Bismarckhütte gewählt. Über seinen weiteren Lebensweg ist kaum etwas bekannt, vermutlich ging er zur KAPD. Nach 1933 gegen die NS-Diktatur aktiv, wurde er allerdings noch im Januar 1937 von der Gestapo gesucht und sollte festgenommen werden. Doch Markus Chmiels Aufenthalt blieb unbekannt, ebenso sein weiteres Schicksal.

▸ Chwalek, Roman (* 1898 – † 1974)

Geboren am 24. Juli 1898 in Woinowitz/Oberschlesien, Sohn eines Eisenbahners; Lehre in einer Maschinenfabrik. 1915 bis 1918 Militärdienst. Er wurde 1918 Mitglied im Eisenbahnerverband und der USPD. Chwalek arbeitete von 1919 bis 1930 als Schlosser im Reichsbahnausbesserungswerk in Oppeln und war dort 1. Vorsitzender des Betriebsrates. 1920 trat er der KPD bei und blieb bis 1931 in der KPD-BL Oberschlesien. Für die KPD von 1924 bis 1930 Stadtverordneter in Oppeln, wurde im September 1930 im Wahlkreis Oppeln und im Juli 1932 im Wahlkreis Liegnitz in den Reichstag gewählt, dem er bis März 1933 angehörte. Chwalek war zunächst Reichsleiter der Industriegruppe Eisenbahn der RGO und ab November 1932 Orgleiter des Reichskomitees der RGO. 1933 illegale Arbeit, im September 1933 verhaftet und im August 1934 vom VGH zu drei Jahren Zuchthaus verurteilt, die er in Luckau verbüßte, anschließend im KZ Sachsenhausen. Im Juni 1939 freigelassen, lebte er dann bis 1945 als Schlosser in Berlin-Neukölln. Im Mai 1945 gehörte er zu den Mitunterzeichnern des Aufrufs des Vorbereitenden Gewerkschaftsausschusses für Groß-Berlin. Als Kommunist Vorsitzender des FDGB in Berlin, von 1946 bis 1955 Mitglied des FDGB-Bundesvorstandes und von 1949 bis 1951 Vorsitzender des ZV der IG Eisenbahn in der SBZ/DDR. Chwalek wurde 1950 Minister für Arbeit und 1953/54 für Eisenbahnwesen in der Regierung Grotewohl. Im Mai 1954 als Minister abberufen. Denn die ZPKK der SED besaß eine schriftliche Erklärung, in der er sich anläßlich seiner Entlassung aus dem KZ gegenüber der Gestapo verpflichtet hatte, jegliche politische Tätigkeit gegen das NS-Regime künftig einzustellen. Ab November 1954 bis 1968 Vorstandsmitglied bzw. Stellvertreter des Präsidenten des Verbandes Deutscher Konsumgenossenschaften in der DDR. Er erhielt 1968 den Karl-Marx-Orden. Roman Chwalek starb am 27. November 1974.

▸ Creutzburg, August (* 1892 – † 1941)

Geboren am 6. März 1892 in Fischbach/Thüringen, Sohn des Tischlers Friedrich Creutzburg; er lernte Maler und Lackierer. Bis 1912 arbeitete er an verschiedenen Orten als Tüncher. Am 1. Mai 1908 Eintritt in die SPD und im Mai 1909 in die Gewerkschaft. Von 1912 bis 1918 Soldat. 1917 Mitglied der USPD, wurde er Anfang Dezember 1918 zum Vorsitzenden der USPD des Freistaates Gotha gewählt und kam als beratender Sekretär in die von der USPD geführte Regierung. Während des Kapp-Putsches im März 1920 Kommandant der 1. Thüringer Volkswehrarmee. Ab Mai 1920 besoldeter Sekretär der USPD in Jena, setzte er sich 1920 für die Vereinigung mit der KPD ein. Ab Dezember 1920 KPD-Sekretär in Jena, im Juni 1923 wurde er Orgleiter des Bezirks Magdeburg, den er ab Mai 1924 als Polleiter führte. Im Mai 1924 im Wahlkreis Magdeburg in den Reichstag gewählt, dem er bis 1928 und von 1930 bis 1933 (Wahlkreis Thüringen) angehörte. Als einer der »Feuerwehrleute« des ZK ständig in verschiedene Bezirke versetzt, in denen die Zentrale Schwierigkeiten hatte, gehörte er nie zu einer Oppositionsgruppe.

Im August 1924 wurde Creutzburg Polleiter des KPD-Bezirks Wasserkante, den er auf dem X. Parteitag im Juli 1925 vertrat (er war Teilnehmer fast aller anderen Parteitage). Noch im Oktober 1925 Polleiter des Bezirks Niederrhein, dann Ende 1925 einige Zeit Sekretär in Thüringen und ab Ende 1926 Orgleiter im Bezirk Niederrhein. Ende 1927 wurde er als »Kommissar« des ZK in den Bezirk Pfalz versetzt, um dort die ultralinke Führung zu isolieren. Im August 1928 Orgleiter des Bezirks Ruhr in Essen, ein Jahr später, im Juli 1929, nach Berlin berufen. Hier übernahm Creutzburg bis März 1933 die Leitung der wichtigen Orgabteilung des ZK. Anschließend illegal als Instrukteur in Berlin, aber da er sich nicht »bewährte«, im Dezember 1933 in die Emigration geschickt. Zunächst von der ČSR aus am Aufbau von Grenzstellen beteiligt, anschließend Abschnittsleiter West in Amsterdam. Von Februar 1935 bis Mitte April 1935 in holländischer Haft. Über Frankreich kam Creutzburg in die Sowjetunion, wo er unter dem Parteinamen Krieger/Röhmer lebte. Hier begann 1936 ein Parteiverfahren der IKK wegen nicht-konspirativen Verhaltens in den Niederlanden (die Untersuchung führte ▸ Herbert Wehner). Creutzburg wurde als Redakteur an die »Deutsche Zentral-Zeitung« nach Engels an die Wolga versetzt.

Seine Frau, **Cläre Vater** (* 6. 5. 1900 – † 3. 9. 1984), mit der er seit 1929 zusammenlebte, folgte ihm im Herbst 1936 in die ASSR der Wolgadeutschen. Sie war die Tochter des Magdeburger KPD-Funktionärs ▸ Albert Vater. 1919 Mitglied der KPD, arbeitete sie als Sekretärin in den BL Magdeburg und Chemnitz bzw. in der Zentrale der KPD in Berlin. 1928 wurde sie aus dem hauptamtlichen Apparat der Roten Hilfe entlassen, weil sie sich mit deren Generalsekretär ▸ Jakob Schloer solidarisiert hatte. Danach bis 1933 Sekretärin in der sowjetischen Handelsvertretung in Berlin. In Moskau 1935/36 Stenotypistin beim EKKI. Am 20. September 1937 wurde ihre Tochter Tamara geboren.

Am 8. Februar 1938 wurde August Creutzburg (im Juni 1938 Cläre Vater) vom NKWD verhaftet und am 28. Oktober 1938 vom Militärkollegium wegen »Beteiligung an Spionage und terroristischer Tätigkeit« zum Tode verurteilt. Seine Strafe wurde in 25 Jahre Lagerhaft umgewandelt und er in ein Arbeitslager im Saratower Gebiet verbannt. Creutzburg machte verzweifelt mehrere Eingaben, darunter an Stalin, und bat um die Aufhebung des Urteils und um seine Freilassung. Resignierend stellte er zuletzt einen Antrag auf Ausreise nach Nazi-Deutschland. August Creutzburg wurde am 11. September 1941 im Wald von Orlow erschossen. Seine juristische Rehabilitierung erfolgte erst im Jahre 1998.

Cläre Vater, zu acht Jahren Lagerhaft verurteilt, wurde zusammen mit Margarete Buber-Neumann von Moskau aus und gegen ihren Protest am 24. Februar 1940 mit ihrer nun zweijährigen Tochter Tamara nach NS-Deutschland ausgeliefert. Hier am 7. November 1940 zu eineinhalb Jahren Gefängnis verurteilt, arbeitete sie nach ihrer Freilassung aus dem Zentralen Frauengefängnis in Leipzig als Sekretärin in einer Textilfabrik. Nach 1945 war sie Dezernentin im Arbeitsamt in Berlin-Reinickendorf. 1946 trat sie der SED bei, war ab August 1946 Referentin in der Deutschen Zentralverwaltung für Verkehr. Im Zusammenhang mit der Artikelserie Margarete Buber-Neumanns in westlichen Medien über die stalinistischen Säuberungen mußte Cläre Vater im August 1949 eine Erklärung abgeben, in der sie fälschlich die Verfolgung und Haft in der Sowjetunion bestritt. In Berlin hat sie nach 1945 mit ▸ Ernst Wollweber, dem späteren Minister für Staatssicherheit zusammengelebt.

▸ Creutzburg, Richard (* 1905 – † 1936)

Geboren am 21. Januar 1905 in Tabarz/Thüringen. Sohn eines Tischlers (Bruder von ▸ August Creutzburg), wurde Fabrikarbeiter. Anfang der zwanziger Jahre im Bezirk Mittelrhein Funktionär des Kommunistischen Jugendverbandes. 1923 als Rechter vom Posten des Jugendleiters abgewählt. 1925 zunächst Redakteur der »Sozialistischen Republik« in Köln, später politischer Redakteur (kurzzeitig Chefredakteur) an anderen kommunistischen Organen, wie der »Freiheit« in Düsseldorf, der »Arbeiter-Zeitung« in Mannheim, zuletzt noch Redakteur der »Roten Fahne«. Creutzburg wurde 1928 von der KPD zum Studium an die Komintern-Schule nach Moskau geschickt, aber schon Anfang 1929 aus der UdSSR ausgewiesen. Als rechter Kommunist war er angeblich »Mitglied einer Geheimorganisation, die sich als Ziel den Kampf gegen die Sowjetunion und die KPdSU gesetzt hat«. Aus der KPD ausgeschlossen, ging er zur KPO und war für diese aktiv. Als Erwerbsloser lebte er in schlimmer Armut. Im August 1936 beging Richard Creutzburg Selbstmord (im Rhein), nach anderen Angaben wurde er von den Nazis ermordet.

D

▸ Däumig, Ernst (* 1866 – † 1922)

Geboren am 25. November 1866 in Merseburg, begann nach dem Besuch des Gymnasiums in Halle ein Studium der Theologie, was er jedoch nicht beendete. Von 1887 bis 1893 diente er in der Französischen Fremdenlegion und war von 1893 bis 1898 kaiserlicher Offizier in Deutschland. 1898 trat er der SPD bei und war ab März 1901 kurzzeitig Redakteur der »Reußischen Tribüne« in Gera, dann bis 1908 Redakteur am »Volksblatt« in Halle, hier auch Vorstandsmitglied im sozialdemokratischen Wahlverein und Vorsitzender des Bildungsausschusses. Von 1908 bis 1911 Redakteur an der »Tribüne« in Erfurt, ab 1911 am »Vorwärts« in Berlin. Däumig hatte sich am 4. August 1914 mit acht weiteren Redakteuren des »Vorwärts« in einer Erklärung gegen die Bewilligung der Kriegskredite durch die sozialdemokratische Reichstagsfraktion gewandt. Als Kritiker der Burgfriedenspolitik des Parteivorstandes wurde er im Oktober 1916 aus der Redaktion des »Vorwärts« entfernt. Die Mehrheit der oppositionellen Mitglieder im sozialdemokratischen Wahlverein Berlin und Umgebung setzten ihn als Redakteur ihres Mitteilungsblattes ein, ab 1917 Organ der Berliner USPD.

Däumig nahm im April 1917 am Gründungsparteitag der USPD in Gotha teil, zählte zum linken Flügel und wurde im Mai 1918 als Sekretär in das ZK der USPD berufen. Im Sommer 1918 einer der Führer der Revolutionären Obleute von Groß-Berlin, wählte ihn die Vollversammlung der Arbeiter- und Soldatenräte zum Mitglied des Vollzugsrats. Er sprach auf dem 1. Reichsrätekongreß im Dezember 1918 für das Rätesystem und gegen die Einberufung einer Nationalversammlung, lehnte aber als Delegierter der Revolutionären Obleute in Verhandlungen mit Vertretern des Spartakusbundes deren Anschluß an die KPD ab. 1919/20 war er Redakteur der Wochenschrift »Der Arbeiter-Rat« bzw. der Zeitschrift »Unser Weg«. Däumig trat 1919 für den Anschluß an die Kommunistische Internationale ein und wurde auf dem USPD-Parteitag im November/Dezember 1919 als führender Vertreter des linken Flügels einer der beiden USPD-Vorsitzenden (neben Arthur Crispien). Während des Kapp-Putsches gehörte er der Zentralen Streikleitung Groß-Berlins an. Däumig wurde im Juni 1920 im Wahlkreis Potsdam II als Abgeordneter in den Reichstag gewählt. Als Mitglied der USPD-Delegation beim II. Weltkongreß der Komintern in Moskau, plädierte er für die Annahme der 21 Bedingungen zur Aufnahme in die KI. Auf dem USPD-Spaltungsparteitag im Oktober 1920 in Halle erneut (mit ▸ Adolph Hoffmann) Vorsitzender der USPD (Linke).

Der Vereinigungsparteitag der USPD (Linke) mit der KPD im Dezember 1920 in Berlin wählte Däumig zusammen mit ▸ Paul Levi zum Vorsitzenden der Zentrale der VKPD. Auf der 2. Tagung des ZA im Februar 1921 unterstützte Däumig eine von Levi eingebrachte Resolution gegen die Haltung der Komintern zur Gründung der KP Italiens. Nachdem die Mehrheit der ZA-Mitglieder die Resolution ablehnte, verließ er mit ▸ Otto Brass, Adolph Hoffman, Levi und ▸ Clara Zetkin die Zentrale. Weil Däumig im April 1921 Levis Kritik an der März-Aktion beipflichtete, sprach der ZA ihm das Mißtrauen aus. Der endgültige Bruch mit der VKPD erfolgte im September

1921, als er mit Levi und anderen die Kommunistische Arbeitsgemeinschaft (KAG) bildete. Im Februar 1922 ging er dann wieder zur SPD. Ernst Däumig starb am 4. Juli 1922 in Berlin.

▸ Dahlem, Franz (* 1892 – † 1981)

Geboren am 14. Januar 1892 in Rohrbach/Lothringen, Sohn eines Eisenbahn-Weichenstellers. Aus Geldmangel mußte er die Oberrealschule verlassen und konnte nicht studieren. 1911 Lehrling in einer Saarbrücker Exportfirma, Eintritt in die Gewerkschaft und 1913 in Köln Mitglied der SPD. Von 1914 bis 1918 Kriegsteilnehmer. 1917 zur USPD übergetreten, wurde er bei Revolutionsausbruch in Allenstein/Ostpreußen in den Arbeiter- und Soldatenrat gewählt. Ende 1918 Rückkehr nach Köln, dort Redakteur des USPD-Organs »Sozialistische Republik«. 1919 Vorsitzender der USPD-Mittelrhein und Stadtverordneter in Köln, ging mit der linken USPD im Dezember 1920 zur KPD und wurde Vertreter des Bezirks Mittelrhein im ZA der VKPD. Von 1921 bis 1924 Abgeordneter des Preußischen Landtags. Nach der März-Aktion 1921 Anhänger der Levi-Gruppe, wandte sich Dahlem als Chefredakteur der »Sozialistischen Republik« in mehreren Leitartikeln gegen die Linie der Partei. Am 22. April 1921 schrieb er, die von der Partei geforderte Parteidisziplin bedeute eine Abwürgung der Diskussion. In einer Kölner Versammlung forderte Dahlem die »volle Diskussionsmöglichkeit in der Partei« und erklärte, die Taktik der KPD in der März-Aktion habe nicht den kommunistischen Grundsätzen entsprochen. Daraufhin setzte ihn die Zentrale Ende April ab. Aus Protest dagegen besetzten Dahlems Anhänger Redaktion und Verlag. Dabei kam es zu tätlichen Auseinandersetzungen zwischen Gefolgsleuten der Zentrale und Anhängern ▸ Paul Levis bzw. Dahlems. Trotz des schweren Disziplinbruchs wurde Dahlem auf dem Bezirksparteitag Mittelrhein im Mai 1921 2. Vorsitzender (1. Vorsitzender war der Ultralinke ▸ Peter Mieves). Er distanzierte sich nun von Levi und wurde von Juli bis Oktober 1922 als Berater der KP Frankreichs nach Paris geschickt. Anfang 1923 Obersekretär für das Rheinland, dort von der französischen Besatzung ausgewiesen, kam er als Redakteur der »Roten Fahne« nach Berlin. Zeitweise in der Orgabteilung und bei der »Inprekorr«, Ende 1925 für kurze Zeit Polleiter von Thüringen.

Er leitete von 1926 bis 1928 die Orgabteilung des ZK der KPD. Auf dem XI. Parteitag 1927 als Mitglied ins ZK gewählt und 1928 (nach der Wittorf-Affäre) ins Polbüro berufen, bestimmte ihn der XII. Parteitag 1929 erneut in diese Funktionen. Abgeordneter des Reichstags (Wahlkreis Potsdam II) von Mai 1928 bis 1933. Im November 1930 wurde Dahlem Reichsleiter der RGO (bis zur Ablösung durch ▸ Fritz Schulte im Juni 1932). Als Spitzenführer der KPD wurde er Ende 1932 als Anhänger der Neumann-Gruppe gemaßregelt, blieb aber Polbüromitglied und Mitarbeiter der Gewerkschaftsabteilung in Berlin. Im Mai 1933 nach Paris emigriert, gehörte er dort (und später in Prag) zur KPD-Auslandsleitung. Dahlem schloß sich zunächst im Polbüro der Gruppe Schubert-Schulte-Florin an (diese hatte die Mehrheit gegen ▸ Walter Ulbricht und ▸ Wilhelm Pieck), schwenkte jedoch Ende 1934 um und wurde 1935 und 1939 wieder ins ZK und Politbüro der KPD berufen. Der VII. Weltkongreß im Juli 1935, an dem er als Hauptreferent für die KPD auftrat, wählte ihn zum Kandidaten des EKKI. Von Februar bis Juli 1934 illegal in Deutschland, wurde er danach gemeinsam mit Ulbricht Leiter der sogenannten operativen Auslandsleitung der KPD in Paris.

Im Spanischen Bürgerkrieg war er zusammen mit André Marty und Luigi Longo Mitglied der Zentralen Politischen Kommission der Interbrigaden. Dahlem wurde im Sommer 1938 als Nachfolger Ulbrichts bzw. ▸ Paul Merkers Leiter des Pariser KPD-Sekretariats. Im September 1939 in Frankreich interniert, wandte sich Dahlem an den französischen Ministerpräsidenten Daladier und forderte die Einreihung der KPD-Emigranten in die französische Armee und bot der Regierung enge Zusammenarbeit im Kampf gegen Hitler an. Am 4. August 1942 an Hitler-Deutschland ausgeliefert, wurde Dahlem nach achtmonatiger Bunkerhaft in der Gestapozentrale ins KZ Mauthausen gebracht, aus dem er am 7. Mai 1945 befreit wurde. Die Rote Armee brachte ihn nach Moskau, von dort kam er mit Wilhelm Pieck nach Deutschland zurück. Als Kaderleiter der KPD bzw. der SED gehörte Dahlem bis 1952 den höchsten Parteigremien an. Zugleich war er als Leiter der Westkommission der SED faktisch der Führer der westdeutschen KPD. Wegen seiner Popularität innerhalb der SED und der KPD galt er als Rivale Ulbrichts. Im Zusammenhang mit der Merker-Affäre 1950 geriet Dahlem verstärkt ins Blickfeld der ZPKK. Schrittweise entmachtet, wurde er im Dezember 1952 wegen »kaderpolitischer Fehler« gerügt. Das ZK der SED enthob ihn am 15. Mai 1953 aller Funktionen »wegen politischer Blindheit gegenüber der Tätigkeit imperialistischer Agenten«. Da er Selbstkritik ablehnte, wurde seine ganze Vergangenheit aufgerollt; ▸ Herman Matern, Leiter der ZPKK der SED, verurteilte vor allem Dahlems Haltung in Frankreich 1939. Dahlem erhielt im Januar 1954 eine »strenge Rüge«, Parteiausschluß und Verurteilung in einem Schauprozeß waren bedrohlich nahe. Die inzwischen in der Sowjetunion begonnene Entstalinisierung rettete ihn. 1955 kam Dahlem als Abteilungsleiter, dann als stellvertretender Staatssekretär in das Staatssekretariat für Hochschulwesen. Im Juli 1956 rehabilitiert, kam er im Januar 1957 bis zu seinem Tod auch wieder ins ZK der SED. Er erhielt alle wichtigen Orden, darunter 1962 den Karl-Marx-Orden und wurde 1971 sogar Ehrenbürger der französischen Stadt Ivry-Sur-Seine. Doch seinen politischen Einfluß konnte Dahlem nie wieder erlangen. Er veröffentlichte 1977/78 zwei Erinnerungsbände: »Am Vorabend des Zweiten Weltkrieges« und 1982 erschien der erste Teil seiner Memoiren: »Vom katholischen Arbeiterjungen zum proletarischen Revolutionär«. Franz Dahlem starb am 17. Dezember 1981 in Ost-Berlin.

Seine Frau (seit 1919) **Käte Dahlem** (* 20. 3. 1899), geb. Weber, wurde 1913 Mitglied der Arbeiterjugend, 1917 der USPD, engagierte sich später in der KPD. Im Juli 1933 emigriert, war sie Sekretärin ihres Mannes in Frankreich und in der Sowjetunion. Ab 1941 in Toulouse für die Résistance tätig. Im Oktober 1945 nach Deutschland zurückgekehrt, arbeitete sie 1948/49 im Sekretariat des DFD Groß-Berlin. Als sie 1952/53 ihren Mann verteidigte, wurde ihr am 25. August 1953 eine Partei-Rüge erteilt. 1974 erhielt sie den Karl-Marx-Orden. Käte Dahlem starb am 25. Dezember 1974 in Ost-Berlin.

Die Tochter **Luise Dahlem** (* 1919 – † 1957) war von 1939 bis 1955 mit dem KPD-Funktionär ▸ Karl Mewis verheiratet. Sie arbeitete ab 1939 für die AL Nord der KPD in Stockholm. Nach ihrer Rückkehr Studium an der Berliner Universität, ab 1949 Redakteurin der Zeitschrift des WBDJ »Weltjugend« und der FDJ-Funktionärszeitschrift »Junge Generation«. Dahlems Sohn **Robert Dahlem** (* 1922 – † 1976) emigrierte 1933 mit der Mutter und der Schwester nach Frankreich und kam im April 1935 in die Sowjetunion. Hier ab 1938 Mitglied des Komsomol; wohnte zeitweise in Moskau bei der Familie des Kölner Architekten Kurt Meyer. Als Jugendlicher erlebte er die Verhaftung vieler deutscher Emigranten, darunter im November 1936 die von Kurt Meyer. Im Herbst 1941 nach dem Ural evakuiert, arbeitete Robert Dahlem als Hilfsdreher in einem Rüstungsbetrieb. Ab Ende 1944 Politinstrukteur in einem Kriegsgefangenenlager.

Mit Unterstützung des Vaters im November 1945 nach Deutschland zurück. Mitglied der KPD bzw. der SED. Ab März 1952 E-Schweißer auf der Warnowwerft in Rostock, er protestierte gegen die im Mai 1952 einsetzende Verdammung seines Vaters. Im Juni 1953 gehörte er zu den SED-Mitgliedern, die auf der Warnowwerft die Forderungen der streikenden Arbeiter unterstützten. Daraufhin verhaftet, einer sowjetischen Untersuchungskommission übergeben, aber freigelassen und nach Berlin gebracht. Aus der SED ausgeschlossen, flüchtete Robert Dahlem im Januar 1954 nach West-Berlin. Erich Mielke verlangte von den Dahlems eine persönliche »Rückholaktion«. Käte Dahlem suchte ihren Sohn auf, doch der lehnte es ab, in die DDR zurückzukehren. Robert Dahlem zog als Hafenarbeiter nach Hamburg, ging später nach Frankreich und kam 1959 schwerkrank als Invalide wieder in die DDR.

▸ Damerius (Koenen), Emmy (* 1903 – † 1987)

Geboren am 15. März 1903 in Rosenthal als Emmy Zadach, aufgewachsen in Berlin. Die Tochter einer Köchin wurde Werkstattschreiberin, anschließend Arbeiterin in Berlin. 1924 Mitglied der KPD. Emmy Damerius, die in erster Ehe mit Helmut Damerius (* 16. 12. 1905 – † 29. 9. 1985) verheiratet war, arbeitete ehrenamtlich für den RFMB, ab 1928 als Stenotypistin, später als Journalistin bei der KPD-nahen Abendzeitung »Welt am Abend«. 1932 leitete sie gemeinsam mit ▸ Else Meyer und ▸ Helene Kirsch die Frauenabteilung der KPD-BL Berlin-Brandenburg. Ende 1932 nahm sie am letzten Lehrgang der Reichsparteischule in Berlin-Fichtenau teil. Noch am 5. März 1933 im Wahlkreis Potsdam II in den Preußischen Landtag gewählt. Dann arbeitete sie illegal als Instrukteurin. Im Sommer 1934 über die ČSR in die UdSSR emigriert, kam sie bis 1935 ins Frauensekretariat der Komintern. 1935/36 Studium an der KUNMS. Im Januar 1937 im Auftrag der Komintern illegale Arbeit in der Schweiz, u. a. mit ▸ Konrad Blenkle in der AL Süd sowie für die illegale »Süddeutschen Volksstimme«. Emmy Damerius heiratete 1937 ▸ Wilhelm Koenen, beide emigrierten 1938 nach Großbritannien. Im Mai 1940 in London verhaftet, blieb sie bis 1941 auf der Isle of Man interniert und war nach ihrer Entlassung in der »Freien Deutschen Bewegung Großbritanniens« aktiv.

Im Dezember 1945 Rückkehr nach Deutschland und Mitbegründerin des Zentralen antifaschistischen Frauenausschusses. Sie folgte ihrem Mann nach Halle und Dresden und arbeitete als Redakteurin an der »Mitteldeutschen« und der »Sächsischen Zeitung«. Sie gehörte 1947 zu den Gründerinnen des DFD in der SBZ und war 1947/48 Stellvertretende Vorsitzende der Frauenorganisation und 2. Vorsitzende des DFD Sachsen. 1948 Nachfolgerin der parteilosen Ärztin Annemarie Durand-Wever als 1. Vorsitzende des DFD-Bundesvorstandes, trat sie bereits im Mai 1949 (offiziell aus gesundheitlichen Gründen) zurück. Von 1950 bis 1958 in der Redaktion der Zeitschrift »Die Wirtschaft«, ab 1958 lebte und arbeitete sie als freischaffende Autorin. Sie erhielt 1983 den VVO in Gold. Emmy Damerius-Koenen starb am 21. Mai 1987 in Ost-Berlin.

▸ Dankner, Hans (* 1908 – † 1943)

Geboren am 21. April 1908 in Dresden, lernte Gärtner. Er war zunächst in der Bündischen Jugend, ab 1927 im KJVD aktiv, wurde 1929/30 Leiter des KJVD-UB Leipzig und Mitglied des ZK des Jugendverbandes. Nach illegaler Tätigkeit im November 1933 verhaftet, wurde Dankner zu einem Jahr Gefängnis verurteilt. 1934 emigrierte er in die ČSR und war von 1935 bis 1938 Abschnittsleiter für die KPD Ostsachsen. Im besetzten Prag verhaftet und zu zwölf Jahren Zuchthaus verurteilt, anschließend 1943 an die Gestapo übergeben, wurde Hans Dankner 1943 in Auschwitz ermordet.

▸ Dannat, Adolf (* 1885 – † 1922)

Geboren am 25. Februar 1885 in Franzdorf/Krs. Insterburg. Von Beruf Former, arbeitete er später als Lagerhalter. Vor 1914 Mitglied der SPD, war er ein Schüler und Freund des linksradikalen Theoretikers Anton Pannekoek und gehörte im Krieg zum engeren Kreis der Linksradikalen um ▸ Johann Knief. Er beteiligte sich an der Gründung der Zeitung »Arbeiterpolitik« und nahm als Vertreter der IKD am Gründungsparteitag der KPD in Berlin teil. In der Bremer Räterepublik 1919 Volksbeauftragter, wurde er später Revisor und Beisitzer der KPD Bremen, 1920/21 Mitglied der Bremer Bürgerschaft. Adolf Dannat starb am 1. August 1922 in Bremen an Tuberkulose.

▸ Dannemann, Erna (* 1906 – † 1940)

Erna Wiegand wurde am 4. Mai 1906 in Berlin geboren. Sie arbeitete als Sekretärin und trat nach ihrer Heirat mit Wilhelm Dannemann 1926 der KPD bei. Im ZK angestellt, übersiedelte sie 1931 nach Moskau, wo sie in der Vertretung der KPD bei der Komintern tätig war. Dann in die Abteilung Internationale Beziehungen des EKKI übernommen und in verschiedenen Ländern für den illegalen Apparat (Deckname Therese Ring) aktiv. Mitte 1937 in die UdSSR zurückgekehrt, wurde sie dort am 29. September 1937 verhaftet und vom MKOG zu 15 Jahren Zwangsarbeit verurteilt. Erna Dannemann sollte 1940 aus dem Lager an der Kolyma nach Moskau zurückgebracht und an Nazi-Deutschland ausgeliefert werden. Sie ist aber auf dem Transport nach Wladiwostok bei einem Schiffsunglück umgekommen.

Ihr Mann **Wilhelm Dannemann** (* 1901) hatte ebenfalls im illegalen Parteiapparat gearbeitet. Er wurde am 27. Juli 1937 in Moskau verhaftet und am 24. Mai 1939 zu 20 Jahren Lager verurteilt. Wilhelm Dannemann kam im Gulag ums Leben, nach anderen Angaben wurde er im Mai 1939 vom NKWD erschossen.

▸ Dantz, Wilhelm (* 1886 – † 1948)

Geboren am 21. Juli 1886 in Hannover. Nach der Tischlerlehre in seinem Beruf tätig. Vor dem Weltkrieg Eintritt in die SPD, seit Gründung in der KPD. 1919 Vorsitzender der KPD Bremen-Hasbergen. Er gehörte 1920 zur KAP-Richtung und wurde Leiter der Allgemeinen Arbeiter-Union. Im gleichen Jahr trennte sich Dantz wieder von der KAP und kam zur KPD zurück. 1921 war er Vorsitzender der KPD Bremen und Delegierter des VII. Parteitages in Jena, von 1921 bis 1924 Abgeordneter der Bremer Bürgerschaft und Redakteur des Bremer Parteiorgans. Im Oktober 1924 als Rechter aus der KPD ausgeschlossen, aber nach der Fischer-Maslow-Ära 1925 wieder in die Partei aufgenommen, wurde Dantz hauptamtlicher KPD-Funktionär und 1926/27 abermals Bremer Bürgerschaftsabgeordneter. Ende 1928 erneut als Rechter aus der KPD ausgeschlossen, ging er im Juni 1929 zur SPD. Als Tischler tätig, trat er politisch nicht mehr hervor. Wilhelm Dantz starb am 28. Juni 1948 in Bremen.

▸ Danz, Hermann (* 1906 – † 1945)

Geboren am 18. Oktober 1906 in Niederschelderhütte/Westfalen, Sohn einer alleinstehenden Arbeiterin; wurde Schmied. 1923 Mitglied der KPD und Leiter der KJVD-Ortsgruppe Schmal-

kalden. Ende 1928 an die Internationale Leninschule nach Moskau delegiert, hier 1931/32 als Übersetzer am Moskauer Rundfunk tätig. 1932 Rückkehr nach Deutschland und vom ZK als Instrukteur nach Thüringen entsandt. Dort zuletzt Mitglied des Sekretariats der KPD-BL Thüringen in Erfurt. Danz wurde am 5. März 1933 noch in den Preußischen Landtag gewählt, daher aus der Polizeihaft entlassen, in der er seit Mitte Februar 1933 einsaß. Wieder in Freiheit, bemühte er sich als Orgleiter die illegale KPD im Bezirk Magdeburg-Anhalt aufzubauen. Am 17. November 1933 wurde Danz erneut festgenommen und im Juli 1934 vom Berliner Kammergericht zu drei Jahren Zuchthaus verurteilt, die er in Luckau und Brandenburg verbüßte. Nach der Freilassung 1937 arbeitete Danz in Magdeburger Betrieben. Wegen seiner Kontakte zu ▸ Anton Saefkow und ▸ Martin Schwantes am 9. Juli 1944 verhaftet und am 1. November 1944 vom VGH zum Tode verurteilt. Hermann Danz wurde am 5. Februar 1945 im Zuchthaus Brandenburg hingerichtet.

▸ Dattan, Otto (* 1875 – † 1938?)

Geboren am 16. Februar 1875 in Allstedt/Helme in Thüringen, Sohn eines Bäckermeisters. Nach kaufmännischer Lehre und Wanderschaft übernahm Otto Dattan 1902 in Elberfeld eine Drogerie. Im gleichen Jahr Mitglied der SPD, gehörte er deren linkem Flügel an. Ostern 1916 Teilnehmer der Antikriegskonferenz der Arbeiterjugend in Jena. 1916 vom Reichsgericht wegen antimilitaristischer Propaganda zu neun Monaten Gefängnis verurteilt. Eine schwere Erkrankung verhinderte seine Einberufung zum Militär. 1918 gehörte Dattan zu den Mitbegründern des Spartakusbundes in Elberfeld und war Delegierter des Gründungsparteitages der KPD. Er wurde Mitglied der UB-Leitung Barmen-Elberfeld und der BL Niederrhein. Im Dezember 1920 Delegierter des Vereinigungsparteitages mit der USPD, 1921 auf dem VII. Parteitag in die Zentrale Revisionskommission der KPD berufen. 1922/23 redigierte er die »Rote Arbeitertribüne«, eine KPD-Lokalzeitung für die Städte Elberfeld, Barmen und Hagen. Später arbeitete Dattan auch als Redakteur an der KPD-Zeitung »Freiheit« in Düsseldorf.

Als Anhänger des rechten Parteiflügels wurde er 1924 in den Hintergrund gedrängt, war aber 1924 und 1930 Listenkandidat für die KPD bei den Reichstagswahlen und ab 1927 gewähltes Ratsmitglied im Barmer Stadtparlament. Von 1929 bis 1933 führte er die KPD-Fraktion in der Wuppertaler Stadtverordnetenversammlung. In der Nacht zum 1. März 1933 wurde er verhaftet und kam in das KZ Brauweiler bei Köln. Anfang Juni konnte Dattan im Rheinland untertauchen bzw. später nach Saarbrücken und nach der Saar-

abstimmung nach Frankreich flüchten. Im August 1935 reiste er nach Leningrad und lebte ab Herbst 1935 bei seiner emigrierten Tochter Erika. Als anerkannter Politemigrant bekam er eine Pension und arbeitete als Bibliothekar in der Öffentlichen Staatsbibliothek in Leningrad. Dort wurde Dattan am 11. Februar 1938 verhaftet, am 21. Juni 1938 erfolgte sein Ausschluß aus der KPD. Die Verurteilung zu zehn Jahren Lagerhaft hat Otto Dattan nicht überlebt.
Seine Frau Amanda (* 1878 – † 1963) und sein Sohn Günter (* 1906 – † 1979), beide Mitglied der KPD, waren während der Nazizeit in Deutschland und bemühten sich nach 1945 vergebens um Aufklärung seines Schicksals. Als eine Delegation des KPD-Parteivorstandes ▸ Wilhelm Pieck zu dessen 75. Geburtstag im Januar 1951 gratulierte, fragte ihn die KPD-Landtagsabgeordnete und Wuppertaler Stadtverordnete, Ilse Kötting, nach dem Verbleib von Otto Dattan. Pieck antwortete mit der Lüge: Dattan sei während der Blockade Leningrads durch die Wehrmacht verhungert.
Seine Tochter **Erika Dattan** (* 29. 11. 1910 – † 23. 2. 1989), die ebenfalls 1938 verhaftet und wegen »Spionage« zu fünf Jahren Lagerhaft verurteilt wurde, durfte im April 1955 in die DDR. Sie hatte sich bereits in der Sowjetunion um die eigene sowie des Vaters Rehabilitierung bemüht. Vom Obersten Gericht der UdSSR wurde Otto Dattan im Jahre 1961 posthum rehabilitiert, sein genaues Todesdatum war bis heute nicht zu ermitteln.

▸ Daub, Philipp (* 1896 – † 1976)

Geboren am 21. Januar 1896 in Saarbrücken, Sohn eines Arbeiters; nach dem Besuch der Technischen Fachschule Metallarbeiter. 1918 Eintritt in die USPD und 1921 in die KPD. 1924 Stadtverordneter in Saarbrücken, 1926 Wahl zum Abgeordneten des Landesrates Saar. Von 1925 bis 1927 Verlagsgeschäftsführer der »Arbeiterzeitung« in Saarbrücken. Zunächst Orgleiter, dann von 1927 bis 1930 Polleiter des KPD-Bezirks Saar. Der XII. Parteitag wählte ihn 1929 als Kandidat ins ZK der KPD. Im April 1930 Polleiter des KPD-Bezirks Hessen, wurde im Oktober 1931 abgesetzt, da er (wie ▸ Joseph Schlaffer in Württemberg) die ultralinke Linie des ZK nicht genügend durchsetzte. Danach Instrukteur des ZK-Apparats, ab September 1932 Leiter der Abteilung Land- und Forstwirtschaft im ZK der KPD. Im November 1932 im Wahlkreis Westfalen-Nord in den Reichstag gewählt. Ab Februar 1933 war Daub illegal Oberberater des ZK in verschiedenen Bezirken. Von Januar bis August 1934 Mitglied der illegalen Landesleitung, aktiv im Saarabstimmungskampf. Ab Februar 1935 wurde Daub in Amsterdam Abschnittsleiter West für das Rhein-Ruhrgebiet. Im Oktober 1935 in die Kontrollkommission des ZK berufen, leitete er ab 1936 in Paris das Auslandsekretariat der RH, am 31. August 1939 in Paris verhaftet und ab 12. Oktober 1939 im Lager Le Vernet interniert. Als er im Mai 1941 mit einem Visum nach Mexiko reisen wollte, wurde er in den USA festgehalten. Dank seiner engen Verbindung zur sowjetischen Botschaft bekam er bis 1943 eine Unterstützung von 90 Dollar und schlug sich mit Gelegenheitsarbeiten durch. Mit einem Einreisevisum für die UdSSR verließ Daub im Oktober 1946 New York, kam über Odessa nach Moskau und traf im Dezember 1946 in Berlin ein. Hier am 23. Dezember 1946 durch Beschluß des ZS der SED als Vizepräsident der Deutschen Zentralverwaltung für Umsiedler eingesetzt. Anfang 1948 übernahm Daub anstelle von ▸ Grete Keilson die Leitung der wichtigen Personalpolitischen Abteilung des PV der SED. Diese Funktion verlor er, 1950 schwer erkrankt, wohl nicht zuletzt wegen seiner Westemigration. Nach einem längeren Kuraufenthalt im September 1950 Oberbürgermeister von Magdeburg, von Dezember 1961 bis Januar 1964 Präsident der Liga für Völkerfreundschaft. Er erhielt 1966 den Karl-Marx-Orden. Philipp Daub starb am 14. Juli 1976.

▸ Dautzenberg, Jakob (* 1897 – † 1979)

Geboren am 2. Februar 1897 in Würselen/Krs. Aachen, Sohn eines Werkmeisters; lernte Former. Ab 1912 Gewerkschaftsmitglied, trat er 1922 in die KPD ein, Gemeindevertreter in Haaren bei Aachen und seit 1925 Kreistagsabgeordneter von Aachen-Land. 1923 von der belgischen Besatzung verurteilt, wurde er 1928 hauptamtlicher KPD-Sekretär in Aachen und (bis 1930) in den Reichstag (Wahlkreis Köln-Aachen) gewählt. Er blieb bis 1932 KPD-Sekretär in Aachen, anschließend Parteisekretär in Köln. Nach 1933 erwerbslos, in den Jahren 1933 und 1934 in Untersuchungshaft, arbeitete er später als Former. In Aachen und Eschweiler baute Dautzenberg eine Widerstandsgruppe auf und wurde im August 1944 mit 200 Antifaschisten verhaftet. Im KZ Neuengamme wurden an ihm Bazillenversuche unternommen, er kam schwerkrank ins Vernichtungslager Bergen-Belsen. 1945 aus dem KZ befreit, kehrte er (Gesicht und Körper durch Pilzwucherungen entstellt) in die Heimat zurück. Allmählich erholt, kam Dautzenberg als KPD-Mitglied 1946 in den Kreistag, blieb bis zum Verbot der KPD 1956 im Ruhrgebiet Funktionär (UB-Leiter). Er lebte dann als Rentner in Haaren. 1967 angeklagt, für die illegale KPD tätig zu sein, wurde er vom Gericht jedoch freigesprochen. Er schloß sich 1968 der DKP an. Jakob Dautzenberg starb am 20. August 1979 in Aachen.

▸ David, Fritz (* 1897 – † 1936)

Geboren am 25. Oktober 1897 in Nowosibkow/Wilnaer Gegend als Ilja-David Krugljanski, Sohn eines jüdischen Lehrers. Ab 1916 in jüdischen sozialdemokratischen Zirkeln aktiv, von Februar 1917 bis 1920 Mitglied der Vereinigten Sozialdemokratischen Arbeiterpartei, bis 1920 (so nach seinem 1933 verfaßten Lebenslauf) sei er ein aktiver menschewistischer Gewerkschaftsfunktionär gewesen. David-Krugljanski, ursprünglich im Komintern-Apparat in Moskau tätig, wurde 1926 zur Arbeit nach Deutschland geschickt. Von Mai 1926 bis Frühjahr 1927 Mitarbeiter in der kommunistischen Fraktion des Textilarbeiterverbandes, von Frühjahr 1927 bis Herbst 1928 in der Gewerkschaftsabteilung des ZK und Leiter der Industriegruppe Leder innerhalb der RGO. Als Mitglied der Zentrale der RGO war Fritz David Sekretär der kommunistischen Gewerkschaftszeitschrift »Der Kampf« und leitete dann vom Herbst 1928 bis Mitte 1932 die Gewerkschaftsredaktion der »Roten Fahne«. Er galt als einer der KPD-Theoretiker der späten Periode und war von Mitte 1932 bis März 1933 im Sekretariat des ZK der KPD tätig (zuständig für Fragen der Theorie). Fritz David war Verfasser des 1932 erschienenen Buchs »Der Bankrott des Reformismus«.
Am 8. März 1933 Abreise aus Berlin zur deutschen Sektion der Komintern nach Moskau. Als enger Mitarbeiter ▸ Wilhelm Piecks entwarf

David wesentliche Teile der Resolution der »Brüsseler Parteikonferenz« 1935 und war bereits aktiv am VII. Weltkongreß der Komintern beteiligt. David war als Mitarbeiter von ▸ Gerhart Eisler in der Agitpropabteilung des KPD-Auslandssekretariats in Paris vorgesehen, statt dessen wurde er 1936 vom NKWD verhaftet. Als angeblicher Trotzkist im Schauprozeß gegen Sinowjew u. a. im August 1936 vor Gericht gestellt. Die Anklage behauptete, er sei von Trotzki in die UdSSR geschickt worden, um Stalin umzubringen. Nach dem erpreßten »Geständnis« wurde Fritz David am 24. August 1936 zum Tode verurteilt und hingerichtet. Die damalige Situation in Moskau verdeutlicht ein Brief Wilhelm Piecks an ▸ Wilhelm Florin am Tage vor der Urteilsverkündung im »Prozeß der Sechzehn«: »Wir können wirklich den Sicherheitsorganen der SU danken, daß sie noch rechtzeitig zugegriffen haben.« Im Juni 1988 wurde Fritz David posthum durch das Oberste Gericht der UdSSR »rehabilitiert«. Seine Frau Sara (* 1901) wurde 1936 zu zwölf Jahren Lager verurteilt und ist verschollen.

▸ David, Hans Walter (* 1893 – † 1942)

Geboren am 26. März 1893 in München-Gladbach. Nach dem Studium Komponist, 1914 Kriegsfreiwilliger, bis 1918 an der Front und mit dem EK 1. Klasse ausgezeichnet. Die Erlebnisse auf den »Schlachtfeldern« machten ihn zum Kriegsgegner, 1919 Mitglied der KPD. Studium in Berlin und führend in der kommunistischen Studentenbewegung. Danach bis 1933 als Dirigent und Komponist in Düsseldorf tätig. 1933 Emigration nach Frankreich, dann nach Italien, wo er unter schweren Bedingungen zu leben hattte. 1935 konnte Hans David (zusammen mit seiner Frau Lina, geb. Nathan) auf Einladung des Verbandes der Sowjetkomponisten in die UdSSR einreisen, hier wurde er 1936 Generalmusikdirektor in Engels (ASSR der Wolgadeutschen). Begeistert schrieb er in der »Deutschen Zentral-Zeitung«, im »Land des Sozialismus« habe er eine »neue Heimat gefunden«. Am 5. November 1937 wurde er vom NKWD verhaftet und schwer gefoltert. Seine Frau, die ausgewiesen wurde, ging nach Belgien. Hans Walter Davids Festnahme soll erfolgt sein, weil er Stalin zum Geburtstag eine Hymne komponiert hatte, die aber in der verfemten Zwölftonmusik verfaßt war. Wegen angeblicher Spionage für Hitler-Deutschland zu fünf Jahren Arbeitslager verurteilt, wurde er aber 1940 an Nazi-Deutschland ausgeliefert. Hier kam er als Jude sofort ins Ghetto nach Lublin. 1942 nahm ihn die Gestapo in Gewahrsam, anschließend wurde Hans Walter David 1942 im KZ Majdanek ermordet.

▸ Degel, Hans (* 1907 – † 1984)

Geboren am 5. März 1907 in Magdeburg, von 1927 bis 1933 Lagerarbeiter bei der Firma Krupp in Essen. Er wurde 1927 Mitglied der KPD und im März 1931 des Arbeiterrats bei der Firma Krupp. Im April 1932 als Abgeordneter in den Preußischen Landtag gewählt, wurde Degel noch im März 1933 Stadtverordneter in Essen. Im Februar fristlos gekündigt, am 2. März 1933 verhaftet, er kam in das KZ Sonnenburg. Nach seiner Freilassung Ende März 1934 war er Markthelfer. Im Mai 1935 emigrierte er in die Niederlande, wo er illegal lebte. Degel wurde im Juli 1939 verhaftet und in einem Lager auf der Insel Vlieland interniert. Nach dem Einmarsch der Wehrmacht im Mai 1940 an die Gestapo übergeben, kam er nach Aurich/Emsland, wurde dort durch Vertreter des Oberreichsanwalts verhört und dann nach Essen überführt. Am 26. Februar 1941 verurteilte das OLG Hamm Degel zu zwei Jahren und drei Monaten Zuchthaus. Anschließend kam er zunächst in das KZ Sachsenhausen und zuletzt nach Bergen-Belsen. Nach der Befreiung durch britische Truppen im April 1945 blieb Degel noch für längere Zeit im Lazarett. 1945 schloß er sich erneut der KPD an und arbeitete wieder als Lagerarbeiter bei Krupp in Essen. Degel war dort von 1947 bis 1949 und von 1952 bis 1955 Betriebsrat. Eine 1955 erfolgte Kündigung wurde von einem Essener Gericht als unwirksam erklärt. Degel gehörte von 1950 bis 1956 dem Rat der Stadt Essen an. Nach dem KPD-Verbot betrieb er ein Geschäft für Verpackungsmaterial auf dem Großmarkt in Essen. Politisch trat er nicht mehr hervor. Hans Degel starb am 21. Juli 1984 während einer Kreuzfahrt im hohen Norden.

▸ Degner, Gustav (* 1892 – † 1978)

Geboren am 29. Oktober 1892 in Berlin, kaufmännische Lehre, arbeitete 1915/16 bei der Sparkasse der Stadt Berlin. Nach dem Weltkrieg, an dem er von 1916 bis 1918 teilnahm, von 1919 bis 1922 Abteilungsleiter bei der Erwerbslosenfürsorge der Stadt Berlin. Er trat während des Weltkrieges der USPD bei und kam Ende 1920 zur KPD. Von 1920 bis 1929 gehörte Degner zuerst als USPD-, dann als KPD-Abgeordneter der Berliner Stadtverordnetenversammlung an. Ab 1922 Redakteur der KPD-Zeitschrift »Die Kommune«, und von Februar bis April 1926 unbesoldeter, anschließend besoldeter Stadtrat im Bezirk Prenzlauer Berg. Seine Verwicklung in den Sklarek-Skandal (ein Unterschlagungsfall in der Berliner Stadtverwaltung) brachte ihn 1929 in Untersuchungshaft und führte schließlich 1932 zu seiner Verurteilung zu sechs Monaten Gefängnis wegen schwerer passiver Bestechung. Gemeinsam mit ▸ Otto Gäbel wurde er deshalb im Oktober 1929 aus der KPD ausgeschlossen.

Er betrieb in den Jahren des Nationalsozialismus zusammen mit seiner Frau ein Engrosgeschäft für Bekleidung und hatte Verbindung zu Widerstandskreisen in Berlin. Degner trat 1945 wieder in die KPD/SED ein und wurde im Mai 1945 durch die sowjetische Besatzungsmacht zum Bürgermeister von Berlin-Prenzlauer Berg ernannt. Da er durch seine Arbeit bei allen Parteien anerkannt war, wurde er im Oktober 1946 zum stellvertretenden Bürgermeister gewählt. Im Zuge der sich im Frühjahr 1948 zuspitzenden politischen Auseinandersetzungen zwischen den Besatzungsmächten in Berlin trat Degner am 9. Juni 1948 offiziell aus »persönlichen Gründen« von seinem Amt zurück. Er wurde Abteilungsleiter einer Dienststelle der DWK. Im Februar 1950 wurde er in einem großangelegten Parteiverfahren durch die LPKK wegen »antisowjetischer Haltung, Zusammenarbeit mit klassenfeindlichen Schädlingen und mangelnden Vertrauens« aus der SED ausgeschlossen. Er lebte zuletzt in West-Berlin, wo er ein Konfektionsgeschäft betrieb. Gustav Degner, der Mitglied der SPD war, starb am 19. Januar 1978 in Berlin.

▸ Deisen, Wilhelm (* 1887 – † 1962)

Geboren am 7. April 1887 in Bremen, Sohn eines Zigarrenmachers. Lernte Maler und Tüncher, legte die Meisterprüfung ab. Im Krieg Mitbegründer der Bremer Linksradikalen. Seit Bestehen der KPD Mitglied der Partei, 1920 Vorsitzender der KPD in Bremen. Er arbeitete bei der Weser-AG und war von 1919 bis 1922 in deren Arbeiterrat. 1922 wurde Deisen Parteisekretär und Mitglied der Bremer Bürgerschaft. Der VIII. KPD-Parteitag 1923 wählte ihn als Kandidat in den ZA, er übernahm im gleichen Jahr die Leitung des KPD-Bezirks Nordwest. Er gehörte in der KPD zum Brandler-Flügel und war nach dem Sieg der Linken auf dem IX. Parteitag 1924 als Exponent der Rechten führend an der Fraktionsarbeit dieser Gruppe beteiligt. Im Mai 1924 in den Reichstag gewählt, ist er zugunsten ▸ Rudolf Lindaus zurückgetreten. Mit einer Gruppe Gleichgesinnter lehnte er sich gegen den nach Bremen entsandten linken Polleiter

▸ Eugen Eppstein auf. Im Herbst 1924 verwarnt, wurde er im Januar 1925 aus der KPD ausgeschlossen. ▸ Clara Zetkin protestierte auf der Sitzung des Erweiterten EKKI 1925 gegen Deisens und ▸ Karl Jannacks Ausschluß. Nach der Wendung der Parteilinie Ende 1925 wieder in die KPD aufgenommen, wurde er 1926 Leiter der Roten Hilfe, Bezirk Nordwest, und kam 1927 auch wieder in die Bremer Bürgerschaft. Nach der Wittorf-Affäre 1928 versuchte er, in Bremen gegen den ultralinken Kurs Widerstand zu leisten. Am 25. Januar 1929 erneut aus der KPD ausgeschlossen, verlor er zugleich seine Funktion in der Roten Hilfe. Danach Mitglied der KPO, bei deren Spaltung ging er zusammen mit seinem Schwager ▸ Adolf Ehlers zur SAP.
Von 1929 bis 1948 war Deisen Malermeister in Bremen und auch im Bremer Kunstverein künstlerisch tätig. 1945 wieder Mitglied der KPD. Da er schwer herzleidend war, nahm Deisen am politischen Leben nicht mehr aktiv teil. Die Verbindung zur Brandler-Gruppe ließ er auch nach 1945 nicht abreißen und unterhielt bis zuletzt herzliche persönliche Beziehungen zu ▸ Heinrich Brandler. Ab 1948 Rentner, starb Wilhelm Deisen am 23. Februar 1962 in Bremen.

▸ Demuth, Franz (* 1895 – † 1971)

Geboren am 14. Februar 1895 in Hamburg, Sohn eines Kürschners; kaufmännische Lehre, Handelsreisender. 1912 Mitglied der SPD. Von 1916 bis 1918 Soldat im Weltkrieg. 1917 der USPD beigetreten, gehörte dem Spartakusbund und ab 1919 der KPD an. Im November 1918 wurde er Stenograph in der Presseabteilung des Hamburger Arbeiter- und Soldatenrates und persönlicher Sekretär von ▸ Heinrich Laufenberg. Von 1921 bis 1923 Redaktionssekretär in Hamburg, anschließend in der Orgabteilung der KPD-Zentrale in Berlin, dann von 1925 bis 1929 Sekretär der KPD-Reichstagsfraktion. Demuth war 1929 Sekretär der Kommunalpolitischen Abteilung des ZK und übernahm im gleichen Jahr die Leitung der Universum-Bücherei, 1932/33 Sekretär der Geschäftsleitung des Kosmos-Verlages. Von März bis Oktober 1933 war Demuth im KZ Sonnenburg inhaftiert. Er begann danach mit dem Aufbau eines Kaffeevertriebssystems und arbeitete mit seiner Frau **Else Demuth** (* 9. 10. 1893 – † 23. 7. 1987), seit 1919 Mitglied der KPD, in der Widerstandsgruppe um ▸ Anton Saefkow. Demuth wurde 1940 zur Wehrmacht eingezogen und war als Feldwebel in einer Berliner Dienststelle tätig, von Mai bis Juli 1945 noch in sowjetischer Kriegsgefangenschaft. Er leitete dann bis 1952 das Büro des Präsidenten der Deutschen Zentralverwaltung für Land- und Forstwirtschaft, ▸ Edwin Hoernle, bzw. war dort Leiter der Schulungsabteilung, dann bis 1958 im Druckerei- und Verlagskontor bzw. in der Direktion des Berliner Verlages. Von 1958 bis 1967 gehörte er der ZRK der SED an und erhielt 1970 den VVO in Gold. Franz Demuth starb am 19. August 1971 in Ost-Berlin.

▸ Dengel, Philipp (* 1888 – † 1948)

Geboren am 1. Dezember 1888 in Oberingelheim, Sohn eines rheinischen Winzers. Er besuchte bis 1907 das Realgymnasium in Mainz und studierte bis 1911 in Heidelberg. Von 1911 bis 1913 Privatlehrer, dann bis 1918 Militärdienst, zuletzt Leutnant der Reserve. Nach Ausbruch der Revolution schloß sich Dengel in München Kurt Eisner an und wurde bayerischer Gesandtschaftssekretär in Berlin. Mit Alfons Goldschmidt gründete er die »Räte-Zeitung« und war Redakteur an der von ▸ Wilhelm Herzog geleiteten Zeitung »Republik«. Dengel trat im März 1919 der KPD bei. In Berlin, wo er 1920 an der Niederschlagung des Kapp-Putsches teilnahm, gehörte er zeitweilig der KAPD an, verließ diese aber nach einer Reise in die Sowjetunion und einem Zusammentreffen mit Lenin. 1921 Auslandsredakteur der »Roten Fahne«, 1922 übernahm er die Chefredaktion der »Sozialistischen Republik« in Köln und 1923 die Redaktion der »Hamburger Volkszeitung« und war aktiv am Hamburger Aufstand beteiligt.

Dengel stand auf dem linken Parteiflügel. Anfang 1924 wurde er Polleiter des Bezirks Wasserkante, im August 1924 Polleiter des Bezirks Niederrhein (unter dem Namen Schmidt). Von Mai 1924 bis 1930 Abgeordneter des Reichstages für den Wahlkreis Westfalen-Süd bzw. Wahlkreis Düsseldorf-Ost. Auf dem X. Parteitag der KPD im Juli 1925 wurde Dengel als Mitglied in das ZK gewählt. Seit dem »Offenen Brief« 1925 saß er im Polbüro und arbeitete bis 1929 als Sekretär des ZK in Berlin, wo er zur linken Gruppe um ▸ Ernst Thälmann zählte. Der VI. Weltkongreß der Komintern 1928 wählte Dengel als Mitglied ins EKKI und dessen Präsidium, dem er offiziell bis Juni 1941 angehörte. Nach der Aufdeckung der Wittorf-Affäre distanzierte er sich von Thälmann und war im Oktober 1928 eine der treibenden Personen, die dessen Absetzung verlangten: »Genosse Thälmann muß verschwinden von der oberen Spitze der Partei für eine gewisse Zeit.«

Nach Thälmanns Wiedereinsetzung durch Stalin wurde Dengel gemaßregelt, von seinen Funktionen als Sekretär des ZK entbunden. Vom XII. Parteitag 1929 als Mitglied ins ZK gewählt, aber nicht mehr ins Polbüro, arbeitete er 1930/31 als Redakteur und Lehrer an Parteischulen in Berlin, wurde schließlich 1931 als Mitarbeiter des EKKI nach Moskau abgeschoben, dort im Apparat der Komintern tätig. Von 1933 bis 1935 Leiter des skandinavischen Ländersekretariats des EKKI, kam er 1935/36 nach Paris. Erst ab 1936 wurde Dengel wieder zur Arbeit in der KPD herangezogen, arbeitete in Prag im Sekretariat der Auslandsleitung als Redakteur. Die »Berner Konferenz« der KPD wählte ihn 1939 wieder ins ZK, er blieb aber ständig in Moskau. Am 22. Juli 1941, dem Tag des Überfalls Deutschlands auf die Sowjetunion, erlitt Dengel einen Gehirnschlag, der ihn vollkommen lähmte. Zwar 1944 noch im Nationalkomitee Freies Deutschland, spielte er aber keine politische Rolle mehr. Am 10. September 1947 kehrte er an der Seite seiner Frau Käthe (* 14. 10. 1899 – † 28. 9. 1977) schwerkrank nach Berlin zurück. Philipp Dengel starb am 28. März 1948.

▸ Deter, Adolf (* 1900 – † 1969)

Geboren am 23. Juni 1900 in Czarnikau/Provinz Posen, zunächst Bote und Lagerarbeiter, dann Dreher. 1917 trat er der Arbeiterjugend, 1918 der USPD und 1920 der KPD bei, 1921 für die KPD in Tangermünde aktiv. Er übersiedelte 1923 nach Berlin und war bei der Berliner Hochbahn beschäftigt. Dort 1925 zum Vorsitzenden des Gesamtbetriebsrates gewählt. 1927 Delegierter zum XI. Reichsparteitag in Essen und 1928 zum VI. Weltkongreß der Komintern. Deter war von 1925 bis 1929 Bezirks- und Stadtverordneter in Berlin und wurde im Mai 1928 im Wahlkreis Potsdam I in den Preußischen Landtag gewählt. Er gehörte 1928/29 zu den Versöhnlern und protestierte vor allem gegen die Aktionen vom 1. Mai 1929, bezeichnete sie als putschistisch. Bei den neuerlichen Betriebsratswahlen der BVG errang Deter einen großen persönlichen Erfolg. Er behielt KPD-Funktionen, zunächst als Instrukteur der Orgabteilung des ZK und 1929/30 als Sekretär des UB Frankfurt/Oder, 1931 Orgleiter bzw. Sekretär für Gewerkschaftspolitik der BL Wasserkante, zuletzt Leiter der RGO in Hamburg. 1932 im Wahlkreis Ost-Hannover erneut als Preußischer Landtagsabgeordneter gewählt. Deter war der direkte Organisator des Berliner Verkehrsarbeiterstreiks 1932, den RGO und die nationalsozialistische Betriebsorganisation NSBO gemeinsam durchführten.

Im Juli 1933 Emigration nach Dänemark und Sekretär des europäischen Büros der RGI in Kopenhagen. Ende 1934/35 Sekretär der ISH (Internationale der Seeleute und Hafenarbeiter) in Antwerpen. Von 1935 bis 1938 Sekretär der ISH mit Sitz in Paris. In der Emigration gehörte er zum Apparat ▸ Ernst Wollwebers (in ▸ Valtins »Tagebuch der Hölle« wird behauptet, Deter habe mißliebige Genossen der Gestapo in die Hände gespielt). Bei Kriegsausbruch in Frankreich interniert und bis 1941 in Lagern, u. a. Le Vernet festgehalten. Er wollte im Mai 1941 mit dem Schiff nach Mexiko, das wurde aber von den US-Behörden gestoppt. Nach vierwöchiger Internierung auf Ellis Island blieb Deter ab Oktober 1941 in den USA, wo er als Dreher arbeitete. Im Oktober 1946 reiste er mit einem russischen Schiff über Odessa nach Moskau und traf Anfang Dezember 1946 in Berlin ein. Zunächst Abteilungsleiter, dann bis 1949 Sekretär der SED-Landesleitung Groß-Berlin. Ab 1947 Mitglied des PV, von 1950 bis 1954 Kandidat des ZK. Deter wurde im März 1949 1. Vorsitzender des FDGB Berlin. Wegen »kapitulantenhaften Verhaltens« 1953 kam er auf dem IV. SED-Parteitag im April 1954 nicht mehr ins ZK. Im Mai 1954 als Sekretariatsmitglied des FDGB abgelöst. Ab 1962 stellvertretender Leiter der Westkommission des FDGB-Bundesvorstandes, im Dezember 1964 Vizepräsident der Gesellschaft »Neue Heimat«, die Verbindung zu Bürgern deutscher Herkunft im Ausland halten sollte. Er bekam 1965 den VVO in Gold. Adolf Deter starb am 14. November 1969.

▸ Detjen, Heinrich (* 1899 – † 1968)

Geboren am 30. Januar 1899 in Saarbrücken, Sohn eines Zimmerer-Poliers; Maler, Anstreicher und Bauarbeiter, 1916 Mitglied der SPD. 1917 Soldat, im August 1918 Verhaftung wegen »Fahnenflucht und Aufwiegelung«, Haft in Koblenz. 1918 in der USPD, ab 1920 erneut in der SPD, 1927 trat Detjen in die KPD ein. Er war ehrenamtlicher Beigeordneter, ab 1929 Stadtrat in Saarbrücken, dann ab 1934 Vorsitzender der KPD-Fraktion. Von 1932 bis 1935 Abgeordneter im Landesrat, dem Parlament des Saarlandes. Detjen flüchtete im Februar 1935 nach Südfrankreich, arbeitete als Anstreicher und wirkte ab 1937 für die Rote Hilfe in Paris. Im September 1939 zeitweilige Internierung, anschließend in einer Arbeitskompanie, aus der er im September 1940 desertierte. Am 14. November 1940 in Paris verhaftet, nach Saarbrücken überstellt und nach einjähriger U-Haft am 11. November 1941 vom

OLG Stuttgart zu einem Jahr und sechs Monaten Gefängnis verurteilt. Er fand nach der Entlassung Arbeit als Anstreicher. Detjen wurde nach dem Einmarsch amerikanischer Truppen zum Bürgermeister der Stadt Saarbrücken ernannt, war ab Oktober 1946 Beigeordneter, ab April 1949 Stadtdirektor. Im November 1950 aus politischen Gründen entlassen, prozessierte er und wurde Angestellter beim städtischen Milchhof. Wegen seiner Prozesse gegen die Stadt Saarbrücken auf Weiterbeschäftigung bzw. Pensionierung leitete die KPD-Kontrollkommission ein Parteiverfahren ein und schloß Detjen aus der KPD aus. Er war zuletzt Kreisvorsitzender der VVN in Saarbrücken und Kandidat der DFU zur Stadtratswahl. Heinrich Detjen starb am 27. Februar 1968.

▸ Dettmann, Friedrich (* 1897 – † 1970)

Geboren am 15. Juli 1897 in Hamburg, Sohn eines Krankenpflegers und SPD-Aktivisten. Lehre als Kunst- und Bauschlosser. 1911 Mitglied der Arbeiterjugend. Ende 1915 zum Militärdienst, Fronteinsatz, Verwundung, anschließend Arbeit auf der Germania-Werft in Kiel. Im Dezember 1916 erneut an die Front nach Frankreich, geriet Dettmann als Unteroffizier im Oktober 1917 in britische Kriegsgefangenschaft, aus der er Ende September 1919 nach Hamburg zurückkehrte. Hier schloß er sich der USPD an und wurde 1920 Mitglied des Ortsvorstandes der VKPD. Von 1924 bis 1933 Mitglied der BL Wasserkante, Redakteur der »Hamburger Volkszeitung«. Von Oktober 1924 bis 1933 Abgeordneter der Hamburger Bürgerschaft. Ab 1929 Leiter des Norddeutschen Arbeiterschutzbundes, der Nachfolgeorganisation des verbotenen RFB. Dettmann war von 1925 bis 1930 Angestellter der Wohlfahrtsbehörde der Stadt Hamburg, dann bis Anfang 1933 Abteilungsleiter bei der sowjetischen Handelsvertretung. Im Oktober 1933 emigrierte er nach Dänemark. Hier Instrukteur bei den dänischen Organisationen »Ikor« und »Sowjet-Venner«. Am 10. März 1934 in Kopenhagen verhaftet und in die Sowjetunion ausgewiesen, war er dort bis August 1934 Referent im Mitteleuropa-Büro der Komintern. Anschließend illegale Rückkehr nach Deutschland und Leiter des KPD-Bezirks Leipzig. Im Januar 1935 verhaftet, am 3. März 1936 vom VGH zu zehn Jahren Zuchthaus verurteilt.
Im Mai 1945 aus dem Zuchthaus Waldheim durch die Rote Armee befreit, kehrte Fiete Dettmann im Juni nach Hamburg zurück und wurde im November 1945 Vorsitzender der KPD Wasserkante. Am 20. August 1945 unterschrieb er eine Vereinbarung über die Zusammenarbeit mit der SPD und Schaffung einer »Sozialistischen Partei«. Dettmann war vom 9. November 1945 bis Juli 1948 Senator der Gesundheitsbehörde in Hamburg, dann dort bis Februar 1951 Mitglied des Sekretariats der KPD. Von 1946 bis 1951 gehörte er auch der Hamburger Bürgerschaft an. Im Zuge der erneuten Stalinisierung der westdeutschen KPD als Sekretär der Landesleitung abgesetzt, mußte Dettmann auf Parteibeschluß 1951 in die DDR übersiedeln, wo er untergeordnete Funktionen ausübte. Er war von 1952 bis 1954 Abteilungsleiter im Gesundheitsministerium der Landesregierung Mecklenburg, anschließend Unterabteilungsleiter beim Rat des Bezirkes Neubrandenburg. 1954 erhielt Dettmann eine »strenge Rüge« und ein Jahr Funktionsentzug wegen »parteischädigenden Verhaltens«. Zur »Bewährung« Bevollmächtigter der MTS Lüssow. Ab 1956 Stellvertretender Vorsitzender des Rates des Kreises Stralsund, wurde er dort 1959 Sekretär der Gesellschaft für deutsch-sowjetische Freundschaft. 1967 erhielt er den VVO in Gold. Friedrich Dettmann starb am 6. Mai 1970 in Stralsund.

▸ Dettner, Fritz (* 1898 – † 1938?)

Geboren 1898, schloß er sich nach dem Weltkrieg der Kommunistischen Jugend und 1926 der KPD an. Als Mitglied der BL Baden-Pfalz und des AM-Apparats wurde Dettner 1931 in die Sowjetunion geschickt und studierte bis 1936 an der Internationalen Leninschule in Moskau. Danach war er in der Komintern tätig. Im Sommer 1937 vom NKWD verhaftet, soll er 1938 in der UdSSR »liquidiert« worden sein.

▸ Deubel, Wilhelm (* 1892 – † ?)

Geboren am 8. Mai 1892 in Neustadt/Weinstraße. Lernte Dreher und schloß sich 1908 der SPD, 1917 der USPD und 1920 der KPD an. In der BL Baden bzw. Baden-Pfalz übte er verschiedene Funktionen aus, u. a. im AM-Apparat. 1932 kam er in die Sowjetunion und fand Arbeit in Charkow. Im August 1937 vom NKWD verhaftet, wurde er an NS-Deutschland ausgeliefert. Hier zu einem Jahr Gefängnis verurteilt, kam Wilhelm Deubel anschließend ins KZ Dachau, wo er verstorben sein soll.

▸ Dickhut, Willi (* 1904 – † 1992)

Geboren am 29. April 1904 in Schalckmühle bei Lüdenscheid, Sohn eines Fuhrunternehmers. Lehre als Schlosser und Dreher. Von 1926 bis 1930 in der Leitung der Schlosserbranche des DMV, wurde bei der Spaltung des DMV in Solingen Mitglied der RGO. Seit März 1926 in der KPD, ehrenamtlicher Funktionär. 1928/29 ging er für acht Monate in der Sowjetunion. Angeblich arbeitete er im Ural und war Mitglied der KPdSU, in Wirklichkeit nahm er am II. Kursus der Militärschule in der UdSSR teil (Schuldkckname Philipp). Nach seiner Rückkehr im Bergischen Land aktiv bei der Ausschaltung der Rechten. Er wurde Leiter des AM-Apparat der Partei im Bergischen Land, im März 1933 noch zum Stadtverordneten von Solingen gewählt. Bis 1935 »Schutzhaft«, dann illegale Arbeit für die KPD in Solingen, 1938 vom Sondergericht Hamm zu einem Jahr und neun Monaten Gefängnis verurteilt. Im August 1944 erneut verhaftet. Während eines schweren Bombenangriffs auf Solingen im November 1944 konnte er aus dem Gefängnis flüchten. Nach 1945 wieder Funktionär der KPD. Dickhut brachte es bis zum stellvertretenden Kaderleiter im Parteivorstand der westdeutschen KPD. Als Stalin-Anhänger kam er mit der Partei in Konflikt, als nach dem XX. Parteitag der KPdSU 1956 eine halbherzige Entstalinisierung begann und in den sechziger Jahren die Konfrontation zwischen der UdSSR und China eskalierte. Er wurde zum Initiator und Leiter einer der zahlreichen auf Mao fixierten kommunistischen Sekten in der Bundesrepublik, der Marxistisch-Leninistischen Partei Deutschlands (MLPD). Als einziger »Altkommunist« in den von der Studentenrevolte geprägten Gruppen war er dort eine Autorität. Willi Dickhut starb am 8. Mai 1992. 1979 und 1990 erschienen seine Erinnerungen unter den Titeln »So war's damals ... Tatsachenbericht eines Solinger Arbeiters 1926–1948« und »Was geschah danach? Tatsachenbericht eines Solinger Arbeiters ab 1949«.

▸ Diedrichs, Johann (* 1893 – † 1951)

Geboren am 28. Dezember 1893 in Grünberg/Schlesien; Sohn eines SPD-Funktionärs. Gelernter Maschinenschlosser. 1913 Mitglied der SPD, wurde im Weltkrieg Soldat und 1918 Mitglied des Soldatenrats. 1919 Übertritt zur KPD. Als Schlosser in Oberschlesien beschäftigt, bis 1924 Funktionär in Gleiwitz. Diedrichs stand auf dem linken Parteiflügel, gehörte der BL Oberschlesien an und war von 1924 bis 1926 Orgleiter des Bezirks, anschließend Parteisekretär in Gleiwitz, wo er auch Stadtverordneter war. 1929 Übersiedlung nach Köln, dort als Steuer- und Rechtsberater tätig.

Mitglied der KPD-Leitung in Köln sowie Funktionär der RGO. 1933 wegen illegaler Tätigkeit für die KPD verhaftet und zu einem Jahr Gefängnis verurteilt. Von 1934 bis 1938 als Schlosser beschäftigt, lebte der schwer lungenkranke Diedrichs dann von seiner Rente. Nach 1945 beteiligte er sich am Neuaufbau der KPD, bis zu seinem Tod war er Parteisekretär in Köln-Höhenhaus. Johann Diedrichs starb am 5. März 1951 in Köln.

▸ Dietrich, Paul Reinhold (* 1889 – † 1937)

Geboren am 6. November 1889 in Groß-Vargula bei Langensalza/Thüringen, Sohn eines Beamten. Nach der Realschule kam er auf ein Lehrerseminar. 1910/11 Militärdienst, danach Volksschullehrer in einem sächsischen Bergarbeiterdorf. 1912 Mitglied der SPD und Korrespondent an SPD-Zeitungen in Nordhausen und Erfurt. Soldat im Weltkrieg, wurde wegen antimilitaristischer Propaganda und Gehorsamsverweigerung inhaftiert. 1918 Mitglied der USPD, 1919 Redakteur der von ihm gegründeten USPD-Zeitung für Langensalza und Mühlhausen. Nach der Vereinigung von USPD und KPD zur VKPD ging Dietrich nach Jena und blieb bis 1923 Chefredakteur des »Gothaer Volksblattes«. Bis 1923 einer der Führer der Thüringer KPD, auf dem VIII. Parteitag 1923 in die Redaktionskommission gewählt und als Mitglied in den ZA berufen. 1924 wurde er zunächst stellvertretender Chefredakteur und von Ende 1924 bis Ende 1925 Chefredakteur der »Hamburger Volkszeitung« und Mitglied der Hamburger Bürgerschaft. Im Februar 1926 Polleiter des Bezirks Wasserkante und noch im Frühjahr 1926 im ZK-Apparat in Berlin.

Auf dem XI. Parteitag 1927 wurde Dietrich als Mitglied ins ZK berufen und im Mai 1928 im Wahlkreis Thüringen in den Reichstag gewählt. Er leitete verschiedene Bezirke an, verfaßte kleinere Schriften und Zeitungsaufsätze und galt als »Federhalter« ▸ Ernst Thälmanns. Dietrich schloß sich aber 1928 der Versöhnler-Gruppe an und wurde einer ihrer Wortführer. Beim VI. Weltkongreß der Komintern im Sommer 1928 beratendes Mitglied der deutschen Delegation, arbeitete er nach der Rückkehr in der Redaktion der »Roten Fahne« und im Reichstag. Nach der Wittorf-Affäre gemaßregelt, 1929 nicht mehr ins ZK gewählt, schied er 1930 auch aus dem Reichstag aus. Nach Moskau versetzt, war er im Auftrag der Komintern bis Oktober 1930 in Ägypten tätig. Dort verhaftet und ausgewiesen, kam über Deutschland nach Moskau zurück, wo er Referent der Agitpropabteilung des EKKI wurde. Anschließend im Büro der MOPR bzw. im Büro der »Internationalen Vereinigung Revolutionärer Schriftsteller«, danach Redakteur bei der VAA. Im Dezember 1933 in das Saargebiet entsandt. Dietrich gab hier 1934/35 gemeinsam mit ▸ Lex Ende die »Deutsche Volkszeitung« heraus. Er ging nach der Saarabstimmung zunächst nach Paris, Ende April 1935 in die UdSSR.

In Moskau wurde gegen ihn eine Untersuchung durchgeführt, da er in Paris Verbindungen zu »parteifeindlichen Elementen« gehabt habe. Während des Verfahrens beauftragt, nach Leningrad zu fahren, um dort an der »Roten Zeitung« zu arbeiten. Dietrich wurde verantwortlicher Sekretär und Leiter der Auslandsabteilung der »Roten Zeitung«. Er erhielt am 20. Mai 1937 noch die sowjetische Staatsbürgerschaft. Am 11. August 1937 vom NKWD verhaftet, wurde

Paul Reinhold Dietrich am 29. Oktober 1937 zum Tode verurteilt und am 5. November 1937 in Lewaschowo bei Leningrad erschossen.

▸ Dittbender, Walter (* 1891 – † 1939)

Geboren am 29. November 1891 in Stettin, Sohn eines Malermeisters; Mittelschule, Glaserlehre. 1909 Mitglied der Gewerkschaft, 1912 der SPD. Im Oktober 1914 Soldat, beteiligte sich an antimilitaristischen Aktivitäten und arbeitete nach einem Lazarettaufenthalt im Januar 1916 in den Deutschen Waffen- und Munitionsfabriken in Berlin, Mitglied der USPD und der Revolutionären Obleute. Während der Januarkämpfe 1919 Kommandant der Deutschen Waffen- und Munitionsfabriken, dann Flucht ins Rheinland. Im Mai 1919 nach Berlin zurückgekehrt, wurde Dittbender bis Juni inhaftiert. Ab August 1919 Mitglied der Feststellungskommission des Lebensmittelverbandes bzw. der Reichsgetreidestelle. 1920 Mitglied der KPD. 1922/23 Arbeit als Bohrer, 1924 Kassenbote. Ab Juli 1925 Mitarbeiter der juristischen Zentralstelle der KPD-Fraktion im Preußischen Landtag und Mitglied der Berliner Stadtverordnetenversammlung. Ende 1926 Mitarbeiter im sogenannten Zersetzungs- und AM-Apparat, im Juni 1927 wurde Dittbender Sekretär des ZV der RHD. 1929 kurze Zeit Reichsleiter der Roten Hilfe und Vertreter im MEB der IRH.

Ab Februar 1933 illegale Arbeit, am 10. August verhaftet, in das KZ Columbiahaus gebracht und schwer gefoltert. Anschließend Häftling in den KZs Sonnenburg und Esterwegen. Als Zeuge im Reichstagsbrandprozeß vernommen, erregte seine mutige Haltung vor Gericht Aufsehen und wurde von Dimitroff als beispielhaft gewürdigt. Mitte April 1934 freigelassen, emigrierte Dittbender im Mai über Prag und Warschau in die Sowjetunion. Referent der Abteilung Politemigranten beim ZK der MOPR, ab 1935 Leiter dieser Abteilung.

Im Juli 1935 erhielt er die sowjetische Staatsbürgerschaft und wurde noch im August des Jahres als »absolut vertrauenswürdiger, der Sache des Kommunismus und der proletarischen Revolution treu ergebener Genosse« bezeichnet. Dittbender war 1936/37 Leiter einer »Überführungskommission«, dabei in Überprüfungen und Registrierungen der KPD-Kader, also in Parteisäuberungen, involviert. 1938 geriet er selbst in die Stalinschen Säuberungen. Er wurde im März 1938 verhaftet. Schon 1937 hatte er ▸ Paul Dietrich gegenüber geäußert: »Wir beide wissen zu viel. Erst werde ich verhaftet, dann führst du meine Arbeit weiter, dann wirst du verhaftet.« Nach langer Folterung legte Dittbender ein »Geständnis« ab und belastete bei einer Gegenüberstellung auch ▸ Willi Kerff: Er selbst habe Kerff für eine trotzkistische Organisation geworben. Walter Dittbender wurde am 2. Mai 1939 als »Mitglied einer antisowjetisch-trotzkistischen Terrororganisation« und als »Spion« zum Tode verurteilt und erschossen. Seine zweite Frau **Gertrud Dittbender**, geborene Panse (* 1897), mit der er seit August 1928 verheiratet war, hatte nach seiner Verhaftung Repressalien zu erleiden. Sie stellte daraufhin bei der deutschen Botschaft in Moskau einen Antrag auf Ausreise nach Deutschland und wurde deswegen am 26. Juni 1940 aus der KPD ausgeschlossen.

▸ Dörr, Max (* 1886 – † ?)

Geboren am 31. August 1886 in Berlin. Technischer Zeichner. 1908 trat er der SPD bei und kam über die USPD zur KPD, auf deren linkem Flügel er stand. In der Berliner Organisation übte er verschiedene Funktionen aus, war seit 1921 auch Stadtrat in Berlin. Im März 1924 berief ihn die Zentrale als Redakteur an die »Rote Fahne«. Bei den Reichstagswahlen im Mai 1924 stand Dörr zwar auf dem 4. Platz im Wahlkreis Berlin, wurde aber nicht gewählt, zog dann im Dezember 1924 als Abgeordneter in den Preußischen Landtag ein. Er war gleichzeitig Fraktionsführer der Berliner KPD-Stadtverordneten. Im Juni 1924 kurze Zeit inhaftiert, arbeitete Dörr 1925 in der Kommunalabteilung des ZK, wurde bereits 1926 aus der KPD ausgeschlossen, weil er angeblich Gelder unterschlagen hatte. Nach Dörrs Darstellung war der Ausschlußgrund seine linksoppositionelle Haltung. Im Mai 1927 beim Gerichtsprozeß wurde er beschuldigt, 3000 Mark von der Stadtkasse für die Rote Hilfe empfangen, aber nur 2000 Mark weitergeleitet und den Rest erst 1926 abgeliefert zu haben. Er verteidigte sich damit, an eine Parteispaltung geglaubt zu haben. Deshalb wollte er das Geld nicht dem ZK, sondern einer linken Gruppe geben. Den Rest des Geldes händigte er dann dem ZK aus, als er seinen Irrtum eingesehen hatte. Das Gericht schenkte ihm keinen Glauben, nannte seine Aussage »leeres Gerede« und verurteilte ihn zu drei Monaten Gefängnis. Sein Landtagsmandat behielt er bis 1928 als Fraktionsloser. Im August 1927 veröffentlichte Dörr in der russischen Emigrantenzeitung »Rul« eine Artikelserie über die Abhängigkeit und Finanzierung der KPD von Moskau. Weitere Daten seines Lebenslaufs ließen sich nicht ermitteln.

▸ Dolgner, Willi (* 1894 – † 1934)

Geboren am 11. April 1894 in Berlin. Schlosserlehre, später Matrose der Handelsmarine. Während des Weltkrieges Internierung in Rußland. 1918 Rückkehr nach Deutschland, 1920 Mitglied der KPD. Dolgner arbeitete zeitweise als Schlosser bei den Berliner Verkehrsbetrieben und

betätigte sich für die KPD-Presse. 1928/29 Absolvent der Internationalen Leninschule in Moskau, wurde dann Gewerkschaftssekretär der KPD-BL Halle-Merseburg, zusätzlich übernahm er im Februar 1930 den Vorsitz des RGO-Bezirkskomitees. Im Frühjahr 1932 zur Verstärkung in die KPD-Stadtleitung Halle berufen, arbeitete er anschließend in der BL Hessen-Frankfurt. Dolgner, ein Anhänger von ▸ Hermann Schubert wurde im Februar 1933 als Nachfolger von ▸ Walter Duddins Sekretär der illegalen BL Wasserkante. Anfang 1934 von der Gestapo verhaftet, wurde Willi Dolgner am 11. Januar 1934 im KZ Fuhlsbüttel ermordet.

▸ Doll, Franz (* 1906 – † 1945?)

Geboren am 9. November 1906 in Durlach/ Baden, Schlosser und Dreher, seit 1921 Mitglied der Arbeiterjugend, 1927 der KPD, wurde Redakteur am »Ruhr-Echo« und am »Westfälischen Kämpfer«. Im Juli 1932 im Wahlkreis Baden in den Reichstag gewählt, folgte Doll Ende 1932 ▸ Robert Klausmann als Polleiter des KPD-Bezirks Baden-Pfalz. Ab Februar 1933 zunächst noch mit ▸ Herbert Müller Leiter der illegalen KPD im Bezirk Baden-Pfalz, kam er dann nach Berlin, war ab Juli 1933 Oberberater West im

Ruhrgebiet und anschließend in München tätig. Unklar ist, ob Doll als Polleiter der illegalen KPD Bayerns Anfang 1935 verhaftet wurde oder (wie ein Schreiben des ZK der KPD von Dezember 1945 behauptete) 1935 in das Saargebiet emigrierte. In einem »Personalbogen« des Reichssicherheitshauptamtes (Ende 1936, Anfang 1937) wurde er als »flüchtig« registriert und sein Name stand noch im Frühjahr 1941 auf der Sonderfahndungsliste der Gestapo. Dolls weiteres Schicksal ist nicht geklärt. Seine Frau Margarethe, die ein letztes Lebenszeichen ihres Mannes im Januar 1934 erhielt, ließ Franz Doll durch Beschluß des Amtsgerichts Heidelberg vom 15. Oktober 1947 für tot erklären. Als Zeitpunkt des Todes galt der 31. Dezember 1945. Wahrscheinlich ist indes, daß Franz Doll in die Sowjetunion emigrierte, dort in die Stalinschen Säuberungen geriet und ermordet wurde.

▸ Dombrowski, Arthur (* 1888 – † 1969)

Geboren am 23. Oktober 1888 in Oberschlesien, Sohn eines Kaufmanns, war nach einer kaufmännischen Lehre zunächst Angestellter. Ab 1905 in der Arbeiterjugend Deutschlands und 1908 Delegierter der 2. Konferenz der Freien Jugendorganisationen Deutschlands. 1909 SPD-Mitglied, als Kriegsgegner 1917 Übertritt zur USPD. Nach dem Krieg als Privatdetektiv in

Breslau tätig. Dombrowski ging 1920 mit der linken USPD zur KPD und wurde 1923 Redakteur der »Arbeiter-Zeitung«, des Breslauer KPD-Organs. 1924 einige Zeit inhaftiert, 1929 Chefredakteur der »Arbeiter-Zeitung«. 1930 zu 16 Monaten Festungshaft verurteilt, 1932 zur Roten Hilfe nach Berlin versetzt. Im Februar 1933 verhaftet, bis 1934 im Gefängnis. 1936 konnte Dombrowski nach Palästina auswandern. Er und sein Sohn Kurt erhielten die Einreisegenehmigung, da sein Sohn Heinz bei den Aufständen in Nordpalästina gefallen war. Arthur Dombrowski lebte in einem Kibbuz in Israel, er starb am 2. Januar 1969.

▸ Dombrowski, Johann (* 1903 – † 1941)

Geboren am 13. April 1903 in Stolp als Sohn eines Landwirts, gehörte 1920/21 dem Grenzschutz Ost und der Reichswehr an, ab 1922 war er Hilfsarbeiter im Ruhrgebiet. 1923 trat er der KPD bei, war 1925 führend am Aufbau des RFB beteiligt und arbeitete danach für den illegalen AM-Apparat. Von April bis November 1933 in »Schutzhaft«, emigrierte Dombrowski im Dezember 1933 nach Amsterdam. Dann illegale Rückkehr nach Hamborn. Ab 1937 war er Leiter des Militärapparats Ruhr der KPD. Er organisierte

Industrie- und Wehrmachtsspionage und schuf Sabotagegruppen in Rüstungsbetrieben. Im März 1939 verhaftet, wurde Johann Dombrowski im März 1941 zum Tode verurteilt und am 21. August 1941 in Berlin hingerichtet.

▸ Dornberger, Paul (* 1901 – † 1978)

Geboren am 31. August 1901 in Zeitz, Sohn einer Arbeiterfamilie; Handlungsgehilfe. 1916/17 Registraturgehilfe in Warschau, anschließend Land- und Gelegenheitsarbeiter. 1922 Mitglied der KPD, wurde 1925 in Bremen Vorsitzender der Roten Hilfe und Leiter des Buch- und Zeitschriftenvertriebs. 1926 Sekretär der IAH Nordwest, ab 1927 Sekretär der IAH im Bezirk Mittelrhein in Köln, dann 1928 Geschäftsführer der »Rheinisch-Westfälischen Bauernzeitung« in Düsseldorf. Dornberg wurde 1931 Sekretär der IAH in Halle, kam ins Sekretariat der Reichsleitung der IAH und als verantwortlicher Redakteur zur Zeitschrift »Mahnruf«. Am 21. Oktober 1933 verhaftet und im gleichen Jahr zu zweieinhalb Jahren Zuchthaus verurteilt. Nach der Entlassung im Mai 1936 flüchtete er im Oktober in die ČSR und emigrierte im Mai 1939 nach Großbritannien. Nach einjähriger Internierung in Kanada kam er 1942 wieder als Land- und Metallarbeiter nach Großbritannien, Mitglied im »Freien Deutschen Kulturbund«. Im September 1946 Rückkehr nach Deutschland. Mitglied der SED, bis 1949 1. Landessekretär des Kulturbundes in Thüringen, später Hauptabteilungsleiter Dramaturgie beim Zentralvorstand des Volksbühnenverbandes. 1953/54 kam er als Chefdramaturg ans Ostberliner »Theater der Freundschaft« und war von November 1954 bis 1960 Leiter des Clubs der Berliner Bühnen- und Filmschaffenden »Die Möwe«. Paul Dornberger starb am 2. Dezember 1978 in Ost-Berlin.

▸ Dowedeit, Friedrich (* 1892 – † 1965)

Geboren am 4. Dezember 1892 in Augskalinen bei Gumbinnen in Ostpreußen, Sohn einer Arbeiterfamilie; Maurer in Insterburg. Von 1911 bis 1913 Militärdienst, dann von 1914 bis 1918 Soldat im Weltkrieg. Er arbeitete von 1918 bis 1931 als Maurerpolier in Gumbinnen, ab 1931 erwerbslos. 1919 trat Dowedeit der SPD, 1921 der KPD bei. Von 1921 bis 1931 Leiter der KPD im Kreis Gumbinnen, 1924 bis 1931 Abgeordneter des Ostpreußischen Provinziallandtages und Stadtrat in Gumbinnen. 1931 wurde er Redakteur bei der Reichsleitung der RGO, zeitweise auch RGO-Sekretär für den Bezirk Ostpreußen und Mitglied der RGO-Reichsleitung. 1933 illegal als RGO-Instrukteur tätig, wurde Dowedeit 1933 inhaftiert, arbeitete aber dann bis 1945 unbehelligt als selbständiger Kohlenhändler bzw. Gewerbetreibender in Berlin. 1945/46 war er Sekretär des ZV des FDGB (IG Land und Forst) in der SBZ. 1946/47 Referent beim Präsidenten der Deutschen Zentralverwaltung für Land- und Forstwirtschaft ▸ Edwin Hoernle. Von 1947 bis 1950 wieder selbständiger Fuhrmann, 1951 beim Konsumverband Berlin-Mitte. Dowedeit wurde am 4. Januar 1952 wegen »parteischädigenden Verhaltens als Opportunist und Sektierer« aus der SED ausgeschlossen, 1957 aber wieder aufgenommen. Bis 1959 war er bei der Kommunalen Wohnungsverwaltung Berlin-Prenzlauer Berg tätig. Friedrich Dowedeit starb im Januar 1965 in Ost-Berlin.

▸ Drabent, Leo (* 1899 – † 1944)

Geboren am 15. Juni 1899 in Blumenthal bei Bremen. Nach der Schlosserlehre 1917 zum Kriegsdienst eingezogen, aus dem er schwerverwundet zurückkehrte. 1923 Mitglied der KPD, vor allem als Propagandist tätig. 1927 UB-Sekretär in Vegesack und nach dem Besuch der Rosa-Luxemburg-Parteischule 1929 Agitpropsekretär des Bezirks Wasserkante und Mitglied des Hannoverschen Provinziallandtages. Im Mai 1933 festgenommen und bis 1934 in der »Schutzhaft« schwer mißhandelt, arbeitete er nach seiner Freilassung auf der Weser-Werft in Bremen. Im Juli 1936 wurde Drabent erneut verhaftet und im November 1937 zu einer dreijährigen Zuchthausstrafe verurteilt, die er bis August 1939 verbüßte. Er fand nach der

Entlassung Arbeit in einer Bremer Bootsreparaturwerkstatt und war wieder illegal für die KPD tätig. Die Gestapo verhaftete ihn zusammen mit seiner Frau Marianne am 29. März 1943. Leo Drabent wurde am 13. Oktober 1944 vom VGH zum Tode verurteilt und am 20. November 1944 in Brandenburg/Havel hingerichtet.

▸ Drenghahn, Martin (* 1903 – † ?)

Geboren am 27. Mai 1903 in Dreistützow, lernte Tischler. Er übersiedelte nach Hamburg und wurde Fabrikarbeiter. Seit 1923 Mitglied der KPD, war er von 1931 bis 1933 Abgeordneter der Hamburger Bürgerschaft und Mitglied der BL Wasserkante. Weitere Daten seines Lebens ließen sich nicht ermitteln.

▸ Dressel, Fritz (* 1896 – † 1933)

Geboren am 1. Juni 1896 in Welsberg an der Eich/Oberfranken, Sohn eines Zimmermanns; lernte Zimmerer. Dressel war Kriegsteilnehmer in Frankreich und Rußland, nach Verwundung und Lazarettaufenthalt Rüstungsarbeiter in München. 1919 Mitglied der KPD und der BL Südbayern. Im März 1921 zu zwei Jahren Gefängnis verurteilt, weil er auf einer Versammlung in München eine Solidaritätsresolution für ▸ Max Hoelz eingebracht hatte. Nach 15 Monaten wurde der Rest der Strafe auf Bewährung ausgesetzt. 1923 wählte ihn der VIII. KPD-Parteitag in die Mandatsprüfungs- und Orgkommission. Anfang 1925 Sekretär des KPD-Bezirks Südbayern, war Dressel zeitweise (während der Inhaftierung von ▸ Joseph Götz) Orgleiter. Im April/Mai 1927 besuchte er die Parteischule der KPD in Hohenstein (Sächsische Schweiz) und wurde anschließend Orgleiter in Südbayern (bis 1928) und zugleich Abgeordneter des Bayerischen Landtags (von 1928 bis 1933 Vorsitzender der KPD-Fraktion). Wegen einer von ihm und ▸ Herbert Müller im März 1929 angeführten Protestdemonstration von Münchner Erwerbslosen wurde er angeklagt und nach Aufhebung der Immunität zu mehreren Monaten Haft verurteilt. Noch im April 1933 protestierte er beim Gauleiter der bayerischen NSDAP, Wagner, gegen den Terror der SA. Seine Frau Dora (* 8. 12. 1897 – † 1. 4. 1993) wurde von der SA am 30. März 1933 als Geisel in Haft genommen. Am 3. Mai 1933 verhaftet, hetzte die Wachmannschaft des KZ Dachau Hunde auf Dressel. Von diesen Tieren zerfleischt, wurde er ins Krankenrevier des KZ gebracht, wo ihn die SA verbluten ließ. Fritz Dressel starb am 7. Mai 1933.

▸ Drewnitzki, Viktor (* 1886 – † 1963)

Geboren am 15. Dezember 1886 in Oppeln/Oberschlesien, Sohn eines Arbeiters. Nach dem Besuch des Gymnasiums Studium an der Ingenieurschule Hamburg und an der Maschinistenschule in Kiel, danach Schiffsingenieur im Hamburg. 1902 Mitglied der Arbeiterjugend, 1904 der SPD, 1. Vorsitzender der SPD in Wilhelmsburg-Harburg. 1914/15 Maschinist auf der Hamburg-Amerika-Linie, wurde 1915 Soldat. Wegen schwerer Verwundung 1916 als dienstuntauglich entlassen, in die Artilleriewerkstätten nach Spandau (Berlin) dienstverpflichtet. 1917 schloß sich Drewnitzki der Spartakusgruppe und der USPD an. Er nahm als Gast am Gründungsparteitag der KPD teil und war im Januar 1919 Vorsitzender der Ortsgruppe in Spandau. Ab 1919 Ingenieur, leitete er von 1921 bis 1924 die KPD im Kreis Spandau. 1921 bzw. 1924 Delegierter zum III. bzw. V. Weltkongreß der Komintern, war Drewnitzki von Mai 1924 bis Dezember 1925 Mitglied des Sekretariats der RGI in Moskau. Nach seiner Rückkehr von 1926 bis 1931 hauptamtlich im Apparat des ZK der KPD tätig, kam zwischenzeitlich 1928/29 als Polleiter nach Danzig. Für die KPD-Bezirksorganisation Danzig nahm Drewnitzki auch am XII. Parteitag 1929 als Delegierter teil. Im ersten »Horst-Wessel-Prozeß« angeklagt, im September 1930 zu vier Monaten Gefängnis verurteilt. Von 1931 bis 1933 als Abnahmeingenieur für die sowjetische Handelsvertretung in Berlin tätig. Nach dem Reichstagsbrand kurzzeitig verhaftet, Anfang Juli 1933 erneut festgenommen, war er zwölf Jahre lang Häftling in den KZs Oranienburg, Lichtenburg und Buchenwald. Nach der Befreiung kehrte Drewnitzki nach Berlin zurück und wurde 1. Sekretär der KPD Berlin-Spandau. 1946/47 Verwaltungsangestellter, kam 1947 nach Magdeburg, wo er bis 1952 die Staatswerft leitete, er erhielt 1956 den VVO in Silber. Viktor Drewnitzki starb am 15. Oktober 1963 in Magdeburg.

▸ Drews, Paul (* 1896 – † 1969)

Geboren am 11. Juli 1896 in Lübeck, Schlosser. 1915/16 Soldat im Weltkrieg. 1920 Mitglied der KPD, ab 1926 Sekretär der KPD Lübeck und Mitglied der BL Wasserkante. 1926 bis 1929 Abgeordneter der Lübecker Bürgerschaft. Von Mai 1928 bis Januar 1930 arbeitete er als Filialleiter der KPD-eigenen Norddeutschen Verlagsgesellschaft. 1930 Parteiausschluß, Drews wurde Mitglied und Funktionär der KPO in Lübeck und leistete nach 1933 illegale Arbeit. Er kam wegen mehrerer »Hochverratsverfahren« in »Schutz- und Untersuchungshaft«, wurde am 14. Oktober 1936 zwar freigesprochen, doch im August 1939 erneut verhaftet und saß bis 1945 im KZ Sachsenhausen. 1945 zunächst Mitglied und Funktionär der KPD in Lübeck. Im gleichem Jahr Berufung als Senator in den Senat der Hansestadt, Drews wurde Leiter der Gesundheitsbehörde in Lübeck. Wegen zunehmender politischer Differenzen mit der KPD-Führung Anfang 1947 Austritt aus der KPD, später Mitglied und Funktionär der SPD in Lübeck. Von 1948 bis 1955 Inhaber eines Fuhrbetriebes. Paul Drews starb am 21. Februar 1969 in Lübeck.

▸ Dubber, Bruno (* 1910 – † 1944)

Geboren am 11. November 1910 in Kirchwerder bei Hamburg als Sohn eines Schiffers; Dreher. 1925 Mitglied im DMV und KJVD. Nach der Gesellenprüfung 1928 entlassen, wurde Dubber Gelegenheitsarbeiter, dann hauptamtlich für den KJVD in Hamburg tätig. Im Februar 1929 nahm er am ersten Lehrgang der Reichsparteischule in Berlin-Fichtenau teil und wurde danach Orgleiter des KJVD Hamburg. Im August 1929 wegen Organisierung einer Demonstration gegen einen Stahlhelmaufmarsch festgenommen, saß er drei Monate in Untersuchungshaft. Deswegen im September 1930 angeklagt und zu zehn Monaten Gefängnis verurteilt, entzog er sich dem Strafantritt durch Flucht. Dubber wurde unter dem Namen

Walter Kardolin im Oktober 1930 Orgleiter des KJVD in Schlesien. Im Januar 1932 wurde er Orgleiter in der Berliner Verbandsführung des ZK des KJVD. Hier arbeitete er eng mit ▸ Kurt Müller und ▸ Alfred Hiller zusammen. Obwohl Dubber in den Auseinandersetzungen zwischen ▸ Ernst Thälmann und der Neumann-Remmele-Gruppe letzterer nahestand, blieb er auch ab November 1932 unter ▸ Fritz Grosse, dem neuen KJVD-Vorsitzenden, Orgleiter des ZK. Im Frühjahr 1933 emigrierte Dubber nach Moskau, dort Praktikant im EK der KJI. Auf der Amsterdamer Tagung des KJVD im August 1933 aus dem ZK ausgeschlossen, weil er weiterhin an den Positionen von ▸ Heinz Neumann und Kurt Müller festhielt. »Bewährungseinsatz« in einem Swerdlowsker Großbetrieb. Er konnte im April 1934 nach Moskau zurück und wurde Instrukteur der KJI. Von September 1934 an lebte er (Parteiname Walter) als Berater des KJVÖ illegal in Österreich. Am 14. November 1938 wurde Dubber in Wien von der Gestapo verhaftet, schwer mißhandelt und zwei Jahre später nach Berlin-Moabit überführt. Am 13. Mai 1941 verurteilte ihn der VGH zu lebenslanger Zuchthausstrafe. Im Zuchthaus Bremen starb Bruno Dubber am 6. Mai 1944 an Tuberkulose. 1990 veröffentlichte Karl-Heinz Jahnke die Biographie: »Ein ungewöhnliches Leben: Bruno Dubber«.

▸ Duddins, Walter (* 1903 – † 1945?)

Geboren am 20. Mai 1903 in Königsberg, Sohn eines Lehrers, der 1909 starb. Bei Pflegeltern aufgewachsen, lernte Maschinenschlosser und arbeitete in Königsberg und später in Dortmund. 1917 Mitglied der Arbeiterjugend, 1918 des Spartakusbundes, 1919 der KPD. Von 1918 bis 1922 Jugendfunktionär in Ostpreußen, 1921/22 Mitglied der BL Ostpreußen, kam 1922 als Jugendsekretär der Partei ins Ruhrgebiet. Da 1923 gegen Duddins ein Ausschlußverfahren wegen angeblicher Unregelmäßigkeiten lief, schied er aus dem hauptamtlichen Apparat aus, wurde später aber rehabilitiert. Im Januar 1926 Parteisekretär, zunächst im UB Duisburg, dann von 1927 bis 1929 in Bochum. Obwohl er zur linken Opposition tendierte, vertrat er die Parteilinie. 1927 wegen Widerstand gegen die Staatsgewalt zu sechs Monaten Gefängnis verurteilt, wegen Zersetzung der Schutzpolizei im März 1928 zu eineinhalb Jahren Festung. Im Mai 1928 im Wahlkreis Westfalen-Süd, im Juli 1932 im Wahlkreis Erfurt in den Preußischen Landtag gewählt, dem er bis 1933 angehörte. Anfang 1930 leitete er als Sekretär den UB Dortmund, ein Mordanschlag der SA auf ihn mißlang. Von Mitte 1930 bis 1933 Polleiter des Bezirks Thüringen.

1933 zur illegalen Arbeit als Leiter des Bezirks Wasserkante eingesetzt, wurde Duddins im Juli

1933 verhaftet und am 10. August 1934 vom VGH zu drei Jahren Zuchthaus verurteilt. Auch seine frühere Frau stand wegen Hochverrats vor Gericht und wurde 1935 zum Tode verurteilt, ihre Strafe wurde in 15 Jahre Zuchthaus umgewandelt. Walter Duddins kam nach der Strafverbüßung im November 1936 ins KZ Sachsenhausen. Dort wandte er sich von der KPD ab und wurde im August 1939 freigelassen. ▸ Hanna Melzer, die von 1925 bis 1932 mit Walter Duddins zusammenlebte, berichtete der SED-Führung 1949, ihre politische Entwicklung sei zu einem großen Teil ihm zu verdanken. Aber sechs Wochen nach Ausbruch des Krieges gegen die Sowjetunion habe sie von Duddins einen Brief aus Königsberg erhalten, »in dem er die nach seiner Auffassung vorhandenen Ursachen über die Niederlage der Sowjetunion aufzeigte und mit Begeisterung über die Taten der Hitler-Armee und über seinen Wunsch, seine Kräfte in der Industrie einzusetzen« geschrieben habe. Daraufhin habe sie jede Verbindung mit Duddins abgebrochen. Demgegenüber gibt es aber auch die Aussage des früheren Königsberger KPD-Funktionärs und späteren VVN-Spitzenfunktionärs Georg Spielmann aus dem Jahre 1950. Danach hatte Duddins ihn im März 1945 vor der Verhaftung durch die Gestapo und die Feldgendarmerie sowie dem drohenden Kriegsgericht bewahrt, in dem dieser wissentlich falsche Angaben gemacht und »bestätigt« habe, Spielmann arbeite in seiner Abteilung als Maschinenbauer. Duddins soll laut Hanna Melzer nach dem Einmarsch der Roten Armee 1945 in einem Lager bei Königsberg an Ruhr gestorben sein.

▸ Dünninghaus, Georg Karl (* 1893 – † 1953)

Geboren am 28. Juni 1893 in Hamburg. Gelernter Modelltischler; trat 1919 der KPD bei. Teilnahme am Hamburger Aufstand 1923 als Leiter des Nachrichtendienstes. 1926 Generalsekretär der IAH und auf deren 2. Kongreß im April 1927 einstimmig wiedergewählt. Dünninghaus hatte diese Funktion bis 1931 inne. 1931 zu vier Monaten Gefängnis verurteilt, die er von Januar bis April 1931 verbüßte. Im März 1933 noch Kandidat zu den Preußischen Landtagswahlen. 1933 zunächst Instrukteur der KPD-BL Wasserkante in Hamburg, dann verhaftet, kam Dünninghaus sechs Monate in »Schutzhaft«. Im November 1938 erneut inhaftiert und zu eineinhalb Jahren Gefängnis verurteilt. Nach seiner Freilassung Arbeit als Exportleiter einer Tuchhandlung, ab 1941 war er Mitglied der Widerstandsgruppe um ▸ Anton Saefkow. Am 28. Januar 1945 von der Gestapo in Guben verhaftet, gelang Dünninghaus die Flucht aus dem Gefängnis in Frankfurt/O. 1945/46 Geschäftsführer der »Berliner Zeitung«, dann 1947 Vorstandsmitglied der Berliner Konsumgenossenschaften. Später zog er nach Chemnitz, wo er 1952 als Direktor der Deutschen Handelszentrale Textil arbeitete. Dünninghaus starb am 9. April 1953 in Chemnitz.

Seine Frau **Luise Dünninghaus** (* 27. 5. 1896 – † 1. 5. 1973), Tochter eines Schlossers, arbeitete als Stenotypistin in der IAH. 1914 Mitglied der SPD, 1919 der KPD. Nach 1933 illegale Arbeit in Hamburg, von März bis Mai 1934 U-Haft. 1938 Übersiedlung nach Berlin. 1945 Gründerin des Antifaschistischen Frauenausschusses in Berlin-Lichtenberg, später Referentin im DFD-Bundesvorstand.

▸ Dünow, Hermann (* 1898 – † 1973)

Geboren am 6. März 1898 in Berlin, Sohn eines Metallarbeiters; gelernter Klempner. 1917/18 Soldat im Weltkrieg, nach einem Lazarettaufenthalt im Elsaß 1919 zurück nach Berlin und Mitglied der USPD, 1920 der KPD. Bis 1922 in den Siemenswerken, von 1924 bis 1927 Mitglied der BL Berlin-Brandenburg. Ende 1924 baute er den Nachrichtendienst für den Bezirk Berlin-Brandenburg auf, war ab Sommer 1927 hauptamtlicher Mitarbeiter des ZK. Zunächst Leiter des Ressorts Abwehr im von ▸ Hans Kippenberger geleiteten AM-Apparat. Im August 1928 wurde er beim Versuch, ▸ Rudolf Margies aus dem Zuchthaus zu befreien, festgenommen

und saß sechs Monate in Bochum in Haft. 1930 absolvierte er einen halbjährigen Lehrgang an der M-Schule der Komintern bei Moskau, danach Mitarbeiter des AM-Apparates. Anfang 1932 abberufen und Leiter der Quartierbeschaffungsabteilung. Dünow war mitverantwortlich für die Absicherung der Tagung der KPD-Führung in Ziegenhals bei Berlin im Februar 1933. Nach der Emigration Kippenbergers wurde Dünow im Juli 1933 Leiter des gesamten Nachrichtendienstes der KPD. Am 18. Dezember 1933 durch den Verrat von ▸ Alfred Kattner verhaftet und am 30. September 1935 vom VGH zu lebenslanger Zuchthausstrafe verurteilt, er war zuletzt im Zuchthaus Brandenburg-Görden. Im Juli 1945 wurde Dünow Pressereferent im Polizeipräsidium Berlin, ab September 1946 Leiter der Presseabteilung in der Deutschen Verwaltung des Innern und im September 1955 Leiter der Adjudantur des Ministers des Innern, schied als Oberst der DVP aus dem aktiven Dienst aus, er erhielt 1958 den Karl-Marx-Orden. Hermann Dünow starb am 28. September 1973.

▸ Düwell, Bernhard (* 1891 – † ?)

Geboren am 29. April 1891 in Bochum, Sohn eines Drehers; Oberrealschule in Essen und Berlin, von 1907 bis 1909 kaufmännische Lehre, von 1911 bis 1913 Studium der Nationalökonomie ohne Abitur an der Handelshochschule in Berlin. 1908 Leiter der SP-Jugendorganisation in Berlin-Lichtenberg. Er war von 1910 bis 1918 Schriftsteller und Redakteur in Berlin, hilfsdienstverpflichteter Buchhalter bei der Reichshauptbank Berlin von 1915 bis 1918. 1917 Mitglied der USPD, von Oktober 1918 bis September 1919 war Düwell Redakteur am Zeitzer »Volksboten« und im November 1918 Vorsitzender des Arbeiter- und Soldatenrats Zeitz. Als »Volkskommissar« leitete er die Zentralstelle der Arbeiter- und Soldatenräte im Regierungsbezirk Merseburg. Im Dezember 1918 Delegierter zum 1. Reichsrätekongreß, USPD-Fraktion. Dann im Januar 1919 im Wahlkreis Merseburg in die Deutsche Nationalversammlung gewählt, war er von Juni 1920 bis 1924 Abgeordneter des Reichstages. Düwell arbeitete von Ende 1919 bis 1920 als Redakteur des »Unabhängigen Sozialdemokratischen Zeitungsdienstes« in Berlin, dann von Oktober bis Dezember 1920 als Redakteur des Zentralorgans der USPD-Linke »Die Internationale«. Ab Dezember 1920 Mitglied der VKPD, gehörte Düwell im März 1921 zu den Unterstützern von ▸ Paul Levi und wurde im September 1921 Mitglied der KAG, ab April 1922 erneut in der USPD und schließlich ab Oktober 1922 in der SPD. Ab 1924 führte er gemeinsam mit ▸ Otto Brass den Zentralvertrieb zeitgeschichtlicher

Bücher und die E. Laubsche Verlagsbuchhandlung. 1931 wurde er Chefredakteur des »Sächsischen Volksblattes« in Zwickau und zugleich Mitarbeiter an der Zeitschrift »Marxistische Tribüne«. Bernhard Düwell ist vermutlich 1934 nach Batavia/Indonesien ausgewandert und dort verstorben.

▸ Duncker, Hermann, Dr. phil. (* 1874 – † 1960)

Geboren am 24. Mai 1874 in Hamburg, Sohn des Kaufmanns Hermann Duncker. Von 1883 bis 1891 Gymnasium in Göttingen, studierte zunächst in Leipzig Musikwissenschaft. Am 1. Mai 1893 trat er der SPD bei. Von 1896 bis 1903 Studium der Geschichte, Philosophie und Ökonomie vor allem bei Wilhelm Wundt und Karl Lambrecht, 1903 zum Doktor der Philosophie promoviert über »Das mittelalterliche Dorfgewerbe« (1903 im Druck erschienen). Inzwischen hatte er seine Frau (Heirat 1898) ▸ Käte Duncker kennengelernt. Hermann Duncker sagte später: »Was ich für die Arbeiterbewegung habe leisten können, verdanke ich wesentlich der kameradschaftlichen Unterstützung meiner Frau.« 1903 wurde Duncker hauptamtlicher Funktionär der SPD, zunächst Redakteur der »Leipziger Volkszeitung«. Mit der Einrichtung marxistischer Schulungskurse durch die SPD wurde er 1906 der erste Wanderlehrer der Partei. Ihm kam seine große pädagogische Begabung zustatten, auch an der Zentralschule der SPD in Berlin (ab 1911), wo er eng mit ▸ Rosa Luxemburg und ▸ Franz Mehring verbunden war. 1914 gehörte Duncker zu dem kleinen Kreis der Internationalisten, die in Berlin den späteren Spartakusbund begründeten und leiteten. Er und seine Frau waren enge Mitarbeiter von ▸ Leo Jogiches bei der Organisierung der Spartakusgruppe und bei der Herausgabe illegaler Materialien. Duncker war der Verfasser der illegal vertriebenen Broschüre »Der Annexionswahnsinn«. Nach Ausbruch der Revolution besetzte er mit einer Gruppe von Anhängern des Spartakusbundes Redaktion und Druckerei des »Berliner Lokalanzeigers« und gab die erste Nummer der »Roten Fahne« heraus.

Auf dem Gründungsparteitag der KPD wurden Hermann und Käte Duncker in die Zentrale der Partei gewählt. Während er 1919 einige Monate inhaftiert war, floh seine Frau nach Dänemark. Wegen Differenzen mit der Partei wurde Duncker (ebenso wie seine Frau) auf dem II. Parteitag nicht wiedergewählt, sie übersiedelten nach Gotha, wo er 1919/20 Sekretär der (von der USPD geführten) Landesregierung von Gotha war. Dieser Funktion nach dem Kapp-Putsch enthoben, arbeitete er als Wanderlehrer für die KPD. 1923 wurde Duncker Sekretär der Thüringer KPD-Landtagsfraktion und nahm an allen KPD-Parteitagen von 1920 bis 1923 teil. Unter chronischer Bronchitis und Asthmaanfällen leidend, lebten sie, wie Käte Duncker an Frau Kautsky schrieb, mit ihren drei inzwischen fast erwachsenen Kindern in schwierigen Verhältnissen. 1923 übernahm Duncker die Schulungsabteilung der Zentrale, die er auch unter der Ruth-Fischer-Führung behielt, obwohl er zum rechten Parteiflügel tendierte und 1923/24 aktives Mitglied der Mittelgruppe war. In den zwanziger Jahren ist er auch als Herausgeber einiger Schriftenreihen in kommunistischen Verlagen bekannt geworden (u. a. »Elementarbü-

cher des Kommunismus« und »Kleine Lenin-Bibliothek«). Zugleich war er Gründer und Leiter der MASCH, der Berliner Marxistischen Arbeiterschule. Bis 1933 betätigte er sich vor allem auf dem Gebiet der Schulungsarbeit der KPD. 1927/28 Leiter der Bildungsabteilung des ZK, verlor der immer dem rechten Flügel nahestehende Duncker in der ultralinken Periode nach 1929 seinen politischen Einfluß.
Nach dem Reichstagsbrand am 28. Februar 1933 verhaftet und im Gefängnis Spandau und im KZ Brandenburg festgehalten, lebte er nach seiner Freilassung von November 1933 bis November 1936 unter Polizeiaufsicht in Friedrichroda. 1936 gelang ihm die Flucht nach Dänemark, 1937 nach Großbritannien, wo ihn die Nachricht ereilte, daß sein Sohn **Wolfgang Duncker** (* 1909 – † 1942) in der UdSSR verhaftet und zu acht Jahren verurteilt worden war. Über die Verfolgung seines Sohnes wie auch über die seines alten Freundes Nikolai Bucharin war Duncker völlig verzweifelt, wie ▸ Jürgen Kuczynski 1983 in seinen Erinnerungen berichtete. 1938 emigrierte Duncker nach Frankreich, über ein Internierungslager in Marokko kam er im September 1941 in die USA. Seine Frau Käte hatte eine Reise zum Sohn Karl (Dozent an einer USA-Universität, 1940 Selbstmord) bereits benutzt, um in den USA zu bleiben. Wegen seiner Ablehnung des Stalin-Hitler-Paktes bekam Duncker Schwierigkeiten mit der KPD.
Im Mai 1947 konnten die Dunckers nach Deutschland zurückkehren, hier schloß er sich der SED an und wurde Professor und Dekan der Gesellschaftswissenschaftlichen Fakultät der Universität Rostock. 1948 zum Direktor der Bundeshochschule des FDGB in Bernau berufen, war Duncker, obwohl fast erblindet, noch ein vielgefragter Referent. Er erhielt zahlreiche Auszeichnungen, darunter 1953 den Karl-Marx-Orden. Eine zweibändige Auswahl seiner Schriften »Einführung in den Marxismus« erschien 1958 in Ost-Berlin. (Bereits 1908 war seine Schrift: »Volkswirtschaftliche Grundbegriffe« gedruckt worden.) Nach längerer Krankheit starb Hermann Duncker am 22. Juni 1960 in Ost-Berlin.

▸ Duncker, Käte (* 1871 – † 1953)

Geboren am 23. Mai 1871 als Käte (oder Käthe, ursprünglich Paula Kathinka) Döll in Lörrach in Baden als Tochter eines Kaufmanns, aufgewachsen in Friedrichroda in Thüringen, wohin sie mit der Mutter nach dem Tode des Vaters 1877 zog. Käte besuchte die Höhere Mädchenschule in Friedrichroda sowie die Handelsschule in Gotha. Von 1888 bis 1890 Lehrerinnenseminar in Eisenach, anschließend bis 1895 Lehrerin in Friedrichroda und Leipzig. Ab 1894 Vortragstätigkeit beim Arbeiterbildungsverein Leipzig. Wegen ihrer politischen Tätigkeit als Lehrerin in Leipzig gemaßregelt, ging sie 1895 nach Hamburg, wurde dort aber 1897 als Lehrerin erneut entlassen und heiratete Ende 1898 den damaligen Studenten der Volkswirtschaftslehre ▸ Hermann Duncker. Als Mitglied der SPD zunächst Mitarbeiterin, später Vorsitzende des sozialdemokratischen Frauen- und Mädchenvereins in Leipzig, dann bis Ende 1908 Redakteurin der Zeitschrift »Gleichheit« und enge Vertraute von ▸ Clara Zetkin. Käte Dunckers Schrift: »Die Kinderarbeit und ihre Bekämpfung« wurde 1906 veröffentlicht. Sie nahm an allen SPD-Frauenkonferenzen vor 1914 teil und war als Delegierte auf dem Internationalen Sozialistenkongreß 1910 in Kopenhagen. Von 1908 bis 1912 Mitglied des Zentralen SPD-Bildungsausschusses, nach Ausbruch des Weltkrieges stand sie in Opposition zum SPD-Parteivorstand.

Ab 1915 Mitglied der Gruppe Internationale, war sie im September 1917 Delegierte der Spartakusgruppe auf der 3. Zimmerwalder Konferenz in Stockholm. Seit 1918 in der Zentrale des Spartakusbundes für Frauenarbeit verantwortlich. Auf dem Gründungsparteitag wurde Käte Duncker in die Zentrale der KPD gewählt. Nach der Ermordung von ▸ Karl Liebknecht, ▸ Rosa Luxemburg und ▸ Leo Jogiches flüchtete sie aus Berlin, hielt sich in Dänemark und Schweden auf und kehrte erst Ende 1919 nach Deutschland zurück. Dann war sie Referentin an der Arbeiterbildungsschule in Berlin, von 1921 bis 1923 Abgeordnete der KPD im Thüringer Landtag. Von März bis Juli 1924 Aufenthalt in der UdSSR, seit 1925 publizistische und pädagogische Tätigkeit an der Seite ihres Mannes. Von 1933 an lebte sie wieder in Friedrichroda, emigrierte 1938 in die USA, war dort Hausgehilfin und Sprachlehrerin. Zusammen mit ihrem Mann kam sie 1947 nach Deutschland, wohnte zunächst bei ihrer Tochter Hedwig, die eine Arztpraxis in Berlin-Charlottenburg hatte. Später übersiedelte sie nach Bernau bei Berlin, wo ihr Mann als Direktor an der FDGB-Bundesschule lehrte.

Käte Duncker war durch den Verlust ihrer Söhne Karl (Selbstmord in den USA) und Wolfgang (der als Anhänger Bucharins in Moskau 1937 verhaftet wurde und 1942 in einem Lager in Workuta ums Leben kam) so zermürbt, daß sie nach ihrer Rückkehr in die SBZ politisch nicht mehr aktiv wurde und auch nicht um die formale Aufnahme in die SED nachsuchte. Sie bat am 2. Juni 1948 ihren Weggefährten ▸ Wilhelm Pieck um Hilfe bei der Aufklärung des Schicksals ihres Sohnes Wolfgang und schrieb: »Bitte, hilf uns mit der Einsetzung Deines persönlichen Einflusses, Nachricht über das Schicksal des Jüngsten zu erhalten. Eine letzte Bitte einer alten Genossin und Freundin! Auch wenn es sich herausstellen sollte, daß Wolfgang längst tot ist, so ist diese Gewißheit unter Angabe von Ort, Zeit und näheren Umständen noch besser als die quälende Ungewissheit.« Am 10. November 1948 erhielten die Dunckers eine Nachricht des Roten Kreuzes, daß ihr Sohn Wolfgang am 20. November 1942 in Workuta verstorben sei. Im Juni 1952, wenige Tage nach ihrem 81. Geburtstag, hat sich Käte Duncker noch an ▸ Walter Ulbricht mit der Bitte um Hilfe für den aus der Partei ausgeschlossenen ▸ Jacob Walcher gewandt. Nach jahrelanger schwerer Krankheit starb Käte Duncker am 2. Mai 1953 in Bernau bei Berlin.

▸ Duwendag, Wilhelm (* 1895 – † ?)

Geboren am 11. September 1895 in Wanne, arbeitete nach der Lehre als Klempner. Mit der linken USPD kam er 1920 zur KPD und vertrat diese von 1921 bis 1924 in der Hamburger Bürgerschaft. Danach trat Duwendag politisch nicht mehr hervor, weitere Daten seines Lebens waren nicht zu ermitteln.

E

▸ Ebeling, Karl (* 1894 – † 1960)

Geboren am 16. Dezember 1894 in Bevern bei Holzminden, lernte Schmied und trat 1911 der SPD, 1919 der USPD bei. Nach dem Krieg in der Continental-Fabrik in Hannover beschäftigt, in der er auch Betriebsrat wurde. Seit 1920 KPD-Mitglied, gehörte dem Vorstand des DMV in Hannover an, wurde dort 1924 wegen kommunistischer Tätigkeit ausgeschlossen. 1925 hauptamtlicher Funktionär der KPD, auf dem X. Parteitag Vertreter des Bezirks Niedersachsen in der Politischen Kommission, 1927 Orgleiter des Bezirks Niedersachsen. Als Versöhnler im November 1928 seiner Funktion enthoben, übersiedelte Ebeling nach Berlin, wo er bis 1933 als typischer »Proletarier« Leiter des Kampfbundes gegen den Faschismus für Berlin war. Bis 1936 in Berlin illegal für die KPD tätig, wurde verhaftet und zu drei Jahren Zuchthaus verurteilt, die er in Brandenburg-Görden verbüßte. 1945 schloß sich Ebeling der KPD an. Im Berliner FDGB aktiv, auch Mitglied der Berliner SED-BL und Sekretär für Sozialhilfe, wohnte bis 1959 noch in West-Berlin, danach als Parteiveteran in Ost-Berlin, wo Karl Ebeling am 28. Oktober 1960 starb.

▸ Eberlein, Hugo (* 1887 – † 1941)

Geboren am 4. Mai 1887 in Saalfeld, Sohn eines Fabrikarbeiters; lernte Zeichner. 1905 Mitglied der Gewerkschaft und 1906 der SPD. Eberlein – ein gewandter, schlagfertiger und belesener Mann – stand in den Parteidiskussionen auf dem linken Flügel. Er war ein treuer Anhänger ▸ Rosa Luxemburgs, die nach Kriegsausbruch seine weniger bekannte Adresse für wichtige Korrespondenz benutzte, und von Anfang an führend in der Gruppe der Linken, der späteren Spartakusgruppe. Als ausgezeichneter Organisator spielte er im Krieg neben ▸ Leo Jogiches für den Spartakusbund eine wichtige Rolle.
Mehrmals verhaftet und zum Heer eingezogen, konnte er sich wegen eines Asthmaleidens immer wieder dem Militärdienst entziehen. Er war Teilnehmer der ersten Reichskonferenz der Spartakusgruppe im Januar 1916. Seit 1917 gehörte er mit der Spartakusgruppe zur USPD. Kurz vor Ausbruch der Novemberrevolution in Ostpreußen desertiert, gründete Eberlein in Danzig eine Gruppe des Spartakusbundes und wurde dort nach Ausrufung der Revolution 2. Vorsitzender des Arbeiter- und Soldatenrates. Nach Berlin zurückgekehrt, wurde er Mitglied des Vorstandes des Spartakusbundes, verantwortlich für die Geschäftsleitung.
Auf dem Gründungsparteitag der KPD hielt er am 31. Dezember 1918 das Referat über die Organisation. Am 11. Januar 1919 mit Jogiches verhaftet, konnte Eberlein entkommen und lebte in der folgenden Zeit illegal. Delegierter auf allen Parteitagen der KPD, wurde er vom I. bis zum XI. Parteitag immer in die Zentrale bzw. in das ZK gewählt, gehörte fast immer dem Orgbüro und zeitweise auch dem Polbüro an. Im März 1919 gelangte Eberlein als einziger deutscher Vertreter zum Gründungskongreß der Komintern nach Moskau (Pseudonym Max Albert). Dort hat er sich, entsprechend einem Beschluß

der KPD und dem Wunsch der inzwischen in Deutschland ermordeten Rosa Luxemburg, gegen die sofortige Gründung der Komintern gewandt und sich bei der Gründung der Kommunistischen Internationale der Stimme enthalten. Nach Deutschland zurückgekehrt, plädierte er für den Anschluß an die Komintern, den die KPD dann beschloß. Während der März-Aktion 1921 und bei den Vorbereitungen des Aufstandes 1923 auch im AM-Apparat der KPD aktiv. Von 1921 bis 1933 war er Abgeordneter des Preußischen Landtags. Ende 1923 wandte er sich von ▸ Heinrich Brandler ab und ging zur Mittelgruppe, die bis zum IX. Parteitag im April 1924 die Partei leitete. Eberlein gehörte zu den Organisatoren dieses illegal abgehaltenen Parteitags und wurde dort als einer der vier Vertreter der Mittelgruppe in die linke Zentrale gewählt, in der er loyal mitarbeitete. Allerdings verlor er seine Funktion als Sekretär des Polbüros und die Leitung der Agitproparbeit, er lenkte die geschäftlichen Unternehmungen, Druckerei- und Zeitungsverlage, später die gesamte Finanztätigkeit der KPD.

Eberlein war in der Folgezeit einer der Vertrauensleute der Komintern-Führer in Deutschland und als Leiter der Geschäftsabteilung kontrollierte er zugleich die finanzielle Unterstützung der KPD durch Moskau. Auf dem X. Parteitag 1925 kam er wieder ins ZK, sein Einfluß stieg in der Partei nach dem »Offenen Brief« beträchtlich. Auf dem XI. Parteitag 1927 als ZK-Mitglied ins Polbüro aufgenommen, der VI. Weltkongreß der Komintern wählte ihn 1928 in die Internationale Kontrollkommission, der VII. Weltkongreß 1935 in Moskau, an dem er teilnahm, bestätigte später dieses Mandat. Eberlein gehörte zur Versöhnler-Gruppe. Er hatte maßgebenden Anteil an der Aufdeckung der Wittorf-Affäre und war neben ▸ Gerhart Eisler Hauptinitator der Absetzung ▸ Ernst Thälmanns im September 1928. Nach dem Eingreifen Stalins wurde er »kaltgestellt«, kapitulierte später mit der Mehrheit der Versöhnler und wurde auf weniger wichtige Posten abgeschoben.

Eberlein hatte 1913 in Berlin Anna Harms (* 15. 7. 1889 – † 11. 1. 1964), die ebenso wie er ab 1919 der KPD angehörte, geheiratet. Er war in zweiter Ehe dann mit Inna Armand, einer Tochter der berühmten aus Frankreich stammenden russischen Bolschewikin Inessa Armand, einer Freundin Lenins, verheiratet. Beider Tochter Ines wurde 1923 in Berlin geboren.

Eberlein stand in enger Freundschaft zu ▸ Wilhelm Pieck. Nach 1929 im Kominternapparat tätig, wozu ihn Bela Kun herangezogen hatte, blieb er dies auch nach 1933 und beteiligte sich in Frankreich maßgeblich an der Organisierung der Volksfrontbewegung. Er wurde im September 1935 in Straßburg wegen »Spionage« verhaftet und im März 1936 in die Schweiz abgeschoben. Seit 1933 lebte Eberlein – inzwischen von Inna Armand getrennt – mit seiner Sekretärin Charlotte Scheckenreuther zusammen. Beide flüchteten im August 1936 von Antwerpen über Leningrad nach Moskau und wohnten dort im Hotel »Lux«.

Auf Eberleins 50. Geburtstag im Mai 1937 verkündete Pieck, Hugo Eberlein werde rehabilitiert und wieder zur KPD-Arbeit herangezogen. Tatsächlich aber hat ihn das NKWD in der Nacht vom 27. zum 28. Juli 1937 verhaftet, in die Lubjanka gesperrt und von ihm unter fürchterlicher Folter »Geständnisse« erzwungen.

In einem Kassiber an Pieck (abgedruckt bei Reinhard Müller 1996) berichtete er: »Nach der Verhaftung saß ich bis zum 19. 1. 1938 ohne jegliches Verhör in Haft. Am 19. Januar 1938 begann das Verhör, das ununterbrochen zehn Tage und Nächte dauerte. Ich mußte ohne Schlaf und fast ohne Nahrung die ganze Zeit stehen. Das Verhör bestand in der Erhebung der sinnlosesten Anschuldigungen und wurde durch solche Faust- und Fußschläge begleitet, daß ich nur unter schrecklichsten Schmerzen stehen konnte. Die Haut platzte, in den Schuhen sammelte sich Blut ... Im April 1938 transportierte man mich ins Lefortowo-Gefängnis. Hier wurden alle Verhöre mit den schrecklichsten Verprügelungen begleitet, man prügelte mich wochenlang Tag und Nacht. Auf dem Rücken gab es kein Stück Haut, nur das nackte Fleisch. Auf einem Ohr konnte ich wochenlang nichts hören, und auf einem Auge konnte ich wochenlang nichts sehen, weil

die Blutgefäße im Auge verletzt wurden. Oft fiel ich in Ohnmacht.«
Am 5. Mai 1939 wurde Hugo Eberlein in einer geschlossenen Sitzung des Militärkollegiums des Obersten Gerichts der UdSSR zu 15 Jahren Lagerhaft verurteilt und am 1. Juni 1939 nach Workuta transportiert. 1941 kam er in ein Lager 100 km nördlich von Syktywkar in der ASSR der Komi, dann zurück nach Moskau und erneut angeklagt. Am 30. Juli 1941 lautete das Urteil Tod durch Erschießen. Hugo Eberlein wurde am 16. Oktober 1941 erschossen.
Charlotte Scheckenreuther (* 30. 10. 1909 – † 11. 8. 1982), seine Lebensgefährtin, war Tochter eines Esseners Bergarbeiters, 1927 Mitglied der KPD, Kontoristin und Stenotypistin bzw. ab 1930 in der Abteilung Kasse der BL Ruhrgebiet. Im Juli 1933 ins Saargebiet emigriert. Ab Oktober 1936 arbeitete sie unter dem Parteinamen Lotte Reuter an der Leninschule in Moskau. Dort am 18. Juni 1938 verhaftet und der »Beihilfe zur Spionage« angeklagt. Im Januar 1939 zwar entlassen, aber mittellos und ohne jegliche Unterstützung, blieb ihr nur die Rückreise nach Deutschland. Hier wurde sie am 3. November 1939 verhaftet. Charlotte Scheckenreuther überlebte die Nazidiktatur, heiratete nach 1945 den Essener Altkommunisten und Spanienkämpfer Heinrich Schürmann.
Hugo Eberlein wurde am 31. Oktober 1956 durch das Militärkollegium des Obersten Gericht der UdSSR juristisch rehabilitiert. Seine Tochter Ines erhielt 1956 eine offizielle Sterbeurkunde, angeblich war ihr Vater am 12. Januar 1944 »verstorben«.
Sein Sohn aus erster Ehe, **Werner Eberlein** (* 9. 11. 1919 – † 11. 10. 2002) emigrierte im April 1934 zum Vater in die Sowjetunion, er besuchte die Karl-Liebknecht-Schule in Moskau. Nach der Verhaftung seines Vaters mußte er bis 1940 in Moskau arbeiten und wurde anschließend für acht Jahre nach Sibirien verbannt. Im April 1948 nach Deutschland zurückgekehrt, trat er in die SED ein und wurde Übersetzer beim FDGB und im ZK der SED. Von 1951 bis 1954 Kursant an der Parteihochschule in Moskau, arbeitete anschließend bis 1959 beim »Neuen Deutschland«, dann Mitarbeiter des ZK der SED, Chefdolmetscher sowohl ▸ Walter Ulbrichts als auch Erich Honeckers bei Gesprächen mit der sowjetischen Führung. Seit 1971 Mitglied der ZRK, gehörte er ab 1981 dem ZK an, 1983 1. Sekretär der BL Magdeburg. Werner Eberlein wurde 1985 Kandidat, und 1986 Mitglied des Politbüros der SED, war später in der PDS.

▸ Ebert, Albert (* 1874 – † 1935)

Geboren am 24. April 1874 in Rodewisch/Vogtland, Sohn eines Eisenbahnbeamten; lernte Dreher. Anschließend auf Wanderschaft, übersiedelte 1904 in Dresden und war bis 1918 Metallarbeiter. 1890 trat er in die SPD ein, 1917 in die USPD. Trotz einer Augenverletzung wurde Ebert noch im September 1918 als Soldat eingezogen und kam nach Frankreich an die Front. Nach der Rückkehr nach Dresden auf dem linken Flügel der USPD aktiv, er setzte sich 1920 für die Vereinigung mit der KPD ein. Im Dezember 1920 als Abgeordneter der USPD in den Sächsischen Landtag gewählt, gehörte bis 1922 dem Landtag als KPD-Abgeordneter an. Mitglied der BL Ostsachsen, vor allem in der Jugendarbeit tätig. Während des März-Aufstandes 1921 Kurier zwischen Dresden und dem Mansfelder Gebiet. Bis 1923 Betriebsratsvorsitzender in einer großen Dresdener Metallfabrik, ab 1923 hauptamtliche Tätigkeit. Als Mitarbeiter der Zentrale, später des ZK der KPD war Ebert für die illegale Grenzarbeit und den Literaturvertrieb zuständig. Er organisierte Parteitage ausländischer kommunistischer Parteien in Deutschland, u. a. die Balkankonferenz der KP Jugoslawiens im Herbst 1928 in Dresden. Im Auftrage der Komintern schleuste Ebert gefährdete KP-Funktionäre über die Grenze. 1928/29 übernahm er die Verwaltung der Reichsparteischule der KPD auf dem Weißen Hirsch in Dresden. Von 1931 bis 1933 gehörte Ebert der UB-Leitung Dresden an und wurde Referent unter der Landbevölkerung. Ab 1933 erwerbslos, mehrmals für kurze Zeit inhaftiert. Nach einer erneuten Hausdurchsuchung starb Albert Ebert am 29. Dezember 1935 in Dresden.

▸ Ebner, Adam (* 1894 – † 1973)

Geboren am 4. März 1894, entstammte einer alteingesessenen Neu-Isenburger Familie. Der Vater starb früh, die Mutter betrieb eine Gastwirtschaft. Ebner lernte Mechaniker und war längere Zeit in seinem Beruf tätig. Nach dem Besuch der technischen Lehranstalten in Offenbach kam er als Betriebsassistent zur Reichsbahn. Im Weltkrieg verwundet, trat er 1919 der USPD bei und kam mit deren linkem Flügel 1920 zur KPD. Von 1921 bis 1924 Abgeordneter des Hessischen Landtags, im Mai (bis Dezember) 1924 im Wahlkreis Hessen-Darmstadt in den Reichstag gewählt. Delegierter des VIII. KPD-Parteitages 1923, als Vertreter des linken Bezirks Hessen in die Gewerkschaftskommission und den ZA berufen. 1925 war Ebner Mitarbeiter der Orgabteilung der Komintern in Moskau und ging zur »Vereinigten Opposition Sinowjews und Trotzkis«. Als Oppositioneller 1927 aus der Partei ausgeschlossen, gehörte er zu den Mitbegründern des Leninbundes und unterschrieb im März 1928 den Aufruf der »Linken Kommunisten«. Bei den Stadtverordnetenwahlen 1929 errang der Leninbund unter Ebners Führung in Neu-Isenburg vier Mandate. Im April 1931 gab es Wiedervereinigungsbestrebungen zwischen der örtlichen Leitung der KPD und dem Leninbund, doch dieser blieb selbständig. Ebner kandidierte damals mit einem großen Wahlerfolg als Beigeordneter in Neu-Isenburg. Von 1933 bis 1945 arbeitete er wieder als Betriebsassistent bei der Reichsbahn bzw. als Buchhalter in einer Uniform-Kleiderfabrik in Neu-Isenburg. Von März bis April 1933 in »Schutzhaft«, anschließend stand der hundert Prozent schwerkriegsbeschädigte Ebner unter Hausarrest. Nach 1945 bei der Hessischen Landesversicherungsanstalt beschäftigt, lebte er später als Pensionär in Neu-Isenburg, er gehörte keiner Partei an. Adam Ebner starb am 6. Juli 1973.

▸ Eckert, Erwin (* 1893 – † 1972)

Geboren am 16. Juni 1893 in Zaisenhausen/Baden, Sohn eines Hauptlehrers. Er wuchs in Mannheim auf, wo sein Vater später Leiter eines Waisenhauses war. Eckert studierte in Heidelberg, Göttingen und Basel Theologie und Philosophie. Im Weltkrieg war er Soldat in einem Alpenjäger-Regiment, zuletzt Leutnant. Als Student Mitglied der SPD, als Stadtvikar von Pforzheim (bis 1922) gründete Eckert den Bund religiöser Sozialisten Deutschlands und blieb bis 1931 dessen Vorsitzender. Bis 1927 Pfarrer in Meersburg am Bodensee, dann Stadtpfarrer in Mannheim. Der populäre Eckert sammelte linke SPD-Kreise um sich, schloß sich aber nicht wie erwartet 1931 der SAP an, sondern wurde Mitglied der KPD. Beim Übertritt im Oktober 1931 veröffentlichte die KPD eigens die Broschüre »Die Kirche und die KPD. Stadtpfarrer Eckert kommt zur KPD«, wodurch er deutschlandweit bekannt wurde. Von der evangelischen Kirche aus dem Pfarramt entlassen, war Eckert bis 1933 Redakteur an KPD-Organen (»Rote Post« in Berlin und »Freiheit« in Düsseldorf). Er wurde im März 1933 verhaftet, im Oktober entlassen, dann aber im Juni 1936 erneut festgenommen und zu drei Jahren und sechs Monaten Zuchthaus verurteilt. Danach arbeitslos, später als kaufmännischer Angestellter beschäftigt. 1945 wurde Eckert Vorsitzender der KPD in Südbaden (französische Zone), kam als Staatsrat in die erste provisorische Regierung und wurde im zweiten Badischen Kabinett bis Juli 1947 Staatskommissar für Wiederaufbau. Als Abgeordneter war er Vorsitzender der KPD-Fraktion im Badischen Landtag. Bei der Wahl zum Oberbürgermeister der Stadt Mannheim am 31. Juli 1949 konnte der KPD-Kandidat Eckert das erstaunliche Ergebnis von 34,7 Prozent erreichen. Später in KP-nahen Organisationen tätig, starb Erwin Eckert am 20. Dezember 1972 in der Nähe von Mannheim.

▸ Eckert, Paul (* 1883 – † 1964)

Geboren am 10. November 1883 in Crossen/Oder als Sohn eines Mühlenbauers; Lehre und Arbeit als Maschinenschlosser und Mechaniker. Er kam 1903 nach Berlin. Von 1904 bis 1907 leistete er seinen Militärdienst, zeitweilig bei der kaiserlichen Flotte in Kiautschou/China. 1914 trat er der SPD, 1917 der USPD bei. Während des Januarstreiks 1918 war er Mitglied der Streikleitung in Berlin, Ende 1918 gehörte er dem Vollzugrat des Berliner Arbeiter- und Soldatenrates an. Während der Januarkämpfe 1919 »politischer Kommissar« des Nachschubtrupps in der Bötzow-Brauerei Berlin, nach der Niederschlagung des Aufstandes flüchtete er nach Braunschweig zu ▸ August Merges. Nach seiner Rückkehr nach Berlin wurde er mehrere Wochen in Haft genommen. Eckert, der als Gast am Gründungsparteitag der KPD teilgenommen hatte, blieb bis 1923 Mitglied der KPD. Wegen Meinungsverschiedenheiten in der Gewerkschaftsfrage trat er 1923 aus der KPD aus und erneut bis 1933 in die SPD ein. Bis 1926 Maschinenschlosser, arbeitete er von 1926 bis 1928 als selbständiger Facharbeitsvermittler beim Bezirksamt Berlin-Mitte, von 1928 bis 1933 leitete er als Bevollmächtigter und Bezirksleiter die DMV-Verwaltungsstelle Berlin. Seit 1933 erwerbslos, von 1936 bis 1943 Werkzeugschlosser und Mechaniker und dann von 1943 bis 1945 Invalide. Im Juni 1945 gründete Eckert die KPD-Ortsgruppe Berlin-Blankenburg, nach Gründung der SED war er bis 1947 deren Vorsitzender in Blankenburg und leitete dort die Arbeitsamts-Nebenstelle. Von 1947 bis 1951 Orgsekretär des FDGB Berlin-Pankow, zuletzt 2. Vorsitzender. 1958 erhielt er den VVO in Silber. Paul Eckert starb am 29. Februar 1964 in Ost-Berlin.

▸ Eckertz, Maria (* 1899 – † 1969)

Geboren am 21. Dezember 1899 in Hamburg als Tochter des Obertelegrafensekretärs Theodor Flerlage, sie ging sieben Jahre in das katholische Lyzeum, später zwei Jahre auf dem Hamburger Telefonamt tätig. 1921 heiratete sie den Volksschullehrer Theodor Eckertz (* 1896 – † 1984) und zog nach Köln, hier trat sie 1927 in die KPD ein, im Bezirksvorstand der Roten Hilfe und in der kommunistischen Frauenarbeit des Bezirks aktiv. 1932 im Wahlkreis Köln-Aachen in den Preußischen Landtag gewählt. Im April 1933 festgenommen, saß sie bis zum 15. August 1934 in »Schutzhaft«. Danach lebte sie von Wohlfahrtsunterstützung. 1936 bei den Massenverhaftungen in Köln zweimal festgenommen, aber wegen »Mangels an Beweisen« aus der U-Haft entlassen, von 1937 bis 1939 Textilarbeiterin in Köln. Mit ihrem 1938 nach viereinhalb jähriger Haft heimgekehrten Mann erneut im Widerstand. Die Gestapo verlangte genaue Arbeitsberichte, schickte Spitzel ins Haus und überwachte beide. 1939 wurde ihr Mann wieder verhaftet, sie selbst war lange Zeit krank und bekam später eine Anstellung bei einer Kölner Baufirma. Im August 1944 wurde Maria Eckertz wieder festgenommen und kam ins KZ Ravensbrück. Sie konnte am 25. April 1945 zusammen mit ▸ Helene Overlach in einem Transport von 4000 Polinnen durch die Graf Bernadotte-Aktion nach Schweden flüchten. An Typhus erkrankt, kam sie erst im März 1946 nach Deutschland zurück. 1946 in Köln zur Stadtverordneten ernannt, danach trat sie politisch nicht mehr hervor. Maria Eckertz starb am 19. Dezember 1969 in Köln.

▸ Eckhardt, Karl (* 1882 – † 1958)

Geboren am 2. April 1882 in Salzungen/Thüringen, Schlosserlehre und Wanderschaft. Bis Juli 1912 Werkmeister in Berlin, dann Werkmeister, schließlich Betriebsleiter eines Vertriebsunternehmens für Tabake in Braunschweig. Mitglied der SPD, 1917 der USPD. Eckhardt wurde während der Novemberrevolution Volkskommissar für Arbeit, später für revolutionäre Verteidigung im Rat der Volksbeauftragten in Braunschweig. 1919/20 war er Vorsitzender des USPD-Bezirks Braunschweig. Von 1918 bis 1920 Abgeordneter im Braunschweigischen Landtag, wurde im Juni 1920 im Wahlkreis Süd-Hannover-Braunschweig für die USPD in den Reichstag gewählt. Eckhardt gehörte zu den Befürwortern einer Vereinigung mit der KPD und schloß sich den Linken an. Obwohl der USPD-Bezirksparteitag Braunschweig ihn mit Mehrheit aufforderte, sein Mandat zurückzugeben, behielt er es und wurde am 29. September 1920 aus der USPD ausgeschlossen. Er verließ mit den linken USPD-Abgeordneten (u. a. ▸ Otto Brass, ▸ Ernst Däumig, ▸ Hermann Remmele, ▸ Walter Stoecker) am 9. Oktober 1920 die USPD-Fraktion und bildete zunächst die USPD-Fraktion (Linke) und Anfang Dezember 1920 mit den beiden KPD-Abgeordneten ▸ Clara Zetkin und ▸ Paul Levi die VKPD-Reichstagsfraktion, der er bis 1924 angehörte. Danach nicht mehr aktiv. Im Zuge der Gestapo-Verhaftungsaktion »Gewitter« im August 1944 für einige Zeit inhaftiert, lebte nach 1945 in Thüringen. Politisch trat er nicht mehr hervor. Karl Eckhardt starb am 29. Januar 1958 in Bad Liebenstein.

▸ Ecks, Bernhard (* 1884 – † ?)

Geboren am 26. Oktober 1884 in Bremen, Sohn eines Zimmermanns; Lehre und Arbeit als Maurer. 1902 Mitglied des Zentralverbandes der Maurer, Wanderschaft (Schweiz und Dänemark); von 1904 bis 1907 Militärdienst; 1907 Mitglied der SPD. Im August 1914 wurde er wegen antimilitaristischer Aktionen zum Baubataillon nach Harburg einberufen. Ab 1916 an der Ostfront, verwundet und nach Lazarettaufenthalt ab 1917 erneut an der Ostfront. Über ▸ Hans Brodmerkel erhielt er Kontakt zu den Bremer Linksradikalen und wurde Mitglied der IKD, als deren Vertreter er am Gründungsparteitag der KPD teilnahm. Im November 1918 Vorsitzender des Bremer Soldatenrates, war er im Januar 1919 Stadtkommandant der Bremer Räterepublik. Im Februar 1919 Flucht, aber verhaftet und zu dreieinhalb Jahren Zuchthaus verurteilt, die er wegen der Amnestie nicht absitzen mußte. Beim Hamburger Aufstand 1923 inhaftiert, im Dezember 1923 freigelassen. Ab 1924 war Ecks Mitarbeiter der Zentrale bzw. des ZK der KPD, leitete 1925 als Sekretär die Geschäfte des Kartells der ausgeschlossenen Gewerkschaftsverbände. Von 1926 bis 1932 gehörte er zum AM-Apparat der KPD. Im November 1932 in die UdSSR übersiedelt, arbeitete er als Maurerpolier in Moskau und wurde Mitglied der KPdSU. Am 4. November 1937 verhaftet und aus der KPdSU ausgeschlossen, wurde Ecks im Oktober 1939 nach Jalta entlassen. 1941 dann (inzwischen mit einer Sowjetbürgerin verheiratet) nach Kasachstan evakuiert. Hier lebte und arbeitete Ecks, bis er Ende der vierziger Jahre in die Stadt Tschassow-Jar zog. Sein 1956 gestellter Antrag auf Rückkehr nach Deutschland wurde vom ZK der SED genehmigt, Ecks blieb jedoch auf Wunsch seiner Frau in der UdSSR. Bis Mitte der sechziger Jahre hat er mehrmals die DDR besucht und sich mit einstigen Weggefährten wie ▸ Karl Jannack oder ▸ Sepp Miller getroffen. Bernhard Ecks starb in der UdSSR.

▸ Eder, Hermann (* 1887 – † 1970)

Geboren am 16. Februar 1887 in Ellrich/Südharz, Sohn eines Maurers; Lehre und Arbeit als Schlosser, 1905 Mitglied des DMV. Von 1907 bis 1910 Militärdienst (Einsatz in Kiautschou/ China), ab 1910 in Essen bei der Firma Krupp beschäftigt, 1912 trat er in die SPD ein. 1914 Einberufung, 1915 schwere Verwundung, anschließend Postaushelfer in Wilhelmshaven. Hier leitete Eder unter Umgehung der Postzensur Briefe an die Reichstagsabgeordneten Hugo Haase, Wilhelm Dittmann, ▸ Clara Zetkin und Luise Zietz weiter. Im November 1917 u. a. mit ▸ Alfred Rebe verhaftet und zu drei Jahren und drei Monaten Festungshaft verurteilt. Im November 1918 in Köln befreit, kehrte Eder nach Essen zurück und wurde Mitglied der USPD und des Spartakusbundes. Delegierter des KPD-Gründungsparteitages in Berlin; dort Teilnahme an den Januarkämpfen 1919. Während des Kapp-Putsches aktiv in Essen, anschließend Flucht und illegaler Aufenthalt in Ellrich/Südharz und Walkenried. Hier Mitbegründer der KAP und Leiter der AAU in Ellrich und Nordhausen. Später wieder in der KPD, von Herbst 1924 bis 1929 war Eder Stadtverordneter in Ellrich, seit 1929 Stadtrat. Von Juni bis Dezember 1933 im KZ Esterwegen inhaftiert, dann ab 1938 Schlosser in Stettin. 1945 erneut Mitglied der KPD, war Eder einige Jahre Gemeindevertreter und Leiter der SED-Ortsgruppe Ellrich, ab 1948 Rentner. Hermann Eder starb am 14. September 1970 in Eilenburg.

▸ Eggert, Johannes (* 1898 – † 1937)

Geboren am 10. Februar 1898 in Bublitz/Pommern, Vater Landarbeiter, wurde auch Landarbeiter, Kriegsfreiwilliger. Er trat 1919 der KPD bei und wurde im Frühjahr 1921 wegen Ausschreitungen beim Landarbeiterstreik in Pommern zu sechs Jahren Zuchthaus verurteilt, konnte aber 1923 fliehen. Bis 1929 illegal (Deckname Hans Simke), Leiter des RFB Königsberg, danach im Abwehrapparat der KPD in Berlin tätig. 1933/34 Emigration, nach der Rückkehr 1934 nach Deutschland ZK-Beauftragter für die Reorganisation des illegalen KPD-Apparats in Sachsen. Im Januar 1935 verhaftet und im August vom VGH zum Tode verurteilt. Johannes Eggert wurde am 15. Februar 1937 in Berlin-Plötzensee hingerichtet.

▸ Ehlen, Walter (* 1906 – † 1945)

Geboren am 3. Dezember 1906 in Berlin, Sohn eines kaufmännischen Angestellten, lernte Schneider und gehörte ab 1923 der Neuköllner SAJ an.

Zwei Jahre später schloß er sich dem KJVD und 1927 der KPD an. Ehlen war im AM-Apparat und ging mittels »Schlägertrupps« gegen aufbegehrende Parteimitglieder in Neukölln vor. Er absolvierte 1931 unter dem Decknamen Ernst einen Lehrgang an der M-Schule der Komintern in Moskau. Nach dem Reichstagsbrand organisierte er in Berlin den Widerstand des KJVD. Im Mai 1933 verhaftet, angeklagt, jedoch vor Prozeßbeginn entlassen. Die Gestapo hoffte, über ihn auf die Fährte seiner Verbindungsleute zu kommen. Ehlen emigrierte im Juni 1934 in die ČSR und kehrte 1936 im Auftrag des ZK zur illegalen Arbeit nach Deutschland zurück. Er sollte den Einfluß rechter Kommunisten im betrieblichen Widerstand u. a. bei Osram zurückdrängen und den Führungsanspruch der Partei durchsetzen. Doch zehn Tage nach seiner Ankunft wurde er verhaftet, grausamen Verhören unterzogen (Gestapobeamte drückten glühende Zigaretten auf seinem Körper aus). Am 12. Mai 1937 vom VGH zu 15 Jahren Zuchthaus verurteilt. Zuletzt kam er in das KZ Mauthausen und soll laut Aussagen von ▸ Franz Dahlem und Willi Kling bei Kriegsende während Auseinandersetzungen zwischen politischen und kriminellen Insassen des Außenlagers in Gusen erschlagen worden sein. Seine jüdische Frau Hilde, geborene Paechter, die er 1933 geheiratet hatte, konnte noch im März 1939 mit dem viereinhalbjährigen Sohn nach Großbritannien emigrieren.

▸ Ehlers, Adolf (* 1898 – † 1978)

Geboren am 21. Februar 1898 in Bremen, kaufmännische Lehre, 1918 Soldat. Nach dem Krieg Metallarbeiter (Schweißer und Brenner). Mitglied der KPD, ab 1921 Leiter der kommunistischen Jugend in Bremen, Vorstandsmitglied des Deutschen Metallarbeiterverbandes und des ADGB Bremen. Von 1923 bis 1927 Mitglied der Bremer Bürgerschaft, Redakteur und Sekretär der Partei. Als Anhänger des rechten Parteiflügels Anfang 1925 aus der KPD ausgeschlossen. Ende 1925 Wiederaufnahme, Ehlers wurde Leiter der Roten Hilfe, Bezirk Nordwest. Ab 1927 Leiter der Propagandaabteilung im Zentralvorstand der Roten Hilfe, aber 1929 erneut als Rechter aus der KPD ausgeschlossen. Mitglied und Funktionär der KPO, trat 1932 mit der Minderheit zur SAP über und wurde deren Leiter in Bezirk Nordwest (Bremen). Nach 1933 illegal für die SAP tätig. 1945 wieder Mitglied der KPD, wurde Ehlers Senator für Wohlfahrts- und Gesundheitswesen in Bremen. Am 15. Mai 1946 Übertritt zur SPD, ab Januar 1948 Senator für Innere Verwaltung, Wohlfahrt und Flüchtlingswesen, Mitglied des Parlamentarischen Rates 1948/49 und seit September 1949 Mitglied des Bundesrates. Ab 1959 als Innensenator 2. Bürgermeister und stellvertretender Senatspräsident in Bremen. Ehlers sollte als Nachfolger Wilhelm Kaisens Präsident des

Senats werden, verzichtete aber aus Gesundheitsgründen. 1962 in den Parteivorstand der SPD gewählt, war seit 1967 im Ruhestand. Adolf Ehlers starb am 20. Mai 1978.

▸ Eichentopf, Oskar Albert (* 1889 – † 1968)

Geboren am 26. Oktober 1889 in Jena, lernte Dreher. Im Krieg Soldat, übersiedelte dann nach Bremen. 1919 Mitglied der KPD. Eichentopf nahm aktiv an den Kämpfen der Bremer Räterepublik teil und gehörte bereits 1919 der Bremer Bürgerschaft an. Später war er Funktionär des RFB und ab 1925 Leiter der Roten Marine in Bremen. Von 1930 bis 1933 erneut Bremer Bürgerschaftsabgeordneter, ging er im Februar 1933 als Mitglied der BL Bremen in die Illegalität. Am 21. Juni 1933 verhaftet und im November 1933 zu 18 Monaten Gefängnis verurteilt. Nach der Freilassung arbeitete Eichentopf auf der AG Weser und gehörte zu einer kleinen dort agierenden Widerstandsgruppe. Am 1. September 1939 erneut festgenommen, bis März 1940 »Schutzhaft« im KZ Sachsenhausen. Am 22. August 1944 kam er im Zuge der Verhaftungsaktion »Gewitter« bis Anfang September 1944 ins KZ Bremen-Farge. Nach 1945 lebte er zurückgezogen. Oskar Albert Eichentopf starb am 8. April 1968 in Bremen.

▸ Eichenwald, Fritz (* 1901 – † 1941)

Geboren als Joseph Schmitz am 29. Mai 1901 in Illva/Böhmen, wurde nach dem Studium Ingenieur. Er trat 1920 der KJD und 1924 der KPD bei und wurde Parteifunktionär in Recklinghausen. Im illegalen AM-Apparat unter ▸ Hans Kippenberger übernahm Eichenwald verschiedene wichtige Funktionen. Im März 1933 emigriert, kam er im März 1935 nach Moskau, wo er am 27. April 1937 verhaftet und am 2. August 1937 zu zehn Jahren Haft verurteilt wurde. Fritz Eichenwald wurde dann am 11. September 1941 in der Sowjetunion erschossen.

▸ Eichhorn, Emil (* 1863 – † 1925)

Einer der wenigen alten sozialdemokratischen Führer, die zur KPD kamen und auch nach 1921 in dieser Partei blieben, war Emil Eichhorn. Am 9. Oktober 1863 in Röhrsdorf bei Chemnitz als Sohn eines Handwerkers geboren, lernte er von 1878 bis 1882 Mechaniker, absolvierte einige Semester an privaten technischen Lehranstalten und arbeitete in verschiedenen deutschen Städten als Mechaniker. Von Jugend an in der Arbeiterbewegung tätig; trat er 1881, während des Sozialistengesetzes, der SPD bei. Seit Mitte der achtziger Jahre nebenberuflicher Mitarbeiter der sozialdemokratischen Presse, wurde er 1893 – wegen seiner politischen Überzeugung im Beruf mehrmals gemaßregelt – hauptamtlicher Funktionär der SPD. Zunächst Redakteur der »Sächsischen Arbeiterzeitung« in Dresden, von 1900 bis 1905 Chefredakteur der Mannheimer »Volksstimme«, dann SPD-Landessekretär in Baden. Von 1901 bis 1908 Abgeordneter des Badischen Landtags, von 1903 bis 1912 Reichstagsabgeordneter. In den Jahren von 1908 bis 1917 leitete Eichhorn das Sozialdemokratische Pressebüro in Berlin. Seit 1896 war er Delegierter aller SPD-Parteitage. Da er zum linken Flügel der SPD gehörte, hatte ihn der Parteivorstand schon 1900 ins revisionistische Baden geschickt, und 1905 als ersten Landessekretär bestätigt. Mit den Revisionisten, die in Baden die Mehrheit hatten, lebte Eichhorn in ständiger Fehde. 1917

trat er zur USPD über und leitete deren »Unabhängigen Zeitungsdienst«. Im Mai 1917 erlag sein Sohn Fritz im Alter von 25 Jahren in einem Lazarett seinen Verwundungen. In einer Todesanzeige schrieb Eichhorn, seine »Freude und Hoffnung« sei »vernichtet«. Von August 1918 bis kurz vor Ausbruch der Novemberrevolution war er Leiter der deutschen Abteilung der russischen Nachrichtenagentur ROSTA in Berlin. An der Novemberrevolution 1918 in Berlin aktiv beteiligt, wurde Eichhorn Polizeipräsident von Berlin. Als die USPD-Vertreter aus der Regierung austraten und Eichhorn sich weigerte, sein Amt niederzulegen, boten sein Verhalten und sein Amt den Anlaß zum sogenannten Spartakusaufstand in Berlin im Januar 1919.
Für die USPD zog Eichhorn in die Nationalversammlung und 1920 in den Reichstag ein. Nach der Spaltung der USPD Mitglied des ZK der linken USPD, kam er mit dieser im Dezember 1920 zur VKPD. Nach der März-Aktion 1921 gehörte Eichhorn zunächst mit ▸ Paul Levi, ▸ Ernst Däumig usw. zur KAG-Gruppe im Reichstag und wandte sich im April 1921 in einer Erklärung gegen die Haltung der Zentrale. Im Gegensatz zu den anderen alten USPD-Führern verließ er die KAG und blieb in der KPD. Eichhorn war schriftstellerisch tätig. Auch im Mai und Dezember 1924 wieder in den Reichstag gewählt, mußte er aber nach jeder Reichstagsauflösung flüchten, da er wegen der Ereignisse von 1919 noch immer polizeilich gesucht wurde und ihn nur die Immunität als Parlamentarier schützte. Emil Eichhorn starb am 26. Juli 1925. Die KPD rühmte ihm nach, er sei neben ▸ Clara Zetkin und ▸ Joseph Herzfeld der »einzige der alten Garde« gewesen, der »der Revolution treu« geblieben sei. Auch seine »Parteidisziplin« wurde anerkannt, da er (obwohl zum rechten Flügel der KPD gehörend) auch in der ultralinken Periode 1924 mitarbeitete.

▸ Eichler, Wilhelmine (* 1872 – † 1937)

Geboren am 5. April 1872 in Queienfeld/Sachsen-Meiningen als Tochter eines Leinewebers, bis 1893 Dienstmädchen, anschließend Brauereigehilfin und Etuiarbeiterin. Sie trat der SPD bei und war ab 1906 Vorstandsmitglied ihrer Partei und der Filiale des Buchbinderverbandes in Eisenberg/Sachsen-Altenburg. Im Januar 1919 wurde sie im Wahlkreis Thüringen für die SPD in die Nationalversammlung und in den Landtag Sachsen-Altenburg gewählt. Im September 1921 trat sie die Nachfolge des Reichstagsabgeordneten Paul Reißhaus an. Im Februar 1924 verließ sie die SPD-Fraktion und schloß sich bis zum Ende der Legislaturperiode der KPD-Fraktion an, war später politisch nicht mehr aktiv. Wilhelmine Eichler starb am 27. November 1937 in Leipzig.

▸ Eickhoff, Hugo (* 1906 – † 1944)

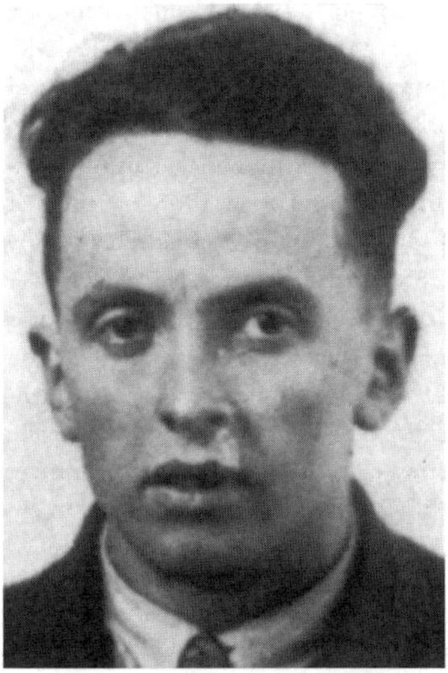

Geboren am 26. September 1906 in Wandsbek, kaufmännische Lehre, Handlungsgehilfe. Zunächst in der bürgerlichen Jugendbewegung organisiert, schloß er sich 1929 dem »Verband Proletarischer Freidenker« an, wenig später dem KJVD. Er wurde 1931 Orgleiter des KJVD Bezirk Wasserkante. Vom September 1931 bis 1933 gehörte er der Hamburger Bürgerschaft an. Gemeinsam mit ▸ Willi Mohn führte Eickhoff den Hamburger KJVD in die Illegalität. Zunächst allen Verhaftungsaktionen entgangen, wohnte er bis Anfang 1943 in Eimsbüttel. Er kam im Sommer 1944 (andere Angaben: Ende 1942) ins KZ Sachsenhausen und wurde Ende 1944 in das Sonderbataillon Dirlewanger gepreßt. Eickhoff soll auf dem Wege mit seiner Einheit im rumänischen Foc-sane Mitte Dezember 1944 gefallen sein. Als offizielles Todesdatum gilt der 15. Dezember 1944. Nicht auszuschließen ist, daß Hugo Eickhoff im Zusammenhang mit der Massendesertation von Hunderten in das Strafbataillon gezwungener Häftlinge zur Roten Armee ums Leben kam.

▸ Eifler, Friedrich (* 1893 – † 1975)

Geboren am 23. Juni 1893 in Neunkirchen/Saar; Schlosser und Maschinist. 1920 Mitglied der KPD, gehörte von 1920 bis 1935 dem Stadtrat von Neunkirchen an. 1926 folgte er für den im Mai 1924 gewählten ▸ Karl Sticher als Abgeordneter in den Landesrat Saar. 1933/34 leitete er die KPD-Ortsgruppe in Neunkirchen, ging Anfang 1935 ins Exil, kehrte aber bald wieder zurück. Nach zweijähriger Erwerbslosigkeit war Eifler von 1938 bis 1942 Baggermeister. Von 1942 bis 1945 dienstverpflichtet als Maschinenmeister bei der Organisation Todt in Frankreich. 1945 Stadtinspektor in Neunkirchen, gehörte er von 1949 bis 1956 als Vertreter der KPD dem Kreistag Ottweiler an und war ab 1968 Mitglied der DKP. Friedrich Eifler starb am 1. April 1975 in Neunkirchen.

▸ Eildermann, Luise (* 1899 – † 1986)

Geboren als Luise Gleber am 23 Juni 1899 in Speyer/Pfalz, Handelsschule, Stenotypistin, Revisorin und Redakteurin. 1918 Mitglied der SPD, 1919 der USPD, 1920 der KPD. 1930 wurde sie Abgeordnete der Bremer Bürgerschaft, gab aber bereits am 14. Oktober 1931 ihr Mandat auf. Im Juli 1933 emigrierte Luise Eildermann nach Frankreich und arbeitete bis 1936 im »Weltkomitee gegen Krieg und Faschismus« in Paris, 1936 war sie in Spanien. Von September 1939 bis zu ihrer Emigration nach Mexiko Ende 1941 wurde sie im französischen Internierungslager Rieucros festgehalten. In Mexiko gehörte sie der »Bewegung Freies Deutschland« an. Im Dezember 1946 nach Deutschland zurückgekehrt, wurde sie Mitglied der SED und übte ehrenamtlich Funktionen aus bzw. war Mitarbeiterin ihres Mannes ▸ Wilhelm Eildermann. Luise Eildermann starb am 24. November 1986 in Ost-Berlin.

▸ Eildermann, Wilhelm (* 1897 – † 1988)

Geboren am 24. Juli 1897 in Bremen, Sohn eines Tabakarbeiters. Nach der Schulzeit Volontär in der Redaktion der »Bremer Bürgerzeitung«. 1915 Mitglied der SPD. Von August 1916 bis November 1918 an der Westfront und in der Garnision Lübeck, gehörte zu den Bremer Linksradikalen. Von Dezember 1918 bis Juni 1919 war Eildermann Redakteur der Zeitung »Kommunist« in Bremen. Ab Juni 1919 Wanderredner und Instrukteur u. a. in Bayern, war von April bis Juni 1920 in Günzburg inhaftiert.

Danach 1921 Chefredakteur der »Niedersächsischen Arbeiterzeitung«, anschließend politischer Redakteur an der Zeitung »Klassenkampf« in Halle. Von Mai 1923 bis Februar 1924 Chefredakteur der »Schlesischen Arbeiter-Zeitung« in Breslau. Dort festgenommen, saß er bis Dezember 1924 in Untersuchungshaft. Nach seiner Freilassung im Januar 1925 Chefredakteur der »Niedersächsischen Arbeiterzeitung«, dann bis November 1926 Chefredakteur in Saarbrücken. Anschließend kam Eildermann zur Redaktion der »Tribüne« in Magdeburg und wurde 1928 deren Chefredakteur. 1930 vom Reichsgericht wegen Pressevergehens zu einem Jahr und neun Monaten Festung verurteilt. Von Mai 1932 bis Februar 1933 war Eildermann Chefredakteur der »Volkswacht« in Rostock. Nach dem Reichstagsbrand illegaler Agitpropleiter der BL Mecklenburg, von April 1933 bis Mai 1936 im Zuchthaus, danach arbeitete er beim Autobahnbau. Im Januar 1937 emigrierte Eildermann in die ČSR und wurde Polleiter des Emigrantenheims in Prag-Strasnice. Von Oktober 1937 bis August 1939 für die KPD in Paris aktiv, dann bis November 1941 in verschiedenen Lagern in Frankreich interniert, von November 1941 bis 1943 war Eildermann Zivilangestellter der US-Army in Algier. Im November 1943 kam er mit einer Gruppe deutscher kommunistischer Emigranten in die UdSSR und wurde Mitarbeiter der Zeitung »Freies Deutschland« in Moskau. Bis Mai 1945 als Lehrer an Frontschulen der UdSSR, war er 1945 als Mitglied der KPÖ Lektor an der Antifaschule der Roten Armee in Österreich.

Im Mai 1947 kehrte Eildermann nach Deutschland zurück, bis 1951 Chefredakteur des SED-Pressedienstes. Im Zuge der Überprüfung der Westemigranten im August 1951 an die Universität Leipzig abgeschoben, lehrte er dort bis März 1957 als Professor für Journalistik, dann Sektorleiter Edition in der Abteilung Geschichte des IML in Ost-Berlin. Sein lang angekündigtes Buch über die Bremer Räterepublik durfte nicht erscheinen, weil er – gegen ▸ Walter Ulbricht – die These vertrat, die Bremer Linksradikalen hätten 1916 bis 1918 Lenin nähergestanden als die Spartakusgruppe. Er erhielt 1977 den Karl-Marx-Orden und veröffentliche 1977 seine Erinnerungen unter dem Titel: »Als Wanderredner der KPD unterwegs«. Wilhelm Eildermann starb am 16. Oktober 1988 in Ost-Berlin.

▸ Eilts, Johann (* 1894 – † 1945)

Geboren am 6. Mai 1894 im Kreis Wittmund, lernte Maler. Als Soldat im Weltkrieg schwer verwundet, trat er 1920 der KPD bei und war für sie in Rüstringen aktiv. Er wurde 1931/32 Landtagsabgeordneter in Oldenburg. Nach 1933 wurde Eilts überwacht, aber nur kurzfristig festgenommen. Am 22. August 1944 in der Aktion »Gewitter« verhaftet und ins KZ Neuengamme gebracht, dort kam Johann Eilts am 4. Februar 1945 ums Leben.

▸ Eisenberger, Josef (* 1891 – † 1938)

Geboren am 3. August 1891 in München, kaufmännische Ausbildung, katholisch erzogen, aber schon 1912 Mitglied der SPD. Bis 1910 Handelsvertreter in Deutschland, dann im Ausland, zuletzt in Rußland. In Moskau wurde Eisenberger nach Ausbruch des Weltkrieges interniert und als »feindlicher Ausländer« nach Sibirien verbannt. Nach der Oktoberrevolution 1917 kehrte Eisenberger nach Deutschland zurück und wurde Mitglied der USPD, 1919 der KPD. Von 1920 bis 1923 war er im Sekretariat der BL Südbayern, Redakteur der »Neuen Zeitung«. 1920 wurde Eisenberger in den Bayerischen Landtag gewählt, dem er bis 1923 angehörte. Im Oktober 1920 wurde er zu zwei Jahren Gefängnis verurteilt, die er in Landsberg verbüßte. Auf dem VIII. Parteitag Anfang 1923 zum Mitglied des ZA der KPD berufen. Eisenberger befand sich ab Mai 1923 in Moskau, war dort nach dem »deutschen Oktober« 1923 Mitglied der KPD-Delegation beim EKKI, 1923/24 Sekretär der deutschen Sektion beim EKKI. Im Auftrag der Komintern arbeitetet er u. a. in Japan und wurde 1924 Mitglied der

KPdSU. Er galt als eine schillernde Figur. In den innerparteilichen Auseinandersetzungen 1923/24 stand er zunächst bei ▸ Heinrich Brandler, gegen ▸ Ruth Fischer. 1923 und Anfang 1924 übermittelte er Brandler geheimes Material der KPD und der Komintern. Damals ließ er sich sogar zum Antisemitismus hinreißen, so wenn er 1924 schrieb, die »frechen Judenbengel« Ruth Fischer, ▸ Iwan Katz und ▸ Werner Scholem würden bald abwirtschaften. Zwar wegen seiner engen Verbindung zu Brandler von der KPD-Führung angegriffen, behielt er doch seinen Komintern-Posten und arbeitete mit der sowjetischen Geheimpolizei zusammen. In einem »Reuebrief« an das ZK der KPD sagte er sich am 7. Dezember 1924 von Brandler los. Schließlich berichtete er der Komintern im Januar und Februar 1925 ausführlich über dessen Versuche, in Deutschland die Rechtskommunisten zu sammeln. Aufgrund dieses Materials wurde er zum Kronzeugen in den Verhandlungen des Moskauer Parteiverfahrens gegen Brandler, ▸ August Thalheimer u. a. im März 1925, dem sogenannten ersten Tribunal. Eisenberger belastete neben Brandler vor allem Thalheimer und schilderte der Kontrollkommission dessen Reaktionen: »Nach der Sitzung versetzte mir Thalheimer einen Faustschlag ins Gesicht mit den Worten: Das sollen Sie dafür bekommen.« Nach 1924 leitete er Abteilungen des EKKI u. a. die Übersetzungsabteilung der Komintern. Obwohl er 1936/37 zahlreiche Genossen denunziert haben soll, wurde er dann selbst ein Opfer der Säuberungen. Am 22. August 1937 wegen »konterrevolutionärer Betätigung« zu mehrjähriger Lagerhaft verurteilt, starb Eisenberger am 8. Februar 1938 an Herzschwäche, Unterernährung und Erfrierungen in einem Lager in Magadan. Am 1. Dezember 1958 vom Moskauer Kriegstribunal posthum rehabilitiert. Eisenberger war in der Sowjetunion mit einer russischen Fürstentochter verheiratet. Der Sohn Andrej Eisenberger veröffentlichte 1997 das Buch: »Wenn ich nicht schreie, ersticke ich«. Darin bestreitet er die in der Literatur kolportierten Episode, daß sein Vater bei der Verhaftung im Hotel »Lux« Widerstand geleistet und zwei NKWD-Mitarbeiter erschossen haben soll.

▸ Eisenschneider, Paul (* 1901 – † 1944)

Geboren am 5. Mai 1901 in Birkenfeld/Nahe, Sohn eines Lehrers; wurde Seemann und war am Aufstand der Matrosen im November 1918 in Kiel beteiligt. Nach der Rückkehr lernte er Edelsteinschleifer, war dann erwerbslos und trat 1922 der KPD bei. Er wurde Polleiter des UB Birkenfeld und Mitglied der BL Saar. Nach 1933 leitete Eisenschneider die illegale Grenzarbeit Saargebiet-Rheinland. Ab 1934 besuchte er zwei Jahre die Internationale Leninschule in Moskau und übernahm danach leitende Funktionen im Ruhrgebiet. Im November 1936 verhaftet, wurde er im Mai 1937 zu lebenslänglicher Zuchthausstrafe verurteilt. Im Krieg ins KZ Mauthausen eingeliefert, kam Paul Eisenschneider dort am 19. April 1944 ums Leben.
Seine Tochter **Elvira Eisenschneider** (geb. 1924), in Moskau ausgebildet, wurde 1943 zum illegalen Einsatz mit dem Fallschirm über Deutschland abgesetzt. Im Frühjahr 1944 von der Gestapo festgenommen, blieb Elvira Eisenschneider verschollen.

▸ Eisler, Gerhart (* 1897 – † 1968)

Geboren am 20. Februar 1897 in Leipzig. Sohn des österreichischen Philosophie-Professors Rudolf Eisler, des Verfassers philosophischer Standardwerke, Bruder von ▸ Ruth Fischer und

dem Komponisten Hanns Eisler. Als Kind 1901 Übersiedlung nach Wien, besuchte die Universität, bis zur Einberufung in die k. u k. Armee, wo er als österreichischer Offizier (Reserveleutnant) auch während des Weltkrieges diente. Ebenso wie seine Schwester und sein Bruder schloß er sich 1918 in Wien der KP an. Eisler wurde nach der Niederschlagung der ungarischen Räterepublik Redakteur der Zeitschrift »Kommunismus« in Wien. Wie eine Reihe anderer junger intellektueller Kommunisten ging auch er (1921) nach Deutschland und hat als Gerhart in der KPD eine Rolle gespielt. Zunächst Sekretär der theoretischen Zeitschrift »Die Internationale«. In der Berliner Parteiorganisation tätig, wurde Chefredakteur des Abendblattes der »Roten Fahne«. Wie seine Schwester Ruth Fischer gehörte er zur linken Opposition in der KPD und wurde auf dem VIII. KPD-Parteitag 1923 Kandidat des ZA. Im April 1923 trennte er sich (zusammen mit ▸ Arthur Ewert u. a.) von der Ruth-Fischer-Fraktion und nahm zwischen der Brandler-Führung und der linken Opposition eine vermittelnde Stellung ein. Mit dieser Gruppe forderte er schon damals eine »Konzentration« der Partei. Unbedingter Anhänger der Sowjetunion, ging er nach der Oktoberniederlage (1923) zur Mittelgruppe. Nachdem die Linken 1924 die Parteiführung übernahmen, erhielt Eisler zweitrangige Funktionen und stieg erst nach dem »Offenen Brief« 1925 als Redakteur der »Roten Fahne« und Mitglied der Berliner BL wieder auf. Er schloß sich fest der Gruppe um ▸ Ernst Meyer an.

Der XI. Parteitag 1927 wählte ihn – obwohl er sich in Moabit in Untersuchungshaft befand – als Kandidaten ins ZK. Zugleich zum Kandidaten des Polbüros berufen, arbeitete Gerhart als Sekretär der Berliner BL und im ZK-Apparat. Als sich auf der EKKI-Tagung im Februar 1928 durch das Abkommen zwischen deutschen und russischen Vertretern die ultralinke Wendung der KPD anbahnte, bemühte sich Eisler mit den Versöhnlern, dagegen anzukämpfen. So versuchte er im September 1928 ▸ Ernst Thälmanns Verhalten in der Wittorf-Affäre auszunutzen, um den neuen Kurs der KPD zu verhindern und Thälmann abzusetzen. Nach Stalins Eingreifen wurde Eisler daher in der EKKI-Erklärung neben dem Rechten ▸ Erich Hausen auch am schärfsten angegriffen. Seiner Funktion als Kandidat des Polbüros enthoben, wurde er sofort aus Deutschland abberufen. In Moskau kam es zu einem Gespräch mit Stalin, in dem Eisler im Beisein von ▸ Wilhelm Pieck und ▸ Clara Zetkin seinen Standpunkt zunächst verteidigte. Doch rasch paßte er sich Stalin an, was besonders der schwerkranke Ernst Meyer scharf kritisierte. Nachdem Eisler sich von den Versöhnlern distanziert hatte, kam er in den Komintern-Apparat. Von 1929 bis 1931 Komintern-Beauftragter in China, dann von 1931 bis 1933 Referent im angloamerikanischen Sekretariat der Komintern in Moskau, war Eisler schließlich von 1933 bis 1935 als KI-Vertreter in den USA.

Da die KPD 1933 dringend erprobte Funktionäre brauchte, wurde Eisler wieder zur deutschen Partei abgestellt und nachträglich ins ZK und Politbüro kooptiert. Als Mitglied der Auslandsleitung in Prag und Paris war er zusammen mit ▸ Lex Ende Redakteur der »Deutschen Volkszeitung«. Nach Kriegsausbruch in Frankreich (Vernet) interniert, bekam er Mitte 1940 ein Visum für Mexiko. Das Schiff, mit dem er den Atlantik überquerte, wurde von den Briten aufgebracht. Von Trinidad aus konnte Eisler aber nach New York weiterreisen. Er blieb in den USA, war legal

Mitarbeiter kommunistischer Zeitungen und Mitherausgeber der Zeitschrift »German American« und veröffentlichte ein Buch »The Lessons of Germany«. Eisler fungierte jedoch auch als Leiter der Residentur der sowjetischen Militärspionage GRU in New York. Hier heiratete er im August 1942 Hilde Rothstein (* 28. 1. 1912 – † 8. 10. 2000), mit der er seit 1937 zusammenlebte. Im Oktober 1946 wollte Eisler die USA verlassen, was die Polizei verhinderte und ihn 1947 verhaftete. Die US-Behörden hatten herausgefunden, daß er in den dreißiger Jahren als Komintern-Agent Hans Berger in den USA gearbeitet hatte. Er wurde zu vier Jahren Haft verurteilt, aber gegen eine Kaution von 20.000 $ entlassen. Es gelang ihm im Mai 1949 auf dem polnischen Dampfer »Batory« aus den USA zu fliehen.

Am 1. Juni 1949 in Ost-Berlin triumphal empfangen, wurde er dort sofort in den PV der SED kooptiert. Eisler trat besonders als Kommentator hervor und wurde Leiter des Amtes für Information. An seinem 53. Geburtstag im Februar 1950 noch groß in der Öffentlichkeit herausgestellt, mußte er jedoch seit der Stalinisierung der SED und der Überprüfung seiner Vergangenheit das Schlimmste befürchten. Für den geplanten DDR-Schauprozeß war er ohne Zweifel als Angeklagter vorgesehen.

Am 18. Februar 1951 veröffentlichte die »Tägliche Rundschau« Eislers Selbstkritik über seine Aktivitäten vor 1928. »Erst im Jahre 1929 begann ich völlig zu verstehen, daß ein Versöhnler kein ehrlicher Kommunist, kein Marxist-Leninist, kein ehrlicher Freund der Sowjetunion, kein ehrlicher Schüler der KPdSU und des Genossen Stalin sein kann, und daß die objektive Rolle eines Versöhnlers, gleichgültig, was er sich dabei denkt oder zu tun glaubt, nichts anderes ist als eine Hilfe für die Auffassungen, die mit der Kommunistischen Partei unvereinbar sind.« Eisler schrieb, einige Versöhnler gingen den Weg des »Renegatentums«, wurden »Spione und Provokateure im Lager des amerikanischen Imperialismus«. Trotz seiner Selbstkritik wurde er am 23. Juli 1951 von ▸ Hermann Matern und Max Sens von der ZPKK »befragt«, u. a. darüber, in welchem Verhältnis er zu Hede Massing stand, die einst für die sowjetische Aufklärung arbeitete, sich später aber vom Kommunismus abwandte. Im Dezember 1952 wurde das DDR-Informationsamt, als Ansammlung von Westemigranten verpönt, aufgelöst.

Eisler verschwand im Hintergrund, arbeitete manchmal für den Rundfunk. Am 27. September 1955 wandte sich Eisler an ▸ Walter Ulbricht und Matern und forderte den Abschluß der Untersuchungen sowie einen Arbeitsplatz. »Die Geduld und Disziplin eines alten Kommunisten können nicht darin bestehen, viele Jahre hindurch, ohne Hoffnung auf ein Ende, Schindluder mit sich treiben zu lassen.« Erst nachdem sich ▸ Albert Norden für die Verwendung Eislers im Staatlichen Rundfunkkomitee einsetzte, wurde er im Oktober 1956 stellvertretender Leiter des Staatlichen Rundfunkkomitees der DDR, am 30. März 1962 dessen Vorsitzender. Eisler erhielt 1962 den Karl-Marx-Orden, er konnte wieder etwas Einfluß gewinnen. Der VII. SED-Parteitag 1967 wählte ihn zum Mitglied des ZK, an seinem 70. Geburtstag noch zum Held der Arbeit ernannt. Gerhart Eisler starb am 21. März 1968 während eines Aufenthalts in der Sowjetunion.

▸ Elgaß, Karl (* 1900 – † 1985)

Geboren am 3. Juni 1900 in Saarbrücken, Sohn eines Werkmeisters; Metallhilfsarbeiter, 1917 Übersiedlung nach Berlin, Arbeit als Maschineneinrichter. Er wurde noch im Juni 1918 Soldat, nach Verwundung und Lazarettaufenthalt, schloß er sich im Dezember in Berlin der Spartakusgruppe und Anfang 1919 der KPD an. Elgaß war ab 1929 hauptamtlicher KPD-Sekretär in Berlin-Treptow und gehörte von 1929 bis 1933 der dortigen Bezirksverordnetenversammlung an. Von 1930 bis 1932 technischer Mitarbeiter im Apparat der KPD-BL Berlin-Brandenburg, wurde er im November 1932 im Wahlkreis Berlin als Abgeordneter in den Reichstag gewählt. Ab Ende 1932 Instrukteur in Schlesien. Teilnehmer der letzten Tagung der Parteiführung am 7. Februar 1933 in Ziegenhals.

Elgaß wurde am 14. Juli 1933 in Breslau verhaftet und im August 1934 durch den VGH zu drei Jahren Zuchthaus verurteilt, danach im KZ Sachsenhausen. Dort am 20. April 1939 freigelassen, kam er im November/Dezember 1939 erneut in Haft. Danach bis 1945 Montageleiter in Berlin, knüpfte Verbindungen zu Mitgliedern der linkssozialistischen Gruppe »Neu Beginnen«. 1945 von der sowjetischen Kommandantur als stellvertretenden Bürgermeister in Berlin-Treptow eingesetzt, trat Elgaß 1946 der SED bei und war von Juli 1946 bis Oktober 1948 stellvertretender Bürgermeister im Bezirk Mitte, im Ostsektor von Berlin. Im Zuge der Stalinisierung der SED und vor allem während der Berlin-Blockade widersetzte sich Elgaß den Anweisungen der sowjetischen Kommandantur und dem zunehmenden Druck seiner Partei, sozialdemokratische Angestellte des Bezirksamtes Mitte zu entlassen. Nach seiner Flucht in die Westsektoren von Berlin prangerte er dort öffentlich die undemokratische Politik der SED an und erklärte seinen Austritt. »Nach den Oktoberwahlen im Jahre 1946 wurde immer offensichtlicher, daß die SED nicht mehr daran dachte, den demokratischen Weg zum Sozialismus zu beschreiten ... Wir Funktionäre in der Berliner Verwaltung wurden vor Aufgaben gestellt, die mit Demokratie und Toleranz nichts mehr zu tun hatten. Somit scheide ich aus der SED freiwillig aus.« »Neues Deutschland« schrieb am 27. November 1948 unter der Rubrik Parteiausschlüsse: »Wie das Sekretariat des Landesvorstandes mitteilt, sind Karl Elgaß, Berlin-Niederschöneweide, Spreestraße 15, Emil Bode, Berlin-Biesdorf, Herzogstraße 158, und Franz Corts, Berlin Neukölln, Unstrutstraße 4 wegen parteischädigenden Verhaltens aus der SED ausgeschlossen worden.« 1949 wurde Elgaß Mitglied der SPD, von 1958 bis 1962 war er Vorsitzender der SPD Berlin-Steglitz und dort von 1954 bis 1958 in der Bezirksverordnetenversammlung. 1959/60 sowie von 1963 bis 1967 wirkte er für die SPD im Berliner Abgeordnetenhaus. Karl Elgaß starb am 4. Mai 1985 in West-Berlin.

▸ Elias, Paul (* 1902 – † 1960)

Geboren am 7. November 1902 in Düsseldorf, von Beruf Maler. Er gehörte seit 1927 den proletarischen Freidenkern und wenig später der KPD an, Funktionär in Köln, arbeitete ab Februar 1933 illegal. Von Mai 1933 bis Januar 1934 im KZ Esterwegen in Haft, emigrierte er nach seiner Entlassung in die Schweiz. Zunächst Orgleiter für die illegale Leitung Rheinland, später gehörte er der AL Süd an und wurde 1938 deren Leiter. Anfang 1939 reiste er nach Paris und nahm an der »Berner Konferenz« der KPD teil. Nach seiner Rückkehr in die Schweiz wurde er wegen »illegaler Einreise« verhaftet und in verschiedenen Lagern interniert. Noch im Sommer 1940 setzten sich ▸ Walter Ulbricht und Jules Humbert-Droz bei Georgi Dimitroff bzw. bei ▸ Wilhelm Pieck dafür ein, daß Elias u. a. in der Schweiz lebende deutsche kommunistische Emigranten offizielle Einreisevisa für die Sowjetunion bekommen sollten. Ulbricht schlug Elias am 28. November 1940 als Mitarbeiter für die Kaderabteilung vor, da er alle süddeutschen Verbindungen kenne. Doch Elias wurde aus der KPD ausgeschlossen, ihm wurden »Schwankungen« vorgeworfen, so soll er sich u. a. kritisch über den Abschluß des Hitler-Stalin-Paktes geäußert haben. Im Internierungslager Gordola wurde er durch die tonangebenden ▸ Paul Bertz, ▸ Bruno Fuhrmann und ▸ Bruno Goldhammer isoliert. Hinzu kam, daß bei Kriegsbeginn die Auslandsleitung der KPD den illegal lebenden Genossen empfohlen hatte, sich in den Exilländern zu melden. In der KPD-AL der Schweiz gab es darüber Differenzen. Ein Teil meldete sich (u. a. Elias), ein Teil blieb in der Illegalität. Da die Polizei alle sich meldenden Flüchtlinge längere Zeit inhaftierte und dann in Arbeitslager einwies, wurde Elias vorgeworfen, mit einer »falschen« politischen Entscheidung zur Lähmung der AL beigetragen zu haben. Bruno Fuhrmann und ▸ Hans Teubner bezeichneten im Sommer 1945 in einem Bericht über die Schweizer Parteigruppe Elias als »Renegat«. Elias wurde wegen eines Magengeschwürs Anfang Januar 1942 in die Universitätsklinik Zürich eingeliefert und nach überstandener Operation entlassen. Im Juni 1946 kehrte Elias nach Deutschland zurück, blieb aber im Westen. Politisch trat er nicht mehr in Erscheinung. Paul Elias starb am 6. März 1960 in Köln.

▸ Eliasberg, George, Dr. phil. (* 1906 – † 1972)

Geboren am 31. Januar 1906 in Wiesbaden, Sohn eines jüdischen Kaufmanns. In Rußland und in Deutschland aufgewachsen, studierte Naturwissenschaften und Geschichte und promovierte 1933. Ende der zwanziger Jahre leitete er mit ▸ Richard Löwenthal die Reichsleitung der Kostufra, der Kommunistischen Studentenorganisation. Wegen »rechter Abweichung« Ende 1929 aus der KPD ausgeschlossen, wurde Eliasberg Mitglied der leninistischen Organisation (LO) sowie der Gruppe »Neu Beginnen« unter Walter Löwenheim, einer linkssozialistischen Gruppe. In dieser führend im Widerstand, wurde Eliasberg 1935 festgenommen und im September 1936 zu viereinhalb Jahren Zuchthaus verurteilt. 1940 aus der Haft entlassen und aus Deutschland ausgewiesen, emigrierte er nach Italien. Dort interniert, konnte er 1941 in die USA gelangen. Mitarbeiter von ▸ Karl Frank, als Journalist tätig, (zeitweise im US-Außenministerium) und dann bis 1960 Nachrichtenredakteur. Nach der Übersiedlung in die Bundesrepublik 1968 Mitarbeiter der Friedrich-Ebert-Stiftung, 1969 in deren Forschungsinstitut. Mitglied der SPD. Eliasberg starb am 12. September 1972 in West-Berlin. Posthum erschien 1974 (eingeleitet von Richard Löwenthal) seine wichtige Studie über den »Ruhrkrieg 1920«, bereits 1949 lag seine englische Untersuchung der historischen Grundlagen der Kommunistischen Internationale in deutsch vor.

▸ Ellrodt, Richard Friedrich (* 1883 – † 1933)

Geboren am 2. August 1883 in Leipzig, Sohn eines Schuhmachers; Metallschleifer. 1903 Mitglied der SPD, schloß er sich 1917 der USPD an und gehörte zu deren BL Leipzig. Gemeinsam mit ▸ Otto Zipfel vertrat er die USPD-Leipzig auf dem Spaltungsparteitag der USPD und auf dem Vereinigungsparteitag von USPD und KPD im Dezember 1920. Im November 1920 als einer der drei Abgeordneten der USPD (Linke) in den Sächsischen Landtag gewählt, gehörte Ellrodt ab Dezember 1920 zur VKPD-Fraktion, für die er 1922 als Abgeordneter wiedergewählt wurde. 1922/23 Redakteur beim »Roten Kurier«, der KPD-Zeitung für Mitteldeutschland in Leipzig, und von 1926 bis 1930 Redakteur am Nachfolgeorgan, der »Sächsischen Arbeiterzeitung«. 1926 kam Ellrodt nicht mehr in den Landtag, blieb aber von 1926 bis 1929 Stadtverordneter in Leipzig. Da er an chronischem Asthma litt, schied er 1930 aus der hauptamtlichen Parteiarbeit aus, Pförtner bei der BL Sachsen bzw. der UBL Leipzig. Ohne Hoffnung auf Heilung wählte Richard Friedrich Ellrodt am 11. Januar 1933 den Freitod.

Sein Sohn **Gerhard Ellrodt** (* 8. 7. 1909 – † 14. 2. 1949), Schriftsetzer und Mechaniker, wurde 1927 Mitglied des KJVD und 1930 der KPD. Ellrodt jun. war Agitpropleiter des KJVD Westsachsen. Nach 1933 illegale Arbeit und später Mitglied der Widerstandsgruppe ▸ Georg Schumann in Leipzig. Er war bis zur Auflösung des SED-BV Westsachsen 1947 deren Sekretär für Werbung, Schulung und Jugend. Von 1947 bis 1949 Mitglied des Sekretariats der SED Sachsen.

▸ Emel, Alexander, (Lurje, Moses) Dr. phil. (* 1897 – † 1936)

Geboren als Moses Lurje am 22. August 1897 in Kossariaschie in der Nähe von Minsk, Sohn eines armen Schankwirts. Er kam im Herbst 1919 nach Berlin, um das Reifezeugnis abzulegen und zu studieren. Am 1. Dezember 1920 schloß er sich der Kostufra an und promovierte 1925 an der Berliner Universität bei Prof. Eduard Meyer summa cum laude. Seine Dissertation behandelte die Darstellung Ägyptens im Alten Testament und fußte auf seiner ausgezeichneten Kenntnis des Hebräischen. 1921 stieß Emel in Berlin zur KPD, wurde hier bald einer der von ▸ Ruth Fischer geförderten »jungen Männer« und übernahm 1924 die Agitproparbeit im Bezirk Berlin. 1925 übersiedelte Emel auf Einladung des Instituts der Roten Professur nach Moskau und begann eine Lehrtätigkeit an der Internationalen Leninschule und an der KUNMS. Er schloß sich der Opposition gegen Stalin an. Doch körperlich schwach, »ein wandernder Jude zwischen Deutschland und Rußland«, wie ihn Ruth Fischer beschrieb, kapitulierte er bald vor Stalin. Zunächst Professor an der Moskauer Sun-Yat-sen-Universität, kehrte im Herbst 1927 nach Deutschland zurück. Hier war seine Frau Isa, Tochter des »Bund«-Führers Kogon, bei der russischen Handelsgesellschaft tätig. Mitarbeiter der Agitpropabteilung des ZK der KPD, Emel gehörte noch für kurze Zeit der linken Weddinger Opposition an. Daraufhin im Dezember 1927 aus der KPD ausgeschlossen. Nachdem er sich offiziell von der Opposition trennte, im Sommer 1928 wieder in die Partei aufgenommen. Ab Juni 1929 stellvertretender Leiter der Agitpropabteilung des ZK sowie ständiger Referent an KPD-Parteischulen und zeitweise auch Leiter der Reichsparteischule in Berlin-Fichtenau. Als Chefredakteur der Zeitschrift »Propagandist« veröffentlichte er dutzende Artikel in der Parteipresse. Im Beschluß des ZK vom 31. Dezember 1931 wurde Emel mit ▸ Joseph Winternitz-Lenz wegen »antibolschewistischer Auffassungen« heftig angegriffen, beide wurden ihrer Funktionen enthoben. Angeblich hatten sie in einem Artikel zur Verteidigung von Stalins Thesen über die Geschichte des Bolschewismus »parteifeindliche« Ansichten vertreten.

1932 arbeitete Emel bei der »Inprekorr« und der »Roten Fahne« und wurde erst nach der Absetzung ▸ Heinz Neumanns Ende 1932 wieder zur Arbeit in der Agitpropabteilung des ZK herangezogen. Obwohl er längst mit Ruth Fischer gebrochen hatte, traf er sich noch mit ihr, ▸ Arkadi Maslow und weiteren früheren Freunden, so auch am 6. März 1933 vor seiner Abreise nach Moskau. Dort berichtete er ▸ Fritz Heckert am 10. März 1933, daß er von Fischer und Maslow auf die mysteriöse Freilassung ▸ Ernst Schnellers hingewiesen worden sei. Beide hatten betont, daß der am Abend des 5. März 1933 freigelassene ▸ Werner Scholem eine Flucht Schnellers ebenfalls für ausgeschlossen hielt, und Fischer und Maslow hätten ihn ausdrücklich beauftragt, unter Namensnennung und Quellenangabe diese Informationen in Moskau weiterzuleiten.

Emel lehrte einige Jahre an der Moskauer Universität, bis ihn die sowjetische Geheimpolizei 1936 verhaftete. Die Tatsache, daß er sich mit Ruth Fischer getroffen hatte, wurde mit der Beschuldigung verknüpft, daß er von ihr und Maslow im März 1933 den Auftrag Trotzkis entgegengenommen habe, Stalin zu ermorden. Vom 19. bis 24. August 1936 gehörte Emel zu den Angeklagten im Schauprozeß gegen Sinowjew und Kamenew. Vor diesem Tribunal »gestand«

Lurje-Emel alle Vorwürfe, u. a. gab er zu, er habe Shdanow und Ordshonikidse und selbstverständlich Stalin ermorden wollen und Verbindung zu dem Agenten der NSDAP, Weitz, gehabt. In seinem Schlußwort bat er um mildernde Umstände, doch wie alle Angeklagten in diesem ersten großen Schauprozeß wurde Alexander Emel am 24. August 1936 zum Tode verurteilt und erschossen.

▸ Emmerlich, Arthur (* 1907 – † 1942)

Geboren am 20. September 1907 in Niederweisen bei Chemnitz als Sohn einer Arbeiterfamilie. Packer, Bürobote, Lichtpauser, bis 1930 in einer Chemnitzer Schraubenfabrik beschäftigt. 1922 trat er in die SAJ und später in den KJVD ein. Zunächst ehrenamtlicher Funktionär, wurde 1930 UB-Leiter für Chemnitz und dann Orgleiter des KJVD Bezirk Sachsen. Im Oktober 1930 in das ZK des KJVD gewählt, arbeitete Emmerlich in der Redaktion der Zeitschrift »Junge Garde« und leitete vertretungsweise das Jugendsekretariat der KPD-BL Wasserkante. Dann im AM-Apparat des ZK der KPD tätig (Gegnerarbeit). Nach 1933 als Instrukteur des ZK der KJVD für die Bezirke Magdeburg und Hannover. 1934 emigrierte Emmerlich über das Saargebiet nach Frankreich, arbeitete dort zunächst im westeuropäischen Sekretariat der RGI. Im Januar 1935 kam er nach Moskau und war bis 1937 in der Presseabteilung der Komintern. Ab September 1937 unter dem Decknamen Herbert Wolf in Paris, nahm Emmerlich im Januar 1939 an der »Berner Konferenz« der KPD bei Paris teil. Später reiste er nach Dänemark, wo er mit dem Leiter der AL Nord, ▸ Heinrich Wiatrek, zusammenarbeitete. Im Sommer 1940 ging Emmerlich nach Deutschland, um von Berlin aus eine neue, illegale Parteiorganisation aufzubauen. Dabei wurde er aktiv unterstützt von dem Weddinger Volksschullehrer Kurt Steffelbauer (* 16. 2. 1890 – † 21. 5. 1942), Emmerlich wurde auf dem Weg nach Hamburg am 24. Mai 1941 verhaftet. Am 10. Januar 1942 vom 2. Senat des VGH gemeinsam mit Kurt Steffelbauer, Johann Gloger und Alfred Grünberg zum Tode verurteilt und am 21. Mai 1942 in Berlin-Plötzensee hingerichtet.

▸ Emrich, Fritz (* 1894 – † 1947)

Geboren am 19. August 1894 in Weihstein, Sohn eines Maurers; lernte Schneider und arbeitete in mehreren Textilfabriken. 1910 Mitglied der sozialistischen Jugend, 1913 der SPD. Nach dem Weltkrieg trat er der USPD und dann der

KPD bei. Emrich war vor allem in der Gewerkschaftsbewegung tätig und wurde 1928 hauptamtlicher Mitarbeiter in der Gewerkschaftsabteilung des ZK. Auf dem IV. Weltkongreß der RGI 1928 wurde er ins Präsidium gewählt und 1929, nach seinem Ausschluß aus der ADGB-Gewerkschaft, in die Zentralleitung des RGO übernommen. Er trat mit Veröffentlichungen über die Rationalisierung hervor und wurde auf dem 1. Kongreß der RGO 1929 ins Reichskomitee berufen. Emrich leitete die RGO-Gruppe Textil und später Metall. Im Juli 1932 zog er für die KPD im Wahlkreis Merseburg in den Reichstag ein, dem er bis 1933 angehörte. Von 1933 bis 1936 im KZ Sonnenburg und Esterwegen inhaftiert, anschließend Arbeiter in einer chemischen Wäscherei in Berlin. Seit Ende 1942 hatte er Verbindung zu ▸ Anton Saefkow und ▸ Franz Jacob und gehörte zeitweise zum »Dreierkopf« der KPD in Berlin. Emrich stellte noch im Frühjahr 1944 für Ferdinand Thomas, dem Vertrauensmann Adolf Reichweins, den Kontakt zu Saefkow und Jacob her. Nach Beginn der Verhaftungsaktion ging er in den Untergrund und lebte bis Kriegsende illegal in Berlin. 1945 wieder Mitglied der KPD, kam er zur Berliner Polizei. Hier wurde er im Dezember 1946 Leiter der Personalabteilung und Kommissar der Schutzpolizei in Berlin. Bei einer Explosion im Kommando der Schutzpolizei kam Fritz Emrich am 23. Juli 1947 ums Leben.

▸ Ende, Adolf (Breuer, Lex) (* 1899 – † 1951)

Geboren am 6. April 1899 in Kissingen, Sohn eines Kunsthändlers. Er verweigerte im Weltkrieg als einziger im Gymnasium die Freiwilligmeldung, daraufhin von der Schule verwiesen, 1917 wurde er regulär eingezogen. 1918 Soldatenrat in Koblenz, schloß sich im Dezember 1918 der USPD an und wurde im Juni 1919 Volontär an der USPD-Zeitung »Volksrecht« in Hannover. Im Dezember 1919 Chefredakteur der Zeitung »Ruhrwacht« und gleichzeitig Redakteur der »Bergarbeiter-Union«. Nach dem Kapp-Putsch ging Ende in die Illegalität und übersiedelte nach Essen, wo er Provinzredakteur am »Ruhr-Echo« wurde. Aus den März-Kämpfen 1921 stammt sein Name Lex Breuer. Unter ▸ August Thalheimer einige Monate Redakteur der »Roten Fahne«, im März 1922 der Zeitung »Kommunist« in Frankfurt/M. Danach kam er an das »Volksblatt« nach Gotha. Im August 1923 wurde Ende Obersekretär für die Bezirke Bremen, Wasserkante und Hannover. Anfang Januar 1924 (Anhänger der Mittelgruppe) in Bremen verhaftet, nach vier Monaten entlassen. Er mußte wieder flüchten, da ihn die Polizei wegen angeblicher Beteiligung an einem Sprengstoffanschlag steckbrieflich suchte, Chefredakteur der »Sozialistischen Republik« in Köln (britisch besetzt). Von 1925 bis 1928 war Ende Chefredakteur des Parteiorgans »Ruhr-Echo« in Essen, zugleich Mitglied der BL Ruhrgebiet, und arbeitete hier eng mit ▸ Wilhelm Florin bei der Ausschaltung der linken Schwan-Gruppe zusammen.
Im Sommer 1927 Polleiter des Bezirks Niederrhein in Düsseldorf, im Mai 1928 im Wahlkreis Düsseldorf-West in den Reichstag gewählt.
Da Ende zu den Versöhnlern gehörte, wurde er nach der Wittorf-Affäre 1928 abgesetzt und kam 1930 auch nicht mehr in den Reichstag. Er kapitulierte 1930 vor dem ZK und war ab 1930 Chefredakteur der Wochenzeitung »Rote Post«. Nach dem Verbot der Zeitung im März 1933 konnte Ende bis Anfang August 1933 zwei Ersatzblätter herausbringen. Im Dezember 1933

nach Frankreich emigriert, dort Mitbegründer des »Instituts zum Studium des Faschismus«, als Konkurrenz zu ▸ Willi Münzenbergs »Freiheitsbibliothek«. 1934 gab er in Saarbrücken und 1936 in Prag gemeinsam mit ▸ Paul Dietrich die kommunistische Wochenzeitung »Deutsche Volkszeitung« (DVZ) heraus. 1939 wurde Ende interniert. Nach dem Einmarsch der deutschen Truppen in Frankreich floh er im Juni 1940 aus dem Lager und lebte bis Kriegsende illegal in Marseille. Hier traf er sich mit dem Quäker und Kommunisten Noel H. Field, um mit diesem über Franz Dahlems Befreiung aus einem französischen Gefängnis zu beraten. Lex Ende war zunächst Stützpunktleiter in Marseille, im Mai 1942 Leiter der KPD in Südfrankreich, aber schon im August auf Betreiben der KPF wieder abgesetzt. Da er sich weigerte, den Direktiven von ▸ Otto Niebergall und der KPF zu folgen (außerdem gab es Differenzen um Parteigelder), schied er aus der deutschen Gruppenarbeit aus. Ende schloß sich der französischen Résistance an, nahm 1944 an der Befreiung Marseilles teil und gab nach Kriegsschluß vorübergehend die deutsche Zeitung »La Marseillaise« in Paris heraus. Im Juni 1945 wurde in Paris ein Parteiverfahren gegen ihn eingeleitet. Die Kommission unter Vorsitz von ▸ Herbert Müller plädierte für seinen Parteiausschluß, auch Käte Dahlem und ▸ Willi Kreikemeyer hatten sich von ihm distanziert.
Lex Ende kehrte im September 1945 illegal nach Deutschland zurück, traf im Oktober in Berlin ein und wurde Chefredakteur der Zeitung »Freier Bauer«. Erst im April 1946 wieder in die KPD aufgenommen, wurde er ab 1. Juni 1946 stellvertretender Chefredakteur des SED-Zentralorgans »Neues Deutschland« und im Juli 1946 Chefredakteur. Ende wurde durch Rudolf Herrnstadt als Chefredakteur von »Neues Deutschland« abgelöst und im Mai 1949 in die Chefredaktion der »Friedenspost« (Wochenblatt der Gesellschaft für deutsch-sowjetische Freundschaft) abgeschoben. Am 24. August 1950 veröffentlichte das ZK eine Erklärung über die Verbindung deutscher Emigranten zu Noel H. Field. Lex Ende wurde zusammen mit ▸ Paul Merker u. a. aus der SED ausgeschlossen. Eine enge Verbindung zu Field wurde konstruiert. Im September 1950 wurde Lex Ende als Betriebsbuchhalter in das Hüttenwerk Muldenhütten in Sachsen »verbannt«. Er betrachtete alle Intrigen noch als »Fehler«, die sich aufklären würden. Doch schon ein Vierteljahr später, am 15. Januar 1951, starb Lex Ende.

Gertrud Ende (seine zweite Frau, die er 1936 in Prag kennenlernte) war früher Redaktionssekretärin der »Deutschen Volkszeitung«. In Frankreich interniert, 1945 nach Prag zurückgekehrt, dort als Deutsche ausgesiedelt, traf sie Lex Ende in Berlin wieder. Nach dem Parteiausschluß ihres Mannes verweigerte Gertrud Ende die geforderte »Selbstkritik« und floh nach dem Tod von Lex Ende im Frühjahr 1952 mit ihrem damals vierjährigen Sohn Gerhard in die Bundesrepublik.

▸ Enderle, August (* 1887 – † 1959)

Geboren am 5. August 1887 in Feldstetten/Württemberg, entstammte einer Zimmererfamilie; lernte Mechaniker und arbeitete als Eisendreher. 1910 in Stuttgart Mitglied der SPD und des Metallarbeiterverbandes. 1914 agitierte er gegen den Krieg, wurde 1915 eingezogen und war bis zum Kriegsende Soldat. Danach bewirtschaftete er einige Zeit die Anteile seiner Mutter an einem

Bauernhof. Seit 1919 Mitglied der KPD. 1921 wurde Enderle von ▸ Jacob Walcher nach Berlin in die Gewerkschaftsredaktion der »Roten Fahne« geholt, er war auch Mitglied der Gewerkschaftsabteilung der Zentrale und 1922/23 als deutscher Vertreter in der Leitung der Roten Gewerkschaftsinternationale in Moskau. Ab 1924 wieder Gewerkschaftsredakteur der »Roten Fahne«, wurde er Ende 1928 als Anhänger ▸ Heinrich Brandlers und Walchers, d. h. als Rechter, aus der KPD ausgeschlossen. 1928 trat Enderle noch auf dem Kongreß der RGI in Moskau gegen die dort beschlossenen Thesen auf. Deshalb in Moskau festgehalten, konnte er erst zurückreisen, nachdem er dem Orgleiter Ossip Pjatnizki gedroht hatte, zur Wiedererlangung seines Passes zur Deutschen Botschaft zu gehen. Während seiner Redaktionstätigkeit war Enderle auch ständiger Mitarbeiter für Gewerkschaftsfragen beim theoretischen Organ der KPD »Die Internationale« sowie der internationalen Zeitschrift »Inprekorr«. 1927 veröffentlichte er das Buch »Die Gewerkschaftsbewegung. Ein Leitfaden für proletarische Gewerkschaftsarbeit« und eine Broschüre »Kampf um den Achtstundentag«. Enderle war gemeinsam mit seiner Frau ▸ Irmgard Rasch einer der Mitbegründer der KPO, deren Zentralleitung er angehörte. Bei der Spaltung der KPO 1932 ging er mit der Minderheit (▸ Paul Frölich und Walcher) zur SAP, wurde Redakteur der »Sozialistischen Arbeiterzeitung«, dem Organ der SAP, das zuerst in Berlin, dann in Breslau herauskam. Nach dem Verbot der SAP und der Ermordung des Breslauer SAP-Vorsitzenden Dr. Eckstein durch die SA leitete Enderle die illegale SAP in Breslau. Im Juli 1933 konnte er emigrieren. Nach kurzem Aufenthalt in den Niederlanden und Belgien im Frühjahr 1934 gelangte er nach Schweden, wo er die Auslandsgruppe der SAP leitete. Im Sommer 1945 nach Deutschland zurückgekehrt, Mitglied der SPD, war Enderle zuerst Gewerkschaftsredakteur beim »Weser-Kurier« in Bremen, ab April 1947 Chefredakteur der DGB-Zeitung für die britische Besatzungszone »Bund« in Köln. 1950 übernahm er das Funktionärorgan des DGB »Quelle«. Als langjähriger Vorsitzender (später Ehrenvorsitzender) der Gewerkschaft der Journalisten im DGB schrieb er nach seiner Pensionierung (1954) an einer Geschichte der Gewerkschaftsbewegung. August Enderle starb am 2. November 1959 in Köln.

▸ Engel, Max (* 1887 – † ?)

Geboren am 6. Dezember 1887 in Woddow; kam in jungen Jahren nach Berlin, wo er sich der Arbeiterbewegung anschloß; arbeitete als Wickler. Mit der linken USPD stieß er 1920 zur KPD. Als die linke Führung 1924 die Partei übernahm und »mehr Proletarier« an die Spitze sollten, holte die Linke ihn als Weddinger Arbeiter in die Agitpropabteilung der Zentrale. 1925/26 leitete Engel diese ZK-Abteilung. Er gehörte zum linken Flügel der KPD und schloß sich nach dem »Offenen Brief« 1925 der Thälmann-Gruppe an, für die er aktiv war. Ab 1927 als technischer Angestellter des ZK beschäftigt, trat Engel im März 1928 überraschend aus der KPD aus und erklärte, er habe mit dem Atheismus gebrochen und zu Gott zurückgefunden. Weitere Daten seines Lebenslaufs ließen sich nicht ermitteln.

▸ Engert, Otto (* 1895 – † 1945)

Geboren am 24. Juli 1895 in Brösdorf/Altenburg. Engert, der eigentlich Otto Gentsch hieß, wanderte nach der Zimmermannslehre durch Deutschland. 1913 Mitglied der SPD, während des Krieges kam er als Soldat an die Front. Engert schloß sich der USPD an und ging 1920 zur KPD. Er war der einzige kommunistische Abgeordnete im Kreisrat Altenburg und wurde 1924 und erneut 1927 in den Thüringer Landtag gewählt. Seit dieser Zeit war er hauptamtlich tätig, wurde UB-Leiter der KPD, 1927/28 Redakteur bei der »Sächsischen Arbeiterzeitung«. 1927 zu einem Jahr Festung verurteilt. Er hatte sich ein großes theoretisches Wissen angeeignet und wurde oft zu Schulungskursen herangezogen. Engert gehörte zum rechten Parteiflügel und wandte sich Ende 1928 mit der Mehrheit

der Thüringer Landtagsabgeordneten gegen den ultralinken Kurs. Deswegen 1929 aus der KPD ausgeschlossen, trat er der KPO bei, in der er bis 1933 wirkte. Im Juli 1929 zum Bürgermeister (er kandidierte für die KPO) in Neuhaus am Rennsteig gewählt (mit 11 gegen 8 Stimmen), er amtierte dort von 1930 bis 1933. Der damalige Thüringer Innenminister Frick (NSDAP) hat ihn im März 1931 vorübergehend dieses Postens enthoben. Nach 1933 illegal für die KPO tätig, half er seiner Frau, die in Leipzig einen Gemüseladen eröffnet hatte. Engert wurde in Leipzig verhaftet, zu acht Monaten Zuchthaus verurteilt und anschließend ins KZ Sachsenburg verschleppt.

Nach seiner Freilassung kooperierte er wieder mit illegalen Gruppen der KPD und war 1943/44 der theoretische Kopf der Widerstandsgruppe um ▸ Georg Schumann, für die er zusammen mit ▸ Alfred Schmidt die politische (von der offiziellen KPD-Linie abweichende) »Plattform« schuf. Im Juli 1944 erneut verhaftet, blieb er trotz schwerer Mißhandlungen standhaft. Er wurde zum Tode verurteilt (seine Frau zu langjähriger Zuchthausstrafe). In seinem letzten Brief schrieb er: »Darüber, ob das, was ich tat, richtig und notwendig war, wird einst die Geschichte entscheiden.« Otto Engert wurde am 11. Januar 1945 in Dresden hingerichtet.

▸ Epe, Heinz (*1905 - † 1942)

Geboren am 25. Dezember 1910 in Remscheid, studierte 1928/29 in Köln und in Wien. Kurze Zeit später war Epe führender Funktionär der Kostufra, schloß sich 1931 der trotzkistischen Bewegung an und war unter dem Namen Walter Held Leiter des Internationalen Jugendsekretariats der internationalen linken Opposition. Nach dem Reichstagsbrand flüchtete er nach Prag und über Frankreich nach Oslo. Dort arbeitete er zeitweilig mit Willy Brandt zusammen. Er gehörte zu den Organisatoren der Einreise Leo Trotzkis nach Norwegen und galt als »Sekretär Trotzkis«. Epe veröffentlichte im Oktober 1938 in der Zeitschrift »Unser Wort« einen Artikel über »Stalins deutsche Opfer und die Volksfront«, in der er bereits auf die Ermordung der im Moskauer Exil lebenden deutschen Kommunisten ▸ Heinz Neumann, ▸ Hermann Remmele, ▸ Hermann Schubert, ▸ Werner Hirsch, ▸ Heinrich Süßkind, ▸ Erich Birkenhauer, ▸ Felix Halle sowie der Schauspielerin Carola Neher hinwies. Die Haltung der Kommunisten und der »Volksfront« gegenüber dem Schicksal der Stalin-Opfer nannte er »das traurigste und beschämendste Kapitel in dieser blutigen Tragödie«. Nach dem deutschen Überfall auf Norwegen flüchtete er nach Schweden. Die Gestapo suchte ihn und bemerkte, »Heinz Epe gilt als Kommunist« und sei als »Spitzenfunktionär der Trotzki-Bewegung anzusehen«. Als Epe in die USA flüchten wollte, versuchte er im Mai 1941 mit seiner Frau Sinnöve, geb. Rosendal-Jensen, die er in Oslo geheiratet hatte, und seinem Sohn Ivar über die UdSSR nach Amerika zu kommen. Er wurde aber sofort im Mai 1941 in der Sowjetunion vom NKWD verhaftet und wegen »konterrevolutionärer protrotzkistischer Tätigkeit« zum Tode verurteilt. Heinz Epe wurde am 28. Oktober 1942 erschossen.

Willy Brandt erkundigte sich 1989 in Moskau nach dem Schicksal von Epe und bekam als erster dessen Todesdatum sowie die offizielle »Rehabilitierung« vom 16. Januar 1989 durch sowjetische Gerichtsbehörden mitgeteilt. Epes Frau Sinnöve und sein Sohn Ivar sind verschollen.

▸ Eppstein, Eugen (* 1878 – † 1943)

Geboren am 25. Juni 1878 in Simmern/Rheinland, Sohn jüdischer Kaufleute. Lernte Kaufmann und wurde kaufmännischer Angestellter. In jungen Jahren übersiedelte er nach Köln, schloß sich 1897 der SPD an, auf deren linkem Flügel er stand. Während des Krieges Mitglied der Spartakusgruppe, für die er im Ruhrgebiet aktiv war. Nach Gründung der KPD in Essen hauptamtlicher Sekretär der Partei. Mitte 1919 verhaftet, gelang ihm in Berlin im November 1919 die Flucht. Wegen seiner Arbeit für den Spartakusbund steckbrieflich gesucht, ging er nicht mehr ins Ruhrgebiet, sondern nach Köln, wo er in den folgenden Jahren Führer der KPD wurde. Eppstein, der als einer der besten Parteiorganisatoren galt, gehörte seit 1920 als Vertreter des Bezirks Mittelrhein dem ZA der KPD an. Seit dem IV. Parteitag 1920 immer Parteitagsdelegierter, bis 1925 Mitglied des ZA. Zugleich war er Sekretär und Polleiter des KPD-Bezirks Mittelrhein, der unter seiner Führung seit 1921 (ebenso wie Berlin und Wasserkante) zur linken Opposition gehörte. Sein Vorgänger ▸ Franz Dahlem war 1921 abgelöst worden, weil er rechts stand. Im Februar 1923 wurde Eppstein erneut zum Polleiter gewählt, jedoch kurze Zeit danach von der Zentrale abgesetzt. Als die Linken die Oberhand gewannen, wurde er jedoch auf dem Bezirksparteitag im Februar 1924 wieder zum Sekretär berufen.

Im Mai 1924 zog er im Wahlkreis Düsseldorf-West als Abgeordneter in den Reichstag ein. Im gleichen Monat als Polleiter in den rechten Bezirk Nordwest (Bremen) geschickt, wo er in wenigen Monaten die Rechten ausbootete und mit »militärischer Disziplin« den Bezirk auf die Linie der linken Zentrale brachte. Nach der Reichstagsauflösung im Oktober 1924 verhaftet, jedoch wieder freigelassen, als er im Dezember 1924 in den Preußischen Landtag gewählt wurde. In den Parlamenten fiel er durch sein heftiges Agieren auf. (Als bei einer seiner Reden Unruhe herrschte, rief er: »Ich kann nicht gegen die Esel anschreien. Das ist ein Stall voller Esel.«)

Auf dem X. Parteitag stand Eppstein hinter der Ruth-Fischer-Führung und trat besonders scharf gegen die Rechten auf, distanzierte sich aber zugleich von den Ultralinken. Nach dem »Offenen Brief« 1925 wurde in Bremen sofort versucht, Eppstein abzulösen, da er aber zunächst dem »Offenen Brief« zustimmte, blieb er dort noch bis Januar 1926 als Polleiter. Danach wurde er von der Thälmann-Zentrale abberufen, da er sich inzwischen der Opposition um ▸ Ruth Fischer fest angeschlossen hatte. Noch als Abgeordneter für die KPD tätig, versuchte er vor allem im Ruhrgebiet für die linke Opposition zu werben, unterschrieb alle Aufrufe der linken Opposition und trat am 13. Januar 1928 aus der KPD aus. Eppstein war einer der Mitbegründer des Leninbundes, zusammen mit Ruth Fischer und ▸ Arkadi Maslow verließ er jedoch den Leninbund bereits vor der Wahl 1928. In den folgenden Jahren in verschiedenen Berufen tätig, gehörte er politisch zum Kreis um Ruth Fischer. Sein Antrag an den XII. Parteitag 1929, wieder in die KPD aufgenommen zu werden (»doch recht gehabt«), wurde abgelehnt.

1933 emigrierten die Eppsteins zusammen mit Arkadi Maslow und Ruth Fischer nach Frankreich. Er wirkte in verschiedenen linken Emigrantengruppen. Im August 1933 war Eppstein als einem der ersten Emigranten die deutsche Staatsangehörigkeit aberkannt worden. Eppstein und seiner Frau ging es sehr schlecht. Sie wurden bei Kriegsausbruch interniert. Nach der Besetzung Frankreichs von der Gestapo verhaftet, denn sein Visum war wegen fehlerhafter Arbeit eines USA-Komitees zu spät eingetroffen. Am 4. März 1943 kam Eugen Eppstein von Drancy ins KZ Lublin-Majdanek, wo er wahrscheinlich sofort ermordet wurde.

▸ Erdmann, Joseph (* 1900 – † 1942)

Geboren am 4. Dezember 1900 in Labischin/Posen. Hilfsarbeiter, Heizer und Schlosser in Bromberg, dann in Essen, seit 1922 in Berlin. 1918 Mitglied der USPD, 1920 der KPD. 1926 Bezirksverordneter in Berlin-Neukölln, wurde Erdmann wegen seiner Aktivitäten für die linke Opposition im Mai 1927 aus der KPD ausgeschlossen, im Mai 1928 nach »Selbstkritik« aber wieder aufgenommen. Von 1929 bis 1933 Stadtverordneter der KPD in Berlin sowie Funktionen im AM-Apparat. Erdmann wurde in der Nacht des Reichstagsbrandes verhaftet und kam in das KZ Sonnenburg. Nach seiner Entlassung lebte er illegal und emigrierte 1935 er in die Tschechoslowakei und war als Instrukteur für die KPD tätig. Er organisierte u. a. einen Gegenprozeß unabhängiger Prager Juristen zum Richardstraße-Prozeß in Berlin, den die Nationalsozialisten groß inszenierten. Denn im Oktober 1931 war es zu einem kommunistischen Überfall auf ein SA-Vereinslokal in der Neuköllner Richardstraße gekommen, bei dem zwei Personen getötet wurden. Im Berliner Prozeß wurde Joseph Erdmann in Abwesenheit als »intellektueller Urheber« angeklagt. 1936 kam er in die UdSSR, dort wurde er Anfang November in Anwesenheit seiner Tochter Annemarie (* 28. 10. 1924) im Moskauer Emigrantenhotel »Baltschuk« verhaftet. Seine Frau **Margarethe Erdmann** (* 16. 8. 1906 – † 13. 1. 1976) befand sich zu einem längeren Kuraufenthalt auf der Krim.

Alle Nachforschungen blieben ergebnislos. Frieda Schimanski, mit der sie seit ihrer Berliner Zeit befreundet war und die selber in NKWD-Haft saß, berichtete in den fünfziger Jahren, daß sie während ihrer Haft zufällig Joseph Erdmann in einem Raum kauernd, zusammengesunken und apathisch gesehen hatte und ihm zurief, »nichts zu sagen. Alles sei erlogen«, er reagierte aber nicht.

Etwa ein halbes Jahr nach der Verhaftung erhielt Margarethe Erdmann einen Brief ihres Mannes mit Absender Halbinsel Kola (Polarkreis/Uranbergbau). Margarethe Erdmann ließ sich 1937 auf Druck der Partei scheiden. Sie lernte 1940 den deutschen Emigranten Erich Wolf-Dollwetzel kennen und heiratete ihn später. Dollwetzel hatte fünf Jahre Arbeitslager verbüßt. Nach der Heirat wurde Erich Wolf-Dollwetzel erneut verhaftet und in den Norden der SU verbannt. 1954 erhielt Margarethe Erdmann ein offizielles Schreiben mit der Information, das ihr erster Mann Joseph Erdmann 1936 wegen »Verdachts auf Spionage für Deutschland« zu 10 Jahren Lager verurteilt worden war. Zurzeit sei er in keinem der Lager registriert. Später wurde ihr eine Sterbeurkunde übermittelt, nach der Joseph Erdmann angeblich am 7. August 1942 gestorben sein soll. Sie selbst wurde im Januar 1941 nach Alexandrow verbannt, gehörte seit November 1942 der Arbeitsarmee an und verrichtete schwere körperliche Arbeit in verschiedenen Waldsiedlungen. 1954 wurde die Verbannung aufgehoben. Margarethe Erdmann kam 1955 in die DDR, durfte aber erst 1964 nach Ost-Berlin ziehen.

▸ Ertinger, Karl (* 1892 – † 1945)

Geboren 1892 in Bremen, kaufmännische Lehre, Handlungsgehilfe. Als Angestellter der Bremer Konsumgenossenschaft 1912 Mitglied der SPD. Im Krieg Anschluß an die Bremer Linksradikalen und Mitbegründer der Zeitschrift »Arbeiterpolitik«. Auf dem Gründungsparteitag der KPD in die Programmkommission gewählt, 1919 wurde er Mitglied des Vollzugsrates der Bremer Räterepublik und Vorsitzender des Volkskommissariats für Finanzfragen. Ab 1920 war Ertinger für die KPD leitend in der Genossenschaftsbewegung tätig, 1923 Geschäftsführer des Konsumvereins Weimar und anderen Orten, zuletzt in Halle. Er wurde Anfang der dreißiger Jahre Mitarbeiter in der Genossenschaftsabteilung des ZK der KPD. Gemeinsam mit ▸ Paul Zobel und Reinhold Dörbeck leistete er unter den Deckmantel der Kaffeevertriebsagentur »Columbus-Kaffee« (Rösterei und Vertrieb) ab 1933 in Berlin illegale Arbeit. Karl Ertinger kam am 24. April 1945 beim Versuch, deutsche Soldaten zur Kapitulation zu bewegen, in der Badstraße in Berlin-Wedding ums Leben. Sein Sohn **Werner Ertinger** (* 26. 3. 1915 – † 16. 6. 1965) wurde 1930 Mitglied des KJVD, bis zur Einberufung zur Wehrmacht half er dem Vater bei der illegalen Arbeit. Ab 1946 SED-Funktionär, zuletzt Polizeioffizier in der Stadtkommandatur von Ost-Berlin. Werner Ertinger wurde am 14. Juni 1965 wegen »falscher Angaben zu seiner illegalen Arbeit« aus der SED ausgeschlossen, er starb zwei Tage später.

▸ Esser, Barbara (* 1902 – † 1952)

Geboren als Barbara Kunz am 17. Februar 1902 in Marpingen, Buchbindearbeiterin in Essen. 1928/29 besuchte sie einen Kurs in Moskau und wurde Gauführerin des RFMB. Im September 1930 im Wahlkreis Westfalen-Süd in den Reichstag gewählt, dem sie bis 1932 angehörte. Sie war die Frau von ▸ Joseph Esser, lebte aber getrennt von ihm. 1931 gehörte sie zum Vorstand der RGO-Ruhr. 1933/34 war Barbara Esser in einem Verfahren wegen »Vorbereitung zum Hochverrat« angeklagt, wurde aber am 4. Juni 1934 vom 4. Senat des VGH »mangels Beweisen« freigesprochen. Wieder Betriebsarbeiterin, lebte sie seit 1938 mit dem früheren Gewerkschaftsangestellten Hermann Braun zusammen. Politisch trat sie nicht mehr hervor. Barbara Esser starb am 2. Juni 1952 in Berlin-Wittenau.

▸ Esser, Engelbert (* 1885 – † 1947)

Geboren am 11. August 1885 in Köln, Sohn einer Näherin und eines Schreiners; Eisendreher. Esser trat erstmals 1928 als Kandidat der KPD für den Preußischen Landtag hervor, im März 1929 wurde er Mitglied der BL Mittelrhein. Zunächst Betriebsratsvorsitzender in einer Kölner Lackfabrik, dort Anfang Januar 1932 entlassen. Ab 1929 war Esser Stadtverordneter in Köln. Im August 1931 als Nachrücker für ▸ Anton Krzikalla im Wahlkreis Köln-Aachen in den Reichstag entsandt, dem er bis 1932 angehörte. Er war im RGO-Bezirkskomitee aktiv und wurde nach 1933 in »Schutzhaft« genommen. Am 12. November 1935 vom OLG Hamm zu 14 Monaten Gefängns verurteilt. Esser wurde im Juni 1941 erneut verhaftet, ins KZ Sachsenhausen überführt und Mitte Februar 1945 ins KZ Mauthausen verlegt. Hier von amerikanischen Truppen am 5. Mai 1945 befreit. Wieder Mitglied der KPD, starb Engelbert Esser am

8. November 1947 in Bingen/Rhein während der 1. Landestagung der VVN.

▸ Esser, Fritz (* 1886 – † 1961)

Am 24. August 1886 in Peine geboren; verbrachte seine Jugend in Sachsen, lernte Modelltischler. 1904 Eintritt in die SPD. Während des Krieges als Frontsoldat schwer verwundet, konnte er seinen Beruf nicht mehr ausüben. 1920 kam er über die USPD zur KPD. Von 1921 bis 1924 Mitglied der Hamburger Bürgerschaft. Esser arbeitete als Fürsorgeangestellter und war führend im »Internationalen Bund der Opfer des Krieges und der Arbeit«. Obwohl er beim Hamburger Aufstand 1923 eine leitende Rolle spielte, wurde er später vom Gericht freigesprochen. Im Mai 1924 zog er im Wahlkreis Hamburg als Abgeordneter in den Reichstag ein (Mai bis Dezember 1924). Esser gehörte 1925/26 zur linken Opposition und wurde deswegen 1926 aus der KPD ausgeschlossen. Da er sich noch im gleichen Jahr von der Opposition trennte, wieder in die Partei aufgenommen. 1927 erneut in die Hamburger Bürgerschaft gewählt, in der er bis 1933 blieb. 1926/27 leitete er die Rote Hilfe im Bezirk Wasserkante, dann wieder den »Internationalen Bund«. Esser wurde am 6. November 1933 von der Gestapo verhaftet und am 12. April 1934 vom Hanseatischen OLG zu zwei Jahren Zuchthaus verurteilt, er saß bis 30. November 1935 im KZ Fuhlsbüttel (irrtümlich wurde mehrfach die Meldung verbreitet, Fritz Esser sei im KZ umgebracht worden, tatsächlich handelte es sich aber um seinen Sohn Alwin [* 7. 3. 1912 – † 10. 3. 1933], der ermordet wurde). Nach 1945 ist er politisch nicht mehr hervorgetreten. Fritz Esser starb am 27. August 1961 in Hamburg.

▸ Esser, Joseph (* 1893 – † 1937)

Geboren am 21. März 1893 in St. Wendel/Saar als Sohn eines Schuhmachers. Er kam bereits 1907 als Bergarbeiter in eine Kohlenzeche. Von 1915 bis 1918 Soldat (Gefreiter), danach wieder Bergarbeiter, 1919 im Ruhrgebiet, 1920/21 im Saarbergbau. Er war mit der späteren Reichstagsabgeordneten ▸ Barbara Esser verheiratet. Von 1910 bis 1913 noch im katholischen Zentrum organisiert, trat er 1917 der SPD bei, ging im Oktober 1919 zur USPD und gehörte von 1920 bis 1923 zur linksradikalen KAPD. Im März 1923 trat er zur KPD über. Esser hatte 1920 in der Roten Ruhrarmee Funktionen ausgeübt und war auch im Militärapparat der KPD aktiv. Im März 1924 wegen Waffen- und Dynamitbesitzes zu eineinhalb Jahren Gefängnis verurteilt, anschließend wurde er in den hauptamtlichen Apparat der KPD aufgenommen. Esser war u. a. UB-Leiter in Essen und Recklinghausen, aber auch im AM-Apparat und führend im RFB Ruhr tätig. Nachdem er seit 1929 deutsche Bergarbeiter für die Arbeit in der Sowjetunion angeworben hatte, übersiedelte er im November 1930 selbst in die UdSSR. Von März 1932 bis 1935 Studium an der KUNMS in Moskau. Dort wurde Joseph Esser 1937 als angeblicher Anhänger ▸ Heinz Neumanns vom NKWD verhaftet und im gleichen Jahr erschossen.

▸ Eulert, Karl Louis (* 1884 – † 1967)

Geboren am 22. September 1884 in Göttingen. Nach dem Studium Mitglied der SPD, schloß er sich im Krieg der Spartakusgruppe an und nahm als Delegierter Göttingens am Gründungsparteitag der KPD Ende 1918 in Berlin teil. Als Redakteur der Hamburger »Kommunistischen Arbeiterzeitung« wandte er sich bei den Auseinandersetzungen 1919 gegen die Hamburger linke Opposition, die spätere KAPD. Er war Delegierter des III. und IV. Parteitages der KPD 1920. Nach heftigen Meinungsverschiedenheiten wurde Eulert im Herbst 1920 vom Bezirk Nord seiner Funktion enthoben, dann ausgeschlossen. Der V. Parteitag im November bestätigte seinen Ausschluß u. a., weil Eulert erklärt hatte, der Kapitalismus könne die Krise überwinden. Später spielte er in der aktiven Politik keine Rolle mehr, hielt aber weiterhin Verbindung zu linken Kreisen. Karl Louis Eulert starb am 21. Oktober 1967 in Göttingen.

▸ Evers, Heinrich (* 1887 – † 1968)

Geboren am 24. März 1887 in Berlin-Lichtenberg, Sohn eines Tischlers. Er belegte Kurse über Stil- und Kunstrichtungen und war als Kunstbildhauer tätig. 1907 Eintritt in die SPD. 1917 zum Militär eingezogen, war er bis zum Kriegsende als Infanterist an der Front und trat der USPD bei. Im November 1918 Vorsitzender des kommunalen Arbeiterrats in Berlin-Friedrichsfelde und Vorsitzender der USPD-Ortsgruppe, 1920 Mitglied der KPD. Evers arbeitete offiziell als Reisender für Linoleumfabriken, war aber seit 1924 von der KPD mit der Emigrantenfürsorge der Roten Hilfe betraut. Er hatte als Adolf flüchtige Kommunisten zu unterstützen und ihre Flucht nach Rußland zu organisieren. Wegen dieser Tätigkeit am 8. Juni 1926 verhaftet, wurde er am 3. Mai 1927 vom Reichsgericht zu drei Jahren und sieben Monaten Zuchthaus verurteilt. Nach der Amnestie 1928 aus der Haft entlassen, kam Evers 1929 in die Gewerkschaftsabteilung des ZK und im gleichen Jahr ins Reichskomitee der RGO. Ab 1931 arbeitete er für das Exekutivkomitee der RGI in verschiedenen europäischen Ländern. Anfang April 1933 emigrierte Evers in die ČSR, dann zur illegalen Arbeit nach Rumänien und nach Dänemark entsandt, bis er 1937 nach Moskau kam. Dort war er bis 1940 bei der Staatlichen Bauverwaltung als Holzbildhauer. 1940/41 Lehrer für deutsche Sprache an der Militärschule, 1941 Politinstrukteur in sowjetischen Kriegsgefangenenlagern. Von 1943 bis 1947 Lehrer an der Antifaschule 165. Ende September 1947 Rückkehr nach Berlin, Mitglied der SED, Instrukteur beim FDGB-Bundesvorstand. Bis 1953 als Lehrer an der FDGB-Schule in Bernau tätig, zuletzt Parteiveteran in Ost-Berlin. Heinrich Evers starb am 22. Dezember 1968 in Ost-Berlin.

Er war seit 1927 mit **Berta**, geborene Thomas (* 29. 5. 1887 – † 16. 12. 1965), verheiratet. Sie war von 1922 bis 1924 als Archivarin bei der »Roten Fahne«, 1924/25 Mitarbeiterin im Archiv des ZK der KPD. Im Juni 1933 in die UdSSR emigriert, arbeitete sie zunächst wie ihr Mann bei der RGI in Moskau, war von 1935 bis 1941 Übersetzerin beim Verlag für fremdsprachige Literatur. 1947 kehrte Berta Evers nach Deutschland zurück.

▸ Ewert, Alma (* 1894 – † 1968)

Geboren am 4. Oktober 1894 in Neu-Miltzow/Pommern, arbeitete mehrere Jahre als Stenotypistin. Trat 1920 der KPD bei und war in Hamburg in der kommunistischen Frauenbewegung tätig. Seit 1924 als Stenotypistin im Parteibüro der KPD beschäftigt, wurde Alma Ewert vom X. KPD-Parteitag 1925 in die Gewerkschaftskommission gewählt. In den Jahren von 1925 bis 1929 Abgeordnete der Hamburger Bürgerschaft, von 1926 bis 1928 Mitglied der KPD-BL Wasserkante und leitete den Roten Frauen- und Mädchenbund, gab diese Funktion allerdings 1928 wegen Schwierigkeiten mit der Partei auf. Nach 1929 trat Alma Ewert wenig in Erscheinung. Sie besuchte im November 1931 einen Lehrgang der kommunistischen Parteischule in Berlin-Fichtenau und übte kleinere Funktionen aus. Alma Ewert, später verheiratete Soltau, lebte nach dem Zweiten Weltkrieg in Norddeutschland, war aber politisch nicht mehr tätig. Alma Ewert starb am 16. Januar 1968.

▸ Ewert, Arthur (* 1890 – † 1959)

Geboren am 13. November 1890 in Heinrichswalde bei Tilsit, Sohn armer Kleinbauern. Der wißbegierige Vater erregte im Dorf Aufsehen, als er das Lexikon von Brockhaus abonnierte. Bildungshunger kennzeichnete auch den Sohn, der nur die einklassige Dorfschule besuchen konnte. Arthur Ewert, schon als Junge ungewöhnlich groß und stark, aber auch jähzornig, verprügelte als 12jähriger seinen Lehrer, weil dieser einem anderen Kind Unrecht angetan hatte. Mit 14 Jahren ging er zu seinem Onkel nach Berlin, um das Sattlerhandwerk zu erlernen. Er las nicht nur viel, sondern besuchte Versammlungen von Sekten, Gesundbetern, Sterndeutern usw. Als Ewert eine sozialistische Versammlung, in der ▸ Frida Rubiner referierte, mit heftigen Zwischenrufen unterbrach, drohte sie aufzufliegen.

Frida Rubiner interessierte sich für den stiernakkigen Hitzkopf und überzeugte ihn für den Sozialismus. Er trat 1908 der Gewerkschaft und der SPD bei. Vor dem Weltkrieg wanderte Ewert nach Kanada aus und schloß sich dort sozialistischen Gruppen an. Während des Krieges wurde er aus politischen Gründen verhaftet und kam für ein Jahr ins Gefängnis. Ewert kehrte 1920 nach Deutschland zurück und trat der KPD bei, in der er – zunächst in Berlin – führende Positionen innehatte. 1922/23 war er Sekretär und Bezirksleiter der KPD Hessen. Auf dem VIII. Parteitag im Januar 1923 wurde Ewert in die Zentrale der KPD gewählt. Als Polleiter des linken Bezirks Hessen gehörte er zwar dem linken Flügel an, wurde aber von der Brandler-Zentrale mit einigen anderen Linken für die Wahl in dieses Parteigremium vorgeschlagen. Kurze Zeit nach dem Parteitag (im April 1923) trennte er sich gemeinsam mit ▸ Heinz Neumann, ▸ Gerhart Eisler und ▸ Hugo Pfeiffer von der linken Opposition. Als militärischer Leiter des Oberbezirks West 1923 war er aktiv an den Vorbereitungen des Aufstands beteiligt. Nach dem Verbot der KPD im November 1923 als Angehöriger der Zentrale gesucht, war dem Steckbrief zu entnehmen, daß der »grobe und breitschultrige« Mann blond war, mit hoher Stirn und breitem Mund. Da Ewert zur Mittelgruppe gehörte, wurde er nach der Übernahme der Parteileitung durch die Linken ausgebootet und hielt sich längere Zeit in Moskau auf.

Der X. Parteitag 1925 wählte ihn als Kandidat ins ZK, die Parteikonferenz im Oktober 1925 zum Mitglied des ZK, des Polbüros und des Sekretariats. Er kam im Oktober 1926 in den Sächsischen Landtag, doch seine Wahl wurde im März 1927 annulliert, weil er sich nur pro forma in Sachsen angemeldet hatte. Noch immer polizeilich gesucht – als Zentralemitglied von 1923 – wurde er am 2. November 1926 verhaftet, im Dezember jedoch wieder freigelassen. Bis zur Reichstagswahl 1928 lebte er unter dem Namen Braun illegal. Vom XI. Parteitag 1927 wieder ins ZK gewählt, kam er ins Polbüro und ins Politsekretariat und war einer der Spitzenfunktionäre der KPD. Ewert schloß sich politisch eng an ▸ Ernst Meyer an und war 1928 – da Meyer durch seine Krankheit behindert war – neben ▸ Ernst Thälmann der entscheidende KPD-Führer, vorübergehend hatte er in der Partei mehr Macht als Thälmann. Im Mai 1928 wurde er im Wahlkreis Potsdam II in den Reichstag gewählt. Der VI. Weltkongreß der Komintern

1928 berief ihn als Kandidat ins Präsidium des EKKI. In der Wittorf-Affäre 1928 Hauptgegner Ernst Thälmanns im Polbüro, wurde er nach Stalins Eingreifen nach Moskau abgeschoben. Als er Anfang 1929 zurückkam, war die Versöhnler-Gruppe, die er neben Ernst Meyer und ▸ Gerhart Eisler leitete, bereits geschwächt. Auf dem XII. Weddinger Parteitag 1929 nicht mehr ins ZK gewählt, begann gegen ihn, wie gegen alle Versöhnler, ein Kesseltreiben. Kurz nach dem Tode Ernst Meyers (Februar 1930) kapitulierte er vor dem ZK und löste die Gruppe der Versöhnler offiziell auf.

Ewert schied ganz aus der deutschen Parteiarbeit aus und wirkte nur mehr für die Komintern. Er war von 1932 bis 1934 EKKI-Vertreter beim ZK der KP Chinas. 1934 nach Brasilien geschickt, sollte er (Deckname Harry Berger) die KP-Brasiliens anleiten. Nach dem kommunistischen Aufstand vom November 1935 wurde Ewert zusammen mit seiner Frau **Elise Saborowski** (* 14. 11. 1886 – † 1939), Sabo genannt, in Rio de Janeiro verhaftet. Beide wurden brutal gefoltert, um von ihnen das Versteck des Kommunistenführers Carlos Prestes zu erfahren. Der kräftige Ewert verlor in elf Monaten 50 kg Gewicht. Selbst als die brasilianische Polizei Prestes im März 1936 verhaften konnte, endeten die Torturen nicht. Das Martyrium mit scheußlichsten Polizeimethoden gegen ihn und seine Frau brachten ihn an den Rand des Irrsinns. Am 8. Mai 1937 wurde Ewert, bereits geisteskrank, zu 13 Jahren Gefängnis verurteilt. Seine Frau (Sabo) wurde der Gestapo ausgeliefert, sie kam 1939 im KZ Ravensbrück ums Leben. Ewert wurde am 1. Mai 1945 amnestiert, er kam in eine Heilanstalt. Seine Schwester Minna erhielt im Mai 1947 die Einreiseerlaubnis nach Brasilien, um ihren Bruder nach Deutschland zurückzuholen. Im August 1947 traf Ewert in Deutschland ein und kam in ständige stationäre Behandlung zunächst in die Berliner Charité, ab August 1950 in ein Sanatorium in Eberswalde. Jede ärztliche Hilfe kam zu spät. Den inzwischen geistig Umnachteten erreichten die Beschuldigungen gegen die Versöhnler und die Tatsache, daß er in SED-Publikationen noch 1956 als »Agent« verunglimpft wurde, nicht mehr. Arthur Ewert starb am 3. Juli 1959 in Eberswalde. Von der SED hielt sein früherer enger Mitarbeiter Gerhart Eisler die Grabrede.

▸ Eyermann, Richard (* 1898 – † 1971)

Geboren am 6. Februar 1898 in Salzungen; Metallschleifer, dann Eisenbahn- und Rangierarbeiter. 1916 Soldat im Weltkrieg. 1919 Mitglied der USPD und Mitbegründer der USPD-Ortsgruppe Bad Salzungen, 1920 Mitglied der KPD, 1922 Betriebsratsvorsitzender. Er saß von November 1923 bis Februar 1924 in »Schutzhaft« in Eisenach. Im Herbst 1924 kam Eyermann als Listennachrücker für ▸ Theodor Neubauer in den Thüringer Landtag, dem er bis 1932 angehörte. Von 1925 bis 1933 war er Sekretär des UBL Bad Salzungen, Jena und Erfurt, ab 1924 Mitglied der BL Groß-Thüringen. Bei den Auseinandersetzungen mit den Rechten schloß sich Eyermann zunächst diesen an, vertrat dann aber zusammen mit ▸ Richard Zimmermann die Linie des ZK. Von acht KPD-Abgeordneten im Thüringer Landtag gingen sechs zur KPO, nur Eyermann und Zimmermann blieben in der KPD. Nach Übersiedlung der BL von Jena nach Erfurt 1930 wurde er zunächst Agitpropsekretär, 1931 Orgleiter. Ab Februar 1933 illegale Arbeit. Das ZK entsandte ihn und ▸ Walter Duddins Anfang März 1933 nach Sachsen, wo Eyermann als Orgleiter die Partei neu aufbauen sollte. Im April 1933 verhaftet, kam er bis Dezember 1934 ins KZ. Im Januar 1937 erneut festgenommen und im Mai 1937 zu einem Jahr und sechs Monaten Gefängnis verurteilt, bis August 1938 im Gefängnis. Von 1939 bis 1944 Verladearbeiter, hatte Verbindung zur Thüringer kommunistischen Neubauer-Poser-Gruppe. Im September 1944 wieder festgenommen und bis April 1945 im KZ Buchenwald. Eyermann gehörte 1945/46 zur KPD-BL Thüringen, wurde im Herbst 1946 MdL und Vorsitzender der SED-Fraktion. Im Januar 1949 Vorsitzender der LPKK in Thüringen, und von 1950 bis 1969 Kandidat der ZPKK. Zum 70. Geburtstag erhielt er den Karl-Marx-Orden. Richard Eyermann starb am 29. Juli 1971.

F

‣ Farwig, Heinrich (* 1879 – † ?)

Geboren am 6. Januar 1879 in Münster, Sohn eines Schuhmachers. Er wurde Hausbursche, dann Schriftsetzer, später Gewerkschaftssekretär. Mitglied der SPD, 1917 der USPD und des Spartakusbundes. Farwig war 1918/19 enger Mitarbeiter von ‣ Leo Jogiches, später in der Zentrale der KPD tätig, 1923 Instrukteur im linksrheinischen Gebiet; 1923 »Schutzhaft«. Ab 1924 war er Redakteur an der »Roten Fahne« und Mitarbeiter der Gewerkschaftsabteilung des ZK. 1929 wurde er als Rechter aus der KPD ausgeschlossen, danach Mitglied und Funktionär der KPO. Heinrich Farwigs weiteres Schicksal ist unbekannt.

‣ Faßhauer Minna (* 1875 – † 1949)

Geboren am 10. Oktober 1875 in Wanzleben, trat bereits um die Jahrhundertwende der SPD in Braunschweig bei. 1917 ging sie zur USPD und wurde nach der Revolution bis 1919 Volksbeauftragte für Volksbildung im Land Braunschweig. Kurze Zeit Mitglied der KPD, 1920 trat sie zusammen mit ‣ August Merges und der Mehrheit der Braunschweiger KPD zur KAPD über und war für diese in der Weimarer Republik aktiv. Nach 1933 gehörte Minna Faßhauer der Widerstandsgruppe um Merges an. Sie wurde im April 1935 verhaftet, im Prozeß von August bis Oktober 1935 aber mangels Beweisen freigesprochen. Im Oktober 1938 dann in Hamm zu zweieinhalb Jahren Zuchthaus verurteilt, anschließend kam sie ins KZ Moringen. Nach dem Zweiten Weltkrieg kurze Zeit für die KPD in Braunschweig aktiv. Minna Faßhauer starb am 28. Juli 1949.

‣ Fehrmann, Heinz (* 1903 – † 1943)

Geboren am 22. März 1903 in Geestemünde; Arbeiter. Er war zwar seit 1921 für die KPD tätig, trat aber erst 1928 in die Partei ein und war im illegalen Apparat aktiv. Nach 1933 absolvierte Fehrmann die Internationale Leninschule in Moskau und war dort anschließend Lehrer an der KUNMS. 1937 wurde er wegen »Hineintragens des Trotzkismus in den Geschichtsunterricht« aus der KPD ausgeschlossen und als Redaktionssekretär nach Engels (Wolgarepublik) versetzt. Dort wurde er am 7. Februar 1938 vom NKWD verhaftet und am 23. Dezember 1940 zu acht Jahren Lager verurteilt. Noch im selben Jahr befand er sich in der Auslieferungszelle nach Deutschland, wurde aber schließlich in den Gulag im Gebiet Archangelsk verbannt. Heinz Fehrmann kam am 8. März 1943 als Opfer der Stalinistischen Säuberungen ums Leben.

‣ Feistmann, Rudolf (* 1908 – † 1950)

Geboren am 28. Januar 1908 in Fürth/Bayern, Sohn eines strenggläubigen jüdischen Holzhändlers. Er trat 1929 als Student der Rechtswissenschaften in Berlin der KPD bei und war für die Partei als Journalist tätig, u. a. beim »Roten Aufbau«. Im März 1933 emigrierte er nach Frankreich, wo er Chefredakteur des KP-Organs »Unsere Zeit« wurde und an ‣ Willy Münzenbergs »Braunbuch über Reichstagsbrand und Hitler-Terror« mitarbeitete. Feistmann lebte in Paris zeitweilig mit **Gertrud Düby**, geb. Lörtscher (* 7. 6. 1901 – † 23. 12. 1993), einer Mitbegründerin der SAP zusammen. Nach Kriegsausbruch 1939 in Frankreich interniert, konnte er 1941 nach Mexiko entkommen. Hier gehörte er zur engeren KPD-Leitung unter ‣ Paul Merker. Mit Anna Seghers und seinem Freund Egon Erwin Kisch leitete er dort den »Heinrich-Heine-Club« und redigierte mit ‣ Alexander Abusch die kommunistische Zeitung »Freies Deutschland«. Feistmann kehrte 1947 nach Berlin zurück und kam in die Chefredaktion des »Neuen Deutschlandes«, verantwortlich für Außenpolitik. Nach der Verhaftung Noel H. Fields im Mai 1949 in Budapest geriet Feistmann als prominenter Westemigrant und Merker-Vertrauter in die stalinistische Säuberungsmaschinerie. Die zahllosen Verhöre und Befragungen durch deutsche und sowjetische Dienststellen ließen ihn schließlich zusammenbrechen. Unter ungeklärten Umständen nahm Rudolf Feistmann sich am 7. Juni 1950 das Leben. In einem Abschiedsbrief vom 3. Juni 1950 an Merker hat er sein Vorhaben mit dem Mißtrauen der Partei begründet. Offiziell wurde mitgeteilt, daß Rudolf Feistmann am Vormittag des 7. Juni 1950 an den Folgen einer »Fleischvergiftung« gestorben sei.

▸ Feller, Willy (* 1905 – † 1979)

Geboren am 12. November 1905 in Ludwigshafen/Rhein. Former, schloß sich 1919 der FSJ an, 1920 der KJD. Mitte der zwanziger Jahre Mitglied der KPD. Ab 1931 Redakteur am »Ruhr-Echo« in Essen, anschließend bei der KPD-Zeitung »Kämpfer« in Chemnitz. 1931/32 vertrat er ▸ Johannes König als Chefredakteur der Dresdner »Arbeiterstimme«. 1932 vom Reichsgericht zu einer Festungsstrafe verurteilt, danach kam er Anfang 1933 als Politischer Redakteur an die »Sozialistische Republik« nach Köln. 1933 inhaftiert und zu zwei Jahren Gefängnis verurteilt, arbeitete er nach seiner Freilassung als Versicherungsvertreter. Feller mußte 1943 zur Wehrmacht, zunächst ins Strafbataillon 999 und anschließend zur OT. 1945 wieder KPD, zunächst Leiter der Kulturabteilung und bis 1948 Mitglied der BL Pfalz, danach im Sekretariat des neugeschaffenen Landesverbandes Rheinland-Pfalz, von 1946 bis 1952 auch Mitglied des Stadtrates in Ludwigshafen. Im Juni 1948 übernahm Feller die Chefredaktion der KPD-Zeitung »Neues Leben«. 1946/47 Abgeordneter der beratenden Landesversammlung, von 1947 bis 1951 des Landtags Rheinland-Pfalz sowie von Ende 1946 bis April 1948 Minister für Wiederaufbau in Rheinland-Pfalz. Feller, als »Stalin der Pfalz« bezeichnet, wurde im Januar 1949 als Nachfolger ▸ Herbert Müllers Vorsitzender der KPD-Fraktion im Landtag. 1950 erfolgte seine Abberufung als Chefredakteur der KPD-Zeitung wegen innerparteilicher Querelen und seiner Unbeherrschtheit. Zunächst noch Mitarbeiter der Abteilung Massenagitation beim KPD-PV, aber im März 1952 von allen Parteifunktionen entbunden und zur Niederlegung des Stadtratmandats veranlaßt. Später wieder Versicherungsvertreter, schloß er sich 1968 der DKP an. 1977 erhielt er für seine Verdienste als ehemaliger Minister für Wiederaufbau das Bundesverdienstkreuz. Willy Feller starb am 9. Juli 1979 in Ludwigshafen/Rh.

▸ Ferlemann, Karl (* 1901 – † 1945)

Geboren am 2. August 1901 in Heiligenhaus bei Düsseldorf, lernte Schlosser und arbeitete in diesem Beruf. 1915 Anschluß an die Arbeiterjugend. 1919 Eintritt in die KPD (Spartakusbund), übernahm kleinere Funktionen, z. B. als Leiter des KJVD-UB in Barmen und 1925 als Expedient bei der KPD-Zeitung »Ruhr-Echo«. Anfang 1926 schickte ihn die Partei zu einem Zweijahreskurs an die Internationale Leninschule nach Moskau. Nach seiner Rückkehr im Mai 1928 im Wahlkreis Düsseldorf-West in den Preußischen Landtag gewählt. 1928 zunächst UB-Leiter der KPD Barmen, dann (nach dem

Verbot des RFB) Führer des Kampfbundes gegen den Faschismus im Bezirk Niederrhein. Ende 1929 Orgleiter der KPD dieses Bezirks. Im Februar 1931 wurde Ferlemann in Leipzig Orgleiter der BL Sachsen und 1932 erneut in den Preußischen Landtag gewählt. Im Sommer 1933 traf er in der Tschechoslowakei mit ▸ Hermann Schubert zusammen, der ihn als Führer der deutschen Leitung im Inland vorschlagen wollte. Ferlemann war inzwischen illegaler Polleiter in Sachsen, nun sollte er gemeinsam mit ▸ Johannes Fladung und ▸ Lambert Horn die Berliner Zentralleitung bilden. Doch Ferlemann wurde schon am 15. September 1933 in Leipzig verhaftet und am 4. Juli 1934 vom 1. Senat des VGH zu sechs Jahren Zuchthaus verurteilt. Nach Ablauf seiner Strafzeit im Dezember 1939 wurde er ins KZ Sachsenhausen eingeliefert. Beim Todesmarsch der Sachsenhausener Häftlinge ist Karl Ferlemann am 21. April 1945 ums Leben gekommen.

▸ Feuchtwanger, Franz (* 1908 – † 1991)

Geboren am 6. Juni 1908 in München, Sohn des jüdischen Rechtsanwalts und Justizrats Max Feuchtwanger. Bereits während seiner Gymnasialzeit hatte er Kontakte zur KPD in Straubing. Im Juli 1925 wurde er Mitglied des KJVD. 1927 nahm er ein Studium der Rechts- und Wirtschaftswissenschaften in München auf. Pfingsten 1927 erfolgte seine Wahl in die Reichsleitung der Kostufra, wo er u. a. mit ▸ Franz Borkenau und ▸ Richard Löwenthal zusammenarbeitete. Im Jahre 1928 erste Verbindungen zu ▸ Hans Kippenberger, der ihn zur Mitarbeit für den AM-Apparat warb und ihn beauftragte, den Abwehrapparat in München zu reorganisieren. Anfang 1928 wurde Feuchtwanger Mitglied der BL Südbayern und amtierte von Juni bis Oktober 1928 als Polleiter der BL. Ende 1928 übersiedelte er nach Berlin und wurde Mitarbeiter in der Zentrale des AM-Apparates. 1929 nach München zurückgekehrt, hier während einer illegalen Funktionärssitzung des RFB verhaftet und von der Münchner Universität relegiert. Kam erneut nach Berlin und wurde einer der wichtigsten Mitarbeiter im AM-Apparat. Ende April 1930 vom Reichsgericht zu 15 Monaten Festungshaft verurteilt, im Spätsommer 1931 wieder in Berlin, absolvierte er Ende 1932 seine volkswirtschaftlichen Examina. Auf Drängen Kippenbergers wurde er hauptamtlicher Funktionär und 1932 im AM-Apparat zum Leiter des SPD-Ressorts berufen. Im Spätherbst 1933 nach Moskau, Teilnehmer an einem M-Lehrgang. 1934 über Wien und Zürich zur illegalen Arbeit nach Deutschland. In den innerparteilichen Auseinandersetzungen 1934/35 als Anhänger der Schubert-Schulte-Fraktion im Politbüro von ▸ Walter Ulbricht scharf kritisiert. Im April 1935 reiste er nach Amsterdam, wurde verhaftet und nach Belgien ausgewiesen. Anfang Juni 1935 traf er in Prag Kippenberger. Dieser bereitete sich auf seine Weitereise in die UdSSR vor und erhielt von ▸ Leo Flieg (im Gegensatz zu Feuchtwanger) die erforderlichen Papiere für Moskau. Im August 1936 wurde Feuchtwanger mitgeteilt, daß er aus der KPD ausgeschlossen sei. Danach fand er Anschluß an die linkssozialistische Gruppe »Neu Beginnen«, emigrierte nach dem Münchner Abkommen von Prag nach Paris und wurde im September 1939 interniert. Im Juni/Juli 1940 flüchtete er in die unbesetzte Zone von Frankreich und gelangte über Spanien und Portugal nach Mexiko. Dort engagierte er sich in der Liga »Pro-Cultura Alemana« und befaßte sich bis ins hohe Alter mit präcortesianischer Archäologie. Franz Feuchtwanger starb am 1. Februar 1991 in Mexiko-City.

▸ Ficker, Ludwig (* 1904 – † 1947)

Geboren am 14. Oktober 1904 in München. Drechsler, ab 1919 in der Gewerkschaft. 1927 im AM-Apparat der KPD tätig, wurde aber offiziell erst 1929 KPD-Mitglied. 1933 in »Schutzhaft«, emigrierte nach illegaler Tätigkeit 1934 in die Schweiz, dort Mitglied der Emigrationsleitung und ab 1939 Leiter der KPD-AL Süd. 1939 wurde Ficker in der Schweiz interniert, konnte im September 1944 aus dem Lager flüchten und arbeitete dann illegal im Widerstand in Bayern, wo er Verbindung zur »Freiheitsaktion Bayern« hatte. 1945 führend am Wiederaufbau der KPD in München beteiligt, im 1. Kabinett Hoegner wurde Ficker Staatssekretär für Inneres. Er galt als Stalinist, dennoch wurde er wie andere Schweizer Emigranten (▸ Bruno Goldhammer, ▸ Fritz Sperling) wegen enger Kontakte zu Hilfskomitees aus den USA (Noel H. Field) als »Abweichler« verdächtigt. Ludwig Ficker starb am 9. Dezember 1947 unter mysteriösen Umständen (durch ausströmendes Gas in seiner Garage).

▸ Firl, Wilhelm (* 1894 – † 1937)

Geboren am 26. Januar 1894 in Dresden, Sohn eines Schneiders. In seinem Elternhaus streng religiös erzogen, arbeitet er zunächst drei Jahre als Bürogehilfe bei einem Rechtsanwalt. Anschließend nahm ihn ein evangelisch-lutherisches Seminar in Leipzig auf, um ihn als Missionar auszubilden. Er verließ nach drei Jahren das Seminar und ging in ein Rechtsanwaltsbüro. 1915 zum Militärdienst eingezogen, kehrte er 1917 schwerverwundet von der Front zurück, wurde Freidenker und Mitglied der SPD. Bis 1920 Bürovorsteher in Dresden und Chemnitz, anschließend zwei Jahre als Kanzlist beim Landgericht in Chemnitz. 1919 trat Firl in die KPD ein. Ende 1921 begann seine hauptamtliche Tätigkeit im Apparat der KPD, zunächst in der BL der KPD in Chemnitz und ab 1923 als Lokalredakteur des »Kämpfer«. Nach einem dreimonatigen Kurs an der KPD-Parteischule in Jena übersiedelte er nach Berlin, war dort zunächst Sekretär der KPD-Spitzenfunktionäre ▸ Heinrich Brandler und später ▸ Ruth Fischer, danach Mitarbeiter im Pressedienst der KPD bzw. der »Roten Fahne«. 1931 zu 15 Monaten Festungshaft verurteilt, wurde Firl 1932 hauptamtlicher Mitarbeiter des ZK der KPD, zuletzt beim »Informationsdienst«, einem Organ des ZK für die BL. Nach 1933 wurde er einer der leitenden Funktionäre der KPD in der Illegalität. Von Saarbrücken und von der Schweiz aus wirkte er als Instrukteur des ZK. Mehrmals illegal in Berlin, traf sich u. a. mit ▸ Robert Stamm. Firl organisierte zugleich die illegalen Kader in Süddeutschland und war Ende Oktober 1935 wieder in Berlin. Hier sollte er gemeinsam mit ▸ Martin Hoffmann die illegale Reichsarbeit der KPD leiten. Firl und Hoffmann wurden am 30. Januar 1936 in Berlin verhaftet, schwer gefoltert und beide kamen im Mai 1937 vor den VGH. Am 22. Mai wurde Firl zum Tode und Martin Hoffmann zu lebenslänglichem Zuchthaus verurteilt. Wilhelm Firl wurde am 16. August 1937 in Berlin-Plötzensee hingerichtet. Sein jüngerer Bruder **Herbert Firl** (* 1899 – † 1941) war ebenfalls aktiver Kommunist. Im Spanischen Bürgerkrieg

Kapitän der Internationalen Brigaden, 1939 in Frankreich interniert, starb Herbert Firl im November 1941 bei der Überfahrt von Casablanca ins mexikanische Exil.

▸ Fisch, Walter (* 1910 – † 1966)

Geboren am 16. Oktober 1910 in Heidelberg, bis 1931 Studium der Betriebswirtschaft in Frankfurt/M., seit 1928 KJVD-Funktionär. 1932 Mitglied des Landessekretariats der KPD Hessen. 1933 verhaftet, flüchtete Fisch nach der Freilassung in die Schweiz und war dort für die KPD bis 1935 erster Emigrationsleiter. 1935 ausgewiesen, war er in Prag für die Rote Hilfe tätig. Er ging 1938 illegal in die Schweiz zurück und wurde wieder Mitglied der Emigrationsleitung. 1939 interniert, kam 1944 frei und war an den Landeskonferenzen der KPD-Gruppen der Schweiz im Januar und März 1945 in Zürich beteiligt. Im Mai 1945 Rückkehr nach Hessen, wurde Fisch Landesleiter der KPD, Mitglied der Verfassunggebenden Landesversammlung und 1947 MdL in Hessen sowie 1949 bis 1953 Bundestagsabgeordneter. Fisch war seit 1948 stellvertretender Vorsitzender der westdeutschen KPD, jedoch als Westemigrant vom Parteitag 1951 nicht mehr ins Sekretariat gewählt. Nach dem KPD-Verbot von 1956 zu drei Jahren Gefängnis verurteilt, aber vorzeitig freigelassen, arbeitete er als Journalist. Walter Fisch starb am 21. Dezember 1966 in Frankfurt/M.

▸ Fischer, Albert (* 1883 – † 1952)

Geboren am 23. Dezember 1883 in Metzingen/Württemberg; gelernter Weißgerber. Er schloß sich schon in früher Jugend der SPD und während des Krieges der USPD an. Delegierter des Spaltungsparteitags der USPD und des Vereinigungsparteitags mit der KPD 1920. In der KPD hatte er vor allem die Landpropaganda in Württemberg durchzuführen. Seit 1927 gehörte er der BL Württemberg an und leitete die Abteilung Land. Albert Fischer war von 1924 bis 1932 Abgeordneter im Landtag von Württemberg und hatte in seiner Heimat großen Einfluß. Während des Hitler-Regimes war er längere Zeit im KZ Buchenwald inhaftiert. Nach 1945 Rentner, schloß er sich wieder der KPD an, für die er bis zu seinem Tode aktiv war. Albert Fischer starb am 28. Mai 1952 in Metzingen. Sein Sohn **Albert Fischer** (* 2. 4. 1914 – † 14. 6. 2003) war ebenfalls im KZ Buchenwald und nach 1945 in der KPD aktiv.

▸ Fischer, Erwin (* 1907 – † 1942)

Geboren am 17. August 1907 in Frauendorf bei Stettin, Sohn eines Arbeiters; wurde Werftarbeiter. Seit 1924 in der Kommunistischen Jugend, 1928 Gauführer der Roten Jungfront in Pommern. Von 1929 bis 1930 kam er wegen Zersetzung der Reichswehr in Festungshaft, danach leitete er den KJVD Pommern und wurde 1932 Mitglied der KPD-BL Pommern. 1933 Kurier des ZK in Berlin, von November 1933 bis September war er 1934 Kursant der Internationalen Leninschule in Moskau. Anschließend in Amsterdam u. a. als »Abwehrmann« für den AM-Apparat sowie als Instrukteur für Westdeutschland tätig. 1936 wegen Kontakten zum britischen Geheimdienst seiner Funktion enthoben, weiterhin in der Roten Hilfe aktiv. Im Oktober 1937 wurde Fischer in Amsterdam wegen Paßvergehens verurteilt, seine

Auslieferung an Deutschland nur dank öffentlicher Proteste verhindert. Er blieb aber bis zur deutschen Besetzung in den Niederlanden interniert. 1940 nach Deutschland überführt, verurteilte ihn der VGH im September 1942 zum Tode. Erwin Fischer wurde am 8. Dezember 1942 in Berlin-Plötzensee hingerichtet.

▸ Fischer, Franz (* 1904 – † 1986)

Geboren am 13. Januar 1904 in Berlin als Sohn eines alleinerziehenden Dienstmädchens, kam in ein Waisenhaus und wuchs dann bei Pflegeeltern in einer kinderreichen Familie auf. Er wurde Straßenfeger, Pferdeknecht und Laufbursche, ab 1924 Transportarbeiter in Berlin. 1921 Mitglied der KJD und 1923 der KPD, ab 1926 Mitglied der KJVD-BL Berlin-Brandenburg. Er zog 1929 in die Berliner Stadtverordnetenversammlung ein, wurde Mitglied des ZK des KJVD und Orgleiter der Antifaschistischen Jungen Garden. 1930 im hauptamtlichen Apparat des KJVD, ab August 1930 in Moskau Vertreter des KJVD im Sekretariat der KJI. Wegen schwerer Tbc 1931/32 Sanatoriumsaufenthalt auf der Krim. Fischer gehörte zur Neumann-Gruppe innerhalb des ZK des KJVD. Im Juli 1932 kehrte er nach Berlin zurück und geriet in die Auseinandersetzungen der KPD-Parteiführung. Da er nicht sofort von ▸ Heinz Neumann, ▸ Kurt Müller und ▸ Alfred Hiller abrückte, wurde er aus dem ZK des KJVD ausgeschlossen, verlor auch seine hauptamtliche Arbeit im Parteiapparat und wurde im September 1933 wegen »Zugehörigkeit zur Neumann-Gruppe« aus der KPD ausgeschlossen. Nach einem halben Jahr wieder in die illegale Parteiarbeit zurückgeholt, im Mai 1934 verhaftet, saß er bis Mai 1937 im KZ Lichtenburg. Im Dezember 1937 emigrierte Fischer in die Tschechoslowakei, im Mai 1939 nach Großbritannien, war Rohrleger in London und dort Mitglied des »Freien Deutschen Kulturbundes«. Im August 1946 Rückkehr nach Berlin, wurde dort 1. Kreisvorsitzender der SED-Tempelhof. 1947/48 Lehrgang an der PHS, anschließend Abteilungsleiter in der SED-Landesleitung Berlin. Von 1963 bis 1967 Vorsitzender des Sekretariats des ZV der DSF. Als Parteiveteran erhielt er 1973 den Karl-Marx-Orden. Franz Fischer starb am 6. Februar 1986 in Ost-Berlin.

▸ Fischer, Karl Ferdinand (* 1893 – † 1940)

Geboren am 19. Januar 1893 in Reichenschwand/Bayern, Sohn eines Arbeiters; lernte Schlosser und arbeitete in seinem Beruf, bis er 1914 als Soldat am Krieg teilnehmen mußte. Nach dem Weltkkrieg als Schlosser in Nürnberg beschäftigt, trat er 1921 der KPD bei und hatte in der Partei verschiedene Funktionen inne. Anfang 1927 Orgleiter des Bezirks Nordbayern, Delegierter des XI. Parteitags im März 1927, auf dem er als Kandidat ins ZK gewählt wurde. Im Herbst 1927 wurde Karl Fischer gemeinsam mit ▸ August Creutzburg als Kommissar des ZK in die Pfalz geschickt, um diesen ultralinken Bezirk zu leiten. Nach Creutzburgs Weggang blieb Fischer 1928 als Polleiter für die Pfalz in Ludwigshafen/Rhein. Auf dem XII. Weddinger Parteitag 1929 wieder als Kandidat ins ZK gewählt, obwohl er sich über den jähen Umfall der Mehrheit des ZK bei der Wittorf-Affäre empört hatte. Nachdem er schon 1927 kurz eine deutsche Parteischule besucht hatte, wurde Fischer im September 1929 auf die Leninschule nach Moskau delegiert. Im Juni 1930 aus Moskau zurückgekehrt, übernahm er die politische Leitung des vereinigten Bezirks Baden-Pfalz in Mannheim: 1932 zog Karl Fischer im Wahlkreis Merseburg als Abgeordneter in den Preußischen Landtag ein. Er wurde im gleichen Jahr als Anhänger ▸ Heinz Neumanns aus dem ZK entfernt und auch als Polleiter in Baden-Pfalz abgesetzt. 1933 Leiter der illegalen KPD im Bezirk Hessen-Kassel; am 20. November 1933 wurde er von der Gestapo verhaftet und am 7. November 1934 zu drei Jahren Zuchthaus verurteilt. Im Zuchthaus Luckau leitete er einen illegalen Schulungszirkel der KPD, nach Ablauf seiner Strafzeit im Februar 1937 ins KZ Sachsenhausen überführt. Karl Fischer starb am 25. März 1940 im KZ an einem Herzleiden, das er sich in der Haft zugezogen hatte.

▸ Fischer, Paul (* 1894 – † 1979)

Geboren am 17. Oktober 1894 in Hohenmölsen/Krs. Gera, Sohn eines Fabrikarbeiters; er war zunächst Rechtsanwaltsgehilfe in Weida und ließ sich anschließend beim »Deutschen Schulschiffverein« in Elsfleet bei Bremen ausbilden, um die Offizierslaufbahn einzuschlagen. Von 1910 bis 1914 Leichtmatrose bei der Handelsflotte, 1914 zur Kriegsmarine eingezogen, gehörte er zu den Kieler Matrosen, die 1917 meuterten, und wurde deshalb im Juli 1917 zu fünfeinhalb Jahren Gefängnis verurteilt, blieb bis zum Revolutionsausbruch in Siegburg und Bremerhaven eingesperrt. Seit 1917 in der USPD, von November 1918 bis Februar 1919 Redakteur der »Reußischen Volkszeitung« in Greiz, danach erwerbslos bzw. Notstandsarbeiter. Im März 1920 militärischer Leiter der Arbeiterwehr in Greiz. Von 1922 bis 1924 arbeitete Paul Fischer als Weber, kam 1923 in die BL Thüringen und war dort auch Leiter der Nachrichtenabteilung. Im Februar 1924 in den Thüringer Landtag gewählt, auch von 1927 bis 1930 Abgeordneter. Bei den Auseinandersetzungen zwischen den Rechten und den ZK-Anhängern in Thüringen 1928 gehörte Fischer zu den führenden Rechten, am 1. März wurde er 1929 aus der KPD ausgeschlossen. Danach Mitglied der KPO, er bildete mit weiteren fünf Abgeordneten (von insgesamt acht) bis Ende 1929 eine Fraktion der KPO im Thüringer Landtag. Für die KPO war Fischer bis 1933 aktiv, u. a. auch als Stadtverordneter in Greiz. Im Januar 1933 einige Zeit inhaftiert, bewirtschaftete er dann eine Hühnerfarm und arbeitete bis 1936 als Weber und anschließend als Nähmaschinenvertreter. 1940 zur Wehrmacht einberufen, diente zuletzt als Oberbootsmann in Aarhus/Dänemark. Im Juli 1945 kehrte Fischer zurück und wurde in Greiz Verlagsvertreter. Im August 1949 gründete er den Bilderbuchverlag Paul Fischer, der 1952 vom Thüringischen Volksverlag übernommen wurde, er war ab Februar 1952 Mitarbeiter des Kulturbundes. Da sich Fischer weder der KPD noch der SED anschloß und aus seiner kommunistisch-oppositionellen Einstellung keinen Hehl machte, hatte er viele Schwierigkeiten. Um seiner Tochter **Traute Fischer** (* 9. 2. 1928) zu helfen – sie war im Oktober 1953 in der DDR verhaftet und wegen »Spionageverdachts« zu neun Jahren Zuchthaus verurteilt worden –, ließ er sich im November 1953 zum Schein durch die MfS-Bezirksverwaltung Gera als sogenannter Geheimer Mitarbeiter anwerben. Doch Paul Fischer wurde selbst am 22. Januar 1954 in Ost-Berlin verhaftet und am 4. Juni d. J. vom 1. Strafsenat des Bezirksgerichts Jena wegen »Verbrechens nach Art. 6, Abschnitt II der DDR-Verfassung und Verstoßes gegen die Kontrollratsdirektive 38« zu 15 Jahren Zuchthaus verurteilt. Zunächst im Zuchthaus Torgau und dann im Zuchthaus

Brandenburg eingesperrt, kam er erst nach achtjähriger Haft 1962 wieder frei. Paul Fischer wohnte zurückgezogen in Greiz, wo er am 18. November 1979 starb.

▸ Fischer, Ruth (* 1895 – † 1961)

Elfriede Eisler, wie ihr richtiger Name lautete, wurde am 11. Dezember 1895 in Leipzig als Tochter des Philosophieprofessors Rudolf Eisler geboren. Sie war die älteste Schwester der Brüder ▸ Gerhart und Hanns Eisler. Ihre Mutter, geborene Ida Fischer, stammte aus einer Leipziger Musikerfamilie (nach ihr wählte Ruth Fischer ihr politisches Pseudonym). Da ihr Vater eine Professur in Wien übernahm, wuchs sie in Wien auf und studierte dort nach dem Besuch des Lyzeums acht Semester Philosophie und Nationalökonomie. Hier heiratete sie auch den Publizisten **Dr. Paul Friedländer** (* 1891 – † 1943; Friedrich, ein Sohn aus dieser Ehe [* 1917] wurde Mathematikprofessor in England).
Elfriede Friedländer schloß sich nach Ausbruch des Weltkrieges der österreichischen Sozialdemokratie an, sie stand auf deren linkem Flügel. Nach der Revolution 1918 gründete sie mit einer Reihe Gleichgesinnter die KPÖ. Bei den Unruhen in Wien 1918/19 gehörte die Studentin Friedländer zu den Anführern von Demonstrationen und mißglückten Aufständen. Im ersten Halbjahr 1919 redigierte sie »Die revolutionäre Proletarierin«, eine Frauenbeilage der Wiener kommunistischen Zeitung »Die sozialistische Revolution«. Außerdem publizierte sie ihr erstes Büchlein, »Sexualethik des Kommunismus« (Wien 1920), das von Lenin kritisiert wurde. 1919 siedelte sie nach Berlin über, wo sie bald in der KPD eine Rolle spielte und zum linken Flügel der Partei gehörte. Ab 1920 Mitarbeiterin am theoretischen Organ der KPD »Internationale«. 1921 zur Leiterin der Berliner Parteiorganisation gewählt, wurde sie besonders nach der März-Aktion 1921 (jetzt unter dem Namen Ruth Fischer) aktiv.
Die fanatische junge Kommunistin, die bereits eine so wichtige Funktion wie die Leitung des bedeutendsten und stärksten deutschen KPD-Bezirks innehatte und ab 1921 auch dem ZA der KPD angehörte, blieb von mancherlei Anschuldigungen nicht verschont. Ihre Hauptgegnerin war die auf dem rechten Parteiflügel stehende ▸ Clara Zetkin, die Ruth Fischer kritisierte, denn »es gehe nicht an, seine politische Haltung von den wechselnden sexuellen Beziehungen abhängig zu machen«. Ruth Fischer wurde im Juni 1921 von Friedländer geschieden. Als die deutschen Behörden sie ausweisen wollten, ging sie im Januar 1923 eine Scheinehe mit dem Funktionär der Berliner KPD, ▸ Gustav Golke, ein und erhielt damit die deutsche Staatsangehörigkeit (amtlich, z. B. im Reichstag, hieß sie daher Elfriede Golke).
Die Berliner KPD stand an der Spitze der linken Opposition gegen die Brandler-Führung und Ruth Fischer wurde neben ▸ Arkadi Maslow (den sie zur KPD gebracht hatte, liebte und mit dem sie auch zeitlebens eng liiert war) zur Führerin dieser Opposition. Besonders auf dem VIII. Parteitag im Januar 1923 kam es zu erbitterten Wortgefechten zwischen den Zentrale-Mitgliedern einerseits und Ruth Fischer, Maslow, ▸ Hugo Urbahns, ▸ Ernst Thälmann und anderen linken Oppositionellen andererseits. Da die Brandler-Führung keine Vertreter der Linken in die Zentrale aufnahm (bzw. nicht die von den Linken Vorgeschlagenen), kam es fast zum Bruch in der Partei. Am 17. Mai 1923 kooptierte dann

der ZA aber Ruth Fischer und drei weitere Linke (▸ Ottomar Geschke, Thälmann und ▸ Arthur König) in die Zentrale. Nach der Niederlage der Partei im Oktober 1923 versuchte die energische Ruth Fischer – eine mitreißende Rednerin und attraktive junge Frau –, die Führung der Partei ganz in die Hände der Linken zu bringen. Das gelang auf dem IX. Parteitag im April 1924, auf dem die Anhänger Ruth Fischers die Mehrheit hatten. Da der Theoretiker der Partei, Maslow, bald nach dem Parteitag verhaftet wurde, leitete sie praktisch die KPD. Noch immer steckbrieflich gesucht (Steckbrief: »Elfriede Golke, geb. Eisler, genannt Ruth Fischer, volles Gesicht, etwas aufgeworfene Lippen, breite Nase, dunkle Haare und Augen«), aber im Mai 1924 in den Reichstag gewählt, konnte sie wieder legal leben. Sie benutzte öfter einen falschen Paß, der sie als »Liane Boßhardt, Lehrerin« auswies.

Bei der Reichstagseröffnung im Juni 1924 demonstrierte sie, wie sich mit der von ihr begonnenen »Bolschewisierung« nicht nur der innere Kurs der KPD radikal verändert, sondern auch der Stil der Partei nach außen gewandelt hatte. Sie verhöhnte das Parlament als »Komödientheater« und die Abgeordneten als »Hampelmänner der Kapitalisten« und erklärte: »Wir Kommunisten sind alle Hochverräter.« Nach Auflösung des Reichstags im November 1924 verhaftet, wurde Ruth Fischer im Dezember 1924 erneut Reichstagsabgeordnete und kam deshalb wieder frei. Auf dem V. Weltkongreß der Komintern 1924 wurde sie als Kandidatin ins EKKI gewählt. Aber das gespannte Verhältnis zwischen Komintern und KPD-Führung eskalierte, besonders nachdem sich 1925 die linke Führung spaltete. Die Ultralinken ▸ Werner Scholem, ▸ Iwan Katz und ▸ Arthur Rosenberg traten gegen Ruth Fischer auf. Die ultraradikale Politik nach außen und die Bolschewisierung im Innern hatten die Partei geschwächt, Ruth Fischer wollte indes die Eingriffe der Komintern sabotieren.

Auf dem X. Parteitag im Juli 1925 feierte sie nochmals Triumphe, doch bereits im August 1925, als der »Offene Brief« gegen sie angenommen wurde (sie sogar selbst dafür stimmte), endete ihre politische Parteikarriere. Als Ruth Fischer daran ging, ihre Anhänger in Deutschland zu mobilisieren, wurde sie von der Komintern nach Moskau beordert und festgehalten. Ihre Abreise aus Moskau, am 5. Juni 1926, wurde als »schwerer Disziplinbruch« verurteilt, und sie verlor ihre Funktion als EKKI-Mitglied. Am 20. August 1926 teilte die »Rote Fahne« mit: »Ruth Fischer und Maslow sind aus der KPD ausgeschlossen.« Ruth Fischer war nunmehr bemüht, die linken Kreise der KPD gegen die Komintern zu sammeln. Sie hoffte auf die Schaffung einer linkskommunistischen Partei, insbesondere da Sinowjew in der Sowjetunion – zu dessen Fraktion sich Ruth Fischer rechnete – inzwischen in Opposition stand. Im Reichstag und im Preußischen Landtag bildeten die linken Kommunisten 1927 eine eigene Gruppe. Ruth Fischer war Ostern 1928 noch aktiv an der Gründung des Leninbundes beteiligt. Doch als Sinowjew kurz danach in der UdSSR vor Stalin kapitulierte, trat sie mit ihren Getreuen aus dem Leninbund aus, aber ihre Anstrengungen, wieder in die KPD aufgenommen zu werden, blieben erfolglos.

Da die KPD 1928/29 einen ultralinken Kurs steuerte, war auch der früheren linken Opposition der Boden weitgehend entzogen. Als Ruth Fischers Reichstagsmandat 1928 erlosch, trat sie politisch nicht mehr hervor. Bis 1933 verdiente sie ihren Lebensunterhalt als Pädagogin und Sozialpflegerin in Berlin-Wedding. Sie veröffentlichte auch ein Buch (Ruth Fischer und Fr. Heimann: »Deutsche Kinderfibel«, Berlin 1931). Nach Hitlers Machantritt als Jüdin und linke Kommunistin besonders verhaßt, wurde ihr Haus von der SA geplündert und ihr Sohn zunächst als Geisel festgehalten. Sie entkam nach Paris, wo sie – zusammen mit Maslow – bis 1940 lebte. Bereits 1933 war ihr als einer der ersten Exilanten die deutsche Staatsangehörigkeit aberkannt worden.

In den Stalinschen Schauprozessen wurde sie in Abwesenheit verurteilt. Ruth Fischer flog 1940 über Lissabon in die USA, während Maslow in Kuba bleiben mußte. In Amerika entwickelte sie eine wissenschaftliche und publizistische Tätigkeit und gab im Auftrag der Harvard Universität die Zeitschrift »Die russische Staatspartei« heraus. Dort erschien 1948 ihr Hauptwerk »Stalin und der deutsche Kommunismus«, das später auch ins Deutsche übersetzt wurde, eine kritische (teilweise apologetische) Darstellung der KPD-Geschichte der zwanziger Jahre. Nach dem Krieg kam Ruth Fischer als amerikanische Staatsbürgerin nach Paris zurück und wurde durch viele Vorträge und Aufsätze auch im Nachkriegs-Deutschland bekannt. Ihre Haltung gegenüber ihrem Bruder Gerhart Eisler, den sie vor amerikanischen Gerichten belastete, blieb sehr umstritten. Zu ihren größeren Veröffentlichungen in den fünfziger Jahren in Deutschland zählten »Von Lenin bis Mao, Kommunismus in der Bandung-Ära« (1956) und »Die Umformung der Sowjetgesellschaft« (1958). An die Entstalinisierung von Nikita Chruschtschow nach 1956 knüpfte sie Erwartungen. 1958 glaubte sie, daß die »roten sechziger Jahre« und die großen Veränderungen in Europa kommen würden. Bei der Arbeit an einer Maslow-Biographie ist Ruth Fischer völlig überraschend am 13. März 1961 in Paris gestorben. Peter Lübbe gab 1990 den Briefwechsel Ruth Fischer – Maslow heraus; von Sabine Mering und Kurt Schild erschien 1995 der Band »Kampfname Ruth Fischer«.

▸ Fladung, Johannes (* 1898 – † 1982)

Geboren am 12. Februar 1898 in Frankfurt/ M., der Vater war Steinbildhauer und SPD-Funktionär. Der gelernte Kunstschmied schloß sich 1913 der Arbeiterjugend und 1915 der SPD an. Von 1916 bis 1918 Soldat, nach dem Krieg Funktionär der USPD in Frankfurt/M. und Delegierter auf dem Vereinigungsparteitag mit der KPD im Dezember 1920. Er arbeitete als Monteur. Von Mai bis August 1923 besuchte Fladung die Reichsparteischule, anschließend wurde er Bezirkssekretär in Kassel, später in Stettin, als Anhänger der linken Opposition 1924 zum Polleiter in Pommern gewählt. Fladung trennte sich jedoch 1924 von der Fischer-Maslow-Führung und wurde deshalb vom Orgleiter der KPD ▸ Werner Scholem seiner Funktion enthoben und in den Bezirk Niederrhein versetzt. Hier war er zunächst UB-Sekretär in Krefeld, von 1926 bis Anfang 1933 Sekretär für Landarbeit bzw. für Agitprop der BL Niederrhein.

Im Dezember 1924 in den Preußischen Landtag gewählt, auch 1928 und 1932 Abgeordneter. Er war verheiratete mit einer Tochter des KPD-Abgeordneten ▸ Daniel Greiner. Bei einer Schlägerei mit NSDAP-Abgeordneten im Preußischen Landtag erlitt er im Mai 1932 einen Schädelbruch. 1933 wurde er als Nachfolger von ▸ Max Opitz Polleiter im Ruhrgebiet. Bei einer Besprechung mit ▸ John Schehr am 2. September 1933 in Berlin verhaftet und im berüchtigten Berliner Columbiahaus von der Gestapo schwer mißhandelt: »Wie oft ich bewußtlos geschlagen und anschließend mit Wasser wieder zu mir gebracht wurde, weiß ich nicht.« Nach mehrmonatiger Haft im KZ Oranienburg verurteilte ihn der VGH am 9. November 1934 zu zweieinhalb Jahren Zuchthaus, seine Frau Klara erhielt eineinhalb Jahre Gefängnis. Im August 1936 als dauernd arbeitsunfähig entlassen, war Fladung fast taub und hatte Störungen des zentralen Nervensystems. 1938 gelang die Emigration in die Schweiz und dann nach England, dort Mitbegründer des Kulturbundes deutscher Emigranten. 1946 Rückkehr nach Deutschland, wieder Mitglied der KPD, von 1946 bis 1948 war er Sekretär des westdeutschen Kulturbundes (Sitz Düsseldorf) und von 1951 bis 1958 Sekretär für Nordrhein-Westfalen. Diese Funktion legte er wegen Krankheit (fast erblindet) nieder. Ein Prozeß gegen Fladung vor dem Düsseldorfer Landgericht wegen »Staatsgefährdung« wurde im Januar 1964 wegen Verhandlungsunfähigkeit des Angeklagten abgesetzt. Er hatte 1954 den Progreß-Verlag in Düsseldorf, später in Darmstadt gegründet. 1964 erhielt er die Ehrendoktorwürde der Universität Jena und 1975 den Stern der Völkerfreundschaft in Gold der DDR. Johannes Fladung starb am 11. September 1982 in Gundershausen bei Darmstadt. 1986 veröffentlichte der Röderberg-Verlag posthum Fladungs Erinnerungen unter dem Titel: »Erfahrungen vom Kaiserreich zur Bundesrepublik«.

▸ Flieg, Leopold (* 1893 – † 1939)

Leo Flieg, am 5. November 1893 in Berlin geboren, galt lange Jahre als die »Graue Eminenz« der KPD. Er war der Funktionär, der in der Öffentlichkeit kaum bekannt, als Sekretär des Polbüros die entscheidenden Fäden in der Hand hielt. Flieg entstammte einer jüdischen Familie in Berlin (Mutter, Schwester und viele Verwandte wurden im KZ ermordet). Er wurde nach dem Besuch der Mittelschule kaufmännischer Angestellter bei einer Bank und war bis zum Krieg Bankbeamter. Mit 15 Jahren trat er 1908 der sozialistischen Jugendbewegung bei. Während des Krieges als Soldat Schreiber in der Geheimabteilung des Generalstabes. Flieg war bis 1918 für die Spartakusgruppe aktiv und seit Gründung Mitglied der KPD. Nach dem Krieg arbeitete Flieg, ein kleiner, zierlicher Mann, dessen gemessenes und schweigsames Wesen berühmt war, in der Jugendinternationale. 1918 wurde er als Sekretär von ▸ Leo Jogiches mit der Konspiration vertraut gemacht. Gemeinsam mit ▸ Willi Münzenberg – mit dem ihn eine lebenslange Freundschaft verband – wurde Flieg Organisator der internationalen kommunistischen Jugendbewegung, in deren führenden Gremien er bis 1922 wirkte. Seit dem III. Parteitag 1920 nahm er an allen KPD-Parteitagen teil, von 1922 bis 1932 Sekretär des Polbüros. 1924 Abgeordneter des Preußischen Landtags, dem er ununterbrochen bis 1933 angehörte. 1927 und 1929 wurde Flieg auch als Mitglied ins ZK gewählt. Schließlich auf dem VI. Weltkongreß der Komintern 1928 zum Mitglied der Internationalen Kontrollkommission berufen.

Er übte seine Funktionen in allen Parteiführungen, gleich ob unter rechter, linker oder ultralinker Leitung, mit penibler Gewissenhaftigkeit aus. Erst 1932 wurde er als enger Freund ▸ Heinz Neumanns von seinen führenden Ämtern entbunden. Damals schrieb eine trotzkistische Zeitung über Flieg, die Mitglieder der KPD würden seinen Namen kaum kennen, aber er wäre der ruhende Pol des ZK gewesen: »... still und unscheinbar, kein hochfahrender Bonze, aber ein absolut zuverlässiger und pünktlicher Beamter, hat Leo Flieg manche Zentrale überlebt. Er hat Brandlers Geheimprotokolle geführt, ohne mit der Wimper zu zucken. Er hat die Rundschreiben von Ruth Fischer und Werner Scholem expediert, und Kenner behaupten, die Ruth-Fischer-Zentrale sei auch die einzige gewesen, mit der Flieg im Grunde einverstanden gewesen sei. Trotzdem hat er auch Ewert überlebt, der ihm wenig getraut hat, und er hat seit 1928 als Personalchef der Thälmann-Zentrale immerhin vier Jahre das Kunststück fertiggebracht, das Büro eines Thälmann zu leiten. Alle Achtung vor solchen diplomatischen Talenten...«

Flieg kannte Pjatnitzki, Mirow-Abramow und die anderen Führer des illegalen Apparats der Komintern aus langjähriger Zusammenarbeit gut, er war zeitweise der für Deutschland verantwortliche Verbindungsmann der Geheimabteilung der OMS. Diese holten ihn vorübergehend zur Arbeit nach Moskau. Nach 1933 war er von Paris aus erneut für die KPD aktiv und konnte die wichtige Position eines technischen Sekretärs des Polbüros wieder ausüben. Auf der »Brüsseler Konferenz« der KPD 1935 erstattete Flieg (Pseudonym Alfons) den Kassenbericht und wurde nochmals zum Mitglied des ZK gewählt. Ostern 1937 erhielt er von der Komintern die Aufforderung, nach Moskau zu kommen. Während der Stalinschen Säuberung solcher Einladung Folge zu leisten, war mehr als riskant. Aber obwohl sein und Münzenbergs Freund, der schwedische Bankier Aschberg, ihm dringend riet, in Paris zu bleiben und ihm seine Unterstützung anbot, damit er als Emigrant in Paris leben könne, reiste Flieg nach Moskau. Da er für die Kasse der KPD verantwortlich war, befürchtete er, von der Komintern-Führung der Unterschlagung bezichtigt zu werden, wenn er ihrem Befehl nicht folgen würde.

Flieg traf im Juni 1937 in Moskau ein, wo ihn die IKK befragte. Obwohl ihm eine Rüge erteilt wurde, beantragte der deutsche Vertreter beim EKKI, ▸ Philipp Dengel, noch Anfang 1938, Flieg ausreisen zu lassen. Statt dessen wurde er jedoch am 20. März 1938 vom NKWD verhaftet und der »Mitgliedschaft in einer rechtstrotzkistischen Spionageorganisation« angeklagt. Nach brutalen Folterungen durch das NKWD beschuldigte Flieg sich selbst und zahlreiche andere. Er bestätigte in seinem erpreßten »Geständnis«, einer kominternfeindlichen Verschwörung anzugehören. Am 14. März 1939 wurde Leo Flieg durch das Militärtribunal des Obersten Gerichts der UdSSR zum Tode verurteilt und erschossen; 1957 posthum »rehabilitiert«.

▸ Fließ, Walter Gustav (* 1857 – † ?)

Geboren in Berlin am 21. Juni 1857, entstammte einer begüterten Familie und besuchte ein Berliner Gymnasium bis zur Obersekunda. Er erlernte den Apothekerberuf, studierte in den USA Medizin und erhielt dort von der Science of Rochester (New Jersey) den Professorentitel. Nach Weiterbildung in London, Paris und Kopenhagen Rückkehr nach Berlin, war drei Jahre Assistent bei einem Naturarzt und leitete eine Heilanstalt für Epileptiker in Grünau. 1896 übersiedelte er nach Hamburg, wo er eine Heilanstalt gründete. Mitglied der SPD, schloß sich 1917 der USPD an und wurde für diese 1920 zum Abgeordneten der Hamburger Bürgerschaft gewählt. 1921 Mitglied der KPD, war er dann bis 1924 deren Abgeordneter in der Bürgerschaft. 1924 verließ Fließ die KPD, er trat politisch nicht mehr hervor, sein weiterer Lebensweg war nicht zu ermitteln.

▸ Flohr, Gustav (* 1895 – † 1965)

Geboren am 12. November 1895 in Remscheid; Klempner und Schweißer, später auch kaufmännisch tätig. 1910 Mitglied des DMV und der SPD. Von 1914 bis 1918 Militärdienst, Flohr wurde Mitglied der USPD und schloß sich 1920 der KPD an. Er war ab 1926 Remscheider Stadtverordneter und später Leiter der RGO-Ortsgruppe, er gehörte der Reichsleitung des Kampfbundes gegen den Faschismus an und wurde im November 1932 auf dem Reichswahlvorschlag der KPD in den Reichstag gewählt. Am 16. März 1933 in Düsseldorf verhaftet, kam er in verschiedenen KZs in »Schutzhaft«. Am 20. April 1934 wegen »verbotenen Waffenbesitzes« zu acht

Monaten Gefängnis verurteilt. In weitere Hochverratsverfahren verwickelt, wurde Flohr aber »mangels Beweisen« freigesprochen und im Februar 1935 entlassen. Zunächst Arbeiter in der Eisenindustrie, dann selbständig. Im Januar 1936 emigrierte er in die Niederlande und arbeitete dort unter dem Decknamen Tom in der Propagandaabteilung der illegalen KPD. Im Oktober ging Flohr nach Spanien, wurde als Kapitän der Internationalen Brigaden verwundet und im September 1938 nach Frankreich evakuiert, dort wegen öffentlicher Propaganda im Herbst 1938 verhaftet. Er war dann in verschiedenen Lagern interniert und später Zwangsarbeiter am Atlantik-Wall. Mit Gustav Flohr soll es, laut den Memoiren von ▸ Alexander Abusch, in Spanien, aber auch schon vor 1933, innerparteiliche Differenzen gegeben haben. Nachdem ihm im Mai 1943 die Flucht gelang, kämpfte Flohr in der Résistance, war 1944 Kommandeur des 8. Bataillons der Maquis-Einheit »Jean Pierson« und zuletzt Operationsoffizier im Divisionsstab im Department Saóne-et-Loire. Am 1. Juni 1945 kehrte Flohr nach Deutschland zurück, wurde im April 1946 zunächst stellvertretender Bürgermeister, von Mai bis November 1946 Oberbürgermeister von Remscheid. Flohr unterhielt nach 1945 zu seinen – vor allem aus Jugoslawien stammenden – Kameraden aus den Internationalen Brigaden weiterhin enge freundschaftliche Beziehungen. Ende der vierziger Jahre lehnte er die Stalinisierung der westdeutschen KPD ebenso ab wie die antititoistischen Kampagnen und trat deshalb 1948 aus der KPD aus. Später war er Betriebsratsvorsitzender der »Diehl KG« in Remscheid. Gustav Flohr starb am 18. Februar 1965 in seiner Heimatstadt Remscheid.

▸ Florin, Wilhelm (* 1894 – † 1944)

Als Sohn eines streng katholischen Arbeiters am 16. März 1894 in Köln-Poll geboren; lernte Nieter und arbeitete in Waggonfabriken, Kesselschmieden und Werften. Zunächst im katholischen Jungmännerverein organisiert, 1913 Mitglied der Gewerkschaft und einer sozialistischen Jugendorganisation. Von 1914 bis 1918 Soldat, als Infanterist verwundet, abkommandiert in eine Strafkompanie. 1917 trat Florin als Kriegsgegner der USPD bei und kam mit ihrem linken Flügel 1920 zur KPD. Er arbeitete in den Gasmotorenwerken, wo er auch Betriebsrat wurde. Bis 1923 ehrenamtlicher Funktionär, dann von ▸ Eugen Eppstein zu hauptamtlicher Tätigkeit herangezogen, Orgleiter im Bezirk Mittelrhein, wo ihn die französische Besatzungsmacht jedoch im Dezember 1923 auswies. Mit der Übernahme der Parteiführung durch die Linken begann der Aufstieg Florins in den zentralen Apparat der KPD. Auf dem IX. Parteitag 1924 in die Zentrale gewählt, zog er im Mai des gleichen Jahres als Abgeordneter des Wahlkreises Köln-Aachen in den Reichstag ein, dem er ununterbrochen bis 1933 angehörte. Florin sollte im Mai 1924 die in Bayern weiterhin illegale KPD aufbauen, wurde verhaftet, aber als MdR nach wenigen Tagen wieder freigelassen. In einem Steckbrief von 1924 hieß es: »Augenbrauen leicht zusammengewachsen, niedrige steile Stirn, kräftige Gestalt, norddeutscher Dialekt.« Er ging nach Berlin zurück und übernahm dann als Polleiter die Führung des KPD-Bezirks Oberschlesien. Im Mai 1925 zur Bekämpfung der Ultralinken nach Gotha geschickt, war er von Juni bis September 1925 Polleiter des Bezirks Thüringen und seit dem X. Parteitag wieder Mitglied des Ruth-Fischer-ZK.

Nach dem »Offenen Brief« im September 1925 war Florin einer der linken Führer, die gegen ▸ Ruth Fischer und für ▸ Ernst Thälmann auftraten. Als Vertrauensperson Thälmanns und des EKKI kam Florin im Dezember 1925 nach Essen, um als Polleiter den zerrütteten Bezirk Ruhr zu übernehmen. Er blieb in dieser Funktion bis Ende 1932. Dort behauptete er sich gegen die ultralinke und linke Opposition und hat 1928/29 die Stalinisierung der KPD an der Ruhr gegen Rechte und Versöhnler durchgesetzt. Bald wurde Florin als der »Führer des Ruhrproletariats« gefeiert. Von den Parteitagen 1927 und 1929 ins ZK gewählt, war er seit 1929 Mitglied des Polbüros, behielt aber weiter seine Funktion in Essen.
Ende 1932 nach Berlin gerufen, löste er ▸ Walter Ulbricht als Polleiter im Bezirk Berlin-Brandenburg ab. Nunmehr feierte ihn die »Rote Fahne« als »Führer des Berlin-Brandenburger Proletariats«. 1933 arbeitete Florin kurze Zeit illegal, dann emigrierte er und leitete kurz das Nordbüro der KPD (Skandinavien). In den Auseinandersetzungen in der KPD gehörte er zum linken Flügel (▸ Hermann Schubert, ▸ Fritz Schulte, ▸ Franz Dahlem), der zunächst die Mehrheit im Polbüro hatte (gegen Walter Ulbricht, ▸ Wilhelm Pieck). Als die Komintern 1935 eine Wendung nach rechts erkennen ließ, schwenkte auch Florin um. Auf der »Brüsseler Konferenz« wieder ins ZK und Politbüro gewählt, wurde er Mitglied des EKKI-Präsidiums und arbeitete von 1935 bis 1943 als Sekretär des EKKI. Zur gleichen Zeit Vorsitzender der Internationalen Kontrollkommission, war er in dieser Funktion stark in die stalinistischen Säuberungen verstrickt. Er wirkte auch noch im Nationalkomitee Freies Deutschland. Florin starb am 5. Juli 1944, wurde aber nicht an der Kremlmauer, sondern auf einem Friedhof in Moskau beigesetzt.
Florins Frau Therese, geborene Althammer (* 23. 6. 1902 – † 15. 4. 1990), erhielt anläßlich ihres 65. Geburtstages 1967 den VVO in Gold. Sein Sohn **Peter Florin** (* 2. 10. 1921 in Köln) absolvierte 1942 u. a. mit Wolfgang Leonhard und Markus Wolf einen viermonatigen Sonderlehrgang der Komintern in Kuschnarenko, anschließend war er Redakteur beim NKFD in Moskau. Im Mai 1945 als Mitglied der Gruppe Ackermann nach Deutschland zurückgekehrt, machte in der SBZ/DDR Karriere. Von 1953 bis 1966 leitete er die außenpolitische Abteilung des ZK der SED, 1969 wurde er Staatssekretär, 1973 stellvertretender Außenminister und behielt dieses Amt bis zum Herbst 1989. Peter Florin, der von 1954 bis 1989 dem SED-ZK und ab 1988 dem Staatsrat angehörte, war von 1973 bis 1982 Vertreter der DDR bei den Vereinten Nationen.

▸ Försterling, Paul (* 1891 – † 1949)

Geboren am 1. Juni 1891 in Berlin-Reinickendorf, Sohn eines Brauereiarbeiters. Während der Elektrikerlehre wurde Försterling 1913 Mitglied der Arbeiterjugend, 1918 noch zum Kriegsdienst eingezogen, schloß er sich Ende des Jahres der FSJ, im Januar 1919 der USPD an, im März 1919 der KPD. Von September 1921 bis Oktober 1923 war er Referent im Apparat des EKKI, nach seiner Rückkehr nach Deutschland bis April 1924 in der KPD-Zentrale tätig. Danach reiste er erneut nach Moskau und wurde in die KPdSU übernommen. Zunächst Dreher in einer Autofabrik, arbeitete er von Oktober 1924 bis September 1927 als Sekretär im Agitpropapparat des EKKI bzw. der KJI und war bis September 1929 Referent im Auslandskommissariat des Zentralen Gewerkschaftsrates. Von September 1929 bis September 1932 studierte Försterling an der Hochschule für Elektrotechnik in Moskau, anschließend bis 1937 Ingenieur und gleichzeitig Aspirant und Lehrer an der Hochschule für Elektrotechnik in Moskau. Von September 1937 bis Februar 1939 war er zeitweise unter dem Decknamen Edgar Tallmann als Leutnant bei den Internationalen Brigaden in Spanien. Nach seiner Rückkehr nach Moskau arbeitete Försterling dort in der Kaderabteilung des Auslandsbüros der KPD. Als einer der wichtigsten Kaderreferenten war er (so die polnische Kommunistin Wanda Bronska-Pampuch) für die persönlichen Tragödien zahlreicher deutscher Kommunisten mitverantwortlich. Aus panischer Angst vor dem NKWD soll er, wie andere auch, viele deutsche Kommunisten denunziert haben. Nach dem Überfall Deutschlands auf die Sowjetunion wurde er nach Ufa evakuiert. Zusammen mit ▸ Walter Ulbricht besuchte er deutsche Kriegsgefangene und gehörte ab 1943 einer Arbeitsgruppe der KPD-Führung an, die sich mit organisatorischen Fragen beschäftigte. Ab August 1943 Mitarbeiter für Kaderfragen im Auslandsbüro der KPD in Moskau. Bis zur Auflösung des Auslandsbüros der KPD/SED 1947 blieb Försterling dessen Vertreter in Moskau. Er nahm als Gastdelegierter am Gründungsparteitag der SED im April 1946 in Berlin teil. Schwer nerven- und herzkrank, bat er ▸ Grete Keilson um schnelle Rückkehr nach Deutschland. Das ZS der SED beschloß auf seiner Sitzung am 6. Dezember 1948, Försterling für die Arbeit in Deutschland beim ZK der KPdSU anzufordern. Dazu kam es jedoch nicht mehr, Paul Försterling starb am 23. Februar 1949 in Moskau.

▸ Fomferra, Heinrich (* 1895 – † 1979)

Geboren am am 19. November 1895 in Essen, Sohn einer Arbeiterfamilie. Berg-, Bau- und Druckereiarbeiter. 1912 Mitglied der SPD, von 1918 bis 1920 der USPD, von 1920 bis 1923 der KAPD. Wegen des Überfalls auf die Kasse des Straßenbahndepots in Essen-Schonnebeck zu 18 Monaten Zuchthaus verurteilt. Ab 1923 Mitglied der KPD, Leiter der Proletarischen Hundertschaften im Ruhrgebiet, wurde er wegen Sprengstoffvergehens zu 16 Monaten Gefängnis verurteilt. Er arbeitete ab 1929 in der Orgabteilung der BL Ruhrgebiet. 1929/30 Kursant des ersten Lehrgangs an der M-Schule der Komintern in Moskau. Anschließend Mitarbeiter des AM-Apparats der BL Ruhr. Von 1932 bis 1935 erneut Aufenthalt und militärische Ausbildung in der Sowjetunion, gehörte dann der Kurierabteilung der OMS an. 1936/37 Angehöriger der Internationalen Brigaden in Spanien. Später Einsatz als Funker von ▸ Johann Wenzel in Belgien und beim Aufbau von GRU-Residenturen in verschiedenen europäischen Ländern.

Von 1940 bis 1942 leitete er eine Sabotagegruppe in der Slowakei, wurde im Februar 1942 gemeinsam mit ▸ Hans Schwarz verhaftet, zeitweilig an die Gestapo in Berlin überstellt, wo er und Schwarz umfangreiche Aussagen machten, die u. a. zur Verhaftung von Johann Wenzel in Belgien und zur Zerschlagung des gesamten Organisationsnetzes der »Roten Kapelle« führten. Fomferra und Schwarz wurden im Januar 1944 vom Bezirksgericht Bratislava wegen Sabotage und Spionage zu zwölf Jahren Zuchthaus verurteilt. Aus dem Zuchthaus Ruzomberok befreit, schloß er sich 1944 einer Partisaneneinheit an. 1945 Referent in der Landesverwaltung Brandenburg, ab 1946 in der Deutschen Verwaltung des Innern, später Offizier des MfS, zeitweilig Leiter des Sekretariats von Minister ▸ Wilhelm Zaisser. Ab 1952 Vorsitzender der PKK im MfS, im Dezember 1953 wurde Fomferra wegen seiner Aussagen bei der Gestapo 1942 »beurlaubt«. Ab 1954 wieder Offizier der Grenzpolizei und Leiter der PKK. Zuletzt Mitarbeiter einer geheimen Abteilung der NVA, schied er 1959 aus, erhielt 1975 den Karl-Marx-Orden. Heinrich Fomferra starb am 31. Mai 1979 in Ost-Berlin.

▸ Fränkel, Fritz, Dr. med. (* 1892 – † 1944)

Geboren am 7. September 1892 in Berlin, Sohn eines jüdischen Kaufmanns. Er studierte nach dem Abitur (1910) in Berlin Medizin. Nach dem Staatsexamen, u. a. bei Theodor Brugsch, meldete sich Fränkel 1915 freiwillig zum Kriegsdienst. Zunächst in den Lazaretten von Graudenz tätig, kam er 1916 an die Ostfront und war 20 Monate als Bataillonsarzt bei der Infanterie, ab Januar 1918 leitete er eine Station in der Kriegsneurotiker-Abteilung des I. Armeekorps in Königsberg. Die Schrecken des Krieges, mit denen er als Arzt besonders konfrontiert war, machten aus dem konservativen Kriegsbefürworter einen radikalen Sozialisten und Kriegsgegner. Er schloß sich dem Spartakusbund an und wurde – als guter Redner bekannt – einer der fünf Delegierten, die die Arbeiter- und Soldatenräte im Regierungsbezirk Königsberg im Dezember 1918 zur Reichsversammlung nach Berlin schickten. Zugleich war Fränkel für Königsberg Delegierter des Spartakusbundes beim Gründungsparteitag der KPD. Auf dem Parteitag trat er mehrmals als Redner auf, brachte zwei Anträge zur Unterstützung der Jugend (er war ja selbst erst 26 Jahre alt) und zum künftigen KPD-Programm ein. Außerdem begrüßte er die auf dem Parteitag bekanntgegebene Gründung eines »Bundes kommunistischer Studenten und Akademiker« und forderte eine Hochschulreform. Fränkel blieb 1919 in Berlin und wurde Assistent von Paul Schuster an der Klinik für Neurologie und Psychiatrie der Charité. Im Mai 1919 schloß er seine Promotion (Thema waren die Kriegsneurosen) ab und übersiedelte nach Stuttgart. Am dortigen Bürgerhospital tätig, machte er mit zahlreichen Beiträgen in Fachzeitschriften auf sich aufmerksam. 1920 ging er als Arzt an die Klinik Berlin-Buch, gemeinsam mit seinem Freund Georg Benjamin engagierte er sich im Proletarischen Gesundheitsdienst. Er wurde 1924 Vorsitzender der Berliner Gruppe. In der Folgezeit war er im »Verein Sozialistischer Ärzte« tätig. Sowohl seine Aktivitäten im Fürsorgebereich als auch die Schriften über Rauschgifte machten ihn bekannt. Sein mit Ernst Joël verfaßtes Buch »Der Cokainismus« wurde zum Standardwerk.

Fränkel wurde am 23. März 1933 verhaftet und von der SA gefoltert. Durch Intervention eines seiner Patienten am 23. März freigelassen, konnte er zusammen mit seiner Frau Ende März 1933 aus Berlin fliehen. Nach Frankreich emigriert, lebte er als Arzt in Paris. 1936 ging er zu den Internationalen Brigaden nach Spanien und wurde im Range eines Leutnants Chefarzt eines Hospitals an der Madrider Front. Später leitete Fränkel in Barcelona die Versorgung der Interbrigadisten mit Medizin aus Frankreich. Wegen seiner offenen Sympathie für die »trotzkistische« POUM, die von den Stalinisten verfolgt wurde, kam es zum Bruch mit der KPD. Er wurde aus der Partei ausgeschlossen. 1939 wieder in Paris, wohnte bei Franziska und Fritz Fränkel zeitweise der berühmte Walter Benjamin. Dieser beging nach seiner Flucht 1940 in Spanien Selbstmord, während es den Fränkels gelang, nach Mexiko zu entkommen. Dort nahm Fränkel Verbindung zu antistalinistischen sozialistischen Kreisen auf, darunter waren Personen, die ebenfalls die KPD mitbegründet hatten wie ▸ Otto Rühle und ▸ Franz Pfemfert, aber auch der bekannte Publizist Victor Serge. 1943 schloß er sich der antistalinistischen und linkssozialistischen Gruppe »Socialismo Y Libertad« an und wirkte an deren Zeitschrift mit. Fritz Fränkel starb überraschend am 21. Juni 1944 in Mexiko.

▸ Fränken, Friedrich (* 1897 – † 1976)

Geboren am 25. Januar 1897 in Herrath/Rheinland, Sohn eines Nachtwächters; lernte Schlosser und arbeitete in seinem Beruf. 1920 Mitglied der KPD, für die er verschiedene Funktionen ausübte. 1925 Abgeordneter des Provinziallandtages, 1927 Sekretär und Leiter des UB der KPD Düsseldorf. 1928 zum Abgeordneten des Preußischen Landtags gewählt, war er seit 1927 auch Leiter und Fraktionsführer der KPD in Rheydt, 1929 UB-Leiter in Krefeld, von 1931 bis 1933 UB-Leiter der KPD Siegen. Fränken wurde auch 1932 wieder in den Preußischen Landtag gewählt. Am 9. März 1933 in Wuppertal verhaftet und bis zum 24. Dezember 1933 im KZ festgehalten. Nach der Haft arbeitete Fränken wieder als Schlosser in Rheydt. Nachdem die Gestapo ihn im April 1934 erneut zu einem Verhör geholt hatte, flüchtete er am 4. Mai 1934 aus Rheydt, lebte illegal und leitete dann zunächst den KPD-Bezirk Wasserkante als Oberberater. Fränken kam im Mai 1935 über Prag nach Moskau, hier gehörte er zum linken Flügel in der Emigrationsleitung unter ▸ Hermann Schubert und ▸ Fritz Schulte. Er nahm als Delegierter Hamburgs unter dem Decknamen Fritz Goltz an der »Brüsseler Konferenz« teil. Nach der Konferenz reiste er nach Paris und kämpfte während des Spanischen Bürgerkriegs auf seiten der Interbrigaden, dabei verlor er den linken Unterarm. 1937 wurde ihm von der Hitler-Regierung die deutsche Staatsangehörigkeit aberkannt. Seine Frau, die in Deutschland blieb, ließ sich 1938 von ihm scheiden, weil sie seit 1934 nichts mehr von ihm gehört hatte. 1945 kehrte Fränken nach Westdeutschland zurück und wurde 1. Sekretär der KPD in München-Gladbach, später leitete er in Düsseldorf als Sekretär das Landesfriedenskomitee in Nordrhein-Westfalen. Friedrich Fränken starb am 3. Juli 1976.

▸ Frank, Karl, Dr. phil. (* 1893 – † 1969)

Als Sohn eines kleinen Fabrikanten am 31. Mai 1893 in Wien geboren, besuchte er 1905 bis 1909 die Unterrealschule in Wien. Mit 13 Jahren trat er – seine Eltern waren katholisch – aus der Kirche aus. Von 1909 bis 1913 Kadett der Artillerie-Kadettenschule in Traiskirchen/Niederösterreich, wurde Pazifist und verließ die Militärschule nach Abschluß des Abiturs. Von 1913 bis 1918 studierte er an der Wiener Universität Psychologie, Biologie und Philosophie und promovierte 1918 zum Dr. phil. Der Weltkrieg hatte sein Studium unterbrochen, er mußte im Herbst 1914 als Leutnant zum Militär. Nach Fronterlebnissen verweigerte er 1916 den Dienst, deshalb als »krank« entlassen. An der Universität schloß sich Frank der sozialistischen Studentengruppe an und entwarf das erste Antikriegs-Flugblatt. Nach der Revolution Vorsitzender des Studentenkomitees sowie Vertreter im Wiener Arbeiterrat. 1919 Mitglied der KP Österreichs und eine zeitlang Redakteur der Wiener »Roten Fahne«. Nach der Vereinigung von USPD und KPD Ende 1920 Übersiedlung nach Berlin, Redakteur des von ▸ August Thalheimer geleiteten theoretischen Organs der KPD »Die Internationale«. 1921 schrieb Karl Frank eine Broschüre gegen ▸ Paul Levi (»Der Fall Levi und die Dritte Internationale«).

Nach Differenzen mit der KPD gab er 1922 seine hauptamtliche Stellung auf, wurde aber 1923 wieder von der Partei angestellt. Von der Brandler-Zentrale zur Vorbereitung des Aufstandes nach Bayern geschickt mit der Instruktion, »Nürnberg für die Revolution zu gewinnen und in Bayern die Donau-Brücken in die Luft zu sprengen«. Frank wurde auf einer Versammlung der kommunistischen Eisenbahner verhaftet, denn zu dieser hatte die BL auf einer Postkarte eingeladen und gefordert, »Dynamit ist mitzubringen«. Als die Polizei den Tagungsraum besetzte, hatte er sich unter das Podium verkrochen und wäre fast übersehen worden. Nach seiner Festnahme gab er sich als Knecht aus, es dauerte lange, bis die Polizei Franks Identität feststellen konnte.

Als ihm der Prozeß gemacht werden sollte (Frank trug zur Finanzierung des Aufstandes größere Geldbeträge bei sich), überlistete er seine Wache auf dem Weg zum Zahnarzt und flüchtete. In einem danach erlassenen Steckbrief hieß es: »1,73 m groß, norddeutsche Mundart, schwarze Haare, braune Augen, am rechten Unterarm Schußnarben.« Bei der Aushebung des bayerischen Bezirksparteitages am 25. Mai 1924 erneut festgenommen, trat er, um freizukommen, am 28. Mai in den Hungerstreik, den er drei Wochen lang durchhielt. Die Zentrale forderte ihn auf, den Hungerstreik zu beenden, weil bereits Lebensgefahr bestand. Im Juli 1924 zu sieben Monaten Gefängnis verurteilt und nach Österreich abgeschoben, kehrte Frank jedoch nach Berlin zurück und übte in der Zentrale und dann im ZK verschiedene Funktionen aus, zeitweise arbeitete er auch als Redakteur am Chemnitzer »Kämpfer« und »Gothaer Volksblatt«, bis 1928 aber vor allem am KPD-Pressedienst in Berlin, den er vorübergehend auch leitete. Er stand auf dem rechten Flügel der Versöhnler. Bekannt wurde Frank wieder, als er 1928 die gegen den Bau des Panzerkreuzers »A« gerichtete Aktion am Berliner Rundfunk organisierte. Unter seiner Leitung entführte damals eine KPD-Gruppe den »Vorwärts«-Redakteur Wolfgang Schwarz, der im Rundfunk den Bau des Panzerkreuzers »A« befürworten sollte. An dessen Stelle sprach am Abend des 6. Oktober 1928 der KPD-Landtagsabgeordnete ▸ Karl Schulz gegen den Panzerkreuzerbau und für ein von der KPD geführtes Volksbegehren. Frank wurde deswegen verhaftet und im Februar 1929 zu vier Monaten Gefängnis verurteilt. Nach der Freilassung von einer Berliner Funktionärskonferenz, auf der er ein Flugblatt gegen das ZK verteilt hatte, aus der KPD ausgeschlossen.

Frank trat der KPO bei und wurde in deren Zentralleitung aufgenommen, hatte Verbindung zu Mitgliedern der SPD und der späteren Miles-Gruppe (Neu Beginnen). Er ging mit deren Einverständnis bei der Spaltung der KPO 1932 zur SAP und wurde auf deren Parteitag im März 1932 in den Vorstand (Beirat) der Partei gewählt. 1933 wieder Mitglied der SPD, unternahm er von 1933 bis 1935 als Leiter der Auslandsvertretung der Miles-Gruppe illegale Reisen nach Berlin, München und Schlesien. Im Juni 1935 kam es zur Spaltung der Miles-Gruppe, Frank (Pseudonym Wilhelm Müller) wurde Auslandsvertreter der neuen Gruppe und organisierte die Arbeit von Wien, dann von Prag und schließlich von Paris und London aus. Ende 1938 kam er in die USA, um für die illegale Arbeit gegen Hitler Gelder zu sammeln.

Er blieb in den USA, war dort vor allem publizistisch tätig (Veröffentlichungen: »Will Germany Crack?«, »Germany after Hitler«) sowie an der Schaffung verschiedener antifaschistischer deutscher Komitees beteiligt (z. B. »Council for a Democratic Germany«). Nach 1945 gingen zahlreiche Mitglieder der Gruppe »Neu Beginnen« nach Deutschland zurück und traten der SPD bei. Doch Franks Rückkehr war unerwünscht. Obwohl sich der Berliner Bürgermeister ▸ Ernst Reuter für seine Heimkehr einsetzte, kam es nicht dazu, später verzichtete er selbst darauf, da er aus dem politischen Leben ausgeschieden war. Frank blieb in New York, dort besaß er die Lizenz als Psychologe für die Staaten New York und Connecticut, bis er seinen Beruf wegen schwerer Krankheit aufgeben mußte. Nach eigener Aussage Pazifist und Sozialist geblieben, gehörte er keiner bestimmten Richtung an, sondern hielt die Parteien für veraltet und arbeitete an einer Untersuchung über die irrationalen Kräfte in der Politik. Karl Frank starb am 21. Mai 1969 in New York.

▸ Frank, Walter (* 1895 – † 1971)

Geboren am 27. Juli 1895 in Schwedt/Oder; Dreher. Im Weltkrieg geriet er als Soldat in russische Kriegsgefangenschaft und schloß sich nach der Rückkehr nach Deutschland der KPD an. Walter

Frank gehörte ab Ende der zwanziger Jahre als Mitglied der BL Ruhr an, war ab 1930 besoldeter Sekretär im KPD-UB Gelsenkirchen und wurde im September 1930 im Wahlkreis Westfalen-Süd als Abgeordneter in den Reichstag gewählt, in dem er bis 1933 blieb. Nach eigener Auskunft (19. 4. 1967) war Frank Mitglied des Jugendausschusses, wo er auch aktiv mitarbeitete. Im März 1933 noch in den Preußischen Landtag gewählt, befand sich Frank aber bereits seit dem 16. März 1933 in »Schutzhaft«, zunächst im KZ Esterwegen, dann im Lager Bögermoor. Seit Mai 1934 in Untersuchungshaft, wurde er am 11. Januar 1935 vom OLG Hamm zu einem Jahr und neun Monaten Gefängnis verurteilt. Wegen Strafverbüßung durch U-Haft noch im Januar 1935 entlassen, war er ab März im Eisen- und Hüttenwerk Bochum beschäftigt. Am 12. September 1936 erneut verhaftet und im April 1937 vom OLG Hamm zu zwölf Jahren Zuchthaus verurteilt, die er bis 1. Mai 1945 im Zuchthaus Siegburg verbüßte. Er kehrte wieder nach Bochum zurück, trat aber politisch kaum noch hervor. Walter Frank starb am 20. Januar 1971 in Bochum.

▸ Franke, Ernst (* 1892 – † 1940?)

Geboren am 14. Juni 1892 in Hamburg; Arbeiter. Im Krieg Soldat, schloß er sich 1917 der USPD an und kam mit ihrem linken Flügel 1920 zur KPD. Im gleichen Jahr wurde er Parteisekretär in Hamburg und vertrat die KPD als Abgeordneter von 1921 bis 1924 in der Hamburger Bürgerschaft. Er übte danach nur kleinere Funktionen aus und übersiedelte 1932 als Arbeiter in die UdSSR. In Charkow tätig, wurde Ernst Franke dort 1937 verhaftet und kam vermutlich 1940 im Gulag ums Leben.

▸ Franke, Otto (* 1877 – 1953)

Geboren am 15. September 1877 in Rixdorf bei Berlin; Maschinenbauer. 1892 Mitglied der SPD und des DMV. 1898 beteiligte sich Franke an der Gründung des Deutschen Transportarbeiterverbandes, dessen Berliner Bezirksleiter er von 1901 bis 1907 war, ab 1907 hauptamtlicher Angestellter des Verbandes. Nach Ausbruch des Weltkrieges schloß sich Franke als Gegner der Burgfriedenspolitik der Spartakusgruppe an und organisierte mit ▸ Karl Liebknecht die Antikriegskundgebung am 1. Mai 1916 auf dem Potsdamer Platz in Berlin. Daraufhin festgenommen, wurde er nach fünfmonatiger Haft an die Ostfront geschickt, wo er im Herbst 1917 desertierte und in Berlin illegal lebte. Er war an der Organisierung des Streiks der Berliner Rüstungsarbeiter im Januar 1918 beteiligt und baute als Mitglied der Revolutionären Obleute deren illegalen Kurier- und Transportdienst auf. Von Oktober 1918 bis Januar 1919 engster Mitarbeiter

Karl Liebknechts, ebenso Mitglied des Vollzugsausschusses des Berliner Arbeiter- und Soldatenrats. Franke nahm am Gründungsparteitag der KPD teil, wurde 1919 Sekretär der ersten Berliner BL und war führend am Aufbau der Berliner KP-Organisation beteiligt, auch Delegierter des III. und IV. Parteitages im Februar bzw. April 1920 in Karlsruhe und Berlin. 1921 zeitweise Leiter der KPD in Ostsachsen. Anfang August 1923 übernahm Franke die Informationsabteilung für Deutschland beim EKKI in Moskau. Nach seiner Rückkehr nach Berlin im Mai 1924 verhaftet, gelang ihm im Oktober 1925 die Flucht in die Sowjetunion. Nach der »Hindenburg-Amnestie« 1928 wieder in Deutschland, leitete er hier bis 1933 die Zentralbibliothek und das Archiv des ZK der KPD. Im Juli 1933 verhaftet, kam er in das KZ Sonnenburg. Nach der Freilassung im Oktober 1936 arbeitete er u. a. beim Autobahnbau. Im November 1937 erneut inhaftiert, emigrierte er nach der Entlassung im Januar 1938 nach Prag. Hier vermittelte Franke bei Kaderschulungen in seiner urberliner, typisch proletarischen Art, auf witzige Weise seine Erfahrungen. Mitte März 1939 Emigration nach Großbritannien, dort im Juni 1940 interniert, dann im März 1941 wegen Krankheit entlassen. Aus London kehrte er im September 1946 nach Deutschland zurück, wurde Mitglied der SED und Angestellter der SED-Parteihochschule »Karl Marx« in Liebenwalde bzw. Kleinmachnow. Otto Franke, der 1953 noch den Karl-Marx-Orden erhielt, starb am 12. Dezember 1953 in Ost-Berlin.

▸ Franken, Fritz (* 1897 – † 1942)

Geboren am 9. Januar 1897 in Viersen/Rheinland, Arbeiter, im Weltkrieg Soldat, trat 1919 der KPD bei. Er wurde Leiter der KPD in Viersen und dort Stadtverordneter. Später Redakteur (und kurze Zeit Chefredakteur) der KPD-Zeitungen in Breslau und Frankfurt/M. 1933 emigrierte Franken ins Saargebiet, 1934 in die UdSSR. Er studierte an der KUNMS und wurde 1937 im Staatsverlag in Engels (Wolgarepublik) angestellt. Am 10. Februar 1938 verhaftet, ist Franken am 10. Mai 1942 im Gulag umgekommen. Seine Frau **Anna Franken**, geb. Feller (* 1900 – † 1980), seit 1923 in der KPD, ging 1934 mit ihm in die UdSSR, wurde ebenfalls in Engels verhaftet und mit der Tochter Maria auf die Halbinsel Taimyr deportiert. Erst nach 20 Jahren Verbannung durften sie 1958 in die DDR ausreisen.

▸ Franken, Paul (* 1894 – † 1944)

Geboren am 27. Juni 1894 in Höhscheid/Krs. Solingen, Sohn eines Gießereiarbeiters. Formerlehre, nach Wanderschaft verschiedene Berufe. 1911 trat Franken der SPD bei. 1914 zum Kriegsdienst einberufen, schloß er sich 1917 der USPD an. Während der Novemberrevolution Vorsitzender des Arbeiter- und Soldatenrates in Solingen, 1919 Bezirkssekretär der USPD, trat er bereits vor der Vereinigung mit der KPD 1920 dieser bei und wurde auf dem Vereinigungsparteitag im Dezember 1920 in den ZA gewählt. Im Januar 1921 bestätigte ihn die Zentrale als Bezirkssekretär der VKPD-Niederrhein mit Sitz in Solingen, später ging er als Parteisekretär nach Frankfurt/M. Im Februar 1921 wurde Franken im Wahlkreis Düsseldorf-Ost in den Preußischen Landtag gewählt. Er verurteilte die März-Aktion und unterstützte ▸ Paul Levis Kritik an der Zentrale. Als Vertreter der Opposition auf dem III. Weltkongreß der Komintern im Sommer 1921 in Moskau. Vom VII. Parteitag der KPD im August 1921 in Jena für den Bezirk Rheinland-Westfalen in den ZA gewählt, trennte sich Franken Anfang 1922 von der KPD und schloß sich zunächst der KAG an, behielt aber sein Landtagsmandat. Über die USPD wieder Mitglied der SPD, war Franken von Ende 1924 bis Anfang 1933 Redakteur des »Volksboten« in Zeitz. Bis 1933 gehörte er dem dortigen SPD-Vorstand an und war Vorsitzender des Gewerkschaftskartells sowie Leiter des sozialdemokratischen Bildungswesen. Von 1928 bis 1933 vertrat er die SPD im Preußischen Landtag. Ab Frühjahr 1933 lebte Franken zunächst illegal, bis er über die ČSR nach Riga zu seiner

Frau emigrierte. **Flora Franken**, geborene Goldberg (* 23. 8. 1899 – † 12. 3. 1991), Tochter eines jüdischen Angestellten, war von Anfang 1919 bis Ende 1921 Mitglied der KPD und arbeitete bis 1925 als Sekretärin in der Handelsvertretung der UdSSR. 1920 Eheschließung mit Paul Franken, 1925 wurde sie Mitglied der SPD und war bis 1933 Stadtverordnete in Zeitz sowie ab 1932 Provinziallandtagsabgeordnete der Provinz Sachsen. Als Sozialistin und Jüdin doppelt verfolgt, emigrierte Flora Franken nach Riga zu ihrer Mutter. Nach dem Machtantritt der Regierung Ulmanis in Lettland im Mai 1934 mußten die Frankens wieder flüchten, sie hielten sich einige Monate in Schweden auf, bis sie nach Erhalt der Einreiseerlaubnis im August 1934 in die Sowjetunion emigrieren konnten. Sie lebten in Leningrad, Paul Franken arbeitete in den Putilow-Werken, er wurde im Mai 1936 wieder in die KPD aufgenommen. Im November 1937 vom NKWD verhaftet, wurde Paul Franken in ein Lager im Polargebiet verschleppt, wo er im Herbst 1944 qualvoll als Opfer der Stalinschen Säuberungen ums Leben kam. Flora Franken durfte im Mai 1955 mit ihrem Sohn Peter in die DDR und arbeitete zunächst beim Dietz Verlag, später im IML.

▸ Franz, Adolf (* 1901 – † 1943)

Geboren am 28. Februar 1901 in Dittmannnsdorf/Krs. Waldenburg, Bergarbeiter, schloß sich 1917 dem Bergarbeiterverband an, 1918 trat er der SPD, 1920 der KPD bei. Da er ab Mitte der zwanziger Jahre für den AM-Apparat der KPD tätig war, wurde er 1928 wegen »Vorbereitung zum Hochverrat« (Verteilung der »Zersetzungsschrift« »Die Reichswehr«) zu 15 Monaten Festungshaft verurteilt. Nach 1933 arbeitete er illegal und war bis April 1935 Agitpropleiter der BL Wasserkante. Franz emigrierte 1935 über Prag in die Sowjetunion. In Moskau war er unter dem Parteinamen Fritz Adolf Singer Kursant an der Leninschule und 1935 Delegierter des VII. Weltkongresses der Komintern und der »Brüsseler Konferenz« der KPD. Als Lektor bzw. Leiter des Parteikabinetts an der Leninschule war er später beim Moskauer Rundfunk tätig. Ab 1942 Politinstrukteur in Kriegsgefangenenlagern. Franz, der in erster Ehe mit der KPD-Funktionärin und Preußischen Landtagsabgeordneten ▸ Frieda (Malter) Franz verheiratet war, ließ sich 1938 scheiden und hat in der Sowjetunion mit Hanna Wolf zusammengelebt. Im August 1943 zur Agitation in ein Kriegsgefangenenlager nach Stalingrad entsandt, starb Adolf Franz dort an einer Seuche.

▸ Franz (Malter), Frieda (* 1902 – † 2001)

Geboren am 1. November 1902 in Breslau als Frieda Raddünz, Tochter eines Schriftsetzers; Weberin und Hausangestellte in Breslau. 1925 Heirat mit ▸ Adolf Franz. Seit 1926 Mitglied der KPD, war sie von 1926 bis 1930 Abgeordnete des Schlesischen Provinziallandtages und des Kreistages Waldenburg. Sie gehörte der KPD-UB-Leitung Waldenburg an und war von 1930 bis 1933 Frauenleiterin der BL Schlesien in Breslau. 1931 kam sie als Nachrückerin im Wahlkreis Liegnitz in den Preußischen Landtag, dem sie nach der Wahl von 1932 erneut angehörte. Am 14. Juni 1933 wurde sie in Breslau verhaftet und im August 1934 zu drei Jahren Zuchthaus verurteilt, die sie in Jauer und im KZ verbringen mußte. 1938/39 bei EDEKA beschäftigt, konnte sie danach bis 1944 als Kontoristin in Breslau arbeiten. Im Zuge der Aktion »Gewitter« wurde sie am 22. August 1944 erneut verhaftet und im KZ Ravensbrück gefangengehalten. Bis April 1945 war Frieda Franz im Außenkommando Auerwerke Oranienburg bzw. im Daimler-Benz-Werk in Genshagen eingesetzt. Nach der Befreiung zunächst Leiterin des Ernährungsamtes in Wittenberge, ging nach Berlin und wurde Leiterin der Frauenabteilung im ZK der KPD, dann bis 1950 Hauptabteilungsleiterin im FDGB-Bundesvorstand, dem sie als Mitglied angehörte. 1950 wurde sie Staatssekretärin bzw. 1. Stellvertreter des DDR-Ministers für Arbeit und Berufsbildung. Aus gesundheitlichen Gründen schied sie 1956 aus. Frieda Franz, die nach dem Krieg die Ehe mit dem Sachsenhausen-Häftling Andreas Malter geschlossen hatte, heiratete 1952 ▸ Fritz Apelt. Sie erhielt 1977 den Karl-Marx-Orden. Frieda Franz (Malter) starb am 12. Dezember 2001 in Berlin.

▸ Frenzel, Max (* 1893 – † 1985)

Am 11. April 1893 in Breslau geboren, Sohn eines Schuhmachers, ging nach der Lehre als Lithograph auf Wanderschaft. Im März 1908 Eintritt in die Freie Jugendorganisation in Berlin-Wedding, dort später Vorsitzender der Arbeiterjugend. Im September 1911 Mitglied der SPD. Von 1914 bis 1918 zunächst Armierungssoldat, dann in einem Fliegerersatzbataillon. Im Dezember 1918 kam Frenzel nach Berlin und arbeitete bis März 1923 als Lithograph. Ab Februar 1919 Polleiter der Gruppe IV des Spartakusbundes in Berlin. Nach dem II. Parteitag der KPD 1919 kurzzeitig Mitglied der KAPD, kehrte jedoch zur KPD zurück und war von 1922 bis 1924 in der BL Berlin-Brandenburg. Auf dem VIII. Parteitag 1923 in der Gewerkschaftskommission, wurde er im März 1923 Sekretär der Zentrale und Mitglied der Gewerkschaftsabteilung. Nach dem IX. Parteitag 1924 schied er als Rechter aus der Berliner BL aus, blieb Redakteur des »Arbeiterrats«, einer von der KPD herausgegebenen Zeitung für die Betriebsräte. Nach dem »Offenen Brief« wurde Frenzel Ende 1925 in die Orgabteilung der Zentrale übernommen, kam 1926 erneut in die Berliner BL und wurde Sekretär der Gewerkschaftsabteilung. Teilnehmer des XI. Parteitages 1927 in Essen, gehörte zu den Versöhnlern. 1928 zog er im Wahlkreis Berlin als Abgeordneter in den Preußischen Landtag ein. 1929 wurde Frenzel auf Beschluß des ZK aus der BL ausgeschlossen und mußte im September auch sein Landtagsmandat niederlegen, blieb jedoch Redakteur in KPD-nahen Zeitungen (»Berlin am Morgen« bzw. »Berlin am Abend«). Am 1. März 1933 kurze Zeit inhaftiert, war Frenzel anschließend bis 1936 Schuhmacher, illegal tätig im »Einheitsverband der Berliner Metallarbeiter«, hielt als Leiter der illegalen KPD in Berlin-Moabit Verbindungen zu den Versöhnlern (▸ Karl Volk und ▸ Edu Wald). Im März 1936 nach Prag emigriert, distanzierte sich Frenzel nach einer Aussprache mit ▸ Walter Ulbricht von den Versöhnlern. Ab Juli 1936 Redakteur der »Deutschen Volkszeitung« in Prag, dort verhaftete ihn am 22. März 1939 die Gestapo. Am 24. Mai 1940 vom VGH zu zehn Jahren Zuchthaus verurteilt, kam er nach Brandenburg-Görden, am 27. April 1945 befreit. 1945 wieder KPD-Funktionär, bis zur Spaltung Berlins 1948 Leiter der

Kraftstoff- und Mineralölstelle des Magistrats, von Februar 1948 bis Februar 1953 leitender Magistratsdirektor, ab 1. März 1953 Leiter der Magistratsabteilung für Verkehr, von 1955 bis 1959 Vorsitzender der Bezirksplankommission von Ost-Berlin. Dann leitete er bis zu seinem Ausscheiden 1961 die Pressestelle des Ostberliner Magistrats. Frenzel war Mitautor des 1976 im Ostberliner Militärverlag erschienenen Buches über Gefangene im NS-Zuchthaus Brandenburg, »Gesprengte Fesseln«. Frühere Mithäftlinge kritisierten das Werk wegen seiner SED-konformen Tendenz. Er erhielt 1973 den Karl-Marx-Orden. Max Frenzel starb am 11. Oktober 1985 in Ost-Berlin.

▸ Frenzel, Max (* 1891 – † 1975)

Als jüngstes von sieben Kindern einer Arbeiterfamilie am 9. April 1891 in Nürnberg geboren, lernte Schlosser. 1914 zum Militärdienst eingezogen, 1915 verwundet, nach Ludwigshafen/ Rhein zum Garnisonsdienst abkommandiert und 1916 aus der Armee entlassen, arbeitete er danach in der BASF. Bereits 1909 der SPD und Gewerkschaft beigetreten, gehörte er zum linken Flügel und ging bei Gründung zur USPD. 1918 nahm Frenzel Verbindung mit dem Spartakusbund auf und war seit 1919 in der KPD, die allerdings im linksrheinischen Gebiet nur eine lose Organisation war. Zum Arbeiterrat in der Ludwigshafener Anilinfabrik gewählt, entließ ihn die Werksleitung 1922 zusammen mit zwei weiteren Betriebsräten, die am kommunistischen Betriebsrätekongreß teilgenommen hatten. Da Frenzel ein sehr populärer Arbeitervertreter war, führte die Entlassung zu einem siebenwöchigen wilden Streik des Riesenbetriebs. Die Franzosen wiesen ihn 1923 wegen seines Kampfes gegen den Separatismus aus dem linksrheinischen Gebiet aus. Frenzel arbeitete dann als hauptamtlicher Sekretär für die KPD, zunächst illegal im Saargebiet. Er stand in der KPD auf dem linken Parteiflügel; wegen innerparteilicher Differenzen 1924 von einem Sekretär des Saargebiets denunziert, wurde er von den Franzosen verhaftet. Obwohl fünf Jahre Strafe beantragt worden waren, kam er mit drei Monaten Gefängnis davon. Mitte 1924 zum Orgleiter des KPD-Bezirks Rhein-Saar (ab 1925 Pfalz) berufen. Er wurde auf dem Bezirksparteitag 1927 wiedergewählt, da die Mehrheit der Delegierten zur Weddinger Opposition, der sich 1926 die Pfälzer Organisation angeschlossen hatte, angehörte. Ende Dezember 1927 wurde Frenzel vom ZK abgesetzt und aus der KPD ausgeschlossen. Er blieb Hauptorganisator der Weddinger Opposition in der Pfalz; 1930 verantwortlicher Redakteur der Zeitung »Der Pionier«, herausgegeben von den »Bolschewisten-Leninisten«, einer vereinigten Oppositionsgruppe aus Teilen der ehemaligen Weddinger Opposition und den Trotzkisten, die den Leninbund verlassen hatten. Diese Gruppe verlor in der Pfalz nach und nach ihre Bedeutung. Frenzel arbeitete nach längerer Erwerbslosigkeit wieder in seinem Beruf als Schlosser. Zwischen 1933 und 1945 dreimal für kürzere Zeit inhaftiert, baute Frenzel nach 1945 in Ludwigshafen die Gewerkschaften mit auf. Die örtliche KPD schlug ihn als stellvertretenden Bürgermeister vor. Frenzel wurde 2. Bürgermeister und wieder Mitglied der KPD in Ludwigshafen. 1949 als Bürgermeister entlassen, danach Sekretär der IG-Metall. 1951 kam es endgültig zum Bruch mit der KPD, die ihn ausschloß. 1957 pensioniert, lebte er mit seiner Familie in Ludwigshafen. Sein Sohn Waldemar Frenzel (* 1926 – † 1996) war ebenfalls ein bekannter Gewerkschafter und Sozialdemokrat (1956 von der KPD übergetreten) in Ludwigshafen. Seine Enkelin Doris Barnett (geb. 1953) ist seit 1994 SPD-MdB. Max Frenzel starb am 18. Oktober 1975.

▸ Fries, Philipp (* 1882 – † 1950)

Geboren am 9. August 1882 in Roggendorf/Krs. Schleiden in der Eifel, Sohn eines Zugführers; Schneiderlehre und Wanderschaft, von 1903 bis 1905 Militärdienst. 1900 trat Fries der SPD und der Gewerkschaft bei und arbeitete bis 1919 als Schneidergeselle. 1910 Distriktvorsitzender der SPD in Köln, ab 1914 Mitglied des SPD-Bezirksvorstandes. Von 1914 bis 1918 Kriegsdienst, trat Fries im Juni 1915 als einer von sieben Kölner Unterzeichnern des von ▸ Karl Liebknecht entworfenen Protestschreibens oppositioneller Sozialdemokraten an den Parteivorstand hervor. Fries ging 1917 zur USPD und wurde im Juni 1920 im Wahlkreis Köln-Aachen in den Reichstag gewählt. Er plädierte 1920 für den Anschluß an die Kommunistische Internationale und die Vereinigung mit der KPD. Er nahm sowohl am USPD-Parteitag in Halle als auch am Vereinigungsparteitag im Dezember 1920 in Berlin teil, kam in die Revisionskommission und wurde Vorsitzender der VKPD in Köln. Mit anderen linken USPD-Reichstagsabgeordneten und den beiden KPD-Abgeordneten ▸ Paul Levi und ▸ Clara Zetkin bildete Fries am 9. Dezember 1920 die VKPD-Reichstagsfraktion. Im Zusammenhang mit der Levi-Krise trennte er sich im Frühjahr 1921 von der VKPD, schloß sich zunächst der KAG an und wechselte im April 1922 zur SPD. Fries war von 1919 bis 1921 und von 1924 bis 1933 Kölner Stadtverordneter. Von 1924 bis 1933 war er SPD-Abgeordneter im Preußischen Landtag. Fries, ein bekannter Volksredner, war seit 1922 heftigen Angriffen seitens der KPD ausgesetzt, die ihn als »Renegaten« attackierte. Im Juni 1933 von den Nazis verhaftet, kam er in das KZ Esterwegen, anschließend in das KZ Lichtenburg, aus dem er im Dezember 1933 entlassen wurde. Im Zuge der Gestapoaktion »Gewitter« wurde Fries nach dem 20. Juli 1944 zeitweilig inhaftiert, gegen Kriegsende konnte er untertauchen. 1945 gehörte er in Köln zu den Mitbegründern der SPD und war bis 1947 Vorsitzender des UB Köln und Vorstandsmitglied des SPD-Bezirks Mittelrhein. Philipp Fries starb am 7. Dezember 1950 in Köln.

▸ Frisch, Wilhelm (* 1891 – † 1940)

Geboren am 29. März 1891 in Wemmetsweiler/Saar, Sohn eines Bergmanns; Hilfsarbeiter, Bergarbeiter. 1913 zum Militärdienst eingezogen, geriet Frisch 1915 in russische Kriegsgefangenschaft, aus der im Februar 1918 entlassen wurde. Im November 1918 Mitglied des Soldatenrates des Ersatzbataillons 55 in Detmold. Später Bergarbeiter in Lothringen. 1927 Mitglied der KPD und Mitglied der BL Saar. Als RGO-Bezirksleiter Saar wurde er 1932 auch zum Abgeordneten des Landesrats Saar gewählt. Nach der Saarabstimmung flüchtete er im April 1935 nach Frankreich und gehörte bis zu seiner Verhaftung der illegalen KPD-AL Saar an. Frisch war im Mai 1936 Mitbegründer des Arbeitsausschusses freigewerkschaftlicher Bergarbeiter Deutschlands. Gemeinsam mit ▸ Wilhelm Knöchel und Franz Vogt nahm er als deutscher Vertreter am Kongreß der Bergarbeiter-Internationale in Luxemburg teil. Nach der Besetzung Frankreichs wurde Frisch am 24. August 1940 verhaftet. Da er in Gestapohaft schwer gefoltert wurde und bereits nach wenigen Tagen völlig entstellt war, wählte Wilhelm Frisch am 20. Oktober 1940 den Freitod.

▸ Fritz, Albert (* 1899 – † 1943)

Geboren am 19. Januar 1899 in Hornberg/Baden, Lehre und Arbeit als Eisendreher. 1921 Mitglied der KPD. 1926 übersiedelte er nach Heidelberg, wo er für die KPD in den Stadtrat gewählt wurde. Fritz, der zeitweise Betriebsrat bei der Firma Lanz AG in Mannheim war, gehörte ab 1931 als Leiter der Kasse dem Sekretariat der KPD-BL Baden-Pfalz an. 1933 verhaftet, wurde er 14 Monate im KZ Ankenburg festgehalten. 1936 erneut festgenommen und wegen Verteilung illegaler Schriften zu einem Jahr und sechs Monaten Gefängnis verurteilt. Nach der Haftentlassung arbeitete er auf der Schiffswerft in Mannheim und beteiligte sich nach Kriegsausbruch an Aktionen der von ▸ Georg Lechleiter geführten Widerstandsgruppe. Deshalb am 26. Februar 1942 verhaftet und am 22. Oktober 1942 durch den ersten Strafsenat des OLG Stuttgart zum Tode verurteilt. Albert Fritz wurde am 24. Februar 1943 in Stuttgart hingerichtet.

▸ Fröhlich, Golda (* 1898 – † 1941?)

Golda Hartog wurde am 7. Juni 1898 in Haaren geboren. Zunächst war sie Buchhalterin und Verlagsleiterin. Sie trat der KPD bei und arbeitete 1922 im Apparat der Zentrale in Berlin. Danach war sie in Hannover, Nürnberg und Frankfurt/M. Verlagsleiterin und zeitweise Redakteurin. Von 1924 bis 1928 in der Handelsvertretung der UdSSR in Berlin tätig. Wie ihr Mann ▸ Horst Fröhlich bewarb sie sich längere Zeit für eine Mitarbeit am Moskauer Marx-Engels-Lenin-Institut. Dort bekam sie 1931 eine Anstellung und übersiedelte mit ihrem Mann nach Moskau. Golda Fröhlich übte verschiedene Funktionen aus und wurde 1932 in die KPdSU (B) übernommen, im November 1936 nach der Verhaftung ihrer Schwestern Selma Gabelin (s. ▸ Bernward Gabelin) und Johanna Wilke (s. ▸ Walter Wilke), aus der Partei ausgeschlossen. Zunächst noch Verlagskorrektorin, wurde sie dann selbst vom NKWD verhaftet und ist 1941 als Opfer der Stalinschen Säuberungen umgekommen. Nach anderen Berichten wurde Golda Fröhlich erst nach Kriegsausbruch evakuiert und kam dann ums Leben.

▸ Fröhlich, Horst (* 1891 – † 1943)

Geboren am 19. Januar 1891 in Ratibor, Sohn eines Kaufmanns; studierte nach dem Besuch des Gymnasiums und arbeitete als Buchhändler. Er schloß sich während des Krieges den Bremer Linksradikalen an, war auch Mitarbeiter der radikalen »Aktion« ▸ Franz Pfemferts und neigte zunächst zum Anarchismus. 1919 Redakteur der Bremer KPD-Zeitung und in den folgenden Jahren an verschiedenen Parteizeitungen tätig, u. a. in Frankfurt/M. Autor des antireligiösen Stückes »Opium«. 1924/25 Chefredakteur der kommunistischen »Arbeiter-Zeitung« in Breslau. Nachdem er einige Zeit in der Sportabteilung des ZK arbeitete, übernahm er 1926/27 die Agitpropabteilung der Berliner BL. Danach technischer Leiter der KPD-Parteischule, anfangs in Hohenstein, dann in Fichtenau bei Berlin. 1929 kam Fröhlich, ein literarisch gebildeter Mann, als Redakteur an die »Rote Fahne«. 1930 wurde er zum Vorsitzenden der IfA (Interessengemeinschaft für Arbeiter-Kultur) gewählt. 1931 verließ er Deutschland und ging mit seiner Frau ▸ Golda Fröhlich nach Rußland, wo beide am Marx-Engels-Lenin-Institut in Moskau arbeiteten. Im Dezember 1934 zur illegalen Arbeit nach Deutschland zurückgekehrt, übernahm Horst Fröhlich (Deckname Dozent, Hans) die Funktion des Orgleiters der illegalen KPD-BL Wasserkante, dort am 7. März 1935 verhaftet, im Dezember 1936 zu zwölf Jahren Zuchthaus verurteilt. Im Zusammenhang mit dem Hitler-Stalin-Pakt 1939 gab es Überlegungen, Horst Fröhlich im Zuge eines Gefangenenaustausches aus Deutschland in die Sowjetunion zu holen. Als das Volkskommissariat für Auswärtige Angelegenheiten bei der Komintern nachfragte, befürwortete die Kaderabteilung und auch der deutsche EKKI-Vertreter ▸ Walter Ulbricht eine solche Aktion. Doch eine Befreiung auf dem Wege des Austausches zu fordern, hielt Dimitroff zu diesem Zeitpunkt – Januar 1941 – für unrealistisch. Als Jude wurde Fröhlich im Dezember 1942 ins KZ übergeführt. Horst Fröhlich kam am 4. Januar 1943 im Lager Golleschau, einem Nebenlager des KZ Auschwitz, als Opfer des Hitler-Terrors ums Leben.

▸ Frölich, Paul (* 1884 – † 1953)

Als zweites von elf Kindern einer sozialistischen Arbeiterfamilie am 7. August 1884 in Leipzig geboren, lernte er sowohl die Not wie die sozialistische Gesinnung von Kindheit an kennen. Sein Vater war Maschinenschlosser, die Mutter Fabrikarbeiterin, beide seit ihrer Jugend schon während des Sozialistengesetzes aktiv in der SPD. Besuch der Bürgerschule und mit Hilfe einer Freistelle der zweijährigen Realschule bis zum Einjährigen, aber durch die Verhältnisse gezwungen, zum Unterhalt der Familie beizutragen. Zweijährige kaufmännische Lehre, 1903 und 1904 in Dresden, Neustadt (Posen) und Leipzig als Angestellter tätig. 1902 Eintritt in die SPD. In diesen Jahren intensives Selbststudium, gefördert durch Kurse des Leipziger Arbeiterbildungsvereins. Erste Versuche zu schreiben und zu referieren. Freunde ermöglichten es Paul Frölich, den Beruf aufzugeben und einige Semester das Volkswirtschaftliche Seminar der Leipziger Universität zu besuchen, von der Militärzeit unterbrochen. Nach einjährigem Dienst nahm er ein Angebot von Paul Lensch, Chefredakteur der »Leipziger Volkszeitung« an, in der Redaktion zu volontieren und sich zum Journalisten auszubilden. Er wurde Mitarbeiter von ▸ Hermann Duncker im Leipziger Arbeitersekretariat, dann freier Berichterstatter für zahlreiche SPD- und Gewerkschaftsblätter. 1908 kam Paul Frölich als Redakteur an die »Altenburger Volkszeitung« (Kopfblatt der LVZ), am 1. Oktober 1910 übersiedelte er nach Hamburg, um beim »Hamburger Echo« als Lokalredakteur für Altona zu arbeiten, er wurde

Stadtverordneter in Altona. Ab Mai 1914 Redakteur der »Bremer Bürgerzeitung«.

Frölich war 1914 Gegner der Burgfriedenspolitik. Zum Kriegsdienst einberufen und als Unteroffizier an die Front geschickt, wurde er nach einer Verschüttung und längerem Lazarettaufenthalt als kriegsuntauglich entlassen. Wieder Redakteur, begründete er 1916 gemeinsam mit ▸ Johann Knief die »Arbeiterpolitik«, ein Wochenblatt der linksradikalen Opposition. Delegierter der Bremer Linksradikalen auf der Internationalen Konferenz in Kienthal (Schweiz), wo er sich der Zimmerwalder Linken anschloß, die Lenin nahestand. Ende 1916 wieder eingezogen, zuerst an die Ostfront, dann nach Rendsburg, wurde er Mitte 1918 wegen fortgesetzter Antikriegspropaganda in eine Irrenanstalt gesperrt, durch die Novemberrevolution befreit. Zusammen mit Knief leitete er die »Internationalen Kommunisten Deutschlands« (Bremer Linksradikale).

Auf dem Gründungsparteitag der KPD wurde Paul Frölich in die erste Zentrale der KPD gewählt. 1919 nahm er an der Bayerischen Räterepublik teil, konnte flüchten und wurde jahrelang polizeilich verfolgt. In seiner Schrift »Die Bayrische Räterepublik. Tatsachen und Kritik« (1920 unter dem Pseudonym P. Werner) analysierte er die Ereignisse und die Politik der KPD. Seine Gedenkschrift »Eugen Leviné« hat er dem standrechtlich erschossenen kommunistischen Führer der Bayerischen Räterepublik gewidmet (1922, unter P. Werner). Frölich nahm auch am II. und III. Parteitag der KPD teil und wurde wieder in die Parteizentrale berufen. Im Februar 1921 zog er (bei einer Nachwahl) in den Reichstag ein, dem er bis Dezember 1924 und von 1928 bis 1930 angehörte. 1921 zusammen mit ▸ August Thalheimer Vertreter der »Offensivtheorie«. Er wurde auch vom VIII. Parteitag 1923 in die Zentrale der KPD berufen. Da Frölich zum rechten Flügel zählte, wurde er 1924 nicht mehr Zentrale-Mitglied, er war dann vor allem publizistisch tätig. 1924 veröffentlichte er »10 Jahre Krieg und Bürgerkrieg«, Band 1, »Der Krieg«, 1926 in der Reihe »Redner der Revolution«: »Dantons Reden«, 1928 in der gleichen Reihe: »Rosa Luxemburgs Reden«.

1925 mit den Arbeiten zur Herausgabe der Gesammelten Werke ▸ Rosa Luxemburgs betraut, die ▸ Clara Zetkin und Adolf Warski leiteten, und deren erste Bände in den folgenden Jahren herauskamen. Als der »Offene Brief« 1925 die ultralinke Periode beendete, spielte Frölich auch wieder als Parteitheoretiker eine Rolle im ZK. Er nahm am XI. Parteitag 1927 teil, kam als Rechter allerdings nicht ins ZK. Wegen der zunehmenden Stalinisierung der kommunistischen Bewegung geriet er in immer schärferen Gegensatz zum Polbüro und wurde Ende 1928 mit den Führern der »Rechten Fraktion« aus der KPD ausgeschlossen. Danach gehörte er zur Reichsleitung der KPO. 1932 ging er mit der Minderheit der KPO zur SAP. Frölich verfaßte die programmatische Schrift »Was will die SAP?« und wurde auf dem Parteitag der SAP im März 1932 in den Vorstand (Beirat) der Partei gewählt. Im März 1933 von einer illegalen Reichskonferenz der SAP beauftragt, zur Auslandsarbeit nach Norwegen zu emigrieren, auf dem Wege dorthin wurde er verhaftet und neun Monate im KZ festgehalten. Durch einen Zufall freigelassen, floh er in die ČSR und konnte im Frühjahr 1934 die Auslandsarbeit der SAP in Paris aufnehmen.

Bis 1939 war Frölich führender Mitarbeiter an allen Publikationen der SAP (»Neue Front«, »Marxistische Tribüne«) und setzte seine Studien über die Französische Revolution fort. 1939 erschien sein Werk (1940 in englischer Übersetzung) »Rosa Luxemburg, Gedanke und Tat« (2. Aufl. 1949 in Hamburg, 3. Auflage 1967 Frankfurt/M.). Nach Kriegsausbruch wurde er in Vernet interniert, kam 1940 ins Camp Bassens. Im Februar 1941 gelangte Paul Frölich zusammen mit ▸ Rosi Wolfstein, seiner Lebensgefährtin und späteren Ehefrau, mit Hilfe eines Emergency Visums von Marseille aus über Martinique nach New York. Dort nahm er seine Studien über Demokratie und Diktatur in der Französischen Revolution wieder auf. Aus Anlaß des hundertjährigen Erscheinens des Kommunistischen Manifests hielt er einen Vortrag, den er 1949 unter dem Titel »Zur Krise des Marxismus« in

Hamburg veröffentlichte. Ende 1950 kehrten Paul und Rosi Frölich nach Deutschland zurück, sie ließen sich in Frankfurt/M. nieder und schlossen sich der SPD an. Es folgten zwei Jahre intensiven Wirkens in Kursen, Vorträgen und mit Schriften. Paul Frölich starb er am 16. März 1953. Aus seinem Nachlaß herausgegeben: »1789 – Die große Zeitwende. Von der Bürokratie des Absolutismus zum Parlament der Revolution«, Frankfurt/M. 1957.

▸ Frommhold, Ernst (* 1898 – † 1969)

Geboren am 21. Februar 1898 in Altenburg/Thüringen, Sohn eines Tischlers; Nähmaschinenschlosser. 1912 Mitglied der Arbeiterjugend, 1916 der SPD. Er beteiligte sich am 1. Mai 1916 an der Antikriegsdemonstration in Berlin auf dem Potsdamer Platz. 1917/18 Soldat im Weltkrieg, 1918 USPD, im April 1920 KPD. 1926 Untergauleiter des RFB in Berlin. 1929/30 Kursant an der Internationalen Leninschule in Moskau. Danach Instrukteur bzw. Sekretär für Landwirtschaft in Thüringen, hier war er bis Anfang 1933 Mitglied des Sekretariats der BL. Am 24. November 1933 verhaftet und zu einer mehrjährigen Zuchthausstrafe verurteilt, kam er anschließend in das KZ Buchenwald. Anfang Mai 1940 aus dem KZ entlassen, arbeitete Frommhold bis 1944 als Schlosser in Erfurt und Dresden, 1944 mußte er zur Organisation Todt. Im Frühsommer 1945 Leiter des Zentralbüros im Landesamt für Arbeit in Thüringen, von 1946 bis 1949 war er im Ministerium für Wirtschaft in Thüringen, ab 1951 Abteilungsleiter im Ministerium für Land- und Forstwirtschaft der DDR. Ernst Frommhold starb am 23. April 1969.

▸ Fuchs, Eduard (* 1870 – † 1940)

Geboren am 31. Januar 1870 in Göppingen, Sohn eines Kaufmanns. Nach dem Gymnasium wurde er Journalist und als Autodidakt berühmter Kulturhistoriker. Fuchs trat 1886 in die verbotene SPD ein, wurde als Redakteur sowie Satiriker im Kaiserreich wegen illegaler Tätigkeit für die SPD und wegen »Majestätsbeleidigung« zu zahlreichen kleineren Gefängnisstrafen verurteilt. 1901 übersiedelte er von München nach Berlin und ging als Redakteur zum »Vorwärts«. Ab 1905 publizierte er zahlreiche kultur- und sittengeschichtliche Bücher, u. a. 1905 »Die Frau in der Karikatur«. Berühmt machten ihn seine dreibändige »Geschichte der erotischen Kunst« und ab 1911 die sechsbändige »Illustrierte Sittengeschichte vom Mittelalter bis zur Neuzeit«, die ihm den Namen »Sittenfuchs« einbrachte. In der SPD auf dem linken Flügel stehend, gehörte Fuchs im Weltkrieg zu den Begründern der Spartakusgruppe. Im Auftrag ▸ Rosa Luxemburgs verhandeltet er im Dezember 1918 mit Lenin über die Schaffung einer neuen Internationale. Als enger Freund von ▸ Franz Mehring wurde Fuchs Mitbegründer der KPD und nach dem Tode Mehrings dessen Nachlaßverwalter. Zeitweise Mitarbeiter der »Roten Fahne«.

Eduard Fuchs spielte für den frühen deutschen Kommunismus als geachteter Wissenschaftler einen bedeutende Rolle. Dies wird auch dadurch unterstrichen, daß die 2. (und die folgenden) Ausgaben der Marx-Biographie von Franz Mehring mit einem interessanten Vorwort von Fuchs erschienen, datiert »Berlin-Zehlendorf am 1. Mai 1919«. Unter Mitarbeit seines Freundes ▸ August Thalheimer war Fuchs dann auch der

Herausgeber der Gesammelten Werke Mehrings (geplant waren 10 Bände). Er stand auf dem rechten Flügel der KPD, trat 1928 aus der KPD aus und schloß sich der KPO an. 1933 nach Frankreich emigriert, blieb er der KPO politisch verbunden. Eduard Fuchs starb am 26. Januar 1940 in Paris.

▸ Fuchs, Gerhard (* 1899 – † 1995)

Geboren am 5. August 1899 in Essen, Sohn eines Maschinenschlossers; Maschinenschlosser bei der Firma Krupp in Essen. 1910 Mitglied der Arbeiterjugend, 1915 der Gruppe Internationale Sozialisten, 1917 der USPD. Im August 1918 Kriegsdienst, Heizer bei der Marine. 1919 schloß er sich der KPD an und nahm an den Kämpfen der Bremer Räterepublik teil. Danach in Essen Betriebsratsvorsitzender bei Krupp und Funktionär der KPD-Kreisleitung Essen, von 1924 bis 1927 Kraftfahrer bei der KPD-Zeitung, ab 1928 Lokalredakteur in Dortmund und Hamm. 1930 nach Moskau delegiert, war er Organisationspraktikant bei der Komintern, 1931 Kursant an der Leninschule. Im Dezember 1931 wurde Fuchs Reichsleiter der deutschen Sektion der IAH und verantwortlicher Redakteur der IAH-Zeitung »Mahnruf«. 1933 arbeitete er für die IAH illegal, zeitweise in Paris und Brüssel. Am 19. September 1934 in Berlin verhaftet und am 25. Januar 1935 wegen »Weiterführung der Tätigkeit der IAH« zu vier Jahren Zuchthaus verurteilt. Nach der Freilassung 1938 Schlosser, hatte Kontakte zu Widerstandsgruppen. 1944 Einberufung zur Organisation Todt. Im Mai 1945 wurde er von der sowjetischen Kommandantur in Berlin-Wilmersdorf zum Stellvertreter des Bürgermeisters ernannt. Von 1949 bis 1956 arbeitete er in der Zentrale der DDR-Konsumgenossenschaften, von 1957 bis 1961 DDR-Botschaftsrat und Leiter der wirtschaftspolitischen Abteilung in Moskau, danach von 1962 bis 1967 Abteilungsleiter im ZV der DSF. Er erhielt 1984 den Karl-Marx-Orden. Gerhard Fuchs starb am 19. Februar 1995 in Berlin.

▸ Fuchs, Hans (* 1894 – † 1954)

Geboren am 19. Mai 1894 in Düsseldorf, Sohn eines Fabrikarbeiters; Gymnasium, Konditorlehre, Wanderschaft. Von 1914 bis 1918 Kriegsteilnehmer. 1917 schloß er sich der USPD an und gehörte im November 1918 zum Arbeiter- und Soldatenrat in Schwerin. 1919 wurde Fuchs Vorsitzender der USPD in Schwerin, er trat 1920 für den Anschluß an die Komintern und für die Fusion mit der KPD ein. Im Dezember 1920 Landessekretär der VKPD für Mecklenburg-Lübeck, er wurde auf dem VII. Parteitag im August 1921 in Jena zum Ersatzmitglied der Zentrale gewählt. Von 1920 bis 1933 war Hans Fuchs Abgeordneter des Mecklenburgischen Landtages. 1922 trat er aus der KPD aus und schloß sich der Rest-USPD an. Vom Oktober 1922 bis Juli 1923 Mitglied des USPD-PV und zugleich Redakteur der USPD-Zeitung »Weltbühne« in Schwerin. Im Juli 1923 ging er zur SPD zurück und war von 1922 bis 1933 auch SPD-Stadtverordneter in Schwerin, arbeitete als Vorsitzender der Gemeinnützigen Baugenossenschaft Mecklenburg-Schwerin. 1933 zeitweise inhaftiert und in das Landgerichtsgefängnis Schwerin überführt, 1944 erneut in »Schutzhaft« genommen. Anschließend zwangsdienstverpflichtet und noch Ende 1944 zur Wehrmacht eingezogen. 1945 Mitglied der SPD, trat Fuchs für die Vereinigung mit der KPD zur SED ein. Von 1945 bis 1947 besoldeter Stadtrat der SPD bzw. SED in Schwerin, ab Oktober 1946 gehörte er dem Mecklenburgischen Landtag an. 1948 stellvertretender Leiter der Hauptverwaltung Land- und Forstwirtschaft der DWK. Hans Fuchs starb am 12. Dezember 1954 in Schwerin.

▸ Fugger, Karl (* 1897 – † 1966)

Geboren am 8. Dezember 1897 in Hannover, Sohn eines Malers; Klempnerlehre. Mitglied der Arbeiterjugend, 1916 des DMV. Von 1916 bis 1918 Soldat an der Westfront, November 1918 Lazarettaufenthalt. 1919 Mitglied der KPD, nach der März-Aktion 1921 Orgleiter der KPD

in Königsberg, Anfang 1922 zunächst Orgleiter, ab März 1923 Polleiter des KPD-Bezirks Niederrhein in Düsseldorf.
Auf dem VIII. Parteitag im Januar 1923 als Kandidat in den ZA gewählt. Nach der Oktoberniederlage 1923 übernahmen die Linken auf dem Bezirksparteitag im März 1924 die Führung der Partei im Bezirk Niederrhein. Hier wurde Fugger von ▸ Philipp Dengel abgelöst. Er kam Mitte 1924 als Redakteur an die Parteizeitung nach Magdeburg, wegen seiner Zugehörigkeit zur Mittelgruppe Ende 1925 auch als Redakteur entlassen. Er ging nach Düsseldorf, wo er ein Jahr als Klempner arbeitete. Nach dem »Offenen Brief« 1925 wurde Fugger wieder zur hauptamtlichen Arbeit herangezogen. 1926 Instrukteur im Bezirk Nordwest in Bremen, hier löste er ▸ Eugen Eppstein als Polleiter ab und war danach u. a. in Halle und Mannheim. Er kam 1927 zunächst als »Kommissar« des ZK nach Stuttgart und blieb dann als Polleiter. Da Fugger zu den Versöhnlern gehörte, wurde er Ende 1928 als Polleiter abgesetzt, er kam 1929 zum Pressedienst der KPD nach Berlin. Nach seiner Selbstkritik 1931 Sekretär der Roten Hilfe Württembergs in Stuttgart, dann bis zu seiner Verhaftung am 3. April 1934 Orgsekretär der RHD in Berlin. Fugger wurde zu drei Jahren Zuchthaus verurteilt, die er in Luckau verbüßte, danach im KZ Sachsenhausen, ab Frühjahr 1940 im KZ Flossenbürg, wo er am 23. April 1945 durch amerikanische Truppen befreit wurde.
Ab August 1945 Leiter der Schulungsarbeit des FDGB Groß-Berlin, 1946 wurde Fugger Mitglied des Geschäftsführenden Bundesvorstandes, ab Januar 1949 Leiter der Schulungsabteilung. Im Mai 1949 in das kleine Sekretariat des FDGB-Bundesvorstandes berufen, war Fugger von August 1951 bis 1955 Direktor der FDGB-Hochschule »Fritz Heckert« in Bernau bei Berlin. Zuletzt Parteiveteran, er erhielt 1962 den VVO in Gold. Karl Fugger starb am 24. Dezember 1966 in Ost-Berlin.
Er war seit 1929 mit **Else Vierling** (* 9. 2. 1903 – † 13. 5. 1982) verheiratet. Buchhalterin, 1924 Mitglied der KPD, ab Mai 1925 Stenotypistin beim Orgleiter ▸ Arthur Vogt in der BL Westsachsen. Sie gehörte zeitweilig der Weddinger Opposition an. Von 1927 bis 1932 Redaktionssekretärin bei der »Süddeutschen Arbeiterzeitung« in Stuttgart. 1933 illegale Arbeit in Berlin, August 1934 Emigration nach Frankreich. Zunächst bei der RHD-Zentrale in Paris, ab 1939 im Auslandssekretariat der KPD in Paris, betreute sie vor allem in Frankreich internierte KPD-Emigranten. Im November 1943 verhaftet und im August 1944 ins KZ Ravensbrück gebracht, gelangte sie Ende April 1945 mit einem Transport des IRK (Bernadotte-Aktion) nach Schweden. Nach einem Sanatoriumsaufenthalt kehrte sie im Februar 1946 nach Deutschland zurück und arbeitete von März 1946 bis April 1947 als Sekretärin von ▸ Walter Ulbricht, war ab 1950 Mitarbeiterin im FDGB-Bundesvorstand, danach an der FDGB-Hochschule. Sie erhielt für ihre Mitarbeit in der Résistance 1954 die Französische Befreiungsmedaille und 1975 den französischen Orden für zivile und militärische Verdienste im antifaschistischen Widerstandskampf; 1978 den VVO in Gold.

▸ Fuhrmann, Bruno (* 1907 – † 1979)

Geboren am 2. Januar 1907 in Königsberg, Sohn einer Arbeiterfamilie; Zimmermann. 1922 Mitglied des KJVD, im November 1926 der KPD, 1925 Orgleiter, 1927 Polleiter des KJVD Ostpreußen. Im gleichen Jahr wurde er auf dem 8. KJVD-Kongreß zum Mitglied des ZK des KJVD gewählt. 1929/30 besuchte er die KJI-Jugendschule in Moskau, anschließend KJI-Instrukteur in den Niederlanden, Österreich, Dänemark und Schweden. Im Dezember 1930 nach Deutschland zurückgekehrt, wurde er KPD-Jugendsekretär in Ostpreußen. Im Dezember 1931 holten ihn die Anhänger ▸ Heinz Neumanns in die KJVD-Führung nach Berlin. Hier stieg Fuhrmann zum Mitglied des Büros und Sekretär des ZK des KJVD auf. Ab Februar 1933 zunächst Polleiter des KJVD im Bezirk Halle-Merseburg, anschließend in Thüringen. Am 14. Juni 1933 in Erfurt verhaftet, wurde er am 22. November 1934 vom VGH zu zwei Jahren Zuchthaus verurteilt. 1936 flüchtete Fuhrmann in die ČSR und war in Westböhmen KPD-Grenzkurier, ab Ende 1936 in der Schweiz, wo er im Parteiauftrag eine Arbeitsgemeinschaft von politischen Emigranten bildete. Von Juni 1940 bis April 1941 in verschiedenen Schweizer Gefängnissen interniert, danach vom Schweizer Bundesrat auf Lebenszeit ausgewiesen. Er gehörte ab 1942 als Orgleiter der neugebildeten KPD-Landesleitung der Schweiz an. Im Juni 1945 flüchtete er aus dem Lager Wallisellen und gelangte mit ▸ Hans Teubner und Leo Bauer nach Deutschland. Vom ZK der KPD als Instrukteur in die amerikanische und französische Zone geschickt. Ab Oktober 1947 Leiter der Orgabteilung des ZS der SED, wurde im Februar 1949 Leiter der neugeschaffenen Westkommission des ZS der SED. Er geriet im Zusammenhang mit der Noel.-H.-Field-Affäre als Westemigrant in das Visier sowjetischer und deutscher Sicherheitsorgane sowie der ZPKK. Im August 1950 aller Parteifunktionen enthoben und aus Berlin verbannt, bekam er nur untergeordnete Funktionen, ab Juni 1954 Arbeitsdirektor im VEB Lokomotivbau in Hennigsdorf bei Berlin. Im März 1956 wurde Fuhrmanns Funktionssperre aufgehoben. Von 1964 bis 1972 Sekretär der Zentralleitung des Komitees der Antifaschistischen Widerstandskämpfer der DDR, 1971 erhielt er den VVO in Gold. Bruno Fuhrmann starb am 25. September 1979 in Ost-Berlin.

▸ Funk, Albert (* 1894 – † 1933)

Geboren am 15. Oktober 1894 in Zwickau, Sohn eines Bergarbeiters; Hilfsarbeiter, dann Bergarbeiter. 1913 schloß er sich der Gewerkschaft an. 1914 Militärdienst, nach einer Verwundung im August 1917 als Bergarbeiter reklamiert, war er auf dem »Morgensternschacht« in Zwickau tätig. Er trat 1918 der USPD bei. Im Juni 1918 fand er Arbeit in Ahlen/Westfalen und war Funktionär der »Union der Hand- und Kopfarbeiter«. Im März 1920 Vorsitzender des Betriebsrates in Ahlen, leitete den Ahlener Aktionsausschuß in den Kämpfen des Kapp-Putsches. Von der Zechenleitung entlassen, mußte ihn diese nach Protesten der Belegschaft wieder einstellen. 1929 aus dem Bergarbeiterverband ausgeschlossen, war er hauptamtlich für die RGO aktiv, in deren Reichsleitung er seit 1930 für die Betriebsrätebewegung verantwortlich war. Im September 1930 wurde er im Wahlkreis Westfalen-Nord in den Reichstag gewählt, dem er als Abgeordneter bis Juni 1932 angehörte. Funk wurde am 11. Januar 1931 Vorsitzender des kommunistischen Einheitsverbandes der

Bergarbeiter Deutschlands, bis er im November 1932 die Leitung der KPD Dortmund übernahm. Am 16. April 1933 wurde Funk in Dortmund verhaftet und am 27. April in das Polizeipräsidium Recklinghausen überführt. Hier hat er sich nach schweren Folterungen durch Gestapobeamte aus dem dritten Stock des Polizeipräsidiums gestürzt, wurde schwer verletzt ins Hospital transportiert, wo Albert Funk noch am gleichen Abend starb.

▸ Funk, Erich (* 1903 – † 1967)

Geboren am 17. September 1903 in Königsberg, Sohn einer Arbeiterfamilie; Laufbursche und Bauarbeiter. 1920 Mitglied des KJVD und der KPD, 1926 Sekretär der RFB-Gauleitung Ostpreußen. 1928/29 Instrukteur der KPD-BL Ostpreußen und von 1929 bis 1931 dort Kassierer, zusätzlich 1929 Orgleiter, bis 1933 im Sekretariat der BL Ostpreußen. Von 1931 bis 1933 in der Stadtverordnetenversammlung Königsberg. Funk war von April bis September 1933 im KZ Sonnenburg und anschließend im Straflager Ballupöen inhaftiert. Im Februar 1934 vom OLG Königsberg zu 15 Monaten Zuchthaus verurteilt. Im Juni 1935 freigelassen, Bauarbeiter in Königsberg und zugleich Leiter der illegalen KPD Ostpreußens, im November 1937 verhaftet und vom VGH zu 15 Jahren Zuchthaus verurteilt, saß bis 1945 in Wartenberg und Waldheim. Von 1945 bis 1949 war Funk Personalchef im Oberlandratsamt Bernau bzw. Leiter der Sozialversicherung in Beeskow, von 1950 bis 1967 Kandidat bzw. Mitglied der ZRK der SED. Er war von 1951 bis 1959 Leiter der Hauptabteilung Kader des DDR-Ministeriums des Innern, aber von dieser Funktion entbunden, weil er sich kritisch zum Führungsstil ▸ Walter Ulbrichts geäußert hatte. Danach im DDR-Ministerium der Finanzen bzw. Leiter des Archivs für Staatsdokumente im Büro des Ministerrats, erhielt 1963 den VVO in Silber. Erich Funk starb am 4. Juli 1967 in Ost-Berlin.

▸ Funke, Ewald * 1905 – † 1938)

Geboren am 30. Juli 1905 in Remscheid, Sohn eines Schreiners und Gewerkschaftssekretärs. Nach einer Lehre als kaufmännischer Angestellter war er bis März 1933 beim Arbeitsamt in Wuppertal beschäftigt. Von 1921 bis 1923 leitete er den KJVD-UB Wuppertal, trat aber 1924 wegen des ultralinken Kurses aus der KPD aus. 1927 Mitglied der SPD, er gehörte u. a. zur Gauleitung der Jungsozialisten. 1931 aus der SPD ausgeschlossen, kam Funke 1932 wieder zur KPD und wurde in den AM-Apparat der Partei aufgenommen. Nach kurzer »Schutzhaft« war er von Oktober 1933 bis Frühjahr 1934 AM-Leiter der BL-Düsseldorf. Danach Flucht nach Amsterdam und im Juni/Juli 1934 in der KPD-Inlandsleitung in Berlin aktiv. Erneute Emigration nach Prag und Paris, baute er 1935/36 in Süddeutschland ein konspiratives KPD-Netz auf. Beim dritten illegalen Deutschlandaufenthalt im Mai 1936 verhaftet, im August 1937 vom VGH zum Tode verurteilt, wurde Ewald Funke am 4. März 1938 in Berlin hingerichtet.

G

▸ Gabbey, Theodor Ernst (* 1891 – † 1938)

Geboren am 17. Januar 1891 in Berlin. Er lernte Schriftsetzer und ging auf Wanderschaft. 1913 Soldat, im Oktober 1914 an der Westfront verwundet und 1916 aus der Armee entlassen. Seit 1911 in der SPD, 1919 trat er zur USPD über und kam mit dem linken Flügel 1920 zur KPD. In der Zentrale bzw. dem ZK war Gabbey Mitarbeiter der Gewerkschaftsabteilung und Vorsitzender für die Buchdrucker. Als Anhänger ▸ Heinrich Brandlers 1929 aus der KPD ausgeschlossen, trat Gabbey der KPO bei. Ab 1935 gehörte er zur illegalen Reichsleitung der KPO. Im Februar 1937 verhaftet, wurde er im November 1937 zu acht Jahren Zuchthaus verurteilt. Schwerkrank aus dem Zuchthaus Brandenburg entlassen, starb Theodor Ernst Gabbey am 8. Dezember 1938 in einem Krankenhaus.

▸ Gabelin, Bernward (Franz) (* 1891 – † 1983)

Geboren am 15. Februar 1891 in Krefeld, Sohn eines Steuerbeamten; Angestellter. Von 1911 bis 1913 Militärdienst, von 1914 bis 1918 Soldat im Weltkrieg. 1917 Mitglied der SPD, trat 1918 der USPD und 1920 der KPD bei, ab 1921 hauptamtlicher Mitarbeiter im zentralen Literaturvertrieb der KPD. 1924 Leiter des Buchvertriebs und Literaturobmann der BL Oberschlesien, 1925/26 im Bezirk Württemberg, 1926/27 im Bezirk Brandenburg. 1927/28 war Gabelin zunächst Mitarbeiter, dann Sekretär für Agitation und Propaganda der BL Berlin-Brandenburg, kurze Zeit auch in gleicher Funktion im ZK der KPD. Von 1928 bis 1930 leitete er den Internationalen Arbeiter-Verlag und den Agis-Verlag, dann bis 1933 den RGO-Verlag und war Mitglied der RGO-Reichsleitung. 1934 Emigration in die ČSR, Mitarbeiter des ZK der KPD in Prag. Er kam 1935 in die UdSSR und arbeitete als Vertreter bzw. Kontrollredakteur in Engels (Wolgarepublik). Im Februar 1938 wurde Gabelin mit seiner Frau Selma, geborene Hartog (* 5. 10. 1896 – † 20. 8. 1978), vom NKWD verhaftet, im Frühjahr 1939 jedoch freigelassen. Anschließend Kontrollredakteur der Zeitung des Gebietskomitees in Engels. 1942 Politinstrukteur und Lektor in Kriegsgefangenenlagern bei Stalingrad, 1944/45 Redakteur bei der Zeitung des NKFD und bis zur Rückkehr nach Deutschland 1945/46 Redakteur in der Deutschlandabteilung von TASS in Moskau. Von 1946 bis 1948 in der SBZ Direktor der höheren Polizeischule der Deutschen Verwaltung des Innern. 1948/49 Chefredakteur der DSF-Zeitschrift »Die neue Gesellschaft«, im September 1948 wurde er Direktor des Sachsenverlages in Dresden und von 1951 bis 1958 Direktor des Akademie Verlages in Ost-Berlin. Bernward Gabelin starb am 20. Oktober 1983.

▸ Gäbel, Otto (* 1885 – † 1953)

Geboren am 4. Dezember 1885 in Festenberg/Schlesien; lernte Buchbinder. 1905 in Berlin Mitglied der SPD. 1914 Gegner der Kriegspolitik, auf der Konferenz im März 1915 einer der Initiatoren der Zeitschrift »Die Internationale« sowie der oppositionellen »Schulungsbriefe« der Niederbarnimer SPD-Organisation. Obwohl ursprünglich im Spartakusbund, schloß er sich der KPD bei ihrer Gründung nicht an, sondern blieb in der USPD. Delegierter des Spaltungsparteitags im Oktober 1920 (Mitglied des ZK der linken USPD); dann auf dem Vereinigungsparteitag im Dezember 1920 sowie auf dem VII. Parteitag im August 1921 als Beisitzer in die Zentrale der VKPD gewählt. Im Dezember 1921 protestierte Gäbel mit ▸ Otto Brass u. a. gegen die Haltung der Zentrale zur März-Aktion und zur KAG, blieb aber in der Partei. 1921/22 verantwortlich für die »Kommunistische Parteikorrespondenz« und Sekretär der Preußischen Landtagsfraktion, von 1926 bis 1929 Leiter der Kommunalabteilung des ZK. Seit 1921 Stadtverordneter und später unbesoldeter Stadtrat in Berlin, auch Vorsitzender der kommunistischen Stadtverordnetenfraktion. Gäbel war Mitbegründer und Vorstandsmitglied der Roten Hilfe, Begründer und Vorstandsmitglied der Arbeiterhilfe für Sowjet-Rußland, aus der später die IAH hervorging.

Als 1929 in Berlin der Sklarek-Skandal (ein Unterschlagungsfall in der Berliner Stadtverwaltung) aufgedeckt wurde, erhielt er wegen seiner Verbindung zu Sklarek zunächst eine Rüge und wurde dann am 9. Oktober 1929 wegen »unproletarischen Verhaltens« aus der KPD ausgeschlossen. Er blieb aber von 1930 bis 1932 Leiter des »Illustrierten Pressedienstes«, einer Unternehmung des »Münzenberg-Konzerns«, und war Mitarbeiter der kommunistischen »Welt am Abend« sowie »Berlin am Morgen«. Da Gäbel ebenso wie der KPD-Stadtverordnete ▸ Gustav Degner in den Sklarek-Prozeß verwickelt war, wurde er am 28. Juni 1932 zu einer Gefängnisstrafe von eineinhalb Jahren verurteilt und im Gerichtssaal festgenommen. Trotz »Hindenburg-Amnestie« im Dezember 1932 nicht entlassen, saß er bis März 1934 in Haft. Gegen ihn wurde nach 1933 wegen Steuerhinterziehung ermittelt, da er bis zu seinem Parteiausschluß Mitgesellschafter diverser KPD-Unternehmen war u. a. der Vulkan GmbH und der Peuvag A.G. (der Zeitungsdruckereien der KPD). Diese Untersuchung wurde eingestellt. Nach seiner Haftentlassung 1934 nahm Gäbel Verbindung zu illegalen Gruppen auf. Von 1934 bis 1937 war er erwerbslos, ab 1935 zeitweise Hilfsarbeiter bei Berliner Korrespondenzen. Im Februar 1937 wurde Gäbel vorübergehend verhaftet und wegen Verbindung zum Tschechischen Nachrichtendienst angeklagt, aber aus »Mangel an Beweisen« freigesprochen. Von 1938 bis 1945 war er u. a. Chefarchivar des »Spezialarchivs der deutschen Wirtschaft« in Berlin.

Ab Mai 1945 baute Gäbel das Referat Opfer des Faschismus im Bezirksamt Berlin-Zehlendorf auf, ab September 1945 war er Polleiter der KPD im Stadtteil Nikolassee und ab Februar 1946 Mitglied des Bezirksausschusses des FDGB Berlin-Zehlendorf. Ende der vierziger Jahre mußte Gäbel sich erneut wegen des Sklarek-Prozesses verantworten, so z. B. im Oktober 1949 vor dem Hauptausschuß der Berliner VVN. Er gab Auskunft über seine Rolle im Sklarek-Prozeß und benannte eine Reihe von Zeugen, die alle seine antifaschistische Arbeit bestätigten. Die VVN-Bezirksgruppe Zehlendorf schrieb am 27. November 1951 an den VVN-Hauptvorstand: »Wir sind, da sich der Kamerad Otto Gäbel in der Zeit von 1945 bis heute unsere absolute Wertschätzung durch seine aktive, selbstlose und einwandfreie Arbeit errungen hat, in höchstem Maße daran interessiert, daß in keinem Falle aus Unklarheiten und unberechtigten Verallgemeinerungen an einem bewährten Mit- und Vorkämpfer ein vernichtendes Unrecht verübt wird, weil er auf einem anderen Gebiete vor 22 Jahren gefehlt hatte.« Otto Gäbel starb am 1. Mai 1953 in Berlin.

▸ Gäbel, Otto Max (* 1889 – † 1970)

Am 7. Dezember 1889 in Dresden geboren und aufgewachsen, bei der Eisenbahn beschäftigt, später Eisenbahnschaffner. Vor dem Weltkrieg Mitglied der SPD, 1917 Übertritt zur USPD und Vorsitzender des USPD-Bezirks Ostsachsen. Mit dem linken Flügel der USPD (Gäbel war sowohl Delegierter des Spaltungsparteitags im

Oktober 1920 in Halle sowie des Vereinigungsparteitages im Dezember 1920 in Berlin) Ende 1920 Übertritt zur VKPD. 1921 erfolgte seine Wahl in die BL Ostsachsen, der er bis 1930 angehörte. Er war Delegierter des III. Weltkongresses der Komintern 1921 und des IX. Parteitages im April 1924. Im November 1921 als Spitzenkandidat der KPD in die Dresdener Stadtverordnetenversammlung gewählt, in der er bis 1933 blieb. Nachdem Gäbel bereits bei den Landtagswahlen von 1920 (noch auf der Liste Däumig) kandidiert hatte, kam er 1924 als Nachrücker für den ausgeschiedenen ▸ Otto Zipfel in den Landtag, in dem er bis Ende der Legislaturperiode im Herbst 1926 blieb. 1922/23 Leiter des Nachrichtenwesens des KPD-Oberbezirks Mitte (Sachsen). Von 1926 bis 1928 war Gäbel Orgleiter des Bezirks Ostsachsen, danach arbeitete er bis 1933 als Redakteur bei der »Arbeiterstimme« in Dresden. 1933 emigrierte er in die Tschechoslowakei und betätigte sich nicht mehr in der KPD – bis 1935 leitete er in Dittersbach ein Heim der Naturfreunde, danach war er Gelegenheitsarbeiter in Prag. 1940 wanderte Gäbel nach Bolivien aus, wo er sich seinen Lebensunterhalt als Kellner und Ziegelträger verdiente. Dort schloß er sich dem vorwiegend von tschechischen und österreichischen Emigranten besuchten Klub »Amistad« an. Er bemühte sich Ende der vierziger Jahre um Rückkehr nach Deutschland. Wann er aus Bolivien nach Deutschland zurückkehrte, ist unklar. Otto Max Gäbel starb am 13. April 1970 in Bischofswiesen.

▸ Gäbler, Fritz (* 1897 – † 1974)

Geboren am 12. Januar 1897 in Meißen, aus einer sozialistischen Arbeiterfamilie stammend, der Vater starb kurz nach seiner Geburt. Töpferlehre; im Herbst 1913 wurde er 2. Vorsitzender des Arbeiterturnvereins. 1914 Mitglied der SPD, ab November d. J. festangestellter Mitarbeiter der Expedition der SPD-Zeitung »Weimarische Volkszeitung« in Jena. Während des Krieges schloß er sich den Linken an. Weil er in Jena die Jugendopposition organisierte, wurde er 1916 zum Militär einberufen. Im Januar 1919 nach Jena zurückgekehrt, übernahm er die Leitung der FSJ und trat in die KPD ein. Kurz als Ingenieur tätig, begann Gäbler 1920 hauptamtlich für den kommunistischen Jugendverband zu arbeiten, war Ende 1920 bis November 1921 Sekretär der Kommunistischen Jugend Thüringens und wurde Anfang 1922 in die Reichszentrale der KJD kooptiert und übernahm im August 1922 die Leitung der Zentrale der KJD in Berlin.

Von April bis Mitte Oktober 1923 ging Gäbler als Instrukteur der KJI in die Schweiz und war dann Vertreter des ZK der KJVD in Dresden. Da er zur Mittelgruppe gehörte, wurde er 1924 von den Linken abgesetzt und übersiedelte nach Hamburg, wo er von Mitte 1924 bis März 1926 als Redakteur der »Hamburger Volkszeitung« arbeitete. Im März 1926 verhaftet und zu einem Jahr Gefängnis verurteilt, wurde Gäbler nach der Entlassung aus dem Gefängnis Bautzen im Mai 1927 Redakteur des »Roten Echos« in Erfurt, 1928 politischer Redakteur an der »Neuen Zeitung« in Jena, deren Chefredaktion er Mitte 1929 übernahm. Im September 1929 erneut zu zwei Jahren Festung verurteilt, nach der Haftentlassung im April 1931 Instrukteur bzw. Sekretär der KPD für Ostthüringen in Gera. Gäbler zog 1932 als Abgeordneter in den Thüringer Landtag ein. Im Februar 1933 verhaftet, saß er bis September 1934 im KZ. Wegen illegaler Arbeit für die KPD im Februar 1935 erneut festgenommen, wurde er am 9. August 1935 in Berlin zu zwölf Jahren Zuchthaus verurteilt und erst am 27. April 1945 aus dem Zuchthaus Brandenburg befreit. Im Oktober 1945 Vorsitzender der KPD und dann der SED in Erfurt. Von Oktober 1947 bis Mai 1949 im Ministerium für Wirtschaft der Landesregierung Thüringen, danach in der Hauptverwaltung für Wissenschaft und Technik der DWK. Nach Bildung der DDR-Regierung in der Hauptabteilung wissenschaftlich-technische Zusammenarbeit. Im April 1954 wurde er Mitglied der ZRK der SED, bis 1967 dann deren Vorsitzender, er bekam zu seinem 65. Geburtstag 1962 den Karl-Marx-Orden. Fritz Gäbler starb am 26. März 1974.

▸ Gässler, Ernst (* 1889 – † 1945)

Geboren am 12. Dezember 1889 in Kirchen-Hausen/Baden; arbeitete auf dem Hof der Eltern, den er später erbte. Vor dem Weltkrieg Eintritt in die SPD, kam über die USPD zur KPD, für die er 1921 in den Badischen Landtag einzog. Bis 1925 Abgeordneter, dann nicht wiedergewählt. Von 1929 bis 1932 war Gässler Leiter eines kommunistisch orientierten Bauernbundes in Baden. 1930 Kandidat auf der Reichsliste der KPD, aber nicht gewählt. Nach 1933 einige Zeit in Haft, wurde gegen Ende des Krieges noch zum Militär eingezogen und an die Front geschickt. Ernst Gässler starb im April 1945 in einem sowjetischen Gefangenlager in Debrescin (Ungarn).

▸ Gall, Willi (* 1908 – † 1941)

Geboren am 3. Oktober 1908 in Falkenstein/Vogtland. Nach einer Lehre zunächst Dreher und bis 1932 LKW-Beifahrer. Er trat 1929 der KPD bei, wirkte in der Ortsgruppe Pethau bei Zittau und kam 1932 in den dortigen Gemeinderat. Im April 1933 emigrierte Gall in die Tschechoslowakei, sicherte als Kurier die Verbindung nach Zittau und arbeitete von 1934 bis 1938 in Prag. 1938 wurde er als Instrukteur der Abschnittsleitung Zentrum der KPD eingesetzt und fuhr 1938/39 mehrmals von der Tschechoslowakei und Dänemark aus illegal nach Berlin. 1939 organisierte er in Berlin im früheren KPD-UB Süd die illegale Arbeit. Mit Gruppen aus den südöstlichen Stadtteilen Altglienicke, Bohnsdorf und Adlershof brachte er eine Reihe von Flugblättern und im November 1939 eine Nummer der »Berliner Volkszeitung« heraus. Er hielt Kontakte zu verschiedenen Betrieben, dem Deutschen Theater und den »Neuköllner Sportfreunden«. Stimmungsberichte flossen in Galls Druckschriften ein. Im Dezember 1939 wurden er und über 100 NS-Gegner aus Berlin-Adlershof verhaftet. Willi Gall wurde am 23. Januar 1941 vom VGH zum Tode verurteilt und am 25. Juli 1941 in Berlin-Plötzensee ermordet.

▸ Galm, Heinrich (* 1895 – † 1984)

Am 23. Oktober 1895 in Seligenstadt/Main geboren. In seiner Heimat war Galms Vater ein bekannter Sozialist. Auch Heinrich Galm kam früh zur Arbeiterjugendbewegung, lernte Sattler und arbeitete bis 1916 in seinem Beruf, dann eingezogen und bis 1918 Soldat. 1917 der USPD beigetreten. 1920 als Delegierter des Spal-

tungsparteitages der USPD in Halle, er stimmte für den Anschluß an die Komintern und kam mit dem linken Flügel zur KPD. Bis 1920 blieb er in seinem Beruf, dann hauptamtlicher Sekretär des Sattler- und Portefeuillerverbandes in Offenbach. Galm wurde 1924 in den Hessischen Landtag gewählt, dem er ununterbrochen bis 1933 angehörte. Auf dem X. KPD-Parteitag 1925 in die Gewerkschaftskommission delegiert und 1927 auf dem XI. Parteitag als Kandidat ins ZK gewählt. Galm besaß als Person in Offenbach einen überragenden Einfluß. Er war in der Hauptsache Gewerkschafter, ihm erschienen die lokalen Interessen bedeutender als innerparteiliche Fehden.

Er wandte sich vehement gegen die ultralinke Wendung der KPD, die 1928 besonders in der Gewerkschaftsfrage begann. Zusammen mit ▸ Erich Hausen und ▸ Albert Bassüner bildete er den rechten Flügel im ZK. Galm war die ganzen Jahre über Vorsitzender der KPD in Offenbach, nach der Wittorf-Affäre wurde er am 20. Oktober 1928 seiner Funktion enthoben. Doch als ZK-Kandidat konnte über seinen Parteiausschluß nur das EKKI entscheiden. Deswegen wurde er nach Moskau geladen, vertrat dort im Dezember 1928 gemeinsam mit Erich Hausen den Standpunkt der rechten Opposition. So wie Hausen inzwischen in Breslau die Zeitung »Gegen den Strom« als Organ der Rechten gegründet hatte, benutzte er die in Offenbach erscheinende Wochenzeitung »Volksrecht« als sein Sprachrohr. Nach Galms Ausschluß aus der KPD Anfang 1929 blieb die überwältigende Mehrheit der KP Offenbachs auf seiner Seite und ging mit ihm in die KPO. Wie sehr dies vor allem sein persönlicher Erfolg war, erwies sich, als er im November 1931 sein Landtagsmandat wieder erringen konnte, diesmal für die KPO.

Nach der Spaltung der KPO ging Galm mit der Minderheit zur SAP, und erneut hatte er die Mehrheit der Offenbacher Kommunisten hinter sich. Er kam im Juni 1932, bei der letzten Landtagswahl in Hessen – nun für die SAP – wieder in den Landtag. In Offenbach war seine politische Stellung sehr stark, er blieb bis 1933 Sekretär des Sattlerverbandes, und alle Versuche der KPD, ihn abwählen zu lassen, schlugen fehl. Noch im März 1932 erhielt Galm 446 Stimmen, der Spitzenkandidat der KPD 107 und der SPD-Kandidat 37 Stimmen. Wie bei dem linken ▸ Guido Heym in Suhl oder ▸ August Ziehl in Geesthacht besaß er als kommunistischer Führer so viel Autorität, daß ihm Funktionäre und Mitglieder auch gegen die Parteiinstanzen folgten. Nach 1933 wurde Galm mehrmals verhaftet. Im Juli 1944 wieder festgenommen, sollte er nach Dachau gebracht werden. Durch einen glücklichen Zufall saß er jedoch nur einige Monate in Bebra und Darmstadt fest. Sein Freund und Fraktionskollege ▸ Heinrich Angermeier, der zur gleichen Zeit ins KZ Dachau kam, fand dort den Tod.

1945 erwies sich Galm wieder als geschickter Kommunalpolitiker und Gewerkschafter. Er gründete 1946 in Offenbach die Arbeiter-Partei, die im Stadtrat unter seiner Führung bis zu ihrer Auflösung im Jahre 1954 eine wichtige Rolle spielte. Die Arbeiter-Partei war die einzige sozialistische Gruppe außerhalb der SPD und KPD, die nach 1945 in Westdeutschland (lokale) Bedeutung erringen konnte. Ab 1954 gehörte Galm der SPD an, die er auch im Stadtrat von Offenbach vertrat. 1980 erschienen Heinrich und Marie Galms Erinnerungen unter dem Titel: »Ich war halt immer ein Rebell«. Heinrich Galm starb am 30. Oktober 1984.

▸ Garske, Charlotte (* 1906 – † 1943)

Geboren am 4. Dezember 1906 in Berlin als Charlotte Schaepe; kaufmännische Lehre, Kontoristin. Aus einer 1926 geschlossenen Ehe, die schon 1930 wieder geschieden wurde, ging ein Kind hervor. 1933 heiratete sie den Bauhilfsarbeiter **Erich Garske** (* 21. 11. 1907), später Bauzeichner. Bereits vor 1933 Mitglieder der KPD, beteiligten sich beide nach der Machtübernahme der Nationalsozialisten am Widerstand gegen das NS-Regime. Sie stellten ihre Wohnung in Berlin-Mitte den illegal nach Deutschland kommenden Instrukteuren des ZK der KPD zur Verfügung. So fand 1934 in dieser Wohnung u. a. ▸ Eugen Schwebinghaus, ein enger Mitarbeiter ▸ Robert Stamms, Quartier. Ab 1942 war ihre Wohnung Anlauf- und Arbeitsstelle für ▸ Wilhelm Knöchel. Erich Garske unterstützte Knöchel bei seiner Arbeit, so fertigte er Zeichnungen für die von Knöchel herausgegebenen illegalen Druckschriften u. a. der Zeitschrift »Der Friedenskämpfer«. Charlotte Garske reiste als Kurier Knöchels u. a. nach Wuppertal und überbrachte ▸ Willi Seng illegales Material. Sie organisierte auch Straßentreffs Knöchels in Berlin. Erich Garske wurde am 30. Januar 1943, seine Frau am 17. Februar 1943 verhaftet. Am 9. November 1943 wurden beide vom VGH zum Tode verurteilt. Erich Garske wurde am 13. Dezember 1943, Charlotte Garske am 16. Dezember 1943 in Berlin-Plötzensee ermordet.

▸ Gebhardt, Willy (* 1901 – † 1973)

Geboren am 20. Juni 1901 in Niedersynderstedt/Krs. Weimar, Sohn eines Kraftfahrers; Schlosserlehre. Gebhardt trat 1916 dem DMV und der Arbeiterjugend bei. 1919 wurde er Mitglied der SPD, 1923 der KPD. Von 1922 bis 1925 Werkzeugschlosser im Leuna-Werk, ab 1925 Fräser bei Zeiss in Jena. Von 1927 bis 1930 zunächst Volontär, dann Redakteur des KPD-Organs »Neue Zeitung« Jena. Da Gebhardt für die Zeitung verantwortlich zeichnete (»Sitzredakteur«), wurde er am 18. März 1930 durch das Reichsgericht in Leipzig zu einem Jahr Festungshaft verurteilt, die er bis April 1931 auf der Festung Gollnow verbüßte. 1931/32 war Gebhardt Orgsekretär des Proletarischen Freidenker-Verbandes Thüringen. Nach dessen Verbot KPD-Sekretär in Suhl, er wurde im Juli 1932 als Abgeordneter in den Thüringer Landtag gewählt. 1933 verhaftet und bis 1934 im KZ. Nach der Freilassung Arbeiter, ab 1937 Hilfsmonteur im Jenaer Elektrizitätswerk, im August 1944 erneut inhaftiert und in das KZ Buchenwald gebracht. 1945/46 Betriebsratsvorsitzender des Elektrizitätswerkes in Jena, ab März 1946 Orgsekretär der KPD bzw. ab April 1946 der SED Jena und kam im Oktober 1946 in den Thüringer Landtag. Ab Februar 1947 Landrat von Stadtroda, dann im Oktober 1947 Nachfolger von ▸ Ernst Busse als Innenminister des Landes Thüringen. Nach der Auflösung der Länder im Juli 1952 bis 1962 Vorsitzender des Rates des Bezirks Erfurt. Er erhielt den VVO in Silber. Willy Gebhardt starb am 12. Mai 1973 in Erfurt.

▸ Geffke, Herta (* 1893 – † 1974)

Geboren am 19. August 1893 in Bollinken/Krs. Randow, Tochter eines Schuhmachers, ältestes von sechs Kindern. Dienstmädchen, Arbeiterin

in einem Druckereibetrieb. 1908 Arbeiterjugend, 1912 Mitglied der SPD, 1917 der USPD. Als Mitglied der BL Stettin war sie in den Revolutionsmonaten Mitglied des Stettiner Arbeiter- und Soldatenrates. Mit dem linken Flügel der USPD 1920 zur KPD, hauptamtliche Bezirkssekretärin der VKPD Pommern, ab März 1921 Frauensekretärin für die Bezirke Niederrhein und Ruhrgebiet. Im Juli 1921 nahm sie am Internationalen Frauenkongreß und am III. Weltkongreß der Komintern in Moskau teil. Durch eine Nachwahl bekam sie in Schlesien das Mandat zum Preußischen Landtag, dem sie bis 1924 angehörte. Herta Geffke war von 1922 bis 1928 mit ▸ Wienand Kaasch verheiratet, gehörte in der KPD zur Mittelgruppe, deshalb zur Landtagswahl im Dezember 1924 nicht wieder Kandidatin. Mit ihrem Mann in verschiedenen Bezirken, übte sie nur kleinere Funktionen aus, bis Ende 1928 im UB Neukölln. Wegen Parteidifferenzen und nachdem sie sich von ihrem Mann getrennt hatte, folgte sie einem Angebot der Roten Hilfe und wurde Leiterin des Kinderheims in Worpswede, später des Kinderheims in Elgersburg, das aus Finanznot 1930 geschlossen wurde. Danach Sekretärin im Saargebiet bzw. im Bezirk Baden-Pfalz. Bis Mai 1933 Instrukteurin für den illegalen Bezirk Hessen-Frankfurt bzw. Ruhrgebiet der RHD. Am 11. September 1933 wurde sie in Essen verhaftet und im März vom II. Strafsenat des OLG Hamm zu zweieinhalb Jahren Zuchthaus verurteilt. Nach der Entlassung im Oktober 1936 Näherin in Stettin, soll sie an der illegalen Arbeit der KPD teilgenommen haben.

Am 3. Mai 1945 nahm Herta Geffke Kontakt zu ▸ Gustav Sobottka auf. Nach dem Besuch einer Frontschule der Roten Armee kam sie mit der Gruppe Sobottka nach Schwerin und wurde im Juni 1945 Mitglied der KPD-Landesleitung und des Sekretariats. 1946 Leiterin der Frauenabteilung der SED Mecklenburg und im Oktober 1946 in den Mecklenburgischen Landtag gewählt. Im März 1949 wurde Herta Geffke Abteilungsleiterin im ZS des PV und Mitglied der gerade gebildeten ZPKK. Ab November 1949 leitete sie die berüchtigte Sonderkommission der ZPKK zur Überprüfung der Kontakte deutscher Emigranten zu Noel H. Field. Sie blieb bis 1958 stellvertretende Vorsitzende der ZPKK und war der Prototyp einer bedingungslosen und harten stalinistischen Funktionärin. Stundenlang, ohne große Gefühlsregungen, so erinnern sich Zeitgenossen, wurden all diejenigen verhört, die Noel H. Field irgendwann begegnet waren. Nach dem XX. Parteitag der KPdSU 1956 kam ausgerechnet Herta Geffke, die für viele Parteiausschlüsse und Repressalien mitverantwortlich war, in die Parteikommission, die nun über Rehabilitierungen entscheiden sollte. Im Oktober 1958 aus der ZPKK ausgeschieden, bis zum Ruhestand 1962 Kaderleiterin des Institutes für Gesellschaftswissenschaften beim ZK der SED. Sie erhielt 1955 den Karl-Marx-Orden. Herta Geffke starb am 29. Dezember 1974 in Ost-Berlin.

Ihr Bruder **Hans Geffke** (* 18. 7. 1903 – † 25. 1. 1985) war Schlosser und seit 1925 in der KPD und im RFB. 1928 hauptamtlicher Bezirksleiter der RHD Pommern, danach Gauleiter der Roten Jungfront für Pommern. 1933 verhaftet und bis Mai 1934 in »Schutzhaft«. Von 1935 bis 1944 Elektroschweißer in Stettin. Ende

1944 erneut festgenommen, wurde er Ende Februar 1945 durch die Rote Armee befreit, jedoch im Frontgebiet interniert und war bis Oktober 1949 Zivilinternierter in Minsk. Ab November 1949 Instrukteur der SED-Landesleitung Mecklenburg in Schwerin, 1950 Mitglied der LPKK und Leiter der Kaderabteilung. 1951 Leiter der Chiffrierabteilung des ZK der SED, von 1952 bis zu seinem Ausscheiden im September 1965 stellvertretender Leiter des Büros des Politbüros.

▸ Gehrke, Robert (* 1892 – † 1972)

Geboren am 1. Januar 1892 in Braunschweig; lernte Dekorateur und Tapezierer und war Zigarrenhändler, später Buchhändler. 1909 Mitglied der SPD, 1911 Leiter des Braunschweiger Jugendbildungsvereins. 1914 zum Militärdienst einberufen, 1915 wurde Gehrke schwer verwundet, kehrte als Kriegsversehrter nach Braunschweig zurück, Werkstattschreiber in verschiedenen Betrieben.
Er schloß sich 1917 der USPD und der Spartakusgruppe an und war Wortführer eines Braunschweiger Jungarbeiterstreiks. Während der Novemberrevolution Mitglied des Braunschweiger Arbeiter- und Soldatenrates und der Räteregierung, Ende Dezember 1918 nahm er als Delegierter am Gründungsparteitag der KPD in Berlin teil. 1919 gehörte er in Braunschweig zu den Mitbegründern der KPD und war dort Sekretär der Partei. Bis 1929 hauptamtlicher Parteisekretär in verschiedenen KPD-Bezirken, er betrieb nebenbei einen Handel mit Tabakwaren und eine Leihbücherei, die von den Nazis im Februar 1933 sofort geschlossen wurde. Gehrke wurde am 12. August 1933 verhaftet, im Dezember 1933 in Hildesheim im »Peiner Kommunistenprozeß« zu zwei Jahren und sechs Monaten Gefängnis verurteilt. Nach der Haft im Zuchthaus Hameln kam Gehrke 1935 in das KZ Dachau, später nach Flossenbürg, wo er erst 1945 befreit wurde. Zurückgekehrt nach Braunschweig, trat er sofort wieder in die KPD ein, war einer der führenden Funktionäre in der Stadt sowie in der BL Hannover. Vom 21. Februar bis 21. November 1946 Mitglied des ernannten Braunschweiger Landtags und Leiter der KPD-Fraktion. Ab 1947 betrieb er wieder eine Buchhandlung, war lange Jahre Vorsitzender der VVN in Braunschweig, ab 1968 gehörte er der DKP und deren Kreisvorstand in Braunschweig an. Robert Gehrke starb am 19. Mai 1972 in Braunschweig.

▸ Gehrmann, Karl (* 1884 – † 1953)

Geboren am 30. April 1884 in Ferchesar bei Rathenow; lernte Mechaniker, war einige Zeit Hornarbeiter in Rathenow. 1906 Mitglied der SPD, gehörte zu deren linkem Flügel; 1917 Mitbegründer der Spartakusgruppe. Er flüchtete vor der Einberufung und lebte bis zur Revolution 1918 illegal. Nach der Revolution war Gehrmann Mitglied des Arbeiter- und Soldatenrates in Rathenow. Delegierter auf dem Gründungsparteitag der KPD, Mitbegründer der KPD in Rathenow und deren langjähriger Leiter. 1921 als Abgeordneter in den Preußischen Landtag gewählt, stand Gehrmann – wie fast der gesamte Bezirk Berlin-Brandenburg – auf dem linken Flügel der KPD, er kam 1924 wieder in den Landtag. Als Mitglied der BL Berlin-Brandenburg wandte er sich nach dem

»Offenen Brief« 1925 zunächst gegen die Komintern. Im September 1926 unterschrieb er noch den »Brief der 700«, den die oppositionellen linken Kommunisten herausgaben. 1927 gelang es dem ZK, ihn von der Opposition zu trennen. Obwohl die Mehrheit der KPD-Ortsgruppe Rathenow bei den Linken blieb und zum Leninbund überging, entschied sich Gehrmann für die Linie des ZK. Daher von der KPD 1928 wieder als Kandidat für den Preußischen Landtag aufgestellt und gewählt. 1929 UB-Leiter der KPD Berlin-Süd, danach einige Jahre Parteisekretär der KPD für die Ost- und Westprignitz. 1932 nicht mehr für den Landtag nominiert. 1933/34 saß er achtzehn Monate im KZ Oranienburg. 1945 war Gehrmann einer der Mitbegründer der KPD in Rathenow und zunächst Landrat des Kreises Westhavelland, anschließend als Oberregierungsrat persönlicher Referent beim Brandenburgischen Minister für Wirtschaft ▸ Heinrich Rau. Zuletzt leitete er die Dienststelle der VVN im Kreis Westhavelland. Karl Gehrmann starb am 27. Juli 1953.

▸ Gehrmann, Karl (* 1895 – † ?)

Geboren am 24. Juni 1895 in Elbing; lernte Stellmacher und war bis zum Krieg als Zimmerer in Elbing tätig. Im Weltkrieg Soldat. Schloß sich der USPD an und kam 1920 mit deren linkem Flügel zur KPD. Bis 1924 Zimmerer, dann hauptamtlicher Funktionär der KPD. Als Anhänger der Linken 1924 Orgleiter in Ostpreußen, dann Sekretär in Elbing, auf dem X. Parteitag der KPD 1925 wurde er in die Mandatsprüfungskommission gewählt. Nach dem »Offenen Brief« 1925 Anhänger der linken Opposition, im Oktober 1926 aus der KPD ausgeschlossen. Gehrmann hatte die Mehrheit der Ortsgruppe Elbing hinter sich und wurde einer der Mitbegründer des Leninbundes, in dem er noch bis 1929 aktiv wirkte. Dann wurde er nach »Selbstkritik« wieder in die KPD aufgenommen. Weitere Daten seines Lebenslaufs ließen sich nicht ermitteln.

▸ Geis, Philipp (* 1899 – † 1940)

Geboren am 6. Februar 1899 in Niederlahnstein; Schmied und Heizer. 1919 Mitglied der KPD, 1924 Zeitungskurier der »Sozialistischen Republik« und Stadtrat in Niederlahnstein. Anfang 1933 Orgleiter im Bezirk Baden-Pfalz. Am 1. August 1933 verhaftet, saß er bis 31. August 1934 im KZ Dachau. Nach der Entlassung illegale Arbeit als Leiter des UB Ludwigshafen. 1936 erneut inhaftiert und zu achtzehn Monaten Zuchthaus verurteilt. Anschließend Überführung in das KZ Buchenwald, dort Mitglied der illegalen Lagerorganisation der KPD. Im KZ Buchenwald wurde Philipp Geis 1940 ermordet.

▸ Geisler, Paul (* 1895 – † 1971)

Geboren am 25. September 1895 in Hirschberg/Oberschlesien, Sohn eines Heizers; Maschinenbauer, 1913 Mitglied der SPD. 1914/15 Armierungssoldat, anschließend Munitionsarbeiter in Berlin. Wegen seiner Teilnahme am Munitionsarbeiterstreik wurde er erneut zum Militärdienst einberufen. Nach dem Versuch zu desertieren, von Januar bis August 1918 auf der Festung Küstrin inhaftiert. 1919 Mitglied der KPD und Instrukteur der KPD Schlesien. 1920 Delegierter Schlesiens auf dem IV. Parteitag der

KPD. Danach in Sachsen und von dort nach Düsseldorf, zeitweise hauptamtlicher DMV-Funktionär in Benrath. 1924 durch die britische Besatzungsmacht ausgewiesen, ging er für einige Zeit nach Schlesien, kam aber 1926 erneut nach Düsseldorf. Geisler war nacheinander UB-Sekretär von Düsseldorf und bis 1928 Sekretär der BL Niederrhein in Düsseldorf, 1927/28 auch Gewerkschaftsredakteur an der »Freiheit«, 1928/29 Sekretär der IAH im Bezirk Niederrhein. Von 1929 bis 1931 war er Stadtverordneter in Düsseldorf und Leiter der Erwerbslosenbewegung im Bezirk Niederrhein. Ab 1931 im Reichskomitee der RGO, 1932/33 leitete er den »Reichsausschuß der Erwerbslosen Deutschlands«. Im November 1932 wurde Geisler im Wahlkreis Düsseldorf-Ost in den Reichstag gewählt. Im Februar 1933 in »Schutzhaft«, wurde zu zweieinhalb Jahren Zuchthaus verurteilt und saß bis März 1936 im Gefängnis Berlin-Tegel. Nach erneuter Verhaftung im August 1936 war er bis April 1939 im KZ Sachsenhausen. 1944 bei der Verhaftungsaktion »Gewitter« abermals festgenommen, in das KZ Sachsenhausen überführt. Beim Evakuierungsmarsch Anfang Mai 1945 durch amerikanische Truppen befreit. Geisler kehrte nach Berlin zurück, wurde Mitbegründer des FDGB in der SBZ und bis 1953 stellvertretender Vorsitzender des FDGB Groß-Berlin. Ab Oktober 1950 Leiter der Orgabteilung des FDGB-Bundesvorstandes. Von 1958 bis 1960 Sekretär des ZV der IG Metall, ab 1960 Vorsitzender des Ausschusses für gesamtdeutsche Arbeiterkonferenzen. Er erhielt 1965 den Karl-Marx-Orden. Paul Geisler starb am 2. April 1971 in Ost-Berlin.

▸ Geithner, Otto (* 1876 – † 1948)

Geboren am 23. Mai 1876 in Merseburg. Noch vor der Jahrhundertwende Mitglied der SPD, 1907 in Berlin Expedient des SPD-Verlages, ab November 1907 Redakteur der »Sozialdemokratischen Partei-Correspondenz«. Ab 1910 Redakteur und schließlich Chefredakteur des »Gothaer Volksblattes« der SPD, das er nach Kriegsausbruch im internationalistischen Sinne leitete. Daraufhin wurde die Zeitung im Februar 1915 verboten. Geithner nahm an der Konferenz teil, die im März 1915 die Herausgabe der »Internationale« beschloß und stellte später in der Druckerei des »Volksblattes« die illegalen Flugblätter des Spartakusbundes her. 1917 schloß er sich der USPD an und stand im November 1918 an der Spitze des Arbeiter- und Soldatenrates sowie des Vollzugsausschusses von Gotha.

Nach der Revolution saß Geithner in der ersten Volksregierung von Sachsen-Gotha, die er auf der Konferenz der deutschen Bundesstaaten Ende November 1919 in Berlin vertrat. 1919 kam es in der von der USPD beherrschten Gothaer Regierung zum Bruch zwischen dem rechten USPD-Flügel um Emanuel Wurm und den Linken um Geithner, der aus der Regierung ausschied. 1920 war er Delegierter des USPD-Spaltungsparteitags, im Dezember 1920 Delegierter des Vereinigungsparteitages der linken USPD mit der KPD. Der Vereinigungsparteitag und auch der VII. KPD-Parteitag 1921 beriefen ihn in den ZA der Partei. Geithner hatte bereits seit 1912 dem Landtag von Sachsen-Coburg-Gotha angehört und war 1919 für die USPD in den Gothaer und 1920 in den Thüringer Landtag eingezogen, wurde auch 1921 und 1924 für die KPD wiedergewählt. Seit 1921 Redakteur, zeitweise Chefredakteur des KPD-Organs »Thüringer Volksblatt«.

Da Geithner auf dem ultralinken Flügel der KPD stand, wurde er im März 1926 als einer der ersten Ultralinken aus der Partei ausgeschlossen. Er gründete die Kommunistische Arbeitsgemeinschaft, eine ultralinke Gruppe in Thüringen, die zu den Wahlen 1927 (erfolglos) eigene Listen aufstellte. Geithner schloß sich der Korsch-Gruppe an, für die er bis Ende der zwanziger Jahre aktiv war. Anfang der dreißiger Jahre wurde er Mitglied der SAP. Auch in den dreißiger Jahren sammelten sich linksoppositionelle Kreise in Gotha und Thüringen um ihn. Nach 1933 aktiv im antifaschistischen Widerstand, wurde er 1935 zu dreieinhalb Jahren Zuchthaus verurteilt und anschließend im Oktober 1938 ins KZ Buchenwald eingeliefert. Nach der Befreiung am 7. Mai 1945 kehrte der hochbetagte Revolutionär nach Gotha zurück. Er trat der KPD und 1946 der SED bei, wurde im Herbst 1946 Stadtverordneter von Gotha und 1945/46 Redakteur der »Thüringischen Volkszeitung«, dann Verwaltungsdirektor der Schloßbibliothek in Gotha. Otto Geithner starb am 31. Juli 1948.

▸ Gentsch, Erich (* 1893 – † 1944)

Geboren am 1. August 1893 in Altenburg, drittes von sieben Kindern eines Metallschleifers und aktiven SPD-Mitglieds; lernte von 1908 bis 1910 in Leipzig Bauschlosser. Er trat 1911 der SPD bei und ging auf Wanderschaft. Seit 1913 in Stuttgart beschäftigt und wegen eines Arbeitsunfalls militäruntauglich. Während des Krieges aktiver Anhänger der Linken und Mitglied der Spartakusgruppe in Stuttgart, trat nach Gründung der KPD bei und war 1920 Betriebsratsvorsitzender bei Daimler. Ab März 1921 hauptamtlicher Parteifunktionär, zunächst kam er als Redakteur nach Breslau und wurde auf dem VII. Parteitag 1921 für Schlesien als Kandidat in den ZA gewählt. 1922/23 Gewerkschaftsredakteur beim Pressedienst des ZK. Im Januar 1924 ging er (Pseudonym Fritz Graichen) als Gewerkschaftsredakteur nach Niedersachsen. Mitte 1924 Chefredakteur der Parteizeitung in Hannover, dann von 1925 bis 1927 Redakteur an der »Roten Fahne« in Berlin. Wegen Beleidigung der Regierung wurde er zu sieben Monaten Gefängnis verurteilt, die er 1925 in Cottbus verbüßte. Ab 1928 Chefredakteur des KP-Organs für Pommern »Volkswacht«, 1930 Leiter und 1. Sekretär der RGO im Bezirk Berlin. Obwohl nach seinen Angaben nicht zur Neumann-Gruppe gehörend, wurde Gentsch mit dieser 1932 abgelöst.

Im April 1933 festgenommen, blieb bis September 1933 im KZ Sonnenburg inhaftiert, konnte im Juni 1934 ins Saargebiet emigrieren und beteiligte sich dort am Abstimmungskampf gegen den Anschluß des Saargebiets an Deutschland. 1935 leitete er von Prag aus die Grenzarbeit der KPD und übernahm dann von April 1936 bis 1939 als einer der wichtigen KPD-Führer jener Zeit die Abschnittsleitung der KPD in Amsterdam. Teilnehmer an der »Berner Konferenz« der KPD (in Paris). Seine Frau folgte ihm mit zwei Kindern in die Emigration. Nach Kriegsausbruch führte er die illegale Arbeit unter dem Namen Alwin von Amsterdam weiter und leitete verschiedene nach Westdeutschland geschickte KPD-Emmissäre an. Seit der deutschen Besetzung lebte Gentsch dort als Tom de Jager, er fiel durch die Aussagen ▸ Wilhelm Knöchels am 23. April 1943 der Gestapo in die Hände, auch seine Frau Erna, geb. Kuhn (* 9. 6. 1893) wurde verhaftet. Gentsch blieb standhaft und schrieb ihr am 3. März 1944, er habe »den Kopf noch nicht verloren«. Am 23. Juni 1944 wurde er in Nürnberg zum Tode verurteilt, seine Frau durfte ihn nicht mehr sprechen. Erich Gentsch wurde am 24. August 1944 in Stuttgart hingerichtet; noch auf dem Schafott rief er: »Nieder mit Hitler!«

Gentschs Frau Erna kam am 5. Februar 1945 im KZ Ravensbrück ums Leben. Die beiden Töchter Hildegard (* 27. 2. 1915 – † 4. 11. 1969) und Ilse (* 9. 2. 1917 – † 23. 10. 1983) unterstützten ihre Eltern im Widerstandskampf. Ilse Gentsch wurde 1943 verhaftet und 1944 zu einem Jahr Gefängnis verurteilt. Nach 1945 hauptamtliche FDJ und SED-Funktionärin, war sie später wissenschaftliche Mitarbeiterin am IML in Ost-Berlin.

▸ Gerber, Rudolf, Dr. phil. (* 1901 – † 1969)

Geboren am 4. Februar 1901 in Wien als Rudolf Schlesinger, Sohn eines Arztes; Gymnasium. Während des Weltkrieges aktiv in der linksradikalen Mittelschülerbewegung, Studium der Medizin und Sozialwissenschaften an der Universität Wien, 1922 Promotion zum Dr. phil. Anschließend Volontär an der »Roten Fahne« in Wien. Übersiedlung nach Deutschland, Mitglied der KPD, ab Februar 1923 Mitarbeiter des von Eugen Varga gegründeten westeuropäischen Forschungsinstituts in Berlin. Gerber war Sympathisant der Mittelgruppe, dann Linker, ab 1924 Angestellter der IAH und Herausgeber von Betriebszeitungen in Berlin. Er kam 1925 kurzfristig als Chefredakteur der KPD-Zeitung »Der Klassenkampf« nach Halle. Aus dieser Funktion nach dem »Offenen Brief« des EKKI entlassen, wurde Gerber Mitarbeiter des Pressedienstes des ZK der KPD. Im Februar 1926 Übersiedlung in die UdSSR und in Moskau Mitarbeiter am Internationalen Agrarinstitut.

1927 Rückkehr nach Deutschland, in der Agitpropabteilung des ZK eingesetzt. Gerber wurde durch zahlreiche theoretische Arbeiten, u. a. in der Zeitschrift »Internationale« bekannt. Ab Februar 1933 illegale Arbeit, beteiligte sich an der Herausgabe vom Informationsdienst für Betriebs- und Häuserblockzeitungen sowie der illegalen »Roten Fahne«. Gerber, der zeitweise eng mit ▸ Wilhelm Florin zusammenarbeitete, wurde verhaftet, emigrierte dann in die Tschechoslowakei, war dort Schulungsleiter der KPD-Landesgruppe. 1935 kam er in die Sowjetunion und war in Moskau Redakteur der deutschen Ausgabe der Zeitschrift »Die Kommunistische Internationale«. Er mußte nach der Festnahme von ▸ Fritz David, mit dem er eng zusammengearbeitet hatte, und nach Verhören vor der IKK mit seiner Verhaftung rechnen. Wieder in der Tschechoslowakei, wurde Gerber im Dezember 1936 aus der KPD ausgeschlossen. Im Mai 1939 emigrierte er unter seinem richtigen Namen Schlesinger nach Großbritannien. Nach Kriegsende machte er sich als wissenschaftlicher Publizist einen Namen. Er baute in Glasgow das »Institut of Soviet and Eastern Studies« auf, das er später leitete, wurde Hochschullehrer und bekam eine Professur in Glasgow. Rudolf Gerber-Schlesinger starb am 11. November 1969.

▸ Gerbig, Max (* 1884 – † 1941)

Geboren am 1. Oktober 1884 in Leipzig; erlernte von 1898 bis 1902 das Tischlerhandwerk und ging anschließend auf Wanderschaft. Im Weltkrieg Soldat. 1919 Mitglied der USPD, kam mit deren linkem Flügel 1920 zur KPD. Gerbig übte verschiedene ehrenamtliche Funktionen aus, er gehörte 1924 zu den führenden Linken der KPD in Leipzig. Mitglied der BL Westsachsen, mit deren Mehrheit unter ▸ Arthur Vogt 1925 Anhänger der Ultralinken (später Weddinger Opposition). Seit 1924 hauptamtlicher Funktionär, vertrat Gerbig auf dem Essener XI. Parteitag 1927 die Leipziger Gruppe der Weddinger Opposition und wurde für sie als Mitglied ins ZK gewählt. Er trennte sich Anfang 1928 von der Opposition und ging zur ZK-Mehrheit über. 1929 nicht wieder ins ZK gewählt, wurde Gerbig Leiter der Roten Hilfe in Westsachsen und Mitglied der BL der KPD. Nach dem Zusammenschluß der sächsischen Parteibezirke gehörte er der UBL Leipzig an und war vor allem unter den Arbeitslosen aktiv. Max Gerbig starb am 29. Juli 1941.

▸ Gerdes, Johannes (Jan) (* 1896 – † 1933)

Geboren am 16. April 1896 in Grio-Bornhorst/Oldenburg. Er schloß sich nach der Rückkehr als Soldat 1918 der USPD an und kam mit der linken USPD 1920 zur KPD. Gerdes arbeitete als Nieter und wurde 1932 als Abgeordneter in den Oldenburger Landtag gewählt. Am

3. März 1933 hatten ihn SA-Leute aus seiner Wohnung geholt und niedergeschossen, woraufhin er seinen Verletzungen erlag. Die SA-Mörder wurden schon am 17. März 1933 wieder freigelassen, der Hauptbeschuldigte erst 1947 zu 15 Jahren Zuchthaus verurteilt.

▸ Gersoni, Paul (* 1884 – † 1938?)

Geboren am 24. September 1884 in Berlin; lernte Schriftsetzer. 1904 trat er der SPD bei und arbeitete bis zum Weltkrieg in seinem Beruf. Nach dem Krieg lebte Gersoni im Saarland, 1919 Mitglied der KPD, bis 1921 war er in der Bezirksleitung Saar als Parteisekretär tätig. Von 1921 an leitete er die KPD-Druckerei in Leipzig, war ab 1927 Geschäftsführer der KPD-Druckereien in Hamburg und Frankfurt/M., danach wieder in Saarbrücken, dort erneut in der BL aktiv. 1935 emigrierte Gersoni nach Paris und von da aus im Juli 1935 in die Sowjetunion, wo er wieder im Druckereiwesen tätig war. Paul Gersoni wurde im Juli 1937 vom NKWD verhaftet, er soll 1938 als Opfer der Stalinschen Säuberungen ermordet worden sein.

▸ Geschke, Ottomar (* 1882 – † 1957)

Geboren am 16. November 1882 in Fürstenwalde/Spree, Sohn eines Schmieds; er besuchte die Knaben-Mittelschule, lernte Schlosser und ging anschließend auf Wanderschaft und war dann bei der Eisenbahn tätig. 1910 Mitglied der SPD, gehörte in Berlin zum linken Flügel. Geschke wurde 1916/17 Soldat, im Januar 1918 wegen Krankheit entlassen, dann Monteur beim Werkstättenamt der Reichsbahndirektion Berlin. Anhänger der Spartakusgruppe, trat 1917 zur USPD über. 1918 Mitglied der Revolutionären Obleute Berlins, ab 10. November 1918 war er im Berliner Arbeiter- und Soldatenrat. Seit Parteigründung 1919 in der KPD, nahm Geschke am sogenannten Spartakusaufstand teil und befand sich von Juni bis November 1919 in »Schutzhaft«. Ab November 1919 Sekretär der Betriebsrätezentrale Berlin, er saß auch in der engeren Leitung der KPD Berlin-Brandenburg, war seit Dezember 1920 2. Orgsekretär und wurde auf dem VII. Parteitag 1921 in den ZA berufen. Von 1921 bis 1924 Abgeordneter des Preußischen Landtags (Wahlkreis Berlin), 1921 wurde er zum Vorsitzenden des Berliner Eisenbahnerverbandes gewählt, aber vom Hauptvorstand nicht bestätigt. In den folgenden Jahren spielte Geschke als einer der Führer der linken Opposition in der KPD eine Rolle.
Auf dem VIII. Parteitag 1923 von den Linken als Mitglied der Zentrale vorgeschlagen, aber nicht gewählt, doch im Mai 1923 berief ihn dann der ZA (ebenso wie ▸ Ruth Fischer, ▸ Ernst Thälmann und ▸ Arthur König) in die Zentrale. Während der Vorbereitung des Oktober 1923 gehörte er zum Militärapparat (Pseudonym: Eisbär), in dem er bis 1926 tätig war. Nachdem die Linken 1924 die Parteiführung übernahmen, wurde Geschke auf dem IX. Parteitag in die Zentrale gewählt. Neben ▸ Werner Scholem leitete er die Orgarbeit der KPD und führte die Bolschewisierung durch. Unter dem Decknamen Gebhardt berief ihn der V. Weltkongreß der Komintern 1924 zum Mitglied und Sekretär ins EKKI-Präsidium. Da Scholem 1925 die ultralinke Opposition gegen die Fischer-Führung leitete, übernahm Geschke hauptver-

antwortlich die Orgarbeit. Auf dem X. Parteitag 1925 verteidigte er vehement die Ruth-Fischer-Führung und fuhr den Jugenddelegierten unter ▸ Konrad Blenkle grob über den Mund, als diese opponierten. Geschke wurde nunmehr auch ins Polbüro gewählt.
Als die Komintern-Führung mit dem »Offenen Brief« 1925 die Fischer-Führung absetzte, rückte Geschke ebenso schnell von dieser ab. Er war neben Thälmann und ▸ Philipp Dengel der prominenteste deutsche Linke, den die Komintern zu sich herüberziehen konnte. Im Dezember 1924 im Wahlkreis Potsdam in den Reichstag gewählt, dem er ununterbrochen bis 1932 angehörte. 1927 wieder ins ZK berufen und verantwortlich für die Funktionärszeitschrift »Der Parteiarbeiter«. Da er sich bei der Wittorf-Affäre 1928 von Thälmann distanzierte, wurde er in den Hintergrund gedrängt. Zwar wurde er auch 1929 wieder ins ZK gewählt, bekam aber keine wichtigen Funktionen mehr. Im Juli 1932 auch nicht mehr MdR, abgeschoben als Sekretär der RHD, danach Instrukteur für die Arbeit unter den Erwerbslosen.
Am 28. Februar 1933 wurde Geschke verhaftet, kam zunächst ins Zuchthaus, anschließend ins KZ, von 1937 bis 1940 KZ Buchenwald. 1940 unter Auflagen entlassen, arbeitete er unter Polizeiaufsicht als Schlosser in Köslin/Pommern. Im Juli 1944 erneut verhaftet und bis Ende April 1945 im KZ Sachsenhausen. Erst auf dem Evakuierungsmarsch von der Roten Armee befreit, kehrte Geschke nach Berlin zurück und wurde auf Empfehlung ▸ Walter Ulbrichts am 19. Mai 1945 durch Befehl des sowjetischen Generalobersten Nikolai Bersarin Stadtrat für Sozialwesen im ersten Berliner Nachkriegsmagistrat. Im Juni 1945 Mitunterzeichner des Aufrufs der KPD, Vorsitzender der ersten BL der KPD Groß-Berlin, aber bereits im Juli von Waldemar Schmidt abgelöst. Bei Gründung der VVN 1947 zum Vorsitzenden dieser Organisation gewählt, trat Geschke in der SED nicht mehr besonders hervor, er wurde auch niemals Mitglied des Parteivorstandes bzw. des ZK der SED. 1947/48 Direktor des Verlages Volk und Welt und von Ende 1948 bis Mai 1950 Hauptreferent in der Abteilung Arbeit und Soziales der DWK bzw. im Ministerium für Arbeit und Gesundheitswesen, ab 1950 Pensionär, erhielt er 1954 den VVO in Silber. Ottomar Geschke starb am 17. Mai 1957 an einem Herzschlag in Ost-Berlin.

▸ Geyer, Anna (* 1893 – † 1973)

Geboren am 13. März 1893 in Frankfurt/M. als Anna Elbert, Tochter eines Bildhauers. Nach Schulbesuch Tätigkeit als Sekretärin und Hausfrau. 1917 heiratete sie den Redakteur der »Leipziger Volkszeitung« ▸ Curt Geyer und wurde Mitglied der USPD. Obwohl sie in dieser Zeit nur als Schriftsteller- und Parteiredakteursgattin galt, engagierte sie sich innerhalb der USPD. Sie war Mitglied der USPD-Zentralstelle für Betriebsräte und Herausgeberin eines parteieigenen Informationsdienstes. Ab 1919 Stadtverordnete der USPD in Leipzig, kam sie im Februar d. J. als Abgeordnete in den Sächsischen Landtag. Gemeinsam mit ihrem Mann warb sie für den Anschluß der USPD an die Komintern und trat im Dezember 1920 in die VKPD ein, wo sie Leiterin des Parteipressedienstes wurde. Da Anna Geyer mit ▸ Paul Levis Haltung sympathisierte und diesen nach dessen Kritik am putschistischen Kurs der Zentrale auch noch mit internen Dokumenten der Komintern und der VKPD-Zentrale versorgte, wurde sie nach dem VII. Parteitag 1921 gemeinsam mit ihrem Mann aus der VKPD ausgeschlossen. Sie trat erst der KAG, im März 1922 der USPD und im September der SPD bei. Sie ist 1933 in die Tschechoslowakei emigriert, 1937 nach Frankreich und 1940 über Portugal in die USA. Anna Geyer starb am 2. März 1973 in Detroit.

▸ Geyer, Curt, Dr. phil. (* 1891 – † 1967)

Geboren am 19. November 1891 in Leipzig als Sohn des sozialdemokratischen Funktionärs ▸ Friedrich Geyer. Nach der Oberrealschule studierte er von 1911 bis 1914 an der Universität

Leipzig und promovierte zum Dr. phil. Curt Geyer trat 1911 der SPD bei und fing 1914 als Redaktionsvolontär in Leipzig an, wurde dann Redakteur bei der »Fränkischen Tagespost« in Nürnberg, von 1915 bis 1917 Redakteur des »Fränkischen Volksfreunds« in Würzburg und von 1917 bis 1920 bei der »Leipziger Volkszeitung«. Er ging 1917 zur USPD und war während der Novemberrevolution Mitglied und ab Februar 1919 Vorsitzender des engeren Ausschusses des Arbeiterrates von Leipzig, dann im Dezember 1919 und im April 1920 Delegierter zu den Reichrätekongressen in Berlin. Geyer stand auf dem linken Flügel der USPD, übernahm im Sommer 1920 die Leitung der »Hamburger Volkszeitung«. Auf dem Spaltungsparteitag in Halle im Oktober 1920 wurde er zum Beisitzer in das ZK der USPD-Linke gewählt, schließlich im Dezember 1920 (bis Mai 1921) Mitglied der Zentrale der VKPD. Er hatte bereits der Nationalversammlung angehört und war im Juni 1920 für die USPD als Abgeordneter in den Reichstag gekommen. Da er ▸ Paul Levis Kritik an der März-Aktion unterstützte, forderte die Mehrheit im ZA im April 1921 u. a. auch Curt Geyer auf, sein Reichstagsmandat zur Verfügung zu stellen. Geyer weigerte sich, sein Mandat zurückzugeben, was der ZA mißbilligte. Nachdem der III. Weltkongreß der Komintern im Sommer 1921 die Haltung Levis verurteilte, wurde auch Curt Geyer offiziell auf dem VII. Parteitag im August 1921 aus der VKPD ausgeschlossen. Er ging zunächst wie viele andere ausgeschlossene Funktionäre zur KAG, im Februar 1922 zur USPD bzw. im September 1922 zur SPD. 1923 erschien Geyers bekanntestes Buch »Der Radikalismus in der deutschen Arbeiterbewegung. Ein soziologischer Versuch«. Von März 1924 bis Anfang 1933 arbeitete Geyer als Redakteur beim »Vorwärts«, emigrierte im Oktober 1933 in die Tschechoslowakei, wo er als Chefredakteur des »Neuen Vorwärts« unter dem Pseudonym Max Klinger schrieb. 1934 erschien in Karlsbad seine Anti-Nazi-Schrift »Volk in Ketten«. Geyer war ein scharfer Gegner der »Einheitsfront« mit den Kommunisten. Ende 1937 gelangte er nach Frankreich und 1941 über Lissabon nach Großbritannien, er verließ die SPD. Nach 1945 britischer Staatsangehöriger, war er Auslandskorrespondent westdeutscher Zeitungen in London. Während eines Kuraufenthaltes in der Schweiz starb Curt Geyer am 24. Juni 1967 in Lugano. 1976 erschienen posthum seine Erinnerungen »Die revolutionäre Illusion. Zur Geschichte des linken Flügels der USPD«.

▸ Geyer, Friedrich (* 1853 – † 1937)

Geboren am 12. März 1853 in Großenhain/Sachsen, Sohn eines Fleischermeisters. Zigarrenarbeiter und Wanderschaft, 1868 Eintritt in die

Gewerkschaft, 1871 Mitglied der Sozialdemokratie. Er gehörte bis 1874 den Vorständen der Filialen des Zigarrenarbeiterverbandes von Frankenberg in Sachsen, Pirna, Leipzig und Berlin an, war von 1874 bis 1879 Bevollmächtigter des Verbandes in Großenhain. Ab 1882 selbständiger Zigarrenfabrikant in Großenhain, während des Sozialistengesetzes 1882 wurde er zu zehn Monaten Gefängnis verurteilt.
Von 1890 bis 1894 Redakteur der Zeitung »Der Wähler« in Leipzig, 1894/95 der »Volkszeitung«, hat er von November 1895 bis November 1918 das Verbandsorgan »Tabakarbeiter« mit Sitz in Leipzig redigiert. Friedrich Geyer war von 1898 bis 1902 Vorsitzender der SPD Leipzig, gehörte von 1913 bis 1916 der Zentralen SPD-Kontrollkommission an. Nach Ausbruch des Weltkrieges in Opposition zur Politik der Reichstagsfraktion und des SPD-Vorstandes, wurde 1916 Mitglied der SAG, 1917 der USPD und von 1917 bis 1920 Mitglied der zentralen USPD-Kontrollkommission. Friedrich Geyer gehörte von 1885 bis 1897 dem Sächsischen Landtag, von März 1886 bis Februar 1887 auch dem Reichstag an. Im Februar 1890 wurde er erneut in den Reichstag gewählt und blieb dessen Abgeordneter bis zur Novemberrevolution. Im November 1918 Mitglied des Arbeiter- und Soldatenrates von Leipzig, leitete er vom 15. November 1918 bis 21. Januar 1919 als Volksbeauftragter das Finanzressort in der sächsischen Revolutionsregierung unter Richard Lipinski. Geyer stand wie sein Sohn ▸ Curt Geyer und seine Schwiegertochter ▸ Anna Geyer auf dem linken Flügel der USPD und trat für die Annahme der 21 Bedingungen der Komintern ein. Im Dezember 1920 Delegierter des Vereinigungsparteitages, wurde Mitglied der zentralen VKPD-Revisionskommission.
Im Januar 1919 im Wahlkreis Sachsen in die Deutsche Nationalversammlung gewählt und im Juni 1920 wieder in den Reichstag, dem er bis 1924 angehörte. Zusammen mit den linken USPD-Abgeordneten (u. a. ▸ Emil Däumig, ▸ Joseph Herzfeld, ▸ Hermann Remmele) sowie seinem Sohn Curt Geyer bildete Friedrich Geyer am 9. Oktober 1920 zunächst die USPD-Fraktion (Linke) und Anfang Dezember 1920 mit den beiden KPD-Abgeordneten ▸ Clara Zetkin und ▸ Paul Levi die gemeinsame VKPD-Reichstagsfraktion. Friedrich Geyer, der wie sein Sohn auf Seiten Paul Levis stand und dessen Kritik an der VKPD teilte, verließ die VKPD, schloß sich im September 1920 zunächst der KAG an und kehrte über die USPD in seine alte Partei, die SPD, zurück. Friedrich Geyer wohnte seit 1933 in Tharandt in Sachsen, wo er am 22. Januar 1937 hochbetagt starb.

▸ Giese, Adolf (* 1906 – † 1969)

Geboren am 20. Juli 1906 in Thurow/Krs. Neustrelitz, Sohn einer Landarbeiterfamilie; Hofgänger, Land- und Forstarbeiter auf verschiedenen Gütern. Wegen eines Landarbeiterstreik 1922 gemeinsam mit den Eltern ausgesperrt. Wanderschaft, Tiefbauarbeiter in Hamburg, hier Mitglied des RFB und der RHD. 1926 Rückkehr nach Neubrandenburg, bis 1933 Arbeit auf dem Staatsforst Rowa. 1928 trat er der KPD bei. Als der Leiter der KPD-Ortsgruppe Neubrandenburg und Landtagsabgeordnete ▸ Erich Schmidt 1930 mit der Mehrheit der Mitglieder zur KPO ging, baute Giese die KPD Neubrandenburg neu auf. Am 13. März 1932 zog Giese für die KPD in den Landtag von Mecklenburg-Strelitz ein, dem er bis Anfang 1933 angehörte. Er wurde am 2. März 1933 in Neustrelitz durch die Gestapo verhaftet und saß bis Juli 1933 in »Schutzhaft«. Anschließend Tiefbauarbeiter, 1943 zur Wehrmacht einberufen. An der Ostfront verwundet, kam er nach Lazarettaufenthalt nach Norwegen. Im Juli 1945 kehrte Giese nach Neubrandenburg zurück und wurde Bürgermeister der Gemeinde Zirzow im Kreis Neubrandenburg, 1946 Sekretär der KPD in Neubrandenburg und ab April Sekretär der SED. Im Mai 1948 erhielt Giese den Parteiauftrag, die DBD mit aufzubauen und amtierte bis 1950 als Vorsitzender der Bauernpartei in Neubrandenburg. Ab Dezember 1950 Landrat des Kreises Grimmen, 1953 Vorsitzender des Rates des Bezirkes Neubrandenburg und von 1955 bis 1959 Vorsitzender der LPG »Roter

Stern« Neustrelitz. Adolf Giese starb am 7. November 1969 in Neustrelitz.

⏵ Giesselmann, Otto (* 1904 – † 1944)

Geboren am 2. April 1904 in Schildesche/Krs. Bielefeld, Sohn einer Arbeiterfamilie; kaufmännische Lehre, Metallarbeiter. 1921 Mitglied der kommunistischen Jugend, 1922 der KPD. Giesselmann leitete 1927 die KPD in Bielefeld-Ost und führte die kommunistische Fraktion im DMV Bielefeld. 1928 erwerbslos, meldete er sich beim ZK, um als Facharbeiter in die Sowjetunion zu kommen und konnte 1929 zum Studium an der Internationalen Leninschule nach Moskau reisen. Nach seiner Rückkehr wurde er vom ZK 1931 zum Nachfolger von ⏵ Eugen Wiedmaier als Polleiter des Bezirks Danzig eingesetzt. Im Februar 1933 in Danzig verhaftet und der Gestapo in Marienburg übergeben, die ihn in ein KZ überführte, aus dem er im Januar 1936 entlassen wurde. Giesselmann ging nach Bielefeld zurück und arbeitete als kaufmännischer Angestellter. Ende 1941 beteiligte er sich in der Gruppe Hermann Kleinewächter u. a. am Widerstand gegen die Nationalsozialisten. Mit zahlreichen Mitgliedern dieser Gruppe Ende 1943 verhaftet, wurden er und mehrere Mitangeklagte am 3. August 1944 vom 2. Senat des VGH zum Tode verurteilt. Otto Giesselmann wurde am 22. September 1944 in Bielefeld hingerichtet.

⏵ Gill, Hugo (* 1897 – † 1972)

Geboren am 6. Februar 1897 in Berlin, Sohn eines Tischlers, 1898 Umzug nach Hamburg; ungelernter Arbeiter. 1915 Eintritt in die SPD. 1917/18 Kriegsdienst. 1920 Mitglied der USPD, 1922 der KPD. Gill wurde Polleiter in einem Hamburger UB und später auch Mitarbeiter der BL Wasserkante bzw. Angestellter bei der sowjetischen Handelsgesellschaft DERUTRA. Im April 1932 wurde Gill in die Hamburger Bürgerschaft gewählt, der er bis März 1933 angehörte. Ab Januar 1933 war er Instrukteur und für die Verbindung zur Kampfgemeinschaft für rote Sporteinheit verantwortlich. Am 24. Oktober 1933 verhaftet und zu drei Jahren Zuchthaus verurteilt, im Dezember 1937 zwar entlassen, aber im Februar 1938 erneute Festnahme und Verurteilung zu eineinhalb Jahren Zuchthaus. Anschließend dienstverpflichtet, 1940 kam Gill nach Dänemark, zum Luftgaukommando Aalborg. Im Herbst 1944 zur Wehrmacht einberufen, kehrte er im Sommer 1945 schwer krank nach Hamburg zurück; Gill war bis 1956 hauptamtlicher Mitarbeiter der KPD-Landesleitung Hamburg und 1953 Bürgerschaftsabgeordneter. Nach dem KPD-Verbot zunächst arbeitslos, später Bote bei einer Hamburger Firma. Er gehörte seit 1956 der illegalen KPD-Landesleitung Schleswig-Holstein an und war ab 1968 in Hamburg Mitglied der DKP. Hugo Gill starb am 14. Mai 1972 in Hamburg.

⏵ Giwan, Heinrich (* 1881 – † 1957)

Am 1. August 1881 in Rosendorf geboren, Hilfsarbeiter, später zum Maschinisten ausgebildet. Nach Ableistung der Militärzeit Übersiedlung nach Berlin. 1902 Eintritt in die SPD, 1917 Übertritt zur USPD, 1920 KPD. Stadtverordneter in Berlin, dort seit 1923 Polleiter des wichtigen Bezirks Wedding. 1924 hauptamtlicher Funktionär zunächst in der Gewerkschaftsabteilung der BL Berlin-Brandenburg, dann in der Orgabteilung. Giwan war einer der Wortführer der Berliner KP in der Ruth-Fischer-Ära. Er war nach der Abspaltung der ultralinken Opposition im Mai 1925 aktiver Anhänger dieser Gruppe. Giwan war Teilnehmer der Erweiterten EKKI-Sitzung im Mai 1925, dort sowohl KPD-Vertreter in der Holländischen Kommission als auch auf der Orgkonferenz der Komintern. Als Delegierter des X. Parteitags 1925 kam er für die ultralinke Opposition in die Politische Kommission des Parteitages. Bei der Spaltung der Ultralinken 1926 ging er zu den »Entschiedenen Linken« von ▸ Karl Korsch. Am 1. Oktober 1926 aus der KPD ausgeschlossen »wegen konterrevolutionärer Handlungen gegen Sowjetrußland« (er hatte die russischen Proletarier zu verschärftem Klassenkampf und zur Vorbereitung einer zweiten Revolution aufgerufen). Wieder als Arbeiter beschäftigt, trat Giwan noch 1926 von der Korsch-Gruppe zur Kommunistischen Arbeiterpartei über und war bis 1933 Mitglied der KAP. Da er bereits vor 1933 von Wedding nach Spandau verzogen war, blieb den örtlichen NS-Behörden seine politische Einstellung unbekannt, und er entging dadurch Gestapo-Verfolgungen. Nach 1945 betätigte er sich nicht mehr politisch, wohnte als Rentner in West-Berlin, wo Heinrich Giwan am 26. Februar 1957 starb.

▸ Gladewitz, Richard (* 1898 – † 1969)

Geboren am 30. August 1898 in Zwickau, Sohn einer Arbeiterfamilie; Lehre und Arbeit als Kellner; 1917/18 Soldat im Weltkrieg. 1919 Mitglied der USPD, 1920 der KPD. Von 1919 bis 1921 Hilfsarbeiter in Chemnitz, von 1921 bis 1923 Kellner in Cuxhaven, zeitweise Ortsvorsitzender der KPD Cuxhaven, danach in Chemnitz. Ende 1928 bis Frühjahr 1929 Sekretär der RHD im Bezirk Erzgebirge-Vogtland, von 1929 bis 1933 Vorsitzender des Mieterverbandes Chemnitz. 1932 vom Reichsgericht zu achtzehn Monaten Festungshaft verurteilt, durch die Weihnachtsamnestie wieder frei. Im Januar 1933 noch zum Stadtverordneten und Stadtrat in Chemnitz gewählt, emigrierte er im Februar in die Tschechoslowakei. Ab Juli 1934 wieder in Deutschland, KPD-Orgleiter in Berlin, von Oktober 1934 bis Mai 1935 Polleiter der KPD in Oberschlesien. 1935 Teilnehmer des VII. Weltkongresses der Komintern in Moskau und der »Brüsseler Konferenz« der KPD. Anschließend übernahm Gladewitz mit ▸ Elli Schmidt die illegale Leitung der KPD in Berlin. Ab September 1937 Angehöriger der Internationalen Brigaden in Spanien, dort 1938/39 Kaderkommissar des »Hans-Beimler-Bataillons«, danach 1939 illegale Arbeit in Frankreich und Belgien, von September 1939 bis 1941 im Lager Gurs interniert. Später in der Résistance und Mitglied der illegalen KPD-Landesleitung. Im August 1945 1. Sekretär der KPD Plauen, von Dezember 1945 bis 1948 Leiter des Informationsamtes der Landesregierung Sachsen. 1950 leitete er die Abteilung Sowjetunion beim Berliner Rundfunk. Am 6. Dezember 1950 wurde Gladewitz in West-Berlin verhaftet und wegen »Menschenraubes« angeklagt, im August 1951 wegen »Mangels an Beweisen« aber freigesprochen. Von 1952 bis 1954 Redakteur bei der »Täglichen Rundschau«, dann stellvertretender Vorsitzender der GST. Von 1956 bis 1962 arbeitete er am IML. Er erhielt 1957 die französische Widerstandsmedaille, 1968 den VVO in Gold. Gladewitz war mit Hilde Janka (* 15. 1. 1906) verheiratet, einer Schwester von ▸ Albert Janka und Walter Janka (* 29. 4. 1914 – † 17. 3. 1994). Seine Tochter Sonja heiratete den späteren Leiter der Ständigen

Vertretung der DDR in der Bundesrepublik, Ewald Moldt. Richard Gladewitz starb am 23. November 1969.

▸ Glatzer, Helene (* 1902 – † 1935)

Geboren am 8. Februar 1902 in Weinböhla/Sachsen. Die Eltern waren seit 1905 Mitglied der SPD. Da der Vater früh verstarb, mußte die Mutter zwei Töchter allein erziehen. In Not aufgewachsen, schloß sich Helene Glatzer 1921 der Kommunistischen Jugend Deutschlands an. Sie arbeitete als Kontoristin in Dresden und war die Ernährerin der Familie. Funktionärin des KJVD in Ostsachsen, 1922 Eintritt in die KPD, 1925 verantwortlich für Frauenarbeit in der Bezirksleitung der KPD Ostsachsen (Dresden) und aktiv im Roten Frauen- und Mädchenbund. Von 1929 bis 1930 Abgeordnete des Sächsischen Landtags, setzte sie sich vor allem ein für die Gleichberechtigung und soziale Sicherung der proletarischen Frauen. 1930 in die UdSSR delegiert, arbeitete Helene Glatzer zunächst im Büro der Komintern und studierte dann über drei Jahre an der Internationalen Leninschule in Moskau. Sie heiratete dort den Arzt Max Tschalewitschow, wurde Anfang 1935 zur illegalen Arbeit nach Deutschland geschickt. Es gelang der Gestapo, sie am 26. Januar 1935 in Halle zu verhaften. Wenige Tage nach der Festnahme wurde Helene Glatzer am 31. Januar 1935 im Polizeigefängnis von Halle ermordet und am 6. Februar 1935 in Halle beigesetzt.

▸ Globig, Fritz (* 1892 – † 1970)

Als Sohn eines Schneidermeisters, der elf Kinder hatte, am 25. Januar 1892 in Leipzig geboren. Globig verlebte eine harte Kindheit, als Vierjährigem wurde ihm von einer Straßenbahn der rechte Unterarm abgefahren. Obwohl streng christlich erzogen, kam er über die Gewerkschaft bald zur sozialistischen Jugendbewegung. Von April 1906 bis 1910 Lehre als Chemigraph. Auf Wanderschaft fand Globig 1911 Arbeit in Stuttgart, dann in Dresden und Genf. Bei Kriegsausbruch nach Berlin, hier in der sozialistischen Jugendorganisation für die Spartakusgruppe aktiv. Als Vertreter der oppositionellen sozialistischen Jugend Berlins Teilnehmer der Gründungskonferenz der Spartakusgruppe im Januar 1916 und der Reichskonferenz im Oktober 1918. Auf dem Gründungsparteitag der KPD als Jugenddelegierter in die Programmkommission gewählt. Im Verlag der Jungen Garde erschien 1919 Globigs Schrift: »Was wir wollen«. Gemeinsam mit ▸ Leo Flieg und ▸ Fritz Heil-

mann im August 1919 als Vertreter der Freien Sozialistischen Jugend zur internationalen Jugendkonferenz delegiert. Er gehörte zur Leitung der FSJ, die sich im September 1920 in Kommunistische Jugend Deutschlands umbenannte, Redakteur ihres Organs »Junge Garde«. Vom Herbst 1919 bis Frühjahr 1921 wirkte Globig auch als Sekretär und Referent der KPD-Zentrale in Berlin. Er war von März bis November 1921 politischer Redakteur an der »Hamburger Volkszeitung«, anschließend politischer Redakteur und Sekretär.
1922 arbeitete er bei der diplomatischen Vertretung der RSFSR in Berlin, dann von März 1923 bis Mai 1926 als Redakteur bzw. Chefredakteur der »Arbeiterzeitung« in Bremen. Globig war ab 1923 Abgeordneter und von 1924 bis 1926 Fraktionsvorsitzender der KPD in der Bremer Bürgerschaft. Auf dem Bezirksparteitag 1924 in Bremen stimmte Globig für die Brandler-Richtung, ging dann aber im Mai 1924 zu den Linken über und blieb unter Polleiter ▸ Eugen Eppstein als einziger aus der früheren Bremer BL deren Mitglied und Chefredakteur. Er war von Mai 1926 bis Juni 1930 politischer Redakteur bzw. ab 1929 Chefredakteur der »Sächsischen Arbeiterzeitung« in Leipzig. Im Juni 1930 reiste Globig in die Sowjetunion, dort gehörte er von Juni 1930 bis 1931 als Mitglied zur Zentrale der IAH und fuhr als Leiter der Abteilung Presse und Propaganda mehrmals nach Deutschland. Am 22. April 1932 wurde er in die KPdSU übernommen. 1934 erhielt Globig wegen »mangelnder Wachsamkeit« eine Rüge, weil er in seiner Moskauer Wohnung zusammen mit ▸ Heinrich Kurella und ▸ Friedrich Heilmann Gespräche mit den »Trotzkisten« Lasar Schatzkin und Vujowitsch geführt hatte.
Zunächst wurde sein erster Parteiausschluß 1935 noch in eine »strenge Rüge« umgewandelt, aber am 25. November 1937 wurde Globig vom NKWD verhaftet und am 29. Dezember 1937 zu zehn Jahren Arbeitslager »wegen konterrevolutionärer Tätigkeit« verurteilt. In verschiedenen Zwangsarbeitslagern festgehalten, erkrankte Globig im Mai 1943 an doppelter Lungenentzündung und Tbc. 1943 trennte sich seine Frau ▸ Marta Globig von ihm. Seine Entlassung und Überweisung in ein Krankenhaus erfolgte erst am 12. Dezember 1947. Danach mußte er von März 1948 bis Mai 1955 als Schlosser im Schacht 36 in Karaganda arbeiten. Am 1. Juni 1955 kam Fritz Globig in die DDR. Er gehörte von 1957 bis Anfang 1961 als politischer Mitarbeiter der SED-BL Leipzig an und war vor allem in der Bezirkskommission zur Erforschung der Geschichte der örtlichen Arbeiterbewegung tätig. 1958 veröffentlichte er das Erinnerungsbuch über seine Jugend: »... aber verbunden sind wir mächtig«. 1962 erhielt er den Karl-Marx-Orden (dabei bestätigte ihm die BL der SED, »unter zum Teil schwierigsten persönlichen Bedingungen« gekämpft zu haben). Er gehörte zum Autoren-Kollektiv der achtbändigen »Geschichte der deutschen Arbeiterbewegung«. Fritz Globig starb am 24. Februar 1970 in Leipzig.

▸ Globig, Marta (* 1901 – † 1991)

Als Marta Jogsch am 9. Juli 1901 in Kiel-Gaarden geboren. Stenotypistin, Mitbegründerin der FSJ bzw. der KJD. 1919 gehörte sie der Zentrale der FSJ an und war bis 1921 für das Ressort Kinder- und Mädchenarbeit verantwortlich. Von 1922 bis 1924 Angestellte der sowjetischen Handelsvertretung in Berlin, wurde 1925 Mitarbeiterin des ZK der KPD. Von 1928 bis 1930 war

Marta Globig Mitglied der KPD-BL Westsachsen, Leiterin des RFMB Westsachsen. 1930/31 erneut Angestellte im ZK, Abteilung Information. 1931 folgte sie ihrem Mann ▸ Fritz Globig in die UdSSR und war dort von August 1931 bis August 1933 Mitarbeiterin der OMS, anschließend bis März 1935 wissenschaftliche Mitarbeiterin am Historischen Institut der Kommunistischen Akademie. Ab Juni 1936 sowjetische Staatsbürgerin, 1937 Redakteurin im Verlag ausländischer Arbeiter. Am 30. November 1937 vom NKWD verhaftet und am 28. Dezember 1937 durch die Sonderkommission zu zehn Jahren Freiheitsentzug wegen »konterrevolutionärer Tätigkeit« verurteilt. In ein Arbeitslager nach Karaganda verbannt, trennte sich 1943 von ihrem Mann. Ab November 1947 noch Zwangsansiedlung in Karaganda, wo sie Arbeiterin in einer Schuhfabrik war. Der Sohn Hans Globig (geb. 1921) kam 1941 in die berüchtigte »Arbeitsarmee« und verschwand. Mehrere Bittgesuche des PV der SED an das ZK der KPdSU um Rückkehr von Marta Globig blieben ergebnislos. Erst im Februar 1956 vom Moskauer Stadtgericht rehabilitiert, durfte sie im April 1956 in die DDR übersiedeln und war bis 1963 wissenschaftliche Mitarbeiterin am IML. Marta Globig starb am 21. März 1991 in Berlin.

▸ Glombitza, Ewald (* 1878 – † 1969)

Geboren am 16. November 1878 in Halbau/Schlesien, Sohn eines Webers; nach der Weberlehre Arbeit in einer englischen Weberei in Grünberg in Schlesien. 1902 Mitglied des Textilarbeiterverbandes, 1904 der SPD. 1913 zog Glombitza nach Limbach/Sachsen und war dort in der Folgezeit Vorsitzender des Textilarbeiterverbandes. 1913 Delegierter zum SPD-Parteitag in Jena. Von 1914 bis zu seiner Verwundung 1917 Soldat im Weltkrieg. Glombitza trat 1917 der USPD und 1918 dem Spartakusbund bei. Während der Novemberrevolution Mitglied des Limbacher Arbeiter- und Soldatenrates. Bis 1925 arbeitete er hauptamtlich im ADGB, war von 1925 bis 1930 Geschäftsführer des als »roten Konsum« bekannten Konsumvereins Limbach. Im April 1925 kam er als Nachfolgekandidat für den ausscheidenden ▸ Paul Bertz in den Sächsischen Landtag, dem er bis zum Ende der Legislaturperiode 1926 angehörte. 1925 zum Bürgermeister von Kändler bei Limbach-Oberfrohna gewählt, übte er dieses Amt bis 1931 aus. Glombitza wurde 1928 wegen »Disziplinbruchs« von der BL Erzgebirge-Vogtland aus der KPD ausgeschlossen, weil er sich als Bürgermeister nicht an den Beschluß der BL gehalten hatte, gegen die von der Sächsischen Landesregierung geplante Erhöhung der Grundsteuer zu kämpfen.
Er arbeitete von 1931 bis zum Rentenalter in einer Gießerei bei Chemnitz, wohnte dann, politisch zurückgezogen, in Kändler. Ewald Glombitza starb am 15. Dezember 1969.

▸ Glückauf, Erich (* 1903 – † 1977)

Geboren am 12. September 1903 in Wittlich/Mosel, Sohn eines Buchdruckers; von 1919 bis 1922 Berg-, Land- und Bauarbeiter. 1919 Mitglied der AAU. Während des Kapp-Putsches Angehöriger der Roten Ruhrarmee und Mitglied der KPD. Von 1924 bis 1927 Redaktionsvolontär bzw. Lokalredakteur an der »Arbeiterzeitung« in Breslau und an der »Niedersächsischen Arbeiterzeitung« in Hannover. Von 1927 bis 1932 leitete Glückauf den Pressedienst, war Sekretär der Reichstagsfraktion und Redakteur des Mitteilungsblattes »Rote Wähler«. Ende 1932 Chefredakteur der »Freiheit« in Düsseldorf, gehörte er bis Anfang März 1933 dem Sekretariat der BL Niederrhein an. Im Mai 1933 illegal Polleiter dieses KPD-Bezirks, emigrierte Ende 1933 nach Moskau, war dort 1934 zunächst Referent im mitteleuropäischen Sekretariat der Komintern. Danach Chefredakteur der Saarbrücker »Arbeiterzeitung«. Anfang 1935 arbeitete Glückauf mit ▸ Wienand Kaasch als illegaler ZK-Instrukteur in Berlin, anschließend in der ČSR und Belgien. 1936 Angehöriger der Internationalen Brigaden in Spanien und Lektor an Partei- und Offiziersschulen sowie Redakteur des »Deutschen Freiheitssenders 29,8« in Valencia.

Ab 1939 ZK-Instrukteur in den Niederlanden, dort verhaftet und nach dreimonatiger Haft von Amsterdam nach Belgien ausgewiesen, er hielt sich in Frankreich auf. Von August 1939 bis 1945 lebte Glückauf in Schweden, war 1940/41 in Langmora interniert und arbeitete von 1942 bis 1945 als Dreher in Stockholm. Er gehörte zur Leitung der deutschen Kommunisten in Schweden und war Verbindungsmann zum sowjetischen Nachrichtendienst, redigierte die deutschsprachige antifaschistische Zeitschrift »Politische Information«. Ende 1945 nach Deutschland zurückgekehrt, wurde Glückauf Chefredakteur der »Volkszeitung« bzw. der »Landeszeitung« in Schwerin. 1948/49 stellvertretender Vorsitzender des SED-LV Mecklenburg. Im Juni 1949 gemeinsam mit ▸ Karl Schirdewan zum Leiter der Abteilung Agitation und Propaganda in der Westkommission der SED berufen, gehörte er zu den wichtigsten Funktionären, die von Ost-Berlin aus die westdeutsche KPD anleiteten. Von 1959 bis 1971 Mitglied des Politbüros der verbotenen KPD, schied dann aus der Westarbeit aus und kam 1971 ins Redaktionskollegium der Zeitschrift »Probleme des Friedens und des Sozialismus« in Prag. Seit 1975 wissenschaftlicher Mitarbeiter am IML, veröffentlichte 1976 seine Erinnerungen unter dem Titel: »Begegnungen und Signale«, die auf Veranlassung von ▸ Karl Mewis zurückgezogen wurden. Er erhielt 1970 den Karl-Marx-Orden. Erich Glückauf starb am 23. April 1977 in Ost-Berlin.

▸ Gmeiner, Paul (* 1892 – † 1944)

Geboren am 26. August 1892 in Afferde/Westfalen, lernte Dreher und siedelte nach Braunschweig über, wo er 1912 der SPD beitrat und 1917 zur USPD wechselte. Aktiver Funktionär der USPD, Gewerkschaftssekretär, Delegierter auf dem USPD-Parteitag im März 1919. Mitglied des Beirates der USPD, nahm im April 1919 am 2. Reichsrätekongreß der Arbeiter- und Soldatenräte in Berlin und am Vereinigungsparteitag von linker USPD und KPD 1920 teil. Dann führender Funktionär der KPD in Braunschweig, wo Gmeiner 1923 vor allem mit dem Aufbau der militärischen Organisation und dem Kauf von Waffen für die BL Niedersachsen beauftragt war. Deswegen im November 1923 verhaftet und im September 1924 zu drei Jahren und neun Monaten Gefängnis verurteilt. Inzwischen aber zum Abgeordneten des Landtags von Braunschweig gewählt, wurde er 1926 aus dem Gefängnis entlassen. Von 1926 bis 1929 Leiter der KPD in Braunschweig, blieb Gmeiner bis 1933 Abgeordneter des Braunschweiger Landtags und war dort bis 1928 auch für den RFB verantwortlich. 1933 als Führer der illegalen Arbeit der KPD in Braunschweig von der Polizei gesucht, bei seiner Verhaftung Ende 1933 wurde er schwer mißhandelt. Nach Überführung ins KZ Sachsenhausen war er dort als Blockältester der Baracke 3 von seinen Mitgefangenen aller Richtungen geachtet. Paul Gmeiner kam am 18. April 1944 bei einem Bombenangriff auf das Außenkommando Heinkel des KZ Sachsenhausen ums Leben.

▸ Göbel, Jakob (* 1899 – † 1937?)

Geboren am 31. Januar 1899 in Frankfurt/M.; Bergarbeiter und Schlosser. 1913 Mitglied der Arbeiterjugend, 1919 der SPD, 1920 der USPD bzw. der VKPD. Göbel wurde 1927 UB-Sekretär in Dortmund und 1928 Gauführer des RFB Ruhr. Im April 1932 wurde er in den Preußischen Landtag gewählt, auch am 5. März 1933 erneut Abgeordneter. 1933 zunächst für die KPD illegal tätig, emigrierte im September 1933 über die

Tschechoslowakei in die Sowjetunion. Dort wurde er im November 1937 vom NKWD verhaftet und in einem Prozeß 1937 vor dem Militärtribunal als »Spion« angeklagt und verurteilt, kurz danach ist Jakob Göbel erschossen worden. 1962 von Sowjetbehörden »rehabilitiert«.

▸ Götz, Joseph (* 1895 – † 1933)

Geboren als Sohn einer ledigen Mutter am 15. November 1895 in München, verlebte eine schwere Kindheit; lernte Schlosser. 1914 zum Militär eingezogen, Heizer bei der Marine. Hier spielte Götz als Oberheizer auf der »Nassau« bei der Matrosen-Meuterei 1917 eine führende Rolle. Er wurde deswegen am 6. Dezember 1917 zu sechs Jahren Zuchthaus verurteilt und erst durch die Novemberrevolution 1918 befreit. Götz kehrte nach München zurück, schloß sich dem Spartakusbund und dann der KPD an und gehörte zur Matrosenkompanie, die sich für die Räterepublik einsetzte. Im Mai 1919 in Nürnberg verhaftet, weil er eine Demonstration gegen die Erschießung von Kommunisten organisiert hatte. Nach der Freilassung arbeitete Götz bis 1922 als Schlosser, dann erwerbslos, im Februar 1923 wurde er von der KPD als Sekretär für Gewerkschaftsfragen bei der BL Südbayern hauptamtlich angestellt. Götz saß von Oktober 1923 bis April 1924 in »Schutzhaft«, im Juli 1924 erneut zu sechs Monaten Gefängnis verurteilt. Mitte 1924 Orgleiter der KPD Südbayern, als Abgeordneter in den Bayerischen Landtag gewählt. Am 16. Februar 1925 auf der Süddeutschen Konferenz der KPD zusammen mit vielen anderen kommunistischen Funktionären verhaftet. Wegen Betätigung in der in Bayern noch immer illegalen KPD in Untersuchungshaft (zusammen mit dem Polleiter ▸ Joseph Schlaffer) und trotz seiner Immunität bis Dezember 1925 in Stadelheim festgehalten. Vom 18. bis 21. Januar 1926 Prozeß vor dem Reichsgericht in Leipzig, das ihn wegen Tätigkeit für die verbotene KPD zu drei Jahren und drei Monaten Gefängnis verurteilte. Da der Landtag im Juni 1926 seine Immunität aufhob, flüchtete Götz für einige Zeit nach Moskau und legte von dort aus im Januar 1927 sein Mandat nieder. Nach der Amnestie 1928 nach Deutschland zurückgekehrt, wurde Götz erneut in den Bayerischen Landtag gewählt und wieder Orgleiter der KPD in Südbayern. Im März 1933 verhaftet und ins KZ Dachau gebracht. Dort wurde Joseph Götz von der SS unmenschlich gefoltert und nach der Flucht von ▸ Hans Beimler sofort am 9. Mai 1933 erschossen.

▸ Gohl, Max Paul (* 1886 – † 1951)

Geboren am 18. April 1886 in Rixdorf bei Berlin. Vier Jahre Metalldrückerlehre, von 1906 bis

1908 Militärdienst. 1910 Mitglied der SPD. Im August 1914 eingezogen, 1917 an der Westfront verschüttet und als Kriegsbeschädigter entlassen. 1917 Mitglied der USPD. 1919 Eisendreher, 1920 hauptamtlicher Gewerkschaftssekretär im DMV Berlin. Mit der linken USPD 1920 zur KPD. Gohl verlor 1923 seine Gewerkschaftsposition. Zeitweise Funktionär der KPD in Württemberg, wo er seine spätere Frau Maria Reischmann (* 4. 3. 1905 – † 13. 3. 1989) kennenlernte, mit der er bis 1932 verheiratet war. 1924 wurde er Mitglied der BL Berlin-Brandenburg der KPD. Nach der Absetzung ▸ Ruth Fischers wählte ihn der Berliner Bezirksparteitag 1925 (zusammen mit ▸ Wilhelm Kasper) gegen die vom ZK vorgeschlagenen Kandidaten ▸ Max Frenzel und ▸ Otto Kühne zum Sekretär für Gewerkschaftsfragen bei der BL. Gohl hielt sich bei den Fraktionsauseinandersetzungen zurück. Er schied wegen Krankheit im April 1928 aus der BL Berlin-Brandenburg aus und wurde im Juni 1930 Angestellter der »Inprekorr«, 1931 Redakteur dieser kommunistischen Pressekorrespondenz. Im März 1932 zu acht Monaten Festungshaft verurteilt. Ab 1933 illegal für die KPD aktiv, wurde Gohl verhaftet und fast zehn Jahre in verschiedenen KZs festgehalten. 1945 schloß er sich der KPD und 1946 der SED an, übte verschiedene kleine Funktionen aus und war von 1948 an in der staatlichen Handelsorganisation HO tätig. Max Paul Gohl wohnte in West-Berlin (Zehlendorf), er starb am 25. Januar 1951 nach kurzer Krankheit in einem Ostberliner Krankenhaus.

▸ Gohr, Theodor (* 1881 – † 1950)

Geboren am 23. März 1881 in Osche/Krs. Schwetz in Westpreußen, kam in jungen Jahren nach Niedersachsen. Im Weltkrieg Soldat, nach dem Krieg Maschinenarbeiter in Hannover. Mitglied und Funktionär der USPD. 1920 mit der linken USPD zur KPD übergetreten, Anhänger des linken KPD-Flügels. Von 1921 bis 1923 Mitglied des ZA für Niedersachsen, 1924 Delegierter des IX. Parteitages in Frankfurt, wandte sich Gohr besonders radikal gegen die von der Komintern geforderte Gewerkschaftslinie und trat für selbständige kommunistische Gewerkschaften ein. Im Mai 1924 als Kandidat der KPD zur Reichstagswahl aufgestellt (Platz hinter ▸ Iwan Katz im Wahlbezirk Südhannover-Braunschweig), aber nicht gewählt. Zum Vorsitzenden der KPD Hannover berufen, war er von Mitte 1924 an auch Sekretär der BL Niedersachsen. Ende 1924 für einige Monate Orgleiter von Niedersachsen. Gohr war Ultralinker und aktiver Anhänger von Iwan Katz. Im Frühjahr 1925 deswegen aus der BL entfernt, konnte er aber seine Position in der KPD Hannover halten. Er organisierte im Januar 1926 den Sturm der Ultralinken auf das Büro der BL Niedersachsen in Hannover und wurde deshalb zusammen mit Katz aus der KPD ausgeschlossen. Gohr wurde Mitbegründer des Spartakusbundes II. Ende 1926 legte er – gemeinsam mit Berthold Karwahne – sein Stadtverordnetenmandat nieder. Da Katz jedoch sein Mandat behielt, schied Gohr, der nun auch den Parlamentarismus ablehnte, aus dem Spartakusbund aus. Er näherte sich der KAP an, trat aber politisch nicht mehr hervor. Während der Hitler-Zeit wegen seiner Vergangenheit überwacht, war er bis zur Rente 1946 als Arbeiter beschäftigt. Theodor Gohr starb am 2. Januar 1950 in Hannover.

▸ Goldenbaum, Ernst (* 1898 – † 1990)

Geboren als Sohn eines Arbeiters am 15. Dezember 1898 in Parchim/Mecklenburg; landwirtschaftliche Lehre, dann 1917 Soldat. 1919 Mitglied der USPD, kam mit deren linkem Flügel 1920 zur KPD. 1921 in die BL der KPD Mecklenburg gewählt, seit dieser Zeit hauptamtlich tätig. 1924 zog er als KPD-Abgeordneter in den Landtag von Mecklenburg-Schwerin ein, dem er bis 1926 und dann wieder von 1929 bis 1932 angehörte. 1927 UB-Sekretär in Rostock und Redakteur des Mecklenburger KP-Organs »Volkswacht«. Von 1929 bis 1932 Sekretär der KPD, dann verhaftet und

1933 erneut festgenommen. Nach der Freilassung 1934 Landwirt, dazwischen mehrmals in Haft, 1936 und 1944/45 im KZ Neuengamme. Goldenbaum war einer der wenigen, die sich im Mai 1945 von dem mit KZ-Häftlingen überfüllten und bombardierten Schiff »Cap Arcona« retten konnten.

1945 wurde er Bürgermeister in Parchim, 1945/46 Geschäftsführer der Landeskommission für die Bodenreform in Mecklenburg, dann Ministerialdirektor im Landwirtschaftsministerium Mecklenburg. Schließlich wurde er von der KPD/SED für die Arbeit in anderen Organisationen »abgestellt«. Zunächst Abgeordneter der Vereinigung der gegenseitigen Bauernhilfe (VdgB) im Mecklenburger Landtag. Im März 1948 wurde er Vorsitzender des Landesgründungsausschusses der Demokratischen Bauernpartei Deutschlands (DBD) und war von 1948 bis 1982 Vorsitzender dieser DDR-»Block«-Partei, ab Mai 1982 Ehrenvorsitzender. Er saß von 1949 bis März 1990 als deren Abgeordneter in der Volkskammer, war 1949/50 Minister für Land- und Forstwirtschaft der DDR. Stellvertretender Ministerpräsident und von Oktober 1976 bis Juli 1982 einer der Stellvertreter des Vorsitzenden des Staatsrates der DDR. Er erhielt 1973 den Karl-Marx-Orden. Ernst Goldenbaum starb am 13. März 1990. Sein Sohn Klaus Goldenbaum (*1928) war von 1980 bis 1984 DDR-Botschafter in der Schweiz.

⏵ Goldenberg, Boris Dr. phil. (* 1905 – † 1980)

Geboren am 7. August 1905 in St. Petersburg als Sohn eines Rechtsanwalts; besuchte ab 1920 ein Gymnasium in Berlin, studierte Geschichte in Berlin und Heidelberg und promovierte 1930. Er war von 1924 bis 1926 (Ausschluß) in der SPD, ab 1927 in der KPD. Zusammen mit ⏵ Franz Borkenau und ⏵ Richard Löwenthal leitete er die Kostufra, die kommunistische Studentenorganisation. 1929 aus der KPD ausgeschlossen, Mitglied der KPO, ab 1932 der SAP. Seine Dissertation »Beiträge zur deutschen Vorkriegssozialdemokratie« (Heidelberg 1930) machte ihn bekannt. Im März 1933 in Berlin verhaftet und mißhandelt, konnte Goldenberg im April 1933 über Brüssel nach Paris emigrieren, dort war er in der Auslandsleitung der SAP (Pseudonym R. Frey). Von 1935 bis 1937 bei Verwandten in Palästina, danach kehrte Goldenberg nach Paris zurück und gehörte zu den Unterzeichnern des Volksfrontaufrufs vom Januar 1937. Bei Kriegsausbruch konnte er nach Südfrankreich fliehen und gelangte im September 1941 nach Kuba. Er lebte bis 1960 in Havanna als Lehrer und zuletzt Gastprofessor, kam dann als Gegner Castros über London 1964 nach Deutschland. Hier war Goldenberg von 1964 bis zum Ruhestand Leiter der Lateinamerika-Redaktion der Deutschen Welle in Köln. Neben einer Karl-Marx-Auswahl veröffentlichte er mehrere Bücher zu Kuba und zum Kommunismus in Lateinamerika. Boris Goldenberg starb 1980 in Köln.

⏵ Goldhammer, Bruno (* 1905 – † 1971)

Geboren am 10. Februar 1905 in Dresden, Sohn eines Textilkaufmanns; Besuch eines Gymnasiums in Dresden, Ausbildung im Buchhandel, dann Volontär und Redakteur. 1920 Mitglied

der Kommunistischen Jugend, 1923 der KPD. 1927 wurde er Redakteur bei der Dresdener KPD-Zeitung »Sächsische Arbeiterstimme«. In den Auseinandersetzungen mit den Rechten in Sachsen radikaler Anhänger des stalinistischen Flügels, übernahm Goldhammer 1929 (als Nachfolger ▸ Rudolf Renners, seinem ehemaligem Mentor) die Chefredaktion der Zeitung. Im Januar 1930 zu einem Jahr Festung verurteilt, von 1931 bis 1933 Redakteur in Chemnitz und journalistischer Parlamentsberichterstatter im Sächsischen Landtag. Im Februar 1933 – als Jude besonders gefährdet – emigrierte er nach Prag, gehörte hier der Emigrationsleitung an. 1935 unter dem Pseudonym Brenner Redakteur an der Kominternzeitschrift »Rundschau«, 1936 wurde er Funktionär der KPD-AL Süd und Chefredakteur der illegalen »Süddeutschen Information«, dann der »Süddeutschen Volksstimme«. Ab Juli 1940 längere Zeit interniert. Goldhammer hatte in der Schweiz enge Kontakte zu Noel H. Field, der deutsche kommunistische Emigranten finanziell unterstützte.

1945 kehrte Goldhammer nach Deutschland zurück und wurde KPD-Sekretär in München. Im Juni 1946 wegen Kritik an der Besatzungsmacht kurze Zeit inhaftiert. 1947 nach Berlin geholt, Mitarbeiter der Deutschen Verwaltung für Volksbildung. 1947/48 Chefredakteur des Nachrichtendienstes ADN, dann 1948/49 Chefredakteur des Berliner Rundfunks, 1949 zeitweilig auch stellvertretender Intendant und 1950 im Amt für Information. Am 24. August 1950 aus der SED ausgeschlossen und in der ZK-»Erklärung über Verbindungen deutscher Emigranten mit Noel H. Field« als der »Hauptschuldige für das Eindringen Noel H. Fields in die deutsche Emigration in der Schweiz« bezeichnet. Vor allem wurde ihm vorgeworfen, »nicht behilflich« zu sein bei der »Klärung« und »unaufrichtig gegenüber der Partei«. Noch am gleichen Tag verhaftet, saß er dreieinhalb Jahre in Untersuchungshaft. Alle Anstrengungen seiner MfS-Vernehmer konnten Goldhammer nicht zu einem falschen »Geständnis« bringen. Auch vor dem Obersten Gericht der DDR, das ihn am 28. April 1954 wegen »Verbrechens gegen Kontrollratsgesetz Nr. 10 und Kontrollratsdirektive Nr. 38« zu zehn Jahren Zuchthaus verurteilte, blieb er standhaft.

Erst nach dem XX. Parteitag der KPdSU und den Enthüllungen in Ungarn und Polen über die Field-Affäre als stalinistische Fälschung wurde Goldhammer im April 1956 aus dem Zuchthaus Brandenburg entlassen und im Oktober 1956 öffentlich rehabilitiert. Er blieb in der DDR, kam wieder in die SED und wurde 1956 Redakteur der Zeitschrift »Zeit im Bild« in Dresden. Im Juni 1957 sollte Goldhammer Chefredakteur der SED-Bezirkszeitung »Freiheit« in Halle werden, doch am Tag seines Arbeitsbeginns erlitt er einen Schlaganfall und mußte für längere Zeit in ärztliche Behandlung. Nach der Genesung arbeitete er wieder an der Zeitschrift »Zeit im Bild«, 1970 erhielt er den VVO in Gold. Bruno Goldhammer starb am 7. August 1971 in Dresden.

▸ Goldstein, Arthur (* 1887 – † 1942?)

Geboren am 18. März 1887 in Lipine/Oberschlesien, Journalist, 1914 Mitglied der SPD, 1917 der USPD, gehörte zur kommunistischen Opposition in Berlin. 1920 Gründungsmitglied der KAPD, zeitweilig verantwortlicher Redakteur der »Kommunistischen Arbeiterzeitung«. Goldstein wandte sich in seiner Broschüre »Nation und Internationale« (1920) scharf gegen den Nationalbolschewismus der Hamburger KAPD-Führer ▸ Heinrich Laufenberg und ▸ Fritz Wolffheim. Ende 1920 noch als erster Vertreter der KAPD in das EKKI nach Moskau delegiert, wurde er im März 1922 mit ▸ Karl Schröder u. a. aus der KAPD ausgeschlossen. Danach Mitarbeiter an ▸ Paul Levis Zeitschrift »Unser Weg«, Ende 1923 trat er in die SPD ein. Ab 1928 war Goldstein in der Sozialwissenschaftlichen Vereinigung, er beteiligte sich 1929 angesichts von Wirtschaftskrise und wachsender Gefahr einer Rechts-Diktatur am Aufbau konspirativer Zirkel wie der »Roten Kämpfer« innerhalb der SPD. Goldstein schrieb in den »RK-Rundbriefen« vor allem über wirtschaftliche Fragen, gleichzeitig arbeitete er an sozialdemokratischen Blättern, etwa dem »Vorwärts«, mit. 1933 Emigration nach Paris, stand in Verbindung zu sozialistischen Splittergruppen im Exil und bemühte sich vergeblich, eine Auslandsorganisation für die »Roten Kämpfer« zu organisieren. Nach der deutschen Besetzung Frankreichs wurde Arthur Goldstein vermutlich 1942 von der SS getötet, bzw. soll in einem NS-KZ umgekommen sein.

▸ Golke, Arthur (* 1886 – † 1938)

Geboren am 14. Oktober 1886 in Danzig, Sohn einer Arbeiterfamilie; Arbeitsbursche, anschließend Dreherlehre auf der Schiffswerft Schichau/Danzig. 1905 übersiedelte er nach Berlin und arbeitete hier u. a. bei der Deutschen Waffen- und Munitionsfabrik. Golke trat 1908 der SPD bei, zu deren linkem Flügel er gehörte.
Von 1914 bis 1916 Soldat im Weltkrieg, von 1917 bis 1920 Dreher in einer Türschließerfabrik. Während des Krieges schloß er sich der Spartakusgruppe an und war seit Gründung der KPD deren Mitglied. Von 1919 bis 1933 gehörte Golke der BL der KPD Berlin-Brandenburg an, er war ab 1920 Sekretär und Kassierer dieser BL. Delegierter auf dem III. Parteitag 1920, wurde dort in die Mandatsprüfungskommission gewählt. Golke spielte zusammen mit seinen Brüdern (▸ Gustav Golke) in der Berliner Parteiorganisation eine beachtliche Rolle. Im Dezember 1924 als Abgeordneter in den Preußischen Landtag gewählt, dem er bis 1933 angehörte. 1925 wurde er als Nachfolger ▸ Arthur Königs Hauptkassierer des ZK sowie Mitglied des ZK. Auf dem XI. Parteitag 1927 erneut ins ZK gewählt, in das er auch 1929 wieder aufgenommen wurde. In der Eröffnungssitzung des Preußischen Landtags im Juni 1928 schlug der robuste Golke den Landtagsabgeordneten Dr. Ponsick von der Christlich-Nationalen Bauern- und Landvolkpartei zusammen, das deswegen gegen ihn eingeleitete Verfahren wurde später eingestellt. Seit 1930 war Golke auch Mitglied des ZK der IAH und Vorsitzender der Internationalen Revisionskommission. Bis März 1933 blieb er Hauptkassierer des ZK der KPD, sein Nachfolger wurde ▸ Walter Beling. Am 12. März 1933 auch in die Berliner Stadtverordnetenversammlung gewählt, das Mandat konnte er aber wegen der drohenden Verfolgung durch die Nazis nicht wahrnehmen.
Golke lebte einige Zeit illegal unter dem Namen Artur Arden, emigrierte 1934 über Prag und Paris in die Sowjetunion wohin ihm seine Frau mit zwei Töchtern folgte. Er arbeitete in der Komintern-Zentrale in Moskau. Dort wurde Golke Anfang 1937 mehrfach von der IKK verhört und anschließend verhaftet. Arthur Golke

wurde nach einem Prozeß vor dem sowjetischen Militärtribunal zum Tode verurteilt und am 9. August 1938 erschossen.
Seine Frau **Hedwig**, geborene Hoffmann (* 7. 2. 1890 – † 24. 10. 1955), mit der er seit 1910 verheiratet war und die seit 1919 der KPD angehörte, durfte im April 1947 nach Deutschland zurückkehren, ebenso die zwei Töchter Gerda (* 14. 5. 1911) und **Marta Golke** (* 3. 7. 1913 – † 23. 11. 1993). Marta, seit 1929 in der KPD, war 1936 Mitarbeiterin der Komintern, von 1938 bis 1941 Lohnbuchhalterin. 1941 Evakuierung nach Ufa. Später Mitarbeiterin am Deutschen Volkssender. 1947 Mitglied der SED, Sekretärin des Leiters der Kaderabteilung ▸ Philipp Daub. Von 1949 bis 1972 war Marta Golke Leiterin der Allgemeinen Abteilung des ZK der SED. Die ZPKK der SED »rehabilitierte« Arthur Golke 1956 »nach mutmaßlichem Tode«.

▸ Golke, Gustav (* 1889 – † 1937)

Geboren 1889 in Berlin, lernte Schlosser. Er trat 1920 der KPD bei und wurde 1925 hauptamtlicher Mitarbeiter der Kaderabteilung des ZK. Im Januar 1923 ging er mit ▸ Ruth Fischer eine Scheinheirat ein, damit diese die deutsche Staatsangehörigkeit erhielt. 1927 wurde Gustav Golke (Bruder des ZK-Kassierers ▸ Arthur Golke) nach Moskau delegiert, um dort die Leitung des Sektors Kader des Verbindungsdienstes der Komintern zu übernehmen. Unter dem Pseudonym Rosenfeld hat er zehn Jahre lang wichtige Funktionen in der Kaderabteilung der Komintern ausgeübt. Im April 1937 in Moskau verhaftet, wurde Gustav Golke am 2. November 1937 vom Militärkollegium des Obersten Gerichtes der UdSSR zum Tode verurteilt und erschossen. Die Behörden der Sowjetunion »rehabilitierten« Gustav Golke 1956.

▸ Gollmick, Walter (* 1900 – † 1945)

Geboren am 4. Oktober 1900 in Berlin-Schöneberg, kaufmännische Lehre, anschließend kaufmännischer Angestellter. Nach der Revolution Mitglied der Kommunistischen Jugend, seit 1920 der KPD. Als Vertreter der Reichszentrale der Kommunistischen Jugend unterschrieb er im Dezember 1921 einen Protest gegen die feindliche Haltung der KPD-Zentrale zur KAG, blieb aber in der KJD und übernahm hauptamtliche Funktionen. Seit 1921 Stadtverordneter in Berlin. Längere Zeit für Agitproparbeit in der Zentrale des KJVD verantwortlich. 1926 unter dem Pseudonym Kanzai Redakteur in Suhl. Gollmicks Versuch, den Einfluß ▸ Guido Heyms am linksoppositionellen Suhler »Volkswillen« einzudämmen, mißlang. Er war 1928 Agitpropsekretär der BL Ruhr in Essen, Anfang 1929 ins ZK nach Berlin geholt, um in der Agitpropabteilung eine verantwortliche Tätigkeit zu übernehmen. Bis 1933 übte Gollmick im ZK verschiedene wichtige Funktionen aus, 1933 enger Mitarbeiter von ▸ John Schehr, bis zu dessen Verhaftung. 1934 Emigration, Grenzarbeit in Dänemark, in Kopenhagen Redakteur der Abschnittsleitung Nord. Gollmick redigierte die von der AL herausgegebene Zeitschrift »Norddeutsche Tribüne«. Er wurde nach der deutschen Besetzung verhaftet. Ende 1941 befand sich Gollmick in »Schutzhaft« in Hamburg, dort 1944 entlassen, stand aber unter Polizeiaufsicht.
Die Ehefrau Gollmicks wandte sich Mitte 1946 von Niedersachsen aus an ▸ Wilhelm Pieck und bat um Unterstützung ihrer Anerkennung als OdF. Am 7. September 1946 teilte das Büro Pieck mit, daß Gollmick in der Tat bis zum Jahre 1933 Mitarbeiter der Agitpropabteilung des ZK war und in der Illegalität in Berlin diese Funktion noch weiter ausübte. Widersprochen wurde jedoch den Angaben der Ehefrau, Gollmick sei 1937 in Hamburg zu sieben Jahren Zuchthaus verurteilt worden. Vielmehr sei er 1940 bzw. 1941 in Kopenhagen von der Gestapo verhaftet und nach Hamburg gebracht worden, wo er »umfiel« und zu einem »Agenten der Gestapo« wurde. Wörtlich hieß es in dem Schreiben: »Er ist nach uns hier vorliegenden Mitteilungen im Jahre 1945 nicht von der SS in Hamburg ermordet worden, sondern hat nach dem Zusammen-

bruch des Naziregimes Selbstmord begangen, da er nach dem von ihm verübten Verrat keinen anderen Ausweg gesehen hat.« Amtlich ist Walter Gollmick am 15. Februar 1945 in Hamburg verstorben.

› Goppelt, Franz (* 1894 – † 1975)

Geboren am 26. November 1894 in Staßfurt, Sohn eines Kellners; Lehre und Arbeit als Motorenschlosser. 1912 Mitglied des DMV, 1913 der SPD. 1914/15 Soldat im Weltkrieg, von 1915 bis 1918 Arbeiter bei Krupp in Oberhausen. 1917 Mitglied der USPD und der Spartakusgruppe, Vorsitzender der USPD-Ortsgruppe in Oberhausen. Im November 1918 wurde Goppelt dort Vorsitzender des Arbeiter- und Soldatenrates, im Dezember 1918 nahm er als Delegierter am Gründungsparteitag der KPD in Berlin teil. Bis 1923 war er Mitglied des Bezirksausschusses der KPD Rheinland-Westfalen. Im Januar 1920 verurteilte ihn das Militärgericht in Wesel zu eineinhalb Jahren Gefängnis. Während des Kapp-Putsches wurde er im April 1920 aus dem Gefängnis in Bochum befreit, er flüchtete nach Moers, ins belgisch besetzte Gebiet. Hier vertrat er zeitweilig den UB-Sekretär › Arthur König. Im Oktober 1923 von der Zentrale beauftragt, Waffen zu beschaffen und zu lagern, lebte Goppelt bis Mai/Juni 1924 illegal. Anschließend arbeitete er als Taxifahrer und bei der Berliner Verkehrsgesellschaft. 1933 für die illegale KPD in Berlin tätig und hier ab 1936 Schweißer. Im März 1945 Umsiedlung nach Calau, im Juni 1945 trat er in den Polizeidienst und wurde Kriminalrat in Calau. 1946 nach Potsdam versetzt, stellvertretender Leiter des LKA Brandenburg. 1950/51 war Goppelt Kommandeur der MfS-Landesbehörde Mecklenburg, 1953 Offizier der KVP, von 1956 bis 1958 der NVA, zuletzt Stellvertreter des Chefs des Wehrbezirkskommandos Schwerin. Als Major d. R. 1958 ausgeschieden, erhielt er 1974 den VVO in Gold. Franz Goppelt starb am 7. Januar 1975 in Krakow am See/Krs. Güstrow.

› Gostomski, Hans (* 1898 – † 1934)

Geboren am 12. September 1898 in Berlin, besuchte die Stadtschule in Lenzen/Elbe und studierte am Seminar für orientalische Sprachen in Berlin. Anschließend kaufmännischer Volontär, kam 1918 an die Front, wo er schwer verwundet wurde. Gostomski gehörte dem Soldatenrat des XX. Armeekorps an. 1919 Korrespondent beim Berliner Magistrat, er wurde Mitglied der USPD und 1920 der KPD. 1922 Übersiedlung nach Hamburg, wo er als Expedient arbeitete und 1924 in die Hamburger Bürgerschaft gewählt wurde. Gauleiter und Sekretär des kommunistischen »Internationalen Bundes der Opfer des Krieges und der Arbeit«. Im April 1925 legte er wegen angeblicher persönlicher Verfehlungen sein Mandat in der Bürgerschaft nieder und wurde nach Berlin versetzt. Gostomski zählte zur linken Opposition an und soll Opfer von Intrigen geworden sein. 1927 Austritt aus der KPD, nun in verschiedenen linken Gruppen tätig. Einer der Mitbegründer der Berliner SAP, zeitweilig Leiter der SAP Berlin und ihr Kandidat bei Wahlen. Nach 1933 mehrmals verhaftet, soll Gostomski nach seiner Verhaftung 1934 den Freitod gewählt haben, um weder seiner Familie, noch seinen Gesinnungsgenossen zu schaden.

› Graaf, Jonny de (* 1894 – † 1980?)

Geboren am 11. Mai 1894 in Nordenham als Johann de Graaf, Sohn eines Musikers. Verließ das Elternhaus und wurde Schiffsjunge bei der Handelsmarine, später Matrose. Wegen antimilitaristischer Propaganda im Oktober 1914 in Rotterdam verhaftet und als »lästiger Ausländer« nach Deutschland abgeschoben. Zur Kriegsmarine eingezogen, wegen Meuterei 1917 zu zwei Jahren Gefängnis verurteilt. Durch die Revolution befreit, kam er von Bremen ins Ruhrgebiet. Er war Hilfsarbeiter in Ahlen und gehörte der KPD seit ihrer Gründung an. Jonny de Graaf, von kräftiger Gestalt, war ein Draufgänger und entwickelte sich zu einem unter der Arbeiterschaft bekannten KPD-Funktionär. Er war lange Jahre Vorsitzender der KPD-Ortsgruppe Ahlen, ab 1926 zunächst RFB-Führer in Hamm und ab 1928 Führer des RFB Gau Ruhrgebiet und Sekretär des KPD-UB Hamm. Auch Mitarbeiter des AM-Apparats und wurde 1930 in den Provinziallandtag Westfalen gewählt.

Da gegen ihn in einem Hochverratsverfahren ermittelt wurde, verließ er im Sommer 1930 Deutschland und fungierte in Moskau als Leiter eines Transports von Ruhrarbeitern, die sich als »Arbeitsemigranten« in die Sowjetunion gemeldet hatten. Jonny de Graaf besuchte die M-Schule der Komintern in Moskau, wirkte einige Zeit als Politinstrukteur für die deutschen Arbeitsemigranten im Donbaß und wurde dann als Mitarbeiter des Nachrichtendienstes der Komintern eingesetzt. Er war u. a. für die Komintern und die GRU in der Mandschurei, in Shanghai und später auch in Brasilien. Hier unterstützte er unter dem Decknamen Franz Gruber gemeinsam mit dem Komintern-Emissär ▸ Arthur Ewert die brasilianischen Kommunisten um Luis Carlos Prestes beim bewaffneten Aufstand Ende 1935. Der Aufstand scheiterte, de Graaf gelangte über Argentinien wieder zurück nach Moskau. Um seinen weiteren Lebensweg ranken sich Gerüchte. So soll er zuletzt für den sowjetischen Nachrichtendienst in Großbritannien bzw. in Kanada gewesen sein, wurde aber dann während des Krieges Angehöriger der britischen Armee und kehrte 1945 als Offizier nach Deutschland zurück, eine Zeitlang Verbindungsoffizier der britischen Armee zum Entnazifizierungsausschuß in Bad Oeynhausen. Später nach Kanada zurück, nannte sich fortan de Graff. Er brachte es zu Reichtum, war Besitzer u. a. einer Ferienhaussiedlung mit über 30 Holzhäusern. Zusätzlich galt er als »Rußlandexperte«, 1980 soll de Graaf gestorben sein.

Einer seiner Söhne, **Jonny de Graaf jun.** (* 28. 11. 1919), reiste mit der Mutter und den anderen Geschwistern in die Sowjetunion. Bereits im Frühjahr 1931 kehrte Maria Graaf mit den Kindern wieder nach Deutschland zurück. Auf Druck des Vaters reiste de Graaf jun. erneut in die Sowjetunion, besuchte die Karl-Liebknecht-Schule in Moskau und die Berufsschule des Stalin-Autowerks. Am 11. Januar 1938 wurde de Graaf jun. verhaftet und beschuldigt, zum Kreis jener jungen deutschen Kommunistenkinder zu gehören, die eine »Hitler-Jugend-Organisation« gebildet hätten. Er wurde am 14. Mai 1938 aus der Haft entlassen, später jedoch erneut festgenommen und kam vermutlich im Gulag um.

▸ Grade, Alfred (* 1899 – † 1984)

Geboren am 25. Dezember 1899 in Halle, Sohn eines Ingenieurs. Besuch des Gymnasiums. 1917 zum Militär eingezogen, bis Kriegsende Flieger. Grade, der sich bereits 1916 an Demonstrationen gegen den Krieg beteiligt hatte, schloß sich bei Kriegsende der sozialistischen Proletarierjugend an. Er trat als Volontär in den Volksbuchhandel Halle ein. Mitglied der USPD, ging mit deren linkem Flügel 1920 zur KPD. Bis 1925 Leiter der Filialen des Volksbuchhandels Halle im Bezirk Halle-Merseburg. Am 1. April 1925 verurteilte ihn der Gerichtshof zum Schutz der Republik wegen eines Zeitungsaufsatzes gegen Hjalmar Schacht zu zehn Monaten Festungshaft. 1926 amnestiert, berief ihn die KPD in die Redaktion des »Klassenkampfes« in Halle. 1928 übernahm Grade die Chefredaktion des »Klassenkampfes«. Er zählte zu den Versöhnlern, trennte sich aber Anfang 1929 von ihnen. Anfang 1930 zum stellvertretenden Chefredakteur der »Roten Fahne« nach Berlin berufen, aber

Ende 1930 wegen Eintretens für die »Einheitsfront um jeden Preis« in die Provinz verschickt. Von 1931 bis Herbst 1932 Chefredakteur der »Süddeutschen Arbeiterzeitung« in Stuttgart. 1933 einer der Leiter der illegalen Widerstandsorganisation in Mitteldeutschland, zu der auch SAP- und SPD-Mitglieder gehörten. Am 25. November 1933 verhaftet, wurde Grade nach längerer Einzelhaft ins KZ überführt. 1938 kam es zu heftigen Auseinandersetzungen mit der illegalen kommunistischen Lagerleitung im KZ Buchenwald, damals erfolgte sein Bruch mit der KPD. 1939 aus dem KZ entlassen, blieb Grade unter Gestapoaufsicht und arbeitete bis Kriegsende in einer Fabrik. 1945 schloß er sich der SPD an, ließ sich als selbständiger Buchhändler nieder und wohnte dann bei Frankfurt/M. Alfred Grade starb am 25. August 1984.

▸ Gräf, Hugo (* 1892 – † 1958)

Geboren am 10. Oktober 1892 in Rehestädt bei Arnstadt, Sohn eines Maurers; lernte Schlosser und ging auf Wanderschaft. 1910 Mitglied der SPD. Nach der Militärzeit wieder Schlosser, kam 1914 an die Front, von der er schwerverwundet heimkehrte, er hatte das linke Bein verloren. Ab 1917 aktiv im Reichsbund der Kriegsbeschädigten. Er arbeitete als stellvertretender Meister in Erfurt. Gräf schloß sich 1917 der USPD an, wurde 1919 Mitglied der KPD. Nach Spaltung des Reichsbundes der Kriegsbeschädigten führte Gräf den neuen radikalen »Internationalen Bund der Opfer des Krieges und der Arbeit«. Von April 1919 bis Juli 1920 angestellter Sekretär des Thüringer Verbandes des Bundes. Im Juni 1920 wegen Anti-Parlamentarismus aus der KPD ausgeschlossen, 1923 wieder aufgenommen. Ab Juni 1920 war Gräf Mitarbeiter des Bundesvorstandes und leitete die Org- und Rechtsabteilung des Internationalen Bundes in Berlin. Ende 1924 Bezirksvorsitzender des Bundes Nordwestdeutschland in Hamburg. Von April 1927 bis 1933 als Nachfolger ▸ Karl Tiedts Vorsitzender dieser Organisation. 1928 wurde er im Wahlkreis Dresden-Bautzen in den Reichstag gewählt, dem er bis 1933 angehörte. Gräf wurde am 13. März 1933 verhaftet und war bis 24. Juni 1935 in »Schutzhaft« in den KZs Colditz und Sachsenburg, leitete die Buchbinderei im Lager. Dort wurde er von der SS besonders schikaniert, durfte weder seinen Stock benutzen noch wurde er von Appellen oder Marschübungen freigestellt. Eine dramatische Begebenheit während einer Visite Himmlers im KZ Sachsenburg im Februar 1935 schildert Walter Janka in seinen Erinnerungen »Spuren eines Lebens«. Als Himmler die Buchbinderei betrat, »richtete er seinen Stock auf Gräf, den ehemaligen Kollegen im Reichstag. Lächelnd, beinahe freundlich fragte er: ›Wie geht es denn, Häftling Gräf?‹ Die Antwort ließ nicht auf sich warten. Hugo zeigte sich gefaßt und erwiderte: ›Ganz gut Herr Reichsführer.‹ Nach kurzer Überlegung fügte er hinzu: ›Ich mache halt auf einem Bein, was andere mit Mühe auf zwei Beinen schaffen.‹ Himmler senkte den Blick, sah auf die Prothese und antwortete: ›Sie haben in Frankreich gekämpft, wenn man mich richtig informiert hat.‹ ›So ist es, Herr Reichsführer. Und da ist auch das linke Bein geblieben.‹ Himmler, etwas verlegen, erwiderte: ›Das ehrt Sie.‹« Später aus dem KZ entlassen, emigrierte Gräf in die ČSR, im Dezember 1938 über Frankreich nach Großbritannien, wo er in Glasgow als Werkzeugmacher arbeitete. 1940/41 Internierung auf der Isle of Man. Er gehörte der KPD-Landesleitung in Großbritannien an. 1946 kehrte Gräf nach Deutschland zurück, war von 1946 bis 1949 in der Abteilung

Arbeit und Sozialfürsorge des ZS der SED, von 1949 bis 1951 Vorsitzender der FDGB-Gewerkschaft Gesundheitswesen. Er wurde im November 1951 Landrat bzw. Vorsitzender des Rates des Kreises Gotha. 1957 erhielt er den VVO in Silber. Hugo Gräf starb am 22. Oktober 1958 in Gotha.

▸ Graf, Otto (* 1892 – † 1971)

Geboren am 8. März 1892 in Zamdorf/Bayern, Sohn eines Ziegeleibesitzers. Nach dem Realgymnasium 1911 bis 1913 Lehrerseminar in Pasing. Von 1914 bis 1917 Soldat im Weltkrieg. 1917/18 Studium in Leipzig. Zunächst Mitglied des Alldeutschen Verbandes, schloß sich Graf, der als Lehrer in München arbeitete, 1919 der KPD an. Von 1919 bis 1921 war er Redakteur an der »Neuen Zeitung« und gehörte ab 1920 als Abgeordneter der KPD-Fraktion dem Bayerischen Landtag an. Auf dem IV. Parteitag im April sowie auf dem Vereinigungsparteitag im Dezember 1920 in Berlin wurde er als Vertreter Südbayerns in den ZA gewählt. Graf wurde 1921 als »Nationalkommunist« aus der KPD ausgeschlossen. Er trat zunächst der USPD, dann der SPD bei und blieb bis 1923 im Landtag, überließ aber sein bis 1924 gehendes Mandat ▸ Karl Grönsfelder. Graf war von 1922 bis 1929 Mitarbeiter des Arbeiter-Bildungskartells in München und von 1925 bis 1929 Schriftsteller und außenpolitischer Mitarbeiter der »Vossischen Zeitung« und der »Münchner Post«. Nach 1933 Berufsverbot und mehrmals für einige Wochen in Stadelheim inhaftiert. Von 1946 bis 1948 war Graf Leiter der Abteilung Volksbildung des Bayerischen Kulturministeriums und 1946/47 Staatskommissar der Universität München für die Entnazifizierung und die Wiederaufnahme des Lehrbetriebs. Graf war ab 1945 in der SPD aktiv und ab 1953 ständiger Referent u. a. der IG Druck und Papier. Er gehörte als SPD-Abgeordneter von 1949 bis 1953 dem ersten Deutschen Bundestag an. Otto Graf starb am 1. September 1971 in München.

▸ Granz, Bruno Richard (* 1880 – † 1937)

Geboren am 6. Dezember 1880 in Callenberg in Sachsen, Sohn eines Kleinbauern und Zimmermanns; Lehre als Bäcker. Bis 1906 Bäckermeister in Callenberg und Limbach, von 1906 bis 1910 Hilfsarbeiter in Chemnitz. 1910 zog er nach Limbach und arbeitete im Vorstand des dortigen Konsumvereins. Seit 1906 in der SPD, wurde er 1912 Vorsitzender der SPD-Ortsgruppe Limbach. Während des Weltkrieges entschieden gegen die Burgfriedenspolitik, nahm 1916 Verbindung zu ▸ Fritz Heckert und der Spartakusgruppe auf. 1916/17 Soldat, setzte er an der Front seine antimilitaristische Arbeit fort. Im Mai 1917 beschloß die Kreiskonferenz der SPD (Limbach-Flöha) mit 150 zu 33 Stimmen den Übertritt zur USPD und wählte Granz zum Kreisvorsitzenden. Im November 1918 Vorsitzender des Arbeiter-und Soldatenrates in Limbach, am Jahresende Delegierter auf dem Gründungsparteitag der KPD. Von 1919 bis 1933 war Granz Fraktionsvorsitzender der KPD in der Stadtverordnetenversammlung Limbach sowie von 1920 bis 1926 Landtagsabgeordneter in Sachsen. Er arbeitete von 1924 bis 1933 als Geschäftsführer des Limbacher Konsumvereins und war von 1919 bis 1930 Mitglied der BL Erzgebirge-Vogtland.

Granz war Anhänger von ▸ Heinrich Brandler, mit dem er auch nach dessen Absetzung 1923 freundschaftlich verbunden blieb. Ein Briefwechsel mit Brandler (bis 1928 im Moskauer »Exil«) wurde bekannt und brachte Granz Ärger ein, er blieb aber in der KPD. Im März 1933 Emigration in die ČSR und 1934 in die Sowjetunion, wo er in einer großen Moskauer Bäckerei unter dem Namen Otto Stoll arbeitete. Seinen jüngsten Sohn ermordeten die Nazis am 9. März 1933. Bruno Granz und sein Sohn Kurt, der bereits seit 1930 in der Sowjetunion als Maurer lebte, wurden 1937 vom NKWD verhaftet. Bruno Granz wurde am 3. November 1937 in Butowo als Opfer der Stalinschen Säuberungen erschossen. Sein Schicksal blieb in der DDR ein Geheimnis. Das ZK der KPD erklärte dem dritten Sohn, Walter, auf Anfrage nach dem Verbleib seines Vaters und seines Bruders, nichts Genaues zu wissen. Als sich dann Mitte der fünfziger Jahre auch die SED-Kreisleitung Karl-Marx-Stadt-Land nach Bruno Granz erkundigte, weil eine Straße in Limbach nach ihm benannt werden sollte, vermerkte ▸ Walter Ulbricht am 21. Juli 1958 quer über eine Hausmitteilung der Abteilung Kaderfragen an die Allgemeine Abteilung: »Man kann die Straße mit seinem [Bruno Granz] Namen benennen.«

▸ Granzow, Kurt (* 1909 – † 1943)

Geboren am 7. Mai 1909 in Berlin, Sohn eines Werkzeugmachers; lernte Goldschmied. Er trat 1925 dem KJVD und 1929 der KPD bei und wurde im November 1932 zur militärpolitischen Ausbildung nach Moskau geschickt. Ab Juli 1933 war er als Eugen für die illegale KPD in Berlin tätig. Er erhielt von ▸ Rudolf Schwarz Ende 1933 den Auftrag, den V-Mann der Gestapo ▸ Alfred Kattner zu »liquidieren«. Gemeinsam mit Hans Schwarz führte er am 1. Februar 1934 den »kommunistischen Fememord« aus. Granzow floh über Prag nach Paris, wirkte hier für die Rote Hilfe und wurde später »Abwehrleiter« in Zürich. Von 1936 bis 1938 Leiter des Nachrichtendienstes in Kopenhagen, verhandelte in Schweden und Norwegen über Asylmöglichkeiten für KPD-Flüchtlinge. Ab 1937 kämpfte Granzow bei den Internationalen Brigaden in Spanien und war danach 1939 in Frankreich interniert. Ende 1941 nach Algerien verschleppt, von dort wurde er nach der Landung der Alliierten Ende 1942 nach Südfrankreich zurückgebracht und nach Deutschland überführt. Kurt Granzow wurde am 19. August 1943 vom VGH zum Tode verurteilt und am 10. September 1943 in Berlin-Plötzensee hingerichtet.

▸ Grasse, Paul (* 1883 – † 1946)

Geboren am 23. Dezember 1883 in Dahme bei Jüterbog. Nach der Lehre als Schlosser auf Wanderschaft. Ließ sich in Berlin nieder, wo er der SPD beitrat. Lange Jahre als Kaufmann beschäftigt, nach dem Krieg wieder als Schlosser. 1917

Mitglied der USPD, ging mit deren linkem Flügel 1920 zur KPD. Seit 1925 gehörte Grasse der KPD-BL Berlin-Brandenburg an. Auf dem XI. Parteitag 1927 als Kandidat ins ZK gewählt, war er auch in der Politischen Kommission dieses Parteitags. 1928 Abgeordneter des Preußischen Landtags, gleichzeitig hauptamtlicher Sekretär, er leitete dann in der Berliner BL bis 1932 die Kommunalabteilung. 1932 nicht mehr in den Landtag gewählt, in die RGO versetzt. Im Februar 1933 in Berlin festgenommen und im Columbiahaus schwer mißhandelt. 1934 irrtümlich aus dem KZ entlassen, lebte Grasse mehrere Monate illegal in Berlin. Dann Emigration, zunächst in Prag Generalagent für die »Deutsche Volkszeitung«, 1937 in Paris. Er gehörte ab 1942 der neuen Westleitung der KPD an. Im November 1943 von der französischen Geheimpolizei verhaftet und an die Gestapo übergeben, kam er ins KZ Buchenwald. Dort 1945 befreit, kehrte im Juni 1945 krank nach Berlin zurück. ▸ Franz Dahlem bat im Oktober 1945 in einem Schreiben an ▸ Karl Raddatz vom OdF-Hauptausschuß, sich besonders um Paul Grasse zu kümmern, der nach einem Schlaganfall schwer behindert war. Paul Grasse starb am 24. Januar 1946 in Berlin an den Folgen der KZ-Haft.

▸ Graul, Ernst (* 1886 – † 1958)

Geboren am 10. Juli 1886 in Zeitz, Sohn eines Maurers. Lehre bei einem Rechtsanwalt, anschließend kaufmännischer Angestellter in Zeitz. 1906 Mitglied der Gewerkschaft und der SPD, war von 1911 bis 1920 Mitarbeiter der Geschäftsführung des Konsumvereins Eintracht in Essen. Von 1915 bis 1918 Soldat im Weltkrieg und Anschluß an die Gruppe Internationale und den Spartakusbund. Im September 1920 Mitglied der KPD. Von 1921 bis 1923 Sekretär der KPD in Essen. Bereits 1921 von der Polizei als »bekannter Kommunistenführer« bezeichnet. Als Rechter 1924/25 vorübergehend aus der Partei ausgeschlossen. Dann bis 1926 Sekretär der KPD des Bezirks Ruhrgebiet und von 1926 bis 1928 Bezirkssekretär der RHD Bezirk Ruhrgebiet, anschließend Mitglied des ZK der RHD. Graul war von Juni 1928 bis September 1930 2. Geschäftsführer der Konsum- und Spargenossenschaft Merseburg. 1930 wurde Graul, der immer auf dem rechten Flügel der Partei stand, wegen »rechtsopportunistischer Tendenzen« aus der KPD ausgeschlossen. Er trat der KPO bei, deren Vorsitzender er bis 1933 in Merseburg war. Von 1930 bis 1932 erwerbslos, half er ab November 1932 seiner Frau, die ein kleines Tabakgeschäft eröffnet hatte. Im August/September 1933 in Polizeihaft in Halle und von 1939 bis 1945 noch bei der Luftschutzpolizei in Merseburg dienstverpflichtet. Graul war ab Juni 1945 Kassenleiter der AOK in Merseburg und trat der KPD, 1946 der SED bei. Ab August 1945 Bürgermeister und von April 1946 bis Dezember 1950 Oberbürgermeister der Stadt Merseburg, anschließend Rentner. Ernst Graul starb am 25. Februar 1958.

▸ Greiner, Daniel, Dr. phil. (* 1872 – † 1943)

Geboren am 27. Oktober 1872 in Pforzheim, Sohn eines Schuhmachers; studierte nach Abschluß des Gymnasiums in Worms Theologie und Philosophie an der Universität Gießen. Nach dem Studium und der Promotion über Kant 1897 Rektor und Hilfsgeistlicher (Assistent) in Schotten/Oberhessen, 1899 Heirat mit Emilie Suppes. Zuletzt als Pfarrer tätig, schied 1902 nach Bruch mit der Kirche aus seinem Amt aus, blieb aber Christ. Ab 1903 arbeitete Greiner als Bildhauer und Maler, wurde dann zum Mitglied der berühmten Künstlerkolonie Darmstadt berufen und lebte ab 1908 in Jugenheim/Bergstraße. Vor dem Weltkrieg in der SPD, 1917 Übertritt zur USPD. Greiner stand auf dem linken Flügel der Partei und kam 1920 zur KPD. Delegierter auf dem Vereinigungsparteitag im Dezember 1920 für den Bezirk Hessen. Er rückte im Juni 1924 für ▸ Adam Ebner, der in den Reichstag einzog, in den Hessischen Landtag nach. Im Dezember 1924 in den Landtag gewählt, spielte Greiner dort bis 1927 eine achtunggebietende Rolle. 1926 wurde ein Verfahren wegen Vorbereitung zum Hochverrat, das seit 1923/24 gegen ihn lief, durch eine Amnestie eingestellt. Greiner gehörte in der KPD zur Linken und war 1925 sehr aktiv. Sein Versuch, Christentum und Kommunismus zu verbinden, isolierte ihn, er zog sich nach 1926 von der direkten Politik zurück. Als Künstler war er eine bekannte Persönlichkeit, schuf zwischen 1924 und 1932 mit Holz- und Linolschnitten die »Greiner-Bilderbibel«, aber zugleich zahlreiche kämpferische, radikale, politische Arbeiten. Nach 1933 politisch verfemt, blieb er künstlerisch aktiv. Daniel Greiner starb am 8. Juni 1943 in Jugenheim/Bergstraße.

1948 stellte der Evangelische Preßverband Darmstadt die erste Gedächtnisausstellung »Daniel Greiner« zusammen, dann folgte zum 100. Geburtstag 1972 »Der Bildhauer und Maler Daniel Greiner«. Im September 2003 fand schließlich in Wetzlar zu Ehren des Künstlers eine Ausstellung seines vielfältigen Schaffens statt. Eine Tochter Greiners heiratete 1925 den KPD-Funktionär ▸ Johannes Fladung. Greiners Schwiegersohn **Heinrich Bersch** (* 15. 9. 1901 in Jugenheim), seit 1927 in der KPD, ging 1932 als Ingenieur in die UdSSR, wurde dort im Juli 1937 vom NKWD verhaftet und am 9. Oktober 1937 als Opfer der stalinistischen Säuberungen erschossen.

▸ Griesbach, Walter (* 1902 – † 1943)

Geboren am 7. Mai 1902 in Stettin, Sohn einer Arbeiterfamilie, wuchs im Kreis von acht Geschwistern in zerrütteten Familienverhältnissen auf; bis 1932 als Hofgänger in der Landwirtschaft sowie als ungelernter Arbeiter tätig. Seit 1919 war Griesbach gewerkschaftlich organisiert, er trat 1928 dem RFB und 1929 der KPD bei, war Vorsitzender des Erwerbslosenausschusses Güstrow. Von Oktober 1932 bis März 1933 in Moskau, war Griesbach unter dem Decknamen Hermann Kursant an einem militärpolitischen Lehrgang, später kehrte er illegal nach Deutschland zurück. Mit gefälschten Papieren auf dem Namen Ernst Hamprecht lebte Griesbach in Berlin und wirkte als Kurier der illegalen Landesleitung für den Oberbezirk Süd-West. Er fuhr zur Anleitung nach Kassel, Frankfurt/M., Mannheim, Stuttgart und München und überbrachte gefälschte Pässe und Geldbeträge an illegal arbeitende Funktionäre. Zusammen mit ▸ Adolf Rembte, ▸ Max Maddalena, ▸ Robert Stamm und ▸ Käthe Lübeck am 27. März 1935 in Berlin verhaftet, wurde er vom 2. Senat des VGH am 4. Juni 1937 zu 15 Jahren Zuchthaus verurteilt. Walter Griesbach starb 1943 im KZ Sonnenburg.

▸ Grimm, Wilhelm (* 1907 – † 1973)

Geboren am 23. November 1907 in Mannheim; Schlosser. In den zwanziger Jahren Mitglied der KPD. Bis 1932 im KJVD und Mitglied der

RGO-Leitung Baden, Redakteur der »Arbeiter-Zeitung« und der Zeitung »Der schaffende Bauer« in Mannheim. 1932 wurde Grimm nach Nordbayern geschickt, Anfang 1933 Chefredakteur des KPD-Organs »Neue Zeitung« in München. Dort im April 1933 verhaftet, kam er in das KZ Dachau, im September 1939 in das KZ Mauthausen. Im Dezember 1943 als sogenannter Vorbeugehäftling entlassen, sofort zum Gebirgsjägerregiment in Garmisch eingezogen, geriet er im Mai 1945 südlich von Bologna in amerikanische Kriegsgefangenschaft. Aufgrund einer Denunziation wurde Grimm dann von Sonderlager zu Sonderlager gebracht und saß bis 1946 in einem amerikanischen Internierungslager, obwohl zahlreiche Mitgefangene aus Dachau seine einwandfreie Haltung im KZ bestätigten. Erst Ende 1946 konnte Grimm nach Mannheim zurückkehren, trat der KPD bei und wurde Chefredakteur des »Badischen Volksechos«. Er war Bezirks- und Kreisvorsitzender der KPD in Mannheim, wurde aber 1948/49 gerügt und dann abgesetzt, weil er gegenüber seinem Vorgänger, dem »trotzkistischen Parteifeind« Willy Boepple zu »liberal« war. Nach dem KPD-Verbot arbeitete er bis 1969 als Korrektor am »Mannheimer Morgen«, 1968 Mitglied der DKP. Wilhelm Grimm starb am 24. Februar 1973 in Mannheim.

▸ Grobis, Paul (* 1894 – † 1943)

Geboren am 3. Juni 1894 in Neudörfel/Böhmen, wuchs in Berlin-Wedding auf und lernte Schlosser. Soldat im Weltkrieg. Danach Mitglied der USPD, mit deren linkem Flügel er 1920 zur KPD ging. Er war dann seit 1923 im hauptamtlichen Parteiapparat. Nachdem die Linken die Parteiführung übernommen hatten, kam Grobis als Ruth-Fischer-Anhänger am Mai 1924 nach Hannover, Orgleiter im Bezirk Niedersachsen. Im Oktober 1924 kurze Zeit inhaftiert. Während der Auseinandersetzungen mit den Ultralinken in Niedersachsen (▸ Iwan Katz, ▸ Theodor Gohr usw.) war Grobis Anhänger der Fischer-Zentrale. Nach dem »Offenen Brief« schwenkte er zur Thälmann-Führung über. 1926 aus Hannover abberufen, war er einige Zeit in Berlin, dann Parteisekretär in Frankfurt/Oder und Berlin-Brandenburg-Ost. 1928 Abgeordneter des Preußischen Landtags, dem er bis 1932 angehörte. Ab Februar 1930 Kursant an die Internationale Leninschule in Moskau. 1931 wurde er als Nachfolger ▸ Hermann Schuberts Polleiter des Bezirks Ostpreußen, Mitte 1932 kam er zurück in den zentralen Parteiapparat. Nach dem Verbot der KPD arbeitete Grobis noch einige Monate illegal im Verbindungsapparat, wodurch sich seine Kenntnisse der KPD-Organisation erweiterten. 1934 von ▸ Werner Kraus denunziert und von der Gestapo verhaftet. Im Gefängnis wurde er von Kraus »bearbeitet« und trat schließlich in den Dienst der Gestapo, die mit seiner Hilfe vor allem in Ostpreußen dann viele KPD-Funktionäre festnehmen konnte. Im Zweiten Weltkrieg Soldat, fiel Paul Grobis am 26. November 1943 an der Ostfront.

▸ Grönsfelder, Karl (* 1882 – † 1964)

Geboren am 18. Januar 1882 in Frankfurt/M. als Sohn einer Köchin und eines Dieners und Kutschers, verbrachte die Kindheit bei den Großeltern im württembergischen Landstädtchen Bartenstein; lernte Mechaniker und arbeitete von 1900 bis 1903 in Frankfurt, Köln und anderen Orten. 1903 Übersiedlung nach Nürnberg, wo er bis zu seinem Tode wohnte. Im Jahre 1908 trat

Grönsfelder der SPD und dem Metallarbeiterverband bei. Von 1910 bis 1913 gehörte er zum Zirkel junger Genossen, die sich mit sozialistischer Literatur befaßten und Anhänger ▸ Rosa Luxemburgs waren. Während des Krieges als Mechaniker reklamiert, schloß er sich 1917 der USPD an und wurde 1919 einer der Mitbegründer der KPD (Spartakusbund) in Nürnberg. 1920 Betriebsrat und Delegierter des III. KPD-Parteitags. Nach der Vereinigung mit der USPD Mitglied der Bezirksleitung der KPD Nordbayern, dann von 1921 bis 1924 Vorsitzender der BL. Auf dem VIII. Parteitag im Januar 1923 in die Gewerkschaftskommission delegiert und auf diesem Parteitag auch in den ZA gewählt. Als Nachfolger von ▸ Otto Graf zog er 1923 in den Bayerischen Landtag ein, 1924 als Abgeordneter gewählt, blieb er bis 1928 in diesem Parlament. Im Juni 1924 wegen Weiterführung der verbotenen KPD festgenommen, einige Zeit in »Schutzhaft«. 1925 führte er – neben seiner Tätigkeit als Abgeordneter – als Instrukteur den UB Augsburg; 1926 Landessekretär der KPD und nach Ablauf der Legislaturperiode Sekretär für Gewerkschaftsfragen bei der BL Nordbayern.

Im Februar 1930 wurde Grönsfelder aus der KPD ausgeschlossen, da er gegen den RGO-Kurs und die Thesen vom »Sozialfaschismus« aufgetreten war. Danach Mitglied der KPO, für diese bis 1933 aktiv. Im April 1933 von der Gestapo verhaftet, kam er bis 1935 ins KZ Dachau. Bis 1937 erwerbslos, dann Mechaniker. Grönsfelder trat 1946 wieder der KPD bei, 1947 in die BL Bayern gewählt, aber 1949 als Titoist und Brandler-Anhänger erneut ausgeschlossen. Danach Mitglied der Gruppe Arbeiterpolitik, in der er bis zu seinem Tode einen Zirkel leitete. Karl Grönsfelder starb am 20. Februar 1964.

Seine Frau **Emma Grönsfelder** (* 3. 1. 1883 – † 10. 11. 1967) machte seit 1918 sämtliche Etappen seiner politischen Laufbahn mit. Sie war Delegierte des VII. Parteitags 1921. 1933 verhaftet, saß Emma Grönsfelder von April bis September 1933 in »Schutzhaft« im Zuchthaus Aichach.

▸ Groh-Kummerlöw, Grete (* 1909 – † 1980)

Geboren am 6. Februar 1909 in Plauen/Krs. Zwickau als Grete Groh, Tochter einer Arbeiterfamilie. Von 1924 bis 1945 Textilarbeiterin, trat sie 1927 in den KJVD und 1930 in die KPD ein. Grete Groh wurde 1930 Abgeordnete des Sächsischen Landtages, damals jüngste Abgeordnete in ganz Deutschland. Von 1931 bis 1933 Orgleiterin des KJVD Sachsens. 1933 illegale Arbeit, wurde am 28. Juni 1933 in Bitterfeld verhaftet. Vom OLG Dresden am 8. Juni 1934 zu einem Jahr und acht Monaten Zuchthaus verurteilt, die sie in Waldheim verbüßte. Nach ihrer Entlassung heiratete sie 1937 Heinrich Kummerlöw, von dem sie sich 1950 trennte. Nach der Geburt ihres Sohnes Fritz war sie Hausfrau. Durch ▸ Kurt Sindermann bekam sie Verbindung zur Widerstandsgruppe um ▸ Anton Saefkow. Am 10. August 1944 verhaftet, wurde sie angeklagt und am 9. Februar 1945 zum VGH nach Potsdam transportiert. Dort am 27. April 1945 durch die Rote Armee befreit. 1945 zunächst für die KPD in Plauen aktiv. Grete Groh-Kummerlöw gehörte von 1946 bis 1980 dem FDGB-Bundesvorstand an und war zeitweise auch Mitglied des Präsidiums. Von 1946 bis 1949 3. Vorsitzende des FDGB Sachsen, von 1949 bis 1957 Abteilungsleiterin und Sekretärin des Bundesvorstandes. Von 1946 bis 1949 Abgeordnete des Sächsischen Landtags, von 1949 bis 1971 der DDR-Volkskammer. Sie erhielt 1979 den Karl-Marx-Orden. Grete Groh-Kummerlöw starb am 16. Februar 1980. Sigrid Koch-Baumgarten veröffentlichte 2001 in der IWK eine biographische Skizze über Grete Groh-Kummerlöw.

▸ Gromulat, Albert (* 1882 – † 1950)

Geboren am 6. Juli 1882 in Nestowethen/Krs. Ragnit in Ostpreußen. Kam mit 15 Jahren nach Berlin, war Hilfsarbeiter, Krankenpfleger und Heilgehilfe im Krankenhaus Berlin-Moabit. Nach seinem Militärdienst 1902 bis 1904 Hilfsmonteur in der Autofabrik Horch & Co. Seit 1907 Mitglied der SPD. Von 1907 bis 1914 Kraftfahrer, während des Krieges als Kraftwagenführer eingesetzt. 1919 Revisor bei der Mineralwasserversorgungsgesellschaft Berlin. 1920 Bürovorsteher, von 1921 bis 1923 Expedient. 1917 Mitglied der USPD, 1919 der KPD. Von 1923 bis 1933 hauptamtlicher Mitarbeiter der KPD-Zentrale bzw. des ZK. Gromulat war der »Quartiermacher« des ZK der KPD und arbeitete unter dem Decknamen Günther in einem speziellen Ressort des AM-Apparates. Im Auftrag von ▸ Herbert Wehner sicherte er Anfang 1933 den Thälmann-Nachlaß und durchsuchte auch die Wohnung von ▸ Hermann Remmele nach Material, was diesen in den Fraktionskämpfen belasten sollte. Im November 1933 emigrierte Gromulat nach Frankreich und war dort offiziell Sekretär der »Sozialvereinigung deutscher politischer Emigranten«. Ab September 1939 Internierung, Mai 1941 Emigration mit seiner Frau Berta nach Mexiko, hier Mitglied der KPD-Leitung unter ▸ Paul Merker. 1947 Rückkehr nach Deutschland, zunächst Mitarbeiter der Deutschen Verwaltung des Innern, zuletzt Sekretär der SED-Parteigruppe in der Hauptverwaltung Deutsche Volkspolizei. Gromulat lag ab Sommer 1950 schwerkrank in der Charité und wurde dennoch zu einer Stellungnahme zum Beschluß des ZK vom 24. August 1950 über die Verbindungen deutscher Emigranten zu Noel H. Field aufgefordert. Albert Gromulat starb am 22. November 1950 in Ost-Berlin.

▸ Gropper, Roberta (* 1897 – † 1993)

Geboren am 16. August 1897 in Memmingen, Tochter eines Webers, 1905 Umzug nach Ulm, dort von 1911 bis 1924 Arbeiterin in einer Zigarettenfabrik. 1915 schloß sie sich der Arbeiterjugend an und wurde 1918 Mitglied der Gewerkschaft, im Januar 1919 gehörte sie zu den Mitbegründern der Ulmer KPD. 1924 zunächst Kassiererin, wurde sie 1925 Frauenleiterin der BL Württemberg in Stuttgart. Hier lernte sie ihren späteren Mann, den Chefredakteur der »Arbeiterzeitung«, ▸ Paul Langner kennen. 1927 war sie Delegierte Württembergs auf dem XI. Parteitag in Essen. Ende 1927 folgte sie ihrem Mann nach Mannheim, wo sie als Stenotypistin in der KPD-BL Pfalz arbeitete und Frauenleiterin war. Von Herbst 1928 bis Frühjahr 1929 mit Langner im Bezirk Oberschlesien in Gleiwitz tätig. Ab Juni 1929 Stenotypistin in der sowjetischen Handelsvertretung in Berlin bzw. in der Informationsabteilung des ZK der KPD. Im Sommer 1930 wurde sie Leiterin der Frauenabteilung der BL Berlin-Brandenburg, danach bis Juni 1932 der Frauenabteilung des ZK der KPD. Wegen ihrer Zugehörigkeit zur Neumann-Remmele-Gruppe abgesetzt, dann Instrukteurin des ZK. Roberta Gropper wurde im September 1930 im Wahlkreis Berlin als Abgeordnete in den Reichstag gewählt, dem sie bis Juli 1932 angehörte. Nach illegaler Arbeit emigrierte sie im Mai 1934 unter dem Decknamen Paula Brenner nach Paris, über Kopenhagen und Stockholm kam sie Ende Februar 1935 in die Sowjetunion, bei der IAH in Moskau beschäftigt. Im Mai 1935 starb ihr Mann Paul Langner, und sie war zunächst ohne Funktion, dann Redakteurin in der VAA. Im November 1937 wurde Roberta Gropper vom NKWD verhaftet und zu dreieinhalb Jahren Lager verurteilt, wegen Zugehörigkeit zu einer »antisowjetischen Gruppierung« (Neumann-Remmele-Gruppe). Margarete Buber-Neumann, die mit Roberta Gropper u. a. deutschen Frauen im berüchtigten Moskauer NKWD-Gefängnis Butyrka inhaftiert war, schilderte in ihrem Buch »Als Gefangene bei Stalin und Hitler« eine beklemmende Szene. Auf die Frage von Roberta Gropper, ob Buber-Neumann nach der Entlassung über das in der Sowjetunion Geschehene im Ausland berichten würde, und sie antwortete, »daß das unsere Pflicht sei«, sagte Gropper: »Um Gottes willen, tue das nicht! Du darfst den Arbeitern nicht ihre Illusionen, nicht ihre Hoffnung rauben!« Nach ihrer Freilassung war Roberta Gropper Korrektorin an der »Roten Fahne« in der Autonomen Republik der Wolgadeutschen. Im September 1941 verbannt, überlebte sie in Sibirien als Hausangestellte und Schneiderin. 1947 konnte Roberta Gropper nach Berlin zurückkehren, wurde Mitglied der SED und zunächst Instrukteurin der Frauenabteilung des PV, anschließend bis 1949 Frauensekretärin der SED Groß-Berlin, dann von 1949 bis 1952 Vorsitzende des DFD Berlin und ab 1952 Direktorin der Sozialversicherung von Ost-Berlin, sie erhielt 1977 den Karl-Marx-Orden. Ihre Zeit im Gulag in der Sowjetunion wurde wie bei allen Überlebenden in der DDR verschwiegen, auch im Gropper-Porträt der Ost-Berliner Autorin Luise Dornemann von 1981. Roberta Gropper starb am 1. Februar 1993 in Berlin.

▸ Grosse, Fritz (* 1904 – † 1957)

Geboren am 5. Februar 1904 in Altenberg/Erzgeb., Sohn eines Zimmermanns; 1918 Holzarbeiter. Anfang 1920 wanderte Grosse nach Sowjetrußland aus und kämpfte in der Roten Armee im Feldzug gegen Polen. Ende 1920 nach Deutschland zurückgekehrt, wurde er Hausdiener in Aschersleben. 1921 in Chemnitz Bauarbeiter, dann Hilfsdrucker in der KPD-Druckerei. 1921 Mitglied der KJD und der KPD. Im KJVD aktiv (Pseudonym Ignaz), 1923 Sekretär im Bezirk Erzgebirge-Vogtland, 1925 ins ZK des KJVD gewählt, 1927 Sekretär des KJVD in Halle, auf dem 11. Verbandskongreß im September 1929 zum 2. Sekretär des ZK des Jugendverbandes nach Berlin berufen, rückte Grosse Mitte 1929 auch als Kandidat ins ZK der KPD nach, wurde aber im Juni 1930 durch ▸ Artur

Becker als Orgleiter abgelöst. Später schrieb er: »Wegen politischer Differenzen schied ich im Jahre 1929 aus dem ZK aus, fuhr nach Rußland und arbeitete in Moskau im Zentralrat der Gewerkschaften.« 1931 von Moskau nach England geschickt, um dort die illegale Arbeit der kommunistischen Jugend zu organisieren. Grosse wurde in London festgenommen und zu sechs Monaten Gefängnis verurteilt, danach wieder in Moskau tätig.
1932 Rückkehr nach Berlin, »wo ich nach den parteipolitischen Auseinandersetzungen mit Neumann und dem damaligen Leiter des Jugend-ZK Kurt Müller mit der Leitung des ZK beauftragt wurde«. Als Vorsitzender des KJVD im November 1932 in den Reichstag gewählt, blieb er bis Juni 1933 Leiter des illegalen KJVD. Im Juni 1933 nach Amsterdam geschickt, fuhr Grosse im Herbst 1933 nach Paris, kehrte im Januar 1934 nach Berlin zurück, um als 2. Sekretär die illegale Jugendarbeit fortzuführen. Im August 1934 verhaftet, wurde er am 17. März 1936 zu lebenslänglicher Zuchthausstrafe verurteilt, war bis 1945 im Zuchthaus Brandenburg und im KZ Mauthausen. 1945 wieder Mitglied der KPD, 1948/49 Vorsitzender der Staatlichen Kontrollkommission, 1949 wurde Grosse erster Botschafter der DDR in der Tschechoslowakei. 1952 Mitglied des Kollegiums des Außenministeriums der DDR. Er erhielt 1955 den VVO. Nach langer Krankheit starb Fritz Grosse am 12. Dezember 1957 in Ost-Berlin.
Seine Frau **Lea Grosse,** geborene Lichter (* 12. 5. 1906), Tochter eines jüdischen Gerbers und Lederhändlers, übersiedelte mit den Eltern 1914 wegen der Pogrome nach Deutschland. Sie wurde orthopädische Gymnastiklehrerin. 1925/26 Mitglied des jüdischen Wanderbundes Blau-Weiß, 1927 Mitglied des KJVD, 1929 der KPD. 1930 reiste sie mit ihrem Mann nach Moskau, dort im Sekretariat der KJI und des EKKI beschäftigt. 1933 kehrte sie zur illegalen Arbeit nach Deutschland zurück, wurde im August 1934 in Düsseldorf verhaftet und zu viereinhalb Jahren Zuchthaus verurteilt. Im November 1938 als Ausländerin nach Polen abgeschoben, flüchtete Lea Grosse im September 1939 nach dem Überfall auf Polen in die Sowjetunion, dort Apothekenhelferin im Hauptlazarett des NKWD, von 1940 bis 1942 Mitarbeiterin der KJI in Moskau, dann Redakteurin am Sender Freies Deutschland. Im November 1945 in der SBZ Redakteurin am Landessender Dresden. Von 1953 bis 1955 Kaderleiterin des DEFA-Spielfilmstudios, 1955 Dramaturgin und von 1960 bis 1971 Chefredakteurin des vornehmlich auf die Bundeswehr zielenden »Deutschen Soldatensenders 935«. Als Angehörige der Politischen Hauptverwaltung der NVA erhielt sie 1986 den Karl-Marx-Orden. Lea Grosse starb am 10. Juni 1997 in Berlin.

▸ Grosse, Hermann (* 1906 – † 1986)

Geboren am 28. Mai 1906 in Berlin, Sohn eines Briefträgers; Lehre und Arbeit als Maschinenschlosser. 1921 trat er dem DMV und der KJD bei, 1926 Mitglied der KPD. 1927 Wahl zum Kandidaten des ZK des KJVD. Hermann Grosse war Mitbegründer der Antifaschistischen Jungen Garde und Redakteur der Jugendzeitschrift »Der junge Antifaschist«. Von 1929 bis 1931 Redakteur an der »Roten Fahne«. 1931 Chefredakteur der »Arbeiter-Zeitung« in Mannheim und im November 1932 Chefredakteur des »Thüringer Volksblattes«. Im Februar 1933 Nachfolger von ▸ Walter Duddins als Polleiter der illegalen BL Thüringen, dann im Juli 1933 Orgleiter der BL Ruhrgebiet. Am 20. Oktober 1933 wurde Grosse verhaftet und im Juli 1934 durch das OLG Hamm zu zwei Jahren und neun Monaten verurteilt. Danach 1936/37 Werkzeugmaschinenschlosser in Berlin. Im September 1937 emigrierte Grosse in die ČSR, 1938 über Polen und Dänemark nach Großbritannien. Hier fand er Arbeit als Schlosser und Planungsingenieur bzw. Betriebsleiter in London. Im August 1946 Rückkehr nach Deutschland, Mitglied der SED. Ab September 1946 technischer Direktor, ab 1947 Chef der Hauptverwaltung landeseigener Betriebe Sachsens. 1948/49 Leiter der Hauptverwaltung Maschinenbau und Elektrotechnik der DWK und 1949/50 im

Ministerium für Industrie, von 1955 bis 1958 Stellvertreter des Ministers für Schwermaschinenbau und von 1966 bis 1970 des Ministers für Verarbeitungs- und Fahrzeugbau. Er erhielt 1976 den Karl-Marx-Orden. Hermann Grosse starb am 10. März 1986 in Ost-Berlin.

▸ Grosz, George (* 1893 – † 1959)

Geboren am 26. Juli 1893 in Berlin als Georg Ehrenfried Groß, Sohn eines Gastwirts. 1909 Aufnahme in die Königliche Kunstakademie Dresden, von 1912 bis 1917 besuchte er die Kunstgewerbeschule in Berlin. Kriegsfreiwilliger 1914, wurde aber bereits im Mai 1915 als dienstuntauglich entlassen. 1916 Namensänderung in George Grosz. Mit der Veröffentlichung von Zeichnungen in »Neue Jugend« und »Die weißen Blätter« wurde Grosz in der Kunstszene bekannt. Anfang Januar 1917 als Landsturmpflichtiger erneut eingezogen, nach Aufenthalten in einem Lazarett für Schwerverletzte und einer Nervenheilanstalt als dauernd kriegsdienstuntauglich entlassen. Aktiver Kriegsgegner, enge Zusammenarbeit mit ▸ Wieland Herzfelde, in dessen Malik-Verlag die »Kleine Grosz-Mappe« erschien. Während des Spartakusaufstands im Januar 1919 verhaftet, konnte aber entkommen und untertauchen. Grosz trat in die KPD ein und entwickelte sich zum Chronisten und Kritiker seiner Zeit. Vor allem der Militarismus und das konservativ-reaktionäre Bürgertum der Weimarer Republik waren Hauptthemen vieler seiner Gemälde und Karikaturen u. a. in »Das Gesicht der herrschenden Klasse« (1921), »Abrechung folgt« (1923) und im »Spießer-Spiegel« (1925). Gemeinsam mit Martin Andersen Nexö unternahm er 1922 eine fünfmonatige Rußlandreise, traf dort u. a. Wladimir Lenin und Leo Trotzki. Seine Erlebnisse in Rußland verstärkten seine Abneigung gegen jede Form der Diktatur und veranlaßten ihn zum Austritt aus der KPD. Grosz war aber weiter für die IRH aktiv und 1928 an der Gründung der ASSO beteiligt. Er war Mitbegründer des Club 1926 e.V., eine Gesellschaft für Politik, Wissenschaft und Kunst.

Anfang Januar 1933 emigrierte Grosz, der bekannteste Satirezeichner Deutschlands, nach New York. Nach ihrer Machtübernahme haben die Nationalsozialisten seine Wohnung und sein Atelier verwüstet, sie diffamierten Grosz' Werke 1937 als »entartete Kunst« und entfernten 285 davon aus deutschen Museen, von 1934 bis 1936 arbeitete er für amerikanische Satirezeitschriften. Durch die Nazibehörden 1938 ausgebürgert, erhielt er die amerikanische Staatsbürgerschaft. In der Folgezeit litt Grosz unter depressiven Stimmungen. 1946 veröffentlichte er seine Autobiographie »A Little Yes and a Big No«, die 1955 im Hamburger Rowohlt Verlag erschien. Grosz wurde 1954 Mitglied der »American Academy of Arts and Letters«, und die Westberliner Akademie der Künste wählte ihn 1959 zum außerordentlichen Mitglied der Abteilung »Bildende Kunst«. George Grosz starb am 5. Juli 1959, wenige Tage nach seiner Übersiedlung nach West-Berlin.

▸ Grothe, Hermann (* 1888 – † 1961)

Geboren am 13. Januar 1888 in Wulkow/Krs. Ruppin, Sohn eines Landarbeiters; Lehre und Arbeit als Bauschlosser. 1914 Soldat, kam 1916/17 ins Lazarett, war dann Schlosser in Marienfelde. Seit 1907 in der SPD, gehörte er 1917 der Spartakusgruppe in Berlin-Kreuzberg

an und nahm an der Jahreswende 1918/19 am Gründungsparteitag der KPD teil. Von 1922 bis 1924 war er Vorsitzender des (kommunistischen) Reichsausschusses deutscher Betriebsräte und in der von der KPD unterstützten Erwerbslosenbewegung aktiv. Anhänger ▸ Ruth Fischers, 1921 bis 1923 Mitglied der Berliner Stadtverordnetenversammlung, er schwenkte 1925 zu ▸ Ernst Thälmann über. Wegen Beleidigung der Reichsregierung wurde er zu sechs Monaten Gefängnis verurteilt. Am 13. Mai 1933 verhaftet und am 13. Februar 1934 durch das Kammergericht Berlin zu zweieinhalb Jahren Zuchthaus verurteilt, die er im Zuchthaus Brandenburg-Görden absaß. 1936/37 stand er unter Beobachtung der Gestapo Berlin. Nach 1945 war Grothe eine Zeit lang Forstwart im Landesforstamt Brandenburg. Er erhielt den VVO in Bronze. Hermann Grothe starb am 19. Oktober 1961 in Berlin-Köpenick.

▸ Grube, Ernst (* 1890 – † 1945)

Geboren als Sohn eines Bergarbeiters am 22. Januar 1890 in Neundorf/Anhalt; lernte Tischler. Er schloß sich dem Holzarbeiterverband und 1908 der SPD an. Nach Beendigung der Lehre Arbeit in der Waggonfabrik Werdau, dann einige Jahre Wandergeselle. Von 1910 bis 1912 lebte er in Berlin, wo er sich in Abendkursen weiterbildete. Während des Krieges in Zwikkau Mitglied der Spartakusgruppe und der USPD, seit Gründung in der KPD organisiert. 1920 KPD-Sekretär in Zwickau, im gleichen Jahr zog Grube in den Sächsischen Landtag ein, dem er bis 1922 angehörte. 1921 Delegierter des VII. Parteitags, der VIII. Parteitag 1923 wählte ihn in die Gewerkschaftskommission und als Kandidat in den ZA. Er war von 1922 bis 1924 Stadtverordneter in Zwickau und bis Oktober 1924 Sekretär des UB Zwickau, 1923 einer der militärischen Führer der KPD in Sachsen. Von Mai bis Dezember 1924 Reichstagsabgeordneter, von Oktober 1924 bis 1928 Polleiter des Bezirks Magdeburg-Anhalt. Nach der Wittorf-Affäre kam Grube als Polleiter in den Bezirk Wasserkante. Von Dezember 1924 bis Mitte 1932 Abgeordneter des Preußischen Landtags und seit Juli 1932 wieder Reichstagsabgeordneter. Von 1925 bis 1929 Delegierter aller KPD-Parteitage, auf dem XI. Parteitag 1927 in Essen zum Kandidaten und auf dem XII. Parteitag 1929 in Berlin-Wedding zum Mitglied des ZK gewählt. Grube gehörte zu den Chemnitzer Linken (▸ Paul Bertz, ▸ Heinrich Wesche usw.), Anfang 1930 wurde er seiner Funktion als Polleiter in Hamburg enthoben. Er arbeitete 1930 kurze Zeit als Komintern-Emissär in Griechenland. Ende 1930 wurde Grube Reichsleiter der Kampfgemeinschaft für rote Sporteinheit, bis 1933 im ZK der KPD für Sportangelegenheiten verantwortlich.

In der Nacht des Reichstagsbrands festgenommen und in den KZs Sonnenburg, Lichtenburg und Buchenwald inhaftiert. 1939 aus dem KZ entlassen, wieder als Tischler tätig. Im Krieg zunächst in Warschau dienstverpflichtet, kehrte Grube 1941 nach Berlin zurück, wurde 1942 einige Monate inhaftiert. In der Aktion »Gewitter« am 21. August 1944 erneut festgenommen, kam ins KZ Sachsenhausen, wo er schwer erkrankte. Er wurde Anfang April 1945 mit allen arbeitsunfähigen Häftlingen in Viehwagen verladen und ins KZ Bergen-Belsen transportiert. In diesem Vernichtungslager wurde Ernst Grube am 14. April 1945 ermordet.

› Grünberg, Karl (* 1891 – † 1972)

Geboren am 5. November 1891 in Berlin, Sohn eines Schuhmachers; zunächst ungelernter Arbeiter, später Laborant. 1910 besuchte er die Arbeiterbildungsschule, wurde Gewerkschaftsmitglied und trat 1911 in die SPD ein. Von 1915 bis 1918 Soldat an der Ostfront. Er nahm 1919 an den Revolutionskämpfen in Berlin teil und war Organisator der Soldatenräte bei der Republikanischen Soldatenwehr. Mitglied der USPD, 1920 der KPD und freier Mitarbeiter an der »Roten Fahne«, Organisator der Arbeiterkorrespondentenbewegung und 1924 Herausgeber der ersten KPD-Betriebszeitung, »Die Borsiglokomotive«. Seit 1924 Redaktionsvolontär bei der »Roten Fahne«, dann Lokalredakteur der »Welt am Abend«. 1928 Mitbegründer und 3. Vorsitzender (› Johannes R. Becher war 1. Vorsitzender, Paul Körner [› Paul Schrader] 2. Vorsitzender) des BPRS in Berlin. Sein bekanntestes Werk »Brennende Ruhr« erschien 1928. Zu dem Roman aus der Zeit des Kapp-Putsches, eingeführt von Johannes R. Becher, bemerkte Thomas Mann: »... daß das Buch starke künstlerische Eigenschaften besitzt«. In diesem Roman entfaltete Grünberg ein facettenreiches Bild der (lokal-) historischen Begebenheiten und der politischen Motive zentraler Führergestalten. Grünberg war außerdem Reichstagsberichterstatter sowie Chefredakteur der »Roten-Hilfe-Korrespondenz«. Nach 1933 im Widerstand, er wurde verhaftet und kam in das KZ Sonnenburg. Danach Arbeit als Steineklopfer und Chemotechniker und 1943 zur Feuerschutzpolizei einberufen. 1945 war er zeitweise Amtsgerichtsdirektor, dann Redakteur der SMAD-Zeitung »Tägliche Rundschau« und lebte schließlich als freischaffender Schriftsteller in Berlin-Grünau, 1953 erhielt er den Nationalpreis der DDR. Karl Grünberg starb am 1. Februar 1972.

› Grunert, Karl (* 1901 – † 1980)

Geboren am 29. August 1901 in Hamburg, Sohn eines Hafenschiffers, der bereits 1912 starb, die Mutter arbeitete als Putzfrau und Wäscherin. Steindruckerlehre, die er aus finanziellen Gründen nicht abschließen konnte. 1918 bis 1922 Arbeiter beim Hamburger Telegrafenbauamt, ab 1923 Verlagsangestellter. Er schloß sich dem Spartakusbund und 1919 der KPD an. Auf dem 7. Reichskongreß der KJD im April 1923 wurde Grunert in das ZK gewählt, ab 1924 von den Linken zurückgedrängt. Nach dem »Offenen Brief« des EKKI 1925 in das Sekretariat des ZK des KJVD berufen, übernahm er das Presseressort. Im April 1926 kam Grunert zu einem Zweijahreskurs an die Internationale Leninschule in Moskau, danach Funktionen in Hamburg. 1930 wurde Grunert als Versöhnler aus der KPD ausgeschlossen und verlor seine Arbeit im Parteiapparat. Ab Herbst 1930 Angestellter im Hamburger Arbeitsamt, 1933 entlassen. Er schloß sich der Widerstandsgruppe um ▸ Hans Westermann an, deshalb am 22. Oktober 1933 verhaftet und bis August 1934 im KZ Fuhlsbüttel inhaftiert. Ab 1938 Angestellter in einer Foto-Großhandlung, von 1940 bis 1945 Soldat. 1945 wieder Mitglied der KPD und im Hamburger Arbeitsamt tätig, ab 1950 Standesbeamter. Grunert war ab 1948 Mitglied des KPD-Landesvorstandes Hamburg. Dort Anfang Januar 1950 abgesetzt »wegen seiner Beteiligung an der Führung der fraktionellen Gruppe, seiner Verbindung zu den Parteifeinden im In- und Ausland und seiner Desorientierung der Partei«. Einen Monat später aus der KPD ausgeschlossen, Mitte der fünfziger Jahre wurde er Mitglied der SPD. Als ihm nach dem XX. Parteitag der KPdSU nahegelegt wurde, wieder Mitglied der KPD zu werden, lehnte er dies ab. 1974 verließ Grunert wegen des »Extremisten-Beschlusses« die SPD und trat in die DKP ein. Er war 1976 Mitinitiator des Kuratoriums »Gedenkstätte Ernst Thälmann«. Karl Grunert starb am 24. April 1980 in Kaltenkirchen bei Hamburg.

▸ Grylewicz, Anton (* 1885 – † 1971)

Geboren als Sohn eines Tischlers am 8. Januar 1885 in Berlin. Mechanikerlehre, anschließend in diesem Beruf tätig. Von 1907 bis 1909 Militärdienst. 1912 in Berlin Mitglied der SPD, 1917 Übertritt zur USPD. Während des Krieges zunächst zwei Jahre an der Ostfront, nach einer Verwundung 1917 zurück nach Berlin. Arbeit als Schlosser, dann einer der Führer der Berliner Revolutionären Obleute. Nach der Revolution war Grylewicz maßgebend in der Berliner Organisation der USPD tätig. Dort anfangs zweiter, 1920 erster Vorsitzender. Im Januar 1919 als Stellvertreter ▸ Emil Eichhorns an den bewaffneten Auseinandersetzungen auf Seiten der Revolutionäre aktiv beteiligt. Grylewicz nahm als Vertreter des linken Flügels am USPD-Spaltungsparteitag in Halle teil und war Delegierter des Vereinigungsparteitags mit der KPD im Dezember 1920. Nach der Vereinigung Orgleiter des KPD-Bezirks Berlin-Brandenburg. Von 1920 bis 1924 Stadtverordneter in Berlin und seit 1921 unbesoldeter Stadtrat in Neukölln. Als einer der Führer der Fischer-Maslow-Gruppe behielt Grylewicz seine wichtige Funktion als Orgleiter in Berlin bis 1924. 1923 Teilnehmer an den Moskauer Verhandlungen über den geplanten deutschen Aufstand.

Nach dem IX. Parteitag 1924 in die Zentrale berufen, wo er führend in der Orgabteilung arbeitete. Im Mai 1924 im Wahlkreis Potsdam II zum Abgeordneten des Reichstags, im Dezember 1924 des Preußischen Landtags gewählt. Als Mitglied der Berliner Bezirksleitung 1924 von der Polizei gesucht, verhaftet und vier Monate in Untersuchungshaft. Dann im August/September 1925 einer der Angeklagten im Maslow-Prozeß vor dem Reichsgericht. Zu einer Gefängnisstrafe verurteilt, die jedoch unter die Amnestie fiel. Nach dem »Offenen Brief« 1925 aus dem ZK entfernt, blieb er zunächst Sekretär der Landtagsfraktion. Grylewicz gehörte auch nach dem »Offenen Brief« zur Führung der Fischer-Mas-

low-Gruppe. Auf dem XI. Parteitag 1927 vertrat er zusammen mit ▸ Wolfgang Bartels und ▸ Paul Schlecht die linke Opposition und wurde deswegen am 1. April 1927 aus der KPD ausgeschlossen. Danach Vorsitzender der Gruppe der linken Kommunisten im Landtag und Mitbegründer des Leninbundes, bis 1930 dessen Reichsorganisationsleiter.
Im Februar 1930 trennte er sich mit einer Gruppe deutscher Trotzkisten vom Leninbund. Grylewicz war in der Folgezeit führender deutscher Trotzkist und Herausgeber der Schriften Trotzkis in Deutschland. Im März 1933 flüchteten er und seine Frau Anna, geborene Bräuer (* 1. 1. 1891 – † 28. 11. 1970), mit der er seit 1912 verheiratet war, nach Prag. Dort wurde er aufgrund von Verleumdungen und den Denunziationen der Stalinisten einige Zeit inhaftiert. Im Moskauer Schauprozeß gegen Grigori Sinowjew u. a. im August 1936 war Grylewicz als »einer der Führer der deutschen Trotzkisten« angegriffen worden. 1937 flüchtete er nach Paris, dort Mitglied des Auslandskomitees KPD-Linke Opposition (Trotzkisten). Im August 1939 wurde er zusammen mit seiner Frau von den deutschen Behörden ausgebürgert. 1941 Flucht nach Kuba, dort lebte und arbeitete er trotz seines hohen Alters als Tischler. 1955 kam er nach West-Berlin, wohin seine Frau schon vorher gezogen war. Er trat der SPD bei. Anton Grylewicz starb am 2. August 1971 in West-Berlin.

▸ Guddorf, Wilhelm (* 1902 – † 1943)

Geboren am 20. Februar 1902 in Melle bei Gent/Belgien, Sohn eines Universitätsprofessors. Schon auf dem Gymnasium fiel seine Sprachbegabung auf, er beherrschte später fast alle westeuropäischen und slawischen sowie eine Reihe weiterer Sprachen. Nach dem Krieg Umzug nach Osnabrück, Abitur und Studium der Volkswirtschaft, Geschichte, Musik- und Kunstwissenschaft an den Universitäten Münster, Leyden und Paris, wo er mit dem Kommunismus in Berührung kam. 1922 Eintritt in die KPD. 1924/25 Redakteur der »Freiheit« und des »Rhein-Ruhr-Pressedienstes« der KPD. 1925/26 mehrmonatige Haft. Dann Mitarbeiter der »Roten Fahne« in Berlin, leitete Guddorf von 1927 bis 1932 das außenpolitische Ressort des KPD-Zentralorgans (Pseudonym Paul Braun). Im Sommer 1932 schied er wegen parteiinterner Differenzen aus der Redaktion aus und arbeitete als Übersetzer. 1933 illegal für die KPD tätig, am 22. März 1934 verhaftet und am 17. Juli 1934 zu drei Jahren Zuchthaus verurteilt. Nach Strafverbüßung Einlieferung in das KZ Sachsenhausen. Im April 1939 freigelassen, in einem Berliner Antiquariat beschäftigt, wo er Eva-Maria Buch (* 31. 1. 1921 – † 5. 8. 1943) kennenlernte. Beide waren in der Folgezeit eng befreundet und gemeinsam illegal aktiv. Tätigkeit als Übersetzer, wurde einer der Herausgeber der Widerstandszeitschrift »Die innere Front«, die in fünf Sprachen erschien. Er hatte Verbindung zu der Gruppe Schulze-Boysen (»Rote Kapelle«) und wurde am 15. Oktober 1942 erneut verhaftet und furchtbar gefoltert. Am 3. Februar 1943 vom 2. Senat des Reichskriegsgerichts zum Tode verurteilt, wurde Wilhelm Guddorf am 13. Mai 1943 in Plötzensee hingerichtet. Seine Frau Hilde (* 5. 7. 1907 – † 6. 11. 1980), mit der er von 1930 bis 1942 verheiratet war, war die Tochter des Ehepaars ▸ Edwin und ▸ Gertrud Morgner, beide Delegierte des Gründungsparteitages der KPD.

▸ Günther, Hans, Dr. pil. (* 1899 – † 1938)

Geboren am 8. September 1899 in Bernburg. Nach dem Studium promovierte er 1923 mit einer Arbeit zur Marxschen Mehrwerttheorie. Der Schriftsteller trat 1930 der KPD bei und wurde Mitarbeiter der Agitpropabteilung des ZK in Berlin und der »Roten Fahne«. 1932 Übersiedlung nach Moskau und Redakteur der »Internationalen Literatur«. 1935 erschien dort sein Werk »Der Herren eigener Geist. Die Ideologie des Nationalsozialismus«. Er wurde am 4. November 1936 in der UdSSR verhaftet und zu fünf Jahren Lager verurteilt. Hans Günther starb am 10. November 1938 im Durchgangslager Wladiwostok an Typhus. 1956 in der Sowjetunion »rehabilitiert«, erschienen erst 1981 seine Ausgewählten Schriften in der DDR.

▸ Günther, Philipp (* 1883 – † 1963)

Geboren am 26. Januar 1883 in Stollberg/Sachsen, Sohn eines Webermeisters. Maschinenarbeiter, Wanderschaft durch skandinavische Länder. 1906 wurde er in Chemnitz Mitglied der SPD, 1913 Besuch der Parteischule. 1914 Einberufung zum Militär, als Soldat (Marine) 1917 zur Gründung der USPD nach Berlin delegiert. Anschluß an die Spartakusgruppe. Im September 1918 wegen Vorbereitung zur Meuterei inhaftiert, am 26. Oktober befreit und Rückkehr nach Chemnitz. Dort am 9. November in den Arbeiter- und Soldatenrat gewählt. 1919 Mitglied der KPD, 1920 Vorsitzender des KPD-Bezirks Chemnitz. Ab 1923 Stadtverordneter, ab 1924 Stadtrat und von 1924 bis 1930 Redakteur des »Kämpfers«. 1930 als Rechter aus der KPD ausgeschlossen und aus der Redaktion entlassen. Erwerbslos, aktives Mitglied der KPO und arbeitete an deren Zeitung »Arbeiterpolitik« mit. Ab 1933 in der von ▸ Robert Siewert geleiteten KPO-Widerstandsgruppe tätig. Im November 1934 wurde Günther verhaftet und schwer mißhandelt. Am 14. Mai 1935 zu einem Jahr und neun Monaten Gefängnis verurteilt. Im November 1936 aus dem Zuchthaus Bautzen in das KZ Sachsenburg überführt, später nach Buchenwald gebracht. Am 16. September 1938 freigelassen, aber unter Polizeiaufsicht gestellt, arbeitete er als Vertreter einer Seifenhandelsfirma in Dresden. 1946 Mitglied der SED; Günther erhielt eine Rüge und wurde 1948 aus der Partei ausgeschlossen. Angeblich waren Briefe von ihm an den Nazi-Bürgermeister von Chemnitz aufgetaucht, in denen Günther 1939 erfolglos versucht hatte, seine Anstellung als Bestattungsredner zu erwirken und er verbale Zugeständnisse an »die chauvinistische Ideologie der Nazisten« gemacht haben soll. Infolge seines frühen Parteiausschlussess wurde er von der 1949 einsetzenden Kampagne gegen frühere KPO-Mitglieder in der SED nur noch gestreift. Die ZPKK hatte Günthers Einspruch gegen seinen Parteiausschluß 1950 abgelehnt, im Januar 1960 wurde der Ausschluß aber aufgehoben. Die Medaille für »Kämpfer gegen den Faschismus« wurde ihm allerdings erst im Oktober 1960 verliehen. Philipp Günther starb am 9. März 1963 in Karl-Marx-Stadt.

▸ Gundelach, Gustav (* 1888 – † 1962)

Geboren am 19. Dezember 1888 in Kiel, Sohn eines Malers; von 1908 bis 1923 als Dreher in

Hamburg beschäftigt. 1909 Mitglied der SPD, 1917 Übertritt zur USPD, ab März 1920 in der Hamburger USPD-Leitung. Mit dem linken Flügel im Dezember 1920 zur KPD. 1924 wurde Gundelach in die BL Wasserkante gewählt. Als Leiter der Roten Hilfe Wasserkante bis 1933 hauptamtlicher Funktionär sowie Abgeordneter der Hamburger Bürgerschaft von 1924 bis 1933, dort 1927/28 Vizepräsident. Von Juli 1933 bis Februar 1934 Leiter der illegalen RGO Berlin, anschließend Emigration über Wien und Zürich nach Paris, bis Oktober 1936 Instrukteur der IRH in Österreich, Schweiz und Skandinavien. Gundelach kämpfte ab Januar 1937 im Spanischen Bürgerkrieg und war im Range eines Kapitäns Leiter des Roten Kreuzes für die Interbrigaden. Von September bis November 1939 und von Januar bis Juli 1940 war er in Stockholm interniert. Im Juli 1940 erhielt er ein Visum zur Einreise in die UdSSR und flog nach Moskau, dort bis 1942 Spezialausbildung. Danach bis April 1945 Lehrer, Sprecher und Redakteur am Deutschen Volkssender. Ende April 1945 kehrte Gundelach als Mitglied der Gruppe Ulbricht nach Berlin zurück. Ab Mai 1945 zunächst Sekretär der Orgabteilung des ZK der KPD, im September 1945 von der SMAD zum Präsidenten der Deutschen Zentralverwaltung für Arbeit und Sozialfürsorge berufen. Im April 1946 übersiedelte er im Auftrag der SED nach Hamburg und übernahm von ▸ Friedrich Dettmann den Vorsitz der dortigen KPD-Leitung. Im April 1949 als Vorsitzender wiedergewählt, wechselte er im August nach Bonn und wurde Sekretär der KPD-Bundestagsfraktion. Gundelach wurde 1946 in die Hamburger Bürgerschaft gewählt und im August 1949 als Abgeordneter in den ersten Deutschen Bundestag. Ab 1951 gehörte Gundelach der Landesleitung Hamburg an und war Mitglied des KPD-PV. Nach dem Verbot der KPD in der Bundesrepublik arbeitete er illegal für die Partei, er wollte 1961 als Einzelbewerber für den Bundestag kandidieren. 1960 wurde ihm von der DDR die Medaille »Kämpfer gegen den Faschismus« verliehen. Gustav Gundelach starb am 7. Juli 1962 in Hamburg.

▸ Gundermann, Marianne (* 1902 – † 1974)

Geboren am 20. August 1902 in Crimmitschau, arbeitete sie nach der Handelsschule bei verschiedenen Verlagen in Berlin. Von 1920 bis 1923 in der KAP, sie trat 1924 der KPD bei, wurde Redakteurin am »Klassenkampf« in Halle, dort 1929 als Mitglied der Versöhnler abgesetzt. Von 1930 bis 1932 leitete sie die Redaktion der kommunistischen Zeitschrift »Weg der Frau«. 1933 Emigration nach Paris, 1933/34 illegale Arbeit in Deutschland. 1935 nach Moskau, dort 1936 Studium an der Internationalen Leninschule. 1938 nach Holland geschickt, gehörte sie der KPD-Emigrationsleitung an. 1943 verhaftet, soll sie der Gestapo (nach mißglücktem Selbstmordversuch) Informationen gegeben haben. In den KZs Auschwitz und Ravensbrück inhaftiert, kam sie über das Rote Kreuz 1945/46 nach Schweden. Seit 1946 arbeitete sie beim Berliner Rundfunk, 1949 bis 1953 auch in der Redaktion »Neues Deutschland«. Sie gehörte 1953 vermutlich zur Zaisser-Herrnstadt-Gruppe. Wegen ihrer Aussagen bei der Gestapo soll sie intern erst ab 1956 in die SED aufgenommen, 1970 aber voll rehabilitiert worden sein. Ab 1956 Abteilungsleiterin im Ministerium für Kultur; sie erhielt 1959 den Händel-Preis, promovierte 1964 und bekam 1969 den Nationalpreis. Zwar eine einflußreiche DDR-Kulturpolitikerin, wirkte jedoch mehr im Hintergrund. 1972 erschien eine Sammlung ihrer Reden und Aufsätze. Marianne (Änne) Gundermann starb am 29. Mai 1974.

▸ Gutjahr, Karl (* 1894 – † 1971)

Geboren am 13. November 1894 in Lützen/Krs. Weißenfels, Sohn eines Maurers; Lehre und Arbeit als Koch und Kellner. Von 1913 bis 1918 war Gutjahr Fremdenlegionär, bis 1920 interniert, konnte er im Frühjahr 1920 nach Deutschland zurück. Abraumarbeiter in Zeitz, dort im August 1923 Mitglied der KPD und 1924 Stadtrat. Gutjahr leitete ab 1927 die KPD in Zeitz

und gehörte der BL Halle-Merseburg an, 1928 Bezirkssekretär für den Halle-Saalekreis. Er wurde Mitglied des Provinzialausschusses Sachsen und saß mit ▸ Wilhelm Pieck als KPD-Vertreter im Preußischen Staatsrat. Am 25. Juli 1933 in Hamburg verhaftet, der VGH verurteilte ihn zu zwei Jahren Gefängnis, anschließend Überführung in das KZ Sachsenhausen, aus dem er Ende April 1939 entlassen wurde. Arbeit als Steinträger in Zeitz, mußte 1942 zur Wehrmacht. 1946 in der SBZ Hauptdirektor Bergbau der AG Brennstoffindustrie. 1948/49 Sekretariatsmitglied der SED Sachsen-Anhalt, 1951 wurde er Hauptdirektor im VEB Mansfeld. 1957 verzog er nach Rostock, ehrenamtlich tätig. Karl Gutjahr starb am 2. Dezember 1971 in Rostock. Sein Sohn, Karl Gutjahr junior (* 21. 11. 1928 – † 12. 3. 1988) war von 1952 bis 1971 persönlicher Mitarbeiter für Landwirtschaftsfragen im Büro von ▸ Walter Ulbricht.

▸ Guttmann, Katharine (Ketty) (* 1883 – † 1967)

Geboren am 28. April 1883 in Hungen/Krs. Schotten als Katharina Ekey. Sie heiratete in Hamburg den Sozialdemokraten Guttmann und trat in die SPD ein, 1917 Übertritt in die USPD. Während der Revolution wurde Ketty Guttmann eine bekannte Agitatorin. Sie ging 1920 mit der linken USPD zur KPD und wurde für diese 1921 in die Hamburger Bürgerschaft gewählt, der sie bis 1924 angehörte. 1921 Gründerin der Zeitschrift »Der Pranger«, Organ einer Hamburger Prostituierten-Vereinigung, für deren Belange sie sich einsetzte. Nach dem Oktoberaufstand 1923 flüchtete sie nach Moskau, kam aber 1924 desillusioniert zurück. Unter der Losung »Los von Moskau« (so auch der Titel ihrer Broschüre von 1924) führte sie einen Feldzug gegen die KPD und Komintern, wobei sie die Unterstützung einer Gruppe Arbeiterlinke in Hamburg fand. Mit ihrer These, die Komintern müsse zerschlagen werden, weil sie nicht die Arbeiterrevolution, sondern die Interessen der sowjetischen Außenpolitik vertrete, näherte sie sich der KAPD. Ketty Guttmann wurde im Juli 1924 aus der KPD ausgeschlossen, blieb aber als ultralinke Kommunistin aktiv. Sie überlebte die NS-Diktatur und korrespondierte von ihrem Wohnort Burscheid aus noch 1947 mit ▸ Ruth Fischer in New York. Ketty Guttmann starb am 25. September 1967.

▸ Gyptner, Richard (* 1901 – † 1972)

Geboren am 3. April 1901 in Hamburg, Sohn einer Arbeiterfamilie; kaufmännischer Angestellter. Von 1916 bis 1918 Mitglied der Gruppe

Linksradikale. 1919 Mitbegründer der KPD in Hamburg, Ende 1920 wurde er Vorsitzender des ZK der KJD, in dieser Zeit war er als Jugendvertreter ZA-Mitglied der KPD. Im August 1922 wurde Gyptner nach Moskau berufen, auf dem III. Kongreß der KJI in Moskau im Dezember 1922 mit ‣ Otto Unger und ‣ Walter Schulz in das Exekutivkomitee der KJI gewählt. Er war bis 1928 zunächst Kandidat, dann Mitglied und von 1924 bis 1928 einer der drei Sekretäre des Exekutivkomitees. Im Sommer 1923 Sekretär des Westeuropäischen Büros der KJI in Berlin. Unmittelbar nach dem IX. Frankfurter Parteitag 1924 wurde er von der neuen Führung unter ‣ Ruth Fischer entlassen, reiste zurück nach Moskau und nahm dort seine Arbeit in der KJI wieder auf. Ende 1928 Rückkehr nach Berlin, war Gyptner hier bis Februar 1933 unter Georgi Dimitroff Sekretär des Westeuropäischen Büros der Komintern. Im April 1933 Emigration nach Skandinavien und Frankreich, von Ende 1933 bis Ende 1935 einer der Sekretäre des ZK der IAH in Paris, danach in der UdSSR bis 1941 persönlicher Sekretär beim Generalsekretär der Komintern Dimitroff. Nach Auflösung der KI Mitarbeiter in der inoffiziellen Nachfolgeorganisation, des »Instituts Nr. 205«, dann Redakteur am Deutschen Volkssender in Moskau bzw. in Ufa. Ende April 1945 kam Gyptner mit der Gruppe Ulbricht nach Deutschland und war in Berlin führend am Aufbau der KPD-Organisation beteiligt. Er leitete ab April 1946 mit dem aus der SPD kommenden Fritz Schreiber »paritätisch« das Büro des ZS der SED. Schreiber trat Ende 1948 aus der SED aus, flüchtete in die Westzonen und schilderte Gyptner als bedingungslosen Vertrauten ‣ Walter Ulbrichts. Inzwischen auch bei einstigen KPD-Kadern umstritten, wurde Gyptner im März 1949 Vizepräsident der Ostberliner Volkspolizei. Im Februar 1953 wechselte er ins Außenministerium, von Dezember 1955 bis Februar 1958 war er Botschafter in Peking, anschließend Regierungsbevollmächtigter der DDR für die arabischen Staaten in Kairo und von März 1961 bis Mai 1963 Botschafter in Polen. 1964 pensioniert, erhielt er 1965 den Karl-Marx-Orden. Richard Gyptner starb am 2. Dezember 1972 in Ost-Berlin. Sein Sohn Rudolf (* 4. 1. 1923) fiel als Partisan in Polen am 28. 11. 1944.

H

▸ Haag, Alfred (* 1904 – † 1982)

Geboren am 15. Dezember 1904 in Schwäbisch-Gmünd; Lehre und Arbeit als Schreiner. 1923 Vorsitzender der KPD-Ortsgruppe Gmünd. 1931 Kursant an der Internationalen Leninschule in Moskau, nach Rückkehr Ende 1931/32 Redakteur der »Süddeutschen Arbeiterzeitung«. 1928 und 1932/33 Stadtrat in Schwäbisch-Gmünd und im April 1932 als jüngster Abgeordneter in den Württembergischen Landtag gewählt. Am 10. Februar 1933 wurde Haag in Ulm verhaftet und wegen einer zurückliegenden Schlägerei mit Nazis zu einem Jahr Gefängnis verurteilt, anschließend »Schutzhaft« u. a. KZ Dachau und Mauthausen. Dann im Februar 1940 auf persönliche Anweisung des Reichsführers SS Heinrich Himmler aus dem Gestapogefängnis Prinz-Albrecht-Straße in Berlin entlassen. Haag arbeitete in einem kleinen Handwerksbetrieb, wurde später zur Wehrmacht eingezogen und kam in sowjetische Kriegsgefangenschaft, aus der er 1948 nach München zurückkehrte. Er fand Arbeit als Schreiner, später Angestellter einer Krankenkasse. Alfred Haag, der sich wieder der KPD und 1968 der DKP anschloß, war langjähriger Vorsitzender der VVN in Bayern. Er starb am 8. August 1982 in München.
Seine Frau **Lina Haag** (*18. Januar 1907) geborene Jäger, war Hilfsarbeiterin, Mitglied des KJVD und der KPD. Auch sie wurde 1933 verhaftet und befand sich bis 1939 in Haft, davon längere Zeit in Dunkelarrest. Nach einer Ausbildung als Krankengymnastin arbeitete sie nach 1945 in München. 1945 wieder Mitglied der KPD, veröffentlichte sie 1947 ihr Buch: »Eine Handvoll Staub«.

▸ Häbich, Walter (* 1904 – † 1934)

Geboren als Sohn eines Mechanikers am 15. Oktober 1904 in Botnang (Stuttgart); lernte von 1918 bis 1921 Bandagist und war von 1923 bis 1925 Metallarbeiter. 1920 Mitglied des KJD, 1921 Vorsitzender einer Ortsgruppe, seit 1922 von Groß-Stuttgart. Häbich schloß sich 1923 auch der KPD an. Er kam im Herbst 1923 in »Schutzhaft« und wurde 1924 wegen seiner Tätigkeit bei den Aufstandsvorbereitungen zu drei Jahren Gefängnis verurteilt. Von Januar bis August 1925 verbüßte er einen Teil der Strafe, der Rest wurde ihm erlassen. 1925 Leiter des KJVD Württemberg und hauptamtlicher Funktionär. Im Dezember 1925 machte Häbich eine Reise durch die Sowjetunion. Danach 1926 Leiter des KJVD Bezirks Wasserkante, außerdem von 1926 bis 1928 Mitglied der KPD-BL Wasserkante. 1928 Kursant an einer Parteischule in Moskau. Häbich arbeitete im KJVD als Leo, war eng mit ▸ Ernst Thälmann verbunden und wurde von diesem nach der Wittorf-Affäre nach Berlin geholt. Hier wurde Häbich Ende 1928 anstelle ▸ Konrad Blenkles Vorsitzender des Kommunistischen Jugendverbandes Deutschlands. Als Führer des KJVD auf dem XII. KPD-Parteitag 1929 zum Mitglied des ZK gewählt, aber bereits Mitte 1929 als KJVD-Vorsitzender und ZK-Mitglied von ▸ Kurt Müller abgelöst. Im November 1929 kam er als Redakteur zum »Klassenkampf« nach Halle und 1930 zum KPD-Organ »Neue Zeitung« nach München. Dort im Januar 1932 als verantwortlicher Redakteur zu anderthalb Jahren Festung verurteilt, Weihnachten 1932 amnestiert, lebte er wieder in München. Wegen illegaler Arbeit für die KPD im September 1933 verhaftet und ins KZ Dachau gebracht. Dort wurde Walter Häbich am 30. Juni 1934 von der SS ermordet. Die Nachricht vom Tode ihres Sohnes erhielt seine Mutter erst vier Monate später.

▸ Hähnel, Walter (* 1905 – † 1979)

Geboren am 12. April 1905 in Chemnitz, Sohn eines Arbeiters. Lehre als Kontorist, anschließend kaufmännischer Angestellter. 1919 Mitglied der FSJ, ab 1920 der kommunistischen Jugend, 1923 Mitglied deren BL Erzgebirge-Vogtland. Im Februar 1925 Mitglied der KPD. 1926/27 verantwortlich für den »Jungen Kämpfer«, einer Beilage der Chemnitzer KPD-Zeitung. Hähnel wurde Ostern 1927 auf dem 10. Jugend-Kongreß in Hamburg in das ZK der KVJD und auf dem XI. Essener Parteitag 1927 als Jugendvertreter zum Mitglied des ZK der KPD gewählt. In der Wittorf-Affäre stellte sich Hähnel auf die Seite ▸ Ernst Thälmanns, wurde in das Büro des ZK des KJVD geholt, nach der Reichskonferenz vom November 1928 Redakteur der »Jungen Garde«. Auf dem XII. Parteitag der KPD 1929 nicht mehr ins ZK berufen. Von Oktober 1929 bis April 1930 bei der KJI in Moskau, anschließend Instrukteur der KJI beim tschechischen kommunistischen Jugendverband. In den Auseinandersetzungen zwischen Neumann-Remmele und Thälmann stand Hähnel mit ▸ Fritz Grosse gegen ▸ Kurt Müller und ▸ Alfred Hiller. 1931 wurde er Reichsjugendleiter, ab November 1931 Orgleiter des Kampfbundes gegen den Faschismus. Ab Februar 1933 Mitglied der illegalen RFB-Bundesführung in Berlin, dann Leiter des illegalen KJVD in Berlin. 1935 Emigration nach Moskau, dort mit der Leitung des KJVD beauftragt, da ▸ Gabo Lewin, der nach der Verhaftung Fritz Grosses den KJVD leitete, ein Anhänger ▸ Hermann Schuberts war. Delegierter des VII. Weltkongresses der Komintern 1935, Hähnel sprach in der Diskussion zur Jugendpolitik der KPD. Auf dem anschließenden VI. Weltkongreß der KJI erstattete er den Bericht des KJVD und wurde in das Exekutivkomitee der KJI geholt. Auf der »Brüsseler Konferenz« im Oktober 1935 wurde er in Moskau wieder als Mitglied ins ZK der KPD gewählt, hier vor allem für Kaderfragen verantwortlich. Im September 1938 fuhr Hähnel nach Paris, dort bis September 1939 im Auslandsekretariat der KPD. Auch die »Berner Konferenz« 1939 berief Hähnel erneut als Mitglied ins ZK. Nach Kriegsausbruch in verschiedenen Lagern interniert, flüchtete er 1940 und lebte als Karl Kunert illegal in Toulouse, war dann bis September 1942 erneut interniert. Danach arbeitete er in der Résistance, war Mitglied der KPD-Leitung in Paris und aktiv in der »Bewegung Freies Deutschland«. Im Juli 1945 kehrte Hähnel nach Berlin zurück und wurde Mitarbeiter der Abteilung Reichsbezirke des ZK der KPD. 1946 zunächst leitender Mitarbeiter der KPD-Zonenleitung später der Arbeitsgemeinschaft im ZS der SED. Ab 1949 Hauptreferent in der Westkommission, nach deren Auflösung Leiter bzw. Mitarbeiter des Kadersektors KPD bzw. des Arbeitsbüros im ZK der SED. Im April 1970 aus dem hauptamtlichen Apparat ausgeschieden, erhielt er 1975 den Karl-Marx-Orden. Walter Hähnel starb am 9. Oktober 1979 in Ost-Berlin.

▸ Härtle, Franz Xaver (* 1891 – † 1943)

Geboren am 2. Dezember 1891 in Pfersee bei Augsburg; lernte Schlosser und siedelte nach der

Militärzeit nach Offenbach über, wo er der SPD beitrat. 1919 Mitglied der KPD und Vorsitzender der KPD-Ortsgruppe Offenbach. Delegierter des VIII. Parteitags 1923. Seit 1923 Sekretär des kommunistischen Industrieverbandes Chemie. Härtle stand auf dem linken Flügel der Partei, er war 1924 hauptamtlicher Orgleiter des KPD-Bezirks Hessen-Frankfurt. 1927/28 Teilnehmer an Versammlungen der linken Opposition. Mit der offiziellen Begründung, er habe »Unterschlagungen« begangen, wurde er als Oppositioneller 1928 aus der KPD ausgeschlossen. Mitglied des Leninbundes. 1929/30 Leiter des Kampfbundes gegen den Faschismus. Seine Wiederaufnahme in die KPD wurde abgelehnt und er im Mai 1930 auch aus dem Kampfbund ausgeschlossen. Härtle lebte bis 1933 in Offenbach und verzog dann nach Berlin, wo er mehrmals verhaftet wurde und sich illegal betätigte. Franz Xaver Härtle wurde am 21. Mai 1943 in seiner Wohnung in Alt-Tegel nach Verrat festgenommen und am 26. Mai 1943 in einem Gefängnis in Berlin ermordet.

▸ Hagemeister, August (* 1879 – † 1923)

Geboren am 5. April 1879 in Detmold/Lippe, Sohn eines Maurermeisters; Steindruckerlehre, ab 1911 in München tätig und Mitglied der SPD. Hagemeister wirkte vor dem Weltkrieg in der Münchner Filiale des Lithographen- und Steindruckerverbandes an führender Stelle. 1917 schloß er sich der USPD, Ende 1920 der KPD an. Während der Revolution 1918/19 Mitglied des Revolutionsausschusses des Landesarbeiterrats Bayern, nach dem Ende der Räterepublik wurde er verhaftet und zu langjähriger Festungsstrafe verurteilt. Im Juni 1920 für die USPD in den Bayerischen Landtag gewählt, saß Hagemeister aber während der gesamten Legislaturperiode in Festungshaft in Ansbach, wo er am 16. Januar 1923 starb. Sein Sohn **August Hagemeister junior** (* 1. 12. 1907), seit 1926 Mitglied der KPD, arbeitet als Funktionär in München und Berlin. Er war u. a. Leiter des Fuhrparks der Zeitung »Welt am Abend«, wurde im März 1933 verhaftet und emigrierte im Januar 1934 in die Sowjetunion. Hagemeister jr. lebte in der Autonomen Republik der Wolgadeutschen, wurde Ende 1935 verhaftet, im September 1936 aus der KPD ausgeschlossen und vermutlich später erschossen.

▸ Hahn, Joseph (* 1896 – † 1965)

Geboren am 6. Juli 1896 in Hof, Sohn eines Hausdieners; lernte Elektriker und arbeitete vor dem Weltkrieg in einer Textilmaschinenfabrik in der Schweiz. 1912 Mitglied der Sozialistischen Jugend, 1914 der SPD. Bei Kriegsbeginn eingezogen, wurde er 1917 als Kriegsgegner wegen Gehorsamsverweigerung zu zwölf Jahren Festung verurteilt. Durch die Revolution 1918 aus der

Festung Passau befreit. Seit 1919 Mitglied der KPD, im Frühjahr 1919 Angehöriger der Roten Armee in der Bayerischen Räterepublik, deshalb Verurteilung zu neun Monaten Festungshaft, jedoch im September 1919 amnestiert und aus Bayern nach Sachsen ausgewiesen. Ab 1921 Mitglied der BL Erzgebirge-Vogtland. 1924 war er auf einem Lehrgang in Moskau, und nahm am V. Weltkongreß der Komintern und am II. RGI-Kongreß teil. Danach wurde er Agitpropleiter im Bezirk Erzgebirge-Vogtland. Sein kritischer Bericht über den V. Weltkongreß brachte ihm ein Parteiverfahren ein, das nach dem »Offenen Brief« des EKKI im September 1925 eingestellt wurde. In den Jahren 1926 bis 1928 war Hahn Sekretär und enger Vertrauter ▸ Ernst Thälmanns. Deshalb als ZK-Instrukteur längere Zeit in Ost- und Westsachsen eingesetzt, um die Rechten zu bekämpfen, 1929 schickte Thälmann Hahn als Orgleiter nach Baden, um dort die linke Kenzler-Ritter-Gruppe auszuschalten. Bis 1931 Stadtverordneter in Mannheim, zeitweise auch RGO-Vorsitzender in Baden. Von 1931 bis 1933 war Hahn Instrukteur in der Mitteleuropäischen Sektion des RGI in Moskau sowie Kursant an der Internationalen Leninschule. Ende 1933 Rückkehr zur illegalen Arbeit nach Deutschland, am 8. Februar 1934 in Berlin verhaftet. Im Gefängnis konnte er noch mit Dimitroff zusammenkommen und Nachrichten austauschen. Der Gestapo gelang es nicht, Hahns Identität nachzuweisen (er besaß falsche Papiere), und er konnte auch verheimlichen, aus Moskau nach Deutschland zurückgekehrt zu sein. Am 19. März 1935 vom OLG Hamburg zu zweieinhalb Jahren Zuchthaus verurteilt. Danach im Juli 1939 nach Dänemark emigriert, wurde Hahn dort nach der Besetzung durch deutsche Truppen am 15. August 1940 von der Gestapo verhaftet und zunächst in das KZ Neuengamme und anschließend ins KZ Sachsenhausen gebracht. Hahn war 1945/46 Abteilungsleiter im Sekretariat des ZK der KPD, 1946 Hauptreferent im PV des SED, von 1948 bis 1954 Geschäftsführer bzw. Hauptdirektor der SED-eigenen Verlagsgruppe Zentrag. Von 1954 bis 1965 stellvertretender Vorsitzender der ZRK der SED in Ost-Berlin, er erhielt den Karl-Marx-Orden. Joseph Hahn starb am 24. Februar 1965 in Ost-Berlin.

▸ Hahne, Margarete (* 1898 – † 1973)

Margarete Lux wurde am 21. Juli 1898 in Breslau geboren. Kaufmännische Lehre, dann Stenotypistin in Breslau. Nach der Heirat mit dem Arbeiter Hahne 1919 Mitglied der KPD und aktive Funktionärin. 1926 Mitbegründerin des RFMB und Führerin des Bundes in Schlesien. 1928 Mitglied der BL, Leiterin der Frauenarbeit, noch im gleichen Jahr Kandidatin für den Preußischen Landtag (nicht gewählt), Stadtverordnete in Breslau. Auf dem XII. Parteitag 1929 wurde sie als Mitglied ins ZK berufen, danach Übersiedlung nach Berlin und Sekretärin der kommunistischen Arbeitsgemeinschaft sozialpolitischer Organisationen (ARSO). 1932 Sekretärin in der Berliner Zentrale des RGO-Textilarbeiterverbandes. Margarete Hahne arbeitete bis September 1933 illegal in Berlin, dann flüchtete sie in die ČSR und gab eine illegale Zeitschrift mit heraus, die nach Deutschland eingeschleust wurde. 1938 Emigration nach Frankreich, wo sie engen Kontakt zum Kreis um ▸ Willi Münzenberg hatte. Ihr Name stand unter dem Aufruf in der letzten Nummer der Münzenbergschen »Zukunft« (nach ihren Angaben ohne ihr Wissen, da sie mit dem Aufruf nicht einverstanden war). Die KPD suchte nun Margarete Hahnes Anerkennung als politischer Flüchtling zu vereiteln. Bei Ausbruch des Krieges war sie für zwei Monate im Gefängnis in Versailles, von 1940 bis 1943 im Lager Gurs in Südfrankreich und von 1943 bis 1945 in Yenne interniert.

Im Lager Gurs wurde ihr mitgeteilt, sie sei aus der KPD ausgeschlossen. Margarete Hahnes erster Mann war in Deutschland geblieben, sie hatte in der Emigration einen kommunistischen Funktionär geheiratet, dieser wurde aber Ende 1942 von der Gestapo aus Frankreich abgeholt und arbeitete bis 1945 halbfrei in einem Potsdamer Industriebetrieb. Am 25. Mai 1945 wurde er von der Roten Armee verhaftet und zu zehn Jahren Zuchthaus verurteilt, 1952 aber freigelassen. Margarete Hahne selbst konnte erst durch Vermittlung französischer Gewerkschafter Anfang 1946 nach Deutschland zurückkehren. Sie arbeitete im Sozialwesen im Berliner Bezirk Prenzlauer Berg, wurde entlassen, da ein Parteiverfahren gegen sie lief. Im Sommer 1946 wurde ihr bei einer Reise nach Westdeutschland an der Demarkationslinie neben sämtlichen persönlichen Ausweis-Papieren auch der rote Ausweis »Opfer des Faschismus« (Kämpfer) Nr. 3322 von sowjetischen Grenzwächtern abgenommen. Wegen der Inhaftierung ihres Mannes war sie nicht der SED beigetreten, Ende 1946 nach Berlin-Wedding übergesiedelt und schloß sich später in West-Berlin der SPD an, war politisch nicht mehr aktiv, aber noch fürsorgerisch tätig. Margarete Hahne starb am 2. November 1973 in West-Berlin.

› Halbe (Lang), Erna (* 1892 – † 1983)

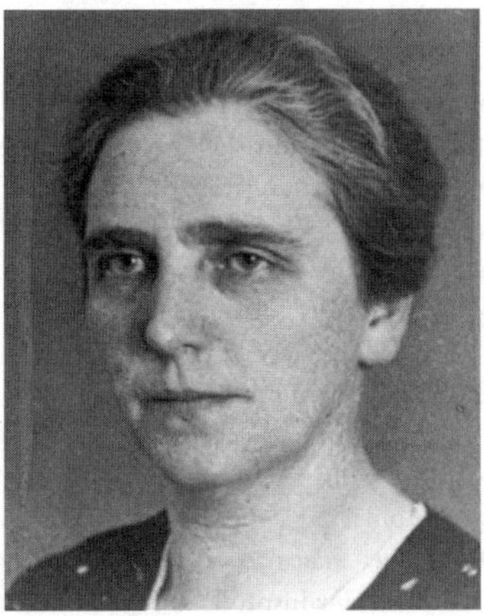

Geboren am 30. Juni 1892 in Hamburg, Tochter von Ernst Demuth, Mitglied des Hauptverbandes der Kürschner-Gewerkschaft und SPD-Funktionär, der 1912 starb. Erna Demuth erhielt ihre Ausbildung als Kindergärtnerin am Hamburger Fröbelhaus und war dann fünf Jahre in diesem Beruf tätig. 1907 Mitglied des Hamburger Jugendbundes, 1910 der SPD, aus der sie wegen ihrer oppositionellen Haltung gegen die Kriegskreditbewilligung im Jahre 1916 ausgeschlossen wurde. Während des Krieges gehörte sie zu den aktiven Funktionären der Hamburger Linksradikalen. Da sie revolutionäre Flugblätter herstellte und verbreitete, am 27. März 1918 wegen angeblichen »Landesverrats« zu zweieinhalb Jahren Zuchthaus verurteilt. Ihr Mann Max Halbe – Funktionär im Handlungsgehilfen-Verband, der ebenfalls 1916 aus der SPD ausgeschlossen wurde – kam im März 1918 schwerverwundet in ein Lazarett, in dem er im Juni 1918 starb.

Durch die Revolution befreit, gehörte Erna Halbe zu den Mitbegründern der KPD in Hamburg und war bis April 1919 die einzige Frau in dem unter Führung der Linksradikalen stehenden 30köpfigen Arbeiter- und Soldatenrates. 1920 Frauensekretärin in der KPD-BL Wasserkante. Im November 1921 ging sie nach Magdeburg und wurde Polleiter im KPD-Bezirk Magdeburg-Anhalt. Delegierte des VIII. Parteitags 1923 und in die Gewerkschaftskommission gewählt. In jener Zeit stand sie auf dem linken Flügel der Partei. Nach der Übernahme der Parteiführung durch die Linken kam sie 1924 als Leiterin der Frauenabteilung in die Zentrale der KPD nach Berlin. Die Praktiken der Linken führten zu einer Entfremdung von dieser Gruppe. Mitte 1927 schied sie aus der Frauenabteilung aus. Auf dem XI. Parteitag 1927 noch in die Orgkommission gewählt, übernahm sie die Leitung eines Kinderheimes der RHD in Elgersburg/Thüringen. Sie gehörte nun der rechten Opposition in der KPD an. Als Anhängerin der Rechten wurde sie Anfang 1929 aus der Partei ausgeschlossen, verlor auch ihre Arbeit und verdiente sich von 1930 bis 1932 als Staubsaugervertreterin ihren Lebensunterhalt.

Erna Halbe wurde Mitglied der KPO-Reichsleitung und 1932 der SAP. 1933 war sie einige Monate inhaftiert, arbeitete dann noch ein Jahr illegal weiter, bis es im Sommer 1934 zahlreiche Verhaftungen in ihrer Gruppe gab. Sie emigrierte nach Prag, setzte von dort aus die illegale Tätigkeit nach Deutschland fort. Durch die Festnahmen mehrerer Freunde in Berlin erhielt die Gestapo Kenntnis davon und verlangte von der tschechischen Regierung Erna Halbes Auslieferung. Das wurde zwar abgelehnt, aber sie dennoch »gebeten«, das Land so schnell wie möglich zu verlassen. So kam Erna Halbe nach Frankreich, wo sie – wie alle deutschen Emigrantinnen – im Mai 1940 im Lager Gurs interniert wurde. Ende 1940 traf sie mit ihrem Mann – **Joseph Lang** (* 5. 4. 1902) –, der 1929 ebenfalls aus der KPD ausgeschlossen worden war und emigrieren mußte, in den USA ein. Nach dem Krieg unterstützten sie von dort aus viele ihrer Genossen in Deutschland. Ende 1950 kehrten beide nach Deutschland zurück. Erna Halbe-Lang wurde im Januar 1951 Mitglied der SPD und lebte in Frankfurt/M., wo sie am 18. Mai 1983 starb. Ihr Mann Joseph leitete seit 1952 die Buchhandlung des Bund-Verlages im Frankfurter Gewerkschaftshaus und spielte in der Frankfurter und in der südhessischen SPD eine maßgebliche Rolle. Joseph Lang starb am 10. September 1973.

▸ Halle, Felix, Dr. jur (* 1884 – † 1937)

Am 1. Mai 1884 in Berlin-Tiergarten geboren, Sohn eines jüdischen Kaufmanns. 1902 bis 1905 Studium der Rechts- und Staatswissenschaften in Berlin, Promotion. Nach Beendigung seines Studiums lebte er in Berlin als Schriftsteller und gründete 1913 den Neuen Deutschen Verlag, den er 1924 ▸ Willi Münzenberg verkaufte. 1912 hatte er sich der SPD angeschlossen, während des Krieges trat er 1917 zur USPD über, für die er nach Gründung des Pressedienstes juristischer Mitarbeiter wurde. Im November 1918 durch die Volksbeauftragten für Kultur ▸ Adolph Hoffmann (USPD) und Konrad Haenisch (SPD) Berufung zum Professor an die juristische Fakultät der Berliner Universität, an der er jedoch nur kurz lehrte. Halle, der dem linken Flügel der USPD angehörte und für die Vereinigung mit der KPD eintrat, reiste Ende 1920 nach Rußland und arbeitete bis April 1921 als Mitglied des Wissenschaftskollegiums beim Volkskommissariat für Justiz. Im Frühjahr 1921 kehrte Halle nach Deutschland zurück und wurde Hauptberater der KPD in juristischen Fragen, von 1922 bis 1926 war er Syndikus der Juristischen Zentralstelle der kommunistischen Reichstags- und Landtagsfraktion. 1927 leitete er zugleich die Juristische Zentralstelle der Roten Hilfe.

Halle verfaßte mehrere Schriften, darunter »Wie verteidigt sich der Proletarier in politischen Strafsachen vor Polizei, Staatsanwaltschaft und vor Gericht« und wurde zum wichtigsten theoretischen Mitarbeiter der RHD. Da er dem Staatsgerichtshof angehörte, führte er zähe Verhandlungen mit den Justizministern der Weimarer Kabinette, wie Eugen Schiffer und Gustav Radbruch. Auch in seiner eigenen Partei hatte er Probleme, soll innerhalb der Juristischen Zentralstelle antisemitischen Ausfällen ausgesetzt gewesen sein. Halles Bemühungen um ein Reichstagsmandat schlugen fehl. In der Nacht des Reichstagsbrandes wurde er verhaftet, aber Ende März entlassen. Am 2. April 1933 emigrierte er mit seiner Ehefrau Ruth über Prag nach Paris, 1934 nach Moskau, wo Halle am Institut für Kriminalistik arbeitete. Im Januar 1935 in die Schweiz entsandt, um im Auftrag der Komintern die Auslieferung ▸ Heinz Neumanns an NS-Deutschland zu verhindern. Als die Komintern 1936 eine unter Leitung von Bela Kun stehende Kommission zur Verteidigung ▸ Ernst Thälmanns bildete, fuhr er nach Paris, um unter dem Dach des von Willi Münzenberg geleiteten »Thälmann-Komitees« die juristische Vorbereitung der Verteidigung Ernst Thälmanns zu koordinieren. Der 1936/37

von Halle erarbeitete »Bericht über die Anklageschrift des Reichsanwalts in Sachen des Genossen Ernst Thälmann« sowie seine »Bemerkungen zur Taktik der Verteidigung« fanden zunächst die ungeteilte Zustimmung der »Kun-Kommission« sowie der KPD-Führer in Paris und Moskau.
Am 3. März 1936 von der Hitler-Regierung ausgebürgert, reiste Felix Halle mit seiner Frau Anfang 1937 mit einem Paß, der ihn als den Schweizer Staatsangehörigen Otto Wiess legitimierte, erneut in die Sowjetunion. ▸ Wilhelm Florin hatte zuvor jedoch schon handschriftlich vermerkt: »Vorsichtig betrachten, da Halle als Feind entlarvt ist.« Am 5. August 1937 wurde er vom NKWD verhaftet und am 25. August aus der KPD ausgeschlossen. Babette Gross, die Lebensgefährtin Willi Münzenbergs, hat überliefert, daß Mitgefangene im Moskauer Butyrka-Gefängnis Felix Halle aufforderten, nun eine Broschüre zu schreiben, wie sich ein deutscher Proletarier vor dem sowjetischen Gericht zu verteidigen hätte. Bereits nach dreimonatiger Haft vom Militärkollegium des Obersten Gerichts der UdSSR wegen »Teilnahme an einer konterrevolutionären trotzkistischen Verschwörung« angeklagt und am 1. November 1937 zum Tode verurteilt. Felix Halle wurde am 3. November 1937 in Butowo, in der Nähe von Moskau, erschossen. Seine Frau Ruth (* 15. 1. 1886), geborene Kamvich, hatte sich völlig verzweifelt bereits am 11. Oktober 1937 das Leben genommen. Über Felix Halle erschien 1997 von Josef Schwarz die Schrift: »Zu Unrecht vergessen«.

▸ Haller, Eugen (* 1882 – † 1971)

Geboren am 20. Oktober 1882 in Rottweil/Württemberg; lernte Uhrmacher. Bis zum Weltkrieg Uhrmachergeselle in Schwenningen. Vor dem Krieg Mitglied der SPD, 1917 Übertritt zur USPD. Haller war führend in der USPD Schwenningen, er kam mit der linken USPD 1920 zur KPD. Von 1923 an Parteisekretär, 1924 in den Württembergischen Landtag gewählt, übernahm er 1924 die Organisierung der Roten Hilfe in Württemberg. Haller zählte zum rechten Parteiflügel, im Frühjahr 1926 wurde er deswegen aus der KPD ausgeschlossen. Ihm wurde »Betrug, Unterschlagung und Korruption« vorgeworfen, er sollte – wie inzwischen üblich – kriminalisiert werden, allerdings wurden auch »rechte Abweichungen« genannt. Haller blieb bis 1928 als Fraktionsloser im Landtag, er schloß sich Ende 1928 wieder der SPD an und arbeitete in der Folgezeit in seinem Beruf als Uhrmacher. 1933 zunächst keinen Verfolgungsmaßnahmen ausgesetzt, doch am 30. Mai 1938 verhaftet und zu zweieinhalb Jahren Zuchthaus verurteilt, weil er illegal für die SPD tätig gewesen war. Nach Verbüßung seiner Strafe im Zuchthaus Ludwigsburg kam er ins KZ Welsheim, von dort 1941 überraschend entlassen, arbeitete er wieder in Schwenningen. Im August 1944 erneut im Amtsgerichtsgefängnis Horb inhaftiert, sollte er von dort am 16. April 1945 der Gestapo in Oberndorf ausgeliefert werden. Aber da das nicht mehr möglich war, erhielt die Gefängnisleitung telefonisch den Auftrag, Haller zu »erledigen«. Daß Horb schon am 17. April 1945 von der französischen Armee besetzt wurde, hat ihn gerettet. Er trat 1945 sofort wieder der SPD bei und übte für sie verschiedene Funktionen aus. Eugen Haller wohnte bis zu seinem Tode am 28. Oktober 1971 in Schwenningen.

▸ Hallmeyer, Rudolf (* 1908 – † 1943)

Geboren am 3. Februar 1908 in Plauen/Vogtland, Sohn eines Buchdruckers; wurde Rohrleger. 1924 Mitglied der kommunistischen Jugend, 1931 der KPD. 1932 wurde er Stadtverordneter in Plauen. Im März 1933 flüchtete Hallmeyer aus Plauen und lebte illegal in Meerane. Instrukteur der KPD-BL Sachsen. Er emigrierte im April 1934 in die ČSR, reiste als KJVD-Instrukteur nach Magdeburg und Hannover. Im September 1935 nahm Hallmeyer am VI. Weltkongreß der KJI in Moskau teil und besuchte anschließend die Internationale Leninschule. Ende 1937 ging er nach Prag und mußte im Laufe des Jahres 1938 öfter illegal nach Berlin, kam Ende 1938 nach Göteborg, wo er in der KPD-AL arbeitete und mehrmals zu illegalen Einsätzen nach Deutschland fuhr. Im Frühjahr 1940 sollte Hallmeyer im Reich am Aufbau einer KPD-Inlandsleitung mithelfen. Durch die Kriegsereignisse gelangte er erst Ende Juni 1940 über Stettin nach Berlin, wo ihm ▸ Robert Uhrig ein illegales Quartier besorgte, doch sein vorgesehener Anlaufpartner ▸ Willi Gall war bereits verhaftet. Nach Kontaktaufnahme zu früheren Genossen in Magdeburg, Halle und Dresden wurde er am 24. August 1940 in Berlin festgenommen. Rudolf Hallmeyer wurde am 5. August 1943 vom VGH zum Tode verurteilt und am 8. September 1943 in Berlin-Plötzensee hingerichtet.

▸ Hamann, Alfred (* 1882 – † 1947)

Geboren am 21. September 1882 im Kreis Jauer; lernte Stellmacher und war mehrere Jahre in diesem Beruf tätig. 1905 wanderte er nach Südamerika aus, wo er als Gaucho Beschäftigung fand. Nach Kriegsausbruch Rückkehr nach Deutschland. Als Soldat an der Front, dann Rüstungsarbeiter. Mitglied der SPD, 1917 USPD, ging 1920 mit deren linkem Flügel zur KPD. 1921 Kreistagsabgeordneter der KPD im Kreis Goldberg-Haynau, war Delegierter des VII. und VIII. KPD-Parteitages (1921 und 1923), vom VIII. Parteitag in die Gewerkschaftskommission gewählt, Orgleiter der KPD-BL Schlesien. Nachdem er 1924 zum linken Parteiflügel übergeschwenkt war, wurde Hamann Polleiter in Schlesien sowie von Mai bis Dezember 1924 Reichstagsabgeordneter. Als es der Polizei in Schlesien 1924/25 immer wieder gelang, führende Funktionäre, die die KPD-Zentrale nach Breslau geschickt hatte, zu verhaften, verdichtete sich der Verdacht, Hamann sei ein Polizeispitzel. Mit Hilfe eines höheren Polizeioffiziers in Liegnitz, der mit der KPD sympathisierte, wurde Hamann eine Falle gestellt. Dabei kam heraus, daß er seit 1923 für die Polizei tätig war. Wegen angeblicher intimer Beziehungen mit seiner Tochter war er von der Polizei 1923 festgenommen worden. Um diese Verfehlung zu vertuschen, hatte er das Angebot der Polizei, für sie als Agent zu arbeiten, angenommen. Hamann wurde nach der Entlarvung 1925 aus der KPD ausgeschlossen. Er verschwand aus der Politik, siedelte später nach Thüringen über und beantragte dort im Frühjahr 1932 seine Aufnahme in die KPD. Das ZK-Sekretariat teilte der BL am 10. Juni 1932 mit, da Hamann bereits vor Jahren als Polizeispitzel ausgeschlossen wurde, komme eine Wiederaufnahme nicht in Frage. 1933 kurzzeitig »Schutzhaft«. Im August 1944 als ehemaliger KPD-Reichstagabgeordneter verhaftet und ins KZ Buchenwald eingeliefert. Im Mai 1945 befreit, wurde er 1945 Bürgermeister der Gemeinde Dorndorf/Rhön in der SBZ. Alfred Hamann starb am 29. August 1947 in Dorndorf/Rhön.

› Hammann, Wilhelm (* 1897 – † 1955)

Geboren am 25. Februar 1897 in Biebesheim/Hessen, Sohn einer Hebamme und eines Eisenbahners, der auch eine Gastwirtschaft betrieb. Besuchte als Freiplatzschüler die Realschule und das Lehrerseminar in Alzey. 1916 bestand er die Schulamtsanwärter-Prüfung. Anschließend zum Militär eingezogen, kam er an die Front, 1918 in Halle als Flugschüler ausgebildet. Nach dem Krieg trat er der USPD bei und wurde deren Vorsitzender in Groß-Gerau. Mitte 1919 Übertritt zur KPD. Von 1920 bis 1931 Volksschullehrer in Wixhausen und aktiver Funktionär der KPD in Südhessen. 1927 Vorsitzender des UB Darmstadt, im gleichen Jahr Abgeordneter des Hessischen Landtags, dem er bis 1933 angehörte. Im April 1933 verhaftet, haben ihn SA-Leute vom Bahnhof bis zum Gefängnis Darmstadt getrieben und geprügelt. Nach wenigen Tagen freigelassen, aber im Februar 1935 erneut festgenommen und zu drei Jahren Zuchhaus verurteilt. Längere Zeit im Zuchthaus Rochenberg in Einzelhaft. Nach Strafverbüßung ins KZ Buchenwald übergeführt, erst 1945 befreit. In Buchenwald machte sich Hammann als Blockältester des Blocks 8, in dem sich die Kinder des KZ befanden, sehr verdient. Im April 1945 rettete er noch viele jüdische Kinder vor der SS. Im Mai 1945 Rückkehr zu seiner Familie nach Groß-Gerau, hier wieder aktiver KPD-Funktionär. Im Juli 1945 als Landrat in Groß-Gerau eingesetzt. Nach Differenzen mit der US-Besatzungsmacht im Dezember 1945 verhaftet, u. a. wurde Hammann vorgeworfen, die Alliierten behindert zu haben. Im Februar 1946 freigesprochen, aber nicht wieder als Landrat eingesetzt. Am 22. März 1946 nahm ihn die Militärpolizei erneut fest, denn nach Aussagen von vier Buchenwald-Häftlingen war Hammann angeblich eng mit der SS verbunden und im Lager verhaßt gewesen. Obwohl Buchenwald-Häftlinge aus ganz Europa Leumundszeugnisse für Hammann abgaben und sein untadeliges Verhalten belegten (darunter Eugen Kogon), mußte er 14 Monate in Haft. Er saß in Dachau, wo damals SS-Verbrecher wie Ilse Koch, Hans Eisele u. a. inhaftiert waren. Im Mai 1947 bescheinigte ihm die Anklagebehörde seine »vollkommene antifaschistische Einstellung und seine Unbescholtenheit«, Hammann wurde freigelassen. Als KPD-Sekretär der Bezirksleitung Hessen tätig. Wilhelm Hammann kam bei einem Autounfall in Rüsselsheim am 26. Juli 1955 ums Leben. Am 18. Juli 1984 ehrte eine Kommission der israelischen Gedenkstätte Yad Vashem den ehemaligen Landrat und KPD-Abgeordneten des Hessischen Landtages Wilhelm Hammann posthum für die Rettung von 159 jüdischen Kindern und Jugendlichen im KZ Buchenwald mit dem Titel »Gerechter unter den Völkern«.

› Hammer, Arthur (* 1884 – † 1942)

Geboren am 30. Mai 1884 in Essen, Angestellter. Mitglied der Spartakusgruppe in Essen, dort nach der Revolution im Arbeiter- und Soldatenrat. Vorsitzender der Essener Kommunisten. Auf dem III. Parteitag als Kandidat in die Zentrale gewählt. Delegierter auf dem Vereinigungsparteitag mit der USPD 1920. Arthur Hammer war ab 1919 führend in der »Union der Hand- und Kopfarbeiter« und verantwortlicher Redakteur ihres Zentralorgans »Union«. Als diese kommunistisch-syndikalistische Gewerkschaft 1925 in die Freien

Gewerkschaften überführt werden sollte, widersetzte sich Hammer und schied wegen dieser Differenzen aus der KPD aus. Danach gewerkschaftliche Funktionen und Tätigkeit im Buchhandel, ab 1931 Anhänger der sozialdemokratischen »Eisernen Front«. Im März 1936 nach einer Denunziation verhaftet, wurde er am 7. August 1936 von einem Sondergericht in Essen wegen »Verstoßes gegen das Heimtückegesetz« zu einem Jahr und sechs Monaten Gefängnis verurteilt. Im September 1939 erneut festgenommen, wurde er später vom Gefängnis Essen in das KZ Sachsenhausen überführt und kam Mitte März 1942 in das KZ Groß-Rosen/Schlesien. Dort wurde Arthur Hammer am 6. April 1942 ermordet.

▸ Hammer, Max (* 1886 – † 1970)

Geboren am 23. März 1886 in Naundorf/Sachsen; nach der Lehre als Möbelpolierer Wanderschaft durch Deutschland, blieb in Stuttgart, wo er 1909 der SPD beitrat. Er gehörte zum linken Flügel der SPD, ging im Krieg zum Spartakusbund und 1919 zur KPD. Seit 1920 war Max Hammer hauptamtlicher Sekretär und Redakteur der KPD. Auf dem VII. Leipziger Parteitag 1923 als Kandidat in den ZA gewählt. Als verantwortlicher Redakteur der »Süddeutschen Arbeiterzeitung« 1923 verurteilt, flüchtete er nach Moskau, wo er in der RGI arbeitete. 1925 Rückkehr nach Stuttgart, wieder Redakteur der Parteizeitung. Seit 1925 war Hammer auch einer der Wortführer der Rechten. Im April 1927 kurz verhaftet, wurde er im Mai 1928 als Abgeordneter in den Württembergischen Landtag gewählt. Bei den Auseinandersetzungen 1928/29 für die rechte Opposition aktiv, deshalb Anfang 1929 aus der KPD ausgeschlossen. Mitglied der KPO und einer ihrer Vertreter im Württembergischen Landtag sowie Redakteur des KPO-Organs »Arbeiter-Tribüne« in Stuttgart. 1933 zunächst illegale Tätigkeit für die KPO, doch im Frühjahr 1933 verhaftet, kam er ins KZ. Durch seine kranke Frau bedrängt, gab er eine Erklärung für die NSDAP ab, wurde freigelassen und arbeitete wieder in seinem Beruf. Er unterstützte nach 1946 als Rentner in Stuttgart die Gruppe Arbeiterpolitik. Max Hammer starb an 24. April 1970.

▸ Handke, Georg (* 1894 – † 1962)

Als Sohn eines Schlossers am 22. April 1894 in Hanau geboren; besuchte die Oberrealschule und die höhere Handelsschule in Hanau, dann dort kaufmännischer Angestellter bei einer Bank. 1913 Mitglied der sozialistischen Jugend. Von 1914 bis 1918 diente Handke beim Ulanenregiment Nr. 6 in Hanau. Während des Krieges aktiv in der Spartakusgruppe und der USPD, nach der Demobilisierung Mitglied des Arbeiter- und Soldatenrates Hanau. Unter dem Pseudonym Ernst Spinger nahm Handke am Gründungsparteitag der KPD als Delegierter Hanaus teil. Er gehörte hier der Leitung der vom Arzt ▸ Dr. Georg Wagner geführten KPD-Gruppe an. 1919/20 war er sowohl Redakteur der Zeitung »Freiheit« als auch kaufmännischer Leiter des Verlages Freiheit, Organ des Spartakusbundes/KPD in Hanau. Von April 1920 bis 1922 Leiter der kommunalpolitischen Abteilung der Zentrale der KPD. Er ging 1921 mit der Wagner-Gruppe zu ▸ Paul Levi und der KAG über, wurde in deren erste Leitung gewählt, blieb aber dann doch in der KPD. Er war Delegierter des VII. Jenaer Parteitags 1921 und von 1919 bis 1930 Stadtverordneter der KPD in Hanau sowie von 1924 bis 1930 Provinziallandtagsabgeordneter. Von November 1923 bis 1930 war Handke Chefredakteur der »Arbeiter-Zeitung« in Frankfurt/M. und Mitglied der BL Hessen.

Dann leitete er von 1931 bis 1933 die Genossenschaftsabteilung des ZK der KPD. 1933/34 illegal Oberberater zunächst für Ostdeutschland, dann für das Ruhrgebiet. Am 21. September 1934 wurde Georg Handke in Berlin verhaftet, am 2. Juli 1935 vom VGH zu 15 Jahren Zuchthaus verurteilt, saß davon sieben Jahre in Einzelhaft. Auch seine spätere Frau **Emmy Handke**, geborene Christoph (* 30. 9. 1902 – † 17. 1. 1994), die in erster Ehe mit dem KPD-Funktionär Karl Thoma (▸ Ewald Blau) verheiratet war, erhielt eine langjährige Freiheitsstrafe. 1945 aus dem Zuchthaus Zwickau befreit, schloß sich Georg Handke wieder der KPD an. Zunächst von der US-Armee als Bürgermeister von Zwickau eingesetzt, war er dann Regierungspräsident in Zwickau-Plauen. Von Juli 1945 bis Oktober 1946 1. Vizepräsident und danach Präsident der Deutschen Zentralverwaltung für Handel und Versorgung der SBZ, von Mai 1948 bis Oktober 1949 stellvertretender Vorsitzender der DWK. In der DDR war Handke von Oktober 1949 bis September 1952 Minister für Innerdeutschen- und Außenhandel, von Oktober 1952 bis Oktober 1953 Botschafter in Rumänien und ab November 1953 (bis August 1959) Staatssekretär und 1. Stellvertretender Minister für Auswärtige Angelegenheiten. Ab 1958 war Handke Präsident der Gesellschaft für deutsch-sowjetische Freundschaft, er erhielt 1959 den Karl-Marx-Orden und wurde auf dem V. SED-Parteitag 1958 als Mitglied ins ZK gewählt. Georg Handke starb am 7. September 1962.

▸ Hansen, Jakob (* 1884 – † 1956)

Geboren am 24. Januar 1884 in Kiel; lernte Schlosser und übersiedelte nach Hamburg. 1920 schloß er sich der KPD an und wurde als aktiver Funktionär Mitte der zwanziger Jahre Mitglied der BL Wasserkante. Von 1927 bis 1930 gehörte er als Abgeordneter der Hamburger Bürgerschaft an. Vom 4. März bis 22. April 1933 in »Schutzhaft«, Hansen erklärte seinen Bruch mit dem Kommunismus und wurde im August 1933 Mitglied der SA. Politisch trat er nicht mehr hervor. Jakob Hansen starb 1956 in Bremen.

▸ Hark, Joseph (* 1875 – † 1945)

Geboren am 22. Mai 1875 in Bochum als zweites von neun Kindern eines Bergmanns; zunächst in einer Spinnerei tätig, dann Bergmann, Übersiedlung ins Aachener Kohlerevier. Um die Jahrhundertwende trat Hark dem Bergarbeiterverband bei, 1906 auch der SPD. Wegen der Haltung der SPD im Krieg trat er 1915 aus der Partei aus, schloß sich 1917 der USPD an und ging mit dem linken Flügel 1920 zur KPD. Bis 1926 Bergarbeiter, dann Invalide, war Hark 1924 Reichstagskandidat der KPD (nicht gewählt) und Redakteur der »Arbeiterzeitung« in Aachen, Mitglied der UBL Aachen und der erweiterten BL Niederrhein. Auf dem Essener XI. Parteitag 1927 wurde er als Arbeiter zum Kandidaten des ZK gewählt. Hark sympathisierte mit den Versöhnlern, wurde 1929 nicht wieder ins ZK berufen, blieb aber bis 1933 für die KPD aktiv, November

1929 Gemeindeverordneter in Kohlscheid und Mitglied des Kreistages Aachen-Land. Um der Festnahme zu entgehen, emigrierte er 1937 nach Holland. Dort nach dem Einmarsch der deutschen Truppen 1940 verhaftet, am 14. Januar 1941 vom OLG Hamm zu zwei Jahren und drei Monaten Zuchthaus verurteilt. Ende 1942 aus dem Zuchthaus Siegburg entlassen, kehrte er nach Kohlscheid bei Aachen zurück. Anläßlich der Aktion »Gewitter« am 20. August 1944 erneut festgenommen, ins KZ Oranienburg verschleppt und 1945 noch ins KZ Bergen-Belsen überführt. Dort kam Joseph Hark am 15. April 1945 ums Leben.

▸ Hartmann, Rudolf (* 1885 – † 1945)

Geboren am 11. Dezember 1885 in Demern/ Mecklenburg, Sohn eines Gutsbesitzers; Realschule in Schönberg und Gymnasium in Bützow. Nach dem Abitur (1906) studierte er bis zum Abbruch 1912 an mehreren Universitäten. Später arbeitete er auf dem väterlichen Gut und nahm am Weltkrieg teil. Zwei schwere Verwundungen im August 1915 und im April 1916 machten ihn zum Pazifisten. In seinem Wehrpaß stand: »weigert sich, Offizier zu werden«. Von September 1918 bis 1920 in französischer Kriegsgefangenschaft. Hartmann gründete im April 1922 den Freiheitsbund Demern, suchte Kontakt zu allen politischen Parteien, aber nur die KPD antwortete ihm. Nach Gesprächen mit Funktionären der KPD, u. a. mit dem Landtagsabgeordneten ▸ Hugo Wenzel, trat er mit 40 Mitgliedern des Freiheitsbundes im Sommer 1922 der KPD bei. Er hatte sich zeitweise mit seiner Familie überworfen und lebte als Dichter und Schriftsteller. Im Juli 1923 wurde Hartmann (mit der höchsten Stimmenzahl) für die KPD in den Landtag von Mecklenburg-Strelitz gewählt und blieb bis 1927 deren Abgeordneter. 1926/27 auch in der BL Mecklenburg, war er 1928 Mitglied des vorbereitenden europäischen Bauernkomitees in Berlin. In den folgenden Jahren lebte er von der aktiven Politik zurückgezogen auf seinem kleinen Gut in Mecklenburg als Privatgelehrter. Ende 1942 äußerte er: »Wir werden den Krieg niemals gewinnen können. Die Front hätte eine so kolossale Länge, daß die Menschen in Deutschland für die Besetzung der eroberten Gebiete und die Front nicht ausreichen würden. Der Führer ist ein hemmungsloser Mensch und kann nicht genug bekommen.« Für diesen »Defätismus« wurde Hartmann am 12. Dezember 1942 verhaftet und am 16. April 1943 vom Sondergericht in Schönberg zu zwei Jahren Gefängnis verurteilt. Im Dezember 1944 sollte er aus dem Zuchthaus Dreibergen-Bützow entlassen werden, statt dessen ordnete das Reichssicherheitshauptamt am 30. November 1944 seine Überstellung in das KZ Sachsenhausen an, wo er am 2. Februar 1945 eintraf. Vier Wochen später kam er mit einem Gefangenentransport ins KZ Mauthausen. Unter den Häftlingen, die dort am 5. März 1945 sofort in der Gaskammer ermordet wurden, befand sich auch Rudolf Hartmann.

▸ Harzheim, Willi (Wilhelm) (* 1904 – † 1937)

Geboren am 6. April 1904 in Horst-Süd/Gelsenkirchen, Sohn eines Bergmanns. Mit 14 Jahren selber Bergmann, trat 1920 in die USPD und 1923 in die KPD ein, UB-Leiter von Buer und Mitglied der engeren BL Ruhr. Ab 1929 Veröffentlichungen in der KPD-Presse, wurde Mitglied der Berliner Ortsgruppe des BPRS, dann Vorstandsmitglied und führte bereits ab 1930 die Korrespondenz der Zentrale des Bundes. Als junger Autor trat Harzheim gemeinsam mit ▸ Hans Marchwitza und ▸ Erich Weinert in KPD-Veranstaltungen auf. Von ▸ Johannes R. Becher gefördert, fuhr er 1930 neben diesem, Egon Erwin Kisch und Anna Seghers als Mitglied der 14köpfigen deutschen Delegation des BPRS zur II. Internationalen Konferenz proletarischer und revolutionärer Schriftsteller nach Charkow. Redaktionssekretär der Zeitschrift des BPRS »Linkskurve«; heiratete 1932 Nora Shapiro (* 1910 – † 1990). Harzheim half Becher 1933 bei der Flucht aus Deutschland. Er selber reiste mit seiner Lebensgefährtin Reni Begun über Danzig in die Sowjetunion, wurde als Politemigrant anerkannt und arbeitete als Polit- und Kulturleiter bei deutschen Arbeitsemigranten in Westsibirien. Dort schuf er eine deutsche Theatergruppe und startete im Sommer 1935 eine große Tournee. Sein letzter Leserbrief »Wir wollen uns Ernst Thälmann würdig erweisen« wurde am 23. September 1937 noch in der DZZ gedruckt, aber zwei Monate später, am 20. November 1937, wurde er vom NKWD verhaftet. Willi Harzheim wurde am 27. Dezember 1937 zum Tode verurteilt und am gleichen Tag erschossen.

▸ Hassel, Wilhelm (* 1892 – † 1967)

Geboren am 16. Juli 1892 in Eupel; nach der Lehrzeit als Schlosser nach Hamburg, trat dort 1913 der SPD und 1917 der USPD bei. Er kam als enger Freund ▸ Ernst Thälmanns mit diesem 1920 zur KPD. Hassel arbeitete als Maschinenbauer in Hamburg. 1924 in die Hamburger Bürgerschaft gewählt, der er bis 1927 angehörte. Mitte 1925 als Orgleiter in den KPD-Bezirk Ruhr entsandt, wo er nach dem »Offenen Brief« im Oktober 1925 auch für einige Wochen Polleiter war. 1926 ging er wieder nach Hamburg. Er sympathisierte einige Zeit mit der linken Opposition, unterschrieb 1926 den oppositionellen »Brief der 700«, zog seine Unterschrift wieder zurück und wurde Anfang 1927 vom ZK als Polleiter nach Hessen-Kassel geschickt, Delegierter des XI. Parteitags in Essen. Im Oktober 1927 in Kassel von ▸ Robert Neddermeyer abgelöst (wegen »Trunkenheit«), doch die Oppositionspresse behauptete, Hassel habe Gelder unterschlagen und Saufgelage abgehalten. Er wurde UB-Sekretär der KPD in Lübeck, kehrte 1929 zurück nach Hamburg und war wieder kurz Mitglied der BL. Dann trat er politisch nicht mehr hervor. Wilhelm Hassel starb am 13. Juli 1967 in Hamburg.

▸ Hauschild, Robert (* 1900 – † ?)

Geboren am 28. April 1900 in Gera; wurde nach dem Besuch des Gymnasiums Journalist. Seit 1919 Mitglied der KPD, Mitte der zwanziger Jahre Redakteur und Mitarbeiter an verschiedenen KPD-Zeitungen. Hauschild machte sich einen Namen als Experte für militärpolitische Fragen und arbeitete im AM-Apparat der KPD mit. Auch als Autor für philosophische Themen (etwa das Verhältnis von Marx und Feuerbach) oder als Engels-Editor wurde er bekannt. 1932 in die Sowjetunion übergesiedelt, arbeitete Hausschild unter dem Pseudonym Rudolf Haus als Redakteur der »Deutschen Zentral-Zeitung« und der Zeitschrift »Gegen-Angriff« in Moskau. Am 31. August 1936 vom NKWD verhaftet, wurde er im Mai 1937 zu fünf Jahren Lager verurteilt. Robert Hauschild wurde im Gulag ermordet, das genaue Todesdatum ist nicht bekannt.

▸ Hausen, Erich (* 1900 – † 1973)

Als Sohn des Schlossers und späteren Elektrikers Hartwig Hausen am 5. Februar 1900 in Muskau/Oberlausitz geboren; lernte Elektriker. Gegen Kriegsende zum Heer eingezogen, kehrte er im Januar 1919 aus Belgien nach Weißwasser zurück, wo er der USPD beitrat. Bald Vorsitzender und später UB-Leiter der USPD in Weißwasser, ging Hausen 1920 mit der linken USPD zur KPD. Nach der März-Aktion 1921 wurde er Lokalredakteur der »Roten Fahne der Lausitz« in

Cottbus. Auf dem VII. Parteitag in Jena 1921 als Kandidat für den Bezirk Lausitz in den ZA gewählt. Mitglied der BL Lausitz und Ende 1922 Polleiter dieses Bezirks. Delegierter des VIII. Parteitags 1923, erneut als Mitglied in den ZA berufen. Am 7. Dezember 1923 im illegalen Parteiquartier verhaftet, anschließend vom Staatsgerichtshof in Leipzig zu drei Jahren Gefängnis verurteilt. Nach der Haftentlassung Ende 1925 erwerbslos, anschließend Sekretär der Roten Hilfe in Thüringen. 1926 vom ZK für den Bezirk Schlesien als Polleiter nach Breslau entsandt und später durch Wahl in dieser Funktion bestätigt.

Auf dem XI. Essener Parteitag 1927 als Kandidat ins ZK gewählt, vertrat Hausen zusammen mit ▸ Heinrich Galm und ▸ Albert Bassüner im ZK die sogenannten Rechten. Wegen seiner Opposition nach der Wittorf-Affäre der Funktion in Breslau, wo er die Mehrheit hatte, enthoben. Hausen verteidigte im November/Dezember 1928 vor dem EKKI in Moskau seinen Standpunkt und lehnte gemeinsam mit Galm die Bedingungen des EKKI ab. Als er einige Tage vor dem Bezirksparteitag im Dezember 1928 nach Breslau zurückkehrte, war es dem Apparat bereits gelungen, die Mehrheit der Delegierten für ▸ Ernst Thälmann zu gewinnen. Hausen und 16 Oppositionelle wurden aus der KPD ausgeschlossen. Bereits vorher hatte er in Breslau (mit dem Kindergärtnerinnen-Gehalt seiner Frau) die Zeitschrift »Gegen den Strom« herausgegeben, die zum ersten Organ der Rechten, der KPO, wurde. 1929 übernahm er in Stuttgart als Sekretär die Leitung der KPO und gehörte gleichzeitig zu deren Reichsleitung. Am 7. März 1933 verließ Hausen Stuttgart, ging nach Straßburg, kehrte nach kurzer Zeit nach Deutschland zurück, um die Inlandsarbeit der KPO zu übernehmen.

Er wurde (Pseudonym Ernst Fabel) Polleiter des illegalen Dreierkopfes der KPO in Berlin (▸ Robert Siewert, Org., ▸ Fritz Wiest, Gewerkschaft). Bei einem Grenzübertritt in Bad Elster verhaftet und zunächst unter Spionageverdacht und wegen Devisenvergehens festgehalten. Da Hausen im Besitz eines gültigen französischen Passes (Charles Bischoff) war und sich keinerlei belastendes Material bei ihm befand, nach sechs Monaten aus dem Gefängnis entlassen und nach Frankreich abgeschoben. Er bekam keine Aufenthaltsgenehmigung, daher lebte er illegal in Straßburg, von dort aus leitete er die KPO-Arbeit und siedelte mit seiner Frau 1936 nach Troyes und 1938 nach Vincennes über. Bei Kriegsausbruch verhaftet und in verschiedenen Internierungslagern festgehalten, konnte Hausen mit seiner Frau 1941 in die USA entkommen. Erst nach elfjährigem Streit mit den dortigen Behörden als Flüchtling anerkannt, lebte er als Elektriker in Swarthmore/Pennsylvania. Erich Hausen starb dort am 19. Dezember 1973.

▸ Hausladen, Hans (* 1901 – † 1938)

Geboren am 19. Januar 1901 in Wendelstein/Krs. Mittelfranken in Bayern, Sohn eines Arbeiters; bis 1929 Bergmann in Essen und Bottrop. 1919 Mitglied der USPD, 1920 der KPD und bis 1929 auch Funktionär der KPD und des RFB in Bottrop. Im April 1929 wurde Hausladen Redaktionsvolontär in der Gewerkschaftsabteilung der BL Ruhrgebiet in Essen. Von Juli 1929 bis Februar 1931 UB-Sekretär, besuchte von Januar bis März 1930 einen Lehrgang an der Reichsparteischule Berlin-Fichtenau. Ab Februar 1931 Leiter des Einheitsverbandes der Bergarbei-

ter im Ruhrgebiet, wurde Hausladen im Mai 1932 im Wahlkreis Westfalen-Nord in den Preußischen Landtag gewählt. Im März 1933 verhaftet und bis April 1934 im Polizeigefängnis Essen sowie im KZ Sonnenburg inhaftiert, wo er schwer gefoltert wurde. Nach seiner Freilassung arbeitete Hausladen illegal, emigrierte im August 1934 zunächst in die Niederlande, anschließend ins Saargebiet und nach Frankreich. Von Februar bis Juli 1935 war er für die RGI (Bergbau) in Paris tätig. Anschließend kam er in die Sowjetunion, dort im Büro der RGI in Moskau Referent unter dem Parteinamen Henry Jakob. 1937 vom NKWD verhaftet. Obwohl ▸ Wilhelm Pieck sich für ihn am 20. April 1938 bei Dimitroff einsetzte, wurde Hans Hausladen am 30. August 1938 vom NKWD erschossen.
Sein älterer Bruder **Anton Hausladen,** geboren am 7. März 1894 ebenfalls in Wendelstein, von Beruf Metalldrücker, seit 1919 Mitglied der KPD, gehörte ab Februar 1927 der erweiterten BL Nordbayern an. Im Mai 1930 UB-Sekretär für Nürnberg-Fürth und Mitglied der engeren BL Nordbayern, außerdem stand er an der Spitze der RGO Nordbayerns, 1928 auch zum Stadtrat von Fürth gewählt. Anton Hausladen wurde am 20. April 1933 verhaftet und 1934 freigelassen, aber kurz danach erneut festgenommen und am 15. Mai 1934 zu einem Jahr Gefängnis verurteilt, kam anschließend ins KZ. Über zehn Jahre in Haft, verbrachte davon 28 Monate im Strafblock. 1943 entlassen und zur Zwangsarbeit in die Tschechoslowakei geschickt, kehrte nach Kriegsende nach Fürth zurück, bis Juli 1948 Wohnungsreferent der Stadt Fürth. Anton Hausladen starb an den Folgen des in der Haft zugezogenen schweren Leberleidens am 12. September 1949 in Fürth.

▸ Heartfield, John (* 1891 – † 1968)

Geboren am 19. Juni 1891 in Berlin-Schmargendorf als Helmut Herzfeld, Sohn des sozialistischen Dichters und Schriftstellers Franz Herzfeld (Pseudonym Franz Held), Helmut war Neffe von ▸ Joseph Herzfeld; wuchs in Salzburg auf, anschließend Buchhändlerlehre in Wiesbaden, 1906/07 Unterricht bei dem Wiesbadener Maler Bouffier. Von 1907 bis 1911 studierte er an der Kunstgewerbeschule in München und war 1911/12 Erster Zeichner in der Werbeabteilung einer Mannheimer Firma. Von 1912 bis 1914 Besuch der Kunst- und Handwerksschule in Berlin-Charlottenburg, dann von 1914 bis 1916 Soldat im Weltkrieg, aus Protest gegen den Chauvinismus nannte er sich seit 1916 John Heartfield. Er gründete mit seinem Bruder ▸ Wieland Herzfelde den Verlag Neue Jugend und den Malik-Verlag. Seit 1919 Mitglied der KPD, neben ▸ George Grosz war er der bekannteste Graphiker der KP-Presse und entwickelte die künstlerische Form der politischen Fotomontage. Gemeinsam mit seinem Bruder Wieland zeichnete er, gestaltete Bücher und montierte satirische Blätter und Plakate für die KPD. Seit 1930 ständiger Mitarbeiter der AIZ; 1933 flüchtete er in die ČSR und setzte von dort aus seinen Kampf gegen das NS-Regime fort. 1938 emigrierte er nach Großbritannien, schloß sich dem Freien Deutschen Kulturbund an und kehrte erst im September 1950 über Prag in die DDR zurück. Heartfield wurde 1960 Professor an der Hochschule für angewandte Graphik in Leipzig und schuf zahlreiche Bühnenausstattungen für das Berliner Ensemble und das Deutsche Theater. Der international anerkannte Graphiker geriet 1951 wegen seiner Westemigration in die stalinistische Säuberungskampagne der SED. Die ZPKK beschloß am 19. März 1951, daß John Heartfield »wegen Verbindung zu Mitarbeitern der von Noel Field geschaffenen USC in London aus Sicherheitsgründen nicht in die Partei aufgenommen werden kann«. Erst im Juli 1956 wurde er in die Partei aufgenommen. Seit 1956 Ehrenmitglied des VBK und des Künstlerverbandes der ČSSR, gehörte er seit 1957 auch der AdK in Ost-Berlin an. Er erhielt 1967 den Karl-Marx-Orden. John Heartfield starb am 26. April 1968 in Ost-Berlin.

▸ Heckert, Fritz (* 1884 – † 1936)

Geboren am 28. März 1884 in Chemnitz. Sein Vater Paul war Schlosser, später beim Konsum beschäftigt, die Mutter verrichtete Heimarbeit. Beide waren aktive Sozialdemokraten. Fritz Hekkert lernte Maurer. 1902 Eintritt in die Gewerkschaft und die SPD. Ab 1904 auf Wanderschaft, kam er im Januar 1907 nach Berlin, dann nach Bremen. Anhänger des linken Flügels der SPD. Von 1908 bis 1911 Arbeit in der Schweiz, wo er seine Frau Wilma, geborene Stammberg, eine Lettin und Mitglied der SDAPR, kennenlernte; er bekam dort Kontakt zu Lenin und geriet unter den Einfluß der Bolschewiki. Anfang 1912 Rückkehr nach Chemnitz, vom 1. Februar an Vorsitzender der örtlichen Bauarbeitergewerkschaft, dann hauptamtlicher Sekretär. 1916 einer der Mitbegründer der Chemnitzer Spartakusgruppe, die mit 400 Mitgliedern zu den stärksten in Deutschland zählte. 1917 trat er mit der Spartakusgruppe der USPD bei, obwohl er als Lenin-Anhänger die Schaffung einer eigenen linksradikalen Partei vorgezogen hätte. Heckert war neben ▸ Heinrich Brandler der führende Kopf der USPD in Chemnitz, er hielt Verbindung zur zentralen USPD und lud auch Karl Kautsky zu Versammlungen ein. Das örtliche Polizeiamt bezeichnete Heckert als »Seele der linksradikalen Bewegung in Chemnitz und Umgebung« und »gefährlichen Hetzer«. Kurz vor Ausbruch der Revolution verhaftet, durch die Revolution 1918 befreit, übernahm Heckert den Vorsitz des Arbeiter- und Soldatenrates in Chemnitz. Er war auch einer der wenigen Spartakisten, die als Delegierte am Reichskongreß der Arbeiter- und Soldatenräte im Dezember 1918 in Berlin teilnahmen und wurde in den Reichsvollzugsrat gewählt. Heckert war für eine rasche Trennung von der USPD. Er war derjenige Delegierte des Gründungsparteitages der KPD, der dort den Namen »Kommunistische Partei Deutschlands (Spartakusbund)« vorschlug. Die Chemnitzer USPD-Gruppe ging fast einmütig zur neu gegründeten KPD über, die hier ihre einzige Massenbasis hatte. Brandler und der mit ihm befreundete Heckert waren die Leiter dieser Chemnitzer KPD-Organisation. Auf dem II. Parteitag der KPD 1919 kam Heckert als Kandidat in die Zentrale der KPD, in dieser Funktion bestätigten ihn auch die folgenden Parteitage des Jahres 1920. Seit dem Vereinigungsparteitag mit der USPD im Dezember 1920 zum Mitglied der Zentrale gewählt, gehörte er dieser bzw. dem ZK (mit kurzer Unterbrechung 1924) bis zu seinem Tode an. Zunächst noch in Sachsen tätig, war er dann einige Zeit Vertreter der KPD bei der RGI in Moskau. 1922 unter ▸ Jacob Walcher stellvertretender Leiter der Gewerkschaftsabteilung der Zentrale in Berlin.

Als Mitglied der Brandler-Führung wurde Heckert im Oktober 1923 Wirtschaftsminister der

Sächsischen Regierung. Nach der Oktoberniederlage der KPD zusammen mit Brandler und ▸ Paul Böttcher wegen ihrer Haltung in der Regierung scharf angegriffen. Er schwenkte Anfang 1924 von den Rechten zur Mittelgruppe über und wurde als einer ihrer Vertreter 1924 kurz nach dem IX. Frankfurter Parteitag wieder in die Zentrale aufgenommen. Im Mai 1924 als Abgeordneter der KPD in den Reichstag gewählt, behielt er das Mandat ununterbrochen bis 1933. Da Heckert 1923 und während der Illegalität der KPD 1923/24 die Abteilung Verkehr leitete, war er aktiv an den Bürgerkriegsvorbereitungen beteiligt. Deswegen im Oktober 1924 festgenommen und erst als der Reichstag seine Freilassung beschlossen hatte, im Juli 1925 aus der Haft entlassen.

Vom XI. Parteitag 1927 ins Polbüro gewählt, leitete er bis April 1928 die Gewerkschaftsabteilung des ZK, danach zur RGI nach Moskau versetzt. Von hier aus distanzierte er sich während der Wittorf-Affäre von der Absetzung ▸ Ernst Thälmanns und wurde wieder in die zentrale Leitung der KPD nach Deutschland zurückgerufen. Vom VI. Weltkongreß der Komintern 1928 ins EKKI-Präsidium gewählt sowie vom XII. Parteitag 1929 wieder ins ZK und Polbüro berufen. Als es 1931 in Gelsenkirchen in einer Versammlung, in der Heckert sprach, zu Zusammenstößen mit der SA kam, wurde er schwer verletzt. 1932 ging er als Vertreter der KPD wieder ins EKKI nach Moskau, wo er auch in den folgenden Jahren blieb. 1935 von der »Brüsseler Konferenz« erneut ins ZK und Politbüro berufen. Heckert hielt am 6. April 1936 aus Anlaß des 50. Geburtstags des inhaftierten Ernst Thälmann noch ein Referat. Am nächsten Morgen, am 7. April 1936, ist Fritz Heckert gestorben und wurde in Moskau an der Kremlmauer beigesetzt. Seine Frau Wilma (* 31. 3. 1885) starb am 2. April 1967 in Ost-Berlin.

▸ Heilborn, Ismar (* 1893 – † 1978)

Als Sohn eines Kaufmanns am 30. April 1893 in Oppeln/Oberschlesien geboren; lernte Gärtner bei der Israelischen Erziehungsanstalt Ahlem bei Hannover, 1910 Gärtnergehilfe in Dresden. 1914 Mitglied der SPD, 1915 Armierungssoldat an der Westfront. 1919 kaufmännischer Angestellter. Im April 1919 trat Heilborn der KPD bei und war von Ende 1921 bis Sommer 1925 Abgeordneter der Lübecker Bürgerschaft. Auf dem VIII. Parteitag 1923 als Kandidat in den ZA gewählt, wurde er Ende 1923 hauptamtlicher Funktionär, 1924 Redakteur der Zeitung »Der Kommunist«, Ende 1925 Redakteur der »Volkszeitung« in Rostock, im Februar nach Königsberg an das »Echo des Ostens« berufen, schließlich 1927 Chefredakteur dieses KPD-Organs und Mitglied des Sekretariats der BL Ostpreußen. Da Heilborn zu den Versöhnlern gehörte, wurde er 1929 als Chefredakteur abgesetzt, blieb aber zunächst in Königsberg. Dann von September 1929 bis Mai 1931 zweiter politischer Redakteur am »Klassenkampf« in Halle und von 1931 bis Ende Februar 1933 Redakteur, dann Chefredakteur der »Sozialistischen Republik« in Köln sowie Mitglied des Sekretariats der BL Mittelrhein.

Mitte April 1933 verhaftet, verurteilte ihn das OLG Hamm Ende August 1933 zu eineinhalb Jahren Gefängnis. Anfang Juni 1935 emigrierte Heilborn in die Niederlande, anschließend nach Frankreich, dort an der Herausgabe der »Deutschlandberichte des ZK der KPD« beteiligt. Im September 1939 im Lager Gurs interniert, flüchtete er im Oktober 1942 nach Toulouse und arbeitete als Knecht in einer Gemüsegärtnerei. Ab 1944 Redakteur der Zeitung »Bewegung Freies Deutschland« in Toulouse. Im Juni 1945 kehrte Heilborn nach Deutschland zurück, wurde zunächst in Trier, ab Juli in Köln Mitarbeiter der KPD. Er war von Februar 1946 an Lizenzträger und Chefredakteur der »Volksstimme«, des KPD-Organs Mittelrhein, von November 1949 bis August 1950 Leiter der Presseabteilung des PV und von August 1950 bis Februar 1951 Chefredakteur des »Sozialistischen Informationsdienstes« des KPD-Vorstandes, zwei Monate lang auch Chefredakteur des Zentralorgans »Freies Volk«. Nach dem Verbot der KPD 1956 bis 1963 wissenschaftlicher Mitarbeiter des KPD-PV in Ost-Berlin. 1968 trat er der DKP bei und lebte in Bergisch Gladbach. Ismar Heilborn starb am 18. Juni 1978.

▸ Heilmann, Friedrich (* 1892 – † 1963)

Am 2. März 1892 in Berlin geboren, Sohn eines Schuhmachers; lernte Vergolder, später als Expedient tätig. Er schloß sich 1908 der sozialistischen Jugend in Berlin an, trat 1910 der SPD bei und wurde nach Ausbruch des Krieges Mitglied der Gruppe Internationale, später des Spartakusbundes. Wegen Verbreitung des Liebknecht-Flugblattes »Der Hauptfeind steht im eigenen Land« 1915 zu neun Monaten Gefängnis verurteilt, war er anschließend bis 1918 Soldat. Heilmann war Teilnehmer des Gründungsparteitags der KPD. Er gehörte zu den Organisatoren der FSJ und war 1919/20 deren Generalsekretär. Bis März 1921 Vertreter der Jugend in der Zentrale der KPD, nach der März-Aktion 1921 bis Oktober 1921 dort Sekretär im Orgbüro. Ende 1922 bis März 1923 Sekretär der KPD in Baden, anschließend bis August 1924 Chefredakteur der Mannheimer »Arbeiter-Zeitung«. Auf dem VIII. Parteitag 1923 für Baden als Kandidat in den ZA gewählt, war Heilmann von September 1924 bis Oktober 1925 Chefredakteur der »Freiheit« in Düsseldorf, von November 1925 bis Dezember 1929 Chefredakteur des »Thüringer Volksblattes« bzw. des »Roten Echos« in Gotha, zugleich Mitglied der BL Groß-Thüringen. Im Dezember 1929 als Abgeordneter in den Thüringer Landtag gewählt und dort 1930 bis 1933 Vorsitzender der KPD-Fraktion. Bei den Auseinandersetzungen mit den Rechten in Thüringen war er zunächst Versöhnler, dann trat er aktiv gegen die Opposition auf. 1931 nach Düsseldorf und später nach Solingen versetzt, aber 1932 erneut in den Thüringer Landtag gewählt. Ab Februar 1933 Bezirksleiter in Nordbayern, emigrierte Heilmann im September 1933 in die Sowjetunion. Zunächst Referent im Mitteleuropäischen Büro des EKKI der IRH in Moskau, später Leiter von deren Informationsabteilung. Ab Juni 1938 Redakteur in der deutschen Sektion des Verlages für fremdsprachige Literatur, wurde er mit diesem Verlag von Oktober 1941 bis April 1942 in die Wolgarepublik nach Engels evakuiert. Ab Mai 1942 war Heilmann Angehöriger der Politischen Hauptverwaltung der Roten Armee und wurde ab Juli 1943 Mitarbeiter am Institut 99, Sprecher und Redakteur am NKFD-Sender Freies Deutschland sowie Lehrer in Antifa-Lagern. Im November 1945 nach Deutschland zurückgekehrt, wurde er Chefredakteur des »Thüringer Volksblattes«, später »Thüringer Volk«, zugleich Mitglied der BL bzw. des LV der KPD bzw. SED Thüringen und hier 1949 bis 1951 Leiter der Abteilung Kultur und Erziehung. 1950 1. Sekretär der DSF Thüringen bzw. ab 1952 des Bezirkes Erfurt, 1954 Chefredakteur der »Freien Welt«, im Mai 1957 stellvertretender Chefredakteur der kulturpolitischen Wochenzeitung »Sonntag«. Er erhielt 1946 die sowjetische »Medaille für standhafte Arbeit im Großen Vaterländischen Krieg« und 1962 den Karl-Marx-Orden. Friedrich Heilmann starb am 30. Juni 1963 in Ost-Berlin.

▸ Heimburger, Arthur (* 1895 – † 1989)

Geboren am 24. Juli 1895 in Leipzig, Sohn eines Drechslers; Lehre und Angestellter bei der Volksfürsorge in Hamburg. Im Weltkrieg Soldat,

1916 Mitglied der SPD, 1918 der KPD. Heimburger, der ab 1920 der BL Mitteldeutschland angehörte und zeitweise Orgleiter in Leipzig, Dresden und Hannover war, arbeitete ab 1922 in der Zentrale der KPD im Bereich »Abwehr«. Mehrmalige Verhaftungen (1926 und 1928). Ende 1928 Ausschluß aus der KPD und Mitglied der KPO. Redakteur der KPO-Zeitung »Arbeiterpolitik« bis Anfang 1933, Heimburger leistete nach 1933 mit anderen KPO-Mitgliedern illegale Arbeit, wurde aber angeblich 1934 aus der KPO ausgeschlossen. Von 1940 bis 1945 Angestellter in Berlin. 1945 wieder Mitglied der KPD, 1946 der SED, deren Sekretariatsmitglied in Berlin-Neukölln. Im FDGB aktiv, wurde er Redakteur im Verlag Tribüne und gehörte bis zum 3. FDGB-Kongreß dem Bundesvorstand des FDGB an. Später stellvertretender Chefredakteur der FDGB-Zeitschriften »Kulturelles Leben« bzw. von 1956 bis 1961 der »Rundschau«. Erst 1961 hat die ZPKK Parteistrafen gegen ihn wegen früherer KPO-Tätigkeit aufgehoben.

Seine Ehefrau **Lucie Heimburger** (* 25. 5. 1897 – † 23. 10. 1983), geborene Gottschar, war gelernte Stenosekretärin und arbeitete während der Revolution im Vollzugsrat der Arbeiter- und Soldatenräte. Sie war Stenographin während der Verhandlungen auf dem Gründungsparteitag der KPD. Von 1922 bis 1924 bei der sowjetischen Handelsvertretung beschäftigt und von 1924 bis 1929 im ZK der KPD (Ressort Polizei- und Zersetzung der Reichswehr). Auch sie wurde im Dezember 1929 aus der KPD ausgeschlossen, trat wie ihr Mann in die KPO ein und war mit ihm im Widerstandskampf aktiv. Arthur Heimburger starb am 21. Dezember 1989 in Ost-Berlin.

▸ Hein, Wilhelm (* 1889 – † 1958)

Geboren am 10. Januar 1889 in Goldbeck/Pommern als Sohn des Büdners (Kleinbauern) August Hein, siedelte in der Jugend nach Berlin über. Er lernte Maschinenformer und arbeitete in diesem Beruf. 1913 Eintritt in die Gewerkschaft. Im Krieg einige Zeit Soldat. Hein organisierte sich politisch erst 1918 in der USPD, mit deren linkem Flügel kam er im Dezember 1920 zur KPD. 1924 ehrenamtlicher Funktionär im Deutschen Metallarbeiterverband. Ab Oktober 1925 KPD-Stadtverordneter in Berlin. Der Berliner Bezirksparteitag delegierte ihn 1927 in die Bezirksleitung, im gleichen Jahr wurde Hein auf dem XI. Essener Parteitag als Mitglied ins ZK berufen. Hein wurde 1928 als Abgeordneter in den Reichstag gewählt, dem er bis 1933 angehörte. Der XII. Weddinger Parteitag 1929 wählte ihn erneut zum ZK-Mitglied, er wurde nun auch Kandidat des Polbüro. Die rasche Parteikarriere des Freundes ▸ Ernst Thälmanns hielt bis 1933 an. 1930 aus dem DMV ausgeschlossen, übernahm Hein in der RGO führende Funktionen, er war stellvertretender Branchenleiter des Revolutionären Formerverbandes, blieb bis 1933 im Polbüro der KPD. Nach dem Reichstagsbrand verhaftet, jedoch schon nach wenigen Wochen wieder freigelassen. Danach eröffnete Hein eine Gastwirtschaft in Berlin-Wedding, laut Gerüchten soll er das im Auftrag und mit Unterstützung der Gestapo getan haben. Die KPD schloß ihn aus und warnte vor ihm. Nach 1945 betrieb er seine Gastwirtschaft weiter, politisch betätigte er sich nicht mehr. Wilhelm Hein starb am 17. Februar 1958 in West-Berlin.

▸ Heinks, Heinke (* 1895 – † 1968)

Geboren am 26. Januar 1895 in Greetsiel/Krs. Norden in Ostfriesland, Sohn einer Landarbeiterfamilie; Lehre und Arbeit als Zimmerer. 1913 Militärdienst, ab 1914 Soldat im Weltkrieg. 1918 Mitglied des Spartakusbundes, 1919 der KPD, M-Leiter des UB Emden, ab Februar 1924 UB-Sekretär im Industriebezirk Vegesack, anschließend in Bremerhaven. Die linke Opposition warf ihm später vor, daß er bis 1925 dem »Stahlhelm« angehört habe und erst 1927 der Gewerkschaft beigetreten sei. Ab 1926 Lokalredakteur der Bremer »Arbeiterzeitung«, an der Heinks in den folgenden Jahren die verschiedensten Posten ausfüllte und die er schließlich 1929 als Chefredakteur leitete. 1930 in der Bezirksleitung Nordwest Sekretär für Landfragen, seit 1927 Abgeordneter der Bremer Bürgerschaft und Fraktionsvorsitzender der KPD. Im August 1932 wurde er Mitarbeiter der Abteilung Land im ZK der KPD. Am 28. Februar 1933 in Königsberg verhaftet und in das KZ Esterwegen gebracht, Ende 1933 entlassen, von 1939 bis 1945 Soldat in der Wehrmacht. 1945 wieder Mitglied der KPD, 1945/46 Leiter der Abteilung Landwirtschaft in der KPD-Landesleitung bzw. im SED-Landesvorstand Mecklenburg, von Juni 1946 bis April 1948 in der Abteilung Landwirtschaft im ZS der SED, anschließend stellvertretender Leiter der Hauptverwaltung Land- und Forstwirtschaft der DWK, 1949/50 im DDR-Ministerium für Land- und Forstwirtschaft. Heinks leitete ab September 1950 den Gesamtdeutschen Ausschuß, das Westbüro der VdgB. Zuletzt wohnhaft als Parteiveteran in Neuenhagen bei Berlin, wo Heinke Heinks am 29. Januar 1968 starb.

▸ Helfgen, Johann (* 1887 – † 1966)

Geboren am 9. Mai 1887 in Dudweiler/Saar; 1903 bis 1925 Heizer und Maschinist auf den Gruben Dudweiler und Jägersfreude. Von 1907 bis 1909 Militärdienst, 1914/15 Soldat im Weltkrieg. 1917 Mitglied der USPD, 1920 der KPD. Helfgen gehörte von 1920 bis 1924 dem Landesrat Saar an, wurde auf dem VII. Parteitag im August 1921 als Vertreter des Bezirks Mittelrhein Ersatzmitglied des ZA. Ab 1922 Vorsitzender der KPD-Ortsgruppe Dudweiler, dort 1926 aus der KPD ausgeschlossen. Er trat im November 1933 der Saarländischen Sozialistischen Partei (SSP) bei. Nach der Abstimmungsniederlage mußte Helfgen um sein Leben fürchten. Vor seiner Wohnung in Dudweiler hatte die SA eine Hinrichtung inszeniert: Vier Männer der SA trugen eine Tragbahre mit einer ausgestopften männlichen Puppe und einem Mann mit Henkerbeil. Sie stießen dabei wildes Gebrüll und Drohungen gegen Helfgen aus. Am 16. Januar 1935 flüchtete er nach Frankreich, kehrte erst im Herbst 1945 ins Saargebiet zurück und war zeitweise Amtsvorsteher in Ludweiler/Warndt (heute ein Stadtteil von Völklingen). Er war später Funktionär der Bewegung für den Anschluß der Saar an Frankreich (MRS) und kam am 1. Juni 1951 wieder nach Dudweiler. Dort starb Johann Helfgen am 19. Dezember 1966.

▸ Helfter, Theodor (* 1903 – † ?)

Geboren 1903 in Mainz; lernte Schlosser. Er war lange arbeitslos und lebte in München. Obwohl erst 1930 in die KPD eingetreten, wurde er 1932 Agitpropsekretär der BL Südbayern. Im November 1932 vom ZK an die Internationale Leninschule in Moskau delegiert, kam Helfter nach Kursende im März 1932 nach Engels in die Autonome Republik der Wolgadeutschen. Dort arbeitete er als Vorsitzender eines Gewerkschaftskomitees. Anfang 1937 vom NKWD verhaftet, soll Theodor Helfter während des Krieges im Gulag umgekommen sein.

▸ Heller, Richard (* 1908 – † 1944)

Geboren am 26. Oktober 1908 in Dessau, Sohn einer Arbeiterfamilie; Knecht, Brauerei- und

Steinbrucharbeiter. Er trat 1929 in Wülfrath im Rheinland in die KPD ein. Bereits 1930 holte ihn ▸ Robert Stamm, Polleiter des Bezirks Nordwest, aus dem Rheinland nach Bremen, wo er ▸ Johannes Koschnick als Sekretär für Gewerkschaftsarbeit der BL ablöste. 1932 Leiter des Kampfbundes gegen den Faschismus in Bremen, wurde im März 1933 verhaftet und saß bis Dezember 1933 in KZ-Haft. Nach seiner Freilassung übersiedelte Heller nach Hamburg und beteiligte sich am Widerstand gegen die Nazis. 1935 erneut verhaftet und zu vier Jahren Zuchthaus verurteilt, aus dem er 1939 entlassen wurde. Heller fand Anschluß an die Widerstandsgruppe um ▸ Bernhard Bästlein. Im August 1943 in Bremen verhaftet, zunächst für einige Wochen in das KZ Sachsenhausen eingeliefert. Am 5. Mai 1944 durch den VGH zum Tode verurteilt, wurde Richard Heller am 6. Juli 1944 in Hamburg hingerichtet.

▸ Helms, Paul (* 1901 – † 1958)

Geboren am 13. Oktober 1901 in Hamburg, von Beruf Dreher, seit 1919 Mitglied der USPD, 1920 der KPD. Helms gehörte 1932 der RGO-BL Wasserkante an und ging 1933 in die Illegalität. Er wurde verhaftet und 1934 zu 18 Monaten Zuchthaus verurteilt. Nach seiner Entlassung arbeitete er wieder illegal in Hamburg, emigrierte im September 1936 nach Dänemark, wo er Mitarbeiter der AL Nord unter ▸ Heinrich Wiatrek wurde. Im Mai 1941 in Kopenhagen verhaftet und am 9. Januar 1943 vom VGH zum Tode verurteilt. Auf Antrag der Hamburger Gestapo wurde die Vollstreckung des Todesurteils mehrmals ausgesetzt, da sich Helms als »Auskunftsperson« zur Verfügung stellte. Kurz vor dem Einmarsch britischer Truppen im April 1945 von der Gestapo freigelassen. Sein weiterer Lebensweg ist ungeklärt, politisch trat er nicht mehr hervor, bekannt ist lediglich, daß Paul Helms am 28. Februar 1958 in Hamburg gestorben ist.

▸ Henke, Hugo (* 1888 – † 1945)

Geboren am 9. Juni 1888 in Jever; lernte Schmied. Er arbeitete in Rüstringen in seinem Beruf und war seit 1920 in der KPD aktiv. 1932 zog er für die Partei als Abgeordneter in den Oldenburger Landtag ein. 1933 in »Schutzhaft«, danach war er arbeitslos. Henke wurde von der Gestapo überwacht, doch eine politische Betätigung wurde ihm nicht nachgewiesen. Im August 1944 in der Aktion »Gewitter« verhaftet, kam er in das KZ Neuengamme. Während der Evakuierung des Lagers ist Henke bei der Bombardierung des mit 7000 KZ-Häftlingen überladenen Schiffes »Cap Arcona« am 3. Mai 1945 als Opfer des Nationalsozialismus umgekommen.

▸ Hennig, Rudolf (* 1895 – † 1944)

Geboren am 11. März 1895 in Danzig; seit frühester Jugend in Düsseldorf lebend, von Beruf Zimmermann. 1920 Mitglied der KPD und 1924 Stadtverordneter in Düsseldorf. Er wurde 1926 in den Rheinischen Provinziallandtag und im September 1930 im Wahlkreis Düsseldorf-West als Abgeordneter in den Reichstag gewählt, dem er bis März 1933 angehörte. Hennig war 1932/33 Orgleiter der BL Niederrhein, er wurde im Juni 1933 in Wuppertal verhaftet. Nach eineinhalbjähriger U-Haft in Essen und Berlin am 26. Novem-

ber 1934 durch den VGH zu zwei Jahren Gefängnis verurteilt und nach Strafverbüßung zunächst in das KZ Esterwegen, anschließend nach Sachsenhausen gebracht. Mit ▸ Ernst Schneller und mehr als 20 weiteren Häftlingen wurde Rudolf Hennig dort am 11. Oktober 1944 von der SS erschossen.

▸ Henning, Ernst Robert (* 1892 – † 1931)

Geboren am 12. Oktober 1892 in Magdeburg; lernte Former und arbeitete in verschiedenen Gießereien. Vor 1914 Mitglied der SPD, während des Krieges als Soldat an der Front. 1918 der USPD beigetreten, in Hamburg in den Arbeiter- und Soldatenrat gewählt, ging 1920 mit der linken USPD zur KPD. Wegen seiner aktiven Teilnahme am Oktoberaufstand 1923 in Hamburg verurteilte ihn das Landgericht zu vier Jahren Festung. 1927 aus der Haft entlassen, zog Henning im gleichen Jahr als Nachrücker in die Hamburger Bürgerschaft ein. Aktiv im RFB, gehörte zur KPD-BL Wasserkante und konnte bei den Doppelwahlen vom Oktober 1927 und vom Februar 1928 sein Mandat behaupten. Ernst Henning wurde am 14. März 1931 ermordet. An diesem Tag war er mit dem Kommunisten Louis Cahnbley in einem Bus von Vierlanden, wo beide eine KPD-Versammlung geleitet hatten, nach Hamburg unterwegs. Ein Trupp SA-Leute besetzte den Bus. Sie sagten zu Henning: »Du bist der Kommunist André, du wirst jetzt totgeschossen.« Als Henning erklärte, er sei nicht André, sondern Henning, erwiderte ein SA-Mann: »Jawohl, du bist Henning, du wirst auch erschossen, dich suchen wir schon lange.« Die SA-Leute gaben dann zwölf bis fünfzehn Schüsse ab, Ernst Henning war sofort tot; er hinterließ Frau und zwei Kinder. Cahnbley und eine im Bus mitfahrende Berufsschullehrerin wurden verletzt. Offiziell distanzierte sich die SA zunächst von der Mordtat, da diese große Empörung hervorrief. Es stellte sich aber dann heraus, daß der SA-Sturm 14 den Mord verübt hatte. Die Täter erhielten sieben bzw. acht Jahre Zuchthaus, kamen allerdings 1933 wieder frei. Der anstelle von ▸ Edgar André angeschossene Landarbeiter Louis Cahnbley starb am 17. Juli 1970 in Hamburg.

▸ Henning, Marie Henriette (* 1895 – † 1948)

Geboren am 26. Dezember 1895 in Hamburg. Die Frau von ▸ Ernst Henning, Marie, war seit 1920 in der KPD, in der Frauenarbeit der BL aktiv. Nach der Ermordung von Ernst Henning entsandte die KPD sie in die Hamburger Bürgerschaft, der sie bis 1933 angehörte. Nach 1933 mehrmals inhaftiert, arbeitete sie 1945 aktiv im Komitee ehemaliger politischer Gefangener in Hamburg-Bergedorf mit. Marie Henning starb am 5. Januar 1948 in Hamburg.

▸ Hentig, Hans von, Dr. jur. (* 1887 – † 1974)

Geboren am 9. Juni 1887 in Berlin, Sohn des bekannten Rechtsanwalts Otto von Hentig, der u. a. Bismarck, Moltke, und die Brüder Mannesmann vertrat und Staats- und Hausminister im Hause Sachsen-Coburg war. Nach dem Gymnasium 1906/07 Militärdienst, anschließend Studium der Rechtswissenschaften in Paris, Berlin und München, 1912 Promotion zum Dr. jur. Ein in München begonnenes Medizinstudium brach von Hentig 1914 ab, während des Weltkrieges Frontoffizier im Westen, auf dem Balkan und in Palästina. Nach 1918 Privatgelehrter und politischer Publizist bei München, avancierte von Hentig zu einem der führenden deutschen Nationalbolschewisten. Er war aktiv an den militärischen Vorbereitungen des »deutschen Oktober« der KPD 1923 beteiligt, unter dem Pseudonym Heller einer der Leiter des geplanten Aufstands. Am 9. November 1923 wollte er mit bewaffneten Arbeitertruppen von Thüringen und Sachsen nach München einrücken, um den Hitler-Putsch niederzuschlagen. Deswegen 1925 Ermittlungsverfahren wegen »Hochverrats«, das aber später eingestellt wurde. Hans von Hentig, der enge Beziehungen zu Karl Radek hatte, floh nach Rußland, schlug dort ein Angebot Lenins für einen Posten im Eisenbahnwesen aus. Nach Deutschland zurückgekehrt, wandte er sich der Kriminologie und dem Strafrecht zu. Bis 1933 redigierte er die Monatsschrift für Kriminologie und Strafrechtsform. 1929 habilitierte er sich und erhielt 1930 einen Ruf als Ordinarius nach Kiel. Als Vertreter einer modernen Kriminologie, Gegner der Todesstrafe sowie aufgrund seiner Vergangenheit sahen die NS-Machthaber in ihm einen Feind, er wurde 1934 seiner Professur enthoben. Dann noch Professor in Bonn, aber auch dort zwangspensioniert. 1935 emigrierte von Hentig in die USA, lehrte an verschiedenen Universitäten, galt als einer der Väter der neueren amerikanischen Kriminologie und begründete den als »Viktimologie« bezeichneten Wissenschaftszweig (der auf einer Theorie der Beziehungen zwischen Opfer und Täter beruht). Nach Kriegsende bot ihm der US-General Eisenhower das Rektorat der Universität Heidelberg an, was von Hentig jedoch ausschlug. 1951 kehrte er auf seinen Lehrstuhl nach Bonn zurück, 1955 emeritiert, wohnte Hans von Hentig bis zu seinem Tode am 6. Juli 1974 in Bad Tölz.

▸ Hentschel, Alwin (* 1860 – † 1932)

Geboren am 14. März 1860 in Paunsdorf bei Leipzig; Markthelfer. Mitglied der SPD, bereits vor dem Weltkrieg Bezirksvertreter von Leipzig Nord und des 13. Sächsischen Wahlkreises. Er nahm an der Vorkonferenz der Spartakusgruppe zur SPD-Reichskonferenz im September 1916 und an der Oppositionskonferenz im Januar 1917 in Berlin teil. Über eine Deckadresse erhielt Hentschel Flugblätter der Spartakusgruppe, deshalb 1917 einige Zeit in Untersuchungshaft. Da er nicht mehr zum Militär eingezogen wurde, Organisator der Leipziger Spartakusgruppe. Zusammen mit Max Schenkenberger war Hentschel auf dem Gründungsparteitag der KPD Ende 1918 Delegierter Leipzigs, für die

Programmkommission vorgeschlagen, aber nicht gewählt. Er wurde Mitglied der KPD-BL Mitteldeutschland und vom VI. Parteitag (Vereinigungsparteitag) im Dezember 1920 für Westsachsen in den Zentralausschuß berufen, danach in der KPD Leipzig aktiv. Alwin Hentschel starb am 16. Dezember 1932 in Leipzig-Eutritzsch.

▸ Herbst, Eugen (* 1903 – † 1939?)

Geboren am 4. Juli 1903 in Ludwigshafen/Rhein; kaufmännischer Angestellter. Er trat 1919 der FSJ (deren Jugendleiter er im Bezirk Pfalz wurde) und 1920 der KPD bei, 1922 kurzfristig Parteiausschluß wegen »Disziplinbruchs«. 1923 Jugendleiter der kommunistischen Jugend Bezirk Rhein-Saar, 1925 Wahl zum Mitglied des ZK des KJVD. 1928 Mitglied der KPD-BL Pfalz, von 1930 bis Dezember 1932 Sekretär für Agitation und Propaganda der BL Baden-Pfalz. Herbst wurde im Juli 1932 im Wahlkreis Pfalz als Abgeordneter in den Reichstag gewählt, dem er bis November 1932 angehörte. Ende 1932 hatte er zwar alle Funktionen verloren, beteiligte sich aber ab Februar 1933 dennoch an der illegalen Arbeit der KPD. Vom 30. Juli bis 19. Dezember 1933 »Schutzhaft« im KZ Kislau. Herbst, gegen den ein Ermittlungsverfahren wegen »Vorbereitung zum Hochverrat« lief, galt nach Gestapounterlagen seit dem 20. Juli 1934 als »flüchtig«. Sein Schicksal ist bis heute ungeklärt. Angaben, nach denen er 1934 im KZ Dachau umgekommen sei, sind nicht gesichert, ebenso Gerüchte, Herbst sei ein Opfer der Stalinschen Säuberungen geworden. Seine Witwe **Lina Herbst** (* 4. 9. 1901 – † 1972) ließ ihn am 9. November 1951 beim Amtsgericht Mannheim mit Datum 31. Dezember 1939 für tot erklären. Lina Herbst war kaufmännische Angestellte, sie arbeitete später als Angestellte der KPD-BL Pfalz. 1945 gehörte sie zu den Mitbegründern der pfälzischen KPD, war Mitglied der BL und bis 1948 für Frauenarbeit verantwortlich. Von 1946 bis 1950 war Lina Herbst Mitglied des Stadtrates von Ludwigshafen/Rhein.

▸ Herm, Max (* 1899 – † 1982)

Geboren am 11. Dezember 1889 in Brandenburg/Havel, Sohn eines Arbeiters; Lehre und Arbeit als Elektromonteur und Schlosser. 1917/18 Soldat im Weltkrieg. 1918 schloß sich Herm dem Spartakusbund, 1919 der KPD an. Von 1926 bis 1933 Stadtverordneter in Brandenburg/Havel. 1932 Mitglied der BL Berlin-Brandenburg und Leiter der Provinzialabteilung der BL. Im November 1932 im Wahlkreis Potsdam II als Abgeordneter in den Reichstag gewählt. Am 4. April 1933 in Berlin verhaftet, saß er bis 1939 in den KZs Sonnenburg, Lichtenburg und Buchenwald, danach Arbeit als Elektriker. Herm wurde im August 1944 erneut inhaftiert, kam bis April 1945 ins KZ Sachsenhausen. Im Mai 1945 durch die sowjetische Kommandantur zum Oberbürgermeister von Brandenburg/Havel berufen, gehörte er 1945/46 der KPD-BL Brandenburg an. Im September 1945 wurde Herm in der SBZ 2. Vizepräsident der Deutschen Verwaltung für Arbeit und Sozialfürsorge, 1948/49 Hauptabteilungsleiter in der DWK. Ab 1950 Leiter der Abteilung für Arbeit und Sozialfürsoge des ZK der SED, dann nach seiner Genesung von einem schweren Verkehrsunfall im August 1952 Direktor für Arbeit im VEB Stahl- und Walzwerk Brandenburg. Von Juli 1957 bis Oktober 1965 erneut Oberbürgermeister der Stadt Brandenburg, er erhielt 1974 den Karl-Marx-Orden. Max Herm starb am 7. April 1982 in Brandenburg/Havel.

▸ Herrmann, (Luise) Lilli (* 1904 – † 1971)

Geboren am 13. Februar 1904 in Wiebelskirchen/Saar als Luise Karoline Ries, die Mutter starb bei der Geburt. Hausgehilfin, Verkäuferin in einem Warenhaus. 1923 Heirat mit dem Schlosser ▸ Wilhelm Herrmann. Lilli Herrman, die 1927 Mitglied der Naturfreundjugend geworden war, schloß sich 1929 dem »Bund werktätiger Frauen« an und trat 1931 in die KPD ein. Seit 1932 war sie als einzige Frau Abgeordnete des Landesrats Saar, dem damaligen Saarparlament. Nach der Abstimmungsniederlage flüchtete sie im Januar 1935 nach Paris, reiste von dort nach Moskau und war bis Herbst 1937 Kursantin an der Internationalen Leninschule. Anschließend ging sie mit ihrem Mann nach Frankreich, wurde im September 1939 interniert und war 16 Monate lang mit kurzer Unterbrechung im Lager Gurs. Ende Juli 1941 kam Lilli Hermann mit ihrer Tochter nach Deutschland und arbeitete zunächst im Eisenwerk Neunkirchen. Am 20. September 1941 verhaftet und im Mai 1942 zu vier Jahren und sechs Monaten Zuchthaus verurteilt, saß bis Mai 1945 im Frauenzuchthaus Aichach in Oberbayern, aus dem sie amerikanische Truppen befreiten. Politisch trat sie nicht mehr hervor, Lilli Hermann starb am 17. Januar 1971.

▸ Herrmann, Liselotte (* 1909 – † 1938)

Geboren am 23. Juni 1909 in Berlin, Tochter eines Ingenieurs. Sie studierte Chemie und Biologie an der TH in Stuttgart und an der Universität Berlin. 1928 Mitglied des KJVD, im November 1931 der KPD. Im Juli 1933 von der Berliner Universität verwiesen, hatte sie bereits Verbindungen zum AM-Apparat der KPD. Im Mai 1934 wurde ihr Sohn Walter geboren (Vater war ▸ Fritz Rau), sie kehrte im September 1934 nach Stuttgart zurück, Stenotypistin im Ingenieurbüro ihres Vaters. Ab Ende 1934 enge Zusammenarbeit mit ▸ Stefan Lovacz, dem Leiter der illegalen KPD in Württemberg. Liselotte Herrmann leitete Informationen über die geheime Aufrüstung und die Produktion von Rüstungsgütern in den Dornier-Werken in Friedrichshafen sowie über den Bau einer unterirdischen Munitionsfabrik bei Celle an ▸ Heinrich Reichel, einen Instrukteur des ZK der KPD in der Schweiz weiter. Am 7. Dezember 1935 festgenommen, blieb sie 19 Monate in Untersuchungshaft und litt besonders unter der Trennung von ihrem Sohn, der bei den Großeltern aufwuchs. Am 12. Juni 1937 verurteilte sie der VGH wegen »Landesverrats und Vorbereitung zum Hochverrat« zum Tode. Gemeinsam mit Stefan Lovacz, ▸ Josef Steidle und Artur Göritz wurde Liselotte Herrmann am 20. Juni 1938 in Berlin-Plötzensee von den Nazis als erste Frau in NS-Deutschland hingerichtet. 1993 veröffentlichte Ditte Clemens unter dem Titel »Schweigen über Lilo« eine dokumentarische Erzählung über ihr Schicksal.

▸ Herrmann, Otto (* 1889 – † 1976)

Geboren am 28. August 1889 in Rothenburg/Saale, Sohn eines Hüttenarbeiters; Lehre und Arbeit als Schuhmacher. Nach Wanderschaft und Militärdienst ab 1911 Metallarbeiter und Straßenbahner (Wagenführer) bei der Leipziger Straßenbahn. Von 1914 bis 1918 Soldat. Herrmann trat 1918 der USPD bei und gehörte während der Revolution dem Leipziger Arbeiter- und Soldatenrat an. 1919 Mitglied der KPD und Betriebsratsvorsitzender bei der Leipziger Straßenbahn. Dort wurde er nach einem – von ihm organisierten – Protest-Streik für einen von der Polizei erschossenen Straßenbahner 1924 entlassen. Eine Spendensammlung ermöglichte es ihm, einen Tabakwarenladen in Leipzig zu eröffnen, den er bis 1933 führte. Herrmann gehörte zu den führenden Ultralinken bzw. zur Leipziger Gruppe der Weddinger Opposition, ging aber 1928 auf die Linie des ZK über. Danach war er von 1929 bis 1933 Abgeordneter des Sächsischen Landtages, 1930 Wahl als stellvertretender Beisitzer in die Sächsische Gemeindekammer. Seiner Verhaftung im Landtagsgebäude entging Herrmann im März 1933 nur knapp, er lebte zunächst illegal in der Lüneburger Heide und in Berlin. Am 11. Juli 1934 in Leipzig verhaftet, kam er bis Ende 1936 ins KZ Sachsenburg. Nach der Freilassung zog er nach Kyhna/Krs. Delitzsch, wo er als Gartenarbeiter beschäftig war. Von 1943 bis 1945 noch zur Wehrmacht eingezogen, kam er im Mai/Juni 1945 in amerikanische Kriegsgefangenschaft. Zurückgekehrt nach Kyhna wurde Herrmann von Juni bis Oktober 1945 Bürgermeister, ab 17. Oktober 1945 Landrat in Delitzsch. Von 1951 bis 1953 Werksleiter, anschließend Kaderleiter der DDR-Handelsorganisation (HO) Delitzsch. Ab 1957 Rentner, er erhielt 1969 den VVO in Silber. Otto Hermann starb am 7. Juni 1976 in Kyhna.

▸ Herrmann, Wilhelm (* 1897 – † 1944)

Geboren am 17. November 1897 in Wiebelskirchen/Saar, Sohn eines Hüttenarbeiters; lernte Schlosser. 1923 Heirat mit ▸ Lilli Hermann. Er trat erst im Juni 1930 der KPD bei und wurde Funktionär in Wiebelskirchen, 1933 Polleiter des UB Neunkirchen, im Juni 1933 Leiter des KPD-Bezirks Saar. Im Sommer 1935 reiste Herrmann zur Berichterstattung nach Moskau, wo er im Oktober 1935 an der »Brüsseler Konferenz« unter dem Parteinamen Blank teilnahm. Im Februar 1937 in Paris Mitarbeiter im Auslandssekretariat der KPD. Im September 1939 interniert, wurde er am 29. April 1942 nach Saarbrücken überstellt. Der 2. Senat des VGH verurteilte ihn am 20. Mai 1942 zu 14 Jahren Zuchthaus, anschließend in Butzbach eingeliefert. Hier ist Wilhelm Herrmann am 17. Februar 1944 an den Folgen der Haft gestorben.

▸ Herzfeld, Joseph, Dr. jur. (* 1853 – † 1939)

Geboren am 18. Dezember 1853 in Neuß/Rheinland, Sohn eines Fabrikanten. Sein Vater war Demokrat und Republikaner, in dessen Haus auch Karl Marx als Gast verkehrte. Die Erziehung der vier Söhne erfolgte im Geist der Aufklärung (Joseph war der älteste, der jüngste, Franz, wurde als Dichter unter dem Pseudonym Franz Held bekannt). Joseph Herzfeld besuchte von 1862 bis 1871 das Gymnasium in Düsseldorf. Nach dem Abitur in der Fabrik des Vaters beschäftigt, ab 1872 Volontär in einem Düsseldorfer Bankinstitut. 1874 ging er nach New York, arbeitete in der Versicherungsbank eines nahen Verwandten und absolvierte dort an einer Abendschule, danach von 1878 bis 1880 am Columbia College, ein

Jurastudium. 1881 bis 1885 Attorney and Counselor of Law, L. B. B. Nach ausgedehnten Reisen durch die USA, Kanada und Kuba kehrte er 1885 nach Deutschland zurück, 1887 beendete er hier das Jurastudium mit der Promotion und ließ sich 1892 als Rechtsanwalt in Berlin nieder. Er wurde Atheist und trat 1898 aus der jüdischen Gemeinde aus.

Herzfeld war schon unter dem Sozialistengesetz 1887 Mitglied der SPD geworden und zog 1898 für die SPD (Mecklenburg) in den Reichstag ein, dem er bis 1906 und dann wieder 1912 bis 1918 angehörte. Auf dem linken Flügel der Partei stehend, war er 1914 ein Gegner der Kriegskreditbewilligung. Aus Parteidisziplin stimmte er zwar anfangs den Krediten im Reichstag noch zu, 1915 lehnte er sie aber ab. Herzfeld, der schon Delegierter auf den SPD-Parteitagen 1903 (Dresden) und 1906 (Mannheim) gewesen war, wurde 1917 einer der Mitbegründer der USPD. Nach der Revolution 1918 USPD-Beigeordneter im Reichsministerium des Innern, trat aber schon Ende 1918 zurück. Auch in der USPD gehörte Herzfeld zum linken Flügel, er polemisierte auf dem USPD-Parteitag im März 1919 gegen Karl Kautsky, wurde ebenso wie von dem USPD-Parteitag im Dezember 1919 in den Beirat der Partei berufen. Auf dem Parteitag in Halle zählte Herzfeld zu den Befürwortern des Anschlusses an die Komintern und ging 1920 mit der linken USPD zur KPD. Zusammen mit ▸ Clara Zetkin und ▸ Emil Eichhorn war er der einzige alte SPD-Führer, der auch nach der KAG-Krise in der KPD blieb.

1920 war Herzfeld für die USPD in den Reichstag eingezogen und gehörte dem Auswärtigen Ausschuß an. Von Mai bis Dezember 1924 für die KPD wieder in den Reichstag gewählt, blieb bis 1933 für die KPD aktiv. Vor allem in der Roten Hilfe trat er in vielen Prozessen als Verteidiger angeklagter Kommunisten auf. 1927 nahm er als Ehrengast an den Feiern zum 10. Jahrestag der Oktoberrevolution in Moskau teil. Auf Vorschlag der KPD-Reichstagsfraktion vom Reichstag 1928 als Beisitzer im Staatsgerichtshof gewählt. In den innerparteilichen Auseinandersetzungen hatte er sich zurückgehalten, sympathisierte jedoch 1924 mit der Mittelgruppe und später mit den Versöhnlern. Joseph Herzfeld wurde von seinem Neffen ▸ Wieland Herzfelde beschrieben als »ein uneitler, spartanischer, um nicht zu sagen puritanischer Mensch, der weder wohlhabend noch irgendwie bedeutend aussah ... Wichtigtun und Theatralik waren ihm fremd.« Trotz seines hohen Alters mußte Herzfeld 1933 aus Deutschland flüchten, er emigrierte im September 1933 zunächst in die Schweiz, dort verteidigte der über 80jährige noch Emigranten vor Gericht in Zürich. 1934 übersiedelte er nach Südtirol. Joseph Herzfeld starb am 27. Juli 1939 in Ritten (Collalbo) bei Bozen (Bolzano).

▸ Herzfelde, Wieland (* 1896 – † 1988)

Geboren am 11. April 1896 in Weggis in der Schweiz, Sohn des Dichters und Schriftstellers Franz Herzfeld (Pseudonym Franz Held). 1913 übersiedelte er nach Berlin und studierte dort Germanistik und Medizin. Zu Beginn des Weltkriegs Freiwilliger im Sanitätsdienst, wurde zum Kriegsgegner, nannte sich Herzfelde und publi-

zierte 1916 in Berlin die Zeitschrift »Neue Jugend«, die nach wenigen Wochen verboten wurde. 1917 zwangsweise wieder zum Kriegsdienst eingezogen, desertierte er und wurde daraufhin unehrenhaft aus der Armee entlassen. Gemeinsam mit seinem Bruder ▸ John Heartfield und mit ▸ George Grosz gründete er den Malik-Verlag, den er bis 1933 leitete und der zunächst zu einem Sprachrohr der linksrevolutionären Literatur und des Dadaismus wurde. Er gab etliche Zeitschriften heraus, mit Grosz 1916/17 »Jedermann sein eigener Fußball« oder 1919 »Die Pleite«. Unmittelbar nach Gründung der KPD trat er mit Grosz und Heartfield der Partei bei. 1928 wurde er Mitglied im Bund proletarisch-revolutionärer Schriftsteller (BPRS), 1933 emigrierte er nach Prag und führte von dort aus den Verlag weiter. Gemeinsam mit Oskar Maria Graf und Anna Seghers gab er die Exilzeitschrift »Neue deutsche Blätter« heraus. 1938 floh er nach London, erhielt 1939 ein Visum für die USA und emigrierte nach New York, wo er sich als Buchhändler und Publizist betätigte und 1944 mit Bert Brecht, Heinrich Mann, Ernst Bloch und anderen deutschen Exilanten den antifaschistischen Aurora-Verlag gründete. Herzfelde kehrte 1949 nach Deutschland zurück, wurde Professor für Literatur an der Universität Leipzig. Sein Erinnerungsbuch »Immergrün« erschien 1949 im Aufbau-Verlag. Nach der Rückkehr seines Bruders arbeiteten beide in der DDR gemeinsam an Bühnenbildern und Buchausstattungen. Wegen der Westemigration und vor allem wegen Kontakten zu Noel und Hermann Field wurde Herzfelde 1951 aus der SED ausgeschlossen, später wieder aufgenommen, von 1959 bis 1970 war er Präsident des PEN-Zentrums der DDR, 1961 Mitglied der AdK der DDR. Er veröffentlichte u. a. 1962 das Buch »John Heartfield. Leben und Werk« und publizierte 1976 den Sammelband »Zur Sache geschrieben und gesprochen zwischen 18 und 80«. 1981 erhielt er den Karl-Marx-Orden und wurde 1986 Ehrenbürger von (Ost-)Berlin, was er auch nach dem Ende der DDR 1989 blieb. Am 23. November 1988 starb Wieland Herzfelde in Ost-Berlin. Sein Sohn George Wyland-Herzfelde (* 14. 10. 1925) wurde professioneller Eiskunstläufer, lebte von 1939 bis 1968 in den USA, seither in der Schweiz. 2003 erschienen seine Erinnerungen: »Glück gehabt« in München.

▸ Herzog, Wilhelm (* 1884 – † 1960)

Geboren am 12. Januar 1884 in Berlin. Nach dem Besuch des Gymnasiums Studium der Nationalökonomie, Germanistik und Literatur sowie Kunstgeschichte an der Universität Berlin. Schriftsteller, Kritiker und Essayist, (Pseudonym Julian Sorel). 1910/11 gemeinsam mit Paul Cassirer Mitbegründer der Zeitschrift »PAN« sowie später Redakteur der Zeitschrift »März« in München. Herzog war Herausgeber der Zeitschrift »Das Forum«, die 1915 wegen ihrer antimilitaristischen Haltung verboten wurde. 1918/19 Redakteur der »Hamburger Volkszeitung«, 1919 Chefredakteur der Zeitung »Die Republik« in Köln. Seit 1919 in der KPD, reiste er 1920 nach Moskau, wo er als Gast am II. Weltkongreß der Komintern teilnahm und Gespräche mit Lenin und Trotzki führte. Von Februar bis Mai 1921 war Herzog Abgeordneter der Hamburger Bürgerschaft. Im Januar 1925 gab ihm Stalin (auf Bitten von ▸ Ottomar Geschke) ein Interview, in dem dieser sich auch zur Lage in der deutschen Partei äußerte. Das Interview, das im Wortlaut in der »Prawda« am 3. Februar 1925 veröffentlicht wurde, rief die Kritik ▸ Arkadi

Maslows hervor. Für ihn war Herzog ein Rechter. Stalin antwortete Maslow am 28. Februar 1925 mit einem konziliant gehaltenen Schreiben (in den Schriften Stalins aufgeführt als »Brief an Genossen Me-rt«, der Name Maslow war später tabu!). Herzog, der sich in den folgenden Jahren von der KPD abwandte, wurde im Dezember 1928 aus der Partei ausgeschlossen, er gehörte in Berlin noch zum Autorenkreis von Erwin Piscator. Im Februar 1933 emigrierte er in die Schweiz, 1939 nach Südfrankreich, wo er zeitweilig in Les Milles interniert wurde. 1941 gelang Herzog die Flucht nach Trinidad, 1945 konnte er in die USA einreisen. 1947 kehrte Herzog nach Europa zurück, lebte zunächst in der Schweiz und kam 1952 in die Bundesrepublik. Hier arbeitete er als Literatur- und Kulturhistoriker. 1959 veröffentlichte er sein Buch: »Menschen, denen ich begegnete«, in dem er u. a. auf sein Treffen mit Lenin, Trotzki und Stalin einging. Wilhelm Herzog starb am 18. April 1960.

▸ Hespers, Theodor (* 1903 – † 1943)

Geboren am 12. Dezember 1903 in München-Gladbach, Sohn eines Kaufmanns; kaufmännische Ausbildung. Seit seinem vierzehnten Lebensjahr war Hespers im katholischen Jugendbund Quickborn. 1925 trat er der Christlich Sozialen Jugend und später der Christlich Sozialen Reichspartei unter Vitus Heller bei. Er wirkte in der Pfadfinderschaft Westmark unter Hans Ebeling aktiv gegen den aufkommenden Nationalsozialismus. Seit 1926 war Hespers inoffiziell auch Mitglied der KPD und gehörte dem AM-Apparat an. 1927 Mitglied der IAH, 1929 besuchte Hespers mit einer Jugenddelegation die Sowjetunion und war 1931 Kursant an der M-Schule der Komintern. Im April 1933 emigrierte Hespers in die Niederlande und unterstützte den Transport kommunistischer Schriften nach Deutschland, dann trennte er sich von der KPD. Gemeinsam mit Hans Ebeling, Karl O. Paetel, Eberhard Koebel und Walter Hammer gründete Hespers den »Arbeitskreis bündische Jugend«, war Mitherausgeber deren Zeitschrift »Rundbriefe«. Besonders bemühte er sich um den Zusammenschluß bündischer und katholischer Jugendverbände im Exil in der »Deutschen Jungfront« und gab die »Sonderinformationen für die deutsche Jugend« heraus. Später an der Beschaffung militärischer Nachrichten für den britischen Geheimdienst beteiligt, plante Hespers 1939 Sabotageaktionen im holländischen Grenzgebiet. Bis zu seiner Verhaftung im Februar 1942 lebte er versteckt in den Niederlanden. Am 22. Juli 1943 wurde Theodor Hespers vom VGH zum Tode verurteilt und am 9. September 1943 in Berlin-Plötzensee hingerichtet.

▸ Hesse, Max (* 1895 – † 1964)

Geboren am 21. Februar 1895 in Berlin. Sein Vater war Metallarbeiter und Mitbegründer des

Berliner DMV. 1908 aus Preußen ausgewiesen, weshalb seinem Sohn Max (einer der 20 besten Volksschüler) 1909 ein Freistipendium zur Erlangung der Reifeprüfung verweigert wurde. Max Hesse lernte Mechaniker und trat 1910 der Arbeiterjugend und 1912 der Gewerkschaft bei. Nach der Lehre ging er auf Wanderschaft nach Skandinavien und war später Monteur bei Siemens. 1914 eingezogen, kam an die Westfront und wurde dreimal verwundet. 1916 nach Berlin zurückgekehrt, wurde er Mitglied der Berliner Revolutionären Obleute. Im Herbst 1917 aktiv am »Brotkarten«-Streik beteiligt, deswegen wieder eingezogen, kam er (als Vizefeldwebel) an die Front nach Mazedonien. Im Oktober 1917 desertiert, im Dezember verhaftet, degradiert und zu sechs Jahren Gefängnis verurteilt. Im Februar 1918 Frontbewährung. Nach Kriegsende kam Hesse als Mitglied des Soldatenrates nach Spandau, wurde Mitglied des Spartakusbundes und der KPD. Er saß von März bis September 1919 im Gefängnis. Nach der Vereinigung der KPD mit der linken USPD Vorsitzender der KPD in Charlottenburg; von 1920 bis 1923 Betriebsratsvorsitzender; Mitglied der KPD-BL Berlin. Er war Anhänger des linken Parteiflügels und wurde zu den Verhandlungen über die Vorbereitung der deutschen Revolution, die 1923 in Moskau stattfanden, hinzugezogen. Im Auftrag des Berliner Bezirks fuhr er nach Sachsen, um die Arbeit der dortigen KP zu begutachten.

1924 als Vertreter der KPD ins Orgbüro des EKKI entsandt, in dieser Funktion blieb er bis 1926. Da in Deutschland das gegen ihn laufende Gerichtsverfahren unter Amnestie gefallen war, kehrte er 1926 nach Berlin zurück. Er trat für die Opposition auf und unterschrieb den »Brief der 700«, deshalb wurden ihm im November 1927 für ein Jahr alle Funktionen entzogen. Im Dezember 1927 aus der KPD ausgeschlossen, wurde Hesse einer der Mitbegründer des Leninbundes. Im Frühjahr 1929 trat er zur SPD über und war bis 1933 Vorsitzender der SPD Charlottenburg. Im größten Berliner Taxiunternehmen beschäftigt, dort Betriebsratsvorsitzender. Am 1. März 1933 verhaftete ihn die Gestapo und brachte ihn ins KZ Oranienburg, aus dem er im Juli 1933 flüchtete. Hesse ging nach Amsterdam und wurde Mitarbeiter der Internationalen Transportarbeiter-Föderation unter Edu Fimmen. Nach der Besetzung Hollands lebte er illegal, war dort in einer Widerstandsgruppe aktiv. Im Oktober 1941 von der Gestapo verhaftet, kam er – mit falschen Papieren als Holländer getarnt – ins KZ Verght. Auch dort gelang ihm im September 1944 die Flucht und er hielt sich in Amsterdam auf. Hesse kehrte 1947 nach Deutschland zurück, war von 1947 bis 1960 Sekretär der ÖTV in Emden und Mitglied der SPD, wohnte dann mit seiner Frau in Hamburg. Max Hesse starb am 7. Juni 1964.

▸ Heuck, Christian (* 1892 – † 1934)

Geboren am 18. März 1892 in Heuwisch/Holstein; arbeitete nach der Schulentlassung zwei Jahre in der Landwirtschaft, von 1909 bis 1911 Versandleiter eines Gemüsegeschäfts. 1912 aktiver Soldat. Während des Krieges an der Front, dreimal verwundet und mit dem EK 1. Klasse ausgezeichnet. Als Vizefeldwebel aus dem Krieg zurückgekehrt, war er von 1918 bis 1920 Pferdehändler, dann Inhaber eines Gemüseversandgeschäfts. Während der Revolution Soldatenrat in Wesselburen/Holstein, gründete dort eine SPD-Ortsgruppe. Ende 1919 Austritt aus der SPD, ein halbes Jahr parteilos, 1920 Mitglied der KPD und seit 1923 hauptamtlicher Parteifunktionär. Bis 1923 Vorsitzender der KPD in Wesselburen. Ab 1922 Mitglied des Provinziallandtages von Schleswig-Holstein, 1922 mußte er aus nichtpolitischen Gründen vier Monate ins Gefängnis. 1923 Übersiedlung nach Berlin, dann als Sekretär für Landfragen (Pseudonym Kurt Anders) nach Mecklenburg. Im Herbst 1923 AM-Leiter der KPD Mecklenburg, er organisierte die Bewaffnung der KPD in Norddeutschland. Im März 1924 als AM-Leiter nach Schlesien versetzt, dort schon am 21. Mai 1924 in Breslau verhaftet. Aus dem Gefängnis wehrte er sich gegen Vorwürfe, er habe Unterschlagungen begangen, diktatorisch gehandelt, Mitarbeiter geschlagen usw. Am 20. März 1926 zu fünf Jahren Zuchthaus verurteilt, kam er durch die Amnestie im August 1928 wieder frei. Heuck, ein Freund ▸ Ernst Thälmanns, war kurze Zeit Orgleiter des KPD-Bezirks Wasserkante und übernahm dann andere hauptamtliche Aufgaben. 1929 erneut verhaftet und nach sechsmonatiger Untersuchungshaft zu einem Jahr neun Monaten Gefängnis verurteilt. 1930 als Reichstagsabgeordneter gewählt, blieb er bis 1933 MdR und hatte leitende Funktionen in Hamburg und Schleswig-Holstein. Als einer der RFB-Führer in Schleswig-Holstein bei der SA besonders verhaßt, wurde Christian Heuck (ein Hüne von Gestalt) nach dem Reichstagsbrand verhaftet und am 18. März 1934 im Gefängnis ermordet.

▸ Heucke, Alwin (* 1890 – † 1962)

Geboren am 19. Oktober 1890 in Rodkendorf/Sachsen, wuchs in Leipzig auf, wo er 1910 der SPD beitrat, gelernter Schneider. Vor dem Weltkrieg lebte er in Offenbach/Main als Bauarbeiter. Am Krieg nahm Heucke als Matrose teil und gehörte 1918 zur Führung der Kieler revolutionären Matrosen. Seit Gründung der KPD 1919 Mitglied, übte verschiedene Funktionen aus, war 1922/23 Bezirkssekretär der KPD Groß-Leipzig. 1924 wurde er wegen seiner Beteiligung an den Oktoberereignissen 1923 verhaftet und am 26. Februar 1925 in Leipzig zu einem Jahr und neun Monaten Gefängnis verurteilt. Ende August 1925 amnestiert und aus dem Zentralgefängnis Potsdam entlassen. Im September 1925 schickte ihn das ZK als Polleiter nach Hessen. In Frankfurt/M. blieb Heucke bis 1928 Polleiter. Als Anhänger der Rechten am 26. Oktober 1928 seiner Funktion enthoben. Aus der KPD ausgeschlossen, wurde Heucke Mitbegründer der KPO und deren Sekretär für Hessen in Offenbach. Nach der Spaltung der KPO blieb er in dieser Organisation, verlor aber seinen Sekretärsposten, da in Offenbach die Mehrheit mit ▸ Heinrich Galm zur SAP ging. 1933 flüchtete Heucke nach Frankreich und von da aus kurze Zeit später nach Paraguay, wo er bis 1958 als Siedler lebte. Nach Deutschland zurückgekehrt, schloß er sich der Gruppe Arbeiterpolitik an. Alwin Heucke starb am 15. März 1962 in Fulda.

▸ Hey, August (* 1897 – † 1978)

Geboren am 10. Mai 1897 in Dudweiler, Sohn einer Bergarbeiterfamilie. Als Handlanger, Laufbursche, Bergmann tätig. 1917 Militärdienst bei der II. Matrosendivision Kiel, im Januar 1918 am Aufstand der Matrosen von Cattaro beteiligt. Im Dezember 1918 Rückkehr in das Saargebiet, 1919 Mitglied der USPD, mit deren linkem Flügel 1920 zur KPD. Von der französischen Besatzungsmacht zeitweilig verhaftet. Von 1928 bis

1935 gehörte Hey dem Landesrat Saar und dem Kreistag Saarbrücken an. 1930 Leiter der RGO Saar, aktiv im Abstimmungskampf. Im Februar 1935 emigrierte er nach Frankreich, war Bergarbeiter und wurde nach Kriegsausbruch zeitweise interniert. Am 4. März 1941 verhaftet und am 24. Oktober 1941 durch das OLG Stuttgart zu zwei Jahren und vier Monaten Zuchthaus verurteilt, saß bis 1943 im Zuchthaus Ludwigsburg, anschließend bis 1945 im KZ Dachau. Im Juli 1945 wurde Hey hauptamtlicher Bürgermeister von Dudweiler und bis 1947 Mitglied des KPD-LV Saar. Im Juni 1947 wegen seiner politischen Aktivitäten aus dem Saargebiet ausgewiesen, bis 1949 Mitglied des Sekretariats der KPD Baden, dann Betriebsarbeiter. Von 1956 bis 1960 war er Abgeordneter des Kreistages Saarbrücken-Land. Wegen seiner »Kandidatur als Unabhängiger zu den Bundestagswahlen 1961« verurteilte ihn das Landgericht Saarbrücken 1964 zu sechs Monaten Gefängnis auf Bewährung. Bei Gründung 1968 Mitglied der DKP in Dudweiler. August Hey starb dort am 5. Februar 1978.

▸ Heydemann, Max (* 1884 – † 1956)

Geboren am 3. Februar 1884 in Güstrow; besuchte das Gymnasium in Güstrow, Rostock und Waren. Nach dem Abitur studierte er Volkswirtschaft und Geschichte in Freiburg, München und Jena. Im Januar 1907 Mitglied der SPD, von 1910 an journalistisch für die SPD tätig und einige Jahre als Korrespondent im Ausland (Paris, Wien). Bei Kriegsausbruch kam er nach Deutschland zurück und war von 1915 bis 1918 Soldat. Im November 1918 Mitglied des Soldatenrates sowie anschließend im Vollzugsrat des 1. Artillerie-Regiments in Königsberg. Heydemann trat zur USPD über, war Delegierter des USPD-Parteitags im März 1919 und von 1919 an auch Stadtverordneter in Königsberg. Als Provinziallandtagsabgeordneter in Ostpreußen war er dort einer der Wortführer der USPD. Er war religiös (in einer Versammlung 1919 hatte er ▸ Rosa Luxemburg, ▸ Karl Liebknecht und Kurt Eisner mit Christus verglichen – sie alle seien verkannte Märtyrer gewesen), kam aber 1920 mit dem linken Flügel der USPD zur KPD. Auf dem Vereinigungsparteitag im Dezember 1920 in den ZA der VKPD gewählt, zog er 1921 bei der Nachwahl für die KPD in den Reichstag ein. Während der KAG-Krise unterschrieb er im Dezember 1921 den Protest gegen die Zentrale, blieb aber in der KPD. Auch im Mai 1924 erneut in den Reichstag gewählt, im Dezember 1924 in den Preußischen Landtag. Ende 1924 wurde er verhaftet, jedoch im Januar 1925 wieder freigelassen. Im April 1925 schied Heydemann aus der KPD aus, weil die Partei alle Abgeordneten aufgefordert hatte, aus der Kirche auszutreten. Er ging zur SPD und vertrat diese Partei bis 1928 im Landtag und wurde dann 1932 wieder SPD-Abgeordneter im Preußischen Landtag. Nach 1933 in verschiedenen KZs inhaftiert. Im Frühjahr 1945 aus dem Gestapogefängnis in Karlsbad befreit, ging er nach Bayern, wo er sich wieder der SPD anschloß. Max Heydemann starb am 27. Oktober 1956 in Alt-Ötting.

▸ Heym, Guido (* 1882 – † 1945)

Geboren am 1. Mai 1882 in Suhl, entstammte einer alten Suhler Sozialistenfamilie, sein Vater war Porzellandreher. Guido lernte Werkzeug-

schlosser und war bis 1913 in seinem Beruf. 1897 Mitglied des DMV, 1901 Eintritt in die SPD, seit 1910 Mitarbeiter sozialdemokratischer Zeitungen. 1913 Übernahme der sozialdemokratischen Partei-Buchhandlung und Lokalredakteur der Erfurter »Tribüne« in Suhl. Heym wurde auch in die Suhler Stadtverordnetenversammlung gewählt. Februar 1915 Einberufung als Landsturmmann, bis 1918 Soldat. 1917 trat Heym zur USPD über, die von seinem Vater in Suhl gegründet wurde, und kam mit deren linkem Flügel 1920 zur KPD. Er war Delegierter auf dem Spaltungsparteitag der USPD und dem Vereinigungsparteitag mit der KPD, seit 1920 Chefredakteur des Suhler KPD-Organs »Volkswille«. 1919 Mitglied des Kreistages und des Kreisausschusses Schleusingen sowie bis 1920 Abgeordneter des Provinziallandtages der preußischen Provinz Sachsen.

In Suhl war er als Parteivorsitzender und Stadtverordnetenvorsteher der »ungekrönte König«, da die KPD dort die stärkste Kraft war. Heym zählte zum linken Flügel der KPD, er wurde im Mai 1924 Abgeordneter des Reichstags, im Dezember 1924 Abgeordneter des Preußischen Landtags. 1926 stand er mit der Mehrheit des UB Suhl und der fast geschlossen hinter ihm stehenden Ortsgruppe auf Seiten der linken Opposition. 1927 war seine Gruppe nur noch formal in der KPD, in der Praxis unterstützte sie die Opposition Fischer-Scholem-Urbahns. Da die KP Suhl mehrheitlich noch immer zu Heym hielt, schloß das ZK ihn zunächst nicht aus. Als er jedoch ankündigte, die Zeitung »Volkswille« werde ab 1928 im Reichsmaßstab als Organ der linken Opposition erscheinen, erfolgte am 24. Dezember 1927 sein offizieller Ausschluß aus der KPD. Die Mehrheit der Ortsgruppe sowie elf von zwölf Stadtverordneten gingen mit ihm in den Leninbund, der »Volkswille« wurde das Reichsorgan des Leninbundes. Kurz vor der Wahl im Mai 1928 trat Heym mit vielen seiner Anhänger und dem Organ »Volkswille« zur SPD über. Bis 1933 blieb er für die SPD Redakteur und Abgeordneter im Kreistag, Fraktionsführer und Vorsitzender der SPD in Suhl.

Nach 1933 ständig unter Polizeiaufsicht, war er zunächst Versicherungsvertreter, später Heimarbeiter. In Suhl bildete sich um Heym eine antifaschistische Gruppe, deren Aktivitäten nach Kriegsausbruch zunahmen. Anfang September 1943 verhaftet, verurteilte ihn der 2. Senat des VGH am 16. Januar 1945 zum Tode. Heym befand sich unter den Insassen des Weimarer Gestapogefängnisses, die am späten Nachmittag des 4. April 1945 mit Häftlingen des Landgerichtsgefängnisses in nordöstliche Richtung aus der Stadt getrieben wurden. Im Webicht, einem Waldstück, das von der Landstraße nach Tiefurt durchquert wird, haben die SS-Begleitmannschaften in der Nacht zum 5. April 1945 alle Häftlinge (147 Männer und zwei Frauen), darunter Guido Heym, ermordet.

Sein Sohn **Karl Heym** (* 24. 12. 1902 – † 7. 7. 1981) leitete ab 1921 den KJVD-Unterbezirk Suhl und folgte dem Vater 1927 in den Leninbund, ein Jahr später in die SPD. Ab 1933 unterstützte er ihn im Widerstand gegen das NS-Regime. Am 8. Juni 1944 wurde er verhaftet, Anfang April 1945 gelang ihm die Flucht. Karl Heym wurde am 15. April 1945 vom amerikanischen Ortskommandanten zum Landrat des Kreises Schleusingen/Suhl ernannt und blieb dies auch nach Besetzung Suhls durch die Rote Armee. Er gehörte dem SED-Landesvorstand Thüringen an, wurde aber im Zuge der Stalinisierung der SED 1950 als Landrat abgelöst und aus allen Parteigremien entfernt. Gedemütigt und verfolgt verließ er 1951 die DDR, kehrte aber schon bald nach Suhl zurück. Karl Heym wurde nach Meuselwitz bzw. Rudolstadt verbannt und durfte erst 1956 wieder nach Suhl, wo er als Geschäftsführer der Sozialversicherung arbeitete. Die 1946 nach Guido Heym benannten Straßen und Plätze in Thüringen wurden ab 1949 stillschweigend umbenannt. Erst nach dem Ende der DDR wird Guido Heym auf einer Gedenktafel für die Opfer der NS-Diktatur im Roten Rathaus in Suhl ehrenvoll erwähnt.

▸ Heymann, Stefan (* 1896 – † 1967)

Geboren am 14. März 1896 in Mannheim, entstammte einer gutsituierten jüdischen Angestelltenfamilie. Nach dem Besuch des Gymnasiums zunächst Möbelzeichner, ab 1913 Lehre bei einer Bank in Mannheim. Sehr nationalistisch eingestellt, meldete er sich 1914 als Kriegsfreiwilliger, an der Westfront verwundet, 1917 bei den Fliegern, gegen Kriegsende nochmals verwundet. Die Kriegserlebnisse änderten Heymanns Anschauungen, er wurde – nach dem Krieg in einem Lazarett im Spessart liegend – Anarchist. Anfang 1919 versuchte er – nach Mannheim zurückgekehrt – eine »Partei der Jugend« zu gründen und stand in enger Verbindung zu den Anarchisten Ernst Toller und Erich Mühsam. Als Mühsam im Februar 1919 (nach der Ermordung Kurt Eisners) in Mannheim die wenige Tage existierende »Räterepublik Kurpfalz« ausrief, gehörte Heymann zu den führenden jungen Köpfen dieser Aktion. Im Juni 1919 trat er der KPD bei, war in der FSJ (später KJD) zunächst Ortsgruppenleiter in Mannheim und von 1920 bis 1922 Bezirksleiter für Baden. Bis zum Herbst 1923 in einem Betrieb beschäftigt, dort Betriebsratsvorsitzender und gleichzeitig zweiter Vorsitzender der Mannheimer Betriebsrätezentrale. Bei den Aufstandsvorbereitungen im Oktober 1923 wurde Heymann mit seinen militärischen Erfahrungen in den AM-Apparat aufgenommen und Kampfleiter für Unterbaden (Pseudonym Dietrich). Nach dem Verbot der KPD während einer Sitzung in Stuttgart im Dezember 1923 verhaftet und im September 1924 (im Prozeß gegen ▸ Karl Schneck u. a.) vom Staatsgerichtshof in Leipzig zu dreieinhalb Jahren verurteilt. Nach der Entlassung trat er am 1. Januar 1926 in die Redaktion der Mannheimer »Arbeiter-Zeitung« ein, wurde 1929 ihr Chefredakteur.

Heymann, der von 1926 bis 1928 Gauvorsitzender des RFB Baden-Pfalz war, gehörte zum stalinistischen Flügel der Partei in Baden. 1928 zog er für den in den Reichstag gewählten Abgeordneten ▸ Paul Schreck auch in den badischen Landtag ein, wurde 1929 nicht wiedergewählt. Als verantwortlicher Redakteur vom Reichsgericht im Oktober 1930 zu einem Jahr Gefängnis verurteilt, wurde seine Strafe wegen Haftunfähigkeit im Mai 1930 unterbrochen. Von Juni 1930 bis September 1932 war er politischer Redakteur der »Roten Fahne« in Berlin, dann vom September 1932 bis Januar 1933 politischer Redakteur im KPD-Pressedienst. Ab 15. Februar 1933 Chefredakteur der Breslauer »Arbeiter-Zeitung« und mit Beginn der Illegalität Sekretär für Agitation bzw. Polleiter der BL Schlesien. Am 12. Mai 1933 verhaftet und im September 1934 zu zweieinhalb Jahren Zuchthaus verurteilt. Da Heymann im Zuchthaus Wohlau erklärte, aus Deutschland auswandern zu wollen, wurde er nach Verbüßung der Strafe am 8. Mai 1936 freigelassen, aber bereits wenige Tage später von der Gestapo wieder festgenommen. Er kam im März 1938 zunächst ins KZ Dachau, im September nach Buchenwald und im Oktober 1942 nach Auschwitz, in das Nebenlager der IG-Farben in Monowitz. Wurde Schreiber im Krankenblock, in der illegalen KPD-Gruppe leitete er die rechte Fraktion; bei Auflösung des Lagers wurde er zurück nach Buchenwald transportiert. Nach der Befreiung gehörte er mit Eugen Kogon und Erich Römhild einer Kommission an, die für den US-General Eisenhower einen Bericht über das KZ Buchenwald verfaßte. Mit seiner zweiten Frau Liesel Martin, geboren Lapper (* 23. 3. 1907 – † Juli/Aug. 1961), bildete er das Antifa-Komitee in Thüringen, schloß sich der KPD an und war bis Oktober 1945 im Sekretariat der BL Thüringen.

Ab April 1946 Sekretär für Agitation und Propaganda des SED-LV Thüringen, ab September 1948 Leiter der Abteilung Kultur und Erziehung des PV in Berlin. 1951 wurde Heymann Gesandter der DDR in Budapest, von November 1953 bis 1957 DDR-Botschafter in Warschau, danach von 1957 bis 1959 Abteilungsleiter Presse und Information im Außenministerium. Im Juli 1960 attackierte ihn die SED, weil er die Mao-These verbreitet hatte, die Amerikaner seien »Papiertiger«. Anschließend Professor an der Akademie für Staats- und Rechtswissenschaft in Potsdam, 1963 emeritiert, bekam 1966 von dieser Akademie die Ehrendoktorwürde verliehen und 1965 das Banner der Arbeit. Stefan Heymann starb am 3. Februar 1967 in Ost-Berlin.

▸ Hildebrandt, Wilhelm Friedrich (* 1887 – † 1942)

Geboren am 5. Oktober 1887 in Westen/Hannover als Sohn eines Landarbeiters. Lernte vier Jahre Schlosser und Maschinenbauer, siedelte nach Hamburg über und war im Weltkrieg Soldat. 1918 Mitglied der USPD, 1920 mit der linken USPD Übertritt zur KPD; in der KPD gehörte Hildebrandt dem linken Flügel an. 1925 zum Mitglied der BL Wasserkante berufen, im gleichen Jahr als Nachfolger ▸ Hans Gostomskis in die Hamburger Bürgerschaft nachgerückt, 1927 und 1928 dann zum Abgeordneten in die Bürgerschaft gewählt. Hildebrandt stellte sich in der Wittorf-Affäre gegen ▸ Ernst Thälmann und wurde im Mai 1929 aus der KPD ausgeschlossen. Er legte sein Mandat in der Bürgerschaft nicht nieder, sondern blieb bis zur Neuwahl 1931 unabhängiger Abgeordneter. Später trat er politisch nicht mehr hervor, war wieder als Schlosser beschäftigt. Wilhelm Hildebrandt starb am 14. Oktober 1942 in Hamburg.

▸ Hiller, Alfred Oskar (* 1903 – † 1934)

Geboren am 12. August 1903 in Kiel-Gaarden; von Beruf Schiffbauer, Mitglied des KJVD und der KPD, Mitte der zwanziger Jahre Sekretär der KJD in Württemberg und dort dem linken Flügel zugehörig. Hiller wurde auf dem 9. Reichskongreß des KJVD im Oktober 1925 in Halle in dessen ZK gewählt und kam im April 1927 auf dem 10. Reichskongreß in Hamburg in das Sekretariat des ZK, dort für das Ressort »Wirtschaftskampf« zuständig. Er nahm am V. Weltkongreß der KJI im August/September 1928 in Moskau teil und wurde zum Kandidaten des Exekutivkomitees der KJI gewählt. Nach seiner Rückkehr nach Deutschland 1929 leitete er den KJVD-Bezirk Berlin-Brandenburg und gehörte dem Sekretariat des ZK des KJVD unter ▸ Kurt Müller an. Im Februar 1932 wurde Hiller als

Nachfolger ▸ Artur Beckers Vorsitzender des ZK des KJVD. Im April 1932 im Wahlkreis Berlin zum Abgeordneten des Preußischen Landtages gewählt. In der KJVD-Führung arbeitete Hiller eng mit Kurt Müller zusammen und unterstützte ▸ Heinz Neumann und ▸ Hermann Remmele gegen ▸ Ernst Thälmann. Deshalb im Herbst 1932 aus der Führung des KJVD ausgeschaltet, mußte er auf Weisung des ZK am 5. Dezember 1932 sein Mandat im Preußischen Landtag niederlegen. Alfred Hiller starb am 2. Oktober 1934 in Hamburg.
Seit April 1927 mit **Johanna Hakendahl** (* 8. 6. 1906 – † 27. 6. 1976) verheiratet, die von 1924 bis 1928 Agitpropleiterin des KJVD-Bezirks Wasserkante war. Sie lebte 1928/29 mit ihrem Mann in Moskau und arbeitete als Stenographin im Sekretariat des EKKI. Von 1934 bis 1937 Stenotypistin, emigrierte sie 1938 über die ČSR nach Großbritannien. 1946 kehrte Johanna Hiller mit ihrem neuen Lebensgefährten Heinrich Starck (* 5. 10. 1909 – † 6. 3. 1963) über Jugoslawien nach Deutschland zurück, wurde Mitglied der SED und arbeitete in der SED-Landesleitung Groß-Berlin.

▸ Hilsenbeck, Romuald (* 1897 – † 1961)

Geboren am 7. März 1897 in Hinteruhlberg/Crailsheim; von Beruf Postschaffner. Im Oktober 1932 wurde Hilsenbeck für die KPD in den Württembergischen Landtag gewählt. Am 11. März 1933 wurde er inhaftiert und befand sich bis Mai 1934 in »Schutzhaft«. Hilsenbeck setzte auch nach seiner Entlassung die illegale Arbeit gegen das NS-Regime fort. Anfang 1935 erneut verhaftet, kam er in das KZ Heuberg und wurde dann im August 1944 nochmals für einen Monat in Ulm festgehalten. Nach der Befreiung gehörte Hilsenbeck ab Sommer 1945 zum engeren Führungskreis der neugegründeten KPD in Nordwürttemberg. Ab Mai 1946 Mitglied des Stuttgarter Gemeinderats, kandidierte er noch 1950 in Stuttgart für den Landtag Württemberg-Baden. Romuald Hilsenbeck starb am 25. Dezember 1961 in Stuttgart.

▸ Himmler, Johanna (* 1894 – † 1972)

Geboren am 20. September 1894 in Chemnitz als Johanna Mildner, Tochter eines Bürodieners; Lehre als kaufmännische Angestellte, anschließend in der Konfektionsbranche und im Handel tätig. 1917 trat sie der Spartakusgruppe und 1918 der KPD bei. Im Sommer 1921 fuhr sie als Delegierte zum 2. Internationalen Frauenweltkongreß nach Moskau, dann Übersiedlung nach Nordhausen, wo sie bis 1923 lebte und arbeitete. Danach in Chemnitz Telefonistin, heiratete den Redakteur der KPD-Zeitung »Der Kämpfer« Hans Himmler (* 18. 11. 1890 – † 31. 3. 1970). Johanna Himmler wurde im Januar 1927 in Chemnitz in die Stadtverordnetenversammlung und im September 1930 im Wahlkreis Chemnitz-Zwickau in den Reichstag gewählt, dem sie bis 1933 angehörte. Bis zum Sommer 1933 als Reichsinstrukteurin der IAH im Einsatz, wurde Hanna Himmler am 4. Juli 1933 verhaftet und bis 1934 in »Schutzhaft« gehalten. Nach ihrer Entlassung zunächst erwerbslos, dann Büroangestellte. Am 14. Juli 1939 erneut verhaftet und vom OLG Dresden im November d. J. zu einem Jahr und vier Monaten Gefängnis verurteilt. Im August 1944 wieder festgenommen, kam sie bis April 1945 ins KZ Ravensbrück. Von Juli 1945 bis 1953 unbesoldete Stadträtin in Nordhausen (ihr Mann war dort Oberbürgermeister), außerdem Vorsitzende des Antifa-Frauenausschusses sowie 1. Vorsitzende der VVN Nordhausen. Für die SED war sie von 1946 bis 1952 Abgeordnete im Thüringer Landtag. Als Parteiveteranin starb Johanna Himmler am 13. Oktober 1972 in Nordhausen.

▸ Hirsch, Werner Daniel (* 1899 – † 1941)

Geboren am 7. Dezember 1899 in Deutsch-Wilmersdorf. Sein Vater war ein jüdischer Landgerichtsrat, seine Mutter entstammte dem Adel von Bismarck. Hirsch, der sich mit 16 Jahren von seiner Familie trennte, agitierte bereits im Gymnasium gegen den Krieg und für die USPD. Während des Weltkrieges Bekanntschaft mit Pazifisten im »Bund Neues Vaterland« und mit Hugo Haase von der USPD. 1917 Mitglied der USPD und der Spartakusgruppe. Im Januar 1918 erstmals kurzfristig verhaftet, er hatte für den Apparat von ▸ Leo Jogiches gearbeitet. Vor Kriegsende zur Marine eingezogen, an der Revolution in Kiel beteiligt. Während der Novemberrevolution Mitglied des Arbeiter- und Soldatenrates in Hamburg, Mitbegründer der Volksmarinedivision in Cuxhaven, er nahm als Vertreter Cuxhavens am Gründungsparteitag der KPD teil. Hirsch trat zusammen mit Leo Jogiches und ▸ Karl Minster in der Vorbereitungssitzung des Spartakusbundes gegen die Schaffung der neuen Partei auf. Nach dem Gründungsparteitag von der Zentrale nach Hamburg entsandt, kam er noch im Januar 1919 nach Berlin zurück, wo er kurz vor der Ermordung von ▸ Karl Liebknecht und ▸ Rosa Luxemburg verhaftet wurde.
Anfang 1920 Funktionär in Schleswig-Holstein, dort während des Kapp-Putsches im März 1920 Mitglied der BL, zeitweilig auch Mitglied des ZA. Nach der März-Aktion und dem Ausschluß ▸ Paul Levis 1921 schied Hirsch aus der KPD aus. Bis 1924 Seifenstanzer, dann freier Schriftsteller und ging als Korrespondent der »Vossischen Zeitung« nach Wien. 1924 erfolgte seine Wiederaufnahme in die KPD. Von September 1924 bis Juni 1925 leitete er als Chefredakteur die »Rote Fahne« in Wien. Aus Österreich ausgewiesen, wurde Hirsch Redakteur der »Roten Fahne« in Berlin bzw. der »Sächsischen Arbeiterzeitung« in Leipzig. Von 1926 bis 1928 Redakteur bzw. Chefredakteur der KPD-Zeitung »Der Kämpfer« in Chemnitz. 1927 kurze Zeit im Gefängnis, anschließend wieder in Berlin Redakteur der »Roten Fahne«. Von 1928 bis 1930 zweiter Chefredakteur der »Roten Fahne« (neben ▸ Heinz Neumann), ab Ende 1930 Chefredakteur der »Roten Fahne«. 1932 wurde Hirsch einer der Sekretäre ▸ Ernst Thälmanns und bekam damit großen Einfluß auf die Parteipolitik.
Zusammen mit Thälmann am 3. März 1933 festgenommen, ist während seiner Haft u. a. im Columbiahaus, in den KZs Oranienburg und Lichtenburg schwer mißhandelt worden. Im Reichstagsbrandprozeß mußte er als Zeuge aussagen und gab zu, ein guter Freund Thälmanns gewesen zu sein. Der »Völkische Beobachter« nannte Hirsch »den Typ jener Juden, die vom Redaktionstisch der ›Roten Fahne‹ aus die Arbeiterschaft ... aufhetzten«. Im Zuchthaus Brandenburg wurde er, von der SS gehaßt, brutal gefoltert, insbesondere weil er sich – wie später ▸ Heinz Altmann berichtete – als mutig und standhaft erwies. Nach Intervention seiner Mutter beim NS-Minister Hermann Göring (sie war mit Emmy Göring gut bekannt) wurde Werner Hirsch nach anderthalb Jahren aus der Haft entlassen. Er flüchtete nach Prag und anschließend in die UdSSR. Hier war er zunächst persönlicher Mitarbeiter von ▸ Wilhelm Pieck. Hirsch verfaßte eine Broschüre über die NS-Verbrechen in den KZs, die 1934 von der KPD verbreitet wurde. Er bekam in Prag und dann in Moskau enge Verbindung zu Kreszentia (Zensl) Mühsam, der Witwe des von den Nazis im Juli 1934 ermordeten Anarchisten Erich Mühsam. Auch sie geriet in die Stalinschen Säuberungen und wurde als angebliches Mitglied der »trotzkistischen« und »terroristischen« Organisation von ▸ Max Hoelz und ▸ Erich Wollenberg verhaftet. Hirsch wurde nicht nur wegen dieser Beziehung beschuldigt, sondern ihm wurde auch vorgeworfen, im Reichstagsbrandprozeß wie ein »Agent Hitlers« aufgetreten zu sein. Vom Politbüro der KPD bekam er deswegen am 15. April 1935 eine »scharfe Rüge«. Seine Situation verschlimmerte sich so sehr, daß er im Juli 1936 bei der Komintern den Antrag stellte, aus dem Parteidienst ent-

lassen zu werden und nach Paris ausreisen zu dürfen. Das machte ihn noch verdächtiger, obwohl er immer wieder seine Parteiergebenheit betonte und sich gegen die Anschuldigungen von ▸ Hans Kippenberger und anderen verwahrte, statt dessen beschuldigte er nun seinerseits diesen und weitere führende Kommunisten des »Verrats«. Sofort nach dem Schauprozeß gegen Grigori Sinowjew im August 1936 ging Hirsch mit einem »Memorandum« in die Offensive. Darin griff er Kippenberger, aber auch ▸ Leo Flieg, ▸ Heinz Neumann und ▸ Hermann Remmele als »prinzipielle Parteischädlinge« an. Dennoch wurde Hirsch am 4. November 1936 vom NKWD verhaftet. Ihm wurde vorgeworfen, »konterrevolutionären trotzkistischen« Gruppen anzugehören und »terroristische Anschläge« vorbereitet zu haben.

Hirsch weigerte sich trotz der Folterungen, ein »Geständnis« abzulegen und beschwor seine Treue gegenüber der Partei. Bei den Verhören am 23. November 1936 und selbst noch am 17. Juni 1937 beharrte er darauf, die Anschuldigungen widersprächen »vollkommen den Tatsachen«. (Vgl. die ausführlichen Belege bei R. Müller, »Menschenfalle Moskau«, 2001.) In der Anklageschrift gegen Hirsch hieß es darüber hinaus, »daß er Agent des Abwehrdienstes der Reichswehr ist und Gen. Thälmann der Polizei auslieferte«. Trotz Haft und Folter bestritt er in der kurzen Verhandlung vor dem Obersten Gericht der UdSSR am 10. November 1937 jede Schuld, dennoch zu zehn Jahren Lagerhaft verurteilt und auf die berüchtigte Gefängnisinsel Solowezki transportiert. Dort hat er (nach dem Bericht des Mithäftlings Karlo Stainer) »heldenhaft« gekämpft, mehrere Hungerstreiks geführt und mußte 105 Tage in Einzelhaft im Karzer verbringen. Unter den Schikanen der NKWD-Wachmannschaften hatte er ganz besonders zu leiden, war 1941 so schwach, daß er sich kaum noch bewegen konnte. Hirsch wurde noch ins Moskauer Butyrka-Gefängnis überführt. Ob er nach NS-Deutschland ausgeliefert werden sollte, ist unbekannt, denn der kranke Werner Hirsch starb am 10. Juni 1941 in der Moskauer Haft, angeblich an Herzversagen. Auch dieser enge Mitarbeiter Thälmanns und Stalin-Anhänger wurde wie viele andere kommunistischen Spitzen-Funktionäre ein Opfer der Stalinschen Säuberungen.

▸ Hochmuth, Walter (* 1904 – † 1979)

Geboren am 14. Februar 1904 in Reichenbach/Vogtland, Sohn eines Bahnbeamten; kaufmännische Lehre. 1925 Mitglied des KJVD und der KPD. Von 1931 bis 1933 Abgeordneter der Hamburger Bürgerschaft. 1933 Volontär bei der »Hamburger Volkszeitung«, übernahm er im März die Leitung der Zeitung. Hochmuth gehörte bis zu seiner Emigration nach Dänemark im August 1934 zur illegalen Leitung der Hamburger KPD. Von März bis Juni 1938 war er in den Niederlanden inhaftiert, im Juni 1938 nach Belgien abgeschoben, wurde bei Kriegsausbruch im September 1939 bis 1942 im südfranzösischen Lager Gurs interniert. Ende 1942 Auslieferung nach Deutschland, hier bis Januar 1944 in Untersuchungshaft. Am 21. Juli 1944 verurteilte ihn der VGH in Potsdam zu fünf Jahren Zuchthaus. Im April 1945 aus dem Zuchthaus Brandenburg befreit, wurde Hochmuth im Sommer d. J. Leiter der Personalabteilung in der Deutschen Verwaltung für Post- und Fernmeldewesen bzw. der DWK. Hochmuth bekam wegen seiner Westemigration zeitweise »Schwierigkeiten« und wurde Ende 1949 als Prokurist in die Deutsche Handelsgesellschaft abgeschoben. Ab April 1956 stellvertretender, ab 1957 Leiter der DDR-Handelsvertretung in Djakarta/Indonesien. Von 1959 bis 1963 Legationsrat bzw. ab Juni 1962 Generalkonsul und Leiter der DDR-Vertretung in Bagdad/Irak. 1965 Nachfolger ▸ Karl Schirdewans als Leiter der Staatlichen Archivverwaltung der DDR in Potsdam, er erhielt 1974 den VVO in Gold. Walter Hochmuth starb am 28. Dezember 1979 in Potsdam.

▸ Hoefer, Hermann Martin (* 1868 – † 1945)

Geboren am 21. August 1868 in Hamburg. Sein Vater, ein katholischer Schuhmacher, war vom

Rheinland nach Hamburg ausgewandert. Er trennte sich von der Kirche; seine Schusterstube schmückten Bilder von Marx und Engels. In dieser Atmosphäre wuchs Hermann Martin Hoefer auf und besuchte von 1884 bis 1887 die Präparandenschule. Von 1887 bis 1890 am Lehrerseminar, seit 1890 Volksschullehrer in Hamburg. Hoefer trat 1892 der SPD bei, als aktiver Sozialist mehrfach gemaßregelt, war er in der Armen- und Wohlfahrtspflege in Hamburg tätig. Er ging wegen ihrer Burgfriedenspolitk 1917 von der SPD zur USPD, 1920 zur KPD und übernahm verschiedene Funktionen. Von 1928 bis 1930 war er Mitglied der Hamburger Bürgerschaft und der KPD-BL. 1933 wurde ihm die Lehrerpension gestrichen, seine Tochter wurde fristlos aus dem Schuldienst, sein Sohn aus dem Jugendamt entlassen. Von 1933 bis 1935 war Hoefer mehrmals im KZ. Durch Zimmervermietung und einen kleinen Kaffeehandel schlug sich die Familie mühsam durchs Leben. 1944 wurde er im Krankenhaus, wo er gegen Magengeschwüre behandelt wurde, verhaftet. In einem Prozeß gegen Hermann Hoefer und seine Tochter Grete erhielten beide längere Haftstrafen. Hoefer wurde am 23. April 1945 schwerkrank aus dem Zuchthaus Coswig und seine Tochter aus dem KZ Gribow befreit. Völlig geschwächt mußte er in einem Rollstuhl von seiner Tochter nach Hamburg befördert werden. Von mehreren Aufenthalten in verschiedenen Krankenhäusern unterbrochen, erreichten sie am 23. November 1945 Hamburg. Dort starb Hermann Hoefer in einem Krankenhaus am 13. Dezember 1945 an den Folgen der Haft.

▸ Höflich, Karl (* 1896 – † 1938?)

Geboren 1896 in Budapest, lernte Mechaniker. Er trat 1918 in die KP Ungarn ein, floh nach der Niederlage der Räterepublik 1919 nach Deutschland und war für die KPD aktiv. Zunächst Funktionär in Solingen, war Höflich seit Mitte der zwanziger Jahre bei der juristischen Zentrale der KPD-Reichstagsfraktion beschäftigt. Im März 1933 flüchtete er vor drohender Verhaftung in die Sowjetunion. Dort war er bei der Komintern angestellt. Vom NKWD im Mai 1937 verhaftet, soll Höflich 1938 im Gulag ums Leben gekommen sein.

▸ Höft, Otto (* 1907 – † 1973)

Geboren am 31. März 1907 in Plagow/Neumark als Sohn eines Schneidermeisters. Nach dem Abitur von 1927 bis 1930 kaufmännische Lehre, trat der KPD bei und war in der Berliner Opposition, der Gruppe 60 (▸ Erich Raddatz), aktiv. Von ▸ Willi Münzenberg in der IHA als Sekretär für Ostdeutschland angestellt, emigrierte Höft 1933. Die KPD-Führung schickte ihn 1934 als Chef der illegalen Reichsleitung der Roten Hilfe nach Berlin zurück. Nach erneuter Emigration 1935 arbeitete er in verschiedenen Organen des »Münzenberg-Konzerns«. Höft war 1938 Redakteur der von Münzenberg publizierten Zeitschrift »Die Zukunft« und wurde deswegen aus der KPD ausgeschlossen. 1939 interniert, floh Höft 1941 ins unbesetzte Frankreich und kam in den französischen Alpen zum Marquis, wurde verantwortlich für den Grenzverkehr in die Schweiz. Zusammen mit ▸ Hans Schulz u. a. Mitgliedern der Münzenberg-Gruppe in Frankreich fand er Anschluß an die SPD. Nach 1945 versuchte Höft zunächst noch, oppositionelle Kommunisten zu organisieren, war dann in der SPD aktiv. Ab 1948 arbeitete er als freier Journalist, wurde 1950 Redakteur im Hauptvorstand der Gewerkschaft ÖTV in Stuttgart. Otto Höft starb am 23. März 1973 in Stuttgart.

▸ Höllein, Emil (* 1880 – † 1929)

Geboren am 8. Februar 1880 in Eisfeld/Thüringen, Sohn eines Textilarbeiters. 1885 wanderten die Eltern nach Löwen in Belgien aus. Er besuchte von 1885 bis 1895 die Mittelschule und das Athenäum in Löwen und bildete sich später selbst weiter. 1895 starben die Eltern; mit vier Geschwistern wurde Höllein nach Deutschland abgeschoben. Von 1895 bis 1898 Schlosserlehre, arbeitete bis 1904 als Werkzeugmacher, dazwischen von 1900 bis 1902 im Militärdienst. Von 1904 bis 1915 war Höllein als Privatsprachlehrer in Jena tätig. 1905 Mitglied der SPD, 1907 Vorsitzender der SPD in Jena, 1912/13 SPD-Gemeinderat. Von 1915 bis 1918 an der Front. 1917 Übertritt zur USPD, Mitbegründer des USPD- (später KPD-)Organs »Neue Zeitung« und deren politischer Redakteur. 1919/20 Abgeordneter des Landtags von Sachsen-Weimar und im Juni 1920 im Wahlkreis Thüringen für die USPD in den Reichstag gewählt. Bei der Spaltung der USPD schwankte Höllein, ehe er sich mit deren linkem Flügel der KPD anschloß. Im Oktober 1921 übersiedelte er – ein populärer Redner – als Redakteur an die »Inprekorr« nach Berlin. Im März 1923 von der KPD nach Paris geschickt, dort verhaftet und bis Juli festgehalten, dann aus Frankreich ausgewiesen, kam er wieder nach Thüringen zurück. Bis 1923 Anhänger ▸ Heinrich Brandlers, schloß er sich 1924 der Mittelgruppe an und ging dann – wohl nicht zuletzt unter dem Einfluß seiner Lebensgefährtin ▸ Gertrud Morgner, die in der KPD auf dem linken Flügel stand – zu den Linken. Im Mai 1924 im Wahlkreis Thüringen für die KPD in den Reichstag gewählt, dem er bis zu seinem Tode angehörte. Seit Mitte 1924 in Haft und erst nach dem Einspruch des Reichstags im Januar 1925 freigelassen. Im ZK war er dann für die Abteilung Sozialpolitik verantwortlich. Höllein veröffentlichte 1927 sein Buch »Gegen den Gebärzwang! Der Kampf um die bewußte Kleinhaltung der Familie«. Nach der Wittorf-Affäre vertrat er als Anhänger ▸ Ernst Thälmanns die Linie des ZK im Kampf gegen die Rechten. Emil Höllein starb überraschend am 18. August 1929. Das ZK ehrte ihn durch öffentliche Aufbahrung, die Gedenkrede hielt ▸ Ottomar Geschke.

▸ Höllerzeder, Michael (* 1898 – † 1938)

Geboren am 15. August 1898 in Untergrießbach/Bayern. Maschinenarbeiter in Deggendorf, 1921 Mitglied der KPD und aktiver Funktionär in Bayern. Im November 1932 wurde Höllerzeder im Wahlkreis Oberbayern-Schwaben in den Reichstag gewählt. Von Februar 1933 bis April 1934 war er in »Schutzhaft« im KZ Dachau. Danach lebte er als Arbeiter in Deggendorf. Höllerzeder starb am 28. September 1938 in Deggendorf.

▸ Hoelz, Max (* 1889 – † 1933)

Geboren am 14. Oktober 1889 in Moritz bei Riesa als zweites von sechs Kindern einer Landarbeiterfamilie; nach schwerer Jugend als Ackerknecht, dann als Hausdiener in Pensionen, u. a. in Baden-Baden tätig. 1908 übersiedelte er nach

London, war Küchenjunge und Wagenwäscher und studierte gleichzeitig am Polytechnikum in Chelsea. 1910 nach Deutschland zurückgekehrt, schloß sich Hoelz dem CVJM und der evangelischen Organisation »Weißes Kreuz« an. In Falkenstein im Vogtland wurde er Gehilfe eines Landvermessers. 1914 meldete er sich freiwillig, war bis 1918 an der Front und wurde mit dem EK II ausgezeichnet. Zur Arbeiterbewegung hatte der unpolitische Hoelz zunächst keinerlei Verbindung, erst nachdem er im November 1918 in den Soldatenrat von Falkenstein gewählt worden war, schloß er sich der USPD an. Dort gründete er schließlich im Frühjahr 1919 eine Gruppe der KPD.

Der hervorragende Organisator wurde Vorsitzender des Arbeitslosenrates, seine Entschlossenheit und seine aktionistischen Bravourstücke machten ihn überall rasch bekannt. Hoelz setzte sich vehement für die unteren Schichten ein, organisierte jedoch auch anarchistische Aktionen. Dabei terrorisierte der Rebell das Besitzbürgertum, erpreßte von den Fabrikanten Abgaben und verteilte das Geld an die Armen. Von der Polizei gesucht, flüchtete Hoelz 1919 und wirkte für die KPD als Agitator in Sachsen und Bayern. Während des Kapp-Putsches kehrte er nach Falkenstein zurück, baute im Vogtland eine »Rote Armee« auf, nach deren Niederlage emigrierte er in die Tschechoslowakei. Wegen seiner disziplinlosen Haltung im Frühjahr 1920 aus der KPD ausgeschlossen, trat er Ende 1920 der linksradikalen KAPD bei. Nach Ausbruch der Kämpfe im März 1921 in Mitteldeutschland leitete er die »Roten Garden« und war durch seine Taten in aller Munde. Er ging nach der Niederschlagung der März-Aktion nach Berlin, wo er im April 1921 verhaftet wurde. Ein Sondergericht verurteilte Hoelz im Juni 1921 zu lebenslänglicher Zuchthausstrafe. Immer wieder wurde die Nachprüfung des Urteils verlangt (er war angeblich für einen Mord verantwortlich) – etwa im April 1927 von Bert Brecht, Albert Einstein, Heinrich George, Heinrich und Thomas Mann und vielen anderen Persönlichkeiten. Im Juli 1928 durch eine Amnestie wieder frei, übersiedelte Hoelz 1929 in die Sowjetunion. 1933 lebte er in Gorki, war aber zunehmend in Gegensatz zur stalinistischen Praxis geraten, obwohl er gerade in der UdSSR als revolutionärer Führer groß herausgestellt wurde.

Max Hoelz zählte zu den populärsten deutschen Kommunisten der Weimarer Republik, von seinen Zeitgenossen als »Tatmensch« gelobt, gehaßt oder verachtet. Er spielte in den Aufständen der frühen zwanziger Jahre eine bedeutende Rolle, übte allerdings innerhalb der kommunistischen Parteiorganisation selbst keine wichtigen Funktionen aus. Bekannt wurden seine Memoiren »Vom ›weißen Kreuz‹ zur roten Fahne«. In der UdSSR ist Max Hoelz am 15. September 1933 in der Oka ertrunken, sofort verbreiteten die Parteikommunisten, es sei ein Unglücksfall gewesen. Doch schon bald wurde vermutet, die sowjetische Geheimpolizei habe den sehr guten Schwimmer Hoelz ermordet. Inzwischen steht fest, daß er ein frühes Opfer der stalinistischen Säuberung war. Denn 1936/37 konstruierte das NKWD sogar eine »konterrevolutionäre, terroristische, trotzkistische Verschwörung«, der neben ▸ Erich Wollenberg und Zensl Mühsam angeblich auch der zu diesem Zeitpunkt bereits über drei Jahre tote Max Hoelz angehört haben soll.

› Hörnicke, Ernst (* 1898 – † 1981)

Geboren am 10. Mai 1898 in Zerbst/Anhalt, Sohn einer Arbeiterfamilie; Werkzeugmaschinenschlosser. 1913 Mitglied des DMV in Dessau. 1917 Soldat, war er als Torpedo-Heizer in Kiel stationiert und nahm dort an der Revolution teil. Im Mai 1919 Entlassung und Rückkehr nach Zerbst, wo er sich der USPD, Ende 1920 der KPD anschloß. Hörnicke führte ab 1923 die KPD-Ortsgruppe Zerbst und war zeitweise Anhänger der oppositionellen Gruppe Voigt-Kötter in Leipzig. Im Mai 1928 wurde er im Wahlkreis Magdeburg für die KPD in den Reichstag gewählt, dem er bis November 1932 angehörte. 1932 Kursant einer Parteischule. In der BL Magdeburg-Anhalt bearbeitete er das Ressort Land. Am 5. März 1933 verhaftet, kam er zunächst in das Gerichtsgefängnis Dessau. Von dort Überführung in das KZ Oranienburg, wegen schwerer Mißhandlungen im September 1933 in das Staatskrankenhaus Berlin gebracht. Im Februar entlassen, bekam Hörnicke später Arbeit in Zerbst. Im August 1944 erneute Inhaftierung im Rahmen der Aktion »Gewitter« und bis Januar 1945 im KZ Buchenwald, dann noch in Gestapohaft in Magdeburg. Nach der Befreiung im April 1945 stellvertretender Bürgermeister von Zerbst und ab Mai 1945 Landrat für den Kreis Zerbst. Nach längerem Aufenthalt im Tbc-Sanatorium wurde Hörnicke im Oktober 1948 Mitglied der Landeskommission für Staatliche Kontrolle Sachsen-Anhalt. Von 1949 bis 1957 Kaderleiter verschiedener volkseigener Betriebe in Halle, Suhl und zuletzt im VEB Industriewerke Ludwigsfelde. Ernst Hörnicke starb am 7. Januar 1981 in Ludwigsfelde.

› Hoernle, Edwin (* 1883 – † 1952)

Am 11. Dezember 1883 in Cannstatt/Württemberg als Sohn des Missionars und späteren Landpfarrers Hermann Hoernle und seiner Ehefrau Marie, der Tochter eines Orgelfabrikanten, geboren. Er verbrachte die ersten Lebensjahre in Mirat (Ostindien) und seine Kindheit in dem württembergischen Bauerndorf Beimbach. Schon als 10jähriger schrieb er Gedichte und entwickelte Widerspruchsgeist gegen seine protestantisch-pietistische Umgebung. Mit dreizehn Jahren kam er in verschiedene Knabenpensionate und löste sich dabei langsam von Elternhaus und Religion. 1902 Abitur, 1903 Militärdienst bei der Infanterie. Hoernle studierte von 1904 bis 1909 Theologie in Tübingen und Berlin, wo er mit der SPD in Berührung kam. Er lernte seine erste Frau **Helene Hoernle**, geb. Hess, (* 14. 11. 1886 – † 24. 10. 1956), in Berlin kennen, trotz aller Anfeindungen lebten sie zunächst ohne Eheschließung zusam-

men. 1906 wurde ihr Sohn Alfred geboren, und sie heirateten nach der theologischen Dienstprüfung im Frühjahr 1909. Drei Monate Vikar, dann endgültige Trennung von der Kirche, Privatlehrer in Berlin, Mitarbeiter der SPD-Presse, u. a. der »Neuen Zeit«. 1910 Mitglied der SPD, Anhänger von ▸ Franz Mehring und ▸ Rosa Luxemburg, mit denen er und seine Frau bald befreundet waren. Ab 1912 zweiter politischer Feuilletonredakteur an der »Schwäbischen Tagwacht« in Stuttgart. Zusammen mit Arthur Crispien und ▸ Jacob Walcher vom württembergischen SPD-Vorstand nach Kriegsausbruch gemaßregelt, weil sie eine internationalistische linke Haltung vertraten.

Hoernle wurde 1915 zweiter Redakteur der Frauenzeitschrift »Gleichheit«. Während des Krieges mehrfach verhaftet, dann an die Front geschickt und dort im September 1918 schwer verwundet. Mitbegründer des Spartakusbundes und später der KPD. In Stuttgart gehörte er dem Arbeiter- und Soldatenrat an, war von Januar bis Juni 1919 auf der Festung Ulm inhaftiert. 1919/20 Leiter der KPD in Württemberg, ab Oktober 1920 bei der Zentrale in Berlin mit dem Aufbau der Landabteilung betraut. Bis Ende 1922 zugleich für die Bildungsabteilung (später Agitprop) verantwortlich, leitete Hoernle lange Jahre auch die kommunistische Kinderarbeit. Auf dem VII. Parteitag 1921 und wieder auf dem VIII. Parteitag 1923 in die Zentrale der KPD gewählt, gehörte er in dieser Periode der rechten Politik zu den maßgebenden KPD-Führern. 1922 auf dem IV. Weltkongreß der Komintern als deutscher Vertreter ins EKKI berufen, blieb Hoernle bis Ende 1923 in Moskau. Seine bis dahin veröffentlichten Gedichtbände nannte er »Nebenprodukte kommunistischer Parteiarbeit«. Nach der Oktoberniederlage 1923 kehrte er nach Deutschland zurück und wurde einer der Wortführer der Mittelgruppe. Die linke Mehrheit des IX. Parteitags verhinderte im Mai 1924 seine Kandidatur für den Reichstag. Von der Polizei gesucht, mußte Hoernle bis Dezember 1924 illegal leben, laut Steckbrief war er 1,72 Meter groß, dunkelblond und sprach schwäbische Mundart. Im Dezember 1924 dann doch in den Reichstag gewählt, dem er bis 1933 angehörte.

Nach dem »Offenen Brief« 1925 übernahm er in der Zentrale wieder die Landabteilung. Vom ZK Mitte 1927 als Chefredakteur der »Süddeutschen Arbeiterzeitung« nach Stuttgart entsandt. Das geschah nicht nur wegen des Funktionärmangels in Stuttgart, sondern auch, weil Hoernle – obwohl er nie auf dem linken Flügel gestanden hatte – energisch gegen die Methoden protestierte, mit denen die Linken ausgeschlossen wurden. 1928 kam er nach Berlin zurück und arbeitete bis 1933 in der Landabteilung des ZK. In der Wittorf-Affäre schwankte er nach eigenem Bekunden, war gegen ▸ Ernst Thälmann und distanzierte sich erst nach Stalins Eingreifen von den Versöhnlern. In der ultralinken Periode nach 1929 trat er nicht mehr besonders hervor. Hoernle entkam in der Nacht des Reichstagsbrandes der Verhaftung durch einen glücklichen Zufall, seine zweite Frau Hedda, geborene Ickert (* 24. 7. 1902 – † 27. 9. 1989), mit der er seit Anfang der dreißiger Jahre verheiratet war, hatte ihn versteckt. Ende 1933 emigrierte Hoernle in die Sowjetunion und wurde in Moskau Leiter der Abteilung Mitteleuropa im Agrarinstitut. Während des Krieges Mitglied des NKFD und Mitarbeiter des Weltwirtschaftsinstituts in Moskau.

Im Mai 1945 Rückkehr nach Deutschland, in Berlin Mitunterzeichner des Aufrufs der KPD vom 11. Juni 1945. Ab 15. August 1945 Präsident der Deutschen Zentralverwaltung für Land- und Forstwirtschaft in der SBZ, bereits im Frühjahr 1948 bat Hoernle um seine Abberufung, trat dann aber erst im September 1949 zurück. Hoernle leitete als Dekan die agrarpolitische Fakultät der Deutschen Verwaltungsakademie in Forst Zinna. Er war Verfasser vieler Schriften, u. a. »Grundfragen der proletarischen Pädagogik« (1927), »Die Industrialisierung der deutschen Landwirtschaft« (1928) und der Gedichtbände »Aus Krieg und Kerker« (1919), »Okulifabeln« (1920) und »Die roten Lieder« (1924). Nach längerer Krankheit starb Edwin Hoernle am 21. Juli 1952 an einem Herzleiden in einem Sanatorium in Bad Liebenstein. Seine erste Frau Helene lebte seit 1923 mit ▸ Heinrich Rau zusammen. Sie emigrierte ebenfalls in die Sowjetunion und kehrte im März 1946 nach

Deutschland zurück, arbeitete in der SED-BL Schwerin. Ihr beider Sohn Alfred Hoernle war Schlosser, nach 1933 illegal UB-Leiter in Berlin-Reinickendorf. 1936 verhaftet, am 4. November 1937 zu fünf Jahren Zuchthaus verurteilt. Nach Aussagen von Mithäftlingen soll Alfred Hoernle wegen angeblicher umfangreicher Aussagen bei der Gestapo im KZ Sachsenhausen von seinen Genossen »abgehängt worden« und 1942 buchstäblich verhungert sein.

▸ Hörz, Martin Ludwig (* 1909 – † 1983)

Geboren am 26. Juni 1909 in Mannheim, Sohn eines Zeichners. Er studierte in Heidelberg, ab 1931 in Berlin und wurde Vorsitzender der Sozialistischen Studentengruppe. Schon in Heidelberg ein bekannter Studentenführer, der sich z. B 1930 in einem Flugblatt (»Verantwortlich und Herausgeber Martin Hörz, Mannheim, D1,3«) gegen das »Rowdytum« der Nazis wandte und aufrief: »Kämpft mit uns für den Sozialismus auf deutschen Hochschulen. Wählt Liste 4, Sozialistische Studentengruppe.« 1931 zur KPD übergetreten, wurde Hörz 1932 Polleiter der Kostufra für das Deutsche Reich. Vom Herbst 1932 bis zu seinem Ausschluß als Trotzkist war Hörz Vorsitzender der Kommunistischen Studenten-Internationale. Er ließ sich im März 1933 exmatrikulieren, hatte Verbindung zum AM-Apparat, verschaffte ▸ Hans Kippenberger ein illegales Quartier. Er wurde Ende 1934 verhaftet und am 26. März 1935 vom Berliner Kammergericht zu einem Jahr und sechs Monaten Gefängnis verurteilt. Ab 1936 in illegalen trotzkistischen Studentenorganisationen aktiv, flüchtete er im Juli 1939 nach Dänemark und im August 1940 nach Schweden. Er fand Arbeit als Bibliothekar und lebte in Enköping in Schweden. Martin Ludwig Hörz starb dort am 6. September 1983.

▸ Hösl, Viktoria (* 1902 – † 1953)

Geboren 1902 in München, aufgewachsen bei Pflegeeltern in Kirchentumbach/Oberpfalz; zunächst Haushaltshilfe, ab 1923 Fabrikarbeiterin in München. Sie wurde Mitglied der KPD, Funktionärin und war Betriebsrätin bei der Tabakfirma Austria. Im April 1932 als Abgeordnete in den Bayerischen Landtag gewählt. Am 10. März 1933 wurde Viktoria Hösl verhaftet und kam in das Gefängnis München-Stadelheim, 1936 in das KZ Moringen. 1937 freigelassen, stand sie unter Polizeiaufsicht. Sie fand Anschluß an die von ▸ Beppo Römer geleitete Widerstandsgruppe, wurde 1942 erneut inhaftiert und zu drei Jahren Zuchthaus verurteilt. Nach dem Zweiten Weltkrieg in der KPD aktiv, starb Viktoria Hösl 1953.

▸ Hoffmann, Adolph (* 1858 – † 1930)

Geboren am 22. März 1858 in Berlin, aufgewachsen als Pflegesohn in einer Tuchmacherfamilie, er konnte nur drei Jahre die Volks- bzw. Armenschule besuchen. Hoffmann, der sich autodidaktisch weiterbildete, arbeitete in den siebziger Jahren bei Binnenschiffern, Holzfällern und Korbmachern, anschließend nahm er eine Lehre als Graveur auf und war dann Vergolder, Buchhändlergehilfe und Maler. Über die Freireligiöse Gemeinde kam Hoffmann mit der Sozialdemokratie in Berührung und wurde 1876 ihr Mitglied. In den folgenden Jahren war er der populärste und anerkannteste Berliner SPD-Funktionär. Er nahm am

Gründungskongreß der II. Internationale sowie an fast allen SPD-Parteitagen bis zum Ausbruch des Weltkrieges teil. Er erhielt mehrmals Gefängnisstrafen, war von 1890 bis 1893 Redakteur am »Volksboten« in Zeitz bzw. am »Volksblatt« in Halle. In seiner (1891 gedruckten) Rede »Die zehn Gebote und die besitzende Klasse«, die ihm den Beinamen »Zehn-Gebote-Hoffmann« einbrachte, attackierte er die bürgerliche Gesellschaft. Seine 1892 veröffentlichte Broschüre »Vorsicht! Hütet Euch! Die Sozialdemokraten kommen!«, die bis Mitte 1893 in über 100.000 Exemplaren verbreitet wurde, half der deutschen Sozialdemokratie wesentlich bei der Landagitation. Schließlich gab er später biographische Skizzen heraus (»Adolph Hoffmanns Erzählungen« und »Episoden und Zwischenrufe aus der Parlaments- und Ministerzeit«).

1893 kehrte Hoffmann nach Berlin zurück, lebte und arbeitete fortan als Buchhändler und Verleger. Von 1900 bis 1921 und erneut ab 1925 war Hoffmann Mitglied der Berliner Stadtverordnetenversammlung, von Januar 1904 bis Januar 1907 Abgeordneter des Reichstages (Wahlkreis: Sachsen 22) und von 1908 bis 1918 mit kurzer Unterbrechung des Preußischen Abgeordnetenhauses. In den Parlamenten war Hoffmann wegen seiner scharfen Zwischenrufe und seines Mutterwitzes berühmt. Er kritisierte 1914 die Burgfriedenspolitik des Parteivorstandes und nahm an den internationalen Konferenzen in Zimmerwald und Kienthal in der Schweiz teil. Von Juni 1916 bis Ende 1918 war er Vorsitzender des Zentralvorstandes des Verbandes der sozialdemokratischen Wahlvereine Berlin und Umgegend. Wegen seiner antimilitaristischen Haltung und seiner Kritik an der SPD-Führung schloß ihn die Mehrheit der SPD-Abgeordnetenhausfraktion (zusammen mit Adolf Hofer, ▸ Paul Hoffmann und Heinrich Ströbel) im Januar 1917 aus der Fraktion aus. Adolph Hoffmann gehörte zu den Begründern der USPD, war Delegierter ihrer Parteitage und wurde im April 1919 in Leipzig in das ZK der USPD gewählt. Vom 12. November 1918 bis Anfang Januar 1919 leitete er gemeinsam mit Konrad Haenisch das Preußische Ministerium für Wissenschaft, Kunst und Volksbildung, kam im Januar 1919 in die Preußische Landesversammlung, in der er bis April 1921 als USPD bzw. VKPD-Abgeordneter blieb. Im Juni 1920 wurde er im Wahlkreis Berlin in den Reichstag gewählt, dem er bis Mai 1924 angehörte. Hoffmann setzte sich 1920 entschieden für den Anschluß an die Kommunistische Internationale und die Vereinigung mit der KPD ein und wurde auf dem Spaltungsparteitag in Halle im Oktober 1920 neben ▸ Ernst Däumig Vorsitzender der USPD (Linke). Der Vereinigungsparteitag im Dezember 1920 berief ihn zum Beisitzer der Zentrale in die Führung der VKPD. Im Februar 1921 gehörte Hoffmann zu der Gruppe von Zentralausschußmitgliedern, die den Kurs ▸ Paul Levis unterstützten. Berühmt wurde sein Ausspruch bei einer Berliner Funktionärskonferenz der KPD, wo ihn in der Diskussion ▸ Ruth Fischer, leicht bekleidet, temperamentvoll angriff und ihr dabei ein Träger des Kleides verrutschte. Dagegen »berlinerte« Hoffman (wie immer): »Jenossen, gegen so viel nackte Tatsachen komme ick nicht an, ick verzichte aufs Schlußwort.«

Hoffmann trat mit Ernst Däumig, ▸ Clara Zetkin und ▸ Otto Braß aus der Zentrale aus und verließ im September 1921 die KPD-Fraktion. Er bildete mit anderen ausgeschlossenen und ausgetretenen ZA-Mitgliedern die KAG. Da er sich weigerte, sein Reichstagsmandat zurückzugeben, wurde er im Januar 1922 aus der KPD ausgeschlossen. Daraufhin ging er im Februar 1922 wieder zur USPD und kehrte mit ihr im September 1922 zur SPD zurück. Hoffmann stand auf dem linken Flügel der SPD, setzte sich 1926 für die Fürstenenteignung ein und wurde im Mai 1928 für die SPD wieder in den Preußischen Landtag gewählt, dem er bis zu seinem Tode angehörte. Adolph Hoffmann starb am 1. Dezember 1930 in Berlin.

▸ Hoffmann, Erich (* 1906 – † 1959)

Geboren am 13. Februar 1906 in Zerbst, Sohn einer Arbeiterfamilie; Lehre und Arbeit als Kernmacher in Kiel, ab 1927 in Hamburg. 1922 Mitglied der kommunistischen Jugend, 1927/28

UB-Leiter des KJVD in Hamburg, dann Gausekretär (»Gauführer«) der Roten Jungfront im RFB, zunächst ehrenamtlich, dann als Parteiangestellter. 1929 bis 1932 Volontär bzw. Redakteur an der »Hamburger Volkszeitung«, 1930 »Sitzredakteur« der HVZ, Verurteilung durch das Reichsgericht zu Festungshaft, die er von Januar bis November 1931 auf der Festung Gollnow verbüßte. Von 1931 bis 1933 gehörte Erich Hoffmann der Hamburger Bürgerschaft an. Er wurde 1933 in Lübeck verhaftet und im KZ Fuhlsbüttel schwer mißhandelt. Nach der Freilassung im Juni 1933 zunächst Leiter des illegalen RFB in Hamburg, flüchtete er nach Dänemark. Dort als Instrukteur der Roten Hilfe im März 1934 ausgewiesen, ging ins Saargebiet, Ende Februar 1935 nach Paris, im Mai 1937 nach Spanien und kämpfte als Angehöriger der Internationalen Brigaden (Panzerfahrer). Im Juli 1937 bei der Brunete-Offensive schwere Kopfverwundung, danach Politkommissar im Service Sanitär. Ab Mai 1939 Internierung in französischen Lagern, im Sommer 1942 mit der Gruppe jüdischer Kommunisten (u. a. Kurt Goldstein und Hermann Axen) nach Auschwitz deportiert. Bis Anfang 1945 Haft im KZ Auschwitz, von Januar bis April 1945 im KZ Buchenwald. Im Mai 1945 Rückkehr nach Hamburg, Hoffmann wurde dort einer der führenden KPD-Funktionäre. Zunächst Agitpropleiter, im Mai 1946 Chefredakteur der »Hamburger Volkszeitung«, im Februar 1950 Orgleiter der KPD-Landesleitung Hamburg. Von 1951 bis 1953 gehörte er der Hamburger Bürgerschaft an, Vorsitzender der KPD-Fraktion. Nach dem KPD-Verbot 1956 freier Journalist. Wegen einer schweren Erkrankung übersiedelte er 1958 in die DDR. Erich Hoffmann starb am 14. Februar 1959.

▸ Hoffmann, Martin (* 1901 – † 1945?)

Geboren als Sohn eines Volksschullehrers am 18. Oktober 1901 in Hohensalza; besuchte die Realschule und dann ein Realgymnasium bis zur Reifeprüfung und war anderthalb Jahre kaufmännischer Lehrling. 1918 wegen seiner Antikriegshaltung zu einem Jahr Festung verurteilt. Martin Hoffmann wurde Mitbegründer des Spartakusbundes und 1919 der KPD in Königsberg, er arbeitete zunächst als Volontär dann bis 1926 als Redakteur an der »Roten Fahne des Ostens«. 1923 Chefredakteur des »Echos des Ostens«, wurde als Anhänger der Rechten vom ZK 1924 wieder abgelöst. Für einige Zeit Bezirkssekretär in Danzig, dort von Frühjahr bis Herbst 1925 in »Schutzhaft«. Anfang 1926 bis Ende 1928 ging er nach Jena an die »Neue Zeitung«, anschließend bis April 1929 Redakteur beim Pressedienst in Berlin. Bei den Auseinandersetzungen 1928/29 aktiver Anhänger der Versöhnler, deshalb als Redakteur entlassen, kehrte Hoffmann nach Ostpreußen zurück. Da er zunächst nicht kapitulierte, zusammen mit anderen führenden Versöhnlern Ostpreußens (Glagau u. a.) am 23. August 1929 aus der Partei ausgeschlossen. Nach einer Reueerklärung 1930 wieder in die KPD aufgenommen, war zunächst in der Erwerbslosenbewegung im Rheinland tätig, danach Redakteur am »Ruhr-Echo« in Essen. Bis 1933 Gewerkschaftsredakteur dieser Zeitung, zeitweise (unter ▸ Alexander Abusch) stellvertretender Chefredakteur. Am 13. April 1933 in Duisburg verhaftet, kam Hoffmann in das KZ Brauweiler, im Oktober nach Essen in Untersuchungshaft. Am 17. Mai 1934 entlassen, er flüchtete nach Holland, kehrte aber im gleichen Jahr nach Deutschland zurück. Gemeinsam mit ▸ Wilhelm Firl leitete Hoffmann in Berlin die illegale Reichsarbeit der KPD und wurde am 19. Februar 1936 in Berlin erneut festgenommen. Im Mai 1937 stand er mit Firl vor dem VGH, der ihn am 22. Mai 1937 zu lebenslänglichem Zuchthaus verurteilte (Firl erhielt die Todesstrafe). In der Komintern-Zeitschrift »Rundschau« Nr. 28/1938 machte Ernst Weber (▸ Albert Norden) auf Martin Hoffmanns Schicksal aufmerksam. Zunächst war er im Zuchthaus Münster, vom Februar bis Dezember 1941 in der Strafanstalt Kassel-Wehlheiden inhaftiert. Hier verliert sich seine Spur. Martin Hoffmann ist vermutlich noch vor Kriegsende umgekommen oder ermordet worden.

▸ Hoffmann, Otto Karl (* 1882 – † 1955)

Geboren am 14. Oktober 1882 in Hamburg, trat vor dem Weltkrieg der SPD bei. Im Krieg Mitglied der Hamburger Linksradikalen, mit denen er bei Gründung der KPD in die neue Partei kam. Auf dem Jenaer Parteitag 1921 in die Statutenkommission gewählt. Von 1926 bis 1932 Mitglied der Hamburger Bürgerschaft und in den Jahren 1926/27 auch Mitglied der KPD-BL. Otto Hoffmann galt als Spezialist für Landwirtschaftsfragen. 1926 hauptamtlicher Sekretär für Kommunales in der BL Wasserkante und in den folgenden Jahren Redakteur der »Hamburger Volkszeitung«. Nach 1933 mehrmals inhaftiert, trat er nach 1945 politisch nicht mehr hervor. Otto Hoffmann starb am 14. September 1955 in Hamburg.

▸ Hoffmann, Paul (* 1867 – † 1945)

Geboren am 4. November 1867 in Borschen/Krs. Steinau/Oder, lernte Maurer, kam in jungen Jahren nach Berlin und arbeitete später als Krankenkassenangestellter. Hier schloß er sich der SPD an, als aktiver Funktionär mehrmals gemaßregelt, eröffnete Paul Hoffmann 1911 eine Gastwirtschaft. 1913 wurde er für die SPD ins Preußische Abgeordnetenhaus gewählt. Im Krieg trat er zur USPD über. Von November 1918 bis Januar 1919 war Paul Hoffmann Beigeordneter für öffentliche Arbeiten in der Preußischen Regierung und wurde für die USPD 1919 in die Preußische Landesversammlung gewählt. Delegierter des USPD-Parteitages im März 1919, Anhänger der linken Strömung in der USPD. Mit der linken USPD kam er Ende 1920 zur KPD. Er vertrat die KPD ununterbrochen von 1921 bis 1933 im Preußischen Landtag. Ungeachtet seines hohen Alters war er während der NS-Diktatur längere Zeit inhaftiert. Paul Hoffmann starb am 17. Juni 1945 in Berlin.

▸ Hoffmann-Gwinner, Margarete (* 1888 – † 1980)

Geboren am 27. März 1888 in Polnisch Neukirch als Tochter des Güterdirektors Max Gwinner. Sie besuchte das Lyzeum und wollte Lehrerin werden, was ihr jedoch von der Familie verwehrt wurde, sie arbeitete als Hausgehilfin und Erzieherin. 1909 heiratete sie den Postobersekretär Wilhelm Hoffmann und war wie ihr Ehemann nach dem Weltkrieg in der USPD aktiv. Während sich ihr Mann jedoch 1922 der SPD anschloß, ging sie mit dem linken Flügel der USPD zur KPD, war 1920/21 und von 1923 bis 1925 Bezirksverordnete in Wilmersdorf. Von 1925 bis 1929 war sie KPD-Stadtverordnete in Berlin und führend in der ARSO aktiv. 1930 trat sie aus der KPD aus. Sie hatte sich 1929 scheiden lassen und heiratete im Mai 1931 den Stadtsyndikus im Magistrat und Bürgermeister von Berlin, Friedrich Lange. Zusammen mit ihrem zweiten Ehemann, der 1933 entlassen wurde, zog sie aufs Land. 1936/37 stand sie unter Beobachtung der Gestapo. Nach 1945 nicht mehr politisch aktiv, lebte sie in Westdeutschland. Margarete Hoffmann-Gwinner starb am 30. September 1980 in Murrhardt/Württemberg.

▸ Hofmann, Theodor Lothar (* 1903 – † 1989)

Geboren am 16. Februar 1903 in Leipzig, Sohn eines Oberlehrers. Nach dem Gymnasium Banklehre, ab 1925 Angestellter, kam 1929 zur sowjetischen Handelsvertretung in Hamburg. 1929 Mitglied der KPD, Lehrer an der MASCH und bereits 1930 im AM-Apparat der KPD tätig. 1931/32 wegen versuchten Verrats von militärischen Geheimnissen inhaftiert und zu vier Jahren Zuchthaus verurteilt, wurde er im Dezember 1932 amnestiert. Er floh 1933 nach Dänemark, dort in der Grenzarbeit eingesetzt, dann Instrukteur im Saargebiet. Von November 1934 bis August 1935 war Hofmann Kursant an der M-Schule in Moskau, dort anschließend Betriebsarbeiter. Er ging 1938 als Soldat der Internationalen Brigaden nach Spanien. Im Mai 1939 schickte ihn das ZK wieder nach Kopenhagen, er wurde zunächst Instrukteur, dann ab November 1939 »zweiter Mann« der Emigrationsleitung hinter ▸ Heinrich Wiatrek in der AL Nord. Im Mai 1941 verhaftet, verurteilte ihn der VGH am 5. Januar 1943 zum Tode. Als sogenannte Auskunftsperson beantragte die Hamburger Gestapo mehrmals den Aufschub der Vollstreckung des Todesurteils. Trotz einer am 13. Februar 1945 ausgesprochenen Vollstreckungsanordnung überlebte Hofmann und meldete sich nach der Befreiung bei der KPD Hamburg, die ihn als »Verräter« zurückwies. Er übersiedelte später nach Dänemark und war dort Mitarbeiter in einem Reisebüro. Theodor Hofmann starb 1989 in Kopenhagen.

▸ Holm, Hans (* 1895 – † 1981)

Geboren am 3. Januar 1895 in Hamburg, Sohn einer Arbeiterfamilie; Dekorationsmaler, trat 1911 der Arbeiterjugend, 1914 der SPD bei. Weltkriegsteilnehmer, während der Novemberrevolution gehörte er dem Hamburger Arbeiter- und Soldatenrat an und arbeitete mit ▸ Rudolf Lindau in der Presseabteilung. 1918/19 Mitglied des Spartakusbundes und der KPD, zeitweise Orgleiter der KPD in Hamburg, wechselte aber dann in das Verlagswesen der jungen Partei. Seit April 1921 Leiter der Berliner Außenstelle des Verlages Carl Hoym Nachf. Hamburg, baute 1923 eine illegale Druckerei auf. Nach Differenzen mit ▸ Ruth Fischer in der Gewerkschaftsfrage im April 1924 aus der KPD ausgeschlossen.

Im April 1926 wurde der Beschluß aufgehoben, Holm wurde in Berlin als Nachfolger von ▸ Robert Siewert Leiter der VIVA (Vereinigung Internationaler Verlagsanstalten). Er gehörte auch der ZK-Abteilung für Agitation und Propaganda an. Im Juni 1929 als Versöhnler von allen Funktionen entbunden, begann er bei ▸ Willi Münzenberg als Leiter der Buchabteilung des Neuen Deutschen Verlags, der späteren »Universumbücherei für alle«. Als erfahrener Verlagsspezialist unterstützte Holm auf Empfehlung von ▸ Hugo Eberlein für die Komintern ausländische, kommunistische Verlage, u. a. ab April 1933 in Dänemark. Im März 1939 flüchtete er gemeinsam mit ▸ Sepp Miller und ▸ Willi Langrock nach Norwegen, sie beteiligten sich nach der deutschen Besetzung am illegalen Kampf der KP Norwegens. Im Januar 1943 in Oslo verhaftet, kam Holm in das KZ Sachsenhausen, von dort im April 1945 als »Norweger« im Zusammenhang mit der Rot-Kreuz-Aktion des schwedischen Gesandten Bernadotte nach Schweden evakuiert. Im August 1945 Übersiedlung nach Norwegen, Leiter des Parteiverlages der KP Norwegens. Im Februar 1948 Rückkehr nach Berlin, Holm begann als Hauptreferent für Buchwesen im PV der SED und wurde Anfang 1952 noch Abteilungsleiter in der Zentrag. Bereits im April 1952 wegen seiner Westemigration aus der SED ausgeschlossen und als Leiter der Presseabteilung in den Mitteldeutschen Verlag nach Leipzig abgeschoben. Im Oktober 1956 »rehabilitiert«, arbeitete er von 1957 bis 1960 in der Leitung des URANIA-Verlages. Da sich Holm nach 1956 ablehnend zur dogmatischen Politik ▸ Walter Ulbrichts äußerte, im Sommer 1960 offen die Verhaftung des einstigen VVN-Generalsekretärs ▸ Karl Raddatz kritisierte, wurde gegen ihn durch das MfS ein operativer Vorgang »Verschwörer« angelegt. Hans Holm starb am 31. Oktober 1981 in Greifswald.

▸ Hommes, Edith (* 1891 – † 1935?)

Geboren am 10. Februar 1891 in Breslau als Edith Stillmann; besuchte die Mädchen-Mittelschule, dann die Handelsschule. Das Studium an der Handelshochschule in Berlin schloß sie mit der Diplom-Handelslehrerinnen-Prüfung ab und machte nach einem eineinhalbjährigen Studienaufenthalt in Amerika das Sprachlehrerinnen-Examen. Nach dem Weltkrieg ging sie nach Hamburg, heiratete dort ▸ Gerhard Hommes. Seit 1919 leitete sie die weibliche Abteilung der Berufsberatung des Hamburgischen Arbeitsamtes. Edith Hommes trat 1918 der USPD bei und kam mit deren linkem Flügel 1920 in die KPD. 1921 Abgeordnete der Hamburger Bürgerschaft, der sie bis 1927 angehörte. Bis 1927 auch Mitglied der KPD-BL Wasserkante. Da sie zum oppositionellen linken Flügel der Partei zählte, wurde sie 1927 nicht mehr als Kandidatin für die Bürgerschaft aufgestellt. Sie zog sich aus der aktiven Politik zurück. Von Gerhard Hommes geschieden, heiratete sie 1928 Andreas Knack (* 12. 9. 1886 – † 3. 5. 1956), der von 1919 bis 1933 als SPD-Abgeordneter in der Hamburger Bürgerschaft war. Das Ehepaar wohnte in Hamburg-Barmbek. Beide wurden 1933 aus dem Staatsdienst entlassen und emigrierten nach China. Dort wurde Andreas Knack durch Vermittlung des Völkerbundes stellvertretender Direktor des Zentralkrankenhauses in Nanking und 1935 Leiter des belgischen Missionshospitals in Kweisu (südliche Mongolei). Hier soll Edith Hommes am 2. Dezember 1935 verstorben sein. Laut anderen Quellen kehrte das Ehepaar Knack 1948 nach Deutschland zurück. Andreas Knack wurde (bis 1952) Präsident der Hamburgischen Gesundheitsbehörde.

▸ Hommes, Gerhard Rudolf (* 1894 – † 1955)

Am 28. März 1894 in Hannover geboren; besuchte das Gymnasium und studierte Germanistik und Geschichte. Er machte das Examen für das Lehramt an höheren Schulen und war nach dem Weltkrieg drei Jahre im Schuldienst tätig. 1917 Mitglied der USPD, Delegierter auf dem Spaltungsparteitag der USPD und auf dem Vereinigungsparteitag mit der KPD im Dezember

1920. Von 1921 bis 1926 Abgeordneter der Hamburger Bürgerschaft, er vertrat die KPD auch im Bürgerausschuß und war 1923 während des Hamburger Aufstandes in der Militärleitung der KPD. Delegierter des VIII. Parteitags 1923, als Kandidat in den ZA der KPD gewählt. Von 1921 bis 1926 Redakteur der »Hamburger Volkszeitung«, dann an die »Sächsische Arbeiterzeitung« nach Leipzig versetzt. Da er zur linken Opposition zählte, kam er 1927 nicht mehr in die Bürgerschaft. Ende der zwanziger Jahre trat Hommes der SPD bei, zog sich aber in der Folgezeit von der Politik zurück. Nach 1933 emigriert, kam während des Krieges nach Südamerika. Gerhard Hommes starb am 6. Oktober 1955 in Bogota/Kolumbien.

▸ Hoop, Martin (* 1892 – † 1933)

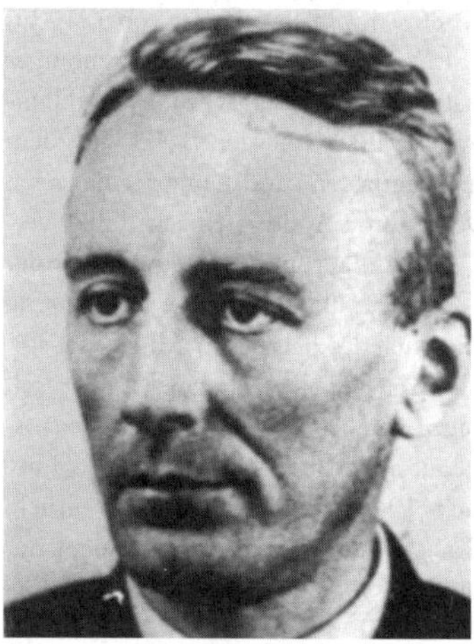

Geboren am 14. April 1892 in Lägersdorf/Schleswig-Holstein; lernte Schmied und ging auf Wanderschaft. Über seine Kindheit und Jugend ist nichts bekannt, nach dem Weltkrieg verschlug es ihn nach Sachsen. Als Mitglied der USPD kam er mit deren linkem Flügel 1920 zur KPD. Hoop arbeitete als Elektriker in Bautzen und wurde dort 1923 in die UBL gewählt, auch Mitglied des Stadtrats. Ab 1925 Leiter des UB Bautzen. 1925 gehörte Hoop zu den Ultralinken, doch trennte er sich 1926 von ihnen und ging zur Thälmann-Fraktion über. Anfang 1927 als Orgleiter in die BL Ostsachsen nach Dresden berufen, blieb er bis 1929 in dieser Funktion. Nach der Zusammenlegung der drei sächsischen Bezirke wurde Hoop Redakteur an der »Arbeiterstimme« in Dresden, 1932 Leiter des KPD-UB Zwickau. Am 6. Mai 1933 verhaftet und ins KZ Oberstein verschleppt, wurde dort schwer mißhandelt. Im Prozeß gegen seine Mörder im April 1948 in Zwickau sagten Zeugen aus: »Ich lag in der 00 (der berüchtigten Vernehmungszelle), mir gegenüber lag der Unterbezirkssekretär der KPD Martin Hoop. Ich habe des öfteren gehört, daß die Wachmannschaften die Zelle von Hoop betraten und denselben schwer mißhandelten ... Ich lag neben der Zelle von Martin Hoop und habe im Unterbewußtsein nachts nebenan Geräusche gehört. Als ich am nächsten Morgen zum Austreten geführt wurde, stand die Zellentür von Martin Hoop offen und auf dem Fußboden sah ich eine Lache Blut, auf der Pritsche und an den Wänden Blutspuren. Martin Hoop war verschwunden.« Martin Hoop wurde in der Nacht zum 11. Mai 1933 in der NS-Haft ermordet.

▸ Horn, Lambert (* 1899 – † 1939)

Geboren am 27. Dezember 1899 in Düsseldorf, Sohn eines Eisenbahnsekretärs; 1913 bis 1915

Schlosserlehre. Ostern 1915 meldete sich Horn freiwillig zur Kriegsmarine, aus der er 1920 entlassen wurde. Dann Zugabfertiger bei der Eisenbahn, die ihn im April 1925 entließ. Horn schloß sich zunächst der christlichen Eisenbahnergewerkschaft an. Ende 1920 Mitglied der KPD, leitete von 1922 bis 1924 die Fraktion in der Düsseldorfer Ortsgruppe des kommunistischen Einheitsverbandes deutscher Eisenbahner. Ab Mitte 1925 Berichterstatter, anschließend Redakteur der »Freiheit« in Düsseldorf. Seit Dezember 1931 Orgleiter, im Mai 1932 Polleiter der BL Niederrhein. Im April 1932 wurde Lambert Horn in den Preußischen Landtag, im März 1933 (jeweils im Wahkreis Düsseldorf-Ost) in den Reichstag gewählt. Horn ging Ende Februar 1933 in die Illegalität und war ab Mai 1933 Polleiter der illegalen BL Berlin-Brandenburg. Er wurde am 23. November 1933 in Berlin verhaftet, in die Gestapozentrale in die Prinz-Albrecht-Straße gebracht und grausam mißhandelt. Am 29. November 1934 vom Ersten Senat des VGH zu drei Jahren Zuchthaus verurteilt, die er in Remscheid-Lüttringhausen verbüßte. Anschließend kam er im November 1936 in das Polizeigefängnis Düsseldorf und wurde im April 1937 in das KZ Sachsenhausen transportiert. Dort starb Lambert Horn am 2. Juni 1939 an den Folgen der schweren Mißhandlungen.

▸ Hornick, Paul (* 1898 – † 1964)

Geboren am 18. September 1898 in Forst/Lausitz, Sohn der Arbeiterin Berta Hornick. Lehre und Arbeit als Stukkateur und Putzer. 1916 Soldat, er desertierte und schloß sich 1918 der Volksmarinedivision an. In Forst zählte Hornick 1919 zu den Mitbegründern der FSJ und der KPD, deren Vorsitzender er bis Juni 1920 für den Bezirk Lausitz war. Von 1920 bis 1929 gehörte er der BL Berlin-Brandenburg an und war 1925 Mitbegründer des RFB, bis 1927 Untergauleiter für die Lausitz. Anfang 1927 Wahl in die RFB-Bundesführung und Gausekretär des RFB Mecklenburg, später Berlin und Hannover. Von Juni 1928 bis Oktober 1932 war Hornick 1. Sekretär der illegalen RFB-Bundesführung. Im September 1930 wurde er im Wahlkreis Berlin in den Reichstag gewählt, dem er bis Juli 1932 angehörte. Hornick wurde im Juli 1932 auf Beschluß des Polbüros wegen seiner Opposition gegen ▸ Willi Leow und seiner Unterstützung der Neumann-Remmele-Gruppe aus dem RFB entfernt und als Funktionär im UB-Berlin-Lichtenberg strafversetzt. Ab Februar 1933 illegale Arbeit, am 15. Juli 1933 verhaftet, im Januar 1935 entlassen. Anfang März 1935 emigrierte Hornick nach Belgien und leitete die Grenzarbeit für das Rheinland. Von 1937 bis 1939 Angehöriger der Internationalen Brigaden, u. a. Stabsoffizier. Im Februar 1939 in Frankreich interniert. Ab November 1941 in Djelfa/Algerien festgehalten, kam Hornick nach Landung der Alliierten im November 1942 von April bis Oktober 1943 zu einer britischen Arbeitskompanie. Ende 1943 gelangte er mit einer Gruppe deutscher Spanienkämpfer über Ägypten, Irak und den Iran in die Sowjetunion. Dort sowohl vom NKWD als auch von der KPD verhört und für militärische Aufgaben als nicht geeignet befunden. Er mußte in die »Arbeitsarmee« und war ab April 1944 Bauhandwerker in einer Seidenspinnerei in Tschardshou/Turkmenien. Erst nach zwölf Jahren Zwangsarbeit durfte Paul Hornick im November 1956 in die DDR ausreisen. Er kam zunächst als Assistent des Direktors des VEB Gaskombinats »Schwarze Pumpe« nach Hoyerswerda, war ab 1958 Vorsitzender der BPKK und Mitglied des Büros der SED-BL

Cottbus. Paul Hornick starb am 9. September 1964.
Seine Mutter **Berta Hornick** (* 24. 11. 1873 – † 10. 2. 1961), ab 1907 in der SPD, war 1919 Mitbegründerin und langjährige Frauenleiterin der KPD in Forst und 1929 Provinziallandtagsabgeordnete. Von 1935 bis 1941 Arbeit als Weberin, von 1946 bis 1950 Stadtverordnete in Forst.

▸ Horseling, Gerhard (* 1903 – † 1992)

Geboren am 15. April 1903 in Goch/Landkrs. Kleve, Sohn eines Pinselmachers; Handnäherlehre, später Arbeiter in der Gocher Margarine-Fabrik. 1918 Mitglied der Gewerkschaft und der SPD, Mitbegründer und erster Vorsitzender der Gocher Arbeiterjugend. 1923 trennte sich Horseling von der SPD und gründete in Goch die Ortsgruppe der KPD. Wegen seiner politischen Arbeit gemaßregelt, ging er auf Wanderschaft, dann zurück nach Goch, wieder Arbeiter in der Margarine-Fabrik. 1930 wurde Horseling KPD-Stadtverordneter in Goch (wo sein Vater seit vielen Jahren die SPD vertrat) und im Juli 1932 im Wahlkreis Düsseldorf-West als Abgeordneter in den Reichstag gewählt. Als Instrukteur des ZK u. a. in Thüringen eingesetzt, sprach er noch 1933 auf einer der letzten großen KPD-Versammlungen vor 60 000 Menschen in Düsseldorf. Horseling wurde am 28. Februar 1933 in Goch verhaftet, bis Dezember 1933 in »Schutzhaft«, dann zunächst erwerbslos, später dienstverpflichtet. 1943 zur Wehrmacht eingezogen, kam er im April 1945 in Italien in amerikanische Kriegsgefangenschaft. Zurückgekehrt nach Goch trat Horseling wieder der KPD bei und wurde 1946 erneut Stadtverordneter, dann Bezirksleiter Niederrhein der IG Bau-Steine-Erden. Da er es ablehnte, der kommunistischen Gewerkschaftslinie zu folgen und strikt für die parteipolitische Neutralität der Gewerkschaften kämpfte, wurde er im Januar 1956 aus der KPD ausgeschlossen, aber trotz seines Bekenntnisses zur parteipolitischen Neutralität dann nur wenige Tage später auch von der Gewerkschaftsführung als Bezirksleiter abberufen. Horseling wurde aber 1957 mit großer Mehrheit zum Leiter der Geschäftsstelle der IG Bau-Steine Erde in Kleve-Geldern gewählt. 1961 trat Horseling der SPD bei und war für diese viele Jahre im Stadtparlament von Goch, dort war der sogenannte Fliesenlegerstreik 1967 eine seiner letzten populären politischen Aktionen. Gerhard Horseling starb am 22. März 1992 in Goch.

▸ Horstmann, Hermann, Dr. jur. (* 1893 – † 1938)

Geboren am 12. März 1893 in Osnabrück. Nach dem Jurastudium und der Promotion in Berlin wurde er 1921 Rechtsanwalt in Düsseldorf, zunächst Mitarbeiter im Büro von ▸ Gerhard Obuch. Seit 1919 in der USPD, trat Horstmann 1923 der KPD bei. Er führte nun eine gemeinsame Praxis mit Obuch und dem Sozialdemokraten Karl Siemsen. Horstmann wurde Rechtsberater der Roten Hilfe und wie ▸ Felix Halle und Obuch einer der bekanntesten kommunistischen Anwälte in Deutschland. Er verteidigte Kommunisten vor dem Reichsgericht, seine Klienten waren vor allem die KPD-BL Düsseldorf und das KPD-Organ »Freiheit«. Im April 1933 emigrierte Horstmann nach Paris, im Juli nach Belgien. Nach einigen Monaten in Holland, fand er in Rotterdam Arbeit bei der russischen Derutra. Im Herbst 1934 konnte er nach Genehmigung

durch die KPD mit seiner Familie in die Sowjetunion reisen, in Moskau wohnten sie im Haus der MOPR. Horstmann arbeitete beim Rundfunk und war Korrektor an der »Deutschen Zentral-Zeitung«. Inzwischen desillusioniert, warnte er Zensl Mühsam nach deren erster Haftentlassung in Moskau, das NKWD werde sie erneut festnehmen. Am 15. Februar 1938 wurde Hermann Horstmann dann selbst verhaftet und am 26. Mai 1938 zum Tode verurteilt und hingerichtet. Vom Obersten Gerichtshof der UdSSR im Juli 1962 »rehabilitiert«.
Seine Tochter Sonja (* 1928 – † 1944) starb in der Verbannung an Tbc, sie war mit ihrer Mutter, Horstmanns Ehefrau, **Dagmar Horstmann**, geb. Dierichs (* 1903 – † 1993) 1939 verschleppt worden. Von 1944 bis 1948 war Dagmar Horstmann als Lehrerin im Kinderheim in Iwanowo tätig, sie durfte 1948 nach Berlin zurückkehren und arbeitete bis zur Pensionierung 1957 in der DDR als Russischlehrerin.

▸ Hotopp, Albert (* 1886 – † 1942)

Geboren am 20. September 1886 in Berlin, Sohn eines Schmieds; lernte Kellner, ab 1904 Maschinenarbeiter in Bremen, fuhr dann zur See. Mitglied der SPD, trat 1912 als Anarchist aus der Partei aus. Während des Weltkrieges Funker, schloß er sich 1918 der USPD und 1920 der KPD an. Arbeitete nach dem Krieg als Heizer und Kranführer, war Betriebsratsvorsitzender und wirkte als ehrenamtlicher Funktionär der KPD im Berliner Bezirk Prenzlauer Berg, wo er Bezirksverordneter war. Ab 1923 im Kurierdienst der Partei eingesetzt. 1924 vom Reichsgericht zu vier Jahren Gefängnis verurteilt, bis 1926 in Cottbus inhaftiert. Im Gefängnis verfaßte er erste Erzählungen und wurde Schriftsteller. Sein bekanntestes Buch »Fischkutter H.F. 13« erschien 1930. Er war von 1926 bis 1933 Mitarbeiter der KPD-Führung in Finanzfragen, bis 1933 war er auch im Verlagswesen der KPD tätig, als Mitglied des BPRS redigierte er von 1929 bis 1933 die Monatsschrift der Universum-Bücherei »Magazin für alle« und soll noch 1933 Reichskassierer der Partei gewesen sein. 1934 emigrierte Hotopp in die Sowjetunion, lebte mit seiner Frau Gertrud und zwei Töchtern in Moskau, arbeitete hier als Dozent unter dem Parteinamen Hermann Lieben am Institut für Fremdsprachen, später war er Oberlehrer am 1. Sprachinstitut. Wie alle in die UdSSR emigrierten deutschen Kommunisten lieferte auch Hotopp während der Säuberungen Berichte über andere Politemigranten an die Führung. Um die eigene Parteiergebenheit zu beweisen oder aus ideologischer Verblendung »Wachsamkeit« gegen Abweichler zu demonstrieren, waren solche Informationen meist mit Verdächtigungen und Denunziationen vermischt. Diese Dossiers waren natürlich nicht der Grund für die Verhaftungen durch das NKWD, sondern dienten eher als nachträgliche Rechtfertigung der Festnahmen. Hotopp informierte z. B. schriftlich über ▸ Herwarth Walden, der wie er am Institut für Fremdsprachen lehrte, 1941 festgenommen wurde und als Opfer Stalins umkam. Hotopp selbst wurde ebenfalls am 31. Mai 1941 verhaftet, seine Frau und die Töchter im September 1941 nach Kasachstan verbannt. Am 1. August 1942 wurde Albert Hotopp zum Tode verurteilt und bei Moskau erschossen. Gertrud Hotopp, geborene Horn (* 3. 3. 1897 – † 9. 9. 1985) kam Ende 1955 in die DDR.

▸ Hübner, Arthur (* 1899 – † 1962)

Geboren am 13. Juni 1899 in Sommerfeld bei Frankfurt/Oder, Sohn einer Arbeiterfamilie, 1905 Übersiedlung nach Berlin. Von 1913 bis 1917 Besuch der Kunstgewerbeschule und Lehre als Plakatzeichner. 1917/18 Soldat im Weltkrieg, Hübner desertierte im Oktober 1918. Er wurde gefaßt und von einem Hamburger Militärgericht verurteilt. Bei Ausbruch der Revolution am 6. November 1918 befreit und Kommandant des Hamburger Hauptbahnhofes, er beteiligte sich später an den bewaffneten Kämpfen in Berlin. Der FSJ beigetreten, nahm er am Gründungskongreß der KJI in Weimar teil und war 1920 Delegierter zum II. Weltkongreß der Komintern. Von 1920 bis 1922 folgten Auslandseinsätze im Auftrag der KJI. Von 1922 bis 1924 offiziell Korrespondent der Deutsch-Russischen Export-Gesellschaft, leitete Hübner im Auftrag des ZK der KJI, dessen Mitglied er war, 1923 den KJVD Berlin. Zur Tarnung nachrichtendienstlicher Arbeit für die Sowjetunion war er von 1924 bis 1928 kaufmännischer Leiter eines Elektro-Versandgeschäftes. Von 1928 bis 1939 führten ihn Auslandseinsätze vornehmlich für die 4. Verwaltung des Generalstabes der Roten Armee unter diversen Decknamen wie Ali, Hertz, Klein und Hansel nach Schweden, Dänemark, Norwegen und Rumänien.

1939 kam Hübner in die UdSSR und wurde hier zunächst Mitarbeiter der 4. Verwaltung. 1941 Evakuierung nach Kuibyschew, dort am 13. November 1941 verhaftet und zu acht Jahren Arbeitslager verurteilt, 1949 Verbannung nach Sibirien. Diese wurde erst im Mai 1956 aufgehoben, im Juli 1957 erfolgte seine Rehabilitierung durch das Militärkollegium des Obersten Gerichts der UdSSR. Hübner durfte in die DDR ausreisen, wurde Mitglied der SED und ab Oktober 1957 Hauptsachbearbeiter und Parteisekretär im Außenhandelsbetrieb DIA Elektrotechnik. Er erhielt 1959 den VVO in Silber. Arthur Hübner starb am 13. Oktober 1962 in Ost-Berlin.

Seine Ehefrau, eine Sowjetbürgerin, kehrte nach dem Tod ihres Mannes in die UdSSR zurück. Zahlreiche Familienangehörige Hübners hatten im Krieg zur Schulze-Boysen-Harnack-Widerstandsgruppe gehört. Sein Vater Emil Hübner (* 26. 3. 1861), seine Schwester Frieda Hübner, verheiratete Wesolek (* 2. 9. 1887) und sein Schwager Stanislaus Wesolek (* 10. 9. 1878) sind am 5. August 1943 mit dem Fallbeil in Berlin-Plötzensee hingerichtet worden.

I/J

▸ Idel, Otto (* 1886 – † 1944)

Geboren am 13. Juli 1886 in Hübender (Gummersbach); lernte Dreher. Vor dem Weltkrieg Mitglied der SPD. Mit der linken USPD 1920 zur KPD, in der er verschiedene Funktionen übernahm. Nach dem Krieg als kaufmännischer Angestellter beschäftigt. Idel gehörte in der KPD zum linken Flügel, er wurde Mitte 1924 Sekretär für Gewerkschaftsfragen in der BL Ruhr. Delegierter des IX. Parteitags 1924 und des XI. Parteitags 1927. 1929 Geschäftsführer des »Ruhr-Echos«, er kam 1931 in gleicher Funktion nach Hannover. 1933 illegale Arbeit für die KPD; verhaftet und am 10. Juni 1933 zu einem Jahr und drei Monaten Zuchthaus verurteilt. Im September 1934 aus der Haft entlassen, arbeitete er im »Bochumer Verein« als Dreher, wieder illegal tätig. Am 31. Juli 1936 vom VGH in Berlin wegen Spionage für die Sowjetunion zu lebenslänglichem Zuchthaus verurteilt. In verschiedenen Zuchthäusern inhaftiert, dann 1944 im KZ Mauthausen. Dort kam Otto Idel am 2. Februar 1944 ums Leben.

▸ Igelbrink, Sibylla (* 1883 – † 1945)

Geboren am 2. Februar 1883 in Norrköping/Schweden als Maria Sibylla Cariot. Sie erhielt Privatunterricht. Nach längeren Auslandsaufenthalten übersiedelte sie nach Hamburg. Hier wurde Sibylla Igelbrink Mitglied der KPD, war für die Partei aktiv und gehörte von 1931 bis 1933 der Hamburger Bürgerschaft an. Von August bis Oktober 1933 war sie in »Schutzhaft«. Sibylla Igelbrink starb am 1. März 1945 in Hamburg-Ottensen.

▸ Iltis, Lucian (* 1903 – † ?)

Geboren am 15. Mai 1903 in Mannheim, Sohn einer Arbeiterfamilie. Seit 1923 Mitglied der KPD und Redakteur der KPD-Presse. Ende der zwanziger Jahre Mitarbeiter des AM-Apparats der KPD, absolvierte 1930 unter dem Decknamen Otto den 1. Kurs an der M-Schule der Komintern in Moskau. Zurückgekehrt wurde er wieder mit Aufgaben im zentralen AM-Apparat betraut, so leitete er unter dem Decknamen Willy das Ressort »Republikanische Organisationen«, dessen wichtigste Aufgabe in der Nachrichtensammlung und Zersetzung der SPD, des Reichsbanners, der Gewerkschaften sowie mit der SPD sympathisierenden Organisationen bestand. Später Nachfolger von ▸ Rudolf Schwarz als Reichsleiter »Zersetzung der Polizei«. Lucian Iltis ging in die Emigration, brach die Verbindungen zur KPD ab und lebte nach 1945 im Elsaß.

▸ Israel, Hans (* 1905 – † 1968)

Geboren am 9. September 1905 in Berlin, Sohn des Kranführers Oskar Israel. Ungelernter Arbeiter, Hausdiener, Kassenbote und Laborhilfskraft. 1927 Mitglied des KJVD, 1928 der KPD. Zunächst engagierte er sich in der kommunistischen Sportbewegung, war u. a. Sportlehrer und Trainer in mehreren Berliner Sportvereinen. Seit 1930 im AM-Apparat tätig, war Israel im BB-Apparat eingesetzt. Nach dem Reichstagsbrand illegal, absolvierte er 1933/34 einen Lehrgang an der M-Schule der Komintern in Moskau, Schuldeckname: Otto. Nach seiner Rückkehr wirkten er und seine Freundin Helene Berner (* 13. 12. 1904 – † 22. 12. 1992) als enge Mitarbeiter von ▸ Wilhelm Bahnik. Israel wurde im Frühjahr 1935 Nachfolger von ▸ Johann Wenzel als Instrukteur des BB-Apparats für die Bezirke Ober-, Mittel- und Niederrhein. Am 27. Mai 1935 wurde er in Düsseldorf unter dem Namen Josef Schrade verhaftet und am 7. September 1936 vom VGH zu lebenslanger Haft verurteilt. Israel war bis Kriegsende im Zuchthaus Remscheid-Lüttringhausen inhaftiert. Nach 1945 Regierungsrat bzw. Oberregierungsrat im Sozial-, später im Innenministerium der Landesregierung von Nordrhein-Westfalen. Hans Israel starb am 12. Juli 1968 in Hochdahl/Nordrhein-Westfalen.

▸ Jacob, Franz (* 1906 – † 1944)

Geboren am 9. August 1906 in Hamburg als Sohn des Dienstmädchens Marie Pgetz und des Hausknechts August Moser. Nach dem frühen Tod des Vaters wuchs er in der Familie des Großvaters auf, nach der Eheschließung seiner Mutter mit Gustav Jacob kehrte er 1917 in die neue Familie zurück, Maschinenschlosserlehre auf einer Hamburger Werft. 1921 schloß er sich der Arbeiterjugend an, 1922 der SPD. 1925 Mitglied des KJVD, 1928 der KPD. Von April 1928 bis März 1929 Orgleiter des KJVD-Bezirks Wasserkante. Jacob wurde der Aufbau des Kampfbundes gegen den Faschismus, der Nachfolgeorganisation des 1929 verbotenen RFB, übertragen. Im März 1931 Sekretär für Agitation und Propaganda der BL Wasserkante. Im April 1932 in die Hamburger Bürgerschaft gewählt, richtete er in seiner letzten Rede am 8. Februar 1933 noch scharfe Angriffe gegen die SPD, weil diese sich weigere am »antifaschistischen Freiheitskampf« unter kommunistischer Führung teilzunehmen. Jacob verließ Ende März 1933 Hamburg und übernahm unter dem Decknamen Robert Giese die Leitung des Bezirks Bremen-Nordwest. Im Juli 1933 wird er auf Vorschlag ▸ Hermann Schuberts Leiter des

Technischen Sekretariats beim Politbüro. Bereits im August verhaftet, wurde Jacob 1934 vom VGH zu einer dreijährigen Zuchthausstrafe verurteilt. Nach sieben Jahren Haft 1940 nach Hamburg entlassen, arbeitete er als Betriebsschlosser und heiratete die Kontoristin und spätere Pädagogin Katharina Hochmuth, geborene Emmermann (* 6. 3. 1907 – † 23. 8. 1989). Jacob knüpfte Kontakte zu den einstigen KPD-Funktionären und Mithäftlingen aus Sachsenhausen ▸ Bernhard Bästlein und ▸ Robert Abshagen. Die Gruppe versuchte in über 30 Hamburger Werften und Rüstungsbetrieben Produktionssabotage zu initiieren. Jacob gehörte dem sogenannten Dreierkopf an und entwarf Flugblätter. Seine Frau Katharina transportierte dann die Flugblätter und besorgte illegale Quartiere. Nach der Verhaftung Bästleins im Oktober 1942 lebte Jacob illegal unter dem Namen Martin Puls in Berlin, wo er zusammen mit ▸ Anton Saefkow versuchte, die Führungsstruktur der KPD reichsweit zu reorganisieren. Bästlein konnte Ende Januar 1944 aus der Haftanstalt Berlin-Plötzensse fliehen, er bekam Anfang Mai 1944 wieder Verbindung zu Jacob. Durch Kontakte zu Sozialdemokraten wie Adolf Reichwein und Julius Leber trafen Jacob und Bästlein mit diesen am Abend des 22. Juni 1944 in der Wohnung des Chirurgen Dr. Rudolf Schmid in Berlin zusammen. An diesem Gespräch nahmen außerdem die Kommunisten Ferdinand Thomas (* 30. 4. 1913 – † 20. 11. 1944) und Hermann Rambow (* 8. 4. 1887 – † 10. 11. 1945) teil. Da letzterer V-Mann des Reichsicherheitshauptamtes war, sind Reichwein, Saefkow und Jacob am 4. Juli 1944, Julius Leber einen Tag später verhaftet worden. Franz Jacob wurde am 5. September 1944 zusammen mit anderen Mitgliedern der Saefkow-Gruppe zum Tode verurteilt und am 18. September 1944 im Zuchthaus Brandenburg hingerichtet.

▸ Jacob, Mathilde (* 1873 – † 1943)

Mathilde Jacob wurde am 8. März 1873 in Berlin als älteste Tochter des jüdischen Fleischwarenhändlers Julius Jacob und seiner Frau Emilie geboren. Sie betrieb seit 1907 im Berliner Stadtteil Moabit als selbständige Stenotypistin zeitweise mit einer Angestellten und einem Lehrmädchen ein kleines Schreib- und Übersetzungsbüro. Dort ließen ▸ Rosa Luxemburg, ▸ Julian Marchlewski und ▸ Franz Mehring ihre Manuskripte abschreiben. Besonders Rosa Luxemburg schätzte Mathilde Jacob als zuverlässige und bescheidene sowie stets hilfsbereite Frau. Im Weltkrieg wurde sie Rosa Luxemburgs engste Vertraute, wie deren Zuchthausbriefe beweisen. Sie schmuggelte sowohl Rosa Luxemburgs »Spartakusbriefe« als auch die berühmte »Junius«-Broschüre aus dem Gefängnis. Die intensive Zusammenarbeit Mathilde Jacobs auch mit ▸ Leo Jogiches seit 1917 dauerte in der Revolution weiter an. Mathilde Jacob war auf dem Gründungsparteitag der KPD zumindest anwesend, vermutlich dort sogar aktiv beteiligt. Nach der Ermordung Rosa Luxemburgs und ▸ Karl Liebknechts sowie Jogiches im Januar bzw. März 1919 war Mathilde Jacob, die zunächst weniger gefährdet schien, einige Zeit für die Finanzen der jungen Partei zuständig, von Juni bis September 1919 aber selbst inhaftiert. Nach ihrer Entlassung reiste sie nach Stuttgart zu ▸ Clara Zetkin und arbeitete in der Redaktion der Zeitschrift »Kommunistin«. Mit ▸ Paul Levi eng verbunden, teilte sie seine politischen Ansichten und verließ mit ihm 1921 die KPD. 1921/22 war sie dann verantwortliche Redakteurin der KAG-Zeitschrift »Unser Weg« und später für die von Levi herausgegebene Pressekorrespondenz »Sozialistische Politik und Wirtschaft« (SPW) tätig. Seit 1922 Mitglied der SPD, unterhielt sie in Berlin weiter ihr kleines Schreibbüro. Die sich stets im Hintergrund haltende Mathilde Jacob trat ein einziges Mal an die Öffentlichkeit. Der VII. Jenaer KPD-Parteitag im August 1921 hatte die Zentrale aufgefordert, alsbald die Herausgabe der Schriften Rosa Luxemburgs vorzunehmen. Im Zusammenhang mit der Realisierung dieses Antrages kam es zu einer böswilligen und verletzenden Bemerkung gegenüber Mathilde Jacob. Aus der Zentrale der KPD wurde verlautet: »... die praktische Ausführung wird wahrscheinlich daran scheitern, daß der Nachlaß Rosa Luxemburgs sich in den Händen eines Fräuleins befindet, die durch den Bruch der Parteidisziplin nicht mehr zur Partei gehört. Es ist fraglich, ob sie das Material an uns herausgibt.« Daraufhin veröffentlichte Mathilde Jacob Anfang September 1921 im USPD-Organ »Freiheit« einen Leserbrief, in dem sie in scharfer Form die Polemik der VKPD-Zentrale abwehrte und über ihre Tätigkeit berichtete. »Viele Proletarier werden wohl verwundert gefragt haben, wer wohl das ›Fräulein‹ sein mag, die Rosa Luxemburgs Vertrauen in so hohem Maße besaß, daß sie sogar zur Hüterin ihrer politischen Hinterlassenschaft bestellt wurde. Es widerstrebt mir, von mir selbst zu sprechen. Ist es doch so selbstverständlich, daß man seine Schuldigkeit tat und sie weiter tut. Ich marschierte als einfacher Soldat im Spartakusbund, aber ich habe nie den Kampfesmut verloren, ich habe nie die Arbeit im Stich gelassen, wie so manche der Offensivhelden, die heute in der Zentrale der V. K. P. D. sitzen. Ich arbeitete vor dem Kriege lange Jahre hindurch mit Karl Liebknecht, Rosa Luxemburg, Franz Mehring und vielen anderen. Ich leistete in der schwierigsten Zeit während des Krieges Leo Jogiches freiwillige Sekretärdienste. Denn der Spartakusbund hatte keine Mittel, und wir alle, die wir in ihm kämpften und arbeiteten, opferten unseren letzten Pfennig und unsere äußerste Kraft. Es war eine erheblich aufreibendere Arbeit als heute. Wir kamen nicht auf Festung! Wir wanderten in die Gefängnisse, in die Zuchthäuser. Wie schwierig war es, die Beiträge für die Spartakusbriefe zu bekommen! Wer schrieb außer Rosa Luxemburg für die Spartakusbriefe? Alle Mitteilungen hierfür gingen durch meine Hände, und neben ganz winzigen Beiträgen von anderer Seite schrieb außer Rosa Luxemburg nur – der ›Opportunist‹ Paul Levi ... Heute haben ungeheuer viele ihr revolutionäres Herz entdeckt und sprechen von mir als ›Fräulein‹. Aber weshalb ist sie für diese Fräulein und nicht mehr Genossin? Wahrscheinlich, weil ich [für] die Zeitschrift Paul Levis ›Unser Weg‹ verantwortlich zeichne. Ja, ich bekenne mich ganz offen zur Richtung Levi ...« Mathilde Jacob blieb bis 1933 in Berlin, lebte zurückgezogen, so daß aus dieser Zeit wenig über sie bekannt ist. Sie versuchte nach 1936 vergebens, Nazi-Deutschland zu verlassen. Es gelang ihr noch 1939, einige von und an Rosa Luxemburg gerichtete Briefe in die USA bringen zu lassen. Am 28. Juli 1942 wurde Mathilde Jacob in das KZ Theresienstadt deportiert, wo sie am 14. April 1943 ums Leben kam. Ottokar Luban veröffentlichte 1993 in der IWK eine biographische Skizze über Mathilde Jacob.

▸ Jacobs, Hermann (* 1901 – † 1975)

Geboren am 28. März 1901 in Gotha, stammte aus bürgerlichem Hause und studierte nach der

Reifeprüfung in Leipzig und Berlin. 1921 Mitglied der KJD und der KPD, Anhänger der linken Opposition in Berlin. Er übernahm verschiedene Funktionen (Pseudonym Adolf und Lothar) und war Mitglied der Führung der KJD Berlin. 1923 Redakteur der »Jungen Garde«, des Zentralorgans der kommunistischen Jugend. Ab 1. Januar 1924 politischer Sekretär der KJD Berlin-Brandenburg. Jacobs wurde ab März 1924 von ► Ruth Fischer zum Vorsitzenden der kommunistischen Jugend eingesetzt. Dessen VIII. Reichskongreß im Mai 1924 in Leipzig bestätigte Jacobs als Polleiter der KJD. Mit ihm bildeten Friedrich Reinhardt (Org.), ► Heinrich Pütz (Agitprop.), ► Konrad Blenkle (Presse) u. a. die Führung des KJVD. Bereits Ende April 1925 stand aber Konrad Blenkle neben Hermann Jacobs faktisch an der Spitze der kommunistischen Jugend. Am 6. Mai 1925 schlug das Sekretariat des ZK der KPD dem ZK des Jugendverbandes vor, auf seiner nächsten Tagung am 22. Mai 1925 Blenkle mit der politischen Leitung des KJVD zu betrauen. Zum IV. Weltkongreß der KJI im Juli 1925 reiste Jacobs noch mit einer KJVD-Delegation bestehend u. a. aus ► Erich Auer, Blenkle, ► Willi Kress, ► Margarethe Wilde sowie ► Richard Gyptner und ► Otto Unger nach Moskau. Mit Blenkle und Gyptner wurde Jacobs noch ins EK der Jugendinternationale gewählt, aber auf der Reichsausschuß-Sitzung Ende Mai für den Bereich Presse in das Sekretariat unter Blenkle abgeschoben.
Bis 1925 eifriger Anhänger Ruth Fischers, schwenkte Jacobs nach dem »Offenen Brief« zur neuen KPD-Leitung über. Von 1926 bis Ende 1927 Redakteur an der Münchener »Neuen Zeitung«. 1928 Redakteur in Pommern und im Januar 1930 Nachfolger ► Paul Böttchers als Chefredakteur der Leipziger SAZ, dann des »Kämpfers« in Chemnitz bzw. der »Hamburger Volkszeitung«.
1933 war Jacobs ein enger Vertrauter ► Hermann Schuberts in den Auseinandersetzungen um die Nachfolge ► Ernst Thälmanns. Ende 1933 ging Jacobs in die Emigration, zunächst in die Schweiz, dann nach Frankreich, wo er Mitarbeiter ► Erich Birkenhauers im »Thälmann-Komitee« war. Später emigrierte er nach London, kurz vor Kriegsausbruch entsandte ihn die KPD in die USA, um als Martin Hall Gelder für die Partei zu sammeln. Er blieb auch nach dem Krieg in den USA. Jacobs starb am 5. Juni 1975 in Los Angeles, »Neues Deutschland« veröffentlichte am 19./20. Juli 1975 die Todesanzeige seiner Frau. »Nach langer schwerer Krankheit starb am 5. Juni 1975 in Los Angeles, USA, unser geliebter Mann und Vater Hermann Jacobs, der seit 1918 an der Seite der Werktätigen gekämpft hatte. Nach seiner Auswanderung in die Vereinigten Staaten, änderte er gesetzlicher Weise seinen Namen. Als Martin Hall hat er aktiv an allen Phasen der Friedensbewegung bis zum letzten Tage seines Lebens teilgenommen.«

► Jadasch, Anton (* 1888 – † 1964)

Geboren am 25. Mai 1888 in Kreppitz/Krs. Oppeln als Sohn eines Maschinenwärters; Lehre als Kessel- und Dreschmaschinenheizer. 1902 zunächst Mitglied im Hirsch-Dunckerschen Gewerkverein Deutscher Maschinenbau- und Metallarbeiter, anschließend im DMV. Von 1906 bis 1914 Hüttenarbeiter, danach bis 1919 Bergarbeiter. 1907 Eintritt in die SPD. Bei Ausbruch der Revolution in den Beuthener Arbeiterrat gewählt und Bürgermeister von Lipine/Oberschlesien. Am 20. Dezember 1918 gehörte Jadasch zu den Mitbegründern des Spartakusbundes, dann der KP Oberschlesien. Im Dezember 1920 schloß sich dieser Bezirk mit der Kommunistischen Partei Oberschlesien (die aus der Sozialistischen Partei Polen – PPS – entstanden war) und der USPD zur Kommunistischen Partei Oberschlesiens zusammen.

Sekretär dieser Organisation wurde Jadasch, der auch nach der Rückkehr des Bezirks zur KPD ihr Leiter blieb. Vom VII. Parteitag 1921 für Oberschlesien in den ZA gewählt. 1922 Gewerkschaftssekretär der ultralinken »Union der Hand- und Kopfarbeiter«. Da diese Organisation ihren Hauptsitz im Ruhrgebiet hatte, siedelte er vorübergehend nach Oberhausen. Im Mai 1924 zog Jadasch als Abgeordneter in den Reichstag ein (Wahlkreis Oppeln), dem er bis 1933 angehörte. Innerhalb der Fraktion bearbeitete er vornehmlich die Bereiche Oberschlesien, Bergbau und Umsiedlerwesen. Im Juni 1924 erneut in den Vorstand der »Union der Hand- und Kopfarbeiter« gewählt, ging Jadasch aber als Polleiter des KPD-Bezirks wieder nach Oberschlesien. Schon im September 1924 Rückkehr ins Ruhrgebiet, vollzog er gemeinsam mit ▸ Gustav Sobottka im folgenden Jahr die Auflösung der Union und überführte die Gruppe Bergbau in den Freien Bergarbeiterverband. Danach leitete Jadasch in Berlin die kommunistische Erwerbslosen- und Landarbeiterbewegung, ab 1929 führend in der RGO tätig. Wegen »Vorbereitung zum Hochverrat« 1932 zu 15 Monaten Festung verurteilt, erhielt er als Reichstagsabgeordneter Strafaussetzung und ging als ZK-Instrukteur nach Ostpreußen und Danzig. Am 25. Februar 1933 im Freistaat Danzig verhaftet, am 7. März 1933 nach Berlin überstellt, wurde er im Mai 1933 in die Festung Groß Strehlitz eingeliefert. Dann kam Jadasch nach Bergedorf bei Hamburg und anschließend in das KZ Fuhlsbüttel. Ende Oktober 1934 frei, zwei Jahre erwerbslos, 1936 wurde er Lagerarbeiter in Berlin-Wittenau.

Bei Kriegsausbruch 1939 festgenommen und bis Mitte April 1944 Häftling im KZ Sachsenhausen, dann im Juli 1944 erneut inhaftiert, im August aber wieder entlassen. Er war von Anfang April bis Oktober 1945 Bürgermeister in Berlin-Wittenau und von Oktober 1945 bis April 1946 Kontrolleur bei der Deutschen Verwaltung für Umsiedler. Im Auftrag des SED-PV ab April 1946 Mitbegründer der Vereinigung der gegenseitigen Bauernhilfe. Er leitete die VdgB als Generalsekretär vom 1. Januar 1947 bis 15. August 1949. Für die VdgB war er auch Abgeordneter des Landtags von Brandenburg. Von August 1949 bis Januar 1950 Erster Vorsitzender der Gewerkschaft Land und Forst, ab Februar 1950 stellvertretender Vorsitzender. In den fünfziger Jahren spielte Jadasch politisch keine Rolle mehr, er lebte als Rentner in West-Berlin, kandidierte im November 1954 für die SED bei den Wahlen zum West-Berliner Abgeordnetenhaus. Er erhielt 1958 anläßlich seines 70. Geburtstages den Orden »Banner der Arbeit«. Anton Jadasch starb am 17. Mai 1964 in Ost-Berlin.

▸ Jäger, Hans (* 1899 – † 1975)

Geboren am 10. Februar 1899 in Berlin, Sohn eines Bildhauers. Nach dem Abitur 1917 Soldat, von 1919 bis 1922 Studium der Geschichte. Danach Publizist und Redakteur. Ab 1919 Mitglied der KPD (1920 kurzfristig in der KAPD), Funktionär in verschiedenen KPD-Organisationen und Mitarbeiter an Parteizeitungen. Jäger engagierte sich besonders in der Liga gegen Imperialismus und im Bund proletarisch-revolutionärer Schriftsteller. Ab 1925 Mitglied des Instituts für Sozialforschung in Frankfurt/M. und Leiter des Marx-Engels-Verlages.

1929 Organisator des 2. Kongresses der Liga gegen Imperialismus und 1932 deren Reichsleiter. Zeitweilig Abteilungsleiter in der Agitpropabteilung des ZK der KPD, führend bei den Aktivitäten unter Intellektuellen und in nationalrevolutionären Kreisen. Jäger galt als einer der Ideologen der KPD. Er emigrierte im März 1933 nach Prag. Hier erschien 1933 sein Buch »Das wahre Gesicht der NSDAP«. Bei einem Moskau-Aufenthalt lehnte er es ab, den Marx-Engels-Verlag in Leningrad zu übernehmen. Im Juni 1935 trat er aus der

KPD aus und wurde von der IKK der Komintern ausgeschlossen. Von Prag aus über Polen und Kopenhagen nach London emigriert, hatte Jäger Verbindungen zu unterschiedlichsten Anti-Hitlergruppen und war in vielen davon aktiv. Von Juni 1940 bis März 1941 in England interniert, gehörte er dann in London dem Kulturforum an, einer Gegenorganisation zum kommunistisch dominierten Freien Deutschen Kulturbund. Gegen Kriegsende näherte er sich der SPD an. Jäger wurde 1944 britischer Staatsbürger und trat nach dem Krieg vor allem für die deutsch-britische Verständigung ein. Er wurde durch zahlreiche Vorträge und Publikationen bekannt und erhielt 1969 das Große Bundesverdienstkreuz. Hans Jäger starb am 12. Oktober 1975 in London.

▸ Jäkel, Paul (* 1890 – † 1943)

Geboren am 7. April 1890 in Kleinhelmsdorf bei Liegnitz/Schlesien, Sohn einer Heimarbeiterfamilie. Lehre und Arbeit als Maurer und Waldarbeiter, ab 1907 Wandergeselle, 1908 Mitglied der SPD. Von 1912 bis 1918 Militärdienst und Weltkriegsteilnehmer. Jäkel war als Angehöriger der Kriegsmarine bei der Küstenartillerie in Belgien stationiert. Anfang November 1918 war er Mitglied des Arbeiter- und Soldatenrates in Belgien, ging Ende des Monats nach Chemnitz, wo er sich der USPD anschloß, 1919 Übertritt zur KPD. Er arbeitete nach dem Krieg als Maurer in Dresden. 1921 hauptamtlicher Funktionär, zuerst in der Gewerkschaft, dann in der KPD. 1920 2. Vorsitzender des »Verbandes der ausgeschlossenen Bauarbeiter in Chemnitz«, nahm Ende 1922 als Delegierter am II. RGI-Kongreß in Moskau teil. Nach Auflösung des »Verbandes der ausgeschlossenen Bauarbeiter« und der Rückführung der Mitglieder in die Freien Gewerkschaften wurde Jäkel 1924 Leiter der KPD-Gewerkschaftsabteilung und Mitglied des Sekretariats der BL Erzgebirge-Vogtland. Im Frühjahr 1930 Leiter der neugebildeten RGO-BL Sachsen in Leipzig, gehörte er auch der KPD-BL Sachsen an. Im Februar 1931 wurde Jäkel Sekretär für Gewerkschaftsfragen der BL Sachsen. 1932 vom ZK nach Berlin geholt, nahm er in der RGO eine führende Position ein. Im November 1932 im Wahlkreis Leipzig in den Reichstag gewählt. Er blieb 1933 zunächst Leiter der RGO in Sachsen, im Juli Emigration in die Tschechoslowakei. Dort leitete er unter dem Decknamen Jan Dietrich die RGO-Grenzarbeit. Im Januar 1934 ging Jäkel in die Sowjetunion und war bis 1937 als Sekretär in der RGI und anschließend in der deutschen Sektion der Komintern. Im Oktober 1941 nach Ufa evakuiert, war er dort für die Betreuung von Emigranten verantwortlich. Jäkel arbeitete als Politinstrukteur unter deutschen Kriegsgefangenen und starb am 12. Februar 1943 in einem Kriegsgefangenenlager in Mitschurinsk an Typhus.

▸ Jahn, Rudi (* 1906 – † 1990)

Geboren am 4. November 1906 in Leipzig-Paunsdorf, Sohn eines Metallarbeiters; lernte Bau- und Möbeltischler. 1921 Mitglied der Arbeiterjugend, 1922 des Holzarbeiterverbandes, aus dem er 1930 wegen Organisierung eines wilden Streiks ausgeschlossen wurde. 1923 trat er der KJD, 1928 der KPD bei. Jahn wurde 1928 Orgleiter des KJVD-Bezirks Westsachsen und war von Januar bis August 1929 Kursant an der Internationalen Leninschule in Moskau. Danach Polleiter der KPD-Stadtorganisation Leipzig, von Juni 1931 bis Anfang 1933 Agitpropsekretär der BL Sachsen. Von April bis November 1933 im KZ Colditz, am 24. Februar 1934 erneut verhaftet und am 13. April 1934 vom OLG Dresden zu 18 Monaten Zuchthaus verurteilt, die er in Waldheim verbüßte. Im September 1935 freigelassen, Bauarbeiter bei der Reichsautobahn sowie Parkettleger und Betriebstischler. Bei Kriegsausbruch am 1. September 1939 erneut festgenommen und bis 1945 im KZ-Buchenwald. 1945 Polleiter der KPD in Leipzig. Von September 1945 bis Frühjahr 1946 1. Landessekretär der Volkssolidarität Sachsen, 1946 bis 1948 Sekretär für Schulung und Bildung des FDGB Sachsen, ab Mitte August 1948 1. Vorsitzender des FDGB Brandenburg. Im Dezember 1949 wurde Jahn als Nachfolger von Carl Steinhoff Ministerpräsident des Landes Brandenburg. Nach Auflösung der Länder 1952 Vorsitzender des Rates des Bezirks Dresden, von Februar 1959 bis Januar 1963 DDR-Botschafter in Bulgarien, anschließend Leiter der 6. Europäischen Abteilung im Außenministerium. Er erhielt 1966 den VVO in Gold. Rudi Jahn starb am 30. September 1990.

▸ Jahnen, Ewald (* 1901 – † 1936)

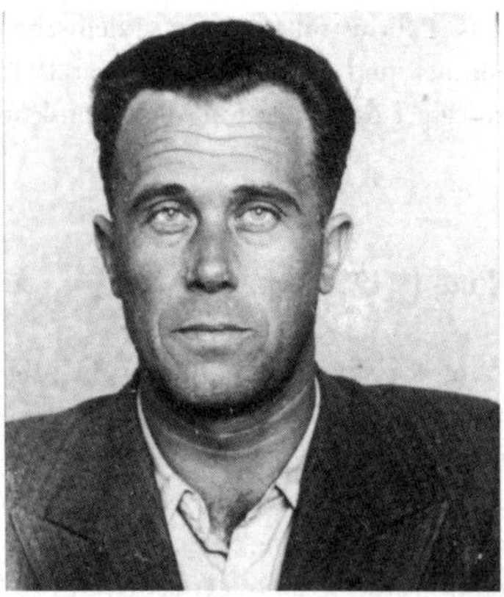

Geboren 1901 in Kupferdreh bei Essen, Sohn einer Arbeiterfamilie; Schlosser. Mitglied der USPD, 1920 der KPD. 1925 Mitbegründer des RFB in Essen, er gehörte der Gauführung für das Ruhrgebiet an. 1929 Angestellter der RGO, seit 1930 Mitarbeiter des AM-Apparates der KPD. 1932/33 unter dem Decknamen Egon Kursant an der M-Schule der Komintern in Moskau. Nach Rückkehr stellvertretender Reichsleiter im BB-Ressort des AM-Apparats der KPD, arbeitete eng mit ▸ Wilhelm Bahnik und ▸ Hans Israel zusammen. Über Jahnen liefen wichtige Informationen aus dem Heereswaffenamt und aus der bei Osram agierenden Gruppe um den Ingenieur ▸ Dr. Felix Bobek und Gerhard Diehl zusammen. Diese Nachrichten gelangten über die Tschechoslowakei zur Auslandsleitung der KPD und in die Sowjetunion. Durch Verrat flog die Gruppe auf, Jahnen wurde am 16. Mai 1935 verhaftet. Schwer mißhandelt, unternahm er einen Selbstmordversuch, als die Gestapo versuchte, ihn zum Verrat zu bewegen. Ewald Jahnen starb am 6. März 1936 im Gefängnis Moabit an den Folgen der Folterungen im KZ Columbiahaus. Jahnens Frau und Sohn konnten wenige Tage vor seiner Verhaftung in die Sowjetunion emigrieren und kamen erst im Juni 1954 in die DDR.

▸ Jahnke, Karl Hans Heinrich (* 1898 – † 1961)

Geboren am 3. Februar 1898 in Hamburg; besuchte die Mittelschule, anschließend kaufmännische Lehre. 1919 aktiv in der Kommunistischen Jugend und der KPD, auf deren linkem Flügel er stand. Nach der Spaltung 1920 Übertritt zur KAP, 1921 wieder zur KPD zurück. 1923 aktiv am Hamburger Aufstand beteiligt. 1924 kurze Zeit Agitpropleiter des Bezirks Wasserkante, im selben Jahr Mitglied der Hamburger Bürgerschaft. 1924 wegen Beteiligung am Hamburger Aufstand zu mehrjähriger Festungshaft verurteilt, Anfang 1926 amnestiert. 1926 Mitarbeiter der deutsch-sowjetischen Handelsgesellschaft. Als im Februar 1926 in der Bürgerschaft der Justizsenator erklärte, ▸ Hugo Urbahns sei ein »Politischer Verbrecher«, griff Jahnke ihn tätlich an, warf ihm Aktenbündel ins Gesicht und schied danach aus dem Hamburger Parlament aus. Bei den Diskussionen von 1926 bis 1928 stand Jahnke auf dem linken Parteiflügel. Da er in der Wittorf-Affäre 1928 gegen ▸ Ernst Thälmann auftrat, wurde er Ende 1928 fristlos von der deutsch-sowjetischen Handelsgesellschaft entlassen und aus der KPD ausgeschlossen. Nach der Abspaltung der Trotzki-Gruppe vom Leninbund schloß sich Jahnke 1929 den Trotzkisten an und gehörte zur Leitung der Hamburger Gruppe. 1931 – nach einer Reise seiner Frau in die Sowjetunion – trennte er sich wieder von den Trotzkisten und kapitulierte vor der KPD, die ihn wieder aufnahm. 1932 Angestellter der RGO in Berlin. Nach 1933 mehrmals inhaftiert, trug er von den schweren Mißhandlungen einen Hörfehler davon. 1945 Mitglied der KPD, Betriebsrat in einer Hamburger Firma. Zunächst Mitglied der DAG, dann Mitglied der Ortsverwaltung HBV des DGB in Hamburg. Karl Jahnke starb am 13. August 1961 in Hamburg.

▸ Jahnke, Paul (* 1893 – † 1951)

Geboren am 13. August 1893 in Pasewalk; Maschinenbaulehre. 1916 Einberufung zum Militär, aus dem er 50 Prozent kriegsbeschädigt entlassen wurde. Jahnke wurde 1917 Mitglied der USPD, 1919 der KPD und ging 1920 zur KAP. 1922 wieder KPD, Sekretär im UB Berlin-Nordost. Im Mai 1933 Polleiter in der illegalen KPD Bremen. Da Jahnke in dieser Funktion »versagte«, 1934 nach Frankreich in die Emigration abgeschoben. Die Nazijustiz verurteilte ihn 1936 in Abwesenheit zum Tode. Von November 1936 bis Februar 1939 kämpfte Jahnke als Angehöriger der Internationalen Brigaden. Er war Politkommissar in Albacete und anschließend technischer Leiter einer Parteischule. 1939 emigrierte er nach Norwegen und kam mit Unterstützung der »Nansen-Hilfe« 1940 nach Schweden. Dort interniert, wurde er zeitweise von der KPD-Gruppe in Schweden »abgehängt«. Während der Internierung begann Jahnke mit ▸ Hanna Sandtner eine Lebensgemeinschaft. Beide kehrten im März 1946 nach Deutschland zurück. Er wurde Funktionär in der SED Berlin-Prenzlauer Berg. Anschließend Personalchef beim Berliner Verlag, nach Auseinandersetzungen mit dem Chefredakteur Rudolf Herrnstadt schied Jahnke aus dem Verlag aus und trat in die Volkspolizei ein. Er war Innendienstleiter Berlin-Prenzlauer Berg, anschließend Leiter der Pressestelle im VP-Präsidium von Ost-Berlin. 1951 wurde er wegen seiner Westemigration aus dem aktiven Dienst entlassen, war dann Werkleiter des VEB Berliner Aufzugbau. Paul Jahnke starb am 27. Oktober 1951 im Polizeikrankenhaus.

▸ Jakobi, Karl (* 1904 – † 1974)

Geboren am 31. August 1904 in Straßburg/Elsaß, Sohn eines Fleischers; Hilfsarbeiter. 1926 wurde Jakobi Mitglied der KPD, 1928 Agitpropleiter in Karlsruhe. 1930/31 Kursant an der Internationalen Leninschule in Moskau, nach seiner Rückkehr wieder Agitpropsekretär in Karlsruhe. Von Februar 1932 bis März 1933 politischer Redakteur der »Arbeiter-Zeitung« in Mannheim. Am 2. April 1933 verhaftet und in das KZ Kislau eingeliefert, anschließend Untersuchungshaft in Mannheim. Im Oktober 1933 entlassen, übernahm Jakobi die Leitung der illegalen KPD im Bezirk Hessen/Frankfurt. Ende 1934 nahm er an der Reichskonferenz des KJVD in Moskau teil. Jakobi emigrierte in die Schweiz und nach Frankreich, ab 1936 war er als Angehöriger der Internationalen Brigaden in Spanien. Dort erlitt er schwere Verwundungen, wurde in Frankreich interniert und später nach Deutschland ausgeliefert. Am 21. August 1941 verurteilte ihn der VGH zu lebenslanger Haft. Zunächst im Zuchthaus Brandenburg, ab Dezember 1943 im KZ Sachsenhausen, wo er auf dem Todesmarsch im April 1945 befreit wurde. Ab Juni 1945 Redakteur u. a. der Mecklenburger »Volkszeitung« und der »Landeszeitung« in Schwerin, Von 1949 bis 1951 Chefredakteur dieser Zeitung. Von 1951 bis April 1953 Professor am Institut für Publizistik an der Universität Leipzig. Ab Mai 1953 Chefredakteur der »Volksstimme« Magdeburg, 1958 ADN-Korrespondent in Belgrad, dann ab 1961 Redakteur der Zeitschrift »Dokumentation der Zeit«. Karl Jakobi starb am 3. April 1974.

▸ Janka, Albert (* 1907 – † 1933)

Geboren am 17. Mai 1907 in Chemnitz, Sohn eines Werkzeugmachers; lernte Schlosser. Janka, der mit an der Spitze der Chemnitzer Arbeiterjugend stand, trat dem KJVD und der KPD bei und wurde nach Ausübung mehrerer Funktionen im Jugendverband und in der Partei an die Internationale Leninschule nach Moskau delegiert. Zurückgekehrt nach Deutschland wurde Janka 1930 Sekretär der KPD für den UB Erzgebirge-Vogtland. Als sehr guter Redner erhielt er bei Massenversammlungen viel Beifall, er wurde im Juli 1932 im Wahlkreis Chemnitz als Abgeordneter in den Reichstag gewählt. Am 7. März 1933 verhaftet, in das KZ Reichenbach gebracht und dort gefoltert. Die NS-Presse behauptete fälschlicherweise, er habe sich zur NSDAP bekannt. Wenige Tage vor seinem 26. Geburtstag wurde Albert Janka am 13. April 1933 von der SS erschlagen und zur Vertuschung an einem Kronleuchter im ehemaligen Volkshaus aufgehängt. Walter Janka (* 29. 4. 1914 – † 17. 3. 1994), sein jüngerer Bruder, berichtete 1991 in seinen Erinnerungen »Spuren eines Lebens« über den Mord an Albert Janka und die Beisetzung in Reichenbach.

▸ Jannack, Karl (* 1891 – † 1968)

Als uneheliches Kind am 23. Januar 1891 in Cölln bei Bautzen geboren, auf dem Dorf aufgewachsen, durchlebte eine schwere Jugend. Einige Zeit als Knecht tätig, dann Schuhmacherlehre, anschließend 1909 auf Wanderschaft. 1909 Mitglied der SPD in Bremen, Anhänger der Bremer Linken. 1913 Soldat, 1915 mit dem EK II ausgezeichnet, im Frühjahr 1916 verschüttet, dann Übersiedlung nach Bremen. Mitkämpfer der Bremer Linksradikalen und der Gruppe Arbeiterpolitik, deswegen festgenommen. Jannack entzog sich der »Schutzhaft« durch Freiwilligmeldung. Wieder Soldat und bis zur Revolution 1918 in Saarburg/Lothringen. Am 11. November 1918 kam Jannack nach Bremen zurück, auf Vorschlag des USPD-Führers Alfred Henke zum Leiter des Soldatenrates gewählt. Er schloß sich den Internationalen Kommunisten an und nahm als deren Vertreter am Gründungsparteitag der KPD teil. Im Januar 1919 nach Berlin geschickt, um ▸ Rosa Luxemburg und ▸ Karl Liebknecht nach Bremen, einem für sie sicheren Ort, zu holen, doch die KPD-Führer blieben in Berlin. Jannack gehörte zu den Leitern der im Februar 1919 in Bremen proklamierten Räterepublik; nach deren Auflösung Sekretär des KPD-Bezirks Nordwest. Da dieser Bezirk auf dem II. Parteitag 1919 zur ultralinken Opposition zählte, wurde auch ihr Delegierter Jannack aus der KPD ausgeschlossen. Im Oktober 1919 Mitunterzeichner eines Briefes von ▸ Heinrich Laufenberg, in dem es hieß: »Fordert die Zentrale auf, sich bei Euch in Bremen zu verantworten. Der brutalen Vergewaltigung gegen Eure Beauftragten setzt Eure

Fäuste entgegen.« Jannack schloß sich aber nicht der KAPD an, sondern kam nach einigen Monaten zur KPD zurück. 1920 Mitglied der Bremer Bürgerschaft und Vorsitzender des KPD-Bezirks Nordwest. Auf allen Parteitagen – von 1920 bis 1923 – in den ZA der KPD gewählt. 1922 als Redakteur zum »Ruhr-Echo« in Essen, anschließend Redakteur in Düsseldorf und Köln. Im August 1923 nach Remscheid berufen, wo ihn die KPD-Mehrheit des ADGB zum Gewerkschaftssekretär wählte.

Jannack galt als eifriger Anhänger ▸ Heinrich Brandlers, deshalb wurde er Mitte 1924 nach dem Sieg der Linken seiner Funktion enthoben. Weil er die Fraktionsarbeit der Brandler-Anhänger leitete und deren Rundbriefe versandte, schloß ihn die KPD am 10. Oktober 1924 aus. Nach dem »Offenen Brief« und der Überprüfung der Ausschlüsse wurde auch Jannack im Oktober 1925 wieder in die KPD aufgenommen. In den folgenden Jahren als Instrukteur bzw. Sekretär in verschiedenen Organisationen wie der Roten Hilfe, der IAH und dem RFB tätig. Er war für die RGI in Schweden, Norwegen, den Niederlanden und Frankreich im Einsatz, kam 1927 wieder nach Deutschland zurück, war kurze Zeit Redakteur an der »Sozialistischen Republik«, dann an der »Welt am Abend« in Essen, wo er ▸ Bernhard Menne ablöste. Bei den Auseinandersetzungen mit den Rechten 1928/29 blieb Jannack auf der ZK-Linie. Von 1930 bis Anfang 1933 Bezirksleiter der Roten Hilfe Niederrhein in Düsseldorf. Jannack arbeitete nach 1933 noch kurze Zeit illegal, emigrierte Ende Mai 1933 nach Lothringen/Frankreich, lebte in Saarburg und arbeitete in der Roten Hilfe und an der Zeitung »Humanité«. Seine Frau, die er im Weltkrieg in Saarburg kennengelernt hatte, flüchtete ebenfalls aus Deutschland (sie starb 1940). Von Januar bis Juni 1940 in Frankreich interniert, wurde er im Oktober 1940 von der Gestapo festgenommen und nach Deutschland transportiert. Um einer Verurteilung durch die NS-Justiz zu entgehen bzw. ein möglichst mildes Urteil zu erreichen, bat Jannack in einem Schreiben an das Reichssicherheitshauptamt vom 8. Februar 1942 (HStA Düsseldorf, Gestapo Akte 3594), ihm »die Gelegenheit zu geben, als Soldat des Führers im deutschen Freiheitskampf mitzuarbeiten«.

Er führte weiter aus: »Daß ich vor, während und nach der Internierung für nationalsozialistische Ziele tätig war, wird durch zahlreiche deutschgesinnte Lothringer bestätigt. Mit zugehörig zu den Gründern der Deutschen Volksgemeinschaft in Saarburg stellte ich mich sofort in den Dienst der Organisation, zuerst als Zellenleiter, später als Organisationsleiter der Ortsgruppe.« Ungeachtet dieses Briefes wurde Jannack nach sieben Monaten Gestapohaft in Düsseldorf vom OLG Hamm zu 14 Monaten Gefängnis verurteilt, die er in Hamm und Wolfenbüttel verbüßte. Anschließend erfolgte die Überführung in das KZ Buchenwald, wo er bis Kriegsende blieb. Im April 1945 ging Jannack zunächst nach Lothringen, kehrte aber im September 1945 nach Deutschland zurück. Mitglied der KPD, wurde ab Oktober 1945 Sekretär der Kreisbodenkommission in Bautzen, 1946 Vorsitzender der SED Lausitz und gehörte dem LV Sachsen an. Von Dezember 1946 bis April 1949 war er stellvertretender Landrat des Kreises Bautzen. Am 23. November 1949 erhielt Jannack eine »Rüge« wegen »Fehler und Schwächen«. Als Landrat abgelöst, wurde er 1950 Leiter der Kaderabteilung des Bundesvorstandes der Domowina bzw. der Filiale der Deutschen Notenbank in Bautzen. Von Ende 1952 bis Anfang 1955 leitete Jannack die Abteilung Inneres in der Hauptabteilung Sorbische Volksbildung beim Ministerium für Volksbildung der DDR. In seinen Lebenserinnerungen, »Wir mit der roten Nelke«, die Jannack 1959 in Bautzen veröffentlichte, verdammte er seine früheren Freunde von der Opposition. Im April 1966 erhielt er den VVO in Gold. Karl Jannack starb am 27. Mai 1968.

▸ Janus, Richard (* 1891 – † 1972)

Geboren am 16. Juni 1891 in Berlin; Metallarbeiter. 1909 Mitglied der Sozialistischen Jugend, 1911 der SPD, auf deren linkem Flügel er stand. Seit 1912 arbeitete er als Flugzeugmonteur in Stuttgart. Im Krieg Soldat, trat er 1918 der

USPD bei. In Stuttgart im Aktionsausschuß des Spartakusbundes aktiv, kam er von Januar bis Juni 1919 in »Schutzhaft«. Als Mitglied der KPD wurde Janus politischer Redakteur (kurze Zeit auch Chefredakteur) der »Süddeutschen Arbeiterzeitung«. Nach 1923 als Rechter entlassen, aber 1925 wieder Redakteur. Nach seinem Ausschluß aus der KPD 1928 wurde er in der KPO aktiv und war Redakteur von deren »Arbeitertribüne«. 1933 Emigration in die Schweiz, dort 1937 ausgewiesen, kam er über Frankreich nach Schweden. In Stockholm wieder Metallarbeiter und Leiter einer kleinen KPO-Gruppe. Richard Janus starb am 5. Mai 1972 in Solna bei Stockholm.

▸ Jendretzky, Hans (* 1897 – † 1992)

Geboren am 20. Juli 1897 in Berlin, Sohn eines Buchdruckers; lernte Schlosser. 1912 Mitglied der Metallarbeiterjugend, 1916 des DMV und 1923 des Deutschen Verkehrsbundes. 1919 USPD, mit deren linkem Flügel 1920 zur KPD. Bis 1926 Schlosser, dann hauptamtlicher Funktionär und Leiter des RFB Berlin-Brandenburg. Im Dezember 1927 durch ▸ Karl Olbrysch abgelöst, da er »versagt« hatte (vor allem, weil er gegenüber der Opposition nicht genügend »durchgriff«). Anfang 1928 übernahm Jendretzky erneut die Leitung des Berliner RFB und zog im selben Jahr auch in den Preußischen Landtag ein (1932 nicht mehr als Kandidat aufgestellt). 1930 aus der RFB-Arbeit entfernt, weil er zusammen mit Olbrysch eine Untersuchung gegen den RFB-Führer ▸ Willy Leow und dessen finanzielle Manipulationen gefordert hatte. 1929 bis 1932 UB-Sekretär der KPD in Frankfurt/Oder und bis 1933 Mitglied der BL Berlin-Brandenburg und hier 1932/33 Leiter der Erwerbslosenbewegung. Nach 1933 illegale Arbeit, im Frühjahr 1934 verhaftet, im September 1934 vom Kammergericht Berlin zu drei Jahren Zuchthaus verurteilt, die er bis 1937 im Zuchthaus Luckau verbüßte. 1937/38 »Schutzhaft« im KZ Sachsenhausen. Freigekommen, arbeitete er von 1938 bis 1944 als Schlosser in einer Berliner Heizungsfirma. Jendretzky nahm im Frühjahr 1944 Verbindung zu ▸ Anton Saefkow auf, wurde am 2. August 1944 erneut festgenommen und am 10. Oktober 1944 vom VGH zu drei Jahren Gefängnis verurteilt. Er kam in das Zuchthaus Brandenburg-Görden und anschließend in das Nürnberger Gefängnis, aus dem er am 17. April 1945 fliehen konnte. Zurückgekehrt nach Berlin, wurde er im Mai 1945 Stadtrat für Arbeit des Magistrats von Groß-Berlin. Er war Mitunterzeichner des »Aufrufs der KPD« vom 11. Juni 1945 und wurde durch Kooptierung Mitglied des ZK der KPD. Er gehörte auch zu den Mitunterzeichnern des Gründungsaufrufes des vorbereitenden Gewerkschaftsausschusses für Groß-Berlin und war provisorischer 1. Vorsitzender des Berliner FDGB. Von Februar 1946 bis Oktober 1948 1. Vorsitzender des FDGB-Bundesvorstandes der SBZ und von 1946 bis 1954 Mitglied des SED-PV. Ab November 1948 1. Vorsitzender der SED-Landesorganisation Groß-Berlin, 1950 Kandidat des Politbüro.

Zusammen mit ▸ Wilhelm Zaisser, Rudolf Herrnstadt u. a. am 26. Juli 1953 aus dem Politbüro ausgeschlossen und seiner Funktion in Berlin enthoben. Jendretzky wurde im Januar 1954 mit einer »Parteirüge« bestraft und auf dem IV. Parteitag im April 1954 nicht mehr ins ZK gewählt. Am 29. Juli 1956 »rehabilitiert« und wieder ins ZK kooptiert. 1950 bis 1954 und von 1958 bis März 1990 Abgeordneter, 1965 bis 1990 Vorsitzender der FDGB-Fraktion und im Dezember 1989 Alterspräsident der Volkskammer. 1957 bis 1960 Stellvertreter des Ministers des Innern und von 1960 bis 1962 Minister und Leiter der Zentralen Kommission für Staatliche Kontrolle. Auf den SED-Parteitagen von 1963 bis 1986 wieder ins ZK gewählt, er erhielt 1962 den Karl-Marx-Orden. 1990 Mitglied der PDS. Hans Jendretzky starb am 2. Juli 1992 in Berlin.

▸ Jendrosch, Friedrich (* 1890 – † 1944)

Geboren am 22. Mai 1890 in Lomnitz/Krs. Rosenberg/Oberschlesien. Besuchte die Fortbildungsschule in Rosenberg und arbeitete anschließend bei der Eisenbahn in Hindenburg. Vor dem Weltkrieg Mitglied der SPD, 1919 Übertritt zur KPD. 1920 Stadtverordneter in Hindenburg/Oberschlesien und Abgeordneter des Provinziallandtages Schlesien. Im Mai 1924 im Wahlkreis Oppeln in den Reichstag gewählt, aus dem er aber Ende Juni 1924 wegen Neuwahl in seinem Wahlkreis ausschied. Im Dezember 1924 zog Jendrosch für den Wahlkreis Oppeln in den Preußischen Landtag ein, dem er bis 1932 angehörte. Von 1925 bis 1929 Polleiter des KPD-Bezirks Oberschlesien, anschließend übte er nur kleine Funktionen aus. 1932 nicht mehr als Landtagskandidat aufgestellt. Nach 1933 illegale Arbeit für die KPD. Ende der dreißiger Jahre ins KZ Sachsenhausen eingeliefert, wo er am 28. November 1944 ums Leben kam.

▸ Jezierska, Fanny (* 1887 – † 1945)

Geboren am 7. Oktober 1887 in Grajewo/Russisch-Polen, Tochter eines jüdischen Kaufmanns. Von 1905 bis 1909 in der Sozialrevolutionären Partei Rußlands aktiv, kam dann nach Deutschland und wurde Mitglied der SPD. Nach dem Studium an einem polytechnischen Institut wurde sie – damals für eine Frau ganz außergewöhnlich – Ingenieur der Elektrotechnik. Im Weltkrieg war sie mit der Gruppe Internationale und insbesondere mit ▸ Rosa Luxemburg politisch und persönlich verbunden, ebenso mit ▸ Käte und Hermann Duncker. Sie betätigte sich illegal, schmuggelte z. B. Arbeiten von ▸ Karl Liebknecht aus dem Zuchthaus. Seit Frühjahr 1918 arbeitete sie in Berlin in der russischen Botschaft und hatte dort ein eigenes Büro. Nach der Novemberrevolution war sie Sekretärin Rosa Luxemburgs an der »Roten Fahne«, dann geheime Mitarbeiterin der Komintern sowie für ▸ Paul Levi und schließlich ▸ Jakob Reich (Thomas) tätig. Von 1921 bis 1924 im Einsatz für die Komintern und wohl auch für die russische Spionage in Italien, offenbar auch Mitglied des ZK der KP Italiens, Ende 1924 dort ausgewiesen.

Fanny Jezierska blieb dann bis 1928 bei der Komintern in Moskau tätig, vor allem in der Informationsabteilung eingesetzt. In einigen Bänden der Lenin-Werke ist sie als Übersetzerin genannt. Ende 1928 nach Deutschland zurückgekehrt, schloß sie sich mit ihren alten Freunden, etwa ▸ Rosa Wolfstein und ▸ Paul Frölich, der KPO an. Sie behielt außerdem engen Kontakt zu ▸ Clara Zetkin. Bei der Spaltung der KPO 1932 trennte sie sich von der Gruppe, blieb aber weiterhin dem internationalen Rechtskommunisten verbunden. 1933 emigrierte sie nach Frankreich, wo es ihr sehr schlecht ging. Sie konnte aber 1940 noch aus Paris fliehen und gelangte zu Verwandten nach Kalifornien. Hier fand sie Arbeit in einem Krankenhaus, später in einer Wohlfahrtsorganisation. Mit ihren ehemaligen kommunistischen Genossen hielt sie Briefkontakt. Fanny Jezierska starb am 22. November 1945 in den USA. Eine ausführliche Skizze über Jezierska hat Ottokar Luban 2003 im Jahrbuch für Historische Kommunismusforschung veröffentlicht.

▸ Jogiches, Leo (* 1867 – † 1919)

Geboren am 17. Juli 1867 in Wilna, stammte aus einer sehr reichen jüdischen Familie. Er war knapp drei Jahre älter als Lenin, begann aber sechs Jahre vor diesem 1885 seine revolutionäre Tätigkeit in der russischen Arbeiterbewegung. In verschiedenen russisch-polnischen-jüdischen Arbeiterorganisationen aktiv, blieb Jogiches zeitlebens für sein konspiratives Geschick bekannt. Er gehörte der Volkstümler-Gruppe an, die 1887 ein Attentat auf den Zaren plante (weswegen Lenins Bruder Alexander hingerichtet wurde). Jogiches selbst war innerhalb der Arbeiterbewegung stets ein Gegner Lenins, er lehnte vor allem dessen Zentralismus-Theorie ab, ebenso die Agrarkonzeption und die Ansichten zur nationalen Frage. In Wilna war Jogiches in der ersten marxistischen Gruppe der russischen Arbeiterbewegung, wurde 1889 verhaftet und zu vier Monaten Gefängnis verurteilt, danach floh er im Juni 1890 in die Schweiz. Dort trat er in Verbindung mit Georgi Plechanow, dem Nestor des russischen Marxismus. Um (gemeinsam mit Alexander Parvus-Helphand und David Rjasanow) die »Sozialdemokratische Bibliothek« herauszugeben, brachte er bedeutende Finanzmittel in einen Verlag ein. In Zürich lernte Jogiches ▸ Rosa Luxemburg kennen, mit der ihn bald ein Liebesverhältnis verband, fortan zugleich engste politische Beziehungen pflegte, die bis zu beider Ermordung 1919 andauerten.

Von Zürich aus gehörte Jogiches 1894 (er hatte die verschiedensten Pseudonyme, das bekannteste war Tyszka) zu den Gründern und Führern der Sozialdemokratie des Königreichs Polen. Seit 1899 Schweizer Staatsbürger, übersiedelte er auf Wunsch Rosa Luxemburgs, die seit 1898 in Deutschland lebte und ihn dazu gedrängt hatte, 1900 nach Berlin. Beide wirkten nun aktiv in der polnisch-russischen Sozialdemokratie, Rosa Luxemburg aber besonders in der SPD.

Nach Ausbruch der russischen Revolution 1905 ging Jogiches zusammen mit Rosa Luxemburg nach Warschau, um dort die Revolution gegen den Zarismus zu unterstützen. Beide wurden am 6. März 1906 inhaftiert, aber während Luxemburg im Sommer entkommen konnte, wurde Tyszka im Dezember 1906 zu acht Jahren Zwangsarbeit verurteilt. Ihm gelang dann im April 1907 die Flucht und Rückkehr nach Deutschland.

Im Jahr 1907 war die Lebensgemeinschaft zwischen Jogiches und Luxemburg beendet, sie lösten zwar ihre Liebesbeziehungen, aber keineswegs ihre engen politischen Bindungen. Über das schwierige persönliche Verhältnis geben vor allem ihre Briefe Auskunft. Beider Wohnung in Berlin-Friedenau mit Bibliothek, Archiv und Arbeitsplatz blieb zunächst gemeinsames Zuhause, bis Rosa Luxemburg 1911 nach Berlin-Südende umzog. Im Mai 1907 nahm Jogiches am Parteitag der russischen Sozialdemokratie in London teil und wurde dort in das ZK der SDAPR gewählt. Von Berlin aus leitete er die inzwischen Sozialdemokratische Partei des Königreichs Polen und Litauens genannte Partei (SDKPiL) und ihre illegalen Zeitungen, er wurde aber wegen seines autokratischen Führungsstils in der illegalen Organisation isoliert, die Auseinandersetzungen mit Lenin und dessen Anhängern verschärften sich. In Berlin lebte Jogiches zurückgezogen. Bei Ausbruch des Weltkrieges zählte er als Internationalist sofort zu den linken Kriegsgegnern in der SPD. Er wurde zum eigentlichen Organisator und nach der Inhaftierung Rosa Luxemburgs und ▸ Karl Liebknechts 1915/16 Führer der Gruppe Internationale bzw. der Spartakusgruppe.

Jogiches' große Organisationsfähigkeit und die Kenntnisse in der konspirativen Tätigkeit ermöglichten es ihm, die kleine illegale Gruppe zu leiten sowie den Druck und Vertrieb ihrer Schriften – vor allem der »Spartakusbriefe« – zu organisieren. Im »Neudruck« der »Spartakusbriefe«, 1920 von der KPD herausgegeben, hieß es: »Genosse Leo Jogiches hatte die redaktionelle und technische Zusammenstellung bis zu seiner Verhaftung im Frühjahr 1918 in Händen«, er habe sein »außergewöhnliches Talent als Organisator und Redakteur« bewiesen. Unter den Pseudonymen Krumbiegel und Kraft war er der Motor der Spartakusgruppe, unterstützt von ▸ Mathilde Jacob und anderen.

Er führte die Spartakusgruppe zentralistisch, um sie auf feste, internationalistische Positionen zu bringen. Dabei verfolgte er rabiat seine eigenen politischen Überzeugungen und änderte als Redakteur der »Spartakusbriefe« sogar Artikel von Genossen in seinem Sinne. Er setzte sich auch mit seiner Vorstellung durch, nicht Spaltung der SPD sei die »Parole«, sondern »Zurückerobern der Partei von unten«. Da er gegen die Spaltung der Arbeiterbewegung auftrat, ging die Spartakusgruppe 1917 auch in die USPD und lehnte das Streben der Bremer Linksradikalen ab, eine eigene Partei zu bilden. Während des Berliner Munitionsarbeiterstreiks im März 1918 konnte die Polizei Jogiches, den sie schon lange fieberhaft suchte, in Berlin verhaften, er saß bis zur Novemberrevolution im Gefängnis. Sofort nach der Revolution wurde Jogiches zum Organisator des Spartakusbundes, als Mitglied der Zentrale hatte er maßgeblichen Anteil sowohl an den programmatischen Aussagen als auch am organisatorischen Zusammenhalt und Ausbau der Gruppe. Jogiches' überragende Rolle im Spartakusbund umschrieb sein innerparteilicher Gegner Karl Radek so: »Durch sein Zimmer im Büro des Spartakusbundes marschierte tagtäglich die ganze Partei durch. Jeder Delegierte von der Provinz wurde in diese Retorte gebracht und kam mit der Meinung je nach seinem Temperament heraus, daß entweder die Parteiorganisation sich in ausgezeichneten Händen befinde oder daß sie unter einer Diktatur ächze.« Freilich waren inzwischen im Gegensatz zu Jogiches viele Spartakusführer und vor allem -anhänger von der Politik Lenins und der Bolschewiki überzeugt und drängten auf die Bildung einer selbständigen Partei. Jogiches war sich mit Rosa Luxemburg nicht nur in der Kritik an der Russischen Revolution sowie der Strategie von Lenin und Trotzki einig, sondern wandte sich auch gegen den Austritt des Spartakusbundes aus der USPD. Mit seinen Organisationsvorstellungen scheiterte er jedoch auf der Vorkonferenz des Bundes am 29. Dezember 1918 in Berlin.

Dort wurde gegen drei Stimmen (Leo Jogiches, ▸ Karl Minster und ▸ Werner Hirsch) die sofortige Bildung einer eigenen Partei beschlossen. Auch bei der Namensgebung auf ihrem Gründungsparteitag konnte sich Jogiches nicht durchsetzen. Gemeinsam mit Rosa Luxemburg hatte er in der Sitzung der Zentrale des Spartakusbundes vorgeschlagen, sie »Sozialistische Partei« zu nennen, um damit die Verbindung zu den Massen wie auch die Abgrenzung von Lenin zu demonstrieren. Für »Sozialistische Partei« votierten nur drei Spartakusführer, aber vier waren für »Kommunistische Partei« (▸ Paul Levi enthielt sich der Stimme mit der Begründung, ihm sei es gleichgültig, wie die Partei sich nenne). Der Gründungsparteitag der KPD wählte Jogiches zwar in die Zentrale, doch der Kongreß war für ihn eine Niederlage und intern kritisierte er dessen Ergebnisse heftig. Aber nach der Ermordung von Rosa Luxemburg und Karl Liebknecht am 15. Januar 1919 trat er sofort wieder an, um die KPD zu leiten. Bereits am 10. März 1919 wurde auch Leo Jogiches verhaftet und am gleichen Tag in einer Zelle im Untersuchungsgefängnis Berlin-Moabit ermordet.

▸ Johansen, Henry (Salter, Ernest J.) (* 1905 – † 1967)

Geboren am 8. Mai 1905 in Waren/Mecklenburg, Sohn einer Arbeiterfamilie; lernte Kaufmann. Johansen trat 1921 als Sechzehnjähriger in die KPD ein, ging als Bürogehilfe zur BL Mecklenburg. Ende 1922 übersiedelte er nach Berlin und wurde Mitarbeiter der KPD-Zentrale (Abteilung Kasse). Im Frühjahr 1923 nach Nürnberg geschickt, arbeitete er in der BL Nordbayern und war für die Jugendarbeit verantwortlich. Der vorzügliche und radikale Redner war bald bekannt. Von November 1923 bis 30. April 1924 kam Johansen in »Schutzhaft«. Von der Polizei als »besonders radikal« eingestuft, sind 1924 alle Veranstaltungen verboten worden, auf denen er sprechen sollte. Da er als »geistiges Haupt der kommunistischen Jugend in Nordbayern« galt, wurde er aus Bayern ausgewiesen. Nach der Übernahme der KPD-Führung durch die Linken stieg der noch nicht zwanzigjährige Johansen in der Zentrale 1924 als junger Theoretiker rasch auf, er wurde im AM-Apparat eingesetzt. 1925 schloß er sich den Ultralinken an und war bald einer der Wortführer der Opposition von ▸ Karl Korsch. Johansen ging nach Mecklenburg, wo die Ultralinken unter seiner und ▸ Hans Ambs Führung Einfluß besaßen. 1926 aus der KPD ausgeschlossen, blieb er bei der Spaltung der »Entschiedenen Linken« auf ihrer Reichskonferenz im September 1926 bei der Korsch-Gruppe und bekämpfte die Anhänger von ▸ Ernst Schwarz. Später begann Johansen ein Studium und war noch einige Zeit in kleinen linken Gruppen aktiv. Nach 1945 trat er in West-Berlin – nun unter dem Pseudonym Ernest J. Salter – als Kritiker der Sowjetunion und des Stalinismus in Erscheinung. Seine zahlreichen Publikationen und Artikel (u. a. im »Monat«) machten ihn in den fünfziger und sechziger Jahren als Sowjetologen bekannt, er analysierte vor allem die sowjetische Außen- und Deutschlandpolitik. Eine öffentliche Polemik zwischen ihm und dem Sowjetideologen Eugen Varga fand 1956 das Interesse der Medien. Henry Johansen-Salter starb am 5. Dezember 1967 in West-Berlin.

▸ Jung, Franz (* 1888 – † 1963)

Geboren am 26. November 1888 in Neiße/Schlesien, Sohn eines Uhrmachers. Jung führte ein abenteuerliches Leben, er war Börsenjournalist, Bohémien, Wirtschaftsanalytiker und revolutionärer Aktivist. Er studierte von 1907 bis 1911 Jura und Nationalökonomie in Breslau und Berlin, war dann freischaffender Schriftsteller, auch Herausgeber von Zeitschriften (»Die freie Straße«). Von 1912 bis 1921 Mitarbeiter der »Aktion« von ▸ Franz Pfemfert und später des Malik-Verlags. Autor von expressionistischen und sozialkritischen Romanen und Erzählungen, verfaßte auch Theaterstücke u. a. für Piscator und war Mitinitiator der Dada-Bewegung. Zuerst Freiwilliger, als Soldat dann Deserteur im Weltkrieg. Am 9. November 1918 besetzte er an der Spitze bewaffneter Arbeiter in Berlin das Wolffsche Telegraphenbüro, wurde Mitglied des Arbeiter- und Soldatenrates und 1919 der KPD, 1920 Gründungsmitglied der KAPD. Jung organisierte die Entführung des Schiffes »Senator Schröder« nach Murmansk, nahm 1921 an den März-Kämpfen in Mitteldeutschland teil und kam mehrere Monate ins Gefängnis. Nach einer Reise in die Sowjetunion war er Mitorganisator der Hungerhilfe, der IAH. Ab 1923 im kommunistischen Verlag für Literatur und Politik tätig, erhielt Jung nach 1933 Schreibverbot und wurde 1936 von den Nazis verhaftet. Danach aktiv bei den »Roten Kämpfern«, 1938 Emigration über Wien nach Budapest. Dort 1945 zum Tode verurteilt, er konnte flüchten, wurde aber erneut festgenommen und kam ins KZ Bozen. Nach der Befreiung blieb Jung zunächst in Italien. 1947 Emigration in die USA, arbeitete in New York und San Francisco als Wirtschaftsjournalist. 1960 Rückkehr nach Europa, hier erschien 1961 erstmals seine Autobiographie »Der Weg nach unten«. Franz Jung starb am 21. Januar 1963 in Stuttgart.

▸ Jungbluth, Karl (* 1901 – † 1987)

Geboren am 18. März 1901 in Schwerin; lernte Schriftsetzer und ging dann auf Wanderschaft. 1919/20 war er Bezirksleiter der kommunistischen Jugend in Bremen, kehrte 1920 nach Mecklenburg zurück und war dort bis 1922 Polleiter der KJD für den Bezirk Mecklenburg. Jungbluth leitete von 1923 bis 1925 die KPD in Schwerin und war Mitglied der BL. Im Februar 1924 wurde er als Abgeordneter der KPD in den Landtag von Mecklenburg-Schwerin gewählt, trat aber im Januar 1925 aus der KPD aus und blieb bis Juni 1925 fraktionslos im Landtag. Er ging dann zur SPD-Fraktion und war dort bis Ende der Landtagsperiode Mitte 1926. Noch kurze Zeit in der SPD aktiv, zog er sich dann ganz aus der Politik zurück und arbeitete wieder als Schriftsetzer. Karl Jungbluth starb 1987.

▸ Jungmann, Erich (* 1907 – † 1986)

Geboren am 31. Juli 1907 in Reichenberg/Sachsen, Sohn eines jüdischen Fabrikarbeiters; kaufmännische Lehre, dann Angestellter in Radebeul und Dresden. 1928 trat er dem KJVD, 1929 der KPD bei. 1930 reiste er in die Sowjetunion und wurde nach seiner Rückkehr Sekretär der Pionierleitung beim ZK des KJVD und Mitglied des ZK des KJVD. Anfang 1932 Jugendsekretär der KJVD-BL Niederrhein. Nach der Ausschaltung der Neumann-Remmele Anhänger um ▸ Kurt Müller und ▸ Alfred Hiller im August 1932 Orgleiter des ZK des KJVD. Im November 1932 auf dem Reichswahlvorschlag der KPD als Abgeordneter in den Reichstag gewählt. Er gehörte 1933/34 der illegalen KJVD-Leitung in Deutschland an. Im Juni 1934 emigrierte er in die Sowjetunion und wurde Referent im westeuropäischen Ländersekretariat der KJI, dann von 1935 bis 1937 Jugendleiter der KPD-AL West in Amsterdam, 1935 Teilnahme am VII. Weltkongreß der Komintern, am VI. Weltkongreß der KJI sowie der »Brüsseler« (1935) und »Berner« (1939) Konferenz der KPD. Jungmann war Mitvorsitzender des KJVD und Mitglied des KJVD-Sekretariats in Paris. Bei Kriegsausbruch im September 1939 verhaftet und interniert. Im März 1942 konnte er nach Mexiko ausreisen, seine Entlassung aus dem Internierungslager und seine Ausreise verdankte er einer Intervention von Eleanor Roosevelt, die er als KJVD-Vertreter auf der Weltjugendkonferenz 1938 für den Frieden in New York kennengelernt hatte. In Mexiko war Jungmann Mitglied und Sekretär der KPD-Landesgruppe sowie Sekretär der »Bewegung Freies Deutschland«. Er gehörte neben ▸ Paul Merker und ▸ Alexander Abusch zu den wichtigsten Funktionären der deutschen kommunistischen Emigration in Mexiko.

Im Juli 1946 nach Berlin zurückgekehrt, übersiedelte er im Dezember 1946 in die Westzonen und wurde zunächst 2. dann 1. Sekretär der KPD-

Landesleitung Niedersachsen. Von 1949 bis 1951 im Sekretariat des KPD-PV für das Ressort Massenorganisationen verantwortlich. Wegen seiner Westemigration mußte Jungmann in die DDR zurückkehren. Er wurde stellvertretender Chefredakteur der »Märkischen Volksstimme«, dann 1952/53 Chefredakteur der »Volkswacht« in Gera. Im Zusammenhang mit dem Slánský-Prozeß in Prag wurde er im Dezember 1952 »zionistischer Abweichungen im mexikanischen Exil beschuldigt« und Anfang 1953 von allen Parteifunktionen entbunden. Er kam zur »Bewährung in die Produktion«, zuletzt Leiter der Abteilung Arbeit in der Ostberliner HO-Verwaltung. 1956 nichtöffentliche »Rehabilitierung« durch die SED und von 1956 bis 1959 stellvertretender Chefredakteur der »Berliner Zeitung«, wechselte Jungmann ab September 1959 wieder in die Westarbeit der SED. Er wurde Mitglied des ZK, Kandidat des Politbüros und Sekretär des ZK der von der DDR aus agierenden illegalen bundesdeutschen KPD. Mit der Konstituierung der DKP 1968 endete diese Arbeit. Im November 1971 wieder in die SED übernommen, wurde er Leiter des Auslandsenders Radio Berlin International und blieb bis 1976 Intendant des Senders. Er erhielt 1977 den Karl-Marx-Orden. Erich Jungmann starb am 29. März 1986 in Ost-Berlin.

▸ Jürgensen, Reinhold (* 1898 – † 1934)

Geboren am 18. März 1898 in Elmshorn; Lehre und Arbeit als Elektriker, Mitglied der KPD und Funktionär der BL Wasserkante. Im November 1932 im Wahlkreis Schleswig-Holstein als Abgeordneter in den Reichstag gewählt. Jürgensen wurde im April 1933 verhaftet und kam für fünf Monate in »Schutzhaft«. Er wurde in den KZs Fuhlsbüttel, Glückstadt und Kuhlen gefoltert. Im September 1934 freigelassen, baute er mit Dutzenden Kommunisten in Elmshorn eine illegale Gruppe auf und soll auch ein Waffenlager angelegt haben. Am 19. Dezember 1934 erneut verhaftet, wurde Reinhold Jürgensen am 20. Dezember 1934 im KZ Fuhlsbüttel ermordet.

▸ Jurr, Werner (* 1906 – † 1947)

Geboren am 20. September 1906 in Berlin, Sohn eines Schneidermeisters, hatte neun Geschwister. Klempnerlehre, 1922 Mitglied der sozialistischen Proletarierjugend, 1923 der kommunistischen Jugend (der auch mehrere Brüder und seine Schwester angehörten) und 1924 der KPD. Auf dem 9. Reichskongreß im Herbst 1925 in Halle ins ZK des KJVD gewählt, wurde Jurr Ende 1925 Gauführer der Roten Jungfront Berlin-Brandenburg und Mitte 1927 Vorsitzender der Roten Jungfront für das ganze Reich, hauptamtlicher Sekretär. 1928 Kursant eines Lehrgangs in der Sowjetunion. Anfang 1929 wandte er sich öffentlich gegen die Korruptionsmethoden im RFB und wurde wegen dieser Kritik am 15. März 1929 aus der KPD sowie aus dem RFB und der kommunistischen Jugend ausgeschlossen. Übertritt zur KPO und Führer der kommunistischen Jugend-Opposition. Im Januar 1930 aufgrund eines Artikels, den er noch in seiner KPD-Zeit geschrieben hatte, zu einem Jahr Festung verurteilt. Die KPD und die Rote Hilfe verschwiegen diese Tatsache und unterstützten ihn nicht. Während der Haft in Gollnow bekam er Verbindung zu ▸ Richard Scheringer. Nach der Entlassung näherte sich Jurr mit ▸ Albert Schreiner wieder der KPD an und trat Ende 1932 erneut in die Partei ein. Er wurde hauptamtlicher RHD-Funktionär und arbeitete als Instrukteur der Zentralleitung bzw. als Orgleiter der RHD Berlin-Brandenburg. Von November 1933 bis Februar 1934 illegale Arbeit als RHD-Instrukteur in Stuttgart, dort am 2. Februar 1934 verhaftet und im September 1934 vom VGH zu drei Jahren Zuchthaus verurteilt. Im Zuchthaus Brandenburg, anschließend bis April 1939 im KZ inhaftiert. Nach Kriegsausbruch wurde Jurr erneut festgenommen und bis 1940 in das KZ Sachsenhausen gebracht. Danach arbeitete er als technischer Angestellter und gehörte zur Widerstandsgruppe ▸ Anton Saefkow. Im Juni 1943 zum Strafbataillon 999 eingezogen und nach Griechenland verschickt, dort nach dem 20. Juli 1944 wieder verhaftet. Vom VGH zu sieben Jahren Zuchthaus verurteilt. 1945 schwerkrank aus dem Zuchthaus Brandenburg befreit, schloß er sich wieder der KPD bzw. SED an. Zunächst stellvertretender Leiter der Polizeiinspektion Berlin-Schöneberg, dann ab Sommer Leiter der Personalabteilung der Zentralverwaltung für Inneres. Jurr, der wegen seiner schweren Krebserkrankung im Frühjahr 1947 zu einem Kuraufenthalt im Schwarzwald weilte, hatte die Absicht, in die Schweiz zu reisen. Er wurde aber am 14. April 1947 in der Nähe Stuttgarts von der amerikanischen Geheimpolizei CIC wegen eines angeblich nicht mehr gültigen Visums verhaftet, nach 14 Tagen jedoch wieder freigelassen. Jurr wurde vorgeworfen, er sei ein internationaler Agent des Kommunismus, der mit Sonderaufträgen in die Schweiz gehen wollte. Werner Jurr starb am 6. Dezember 1947 in Berlin an Magenkrebs.

Seine ehemalige Frau, **Herta Jurr-Tempi**, geb. Sommerfeld, (* 1907), wurde wegen der Verbindung zu Field mehrfach angegriffen. Sie lebte inzwischen in Frankreich und wurde aus der KP Frankreich ausgeschlossen.

Sein Bruder **Gerhard Jurr** (* 1. 7. 1905 – † 29. 11. 1971) war ab 1931 Branchenleiter der Post- und Telegraphenarbeiter in der RGO Berlin bzw. 1932 RGO-Reichsleiter für diese Branche. 1934/35 Kursant an der Internationalen Leninschule in Moskau. Gerhard Jurr wurde am 11. Mai 1936 verhaftet und Ende Dezember 1936 vom VGH zu 15 Jahren Zuchthaus verurteilt. 1945/46 Sekretär der KPD bzw. SED Berlin-Schöneberg. Am 25. Februar 1946 von US-Militärbehörden verhaftet, mit fünf Jahren Gefängnis bestraft, aber bereits am 1. Juni 1946 durch General Clay entlassen. Später Personalleiter bzw. Kaderleiter verschiedener Institutionen in der SBZ/DDR. Er erhielt am 7. Mai 1955 vom Ostberliner Magistrat die Ehrenbürgerschaft und 1970 den VVO in Gold.

K

▸ Kaasch, Wienand (* 1890 – † 1944)

Am 30. Januar 1890 in Stolp/Pommern geboren; organisierte sich nach der Schlosserlehre in der Gewerkschaft, 1912 Mitglied der SPD. Über die USPD kam er 1920 zur KPD, für die er in Berlin verschiedene Funktionen ausübte. 1923 von der Zentrale in die KPD-BL Ruhr entsandt, 1924 Mitarbeiter der Orgabteilung der Zentrale. Im Oktober 1924 kurze Zeit inhaftiert; festgenommen, als er (im Auftrag der Zentrale) die Organisation des Ruhrgebiets inspizierte. Anfang 1925 berief ihn das ZK zum Polleiter der neugebildeten KPD-BL Saar. In den folgenden Jahren arbeitete Kaasch in der Orgabteilung des ZK und war zeitweilig Abteilungsleiter. Hier war er mitverantwortlich für die sogenannten Reichskontrollen, d. h. statistischen Erhebungen in der Partei 1927 und 1929 über ihre Struktur und Zusammensetzung. 1928 Abgeordneter des Preußischen Landtags, dem er bis 1932 angehörte. 1931 wurde er aus der Arbeit in Deutschland abgezogen, dann als Instrukteur für die Komintern tätig. Im März 1933 emigrierte er in die Sowjetunion und war dort Mitarbeiter am Internationalen Agrarinstitut in Moskau. Anfang 1935 stand er wieder für die illegale Arbeit in Deutschland zur Verfügung, gemeinsam mit ▸ Erich Glückauf reiste er im Mai 1935 illegal nach Deutschland. Hier schon nach wenigen Wochen, am 7. August, verhaftet und im Mai 1936 zu zwölf Jahren Zuchthaus verurteilt. Am 19. Januar 1944 starb Wienand Kaasch im Zuchthaus Luckau. Er war von 1922 bis 1928 mit ▸ Hertha Geffke verheiratet gewesen.

▸ Kaczmierczak, Michael (* 1898 – † 1933)

Geboren am 18. September 1898 in Sukolowo/Posen; ungelernter Arbeiter. Bereits 1924 wegen Sprengstoffvergehens verhaftet, trat Kaczmierczak 1928 in die KPD ein und wurde 1931 Mitarbeiter des Waffenressorts der KPD. Er besuchte 1932/33 unter dem Decknamen Rudolf den V. Kurs der M-Schule in Moskau. Danach leitete er unter dem Decknamen Vox den illegalen Kurierapparat und war neben ▸ Wilhelm Reimers Reichstechniker. Kaczmierczak wurde am 18. November 1933 in Berlin verhaftet. Bei seiner Festnahme gab er sich zunächst als Edmund Weiler aus, da er eine auf diesem Namen ausgefertigte Geburtsurkunde besaß. Die Gestapo fand bei ihm sowohl einen auf den Namen Arnold Niegisch ausgestellten deutschen Reisepaß, der aber für den KPD-Funktionär ▸ Erich Glückauf vorgesehen war, und einen tschechischen Paß sowie einen Lichtbildausweis auf den Namen Norbert Toller, der mit dem Paßbild des KPD-Funktionärs ▸ Albert Hottop gefälscht war. Michael Kaczmierczak wurde in das berüchtigte KZ Columbiahaus in Berlin eingeliefert und am Morgen des 20. November 1933 »in seiner Zelle tot aufgefunden«.

▸ Kahmann, Fritz (* 1896 – † 1978)

Geboren am 13. März 1896 in Girschunen/Krs. Tilsit (Ostpreußen), Sohn eines Eisenbahners und späteren Kleinbauern; Maurer. Er war von 1910 bis 1912 mithelfendes Familienmitglied in der fünf Hektar großen Landwirtschaft des Vaters und ging bei Kriegsausbruch 1914 freiwillig zur Kriegsmarine. Von 1919 bis 1933 selbständiger Landwirt in Girschunen, er trat 1923 der KPD bei. 1924 Abgeordneter des Kreistages Tilsit-Ragnit, 1925 des Provinziallandtages Ostpreußen, übte in den folgenden Jahren als »Landwirtschaftsspezialist« verschiedene Funktionen aus. Er war 1927 Teilnehmer der »2. Deutschen Bauerndelegation«, die in die Sowjetunion reiste. 1927 Mitglied der KPD BL Ostpreußen, im September 1928 anstelle des zurückgetretenen Abgeordneten ▸ Franz Moericke auch Abgeordneter des Preußischen Landtags. Von 1929 an im kommunistischen Bauernbund führend tätig. Bis 1932 Landtagsabgeordneter, dann im November 1932 auf dem Reichswahlvorschlag in den Reichstag gewählt. Ab Februar 1933 mit Haftbefehl gesucht, lebte Kahmann bis Oktober 1933 illegal und reiste auf Vorschlag des sowjetischen Konsuls über Riga im November 1933 in die Sowjetunion. Dort von März 1934 bis Februar 1937 Angestellter in Halbstadt/Westsibirien. Ab Mai 1937 kämpfte Kahmann unter dem Namen Willi Berger auf Seiten der Spanischen Republik, war zeitweise Politkommissar der XI. Internationalen Brigade und zuletzt Zugführer einer Maschinengewehrabteilung. Im Februar 1939 in Frankreich interniert, kam er nach Djelfa/Nordafrika, dort von April bis Oktober 1943 Zivilangehöriger eines britischen Pionierbataillons. Er konnte im November 1943 in die Sowjetunion ausreisen und wurde ab Mai 1944 Lehrer an der Antifaschule im Lager 965 in Gorki. Mit ▸ Edwin Hoernle arbeitete er am Agrarprogramm der KPD. Am 6. Mai 1945 kam Kahmann mit der Gruppe Sobottka nach Deutschland, die in Stettin und Mecklenburg mit der gleichen Aufgabenstellung arbeitete wie die Gruppe Ulbricht in Berlin. Er übte in Mecklenburg verschiedene kleinere Funktionen aus. Ab 1952 Hauptabteilungsleiter beim Rat des Bezirkes Schwerin, 1968 Personalreferent des 1. Stellvertreters des Vorsitzenden des Rates im Bezirk Schwerin. Er erhielt 1971 den Karl-Marx-Orden. Fritz Kahmann starb am 17. Mai 1978

▸ Kain, Hans (* 1887 – † 1926)

Geboren am 30. Juni 1887 in München; Schriftsetzer, vor dem Krieg in der Gewerkschaft tätig und Mitglied der SPD. Aktiver Kriegsgegner in München, hatte im Weltkrieg Verbindung zu den Bremer Linksradikalen. Im Dezember 1918 war Kain Gründungsmitglied des Spartakusbundes in München, Vertreter Bayerns auf dem Gründungsparteitag der KPD in Berlin Ende 1918. 1919 Sekretär und Redakteur der KPD in Bayern. Wegen seiner Beteiligung an der Münchner Räterepublik wurde er zu sechs Jahren Festungshaft verurteilt. Nach der Freilassung lebte er im Ruhrgebiet, trat politisch kaum noch hervor. Hans Kain starb 1926.

▸ Kaiser, Ewald (* 1905 – † 1992)

Geboren am 23. Mai 1905 in Dessau, Sohn eines Buchbinders; nach der Mittelschule Schriftsetzerlehre, Bote und Bürohilfe, Wanderschaft durch halb Europa, 1926 kam er ins Ruhrgebiet, dort Bergmann, ab 1928 Müllfahrer in Herne. 1920

Mitglied der Kommunistischen Jugend, 1923 der KPD. Leiter des KJVD in Bochum, Mitglied der KJVD- und der KPD-BL Ruhrgebiet, 1932 UB-Sekretär der KPD in Rheine. Im April 1932 in den Preußischen Landtag gewählt, im August 1932 Sekretär des KJVD Ruhrgebiet. Kaiser wurde im April 1933 Leiter der KJVD-Inlandsleitung, am 17. Februar 1934 in Berlin verhaftet. Da er bei seiner Festnahme geheimes Material bei sich hatte, wurde er von der Gestapo massiv unter Druck gesetzt. Er mußte ▸ Karl Schirdewan (Mitglied des sogenannten Dreierkopfes der KJVD-Inlandsleitung) zu einem Treffen zum Hamburger Hauptbahnhof bestellen, wo dieser von der Gestapo festgenommen wurde. Am 10. Mai 1935 wurde Kaiser vom VGH zu zehn Jahren Zuchthaus verurteilt, danach im KZ Sachsenhausen. Nach der Befreiung wurde Kaiser einer internen Untersuchung durch das ZK unterzogen. Ins Ruhrgebiet geschickt, übernahm er die Kaderarbeit der KPD-BL Ruhr, ab 1946 Orgsekretär bzw. Propagandasekretär der Landesleitung Nordrhein-Westfalen in Düsseldorf. Von 1946 bis 1951 war Kaiser MdL von Nordrhein-Westfalen, 1947/48 Landtags-Vizepräsident. Ende der vierziger Jahre geriet er in die Mühlen der stalinistischen Säuberungen. In der Parteipresse wurde er des Titoismus bezichtigt, da er die Verurteilung der KP Jugoslawiens durch die Sowjetunion kritisierte. Angeblich soll er enge Kontakte zu Vertretern der jugoslawischen Militärmission in Düsseldorf gehabt haben. Im Mai 1951 in die DDR beordert, dort am 6. Juni 1951 festgenommen, kam in Untersuchungshaft. Im August 1952 wurde Ewald Kaiser vom Landgericht Greifswald wegen »Verstoßes gegen das Kontrollratsgesetz 10, Direktive 38« zu fünf Jahren Zuchthaus verurteilt, bis September 1954 im Zuchthaus Brandenburg, danach Arbeiter im VEB Textil in Burg, später Haupttechnologe im VEB Damenbekleidungswerk Leipzig. Kaisers Antrag auf Wiederaufnahme in die SED wurde von der ZPKK im Juni 1956 stattgegeben, außerdem seine Strafe aus dem Register getilgt. Ab November 1958 Redakteur am Deutschlandsender und später in der Agitations- und Westarbeit des ZK tätig, 1968/69 war er zum Prager Rundfunk delegiert, um von dort aus die deutschsprachigen Sendungen in die Bundesrepublik zu leiten. Ewald Kaiser starb am 10. Dezember 1992. Annette Leo veröffentlichte 1999 eine biographische Skizze über ihn.

▸ Kaiser, Paul (* 1884 – † 1950)

Geboren 1884; Maurer. 1903 Mitglied der Gewerkschaft und der SPD. 1917 in Berlin Übertritt zur USPD. Mit der linken USPD kam Kaiser 1920 zur KPD, Anhänger des linken Flügels der Partei. Von 1923 an Vorsitzender des kommunistischen Industrieverbandes für das Baugewerbe. Zusammen mit ▸ Wilhelm Schumacher und ▸ Paul Weyer wandte sich Kaiser 1924 als Ultralinker gegen die Gewerkschaftspolitik der KPD und weigerte sich, den Industrieverband für das Baugewerbe mit den Freien Gewerkschaften zu fusionieren. Ebenso wie Schumacher und Weyer wurde Kaiser im September 1924 aus der KPD ausgeschlossen. Er führte auch in den folgenden Jahren den Industrieverband. 1926/27 war er eng mit der Korsch-Gruppe verbunden. Im Herbst 1931 spaltete sich der Industrieverband. Die Mehrheit schloß Kaiser aus, da er sich gegen den »Roten Volksentscheid« ausgesprochen hatte und mit ▸ Hugo Urbahns zusammenarbeitete; doch er konnte die Minderheit des Verbandes weiterführen. Während der NS-Zeit wieder Maurer, wurde Kaiser wegen seiner politischen Einstellung mehrmals verfolgt. Nach 1945 trat er der KPD bzw. der SED bei, übte jedoch keine Funktion mehr aus und geriet bald in Opposition zur Parteilinie. Paul Kaiser starb am 12. April 1950 in Berlin.

▸ Kant, Fritz (* 1896 – † 1970)

Geboren am 12. Mai 1896 in Berlin, Sohn eines Gastwirts; Lehre und Arbeit als Dreher und Uhrmacher. Von 1915 bis 1918 Soldat im Weltkrieg, schloß sich dem Spartakusbund an, seit Gründung KPD-Mitglied, war von 1919 bis 1922 Polleiter des UB Berlin-Spandau. Im März 1921

Mitarbeiter im Sekretariat des ZA der KPD, vornehmlich mit illegalen Aufgaben betraut. Ab August 1921 Bezirkssekretär in der BL Hessen-Frankfurt und im Januar 1922 der BL Thüringen. Im Mai 1923 wurde er Orgleiter im Bezirk Halle-Merseburg, von Oktober 1923 bis März 1925 Mitarbeiter im Apparat des ZK in Berlin, 1925/26 Leiter der Orgabteilung des RFB. Anschließend war Kant Sekretär für verschiedene UB in der Provinz Brandenburg. Ab März 1930 Bezirkssekretär der Roten Hilfe im Ruhrgebiet, danach Leiter der RHD im Bezirk Mitteldeutschland. Im Juni 1933 in Nordhausen verhaftet, saß er bis 1934 im KZ Lichtenburg. Nach der Freilassung bekam er (durch Vermittlung von Wilhelm Leuschner) Arbeit als Tankwart in einer Großgarage in Berlin-Halensee, dann war er Chauffeur und Geschäftsführer eines Restaurants. Er mußte von August bis Dezember 1939 zur Wehrmacht, wurde ab 1941 Einkäufer bei einer Luftfahrtgesellschaft und hielt Kontakt zur Widerstandsgruppe von Wilhelm Leuschner. Kant wurde 1945 Leiter der Antifa in Siemensstadt, 1946 Sekretär der KPD Berlin-Spandau, dort Bezirksvorsteher im Bezirksamt. Bis zu seiner Suspendierung im Oktober 1948 (Spaltung des Magistrats) war er Bezirksrat für Arbeit und Leiter des Arbeitsamtes Spandau und gehörte bis 1950 der SED-KL an, später Landessekretär des Kulturbundes Berlin und Verwaltungsdirektor der Volksbühne Ost-Berlin. Von 1955 bis 1957 leitete er den VEB Berliner Filmtheater und von 1957 bis 1960 war er Abteilungsleiter beim Staatlichen Komitee für Rundfunk der DDR. Er erhielt 1959 den VVO in Bronze. Fritz Kant starb am 30. Dezember 1970 in Ost-Berlin.

▸ Kantorowicz, Alfred, Dr. jur. (* 1899 – † 1979)

Geboren am 12. August 1899 in Berlin, Sohn eines Kaufmanns. 1917 Militärdienst als Freiwilliger, 1918 Abitur und von 1919 bis 1923 Studium (Jura und Germanistik) in Berlin und Freiburg i. Br. In Erlangen 1923 Promotion zum Dr. jur., ab 1924 Kulturredakteur in Mannheim, dazwischen 1928/29 als Korrespondent in Paris, später Redakteur der »Vossischen Zeitung« in Berlin. Kantorowicz machte sich einen Namen als Theaterkritiker, er war u. a. mit Ernst Bloch und Bertolt Brecht befreundet und trat 1931 offiziell in die KPD ein. Tatsächlich arbeitete er bereits vorher für die Partei, kurze Zeit auch für den Nachrichtendienst der Berliner Zentrale. Im März 1933 emigrierte er nach Paris, wurde dort Generalsekretär des Schutzverbandes Deutscher Schriftsteller (SDS) im Exil, Leiter der deutschen Freiheitsbibliothek und war für die KPD-Leitung aktiv. Kantorowicz arbeitete mit am »Braunbuch über Reichstagsbrand und Hitler-Terror« von ▸ Willi Münzenberg. Von Dezember 1936 bis April 1938 war er Offizier der Interbrigaden im Spanischen Bürgerkrieg, verwundet; berühmt wurden seine Dokumentation »Tschapajew« (1938) und später sein »Spanisches Tagebuch«. Im September 1939 interniert, floh er im Juni 1940 nach Marseilles und konnte 1941 mit Hilfe von Verwandten, reichen jüdischen Tuchhändlern, in die USA entkommen, dort Nachrichtenredakteur. Ende 1946 kehrte Kantorowicz nach Deutschland zurück, wurde Herausgeber der von den Alliierten in Berlin bis 1949 lizenzierten Zeitschrift »Ost und West« und veröffentlichte zahlreiche Broschüren, darunter 1947 »Verboten und verbrannt«. 1947 Mitglied der SED und 1950 Professor für Neue Deutsche Literatur an der Berliner Humboldt-Universität. Leiter des Heinrich-Mann-Archivs, mit dem er in enger Verbindung stand. Kantorowicz weigerte sich 1956, eine Resolution gegen den ungarischen Aufstand zu unterschreiben und flüchtete 1957 vor drohender Verhaftung in die Bundesrepublik. Er lebte bis 1962 in München, dann in Hamburg, publizierte zahlreiche Werke, darunter sein »Deutsches Tagebuch« (1959 und 1961). In der Bundesrepublik wurde er öfter wegen seiner SED-Zugehörigkeit angegriffen, von der DDR als Renegat und Verräter beschimpft. Er fühlte sich als Kämpfer zwischen den Fronten. 1969 erhielt er den Thomas-Dehler-Preis. Alfred Kantorowicz starb am 27. März 1979 in Hamburg.

▸ Karg, Carola Berta (* 1910 – † 1985)

Geboren am 16. Oktober 1910 in Wolfratshausen als neuntes Kind eines Kutschers; lernte Verkäuferin. 1926 Mitglied des KJVD und 1928 der KPD. Ab 1929 Stenotypistin in der BL Halle-Merseburg, 1931 Kursantin eines Jugendlehrgangs an der Leninschule in Moskau. Im Sommer 1932 zunächst Mitarbeiterin, im Herbst in das ZK des KJVD kooptiert. 1933 leitete sie unter dem Decknamen Klara Mathies den KJVD in Thüringen, ab Mitte Juli 1933 den illegalen KJVD in den Bezirken Baden-Pfalz und Niederrhein. Dort arbeitete sie eng mit der katholischen Widerstandsgruppe um Kaplan Joseph Rossaint zusammen. Berta Karg wurde am 31. Januar 1934 in Düsseldorf verhaftet und schwer gefoltert. Nach sechs Wochen ununterbrochener Gestapoverhöre, am ganzen Körper zerschlagen, nur noch 43 Kilo wiegend, kam sie in Untersuchungshaft. Am 25. Juni 1935 vom VGH zu 15 Jahren Zuchthaus verurteilt. Von Jauer in Schlesien nach fünfeinhalb Jahren strenger Isolierhaft in einer halbdunklen, modrigen Zelle nach Waldheim überstellt. In dieser Zeit bekannte sie sich selbst zum Katholizismus. Am 6. Mai 1945 durch die Rote Armee befreit, wurde Berta Karg zunächst KPD-Funktionärin in Chemnitz und Dresden, kehrte Anfang 1946 nach Bayern zurück, hier Sekretärin für Frauenarbeit der KPD-Landesleitung. Nach parteiinternen Auseinandersetzungen über »ungeklärte Fragen« während ihrer Haftzeit schied sie 1947 aus der hauptamtlichen Parteiarbeit aus, wurde Geschäftsführerin des »Bundes christlicher Sozialisten« und dann von 1950 bis 1952 Landessekretärin der VVN Bayern. 1952 hat die KPD Berta Karg wegen angeblichen Verrats während der Haft in der NS-Zeit aus der Partei ausgeschlossen. Sie arbeitete bis 1970 als Angestellte in der Münchner Stadtverwaltung, sie war 1969 der DKP beigetreten. Berta Carola Karg erlag während eines Urlaubsaufenthaltes in der DDR am 12. August 1985 einem Herzinfarkt.

▸ Karl, Georg (* 1882 – † 1964)

Geboren am 21. Juli 1882 in München; lernte Mechaniker, trat vor dem Weltkrieg der SPD bei. Im Juli 1918 Übersiedlung nach Nürnberg. Dort Mitglied der USPD, Delegierter auf dem Vereinigungsparteitag mit der KPD 1920. 1923 Parteisekretär der nordbayerischen KPD. Im Oktober 1923 in »Schutzhaft« genommen; im Mai 1924 wieder freigelassen, übernahm Karl die Orgleitung der KPD in Nordbayern, wurde aber schon 1925 wieder für einige Zeit inhaftiert. Im Mai 1927 rückte er für ▸ Joseph Götz in den Bayerischen Landtag nach, dem er bis 1928 angehörte. Nachdem er in verschiedenen Funktionen tätig war, wurde Georg Karl Anfang 1928 nochmals vorübergehend Orgleiter in Bayern. Danach schied er aus dem hauptamtlichen Funktionärskorps aus und trat politisch wenig hervor. Nach 1933 saß Karl längere Zeit im KZ Dachau. 1945 schloß er sich wieder der KPD an, übte aber keine Funktionen mehr aus und trennte sich 1949 von der Partei. In Nürnberg hatte er sich eine Existenz als Kartoffel- und Lebensmittelgroßhändler geschaffen. Georg Karl starb am 16. Januar 1964 in Nürnberg.

▸ Kasper, Wilhelm (* 1892 – † 1985)

Geboren am 8. August 1892 in Neustadt/ Schwarzwald als Sohn eines Landarbeiters; wurde kaufmännischer Angestellter. Später in Berlin als Kaufmann beschäftigt. 1916 schloß er sich der SPD an, trat 1917 zur USPD über und kam mit deren linkem Flügel 1920 zur KPD. Seit 1919 Gewerkschaftssekretär im Zentralverband der Angestellten, 1923 in die KPD-BL Berlin-Brandenburg gewählt, wo er für Gewerkschaftsfragen zuständig war. Nach dem IX. Frankfurter Parteitag 1924 auch in die Gewerkschaftsabteilung der Zentrale berufen. Von 1924 bis zur Annullierung der kommunistischen Mandate nach der Märzwahl 1933 Abgeordneter des Preußischen Landtags. Ab 1928 Geschäftsführer der KPD-Fraktion, 1932 stellvertretender Vorsitzender des Beamtenausschusses des Parlaments, bearbeitete er speziell Angestellten- und Beamtenfragen, insbesondere auch die der Polizei (Preußisches Polizeibeamtengesetz, Polizeietat). Kasper nahm an verschiedenen Parteitagen teil.

Auf dem XII. Weddinger Parteitag 1929 wurde er Mitglied des ZK und Kandidat des Polbüros, er gehörte bis 1933 zur Spitzenführung. Sofort nach dem Reichstagsbrand am 28. Februar 1933 verhaftet und im KZ Sonnenburg schwer mißhandelt. Beim Reichstagsbrandprozeß wurde er als Entlastungszeuge für seinen Freund ▸ Ernst Torgler aus dem KZ geholt. Vor Gericht erklärte er, Behauptungen, nach denen Torgler mit »Sprengstoff zu tun gehabt hätte« als »von A bis Z erlogen«. Am 28. Juni 1935 verurteilte ihn der VGH zu drei Jahren Zuchthaus (damalige Höchststrafe). Nach der Entlassung aus dem Zuchthaus Luckau am 28. Juni 1937 bis Januar 1938 arbeitslos, fand Kasper dann eine Anstellung bei der Zentralverwaltung der Berliner Stadtgüter. Im Juli 1938 heiratete er zum zweiten Mal in Berlin, er stand bis 28. Juli 1939 unter Polizeiaufsicht. Kasper trat 1945 in Berlin-Neukölln wieder der KPD bei und arbeitete als Angestellter bei den Stadtgütern des Magistrats von Groß-Berlin, zuletzt als Personalleiter.

Gegen Kasper wurde im Frühjahr 1947 seitens des SED-Landesvorstandes wegen seines Verhaltens während der Nazizeit ermittelt. ▸ Hans Jendretzky und ▸ Karl Fugger hatten noch im Februar 1946 seine antifaschistische Haltung bestätigt, doch am 6. Juni 1947 veröffentlichte »Neues Deutschland« einen Beschluß des ZS der SED vom 29. April 1947: »Ausschluß aus der Partei. Der frühere Landtagsabgeordnete der KPD, Willi Kasper, wurde durch Beschluß des Zentralsekretariats aus der SED ausgeschlossen. In dem seit längerer Zeit gegen ihn schwebenden Untersuchungsverfahren wurden nunmehr Unterlagen dafür beigebracht, daß er in der Zeit der Hitlerdiktatur zusammen mit Torgler und Maria Reese, die bereits im Jahre 1934 aus der KPD ausgeschlossen worden waren, bestimmte Arbeiten im Dienste der Goebbels-Propaganda geleistet hat.« Kasper legte Widerspruch ein, weil der abgelehnt wurde und er mit seiner Verhaftung rechnete, flüchtete er Anfang September 1947 nach Hamburg. Dort Gärtner und bis zur Rente 1957 Büroangestellter bei der Stadt Hamburg. Seit 1954 gehörte er dem Landesfriedenskomitee Hamburg an und wurde 1969 Mitglied der DKP. Wilhelm Kasper starb am 10. Januar 1985 in Hamburg.

▸ Kassler, Georg (* 1887 – † 1962)

Geboren am 8. April 1887 in Berlin, Sohn eines Tischlers, der nach 1890 Hauptkassierer des

Deutschen Transportarbeiter-Verbandes war. Georg Kassler absolvierte die Fortbildungsschule, wo er als 15jähriger 1902 einen Schulstreik gegen die »Prügelpädagogen« organisierte und von der Schule verwiesen wurde. Er lernte Schriftsetzer, arbeitete als Setzer und Drucker in Berlin, Ludwigshafen und Heidelberg. Seit 1904 Mitglied der SPD, übte in Berlin bis zum Ausbruch des Weltkrieges verschiedene ehrenamtliche Parteifunktionen aus. Im Kriege stand er in Opposition zum Parteivorstand und nahm Verbindung zur Gruppe Lichtstrahlen um ▸ Julian Borchardt auf, über die er eine Anstellung als Expedient in der Druckerei des Hilfsvereins Deutscher Frauen bekam. Unter diesem unverdächtigen Firmennamen konnte er bis zum Sommer 1918 revolutionäre und Antikriegsschriften an die Front verschicken.

Seit 1915 Mitglied der Gruppe Internationale und später des Spartakusbundes. Ab Sommer 1918 als Tischlerei-Hilfsarbeiter mit seiner Familie (Frau und drei Kinder) nach Trebbin übergesiedelt. Dort gehörte er zu den Organisatoren der Novemberrevolution und wurde Vorsitzender des Arbeiter- und Soldatenrates und Gründer der örtlichen KPD. Danach kehrte Kassler nach Berlin zurück und wurde Lastträger in der Berliner Konsumgenossenschaft. Ende 1921 Sekretär des KPD-UB Süd in Luckenwalde. Während des Parteiverbots 1923/24 lebte er illegal. Zusammen mit ▸ Edwin Hoernle und ▸ Heinrich Rau gründete er 1925 die Bauerngenossenschaft »Pflug und Amboß«, die weder ein organisatorisches noch materielles Fundament hatte und eingestellt werden mußte. 1926 Polleiter in Berlin-Köpenick und Bezirksverordneter, gehörte er der BL Berlin-Brandenburg an und wurde 1928 Polleiter im darniederliegenden UB Lausitz. Im Mai 1928 im Wahlkreis Potsdam I in den Reichstag gewählt, wurde er, da Versöhnler, 1930 nicht mehr als Reichstagskandidat aufgestellt und als UB-Leiter abgelöst. Kassler arbeitete ab 1931 in der sowjetischen Handelsvertretung und war Mitglied des dortigen Betriebsrates.

Von einem schweren Nervenzusammenbruch 1932 erholte er sich nur langsam. Im August 1933 emigrierte Kassler mit seiner Frau Margarete nach Prag und kam im Dezember 1933 in die Sowjetunion, wo er von April 1934 bis April 1935 das Erholungsheim der Komintern leitete. Im Juli 1935 wurde er Redakteur der deutschsprachigen Zeitung »Das neue Dorf« in Charkow. Er kehrte 1936 nach Moskau zurück, Anfang 1937 Hilfsredakteur in der VAA und ab Januar 1938 Korrektor an der »Deutschen Zentral-Zeitung«.

Georg Kassler wurde am 28. Juni 1938 festgenommen und befand sich bis 29. Februar 1940 in NKWD-Haft, auf Anordnung des Volkskommissars für Inneres, Berija, war sein Verfahren eingestellt worden. Er bekam über die Komintern vom ZK der KPdSU eine Pension zugesprochen und wurde Hilfskraft bei der deutschen Sektion der Komintern. Während des Krieges wurde Kassler nach Karaganda evakuiert, dort Politinstrukteur in Kriegsgefangenenlagern. 1943 erkrankte er an Flecktyphus und Malaria, nach seiner Genesung Lehrer an Anifa-Schulen. Im Oktober 1946 kehrte er nach Deutschland zurück, wurde Mitglied der SED und Referent in der Personalabteilung der Deutschen Zentralverwaltung für Industrie. Ab Februar 1947 Personalchef in der Zentralverwaltung für Brennstoffindustrie bzw. nach der Reorganisation im April 1948 der Hauptverwaltung Kohle der DWK, im Oktober 1949 Leiter der Personalabteilung im Ministerium für Aufbau und 1952 Verwaltungs-

direktor des Regierungskrankenhauses in Ost-Berlin. 1957 erhielt er den Karl-Marx-Orden. Seit 1957 schwer krank, starb Georg Kassler am 8. Oktober 1962 in Ost-Berlin.
Sein Sohn **Alfred Kassler,** 1934 in die Sowjetunion emigriert, meldete sich im Juli 1941 freiwillig zur Roten Armee. Im Februar 1943 vom NKWD verhaftet, kam er als Angehöriger der »Arbeitsarmee« ums Leben. Sohn **Berthold Kassler** (* 13. 10. 1912 – † 19. 1. 1978), 1932 Mitglied der KPD, emigrierte 1933 in die Tschechoslowakei und in die Schweiz, 1934 kehrte er nach Deutschland zurück. 1942 Einberufung zur Wehrmacht, desertierte zur Roten Armee, schloß sich dem NKFD an und kam zum Fronteinsatz in Pommern. 1946 Mitglied der SED, viele Jahre Produktionsleiter im DEFA-Kopierwerk Berlin-Johannisthal, von 1958 bis 1963 Mitglied des ZK der SED.

▸ Kassner, Walter (* 1894 – † 1970)

Geboren am 6. Juni 1894 in Prenzlau, Sohn einer Arbeiterfamilie, der Vater starb schon 1896. Er lernte Dreher, schloß sich 1911 der Gewerkschaft und 1913 der SPD an. Seit Frühjahr 1915 Soldat, nach schwerer Verschüttung in Flandern 1916 abkommandiert als Arbeiter zu Krupp-Gruson nach Magdeburg, später in Mittel- und Kleinbetrieben der Magdeburger Metallindustrie tätig. 1917 Übertritt zur USPD, aktiver Funktionär dieser Partei in Magdeburg. 1918 Mitglied des Magdeburger Arbeiter- und Soldatenrates. Mit dem linken Flügel der USPD 1920 zur KPD, wurde 1921 Vorsitzender der KPD in Magdeburg, dort 1924 Stadtverordneter, 1926 Leiter des RFB Gau Magdeburg-Anhalt. Kassner war 1927 hauptamtlicher Parteiangestellter, bis 1930 Orgleiter des KPD-Bezirks Magdeburg, Abgeordneter des Provinziallandtages der Provinz Sachsen und von 1928 bis 1933 Abgeordneter des Preußischen Landtags. Vom XII. Parteitag 1929 zum Kandidaten des ZK gewählt und von 1930 bis 1933 in der BL Magdeburg Polleiter bzw. Sekretär für Agitation. Illegale Arbeit bis Juni 1933 in Magdeburg, Brandenburg, Berlin und Frankfurt/M. Ab August 1934 hielt Kassler sich im Saargebiet, anschließend in der Schweiz und in Frankreich auf. Im Oktober 1934 Rückkehr nach Deutschland, hier gemeinsam mit ▸ Maria Krollmann und ▸ Käthe Lübeck Instrukteur und Polleiter der illegalen KPD im Bezirk Hessen. Am 26. März 1935 in Frankfurt/M. festgenommen, nach zwei Jahren und drei Monaten U-Haft im Mai 1937 durch den 1. Senat des VGH zu lebenslanger Zuchthausstrafe verurteilt, saß er in Kassel, Coswig und Halle. Während des Evakuierungsmarsches von Halle in die Tschechoslowakei im März/April 1945 befreit. 1945 schloß er sich wieder der KPD an, war von Juli 1945 bis Dezember 1950 Bürgermeister von Magdeburg. Im Juni 1950 wurde Kassner als Nachfolger von ▸ Fritz Beyling Vorsitzender der VVN Sachsen-Anhalt. 1951 in Ost-Berlin Abteilungsleiter im Staatssekretariat für Innere Angelegenheiten und 1953 Hauptreferent im Büro des Förderungsausschusses beim DDR-Ministerpräsidenten. Seit 1956 hauptamtlicher Sekretär der SED-Parteiorganisation im Büro des Präsidiums des Ministerrates der DDR. 1962 Parteiveteran, er erhielt 1969 den Karl-Marx-Orden. Walter Kassner starb am 17. November 1970 in Ost-Berlin.

▸ Kattner, Alfred (* 1896 – † 1934)

Geboren am 23. September 1896 in Schwiebus, Sohn einer Arbeiterfamilie; Tischler, von 1916 bis 1918 Militärdienst. Mitglied der USPD, 1920 der KPD. Ab 1925 hauptamtlicher Mitarbeiter zunächst in der Poststelle bzw. in der Orgabteilung des ZK der KPD. Unter dem Decknamen Alfred führte Kattner Sonderaufträge und Kurierarbeiten aus, kannte viele KPD-Funktionäre, denn über ihn lief der gesamte Posteingang. Im Februar 1933 war Kattner einer der wichtigsten Kuriere, die mit ▸ Ernst Thälmann Kontakt hielten. Am 3. März 1933 wurde er zusammen mit Ernst Thälmann und ▸ Werner Hirsch im illegalen Quartier in der Lützowstraße 9 verhaftet, saß von April bis Juni 1933 im Polizeigefängnis Berlin-Spandau, anschließend im KZ Sonnenburg. Ende August zu erneuten Verhören in der Gestapozentrale, weil Kattner »weitgehenden Einblick in interne Vorgänge des ZK besaß und natürlich auch die Rolle führender kommunistischer Persönlichkeiten, insbesondere die des Parteiführers Thälmann kannte«. Mit brutalen Verhörmethoden, Drohungen und Versprechungen gelang es der Gestapo, Kattner »umzudrehen«. Am 15. November 1933 wurde er überraschend entlassen und als Polizei-Lockvogel gegen den AM-Apparat eingesetzt. Obwohl sich die Hinweise verdichteten, daß Kattner zum Verräter geworden war, wiesen Mitarbeiter des AM-Apparates, z. B. ▸ Herbert Wehners Warnungen als unbegründet zurück. Erst als am 18. Dezember 1933 ▸ Hermann Dünow, der »Reichsnachrichtenleiter«, bei einem mit Kattner vereinbarten Treff von der Gestapo verhaftet wurde, reagierte das Abwehrressort. In der illegalen »Roten Fahne« wurde Kattner Ende Januar 1934 als Spitzel der Gestapo genannt: »Wir enthüllen bereits heute, daß ein paar gekaufte Subjekte, mit schwerem Geld bestochene ehemalige kommunistische Funktionäre, nach dem Diktat von Goebbels Propagandaministerium ihre Aussagen machen sollen. Unter diesen Kreaturen und gekauften Achtgroschenjungen befinden sich die ehemals technische Hilfskraft aus dem Karl-Liebknecht-Haus, Alfred Kattner, ferner der ehemalige Redakteur Helmuth Lass und außerdem die ehemaligen Funktionäre Krauss, Grobis und Nickel.« Kattner wurde am 1. Februar 1934 Opfer eines »kommunistischen Fememordes«, ausgeführt von ▸ Hans Schwarz. Die Nazibehörden beantworteten diesen Fememord am 4. Februar 1934 mit der Erschießung der in Haft befindlichen KPD-Spitzenfunktionäre ▸ John Schehr, ▸ Eugen Schönhaar, ▸ Rudolf Schwarz und ▸ Erich Steinfurth. 1999 veröffentlichte Ronald Sassning: Die Verhaftung Ernst Thälmann und der »Fall Kattner«.

▸ Katz, Iwan (* 1889 – † 1956)

Als Sohn des Kaufmanns Gustav Katz und dessen Ehefrau Johanna, geb. Magnus, am 1. Februar 1889 in Hannover geboren. Nach dem Gymnasium Studium der Rechts- und Staatswissenschaften, der Volkswirtschaft und der Medizin an den Universitäten Berlin und Würzburg sowie an der Technischen Hochschule in Hannover. Er schloß sich 1906 der Arbeiterbewegung an, 1907 Vorsitzender der Arbeiterjugend für Nordwestdeutschland. 1909 ein Jahr als Arbeiter in Metallbetrieben tätig, anschließend Assistent im Juristisch-Wirtschaftswissenschaftlichen Seminar der TH Hannover, 1911 wissenschaftlicher Hilfsarbeiter im Statistischen Amt der Stadt Hannover. Die von Iwan Katz in seinen Lebensläufen erwähnten Doktorgrade konnten nicht belegt werden. 1913 heiratete er Anna Kerwel, Tochter eines Offiziers, der wegen sozialdemokratischer Betätigung verabschiedet worden war, die ebenfalls der SPD angehörte. Während des Weltkrieges war Katz, der 1912 seinen Militärdienst leistete, als Leutnant Kompaniechef der 2. Maschinengewehrkompanie bzw. Offizier im Stab. Ab September 1918 Geschäftsführer des Demobilmachungsausschusses Hannover, Katz blieb in der SPD, wurde im Februar 1919 Bürgervorsteher (Stadtverordneter) in Hannover. Delegierter des SPD-Parteitags im Juni 1919, aber Ende 1919 Übertritt zur USPD. Er gehörte zum linken Flügel der USPD, der sich 1920 mit der KPD vereinigte und war wie seine Frau Delegierter des USPD-Spaltungs- und des Vereinigungsparteitages USPD-KPD. Im Februar 1921 zog Katz in den Preußischen Landtag ein, war in den folgenden Jahren vor allem als Redner für die KPD unterwegs. Er trat besonders radikal auf, wurde im August 1923 verhaftet, weil es im Anschluß an seine Rede in Hannover zu Unruhen gekommen war. In der KPD auf dem linken Flügel, wurde er 1922 dennoch als Leiter der Kommunalabteilung in die Zentrale berufen. Auf dem VIII. Parteitag 1923 berichtete er über die Kommunalarbeit. Nach der Oktoberniederlage 1923 einer der Wortführer der linken Opposition, wurde Katz vom IX. Parteitag im April 1924 in die Zentrale und ins Polbüro und im Mai 1924 sowie im Dezember 1924 im Wahlkreis Südhannover-Braunschweig in den Reichstag gewählt. Als Mitglied der Ruth-Fischer-Zentrale ins EKKI-Präsidium nach Moskau geschickt, wo er bis Mitte 1925 blieb. Dort spielte er als Vertrauensmann der deutschen linken Führung eine bedeutende Rolle.

Während der Auseinandersetzungen 1925 in der Ruth-Fischer-Leitung wurde Katz einer der Führer der Ultralinken. Deswegen als Vertreter beim EKKI abgelöst, organisierte er im Sommer 1925 die ultralinke Opposition in Deutschland und fand vor allem in seiner Heimatstadt Hannover große Unterstützung. Nach dem »Offenen Brief« der Komintern, den die Ultralinken ablehnten, verstärkte Katz seine Aktivität. Gemeinsam mit seinen Freunden ▸ Theodor Gohr und Berthold Karwahne konnte er in Hannover die Mehrheit der Partei erobern. Er beschimpfte seine Gegner wüst, den ZK-treuen Orgleiter ▸ Paul Grobis nannte er »ein verkommenes Subjekt«. Katz erreichte als mitreißender Redner, der die Gefühle der Zuhörer anzusprechen wußte, daß seine Anhänger am 11. Januar 1926 die Redaktion der »Niedersächsischen Arbeiterzeitung« besetzten. Nach schweren Schlägereien und erst mit Hilfe der Polizei konnten die ZK-treuen Kommunisten die Zeitung wieder zurückgewinnen. Daraufhin wurde Katz am 12. Januar 1926 aus der KPD ausgeschlossen. Für seine Anhänger gab er in Hannover ein »Mitteilungsblatt« heraus, in dem er manche Interna der KPD publizierte. Das Blatt erschien von März bis Dezember 1926 in einer Auflage von 3.000 Stück. Im Juni 1926 gründete Katz zusammen mit der AAU ▸ Franz Pfemferts den »Spartakusbund der linkskommunistischen Organisationen«, der den äußersten linken Flügel der kommunistischen Bewegung bildete. Katz, von ▸ Clara Zetkin als »Schurke oder Psychopath« und als »Iwan der Schreckliche« bezeichnet, geriet aber bald auch mit dieser Organisation in Konflikt, da er nicht – wie gefordert – sein Reichstagsmandat niederlegte.

Nachdem der neue Spartakusbund im Frühjahr 1927 aufgelöst wurde, trat Katz in der Politik kaum noch hervor. Er engagierte sich in der Gesellschaft der Freunde des neuen Rußlands und unter antifaschistischen Intellektuellen, bekam eine leitende Stelle im Sozialamt Berlin-Wedding. Am 16. März 1933 aus dem Amt entfernt, zwei Tage später verhaftet und kurze Zeit im KZ. Die Freilassung verdankte er seiner früheren Bekanntschaft mit dem NSDAP-Innenminister Frick. Beide hatten 1924/25 im Reichstag der Amnestie-Kommission angehört, welche die Amnestie der politischen Häftlinge von KPD und NSDAP aushandelte. Doch diese Protektion war nicht von Dauer. Als Jude wurde Katz Anfang 1941 erneut verhaftet und in ein Berliner Arbeitslager eingesperrt, aus dem er fliehen konnte. Er lebte illegal, bis ihn die Gestapo 1944 nach Auschwitz und zuletzt ins KZ Mauthausen brachte. Seine Frau protestierte gegen die unmenschliche Behandlung ihres Mannes auf dem Transport, sie wurde selbst festgenommen und kam in das KZ Ravensbrück. Anfang April 1945 wurde Katz aus dem KZ Mauthausen als Kompaniearzt zur Wehrmacht eingezogen und am 20. April zum Chefarzt der in der Festung Mauthausen stationierten deutschen Einheiten befördert. Durch sein Geschick gelang es, die Festung den US-Truppen kampflos zu übergeben, und Katz blieb vom 6. Mai bis 7. Juni 1945 im Auftrag der US-Armee als Arzt im Lager Mauthausen. Zurückgekehrt nach Berlin, schloß er sich der KPD und 1946 der SED an. Seine Anstellung in die Berliner Stadtverwaltung (aufgrund der Bestimmung über die Wiedereinstellung der von den Nazis gemaßregelten Beamten) konnte ▸ Walter Ulbricht nicht verhindern. Katz wollte in Berlin eine wichtige Rolle bei der Aussöhnung zwischen der sowjetischen und der amerikanischen Besatzungsmacht übernehmen und wurde gelegentlich von beiden Seiten als Vermittler herangezogen. Beispielsweise verhandelte er nach der Wahl ▸ Ernst Reuters zum Oberbürgermeister im Einvernehmen mit ▸ Hermann Matern, mit den sozialdemokratischen Spitzenfunktionären Franz Neumann und Kurt Mattick über eine eventuelle nachträgliche Anerkennung Reuters als Oberbürgermeister durch beide Parteien. Als seine Frau am 10. Januar 1947 an den Folgen der KZ-Haft starb, veröffentlichte er im »Neuen Deutschland« noch eine Todesanzeige.

Schließlich liefen gegen Iwan Katz, der ständig opponierte, Parteiuntersuchungen. Seine öffentliche Kritik auf der SED-Kreisdelegiertenkonferenz in Zehlendorf Ende 1948 gegen die Blockade und den Zweijahrplan führte am 21. Dezember 1948 zu seiner Entlassung aus dem Ostberliner Magistrat. Am 14. März 1949 trat Katz aus der SED aus und am 12. Mai 1949, dem Tage der Aufhebung der Blockade, in die SPD ein. Die 1950 in Worms gegründete »Unabhängige Arbeiterpartei« (UAP), die Tito nahestand, hat Katz emphatisch begrüßt. Wegen eines schweren Herzleidens übersiedelte er 1954 in die Schweiz und ließ sich in Castagnola bei Lugano nieder. Dort starb Iwan Katz am 20. September 1956.

▸ Katz, Otto (Simone, André) (* 1895 – † 1952)

Geboren am 27. Mai 1895 in Prag, Sohn eines jüdischen Kaufmanns; Handelsschule, ab 1922 in Berlin im Verlagswesen tätig, zeitweise Verlagsleiter beim Verlagsunternehmen von Leopold Schwarzschild. 1922 trat Otto Katz in die KPD ein und wurde 1927 Verwaltungsdirektor der Piscator-Bühnen in Berlin. Ende 1929 Mitarbeiter der zum IAH-Konzern gehörenden Universum-Bücherei, wirkte Otto Katz als Verbindungsmann ▸ Willi Münzenbergs zu zahlreichen Film- und Theaterschaffenden. Ende 1930 verließ er wegen eines bevorstehenden Prozesses wegen Steuerhinterziehung (im Zusammenhang mit seiner früheren Tätigkeit bei Piscator) Deutschland und reiste nach Moskau, dort Direktor des Filmunternehmens »Mezrabpom«. Im Frühjahr 1933 kam er nach Paris und wurde erneut ein enger Mitarbeiter Münzenbergs, Sekretär des Komitees zur Untersuchung des Reichstagsbrandes. Katz war Chefredakteur und Verfasser des »Braunbuches über Reichstagsbrand und Hitler-Terror« und organisierte den Londoner Gegenprozeß. Er wirkte während des Bürgerkrieges in Spanien im Auftrag der Volksfrontregierung als Leiter der Agence d'Espagne und führte nun das Pseudonym André Simone. Nach zeitweiligem Aufenthalt in den USA lebte er ab Sommer 1940 in Mexiko, wo er zur engeren Leitung der KPD-Exilgruppe gehörte und Sekretär der Bewegung Freies Deutschland wurde. Ab April 1942 außenpolitischer Berater des Präsidenten des mexikanischen Gewerkschaftsbundes Lombardo Toledano. Anfang 1946 kehrte Otto Katz – André Simone in die Tschechoslowakei zurück, wurde Mitglied der KPČ und außenpolitischer Redakteur und Kommentator des Zentralorgans »Rudé právo«.

In Prag Anfang 1952 verhaftet, wurde André Simone/Katz im Slánský-Prozeß mit anderen hochrangigen tschechischen Kommunisten als angeblicher britischer und zionistischer Agent am 27. November 1952 zum Tode verurteilt. Die Urteile wurden am 3. Dezember 1952 vollstreckt, die Asche der verbrannten Leichen in Säcke gefüllt und auf einer eisglatten Landstraße vor den Toren Prags ausgestreut.

▸ Kayser, Albert (* 1898 – † 1944)

Geboren am 28. November 1898 in Stettin, in Berlin aufgewachsen, wurde dort Arbeiter im Gaswerk. Über die USPD fand er den Weg in die KPD. Mitglied des Betriebsrates in den Berliner Siemenswerken, 1923 gemaßregelt, später bei der BVG angestellt. Im Juli 1932 im Wahlkreis Berlin in den Reichstag gewählt. Kayser gehörte zu den Organisatoren des BVG-Streiks vom November 1932. Am 28. Februar 1933 verhaftet und in das KZ Sonnenburg gebracht, wo er sich bis Dezember 1933 in »Schutzhaft« befand. Nach seiner Entlassung illegale Arbeit und Instrukteur in den Bezirken Erfurt, Hannover und Magdeburg. Albert Kayser wurde Ende Januar 1935 erneut festgenommen und am 2. August 1935 vom 1. Senat des VGH zum Tode verurteilt. Dieses Urteil wurde dann aufgrund internationaler Proteste in eine lebenslange Zuchthausstrafe umgewandelt. Er saß zunächst in Berlin-Plötzensee, dann im Zuchthaus Brandenburg-Görden. Ende 1943 in das KZ Buchenwald überführt, wo Albert Kayser am 18. Oktober 1944 an Flecktyphus umgekommen ist.

▸ Keil, Ludwig (* 1896 – † 1952)

Geboren am 1. August 1896 in Bickenbach/Bergstraße, Sohn eines Bahnarbeiters; lernte Metallarbeiter. Während des Weltkrieges schwer verwundet, 1917 Mitglied der SPD, 1920 der KPD. In den zwanziger Jahren Kommunalpolitischer Leiter der KPD-BL Hessen. Mitglied des Stadtrates von Offenbach. Im Dezember 1931 als Nachrücker in den Landtag des Volksstaates Hessen eingezogen, dem er bis April 1933 als Vorsitzender der KPD-Fraktion angehörte. Nach 1933 mehrfach für längere Zeit inhaftiert, zuletzt im KZ Dachau. 1945 Ministerialdirektor im Hessischen Ministerium für Wirtschaft und Verkehr. Vom 1. Dezember 1946 bis 30. November 1950 Abgeordneter des Hessischen Landtages, dort zuerst stellvertretender Fraktionsvorsitzender, ab 1. Juli 1949 als Nachfolger von Leo Bauer Vorsitzender der KPD-Fraktion. Ludwig Keil starb am 8. Januar 1952 in Darmstadt.

▸ Keilson, Max (* 1900 – † 1953)

Geboren am 7. November 1900 in Halle/Saale, Sohn eines jüdischen Kleingewerbetreibenden. Seine Mutter kam im KZ Theresienstadt ums Leben. Er lernte Dekorationsmaler, trat 1919 der Gewerkschaft und der USPD, 1920 der KPD bei. Von 1920 bis 1924 studierte er an der städtischen und an der staatlichen Kunstgewerbeschule in Berlin und arbeitet dann als freischaffender Graphiker und Journalist. Im Frühjahr 1926 gehörte Keilson zeitweise zur Gruppe um ▸ Karl Korsch. Ab 1928 Graphiker in der Agitpropabteilung des ZK der KPD, war verantwortlich für die gesamte Bildpropaganda der Partei, von 1927 bis 1929 Mitglied der BL Berlin-Brandenburg. Ab 1928 war er Vorsitzender der kommunistischen Assoziation revolutionärer bildender Künstler (ABRKD) und lehrte 1931/32 an der MASCH. Im März 1933 wurde Keilson im Zusammenhang mit der Verhaftung Dimitroffs – seine Frau Margarete war dessen Sekretärin – zeitweise inhaftiert. Ende Juli 1933 emigrierte er nach Frankreich, arbeitete später in Prag, kam Ende März 1939 in die Sowjetunion. Mitarbeiter der Presseabteilung der Komintern, später Redakteur beim Radioabhördienst bzw. Rundfunkredakteur des NKFD in Moskau. Max Keilson kehrte im Juni 1945 nach Deutschland zurück und war bis April 1946 stellvertretender Chefredakteur der »Deutschen Volkszeitung«. Nach Gründung der SED im April 1946 Chefredakteur des »Vorwärts«, der Zeitung der SED Groß-Berlin, im November 1949 wechselte er in das DDR-Außenministerium als Leiter der Presseabteilung. Nach Spaltung des einheitlichen Berliner Landesverbandes der Deutschen Presse im Herbst 1948, wurde Keilson 1. Vorsitzender des Verbandes für Ost-Berlin. Gerüchte, er und seine Frau Margarete seien im Zusammenhang mit der Verhaftung von DDR-Außenminister Georg Dertinger ebenfalls inhaftiert worden, ließen sich nicht verifizieren. Max Keilson starb am 9. November 1953 in Berlin.

Seine Frau **Margarete (Grete) Keilson**, geborene Schnate, mit der er seit 1927 verheiratet war, wurde am 21. Dezember 1905 in Berlin geboren. Seit 1925 Mitglied der KPD, war sie bis Anfang 1933 Sekretärin von Georgi Dimitroff im WEB (Deckname Marianne) und emigrierte im März nach Frankreich. Zunächst im Weltkomitee gegen Faschismus und Krieg, gehörte sie später in Prag bzw. Paris zu den wichtigsten Mitarbeiterinnen des Auslandssekretariats des ZK der KPD. Sie kam 1939 in die Sowjetunion und war wie ihr Mann Max bei der Komintern. Im Juli 1945 kehrte Grete Keilson nach Deutschland zurück und wurde Sachbearbeiterin im ZK der KPD. Nach SED-Gründung leitetet sie (offiziell paritätisch mit dem aus der SPD kommenden Alexander Lösche) die Personalpolitische Abteilung des ZS der SED. Ab 1948 zunächst Leiterin des Büros für Internationale Verbindungen im ZK, wurde sie 1953 Stellvertreterin von Peter Florin, dem Chef der Abteilung. Nach ihrer Heirat 1959 mit dem aus britischer Haft zurückgekehrten »Atomspion« Klaus Fuchs wechselte sie in die Presseabteilung des Außenministeriums. Sie erhielt 1985 den Stern der Völkerfreundschaft. Margarete Fuchs/Keilson starb am 4. Januar 1999 in Dresden.

▸ Keim, Karl (* 1899 – † 1988)

Geboren am 23. Juli 1899 in Stuttgart; Maschinenarbeiter. Er war in der KPD aktiv und wurde im April 1932 als Abgeordneter in den Württembergischen Landtag gewählt. 1933 flüchtetet er in die Schweiz, dann nach Frankreich abgeschoben, kehrte aber später nach Deutschland zurück. Keim war mehrfach inhaftiert, u. a. in den KZs Heuberg und Kuhberg bei Ulm. Von 1934 bis 1939 wieder Arbeiter bei Bosch in Stuttgart, betätigte er sich gegen das NS-Regime. Nach erneuter Verhaftung wurde Keim in das KZ Buchenwald überführt, war hier Kapo des Lagerschutzes. 1945 aus dem KZ befreit, kam er als Angestellter der Rückführungsstelle für politische Gefangene nach Stuttgart und stand von Mai 1947 bis 1948 an der Spitze der VVN Württemberg-Baden. Später trat er politisch nicht mehr hervor. Karl Keim starb am 13. April 1988 in Ulm.

▸ Kellermann, Hermann (* 1887 – † 1954)

Geboren am 14. August 1887 in Gehofen bei Sangerhausen, Sohn eines Bergmanns, lernte Schlosser und Schmied. Wanderschaft, ab 1909 als Geselle in Erfurt bzw. in Magdeburg tätig.

1906 trat er der Gewerkschaft und 1909 der SPD bei. 1915 zum Militärdienst einberufen, wurde aber bereits 1916 von seiner Firma reklamiert. Kellermann gehörte 1917 zu den Mitbegründern der USPD in Erfurt und nahm in Berlin an den Januarkämpfen teil. Ende Januar 1919 kam er nach Erfurt zurück und gehörte dort der Volkswehr an. Mit dem linken Flügel der USPD 1920 Übertritt zur KPD, bis 1924 war er Leiter der Ortsgruppe und Vorsitzender des KPD-UB Erfurt. Im Dezember 1924 im Wahlkreis Erfurt in den Preußischen Landtag gewählt, kam 1925 nach Berlin und arbeitete in der ZK-Abteilung Landwirtschaft. 1928 schied er aus dem Landtag aus. Beim Zusammenschluß der drei sächsischen Bezirke im Herbst 1929 wurde Kellermann für wenige Wochen Orgleiter der KPD in Sachsen und übte bis 1933 hauptamtliche Parteifunktionen aus. Von Februar bis Juni 1933 und von 1935 bis Mai 1939 saß er im Gefängnis Erfurt und in den KZs Esterwegen und Sachsenhausen. Nach der Freilassung wieder Schlosser. 1945 trat er der KPD bei, von Juni 1945 bis Januar 1948 geschäftsführendes Vorstandsmitglied bei der Thüringischen Hauptgenossenschaft Raiffeisen in Erfurt, dann ab Februar 1948 Betriebsleiter des VEB Pumpenfabrik Erfurt. Hermann Kellermann starb am 22. April 1954 in Erfurt.

▸ Kennecke, Karl (* 1891 – † 1972)

Geboren am 18. Dezember 1891 in Aschersleben, Sohn eines Zimmerers; Lehre und Arbeit als Maschinenschlosser, Wanderschaft, Mitglied des DMV und der Arbeiterjugend, 1913 der SPD. 1914 bis 1918 Soldat, Heizer bei der Werftdivision in Emden und dort im November 1918 Vorsitzender des Arbeiter- und Soldatenrates. Im November 1918 wurde er Mitglied des Spartakusbundes und nahm Ende Dezember 1918 am Gründungsparteitag der KPD teil. Ab April 1919 Schlosser im Gaswerk Leipzig-Süd, dort ab 1926 Mitglied des Betriebsrates und zeitweilig Betriebsratsvorsitzender. 1920 trat Kennecke der KAPD bei, kehrte aber 1925 wieder zur KPD zurück. Von 1930 bis 1933 war er unbesoldeter Stadtrat in Leipzig und Mitglied der BL Sachsen. Von Dezember 1934 bis Februar 1935 inhaftiert, im Februar 1936 zu eineinhalb Jahren Gefängnis verurteilt, dann von Ende 1937 bis 1945 wieder Schlosser. Ende 1945 im Gaswerk Leipzig-Süd Leiter der Personalabteilung, dann Kultursachbearbeiter, von 1953 bis 1957 war er Treuhänder des Rates des Bezirks Leipzig. Er erhielt 1961 den VVO in Bronze. Karl Kennecke starb am 18. Oktober 1972 in Leipzig.

▸ Kenzler, Georg (* 1884 – † 1959)

Am 20. Oktober 1884 in Mannheim geboren; sein Vater, ein Schmied, wurde 1893 wegen seiner gewerkschaftlichen Tätigkeit bei der Mannheimer Firma Lanz gemaßregelt, so daß die Familie nach Frankenthal in der Pfalz übersiedelte. Er lernte Schlosser und war aktiv in der sozialistischen Jugend, ging auf Wanderschaft durch Deutschland, die Schweiz und Österreich. 1908 schloß er sich der SPD an und kam 1917 bei Gründung zur USPD. 1918 noch zu den Pionieren eingezogen, kehrte er nach Ausbruch der Revolution nach Mannheim zurück und war an den Revolutionskämpfen beteiligt. Er stand auf dem linken Flügel der USPD, kam mit diesem 1920 zur KPD. 1921 Leiter der KPD in Mannheim, arbeitete weiter in seinem Beruf als Schlosser. 1922 Stadtverordneter und hauptamtlicher Sekretär der KPD Mannheim.

Auch in der KPD gehörte Kenzler dem linken Flügel an, er wurde Anfang 1924 Polleiter des KPD-Bezirks Baden. Im Mai 1924 (bis 1928) als Abgeordneter in den Reichstag gewählt. 1924/25 einige Male verhaftet, mußte er aber als MdR wieder freigelassen werden. Bis 1926 Polleiter in Baden, trat zunächst noch für das ZK auf, schloß sich aber 1926 immer enger an die Ruth-Fischer-Gruppe an. Ende 1926 abgelöst und einer der Führer der linken Opposition in Baden, die hier erst 1927 in Aktion trat. Da Kenzler am 16. Juli 1927 an einer Urbahns-Versammlung in Mannheim teilgenommen hatte, zur Bezirksleitung vorgeladen, lehnte aber sein Erscheinen schriftlich ab: »Die jetzige BL gleicht einem Inquisitionstribunal, Ketzer (Oppositionelle) müssen um jeden Preis verbrannt werden. Ihr braucht noch Holz zum Scheiterhaufen.« Als solches »Holz« legte er ein Schreiben der russischen Opposition bei und solidarisierte sich damit. Daraufhin am 27. Juli 1927 aus der KPD ausgeschlossen. Mitglied des Leninbundes. Nach der Auflösung des Reichstags am 18. April 1928 verhaftet; obwohl das Verfahren ja wegen seiner KPD-Tätigkeit lief, gewährte ihm die Partei keine Rechtshilfe. Kenzler kandidierte für den Leninbund, kam aber nicht mehr in den Reichstag. Nach der Haftentlassung 1928 eröffnete er in Mannheim eine Gastwirtschaft. Am 10. Januar 1929 trat er in die SPD ein und zog nach Berlin, wo er mit mehreren anderen früheren linken KPD-Abgeordneten bei der Volkshilfe-Versicherung beschäftigt war. Nach 1933 einige Male kurz inhaftiert, blieb er bis 1945 als Arbeiter in Berlin. 1945 wieder bei der Versicherung tätig, wurde zwar Mitglied der SED, übernahm aber keine Funktion, sondern stand in Opposition zur Parteilinie. Er wohnte in Ost-Berlin (Köpenick) und hatte sich von der Politik zurückgezogen. Georg Kenzler starb am 1. Januar 1959 in Ost-Berlin.

▸ Kerff, Willi (* 1897 – † 1979)

Geboren am 1. Mai 1897 in Vaalser Quartier an der deutsch-holländischen Grenze unweit von Aachen, Sohn eines Berg- und Eisenbahnarbeiters und späteren Gastwirts. Nach dem Gymnasium besuchte er während des Weltkrieges ein Lehrerseminar und nahm Verbindung zur sozialistischen Bewegung auf. 1916 mußte er den Militärdienst wegen einer Typhuserkrankung unterbrechen, danach bei einer Feldartillerieeinheit bei Sedan. Im November 1918 gehörte er in Aachen dem Arbeiter- und Soldatenrat an und wurde Mitglied der SPD, 1920 der USPD. Ende Dezember 1920 ging er mit der linken USPD zur VKPD. 1919/20 war er Volksschulhilfslehrer in Aachen. Nach dem Ausscheiden aus dem Schuldienst hauptamtlicher Sekretär der VKPD in Köln, 1923 zunächst Orgleiter, nach ▸ Eugen Eppsteins Versetzung Mitte 1924 dessen Nachfolger als Polleiter des Bezirks Mittelrhein. Der VIII. Parteitag 1923 wählte Kerff in die Gewerkschaftskommission, er gehörte zum linken Flügel der Partei, wurde als Spitzenkandidat aufgestellt und zog im Dezember 1924 im Wahlkreis Köln-Aachen, später auch Wahlkreis Koblenz-Trier in den Preußischen Landtag ein, dem er ununterbrochen bis 1933 angehörte. Im September/Oktober 1925 Polleiter des Bezirks Thüringen, dann als Mitarbeiter ins ZK berufen, dort bis 1933 Sekretär der Landabteilung sowie im kommunistischen Bauernbund tätig.

Im März 1933 verhaftet, kam er im Juni 1933 in das KZ Sonnenburg, im Frühjahr 1934 in das KZ Lichtenburg. Beim Reichstagsbrandprozeß im Oktober 1933 als Zeuge aus dem KZ vorgeführt, erklärte Kerff entgegen der Anklage, er kenne van der Lubbe nicht. Nach der Freilassung im September 1934 blieb er im Winter 1934/35 in Berlin, emigrierte im Juni 1935 in die Tschechoslowakei, im August 1935 in die Sowjetunion, wo er in ein Sanatorium kam. 1936 wurde Kerff unter dem Namen Kleist Mitarbeiter bei der EKKI-Vertretung der KPD, zusätzlich schrieb er am Moskauer Marx-Engels-Institut an einer Karl-Liebknecht-Biographie. Am 24. März 1938 wurden er und Emil Linke als die letzten beiden Bewohner des Emigrantenheims vom NKWD verhaftet. Der während der Säuberung festgenommene deutsche Kommunist ▸ Walter Dittbender hatte Kerff belastet. Das NKWD wollte von Kerff die Bestätigung erpressen, er habe für die Gestapo gearbeitet, doch er weigerte sich trotz aller Folterungen, ein Geständnis abzulegen. ▸ Wilhelm Pieck hatte sich am 20. April 1938 in einem Brief an Dimitroff zwar für Kerffs Freilassung eingesetzt, aber die Untersuchungshaft endete erst 1939. Im September 1939 freigelassen, durfte er die Arbeiten an der Liebknecht-Biographie fortsetzen. Im Oktober 1941 wurde er mit anderen Emigranten nach Ufa evakuiert, dann von 1943 bis 1947 Politinstrukteur der Roten Armee. Im Juni 1947 kehrte Kerff nach Deutschland zurück, Mitglied der SED, ab September 1947 Referent für Schulung im Wirtschaftsministerium der Landesregierung Brandenburg. Ende April 1949 leitete er das Informationsamt bzw. die Informationsverwaltung des Brandenburgischen Innenministeriums. Von 1952 bis 1960 war Kerff Stellvertretender Direktor des Instituts für Zeitgeschichte in Ost-Berlin, 1972 erhielt er den VVO in Gold. 1967 erschien sein Buch: »Karl Liebknecht 1914-1916. Fragment einer Biographie«. Willi Kerff war mit Antonia Kerff-Kleist, geborene Schulkina, einer Russin verheiratet (* 1903 – † 1979). Nur wenige Wochen nach dem Tod seiner Frau starb Willi Kerff am 19. April 1979 in Ost-Berlin.

▸ Kersten, Kurt, Dr. phil (* 1891 – † 1962)

Geboren am 19. April 1891 in Welheiden bei Kassel, Sohn eines Grundbesitzers. Er studierte

Germanistik und Philosophie in München und Berlin, promovierte 1914 zum Dr. phil. Im Weltkrieg von 1915 bis 1918 Soldat, mit dem EK I. Klasse ausgezeichnet. Im Krieg radikalisiert, wurde Mitarbeiter an der Zeitschrift »Aktion« von ▸ Franz Pfemfert. Er stand in der Weimarer Republik der KPD nahe und galt als kommunistischer Schriftsteller. Kersten veröffentlichte 1920 eine Biographie Lenins, gab 1923 den Band »Das heutige Rußland 1917 bis 1923« heraus und schrieb 1924 nach seiner Rußlandreise »Moskau – Leningrad. Eine Winterfahrt«. Er war Mitarbeiter kommunistischer Zeitungen, u. a. der »Roten Fahne«, ab 1928 aktiv im Bund proletarisch-revolutionärer Schriftsteller. Kersten publizierte vor allem in den Presse-Organen von ▸ Willi Münzenberg. 1933 flüchtete er über Prag nach Paris. In der Emigration publizistisch gegen die Nazis tätig, gehörte er zu den Initiatoren und Mitgliedern der Deutschen Volksfront. Eng mit Münzenberg verbunden, unterstützte er diesen bei der Arbeit am Buch »Propaganda als Waffe«. Nach Münzenbergs Bruch mit Stalin wandte sich auch Kersten von der KPD ab, er schrieb nun in der »Zukunft«. Nach der Internierung in Frankreich 1939 gelangte er über Martinique nach New York. Auch als Emigrant blieb Kersten Schriftsteller und Historiker, er war 1955 Herausgeber von ▸ Arthur Rosenbergs Standardwerk »Entstehung und Geschichte der Weimarer Republik«. 1957 erschien in der »Deutschen Rundschau« der Artikel »Das Ende Willi Münzenbergs«. Darin vertrat er die These, ein »stalinistischer Fememord« an seinem Freund sei wahrscheinlich. Kurt Kersten starb am 18. Mai 1962 in New York.

▸ Kessel, Franziska (* 1906 – † 1934)

Geboren am 6. Januar 1906 in Köln, Tochter eines Maurers und SPD-Funktionärs. Sie arbeitete als Verkäuferin in Frankfurt/M. Mitglied der SAJ, 1926 Anschluß an den Internationalen Sozialistischen Kampfbund (ISK), 1928 Mitglied der KPD. Franziska Kessel wurde 1930 wegen KPD-Propaganda in der Polizei vom Reichsgericht zu einem Jahr Festungshaft verurteilt. Nach ihrer Freilassung Frauenleiterin der BL Hessen-Frankfurt, sie wurde im Juli 1932 im Wahlkreis Hessen-Nassau in den Reichstag gewählt, dem sie bis März 1933 angehörte.

Im März 1933 aktiv bei der Organisierung des KPD-Widerstands in Bad Nauheim, wurde sie am 4. April 1933 verhaftet, am 17. November 1933 vom OLG Darmstadt wegen »Verbrechens gegen § 86 des StGB« zu drei Jahren Zuchthaus verurteilt. Franziska Kessel wurde am 17. April 1934 in ihrer Gefängniszelle im Landgerichtsgefängnis Mainz »erhängt aufgefunden«. Angeblich war es Selbstmord, doch Mord ist nicht auszuschließen. Ihr dreizehn Jahre älterer Bruder **Nikolaus Kessel** (* 13. 1. 1893), von Beruf Plattenleger, war zeitweise Kölner Stadtverordneter, Polleiter des UB Köln und Redakteur an der »Sozialistischen Republik«. Nikolaus Kessel wurde am 9. Mai 1945 in Pulheim bei Köln von Plünderern erschossen.

▸ Kettig, Alfred (* 1903 – † 1951)

Geboren am 23. September 1903 in Staßfurt/Krs. Calbe, Sohn eines Schmieds; Lehre und Arbeit als Maschinenschlosser. Mitglied des DMV, 1920 zunächst Mitglied der SPJ, anschließend der KJD, Funktionär im UB Staßfurt. 1923 trat er der KPD bei, war zwei Jahre später bereits Vorsitzender des UB Staßfurt. 1929 kam er als Nachrücker in den Landtag von Anhalt, 1932 nicht mehr als Kandidat aufgestellt. Er arbeitete als Sekretär des UB Halberstadt, 1932 hauptamtlich beim Kampfbund gegen den Faschismus. Am 10. März 1933 in Aschersleben verhaftet, kam er in mehrere KZs, Ende Dezember 1935 entlassen. Kettig schloß sich in Magdeburg der Widerstandsgruppe »Bund Freies Deutschland« an, zu der u. a. ▸ Ernst Brandt und ▸ Erich Besser gehörten. Von 1940 bis 1942 erneut inhaftiert, wurde er Anfang 1944 zum Strafbataillon 999 einberufen und im Balkan eingesetzt. Am 17. Februar 1945 in Sarajewo festgenommen, noch aus der Wehrmacht »ausgestoßen« und nach Magdeburg in »Schutzhaft« gebracht. Durch amerikanische Truppen am 13. April 1945 befreit, organisierte Kettig in Magdeburg, anschließend in Staßfurt den Wiederaufbau der KPD. Er wurde Orgsekretär des UB Magdeburg, anschließend Instrukteur in Zerbst, zeitweilig Gewerkschaftssekretär, dann Instrukteur der SED in Dessau. Er kam 1948 als Schulungsleiter zur Konsumgenossenschaft, war ab Oktober 1949 hauptamtlicher Sekretär der SED im VEB Filmfabrik Wolfen. Alfred Kettig starb am 3. Dezember 1951.

▸ Kiefert, Hans (* 1905 – † 1966)

Geboren am 1. Juni 1905 in Berlin, Sohn eines Angestellten; Tischler. 1920 wurde er Mitglied der KJD, 1923 der KPD. Auf dem 9. Reichskongreß im Oktober 1925 in Halle wurde Kiefert in das ZK des KJVD gewählt, dann im Herbst 1926 für einige Monate Bezirkssekretär des KJVD in Gleiwitz. Der 10. Reichskongreß im April 1927 wählte ihn und ▸ Margarete Wilde als Vertreter Berlin-Brandenburgs in das Sekretariat des KJVD. Von April bis September 1928 Sekretär des KJVD in Hamburg. Während der Wittorf-Affäre stand Kiefert voll hinter ▸ Ernst Thälmann und wurde deshalb auf der KJVD-Reichskonferenz im November 1929 neben ▸ Walter Häbich 2. Vorsitzender des ZK des KJVD. Ein Jahr später schied er aus der Jugendarbeit aus, kam als Orgleiter in die BL Pfalz, ab August 1930 bis Ende 1931 in gleicher Funktion in die BL Hessen-Frankfurt. Ab Januar 1932 gehörte Kiefert dem Sekretariat der BL Halle-Merseburg an. Im März 1933 schickte ihn das ZK als neuen Leiter der KPD Mittelrhein nach Köln, wo er am 5. Mai 1933 verhaftet wurde. Er blieb bis Juni 1935 in »Schutzhaft«, war anschließend erwerbslos und ab 1937 Tischler bei der Mitropa in Berlin. Hier hatte Kiefert Verbindung zur Widerstandsgruppe um ▸ Anton Saefkow. 1943 zur Wehrmacht eingezogen, geriet er von Mai 1945 bis Dezember 1946 in sowjetische Kriegsgefangenschaft in Polen. Im Dezember 1946 Rückkehr nach Berlin und Mitglied der SED. Zunächst im Kreis Friedrichshain tätig, ab Anfang 1949 Leiter der Orginstrukteur-Abteilung der SED-Landesleitung Groß-Berlin. Nach einem Einjahreslehrgang an der PHS wurde Kiefert im November 1951 Vorsitzender der LPKK Berlin. Im August 1953 1. Sekretär der SED-BL Erfurt, im Februar 1957 1. Sekretär der BL Berlin. Mit dem robusten Kiefert hoffte ▸ Walter Ulbricht eine Stärkung des Einflusses der SED, vor allem in den Westsektoren von Berlin, zu erreichen. Doch die Abgeordnetenhauswahlen 1958 waren ein Debakel. Deshalb wurde Kiefert im Februar 1959 abgelöst, blieb aber noch bis November 1963 2. Sekretär. Seit November 1963 war er Stadtrat für Arbeit in Ost-Berlin und gehörte von 1954 bis 1966 dem ZK der SED an, 1965 mit dem VVO in Gold ausgezeichnet. Hans Kiefert starb am 29. Dezember 1966 in Ost-Berlin.

▸ Kilian, Otto (* 1879 – † 1945)

Am 27. November 1879 in Atzendorf/Krs. Calbe geboren, lernte Schriftsetzer, anschließend in diesem Beruf tätig. 1902 Mitglied der SPD, für die er ab 1906 als hauptamtlicher Funktionär arbeitete. Kilian war Redakteur in Solingen, 1907 in Kassel, dann ab 1. November 1913 in Halle am

»Volksblatt«. Von 1914 bis 1918 Soldat an der Front. Als Kriegsgegner schloß er sich der USPD an. 1918 nach Halle zurückgekehrt, wurde Kilian, ein populärer Volksredner, dort am 8. November zum Vorsitzenden des Arbeiter- und Soldatenrates gewählt. Der »rote General von Halle« übernahm außerdem die Redaktion des »Volksblattes«, seit 1917 (als die große Mehrheit der Halleschen SPD übergetreten war) Organ der USPD. Im März 1919 verhaftet, saß er bis November in Untersuchungshaft, dann wegen der revolutionären Tätigkeit des Arbeiterrats zu drei Jahren Gefängnis verurteilt, aber vorzeitig amnestiert. Mit der linken USPD kam Kilian im Dezember 1920 zur KPD. In dieser Zeit entstand seine Schrift »Der singende Kerker. Dichtungen aus der Haft«, in der Folge veröffentlichte er, allgemein als großer Idealist geachtet, verschiedene Gedichtbände und versuchte sich außerdem auch als Musiker. 1921 geriet er in Konflikt mit der Partei, da er die März-Aktion ablehnte. Kilian blieb jedoch in der KPD und wurde 1921 für sie in den Preußischen Landtag gewählt, nachdem ihn schon die USPD in die Preußische Landesversammlung (1919) entsandt hatte.

Vor allem als Redakteur tätig, gehörte er dem linken Parteiflügel um ▸ Arkadi Maslow und ▸ Ruth Fischer an und wurde 1924 kurze Zeit Agitpropleiter im Bezirk Halle-Merseburg. 1924 wieder in den Preußischen Landtag gewählt. Nach dem »Offenen Brief« der Komintern in Halle für die linke Opposition aktiv, unterschrieb Kilian 1926 den »Brief der 700« und wurde Leiter der Opposition in Halle-Merseburg. Mitte 1927 schloß ihn die KPD aus, da er seine Verbindung zur linken Opposition beibehielt. Nach einer Loyalitätserklärung im November 1927 wieder in die Partei aufgenommen, doch am 27. Januar 1928 trennte er sich endgültig von der KPD, wurde Mitgründer des Leninbundes, den er auch in den folgenden Jahren im Bezirk Halle-Merseburg leitete. Im Januar 1933 verbreitete Kilian ein in eigener Druckerei hergestelltes Flugblatt, das zum Sturz der »Hitler-Papen-Hugenberg-Diktatur« aufrief. Mitte September 1933 wurde er verhaftet und zu 16 Monaten Zuchthaus verurteilt. Nach der Strafverbüßung kam er in »Schutzhaft«. Im Februar 1945 vom KZ Sachsenhausen nach Bergen-Belsen gebracht, starb Otto Kilian hier nach wenigen Wochen an Typhus.

▸ Kippenberger, Hans (* 1898 – † 1937)

Am 15. Januar 1898 in Leipzig geboren, besuchte der Sohn eines freireligiösen Predigers die Oberrealschule, war Volontär in einer Schnellpressenfabrik und meldete sich Anfang 1915 als Freiwilliger zum Kriegsdienst. Er nahm als Offizier am Weltkrieg teil, wurde mehrmals verwundet und schied im Januar 1919 als Oberleutnant aus. Ab Frühjahr 1919 kaufmännische Lehre, anschließend Angestellter in Leipzig, ab Juni 1921 in Hamburg als Korrespondent bei verschiedenen Firmen (für englische, französische, italienische und spanische Sprache). Er schloß sich in Leipzig der USPD an und kam mit deren linkem Flügel 1920 zur KPD. Kippenberger studierte ab Anfang 1922 als Werkstudent in Hamburg Nationalökonomie. Seit 1922 im Apparat der KPD, spielte er beim Hamburger Aufstand 1923 eine führende Rolle. Es war vor allem seiner Umsicht und militärischen Erfahrung zuzuschreiben, daß die Kommunisten einen geordneten Rückzug antreten konnten. Nach dem Aufstand lebte er, schwerverwundet, bis März 1924 illegal in Leipzig, floh dann in die Sowjetunion. In Moskau besuchte er sowohl eine Mili-

tärschule als auch die Kommunistische Universität der nationalen Minderheiten des Westens. Ende 1924 kehrte Kippenberger zurück und lebte illegal (bis 1928) in Deutschland, von der Komintern mit dem Aufbau des AM-Apparats der KPD betraut. Obwohl er 1924/25 Mitglied der Hamburger Bürgerschaft war, wurde er noch immer wegen des Hamburger Aufstandes polizeilich gesucht. 1928 kandidierte er für den Reichstag, während des Wahlkampfes zwar verhaftet, doch dann zum Abgeordneten gewählt, mußte er freigelassen werden. Auf dem XII. Weddinger Parteitag 1929 als Kandidat ins ZK aufgenommen, leitete er auch weiterhin den AM-Apparat und blieb bis 1933 Reichstagsabgeordneter. Nach 1933, beim illegalen Aufbau der zerschlagenen KPD, übernahm der AM-Apparat wichtige Aufgaben, doch der Gestapo gelang es, das Informations- und Verteilersystem der KPD zu sprengen. Kippenberger, der als Leo wirkte, wurde fieberhaft von der Gestapo gesucht. Weil Kippenberger mit seinem Apparat die Widersacher ▸ Walter Ulbrichts im Machtkampf um die Führung der KPD unterstützte, wurde er von diesem scharf attackiert Aufgrund der ständigen Angriffe Ulbrichts und ▸ Wilhelm Piecks, setzte das Politbüro am 12. Februar 1935 eine Kommission zur Untersuchung der Beschwerden gegen Kippenberger ein. Mit der Niederlage ▸ Hermann Schuberts und ▸ Fritz Schultes auf der »Brüsseler Konferenz« 1935 wurde Kippenberger entmachtet und nicht mehr in das neue ZK gewählt. Aus Paris in die Sowjetunion beordert, wurde er hier als Industriearbeiter in einen Moskauer Betrieb geschickt. Vom NKWD am 5. November 1936 mit seiner Lebensgefährtin **Christina (Änne) Kerff**, geborene Lenderoth (* 1. 10. 1906 – † 12. 8. 1984), im Moskauer Hotel Sojusnaja verhaftet. In einem Geheimprozeß wurde er der »Spionage und Teilnahme an einer konterrevolutionären terroristischen Organisation beschuldigt«. Hans Kippenberger wurde am 3. Oktober 1937 erschossen.

Christina (Änne) Kerff erhielt im September 1938 acht Jahre Lagerhaft, die sie bis 1946 bei Magadan verbrachte. Danach Zwangsansiedlung an der Kolyma. 1948 Entlassung und Ausreise nach Bulgarien, wo sie den bulgarischen Kommunisten Dino Kjossew heiratete. Hans Kippenbergers erste Frau, **Thea Kippenberger**, geborene Niemand (* 10. 10. 1901), Mitglied der KPD, war von 1923 bis 1930 mit Hans Kippenberger verheiratet, emigrierte mit den Töchtern **Margot** (* 7. 5. 1924) und **Jeanette** (* 23. 7. 1928) im Juli 1933 in die Sowjetunion. Thea Kippenberger arbeitete als Lehrerin und wurde im Februar 1938 verhaftet, durch ein NKWD-Sondertribunal zu mehrjähriger Lagerhaft verurteilt und kam 1939 in Sibirien ums Leben. Am 30. Mai 1957 wurden Hans und Thea Kippenberger durch das Militärtribunal des Moskauer Militärbezirks posthum rehabilitiert, was die SED aber geheim hielt.

Ihre beiden Töchter Margot und Jeanette wurden im November 1937 nach Tschistopol, in die Tatarische Republik in ein Heim für obdachlose Straßenkinder gebracht, in das mehr und mehr Kinder von »Volksfeinden« eingeliefert wurden. Margot Kippenberger heiratete 1948 den russischen Staatsbürger Igor Tschnernawin, konnte mit ihrer Familie im Mai 1958 in die DDR übersiedeln. Sie arbeitete zunächst als Wicklerin im VEB Elektro-Apparate-Werke »J. W. Stalin« in Berlin-Treptow. Da sie sich nicht in das verordnete Schweigen einbinden ließ, kam es zu ständigen Auseinandersetzungen mit dem SED-Parteiapparat. Ihr empörter Leserbrief an das SED-Zentralorgan »Neues Deutschland«, das im Dezember 1979 den 100. Geburtstag Stalins feierte, wurde natürlich nicht veröffentlicht. Sie blieb bis zu ihrer Ausreise nach West-Berlin im März 1981 unter ständiger Beobachtung des MfS. Die jüngere Tochter, Jeanette Kippenberger, arbeitete von 1956 bis 1973 in Ost-Berlin bei ADN als Schreibkraft für Russisch, ab September 1973 bei der SED-eigenen Übersetzerfirma Intertext. Am 14. Juli 1978 übersiedelte sie in die Bundesrepublik Deutschland.

▸ Kirsch (Fredrich), Helene (* 1906 – † 1999)

Geboren am 18. Juli 1906 als Helene Kirsch in Berlin-Johannisthal, Tochter einer Arbeiterfamilie; Montiererin und Justiererin in Zigaretten-

und Metallwarenfabriken. Mit vierzehn Jahren trat sie 1920 in den KJVD, 1925 in die KPD ein. Als Frauenleiterin des Berliner UB Ost bzw. des UB Lichtenberg gehörte sie der Frauenabteilung der BL Berlin-Brandenburg an. 1930/31 arbeitete sie als Küchenhilfe und Serviererin in der sowjetischen Handelsvertretung und im Karl-Liebknecht-Haus, dem Sitz des ZK der KPD. Danach Instrukteurin der Provinzabteilung der BL Berlin-Brandenburg, im November 1932 wurde Helene Kirsch im Wahlkreis Berlin als Abgeordnete in den Reichstag gewählt, dem sie bis März 1933 angehörte. Nach dem Reichstagsbrand illegal, wurde sie am 24. Juli 1933 verhaftet und im April 1934 vom Kammergericht Berlin zu zwei Jahren und neun Monaten Zuchthaus verurteilt. Wegen eines von ihr im Zuchthaus Jauer mitinitiierten Streiks wurde sie im September 1935 wegen »Meuterei« angeklagt, aber freigesprochen. Nach der Entlassung bis Kriegsende Hilfsarbeiterin in einer Metallwarenfabrik in Berlin-Wedding. 1939 für kurze Zeit erneut in »Schutzhaft«. Ihr Mann **Bruno Fredrich** (* 11. 6. 1903), von Beruf Buchdrucker und vor 1933 Mitglied der KPD, zur Wehrmacht eingezogen, galt seit 1943 als vermißt. Im Juni 1945 war Helene Fredrich zunächst Kreisfrauenleiterin der KPD in Berlin-Wedding, dann Frauenleiterin der KPD-Provinzialleitung Brandenburg in Potsdam. 1947 wieder nach Berlin, Referentin im ZS. Später arbeitete sie in der Westabteilung des ZK der SED, saß von 1946 bis 1950 im Brandenburgischen Landtag. Sie wohnte in Berlin-Johannisthal und erhielt 1971 den VVO in Gold. Helene Fredrich starb am 15. August 1999.

› Kirschey, Walter (* 1908 – † 1978)

Geboren am 5. Mai 1908 in Elberfeld-Barmen, Sohn eines Maurers, der bald starb und seiner Witwe sechs Kinder hinterließ. Maurerlehre, 1921 Mitglied der KJD, 1925 der KPD. Mit seinem älteren Bruder Wilhelm (* 27. 3. 1906) machte Walter Kirschey schnell »Karriere« im Apparat des KJVD. Er gehörte der BL Niederrhein und ab 1929 dem ZK des KJVD an. Im selben Jahr für ein Jahr nach Moskau delegiert, wo er das Jugendsekretariat der RGI leitete und als stellvertretender Chef der Gewerkschaftsabteilung im Exekutivkomitee der KJI tätig war. 1930 kehrte er zurück und wurde in Berlin Mitglied des Sekretariats des ZK des KJVD. Im Sommer 1932 geriet Kirschey in die Auseinandersetzungen zwischen › Heinz Neumann, › Hermann Remmele und › Ernst Thälmann und wurde als Anhänger › Kurt Müllers »kaltgestellt« und als Sekretär der KJVD-BL nach Halle-Merseburg geschickt, dann UB-Sekretär der KPD in Wittenberg und Mitglied des Sekretariats der BL Halle-Merseburg. Er ging 1933 zunächst ins Saargebiet, dort Leiter des Emigrantenausschusses. Zur illegalen Arbeit nach Deutschland, leitete Kirschey 1934 die Rote Hilfe im Bezirk Niederrhein. Am 25. April 1934 in Köln verhaftet und am 1. Juli 1935 durch das OLG Hamm zu sechs Jahren und drei Monaten Zuchthaus verurteilt. Nach der Entlassung im August 1940 arbeitete er bis 1944 als Maurer in Wuppertal. 1944 zur Wehrmacht eingezogen, kam er in das Strafbataillon 999. Kirschey desertierte Mitte Februar 1945 zu den jugoslawischen Partisanen. In der Kriegsgefangenschaft gehörte er dem Antifa-Ausschuß an und arbeitete als Maurer in Sarajewo. Im Mai 1946 nach Deutschland zurück, in einem Lager für heimkehrende deutsche Kriegsgefangene eingesetzt. Ab Herbst 1946 Orgsekretär des SED Halle/Saale, von 1948 bis 1952 Hauptabteilungsleiter in der Landesregierung Sachsen-Anhalt, dann bis 1957 im Ministerium für Verkehrswesen. Wegen offener Sympathie für das jugoslawische Modell und seinen persönlichen Kontakten zu Tito gemaßregelt. 1958 als Generalkonsul nach Wroclaw/Polen abgeschoben, war er später Mitarbeiter in der SPK. 1964 im Ruhestand, zog er sich aus der Politik zurück. Walter Kirschey starb am 7. Mai 1978, kurz nach der Flucht seiner Tochter Katia nach West-Berlin.

▸ Kläber, Kurt (* 1897 – † 1959)

Geboren am 4. November 1897 in Jena, Sohn eines Werkmeisters; er verließ das Gymnasium, lernte Schlosser und zog als Wandergeselle durch Europa. Im Weltkrieg Soldat, kämpfte er 1918/19 in Berlin mit dem Spartakusbund und wurde Mitglied der KPD. Bergarbeiter im Ruhrgebiet, dann Redakteur in Bochum, bald war er ein bekannter Autor und später (unter dem Pseudonym Kurt Held) ein berühmter Jugendbuch-Schriftsteller (»Die rote Zora und ihre Bande«, 1941). Kläber war aktiv an der Gründung des Bundes proletarisch-revolutionärer Schriftsteller beteiligt und gab zusammen mit ▸ Johannes R. Becher, mit dem er befreundet war, und anderen die kommunistische Zeitschrift »Die Linkskurve« heraus. Kläber edierte 1929 das bekannte Werk »Der Krieg. Das erste Volksbuch vom großen Krieg«. Umstritten waren einige seiner sozialkritischen Schriften, z. B. »Passagiere der III. Klasse« (1927), eine Arbeit, die Thomas Mann »recht gewagt, begabt und merkwürdig« nannte. Weiterhin für die KPD-Presse tätig, mußte Kläber 1933 nach kurzer Inhaftierung emigrieren, floh über die ČSR in die Schweiz. 1938 wandte er sich vom Kommunismus ab und wurde 1948 Schweizer Staatsbürger. Kurt Kläber starb am 9. Dezember 1959 in Carona (Schweiz).

▸ Klann, Erich (* 1896 – † 1948)

Geboren am 16. Januar 1896 in Zerrehne bei Rostock, Sohn einer Arbeiterfamilie; Schlosserlehre und bis 1919 im Beruf tätig, zeitweise auch Betriebsratsvorsitzender. Seit der Gründung in der KPD, leitete Anfang der zwanziger Jahre die kommunalpolitische Abteilung der BL Mecklenburg-Lübeck. Klann war Mitbegründer der IAH Lübeck und von Ende 1928 bis 1932 Orgleiter der BL Wasserkante. Von November 1921 bis 1933 gehörte er der Lübecker Bürgerschaft an und war Vorsitzender der zuletzt (1932) neun Abgeordnete umfassenden Fraktion. 1933 Sekretär der illegalen KPD in Groß-Hamburg. Am 29. April 1933 verhaftet und am 23. Oktober 1934 durch das Hanseatische OLG zu zwei Jahren Zuchthaus verurteilt, kam bis 23. Dezember 1938 in »Schutzhaft« in das KZ Sachsenhausen. Nach seiner Freilassung arbeitete er als Schlosser, wurde am 23. August 1939 erneut festgenommen und war bis April 1945 wieder im KZ Sachsenhausen. Nach der Befreiung kehrte Klann nach Lübeck zurück, trat der KPD bei, wurde Präsident des Lübecker Arbeitsamtes und war zuletzt Regierungsrat und Stadtpräsident von Lübeck. Erich Klann starb an den Folgen der jahrelangen Haft am 6. Dezember 1948. Er war in erster Ehe mit **Minna Klann** (* 2. 3. 1900), geborene Koll, verheiratet, sie war nach 1933 in der Leitung der illegalen KPD in Lübeck, wurde im Oktober 1935 verhaftet und am 15. Dezember 1936 zusammen mit ▸ Ernst Puchmüller vom VGH zu acht Jahren Zuchthaus verurteilt. Minna Klann starb während der Haft am 18. April 1940 im Zuchthaus Lübeck-Lauerhof. Nach 1945 hat Erich Klann ▸ Maria Krollmann geheiratet.

▸ Klausmann, Robert (* 1896 – † 1972)

Geboren am 1. Mai 1896 in Essen, ursprünglich Christian, später in Robert Klausmann abgeändert. Nach der Schulentlassung 1910 Lederarbeiter in Weinheim/Bergstraße. Von 1915 bis 1918 Frontsoldat, dann wieder Arbeiter in Weinheim. Im Mai 1920 Eintritt in die KPD, ab 1922 Mitglied des Bürgerausschusses in Weinheim, 1926 des Kreistages Mannheim. 1929 zog er als Abgeordneter in den Badischen Landtag ein und wurde im gleichen Jahr auf dem XII. Weddinger Parteitag als Mitglied ins ZK gewählt. Klausmann nahm 1930 an einer Gewerkschaftsschulung der KPD in Berlin teil, war anschließend Sekretär für Gewerkschaftsfragen in der KPD-BL Baden, im April 1932 Polleiter des Bezirks Baden-Pfalz, dort bereits im Dezember 1932 wieder abgelöst. 1933 verhaftet, konnte Klausmann im Oktober 1933 aus dem KZ Kislau flüchten und emigrierte nach Frankreich. Bis 1939 leistete er Grenzarbeit für die KPD, setzte sich dann nach Südfrankreich ab. 1945 über Paris nach Deutschland zurückgekehrt, trat er wieder der KPD bei. Er wurde 1946 Landesdirektor für Arbeit und soziale Fürsorge in Karlsruhe. 1946 für die KPD in den Landtag von Württemberg-Baden gewählt, dem er bis 1950 angehörte. 1948 wurde Klausmann aus seiner Position in Karlsruhe entlassen. Kurze Zeit Direktor für Sozialversicherung in Stuttgart, dann längere Zeit Parteisekretär der KPD in Stuttgart und Karlsruhe. Er zog sich später von der Politik zurück, Robert Klausmann starb am 27. Dezember 1972 in Karlsruhe.

▸ Klebba, Franz (* 1891 – † 1970)

Geboren am 8. Mai 1891 in Zoppot bei Danzig, zwölftes Kind einer Arbeiterfamilie. Er heuerte als 14jähriger 1905 als Matrose auf deutschen und ausländischen Handelsschiffen an. Von 1909 bis 1912 Militärdienst bei der kaiserlichen Marine, bis Kriegsausbruch Werftarbeiter in Hamburg und anderen deutschen Hafenstädten. Im Weltkrieg von 1914 bis 1918 Kriegsdienst als Heizer bei der 1. Werftdivision in Kiel, 1918 Mitglied des Kieler Arbeiter- und Soldatenrats, der ihn Anfang 1919 zum Arbeiter- und Soldatenrat nach Danzig delegierte. Nach dessen Auflösung Angestellter im Landratsamt Neustadt, danach übersiedelte er nach Mecklenburg und arbeitete auf verschiedenen Gütern. Anfang 1920 trat er in die KPD ein, organisierte während des Kapp-Putsches die Landarbeiter in Strelitz-Land. 1924 kam er als Nachrücker in den Landtag von Mecklenburg-Strelitz, dem er bis 1928 angehörte. Von 1926 bis 1928 war er hauptamtlicher UB-Sekretär des RFB in Mecklenburg-Strelitz. 1928 wurde Klebba wegen politischer und persönlicher Differenzen mit dem Fraktionsvorsitzenden ▸ Erich Schmidt aus der KPD-Fraktion des Landtages ausgeschlossen. Er war dann bis 1933 im Landarbeiterverband tätig. Nach 1933 stand er zeitweise unter Polizeiaufsicht und kam 1944 für sechs Wochen in »Schutzhaft«. Im April 1945 rettete Klebba 60 weibliche, vorwiegend tschechische Häftlinge des KZ Ravensbrück, die während des Evakuierungsmarsches in die Wälder geflohen waren. Er war 1945 bis 1948 Bürgermeister von Groß-Trebbow in Mecklenburg. 1948 eröffnete die SED-Kreisparteikontrollkommission Neustrelitz gegen ihn ein Parteiverfahren wegen »Fragebogenfälschung«, das 1949 mit seinem Ausschluß endete. Resigniert übersiedelte er nach Weimar, wurde nach mehreren Anträgen 1959 rehabilitiert und wieder in die SED aufgenommen. Franz Klebba starb am 26. Mai 1970.

▸ Klein, Arnold (Kolossa, Edwin) (* 1900 – † 1942)

Geboren am 30. März 1900 in Budapest, Sohn des Arbeiters Wilhelm Klein. Mit einem städtischen Stipendium zur Handelsschule. 1919 Mitglied des Kommunistischen Jugendverbandes Ungarns, nach der Niederschlagung der Räterepublik 1920 Übersiedlung nach Wien, dort 1922 Mitglied der KP Ungarns. Anfang 1924 Umzug nach Berlin, später nach Essen, Mitglied der KPD. 1925 mit Unterstützung der Roten Hilfe polizeiliche Anmeldung unter dem Namen Edwin Kolossa, geboren am 15. Mai 1898 in Michowitz/Oberschlesien. Archivar und Buchhändler, später Wirtschafts- bzw. Auslandsredakteur am »Ruhr-Echo«. Klein-Kolossa war von 1929 bis Januar 1933 Mitglied der KPD-BL Ruhrgebiet, 1932 wurde er Nachfolger von ▸ Erich Birkenhauer als Agitpropsekretär. Er leitete von 1930 bis 1932 den AM-Apparat der BL Ruhr. Kolossas Deckname Heinrich wurde in Parteikreisen bald erweitert zu »Peitschenheinrich« oder auch »Leichenheinrich«, weil er, so ein ehemaliger Mitarbeiter in einem Gestapoverhör, »brutal und rücksichtslos war und über Leichen ging«. Im März und April 1933 illegale Arbeit in Deutschland, anschließend Emigration in die Niederlande, wo er Grenz-Kuriere organisierte. Ab Februar 1934 in Frankreich, hielt er sich im Sommer 1934 im Saargebiet auf und kam im September 1934 nach Moskau. Dort bekam er den Parteinamen Hans Bloch und wurde im Februar 1935 Redakteur der »Inprekorr«. Ab September 1936 Redakteur in der Auslandsabteilung der »Deutschen Zentral-Zeitung«. Zuletzt als Arbeiter ins Autowerk »Gorki« in Nischni-Nowgorod versetzt. Am 8. März 1938 wurde Hans Bloch (Klein-Kolossa) vom NKWD verhaftet und zunächst in das berüchtigte Taganka- bzw. Butyrka-Gefängnis gesperrt. Er wurde wie damals üblich beschuldigt, Mitglied und Organisator einer »faschistisch-trotzkistischen Gruppe« zu sein sowie Spionage für Nazideutschland getrieben zu haben. Die sowjetischen Behörden übergaben ihn am 5. Februar 1940 als »unerwünschten Ausländer« der Gestapo, die Klein in das Gefängnis Lublin brachte. Später nach Berlin bzw. nach Essen überführt und dort wegen »Vorbereitung zum Hochverrat« angeklagt. Der an offener Tbc leidende Häftling Klein wurde im Dezember 1940 zu einem Lokaltermin nach Holland geschleppt. Ab Oktober 1941 lag er in der Krankenabteilung des Gerichtsgefängnisses in Düsseldorf, wo Arnold Klein-Kolossa am 25. Januar 1942 starb.

▸ Klein, Karl (* 1886 – † 1960)

Geboren am 7. Dezember 1886 in Erfurt, Sohn eines Schuhfabrikarbeiterehepaars; kaufmännische Lehre. 1904 Mitglied der SPD, Funktionär der Arbeiterjugend in Höchst und in Frankfurt/M. 1907 Militärdienst, 1909 Rückkehr nach Erfurt, Arbeit als Handlungsgehilfe, 1914 Einberufung zum Militär, Klein war Soldat im 5. Garderegiment in Berlin-Spandau. Zeitweilig gehörte er als Soldatenvertreter zum Kopf der Revolutionären Obleute (Emil Barth, Richard Müller, ▸ Ernst Däumig, u. a.), knüpfte Verbindung zur Spartakusgruppe und fuhr Mitte Dezember 1918 nach Erfurt, um die Spartakusgruppe zu organisieren, die er dort am 26. Dezember auch schuf. Als Erfurter Delegierter auf dem Gründungsparteitag der KPD wurde Klein in die Programmkommission delegiert. Nach seiner Rückkehr aus Berlin wurde er Vorsitzender der KPD Thüringen in Erfurt. Von 1920 bis Mitte 1922 im Auftrag der Zentrale Polleiter der BL Ostpreußen in Königsberg, 1922/23 Sekretär der KPD in Bremen, anschließend bis Mitte 1924 Redakteur des »Roten Echos« in Erfurt, Delegierter des II. (1920) und VII. Parteitags 1921. Ab 1924 war Klein Mitarbeiter im Münzenberg-Apparat bzw. Leiter der Inseraten-Expedition der AIZ in Berlin. Nach 1933 weiter im Inseratengeschäft tätig. 1938 verhaftet, kam er in das Zuchthaus Luckau. Wegen Flecktyphus haftunfähig, im Dezember 1941 entlassen. 1945 beteiligte sich Klein am Aufbau der Gewerkschaft in Langensalza und war bis 1948 Vorsitzender des FDGB-Kreisvorstandes Langensalza, danach Sekretär des FDGB-Landesvorstandes Thüringen bzw. Referent des Bundesvorstandes. Zuletzt war er Kaderleiter der DHZ-Bürobedarf, Niederlassung Erfurt. Er erhielt den VVO in Bronze. Karl Klein starb am 20. August 1960 in Erfurt.

▸ Kleine, August (Guralski, Samuel) (* 1890 – † 1960?)

August Kleine-Guralski wurde am 10. April 1890 als Abram Jakowlewitsch Heifetz, Sohn einer kinderreichen jüdischen Familie in Riga geboren. Sein Vater war dort Lehrer an der jüdischen Schule. Er besuchte von 1902 bis 1910 die Handelsschule in Riga, schloß sich der jüdischen Arbeiterorganisation »Bund« an, trat in die lettische Sozialdemokratie ein und wurde als Samuel Guralski Funktionär in deren Kulturzentrum. 1908 erste Verhaftung wegen seiner Aktivitäten im Rigaer »Bund«. Als Abgesandter des »Bunds« hielt er sich in Lettland und in

Weißrußland auf, wurde mehrmals inhaftiert und erhielt Aufenthaltsbeschränkungen. 1912 emigrierte er aus Rußland und nahm im selben Jahr an der 9. Konferenz des »Bundes« in Wien teil. 1913 wurde Guralski in Lodz festgenommen, nach Rußland überführt, floh dann erneut nach Wien, wo er sein Universitätsstudium durch Gelegenheitsarbeiten finanzierte.

1914 setzte er sein Studium in Lausanne fort, machte 1916 die Bekanntschaft von Leo Trotzki und Grigori Sinowjew und reiste im Mai 1917 im zweiten »verplombten Eisenbahnzug« nach Rußland. Im Oktober 1917 gehörte Guralski als Vertreter der Internationalisten im »Bund« in Odessa zusammen mit den Bolschewiki dem Revolutionären Komitee an und wurde unter seinem Familiennamen Heifetz verhaftet. Nach dem Einmarsch der Roten Armee in Kiew übernahm er verschiedene staatliche Funktionen in der Ukraine. Im September 1919 schickte ihn das EKKI als Vertreter (Pseudonym Kleine) nach Deutschland, er wurde zwar ausgewiesen, kam aber 1921 zusammen mit Bela Kun wieder zurück, um hier den März-Aufstand vorzubereiten. Kleine-Guralski nahm am III. Komintern-Kongreß teil und wurde dann Mitglied der Zentrale der KPD. Zusammen mit seiner Frau, **Käthe Pohl** (richtiger Name: Lydia Rabinowitsch, später verheiratete Westermann, (* 12. Juli 1892 in Petersburg), spielte er bald eine führende Rolle in der KPD. Käthe Pohl war ab 1922 Sekretärin des Polbüros der KPD, sie hatte 1922 bis 1924 in der KPD wie Kleine erheblichen Einfluß, wurde 1924 von den Linken abgelöst. Sie übernahm in Hamburg kleinere Funktionen, übersiedelte Ende der zwanziger Jahre in die Sowjetunion und wurde Opfer der Stalinschen Säuberungen.

Die Ehe August Kleines mit Käthe Pohl wurde 1923 geschieden, danach heiratete er R. Jezerskaja. Auf dem VIII. Parteitag im Januar 1923 in Leipzig wurde er als August Kleine offiziell in die Zentrale der KPD gewählt, von dieser in das Polbüro aufgenommen, er beteiligte sich führend an den Aufstandsvorbereitungen im Herbst 1923. Nach der Oktoberniederlage war Kleine einer der Hauptorganisatoren der Mittelgruppe und gehörte nach deren Übernahme der Parteiführung im Januar 1924 wieder zur Spitze der KPD. Da die Mittelgruppe auf dem IX. Frankfurter Parteitag scheiterte, verließ Kleine Deutschland.

Auf dem V. Komintern-Kongreß im Sommer 1924 wandte er sich gegen Karl Radek und ▸ Heinrich Brandler, kritisierte deren Rückzugspolitik. Ab Sommer 1924 war Guralski-Kleine offizieller EKKI-Vertreter bei der französischen KP. Er forcierte den Kurs der Bolschewisierung der FKP mit der neuen Führung um Thorez-Cachin-Semard. In Frankreich lebte er unter dem Decknamen Auguste Lepetit, wurde im Juli 1925 verhaftet, ausgewiesen und ging nach Rußland zurück. Da er hier aktiv für die »Neue Opposition« unter Sinowjew/Kamenew wirkte, aus der Komintern-Arbeit entlassen. Abteilungsleiter im Marx-Engels-Institut. Er war weiter führend in der Opposition, unterzeichnete im Mai 1927 die »Plattform der 83«. Daraufhin im Dezember 1927 zusammen mit Trotzki, Sinowjew, Radek und zahlreichen anderen Oppositionellen aus der KPdSU ausgeschlossen und Anfang 1928 nach Frunse (Kirgisien) verbannt.

Nach einer Unterwerfungserklärung im Mai 1928 durfte Kleine-Guralski nach Taschkent übersiedeln und kam als Lehrstuhlleiter an die Kommunistische Universität. Er soll sich bereit erklärt haben, für die GPU/NKWD zu arbeiten, im Juni 1928 wieder KPdSU-Mitglied. Ab August 1929 erneut im Komintern-Apparat, zuerst im Mitteleuropäischen Ländersekretariat, dann von 1930 bis 1934 unter dem Decknamen Rustico als EKKI-Vertreter in Südamerika zusammen mit seiner dritten Ehefrau N. J. Tultschinskaja, die als Chiffreurin für die OMS arbeitete. Im August 1936 wurde Guralski wiederum aus der Partei ausgeschlossen, verhaftet und im August 1937 zu acht Jahren Lager verurteilt. Im Mai 1938 freigelassen, war er nach Aufhebung des Urteils als Mitarbeiter des NKWD eingesetzt und soll in Berichten Bela Kun, Poganyi-Pepper, Ossip Pjatnitzki und ▸ Hugo Eberlein »entlarvt« haben. Später Dozent an der historischen Fakultät der Moskauer Universität, promovierte er im April 1941 über »Französische Geschichte 1919-1924«. Wieder in die KPdSU aufgenommen, wirkte Kleine-Guralski bis 1948 unter dem Namen Professor Arnold als Propagandist unter deutschen Kriegsgefangenen und wurde Mitarbeiter der Akademie der Wissenschaften. Dort entlassen, im November 1950 im Rahmen der antijüdischen Verfolgungen festgenommen und im März 1952 zu zehn Jahren Lager verurteilt. Versuche, ihn 1956 zu amnestieren, scheiterten. Er wurde erst 1958 wegen Invalidität vorzeitig freigelassen. August Guralski-Kleine soll im Sommer 1960 in Moskau gestorben sein.

▸ Klepper, Julius, Dr. rer. pol. (* 1897 – † 1960)

Als Sohn eines Postamtmannes am 12. März 1897 in Köln geboren; besuchte das Gymnasium, machte 1915 das Notabitur in Limburg/Lahn. Von 1915 bis 1921 studierte er mit Unterbrechungen Nationalökonomie. 1916 Soldat im Weltkrieg, bei Verdun verwundet. Während der Revolution Bahnhofskommandant in Wiesbaden. Im März 1919 trat er der Sozialistischen Studentengruppe bei, promovierte 1921 in Köln zum Dr. rer. pol. mit der Dissertation: »Das Gesetz der ursprünglichen Akkumulation und seine wirtschaftspolitische Auswertung«. 1919 Mitglied der USPD, im Dezember 1920 Übertritt zur KPD. Von 1920 bis 1923 Angestellter beim Zentralverband der deutschen Metallindustrie in Köln. 1924 politischer Redakteur, ab 1926 Chefredakteur des KPD-Organs »Sozialistische Republik« in Köln. Im August 1928 wurde Klepper auf einer NSDAP-Versammlung in der Diskussion niedergeschlagen und erlitt schwere Verletzungen. 1928/29 war er Sekretär der Reichstagsfraktion. Im April 1929 vom Reichsgericht wegen »Vorbereitung zum Hochverrat« zu einem Jahr Festung verurteilt, Haft in Gollnow in Pommern. Da Klepper 1927 gegen sektiererische Tendenzen in der Gewerkschaftsfrage aufgetreten war, kritisierte ihn Polleiter ▸ Jean Winterich als Versöhnler. Daraufhin grenzte sich Klepper in einem »Offenen Brief«, den ▸ Arthur Golke im Herbst 1929 dem ZK übergab, scharf von den Versöhnlern ab, die wiederum meinten, er leide an einer Haftpsychose. 1931 noch Redakteur an der Zeitung »Berlin am Morgen« und der »Frankfurter Arbeiter-Zeitung«, dann reiste Klepper in die Sowjetunion, war bis Ende 1932 wissenschaftlicher Mitarbeiter am Marx-Engels-Institut in Moskau, dann Leiter der Informationsabteilung im Staatsinstitut zur Projektierung von Werken der Buntmetallindustrie. 1936/37 Redakteur in der Hauptverwaltung für Literatur, ab 1938 in der VAA bzw. in der Informationsabteilung der Komintern.

Klepper wurde während der Stalinschen Säuberungen 1937 verhaftet, 1938 jedoch wieder entlassen. Dann im Sommer 1941 mit Frau und Kind nach Bugulma in die Tatarische ASSR verbannt, dort Ende Februar 1942 erneut inhaftiert. Seine Frau richtete ein Bittgesuch an ▸ Wilhelm Pieck, der sich zunächst bei Dimitroff für die Freilassung von Klepper einsetzte. Weil sich Kleppers erste Frau Gertrud im Frühjahr 1941 zwecks Rückreise nach Deutschland an die deutsche Botschaft in Moskau gewandt hatte, änderte die Parteiführung ihre Haltung. Seine Frau wandte sich nochmals an Pieck und obwohl sich dieser 1943 erneut für den schwer lungenkranken Klepper einsetzte, wurde er am 25. März 1944 zu fünf Jahren Freiheitsentzug verurteilt. Exakt auf den Tag genau, fünf Jahre nach seiner Verhaftung, wurde

Klepper am 23. Februar 1947 freigelassen und konnte nach Deutschland zurück, wurde Mitglied der SED und nach einem längeren Sanatoriumsaufenthalt ab Juni 1948 Hauptreferent bei der DWK, kam im Oktober 1949 ins Deutsche Wirtschaftsinstitut und war später noch publizistisch tätig. Julius Klepper wohnte als Parteiveteran in Berlin-Köpenick, wo er am 21. Juli 1960 starb.

▸ Klinger, Leo (* 1890 – † ?)

Geboren am 19. Februar 1890 in Danzig, Tischler. Im Weltkrieg war er Verbindungsmann der Spartakusgruppe in Danzig. Klinger war Delegierter des Gründungsparteitages der KPD Ende 1918 sowie auf dem III. und V. Parteitag der KPD 1920. Der Vereinigungsparteitag mit der USPD und der VII. Parteitag 1921 wählten ihn für Danzig in den Zentralausschuß. Klinger war von 1920 bis 1922 hauptamtlicher Parteisekretär in Danzig, 1922 lehnte er die Parteilinie ab und wurde als Oppositioneller aus der KPD ausgeschlossen. Weitere Daten seines Lebenslaufs ließen sich nicht ermitteln.

▸ Kmiec, Paul (* 1893 – † 1946)

Geboren am 10. August 1893 in Dessau, Sohn einer Arbeiterfamilie; Lehre und Arbeit als Schmied in Uelzen und Hannover, Wanderschaft. 1914 Einberufung zum Kriegsdienst, als Heizer bei der Marine. Anfang 1919 Rückkehr nach Dessau, wurde Mitglied der KPD. Er arbeitete in Wolfen und Dessau, war zeitweise Vorsitzender des Betriebsrates. Kmiec gehörte von 1924 bis 1933 dem Landtag von Anhalt an, war ab 1930 Vorsitzender des Kampfbundes gegen den Faschismus und Mitglied der BL Magdeburg. Am 17. März 1933 auf dem Dessauer Hauptbahnhof verhaftet, kam er in »Schutzhaft« und wurde im Juni 1934 in das KZ Oranienburg überführt, von dort in das KZ Roßlau. Danach wieder Arbeiter, aber 1944 erneut inhaftiert und in das KZ Buchenwald eingeliefert. Kmiec kam im Juni 1945 nach Dessau zurück, wo er 1945/46 Sekretär des KPD-UB Dessau wurde. Paul Kmiec starb am 25. März 1946 in Dessau.

▸ Knab, Peter Alois (* 1895 – † 1963)

Geboren am 23. Dezember 1895 in Köln, Sohn eines Schreiners. Besuch des Lehrerseminars, während des Krieges Soldat, dabei schwer verwundet. 1918 Mitglied der USPD, Schriftführer der Kölner Ortsgruppe, 1920 mit der linken USPD Übertritt zur KPD und stellvertretender Vorsitzender der Kölner Ortsgruppe. Knab war Lehrer an einer weltlichen Schule in Köln. Nach dem Ausschluß ▸ Paul Levis aus der KPD Mitglied der KAG, einer der Initiatoren des »Putsches« gegen die KPD-Zeitung »Sozialistische Republik«. Mit der KAG zunächst Mitglied der USPD, kehrte aber 1922 in die KPD zurück. Von 1924 an Mitglied der BL Mittelrhein und Abgeordneter des Provinziallandtages der Rheinprovinz sowie bis 1927 Kölner Stadtverordneter. Bei der Wahl im Mai 1924 kandidierte Knab auf der Reichsliste der KPD, wurde zunächst nicht gewählt, rückte nach dem Ausscheiden ▸ Friedrich Jendroschs im September 1924 in den Reichstag nach, dem er bis zur Auflösung im Oktober 1924 angehörte. Im Dezember 1924 nicht wiedergewählt. Nach dem »Offenen Brief« 1925 schloß sich Knab der linken Opposition an und mußte im Juli 1926 alle Ämter in der Partei niederlegen. Er trat im Dezember 1927 aus der Partei aus, angeblich nicht nur aus politischen Gründen (im November 1927 wurden ihm finanzielle Verfehlungen vorgeworfen). Dann war Knab nicht mehr politisch aktiv, hielt aber Verbindung zu linken Kreisen. Nach 1933 einige Zeit inhaftiert, wurde er Ende der dreißiger Jahre Mitglied der NSDAP, um seinen Lehrerberuf weiter ausüben zu können. Gleichzeitig soll er sich aber in einer Widerstandsgruppe betätigt haben. Nach 1945 war Knab in keiner Partei mehr organisiert, bekam erst nach langen juristischen Kämpfen eine Wiedergutmachung. Er war Vorsitzender des Bürgervereins in Köln-Höhenhaus und wohnte seit seiner Pensionierung Ende 1953 in Enkirch/Mosel, wo Peter Alois Knab am 22. Juli 1963 starb.

▸ Knapp, Wilhelm (* 1898 – † 1984)

Geboren am 6. Januar 1898 in Bremen, Sohn einer Arbeiterfamilie; kaufmännische Lehre. Von 1916 bis 1918 Soldat im Weltkrieg. 1919 Mitglied der KPD, von 1921 bis 1923 Angestellter des Versorgungsamtes in Oldenburg. Ab 1923 hauptamtlich im Apparat der KPD, war Knapp 1923/24 Orgleiter der BL Nordwest und gehörte während der Aufstandsvorbereitung im Herbst 1923 dem sogenannten Direktorium in Bremen an. Dann führend im Verlagswesen der KPD tätig, 1924 Leiter des Verlages »Thüringisches Volksblatt« in Gotha, ab 1926 der »Südwestdeutschen Arbeiter-Zeitung« in Frankfurt/M. und von 1929 bis 1932 der »Süddeutschen Arbeiterzeitung« in Stuttgart. 1932 vom ZK nach Wien entsandt, wo er bis 1934 den Verlag der »Roten Fahne« für die KPÖ leitete. Im Auftrag des ZK auch »Reichskurier« und 1934/35 Verlagsleiter der »Arbeiterzeitung« in Saarbrücken. 1935 in Berlin verhaftet und 1936 zu zwölf Jahren Zuchthaus verurteilt, die er in Luckau und Brandenburg verbüßte. 1945 zunächst Personaldirektor der BVG in Groß-Berlin, ab 1948 Hauptdirektor der Ostberliner Verkehrsbetriebe, anschließend im Außenhandel der DDR tätig. 1961 wurde er nach Rom entsandt und leitete dort bis 1964 die DDR-Handelsvertretung in Italien. Er erhielt 1983 den Karl-Marx-Orden. Wilhelm Knapp starb am 4. April 1984.

▸ Knief, Johann (* 1880 – † 1919)

Geboren am 23. April 1880 in Bremen; wurde nach dem Besuch des Lehrerseminars 1901 Volksschullehrer. Als Mitglied des »Vereins junger Lehrer« kam er in Kontakt zur Sozialdemokratie, schloß sich aber erst 1906 der SPD an, nachdem er vorher weitgehend unpolitisch war. Bis 1911 Lehrer, arbeitete Knief dann von November 1911 bis Dezember 1916 als Redakteur an der sozialdemokratischen »Bremer Bürgerzeitung« und wurde der führende Kopf der Bremer Linken. Seit Anfang August 1914 Soldat, kam Knief nach den Kämpfen an der Westfront schon im Oktober 1914 mit schwerem Nervenleiden nach Bremen zurück. Nach seiner Gesundung 1915 Führer der Bremer Linksradikalen, der neben dem Spartakusbund wichtigsten Gruppe der radikalen Linken in Deutschland. Im Januar 1916 nahm Knief an der ersten Reichskonferenz der Gruppe Internationale in Berlin teil. Von Juni 1916 bis März 1919 gab er zusammen mit ▸ Paul Frölich in Bremen die »Arbeiterpolitik« heraus, das einzige legale Blatt der radikalen Linken im Krieg. Knief stand in enger Verbindung zu Lenin und den Bolschewiki und begrüßte

deren Oktoberrevolution. In seiner Parteikonzeption unterschied er sich aber völlig von Lenin und gehörte zu den Anhängern eines radikal-revolutionären Kommunismus. Im Januar 1918 wegen illegaler Arbeit festgenommen, blieb Knief bis zur Novemberrevolution in »Schutzhaft«. Seine »Briefe aus dem Gefängnis« wurden 1920 publiziert. Er trat für die Schaffung einer eigenen linksradikalen Partei ein. Daher stand Knief während des Krieges im Gegensatz zu ▸ Rosa Luxemburg und ▸ Leo Jogiches, die eine selbständige Partei der äußersten Linken ablehnten und die Spartakusgruppe zum Eintritt in die USPD veranlaßt hatten. Als Wortführer der Bremer Linksradikalen, die sich im November 1918 in Internationale Kommunisten Deutschlands (IKD) umbenannt hatten, wandte sich Knief zunächst gegen die Verschmelzung der IKD mit dem Spartakusbund. Er stimmte unter dem Druck seines Freundes Karl Radek dann doch zu, so daß die KPD Ende 1918 gegründet werden konnte. Obwohl der schwerkranke Knief kaum noch Anteil an den politischen Ereignissen nehmen konnte, wurde er in Abwesenheit im Januar 1919 zum Volksbeauftragten der Bremer Räterepublik gewählt. Johann Knief starb nach einer Blinddarmoperation am 6. April 1919 in Bremen.

▸ Knippschild, Heinrich (* 1894 – † 1953)

Geboren am 1. September 1894 in Elberfeld, Sohn eines Tischlers; Ausbildung an der Fachschule für Textilzeichner, Arbeit als Musterzeichner. Von 1914 bis 1918 Soldat im Weltkrieg. 1921 Mitglied der KPD, ab 1921 Angestellter im Verlag der KPD in Berlin, 1928 im KPD-Verlag in Essen, dann in Köln. Von Februar 1931 bis Januar 1932 Leiter des Zeitschriftenverlages der KPD in Berlin, anschließend des Verlags Beck & Co, einem Tarnverlag für den Zentralen Literaturvertrieb der KPD. Ab März 1933 organisierte Knippschild die Einlagerung und den Versand von illegalen Parteimaterialien, anschließend technischer Instrukteur der illegalen Landesleitung in Berlin. Anfang 1934 emigrierte er nach Prag, im Oktober 1934 in die Sowjetunion. Er lebte von September 1935 bis September 1936 in Zürich und Paris, war in den Befreiungskomitees für ▸ Ernst Thälmann und ▸ Edgar André aktiv. Ab 1937 wieder in der Sowjetunion, wurde er im Oktober 1941 aus Moskau evakuiert. Von Juli 1942 bis 1948 Politinstrukteur unter deutschen Kriegsgefangenen. Nach einer schweren Tbc-Erkrankung kam er im Oktober 1950 in die DDR, arbeitete beim Verband der Journalisten. Heinrich Knippschild starb am 6. Mai 1953 in Ost-Berlin.

▸ Knittel, Fritz (* 1905 – † 1980)

Geboren am 5. Juni 1905 in Halle, Sohn eines Transportarbeiters; lernte Bäcker, anschließend Gießereiarbeiter. Er trat im Mai 1921 in die KJD ein, wurde Vorsitzender der KJD in Halle, im Oktober 1925 Sekretär der KJVD-BL Halle-Merseburg. 1925 Mitglied der KPD, im April 1926 Kursant der Internationalen Leninschule in Moskau, danach Sekretär der KJVD-BL Niederrhein. Auf dem Hamburger KJVD-Kongreß 1927 in das ZK des Jugendverbandes gewählt. Bis zum RFB-Verbot im Mai 1929 leiteten er und ▸ Emil Paffrath als Nachfolger des im Februar 1929 ausgeschlossenen ▸ Werner Jurr die Rote Jungfront, die Jugendorganisation des RFB. Ab 1929 gehörte Knittel dann dem Büro bzw. dem Sekretariat des ZK des KJVD an. Er war gemeinsam mit ▸ Rudolf Mießner zunächst unter den KJVD-Vorsitzenden ▸ Kurt Müller, dann ▸ Artur Becker für das Ressort Agitation und Propaganda zuständig. Als Kandidat des EK der KJI hielt er sich in den Fraktionskämpfen in der KPD bzw. KJVD-Führung zurück. Ab April 1932 in Moskau, in der Abteilung Agitprop des EK der KJI, im April 1934 als KJI-Vertreter in Österreich. Dort im August 1934 verhaftet, kehrte er nach achtmonatiger Polizei- und Gefängnisstrafe im Mai 1935 nach Moskau zurück, lehrte hier an der Internationalen Leninschule, später wirkte er vornehmlich auf dem Gebiet der Presse- und Rundfunkpropaganda. 1936 erhielt Knittel eine Rüge von der IKK »wegen Verletzung der Regeln der Konspiration«, weil er 1934 beim Verhör in Wien seine richtige Wohnung angegeben hatte. Dort fand die Polizei ein Buch mit dem Namen eines illegal lebenden Genossen, der dann verhaftet wurde. Von 1942 bis 1946 war Knittel Angehöriger des Ministeriums des Innern der UdSSR, Instrukteur in deutschen Kriegsgefangenenlagern und 1946/47 an der Zentralen Antifaschule in Taliza. Ende September 1947 Rückkehr nach Deutschland, er wurde Hauptreferent für Schulung in der Deutschen Verwaltung des Innern der SBZ, dann von 1948 bis 1950 Leiter der SED-Landesparteischule Wettin/Sachsen-Anhalt. Nach längerer Krankheit leitete Knittel ab November 1951 bei der Landesregierung Sachsen-Anhalt das Sekretariat des Ministerpräsidenten Werner Bruschke. Von 1952 bis 1954 Stellvertretender Vorsitzender des Rates des Bezirks Halle, dann bis 1962 stellvertretender Direktor des IML. Er erhielt 1980 den Karl-Marx-Orden. Fritz Knittel starb am 8. Dezember 1980 in Ost-Berlin.

▸ Knöchel, Johann (* 1903 – † 1986)

Geboren am 25. Dezember 1903 in Obernsee/Bayern, Sohn eines Bergarbeiters; wurde Gemeindearbeiter in der Stadtverwaltung Oelsnitz/Erzgebirge. 1920 Mitglied der KPD, ab Januar 1929 Leiter des UB Oelsnitz und dort 1927 Stadtverordneter, im Juni 1929 Delegierter zum XII. Weddinger Parteitag in Berlin. Im September 1930 wurde Johann Knöchel im Wahlkreis Chemnitz-Zwickau als Abgeordneter in den Reichstag gewählt, dem er bis 1932 angehörte. Nach 1933 im KZ Colditz, von 1940 bis 1945 mußte er zur Wehrmacht. 1945 wieder Mitglied der KPD, 1946 der SED. Bürgermeister in Hartenstein, später Landrat des Kreises Zittau. Ab 1951 Leiter der Hauptabteilung Forstwirtschaft im Ministerium für Land- und Forstwirtschaft der Landesregierung Sachsen, später Vorsitzender des Rates des Kreises Dresden bzw. Kaderleiter im VEB »Planeta«, dann Parteiveteran. Johann Knöchel starb am 14. Januar 1986 in Radebeul.

▸ Knöchel, Wilhelm (* 1899 – † 1944)

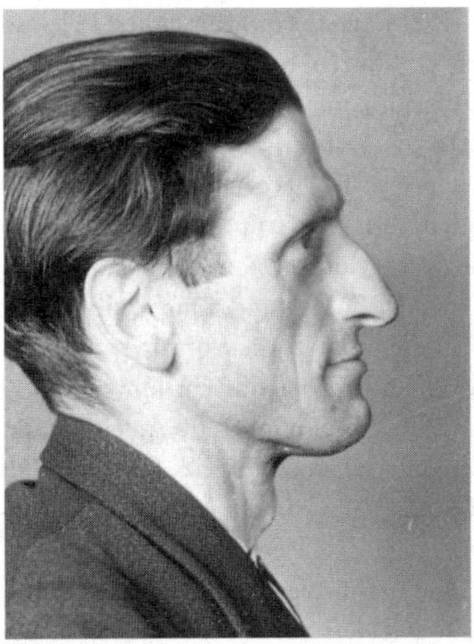

Geboren am 8. November 1899 in Offenbach/Main; Dreher, Grubenschlosser, 1919 Mitglied der SPD, 1923 der KPD, Funktionär der KPD in Dortmund-Brunninghausen, Von 1924 bis 1930 Mitglied der Leitung des UB Dortmund, ab 1930 Funktionär in Offenbach. Von 1932 bis 1934 Kursant an der Internationalen Leninschule in Moskau, danach ab 1934 Oberberater für den illegalen KPD-Bezirk Wasserkante in Hamburg. Auf der »Brüsseler Konferenz« im Oktober 1935 wurde Knöchel zum Kandidaten des ZK gewählt und 1936 zum Aufbau der Abschnittsleitung West nach Amsterdam geschickt. Er war Mitbegründer und Sekretär des kommunistischen Ausschusses freigewerkschaftlicher Bergarbeiter Deutschlands, 1938 Wahl zum Mitglied der Exekutive der Bergarbeiterinternationale. Knöchel nahm im Januar 1939 an der »Berner Konferenz« teil und wurde Vollmitglied des ZK der KPD. Infolge des Hitler-Stalin-Paktes und der Auflösung aller Abschnittsleitungen Beauftragter der KPD für die Niederlande, Belgien und die Schweiz.

Im Januar 1942 reiste er illegal über das Ruhrgebiet nach Berlin und bemühte sich, die sogenannte operative Leitung der KPD aufzubauen. Knöchel hatte, wenn auch eingeschränkt, Verbindungen zum in Moskau sitzenden ZK der KPD, stand aber dessen Direktiven immer kritischer und zuletzt ablehnend gegenüber. An seine Lebensgefährtin Cilly Hansmann (* 15 6. 1908 – † 1. 10. 1984), die für ihn Kurierdienste leistete, schrieb er: »Sitzen die in Moskau auf dem Mond?« Am 30. Januar 1943 wurde Knöchel in Berlin verhaftet. Damit gelang der Gestapo ein entscheidender Schlag gegen den kommunistischen Widerstand. Der Gruppe um Knöchel war es als einziger gelungen (entsprechend einem Beschluß der KPD-Führung vom Ende 1939), aus der Emigration zurückzukehren und in Deutschland ein Widerstandszentrum, gewissermaßen eine »Reichsleitung« unter Anleitung des ZK in Moskau, zu organisieren. Entsprechend wurde Knöchel später von der DDR-Geschichtsschreibung lange Zeit besonders positiv hervorgehoben und gewürdigt, um die erfolgreiche Anleitung des Widerstandes durch die Moskauer Exilführung zu »beweisen«. Seit den achtziger Jahren wurde sein Name verschwiegen, und zwar wegen seines (auch vorher bekannten!) Anteils an der Zerschlagung der Gruppe, die die Tragödie kommunistischer Widerstandskämpfer im Nazi-Deutschland während des Krieges zeigt. Aufgrund von Hinweisen des Gruppeninstrukteurs Alfons Kaps, der Anfang 1943 festgenommen worden war, konnte die Gestapo am 20. Januar 1943 den wichtigen Funktionär ▸ Willi Seng verhaften. Nach »verschärfter Vernehmung« – also fürchterlicher Mißhandlung – gab Seng nicht nur seine Kenntnisse preis, sondern war bereit, die Gestapo zu einem Treffen mit Knöchel in Berlin zu führen. Dies mißlang, weil der schwerkrank im Bett lag und nicht zu dem Termin kam.

Als Knöchel schließlich am 30. Januar festgenommen wurde und wohl ähnlichen Torturen unterworfen war, bot auch er am 17. Februar der Gestapo die Zusammenarbeit als V-Mann an. Er ging diesen Schritt, obwohl er an schwerer Tbc litt, also ohnehin nur noch eine geringe Lebenserwartung hatte. Was ihn zum Verräter machte, ist kaum zu beurteilen. Waren es die Torturen oder der inzwischen gebrochene Glaube an Moskau oder ein verzweifelter Versuch, Zeit zu gewinnen, um freizukommen und zu fliehen? Der Fall Knöchel beweist, daß die einzigen Funktionäre, die den Widerstandsgruppen im Krieg »Weisungen« des ZK hätten überbringen sollen, das gar nicht konnten. Es war eine SED-Legende, die ab 1961 verbreitet wurde und ▸ Walter Ulbricht zum Führer des Widerstandes gegen Hitler machen sollte. Knöchel wurde zunächst im KZ Scheveningen festgehalten, dann nach Berlin überführt und am 12. Juni 1944 vom VGH zum Tode verurteilt. Auch die übrigen Mitglieder der Gruppe (Seng, Kaps, ▸ Alfred Kowalke und ▸ Wilhelm Beuttel) erhielten die Todesstrafe. Die Verteidigung der Angeklagten, sie hätten mitgeholfen, einen Spionagering unschädlich zu machen, wies der Vorsitzende des VGH, Roland Freisler, zynisch zurück: Das »wissen wir nicht«. Auch ein Gnadengesuch Sengs wurde abgelehnt, dieser hatte darin nochmals betont, seine Aussagen seien »der

Schlüssel« zur Aushebung der Gruppe gewesen. Wilhelm Knöchel wurde am 24. Juli 1944 im Zuchthaus Brandenburg hingerichtet.

▸ Knodt, Hans (* 1900 – † 1941?)

Geboren am 21. März 1900 in Essen, stammte aus einem bürgerlich-katholischen Elternhaus, der Vater war Gewerbetreibender und Inhaber eines Restaurants. Knodt besuchte das katholische Lehrerseminar. 1918 legte er das Abitur ab und wurde noch im selben Jahr zum Kriegsdienst einberufen. Er hatte sich 1918 der »Entschiedenen bürgerlichen Jugendbewegung« angeschlossen, wurde 1919 Mitglied der USPD und ein Jahr später der KPD. Seit 1921 als Redakteur für die KPD tätig, zunächst bei der Frankfurter »Arbeiter-Zeitung«, wechselte er Ende 1921 zur »Hamburger Volkszeitung«, 1922/23 nach Thüringen. Während der Ruhrbesetzung war Knodt Redakteur in Duisburg und Parteisekretär in Münster. Ende 1923 für kurze Zeit aus der hauptamtlichen Funktion entlassen, führte er während des Parteiverbots Anfang 1924 die KPD in Hamborn/Oberhausen. 1924 Chefredakteur der Frankfurter »Arbeiter-Zeitung«, dann in gleicher Funktion bei der »Sächsischen Arbeiterzeitung« in Leipzig. Da in Sachsen ein Haftbefehl gegen ihn lief, tauchte er 1925 unter, bis das Verfahren wegen Landesverrats 1926 eingestellt wurde. Anfang 1927 übernahm Knodt zunächst die Chefredaktion der »Niederrheinischen Arbeiterzeitung« in Duisburg, als diese ein Kopfblatt wurde, kam er im Mai 1927 als politischer Redakteur ans »Ruhr-Echo« nach Essen, zusätzlich war er Agitpropleiter des UB Essen. Wegen seiner Verbindung zu den Versöhnlern im Ruhrgebiet im Dezember 1928 nach Köln versetzt, Chefredakteur der »Sozialistischen Republik«. Knodt, der seit langem mit ▸ Ernst Thälmann befreundet war, wurde Ende Mai 1932 (anläßlich der Auseinandersetzung mit der Neumann-Gruppe) nach Berlin geholt, anstelle von ▸ Alexander Abusch Chefredakteur der »Roten Fahne«. Mitte 1933 ging er ins Saargebiet und war dort bis 1934 Chefredakteur der illegalen »Roten Fahne«.

Zusammen mit seiner Frau, **Elisabeth Gill** (* 10. 5. 1905), lebte er in Paris. 1935 in die Sowjetunion abkommandiert, wurde Knodt unter dem Pseudonym Horn Mitarbeiter bei der Abteilung Massenorganisationen der Komintern. Vom NKWD 1937 verhaftet, wurde er am 7. April 1941 durch ein Sondertribunal beim NKWD zu acht Jahren Arbeitslager verurteilt. Hans Knodt kam im Gulag ums Leben. Das Militärtribunal des Moskauer Militärbezirks rehabilitierte ihn posthum am 26. März 1956. Elisabeth Gill heiratete nach der Verhaftung ihres Mannes einen amerikanischen Staatsbürger und entkam so der drohenden Verhaftung. Sie lebte Anfang der 90er Jahre in den Vereinigten Staaten.

▸ Knoll, Josef (* 1909 – † 1971)

Geboren am 20. März 1909 in Griesbäckerzell/Oberbayern, Sattler und Polsterer. Nach der Wanderschaft arbeitete er von 1928 bis 1932 in Lörrach als Lokomotivheizer. Knoll trat 1930 der KPD bei, nach »Schutzhaft« im März/April 1933 leitete er von Lörrach und Haltingen aus die Grenz- und Kurierarbeit in Südbaden. Im Frühsommer 1935 absolvierte er in Moskau einen Schulungskurs des AM-Apparates. Er nahm unter dem Parteinamen Erwin Dirks bzw. Boxer am VII. Weltkongreß der Komintern teil und war Delegierter Südbadens auf der »Brüsseler Konferenz« in Moskau, wo er für die Taktik des

»Trojanischen Pferdes« eintrat. In Deutschland Anfang Mai 1936 verhaftet, wurde Knoll am 5. November 1936 durch das OLG Karlsruhe zu drei Jahren Zuchthaus verurteilt, saß bis 1939 im Zuchthaus Ludwigsburg und Lager Aschendorfer Moor, danach bis Kriegsende in München Hausmeister und Kraftfahrer. 1945 kehrte er nach Lörrach zurück und war bis 1971 Angestellter der Stadt. Wieder Mitglied der KPD und 1968 der DKP, baute er in Lörrach die Betreuungstelle für die Opfer des Faschismus auf und gehörte zu den Mitbegründern der VVN Südbadens. Als geachtete Persönlichkeit war er u. a. Vorsitzender des Südbadischen Schwerathletikverbandes. Josef Knoll starb am 24. Januar 1971 in der Universitätsklinik Freiburg im Breisgau.

▸ Knorr, Friedrich (* 1904 – † 1995)

Geboren am 17. September 1904 in Fürth/Bayern als Sohn eines Schuhmachers; Metalldrücker Bauarbeiter und in der Möbelbranche beschäftigt. 1921 Mitglied der KJD und der KPD, Leiter des KJD-UB Nürnberg/Fürth, Angehöriger des Ordner-Dienstes (OD – d. i. der Parteiselbstschutz). Von Ende 1923 bis Mitte August 1924 Untersuchungshaft auf der Festung Niederschönfeld, nach Entlassung erneut Leiter des KJD-UB Nürnberg/Fürth. Flucht und illegaler Aufenthalt bis März 1925 in Berlin. Zeitungsverkäufer, Arbeiter bei Siemens und anderen Firmen. Bis 1927 KJVD-Funktionär in Berlin-Spandau, anschließend Geschäftsführer der Arbeiter-Buchhandlung und Herausgeber der »Spandauer Volkszeitung«. Von Januar bis März 1931 Lehrgang an der Reichsparteischule Berlin-Fichtenau, danach Orgsekretär des UB Berlin Nord-West. 1932 Propagandasekretär der BL Berlin-Brandenburg, ab August 1932 Kursant der Internationalen Leninschule in Moskau, danach kehrte er illegal nach Deutschland zurück und wurde Instrukteur des ZK in Frankfurt/M. Im März 1934 zeitweise festgenommen, arbeitete Knorr dann als Angestellter in einem von seiner Frau geführten Lebensmittelgeschäft. Er war im November 1939 und von Juli bis September 1944 im KZ Sachsenhausen eingesperrt. Seit Mai 1945 war Knorr Leiter der Polizei-Inspektion in Berlin-Spandau, anschließend Angehöriger der Kriminalpolizei in der Provinz Brandenburg , später Dozent an der Verwaltungsschule in Beelitz bzw. Bürgermeister von Beelitz. Ab 1949 Mitarbeiter beim SNB, dann beim Staatlichen Rundfunkkomitee der DDR. Er erhielt 1964 den VVO in Bronze. Friedrich Knorr starb am 6. Mai 1995 in Berlin.

▸ Knoth, Johannes (* 1891 – † 1930)

Geboren am 20. November 1891 in Solz/Krs. Rotenburg an der Fulda. Eisenbahnschaffner in Frankfurt/M., 1917 Mitglied der USPD, Ende 1920 der KPD. Knoth wurde am 20. Februar 1921 im Wahlkreis Hessen-Nassau, als Abgeordneter für die KPD in den Preußischen Landtag gewählt, dem er bis 1925 angehörte. Bei den Wahlen zum Preußischen Landtag am 7. Dezember 1924 wurde Knoth nicht mehr aufgestellt, in der KPD spielte er keine Rolle mehr. Über sein weiteres politisches Leben ist nichts bekannt. Johannes Knoth starb am 27. Juni 1930 in Frankfurt/M.

▸ Koegler, Theodor (* 1901 – † 1968)

Als Sohn eines bayerischen Gemeindebeamten am 29. Januar 1901 in Aichach bei Augsburg

geboren. Bis 1920 absolvierte er die katholische Lehrerbildungsanstalt in Pasing, gründete 1919 einen »Revolutionären Schülerrat« und trat 1920 der KPD bei. Nach einem Presseduell zwischen dem nationalistischen »Miesbacher Anzeiger« und dem »Tegernseer Landboten« um die Person Koeglers wurde er im Februar 1921 vom Schuldienst suspendiert. Er kam als hauptamtlicher Funktionär der KPD nach Berlin-Brandenburg, dort bis Ende 1923 Sekretär des BL-Orgleiters ▸ Hans Pfeiffer. 1924 wurde Koegler Orgleiter der BL Berlin-Brandenburg, Anfang 1925 Sekretär im Orgbüro der Zentrale und schließlich Polleiter des KPD-Bezirks Berlin-Brandenburg. Er gehörte nach dem »Offenen Brief« zur linken Opposition, wurde deshalb im November 1925 als Polleiter des wichtigsten KPD-Bezirks abgelöst und 1926 als einer der Organisatoren der Opposition zunächst nach Halle und dann nach Jena abgeschoben. Koegler unterzeichnete 1926 den »Brief der 700«, deswegen am 14. Dezember 1926 aus der KPD ausgeschlossen, er war Mitbegründer des Leninbundes, für den er auch nach dem Austritt seines Vorbilds ▸ Ruth Fischer tätig blieb. 1931 verließ er den Leninbund und ging zur SAP, Kandidat bei den Preußischen Landtagswahlen 1932. Koegler entfernte sich von der aktiven sozialistischen Politik und beantwortete eine Umfrage, wie man sich die tiefe Krise der Arbeiterbewegung erklären könne, mit dem Stichwort »Untergangskrise«.
Nach 1933 wurde er nicht verfolgt, im Gegenteil, die NSDAP versuchte, ihn zu gewinnen. Als die Gauleitung des NS-Studentenbundes Berlin ihn im Sommer 1933 zum Leiter der Fortbildungsschulen von Berlin machen wollte, lehnte er ab und tauchte im Herbst 1933 als kleiner Angestellter im Unilever-Konzern unter. 1945 mit 90 Prozent der Stimmen in den Betriebsrat gewählt, er übersiedelte jedoch nach Hamburg. Dort erhob Koegler seit 1946 die Forderung nach einer deutschen Neutralität und verbreitete 1949 einen »Neutralitätsausweis«, womit er in der deutschen Presse ziemlich großes Aufsehen hervorrief. Als kritischer Anhänger des Kreises um die »Neue Politik« in Hamburg veröffentlichte Koegler 1963 eine Broschüre: »Das neue Weltbild« und vertrat die Ansicht, die moderne Industriegesellschaft werde mehr und mehr in eine ständische, dem Mittelalter strukturell verwandte Gesellschaft hinüberwachsen. Theodor Koegler starb am 23. September 1968 in Hamburg.

▸ Köhler, Gustav, (* 1885 – † 1952)

Geboren am 5. September 1885 in Stendal, lernte Mechaniker. Vor dem Weltkrieg Mitglied der SPD. Nach dem Krieg Übersiedlung nach Ulm, wo er sich der USPD anschloß und 1920 mit der linken USPD zur KPD ging. Auch in der KPD Anhänger des linken Parteiflügels. 1924 in den Württembergischen Landtag gewählt, im gleichen Jahr hauptamtlicher Orgleiter des KPD-Bezirks Württemberg. Anfang 1927 als Orgleiter abgelöst, blieb Köhler hauptamtlicher Instrukteur im Schwarzwald, später in Ulm. Auch 1928 wieder in den Landtag gewählt, gehörte er dem Parlament bis 1933 an. Am 13. März 1933 verhaftet, wurde Köhler zwölf Jahre und zwei Monate lang von KZ zu KZ geschleppt (Heuberg 1933, bis 1935 Kuhberg, danach bis 1939 Dachau, anschließend bis 1940 Flossenbürg und schließlich bis 30. April 1945 Dachau) und kam erst 1945 frei. Gesundheitlich schwer angeschlagen, kehrte er nach Württemberg zurück. Hier arbeitete er bis zur Erreichung der Altersgrenze 1950 als Berichterstatter im Württembergischen Innenministerium und trat politisch nicht mehr hervor. Nach langer Krankheit starb Gustav Köhler am 20. August 1952 in Stuttgart.

▸ Köhler, Max (* 1897 – † 1975)

Als Sohn eines Webers am 26. Juli 1897 in Berlin geboren; lernte Tischler, besuchte vier Jahre eine Fachschule und bestand die Gesellenprüfung mit Auszeichnung. Im Oktober 1911 der Arbeiterjugendbewegung beigetreten, wurde er am 1. Oktober 1915 Mitglied der SPD. In Berlin gehörte er der Spartakusgruppe an und war an der Gründung des Jugend-Bildungsvereins

Groß-Berlins, der Jugendorganisation des Spartakusbundes, im April 1916 beteiligt, Vorsitzender dieser Gruppe. Im Zusammenhang mit den Demonstrationen gegen die Verhaftung ▸ Karl Liebknechts festgenommen und 1917 wegen antimilitaristischer Arbeit zu sechs Jahren Festung verurteilt. Durch die Revolution befreit, gehörte Max Köhler zu den Mitbegründern der KPD in Berlin und war Teilnehmer des Gründungsparteitags der KPD Ende 1918. Mitglied der Zentrale der Freien Sozialistischen Jugend, des späteren Kommunistischen Jugendverbandes, sowie Inhaber des Verlages Junge Garde. 1923 als Abteilungsleiter in die Zentrale der KPD (Gewerkschaftsabteilung) berufen. Anhänger des rechten Flügels der KPD, blieb auch nach 1924 in der Gewerkschaftsabteilung, doch war er längere Zeit »kaltgestellt«. Bis 1928 Angestellter im ZK, zuletzt für die Sozialpolitik verantwortlich. Als einer der Führer der Rechten Ende 1928 aus der KPD ausgeschlossen, wurde Köhler Mitbegründer der KPO, Sekretär der Berliner KPO und Mitglied der erweiterten Reichsleitung.

Bei der Spaltung der KPO 1932 ging er mit der Minderheit zur SAP, wurde Geschäftsführer und Orgleiter der Berliner SAP. Nach dem Verbot der SAP durch Hitler 1933 kurze Zeit verhaftet, übernahm Max Köhler sofort nach seiner Freilassung als Reichsorgleiter der SAP die illegale Inlandsleitung. Im November 1933 festgenommen und im großen SAP-Prozeß »Max Köhler und Genossen« zu drei Jahren Zuchthaus verurteilt. Auf Wunsch seiner politischen Freunde nach der Entlassung emigriert, wurde er nach Aufenthalten in Prag, Basel und Paris, in Kopenhagen Leiter des SAP-Stützpunktes Dänemark, wo er sich von 1940 bis 1945 illegal aufhielt. 1955 kehrte Max Köhler nach Berlin zurück, wurde 1956 Mitglied der SPD. Aus der SAP-Zeit weiterhin eng mit Willy Brandt befreundet, obwohl sich ihr politischer Weg trennte, da Köhler Marxist blieb. 1961 wegen religionskritischer Äußerungen aus der SPD ausgeschlossen, aber 1962 durch Schiedsgerichtsverfahren wieder in die Partei aufgenommen, aktiv im Bund der Verfolgten des Naziregimes (BVN). Max Köhler starb am 15. Dezember 1975 in West-Berlin.

▸ Koenen, Bernard (* 1889 – † 1964)

Am 17. Februar 1889 in Hamburg als Sohn des Tischlers Heinrich Koenen geboren. Der Vater war Sozialist und Teilnehmer des Gründungskongresses der II. Internationale in Paris. Wie sein Bruder ▸ Wilhelm Koenen kam Bernard früh zur sozialistischen Bewegung. Noch als Mechanikerlehrling trat er 1906 der Gewerkschaft, 1907 der SPD bei und ging 1907 auf Wanderschaft. Nach längerem Aufenthalt in Lausanne kam er bis nach Afrika, wo er in einer Ziegelei in Biserta und danach in Ägypten arbei-

tete. 1914 lebte er in Plauen, bei Kriegsausbruch in Hamburg, wurde als Soldat eingezogen und 1916 zum Bau der Leuna-Werke nach Mitteldeutschland abkommandiert. Der Kriegsgegner Koenen trat 1917 zur USPD über. Er war in den Leuna-Werken politisch aktiv, ging 1920 mit der linken USPD zur KPD. 1921/22 war er für die Komintern in Belgien und Frankreich. Auf dem VIII. KPD-Parteitag 1923 in die Orgkommission und für Halle-Merseburg in den ZA gewählt. Redakteur der Halleschen KPD-Zeitung »Klassenkampf«, Mitglied der KPD-BL Halle-Merseburg. Ende 1927 Chefredakteur des »Klassenkampfes«. Koenen gehörte von 1922 dem Provinziallandtag und von 1924 bis 1932 dem Preußischen Staatsrat an.
Er war ein Vertreter der Mittelgruppe und später ein führender Versöhnler in Halle-Merseburg. Nach der Wittorf-Affäre leitete er zusammen mit ▸ Johannes Schröter u. a. die BL Halle-Merseburg, in der die Versöhnler die überwältigende Mehrheit besaßen. 1929 kapitulierte er vor der Parteimehrheit, wurde trotzdem seiner Funktionen enthoben und in die Genossenschaftsarbeit abgeschoben. Von 1931 bis 1933 Leiter des UB Mansfeld der KPD. Beim sogenannten Blutsonntag in Eisleben am 13. Februar 1933 von der SA zusammengeschlagen, verlor er ein Auge, wurde für tot gehalten und konnte entkommen. Danach emigrierte er im Mai 1933 in das Saargebiet und anschließend in die Sowjetunion. Dort arbeitete er unter seinem Parteinamen Heinrich Stafford als Orgsekretär in der Leitung der MOPR. Koenen wurde 1937 vom NKWD verhaftet. ▸ Wilhelm Pieck setzte sich im April 1938 bei Dimitroff für Koenen und andere Häftlinge ein, bezweifelte aber zwei Jahre später selbst, daß seine Initative dazu geführt hätte, daß Koenen und ▸ Paul Schwenk Anfang 1939 freigelassen wurden. Dies war vielmehr dem Engagement zweier sowjetischer Staatsanwälte zuzuschreiben. Koenen erhob konkrete Beschuldigungen gegen das NKWD und seine Torturverhöre, was ihm abermals einige Monate Inhaftierung einbrachte. Ab 1940 wieder zur KPD-Arbeit herangezogen und 1942 noch ins ZK kooptiert. 1945 nach Deutschland zurückgekehrt, einer der Unterzeichner des Aufrufs der KPD vom 11. Juni 1945. Er wurde Vorsitzender bzw. 1. Sekretär der KPD- bzw. SED Sachsen-Anhalt, gehörte ununterbrochen dem PV bzw. dem ZK der SED an, war von 1952 bis 1958 Botschafter der DDR in Prag, danach wieder 1. Sekretär des SED-Bezirks Halle. Nach dem Tode Piecks im September 1960 in den neugeschaffenen Staatsrat der DDR unter ▸ Walter Ulbricht aufgenommen. Er erhielt 1959 den Karl-Marx-Orden. Bernard Koenen starb am 30. April 1964 in Ost-Berlin.
Seine Frau **Frieda Koenen**, geborene Bockentien (* 18. 4. 1890 in Flensburg), die er während des Ersten Weltkrieges geheiratet hatte, von Beruf Schneiderin, schloß sich 1913 der SPD an, ging 1917 zur USPD und Ende 1920 zur KPD. In der zwanziger Jahren war sie Funktionärin der Roten Hilfe, emigrierte ebenfalls in die Sowjetunion, war u. a. Lehrerin an der Kominternschule in Kuschnarenkowo und Mitarbeiterin des NKFD. 1945 nach Deutschland zurückgekehrt, wurde Frauensekretärin der KPD-Landesleitung Sachsen-Anhalt. Bis 1952 Hauptabteilungsleiterin für Schulung im Innenministerium des Landes Sachsen-Anhalt, ab 1952 beim Rat des Bezirks Halle. Frieda Koenen starb am 17. November 1968.

▸ Koenen, Wilhelm (* 1886 – † 1963)

Als Sohn des Tischlers und aktiven Sozialisten Heinrich Koenen am 7. April 1886 in Hamburg geboren; Bruder von ▸ Bernard Koenen; kaufmännische Lehre, 1904 Angesteller der SPD-Buchhandlung in Kiel. Im gleichen Jahr Mitglied der SPD, im Februar 1907 hauptamtlicher Funktionär, zunächst Zeitungsberichterstatter in Kiel, 1909 in Königsberg. 1910 Kursant an der SPD-Parteischule in Berlin, anschließend Redakteur. Von April 1911 bis 1919 am »Volksblatt« in Halle, dort 1913 Mitglied der SPD-Bezirksleitung. Da die Hallesche SPD 1917 fast geschlossen zur USPD ging und das »Volksblatt« zum USPD-Organ wurde, war Wilhelm Koenen einer der führenden Köpfe der USPD (die in Halle

eine ihrer wichtigsten Ortsgruppen hatte). Nach der Revolution 1918 Kommissar der Arbeiter- und Soldatenräte im Bezirk Halle-Merseburg, im August 1919 wurde er Vorsitzender der provisorischen Reichszentrale der Betriebsräte Deutschlands, 1919/20 Stadtverordneter in Halle. Koenen zog im Januar 1919 (Wahlkreis Merseburg) als Abgeordneter der USPD in die Nationalversammlung ein, im Juni 1920 in den Reichstag, dem er bis 1932 angehörte.

Im August 1919 Vorstandsmitglied der USPD, in deren ZK gewählt. Vorsitzender des USPD-Bezirks Halle, war Anhänger des linken Flügels der Partei. Gemeinsam mit ▸ Walter Stoecker trat er auf dem II. Weltkongreß der Komintern 1920 für den Anschluß der USPD an die Komintern ein und warb auf dem Spaltungsparteitag der USPD in Halle 1920 aktiv für die Linke. Nach der Spaltung im ZK der linken USPD war Koenen einer der Hauptorganisatoren des Zusammenschlusses von linker USPD und KPD, im Dezember 1920 in die Zentrale der VKPD aufgenommen. Koenen leitete als Vorsitzender den III. Weltkongreß der Komintern 1921. Auf dem Jenaer Parteitag 1921 nicht in die Zentrale berufen, jedoch 1922 in die Zentrale kooptiert und seit dem VIII. Parteitag 1923 wieder Zentrale-Mitglied.

Beim Auseinanderfallen der Brandler-Führung (November 1923) gehörte Koenen zu den Führern der Mittelgruppe. Als Zentrale-Mitglied polizeilich gesucht, war er laut seinem Steckbrief »1,68 groß, linkes Bein etwas nachziehend (etwas gelähmt)«. Seit der Übernahme der Führung durch die Linken 1924 nicht mehr in der Zentrale, nur noch parlamentarische Tätigkeit und erst nach dem »Offenen Brief« 1925 wieder in wichtigen Funktionen. Von 1926 bis 1932 war er auch Mitglied des Preußischen Staatsrates und gehörte der Berliner Stadtverordnetenversammlung an. Koenen war 1929 am Rande in den Sklarek-Skandal (eine Bestechungsaffäre in der Berliner Stadtverwaltung, in die damals viele Politiker verwickelt waren, vgl. ▸ Gustav Degner und ▸ Otto Gäbel) verstrickt, da er von Sklarek Geld geliehen hatte. Bei den Auseinandersetzungen mit den Rechten und Versöhnlern schloß er sich aktiv der Parteimehrheit an, löste im April 1929 den Versöhnler ▸ Johannes Schröter als Polleiter in Halle-Merseburg ab. Schon zuvor war er als »Kommissar« des ZK gegen die KPO und die Versöhnler in der BL Thüringen eingesetzt. Auf dem XII. Weddinger Parteitag im Juni 1929 wurde er als Mitglied ins ZK gewählt, aber 1931 seiner Funktion in Halle enthoben. In den Hintergrund gedrängt und 1932 nicht mehr in den Reichstag gewählt, blieb er jedoch von April 1932 an Abgeordneter des Preußischen Landtags. Anfang Juni 1933 emigrierte er unter dem Parteinamen Bernhard Schulz über das Saargebiet nach Frankreich, dann in die Tschechoslowakei, dort ab Januar 1935 Leiter der kommunistischen Emigration. Teilnehmer des VII. Weltkongresses und der »Brüsseler Parteikonferenz« 1935 in Moskau, wurde Kandidat der IKK und Mitglied der Kontrollkommission des ZK der KPD. Koenen unterzeichnete im Dezember 1936 den »Aufruf für eine deutsche Volksfront«. Seit November 1938 in Großbritannien, war dort nach Kriegsausbruch Leiter der KPD-Landesgruppe. Von 1940 bis 1942 auf der Isle of Man bzw. in Kanada interniert. Er führte mit Vertretern des SPD-Emigrationsvorstand Verhandlungen und war in der »Freien deutschen Bewegung« in Großbritannien aktiv. 1944 Mitarbeit an Sefton Delmers englischem Soldatensender in Calais. Im Dezember 1945 über Prag Rückkehr nach Deutschland, zunächst Redakteur der Halleschen KPD-Zeitung »Freiheit«, dann von 1946 bis 1949 1. Landesvorsitzender der SED in Sachsen. Von 1946 bis 1958 und dann wieder von Januar 1963 bis zu seinem Tode gehörte er dem PV bzw. dem ZK der SED an. Im Januar 1949 wählte der PV Koenen in das ZS, wegen seiner Westemigration aber bald aus dem Sekretariat entfernt. Ab Mai 1949 Sekretär des Deutschen Volksrates bzw. ab Oktober 1949 Leiter des Sekretariats der Volks- und Länderkammer, danach Vorsitzender der »Interparlamentarischen Gruppe der DDR«. Wegen »mangelnder Wachsamkeit« bekam Koenen im Mai 1953 eine Rüge, weil er 1952 nicht verhindert hatte, daß eine in der Zeitschrift des Nationalrats »Deutschlands Simme« abgedruckte Losung in albanischer Sprache in Wirklichkeit eine »amerikanische Provokation« darstellte. Er spielte keine politisch wichtige Rolle mehr, erhielt 1956 den Karl-Marx-Orden. Wilhelm Koenen starb am 19. Oktober 1963 in Ost-Berlin.

Sein Sohn **Heinrich Koenen** (* 12. 5. 1910 in Königsberg) emigrierte 1933 in die Sowjetunion und absolvierte verschiedene militärische und nachrichtendienstliche Ausbildungen. Am 23. Oktober 1942 sprang er mit dem Fallschirm über Ostpreußen ab, gelangte auch nach Berlin und wurde dort in der Wohnung der bereits verhafteten Ilse Stöbe von der Gestapo »empfangen«. Ohne Prozeß in das KZ Sachsenhausen eingeliefert, wo er wahrscheinlich im Februar 1945 erschossen wurde. Wilhelm Koenens zweite Ehefrau war ▸ Emmy Damerius-Koenen.

▸ König, Arthur (* 1884 – † 1945)

Geboren am 18. April 1884 in Breslau, Arbeiter in Maschinen- und Papierfabriken, später Hausdiener und Zeitungsbote. Schließlich wurde er (nachdem er sich durch Selbststudium ein umfangreiches Wissen angeeignet hatte) Buchhändler. 1904 trat König der Gewerkschaft und der SPD bei, lebte im Ruhrgebiet und war von 1912 an in Dortmund in einer SPD-Buchhandlung angestellt. Von 1916 bis 1918 als Soldat an der Westfront, im September 1918 desertierte er und schloß sich der Spartakusgruppe an. König nahm als Delegierter Dortmunds am Gründungsparteitag der KPD Ende 1918 in Berlin teil, wurde 1920 Vorsitzender der Partei in Essen und hauptamtlicher Sekretär. In der Roten Ruhrarme spielte er 1920 eine bedeutende Rolle. Auf dem Vereinigungsparteitag mit der USPD 1920 in den ZA der VKPD gewählt, ebenso auf dem VII. Jenaer Parteitag 1921. 1922 leitete er als Sekretär den UB Dortmund der KPD, wurde 1923 Orgleiter des Oberbezirks West und als Vertreter der Linken auch in die Zentrale kooptiert. König gehörte in Westdeutschland zu den Führern der Linken und nahm im Januar 1924 als deren Vertreter an der Moskauer Konferenz gegen die Brandler-Führung teil. Auf dem Bezirksparteitag im Ruhrgebiet im März 1924 hielt er für die Linken das Hauptreferat.

Der IX. Frankfurter Parteitag im April 1924 wählte ihn in die Zentrale, als Hauptkassierer führte er die Kasse der KPD. Im Mai und Dezember 1924 zog König im Wahlkreis Düsseldorf als Abgeordneter in den Reichstag ein. Die Gelder der KPD legte er in verschiedenen Fabriken usw. an, um Gewinne zu erzielen, stieg für die KPD sogar ins Schallplattengeschäft ein, was später als »idiotisch« verurteilt wurde, weil die KPD-Führung befürchtete, der Rundfunk werde die Schallplattenindustrie vernichten. Das Ergebnis seiner Transaktionen war ein Verlust von zunächst 100.000 Mark. Da Geschäftsabschlüsse gefeiert worden waren und bald Gerüchte über wilde Gelage und Unterschlagungen in der Partei umgingen, wurde König als Kassierer 1925 abgesetzt und eine Untersuchung gegen ihn eingeleitet. Diesen Skandal versuchte die Komintern nach dem »Offenen Brief« auch gegen ▸ Werner Scholem und ▸ Ruth Fischer auszunutzen; schließlich wurde jedoch festgestellt, daß König sich nicht persönlich bereichert hatte. Zwar nicht aus der KPD ausgeschlossen, mußte er jedoch im November 1925 sein Reichstagsmandat niederlegen, Nachrückerin wurde die Arbeiterin ▸ Agnes Plum. Die KPD-Führung erfüllte ihm allerdings seinen Wunsch, auf einer Italienreise die dortigen Kunstschätze kennenzulernen. Politisch spielte er keine Rolle mehr, blieb bis Anfang der dreißiger Jahre im Inseratengeschäft für die KPD tätig. Arthur Königs weiterer Lebensweg konnte nicht eindeutig geklärt werden. Er soll nach 1933 im antifaschistischen Widerstand gewesen sein, bei einer Gruppe in der Lausitz. Nach Angaben ▸ Robert Neddermeyers wurde Arthur König 1945 von der SS in Strausberg bei Berlin erschossen.

▸ König, Georg (* 1886 – † 1965)

Geboren am 19. September 1886 in Berlin, Sohn einer Arbeiterfamilie; Lehre und Arbeit als Schlosser. König trat 1905 der Gewerkschaft und 1907 der SPD bei, 1914 war er Vorsitzender einer SPD-Gliederung in Berlin. 1916 zeitweilig zum Militärdienst einberufen, arbeitete er dann bis Ende des Krieges als Obermonteur in den Albatros-Flugzeugwerken. König schloß sich der Spartakusgruppe an und gehörte 1918/19 zum Berliner Arbeiter- und Soldatenrat. Ende Dezember 1918 war er Teilnehmer am Gründungsparteitag der KPD. Während der Januarkämpfe an der Besetzung des Dienstgebäudes der Eisenbahndirektion Berlin beteiligt, wurde er im April 1919 wegen »Landfriedensbruchs« zu neun Monaten Gefängnis verurteilt, die er in der Haftanstalt Berlin-Tegel verbüßte. 1920 wurde König Bezirkssekretär der KPD in der Niederlausitz, von 1922 bis 1924 Sekretär im Bezirk Nord-West in Bremen. Wegen »rechter Abweichungen« 1924 abgesetzt und nach Berlin berufen, kam König für einige Zeit als Mitarbeiter in die Orgabteilung der Zentrale. Er wurde 1924 wegen »Weiterführung der verbotenen KPD« zu vier Monaten Haft verurteilt, die er im Gefängnis Stadelheim bei München absaß.

Von 1925 bis 1928 war König Mitarbeiter der Gewerkschaftsabteilung der BL Berlin-Brandenburg. Er wurde Ende 1928 als Rechter aus der KPD ausgeschlossen. Als Mitglied der KPO dann bis Februar 1933 Geschäftsführer der DMV Ortsverwaltung Halle/S. König arbeitete nach 1933 illegal für die KPO, wurde im März 1934 verhaftet und vom 5. Senat des Kammergerichts Berlin zu zweieinhalb Jahren Zuchthaus verurteilt, die er im Zuchthaus Kassel-Wehlheiden verbüßte. Anschließend im KZ Lichtenburg und dann im KZ Buchenwald. Von 1939 bis 1945 war König Schlosser in Halle. Im Juli 1945 berief ihn der Chef der SMA in Sachsen-Anhalt, General Kotikow, zum Leiter der politischen Abteilung im Polizeipräsidium Halle, dann bis 1947 Chef der Landesbehörde der Volkspolizei für Sachsen-Anhalt. Wegen seiner KPO-Zugehörigkeit wurde er bereits 1947 als Polizeichef abgelöst und auf die Funktion eines Sonderbeauftragten des Wirtschaftsministeriums im Mineralölwerk Lützkendorf abgeschoben. Von 1948 bis 1950 war König als Kulturdirektor in der Farbenfabrik Wolfen, dann bis 1960 in regionalen Wirtschaftsfunktionen im Bezirk Magdeburg tätig, er erhielt 1961 den VVO in Bronze. Georg König starb am 18. November 1965 in Magdeburg.

▸ König, Johannes (* 1903 – † 1966)

Geboren am 2. April 1903 in Arnstadt, Sohn einer alleinerziehenden Mutter; Gerber, anschlie-

ßend arbeitete er in Altenburg. 1919 Beitritt zur FSJ und KPD, 1920/21 Leiter der KJD im UB Arnstadt und von Herbst 1921 bis Herbst 1922 Sekretär der kommunistischen Jugend für den Bezirk Thüringen. Ende 1922 mußte König ausscheiden, da die hauptamtliche Stelle eines Jugendsekretärs von der Partei nicht mehr bezahlt werden konnte. Anschließend wieder Gerber, wurde er Anfang 1923 Leiter des KPD-UB Arnstadt und Leiter der Proletarischen Hundertschaften. Nach dem Herbst 1923 Polleiter der illegalen KPD in Westthüringen, ab Frühjahr 1924 wieder Gerber in Ilmenau und Mitglied der BL Thüringen. Er wurde Ende 1924 Redaktionsvolontär bei der »Neuen Zeitung« in Jena, leitete im Sommer 1925 die Redaktion der Zeitung in Gotha. Von Dezember 1925 bis Herbst 1926 war König zweiter politischer Redakteur der »Sozialistischen Republik« in Köln, dann in Danzig Redakteur an der dortigen Partei-Wochenzeitung. Er war ab Ende 1926 Redakteur der »Arbeiter-Zeitung« in Mannheim, ging Anfang 1928 als Chefredakteur zur KPD-Zeitung nach Remscheid, Ende 1928 zur KPD-Zeitung »Bergische Arbeiterstimme« in Solingen, dort aktiv an der Ausschaltung der Brandler-Gruppe beteiligt, die hier einen wichtigen Stützpunkt hatte. Im Sommer 1929 wurde König Chefredakteur der KPD-Zeitung »Der Kämpfer« in Chemnitz und blieb dies bis zur Verschmelzung der drei sächsischen Bezirke zum einheitlichen KPD-Bezirk Sachsen. Wegen »Vorbereitung zum Hochverrat« im April 1930 zu eineinhalb Jahren Festung verurteilt, die er in Gollnow absaß. Er war nach seiner Freilassung im September 1931 Leiter des gesamten Pressewesens der RGO.

Im August 1932 erneut Chefredakteur der Zeitung »Der Kämpfer«, leitete König ab Februar 1933 die illegale KPD im Gebiet Chemnitz, bis er im Mai 1933 verhaftet wurde und bis Oktober 1934 in »Schutzhaft« war. Danach in Köln (wo seine Frau lebte) aktiv im Widerstand gegen die Nazis. Im Februar 1936 dort verhaftet und im Herbst 1936 vom VGH in Dresden zu einem Jahr und acht Monaten verurteilt, anschließend wieder nach Köln. Hier verhaftete die Gestapo im Frühjahr 1938 auch seine Frau **Henny König**, geborene Schwarz (* 19. 2. 1902 – † 11. 2. 1951), die aus einer jüdischen Handwerkerfamilie stammte, und mit der er seit September 1926 verheiratet war. Mitglied der KPD seit 1922 und bis 1932 im Apparat tätig, sollte sie als »staatsgefährdende Jüdin« aus Deutschland ausgewiesen werden. Da ihr Mann schwer krank war, bat sie um ein halbes Jahr Aufschub. Johannes König lehnte es ab, sich von seiner Frau zu trennen, und wurde deshalb ebenfalls aufgefordert, Deutschland zu verlassen. Als nach dem Pogrom vom 9. November 1938 die Wohnung demoliert und die Königs erneut bedrängt wurden, emigrierten sie am 1. April 1939 nach Shanghai. Von September 1941 bis Juli 1947 arbeitete Johannes König in der Fernostabteilung der sowjetischen Nachrichtenagentur TASS als politischer Kommentator beim Sender »Stimme der Heimat«. Er war auch politischer Leiter der kleinen deutschen KPD-Gruppe in Shanghai.

Im August 1947 konnten die Königs nach Deutschland zurückkehren. Er wurde Mitglied der SED und war von Herbst 1947 bis März 1950 Chefredakteur der »Sächsischen Zeitung«. Durch die Jahre seiner Emigration in China und zahlreiche Veröffentlichungen über Fernostprobleme hatte er sich als Asien-Spezialist der SED ausgewiesen. Im April 1950 wechselte

König in das DDR-Außenministerium und wurde im Juni 1950 erster Botschafter der DDR in der VR China, von Juli 1955 bis August 1959 Botschafter der DDR in der Sowjetunion und der Mongolei. Nach seiner Rückkehr aus Moskau wurde er Stellvertretender DDR-Außenminister und im April 1965 zum Botschafter der DDR in der Tschechoslowakei ernannt. Er erhielt 1963 den VVO in Gold. Johannes König starb am 22. Januar 1966 in Prag.

▸ König, Max (* 1868 – † 1946)

Geboren am 6. April 1868 in Berlin, lernte Mechaniker und besuchte eine Werkmeisterschule. Zunächst Gehilfe, dann Werkmeister einer Telegraphenbauanstalt. 1888 trat König der SPD bei und widmete sich als Schriftsteller solchen Themen wie der Volksgesundheit und Volkswirtschaft. Von 1897 bis 1910 war er Herausgeber der »Reformblätter«. 1912/13 lebte er in Hannover und übersiedelte anschließend nach Dresden-Niederlößnitz, war von 1913 bis 1920 1. Vorsitzender bzw. 2. Geschäftsführer des Verbandes »Volksgesundheit«. Ab Juni 1920 besoldeter Stadtrat (Kämmerer) in Weißenfels. Der 1917 zur USPD übergetretene König gehörte 1920 zu den Linken in der USPD-Bezirksorganisation Halle-Merseburg, die den Anschluß an die III. Internationale und die Vereinigung mit der KPD propagierten. Im Februar 1921 wurde er im Wahlkreis Merseburg in den Preußischen Landtag gewählt und gehörte der KPD-Fraktion bis zum Ende der Legislaturperiode 1924 an. Ende November 1924 wurde er als Kämmerer in Weißenfels abgelöst und in den einstweiligen Ruhestand versetzt, offiziell aus finanziellen Gründen. Dagegen legte König Widerspruch ein, denn er vermutete politische Gründe für seine Entlassung. Von November 1925 bis Juni 1932 war er ehrenamtlicher Geschäftsführer des Gewerkschaftshauses in Weißenfels. Wegen politischer Differenzen trat König 1927 aus der KPD aus und schloß sich 1932 der SAP an. 1932 kam er endgültig in den Ruhestand, arbeitete 1932/33 als ehrenamtlicher Wohlfahrtspfleger in Berlin-Charlottenburg. Nachdem König 1933 die Pension gestrichen wurde, lebte er bis 1939 als Versicherungsagent in Dresden-Radebeul, von Januar 1940 bis Juni 1943 war er Kassierer bei der Viktoria-Lebensversicherung in Osnabrück, ab Juli 1943 Buchhalter in der Firma seines Neffen Günter König. Max König starb 1946 in Berlin.

▸ König, Wilhelm (* 1884 – † 1945?)

Geboren am 4. Juni 1884 in Herlingen/Krs. Pinneberg, kam als Kind nach Berlin, lernte Maschinenbauer. Vor dem Weltkrieg Mitglied der SPD. 1918 Vorsitzender des Arbeiterrates bei der AEG, 1920 Übertritt zur KPD. Bis 1923 im Betriebsrat der AEG Turbine Berlin, dann Betriebsratsvorsitzender. Jahrelang kandidierte er im Deutschen Metallarbeiterverband auf der Liste der Kommunisten. 1928 zog Wilhelm König für die KPD in den Preußischen Landtag ein. Da er sich gegen den ultralinken Kurs wandte, geriet er bald in Widerspruch zur Parteilinie. Im März 1930 kandidierte er zusammen mit Sozialdemokraten auf einer gemeinsamen Liste für die Betriebsratswahl und protestierte in einem Brief an das ZK gegen die Aufstellung »roter«, d. h. eigener kommunistischer Betriebsratskandidaten. Daraufhin wurde er aus der

KPD ausgeschlossen, er blieb als Fraktionsloser im Parlament, ging später wieder zur SPD. Nach 1933 mehrmals verhaftet, lebte Wilhelm König bis 1945 in Berlin und wohnte in der Fehmarner Straße. Dort wurde er nach dem Einzug sowjetischer Truppen im Mai 1945 von Sowjetsoldaten abgeholt. Seither ist Wilhelm König spurlos verschwunden.

▸ Köppen, Karl (* 1888 – † 1936)

Geboren am 9. April 1888 als Sohn eines kinderreichen sozialdemokratischen Funktionärs in Hamburg. Bis 1914 Transportarbeiter, dann längere Zeit als Getreidekontrolleur im Hamburger Hafen. 1905 einer der Mitbegründer der sozialistischen Jugend Hamburgs, 1906 Mitglied der SPD. Von 1914 bis 1918 als Soldat an der Front, mehrmals verwundet. 1918 Vizefeldwebel an der Ostfront, seine Gruppe wurde der Meuterei angeklagt und er bis Kriegsende in Hamburg inhaftiert. Nach der Revolution Mitglied des Hamburger Soldatenrats, er gehörte dort dem Ausschuß des Arbeiter- und Soldatenrates an. 1919 Übertritt zur USPD, 1920 zur KPD, Delegierter des Spaltungsparteitags der USPD und des Vereinigungsparteitages im Dezember 1920. Köppen war in Hamburg ein aktiver Funktionär der KPD und wurde 1921 in die Hamburger Bürgerschaft gewählt. Wegen einer Schlägerei mit Polizeispitzeln zu einer Gefängnisstrafe verurteilt, floh er aus Hamburg, wurde in Suhl gefaßt, aber von 5000 Arbeitern aus dem Gefängnis befreit. Seit 1922 betrieb er in Hamburg eine Gastwirtschaft. Als Spitzelverdacht gegen ihn laut wurde, beantragte er gegen sich selbst ein Parteiverfahren. Inzwischen kam es zum Hamburger Aufstand vom Oktober 1923, bei dem Köppen eine führende Rolle spielte. Er wurde deswegen Ende 1923 verhaftet und im Urbahns-Prozeß 1925 zu fünf Jahren Festung verurteilt (der Staatsanwalt hatte zwölf Jahre beantragt), im Frühjahr 1926 amnestiert. Auf dem I. Weltkongreß der IRH 1926 wurde Köppen noch in die Exekutive gewählt. Wegen seiner ultralinken Haltung bekam er Differenzen mit der KPD. Köppen, ein enger Freund ▸ Ernst Thälmanns, wurde auch verdächtigt, damals in einige Hamburger Korruptionsaffären verwickelt zu sein. Er verließ 1926 die KPD und schied aus der Hamburger Bürgerschaft aus. Er pflegte auch nach seinem Austritt weiterhin die Verbindung zur KPD und zur linken Opposition, war aber politisch nicht mehr aktiv. Karl Köppen starb am 4. Februar 1936 in Hamburg.

▸ Koering, Josef (* 1879 – † 1933?)

Geboren am 8. September 1879 in Hembsen (heute Ortsteil von Brakel), Sohn eines Sattlers; Lehre und Arbeit als Sattler, später Inhaber eines Lederwarengeschäfts in Brüssel. Bereits vor 1914 Mitglied der SPD. Nach Kriegsausbruch in Belgien zeitweise interniert, anschließend Soldat im Weltkrieg; 1917 Mitglied der USPD, 1919 der KPD. Auf dem II. Parteitag 1919 zum Ersatzmitglied der Zentrale gewählt, auf dem III. Parteitag erneut gewählt und auf dem VI. Parteitag im Dezember 1920 Wahl zum Mitglied des Zentralausschusses der KPD (für den Bezirk Braunschweig-Niedersachsen), dann auf dem VII. Parteitag 1921 in Jena zum Ersatzmitglied des ZA gewählt, und zwar für den Bezirk Rheinland-Westfalen-Süd. Später trat er in der KPD nicht mehr hervor, soll aber Mitglied geblieben sein und wohnte zuletzt in Berlin-Neukölln. Josef Koering starb 1933 oder kurz danach in Berlin

▸ Körner, Olga (* 1887 – † 1969)

Geboren am 3. Juni 1887 in Rübenau/Krs. Marienberg (Erzgebirge) als Olga Schubert. Die Tochter einer Arbeiterfamilie verdiente sich ihren Lebensunterhalt als Dienstmädchen, Packerin und Heimarbeiterin, später Ausbildung als Näherin und Köchin, von 1920 bis 1930 Küchenhilfe in der Volksküche Dresden. Sie trat 1911 in die SPD ein, 1917 ging sie zur USPD und Ende 1920 zur KPD. Von 1929 bis 1933 gehörte sie der BL Ostsachsen an und war nach Bildung des einheitlichen Bezirks Sachsen von

1930 bis 1933 Frauensekretärin der BL. Im September 1930 wurde sie im Wahlkreis Dresden-Bautzen in den Reichstag gewählt, dem sie bis März 1933 angehörte. Seit Juni 1930 auch Abgeordnete des Sächsischen Landtags. Olga Körner flüchtete Ende April 1933 in die Tschechoslowakei, kehrte im Juli nach Deutschland zurück und arbeitete illegal in Dresden-Radeberg. Am 23. August 1933 wurde sie in Chemnitz verhaftet und im März 1934 vom OLG Dresden zu zwei Jahren Zuchthaus verurteilt, die sie in Waldheim verbüßte. Nach Freilassung im September 1935 Hausfrau, stand bis zu ihrer erneuten Festnahme im November 1939 unter Polizeiaufsicht. Bis zur Befreiung im Mai 1945 im KZ Ravensbrück gefangengehalten, sie kehrte nach Sachsen zurück und wurde Sekretärin der KPD Dresden bzw. der BL Sachsen. Von 1946 bis 1952 Mitglied des Sekretariats, u. a. für Arbeit und Soziales verantwortlich. Olga Körner gehörte von 1946 bis 1950 dem PV der SED an und bis 1952 auch dem Sächsischen Landtag. Sie erhielt 1953 den Karl-Marx-Orden. Olga Körner starb am 22. Dezember 1969.

› Kohlmann, Paul (* 1894 – † 1956)

Geboren am 7. Februar 1894 in Berlin-Schöneberg, Schleifer. Seit Anfang der zwanziger Jahre Mitglied der KPD. Als Betriebsarbeiter im September 1930 für den Wahlkreis Potsdam II als Abgeordneter in den Reichstag gewählt. Von der KPD zu den Reichstagswahlen 1932 nicht mehr aufgestellt, trat er in der Partei nicht mehr hervor. Über Kohlmanns Schicksal nach 1933 sowie nach 1945 ist nichts bekannt, er wohnte als Arbeiter bzw. Rentner in West-Berlin. Paul Kohlmann starb am 17. Oktober 1956 in Berlin-Wilmersdorf.

› Kötter, Wilhelm (* 1902 – † 1957)

Geboren am 29. März 1902 in Senne bei Bielefeld, lernte Kaufmann und arbeitete als kaufmännischer Angestellter in verschiedenen Firmen. 1920 Eintritt in die KPD, aktiver Funktionär in Bielefeld, 1923 dort UB-Leiter und hauptamtlicher Sekretär. Ende 1923 in »Schutzhaft«, entfloh er, wurde im Mai 1924 erneut verhaftet und zu vier Monaten Gefängnis verurteilt. Anschließend von der KPD als Wanderredner eingesetzt. 1925 leitete er wieder den UB Bielefeld und gehörte mit diesem 1925 zur ultralinken Opposition. Als Vertreter der Ultralinken wählte ihn der X. Parteitag 1925 in die Kommunalkommission. Um die Ultralinken zu schwächen und Kötter zu isolieren, wurde er Anfang 1926 als Mitarbeiter des ZK nach Berlin versetzt, doch hier bald einer der Führer der Weddinger Opposition. Auf dem XI. Essener Parteitag 1927 sprach er für diese Oppositionsgruppe. Nach der Spaltung der Weddinger Opposition gehörte er zur gemäßigten Richtung, die nach ihm Kötter-Gruppe genannt wurde. Im August 1927 nach Bielefeld zurückgekehrt und wieder Polleiter des oppositionellen UB. Am 19. Juni 1930 legte er sein Stadtverordnetenmandat nieder, wurde am 24. Juni 1930 wegen »groben Disziplinbruchs und Parteischädigung« mit 24 gegen 22 Stimmen aus der KPD ausgeschlossen. Dazu vermerkte die KPD-Zeitung: »Parteifeind über Bord«. Kötter hatte schon vorher einen Zigarrenladen eröffnet, den er in der Folgezeit in Bielefeld betrieb. Politisch trat er nicht mehr hervor. Trotzdem am 4. März 1933 sofort verhaftet und bis 1934 in »Schutzhaft«, später noch einige Male inhaftiert. Nach 1945 führte Kötter wieder seinen Zigarrenladen in Bielefeld. Politisch war er nicht mehr organisiert, hatte aber seinen kommunistisch-oppositionellen Standpunkt beibehalten. Wilhelm Kötter starb am 3. November 1957 in Bielefeld.

▸ Kollwitz, Hans (* 1893 – † 1948)

Geboren am 13. August 1893 in Stralsund, Sohn eines Maurers und einer Waschfrau; lernte Tischler, von 1912 bis 1914 Wanderschaft. 1914 Soldat, nach einer Verwundung (Oberarmschuß) wurde er aus dem Militär entlassen, kriegsdienstverpflichtet als Tischler in Erfurt, Magdeburg und Berlin. 1914 hatte er sich der SPD angeschlossen, 1917 der USPD. Kollwitz nahm im Januar 1918 am Munitionsarbeiterstreik teil, danach übersiedelte er nach Parchim. Dort gründete er die USPD, wurde später Sekretär der USPD für Mecklenburg und kam im Juni 1920 in den Mecklenburgischen Landtag. Während des Kapp-Putsches verhaftet, nahm er im Oktober 1920 am Spaltungsparteitag der USPD teil und ging mit deren linkem Flügel 1920 zur KPD. Bis Mitte August 1921 Sekretär der VKPD in Mecklenburg, danach bis Anfang 1923 Sekretär der KPD in der Provinz Hannover. 1923 wurde Kollwitz Sekretär des Landesausschusses der Betriebsräte der Ruhr. Anhänger des linken Flügels der Partei, von 1924 bis Mitte 1925 unter dem Pseudonym Schwarz Orgleiter des KPD-Bezirks Ruhr und Abgeordneter des Preußischen Landtags. Im Juli 1925 Teilnahme an einem Schulungskurs in Moskau, danach von 1926 bis 1929 Polleiter der KPD in Ostpreußen. Delegierter des XI. Essener Parteitages 1927 und als Kandidat ins ZK berufen. Im Mai 1928 im Wahlkreis Ostpreußen in den Reichstag gewählt. Dann im März 1929 als Polleiter des KPD-Bezirks Mittelrhein nach Köln versetzt, dort im April 1930 zu drei Monaten Gefängnis verurteilt, weil er in einer Versammlung des verbotenen RFB gerufen hatte: »Trotz alledem!«

Mitte 1930 wurde Kollwitz als Polleiter des Bezirks Mittelrhein abgelöst, kandidierte im September 1930 auch nicht mehr für den Reichstag. Die Hintergründe dafür sind unklar, die Opposition vermutete »Abweichungen«. Von der Polizei im Februar 1931 verhaftet, trat Kollwitz im Essener Gefängnis in den Hungerstreik, den er über einen Monat durchhielt. Das Reichsgericht verurteilte ihn im April 1931 wegen »Vorbereitung zum Hochverrat« zu zwei Jahren Festung. Im Dezember 1932 vorzeitig amnestiert, jedoch erst am 26. Januar 1933 entlassen, ging er nach Köln, wurde dort aber bereits im Februar 1933 festgenommen und saß bis 1935 im KZ Esterwegen/Papenburg in »Schutzhaft«. 1935 Freilassung und Umzug nach Demmin, wurde Betonarbeiter und Tischler in Grimmen, später in

Stralsund, beteiligte sich am Widerstand. Nach dem Einmarsch der Roten Armee wurde er zunächst Polleiter des KPD-UB Stralsund, anschließend Polleiter der KPD im Bezirk Pommern, im August 1945 kam er nach Greifswald in das Sekretariat der KPD-Landesleitung Mecklenburg. Ab Dezember 1945 arbeitete Kollwitz in der Landesverwaltung des Präsidenten bzw. späteren Ministerpräsidenten Wilhelm Höcker. Er gehörte dem SED-Landesvorstand Mecklenburg an und war Vorsitzender des Landesparteischiedsgerichts. Im September 1946 wurde er im Range eines Regierungsdirektors Leiter der Abteilung Information beim Ministerpräsidenten. Hans Kollwitz starb am 14. November 1948 in einer Rostocker Klinik.

▸ Konieczny, Jakob (* 1886 – † 1929)

Geboren am 13. Juli 1886 in Zgliniec, Bergarbeiter. Er übersiedelte vor dem Weltkrieg ins Ruhrgebiet, Mitglied der SPD, Mitbegründer des Spartakusbundes in Herne. Ende 1918 Delegierter auf dem Gründungsparteitag der KPD in Berlin. 1919 war er Mitglied des Zentral-Zechenrates (Neunerkommission) im Ruhrgebiet. Delegierter des III. Parteitags 1920 in Karlsruhe, im Herbst 1920 wurde Konieczny als Parteisekretär nach Oberschlesien geschickt. Vom V. Parteitag 1920 in Berlin in den Zentralausschuß gewählt, war er 1921 Anhänger von ▸ Paul Levi. Er trennte sich 1921 von der KPD und blieb parteilos. Jakob Konieczny starb am 10. Januar 1929 in Herne.

▸ Kops, Erich (* 1905 – † 1961)

Geboren am 20. Januar 1905 in Jena, Sohn eines Metallarbeiters; lernte Schlosser. 1922 Mitglied der SPD, Vorsitzender der Jenaer Arbeiterjugend und deren Orgsekretär für den Bezirk Thüringen. Im August 1923 Austritt aus der SAJ und der SPD, als Mitglied der KJD und der KPD hauptamtlicher Funktionär der BL der KJD Thüringen. Im Oktober 1924 verhaftet, wurde er Ende 1925 vom Staatsgerichtshof in Leipzig wegen »Vorbereitung zum Hochverrat« zu zwei Jahren Gefängnis verurteilt, kam aber wegen einer Amnestie kurz danach frei. Von Ende 1925 bis Ende 1928 war Kops Gauführer und Sekretär der Roten Jungfront in Thüringen. 1928/29 Kursant an der Internationalen Leninschule in Moskau, danach 1929/30 Lokalredakteur der »Neuen Zeitung« und Organisator des KPD-Literaturvertriebs in Thüringen. Ab August 1930 Mitarbeiter der Agitpropabteilung des ZK der KPD, von April 1931 bis Anfang 1933 Agitpropleiter der BL Halle-Merseburg. Bis Sommer 1933 illegaler Orgleiter an der Seite von Polleiter ▸ Adolf Rembte im Bezirk Halle-Merseburg, im Februar 1934 emigrierte Kops in die Tschechoslowakei.

Kops leistete zunächst Grenzarbeit im Gebiet Reichenberg, dann im Büro der IRH in Prag tätig, ab Dezember 1935 in der Sowjetunion Maschinenschlosser in Jegorowsk. Ab Mai 1937 in Spanien Offizier des »Thälmann-Bataillons« der Internationalen Brigaden, von 1939 bis 1943 in Frankreich interniert. Im April 1943 nach Deutschland ausgeliefert, Häftling im KZ Sachsenhausen. Nach der Befreiung 1945 kurzzeitig Landrat im Kreis Ludwigslust in Mecklenburg, ab August 1945 Orgsekretär der KPD Thüringen. Kops war von 1946 bis 1950 Mitglied des SED-PV, ab September 1947 Vorsitzender der SED Thüringen (paritätisch mit Heinrich Hoffmann). Obwohl er bedingungslos die Weisungen aus Berlin in Thüringen durchführte, wurden seine Tätigkeit und seine Personalentscheidungen kritisiert, und er im Oktober 1949 abgelöst. Zunächst außerordentlicher Gesandter der DDR in Ungarn. Im Sommer 1950 gab es Vorwürfe der ZPKK, er sei 1938 in Spanien aus der Partei ausgeschlossen worden, und es gab auch Beschwerden an seinem Führungsstil als Botschafter. Daher im November 1950 abberufen, bekam untergeordnete Funktionen im Bereich Handel und Versorgung. Von 1958 bis 1961 1. Stellvertreter des Vorsitzenden des Rates des Bezirks Dresden, 1959 erhielt er den VVO in Bronze. Erich Kops starb am 28. Mai 1961 in Dresden.

▸ Korbmacher, Willy (* 1897 – † 1977)

Geboren am 23. November 1897 in Krefeld, Arbeiter. Mitglied der SPD, der USPD und 1920 der KPD. Korbmacher war von 1922 bis 1929 Sekretär des Zentralvorstandes der Roten Hilfe. Er gehörte zu den Rechten in der RHD-Führung und wurde aus der KPD ausgeschlossen, trat 1929 der KPO und der IHV bei. Von 1929 bis 1931 studierte er an der Hochschule für Politik in Berlin. Mit der Minderheit der KPO ging er 1931 zur SAP und arbeitete ab 1933 bis Ende 1934 für sie illegal. Anfang 1935 emigrierte er in die Tschechoslowakei, 1938 nach Schweden, dort gehörte Korbmacher der SAP und der Landesgruppe deutscher Gewerkschaften an. Er arbeitete in der Textilindustrie, war dann Archivar und später Fürsorger. Korbmacher kehrte nach 1945 nicht nach Deutschland zurück, lebte in Göteborg und wurde Mitglied der Sozialdemokratischen Arbeiterpartei Schwedens. Willy Korbmacher starb am 28. April 1977 auf einer Urlaubsreise in der marokkanischen Hafenstadt Tanger.

▸ Korpus (Becher), Lilly (* 1901 – † 1978)

Geboren am 27. Januar 1901 in Nürnberg, Tochter des Ingenieurs Emil Korpus (ihre Mutter ist im KZ Auschwitz umgekommen). Gymnasium in München, 1918 Studium an der Universität Heidelberg, mußte das Studium abbrechen, da ihr die Familie die Finanzierung versagte. 1919 Redaktionsvolontärin bei der »Vossischen Zeitung«, 1921 Stenotypistin u. a. in der Münchner Redaktion im Ullsteinhaus. Lilly Korpus, die seit 1919 Mitglied der KPD war, übersiedelte Ende 1921 nach Berlin, wurde hier Redakteurin der »Roten Fahne« und arbeitete auch hauptamtlich für die Partei. 1922/23 zunächst Frauenleiterin in Berlin-Neukölln, anschließend Frauenleiterin der BL Berlin-Brandenburg, 1924 Gründerin und bis 1925 Redakteurin der kommunistischen Zeitschrift »Die Arbeiterin«. Als Anhängerin der Linken wurde sie 1924 2. Polleiter des Bezirks Berlin-Brandenburg. Da ▸ Ruth Fischer als nomineller 1. Polleiter zugleich Parteivorsitzende der KPD war, übte Lilly Korpus de facto diese Funktion aus. Ab Frühjahr 1925 Orgleiter der Berliner KPD, stellte sie sich mit der Mehrheit der Berliner Funktionäre nach dem »Offenen Brief« 1925 gegen die neue Führung ▸ Ernst Thälmanns und gegen die Parteilinie. Weil sie im Berliner Funktionärorgan »Funke« die Position Ruth Fischers verteidigte, aus dem hauptamtlichen Funktionärapparat entfernt, aber nach Abkehr von der linken Opposition 1926 und auch durch Fürsprache von ▸ Wilhelm Pieck in kommunistischen Massenorganisationen eingesetzt.

Zunächst Mitarbeiterin der »Weltbühne«, dann 1926 Lektorin und Redakteurin im Neuen Deutschen Verlag. Von 1926 bis 1933 leitete sie die von ▸ Willi Münzenberg herausgegebene AIZ als Chefredakteurin und veröffentlichte einige Novellen. Ihre Ehe mit dem kommunistischen Funktionär Paul war inzwischen geschieden. In der Nacht vom 7. zum 8. März 1933 von SA-Leuten in Berlin überfallen, flüchtete sie mit ihrem Kind Marianne (* 8. 11. 1925) nach Wien und emigrierte Ende 1933 nach Paris. Dort Redakteurin und Lektorin bei der Zeitschrift »Editions du Carrefour« und Mitautorin am antifaschistischen Sammelwerk »Der gelbe Fleck«. Ende 1935 reiste sie nach Moskau. Obwohl sie nach ihrer »ultralinken Periode« 1925 keinerlei Abweichungen mehr gezeigt hatte, mußte sie doch während der Stalinschen Säuberung Schlimmes befürchten. Aber inzwischen eng mit ▸ Johannes R. Becher liiert, blieb sie verschont und war ab 1936 ständige Mitarbeiterin an der von Becher herausgegebenen Zeitschrift »Internationale Literatur – Deutsche Blätter«. Im Juni 1945 kehrte sie als Ehefrau J. R. Bechers nach Deutschland zurück und war ab September 1945 Chefredakteurin der »Neuen Berliner Illustrierten«, ab 1951 freie Mitarbeiterin beim Berliner Verlag. Nach Bechers Tod leitete sie zeitweilig das J. R. Becher-Archiv der Akademie der Künste in Ost-Berlin. 1971 erhielt sie den VVO in Gold, doch ihre führende Rolle in der linken KPD 1924/25 wurde nicht erwähnt. Lilly Korpus-Becher starb am 20. September 1978 in Ost-Berlin.

▸ Korsch, Karl, Dr. jur. (* 1886 – † 1961)

Am 15. August 1886 in Tostedt/Hamburg geboren, stammte aus einer Familie, die seit Generationen ein Bauerngut in Friedland/Ostpreußen bewirtschaftete. Korschs ehrgeiziger Vater übersiedelte nach Tostedt und später nach Meiningen/Thüringen, wo er Bankbeamter und zuletzt auch Bankdirektor war. Karl Korsch besuchte das Gymnasium in Meiningen und studierte an den Universitäten München, Berlin, Genf und Jena. 1909 Referendar, 1910 in Jena Promotion zum Dr. jur., von 1909 bis 1911 juristischer Vorbereitungsdienst in Meiningen. 1910/11 Soldat beim Infanterie-Regiment 32 in Meiningen. Im Januar 1912 siedelte Korsch auf Empfehlung der Universität Jena nach London über und absolvierte dort juristische, ökonomische und politische Studien. In dieser Zeit Mitglied der Sozialistischen Fabian Society. Bei Kriegsausbruch Rückkehr nach Deutschland. Wegen kriegsgegnerischer Äußerungen im August 1914 vom Leutnant der Reserve zum Vizefeldwebel degradiert, dann Fronteinsatz und wieder Offizier, 1918 Oberleutnant. Zweimal schwer verwundet, mit dem Eisernen Kreuz I. Klasse ausgezeichnet. Korsch trat der USPD bei und war nach dem Krieg Mitglied der Sozialisierungskommission in Berlin (wissenschaftlicher Hilfsarbeiter).

Er ging mit dem linken Flügel der USPD zur KPD, obwohl er vor der Vereinigung schwere Bedenken gegen die 21 Bedingungen der Komintern hatte. Ständiger Mitarbeiter der KPD-Presse und Delegierter des VIII. Parteitags 1923. Im Oktober 1919 habilitiert, Privatdozent der juristischen Fakultät in Jena. Im Oktober 1923 zum ordentlichen Professor ernannt und Übertragung eines Extraordinariats in Jena. Ebenfalls im Oktober 1923 Justizminister in der sozialdemokratisch-kommunistischen Regierung in Thüringen, ab Februar 1924 Abgeordneter im Thüringer Landtag. Korsch schloß sich dem linken Flügel der KPD an und wurde im Mai 1924 Chefredakteur des theoretischen KPD-Organs »Die Internationale«. Im Juli 1924 rückte er in den Reichstag nach und wurde im Dezember erneut ins Parlament gewählt. Er gewann im August 1925 in zweiter Instanz einen Prozeß gegen das Land Thüringen, das ihm 1924 seine Professur entzogen hatte und mußte wieder in seine Rechte eingesetzt werden. Inzwischen gehörte Korsch dem ultralinken Flügel der Partei an und war dessen theoretischer Kopf. Die zunächst einheitliche ultralinke Opposition, Scholem-Katz-Rosenberg-Korsch-Schwarz, fiel jedoch auseinander, und die Gruppe um Korsch und ▸ Ernst Schwarz stand bald in striktem Gegensatz zur Komintern.

Am 30. April 1926 wurde Korsch aus der KPD ausgeschlossen. Er gab gemeinsam mit Schwarz die Zeitschrift »Kommunistische Politik« heraus und organisierte eine eigene linke Gruppe gleichen Namens. In Berlin entstand um ihn ein Zirkel, der über die kommunistische Theorie diskutierte (daran beteiligten sich u. a. Bert Brecht, Alfred Döblin, Susanne Leonhard). Korsch hatte auch Verbindung zu der Oppositionsgruppe Sapronow-Smirnow in der KPdSU. 1926 kam es zum Bruch zwischen Korsch und Schwarz; während Schwarz und seine Anhänger die Gruppe »Entschiedene Linke« bildeten, blieben Korsch und ▸ Heinrich Schlagewerth, der die Organisation leitete, weiterhin Herausgeber der »Kommunistischen Politik«. 1927/28 verschwand die Korsch-Gruppe von der politischen Bühne, nachdem sie die stalinistische Entwicklung der Sowjetunion scharf kritisiert hatte. Korsch hatte am 24. Juni 1927 als einziger Redner im Reichstag gegen den Abschluß des deutsch-sowjetischen Handelsvertrages gesprochen.
Er blieb bis 1928 Reichstagsabgeordneter, widmete sich in der Folgezeit ausschließlich theoretischen Problemen und veröffentlichte eine große Anzahl von Arbeiten über theoretische Fragen des Marxismus. Seit 1930 relativierte er dabei den Marxismus, ohne ihn jedoch völlig abzulehnen. Ende 1933 floh Korsch nach Dänemark, nach England und schließlich 1936 in die USA. 1950 hatte er in seinen »Thesen über den heutigen Marxismus« erklärt, alle Versuche, »die marxistische Doktrin als Ganzes und ihrer ursprünglichen Funktion als Theorie der sozialen Revolution der Arbeiterklassen wiederherstellen zu wollen«, sei eine »reaktionäre Utopie«. Korsch, der auch in den USA eine Reihe von Arbeiten publizierte und 1950 und 1956 nochmals kurz Europa besuchte, war in seinen letzten Lebensjahren sehr krank, er und kam in ein Sanatorium. Karl Korsch starb am 21. Oktober 1961. Seine Frau, die als Pädagogin hervorgetretene Dr. Hedda Korsch, lebte mit ihm in den USA. Von den zahlreichen Veröffentlichungen Korschs hier einige: »Was ist Sozialisierung« (Hannover 1919), »Die materialistische Geschichtsauffassung – Auseinandersetzung mit K. Kautsky« (Leipzig 1922), »Quintessenz des Marxismus« (Berlin 1922), »Kernpunkte der materialistischen Geschichtsaufassung« (Berlin 1922), »Marxismus und Philosophie« (Leipzig 1923), »Why I am Marxist« (1935). Inzwischen liegen Karl Korschs Gesammelte Werke (Hrsg. Michael Buckmiller) vor.

▸ Koschnick, Johannes (* 1902 – † 1944)

Geboren am 19. September 1902 in Kiel, Sohn einer Arbeiterfamilie; Lehre und Arbeit als Dreher auf der Germania-Werft in Kiel. 1919 Mitglied des Jungspartakusbundes, 1920 der KPD. Koschnick war von 1923 bis 1925 Sekretär des KJVD für Nordwestdeutschland. Von 1925 bis Anfang 1931 wirkte er zunächst als Gewerkschaftsredakteur der Bremer »Arbeiterzeitung« und als Sekretär für Gewerkschaften der KPD-BL Nordwest, später RGO-Leiter von Bremen. Da er nach Ansicht der Zentrale auf versöhnlerischen Positionen verharrte und zum Kreis der engen Mitstreiter um Polleiter ▸ Paul Taube gehörte, wurde er im März 1931 aus Bremen abgezogen und nach Hamburg versetzt. Als Sekretär der Reichsleitung des Einheitsverbandes der Seeleute, Hafenarbeiter und Binnenschiffer der RGO wirkte er bis 1933 in Hamburg. Koschnick bat das ZK im März 1932, die BL Nordwest zu veranlassen, die Bezahlung seiner

Gerichtskosten zu übernehmen. Er war 1930 nämlich für ein Flugblatt der KPD-Betriebszelle der Bremer Jutespinnerei verantwortlich gemacht worden, aber die neue BL unter ▸ Robert Stamm weigerte sich zunächst, für die Gerichtskosten aufzukommen. Im Februar 1933 ging Koschnick in die Illegalität und organisierte noch am 1. Mai 1933 eine Kundgebung an der Bezirksgrenze zwischen Hamburg und Altona. Er wurde verhaftet und wegen »Landfriedensbruchs« zu neun Monaten Gefängnis verurteilt, anschließend für die gleiche Aktion durch das Hanseatische OLG zu eineinhalb Jahren Zuchthaus verurteilt, die er im KZ Fuhlsbüttel verbüßte. Nach der Entlassung kam er bis Januar 1939 in »Schutzhaft« in das KZ Sachsenhausen. Von 1939 bis 1943 arbeitete er als Dreher in Bremen-Kattenturm. Obwohl nur »bedingt wehrwürdig«, wurde Johannes Koschnick 1943 zur Wehrmacht eingezogen und ist am 21. September 1944 in Finnland gefallen. Sein Sohn Hans (* 2. 4. 1929) wurde später als Bremer Bürgermeister und führenden SPD-Politiker sehr bekannt.

▸ Koska, Willi (* 1902 – † 1943)

Geboren am 9. Januar 1902 in Berlin, Sohn eines Schlossers; lernte Dreher. 1918 Mitglied der Gewerkschaft, 1917 schloß er sich der sozialistischen Jugendbewegung an und stieß 1921 zur KPD. In der Partei übernahm er verschiedene ehrenamtliche Funktionen wie Straßengruppen- und Betriebszellenleiter. 1928 Mitglied der BL Berlin-Brandenburg, auf dem XII. Weddinger Parteitag im Juni 1929 wurde Koska als Betriebsarbeiter zum Kandidaten in das ZK gewählt, er übernahm im August 1929 die politische Leitung der Roten Hilfe im Bezirk Berlin-Brandenburg und wurde hauptamtlicher Sekretär. Ende 1931 Nachfolger ▸ Joseph Millers als Polleiter der Reichsorganisation der RHD. 1932 berief der Weltkongreß der IRH Koska in das Exekutivkomitee. Seit 1929 Berliner Bezirksverordneter, wurde er im Juli 1932 im Wahlkreis Westfalen-Süd in den Reichstag gewählt, dem er bis März 1933 angehörte. Er stand bis Mitte 1933 der illegalen Reichsleitung der RHD vor, und koordinierte zeitweise vom Ausland her die Arbeit der Roten Hilfe.

Am 20. Juli 1933 in Berlin verhaftet, kam er zunächst in die Gestapozentrale in die Prinz-Albrecht-Straße. Als Koska zu fliehen versuchte, wurde er angeschossen und in das Staatskrankenhaus gebracht. Bei der Überführung zur Gestapo konnte er am 9. August 1933 flüchten, hielt sich zwei Wochen illegal in Berlin auf und emigrierte nach Rücksprache mit ▸ Walter Ulbricht zunächst über die Schweiz nach Frankreich. In Paris war er Mitarbeiter im Internationalen Befreiungskomitee für die Angeklagten im Reichstagsbrandprozeß, Anfang 1934 Leiter der Auslandsvertretung der RHD und Mitglied des Europäischen Büros der MOPR. Im Oktober 1934 wurde Koska aus dieser Funktion abberufen, da ihn ▸ Hans Kippenberger schwer belastete, die IKK leitete ein Untersuchungsverfahren ein, das aber nach seiner Ankunft im Juni 1935 in Moskau niedergeschlagen wurde. Koska lebte und arbeitete in der Sowjetunion unter dem Parteinamen Rudolf Rischauk. Im März 1937 erhielt er eine schwere Rüge von der IKK wegen »Nachlassens der Parteiwachsamkeit«. Er war nämlich mit ▸ Hans Stauer (Konon Berman-Jurin) befreundet, der 1936 im ersten Moskauer Schauprozeß zum Tode verurteilt worden

war. Von Februar 1940 bis Juli 1941 Arbeit als Dreher in Moskau. Am 5. Juli 1941 wurde Willi Koska vom NKWD verhaftet.
Seine Lebensgefährtin **Gertrud Pfister** erhielt erst Jahre später lediglich die Mitteilung, daß Willi Koska am 4. Mai 1943 verstorben sei. Gertrud Pfister (* 10. 9. 1908) aus Berlin, Kontoristin, trat 1924 in die KJD, 1927 in die KPD ein. Von 1927 bis 1929 Sekretärin in der Reichsleitung des RFB, ab 1929 Mitarbeiterin im ZK der RHD. Ab August 1935 in Moskau, arbeitete bis Oktober 1936 bei der Komintern. Von Ende 1936 bis Juli 1941 im deutschen Sektor beim Radiokomitee in Moskau Sekretärin. Sie erhielt 1937 eine Rüge durch die IKK wegen »mangelnder Wachsamkeit«. Im August 1941 entlassen, mit ihrem vierjährigen Sohn Willi zunächst nach Swerdlowsk, dann nach Kamischlow evakuiert und von Juli 1947 bis März 1955 in einer Filzstiefelfabrik beschäftigt.
Nach der Befreiung 1945 bat die Mutter Willi Koskas, Minna Koska, geborene Görsch (* 3. 4. 1873 – † 21. 2. 1947), sofort um Auskunft über das Schicksal ihres Sohnes. Die KPD-Straßengruppe 5 im Verwaltungsbezirk Berlin-Tiergarten richtete deshalb am 13. September 1945 einen Brief an das ZK, in dem sie um Nachforschungen bat: »Der Gen. Willi Koska geb. am 9. 1. 02 in Berlin war MdR und zuletzt Generalsekretär der RHD. Er wurde im Sommer 1933 bei seiner Festnahme durch die Gestapo verwundet. Aus dem Staatskrankenhaus konnte er mit Hilfe einer Genossin fliehen und emigrierte nach Frankreich. Von dort kam er später nach Rußland und hat zum letzten mal am 30. 3. 1937 aus Moskau Nachricht gegeben. Seine Mutter ist 72 Jahre alt und lebt in sehr bescheidenen Verhältnissen in Bln. NW 87 Siemensstr. 7 Stfl IV. ... Sie sorgt sich sehr um ihren einzigen Sohn und möchte gerne Gewißheit über sein Schicksal haben. Der Vater des Gen. Koska ist im Nov. 1935 gestorben. Um recht baldige Nachricht bitten die Genossen der KPD.«
Gertrud Pfister bemühte sich um rasche Rückkehr nach Deutschland, durfte aber erst im April 1955 mit ihrem inzwischen 17jährigen Sohn in die DDR ausreisen. Arbeit als Referentin beim Staatlichen Rundfunkkomitee, 1978 erhielt sie die Ehrenspange zum VVO in Gold. Gertrud Pfister starb am 21. Juni 1979 in Ost-Berlin. Ermutigt durch Glasnost und Perestroika in der Sowjetunion wandte sich der Sohn Koskas, Willi Rischauk, dann im Mai 1988 an Staats- und Parteichef Honecker mit der Bitte um vollständige Rehabilitierung seines Vaters. Zwei Beauftragte der Kaderabteilung des ZK der SED informierten Willi Rischauk, daß seiner Mutter schon 1957 die Wiederherstellung der Parteimitgliedschaft des Vaters mündlich mitgeteilt worden sei. Erst auf Nachfrage erfuhr er, daß sein Vater in der Sowjetunion umgebracht wurde. Die Vertreter der SED-Kaderabteilung verlangten von ihm aber »Verständnis, daß keine schriftliche Mitteilung darüber durch den Genossen E. Honecker erfolgen kann«.

▸ Kowalke, Alfred (* 1907 – † 1944)

Geboren am 11. April 1907 in Berlin, lernte Tischler und arbeitete anschließend in Berlin und Hamburg. 1925 trat Kowalke in die KPD ein und gehörte seit Ende 1931 dem illegalen AM-Apparat des ZK der KPD an. Er war für Waffen- und Munitionsbeschaffung verantwortlich und reiste Ende 1932 zu einer militärischen Ausbildung nach Moskau. Nach Beendigung des Kurses kehrte er über Prag im Mai 1935 nach

Deutschland zur illegalen Arbeit zurück. Ende 1935 emigrierte Kowalke nach Prag und war dort im AM-Apparat der Auslandsleitung der KPD eingesetzt. Er kam dann als Instrukteur unter dem Namen Arthur Janda nach Danzig und arbeitete mit den zwei kommunistischen Volkstagsabgeordneten zusammen. Als diese verhaftet wurden, ging Kowalke erneut nach Prag und wurde zur illegalen Arbeit nach Mitteldeutschland geschickt. Im Februar 1937 reiste er über Amsterdam nach Paris, in den folgenden Monaten Instrukteur des ZK der KPD in Bremen und im Ruhrgebiet. Bei Kriegsausbruch in den Niederlanden, ging Kowalke im Spätherbst 1941 nach Westdeutschland, um Verbindungen zu suchen und aufzubauen sowie für illegal einreisende Instrukteure Quartiere zu beschaffen, was erst in der Folgezeit in Berlin gelang.
Kowalke wurde ein enger Mitarbeiter des illegalen ZK-Instrukteurs ▸ Wilhelm Knöchel. Mit dem ZK-Instrukteur ▸ Wilhelm Beuttel schrieb er Artikel für die Zeitungen »Ruhr-Echo«, »Freiheit« und die von Knöchel redigierte Zeitung »Der Friedenskämpfer«. Während eines illegalen Treffs am 2. Februar 1943 verhaftet, am 5. November 1943 vom 2. Senat des VGH zum Tode verurteilt, wurde Alfred Kowalke am 6. März 1944 im Zuchthaus Brandenburg hingerichtet

▸ Kowalski (Dobler), Werner (* 1901 – † 1943)

Geboren am 28. Dezember 1901 in Lüdenscheid; Buchbinderlehre, später auch Metallarbeiter in einem Aluminiumwerk. 1919 gehörte er in Lüdenscheid zu den Mitbegründern der FSJ und trat der USPD bei. Im März 1920 nahm er an den Kämpfen während des Kapp-Putsches teil und wurde Ende 1920 Mitglied der KPD. 1923 UB-Leiter für die Jugendarbeit und für den OD in Lüdenscheid zuständig. Von Oktober 1923 bis April 1924 in Untersuchungshaft, wurde er wegen seiner Mitgliedschaft in der Proletarischen Hundertschaft des »Landfriedensbruchs« angeklagt, aber freigesprochen. Kowalski leitete in

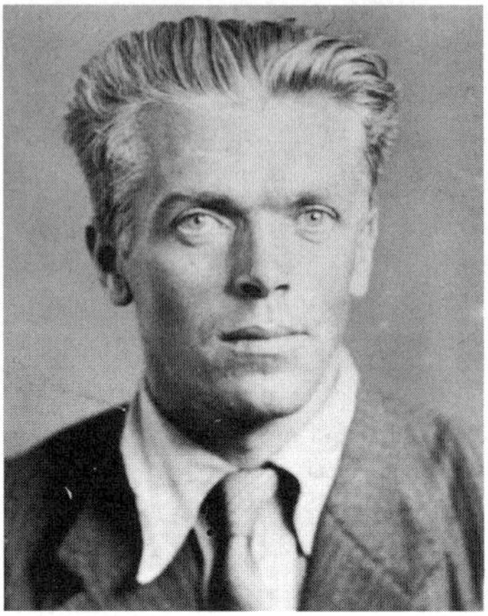

Lüdenscheid den Erwerbslosenausschuß, war dort von November 1929 bis Juli 1931 Stadtverordneter. 1930 Orgleiter des UB, absolvierte er von Juni bis Oktober 1931 einen Lehrgang an der M-Schule der Komintern in Moskau. Das ZK setzte ihn 1932 als Instrukteur in Offenbach, Mainz und im UB Friedberg ein. Als UB-Sekretär in Worms tat er sich, wie er selbst später schrieb, im Kampf gegen die KPO hervor. Ende 1932 ging Kowalski nach Südbayern, im Januar 1933 RGO-Instrukteur in Augsburg. Ab Februar 1933 illegaler UB-Leiter im Bezirk Niederrhein, wurde dort am 23. April 1933 verhaftet und in das KZ eingeliefert. Ostern 1934 entlassen, setzte er die illegale Arbeit für die KPD fort, ab Januar 1935 Polleiter des KPD-UB Lüdenscheid. Kowalski mußte aber bereits Anfang Mai 1935 aus Deutschland fliehen. Über die Niederlande, Belgien und die Tschechoslowakei traf er am 22. Juli 1935 in Moskau ein. Dort war er zunächst unter seinem Pseudonym Franz Bromejn, später unter Erich Klose an der Internationalen Leninschule und gehörte zur deutschen Delegation zum VII. Weltkongreß der Komintern.
Im Oktober 1935 nahm er unter seinem Pseudonym Erich Dobler an der »Brüsseler Konferenz« teil. Kowalski-Dobler hielt auf der Parteikonferenz eine kritische Rede, in der er die Revision des bisherigen Kurses der KPD forderte und für eine Einheitsfront mit der Sozialdemokratie als Kern einer Volksfront mit allen Nazigegnern eintrat.

Am Ende der Konferenz wurde Erich Dobler zum Kandidaten des ZK gewählt, ab 1936 war er bei der KPD-AL West in Amsterdam tätig. Anschließend kam Kowalski als Instrukteur der Roten Hilfe nach Brüssel, wohin auch seine Frau und seine Tochter emigrierten. Er verhandelte mit anderen deutschen Emigranten (Vertreter der bürgerlichen, katholischen und sozialdemokratischen Jugend) und war im Juli 1937 an der Gründungskonferenz der »Deutschen Jugendfront« beteiligt. Den Führungsgremien der Komintern und der KPD in Moskau mißfielen diese Aktivitäten, zumal Kowalski Kritik am Personenkult um Stalin äußerte und Sympathien für den aus der KPD ausgeschlossenen ▸ Willi Münzenberg zeigte. Auf der »Berner Konferenz« im Januar 1939 wurde Doblers Parteiausschluß offiziell bekanntgegeben, der aber bereits im Mai 1938 wegen »fraktioneller Treibereien und unkommunistischen Verhaltens« erfolgt war. Am 10. Mai 1940 verhaftete ihn die belgische Polizei und schob ihn nach Frankreich ab, wo er in den Lagern St. Cyprien, Gurs und Annecy interniert wurde. Nachdem deutsche Truppen im Dezember 1942 in den unbesetzten Teil Frankreichs einmarschierten, flüchtete er aus dem Internierungslager Annecy in ein Dorf nahe der Stadt Frangy. Hier wurde er von Bauern mehrere Monate lang versteckt, bis ihn der deutsche NS-Sicherheitsdienst aufspürte. Werner Kowalski (Dobler) wurde am 1. Juli 1943 von einem SD-Offizier erschossen. Dietmar Simon veröffentlichte 2003 im Jahrbuch für Historische Kommunismusforschung eine biographische Skizze über Werner Kowalski.

▸ Kox, Wilhelm (* 1900 – † 1940)

Geboren am 8. November 1900 in Aachen, Sohn einer Arbeiterfamilie. Er lernte Metzger bei einem seiner Brüder. Wegen eines Diebstahlversuches kam er für einige Zeit in eine Fürsorgeeinrichtung, noch 1918 zum Kriegsdienst einberufen. Danach Metallarbeiter in Hürth, 1924 Vertrauensmann des DMV, 1920 Mitglied der KPD, lange erwerbslos, dann Metzger in einer Groß-Schlächterei. Ende 1930 wurde Kox besoldeter Sekretär der KPD im UB Koblenz. Von Mai 1931 bis Oktober 1933 Kursant an der Internationalen Leninschule in Moskau, nach seiner Rückkehr Zusammenarbeit in Berlin mit ▸ Herbert Wehner bei der Auflösung des Sekretariats des ZK der KPD und der Bildung der illegalen Landesleitung, der er selbst von Mitte November 1933 bis Mai 1934 angehörte. Kox war für die Verbindung zu den Oberbezirken Mitte, Südwest und Süd verantwortlich und übertrug diese Aufgaben im Juni 1934 seinem Nachfolger ▸ Adolf Rembte. Ab Juli 1934 war er einer der sogenannten Reichstechniker mit Sitz in Saarbrücken. Im März 1935 nach Paris gerufen, wo gegen ihn mehrere Parteiuntersuchungen durch die Internationale Kontrollkommission der Komintern wegen »Sabotage der Parteiarbeit« durchgeführt wurden. Im Januar 1936 in Prag vorübergehend verhaftet, teilte ihm das ZK im Mai 1936 mit, daß er aus der KPD ausgeschlossen sei. Als Grund wurden Meinungsverschiedenheiten mit dem ZK, ungenügende Selbstkritik, fahrlässiges Verhalten bei der Aushebung der illegalen Druckerei in Saarbrücken genannt. Kox lehnte Bewährungsaufträge in Amsterdam bzw. eine Rückkehr nach Moskau oder einen Einsatz in Spanien ab. Er kehrte nach Deutschland zurück, wurde mehrmals verhaftet, zuletzt am 16. September 1939 in Berlin wegen angeblicher Mitarbeit für den Nachrichtendienst der Tschechoslowakei. Wilhelm Kox wurde am 20. März 1940 vom 2. Senat des VGH zum Tode verurteilt und am 10. August 1940 in Berlin-Plötzensee hingerichtet.

▸ Krämer, Walter (* 1892 – † 1941)

Geboren am 21. Juni 1892 in Siegen/Westfalen, Sohn eines Lokführers; lernte Schlosser. Als Kriegsfreiwilliger meldete er sich 1914 zur Marine, wurde bereits 1915 wegen Rebellion zu Festungshaft verurteilt und war 1917 Teilnehmer am Aufstand der deutschen Flotte. Das Kriegsgericht verurteilte ihn zu vier Jahren Festung. Nach Ausbruch der Revolution kehrte Krämer im November 1918 nach Siegen zurück und wurde Mitglied des Arbeiter- und Soldatenrats. Er

schloß sich der USPD an. Im März 1920, während des Kapp-Putsches, Abschnittskommandeur der Roten Ruhrarmee. Ende 1920 Mitglied der KPD, dann ab 1923 Orgleiter der KPD in Siegen. Am 28. Januar 1925 wurde Krämer im »Siegerländer Kommunistenprozeß« zu drei Jahren und sechs Monaten Gefängnis verurteilt, kam 1928 durch eine Amnestie frei. Er übernahm die Leitung des UB Siegen, dann Krefeld, schließlich Wuppertal, gehörte der BL Niederrhein an und war auch zeitweise Sekretär der BL Hessen-Kassel. Er war Stadtverordneter und Stadtrat in Siegen und wurde im April 1932 im Wahlkreis Düsseldorf-West in den Preußischen Landtag gewählt. Unmittelbar nach dem Reichstagsbrand wurde er in »Schutzhaft« genommen und am 19. Dezember 1934 durch den 2. Senat des VGH zu drei Jahren Haft verurteilt. Im KZ Lichtenburg, anschließend im KZ Buchenwald eingesperrt, baute er das Krankenrevier mit auf. Dank medizinischer Vorbildung, die er sich während seiner Gefangenschaft angeeignet hatte, konnte er zahlreichen Häftlingen helfen, galt für sie als der »Arzt von Buchenwald«. 1939 erster Kapo des Häftlingskrankenbaus, 1941 von der SS abgelöst und im Außenkommando Goslar am 12. April 1941 ermordet. Seine posthume Würdigung erfolgte im Jahre 2000 durch den Staat Israel. Dort wurde Walter Krämer mit der Medaille und der Urkunde der Gedenkstätte Yad Vashem zum »Gerechten unter den Völkern« ernannt.

▸ Kramer, Richard (* 1895 – † 1974)

Geboren am 21. April 1895 zu Küdow/Krs. Neuruppin; Landwirt in Miersdorf-Wustermark. Mitglied der KPD, Funktionär der BL-Berlin-Brandenburg. Im April 1932 im Wahlkreis Frankfurt/Oder in den Preußischen Landtag gewählt. Vom 28. Februar 1933 bis 31. Juli 1933 lebte Kramer illegal in Berlin, Bitterfeld und Halle. Am 1. August 1933 wurde er verhaftet und war bis Mitte April 1934 in »Schutzhaft« in Berlin-Plötzensee und in Brandenburg. Ende November erneut festgenommen, saß er bis Ende Januar 1937 in Königs Wusterhausen im Gefängnis. Von August bis November 1940 in Potsdam inhaftiert, dann nochmals im Zusammenhang mit der Gestapoaktion »Gewitter« im August 1944 in das KZ Sachsenhausen gebracht, aus dem er im Dezember 1944 entlassen wurde. Er trat nach dem Krieg politisch nicht mehr hervor, wohnte in Westdeutschland. Richard Kramer starb am 28. Januar 1974 in Nümbrecht/Krs. Gummersbach.

▸ Kranz, Max Albert (* 1897 – † 1982)

Geboren am 7. März 1897 in Sedlitz bei Calau, kaufmännische Lehre, arbeitete dann einige Jahre in Delitzsch. Von 1916 bis 1918 Soldat. Von der Front zurückgekehrt, schloß er sich der

USPD an und ging 1920 mit deren linkem Flügel zur KPD. Kranz übte in Delitzsch verschiedene Parteifunktionen aus, 1923 hauptamtlicher Sekretär und aktiv an der Vorbereitung des geplanten Oktoberaufstandes 1923 beteiligt. 1924 Anhänger des linken Parteiflügels, im Juni 1924 wurde er als Orgleiter des Bezirks Nordwest nach Bremen entsandt. Delegierter des X. Berliner Parteitags 1925, als Anhänger der Ruth-Fischer-Führung wurde er nach dem »Offenen Brief« 1925 abgelöst und als Parteisekretär nach Osnabrück abgeschoben, dann 1926 nach Ostpreußen versetzt. Kranz blieb Mitglied der KPD, betätigte sich aber nicht mehr hauptamtlich, sondern arbeitete Anfang der dreißiger Jahre als Kraftfahrer in Leipzig. 1933 von den Nazis verhaftet, saß er ein Jahr in »Schutzhaft«. Ab 1944 bewirtschaftete er die Gaststätte »Neue Schänke« in Mehltheuer bei Riesa. 1945 wieder Mitglied der KPD, aber 1950 aus der SED ausgeschlossen, zog er sich politisch zurück. Kranz wurde 1958 wegen angeblicher Steuerhinterziehung verhaftet und zu einem Jahr Gefängnis verurteilt. Nach seiner Entlassung aus dem Zuchthaus Bautzen war er bis zur Rente Gaststättenleiter in Riesa und Oschatz. Max Kranz starb am 27. Mai 1982 in Riesa.

› Kraus, Werner (* 1898 – † 1964)

Geboren am 14. Juni 1898 in Lüdenscheid, Bauarbeiter. 1923 trat Kraus der KPD bei, 1929 als hauptamtlicher Funktionär Orgleiter des KPD-Bezirks Pommern, 1931 Polleiter. Im April 1932 wurde er im Wahlkreis Pommern als Abgeordneter in den Preußischen Landtag gewählt und im März 1933 auch in den Reichstag. Er nahm noch im Februar 1933 an der letzten Tagung der KPD-Führung in Ziegenhals bei Königs Wusterhausen teil, blieb bis April 1933 Polleiter der BL Pommern und wechselte dann nach Ostpreußen. Im Juli 1933 in einem illegalen Quartier in Königsberg verhaftet, wurde Kraus ein aktiver V-Mann für die NSDAP in der KPD. Er denunzierte alle ihm bekannten Kommunisten aus Ostpreußen und Pommern. Seinem Verrat fielen (nach Ermittlungen des Kippenberger-Apparates) allein in Ostpreußen 170 KPD-Funktionäre und aktive Mitglieder zum Opfer. Bereits 1933 offiziell SA-Sturmführer, ließ er in Zusammenarbeit mit der Gestapo drei illegale Zentralstellen der Kommunisten (der KPD, der RGO und der Sporteinheit in Berlin) auffliegen. Außerdem war er maßgeblich verantwortlich für die Liquidierung der illegalen KPD in Ostpreußen (wie er in seinem Bericht an die Gestapo im Jahre 1936 selbst hervorhob). Dafür und auf Antrag der SA-Führung wurde eine gegen ihn im November 1934 vom Generalstaatsanwalt beim Kammergericht Berlin eröffnete Anklage wegen »Vorbereitung zum Hochverrat« eingestellt.
Kraus wurde Mitglied der NSDAP, hauptamtlich im Propagandareferat der SA für Presse und Propaganda tätig. Ab 1937 bekam er einen »Ehrensold« von 300 Mark und für seine vier Kinder 150 Mark Kindergeld. Als er 1936 zu einer Reportage über die SA im Kurischen Haff fuhr und dabei die Grenze überschritt, wurde er von Litauischen Zöllnern verhaftet, kam aber mit drei Tagen Haft davon. Wie er später seinen SA-Vorgesetzten berichtete, hatte er Angst, an die Sowjetunion ausgeliefert zu werden. Denn zu jener Zeit waren von den deutschen Behörden drei Litauer verhaftet und angeblich erschossen worden, so daß Kraus einen Racheakt Litauens befürchten mußte. Während des Krieges als Landwehrmann »u. k.« gestellt, arbeitete er bei

der Gruppe Ostland der SA auf einer Planstelle der NSDAP. Nach 1945 konnte Kraus seine Vergangenheit verschleiern, trat keiner Partei mehr bei, lebte und wohnte in Rhumspringe, einem kleinen Ort im Harz in Niedersachsen. Als Betriebsratsvorsitzender seiner Firma betätigte er sich in der Gewerkschaft, der Ortskrankenkasse usw. Obwohl parteilos, war er kurze Zeit über die Liste der SPD Mitglied im Gemeinderat in Rhumspringe. 1962 erlitt er einen Schlaganfall und zog sich zurück. Werner Kraus starb am 12. November 1964 in Rhumspringe.

▸ Krause-Rotter, Franz (* 1904 – † 1926)

Franz Rotter wurde 1904 in Böhmen geboren, wo er das Gymnasium besuchte. Aus der Tschechoslowakei siedelte er 1920 nach Deutschland über, studierte in Stuttgart, schloß sich der kommunistischen Studentenfraktion an und trat 1921 der KPD bei. Er war Anhänger der linken Opposition in der Partei. Unter dem Namen Franz Krause übernahm ihn die linke Führung in den hauptamtlichen Apparat der KPD. Zunächst war Krause Leiter der kommunistischen Jugend im Bezirk Baden. Mitte 1924 wurde er zum Chefredakteur der Saarbrücker »Arbeiterzeitung« berufen und kam Ende 1924 als Redakteur nach Berlin. Nach dem »Offenen Brief« 1925 als Anhänger der linken Opposition nach Thüringen abgeschoben. Dort starb Krause-Rotter 22jährig am 22. April 1926 an einer Infektionskrankheit.

▸ Krausz, Georg (* 1894 – † 1973)

Geboren am 2. März 1894 in Humene/Slowakei, entstammte einer bürgerlichen Familie, der Vater war Professor an der Handelshochschule. Nach dem Besuch des Gymnasiums studierte er von 1912 bis 1918 u. a. Germanistik und Psychologie an Universitäten in Budapest und in Frankreich. 1918 Studienassessor an einer Oberrealschule. Krausz schloß sich linkssozialistischen Studentengruppen an, war 1919 aktiv an den Kämpfen für die Ungarische Räterepublik beteiligt und Mitglied des »revolutionären Direktoriums« in Nord-Ungarn. Nach deren Niederschlagung floh er zunächst nach Wien, dann in die Slowakei, wurde Bezirkssekretär des KJV in der Karpato-Ukraine und 1921 Chefredakteur der kommunistischen »Volksstimme« in Bratislava. Krausz gehörte dem ersten ZK der Tschechoslowakischen KP als Vertreter der Jugend an, war 1921/22 Sekretär des ZK des KJV der Tschechoslowakei. 1921 in der ČSR inhaftiert und nach Österreich ausgewiesen, übersiedelte er im April 1922 nach Deutschland, hier 1922/23 außenpolitischer Redakteur der »Roten Fahne« (unter dem Pseudonym Georg Mahlow). 1924 Chefredakteur des »Rhein-Ruhr-Pressedienstes« der KPD und von 1925 an wieder Redakteur der »Roten Fahne«.

1928 einer der aktiven und führenden Versöhnler, blieb Krausz trotz einer offiziellen »Reue-Erklärung« fest mit der Versöhnler-Fraktion verbunden. Ende 1928 aus der Redaktion der »Roten Fahne« entfernt, zunächst der Informationsabteilung des ZK der KPD zugeteilt, dann zur Redaktion der »Sozialistischen Arbeiterzeitung« nach Leipzig versetzt. Krausz persönliche Verbindungen zu Anhängern der Versöhnlergruppe in Leipzig veranlaßten die Leipziger BL nach dem XII. Weddinger Parteitag 1929, ihn als

Redakteur abzusetzen und ihm wegen »fraktioneller Betätigung« ein Jahr Funktionsverbot zu erteilen. Nach Berlin zurückgekehrt, bestritt er seinen Lebensunterhalt mit Beiträgen für die »Inprekorr«, deren ständiger Mitarbeiter er bereits seit 1925 war. 1930 Angestellter im sowjetischen Reisebüro »Intourist«, offiziell war er dort von 1930 bis 1936 Leiter der Werbeabteilung. Ab 1933 illegale Arbeit in Deutschland, zeitweise lehnte er eine Zusammenarbeit der Versöhnler-Gruppe mit ▸ Walter Ulbricht ab. Am 13. August 1936 verhaftet und durch das Kammergericht Berlin zu vier Jahren Zuchthaus verurteilt, die er in Waldheim verbüßte. 1941 in das KZ Buchenwald eingeliefert, das Krausz überlebte, weil er seine jüdische Herkunft verschleiern konnte. Nach der Befreiung des Lagers im April 1945 als Redakteur der politischen Lager-Tageszeitung und in Weimar beim Aufbau der KPD-Ortsgruppe aktiv.

Im Juni 1945, noch während der amerikanischen Besetzung Thüringens, fuhr Krausz in die sowjetisch besetzte Zone, um den Heimtransport politischer Häftlinge zu besprechen. Unterwegs wurde er in Potsdam angeblich wegen ungenügender Ausweispapiere und einer Namensverwechslung von Organen der sowjetischen Besatzungsmacht festgenommen und als »amerikanischer Spion« in das nun zum Speziallager des NKWD umgewandelten ehemaligen KZ Sachsenhausen und dann Buchenwald eingesperrt. Erst nach weltweiten Protesten der Versöhnler sowie einer Intervention ▸ Wilhelm Piecks öffneten sich im Mai 1948 für Krausz die Lagertore. Er wurde Mitglied der SED, ab Juni 1948 Hauptreferent für außenpolitische Fragen im PV, 1950 stellvertretender Abteilungsleiter. Im Herbst 1950 Redakteur von »Neues Deutschland«, berichtete als Auslandskorrespondent u. a. aus Warschau und Prag. Inzwischen aber wegen seiner Vergangenheit wieder Überprüfungen seitens der ZPKK ausgesetzt, lieferte Krausz (um Repressalien zu entgehen?) linientreue Artikel, z. B. von den Schauprozessen in den Ostblockstaaten, u. a. im November 1952 über den Slánský-Prozeß, sowie am 6. Dezember 1952 über die »Zionistische Agentur des USA-Imperialismus«.

Am 27. Dezember 1951 hatte die ZPKK beschlossen: »Genosse Krausz erhält das Mitgliedsbuch. Begründung: Die durchgeführte Untersuchung ergab, daß Georg Krausz vor 1933 und in der Illegalität bis zu seiner Verhaftung der Fraktion der Versöhnler angehörte, daß er in der Illegalität nicht zur engeren Berliner Reichsleitung der Versöhnler gehörte. Genosse Georg Krausz war von 1936 bis 1945 im Zuchthaus und KZ und anschließend von unseren Freunden bis 1948 festgesetzt. Aus der Zeit nach 1948 kennen wir keine Tatsachen, wonach er sich erneut fraktionell bestätigte.« 1954/55 stellvertretender Chefredakteur von »Neues Deutschland«, von 1956 bis 1968 »Redakteur für besondere Aufgaben«, ab 1968 freier Mitarbeiter des SED-Zentralorgans. Von 1957 bis 1967 war Krausz Vorsitzender des Verbandes der deutschen Presse, des späteren VdJ. 1959 verlieh ihm die Universität Leipzig den Dr. h. c. Im gleichen Jahr reiste er acht Monate lang durch Südostasien, berichtete darüber in seinem Buch »Von Indien bis Laos«, das 1960 in Ost-Berlin erschien und lobte in einer Schlußbemerkung besonders die chinesischen Kommunisten. Er erhielt 1964 den Karl-Marx-Orden. Georg Krausz starb am 18. März 1973 in Ost-Berlin.

▸ Krautter, Kurt (* 1904 – † 1978)

Geboren am 27. November 1904 in Berlin, Sohn eines Tischlers; lernte Kürschner. 1918 trat er in die Arbeiterjugend, 1922 in die KJD ein und wurde 1924 Mitglied der KPD. 1931/32 in Moskau Praktikant bei der RGI. 1932 kam er nach Deutschland zurück und wurde hauptamtlicher Sekretär im Reichskomitee der RGO. Ab 1933 illegale Arbeit, im September 1933 kurzzeitig inhaftiert, arbeitete Krautter nach seiner Freilassung unter Leitung von ▸ Emil Pietzuch in einer Aufklärungs- und Sabotagegruppe (»Antikriegsarbeit«), die Deutschland bei Kriegshandlungen mit der Sowjetunion durch Diversions- und Sabotageakte schwächen sollte. Vom Frühjahr bis Spätsommer 1936 war Krautter Polleiter der Prager Emigration, anschließend Polleiter in

Teplice. Dem vermeintlichen Münzenberg-Anhänger Krautter verweigerte die Kaderkommission den Einsatz in Spanien. Im März 1937 ging er nach Dänemark und arbeitete mit an der illegalen Zeitschrift »Breve fra Tyskland«. Im Juni 1940 inhaftiert, zwei Monate später nach Deutschland ausgeliefert und zu 15 Jahren Zuchthaus verurteilt, ab 1943 im KZ Buchenwald. Im Juli 1945 kam er wieder nach Berlin und arbeitete zunächst als Schaffner und Personal-Sachbearbeiter bei der BVG. Er wurde Vorsitzender der Gesamtbetriebsgruppe der KPD in der BVG. Von Ende 1946 bis Dezember 1947 Referent in der SED-Landesleitung Groß-Berlin und ab Januar 1948 erneut Sachbearbeiter in der Revisionsabteilung der BVG. Krautter wurde nach einem »Volksrichterlehrgang« Vernehmungs- bzw. Haftrichter beim Amtsgericht Berlin-Mitte. 1952 zum Landgerichtsrat ernannt, war er fast ausschließlich als Haftrichter für das MfS tätig. Er erhielt 1974 den VVO in Gold. Kurt Krautter starb am 18. Juni 1978.

▸ Kreft, Helene (* 1897 – † 1974)

Geboren am 25. Januar 1897 in Danzig als Helene Kletzin, Tochter eines Maurers; arbeitete zunächst als Hausgehilfin und lernte Schneiderin. Im Juli 1920 trat sie in die KPD ein, war Zellenkassiererin und Frauenleiterin und gehörte der KPD-BL Danzig an, von 1923 bis 1929 Abgeordnete im Danziger Volkstag. 1929 mußte sie aus gesundheitlichen Gründen ihr Mandat niederlegen. Ihr Mann **August Kreft** (* 15. 8. 1897 – † 11. 5. 1966), ein Hafenarbeiter, war von 1931 bis 1933 Leiter des Internationalen Seemannsklubs in Danzig. Ab 1931 betätigte sich Helene Kreft für die IAH und war Vorsitzende des Roten Frauen- und Mädchenbundes im Bezirk Danzig. 1935 kandidierte sie auf der Liste »Wähler kommunistischer Weltanschauung« und beteiligte sich an der Vorbereitung der Wahl, die bereits stark unter dem Nazi-Terror litt. Helene Kreft war 1937 die letzte gewählte Abgeordnete der Opposition, die im Danziger Volkstag das Mandat niederlegte. Ab 1937 gehörte sie der illegalen Leitung der KPD für Danzig an und hielt Verbindung zur illegalen KP Polen bis zu deren Auflösung. Von 1935 bis 1945 arbeitete sie als Schneiderin. Nach dem Einmarsch der Roten Armee war sie zunächst in der Führung der Danziger Kommunisten und organisierte die sogenannten Antifa-Transporte nach Deutschland. Anfang August 1945 traf sie im mecklenburgischen Krakow am See ein und kam auch hier in die örtliche KPD-Leitung. Seit Anfang 1947 lebte sie in Greifswald, dort 1947/48 Leiterin des Frauensekretariats der SED, 1949/50 Sekretärin des DFD, anschließend Angestellte beim Kreisausschuß der Nationalen Front bzw. bei der Konsumgenossenschaft Greifswald. Helene Kreft starb am 5. Juni 1974 in Greifswald.

▸ Kreft, Paul (* 1893 – † 1943?)

Geboren am 21. Februar 1893 in Wertheim/Main, lebte in Danzig und wurde Mitglied der KPD. 1927 in den Volkstag Danzig gewählt, war Paul Kreft zeitweise unter ▸ Anton Plenikowski Orgleiter bzw. Kassierer der BL Danzig. Im März 1933 verhaftet, er wurde zu eineinhalb Jahren Zuchthaus verurteilt, aber erst 1936 entlassen. 1937 emigrierte Kreft nach Dänemark, wurde als politischer Flüchtling anerkannt. Nach der Besetzung Dänemarks durch die Wehrmacht wurde er am 26. Juli 1940 verhaftet und kam in das Internierungslager Horserod, dann nach Deutschland ausgeliefert, am 3. August 1941 zu einer langjährigen Zuchthausstrafe verurteilt. Paul Kreft soll 1943 im Zuchthaus Fuhlsbüttel umgekommen sein.

▸ Kreikemeyer, Willi (* 1894 – † 1950)

Am 11. Januar 1894 in Magdeburg-Fermersleben als Sohn eines Schlossers und einer Landarbeiterin geboren, mit seinen vier Geschwistern lernte er früh die Not kennen. Er lernte Dreher und arbeitete in Magdeburg, Düsseldorf und Kiel. 1910 wurde er Gewerkschaftsmitglied und

schloß sich der sozialistischen Arbeiterjugend und 1913 der SPD an. Im Weltkrieg Obermatrose, erhielt er nicht nur das Eiserne Kreuz, sondern auch den Türkischen Roten Halbmond. Seit Dezember 1918 war Kreikemeyer in Magdeburg bei der Deutschen Reichsbahn. 1918 Mitglied der USPD, kurze Zeit später der KPD. 1922 hauptamtliches Mitglied der BL Magdeburg, ab Mai 1923 Sekretär des Freien Eisenbahnerverbandes (der KPD nahestehend). 1924 gehörte Kreikemeyer zum linken Flügel der Partei und wurde Anfang 1924 als Polleiter nach Nordbayern entsandt, um die illegale KPD zu leiten. Von der Polizei fieberhaft gesucht (Polizeibeschreibung: »1,80 m groß, kräftig, kleine Glatze«), da er als Willi und Niran ausgezeichnete Orgarbeit für die Partei leistete. Bei einer Sitzung im Mai 1924 verhaftet, zu sechs Monaten Gefängnis verurteilt, aber schon im Juli 1924 aus Bayern ausgewiesen.

Er wurde Mitte 1924 Polleiter des Bezirks Mecklenburg. Als Delegierter dieses Bezirks auf dem X. Parteitag 1925 in Berlin nahm er gegen die Ultralinken Stellung. Nach dem »Offenen Brief« 1925 kam Kreikemeyer als Kommissar des ZK nach Niedersachsen, wurde von Mitte 1926 bis 1928 Polleiter in Danzig. 1928 wechselte er zum Münzenberg-Unternehmen und arbeitete bis zur Emigration im Frühjahr 1933 als Geschäftsführer des Neuen Deutschen Verlages. Er ging später in das Saargebiet, nach Frankreich, in die Tschechoslowakei und nach Luxemburg, um, wie er 1949 in seinem Lebenslauf schrieb, illegale Druckmöglichkeiten für die KPD zu beschaffen. In Spanien 1937 Offizier der Republikanischen Armee und der XI. Internationalen Brigade, kam nach schwerer Verwundung bei Madrid nach Frankreich. Im April 1939 heiratete er **Marthe Fels** (* 19. 3. 1908 – † 25. 9. 1986), eine Elsässerin aus Graffenstaden. Sie arbeitete als Kassiererin bei der »Vereinigung der deutschen Emigranten« in Paris. Willi Kreikemeyer war Angehöriger eines Arbeitsbataillons bei Reims und dann bei Bordeaux, wurde nach der Kapitulation Frankreichs im Sommer 1940 entlassen und konnte sich legal in Toulouse und später in Marseille aufhalten. Im Sommer 1940 nahm er im unbesetzten Toulouse Verbindung zum Flüchtlingskomitee der Quäker auf und erhielt von dort Unterstützung für deutsche antifaschistische Emigranten, lernte Noel H. Field kennen, den Repräsentanten des »Unitarian Service Committee« (USC) in Frankreich. Mit deren Hilfe konnte Hunderten zur Flucht verholfen werden, darunter auch vielen deutschen Kommunisten.

Kreikemeyer wurde im Oktober 1941 Mitarbeiter von Noel H. Field in Marseille. Zwischen den Ehepaaren Field und Kreikemeyer entstand ein freundschaftliches Verhältnis, das nach Kriegsende nicht abbrach. Nach der Befreiung von Paris gingen die Kreikemeyers in die französische Hauptstadt, wo er bis Februar 1946 Leiter der »Union Immigrés allemands antinazis« war und die Repatriierung deutscher Emigranten organisierte. Mitte Februar 1946 traf Kreikemeyer in Berlin ein. Er wurde am 21. Februar persönlicher Referent des stellvertretenden Generaldirektors der Deutschen Reichsbahn, dann Vizepräsident der Reichsbahndirektion Berlin, im März 1947 deren Präsident und am 20. Januar 1949 Generaldirektor der Deutschen Reichsbahn. Als die KP Ungarns 1949 Noel H. Field fälschlich der Spionage für die USA bezichtigte, mußte jeder Funktionär, der mit ihm zu tun hatte, der ZPKK Aussagen machen, Berichte schreiben usw. Da Kreikemeyer sich keiner Schuld bewußt war, informierte er wahrheitsgetreu, warf sich nur selbst vor, als alter, erfahrener Kommunist nicht erkannt zu haben, daß Field ein Spion war. Bereits am 30. März 1950 hatte die Sonderkommission der ZPKK im Fall Kreikemeyers »schwere Bedenken gegen den Genossen Kr.« erhoben. Im August 1950 verbrachte die Familie Kreikemeyer ihren Urlaub an der Ostsee, wo am 24. August 1950 (dem Tag, an dem der Beschluß des ZK über Field gefaßt wurde), ein Abgesandter der ZPKK von Berlin bei ihnen eintraf, der Kreikemeyer zu einer Aussprache einzuladen hatte, und sie fuhren am 25. August gemeinsam nach Berlin. An jenem Morgen des 25. August hatte »Neues Deutschland« das Kommunique der ZK-Tagung abgedruckt. Willi Kreikemeyer und der Funktionär der ZPKK wurden am SED-Parteihaus abgesetzt, Marthe Kreikemeyer nach Hause gefahren und seitdem haben sie sich nicht mehr gesehen. Mittags übergab ein Vertreter des MfS eine handgeschriebene Mitteilung von Kreikemeyer, darin bat er seine Frau, eine Haussuchung zu gestatten, alles beruhe auf einem Irrtum, der sicher bald geklärt werde, sie solle Geduld haben und ruhig abwarten.

Um diese Zeit war Kreikemeyer – was seine Frau nicht wissen konnte – bereits aus der SED ausgeschlossen und im Gefängnis. Am 9. September schloß der Zentralvorstand der IG Eisenbahn im FDGB sein Mitglied Kreikemeyer aus und verpflichtete alle Instanzen der Industriegewerkschaft, in Belegschaftsversammlungen zu diesem Fall und zur Frage der »Wachsamkeit gegen Agenten« Stellung zu nehmen. Fast hysterisch wurden weitere »Beweisstücke für das agentenfeindliche Verhalten des Willi Kreikemeyer« vorgelegt. Am 25. Oktober 1950 veröffentlichte »Neues Deutschland« einen Bericht der Zentralen Kommission für Staatliche Kontrolle unter der Überschrift »Einige Materialien über Sabotage durch Bürokratismus, dargestellt an dem Fall Kreikemeyer«.

Für Marthe Kreikemeyer wurde die Situation immer bedrohlicher. Verhöre beim Ministerium für Staatssicherheit dauerten bis in die Nacht, sie floh nach West-Berlin und ging im Februar 1955 nach Frankreich. In Strasbourg arbeitete sie als Sekretärin in einer Rheinreederei und bemühte sich hartnäckig um Aufklärung über das Schicksal ihres Mannes. Mehrmals schrieb sie an Ministerpräsident Otto Grotewohl, der ihre Post an eine Kommission weitergab. Diese beschloß auf ihrer Sitzung vom 25. April 1956 unter Punkt 7: »den staatlichen Organen zu empfehlen, der Frau Kreikemeyer keine Antwort zukommen zu lassen, da sie selbst Ausländerin ist und im Ausland lebt«. Daraufhin verbreitete Marthe Kreikemeyer am 3. August 1956 über den Sender Freies Berlin, »nach 6 Jahren Wartens bin ich nicht mehr gewillt, irgendwelche Rücksichten zu nehmen, denn das, was sich die DDR gerade auf dem Gebiet der Justiz leistet, kann der Sache des Sozialismus nicht dienen, sondern nur schaden«. Im März 1957 erfuhr Marthe Kreikemeyer, daß ihr Mann inzwischen »rehabilitiert«, aber verstorben sei. Am 9. Juli 1957 erhielt sie dann offiziell Nachricht vom Stadtbezirksgericht Berlin-Prenzlauer Berg. Darin wurde ihr mitgeteilt, daß nach Prüfung der »glaubhaft gemachten Angaben«[!] des »Antrages der Obersten Staatsanwaltschaft der DDR vom 24. 6. 1957 Willi Kreikemeyer am 31. August 1950 in Berlin verstorben«, aber »eine Eintragung in das Sterbebuch seinerzeit verabsäumt worden« sei. Leo Bauer, der am 24. August 1950 zusammen mit Kreikemeyer verhaftet worden war, erklärte dagegen, daß Kreikemeyer ihm noch Monate nach der Verhaftung gegenübergestellt wurde. Der wirkliche Grund und das Datum von Kreikemeyers Tod wurden weiterhin vertuscht.

Marthe Kreikemeyer hatte inzwischen auf die »Todeserklärung« reagiert und gegen die »Feststellung« des Todesdatums protestiert. Sie verlangte, daß, falls ihr Mann tatsächlich gestorben sei, ihr ein ärztliches Attest vorgelegt werde mit Angabe der Todesursache und des Ortes, wo er begraben liege. Sie schrieb an ▸ Hermann Matern: »Angesichts der ungeheuren Verbrechen, die in den letzten Jahren begangen wurden und die in vielen anderen Ländern des sozialistischen Lagers selbstkritisch zugegeben wurden, wobei sich die S.U. besonders auszeichnete, kann ich wohl erwarten, daß zumindest diese primitivste Menschenpflicht gegenüber meinem Mann und mir erfüllt wird.« Darauf wartete Marthe Kreikemeyer vergeblich.

Erst nach 1990 wurde bekannt, daß der Staatssekretär im MfS, Erich Mielke, Kreikemeyer in dessen letzten Tagen und Stunden persönlich verhörte und ihn aufforderte, »schriftlich und rückhaltlos seine Schuld zu bekennen und danach nie wieder eine Aussage zu machen, wer es auch sei, der sie von ihm verlange«. Mielke war Kreikemeyer unter dem Decknamen Fritz Leistner aus Spanien und Richard Hebel aus Frankreich bekannt. Deshalb erinnerte er bei den ZPKK-Verhören daran, daß Mielke selbst ihn damals aufgesuchte hatte, um mit seiner Unterstützung nach Mexiko zu gelangen. 1950 hätte die Offenlegung solcher brisanter Tatsachen für den MfS-Staatssekretär gefährlich werden können.
Bis heute ist nicht restlos geklärt, wie, durch wen und wann Willi Kreikemeyer starb. Die »russische Variante« (Überstellung an die sowjetischen Organe) und Ermordung in der UdSSR ist ebenso unwahrscheinlich wie ein Selbstmord, denn für diese beiden Versionen gibt es keine Unterlagen, sie wären sonst für den »internen Gebrauch«, zur Rechenschaft gegenüber dem Politbüro, dokumentiert worden. Kein Arzt durfte den Leichnam untersuchen, er wurde heimlich beseitigt, verbrannt oder an einem unbekannten Ort verscharrt. Willi Kreikemeyer wurde ermordet, ein Opfer seiner eigenen Genossen. Wie die stalinistischen Säuberungen generell, ist sein Fall ein Beispiel für die barbarischen Methoden, mit denen auch innerhalb stalinistischer Parteien Menschen verfolgt und »vernichtet« wurden. Eine Arbeit über Willi Kreikemeyer von Wolfgang Kießling erschien 1998 unter dem Titel »Leistner ist Mielke – Schatten einer gefälschten Biographie«.

▸ Kress, Wilhelm (* 1897 – † 1946)

Geboren am 18. August 1897 in Stuttgart-Zuffenhausen, von Beruf technischer Kaufmann. 1917 als Soldat zum Kriegsdienst eingezogen, wurde er politisiert und trat der Spartakusgruppe bei. Seit 1919 lebte er in Berlin, wurde Mitglied der KPD und arbeitete in der Gewerkschaftsabteilung der KPD und im Apparat der Komintern. Wahrscheinlich 1927 im Komintern-Auftrag in China, geriet Kress später in politischen Gegensatz zur Parteilinie und soll Mitglied der KPO geworden sein. Viele KPO-Mitglieder vermuteten, daß er dort für den KPD- und Komintern-Apparat tätig war. 1933 nach Frankreich emigriert, ist Kress 1935 wieder zur illegalen Arbeit nach Berlin zurückgekehrt, wo er sich für den Anschluß der KPO an die KPD einsetzte und deswegen aus der KPO ausgeschlossen wurde. Nach Frankreich zurückgekehrt, wurde er dort bei Kriegsausbruch interniert und im November 1939 zusammen mit seiner Frau Helene, geborene Jaweschitz (* 8. 10. 1902), ausgebürgert. 1943 flüchtete er in die Schweiz. Im September 1945 kehrte Kress nach Deutschland zurück, wurde Mitglied der KPD, trat aber schon 1946 wieder aus. Ab Mitte 1946 war er öffentlicher Kläger bei der Spruchkammer Stuttgart. Wilhelm Kress starb am 31. Dezember 1946 an einer Herzattacke.

▸ Kress, Willi (* 1903 – † 1926)

Geboren am 9. November 1903 in Hanau, kaufmännische Ausbildung. Pfingsten 1918 schloß sich der 15jährige der FSJ an. 1919 gehörte er bereits zur Leitung der FSJ-Ortsgruppe Hanau und war 1920 Vorsitzender der KJD in Karlsruhe. Ab Juli 1920 im Rheinland, wirkte er zunächst als Orgleiter, dann als Polleiter der KJD Rheinland/Westfalen-Süd. Auf dem 7. Reichsjugendkongreß 1923 in Chemnitz wurde Kress in das ZK des KJD gewählt und war von September 1922 bis Februar 1923 Sekretär des KPD-Oberbezirk West in Düsseldorf. Kress gehörte im ZK des KJVD zur Mittelgruppe. 1924 Sekretär in Württemberg, später war er im Sekretariat des KJVD in Berlin unter ▸ Hermann Jacobs bzw. ▸ Konrad Blenkle für »Gegnerarbeit« zuständig. Am 8. Oktober 1924 verhaftet und wegen »Vorbereitung zum Hochverrat« vom 4. Senat des Reichsgerichts zu acht Monaten Zuchthaus verurteilt, die er in Cottbus verbüßte. Kress protestierte gegen seine Verurteilung mit einem Hungerstreik und wurde am 26. Juni 1925 entlassen.

Nur drei Wochen später gehörte er zur deutschen Delegation, die zum IV. Weltkongreß der KJI im Juli 1925 nach Moskau reiste. Zurückgekehrt erkrankte Kress schwer und konnte deshalb das Ressort »Gegnerarbeit«, das er nach dem 9. Reichskongreß des KJVD in Halle im Oktober 1925 im Sekretariat wieder übernommen hatte, nicht mehr ausüben. Willi Kress starb am 21. Januar 1926. Die »Rote Fahne« würdigte ihn am 24. Januar 1926 mit einem Nachruf.

▸ Kresse, Kurt (* 1904 – † 1945)

Geboren am 15. Mai 1904 in Leipzig, lernte Buchdrucker, schloß sich 1918 der FSJ an. Einige Jahre Bergarbeiter im Ruhrgebiet, kam er 1924 nach Leipzig zurück, wieder Buchdrucker. Im gleichen Jahr Mitglied der KPD, arbeitete er ehrenamtlich für seine Partei. Er baute in der Druckerei Giesecke & Devrient, mit über 600 Beschäftigten eine der größten Druckereien Deutschlands, eine Betriebszelle der KPD auf, die er bis zu seiner Entlassung 1927 leitete. Kresse wurde Mitglied der BL Westsachen, arbeitete bei der »Sächsischen Arbeiterzeitung« und war Vorsitzender des Leipziger Arbeitersportvereins Fichte-West. Im Januar 1931 soll Kresse wegen »undisziplinierten Verhaltens« aus der KPD ausgeschlossen worden sein, sich dann aber in der Kampfgemeinschaft für rote Sporteinheit »bewährt« haben. 1933 zeitweilig in »Schutzhaft«, wurde er im Juli 1934 verhaftet und wegen Betätigung für die KG zu fünf Monaten Gefängnis verurteilt. Kresse stand während des Krieges mit ▸ Georg Schumann und ▸ Otto Engert an der Spitze der Leipziger Widerstandsgruppe, die eine der größten in Sachsen war. Bis 1944 organisierte er die Betriebsarbeit, knüpfte Verbindungen zu anderen Widerstandsgruppen im Reich und versorgte sie mit illegalen Flugschriften, die vor allem Schumann und Engert verfaßt hatten. Diese Widerstandsgruppe wurde im Juli 1944 von der Gestapo zerschlagen. Am 19. Juli 1944 wurde Kurt Kresse verhaftet, am 21. November 1944 zusammen mit Georg Schumann und Otto Engert zum Tode verurteilt und am 11. Januar 1945 in Dresden hingerichtet.

Sein jüngerer Bruder **Walter Kresse** (* 11. 3. 1910 – † 4. 2. 2001) war vor 1933 Landesjugendleiter der KG für rote Sporteinheit. Im November 1933 verhaftet und zu drei Jahren Zuchthaus verurteilt. Von 1937 bis zu seiner Einberufung zum Strafbataillon 999 im Jahre 1942 Buchhalter in Leipzig. Ab Mai 1943 in alliierter Kriegsgefangenschaft, kehrte 1946 nach Deutschland zurück. Ab 1959 Oberbürgermeister von Leipzig, gehörte er bis März 1990 der Volkskammer an. Von 1970 bis 1989 hauptamtlicher Präsident des Deutschen Städte- und Gemeindetages der DDR. 1980 erhielt er den Karl-Marx-Orden.

▸ Kröber, Leander (* 1902 – † 1980)

Geboren am 21. August 1902 in Meuselwitz/Landkrs. Altenburg, Sohn einer Arbeiterfamilie; Bergarbeiter. 1921 trat er in die USPD ein und gehörte 1922/23 der SPD an, im August 1923 Mitglied der KPD, ab 1928 Stadtrat in Meuselwitz, im Juli 1932 als Abgeordneter in den Thüringer Landtag gewählt. Anfang 1933 Instrukteur im UB Sonneberg, im März 1933 verhaftet, war er bis April 1934 in mehreren KZs in »Schutzhaft«. Am 26. März 1935 erneut festgenommen und im Oktober 1935 vom 1. Strafsenat des OLG Jena zu sieben Jahren Zuchthaus verurteilt, ab April 1942 im KZ Buchenwald, ab März 1943 im Außenkommando Schönebeck/Elbe. Nach der Befreiung wurde Kröber zunächst 1. Bürgermeister in seiner Heimatstadt Meuselwitz. Ab Oktober 1945 Regierungsrat der Landesregierung Thüringen, von August 1948 bis 1950 Chefinspekteur und Chef der DVP-Landesbehörde Thüringen. Nach einem Sonderlehrgang in der UdSSR wurde Kröber 1950 stellvertretender, ab 1951 Leiter der MfS-Landesverwaltung Thüringen bzw. ab 1952 der MfS-Bezirksverwaltung Chemnitz und im März 1953 Adjudant beim DDR-Minister des Innern, Willi Stoph. Danach leitete er bis 1958 die Zentralschule der Deutschen Grenzpolizei in Sondershausen. 1960 beendete er den aktiven Dienst als Oberst d. R. Er erhielt 1972 den VVO in Gold. Leander Kröber starb am 9. Juni 1980.

▸ Kroh, Fritz (* 1892 – † 1983)

Geboren am 11. April 1892 in Görlitz, Sohn eines Tischlers; lernte Schriftsetzer. 1906 wurde er Mitglied der Arbeiterjugend, 1910 der Gewerkschaft und 1912 der SPD. Ab 1914 Geselle, Wanderschaft, danach Leiter einer Druckerei in Berlin. 1917 Mitglied der USPD. Im Juni 1920 übernahm er die Verlagsleitung des in Halle erscheinenden »Volksblattes«. Kroh kam Ende 1920 mit der linken Mehrheit des Bezirks zur KPD, arbeitete ab 1921 für die KPD-Zeitungen in Mitteldeutschland. 1926/27 vom ZK beauftragt, die von »Trotzkisten durchsetzte Verlagsgenossenschaft« in Hamburg zu »säubern«. Die Komintern schickte ihn 1928/29 nach Wien, wo er den Verlag und die Redaktion der Zeitung der KPÖ »Die Rote Fahne« reorganisierte. Von November 1930 an leitetet er den Verlag der Roten Fahne in Berlin und ab 1932 war er Leiter des Komintern-Verlages Literatur und Politik (Wien-Berlin) bzw. der Peuvag. Ab 1933 illegale Arbeit, 1933/34 achtmonatige Haft im Zuchthaus Sonnenburg. Er emigrierte Ende 1934 nach Frankreich, war von 1936 bis 1939 Verlagsmitarbeiter der in Paris erscheinenden »Deutschen Volkszeitung«. Kroh wurde im September 1939 interniert und im April 1943 nach Deutschland ausgeliefert, hier bis 1945 Häftling im KZ Sachsenhausen. Im Mai 1945 Mitbegründer und erster Verlagsleiter der »Berliner Zeitung«. Geschäftsführer der Verlage Einheit und Dietz Verlag, von 1949 bis 1956 Instrukteur für Verlage des ZK der SED. Von 1957 bis 1967 Werkleiter der Phönix-Druckerei, zuletzt Mitarbeiter am IML. Er erhielt 1962 den Karl-Marx-Orden. Fritz Kroh starb am 18. Oktober 1983 in Ost-Berlin.

▸ Krohn, Albert (Fred) (* 1891 – † 1967)

Geboren am 8. Dezember 1891 in Nevesen/Krs. Wismar in Mecklenburg, Sohn einer Landarbeiterfamilie; Maurer. 1909 Mitglied der SPD. Von 1911 bis 1913 Militärdienst, 1914/15 Soldat im Weltkrieg. 1917 trat er der USPD, 1919 der KPD bei. Wegen seiner Teilnahme an den Kämpfen von März bis Juli 1919 in Berlin-Lichtenberg und Berlin-Moabit war er von März bis August 1920 wegen »Landfriedensbruchs und Aufruhrs« in Dresden inhaftiert. Krohn saß auch von Mai 1924 bis Dezember 1925 wegen »Vorbereitung zum Hochverrat« in Haft. Im Mai 1931 kam er als Nachrücker in die Bremer Bürgerschaft, hier bis 1933 Fraktionsvorsitzender, gehörte der KPD-BL Nordwest (Bremen) an und war UB-Leiter in Bremerhaven, Emden und Vegesack. Er wurde am 6. März 1933 festgenommen und am 9. November 1933 vom OLG Hamburg zu zwei Jahren Gefängnis verurteilt, dann 1938 und 1944 erneut mehrmonatige Haft. 1945 Funktionär der KPD in Bremen. Von 1947 bis 1950 Hafenarbeiter. Bei der KPD-BL Bremen 1952 hauptamtlich Leiter der Kaderabteilung. Er war von 1945 bis 1947 Abgeordneter der Bremer Bürgerschaft, nach 1956 Mitarbeiter der VVN. Albert Krohn starb am 3. November 1967 in Bremen.

▸ Krollmann, Erich (* 1904 – † 1937?)

Geboren am 11. Juni 1904 in Hamme (heute zu Bochum gehörend), wurde Bergmann. Mitglied der Arbeiterjugend, dann der KJD, nahm 1920 an Kämpfen gegen den Kapp-Putsch teil und wurde 1920 Mitglied der KPD. Ab 1927 gehörte er der RFB-Gauleitung Wasserkante in Hamburg an und arbeitete von Juli 1931 bis August 1932 bei der sowjetischen Handelsvertretung in Hamburg. Erich Krollmann wurde als Mitverantwortlicher für die Ereignisse des »Altonaer Blutsonntags« im Juli 1932 verhaftet und von der KPD in einer spektakulären Aktion befreit. Er lebte zunächst illegal in Deutschland, besuchte die Bezirksparteischule und die Reichspropagandistenschule. Ende März 1933 emigrierte er in die Sowjetunion, soll dort Kursant an der Militärakademie der Roten Armee und später auch an der Komintern-Schule gewesen sein. Im Mai 1936 offenbarte er gegenüber Vertretern der deutschen Botschaft in Moskau seine Rolle während des »Altonaer Blutsonntags« 1932. Dies diente der Entlastung des in Deutschland angeklagten ▸ Edgar André. Das weitere Schicksal von Erich Krollmann konnte bis heute nicht exakt geklärt werden. Ob er tatsächlich 1937 vom NKWD verhaftet wurde und nach Abschluß des Hitler-Stalin-Paktes im Niemandsland ausgesetzt und umgekommen ist, wie sein Schicksalsgefährte ▸ Viktor Pries (der 1957 nach Hamburg zurückkehrte), äußerte, ist nach neuesten Forschungen umstritten, aber wahrscheinlich.

▸ Krollmann, Maria (* 1904 – † 1994)

Geboren am 15. Januar 1904 in Wanne-Eickel als Maria Johanna Burbaum. Die Tochter eines Bergmanns besuchte die Handelsschule, anschließend kaufmännische Lehre, arbeitete als Kontoristin und Stenotypistin. Während des Kapp-Putsches im März 1920 war sie Sanitätshilfe und trat zunächst in die USPD und Ende 1920 in die KPD ein. Im Sekretariat der KJD in Bochum tätig, später UB-Leiterin des KJVD Essen. 1926 heiratete sie den Bochumer KPD-und RFB-Funktionär ▸ Erich Krollmann. Ende 1928 Instrukteurin der Abteilung Agitprop der BL Wasserkante in Hamburg und in Schleswig-Holstein, zeitweise gehörte sie dem Sekretariat der BL Wasserkante an. 1929 wurde sie Abgeordnete der Hamburger Bürgerschaft. Von Januar 1933 bis Februar 1934 Kursantin an der Internationalen Leninschule in Moskau. 1934 kehrte sie über Prag zur illegalen Arbeit nach Deutschland zurück (Deckname Hertha). Zunächst Instrukteurin und UB-Leiterin in Leipzig, anschließend Oberberaterin für die Anleitung der illegalen Bezirksleitungen in Stuttgart, Frankfurt/M. und Mannheim. Im Januar 1935 in Mannheim verhaftet und nach Leipzig überführt, wo sie am 4. Oktober 1935 vom 1. Senat des VGH zu 15 Jahren Zuchthaus verurteilt wurde. Sie saß bis zur Befreiung im Zuchthaus Jauer und kehrte 1945 dann nach Lübeck zurück. Inzwischen mit dem bekannten Lübecker Kommunisten ▸ Erich Klann verheiratet, gehörte Maria Krollmann Ende der vierziger Jahre zu den Spitzenfunktionären der KPD in Schleswig-Holstein. Die Zeitschrift »Stern« nannte sie 1949 sogar in Anspielung an die rumänische Stalinistin Pauker »Anna Pauker des Nordens«. Aber Anfang der fünfziger Jahre kritisierte Maria Klann die totale Unterordnung der westdeutschen KPD unter die SED. Daraufhin im August 1952 aus der KPD wegen »parteischädigenden Verhaltens« ausgeschlossen, galt sie nunmehr wie üblich als »Titoistin und amerikanische Agentin«. Die »überparteiliche« VVN, deren langjährige Lübecker Vorsitzende sie war, verstieß sie ebenfalls. Ein Antrag auf Mitgliedschaft in der SPD wurde 1954 noch abgelehnt, zwei Jahre später wurde sie in die Reihen der deutschen Sozialdemokratie aufgenommen. Das Landesamt für Verfassungsschutz Schleswig-Holstein warnte aber noch 1958 vor Maria Krollmann-Klann. Sie mußte viele Jahre für ihre Anerkennung als Opfer des Nazi-Regimes kämpfen. Bis 1973 ehrenamtliche Vorsitzende der AWO in Lübeck. Maria Krollmann-Klann starb am 13. Mai 1994 in Lübeck.

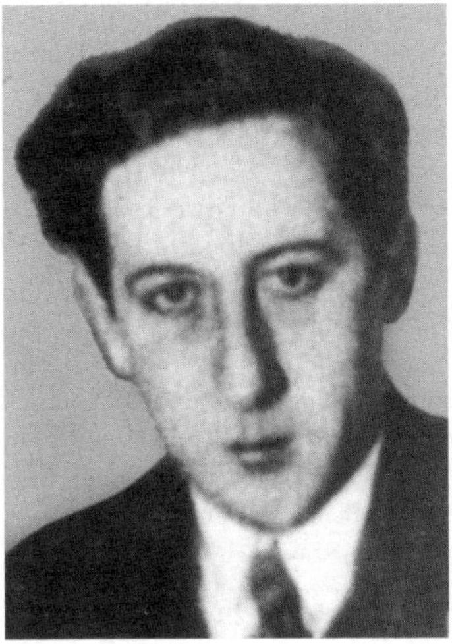

▸ Kronheim, Erwin (* 1902 – † 1938)

Geboren 1902 in Wanne-Eickel. Er studierte nach dem Abitur von 1923 bis 1926 Nationalökonomie, danach war er in Berliner Firmen tätig. 1922/23 Mitglied der SPD, ab 1925 Funktionär der KPD in Berlin. Kronheim wurde 1930 in den zentralen AM-Apparat der KPD aufgenommen. Vor der drohenden Verhaftung flüchtete er 1932 in die Sowjetunion und wurde Mitarbeiter im Komintern-Apparat in Moskau. Im Zuge der stalinistischen Säuberungen wurde Erwin Kronheim im November 1937 vom NKWD verhaftet und 1938 erschossen.

▸ Kropp, Wilhelm (* 1899 – † 1961)

Geboren am 3. November 1899 in Grünberg/Hessen, Sohn eines Kaufmanns; lernte Buchhändler. Aktiv in der Wandervogelbewegung, 1915 begann Kropp eine landwirtschaftliche Lehre auf einem hessischen Gut, ab 1917 war er Volontär einer Obst- und Gartenbau-Genossenschaftssiedlung bei Oranienburg. 1918 Soldat, zuletzt Unteroffizier. 1919/20 in einer Landkommune, dann im Ruhrgebiet, Hilfsschlepper auf einer Zeche in Bochum. Er wurde Mitglied der KJD und der KPD, Funktionär der BL Ruhrgebiet, später Leiter der KJD-Gruppe Darmstadt und Mitglied der BL Hessen-Frankfurt, dort für das Ressort Bildung verantwortlich. Im Juni 1923 wurde Kropp wegen seiner kommunistischen Tätigkeit von der französischen Geheimpolizei verhaftet und einen Monat später zu einem Jahr Gefängnis verurteilt. Nach der Haftentlassung siedelte er nach Diez/Lahn über, wo er nicht hervortrat. Er wurde im September 1924 Leiter der Partei-Buchhandlung und des Literaturvertriebes in Frankfurt/M., dann in Stuttgart. Dort in der BL Agitpropleiter, er tendierte zu den Linken und führte heftige Auseinandersetzungen mit den Rechten in Württemberg. Im Mai 1925 wurde Kropp UB-Sekretär, außerdem Geschäftsführer der »Niederrheinischen Arbeiterzeitung« in Duisburg. 1925 standen fast alle UB-Sekretäre ▸ Wilhelm Schwan, ▸ Max Schütz und ▸ Arthur König auf der Seite ▸ Ruth Fischers, Kropp war damals der einzige Gegner.

1926 holte ▸ Wilhelm Florin den Thälmann-Anhänger Kropp als Agitpropsekretär in die BL Ruhr. Er wurde von Dezember 1926 bis 1928 Orgleiter des Bezirks Ruhr in Essen, dann Redakteur am »Ruhr-Echo«. Während der Konflikte mit den Rechten und Versöhnlern tendierte Kropp zu den Rechten, gab im Dezember 1928 eine Erklärung für das ZK, aber gegen die BL

Ruhr ab. Im April 1930 zu zwei Jahren Festung verurteilt, schickte ihn das ZK als Instrukteur nach Baden, anschließend im Auftrag des Westeuropäischen Büros der Komintern verschiedene Einsätze. Anfang Mai 1931 stellte er sich nach Absprache mit ▸ Wilhelm Pieck den deutschen Justizbehörden und mußte bis 28. Januar 1933 seine Haftstrafe absitzen, da die Weihnachtsamnestie 1932 für ihn abgelehnt worden war. Kropp übernahm die Agitproparbeit in Berlin-Brandenburg und wurde am 4. Mai 1933 durch Verrat verhaftet und im Polizeipräsidium am Alexanderplatz schwer mißhandelt. Ende September 1934 aus dem KZ Sonnenburg entlassen, emigrierte er im November über Saarbrücken nach Paris und kam im März 1935 in die Sowjetunion. Dort arbeitete er bis 1940 als persönlicher Mitarbeiter von Florin im skandinavischen Ländersekretariat des EKKI. 1941 nach Ufa evakuiert, ab Februar 1942 dort Propagandist unter deutschen Kriegsgefangenen, bis Februar 1943 Oberkommissar in einem Lager am mittleren Ural, anschließend an der Zentralschule 27. Im Sommer 1944 unter dem Pseudonym Willi Keller in der als Objekt 12 getarnten deutschen Parteischule.

In der zweiten Maihälfte 1945 wurde Kropp zur Verstärkung der Gruppe Sobottka über Danzig nach Mecklenburg geflogen. Im Juli 1945 Leiter der Abteilung Kultur und Schulung der KPD-Landesleitung Mecklenburg in Schwerin, wegen Differenzen mit ▸ Gustav Sobottka bereits im September 1945 nach Berlin, wurde Kropp der erste Leiter der SED-Parteihochschule »Karl Marx« in Liebenwalde. Im Herbst 1947 abberufen, wurde er Direktor der Deutschen Verwaltungsakademie in Forst Zinna. Am 9. August 1951 erhielt Kropp wegen »parteischädigenden Verhaltens« eine Rüge und wurde seiner Funktion enthoben, weil er u. a. den ZK-Beschluß über das Verbot des Betretens der Berliner Westsektoren ignorierte. Ab 1951 Redakteur beim ADN bzw. bei »Neues Deutschland«, im September 1955 wurde er zum Professor an die FDGB-Hochschule Bernau berufen und erhielt den Orden »Banner der Arbeit«. Wilhelm Kropp starb am 8. August 1961 in Weimar.

▸ Krosse, Arno (* 1893 – † 1951)

Geboren am 30. Januar 1893 in Seesen/Krs. Gandersheim, Tischler und Zigarrenarbeiter. Von 1914 bis 1917 Vorsitzender des Gewerkschaftskartells in Seesen, ab 1919 Tischlermeister in Seesen. 1919 Mitglied der USPD, 1920 der KPD. Ab 1919 zunächst für die USPD Abgeordneter des Landtages von Braunschweig, ab Oktober 1920 Mitglied der Fraktion der USPD (Linke), ab Ende 1920 für die der VKPD. Bis 1924 gemeinsam mit ▸ Hans Sievers für die KPD im Landtag von Braunschweig. Später wieder Mitglied der SPD, stellvertretender Vorsteher bzw. Gemeinderatsmitglied der Gemeinde Lehndorf. Von April 1945 bis März 1946 SPD-Bürgermeister bzw. Stadtdirektor von Seesen. Arno Krosse starb am 31. August 1951.

▸ Krüger, Ernst (* 1895 – † 1970)

Geboren am 9. Januar 1895 in Eberswalde, Sohn eines Lackierers; Schlosser und Metallarbeiter. Von 1915 bis 1918 Soldat. 1918 Mitglied der USPD, 1920 der KPD. 1920 trat Krüger in die preußische Polizei ein, war Hilfswachtmeister, quittierte im Februar 1921 den Dienst und war ab 1921 Schlosser in Berlin. Seit Herbst 1923 Sekretär für Betriebsräte der KPD-BL Hessen-Kassel, im Februar 1924 verhaftet und zu neun Monaten verurteilt. 1926/27 Polleiter in Berlin-

Moabit. 1928/29 hauptamtlicher KPD-Sekretär für den Bezirk Nord mit Sitz Eberswalde, kam Krüger im Herbst 1929 als Abgeordneter in den Brandenburgischen Provinziallandtag, wurde 1929 Sekretär in der Orgabteilung der BL Berlin-Brandenburg und Instrukteur für den Landarbeiterverband der RGO, 1932/33 Redakteur an der Kasseler Parteizeitung. Am 28. Juli 1933 in Brandenburg verhaftet, wurde er zu zweieinhalb Jahren Zuchthaus verurteilt, die er in Luckau verbüßte. Im Februar 1936 emigrierte er in die ČSR, dort Emigrationsleiter. Er ging im Dezember 1936 nach Spanien, Angehöriger der Internationalen Brigaden, anschließend im Juli 1938 nach Frankreich, im September 1939 interniert. Krüger gelangte im Mai 1941 über Trinidad in die USA, dort Mitarbeiter und Geschäftsführer der Zeitung »The German American«. Im Oktober 1946 kehrte Krüger nach Deutschland zurück und gehörte von 1947 bis 1949 dem Sekretariat des FDGB-Bundesvorstands an, 1948/49 Generalsekretär des Bundesvorstands. 1949 im Sekretariat der SED-Landesleitung Berlin, aber wegen seiner Westemigration aus dem Parteiapparat entfernt, danach Ende 1950 Magistratsdirektor für Materialversorgung von Ost-Berlin. Später war er Werkleiter des VEB »Schnitt und Formenbau« in Berlin-Köpenick, zuletzt Personalleiter bei den Ostberliner Wasserwerken in Friedrichshagen. Er erhielt den VVO in Silber. Ernst Krüger starb am 26. Oktober 1970 in Ost-Berlin.

▸ Krüger, Frida (* 1900 – † 1991)

Geboren am 31. August 1900 in Berlin, Tochter eines Schneiders; Büroangestellte, Stenotypistin und Telefonistin in Berlin. 1919 Eintritt in den ZdA und die KPD. Von 1920 bis 1922 arbeitete sie als Stenotypistin im EK der KJI in Moskau, 1922/23 im ZK der KPD in Berlin und dort 1924/25 als Korrespondentin beim »Freien Eisenbahner-Verband«. Von 1925 bis 1927 war sie Korrespondentin in der sowjetischen Handelsvertretung in Berlin und 1927/28 bei der Industrie- und Handelsreklame »Tergprom«. 1928 kam sie zu einem Lehrgang nach Moskau und wurde nach ihrer Rückkehr Frauenleiterin der BL Berlin-Brandenburg. Auf dem XII. Weddinger Parteitag 1929 wurde Frida Krüger als Kandidatin ins ZK gewählt und im gleichen Jahr Berliner Stadtverordnete. 1930/31 Kursantin an der Internationalen Leninschule, 1931/32 Frauenleiterin im Reichskomitee der RGO. Von 1932 bis 1934 arbeitete sie im Frauensekretariat der RGI in Moskau, von 1934 bis 1937 im Grenzapparat und als Kurierin in der Tschechoslowakei. Ab August 1937 in der Schweiz, lebte in Basel und hielt lose Verbindung zur deutschen Parteiemigration. Im Oktober 1945 nach Berlin zurückgekehrt, wurde Frida Krüger Frauensekretärin des FDGB Groß-Berlin und ab Ende 1948 in der Orgabteilung des LV des FDGB eingesetzt. Nachdem sie im November 1949 von West- nach Ost-Berlin übergesiedelt war, erhielt sie den Auftrag, die Gewerkschaft Handel in Ost-Berlin aufzubauen und war deren 1. Vorsitzende. Ab 1953 Inspekteurin und Referentin beim Vorsitzenden des FDGB-Bundesvorstandes ▸ Herbert Warnke. Sie erhielt 1980 den Karl-Marx-Orden. Frida Krüger starb am 15. Dezember 1991 in Berlin.

▸ Krüger, Hedwig (* 1882 – † 1938)

Am 1. April 1882 als Hedwig Hennig in Halle/Saale geboren, besuchte die Mittelschule und zwei Jahre die Volkshochschule. Angestellte in der Ortskrankenkasse in Halle. 1908 Mitglied der SPD, während des Krieges Übertritt zur USPD, mit deren linkem Flügel 1920 zur KPD. Delegierte des Vereinigungsparteitages 1920, auf dem sie in den Zentralausschuß gewählt wurde. Nach der März-Aktion 1921 verurteilte ein Sondergericht Hedwig Krüger (sie hatte den Arbeiter Krüger geheiratet, der 1927 starb) zu einer langjährigen Gefängnisstrafe, sie kam nach einem Hungerstreik schließlich frei. Im Mai 1924 im Wahlkreis Merseburg anstelle des zu ihren Gunsten zum Rückzug gezwungenen ▸ Georg Schumann in den Reichstag gewählt, dem sie bis Oktober 1924 angehörte. Im Dezember 1924 Abgeordnete des Preußischen Landtags. Hedwig Krüger stand auf dem linken Flügel der Partei und war Mitglied der BL Halle-Merseburg. Im September 1926 unterschrieb sie den »Brief der 700« (linken Oppositionellen), distanzierte sich aber auf Druck des ZK sofort wieder von ihrer Unterschrift und erklärte, daß sie »nirgends eine Unterschrift gegeben« habe. Im April 1927 vom ZK erneut verwarnt, weil sie einen Protest gegen den Ausschluß von ▸ Jakob Ritter und anderen Linken unterzeichnet hatte. 1928 nicht mehr als Kandidatin für den Landtag aufgestellt, verschwand sie im Hintergrund. Hedwig Krüger hatte sich zwar von der linken Opposition getrennt, doch fanden in ihrer Wohnung in Halle weiterhin Versammlungen der Führer der Linken (▸ Otto Kilian usw.) statt. 1933 unter dem Namen Rühle illegale Arbeit, Reisevertreterin für Massage- und Leibhalter einer Leipziger Firma. Am 7. November 1934 in Leipzig verhaftet und nach Halle überstellt, kam sie zunächst in das KZ Lichtenburg, Ende des Jahres in das KZ Moringen, von wo sie am 4. Juni 1935 nach Halle entlassen wurde. An einer Blinddarmentzündung, die wegen ihres illegalen Lebens und ihrer Haft nicht rechtzeitig behandelt und zu spät operiert wurde, starb Hedwig Krüger am 16. Februar 1938.

▸ Krzikalla, Anton (* 1887 – † 1944)

Geboren am 30. August 1887 in Laurahütte/Oberschlesien, wohnte in Mariendorf bei Aachen, Bergarbeiter. Er war dort von 1919 bis 1921 Gemeindevertreter und Gesamtbetriebsratsvorsitzender, dann wegen Beteiligung am März-Aufstand 1921 längere Zeit inhaftiert. 1929 erneut Gemeindevertreter und im September 1930 im Wahlkreis Köln-Aachen für die KPD in den Reichstag gewählt. Im Juli 1931 gab Krzikalla sein Mandat an den Eisendreher ▸ Engelbert Esser ab. Vom 28. Februar bis Dezember 1933 in »Schutzhaft«, war er in verschiedene Hochverratsverfahren verwickelt. Im Juli 1937 erneut verhaftet, kam er in das KZ Buchenwald, aus dem er im April 1939 nach Mariendorf bei Aachen entlassen wurde. Im Zusammenhang mit der Gestapoaktion »Gewitter« wurde er am 22. August 1944 wieder festgenommen und in das KZ Sachsenhausen gebracht. Dort ist Anton Krzikalla als Häftling im Außenkommando (Klinkerwerke) am 5. Oktober 1944 umgekommen.

▸ Kuczynski, Jürgen, Dr. rer. pol. (* 1904 – † 1997)

Geboren am 17. September 1904 in Elberfeld, Sohn des Wirtschaftswissenschaftlers René Kuczynski. Nach dem Gymnasium von 1922 bis

1924 Studium der Philosophie, Finanzwirtschaft und Statistik an den Universitäten Berlin, Erlangen und Heidelberg, 1925 Promotion zum Dr. rer. pol. Er war von 1926 bis 1929 in den USA, dort Leiter der Wirtschaftsabteilung in der American Federation of Labor in Washington. Seit 1930 Mitglied der KPD, war er von 1929 bis 1934 Mitherausgeber der »Finanzpolitischen Korrespondenz« und von 1930 bis 1933 Wirtschaftsredakteur der »Roten Fahne« sowie neben Lehrtätigkeit an der MASCH Leiter der Informationsabteilung in der RGO-Reichsleitung. 1936 Emigration nach Großbritannien, dort leitete er eine Gruppe deutscher Kommunisten, Redakteur und Mitbegründer des Freien Deutschen Kulturbundes. 1944/45 Statistiker in der US-Army, Kuczynski kehrte als US-Oberstleutnant 1945 nach Berlin zurück. Er wurde 1946 Mitglied der SED und Ordinarius für Wirtschaftsgeschichte an der Berliner Universität. Von Juni 1947 bis Juni 1950 Vorsitzender der Gesellschaft zum Studium der Kultur der Sowjetunion, dann bis Januar 1951 deren Vizepräsident. Kuczynski leitete von 1949 bis 1953 das Deutsche Wirtschaftsinstitut in Ost-Berlin. Seit 1955 ordentliches Mitglied der AdW, ab 1964 Leiter der Arbeitsstelle für Wirtschaftsgeschichte, später Direktor des Instituts für Wirtschaftsgeschichte. Er war nach seiner Emeritierung 1968 weiter wissenschaftlich aktiv, u. a. setzte er seine 1960 begonnene 40-bändige »Geschichte der Lage der Arbeiter unter dem Kapitalismus« fort und veröffentlichte die »Geschichte des Alltags des deutschen Volkes« in sechs Bänden. Gegen Kuczynski wurden von der SED-Führung in den Jahren 1957 bis 1959 Revisionismusvorwürfe erhoben, besonders seine populärwissenschaftlichen Schriften lösten wiederholt öffentliche Parteikritik aus, die ihn aber nur bekannter machte. Er wurde Nestor der DDR-Gesellschaftswissenschaften. Seinen »Memoiren« 1973 ließ er 1983 das Buch »Dialog mit meinem Urenkel« folgen. 1949 und 1974 erhielt er den Nationalpreis, 1969 den Karl-Marx-Orden. Kuczynski war Berater Erich Honeckers in außenwirtschaftspolitischen Fragen. Auch nach dem Ende der DDR publizierte er weiter: u. a. »Kurze Bilanz eines langen Lebens« (1991) und »Ein linientreuer Dissident« (1992). Jürgen Kuczynski starb am 6. August 1997 in Berlin.

▸ Kübler, Karl (* 1889 – † 1948)

Geboren am 9. November 1889 in Backnang, Schreiner. Vor dem Weltkrieg Mitglied der SPD, 1917 Übertritt zur USPD, 1920 mit dem linken Flügel der USPD zur KPD. Kübler übte verschiedene Funktionen in Stuttgart aus, war seit 1926 Mitglied der BL Württemberg und wurde 1927 in eine Kommission zur Ausarbeitung eines Aktionsprogramms der KPD in Württemberg gewählt. Da er bei den Auseinandersetzungen mit der starken Gruppe der Rechten in der KP Württemberg 1928/29 zu den eifrigsten Linken zählte, wurde Kübler vom XII. Parteitag 1929 als Kandidat ins ZK berufen. Nach 1933 längere Zeit inhaftiert, trat er nach 1945 politisch nicht mehr hervor. Karl Kübler starb am 13. März 1948 in Stuttgart.

▸ Küchenmeister, Walter (* 1897 – † 1943)

Geboren am 9. Januar 1897 in Waldheim/Sachsen, Sohn eines Schuhmachers. Eisendreher und Bergarbeiter, seit 1911 aktiv in der Jugendbewegung und der Gewerkschaft. 1917/18 bei der

Marine, beteiligte sich am Aufstand der Kieler Matrosen im November 1918 und ging in Berlin zur SPD, 1921 Übertritt zur KPD. Funktionär in Ahlen, Redakteur der »Westfälischen Arbeiterzeitung« und des »Ruhr-Echos«. 1926 wegen »unproletarischen Verhaltens« aus der KPD ausgeschlossen, er wurde als Polizeispitzel verdächtigt und soll Gelder unterschlagen haben. Anschließend freier Schriftsteller und Inseratenwerber. 1929 Übersiedlung nach Berlin, hier Zusammenarbeit mit Karl Otto Paetel und den Nationalbolschewisten. 1933 und 1934 zweimalige Inhaftierung, u. a. im KZ Sonnenburg. Nach seiner Freilassung Verbindung zu Harro Schulze-Boysen, Küchenmeister gehörte zum Kern der entstehenden Widerstandsgruppe. Er half bei der Herstellung von Flugschriften u. a. »Der rote Stoßtrupp«, organisierte Spendensammlungen für politische Gefangene und politische Schulungen unter Berliner Studenten. Wegen einer schweren Tbc-Erkrankung zum Kuraufenthalt in der Schweiz, trat er in Kontakt mit KPD-Funktionären, z. B. mit ▸ Wolfgang Langhoff. Nach seiner Rückkehr wieder im Führungskreis der Schulze-Boysen-Gruppe. Durch die von ▸ Wilhelm Guddorf in die Gruppe hineingetragenen Vorbehalte wegen Küchenmeisters früheren Ausschlusses aus der KPD kam es zu Konflikten. Am 16. September 1942 in Berlin festgenommen, vom 2. Senat des Reichskriegsgericht am 6. Februar 1943 zum Tode verurteilt, wurde Walter Küchenmeister am 13. Mai 1943 in Berlin-Plötzensee hingerichtet.

Seine Lebensgefährtin **Elfriede Paul** (* 14. 1. 1900), die er in die illegale Arbeit einbezogen hatte, wurde zu sechs Jahren Zuchthaus verurteilt. Sie war ab August 1945 Landärztin in Burgdorf/Niedersachsen, wieder in der KPD und von 1945 bis 1947 Ministerin für Aufbau, Arbeit und Wohlfahrt in der Landesregierung Niedersachsen, zugleich dort MdL. Ende 1947 übersiedelte Elfriede Paul in die SBZ, wurde Mitglied der SED und Abteilungsleiterin in der Zentralverwaltung für Gesundheitswesen, ab 1949 Leiterin der Medizinischen Abteilung der Versicherungsanstalt von Ost-Berlin. Später am Aufbau des Instituts für Sozialhygiene der Medizinischen Akademie Magdeburg beteiligt, bekam sie dort einen Lehrstuhl bis zur Emeritierung 1964. 1950/51 untersuchte die ZPKK Elfriede Pauls zeitweilige Kontakte nach 1945 zu ▸ Kurt Müller, dessen Frau Hedda Fischer und ▸ Edu Wald, sie saß deswegen vom 23. August bis 14. September 1951 in der MfS-Untersuchungshaftanstalt Berlin. 1980 erhielt sie den VVO in Gold. Ihre Lebenserinnerungen erschienen 1981 unter dem Titel »Ein Sprechzimmer der Roten Kapelle«. Elfriede Paul starb am 30. August 1981 in Ahrenshoop.

▸ Kühl, Bernhard (* 1878 – † 1944)

Geboren am 17. Juni 1878 in Camminke/Swinemünde, lernte Schriftsetzer und Drucker (Schweizerdegen) in Berlin. 1896 trat er der SPD, 1917 der USPD bei. Kühl war Anhänger der Spartakusgruppe und gehörte im November 1918 zu den Aufständischen, die die Druckerei des »Berliner Lokalanzeigers« besetzten, um dort dann als Drucker und Setzer an der Herausgabe der »Roten Fahne« mitzuwirken. Kühl wohnte in Bernau bei Berlin und war im Januar 1919 Mitbegründer der KPD und einige Zeit Vorsitzender der Ortsgruppe. Auf dem V. Parteitag im November 1920 wurde er erstmals in den Zentralausschuß und als Vertreter Schlesiens auf dem

VII. Parteitag im August 1921 in Jena erneut in den ZA gewählt. 1925 von der Zentrale nach Königsberg/Ostpreußen versetzt, wo er die Peuvag-Filiale aufbaute und leitender Mitarbeiter beim »Echo des Ostens« war. 1929 kehrte er nach Berlin zurück, war kurzzeitig Leiter der KPD-eigenen Berliner Friedrichstadtdruckerei. Ab 1930 leitete er die Peuvag-Filiale in Hannover und war im Auftrag der Komintern in Schweden und Norwegen. 1933 in Hannover verhaftet, ging er nach seiner Entlassung nach Berlin zurück. Bernhard Kühl starb nach schwerer Krankheit am 21. Juli 1944 in Bernau bei Berlin.

▸ Kühn, Kurt (* 1898 – † 1963)

Geboren am 19. Juni 1898 in Merseburg, Sohn eines Ziegelmeisters; lernte Elektromonteur. 1915 zur Kriegsmarine einberufen. 1919 wurde er Mitglied der SPD, 1923 der KPD. Von 1921 bis 1924 arbeitete Kurt Kühn als Elektromonteur in den Leuna-Werken bei Halle. Er war von April 1924 bis November 1932 Redakteur der KPD-Zeitung »Klassenkampf«, viele Jahre Stadtverordneter in Merseburg und gehörte von 1927 bis Anfang 1933 dem Provinziallandtag der Provinz Sachsen an. Ab November 1932 RGO-Bezirksleiter für Halle-Merseburg, dort auch dem Sekretariat der KPD-BL Halle-Merseburg. Im Mai 1933 ging Kühn nach Hamburg und übernahm die Leitung der illegalen RGO Wasserkante. Anfang 1934 Leiter der RGO Berlin, Ende Januar wurde er verhaftet und am 26. April 1934 vom Kammergericht Berlin zu sechs Jahren Zuchthaus verurteilt. Im Juni 1939 entlassen, wieder Elektromonteur, knüpfte er Verbindung zu ▸ Georg Schumann. Am 17. August 1944 erneut festgenommen, gegen ihn wurde ein Verfahren durchgeführt. Schumann und ▸ Otto Engert bewahrten Kühn durch entlastende Aussagen vor der sicheren Todesstrafe. Bis zum 20. März 1945 saß er in U-Haft in Leipzig und Dresden. Nach der Befreiung hauptamtlicher Gewerkschaftsfunktionär in Sachsen sowie von 1946 bis 1950 Abgeordneter des Sächsischen Landtags, 3. Vizepräsident. Von 1947 bis 1950 Vorsitzender des FDGB Sachsen, war Kühn von 1950 bis 1952 Vorsitzender der IG Chemie der DDR. Später nach Leipzig übergesiedelt, arbeitete er an einer Biographie über Georg Schumann. Kurt Kühn starb am 23. Januar 1963.

▸ Kühn, Ludwig (* 1893 – † 1977)

Geboren am 22. Juni 1893 in Venusberg/Krs. Marienberg, Sohn eines Zimmermanns; Schlosser. Seit 1911 in der SPD, gehörte er zu den Mitbegründern der Arbeiterjugendbewegung in Chemnitz. Nach Ausbruch des Weltkrieges Anhänger der Linken um ▸ Heinrich Brandler und ▸ Fritz Heckert. Soldat im Weltkrieg, ab 1917 Rüstungsarbeiter. Führend in der Spartakusgruppe in Chemnitz, im November 1918 gehörte Kühn dem Arbeiter- und Soldatenrat an und war 1919 Mitbegründer der KPD in Chemnitz. 1921 und 1923 Delegierter zum VII. und VIII. Parteitag in Jena und Leipzig. Nach seiner Entlassung als Schlosser 1921 hauptamtlicher Funktionär der BL Chemnitz/Erzgebirge, zeitweise Sekretär des UB Chemnitz und Sekretär für Gewerkschaften bzw. Orgleiter der BL. Im Zusammenhang mit den innerparteilichen Auseinandersetzungen schied er 1923 als Rechter aus dieser Funktion aus. Zunächst Handelsvertreter, konnte er sich als Rundfunkhändler selbständig

machen und eröffnete 1924 ein kleines Rundfunkfachgeschäft. 1928/29 arbeitete Kühn bei Gründung der KPO nochmals mit Heinrich Brandler eng zusammen, zog sich dann aus der Politik zurück. 1939 kurzzeitig zur Wehrmacht eingezogen, war er ab 1940 auf der Kieler Kriegsmarinewerft dienstverpflichtet. Im August 1945 Rückkehr nach Chemnitz, Arbeit als Rundfunkmechaniker im Landesnachrichtenamt, dann Leiter der Abteilung Rundfunk des Landessenders Dresden. Ab 1947 Präsident der Landeshandwerkskammer Sachsen, von 1953 bis 1959 Werkleiter des VEB Fernmelde-Anlagenbau Dresden. Ludwig Kühn starb am 21. Dezember 1977 in Karl-Marx-Stadt (Chemnitz).
Seine Frau **Gertrud Kühn**, geborene Seidel (* 8. 11. 1893 – † Juli 1981) aus Chemnitz, von Beruf Kontoristin, trat 1917 in die USPD, 1920 in die KPD ein. Von 1921 bis 1924 Sekretärin in der Zentrale der KPD in Berlin, war sie in erster Ehe von 1917 bis 1932 mit ▸ Heinrich Brandler verheiratet, mit dem sie von 1925 bis 1927 im Hotel »Lux« in Moskau wohnte, dort Mitarbeiterin im Marx-Engels-Institut. Sie kehrte 1928 nach Deutschland zurück und arbeitete 1928/29 bei der sowjetischen Handelsvertretung in Berlin. Nach ihrer Trennung von Brandler lebte sie mit Ludwig Kühn zusammen und war von 1930 bis 1944 im Geschäft ihres Mannes tätig. Nach 1945 in der SED, war Gertrud Kühn als frühere Frau Brandlers verfemt und wurde 1951 als »Trotzkistin« aus der Partei ausgeschlossen.

▸ Kühne, Martha (* 1888 – † 1961)

Geboren am 6. März 1888 in Leipzig als Martha Hähnel, Tochter eines Eisenbahners; zunächst Hausangestellte und Textilarbeiterin, nach dem Besuch der Handelsschule als Stenotypistin bei verschiedenen Leipziger Rechtsanwälten. 1917 trat sie in die USPD, 1920 in die KPD ein. Von März 1930 bis Dezember 1932 Stadtverordnete in Leipzig, wurde Martha Kühne 1930 in den Sächsischen Landtag gewählt, dem sie bis 1933 angehörte. Mit ihrem Lebensgefährten **Bernhard Richter** (* 18. 1. 1882 in Wurzen) flüchtete sie im April 1933 zunächst nach Prag, im Juni 1933 emigrierten beide in die Sowjetunion. Sie war Angestellte im Marx-Engels-Lenin-Institut und bei der Komintern. Ihr Lebensgefährte Richter, der zuletzt als Korrektor bei der »Deutschen Zentral-Zeitung« arbeitete, wurde vom NKWD verhaftet, der »konterrevolutionären Tätigkeit und Spionage für Deutschland« beschuldigt und am 10. August 1938 in Butowo erschossen. Da Martha Kühne zu ihrem Lebensgefährten stand, wurde sie wegen »parteischädigenden Verhaltens« aus der KPD ausgeschlossen. Während des Hitler-Stalin-Paktes mit Hilfe der deutschen Botschaft um Ausreise nach Deutschland bemüht, was ihr im Oktober 1940 gelang. Bei der Ankunft in Tilsit verhaftet und am 19. April 1941 vom OLG Dresden zu eineinhalb Jahren Gefängnis verurteilt, die sie im Frauengefängnis Leipzig verbüßte. Im April 1942 in das KZ Ravensbrück eingeliefert, wurde sie im April 1945 befreit. Ihr erster Mann E. Kühne war 1944 wegen »Hörens von Radio Moskau und der Entwendung eines Radiogerätes aus einer Ruine« zum Tode verurteilt und hingerichtet worden. Martha Kühne kehrte nach Leipzig zurück und wurde Mitglied der KPD. Sie war bis 1957 in einer Leipziger Firma zunächst als Reinemachefrau, später als Hilfslehrausbilderin für Wirtschaftslehrlinge tätig. Wegen »Kritik an der Sowjetunion« und »schlechter Haltung im KZ Ravensbrück« bereits im März 1946 aus der KPD ausgeschlossen, wurde ihr auch die Anerkennung als OdF aberkannt. 1952 zwar in die SED aufgenommen, erhielt aber erst 1957 wieder den Status eines OdF, später noch die Medaille »Kämpfer gegen den Faschismus«. Martha Kühne starb im Januar 1961 in Leipzig.

▸ Kühne, Otto (* 1893 – † 1955)

Geboren am 12. Mai 1893 in Berlin, Sohn einer Arbeiterfamilie; lernte Bohrer und Rundschleifer und war bis 1914 Maschinenarbeiter. 1914 Soldat, 1916 in einen Eisenbahnbetrieb abkommandiert, von Ende 1918 bis zu seiner Entlassung 1925 Arbeiter im Bahnbetriebswerk Pankow. Er leitete später als Vorsitzender den Gesamtbetriebsrat der Reichsbahn in Berlin und gehörte dem

Hauptbetriebsrat im Reichsverkehrsministerium an. Seit 1912 in der Gewerkschaft, bekam er über ▸ Ottomar Geschke Verbindung zum Spartakusbund, wurde 1919 Mitglied der USPD, 1920 der KPD. Nach der Spaltung des Eisenbahnerverbandes kam Kühne in den kommunistischen »Freien Eisenbahnerverband« und wurde 1922 hauptamtlicher Sekretär. 1925 Mitglied der KPD-BL Berlin und kurze Zeit Vertreter des radikalen Flügels, der für selbständige Gewerkschaften auftrat, dann Anhänger der Ruth-Fischer-Führung gegen die Ultralinken (▸ Werner Scholem, ▸ Arthur Rosenberg). Auf dem X. Parteitag 1925 als Kandidat ins ZK gewählt, war Kühne im August 1925 einer der Unterzeichner des »Offenen Briefes«. Von der Parteikonferenz im Oktober 1925 zum Mitglied des ZK befördert und als Vertreter der KPD zur Komintern nach Moskau entsandt (zusammen mit ▸ Heinz Neumann). 1927 nach Deutschland zurückgekehrt, auf dem XI. Essener Parteitag 1927 nicht wieder ins ZK berufen, aber 1928 Sekretär der Zentralen Beschwerdekommission und 1931 Sekretär der KPD-Reichstagsfraktion. In der Nacht des Reichstagsbrandes verhaftet, am 13. März irrtümlich freigelassen, emigrierte er im Juli 1933 als Friedrich Kuhlmann zunächst nach Dänemark, anschließend nach Schweden und Norwegen, dort Leiter der deutschen Emigration. Nach Aufenthalten in der Sowjetunion, Frankreich, Großbritannien (hier sagte Otto Kühne als Zeuge im Londoner Gegenprozeß zum Reichstagsbrandprozeß aus) kam er im Oktober 1935 erneut nach Moskau.

1937 kämpfte er als Angehöriger der XI. Internationalen Brigade in Spanien, zuletzt war er Brigadekommissar. Im Dezember 1938 nach Paris, im gleichen Monat in La Rochelle interniert, bei Kriegsausbruch in das Lager Libourne eingeliefert, gelang ihm 1940 die Flucht nach Marseille. Ende 1942 bei der Résistance im Zentralmassiv, wurde Kühne Befehlshaber von ca. 2700 Mann, die in militärischen Einheiten zusammengefaßt waren. Im Juni 1943 zum Oberstleutnant befördert und im Oktober 1944 in Marseille Leiter der deutschen KP-Organisation in der Provence. Otto Kühne kehrte im Mai 1945 nach Deutschland zurück und baute zusammen mit ▸ Richard Gladewitz im Gebiet von Trier und Koblenz die KPD-Organisation auf. Im Juli 1945 traf er in Berlin ein und wurde hier Vizepräsident der Deutschen Zentralverwaltung für Verkehr, nach Gründung der DWK Leiter der Hauptverwaltung Verkehr. Er wurde im Dezember 1949 von dieser Funktion entbunden, vermutlich wegen Kühnes Westemigration und seiner hohen Stellung innerhalb der Résistance. 1950 Oberbürgermeister von Brandenburg/Havel, erhielt im Zusammenhang mit dem Aufstand vom 17. Juni 1953 wegen »kapitulantenhaften Verhaltens« eine »strenge Rüge« und wurde als Oberbürgermeister und Mitglied des Sekretariats der SED-KL Brandenburg abgelöst. Otto Kühne starb am 8. Dezember 1955 in Brandenburg/Havel.

▸ Küll, Karl (* 1891 – † 1969)

Geboren am 7. Dezember 1891 in Solingen, Sohn eines Messerschleifers. Von 1906 bis 1908 Lehre als Galvaniseur, bis 1913 in seinem Beruf tätig. 1913 als Soldat eingezogen, bis 1918 beim Militär. In den Revolutionstagen in den Arbeiter- und Soldatenrat gewählt. 1918 Mitglied der USPD, 1920 mit der linken USPD zur KPD. Leiter der KPD in Solingen-Höhscheid, Mitglied der UB-Leitung und der BL. In den Nachkriegsjahren war Küll in mehreren größeren Betrieben als Galvaniseur und Meister beschäftigt, wegen seiner politischen und gewerkschaftlichen Aktivität dann aber in den meisten Betrieben gemaß-

regelt. 1929 war er bei der größten Solinger Firma Betriebsratsvorsitzender. Der XII. Weddinger Parteitag wählte Küll als Betriebsarbeiter zum Mitglied des ZK. Er war Stadtverordneter in Solingen, zwischen 1930 und 1933 dort auch vorübergehend Leiter der RGO und des (kommunistischen) Einheitsverbandes der Metallarbeiter. Ende Februar 1933 sollte er verhaftet werden, konnte aber flüchten und war bis November 1933 illegal tätig. Küll wurde am 21. November 1933 verhaftet und im Juni 1934 zu neun Monaten Zuchthaus verurteilt, die er im Zuchthaus Lüttringhausen verbüßte, dann von April bis August 1937 im KZ Sachsenhausen inhaftiert.
In einem Gestapobericht wurde Küll als »fanatischer Kommunist« bezeichnet, der seine Arbeitskollegen gegen den Nationalsozialismus beeinflußte. Als Küll am 22. August 1944 im Rahmen der Gestapoaktion »Gewitter« erneut festgenommen werden sollte, ging er bis Kriegsende in die Illegalität. 1945 wieder Mitglied der KPD, wurde er in den vorbereitenden Ausschuß zur Neubildung der Gewerkschaften berufen. In der Folgezeit war er Vorsitzender der IG Metall Solingen, Bergisch-Land und schließlich Nordrhein. Auf dem Gewerkschaftstag der IG Metall im Februar 1947 wurde Küll in den Vorstand für die britische Zone gewählt, seit dem Vereinigungsverbandstag der IG Metall der britischen und amerikanischen Zone im Oktober 1948 als Sekretär im elfköpfigen Hauptvorstand. Auf dem Gewerkschaftstag in Hamburg im September 1950 wurde Küll (nach eigenen Angaben) durch eine Satzungsänderung aus dem Vorstand herausgewählt, blieb aber bis zu seiner Pensionierung 1956 Angestellter des IG Metall-Vorstandes in Frankfurt/M. Laut einer Meldung der »Freien Tribüne« (Organ der UAP) soll Küll im November 1950 wegen Differenzen über die KPD-Gewerkschaftspolitik aus der Partei ausgetreten sein. Karl Küll starb am 11. August 1969.

▸ Kuhn, Harry (* 1900 – † 1973)

Geboren am 4. Juli 1900 in Leipzig als siebentes Kind eines Schneiders; lernte das Schneiderhandwerk. Er war 1918 Mitbegründer der FSJ und bis 1921 Polleiter in Leipzig. 1920 Mitglied der KPD, 1921/22 Jugendsekretär der KJD Halle-Merseburg. Ende 1921 wurde er zusammen mit ▸ Fritz Gäbler und ▸ Eugen Wiedmaier anstelle von Emil Birkert, ▸ Walter Gollmick und ▸ Eugen Herbst, die sich zur KAG um ▸ Paul Levi bekannt hatten, in das Sekretariat der Reichszentrale der KJD kooptiert. Mit der Mittelgruppe bildete er neben Polleiter ▸ Heinrich Pütz, Orgleiter Raffael Chitarow und Gertrud Graeser (▸ Gertrud Rast) Ende 1923 das »Direktorium« der KJD. Bis 1927 arbeitslos, wurde Kuhn 1925 Polleiter des KJVD in Leipzig. 1927 zunächst Redaktionsvolontär an der »Hamburger Volkszeitung«, anschließend Redakteur an der »Neuen Arbeiterzeitung« in Hannover und von 1927 bis 1929 Redakteur im Pressedienst des ZK der KPD in Berlin. 1929/30 erwerbslos, erhielt er 1931 wieder eine Redakteurstelle an der »Arbeiter-Zeitung« in Frankfurt/M., wo er auch zum Sekretariat der BL gehörte. 1933 sollte Kühn gemeinsam mit ▸ Alfred Grade (Polleiter), die Orgleitung der illegalen BL Frankfurt/M. übernehmen, wurde aber bereits im Juni 1933 verhaftet und am 12. Dezember 1934 vom 2. Senat des VGH zu drei Jahren Zuchthaus verurteilt, die er in Luckau verbüßte. Von 1936 bis 1939 Geselle in der väterlichen Schneiderei in Leipzig, dort wurde er mit der gesamten Familie bei Kriegsausbruch verhaftet. Im KZ Buchenwald gefangengehalten, gehörte Kuhn zum illegalen Internationalen Lagerkomitee. 1945 nach Leipzig zurückgekehrt, war er kurzzeitig KPD-Bezirksleiter, danach in Berlin Abteilungsleiter in der Deutschen Zentralverwaltung für Arbeit und Sozialfürsorge. Nach einem Lehrgang an der Parteihochschule »Karl Marx« wurde Kühn 1949 als Nachfolger von ▸ Karl Raddatz Generalsekretär der VVN. Im Februar 1951 erhielt er von der ZPKK wegen »mangelnder Wachsamkeit« eine Rüge und wurde als Generalsekretär abgesetzt, ab 1953 Sekretär des ZV der Gewerkschaft Wissenschaft. Von 1962 bis 1971 war er im DDR-Außenministerium und leitete die Zeitschrift »Außenpolitische Korrespondenz«. Kuhn heiratete nach 1945 ▸ Maria Wiedmaier, die Witwe des 1940 ermordeten KPD-Funktionärs ▸ Eugen Wiedmaier. Er erhielt 1970 den Karl-Marx-Orden. Harry Kuhn starb am 14. Mai 1973 in Ost-Berlin.

▸ Kuhnt, Alfred (* 1904 – † 1936)

Geboren 1904 in Berlin, stammte aus einer Arbeiterfamilie und lernte Schlosser. 1923 Mitglied der KPD, stand er in Berlin auf dem linken Flügel der Partei und kam 1923 in den AM-Apparat. 1925 Anhänger von ▸ Ruth Fischer, gehörte Kuhnt der Reichsleitung der Linken Opposition an. 1927 aus der KPD ausgeschlossen, aber nach der Kapitulation vor dem Thälmann-ZK wieder in die Partei aufgenommen. Als Mitarbeiter des Geheimapparates in Deutschland gefährdet, übersiedelte er im Februar 1932 nach Moskau und war dort in der Komintern tätig. Bereits Mitte 1936 in Moskau verhaftet, wurde Kuhnt im Schauprozeß gegen Sinowjew u. a. im August 1936 als trotzkistischer »Kurier« genannt. Bermann-Jurin (▸ Hans Stauer) behauptete, Trotzkis Sohn Sedow wollte einen »vertrauenswürdigen Deutschen« mit einem Geheimauftrag nach Moskau schicken. »Ich nannte Alfred Kunt [sic!], den ich als überzeugten Trotzkisten kannte.« Angeblich sollte sich Kuhnt in Moskau mit einem der Hauptangeklagten des Prozesses, Iwan Smirnow, treffen und ihm zwei geheime Dokumente Trotzkis überbringen. »Alfred Kunt fuhr im Januar/Februar 1932 nach Moskau ... Kunt teilte auch mit, daß er sich in der Nähe von Moskau niedergelassen hatte, daß er in seiner Arbeit Erfolge zu verzeichnen habe und daß die ›Sache gut geht‹«, heißt es laut der Aussage Bermann-Jurins im Prozeßprotokoll. Kuhnt sollte an einem »Terroranschlag« gegen Stalin beteiligt gewesen sein, wurde indessen weder angeklagt, noch trat er im Prozeß als »Zeuge« auf. Es bleibt ungeklärt, ob er ein »Geständnis« verweigerte. Alfred Kuhnt wurde 1936 bei Moskau erschossen.

▸ Kundermann, Erich (* 1903 – † 1992)

Geboren am 10. Januar 1903 in Berlin, Sohn eines Gärtners; lernte Gürtler und arbeitete als Metallarbeiter. 1918 trat er der Arbeiterjugend, 1919 dem DMV und 1923 der KPD bei. Von 1925 bis 1929 Mitglied der KJVD-BL Berlin-Brandenburg, von 1925 bis 1933 offiziell Angestellter der sowjetischen Handelsvertretung in Berlin. Er gehörte von 1927 bis 1929 dem ZK des KJVD an und war von 1929 bis 1932 Leiter des Ressorts für illegale Arbeit der KPD-BL Berlin-Brandenburg. Bis Oktober 1933 illegal in Berlin tätig, emigrierte er zunächst in die Tschechoslowakei, von dort in die Sowjetunion. 1934 war Kundermann Kursant an der Internationalen Leninschule in Moskau, von 1935 bis 1937

Angestellter bei einer Moskauer Firma und von 1937 bis 1939 als Gürtler tätig. Nach Kriegsausbruch 1941 Politinstrukteur in Kriegsgefangenenlagern, ab 1943 gehörte er dem NKFD an. Als Lehrer an Antifa-Schulen eingesetzt, kam er Ende 1944 an die KPD-Schule (Institut 99) in Moskau. Nach Deutschland zurückgekehrt, war er dann von 1945 bis 1950 persönlicher Referent des Innenministers bzw. Leiter der Hauptabteilung Personal und Schulung im Innenministerium des Landes Mecklenburg.

Erich Kundermann war mit **Aenne Kundermann,** geborene Seufert (* 6. 10. 1907 – † 30. 1. 2000), verheiratet. Die gebürtige Mannheimerin, seit 1928 KPD-Mitglied, war bis 1933 nacheinander Orgleiterin des KJVD-Bezirks Württemberg, Stenotypistin der KJI in Moskau und in der Gewerkschaftsabteilung des ZK der KPD in Berlin. 1933 in Saarbrücken im Internationalen Komitee der Berg-, Chemie- und Metallarbeiter, emigrierte sie im November 1933 in die Sowjetunion, dort bis 1938 Stenotypistin in der RGI, anschließend im Zentralrat der Russischen Gewerkschaften, von Juni bis November 1941 bei der Komintern in Moskau und Ufa. Bis 1944 war Aenne Kundermann Inspekteurin in NKWD-Kriegsgefangenenlagern. Wie ihr Mann Ende 1944 an der KPD-Parteischule bei Moskau, kehrte mit ihm im Mai 1945 nach Deutschland zurück. Zunächst Leiterin der Kaderabteilung im KPD-LV Mecklenburg, dann im Sekretariat der SED-Landesleitung Mecklenburg. Ab 1950 Botschafterin der DDR in Sofia, anschließend in Warschau, 1960/61 in Albanien. Erich Kundermann begleitete seine Frau als Handelsattaché nach Bulgarien und Polen. Er war 1954/55 Abteilungsleiter im Innenministerium in Ost-Berlin und leitete danach bis 1960 das Sekretariat der Volks- und Länderkammer. 1988 erhielt er den VVO in Gold. Erich Kundermann starb am 13. September 1992 in Berlin.

▸ Kunik, Erich (* 1890 – † 1939?)

Geboren am 27. April 1890 in Deutsch-Lissa, einem Vorort von Breslau, Sohn eines Bauunternehmers; besuchte das Gymnasium und eine Privatschule in Breslau sowie eine landwirtschaftliche Schule in Liegnitz, um mit einem Ingenieurabschluß den väterlichen Betrieb zu übernehmen. 1914 zum Kriegsdienst einberufen, wurde er 1915 wegen einer schweren Krankheit entlassen. Kunik geriet in Gegensatz zu seiner Familie und brach alle Beziehungen ab. 1917 trat er der USPD in Breslau bei und wurde im November 1918 Mitglied des Arbeiter- und Soldatenrates von Lissa. Im März 1919 Mitbegründer und Redakteur der »Schlesischen Arbeiterzeitung«. Mit der linken USPD kam er Ende 1920 zur KPD. Von März 1921 bis April 1923 Redakteur an den KPD-Zeitungen in Nürnberg, Augsburg und in Hagen/Westfalen, ab Mai 1923 Redakteur am »Rhein-Ruhr-Pressedienst« in Düsseldorf. Im Herbst 1923 Mitarbeiter der »Oberleitung West«, erfüllte Kunik »Sonderaufträge« im UB Hagen. Anfang 1925 kam er zum Pressedienst der KPD nach Berlin, zwischenzeitlich arbeitete er von März bis Juni 1925 in der Berliner Vertretung der sowjetischen Nachrichtenagentur ROSTA. Von Juli 1925 bis Ende 1926 war Kunik Leiter des Reichspressedienstes der KPD, bekam den Auftrag, die Informationsabteilung zu reorganisieren, und wurde 1928 schließlich Leiter der Informationsabteilung des ZK der KPD, die er bis zu ihrer Auflösung im Dezember 1933 führte. Von 1927 bis 1932 war Kunik auch ständiger Mitarbeiter des theoretischen Organs der KPD »Die Internationale«, wo er ideologische und politische Themen behandelte. In den kontroversen innerparteilichen Debatten trat er indes nicht hervor. Er lebte bereits ab Ende 1932 illegal in Berlin und war als Spezialist für Politökonomie bis Anfang 1933 auch Lehrer an der Reichsparteischule und bei KPD-nahen Massenorganisationen. Im Dezember 1933 auf Weisung des ZK in die Sowjetunion emigriert, leitete er in Moskau unter dem Parteinamen Erich Korn ab Anfang 1934 das deutsche Kabinett am Institut für Weltwirtschaft und Weltpolitik. Im September 1937 geriet Kunik (er hatte u. a. ▸ Werner Hirsch, ▸ Hermann Remmele und ▸ Leo Flieg als Zeugen für seine KPD-Tätigkeit in Deutschland benannt) in

die stalinistischen Säuberungen und wurde vom NKWD verhaftet. Erich Kunik soll 1939 in einem Gulag im Gebiet von Workuta umgekommen sein, nicht auszuschließen ist, daß er unmittelbar nach dem Urteil des Militärkollegiums erschossen wurde.
Sein Sohn **Peter Kunik** (Korn) (* 29. 11. 1917) emigrierte 1933 mit der Mutter in die Sowjetunion, wurde Mitglied des Komsomol und besuchte wie andere Emigrantenkinder die Karl-Liebknecht-Schule. Als sein Vater verhaftet wurde und er sein Maschinenbaustudium abbrechen mußte, wandte sich der »Sohn eines Volksfeindes« direkt an Stalin. Er durfte anschließend bis 1944 an der Hochschule für Textilindustrie studieren und wurde Diplom-Ingenieur, ab 1944 Redakteur am Moskauer Rundfunk. Peter Korn-Kunick kehrte 1947 nach Deutschland zurück, wurde Mitglied der SED und arbeitete bis 1952 im DDR-Ministerium für Industrie, 1953/54 Leiter der Kontrollabteilung beim Präsidium des DDR-Ministerrates, war dann bis 1964 stellvertretender Leiter des Büros des Präsidiums des Ministerrates. Peter Korn wohnte 2003 als Rentner in Berlin.

▸ Kuntz, Albert (* 1896 – † 1945)

Am 4. Dezember 1896 in Bennewitz bei Wurzen als Sohn eines Tischlers und eines Dienstmädchens geboren. Seit 1900 mußte die Mutter Albert und zwei jüngere Geschwister allein ernähren; er wuchs in großer Armut auf. Schon als Schulkind mußte er in einer Federnschleißfabrik arbeiten, war später Laufjunge. Von 1911 bis 1915 Lehre als Kupferschmied, Mitglied der Gewerkschaft. 1916 Soldat eines Pionierbataillons, erlitt bei Verdun eine schwere Beinverwundung. 1918 in den Soldatenrat gewählt, 1919 Mitglied des Arbeiterrats in Wurzen und im Juli 1919 Mitbegründer der dortigen KPD. Ab 1920 in der BL der KPD Mitteldeutschland, ging Kuntz als Kupferschmied viel auf Montage. Nach einem Betriebsunfall 1922 Notstandsarbeiter, ab 1923 hauptamtlicher KPD-Funktionär, Orgleiter für Westsachsen in Leipzig. Von Februar 1925 bis Februar 1926 wieder Arbeiter in Chemnitz, Mitglied der BL Erzgebirge-Vogtland. Kuntz wurde 1926 vom Polleiter ▸ Alwin Heucke als Orgleiter nach Hessen-Frankfurt geholt und blieb in dieser Funktion bis 1928. Nach dem Ausschluß der Rechten übernahm er im Oktober 1928 als Polleiter die Führung des Bezirks Hessen-Frankfurt. Auf dem XII. Weddinger Parteitag 1929 zum Kandidaten des ZK berufen, ab 1930 Orgleiter des Bezirks Berlin-Brandenburg. Im April 1932 als Abgeordneter in den Preußischen Landtag gewählt, ging er Ende Juni 1932 erneut als Polleiter nach Hessen-Frankfurt. Im Februar 1933 Teilnehmer der illegalen Tagung der Parteiführung im Sporthaus Ziegenhals bei Berlin. Am 12. März 1933 bei einer illegalen Versammlung in Dreieich/Hessen verhaftet, wurde Kuntz, ein Hüne von Gestalt, fürchterlich zusammengeschlagen und lag wochenlang im Gefängnislazarett. Vom 4. bis 19. Juni 1934 stand er als Hauptangeklagter vor Gericht, im (zweiten) Prozeß wegen der Ermordung der Polizeihauptleute Anlauf und Lenck durch den KPD-Apparat am 9. August 1931 in Berlin.
Während drei Angeklagte zum Tode, die anderen zu hohen Zuchthausstrafen verurteilt wurden, kam es für Kuntz zu einem Freispruch: »Aufgrund der glaubhaften Aussage des Angeklagten

Klause steht somit fest, daß der Angeklagte Kuntz von dem Mordplan unterrichtet war. Er war zugegen, als Kippenberger am Sonnabend den Plan entwickelte, wie der Hauptmann Anlauf noch am selben Abend unter Mitwirkung des RFB erschossen werden sollte; er kam hinzu, als Kippenberger den zweiten Plan entwickelte; er war dabei, als Heinz Neumann am Sonntagabend den Peschky zur Tat drängte... Es hat sich aber nicht feststellen lassen, daß Kuntz irgendwie bei der Ausführung des Verbrechens mitgewirkt hat. Auch nach Klauses Darstellung hat er selbst nichts getan, um den Erfolg herbeizuführen oder die Tat irgendwie zu fördern. Wegen Mittäterschaft oder Beihilfe an dem Mord konnte er daher nicht bestraft werden. Ferner hat er nach der Begehung des Mordes den Tätern Ziemer und Mielke [später Minister für Staatssicherheit der DDR] wissentlich Beistand geleistet, um sie der Bestrafung zu entziehen.« Da Kuntz' Vergehen unter Amnestie fielen, wurde er in diesem Prozeß freigesprochen, jedoch weiter in »Schutzhaft« im KZ Lichtenburg gefangengehalten. Im April 1935 zu eineinhalb Jahren Zuchthaus verurteilt, kam er nach Verbüßung dieser Strafe im Zuchthaus Kassel erneut ins KZ Lichtenburg, im August 1937 dann nach Buchenwald, wo er zusammen mit ▸ Walter Stoecker und ▸ Theodor Neubauer die illegale KPD-Gruppe organisierte. 1942 mehrere Monate im berüchtigten Bunker des KZ eingesperrt, 1943 ins Nebenlager Kassel und im September in das Lager »Dora« bei Nordhausen gebracht. Unter seiner Leitung verübte eine illegale Gruppe Sabotage an den dort hergestellten V-Waffen. Im November 1944 bemühte sich die SS vergebens, von ihm die Hintergründe der Sabotage zu erfahren. Am 23. Januar 1945 wurde Albert Kuntz im Bunker ermordet, seine Leiche im Krematorium des KZ verbrannt.

Seine Frau, **Ellen Kuntz**, geborene Geißler (* 2. 2. 1898 – † 21. 5. 1986), war Hausangestellte bei Alexandra und ▸ Franz Pfemfert, bei denen sie sich auch weiterbilden konnte. 1920 KPD-Mitglied, kehrte sie 1925 nach Sachsen zurück. Hier lernte sie Albert Kuntz kennen, sie heirateten 1926. Mit ihrem Mann und dem 1926 geborenen Sohn Leo siedelte sie nach Frankfurt/M. über, war hier Leiterin des Jungspartakusbundes und gehörte von 1927 bis 1929 der Reichsleitung des RFMB an. Nach der Verhaftung ihres Mannes lehnte sie Angebote, in die Emigration zu gehen, ab. Ellen Kuntz wollte den Kontakt zu ihrem Mann nicht abbrechen lassen und blieb in Berlin. 1945/46 Mitglied der KPD-BL Groß-Berlin, verlor sie nach den Oktoberwahlen 1946 ihren Posten als Vizebürgermeisterin in Berlin-Schöneberg. 1950 zunächst Instrukteurin, später stellvertretende Leiterin der Frauenabteilung des SED-PV bzw. der Arbeitsgruppe Frauen des ZK.

▸ Kunze, Otto (* 1884 – † ?)

Geboren am 17. März 1884 in Löbschütz bei Leipzig, Schlosserlehre und Arbeit als Dreher. Im November 1918 wurde Kunze, seit 1917 Mitglied der USPD, hauptamtlicher Angestellter des DMV in Leipzig. Im April 1919 war er Delegierter auf dem 2. Reichsrätekongreß in Berlin, von Oktober 1919 bis 1921 Parteisekretär der USPD bzw. der VKPD in Remscheid. Im Februar 1921 wurde Kunze für die VKPD im Wahlkreis Düsseldorf-Ost in den Preußischen Landtag gewählt, dem er bis 1924, zuletzt als Mitglied der SPD-Fraktion angehörte. In der KPD stand Kunze auf dem rechten Flügel, er lehnte 1921 die März-Aktion als Putsch ab. Im Oktober 1921 trat er mit ▸ Paul Levi zur KAG über, ging im Mai 1922 zur USPD und im September zur SPD. Kunze war später in Stralsund tätig, von Juli 1923 bis 1928 war er Gauleiter des Landarbeiterverbandes mit Sitz in Stettin. Von 1928 bis 1930 städtischer Angestellter in Köslin und von 1931 bis 1933 Leiter des Arbeitsamtes in Stolp. Weitere Daten über Otto Kunze waren nicht zu ermitteln.

▸ Kupferstein, Hermann (* 1896 – † 1937)

Geboren am 10. März 1896 in Warschau. Er kam nach dem Weltkrieg nach Berlin und trat der KPD bei. Im illegalen Apparat tätig, wurde er 1925 Mitbegründer und Funktionär des RFB. 1931 war Kupferstein am Mord an den Berliner Polizeioffizieren Anlauf und Lenck beteiligt. Weiter in AM-Apparat unter ▸ Hans Kippenberger aktiv, emigrierte er 1933 nach Paris und wurde von da aus im Dezember 1934 in die UdSSR beordert. Er geriet dort in die Säuberung des Kippenberger-Apparats und wurde bereits am 3. April 1935 verhaftet und noch vor Kippenberger am 22. Mai 1935 zu fünf Jahren Lager verurteilt. Sein Frau Elisabeth geb. Wrobel (1903 – ?), ebenfalls im April 1937 vom NKWD verhaftet, wurde am selben Tag zu drei Jahren Haft verurteilt und ist in der UdSSR verschollen. Hermann Kupferstein kam am 25. November 1937 in Leningrad erneut vor Gericht, wurde zum Tode verurteilt und am 8. Dezember 1937 in Lewaschowo erschossen.

▸ Kuraner, Maxim (Max) (* 1901 – † 1978)

Geboren am 16. Dezember 1901 in Metz. Der Sohn eines Metzgermeisters wurde nach einer kaufmännischen Lehre Verlagsangestellter. 1919 Mitglied der kommunistischen Jugend, 1921 der KPD, vor allem im Bezirk Pfalz aktiv. 1933 Flucht nach Paris und dort in der Auslandsleitung der KPD tätig. Von 1936 bis 1939 war er im Spanischen Bürgerkrieg Funktionär bei den Internationalen Brigaden, dann wieder in Paris. Hier hat er nach dem Stalin-Hitler-Pakt 1939 seinen Austritt aus der KPD erklärt. Nach Kriegsausbruch in verschiedenen Lagern in Frankreich interniert, kämpfte Kuraner seit seiner Flucht 1943 in der französischen Résistance. Im Februar 1946 Heimkehr in die Pfalz, Lizenzträger und politischer Redakteur der »Rheinpfalz«. Von 1948 bis 1954 stellvertretender Landeskommissar für Politische Säuberung, ab 1947 auch Stadtrat und von 1950 bis 1959 Abgeordneter der SPD im Landtag von Rheinland-Pfalz. Max Kuraner starb am 26. März 1978 in Neustadt/Weinstraße.

▸ Kurella, Alfred (* 1895 – † 1975)

Geboren am 2. Mai 1895 in Brieg/Schlesien, Sohn eines Arztes. 1914 in Bonn Abitur, danach begann er an der Kunstgewerbeschule in München zu studieren. Vor 1914 Mitglied der Wandervogelbewegung, meldete sich 1914 als Kriegsfreiwilliger, wurde im Weltkrieg radikalisiert. Einem Hochverratsverfahren entzog er sich 1917 durch Desertion und ging in die Illegalität. Ende 1918 gehörte Kurella zu den Mitbegründern der Münchner Ortsgruppe der FSJ und trat Anfang 1919 in die KPD ein. Im März 1919 wegen drohender Verhaftung nach Sowjetrußland geflohen, traf er dort mit Lenin zusammen. Er wurde Vertreter des russischen Kommunistischen Jugendverbandes und setzte auf dem Gründungskongreß der KJI die Linie der Komintern gegen den auf Unabhängigkeit und Distanz zu Moskau bedachten ▸ Willi Münzenberg durch. Von 1919 bis 1921 war Kurella 2. Vertreter des russischen Komsomol und Kandidat des Exekutivkomitees der KJI, das seinen Sitz in Berlin hatte. Ab 1921 Vollmitglied, zeitweise 1. Sekretär des Exekutivkomitees der KJI in Moskau. Kurella arbeitete von 1920 bis 1924 im Büro des ZK des Komsomol, im Juli 1924 wurde er Mitglied der KPdSU. Von 1924 bis 1926 zunächst Leiter einer Jugendschule der Komintern, anschließend Direktor der Schule der KP Frankreichs in Bobigny. 1926 in die UdSSR zurückge-

kehrt, wurde er stellvertretender Leiter der Abteilung Agitation und Propaganda der Komintern, 1928/29 der Abteilung für bildende Kunst im Volkskommissariat für Bildungswesen in Moskau.
Im November 1929 ging Kurella nach Deutschland, Mitglied der KPD und zunächst freier Schriftsteller und Publizist in Berlin, dann Redakteur des Informationsblattes des neugegründeten »Internationalen Komitees der Freunde der Sowjetunion«. Er arbeitete auch für die AIZ, hielt Vorträge an der MASCH und war Mitglied des Bundes proletarisch-revolutionärer Schriftsteller. Ende 1932 von der Komintern mit der Leitung der in Paris erscheinenden Zeitschrift »Le Front Mondial« beauftragt und dort Sekretär des Weltkomitees gegen Faschismus und Krieg. Ab Januar 1934 wieder in der Sowjetunion, zeitweilig persönlicher Sekretär von Georgi Dimitroff. Kurella erhielt 1935 durch die IKK eine »strenge Rüge« wegen »parteischädlicher Zusammenkünfte«, daraufhin aus dem Komintern-Apparat entfernt. Er hatte Ende November 1934 an einer Zusammenkunft ehemaliger Mitglieder des Exekutivkomitees der KJI in der Wohnung ▸ Fritz Globigs teilgenommen, anwesend waren auch die ehemaligen russischen Jugendfunktionäre Lasar Schatzkin und Vujowitsch, die später vom NKWD ermordet wurden. Kurella wurde abgeschoben als Abteilungsleiter für Auslandsliteratur der Moskauer Unionsbibliothek. Er eröffnete in der Zeitschrift »Das Wort« die sogenannte Expressionismus-Debatte. Wegen der Verhaftung seines Bruders ▸ Heinrich Kurella durch das NKWD im Juli 1937 durfte er nur unter den Pseudonymen Bernhard Ziegler und Viktor Röbig publizieren. Hedda Zinner erinnerte sich 1989, damals sei in Moskau davon gesprochen worden, Alfred habe seinen Bruder Heinrich denunziert. 1941 kam er als Oberredakteur in die VII. Abteilung der Politischen Hauptverwaltung der Roten Armee, lehrte ab Sommer 1943 an der als Institut 99 getarnten KPD-Parteischule und war zugleich stellvertretender Chefredakteur der NKFD-Zeitung »Freies Deutschland«. Von 1949 bis 1954 arbeitete er als Publizist und Übersetzer in Moskau.
1954 durfte er in die DDR ausreisen, wurde Mitglied der SED und war von 1955 bis 1957 Direktor des Literaturinstituts »Johannes R. Becher« in Leipzig, ab 1957 Leiter der Kulturkommission des Politbüros der SED. Von 1958 an Mitglied im ZK sowie im selben Jahr auch Kandidat des Politbüros und Sekretär des ZK. Stets ein dogmatischer Anhänger der Reglementierung der Kulturpolitik, schied er 1963 aus dem Politbüro und den Sekretariat des ZK aus. Als freier Schriftsteller führte er bis zu seinem Lebensende einen rigorosen Kampf gegen »Dekadenz und Modernismus«. Von 1964 bis 1974 Vizepräsident der Ostberliner Akademie der Künste, erhielt er 1945 sowjetische Medaillen für den »Sieg über das faschistische Deutschland«, 1960 den Karl-Marx-Orden und 1969 den DDR-Nationalpreis. Er war mehrmals verheiratet und hatte acht Kinder. Alfred Kurella starb am 12. Juni 1975 in Ost-Berlin.

▸ Kurella, Heinrich (* 1905 – † 1937)

Geboren am 21. Juni 1905 in Ahrweiler, Sohn eines Arztes, jüngerer Bruder von ▸ Alfred Kurella, kam ebenso wie dieser über bürgerliche Jugendorganisationen zur Arbeiterbewegung. Im September 1924 wurde er Mitglied der KJD und begann ab Mitte der zwanziger Jahre als Redakteur bei der »Roten Fahne«. Im Januar 1928 trat er in die KPD ein, zwei Jahre später war er verantwortlicher Redakteur der Kominternzeitschrift »Inprekorr«. Heinrich Kurella gehörte zur Gruppe der Versöhnler. 1930 vom Reichsgericht wegen »Hochverrats« zu Festungshaft verurteilt, die er in Gollnow in Pommern absitzen mußte. Anfang 1931 zählte Heinrich Kurella in der Festung Gollnow zu jenen kommunistischen Gefangenen, die den ebenfalls eingesperrten jungen Reichswehrleutnant ▸ Richard Scheringer dazu brachten, mit der NSDAP zu brechen und im März 1931 öffentlich seinen Übertritt zu KPD bekanntzugeben. Im Januar 1933 emigrierte Heinrich Kurella in die Schweiz, bis 1934 Redakteur der in Basel herausgegebenen Kominternzeitschrift »Rundschau für Politik, Wirtschaft und Arbeiterbewegung«. Im Laufe des Jahres 1934 ging er in die Sowjetunion und kam zunächst in die Presseabteilung der Komintern. Kurella war eng mit ▸ Heinrich Süßkind befreundet und hatte in der Schweizer Emigration ▸ Heinz Neumann und dessen Lebensgefährtin Margarete Buber-Neumann unterstützt, er brach auch nach deren »Kaltstellung« die Beziehungen zu ihnen nicht ab. Deswegen wurde gegen ihn ein Parteiverfahren vor der IKK eröffnete, und er wurde aus der KPD ausgeschlossen. Im Juli 1937 vom NKWD verhaftet und am 28. Oktober 1937 vom Militärkollegium des Obersten Gerichts der UdSSR wegen »Mitgliedschaft in einer konterrevolutionären Organisation« zum Tode verurteilt. Noch am gleichen Tag wurde Heinrich Kurella in Butowo bei Moskau erschossen. Den bereits Toten haben die Nazi-Behörden am 19. November 1937 noch »ausgebürgert«. Am 21. Juli 1956 rehabilitierte ihn das Militärkollegium des Obersten Gerichts der UdSSR, daraufhin »rehabilitierte« ihn die ZPKK der SED Mitte Oktober 1956, aber wie viele andere deutsche verfolgte Kommunisten nur »nichtöffentlich«.

L

▸ Lademann, Max (* 1896 – † 1941)

Geboren am 17. Mai 1896 in Leipzig, besuchte in Saalfeld die Mittelschule und in Remscheid die Realschule. Anschließend Schlosserlehre. Später absolvierte er in Hamburg eine technische Schule. Von 1916 bis 1918 Soldat im Dragoner-Regiment 13, aus dem er gegen Ende des Weltkrieges desertierte. Spätere Gerüchte, er habe als »Roter Reitergeneral« am russischen Bürgerkrieg teilgenommen, waren reine Erfindung. Lademann hatte sich früh der sozialistischen Jugendbewegung angeschlossen. Nach dem Krieg Mitglied der USPD, kam 1920 mit deren linkem Flügel zur KPD. Seit 1921 hauptamtlicher UB-Leiter in Sangerhausen. Von 1922 bis 1924 lebte er in Eisleben, zeitweise Vorsitzender des ADGB-Kreiskartells und Anfang 1924 dort Stadtverordneter. Im März 1924 wegen Teilnahme an den Vorbereitungen des Oktober 1923 zu einem Jahr Gefängnis verurteilt. Im Mai desselben Jahres im Wahlkreis Merseburg Reichstagsabgeordneter, kam daher wieder frei. Mitte 1924 (bis 1930) Orgleiter des KPD-Bezirks Halle-Merseburg. Im Dezember 1924 in den Preußischen Landtag gewählt, dem er ununterbrochen bis 1933 angehörte. Als die Versöhnler 1928 im Bezirk Halle-Merseburg dominierten, zählte Lademann noch zu ihnen, 1929 schwenkte er zum ZK über und behielt zunächst seine Funktion (im Gegensatz zum Polleiter ▸ Hans Schröter). Von 1930 bis 1933 dann Orgleiter im Bezirk Niedersachsen. Am 19. April 1933 verhaftet, wurde Lademann am 4. September 1933 vom Landgericht Hannover zu einem Jahr und drei Monaten Gefängnis verurteilt, anschließend am 19. Dezember 1934 zu drei Jahren Zuchthaus. Danach in das KZ Sachsenhausen eingeliefert. Er meldete sich zu einem der »Himmelfahrtskommandos«, zum Blindgänger entschärfen, weil den Häftlingen dafür geringe Erleichterungen versprochen wurden. Beim Entschärfen einer Bombe kam Max Lademann am 21. März 1941 ums Leben. Kurz vorher hatte er in einem aus dem Lager geschmuggelten Brief noch an seine Schwestern geschrieben: »... Was hinter mir liegt ist Grauen und Elend. Ich will Euch damit nicht belasten, es würde alle Eure Vorstellung übersteigen.«

▸ Landwehr, Heinrich (* 1908 – † 1974)

Geboren am 24. Juli 1908 in Bremen, Sohn eines Schuhmachermeisters; lernte Buchdrucker. 1923 Mitglied der SAJ, trat 1927 mit 20 SAJ-Mitgliedern demonstrativ zum KJVD über, in der Folgezeit Leiter des KJVD im Bezirk Weser-Ems. 1928 Mitglied der KPD, 1930 wurde Landwehr in die Bremer Bürgerschaft gewählt. Er kam 1931 als KJVD-Vorsitzender nach Niederschlesien und wurde in das ZK des KJVD berufen. Ende 1932 nach Moskau delegiert und dort Jugendsekretär bei der RGI. Seine Frau **Wilma Landwehr** (* 5. 1. 1913), geborene Mahlstedt, Tochter eines Formers, von 1929 bis 1931 Orgleiterin des KJVD im Bezirk Weser-Ems, folgte ihrem Mann 1931 nach Niederschlesien. Ab 1933 illegale Arbeit in Bremen und Berlin, beide emigrierten im Dezember 1933 über die Tschechoslowakei in die UdSSR. 1934 kehrte Heinrich Landwehr von Moskau nach Deutschland zurück und leistete im Ruhrgebiet unter dem seit 1932 angenommenen

Decknamen Hans Schwarz illegale Arbeit. Er ging im Sommer 1936 wieder in die Sowjetunion und geriet dort in die stalinistischen Säuberungen. Zunächst erhielt er eine »Parteirüge« und wurde in einen landwirtschaftlichen Betrieb zwangsversetzt, dann im August 1937 vom NKWD verhaftet. Landwehr wurde nach dem Hitler-Stalin-Pakt im Dezember 1939 an NS-Deutschland ausgeliefert. Er arbeitete von 1940 bis 1945 als Buchdrucker in Bremen. Im Dezember 1945 wurde Landwehr Mitglied der SPD und gehörte 1946/47 dem SPD-Vorstand Bremen an. Nach längerer schwerer Krankheit fand er in der Bremer Automobilindustrie Arbeit, von 1959 bis 1970 war er Landesgeschäftsführer der Bremer SPD. Heinrich Landwehr starb am 8. Mai 1974 in Bremen.

Seine Frau Wilma war von 1934 bis 1936 Praktikantin im europäischen Sekretariat der KJI, nach der Verhaftung ihres Mannes Tabakarbeiterin in Rostow am Don. In der UdSSR trug sie von 1933 bis 1939 den Decknamen Dolly Wehner. Nach Auslieferung ihres Mannes kam auch sie nach Deutschland zurück und war bis 1945 Arbeiterin in Bremen. 1946 trat sie in die SPD ein, gehörte dort lange Jahre dem SPD-Vorstand an und saß von 1950 bis 1971 als Abgeordnete in der Bremer Bürgerschaft. Wilma Landwehr starb am 8. August 1981.

▸ Lange, Albert Gustav (* 1901 – † 1954)

Geboren am 3. Juni 1901 in Barmen, besuchte das Gymnasium und studierte einige Semester. 1919 Eintritt in die sozialistische Jugendbewegung, 1922 Mitglied der KPD. Zunächst Volontär, von 1925 bis 1928 Redakteur am Düsseldorfer KPD-Organ »Freiheit«. 1929 in die politische Redaktion der »Roten Fahne« nach Berlin geholt, wo Albert Lange bis Anfang 1933 blieb; zuletzt Agitpropsekretär für Berlin. Im Oktober 1933 verhaftet (er bekam schon in der Weimarer Republik sechs kürzere Strafen wegen politischer Delikte) und zu zwei Jahren und sechs Monaten Zuchthaus verurteilt. Am 13. April 1936 entlassen; da er sich »gut geführt« hatte, kam er nicht ins KZ. Zum Dreher umgeschult, arbeitete er in den dreißiger Jahren in diesem Beruf und konnte mit 6 Mark Wochenlohn Frau und Kind ernähren. 1940 war Lange nach Ansicht der Gestapo »innerlich umgestellt«, so daß er für »wehrwürdig« erklärt und als Soldat eingezogen wurde. 1943 geriet er in englische Kriegsgefangenschaft, aus der er erst 1947 zurückkehrte. Wieder Mitglied der KPD, war Lange von 1949 bis zu seinem Tod Redakteur am KPD-Organ »Freies Volk« in Düsseldorf. Während einer Urlaubsreise mit seiner Frau in Süd-Frankreich erlitt er auf seinem Motorrad einen Schlaganfall. An den Folgen starb Albert Lange am 14. Oktober 1954.

▸ Lange, Arthur Ernst Heinrich (* 1906 – † 1972)

Geboren am 8. Mai 1906 in Dömitz an der Elbe, Lehre und Arbeit als Schlosser. Lange war Mitglied und Funktionär der KPD in Berlin und gehörte zum Nachrichtenapparat von ▸ Hans Kippenberger, offiziell war er seit 1925 bei der Sternwarte in Berlin-Treptow angestellt. Mitorganisator der letzten Tagung der KPD-Führung am 7. Februar 1933 in Ziegenhals bei Berlin. Als Angehöriger des Nachrichtenapparates am 12. Dezember 1933 verhaftet, wurde Arthur Lange 1935 in einem Prozeß vor dem VGH zusammen mit ▸ Hermann Dünow und ▸ Karl Schuster zu zwei Jahren Zuchthaus verurteilt. Im Februar 1937 erneut festgenommen und in das KZ Sachsenhausen eingeliefert, aus dem er im April 1939 entlassen wurde, danach Hilfsarbeiter in Berlin-Friedenau. Am 19. April 1944 wiederum verhaftet und in das KZ Neuengamme überführt, wo er im April 1945 befreit wurde. Nach 1945 wieder in Hamburg, dort wurde er Mitglied der SPD. Arthur Lange starb am 27. Oktober 1972 in Hamburg.

▸ Lange, Fritz (* 1898 – † 1981)

Geboren am 23. November 1898 in Berlin, Sohn eines Kaufmanns; besuchte bis 1917 die

Präparandenanstalt und das Lehrerseminar in Neuruppin, 1917/18 Soldat im Weltkrieg. Von 1919 bis 1924 Volksschullehrer in Berlin-Neukölln. Seit 1919 Mitglied der USPD, 1920 der KPD, wurde im März 1924 aus dem Schuldienst entlassen. Ab 1921 gehörte Lange der Reichsleitung der Kommunistischen Kindergruppen an und arbeitete von 1922 bis 1924 in der Berliner Gesandtschaft der Sowjetukraine. 1924 Sekretär der IAH, ab 1925 Redakteur beim KPD-Pressedienst, von 1927 bis 1933 Sekretär und Redakteur in der Agitpropabteilung des ZK, verantwortlich für die Illustrationen im gesamten Pressewesen der KPD. Er gehörte zur RFB-Gauleitung Berlin-Brandenburg, war von 1925 bis 1933 Stadtverordneter in Berlin. Von 1930 bis 1932 auch Mitglied der Reichsleitung des Kampfbundes gegen den Faschismus. Von März bis Oktober 1933 in »Schutzhaft«, danach bis 1942 Bauarbeiter bzw. kaufmännischer Angestellter, im September 1939 zur Wehrmacht einberufen, aber nach fünf Tagen als »Mischling« entlassen. Zusammenarbeit mit ▸ Wilhelm Guddorf, ▸ Bernhard Bästlein u. a. Am 1. Dezember 1942 verhaftet, am 8. Oktober 1943 vom VGH (im Verfahren gegen ▸ Martin Weise, der zum Tode verurteilt wurde) zu fünf Jahren Zuchthaus verurteilt. Im September 1945 Oberbürgermeister von Brandenburg/Havel. Von 1948 bis 1954 Leiter der Zentralen Kontroll-Kommission (ZKK) der DWK bzw. der Kommission für Staatliche Kontrolle, war Lange in der SBZ als »Scharfmacher« berüchtigt. Von 1950 bis 1958 Kandidat des ZK der SED. 1954 anstelle von ▸ Else Zaisser Minister für Volksbildung, doch auf dem V. Parteitag 1958 nicht wieder als Kandidat des ZK bestätigt und zur Selbstkritik aufgerufen. Lange wurde vorgeworfen, »die sozialistische Erziehung« der Jugend nicht energisch genug vorangetrieben und sich der Kirche gegenüber zu lau verhalten zu haben. Mitte Dezember 1958 durch Alfred Lemnitz als Volksbildungsminister abgelöst. Zuletzt Mitarbeiter am Institut für Militärgeschichte in Potsdam bzw. im Militärverlag, er lebte ab 1961 im Ruhestand, erhielt den Karl-Marx-Orden. Fritz Lange starb am 16. September 1981 in Ost-Berlin.

▸ Lange, Paul (* 1880 – † 1951)

Geboren am 5. Januar 1880 in Leipzig-Plagwitz, Sohn eines Buchbinders; Lehre und Arbeit als Rechtsanwaltsschreiber und Handlungsgehilfe. 1898 trat Paul Lange der SPD bei. Von 1903 bis 1906 war er Berichterstatter bzw. Lokalredakteur der »Leipziger Volkszeitung«. Ab 1906 arbeitete er als Redakteur der Gewerkschaftszeitung des Handlungsgehilfenverbandes zunächst in Hamburg und ab 1912 in Berlin. Während des Weltkrieges war Lange Anhänger der Spartakusgruppe und Mitarbeiter der »Neuen Zeit«. 1918 wurde er Mitglied der Spartakuszentrale. Auf dem Gründungsparteitag referierte Paul Lange über wirtschaftliche Kämpfe und wurde in die erste KPD-Zentrale gewählt. Vom II. bis zum V. Parteitag 1919/20 gehörte Lange der Zentrale dann als Ersatzmann an, von Ende 1918 bis 1920 war er auch Mitarbeiter der »Roten Fahne«. Im Juni 1920 noch KPD-Kandidat bei den Reichstagswahlen, opponierte er gegen die Gewerkschaftspolitik der Partei und verließ im November 1920 die KPD. Er trat zunächst der USPD bei und ging mit der Mehrheit 1922 wieder zur SPD. Ab 1927 war Paul Lange ehrenamtlicher Vorsitzender des Verbandes ostdeutscher Konsumvereine und von 1930 bis 1933 Geschäftsführer der Konsumgenossenschaft Berlin sowie SPD-Funktionär. 1933 zog Lange nach Leipzig und lebte dort bis 1945 als Sozialrentner. Im Juni 1945 trat er der KPD bei und arbeitete in der Kreisredaktion Leipzig der »Sächsischen Volkszeitung«, ab Herbst 1945 in der »Leipziger Volkszeitung«. Er blieb bis zu seinem Tod Redakteur, war zuletzt stellvertretender Chefredakteur der »Leipziger Volkszeitung«. Paul Lange starb am 14. Juni 1951 in Leipzig.

▸ Lange, Richard (* 1887 – † 1963)

Geboren am 13. Mai 1887 in Geithain bei Leipzig, Sohn eines Zimmermanns; Metallarbeiter, bis 1912 auf Wanderschaft. 1908 Mitglied der SPD. Bis zum Ausbruch des Weltkrieges aktiver Gewerkschafts- und Parteifunktionär in Leipzig. 1915 Soldat, als Facharbeiter mit Spezialkenntnissen wurde er Ende 1916 reklamiert. Er ging 1917 zur USPD und wurde als Mitorganisator des Leipziger Munitionsarbeiterstreiks im Juli 1918 erneut an die Front geschickt. Lange kehrte im März 1920 aus französischer Kriegsgefangenschaft nach Leipzig zurück, wo er der KPD beitrat. Er arbeitete in einer Leipziger Metallfirma und wurde Betriebsratsvorsitzender. 1928 Mitglied der BL Westsachsen, von 1926 bis 1928 Stadtverordneter in Leipzig, wurde Lange 1929 in den Sächsischen Landtag gewählt, dem er bis 1930 angehörte. Nach 1933 illegal für die KPD aktiv, er wurde dienstverpflichtet und stand unter Polizeiaufsicht. 1945 wieder KPD-Mitglied, war er bis 1950 Mitarbeiter der Abteilung Arbeit des Rates der Stadt Leipzig. Er erhielt den VVO in Silber. Richard Lange starb am 1. Januar 1963 in Leipzig.

▸ Langendorf, Antonie (* 1894 – † 1969)

Antonie Glanzmann wurde am 3. Januar 1894 in Leipzig geboren, besuchte die Handelsschule und lernte Kontoristin. 1910 Mitglied der SPD, kam sie nach dem Weltkrieg nach Mannheim. Hier heiratete sie den technischen Kaufmann ▸ Rudolf Langendorf. Antonie Langendorf, seit 1918 Mitglied der USPD, übte dann in der KPD verschiedene Funktionen aus. Sie war Stadtverordnete in Friedrichsfeld, das später in Mannheim eingemeindet wurde. Als Frauenleiterin der KPD in Baden wurde sie 1929 in den Badischen Landtag gewählt, dem sie bis 1933 angehörte, 1930 auch Mitglied der BL Baden. 1933 vorübergehend in »Schutzhaft«, emigrierte sie in die Schweiz, kehrte aber nach Deutschland zurück. Sie arbeitete mit ihrem Mann in der illegalen Widerstandsbewegung; er war führender Kopf in der Lechleiter-Gruppe und wurde am 15. September 1942 hingerichtet. Antonie Langendorf wurde am 22. August 1944 verhaftet und im Dezember 1944 in das KZ Ravensbrück eingeliefert. Dort befreit, trat sie 1945 wieder der KPD bei. Frauenleiterin in der BL Baden, später in der Kreisleitung Mannheim, von 1946 bis 1950 Landtagsabgeordnete, dann Stadträtin (Stadtverordnete) in Mannheim. Wegen ihres lauteren Charakters auch von politischen Gegnern geachtet, blieb sie nach dem KPD-Verbot 1956 noch einige Jahre im Mannheimer Stadtrat. Seit 1968 Mitglied der DKP, in der Mannheimer VVN aktiv. Antonie Langendorf starb am 23. Juni 1969 in Mannheim.

▸ Langendorf, Rudolf (* 1894 – † 1942)

Geboren am 29. Dezember 1894 in Hausen im Wiesental/Baden, Sohn einer kleinbürgerlich-katholischen Familie; nach einer kaufmännischen Ausbildung arbeitete er als Buchhalter. In der Novemberrevolution gehörte er dem Arbeiter- und Soldatenrat von Lörrach an, trat 1919 in Mannheim in die KPD ein und hat Anfang der zwanziger Jahre mit der KAPD sympathisiert. 1925 zu einer dreijährigen Zuchthausstrafe verurteilt, wurde Langendorf nach seiner Entlassung Mitarbeiter der BL Baden und war dort vornehmlich für den Literaturvertrieb zuständig. Im März 1933 verhaftet, saß er bis 1935 in den KZs Heuberg, Ankenbuck und Kislau in »Schutzhaft«. Nach seiner Freilassung suchte er die Verbindung zu dem ihm schon aus der Weimarer Zeit bekannten badischen KPD-Funktionär ▸ Georg Lechleiter. Mit diesem und anderen Kommunisten baute er ab 1941 systematisch die Lechleiter-Gruppe auf, eine der stärksten kommunistischen Widerstandsgruppen. Sie stellte in Mannheim nicht nur Flugblätter her, sondern auch die illegale Zeitung »Der Vorbote«, die sie bis zum »Auffliegen« der Gruppe in Großbetrieben verteilte. Rudolf Langendorf wurde im Februar 1942 verhaftet, im Mai 1942 zusammen mit Georg Lechleiter u. a. Widerstandskämpfern zum Tode verurteilt und am 15. September 1942 hingerichtet.

▸ Langenfeld, Joseph (* 1887 – † 1972)

Geboren am 8. August 1887 in Niedermending/Krs. Mayen, lernte von 1902 bis 1905 das Polstererhandwerk. Bis 1909 hat er Deutschland als Handwerker durchwandert, dann selbständiger Polsterer. Von 1914 bis 1918 Soldat, nach dem Krieg in Düsseldorf als Metallarbeiter beschäftigt. 1918 der USPD und 1920 der KPD beigetreten, er übte verschiedene Parteifunktionen aus. Im Mai 1924 zog Langenfeld (Wahlkreis Düsseldorf) als Abgeordneter in den Reichstag ein. Im Dezember 1924 nicht wiedergewählt, in der Folgezeit auch kein hauptamtlicher Funktionär mehr, sondern als Vertreter tätig. Aktiv im Freidenkerverband, bis 1933 KPD-Mitglied. Im Oktober 1933 hielt er an den Gräbern ermordeter Kommunisten auf dem Stoffeler Friedhof in Düsseldorf Gedenkreden, wurde denunziert und von der Gestapo verhaftet. Ende Oktober 1933 ins KZ Börgermoor gebracht, Weihnachten schwerkrank entlassen. Zuvor mußte er die übliche Erklärung unterschreiben und sich verpflichten, »in Zukunft jeden Verkehr mit Angehörigen oder Anhängern der Kommunistischen Partei oder Sozialdemokratischen Partei Deutschlands aufzugeben und mich jeder staatsfeindlichen politischen Betätigung oder Propaganda ... zu enthalten«. Es ist nicht bekannt, ob er nicht dennoch illegal gegen Hitler weiterkämpfte. Nach 1945 trat er politisch nicht mehr hervor. Joseph Langenfeld, der in Düsseldorf wohnte, starb am 23. Juni 1972.

▸ Langerhans, Heinz, Dr. phil. (* 1904 – † 1976)

Geboren am 22. Februar 1904 in Bad Homburg, Sohn eines Juristen. Er trat 1922 der KPD bei und wurde 1923 Mitarbeiter der linken BL Berlin-Brandenburg. Nach dem Sieg der Linken 1924 die »rechte Hand« von ▸ Ruth Fischer in der Zentrale und Sekretär im Polbüro. Da er sich nach der Absetzung von Fischer und ▸ Arkadi Maslow in der linken Opposition engagierte, wurde er 1926 aus der KPD ausgeschlossen. Langerhans studierte in Berlin und dann am Institut für Sozialforschung in Frankfurt/M. bei Max Horkheimer, 1931 Promotion zum Dr. phil. Im Dezember 1933 wegen Verbreitung antifaschistischer Literatur verhaftet, saß er bis 1939 im KZ Sachsenhausen. Anschließend Emigration über Belgien nach Frankreich, dort interniert. Im Frühjahr 1941 kam Langerhans über Martinique in die USA, bis 1944 dort Forschungsarbeiten und von 1947 bis 1959 Professor für Soziologie am Gettysburg-College, danach 1963 in Dakka. Zurückgekehrt nach Deutschland, wurde Langerhans 1964 Professor in Saarbrücken, dann von 1966 bis 1972 in Gießen, dort Direktor des Seminars für Politik. Er hatte schon 1944/45 mit Ruth Fischer in New York »The Network« herausgegeben und ihr Buch »Stalin und der deutsche Kommunismus« ins Deutsche übersetzt. Heinz Langerhans starb am 4. Mai 1976.

▸ Langhans, Magda (* 1903 – † 1987)

Geboren am 16. Juli 1903 in Hamburg als Magda Kelm, Tochter einer Arbeiterfamilie; von 1918 bis 1920 Hausangestellte. 1920 begann sie eine Lehre im Druckereigewerbe und war bis 1932 Buchdruck-Anlegerin. 1921 trat sie in die Gewerkschaft ein, 1927 in die KPD. 1930/31 Schülerin an der Internationalen Leninschule in Moskau, danach Mitglied der BL Wasserkante, von 1931 bis 1933 gehörte sie der Hamburger Bürgerschaft an. 1933 zunächst illegale Arbeit, verhaftet und 1934 zu sechs Jahren Zuchthaus verurteilt, die Magda Langhans im Zuchthaus Lübeck-Lauenhof verbüßte. Von 1941 bis 1945 Angestellte und Verkäuferin. 1945 Mitglied der KPD und bis 1949 Leiterin des Frauensekretariats der BL Hamburg. In die von der britischen Militärregierung eingesetzten Bürgerschaft berufen, gehörte sie von 1946 bis 1953 der gewählten Hamburger Bürgerschaft an. Sie war Landesvorsitzende des DFD in Hamburg und in der KPD von 1951 bis 1956 Vorsitzende der Landeskontrollkommission und Sekretärin für Agitation und Propaganda. Nach dem KPD-Verbot 1956 für die illegale Partei in Bremen und Württemberg aktiv. 1968 gehörte sie zu den Mitbegründern der DKP in Hamburg und war zeitweise im Bezirksvorstand. Magda Langhans starb am 17. Januar 1987 in Hamburg.

▸ Langhoff, Wolfgang (* 1901 – † 1966)

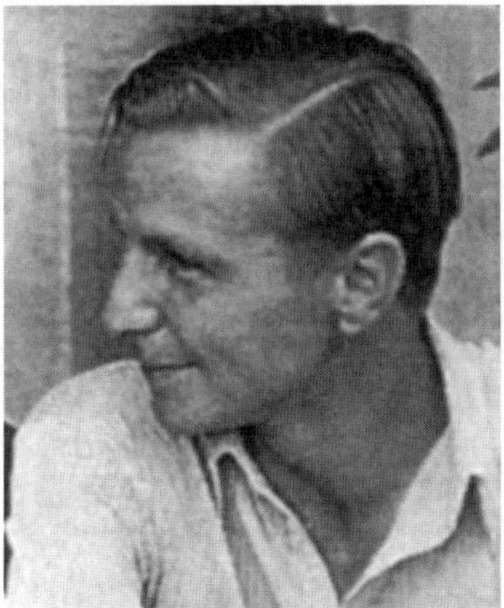

Geboren am 6. Oktober 1901 in Berlin, Sohn einer Kaufmannsfamilie, die 1902 nach Freiburg umzog. Dort besuchte er 1916 das Gymnasium und fuhr dann bis 1918 als Schiffsjunge bzw. als Leichtmatrose zur See. Er wurde Schauspieler, war von 1919 bis 1923 in Königsberg, anschließend bis 1928 in Wiesbaden engagiert und kam 1928 an das Schauspielhaus Düsseldorf. Langhoff trat 1928 der KPD bei und war aktiv in der Interessengemeinschaft für Arbeiterkultur. 1930 gründete er eine der ersten kommunistischen Agitpropgruppen, eine »rote Spieltruppe«. Am 28. Februar 1933 in »Schutzhaft«, kam bis November ins KZ Börgermoor, anschließend bis März 1934 ins KZ Lichtenburg. Im Juni 1934 gelang ihm die Flucht in die Schweiz, er wurde am Schauspielhaus Zürich angestellt. Dort erschien 1935 Langhoffs berühmter Bericht »Die Moorsoldaten. 13 Monate Konzentrationslager«, der in sechs Sprachen übersetzt wurde. In der Schweiz für die KPD tätig, ab 1943 der Leiter der Gruppe des Nationalkomitees Freies Deutschland in der Schweiz. Langhoff kehrte Ende 1945 nach Düsseldorf zurück und übernahm die Leitung der Städtischen Bühne. Von Herbst 1946 bis 1963 war er Intendant des Deutschen Theaters in Ost-Berlin. Hier wurde er im März 1950 zum Mitglied der Akademie der Künste berufen, geehrt mit zahlreichen Auszeichnungen. Doch im August 1950 geriet Langhoff im Zusammenhang mit der Field-Affäre in die Parteisäuberungen. Der »mittelbaren Unterstützung des Klassenfeindes« bezichtigt, wurde Langhoff zwar nicht wie ▸ Paul Merker und die anderen angegriffenen Exilanten aus der SED ausgeschlossen, aber sämtlicher Funktionen enthoben (u. a. im Kulturbund und in der Volksbühne). In der Folgezeit bekam er einerseits den Nationalpreis II. Klasse (1954), mußte aber andererseits mehrfach Selbstkritik üben. Er unterwarf sich daraufhin offiziell der SED-Linie. Wolfgang Langhoff starb nach langer Krankheit am 25. August 1966 in Berlin.

▸ Langnau, Otto (* 1902 – † ?)

Geboren am 11. November 1902 in Brunau bei Danzig, Sohn eines Kleinbauern; Landarbeiter, von 1921 bis 1923 Bergarbeiter im Ruhrgebiet. Mitglied der KPD, dann zurück nach Brunau, dort 1928 Gemeindevertreter, von 1929 bis Anfang 1933 Gemeindevorsteher der Gemeinde Brunau. 1929/30 Aufenthalt in der Sowjetunion. Langnau war ab Januar 1928 Abgeordneter des Volkstages Danzig und ab Mai 1931 im Kreistag Großer Werder. Zu den Volkstagswahlen 1933 war er gemeinsam mit ▸ Anton Plenikowski Spitzenkandidat der KPD. Nachdem die Mandatskommission des Volkstages Plenikowskis Abgeordnetenmandat am 7. Oktober 1937 wegen dessen Flucht für ungültig erklärte, wurde Otto Langnau und ▸ Paul Serotzki mit Verfolgungsmaßnahmen gedroht. Beide traten einen Tag später aus der KPD aus und wurden als Hospitanten in die NSDAP-Fraktion aufgenommen. Nach 1945 veranlaßte die Kaderabteilung des ZK der KPD dann Untersuchungen über die Situation innerhalb der Danziger KPD 1937. Paul Serotzki erklärte, er und Langnau hätten sich mit diesem Schritt nicht nur der Verhaftung entzogen, sondern hätten auch die damalige KPD-Taktik des »trojanischen Pferdes« angewandt. Über Otto Langnaus weiteres Schicksal ist nichts bekannt.

▸ Langner, Paul (* 1896 – † 1935)

Geboren am 20. Februar 1896 in Mansfeld, zunächst Landarbeiter, dann Bergmann, später auch unter Tage. 1914 SPD, von 1916 bis 1918 Soldat, 1918 aktiv bei der Revolution in Kiel. 1917 Mitglied der USPD, ging mit dem linken Flügel 1920 zur KPD und trat 1921 in Mitteldeutschland politisch hervor. Damals arbeitete er noch als Bergmann in Gatterstadt, nahm an der März-Aktion 1921 teil und mußte deshalb aus Mitteldeutschland flüchten. 1922 hauptamtlicher KPD-Funktionär, ab August 1922 Redakteur der »Sozialistischen Republik« in Köln und 1923 aktiv an den Vorbereitungen des Oktoberaufstandes beteiligt. Als Anhänger der Linken im August 1924 nach Stuttgart geschickt, wo er die Leitung der KP-Zeitung »Süddeutsche Arbeiter-Zeitung« übernahm und nach der Verhaftung ▸ Hans Bohlas im September 1924 (unter dem Decknamen Kupfer) Polleiter des Bezirks Württemberg wurde. Hier lernte er seine spätere Lebensgefährtin ▸ Roberta Gropper kennen. Polleiter blieb er bis zu seiner Verhaftung im März 1925, vom Staatsgerichtshof in Leipzig im Oktober 1925 aber freigesprochen. Langner kehrte 1926 nach Stuttgart zurück und übernahm wieder die Chefredaktion der SAZ. Vom März 1927 bis Mitte 1928 Chefredakteur der »Arbeiter-Zeitung« in Mannheim, wurde 1928 für einige Monate Polleiter des Bezirks Oberschlesien. Er kam Anfang 1929 als Orgleiter des KPD-Bezirks Berlin-Brandenburg nach Berlin und war hier 1929 auch Stadtverordneter. Ende 1929 wurde er von ▸ Arthur Vogt als Orgleiter abgelöst und in die Redaktion der »Roten Fahne« versetzt, wo er den Gewerkschaftsteil leitete. 1930 einige Zeit Polleiter des Bezirks Schlesien in Breslau. Die von Langner 1931 veröffentlichte Broschüre »Der Massenstreik im Kampf des Proletariats« wurde auf der ZK-Sitzung am 19. Februar 1932 von ▸ Ernst Thälmann kritisiert. Sie enthalte »neben vielem wertvollen Material und fleißiger Arbeit einige ideologische Fehler«. Thälmann berichtete außerdem: »Der Genosse Langner hat bereits in einer Erklärung an das ZK seine Fehler erkannt. Wir können diesen Schritt des Genossen Langner nur begrüßen.« Seit Anfang 1932 leitete Langner den Pressedienstes des ZK, wurde aber Ende 1932 als Anhänger der Neumann-Gruppe seiner Funktion enthoben und aus der BL Berlin ausgeschlossen. Das ZK degradierte ihn zum einfachen Redakteur der »Hamburger Volkszeitung«. Am 1. März 1933 im Deutschen Kriminalpolizeiblatt wegen »Hochverrats« zur Fahndung ausgeschrieben, kam Langner kurze Zeit in »Schutzhaft«. Nach seiner Entlassung emigrierte er nach Frankreich, im August 1934 in die Sowjetunion. Dort gab er gegenüber ▸ Fritz Heckert eine Erklärung ab, in der er sich von der Neumann-Remmele-Gruppe distanzierte. Daraufhin »rehabilitiert«, wurde er stellvertretender Leiter der Pressekommission der RGI. Paul Langner starb am 17. Mai 1935 in Moskau.

▸ Langowski, Karl (* 1905 – † 1965)

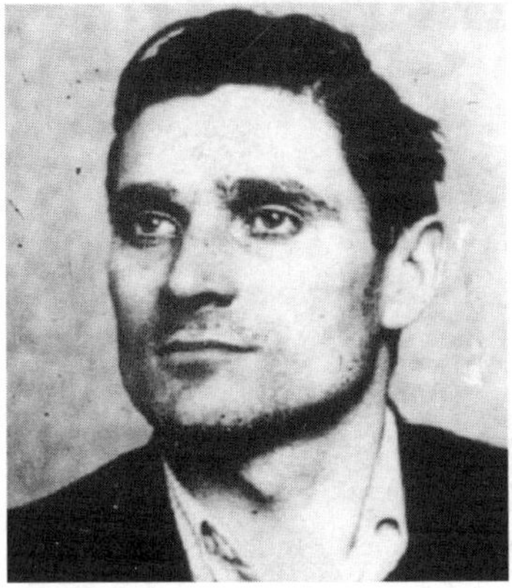

Geboren am 1. Oktober 1905 in Kiel, Schlosser, 1925 Mitglied der KPD und des RFB. 1927/28 als Kohlentrimmer und Heizer auf hoher See, ab 1931 wieder Schlosser in Kiel bzw. in Hamburg. Langowski gehörte der UBL Kiel an und leitete die Rote Jungfront. 1930 drei Monate U-Haft, 1931/32 Kursant an der M-Schule der Komintern, nach Rückkehr Mitarbeiter des AM-Apparats (deren Reichsleiter Zersetzung der Reichswehr). Ab Februar 1933 illegale Arbeit, Langowski gehörte zur Leitung um ▸ Hans Kippenberger und ▸ Hermann Dünow. Nach Verrat von ▸ Alfred Kattner am 19. Dezember 1933 verhaftet, am 16. August 1935 durch den VGH zu zehn Jahren Zuchthaus verurteilt, die er in Berlin-Moabit, Luckau und Brandenburg verbüßte. Im April 1945 Befreiung durch die Rote Armee, Aufbau der Gemeindeverwaltung und der KPD-Ortsgruppe in Klosterfelde, Arbeitsgebietsleiter sowie bis Juli 1946 Polleiter der KPD/SED Niederbarnim. Später Direktor des Kommunalen Wohnungsunternehmens des Kreises Niederbarnim. Karl Langowski starb am 1. November 1965 in Woltersdorf/Krs. Fürstenwalde.

▸ Langrock, Willi (* 1889 – † 1962)

Geboren am 13. November 1889 in Leipzig, Sohn eines Zigarrenmachers; Schriftsetzer, ab

1912 in der Druckerei der »Leipziger Volkszeitung«. 1906 Mitglied der SPD, gehörte er ab 1915 zur Gruppe Internationale. Während des Militärdienstes wegen »Vorbereitung zum Hoch- und Landesverrat« sechs Monate im Gefängnis. 1917 trat er zur USPD über, im September 1918 aus der Armee desertiert, gehörte er in der Novemberrevolution 1918 zum Leipziger Arbeiter- und Soldatenrat. Langrock war Anfang 1919 Mitbegründer der KPD in Leipzig und bis 1922 Polsekretär für den Bezirk Mitteldeutschland mit Sitz in Leipzig. Auf dem III. Parteitag im Februar 1920 in Karlsruhe in den ZA gewählt, dem er bis Januar 1923 angehörte. 1921/22 war Langrock Abgeordneter des Sächsischen Landtages. Er leitete von 1923 bis 1925 die Druckerei und den Verlag der KPD in Leipzig, seit 1925 das gesamte KPD-Druckerei- und Verlagswesens. Von März bis Juli 1933 baute er illegale Druckunternehmungen auf und reiste dann im Auftrag der Komintern als Finanz- und Verlagsfachmann durch Europa. 1935 in der Schweiz verhaftet und als »Finanzagent der Komintern« ausgewiesen, 1936 in Frankreich wegen Spionage angeklagt. 1938/39 war Langrock Instrukteur beim ZK der KP der Tschechoslowakei und von 1939 bis 1941 in Norwegen. Danach in Schweden, dort drei Monate interniert und von 1941 bis 1946 Schriftsetzer sowie Leiter der KPD-Gruppe in Stockholm. Im Juni 1946 kehrte er nach Deutschland zurück, wurde Abteilungsleiter im ZS der SED. Anfang August 1949 zum Leiter der Hauptabteilung Druck- und Papierverarbeitung bei der DWK ernannt, war er auch nach Gründung der DDR bis 1954 auf diesem Gebiet tätig. Er erhielt 1959 den VVO in Silber. Willi Langrock starb am 18. September 1962 in Ost-Berlin.

▸ Langusch, Max (* 1904 – † 1944)

Geboren 1. November 1904 in Laurahütte bei Kattowitz, Bergmann, arbeitete Ende der zwanziger Jahre im niederrheinischen Steinkohlerevier bei Moers. Mitglied der KPD und ehrenamtlicher Funktionär im Einheitsverband der Bergarbeiter Deutschland innerhalb der RGO. Im Mai 1935 emigrierte er in die Niederlande, nahm im Sommer 1935 am VII. Weltkongreß der Komintern teil und war unter dem Decknamen Werner Delegierter der »Brüsseler Konferenz« in Moskau. Nach einem Sonderlehrgang dem KPD-Grenzapparat in der Tschechoslowakei zugeteilt, Instrukteur in den sächsischen Grenzgebieten. Im August 1936 wurde Langusch bei einer illegalen Einreise in die Niederlande festgenommen und nach Belgien abgeschoben. Hier war er Mitglied der Emigrationsleitung und arbeitete unter dem Decknamen Rudi als Instrukteur und Leiter der sogenannten Seemannsabteilung für die AL West. Im September 1939 wurde Langusch von der belgischen Polizei verhaftet und im Februar 1940 in die Niederlande gebracht. Er war dann in Arnheim inhaftiert und wurde nach der Besetzung durch die deutsche Wehrmacht im Oktober 1940 an die Gestapo ausgeliefert, am 11. November 1943 durch den VGH zu sechs Jahren Zuchthaus verurteilt und in Brandenburg-Görden inhaftiert. Dort starb Max Langusch am 4. Februar 1944.

▸ Lanius, Walter (* 1896 – † 1929)

Geboren am 30. Mai 1896 in Chemnitz, Sohn eines Werkmeisters; lernte Lithograph. 1911

Mitglied der sozialistischen Jugend, in Chemnitz im oppositionellen Jugendzirkel, nach der Lehrzeit Übersiedlung nach München. Mitglied der Spartakusgruppe, unterhielt auch zum Kreis um Kurt Eisner Beziehungen. 1916 zum Militär eingezogen, nahm er als Soldat 1918 an der Revolution in München teil und war in der Münchner Räterepublik aktiv. Seit Gründung der KPD Mitglied der Partei, er zog 1920 nach Berlin. Ab 1921 Mitarbeiter der Gewerkschaftsabteilung der KPD-Zentrale, dort 1922 Leiter der Abteilung Chemie. 1923/24 Anhänger der Rechten, wurde im Herbst 1924 aus der Zentrale entlassen, aber in den illegalen Apparat der Partei übernommen. Lanius schrieb außerdem (Pseudonym Lehmann) Artikel in der Parteipresse und stand immer in enger Verbindung zu ▸ Heinrich Brandler und ▸ August Thalheimer. Später wieder Leiter der Abteilung Chemie im ZK, wurde Lanius unter dem Vorwand der Einschränkung des Apparats bereits Ende 1927 gekündigt. Er protestierte dagegen, wurde Ende 1928 als erster Rechter aus der KPD ausgeschlossen und war dann in der KPO aktiv. Walter Lanius starb am 29. Juli 1929 an den Nachwirkungen einer Blinddarmoperation und Gelbsucht. Die Grabrede hielt am 2. August 1929 Heinrich Brandler. Seine Frau **Emma Lanius**, geborene König (* 28. 10. 1892 – † 2. 12. 1970), arbeitete im technischen Apparat des ZK der KPD und später in der sowjetischen Handelsvertretung, sie blieb nach dem Tod ihres Mannes in der KPD. Als Jüdin verfolgt, kam sie 1944 in das KZ Theresienstadt. Sie überlebte und war nach dem Krieg u. a. Kaderleiterin im Dietz Verlag. Der gemeinsame Sohn **Karl Lanius** (* 3. 5. 1927) lernte Werkzeugmacher und kam Ende 1944 als sogenannter Mischling in ein NS-Arbeitslager. Nach der Befreiung studierte er Maschinenbau und Physik. Er wurde 1964 Professor und leitete lange Jahre das AdW-Institut für Hochenergiephysik, war von 1973 bis 1976 Vizedirektor des RGW-Kernforschungszentrums in Dubna/UdSSR, von 1988 bis 1990 wissenschaftlicher Mitarbeiter am Centre european de recherches nucleaires (CERN) in Genf.

▸ Larsen, Ferdinand (* 1873 – † 1947)

Geboren am 25. November 1873 in Apenrade, von Beruf Seemann, ab 1907 Schauspieler am Schiller-Theater in Hamburg. Er wurde ab 1915 bei der Hamburger Hochbahn AG angestellt, dort 1919 Mitglied des Betriebsrates und Mitglied der KPD, übte verschiedene Funktionen aus. 1930/31 war Larsen Abgeordneter der Hamburger Bürgerschaft. Später trat er politisch nicht mehr hervor. Ferdinand Larsen starb am 12. Mai 1947 in Hamburg.

▸ Lask, Berta (* 1878 – † 1967)

Geboren am 17. Januar 1878 in Wadowice/Galizien, Tochter einer jüdischen Fabrikantenfamilie. 1901 heiratete sie den Berliner Arzt Louis Jacobsohn, lernte durch seine Tätigkeit früh die sozialen Mißstände kennen und näherte sich der Arbeiterbewegung an, wurde 1923 Mitglied der KPD. Sie schrieb für die kommunistische Presse, engagierte sich in der kulturpolitischen Arbeit der KPD, unterstützte Agitpropgruppen und verfaßte literarische Texte für Arbeitersprechchöre. Erfolgreich war ihr Stück »Thomas Müntzer« (1925), 1927 kam das Drama »Leuna 1921«

heraus, zugleich war sie Mitarbeiterin der »Roten Fahne« und des »Klassenkampfes« (Halle). Berta Lask war Mitbegründerin des BPRS und wurde 1932 dessen zweite Sekretärin im Bundesvorstand. 1933 für einige Monate in NS-Haft, emigrierte sie mit einem ihrer Söhne und ihrer Schwiegertochter über die Tschechoslowakei in die Sowjetunion. Dort schrieb sie für die »Deutsche Zentral-Zeitung«, fühlte sich aber in der deutschen Sektion des sowjetischen Schriftstellerverbandes isoliert und erhielt kaum Anerkennung. Während des Krieges bemühte sich Berta Lask vergeblich, von Archangelsk nach Moskau zu kommen, um dort an der antifaschistischen Arbeit teilzunehmen. 1953 durfte sie in die DDR ausreisen, lebte in Ost-Berlin, wo sie ihren 1938 begonnenen autobiographischen Roman »Stille und Sturm« (1955) abschloß. Sie erhielt 1958 den VVO in Silber. Berta Lask starb am 28. März 1967 in Ost-Berlin.

Berta Lasks Söhne **Ernst** (* 20. 5. 1906 – † 30. 6. 1936), **Ludwig** (* 20. 7. 1903 – † 14. 12. 1973) und **Hermann** (* 3. 2. 1905 – † 8. 6. 1959) wirkten vor 1933 als Funktionäre der KPD im Berliner UB und gehörten dem AM-Apparat an. Ernst, Ludwig und Hermann emigrierten wie ihre Mutter in die Sowjetunion. Ernst arbeitete am Agrarinstitut, später am Institut für Weltwirtschaft und Weltpolitik. Er starb 1936 in Moskau. Hermann und Ludwig wurden 1938 verhaftet. Hermann war dann Angehöriger der Arbeitsarmee und kehrte 1948 nach Deutschland zurück, Ludwig war acht Jahre in einem Lager an der Kolyma und kam erst 1953 in die DDR.

▸ Lass, Helmuth (* 1903 – † ?)

Geboren am 21. Oktober 1903, von Beruf Mechaniker. 1920 wurde er Mitglied des DMV, seit Februar 1923 gehörte er der KPD an. Ab Mitte der zwanziger Jahre Funktionär des KJVD im Bezirk Berlin-Brandenburg, Delegierter des X. KPD-Parteitag 1925. Später Redakteur der »Roten Fahne« bzw. bei der KPD-Presse in Danzig. Im Mai 1933 wurde ihm die Leitung der illegalen KPD in Danzig übertragen. Am 4. November 1933 durch die Danziger Kriminalpolizei festgenommen und zunächst nach Marienberg, dann nach Königsberg gebracht. Am 18. November 1933 reiste Lass mit hohen Gestapoangehörigen nach Berlin und betätigte sich nun als V-Mann. Er war der Gestapo bei der Festnahme vieler illegal wirkender KPD-Funktionäre behilflich, darunter ▸ Rudolf Reutter, ▸ Hans Lübeck, sowie ▸ Lambert Horn, dem Polleiter für Berlin-Brandenburg. Das weitere Schicksal von Helmuth Lass ist bis heute nicht geklärt.

▸ Lass, Wilhelmine (* 1901 – † 1937)

Wilhelmine (Mimi) Pauli ist am 6. April 1901 in Hamburg geboren, Stenotypistin. Seit 1919 Mitglied der kommunistischen Jugend und der KPD. Mit dem führenden KJVD-Funktionär ▸ Helmuth Lass verheiratet, ab 1922 zunächst als Stenotypistin angestellt, dann als Mitarbeiterin im zentralen Apparat der kommunistischen Jugend, später der KPD. 1934 emigrierte sie mit ihrem Kind nach Moskau und war dort in der VAA beschäftigt. Im November 1937 verhaftet, kam Wilhelmine Lass bereits am 29. Dezember 1937 im sowjetischen Gulag ums Leben.

▸ Latzke, Fritz (* 1900 – † 1958)

Geboren am 6. März 1900 in Köslin, Tischler. 1919 Mitglied der USPD, 1920 der KPD, besuchte 1929/30 einen Lehrgang an der Reichsparteischule und war 1930/31 Kursant an der Internationalen Leninschule in Moskau. Danach zunächst Sekretär des KPD-UB Köslin, dann Sekretär der BL Pommern in Stettin. Bereits 1924/25 gehörte Latzke dem Provinziallandtag Pommern an und wurde im Juli 1932 (Wahlkreis Pommern) als KPD-Abgeordneter in den Reichstag gewählt. Am 2. März 1933 verhaftet, kam er in »Schutzhaft«, zunächst nach Berlin-Plötzensee und im Februar 1934 ins KZ Esterwegen. Im Sommer 1934 entlassen, arbeitete er als Tischler. Im August 1939 zur Wehrmacht einberufen, 1944 schwer verwundet (Oberschenkelamputation). Bis September 1945 im Lazarett, kam Latzke als Flüchtling aus Pommern nach Schleswig-Holstein. Hier schloß er sich wieder der KPD an, wurde rasch einer der führenden Funktionäre der KPD in Schleswig-Holstein. Von 1947 bis 1949 Vorsitzender der KPD in Kiel, Mitglied des Sekretariats der Landesleitung, aber 1949/50 wegen »trotzkistischer Abweichungen und Titoismus« aus der KPD ausgeschlossen. Latzke verzog nach Nordrhein-Westfalen, war dort Hilfsarbeiter in einer Möbelfabrik. 1950 wurde er Mitbegründer der Unabhängigen Arbeiterpartei Deutschlands (UAPD) und blieb auch nach deren Auflösung Linkssozialist. Fritz Latzke starb am 29. September 1958 in Gütersloh.

▸ Laufenberg, Heinrich, Dr. phil. (* 1872 – † 1932)

Geboren am 19. Januar 1872 in Köln als Sohn wohlhabender katholischer Eltern. Er studierte Philosophie und promovierte 1902 an der Universität Rostock. Anschließend Redakteur der Zeitung der Zentrumspartei »Germania« in Berlin, reiste später zu Studienzwecken nach Großbritannien. Zurückgekehrt nach Deutschland, trat Laufenberg aus der Zentrumspartei aus und wurde Mitglied der SPD. Von 1904 bis 1907 Redakteur des SPD-Organs »Volkszeitung« in Düsseldorf, Teilnehmer am Internationalen Sozialistenkongreß 1907 und Delegierter der SPD-Parteitage 1907 und 1911 bis 1913. Im Weltkrieg gehörte er zu den entschiedensten Gegnern des Krieges und der Burgfriedenspolitik der SPD. Gemeinsam mit ▸ Fritz Wolffheim propagierte er revolutionäre Massenaktionen unter Führung einer Kaderpartei nach dem Vorbild der Bolschewiki. Das Hamburger Generalkommando verbot ihm im August 1915 jegliche politische Arbeit und berief ihn zum Militärdienst ein. Von der Front zurück, übernahm Laufenberg die Führung der Linksradikalen in Hamburg. Durch seine und Wolffheims Initiative erlangte die kleine Gruppe der Linksradikalen (100 bis 200 Mitglieder) im Arbeiter- und Soldatenrat eine Position, die ihre zahlenmäßige Stärke bei weitem übertraf. Laufenberg wurde am 12. November 1918 Vorsitzender des Hamburger Arbeiter- und Soldatenrates und versuchte, den Führungsanspruch des Revolutionsorgans konsequent und selbstbewußt durchzusetzen. Seine politischen Gegner nannten ihn bald den »roten Diktator Groß-Hamburgs«. Im Verlaufe der Revolution schloß er sich 1919 der KPD an und trat am 20. Januar 1919 als Vorsitzender des Arbeiter- und Soldatenrats zurück. Der Nimbus von Laufenberg und Wolffheim aus den Revolutionstagen sicherte der jungen Hamburger KPD-Organisation beachtliche Anfangserfolge, sie zählte im Sommer 1919 6.000 Mitglieder. Gemeinsam mit Wolffheim und ▸ Otto Rühle trat Laufenberg für eine ultralinke, anarcho-syndikalistische Politik der KPD ein und wandte sich entschieden gegen die auf dem II. Parteitag 1919 angenommenen »Leitsätze über kommunistische Grundsätze und Taktik«. Im November 1919 in Hamburg von einem außerordentlichen Kriegsgericht zu einem Jahr Festung verurteilt, im April 1920 vom Hamburger Senat amnestiert. Laufenberg wurde vom III. Parteitag 1920 aus der KPD ausgeschlossen, führte daraufhin fast die gesamten Hamburger Mitglieder zur KAPD. Doch bereits im August 1920 wurden Laufenberg und Wolffheim, die an der Spitze des KAPD-Bezirks Nord standen, auch aus dieser Partei ausgeschlossen. Als »National-Bolschewisten« gründeten beide im Herbst 1920 den Bund der Kommunisten, der keine Bedeutung erlangte. In den späteren Jahren trat Laufenberg vornehmlich als Schriftsteller hervor. Er hatte bereits 1911 ein Standardwerk über die »Geschichte der Hamburger Arbeiterbewegung« publiziert und zusammen mit Fritz Wolffheim im und nach dem Weltkrieg zahlreiche Broschüren veröffentlicht. Heinrich Laufenberg starb am 3. Februar 1932 in Hamburg.

▸ Lechleiter, Georg (* 1885 – † 1942)

Am 14. April 1885 in Appenweier/Baden geboren, entstammte einer kleinbäuerlichen, kinderreichen Familie und sollte Pfarrer werden. Nach wenigen Wochen verließ er das Priesterseminar, lernte Schriftsetzer und arbeitete in diesem Beruf in verschiedenen Städten Badens und der Schweiz. Dort schloß er sich der sozialistischen Jugend an und wurde Mitglied der sozialistischen Partei. Bis 1918 in marxistischen Zirkeln aktiv. 1918 Rückkehr nach Deutschland und Mitbegründer der KPD in Mannheim. Hauptamtlicher Parteifunktionär, von 1920 bis 1922 Sekretär des Bezirks Baden, von 1922 bis 1924 Redakteur an der »Arbeiter-Zeitung«, 1922 in den Mannheimer Stadtrat gewählt. Als Anhänger des rechten Parteiflügels trat er 1924 in den Hintergrund, leitete die Arbeiterbuchhandlung in Mannheim und mußte 16 Monate Haft auf der Festung Gollnow verbringen. Nach dem »Offenen Brief« 1925 wurde Lechleiter in den Badischen Landtag gewählt, dem er bis 1933 angehörte. Vorsitzender der Landtagsgruppe der KPD, ab 1930 außerdem in der BL für Kommunalfragen verantwortlich. Lechleiter wurde im April 1932 seiner Funktion als Vorsitzender der KPD-Landtagsgruppe enthoben, da diese im Parlament den Antrag gestellt hatte, außer der SA auch das sozialdemokratische »Reichsbanner« zu verbieten. 1933 verhaftet, 1935 aus dem KZ Kislau entlassen, mußte er seinen Lebensunterhalt zunächst als Erdarbeiter verdienen, bis er 1937 wieder Arbeit als Schriftsetzer fand. Er hielt illegal Verbindung zu anderen Kommunisten und baute ab 1941 systematisch eine der stärksten kommunistischen Widerstandsgruppen auf. Diese Lechleiter-Gruppe in Mannheim stellte Flugblätter und die illegale Zeitung »Der Vorbote« her, die sie in örtlichen Großbetrieben verteilte. Am 26. Februar 1942 wurde eine große Anzahl Personen in Mannheim verhaftet und 19 Mitglieder der Lechleiter-Gruppe zum Tode verurteilt, unter ihnen im Mai 1942 auch der Leiter dieser Gruppe. Georg Lechleiter wurde mit 13 weiteren Widerstandskämpfern am 15. September 1942 durch das Fallbeil hingerichtet.

▸ Lehmann, Artur (* 1895 – † 1974)

Geboren am 18. Juli 1895 in Berlin, Sohn einer Arbeiterfamilie; Gärtner und Kürschner. Von 1914 bis 1917 Soldat im Weltkrieg, 1917 wegen antimilitaristischer Arbeit zu viereinhalb Jahren Festungshaft verurteilt, bis zur Revolution in Ingolstadt eingesperrt. Im Spartakusbund organisiert, nahm Lehmann als Delegierter des Roten Soldatenbundes im Dezember 1918 am Gründungsparteitag der KPD teil. Von Ende 1918 bis 1923 arbeitete er bei der Reichsbahn, deren Beamtenrat er angehörte. Von 1923 bis 1925 war Lehmann hauptamtlicher Sekretär des Freien Eisenbahner-Verbandes in Berlin. Danach Leiter des RFB in Berlin-Mitte und von 1930 bis 1933 Chef der Expeditionsabteilung der »Roten Fahne«. Im März 1933 verhaftet, kam er ins KZ. 1934 emigrierte er über Prag in die Sowjetunion. Lehmann arbeitete von 1934 bis 1941 als Kürschner in Moskau bzw. als Instrukteur der Komintern im Internationalen Seemannsklub in Leningrad, dann wirkte er bis 1946 unter deutschen Kriegsgefangenen. Im April 1946 kehrte er nach Deutschland zurück und war bis August 1948 Vorsitzender der SED Berlin-Mitte. 1948 Vizepräsident der Volkspolizei in Ost-Berlin, wurde Lehmann Vorsitzender der Parteileitung der SED bei der Reichsbahn, von 1952 bis 1960 Reichsbahn-Direktor, Leiter der Politischen Verwaltung der Reichsbahn-Bauunion. Er erhielt 1958 den VVO in Silber. Artur Lehmann starb am 25. Januar 1974.

▸ Lehmann, Frieda (* 1888 – † 1948)

Frieda Schatz wurde am 15. Februar 1888 in Halle geboren. Nach der Schulentlassung arbeitete sie einige Jahre in einer Fabrik, später heiratete sie einen Arbeiter namens Lehmann. 1910 Mitglied der SPD, trat sie 1917 zur USPD über und kam mit der linken USPD 1920 zur KPD. In der KPD stand Frieda Lehmann auf dem linken Flügel. Anfang 1925 übernahm sie einige Monate die Leitung der Gewerkschaftsabteilung in der BL Halle-Merseburg. Ab 1925 gehörte sie als Abgeordnete dem Provinziallandtag von Sachsen an. Auf dem X. Parteitag 1925 in die Mandatsprüfungskommission gewählt, übernahm sie Mitte 1925 die Abteilung Frauen in der BL Halle-Merseburg. Nach dem »Offenen Brief« schloß sie sich Ende 1925 der linken Opposition an, die sie gemeinsam mit ▸ Otto Kilian in Mitteldeutschland leitete. Im April 1928 unterschrieb Frieda Lehmann den Aufruf der linken Kommunisten und wurde daraufhin aus der KPD ausgeschlossen. Sie trat dem Leninbund bei, den sie bis 1930 im Provinziallandtag von Sachsen vertrat, und blieb bis 1933 für den Leninbund aktiv. 1933 einige Zeit verhaftet; Frieda Lehmann starb am 2. Juli 1948.

▸ Lehmann, Robert (* 1910 – † 1993)

Geboren am 23. November 1910 in Hannover, Sohn einer Arbeiterfamilie; lernte von 1925 bis 1928 Maler. 1929 Mitglied der KJVD, 1932 Kursant an der Internationalen Leninschule in Moskau. Im Februar 1934 zur illegalen Arbeit nach Deutschland zurückgekehrt, war er von März bis Juli Leiter des KJVD in Leipzig und von Juli 1934 bis Juli 1935 Mitglied der illegalen KJVD-Leitung Berlins. 1934 noch in Moskau in das ZK des KJVD kooptiert, reiste Lehmann im Juli 1935 wieder in die UdSSR und nahm sowohl am VII. Weltkongreß der Komintern als auch im Oktober an der »Brüsseler Konferenz« der KPD in Moskau teil. Von 1935 bis 1939 Instrukteur des ZK in Prag und Paris, anschließend bis 1945 illegal in Amsterdam. Im September 1945 kam Lehmann wieder nach Deutschland und wurde Mitglied der KPD-BL Hannover-Braunschweig, später der Landesleitung Niedersachsen. Er war zeitweise Chefredakteur der »Niedersächsichen Volksstimme« und von 1947 bis 1951 Abgeordneter des Niedersächsischen Landtags. Im Zuge der Säuberungen und Überprüfungen der Westemigranten erhielt Lehmann 1950 einen »Verweis« und mußte 1951 in die DDR übersiedeln. Von 1952 bis 1957 war er Leiter der Abteilung Kultur beim Rat des Bezirkes Gera. 1957 wurde der 47jährige in Ost-Berlin Vorsitzender des Kinderverbandes, der Pionierorganisation »Ernst Thälmann«, war von 1958 bis 1967 Mitglied des ZK der SED, von 1964 bis 1967 Stellvertreter des Ministers für Kultur und von 1967 bis 1972 Direktor des Kulturfonds der DDR. Er übernahm 1972 für zehn Jahre den Vorsitz der Volkssolidarität und erhielt 1980 den Karl-Marx-Orden. Robert Lehmann starb am 24. Juni 1993 in Berlin.

▸ Leibbrand, Anna (* 1902 – † 1972)

Geboren als Anna Wiedemann am 2. Mai 1902 in München, Tochter eines Druckers; wurde 1917 technische Angestellte. Seit 1923 mit ▸ Robert Leibbrand verheiratet, trat 1924 in die KPD ein und gehörte in Königsberg, Danzig, Halle/S. und Berlin den jeweiligen KJVD-BL an. Sie reiste Ende 1926 mit ihrem Mann nach Moskau und arbeitete dort bis 1929 als Stenotypistin bei der Komintern. Dann Instrukteurin bzw. Frauenleiterin der BL Berlin-Brandenburg. Als eine bekannte Berliner Kommunistin und Rednerin war sie bis 1933 Abgeordnete der Bezirksverordnetenversammlung Berlin-Pankow und Redakteurin der Zeitschrift »Arbeiterin«. Bis Juli 1933 Mitglied der illegalen BL Berlin-Brandenburg, im September 1933 Emigration in die Schweiz, dort Dienstmädchen, später Arztgehilfin. Sie gehörte bis 1948 der KP der Schweiz bzw. PdA an, gründete 1937 die »Centrale Sanitaire Suisse« und führte illegale Aufträge für die KP Italiens aus. 1938 von Robert Leibbrand geschieden, heiratete sie 1939 den Schweizer Arzt Hans von Fischer und wurde Schweizer Staatsbürgerin. Im Oktober 1948 Übersiedlung in die SBZ, im Februar 1949 Mitglied der SED. Von Juni 1949 bis Anfang August 1951 Redakteurin bei der Zeitung »Tägliche Rundschau« für Sachsen in Dresden. Sie lebte inzwischen mit ▸ Friedrich Schlotterbeck (dem Autor des bekannten Buches »Je dunkler die Nacht, desto heller die Sterne«, einem Bericht über die Verfolgung der Familie Schlotterbeck durch die Nazis) zusammen und geriet mit ihm in die Säuberungen. Anfang 1951 wegen »Spionageverdachts« aus der SED ausgeschlossen, von der ZPKK der SED beschuldigt, sie habe 1941 Noel H. Field zahlreiche Adressen von Emigranten verschiedener Nationalitäten übergeben und zugleich in freundschaftlicher Verbindung zu Herta Jurr-Tempi gestanden. Anna Leibbrand und Friedrich Schlotterbeck mußten sich durch »hervorragende Arbeit bei der SDAG Wismut bewähren«. Am 15. Februar 1953 wurden beide vom MfS verhaftet und am 27. April 1954 vom 1. Strafsenat des Bezirksgerichts Rostock wegen »Verbrechens gemäß Artikel 6 der DDR in Verbindung mit einem Vergehen gegen die Kontrollratsdirektive 38« zu vier Jahren Zuchthaus verurteilt. Eine Berufungsverhandlung minderte das Urteil lediglich um ein Jahr, beide wurden 1956 aus der Haft entlassen. Es folgten die übliche nichtöffentliche Rehabilitierung und Wiederaufnahme in die SED. Bis zu ihrem Tode lebte Anna Schlotterbeck mit ihrem Mann in Groß Glienicke bei Potsdam, sie arbeiteten gemeinsam als Schriftsteller und Hörspielautoren. Die (während der DDR-Zeit aufgeschriebenen) Erinnerungen Anna Schlotterbecks unter dem Titel: »Die verbotene Hoffnung«, worin sie über ihre Haft- und Leidenszeit in der DDR ergreifend berichtete, veröffentlichte der 1984 in die Bundesrepublik ausgereiste Ostberliner Schriftsteller Hans Noll 1990 in Hamburg. Anna Leibbrand (Schlotterbeck) starb am 24. Juli 1972.

▸ Leibbrand, Robert (* 1901 – † 1963)

Geboren am 1. Mai 1901 in Suttgart, Sohn eines Straßenbahnarbeiters; lernte Modelltischler. Im April 1919 Mitglied der FSJ und der KPD. Leibbrand war ab 1922 hauptamtlicher Sekretär der KJD-BL in Ostpreußen, 1923 in das ZK der KJD gewählt, war er Sekretär des Bezirks Halle-Merseburg. Von 1924 von Ende 1926 gehörte er dem Sekretariat des ZK des KJVD an. Als Vertreter der Mittelgruppe übernahm er 1924 das Ressort Bildung. Ende 1926 reiste er nach Moskau, dort bis 1928 deutscher KJVD-Vertreter im Präsidium des EK der KJI. Wegen Auseinandersetzungen innerhalb der KJVD-Führung, namentlich mit

▸ Kurt Müller und ▸ Heinz Neumann, schied Leibbrand im Herbst 1929 aus dem Apparat des KJVD aus, 1929 auch nicht mehr ins ZK gewählt. Seit Oktober 1929 erwerbslos, lebte er vom Verdienst seiner Frau ▸ Anna Leibbrand. Im Mai 1931 wurde er Redakteur im Verlag für Literatur und Politik in Berlin und im Oktober 1932 Instrukteur der BL Hannover für den UB Braunschweig. Leibbrand wurde am 24. März 1933 in Braunschweig verhaftet, bis März 1935 U-Haft, anschließend Überführung in das KZ Dachau, im Juni 1939 entlassen. Zwei Monate Modelltischler in Stuttgart, dann bei Kriegsausbruch verhaftet und in das KZ Buchenwald eingeliefert, wo er bis zur Befreiung im April 1945 gefangengehalten wurde. Leibbrand kehrte nach Stuttgart zurück und gehörte sofort zur Führung der KPD Württemberg, im April 1949 1. Sekretär der KPD-Landesleitung Württemberg-Baden, von 1946 bis 1950 MdL von Württemberg-Baden, dort zeitweise Fraktionsvorsitzender, sowie 1949/50 Abgeordneter des ersten Deutschen Bundestages. Im Januar 1951 wurde er wegen »politischer Fehler und opportunistischer Abweichungen« seiner Funktionen enthoben und mußte in die DDR übersiedeln. Zunächst Referent, dann stellvertretender Leiter der Abteilung Schulung im Landesausschuß der Nationalen Front Mecklenburg. 1953 Leiter der SED-Bezirksparteischule der BL Schwerin. Von 1956 an war er wissenschaftlicher Mitarbeiter, Sektorleiter und zuletzt stellvertretender Leiter der Abteilung Geschichte der deutschen Arbeiterbewegung am Ostberliner IML. Er erhielt 1957 den VVO in Silber. Robert Leibbrand starb am 25. Januar 1963 in Ost-Berlin.

Seine zweite Frau **Gertrud Leibbrand,** geborene Schneck, verheiratete Strohbach (* 31. 12. 1911 – † 12. 7. 2002), mit der er seit 1945 zusammenlebte, war Tochter des bekannten württembergischen Kommunisten ▸ Karl Schneck, sie arbeitete als Stenotypistin. 1927 trat sie in den KJVD ein und war nach 1933 zeitweise inhaftiert. Ab 1945 Funktionärin der KPD in Stuttgart, wurde sie im Mai 1951 Abgeordnete des Deutschen Bundestages und arbeitete nach ihrer Übersiedlung in die DDR im Ausschuß für Deutsche Einheit.

▸ Lengnink, Gustav (* 1894 – † 1983)

Geboren am 29. August 1894 in Kallnen/Krs. Labiau/Ostpreußen, Sohn eines Zimmermanns. Erlernte das Malerhandwerk und ging als Geselle von 1911 bis 1915 auf Wanderschaft. 1912 wurde er Mitglied der SPD. Während des Weltkrieges von 1915 bis 1918 als Soldat an der Front, erhielt mehrere Auszeichnungen. 1919 in Labiau Mitglied der USPD. Im Februar 1920 verhaftet, während des Kapp-Putsches befreit, wurde der Name Lengnink zur »Kampfparole«. Als Vorsitzender der Ortsgruppe führte er Ende 1920 fast die gesamte USPD Labiau zur KPD. 1920 Abgeordneter des Kreistages und des Provinziallandtages, von 1922 an hauptamtlicher Parteisekretär, zunächst in der BL Ostpreußen für Landarbeiterfragen zuständig. 1923 Leiter des AM-Apparats der KPD in Ostpreußen. Anhänger der Linken, wurde im Juni Polleiter des Bezirks Ostpreußen. Bereits am 20. Juli 1924 verhaftet, als Leiter der »Partisanengruppen« angeklagt und im Prozeß (19. bis 23. November 1924) zu drei Jahren Zuchthaus verurteilt. Nach seiner Entlassung aus dem Insterburger Zuchthaus im Jahre 1927 zunächst Maler in Königsberg. Er gehörte (zusammen mit ▸ Oskar Seipold) der linken

Opposition in Ostpreußen an, kapitulierte dann aber vor dem ZK. Lengnink übernahm Ende 1928 den Literaturvertrieb in Königsberg. Anschließend Sekretär der Roten Hilfe im Bezirk Ostpreußen und 1931 ins das ZK der RHD gewählt, arbeitete dann im KPD-Verlagswesen. Ende 1932 ging er zurück nach Königsberg und wurde Polleiter der RGO-Industriegruppe Bau des Bezirks Ostpreußen. Am 1. März 1933 in Königsberg von der SA verhaftet, schwer mißhandelt, saß er bis zum 4. April 1934 im KZ, von 1935 bis 1945 wieder als Maler in Königsberg. Nach dem Einmarsch der Roten Armee bis 1948 Lektor im deutschen Klub in Königsberg. 1948 übersiedelte Lengnink in die SBZ, trat der SED bei und wurde politischer Mitarbeiter der SED Schwerin, im Oktober 1949 offziell politischer Mitarbeiter der Landesregierung Mecklenburg, war aber bis Juli 1952 1. SED-Sekretär in der MfS-Landesverwaltung Mecklenburg, danach bis 1956 1. Sekretär der SED Parchim. Als Parteiveteran erhielt er im Oktober 1974 den Karl-Marx-Orden. Gustav Lengnink starb am 23. November 1983 in Schwerin.

▸ Lentzsch, Rudolf (* 1900 – † 1945)

Geboren am 7. November 1900 in Torgelow/ Krs. Uckermünde, Sohn eines Modellschlossers; Eisenformer. Im April 1919 gehörte er zu den Mitbegründern der KPD in Torgelow und stand im März 1920 an der Spitze des Widerstandes gegen den Kapp-Putsch. Ende 1924 übersiedelte er nach Berlin und wurde Funktionär der Branchenleitung der Eisenformer und Berufsgenossen im DMV, aus dem er 1928 ausgeschlossen wurde. 1929 Kursant an der Internationalen Leninschule in Moskau, nach der Rückkehr Mitbegründer des kommunistisch gelenkten Einheitsverbandes der Metallarbeiter Berlin (EVMB). 1930 Bezirksleiter des RGO in Halle-Merseburg und Mitglied der RGO-Reichsleitung, Ende 1932 Leiter des EVBM in Berlin. Am 22. März 1933 verhaftet, blieb Lentzsch sieben Wochen in »Schutzhaft«, Mitte Dezember erfolgte die erneute Inhaftierung, im Juni 1934 wurde er vom 4. Strafsenat des Kammergerichts Berlin zu drei Jahren Zuchthaus verurteilt, saß in Brandenburg-Görden und im KZ Sachsenhausen. Ende 1938 entlassen, stand er unter Polizeiaufsicht und arbeitete im Widerstand gegen die Nazidiktatur. Lentzsch heiratete 1940 Ella Wolke (* 19. 9. 1905 – † 25. 2. 1982), die ebenfalls wegen ihrer kommunistischen Tätigkeit drei Jahre im Zuchthaus und im KZ saß. Sie war 1945 Mitarbeiterin im ZK der KPD. Am Abend des 27. April 1945 wurde Lentzsch unter dem Vorwand, ihm Brot und Speck für die Hausgemeinschaft zu geben, auf die Straße gelockt. Dort entriß ihm ein sowjetischer Soldat die Lederjacke und gab einen Schuß auf ihn ab. An dessen Folgen starb Rudolf Lentzsch am 29. April 1945.

▸ Lenz, Walter (* 1903 – † 1936)

Geboren am 22. November 1903 in Berlin, gelernter Schriftsetzer. Lenz trat 1922 der KPD bei, wurde als hauptamtlicher Funktionär Redakteur der »Roten Fahne« und war zeitweise für die politische Redaktion verantwortlich. Da Lenz zu den rechten Kommunisten gezählt wurde, 1929 aus der KPD ausgeschlossen, nach der Kapitulation vor dem ZK 1931 aber Wiederaufnahme. Er wurde im AM-Apparat eingesetzt, 1932 in die Sowjetunion geschickt und war dort in der Komintern tätig. Im September 1936 vom NKWD verhaftet, wurde Walter Lenz noch im selben Jahr erschossen. Nach 1956 wurde er vom Obersten Gericht der Sowjetunion »rehabilitiert«.

▸ Lenz, Wilhelm (* 1897 – † 1969)

Geboren am 16. März 1897 in Gießen-Klein Linden, Sohn eines Bergmanns; wurde Feinmechaniker. 1916 zum Militärdienst eingezogen, machte den Weltkrieg als Soldat in Rußland und Frankreich mit. 1923 trat er in die KPD ein und übte verschiedene Funktionen aus. Lenz war 1931/32 KPD-Abgeordneter im Hessischen Landtag. 1933 »Schutzhaft«, nach sechs Wochen entlassen, wegen illegaler Arbeit für die KPD im Juni 1935 erneut verhaftet und im November

1935 vom OLG Darmstadt zu drei Jahren Zuchthaus verurteilt. Anschließend in das KZ Buchenwald eingeliefert, aus dem er im April 1945 befreit wurde. Für die US-Militärregierung tätig, später Fuhrunternehmer in Gießen, er trat politisch nicht mehr hervor. Wilhelm Lenz starb am 10. August 1969 in Gießen-Wieseck.

▸ Leow, Willy (* 1887 – † 1937)

Geboren am 25. Januar 1887 in Brandenburg/Havel, lernte Tischler. Anschließend auf Wanderschaft, besuchte Arbeiterbildungsschulen und siedelte nach Berlin über. 1904 Mitglied der SPD und der Gewerkschaft. War innerhalb der USPD aktiv bei der Organisierung der Spartakusgruppe, schloß sich dieser während des Krieges an. Im April 1918 zusammen mit ▸ Leo Jogiches, ▸ Willi Budich u. a. verhaftet und erst beim Ausbruch der Revolution im November 1918 befreit. Seit Gründung der KPD Mitglied und Funktionär der Partei. In den zwanziger Jahren zunächst Parteisekretär in Berlin-Nordwest, dann Pförtner des Karl-Liebknecht-Hauses, dem Sitz der KPD-Zentrale. Delegierter des VII. Jenaer Parteitags 1921. Nach Gründung des RFB auf dem 1. Reichskongreß dieser Organisation im Mai 1925 zum 2. Bundesvorsitzenden gewählt, Vorsitzender war ▸ Ernst Thälmann. Nachdem dieser im Oktober 1925 KPD-Führer wurde, stieg Leow praktisch zum Leiter des RFB auf. Auf dem XI. Parteitag 1927 wurde Leow als Kandidat ins ZK gewählt, im selben Jahr unternahm er eine längere Reise in die Sowjetunion. Im Mai 1928 zog er auf der Reichswahlliste der KPD in den Reichstag ein, dessen Abgeordneter er ununterbrochen bis 1933 blieb. Während der Wittorf-Affäre 1928 verdichteten sich Gerüchte – die bis 1933 immer wieder auftauchten –, daß Leow im RFB eine Korruptions- und Mißwirtschaft betreibe. Doch als Thälmann durch Stalin wieder in seine Funktion eingesetzt wurde, festigte sich auch die Stellung seines Vertrauensmannes Leow. Obwohl nach vielen Berichten ein ungehobelter Funktionär, sogar ein Trinker, stieg er dennoch rasch in die höchsten Positionen auf. Der XII. Parteitag 1929 wählte Leow als Mitglied ins ZK, der illegale RFB wurde von ihm geleitet. 1933 emigriert, kam Leow 1934 in die Sowjetunion, trug dort den Namen Leow-Hofmann. Zunächst arbeitete er als Redakteur im deutschen Staatsverlag in Engels (Wolgarepublik) bzw. war zuletzt dessen Leiter. Am 26. Februar 1936 wurde er in Engels vom NKWD verhaftet und am 3. Oktober 1937 wegen »Organisation einer trotzkistisch-terroristischen Gruppe« vom Militärkollegium des Obersten Gerichts der UdSSR zum Tode verurteilt. Willy Leow wurde noch am selben Tag erschossen.

Sein Sohn **Hans Leow** (* 18. 8. 1907 in Brandenburg/Havel) war von Beruf Maschinensetzer. Ab 1926 Mitglied der KPD, ging er bereits 1931 in die Sowjetunion, war dort bei der VAA beschäftigt. Hans Leow wurde im September 1937 vom NKWD verhaftet und am 3. November 1943 in Butowo erschossen. Willy Leow wurde durch eine Verfügung des Präsidiums des Obersten Sowjets der UdSSR erst im Januar 1989 »rehabilitiert«.

▸ Leps, Georg (* 1892 – † 1961)

Geboren am 24. November 1892 in Berlin, lernte Klempner. 1910 Mitglied der SPD und der Gewerkschaft. Soldat im Weltkrieg. 1918 Über-

tritt zur USPD, kam 1920 mit deren linkem Flügel zur KPD. Von 1925 bis 1929 war er Abgeordneter der Stadtverordnetenversammlung von Groß-Berlin. Leps arbeitete bis 1928 als Klempner und übte verschiedene ehrenamtliche Funktionen aus. 1925 zunächst aktiv für die linke Opposition, ging er zum Thälmann-ZK über. 1928 Parteisekretär der KPD in Berlin-Kreuzberg, im selben Jahr Abgeordneter des Preußischen Landtags. 1929 UB-Leiter Berlin-Nord. Bis 1932 Sekretär der BL Berlin-Brandenburg, u. a. für Wirtschaftsfragen zuständig. 1932 nicht mehr als Kandidat für die Landtagswahl aufgestellt, er schied auch aus dem hauptamtlichen Parteiapparat aus. Im Februar 1933 verhaftet, saß Leps bis Oktober 1933 im KZ Sonnenburg. Nach der Freilassung in seinem Beruf tätig, dann im Zusammenhang mit dem 20. Juli 1944 erneut inhaftiert und bis Dezember 1944 im KZ Sachsenhausen eingesperrt. 1945 wieder Mitglied der KPD. Ab September 1945 in der BL Brandenburg für Wirtschaftspolitik verantwortlich. 1946 Sekretär der SED-Landesleitung Brandenburg, zugleich Abgeordneter des Brandenburgischen Landtags, 1948 kam Leps als Vertreter Brandenburgs in die DWK. Er erhielt im April 1951 von den ZPKK eine Parteistrafe wegen »Unklarheiten über seine Vergangenheit in den Jahren 1925/26« und spielte keine politische Rolle mehr. Er wohnte als Parteiveteran in Potsdam, wo Georg Leps am 19. Februar 1961 starb.

▸ Lesch, Fritz (* 1898 – † 1937)

Geboren am 16. März 1898 in Eberswalde, Bruder von ▸ Kurt Lesch, zunächst Heizer, später Sportlehrer und Bademeister. Marinesoldat im Weltkrieg, 1918 Teilnahme am Kieler Matrosenaufstand. 1920 Mitglied der KPD, führender Funktionär der Arbeitersportbewegung, Mitglied der Reichsleitung der Kampfgemeinschaft für rote Sporteinheit (KG); 1931 Sekretär der RSI. Nach 1933 zunächst illegaler Reichsleiter der Kampfgemeinschaft, emigrierte er in die Niederlande. Bis zur Auflösung der KG unternahm er mehrere Reisen nach Deutschland. Unter dem Decknamen Axel bemühte er sich, in Deutschland wirkende Kader der Kampfgemeinschaft anzuleiten. Im Herbst 1936 ging er nach Spanien, war Offizier und Kommandant einer Panzereinheit der Internationalen Brigaden. Fritz Lesch fand dort im Frühjahr 1937 den Tod.

▸ Lesch, Kurt (* 1904 – † 1942)

Geboren am 7. Juli 1904 in Berlin, Bruder von ▸ Fritz Lesch, gelernter Schriftsetzer. Seit 1924 in der kommunistischen Jugend, 1926 Mitglied der KPD. Er war Funktionär in Berlin-Baumschulenweg und kam nach der ultralinken Wende der KPD 1929 in den hauptamtlichen Apparat, u. a. als Redakteur an verschiedene KPD-Zeitungen. 1933 in die Sowjetunion emigriert, wurde Lesch Redakteur in der VAA in Leningrad, 1937 nach Engels (Wolgarepublik) abgeschoben und dort am 28. Februar 1938 verhaftet. Am 23. Dezember 1940 zu acht Jahren Lager verurteilt, kam Kurt Lesch am 29. Januar 1942 im Gulag im Nord-Ural ums Leben.

▸ Lessig, Herbert (* 1902 – † ?)

Geboren am 5. Juli 1902 in Dresden, Buchdrucker. 1925 Mitglied des KJVD, 1928 der KPD. Arbeitete als Buchdrucker in der Rotation der »Roten Fahne«, ab 1930 Funktionär im BB-Ressort des AM-Apparates der KPD, Deckname Ernst; 1932/33 Kursant an der M-Schule der Komintern in Moskau. Nach Rückkehr führend im AM-Apparat der KPD. Wegen Beteiligung an einer Schießerei in der Schleiermacherstraße in Berlin verhaftet, kam aber nach einigen Tagen wieder frei. Das von der Generalstaatsanwaltschaft Berlin eingeleitete Verfahren wurde eingestellt. Lessig verschwieg später diese nur wenige Tage währende Verhaftung. Zuletzt in einem Arbeitsdienstlager in Parchim, er konnte sich einem erneuten Haftbefehl des Amtsgerichts Parchim vom 24. März 1934 durch Flucht nach Prag entziehen. Nach »Liquidierung« des Kippenberger-Apparates wurde Lessig unter dem Decknamen Bert stellvertretender Leiter des nun von ▸ Hermann Nuding geführten AM-Apparates. Er war nach Aussage von Nuding ein äußerst zuverlässiger Mann, beschaffte u. a. die NS-Anklageschrift gegen ▸ Ernst Thälmann und organisierte die Flucht des gefährdeten Thälmann-Anwaltes Friedrich Roetter samt dessen Barvermögen von 42.000 Reichsmark. Lessig wurde später als Gestapoagent denunziert, ▸ Paul Bertz benutzte die Vorwürfe 1937 als Instrument in den innerparteilichen Auseinandersetzungen gegen Nuding. 1938 wurde Lessig wegen angeblicher Mitarbeit für die Gestapo aus der KPD ausgeschlossen. Er soll nach Auskünften der Gestapo später für den französischen Geheimdienst gearbeitet haben. Herbert Lessigs weiterer Lebensweg liegt im dunkeln.

▸ Letsch, Paul (* 1893 – † 1954)

Geboren am 5. September 1893 in Friedberg/Hessen, Sohn eines Weißgerbers und späteren Gewerkschaftsangestellten. Buchdrucker, einige Semester Studium der Nationalökonomie an der Freien Hochschule in Frankfurt/M. 1910 Mitglied der SPD, von 1910 bis 1914 Privatsekretär bei Dr. Max Pönsgen Alberti, einem Lehrer an der SPD-Parteischule. Letsch war von 1915 bis 1918 Soldat, 1917 Mitglied der USPD, 1920 der KPD, 1918 Mitglied des Arbeiter- und Soldatenrats in Königsberg, dort Polizeipräsident, 1919 letzter Leiter der Volksmarinedivision in Berlin. Aktiv an der Gründung der »Union der Kopf- und Handarbeiter« beteiligt, zeitweise deren Vorsitzender, bis 1923 Sekretär des Mitteleuropäischen Büros der Komintern und Mitarbeiter in der Abteilung Genossenschaftswesen. 1925/26 war Letsch Mitarbeiter der sowjetischen Handelsvertretung, 1927/28 hauptamtlicher Sekretär der KPD-BL Berlin-Brandenburg und zeitweise Beauftragter des ZK in Schlesien. Anschließend führend beim Aufbau des zentralen Literaturvertriebs des ZK tätig. Nach 1933 Gewerbetreibender, wiederholt festgenommen. Am 1. September 1939 in das KZ Sachsenhausen gebracht, 1940 entlassen, von 1943 bis 1945 bei der Wehrmacht. 1946/47 1. Bürgermeister in Berlin-Mitte; 1947/48 Mitarbeiter im ZS des SED-PV. Von Dezember 1948 bis März 1949 Leiter der Hauptverwaltung Post- und Fernmeldewesen der DWK. Im März 1949 übernahm Letsch als Nachfolger von ▸ Karl Hans Bergmann den Deutschen Filmverlag und wurde Ende 1949 Geschäftsführer im Verlag Die Wirtschaft, aus dem er im Oktober 1950 nach scharfer Kritik seitens der SED-Leitung abberufen wurde. Zuletzt Abteilungsleiter in der SED-Holding Zentrag. Paul Letsch starb am 12. Oktober 1954.

▸ Levi, Paul, Dr. jur. (* 1883 – † 1930)

Geboren am 11. März 1883 in Hechingen, Sohn eines Webereibesitzers und Vorstehers der israelitischen Gemeinde; besuchte das Gymnasium in Stuttgart und studierte in Berlin und Grenoble. Er promovierte 1905 in Heidelberg mit der Dissertation »Das Verhältnis von Verwaltungsbeschwerde und Verwaltungsklage«. 1906 ließ er sich in Frankfurt/M. als Rechtsanwalt nieder und wurde als Armenanwalt tätig. Mitglied der SPD, war 1913 Delegierter auf dem SPD-Parteitag. Als Verteidiger im großen Prozeß gegen ▸ Rosa Luxemburg im Februar 1914 geriet er unter ihren theoretischen und politischen Einfluß. Zwischen ihnen kam es auch zu engen persönlichen Beziehungen, wie die (erst 1983 veröffentlichten) Liebesbriefe aus dem Jahr 1914 zeigen. Im Weltkrieg gehörte er als Gegner der »Vaterlandsverteidigung« und des »Burgfriedens« der Spartakusgruppe an, lebte seit 1916 in der Schweiz, wo er in Kontakt zu Lenin stand. Er nahm als Vertreter der Spartakusgruppe im Februar 1917 an einer Konferenz der kriegsgegnerischen »Zimmerwalder Parteien« in Olten in der Schweiz teil. Nach der Revolution 1918 zählte er zur Führung des Spartakusbundes und zu den Mitbegründern der KPD. Vom Gründungsparteitag, auf dem er sich als Referent vergeblich für die Beteiligung an den Wahlen zur Nationalversammlung einsetzte, wurde er in die erste Parteizentrale gewählt. Nach der Ermordung von Rosa Luxemburg, ▸ Karl Liebknecht und ▸ Leo Jogiches leitete Levi seit März 1919 die KPD, er wurde im Juni 1920 (als einziger neben ▸ Clara Zetkin) für die kleine KPD (1,7 Prozent der Stimmen) in den Reichstag gewählt. Der Vereinigungsparteitag von KPD und linker USPD im Dezember 1920 hat Levi zusammen mit ▸ Ernst Däumig von der USPD zum Parteivorsitzenden der VKPD bestimmt. Er trat jedoch bereits Anfang 1921 wegen Differenzen mit der Komintern zurück, denn er war gegen die Spaltung der Italienischen Sozialistischen Partei und die Gründung der KP Italiens, da er sich für eine Massenpartei und gegen eine Kaderpartei aussprach. Levi blieb auf der Tagung des Zentralausschusses der KPD im Februar 1921 bei seiner Kritik an der Komintern und legte seine Funktionen als Vorsitzender der VKPD und der Zentrale nieder. Er mißbilligte die März-Aktion der KPD, den Aufstand in Mitteldeutschland, scharf. In seiner Broschüre »Unser Weg« bezeichnete er ihn 1921 auch öffentlich als Putsch und Werk Moskaus, deswegen wurde er im April 1921 aus der Partei ausgeschlossen. Nunmehr publizierte er auch Rosa Luxemburgs kritische Schrift »Zur russischen Revolution« gegen Lenin und Trotzki. Levi gründete mit anderen rechten Kommunisten die Kommunistische Arbeitsgemeinschaft (KAG). Doch sein Versuch, eine eigenständige kommunistische Gruppe zu bilden, scheiterte. Über die USPD ging er 1922 zur SPD zurück.

Paul Levi bemühte sich, die Politik eines »dritten Weges« zwischen Bolschewismus und Kapitalismus politisch und theoretisch zu fundieren. Er verstand sich als Bewahrer der Ideen von Rosa Luxemburg, eines demokratisch orientierten Kommunismus und radikalen Sozialismus. Privat pflegte er einen großbürgerlichen Lebensstil, bekannt war seine Vasensammlung. Der hochgebildete Mann und Humanist fühlte sich in erster Linie dem kulturellen Erbe verpflichtet. 1924 wurde er für die SPD in den Reichstag gewählt. Levi gab die »Sozialistische Politik und Wirtschaft« heraus und war Führer des linken Flügels der SPD. Der hervorragende Rechtsanwalt befaßte sich immer wieder mit dem Mord an Rosa Luxemburg und Karl Liebknecht. Bei der Verteidigung des Schriftstellers Josef Bornstein gegen den Reichsgerichtsrat Jorns 1929 deckte er weitere Hintergründe des Mordes an Luxemburg auf. Paul Levi ist am 9. Februar 1930 in Berlin im Fieberwahn aus dem Fenster gestürzt und dabei ums Leben gekommen; von vielen Seiten wurde er als einer der wichtigsten linken Politiker der Weimarer Republik gewürdigt.

▸ Levien, Max, Dr. phil. (* 1885 – † 1937)

Geboren am 21. Mai 1885 in Moskau, Sohn des deutschen Großkaufmanns Ludwig Levien. Er besuchte 1893 das deutsche Gymnasium in Moskau, von 1897 bis zum Abitur 1902 in Meißen. Im Herbst 1905 begann er an der Universität Halle ein Studium, das er wegen seiner Beteiligung an der russischen Revolution und einer Gefängnisstrafe 1907/08 in Moskau unterbrechen mußte. Seit 1906 Mitglied der Partei der Sozialrevolutionäre, setzte er sein Studium im Herbst 1908 an der Universität in Zürich fort. Hier wurde er Mitglied der Sozialdemokratischen Partei, hatte Verbindung zu Lenin und wurde Anhänger der Bolschewiki. Im Sommer 1913 promovierte er und übersiedelte anschließend nach Deutschland. Levien nahm die deutsche Staatsbürgerschaft an und meldete sich am 29. Oktober 1913 freiwillig zum bayerischen Leib-Infanterieregiment, von 1914 bis 1918 Soldat. Im November 1918 ging er nach München, wurde Führer der Spartakusgruppe und Vorsitzender des Soldatenrates und war als Delegierter Münchens auf dem Gründungsparteitag der KPD.
Zusammen mit ▸ Eugen Leviné führte er die Münchner KPD auch in der Räterepublik. Levien, der nach der Niederschlagung der Räterepublik verhaftet wurde, konnte im Mai 1919 nach Wien flüchten, wurde aber dort erneut festgenommen. Die bayerische Justiz verlangte seine Auslieferung. Nach langen Verhandlungen lehnte die österreichische Regierung das bayerische Ersuchen ab. Ende 1920 wurde Levien freigelassen, er übersiedelte im Juni 1921 nach Moskau und arbeitete zunächst im Komintern-Apparat. Er wurde 1925 Mitglied der KPdSU, wirkte zuletzt als Professor für Geschichte an der Moskauer Universität. Bereits am 10. Dezember 1936 vom NKWD in Moskau verhaftet und im März 1937 zunächst zu fünf Jahren »Arbeitslager« verurteilt, wurde Max Levien am 16. Juni 1937 jedoch zum Tode verurteilt und sofort erschossen.

▸ Leviné, Eugen, Dr. jur. (* 1885 – † 1919)

Geboren am 9. Mai 1885 in St. Petersburg, Sohn eines Großkaufmanns, der 1886 starb. 1897 mit der Mutter nach Deutschland übergesiedelt, besuchte er das Gymnasium in Wiesbaden, nahm 1905 das Studium der Rechtswissenschaf-

ten in Heidelberg auf und studierte 1904/05 in Berlin. Im September 1905 ging er nach Rußland und nahm an der Revolution teil.
Leviné, der Mitglied der russischen Sozialrevolutionären Partei war, wurde 1906 und erneut 1908 verhaftet und mißhandelt; 1909 konnte er nach Deutschland zurückkehren. Er schloß sein Studium der Nationalökonomie in Heidelberg mit der Dissertation »Typen und Etappen in der Entwicklung gewerkschaftlich organisierter Arbeiter« ab. Unter dem Pseudonym Goldberg (dem Mädchennamen seiner Mutter) arbeitete er für die SPD-Presse, er war in der SPD und im Mannheimer »Karl-Marx-Klub« der radikalen Sozialdemokraten aktiv. 1915 wurde Leviné badischer und damit deutscher Staatsbürger, er übersiedelte nach Berlin, wurde im Krieg zum Landsturm eingezogen und war Dolmetscher in einem Lager russischer Kriegsgefangener.
Im Mai 1915 heiratete er **Rosa Broido** (* 18. 5. 1890 – † 11. 11. 1979), Tochter eines Rabbiners, die später in der KPD wirkte, ▸ Ernst Meyer heiratete und zuletzt in London als Anti-Stalinistin und unabhängige Kommunistin bekannt wurde. Sie veröffentlichte 1972 eine weitverbreitete Leviné-Biographie und 1979 ihre eigenen Memoiren »Im inneren Kreis«. 1916 wurde ihr Sohn in Heidelberg geboren. Eugen Leviné schloß sich der Spartakusgruppe um ▸ Rosa Luxemburg und ▸ Karl Liebknecht an, trat mit dieser 1917 der USPD bei und arbeitete 1918 in Berlin als Abteilungsleiter der sowjetischen Telegrafenagentur ROSTA. Nach der Novemberrevolution war er für den Spartakusbund im Rheinland tätig, die Arbeiter in Essen sandten ihn als Delegierten zum 1. Reichsrätekongreß. Leviné war Delegierter auf dem Gründungsparteitag der KPD, wo er sich – mit der Mehrheit der KPD – gegen die Beteiligung an den Wahlen zur Nationalversammlung aussprach, wie sie ▸ Paul Levi gefordert hatte. Leviné nahm an den Januarkämpfen 1919 in Berlin teil und war dann in Braunschweig und im Ruhrgebiet aktiv.
Im März 1919 ging er nach Bayern und kam an die Spitze der KPD in München. Diese lehnte unter seinem Vorsitz die Beteiligung an der »Scheinräterepublik« (7. bis 15. April) ab. Am 15. April übernahm Leviné die Führung der kommunistischen Münchner Räterepublik (15. April bis 3. Mai 1919), die er bis zum 27. April leitete. Nach der militärischen Niederschlagung der Räterepublik ging er auf Beschluß der Parteiführung in die Illegalität. Am 13. Mai verhaftet, verteidigte Leviné vor dem Münchner Sondergericht mutig seine kommunistische Überzeugung (»Wir Kommunisten sind alle Tote auf Urlaub«). Eugen Leviné wurde zum Tode verurteilt und trotz zahlreicher Proteste am 5. Juni 1919 in München-Stadelheim erschossen.

▸ Levy, Alfred (* 1885 – † 1938)

Geboren am 6. Januar 1885 in Hamburg, Sohn eines kinderreichen Kaufmanns. Schon in jungen Jahren ging Levy auf die »Walze«. 1906 schloß er sich in Mannheim der Gruppe um die sozialistische Zeitung »Junge Garde« an, Eintritt in die SPD, in verschiedenen Städten als Hilfsarbeiter beschäftigt. Im Weltkrieg Soldat in Rumänien, durch einen Kopfschuß schwer verwundet, zeitweise gelähmt. Rückkehr nach Hamburg, 1917 Mitglied der USPD, mit deren linkem Flügel 1920 zur KPD. Seit 1919 als Schwerbeschädigter Staatsangestellter, zunächst im Arbeitsamt und seit 1920 im Wohlfahrtsamt. 1920 Führer einer Demonstration, die in bewaffneten Kämpfen endete, deswegen zu einer Strafe von drei Jahren Gefängnis verurteilt. Nach seiner eigenen Aussage erklärte ihm der Staatsanwalt, daß er ein Jahr für die Tat bekäme, ein Jahr weil er Kommunist und ein Jahr weil er Jude sei. Levy brauchte die Strafe nicht ganz zu verbüßen, da er 1924 in die Hamburger Bürgerschaft gewählt wurde. Wie die Mehrheit der Hamburger Parteiorganisation gehörte auch Levy zum linken Flügel in der KPD; er war Mitglied der BL Wasserkante. Wegen seiner Teilnahme am Oktoberaufstand 1923 am 3. November 1923 verhaftet und als einer der Hauptangeklagten im Urbahns-Prozeß im Januar 1925 zu vier Jahren Festung verurteilt (der Staatsanwalt hatte elf Jahre beantragt). Am 31. Mai 1926 durch eine Amnestie freigekommen, sympathisierte Levy mit der linken Opposition und entfernte sich zeitweilig von der KPD. 1927 als Vertreter der innerparteilichen Opposition nicht mehr in die Bürgerschaft gewählt, schickte ihn das ZK nach Zwickau, wo er als Mitorganisator eines Streiks der Tabakarbeiter hervortrat. Levy kam 1928 wieder nach Hamburg zurück und näherte sich in der ultralinken Periode der KPD wieder an. Im März 1933 verhaftet, am 7. September 1933 zu drei Jahren Gefängnis verurteilt und nach Verbüßung der Strafe ins Lager Wittmoor, das spätere Fuhlsbüttel, überführt. Wegen einer schweren Operation ins Eppendorfer Krankenhaus gebracht, konnte er von dort flüchten, lebte illegal in Hamburg und gelangte im Juni 1935 über Berlin nach Prag. Beim Antrag auf Todeserklärung im Juni 1951 wurde vermutet, daß Levy als Jude bei der Besetzung der Tschechoslowskei von den Nationalsozialisten umgebracht worden ist. Tatsächlich gelangte Levy aber 1936 in die Sowjetunion und wurde dort ein Opfer der stalinistischen Säuberungen. Im März 1938 vom NKWD verhaftet, wurde Alfred Levy am 28. Mai 1938 in Butowo erschossen.

▸ Lewin, Gabriel (Gabo) (* 1906 – † 1995)

Geboren am 21. Dezember 1906 in Berlin, Sohn einer jüdisch-kleinbürgerlichen Familie; besuchte das Gymnasium, kaufmännische Lehre. 1924 trat er in die kommunistische Jugend, 1926 in die KPD ein, wurde Funktionär im UB Berlin-Lichtenberg. Seit Herbst 1932 gehörte er dem ZK des KJVD an. Lewin kandidierte im März 1933 zum Preußischen Landtag, wurde gewählt, konnte aber sein Mandat wegen des Naziterrors nicht annehmen. Er emigrierte 1934 in die Niederlande und wurde nach der Verhaftung ▸ Fritz Grosses im August 1934 Vorsitzender des illegalen KJVD. Im Februar 1935 in Amsterdam inhaftiert und nach Belgien ausgewiesen, kam er im September 1935 in die Sowjetunion. Da Lewin ein Anhänger ▸ Fritz Schultes war, im KJVD abgelöst, Redakteur der »Deutschen Zentral-Zeitung«. 1938 vom NKWD verhaftet und wegen »konterrevolutionärer Tätigkeit« zu zehn Jahren Haft verurteilt, er überlebte bis 1953 verschiedene Arbeitslager, darunter Kolyma. Lewin war schwerkrank und arbeitete dann, in Kasachstan zwangsangesiedelt, bis 1955 als Deutschlehrer. Am 16. April 1955 durch das Militärkollegium in Moskau »rehabilitiert«, konnte er einen Monat später in die DDR ausreisen. Hier begann er als Mitarbeiter beim Staatlichen Rundfunkkomitee bzw. beim »Neuen Deutschland« und wurde später Sektorleiter der Westabteilung im ZK der SED, er erhielt den Karl-Marx-Orden. Gabriel Lewin starb am 14. Februar 1995 in Berlin.

Seine Lebensgefährtin **Herta Reder-Lewin**, geborene Gottfeld (* 8. 6. 1908 – † 2. 8. 1997), lernte Kinderpflegerin. 1924 Mitglied der jüdischen bürgerlichen Jugendbewegung »Kameraden«, trat sie im Februar 1928 in den KJVD, 1929 in die KPD ein. 1935 kam sie über Prag nach Moskau, wo sie eine Lebensgemeinschaft mit Gabo Lewin einging. Bis Ende August 1948 war sie als Kinderkrippenschwester und Desinfektor für Kolchose und Sowchose mit ihrem Sohn Andrej in Kasachstan. Bereits 1948 konnten beide in die SBZ ausreisen, wo sie bis 1950 im FDGB Bundesvorstand arbeitete, danach bis 1981 als Mitarbeiterin am IML für die Lenin-Edition mitverantwortlich.

▸ L' Hoste, Johann (* 1890 – † 1956)

Geboren am 14. März 1890 in Niederlinxweiler (heute St. Wendel)/Saar, von Beruf Eisenbahner, Funktionär der KPD und der RGO. Mitglied des Gemeinderates und des Kreistages St. Wendel, 1932 wurde L' Hoste in den Landesrat Saar gewählt. Er wandte sich gegen den Anschluß des Saargebietes an Deutschland und emigrierte nach Frankreich, dort Gießereiarbeiter. Am 12. Oktober 1940 wurde er verhaftet, nach Deutschland ausgewiesen und am 11. November 1941 durch das OLG Hamm zu dreieinhalb Jahren Zuchthaus verurteilt. Bis 1944 im Zuchthaus Siegburg, anschließend im KZ Flossenbürg, gelang ihm beim Transport in das KZ Dachau die Flucht. Wegen Zugehörigkeit zur »Bewegung zum Anschluß der Saar an Frankreich« (MRS) wurde L' Hoste später aus der KPD ausgeschlossen. Er starb am 1. Januar 1956.

Sein **Sohn Hubert L' Hoste** (* 10. 2. 1923) kam im Januar 1934 als Kind auf Einladung des (1938 vom NKWD in der UdSSR erschossenen) sowjetischen Schriftstellers Michail Kolzow (dessen »Spanisches Tagebuch« erst 1986 in der DDR und ohne jeden Hinweis auf das Schicksal des Autors erschien) nach Moskau. Kolzow verfaßte mit ▸ Maria Osten das Buch »Hubert im Wunderland«, das Hubert L' Hostes Kindheit und Jugendzeit behandelte. 1941 wurde Hubert nach Kasachstan verbannt und noch 1942 ist Wolfgang Leonhard dem völlig ausgezehrten Hubert L' Hoste im Karaganda-Gebiet begegnet. Nach 1945 konnte er in der UdSSR studieren und wurde Chefagronom in einem Weinbau-Sowchos auf der Krim. Hubert L' Hoste starb am 5. August 1959.

▸ Lichtenstein, Kurt (* 1911 – † 1961)

Geboren am 1. Dezember 1911 in Berlin, Werkzeugmacher. Kurze Zeit in einer jüdischen Jugendorganisation, war er seit 1928 im KJVD aktiv und ab November 1931 in der KPD. Von 1931 bis 1933 studierte er an der Deutschen

Hochschule für Politik Zeitungswissenschaften, arbeitete u. a. in der Berliner BL der RGO. 1933 zunächst im Saargebiet, schickte ihn die KPD nach Moskau, wo er Abendkurse an der KUNMS besuchte. Nachdem Lichtenstein als Herbert 1934 einen Sonderlehrgang des KJVD in Moskau absolviert hatte, kam er als Instrukteur ins Saargebiet. In der Pariser Emigration übernahm er verschiedene Funktionen, u. a. die Anleitung des Widerstandes in Deutschland von Straßburg aus. Wegen vermuteter Abweichungen gab es mehrere Untersuchungen der Kaderabteilung gegen ihn. Im Herbst 1936 meldete sich Lichtenstein freiwillig zu den Internationalen Brigaden im Spanischen Bürgerkrieg, dort wurde er Politkommissar und Offizier, später Chefredakteur der Zeitung »Pasaremos«. Nach der Niederlage der Republik war er bis März 1941 in Frankreich interniert und anschließend in der französischen Résistance aktiv. Auf Beschluß der Parteiführung ging er im April 1944 von Toulouse nach Deutschland zur illegalen Arbeit und war (getarnt als »Fremdarbeiter« Jules Bardier) in Suhl.

Nach dem Krieg blieb Lichtenstein für die KPD im Ruhrgebiet tätig. Zunächst war er Sekretär der BL, 1946 Redakteur am KPD-Organ »Westdeutsches Volks-Echo«, 1947/48 Chefredakteur des KPD-Zentralorgans »Freies Volk« in Düsseldorf, dann bis 1950 in gleicher Funktion bei der »Neuen Volkszeitung« in Dortmund. Von 1947 bis 1950 war er Abgeordneter des Landtages von Nordrhein-Westfalen. Nach der MfS-Festnahme von ▸ Kurt Müller wurde Lichtenstein wegen seiner engen Verbindung zu »Kutschi« abgelöst und nach einem längeren Verfahren 1953 aus der KPD ausgeschlossen. Ende 1954 trat er in die SPD ein und lebte bis 1958 als Hilfsarbeiter. Ab 1959 Redakteur der »Westfälischen Rundschau«, begann er im Oktober 1961 eine Reportage-Reise entlang der DDR-West-Grenze. Dabei wurde Kurt Lichtenstein am 12. Oktober 1961 bei Zichorie von DDR-Grenzsoldaten erschossen. Das erregte großes Aufsehen – war er etwa von seinen früheren Genossen liquidiert worden? 1994 hat Rainer Zunder (»Erschossen in Zichorie«) das Leben Kurt Lichtensteins beschrieben.

▸ Lieberasch, Arthur (* 1881 – † 1967)

Geboren am 20. Oktober 1881 in Döbeln, Sohn eines Zigarrenarbeiters; lernte Schlosser. 1901 Eintritt in die Gewerkschaft, 1905 Mitglied der SPD; bald in ganz Sachsen durch seine gewerkschaftliche Aktivität bekannt. 1917 Übertritt zur USPD. Während der Revolution führend im Arbeiter- und Soldatenrat in Leipzig. 1920 Delegierter des Spaltungsparteitags der USPD, kam mit der linken USPD zur KPD. Ab 1921 war er Stadtverordneter in Leipzig, dort 1927 Vorsitzender der Stadtverordnetenfraktion und seit 1922 auch Abgeordneter des Sächsischen Landtags. Der VIII. Parteitag 1923 wählte Lieberasch in die Gewerkschaftskommission. Er gehörte 1923 zum rechten Parteiflügel. 1926 wieder in den Sächsischen Landtag gewählt, war er Mitglied der KPD-BL Westsachsen und Sekretär für Gewerkschaftsfragen. Während der Auseinandersetzungen 1928 einer der Wortführer der Rechten in Sachsen, deswegen im Januar 1929 aus der KPD ausgeschlossen. Lieberasch trat mit vier weiteren Abgeordneten zur KPO über, wurde Mitbegründer der KPO in Westsachsen und blieb auch nach deren Spaltung in der KPO. Anfang 1933 Emigration in die Schweiz, wurde er in Schaffhausen von Walther Bringolf, einem der rechten Führer der KP Schweiz, unterstützt. Seine Lage verschlechterte sich, als Bringolf zur Sozialdemokratie übertrat, Lieberasch jedoch auf seinem KPO-Standpunkt verharrte. Er fand keine Unterstützung mehr und mußte sich im Arbeitshaus von Schaffhausen durch Holzhacken kümmerlich ernähren. Von Schweizer Landstreichern, die ebenfalls dort arbeiteten, als Nazi beschimpft, weil er aus Deutschland kam.

Erst als seine Frau im Sterben lag, konnte Lieberasch im Juni 1948 nach Leipzig zurückkehren. Er trat der SED bei und beantragte die Anerkennung als Kämpfer gegen den Faschismus (KgF): »In Schaffhausen habe ich einige Jahre Material nach Deutschland organisiert und an der Schaffhauser Arbeiterzeitung als unbekannter Mitarbeiter mit geholfen ... Ich habe mich dann in kümmerlichster Weise über Wasser halten müssen. Bin politisch heute noch Kommunist und werde es bleiben, wenn auch der Name der Partei, zu der ich mich angemeldet habe, ein anderer ist.« Der Prüfungsausschuß der Kommunalabteilung für die Opfer des Faschismus beim Oberbürgermeister der Stadt Leipzig verweigerte am 14. Januar 1949 seine Anerkennung als KgF, daraufhin legte Lieberasch beim Landesschiedsgericht Einspruch ein und wurde im September 1949 als KgF anerkannt. Er kam ab September 1949 als Sachbearbeiter für Lohn und Tarifwesen in die VVB VESTA Leipzig.

Als er es ablehnte, sich im Zusammenhang mit den Parteiüberprüfungen Anfang der fünfziger Jahre von der KPO-Politik zu distanzieren, wurde er 1952 aus der SED ausgeschlossen. Seine »Selbstkriktik« bestand in dem Satz: »Die Bildung der KPO war kein Fehler, sondern nur ein Verstoß gegen die Disziplin.« Bereits im Januar 1951 vermerkte der damalige Landesvorsitzende der SED ▸ Ernst Lohagen: »Dieser Lieberasch hat heute nicht nur seine Agenten in der Partei, sondern ist selbst Mitglied unserer SED im Kreis Leipzig. Dieser alte professionelle Parteifeind schrieb vor kurzem in einer Erklärung an die Partei über Brandler folgendes, was einer moralischen Rechtfertigung Brandlers gleichkommt: ›Brandler war genau so ein armes Schwein wie ich und hatte auch nichts anzuziehen‹, und so fort.« Im Zuge der »Entstalinisierung« ist Lieberasch 1957 wieder in die SED aufgenommen worden und bekam 1958 die Medaille »Kämpfer gegen den Faschismus«. Arthur Lieberasch starb am 10. Juni 1967 in Leipzig.

▸ Liebers, Johannes (* 1907 – † 1942)

Geboren am 16. September 1907 in Rochlitz, gelernter Dreher, dann Angestellter. 1922/23 in der sozialdemokratischen Jugend, 1924 Mitglied der KPD. 1927 wurde er in den hauptamtlichen AM-Apparat des Nachrichtendienstes übernommen, 1929/30 war Liebers Bezirksleiter in einem der AM-Apparate der KPD. Dann zum ersten Kursus der M-Schule nach Moskau geschickt, trug dort den Decknamen Fred. Nach der Ausbildung wurde er Mitarbeiter der Verwaltung Aufklärung der Roten Armee und zu Spionageeinsätzen ins Ausland geschickt. Vom NKWD am 27. November 1937 in Moskau verhaftet und am 22. Mai 1938 zu fünf Jahren Lager verurteilt. Johannes Liebers kam am 16. August 1942 als Opfer der Stalinschen Säuberungen im Gulag ums Leben.

▸ Liebknecht, Karl, Dr. jur. (* 1871 – † 1919)

Als Sohn des Begründers der deutschen Sozialdemokratie, Wilhelm Liebknecht (* 1826 – † 1900), wurde Karl am 13. August 1871 in Leipzig geboren. Er studierte von 1890 bis 1893 Rechtswissenschaften und Nationalökonomie in Leipzig und Berlin, leistete 1893/94 seinen Militärdienst als Einjährig-Freiwilliger bei den Garde-Pionieren in Berlin und war anschließend bis 1898 Referendar in Arnsberg und Paderborn. Die Promotion zum Dr. jur. et rer. pol. erfolgte 1897 in Würzburg mit der Dissertation »Compensationsvollzug und Compensationsvorbringen nach gemeinem Rechte«.

Karl Liebknecht eröffnete 1899 in Berlin gemeinsam mit seinem älteren Bruder Theodor eine Rechtsanwaltspraxis. Obwohl erst im August 1900 der SPD beigetreten, wurde er

bereits im November 1901 in die Berliner Stadtverordnetenversammlung gewählt, der er bis 1913 angehörte. Als Kandidat für den Reichtagswahlkreis Potsdam-Spandau-Osthavelland 1903 und 1907 unterlegen, konnte er diesen Wahlkreis dann 1912 für die SPD erobern. Er war Delegierter auf den sozialdemokratischen Parteitagen und ist bereits 1908 ins Preußische Abgeordnetenhaus gewählt worden.
Bekannt wurde Liebknecht als politischer Anwalt, vor allem bei der Verteidigung von Funktionären der russischen Arbeiterbewegung.
Seit Erscheinen seines Buches »Militarismus und Antimilitarismus unter besonderer Berücksichtigung der internationalen Jugendbewegung« (1907) trat er als Gegner des Militarismus und als einer der Führer der sozialistischen Jugendbewegung hervor. Von 1907 bis 1910 Präsident der Sozialistischen Jugendinternationale, mußte Liebknecht wegen seines Anti-Militarismus-Buches von Oktober 1907 bis Juni 1909 eine Festungshaft in Glatz absitzen. 1911 unternahm er eine Agitationsreise durch die USA. Im Reichstag wandte er sich gegen die Geschäftspraktiken der Rüstungsfirmen und versuchte bei Ausbruch des Weltkriegs vergeblich, die sozialdemokratischen Abgeordneten für eine Ablehnung der Kriegskredite zu gewinnen. Nachdem Liebknecht in der Fraktion noch gegen die Kredite gestimmt hatte, unterwarf er sich der Parteidisziplin und votierte am 4. August 1914 im Reichstag wie die gesamte Fraktion für die Bewilligung. Liebknecht, der vor dem Krieg als radikaler Einzelgänger noch nicht zum Kern der Linken in der SPD um ▸ Rosa Luxemburg, ▸ Franz Mehring und ▸ Julian Marchlewski gezählt hatte, lehnte sich nun eng an diese Gruppe an.
Weil er am 2. Dezember 1914 dann als einziger Abgeordneter im Reichstag gegen die Bewilligung der Kriegskredite stimmte, wurde Karl Liebknecht zur Symbolfigur der Kriegsgegner. Die Begründung seiner Ablehnung wurde Fanal: »Dieser Krieg, den keines der beteiligten Völker selbst gewollt hat, ist nicht für die Wohlfahrt des deutschen oder eines anderen Volkes entbrannt. Es handelt sich um einen imperialistischen Krieg ... Der Krieg ist kein deutscher Verteidigungskrieg ... Ein schleuniger, für keinen Teil demütigender Friede, ein Friede ohne Eroberungen ist zu fordern; alle Bemühungen dafür sind zu begrüßen ...« Seine konsequente Politik gegen den Krieg und die Burgfriedenspolitik der SPD-Führung störten die herrschenden Kreise. Da Liebknecht im Februar 1915 als Armierungssoldat zum Militärdienst eingezogen wurde, war ihm damit – bis auf sein Auftreten im Reichstag und Preußischen Abgeordnetenhaus – jede politische Betätigung untersagt. Dennoch beteiligte er sich aktiv an der Bildung der Gruppe Internationale, die seit 1916 als Spartakusgruppe bekannt wurde.
Im Mai 1915 verfaßte Karl Liebknecht das Flugblatt mit der Losung: »Der Hauptfeind steht im eigenen Land!« Er nahm im April 1916 an einer illegalen Tagung der Arbeiterjugend in Jena teil und organisierte zum 1. Mai 1916 eine Friedensdemonstration auf dem Potsdamer Platz in Berlin, dort wurde er verhaftet. Während das Kommandanturgericht Berlin Liebknecht am 28. Juni 1916 zu zweieinhalb Jahren Zuchthaus verurteilte, erhöhte das Oberkriegsgericht die Strafe in der Berufungsinstanz auf vier Jahre und einen Monat Zuchthaus. Ab November 1916 ins Zuchthaus Luckau eingesperrt, verfaßte er dort mehrere Schriften, darunter seine philosophischen »Studien über die Bewegungsgesetze der gesellschaftlichen Entwicklung«.
Karl Liebknecht, der die marxistische Theorie zwar als Grundidee des Sozialismus erhalten wollte, kritisierte aber sowohl die ökonomischen Kategorien von Marx als auch den historischen Materialismus. Marx' These vom Wirken »historischer Gesetze« lehnte er ebenso ab wie dessen Schema von ökonomischer Basis und ideologischem Überbau. Philosophisch verstand sich Liebknecht als Agnostiker und Universalist, seine Sozialismus-Vorstellungen beruhten auf der Grundthese von der »Tendenz zur Steigerung der natürlichen und sozialen Solidarität«.
Am 23. Oktober 1918 vorzeitig aus dem Zuchthaus entlassen, wurde Karl Liebknecht von seinen Anhängern begeistert in Berlin begrüßt. In der Novemberrevolution führte er gemeinsam mit Rosa Luxemburg den Spartakusbund und

war Herausgeber der »Roten Fahne«. Am 9. November hat er vom Balkon des Schlosses in Berlin die »Freie Sozialistische Republik« ausgerufen. In die Revolutionsregierung einzutreten, lehnte er ab und versuchte statt dessen, die Massen gegen die sozialdemokratischen Volksbeauftragten und für eine Räteherrschaft zu mobilisieren. Auf dem Gründungsparteitag der KPD forderte Liebknecht in einem Grundsatzreferat die Trennung von der USPD und die Bildung der neuen Partei, deren Führer er neben Rosa Luxemburg wurde. Liebknecht neigte einem radikalen, revolutionären Kommunismus zu. Mit Beginn der Januarkämpfe 1919 in Berlin erklärte er die Regierung Ebert für »abgesetzt«. Während der Unruhen wurde Karl Liebknecht zusammen mit Rosa Luxemburg von Soldaten der Garde-Kavallerie-Schützendivision festgenommen und beide am 15. Januar 1919 brutal ermordet.

Seine (zweite) Frau, **Sophie Ryss** (* 1884 – † 1964), Kunsthistorikerin, kam 1934 aus London nach Moskau, sie durfte als Stalin-Gegnerin die UdSSR nicht verlassen. Ihr Bruder Adolph wurde 1938 vom NKWD verhaftet, auch ihre Schwester Sylvia kam mit ihrem Mann, dem Physiker Jakow Spielrein, in den Gulag. Karl Liebknechts Sohn – aus erster Ehe mit Julia Paradies († 1911), – **Wilhelm** (Helmi) (* 1901 – † 1975), mußte ebenfalls in der UdSSR bleiben. Er war Ende 1929 nach Moskau übergesiedelt und zeitweise am Marx-Engels-Institut beschäftigt. Weil er Opfern der Säuberungen geholfen hatte, wurde Wilhelm Liebknecht aus der KPdSU ausgeschlossen.

▸ Liese, Wilhelm (* 1879 – † 1940)

Geboren am 5. April 1879 in Jarmen/Krs. Demmin, arbeitete in verschiedenen Berufen und trat 1900 der SPD bei. Während des Krieges schloß er sich in Berlin der Spartakusgruppe an und trat nach dem Kriege in die KPD ein. Liese war an den bewaffneten Auseinandersetzungen in Berlin 1919 beteiligt, deshalb wegen »Landfriedensbruchs und Aufruhrs« zu sieben Monaten Gefängnis verurteilt. Seit 1920 Mitarbeiter der »Roten Fahne«, anfangs nebenberuflich, von 1924 an dann verantwortlich zeichnender Redakteur. Deswegen 1924/25 zu einer mehrmonatigen Gefängnisstrafe verurteilt. Im Dezember 1925 entlassen, ging er nach Prag, wo er in große Not geriet. Sein scharfer Brief gegen die falsche Kaderpolitik der Partei an das ZK der KPD vom Mai 1927 geriet auch in die Hände des SPD-«Vorwärts«, der ihn veröffentlichte. Liese, inzwischen Anhänger der linken Opposition, mißbilligte die Publizierung. Im Mai 1928 schloß ihn die KPD aus, weil er bei der Wahl für den Leninbund kandidiert hatte. Er war noch einige Zeit im Leninbund tätig, trat dann politisch nicht mehr hervor. Wilhelm Liese starb am 4. November 1940.

▸ Ligendza, Roman (* 1891 – † 1945?)

Geboren am 4. August 1891 in Zaborze/Krs. Hindenburg in Oberschlesien, Sohn eines Bergmanns; von Beruf Häuer. Von 1912 bis 1914 Militärdienst, dann Weltkriegsteilnehmer, zuletzt Unteroffizier. Im April 1920 trat er in die KPD und den Bergarbeiterverband ein, aus letzterem im März 1929 ausgeschlossen, zählte anschließend zu den führenden RGO-Funktionären in Oberschlesien. Delegierter des XII. Parteitages der KPD im Juni 1929 in Berlin. Bis 1931 als Bergarbeiter tätig, war Mitglied der BL Oberschlesien und gehörte von 1927 bis 1933 der Stadtverordnetenversammlung in Hindenburg an. Im April 1932 wurde er im Wahlkreis Oppeln in den Preußischen Landtag gewählt. Ligendza flüchtete im März 1933 nach Polen, kehrte aber Ende des Jahres nach Deutschland zurück und war Instrukteur der KPD in Berlin und im Ruhrgebiet (unter dem Decknamen Rudolf Schneuder). Dann Obergebietsleiter, Ligendza war verantwortlich für den Wiederaufbau der RGO und der KPD im Ruhrgebiet, Mittel- und Niederrhein. Am 24. April 1934 in Düsseldorf festgenommen, wurde er am 12. April 1935 vom 2. Senat des VGH zu zwei Jahren und acht Monaten Zuchthaus verurteilt. Nach der Strafverbüßung kam er in »Schutzhaft« in ein KZ, aus dem er im Sommer 1940 entlassen worden sein soll. Sein weiterer Lebensweg ist unklar. Den Erinnerungen des im Frühjahr 1943 über Oberschlesien abgesprungenen deutschen Kommunisten und Angehörigen der Roten Armee Vinzent Porombka (* 1910- † 1975) zufolge, hatte er gemeinsam mit Roman Ligendza und anderen oberschlesischen Kommunisten Anfang Januar 1945 Widerstandaktionen gegen das NS-Regime organisiert. Ligendza soll sich dann der Roten Armee zur Verfügung gestellt haben. Es war daher nicht zu klären, ob Roman Ligendza überlebte, eines natürlichen Todes starb oder eventuell ein Opfer beim Einmarsch der sowjetischen Truppen wurde.

▸ Lindau, Rudolf (* 1888 – † 1977)

Geboren am 28. März 1888 in Riddagshausen/Braunschweig, Sohn eines Sattlers; zunächst Arbeiter in einer Bäckerei in Braunschweig, dann Gießereiarbeiter. 1907 siedelte er nach Hamburg über, Transportarbeiter. 1904 trat er der Gewerkschaft bei, 1907 der SPD. 1910/11 arbeitete Lindau als Privatsekretär von ▸ Heinrich Laufenberg, der dem historisch Interessierten in seiner »Geschichte der Hamburger Arbeiterbewegung« für die geleistete Hilfe dankte. Im Juli 1911 begann Lindau hauptamtlich als Jungredakteur am »Hamburger Echo«. Mit Kriegsausbruch im August 1914 opponierte er gegen die Politik des PV und zählte in Hamburg zur Richtung der Bremer Linksradikalen. Er leitete die illegale Jugendarbeit der Linksradikalen und war Vertreter Hamburgs auf der I. Reichskonferenz der Spartakusgruppe am 1. Januar 1916. Von September 1916 bis November 1918 Armierungssoldat. Dann von Februar 1919 bis Sommer 1919 Chefredakteur der »Kommunistischen Arbeiterzeitung« in Hamburg, anschließend bis zur Abspaltung von der Richtung um Laufenberg und ▸ Fritz Wolffheim im März 1920 Sekretär der Hamburger KPD-Organisation. Lindau gehörte zu den wenigen Hamburger Funktionären, die auch nach der Abspaltung der KAPD bei der KPD verblieben und war für sie bis Dezember 1920 Wanderredner. 1921 Sekretär des VKPD-Bezirks Wasserkante und bis Mai 1923 Redakteur der »Hamburger Volkszeitung«. Er kam 1921 (bis 1924) als Abgeordneter in die Hamburger Bürgerschaft. Auf dem VIII. Parteitag 1923 wurde Lindau, der auf dem linken Flügel der Partei stand, aber kein fanatischer Anhänger von Fischer-Maslow-Thälmann war, in die Zentrale der Partei gewählt. Dort erhielt er, da er von der Brandler-Führung und auch von der linken Opposition unterstützt wurde, die meisten Stimmen. Ab Mai 1923 war er Mit-

glied des Orgbüros der KPD in Berlin und Redakteur der Zeitschrift »Parteiarbeiter« sowie Herausgeber der »Kommunistischen Parteikorrespondenz«.
Nachdem er zur Mittelgruppe übergeschwenkt war, blieb er bis Mai 1924 Polleiter des Bezirks Nordwest (Bremen). Im Mai 1924 mußte ▸ Wilhelm Deisen, der als Reichtagsabgeordneter gewählt worden war, zurücktreten, und Lindau erhielt dessen Mandat. Doch noch vor dem Zusammentritt des Reichstags wurde Lindau im Mai 1924 als Mitglied der Zentrale von 1923 verhaftet und verbrachte fast zwei Jahre in Untersuchungshaft. Im Dezember 1924 kein Reichstagsabgeordneter mehr, saß er länger im Gefängnis als alle anderen damals festgenommenen Führer der KPD. Da der vorgesehene Prozeß gegen die KPD-Zentrale von 1923 nie eröffnet wurde, kam er Ende 1925 wieder frei. Ab März 1926 Polleiter des Bezirks Wasserkante, trat er energisch gegen Korruption und Mißwirtschaft auf, die schon seinerzeit ▸ Ernst Thälmanns Freunde in diesem Bezirk betrieben. Deshalb wurde er im Februar 1927 abgesetzt und ▸ John Wittorf zum Nachfolger ernannt. Lindau war 1927/28 nochmals Abgeordneter der Hamburger Bürgerschaft. Zunächst in der Agitpropabteilung des ZK, zeitweise auch Chefredakteur der »Bergischen Arbeiterstimme« in Remscheid. 1929/30 Mitarbeiter er an der »Illustrierten Geschichte der deutschen Revolution«, im August 1930 Chefredakteur des »Kämpfers« in Chemnitz, im Dezember 1931 des »Illustrierten Volksechos« für Sachsen in Leipzig. Anfang 1933 Sekretär der BL Sachsen, hielt Lindau sich bis Januar 1934 in Ostsachsen auf. Ende Februar 1934 emigrierte er in die ČSR, von dort in die Sowjetunion, wo er anfangs Lehrer an der Leninschule und später an Antifa-Schulen war. Sein Sohn Rudolf Lindau (* 18. 5. 1911) wurde am 10. Januar 1934 in Hamburg hingerichtet. Das Gericht beschuldigte ihn, als Funktionär des KJVD am »Altonaer Blutsonntag« im Juli 1932 SA-Leute erschossen zu haben. Lindau lehrte in der Sowjetunion und arbeitete im Nationalkomitee Freies Deutschland mit.
1945 zurückgekehrt, bis Oktober 1947 Hauptreferent in der Abteilung Parteischulung des ZK der KPD bzw. ab April 1946 des ZS der SED. Da er seine bedeutenden Funktionen schon Ende der zwanziger Jahre schrittweise verloren hatte, rückte er auch in der SED nicht mehr in den Vordergrund. Im Oktober 1947 wurde der wortkarge Altrevolutionär Direktor der Parteihochschule »Karl Marx«. Dort im Oktober 1950 abgelöst, Mitarbeiter am IML. Ein ZK-Beschluß beauftragte Lindau mit der Erarbeitung einer Thälmann-Biographie, die er nie fertigstellte. Zur Geschichte des Kommunismus publizierte er einige Broschüren (»Probleme der Geschichte der deutschen Arbeiterbewegung«, Berlin 1947 und »Revolutionäre Kämpfe 1918/19«, Berlin 1960). Die letztere Arbeit wurde von ▸ Walter Ulbricht und dessen Anhängern angegriffen und Lindau als »Dogmatiker« verdammt. Er hatte – im Gegensatz zu den damaligen SED-Thesen – die Novemberrevolution 1918 in Deutschland noch immer als sozialistische und nicht als bürgerliche Revolution bezeichnete. Der starrköpfige Lindau hat allerdings (als einziger der angegriffenen Historiker) jede »Selbstkritik« verweigerte. Dennoch bekam er von der SED alle Auszeichnungen, darunter 1958 den Karl-Marx-Orden. Rudolf Lindau starb am 18. Oktober 1977 in Ost-Berlin.

▸ Löwenthal, Fritz (* 1888 – † 1956)

Geboren am 15. September 1888 in München, nach dem Abitur Studium der Rechts- und Staatswissenschaften in Berlin und München, 1914 Gerichtsassessor. Im Oktober 1917 Militärdienst, Unteroffizier im Bekleidungsinstandsetzungsamt Augsburg. 1918 Ratsassessor und Syndikus im Handelsgremium Bamberg, ab 1919 Rechtsanwalt in Nürnberg, 1922 Syndikus in Stuttgart. Ab 1927 Rechtsanwalt in Berlin, hier u. a. für die Rote Hilfe als Anwalt tätig. 1928 Mitglied der KPD, im September 1930 auf dem Reichswahlvorschlag der KPD in den Reichstag gewählt, dem Löwenthal bis Juli 1932 angehörte. Er war Mitglied des Exekutivkomitees der RHD und Vorsitzender der Internationalen Juristenvereinigung. In der Nacht des Reichstagsbrandes wurde seine Wohnung von der SA überfallen, seine Anwaltskanzlei mehrmals durchsucht und nur mit knapper Not entging er der Festnahme. Fritz Löwenthal tauchte unter und emigrierte im März 1933 nach Frankreich, später in die Niederlande. Im April 1935 kam er in die Sowjetunion, war Sprachlehrer an einer pädagogischen Hochschule in Moskau, dann Redakteur in der Zensurbehörde bzw. Übersetzer beim Fremdsprachenverlag. Im Oktober 1941 zunächst nach Engels (Wolgarepublik), später nach Ufa evakuiert. Ab 1943 Politinstrukteur in Kriegsgefangenenlagern, u. a. an der Antifa-Schule in Taliza. Ende 1946 kam Löwenthal nach Deutschland zurück, wurde Mitglied der SED und zum Leiter der Justizaufsicht in der Deutschen Zentralverwaltung für Justiz berufen (für ihn bürgten u. a. Hilde Benjamin und Götz Berger). Im Mai 1947 flüchtete Löwenthal in die Westzonen und veröffentlichte 1948 seinen Bericht gegen die SED: »Der neue Geist von Potsdam« und die Kritik »Der Weg der Sowjetunion« sowie 1949 »Studien zur Kritik des Marxismus«. Fritz Löwenthal trat der SPD bei und kam für sie in den Parlamentarischen Rat. Nach öffentlichen Angriffen auf die kritische Haltung der SPD zur Westintegration wurde er im Mai 1949 aus der SPD-Fraktion im Parlamentarischen Rat und aus der SPD ausgeschlossen. Fritz Löwenthal starb am 28. August 1956 in Valdorf bei Herford in Westfalen.

▸ Löwenthal, Richard, Dr. phil. (* 1908 – † 1991)

Geboren am 15. April 1908 in Berlin, Sohn eines Handelsvertreters. Von 1926 bis 1931 Studium der Nationalökonomie und Soziologie in Berlin und Heidelberg. Seit 1926 Mitglied der KPD und in der Kostufra aktiv, 1928 Reichsleiter der Kommunistischen Studentenfraktion. 1929 wegen rechter Abweichungen Ausschluß aus der KPD, war er dann von 1929 bis 1931 in der KPO. 1932 schloß sich Löwenthal der LO (Leninistische Organisation) an, die »Neu Beginnen« schuf, deren Theoretiker er ab 1933 war. Nach der Spaltung von »Neu Beginnen« 1935 und Verhaftungswellen in Deutschland flüchtete er nach Prag. Dort wurde Richard Löwenthal unter dem Decknamen Paul Sering zusammen mit ▸ Karl Frank Leiter dieser Organisation. 1936/37 erhielt er ein Forschungsstipendium in London, kam danach wieder zurück nach Prag. Richard Löwenthal näherte sich linkssozialdemokratischen Positionen (Otto Bauer) an und verfaßte mit Karl Frank, Joseph Buttinger u. a. die Schrift »Der kommende Weltkrieg. Aufgaben und Ziele des deutschen Sozialismus«. Im Sommer 1939 ging er mit der Auslandszentrale von »Neu Beginnen« nach London, wo er bis 1961 blieb. Dort lebte er als freier politischer Journalist und Publizist, war von 1940 bis 1942 Mitarbeiter am Sender der Europäischen Revolution, später am »Observer« und am St. Antony College in Oxford. 1948 erschien Löwenthals berühmte

Schrift »Jenseits des Kapitalismus« unter dem Pseudonym Paul Sering. Gemeinsam mit Willy Brandt veröffentlichte er 1957 eine Biographie ▸ Ernst Reuters. 1961 erhielt er eine Professur für die Wissenschaft von Politik und Geschichte am Otto-Suhr-Institut der Freien Universität in Berlin und wurde einer der bekanntesten Osteuropa- und Kommunismusforscher (Publikation u. a.: »Chruschtschow und der Weltkommunismus« 1963). Seit 1946 Mitglied des SPD, gehörte er in den siebziger Jahren zu den Theoretikern der Sozialdemokratie. 1974 emeritiert, wirkte er als freier Publizist in West-Berlin. Richard Löwenthal starb am 9. August 1991.

▸ Lohagen, Ernst (* 1897 – † 1971)

Geboren am 12. Mai 1897 in Elberfeld, Laufbursche, dann Hilfsarbeiter. 1912 Mitglied der Arbeiterjugend, während des Krieges Anhänger der Spartakusgruppe in Elberfeld. 1918 als Soldat eingezogen, nach der Revolution in den Straßburger Soldatenrat gewählt. Seit Gründung der KPD Mitglied dieser Partei, Orgleiter der FSJ von Rheinland und Westfalen. 1920 Mitglied im Stab der Roten Ruhrarmee, Januar 1921 verhaftet, aber im März 1921 vom Sonderkriegsgericht in Kassel freigesprochen. Ostern 1921 gehörte er zur Leitung des Aufstandes (März-Aktion) in Wuppertal. Nach der Niederschlagung flüchtete er nach Berlin und lebte dort bis 1922 unter dem Namen Peter Paulsen. Anschließend in Kassel Redakteur der »Arbeiterzeitung« von Hessen-Kassel. Im Januar 1924 erneut festgenommen und wegen »Verstoßes gegen das KPD-Verbot« bis September 1924 im Zuchthaus. Danach Polleiter von Hessen-Kassel, 1926 Mitglied des Provinziallandtages von Hessen-Waldeck, 1927 der Kasseler Stadtverordnetenversammlung. Lohagen schloß sich der ultralinken Opposition an, die er auf dem X. Parteitag 1925 vertrat. Da er sich Ende 1925 von der Opposition löste, im Februar 1928 erneut Polleiter des Bezirks Hessen-Kassel. Im September 1930 (im Wahlkreis Hessen-Nassau) in den Reichstag gewählt, dem er bis Juli 1932 angehörte. Mitte 1931 in Kassel abgesetzt, ohne daß die anderen Funktionäre den Grund erfuhren, er wurde 1932 Instrukteur der Reichsleitung des illegalen RFB in Berlin.

Im April 1933 verhaftet, kam er in das KZ Neu-Sustrum und ab Januar 1934 in das Lager Börgermoor. Nach seiner Freilassung im April 1934 (er hatte die übliche Erklärung unterschrieben, sich »nicht mehr staatsfeindlich zu betätigen«) wieder Polleiter der illegalen KPD Bezirk Hessen-Kassel. Im Juni 1935 wurde er gemeinsam mit seiner Frau **Paula Lohagen**, geborene Niewöhner (* 17. 1. 1897 in Bielefeld), festgenommen. Sie war seit 1919 Mitglied der KPD, gehörte seit 1926 ebenfalls der BL Hessen-Kassel an und blieb bis 1933 als Redaktionssekretärin an der »Volkswacht« in Bielefeld. Paula Lohagen wurde 1935 zu drei Jahren Zuchthaus verurteilt und 1942 im KZ Auschwitz ermordet.

Ernst Lohagen saß bis 1938 in U-Haft, wurde im Januar 1938 vom VGH zu 15 Jahren Zuchthaus verurteilt und im April 1945 von Einheiten der US-Armee aus dem KZ Lengefeld befreit. Er ging nach Zwickau und baute bis August 1945 die KPD in Zwickau und im Vogtland wieder mit auf. Im August 1945 Vorsitzender der KPD Leipzig, im April 1946 dann der SED. Von 1948 bis Anfang 1952 war er Landesvorsitzender bzw. 1. Sekretär der SED in Sachsen. Lohagen wurde im Februar 1949 im Westen wegen seiner Haltung während der Nazizeit angegriffen. Das SED-Zentralorgan »Neues Deutschland« verteidigte ihn am 24. Februar 1949 unter der Überschrift: »Gegen eine politische Verleumdung«. Von der Personalpolitischen Abteilung des PV der SED wurde die illegale Arbeit und das untadlige Verhalten Lohagens gelobt.

1950 Mitglied des ZK der SED, tat er sich besonders bei der Stalinisierung der sächsischen SED hervor. Besonders heftig griff er den rechten Altkommunisten ▸ Arthur Lieberasch an. Doch am 21. Dezember 1951 wurde er überraschend in der sowjetischen Zeitung »Tägliche Rundschau« beschuldigt, »Kritik und Selbstkritik« zu unterbinden. Einen kritischen Artikel des Volkskorrespondenten Müller an seiner Arbeitsweise hatte Lohagen damit beantwortet, daß er Müller entließ. Daraufhin schlug der »Fall Lohagen« große Wellen, er war als Sündenbock für eine Kampagne ausersehen. Obwohl er »die Kritik der ›Täglichen Rundschau‹ eine Lehre und Hilfe für mich«, nannte, in einem Artikel alle vorgebrachten Vergehen bestätigte, ging die Aktion gegen ihn weiter. Am 25. Januar 1952 richtete die »Leipziger Volkszeitung« »Ein Wort an den Gen. Lohagen!« Nunmehr bekannte er am 21. Februar 1952, seine Selbstkritik sei »falsch und unzulänglich« gewesen, er habe wegen seiner »Selbstherrlichkeit« eine »Kette von Fehlern« begangen. Ungeachtet dieser erneuten Unterwerfung schloß ihn die SED-Führung am 23. Februar 1952 aus dem ZK aus. Allerdings meinte ▸ Walter Ulbricht am 11. März 1952: »Die Sache mit dem Verhalten des Genossen Lohagen ist nicht abgeschlossen.« Da Lohagen früher einmal bei der ultralinken Opposition stand, drohten ihm härtere Maßnahmen; im Mai 1952 erhielt er eine Rüge wegen »parteischädigenden und eines führenden Funktionärs unwürdigen Verhaltens«, wurde im Juni auch aus der SED-Landesleitung Sachsen ausgeschlossen und mußte sofort sein Mandat in der Volkskammer niederlegen. Lohagen wurde zum Leiter der Bezirksfinanzkommission Potsdam degradiert, ab September 1955 Vorsitzender des Rates des Kreises Pritzwalk. Seit 1958 hatte er keine Funktion mehr. Mit dem VVO in Gold ausgezeichnet, Parteiveteran in Belzig. Ernst Lohagen starb am 2. November 1971.

▸ Loquingen, Peter (* 1898 – † 1965)

Geboren am 14. August 1898, Sohn eines Modelltischlers in Düsseldorf; Fabrikarbeiter. 1919 Mitglied der SPD, Ende des Jahres Übertritt zur USPD, ging 1920 mit deren linkem Flügel zur KPD. In der Partei Anhänger der Linken, seit 1924 hauptamtlicher Funktionär, Sekretär der KPD in Hagen. Im gleichen Jahr zog er als jüngster Abgeordneter in den Preußischen Landtag ein. Während der innerparteilichen Auseinandersetzungen schloß sich Loquingen 1925 den Ultralinken an. Er wurde als Vertreter der Korsch-Gruppe am 19. August 1926 aus der KPD ausgeschlossen. Loquingen behielt sein Landtagsmandat bis 1928 und gehörte zur Leitung der Korsch-Gruppe, bis diese sich auflöste. Als Pächter einer Gastwirtschaft zog Loquingen 1929 ins Saargebiet, bis er 1932 ausgewiesen wurde. Später ging er als Vertreter (Seifenhandel) ins Saargebiet zurück, war dort bei der »Deutschen Front«. 1935 Übersiedlung nach Neuß, wo er sich politisch nicht mehr betätigte. 1936 gemustert und als Soldat eingezogen, kam er von 1936 bis 1938 zur Feldartillerie in Magdeburg und war anschließend wieder als Reisender tätig. Im Zweiten Weltkrieg erneut eingezogen, geriet Loquingen bei Kriegsende in amerikanische Gefangenschaft und wurde dann den Franzosen überstellt. Er kehrte 1946 zurück und ließ sich in Düsseldorf als selbständiger Einzelhandelskaufmann nieder. Politisch nicht mehr organisiert, da er die Haltung beider Mächtegruppen in Ost und West für falsch hielt. Peter Loquingen starb am 31. Januar 1965 in Düsseldorf.

▸ Lorenz, Paul (* 1896 – † 1952)

Geboren am 31. August 1896 in Sulzbach/Saar, wurde wie der Vater Bergmann; Hauer in der Grube Sulzbach. Als Mitglied der KPD besuchte er einen Lehrgang an der Parteischule in Dresden und war von Januar bis März 1928 Orgleiter, dann von Juni 1930 bis Juni 1933 Polleiter der BL Saar. Da es Anfang 1933 zwischen ihm und dem Polbüro Differenzen in der Frage der Aktionseinheit gab, wurde er abgelöst, am 25. März 1934 aus der BL Saar ausgeschlossen und am 30. April 1934 als Parteiangestellter entlassen. Im Saar-Abstimmungskampf trat er nicht mehr als Referent für die KPD auf, sondern plädierte für den Anschluß an Deutschland. Im Februar 1935 unterzeichnete Paul Lorenz in der »Sulzbacher Volkszeitung« einen Aufruf, der forderte, das »Aufbauwerk des Führers zu unterstützen«, er wurde Anhänger der »Deutschen Front«. Ab 1937 arbeitete er wieder als Hauer, wurde nach Freiburg/Breisgau dienstverpflichtet und verzog im Januar nach St. Georgen im Schwarzwald. Ein schwerer Unfall unter Tage beendete seine Bergarbeitertätigkeit. Nach 1945 war er Landesleiter Bergbau im Badischen Gewerkschaftsbund, dann Sekretär der Geschäftsstellen der IG Bergbau in Freiburg. Während der Bezirkskonferenz der IG Bergbau Süddeutschland in Hausham starb Paul Lorenz am 16. November 1952.

▸ Lossau, Fritz (* 1897 – † 1987)

Geboren am 25 Juli 1897 in Hannover, lernte Laborant und war bei verschiedenen Firmen beschäftigt. Kriegsteilnehmer, kehrte schwerverwundet von der Front zurück. 1918 Mitglied der USPD, ging mit der linken USPD 1920 zur KPD. Lossau stand auf dem linken Flügel der KPD. 1924 als hauptamtlicher Sekretär eingesetzt, zog er im gleichen Jahr als Abgeordneter in den Preußischen Landtag ein. Nach Düsseldorf übergesiedelt, führte er dort zusammen mit ▸ Peter Loquingen die ultralinke Opposition. Deswegen wurde er am 19. August 1926 aus der KPD ausgeschlossen. Er behielt sein Landtagsmandat bis Mai 1928 und schloß sich der Korsch-Schwarz-Gruppe an. Nach deren Spaltung ging er mit ▸ Ernst Schwarz zur Gruppe »Entschiedene Linke«. Im April 1927 bekam Lossau Differenzen wegen der Haltung der Gruppe zur KAP, er trat aus »politischen und taktischen« Gründen aus den »Entschiedenen Linken« aus. Sein Wiederaufnahmeantrag in diese Gruppe vom Mai 1927 wurde abgelehnt. Lossau war durch sein Kriegsleiden lange Zeit krank und politisch nicht mehr aktiv. Er ging zu den Syndikalisten und der AAU, trennte sich aber noch vor 1933 von dieser Gruppierung. Nach dem Zweiten Weltkrieg trat er der SPD bei und wurde hauptamtlicher Mitarbeiter des »Reichsbundes der Kriegsbeschädigten und Hinterbliebenen« in Niedersachsen. Zuletzt wohnte er in Hemmingen bei Hannover. Fritz Lossau starb am 17. Mai 1987.

▸ Loth, Joseph (* 1896 – † 1970)

Geboren am 7. März 1896 in Rieneck/Gmünden in Unterfranken als Joseph Waßmuth, Sohn einer alleinerziehenden Arbeiterin. 1902 heiratete die Mutter, und er bekam nun den Familiennamen Loth. Der gelernte Metallarbeiter begann im Mai 1914 als Eisenbahnarbeiter, war ab Juni 1920 Zugschaffner. 1924 entlassen, wurde er 1927 in den einstweiligen Ruhestand versetzt. Funktionär der KPD in Friedberg, gehörte dort von 1928 bis 1930 dem Stadtrat an und war 1931/32 Abgeordneter des Landtages des Hessischen Volksstaates. Da er auch nach dem Machtantritt der Nazis für die KPD zu den Landtagswahlen kandidierte, wurde er am 10. März 1933 in Friedberg verhaftet. Am 5. April 1933 verurteilte ihn das Sondergericht beim OLG Darmstadt zu einem Jahr Gefängnis. Er wurde bereits im Dezember 1933 entlassen, im Januar 1934 erneut festgenommen, kam mehrere Monate in »Schutzhaft«. Nach seiner Freilassung traf er sich u. a. mit dem im Untergrund lebenden ▸ Wilhelm Beuttel. Am 26. Februar 1943 wurde Loth abermals verhaftet und am 29. März 1944 durch den 2. Senat des VGH zu sechs Jahren Zuchthaus verurteilt. Bis Mai 1944 saß er zunächst in der Strafanstalt Mainz, anschließend bis zur Befreiung am 27. April 1945 im Zuchthaus Butzbach. Loth begann nach dem Kriege erneut bei der Bahn zu arbeiten und war lange Jahre auf dem Bahnhof Friedberg angestellt. Er trat wieder der KPD bei, gehörte ab 1969 der DKP an. Joseph Loth starb am 14. August 1970 in Friedberg.

▸ Lovacz, Stefan (* 1901 – † 1938)

Geboren am 6. November 1901 in Zeltweg/Krs. Judenburg in Österreich, mit seinen Eltern 1907 nach Deutschland verzogen, lernte Lovacz Modelltischler. Nach Wanderschaft durch Süd- und Westdeutschland begann er 1926 bei der Bremer Vulkan-Werft zu arbeiten, bei der auch sein Vater beschäftigt war. Im Frühjahr 1930 erwerbslos, trat er in die KPD ein, für die er als Arbeiterkorrespondent u. a. in der »Arbeiterzeitung« in Bremen schrieb. Im März 1933 verließ er die Stadt und versteckte sich in den folgenden Monaten bei Freunden und Bekannten und bekam über ▸ Oskar Uhlhorn Kontakte zur illegalen Leitung der KPD Nordwest. Nach Bremen kehrte er im Sommer 1933 zurück und übernahm die Funktion des Kassierer der illegalen KPD. Lovacz reiste dann nach Hamburg, anschließend in die Niederlande, traf hier mit ▸ August Creutzburg zusammen und ging zunächst nach Saarbrücken. Über Zürich, wo er von der Auslandsleitung des ZK den Auftrag erhielt, in Süddeutschland als Bezirksleiter zu arbeiten, gelangte Lovacz im Herbst 1934 illegal nach Stuttgart. Mit Unterstützung von ▸ Maria Krollmann, der Oberberaterin für Süddeutschland, baute er gemeinsam mit ▸ Walter Griesbach u. a. den illegalen Apparat aus und war als Leiter der illegalen KPD in Württemberg maßgeblich an der Beschaffung und Weiterleitung von Informationen über die geheime Aufrüstung Deutschlands beteiligt. Er fuhr mehrmals zur Berichterstattung nach Zürich und zur illegalen Landesleitung nach Berlin, wurde dabei am 15. Juni 1935 in Stuttgart festgenommen. Am 11. Juni 1937 vom VGH zum Tode verurteilt, wurde Stefan Lovacz am 20. Juni 1938 in Berlin-Plötzensee hingerichtet.

▸ Lubinski, Dagobert (* 1893 – † 1943)

Geboren am 17. Juli 1893 in Breslau, Sohn eines jüdischen Kaufmanns. Er verließ die Realschule vorzeitig ohne Abschluß und absolvierte eine kaufmännische Ausbildung. 1911 wurde er Buchhalter und Funktionär der Gewerkschaft deutscher Bankangestellter. 1927 kam er als Wirtschaftsredakteur an die »Freiheit«, das KPD-Organ der BL Niederrhein in Düsseldorf. Wegen seiner Kritik am ultralinken Kurs der KPD wurde er Anfang 1929 aus der Partei wegen »Fraktionsbildung mit den Brandlerianern« ausgeschlossen und als Redakteur entlassen. Mit Aushilfsarbeiten auf dem Katasteramt und mit journalistischen Aufträgen hielt er seine vierköpfige Familie am Leben. Dagobert Lubinski ging nach seinem Parteiausschluß zur KPO und wurde leitender Funktionär des Bezirks Niederrhein. Als Mitarbeiter der Zeitschrift »Gegen den Strom« schrieb er unter dem Pseudonym E. L. (Erich Lessing) vorwiegend über Wirtschaftsfragen. Im Februar 1933 verhaftet und ins KZ Börgermoor verschleppt, setzte er nach seiner Entlassung Mitte Dezember 1933 die illegale Arbeit fort. Er näherte sich nach dem VII. Weltkongreß der Komintern mit mehreren Genossen des KPO-Bezirks wieder der KPD an. Am 3. November 1936 erneut verhaftet und schwer mißhandelt. Nach eineinhalb Jahren Untersuchungshaft wurde Lubinski am 6. April 1938 vom OLG Hamm in Wuppertal-Elberfeld zu zehn Jahren Zuchthaus verurteilt. Er kam zunächst in das Zuchthaus Lüttringhausen, wo er als Jude den gelben Stern tragen mußte. Im Februar 1943 nach Auschwitz transportiert, ist Dagobert Lubinski am 22. Februar 1943 ermordet worden. 1991 veröffentlichte Annette Leo, die Enkelin von Dagobert Lubinski, Briefe ihres Großvaters.

▸ Ludewig, Johanna (* 1891 – † 1958)

Geboren am 28. März 1891 in Berlin, Tochter eines Klempnermeisters; besuchte die Handelsschule und arbeitete von 1907 bis September 1928 als Buchhalterin und Prokuristin in verschiedenen Berliner Betrieben. 1912 trat sie der SPD bei. Als Abteilungsleiterin des Sozialdemokratischen Wahlvereins für den I. Berliner Wahlkreis gehörte sie ab 1916 dem neuen linken Zentralvorstand an und wurde während des Krieges Mitglied und Funktionärin der USPD. Ende 1920 kam sie mit dem linken Flügel der Partei zur KPD. Johanna Ludewig saß bereits im März 1919 in der USPD-Fraktion in der Berliner Stadtverordnetenversammlung, ab Juli 1920 war sie ununterbrochen Abgeordnete der Stadtverordnetenversammlung der neuen Einheitsgemeinde Groß-Berlin. Johanna Ludewig war von 1921 bis 1933 Abgeordnete der KPD im Preußischen Landtag. Sie engagierte sich vor allem in der kommunistischen Frauenbewegung, war 1927 Sekretärin des RFMB und ab 1932 Leiterin der Frauen- und Mädchenstaffel im Kampfbund gegen den Faschismus. 1933 zunächst nach Großbritannien, später nach Dänemark emigriert, kehrte sie jedoch 1934 nach Deutschland zurück und arbeitete als Buchhalterin in Berlin. Sie stand unter Polizeiaufsicht, wurde mehrmals zur Gestapo bestellt. Im Zusammenhang mit der Aktion »Gewitter« am 20. August 1944 verhaftet, kam Johanna Ludewig in das KZ Ravensbrück, dort am 12. September zwar entlassen, aber noch mehrere Wochen im Polizeigefängnis Berlin festgehalten. Nach 1945 wieder in ihrem Beruf tätig, war sie politisch nicht mehr organisiert. Johanna Ludewig starb am 11. Juli 1958 in West-Berlin.

▸ Lübeck, Hans (* 1908 – † 1992)

Geboren am 12. Juli 1908 in Bremen, Sohn eines Angestellten; Lehre und Arbeit als Buchhändler. 1926 Mitglied der SPD, erklärte er anläßlich der Maikundgebung der KPD in Bremen am 1. Mai 1927 seinen Austritt aus dieser Partei und seinen Eintritt in den KJVD, ein Jahr später wurde er Mitglied der KPD. Bezirksleiter des KJVD Weser-Ems, 1930 Mitglied des ZK des KJVD. 1930/31 Kursant an der Schule der KJI in Moskau, anschließend Referent im EK der KJI. 1931 kehrte Lübeck nach Deutschland zurück und leitete bis Mai 1931 das KPD-Jugendsekretariat im Bezirk Niederrhein, anschließend KJVD-Instrukteur im Bezirk Halle-Merseburg. 1932 kam er nach Moskau und wurde als Instrukteur des Westeuropäischen Büros der KJI in Belgien und Österreich eingesetzt. Nach der Entmachtung ▸ Heinz Neumanns und ▸ Kurt Müllers wurde Lübeck im September 1932 Reichspionierleiter des ZK des KJVD. Im November 1933 in Berlin verhaftet, wurde er am 1. Juni 1934 vom Landgericht Königsberg zu zwei Jahren Gefängnis verurteilt. Nach der Entlassung Elektroschweißer auf der Bremer Werft, emigrierte 1937 in die ČSR, dort Heimleiter im Emigrantenlager Teplitz-Schönau. Im März 1939 festgenommen und in das KZ Sachsenhausen gebracht, dann im März 1942 vom Landgericht Dresden zu acht Jahren und sechs Monaten Zuchthaus verurteilt. Ab 1945 Redakteur der »Fränkischen Presse« in Bayreuth, 1947/48 Sekretär der KPD in Bayreuth und Stadtrat. 1949 von der KPD-Landesleitung Bayern zum Studium an die PHS »Karl Marx« in Kleinmachnow delegiert. 1951 Übersiedlung in die DDR, Mitglied der SED, Redakteur beim Mitteldeutschen Rundfunk in Leipzig, seit 1958 Redakteur bei der ADN-Bezirksredaktion in Erfurt und ab 1961 Redakteur beim ADN in Ost-Berlin. Er erhielt 1978 den VVO in Gold. Hans Lübeck starb am 16. Januar 1992 in Berlin.

▸ Lübeck, Käthe (* 1907 – † 1984)

Geboren am 15. Februar 1907 in Bremen als Käthe Fürst, zunächst Arbeiterin, nach einer kaufmännischen Lehre Buchhalterin. Sie gehörte von 1922 bis 1927 der SAJ und der SPD an. 1927 trat sie in den KJVD über, 1929 Mitglied der KPD. Betriebsrätin in der Bremer Jutespinnerei, sie wurde 1930 in die Bremer Bürgerschaft gewählt. 1931 ging sie mit ihrem Mann ▸ Hans Lübeck nach Düsseldorf und war Mitarbeiterin in der RGO-BL Niederrhein, im Sommer 1931 wurde sie in Halle Angestellte beim Konsum, Anfang 1932 Orgleiterin in der Frauenabteilung des KJVD Halle. Mit ihrem Mann kam sie im Herbst 1932 nach Moskau, ein Studium an der Lenin-

schule war nicht möglich, weil sie die Aufnahmeprüfung nicht bestand. Ende 1934 nach Deutschland zur illegalen Arbeit zurück, Käthe Lübeck gehörte der zentralen Landesleitung der KPD in Berlin an und organisierte die Frauenarbeit. Am 27. März 1935 wurde sie zusammen mit ▸ Adolf Rembte, ▸ Robert Stamm und ▸ Max Maddalena verhaftet, am 4. Juni 1937 zu zwölf Jahren Zuchthaus verurteilt. Im Mai 1945 befreit, ging sie im Juni 1945 wieder nach Bremen, Frauenleiterin der KPD. Von 1946 von 1951 gehörte sie der Bremer Bürgerschaft an, von August 1946 bis Februar 1948 war sie Senatorin für Gesundheitswesen, damit erste Senatorin in der Geschichte der Freien und Hansestadt Bremen.
Käthe Lübeck, ab 1946 verheiratete Popall, geriet mit ihrem zweiten Mann Reinhold Popall, der nach 1933 illegal für die KPD gearbeitet hatte und 1935 zu 15 Jahren Zuchthaus verurteilt worden war, Anfang 1952 in eine Säuberung gegen »Parteifeinde, Agenten und Opportunisten«. In der Bremer KPD-Zeitung »Tribüne der Demokratie« hieß es: »Beide haben zur Partei seit Jahren keine Verbindung, diffamieren Funktionäre der Partei und untergraben das Vertrauen zur Sowjetunion und zur DDR.« Ein Parteiverfahren, das auf ihren Ausschluß zielte (wie bei ihrem Mann, der jedoch Ende 1952 selbst sein Parteibuch zurückgab), war gegen Käthe Popall nicht so einfach durchzusetzen. Da sich die Wohnparteigruppe in Bremen gegen ihren Ausschluß wandte, bekam sie »nur« eine »Rüge«. Bis 1956 formal Mitglied der KPD, aber politisch isoliert und nicht mehr aktiv. 1967 zog sie mit ihrer Familie ins Saarland, kehrte wenige Wochen vor ihrem Tod nach Bremen zurück, wo Käthe Lübeck (Popall) am 23. Mai 1984 starb.

▸ Lux, Friedrich (* 1892 – † 1933)

Geboren am 28. September 1892 in Imten/Krs. Wehlau in Ostpreußen. In seiner Jugend ging er nach Hamburg, wo er im Hafen arbeitete. 1908 schloß er sich der Arbeiterjugend an, war seit 1911 in der Gewerkschaft organisiert. Im Weltkrieg Soldat an der Westfront. 1918 Eintritt in die USPD,

kam mit deren linkem Flügel 1920 zur KPD und beteiligte sich im Oktober 1923 am Hamburger Aufstand. Lux arbeitete bis 1929 als Schauermann im Hamburger Hafen, trat dort Anfang 1929 als Führer eines wilden Hafenarbeiterstreiks hervor. Von 1928 bis 1933 Abgeordneter der Hamburger Bürgerschaft, Mitglied der BL Wasserkante. Im Frühjahr 1929 hauptamtlicher Sekretär der KPD Wasserkante, wurde er auf dem XII. Parteitag im Juni 1929 zum Mitglied des ZK gewählt und hauptamtlicher RGO-Sekretär. Lux war Anhänger ▸ Heinz Neumanns und propagierte die Parole »Schlagt die Faschisten, wo ihr sie trefft!« auch in Hamburg. Im März 1931 gehörte er zu der Gruppe Hamburger KPD-Bürgerschaftsabgeordneter, die wegen des Mordes an ▸ Ernst Henning eine Schlägerei mit den Abgeordneten der NSDAP begannen. Im Sommer 1932 als Anhänger der Neumann-Gruppe wieder aus dem ZK entfernt, wurde Lux Mitarbeiter im AM-Apparat ▸ Hans Kippenbergers und galt nun als »GPU-Mann des Nordens«. Er beteiligte sich früh an Vorbereitungen, die KPD in die Illegalität zu überführen. In Kopenhagen richtete er Ende 1932 einen Parteistützpunkt ein, von dem aus im Falle eines Parteiverbots die politische Arbeit im norddeutschen Raum koordiniert werden sollte. Nach dem Reichstagsbrand und den ersten Verhaftungen versuchte Lux, die illegale KPD-Organisation in Hamburg zu reorganisieren, wurde aber am

15. Juli 1933 von der Gestapo verhaftet. Friedrich Lux ist durch schwere Mißhandlungen am 6. November 1933 im KZ Fuhlsbüttel ermordet worden.

▸ Luxemburg, Rosa, Dr. phil. (* 1871 – † 1919)

Geboren am 5. März 1871 in Zamosz in Russisch-Polen als jüngstes von fünf Kindern einer wohlhabenden, assimilierten jüdischen Kaufmannsfamilie. 1873 übersiedelten die Eltern nach Warschau, wo Rosa Luxemburg bis 1887 ein Mädchengymnasium besuchte. Mit unbändigem Gerechtigkeitssinn opponierte sie gegen die bestehende Gesellschaft und trat 1887 in die revolutionäre sozialistische Partei ein, war illegal gegen den Zarismus tätig und mußte 1889 in die Schweiz emigrieren. Sie studierte in Zürich Naturwissenschaft und Mathematik, dann Staatswissenschaften und Nationalökonomie und promovierte 1897 mit der Dissertation »Die Industrialisierung Polens«. Seit 1893 gab Rosa Luxemburg zusammen mit ▸ Leo Jogiches u. a. eine radikale sozialistische polnische Zeitung (»Arbeitersache«) heraus und war 1894 Mitbegründerin der Sozialdemokratie des Königreiches Polen. Teilnehmerin aller Internationalen Sozialistenkongresse sowie ab 1896 Autorin im theoretischen Organ der SPD »Neue Zeit«. In Zürich lebte sie mit Leo Jogiches zusammen, sie hatten zugleich engste politische Beziehungen, die bis zu ihrer Ermordung 1919 bestanden.

Im April 1898 schloß Rosa Luxemburg eine Scheinehe mit dem jungen Schriftsetzer Gustav Lübeck, dem Sohn ihres Bekannten Karl Lübeck, einem deutschen Emigranten. Seit dieser Eheschließung (1903 Scheidung) war sie deutsche Staatsbürgerin und zog im Mai 1898 nach Berlin. Hier wurde sie in der SPD mir ihren radikalsozialistischen Ansichten schnell bekannt. Durch ihre scharfzüngige Kritik, mit ihrer Methode, den politischen Gegner innerhalb der Partei auch persönlich herabzusetzen, trug sie zur Polarisierung bei. Als glänzende Publizistin und Rednerin rasch von ihren Anhängern geradezu verehrt, wurde sie eine der berühmtesten sozialdemokratischen Frauen in Deutschland.

Rosa Luxemburg beschränkte ihre Arbeit indes nicht nur auf die SPD. Nachdem auf ihren Druck hin 1900 auch Leo Jogiches nach Berlin übersiedelte, setzten beide ihre Arbeit in der illegalen polnischen Sozialdemokratie fort, und bis 1910 blieb sie Mitarbeiterin am theoretischen Organ der polnischen links-sozialisitischen »Sozialdemokratischen Rundschau«. Ihr Hauptarbeitsfeld lag aber in der SPD, mit unglaublicher Energie und unbändigem Eifer wirkte sie in dieser Partei. Mit ihrer Aufsatzreihe in der »Leipziger Volkszeitung« 1898/99 über »Sozialreform oder Revolution« bekämpfte sie scharf den »Revisionismus« Eduard Bernsteins und seiner Anhänger, stand zunächst noch an der Seite des »orthodoxen« Marxisten Karl Kautsky. Ihre unermüdlichen Aktivitäten – Teilnahme und Diskussionen auf allen SPD-Parteitagen, Rundreisen mit Agitationen in vielen Städten, journalistische und publizistische Tätigkeit – sind in zahlreichen Biographien über sie (u. a. von ▸ Paul Frölich, H. Roland-Holst, P. Nettl, F. Tych, H. Hirsch, L. Basso, G. Badia, N. Ito, S. Quack, O. K. Flechtheim, I. Fetscher, E. Ettinger, M. Gallo, A. Laschitza, M. Scharrer und vielen anderen) und mit Veröffentlichung ihrer Briefe umfassend dokumentiert. 1898 Chefredakteurin der »Sächsischen Arbeiterzeitung« in Dresden, kam sie

1902 in die Redaktion der »Leipziger Volkszeitung«.
Die russische Revolution von 1905 bis 1907 steigerte ihr Engagement noch, und sie ging gemeinsam mit Jogiches im Dezember 1905 nach Warschau, um mit der polnischen Sozialdemokratie gegen den Zarismus zu kämpfen. Deshalb im März 1906 verhaftet, kam sie nach Zahlung einer Kaution im Juli 1906 frei, fuhr im August nach Finnland, wo sie im Auftrag der SPD-Hamburg eine ihrer bekanntesten Arbeiten »Massenstreik, Partei und Gewerkschaft« verfaßte. Rosa Luxemburg vertrat nun (u. a. auf dem Mannheimer SPD-Parteitag 1906) die radikale These, der Massenstreik müsse revolutionäres Kampfmittel der Partei werden und stieß damit auf den Widerstand der freien Gewerkschaften. Sie war eine radikale Sozialistin, deren Vorstellung von der eigenständigen Entwicklung der Massenbewegung später als »Spontanitätstheorie« bezeichnet wurde. Sie wandte sich vor allem gegen bürokratische und zentralistsiche Tendenzen in der Arbeiterbewegung und stand daher zusammen mit Leo Jogiches gegen Lenins Bolschewiki. Bereits 1903 verwarf sie Lenins Parteikonzeption und verteidigte das Grundprinzip der »proletarischen Demokratie«. In ihrem Artikel »Organisationsfragen der russischen Sozialdemokratie« wies sie den Leninschen »Überzentralismus« strikt zurück. »Der von Lenin befürwortete Überzentralismus scheint uns in seinem ganzen Wesen nicht vom positiven schöpferischen, sondern vom sterilen Nachtwächtergeist getragen zu sein«, faßte Rosa Luxemburg in ihrer gewohnten scharfzüngigen Polemik zusammen. Und auch während der russischen Revolution 1905 griff sie – ebenso wie Jogiches – Lenins Strategie an. Der »Unfehlbarkeits«-Anspruch einer Führung war für sie unerträglich.
Insbesondere aber wandte sie sich gegen die gemäßigten Kräfte in der SPD und führte ihre oft persönlichen Ausfälle gegen Parteigenossen fort. Dennoch galt sie, durchaus weit über ihre Anhänger hinaus, als geachtete wissenschaftliche Autorität. Das zeigte sich in der Anerkennung ihrer erfolgreichen Tätigkeit an der zentralen Parteischule der SPD ab Oktober 1907. Dort lehrte sie Nationalökonomie und schrieb an ihrem (1913 publizierten) Hauptwerk »Die Akkumulation des Kapitals«. Ihre Einschätzung des Imperialismus war umstritten, die These, der Kapitalismus sei nur lebensfähig, wenn er sich ständig im nichtkapitalistischen Raum (als vorkapitalistische oder koloniale Gesellschaften) erweitere, haben gerade kommunistische Ökonomen später abgelehnt. Eher akzeptiert wurde hingegen ihre Schlußfolgerung, der Kampf um diesen nichtkapitalistischen Raum führe zu imperialistischen Konflikten, Militarismus und Krieg.
Das turbulente Leben, das Rosa Luxemburg bei ihrer politischen und wissenschaftlichen Tätigkeit führte, wurde durch private Probleme erschwert. Das Liebesverhältnis mit Leo Jogiches endete 1907, aber sie wohnten zunächst noch in Berlin-Friedenau zusammen. Ihre engen politischen Beziehungen hielten sie auch nach der Trennung aufrecht, erst 1911 zog Luxemburg nach Berlin-Südende. Danach war sie mit Kostja Zetkin (* 1885 – † 1980) liiert, einem weit jüngeren Arzt, dem Sohn ihrer Kampfgenossin und Freundin ▸ Clara Zetkin. Die leidenschaftliche und innige Beziehung zu Kostja Zetkin ist dem Briefwechsel ebenso zu entnehmen wie Rosa Luxenburgs persönliche enge Freundschaft mit dem Arzt Hans Diefenbach (* 1884 – † 1914). Als der im Weltkrieg fiel, hat das bei ihr einen Schock ausgelöst. Aus ihrem umfangreichen Briefwechsel geht neben den vielseitigen wissenschaftlichen Interessen nicht nur die Hinwendung zu Musik und Literatur, sondern auch eine große Liebe zur Natur und zu den Pflanzen und Tieren hervor.
In der SPD wurde Rosa Luxemburg ab 1911 zunehmend politisch isoliert. Sie löste sich vom früheren Mitkämpfer Karl Kautsky und seinen Anhängern, ihr Bruch mit der »Leipziger Volkszeitung« nach dem Jenaer Parteitag der SPD 1913 leitete die Trennung der radikalen Linken vom Zentrum ein. Schließlich führte die Herausgabe der »Sozialdemokratischen Korrespondenz« im Dezember 1913 gemeinsam mit ▸ Franz Mehring und ▸ Julian Marchlewski schon vor dem Weltkrieg zu einer eigenständigen politischen Strömung der radikalen Linken.

Dabei hatte Rosa Luxemburg immer gegen den Krieg agiert, u. a. forderte sie die deutschen Arbeiter auf, nicht auf ihre französische Klassenbrüder zu schießen. Das war für den Staatsanwalt »Anstiftung zum Verbrechen der Meuterei«. Deswegen wurde sie im Februar 1914 in Frankfurt/M. zu einem Jahr Gefängnis verurteilt, allerdings dann erst im Mai 1915 inhaftiert.
Ihr Verteidiger in diesem Prozeß war ▸ Paul Levi, mit dem sie 1914 eine Liebesbeziehung hatte. Der Ausbruch des Weltkrieges und die SPD-Politik der Vaterlandsverteidigung und des Burgfriedens entsetzte die Internationalistin Luxemburg, sie verlangte schonungslose Selbstkritik. Zusammen mit ▸ Karl Liebknecht, der vor dem Krieg nicht zum engsten Kreis der radikalen Linken gehörte, wurde sie zur treibenden Kraft der Gruppe Internationale, dem späteren Spartakusbund. Gemeinsam mit Leo Jogiches, Liebknecht und Mehring sammelte sie die konsequenten Linken (u. a. ▸ August und Bertha Thalheimer, ▸ Hermann und ▸ Käte Dunker, ▸ Ernst Meyer, ▸ Otto Rühle), und sie versuchten als kleine Gruppe, politisch aktiv zu werden. Rosa Luxemburg lieferte die theoretischen Grundlagen. In ihrer »Juniusbroschüre«, (unter dem Pseudonym Junius hatte sie in Zürich 1916 ihre Broschüre »Die Krise der Sozialdemokratie« veröffentlicht) analysierte sie die Gründe des »Umfallens« der Sozialdemokratie im Krieg. Ihre Einschätzung wurde von Lenin sofort heftig kritisiert.
Auch während des Krieges standen sich – in Lenin und Luxemburg personifiziert – zwei fast konträre Richtungen des radikalen Sozialismus, des späteren Kommunismus gegenüber. Rosa Luxemburg konnte aber kaum mehr politisch frei wirken. Im April 1915 erschien noch die erste (und einzige) Nummer der von ihr und Franz Mehring herausgegebene Zeitschrift »Die Internationale«. Doch schon ab Februar 1915 (bis Februar 1916) verbüßte sie im Berliner Frauengefängnis Barnimstraße die Strafe von 1914. Am 10. Juli 1916 erneut verhaftet, wurde sie zunächst wieder in Berlin, dann in der Festung Wronke (Posen), später bis zur Revolution im Gefängnis Breslau festgehalten. In der »Schutzhaft« isoliert, verfaßte sie dennoch zahlreiche Artikel, die mit Unterstützung, vor allem von ▸ Mathilde Jacob, veröffentlicht wurden. Während der Haft setzte sie sich nach der Oktoberrevolution der Bolschewiki 1917 intensiv mit der Politik Lenins auseinander.
Ihre Schrift »Zur russischen Revolution« erschien (von Paul Levi herausgegeben) aber erst 1922. Darin bejahte Rosa Luxemburg zwar grundsätzlich die Revolution »von Lenin und Trotzki«, verwarf aber deren Praxis in entscheidenden Punkten (Diktatur, Terror, Bauernfrage), und aus der Kritik entwickelte sie ihre eigenen Vorstellungen eines demokratischen Kommunismus. So galt es für sie »anstelle der bürgerlichen Demokratie sozialistische Demokratie zu schaffen, nicht jegliche Demokratie abzuschaffen«, sie konstatierte, »ohne allgemeine Wahlen, ungehemmte Presse- und Versammlungsfreiheit, freien Meinungskampf erstirbt das Leben in jeder öffentlichen Institution«, und deshalb war es für sie eine »offenkundige, unbestreitbare Tatsache, daß ohne freie ungehemmte Presse, ohne ungehindertes Vereins- und Versammlungsleben gerade die Herrschaft breiter Volksmassen völlig undenkbar ist«.
Rosa Luxemburg stand in der Tradition von Marx und Engels, die von der »Explosivkraft« der »demokratischen Ideen« und den der Menschheit angeborenen »Drang nach Freiheit« ausgingen. Ihre Kritik am Bolschewismus wurde das vielzitierte Axiom: »Freiheit nur für die Anhänger der Regierung, nur für Mitglieder einer Partei – mögen sie noch so zahlreich sein – ist keine Freiheit. Freiheit ist immer Freiheit der Andersdenkenden.«
Durch die Novemberrevolution 1918 wurde Rosa Luxemburg aus dem Gefängnis befreit und ging wieder nach Berlin. Bei der Konstituierung des Spartakusbundes am 11. November in dessen Zentrale gewählt, gab sie zusammen mit Karl Liebknecht das Organ der Gruppe (und später der KPD) »Die Rote Fahne« heraus und war in Vorträgen und Publikationen für die radikale Linke aktiv. Vehement wandte sie sich gegen die sozialistische Regierung, den Rat der Volksbeauftragten, gegen die Nationalversammlung und trat für die Macht der Räte ein. Mit dieser Konzeption hatte

sie – so eine bis heute verbreitete Ansicht – ihre einstige grundsätzlich-sozialdemokratische Haltung aufgegeben. Allerdings bewies auch ihre praktische Politik nach dem 9. November 1918, daß sie die Position eines »dritten Weges« zwischen Bolschewismus und traditioneller Sozialdemokratie trotz nun widersprüchlicher Thesen keinesfalls verworfen hatte. Am 14. Dezember 1918 druckte die »Rote Fahne« das von Rosa Luxemburg verfaßte »Programm des Spartakusbundes«. Diesen Text hat dann der Gründungsparteitag der KPD Ende 1918 als Progamm der neuen Partei akzeptiert. Er war Signal eigenständiger programmatischer Ziele, die Rosa Luxemburg für den deutschen Kommunismus formulierte.

Die praktischen Aktionsvorstellungen waren scharf gegen die Sozialdemokratie (einschließlich der USPD) gerichtet, waren aber zugleich Abgrenzung vom damaligen russischen Bolschewismus. Letztlich gegen Lenin und Trotzki gerichtet, hieß es: »Die proletarische Revolution bedarf für ihre Ziele keines Terrors, sie haßt und verabscheut den Menschenmord. [...] Der Spartakusbund wird nie anders die Regierungsgewalt übernehmen als durch klaren, unzweideutigen Willen der großen Mehrheit der proletarischen Massen in Deutschland.« Konträr zu diesen linkssozialistischen Überlegungen standen radikale Parolen, die den Widerspruch im Programm und in Rosa Luxemburg selbst belegen, etwa wenn es dort hieß, der »Gewalt der bürgerlichen Gegenrevolution muß die revolutionäre Gewalt des Proletariats entgegengestellt werden« oder wenn vom notwendigen »gewaltigsten Bürgerkrieg« die Rede war. Diese Taktik sollte in den zunehmend gewaltsamen Auseinandersetzungen innerhalb der Arbeiterbewegung im Dezember 1918 und Januar 1919 praktiziert werden, mit verheerenden Folgen.

Allerdings war Rosa Luxemburg, ebenso wie Jogiches, zunächst gegen die Schaffung einer eigenen Partei, hat dann aber dem Drängen von Liebknecht u. a. nachgegeben. Damit konnte die für den 30. Dezember 1919 in Berlin zusammengerufene Konferenz des Spartakusbundes zum Gründungsparteitag der KPD werden. Der Versuch, die neue Organisation Sozialistische Partei, nicht Kommunistische, zu nennen, um sich von den Bolschewiki abzugrenzen und an der Verbindung zu den Massen wenigstens symbolisch festzuhalten, schlug fehl. Sie trat vergebens für die Teilnahme an den Wahlen zur Nationalversammlung und gegen die Spaltung der Gewerkschaften ein und mußte feststellen: »Ihr wollt euch euren Radikalismus ein bißchen bequem und rasch machen.« Als Rosa Luxemburg nach der Diskussion zu ihrem Grundsatzreferat sogar auf ein Schlußwort verzichtete (»da sie körperlich unpäßlich ist«) wurde deutlich, daß sie ebenso wie Jogiches vom Ergebnis des Gründungsparteitages tief enttäuscht war.

Doch bereits im Januar überschlugen sich in Berlin die Ereignisse: Der Streit um die Absetzung ▸ Emil Eichhorns als USPD-Polizeipräsident löste den »Spartakusaufstand« aus; Liebknecht verkündete die »Absetzung« der Ebert-Regierung, wodurch der Kampf eskalierte, rasch waren die beiden Parteiführer Gejagte. Am 15. Januar haben Angehörige der Garde-Kavallerieschützendivision Rosa Luxemburg brutal ermordet. Erst im Juni wurde ihre entstellte Leiche im Landwehrkanal gefunden. Bei ihrer Beerdigung am 13. Juni 1919 in Berlin demonstrierten Hunderttausend Arbeiter, ihr Märtyrertod hatte sie schon damals zur Ikone gemacht.

Von allen deutschen Kommunisten erzielte Rosa Luxemburg die größte Wirkungsgeschichte. Sie war bereits in der Weimarer Republik innerhalb der KPD umstritten, wo sich rechte aber auch ultralinke Kommunisten auf ihre Theorie beriefen. Bald wurde sie intrumentalisiert: die Persönlichkeit der Revolutionärin gelobt, ihre Ermordung gebrandmarkt, aber ihre demokratischen Ideen als Abweichung von Lenin und Stalin als »Luxemburgismus« verdammt. Während der Stalinisierung der KPD in den zwanziger Jahren mußte sich die Partei von ihren Ideen und damit der eigenen Vergangenheit lossagen. Schon 1924 verstieg sich die damalige KPD-Führerin ▸ Ruth Fischer dazu, Thesen Rosa Luxemburgs als »Syphilisbazillen« zu diffamieren. Und nachdem Stalin 1931 Rosa Luxemburg in einem Atemzug mit Trotzki nannte und ihre Theorien als »halbmenschewistisch« verurteilte, war die Trennung der deutschen Kommunisten von der Begründerin ihrer Partei vollzogen.

Der KPD-Vorsitzende ▸ Ernst Thälmann forderte 1932 den »schärfsten Kampf gegen die Überreste des Luxemburgismus«.
Diese Einstellung vertrat auch die SED. Ihre Person wurde als traditionelle »Leitfigur« von der Propaganda gefeiert, ihre Ermordung als Verlust beklagt, aber ihr Werk, vor allem die demokratischen Ideen, als »Luxemburgismus« verfemt. Rosa Luxemburg wurde an der Elle Lenins, zunächst vor allem Stalins und immer entsprechend der gerade gültigen Parteilinie gemessen und dafür entsprechend zurechtgestutzt.
Dieses Grundmuster der Stalinisten hatte schon ihr früher Biograph ▸ Paul Frölich 1939 enthüllt: »Von ihnen wurde das Andenken Rosa Luxemburgs geschmäht, ihre Gedanken entstellt und verlästert, ihr politisches Werk verfälscht, ihre Anhänger verfolgt.«
Doch es berufen sich seit Jahrzehnten die verschiedensten linken politischen Richtungen auf Rosa Luxemburg, ihre Nachwirkung ist bis heute bemerkenswert. Ihre Werke fanden weltweit Verbreitung (in Tokio erscheint z. B. derzeit die von Narihiko Ito herausgegebene umfangreichste Gesamtausgabe in japanisch), die Schriften über sie sind Legion.
Nach dem Ende des doktrinären Kommunismus neigte die Wissenschaft dazu, Rosa Luxemburg zu historisieren, das heißt, sie in ihre Zeit zu stellen, ihre Rolle für die Arbeiterbewegung zu objektivieren, ihre bleibenden Verdienste zu bewerten. Die Herausarbeitung ihrer Widersprüche ist dabei wohl eine notwendige Voraussetzung dieser Historisierung, dabei sind Heroisierung und Ideologisierung, erst recht jede Instrumentalisierung zu überwinden.

M

Maaßen, Johannes (Hanns) (* 1908 – † 1983)

Geboren am 26. Dezember 1908 in Lübeck, Sohn eines Zimmermanns; lernte Steinbildhauer. 1927 trat er in den KJVD, 1928 in die KPD ein. 1931 Volontär, später Redakteur an den KPD-Organen »Norddeutsche Zeitung« in Kiel und »Hamburger Volkszeitung«. Ende 1932 Agitpropsekretär der BL Halle-Merseburg, Januar 1933 ZK-Instrukteur bei der BL Baden-Pfalz. Maaßen wurde verhaftet und kam für ein Jahr in das KZ Kieslau. 1934 emigrierte er in das Saargebiet, später in die Schweiz. Zeitweilig Mitarbeiter der »Reichstechnik«, dem AM-Apparat der KPD. Er wirkte ab 1935 u. a. als Redakteur des »Gewerkschaftspressedienstes« in Paris, 1937 ging er als Angehöriger der Internationalen Brigaden nach Spanien. Mit ▸ Gerhart Eisler und Kurt Hager Redakteur und Sprecher am Sender »Voluntario de la libertad« und am »Deutschen Freiheitssender 29,8«. Nach der Trennung Kataloniens von Zentralspanien mußte Maaßen den »Deutschen Freiheitssender« in Madrid allein weiterführen. Im März 1939 geriet er in die Gefangenschaft der Franco-Truppen und wurde von einem spanischen Militärgericht in Valencia verurteilt. Nach mehr als sechs Jahren Zuchthaushaft kehrte er 1946 nach Deutschland zurück. Maaßen trat der SED bei, war Redakteur in Leipzig, 1950 wegen sogenannter linker Abweichungen entlassen. Ab 1953 Redakteur am Zentralhaus für Volkskunst in Leipzig, dann 1967/68 wissenschaftlicher Assistent am IML in Ost-Berlin, 1968 Redakteur bei der kulturpolitischen Zeitschrift »Sonntag«, zuletzt stellvertretender Chefredakteur. Ab 1971 freischaffender Schriftsteller in Kleinmachnow, er erhielt 1978 den VVO in Gold. Hans Maaßen starb am 23. Juni 1983.

Maddalena, Max (* 1895 – † 1943)

Geboren am 17. Januar 1895 in Riedheim/ Konstanz, Sohn eines Mosaikarbeiters italienischer Staatsangehörigkeit und einer deutschen Mutter, wuchs nach der Trennung der Eltern bei seiner Großmutter in Riedheim auf. Nach der Schulentlassung siedelte er zu seinem Vater nach Lyon über, um dort ein Handwerk zu erlernen, kehrte jedoch zurück und arbeitete als Schlosser. 1913 Mitglied der SPD. Im August 1914 meldete er sich, obwohl Italiener, freiwillig zur deutschen Marine, bis Kriegsende mehrmals verwundet. Nun badischer Staatsangehöriger, arbeitete Maddalena im Walzwerk in Singen. 1918 Übertritt zur USPD, Anhänger des linken Parteiflügels, 1920 Delegierter des Vereinigungsparteitages mit der KPD, ehrenamtlicher Funktionär der KPD in Südbaden. 1922 zum Geschäftsführer des Metallarbeiterverbandes im Bezirk Singen und Konstanz gewählt, wurde Maddalena 1925 hauptamtlich bei der KPD angestellt. Zunächst in der Gewerkschaftsabteilung des ZK der KPD in Berlin, anschließend Sekretär für Gewerkschaftsfragen in der BL Baden. Nachdem Polleiter ▸ Paul Langner im März 1925 verhaftet worden war, übernahm Maddalena im Juli 1925 als Polleiter die Führung des Bezirks Württemberg. Er gehörte dem linken Parteiflügel an, stellte sich nach dem »Offenen Brief« 1925 hinter ▸ Ernst Thälmann und gegen ▸ Ruth Fischer. Von 1926 bis 1928 Sekretär für Gewerkschaftsfragen in der KPD-BL Wasserkante in Hamburg. Im Mai 1928 im Wahlkreis Schleswig-Holstein in den Reichstag gewählt, dem er bis 1933 angehörte. Nach dem Ausschluß ▸ John Wittorfs war er kurze Zeit Polleiter des Bezirks Wasserkante. Ende 1928 in die Gewerkschaftsabteilung des ZK berufen, übernahm Maddalena Mitte 1929 wieder seine Funktion als Gewerkschaftssekretär der BL Wasserkante. Seit 1931 Leiter der IG Metall in der RGO und Mitglied der Reichsleitung. Im April 1931 wegen »Vorbereitung zum Hochverrat« vom Reichsgericht zu zwei Jahren Festungshaft verurteilt, trat die Strafe nicht an, sondern floh im Juni 1932 aus Deutschland und wurde nach Moskau zur RGI entsandt. Bei der Rückreise von einer Reichstagssitzung wurde er am 3. November 1932 in Tilsit verhaftet und zur Verbüßung der Festungshaft nach Rastatt gebracht, jedoch am 7. Dezember 1932 auf Beschluß des Reichstages freigelassen. Maddalena ging wieder in die UdSSR, arbeitete bis November 1933 in der europäischen Sektion der RGI in Moskau. Seinen Angaben zufolge hatte er zeitweilig Auseinandersetzungen mit Mitarbeitern in der RGI-Zentrale, wurde beurlaubt und bis August 1934 als Revolverdreher in einem Moskauer Betrieb beschäftigt. Dann erhielt er Anfang 1935 den Auftrag, zusammen mit ▸ Adolf Rembte und ▸ Robert Stamm die illegale KPD-Inlandsleitung in Berlin neu zu bilden. Am 10. März 1935 fuhr er nach Berlin, wurde aber dort schon am 27. März 1935 verhaftet. Maddalena stand im Mai 1937 zusammen mit ▸ Walter Griesbach, ▸ Käthe Lübeck, Robert Stamm und Adolf Rembte vor Gericht. Während Stamm und Rembte zum Tode verurteilt wurden, erhielt Maddalena, für den der Staatsanwalt ebenfalls die Todesstrafe beantragt hatte, am 4. Juni 1937 eine lebenslängliche Zuchthausstrafe. Er kam ins Zuchthaus Brandenburg, wo Max Maddalena nach jahrelanger schwerer Krankheit am 23. Oktober 1943 starb.

Seine Frau **Hilde Maddalena**, geborene Eble (* 26. 6. 1898), war Kindergärtnerin. 1920 wurde sie Mitglied der KPD, heiratete 1925 Max Maddalena und ging mit ihm nach Hamburg, war dort Orgleiterin des RFMB. 1932 reiste sie mit ihm nach Moskau, absolvierte hier Abendkurse an der KUNMS und ging 1934 in die Schweiz, wo sie bis Ende 1936 für die KPD arbeitete. Sie nahm an Solidaritätsaktionen für ihren Mann in Paris teil, wurde im Herbst 1939 verhaftet, war bis Mai 1941 in verschiedenen Fraueninternierungslagern. Im März 1942 gelang ihr die Ausreise nach Mexiko. Im Dezember 1945 heiratete sie den österreichischen Musiker und Komponisten Marcel Rubin. Sie kehrten Ende 1946 nach Europa zurück. Hilde Rubin starb am 1. Dezember 1994 in Wien.

Maddalenas Sohn, **Max Maddalena** (* 1917), war 1932 durch Vermittlung der IRH nach Moskau gekommen und arbeitete hier als Laborant bei »Mosfilm«. Am 12. März 1938 im Rahmen einer NKWD-Operation gegen eine Gruppe angeblicher »Mitglieder der Hitlerjugend«, die einen »Anschlag« auf Stalin »planten«, verhaftet. Am 15. Mai 1938 aus »operativen Erwägungen« freigelassen, wurde er im September 1941 jedoch erneut vom NKWD wegen »sowjetfeindlicher Agitation« festgenommen und am 10. Juli 1942 zu fünf Jahren Verbannung nach Sibirien verurteilt. Während der Vater im NS-Zuchthaus saß, dort 1943 Opfer Hitlers wurde, starb der Sohn als Opfer Stalins. Max Maddalena jr. kam am 14. Juli 1943 in der Sowjetunion ums Leben.

▸ Mätzchen, Bruno (* 1901 – † 1979)

Geboren am 13. Juni 1901 in Berlin-Pankow, Sohn eines Maurers; lernte Maschinenschlosser und arbeitete bis 1924 in Berliner Metallbetrieben. Seit 1918 Mitglied des DMV, 1919 der USPD, trat 1920 in die KPD ein. Er war 1924 Polleiter des 19. Verwaltungsbezirks und von 1925 bis 1927 Sekretär und Gauleiter des RFB Berlin-Brandenburg. Als Anhänger von ▸ Ruth Fischer 1927 wegen »Fraktionstätigkeit« aus der KPD ausgeschlossen, wurde er Mitglied des Leninbunds. Im August 1927 stellte er gemeinsam mit 17 prominenten Linkskommunisten, darunter ▸ Wolfgang Bartels, Ruth Fischer, ▸ Anton Grylewicz, ▸ Werner Scholem, ▸ Hugo Urbahns und anderen einen Antrag auf Wiederaufnahme in die KPD, der aber am 17. September 1927 vom Präsidium des EKKI als provokatorisch abgelehnt wurde. Mätzchen blieb bis 1932 im Leninbund aktiv, arbeitete von 1928 bis 1931 als Bierfahrer, dann bis 1945 als Werkmeister in Berlin-Reinickendorf. 1945 wieder Mitglied der KPD, ernannte ihn die russische Besatzungsmacht im Juni 1945 zum Bürgermeister von Berlin-Pankow. Ab Anfang 1947 Sekretär der SED Berlin-Pankow, 1950 Hauptreferent in der SED-Landesleitung, anschließend beim Magistrat von Ost-Berlin. Wegen seiner früheren Mitgliedschaft im Leninbund als »Renegat der Arbeiterklasse« am 5. Oktober 1951 aus der SED ausgeschlossen. Von 1951 bis 1953 beim Konsum Berlin-Lichtenberg. Der Parteiausschluß wurde im Januar 1957 aufgehoben, ab Januar 1958 war er Direktor bei der BVG in Ost-Berlin, er erhielt 1976 den VVO in Bronze. Bruno Mätzchen starb am 5. Juni 1979 in Ost-Berlin.

▸ Mätzig, Reinhard (* 1895 – † 1980)

Geboren am 2. Juli 1895 in Lichtenberg bei Zittau, Sohn eines Webers und Waldarbeiters; Metallarbeiter. 1914 Mitglied der SPD, 1916 Frontsoldat. Im November 1918 gehörte er dem Soldatenrat in Verdun an. 1919 kehrte Mätzig nach Deutschland zurück und wurde Angehöriger des militärischen Grenzschutzes, ab 1920 Arbeiter, Betriebsrat. 1920 Mitglied der KPD, trat er schon 1921 wegen Differenzen aus der Partei aus, 1924 Wiedereintritt, gehörte bereits 1925 der UBL Zittau an und zog 1929 als Abgeordneter in den Sächsischen Landtag ein. Ab 1932 hauptamtlicher Mitarbeiter für Massenorganisationen der BL Sachsen, zuletzt UB-Sekretär für Bautzen. 1933 zunächst illegale Arbeit im Raum Dresden, flüchtete dann aber in die ČSR und war von 1935 bis 1938 Leiter des KPD-Grenzabschnitts Teplitz-Schönau. Im März 1939 emigrierte er über Polen nach Großbritannien, dort Gärtner und Hausmeister. 1940 in Liverpool und auf der Isle of Man interniert, wurde nach Australien gebracht und kam im Herbst 1941 wieder nach Großbritannien. Von 1942 bis 1948 Schlosser in einem chemischen Betrieb, wurde Mitglied der Trade Unions. Im Mai 1948 kehrte Mätzig nach Deutschland zurück und wurde 1948 2. Sekretär der SED Großenhain. Von 1952 bis 1965 war er Stellvertreter des Vorsitzendes des Rates des Kreises, er erhielt 1975 den VVO in Gold. Reinhard Mätzig starb am 9. November 1980.

▸ Mager, Hermann (* 1872 – † 1947)

Geboren am 30. Mai 1872 in Heidingsfeld bei Würzburg, besuchte das Gymnasium, studierte Philologie und war bis 1914 Studienrat in München. Längere Zeit Erzieher der Wittelsbacher Prinzen am bayerischen Königshof; nach dem Krieg gehörte er zum Lehrkörper eines humanistischen Gymnasiums. Während des Krieges wurde der Pazifist Mager Mitglied der USPD und 1920 der KPD. Von 1924 bis 1928 Abgeordneter des Bayerischen Landtags und 1926 Mitglied der KPD-BL Südbayern. Mager hatte schon vorher aus politischen Gründen seinen Lehrerberuf aufgeben müssen. 1928 verzichtete er auf eine erneute Kandidatur zum Landtag, da die BL gegen seine Nominierung war. Er lebte von Nachhilfestunden, die er Mittelschülern gab. Vor 1933 wurde er 2. Vorsitzender und Geschäftsführer der Deutschen Friedensgesellschaft in München und geriet deswegen in Konflikt mit der KPD. Nach 1933 erhielt er eine kleine Rente aus einer Privatversicherung und erteilte wieder Nachhilfestunden. 1944/45 trat er in Kontakt zu einer Widerstandsgruppe. Mager versuchte im Herbst 1945, nach der Konstituierung von SPD und KPD, erstmals in Bayern vergeblich einen Zusammenschluß beider Parteien. Er schrieb 1947 noch ein Buch über Soziologie, für das er keinen Verleger fand. Während eines Vortrages auf einer Gewerkschaftstagung in Eichstätt im Juni 1947 erlag Hermann Mager einem Herzschlag.

▸ Mahle, Hans (* 1911 – † 1999)

Geboren am 22. September 1911 in Hamburg als Hans Mahlmann, Sohn einer Arbeiterfamilie (sein Vater – Mitbegründer der KPD in Hamburg – wurde am 28. Februar 1945 im KZ Buchenwald ermordet); wurde kaufmännischer Angestellter. Als Mitbegründer der kommunistischen »Jungen Pioniere« und 1928 ihr Leiter in Hamburg gehörte er von 1931 bis Ende 1932 der Reichsleitung der »Jungen Pioniere« in Berlin an und wurde in das ZK des KJVD kooptiert. Im Dezember 1932 reiste er in die Sowjetunion, arbeitete bis August 1933 im Internationalen Kinderbüro in Moskau und war zugleich deutscher Vertreter in der KJI. Im August 1933 kehrte Mahle zur illegalen Arbeit nach Deutschland zurück, bis Februar 1936 KJVD-Instrukteur in Sachsen, in Berlin und im Ruhrgebiet. Dann über Prag erneut in der Sowjetunion, begann er als Referent bei der KJI und war von Juni 1936 bis September 1937 Seminarleiter an der Internationalen Leninschule. Bis Ende 1941 Redakteur für deutschsprachige Sendungen beim Moskauer Rundfunk, später bis September 1944 stellvertretender Chefredakteur des Senders Freies Deutschland. Mahle wurde in Abwesenheit vom Reichskriegsgericht wegen »Hochverrats« zum Tode verurteilt. Von September 1944 bis April 1945 Kursant eines »speziellen« Lehrgangs an der Parteischule der KPD bei Moskau, kehrte Ende April 1945 mit der Gruppe Ulbricht nach Deutschland zurück. Der sowjetische Stadtkommandant Nikolai Bersarin beauftragte ihn im Mai 1945 mit der Leitung des Berliner Rundfunks, dem er bis August 1946 als Intendant vorstand. Mahle war Mitunterzeichner des Aufrufs der KPD vom 11. Juni 1945, wurde in das ZK der KPD kooptiert, ab April 1946 Mitglied des SED-PV, dem er bis zum II. Parteitag 1947 angehörte. Von Mai 1949 an Generalintendant des Deutschen demokratischen Rundfunks. Da er sich beharrlich sträubte, aus dem Westberliner Bezirk Steglitz in den Ostsektor umzuziehen, wurde er am 14. Juli 1951 unter dem Vorwurf, »mit dem Klassenfeind kooperiert zu haben«, abgesetzt. Danach bis August 1952 für die Entwicklung des DDR-Fernsehens in Berlin-Adlershof abgestellt, wurde er dort für »Havarien« verantwortlich gemacht und auf »Bewährung« als Gelegenheitsarbeiter nach Mecklenburg geschickt. Später rückte er in den Vorstand des Konsumvorstandes auf, Anfang November 1954 Chefredakteur der »Schweriner Volkszeitung« und Mitglied der BL Schwerin. Im Februar 1959 zur Leitung der Zeitung »Die Wahrheit«, Organ der erst kurz zuvor geschaffenen Sozialistischen Einheitspartei Westberlin (SEW), nach Berlin beordert. Schritt für Schritt rehabilitiert, gehörte Mahle der SEW-Leitung an, er erhielt 1981 den Karl-Marx-Orden. In den neunziger Jahren war er als PDS-Mitglied aktiv. Hans Mahle starb am 18. Mai 1999 in Berlin. 2003 veröffentlichte Katharina Riege eine Hans Mahle-Biographie

▸ Mahlow, Bruno (* 1899 – † 1964)

Geboren am 1. Mai 1899 in Göhren/Krs. Crossen, Sohn eines Mittelbauern; lernte Buchdrucker. 1916 Soldat, »wegen Widerstandes gegen Vorgesetzte« zu sieben Jahren Festung verurteilt, 1918 amnestiert. Im März 1918 Mitglied des Buchdruckerverbandes und der Spartakusgruppe. Mahlow war Delegierter des Gründungsparteitages der KPD Ende 1918 in Berlin. Von 1919 bis 1922 Funktionär der Banknotendrukkergewerkschaft Berlins, verschwieg die Parteizugehörigkeit und trat erst 1922 offiziell der KPD bei. Nun Mitglied der engeren BL Berlin-Brandenburg. 1925 Anhänger der Ultralinken um ▸ Werner Scholem, war er deren Vertreter im 6. Berliner Verwaltungsbezirk. Mitte 1926 trennte er sich von der linken Opposition und wurde Ende 1927 hauptamtlicher Mitarbeiter des ZK (Gewerkschaftsabteilung). Seit 1929 Mitglied der Reichsleitung der RGO, Sekretär und Redakteur des graphischen Blocks (RGO). Im März 1933 emigriert, zog sich Mahlow beim illegalen Grenzübertritt eine schwere Rückenmarkverletzung zu. Ab Ende Juni 1933 in Moskau, war dort nach einem Krankenhausaufenthalt seit Oktober 1933 als Referent im Mitteleuropäischen Büro der Profintern (RGI), dann ab 1934 verantwortlicher Sekretär der Internationalen Kommission der Arbeiter der Polygraphischen Industrie bei der RGI sowie Mitarbeiter der Gewerkschaftsabteilung des EKKI. 1937 wurde Mahlow vom NKWD verhaftet, zu dieser Zeit litt er an einer schweren Infektionskrankheit, war zeitweilig gelähmt, deswegen 1938 aus der Haft entlassen. Am 29. August 1941 mit der Familie nach Astrachan verbannt, im September nach Taschkent, wo er bis Frühjahr 1947 blieb. Mahlow kam im Mai 1947 schwerkrank nach Deutschland zurück und trat der SED bei, keine hauptamtlichen Funktionen, nur engagiert im »Arbeitskreis verdienter Gewerkschaftsveteranen«. Er erhielt 1957 den VVO in Silber. Bruno Mahlow starb am 3. Februar 1964 in Ost-Berlin. Mahlows Sohn Bruno (* 27. 6. 1937) war bis 1989 stellvertretender Leiter der Abteilung Internationale Verbindungen des ZK der SED.

▸ Malachinski, Paul (* 1885 – † 1971)

Geboren am 15. Dezember 1885 in Danzig, Sohn eines Stauermeisters; lernte Schlosser. Bis zur Einberufung zum Militär im Jahre 1904 Werftarbeiter in Danzig, 1907 wurde er Mitglied des DMV, 1915 trat er in die SPD ein. 1915 in die Danziger Gewehrfabrik dienstverpflichtet, war dort 1917 Mitorganisator des »Danziger Brotstreiks«. 1918 Mitglied der USPD, mit deren linkem Flügel 1920 zur KPD. Bis 1921 Werftarbeiter, dann offiziell Angestellter der russischen Handelsgesellschaft (Dura) in Danzig, tatsächlich aber Kurier der KPD-BL Danzig. Von 1924 bis 1933 hauptamtlich bei der BL Danzig tätig, wurde 1925 als Nachrücker in den Volkstag und die Stadtvertretung Danzigs gewählt, der er bis 1927 angehörte. Von 1933 bis 1937 Akquisiteur bei der »Freiheit« und der »Volksstimme« in Danzig. Im September 1939 verhaftet, saß bis 1941 im KZ Stutthof bei Danzig. Anschließend selbständiger Kaufmann, leistete illegale KPD-Arbeit. 1944 flüchtete er nach Zoppot und hielt sich bis zum Einmarsch der Roten Armee versteckt. 1945 baute Malachinski zunächst KPD-Ortsgruppen in Zoppot, Danzig u. a. auf und wurde anschließend Leiter des ersten Umsiedlerzugs nach Güstrow in Mecklenburg. Bis 1947 war er Bürgermeister in Bellin im Kreis Güstrow, ab 1947 Arbeitsgebietsleiter der SED Güstrow und von 1948 bis 1951 Kreissekretär der VVN. Er erhielt 1966 den VVO in Bronze. Paul Malachinski starb am 26. Juli 1971 in Güstrow.

▸ Malkowski, Hans (* 1901 – † 1938)

Geboren am 29. April 1901 in Berlin, Sohn einer Arbeiterfamilie; lernte Elektriker und arbeitete in seinem Beruf. 1919 Mitglied der KPD, ging er 1920 mit der Mehrheit der radikalen Berliner Organisation zur KAPD. Er war bis 1923 Funktionär dieser Partei, trat nach Differenzen aus und kehrte 1924 in die KPD zurück. Instrukteur der Partei, zunächst im UB Berlin-Südost, dann im AM-Apparat tätig. Im Juni 1933 flüchtete er nach Prag und kam dort in die Emigrationsleitung, anschließend im Oktober in die Sowjetunion emigriert. Hier wurde Hans Malkowski im Mai 1937 vom NKWD in Moskau verhaftet und kam 1938 als Opfer der Stalinschen Säuberungen im Gulag ums Leben.

▸ Malzahn, Heinrich (* 1884 – † 1957)

Geboren am 10. Dezember 1884 in Mühlheim/Ruhr, Sohn eines Maurers; Schlosser- und

Maschinenbaulehre, wobei er noch zwei Jahre eine Fachschule absolvierte. Schlosser in Berlin, 1906 trat Malzahn in die SPD und in die Gewerkschaft ein. 1917 wurde er Mitglied der USPD und gehörte in Berlin zu den Revolutionären Obleuten. Im Dezember 1918 war er Delegierter zum 1. Reichsrätekongreß und saß von Januar bis August 1919 im Vollzugsrat der Arbeiter- und Soldatenräte und leitete einige Zeit die Zentrale der Betriebsräte Groß-Berlins. Im Juni 1920 wurde er im Wahlkreis Berlin in den Reichstag gewählt, in dem er bis Mai 1924 blieb. Mit dem linken Flügel der USPD setzte er sich für die Vereinigung mit der KPD ein und zählte Ende 1920 zu jenen Abgeordneten der USPD-Reichstagsfraktion, die mit ▸ Paul Levi und ▸ Clara Zetkin die VKPD-Fraktion bildeten. Neben seiner Tätigkeit in der Reichstagsfraktion arbeitete er auch für die Gewerkschaftsabteilung der Zentrale. Im April 1921 war er einer der acht prominenten KPD-Funktionäre, die sich an die Seite Paul Levis stellten und seine Kritik an der Zentrale wegen der März-Aktion unterstützten. Auf Wunsch Lenins nahm Malzahn noch am III. Kongreß der Komintern teil und trug dort die Ansichten der Opposition vor. In der Folgezeit bejahte Malzahn auch die Kritik ▸ Ernst Reuter-Frieslands an der Politik der Zentrale und an der Komintern. Im Januar 1922 aus der KPD ausgeschlossen, ging er zur KAG. Malzahn gehörte zu den wenigen KAG-Mitgliedern, die Ende 1922 wieder zur KPD zurückkehrten, er erhielt aber keine herausragenden Funktionen mehr. Im Mai 1933 wurde er als Jugendleiter des Bezirksamtes Berlin-Wedding entlassen, kam im Oktober 1933 für zehn Tage in Polizeihaft und arbeitete ab November 1934 als Maschinenrevisor in Berlin-Marienfelde. Wegen Verbindungen zur Widerstandsgruppe um Wilhelm Leuschner wurde Malzahn im Februar 1940 vom Sondergericht Berlin zu sechs Monaten Gefängnis verurteilt. Nach 1945 trat er politisch nicht mehr hervor. Heinrich Malzahn starb am 9. April 1957 in West-Berlin.

▸ Mannbar, Artur (* 1913 – † 2002)

Geboren am 18. Juli 1913 in Landweiler/Saar, Sohn eines Bergarbeiters. Nach dem Gymnasium kaufmännische Lehre, Angestellter. Von 1931 bis 1935 Expedient, Redaktionsvolontär bzw. Redakteur der »Arbeiterzeitung«, dem Organ der KPD in Saarbrücken. 1934 Eintritt in die KPD, für die er ab 1935 illegal als Instrukteur in Paris, Moskau und Kopenhagen arbeitete. Von 1935 bis 1937 Kursant an der Internationalen Leninschule in Moskau. Zuletzt Instrukteur der AL Nord unter ▸ Heinrich Wiatrek, er unternahm mehrmals illegale Reisen nach Hamburg. Im Mai 1940 in Dänemark verhaftet, im Juni an die Gestapo ausgeliefert und am 3. September 1942 vom VGH zu lebenslänglichem Zuchthaus verurteilt. 1945 aus dem Zuchthaus Brandenburg-Görden befreit, war Mannbar bis 1949 Leiter der Hauptabteilung Nachrichten und Kommentator beim Berliner Rundfunk. Ab 1946 Mitglied der SED, wurde er nach einer Untersuchung 1947 wegen seines »Verhaltens in der Gestapo-Untersuchungshaft« ausgeschlossen. Im Mai 1949 nach Leipzig zum MDR versetzt, von 1953 bis 1955 Redakteur des ADN-Büros in Leipzig. 1956 Wiederaufnahme in die SED, bis 1978 Chef vom Dienst, später Chefredakteur des ADN in Ost-Berlin. 1974 erhielt er den VVO in Gold. Er war 1975 gemeinsam mit ▸ Max Frenzel Mitherausgeber des Buches »Gesprengte Fesseln« über den antifaschistischen Widerstandskampf im Zuchthaus Brandenburg. Darin blieb nicht nur ihr Mithäftling Robert Havemann unerwähnt, sondern die Geschichte der inhaftierten Kommunisten im Zuchthaus Brandenburg wurde insgesamt verfälscht. Deswegen veröffentlichte acht Jahre später ihr Brandenburger Mithäftling ▸ Walter Uhlmann unter dem Titel: »Leben um zu sterben« in Köln eine Sammlung von Erinnerungsberichten. Artur Mannbar starb am 30. Dezember 2002 in Berlin.

▸ Marchlewski, Julian, Dr. phil. (* 1866 – † 1925)

Julian Balthasar Marchlewski wurde am 17. Mai 1866 in Wloclawek (Kongreßpolen) als Sohn einer verarmten Getreidehändlerfamilie geboren. Er besuchte das Gymnasium und arbeitete anschließend als Färber in verschiedenen Textilfabriken Polens, Deutschlands und der Schweiz. 1891 von der zaristischen Polizei inhaftiert, emigrierte in die Schweiz und studierte von 1892 bis 1896 an der Universität Zürich Rechts- und Staatswissenschaften. 1896 promovierte er mit der Dissertation »Der Physiokratismus in Polen«. Zusammen mit ▸ Rosa Luxemburg und ▸ Leo Jogiches gründete Marchlewski 1893 die Sozialdemokratie des Königreiches Polen (ab 1900 Sozialdemokratie des Königreiches Polen und Litauens, SDKPiL). Er gehörte deren Hauptvorstand an und vertrat die Partei auf internationalen Kongressen. Von 1896 bis 1919 lebte Marchlewski mit Unterbrechungen in Deutschland. Als Ausländer zur halblegalen Arbeit gezwungen, war er unter einer Vielzahl von Pseudonymen, z. B. Karski, vor allem journalistisch tätig, ab 1902 als ständiger Mitarbeiter der »Leipziger Volkszeitung«. Wegen seiner Teilnahme an der Revolution 1905 in Rußland wurde Marchlewski in der Festung Modlin eingekerkert. 1908 zog er nach Berlin, gehörte zu den Führern der deutschen radikalen Linken, obwohl kein Mitglied der SPD. Mit Rosa Luxemburg und ▸ Franz Mehring wurde er 1913 aus der »Leipziger Volkszeitung« verdrängt und gab mit beiden bis Mitte 1915 die »Sozialdemokratische Korrespondenz« heraus. Im Juli 1914 für drei Monate eingesperrt, gehörte er zu den Mitbegründern der Gruppe Internationale, der späteren Spartakusgruppe.

Marchlewski schrieb wichtige Flugschriften und verschiedene Artikel für die »Spartakusbriefe«. Von Mitte 1916 bis Mitte 1918 war er erneut inhaftiert. Nachdem ihn die Sowjetregierung gegen deutsche Kriegsgefangene austauschte, gehörte er dem Gesamtrussischen Zentralexekutivkomitee der Sowjets in Moskau an. Im Januar 1919 kehrte er nach Deutschland zurück, wurde in die Zentrale der KPD kooptiert und arbeitete illegal für die junge Partei im Ruhrgebiet, dort im Februar 1919 auf einer Konferenz aller Arbeiter- und Soldatenräte in den Beirat für die Sozialisierung im rheinisch-westfälischen Industrierevier gewählt. Im April 1919 mußte Marchlewski aus Deutschland fliehen, gehörte zu den Unterzeichnern des Aufrufs zur Gründung der Kommunistischen Internationale und war dann Mitbegründer der Kommunistischen Arbeiterpartei Polens. Im Auftrag der Sowjetregierung war er von 1919 bis 1922 an Friedensverhandlungen mit Polen, Litauen, Finnland, Japan und China beteiligt. Von Juni 1922 bis März 1925 Rektor der KUNMS, die später seinen Namen erhielt; auch Mitbegründer und Vorsitzender der IRH. Julian Marchlewski starb während eines Kuraufenthaltes am 22. März 1925 in Nervi (Italien). Seinem letzten Willen entsprechend wurde seine Urne nach Deutschland überführt und am 5. April 1922 in Berlin-Friedrichsfelde in unmittelbarer Nähe des Grabes von Rosa Luxemburg beigesetzt. Im Mai 1950 wurde Julian Marchlewskis Urne dann nach Polen gebracht.

▸ Marchwitza, Hans (* 1890 – † 1965)

Geboren am 25. Juni 1890 in Scharley bei Beuthen/Oberschlesien, Sohn eines Bergarbeiters. Kohlenschlepper, ab 1910 Bergarbeiter im Ruhrgebiet. 1915 Soldat im Weltkrieg, 1918 Mitglied der Republikanischen Soldatenratswehr, 1919 der USPD. Marchwitza war während des Kapp-Putsches Zugführer in der Roten Ruhrarmee und trat der KPD bei. Nach einem Streik 1924 erwerbslos, begann er trotz wirtschaftlicher Schwierigkeiten und ohne jegliche Literaturkenntnis als Arbeiterkorrespondent am »Ruhr-Echo« und später auch an der »Roten Fahne«. Marchwitza war im Bund proletarisch-revolutionärer Schriftsteller aktiv und leitete dessen Gruppe in Essen. Sein erster Roman »Sturm auf Essen« erschien 1930 und machte ihn in linken Kreisen sofort berühmt. 1933 emigrierte Marchwitza in die Schweiz. 1934 kam sein Roman »Die Kumiaks« heraus. 1936 Offizier der Internationalen Brigaden im Spanischen Bürgerkrieg, ging Marchwitza 1938 nach Frankreich, ab 1941 in den USA, in New York Straßen-, Bau- und Gelegenheitsarbeiter. 1946 Rückkehr nach Deuschland, lebte zunächst mit seiner **Frau Hilde Marchwitza** (* 1905 – † 1993) in Stuttgart, 1947 Übersiedlung nach Potsdam-Babelsberg, hier veröffentlichte er den Roman »Meine Jugend«. Hilde war bis 1950 2. Landessekretärin des DFD. Er gehörte 1950 zu den Mitbegründern der Akademie der Künste und war von 1950 bis Mai 1951 Botschaftsrat der DDR in Prag. 1960 erhielt er den Karl-Marx-Orden und wurde Ehrendoktor der Humboldt-Universität. Hans Marchwitza starb am 17. Januar 1965 in Potsdam.

▸ Margies, Rudolf (* 1884 – † 1937)

Geboren am 25. Februar 1884 in Parchau/Krs. Jerichow, von Beruf Tischler. 1904 Mitglied des DHV und der SPD. Bereits vor 1914 soll Margies wegen diverser krimineller Delikte zu Haftstrafen verurteilt worden sein. Er war Soldat im Weltkrieg. Während der Novemberrevolution im Ruhrgebiet Mitglied der USPD, 1920 der KPD. Margies wurde Angehöriger des AM-Apparats, 1922 wegen der Erschießung eines Polizisten auf einer KPD-Kundgebung in Bochum zu 15 Jahren Zuchthaus verurteilt, dann aber amnestiert. Als führender Mitarbeiter des Terror-Apparats von 1923 wurde er 1925 im Leipziger »Tscheka-Prozeß« zu 15 Jahren Zuchthaus verurteilt. Der Versuch, Margies ähnlich wie ▸ Otto Braun dann 1928 aus dem Gefängnis zu befreien, schlug fehl. Der XII. Parteitag 1929 wählte ihn (in Abwesenheit) in das Ehrenpräsidium. Im Oktober 1930 amnestiert, fand anläßlich seiner Entlassung eine große Feier der KPD in Essen statt. Anfang 1931 reiste er in die Sowjetunion, besuchte dort die M-Schule der Komintern, wurde Mitglied der KPdSU. Margies war in Moskau eng mit ▸ Max Hoelz befreundet, er soll zuletzt als Deutschlehrer gearbeitet haben und erhielt noch im September 1936 von ▸ Fritz Fränken und ▸ Heinrich Wiatrek eine positive Beurteilung. Am 4. November 1936 als »Teilnehmer« der erfundenen »Hoelz-Wollenberg-Organisation« vom NKWD verhaftet, wurde er beschuldigt, Mitglied einer terroristischen trotzkistischen Gruppe unter Führung von ▸ Erich Wollenberg zu sein und einen Bombenanschlag auf Georgi Dimitroff geplant zu haben. Rudolf Margies wurde am 31. Mai 1937 zum Tode verurteilt und am gleichen Tag erschossen. Seine Frau Stanislawa Margies (* 1881) wurde 1937 ebenfalls verhaftet und verschwand im Gulag, ihr Sohn Gerhard (* 1921) kam 1942 in einem sowjetischen Lager ums Leben.

▸ Marker, Wilhelm (* 1899 – † 1937)

Geboren am 31. Oktober 1899 (nach anderen Angaben 1902) in Alsfeld/Hessen, Bauarbeiter. 1919 Mitglied der USPD, 1920 der KPD. Marker, der als Funktionär im RFB und im AM-Apparat im Waffenressort tätig war, zog im November 1929 in die Berliner Stadtverordnetenversammlung ein. 1930 reiste er nach Moskau, absolvierte einen militärpolitischen Lehrgang und war nach seiner Rückkehr wieder im AM-Apparat tätig; 1933 zweimal inhaftiert, flüchtete er im Oktober 1933 über Prag in die Sowjetunion. Er besuchte unter dem Parteinamen Alfred Rohde die KUNMS und arbeitete anschließend als Schlosser. Im August 1937 vom NKWD in Moskau verhaftet, wurde Wilhelm Marker am 8. Dezember 1937 erschossen.

▸ Marks, Arthur (* 1892 – † 1932)

Geboren am 19. Juni 1892 in Duisburg, dort Arbeiter und seit 1912 in der SPD. Im Weltkrieg Soldat, er gehörte der starken Duisburger linken Oppositionsgruppe um ▸ Karl Minster an, die sich mit ▸ Ullrich Rogg dem Spartakusbund anschloß. Seit Gründung in der KPD galt Marks als einer der bekanntesten Duisburger Kommunisten. Der V. Parteitag der KPD im November 1920 wählte ihn in den ZA. Er wurde noch Ende 1920 inhaftiert, kam aber durch eine Amnestie 1921 wieder frei. Noch einige Zeit für die KPD aktiv, zog er sich bald aus der Politik zurück. Arthur Marks starb am 15. Mai 1932.

▸ Maslow, Arkadi (* 1891 – † 1941)

Der am 9. März 1891 in Jelisawetgrad/Südrußland geborene Isaak Jefimowitsch Tschemerinsky entstammte einer begüterten jüdischen Kaufmannsfamilie. Die Mutter Ljuba kam aus einem wohlhabenden Kaufmannshaus, sie ließ sich um die Jahrhundertwende scheiden und übersiedelte mit den Kindern nach Deutschland. Der Sohn wurde 1899 nach Dresden in die Kreuzschule geschickt und machte das Abitur. Danach besuchte er das Konservatorium, legte die Prüfungen als Pianist hervorragend ab und ging auf Konzertreisen. 1912 begann er mit dem Studium der Naturwissenschaften (u. a. bei Albert Einstein und Max Planck) in Berlin. Bald zeigten sich seine glänzenden Fähigkeiten auf dem Gebiet der Physik. Zur Arbeiterbewegung hatte er vor dem Weltkrieg keine Beziehungen. Während des Krieges als russischer Staatsangehöriger zunächst Zivilgefangener, meldete er sich freiwillig für die Arbeit unter den russischen Kriegsgefangenen und kam als Dolmetscher in eine Sondereinheit der deutschen Armee. Im Krieg wie so viele radikalisiert, soll er im Dezember 1918 dem Spartakusbund beigetreten sein. Dann setzte er seine Studien an der Berliner Universität fort. 1919 lernte er in Berlin ▸ Ruth Fischer und ▸ Paul Levi kennen, die ihn endgültig für den Kommunismus gewinnen konnten.

In Berlin für die KPD aktiv, nahm er den Namen Arkadi Maslow an und ließ diese Namensänderung später legalisieren. Auf dem V. Parteitag der KPD (November 1920) als Vertreter der »russischen Sektion« (Kriegsgefangene) in den ZA der Partei gewählt. Ab 1921 leitete Maslow gemeinsam mit Ruth Fischer die starke Berliner Parteiorganisation und die linke Opposition in Deutschland. Der musisch, theoretisch und politisch gleichermaßen begabte Maslow wurde zum Theoretiker des linken Flügels der KPD, Mitarbeiter am theoretischen Organ der KPD »Die Internationale« und 1921 Redakteur für außenpolitische Fragen bei der »Roten Fahne«. Auf dem VII. Jenaer Parteitag 1921 für die Berliner Organisation erneut in den ZA gewählt, wuchs seine Bedeutung in der KPD. Seine Position festigte sich, da er sehr rasch arbeitete und als Russe die Diskussionen in der Sowjetrepublik anhand der Quellen direkt verfolgen konnte. Aber gerade die russischen Kommunisten übten bald Kritik an Maslow. Im Februar 1922 in Berlin verhaftet, machte er bei der Polizei falsche Angaben, er behauptete als russischer Agent und Vertrauensmann Trotzkis und Radeks nach Deutschland gekommen zu sein. Er hoffte bei der damaligen guten Verbindung zwischen Deutschland und Rußland damit eher freizukommen. Später wurde er wegen dieser Lüge vor ein Parteischiedsgericht gestellt. Ein Berliner Gericht verurteilte ihn 1922 zudem wegen Besitzes eines falschen Passes (auf den Namen Maslow) zu acht Monaten Gefängnis. Als er 1923 aus Deutschland ausgewiesen werden sollte, tauchte er in der Illegalität unter. 1923 verschärften sich die Gegensätze zwischen der linken Opposition und der KPD-Führung unter ▸ Heinrich Brandler.

Auf dem VIII. Leipziger Parteitag trat Maslow gemeinsam mit Ruth Fischer als Wortführer für die linke Opposition auf und wurde wieder in den ZA sowie in die Redaktionskommission gewählt. Im September 1923 kam er nach Moskau, er sollte dort an der Diskussion über die Vorbereitung des deutschen Oktoberaufstandes teilnehmen, wurde statt dessen von der Komintern vor die Internationale Kontrollkommission gestellt. Schon lange kursierten in der KPD und der Komintern Gerüchte, nach denen Maslow als Polizeiagent verdächtigt und ihm seine Haltung vor der deutschen Polizei im Jahre 1922 besonders angelastet wurde. Nach langen Debatten rehabilitierte ihn zwar eine Kommission unter Vorsitz Stalins, aber er wurde dennoch in Moskau festgehalten. Erst nachdem im Januar 1924 eine Konferenz in Moskau die Ablösung der Brandler-Führung beschlossen hatte, durfte Maslow nach Deutschland zurück.

Hier stand er zusammen mit Ruth Fischer an der Spitze der Linken, die im April 1924 die Führung übernahmen. In die Zentrale und ins Polbüro gewählt, galt er nun als Kopf der Partei. Aber schon am 20. Mai 1924 wurde Maslow bei der Fahndung nach einem Handtaschendieb im Berliner Lunapark zufällig zur Sistierung festgenommen und nach Ermittlung seiner wahren Identität festgehalten. Vom Gefängnis aus leitete er weiterhin die politische Arbeit der KPD. In der Diskussion gegen Trotzki schrieb er ein umfangreiches Werk: »Die zwei Revolutionen des Jahres 1917«, das von der KPD mit großem Propagandaaufwand verbreitet wurde. Auch der X. Parteitag im Juli 1925 wählte Maslow ins ZK und ins Polbüro. Er wurde Ehrenvorsitzender der marxistisch-leninistischen Zirkel und auch mit vielen anderen Ehrungen bedacht. Am 1. September 1925 begann der Prozeß gegen Maslow, ▸ Anton Grylewicz, ▸ Paul Schlecht und

▸ Wilhelm Schumacher. Am gleichen Tage druckte die »Rote Fahne« den »Offenen Brief« der Komintern, in dem Maslow und Ruth Fischer heftig kritisiert wurden. Während des Maslow-Prozesses herrschte in der KPD-Presse ein heilloses Durcheinander; einerseits wurde Maslows Freilassung gefordert und seine Verdienste herausgestellt, andererseits mußte er aufgrund des »Offenen Briefes« verdammt werden. Das Gericht verurteilte Maslow schließlich zu vier Jahren Gefängnis. Als die Komintern die alten Gerüchte wiederholte, verteidigte Ruth Fischer, die seit Jahren mit Maslow nicht nur politisch, sondern auch persönlich eng liiert war, in Moskau ihre und Maslows Haltung und Person. Im Juli 1926 wurde er wegen seines schlechten Gesundheitszustandes aus dem Gefängnis beurlaubt und die vom Gericht ausgesprochene Ausweisung aufgeschoben.
Am 20. August 1926 schloß die KPD Maslow und Ruth Fischer aus ihren Reihen aus. Schon am 4. August hatte die KPD-Presse die bekannten Vorwürfe aufgewärmt und geschrieben: »Maslow – ein Agent in den Händen der deutschen Bourgeoisie?« Während des Prozesses gab es kaum Kritik an Maslows Verteidigung, doch nun wurde er beschuldigt, sich vor Gericht »unproletarisch« verhalten zu haben. Die sowjetische Nachrichtenagentur TASS meldete sogar aus Berlin (aus angeblich zuverlässigen Quellen), Maslow habe die Behörden ersucht, ihn nicht aus Deutschland auszuweisen, ein weiterer Aufenthalt in Deutschland sei »zugebilligt« worden. »Die Einwendungen gewisser Kreise gegen die Genehmigung des Maslowschen Gesuches wurden durch die Erwägung einflußreicher Beamter im Justizministerium entkräftet, die darauf hingewiesen haben, daß Maslow zur Bildung von Fraktionen innerhalb der Kommunistischen Partei nützlich sei.« Mit Rufmord wollte die KPD-Führung Maslow gerade an solcher Tätigkeit hindern. Er schloß sich der linken Opposition an und gehörte zu den Mitbegründern des Leninbundes. Gemeinsam mit Ruth Fischer zog er sich schon vor den Wahlen im Mai 1928 – nachdem Sinowjew vor Stalin kapituliert hatte – aus dem Leninbund zurück. Er trat bis 1933 politisch wenig hervor, seinen Lebensunterhalt bestritt er durch Übersetzungen (z. B. Pokrowskis »Geschichte der russischen Revolution«).
1933 floh er zusammen mit Ruth Fischer nach Paris, wo sich beide bis 1940 aufhielten. Sie arbeiteten 1934 eng mit Trotzki zusammen, bis es 1936 zum Bruch kam. 1936 gründeten sie die kleine Gruppe Internationale (Marxisten-Leninisten), die bis Januar 1939 ein gleichnamiges Mitteilungsblatt herausgab, für das Maslow die wichtigsten Artikel schrieb. Während der Stalinschen Moskauer Schauprozesse wurde er erneut als »Agent« diffamiert. 1940 konnte Maslow nach Kuba entkommen, es glückte ihm aber nicht, wie Ruth Fischer, in die USA zu gelangen, da er kein Visum erhielt. Am 20. November 1941 kam Arkadi Maslow in Havanna ums Leben, wurde auf der Straße eines berüchtigten Viertels tot aufgefunden. Obwohl laut ärztlichem Befund einem Herzschlag erlegen, nahm Ruth Fischer an, Maslow sei von Stalins Agenten ermordet worden. Das meinten auch andere. ▸ Franz Pfemfert schrieb 1946 an Ruth Fischer: »Daß er in Havanna ermordet wurde – weil der dem Moskauer ›Großen‹ und seinen Knechten sehr, sehr gefährlich war –, daran habe ich nie eine Sekunde gezweifelt.« Die Biographie Maslows, an der Ruth Fischer arbeitete, hat sie nicht mehr zu Ende führen können. Der von Peter Lübbe 1990 veröffentlichte Briefwechsel (»Abtrünnig wider Willen«) gibt Einblicke in Maslows Leben. Die These von der Ermordung ist nach heutigen Kenntnissen der Stalinschen Praktiken und Verbrechen durchaus wahrscheinlich.

▸ Maslowski, Paul Gregor (* 1892 – † 1971)

Geboren am 17. November 1892 in Zempelburg/Westpreußen, Sohn eines Bauarbeiters; lernte von 1907 bis 1911 das Schneiderhandwerk, bis 1915 in seinem Beruf. 1913 trat er in die SPD ein. Von 1915 bis 1918 Soldat im Weltkrieg, schloß er sich 1918 der USPD an und kam 1920 mit deren linkem Flügel zur KPD. Er arbeitete bis 1933 als Schneider. Seit 1923 Mitglied der BL Berlin-Brandenburg, gehörte Paul Maslowski der linken Fraktion an und war Anhänger ▸ Ruth Fischers, deren Positionen er auch nach dem »Offenen Brief« 1925 verteidigte. Als Vertreter der Fischer-Maslow-Gruppe Teilnehmer an der 6. Erweiterten EKKI-Tagung im März 1926, trennte sich jedoch noch Ende 1926 von der Fischer-Gruppe. Maslowski ging zur Thälmann-Führung über und war von 1926 bis 1928 Leiter der RFB-Abteilung Berlin-Mitte. Ob er als Konzession an die Linke auf dem XI. Parteitag 1927 zum Kandidaten des ZK gewählt wurde, ist nicht gesichert. Von August bis November 1929 Nachrücker der Berliner Stadtverordnetenversammlung, bis Ende 1932 Instrukteur. Am 28. Februar 1933 verhaftet, bis Ende September 1933 im KZ Sonnenburg, danach bis 1944 Schneider in Berlin. Am 12. August 1944 festgenommen – er gehörte zur Widerstandsgruppe um ▸ Anton Saefkow –, vom VGH am 18. Januar 1945 zu acht Jahren Zuchthaus verurteilt. Am 27. April 1945 befreit, zunächst Schneider, danach ab September 1945 Sachbearbeiter in Berlin-Charlottenburg, bis Dezember 1946 1. Vorsitzender der KPD bzw. der SED Berlin-Charlottenburg. 1947/48 wieder Schneider, ist er im Juli 1951 nach Ost-Berlin übergesiedelt, dort von Oktober 1948 bis Anfang 1955 Leiter eines Betriebsteils des VEB »Fortschritt« Bekleidungswerk. Bis zur Rente 1958 in der Industrie-Verwaltung Bekleidung, er erhielt im Dezember 1962 den VVO in Silber. Paul Maslowski starb am 28. September 1971.

▸ Maslowski, Peter (* 1893 – † 1983)

Geboren am 25. April 1893 in Berlin, besuchte ein humanistisches Gymnasium und studierte an der Berliner Universität Germanistik und Nationalökonomie. Während des Krieges Mitglied der USPD, mit deren linkem Flügel 1920 zur KPD. Zunächst Redakteur an verschiedenen KPD-Zeitungen, so 1921 in Oberhausen. 1923 Polsekretär und Leiter des KPD-Bezirks Mittelrhein in Köln. Maslowski stand zwar auf dem linken Parteiflügel, tendierte aber zur Mittelgruppe, so daß ihn der Bezirksparteitag im Februar 1924 als Sekretär ablöste. Er wurde Chefredakteur der »Sozialistischen Republik« in Köln, zog im Mai 1924 als Abgeordneter des Wahlkreises Westfalen-Nord in den Reichstag ein, im Dezember 1924 nicht wiedergewählt. Im Herbst 1924 Redakteur in Stuttgart, dort auch kurze Zeit inhaftiert. Ende 1924 Redakteur der »Roten Fahne« Westfalens (Kopfblatt des »Ruhr-Echos«); 1926 Chefredakteur des »Klassenkampfes« in Halle. Im Juni 1926 erneut zu neun Monaten Gefängnis verurteilt. Von März bis September 1928 als Nachfolger von ▸ Lex Ende Chefredakteur des »Ruhr-Echos« in Essen, dann Mitarbeiter des ZK in Berlin. Von 1928 bis 1930 wieder Reichstagsabgeordneter (Wahlkreis Westfalen-Nord). Maslowski publizierte eine Reihe von Broschüren und Büchern, vor allem über die Zentrumspartei und Kirchenprobleme.

1932 veröffentlichte er in der Reihe »Männer und Mächte« eines bürgerlichen Verlages eine Biographie ▸ Ernst Thälmanns. Obwohl eine absolut positive Schilderung, wurde Maslowski deswegen in der KPD angegriffen. In der Folgezeit schrieb er bis 1933 hauptsächlich für Münzenberg-Organe. Ende Februar 1933 ging Maslowski in die Illegalität und flüchtete im August 1933 zunächst nach Polen, später emigrierte er nach Paris, dort war er Redakteur der »Zukunft« und Gesellschafter des Verlages Carrefour sowie aktiver Mitarbeiter der Münzenberg-Gruppe. Nach dem Ausschluß ▸ Willi Münzenbergs brach auch Peter Maslowski mit der KPD. Während der Besetzung Frankreichs entkam er ins unbesetzte Südfrankreich, wo er zuletzt illegal lebte. Im Dezember 1945 Rückkehr nach Deutschland, Mitglied der SPD, mit der Maslowski später in Konflikt geriet. Von 1946 bis 1967 Herausgeber der »Neuen Presse« in Coburg, die er bis 1963 als Chefredakteur leitete. 1973 gehörte er mit ▸ Karl Retzlaw, Augustin Souchy und Peter Bernhardi zu den Gründern des Arbeitskreises »Karl Liebknecht«, einem »Forum für Linke und Libertäre aller Couleur«. Peter Maslowski starb am 24. April 1983 in Sommerhausen/Würzburg.

▸ Massing, Paul, Dr. rer. pol. (* 1902 – † 1979)

Geboren am 30. August 1902 in Grumbach/Pfalz, Sohn eines Katasterkontrolleurs; besuchte das Realgymnasium in Bad Kreuznach, 1923 Reifeprüfung, studierte Wirtschafts- und Sozialwissenschaften an der Handelshochschule in Frankfurt/M. 1926 Diplom-Kaufmann, 1928 Promotion an der Universität Frankfurt/M. zum Dr. rer. pol. Mitglied der KPD, bis 1931 Arbeit am Internationalen Agrarinstitut in Moskau. Zurück in Deutschland, war er von 1931 bis 1933 Mitarbeiter des ZK der KPD in Berlin. 1933 verhaftet, verfaßte er nach fünfmonatiger Einzelhaft im KZ Oranienburg seinen autobiographischen Roman »Schutzhäftling 880«, den er 1935 unter dem Pseudonym Karl Billinger veröffentlichte. Durch Amnestie entlassen, floh er über Paris in die USA. Später nach Deutschland zurückgekehrt, arbeitete er illegal für die KPD. Wegen der Moskauer Säuberungen brach er mit dem Kommunismus. Massing emigrierte endgültig in die USA und lebte zunächst in Pennsylvania. Ab 1942 Mitarbeiter am Institute of Social Research an der Columbia University in New York. Von 1948 bis 1967 lehrte er politische Soziologie an der Rutgers University in New Brunswick im US-Bundesstaat New Jersey. Sein Werk »Rehearsal for Destruction: A Study of Political Antisemitism in Imperial Germany« (1949), erschien 1959 unter dem Titel »Vorgeschichte Antisemitismus« mit einem Vorwort von Max Horkheimer und Theodor W. Adorno in Deutschland. 1971 kehrte Massing zurück ins elterliche Haus in Grumbach. Schwer erkrankt, kam er 1978 in ein Altersheim nach Tübingen, wo Paul Massing am 30. April 1979 starb.

Er war mit **Hede Massing**, geb. Tune (* 1900 – † 1981), verheiratet, die in erster Ehe mit ▸ Gerhart Eisler gelebt hatte. Sie war von 1931 bis 1938 Mitarbeiterin der sowjetischen Spionagedienste, trennte sich später vom Kommunismus und publizierte 1951 in den USA ihr Buch »This Deception« (dt. »Die große Täuschung. Geschichte einer Sowjetagentin«, 1967).

▸ Matern, Hermann (* 1893 – † 1971)

Geboren am 17. Juni 1893 in Burg bei Magdeburg, Sohn eines sozialdemokratischen Arbeiters, lernte von 1907 bis 1911 Gerber. 1907 trat er in die Arbeiterjugend, 1911 in die SPD ein. Matern reiste als Wandergeselle durch die Schweiz und Österreich, von 1914 bis 1918 Soldat an der Westfront, danach Mitglied der USPD sowie in Burg im Arbeiter- und Soldatenrat. 1919 Mitbegründer der KPD in Burg, stand auf deren linkem Flügel, blieb bis 1926 Gerber. Er trennte sich 1925 von den Linken und leitete von 1926 bis 1928 den Landarbeiterverband in Burg. Im August 1926 Mitglied der KPD-BL Magdeburg-Anhalt und deren hauptamtlicher Sekretär für Gewerkschaftsfragen. Ab November 1927 Polleiter des Bezirks Magdeburg. Von Dezember 1928 bis Mai 1929 Kursant der Internationalen Leninschule in Moskau, danach wieder Polleiter des Bezirks Magdeburg. 1931 als Polleiter in den Bezirk Ostpreußen versetzt, wurde Matern im April 1932 in den Preußischen Landtag gewählt. Im Februar 1933 Teilnehmer der illegalen Tagung der KPD-Führung in Ziegenhals bei Berlin, er übernahm im April 1933 die Leitung der illegalen KPD in Pommern. Am 14. Juli 1933 von der Polizei in Stettin verhaftet, im Gefängnis Altdamm bei Stettin schwer gefoltert, gelang ihm am 19. September 1934 mit drei anderen Häftlingen die Flucht. Matern ging zunächst nach Prag, gehörte von Juli 1935 bis Februar 1936 zur Leitung der kommunistischen Emigration in Paris, dann in den Niederlanden und Belgien. Seit Januar 1938 lebte Matern in Norwegen, von April 1940 bis April 1941 illegal in Schweden. Mit einem sogenannten Rückkehrerpaß kam Matern, begleitet von seiner Lebensgefährtin und späteren Frau Jenny, geborene Pikkerodt (* 11. 4. 1904 – † 22. 9. 1960), im April 1941 in die Sowjetunion. Zunächst an der Komintern-Schule, dann bis Mai 1945 als Lehrer an der Zentralen Antifaschule in Krasnogorsk. Zusammen mit ▸ Anton Ackermann traf Matern am 1. Mai 1945 in Dresden ein, wo er (ähnlich wie ▸ Walter Ulbricht in Berlin) als Vertrauensmann der Sowjets eingesetzt wurde. Hier übernahm er als Stadtrat die Personalpolitik, wurde dann Vorsitzender der KPD in Sachsen, im April 1946 Vorsitzender der SED in Berlin. Matern gehörte ab 1946 ununterbrochen zur Spitzenführung der SED, als Mitglied des ZS bzw. ab 1949 des Politbüros war er stets ein treuer Gefolgsmann Ulbrichts. Im Januar 1949 wurde er (anfangs noch paritätisch mit Otto Buchwitz) Vorsitzender der wichtigen Zentralen Parteikontrollkommission (ZPKK), war der eigentliche Chef und Ulbrichts »rechte Hand« bei den geplanten und den durchgeführten Säuberungen. Er erhielt 1954 den Karl-Marx-Orden. 1963 erschien in Ost-Berlin eine zweibändige Auswahl seiner »Reden und Schriften« (1926-1963). Hermann Matern starb am 24. Januar 1971 in Ost-Berlin.

▸ Mauer, Wilhelm (* 1903 – † 1974)

Geboren am 25. Februar 1903 in Raunheim am Main, Sohn einer Arbeiterfamilie; lernte Dreher und Schlosser. Er arbeitete u. a. bei Opel in Gummersbach und war dort auch zeitweise im Betriebsrat. 1920 Mitglied des DMV und 1926 der KPD, leitete bis 1929 die Ortsgruppe der KPD in Raunheim. Die BL Hessen-Frankfurt beauftragte ihn 1927 mit der Leitung der KPD-Betriebszelle bei Opel in Rüsselsheim. 1929 wurde Mauer als Abgeordneter in den Provinziallandtag Starkenburg, 1931 in den Hessischen Landtag gewählt. 1930/31 zunächst Orgleiter, 1931/32 Polleiter des RGO-Bezirkskomitees Hessen-Frankfurt. Ab Januar 1932 Volontär in der Orgabteilung des ZK, als Instrukteur für zwei Unterbezirke in Hessen-Frankfurt eingesetzt. Er flüchtete 1933 in die Schweiz und leitete unter dem Decknamen Theodor Braun die Emigrantenstelle in Binningen bei Basel. 1934 wegen politischer Betätigung nach Frankreich ausgewiesen, ging er 1941 wieder in die Schweiz, dort verhaftet und bis Kriegsende interniert. Mauer kehrte 1945 nach Deutschland zurück, arbeitete als Angestellter in der Gemeindeverwaltung der Stadt Raunheim und war Mitvorsitzender der Spruchkammer Groß-Gerau. Ab 1952 Rentner, betätigte er sich politisch in der 1956 gebildeten »Unabhängigen Wählergruppe« und amtierte bis 1961 als 1. Beigeordneter im Gemeindevorstand der Stadt Raunheim. Wilhelm Mauer starb am 21. Februar 1974 in Rüsselsheim.

▸ Mayenburg, Herbert von (* 1883 – † 1954)

Der Sohn des adligen Schriftstellers Richard Adalbert Heinsius von Mayenburg wurde am 2. Oktober 1883 in Blasewitz bei Dresden-Neustadt geboren und besuchte die Mittelschule in Bautzen und Dresden. Aus Protest gegen den Reichtum seiner Familie und das soziale Elend der arbeitenden Klasse brach er mit seiner Familie und brannte von zu Hause durch. Er arbeitete zunächst bei dörflichen Handwerkern und verdingte sich als jugendlicher Landarbeiter. Später wurde er Buchhalter und Handelsreisender. 1906 trat er in die SPD ein und war von 1910 bis 1919 hauptamtlicher Funktionär des Handlungsgehilfenverbandes in Düsseldorf. Von 1914 bis 1918 Soldat bei der Artillerie. 1917 Mitglied der USPD, ab Juli 1919 Landesparteisekretär für Mecklenburg-Schwerin und -Strelitz. Mayenburg reiste mehrmals nach Moskau, traf dort mit Lenin, Trotzki sowie Sinowjew zusammen und plädierte für den Anschluß an die Komintern und die Vereinigung mit der KPD. Im Juni 1920 wurde er für die USPD in den Landtag von Mecklenburg-Schwerin gewählt, dem er bis 1922 als KPD-Mitglied angehörte. Auf dem Vereinigungsparteitag von USPD-Linke und KPD zur VKPD im Dezember 1920 wurde von Mayenburg in den ZA gewählt. Von 1920 bis 1922 Chefredakteur der KPD-Zeitung »Volkswacht« in Rostock, Anfang 1923 kam er als Instrukteur nach Pommern. Mayenburg, ein glänzender Redner, war als »Wanderprediger« der KPD vor allem bei Landarbeitern bekannt. Den Strapazen nicht mehr gewachsen und durch mehrere Gefängnisaufenthalte geschwächt, legte er die hauptamtliche Parteifunktion nieder und kam zur deutsch-russischen Handelsgesellschaft (Derutra) in Hamburg. Enttäuscht von dem Auftreten der sowjetischen Handelsvertreter und den innerparteilichen Fraktionskämpfen trennte er sich von der KPD. Sein Onkel Ottomar von Mayenburg, Chef der Dresdener Chlorodont-Werke, schickte ihn als Leiter der Chlorodont-Filiale nach Wien. Im September 1941 übersiedelte von Mayenburg nach Budapest und wurde Direktor der dortigen Chlorodont-Filiale. Ungarn verließ er 1947, kehrte nach Deutschland zurück und zog 1950 mit seiner nunmehr dritten Frau nach Ludwigsburg, wo Herbert von Mayenburg am 6. März 1954 starb.

▸ Mayer, August (Gustl) (* 1898 – † 1969)

Geboren am 9. Juni 1898 in München, Sohn einer Arbeiterfamilie; Laufbursche, dann ungelernter Metallarbeiter und 1913 Bürohilfsarbeiter. 1916 Mitglied der Arbeiterjugend und der SPD. Wegen eines Herzleidens nicht an die Front geschickt, gehörte er 1919 mit Karl Thoma (▸ Ewald Blau) zu den Mitbegründern der FSJ in Südbayern. 1920 trat er in die KPD ein, zunächst Orgsekretär der FSJ Südbayern, dann Mitarbeiter in der Reichszentrale der FSJ in Berlin. Im Sommer 1921 Parteiangestellter der BL in Nürnberg, zeitweise Orgleiter für Nordbayern. 1922 in die Zentrale der KPD nach Berlin geholt, trat Mayer an die Stelle von ▸ Willi Mielenz in der Orgabteilung. Mit Karl Gröhl (▸ Karl Retzlaw) baute er den geheimen Paßapparat und den illegalen Verbindungsdienst für das ganze Reich auf. Im September 1923 übernahm er die Waffenbeschaffung für Groß-Berlin, Brandenburg und die Lausitz. Am 11. März 1924 mit zwei anderen Mitarbeitern verhaftet und nach einem Jahr Untersuchungshaft am 22. April 1925 vom Reichsgericht im sogenannten Tscheka-Prozeß wegen »Vorbereitung zum Hochverrat« sowie Sprengstoffverbrechens zu sechs Jahren Zuchthaus verurteilt. Durch die »Hindenburg-Amnestie« im Oktober 1927 entlassen und 1928 erneut Parteiangestellter des ZK der KPD. Offiziell Statistiker in der Orgabteilung, tatsächlich aber seit Anfang 1931 verantwortlich für Waffenbeschaffung im gesamten Reich. Mayer wurde enttarnt und flüchtete 1931 über Wien nach Moskau, kam an eine Militärschule. Danach in der Orgabteilung der Komintern und ab Januar 1932 Instrukteur für Spezialfragen auf illegalem Gebiet, Nachfolger von ▸ Wilhelm Zaisser. Bis 1938 arbeitete er für die OMS vorwiegend in Prag und Amsterdam, ab Frühjahr 1938 in Paris. Von 1939 bis 1945 lebte er illegal in Den Haag und Amsterdam und war dort auch Leiter der KPD-Emigrantengruppe. Im September 1945 kehrte Mayer nach Deutschland zurück, wurde Ende Dezember 1945 im Auftrag der SMAD einer der drei Vertreter der SBZ im »Gesamtdeutschen Suchdienst für vermißte Deutsche beim Alliierten Kontrollrat«. 1946/47 Präsident des Suchdienstes für vermißte Deutsche in der SBZ, wechselte er im November 1948 zur Deutschen Verwaltung des Innern als Generalinspekteur und Leiter der Hauptabteilung der Kriminalpolizei. Ab 1949 Stellvertreter des Chefs der DVP, wurde 1951 Leiter der Verwaltung Strafvollzug in der Hauptverwaltung Deutsche Volkspolizei. 1959 als Generalmajor ausgeschieden, er erhielt 1968 den VVO in Gold. August Mayer starb am 11. Oktober 1969 in Ost-Berlin.

▸ Mehlhorn, Willi (* 1892 – † 1963)

Geboren am 11. Januar 1892 in Hartenstein/Sachsen, Sohn einer Arbeiterfamilie; Land- und Bergarbeiter, Weltkriegsteilnehmer. 1917 trat er der SPD bei, 1920 der KPD. Er war Mitglied des Bergarbeiterverbandes und später der RGO. Ab 1923 Vorsitzender des Gesamtbetriebsrats der Grube »Deutschland« in Oelsnitz und Abgeordneter der Stadtverordnetenversammlung von Zwickau. 1930 wurde Mehlhorn in den Sächsischen Landtag gewählt, dem er bis 1933 angehörte. 1931 Leiter der UB Zwickau, vom Januar bis Juni 1932 Orgleiter der KPD in Dresden. Im September 1932 wurde er Leiter des Kampfbundes gegen den Faschismus in Sachsen. Ab Februar 1933 arbeitete er illegal als Polleiter des KPD-Bezirks Westsachsen u. a. zusammen mit ▸ Karl Ferlemann. Anfang November 1933 verhaftet, kam Mehlhorn ins KZ und wurde am 17. November 1934 vom VGH zu drei Jahren Zuchthaus verurteilt. Im Dezember 1936 zwar aus dem Zuchthaus Waldheim entlassen, aber sofort in »Schutzhaft« im KZ Sachsenburg und später im KZ Buchenwald. Nach seiner Freilassung im April 1939 Bergarbeiter, dann am 22. August 1944 in der Gestapo-Verhaftungsaktion »Gewitter« erneut festgenommen und drei Monate in »Schutzhaft«. Mehlhorn, der danach bis zum Einmarsch amerikanischer Truppen illegal lebte, wurde nach der Befreiung Sekretär des KPD-UB Zwickau. 1946/47 zunächst Vorsitzender der SED Zwickau, dann Kommunalsekretär, ab Mai 1948 Werkleiter des Steinkohlewerks »Karl Liebknecht« in Oelsnitz. Seit 1951 Invalidenrentner, bekam er 1958 die Medaille »Kämpfer gegen den Faschismus«. Willi Mehlhorn starb am 5. September 1963 in Hartenstein.

▸ Mehring, Franz, Dr. phil. (* 1846 – † 1919)

Geboren am 26. Februar 1846 in Schlawe/Pommern, Sohn eines Steuerbeamten und preußischen Offiziers. Nach dem Besuch des Gymnasi-

ums studierte er von 1866 bis 1870 klassische Philologie an den Universitäten Leipzig und Berlin. 1882 erhielt er von der Leipziger Universität den Titel Dr. phil verliehen. Seit 1870 Journalist, vertrat er radikal-demokratische Positionen. Mehring entwickelte sich zum wichtigsten Historiker der deutschen Arbeiterbewegung vor dem Weltkrieg. Seine 1875 erschienene Schrift gegen den preußischen Hofhistoriker Treitschke fand bei den Linken großen Anklang. Zunächst rückte er politisch allerdings nach rechts, weil er Hoffnung in die Bismarckschen Sozialreformen setzte. Nach 1875 verfaßte er mehrere antisozialistische Arbeiten. Vor allem sein Buch »Die Deutsche Socialdemokratie, ihre Geschichte und ihre Lehre« (1877) wurde von der SPD heftig kritisiert. Denn sowohl Ferdinand Lassalle als vor allem Karl Marx, dem er einen »keifenden, kleinlichen, versteckten, widerwärtigen Zug« vorwarf, wurden darin geradezu bösartig angegriffen und auch August Bebel und Wilhelm Liebknecht hat er (»heuchlerische Maske seiner communistischen Tendenzen«) nicht verschont.

In den achtziger Jahren stand Mehring als bürgerlicher Demokrat gegen die Sozialdemokratie, näherte sich jetzt allerdings als Gegner des Sozialistengesetzes den Anschauungen des historischen Materialismus von Marx an. Er verwarf nun seine These von 1877 (»Wie der innerste Kern der Socialdemokratie Haß gegen das Vaterland ist, so ist unsere mächtigste Waffe gegen sie die Liebe zum Vaterland«) und wurde Internationalist. 1891 trat er der SPD bei, war bald auf deren linkem Parteiflügel aktiv und nun als Publizist, als Literaturhistoriker und als Historiograph tätig, nicht zuletzt an der »Neuen Zeit«, dem theoretischen Organ der SPD. Seine 1892 erschienene Schrift »Die Lessing-Legende« wurde von Friedrich Engels als beste Darstellung der Entwicklung des preußischen Staates gelobt. Mehrings Hauptwerk, die vierbändige »Geschichte der deutschen Sozialdemokratie«, kam 1898 heraus. Seitdem war er allgemein als *der* sozialdemokratische Historiker anerkannt, engagierte sich indes auch weiterhin praktisch. Er leitete bis 1895 den Verein Freie Volksbühne in Berlin, und von 1902 bis 1907 prägte er als Chefredakteur der sozialdemokratischen »Leipziger Volkszeitung« deren Bild als linkes und bekanntestes SPD-Blatt.

Mehring wurde eine Autorität in der deutschen Sozialdemokratie. Im persönlichen Leben blieb er freilich konservativ, wohl nicht untypisch für ihn, daß er die Benutzung von Schreibmaschinen in der Redaktion der »Leipziger Volkszeitung« lange Zeit untersagte, weil er wollte, daß die Redakteure ihre Manuskripte mit sauberer Handschrift verfaßten. Er galt als einer der glänzendsten Journalisten seiner Zeit. Doch verstand er sich vor allem als Historiker, der die Legenden der preußisch-deutschen Geschichtsschreibung widerlegte. Auch der von ihm 1902 veröffentlichte Teil des literarischen Nachlasses von Marx, Engels und Lassalle waren eine Pioniertat für die Aufarbeitung der Geschichte des Sozialismus.

In der praktischen Politik hatte er weniger Erfolg. Er nahm als Delegierter Sachsens am Parteitag der SPD 1902 in München teil, doch Versuche, ihm ein Reichstagsmandat zu verschaffen scheiterten. Heftiger Streit um Mehring entbrannte auf dem Dresdner Parteitag 1903, der ja durch die »Revisionismusdebatte« geprägt war. Heinrich Braun, der von sich behauptete, Mehring in die Sozialdemokratie gebracht zu haben, griff diesen verbal an. Es gab Tumulte, weil er nicht wie üblich »Genosse Mehring«, sondern »Herr Mehring« sagte. Der Parteitagsvorsitzende Paul Singer verwarnte Braun und auch Bebel

ging ihn schwer an. Braun hatte die bekannten antisozialistischen Beschuldigungen Mehrings gegen die Sozialdemokratie (damals 25 Jahre her) noch einmal gegen ihn vorgebracht. Der Hintergrund der Schlammschlacht war offensichtlich Mehrings Attacke in der »Leipziger Volkszeitung« gegen die Revisionisten. Karl Kautsky verteidigte den Historiker: »Mehring hat sich um die Partei wohl verdient gemacht, das kann niemand leugnen. Er ist einer der ersten Vertreter des wissenschaftlichen Sozialismus, es gibt unter den heute Lebenden keinen, der ihn darin überragt. Er ist ein hervorragender Historiker, das erkennen auch seine bürgerlichen Gegner an.« Zugleich verwahrte er sich unter großem Beifall gegen das »Denunziantentum« an Mehring.
Bebel trat ebenfalls für ihn ein: »Und wenn Braun, Edmund Fischer, Bernhard usw. längst vergessen sein werden, dann werden die Werke eines Mehring in der deutschen Literatur noch als eine große Tat angesehen werden.« Trotz solcher mit großer Zustimmung aufgenommenen (richtigen) Prophezeiung war Mehring offenbar von den Angriffen tief gekränkt. Schließlich hatte Braun sogar noch nach Bebels Verteidigung gesagt, »Mehring steht am Pranger und Bebel wird sich vergeblich bemühen, ihn von dort wieder herunterzuholen«. Empört wandte sich Mehring gegen diesen »Überfall« auf ihn, der »an feiger, schmutziger Perfidie in der Geschichte der verfaultesten Gesellschaftsklasse seinesgleichen nicht hat«. Auch aus dieser persönlichen Betroffenheit erklärt sich, daß Mehring von nun an einer der erbittersten Bekämpfer des Revisionismus wurde.
Als Koryphäe der Geschichtswissenschaft erwarb er bei den linken Sozialdemokraten großen Einfluß. Mehring begrüßte die russische Revolution von 1905 bis 1907 und vertrat den Standpunkt ▸ Rosa Luxemburgs zum Massenstreik. Von 1906 bis 1911 Lehrer an der zentralen Parteischule der SPD in Berlin entstand aus dieser Lehrtätigkeit sein Werk »Deutsche Geschichte vom Ausgang des Mittelalters« (1910). Wie Rosa Luxemburg fühlte er sich 1913 an den Rand der SPD gedrängt, stellte die Mitarbeit an der »Neuen Zeit« und an der »Leipziger Volkszeitung« ein und gab mit Rosa Luxemburg und ▸ Julian Marchlewski die »Sozialdemokratische Korrespondenz« als Organ der radikalen Linken in der SPD heraus.
Im Weltkrieg zählte Mehring zu den konsequentesten Internationalisten und Gegnern der Politik des Burgfriedens. Er publizierte gemeinsam mit Rosa Luxemburg im April 1915 »Die Internationale« als »Monatsschrift für Praxis und Theorie des Marxismus«, in der außer Luxemburg mit ihm auch Johannes Kämpfer (Julian Marchlewski), ▸ Paul Lange, ▸ Käte Duncker, ▸ Clara Zetkin, ▸ August Thalheimer schrieben. Die Zeitschrift wurde sofort verboten, später erschien unter gleichem Namen das theoretische Organ der KPD.
Mehring nahm an der Konferenz der Gruppe Internationale am 1. Januar 1916 teil, mit der sich die Spartakusgruppe konstituiert. Er wurde, obwohl schon siebzig Jahre alt und krank, im August 1916 für vier Monate in »militärische Schutzhaft« genommen. Im März 1917 wurde Mehring (anstelle des verurteilten ▸ Karl Liebknecht) in dessen Berliner Wahlkreis in das Preußische Abgeordnetenhaus gewählt, wo er im Januar 1918 gegen die Diktatur der Militärs auftrat. Er gehörte zu denjenigen Linken, die (im Gegensatz zu Rosa Luxemburg und ▸ Leo Jogiches) die bolschewistische Revolution in Rußland sofort unkritisch verteidigten und verherrlichten. Im Juni 1918 druckte die Moskauer »Prawda« seinen wohlwollenden Brief an die »russischen Revolutionäre« ab.
Mehrings letztes bedeutendes Werk, die Biographie von Karl Marx, erschien 1918. Im Vorwort vom März 1918 dankte er Rosa Luxemburg und widmete das Buch »Clara Zetkin-Zundel, der Erbin marxistischen Geistes«. Die Freundschaft mit diesen beiden Frauen bewertete er als einen »unschätzbaren Trost« in »einer Zeit, in deren Stürmen so viele mannhafte und unentwegte Vorkämpfer des Sozialismus davongewirbelt sind wie dürre Blätter im Herbstwind«. Für die äußerste Linke war Mehring nach der Revolution weiterhin aktiv, konnte aber wegen Krankheit am Gründungsparteitag der KPD nicht teilnehmen. Franz Mehring starb am 29. Januar 1919 in Berlin.

▸ Meier, Else (* 1901 – † 1933)

Über die Sozialisation und die politische Entwicklung der am 24. Februar 1901 in Magdeburg als Else Wagner geborenen Else Meier ist fast nichts bekannt. Von Beruf Metallarbeiterin, heiratete sie den Lackierer Otto Meier und war in der KPD aktiv. Die 31jährige wurde im April 1932 als Abgeordnete in den Preußischen Landtag und dann im März 1933 im Wahlkreis Potsdam noch in den Reichstag gewählt. Die Umstände ihres Todes am 2. August 1933 sind nicht zweifelsfrei geklärt. Entweder starb Else Meier an den Folgen eines SA-Überfalls oder an einer unheilbaren Krankheit.

▸ Meier, Karl (* 1902 – † 1989)

Geboren am 19. Juli 1902 in Buchholz/Krs. Bückeburg, Sohn einer Arbeiterfamilie; Glasarbeiter. Nach dem Weltkrieg von 1921 bis 1924 als Telegraphenarbeiter bei der Reichspost in Hannover. Von 1924 bis 1932 war er Leitungsaufseher bei der Wasserstraßenverwaltung in Minden/Westfalen. Seit 1918 im Gesamtverband der städtischen Beschäftigten, sowohl Betriebsrat und von 1924 bis 1933 Bevollmächtigter der Ortsverwaltung Stadthagen des deutschen Verkehrsbundes. 1919 Mitglied der USPD, Ende 1920 KPD-Funktionär im UB Hamm, zeitweise Polleiter des Unterbezirks. Am 3. Mai 1931 kam er als einziger KPD-Abgeordneter in den Landtag von Schaumburg-Lippe, dem er bis 1933 angehörte. Im November 1932 wurde Meier im Wahlkreis Südhannover-Braunschweig in den Reichstag gewählt. Am 21. April 1933 verhaftet, ins KZ Moringen gebracht und am 30. April 1934 aus dem KZ Oranienburg freigelassen. Meier wurde zwei Monate später erneut festgenommen, aber Ende 1934 aus dem KZ entlassen. Unter Polizeiaufsicht stehend, lebte er zunächst von Wohlfahrtsunterstützung, bis er 1937 Arbeit als Fernmeldemonteur in Hannover fand. Im August 1944 kurzzeitig inhaftiert. Die britische Besatzungsmacht ernannte Meier im August 1945 zum Landrat von Stadthagen. Da der Kreistag ihn aber nicht in diese Funktion wählte, wurde er von der Niedersächsischen Staatsregierung im Oktober 1948 aus seinem Amt entlassen. Meier kandidierte noch 1949 für die KPD zur Bundestagswahl, zog sich später aus der Politik zurück und betrieb in Stadthagen einen Tabakwarenladen. Karl Meier starb am 4. Dezember 1989 in Stadthagen.

▸ Meinig, Valeska (* 1879 – † 1967)

Geboren am 12. März 1879 in Ullersdorf bei Dresden, Tochter eines Volksschullehrers. Arbeiterin in der sächsischen Textilindustrie. 1912 wurde Valeska Meinig Mitglied der SPD, von

1915 bis 1933 gehörte sie als Aufsichtratsmitglied dem Konsumverband Limbach an. Während des Krieges in der Spartakusgruppe, ab 1917 Mitglied der USPD. Nach Ausbruch der Novemberrevolution im Limbacher Arbeiterrat. Am Jahresende 1918 nahm sie als Delegierte am Gründungsparteitag der KPD teil und gehörte nach ihrer Rückkehr zu den Mitbegründern der KPD in Limbach. Ab 1919 dort Stadtverordnete, von 1924 bis 1932 Stadträtin. Sie wurde 1924 für einige Monate inhaftiert. 1924 war sie Mitbegründerin und bis zu deren Verbot Mitglied der Leitung des Roten Frauen- und Mädchenbundes in Sachsen. Von März bis Juni 1933 war Valeska Meinig in »Schutzhaft«. Nach ihrer Entlassung beteiligte sie sich am Widerstandskampf gegen die Nazis, wurde 1934 verurteilt und bis 1936 im Zuchthaus Waldheim inhaftiert. Ab Juni 1944 für mehrere Monate im KZ Ravensbrück. Von 1945 bis 1947 war Valeska Meinig Vorsitzende des antifaschistischen Frauenausschusses in Limbach. 1946 Mitglied der SED, mehrere Jahre Leiterin der Volkssolidarität in Limbach, 1959 erhielt sie den VVO in Silber. Valeska Meinig starb am 25. Oktober 1967.

▸ Melcher, Erich (* 1892 – † 1944)

Geboren am 27. Januar 1892 in Tschernitz/Krs. Sorau; lernte Schlosser und ging anschließend auf Wanderschaft, arbeitete in mehreren Ländern als Werkzeugmacher. 1910 in Hamburg Mitglied der SPD; in der Arbeiter-Sportbewegung tätig (aktiver Turner). Im Oktober 1912 zum Militär eingezogen, als Kriegsteilnehmer (Unteroffizier) fünfmal verwundet. 1917 als Kriegsbeschädigter zu Daimler nach Stuttgart und dann zum Flugzeugbau nach Böblingen abkommandiert. Melcher schloß sich der USPD und der Spartakusgruppe an, wurde in der Revolution 1918 zum Vorsitzenden des Arbeiter- und Soldatenrates in Böblingen gewählt. Mitbegründer der KPD in Württemberg. Im Herbst 1919 hauptamtlicher Gewerkschaftsfunktionär (Bevollmächtigter des DMV) in Stuttgart, dort im Mai 1921 wegen seiner kommunistischen Betätigung ausgeschlossen. Melcher ging für kurze Zeit nach Moskau, kam dann in die Zentrale der KPD und war in der Gewerkschaftsabteilung für die Gruppe Metall verantwortlich. Von Herbst 1922 bis Frühjahr 1923 Gewerkschaftssekretär in der BL Berlin-Brandenburg. Während der Vorbereitung des Oktober 1923 Mitarbeiter der Zentrale. Gemeinsam mit ▸ Ottomar Geschke leitete er (Pseudonym Martin) die »Abteilung Verkehr«, die für die Aufstandsvorbereitung verantwortlich war. Als Anhänger der Rechten 1924 ausgeschaltet, war er von Frühjahr bis Juli 1924 in Moskau; nach seiner Rückkehr am 21. Juli 1924 verhaftet und am 16. Dezember 1925 zu vier Jahren Gefängnis verurteilt. Er trat während der langen Untersuchungshaft im Januar 1925 in einen Hungerstreik. Als er am 16. August 1926 aus dem Gefängnis Cottbus entlassen wurde, trugen ihn die KPD-Anhänger auf den Schultern zum Bahnhof.

Anfang 1927 wurde Melcher Polleiter des Bezirks Ostsachsen in Dresden. Der XI. Parteitag 1927 wählte ihn in die Politische Kommission. Am 1. April 1928 als erster Rechter aller Funktionen enthoben, ihm wurden Verbindungen zur SPD vorgeworfen. Ende 1928 aus der KPD ausgeschlossen, gehörte er zu den Mitbegründern der KPO, für die er verschiedene Funktionen ausübte. Mit der Minderheit der KPO ging Melcher 1932 zur SAP und war bei der Reichstagswahl 1932 Kandidat der SAP. Nach 1933 arbeitete er illegal gegen Hitler. 1934 verhaftet und am 8. Juni 1934 zu zwei Jahren und drei Monaten Gefängnis verurteilt. Nach der Strafverbüßung nur kurze Zeit in Freiheit, bereits am 21. August 1937 wurde er in Dresden erneut festgenommen und ins KZ Buchenwald eingeliefert. Laut einer Reihe von Berichten hatte die illegale KPD-Leitung des KZ-Lagers dem kranken Melcher als »Parteifeind« jede Unterstützung versagt, im Februar 1944 wurde er ins Todeslager Majdanek-Lublin überführt, kam anschließend nach Auschwitz. Im Oktober 1944 meldete sich Melcher (zuletzt war er Blockältester vom Block 15) »freiwillig« zur SS-Strafeinheit Dirlwanger. Er erkannte wohl seine aussichtslose Lage im Vernichtungslager und versuchte, über die »freiwillige« Meldung zur Strafdivision im geeigneten Moment zu desertieren. Nach einer kurzen Ausbildung in einem Lager in der Hohen Tatra ist Erich Melcher Ende 1944 höchstwahrscheinlich bei Einsätzen gegen Partisanen in der Slowakei umgekommen.

▸ Melzer, Hanna (* 1904 – † 1960)

Geboren am 7. August 1904 in Waldenburg/Schlesien, Tochter eines Bergarbeiters; lernte Verkäuferin und Kontoristin. Sie trat 1923 in die KJD und die KPD ein, arbeitete von 1925 bis 1930 als Buchhalterin am »Ruhr-Echo«, leitete den RFMB in Bochum. Hanna Melzer lebte von 1925 bis Ende 1932 mit ▸Walter Duddins zusammen, dem sie, wie sie später schrieb, einen großen Teil ihrer politischen Entwicklung verdankte. 1928/29 Agitpropleiterin des UB Bochum, 1930 Buchhalterin und Kassiererin der RHD Thüringen in Erfurt. Von 1930 bis 1932 Mitglied der KPD-BL Großthüringen und Instrukteurin, zuletzt Bezirksfrauenleiterin. Ab März 1933 illegale Instrukteurin in Dortmund. Im Juli 1933 verhaftet, saß sie bis Dezember 1933 im KZ Moringen. Danach Instrukteurin der illegalen KPD in Bielefeld, Osnabrück und Hagen. Am 26. August 1934 erneut verhaftet und schwer gefoltert. Für Hanna Melzer, auch die »Eiserne Johanna«, genannt, beantragte der Staatsanwalt die Todesstrafe. Am 1. März 1935 verurteilte sie das OLG Hamm zu 15 Jahren Zuchthaus, sie blieb bis 1945 Häftling in Zuchthäusern. 1945 ging sie nach Thüringen, war Leiterin der Frauenabteilung in Erfurt. Im Februar 1946 Funktionärin der KPD-Landesleitung Nordrhein-Westfalen, sie gehörte 1946/47 dem SED-Parteivorstand und von 1951 bis 1954 dem PV der KPD an. Von 1946 bis 1949 MdL in Nordrhein-Westfalen, danach Sekretärin im westdeutschen DFD, ab 1954 Mitglied der PKK der KPD. Sie wohnte ab 1956 ständig in Ost-Berlin. Hanna Melzer starb dort am 3. Oktober 1960.

▸ Menne, Bernhard (Rudert, Max) (* 1901 – † 1968)

Geboren am 3. September 1901 in Meschede, Sohn eines Gerichtsvollziehers. Der Vater starb, als Bernhard acht Jahre alt war, der Stiefvater arbeitete im Justizdienst. Er durchlebte eine unpolitische Jugend und besuchte ein Lehrerseminar. 1917 im Kriegshilfsdienst als Dachdecker, von einem alten Sozialisten für die Linke gewonnen. Nach der Novemberrevolution 1918 schloß er sich den Revolutionären im Ruhrgebiet an. 1919 Mitglied der USPD und bald ein eifriger Agitator der Partei. Nach dem Kapp-Putsch verließ er das Lehrerseminar, war beim Zentralrat der Roten Ruhrarmee; wegen angeblicher Ausrufung der Räterepublik wurde Menne steckbrieflich gesucht. Er ging mit der Mehrheit der USPD 1920 zur KPD. Während der März-Aktion 1921 besetzte er mit einer kleinen Schar Arbeiter eine Zeche im Ruhrgebiet. 1921 holte ihn die Zentrale als Redakteur an die »Rote Fahne« nach Berlin, seither trug er das Pseudonym Max Rudert. Ende 1921 Redakteur an der »Hamburger Volkszeitung«, wenige Wochen später Chefredakteur der »Arbeiterzeitung« in Bremen. Laut einem Polizeibericht hatte er sich in kurzer Zeit zum überragenden Führer der Bremer Kommunisten entwickelt. Als Menne/Rudert in einem Artikel für ▸ Ernst Reuter-Friesland Stellung nahm, beschloß die Bremer Organisation seine Abberufung; aber da er ein ausgezeichneter Redakteur war, wollte ihn die Zentrale nicht verlieren, schickte ihn nach Saarbrücken, dann an die »Freiheit« nach Düsseldorf, wo ihn ein französisches Kriegsgericht 1923 zu einem Jahr Gefängnis verurteilte. Er übernahm die politische Redaktion der »Bergischen Volksstimme« in Remscheid und bekannte sich bei den Diskussionen 1923/24 zu ▸ Heinrich Brandler. Deshalb kaltgestellt, die Führung sandte ihn nach Stuttgart und München, aber schon 1924 holte ihn ▸ Ruth Fischer als Chefredakteur an den »Klassenkampf« nach Halle, eine der größten und wichtigsten Zeitungen der KPD. Wie einige andere Redakteure gehörte Rudert zu den »jungen Männern«, die ungeachtet ihrer anderen innerparteilichen Einstellung von Ruth Fischer gefördert wurden. 1925 kam er als Chefredakteur der »Arbeiter-Zeitung« nach Breslau und hatte enge Beziehungen zu ▸ Max Hoelz, der dort im Zuchthaus saß. Nach einer Sowjetunionreise 1927 wandte sich Rudert auf den ZK-Sitzungen 1928 zusammen mit ▸ Erich Hausen und ▸ Heinrich Galm gegen die neue Linkswendung der Partei. In Breslau abgelöst, wurde er Mitte 1928 Chefredakteur des KP-nahen Blatts »Welt am Abend« in Essen. Am 17. Dezember 1928 schloß ihn die KPD-Führung als Rechten aus der Partei aus. Bis 1932 gab Menne in Essen die unpolitische Wochenzeitung »Tribüne« heraus. Nach dem Reichstagsbrand konnte er zwar flüchten, doch wurde seine Frau Elfriede, geborene Kupke (ebenfalls lange in der KPD organisiert), in Geiselhaft genommen. Menne/Rudert blieb einige Zeit illegal in Berlin, emigrierte dann nach Prag, wo er bis 1938 Chefredakteur der Zeitung »Prager Mittag« war. In Zürich erschien 1937 sein Buch »Krupp. Deutschlands Kanonenkönige«. Er konnte 1939 nach London entkommen, wurde Sekretär der »Thomas-Mann-Gesellschaft« und war journalistisch aktiv. Menne hatte sich der SPD genähert, gehörte ihr aber nur vorübergehend an (1942 Ausschluß). 1948 kehrte er mit seiner Frau aus der Emigration zurück und übernahm als Bernhard Menne die Chefredaktion der »Welt am Sonntag« in Hamburg und blieb dies bis zu seinem Tod. Er war parteipolitisch nicht mehr gebunden. Bernhard Menne starb am 9. November 1968 in Hamburg.

▸ Menzel, Gustav (* 1867 – † 1930)

Geboren am 23. Juni 1867 in Zedel/Krs. Sorau, entstammte einer kinderreichen Kleinbauernfamilie. Lernte Schuhmacher und ging auf Wanderschaft. Im Jahre 1887, noch während des Sozialistengesetzes, trat er der SPD bei. 1888 kam Menzel nach Berlin, wo er als Mitglied der oppositionellen »Jungen« zum Anarchismus neigte. Er arbeitete bis 1898 als Schuhmacher in Berlin, wurde 1890 in den Vorstand der Berliner Schuhmachergewerkschaft gewählt. Nach einem Streik auf die schwarze Liste gesetzt, verließ er 1898 Berlin und ging nach Delitzsch, wo er ein Käse- und Buttergeschäft eröffnete und Stadtverordneter der SPD wurde. 1904 übersiedelte Menzel nach Bitterfeld, betrieb dort eine Gastwirtschaft und wurde ebenfalls Stadtverordneter. Vor dem Weltkrieg hatte er ein Schuhgeschäft eröffnet, im Krieg unterhielt er (unter falschem Namen) eine Soldatenkantine. 1917 trat Menzel der USPD bei, kam 1919 für die USPD in die Preußische Nationalversammlung und 1921 für die KPD in den Preußischen Landtag. 1920 Delegierter des Spaltungsparteitags der USPD, mit deren linkem Flügel ging er im Dezember 1920 zur KPD, die er bis zu seinem Tode ununterbrochen im Preußischen Landtag vertrat. Auf dem Jenaer Parteitag 1921 in den ZA gewählt. Seit 1924 war Menzel hauptsächlich für die Rote Hilfe tätig; Mitglied des Zentralvorstandes der Roten Hilfe, machte er sich als Helfer für kommunistische Gefangene in Preußen einen Namen. 1926 erlitt er einen Schlaganfall. Gustav Menzel starb am 10. Oktober 1930.

Sein Sohn **Ferdinand Menzel** war ebenfalls kommunistischer Funktionär, seit 1923 Redakteur beim »Klassenkampf« in Halle, im April 1924 zu einem Jahr und drei Monaten Festung verurteilt. Während der Festungshaft ist Ferdinand Menzel beim Baden am 14. Mai 1925 ums Leben gekommen.

▸ Merges, August (* 1870 – † 1945)

Geboren am 3. März 1870 in Malstatt-Burbach bei Saarbrücken, Sohn eines Fleischers; lernte Schneider. Während der Wanderschaft wurde er Mitglied der SPD und arbeitete später hauptamtlich als Ökonom des Gewerkschaftshauses in Alfeld. Ab Juli 1911 war er Expedient, später Redakteur an der SPD-Zeitung »Volksfreund« in Braunschweig. Merges war Anhänger der Linken in der SPD und gehörte zum »Braunschweiger Revolutionsklub«, Mitbegründer der Spartakusgruppe in Braunschweig. Dort im November 1918 Vorsitzender der Regierung des Rates der Volkskommissare. Er nahm nur kurz am Gründungsparteitag der KPD Ende 1918 in Berlin teil, blieb aber Mitglied der USPD. Merges wurde 1919 im Wahlkreis Hannover-Braunschweig in die Nationalversammlung gewählt. Bei der Konstituierung der Nationalversammlung in Weimar hielt er eine scharfe Rede gegen die Reichsregierung Ebert-Scheidemann. Bereits Ende Februar 1919 legte er sein Mandat in der Nationalversammlung nieder und schied aus der Regierung in Braunschweig aus. Nach Einmarsch der Truppen des Generals Maercker Mitte April 1919 tauchte Merges unter und lebte eine Zeitlang illegal. Er schloß sich der KPD an, stand aber nach dem II. Heidelberger Parteitag im Herbst 1919 in Opposition zur Zentrale unter ▸ Paul Levi. Merges trat aus der KPD aus und führte die Mehrheit der Braunschweiger KPD Mitte 1920 in die KAPD. Im August 1920 reiste er mit einer Delegation der KAPD zum II. Weltkongreß der Komintern nach Moskau. Während des Kapp-Putsches organisierte er den Widerstand im Raum Helmstedt. In den Jahren der Weimarer Republik war er mehrmals angeklagt u. a. auf Herausgabe der Abdankungsurkunde des Herzogs von Braunschweig und wegen illegaler Waffenverstecke. Merges, der aktives Miglied der RH in Braunschweig war, leitete weiterhin eine kleine Gruppe von ehemaligen KAPD-Genossen, die sich Spartakusbund nannte und auch Kontakte zu Erich Mühsam hatte. Nach 1933 wurden bei ihm zahlreiche Hausdurchsuchungen vorgenommen und viele seiner Bücher beschlagnahmt. Am 27. Mai 1935 wurde Merges verhaftet und am 7. Oktober 1935 durch das OLG Braunschweig zu drei Jahren Zuchthaus verurteilt, er war u. a. in Wolfenbüttel inhaftiert und schweren Mißhandlungen ausgesetzt. Am 20. Dezember

1937 entlassen, stand er bis zu seinem Lebensende unter Polizeiaufsicht. Am Morgen des 6. März 1945 wurde August Merges in seinem Garten in Braunschweig tot aufgefunden.

▸ Merkel, Karl (* 1903 – † 1937)

Geboren am 20. Januar 1903 in Saarbrücken, Sohn eines Eisenbahner; Stahlarbeiter, später Kraftfahrer. Merkel trat 1927 der KPD bei und war vor allem im RFB aktiv, der im Saargebiet nicht verboten war (wie im Reich seit 1929). Stellvertretender Gauführer des RFB im Saargebiet, wurde Merkel nach dem Anschluß an NS-Deutschland 1935 in die KPD-Abschnittsleitung nach Forbach (Lothringen) aufgenommen. Von August 1935 bis Juni 1936 besuchte er die Internationale Leninschule in Moskau, kam dann über Paris nach Spanien und ging zu den Internationalen Brigaden. Karl Merkel fiel bei den Kämpfen in Brunete am 28. Juli 1937. Sein Sohn Heinz (* 1924) war nach 1968 Bezirksvorsitzender der DKP Saar.

▸ Merker, Paul (* 1894 – † 1969)

Als Sohn eines Fabrikarbeiters am 1. Februar 1894 in Oberlößnitz bei Dresden geboren; lernte Kellner. In verschiedenen Hotels angestellt, trat er mit 17 Jahren einem »gelben« Gewerkschaftsverband bei. Während des Krieges als Soldat an der Front, wegen Verbreitung von revolutionären Flugblättern sechs Monate in Haft. Bis 1918 war Merker politisch nicht organisiert, trat dann in Dresden der USPD bei, Delegierter des Spaltungsparteitages, 1920 mit der linken USPD Übertritt zur KPD. Von 1920 bis 1922 Angestellter der Freien Gewerkschaften in Berlin. 1923/24 hauptamtlicher Sekretär der KPD in Halle-Merseburg und 1923 militärischer Leiter in Mansfeld.

Merker schloß sich der linken Ruth-Fischer-Führung an und zog 1924 als Abgeordneter in den Preußischen Landtag ein, dem er bis 1932 angehörte. 1924 Mitarbeiter der Gewerkschaftsabteilung der Zentrale. 1926 ins ZK und Polbüro kooptiert, auch vom XI. Parteitag 1927 wieder ins ZK und Polbüro gewählt. Nach der Wittorf-Affäre gehörte Merker zu den maßgebenden Führern der KPD. Auf dem XII. Parteitag 1929 erneut ins ZK und Polbüro gewählt, war Merker auch Leiter der RGO sowie seit Herbst 1929 Sekretär des ZK. Im April 1930 überraschend wegen »linker Abweichungen« und Fraktionsarbeit aus dem Polbüro und ZK entfernt. Er wurde als Sündenbock für die ultralinken Überspitzungen der KPD-Politik geopfert, doch wurde die ultralinke Politik insgesamt auch nach seiner Absetzung weitergeführt. Merker erhielt zweitrangige Funktionen, 1931 in den Vorstand der IAH gewählt, anschließend ganz aus der Arbeit der KPD abberufen. Der Komintern zur Verfügung gestellt, war er von März 1931 bis Mai 1933 zusammen mit ▸ Gerhart Eisler unter dem Decknamen Max Fischer als Komintern-Beauftragter bei der KP in den USA.

Im Sommer 1933 reiste er nach Leningrad und kehrte Anfang 1934 zur illegalen Arbeit nach Deutschland zurück. Hier gehörte er 1934/35 als Nachfolger von ▸ Philipp Daub der illegalen Landesleitung an. Von der Pariser Emigration aus organisierte er die Gewerkschaftsarbeit der KPD in Deutschland. Paul Merker galt neben ▸ Paul Bertz, ▸ Walter Ulbricht und ▸ Herbert Wehner als einer der Hauptkritiker der damaligen ultralinken KPD-Politik. Nach deren Ende

1935 auf der »Brüsseler Konferenz« und erneut auf der »Berner Konferenz« 1939 wieder ins ZK und Politbüro der KPD gewählt, nahm er in Frankreich als KPD-Vertreter an den Gesprächen über eine deutsche Volksfront teil. Sowohl sozialdemokratische als auch bürgerliche Hitler-Gegner wie Heinrich Mann waren von Merkers Toleranz angetan, die sie bei dem dogmatischen Ulbricht vermißten. Bei Kriegsausbruch in Frankreich interniert, kam er ins Lager Vernet, aus dem er 1940 flüchtete. Er ging nach Marseille, wurde erneut verhaftet, konnte 1942 entkommen und nach Mexiko ausreisen.
In Mexiko war Merker Generalsekretär der »Bewegung Freies Deutschland« für Lateinamerika, Herausgeber der Zeitung gleichen Namens und veröffentlichte die Bücher »Von Weimar zu Hitler« sowie »Der Nazismus und sein Ende«. Im Mai 1946 von Mexiko über die Sowjetunion nach Deutschland zurückgekehrt, wurde er in den Parteivorstand und das ZS der SED gewählt, bei Bildung des Politbüros auch in dieses oberste Führungsgremium. 1949 erschien sein Buch »Sozialdemokratie und Gewerkschaften 1890 bis 1920« im SED-eigenen Dietz Verlag. 1949/50 Staatssekretär im Ministerium für Land- und Forstwirtschaft der ersten DDR-Regierung. Merker war der prominenteste SED-Führer, der im August 1950 wegen »Verbindung zu Field« als »Werkzeug des Klassenfeindes« aus der SED ausgeschlossen wurde. »Die am engsten mit Field verbundenen Paul Merker, Leo Bauer, Bruno Goldhammer, Willy Kreikemeyer, Lex Ende und Maria Weiterer haben dem Klassenfeind in umfangreicher Weise Hilfe geleistet und werden aus der Partei ausgeschlossen«, hieß es in der Entschließung des ZK der SED vom 24. August 1950. Merker wurde degradiert und mußte als Leiter einer HO-Gaststätte in Luckenwalde arbeiten.
Nach dem Slánský-Prozeß in der Tschechoslowakei wurde Merker am 20. Dezember 1952 als »feindlicher Agent« verhaftet und in einer Erklärung des SED-ZK vom 14. Mai 1953 als »Agent«, als »Kapitulant« und »Verräter« bezeichnet. Dann sowohl durch das MfS als auch den sowjetischen Geheimdienst verhört. Merker wurde im März 1955 vor dem 1. Strafsenat des Obersten Gerichts der DDR angeklagt, am 30. März 1955 zu acht Jahren Haft verurteilt und kam in das Zuchthaus Brandenburg. Am 27. Januar 1956 wurde Merker entlassen, ab Mai 1956 wieder Mitglied der SED. Der offizielle Freispruch erfolgte im Juli 1956 durch den 1. Strafsenat des Obersten Gerichts. Die SED »rehabilitierte Merker« 1956 zwar »juristisch«, aber nicht politisch. 1957 wurde er Lektor im Verlag Volk und Welt, Vorsitzender der Gesellschaft für deutsch-sowjetische Freundschaft im Kreis Königs Wusterhausen. Versuche der Harich-Gruppe, ihn 1956/57 für ihre Positionen zu gewinnen, schlugen fehl, obwohl er am 21. Februar 1956 in der Wohnung Walter Jankas an einer Zusammenkunft der Gruppe teilgenommen hatte. Als gebrochener Mann spielte Merker in der Politik keine Rolle mehr. Erstmals kurz vor seinem Tode noch öffentlich geehrt, erhielt er im Februar 1969 den VVO in Gold. Paul Merker starb, psychisch und physisch vernichtet, am 13. Mai 1969 in Ost-Berlin. In einem Nachruf des ZK der SED wurde auf seine führende Rolle in der KPD und den Anfängen der SED hingewiesen, über Merkers Schicksal von 1950 bis 1956 jedoch Stillschweigen bewahrt. Über Paul Merker veröffentlichte Wolfgang Kießling († 1999) mehrere Arbeiten, u. a. 1994 »Partner im Narrenparadies. Der Freundeskreis um Noel H. Field und Paul Merker«.

▸ Metzger, Georg (* 1896 – † 1989)

Geboren am 10. April 1896 in Weinheim/Bergstraße, von Beruf Kunstglaser. In der Stuttgarter Arbeiterjugend aktiv, von den dortigen Linken (▸ Jacob Walcher u. a.) beeinflußt. 1916 Soldat, kam bei Verdun 1917 in französische Kriegsgefangenschaft. Er floh 1919, trat der KJD und 1920 der KPD bei. Zeitweise war er im zentralen AM-Apparat, 1924 wurde er Mitglied der BL Ruhrgebiet. Anfang 1929 als Rechter aus der KPD ausgeschlossen, arbeitete er bis 1933 aktiv in der KPO. Nach 1945 in der IG Metall tätig, stand er in Stuttgart weiterhin in Verbindung zur

Gruppe Arbeiterpolitik, der Nachfolgeorganisation der KPO. Georg Metzger starb am 20. Juni 1989 in Stuttgart.

▸ Mewis, Karl (* 1907 – † 1987)

Geboren am 22. November 1907 in Hannoversch Münden, Sohn eines Schlossers; lernte ebenfalls Schlosser. 1922 trat er der SAJ bei, 1924 der KPD. Von 1926 bis 1929 war Mewis Vorsitzender des KJVD im Bezirk Hessen-Waldeck und Redakteur an der »Neuen Arbeiterzeitung« in Kassel. 1929 Agitpropleiter der BL Hessen-Kassel, von Oktober 1929 bis Herbst 1932 Orgleiter der BL Magdeburg-Anhalt. Von Herbst 1932 bis 1934 unter dem Decknamen Meinhard Kursant an der Internationalen Leninschule in Moskau. Im Sommer 1934 wurde er unter dem Decknamen Köbes illegaler Polleiter im Bezirk Mittelrhein. 1935 nahm Mewis am VII. Weltkongreß der Komintern teil, die anschließende »Brüsseler Konferenz« der KPD in Moskau wählte ihn zum Kandidaten des ZK. Dann unter dem Decknamen Karl Arndt von Ende 1935 bis 1936 Polleiter des Bezirks Wasserkante. 1936 emigrierte er nach Dänemark und leitetet die AL Nord. Im Dezember 1936 kam er nach Paris und anschließend nach Spanien, dort Angehöriger der Internationalen Brigaden. Im Mai 1938 Leiter der illegalen AL Mitte in Prag. Nach dem Einmarsch deutscher Truppen in die ČSR zunächst nach Malmö, anschließend nach Stockholm geflüchtet, führte von dort aus die AL Mitte. Mewis nahm im Januar 1939 an der »Berner Konferenz« in der Nähe von Paris teil, wurde erneut (bis 1945) Mitglied des ZK. Im Herbst 1939 zur Berichterstattung nach Moskau, erhielt er den Auftrag, zusammen mit ▸ Herbert Wehner und ▸ Heinrich Wiatrek die neue AL der KPD in Stockholm zu bilden und diese später nach Deutschland zu verlagern. Nach der Verhaftung Wiatreks und Wehners wurde im August 1942 auch Mewis festgenommen, von Herbst 1942 bis Sommer 1943 im Internierungslager, danach leitete er bis Kriegsende die KPD-Gruppe in Schweden. Er kehrte im Dezember 1945 über Polen nach Deutschland zurück, zunächst Sekretär der KPD-BL Mecklenburg, dann von März 1946 bis Mai 1949 Sekretär der KPD bzw. der SED-Landesleitung Groß-Berlin, im Juli 1951 1. Sekretär der SED-Landesleitung Mecklenburg, seit Schaffung der Bezirke im Sommer 1952 1. Sekretär der BL Rostock. 1950 Kandidat, ab 1952 Mitglied des ZK der SED, 1958 stieg Mewis zum Kandidaten des Politbüros und 1960 zum Mitglied des DDR-Staatsrates auf. Ab Juli 1961 Chef der Staatlichen Plankommission (SPK) und Mitglied des Präsidiums des Ministerrats. 1963 verlor er seine Spitzen-Funktionen, wurde Botschafter in Polen, anschließend Mitarbeiter am IML und konnte 1972 seine Erinnerungen »Im Auftrag der Partei« (mit vielen Verleumdungen gegen Herbert Wehner) publizieren. Er erhielt 1967 den Karl-Marx-Orden. Die offiziellen Kontakte zwischen Honecker und Wehner veranlaßten Mewis zu wütenden, aber wirkungslosen Attacken. Seine Erinnerungen wurden nicht mehr aufgelegt. Karl Mewis starb am 16. Juni 1987 in Ost-Berlin.

▸ Meyer, Ernst, Dr. phil. (* 1887 – † 1930)

Als Sohn eines Lokomotivführers am 10. Juli 1887 in Prosken/Ostpreußen geboren, seine Familie ermöglichte ihm unter großen Entbehrungen den Besuch der Oberrealschule. Die

Erziehung im Elternhaus war antisozialistisch und streng religiös. Er finanzierte sich das Studium selbst und studierte Philosophie, Psychologie und Nationalökonomie in Königsberg und Berlin. Meyers vier Geschwister (drei Brüder, von denen einer im Weltkrieg fiel, einer in Chile vermögend wurde und der andere in der Inflation sein Geld verlor und Selbstmord verübte, sowie eine Schwester, die Lehrerin wurde) gingen andere Wege. Die Mutter war fanatische Anhängerin einer religiösen Sekte. Als Gegner des Sozialismus sollte Meyer 1907 in Königsberg gegen den dortigen Sozialistenführer und späteren SPD- bzw. USPD-Vorsitzenden Hugo Haase ein Korreferat halten. Ernst Meyer, bekannt als ein ernster und um Objektivität ringender Mann, wurde während der langen Vorarbeit für das Referat vom Antisozialisten zum Sozialisten und war nunmehr von der Richtigkeit des Marxismus überzeugt.
Er trat 1908 der SPD bei. In der Folgezeit zeigte Haase an Meyers Entwicklung großes Interesse. Meyer promovierte 1910 zum Dr. phil. und kam 1912 als Mitarbeiter bei Prof. Wagemann an das statistische Amt in Charlottenburg, wurde Anfang 1913 politischer Redakteur des SPD-Zentralorgans »Vorwärts« (unter Rudolf Hilferding). Wegen Majestätsbeleidigung erhielt er eine mehrmonatige Gefängnisstrafe. Meyer gehörte bald zum linken Flügel der SPD und zum Freundeskreis von ▸ Rosa Luxemburg in Berlin. Bei Kriegsausbruch (wegen Tuberkulose nicht als Soldat eingezogen) war er einer der Mitbegründer und Führer der Gruppe Internationale, des späteren Spartakusbundes. Wegen seiner Opposition gegen die SPD-Linie im Spätsommer 1915 aus der Redaktion des »Vorwärts« entfernt. Den Zimmerwalder Linken um Lenin schloß sich Ernst Meyer nicht an, da die Spartakusgruppe in der Frage der Gründung einer linksradikalen Partei andere Vorstellungen vertrat. Im Oktober 1914 hatte Meyer noch an Kautsky geschrieben: »... mir ist nicht sehr behaglich bei dem Gedanken, daß die von Ihnen in den früheren Parteidebatten bekämpften Parteigenossen die alleinige theoretische Führung in der sich neu konsolidierenden ›Linken‹ haben wollen.« Deshalb habe er sich bemüht, eine Basis für die Verständigung der Linken mit der Mitte zu finden. Da die Mitte aber die Partei-Rechte verteidige, sei das nicht möglich. 1915 saß Meyer einige Zeit in Untersuchungshaft, 1916 in »Schutzhaft«. 1917 unternahm er in Nürnberg in der »Prüfstelle für Ersatzglieder« für Kriegsversehrte experimentelle psychologische Studien, wurde 1918 Mitarbeiter in einem Ernährungsinstitut. Im Sommer 1918 Leiter der deutschen Sektion des sowjetischen Nachrichtenbüros ROSTA in Berlin.
Seit 1918 lag die Führung der Spartakusgruppe (da außer ▸ Karl Liebknecht und Rosa Luxemburg nun auch ▸ Leo Jogiches in Haft war) in den Händen von Ernst Meyer. Somit gehörte er bei Ausbruch der Revolution 1918 zur Spartakuszentrale. Auf dem Gründungsparteitag der KPD wurde er auch in die Zentrale der neuen Partei gewählt und blieb in den ersten Jahren des Bestehens der KPD fast ununterbrochen Zentrale-Mitglied. 1919 polizeilich gesucht. Nach der Festnahme von Luxemburg und Liebknecht im Januar 1919 glaubte die Soldateska, daß der dritte Verhaftete Meyer sei (damals Redakteur an der »Roten Fahne«), doch bekanntlich war es ▸ Wilhelm Pieck, der dann wieder freikam. Meyer wurde im Februar 1919 verhaftet und bis Herbst 1919 in »Schutzhaft« gehalten. In den Jahren 1919 bis 1921 übte er für die KPD die verschiedensten leitenden Funktionen aus, gehörte ständig dem Pol-

büro an. Delegierter des II. und IV. Weltkongresses der Komintern, vom II. Weltkongreß zum Mitglied des EKKI berufen. Nach der Vereinigung mit der USPD zunächst nicht in die Zentrale gewählt, aber nach dem Rücktritt von ▸ Paul Levi, ▸ Clara Zetkin usw. wieder Zentrale-Mitglied. 1921 Chefredakteur der »Roten Fahne«, dann als Nachfolger ▸ Heinrich Brandlers Leiter des Polbüros und damit Führer der Partei.

Auf dem VII. Jenaer Parteitag 1921 erhielt der Parteivorsitzende Meyer bei der Wahl in die Zentrale die meisten Stimmen. Unter seiner Führung war die KPD bestrebt, eine Einheitsfrontpolitik zu betreiben. Nach der Rückkehr Brandlers im August 1922 und nach Machenschaften der Komintern wurde Meyer abgelöst, Brandler übernahm wieder die Parteiführung. Obwohl vom Bezirk Ostpreußen auf dem VIII. Parteitag 1923 für die Zentrale vorgeschlagen, wurde Meyer (ebenso wie die Vertreter der Linken) von der zu Brandler stehenden Mehrheit des Parteitags nicht in die Zentrale gewählt. Trotzdem übernahm er auch in der Vorbereitung des Oktober 1923 verantwortliche Funktionen, war Leiter des Oberbezirks Süd (Südbayern, Hessen, Württemberg und Baden). Nach den Diskussionen über die Oktoberniederlage einer der Führer der Mittelgruppe. Als die Linken um ▸ Ruth Fischer die Parteileitung übernahmen, zählte Meyer zu ihren schärfsten, aber auch sachlichsten Kritikern, er wurde bald zum Leiter der oppositionellen Kreise. Nach dem »Offenen Brief« 1925 zunächst nicht in die Zentrale aufgenommen, aber sofort wieder mit wichtigen Aufgaben betraut, Chef des Pressedienstes der KPD. 1926 wurde dann ein Abkommen zwischen Meyer und ▸ Ernst Thälmann getroffen und nach dieser Erklärung Meyer sofort wieder ins ZK, Polsekretariat und Polbüro aufgenommen.

Bald war er der eigentliche Parteiführer, besonders nach dem XI. Essener Parteitag (auf dem er ins ZK gewählt wurde) bestimmte er maßgebend die Geschicke der KPD. In den Jahren 1921 bis 1924 und von 1928 bis zu seinem Tode Abgeordneter des Preußischen Landtags. Im Oktober 1927 ernstlich erkrankt, mußte er wegen seines schlechten Gesundheitszustandes Deutschland verlassen, ging zur Kur in die Schweiz, dann in die Sowjetunion und kehrte erst im Dezember 1928 nach Berlin zurück. Inzwischen waren Ernst Meyers Anhänger, ▸ Arthur Ewert, ▸ Gerhart Eisler usw., die Mittelgruppe, die vom ZK Versöhnler genannt wurden, mehr und mehr ausgeschaltet worden. Nach der Wittorf-Affäre (Meyer befand sich zu der Zeit in der Sowjetunion) wurde auch der todkranke Ernst Meyer in den Hintergrund gedrängt. Er versuchte, die Versöhnler zusammenzuhalten und trat auf dem XII. Parteitag 1929 nochmals scharf gegen die neue ultralinke Politik auf. Ende Juli wegen seines verschlimmerten Gesundheitszustandes ins Sanatorium Hermannswerder bei Potsdam eingeliefert, denn zur Tuberkulose war eine Lungenentzündung hinzugekommen. Ernst Meyer starb nach einer Operation am 2. Februar 1930.

Die KPD- (bzw. SED-) Führung bezog später eine schwankende Haltung zu Meyer. Lange wurde er als Versöhnler verfemt, sein Name zeitweise sogar wie die der sogenannten Agenten aus offiziellen Dokumenten ausgemerzt, später wurde seine überragende Rolle in der KPD wenigstens teilweise anerkannt. Meyer war der Herausgeber des Nachdrucks der »Spartakusbriefe« und anderer Dokumente und veröffentlichte zahlreiche kleinere Arbeiten, darunter in »Volk und Reich der Deutschen« eine Darstellung der KPD. Von seinen beiden Söhnen aus erster Ehe lebte einer in Kanada, der andere in der Bundesrepublik.

Seine Witwe, **Rosa Meyer-Leviné**, geborene Broido (* 18. 5. 1890 – † 11. 11. 1979), blieb bis zur Emigration 1933 noch am Rande der KPD, arbeitete aber als Enttäuschte nur in der Roten Hilfe. Sie ging 1933 ins Exil, zuerst nach Frankreich, dann nach England und lebte bis zu ihrem Tode in London. Noch kurz zuvor erschien im Frühjahr 1979 die deutsche Ausgabe ihrer politischen Erinnerungen »Im inneren Kreis«.

▸ Meyer, Heinrich (Heino) (* 1904 – † 1938)

Geboren am 22. Mai 1904 in Hamburg, absolvierte von 1919 bis 1925 ein Lehrerseminar in Hamburg. 1923 Mitglied der KPD, beschwerte

er sich im April 1923 in einem Brief an die BL, daß ihm wegen seiner Jugend keine Aufgaben übertragen würden, die ihn ausfüllten. »Ich denke, es muß eine Möglichkeit geben, die Zeit und Energie, die ich frei habe, auszunutzen für die Partei.« Da er nun ab 1924 in der Öffentlichkeit aktiv für die Partei tätig war, konnte er nicht mehr Lehrer werden, sondern ging 1925 als Redakteur zur »Hamburger Volkszeitung«. 1926 Mitglied der BL Wasserkante, zeichnete er für die HVZ verantwortlich. Im Mai 1927 deswegen zu einem Jahr Festung verurteilt. Nach der Haftentlassung Parteisekretär in Hamburg, 1929 Chefredakteur der HVZ, behielt diese Funktion bis Ende 1931, war 1931/32 Abgeordneter der Hamburger Bürgerschaft. 1932 kam Heinrich Meyer als enger Vertrauter ▸ Ernst Thälmanns nach Berlin. Er wurde einer der Mitarbeiter des Parteiführers, die zu jener Zeit mehr Einfluß auf die politische Linie der KPD hatten als die Mitglieder des Polbüros. Im Dezember 1932 verhaftete die Polizei Meyer und ▸ John Schehr wegen ihrer führenden Rolle im BVG-Streik. Während Schehr freikam, blieb Meyer in Haft und war 1933 sofort wieder ein Gefangener der SA, die ihn ins KZ brachte. Im Herbst 1934 entlassen, emigrierte er nach Moskau, wo er 1935 die wichtige Funktion eines Sekretärs des Politbüros ausübte und im Herbst 1935 noch an der »Brüsseler Konferenz« teilnahm. Im August 1937 wurde er, wie fast alle Mitarbeiter Thälmanns, vom NKWD festgenommen. Nach einjähriger Haft am 3. September 1938 von einem Sondergericht zum Tode verurteilt, wurde Heinrich (Heino) Meyer sofort erschossen.

Meyers Tochter **Ilse Korth**, später Stephan (* 8. 5. 1931), kam mit der Mutter im Dezember 1933 in die Sowjetunion, von 1948 bis 1955 Elektromonteurin auf einem Sowchos in Pachta-Aral. Ende Oktober 1955 konnte sie in die DDR, wurde Mitglied der SED und Dolmetscherin in der Abteilung für Sicherheitsfragen. Die ZPKK »rehabilitierte« Heinrich Meyer am 9. November 1956 »posthum« und teilte dies der Tochter nur mündlich mit. 1971/72 Kursantin der Parteihochschule beim ZK der KPdSU, stieg sie zur Chefdolmetscherin Honeckers auf, geriet aber im Juni 1984 während eines Besuches Honeckers bei KPdSU-Generalsekretär Tschernenko »zwischen die Fronten«. Von ihrer Funktion entbunden, wählte Ilse Stephan am 26. Juni 1984 den Freitod.

▸ Meyer, Johann (* 1889 – † 1950)

Geboren am 4. Juni 1889 in Nürnberg, Sohn eines unpolitischen Tapeziermeisters; lernte

Tapezierer, schloß sich 1909 der sozialistischen Jugend und der SPD an. 1918 Übertritt zur USPD, 1920 zur KPD. 1921 Sekretär der Partei in Nürnberg, seit dieser Zeit hauptamtlicher KPD-Funktionär. Auf dem VII. Jenaer Parteitag 1921 und dem VIII. Leipziger Parteitag 1923 als Kandidat in den ZA gewählt. Im Januar 1924 wegen Fortführung der verbotenen KPD zu sechs Monaten Gefängnis verurteilt. Er übernahm dann die Führung des Bezirks Nordbayern als Polleiter und wurde im Mai 1924 Reichstagsabgeordneter, war bis 1933 MdR, ab 1925 Delegierter aller KPD-Parteitage. Im Oktober 1928 bei einem Straßenbahnunfall schwer verletzt. Noch bis 1930 Polleiter für Nordbayern, von 1930 bis 1933 stand er als MdR dem Bezirk Nordbayern zur »allgemeinen Verfügung«, blieb Mitglied der BL. Meyer war in Nordbayern der theoretisch überragende Kopf der KPD, hatte schon vor 1914 eine Parteischule der SPD in Berlin unter Leitung von ▸ Rosa Luxemburg besucht. Er hat nie zu einer innerparteilichen Fraktion gehört, seine Meinung stets zurückgehalten, so daß er – als Ausnahme aller Funktionäre – von 1924 bis 1930 ununterbrochen ein und denselben Bezirk leiten konnte. Im Mai 1933 verhaftet, zu zweieinhalb Jahren Gefängnis verurteilt und Ende 1935 freigelassen, arbeitete er bis Kriegsende als Tapeziergehilfe. 1945 machte er sich als Tapezierer selbständig, auch wieder Mitglied der KPD. Er war dann halbtags – hauptsächlich für Schulungsaufgaben – in der KPD tätig. Später nur noch Tapezierer, er trat politisch nicht mehr hervor. Johann Meyer starb am 5. Juli 1950 in Nürnberg.

▸ Michalski, Wilhelm (* 1872 – † ?)

Geboren am 22. Oktober 1872 in Berlin. Er war Krankenkassenangestellter, gehörte bereits vor der Jahrhundertwende der SPD an und war seit 1916 Vorstandsmitglied und Kassierer in der sozialdemokratischen Organisation (SPD, später USPD) von Berlin-Charlottenburg. Michalski war Mitbegründer der Spartakusgruppe und Teilnehmer der Konferenz am 1. Januar 1916. Aktiv bei den Berliner Revolutionären Obleuten, war eng mit ▸ Leo Jogiches verbunden und wurde mit diesem zusammen im März 1918 verhaftet. Nach der Revolution Führer des Spartakusbundes in Charlottenburg, Delegierter des Gründungsparteitags der KPD im Dezember 1918, übernahm aber keine weiteren Parteiaufgaben. Wilhelm Michalski überlebte die Nazizeit, wurde Mitglied der SED, aber ohne Funktionen. Das Todesdatum von Wilhelm Michalski konnte nicht ermittelt werden.

▸ Mielenz, Willi (* 1895 – † 1942)

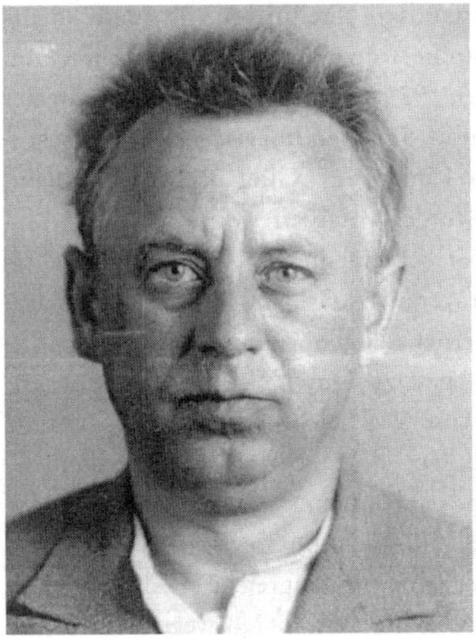

Geboren am 14. März 1895 in Berlin, Sohn einer Arbeiterfamilie; wurde nach einer abgebrochenen Lehre Metallarbeiter. Die Wanderschaft führte Mielenz durch Norddeutschland, Dänemark und Schweden, wo er 1913/14 für sieben Monate Kurse an einer Volkshochschule belegte. 1914 kehrte er nach Deutschland zurück und wurde 1915 Soldat. Fronteinsatz, mehrfach verwundet, 1918 Schriftführer und für die SPD Mitglied des Vollzugsausschusses des Arbeiter- und Soldatenrates Liegnitz. Mielenz war im Dezember 1918 Delegierter zum 1. Reichsrätekongreß in Berlin (SPD-Fraktion), er verfaßte 1919 das Buch: »Liegnitz in den Tagen der

Revolution«. Im April 1919 flüchtete er vor den gegenrevolutionären Truppen nach Schweden und bekam hier Kontakt zu Linkssozialisten. Im Dezember 1919 wurde er gemeinsam mit ▸ Willi Münzenberg aus Schweden ausgewiesen und kehrte unter dem Decknamen Lorenz nach Deutschland zurück. Er trat der KPD bei, arbeitete im Apparat der KJI und war zeitweise stellvertretendes Mitglied im Exekutivkomitee der KJI für Skandinavien. Ab März 1921 in der Zentrale der KPD mitverantwortlich für Kurierdienste, die Paßfälscherwerkstatt und die Beschaffung illegaler Quartiere, ab März 1922 wurde er Referent in der Informationsabteilung der Komintern in Moskau. Von September 1923 bis August 1924 wieder in Deutschland, aktiv an den Aufstandsvorbereitungen für den »deutschen Oktober« beteiligt. Mielenz arbeitete von September 1924 bis Herbst 1929 erneut in der Sowjetunion, im skandinavischen Ländersekretariat der Komintern. Ging nach Deutschland zurück, wurde Mitarbeiter im ZK der KPD, technischer Sekretär des ZK-Sekretariats, Mitte 1932 auf Veranlassung von ▸ Ernst Thälmann wegen seiner Zugehörigkeit zur Neumann-Gruppe abgesetzt. Durch Vermittlung Münzenbergs wechselte Mielenz in die IAH-Zentrale nach Moskau, dort abermals auf persönliche Intervention Thälmanns abgelöst und als IAH-Instrukteur in Skandinavien eingesetzt. 1933 begann er eine umfangreiche Rednertätigkeit gegen das NS-Regime in Norwegen, daraufhin entzogen ihm die Nazi-Behörden im März 1934 die deutsche Staatsbürgerschaft. Mielenz war schwer erkrankt, deshalb längere Krankenhausaufenthalte in Oslo und Moskau. 1935 aus der IAH entlassen, blieb er als Übersetzer bei der Komintern, wurde aber im Juni 1937 auch aus dem Apparat der Komintern entfernt. Eine genehmigte Emigration nach Frankreich war wegen Krankheit nicht möglich. Er geriet in die stalinistischen Säuberungen, wurde am 13. Oktober 1938 wegen »Spionage für einen ausländischen Dienst« in Moskau verhaftet und am 14. Mai 1939 wegen »Rechtstrotzkismus, Verbindungen zu Neumann, Remmele, Pjatnitzki, Kun und Knorin« zu zehn Jahren Lagerhaft verurteilt. Willi Mielenz ist am 1. August 1942 in einem Gulag im Gebiet Kemerowo in Sibirien umgekommen. Erst am 28. September 1988 wurde er vom Obersten Gericht der UdSSR posthum »rehabilitiert«.

▸ Mießner, Rudolf (* 1907 – † 1973)

Geboren am 7. November 1907 in Berlin-Neukölln, Sohn eines Buchbinders; besuchte das Gymnasium, kaufmännische Lehre. 1924 Eintritt in die KJD, 1926 in die KPD, 1928 ehrenamtlicher Sekretär des KJVD-Bezirks Schlesien, ein Jahr später übernahm er diese Funktion in Ostsachsen. Auf dem 11. KJVD-Kongreß im September 1929 kam er in das ZK des KJVD, dort von 1929 bis 1931 unter ▸ Kurt Müller für Agitation und Propaganda verantwortlich. 1930 verurteilte ihn das Reichsgericht in Leipzig wegen »Vorbereitung zum Hochverrat« zu 15 Monaten Haft, die er auf der Festung Gollnow in Pommern absaß. Nach der Entlassung zunächst Redakteur des KJVD-Organs »Die junge Garde« bzw. Instrukteur im Verlag der Jugendinternationale, ab Mitte 1932 Instrukteur der Orgabteilung des ZK in Berlin und Oberschlesien. Unter dem Decknamen Flodur arbeitete Mießner 1933/34 als Orginstrukteur des ZK des illegalen KJVD in Berlin, Mannheim und Hamburg. Im Februar 1934 in Hamburg verhaftet, vom Hanseatischen OLG zu zwei Jahren und neun Monaten Zuchthaus verurteilt, kam er anschließend bis 1939 in das KZ Sachsenhausen, war dann bis 1945 Expedient in Berlin. Nach der Befreiung bis 1947 Chefredakteur beim Berliner Rundfunk. Mießner war Mitglied des Zentralen Jugendausschusses der SBZ und Mitbegründer der FDJ. 1947/48 Mitglied des Sekretariats (für Kultur und Erziehung) des FDJ-ZR, 1948/49 Chefredakteur der FDJ-Zeitung »Junge Welt«. 1949 Wechsel in den Parteiapparat, Chefredakteur der Zeitschrift »Neuer Weg«, von 1958 bis 1966 Redaktionsleiter beim DDR-Fernsehen. Er erhielt 1955 den VVO in Silber. Rudolf Mießner starb am 16. Januar 1973 in Ost-Berlin.

▸ Mieves, Peter (* 1897 – † 1939)

Geboren am 11. Januar 1897 in Köln, Sohn eines Tagelöhners; Maschinenarbeiter bei der Reichsbahn. Seit 1919 Mitglied der KPD, 1921/22 leitete Mieves den Bezirk Mittelrhein. Anfang 1921 war er auch Vorsitzender der Kölner Ortsleitung des Deutschen Eisenbahnerverbandes, wurde aber wegen Agitation für die VKPD aus dem Verband ausgeschlossen. Als Delegierter des Bezirks Mittelrhein nahm er am VIII. Parteitag in Jena teil und wurde zum Mitglied des ZA gewählt. Der VIII. Leipziger Parteitag 1923 bestätigte diese Wahl. Mieves, der auf dem linken Flügel stand, war im Sommer 1921 Delegierter des III. Weltkongreß der Komintern. Später Mitarbeiter der Roten Hilfe. Im Oktober 1926 wurde er aller seiner Funktionen enthoben und aus der KPD ausgeschlossen. Ihm wurde vorgeworfen, ein Polizeispitzel zu sein. Ob dies zutrifft oder ob persönliche Differenzen in der BL dadurch verdeckt werden sollten, ließ sich nicht ermitteln. 1932 stellte er einen Wiederaufnahmeantrag. Die Bezirksleitung entschied, daß sich Mieves in der Unterorganisation »bewähren« solle. Tatsächlich wurde er im Kampfbund gegen den Faschismus in Köln-Nippes aktiv und befand sich von Mai 1933 bis Januar 1934 in Köln in »Schutzhaft«. Peter Mieves starb am 16. Juli 1939 an Magenkrebs.

▸ Mildenberg, Grete (* 1902 – † ?)

Die als Grete Hill am 5. Januar 1902 in Elbing geborene Tochter einer Arbeiterfamilie war später als Arbeiterin in Berlin tätig. Sie heiratete den jüdischen Kaufmann Walter Mildenberg. Grete Mildenberg gehörte 1929/30 für die KPD der Berliner Stadtverordnetenversammlung an und wurde im September 1930 im Wahlkreis Potsdam in den Reichstag gewählt, in dem sie die KPD als Abgeordnete bis 1932 vertrat. 1931 wurde sie vom Schöffengericht Berlin-Mitte wegen schweren Landfriedensbruchs zu einer achtmonatigen Gefängnisstrafe verurteilt. Nach dem Machtantritt der NSDAP betätigte sich Grete Mildenberg weiterhin illegal für die KPD und wurde im September 1933 verhaftet. Wie lange sie inhaftiert war, ließ sich nicht ermitteln. 1938 emigrierte Grete Mildenberg zusammen mit ihrem Ehemann und ihrem 1935 in Berlin geborenen Sohn Peter nach Belgien, dann nach Südamerika, anderen Berichten zufolge in die USA. Das weitere Schicksal der Familie Mildenberg ließ sich nicht aufklären.

▸ Mildenstrey, Richard (* 1884 – † 1956)

Geboren als Sohn eines Landwirts am 7. Juli 1884 im Buckow/Prignitz; lernte Schlosser. Von 1904 bis 1906 leistete er seinen Militärdienst und trat 1907 in die SPD ein. Mildenstrey war während des Krieges Schlosser in einem Rüstungsbetrieb in Berlin-Spandau. 1917 wechselte er zur USPD, schloß sich der Spartakusgruppe an und wurde 1919 Mitglied der KPD. Er arbeitete bis 1927 bei einer Plauener Firma als Schlosser und war dort seit 1922 Betriebsrat. 1927 hauptamtlicher Leiter des UB Plauen, von 1923 bis 1933 Stadtverordneter in Plauen. Er wurde von 1928 bis 1930 Abgeordneter im Sächsischen Landtag, bis 1933 gehörte er auch der Sächsischen Gemeindekammer an. Anfang März 1933 verhaftet und zunächst in das KZ Zwickau gebracht, blieb er bis Mitte September 1934 in »Schutzhaft« im KZ Sachsenburg und dem KZ Hohnstein. Im Zusammenhang mit der Gestapoaktion »Gewitter« wurde Mildenstrey am 8. August 1944 abermals verhaftet und bis Anfang Dezember im KZ Sachsenhausen festgehalten. Im April 1945 baute er in Plauen die Stadtverwaltung mit auf und wurde am 15. Juli 1945 Landrat des Kreises Plauen. 1947 Betriebsleiter bei der Trümmerbeseitigung Plauen, ab 1949 Rentner. Richard Mildenstrey starb am 25. April 1956 in Plauen.

▸ Milkert, Felix (* 1894 – † 1919)

Geboren am 14. Januar 1894 in Gatow/Krs. Osthavelland, Sohn eines Stellmachers. Felix Milkert war Vorarbeiter, gehörte der SPD und ab 1917 der USPD an. Auf dem linken Flügel seiner Partei stehend, bestimmte er maßgeblich die Politik der USPD-Ortsgruppe Spandau. Während der Novemberrevolution als Vorsitzender der USPD im Spandauer Arbeiter- und Soldatenrat, an der Bildung eines »Revolutionären Sicherheitsausschusses« beteiligt. Milkert nahm als Delegierter am Gründungsparteitag der KPD teil, er erreichte, daß am 31. Dezember 1918 die Mitglieder der USPD-Ortsgruppe Spandau mit 400 gegen 5 Stimmen beschlossen, der KPD beizutreten. Zum Vorsitzenden der KPD Spandau gewählt, gehörte Milkert zu jener Gruppe von Spandauer Kommunisten, die am 7. Januar 1919 das Rathaus stürmten und nach der Rückeroberung durch regierungstreue Truppen am 10. Januar 1919 gefangengenommen wurden. Am 17. Januar 1919 wurde Felix Milkert beim Transport von Spandau nach Tegel am Schiffahrtskanal im Tegeler Forst zusammen mit anderen Häftlingen angeblich »auf der Flucht« erschossen.

▸ Miller, Joseph (Sepp) (* 1883 – † 1964)

Geboren am 27. August 1883 in Scheppach/ Bayern, entstammte einer katholischen Kleinbauernfamilie; lernte in Augsburg Schlosser. Anschließend auf Wanderschaft, danach ließ er sich in Bremen nieder, arbeitete auf verschiedenen Werften und trat 1907 der SPD bei. 1913 nach dem Streik der Werftarbeiter entlassen, während des Krieges aber wieder auf der Weser-Werft. Miller war Mitglied der Linksradikalen unter Führung von ▸ Johann Knief, ▸ Paul Frölich und ▸ Felix Schmidt und gehörte bald zu deren leitendem Kern. Nach der Revolution beteiligte er sich 1919 aktiv an der Bremer Räterepublik. Seit Gründung der KPD Mitglied der Partei, wurde im März 1919 in die Bremer Bürgerschaft gewählt, der er bis 1923 angehörte, ab 1921 Vorsitzender der KPD-Fraktion. Miller war als Leiter des Metallarbeiterverbandes in Bremen hauptamtlicher Gewerkschaftssekretär, 1920/21 (nach ▸ Karl Jannack) Ortssekretär der KPD. Ab 1921 Sekretär im Bezirk Niedersachsen, zugleich Leiter von Verlag und Druckerei der Arbeiterpresse in Hannover.

Der VIII. Leipziger Parteitag 1923 wählte ihn zum Mitglied des ZA. Von Herbst 1923 bis März 1924 war er im Munsterlager inhaftiert.
Miller zählte zum rechten Parteiflügel. Nachdem die Linken 1924 die Führung übernommen hatten, stand er in Opposition zu ihnen, behielt aber seine hauptamtliche Funktion. Nach dem »Offenen Brief« 1925 und dem Ausschluß der Gruppe um ▸ Iwan Katz war Miller in Hannover und Niedersachsen der führende Kopf der KPD, Fraktionsführer in der Stadtverordnetenversammlung von Hannover und Abgeordneter des Provinziallandtages. Er wurde im Mai 1928 im Wahlkreis Südhannover-Braunschweig in den Reichstag gewählt, dem er bis 1930 angehörte. Während der Parteiauseinandersetzung 1928/29 schloß sich Miller den Versöhnlern an und arbeitete aktiv gegen die ZK-Linie. Anfang 1930 kapitulierte er, wurde in Berlin Sekretär im Zentralsekretariat der RHD und Mitglied des Präsidiums der IRH. Ab 1932 Orgleiter der RHD, blieb er auch nach dem Machtantritt der Nazis bis Juli 1933 in dieser Funktion illegal in Berlin. Im Juli 1933 ging er in die Emigration, zunächst vier Monate IRH-Instrukteur in Großbritannien, von Dezember 1933 bis April 1934 in Wien. Anschließend für drei Monate in den Niederlanden, dann übernahm er die Leitung der RHD in Paris bzw. in Prag. Im Juni 1936 wurde Sepp Miller von der Funktion als Leiter der RHD entbunden. Denn ein Gestapospitzel, den Miller trotz aller Warnungen förderte, hatte sich in München in den illegalen RH-Apparat für Süddeutschland eingeschlichen und die gesamte Organisation hochgehen lassen.
Bis 1939 arbeitete Miller in der tschechischen Organisation »Solidarität« in Prag. Nach dem Einmarsch deutscher Truppen flüchtete er über Polen nach Norwegen und wurde Mitglied der Leitung der Emigrationsgruppe. Ende April 1940 nach Schweden, dort bis Ende 1940 in einem Internierungslager, anschließend in einem sogenannten offenen Lager in Süd-Schweden, arbeitete als Schlosser und leitete die dortige KPD-Gruppe. Im Januar 1946 kehrte Miller nach Deutschland zurück, wieder Mitglied der KPD und Mitarbeiter des ZK, dann Hauptreferent in der Personalpolitischen Abteilung des PV der SED. 1949 Leiter des neugeschaffenen Personalbüros, wurde Miller 1952 nach Kritik an der Arbeit dieses Büros pensioniert. Er gehörte von 1946 bis 1954 der ZRK an, erhielt 1957 den Karl-Marx-Orden. Joseph (Sepp) Miller starb am 23. März 1964 in Ost-Berlin.

▸ Minster, Karl (* 1873 – 1943)

Geboren am 25. Dezember 1873 in Edenkoben/Pfalz, Kaufmann und Reisevertreter, lernte und arbeitete im Geschäft seines Vaters. 1896 wanderte er in die USA aus und war von 1899 bis 1901 Sekretär der deutschen Gewerkschaften in Philadelphia, von 1901 bis 1906 Redakteur der New Yorker »Volkszeitung«. Während eines vorübergehenden Aufenthaltes in Deutschland – er war 1904 als Korrespondent beim SPD-Parteitag in Bremen – wurde er Nachfolger des bisherigen Berichterstatters des »Vorwärts« in den Vereinigten Staaten von Amerika und zugleich Korrespondent der »Wiener Arbeiterzeitung«, des »Hamburger Echos«, der Leipziger und Dresdener Volkszeitung. 1905 erwarb Minster die amerikanische Staatsbürgerschaft, kehrte aber 1912 nach Deutschland zurück, wurde Mitglied der SPD und Redakteur der »Bergischen Arbeiterstimme« in Solingen, ab Januar 1914 des Duisburger SPD-Organs »Niederrheinische Arbeiterzeitung«. Nach Ausbruch des Krieges organisierte er dort die Opposition gegen die Politik des PV und der Reichstagsfraktions-Mehrheit. Deshalb aus der Redaktion entlassen, gab er das Mitteilungsblatt des sozialdemokratischen Vereins Duisburg und das radikale Blatt »Der Kampf«, Propagandablatt für Rheinland und Westfalen, heraus. Minster schloß sich der Spartakusgruppe an und war Teilnehmer der Reichskonferenz am 1. Januar 1916, wirkte auch in der Gruppe Internationale Sozialisten Deutschlands (▸ Julian Borchardt). Ab Oktober 1916 Redakteur des braunschweigischen SPD-Organs »Volksfreund«, aber auch hier wegen der Ablehnung der Burgfriedenspolitik entlassen. Im Mai 1917 flüchtete er in die Niederlande, war in Amsterdam Herausgeber der revolutionären Wochenzeitung

»Kampf«. Minster wurde im Dezember 1917 von deutschen Agenten entführt, bereits an der Grenze festgenommen und inhaftiert.
Durch die Novemberrevolution 1918 aus der Haftanstalt Berlin-Moabit befreit, war er in der Spartakusgruppe Mülheim/Ruhr aktiv, für die er am Gründungsparteitag der KPD Ende 1918 in Berlin teilnahm. Minster war (mit ▸ Leo Jogiches) gegen die Gründung der Partei, er plädierte dann in der Diskussion für die Beteiligung an den Wahlen zur Nationalversammlung. 1919 übersiedelte er nach Frankfurt/M., wo er sich unter den Decknamen Otto Degner, Peter, Schädke und Moosmann politisch betätigte und einige Zeit Orgleiter der KPD war. Auf dem II. Parteitag der KPD im Oktober 1919 trennte er sich von der KPD und ging 1920 zur KAPD. In der Folgezeit von einer politischen Strömung zur anderen schwankend, löste er sich 1921 von der KAP und wechselte zur USPD. 1922 Redakteur des USPD-Organs »Freiheit«, blieb er auch nach 1922 bei der kleinen Rest-USPD. Ab 1923 war er Redakteur am USPD-Organ »Weckruf« in Essen bzw. der USPD-Tageszeitung »Volksfreund« in Hagen. Gegen Minster wurde wegen »Agententätigkeit« ermittelt, deshalb mehrfach inhaftiert. Schließlich in der separatistischen Bewegung aktiv, wurde er im Januar 1924 Staatssekretär der »Autonomen Regierung« der Pfalz. Nach deren Zusammenbruch war Minster einige Jahre Betriebsleiter einer Firma, lebte von 1928 bis 1933 in Essen als freier Schriftsteller und veröffentlichte Artikel und politische Aufsätze in sozialistischen Zeitungen wie der »Welt am Abend« und der »Rhein-Ruhr-Fackel«.
Ab 1929 in der KPO, kam er 1931 zur SAP. Minster emigrierte 1933 ins Saargebiet, wo er sich der frankophilen Saarländischen Wirtschaftsvereinigung SWV anschloß. Er arbeitete am SWV-Organ »Freie Saar« sowie an anderen saarländischen Zeitungen und Zeitschriften für die Status-quo-Bewegung gegen den Anschluß an Deutschland. Nach dem Saar-Referendum emigrierte er in das lothringische Metz, wirkte dort in zahlreichen antifaschistischen Organisationen. Nach Kriegsausbruch flüchtete er nach Paris, sein Versuch, 1941 in die USA zu kommen, mißglückte, da er seine frühere US-Staatsbürgerschaft verloren hatte. Er wurde am 10. Dezember 1941 von der Gestapo verhaftet, am 27. Juli 1942 durch den 2. Senat des VGH zum Tode verurteilt. Karl Minster ist wenige Tage vor dem Vollstreckungstermin, am 10. Februar 1943, in der Haftanstalt Berlin-Plötzensee ums Leben gekommen.

▸ Moelders, Theodor (* 1888 – † 1967)

Geboren am 11. April 1888 in Kleve/Rheinland, Sohn eines Gefängnisaufsehers; lernte das Klempner- und Rohrlegerhandwerk. Moelders arbeitete als Klempner am Städtischen Schlachthof in Berlin und wurde dort Betriebsratsvorsitzender. Seit 1911 war er gewerkschaftlich organisiert, zuerst im Christlichen später im Metallarbeiterverband, dann im Gesamtverband der Gemeindearbeiter. Er war seit 1916 in der SPD, 1917 in der USPD und ab 1920 in der KPD, mehrere Jahre Mitglied der BL Berlin-Brandenburg. In der Partei tendierte er zum rechten Flügel und war eng mit ▸ Wilhelm Pieck befreundet. 1927 Delegierter des XI. Parteitags, nahm er im selben Jahr an einer Reise in die Sowjetunion teil. 1928 zog er für die KPD in den Preußisches Landtag ein. Er war Polleiter des 5. Berliner Bezirks und nach der Wittorf-Affäre 1928 aktiver Anhänger der Versöhnler. Deshalb stand der 5. Bezirk unter Moelders Leitung bis Frühjahr 1929 hinter den Versöhnlern. Mitte 1929 kapitulierte er vor dem ZK, wurde 1932 nicht mehr in den Landtag gewählt. Am 28. Februar 1933 verhaftet, saß Moelders bis Ende September 1933 im KZ Sonnenburg, im November 1939 erneut festgenommen. Seine illegale Tätigkeit bestand nun (wie er 1946 schrieb) – wie bei den meisten Oppositionellen – »lediglich in Zusammenkünften mit gut bekannten Genossen und Diskussionen über den Ausgang des hitlerischen Krieges auf den Arbeitsstätten sowie im Abhören der russischen und englischen Sender«. 1945 wieder in der KPD und 1946 in der SED, spielte Moelders keine herausragende politische Rolle mehr. Er war von August 1945 bis März 1949 Verwaltungsangestellter des Magistrats von Groß-Berlin als

Schlachthofinspektor und Obmann des Betriebsrates. Von April 1949 bis Juni 1952 Personalleiter in den Ostberliner Wasser- und Entwässerungswerken, wohnte aber bis 1963 in West-Berlin. Auf Beschluß der Westberliner Leitung der SED übersiedelte er als Parteiveteran am 4. Juni 1963 zu seinem Sohn nach Ost-Berlin. Theodor Moelders starb am 10. Januar 1967.

▸ Moericke, Franz (* 1885 – † 1956)

Geboren am 29. März 1885 als sechstes von acht Kindern in Apolda, der Vater war Sattler, die Mutter Heimarbeiterin; er lernte Modelltischler, arbeitete bis 1910 in seinem Beruf, dann Gewerkschaftssekretär. 1902 Mitglied der SPD, 1904 des Holzarbeiterverbandes. 1914 trat Moericke aus der SPD aus; 1915 Soldat, simulierte er nach einer Verschüttung ein Herzleiden. Demobilisiert kam er nach Halberstadt in die Flugzeugwerke. 1917 ging er zur USPD und wurde Sekretär im UB Halberstadt, 1920 führte er fast die gesamte Ortsgruppe zur VKPD. Ab 1920 hauptamtlich für die KPD tätig, zunächst Leiter der Partei in Halberstadt, dann Sekretär für Landarbeiter- und Kleinbauernfragen der BL Magdeburg-Anhalt und schließlich Redakteur in Magdeburg. 1923 Chefredakteur der »Roten Fahne des Osten« (»Echo des Ostens«) in Königsberg. Dort 1924 als Anhänger der Linken im Wahlkreis Ostpreußen zum Abgeordneten des Preußischen Landtags gewählt. Im gleichen Jahr kam Moericke wieder nach Magdeburg, wo er bis 1927 als Chefredakteur die »Tribüne« leitete.
1928 holte ihn die Zentrale nach Berlin in die Landabteilung. Hier gab er mit ▸ Robert Neddermeyer im Auftrag der Komintern die Zeitung »Balas«, Organ der KP Litauens, heraus. 1928 erneut in den Preußischen Landtag gewählt, mußte er jedoch im September 1928 zurücktreten, um dem Landarbeiter ▸ Fritz Kahmann sein Mandat zu überlassen. Mitarbeiter des ZK, Leiter der Landabteilung, dann der »Industriegruppe Land« der RGO. Im September 1930 kam er (im Wahlkreis Ostpreußen) als Abgeordneter in den Reichstag, dem er bis 1932 angehörte. 1931 Redakteur der »Roten Fahne«, für die er auch verantwortlich zeichnete. Am 1. März 1933 verhaftet, kam Moericke durch eine offensichtliche Namensverwechslung zunächst wieder frei, wurde aber am 6. September 1933 erneut verhaftet und bis Ende November 1935 im Zuchthaus Luckau festgehalten. Er arbeitete dann wieder als Tischler, hatte Kontakte zu ▸ Anton Saefkow und wurde am 6. August 1944 abermals festgenommen. Gemeinsam mit Neddermeyer und ▸ Werner Jurr vom VGH am 6. Oktober 1944 zu drei Jahren Zuchthaus verurteilt, im April 1945 aus dem Zuchthaus Brandenburg befreit. Moericke schloß sich wieder der KPD bzw. SED an, Mitbegründer des FDGB, dessen 1. Kongreß im Februar 1946 von ihm eröffnet wurde. Seit August 1945 Vorsitzender des FDGB im Land Brandenburg, diese Funktion gab er im Juli 1948 aus »gesundheitlichen Gründen« auf, dann Sachbearbeiter für agrarpolitische Fragen beim FDGB-Bundesvorstand und 1949 bis 1955 Chefredakteur der FDGB-Zeitung »Land und Forst«. Träger des Karl-Marx-Ordens. Nach längerer Krankheit starb Franz Moericke – zuletzt Parteiveteran in Neuenhagen bei Berlin – am 29. Mai 1956.

▸ Möller, Heinz (* 1897 – † 1941)

Über den 1897 in Tarnow geborenen Heinz Möller ist aus der Frühzeit wenig bekannt, vermutlich war Möller ein Pseudonym, sein richtiger Name

Moses Grzyb. Als Funktionär im »Bund«, der jüdisch-sozialistischen Arbeiterbewegung in Polen, seit frühester Jugend mit Karl Radek befreundet. 1919 kam er nach Deutschland, wurde Mitglied der KPD und wirkte zuerst für die Partei in Chemnitz, wo auch seine enge politische Verbindung mit ▸ Heinrich Brandler begann. Nach Berlin übergesiedelt, Redakteur an KPD-Zeitungen. Nach dem KPD-Verbot 1923 ging Möller zunächst nach Moskau, von dort nach China und wurde Pressechef von Tschiang Kai-Schek. Er blieb bis 1927 in China und war in der Redaktions- und Übersetzungsabteilung der Politischen Hauptverwaltung der Nordfeldzugsarmee beschäftigt. Nach seiner Rückkehr nach Deutschland arbeitete er als China-Spezialist der »Roten Fahne« und des KPD-Pressedienstes, zeitweise Chefredakteur. 1929 von der Komintern als »Brandlerianer« ausgeschlossen, war er ab Anfang 1929 aktiv in der KPO, veröffentlichte zahlreiche Artikel in deren Zeitschrift »Gegen den Strom« und war zugleich Redakteur des Offenbacher »Volksrechts«, der Wochenzeitung der KPO. Möller hielt in vielen KPO-Ortsgruppen Vorträge über die chinesische Revolution. Nach 1933 kehrte er (wahrscheinlich über die Sowjetunion) wieder nach China zurück, ob im Auftrag der Komintern, ist nicht geklärt. Er lebte u. a. in Shanghai, schrieb für die KP Chinas auch in linken amerikanischen Zeitschriften und leitete eine Gruppe kommunistischer Emigranten in China. Nach 1939 besuchte er mehrfach die Achte Feldarmee und die Neue Vierte Armee (kommunistische Armee-Einheiten) unter Mao und berichtete in der Presse darüber. Heinz Möller fiel im November 1941 im Kampf gegen die japanischen Truppen im Yimeng-Gebirge, Provinz Shandong in Ostchina. Von Dimitroff 1941 rehabilitiert, ehrte ihn die KP Chinas, indem sie ihn im Revolutionsmuseum in Peking erwähnte und an seinem Todesort 1994 noch ein Denkmal für Heinz Möller enthüllte.

▸ Möller, Walter (* 1912 – † 1992)

Geboren am 2. Januar 1912 in Elgersburg/Thüringen, Sohn eines Glasbläsers; technischer Kaufmann. 1927 wurde er Mitglied des KJVD, Polleiter des KJVD in Arnstadt und gehörte der KJVD-BL Thüringen an. 1930 wegen »Rechtsabweichnungen« aus dem KJVD ausgeschlossen, wurde er Mitglied der KPO-Jugend und arbeitete im KPO-nahen Junius-Verlag als Expedient. 1933 illegal tätig, emigrierte zunächst in die Schweiz, im Sommer 1933 nach Prag, und Ende 1933 zu den Eltern, die seit 1931 als Facharbeiter in der Sowjetunion lebten. Möller wurde in Moskau wieder in den KJVD aufgenommen und arbeitete bis 1937 als Laborant. Nachdem sein Vater Otto 1937 vom NKWD verhaftet und erschossen wurde, kehrte Möller mit Hilfe des deutschen Konsulats nach Deutschland zurück. Bereits in Tilsit verhaftet, lehnte er eine Propagandaarbeit gegen die Sowjetunion ab und wurde daraufhin zu anderthalb Jahren Gefängnis verurteilt. 1939 Arbeiter in einer Glasfabrik in Ilmenau, zog er 1940 nach Hamburg, illegale Tätigkeit für die KPD auf der Deutschen Werft. Von 1945 bis 1947 Angestellter. 1945 Mitglied der KPD, 1947 hauptamtlich, bis 1950 Mitglied des Sekretariats der KPD-Landesleitung Hamburg, von 1947 bis 1953 Abgeordneter der Bürgerschaft. Im Zusammenhang mit den Kampagnen gegen Titoisten wurde Möller wegen angeblicher fraktioneller Tätigkeit in der Hamburger Leitung der KPD (Harry Naujoks, ▸ Karl Grunert) im Januar 1950 abgelöst. Möller erhielt eine »Rüge« und für ein Jahr Funktionsverbot; später stillschweigend rehabilitiert, arbeitete er als Angestellter. 1968 trat er der DKP bei, war viele Jahre stellvertretender Vorsitzender der ZRK der DKP und leitete von 1975 bis 1987 das Kuratorium der »Gedenkstätte Ernst Thälmann« in Hamburg. Walter Möller starb am 1. Oktober 1992 in Hamburg.

▸ Mommer, Karl, Dr. phil (* 1910 – † 1990)

Geboren am 13. März 1910 in Wevelinghofen/Niederrhein, Sohn eines kommunistischen Funktionärs und späteren Metalldrehers. 1929 Abitur, Studium der Sozialwissenschaften in Graz, Wien

und Berlin. Dort führendes Mitglied der Kostufra und 1930 Mitglied der KPD. 1933 illegale Tätigkeit für die KPD, im Januar 1934 in Düsseldorf verhaftet, wurde Mommer zu 21 Monaten Gefängnis verurteilt. Im November 1935 flüchtete er vor einer erneut drohenden Verhaftung nach Brüssel. Er setzte das Studium fort und promovierte 1938 bei Hendrik de Man mit einer Dissertation »Der junge Marx und der Staat«. Privatlehrer und Buchhalter, hielt weiter Verbindung zur KPD-Emigrationsleitung in Brüssel. Zu dieser gehörte seit 1936 auch seine Schwester Elvira (* 1905 – † ?), sie flüchtete später in die UdSSR, wurde dort 1938 verhaftet und in einen Gulag deportiert. Karl Mommer trat 1938 aus der KPD aus und wurde Mitglied der SPD. Er war bis 1941 in Frankreich interniert und anschließend bis 1944 landwirtschaftlicher Pächter mit Verbindungen zur französischen Résistance. 1945 in Paris Mitarbeiter der Landesgruppe deutscher Sozialdemokraten, im Juli 1946 kehrte er nach Deutschland zurück. Hier war er bis 1949 im Büro für Friedensfragen tätig, Mitglied des SPD-Landesvorstands in Stuttgart, dort saß er 1948/49 im Wirtschaftsrat. Von 1949 bis 1969 war Mommer Abgeordneter im Deutschen Bundestag, von 1957 bis 1966 auch Geschäftsführer der SPD-Fraktion und von 1966 bis 1969 Vizepräsident des Bundestages. Er galt als führender Vertreter des rechten SPD-Flügels, wandte sich besonders scharf gegen die DDR und die anderen kommunistischen Diktaturen. 1969 erhielt er das Große Bundesverdienstkreuz mit Schulterband. Karl Mommer starb am 3. September 1990.

▸ Monden, Richard (* 1903 – † 1989)

Geboren 1903 bei Breslau, Maschinenschlosser. 1920 Mitglied der KJD und der KPD. 1921 wegen Solidarisierung mit ▸ Paul Levi ausgeschlossen, aber 1922 Wiedereintritt. 1923 Bezirksleiter der KJD in Breslau, wurde im gleichen Jahr zu vier Jahren Festungshaft verurteilt, nach Amnestie 1925 entlassen. In Berlin im RFB aktiv, war er 1926 Mitarbeiter der Agitpropabteilung des ZK der KPD. 1927/28 Kursant der Internationalen Leninschule in Moskau, dort aber wegen »rechter Abweichungen« von der Schule relegiert und lebenslänglich aus der Sowjetunion ausgewiesen. Monden kehrte nach Breslau zurück und schloß sich der KPO an, Mitglied der BL Schlesien. 1933 Emigration über Prag nach Paris, ging Monden 1936 nach Spanien. Um die Republik zu verteidigen, kämpfte er in den Reihen der POUM, wurde deshalb aber von der GPU verhaftet. Nach der Freilassung 1938 zurück in Paris, verließ er die KPO und ging zur SAP. 1941 gelangte er in die USA und war als Fabrikarbeiter beschäftigt. Er hielt Kontakt zu seinen Genossen in den USA und Deutschland, betätigte sich aber nicht mehr politisch. Richard Monden starb am 21. September 1989 in Sun City, Kalifornien.

▸ Moogk, Georg (* 1900 – † 1948)

Geboren am 26. Mai 1900 in Forst, Sohn eines Schuhmachers. Weber in Cottbus, 1919 gemeinsam mit Berta und ▸ Paul Hornick Mitbegründer der KPD in Forst. Anfang der zwanziger Jahre Sekretär des Bezirks Lausitz und Mitglied des Zentralausschusses. Delegierter des XI. Parteitages der KPD 1927 in Essen. Nach 1933 zeitweise inhaftiert, wurde 1939 zur Wehrmacht einberufen und kam Ende 1946 schwerkrank aus sowjetischer Kriegsgefangenschaft zurück. Poli-

tisch war er nicht mehr aktiv. Georg Moogk starb am 30. Juni 1948 in Berlin.

▸ Morgner, Edwin (* 1884 – † 1943)

Geboren am 1. November 1884 in Meerane/Sachsen, Sohn einer Arbeiterfamilie; lernte von 1899 bis 1903 Dreher. Nach Wanderschaft mit Arbeitsstätten in Solingen und Köln von 1905 bis 1909 in Gera, er war Mitglied und Funktionär des DMV. Bereits 1902 in die SPD eingetreten, beteiligte er sich von 1907 bis 1909 als DMV-Funktionär maßgeblich an Streikaktionen und wurde deswegen auf eine »schwarze Liste« der Unternehmer gesetzt. Seit 1907 mit Gertrud Müller (▸ Gertrud Morgner) verheiratet, übersiedelten beide 1909 nach Jena, er war dort Dreher in den Optischen Werken von Carl Zeiss. 1916 Mitbegründer der Spartakusgruppe in Jena, nahm Edwin Morgner als Delegierter am Gründungsparteitag der KPD Ende 1918 in Berlin teil. Im Anschluß daran gründete er mit Gertrud Morgner die KPD-Ortsgruppe in Jena. Vom V. Parteitag 1920 für Thüringen in den Zentralausschuß gewählt, verließ er 1921 Jena und wurde Abnahmebeamter für Werkzeugmaschinen in der sowjetischen Handelsvertretung in Berlin. Morgner lebte seit 1931 wieder mit seiner Frau zusammen und beide reisten im März 1932 in die Sowjetunion. Hier arbeitete er als Spezialist für Werkzeugmaschinen und Inspekteur für die Kontrolle von importierten Maschinen aus Deutschland. Als Politemigrant anerkannt, wurde er im Juli 1938 (offiziell wegen Personalabbaus) von seiner Funktion entbunden und fing als einfacher Kontrolleur für Schneidewerkzeuge in einem Moskauer Betrieb an. Morgner wandte sich mehrmals erfolglos wegen dieser unterqualifizierten Beschäftigung an sowjetische Behörden. In der Nacht zum 11. September 1941 wurde Edwin Morgner in Moskau verhaftet, die näheren Umstände seiner Verhaftung und seines Todes sind bis heute nicht bekannt. Gertrud Morgner erfuhr 1949 lediglich, daß ihr Mann bereits am 31. Januar 1943 gestorben sei.

▸ Morgner, Gertrud (* 1887 – † 1978)

Geboren am 8. August 1887 als Gertrud Müller in Gera, Tochter eines Webers; Schneiderin. 1907 Heirat mit ▸ Edwin Morgner. 1909 Eintritt in die SPD und von 1909 bis 1913 Mitglied des Ortsvorstandes und Leiterin der Frauenabteilung der SPD in Jena, 1916 Mitglied der Spartakusgruppe, 1917 der USPD. Im November 1918 wurde Gertrud Morgner 2. Vorsitzende des Arbeiter- und Soldatenrates in Jena. Sie nahm als Gast am Gründungsparteitag der KPD teil. 1919 im Vorstand der KPD-Ortsgruppe Jena, zeitweilig Mitglied der BL Thüringen. Wegen ihrer Beteiligung am mitteldeutschen

Aufstand im März 1921 gesucht (als Mitglied des »Revolutionskomitees« in Thüringen), ging sie nach Berlin in die Illegalität. Nach einer Amnestie übte sie von 1922 bis 1926 in Berlin Funktionen in der Reichsfrauenleitung der KPD aus und wirkte als Propagandistin des ZK. Von 1927 bis 1929 war Gertrud Morgner Sekretärin und Lebensgefährtin von ▸ Emil Höllein. Danach leitete sie eine KPD-Betriebszelle. Im März 1932 reiste sie mit ihrem ersten Ehemann, Edwin Morgner, in die UdSSR, wurde in Moskau Leiterin des Frauenaktivs der Ausländerabteilung und von Klubs. Im Juni 1941 Redakteurin am Moskauer Rundfunk, aber nach der Verhaftung ihres Mannes Edwin Morgner durch das NKWD im September wurde sie aus der KPdSU ausgeschlossen und später nach Kasachstan evakuiert, Schneiderin in der Siedlung Ossakarowka. Noch im Juni 1953 verweigerte die ZPKK der SED mit den Worten »es handele sich bei Gertrud Morgner um ein ausgeschlossenes Mitglied der KPD« die Genehmigung zu ihrer Rückkehr nach Deutschland. Im Mai 1954 konnte sie dann in die DDR ausreisen. Sie schrieb 1956, durch die Verhaftung ihres Mannes sei sie an tiefen seelischen Erschütterungen erkrankt und könne sich davon nie ganz erholen. Schon in Karaganda hatte sie versucht zu erfahren, was aus Edwin Morgner geworden war, bekam aber erst 1949 die Antwort, daß er bereits am 31. Januar 1943 verstorben sei. In der DDR wurde sie als Parteiveteranin geehrt, aber wie üblich das Schicksal von Gertrud und Edwin Morgner in der UdSSR verschwiegen. Sie erhielt 1972 den VVO in Gold. Ihre Tochter Hilde (* 5. 7. 1907 – † 6. 11. 1980) war mit dem Redakteur der »Roten Fahne« und Angehörigen der Widerstandsgruppe »Rote Kapelle« ▸ Wilhelm Guddorf verheiratet. Gertrud Morgner starb am 20. Juli 1978.

▸ Moritz (Becker), Martha (* 1904 – † 1938)

Geboren am 16. Juni 1904 in Hamburg, Kontoristin. Sie trat 1921 der KPD bei und arbeitete bei der BL Wasserkante. Zeitweilig Frauenleiterin und Mitglied im Sekretariat. Mitte der zwanziger Jahre heiratete Martha Moritz den Funktionär ▸ Ernst Becker und lebte mit ihm zeitweise in Berlin. 1929 wurde sie als Rechte ausgeschlossen und ging wie Becker in die KPO. Nach dessen Tode im Juli 1932 kehrte Martha Moritz in die KPD zurück. Sie wurde nach Finnland geschickt und war dort für das Auslandsbüro der KP tätig. Im April 1933 emigrierte sie in die Sowjetunion, dort bei der Komintern in Moskau beschäftigt. Vom NKWD im September 1937 verhaftet, wurde Martha Moritz am 8. April 1938 zum Tode verurteilt und erschossen. Das Militärkollegium des Obersten Gerichts in Moskau »rehabilitierte« sie im März 1958.

▸ Müller, Bruno (* 1883 – † 1960)

Geboren am 15. Dezember 1883 in Olbernhau/Krs. Marienberg, Sohn eines Schlossers; Lehre als Tischler. Wanderschaft, danach von 1903 bis 1905 Militärdienst. 1905 wurde er Mitglied der SPD; 1906/07 Tischler in Berlin, nach erneuter Wanderschaft kam er Ende 1909 nach Deutschneudorf/Erzgebirge. Hier wurde er Bevollmächtigter der Zahlstelle des DHV und war von 1909 bis 1913 Berichterstatter der »Erzgebirgischen Volksstimme«. Ende 1913 zog er nach Blumenthal bei Bremen, Werftarbeiter auf der Vulkan-Werft. Im

August 1914 Soldat, im Juli 1915 schwere Verwundung und Lazarettaufenthalt, danach legte er die Meisterprüfung in der Kunstgewerbeschule in Breslau ab. Von 1917 bis 1919 Zeichner auf der Vulkan-Werft in Bremen. 1917 Übertritt zur USPD, Oktober 1918 zu den IKD. Im November 1918 2. Vorsitzender des Arbeiter- und Soldatenrates in Vegesack. Müller war Delegierter des Gründungsparteitags der KPD. Als aktiver Teilnehmer an den Kämpfen der Bremer Räterepublik mußte er nach deren Niederlage im Februar 1919 nach Braunschweig flüchten, hier bei der sogenannten Roten Wehr unter Heinrich Dorrenbach. Im September 1919 Delegierter des II. KPD-Parteitags in Heidelberg, wurde Müller 1920 Vorstandsmitglied der KPD in Bremen und war zwei Jahre lang Geschäftsführer der Bremer KP-Zeitung »Der Kommunist«. Ab Ende 1921 in Chemnitz wohnhaft, hatte er in der KPD nur noch ehrenamtliche Funktionen. Am 8. November 1933 verhaftet und zu 14 Monaten Zuchthaus verurteilt, nach der Entlassung unter Polizeiaufsicht. Ab Juni 1945 war er Polleiter und Sekretär der KPD in Altchemnitz, wurde dort 1946 für einige Jahre Vorsitzender der SED-Stadtteilleitung. Bruno Müller starb am 3. Juni 1960 in Karl-Marx-Stadt.

▸ Müller, Carl H. (* 1879 – † 1953)

Geboren am 22. September 1879 in Stuttgart, Sohn eines Malers; lebte vor dem Weltkrieg in der Schweiz, wo er sich der sozialistischen Bewegung anschloß. Als Maler und Schriftsteller tätig, führte er ein Bohemien-Leben. Nach dem Krieg Rükkkehr nach Deutschland, Mitglied der USPD, ab April 1920 Parteisekretär der USPD in Weingarten. Delegierter des USP-Spaltungsparteitages 1920, mit der linken USPD 1920 zur KPD. Carl Müller – ein bekannter Volksredner in Württemberg – war 1920 für die USPD in den Württembergischen Landtag eingezogen, wurde 1924 dann für die KPD erneut Landtagsabgeordneter. Im Januar 1924 verhaftet, jedoch bald wieder freigelassen, kam es im Landtag zu einer scharfen Debatte, weil die Polizei Müllers Post überwachte. Die Postkontrolle wurde mit dem Verdacht auf Hochverrat begründet; die Polizei erklärte aber, der Briefwechsel sei fast ausschließlich erotischer Natur übelster Art gewesen. Carl Müller, einige Zeit Redakteur des KPD-Organs »Süddeutsche Arbeiterzeitung«, stand auf dem rechten Parteiflügel; er wurde im Januar 1927 aus der KPD ausgeschlossen. Die SPD hatte Müller bereits zuvor in einem Flugblatt beschuldigt, er habe 1912 in Basel Gelder (600 Franken) des Arbeitervereins »Eintracht« unterschlagen und sei während des Krieges für die deutsche Spionage tätig gewesen. Ein Brief des Schweizer Kommunisten und Lenin-Freundes Fritz Platten aus Moskau untermauerte angeblich die Vorwürfe, so daß Carl Müllers Parteiausschluß vom ZK der KPD bestätigt wurde. Der Ausschluß erfolgte wegen »Nichtdurchführung von Parteibeschlüssen« und weil Müller ein »moralisch korruptes Element« sei. Die Rechten sahen im Ausschluß des fähigen und beliebten Genossen jedoch einen politischen Schachzug. Müller lebte eine Zeitlang mit der Hauptkassiererin und Orgleiterin der württembergischen KPD **Anna Stegmaier** (* 4. 11. 1899 – † 27. 7. 1973) zusammen. Er trat später politisch nicht mehr hervor, emigrierte 1933 zunächst nach Frankreich, dann lebte und arbeitete er als Kunstmaler in Österreich. Carl Müller starb am 7. September 1953 in Mödling.

▸ Müller, Georg (* 1878 – † 1963)

Geboren am 19. November 1878 in Krappitz/Oberschlesien; lernte Schuhmacher. 1905 Mitglied der SPD. Anfang 1914 Berichterstatter der SPD-Presse in Trier. Georg Müller kam 1920 über die USPD zur KPD. Seit 1921 Redakteur an verschiedenen KPD-Zeitungen, von 1924 bis Anfang 1927 Chefredakteur der Mannheimer »Arbeiter-Zeitung«. Kurze Zeit in Köln, war er dann 1928 Chefredakteur der »Volkswacht« in Rostock, Ende 1929 Redakteur in Dortmund, schließlich in Berlin. Bis 1933 in Breslau in der Freien Gewerkschaft aktiv, war Müller seit 1930 nicht mehr für die KPD tätig. 1938 dienstverpflichtet, als Arbeiter beschäftigt. Bei Kriegsende kam er nach Niedersachsen, wohnte in Northeim und war politisch nicht mehr organisiert. Georg Müller starb am 31. Dezember 1963 in Trier.

▸ Müller, Gustav (* 1875 – † 1946)

Geboren am 8. August 1875 in Halberstadt, Sohn eines Bahnbeamten; nach dem Besuch des Realgymnasiums bis 1893 Kupferschmied, später Rechtsanwaltsgehilfe. Die Wanderschaft führte ihn außer durch Deutschland nach Dänemark und Holland. Von 1895 bis 1897 leistete er seinen Militärdienst in Altona, übersiedelte 1902 nach Berlin und besuchte von 1909 bis 1912 die Arbeiterbildungsschule und die Humboldt-Hochschule. Seit 1900 Mitglied der SPD, war Müller auch Referent für die Partei. 1917 trat er zur USPD über und lebte illegal in Berlin, da er den Kriegsdienst verweigerte. 1920 ging er mit dem linken Flügel in die VKPD, war ab 1922 hauptamtlicher Sekretär der BL Berlin-Brandenburg für die Abteilung Land, ab 1923 Polsekretär für die KPD in Frankfurt/Oder. Im Mai 1924 zog Gustav Müller als Abgeordneter in den Reichstag ein, nach Auflösung des Reichstages und des Preußischen Landtages 1924 für beide Parlamente als Spitzenkandidat der KPD (für den Wahlkreis Frankfurt/Oder) aufgestellt, wurde er im Dezember 1924 in den Preußischen Landtag gewählt. Im Juni 1924 Delegierter des V. Kongreß der Komintern in Moskau, schloß er sich nach dem »Offenen Brief« des EKKI 1925 aktiv der linken Opposition an. Er unterschrieb im Juni 1926 den oppositionellen »Brief der 700«. Daraufhin wurde Gustav Müller (zusammen mit 34 seiner Anhänger) am 18. Mai 1927 aus der KPD ausgeschlossen, er gehörte zu den Mitbegründern des Leninbundes. Die Reichstagung des Leninbundes im April 1928 wählte Gustav Müller (neben ▸ Hugo Urbahns und ▸ Guido Heym) in das Präsidium dieser Organisation. Bis 1933 war er für den Leninbund, aber auch den KPD-nahen Siedlerbund aktiv, dort stellvertretender Vorsitzender, Schriftleiter der Bundeszeitschrift und Leiter der zentralen Rechtsberatungsstelle. Im Sommer 1932 stellte Müller den Antrag auf Wiederaufnahme an die KPD Berlin-Brandenburg. Nach Rücksprache mit ▸ Hans Pfeiffer und ausdrücklicher Unterstützung ▸ Wilhelm Piecks wurde Gustav Müller wieder in die Partei aufgenommen. Nach 1933 wirkte er in einer Widerstandsgruppe »Zelle Küstrin« in Alt-Landsberg-Seeberg, die im April 1944 durch Verrat aufflog. Müller tauchte unter. Er lebte 1946 in Berlin-Kreuzberg und wurde als »Opfer des Faschismus« anerkannt. Gustav Müller starb am 5. Juni 1946 in Berlin.

▸ Müller, Herbert (* 1900 – † 1994)

Geboren am 13. September 1900 in Ludwigshafen/Rhein, Sohn eines Maurers und Sozialdemokraten; lernte Schriftsetzer. 1917 Vorsitzender der sozialistischen Jugend in Ludwigshafen und Mitbegründer der Freien Sozialistischen Jugend (später kommunistische Jugend) in der Pfalz. 1919 Mitglied der KPD, 1924 Parteivorsitzender der KPD in Ludwigshafen und Mitglied der BL Pfalz. 1924 (nach der Verhaftung ▸ Max Frenzels) einer der Leiter der anti-separatistischen Bewegung. Bis 1928 ehrenamtlicher Gewerkschaftsleiter der BL Pfalz, war Herbert Müller während der Auseinandersetzungen in diesem ultralinken Bezirk führender ZK-Anhänger. 1928 in den Bayerischen Landtag und den Ludwigshafener Stadtrat gewählt, ab 1929 als Orgleiter des Bezirks Pfalz hauptamtlicher Funktionär der KPD.

Er blieb bis zur Zusammenlegung der Bezirke Baden und Pfalz (1931) Orgleiter der Pfalz, Landtagsabgeordneter bis 1933, ebenso bis 1933 Sekretär der KPD. Dann leitete er zusammen mit ▸ Franz Doll die illegale Arbeit der KPD im Bezirk Baden-Pfalz. Im Mai 1933 verhaftet, kam er für 23 Monate ins KZ Dachau. Nach der Freilassung im April 1935 arbeitete er wieder illegal und sollte erneut verhaftet werden. Müller floh ins Exil nach Frankreich, kämpfte während des Bürgerkriegs in Spanien. Als Kaderoffizier der Internationalen Brigaden und Stellvertreter ▸ Franz Dahlems an der Front verantwortlich für die deutschen, englischen, skandinavischen und österreichischen Einheiten, zuletzt im Range eines Hauptmannes, zugleich Parteisekretär. 1939 Flucht nach Frankreich, dort zum Spengler und Installateur umgeschult. Bei Kriegsausbruch interniert, entkam Herbert Müller 1940 nach Südfrankreich, lebte illegal in Toulouse und war in Frankreich verantwortlicher KP-Funktionär. Im August 1945 kehrte er nach Deutschland zurück und wurde Vorsitzender des KPD-Bezirks Pfalz bzw. bis 1948 Landesleiter der KPD Rheinland-Pfalz. Müller gehörte vom November 1946 bis April 1947 der Beratenden Landesversammlung Rheinland-Pfalz und von der 1. bis 6. Wahlperiode dem Landtag von Rheinland-Pfalz an, dort von Mai 1947 bis Januar 1949 Fraktionsvorsitzender der KPD. Im September 1949 verließ er die KPD, trat zur SPD über. Er erklärte: »Meine Hoffnung, eine Partei mitzuentwickeln, in der der Mensch zur Geltung kommt, in der der Wille der Mitgliedschaft oberstes Gesetz ist, hat sich nicht verwirklicht. Die Kommunistische Partei fällt von einem Extrem ins andere.« Daraufhin verfemte ihn die KPD-Leitung als »titoistischen Agenten«, unter dessen »zersetzende Tätigkeit« ein »Schlußstrich« gezogen werde. Müller wurde Schriftleiter und Lizenzträger der »Rheinpfalz«, Geschäftsführer beim Rheinverlag, und leitete von 1950 bis 1966 als Geschäftsführer den SPD-Unterbezirk Ludwigshafen. Er war bis 1971 Abgeordneter im Rheinland-Pfälzischen Landtag und Stadtrat in Ludwigshafen. Nach seinem Ausscheiden 1965 wurde er mit dem Großen Bundesverdienstkreuz, 1969 mit dem Ehrenring der Stadt Ludwigshafen geehrt, die ihm 1983 auch noch die Ehrenbürgerschaft verlieh. Herbert Müller starb am 24. November 1994 in Ludwigshafen/Rhein.

▸ Müller, Kurt (* 1903 – † 1990)

Am 13. Dezember 1903 in Berlin geboren, entstammte einer Arbeiterfamilie; lernte Werkzeugmacher. Er trat im Februar 1919 der FSJ und 1920 der KPD bei, der auch seine Schwester

angehörte. Kurt Müller, von seinen Freunden seit den zwanziger Jahren »Kutschi« genannt, wurde Funktionär der kommunistischen Jugend (KJD) in Berlin. Er arbeitete zunächst ehrenamtlich, bis 1922 Gruppenleiter in der Rosenthaler Vorstadt, 1923/24 UB-Leiter Berlin-Mitte und gehörte von 1924 bis 1926 der KJVD-BL Berlin an. 1926 entsandte ihn das ZK des KJVD als Instrukteur nach England, anschließend kam er als Sekretär in die Gewerkschaftsabteilung des Exekutivkomitees der KJI in Moskau. Zurückgekehrt nach Deutschland, war er 1926/27 Redakteur der Zeitung »Junge Garde« und 1928 Mitglied der Zentrale des KJVD. Mitte 1929 wurde Kurt Müller Vorsitzender dieser kommunistischen Organisation (als Nachfolger ▸ Walter Häbichs) und ins ZK sowie mit beratender Stimme ins Polbüro der KPD aufgenommen. Als Mitglied des Präsidiums des Exekutivkomitees der KJI wurde er vom XI. EKKI-Plenum 1931 auch zum Kandidaten des EKKI-Präsidiums gewählt. Im Sommer 1931 nach Moskau ins Jugend-EKKI versetzt, dort verantwortlich für chinesische Fragen. Als Anhänger ▸ Heinz Neumanns 1932 auf dem XII. Plenum des EKKI der KI aller Funktionen enthoben und dem ZK der KPdSU(B) überwiesen, wurde er als Arbeiter ins Autowerk Gorki verschickt. In der KPD hieß es offiziell, damit sei ein Schlußstrich gezogen »unter die Auseinandersetzungen der parteifeindlichen Gruppe der Gen. Neumann, Kurt Müller usw., die versucht hatten, den Jugendverband in einen Gegensatz zur Linie und Führung der Partei zu bringen«.

Nachdem Müller im Februar 1934 wieder dem deutschen ZK übergeben wurde, kehrte er nach Deutschland zurück und leitete die illegale Arbeit der KPD in Südwestdeutschland mit Sitz in Mannheim. Im September 1934 in Weinheim durch Verrat des ehemaligen kommunistischen Reichstagsabgeordneten ▸ Nikolaus Thielen verhaftet. Zunächst nach Berlin-Moabit überführt, saß er von Oktober bis Dezember 1934 im Untersuchungsgefängnis Kassel. Zu sechs Jahren Zuchthaus verurteilt, die er in Kassel verbüßte, kam er 1940 ins KZ Sachsenhausen, wo er bis 1945 gefangengehalten wurde. 1945 ließ sich Müller in Hannover nieder, wurde Vorsitzender der KPD in Niedersachsen und Mitglied des Niedersächsischen Landtags. Im April 1948 stellvertretender Vorsitzender der KPD in Westdeutschland und im September 1949 in den ersten Deutschen Bundestag gewählt.

Am 22. März 1950 zum ZK der SED nach Ost-Berlin geladen, wurde Kurt Müller dort unter dem Vorwand, er müsse zu einer Besprechung nach Karlshorst, vom MfS festgenommen. Er kam als erster führender Kommunist bis März 1953 ins MfS-Untersuchungsgefängnis in Hohenschönhausen und sollte für einen DDR-Schauprozeß »präpariert« werden. Offiziell erklärte die KPD und SED, Müller sei als »Agent entlarvt« worden, er habe mit dem Ostbüro der SPD zusammengearbeitet, sei für die Engländer tätig gewesen; es wurden also die üblichen stalinistischen Vorwürfe erhoben. Schließlich durch ein sowjetisches Fernurteil zu 25 Jahren Haft verurteilt und in die Sowjetunion überführt, war er von April 1953 bis Oktober 1955 in Wladimir inhaftiert.

Im Oktober 1955 konnte Kurt Müller (im Zusammenhang mit der Freilassung deutscher Kriegsgefangener) in die Bundesrepublik zurückkehren, wurde 1957 Mitglied der SPD und war von 1960 bis 1985 wissenschaftlicher Mitarbeiter am Forschungsinstitut der Friedrich-Ebert-Stiftung, Leiter der Abteilung Außenpolitik und DDR-Forschung. Ein Brief Kurt Müllers aus dem Jahre 1956 an den DDR-Ministerpräsidenten Otto Grotewohl wurde im August 1990 erstmals in »Aus Politik und Zeitgeschichte«, der Beilage der Wochenzeitung »Das Parlament«, veröffentlicht. Darin beschrieb er nicht nur die unmenschlichen Verhöre durch den damaligen MfS-Staatssekretär Erich Mielke, sondern forderte auch seine öffentliche Rehabilitierung und die strafrechtliche Verfolgung der Schuldigen in der DDR. Auf sein Schreiben von 1956 hat Müller nie eine Antwort erhalten. Kein Wunder, denn in Ost-Berlin war der von ihm Beschuldigte Erich Mielke schon 1957 zum Minister für Staatssicherheit aufgestiegen, und gehörte noch bis November 1989 dem Politbüro der SED an. Kurt Müller starb am 21. August 1990 in Konstanz.

▸ Müller, Oskar (* 1896 – † 1970)

Geboren am 25. Juli 1896 in Wohlau/Schlesien, Sohn eines Landwirtes; besuchte das humanistische Gymnasium. Im Weltkrieg als Offizier an der Front. Im November 1918 wurde er in den Soldatenrat gewählt, nach dem Weltkrieg Bankangestellter. 1922 Mitglied der KPD; im gleichen Jahr Leiter der Angestelltengewerkschaft in Frankfurt/M. 1924 hauptamtlicher Sekretär der KPD (Gewerkschaftsleitung der BL Hessen), Abgeordneter der KPD im Preußischen Landtag von 1924 bis 1933. 1928 Orgleiter des KPD-Bezirks Hessen, eine Funktion, die Müller mehrere Jahre ausübte. In der Illegalität noch Orgleiter des Bezirks Berlin-Brandenburg, wurde er am 22. November 1933 verhaftet und zu drei Jahren Zuchthaus verurteilt, anschließend kam er bis 1939 ins KZ Sachsenhausen. Von Juni 1939 bis August 1944 Angestellter in der Lederindustrie in Offenbach, dann erneut verhaftet und ins KZ Dachau gebracht, bis zur Befreiung durch die amerikanischen Truppen dort Lagerältester. In einer 1945 einstimmig angenommenen Dankadresse an Oskar Müller hatte das Internationale Lagerkomitee (dem Vertreter aller Nationen angehörten) erklärt: »Wenn in den letzten kritischen Tagen des SS-Regimes alle Kameraden der ernsten Situation entkommen konnten, so ist das zu einem sehr großen Teil Ihr Werk gewesen.« Auch der Pater Johannes Maria Lang bemerkte dazu in seinem Buch: »Christus in Dachau«: »Er [Oskar Müller] ist wirklich der einzige Mann im Lager, der die Ordnung noch retten kann. Er hat auch seinerzeit zwei Brüder aus Nürnberg heimlich aus dem Lager entsandt. Sie sollten die Amerikaner eiliger herbeirufen, zur Rettung des Lagers. Er kannte wie keiner die drohenden Gefahren. Der eine dieser Gesandten, Karl Riemer, erreichte sein Ziel. So wurden wir gerettet, drei Stunden vor der geplanten Niedermetzelung.« 1945 trat Oskar Müller wieder der KPD bei, zog für sie in den Hessischen Landtag und 1949 in den ersten Deutschen Bundestag ein. Von November 1945 bis Mai 1947 Minister für Arbeit und Wohlfahrt in Hessen. Im April 1948 Vorsitzender der KPD in Hessen, wurde er jedoch schon 1949 wieder abgesetzt. Dann Mitarbeiter des Parteivorstandes der KPD und bis 1953 Abgeordneter im Bundestag. 1953 kurz verhaftet, war er dann aktiv in der VVN und einer der vier Präsidenten der VVN. Oskar Müller starb am 14. Januar 1970 durch einen Unglücksfall.

▸ Müller, Paul (Gerhard) (* 1882 – † 1953)

Geboren am 12. September 1882 in Völlener Königsfehn, jetzt Westoverledingen, Landkreis Leer. Gerhard Müller (genannt Paul) war der Sohn einer sehr christlich geprägten Arbeiterfamilie. Lehre als Kupferschmied, arbeitete er von 1913 bis 1932 als Installateur in Oldenburg und 1934/35 als Kupferschmied. 1902 Mitglied im Metallarbeiterverband, Mitbegründer und ab 1924 Vorsitzender der Zahlstelle des Metallarbeiterverbandes in Oldenburg. Von 1903 bis 1914 in der SPD, schloß er sich 1918 dem Spartakusbund an, war seit Gründung Mitglied der KPD und Polleiter der KPD in Oldenburg. Müller war 1920 nur kurz Mitglied der KAPD, dann gehörte er bis 1933 der UB Oldenburg an und war Mitglied der BL Nordwest. 1922 kam er erstmals in den Oldenburger Landtag, im dem er bis 1924 blieb, 1928 bis 1932 wieder Landtagsabgeordneter und von 1922 bis 1933 auch Stadtrat in Oldenburg. Im März 1933 einige Zeit inhaftiert, lebte Müller seit 1935 in Sandkrug. Nach dem 20. Juli 1944 verhaftet, kam mehrere Monate ins Gestapogefängnis in Oldenburg-Osternburg. Er war nach 1945 für die KPD wieder Mitglied des Oldenburger Kreistages. Paul Müller starb am 6. Mai 1953 in Sandkrug.

▸ Müller, Wilhelm (* 1890 – † 1957)

Geboren am 19. Februar 1890 in Alsenborn/Pfalz; lernte Tischler. Vor 1914 Mitglied der SPD. Im Krieg vier Jahre Soldat, ausgezeichnet mit der goldenen Tapferkeitsmedaille (mit der eine Rente verbunden war). 1918 Übertritt zur USPD, 1919 zur KPD. Für die Partei in Kaiserslautern tätig, aktiv bei der Bekämpfung der Separatisten. Auf dem VIII. Leipziger Parteitag im Januar 1923 als Kandidat in den ZA gewählt. Die französische Militärregierung verurteilte ihn 1923 zu drei Jahren Gefängnis und wies ihn 1924 aus der Pfalz aus. Der populäre Wilhelm Müller gehörte in der KPD zum linken Flügel und zog im Mai 1924 als Abgeordneter in den Reichstag ein; im Dezember nicht wiedergewählt. Ab 1924 hauptamtlicher Parteisekretär in verschiedenen Bezirken, u. a. 1925 in Württemberg. Im April 1926 vom ZK nach Bremen entsandt, Polleiter des Bezirks Nordwest. Müller hatte sich der linken Opposition nicht angeschlossen, sondern war für ▸ Ernst Thälmann eingetreten. Im November 1926 verhaftet, angeklagt, den kommunistischen Z-Apparat (Zersetzungs-Apparat) geleitet zu haben. Er blieb bis Januar 1927 in Haft, mußte dann mangels Beweisen entlassen und 1928 im Prozeß vor dem Reichsgericht freigesprochen werden. Leiter des UB Bielefeld, wo der ultralinke ▸ Wilhelm Kötter abgelöst worden war. Anfang der dreißiger Jahre ging Müller wieder nach Kaiserslautern zurück und machte sich als Schreinermeister selbständig. Nach 1933 zunächst nicht verhaftet, wohl weil er Inhaber der goldenen Tapferkeitsmedaille und vor 1933 nicht mehr politisch hervorgetreten war. Er arbeitete als erfolgreicher Tischlermeister, wurde aber 1940 wegen Abhörens ausländischer Sender verwarnt. Seinen Antrag vom 1. Februar 1941 auf Aufnahme in die NSDAP hat das NSDAP-Kreisgericht abgelehnt. Im August 1944 wurde Müller zusammen mit mehreren Kaiserslauterer Antifaschisten verhaftet, aber bald wieder freigelassen. 1945 Mitbegründer der pfälzischen KPD und Mitarbeiter der pfälzischen Bezirksleitung, saß er bis 1948 für die Partei auch im Stadtrat Kaiserslautern. Wegen mangelnder Linientreue verlor er seinen früheren Einfluß innerhalb der KPD, schied 1948 aus dem Stadtrat aus, trat politisch nicht mehr hervor, blieb aber bis zum Parteiverbot 1956 Mitglied der KPD. Wilhelm Müller starb am 28. September 1957 in Kaiserslautern.

▸ Münzenberg, Willi (* 1889 – † 1940)

Am 14. August 1889 in Erfurt geboren, wuchs unter sehr ärmlichen Verhältnissen auf. Sein Vater, illegitimer Sohn eines Freiherrn von Seckendorff, war Förster, betrieb später eine Dorfschenke und praktizierte harte Erziehungsmethoden. Er ließ Münzenberg nur unregelmäßig die Volksschule besuchen, doch dieser las alles, was er in die Hände bekommen konnte. Die harte Kindheit im ärmlichen Thüringen, der Wissensdurst und die Verbindung zur sozialistischen Bewegung prägten das Leben Münzenbergs, der

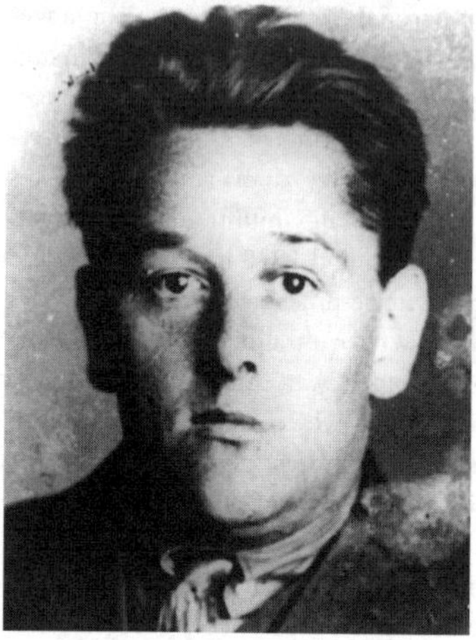

fortan in der radikalen Arbeiterbewegung aktiv war und sich ein umfassendes Wissen selbst aneignete. Seine organisatorische Begabung und erstaunliche Menschenkenntnis brachten ihn bald in führende Positionen. Nach einer abgebrochenen Barbierlehre begann er 1904 in einer Erfurter Schuhfabrik. 1906 Kontakte zur sozialistischen Jugendbewegung, 1908 Delegierter Erfurts am Berliner Kongreß der Sozialistischen Jugend. In Erfurt wegen seiner radikalen Tätigkeit gemaßregelt, ging er auf Wanderschaft und kam im Juli 1910 in die Schweiz. Er wurde Zapfbursche in einem Berner Hotel, später Austräger einer Apotheke in Zürich. Hier schloß er sich einer sozialistischen Gruppe, dem Jungburschenverein um den radikalen Arzt Fritz Brupbacher, an und bekam Verbindung zu russischen Emigranten. Münzenberg wurde einer der Organisatoren der sozialistischen Jugend der Schweiz, 1914 leitete er als hauptamtlicher Sekretär diese Organisation. Während des Krieges Internationalist, geriet er bald unter den Einfluß Lenins, der die Fähigkeiten des jungen Münzenberg erkannte. 1916 Teilnehmer der Konferenz der Kriegsgegner in Kienthal und 1917 beim Kongreß der Sozialistischen Internationalisten in Stockholm.

Er bekannte sich in der Schweiz offen zur bolschewistischen Oktoberrevolution, wurde Sekretär der Sozialistischen Jugendinternationale (Linke). Als Mitorganisator eines Generalstreiks in Zürich ins Zuchthaus gesperrt und sofort nach Kriegsende aus der Schweiz ausgewiesen. Übersiedlung nach Stuttgart, Mitglied der Spartakusgruppe und dann der KPD. Von Januar bis Juni 1919 auf der Festung Ulm bzw. im Gefängnis Rothenburg eingesperrt. Auf dem Gründungskongreß der KJI im November 1919 in Berlin referierte er über das Programm und trat für die Autonomie der Jugendverbände gegenüber der KPD ein. Münzenberg war bis 1921 Sekretär der KJI. Auch in der KPD aktiv, wo er z. B. auf dem II. Parteitag 1919 eine Mittelgruppe zwischen der Führung ▸ Paul Levi und den dort ausgeschlossenen Ultralinken ▸ Heinrich Laufenberg und ▸ Fritz Wolffheim bildete. Auf dem II. Kongreß der Jugendinternationale bzw. dem III. Weltkongreß der Komintern 1920 wurde er von Sinowjew abgesetzt und schied aus der Jugendarbeit aus. Lenin hatte Münzenberg beauftragt, im Westen Hilfe gegen die große Hungersnot in Rußland zu organisieren.

Das war der Anstoß zur Bildung der IAH, der ersten großen politischen Organisation, die Münzenberg ins Leben rief. Im Laufe der Jahre entstand diese Hilfsorganisation in allen Ländern, sie gab Zeitungen und Zeitschriften heraus, unterhielt Volksküchen und Kinderheime und unterstützte Streikende. Münzenberg verstand es geschickt, vor allem linke Intellektuelle, die keine Kommunisten waren, für Mithilfe zu gewinnen. In den folgenden Jahren konnte er nach diesen Erfahrungen den berühmten »Münzenberg-Konzern« ausbauen, ein Unternehmen mit Verlagen, Zeitschriften mit Massenauflagen (wie die berühmte AIZ, eine progressive und damals modernste Illustrierte) usw. Dadurch erlangte er auch innerhalb der KPD eine beachtliche Position, er war von Mai 1924 bis März 1933 ununterbrochen KPD-Reichstagsabgeordneter, 1924 in den ZA der KPD gewählt, auf dem XI. Parteitag 1927, dem XII. Parteitag 1929 und der »Brüsseler Konferenz« 1935 als Mitglied ins ZK berufen.

Die Schwester seiner Lebensgefährtin Babette Gross, Margarete Buber-Neumann, schrieb über Münzenbergs Tätigkeit in jenen Jahren: »Er schien weniger ein Revolutionär als ein Manager zu sein und wenn dieser untersetzte, breitschultrige Mann die Angestellten seiner zahlreichen Büros in ständiger Bewegung durcheinanderwirbelte, bei Sitzungen alles andere als demokratisch verfuhr und aus seinen Mitarbeitern das Letzte an Arbeitskraft herausholte, dann begriff ich, warum man ihn in der Kommunistischen Partei als ›Unternehmer‹ bezeichnete und seinen Betrieben den Namen ›Münzenberg-Konzern‹ gab ... Er umgab sich in seinen Unternehmungen, den Zeitungsredaktionen der ›Welt am Abend‹, ›Berlin am Morgen‹, der ›Arbeiter-Illustrierten‹, der Zeitschrift ›Roter Aufbau‹, dem Filmunternehmen ›Meshrabpom‹, dem ›Neuen Deutschen Verlag‹ und der ›Universum-Bibliothek‹ nicht nur mit den besten Köpfen der kommunistischen Intelligenz und mit KP-freundlichen Intellektuellen aller Schattierungen, er zog auch häufig Kommunisten zur Mitarbeit heran, die sich in der Partei irgendwelcher ›Abweichungen‹ schuldig gemacht hatten.« Münzenberg hat selbst bemerkenswerte Schriften verfaßt, z. B. »Die Dritte Front. Aufzeichnungen aus 15 Jahren proletarischer Jugendbewegung« (1930), »Solidarität. Zehn Jahre IAH« (1931) und »Propaganda als Waffe« (1937).

Er hatte bis 1932 maßgebenden Einfluß auf die Linie der KPD, zählte allerdings 1932 zur Remmele-Neumann-Gruppe. Im März 1933 Emigration nach Paris, wo er mit großer Aktivität den propagandistischen Kampf gegen Hitler aufnahm, wiederum Verlage und Zeitungen schuf, so u. a. den berühmten Verlag Editions du Carrefour sowie das »Braunbuch über den Reichstagsbrand« und andere Anti-Hitler-Literatur publizierte. Er warb ab 1934 für die neue Linie der Komintern und war einer der Initiatoren des »Lutetia-Kreises« zur Begründung einer deutschen Volksfront. Münzenberg, der noch 1935 unter dem Namen Max am VII. Weltkongreß der Komintern und der »Brüsseler Konferenz« teilnahm, geriet zunehmend in Widerspruch zur Komintern und besonders zur Leitung der KPD unter ▸ Walter Ulbricht. Deshalb 1936 in Moskau vor die IKK geladen; er erreichte aber, daß er wieder nach Paris zurückkehren konnte und war so den Stalinschen Säuberungen entronnen. 1937 folgte er Aufforderungen, nach Moskau zu kommen, nicht mehr, da er schon 1936 in der Sowjetunion das Klima der Repressalien gespürt hatte.

Im Oktober 1937 aus der KPD ausgeschlossen. Seinen Einspruch gegen den Ausschluß aus dem ZK und der Partei behandelte die IKK erst am 20. Januar und 16. Februar 1939. Nachdem sein Ausschluß bestätigt worden war, erklärte Münzenberg selbst in einem »Offenen Brief« vom 10. März 1939 seinen Austritt aus der KPD. Er kämpfte weiter gegen den Faschismus, wandte sich zugleich gegen den Stalin-Hitler-Pakt. 1939 gründete er in Paris die Organisation »Freunde der Sozialistischen Einheit Deutschlands« und die von ihm geführte Zeitung »Zukunft« sammelte antistalinistische Kommunisten um sich. Bei Kriegsausbruch in Frankreich interniert. Im Januar 1940 beendete er seinen Artikel »Demokratie und Diktatur« mit dem Ausruf »Der Verräter, Stalin, bist Du!« Als die deutsche Armee auf Lyon vorrückte, ist er im Sommer mit drei anderen Deutschen aus dem Lager Chambarran bei Lyon geflohen, erst Ende Oktober 1940 wurde seine stark verweste Leiche gefunden. Münzenberg verlor im Hochsommer 1940 sein Leben, ein Selbstmord und auch ein Raubmord gelten so gut wie ausgeschlossen. Vielmehr ist die Ermordung durch Agenten Hitlers oder eher Stalins zu vermuten, ▸ Kurt Kersten kam 1957 zu dem Schluß, ein stalinistischer Fememord sei die wahrscheinlichste Erklärung.

Diese Ansicht vertrat auch Münzenbergs Lebensgefährtin, **Babette Gross** (* 16. 7. 1898), die durch verschiedene Arbeiten über die Volksfront publizistisch hervortrat, in ihrem Buch: »Willi Münzenberg. Eine politische Biographie«, Stuttgart 1967. Babette Gross, geborene Thüring, war die Tochter eines Braumeisters und Schwester von Margarete Buber-Neumann. Sie absolvierte nach dem Oberlyzeum das Lehrerinnenseminar und trat 1920 in die KPD ein. Seit 1922 Mitarbeiterin der IAH, leitete sie von 1924 bis 1933 als Geschäftsführerin den Neuen Deutschen Verlag, ein Unternehmen des »Münzenberg-Konzerns«. Seit 1925 lebte und arbeitete Babette Gross mit Münzenberg zusammen, flüchtete mit ihm im März 1933 nach Paris und brach 1937 ebenfalls mit der KPD und der Komintern. 1940 zeitweise in Gurs interniert, gelang ihr über Portugal die Flucht nach Mexiko. 1947 kehrte sie nach Deutschland zurück, war 1949 Mitbegründerin und bis 1951 Mitglied der Geschäftsleitung der »Frankfurter Allgemeinen Zeitung«. Babette Gross starb am 8. Februar 1990 an einem Schlaganfall in Berlin.

Willi Münzenberg gehörte weltweit zu den bekanntesten Kommunisten Er verkörperte einerseits als Arbeiter die typische Entwicklung in der Arbeiterbewegung: Wissensdurst und Weiterbildung; andererseits führten Organisationserfahrung und voller Einsatz der Person für die Sache zu seinem Aufstieg. Ein beachtliches Organisationstalent ließ ihn zum ersten kommunistischen »Manager« werden, der lange Zeit die Strategie des Stalinismus duldete und mitmachte. Als Münzenberg dann aber die ursprünglichen Ziele der Arbeiterbewegung doch höher stellte als den Stalinismus, wurde er dessen Opfer.

▸ Muhsal, Carl (* 1899 – † 1962)

Geboren am 13. Februar 1899 in Wuppertal, Gemeindearbeiter in Düsseldorf, aktiv für die KPD. Im September 1930 für den Wahlkreis Düsseldorf-West und im November 1932 für den Wahlkreis Düsseldorf-Ost als Abgeordneter in den Reichstag gewählt. Muhsal leitete 1932 die RGO im Bezirk Niederrhein. Er war Kursant an der Reichsparteischule in Berlin-Fichtenau, flüchtete 1933 aus Deutschland, kehrte aber zurück und lebte in Plettenberg in Westfalen. Muhsal wurde 1940 zur Wehrmacht einberufen. Nach der Kriegsgefangenschaft wieder in Plettenberg, arbeitete er in einem heimischen Betrieb, war aber nicht mehr politisch tätig. Carl Muhsal starb am 25. April 1962 in Plettenberg/Westfalen.

▸ Muth, Walter (* 1908 – † 1992)

Geboren am 10. September 1908 in Berlin-Rummelsburg, Sohn eines Maurers. Muth studierte an den Universitäten Berlin, Hamburg, Göttingen und Frankfurt/M., wurde 1928 Mitglied des KJVD, 1929 der KPD. Anfang der dreißiger Jahre Mitarbeiter im AM-Apparat der KPD, lebte er bereits ab September 1932 illegal. 1933/34 unter dem Decknamen Josef Kursant an der M-Schule der Komintern in Moskau. Nach seiner Rückkehr wurde er Mitarbeiter der illegalen Landesleitung der KPD. Am 24. Mai 1935 in Berlin verhaftet, am 9. Juni 1936 durch den VGH zu zehn Jahren Zuchthaus verurteilt. Er verbüßte die Haft in den Zuchthäusern Lukkau und Brandenburg. 1945/46 Bürgermeister in Nauen, anschließend Referent bzw. Abteilungsleiter in verschiedenen Zentralverwaltungen der SBZ. 1948 Hauptabteilungsleiter des Statistischen Zentralamts der DWK, dann im Ministerium für Lebensmittelindustrie. 1954 Leiter der Hauptabteilung Fachschulen im Staatssekretariat für Hoch- und Fachschulwesen. 1958 Sekretär des Zentralen Ausschusses für Jugendweihe der DDR. Im Frühjahr 1960 wurde von der ZPKK gegen Muth, der sich kritisch über die SED-Parteiführung äußerte, ein Parteiverfahren eröffnet. Von seiner Funktion entbunden und Ende des Jahres als Mitglied der ZRK abberufen, begann er im VEB Funkwerk Berlin-Köpenick als Montierer. Ein gegen ihn geplantes Parteiverfahren wurde allerdings nicht durchgeführt. Walter Muth starb am 15. November 1992.

N

▸ Nagel, Arthur (* 1890 – † 1945)

Geboren am 19. November 1890 in Leipzig, Sohn eines Mühlenarbeiters; erlernte das Malerhandwerk. 1908 trat er in Leipzig in die Arbeiterjugendbewegung, 1909 in die SPD ein. Von 1910 bis 1912 Militärdienst beim Infanterie-Regiment in Zwickau, anschließend Malergeselle in Leipzig. Während des Krieges Soldat, kehrte im November 1918 nach Leipzig zurück, wurde Mitglied der USPD, mit deren linkem Flügel 1920 zur KPD. Als ehrenamtlicher Funktionär nahm er an den Kämpfen während des Kapp-Putsches und der März-Aktion 1921 teil. 1922 einer der sächsischen Delegierten auf dem IV. Weltkongreß der Komintern in Petrograd und Moskau. Er vertrat dort zusammen mit ▸ Hugo Urbahns und ▸ Ruth Fischer die linke Opposition. Ab 1922 Redakteur der »Sächsischen Arbeiterzeitung«, von Anfang 1924 bis 1933 Stadtverordneter in Leipzig. Nagel gehörte von 1922 bis 1930 der erweiterten BL Westsachsen an, war Mitglied der linken Fraktion und kam 1924 als Sekretär für Gewerkschaftsfragen hauptamtlich in die BL Westsachsen. Im Mai 1924 Abgeordneter des Reichstags, wurde aber im Dezember 1924 nicht wiedergewählt. Delegierter des X. Parteitags 1925, aktiver Anhänger der Ultralinken, Ende 1925 einige Zeit inhaftiert. Er trennte sich von den Ultralinken, wurde als Kandidat aufgestellt und 1926 als Abgeordneter in den Sächsischen Landtag gewählt und deshalb aus dem Gefängnis entlassen. Nagel war bis 1929 im Sächsischen Landtag, arbeitete bis 1932 als Redakteur für Gewerkschaftsfragen an der »Sächsischen Arbeiterzeitung« in Leipzig, 1932/33 Sprecher der RGO Leipzig. Am 1. August 1933 verhaftet, bis Februar 1934 »Schutzhaft«. Nach seiner Entlassung wurde er in die Leipziger Zylindergießerei zwangsverpflichtet. Nagel hatte Kontakt zu ▸ Otto Engert und ▸ Georg Schumann, er half französischen und sowjetischen Zwangsarbeitern. Ende Juli 1944 festgenommen und ins KZ Sachsenhausen eingeliefert, dort im Klinkerbau schweren Folterungen ausgesetzt. Am 13. Februar 1945 nach Mauthausen überführt, wo Arthur Nagel am 18. Februar 1945 ermordet wurde.

▸ Nagel, Otto (* 1894 – † 1967)

Geboren am 27. September 1894 in Berlin, Sohn eines Tischlers; lernte Glasmaler und trat

1915 in die SPD ein. 1917/18 Soldat im Weltkrieg, wegen Kriegsdienstverweigerung kam er in das Straflager Wahn bei Köln. 1917 Mitglied der USPD und der Spartakusgruppe, seit ihrer Gründung gehörte er der KPD an. Nagel war zunächst Transportarbeiter, als Autodidakt dann freischaffender Maler, wandte sich sozialkritischen Themen zu, bereits 1921 bekam er eine eigene Ausstellung. Er war 1922 Mitbegründer der Künstlerhilfe in der IRH und gründete 1928 gemeinsam mit ▸ Max Keilson, ▸ Heinrich Vogeler u. a. die Assoziation Revolutionärer Bildender Künstler Deutschlands. Bis 1933 war Nagel in deren Vorstand aktiv. Er hatte seit 1934 Malverbot, seine Bilder wurden beschlagnahmt und viele Darstellungen des Arbeitermilieus gingen durch die NS-Aktion »Entartete Kunst« verloren. 1936/37 war Nagel Häftling im KZ Sachsenhausen. Nach 1945 gehörte er in der SBZ zu den Mitbegründern des Kulturbundes, als Mitglied der KPD/SED war er von 1946 bis 1950 Abgeordneter des Landtages von Brandenburg und dann bis 1954 der Volkskammer. 1948 wurde er zum Professor ernannt. Nagel war von 1956 bis 1962 Präsident der Deutschen Akademie der Künste, von 1953 bis 1955 bzw. 1963/64 deren Vizepräsident. Otto Nagel starb am 12. Juli 1967 in Ost-Berlin.

▸ Naumann, Minna (* 1882 – † 1967)

Geboren am 27. Januar 1882 in Neusalza-Spremberg in der Oberlausitz als Minna Schreiber, Tochter eines Briefträgers; lernte Buchdruckanlegerin. 1899 wurde sie Mitglied im Buchdruckerhilfsverband, 1901 trat sie der SPD in Dresden bei. 1904 Heirat mit dem Maurer Max Naumann. Ab 1910 Kreisleiterin eines Wahlkreises der SPD in Dresden, 1913 ordentliche Delegierte zum Parteitag in Jena. Minna Naumann gehörte seit Kriegsausbruch zur Opposition gegen die Politik der Mehrheit des PV und der Reichstagsfraktion. Im Januar 1917 trat sie der USPD bei und nahm als Delegierte am Internationalen Kongreß in Bern teil. Im November 1917 wurde sie wegen antimilitaristischer Propaganda verhaftet und im Mai 1918 in einem Prozeß vor dem Reichsgericht zusammen mit oppositionellen Jungsozialisten zu eineinhalb Jahren Zuchthaus verurteilt. Im November 1918 durch die Revolution befreit, schloß sie sich den Internationalen Kommunisten Deutschlands an, Mitglied des Arbeiter- und Soldatenrates in Dresden, trat sie schon wenige Wochen später mit anderen IKD-Mitgliedern zurück. Als Delegierte Dresdens nahm Minna Naumann mit ▸ Karl Becker und ▸ Karl Plättner am Gründungsparteitag der KPD Ende 1918 in Berlin teil. Ab 1920 war sie zeitweilig Mitglied der KAP, später wieder in der KPD, ohne besondere Funktionen auszuüben. Zwischen 1933 und 1945 war sie vorübergehend inhaftiert. 1945 lokale Funktionärin der KPD in Dresden, bis 1948 hauptamtliche Parteiarbeit, danach Parteiveteranin der SED in Dresden, 1958 erhielt sie den VVO in Bronze. Minna Naumann starb am 17. Januar 1967.

▸ Nawrey, Jack (* 1910 – † 1943)

Geboren 1910 in Stryj/Galizien als Jack Nußbaum (oder Nüssenblatt), kam in den zwanziger Jahren nach Deutschland. Er wurde als Jack Nawrey ein bekannter Journalist, 1929 Mitglied der KPD und Redakteur der »Roten Fahne« in Berlin. Nawrey soll auch dem AM-Apparat angehört haben. 1934 emigrierte er in die Sowjetunion und wurde in Moskau Redakteur an der »Deutschen Zentral-Zeitung«. Im Februar 1938 vom NKWD verhaftet und daraufhin als »Konterrevolutionär« verbannt. Zuletzt wurde er noch in den Goldfeldern an der Kolyma gesehen. Die Tochter Ruth (* 1936 in Moskau), die 1996 mit Nawreys Witwe (* 1910) und ihrer Familie nach Deutschland kam, hatte 1995 die Rehabilitierungsurkunde erhalten. Jack Nawrey war am 25. März 1943 im Gulag gestorben.

▸ Neddermeyer, Robert (* 1887 – † 1965)

Geboren am 3. April 1887 in Altona, Sohn eines Hafenarbeiters; Schiffsjunge zur See, später

Fischer, Matrose und Eisenbahner. 1907 Mitglied der SPD, von 1909 bis 1912 Militärdienst bei der Matrosen-Artillerie-Abteilung in Hamburg, 1913/14 Telegraphenarbeiter in Hamburg. Während des Krieges kam er zur Marine, aktiver Teilnehmer des Matrosenaufstandes 1918 in Kiel, dann wieder Schiffer bzw. 1919/20 Hofverwalter auf einem Gut. 1919 Mitglied der KPD, 1922/23 UB-Sekretär in Bielefeld, 1923/24 Bezirks-Militärleiter in Hannover. Als Anhänger des linken Flügels der Partei 1924 Polleiter in Niedersachsen. Im Mai 1924 wurde Neddermeyer im Wahlkreis Westfalen-Nord in den Reichstag gewählt, dem er bis 1928 angehörte. Anfang 1925 schloß er sich den Ultralinken an. Er wurde nach Kassel versetzt, war dort Polleiter der KPD Hessen-Kassel. Zusammen mit den ultralinken Reichstagsabgeordneten ▸ Arthur Rosenberg, ▸ Werner Scholem, ▸ Karl Korsch, ▸ Theodor Neubauer, ▸ Ernst Schwarz und ▸ Hans Bohla protestierte Neddermeyer im April 1926 gegen den Parteiausschluß von ▸ Iwan Katz.

Ebenso wie Neubauer trennte er sich Ende 1926 von den Ultralinken und schwenkte zu ▸ Ernst Thälmann über. Nach Berlin geholt und Mitglied der Landabteilung des ZK, unterhielt Neddermeyer seit 1930 auch eine eigene Geflügelzucht in Liebenwalde. 1927/28 nochmals als Polleiter nach Kassel entsandt und im Mai 1928 in den Preußischen Landtag gewählt, dessen Abgeordneter er bis 1933 blieb. Von 1928 bis 1932 leitete er die Landabteilung in der BL Ostpreußen, dann 1931 Vorsitzender des Einheitsverbandes der Land- und Forstarbeiter, einer Gliederung der RGO. 1932/33 Mitglied des Reichskomitees der RGO und Redakteur der »Landarbeiter-Zeitung«. Von Ende Februar 1933 bis zu seiner Verhaftung am 10. Oktober 1933 illegaler Instrukteur in Mecklenburg, Schlesien und dem Rheinland. Am 6. Oktober 1934 durch den 1. Strafsenat des OLG in Hamm zu zwei Jahren Gefängnis verurteilt. Nach der Freilassung wieder Geflügelzüchter in Liebenwalde, aber am 18. Juli 1944 erneut verhaftet und im Prozeß gegen »Saefkow und Genossen« im Oktober 1944 zu drei Jahren Zuchthaus verurteilt. Am 27. April 1945 aus dem Zuchthaus Brandenburg befreit, schloß sich Neddermeyer wieder der KPD an, wurde zunächst 2. Bürgermeister in Liebenwalde, dann stellvertretender Landrat von Niederbarnim bzw. Oberlandrat in Bernau-Liebenwalde. Ab Dezember 1948 Vorsitzender des VdgB-Landesverbandes Brandenburg, seit Herbst 1946 für die VdgB Landtagsabgeordneter in Brandenburg und ab 1952 Vorsitzender des VdgB-Bezirks Potsdam, 1965 Parteiveteran; er erhielt 1957 den Karl-Marx-Orden. Robert Neddermeyer starb am 18. Oktober 1965 in Ost-Berlin.

▸ Nettelbeck, Walter (* 1901 – † 1975)

Geboren am 29. November 1901 in Krefeld, lernte Bäcker. Zunächst im Anti-Alkoholiker Guttempler-Orden organisiert, kam er 1922 zur kommunistischen Jugend und wurde 1924 Mitglied der KPD. Ortsgruppenleiter der Partei in Krefeld, übersiedelte 1926 nach Stuttgart, arbeitete als Malergeselle und leitete in der BL Württemberg die Agitpropabteilung. Ab 1928 als Pressefotograf im Volksverband für Filmkunst aktiv. 1930 Vorsitzender und hauptamtlicher Funktionär der kommunistischen Vereinigung der Arbeiter-Fotografen. 1930/31 war Nettelbeck für die AIZ in Moskau, danach Redakteur an Publikationen des »Münzenberg-Konzerns«, wie »Der Rote Aufbau«. Seit dem Moskau-Aufenthalt Kritiker Stalins, im Mai 1933 wurde Nettelbeck aus der KPD ausgeschlossen. Im Herbst ging er zu den Trotzkisten und war in Berlin in deren 60 Personen umfassenden illegalen Gruppe aktiv. 1935 Emigration in die ČSR, dann in Paris Mitherausgeber der trotzkistischen Zeitung »Unser Wort« (Pseudonym Jan Bur). Im August 1937 aus der trotzkistischen Gruppe ausgeschlossen, arbeitete Nettelbeck nun mit ▸ Ruth Fischer zusammen. 1939 interniert, 1940 von den deutschen Behörden verhaftet und 1942 vom VGH zu sechs Jahren Zuchthaus verurteilt. 1945 befreit, war er zunächst Landarbeiter, dann für die SPD von 1946 bis 1966 Leiter des Dezernats für Soziales der Stadt Krefeld. Walter Nettelbeck starb dort am 24. Juni 1975.

▸ Neubauer, Theodor, Dr. phil. (* 1890 – † 1945)

Geboren als Sohn eines Gutsinspektors am 12. Dezember 1890 in Ernschwert an der Werra. 1900 übersiedelte die Familie nach Erfurt. Hier besuchte er von 1901 bis 1910 mit seinen drei Geschwistern das Gymnasium. Der Vater war kaisertreuer Nationalist und erzog Theodor Neubauer entsprechend. Nach der Reifeprüfung studierte er von 1910 bis 1913 in Brüssel, Jena und Berlin Geschichte sowie neuere Sprachen und promovierte mit der Dissertation »Die sozialen und wirtschaftlichen Verhältnisse der Stadt Erfurt vor der Reformation«. Neubauer, damals Nationalliberaler, meldete sich 1914 freiwillig als Soldat und kam an die Ostfront. Nach einer Gasvergiftung an der Westfront in die Heimat entlassen, schied er 1917 als Leutnant aus. Anhänger der Deutschen Vaterlandspartei, im Dezember 1918 wurde er Mitglied der Deutschen Demokratischen Partei und in deren Erfurter Vorstand gewählt. Dann rückte er rasch nach links und schloß sich im Spätsommer 1919 der USPD an. Zunächst Hilfslehrer am Lyzeum in Erfurt, übersiedelte nach Verlust seines Lehrerpostens nach Ruhla, wo er im Dezember 1920 mit der linken USPD zur KPD stieß. Lehrer in Ruhla, im September 1921 für die KPD in den Thüringer Landtag gewählt. Ab 1. Oktober 1922 Studienrat am Realgymnasium in Weimar. Bei Bildung der sozialdemokratisch-kommunistischen Regierung in Thüringen im Oktober 1923 wurde Neubauer Staatsrat. Nach der Oktoberniederlage polizeilich gesucht, flüchtete er ins Rheinland.

Unter dem Pseudonym Lorenz hauptamtlicher Parteisekretär, stand auf dem linken Flügel der KPD. Mitte 1924 Chefredakteur der »Freiheit« in Düsseldorf. Im August 1924 legte er sein Thüringer Landtagsmandat nieder und zog im Dezember 1924 im Wahlkreis Düsseldorf-Ost in den Reichstag ein. Anfang 1925 löste er ▸ Wilhelm Schwan als Polleiter des Ruhrgebiets ab, dort wurde Neubauer aber im Juni wieder abgesetzt, da er sich den Ultralinken angeschlossen hatte. Danach Mitarbeiter des KPD-Pressedienstes in Berlin. Neubauer unterschrieb im Januar 1926 gemeinsam mit den übrigen ultralinken Reichstagsabgeordneten einen Protest gegen das ZK im Falle ▸ Iwan Katz. Mitte 1926 schwenkte er von den Ultralinken zur Parteimehrheit über und wurde im Juni 1926 wieder Chefredakteur der »Freiheit« und von Januar bis März 1927 Leiter des KPD-Bezirks Niederrhein. Er bekämpfte die linke Opposition besonders scharf, war dann bis 1929 erneut Chefredakteur der »Freiheit« und wurde auch 1928 in den Reichstag gewählt, dem er bis 1933 angehörte. 1930 Mitarbeiter des ZK in Berlin, vor allem für außenpolitische Fragen verantwortlich, vorübergehend auch für Sozialpolitik. Neubauer publizierte (neben zahlreichen Aufsätzen) 1932 das Buch: »Deutsche Außenpolitik heute und morgen«, schrieb aber auch etwa 150 Gedichte. In Berlin arbeitete Neubauer 1933 illegal als Krüger, wurde am 3. August verhaftet und in verschiedenen KZs festgehalten. Im Oktober 1933 verteidigte er als Zeuge im Reichstagsbrandprozeß seine kommunistische Überzeugung. Bis 1939 Häftling in Zuchthäusern und KZs, zuletzt in Buchenwald, entwickelte Neubauer ab 1937 »Prinzipien« für den Aufbau einer illegalen Parteiorganisation.

Anfang Juli 1939 nach einem Gnadenerlaß überraschend frei, kehrte er zu seiner Familie nach Tabarz zurück, wurde Lagerverwalter beim Opel-Dienst. Wieder in Kontakt zu kommunistischen Kreisen, schuf er zusammen mit › Magnus Poser in Thüringen eine illegale kommunistische Gruppe (Neubauer-Poser-Gruppe). Bis zum Herbst 1943 baute Neubauer illegale KPD-Gruppen auf und bekam Verbindung zu anderen kommunistischen Zellen. Anfang Juli 1944 noch Teilnehmer an einem illegalen Treffen in Leipzig, dann am 14. Juli 1944 verhaftet, nach Berlin gebracht und hier am 8. Januar 1945 zum Tode verurteilt. Theodor Neubauer wurde am 5. Februar 1945 im Zuchthaus Brandenburg hingerichtet. Sein Sohn Hartmut fiel 1942 als Soldat im Kaukasus. Die Tochter Sonja Neubauer (* 24. 4. 1923), Kindergärtnerin, seit 1945 Mitglied der KPD, absolvierte in Jena ein Lehrerstudium und begann 1954 eine hauptamtliche Karriere im ZK der SED. Von 1958 bis 1972 war sie stellvertretende Leiterin der Abteilung Volksbildung, von 1963 bis 1989 gehörte sie der ZRK der SED an.

› Neumann, Felix (* 1889 – † ?)

Geboren am 23. Dezember 1889 in Berlin, Sohn eines Zugführers, sein Großvater war Geheimer Kanzleirat. Neumann lernte Schriftsetzer und blieb in diesem Beruf. Bis August 1923 war er u. a. bei der Druckerei August Scherl und zuletzt in der Reichsdruckerei tätig, von 1915 bis 1918 bei den Eisenbahnpionieren. 1910 Mitglied der SPD, während des Krieges der USPD, 1919 der KPD. Bei der Spaltung 1920 ging er zur KAPD, 1921 zur VKPD, wo er kleinere Funktionen in Frankfurt/M. und Berlin übernahm. Ab Mitte September 1923 wurde Neumann besoldeter Orgsekretär bei der Zentrale der KPD in Berlin. Bis Anfang November 1923 Sekretär des sogenannten Revkom (Revolutionskomitee), er überbrachte Gelder an die Oberbezirke für die Aufstandsvorbereitungen. Nach späteren Aussagen hatte er unmittelbar von › Heinrich Brandler den Auftrag erhalten, militärische Formationen und deren Bewaffnung zu organisieren und ein Revolutionskomitee zu bilden, rätselhaft bleibt, warum der unerfahrene Neumann damit betraut wurde. Nach dem Scheitern des Aufstands wurde er Sekretär des AM-Apparates unter Leitung von › Peter Skoblewski und sollte Mitte November 1923 eine T-Gruppe leiten (das T stand für »Terror«, die Presse machte daraus später »Tscheka«). Am 7. Januar 1924 schoß Neumann in Berlin zweimal auf den als Spitzel verdächtigten Johann Rausch, der später seinen Verletzungen erlag; ein geplantes Attentat auf den Reichswehrchef Hans von Seeckt wurde nicht durchgeführt. Am 28. Februar 1924 ist eine von Neumann geführte Gruppe wegen Überschreitung der Polizeistunde in einer Stuttgarter Gaststätte festgehalten und nach einem Fluchtversuch verhaftet worden. In der Untersuchungshaft verweigerte Neumann zunächst jede Auskunft über seine Tätigkeit. Inzwischen wurden Skoblewski und zahlreiche andere Parteifunktionäre festgenommen. Als die »Rote Fahne« Felix Neumann am 27. April 1924 als Spitzel bezeichnete, distanzierte er sich von der T-Gruppe und sagte umfassend und im wesentlichen wahrheitsgemäß über seine Aktivitäten aus. Im sogenannten Tscheka-Prozeß, der als Auftakt einer Reihe politischer Prozesse geplant war, avancierte er zum Kronzeugen und wurde am 22. April 1925 zum Tode verurteilt, die Strafe dann in lebenslängliche Haft umgewandelt und mehrfach durch Amnestien gemildert (schließlich im Oktober 1930 ganz aufgehoben). Bereits 1928 fand der öffentlich inszenierte Übertritt Felix Neumanns zur den Nationalsozialisten statt, im Herbst 1928 floh er aus dem Zuchthaus – vermutlich unter Mithilfe von NS-Funktionären – und blieb bis zum Oktober 1930 illegal. Am 1. November 1930 offizielle Aufnahme in die NSDAP (Mitgliedsnr. 359.649). Von 1930 bis 1933 ist Felix Neumann als Propagandist, Organisator und »begabter Redner mit großem fanatischen Einsatz« für die NSDAP aufgetreten; im April 1933 Leiter einer NSDAP-Kreisgeschäftsstelle, aus der er 1934 wegen seiner Vergangenheit entlassen wurde. Danach zwei Jahre als Vertreter tätig, wurde er im November 1936 durch das Oberste Parteigericht der NSDAP rehabilitiert und erhielt eine Anstellung als hauptamtlicher Mitarbeiter in der NS-»Deutschen Arbeitsfront«. Die chronologisch letzte Eintragung in der NSDAP-Kartei vermeldet 1943 den Umzug von Kattowitz nach Berlin. Das weitere Schicksal von Felix Neumann ist bis heute nicht geklärt.

▸ Neumann, Friedrich, Dr. phil. (* 1900 – † 1925)

Geboren 1900, entstammte einer kleinbürgerlichen Familie. Während des Krieges war er für die Spartakusgruppe aktiv und trat als Student 1919 der Freien Sozialistischen Jugend und 1920 der KPD bei. Studierte in Berlin, wo er auch zum Dr. phil. promovierte. Seit 1921 gehörte er zum linken Flügel der Partei und übte in der Berliner Parteiorganisation verschiedene Funktionen aus; 1923 in den Berliner Zentralvorstand gewählt. 1922/23 städtischer Jugendpfleger, doch als Kommunist gemaßregelt und entlassen. Nach dem Sieg der Linken in der Partei hauptamtlicher KPD-Funktionär. Delegierter des IX. Parteitags 1924. Leiter des KPD-Pressedienstes in Berlin, dann im Dezember 1924 Chefredakteur des »Echos des Ostens«, der KPD-Zeitung in Königsberg. Zugleich einige Monate Polleiter des KPD-Bezirks Ostpreußen. Neumann war trotz seiner Jugend bereits ein wichtiger Parteiführer. Bei einem Eisenbahnunglück im »Polnischen Korridor« zwischen Ostpreußen und dem Reich kam Friedrich Neumann am 2. Mai 1925 ums Leben. Zu seinem Gedenken erschien auf der ersten Seite der »Roten Fahne« und anderer Parteizeitungen ein Nachruf.

▸ Neumann, Hedwig (* 1890 – † 1978)

Geboren am 13. Juli 1890 in Berlin, Tochter des Werkzeugmachers Richard Neumann. Sie erhielt nach der Schulentlassung eine Freistelle in der Fröbelschen Kinderpflegerinnenschule in Berlin. 1905 ging sie als Kinderpflegerin nach Bergen auf Rügen, ein Jahr später nach Plaue an der Havel. 1907 gab sie den Beruf auf und begann als Arbeiterin bei der Firma Siemens, um zum Familienunterhalt beizutragen. Von 1911 bis 1922 in verschiedenen Berliner Metallfabriken beschäftigt, 1920 Mitglied der USPD, 1923 der KPD. 1925 kandidierte Hedwig Neumann bei den Wahlen im Metallarbeiterverband für die Liste der Kommunisten. Sie war im Betriebsrat der Firma Lorenz, dem sie bis zu ihrer Maßregelung anläßlich des großen Metallarbeiterstreiks 1930 angehörte. 1928 von der KPD als Landtagsabgeordnete aufgestellt und gewählt, gehörte sie dem Preußischen Landtag bis 1932 an. Danach war sie in der Redaktion und im Verlag »Die Arbeiterin« tätig. Von Frühjahr bis September 1933 erwerbslos, dann Arbeiterin bis zu ihrer Verhaftung im März 1934. Sie wurde am 17. Dezember 1934 vom Kammergericht Berlin zu zwei Jahren und drei Monaten Zuchthaus verurteilt und kam nach Verbüßung der Strafe im Zuchthaus Jauer ins Frauen-KZ Moringen, Ende September 1937 entlassen. Von Ende November 1937 bis März 1945 war sie in Berlin-Schöneberg als Kabellöterin beschäftigt. 1945 wieder Mitglied der KPD, Vorsitzende des antifaschistischen Frauenausschusses und Frauenleiterin der KPD in Berlin-Tiergarten. 1946 Mitglied der SED, ab 1949 zeitweise persönliche Mitarbeiterin von ▸ Elli Schmidt im ZS der SED und im DFD-Bundesvorstand. 1954 bis 1957 Leiterin der Bibliothek bzw. des Archivs des Bundesvorstands des DFD, danach trat sie politisch nicht mehr hervor. Sie erhielt 1958 die Medaille »Kämpfer gegen den Faschismus« und wohnte viele Jahre in West-Berlin. Hedwig Neumann starb am 10. Dezember 1978 in Ost-Berlin.

▸ Neumann, Heinz (* 1902 – † 1937)

Am 6. Juli 1902 in Berlin geboren, entstammte einem bürgerlichen Elternhaus. Besuchte in Berlin das Gymnasium, studierte nach der Reifeprüfung Philologie. In dieser Zeit kam er erstmals mit dem Kommunismus in Berührung. Neumann, durch unstillbare Aktivität gekennzeichnet, wurde vom damaligen Generalsekretär der KPD ▸ Ernst Reuter (Friesland) 1920 in die KPD aufgenommen und von ▸ August Thalheimer gefördert. 1921 arbeitete Heinz Neumann für die KPD-Presse, schrieb Leitartikel und kam ins Pressebüro. Er gab 1922 sein Studium auf und wurde hauptamtlicher Parteifunktionär, zunächst Redakteur an der »Roten Fahne«. 1922 wegen illegaler Tätigkeit sechs Monate im Gefängnis, lernte in dieser Zeit Russisch. Als er im selben Jahr eine Delegation nach Sowjetrußland begleitete, war er der einzige, der Russisch sprach. Das verschaffte ihm Zugang zu den führenden russischen Kommunisten, die nun auf den beweglichen Intellektuellen aufmerksam wurden. Vermutlich hatte Neumann als einer der ersten deutschen Kommunisten direkte Beziehungen zu Stalin, der 1922 Generalsekretär der russischen KP geworden war, und näherte sich diesem an. Zunächst gehörte Heinz Neumann zur linken Opposition um ▸ Ruth Fischer, Delegierter des VIII. Parteitags im Januar 1923. Gemeinsam mit ▸ Arthur Ewert, ▸ Gerhart Eisler und ▸ Hans Pfeiffer trennte er sich im April 1923 von der linken Opposition und nahm eine vermittelnde Haltung ein.

Aktiv an den Vorbereitungen des Oktober 1923 beteiligt, arbeitete er kurze Zeit im Z-Apparat (Zersetzung). Anfang 1924 für die Mittelgruppe Polleiter in Mecklenburg. Nachdem die Linke im April 1924 die Führung übernahm, wurde Neumann etwas in den Hintergrund gedrängt und lebte illegal. Er war aus dem Gefängnis entflohen und wurde polizeilich gesucht. Im »Tscheka-Prozeß« von einem Zeugen belastet, ging er zunächst nach Wien. Dort verhaftet und abgeschoben, emigrierte er nach Moskau. Nach der Ablösung von ▸ Iwan Katz als Vertreter der KPD bei der Komintern (1925) trat Neumann dessen Nachfolge an und war einer der aktivsten Streiter für die Bolschewisierung der KPD und gegen die linke Opposition. Damals entstanden u. a. seine Broschüren »Was ist Bolschewisierung?« (Oktober 1924) und »Der ultralinke Menschewismus« (1925). Im Juni 1925 wurde er als »Gutachter« im

Moskauer Prozeß gegen Karl Kindermann und andere Deutsche hinzugezogen.
Immer deutlicher vertrat der umstrittene Neumann die Politik Stalins in Deutschland. In seiner wichtigen Position wirkte er von Moskau aus maßgeblich auf die KPD-Politik ein. Der XI. Parteitag 1927 wählte ihn als Kandidat ins ZK der KPD. Als Ende 1927 die Moskauer Politik in China Bankrott erlitt, versuchte Stalin während des XV. Parteitags der KPdSU (2. bis 19. Dezember 1927) durch ein Fanal in China die Dinge zu seinen Gunsten zu beeinflussen. Neumann und sein persönlicher Freund, der führende KPdSU-Funktionär Besso Lominadse, wurden nach China entsandt. Sie organisierten den Kantoner Aufstand, der im Dezember 1927 ausbrach und in einem dreitägigen blutigen Kampf zur Vernichtung der dortigen Kommunisten führte. Neumann wurde seit dieser von Stalin gewünschten Aktion von seinen Gegnern »Henker von Kanton« genannt. Er konnte entkommen und wurde 1928 von Stalin wieder nach Deutschland geschickt. Bei der Diskussion des ZK der KPD über die Wittorf-Affäre setzte sich Neumann sehr stark für ▸ Ernst Thälmann ein.
Als Stalin zu Thälmanns Gunsten eingriff, gelangte Neumann auf den Höhepunkt seiner Macht: Er kam ins Polsekretariat, womit der 26jährige neben Thälmann und ▸ Hermann Remmele zum entscheidenden Führer der deutschen KP wurde. Neumann übernahm die Chefredaktion der »Roten Fahne«, wurde auf dem XII. Parteitag 1929 ins ZK und als Kandidat ins Polbüro gewählt und zog im September 1930 im Wahlkreis Potsdam I auch als Abgeordneter in den Reichstag ein. Der von der Komintern eingeleitete ultralinke Kurs wurde in der KPD gerade durch den Draufgänger Neumann forciert, der eng mit Remmele zusammenarbeitete. 1930 gab er die Parole aus: »Schlagt die Faschisten, wo ihr sie trefft!« und war zugleich für einen verschärften Kampf gegen die »Sozialfaschisten« (d. h. die Sozialdemokraten), besonders aber gegen alle innerparteilichen Abweichungen. Als Sprachrohr Stalins hatte Neumann bei dieser Politik das gesamte Polbüro hinter sich. Bei der Frage, wie der Kampf gegen den Faschismus zu führen sei, geriet er 1931 in einen gewissen Gegensatz nicht nur zu Thälmann, sondern auch zu Stalin. (Dieser soll Neumann Ende 1931 gesagt haben: »Glauben Sie nicht auch, daß, falls in Deutschland die Nationalisten zur Macht kommen sollten, sie so ausschließlich mit dem Westen beschäftigt sein würden, daß wir in Ruhe den Sozialismus aufbauen könnten?«) Durch Fraktionskampf und Doppelzüngigkeit versuchte Neumann, seine Stellung zu stabilisieren, unterlag aber.
Er wurde Anfang April 1932 seiner Funktionen in Deutschland enthoben und nach Moskau kommandiert. Im Juli 1932 nochmals in den Reichstag gewählt, im Oktober des gleichen Jahres auf der III. Parteikonferenz der KPD nun auch offiziell verdammt, degradiert und dann zur Komintern-Delegation nach Spanien geschickt. Als ein Brief Neumanns an Remmele im November 1933 in die Hände der Parteispitze geriet, worin er diesen aufgefordert hatte, den Fraktionskampf fortzuführen, war seine politische Karriere zu Ende. Im Januar 1934 mußte er selbstkritisch bekennen: »Der gesamte Fraktionskampf, den ich im Jahre 1932 und bis zum März 1933 gegen das ZK der KPD geführt habe, war von Anfang bis Ende eine Kette von schweren Fehlern und Vergehen gegen die Linie und die Disziplin unserer Partei.« Seinen Brief vom März 1933, in dem er Remmele bewegen wollte, er solle »Karl Liebknecht sein« (also gegen die Mehrheit kämpfen), verwarf Neumann nun als einen »parteischädigenden Appell«. Er wurde nach Zürich abgeschoben, dort Ende 1934 von der Schweizer Fremdenpolizei verhaftet. NS-Deutschland verlangte seine Auslieferung, der er nur mit Mühe entgehen konnte. Neumann verbrachte ein halbes Jahr als Auslieferungsgefangener im Schweizer Zuchthaus Regensdorf. Als keiner der umliegenden demokratischen Staaten den »berüchtigten Kommunisten Neumann« aufnehmen wollte, bot ihm die Sowjetunion Asyl an. Er fuhr im Juni 1935 von Le Havre an Bord des sowjetischen Frachters »Wolga« in die UdSSR und lebte fast zwei Jahre gemeinsam mit seiner Frau **Margarete Buber-Neumann** (* 21. 1. 1901 – † 6. 11. 1989) in Moskau, dort in der VAA beschäftigt. Am 27. April 1937 verhaftete ihn das NKWD, und am 26. November 1937 wurde

Heinz Neumann vom Militärkollegium des Obersten Gerichts zum Tode verurteilt und erschossen. In Deutschland hätten ihn die Nationalsozialisten umgebracht und er wäre als Märtyrer des Kommunismus in die Geschichte eingegangen. Da er später ein Opfer Stalins wurde, blieb er eine »Unperson«.

Margarete Buber-Neumann, geborene Thüring, aufgewachsen in Potsdam, trat 1926 in die KPD ein, ab 1928 Redakteurin der Zeitschrift »Inprekorr«. Sie war in erster Ehe mit einem Sohn des jüdischen Religionsphilosophen Martin Buber verheiratet gewesen und flüchtete 1933 aus Deutschland. Auch sie ist am 20. Juni 1938 in Moskau verhaftet und am 19. Januar 1939 als »sozial gefährliches Element« zu fünf Jahren Freiheitsentzug verurteilt worden. Nach unmenschlicher Lagerhaft in Karaganda wurde sie am 5. Februar 1940 als »unerwünschte Ausländerin« aus der Sowjetunion ausgewiesen und in Brest-Litowsk an NS-Deutschland ausgeliefert. Hier sofort in das Frauen-KZ Ravensbrück eingeliefert, wo sie von den kommunistischen Häftlingen geächtet wurde, da sie über die stalinistische Wirklichkeit und ihre Gulag-Erfahrungen berichtete. Im April 1945 flüchtete sie westwärts, aus Furcht, erneut inhaftiert zu werden. In der Bundesrepublik wurde Margarete Buber-Neumann als Publizistin und Schriftstellerin bekannt. In ihren Büchern »Als Gefangene bei Stalin und Hitler«, »Von Potsdam nach Moskau« und »Schauplätze der Weltrevolution« beschrieb sie ihr eigenes und Heinz Neumanns Schicksal.

▸ Neumann, Paul (* 1888 – † 1934?)

Geboren am 7. Februar 1888 in Berlin, Metallarbeiter. Als Mitglied des SPD-Vorstandes in Nowawes gehörte er 1917 zu jenen Sozialdemokraten, die zur USPD wechselten. Paul Neumann, der auch im Kreis der Revolutionären Obleute mitarbeitete, nahm im Dezember 1918 als Delegierter für den Wahlbezirk Berlin am 1. Reichsrätekongreß der Arbeiter- und Soldatenräte teil. Ende 1920 wurde er Mitglied der VKPD, kam hauptamtlich als Sekretär in die KPD-BL Berlin-Brandenburg. Im Februar 1921 wurde Paul Neumann in den Preußischen Landtag gewählt, in dem er bis 1925 blieb. Er verließ bereits 1922 die KPD und trat der KAG bei, mit der er zur USPD zurückkehrte. Sein weiterer Lebensweg konnte nicht exakt ermittelt werden, Paul Neumann soll bald nach Errichtung der NS-Diktatur einem Unfall zum Opfer gefallen sein.

▸ Neumann, Richard (* 1894 – † ?)

Geboren 1894 in Wien, Sohn eines Kaufmanns; nach dem Abitur Soldat im Weltkrieg. 1919 in der kommunistischen Bewegung der ČSR tätig, 1921 Mitglied der Statutenkommission auf dem III. Weltkongreß der Komintern. Richard Neumann kam 1922 nach Berlin und war dort Redakteur an der »Inprekorr«. Nach dem KPD-Verbot wurde die Redaktion im Dezember 1923 nach Wien verlegt und Neumann Chefredakteur der Pressekorrespondenz, er war dies dann auch noch einige Zeit nach seiner Rückkehr nach Berlin. Ab 1925 gehörte er zur linken Opposition und war 1928 in Berlin Mitbegründer des Leninbundes. Mit ▸ Anton Grylewicz verließ er als führender Vertreter der trotzkistischen Minderheit im Februar 1930 den Leninbund und wurde in die Reichsleitung der Vereinigten Linken Opposition der KPD/Bolschewiki-Leninisten gewählt. 1933 Emigration in die Schweiz, 1938 nach Schweden, Neumann kehrte 1947 nach Österreich zurück. Hier zunächst Redakteur der SPÖ, dann der Abspaltung SAPÖ, von der er sich vor deren Vereinigung mit der KPÖ trennte. Anschließend arbeitete Richard Neumann in Wien als Theater- und Wirtschaftskorrespondent sozialdemokratischer Zeitungen.

▸ Neumann, Siegmund (Siggi) (* 1907 – † 1960)

Geboren am 14. Februar 1907 in Tarnow/Galizien, seit dem Weltkrieg in Berlin. Er war Arbeiter-Abiturient an der Karl-Marx-Schule in Berlin und studierte an der Deutschen Hochschule für Politik. 1926 Mitglied der KPD, führend in der Kostufra. Seit 1928 aktiv bei den Versöhnlern, übte er verschiedene Funktionen in der Berliner KPD aus, eng verbunden mit ▸ Karl Volk. 1933 emigrierte Neumann nach Paris, wurde 1934 als »Bucharinist« aus der KPD ausgeschlossen und trat der KPO bei. 1937 kämpfte er als Freiwilliger im Spanischen Bürgerkrieg, wurde verwundet. Er ging nach Schweden, wo er in Stockholm als Mitarbeiter der »Landesgruppe deutscher Gewerkschafter in Schweden« zusammen mit ▸ Fritz Rück wirkte. Im April 1946 Rückkehr nach Deutschland, hier wegen der kommunistischen Deutschlandpolitik Mitglied der SPD. 1946 wurde seine antistalinistische Schrift »Ist die Sowjet-Union sozialistisch?« in Hamburg veröffentlicht. Siggi Neumann leitete 1947 das Ostbüro des PV der SPD in Hannover, das die Sozialdemokraten in der SBZ unterstützen sollte. Danach bis 1954 Leiter des Betriebsgruppen-Referats beim PV der SPD. Anschließend beim Hauptvorstand der IG-Metall tätig, mit der Abfassung einer Geschichte der Metallarbeiterbewegung beauftragt. Sigmund (Siggi) Neumann starb am 27. November 1960 in Frankfurt/M.

▸ Nickel, Egon (* 1893 – † 1941)

Geboren am 5. April 1893 in Lübeck, Beruf Schlosser. Nickel wurde 1920 Mitglied der KPD und für sie 1921 und 1924 in die Lübecker Bürgerschaft gewählt. 1929 war er Stadtteilleiter der KPD in Altona und Hamburg, von 1931 bis 1933 wirkte Nickel als Orgleiter der KPD-Bezirksleitung Nordwest (Bremen). Im April 1933 mit der Leitung der illegalen Stadtparteiorganisation Groß-Hamburg beauftragt, er wurde bereits am 14. Juli 1933 verhaftet. Am 21. Februar 1935 zu drei Jahren Zuchthaus verurteilt, kam er anschließend in das KZ Sachsenhausen, wo Egon Nickel am 28. März 1941 beim Einsatz in einem Bombenräumkommando umkam.

▸ Niebergall, Otto (* 1904 – † 1977)

Geboren am 5. Januar 1904 bei Kusel/Pfalz, Sohn einer Arbeiterfamilie; Lehre und Arbeit als Schlosser, Elektriker und Bergmann. 1918 Mitbegründer der Arbeiterjugend in Saarbrücken, wurde 1923 Leiter der KJD Saarbrücken und gehörte von 1924 bis 1935 dem Sekretariat der KPD-BL Saar an, ab 1925 auch Gauführer des RFB Saar. Von 1929 bis 1935 war Niebergall Stadtverordneter von Saarbrücken, 1932 für elf Monate wegen »Fortführung des RFB« in Zweibrücken inhaftiert. Im Juni 1933 wurde er Polleiter der KPD Saar. Von März bis Oktober 1934 Kursant an der Internationalen Leninschule in Moskau, im Februar 1935 Emigration nach Frankreich, zeitweise Leiter des Abschnitts Saar-Pfalz bzw. von 1937 bis 1940 Leiter des Abschnitts Rheinland in Brüssel. Im Januar 1939 nahm Niebergall an der »Berner Konferenz« teil. Am 11. Mai 1940 in Brüssel verhaftet und nach Frankreich in das Lager St. Cyprien gebracht, aus dem er am 13. Juli 1940 floh. Ab September 1940 Mitglied der KPD-Leitung in Toulouse, avancierte Niebergall im April 1941 zum Leiter der illegalen KPD für Frankreich, Belgien und Luxemburg. Bis 1945 führendes deutsches Mitglied in der Résistance, 1944 Präsident des »Komitees Freies Deutschland im Westen«. Im August 1945 Rückkehr nach Deutschland, bis

1948 Vorsitzender des Verbindungssekretariats (Zonenleitung) der KPD in der französischen Zone. Er war von Mai 1948 bis Februar 1950 Vorsitzender der KPD Rheinland-Pfalz und gehörte auch dem KPD-PV an. Von 1949 bis 1953 war er Abgeordneter der KPD im Bundestag. Von Ost-Berlin aus leitete er von 1953 bis 1955 die ZPKK der KPD. 1955 offiziell in das Saarland zurückgekehrt, 1956/57 Stadtrat in Saarbrücken. Nach dem Verbot des saarländischen Landesverbandes der KPD ging Niebergall erneut in die DDR. Er gehörte dem ZK und dem von Ost-Berlin aus agierenden Politbüro der westdeutschen KPD an. 1971 zurück in der Bundesrepublik, wurde er Mitglied des DKP-Vorstands Rheinland-Pfalz. Er erhielt von der DDR 1970 den Karl-Marx-Orden. Otto Niebergall starb am 14. Februar 1977.

▸ Nickolay, Friedrich (Fritz) (* 1909 – † 1953)

Geboren am 28. Oktober 1909 in Dudweiler/Saar, Sohn eines Bergmanns; Bergmann und Bauarbeiter. 1924 Mitglied der KJD Saar, 1928 Mitglied der KPD. Nickolay wirkte als Jugendsekretär des KJVD, ab 1933 illegaler Sekretär des KJVD im Saargebiet, Baden und der Pfalz. Im Juni 1933 inhaftiert, saß er 1933/34 im Gefängnis in Speyer und im KZ Dachau, danach erneut KPD-Funktionär im Saargebiet. Er emigrierte nach dem Anschluß des Saargebiets an Deutschland nach Frankreich und leitete in Paris die »Freie Deutsche Jugend«, leistete 1938/39 Grenzarbeit für die KPD. Ab September 1939 Internierung im Lager Colombes bei Paris, seit 1943 Mitglied der KPD-Leitung in Lyon, Anschluß an die Résistance und Funktionär des »Komitees Freies Deutschland im Westen«. 1945 kehrte Nickolay in das Saargebiet zurück, war von 1948 bis 1950 Vorsitzender der KP im Saargebiet und gehörte bis 1951 dem KPD-PV und von 1946 bis 1949 auch dem SED-PV an. Im August 1951 mußte er wegen seiner Westemigration in die DDR übersiedeln, wurde in die SED übernommen und war von 1951 bis 1953 Direktor im VEB Steinkohlerevier Zwickau/Oelsnitz. Zuletzt arbeitete er im DDR-Staatssekretariat Kohle. Friedrich (Fritz) Nickolay starb am 15. Oktober 1953.

▸ Niederkirchner, Michael (* 1882 – † 1949)

Geboren am 3. September 1882 in Budapest, Sohn eines Steinhauers; begann eine Lehre als Rohrleger. 1903 trat er in die Sozialdemokratische Partei Ungarns ein, leistete 1904 seinen Militärdienst in der österreichischen Armee und übersiedelte im Mai 1905 nach Deutschland, Rohrleger in Berlin. 1914/15 Soldat, geriet 1915 in russische Kriegsgefangenschaft. Im April 1918 nahm er am 1. Kongreß der ausländischen Arbeiter- und Bauerndeputierten in Moskau teil, wurde Mitglied der deutschsprachigen Sektion der Bolschewiki und kehrte im Januar 1919 nach Berlin zurück. Mit dem linken Flügel der USPD 1920 zur KPD. Seit 1920 Branchenleiter der Berliner Rohrlegergewerkschaft und deren Sekretär. 1921 tendierte Niederkirchner zu den rechten Kommunisten und unterschrieb einen Protest gegen den Ausschluß der KAG-Gruppe. Mitglied der BL Berlin, wurde er 1927 Mitglied des ZK. 1929 als Leiter des Berliner Rohrlegerstreiks populär geworden, aber wegen des wilden

Streiks aus der Gewerkschaft ausgeschlossen. Auf dem Weddinger Parteitag 1929 wieder ins ZK gewählt und im Dezember 1929 auf dem VII. Kongreß der RGI in Moskau in den Zentralrat und das Vollzugsbüro berufen, blieb er von Februar bis September 1930 als Orgsekretär der RGI in Moskau. Im Oktober 1930 kehrte er nach Deutschland zurück, wurde Generalsekretär der RGI Sektion »Interkoms« Metall und gehörte sowohl der RGO-Reichsleitung als auch dem europäischen Sekretariat der RGI an.
Am 28. Februar 1933 verhaftet, im Juni 1934 als lästiger Ausländer (Niederkirchner hatte noch immer seine ungarische Staatsangehörigkeit) aus Deutschland ausgewiesen. Ab Juli 1934 wieder in Moskau, dort in der RGI tätig und seit Ende 1935 Sekretär der Profintern. Von 1936 bis 1938 verantwortlicher Sekretär des Büros für internationale Beziehungen der Metallarbeiterverbände der Sowjetunion, wurde er im Februar 1938 Referent, ab September 1939 Inspektor für Arbeitsbesorgung für Politemigranten aus Spanien und der Tschechoslowakei. Mitte 1940 Staatspensionist, kam Niederkirchner 1945 nach Berlin zurück. Er unterschrieb als ZK-Mitglied den Aufruf der KPD vom Juni 1945. In der Zonenleitung der IG Metall des FDGB tätig, wurde er Leiter der Schulungsarbeit des FDGB. Michael Niederkirchner starb am 19. August 1949.
Sein ältester Sohn, **Paul Niederkirchner** (* 1907), seit 1927 in der KPD, wurde in Moskau vom NKWD verhaftet und dort am 19. Oktober 1938 erschossen. Seine Tochter **Katja Niederkirchner** (* 7. 10. 1909 – † 27. 9. 1944), während des Krieges in der Sowjetunion als Fallschirmspringerin ausgebildet, sprang über Deutschland ab, wurde verhaftet und im KZ Ravensbrück erschossen.
Seine Frau **Helene** (* 8. 3. 1889 – † 2. 6. 1967), mit der er fünf Kinder hatte, wurde nach ihrer Rückkehr aus der Sowjetunion nicht Mitglied der SED, sie lebte als Rentnerin in Ost-Berlin. Die Tochter **Mia Niederkirchner** (* 19. 8. 1911 – † 2. 1. 1982) war nach einem Studium an der KUNMS in Moskau 1937 Referentin im EK der KJI, ab 1938 arbeitete sie bei der deutschen Sektion der Komintern in Moskau bzw. im Volkskommissariat für Außenhandel. 1946 nach Deutschland zurückgekehrt, war sie von 1948 bis 1950 im Büro des Sekretariats der SED-Landesleitung Groß-Berlin, bis 1971 im Apparat des ZK der SED.

▸ Nieke, Franz (* 1901 – † 1979)

Geboren am 5. April 1901 in Berlin, Bauarbeiter. Seit 1930 in der KPD, aktiver Funktionär in Berlin, wurde bereits für die Wahlen zum Preußischen Landtag vom Mai 1932 ohne Erfolg aufgestellt, aber dann im November 1932 im Wahlkreis Potsdam II in den Reichstag gewählt. Nach 1933 wieder Bauarbeiter in Berlin, mehrfach kurz inhaftiert, zog er sich von der Politik zurück. Nach 1945 wohnte er in West-Berlin. Franz Nieke starb dort am 5. November 1979.

▸ Nischwitz, Margarete (* 1891 – † 1979)

Margarete Stock wurde am 17. Oktober 1891 in Sachsen als Tochter einer ledigen Spinnereiarbeiterin geboren; Trikotagennäherin. Seit 1912 mit ▸ Paul Nischwitz verheiratet, 1912 Mitglied der SPD, 1917 der USPD, 1918 des Spartakusbundes. Margarete Nischwitz war Mitbegründerin der KPD in Chemnitz-Nord und Frauenleiterin der KPD in Chemnitz. Von 1921 bis 1933 Abgeordnete der Chemnitzer Stadtverordnetenversammlung, von 1929 bis 1932 Leiterin des Frauensekretariats der BL Sachsen in Dresden. Sie wurde 1925 Vorsitzende des Roten Frauen- und Mädchenbundes (RFMB) in Sachsen. Delegierte des VI. Weltkongresses der Komintern 1928 in Moskau, wo sie zur Frauenfrage sprach. 1929 zog sie als Abgeordnete in den Sächsischen Landtag ein, kandidierte auch 1930 wieder (an dritter Stelle), wurde erneut gewählt und blieb bis 1931/32 stellvertretende Fraktionsvorsitzende und Mitglied des Sekretariats der BL Sachsen. Sie schied aus familiären Gründen aus der hauptamtlichen Parteiarbeit aus. Als ihr die BL riet, sich scheiden zu lassen, lehnte sie das ab. Nachdem ihr Mann schon 1930 aus der KPD ausgetreten und Mitglied der SPD geworden war, hat auch sie 1932 die KPD verlassen. Die Zerrüttung der Familie und politische Probleme verursachten ein längeres Nervenleiden, deshalb war sie zeitweise in einer Nervenheilanstalt untergebracht. Nach 1933 mehrmals inhaftiert, schloß sie sich 1945 wieder der KPD bzw. der SED an, bekam aber nur noch untergeordnete Funktionen. 1976 erhielt sie den VVO in Gold, wohnte als Parteiveteranin in Frohnau im Erzgebirge. Margarete Nischwitz starb dort am 10. Dezember 1979.

▸ Nischwitz, Paul Alexander (* 1891 – † 1950)

Geboren am 2. August 1891 in Schönau bei Chemnitz, Sohn eines Gärtners; Arbeiter in verschiedenen Textil- und Metallbetrieben. 1912 Mitglied der SPD und Eheschließung mit ▸ Margarete Nischwitz. Von 1914 bis 1918 Armierungssoldat, 1918 Vorsitzender des Soldatenrates in Zeithain bei Riesa, 1918 Mitglied der USPD. Bei Gründung der KPD 1919 in Chemnitz Mitglied der Partei. Bis 1927 übte Nischwitz verschiedene ehrenamtliche Funktionen aus. 1928 hauptamtlicher Parteisekretär. Ende 1928 besuchte er einen Halbjahreslehrgang der Internationalen Leninschule in Moskau und übernahm nach seiner Rückkehr Mitte 1929 für einige Monate die Funktion eines Orgleiters in Westsachsen. Nischwitz kam dann als UB-Sekretär nach Zwickau. Einen Tag vor der Landtagswahl im Mai 1930 trat er aus der KPD aus und zur SPD über. Bei den SED-Überprüfungen Ende der vierziger Jahre sagte Nischwitz, die Gewerkschaftspolitik der KPD sei Grund für den Austritt gewesen. Wie üblich wurden ihm nichtpolitische Gründe des Bruchs vorgeworfen, z. B. eine unmoralische Lebensweise, er habe seine Ehefrau vor und nach dem Besuch der Leninschule betrogen und Parteigelder unterschlagen. Entsprechend behauptete die SED-Kreisleitung Annaberg-Buchholz 1947 in einem Bericht: »Seinem Ausschluß aus der KPD ist er durch Übertritt zur SPD zuvorgekommen. Es waren aber keine politischen Gründe, die ihn dazu bewegten, sondern sein moralisches Abgleiten.« Tatsächlich gehörte Nischwitz jedoch 1932 der SPD-Bezirksleitung Chemnitz an, die nach 1933 ihren Sitz in Karlsbad hatte. 1933/34 Häftling in den KZs Sachsenburg, Hohenstein/Elbe und Colditz. Von 1934 bis 1938 selbständiger Kaufmann und Vertreter der Siemens-Schuckert-Werke, 1939 dienstverpflichtet. Als er 1945 in Chemnitz der KPD beitreten wollte, wurde das wegen seines »parteischädigenden Verhaltens« 1930 abgelehnt. Daraufhin wieder Mitglied der SPD, war Paul Nischwitz zunächst Vorstandsmitglied der SPD in Chemnitz-Nord und Angestellter beim Nachrichtenamt Chemnitz. Von der Chemnitzer SPD-BL im Herbst 1945 nach Annaberg versetzt, wo er UB-Leiter der SPD war. Als Vorsitzender des SPD-Kreisvorstandes Annaberg trat er für die Vereinigung von KPD und SPD ein, wurde 1946 Vorsitzender des SED-Kreisvorstandes Annaberg, aber 1948 an die Bergbauschule des Objektes 13 der SDAG Wismut abgeschoben. Nach einem Besuch der Gaststätte »Zum Wohle« am Abend des 14. Mai 1950 blieb er verschwunden. Neun Tage später fand man die Leiche von Paul Nischwitz im Stadtteich. Das polizeiärztliche Gutachten ging von einem Unfall aus, die eigenartigen Umstände des Todes eines Abweichlers gaben Anlaß zu vielen Spekulationen.

▸ Nitsche, Gustav (* 1892 – † 1966)

Geboren am 27. April 1892 in Greppin/Krs. Bitterfeld, Sohn eines Fabrikarbeiters; Lehre und Arbeit als Maschinenschlosser, 1911 Mitglied der SPD. Nach seinem Militärdienst arbeitete Nitsche bis April 1933 als Schlosser bei der A.G. für Anilinfabrikation in Wolfen. Bis 1931 war er Mitglied des dortigen Betriebs- und Arbeiterrates. Er trat 1918 der USPD bei und wurde im Dezember 1920 Mitglied der KPD. Zeitweilig Polleiter der Ortsgruppe Greppin, Mitglied der UBL Bitterfeld und der BL Halle-Merseburg. Ab Mai 1924 Gemeindevertreter in Greppin, 1929 Abgeordneter des Kreistages Bitterfeld. Er wurde 1930 aus dem DMV ausgeschlossen und trat in die RGO ein. Als »Vertreter der mitteldeutschen chemischen Betriebsarbeiter« Delegierter des XII. KPD-Parteitags 1929 in Berlin-Wedding, dort wurde Nitsche als Mitglied in das ZK gewählt, dem er bis 1931 angehörte. Die Gründe für Nitsches Ausscheiden aus dem ZK und der KPD sind unbekannt. In einer Aufstellung der KPD-Führung über das Schicksal der ZK-Mitglieder steht bei Nitsche nur der Zusatz »1931 aus der Partei ausgeschlossen«. Am 6. Mai 1933 wurde er verhaftet und saß bis 29. April 1934 in »Schutzhaft« im KZ Lichtenburg bei Torgau, stand dann bis 1940 unter Polizeiaufsicht. Nitsche wurde Notstandsarbeiter bzw. Schlosser im Kraftwerk Bitterfeld. Ende April 1945 von der amerikanischen Militärkommandantur als Bürgermeister von Greppin eingesetzt, behielt er diese Funktion bis 1950. Anschließend erneut Schlosser in der Farbenfabrik Wolfen, seit 1946 Mitglied der SED. Gustav Nitsche starb am 9. April 1966.

▸ Nixdorf, Kurt (* 1903 – † 1937)

Geboren am 30. November 1903 in Breslau. Nach dem Gymnasium Studium an der staatswissenschaftlichen Fakultät der Universität Breslau. 1919 Mitglied der USPD, 1920 der KPD. Von 1920 bis 1922 hauptamtlicher Funktionär im Bezirk Schlesien, bis 1927 Sekretär der Gewerkschaftsabteilung, Kursuslehrer und Mitglied der Redaktion der Schlesischen »Arbeiter-Zeitung«. Durch seine historischen Recherchen in schlesischen Archiven bekam er enge Kontakte zum Moskauer Marx-Engels-Institut. Ende 1927 reiste er in die Sowjetunion und wurde 1928 Mitglied der KPdSU. Von 1928 bis 1931 Mitarbeiter der Marx-Engels-Abteilung am gleichnamigen Institut in Moskau. 1929 als Versöhnler angegriffen. Nach der Säuberung des Instituts abgeschoben, Dozent am Pädagogischen Institut für Neue Sprachen. Von 1931 bis 1933 war er stellvertretender Wirtschaftsredakteur der »Moskauer Rundschau«. Am 3. Februar 1935 vom NKWD verhaftet und am 20. Juni 1935 zu fünf Jahren Lagerhaft verurteilt. Nixdorf verbüßte die Strafe in der 3. Schweinefarm der Nowo-Iwanokowsker Filiale des Gulag. Sein Gesuch an den VII. Weltkongreß der Komintern 1935 um Wiederaufnahme in die KPdSU wurde am 23. September 1935 von der IKK abgelehnt. Kurt Nixdorf wurde am 14. September 1937 vom MKOG zum Tode verurteilt und am gleichen Tag auf dem Donskoje-Friedhof erschossen, erst am 30. November 1989 durch sowjetische Behörden posthum rehabilitiert.

▸ Noack, Georg (* 1904 – † 1975)

Geboren am 4. September 1904 in Berlin, Sohn eines Maurers; lernte Rabitzspanner. Über seinen Lebenslauf hieß es 1929 in einem Gutachten des Bezirksjugendamts Berlin-Lichtenberg, Noacks Kindheit und Jugend »waren nicht gerade rosig zu nennen. Der Vater war 1915 im Felde gefallen und so mußte N. beizeiten mithelfen, die Mutter zu unterstützen. In der Zeit von Ostern 1918 bis 1925 hat N. in den verschiedensten Betrieben als Arbeitsbursche gearbeitet, um dann im Jahre 1925 in einer einjährigen Lehrzeit den Beruf des Rabitzspanners zu erlernen ... N. ist Epileptiker, jedoch zeigen sich die Anfälle immer seltener und nur als Folge von Aufregungen ... Er raucht nicht, meidet jeden Alkohol und überhaupt alles, was sein Leiden verschlimmern könnte. N. ist ganz intelligent, geweckt und strebsam.« 1925 wurde er Mitglied der Roten Jungfront, 1927 der KPD. Im Juni 1927 Agitpropleiter, später Polleiter des KPD-Verwaltungsbezirks Berlin-Lichtenberg. Ab September 1929 Orgleiter der KJVD-BL Berlin-Brandenburg, 1930 Polsekretär im Ruhrgebiet. Noack kam im Juli 1931 nach Moskau, war dort bis Oktober 1932 Mitarbeiter der KJI und zugleich Jugendsekretär bei der RGI. Ins ZK des KJVD kooptiert, nahm er als KJVD-Vertreter 1931 und 1932 an den Kongressen der KJI in Moskau teil. Ende 1932 zurückgekehrt, ab Februar 1933 illegaler Instrukteur der Berliner BL, von April bis Juni 1934 Orgleiter der KPD in Lichtenberg. Noack wurde am 19. Juni 1934 von der Gestapo verhaftet und am 6. September 1935 vom VGH zu sechs Jahren Zuchthaus verurteilt. Nach der Haft im Zuchthaus Luckau noch bis Mai 1945 in den KZs Esterwegen und Aschendorfer Moor. 1945 Angestellter im Bezirksamt Berlin-Lichtenberg, 1947/48 2. Sekretär der SED Lichtenberg, später Magistratsdirektor für Personal im Ostberliner Magistrat, ab 1952 Arbeitsdirektor im VEB Gasversorgung in Ost-Berlin. Georg Noack starb am 18. August 1975.

▸ Noffke, Ernst, Dr. phil. (* 1903 – † 1973)

Geboren am 11. Dezember 1903 in Hamburg, Sohn eines Bekleidungsarbeiters. Er besuchte von 1918 bis 1924 das Lehrerseminar und studierte von 1925 bis 1929 Volkswirtschaft an der Universität Hamburg. 1931/32 setzte Noffke sein Studium in Berlin fort und promovierte 1932 zum Dr. phil. Seit 1921 Mitglied der SPD, schloß er sich 1923 der KPD an. Er war bis 1929 Lehrer in Hamburg, dort 1929 Mitglied der KPD-BL Wasserkante, ab 1930 hauptamtlich im Apparat der BL. Bis April 1931 Leiter des Verlages der »Hamburger Volkszeitung«, anschließend Lehrer und Leiter der Reichsparteischule in Berlin-Fichtenau. Ende 1932 setzte ihn das Polbüro als Nachfolger ▸ Alexander Emels als Leiter der Abteilung Propaganda des ZK ein, zusätzlich mußte er die Informationsabteilung führen. Nach dem Reichstagsbrand wirkte Noffke im März und April 1933 als ZK-Instrukteur für die BL Ruhr und die BL Mittelrhein. Nach einer kurzzeitigen Verhaftung Mitte Mai 1933 lebte er bis 15. Juli 1933 illegal in Berlin, dann emigrierte er über Danzig, die Niederlande, Österreich und die Tschechoslowakei in die Sowjetunion. Dort 1934/35 Angestellter bei der VAA in Moskau, anschließend Redakteur am Verlag für fremdsprachige Literatur. Noffke geriet 1937 in die stalinistischen Säuberungen und war zeitweilig inhaftiert. 1941/42 wieder als Redakteur und Übersetzer tätig, anschließend politischer Mitarbeiter am Institut 99. Bis zu seiner Rückkehr im Januar 1952 nach Deutschland erneut Redakteur im Verlag für fremdsprachige Literatur. Mitglied der SED, begann Noffke im Februar 1952 als Sektorleiter, später Abteilungsleiter am IML. 1960 Redakteur beim Presseamt des DDR-Ministerrates, ab 1965 wissenschaftlicher Mitarbeiter an der Hochschule für Ökonomie in Berlin-Karlshorst. Er erhielt 1968 den VVO in Silber. Ernst Noffke starb am 16. November 1973 in Ost-Berlin.

Er war in erster Ehe mit der deutschen Kommunistin **Else Noffke**, geb. Jandera (* 29. 6. 1905), verheiratet, die 1943 im Auftrag der GRU mit dem Fallschirm über Deutschland absprang, von der Gestapo gefaßt wurde und im KZ Ravensbrück umkam. Noffkes aus zweiter Ehe stammende Tochter Inga drehte 1998 den Dokumentarfilm »Wir Kommunistenkinder«. In Form eines fiktiven Dialogs mit ihrem Vater Ernst Noffke rekonstruierte sie seinen Lebensweg aus Tagebüchern und Briefen sowie seiner Komintern-Akte im Moskauer Archiv.

▸ Noll, Alfred (* 1896 – † 1985)

Geboren am 19. April 1896 in Porta Westfalica, Sohn eines Glasmachers; lernte Köbelmacher (Glaser) in Hildburghausen und arbeitete anschließend bei Schott in Jena. Später legte er in diesem Beruf die Meisterprüfung ab. 1914 Mitglied der SPD. Während des Krieges Soldat. 1918 Mitglied der USPD, mit der linken USPD zur KPD. Zunächst Notstandsarbeiter, ab 1920 wieder bei Schott, wo er dem Betriebsrat angehörte. Später beschäftigt bei Zeiss in Jena, leitete dort die KPD-Betriebszelle und gehörte dem Betriebsrat an. Im Winter 1921/22 nahm Noll an der ersten Reichsparteischule der KPD teil. Von 1922 bis 1932 Mitglied der BL Thüringen, 1926 Sekretär für Agitprop. Auf dem XI. Essener Parteitag 1927 (als Betriebsarbeiter) zum Kandidaten des ZK gewählt, ebenso auf dem XII. Weddinger Parteitag 1929. Während der Auseinandersetzungen 1928/29 zwischen Rechten und ZK-Anhängern gehörte Noll zu den ZK-treuen Mitgliedern, im Herbst 1928 vom ZK als hauptamtlicher Orgleiter der BL Großthüringen eingesetzt. Er übte diese Funktion bis Februar 1932 aus, wurde dann von Polleiter ▸ Walter Duddins entlassen. Ab 1932 Sekretär des kommunistischen Freidenkerverbandes Großthüringen, übernahm im Februar 1933 illegal die Leitung des Verbandes in Berlin. Es wurde das Gerücht verbreitet, Noll sei ermordet worden. Tatsächlich kam er im September 1935 nach Moskau, wo er bis 1937 Internationaler Sekretär im Zentralrat des Gottlosen-Verbandes, dann 1937/38 Journalist in Moskau war. Im Februar 1938 nach Stockholm entsandt, blieb er bis Februar 1946 als Emigrant in Schweden, Druckereiarbeiter. Anfang 1946 kam Noll in die SBZ, Abteilungsleiter für Sozialpolitik in Thüringen, 1947 Sekretär im FDGB-LV Thüringen. 1949/50 Leiter für Arbeit und Sozialwesen im SED-Landesvorstand, dann bei der Volkssolidarität in Thüringen. Später Abteilungsleiter in der MfS-Bezirksdienststelle Erfurt. Wegen »moralischer Vergehen« entlassen, dann von 1956 bis 1960 Kulturleiter des FDGB-Feriendienstes in Stadtroda. Zuletzt Leiter der Bildungsstätte der SED-Stadtleitung Jena, er erhielt 1981 den Karl-Marx-Orden. Alfred Noll starb am 7. August 1985 in Erfurt.

▸ Norden, Albert (* 1904 – † 1982)

Als Sohn des Rabbiners Dr. Joseph Norden (* 1870 – † 1942), der als Opfer der Hitler-Diktatur im KZ Theresienstadt ums Leben kam, und seiner Frau Emelie Norden (* 1876 – † 1931) am 4. Dezember 1904 in Myslowitz/Krs. Kattowitz geboren. Verlebte seine Jugend in Elberfeld, wohin sein Vater als Gemeinderabbiner berufen war, besuchte dort von 1911 bis 1920 das Realgymnasium. 1919 Mitglied der FSJ und 1921 der KPD. 1921 Herausgeber der »Rundbriefe der radikalsozialistischen jüdischen Jugend«. Norden begann eine Schreinerlehre. Er trat 1923 (nach dem Besuch der KPD-Parteischule in Jena) als Volontär bei der KPD-Zeitung »Freiheit« in Düsseldorf ein und wurde dann Chefredakteur der »Roten Fahne des Westens« in Remscheid. 1923/24 ein halbes Jahr inhaftiert, danach stellvertretender Chefredakteur des »Klassenkampfes« in Halle. Ab Juni 1925 Redakteur der »Hamburger Volkszeitung«, dann bis 1928 stellvertretender Chefredakteur der HVZ bzw. Redakteur an der »Arbeiterzeitung« in Bremen. Norden gehörte (als Konny in der Partei tätig) zu den Ultralinken, trennte sich aber 1926 von ihnen. Ab Herbst 1928 politischer Redakteur der »Roten Fahne« in Berlin, löste er im Juni 1930 ▸ Alexander Abusch als Chefredakteur des »Ruhr-Echos« in Essen ab. Im April 1931 wieder zur »Roten Fahne« zurück, blieb er bis Anfang 1933 stellvertretender Chefredakteur des Zentralorgans. Als Anhänger ▸ Heinz Neumanns im Herbst 1932 kritisiert, aber weiterhin Redakteur der »Roten Fahne«.

Ende April 1933 emigrierte er nach Dänemark und übernahm in Kopenhagen die Chefredaktion der Zeitschrift »Die antifaschistische Front«, danach Sekretär des »Aktionsausschusses deutscher Oppositioneller« und Redakteur bei der von der Komintern in Paris herausgegebenen Zeitung »Weltfront«. Von 1935 bis 1938 in Basel und Prag Redakteur der Komintern-Zeitschrift »Rundschau«. 1938/39 Mitglied der KPD-Leitung in Paris, Anfang 1940 interniert. Im Juni Flucht nach Toulouse, lebte illegal und konnte im Mai 1941 auf einem französischen Schiff nach Mexiko entkommen. Von dort gelangte Norden in die USA und arbeitete bis 1945 in einer Fabrik für Radioteile in Brooklyn bzw. in einer Fabrik für die Herstellung von Industriediamanten in Manhattan. Er war Mitglied des »Rates für ein demokratisches Deutschland« und Herausgeber des Bulletins »Germany today«. Norden hatte 1940 die in Frankreich internierte Herta Fischer (* 19. 2. 1908 – † 8. 8. 1990) geheiratet, mit ihr und dem im Oktober 1942 geborenen Sohn Johnny reiste er im August 1946 auf dem sowjetischen Schiff »Nikolajew« nach Odessa und kam über Moskau nach Deutschland. Norden wurde Redakteur des »Vorwärts«, der Berliner Abendzeitung der SED, im Juli 1947 Pressechef der Deutschen Wirtschaftskommission, Anfang 1948 Chefredakteur der Zeitschrift »Deutschlands Stimme«. Im Oktober 1949 holte ihn ▸ Gerhart Eisler in das Amt für Information, hier Leiter der Hauptabteilung Presse.

Im Zusammenhang mit den Auswirkungen des Slánský-Prozesses Ende 1952 als Westemigrant und Jude sowie früherer Abweichler gefährdet, wurde Norden in den Hintergrund gedrängt. Am 1. Dezember 1952 zum Professor für Geschichte der Neuzeit ernannt, erhielt er im Frühjahr 1953 einen Lehrauftrag an der Humboldt-Universität. Im Januar 1954 begann seine erneute politische Karriere: Er wurde Sekretär des Ausschusses für deutsche Einheit. Im April 1955 ins ZK der SED kooptiert, Sekretär des ZK der SED. Seit dem V. Parteitag der SED 1958 Mitglied des ZK und des Politbüros sowie des Sekretariats der SED. Damit gehörte Norden bis 1971 zu den Spitzenfunktionären der Partei und war sowohl für die Agitation als auch vor allem für die Westarbeit der SED verantwortlich. Den Brief der Mitglieder des Politbüros 1971 an Breshnew mit der Bitte um Unterstützung bei der Ablösung ▸ Walter Ulbrichts hat Norden nicht unterschrieben. Auch unter Honecker blieb er protokollarisch im Spitzengremium, geriet aber mehr und mehr ins »Abseits«. Bei ihm wurde eine fortschreitende Parkinsonsche Krankheit diagnostiziert, auf dem X. SED-Parteitag 1981 kam er nicht mehr ins Politbüro. Norden veröffentlichte zahlreiche Bücher und Broschüren, u. a. »Um die deutsche Nation« (1952), »Zwischen Berlin und Moskau« (1954), »Fälscher« (1959). Eine zweibändige Auswahl seiner Schriften »Die Nation und wir« kam 1964 heraus, eine weitere Auswahl 1974 (Fünf Jahrzehnte im Dienst seiner Klasse). Er erhielt 1969 und 1981 den Karl-Marx-Orden. Albert Norden starb am 30. Mai 1982 in Ost-Berlin. Eine Biographie von Norbert Podewin »Albert Norden. Der Rabbinersohn im Politbüro« erschien 2001.

▸ Nuding, Hermann (* 1902 – † 1966)

Geboren am 3. Juli 1902 im württembergischen Ober-Urbach, Sohn einer Arbeiterfamilie; Lehre und Arbeit als Weißgerber. 1919 Mitglied der

FSJ und der KPD. Nuding gehörte bis 1926 der KJVD-BL Württemberg an. Im Auftrag der IAH reiste er 1923 als Instrukteur in die USA. Nach seiner Rückkehr 1925 Polleiter des KJVD in Württemberg und Mitglied der dortigen KPD-BL, sowie Mitglied des ZK des KJVD. 1927/28 Kursant an der Internationalen Leninschule in Moskau, danach Polleiter des KPD-UB Hagen, von Mai bis Dezember 1929 Instrukteur des ZK in Oberschlesien, anschließend Polleiter des UB Chemnitz. Nach längerer Krankheit im Oktober 1931 Agitpropsekretär der Reichsleitung des »Verbandes der proletarischen Freidenker«. Unter ▸ Walter Ulbricht war Nuding von Mai bis Dezember 1932 Orgleiter der BL Berlin-Brandenburg, Ende 1932 bis zum Reichstagsbrand Leiter der Orgabteilung des ZK. Am 28. Februar 1933 verhaftet, blieb er bis Anfang Juli 1934 in »Schutzhaft«, dann Emigration in die ČSR, anschließend in die Sowjetunion. Im EKKI tätig und von 1935 bis 1938 Mitarbeiter des ZK der KPD für Kader und Abwehrfragen, nach Ablösung ▸ Hans Kippenbergers für die Überprüfung des AM-Apparates zuständig. Unter dem Parteinamen Claus Degen 1935 Teilnehmer der »Brüsseler Konferenz« der KPD, 1935/36 instruierte er von Zürich aus die illegale KPD in Württemberg. Das Politbüro beschloß am 28. Februar 1937, Nuding habe ▸ Leo Flieg im Auslandssekretariat des ZK der KPD in Paris abzulösen. Diese Tätigkeit mußte Nuding bereits Ende 1938 aufgeben, denn wegen »schwerwiegender Wachsamkeitsvergehen« wurde er sämtlicher Funktionen entbunden. 1939/40 im Lager Gurs interniert, Landarbeiter in Südfrankreich. Unter dem Namen Jean Bauer beteiligte sich Nuding an illegaler Arbeit der Résistance und der Bewegung »Freies Deutschland«.
1945 wurde Nuding 2. Vorsitzender der KPD Württemberg, später Baden-Württemberg. Er war von April 1948 bis Juli 1950 Mitglied des Sekretariats des PV der KPD (verantwortlich für Arbeit und Soziales), bis 1950 Abgeordneter des Landtags Baden-Württemberg und wurde im September 1949 in den Deutschen Bundestag gewählt. Auf dem III. Parteitag der SED im Juli 1950 von ▸ Wilhelm Pieck öffentlich kritisiert, wurde Nuding »schwerer opportunistischer Fehler« (u. a. versöhnlerisches Verhalten gegenüber ▸ Kurt Müller, Ablehnung der Arbeitsgemeinschaft SED-KPD usw.) bezichtigt. Die Empfehlung der PKK, ihn wegen »parteischädigenden Verhaltens« aus der KPD auszuschließen, wurde aber vom Sekretariat abgelehnt. Im Oktober 1950 schwer erkrankt, widersetzte er sich der dringenden »Empfehlung« auf Übersiedlung in die DDR und zog sich aus der aktiven politischen Arbeit zurück. Hermann Nuding starb am 31. Dezember 1966 in Stuttgart.
Er war von 1923 bis 1947 mit **Paula Kopp** (* 1902 – † 1980), spätere Paula Rueß, verheiratet, einer bekannten württembergischen Kommunistin. Sie war 1923 Redakteurin der »Süddeutschen Arbeiterzeitung« in Stuttgart, später u. a. Kurier zwischen dem KJVD und der KJI. Nach 1933 im Auslandssekretariat des ZK in Frankreich, im Januar 1940 verhaftet, schloß sie sich der Résistance an. Am 1. November 1943 in Paris festgenommen, schwer gefoltert und kam in das KZ Ravensbrück. 1945 Frauensekretärin des DGB Heidelberg, später aktive Arbeit für die KPD/DKP und die VVN.

O

▸ Obendiek, Wilhelm (* 1885 – † 1955)

Geboren am 3. Mai 1885 in Lage/Lippe, Sohn eines Bahnarbeiters; Zigarrenmacher, bis 1919 in diesem Beruf tätig. 1910 Mitglied der SPD, Vorsitzender des Gewerkschaftskartells und Funktionär der SPD in Pasewalk. Obendiek übersiedelte während des Krieges nach Stettin, war im April 1919 Delegierter zum 2. Reichsrätekongreß und gehörte der SPD-Fraktion an. Mitte 1919 wechselte er zur USPD, im Dezember 1920 zur VKPD. Von 1919 bis 1925 Abgeordneter des Provinziallandtags Pommern. Ab 1921 war er Parteisekretär des KPD-Bezirks Pommern in Stettin, gehörte zu den Linken. Auf dem VII. Jenaer Parteitag 1921 für Pommern in den ZA berufen. Im Mai sowie im Dezember 1924 im Wahlkreis Pommern in den Reichstag gewählt. 1925 trat Obendiek von der Funktion als Polleiter in Pommern zurück, war aber weiterhin Sekretär der KPD. Anhänger der linken Opposition, er protestierte im März 1927 gegen den Ausschluß von ▸ Anton Grylewicz, ▸ Paul Schlecht u. a. und opponierte im August zusammen mit ▸ Karl Vierrath und ▸ Hans Bohla gegen den Ausschluß von ▸ Georg Kenzler und ▸ Jakob Ritter. Er bekam dafür eine Parteirüge, doch während Vierrath und Bohla die KPD verließen, blieb Obendiek in der Partei. Er ging nicht zu den linken Kommunisten, obwohl diese darauf gehofft hatten, denn mit Hilfe seines Mandates hätten sie im Reichstag Fraktionsstärke erlangt. Anfang 1928 brach Obendiek seine Beziehungen zur linken Opposition ab, verurteilte sie und wurde daraufhin für die KPD 1928 in den Preußischen Landtag gewählt, dem er bis April 1932 angehörte. Im Januar 1929 trat er jedoch aus der KPD aus, blieb zunächst fraktionslos und wurde im April 1929 Mitglied der SPD. 1933 kurze Zeit inhaftiert. Nach der Freilassung führte er in Pommern sein Zigarrengeschäft weiter, das er schon vor 1933 eröffnet hatte. Obendiek trat 1945 in Mecklenburg wieder der SPD bei und kam durch die Vereinigung in die SED. 1947 übersiedelte er nach Schierke/Harz, wo er als Gemeindevorsteher und ab 1948 als Bürgermeister fungierte. Er arbeitete eng mit dem Ministerium für Staatssicherheit zusammen und war für Regierungsmitglieder sowie Präsident ▸ Wilhelm Pieck verantwortlich, wenn diese ihren Urlaub in Schierke verbrachten. Bis 1952 Bürgermeister, dann Parteiveteran. Wilhelm Obendiek starb am 13. Februar 1955 in Schierke.

▸ Oberdörster, Ernst (* 1888 – † 1972)

Geboren am 6. April 1888 in Leichlingen/Krs. Solingen, Sohn eines sozialdemokratischen Arbeiters; lernte Lackierer. 1910 Mitglied der SPD. Soldat im Krieg, 1916 Übertritt zur USPD und mit deren linkem Flügel 1920 zur KPD. Von 1920 bis 1922 Sekretär der Freien Gewerkschaften in Solingen. Als Kommunist entlassen, arbeitete er dann als Lackierer bei der Reichsbahn in Opladen, wo er von 1919 bis 1926 Stadtverordneter war. 1922 Delegierter des IV. Weltkongresses der Komintern. Mitte 1923 als hauptamtlicher Funktionär Orgleiter des Bezirks Niederrhein. Oberdörster gehörte zur Mittelgruppe, blieb aber auch 1924 in seiner Funktion und schloß sich dann den Linken an. Von 1924 bis 1927 Abgeordneter des Rheinischen Provinziallandtages, bis

1926 Orgleiter für den Bezirk Niederrhein in Düsseldorf. 1927 Kursant der Internationalen Leninschule in Moskau. Nach seiner Rückkehr zog er 1928 als Abgeordneter in den Preußischen Landtag ein. Sekretär in Düsseldorf, ab 1929 Mitarbeiter des ZK (Sozialpolitische Abteilung) in Berlin. 1932 Reichsleiter der IAH, aber nicht mehr in den Landtag gewählt. Oberdörster wurde am 28. Februar 1933 während einer Versammlungstour in Ost-Thüringen in Greiz verhaftet. Er blieb bis zum 1. September 1934 im KZ und war dann bis 1937 erwerbslos. 1937 erneut festgenommen, wurde aber bald wieder freigelassen, da nach einer Anweisung der Berliner an die Düsseldorfer Gestapo nichts gegen ihn unternommen werden sollte (»die Stapo Berlin ist über O. genauestens unterrichtet«). Am 28. Juni 1944 wurde Oberdörster zur Wehrmacht eingezogen, er desertierte Ende April 1945 und kam am 2. Mai noch kurzzeitig in sowjetische Kriegsgefangenschaft. 1945/46 Referent im ZK der KPD bzw. SED für Ernährungsfragen. Anschließend in der Konsumgenossenschaft Berlin beschäftigt, ab 1954 Angestellter beim VE Versorgungs- und Lagerungskontor der Lebensmittelindustrie – Pflanzliche Erzeugnisse. Politische Bedeutung erlangte er nicht mehr. Ernst Oberdörster starb am 19. September 1972 in Ost-Berlin.

Sein Sohn **Friedrich Oberdörster** (* 22. 12. 1915 – † 8. 3. 1984) war Mitglied des KJVD, nach 1945 studierte und promovierte er, ab 1956 Leiter der Verwaltung Medizinische Dienste im Ministerium des Innern. Später als Dozent und Professor für Medizinische Epidemiologie an der Humboldt-Universität, 1970 Direktor des Staatlichen Kontrollinstituts für Seren und Impfstoffe. 1973 wurde Friedrich Oberförster als international anerkannter Mikrobiologe und Hygieniker Präsident der Gesellschaft für die gesamte Hygiene der DDR.

▸ Obuch, Gerhard (* 1884 – † 1960)

Geboren als Sohn eines Justizrates und einer adligen Mutter am 14. März 1884 in Lauenburg/Pommern, besuchte das humanistische Gymnasium und studierte an den Universitäten Königsberg, Berlin und Leipzig Jura und Sozialwissenschaften. 1906 Mitglied der SPD. Er ließ sich 1912 als Rechtsanwalt in Düsseldorf nieder. 1914 Heirat und Übersiedlung nach Berlin. Als Gegner der Kriegskreditbewilligung geriet er in Opposition zur SPD und schloß sich 1917 der USPD an. Während des Krieges arbeitete Obuch ein Jahr lang bei der deutschen Verwaltung Ober-Ost. Nach der Revolution 1918 Mitglied des Reichsausschusses des zentralen Vollzugsrates der Arbeiter- und Soldatenräte in Berlin. Im Januar 1919 für die USPD in die Preußische Landesversammlung gewählt. Auf dem USPD-Parteitag im März 1919 Vertreter und Sprecher des linken Flügels, Vertrauter Georg Ledebours. 1921 Abgeordneter des Preußischen Landtags, dem er ununterbrochen bis 1933 angehörte. Bei der Spaltung der USPD blieb Obuch zunächst – als Gegner des Anschlusses an die Komintern – bei der USPD. Als sich die USPD 1922 mit der SPD verschmolz, stemmte er sich gemeinsam mit Ledebour gegen diese Vereinigung. Obuch trat 1922 zur KPD über. Nach 1923 aktiv in der Roten Hilfe tätig und Mitglied der Juristischen Zentralstelle der KPD. Zusammen mit seinem Associé ▸ Hermann Horstmann (der Opfer der Stalinschen Säuberung wurde) machte er sich vor allem als Verteidiger kommunistischer Angeklagter einen Namen. 1933 verhaftet und bis Ende

1933 im KZ Sonneburg. Weihnachten 1933 entlassen, mußte er als Arbeitslosenfürsorge-Empfänger im Straßenbau arbeiten. 1935 konnte er in einem Umschulungskurs Buchhaltung lernen und ab 1936 als Buchhalter tätig sein. In den NS-Juristenbund wurde er nicht aufgenommen, so daß er nicht als Rechtsanwalt praktizieren durfte. 1938 hatte sein Bemühen, Rechtsberater in der Industrie zu werden, Erfolg. Politisch trat er nicht mehr hervor. Nach 1945 lebte er in Westdeutschland, war politisch nicht mehr aktiv. Gerhard Obuch starb am 17. Februar 1960 in Rauenthal im Rheingau.

▸ Oelßner, Alfred (* 1879 – † 1962)

Geboren am 30. August 1879 in Greiz als ältester Sohn eines Buchbindermeisters; lernte Buchbinder, von 1897 bis 1900 Wanderschaft. Im Januar 1902 trat er in die SPD ein, besuchte 1906 die Parteischule der SPD. Ab 1910 Expedient beim sozialdemokratischen »Volksboten« und Leiter der Parteibuchhandlung in Weißenfels, anschließend hauptamtlicher Sekretär der SPD in Weißenfels. Von 1914 bis 1917 Armierungssoldat, 1917 Vorsitzender des Gewerkschaftskartells in Weißenfels und Übertritt zur USPD, 1919/20 Sekretär der USPD in Weißenfels. Dort in der Revolution 1918 Vorsitzender des Arbeiter- und Soldatenrates. Oelßner nahm an beiden Reichsrätekongressen teil. 1920 Delegierter des Spaltungsparteitags, ging mit der linken USPD zur KPD. Anfang 1921 KPD-Sekretär im Bezirk Halle-Merseburg. Nach der März-Aktion 1921 polizeilich gesucht, bis 1923 Bezirkssekretär der KPD für Schlesien und Oberschlesien. Auf dem VIII. Parteitag 1923 in die Beschwerde- und Orgkommission und für Schlesien in den ZA gewählt. Am 18. Juni 1924 vom Reichsgericht zu fünf Jahren Zuchthaus verurteilt, die er im Zentralgefängnis Cottbus verbüßte. 1925 aufgrund der »Hindenburg-Amnestie« vorzeitig entlassen, danach in der Orgabteilung des ZK tätig. Oelßner wurde 1925 Vorsitzender des Parteischiedsgerichts und war aktiv am Kampf gegen die linke und später die rechte Opposition beteiligt. 1928 Bundeskassierer des RFB, von 1929 bis 1932 Leiter des Versandhauses »Arbeiterkult« und der »Proletarischen Schallplattenzentrale« in Berlin, 1932/33 Reichskassierer des Kampfbundes gegen den Faschismus. Nach 1933 zunächst als Anlaufstelle für Instrukteure des ZK der KPD tätig, zog er sich von aktiver illegaler Arbeit zurück und blieb bis 1945 Buchbinder in Berlin. 1945 trat Alfred Oelßner wieder der KPD bei, wurde im Juni 1945 von ▸ Walter Ulbricht als Kassierer des ZK der KPD eingesetzt und war von April 1946 bis Juli 1950 Hauptkassierer der SED. Auf dem III. Parteitag der SED 1950 zum Vorsitzenden der Zentralen Revisionskommission gewählt, er blieb bis März 1954 in dieser Funktion, danach Parteiveteran, erhielt 1959 den Karl-Marx-Orden. Alfred Oelßner starb am 13. Juni 1962 in Ost-Berlin.

Sein Sohn **Fred Oelßner** (* 27. 2. 1903), bis 1921 Leiter der Sozialistischen Proletarierjugend bzw. der KJD in Halle-Merseburg, trat 1920 in die KPD ein. Ab 1921 Volontär, dann Redakteur kommunistischer Zeitungen. Im Dezember 1923 verhaftet und im September 1924 vom Reichsgericht wegen »Vorbereitung zum Hochverrat« zu einem Jahr Gefängnis verurteilt, saß er bis 1925 im Zentralgefängnis Cottbus. 1925/26 Redakteur in Remscheid und Aachen, von 1926 bis 1929 Kursant an der Internationalen Leninschule, anschließend war Fred Oelßner am Institut der Roten Professur in Moskau. 1932/33 Mitarbeiter der Agitpropabteilung des ZK der KPD in Berlin. Er emigrierte im Dezember 1933 nach Paris, im März 1935 nach Moskau, dort Lektor an der Internationalen Leninschule. Anfang Oktober 1936 wegen »ideologischer Abweichung« entlassen, war er von 1936 bis 1938 Übersetzer, anschließend Arbeiter in einer Moskauer Papierfabrik, ab 1941 Leiter der Deutschland-Abteilung des Moskauer Rundfunks. Im Mai 1945 als Mitglied der Gruppe um ▸ Anton Ackermann Rückkehr nach Deutschland, Leiter der Agitpropabteilung des ZK der KPD, ab 1946 Leiter der Abteilung Parteischulung des SED-PV. 1947 Mitglied des PV, dann bis 1958 Mitglied des ZK. 1949 bzw. 1950 als Vertrauter Ulbrichts in das Sekretariat und das Politbüro berufen, galt er eine Zeitlang als »Chefideologe der SED«. Oelßner sympathisierte nach dem XX. Parteitag der KPdSU mit ▸ Karl Schirdewan und ▸ Ernst Wollweber, die Ulbricht absetzen wollten, er wurde deshalb im Februar 1958 wegen »wiederholter Verletzung der Disziplin des Politbüros« aus dem obersten Machtzirkel ausgeschlossen und auf dem folgenden V. Parteitag der SED nicht wieder in das ZK gewählt. Er erhielt 1973 den Karl-Marx-Orden. Fred Oelßner starb am 7. November 1977.

▸ Oettinghaus, Walter (* 1883 – † 1950)

Geboren am 26. Februar 1883 in Gevelsberg/Westfalen, Metallarbeiter, trat 1901 in die SPD ein. 1905 zunächst ehrenamtlich, ab 1910 hauptamtlicher Geschäftsführer des DMV in Gevelsberg. Oettinghaus wurde 1910 Gemeindevertreter in Milpse sowie Abgeordneter des Provinziallandtages Westfalen. Kurzfristig Soldat im Weltkrieg, ging er 1917 zur USPD. Während der Novemberrevolution war er Volkskommissar des Kreises Hagen-Schwelm und Mitglied des Arbeiter- und Soldatenrates Milpse. Nach dem Kapp-Putsch gehörte Oettinghaus zur politischen Leitung der Roten Ruhrarmee. Im Juni 1920 im Wahlkreis Westfalen-Süd in den Reichstag gewählt, dem er bis 1924 zunächst als USPD-, ab 1922 als SPD-Abgeordneter angehörte. Vorsitzender der SPD-Kreisorganisation Schwelm, wurde im September 1930 erneut im Wahlkreis Westfalen-Süd in den Reichstag gewählt. Er stand auf dem linken Flügel der SPD, zählte zu den Kritikern der Tolerierungspolitik der SPD gegenüber der Brüning-Regierung. Im März 1931 stimmte er mit acht anderen SPD-MdR gegen den Marine-Etat und damit gegen den Bau des Panzerkreuzers A. Im Juni 1931 auf dem Parteitag in Leipzig Kandidat der Linksopposition für den SPD-Parteivorstand, aber nicht gewählt. Am 28. September 1931 erklärte Oettinghaus trotz seiner Kritik an deren RGO-Gewerkschaftspolitik demonstrativ seinen Übertritt zur KPD, um die Gründung der SAP zu verhindern. Im Oktober aus dem DMV ausgeschlossen, soll er später in der RGO-Reichsleitung gewirkt haben. Im Juli und November 1932 im Wahlkreis Westfalen-Süd nun für die KPD in den Reichstag gewählt. In der Nacht des Reichstagsbrandes ging Oettinghaus in die Illegalität und flüchtete im Mai zunächst in die Niederlande, später nach Frankreich. Er war im »Koordinationsausschuß deutscher Gewerkschafter« und arbeitete eng mit ▸ Willi Münzenberg zusammen. Nach Kritik an den Moskauer Prozessen und am Hitler-Stalin-Pakt wurde Oettinghaus aus der KPD ausgeschlossen. 1940 zeitweilig interniert, entkam er 1941 einem deutschen Auslieferungsersuchen über Algier nach Mexiko. Er erlitt einen Schlaganfall, übersiedelte in die USA und kehrte 1948 schwerkrank nach Deutschland zurück, war aber noch in der Gewerkschaft aktiv. Walter Oettinghaus starb am 17. September 1950 in Ennepetal.

▸ Ohnsmann, Gustav (* 1881 – † 1924)

Geboren am 16. Dezember 1881, lernte Schlosser. Er trat 1904 der SPD bei und wurde vor dem Weltkrieg Gewerkschaftsangestellter in Esslingen. Im Krieg war er in der Spartakusgruppe aktiv, seit 1919 in der KPD. Ohnsmann war Delegierter auf dem 1. Kongreß der Arbeiter- und Soldatenräte in Berlin. Er stand auf dem rechten Flügel der KPD, wurde aber als bekannter Gewerkschafter im Mai 1924 für die Partei als Abgeordneter in den Württembergischen Landtag gewählt. Gustav Ohnsmann starb bereits am 26. Oktober 1924 in Stuttgart.

▸ Olbrysch, Karl (* 1902 – † 1940)

Geboren am 24. November 1902 in Essen-Katernberg, Sohn eines Arbeiters, wurde streng religiös erzogen, Bergmann. 1921 Mitglied der KPD, 1925 hauptamtlicher Sekretär der Roten Jungfront (RJ) in Berlin, 1926 Vorsitzender der RJ im Reich. 1927 Mitglied der KPD-BL Berlin-Brandenburg und Gauführer des RFB in Berlin, 1928 Sekretär der Reichsleitung. Delegierter des VI. Weltkongresses der Komintern in Moskau 1928. In Wien half er 1928 beim Aufbau des RFB für Österreich, wurde aber ausgewiesen. Ende 1928 besuchte Olbrysch für ein halbes Jahr einen Führerkurs in Moskau. Nach seiner Rückkehr übernahm er Mitte 1929 nochmals die Leitung der (illegalen) RJ und wurde im gleichen Jahr auch Stadtverordneter in Berlin. Ab 1930 wieder Sekretär des RFB, verlangte er gemeinsam mit ▸ Hans Jendretzky eine Untersuchung gegen den RFB-Führer ▸ Willy Leow, da die Gerüchte über dessen finanzielle Verfehlungen nicht verstummten. Daraufhin wurde Olbrysch vom RFB zur KPD versetzt, zunächst Sekretär in Hamburg. 1931 mußte er für drei Monate ins Gefängnis. Im Juli 1932 zog er als Abgeordneter in den Reichstag ein, dem er bis März 1933 angehörte. Er wurde anstelle von ▸ Albert Kuntz (der als Anhänger der Neumann-Gruppe abgesetzt worden war) Orgleiter des Bezirks Berlin und kam Anfang 1933 in den ZK-Apparat. Im Juni 1933 verhaftet, soll er nach Angaben des »Völkischen Beobachters« ein umfassendes Geständnis abgelegt haben und wurde am 20. November 1934 zu drei Jahren Zuchthaus verurteilt. Nach der Strafverbüßung freigelassen, da er sich nach zweitägiger Bedenkzeit bereit erklärt hatte, »für eine interne Arbeit« der Gestapo tätig zu sein. Olbrysch ging nach Prag, gab aber der Gestapo »außer Auskunftsbestätigungen keine Meldung« und wurde als »rückfällig« registriert. Er meldete der KPD sofort, auf welchem Wege er freigekommen war, wurde dennoch am 8. August 1938 aus der Partei ausgeschlossen. Karl Olbrysch gelangte nach England und fand den Tod, als das Schiff, auf dem er nach Kanada reisen sollte, am 30. Juli 1940 versenkt wurde.

▸ Oldenburg, Emil (* 1901 – † 1938)

Geboren 1901 in Büdersdorf bei Rendsburg, lernte Schlosser und arbeitete in Hamburg als Motorenschlosser. Er trat 1927 der KPD bei und übte in der BL Wasserkante verschiedene Funktionen aus, war u. a. im AM-Apparat tätig. Im

Frühjahr 1933 in »Schutzhaft«, konnte Oldenburg nach der Entlassung im November 1933 nach Dänemark flüchten, dann emigrierte er in die Sowjetunion und ist dort in die stalinistischen Säuberungen geraten. Er soll als Angehöriger des Apparats von ▸ Hans Kippenberger bereits am 11. Oktober 1936 inhaftiert worden sein, am 10. Juni 1937 wurde er zu fünf Jahren Freiheitsentzug verurteilt und anschließend in den Gulag Jagajewo (Nordost) eingeliefert. Am 11. Mai 1938 wurde Emil Oldenburg von einer »Troika« des NKWD zum Tode verurteilt und am 22. Mai 1938 in der Sowjetunion erschossen.

▸ Oldenburg, Otto (* 1898 – † 1942)

Geboren am 21. Juni 1898 in Berlin, lernte Mechaniker und arbeitete u. a. bei Siemens. Nach dem Weltkrieg trat er in die FSJ ein und wurde bereits im Februar 1919 Mitglied der Zentrale des Jugendverbandes. 1919 Eintritt in die KPD. Der Siemenskonzern kündigte Oldenburg wegen »Aufhetzung der Arbeiter«; daraufhin bekam er eine Stelle zunächst als Registrator bei der russisch-österreichischen Handelsgesellschaft, später war er offiziell Korrespondent der sowjetischen Handelsvertretung in Berlin. Oldenburg war für den AM-Apparat der KPD tätig. Er wurde 1926 verhaftet, vom 4. Strafsenat des Reichsgerichts in Leipzig zusammen mit ▸ Otto Braun und Olga Benario angeklagt und wegen »Vorbereitung zum Hochverrat« zu eineinhalb Jahren Festung verurteilt, im Juli 1928 wurde die Reststrafe durch Amnestie erlassen. Wieder in der KPD aktiv und ab November 1929 in der Berliner Stadtverordnetenversammlung. Als Oldenburg am 12. März 1933 erneut in die Berliner Stadtverordnetenversammlung gewählt wurde, befand er sich bereits in »Schutzhaft« im KZ Sonnenburg und saß dort bis Juli 1934. Im April 1937 wegen des Verdachts illegaler Widerstandstätigkeit erneut festgenommen, saß er bis Juni 1937 im KZ Sachsenhausen. Am Tag des Kriegsausbruchs, am 1. September 1939, ein drittes Mal verhaftet und wieder ins KZ Sachsenhausen eingeliefert. Dort starb Otto Oldenburg am 11. März 1942 an den Entbehrungen der KZ-Haft.

▸ Ollrogge, Albert (* 1896 – † 1970)

Geboren am 14. Februar 1896 in Gudow/Krs. Herzogtum Lauenburg, Sohn eines Landarbeiters; graphischer Hilfsarbeiter. 1919 Eintritt in die USPD, Ende 1920 der VKPD. Ollrogge arbeitete in der Druckerei der »Hamburger Volkszeitung«, ab 1923 in Lübeck. 1924 Orgleiter der KPD Lübeck, von 1929 bis 1932 dort in der Bürgerschaft. Von Ende 1928 bis 1931 hauptamtlicher Sekretär der KPD in Itzehoe, Ollrogge wurde 1932 wegen »Unterstützung der Neumann-Fraktion« aus der KPD ausgeschlossen. Im März 1933 in Lübeck inhaftiert und im Juli durch das Sondergericht Altona wegen des »Versuchs der gemeinschaftlichen Sprengung einer Eisenbahnbrücke zwischen Wilster und Burg/Dithmarschen im Jahre 1931« zu drei Jahren Zuchthaus verurteilt. Nach der Haft ab 1939 Bauhilfsarbeiter in Lübeck. 1944/45 unterstützte er Zwangsarbeiter und wurde am 23. März 1945 nochmals inhaftiert und in das Zuchthaus Bützow-Dreibergen überführt, aus dem ihn die Rote Armee befreite. Ollrogge trat der KPD bei und gehörte seit Anfang der fünfziger Jahre der KPD-Landesleitung Schleswig-Holstein an. Ab 1957 war er Herausgeber des »Volksboten«, der Zeitung der illegalen KPD in Schleswig-Holstein. Albert Ollrogge starb am 6. Dezember 1970 in Lübeck.

▸ Opitz, Max (* 1890 – † 1982)

Geboren am 11. September 1890 in Bernsdorf/Krs. Glauchau, viertes von zehn Kindern einer Arbeiterfamilie; lernte Tischler. Von Oktober 1911 bis 1913 und von 1914 bis 1918 Soldat bei den Ulanen, Träger des EK II, mehrfach verwundet und deshalb ab 1915 nur noch garnisonsdienstfähig. Im November 1918 Mitglied des Soldatenrates in Chemnitz. Im Februar 1919 Mitbegründer der KPD-Ortsgruppe Gersdorf bei Chemnitz, seit 1923 Mitglied BL Erzgebirge-

Vogtland. Er zog 1926 für die KPD in den Sächsischen Landtag ein, in dem er bis 1930 blieb. 1927 Orgleiter des Bezirks Erzgebirge-Vogtland, gehörte zur linken Gruppe um ▸ Paul Bertz (Chemnitzer Linke). 1928 Polleiter von Erzgebirge-Vogtland, Delegierter des VI. Weltkongresses der Komintern in Moskau. Er wurde auf dem XII. Parteitag im Juni 1929 als Kandidat ins ZK der KPD gewählt. Als Mitglied der Spitzenführung der KPD übernahm er (mehrmals wegen der Zugehörigkeit zur Chemnitzer Linken angegriffen) verschiedene leitende Funktionen, Ende 1929 (nach dem Zusammenschluß der drei sächsischen Bezirke) Sekretär für kommunalpolitische Arbeit.

Im Februar 1931 wurde Opitz Sekretär im Bezirk Niederrhein, im Herbst Polleiter in Hessen-Frankfurt. 1932 schickte ihn das ZK als Polleiter ins Ruhrgebiet. Im April 1932 in den Preußischen Landtag und im März 1933 noch in den Reichstag gewählt. Auf dem Bezirksparteitag Ruhr am 8. Januar 1933 diffamierte Opitz die SPD als »Hauptstütze der faschistischen Diktatur«. Bis April 1933 illegale Arbeit im Ruhrgebiet, anschließend Leiter der BL Württemberg. Am 2. November 1933 verhaftet, 1934 zu drei Jahren und einem Monat Zuchthaus verurteilt, er wurde im Oktober 1936 nach Essen verlegt und bis Pfingsten 1938 von der Gestapo verhört. Wegen der Ermordung eines Polizeiangestellten durch einen Arbeiter im Rheinland im Jahr 1932 sollte er erneut vor Gericht. Er bekam in Essen wegen »Totschlags« zusätzlich vier Jahre Zuchthaus, das OLG Hamm bestätigte das Urteil. Opitz wurde dann am 20. Juni 1941 aus dem Zuchthaus Ludwigsburg der Gestapo übergeben, die ihn in ein kleines Lager nach Welzheim/Württemberg brachte. Vermutlich hat die Furcht vor weiterer »Schutzhaft« in einem KZ Opitz veranlaßt, im Juni 1941 einen Brief an das RSHA der Gestapo zu richten, in dem es hieß:

»Im Laufe der Jahre habe ich die Feststellung machen können, daß der Führer in ungeahnter Weise die großen, das Wohlergehen des Volkes angehenden Fragen gelöst hat. Ich erkenne vorbehaltlos Adolf Hitler als Führer der Deutschen an. Man kann eine Gesinnung selbstverständlich nicht von heute auf morgen ablegen, sondern muß sich eine andere Meinung erkämpfen ... Ich habe die Überzeugung gewonnen, daß nur Adolf Hitler die für Deutschland und darüber hinaus für Europa brennenden Fragen lösen kann und wird. Zur Frage meiner Inschutzhaftnahme kann ich nur sagen, daß es sehr bitter für mich wäre, wieder in Haft genommen zu werden ... Durch Inschutzhaftnahme ist mir jede Möglichkeit genommen, zum Beweis meiner positiven Gesinnung für das Dritte Reich etwas zu tun bzw. meiner jetzigen ablehnenden Haltung gegenüber dem Kommunismus Ausdruck zu verleihen ...« (Brief-Abschrift in HStA Düsseldorf [Gestapoakten], Nr. 32 938).

In den ersten Jahren nach 1933 hätte die NSDAP sicherlich mit Freude zugegriffen und ein solches Überlaufen eines ehemaligen prominenten Kommunisten propagandistisch ausgewertet, 1941 schien ihr das offenbar nicht mehr vonnöten oder möglich, die Behauptung, seine Gesinnung geändert zu haben, reichte nicht aus. Opitz wurde nicht freigelassen, sondern kam im Oktober 1941 in das KZ Sachsenhausen, wo er bis 1945 blieb. Er wurde während des »Todesmarsches« bei Flecken Zechlin in Brandenburg am 1. Mai 1945 durch die Rote Armee befreit. Von Juni 1945 bis 1949 war Opitz, inzwischen wieder der KPD bzw. der SED beigetreten, Polizeipräsident in Dresden, von 1949 bis 1951 Oberbürgermeister in Leipzig und bis zur Bildung der LPKK Vorsitzender des Landesparteischiedsgericht der SED in Sachsen. Er leitete von 1951 bis 1960 als Staatssekretär und Chef die Präsidialkanzlei des Präsidenten der DDR ▸ Wilhelm Pieck. Nach dem Tode Piecks Stellvertretender Vorsitzender der Interparlamentarischen Gruppe der DDR. Er erhielt 1960 den Karl-Marx-Orden, 1970 den VVO in Gold. Zu Opitz 75. Geburtstag (am 11. September 1965) wurde bei einer Gratulationscour in der Volkskammer sein »standhaftes Verhalten während der zwölf Jahre Haft in faschistischen Zuchthäusern und KZ« gerühmt. Max Opitz starb am 7. Januar 1982 in Ost-Berlin. Er war seit August 1946 in zweiter Ehe mit der Witwe des noch im März 1945 von den Nazis ermordeten Widerstandskämpfers Albert Hähnel, Erna Opitz-Hähnel, geborene Baldauf (* 13. 6. 1911 – † 26. 2. 1967), verheiratet gewesen.

▸ Osche, Ulrich (* 1911 – † 1975)

Geboren am 5. Januar 1911 in Berlin, Sohn eines Schneiders; besuchte das Gymnasium, wo er 1929 das Abitur ablegte und eine Lehre als Chemigraph begann. 1929 trat er in den KJVD ein, 1930 in die KPD. Funktionär der RGO-Jugend Graphisches Gewerbe, gehörte dem Reichsjugendausschuß der RGO an. 1933 ging er in die Illegalität, die NS-Behörden aberkannten Osche die deutsche Staatsangehörigkeit, da sein Vater Lette war. Im Mai 1934 emigrierte er in die Niederlande und setzte von dort die Arbeit für die KPD fort, zunächst als Instrukteur in Moers, Essen und Duisburg, zuletzt als Polleiter der KPD im Ruhrgebiet. Im August 1935 reiste Osche nach Moskau und nahm unter dem Namen Johann Lewald sowohl am VII. Weltkongreß der Komintern, dem VI. Weltkongreß der KJI und der »Brüsseler Konferenz« der KPD in Moskau teil. Im Januar 1936 kehrte er nach Deutschland zurück, Parteisekretär der illegalen KPD im Kölner Bezirk. Bereits am 30. März 1936 verhaftet und im Januar 1937 vom VGH zu 15 Jahren Zuchthaus verurteilt. Zunächst im Zuchthaus Siegburg inhaftiert, dann von Juli 1943 bis 1945 im KZ Buchenwald. Im August 1945 wurde Osche Personalchef in der Deutschen Zentralverwaltung für Land- und Forstwirtschaft, ab 1950 des Verlages und des SED-Zentralorgans »Neues Deutschland«. Von 1959 bis 1974 Generaldirektor der »Deutschen Werbe- und Anzeigen Gesellschaft« (DEWAG), dem einzigen Betrieb für Messen und Ausstellungen in der DDR, er erhielt 1970 den VVO in Gold. Ulrich Osche starb am 27. Februar 1975.

▸ Osten, Maria (* 1908 – † 1942)

Geboren am 23. März 1908 als Maria Greßhöner in Muckum/Krs. Lemgo, Tochter einer Großgrundbesitzerfamilie. Die Eltern übersiedelten 1911 mit den drei Töchtern (Maria war die jüngste) in einen größeren Gutshof nach Westpreußen. Dort besuchte sie die Höhere Mädchenschule in Deutsch Krone und dann ein Lyzeum in Berlin-Lichterfelde. Nach mehreren Tätigkeiten 1926 im kommunistischen Malik-Verlag angestellt, lebte sie mit dem Verleger ▸ Wieland Herzfelde zusammen. In der Berliner Boheme umtriebig, wurde sie rasch als Schriftstellerin bekannt, z. B. mit einer Erzählung in dem von Hermann Kesten 1929 herausgegebenen Band »24 Neue Deutsche Erzähler«. Seit 1927 in der KPD, sie wurde gläubige Anhängerin der Sowjetunion (vor allem nach einer kurzen Heirat 1929 mit dem russischen Regisseur Jewgeni Tscherwiakow) und wählte den Namen Osten, übernahm in der KPD verschiedene Funktionen, offensichtlich auch in deren Geheimapparat. Seit 1932 führte sie mit dem sowjetischen Schriftsteller, KP-Funktionär und »Prawda«-Redakteur Michail Kolzow eine Lebensgemeinschaft. Ab Herbst 1932 in Moskau Redakteurin bei der »Deutschen Zentral-Zeitung«. Nach Hitlers Machtantritt 1933 arbeitete Maria Osten in der KPD-Emigration, reiste zusammen mit Kolzow 1934 zu Reportagen nach Frankreich und ins Saargebiet. Dort trafen sie auf den Kommunisten ▸ Johann L'Hoste und nahmen dessen Sohn Hubert mit zu sich nach

Moskau. Das Leben des deutschen Jungen schilderten sie in ihrem gemeinsamen Buch »Hubert im Wunderland«. Während des Bürgerkriegs in Spanien wurde Kolzow ein wichtiger Vertreter der Sowjetunion in Madrid, wohin ihm Maria Osten folgte. Ab 1937 arbeitete sie in Paris für die kommunistische Zeitschrift »Wort«. Kolzow ging im Dezember 1937 wieder nach Moskau, wurde dort am 12. Dezember 1938 verhaftet und verschwand. Um zur Aufklärung beim vermeintlichen »Mißverständnis« der Verhaftung ihres Lebensgefährten beizutragen, reiste Maria Osten nach Moskau. Hier geriet sie nun selbst in die Säuberungen und wurde am 25. Juni 1941 verhaftet. Maria Osten wurde wegen »Spionage« am 8. August 1942 zum Tode verurteilt und sofort von einem NKWD-Kommando erschossen, 1957 vom Militärtribunal in Moskau »rehabilitiert«.

▸ Osterloh, Hermann (* 1886 – † 1961)

Geboren am 19. Juni 1886 in Bremen, Sohn eines Arbeiters; lernte Schlosser. 1908 Mitglied der SPD. Bei Kriegsausbruch Soldat, geriet in russische Gefangenschaft. Nach der russischen Oktoberrevolution besuchte er eine kommunistische Schule und schloß sich den Bolschewiki an. Osterloh sollte Ende 1918 mit Karl Radek, ▸ Ernst Reuter-Friesland u. a. zur KPD-Gründung nach Berlin fahren, wurde aber an der Grenze zurückgeschickt und kam erst Mitte 1919 nach Deutschland. In Bremen trat er der KPD bei, die Osterloh als hauptamtlichen Sekretär für Landfragen einsetzte. Ab 1923 Abgeordneter der Bremer Bürgerschaft, 1926 Orgleiter für den Bezirk Nordwest. In dieser Funktion nahm er am XI. Parteitag in Essen teil. Im Oktober 1928 wurde Osterloh, der dem rechten Flügel der Partei zuneigte, aus der KPD ausgeschlossen. Während einige KPD-Zeitungen schrieben, sein Ausschluß habe nichts mit Unterschlagungen zu tun, kolportierten andere, er habe 10 Mark und 40 Pfennig unpünktlich abgeliefert und sei deswegen ausgeschlossen worden, was zeige, »welch eiserne Strenge« in der KPD auch bei »kleinsten Summen« herrsche. Da der Ausschluß gerade zur Zeit der Wittorf-Affäre geschah, war eine solche Behauptung Zynismus. Osterloh legte im Dezember 1928 sein Bürgerschaftsmandat nieder, obwohl ihm die KPD zuvor noch ausdrücklich bestätigt hatte, daß sein Ausschluß nur aus politischen Gründen erfolgt sei. Er trat 1930 zur SPD über, für die er ebenfalls in die Bremer Bürgerschaft gewählt wurde, gab sein Mandat aber nach Verwicklungen in den Konkurs der Bremer Beamtenbank auf. Von 1928 bis 1934 arbeitete er bei einer Bremer Firma und war dort Betriebsrat, ab 1933 leitete Osterloh eine SPD-Widerstandsgruppe gegen den Nationalsozialismus, wurde 1934 verhaftet und zu acht Jahren Zuchthaus verurteilt. 1945 aus der Haft befreit, wieder Mitglied der SPD, war Osterloh von 1947 bis 1955 auch Abgeordneter der Bremer Bürgerschaft, hier Mitglied der Baudeputation, dann der Deputation für Wiedergutmachung. Er wirkte acht Jahre lang als Amtsvorsteher des Ortsamtes Bremen-Hemelingen und war zugleich Leiter der sozialdemokratischen politischen Verfolgten in Bremen. Hermann Osterloh starb nach langer Krankheit am 12. Oktober 1961 in Bremen.

▸ Otto, Emil (* 1903 – † 1977)

Geboren am 24. November 1903 in Kolberg, Sohn einer Arbeiterfamilie; Land- und Bauarbeiter. 1923 trat er in die KJD und in die KPD ein. Er war von 1924 bis 1927 erwerbslos, begann 1929 als hauptamtlicher Mitarbeiter bei der BL Pommern. Otto reiste 1931 nach Moskau, dort Kursant der Internationalen Leninschule. 1932 kehrte er nach Deutschland zurück und wurde Leiter des KPD-UB Stettin und Mitglied des Sekretariats der BL Pommern. Im Frühjahr 1933 entsandte ihn das ZK als Leiter der illegalen KPD nach Mecklenburg, er wurde jedoch von der Gestapo verhaftet und zu drei Jahren Zuchthaus verurteilt. Bis 1936 im Zuchthaus Bützow-Dreibergen, anschließend »Schutzhaft« im KZ Sachsenhausen, aus dem Otto 1941 entlassen wurde. 1943 zur Wehrmacht einberufen, desertierte er noch im selben Jahr an der Ostfront und kam nach kurzer sowjetischer Kriegsgefangenschaft als Lehrer an die Antifa-Schule in Taliza. 1946 kehrte er nach Deutschland zurück, arbeitete zunächst im Apparat des SED-Landesvorstandes Mecklenburg, wurde 1947 Vorsitzender des FDGB Mecklenburg, 1950 Vorsitzender des Zentralvorstandes der IG Metall, war von 1955 bis 1961 Vorsitzender des FDGB im Bezirk Gera. Emil Otto starb am 1. September 1977.

▸ Otto, Heinrich (* 1892 – † 1944)

Geboren am 29. Juli 1892 in Mittel-Gründau/Hessen, Sohn eines Landwirts. Heinrich Otto betrieb in Mittel-Gründau selbst einen kleinen Bauernhof und kam über die kommunistische Bauernbewegung zur KPD, der er Ende der zwanziger Jahre beitrat. Otto wurde 1931 als KPD-Abgeordneter in den Hessischen Landtag gewählt, dem er bis 1932 angehörte. Nach 1933 polizeilich überwacht, starb Heinrich Otto am 7. Juli 1944 in Gelnhausen.

▸ Ottwalt, Ernst (* 1901 – † 1943)

Geboren am 13. November 1901 als Ernst Nicolas in Tippenow/Westpreußen, Sohn eines Pfarrers; besuchte das Gymnasium in Halle. Nach der Novemberrevolution und im Kapp-Putsch 1920 Angehöriger des Freikorps Halle, das gegen die Arbeiterbewegung und insbesondere die Kommunisten kämpfte. Während des Studiums in Halle und Jena wurde er durch seine Erlebnisse als Werkstudent Kommunist. Der Romanautor und Essayist wurde als Ottwalt einer der bekanntesten deutschen kommunistischen Schriftsteller, aktiv im Bund proletarisch-revolutionärer Schriftsteller in Berlin. Sein 1929 veröffentlichter Roman »Ruhe und Ordnung« war eine schonungslose Abrechnung mit der eigenen Jugend und mit den nationalistischen Freikorps. Auch sein Werk »Denn sie wissen, was sie tun« (1931) richtete sich gegen den Rechtsradikalismus. 1932 erschien von Ottwalt »Deutschland erwache! Geschichte des Nationalsozialismus«. In der kommunistischen Zeitschrift »Die Linkskurve« setzte sich Ottwalt im Oktober 1932 mit Georg Lukács auch theoretisch auseinander und arbeitete zeitweilig mit Bertolt Brecht zusammen. Er floh 1933 nach Dänemark und kam über Prag 1934 in die Sowjetunion. Mitarbeiter kommunistischer Zeitschriften in Moskau, Ottwalt wurde im November 1936 gemeinsam mit seiner Frau **Waltraut Nicolas**, geb. Bartels (*5. 1. 1897), vom NKWD verhaftet. Sie wurde zu fünf Jahren verurteilt, dann nach Deutschland ausgeliefert und 1942 in Berlin zu einem Jahr Gefängnis verurteilt, stand dann unter Gestapoüberwachung. Nach 1945 in Westdeutschland, berichtete Waltraut Nicolas 1960 (»Viele Tausend Tage«) über den Gulag. Ernst Ottwalt wurde 1939 wegen »Spionage« für Deutschland zum Tode verurteilt (nach anderen Angaben zu fünf Jahren Lager), aber in den Gulag verbannt und ist am 24. August 1943 in einem Lager in Sibirien ums Leben gekommen. Im Nürnberger Kriegsverbrecherprozeß 1946 benutzte der sowjetische Ankläger Rudenko drei Jahre nach Ottwalts Tod dessen Buch »Deutschland erwache!« noch als Beweismittel und erwähnte den in den stalinistischen Säuberungen ermordeten Autor – es klingt wie Zynismus – sogar namentlich. Die Werke von Ernst Ottwalt wurden bereits 1977 im Westen von Andreas Mytze herausgegeben, dem Verfasser seiner Biographie.

▸ Overlach, Helene (* 1894 – † 1983)

Geboren als Tochter eines Arztes am 19. Juli 1894 in Greiz, besuchte die höhere Mädchenschule und das Realgymnasium bis zur Obersekunda. 1915/16 absolvierte sie das Handelslehrerinnenseminar und war anschließend drei Jahre als Handelslehrerin tätig, dann ein Jahr Stenotypistin bei einem Rechtsanwalt in München. Sie trat 1919 der FSJ in München bei und wurde im Dezember 1920 Mitglied der KPD in Berlin. 1921 Redakteurin der Zeitschrift »Junge Garde«. Nach der März-Aktion 1921 illegale Arbeit als

Stenotypistin in der Zentrale und 1922/23 im Oberbezirk West in Düsseldorf. 1924/25 Redakteurin beim »Ruhr-Echo« und zeitweise Chefredakteurin der »Niedersächsischen Arbeiterzeitung« in Hannover. Bei Gründung des RFMB zur 2. Vorsitzenden dieser Frauenorganisation der KPD (in Wirklichkeit aber Leiterin, da die 1. Vorsitzende ▸ Clara Zetkin, nur formal führte). Auf dem XI. Parteitags der KPD 1927 in Essen wurde Helene Overlach Mitglied des ZK, zugleich übernahm sie 1928 die Leitung der Frauenabteilung im Apparat des ZK. Im Mai 1928 im Wahlkreis Düsseldorf-Ost in den Reichstag gewählt, dem sie bis 1933 angehörte. Vom XII. Weddinger Parteitag 1929 erneut ins ZK berufen, wurde Helene Overlach auch Kandidatin des Polbüros. 1930 bei einer Demonstration schwer verletzt, nahm sie von Herbst 1931 bis Mitte 1932 an einem Schulungskurs in Moskau teil, danach schied sie aus dem Polbüro aus, in der IAH und 1932/33 als Frauenleiterin im RGO-Reichskomitee aktiv. Ab Juli 1933 Instrukteurin der illegalen RGO im Ruhrgebiet, dann Bezirksleiterin der Roten Hilfe.

Am 23. Dezember 1933 wurde sie in Essen verhaftet. Im August 1934 vom OLG Hamm zur damals höchsten Strafe verurteilt: drei Jahre Zuchthaus. Da sie sich nach der Strafverbüßung (in Aichach/Bayern) noch als überzeugte Kommunistin erklärte, zunächst ins KZ Moringen, dann in das KZ Lichtenburg eingeliefert. Sie litt an einer Herzmuskelerkrankung und wurde deshalb am 8. Juni 1938 aus der KZ-Haft entlassen. Von 1939 bis 1941 Stenotypistin, bis 1944 Handelsschullehrerin, bzw. Techniklehrerin in Berlin. Am 22. August 1944 erneut festgenommen (Aktion »Gewitter«), kam sie in das KZ Ravensbrück. Helene Overlach gelang Ende April 1945 mit einem »Polen-Transport« die Flucht nach Schweden. Bis Juli 1945 interniert, kehrte sie im August 1945 nach Berlin zurück, wurde Hauptreferentin in der Verwaltung für das berufliche Schulwesen Berlin und Leiterin der gewerblichen Mädchenberufsschule. Ab 1950 Professorin an der Pädagogischen Hochschule Berlin, Ende 1954 schied sie wegen schwerer Herzkrankheit aus. Sie erhielt 1974 den Karl-Marx-Orden. Helene Overlach starb am 7. August 1983 in Ost-Berlin.

P/Q

SED-Kreisleitung Pankow, von 1962 bis zur Rente Kaderleiter des Volkseigenen Metallurgiehandels der DDR. Er erhielt 1979 den VVO in Gold. Emil Paffrath starb am 7. September 1985.

▸ Paffrath, Emil (* 1904 – † 1985)

Geboren am 17. August 1904 in Köln, Sohn eines Tischlers; lernte Tischler. 1923 Mitglied der KJD und der KPD. Von 1927 bis 1929 Polleiter des KJVD Mittelrhein. Paffrath wurde 1927 auf dem 10. Reichskongreß in Hamburg in das ZK des KJVD gewählt. Im Januar 1929 anstelle des ausgeschlossenen ▸ Werner Jurr hauptamtlicher Sekretär des RFB und Reichsführer der Roten Jungfront. Von 1929 bis 1933 gehörte er dem Büro des ZK des KJVD an und war Kandidat des EK der KJI, 1931 übernahm er in der illegalen RFB-Bundesführung die Agitproparbeit, von September bis Dezember 1932 in Haft. Ende Januar 1933 Instrukteur der RFB-Bundesführung in Ostpreußen, am 28. April 1933 in Königsberg verhaftet und Ende September 1934 vom OLG Königsberg zu drei Jahren Zuchthaus verurteilt, kam danach ins KZ Sachsenhausen bzw. Buchenwald. Im Juni 1939 wurde Paffrath zu Verhören in die Gestapozentrale nach Berlin verlegt, vier Tage vor Weihnachten überraschend entlassen und durfte nach Köln zurückkehren. Von 1940 bis 1942 Stellmacher in Köln, dort im Januar 1943 zur Wehrmacht eingezogen und Angehöriger des Strafbataillons 999 in Griechenland und auf der Krim. Paffrath desertierte Mitte April 1944 zur Roten Armee, wurde Leiter des antifaschistischen Klubs im Lager 188 Tambow, von Mai bis September 1945 Kursant an der Zentralen Antifa-Schule und von September bis Dezember 1945 an der Parteischule der KPD (Objekt 12). Im Januar 1946 kehrte er nach Deutschland zurück, Mitarbeiter im ZK der KPD, dann Referent beim PV der SED. Er erhielt am 31. Januar 1950 eine »strenge Rüge« und zwei Jahre Funktionsverbot durch die ZPKK wegen »partei- und gewerkschaftsschädigenden Verhaltens«, wurde zunächst Transportarbeiter im VEB Bergmann Borsig. Später Sekretär der SED-Kreisleitung Pankow, von 1962 bis zur Rente Kaderleiter des Volkseigenen Metallurgiehandels der DDR. Er erhielt 1979 den VVO in Gold. Emil Paffrath starb am 7. September 1985.

▸ Panzner, Adolf (* 1892 – † 1944)

Geboren am 4. August 1892 in Hamburg, kaufmännische Lehre, arbeitete in einem Anwaltsbüro und war später Angestellter einer Berufsgenossenschaft. 1916 Soldat im Weltkrieg, danach Schriftführer bei der Staatsanwaltschaft Hamburg. 1923 dort entlassen, wurde er Mitglied der KPD und der RHD. Panzner leitete eine Filiale des Literaturvertriebs der KPD Hamburg und wurde im März 1931 als Nachfolger des ermordeten ▸ Ernst Henning Abgeordneter der Hamburger Bürgerschaft. 1933 arbeitete er illegal für die KPD in Altona, Barmbek und Wandsbek, wurde am 10. August 1933 verhaftet und schwer mißhandelt, 1936 zu 18 Monaten Zuchthaus verurteilt, starb Adolf Panzner am 6. Februar 1944 an den Haftfolgen.

▸ Papke, Paul (* 1896 – † 1970)

Geboren am 18. September 1896 in Staffelde/Krs. Soldin, Sohn eines Arbeiters; lernte Tischler und übersiedelte nach Landsberg a. d. Warthe, im Krieg von 1915 bis 1918 Soldat. Er trat nach der Revolution der USPD bei und ging mit deren linkem Flügel 1920 zur KPD, von 1920 bis 1928 Möbeltischler in Landsberg. Viele Jahre ehrenamtlicher Funktionär, dann hauptamtlicher Leiter des Bezirks Ost der BL Berlin-Brandenburg und Redakteur des »Volksechos«, eines Kopfblattes der »Roten Fahne«. Papke wurde im Mai 1928 als Abgeordneter in den Reichstag gewählt, in dem er die KPD bis 1930 vertrat. Ende 1928 wurde er zur Internationalen Leninschule nach Moskau gesandt, danach wieder Sekretär der KPD, 1931 für kurze Zeit inhaftiert. In einem Brief an das ZK beschwerte sich Papke im August 1932 darüber, daß er nicht in den Reichstag gewählt bzw. nicht auf einen sicheren Platz gesetzt worden war. Seine zuständige BL antwortete, er habe sich im Reichstag nicht bewährt. Wegen Differenzen mit der Führung verließ Papke 1932 die KPD. Ab Februar 1933 leistete er illegale Arbeit, schloß sich wieder der KPD an und emigrierte Ende 1933 über die ČSR und Frankreich in die Sowjetunion. Er wurde jedoch zur illegalen Arbeit nach Deutschland zurückbeordert. Hier 1935 verhaftet und am 31. Oktober 1935 zu fünf Jahren Zuchthaus verurteilt, kam er anschließend im Juni 1940 ins KZ Sachsenhausen, aus dem er im Mai 1945 befreit wurde. Papke trat wieder der KPD bei, wurde 1945 zunächst Landrat im Kreis Seelow, später im Kreis Müncheberg. Ab 1947 in Potsdam Kommissar der Oderbruchhilfe, dann 1948 Bürgermeister der Stadt Fürstenwalde. Dort 1952 während der Säuberung abgesetzt, von 1954 bis 1957 Leiter der Bezirksschule für landwirtschaftliche Produktion in Finkenheerd, ab 1960 Veteran in Strausberg. Er bekam zum 65. Geburtstag 1961 den VVO in Silber. Paul Papke starb am 4. Februar 1970.

▸ Paul, Ernst (* 1901 – † 1939)

Geboren am 4. September 1901 in Berlin, Sohn eines Arbeiters, der im Weltkrieg gefallen ist. Paul lernte Dreher und arbeitete in diesem Beruf. 1919 Mitglied der Freien Sozialistischen Jugend, 1922 der KPD. Zunächst arbeitslos, war er ehrenamtlich und dann hauptamtlich bei der »Roten Fahne« beschäftigt. 1927 kam er als Kursant an die Internationale Leninschule in Moskau und sollte nach der Rückkehr Ende 1928 in den AM-Apparat aufgenommen werden, aber als Brandler-Anhänger wurde Paul aus der KPD ausgeschlossen. Bis 1933 erwerbslos; war er ein aktiver Funktionär der KPO. Als Mitglied des Berliner Komitees der KPO wurde er im Februar 1937 verhaftet und zu vier Jahren Zuchthaus verurteilt. Am 15. Oktober 1939 schwerkrank (Krebs) aus der Haft entlassen, starb Ernst Paul am 31. Oktober 1939.

▸ Paul, Hugo (* 1905 – † 1962)

Geboren am 28. Oktober 1905 in Hagen/Westfalen, Sohn einer Arbeiterfamilie; lernte Autoschlosser. Mitglied des KJVD, 1923 trat er der KPD bei und gehörte ab 1928 der KPD-BL Niederrhein an. 1929 Volontär in der Redaktion der »Freiheit« in Düsseldorf. Im Juli 1932 wurde Paul im Wahlkreis Düsseldorf-Ost in den Reichstag gewählt, dem er jedoch nur bis November angehörte. Ab Februar 1933 Instrukteur für die illegalen UB Düsseldorf und München-Gladbach, bereits am 22. Juni wurde er in Düsseldorf verhaftet, im November 1934 vom VGH zu zweieinhalb Jahren Zuchthaus verurteilt, kam anschließend 1936 in »Schutzhaft«,

dann in das KZ Sachsenhausen. Im April 1939 entlassen, arbeitete Paul als Schlosser. Im Januar 1943 erneut festgenommen und im August 1944 durch den 2. Senat des VGH zu sechs Jahren Zuchthaus verurteilt, bis zur Befreiung 1945 im Zuchthaus Butzbach. Paul wurde 1949 1. Sekretär der KPD-BL Niederrhein, war 1946/47 als KPD-Vertreter auch im SED-PV, 1948/49 Vorsitzender der KPD Nordrhein-Westfalen und bis zum Parteiverbot 1956 Mitglied des KPD-PV. Im Dezember 1949 wurde Paul wegen »titoistischer Abweichungen« seiner Funktion als Landesvorsitzender der KPD enthoben. Er war von 1946 bis 1950 Abgeordneter des Nordrhein-Westfälischen Landtags, von 1946 bis 1948 Minister für Wiederaufbau in der Landesregierung Nordrhein-Westfalen und gehörte von September 1949 bis Juli 1953 als Abgeordneter der KPD dem Deutschen Bundestag an. 1953 wurde er kurzzeitig inhaftiert, lebte später in der DDR. Hugo Paul starb am 12. Oktober 1962 in Ost-Berlin.
Seine Frau **Luise Paul,** geborene Klesper (* 3. 4. 1912 – † 3. 11. 1998), war Stenotypistin bei der KPD-Leitung in Remscheid, Solingen und im Einheitsverband der Metallarbeiter (RGO). 1926 KJVD. Am 13. Oktober 1933 festgenommen und im November 1934 zu 17 Monaten Gefängnis verurteilt. Anschließend Stenotypistin und Kontoristin in verschiedenen Betrieben. Nach 1945 Mitglied der KPD, Kontoristin, u. a. im Garten- und Friedhofsamt in Remscheid. Ilse Faesekorn veröffentlichte 1998 eine biographische Skizze über Hugo und Luise Paul.

▸ Pechulla, Hans (* 1906 – † 1975)

Geboren am 24. April 1906 in Roschwitz, Landarbeiter im Kreis Osternberg. Ende der zwanziger Jahre Mitglied der KPD, für sie unter Landarbeitern aktiv. Pechulla wurde noch am 5. März 1933 für die KPD als Abgeordneter in den Preußischen Landtag gewählt, aber bereits am 8. März verhaftet und bis April im Gefängnis Spandau festgehalten. Anschließend kam er in »Schutzhaft« ins KZ Sonnenburg, wurde dort im November 1933 freigelassen. Er trat politisch nicht mehr hervor, war wieder als Landarbeiter beschäftigt. Hans Pechulla starb am 14. Juli 1975.

▸ Pelz, Herbert, Dr. med. (* 1909 – † 1938?)

Geboren am 15. November 1909 in Berlin. Nach dem Studium und der Promotion wurde er Assistenzarzt und Bakteriologe in Berlin. Aktiv in der kommunistischen Studentenarbeit, ab 1929 in der Kostufra-Reichsleitung, 1931 kurzzeitig deren Leiter. Pelz übersiedelte im November 1932 nach Moskau und war auch dort als Arzt tätig. Im März 1938 vom NKWD verhaftet, wurde er als angeblicher Trotzkist vor Gericht gestellt. Herbert Pelz soll noch im gleichen Jahr erschossen worden sein.

▸ Peschke, Paul (* 1890 – † 1983)

Geboren am 3. Dezember 1890 in Berlin, Sohn einer alleinerziehenden Metallarbeiterin (Vater unbekannt), wuchs ab dem ersten Lebensjahr bei Pflegeeltern (Hermann und Anna Schulz) auf; Gürtlerlehre, später Maschinenschlosser.

1912 Mitglied der SPD, ab 1915 Soldat im Weltkrieg, ging 1917 zur USPD und war im November 1918 Vorsitzender eines Soldatenrats in Estland. Zurück in Berlin, nahm er dort an den Januarkämpfen 1919 teil. Er kam Ende 1920 mit dem linken Flügel der USPD zur KPD. Bei der Vorbereitung des Oktobers 1923 mit militärischen Aufgaben betraut, berief ihn die Zentrale im September 1923 zum »Revolutions-Kommissar« für Waffen. Anschließend war er unter ▸ Ruth Fischer als militärpolitischer Instrukteur tätig. Längere Zeit erwerbslos, arbeitete dann wieder als Schlosser bei Siemens. Mit der Mehrheit der Berliner Funktionäre gehörte Peschke zur Fischer-Maslow-Richtung, mit diesen wandte er sich 1925 gegen den »Offenen Brief« der Komintern. Als Leiter des UB Berlin-Prenzlauer Berg trat er noch Ende 1925 gegen ▸ Ernst Thälmann auf, doch einige Wochen später schwenkte er zum ZK über. 1925 in die Stadtverordnetenversammlung von Groß-Berlin gewählt, kam er im Oktober 1926 in die Orgabteilung des ZK, war später Mitarbeiter in der Gewerkschaftsabteilung. Ab November 1930 Vorsitzender des Einheitsverbandes der Metallarbeiter von Berlin und Brandenburg und Mitglied der RGO-Reichsleitung. Ende Januar 1933 ging Peschke in die Sowjetunion, wo er bis 1936 Mitarbeiter der RGI und stellvertretender Leiter des mitteleuropäischen Sekretariats in Moskau war, hier in die KPdSU(B) übernommen, reiste er für sechs Monate illegal als RGI-Instrukteur nach Österreich. 1936 Redakteur bei der »Deutschen Volkszeitung« in Prag, führte dort 1937/38 die KPD-AL. Er flüchtete 1939 nach Schweden, war 1939/40 in der KPD-AL Mitte in Stockholm zusammen mit ▸ Karl Mewis. Dann verhaftet, er kam in ein Internierungslager. Ab Sommer 1943, 600 Kilometer nördlich von Stockholm, Werkzeugmacher. Peschke kehrte im Januar 1946 über Danzig nach Berlin zurück, war von Juni 1946 bis Oktober 1949 Vorsitzender des ZV der IG Metall in der SBZ. Bei Bildung der DDR-Regierung wurde er Staatssekretär im Ministerium für Arbeit u. Gesundheitswesen, von 1951 bis 1954 Leiter der ostdeutschen Sozialversicherung, im Sommer 1953 wegen »unsensiblen Verhaltens gegenüber der Ärzteschaft« abberufen, ab Anfang 1955 Leiter der Abteilung für Arbeiterfragen im Ausschuß für Deutsche Einheit. Er erhielt zum 75. Geburtstag 1965 den Karl-Marx-Orden. Paul Peschke starb am 4. Dezember 1983.

▸ Petermeier, Karl (* 1899 – † 1938)

Geboren am 12. Oktober 1899 in München, studierte Volkswirtschaft, wurde 1916 zum Militär eingezogen, war Flugzeugführer und kam verwundet in ein Münchner Lazarett. Während der dortigen Räterepublik 1919 war Petermeier Adjutant des Stadtkommandanten von München. 1919 Mitglied der KPD, er wurde wegen Beteiligung an der Münchner Räterepublik gesucht und in Abwesenheit zu eineinhalb Jahren Haft verurteilt. Kurzzeitig Mitglied der KAPD und Funktionär der AAU, er reiste 1921 als Delegierter der AAU zum Gründungskongreß der RGI nach Moskau. Petermeier trennte sich von der AAU, wurde 1921 Mitarbeiter der »Roten Fahne« und der sowjetrussischen Handelsvertretung in Berlin. 1922/23 kam er unter dem Decknamen Winokurow in den Apparat der KPD-Zentrale zu ▸ August Kleine (Samuel Guralski) und war im AM-Apparat an der Vorbereitung des geplanten bewaffneten Aufstandes im Oktober 1923 beteiligt. Wegen drohender Verhaftung flüchtete er aus Deutschland und erhielt eine Anstellung in der sowjetischen Handelsvertretung in London, wurde aber ausgewiesen. Von 1924 bis 1926 im Auftrag der Komintern in Italien tätig, übersiedelte dann in die Sowjetunion, wurde Mitglied der KPdSU und (nach nicht abgeschlossener Hochschulbildung) Referent im Volkskommissariat für Außenhandel. Ab 1931 Lehrstuhlleiter am Institut der Roten Professur zu Fragen der Weltwirtschaft und Weltpolitik. Petermeier war zuletzt Leiter der Internationalen Bibliothek in Moskau und gehörte zum Freundeskreis des 1933 als Trotzkist »entlarvten« ▸ Erich Wollenberg. Karl Petermeier wurde am 27. Juli 1937 vom NKWD verhaftet, am 2. April 1938 durch das Militärkollegium des Obersten Gerichts wegen »Spionage« zum Tode verurteilt und am gleichen Tag in Butowo erschossen. Das Oberste Gericht der UdSSR hat Petermeier am 22. Juli 1965 rehabilitiert.

▸ Peters, Bruno (* 1884 – † 1960)

Geboren am 18. Januar 1884 in Berlin, Sohn eines Schuhmachermeisters; wurde Werkzeugmacher. Er trat 1908 der SPD bei und gehörte von 1910 bis 1916 zur Leitung der 3. Gruppe des sozialdemokratischen Wahlkreises Berlin-Charlottenburg, in dem im Januar 1916 die Opposition die Führung übernahm. 1916/17 Schlosser in Berlin, stand in Verbindung zu den Revolutionären Obleuten. Ab 1916 gehörte er zur Spartakusgruppe, 1917 trat er der USPD bei. Peters war ein Vertrauter von ▸ Leo Jogiches und half u. a. bei der Verbreitung der »Spartakusbriefe«. Im April 1917 anläßlich des Berliner »Brotstreiks« zeitweilig inhaftiert, wurde dann zum Militärdienst eingezogen. Zusammen mit Jogiches wurde er u. a. wegen Beteiligung am Januarstreik verhaftet und wegen »Hoch- und Landesverrats« angeklagt, Mitte Oktober 1918 entlassen. Im November 1918 war Peters 1. Vorsitzender des Arbeiter- und Soldatenrates in Frankfurt/Oder. Gemeinsam mit ▸ Wilhelm Michalski nahm er als Delegierter Charlottenburgs am Gründungsparteitag der KPD teil und wurde Mitglied der Revisionskommission der Partei. Peters wurde auf dem IV. Parteitag im April 1920 als Kassenrevisor der Zentrale der KPD gewählt, ebenso im Dezember 1920 vom Vereinigungsparteitag von KPD und USPD (Linke). Auf dem VII. Parteitag 1921 in Jena legte er sein Mandat als Obmann der Revisionskommission nieder. Bis Anfang 1933 betätigte er sich nur noch ehrenamtlich als Referent der BL Berlin-Brandenburg. Er arbeitete als Abnahmeingenieur bei der sowjetischen Handelsvertretung in Berlin. Ab 1933 lebte er einige Monate illegal, wurde 1934 erstmals kurzzeitig inhaftiert. Peters kam ab März 1941 als Abnahmeingenieur zur Deutschen Reichsbahn, hatte konspirativen Kontakt zu Werner Seelenbinder, wurde 1944 verhaftet und wegen »Zersetzung der Wehrkraft« zu drei Jahren Zuchthaus verurteilt. Sein Bruder Max wurde noch im Februar 1945 hingerichtet. Ab Juni 1945 arbeitete Bruno Peters wieder im Reichsbahnzentralamt und als ehrenamtlicher KPD-Funktionär in Berlin-Charlottenburg, war zuletzt Leiter des Abnahmeamtes bzw. des Technischen Zentralamts der Deutschen Reichsbahn. 1953 übersiedelte er nach Berlin-Pankow, erhielt 1958 als Parteiveteran den VVO in Silber. Bruno Peters starb am 13. Februar 1960.

Seine Frau **Lucie Peters**, geborene Schulz (* 18. 9. 1888 – † 7. 7. 1967), war Kontoristin, 1908 Mitglied der SPD und 1919 der KPD. Von 1926 bis 1930 Sekretärin im Berliner Büro der IAH und 1930/31 in der »Liga gegen den Imperialismus«. 1931/32 Frauensekretärin der Berliner Organisation der IAH, ab 1933 illegale Arbeit für die KPD. Nach 1945 Mitglied des SED-Kreisvorstandes in Berlin-Charlottenburg, ab 1953 Veteranin in Ost-Berlin.

▸ Peters, Herbert (* 1904 – † 1945)

Geboren am 20. Juli 1904 in Zeitz, Arbeiter. Er trat 1923 der KPD bei und war für sie in Berlin aktiv. 1928 wurde er in den AM-Apparat der KPD übernommen und war Mitarbeiter des Verbindungsdienstes der Komintern. Nach 1933 illegal für den KPD-Apparat tätig, emigrierte er 1934 oder 1935 in die Sowjetunion und wurde dort (Pseudonym Hans Leo Hofmann) im Komintern-Apparat beschäftigt. Am 13. September 1938 vom NKWD verhaftet, wurde Peters im Juli 1940 zu drei Jahren Lager verurteilt. Durch eine Verfügung des NKWD vom 22. Juni 1941 blieb er weiter in Haft. Herbert Peters ist am 3. Februar 1945 dann im Lager Karaganda ums Leben gekommen.

▸ Petersen, Jan (* 1906 – † 1969)

Geboren am 2. Juli 1906 in Berlin als Hans Otto Schwalm, Sohn eines Maurers. Zunächst Dreher, verfaßte er ab Ende der zwanziger Jahre Gedichte und Erzählungen für die Arbeiterpresse. Seit 1929 Mitglied der KPD, wurde er als Jan Petersen 1931 hauptamtlicher Orgleiter des Bundes proletarisch-revolutionärer Schriftsteller, von 1933 bis 1935 Leiter des illegalen BPRS in Berlin. 1935 Emigration, zunächst nach Frankreich und in die Schweiz, 1937 nach Großbritannien. Dort war Petersen von 1938 bis 1946 Vorsitzender des Freien Deutschen Kulturbundes und Mitglied des PEN-Zentrums, 1940/41 zeitweise interniert. Bekannt wurde er vor allem durch seine Romane »Unsere Straße« (1936, in zwölf Sprachen übersetzt) und »Weg durch die Nacht« (1944). Er kehrte 1946 nach Berlin zurück, arbeitete als freier Schriftsteller und war von 1953 bis 1955 1. Vorsitzender des Deutschen Schriftstellerverbandes Berlin (Ost). Jan Petersen starb am 11. November 1969 in Ost-Berlin.

▸ Peterson, Bruno (* 1900 – † 1966)

Geboren am 16. April 1900 in Berlin, Sohn eines Tischlers, lernte Schriftsetzer, gehörte im Weltkrieg der Spartakusjugend an. 1918 noch Soldat, er trat 1919 in die KPD ein. In den zwanziger Jahren Schriftsetzer und Korrektor im Verlag Jugend-Internationale. Ende 1928 Agitpropsekretär in der RFB-Bundesführung, nach dem RFB-Verbot kam er in die Agitpropabteilung des ZK. Nach einem Kurs in Moskau übernahm Peterson 1930 die Leitung des Internationalen Arbeiterverlages. Ende 1932 gehörte er als Leiter des Kurierdienstes zu den wichtigen Mitarbeitern im Sekretariat des ZK der KPD und des AM-Apparates. Ab Februar 1933 in der illegalen Landesleitung tätig, im November 1933 festgenommen, Ende des Monats Zeuge im Reichstagsbrand-Prozeß. Am 13. Februar 1934 zu zwei Jahren Zuchthaus verurteilt, nach der Freilassung emigrierte er im Februar 1936 in die ČSR und war in Prag mitverantwortlich für den Druck der »Roten Fahne«. Seit Juni 1937 in Frankreich, als tschechischer Staatsbürger 1939 im ČSR-Korps der französischen Armee, er geriet 1940 in deutsche Kriegsgefangenschaft und gab sich als Franzose aus, bis April 1945 in verschiedenen Kriegsgefangenenlagern. Ende 1945 ging Peterson zurück nach Paris und Anfang Juli nach Saarbrücken, wo er Druckereileiter der KPD wurde. Im Juli 1946 aus der französischen Zone ausgewiesen, Übersiedlung in die SBZ, bis 1950 Redakteur im Dietz Verlag, von 1950 bis 1962 Leiter der Verlage Volk und Welt und Neues Leben, zuletzt Geschäftsführer des DDR-Börsenvereins der Deutschen Buchhändler in Leipzig. Er erhielt 1957 den VVO in Silber. Bruno Peterson starb am 28. Januar 1966 in Ost-Berlin.

▸ Peuke, Werner (* 1905 – † 1949)

Geboren am 30. November 1905 in Berlin, Sohn eines Arbeiters; konnte als Freischüler am Köllnischen Gymnasium das Abitur ablegen. Er schloß sich schon als Schüler der KPD an, nach einer kaufmännischen Lehre Techniker. Peuke trat 1922 der Gewerkschaft und dem KJVD bei, war 1923 Vorsitzender des Proletarischen Jugendkartells und Mitglied der Berliner Leitung. 1925 wurde er offiziell Mitglied der KPD und arbeitete bis 1933 hauptamtlich als KPD-Sekretär bzw. Parteiangestellter. 1929 Agitpropleiter der BL Berlin, anschließend Polleiter des KPD-UB Zentrum. Ende 1929 verhaftet, da er zusammen mit ▸ Karl Frank im Oktober 1928 den Handstreich gegen den Rundfunk organisiert hatte, bei dem ▸ Karl Schulz eine öffentliche kommunistische Rede gegen den Panzerkreuzerbau halten konnte. Peuke wurde zu drei Monaten Gefängnis verurteilt. 1930 war er führend in der Gruppe um ▸ Paul Merker, die in seinem Bezirk einen starken Stützpunkt besaß. Offiziell kapitulierte er im Mai 1930 vor dem ZK, hielt aber illegal die oppositionelle Gruppe weiter zusammen. Als ▸ Walter Ulbricht und ▸ Paul Langner ihn 1931 in einer Parteiveranstaltung wegen einer »abweichenden Rede« angriffen, erwiderte er lächelnd, doch nur Absätze aus früheren ZK- und EKKI-Beschlüssen zitiert zu haben. Peuke arbeitete wieder als Techniker und leitete nach 1933 eine illegale Widerstandsgruppe, die sich aus ehemaligen Mitgliedern des Merker-Kreises zusammensetzte. Nach ihm wurde 1933 gefahndet wegen angeblicher Beteiligung an der Ermordung des SA-Mannes Horst Wessel und der Polizeioffiziere Paul Anlauf und Franz Lenck im August 1931. Peuke fuhr öfter nach Prag, hatte Verbindung zur Gruppe »Neu-Beginnen« und zu Paul Merker persönlich.

Am 13. April 1936 nahm ihn die Gestapo in Teltow fest, von April bis August 1936 in strenger Einzelhaft, erlitt brutale Mißhandlungen im Berliner Columbiahaus und in der Prinz-Albrecht-Straße, dann zunächst im KZ Lichtenburg und anschließend KZ Sachsenhausen, dort im Januar 1939 entlassen. Im Juli 1940 zur Wehrmacht eingezogen, Soldat bei der Eisenbahnflak, kam in britische Kriegsgefangenschaft und war im Juli 1945 wieder in Berlin. Er wurde Mitglied der KPD, 1946 der SED, arbeitete als Angestellter des Bezirksamtes Berlin-Kreuzberg, anschließend Direktor der Humboldt-Mühle in Berlin-Tegel. Peuke widersetzte sich der Umwandlung der SED in eine stalinistische Partei vehement. Am 5. Dezember 1948, dem Tag, an dem die SED zum Boykott der Wahlen zur Stadtverordnetenversammlung im Westteil der Stadt aufrief, trat Peuke demonstrativ aus der SED aus. Er richtete im sozialdemokratischen »Telegraf« unter der Überschrift »Befreit Euer Gewissen« einen Appell an die Mitglieder der SED: »Wir haben nicht alle Qualen des Faschismus ertragen, um jetzt unter anderer Flagge den gleichen Leidensweg zu gehen. Die Blockade ist unmenschlich. Für die geplante Unterdrückung in Berlin trägt die SED die volle Verantwortung. Sie ist blind gegenüber der Wirklichkeit. Ihre Haltung und Politik führt zur Verletzung jeder Menschenwürde, zur Vernichtung jeder Demokratie, ist der Weg in die Barbarei. Deshalb wähle ich am 5. Dezember die Freiheit, Liste 1, Sozialdemokraten.« Der SPD-Parteivorstand hat ihn dann im Bundestagswahlkampf im Sommer 1949 als Redner eingesetzt. Werner Peuke starb am 8. Oktober 1949 in West-Berlin.

▸ Pfaff, Nikolaus (* 1892 – † 1951)

Geboren am 8. März 1892 in Michelau/Oberfranken, Sohn eines Korbmachers; besuchte die Realschule und das Lehrerseminar in Kulmbach und Bayreuth. 1910 legte er sein Lehrerexamen ab und war (mit Unterbrechung 1912/13 wegen des Militärdienstes) Volksschullehrer in verschiedenen bayerischen Orten. Im Weltkrieg Soldat, 1916 schwer verwundet, zuletzt Leutnant der Reserve, Anfang August 1918 schied Pfaff aus dem Heeresdienst aus und nahm seine Tätigkeit als Volksschullehrer wieder auf. Er schloß sich zunächst der SPD, dann der USPD an, mit deren linkem Flügel ging er 1920 zur KPD. Wegen seiner öffentlichen antikirchlichen Propaganda leitete die Schulbehörde in Oberfranken gegen Pfaff ein Disziplinarverfahren ein. Unmittelbar vor Abschluß des Verfahrens stellte ihn die von der USPD geführte Landesregierung in Gotha als Volksschullehrer in Zella-Mehlis ein. 1923 als Waffenkäufer der Zentrale (unter dem Namen Dr. Winkler) tätig, gehörte Pfaff dem militärischen Stab der Parteiführung der KPD an. Da er nach der Oktoberniederlage polizeilich gesucht wurde, lebte er bis 1925 illegal und war Redakteur kommunistischer Zeitungen. Im März 1925 flüchtete er in die Sowjetunion und arbeitete im Komintern-Apparat. 1927 als Kandidat für die Landtagswahl in Thüringen aufgestellt, um unter dem Schutz der Immunität zurückkehren zu können. Seine Kandidatur wurde jedoch abge-

lehnt, da er seit drei Jahren nicht mehr in Thüringen wohnte.
Nach der Amnestie im Oktober 1928 wieder in Deutschland, wurde Pfaff als »Kommissar« des ZK in Thüringen eingesetzt, um dort die rechte Opposition zu bekämpfen. Nach dem Tode ▸ Emil Hölleins rückte er an dessen Stelle im August 1929 als Abgeordneter in den Reichstag nach. Seit Ende 1928 auch Polleiter der KPD in Thüringen, wurde dort 1930 von ▸ Walter Duddins abgelöst, 1930 auch nicht mehr als Kandidat für den Reichstag aufgestellt. Ende des Jahres wegen »Vorbereitung zum Hochverrat« vom Reichsgericht zu einem Jahr Festungshaft verurteilt, die er von Mai 1931 bis Mai 1932 in Groß-Strehlitz/Oberschlesien verbüßte. Danach trat er politisch nicht mehr hervor. Nach 1933 zunächst jahrelang Wohlfahrtserwerbsloser, konnte er später in einer Zella-Mehliser Spedition als Buchhalter arbeiten und bekam Kontakt zur Widerstandsgruppe um ▸ Anton Saefkow. Am 8. Juni 1944 wurde Pfaff mit einer großen Anzahl ehemaliger Arbeiterfunktionäre von der Gestapo verhaftet, in das Zuchthaus Ichtershausen eingeliefert und dort am 15. April 1945 von amerikanischen Truppen befreit. Pfaff trat zunächst nicht wieder der KPD bei, kritisierte deren Aufruf vom 11. Juni 1945 als Verrat an den kommunistischen Idealen. Erst im Dezember 1945 Mitglied der KPD, nahm er am thüringischen Gewerkschaftskongreß und am Vereinigungsparteitag in Gotha teil. Im März 1946 mußte Pfaff wegen eines Herzinfarkts in das Krankenhaus Zella-Mehlis, kritisierte sofort die Unfähigkeit der Geschäftsführung und deckte auch Korruption auf. Dadurch geriet er in Konflikt mit der SED-Ortsleitung, die ihn kurzerhand aus der Partei ausschloß. Nikolaus Pfaff starb am 23. Mai 1951 in Zella-Mehlis.

▸ Pfeiffer, Hans Walter (* 1895 – † 1968)

Geboren am 24. April 1895 in Johanngeorgenstadt/Krs. Schwarzenberg, Sohn eines Handschuhmachers; lernte in Chemnitz Werkzeugmacher. Nach der Lehre ging er auf Wanderschaft.

An seinem 18. Geburtstag 1913 wurde er Mitglied der SPD. Anschließend zog er in die Schweiz, wo er sich den Anarchisten anschloß, ▸ Robert Siewert gewann ihn wieder für die Sozialdemokratie. Im November 1914 kehrte er nach Deutschland zurück. Wegen körperlicher Untauglichkeit kein Soldat. In Berlin Anhänger der Spartakusgruppe, 1917 USPD. Pfeiffer gehörte nach dem Januarstreik 1918 dem Kreis der Revolutionären Obleute an und war Ende 1918 Delegierter des KPD-Gründungsparteitags. Ab Mai 1919 hauptamtlicher Sekretär der KPD u. a. von Dezember 1919 bis Mai 1920 Bezirkssekretär für Nordbayern in Nürnberg. Nach Verhaftung und Ausweisung aus Bayern war Pfeiffer in den folgenden Jahren vor allem in der Orgarbeit in Berlin tätig, sein bürokratisches Verhalten trug ihm den Spitznamen Kartothekowitsch ein. Zunächst Anhänger der linken Opposition, auf dem VII. Parteitag 1921 in Jena in die Statutenkommission gewählt, auf dem VIII. Parteitag im Januar 1923 als Mitglied in die Zentrale berufen. Zusammen mit ▸ Heinz Neumann, ▸ Gerhart Eisler und ▸ Arthur Ewert distanzierte er sich im April 1923 von der Ruth-Fischer-Opposition.
Im Mai 1924 in den Reichstag gewählt, blieb er bis 1930 Abgeordneter des Wahlkreises Potsdam. Als Mitglied der Zentrale von 1923 polizeilich

gesucht, im März 1924 verhaftet, saß er trotz seiner Immunität bis Juli 1925 in Untersuchungshaft. Nach der Freilassung wieder in der Orgleitung des Berliner Parteibezirks, wurde nach dem »Offenen Brief« 1925 eine der Stützen des ZK gegen die Parteilinke. Bis Ende 1929 Orgleiter des Bezirks Berlin-Brandenburg, vom XII. Weddinger Parteitag 1929 als Kandidat ins ZK berufen. Von Januar 1930 bis Oktober 1932 war Pfeiffer Mitarbeiter der Orgabteilung der Komintern, u. a. KI-Instrukteur in der Tschechoslowakei, Österreich sowie in Skandinavien. Er kehrte im Oktober 1932 nach Deutschland zurück, arbeitete zunächst in der Orgabteilung des ZK. Bei der Novemberwahl 1932 im Wahlkreis Westfalen-Süd erneut in den Reichstag gewählt. Am 7. Februar 1933 Teilnehmer der letzten illegalen Tagung der Parteiführung in Ziegenhals. Im April 1933 Oberberater des ZK, reiste Pfeiffer mit falschem Paß (Kurt Mittendorf) zwischen Berlin und dem Rheinland und führte mehrere Besprechungen. Bei seiner Verhaftung am 10. Juni 1933 in Elberfeld beschlagnahmte die Gestapo einen Koffer mit Berichten an das ZK. Erst nach schweren Folterungen gab Pfeiffer die Anklagepunkte und seine Tätigkeit im wesentlichen zu und wurde am 26. November 1934 vom VGH zu drei Jahren Zuchthaus verurteilt. Nach der Haftzeit wurde er noch bis 1938 im KZ Sachsenhausen festgehalten, dort bis zur Entlassung ständig verhört und bekam von der Gestapo wiederholt Angebote zur Mitarbeit. Danach Werkzeugmacher in Berlin, ab 1944 in Glogau.

Von Mai bis November 1945 stellvertretender Landrat des Kreises Teltow, bis November 1947 Instrukteur der KPD-BL Brandenburg bzw. des SED-LV Brandenburg, dann dort bis 1950 Leiter der Abteilung Wirtschaft bzw. der Orginstrukteur-Abteilung. Seit Dezember 1950 Kulturdirektor des VEB ABUS in Wildau und ab 1953 Sekretär des Rates des Kreises Königs Wusterhausen. Im Januar 1960 abgesetzt wegen angeblichen Verrats als KZ-Häftling. Pfeiffer hatte sich bereits unmittelbar nach Kriegsende gegen die Verdächtigungen gewehrt, er sei ein Gestapospitzel gewesen. In einem Schreiben an die ZPKK von 1959 gab er lediglich Fehler zu. Laut seinem Bericht war die Gestapo z. B. durch Aussagen anderer genau informiert, wann, wo und wie lange er im Einsatz für die Komintern bzw. das ZK gewesen war. Aufgrund von nicht bewiesenen Anschuldigungen wurden Pfeiffer dennoch die für Parteiveteranen üblichen Ehrungen und Auszeichnungen vorenthalten. Pfeiffers Teilnahme an der Tagung in Ziegenhals durfte auf direkte Anweisung der Kaderabteilung des ZK der SED in einer entsprechenden Broschüre nicht erwähnt werden (wohl aber die von ▸ Max Opitz, der sich 1941 zu Hitler bekannt hatte). Sehr spät bekam er nur die Medaille für die »Teilnahme an den Kämpfen der Arbeiterklasse 1918 bis 1923« sowie 1966 eine Verdienstmedaille. Symptomatisch für die Mißachtung dieses Altkommunisten: Das ZK der SED gratulierte am 24. April 1965 im »Neuen Deutschland« zwar zwei Professoren zum 65. Geburtstag, ignorierte aber den 70. Geburtstag Hans Pfeiffers am gleichen Tag. Und als Hans Pfeiffer am 30. März 1968 starb, hat ihm das ZK in SED-Zeitungen auch nicht den üblichen Nachruf gewidmet. Am 5. April 1968 erschien lediglich im »Neuen Deutschland« eine privat aufgegebene Todesanzeige für Hans Pfeiffer.

▸ Pfeiffer, Max (* 1896 – † ?)

Geboren am 25. April 1896 in Düsseldorf, nach dem Abitur Fotograf und Journalist. Von 1910 bis 1916 Mitglied der Arbeiterjugend, 1917 der USPD. Pfeiffer war im Spartakusbund aktiv und seit 1919 in der KPD. Ab 1922 Redakteur bei KPD-Zeitungen, u. a. in Wuppertal, dort kurzfristig Chefredakteur. Er war von 1927 bis 1931 in den Münzenberg-Medien tätig, u.a. als Redakteur und Fotograf bei der AIZ. Im Februar 1932 in die Sowjetunion abkommandiert; in Moskau arbeitete er (Pseudonym Willi Elberfeld) für die »Unionfoto« und die »Deutsche Zentral-Zeitung«. Anfang 1937 vom NKWD verhaftet und in den Gulag auf den Solowezki-Inseln verbannt. Max Pfeiffer kam dort als Opfer der Stalinschen Säuberungen ums Leben, das genaue Todesdatum ist nicht bekannt.

▸ Pfemfert, Franz (* 1879 – † 1954)

Geboren am 20. November 1879 in Lötzen/Ostpreußen, wuchs im kleinbürgerlichen Milieu in Berlin auf. Nach dem Tod des Vaters 1892 mußte er das Gymnasium verlassen, schlug sich beim Zirkus und als Botenjunge durch und soll seinerzeit sogar Radrennmeister gewesen sein. Er hat dann eine Buchdruckerlehre abgeschlossen, doch die Jugendzeit liegt im dunkeln, ebenso seine frühen Beziehungen zum Anarchismus und zur Boheme. Der Autodidakt Pfemfert veröffentlichte 1904/05 Artikel in der anarchistischen Zeitschrift »Kampf«, war 1908/09 Mitarbeiter an linksliberalen Blättern und Mitglied der Demokratischen Vereinigung. 1910 wurde Pfemfert Redakteur der Wochenschrift »Der Demokrat«, schied aber im Januar 1911 wegen Streits mit dem Herausgeber aus und gründete schon im Februar 1911 »Die Aktion«, die bis 1931 sein Lebensinhalt wurde.

Diese berühmte radikale Kulturzeitschrift war nach dem Weltkrieg auch ein radikalkommunistisches Organ. Pfemfert gab sie in enger Zusammenarbeit mit **Alexandra Ramm** (*31. 1. 1883 – † 17. 1. 1963) heraus, mit der er seit 1911 verheiratet war. Nach Ausbruch des Weltkriegs beteiligte er sich an illegaler Antikriegspropaganda und bildete mit Mitarbeitern der »Aktion« die Antinationale Sozialistische Partei, die sich später dem Spartakusbund anschloß. Er war Teilnehmer am Gründungsparteitag der KPD, gehörte aber ab Mitte 1919 zur linken Opposition. Nach dem II. Parteitag brach er mit der KPD und hat die KAPD mitbegründet, als er sich dort gegen den Anschluß der KAPD an die Komintern wandte, wurde er 1921 ausgeschlossen. Mit ▸ Otto Rühle bildete er dann die Allgemeine Arbeiter-Union (AAU). In seiner »Aktion« bot Pfemfert insbesondere kommunistischen Oppositionellen (etwa Leo Trotzki) eine politische Plattform.

Er selbst blieb ein revolutionärer und scharf antistalinistisch eingestellter Politiker. 1926 schloß er sich dem von ▸ Iwan Katz gegründeten ultralinken Spartakusbund der linkskommunistischen Organisationen an. Bereits 1932 mußte er die »Aktion« einstellen, seinen Unterhalt verdiente er seit 1927 mit einer »Werkstatt für Porträtfotografie«. Pfemfert und Alexandra Ramm (die sich inzwischen als Trotzki-Übersetzerin einen Namen gemacht hatte) gelang 1933 die Flucht in die ČSR. Dort wurde er von den Parteikommunisten heftig angefeindet, verleumdet und bedroht, vor allem weil er als unabhängiger Kommunist den Moskauer Schauprozeß von 1936 öffentlich als Barbarei Stalins angegriffen hatte. Emigration nach Frankreich, dort vorübergehend interniert, kamen beide 1941 ins Exil nach Mexiko, wo sie isoliert und in großer Armut lebten. Wie alle Wahrheitsfanatiker verteidigte auch Pfemfert seine anarchokommunistische Überzeugung bis ins Extrem und verlor durch diese rigorose Haltung immer wieder Weggenossen. Seine Geradlinigkeit als politischer Rebell seit seiner scharfen Ablehnung der Kriegshysterie und des Chauvinismus 1914 schuf ihm zwar Feinde, aber ebenso Freunde und Mitkämpfer. Und auch seine Weitsicht in der modernen Kunst als Wegbereiter des Expressionismus bleibt verdienstvoll. Franz Pfemfert starb am 26. Mai 1954 in Mexiko. Alexandra Ramm-Pfemfert kehrte 1955 nach Berlin zurück. Hier versuchte sie bis zu ihrem Tod 1963, den damals fast (inzwischen nicht mehr) vergessenen Pfemfert wieder ins Gedächtnis der Öffentlichkeit zu bringen. Über sie liegt jetzt eine Dissertation (von Juliane Ranc) vor. Texte und Briefe Franz Pfemferts (Pfemfert. Erinnerungen und Abrechnungen) wurden 2000 von Lisbeth Exner und Herbert Kapfer herausgegeben.

▸ Pfordt, Friedrich (* 1900 – † 1957)

Geboren am 18. Februar 1900 in Landweiler/Saar, Sohn eines Bergmanns. Ab 1917 Schlosser in den Neunkirchner Eisenbahnwerkstätten. Während des Weltkrieges vom Militärdienst reklamiert und als Lokomotivheizer eingesetzt. 1920 besuchte er vier Semester lang die Eisenbahnfachschule, wurde aber vom Vertrauensarzt der Eisenbahndirektion für »farbuntüchtig« erklärt. 1917 trat Pfordt in den Eisenbahnerverband ein, wurde 1921 Mitglied der USPD und 1923 der KPD. Als Bevollmächtigter verschiedener Ortsverwaltungen des Eisenbahnerverbandes 1926 in den Bezirksvorstand Saar des Einheitsverbandes der Eisenbahner Deutschlands gewählt, aber im Oktober 1928 aus dem Verband ausgeschlossen. Im Juni 1929 begann Pfordt als Redakteur der »Arbeiterzeitung«, war von Januar bis Mai 1930 Orgleiter der KPD-BL Saar. Anschließend kam er als Instrukteur des Westeuropäischen Büros der Komintern nach Luxemburg, wurde dort verhaftet. Ab August 1930 wieder in Saarbrücken, Chefredakteur der »Arbeiterzeitung«, zusätzlich Leiter der Kommunalabteilung der BL Saar. 1931 wurde er als Abgeordneter in den Landesrat Saar gewählt. Im Oktober 1932 reiste er nach Moskau, Kursant der Internationalen Leninschule. Mitte Juni 1934 löste er ▸ Paul Lorenz als Polleiter der BL Saar ab, war zugleich Herausgeber und Redakteur der »Arbeiterzeitung«. Gemeinsam mit Max Braun, dem Vorsitzenden der SPD-Saar, war er führend in der Einheitsfrontbewegung und im Kampf gegen den Anschluß des Saargebietes an Deutschland aktiv. Pfordt nahm am VII. Weltkongreß der Komintern teil, arbeitete bis zu seinem Bruch mit der KPD im Jahre 1939 als Instrukteur der MOPR und war auch nachrichtendienstlich tätig. In einem Brief an Stalin hat Pfordt den Hitler-Stalin-Pakt scharf verurteilt. Er wurde dann in Schweden zeitweise interniert. Nach dem Krieg kehrte er in das Saargebiet zurück und leitete von 1946 bis 1949 die frankophile Anschlußbewegung »Mouvement pour le Rattachement de la Sarre à la France«. Er war Mitherausgeber der Zeitschrift »Die Neue Saar« und 1952 Mitbegründer der Saarländisch-Französischen Wirtschaftsunion »Freie Saar«. Friedrich Pfordt starb am 12. Oktober 1957 in Saarbrücken.

▸ Pieck, Wilhelm (* 1876 – † 1960)

Geboren am 3. Januar 1876 in Guben, Sohn eines Kutschers und einer Wäscherin. Nach einer Tischlerlehre von 1890 bis 1894 ging er auf Wanderschaft. 1894 wurde er Mitglied der Gewerkschaft, im folgenden Jahr der SPD. Von 1896 bis 1910 in Bremen, anschließend in Berlin wohnhaft, arbeitete er bis 1906 als Tischler, danach hauptamtlich als Parteisekretär. Er unterhielt von 1910 bis 1914 als Sekretär des SPD-Bildungsausschusses enge Verbindungen zu Friedrich Ebert. Bei Kriegsausbruch schloß sich Pieck als Kriegsgegner der Gruppe Internationale, der späteren Spartakusgruppe an, deshalb vom SPD-Parteivorstand seines Postens enthoben. Von Mai bis Oktober 1915 inhaftiert und anschließend zum Militär eingezogen, kam er

1916 an die Front. Nach einem Lazarettaufenthalt 1917 desertierte er und flüchtete im Februar 1918 nach Holland. Im Oktober 1918 kehrte er nach Berlin zurück und wurde hier enger Mitarbeiter ▸ Karl Liebknechts.

Auf dem Gründungsparteitag der KPD wurde Pieck in die Parteizentrale gewählt. In diesem Gremium konnte er sich bis 1933 halten, weil er sich (eher dem rechten Flügel zugehörig) immer der jeweiligen Linie anpaßte, was ihm den Ruf eines Opportunisten eintrug. ▸ Clara Zetkin wandte sich im Dezember 1921 strikt dagegen, daß Pieck als Nachfolger von ▸ Ernst Reuter (Friesland) Generalsekretär der KPD werde, denn ihm mangele »jeder politische Sinn, er ist so fanatisch eingestellt, daß er als Generalsekretär unmöglich ist, wenn wir nicht der KPD den Totenschein schreiben wollen«. Von 1921 bis 1928 und wieder 1932 war Pieck Abgeordneter des Preußischen Landtags, von 1928 bis 1933 auch des Deutschen Reichstags. In der KPD arbeitete er bis 1924 im zentralen Orgbüro, leitete von 1926 bis 1929 den stärksten KPD-Bezirk Berlin-Brandenburg. Dort nach dem ultralinken Kurswechsel 1929 von ▸ Walter Ulbricht abgelöst, nicht zuletzt weil er bei der vorübergehenden Absetzung des KPD-Vorsitzenden ▸ Ernst Thälmann (Wittorf-Affäre) keine klare Position bezogen hatte. Zunächst hatte Pieck sich gegen Thälmann gestellt, war aber nach einem Gespräch mit Stalin – dieser hatte ihm erklärt, die KPD käme ohne Pieck aus, dieser aber nicht ohne die Partei – sofort umgeschwenkt. Er war von November 1930 bis Mai 1932 KPD-Vertreter bei der Komintern-Führung in Moskau, schon der VI. Kongreß der Komintern 1928 hatte ihn zum Mitglied des Spitzenorgans EKKI gewählt, in dessen Präsidium kam er 1931. Im Mai 1932 kehrte Pieck nach Berlin zurück und wurde als Kandidat des Sekretariats des ZK der KPD in deren oberste Führung berufen, denn inzwischen hatte er sich der Politik Stalins völlig unterworfen.

Ein Blatt der kommunistischen Opposition schrieb damals über ihn: »Die Moskauer haben ihn Teddy [Thälmann] auf die Nase gesetzt, denn es muß doch wenigstens einer im Sekretariat sein, der bis drei zählen kann. Pieck kann bis drei zählen, wenn er es auch manchmal verbirgt ... Der Generalsekretär Pieck von 1932 ist nicht der Revolutionär von 1918 und 1920, sondern ein ausgestopfter Papagei.« Im Mai 1933 emigrierte Pieck nach Paris, wo er sich bis Januar 1935 aufhielt. Mit Ulbricht gehörte er im Politbüro zunächst zur Minderheit, die eine Änderung des ultralinken Kurses der KPD forderte. Als der VII. Weltkongreß der Komintern 1935 die neue Linie der »Einheits- und Volksfront« festgelegt hatte, wurde Pieck auf der »Brüsseler Konferenz« als Nachfolger des in Deutschland inhaftierten Thälmann zum Parteivorsitzenden gewählt. Ab 1935 in Moskau, blieb er während der blutigen Stalinschen Säuberungen, der zwei Drittel der gleich ihm emigrierten deutschen Kommunisten zum Opfer fielen, Leiter der Exil-Führung. 1943 gehörte er zu den Mitbegründern des »Nationalkomitees Freies Deutschland«. Der Auflösungsbeschluß der Komintern im Mai 1943 trug auch Piecks Unterschrift. 1944/45 war er in Moskau an den Beratungen über den Wiederaufbau der KPD nach dem Krieg und die Möglichkeit der Regierungsübernahme nach der »Vernichtung« der Sozialdemokratie maßgeblich beteiligt.

Am 1. Juli 1945 kehrte Pieck als KPD-Vorsitzender nach Berlin zurück, wo inzwischen durch Ulbricht – mit Billigung und Unterstützung der Sowjetischen Besatzungsmacht (SMAD) – die KPD wieder gegründet worden war. Mit seiner verbindlichen Art gegenüber den Führern der anderen SBZ-Parteien (SPD, CDU, LDP) gelang es ihm, die Kommunisten koalitionsfähig zu machen und insbesondere Otto Grotewohl vom Zentralausschuß der SPD in Berlin zu beeindrucken. Offensiv vertrat Pieck die neue strategische Linie der KPD, in Deutschland ein parlamentarisches, demokratisches Regime aufzubauen (»antifaschistisch-demokratische Ordnung«), aber die stalinistische Zielsetzung zunächst noch zu verbergen. So vermochte die KPD mit Zwang (Einschaltung der SMAD gegen sozialdemokratische Gegner der »Einheitspartei«) und Betrug im April 1946 in der SBZ die SPD in die SED einzuschmelzen. Pieck wurde Vorsitzender der SED (gemeinsam mit Grotewohl) und Mitglied des Zentralsekretariats bzw. seit 1949 des Politbüros. Obwohl bei mehreren Verhandlungen der SED mit Stalin zugegen, nahm sein politischer Einfluß ab. Am 11. Oktober 1949 von der Provisorischen Volkskammer zum ersten Präsidenten der neugegründeten DDR gewählt, war Pieck nunmehr auf einen eher repräsentativen Posten abgeschoben. Mit seinem jovialen Auftreten entsprach der damals 73jährige zwar dem erwünschten Typus eines »Landesvaters«, doch zu politischen Entscheidungen in der SED und der DDR wurde er kaum noch herangezogen. Wegen schwerer Krankheit konnte er zuletzt auch seine Amtspflichten nicht mehr wahrnehmen. Wilhelm Pieck starb am 7. September 1960.

▸ Pieser, Robert (* 1890? – † 1919)

Geboren ca. 1890 in Berlin, Arbeiter. Vor dem Weltkrieg Mitglied der SPD, 1917 der USPD, war in der Spartakusgruppe aktiv und wurde 1918 Vorsitzender des Spartakusbundes in Spandau. Pieser war auch Vorsitzender des Spandauer Arbeiterrates und nahm als Delegierter am Gründungsparteitag der KPD Ende 1918 teil. Er wurde am 1. Januar 1919 zum 2. Vorsitzenden der KPD in Spandau gewählt und arbeitete eng mit ▸ Felix Milkert zusammen. Beim Sturm der Regierungstruppen auf das Spandauer Rathaus am 10. Januar 1919 wurde Robert Pieser gefangengenommen und erschossen.

▸ Pietzuch, Emil (* 1899 – † 1943?)

Geboren am 9. März 1899 in Neurode/Breslau, stammte aus ärmlichen Verhältnissen; lernte Zimmerer. Gegen Kriegsende noch als Soldat eingezogen, danach ließ er sich in Berlin nieder, im August 1922 Mitglied der KPD. 1924 Leiter des Zersetzungsapparates (Reichswehr und Polizei) im Bezirk Berlin-Brandenburg. Ende 1925 verhaftet und im Juni 1926 vom Reichsgericht wegen »Vorbereitung zum Hochverrat« (antimilitaristische Propaganda unter der Reichswehr und der Schutzpolizei) zu zweieinhalb Jahren Zuchthaus verurteilt, Mitte 1927 bedingt entlassen. Orgleiter für den KPD-Bezirk Baden in Mannheim, 1928 kam Pietzuch wieder nach Berlin, Mitarbeiter in der Gewerkschaftsabteilung des ZK. Er nahm am VI. Weltkongreß der Komintern 1928 teil und wurde dort in verschiedene Kommissionen gewählt. 1929 in die Reichsleitung der RGO aufgenommen, in der er mehrere Jahre arbeitete, kehrte er im April 1932 als Orgleiter nach Baden zurück. 1932/33 war er als Artur auf der Moskauer M-Schule Aspirant.
Über Pietzuchs weiteren Lebensweg ist wenig bekannt. In einem 1940 beim VGH anhängigen Verfahren heißt es: »Etwa Anfang 1934 wurde der jetzt flüchtige Arbeiter Emil Pietzuch mit dem Aufbau einer illegalen kommunistischen Sabotage- und Terror-Organisation in Deutschland beauftragt ... und verstand es in der Folgezeit, eine größere Anzahl von Mitarbeitern zu werben, die er dann, soweit sie nicht als Kuriere, zur Einrichtung von Postanlaufstellen und bei der Vermittlung von Treffs verwendet wurden, in Gruppen zusammenfaßte und mit besonderen Aufgaben betraute ... Pietzuch verließ 1936 Deutschland und hielt sich ein Zeitlang in Prag auf, wo er unter der Beschuldigung, zum Nachteil der Tschecho-Slowakei Spionage betrieben zu haben, festgenommen wurde. Er wurde jedoch

bald wieder auf freien Fuß gesetzt und begab sich nach Moskau. Anfang 1937 tauchte er wieder in Berlin auf ... Am 2. April 1937 wurde er in seiner damaligen Wohnung in der Kurfürstenstraße, in der er sich mit der Herstellung von Sprengstoffen und dem Bau von Zündvorrichtungen beschäftigte, durch eine Sprengstoffexplosion schwer verletzt, konnte aber mit Unterstützung mehrerer Gesinnungsfreunde nach Prag entkommen.« Pietzuch flüchtete 1939 nach der Besetzung der ČSR in die Sowjetunion. Hier wurde er jedoch bereits 1936 von der KPD verdächtigt: Er habe in Prag keine Funktion, »früher aber BB«, mache er sich an Emigranten heran, »ohne mit irgend jemanden von uns in Verbindung zu stehen ...« Die Kaderabteilung empfahl im Juni 1936, »ihn zweckmäßigerweise aus der Partei auszuschließen«. Dies geschah damals nicht. Aber in Moskau wurde er Opfer der stalinistischen Säuberungen. Am 22. Juni 1941 vom NKWD verhaftet und am 4. Dezember 1943 durch das Militärtribunal des Obersten Gerichts zu fünf Jahren Freiheitsentzug verurteilt. Emil Pietzuch überlebte die Haft nicht, er starb (vermutlich 1943) im Gulag. Erst 1990 erfuhr seine in der DDR lebende Mitkämpferin, Margarete Forszpaniak, geb. Lipke (*2. 2. 1915), daß und wo Emil Pietzuch ums Leben kam. Auf ihre immer wieder vorgetragene Frage nach Pietzuchs Schicksal hatte zuvor der stellvertretende Leiter der Kaderabteilung des ZK gelogen und behauptet, Pietzuch wäre bei München mit dem Fallschirm abgesprungen und sei von der SS ermordet worden.

‣ Pink, Hans (* 1906 – † 1974)

Geboren am 14. April 1906 in Saarbrücken, Sohn einer Arbeiterfamilie; wurde Metallarbeiter. 1924 trat er in die KPD ein. Im Oktober 1930 im Betrieb gemaßregelt, weil er an der Gedenkfeier für die 98 Opfer der Schlagwetterkatastrophe auf der Grube Maybach teilgenommen hatte. Mitarbeiter in der Roten Hilfe, später hauptamtlicher Orgleiter der RHD Saar. 1932 in den Landesrat Saar gewählt, 1933 illegal in Idar-Oberstein in Rheinland-Pfalz, wurde dort verhaftet und saß bis August 1933 in »Schutzhaft«. Pink organisierte als Funktionär der Roten Hilfe im Saargebiet Solidaritätsaktionen für Georgi Dimitroff und ‣ Ernst Thälmann. Er erreichte, daß eine dreiköpfige Arbeiterdelegation aus dem Saargebiet nach Berlin reisen und Ernst Thälmann am 19. Mai 1934 im Gefängnis sprechen durfte. Nach dem Anschluß des Saargebiets emigrierte er 1935 nach Frankreich, arbeitete dort im Steinbruch und wurde im September 1939 interniert. Aus dem Internierungslager geflüchtet, fand er Anschluß an die Résistance und organisierte 1944/45 in Paris ein Büro für die Repatriierung von Saarländern. Pink kehrte in das Saargebiet zurück, trat wieder in die KP ein und wurde hauptamtlicher Funktionär des Industrieverbandes Metall, der späteren IG Metall Saar. Auch nach dem Verbot der KP des Saarlandes 1957 deren Mitglied, schied aber aus der hauptamtlichen Gewerkschaftsarbeit aus. Im September 1961 war er Vertrauensmann für die Kandidatur seines KPD-Genossen ‣ August Hey, der als Unabhängiger zur Bundestagswahl kandidierte. Hans Pink starb am 14. Mai 1974 in Völklingen.

‣ Pinnecke, Wilhelm (* 1897 – † 1938)

Geboren am 28. Mai 1897 in Honnef/Rheinland, Sohn eines Schneiders; wurde Ankerwick-

ler. Anfang der zwanziger Jahre Mitglied der KPD, Vorsitzender der Ortsgruppe Honnef. Als Anführer einer Proletarischen Hundertschaft beteiligte er sich mit gehorteten Waffenbeständen im September 1923 am Kampf gegen die rheinländischen Separatisten (»Schlacht am Ägidienberg«). Aufgrund des Waffenbesitzes wurde Pinnecke am 13. Dezember 1926 vom Reichsgericht in Leipzig wegen »Vorbereitung zum Hochverrat« zu zwei Jahren Gefängnis verurteilt. Nach seiner Entlassung Redakteur der Kölner KPD-Zeitung »Sozialistische Republik« und später Orgleiter des KPD-Bezirks Mittelrhein. Im Mai 1928 hatte er vergebens für den Preußischen Landtag kandidiert, im Juli 1932 wurde er im Wahlkreis Köln-Aachen in den Reichstag gewählt. Noch am 5. März 1933 kam er als Abgeordneter in den Preußischen Landtag, dann ging Pinnecke in die Illegalität und lebte zeitweilig unter dem Decknamen Leo in Köln, wo er als Polleiter bzw. Oberberater des ZK wirkte. Entgegen der Weisungen des ZK emigrierte Pinnecke im Sommer 1933 in die Niederlande, später über die Tschechoslowakei in die Sowjetunion. 1937 ging er nach Spanien und kämpfte in den Internationalen Brigaden, zuletzt Kommissar im »Edgar-André-Bataillon«. Wilhelm Pinnecke fiel am 12. März 1938 in Alcaila. Sein Tod blieb den deutschen Behörden unbekannt, die ihm noch am 26. November 1938 die deutsche Staatsbürgerschaft entzogen.

▸ Piontek, Isidor (* 1890 – † 1939)

Geboren am 1. Juli 1890 in Alt-Ujest/Groß-Strelitz, Sohn eines Arbeiters; erlernte keinen Beruf, sondern ging als Hilfsarbeiter in verschiedene Fabriken; nach dem frühen Tod des Vaters mußte er die elfköpfige Familie ernähren. Später auch Bergmann in Oberschlesien. Von 1912 bis 1914 Soldat bei der Infanterie, nahm dann vier Jahre als Unteroffizier am Weltkrieg teil, erhielt das EK II. Ab 1918 in Metallbetrieben des Ruhrgebiets. tätig, seit 1919 Mitglied in der Gewerkschaft, lange Jahre Betriebsrat in der Zinkhütte Hamborn. 1925 Mitglied der KPD, Anfang 1929 wurde Piontek hauptamtlicher Parteifunktionär, UB-Leiter in Hamborn und ab Mitte 1929 (Nachfolger ▸ August Creutzburgs) Orgleiter des Bezirks Ruhr. 1932 zog Piontek als KPD-Abgeordneter in den Preußischen Landtag ein, im gleichen Jahr übernahm er auch anstelle von ▸ Anton Saefkow die Leitung der RGO Ruhr und wurde 1933 als Nachfolger ▸ Karl Jannacks Sekretär der Roten Hilfe Niederrhein. In den ersten Wochen der Illegalität wurde er wegen Differenzen mit der Parteilinie (man warf ihm vor, »die Geschäfte nicht einwandfrei« geführt zu haben) aus der KPD ausgeschlossen. Am 5. Mai 1933 von der Gestapo verhaftet, kam in »Schutzhaft«, 1934 entlassen, dann als Hilfsarbeiter beschäftigt. Am 17. April 1937 erneut verhaftet und ins KZ Sachsenhausen gebracht, wo Isidor

Piontek am 23. Oktober 1939 (angeblich an Lungenentzündung) starb. Er war geschieden, sein einziger Sohn mußte sich Geld leihen, um den Vater in Berlin bestatten zu können.

▸ Plättner, Karl (* 1893 – † 1945)

Geboren am 3. Januar 1893 im Opperode bei Ballenstedt, Sohn einer Arbeiterfamilie; lernte Former. Nach dem Ende der Lehrzeit Wanderschaft durch ganz Deutschland, Ende 1912 kam er nach Hamburg. 1911 war er in den Metallarbeiterverband und in die SPD eingetreten. Er engagierte sich in der sozialdemokratischen Jugend, war seit Sommer 1913 Distriktleiter in Hamburg und gehörte vor dem Weltkrieg zu den Linken in der Partei. Im September 1914 als Soldat eingezogen, mußte an die Westfront, im Herbst 1915 wegen einer Schußverletzung im Lazarett, Ende 1915 Kriegsinvalide. Plättner war ein entschiedener Kriegsgegner und gehörte zu den aktiven Hamburger Jugendfunktionären. Ostern 1917 wurde er in Berlin auf einer Reichskonferenz der oppositionellen sozialdemokratischen Jugend mit ▸ Karl Becker und ▸ Reinhold Schönlank in die Redaktionskommission gewählt, die »Leitsätze« für die oppositionelle Jugend »ausarbeiten sollte«. Mitte September 1917 verhaftet, die Verhandlung vor dem Reichsgericht war für den 14. Oktober 1918 angesetzt. Anfang November durch die Revolution befreit, sein Verfahren wurde eingestellt. Plättner gehörte in Dresden zu den Mitbegründern der Internationalen Kommunisten Deutschland, war zeitweilig Mitglied des Arbeiter- und Soldatenrates in Dresden. Mit anderen IKD-Mitgliedern trat er am 16. November aus Protest gegen die Politik der Mehrheit aus diesem Gremium zurück. Plättner war mit ▸ Minna Naumann und Karl Becker Delegierter der IKD Dresden auf dem KPD-Gründungsparteitag Ende 1918 in Berlin. Anfang Januar 1919 war er in Bremen in der Räterepublik aktiv und führte den KPD-Bezirk Nordwest. Er flüchtete Anfang Februar 1919 vor den anrükkenden Freikorpstruppen, nahm vermutlich an den Berliner März-Kämpfen teil und zog dann als Wanderredner der KPD durch Mitteldeutschland. Im September 1919 verhaftet, gelang ihm aber bereits im Dezember die Flucht. Während der Richtungskämpfe innerhalb der KPD stand Plättner 1919/20 auf Seiten der Linksopposition. Er konnte die Mehrheit der Magdeburger KPD-Ortsgruppe in die KAPD bringen.

Ab Mitte 1920 war Plättner Führer der Kampforganisation der KAPD, führte die Parteiorganisation in Bremen und wurde deswegen ab 1921 polizeilich gesucht. Aktiv an der März-Aktion 1921 beteiligt, leitete von April 1921 bis zu seiner Verhaftung am 3. Februar 1922 mehrere »Bandenaktionen«. Die Plättner-Gruppe überfiel Bankfilialen und plünderte Werkskassen. Nach eineinhalbjähriger Untersuchungshaft wurde er am 30. November 1923 vom Reichsgericht zu zehn Jahren Zuchthaus verurteilt. Im Juli 1928 amnestiert, näherte er sich wieder der KPD an und arbeitete in Leipzig für die Rote Hilfe als Schriftsteller. Unter anderem veröffentlichte er Ende 1928 eine Broschüre über den Strafvollzug und 1930 das vielbeachtete Werk: »Eros im Zuchthaus«. 1933 und 1937 für einige Zeit inhaftiert, im September 1939 ins KZ Buchenwald und im Januar 1944 ins KZ Majdanek eingeliefert, von dort im Sommer 1944 nach Auschwitz. Anfang 1945 kam Plättner mit einem »Todesmarsch« in Melk an, einem Nebenlager des KZ Mauthausen und wurde noch im April 1945 in das KZ Ebernsee im österreichischen Salzkammergut verschleppt. Dort am 6. Mai von amerikanischen Truppen befreit, machte er sich auf die

Reise nach Leipzig. Unterwegs starb Karl Plättner am 4. Juni 1945 im Lazarett in Freising an den Haftfolgen. Über Plättner erschien 2000 von Volker Ullrich eine Biographie.

▸ Plenge, Oskar (* 1890 – † 1944)

Geboren am 10. April 1890 in Northeim, lernte Buchdrucker, dann Fabrikarbeiter. Als Handwerksbursche durchwanderte er 1910/11 Dänemark, Schweden und später Ungarn. 1912 kam er nach Iserlohn, wurde dort Leiter der Jungsozialisten. 1913 verpflichtete er sich als Maschinenmeister nach Petersburg, nach Kriegsausbruch 1914 festgenommen, lebte er bis 1917 als Zivilgefangener im Gouvernement Wologda. 1918 nach Solingen zurückgekehrt, schloß er sich der USPD an. Seine Niederschrift »Zivilgefangen in Rußland – Erlebnisse eines Solinger Arbeiters« erschien in einer Fortsetzungsreihe in der Solinger »Bergischen Arbeiterstimme«, wo er später Mitglied der Redaktion war. Als Vorsitzender der Betriebsräte des gesamten Solinger Gebietes leitete Plenge erfolgreich Streiks. Während des Kapp-Putsches im Ruhrgebiet von Freikorpstruppen verhaftet, konnte er dank seiner Geistesgegenwart entkommen. Die »Bergische Arbeiterstimme« hatte schon in großen Schlagzeilen verkündet: »Oscar Plenge tot!« Er war Delegierter der USPD auf dem Vereinigungsparteitag mit der KPD 1920. Im Februar 1921 wurde Plenge als Abgeordneter der KPD in den Preußischen Landtag gewählt, im gleichen Jahr von einem britischen Militärgericht in Solingen verhaftet, zu fünf Monaten Gefängnis verurteilt und nach Siegburg zur Strafverbüßung gebracht. 1922 verfaßte er das Vorwort zu ▸ Richard Sorges Ausgabe von ▸ Rosa Luxemburgs Werk »Akkumulation des Kapitals«. Von 1923 bis 1925 Redakteur der »Bergischen Arbeiterstimme« in Solingen, auch von 1924 bis 1928 wieder im Preußischen Landtag. Nach dem »Offenen Brief« 1925 schickte ihn die KPD als Leiter der Peuvag-Druckereien nach Bremen, wo er im März-April 1926 für einige Wochen auch Polleiter des Bezirks Nordwest war. Längere Zeit Chefredakteur der Bremer »Arbeiterzeitung« und zugleich Abgeordneter der Bremer Bürgerschaft. 1928 kam er nicht mehr in den Landtag, leitete aber weiterhin die Peuvag-Betriebe in Bremen, bis er im Mai 1931 als Redakteur nach Dresden versetzt wurde. Ab 1933 illegal für die KPD tätig, wurde verhaftet und am 3. Mai 1934 vom OLG Dresden zu zwei Jahren Zuchthaus verurteilt, kam danach für sechs Monate ins KZ Sachsenburg. Krank und abgemagert nach Leipzig zurückgekehrt, starb Oskar Plenge am 11. November 1944.

▸ Plenikowski, Anton (* 1899 – † 1971)

Geboren am 19. November 1899 in Zoppot bei Danzig, Sohn eines Arbeiters; besuchte von 1914 bis 1917 die Präparandenanstalt und das Lehrerseminar in Danzig-Langfuhr. Mitglied der Arbeiterjugend. 1917 als Soldat eingezogen, schwer verwundet, Lazarettaufenthalt, wurde während der Revolution 1918 Mitglied des Soldatenrats in Breslau. Plenikowski setzte das Lehrerseminar fort und schloß sich 1920 kurze Zeit der Jugendorganisation der KAPD an. Von 1920 bis 1928 Volksschullehrer. 1926 Mitglied der Danziger Sozialdemokratie und von 1926 bis 1930 Abgeordneter des Kreistages Groß-Werder/Danzig, zunächst für die SPD, dann für die KPD. Am 1. August 1927 trat Plenikowski zur KPD über, wurde Mitglied der BL und Agitpropsekretär. Im Herbst 1927 in den Danziger Volkstag gewählt, dem er bis 1937 angehörte. Redakteur der »Danziger Volkszeitung«, 1929 Orgleiter der KPD Danzig. 1937 emigrierte er nach Schweden, zeitweilig Leiter der kommunistischen Emigranten, aber im Frühjahr 1939 nach einem Parteiverfahren von allen Parteifunktionen entbunden. Er war von März 1940 bis Juni 1941 interniert, anschließend Landarbeiter bzw. Angestellter an der landwirtschaftlichen Hochschule in Uppsala. 1944 rehabilitiert, Ende 1945 wurde Plenikowski Leiter der KPD-Parteigruppe. Im März 1946 kehrte er nach Deutschland zurück, wurde im April Mitarbeiter im ZS der SED. Plenikowski war von 1954 bis 1967 Kandidat des ZK, von 1956 bis 1963 Leiter des Büros des Präsidiums des DDR-Ministerrats und Staatssekretär. Er erhielt 1969 den Karl-Marx-Orden. Anton Plenikowski starb am 3. März 1971 in Ost-Berlin.

▸ Plesse, Karl (* 1906 – † 1978)

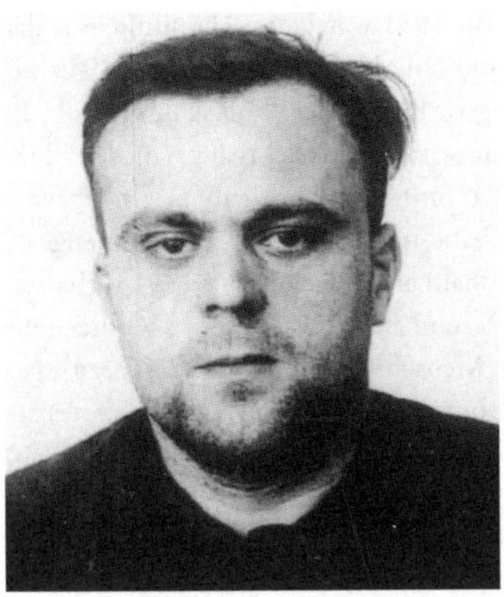

Geboren am 13. Februar 1906 in Leipzig, Sohn eines Straßenbahners; wurde Kraftfahrer. Im August 1927 Mitglied der KPD, zunächst ehrenamtlich, übernahm er im Mai 1932 die Leitung des AM-Apparat für Sachsen. Bereits vorher war er im Nachrichtendienst der KPD tätig. Von November 1932 bis April 1933 war Plesse unter dem Decknamen Klaus Kursant an der M-Schule der Komintern in Moskau. Nach seiner Rückkehr nach Deutschland übernahm er den AM-Apparat in Essen. Im Januar 1934 kam er nach Leipzig und wurde dort am 9. März 1935 verhaftet. Nach schweren Mißhandlungen wurde Plesse am 27. Januar 1937 vom VGH zu drei Jahren Zuchthaus verurteilt, anschließend kam er ins KZ Buchenwald. Im August 1939 in die Gestapozentrale Prinz-Albrecht-Straße überführt und dort bis April 1940 als Kalfaktor eingesetzt. Zum Schein bot er sich als V-Mann der Gestapo an und wurde deshalb freigelassen. Plesse setzte seine antifaschistische Arbeit in Leipzig fort und hatte u. a. enge Kontakte zu ▸ Theo Neubauer, Bruno Plache und ▸ Kurt Roßberg. Im Februar 1942 zur Wehrmacht einberufen, wurde er im August 1944 erneut verhaftet. Spätere Behauptungen, Plesse wäre nur deshalb von der Gestapo festgenommen worden, da sie ihn als V-Mann unter den Häftlingen einsetzen wollte, sind falsch. Am 9. März 1945 wurde Plesse von der Gestapo entlassen, er hielt sich bis zum Einmarsch der Amerikaner in Leipzig versteckt. 1945 zunächst Orgsekretär der KPD Leipzig, am 17. September 1945 wurde er gemeinsam mit Kurt Roßberg von allen Verwaltungs- und Parteifunktionen entbunden, ihnen wurde Zusammenarbeit mit der Gestapo vorgeworfen. Es begann eine Untersuchung durch sowjetische Organe und durch die KPD Sachsens. Die Anschuldigungen ließen sich nicht beweisen, aber beide durften keine Parteifunktionen mehr ausüben. Bis 1951 war Plesse Hauptdirektor der VVB Braunkohle in Welzow und von 1949 bis 1950 Abgeordneter der Volkskammer, 1949 Kursant eines Halbjahreslehrgangs an der PHS. Anfang der fünfziger Jahre gab es erneut Vorwürfe, er habe mit der Gestapo zusammengearbeitet. Deshalb am 1. September 1951 verhaftet, am 5. Dezember 1952 wegen »Verbrechens gegen die Menschlichkeit« durch das Bezirksgericht Cottbus zu zehn Jahren Zuchthaus verurteilt. Am 29. April 1956 aus der Haft entlassen, arbeitete er bis 1968 im VEB Kombinat »Schwarze Pumpe« bzw. VEB Kraftwerke Lübbenau/Vetschau. Er bemühte sich vergeblich um seine vollständige Rehabilitierung. Karl Plesse starb am 18. Juli 1978.

▸ Plettner, Hans (* 1887 – † 1961)

Geboren am 9. Dezember 1887 in Berlin, Sohn eines Schlossers und Werkmeisters; Modelltischlerlehre, anschließend auf Wanderschaft, die ihn durch Deutschland, die Schweiz, Italien, Großbritannien und Frankreich führte. Bis 1919 Tischlergeselle in Berlin. Von 1915 bis 1918 Soldat im Weltkrieg. Seit 1907 Mitglied der SPD und der Gewerkschaft, 1917 trat er in die USPD ein, war 1919 kurzfristig Funktionär in Berlin und wirkte von Mai 1919 bis Oktober 1920 als USPD-Sekretär in Hannover. Im Juni 1920 wurde Hans Plettner auf dem Reichswahlvorschlag der USPD in den Reichstag gewählt, dem er bis 1924 angehörte. Von Oktober bis Dezember 1920 Mitglied der Zentralen Kontrollkommission der USPD-Linken, trat für die Fusion mit der KPD ein. Er gehörte zu den USPD-Abgeordneten, die nach der Vereinigung des linken Flügels der USPD mit der KPD Ende 1920 zur VKPD eine gemeinsame kommunistische Reichstagsfraktion bildeten. Im Streit zwischen der Mehrheit der Zentrale und ▸ Paul Levi 1921 unterstützte er diesen und wurde deshalb aus der KPD ausgeschlossen. Im Januar 1922 trat Plettner gemeinsam mit ▸ Otto Brass und ▸ Emil Eichhorn zur Fraktion der KAG über. Drei Monate später wurde er wieder Mitglied der SPD und übte in ihr verschiedene Funktionen aus. Nach 1933 gründete er ein Anzeigengeschäft, das 1936 aufgelöst wurde. Plettner war 1945 Funktionär der SPD in Berlin-Spandau, von 1946 bis 1950 Abgeordneter der Bezirksverordnetenversammlung, ab 1948 Fraktionsvorsitzender und Bürgerdeputierter der SPD in Spandau. Hans Plettner starb am 7. September 1961.

▸ Plievier, Theodor (* 1892 – † 1955)

Als Theodor Plivier am 12. Februar 1892 in Berlin-Wedding geboren, durchlebte als Proletarierkind eine harte Jugend. 1909 brach er seine Lehre als Stukkateur ab, begab sich auf Wanderschaft durch Europa, fuhr als Matrose nach Australien und Südamerika. Im Weltkrieg bei der

Kriegsmarine auf dem Hilfskreuzer »Wolf«, beteiligte sich dann am Matrosenaufstand 1918 in Wilhelmshaven. Ab Ende 1920 lebte er als freier Schriftsteller, Übersetzer und Redner wieder in Berlin. Plivier war im Bund proletarisch-revolutionäre Schriftsteller aktiv und galt als kommunistischer Autor. Sein Erstlingswerk »Des Kaisers Kulis. Roman der deutschen Kriegsflotte« (1930) wurde in 18 Sprachen übersetzt. In seinem zweiten Roman »Der Kaiser ging, die Generäle blieben« (1932) schilderte der sozialkritische Schriftsteller den Zusammenbruch 1918. Ab 1933 nannte er sich Plievier. Nach einigen Wochen illegalen Aufenthalts in Berlin ging er nach dem Reichstagsbrand in die Tschechoslowakei. Seine Bücher wurden 1933 in Deutschland öffentlich verbrannt, und 1934 entzogen ihm die Nazi-Behörden die deutsche Staatsbürgerschaft. Aus der ČSR emigrierte Plievier über verschiedene europäische Staaten in die Sowjetunion. Hier arbeitete er an einem Roman über die Wolgadeutschen, wäre fast in die Säuberungen geraten und fühlte sich – vom Stalinismus desillusioniert – gezwungen, Manuskripte, darunter einen Roman, zu verbrennen. 1945 wurde er Verlagsleiter in Weimar und Vorsitzender des Kulturbundes in Thüringen, zählte zunächst zur Kulturprominenz der SBZ. Sein Roman »Stalingrad« (1945), eine Anklage gegen den Krieg, erreichte eine millionenfache Auflage. 1947 brach er jedoch mit der SED und kehrte nach einer Vortragsreise in Westdeutschland nicht mehr in die SBZ zurück, 1953 ging er in die Schweiz. Seine Romane »Moskau« (1952) und »Berlin« (1954) sind durch die Abkehr vom Kommunismus geprägt. Theodor Plievier starb am 12. März 1955 in Avegno in der Schweiz.

▸ Plum, Agnes (* 1869 – † 1951)

Geboren am 9. April 1869 in Bardenberg bei Aachen als Agnes Jansen, arbeitete nach der Schulentlassung als Dienstmädchen, war später Arbeiterin. 1905 im Ruhrgebiet Mitglied der SPD. Während des Krieges Übertritt zur USPD; 1920 Delegierte des Spaltungsparteitags, mit der linken USPD zur KPD. Agnes Plum gehörte zum linken Parteiflügel. 1924 Frauenleiterin der Bezirksleitung Ruhr, Mitbegründerin des RFMB. Delegierte des X. Parteitags 1925 in Berlin, rückte sie im Dezember 1925 für ▸ Arthur König, der sein Mandat niedergelegt hatte, in den Reichstag nach. Bis 1928 Reichstagsabgeordnete, seit 1927 in der IAH tätig. 1929 zog sie sich von der aktiven Politik zurück und war auch nach 1945 nicht mehr politisch organisiert. Agnes Plum starb am 9. August 1951 in Essen

▸ Podubecky, Rudolf (* 1896 – † 1941)

Geboren am 23. Mai 1896 in Karlsruhe, bei Kriegsausbruch als Gymnasiast Freiwilliger, kam an die Front und diente bis zu seiner Verwundung als Leutnant der Feldartillerie. Er wurde Kriegsgegner und schloß sich dem radikalen Flügel des Sozialismus an. Kurz nach Beginn seines Philologiestudiums trat er im Februar 1919 in die USPD ein und beteiligte sich an der Errichtung der kommunistischen Räterepublik in München. Er leitete im Generalstab der Roten Armee das Post- und Fernmeldewesen. Podubecky wurde am 4. Mai 1919 in München verhaftet und zu dreijähriger Festungshaft verurteilt, die er in Niederschönfeld verbüßen mußte. Noch während seiner Haft trat er zur KPD über. 1922 freigelassen, war er zunächst Hilfsarbeiter in einer Nähmaschinenfabrik, kam dann in Mannheim als Volontär zur »Arbeiter-Zeitung«. Bei der Vorbereitung des bewaffneten Aufstandes wurde er 1923 in die Oberleitung Süd-West berufen und war führend im AM-Apparat in Südwestdeutschland. Am 4. Mai 1924 verhaftet und vom Staatsgerichtshof wegen »Vorbereitung zum Hochverrat« verurteilt. Nach seiner Entlassung arbeitete er von 1926 bis 1930 als Redakteur an der Frankfurter »Arbeiter-Zeitung« und war Mitglied der BL Hessen-Frankfurt, ab 1928 wieder im AM-Apparat tätig. Weil Podubecky in Deutschland polizeilich gesucht wurde, wies ihn das ZK 1930 an, in die Sowjetunion überzusiedeln. Hier wirkte er bis zum Januar 1937 für die OMS der Komintern und wurde in Deutschland und der Schweiz als Spionage-

Funker eingesetzt. In Moskau lebte er unter dem Parteinamen Franz Riedel. Am 26. Juli 1937 wurde er vom NKWD verhaftet und am 4. Mai 1939 vom Militärkollegium des Obersten Gerichts zu 20 Jahren Zwangsarbeit verurteilt. Rudolf Podubecky wurde ins Lager Norilsk verbannt, wo er am 14. Dezember 1941 ums Leben kam.
Seine Ehefrau **Berta Podubecky** (* 9. 2. 1900), geborene Cotiaux aus Karlsruhe, Bankangestellte, seit 1920 Mitglied des KJVD und 1924 in der KPD, war eine Zeit lang Sekretärin von ▸ Karl Wittfogel und ging mit ihrem Mann in die Sowjetunion, studierte an der Moskauer KUNMS unter dem Parteinamen Irene. Zwei Tage nach Rudolf Podubecky ebenfalls verhaftet und am 14. Mai 1939 zu acht Jahren Zwangsarbeit verurteilt. Auch Berta Podubecky kam im Gulag ums Leben.

▸ Pötzsch, Gustav (* 1898 – † 1963)

Geboren am 19. August 1898 in Rixdorf/Berlin-Neukölln, Sohn eines Arbeiters; Ausbildung bei der Deutschen Reichsbahn, von 1917 bis 1919 Soldat in einer Maschinengewehrkompanie, Fronteinsatz in Flandern, wurde schwer verwundet (Amputation des linken Unterschenkels). Nach dem Krieg war er u. a. als Schaffner bei der BVG tätig. 1919 trat er in die USPD und in den Transportarbeiterverband ein, Ende 1920 Mitglied der KPD in Berlin-Neukölln. Im Juni 1929 wurde Gustav Pötzsch auf dem XII. Weddinger Parteitag als Arbeiter in das Zentralkomitee gewählt. Da er im Februar 1933 die illegale Arbeit innerhalb der BVG organisierte, wurde er verhaftet und saß von August bis Dezember 1933 in »Schutzhaft«. Im April 1935 emigrierte er nach Prag, anschließend in die Sowjetunion, dort Kursant an der Internationalen Leninschule. Im Juli 1937 kam er wieder nach Prag und wurde Instrukteur für die Kuriere, die zur illegalen Arbeit nach Berlin gingen. Pötzsch flüchtete im April 1939 nach Polen, von dort nach Norwegen und lebte von 1940 bis 1946 in Schweden, wo er zeitweilig interniert wurde. Im Mai 1946 kehrte er nach Deutschland zurück, wurde Mitglied der SED und Dienststellenleiter bei der BVG. Bis 1961 war er für die SED-Betriebsgruppen im West-Berlins verantwortlich. Gustav Pötzsch starb am 28. Mai 1963 in Berlin-Lichtenberg.

▸ Poser, Magnus (* 1907 – † 1944)

Geboren am 26. Januar 1907 in Jena, Sohn eines Zimmermanns; Tischlerlehre, anschließend Wanderschaft durch die Schweiz, Österreich, Dänemark, Finnland und die Sowjetunion. Mitglied einer sozialdemokratischen Jugendgruppe, trat während des Jugendtages in Gotha im Oktober 1923 mit der Gruppe in den KJD ein. Arbeiter in den Zeiss-Werken in Jena. 1928 Mitglied der KPD. 1929 bis 1933 im Verband proletarischer Freidenker tätig. Nach 1933 zunächst Mitglied der illegalen UB-Leitung von Jena, wurde am 26. November 1933 verhaftet und am 20. April 1934 zu zwei Jahren und vier Monaten Zuchthaus verurteilt. Nach seiner Freilassung wieder als Tischler tätig, baute in Jena eine Widerstandsgruppe auf. Nach Kontaktaufnahme zu ▸ Theodor Neubauer Anfang 1942 gehörte er mit zu den führenden Mitgliedern einer in Thüringen weitverzweigten Widerstandsorganisation, die Verbindungen nach Berlin und Sachsen hatte. Magnus Poser wurde am 14. Juli 1944 an seiner Arbeitsstelle verhaftet und in den Weimarer Marstall, den Gestapositz, überführt. Nach unmenschlichen

Folterungen in der Nacht vom 20. zum 21. Juli 1944 versuchte er zu fliehen, wurde aber im angrenzenden Park von fünf Schüssen getroffen und in das Krankenrevier des KZ Buchenwald transportiert, wo Magnus Poser starb.
Seine Frau **Lydia Poser**, geborene Orban (* 30. 1. 1909 – † 30. 12. 1984), war Stenotypistin, seit 1929 in der KPD. Bis 1933 Mitarbeiterin der BL in Jena und Erfurt, übernahm im Frühjahr 1933 die Funktion einer Orgleiterin im UB Jena, wurde aber schon am 26. November 1933 verhaftet und mit Magnus Poser am 20. April 1934 vom OLG Jena zu zwei Jahren Gefängnis verurteilt. Im September 1936 heiratete sie Magnus Poser. Bis 1945 Stenotypistin, von 1946 bis 1948 Bürgermeisterin von Jena. Von 1948 bis 1950 Mitglied, 1951 Vorsitzende der Kommission für Staatliche Kontrolle im Land Thüringen. Von 1952 bis 1959 Vorsitzende des Rates des Bezirks Gera.

▸ Potrykus, Folkert (* 1900 – † 1971)

Geboren am 25. August 1900 in Geestemünde, ältestes von fünf Kindern einer sozialdemokratischen Werftarbeiterfamilie; lernte Dreher. 1917 wegen antimilitaristischer Arbeit zu einer Gefängnisstrafe verurteilt. Seit Dezember 1918 Mitglied des Spartakusbundes, 1919 der KPD, beteiligte sich an der Bremer Räterepublik. Von 1925 bis 1930 zunächst Expedient, dann Redakteur der »Arbeiterzeitung« in Bremen. Potrykus gab 1933 mit zwei Gesinnungsgenossen die »Kleine Arbeiter-Zeitung« heraus, die über den SA-Terror und den kommunistischen Widerstand berichtete. Am 8. Oktober 1933 verhaftet, verurteilte ihn das OLG Hamm im Juli 1934 zu zwei Jahren Zuchthaus, anschließend kam er in die KZs Esterwegen und Sachsenhausen. 1938 mit schweren gesundheitlichen Schäden entlassen, wieder Dreher auf der Unterweserwerft, bis Kriegsende mehrmals festgenommen. 1945 Funktionär in der KPD in Bremerhaven, u. a. 1. Sekretär der Kreisleitung, bis 1955 gehörte Potrykus der dortigen Stadtverordnetenversammlung an. Am 26. November 1951 aus der KPD wegen »parteifeindlicher und trotzkistischer Haltung« ausgeschlossen, übte er sein Stadtverordnetenmandat als Unabhängiger weiter aus und schloß sich der Gruppe Arbeiterpolitik an. Da er sich engagiert für die Belange der sozial Benachteiligten einsetzte, galt er in Bremerhaven als »Edelkommunist«. Folkert Potrykus starb am 8. März 1971 in Bremerhaven.

▸ Prange, Fritz (* 1895 – † ?)

Geboren am 2. Februar 1895 in Berlin, Arbeiter. Seit 1920 Mitglied der KPD, war in der Partei in Berlin-Wedding aktiv. Prange gehörte 1930 dem zentralen AM-Apparat an und mußte deswegen Anfang 1931 in die Sowjetunion flüchten. Dort leitete er das Traktorenwerk in Tscheljabinsk. Im Oktober 1937 vom NKWD verhaftet, ist Fritz Prange später im Gulag umgekommen. Seine Frau Valentine Prange (* 1896) war Köchin und gehörte der KPD seit 1922 an. Sie war mit ihrem Mann 1931 in die Sowjetunion emigriert und wurde dort ebenfalls 1937 verhaftet, überlebte und konnte 1956 in die DDR ausreisen. Beider Tochter Ruth Prange (* 1921) wurde zusammen mit dem Vater verhaftet und kam wie er im Gulag als Opfer der Stalinschen Säuberungen ums Leben.

▸ Presche, Willy (* 1888 – † 1937?)

Geboren am 1. Dezember 1888 in Berlin, lernte Schlosser, Soldat im Weltkrieg, danach Übersiedlung nach Hamburg, 1918 Mitglied der USPD, 1920 mit der linken USPD zur KPD. 1924 auf eine Schule nach Moskau delegiert, erhielt dort eine neunmonatige politische und militärische Ausbildung. Nach seiner Rückkehr baute er im Bezirk Wasserkante den »Ordnerdienst« und dann den RFB mit auf. Von 1926 bis 1931 war Presche Abgeordneter der Hamburger Bürgerschaft, Mitglied der BL Wasserkante und der Beschwerdekommission. Im Zusammenhang mit der Wittorf-Affäre und der Absetzung ▸ Ernst

Thälmanns 1928 wurde er wie ▸ John Schehr und ▸ Ludwig Rieß als Mitwisser der Unterschlagungen kurze Zeit seiner Funktion enthoben, dann aber durch Thälmann rehabilitiert und erneut in die BL Hamburg aufgenommen. 1930 in den AM-Apparat des ZK der KPD unter ▸ Hans Kippenberger nach Berlin geholt. Wegen Verdachts an der Beteiligung am Doppelmord an zwei Berliner Polizeibeamten im August 1931 wurde nach Presche gefahndet. Er entzog sich der drohenden Verhaftung, flüchtete in die Sowjetunion, lebte in Odessa und geriet dort in die Stalinschen Säuberungen. Willy Presche wurde 1937 verhaftet, seine Spur verliert sich im Gulag.

▸ Preßler, Otto (* 1895 – † 1981)

Geboren am 29. Dezember 1895 in Gaarden bei Kiel, war ein Findelkind und wurde in einer Arbeiterfamilie aufgezogen, Schlosser. Ab Januar 1914 Mitglied der SPD, 1915 zum Militärdienst einberufen, bekam er während des Krieges Kontakt zur Spartakusgruppe. Im November 1918 gehörte er dem Arbeiter- und Soldatenrat in Braunschweig an, war 1919 Mitbegründer der KPD in Kiel, leitete dort die Ortsgruppe der Partei. 1923 Sekretär der KPD-BL Westsachsen. Preßler war Teilnehmer der berühmten Chemnitzer Betriebsrätekonferenz, von der das Signal zum Oktoberaufstand ausgehen sollte. Er begann 1924 gegen den ultralinken Kurs der KPD zu opponieren, zuerst in Leipzig, dann wieder in Kiel. Bei den Auseinandersetzungen nach der Wittorf-Affäre 1928 sympathisierte er anfangs mit den Versöhnlern um ▸ Hans Westermann. Als sich Anfang 1929 in Kiel eine Ortsgruppe der KPO gründete, war Preßler die treibende Kraft und bis 1931 deren Schriftführer, auch danach führender KPO-Funktionär im Bezirk. Ab 1934 Arbeiter, im Widerstand aktiv, näherte sich der KPD an und war dann ab August 1945 Polleiter der KPD in Kiel. Ende Januar 1946 in den von der britischen Militärregierung eingesetzten Landtag berufen, Vorsitzender der KPD-Fraktion und 1. Vorsitzender der KPD-Landesleitung für Schleswig-Holstein, später Sekretär für Kommunalpolitik der BL Wasserkante. Bei den Säuberungen der KPD ab September 1949 vertrat er diszipliniert die stalinistische Parteilinie, das rief Proteste der Opposition hervor. Preßler schwieg über seine KPO-Vergangenheit und forderte von anderen das gleiche. Den DGB-Revers, sich 1950 von der gewerkschaftsfeindlichen KPD-Politik (These 37) zu distanzieren, unterschrieb er nicht, daraufhin als 1. Bevollmächtigter der IG Metall abgesetzt und ausgeschlossen. Dennoch bald danach in der KPD des Opportunismus angeklagt und aus der Gesellschaft für deutsch-sowjetische Freundschaft ausgeschlossen. Er zog sich aus der Parteiarbeit zurück, ging aber 1968 bei Gründung zur DKP. Otto Preßler starb am 8. Juli 1981.

▸ Preuß (Totzki), Meta (* 1903 – † 1981)

Geboren am 18. Januar 1903 in Danzig als Meta Kroll, Tochter einer Arbeiterfamilie; ab 1917 in Berlin Apothekenhelferin. Im Mai 1924 heiratete sie Hermann Totzki, (*21. 1. 1894 – † 13. 11. 1965) und zog mit ihm nach Danzig. Hier trat sie 1927 in die KPD ein und leitete ab 1928 den RFMB. Ab 1929 Frauenleiterin des Bezirks und Mitglied der KPD-BL Danzig. Im November 1930 in den Volkstag Danzig gewählt, besuchte sie im Juni 1931 einen Lehrgang an der Reichsparteischule »Rosa-Luxemburg« in Berlin-Fichtenau. Bereits ab Ende 1932 wirkte sie illegal als Instrukteurin in Danzig und wurde am 2. April 1934 verhaftet und vom Schwurgericht Danzig zu drei Jahren Gefängnis verurteilt. Im November 1935 durch eine Amnestie freigelassen, arbeitete sie als Anzeigenwerberin für die noch halblegale KP-Zeitung in Danzig. Meta Totzki flüchtete im Juni 1936 nach Warschau, war dort zeitweise Angestellte der sowjetischen Botschaft, im September 1938 emigrierte sie nach Schweden und gehörte der KPD-Parteigruppe an. Anfang Juni 1946 kehrte sie mit ihrem zweiten Mann, Karl Preuß (* 16. 11. 1904 – † 11. 12. 1981), den sie in Schweden geheiratet hatte, nach Deutschland zurück, Mitglied der SED, Leiterin der Sozialhilfe im Bezirksamt Berlin-Mitte. Später war Meta Preuß in Sangerhausen Vorsitzende der SED-Ortsgruppe. 1949 schwer erkrankt, wurde sie 1950 Rentnerin, sie erhielt 1968 den VVO in Bronze. Meta Preuß starb am 25. Dezember 1981.

▸ Priess, Viktor (* 1908 - † 1999)

Geboren am 21. Juli 1908 in Hamburg, Maschinenbauer, seit 1925 Mitglied der KPD. Ab 1928 im AM-Apparat, 1930/31 Kursant eines Lehrgangs an der M-Schule der Komintern in Moskau. Priess war u. a. für den Personenschutz ▸ Ernst Thälmanns während dessen Aufenthalten in Hamburg zuständig sowie für sowjetische Waffenlieferungen nach China. Diese wurden als »Landwirtschaftsmaschinen« deklariert, um im Hamburger Hafen nicht das Mißtrauen der Schauer- und Seeleute zu erregen. Weihnachten 1933 emigrierte Priess dank Vermittlung der Versöhnler-Gruppe und ohne Genehmigung der Partei als Blinder Passagier eines norwegischen Postschiffs nach Oslo. Dabei erlitt er schwere Erfrierungen an den Beinen. Bei einer der letzten Zusammenkünfte mit ▸ Hans Kippenberger beauftragt, im Ausland dafür zu sorgen, daß das Umfeld von ▸ Walter Ulbricht beobachtet werde. Als er mit dieser Anweisung in Kopenhagen auftauchte, führte das – neben seiner nicht genehmigten Emigration – zum Ausschluß aus der KPD. Priess ging Ende 1936 nach Spanien, gehörte den Internationalen Brigaden an und leitete eine Partisanengruppe. ▸ Franz Dahlem teilte ihm mit, daß er, so wie die anderen aus der Versöhnler-Gruppe, wieder in die KPD aufgenommen worden war.

1939 in Frankreich interniert, später in Algier, 1942/43 Angehöriger der britischen Armee. Er fuhr zusammen mit 30 anderen Spanienkämpfern in die Sowjetunion. Priess war zunächst Mitarbeiter in einem Spezialdienst der sowjetischen Aufklärung GRU. Auf Drängen Walter Ulbrichts wurde er erneut aus der KPD ausgeschlossen und nach Sibirien deportiert, Fabrikarbeiter. Im März 1947 verhaftet und wegen antisowjetischer Tätigkeit zum Tode verurteilt, die Strafe wurde in 25 Jahre Arbeitslager umgewandelt, er blieb bis 1956 im Gulag Workuta. Erst mit den kriegsgefangenen »Spätheimkehrern« kam Priess zurück.

Aber er weigerte sich, in Frankfurt/O. den Zug zu verlassen und fuhr weiter in seine Heimatstadt Hamburg. Er arbeitete als Maschinenbauer, schloß sich nicht mehr der KPD an, engagierte sich aber in der IG Metall. Viktor Priess starb am 23. November 1999 in Hamburg.

Seine Brüder **Bruno Priess** (* 20. 6. 1911) und **Heinz Priess** (* 2. 4. 1920) gehörten vor 1933 dem KJVD bzw. dem JSB an. Bruno Priess emigrierte zunächst nach Dänemark, ging später nach Spanien und fiel am 21. September 1938 als Angehöriger der Internationalen Brigaden in der Ebro-Schlacht. Heinz wurde Maschinenschlosser. Gemeinsam mit seiner Mutter **Marie Priess** (geb. Drews) half er den im Sommer 1942 über Ostpreußen abgesprungenen deutschen Kommunisten Erna Eifler und Wilhelm Fellendorf, die nach vergeblicher Kontaktaufnahme in Berlin nach Hamburg kamen. Im Oktober 1942 wurden Heinz und Marie Priess verhaftet. Nach schweren Luftangriffen auf Hamburg erhielten sie den danach üblichen »Bombenurlaub« mit der Weisung, sich nach zwei Monaten wieder zu melden. Sie lebten illegal in Hamburg, wurden beide am 19. Juni 1944 erneut festgenommen und im Oktober 1944 zum Tode verurteilt. Heinz Priess wurde am 12. März 1945 im Zuchthaus Brandenburg hingerichtet. Marie Priess blieb nur deshalb am Leben, weil das Transportchaos in den letzten Kriegsmonaten die Vollstreckung des Urteils verhinderte.

▸ Prietzel, Willi (* 1901 – † 1961)

Geboren am 11. Juli 1901 in Berlin, Sohn einer Arbeiterfamilie; wurde Schlosser. Seit 1915 Mitglied der Arbeiterjugend, trat Prietzel 1918 in die FSJ und 1919 in die USPD ein, Funktionär der USPD in Berlin-Neukölln. Ende 1920 Mitglied der KPD, Funktionär im Arbeitersport, aktiv bei den »Naturfreunden«, dort zeitweise Mitglied des Bundesvorstandes und Redakteur der Verbandszeitschrift. Da er sich am Spaltungskurs der kommunistischen Opposition im Sportverband betätigte, 1928 vom ATSB-Bundestag in Leipzig ausgeschlossen. Verheiratet mit ▸ Elise Prietzel. Ab 1928 hauptamtlicher Sportsekretär beim ZK der KPD, wurde Prietzel seit Bildung der Kampfgemeinschaft für rote Sporteinheit deren Sekretär und enger Mitarbeiter von ▸ Ernst Grube. Dann ab 1930 Sekretär des Internationalen Arbeiter-Sportverlags. Am 28. Februar 1933 festgenommen, kam in das KZ Sonnenburg. Weihnachten 1933 entlassen, Ende 1934 emigrierte er über Paris nach Moskau, leitete von Kopenhagen die Sport-Arbeit, später von Paris aus. Prietzel organisierte u. a. Gegenaktionen zur Olympiade 1936 in Berlin. Im September 1939 interniert, Anfang 1942 Verlegung nach Djelfa/Nordafrika, nach der Landung der Alliierten Angehöriger einer britischen Arbeitskompanie. Im Mai 1946 kehrte er nach Berlin zurück, wurde 1947 Vorsitzender der SED Teltow, später Mitglied des Rates des Kreises Teltow und kam 1949 in die brandenburgische Landesregierung. Willi Prietzel starb am 19. September 1961 in Blankenfelde.

▸ Prietzel, Elise (* 1900 – † 1964)

Geboren am 6. Juli 1900 als Elise Ott, später Ehefrau von ▸ Willi Prietzel; kaufmännische Angestellte, 1918 USPD, 1920 KPD, war zeitweise Leiterin des RFMB im Bezirk Berlin-Brandenburg und Mitglied der RFMB-Reichsleitung. Von 1931 bis 1933 Berliner Stadtverordnete, arbeitete von 1932 bis 1936 bei der sowjetischen Handelsvertretung in Berlin. 1937 folgte sie ihrem Mann in die Emigration nach Frankreich, kehrte im Januar 1942 nach Deutschland zurück und lebte bis Kriegsende zurückgezogen in Blankenfelde bei Berlin. Bis 1952 Mitarbeiterin der KPD/SED Teltow, zuletzt Kaderleiterin im VEB Reparaturwerk Wünsdorf. Elise Prietzel starb am 12. September 1964 in Blankenfelde.

▸ Priewe, Albert (* 1901 – † 1975)

Geboren 27. November 1901 in Kolberg, war wegen verschiedener Diebstähle in einer Fürsorgeanstalt in Züllchow bei Stettin, lernte Melker und trat Anfang 1919 in das Infanterieregiment in Pasewalk ein, anschließend bis zur Auflösung im Herbst 1920 Angehöriger des Freikorps. Danach Landarbeiter in Wismar und Fischer in Kolberg, 1922 übersiedelte Priewe nach Hamburg, wo er u. a. als Kraftfahrer arbeitete. Im September 1923 Mitglied der KPD, wegen Beteiligung am Hamburger Aufstand wurde er zu zweieinhalb Jahren Zuchthaus verurteilt, in Festungshaft umgewandelt, durch Amnestie 1925 entlassen. Funktionär des RFB und der KPD in Hamburg, 1932 kam er in den zentralen AM-Apparat der KPD, dann Kursant eines M-Lehrgangs in Moskau, Schuldeckname Heinrich. Er wurde Ende Mai 1933 in Berlin als Nachfolger von ▸ Lucian Iltis als Reichsleiter »Zersetzung der Polizei« eingesetzt. Priewe wollte in enger Zusammenarbeit mit ▸ Hermann Dünow und ▸ Karl Langowski die unterbrochenen Kontakte mit den AM-Leitern der Bezirke wiederherstellen. Am 20. Dezember 1933 verhaftet, am 4. September 1935 vom 2. Senat des VGH zu drei Jahren Zuchthaus verurteilt, anschließend kam er in das KZ Sachsenhausen. Albert Priewe starb am 8. April 1975 in Hamburg.

▸ Prilipp, Willi (* 1887 – † 1938)

Geboren am 18. Januar 1887 in Neumünster/Holstein, lernte Holzbildhauer. Nach dem Weltkrieg trat er in die KPD ein, wurde Bauhilfsarbeiter in Berlin-Weißensee. Prilipp war Leiter des RFB in Berlin-Weißensee, zeitweilig auch Polleiter des KPD-UB. Im November 1932 wurde er im Wahlkreis Potsdam II als Abgeordneter in den Reichstag gewählt, im Februar 1933 ging er in die Illegalität, emigrierte 1934 nach Dänemark und war dort zeitweise Leiter der kommunistischen Emigranten. Im Dezember reiste Prilipp wegen einer schweren Erkrankung in die Sowjetunion, wurde dort im Januar 1936 als Politemigrant anerkannt. Er lebte unter dem Parteinamen Friedrich Kercher in Moskau und geriet 1938 in die stalinistischen Säuberungen. Willi Prilipp wurde vom NKWD verhaftet und am 16. August 1938 erschossen. Seine Frau **Frida Prilipp** (* 31. 12. 1898 – † 8. 1. 1979) erhielt später die falsche Auskunft, daß ihr Mann als Interbrigadist in Spanien gefallen sei. Sie galt in der DDR als Hinterbliebene eines »Kämpfers gegen den Faschismus«.

▸ Prinz, Wilhelm (Willi) (* 1909 – † 1973)

Geboren am 10. August 1909 in Köln, Sohn eines Anstreichers; Schlosser, trat 1923 in den Metallarbeiterverband ein und kam 1926 zum KJVD, Orgleiter der Ortsgruppe Köln-Kalk, 1928 Polleiter. 1928 Mitglied der KPD, besuchte im Juni 1928 die Gewerkschaftsschule des KJVD in Brieselang bei Berlin, lernte den KJVD-Spitzenfunktionär ▸ Kurt Müller kennen. Prinz wurde im Dezember 1930 überraschend nach Moskau delegiert, wo ihn das ZK des KJVD als Volontär im ZK des Komsomol einsetzen wollte, er wurde aber Mitarbeiter in der Orgabteilung des EK der KJI. Er geriet in die Auseinandersetzungen zwischen der Thälmann-Fraktion und der zu diesem Zeitpunkt von ▸ Heinz Neumann geführten Leitung des KJVD und stellte Ende 1931 den Antrag, zur Parteiarbeit nach Deutschland zurückkehren zu dürfen. Im März 1932 Instrukteur des ZK des KJVD im Ruhrgebiet, dann 1. Sekretär des KJVD im Ruhrgebiet. Da Prinz aber weiterhin mit dem politischen Kurs Neumanns, Kurt Müllers und ▸ Alfred Hillers sympathisierte, schließlich vom KJVD »an die Partei überwiesen«. Er erhielt in Köln nur noch ehrenamtliche Funktionen. Von Februar 1933 bis Mai 1933 illegal in Köln, dann ins Saargebiet, dort von Juni 1933 bis Februar 1935 als UB-Sekretär Mitglied der BL Saargebiet. Anschließend in Paris, wurde im Juni 1935 nach Amsterdam geschickt und gehörte bis Dezember 1939 der Emigrationsleitung in den Niederlanden an. Bei einer Razzia wurde Prinz am 27. Mai 1941 in Amsterdam durch die holländische Polizei verhaftet und dem SD überstellt. Als vermeintlicher Holländer zunächst im KZ Schoorl festgesetzt, anschließend ins KZ Sachsenhausen, später vom Sondergericht zu zwei Jahren und drei Monaten Zuchthaus verurteilt, aber schon im November 1942 zur Strafdivision 999 eingezogen. Im Mai 1945 in britischer Kriegsgefangenschaft in Suez/Ägypten, 1947 nach Deutschland zurück, danach stellvertretender KPD-Vorsitzender in Rheinland-Pfalz. Nachdem er gemeinsam mit Kurt Müller die »Säuberung« der Hamburger KPD durchgeführt hatte, im September 1949 zum 1. Landesvorsitzenden der KPD in Hamburg gewählt und von 1949 bis 1952 Abgeordneter der Hamburger Bürgerschaft. Im Februar 1951 nach Ost-Berlin beordert, dort von ▸ Richard Stahlmann verhaftet, saß Prinz zunächst in einem MfS-Gefängnis in Berlin-Mitte, ab März 1951 im berüchtigten Untersuchungsgefängnis in Berlin-Hohenschönhausen. Nach drei Jahren Einzelhaft und schwerer psychischer Folter wurde Prinz am 28. April 1954 freigelassen und durfte zunächst mit seiner Frau in das SED-Erholungsheim »August Bebel« in Altenhof am Werbellinsee. Doch er litt weiterhin unter der Haft, geriet deshalb nach einer zufälligen Begegnung mit seinem MfS-Vernehmer in Panik und flüchtete am 15. Juni 1954 über West-Berlin nach Hamburg. Bereits im September/Oktober 1954 veröffentlichte Prinz u. a. in der »Rhein-Neckar-Zeitung« einen Bericht über seine Haftzeit in der DDR. Er wandte sich scharf gegen den sowjetischen Kommunismus, zog sich aus der Politik zurück und wohnte in Köln, Wilhelm Prinz starb am 28. Dezember 1973 in Garmisch-Partenkirchen.

▸ Prüser, Hermann (* 1903 – † 1992)

Geboren am 9. Juni 1903 in Bremen, lernte Schlosser, anschließend Schiffbauer. 1923 Mitglied der KPD, 1924 Jugendleiter der Roten Jungfront und später Leiter des KPD-UB Vegesack. Von 1931 bis 1933 gehörte er der Bremer Bürgerschaft an, war ab März 1931 Orgleiter des Kampfbundes gegen den Faschismus Bremen. Von Juni bis Dezember 1933 »Schutzhaft« und von Mitte bis Ende 1935 erneut inhaftiert, danach arbeitete Hermann Prüser auf der AG Weser. Nach 1945 zeitweise 2. Vorsitzender der Ortsverwaltung der IG Metall Bremen, weigerte sich Prüser einen Revers der Gewerkschaft gegen die DGB-feindliche These 37 der KPD zu unterschreiben und sich damit von der KPD-Politik zu distanzieren. Deshalb aus der IG Metall ausgeschlossen, in den sechziger Jahren revidierte die Gewerkschaft den Ausschluß. Er trat 1968 bei Gründung der DKP bei. Hermann Prüser starb 1992.

▸ Puchmüller, Ernst (* 1897 – † 1976)

Geboren am 7. März 1897 in Dassow/Krs. Grevesmühlen, Sohn eines Schuhmachers; Lehre und Arbeit als Bäcker. 1916 zum Militär einberufen, erblindete infolge einer Kriegsverletzung zu 75 Prozent und begann als Landbriefträger in seinem Heimatort Dassow. Er schloß sich 1917 der SPD, ein Jahr später der USPD an. 1920 ging er mit deren linkem Flügel zur KPD. Er leitete in Lübeck die Rote Hilfe, 1932 dort in die Bürgerschaft gewählt. Am 13. Oktober 1935 verhaftet und am 12. Dezember 1936 im sogenannten Lübecker Kommunistenprozeß (u. a. mit ▸ Erich und Minna Klann) zu 13 Jahren Zuchthaus verurteilt. Aufgrund der Erblindung Puchmüllers hatte der Staatsanwalt von der Todesstrafe abgesehen und lebenslänglich gefordert. Von 1945 bis 1947 stand Puchmüller an der Spitze der KPD bzw. der SED im Kreis Grevesmühlen. 1947/48 Vorsitzender der VVN Mecklenburg, 1948 Direktor der Landesblindenanstalt bzw. des Rehabilitations-Zentrums für Blinde in Neukloster. Ab 1957 war er Vizepräsident des Allgemeinen Deutschen Blindenverbandes der DDR. Ernst Puchmüller starb am 14. Juni 1976.

▸ Pütz, Hans (* 1894 – † 1933)

Geboren am 2. September 1894 in Borbeck/Essen, Sohn eines Bergmanns. Mitglied der SPD, 1920 der KPD, hauptamtlicher Funktionär, u. a. Vorsitzender des UB Buer-Recklinghausen und Geschäftsführer der dortigen KP-Zeitung. Im Oktober 1923 Einsatz als Bezirkssekretär der KPD in Schlesien, zwei Wochen nach Ankunft in Breslau durch vermutlichen Verrat von ▸ Alfred Hamann verhaftet. 1924 Verurteilung zu neun Monaten Gefängnis wegen »Vorbereitung zum Hochverrat«. Er kam Mitte 1926 nach Berlin, wurde unter dem Parteinamen Walter Frank Geschäftsführer der Bundesleitung des RFB. Nach Auseinandersetzungen mit den beiden Bundesvorsitzenden ▸ Ernst Thälmann und ▸ Willi Leow 1927 von der Funktion abgesetzt, Redakteur der »Sächsischen Arbeiterzeitung« in Leipzig. 1929 Ausschluß aus der Partei gemeinsam mit den Rechten ▸ Paul Böttcher und ▸ Arthur Lieberasch. Ende 1931 publizierte Hans Pütz in einem Leipziger Verlag seine Broschüre »Dokumente kommunistischer Führerkorruption. Die KPD im Dienste der russischen Außenpolitik«. Darin bezichtigte er KPD-Führer der Korruption und beschrieb als typisch die Fälle Willi Leow und die Wittorf-Affäre, brachte interne Beispiele seiner Arbeit im RFB und nannte den »Scheringer-Kurs« der KPD »Faschismus«. Besonders heftig griff er ▸ Heinz Neumann und Thälmann an. Pütz rief zur Einheit mit den Sozialdemokraten auf. Hans Pütz starb am 1. November 1933 in Leipzig.

▸ Pütz, Heinrich (* 1898 – † 1927)

Geboren am 3. August 1898 in Köln, Sohn eines Eisengießers; Lehre als Buchdrucker. 1917 kam er an die rumänische Front, wo er an Gelbsucht erkrankte, die eine Ursache seines frühen Todes wurde. Pütz desertierte 1918 und war illegal für die Spartakusgruppe tätig. Er wurde Mitglied des Kölner Arbeiter- und Soldatenrates, schloß sich dem Spartakusbund und Anfang 1919 der KPD an. 1919 wurde er wegen antimilitaristischer Propaganda unter den Besatzungstruppen ein halbes Jahr eingesperrt. Ab 1920 hauptamtlich für die FSJ bzw. für die KJD Ruhr tätig, 1922 ins ZK der Kommunistischen Jugend berufen, ab Ende 1922 in der Reichszentrale der KJD in Berlin. Auf dem 7. Reichsjugendkongreß Ende März/Anfang April 1923 in Chemnitz zum Mitglied des ZK der KJD gewählt, wurde im Mai

Polleiter und damit faktisch Vorsitzender der KJD und war zugleich Mitglied der Zentrale der KPD. Nach dem Verbot des KJD am 23. November 1923 bildete er mit dem Orgleiter, dem Russen Raffael Chitarow, Gertrud Graeser und ▸ Harry Kuhn das sogenannte Direktorium. Als Anhänger der Rechten bzw. der Mittelgruppe 1924 abgelöst, wurde Pütz für die Arbeit im besetzten Gebiet (gegen die Separatisten) verantwortlich gemacht. Auf dem 8. Reichskongreß im Mai 1924 in Leipzig zwar erneut in das ZK der KJD gewählt, aber die Führung übernahm ▸ Hermann Jacobs, Pütz war nur für Agitation und Propaganda zuständig. Ende 1925 reiste er nach Moskau und begann im EK der KJI zu arbeiten. Wegen seiner Krankheit 1927 nach Berlin, dort operiert, starb Heinrich Pütz am 10. Oktober 1927.

▸ Putz, Ernst (* 1896 – † 1933)

Geboren am 20. Januar 1896, verlebte er die Kindheit auf dem bäuerlichen Anwesen seiner Eltern in Sinnthalshof in der bayerischen Rhön. Der Vater war christlich-konservativ und nach 1918 Landtagsabgeordneter der Bayerischen Volkspartei. Ernst Putz besuchte das Gymnasium in Aschaffenburg und Würzburg und machte im März 1915 sein Abitur in Berlin-Lichterfelde. 1915 Kriegsfreiwilliger, Ende 1917 bis Sommer 1918 ein Semester Studium der Agrarwissenschaften in Jena, dann Rückkehr als Soldat an die Front. Nach dem Krieg übernahm er den elterlichen Hof und gründete im April 1919 gemeinsam mit dem Wickersdorfer Pädagogen B. Uffrecht eine Freie Schul- und Werkgemeinschaft – eine höhere Schule mit Produktionsunterricht. 1920/21 studierte er erneut einige Semester Agrarwissenschaften in Jena, wurde 1924 Mitbegründer des »Bundes schaffender Landwirte«, einer Organisation der KPD, bereits ab Ende 1923 Mitglied der KPD. Im Dezember 1924 wurde Putz erstmals über die Reichswahlvorschlagsliste der KPD als Abgeordneter in den Reichstag gewählt, vertrat die Partei bis 1933 im Reichstag und blieb Vorsitzender des »Bundes schaffender Landwirte«. Ab 1925 Mitarbeiter der Abteilung Land des ZK der KPD. Putz genoß auch über die Kreise seiner Partei hinaus Ansehen, da er sich vor allem für die kleinen Landwirte einsetzte, obwohl er selbst einen großen Hof besaß. Am 19. Juli 1933 verhaftet, wurde Ernst Putz am 15. September 1933 im Untersuchungsgefängnis Berlin-Moabit ermordet. Putz zu Ehren trägt die nach Sinnthalshof führende Straße in Brückenau seinen Namen.

▸ Quandt, Bernhard (* 1903 – † 1999)

Geboren am 14. April 1903 in Rostock, Arbeitersohn; wurde Eisendreher. 1920 trat er in die SAJ, 1923 in die KPD ein. 1925/26 war er Agitpropleiter des KJVD Mecklenburg in Rostock, ab 1929 Leiter des KPD-UB Malchin und wurde 1932 in den Landtag von Mecklenburg-Schwerin gewählt. 1932 in Moskau Kursant eines M-Lehrgangs, zurück in Deutschland wurde er bereits am 25. März 1933 in Wismar verhaftet, schwer mißhandelt, im Januar 1934 zu zwei Jahren und sechs Monaten Gefängnis verurteilt. Nach der Entlassung aus dem Zuchthaus Dreibergen Ende Dezember 1935 Notstandsarbeiter bzw. Schachtmeister in Friedland und Lübz. Von August bis Oktober 1937 in

»Schutzhaft«, später erneut festgenommen, kam in das KZ Sachsenhausen, anschließend nach Dachau. Dort befreit, kehrte er im Mai 1945 nach Güstrow zurück und wurde 1. Sekretär der KPD Güstrow, von der sowjetischen Militäradministration am 11. August zum Landrat ernannt. 1946 Orgsekretär der KPD bzw. ab April 1946 der SED-Landesleitung Mecklenburg. Im Februar 1948 Minister für Landwirtschaft, 1951 als Nachfolger von ▸ Kurt Bürger Ministerpräsident des Landes Mecklenburg. Quandt war 22 Jahre lang, von 1952 bis 1974, 1. Sekretär der SED-BL Schwerin sowie von 1958 bis zur Auflösung der SED 1989 Mitglied des ZK. Er erhielt zweimal, 1973 und 1988, den Karl-Marx-Orden. Aufmerksamkeit erlangte Quandt, als er in der letzten, dramatisch verlaufenden Sitzung des ZK der SED am 2. Dezember 1989, die standrechtliche Erschießung von Mitgliedern des Politbüros forderte. Bernhard Quandt starb am 2. August 1999 in Schwerin.

R

▸ Rackwitz, Herbert (* 1904 – † 1939)

Geboren am 12. Februar 1904 in Leipzig, Angestellter. Er trat 1924 der KPD bei und wurde später in den AM-Apparat der Partei aufgenommen. Als Mitarbeiter der Verwaltung Aufklärung der Roten Armee war er (Pseudonym Rudolf Steifer) in den dreißiger Jahren als Spion in mehreren Ländern Europas eingesetzt. Am 2. März 1938 in Moskau vom NKWD mit den üblichen Vorwürfen verhaftet und vom Militärkollegium des Obersten Gerichts der UdSSR am 15. Februar 1939 zum Tode verurteilt. Herbert Rackwitz wurde am 7. März 1939 erschossen.

▸ Raddatz, Erich (* 1886 – † 1964)

Geboren am 28. November 1886 in Konikow/Krs. Köslin, lernte Schlosser und kam schon in jungen Jahren nach Berlin. 1907 Mitglied der Gewerkschaft, 1910 der SPD. Raddatz nahm ab 1916 als Soldat am Weltkrieg teil. Danach Gemeindebeamter in Berlin-Neukölln. Er schloß sich 1917 der USPD an und kam 1920 zur KPD, in der er als Kommunalpolitiker eine Rolle spielte. Von 1920 bis 1925 Mitglied der Neuköllner Bezirksverordnetenversammlung, von 1926 bis 1930 unbesoldeter Stadtrat in Neukölln, von 1928 bis 1932 Mitglied des Magistrats von Berlin. 1928 als Abgeordneter in den Preußischen Landtag gewählt. Raddatz gehörte zu den 60 Funktionären der KPD, die am 28. Februar 1930 einen »Offenen Brief« herausgaben, dieser – von namhaften Berliner Funktionären unterschrieben – richtete sich gegen die Linie des ZK und gegen die Theorie des »Sozialfaschismus«. Daraufhin aus der KPD ausgeschlossen, führte Raddatz gemeinsam mit dem Berliner Stadtrat Hermann Letz die »Gruppe 60« noch eine Zeitlang weiter. Bis 1931 als fraktionsloser Abgeordneter im Landtag, dann Übertritt zur SPD. 1933 gemaßregelt, kehrte er in seinen erlernten Beruf zurück, verdiente sich seinen Lebensunterhalt als Werkstattschreiber und Werkmeister in Berlin-Lichtenberg. Raddatz wurde 1945 Leiter der Abteilung Sozialwesen beim Bezirksamt Berlin-Neukölln, von amerikanischen Besatzungsbehörden im November 1945 zum Bezirksstadtrat für Sozialwesen in Neukölln berufen. Ab Juni 1945 wieder Mitglied der SPD, im April 1946 der SED, wurde am 20. Oktober 1946 auf der Liste der SED in die Bezirksverordnetenversammlung Berlin-Neukölln gewählt und blieb Sozialstadtrat. Während der Berlin-Blockade verließ Raddatz Anfang August 1948 die SED und ging wieder zur Sozialdemokratischen Partei. Bis 1959 SPD-Bezirksstadtrat und von 1955 bis 1959 auch stellvertretender Bürgermeister von Berlin-Neukölln. Durch seine Hilfsbereitschaft war »Opa Raddatz« weithin populär. 1959 verzichtete er aus Altersgründen auf seine Wiederwahl, blieb aber 2. Vorsitzender der Arbeiterwohlfahrt in Berlin. In Anerkennung seiner Verdienste wurde ihm durch das Abgeordnetenhaus von Berlin am 21. Januar 1959 die Würde eines Stadtältesten verliehen. Nach einer schweren Operation starb Erich Raddatz am 16. Februar 1964 in West-Berlin.

▸ Raddatz, Karl (* 1904 – † 1970)

Geboren am 7. November 1904 in Magdeburg, Sohn einer Arbeiterfamilie; wurde Schriftsetzer. 1919 Mitglied der FSJ und der SPD, 1921 der

USPD, 1922 erneut der SPD. 1924 Austritt aus der SPD. Nach Wanderschaft durch Österreich und Italien 1927 Mitglied der KPD. Zunächst Mitarbeiter des AM-Apparates der KPD-BL Magdeburg, im Frühjahr 1933 wurde Raddatz Org- dann Polleiter der KPD in Magdeburg bzw. in Thüringen. Am 15. November 1933 festgenommen und am 2. Juli 1934 vom Kammergericht Berlin zu drei Jahren Zuchthaus verurteilt. Aus dem Zuchthaus Luckau im Dezember 1936 entlassen, aber am 22. Juni 1941 erneut verhaftet, saß Raddatz bis 1945 im KZ-Sachsenhausen. Ab 1. Juni 1945 Leiter des Hauptausschusses Opfer des Faschismus beim Magistrat von Groß-Berlin, ab Februar 1947 Generalsekretär der VVN für die SBZ. Wegen »parteischädlichen Verhaltens« 1949 abgesetzt, von 1949 bis 1953 Redakteur am Deutschen Institut für Zeitgeschichte, anschließend Leiter der Westarbeit im Ausschuß für Deutsche Einheit, Mitglied des Präsidiums des Komitees der Antifaschistischen Widerstandskämpfer der DDR. Karl Raddatz wurde wegen seiner offenen Kritik an der Politik ▸ Walter Ulbrichts, seiner Freundschaft zu ▸ Karl Schirdewan und seiner Kontakte zu dem 1958 in den Westen geflüchteten Heinz Brandt am 22. Juni 1960 verhaftet und in einem Geheimprozeß am 10. Mai 1962 vom Obersten Gericht der DDR wegen angeblicher Spionage und Verletzung des Amtsgeheimnisses zu siebeneinhalb Jahren Zuchthaus verurteilt. Im Zuge der Amnestie im Dezember 1964 aus dem Zuchthaus Bautzen entlassen, danach 1965 Mitarbeiter im Archiv der Deutschen Staatsbibliothek. Karl Raddatz starb am 12. Februar 1970 in Ost-Berlin.

▸ Rädel, Siegfried (* 1893 – † 1943)

Geboren am 7. März 1893 in Copitz bei Pirna, entstammte einer kinderreichen Beamtenfamilie; lernte Zimmermann. 1912 Mitglied der SPD. 1913 zum Militär einberufen, bei Kriegsausbruch kam er sofort an die Front. 1918 Übertritt zur USPD, gehörte er 1918/19 zum Arbeiter- und Soldatenrat in Pirna und arbeitete bis 1921 als Betriebshandwerker in der Kunstseidespinnerei in Pirna, in der er auch Betriebsrat war. 1919 Mitglied der KPD, er blieb in der Partei, als die große Mehrheit der Ortsgruppe Pirna 1920 zur KAPD ging. Ab 1921 Stadtverordneter in Pirna, hauptamtlicher UB-Leiter. Auf dem VII. Parteitag 1921 und auf dem VIII. Parteitag 1923 für den Bezirk Ostsachsen in den ZA berufen. Nach dem Oktober 1923 polizeilich gesucht, lebte Rädel zunächst illegal. Als Anhänger der Parteilinken wurde er im Mai 1924 in den Reichstag gewählt, dem er ununterbrochen bis 1933 angehörte. 1924/25 Orgleiter und nach dem »Offenen Brief« 1925 Polleiter des Bezirks Ostsachsen. 1926 ins ZK nach Berlin geholt, im Apparat für

Sozialpolitik zuständig, 1928 zunächst wieder Polleiter des Bezirks Ostsachsen, dann einige Zeit Polleiter von Westsachsen. Rädel übersiedelte 1931 endgültig nach Berlin, um die Leitung der Abteilung Sozialpolitik beim ZK der KPD zu übernehmen. Auf dem XII. Parteitag 1929 als Kandidat ins ZK der KPD gewählt, war Rädel seit 1930 Vorsitzender der ARSO, der kommunistischen Arbeitsgemeinschaft sozialpolitischer Organisationen. Am 7. Februar 1933 nahm er noch an der letzten Sitzung der Parteiführer in Ziegenhals bei Berlin teil, danach zum Leiter der illegalen KPD in Sachsen berufen. Im Dezember 1933 verließ er Deutschland, ging zunächst nach Prag, von dort über Wien nach Paris und kam anschließend wieder nach Prag, wo er die Betreuung der kommunistischen Emigranten und den illegalen Grenzverkehr nach Deutschland leitete. Am 24. Dezember 1934 traf Rädel unter dem Parteinamen Sachs in Moskau zur Berichterstattung ein, erhielt wegen Unachtsamkeit bei der Durchführung einer illegalen Konferenz im Oktober eine »einfache Parteirüge«. Anfang 1935 Emigrationsleiter in der Schweiz, dort am 24. Oktober 1936 verhaftet und nach Frankreich ausgewiesen. Hier konnte er zur Zeit der Volksfrontregierung legal leben und arbeiten, gründete die Sozialvereinigung deutscher politischer Emigranten und organisierte die internationale Unterstützung. Anfang 1939 war Rädel Teilnehmer der »Berner Konferenz« der KPD (bei Paris), auf der er als Friedrich ins ZK gewählt wurde. Bei Kriegsausbruch im Lager Vernet drei Jahre lang interniert. Um Rädel zu retten, verlieh ihm die Sowjetunion (durch ihren Botschafter in Vichy) im März 1941 die sowjetische Staatsangehörigkeit, er sollte per Schiff in die Sowjetunion gelangen, was der Ausbruch des deutsch-sowjetischen Krieges verhinderte. Obwohl im Besitz eines Einreisevisums nach Mexiko, lieferte ihn die Regierung Petain-Laval im August 1942 an die Gestapo aus. Am 25. Februar 1943 beschloß der 5. Senat des VGH: »Der Angeklagte Rädel hat durch den Ausbau und maßgebliche Betreuung deutscher kommunistischer Emigrantenorganisationen im Ausland den kommunistischen Hochverrat vorbereitet und wird deshalb zum Tode verurteilt.« Sein von ihm verfaßtes Gnadengesuch wurde abgelehnt. Am 10. Mai 1943 wurde Siegfried Rädel im Zuchthaus Brandenburg hingerichtet. Rädel hatte 1919 geheiratet, sich sechs Jahre später von seiner Frau Frieda getrennt und lebte seit 1928 mit ▸ Maria Weiterer zusammen.

▸ Raetz, Martin (* 1890 – † ?)

Geboren am 10. Oktober 1890 in Altena, von Beruf Musiker. Er trat 1917 der SPD bei, wurde später Mitglied des Spartakusbundes und 1919 der KPD. Einige Zeit war er Vorsitzender der Ortsgruppen von KPD, RH und RFB in Neubrandenburg sowie Stadtverordneter und gehörte der BL Mecklenburg an. Von 1923 bis 1927 war Raetz Abgeordneter der KPD im Landtag von Mecklenburg-Strelitz. Ende der dreißiger Jahre zog er nach Magdeburg und wirkte ehrenamtlich im Bund der Freunde der Sowjetunion. Während der NS-Zeit stellte er (nach eigenen Angaben zum Schein) einen Antrag auf Mitgliedschaft in der SS. Raetz hatte verschiedene Engagements als Musiker, u. a. an Kurorchestern. Wegen Unterstützung von Zwangsarbeitern im August 1944 verhaftet und anschließend zur Wehrmacht eingezogen. Nach der Entlassung aus britischer Kriegsgefangenschaft kehrte er nach Mecklenburg zurück, wurde 1946 Mitglied der SED und arbeitete zunächst in der Provinzialverwaltung Mecklenburg. Später wirkte Raetz als Kreissekretär der Volkssolidarität in Neubrandenburg. Unklar sind die Gründe für seinen im März 1947 erfolgten Ausschluß aus der SED und 1951 die endgültige Aberkennung des Status eines VdN. Weitere Daten über Martin Raetz waren nicht zu ermitteln.

▸ Rakow, Paul (* 1901 – † 1937)

Geboren 1901 in Neubeckum/Westfalen, Sohn eines Forstwissenschaftlers. Die Familie, darunter sein Bruder ▸ Werner Rakow (Felix Wolf) war 1900 aus Rußland übergesiedelt, 1906 zogen sie nach Hannover. Paul Rakow trat 1919 als Gymnasiast der KPD bei und war dann als Student der TH Hannover für die Partei aktiv. Mitte der zwanziger Jahre in den AM-Apparat aufgenommen, übte er dort in Berlin Leitungsfunktionen aus. Von 1928 bis 1930 war Rakow in Moskau im Komintern-Apparat tätig. Danach studierte er von 1931 bis 1934 an der KUNMS in Moskau und wurde anschließend Instrukteur der OMS des EKKI, u. a. in China. Er wurde am 15. April 1937 nach Moskau zurückgerufen und sofort vom NKWD verhaftet. Hier war sein Bruder Werner bereits im September 1936 erschossen worden, und sein Bruder Nikolai blieb im Gulag verschwunden. Paul Rakow wurde am 20. Dezember 1937 in Stalino erschossen.

▸ Rakow, Werner (* 1893 – † 1936)

Werner Waldemar Richard Rakow wurde am 30. August 1893 in Kreuzburg an der Düna im Gouvernement Livland des zaristischen Rußlands als Sohn des Forstwissenschaftlers Paul Gotthold Rakow geboren. 1900 übersiedelte die Familie nach Deutschland, zunächst nach Neubeckum in Westfalen, 1906 nach Hannover. Hier besuchte Rakow das Gymnasium und machte das Abitur mit Auszeichnung. Nach einer Lehre im renommierten Bankhaus »Peretz« in Hannover, reiste Werner Rakow mit seinem älteren Bruder Nikolai (* 26. 8. 1890) im Frühjahr 1914 nach St. Petersburg. Dort arbeitete er als Buchhalter und gab zusätzlich noch Deutschunterricht in der Berlitzschule. Bei Kriegsausbruch als feindlicher Ausländer interniert, kam er nach Irbit im Gouvernement Perm, Eisenbahnarbeiter. Im Februar 1917 war Werner Rakow Mitbegründer einer bolschewistischen Gruppe in Irbit, flüchtete im April 1917 wegen drohender Verhaftung in das 800 km entfernte Omsk und war hier bei den Bolschewiki aktiv. Bis Anfang 1918 Buchhalter; er organisierte den Aufbau der deutschen Sektion einer revolutionären Kriegsgefangenenorganisation in Omsk. Er kämpfte an der Seite der Roten Armee in Sibirien und im Ural, wurde bei Gefechten mit der tschechischen Legion verwundet und in ein Hospital nach Moskau gebracht. Im September 1918 wurde er in die deutsche Sprachgruppe der RKP(B) aufgenommen und redigierte die Zeitschrift »Welt-Revolution«. Dann Propagandist in Weißrußland, zeitweise stand er in Minsk dem Rat der Arbeiterdeputierten vor.

Ende 1918 reiste Rakow mit Karl Radek und ▸ Ernst Reuter (Friesland) nach Deutschland. Getarnt als entlassene österreichische Kriegsgefangene gelangten sie über Wilna und Königsberg nach Berlin und nahmen am Gründungsparteitag der KPD teil. Rakow überschritt die Grenze mit dem Paß des Schriftstellers Karl Felix Wolf (* 1. 4. 1890 in Reichenberg). Unter diesen Namen agierte er in Deutschland und wurde von den Polizei- und Justizorganen steckbrieflich gesucht. Von Mai 1919 bis November 1920 war er in Hamburg Bezirkssekretär der KPD und führend an der Verschmelzung von USPD und KPD zur VKPD beteiligt. Später gründete er mit dem Moskauer Emissär Samuel Sachs-Gladnew (▸ Fritz Sturm) den deutschsprachigen Komintern-Verlag Carl Hoym Nachf. Rakow-Wolf gehörte in dieser Zeit zum Führungskreis der KPD, ohne offiziellen Sitz in der Zentrale oder dem ZA. Anfang 1921 Oberbezirkssekretär für die Bezirke Hamburg, Hannover und Bremen und für die putschistische März-Aktion in Hamburg zuständig. Rakow-Wolf berichtete als »Vertrauensmann« über alle Interna der KPD nach Moskau. Im Sommer 1922 wurde er im Auftrag der Komintern nach Wien und auf den Balkan geschickt. Zur Vorbereitung des »deutschen Oktober« 1923 zurückgekehrt nach Deutschland, gehörte er zur militärischen Leitung des »Revolutionskomitees« und führte ab September 1923 die Informationsabteilung. Nach dem Scheitern des »Oktober« von der neuen linken Führung im Mai 1924 aller Parteifunktionen enthoben und als Brandlerianer nach Moskau abgeschoben. Hier traf Rakow-Wolf sich mehrmals mit den »kaltgestellten« ▸ Heinrich Brandler und ▸ August Thalheimer sowie mit Karl Radek, wurde denunziert und erhielt durch die IKK einen Verweis mit dem ausdrücklichen Verbot, sich in deutsche Parteiangelegenheiten einzumi-

schen. 1925 in die USA entsandt, wo er getarnt als Student an der Columbia-Universität für die sowjetischen Nachrichtendienste spionierte.
Er kehrte 1927 nach Moskau zurück, schloß sich der Trotzki-Fraktion an, wurde daraufhin 1928 aus der KPdSU ausgeschlossen und von der GPU zeitweise inhaftiert. Er übersetzte den Band 10 der deutschen Lenin-Ausgabe. Nach einer »Reueerklärung« wurde er mit der »Gruppe der 38« wieder in die Partei aufgenommen und mußte zur Bewährung in die chemische Industrie. Während eines privaten Familienbesuchs in Deutschland bat Rakow in einem Gespräch mit ▸ Ernst Thälmann um Rückkehr in die deutsche Parteiarbeit, dies wurde abgelehnt. 1932 setzte er seine Mitarbeit am Band 11 der deutschen Lenin-Ausgabe fort und war ab Januar 1933 in Moskau Angestellter in der VAA. Rakow-Wolf befand sich am Abend des 5. März 1933 in jener Runde von KPD-Emigranten, die in der Wohnung von Else und ▸ Hermann Taubenberger mit ▸ Erich Wollenberg die Ergebnisse der Reichstagswahl analysierten und scharfe Kritik an der deutschen Parteiführung übten. Dieses Gespräch war Gegenstand einer Verhandlung vor der IKK, in deren Folge Rakow-Wolf und Wollenberg aus der KPdSU ausgeschlossen wurden.
Im Juni 1933 erneut zur Bewährung in das westsibirische Nowosibirsk verbannt, traf sich Rakow-Wolf Ende 1933 nochmals mit Wollenberg in Moskau. Als dieser ihm seine grundsätzlichen Zweifel an der Politik der Komintern erläuterte, denunzierte er Wollenberg bei den entsprechenden Komintern-Stellen, die sich, nach entsprechender Selbstkritik, für Rakows dritte Wiederaufnahme in die KPdSU einsetzten. Erneut in der VAA, dort aber im Januar 1935 während der »Reinigung« entlassen und nach Chabarowsk geschickt. Zu jener Zeit war er bereits im Visier des NKWD, das ihn nach seiner Rückkehr nach Moskau, wo er als Übersetzer bei der »Deutschen Zentral-Zeitung« arbeitete, am 22. Juli 1936 verhaftete. Werner Rakow-Wolf wurde am 14. September 1936 vom Militärtribunal des Obersten Gerichts zum Tode verurteilt und am selben Tag erschossen. Seine beiden Brüder Nikolai und ▸ Paul Rakow, die sich wie er der kommunistischen Bewegung verschrieben hatten, gerieten ebenfalls in die stalinistischen Säuberungen. Paul wurde am 20. Dezember 1937 in Stalino erschossen, über Nikolais Schikksal, der lange Jahre für die OMS gearbeitet hatte, sind bis heute keine genauen Fakten bekannt. Einen biographischen Aufsatz über die Brüder Rakow veröffentlichte Markus Wehner 1994 in der IWK.

▸ Rasch, Fritz (* 1889 – † ?)

Geboren am 13. Februar 1889 in Berlin, lernte Schneider. Er lebte zunächst in Hamburg und trat vor 1914 der SPD bei. Während des Weltkriegs gehörte er zu den Bremer Linksradikalen, die in Hamburg eine größere Gruppe hatten, in der er wirkte. Rasch übersiedelte 1916 nach Berlin und war in der Spartakusgruppe aktiv. 1918 Mitglied des Vollzugsrats der Arbeiter- und Soldatenräte in Berlin, nahm als Vertreter des Spartakusbundes aus Berlin-Lichtenberg am Gründungsparteitag der KPD Ende 1918 teil. Er gehörte zum radikalen Flügel der Berliner Kommunisten und war 1920 einer der Mitbegründer der KAPD. Von 1920 bis 1923 in der Führung der KAPD tätig, zog er sich danach von der Politik zurück. Der inzwischen politisch indifferente Fritz Rasch lebte als Arbeiter in Hamburg, weitere Daten eines Lebenslaufs ließen sich nicht ermitteln.

▸ Rasch (Enderle), Irmgard (* 1895 – † 1985)

Geboren am 28. April 1895 in Frankfurt/M. als Tochter des Gymnasiallehrers Otto Rasch; legte 1917 ein Lehrerinnenexamen ab und studierte mehrere Semester Pädagogik und Volkswirtschaft an der Universität Berlin. Sie kam über die Freideutsche Jugend und eine sozialistische Studentengruppe an der Berliner Universität im November 1918 zum Spartakusbund. Von Mitte 1919 bis Anfang 1929 im zentralen Apparat der KPD, zuerst in der Abteilung »Land«, dann als Instrukteurin in der Gewerkschaftsabteilung.

Nachdem die Gewerkschaftsabteilung 1924 durch die Linke unter ▸ Ruth Fischer aufgelöst und neu besetzt wurde, ging Irmgard Rasch als Gewerkschaftsredakteurin zum »Klassenkampf« nach Halle. Mitte 1927 Gewerkschaftsredakteurin der »Roten Fahne« in Berlin. Anfang 1929 als Mitglied der rechten Brandler-Gruppe aus der Partei ausgeschlossen. Sie war nun aktiv in der KPO, seit 1932 in der SAP. Irmgard Rasch heiratete ▸ August Enderle, kam dadurch nach Breslau, wo sie bald Mitglied der dortigen Ortsleitung der SAP war. Im Juni 1933 von der Gestapo verhaftet, konnte sie zwei Monate später entkommen und lebte in Holland, Belgien und ab 1934 in Schweden in der Emigration. Hier bildete sie mit ihrem Mann August Enderle eine SAPD-Auslandsstelle, die den Widerstand in Norddeutschland unterstützte. Rasch-Enderle engagierte sich in der Volksfontbewegung, trennte sich aber mit anderen SAPD-Mitglieder nach den Moskauer Schauprozessen davon. Sie schrieb unter dem Pseudonym J. Reele für die schwedische Gewerkschaftspresse und die Züricher »Rote Revue«. Anfang April 1941 wurden August und Irmgard Rasch-Enderle von den Nazibehörden ausgebürgert. Beide kehrten im Sommer 1945 nach Deutschland zurück. Sie wurde im September 1945 Mitbegründerin und Redakteurin am »Weser-Kurier« in Bremen und 1947 am »Bund« in Köln, zuletzt von 1949 bis 1951 Redakteurin der »Welt der Arbeit«, danach freie Journalistin. Seit 1945 Mitglied der SPD, war sie führend am Wiederaufbau der SPD und der Gewerkschaften in Bremen beteiligt, zeitweise auch Vorsitzende der Deutschen Journalisten-Union. Irmgard Enderle starb am 20. September 1985 in Köln.

▸ Raschke, Felix (Fritz) (* 1884 – † 1957)

Geboren am 9. Mai 1884 in Danzig, Sohn eines Bernsteindrechslers; Tischler. Von 1906 bis 1908 leistete er seinen Militärdienst, trat 1908 in den Deutschen Holzarbeiterverband ein, Funktionär des DHV in Danzig. 1912 Mitglied der SPD. Von 1914 bis 1918 Soldat im Krieg; 1920 ging Raschke zur KPD. Von 1923 bis 1934 war er Abgeordneter des Volkstages Danzig und gehörte auch dem engeren Führungskreis der Danziger KPD an, außerdem Redakteur an der Danziger KP-Zeitung »Das freie Volk«. Am 3. Mai 1934 wurde Felix Raschke verhaftet und im Juni 1934 durch die Große Danziger Strafkammer wegen der »Herausgabe illegaler Zeitschriften bzw. Zeitungen« zu dreieinhalb Jahren Gefängnis verurteilt. Im November 1937 entlassen, danach Tischler bei der AEG in Danzig. Raschke, der auch nach Kriegsbeginn illegal für die KPD tätig war, wurde am 22. August 1944 erneut festgenommen und in das KZ Stutthof bei Danzig gebracht. Im August 1945 kam er mit einem »Antifa-Umsiedler-Transport« nach Dammgarten im Kreis Stralsund, arbeitete bis 1947 als Personalreferent beim KPD- bzw. beim SED-Landesvorstand Mecklenburg. Von 1947 bis 1949 war er Kreisrat für Inneres im Kreis Rügen und leitete ab August 1949 die Strafanstalt Dreibergen. Felix Raschke starb am 5. Juli 1957.

▸ Rast, Gertrud (* 1897 – † 1993)

Geboren am 25. Mai 1897 in Hamburg als Gertrud Graeser, Tochter eines Tischlers; besuchte die Handelsschule, wurde kaufmännische Angestellte und Buchhalterin in Hamburg. 1912 Mitglied der Arbeiterjugend, 1915 der Gewerkschaft. Bereits 1917 wegen Antikriegspropaganda inhaftiert, schloß sie sich der Spartakusgruppe an. Sie war während der Novemberrevolution Sekretärin des Arbeiter- und Soldatenrates in Hamburg, Anfang 1919 Gründungsmitglied der Hamburger KPD, arbeitete in der FSJ. Auf dem 7. Reichsjugendkongreß der KJD Ende März 1923 in Chemnitz wurde sie in die Reichszentrale gewählt und war zeitweise verantwortliche Redakteurin der Zeitschrift »Junge Garde«. Während der Illegalität 1923/24 gehörte Gertrud Graeser mit ▸ Heinrich Pütz u. a. zum »Direktorium«, dem Führungskopf der kommunistischen Jugend. Sie emigrierte danach in die Sowjetunion und war dort politische Mitarbeiterin der KJI, anschließend in der Internationale der Seeleute und Hafenarbeiter. Zurückgekehrt nach Deutschland, arbeitete sie hauptamtlich in der KPD-BL Wasserkante in Hamburg, aber 1930 als Versöhnlerin angegriffen. So hieß es über sie in einem Schreiben der BL Wasserkante an das ZK: »Man kann von dieser Genossin wirklich sagen, daß sie bei dem Ausschluß der Versöhnler s. Zt. vergessen wurde. Sie gehört eigentlich gar nicht mehr in die Partei.« 1933 emigrierte sie ins Ausland, im September 1939 in Paris inhaftiert und in ein Internierungslager gebracht. Sie wurde 1943 nach Deutschland ausgeliefert und zunächst in das KZ Fuhlsbüttel und anschließend in ein Zwangsarbeitslager gesperrt. Ihr Mann Richard Rast kam wenige Tage vor Kriegsende als Häftling im KZ Neuengamme ums Leben. Ab 1945 gehörte sie zu den führenden Funktionären der KPD in Schleswig-Holstein, war von 1946 bis 1948 als Mitglied der KPD auch im SED-Parteivorstand. Bis 1956 politische Mitarbeiterin des KPD-PV, ab Gründung 1969 Mitglied der DKP. Gertrud Rast starb am 24. September 1993.

▸ Rau, Fritz (* 1904 – † 1933)

Geboren am 12. Mai 1904 in Stuttgart, Sohn einer Arbeiterfamilie. Buchdrucker, Mitglied der Kommunistischen Jugend Deutschlands. Im Herbst 1923 wurde er verhaftet und mit zwölf anderen württembergischen KJD-Funktionären zu einem Jahr Gefängnis verurteilt. Nach seiner Entlassung begann er als Volontär, später als Redakteur an der »Süddeutschen Arbeiterzeitung« in Stuttgart. Mitte der zwanziger Jahre kam er nach Berlin und wurde Redakteur der Zeitung »Die junge Garde«. Für ▸ Robert Leibbrand, der im Juli 1926 in den Apparat der KJI nach Moskau berufen wurde, übernahm Fritz Rau das Agitpropressort im Sekretariat des ZK des KJVD. Im Sommer 1928 reiste auch er nach Moskau und wurde auf den V. Weltkongreß der KJI in das Exekutivkomitee gewählt. Nach seiner Rückkehr nach Deutschland wurde Rau erneut Redakteur der »Süddeutschen Arbeiterzeitung« in Stuttgart, übernahm 1932 die Chefredaktion der Zeitung »Klassenkampf« in Halle und gehörte in dieser Eigenschaft dem Sekretariat der BL Halle-Merseburg an. 1933 illegal aktiv, bereits im September 1933 in Berlin verhaftet, wurde Fritz Rau am 20. Dezember 1933 in seiner Gefängniszelle tot aufgefunden. An seinen Selbstmord glaubten die Angehörigen nicht, vermutlich wurde er ermordet. Im Mai 1934 wurde Fritz Raus Sohn geboren, dessen Mutter war ▸ Lilo Herrmann, die im Juni 1938 hingerichtete Widerstandskämpferin.

▸ Rau, Heinrich (* 1899 – † 1961)

Geboren am 2. April 1899 in Feuerbach bei Stuttgart, Sohn eines Fuhrwerkbesitzers und Landwirts; Arbeiter (Stanzer und Metallpresser bei Bosch). 1913 Mitglied der Arbeiterjugend, 1916 Anschluß an die Spartakusgruppe, kam er 1917 zur USPD. 1917/18 Soldat an der Westfront. Seit Gründung der KPD 1919 in Stuttgart Mitglied und Funktionär der Partei, zeitweise Vorsitzender der Stuttgarter Ortsgruppe. Im November 1920 kam Rau als hauptamtlicher Mitarbeiter der KPD in die Zentrale nach Berlin, zunächst Sekretär der Abteilung Land, Mitherausgeber verschiedener KPD-Zeitungen für die Bauernschaft (»Land- und Forstarbeiter«, »Der Pflug«). Er blieb als einer der wenigen Apparat-Funktionäre bis 1932 ununterbrochen Sekretär bzw. Leiter dieser Abteilung des ZK und war außerdem in zahlreichen internationalen Organisationen (vom 1923 bis 1933 Mitglied des internationalen Komitees der Land- und Forstarbeiter). Rau wurde 1928 in den Preußischen Landtag gewählt, dem er bis 1933 angehörte. Er war der typische Spezialist im ZK-Apparat, der sich aus allen internen Auseinandersetzungen heraushielt und versuchte, nur in seinem Ressort zu arbeiten. Rau heiratete 1923 Helene Heß, geschiedene Hoernle (* 14. 11. 1886 – † 24. 10. 1956), von der er sich aber später wieder trennte. Von Januar bis Mai 1933 illegal ZK-Instrukteur für Süddeutschland, wurde am 23. Mai 1933 verhaftet, am 11. Dezember 1934 vom VGH zu zwei Jahren Zuchthaus verurteilt, die er in Luckau verbüßte. Im August 1935 emigrierte er in die Tschechoslowakei, drei Monate später in die Sowjetunion und arbeitete bis Februar 1937 als stellvertretender Leiter des internationalen Agrarinstituts in Moskau. Von März 1937 bis Mai 1938 kämpfte Heinrich Rau in den Internationalen Brigaden, war Politkommissar, Stabschef und Kommandeur der XI. Internationalen Brigade.

Er kam im Mai 1938 verwundet nach Frankreich, leitete vom Herbst 1938 bis zum Kriegsausbruch das Hilfskomitee der deutschen und österreichischen Spanienkämpfer und gehörte zur KPD-Landesleitung in Paris. Dann in Vernet interniert, wurde ihm im März 1941 die sowjetische Staatsbürgerschaft verliehen, doch die Regierung Petain-Laval verhinderte seine Ausreise und lieferte ihn im Juni 1942 an Deutschland aus. Rau kam zunächst in das Berliner Gestapogefängnis Prinz-Albrecht-Straße und im März 1943 ins KZ Mauthausen, aus dem er im Mai 1945 befreit wurde. Über Wien gelangte er Mitte Juli 1945 nach Berlin und wurde im August 1945 2. Vizepräsident der Provinzialverwaltung Brandenburg, ab Herbst 1946 Minister für Wirtschaft der Landesregierung Brandenburg. Im Februar 1948 übernahm er den Vorsitz der Deutschen Wirtschaftskommission der SBZ. Ab Juli 1949 Mitglied des Parteivorstands bzw. des ZK der SED und auch des Politbüros, 1949 Minister für Wirtschaftsplanung in der ersten DDR-Regierung und 1950 bis 1961 Stellvertretender Ministerpräsident, von 1950 bis 1952 Vorsitzender der Staatlichen Plankommission. Rau gehörte als Spezialist für Wirtschaftsfragen stets zur Spitzenführung der SED, er hielt sich aus den innerparteilichen Kämpfen heraus, rieb sich im Dienst seiner »Sache« auf, führte letztlich jedoch immer den Willen der Parteileitung bzw. der UdSSR aus. Er erhielt 1954 den VVO in Gold. In der Weimarer Republik veröffentlichte Rau eine Reihe Broschüren, in denen er die kommunistische Bauernpolitik erläuterte, darunter 1925: »Zur Vierhundertjahrfeier des deutschen Bauernkrieges« und 1936: »Hitler, Hunger, Krieg«. Heinrich Rau starb am 23. März 1961 an einem Herzinfarkt.

▸ Rebe, Alfred (* 1893 – † 1938)

Geboren am 25. Dezember 1893 in Berlin, Metallarbeiter. 1912 zur Marine eingezogen, blieb er auch im Krieg Matrose, Oberheizer auf der »Moltke«, hatte großen Einfluß auf die Matrosen und war einer der Führer der Rebellion von 1917. Rebe erhielt im Dezember 1917 acht Jahre Zuchthaus und kam durch die Novemberrevolution von 1918 frei. Mitglied der USPD, 1919 am Berliner Januaraufstand beteiligt. Mit der linken USPD kam er Ende 1920 zur KPD, wurde 1921 von der Zentrale nach Mecklenburg entsandt, dort Redakteur der KPD-Zeitung und Vorsitzender der KPD in Rostock. 1927 Redakteur der »Roten Fahne«, wo er seit 1929 im politischen Ressort arbeitete und im Jahre 1928 für die »Rote Fahne« verantwortlich zeichnete. 1933 verhaftet und für einige Monate in den KZs Oranienburg und Sonnenburg inhaftiert, emigrierte Rebe 1934 in die Sowjetunion. Er arbeitete unter dem Parteinamen Winkel an verschiedenen deutschsprachigen Zeitungen, zuletzt als verantwortlicher Redakteur der Zeitung »Rote Fahne« in der Georgischen SSR. Alfred Rebe wurde 1938 ein Opfer der Stalinschen Säuberungen. Im Februar 1938 vom NKWD im Nordkaukasus verhaftet und im Oktober verurteilt und erschossen. Seine Tochter Erika (* 6. 12. 1919) setzte sich im August 1948 mit Margarete Buber-Neumann, der Lebensgefährtin ▸ Heinz Neumanns in Verbindung, die in einem Artikel der »Neuen Zeitung« auch auf das Schicksal Alfred Rebes eingegangen war. Sie berichtete Erika Rebe dann am 18. September in einem Brief, »daß Ihr Vater, Herr Alfred Rebe, 1935 zur Wiederherstellung seiner Gesundheit in einen Ort am Kaukasus geschickt wurde, wo er zugleich als Journalist tätig sein sollte ... Es gefiel Ihrem Vater, wie er mir brieflich mitteilte, anfangs sehr gut dort, und auch sein Gesundheitszustand schien sich wesentlich gebessert zu haben. Als ich nach einigen Monaten kein Lebenszeichen mehr von ihm erhielt, fragte ich bei der deutschen Parteivertretung, was mit ihm los sei und erfuhr dort, daß auch die Partei keine Nachricht mehr über ihn habe ... Da damals fast ausnahmslos alle Politemigranten außerhalb Moskaus von den besonders argwöhnischen und brutalen Behörden in der Provinz pauschal verhaftet wurden, hat wohl auch Ihr Vater dieses Schicksal gefunden.« Alle Nachforschungen, die Erika Pentschke, geborene Rebe, später anstellte, blieben bis Anfang der sechziger Jahre ergebnislos. Ende März 1963 erhielt sie vom Obersten Gericht der UdSSR folgende Bescheinigung: »Die Strafsache in der Anklage Winkel (Rebe) Alfred (Adolf) Wilhelm, geboren 1893, bis zur Inhaftierung am 19. Februar 1938 – eines verantwortlichen Sekretärs der Redaktion der Zeitung ›Rote Fahne‹ im Luxemburger Rayon der Georgischen SSR, ist am 28. November 1962 von dem Militärgericht des Transkaukasischen Militärbezirks erneut überprüft worden. Die Gerichtsentscheidung vom 9. Oktober 1938 bezüglich Winkel (Rebe), Alfred (Adolf) Wilhelm ist abgeschafft und seine Strafsache ist wegen der Abwesenheit des Tatbestandes eingestellt. Winkel (Rebe) A. W. ist posthum (nach dem Tode) rehabilitiert.«

▸ Redlich, Paul (* 1893 – † 1944)

Geboren am 17. Januar 1893 in Braunschweig, Lehre und Arbeit als Maler. Übersiedlung nach Brandenburg/Havel. 1914 bis 1918 Kriegsdienst. Wegen eines Augenleidens Aufgabe des Malerberufs, Angestellter bei der Reichsbahn in Brandenburg, hier Mitglied des Betriebsrates am Hauptbahnhof Brandenburg/Havel. Ab 1920

Mitglied und Funktionär der KPD in Brandenburg, zeitweise Polleiter des UB Brandenburg, von 1924 bis Januar 1932 Stadtverordneter, 1926 Wahl zum 2. Vorsteher der Stadtverordnetenversammlung. Er war von 1925 bis 1929 Abgeordneter des Brandenburgischen Provinziallandtages, ab 1927 unbesoldeter Stadtrat in Brandenburg, Ein Disziplinarverfahren führte 1929 zu seiner Amtsenthebung. Im September 1930 wurde Redlich im Wahlkreis Potsdam in den Reichstag gewählt, dem er bis März 1933 als Abgeordneter angehörte. Er war zeitweise auch Gauleiter des Einheitsverbandes der Land- und Forstarbeiter für den Bezirk Brandenburg und gehörte der Reichsleitung der RGO-Industriegruppe der Land- und Forstarbeiter an, er lebte in Berlin. Am 26. Februar 1933 verhaftet, saß er bis zum 25. Januar 1934 in »Schutzhaft« im KZ Sonnenburg. Danach wieder in Berlin wohnhaft, zog er Anfang 1944 nach Brandenburg/Havel. Paul Redlich starb am 3. März 1944 an den Folgen der Haft (Tuberkulose und Magenleiden).

▸ Reese, Maria (* 1889 – † 1958)

Als Maria Meyer am 5. Januar 1889 in Michelbach/Krs. Daun geboren, besuchte nach dem Lyzeum das Bonner Lehrerinnenseminar bis zum Abschluß als Volksschullehrerin. 1923 heiratete sie den sozialdemokratischen Redakteur und ehemaligen preußischen Landtagsabgeordneten Gottlieb Reese (* 24. 5. 1880 – † 25. 1. 1949), von dem sie sich 1928 trennte, aus dieser Ehe stammte der Sohn Dagobert. Ab 1919 Mitglied der SPD, war sie von 1920 bis 1924 Redakteurin der SPD-»Volkswacht« in Trier und Referentin für Frauen- und Jugendfragen. Nachdem sie und ihr Mann im Oktober 1923 aus dem französischen Besatzungsgebiet ausgewiesen wurden, lebte Maria Reese als Schriftstellerin in Hannover. Im Mai 1928 wurde sie im Wahlkreis Südhannover-Braunschweig für die SPD in den Reichstag gewählt, dem sie bis März 1933 angehörte. Mit einem »Offenen Brief an die SPD-Arbeiter« verkündete sie in der »Roten Fahne« am 9. November 1929 demonstrativ ihren Übertritt zur KPD, die sie 1930 und 1932 als Kandidatin für den Reichstag aufstellte. Maria Reese war von 1930 bis 1932 Herausgeberin und Redakteurin der Zeitschrift »Die rote Einheitsfront« und arbeitete eng mit ▸ Clara Zetkin zusammen. Am 28. Februar 1933 flüchtete sie zunächst nach Dänemark, dann nach Schweden, wo sie Ende März vorübergehend verhaftet und dann ausgewiesen wurde. Nach einem kurzen Aufenthalt in Leningrad kam sie nach Moskau, sollte aber aus der Hauptstadt verbannt werde. Da sie der Politik der KPD-Führung und der Komintern zunehmend kritisch gegenüberstand, gelang es ihr dank der Hilfe von Clara Zetkin, die Sowjetunion zu verlassen.

Maria Reese ging nach Paris, überwarf sich hier mit ▸ Willi Münzenberg, der sie für das von ihm gegründete »Weltkomitee gegen Faschismus und Krieg« gewinnen wollte. Einer Aufforderung, erneut nach Moskau zu kommen, widersetzte sie sich, wandte sich enttäuscht von der KPD ab und hielt sich bis Ende 1933 in Frankreich auf. Maria Reese trat am 26. Oktober 1933 aus der KPD aus und schloß sich kurzzeitig der trotzkistischen Gruppe Internationale Kommunisten Deutschlands an. Im November 1933 veröffentlichte sie in der Zeitschrift »Unser Wort« einen »Brief an das ZK der KPD und das EKKI«, in dem sie sich von der kommunistischen Politik stalinistischer Prägung distanzierte. Ihr Antrag bei einem jüdischen Hilfskomitee um Unterstützung wurde auf ausdrücklichen Wunsch der KPD abgelehnt. Sie ging zunächst in das Saargebiet, dann Ende 1934 wieder nach Deutschland zurück und wurde Mitarbeiterin für die »Anti-Komintern-Abteilung« des NS-Propagandaministerium. Maria Reese, die mehrmals im Rundfunk über ihre Abkehr vom Kommunismus sprach, veröffentlichte 1938 ihr Buch »Abrechnung mit Moskau«. Im Zusammenhang mit dem Attentat auf Hitler im Juli 1944 kurz inhaftiert, konnte sie aber dann wieder zur Pflege ihrer Mutter nach Lüxem. Ihr Sohn Dagobert wurde im Juni 1944 wegen Fahnenflucht erschossen. Nach 1945 konvertierte sie zum katholischen Glauben. Maria Reese starb am 9. Oktober 1958 in Zell an der Mosel.

▸ Regler, Gustav, Dr. phil. (* 1898 – † 1963)

Geboren am 25. Mai 1898 in Merzig/Saarland, Sohn eines Buchhändlers. Als Offizier im Weltkrieg verwundet, verteidigte er 1919 die Münchner Räterepublik. Die Erfahrungen der Kindheit und des Krieges machten ihn zum überzeugten Sozialisten. Er studierte in Heidelberg und München Germanistik und promovierte 1922. Zunächst Journalist, trat er 1928 der KPD bei, kam nach Worpswede und lebte seit den zwanziger Jahren mit ▸ Heinrich Vogelers Tochter Marie Luise (Mieke) (* 1901 – † 1945) zusammen. Aktiv in der kommunistischen Partei und der Freidenkerbewegung, arbeitete Regler dann als Schriftsteller in Berlin. 1933 Emigration, zunächst wirkte er als Agitator während der Saarabstimmung. Er nahm aktiv am Internationalen Schriftstellerkongreß im Juni 1935 in Paris teil, wurde aber von der KPD-Führung wegen seines offenen Auftretens als Kommunist gerügt. 1936 war er in Moskau an der Redigierung des Protokolls des 1. Schauprozesses (gegen Sinowjew u. a.) beteiligt. Er kämpfte 1937 in den Reihen der Internationalen Brigaden im Spanischen Bürgerkrieg, war eng mit Ernest Hemingway befreundet und kam schwer verwundet in ein Feldhospital und erhielt die spanische Staatsbürgerschaft. 1939 im französischen Lager Vernet interniert. Regler distanzierte sich vom Stalinismus, trennte sich von der kommunistischen Bewegung und wurde aus der KPD ausgeschlossen. 1940 emigrierte er über New York – wo Regler und Mieke Vogeler heirateten – nach Mexiko. Dort war er im Vorstand der »Liga für deutsche Kultur« und wurde von der KI als »Verräter« angegriffen. Regler kam 1952 in die Bundesrepublik, hier journalistisch und politisch aktiv, ein engagierter Kämpfer für die Freiheit. Zeitweilig Korrespondent von Radio Saarbrücken in Rom, pendelte er zwischen Mexiko und Europa. Gustav Regler starb am 14. Januar 1963 überraschend in einem Hotel in Neu Delhi. Seine Bücher wurden in mehrere Sprachen übersetzt und sind in fast 50 Ausgaben in aller Welt erschienen. Sein bekanntestes Buch ist die Autobiographie »Das Ohr des Malchus«. Ab 1994 erschien eine 15bändige Werkausgabe Reglers.

▸ Rehbach, Paul (* 1874 – † 1934)

Geboren am 26. Februar 1874 in Finsterwalde, lernte Bürstenmacher und ließ sich nach der Wanderschaft in Württemberg nieder. Zu Beginn des Jahrhunderts Mitglied der SPD, im Krieg Übertritt zur USPD, mit der linken USPD

1920 zur KPD. Seit 1922 Gemeinderat in Göppingen, von 1924 bis 1928 Landtagsabgeordneter in Württemberg. Rehbach gehörte dem rechten Parteiflügel an und wurde deswegen 1928 nicht mehr zur Wahl aufgestellt. 1929 trat er aus der KPD aus. Er schloß sich 1931 der SAP an, für die er in Württemberg aktiv war. Im November 1932 kandidierte er noch auf der Reichsliste der SAP auf Platz 4, doch erhielt die SAP kein Reichstagsmandat. 1933 einige Zeit inhaftiert, starb Paul Rehbach am 17. März 1934 in Göppingen, es ließ sich nicht ermitteln, ob in Freiheit oder in Haft.

▸ Rehbein, Karl (* 1885 – † 1956)

Geboren am 14. Oktober 1885 in Hanau, lernte Goldschmied. 1902 Mitglied der Gewerkschaft und 1905 der SPD. In Hanau gehörte er zum Kreis um Dr. med. ▸ Georg Wagner. Dadurch kam er während des Krieges zur Spartakusgruppe, die dort einen ihrer Hauptstützpunkte hatte. Nach dem Weltkrieg wurde Rehbein Sekretär des Deutschen Metallarbeiterverbandes in Hanau. Seit Gründung Mitglied der KPD, Delegierter des Vereinigungsparteitages mit der USPD im Dezember 1920. Bei der KAG-Krise 1921 neigte der Kreis um Dr. Wagner ▸ Paul Levi zu. Rehbein protestierte gegen den Ausschluß Levis, blieb aber in der Partei. 1924 wurde Rehbein in den Preußischen Landtag gewählt, und obwohl er zum rechten Flügel der Partei zählte, auch 1928 wieder Landtagsabgeordneter. Nach der Wittorf-Affäre im Dezember 1928 als Rechter aus der Partei ausgeschlossen. Mitbegründer der KPO, im April 1929 trat er jedoch zur SPD über, für die er auch sein Landtagsmandat weiterführte. Im DMV Hanau bestand seit 1919 eine KPD-Mehrheit, durch Rehbeins Übertritt fiel diese Mehrheit an die SPD. Rehbein blieb, in Hanau sehr populär, Sekretär des DMV. 1932 kam er für die SPD erneut in den Preußischen Landtag, im Mai 1933 legte er sein Mandat nieder. Von 1933 bis 1936 war Rehbein erwerbslos und mußte mit einer Unterstützung von 13,50 Mark seine fünfköpfige Familie ernähren. 1936 verhaftet, war er bis 1940 im KZ Sachsenhausen. Nach dem 20. Juli 1944 erneut festgenommen, kam er ins KZ Dachau, aus dem er 1945 befreit wurde. Durch eine Proklamation der Alliierten Militärregierung am 1. April 1945 zum Polizeidirektor von Hanau ernannt. Die Stadtverordnetenversammlung wählte Rehbein – der sich 1945 wieder der SPD angeschlossen hatte – am 18. Juli 1946 zum Oberbürgermeister der Stadt Hanau. Beide Ämter behielt er zehn Jahre lang. Karl Rehbein starb am 3. März 1956. Bei der Totenfeier wurde Rehbein als »Vater der Stadt« gerühmt und die Vertreter aller Parteien (SPD, CDU, FDP, BHE und auch die KPD) fanden lobende Worte für den Verstorbenen.

▸ Reich, Hermann (* 1886 – † 1955)

Geboren am 16. Januar 1886 in Klein-Opitz, lernte zunächst Gießer, später besuchte er die staatliche Handelsakademie in Dresden und studierte Nationalökonomie an der Universität Berlin. Von 1903 bis 1914 Angestellter in Hamburg, zuletzt Lagerhalter. Von 1914 bis 1918 Soldat im Weltkrieg, gehörte er im November 1918 zum Obersten Soldatenrat von Hamburg. Im Dezember 1918 Delegierter zum 1. Reichsrätekongreß (»Fraktion der Vereinigten Revolutionäre«, Wahlbezirk Hamburg). 1919/20 Parteisekretär der USPD in Hamburg, wurde im Juni 1920 als

Abgeordneter für die USPD in den Reichstag gewählt. Ende 1920 Übertritt mit dem linken Flügel zur KPD, im September 1921 schloß er sich der KAG an. Ab November 1922 zeitweilig Hospitant bei der KPD-Fraktion, wurde bis Ende der Legislaturperiode 1924 dann Mitglied der SPD-Reichstagsfraktion. Hermann Reich gehörte von 1919 bis 1922 auch der Hamburger Bürgerschaft an, siedelte später von Hamburg nach Berlin über, dort Inhaber einer Gastwirtschaft. Er ging 1931 zur SAP und war seit März 1933 in der illegalen SAP-Reichsleitung. Am 15. September 1933 verhaftet, wurde er am 1. Dezember 1934 vom VGH zu einem Jahr und drei Monaten Gefängnis verurteilt. Nach 1945 Mitglied in der SPD. Hermann Reich starb am 7. April 1955 in West-Berlin.

▸ Reich, Jakob (Thomas) (* 1886 – † 1956)

Geboren am 23. Mai 1886 in Lemberg. Schon während der Schulzeit gehörte er einer sozialistischen Schülervereinigung an, übersiedelte mit 19 Jahren nach Warschau und war in einer illegalen sozialistischen Kampforganisation. Reich beteiligte sich am Aufbau illegaler Druckereien, angeblich auch an Attentaten, u. a. auf den Warschauer Gouverneur. Nach der Niederlage der Revolution von 1905 über Deutschland in die Schweiz emigriert, leitete er in Zürich ein chemisches Labor und experimentierte auch mit Sprengstoff. Von 1906 bis 1912 Pädagogikstudium und Mitarbeiter mehrerer sozialistischer Blätter sowie Mitbegründer der Zeitschrift »Wolna Szkola« (»Die Freie Schule«). Mitglied der Sozialdemokratischen Partei der Schweiz, 1914/15 Angehöriger der österreichischen Armee, aus Gesundheitsgründen (Herzkrankheit) entlassen, ging zurück nach Zürich und wurde Lehrer. Unter den Parteinamen James Gordon, James Reich und Thomas (unter letzterem am bekanntesten) arbeitete er in internationalen sozialistischen Jugendorganisationen und hatte enge Kontakte zu russischen Emigranten u. a. zu Grigori Sinowjew. Er stand auf Seiten der Bolschewiki, war Mitarbeiter und faktischer Pressesprecher der diplomatischen Vertretung Sowjetrußlands in der Schweiz. Wegen seines aktives Engagements für die Bolschewiki – er war u. a. Gründer eines Verlages, der die Schriften Wladimir I. Lenins, Karl Radeks und Leo Trotzkis in deutsch herausgab – von der Schweizer Regierung vorübergehend verhaftet, verließ Reich im Januar 1919 die Schweiz und ging nach Moskau. Hier war er mitbeteiligt am Gründungskongreß der Komintern.

Unter seinem Parteinamen James Gordon bzw. Thomas reiste er anschließend im Auftrag von Sinowjew nach Berlin und baute das Westeuropäische Sekretariat (WES) der KI auf. Mitglieder des WES waren u. a. ▸ Paul Levi, ▸ August Thalheimer, ▸ Willi Münzenberg und als Kassierer ▸ Eduard Fuchs.

Reichs Sekretärin war seine zeitweilige Lebensgefährtin **Ruth Österreich-Jensen** (* 6. 6. 1894). Sie war seit 1912 in der SPD und seit Gründung in der KPD. Sie heirateten und bekamen eine Tochter. Ab 1925 arbeitete Ruth Österreich in der sowjetischen Handelsvertretung in Berlin. Da sie den ultralinken Kurs der KPD und der Komintern ablehnte, im Mai 1929 aus der KPD ausgeschlossen und verlor ihre Stellung in der sowjetischen Handelsvertretung. Sie ging zur KPO, wurde 1931 Mitglied der SAPD, emigrierte 1933 nach Prag und schloß sich der sozialistischen Gruppe »Neu Beginnen« an. Ruth Österreich, die Kontakte zu ▸ Karl Retzlaw (Gröhl), einem ehemaligen Mitarbeiter des Nachrichtendienstes der KPD hatte, sammelte wichtige, vor allem militärische Nachrichten aus Deutschland und leitete sie weiter. Seit Dezember 1939 in Brüssel, bemühte sie sich, weitere militärische Informationen über die Kriegsvorbereitungen aus Deutschland zu bekommen. Am 24. April 1941 wurde Ruth Österreich in Brüssel verhaftet, am 18. Februar 1943 vom VGH wegen »Vorbereitung zum Hochverrat, Feindbegünstigung und Wehrkraftzersetzung« zum Tode verurteilt und am 25. Juni 1943 in Berlin-Plötzensee hingerichtet.

Über Jakob Reich (»Genosse Thomas«) wurden 1919/20 nicht nur immense Komintern-Gelder an die kommunistischen Parteien in Westeuropa transferiert, sondern die Komintern-Spitze auch mit Literatur, Zeitschriften und Zeitungen in zwei eigens gecharterten Flugzeugen versorgt. Er organisierte als Thomas den Aufbau des KI-Verlages Carl Hoym und eröffnete ein legales Büro in Hamburg und ein illegales in Berlin. Hier waren Ruth Österreich und ▸ Werner Rakow (Felix Wolf) beschäftigt. Als »rechte Hand« von Reich-Thomas galt die Russin »Genossin Fritzmann«, die unter dem Namen Hertha Sturm wirkte, tatsächlich handelte es sich um Jelena Stassowa. Da Reich-Thomas eine Art Geheimberichterstattung über die Lage in der KPD durchführte, gab es ständige Konflikte zwischen ihm und der KPD-Zentrale. Formal wurde das WES 1920 aufgelöst, er führte es aber weiter, und die KPD-Spitze beschwerte sich darüber bei allen Instanzen in Moskau. Zusätzlich kam es zwischen Reich-Thomas und dem Leiter der Budget-Kommission der Komintern, Ossip Pjatnitzki, zum Streit über die Verwendung der Gelder. Dies veranlaßte die IKK, gegen Thomas ein Verfahren einzuleiten. Er mußte sich 1925 in Moskau verteidigen und durfte durch Fürsprache von Radek und Sinowjew wieder nach Deutschland. Reich lebte dann legal unter dem Namen Rubinstein in Berlin-Reinickendorf, publizierte 1928 als Herausgeber unter seinem Parteinamen J. Thomas mit anderen bekannten kommunistischen Intellektuellen die »Illustrierte Geschichte der Russischen Revolution« und ein Jahr später die »Illustrierte Geschichte des Bürgerkrieges in Rußland«. Reich-Thomas verließ 1931 die KPD und schloß sich der SAP an. Nach 1933 emigrierte er – als Jude und Kommunist doppelt gefährdet – nach Prag, später in die USA. Er hielt Verbindung zu ehemaligen Mitkämpfern, z. B. besuchte er noch 1951 ▸ Franz Pfempfert in Mexiko. Nach Angaben von ▸ Karl Retzlaw soll Jakob Reich (Thomas) in New York 1954, nach anderen Hinweisen 1956 gestorben sein. Alexander Watlin und Markus Wehner veröffentlichten 1993 in der IWK über Jakob Reich einen biographischen Aufsatz.

▸ Reich, Wilhelm, Dr. med. (* 1897 – † 1957)

Geboren am 24. März 1897 in Dobrzcynica/Galizien. Nach dem Besuch des Gymnasiums in Czernowitz von 1916 bis 1918 Frontsoldat (Leutnant) der österreichischen Armee, dann Medizinstudium, 1922 Promotion zum Dr. med. Sechs Jahre lang leitete er als Assistent von Siegmund Freud ein Seminar für psychoanalytische Therapie. Er trat für eine Verbindung von Psychoanalyse und Marxismus ein und veröffentlichte 1929 die Schrift »Dialektischer Materialismus und Psychoanalyse«. 1928 übersiedelte Reich nach Berlin, wurde Mitglied der KPD, gründete die Sex-Pol, die Organisation für Sexualität und Politik, die 40.000 Mitglieder gezählt haben soll. Er richtete Sexualberatungsstellen ein, hielt für die KPD öffentliche Vorträge, Grundlage war sein Buch »Die Funktion des Orgasmus« (1927). Reich war als Kommunist bekannt, innerhalb der Partei waren seine Ansichten umstritten. 1933 aus der KPD ausgeschlossen, wurden seine Theorien als entpolitisierend kritisiert. Über Dänemark floh er 1934 nach Oslo und nahm an den Diskussionen zum Charakter des Faschismus teil (»Massenpsychologie des Faschismus«, 1933). Ab 1934 gab er die »Zeitschrift für politische Psychologie und Sexualökonomie« heraus. 1939 wurde Reich Professor für medizinische Psychologie in New York. Auf seinem Landsitz »Orgonon« in Maine experimentierte er ab 1942 mit der sogenannten

Orgonenergie. Reichs »Orgonakkumulatoren« wurden durch Gerichtsbeschluß 1954 verboten, 1955 sogar die Verbrennung seiner Bücher angeordnet. Zuletzt soll er an Paranoia gelitten haben. 1957 mußte er eine zweijährige Gefängnisstrafe in Lewisburg antreten, dort starb Wilhelm Reich am 3. November 1957. Reichs Ideen erlebten in der Studentenrevolution nach 1968 eine Renaissance, vor allem seine Theorien zum Faschismus und zur sexuellen Befreiung. 1975 erschienen in Köln seine Ausgewählten Schriften.

▸ Reichel, Heinrich (* 1901 – † 1943)

Geboren am 1. Oktober 1901 in Amberg, Sohn einer Arbeiterfamilie; wurde Tischler. 1915 Mitglied der Arbeiterjugend, 1917 der SPD und 1919 der KPD. Bis 1924 Tischlergeselle u. a. in Regensburg, Hamburg und im besetzten Rheinland, ab Mai 1924 in Magdeburg. 1923 wegen Sprengstoffdiebstahls polizeilich gesucht, lebte Reichel unter dem Namen Max Dobrin bis zur Amnestie 1928 illegal. Er war Zellenleiter, Stadtteilleiter und zuletzt Leiter des AM-Apparats der BL Magdeburg. Ende 1932 Kursant eines M-Lehrgang in Moskau, Schuldeckname Fritz. Im August 1933 über die Tschechoslowakei Rückkehr zur illegalen Arbeit nach Deutschland, Instrukteur für den Bezirk Frankfurt/M. und den Stuttgarter Raum, Deckname Ernst Görlich. Er kam im März 1934 zur Berichterstattung nach Berlin, wurde hier festgenommen, doch gelang ihm die Flucht in die ČSR. Mit ▸ Wilhelm Firl leitete er die in Süddeutschland operierenden KPD-Funktionäre ▸ Stefan Lovacz und ▸ Liselotte Herrmann an und organisierte die Weitergabe geheimer Informationen über Rüstungsprojekte an die Sowjetunion. Reichel wurde am 3. Juni 1935 in Zürich verhaftet, nach Frankreich ausgewiesen, kehrte aber illegal in die Schweiz zurück und kam dann Ende 1935 über Frankreich und Belgien in die Niederlande. Hier war er Leiter der »Überprüfungskommission« der Emigrationsleitung in Amsterdam. Am 18. Januar 1940 interniert, lieferten ihn die niederländischen Behörden nach der deutschen Besetzung Ende Mai 1940 an die Gestapo aus. Am 30. April 1943 vom 2. Senat des VGH zum Tode verurteilt, wurde Heinrich Reichel am 22. Juli 1943 in Berlin-Plötzensee hingerichtet.

▸ Reichenbach, Bernhard (* 1888 – † 1975)

Geboren am 12. Dezember 1888 in Berlin, Sohn eines jüdischen Kaufmanns; nach dem Gymnasium Schauspieler in Bochum und Hamburg, von 1912 bis 1914 Studium der Literatur und Kunstgeschichte in Berlin. Dort zusammen mit seinen Brüdern Hans (* 1891 – † 1953) und Herrmann (* 1898 – † 1958) in der »Freien Studentenschaft«, Mitherausgeber des »Aufbruchs«. Von 1915 bis 1917 Soldat (Sanitäter) im Weltkrieg, dann in der Pressestelle des Auswärtigen Amtes. Reichenbach war 1917 Gründungsmitglied der USPD und im Spartakusbund; eng mit ▸ Karl Schröder verbunden, gehörte zu den Mitbegründern der KPD. Mit der linken Opposition der Partei ausgeschlossen, wurde Reichenbach 1920 einer der Führer der KAPD, hier zeitweilig Redakteur von deren »Kommunistischer Arbeiterzeitung«, ab März 1921 Vertreter der KAPD beim EKKI in Moskau, Teilnehmer am III. Weltkongreß im Juni/Juli 1921 (Pseudonym Seemann). Im März 1922 mit der Gruppe um Karl Schröder (Essener Richtung) aus der KAPD ausgeschlossen, trat er 1925 der SPD bei und arbeitete als Prokurist in einer Weberei in Krefeld. 1928 publizierte er den ersten Beitrag zur Geschichte der KAPD. Ab 1930 war Reichenbach an der Schaffung der Gruppe »Rote Kämpfer« beteiligt, 1931/32 auch in der SAP, gehörte 1933 zur illegalen Reichsführung der »Roten Kämpfer«. Im April 1935 emigrierte er nach Großbritannien und wurde Mitglied der Labour Party. 1940/41 auf der Isle of Man interniert, danach Redakteur der Kriegsgefangenenzeitung »Die Wochenpost«. Reichenbach blieb auch nach 1945 in London, arbeitete als Korrespondent für deutsche Zeitungen und den Rundfunk (1959 erste Darstellung der Geschichte der »Roten Kämpfer«), er erhielt 1958 das Bundesverdienstkreuz 1. Klasse. Bernhard Reichenbach starb am 19. Februar 1975.

▸ Reichert, Minna (* 1869 – † 1946)

Geboren am 22. September 1869 im schlesischen Nieder-Bielau als Minna Fettke, Tochter einer Arbeiterfamilie. Bereits vor dem Weltkrieg unter dem Namen Reichert im sozialdemokratischen Frauenverein Berlin aktiv, 1906 Funktionärin im 6. Groß-Berliner SPD-Wahlkreis, ab 1914 im SPD-Zentralvorstand Groß-Berlin. 1915 nahm Minna Reichert an der »Zimmerwalder Konferenz« teil und wurde 1917 Mitglied der USPD. Sie setzte sich für den Anschluß an die Komintern und die Verschmelzung mit der KPD ein und war von Oktober bis Dezember 1920 in der Kontrollkommission der USPD (Linke). Im Dezember 1920 Mitglied der VKPD und ab Frühjahr 1921 hauptamtliche Sekretärin für Frauenarbeit im KPD-Bezirk Halle-Merseburg. Minna Reichert gehörte von Juli 1920 bis Anfang 1921 für die USPD der Preußischen Landesversammlung (als Nachrückerin für den in den Reichstag gewählten Kurt Rosenfeld) an. Sie blieb bis 1933 Referentin und Instrukteurin des ZK der KPD, u. a. in Mecklenburg. Nach Kriegsende wohnte sie in Berlin-Heiligensee. Minna Reichert starb am 3. April 1946 in Berlin.

▸ Reimann, August (* 1895 – † 1948)

Geboren am 11. April 1895 in Striegau, lernte Steinmetz, als Soldat im Weltkrieg an der Front. 1918 Mitglied der USPD, 1920 mit deren linkem Flügel zur KPD. Er übte zunächst in Niederschlesien verschiedene Funktionen aus, u. a. Sekretär der KPD im UB Striegau, dann Orgleiter der BL Schlesien und Orgleiter des RFB, 1925 zu sechs Monaten Gefängnis verurteilt. Reimann vertrat bei den Auseinandersetzungen mit den Rechten 1928/29 die Linie des ZK, blieb bis 1931 Orgleiter des Bezirks Schlesien. Anschließend Verlagsleiter der »Arbeiter-Zeitung«, Leiter der IAH und des illegalen RFB in Breslau. 1932 wegen Weiterführung des verbotenen RFB festgenommen. Reimann wurde im Februar 1932 aus der KPD ausgeschlossen und soll in die SAP übergetreten sein. 1933 verhaftet, schwer mißhandelt und saß längere Zeit im KZ. Nach 1945 kam Reimann nach Sachsen, wurde zunächst Bürgermeister von Bad Brambach und im September 1947 Vorsitzender der SED in Oelsnitz. In einer Charakteristik äußerten ▸ Karl Schirdewan und ▸ Ernst Wollweber 1947 über Reimann: »August Reimann ist nicht frei vom Hang zur Intrige, jedenfalls ist die Art und Weise, wie er sich auftretende Meinungsverschiedenheiten mit anderen Genossen bewußt macht, nicht frei von starker Subjektivität.« Weihnachten 1947 erkrankt, schied er aus der hauptamtlichen Funktion aus. August Reimann starb am 11. Juni 1948 im Sanatorium Coswig an einem Lungenleiden.

▸ Reimann, Else (* 1893 – † 1975)

Geboren am 6. September 1893 in Barleben/Krs. Wolmirstedt als Else Drähne, Tochter eines Malermeisters. Von 1908 bis 1913 Dienstmädchen in Magdeburg, danach Arbeiterin. 1914 trat sie der SPD bei, war später Putz- und Waschfrau. 1917 Hauptkassiererin der USPD in Magdeburg. Gemeinsam mit den Delegierten ▸ Albert Wildt und Ernst Kindl nahm sie als Gast am Gründungsparteitag der KPD 1918 in Berlin teil. Sie war 1919 Mitglied der KPD und nahm 1920 am Frauenkongreß in Mannheim teil. Nach dem II. Parteitag 1919 in Heidelberg verließ sie unter dem Einfluß ▸ Karl Plättners die KPD und blieb bis 1923 Mitglied der KAPD, danach unorganisiert. 1945 wurde sie Mitglied der KPD, 1946 der SED, ab 1950 Stadtbezirksvorsitzende der Wohnparteiorganisation in Werder/Magdeburg. Else Reimann starb am 6. September 1975. Ihr Mann, **Karl Reimann** (* 21. 5. 1900 – † 13. 2. 1950), gehörte Anfang der zwanziger Jahre der Plättner-Gruppe an. Er wurde im Dezember 1921 verhaftet und am 30. November 1923 vom Staatsgerichtshof zu fünf Jahren Zuchthaus verurteilt, aber im März 1926 begnadigt und aus dem Zentralgefängnis in Cottbus entlassen.

▸ Reimann, Günter (* 1904)

Geboren am 13. November 1904 in Angermünde als Hans Steinicke, Sohn eines jüdischen Kaufmanns. Nach dem Gymnasium studierte er in Berlin von 1923 bis 1927 Nationalökonomie. Hier erhielt er 1926 sein Diplom als Volkswirt und 1927 als Diplom-Kaufmann. Hans Steinikke, der sich zunächst in einer radikal-pazifistischen Jugendorganisation betätigte, trat 1923 in die KJD, 1925 in die KPD ein und stand 1925/26 an der Spitze des Revolutionären Studentenbundes in Berlin. Ab 1925 Mitarbeiter in der Wirtschaftsredaktion der »Roten Fahne« unter dem Pseudonym Günter Reimann. Er galt bald als ausgewiesener Experte der kapitalistischen Weltwirtschaft, schrieb auch für die Zeitschrift »Die Internationale« und blieb bis 1930 Redakteur der »Roten Fahne«, reiste u. a. in die Sowjetunion. Ab 1930 freier Schriftsteller. Reimann soll 1932 zu einer Gruppe gehört haben, die mit Unterstützern der Komintern angeblich Jossif Stalin durch Nikolai Bucharin ablösen wollte. Inzwischen von der KPD entfremdet, soll er in Berlin eine Widerstandsgruppe aus oppositionellen Sozialdemokraten und Kommunisten gebildet haben. 1933 flüchtete Reimann über Wien nach Paris und London, trennte sich 1935 endgültig von der KPD. Er kam in die USA und war von 1940 bis 1947 Mitarbeiter bei International Statistical Bureau. Bekannt wurde Reimann als Autor mehrerer Bücher zu Fragen der Weltfinanzwirtschaft. Die von ihm 1947 gegründete Agentur International Reports on Finance and Currencies leitete er bis 1983. Ein Briefwechsel zwischen Günter Reimann und ▸ Herbert Wehner wurde 1998 veröffentlicht.

▸ Reimann, Max (* 1898 – † 1977)

Geboren am 31. Oktober 1898 in Elbing/Westpreußen, Sohn eines Kellners; Werftarbeiter, Soldat im Weltkrieg. 1919 Mitglied der KPD, Bergarbeiter im Revier von Hamm, 1926 Mitglied der RGO-Leitung des Bergarbeiterverbandes, 1931 UB-Leiter der RGO in Hamm, 1932 Sekretär der RGO Ruhr. Ende 1933 Flucht in das Saargebiet, im Mai 1934 in die ČSR, dort Mitarbeiter im Auslandssekretariat der KPD und im Juli/August 1935 Teilnehmer am VII. Weltkongreß in Moskau. Anfang April 1939 inhaftiert, im Mai 1940 vom OLG Hamm zu drei Jahren Zuchthaus verurteilt, ab 1942 im KZ Sachsenhausen. Nach der

Befreiung 1945 bis zum Sommer im FDGB in Brandenburg, übersiedelte Reimann im September 1945 in die britische Zone. Er war bis 1947 1. Vorsitzender der KPD-BL Ruhrgebiet und gehörte von 1946 bis 1948 als KPD-Vertreter dem SED-PV an. Von April 1947 bis Juni 1954 Abgeordneter des Landtages von NRW, von 1949 bis 1953 auch MdB. Ab 1948 bis zum Verbot 1956 war Reimann Vorsitzender der KPD der Bundesrepublik. In dieser Funktion war er maßgebend an der Stalinisierung der KPD und ihrer Ausrichtung an den jeweiligen programmatischen wie organisationspolitischen Vorgaben des SED-Politbüros beteiligt.
Wegen laufender Ermittlungen und Haftbefehlen (u. a. Mitwirkung an der Freiheitsberaubung ▸ Kurt Müllers) hielt er sich bereits ab 1952 ständig in Ost-Berlin auf, leitete ab 1956 als 1. Sekretär des ZK die illegale KPD in der Bundesrepublik. Nach Aufhebung des Haftbefehls (Verfolgungsverjährung) kehrte Reimann im Oktober 1968 in die Bundesrepublik zurück. 1971 trat er in die DKP ein und wurde auf dem 2. Parteitag im November deren Ehrenvorsitzender. Max Reimann starb am 18. Januar 1977 in Düsseldorf.

▸ Reimann, Paul (* 1902 – † 1976)

Geboren am 12. November 1902 in Brünn als Pawel Reiman, besuchte das Gymnasium und studierte von 1921 bis 1923 an der Universität Leipzig. Er war seit 1921 Mitglied der KPD und der Kostufra und gehörte von 1921 bis 1923 deren Reichsleitung an. Reimann trat vor allem bei den kulturpolitischen Debatten der Partei, u. a. in der »Roten Fahne« hervor. 1923 ging er in die Tschechoslowakei zurück, wurde Mitglied der KSČ, Studium an der Deutschen Universität in Prag. Von 1924 bis 1926 Redakteur der ČKK (Československa kommunistička korespondence), anschließend Chefredakteur des Parteiorgans »Vorwärts« in Reichenberg und Mitglied der dortigen Kreisleitung. Reimann war 1928 als führender deutscher Vertreter der linken (Gottwald)-Fraktion der KPČ auf dem VI. Weltkongreß der Komintern. 1929 wurde er zum Kandidaten des Politbüros gewählt und nach Moskau als Vertreter der KPČ in der Komintern delegiert, Kandidat des EKKI und Kandidat des Politsekretariats des EKKI (von 1929 bis 1931). Zugleich wurde er in die Redaktion der »Kommunistischen Internationale« aufgenommen. Im Januar 1931 aus dem EKKI ausgeschieden wegen rechtsopportunistischen Verhaltens. 1931/32 Chefredakteur des theoretischen Organs der KPČ »Kommunistische Revue« und Leiter der Agitpropabteilung des ZK, wurde aber 1933 wegen rechter Abweichung bei der Einheitsfrontpolitik nach Moskau gerufen und arbeitete dort im EKKI-Apparat. Später wieder im ZS der KPČ, nahm Reimann, einer der Hauptvertreter der linken deutschen Intelligenz in der Tschechoslowakei, nach 1933 aktiv am politischen und kulturellen Leben der reichsdeutschen Emigration teil. Mitarbeiter der »Rundschau«, des »Gegen-Angriffs« u. a. Emigrationsblätter und gehörte 1938/39 dem Nachrichtenapparat der illegalen KPČ an. Er emigrierte im April 1939 über Polen nach Großbritannien und war hier Redakteur des Organs »Einheit«, der Gruppe um den sudentendeutschen KPČ-Funktionär Gustav Beuer (* 24. 2. 1893 – † 21. 3. 1947). Im Dezember 1945 Rückkehr nach Prag, hier bis 1951 Mitarbeiter des ZK der KPČ, vorwiegend auf dem Gebiet der Kulturpropaganda. Von 1949 bis 1951 Chefredakteur des theoretischen Organs »Nova mysl«. Im Slánský-Prozeß 1952 als Zeuge der Anklage zum Punkt Zionismus herangezogen. Ab 1952 Mitarbeiter, 1955 stellvertretender Direktor und von 1962 bis 1968 Direktor des Instituts für Geschichte der KPČ. Als korrespondierendes Mitglied der tschechoslowakischen AdW und Vorsitzender der Germanistenkommission war Reimann 1963 an der Organisation der Kafka-Konferenz in Liblice und der Prager Konferenz über die deutsche Literatur 1965 maßgeblich beteiligt. Hier wurde durch die Neubewertung der humanistischen Traditionen der bürgerlichen Literatur und ihre Integration in die »marxistische« Ideologie eine wichtige Voraussetzung des Prager Frühlings geschaffen.

1968 aktiv in der tschechoslowakischen Erneuerungsbewegung, er gehörte zu den Kritikern der sowjetischen Intervention vom August 1968. Im Mai 1969 noch zum Professor für deutsche Literatur an die Prager Karls-Universität berufen, wurde Reimann 1970 aus der KPČ ausgeschlossen und erhielt Berufsverbot. Seine Bücher wurden aus den Bibliotheken entfernt, aus Protest gegen die DDR, die den Einmarsch in die ČSSR unterstützt hatte, gab er den ihm von der Karl-Marx-Universität Leipzig verliehenen Ehrendoktortitel zurück. Paul Reimann starb am 1. November 1976 in Prag.

Sein Sohn **Michal Reiman** (* 1930) Historiker, wurde als Reformer 1970 ebenfalls aus der KPČ ausgeschlossen. Nach Berufsverbot übersiedelte er 1976 in die Bundesrepublik und wurde Professor an der Freien Universität Berlin.

▸ Reimers, Johann (* 1885 – † 1947)

Geboren am 5. April 1885 in Wittmund/Ostfriesland, Sohn eines Maurers; lernte Maurer. Von 1923 bis 1925 gehörte er der KPD-Fraktion im Oldenburger Landtag an. 1925 trat er aus der KPD aus, zeitweilig Mitglied der USPD, Ende 1932 wieder KPD-Mitglied. 1931 beim Gartenamt der Stadt Rüstringen beschäftigt, nach 1933 wurde er aus dem städtischen Dienst entlassen. 1935/36 Maurer, von Oktober 1939 bis Juni 1942 Arbeiter auf der Kriegsmarinewerft in Wilhelmshaven, dann Invalide, 1945 Maurer bei der Stadt Wilhelmshaven. Mitglied der KPD, ohne Funktionen anzunehmen. Johann Reimers starb am 4. Mai 1947 in Wilhelmshaven.

▸ Reimers, Wilhelm (* 1897 – † 1982)

Geboren am 7. November 1897 in Hamburg-Altona, Sohn eines Zimmermanns; lernte Maschinenbauer. 1912 Mitglied des Arbeiter-Jugendbundes Hamburg, von Mitte 1916 bis Ende 1918 Soldat im Weltkrieg. 1919 trat er in die USPD, 1922 in die KPD ein, ab 1924 Stadtverordneter in Hamburg-Altona, von 1927 bis 1933 dort auch unbesoldeter Senator. Anfang 1929 Redaktionsvolontär der »Hamburger Volkszeitung«, nach einem halben Jahr Gewerkschaftsredakteur. Er wurde Ende 1930 Geschäftsführer des KPD-Unternehmens Norddeutscher Verlag, im Januar 1932 in Berlin Leiter der Verlagszentrale der KPD. Reimers gehörte damit automatisch der Gescha (Geschäftsabteilung) unter Leitung von ▸ Willi Budich an. Nach der Verhaftung von Budich übernahm er 1933 die Funktion des »Reichstechnikers« und arbeitete eng mit ▸ Eugen Schönhaar zusammen. Nachdem die meisten Bezirkstechniker festgenommen bzw. emigriert waren, gab es Gerüchte, daran sei Reimers schuld, Ende 1933 machte ihm ▸ Walter Ulbricht schwere Vorwürfe. Reimers kehrte nach Deutschland zurück, arbeitete dann in Prag unter dem Parteinamen Peter Dahlen und hatte in Paris Aussprachen mit ▸ Wilhelm Florin, ▸ Hermann Schubert und ▸ Wilhelm Pieck, wobei sie alle Vorwürfe Ulbrichts für grundlos erklärten. Anschließend Geschäftsführer der Saar-Nahe-Druck AG, einem von der KPD finanzierten Verlagsunternehmen. Im April 1935 in Frankreich, im Auftrag der Komintern reiste Reimers im Januar 1936 nach Kopenhagen, um den heruntergewirtschafteten Verlag der KP Dänemarks zu reorganisieren. Trotz erfolgreicher Arbeit bekam er Differenzen mit der KP Dänemarks. Hier wuchs auch seine Skepsis über die Moskauer Prozesse, den Spanischen Bürgerkrieg und über die Volksfrontpolitik. Um sich einer Befragung durch die IKK zu stellen, mußte Reimers im August 1937 nach Moskau, durfte im April 1938 wieder nach Kopenhagen, legalisierte sich und blieb dort auch nach der deutschen Besetzung. Er trennte sich von der KPD, stellte sich am 5. August 1940 der dänischen Polizei, wurde interniert und am 27. Mai 1941 an Deutschland ausgeliefert. Hier wurde Reimers am 17. Dezember 1941 vom VGH zu zwölf Jahren Zuchthaus verurteilt. 1945 schloß er sich der SPD an, arbeitete als Journalist, Pressereferent und Gewerkschaftssekretär. Von 1955 bis 1964 war Reimers Geschäftsführer der SPD-Zeitungen »Hamburger Echo« und »Hamburger Morgenpost« und von 1949 bis 1957 SPD-Abgeordneter der Hamburger Bürgerschaft. Wilhelm Reimers starb am 4. Februar 1982 in Hamburg.

▸ Reinhard, Fritz (* 1904 – † 1954)

Geboren am 3. März 1904 in Mannheim, Sohn eines Eisenbahners; kaufmännischer Angestellter. Seit 1921 Mitglied der kommunistischen Jugend, wurde er im gleichen Jahr bei einer Demonstration durch Schüsse schwer verletzt. Reinhard war seit 1922 in der BL Baden der KJD, dann wurde er nach Berlin ins ZK der Jugendorganisation berufen. 1925 Vertreter des KJVD beim Exekutivkomitee der KJI in Moskau, blieb bis 1928 in dieser führenden Funktion. Dann wurde er wegen seiner engen Beziehungen zu ▸ Heinrich Brandler und ▸ August Thalheimer nach Berlin zurückbeordert und 1929 als Rechter aus der KPD ausgeschlossen. 1929 in der KPO-Jugend aktiv; 1930 wurde er Werbeleiter einer Firma in Berlin, 1936 in Wien. Aus der Politik zurückgezogen, starb Fritz Reinhard 1954 in Wien.

▸ Reinhardt, Philipp (* 1891 – † 1968)

Geboren am 15. Februar 1891 in Ludweiler (heute Völklingen)/Saar, Sohn eines Bergmanns; ging ebenfalls in den Bergbau. Von 1914 bis 1917 Soldat bzw. Unteroffizier im Weltkrieg. Nach der Rückkehr arbeitete er zunächst wieder als Bergmann, später war er Sekretär des lothringischen Bergarbeiterverbandes (zuständig für die Mitglieder im Saargebiet). 1920 wurde Reinhardt Mitglied der USPD, Ende des Jahres trat er der VKPD bei und war zeitweise Redakteur der »Arbeiterzeitung«. Von 1922 bis 1929 Vertreter der KPD im Landesrat Saar, da er zu den Rechten gehörte, wurde er am 30. Mai 1929 aus der KPD ausgeschlossen. Bis 1933 Mitglied der KPO und deren 2. Vorsitzender an der Saar, für die KPO Abgeordneter im Landesrat Saar, seit 1932 Hausmeister in einer Ludweiler Schule. Reinhardt reiste gemeinsam mit dem Polleiter der KPD von Ludweiler, ▸ Karl Ulrich, auf Einladung der Nationalsozialisten im November 1933 nach Berlin, dort wurden beide von Adolf Hitler zu einem

Gespräch empfangen. Daraufhin schloß ihn die KPO aus. 1934 trat er im Saargebiet in die von den Nazis unterstützte »Deutsche Front« ein und redigierte die Zeitschrift »Der Rufer im Warndt«. Kurzzeitig Mitglied der NSDAP, wurde Reinhardt nach Auseinandersetzungen mit lokalen NSDAP-Funktionären aber auch hier wieder ausgeschlossen. 1945 durch die französischen Militärbehörden vorübergehend interniert, dann Mitglied der SPS und 1955 der SPD, von 1956 bis 1960 war er Abgeordneter des Kreistages Saarbrücken-Land. Philipp Reinhardt starb am 29. Juni 1968.

▸ Reinke, Ernst (* 1891 – † 1943)

Geboren am 28. November 1891 in Memel/Ostpreußen, Arbeiter, Mitglied der KPD. Im September 1930 im Wahlkreis Berlin als Abgeordneter in den Reichstag gewählt, aber bereits am 30. Juni 1931 durch ▸ Hanna Sandtner ersetzt. Unter ▸ Hermann Remmele war Reinke Sekretär des am 28. September 1930 gegründeten Kampfbundes gegen den Faschismus bzw. der Antifaschistischen Aktion. Schon am 28. Februar 1933 verhaftet, kam Reinke in das Polizeipräsidium am Alexanderplatz und wurde nach schweren Mißhandlungen in das KZ Esterwegen gebracht. Im August 1934 entlassen, arbeitete er dann als Mischer bei Siemes-Plania. Hier bemühte sich Reinke um den Aufbau einer illegalen Zelle. Bei Kriegsausbruch im September 1939 erneut inhaftiert, zunächst in das KZ Sachsenhausen eingeliefert, im April 1940 in das KZ Flossenbürg/Oberpfalz überstellt, wo Ernst Reinke am 28. April 1943 von der SS ermordet wurde.

▸ Reischmann, Maria (* 1905 – † 1989)

Geboren am 4. März 1905 in Wertheim/Main, Tochter einer Arbeiterfamilie; besuchte die Handelsschule, anschließend Textilarbeiterin und Stenotypistin. 1923 Mitglied der KPD, von 1924 bis 1929 in der BL Württemberg, zunächst Stenotypistin, dann Leiterin der Frauenabteilung. Ab Dezember 1930 Stenotypistin im ZK der KPD, stieg zur Mitarbeiterin der Frauenabteilung des ZK auf. Mitte Februar 1933 arbeitete Maria Reichmann illegal an der Seite von ▸ Walter Beling, dem Leiter der Kasse des ZK der KPD. Im Juli 1934 emigrierte sie über Frankreich, wo sie zeitweise im »Thälmann-Komitee« in Paris aktiv war, nach Moskau. Dort Sekretärin im Apparat der Komintern, zeitweilig auch von ▸ Wilhelm Pieck. Sie nahm 1935 an der »Brüsseler Konferenz« teil und war nach Auflösung der Komintern am Institut 205. Im Juni 1945 kehrte sie nach Deutschland zurück, in Sachsen Leiterin der Kasse des SED-LV. Von Januar 1950 bis 1952 in der DDR-Botschaft in Budapest, von 1957 bis 1964 in der Abteilung Finanzverwaltung des ZK der SED tätig, sie erhielt den VVO in Gold.
Maria Reischmann war seit Mitte der zwanziger Jahre mit ▸ Max Gohl verheiratet. Sie trennten sich 1929. Dann 1931/32 zeitweilig Lebensgefährtin von ▸ Willi Kreikemeyer und in Moskau Partnerin eines ungarischen KP-Funktionärs, der Opfer der Stalinschen Säuberungen wurde. Maria Reischmann starb am 13. März 1989 in Ost-Berlin.

▸ Reith, Wilhelm von der (* 1897 – † 1967)

Geboren am 3. Juli 1897 in Altenwerder bei Hamburg, Bauarbeiter, trat 1913 in die Arbeiterjugend und 1915 in die SPD ein. Während der

Novemberrevolution Mitglied der USPD, ging 1919 zur AAU, wurde 1921 Mitglied der KPD und Polleiter eines Hamburger Stadtteils. 1930 Kursant der M-Schule der Komintern in Moskau. Reith kam 1930 als Nachrücker in die Hamburger Bürgerschaft und gehörte ihr bis 1933 an. Mitglied der BL Wasserkante, 1933 in Rostock für die Anleitung der illegalen mecklenburgischen Parteiorganisationen verantwortlich. Er emigrierte er in die ČSR, war 1936 in Spanien Angehöriger der XI. Internationalen Brigade, Kommissar für Kultur. Später in Djelfa in Nordafrika interniert, diente er 1942 als Zivilbeschäftigter bei den britischen Streitkräften und gehörte zu der Gruppe deutscher Kommunisten, die Ende 1943 in die Sowjetunion reisen durften. Dort Politinstrukteur in Kriegsgefangenenlagern, 1946 kehrte er nach Hamburg zurück. Er war wieder in der KPD und arbeitete für die Hamburger kommunistische Wochenzeitung »Blinkfüer«. Wilhelm von der Reith starb am 28. Februar 1967 in Hamburg.

▸ Reitler, Anna (* 1894 – † 1948)

Geboren am 3. Juni 1894 in Liblar als Anna Schnitzler, Tochter eines Arbeiters; in ihrer Jugend Dienstmädchen. Sie kam nach Köln, wo sie einen Arbeiter namens Reitler heiratete. Anna Reitler schloß sich 1918 der USPD an und kam mit der linken USPD 1920 zur KPD, in der sie verschiedene ehrenamtliche Funktionen ausübte. Längere Zeit Frauenleiterin der BL Mittelrhein. Sie zeichnete vorrübergehend verantwortlich für die Kölner KPD-Zeitung »Sozialistische Republik«, 1923 Delegierte des VIII. Parteitages. Im Mai 1924 zog sie als kommunistische Abgeordnete in den Reichstag ein, wurde aber im Dezember des gleichen Jahres nicht wiedergewählt. Später trat sie politisch nicht mehr hervor und war auch nach dem Zweiten Weltkrieg nicht mehr politisch tätig. Anna Reitler starb am 23. Juni 1948 in Markkleeberg bei Leipzig.

▸ Rembte, Adolf (* 1902 – † 1937)

Geboren am 21. Juli 1902 in Kirchsteinbig/Krs. Stormann, Lehre als Bäcker, später Gelegenheitsarbeiter. Anfang 1919 Mitglied der SAJ, nach anderthalb Jahren trat er wieder aus, 1922 Mitglied der KPD. Als Teilnehmer am Hamburger Aufstand wurde er nach längerer Untersuchungshaft am 23. März 1925 wegen »Beihilfe zum Hochverrat« zu zwei Jahren und sechs Monaten Festungshaft verurteilt. Anfang 1926 zunächst als Volontär, dann als Redakteur bei der »Hamburger Volkszeitung«. Von November 1927 bis zum Frühjahr 1930 war Rembte Kursant an der Internationalen Leninschule, danach im Herbst 1930 am Institut für Geschichte und Recht in Moskau. Im Sommer 1931 begann er als Kursusleiter und Lehrer an der Reichsparteischule »Rosa Luxemburg« in Berlin-Fichtenau. Im August 1931 wurde Rembte in Stuttgart verhaftet, am 8. Juni 1932 vom Reichsgerichts wegen »Vorbereitung zum Hochverrat« zu zwei Jahren Festung verurteilt und kam im Dezember 1932 durch Amnestie frei. Nach der Besetzung des Karl-Liebknecht-Hauses 1933 illegal, traf Rembte sich mehrmals mit dem Politbüromitglied ▸ Hermann Schubert, der ihn als Polleiter nach Halle-Merseburg schickte. In diesem Bezirk von Juni bis November 1933 Oberberater unter dem Decknamen Rudolf, dann ging er im Dezember 1933 unter den Decknamen Poser bzw. Oskar als

Polleiter der illegalen BL Niederrhein nach Düsseldorf. Mitte Mai 1934 wurde er in Berlin anstelle von ▸ Wilhelm Kox Mitglied der illegalen Landesleitung, die sich in jener Zeit aus ▸ Otto Wahls und ▸ Philipp Daub bzw. ▸ Paul Merker zusammensetzte. Da Wahls ein Anhänger von Schubert war, wurde Rembte an dessen Stelle Ende 1934 nach Moskau gerufen, um als Vertreter der Landesleitung den neuen Kurs zu unterstützen. Er reiste Anfang Februar 1935 von Moskau nach Prag, traf sich täglich mit ▸ Robert Stamm und mit ▸ Herbert Wehner, um die neue Landesleitung in Berlin vorzubereiten. Rembte kam am 2. März 1935 in Berlin an, hier wurde er bereits am 27. März 1935 zusammen mit ▸ Käthe Lübeck, Robert Stamm und ▸ Max Maddalena verhaftet, dann im Juni 1937 vom VGH zum Tode verurteilt. Adolf Rembte wurde am 4. November 1937 in Berlin-Plötzensee hingerichtet.

▸ Remmele, Helmut (* 1910 – † 1938)

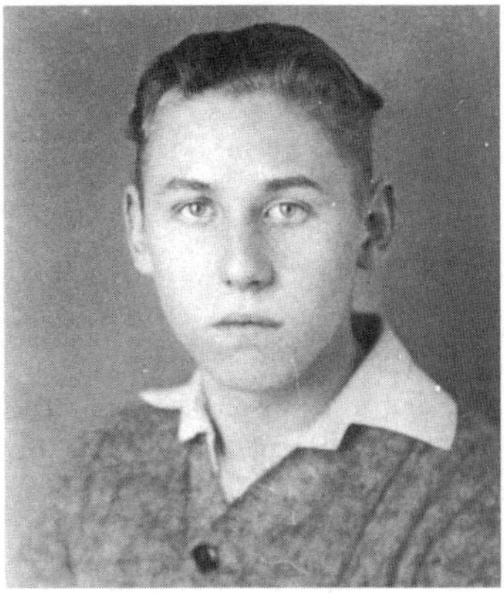

Geboren am 13. Januar 1910 in Mannheim als Sohn von Anna und ▸ Hermann Remmele. 1920 mit den Eltern nach Berlin übergesiedelt, wo er nach dem Abschluß der Realschule Werkzeugmacher lernte. Helmut Remmele trat 1924 in die KJD und 1928 in die KPD ein. Ab 1927 hielt er sich in Moskau auf, besuchte hier eine Berufsschule und wurde Mitglied des Komsomol. 1929 nach Berlin zurückgekehrt, begann er in Berlin-Wedding seine hauptamtliche Karriere als KJVD-Funktionär. Von 1929 bis 1932 war Helmut Remmele Mitglied des ZK des KJVD und Redakteur an der Zeitschrift »Junge Garde«. Weil er in der KJVD-Führung im Sommer 1932 die Position ▸ Heinz Neumanns vertrat und die Kritik seines Vaters an ▸ Ernst Thälmann unterstützte, wurde Helmut Remmele wegen »Zugehörigkeit zur Neumann-Remmele-Opposition« von seiner Funktion im ZK des KJVD entbunden. An der Jahreswende 1932/33 war er noch KPD-Funktionär im Berliner UB Süd-West und Süd-Ost. Im Februar ging er in die Illegalität, emigrierte später nach Frankreich und kam Anfang 1934 in die Sowjetunion. Von Februar 1934 bis Anfang 1936 konnte Helmut Remmele durch Protektion von Wilhelm Knorin an der KUNMS studieren. Anschließend Schlosser in Magnitogorsk; dort verlor er seine Arbeit, als auf NKWD-Befehl vom Juli 1937 alle in der Rüstungsindustrie beschäftigten Deutschen entlassen wurden. Helmut Remmele wurde am 19. September 1937 vom NKWD verhaftet, am 21. Januar 1938 vom Militärtribunal des Obersten Gerichts in Moskau zum Tode verurteilt und noch am gleichen Tag erschossen.

▸ Remmele, Hermann (* 1880 – † 1939)

Am 5. November 1880 in Ziegelhausen bei Heidelberg geboren, entstammte einer Müllerfamilie, sein Vater war Besitzer einer Bauernmühle. Hermann Remmele stieß ebenso wie sein Bruder Adam ([* 1877-† 1951], später badischer SPD-Innenminister und Ministerpräsident) früh zur Arbeiterbewegung. Die Kindheit verlebte er in einem Bauerndorf im Odenwald und kam mit 14 Jahren nach Ludwigshafen/Rhein in eine Lehre als Eisendreher. 1897 Mitglied der Metallarbeitergewerkschaft und der SPD. Nach der Gesellenprüfung 1898 auf Wanderschaft. Remmele war einer der ersten, die 1901/03 in badischen Garnisonen illegal für die Sozialdemokratie warben, und er zählte zu den Mitbegründern der süddeutschen Arbeiterjugendbewegung. Die sozialistische Jugend Offenbachs delegierte ihn 1907 zum Jugendkongreß, er wurde Sekretär der Konferenz. 1907/08 besuchte er die SPD-Parteischule in Berlin, anschließend Parteifunktionär in Mannheim. Mitarbeiter der »Leipziger Volkszeitung«, ab 1910 Redakteur der Mannheimer SPD-Zeitung »Volksstimme«. Hermann Remmele stand auf dem linken Flügel der SPD, deren Mehrheit in Baden revisionistisch war. Am 12. August 1910 schrieb er in einem Brief an Karl Kautsky, die linken Delegierten bäten zum Badischen Parteitag um Unterstützung durch einen guten Referenten, nicht Hermann Müller oder Friedrich Ebert, sondern möglichst Hermann Molkenbuhr und betonte. »Selbstverständlich verkriechen wir uns nicht angesichts der großen Übermacht ins Mauseloch.« Von 1914 bis 1918 war Remmele als Soldat an der Front. Während eines Urlaubs 1916 sammelte er die Opposition der SPD in Mannheim. Delegierter auf dem Gründungsparteitag der USPD 1917, wurde er nach der Revolution 1918 zunächst Führer der USPD in Mannheim, Vorsitzender des Arbeiter- und Soldatenrates. Remmele war 1919 einer der Initiatoren und Organisatoren der kurzlebigen Räterepublik in Mannheim. Im Frühjahr 1919 Übersiedlung nach Stuttgart, hauptamtlicher Sekretär und Redakteur der USPD in Württemberg. 1920 für die USPD in den Reichstag gewählt. Delegierter des Spaltungsparteitags, Mitglied des Reichsausschusses, der Kontrollkommission und später des ZK der USPD. Mit dem linken Flügel der USPD kam er 1920 zur KPD.

Auf dem Vereinigungsparteitag in die Zentrale der VKPD gewählt, gehörte Remmele seit dieser Zeit bis 1933 ununterbrochen der Zentrale bzw. dem ZK der KPD an. Als Zentralemitglied zog er nach Berlin, wo er verschiedene Funktionen im Orgapparat ausübte. Er war auch in der 1923 gewählten Brandler-Zentrale und beteiligte sich aktiv an der Vorbereitung des »Oktober 1923«. Als Kurier der Zentrale überbrachte er deren Aufstandsbefehl an die KP Hamburg. Nach der Niederschlagung von der Polizei gesucht (Steckbrief: »1,68 m groß, blaugraue Augen, volles, fahles Gesicht«), hielt er sich mit einem falschen Paß (Werner Luchholdt) in Deutschland auf. Remmele trennte sich von der Brandler-Spitze und wurde ein Wortführer der Mittelgruppe, die nach der Moskauer Beratung vom Januar 1924 die Parteileitung übernahm, er war bis April 1924 Vorsitzender der KPD. Auf dem IX. Parteitag 1924 geriet die Mittelgruppe zwar in die Minderheit, doch Remmele kam als ihr Vertreter auch in die neue, linke Zentrale. 1924 Mitglied des Polbüros; er gehörte bis 1932 zu diesem höchsten Parteigremium. Im Mai 1924 auch wieder in den Reichstag gewählt, behielt er das Mandat bis 1933. Hermann Remmele und ▸ Ernst Thälmann wurden 1924 von Grigori Sinowjew als »Das Beste und Kostbarste, was die deutsche Partei besitzt ..., das Gold der Arbeiterklasse« bezeichnet. Seit Herbst 1925 Mitglied des EKKI-Präsidiums, übernahm Remmele 1925 auch die Chefredaktion der »Roten Fahne«. Nach dem »Offenen Brief« vom September 1925 gegen die Ruth-Fischer-Führung stieg sein Einfluß beträchtlich. Von November 1925 bis Juni 1926 war er Polleiter des Bezirks Berlin-Brandenburg. Vom VI. Weltkongreß der Komintern 1928 erneut ins EKKI-Präsidium berufen, hielt er sich als Vertreter der KPD längere Zeit in Moskau auf. Als das ZK der KPD wegen der Wittorf-Affäre 1928 Thälmann seiner Funktionen enthob, wurde Remmele von Stalin nach Deutschland geschickt, um den Beschluß sofort rückgängig zu machen.

In den folgenden Jahren spielte Remmele neben Thälmann und ▸ Heinz Neumann die entscheidende Rolle in der deutschen Partei, diese drei Mitglieder des Politsekretariats bildeten als Triumvirat von 1929 bis 1932 die eigentliche Parteiführung. Auf dem XII. Parteitag der KPD 1929 hielt Remmele ein Referat über die Verteidigung der Sowjetunion und wurde ebenso wie Thälmann begeistert umjubelt. 1930 dann zum Leiter des Kampfbundes gegen den Faschismus ernannt und in der KPD neben Thälmann immer deutlicher als Führer herausgestellt. An Remmeles 50. Geburtstag 1930 feierte ihn das ZK als »einen der Besten der eisernen bolschewistischen Garde«. Außer zahlreichen Broschüren veröffentlichte er das zweibändige Werk »Die Sowjetunion«, das von der KPD in über 30.000 Exemplaren vertrieben wurde. Am 25. Mai 1931 wegen »Vorbereitung zum Hochverrat« zu zwei Jahren und neun Monaten Festung verurteilt; brauchte die Strafe aber als Reichstagsabgeordneter nicht abzusitzen. Neben Thälmann und Neumann trat Remmele als einer der Hauptverfechter des von der Komintern bestimmten ultralinken Kurses der KPD auf. Sein Versuch 1931/32, zusammen mit Neumann und der Mehrheit des Polbüros Thälmann abzusetzen und sowohl gegen Nationalsozialisten wie gegen die Sozialdemokraten einen schärferen Kurs zu steuern, mißlang. Im Zusammenhang mit der Maßregelung der Neumann-Gruppe wurde er ebenfalls verwarnt, doch während Neumann degradiert wurde, behielt Remmele seinen Platz im ZK und im Polbüro. Im Oktober 1932 mußte er aus dem Sekretariat des ZK ausscheiden, blieb aber bis 1933 in Berlin, emigrierte dann nach Moskau und wohnte im Hotel »Lux«. Nachdem sein Briefwechsel mit Neumann gefunden wurde (Neumann hatte ihm geraten »Liebknecht und nicht Haase zu sein«, es also zur Spaltung kommen zu lassen), war Remmeles politische Laufbahn beendet. Im Januar 1934 mußte er Selbstkritik üben und seine Theorien über den Faschismus widerrufen. Auch die »Behauptung, daß die deutsche Arbeiterklasse [1933] die schwerste Niederlage seit 1914 erlitten habe«, erklärte er nun als »falsch«.

Hermann Remmele lebte mit seiner Frau **Anna Remmele**, geborene Lauer (* 22. 9. 1888), in Moskau, war dort Mitarbeiter der Agitation- und Propagandabteilung der Komintern bis zu seiner Verhaftung durch das NKWD am 15. Mai 1937. Am 7. März 1939 wurde Hermann Remmele der »Teilnahme an einer konterrevolutionären terroristischen Organisation« beschuldigt, vom Militärkollegium des Obersten Gerichts zum Tode verurteilt und noch am selben Tag auf dem Donskoje-Friedhof erschossen. Anna Remmele wurde im Juli 1937 ebenfalls vom NKWD festgenommen, aus der Partei ausgeschlossen und nach achtzehn Monaten Haft Mitte Januar 1939 nach Sibirien verbannt, wo sie am 5. Juli 1947 im Tomsk starb. Der Sohn ▸ Helmut Remmele war schon vor dem Vater 1938 erschossen worden. Die Tochter **Hedwig Remmele** (* 20. 10. 1907 – † 17. 4. 1984) verlor nach der Verhaftung der Eltern ihre Arbeit im ZK der IRH, kam als Schlosserin in einen Moskauer Betrieb und wurde mit ihren beiden Töchtern im August 1941 ebenfalls nach Tomsk verbannt. Ende August 1956 durfte sie in die DDR ausreisen. Hermann Remmele wurde erst am 30. September 1988 durch Beschluß des Obersten Sowjet der UdSSR offiziell rehabilitiert.

▸ Renn, Ludwig (* 1889 – † 1979)

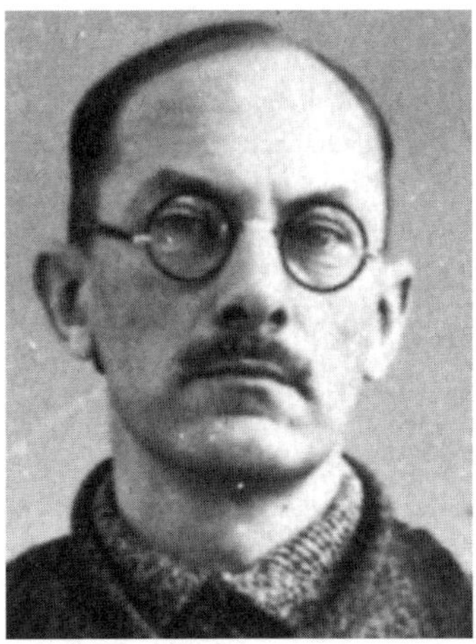

Geboren am 22. April 1889 als Arnold Friedrich Vieth von Golßenau in Dresden. Sein Vater, Johann Vieth von Golßenau, war Mathematikprofessor und Erzieher am Dresdner Hof. Nach dem Abitur 1910 begann er eine Offizierslaufbahn, von 1914 bis 1918 zunächst Regimentsadjutant, dann Kompanie- und Bataillonsführer an der Westfront. 1919 kehrte er nach Dresden zurück, war 1920 Hundertschaftsführer der sozialdemokratisch ausgerichteten Sicherheitspolizei. Von 1920 bis 1923 studierte er Jura und Kunstgeschichte in Göttingen und München, danach im Kunsthandel tätig, 1926/27 setzte er in Wien sein Studium fort. Ab Januar 1928 in Berlin Mitglied der KPD, wurde auch Mitglied des RFB und des BPRS. Im September 1928 veröffentlichte die »Frankfurter Zeitung« Vorabdrucke seines Romans »Krieg«. Seinen Adelstitel aufgebend, nannte er sich fortan nur noch Ludwig Renn. Von 1928 bis 1932 war er Mitherausgeber der kommunistischen militärpolitischen Zeitschrift »Aufbruch« sowie – u. a. mit ▸ Johannes R. Becher – der Monatsschrift des BPRS »Die Linkskurve«. 1930 erschien Renns zweiter Roman »Nachkrieg«, in dem er die innenpolitischen Kämpfe von der Revolution bis zum Kapp-Lüttwitz-Putsch schilderte. Wegen »literarischen Hochverrats« wurde er 1932 während eines Vortrags verhaftet, Anfang Januar 1933 durch die Weihnachtsamnestie wieder freigelassen. In der Nacht des Reichstagsbrandes in »Schutzhaft« genommen, am 16. Januar 1934 zu dreißig Monaten Zuchthaus verurteilt. Über die Schweiz flüchtete Renn im Januar 1936 nach Spanien, wurde im Oktober 1936 Kommandeur des »Thälmann-Bataillons« und Stabschef der XI. Internationalen Brigade. Er wurde 1939 in Frankreich interniert, gelangte dann über Großbritannien und die USA nach Mexiko. Hier war er von 1941 bis 1946 Präsident der Bewegung »Freies Deutschland«. 1947 kehrte Renn über Murmansk nach Deutschland zurück, trat in die SED ein, wurde in Dresden Leiter des Kulturwissenschaftlichen Instituts und Professor für Anthropologie an der TH. Ab 1948 Vorsitzender des Kulturbundes Sachsen, erhielt 1949 die Ehrendoktorwürde der TH Dresden. Renn lebte ab 1952 als Schriftsteller in Berlin. In der Politik hielt sich Renn zurück, spielte oft den »Ahnungslosen«. Immerhin ließ er – etwa im Gegensatz zu Anna Seghers – die Beziehungen zu ▸ Paul Merker nicht abreißen, selbst als dieser ab 1950 von der SED-Führung verfolgt wurde, er schickte Merker sogar Päckchen ins Gefängnis. Von 1969 bis 1975 war Renn Ehrenpräsident der DDR-Akademie der Künste, erhielt zweimal den Nationalpreis der DDR. Ludwig Renn starb am 21. Juli 1979 in Ost-Berlin. Renns Autobiographie »Anstöße in meinem Leben« erschien posthum 1980. Seine Werke erreichten in der DDR Millionenauflagen.

▸ Renner, Heinz (* 1892 – † 1964)

Geboren am 6. Januar 1892 in Lückenburg/Krs. Bernkastel an der Mosel, Sohn eines Volksschullehrers. Besuchte das Gymnasium, lernte Dentist. 1913 Mitglied der SPD, von 1914 bis 1918 Weltkriegsteilnehmer, schwer verwundet. Ab 1918 selbständiger Dentist in Essen. 1919 Mitglied der USPD, 1920 der KPD, bis 1933 Vorsitzender der KPD-Ortsgruppe Essen. Von 1923 bis 1933 Leiter des Gaus Rheinland und Westfalen des »Internationalen Bundes der Opfer des Krieges« und der Arbeit. Von 1922 bis 1933 Stadtverordneter in Essen und ab 1924 auch des

Provinziallandtages Rheinland. Im Mai 1933 emigrierte Renner in das Saargebiet, war im Apparat der IAH bzw. von 1937 bis 1939 Mitarbeiter im Sekretariat der KPD-Auslandsleitung in Paris. Von 1939 bis 1943 in Frankreich interniert, dann Auslieferung an die Gestapo, bis April 1945 in Haft. Nach der Befreiung führender Funktionär der KPD im Ruhrgebiet, von der britischen Militärverwaltung im Februar 1946 zum Oberbürgermeister von Essen berufen (bis Oktober 1946), von August bis Dezember 1946 war Renner Sozialminister der ersten Nordrhein-Westfälischen Landesregierung. Von 1946 bis 1949 MdL in NRW und 1948/49 Mitglied des Parlamentarischen Rates. Seine Unterschrift zum Grundgesetz verweigerte er am 23. Mai 1949 (gemeinsam mit ▸ Max Reimann) mit den Worten: »Ich unterschreibe nicht die Spaltung Deutschlands.« Renner war von 1949 bis 1953 Bundestagsabgeordneter und bis zum KPD-Verbot 1956 Leiter des Parlamentarischen Büros der KPD in Bonn. Im März 1960 vom Generalbundesanwalt angeklagt, übersiedelte Renner in die DDR und erhielt 1961 den Karl-Marx-Orden. Renner gehörte zu den bekanntesten westdeutschen Kommunisten, seine Wortgefechte mit Bundeskanzler Adenauer in der frühen Bundesrepublik wurden legendär. Heinz Renner starb am 11. Januar 1964 in Ost-Berlin. 2000 veröffentlichte Günter Gleising eine Biographie über Renner.

▸ Renner, Rudolf (* 1894 – † 1940)

Geboren am 27. März 1894 in Beule/Krs. Schwelm, Sohn eines Bierhändlers; lernte Steindrucker. 1910 Eintritt in die Gewerkschaft und die sozialistische Jugend. Bei Kriegsausbruch zur Infanterie eingezogen, später Flugzeugbeobachter an der Front. 1916 schloß er sich der Spartakusgruppe an. Kurz vor Kriegsende wegen illegaler politischer Betätigung festgenommen, durch die Revolution befreit und in den Soldatenrat gewählt. Anfang 1919 zog Renner nach Elberfeld, Mitglied der KPD. Als geschickter Redner, der sich eine gute Allgemeinbildung angeeignet hatte, von der Parteiführung schon 1919 als Sekretär eingesetzt, zunächst in einigen Städten des Rheinlands. 1920 ging er nach Sachsen, wurde Volontär bei der Chemnitzer KP-Zeitung »Kämpfer«, übernahm dann in Dresden das »Volksblatt« (ein Kopfblatt des »Kämpfers«). Als jüngster Abgeordneter zog er 1921 für die KPD in den Sächsischen Landtag ein, dem er ununterbrochen bis 1933 angehörte. Renner war bald einer der führenden Kommunisten in Ostsachsen. 1923 Kursant eines Halbjahreslehrgang an der Internationalen Leninschule. Anfangs Anhänger der Brandler-Führung, wechselte er in der Ruth-Fischer-Ära zu den Linken und wurde nach dem »Offenen Brief« 1925 Gefolgsmann des Thälmann-ZK. Von 1925 bis 1928 war er in Dresden Chefredakteur der neuen KPD-Zeitung für Ostsachsen, der »Arbeiterstimme«. Der XII. Parteitag 1929 wählte Renner zum Mitglied des ZK. Von 1928 bis 1933 Vorsitzender der Landtagsfraktion und dort bekannt als schlagfertiger Parlamentarier. Als ihn z. B. der NSDAP-Abgeordnete Studentowski beschimpfte: »Du mit deiner Glatze!«, antwortete ihm Renner prompt: »Wenn ich so viel Mist im Kopf hätte wie du, würden mir wahrscheinlich auch Haare wachsen.« Anfang 1929 als Kommissar des ZK nach Leipzig geschickt, löste er den Versöhnler ▸ Georg Schumann als Polleiter ab, doch bereits im Februar 1929 übergab er diese Funktion ▸ Jean Winterich. Renner ging nach Berlin, um die Leitung des

Pressedienstes der KPD zu übernehmen. Nach der Zusammenlegung der sächsischen Bezirke Ende 1929 wieder Chefredakteur der »Sächsischen Arbeiterzeitung«, dann 1932 vom ZK in die Redaktion der »Roten Fahne« nach Berlin berufen und Ende 1932 erneute Rückkehr nach Leipzig. Hier wurde Renner am 11. April 1933 verhaftet und schwer mißhandelt. Im April 1934 zu drei Jahren Zuchthaus verurteilt, wurde er nach Ablauf der Strafe in die KZs Sachsenburg, Oranienburg und zuletzt nach Buchenwald gebracht, wo Rudolf Renner am 30. Juli 1940 als Opfer des Hitler-Regimes ums Leben kam.

▸ Repschläger, Wilhelm (* 1870 – † 1945)

Geboren am 17. März 1870 in Strasburg/Uckermark, lernte von 1884 bis 1887 das Zimmererhandwerk. Er bereiste Deutschland und ließ sich 1893 in Berlin nieder. 1894 Mitglied der Gewerkschaft und 1897 der SPD. Repschläger war aktiv im Zimmererverband tätig und übte viele Jahre ehrenamtliche Funktionen aus. 1917 trat er der USPD bei und kam mit deren linkem Flügel 1920 zur KPD. Ab 1921 Vorsitzender des Zentralverbandes der Zimmerer Berlins und Umgebung und zugleich hauptamtlicher Sekretär dieser Gewerkschaft. 1925 in die Berliner Stadtverordnetenversammlung berufen. Repschläger zog 1928 als Abgeordneter der KPD in den Reichstag ein, wurde aber 1930 nicht wiedergewählt. Seit 1929 leitete er den kommunistischen Zimmererverband in der RGO. Im November 1930 vor Gericht gestellt, da einige Artikel in einer KPD-Zeitung, für die Repschläger verantwortlich zeichnete, als »hochverräterisch« angesehen wurden. Dabei stellte sich heraus, daß er nur »Sitzredakteur« war, von Redaktionsarbeit nichts verstand, er wurde freigesprochen. Später trat er politisch nicht mehr hervor. Wilhelm Repschläger starb im Juli 1945 in Berlin.

▸ Retzlaw, Karl (* 1896 – † 1979)

Geboren am 10. Februar 1896 in Schneidemühl als Karl Gröhl, Sohn eines Tischlers; wurde Industriearbeiter. Er trat in den Arbeiterjugendbildungsverein und 1916 in die SPD ein. Retzlaw war im Weltkrieg aktiv in der Berliner Spartakusgruppe und seit 1917 in der USPD organisiert. Noch 1918 verweigerte er den Kriegsdienst, ging in die Illegalität, wurde verhaftet und verurteilt. Ab 1919 Mitglied der KPD und Teilnahme an den Januarkämpfen in Berlin. Im März 1919 reiste er mit ▸ Willi Budich nach München, war dort Kommissar für das Polizeiwesen bzw. Polizeipräsident in der Münchner Räterepublik. Nach deren Niederschlagung poli-

zeilich gesucht, tauchte er in Berlin unter und arbeitete als Sekretär der KPD-BL Berlin-Brandenburg. Von ▸ Paul Levi erhielt er 1920 den Auftrag, den illegalen Apparat (Nachrichtendienst) der KPD aufzubauen und dessen Leitung zu übernehmen (Pseudonym Karl Friedberg). 1921 versuchte er, ▸ Max Hoelz aus dem Gefängnis zu befreien.
Er war von 1921 bis 1926 offiziell Geschäftsführer der Verlagsbuchhandlung Carl Hoym, des deutschen Komintern-Verlages, tatsächlich aber Leiter des Geheimapparates, wurde verhaftet und vom Reichsgericht zu zweieinhalb Jahren Gefängnis verurteilt. Im Juli 1928 amnestiert, dann bis Anfang 1933 Geschäftsführer des Neuen Deutschen Verlages (NDV). Im Februar 1933 reiste Retzlaw nach Moskau und berichtete der Komintern-Führung über die Situation in Deutschland. Zu diesem Zeitpunkt hatte sich Retzlaw-Gröhl schon vom Stalinismus gelöst. In Moskau übergab er konspirative Briefe des Trotzki-Sohnes Leo Sedow an Gesinnungsgenossen und traf sich mit ▸ Erich Wollenberg. Vor seiner fluchtartig organisierten Abreise aus der UdSSR hinterließ er in der Poststelle der Komintern noch einen Brief an Jossif Stalin und Ossip Pjatnitzki. In diesem Schreiben vom 1. März 1933 rechnete er scharf mit der Politik des ZK der KPD und der Komintern ab, er kritisierte, das ZK übersehe die Lage in Deutschland nicht in ihrer ganzen Tragweite und stehe der neuen Situation hilf- und ratlos gegenüber. Retzlaw forderte eine wirkliche Einheitsfront, die sich nicht nur als durchsichtiges Manöver an die SPD-Mitglieder, sondern auch an die Leitungen wenden müsse.
Anschließend ging er in die Schweiz, nach Frankreich und Österreich, leitete in Saarbrücken ein Emigrantenheim der saarländischen Liga für Menschenrechte. Damals näherte sich Retzlaw den Trotzkisten an und wählte das Pseudonym Karl Erde. Schließlich traf er Leo Trotzki persönlich und brach im November 1933 öffentlich mit der KPD und der Komintern. In der trotzkistischen Zeitschrift »Unser Wort« publizierte er einen Nachruf auf Max Hoelz und richtete einen »Offenen Brief« an Pjatnitzki, in dem er seinen Bruch mit der »offiziellen kommunistischen Partei und der Komintern« mitteilte. Nun Journalist, half er Emigranten u. a. mit Paßfälschungen und arbeitete vorübergehend mit alliierten Diensten zusammen. 1939/40 kurzfristig interniert, flüchtete er nach Südfrankreich und gelangte über Spanien nach Portugal. Im Oktober 1940 wurde Gröhl-Retzlaw nach London ausgeflogen und war Gründer des Bundes deutscher revolutionärer Sozialisten. Auf französische Einladung kam er 1946 in das Saargebiet, wirkte dort zeitweilig als Kultursekretär der saarländischen Sozialdemokratie. Im April 1949 jedoch ausgewiesen, lebte Retzlaw ab 1950 in der Bundesrepublik, arbeitete bis 1963 als Verlagsangestellter bei der »Frankfurter Rundschau«, war dort lange Jahre Betriebsratsvorsitzender und gehörte der SPD an. Seine Memoiren publizierte er 1971 unter dem Titel »Spartakus. Aufstieg und Niedergang. Die Erinnerungen eines Parteiarbeiters«. Karl Retzlaw (bis 1953 amtlich Karl Gröhl) starb am 20. Juni 1979 in Frankfurt/ Main.

▸ Reuter (Friesland), Ernst (* 1889 – † 1953)

Geboren am 29. Juli 1889 in Apenrade/Nordschleswig, Sohn eines Kapitäns und Navigationslehrers. 1907 machte Reuter in Leer das Abitur und studierte dann Germanistik, Geschichte,

Geographie und Volkswirtschaft an den Universitäten Marburg, München und Münster. 1911/12 Hauslehrer in Bielefeld, 1912 philosophisches Staatsexamen; er trat der SPD bei, damit hatte sich die Aussicht, Oberlehrer/Studienrat zu werden, verringert. Ab 1913 in Berlin, hielt er Vorträge und Kurse im Rahmen des sozialdemokratischen Bildungsausschusses, der ihn schließlich als Wanderlehrer anstellte. Wegen der Haltung des SPD-Vorstandes beim Ausbruch des Weltkriegs ging Reuter zum von Hellmut von Gerlach gegründeten pazifistischen »Bund Neues Deutschland«, dessen Geschäftsführer er bis zur Einberufung im März 1915 war. Nach einer schweren Verwundung an der Front geriet Reuter im August 1916 in russische Kriegsgefangenschaft. Er näherte sich den Bolschewiki, für die er unter den deutschen Kriegsgefangenen agitierte, lernte die russische Sprache und wurde mit der Geschäftsführung einer Kohlegrube beauftragt. Beim Ausbruch der Oktoberrevolution 1917 Vorsitzender eines Kriegsgefangenenkomitees. In dieser Funktion kam Reuter nach Moskau, lernte Lenin kennen, der entsandte ihn im Mai 1918 als Volkskommissar, um (von Saratow aus) die chaotischen Verhältnisse in der Wolgadeutschen Republik zu ordnen.

Nach dem Ausbruch der deutschen Revolution reiste Reuter mit Karl Radek und Felix Wolf (▸ Werner Rakow) nach Berlin und nahm am Gründungsparteitag der KPD teil. Im Februar 1919 schickte ihn die Zentrale unter dem Decknamen Friesland nach Oberschlesien, um dort die Partei aufzubauen. Von April bis September 1919 inhaftiert, wurde er anschließend mit der Reorganisation der Berliner KPD-Organisation beauftragt. Auf dem II. illegalen Parteitag der KPD in Heidelberg/Mannheim im Oktober 1919 wurde Reuter Ersatzmitglied der Zentrale. Nach der Einrichtung eines politischen (Polbüro) und organisatorischen Büros Ende September 1920 gehörte er dem Orgbüro als Vertreter der KPD Berlin an. Seit dem V. Parteitag Anfang November 1920 als Kandidat in die Zentrale der KPD aufgestiegen, berief ihn einen Monat später der Vereinigungsparteitag von USPD-Linke und KPD zur VKPD in den ZA. Als Anhänger der »Offensivtheorie« zählte Reuter nach der März-Aktion 1921 zu den schärfsten Kritikern ▸ Paul Levis. Auf dem III. Weltkongreß der Komintern im Juni 1921 Referent, bekannte er sich aus voller Überzeugung zu Lenins neuem Kurs. Der VII. Parteitag im August 1921 in Jena wählte Reuter-Friesland in die Zentrale und übertrug ihm die neue Funktion eines Generalsekretärs der KPD. Bei dieser Abstimmung hatte er sich gegen den anderen Kandidaten, ▸ Wilhelm Pieck, durchgesetzt. Als KPD-Generalsekretär wurde Reuter-Friesland allerdings bald von der Komintern kritisiert, weil er eine weitgehend eigenständige Linie verfolgte, dabei die politische und materielle Unabhängigkeit der KPD von der Komintern anstrebte. Auch innerparteilich wurde gegen ihn intrigiert. Reuters Vorstellungen über Charakter, Strategie und Zielsetzungen des Kommunismus näherten sich nun denen Paul Levis. Die Komintern-Führung wurde mißtrauisch und ließ Reuter im Dezember 1921 als Generalsekretär abberufen. Dagegen wehrte er sich und veröffentliche die Broschüre »Über die Krise in unserer Partei«, in der er die Zentrale und das EKKI scharf kritisierte.

Daraufhin wurde Reuter am 27. Dezember aus der Zentrale und am 22. Januar 1922 aus der KPD ausgeschlossen. Er ging zur von Levi gegründeten KAG, dann zur USPD, für die er als Redakteur der »Freiheit« arbeitete. Nach der Vereinigung der USPD mit der SPD im Oktober 1922 wieder Mitglied der SPD und Redakteur des »Vorwärts«. Reuter gehörte seit 1921 der Berliner Stadtverordnetenversammlung an und wurde im Oktober 1926 besoldeter Stadtrat für das Verkehrswesen, wo er sich große Verdienste beim Aufbau der Berliner Verkehrsgesellschaft (BVG) erwarb. Im April 1931 zum Oberbürgermeister von Magdeburg gewählt, wurde Ernst Reuter im Juli 1932 im Wahlkreis Magdeburg auch Abgeordneter des Reichstags, in dem er bis März 1933 blieb. Am 11. März 1933 als Oberbürgermeister von SA-Leuten gewaltsam aus dem Magdeburger Rathaus entfernt und zwei Tage später »beurlaubt«. Dann am 9. Juni 1933 verhaftet, zunächst kam Reuter in das Polizeigefängnis Magdeburg, von dort ins KZ Lichtenburg bei Torgau, aus dem er am 7. Januar 1934 entlassen wurde. Reuter hielt weiterhin Kontakt zu Wilhelm Leuschner und Carl Severing, wurde am 16. Juni 1934 erneut inhaftiert und kam wieder in das KZ Lichtenburg. Nach internationalen Hilfskampagnen am 1. September freigelassen, emigrierte Reuter Ende Januar 1935 über die Niederlande nach Großbritannien. Schließlich folgte er im Mai 1935 einem Ruf der türkischen Regierung und begann in Ankara als Sachbearbeiter für allgemeine Tariffragen im Wirtschaftsministerium. Ab November 1938 Professor für Kommunalpolitik und Städtebau, ab 1939 kam er ins neuerrichtete Verkehrsministerium der Türkei. Reuter wollte nach Kriegsende rasch nach Deutschland zurückkehren, erhielt aber erst im Sommer 1946 von den Alliierten dazu die Erlaubnis. Anfang November 1946 verließ er mit seiner Familie Ankara und reiste nach Hannover. Die SPD-Führung schickte Reuter nach Berlin, dort Anfang Dezember 1946 zunächst Stadtrat für Verkehr im Berliner Magistrat. Nach dem Rücktritt Otto Ostrowskis am 17. April wurde Reuter im Juni 1947 zum Oberbürgermeister der Stadt Berlin gewählt. Wegen des Einspruchs der sowjetischen Besatzungsmacht konnte er dieses Amt jedoch erst nach der Spaltung der Stadt im Dezember 1948 antreten und wurde im Januar 1951 dann zum Oberbürgermeister von West-Berlin gewählt. Reuter zählte zu den berühmtesten Nachkriegspolitikern der SPD und hat in der »Frontstadt« West-Berlin (etwa während der Berlinblockade 1948) den Widerstandswillen der Bevölkerung gegen Stalins Regime gefestigt. Ernst Reuter starb am 29. September 1953 in Berlin an einer Herzlähmung.

▸ Reuter, Fritz (* 1911 – † 2000)

Geboren am 4. Juli 1911 in Berlin, Sohn einer Arbeiterfamilie; Maurerlehre. 1926 trat er in die SAJ, 1927 in den KJVD ein, wo er Orgleiter in Berlin-Wedding wurde, anschließend hauptamtlicher Mitarbeiter der KJVD-BL Berlin-Brandenburg. Er leitetet zeitweise den KJVD im Bezirk Leipzig, 1930 auch Mitglied der KPD. Von 1930 bis 1933 gehörte er dem ZK des KJVD an. Ab Februar 1933 bis zu seiner Verhaftung 1934 wirkte er für den illegalen KJVD in Düsseldorf. Das OLG Hamm verurteilte Reuter im Dezember 1934 zu zweieinhalb Jahren Zuchthaus, anschließend ins KZ eingeliefert. Nach seiner Entlassung im Februar 1938 wieder Maurer; er knüpfte Kontakte zur Widerstandsgruppe Saefkow-Bästlein. Am 16. Dezember 1939 erneut festgenommen und im Juni 1940 durch den VGH zu drei Jahren und sechs Monaten Zuchthaus verurteilt. Anschließend in das KZ Sachsenhausen überführt, im Juni 1944 gelang Reuter die Flucht aus dem KZ-Außenlager in Berlin-Lichtenrade, er lebte dann bis April 1945 unter dem Namen Josef Kunz illegal in Berlin. Von 1946 bis 1953 Sekretär der SED Groß-Berlin, ab 1954 in Erfurt 2. Sekretär, von 1957 bis 1960 1. Sekretär der SED Dresden. Mitglied der ZRK und von 1958 bis 1963 des ZK der SED. Dem unter Erich Honecker aufgewerteten Komitee der Antifaschistischen Widerstandskämpfer gehörte er von 1972 bis 1988 als »zweiter Mann« der Zentralleitung in Berlin an, er erhielt 1976 den Karl-Marx-Orden. Fritz Reuter starb am 26. März 2000 in Berlin.

▸ Reutter, Rudolf (* 1897 – † 1980)

Geboren am 28. März 1897 in Göttingen, Sohn eines kaufmännischen Angestellten; lernte Elektromonteur in Würzburg. Von 1914 bis

1918 Soldat im Weltkrieg, wo er schwer verwundet wurde. 1919 Eintritt in die USPD, 1920 in die KPD. Reutter stand von 1925 bis 1927 an der Spitze des UB Unterfranken. Von 1927 bis 1931 Kursant an der Internationalen Leninschule in Moskau (allerdings im Auftrag der OMS, für ein Jahr illegal in Deutschland). Danach arbeitete zunächst als Instrukteur des ZK im hessischen Landtagswahlkampf. Von Ende 1931 bis Anfang 1933 war Reutter Mitarbeiter in der Landabteilung des ZK der KPD. Im Februar 1933 ging er in die Illegalität, um von Prag aus die Herausgabe der illegalen »Roten Fahne« zu organisieren. Mitte 1933 wieder in Berlin, übernahm er die Leitung der Abteilung Land und gab die »Bauernbriefe« heraus. Durch Verrat von ▸ August Lass am 23. November 1933 verhaftet und am 8. November 1934 vom VGH zu drei Jahren Zuchthaus verurteilt. Nach der Haft in Luckau kam er ins KZ Sachsenhausen, wo er bis 1945 bleiben mußte. Im Mai 1945 zunächst stellvertretender Leiter der Polizeiverwaltung in Berlin-Zehlendorf, dann leitete er im ZK der KPD die Landabteilung, danach in der SED Funktionär für Agrarfragen. Ab 1951 im Deutschen Bauern-Verlag, von 1954 bis 1958 Leiter der Landwirtschaftsabteilung im Ausschuß für Deutsche Einheit. Er erhielt 1972 den VVO in Gold. Rudolf Reutter starb am 8. August 1980 in Ost-Berlin.

▸ Richter, Bernhard (* 1882 – † 1938)

Geboren am 18. Januar 1882 in Wurzen, Sohn einer Arbeiterfamilie; lernte Chemigraph. 1905 Mitglied der SPD, von 1917 bis 1920 der USPD, ging er Ende 1920 mit dem linken Flügel zur VKPD. Richter war Polleiter eines Stadtteils in Leipzig und Vorsitzender der Beschwerdekommission der KPD Westsachsen. Ab 1924 unbesoldeter Stadtrat in Leipzig. Er gehörte der BL Westsachsen an, arbeitete in deren kommunalpolitischen Abteilung und war Delegierter mehrerer Parteitage. Im Juni 1933 kam er auf Beschluß der MOPR nach Moskau, wo er mit der ebenfalls in die Sowjetunion geflüchteten ▸ Martha Kühne zusammenlebte. Richter arbeitete 1933/34 als Korrektor bei der »Deutschen Zentral-Zeitung«, schied aber wegen Differenzen mit der Chefredakteurin Julia Annenkowa aus der Redaktion aus. Er wohnte im Hotel »Lux«, wurde dort vom NKWD verhaftet, der »konterrevolutionären Tätigkeit und Spionage für Deutschland« beschuldigt. Bernhard Richter wurde am 10. August 1938 in Butowo erschossen. Noch im April 1938 hatte ▸ Wilhelm Pieck in einem Schreiben an Dimitroff erklärt, daß Richter an keinen »irgendwelchen parteifeindlichen Fraktionen oder Gruppierungen« beteiligt sei. Rehabilitiert wurde Bernhard Richter erst am 29. August 1989.

▸ Richter, Trude (* 1899 – † 1989)

Geboren am 19. November 1899 in Magdeburg als Erna Barnick, Lehrerin, dann Schriftstellerin. Von 1929 bis 1931 Mitglied der SPD, aber zugleich in der Roten Hilfe aktiv. Durch ihren Lebensgefährten, den Schriftsteller ▸ Hans Günther, kam sie 1931 in die KPD. Ab 1932 war Trude Richter »Erster Sekretär« des Bundes proletarisch-revolutionärer Schriftsteller, sie leitete den BPRS 1933 und 1934 in der Illegalität. Im April 1934 emigrierte sie gemeinsam mit Hans Günther in die UdSSR. Dort wurde sie am 4. November 1936 vom NKWD verhaftet und zu fünf Jahren Zwangsarbeit verurteilt. Im Herbst 1946 freigelassen, aber im Herbst 1949 erneut festgenommen, blieb Trude Richter bis 1956 in verschiedenen Gulags eingesperrt. 1957 durfte sie in die DDR übersiedeln und war dort eine bekannte Literaturwissenschaftlerin. Trude Richter starb am 4. Januar 1989.

▸ Richthofer, Otto (* 1892 – † 1961)

Geboren am 1. April 1892 in Wiesbaden-Biebrich als Rudolf Möller-Dostali; erlernte das Malerhandwerk und übte seinen Beruf einige Zeit auf einer Schiffswerft aus. 1911 Mitglied der SPD. Er betätigte sich journalistisch und wurde Mitarbeiter mehrerer sozialdemokratischer Blätter. 1913 wanderte Rudolf Möller nach Brasilien aus und trat in die Dienste eines internationalen Pressebüros in Sao Paulo. Nach dem Krieg Rückkehr nach Deutschland, trat er 1920 der KPD bei, für die er einige Zeit die Bielefelder »Arbeiterzeitung« redigierte. Von August 1925 bis Oktober 1926 Sekretär der KPD im UB Bielefeld, dann Polleiter für den Bezirk Niedersachsen in Hannover. In der KPD arbeitete er unter dem Namen Richthofer und war wegen seiner undurchsichtigen Vergangenheit umstritten. Die Opposition griff ihn vor allem an, da er in Niedersachsen anfangs die Linie des ZK gegen die Linke und dann gegen die Versöhnler (▸ Joseph Miller usw.) verteidigte. Richthofer blieb bis 1930 Polleiter in Niedersachsen, kam anschließend als Sekretär ins Westeuropäische Büro der Komintern. 1931 begann ein Parteiverfahren gegen ihn, über dessen langsamen Verlauf er sich 1932 beim ZK beschwerte. Nach einer kurzen Tätigkeit in der sowjetischen Handelsvertretung in Berlin 1932 Mitglied der Presseabteilung des ZK. Von 1933 bis Juli 1934 war Richthofer Leiter der illegalen Roten Hilfe in Berlin-Brandenburg, dann Flucht nach Prag, einige Zeit Leiter der Emigrantengruppe. Im Dezember 1934 trat Möller-Dostali aus der KPD aus, wurde leitender Redakteur der Zeitschrift »Abendland«. Er floh 1938 nach England, wo er 1942 Mitglied der SPD wurde, 1944 in den Vorstand der Vereinigung deutscher Sozialdemokraten gewählt. Er gab einen regelmäßigen Informationsdienst heraus, der hauptsächlich für die Deutschen in Südamerika bestimmt war. 1946 kehrte er nach Deutschland zurück und wurde Chefredakteur des Organs der DGB-Jugend »Aufwärts«. Von 1952 bis 1958 stand er an der Spitze des SPD-UB Essen; er erkrankte schwer. Rudolf Möller-Dostali (Otto Richthofer) starb am 24. Januar 1961 in Essen.

▸ Riebe, Helene (* 1911 – † 1975)

Geboren am 3. April 1911 in Georgendorf/Pommern, Tochter eines Landarbeiters. Ausbildung und Arbeit als Stenotypistin, 1925 Mitglied des KJVD, 1927 der KPD, Stenotypistin bei der KPD-BL Ruhrgebiet. Ab Januar 1929 in Breslau, anfangs in der Jugendarbeit der BL, dann Frauenleiterin der BL bzw. Orgsekretärin der RHD Schlesien. Mitte 1930 Berufung nach Berlin, Mitarbeiterin im Sekretariat der Reichsleitung der RHD, ab März 1931 in der Reichsleitung der Kampfgemeinschaft für rote Sporteinheit, hier Aufbau der Frauenarbeit, Vorsitzende der Reichsfrauenleitung und enge Mitarbeiterin von ▸ Ernst Grube. Am 9. Oktober 1933 als Mitglied der illegalen Reichsleitung der Kampfgemeinschaft für rote Sporteinheit verhaftet, Dezember 1934 Verurteilung durch den 1. Senat des VGH zu eineinhalb Jahren Gefängnis. Bis 1935 in Berlin-Moabit und im Frauengefängnis Barnimstraße. Nach der Entlassung illegale Arbeit u. a. als Abschnittsleiterin im Norden Berlins. Am 9. März 1936 erneut festgenommen, ging sie zum Schein auf eine Gestapomitarbeit ein, floh im April 1936 nach Prag. Hier erhielt sie im Januar 1937 durch ▸ Herbert Lessig (Bert) die Mitteilung, daß sie wegen »Verrats« aus der KPD ausgeschlossen sei. Im August 1937 mit Hilfe von ▸ Rudolf Brandt Flucht über Deutschland nach Dänemark, später nach Norwegen. Lebensgemeinschaft mit dem KPD-Funktionär Heinz Dwillat (* 24. 9. 1905 – † 12. 4. 1943). Nach der deutschen Besetzung Norwegens Rückkehr nach Berlin, hier bis 1945 Arbeit als Sekretärin. Nach Kriegsende Angestellte im Bezirksamt Berlin-Kreuzberg. Mit Unterstützung von ▸ Kurt Vieweg ab 1. September 1949 im ZV der VdgB. Da ihr die Rehabilitierung verweigert wurde, ging sie später enttäuscht nach Hamburg und dann über die Schweiz nach Australien, wo sie (neu verheiratet) unter dem Namen Bayer lebte. Helene Riebe starb am 16. Dezember 1975 in Australien.

▸ Rieger, Ernst (* 1875 – † 1947)

Geboren am 10. Juni 1875 in Lautenburg/Westpreußen, Sohn einer kleinen Handwerkerfamilie; Arbeiter. Er übersiedelte in den neunziger Jahren nach Berlin, trat 1895 in die SPD ein, wurde 1899 in die Spandauer Stadtverordnetenversammlung gewählt, war aktiv als Propagandaredner und schrieb für den »Vorwärts« und das Spandauer SPD-Blatt »Die Laterne«. Nach seinem Umzug nach Berlin-Hohenschönhausen in einer kleinen syndikalistischen Gruppe aktiv. Als scharfer Gegner des Weltkriegs näherte er sich nach 1915 der Spartakusgruppe, ohne seine syndikalistischen Grundgedanken aufzugeben. Rieger war Delegierter von Berlin-Hohenschönhausen auf dem Gründungsparteitag der KPD Ende 1918. Er stand auf dem ultraradikalen Flügel und erklärte: »Wir müssen mit diesem Schwindel, mit dem Parlamentarismus im bürgerlichen Sinne, klipp und klar brechen« und forderte den Parteitag auf: »Lassen Sie sich nicht abbringen und lehnen Sie jede Wahlbeteiligung ab!« Gegen den Willen von ▸ Rosa Luxemburg, ▸ Paul Levi und anderen Führern folgte der Gründungsparteitag solchen Parolen. Rieger blieb auf dem ultralinken Flügel der Partei und wurde 1920 Mitbegründer der KAP und der Allgemeinen Arbeiter-Union (AAU). Im Juli 1920 verlangte er den Zusammenschluß der Linksradikalen mit den Syndikalisten, ab 1922 war er in der Syndikalistischen Freien Arbeiter-Union (FAUD) aktiv und widmete sich dann ausschließlich kulturellen Problemen, besonders der Feuerbestattung, Schulerziehung und der Jugendweihe. In der Nazizeit nicht verfolgt, trat er 1945 der KPD bzw. 1946 der SED bei. Er wohnte zuletzt in Schöneiche, war dort Leiter der KPD- bzw. SED-Ortsgruppe, Vorsitzender der Konsumgenossenschaft Niederbarnim Süd. Ernst Rieger starb 1947 in Schöneiche bei Berlin. Sein Sohn **Heinz Rieger** war wegen antifaschistischer Arbeit in der NS-Zeit verurteilt, zuletzt zur »Bewährung« in einem Mienenräumkommando in Baden, kam im Februar 1946 aus alliierter Kriegsgefangenschaft zurück und trat in die KPD/SED ein. Er wurde Dolmetscher bei der amerikanischen Militärregierung. Im Juni 1946 von einer sowjetischen Militärstreife in Schöneiche verhaftet, wegen Spionage von einem sowjetischen Sondergericht verurteilt, kam er in das »Speziallager« nach Buchenwald, 1948 nach Workuta. Von dort 1956 entlassen, lebte Heinz Rieger dann in West-Berlin.

▸ Riegg, Franz (* 1901 – † 1945)

Geboren am 8. August 1901 in München, Sohn eines Schlossers; besuchte das Gymnasium, dann kaufmännischer Angestellter. 1921 Mitglied der KPD. Im Herbst 1923 aktiv an den Aufstandsvorbereitungen beteiligt, mußte er aus Bayern flüchten und kam als Max Dänicke ins Ruhrgebiet. Anfang 1924 Volontär am »Ruhr-Echo«, dann Redakteur der »Westfälischen Arbeiterzeitung« in Dortmund, 1925 Lokalredakteur des »Ruhr-Echos« für Essen. Der theoretisch versierte Riegg wurde im April 1926 Agitpropleiter der BL Ruhr und war gleichzeitig Lehrer an der zentralen KPD-Schule. Von Ende 1927 bis Frühjahr 1929 Teilnehmer eines Schulungskurses in der Sowjetunion. Nach seiner Rückkehr war er hauptsächlich mit Funktionen im AM-Apparat der KPD betraut. 1932/33 Redakteur an KPD-Organen in Berlin. Ab Februar 1933 illegal für die KPD tätig, wurde Ende 1933 verhaftet und über elf Jahre in Zuchthäusern und KZs gefangengehalten (Ludwigsburg, Dachau, Buchenwald, Neuengamme). Er befand sich unter den 7.000 Häftlingen, die Anfang Mai 1945 in der

Lübecker Bucht zum Transport verladen wurden. Als dort am 4. Mai die »Cap Arcona« bombardiert wurde, retteten sich nur etwa 400 Gefangene. Riegg gehörte nicht zu den Überlebenden. Auf Beschluß des Amtsgerichts München wurde Franz Riegg 1951 für tot erklärt, als Todestag der 4. Mai 1945 festgestellt.

▸ Ries, Erwin (* 1907 – † 1942)

Geboren am 12. Oktober 1907 in Mannheim, Sohn einer Arbeiterfamilie; wurde Former. Seit 1923 Mitglied der kommunistischen Jugend, 1927 der KPD. Im Jahr 1930 leitete er den KJVD-Bezirk Baden-Pfalz, 1931 kam er in den AM-Apparat der Partei (Pseudonyme Hans Baum und Paul Radke). 1932 im zentralen AM-Apparat in Berlin, dann bis Dezember 1933 in der illegalen BL Baden in Mannheim. Er emigrierte in das Saargebiet, dann nach Paris und kam 1935 in die UdSSR. Ries studierte zuerst an der KUNMS, war dann Kursant der Internationalen Leninschule in Moskau. Dort vom NKWD am 20. Oktober 1937 verhaftet und sofort (mit 33 weiteren Funktionären) aus der KPD ausgeschlossen. Am 5. Juni 1939 zu acht Jahren Lagerhaft verurteilt, kam Erwin Ries am 16. März 1942 im Gulag des NKWD-Nordost-Gebiets ums Leben.

Seine Frau **Friederike Ries**, geb. Ocker (* 30. 9. 1905 – † 4.4.1989), war seit 1930 in der KPD und folgte ihrem Mann 1936 in die Sowjetunion, auch sie besuchte zunächst die KUNMS und arbeitete von 1938 bis 1941 in einer Trikotagenfabrik. Am 12. September 1941 verhaftet, saß sie bis September 1946 in Strafarbeitslagern in Sibirien. Danach Schneiderin, 1955 durfte sie in die DDR ausreisen. Hier war Friederike Ries im Museum für Deutsche Geschichte in Ost-Berlin angestellt.

▸ Ries, Joseph (* 1900 – † 1933)

Geboren am 7. November 1900 in Bochum, Sohn eines Schneidermeisters, der Vater starb, als Joseph zehn Jahre alt war, seine Mutter eröffnete eine private Handarbeitsschule und ernährte so ihre zwei Söhne. Die linke Körperseite von Josef Ries war durch eine überstandene Kinderlähmung erheblich behindert, er lernte Buchhändler. Damals stark nationalistisch eingestellt, verfaßte er während des Krieges in seiner Lehrzeit ein Jugenddrama unter dem Titel »Unsere Emden«. 1918 übersiedelte er nach Erfurt, arbeitete als Buchhändler. Ein Jahr später wurde Ries, der inzwischen auch einen Gedichtband publiziert hatte, Initiator und Mitbegründer des Verlages für Jugendliteratur Aufgang und gab die bürgerliche Jugendzeitschrift »Aufgang« heraus. Nachdem der Verlag 1920 in Konkurs ging, arbeitete er wieder als Buchhändler. Ries war zunächst eifriger Anhänger einer religiösen Sekte, der Gottsucher Much-Lamberts, doch wurde er bald radikal und wandte sich der politischen Linken zu. 1922 trat er der KJD und 1923 der KPD bei. Er betrieb Kunststudien und war bis 1928 als Maler und Dekorationsmaler tätig. 1928 besuchte Ries die KPD-Parteischule und kam als Redakteur an die KPD-Zeitung »Arbeiterwille« Suhl (Nachfolgeorgan des mit ▸ Guido Heym zum Leninbund bzw. zur SPD gegangenen »Volkswillens«) und übernahm 1929 die Chefredaktion dieser Zeitung. Ab Spätsommer 1929 Redakteur am »Roten Echo« in Gotha, 1930 am »Thüringer Volksblatt« in Erfurt. Er blieb bis 1933 Redakteur, zugleich Mitglied der BL Thüringen und einer ihrer bekanntesten Ideologen und Redner. Nach dem Verbot des »Thüringer Volksblattes« im Februar 1933 lebte Ries illegal. Am 9. März 1933 verhaftet, nach fürchterlichen Folterungen von der SA aus dem Gefängnis geholt und am 28. Juni 1933 angeblich »auf der Flucht« niedergeschossen. Bereits einige Stunden danach starb Joseph Ries im Krankenhaus.

▸ Rieß, Ludwig (* 1893 – † 1965)

Geboren am 1. Oktober 1893 in München, Sohn eines Fabrikarbeiters; Schlosserlehre. Ab 1913 lebte er in Hamburg und arbeitete auf der Werft. 1918 Mitglied der USPD. Von 1919 bis 1921 leitete er die USPD und nach der Verschmelzung des linken Flügels der USPD mit der KPD, die VKPD in Hamburg-Eimsbüttel. 1924 war Rieß zeitweise auch Orgleiter der BL Wasserkante. Er arbeitete später in der sowjetischen Handelsvertretung in Hamburg und stand in enger persönlicher Verbindung zu ▸ Ernst Thälmann. Im Zusammenhang mit der Wittorf-Affäre geriet Rieß 1928 zusammen mit ▸ Willy Presche in die Schlagzeilen. Gegen ihn wurde ein Parteiverfahren wegen Unterschlagung von Parteigeldern eröffnet, aber nach der »Rehabilitierung« Thälmanns wieder eingestellt. Im Juni 1929 war Rieß Delegierter des XII. Parteitages, ab 1931 Leiter der Freidenkerbewegung in Hamburg. Seit Februar 1933 illegal, emigrierte er im Januar 1934 in die Niederlande. Hier gehörte er der Amsterdamer Emigrationsleitung an und stand ab September 1937 an deren Spitze. Nach innerparteilichen Auseinandersetzungen wurde Rieß abgesetzt und war 1939/40 Verbindungsmann zum allgemeinen Flüchtlingskomitee. Am 25. Juni 1940 wurde er verhaftet und am 23. Mai 1941 vom VGH in Berlin zu sechs Jahren Zuchthaus verurteilt. Anschließend nach Hamburg überführt, soll Rieß der Gestapo als Auskunftsperson gedient haben. Nach 1945 lebte er in München, er war politisch nicht mehr aktiv. Ludwig Rieß starb am 7. März 1965 in Hamburg-Altona.

▸ Rink, Aloys (* 1881 – † 1971)

Geboren am 4. März 1881 in Urberach/Hessen, Sohn eines Arbeiters (Hasenhaarschneider); wurde Metallarbeiter; schloß sich der SPD an. Rink lebte in Urberach und hatte Verbindung zur Spartakusgruppe, 1919 Mitglied der KPD, dann Parteisekretär. Von 1919 bis 1933 Mitglied des Gemeinderats Urberach. 1921 in den Hessischen Landtag gewählt, stellte sich Rink nach der März-Aktion hinter ▸ Paul Levi. 1922 legte er sein Mandat im Landtag nieder (Nachfolgerin ▸ Katharina Roth) und verließ im gleichen Jahr die KPD. Wieder Metallarbeiter in Urberach, trat er der SPD bei und wurde für sie 1931 wieder in den Hessischen Landtag gewählt, in dem er bis 1933 blieb. Während der Hitler-Diktatur mehrfach inhaftiert, KZs Osthofen, Dachau und Gefängnis in Darmstadt. 1945 gehörte Rink zu den Neubegründern der Hessischen Sozialdemokratie. Er wurde Leiter der Bezirksfürsorge und vertrat die SPD von Dezember 1946 bis Ende November 1950 erneut im Hessischen Landtag. Aloys (genannt Ludwig) Rink starb am 21. Juni 1971 in Urberach (Hessen).

▸ Ritter, Jakob (* 1886 – † 1951)

Geboren am 26. Juni 1886 in Mannheim, Sohn eines Stadtarbeiters; lernte Hechler (ein fast ausgestorbener Beruf in der Textil-Flachs-Industrie). Er gehörte zu den Mitbegründern der Arbeiterjugendbewegung in Mannheim und war seit 1905 Mitglied der SPD. 1908 von seiner Firma als Werkmeister nach Dresden geschickt, kehrte 1911 nach Mannheim zurück, da er die Stellung eines Werkmeisters für unvereinbar hielt mit seiner sozialistischen Ansicht. In der Folge war er als Metallarbeiter beschäftigt und im Krieg kurze Zeit Soldat. 1917 trat Ritter der USPD bei und kam mit deren linkem Flügel 1920 zur KPD. 1921 zog er als Abgeordneter in den Badischen Landtag ein, dem er bis 1929 angehörte, seit 1921 hauptamtlicher Sekretär der KPD. Der VII. Jenaer Parteitag 1921 und der VIII. Leipziger Parteitag 1923 beriefen ihn als Mitglied in den ZA. Anhänger des linken Parteiflügels, wurde 1924 Orgleiter des Bezirks Baden. Nach dem »Offenen Brief« 1925 stand die Leitung des Bezirks Baden unter ▸ Georg Kenzler und Ritter zwar nicht offiziell bei der linken Opposition, neigte dieser aber zu. Anfang 1927, als die Linken in anderen Bezirken bereits ausgeschaltet waren, kam es in Baden zu Debatten zwischen dem ZK und der linken Opposition, Ritter war neben Kenzler deren führender Sprecher. Deshalb im März 1927 als Orgleiter abgesetzt und am 29. Juli 1927 aus der KPD ausgeschlossen, behielt Ritter jedoch sein Mandat im Landtag. Er trat dem Leninbund bei, dessen Führung er als Sekretär in Baden übernahm, einem der wichtigsten Stützpunkte des Bundes. 1932 wechselte Ritter zur SAP, wurde 1934 verhaftet und wegen Weiterführung der illegalen SAP zu zweieinhalb Jahren Zuchthaus verurteilt, kam anschließend ins KZ Dachau, wo er bis 1942 inhaftiert blieb. Da er 1942 als Zeuge in einem Prozeß vernommen werden sollte, ins Zuchthaus Bruchsal überführt. Hier erkannte ihn ein Oberaufseher (ehemaliges Zentrumsmitglied), der vor 1933 mit Ritter im Landtagsausschuß zusammengearbeitet hatte. Mit dessen Unterstützung konnte der bereits kranke Gefangene Ritter transportunfähig geschrieben und freigelassen werden. Er mußte sich täglich bei der Polizei melden und sollte im Juli 1944 erneut festgenommen werden, da er aber von seiner Firma in die Nähe Bingens versetzt worden war, konnte er sich vor der Gestapo verbergen. Nach Kriegsende gehörte Ritter zu den Mitbegründern der KPD in Mannheim. Er wurde Orgleiter der KPD in Baden und kam bei der ersten Wahl im November 1946 als Abgeordneter in den Landtag von Württemberg-Baden. Ritter beharrte auf seiner alten oppositionellen Einstellung und legte aus Protest gegen die Politik der KPD am 19. August 1947 sein Landtagsmandat nieder und trat als Orgleiter zurück. Am 18. Mai 1948 wurde er zum Beigeordneten (Bürgermeister) der Stadt Mannheim gewählt. Er blieb Mitglied der KPD, übte aber keine Parteifunktion aus und stand im Widerspruch zur Parteilinie. Als überzeugter Marxist und integrer Arbeitervertreter verurteilte er die Praxis der SED in der DDR. Nach längerer Krankheit starb Jakob Ritter unerwartet am 11. Oktober 1951. Sein Sohn, Jakob Ritter (* 1914 – † 1991), war jahrelang in der Mannheimer SPD aktiv.

▸ Rochler, Erich (* 1896 – † 1984)

Geboren am 22. Juni 1896 in Berlin, Sohn einer Arbeiterfamilie; wurde Rohrleger. 1914 trat er in die SPD ein und war von 1915 bis 1918 Soldat im Weltkrieg. 1917 Mitglied der USPD, 1920 der KPD. Rochler arbeitete bis 1929 als Rohrleger in Berlin, von 1929 bis Anfang 1933 Landesleiter der Kampfgemeinschaft für rote Sporteinheit Berlin-Brandenburg und Mitglied deren Reichsleitung. Am 5. März 1933 wurde er im Wahlkreis Potsdam in den Preußischen Landtag gewählt, konnte das Mandat aber wegen der drohenden Verhaftung nicht ausüben und lebte illegal. Am 12. Oktober 1933 verhaftet, verurteilte ihn der VGH am 6. Dezember 1934 zu zwei Jahren Zuchthaus, die er in Luckau verbüßte. Anfang November 1935 entlassen, wieder Rohrleger; knüpfte Kontakte zur Widerstandsgruppe um Werner Seelenbinder und wurde am 4. Februar 1942 erneut verhaftet. Nach Kriegsende begann Rochler als Referent am Kammergericht Berlin und wurde dort Vorsitzender des Betriebsrates. Von Oktober 1950 bis 1953 Abteilungsleiter in der SED-Landesleitung, dann Personalchef des VEB Schering, später VEB Berlin-Chemie. Außerdem von 1952 bis 1954 Präsident der Sektion Ringen im Deutschen Sportausschuß und ab 1957 Mitglied des DTSB-Bundesvorstandes der DDR, er erhielt 1976 den VVO in Gold. Erich Rochler starb am 20. September 1984.

▸ Rödel, Fritz (* 1888 – † 1945)

Geboren am 18. April 1888 im oberfränkischen Witzleshofen, Kleinbauernsohn; lernte Porzellandreher. Während des Krieges an der Westfront eingesetzt, er wurde verwundet, kam nach Magdeburg ins Lazarett und wurde anschließend aus dem Heer entlassen. Rödel arbeitete dann bis Januar 1918 als Fräser, wurde Mitglied der USPD und war in der Magdeburger Spartakusgruppe aktiv. Im September 1918 wieder zum Fronteinsatz, wurde abermals verwundet. Seit Ende 1920 ehrenamtliches Führungsmitglied der KPD in Magdeburg, Rödel war dort Arbeiter. 1924 in die Stadtverordnetenversammlung gewählt, wurde Redakteur bei der Parteizeitung »Tribüne« und gehörte ab 1927 der BL Magdeburg an. Im Sommer 1933 verhaftet, wurde er 1934 zu zweieinhalb Jahren Zuchthaus verurteilt, die er in Luckau verbüßte. Nach seiner Entlassung zunächst Arbeiter in Magdeburg, wurde aber bald als Invalide anerkannt. Während des Krieges gemeinsam mit ▸ Hermann Danz u. a. in einer Widerstandsgruppe in Sachsen-Anhalt tätig, die auch Kontakte zu ▸ Anton Saefkow hatte. Er wurde am 24. Juli 1944 verhaftet, am 1. November 1944 vom 2. Senat des VGH zum Tode verurteilt. Fritz Rödel wurde am 5. Februar 1945 im Zuchthaus Brandenburg hingerichtet.

▸ Röhrig, Hermann (* 1898 – † 1938)

Geboren 1898 in Berlin, Schlosser. Er war 1918 Mitglied des Spartakusbundes, ab 1919 der KPD. Wie die meisten Berliner Funktionäre ging er 1920 zur KAPD, kehrte aber 1921 in die KPD zurück und wurde Mitglied der BL. Als die Linken um ▸ Ruth Fischer die Parteiführung übernahmen, kam Röhrig in den AM-Apparat. Offiziell arbeitete er in der sowjetischen Handelsvertretung, da seine illegale Tätigkeit im Apparat aber bekannt wurde, mußte er 1930 in die Sowjetunion emigrieren. Röhrig wurde in Moskau Abteilungsleiter im Volkskommissariat für Außenhandel, war Mitte der dreißiger Jahre Kursant der KUNMS, danach Direktor des Handelstechnikums in Engels (Wolgarepublik). Am 6. Februar 1938 wurde Hermann Röhrig verhaftet und auf Beschluß des Sondertribunals beim NKWD am 26. Mai 1938 erschossen.

Seine erste Frau (bis 1926) **Erna Röhrig**, geb. Schumacher (* 1899), seit 1920 in der KPD, kam 1932 in die UdSSR, absolvierte die KUNMS und wurde Lehrerin in Halbstadt (einem deutschen Rayon); 1937 vom NKWD verhaftet, verschwand sie im Gulag.

Die zweite Ehefrau **Käthe Röhrig**, geb. Grottewitz (* 1898), seit 1926 in der KPD, ging 1930 zusammen mit Hermann Röhrig nach Moskau und arbeitete im Außenhandel, ab 1937 im Staatsverlag in Engels. Von März 1938 bis März 1939 vom NKWD inhaftiert, wurde sie 1943 zur »Arbeitsarmee« einberufen und verbannt, sie durfte erst 1960 in die DDR ausreisen.

▸ Römer, Josef (Beppo), Dr. jur. (* 1892 – † 1944)

Geboren am 17. November 1892 in München, Sohn eines Lehrers; Gymnasium, 1911 Abitur, ab 1911 Fahnenjunker, im Weltkrieg Hauptmann. Er schied Anfang 1919 aus der Armee aus, studierte in München Rechts- und Staatswissenschaften, 1922 Promotion zum Dr. jur. Als Führer des Freikorps Oberland war er an der Niederschlagung der Münchner Räterepublik, an den Ruhrkämpfen 1920 und 1921 beim Sturm auf den Annaberg in den deutsch-polnischen Volkstumskämpfen beteiligt. In nationalistischen Kreisen hatte Römer einen legendären Ruf. Über einen Schulfreund bestanden seit 1921 Kontakte zu den Kommunisten und seit dem »Ruhrkampf« 1923 auch zum KPD-Nachrichtendienst. Im Mai 1932 wurde er Schriftleiter des »Aufbruchs« und arbeitete u. a. eng mit ▸ Theodor Bottländer und ▸ Hans Kippenberger zusammen. Sein Auftrag war es, mit der Zeitschrift »Aufbruch« im Sinne des Leutnants a. D. ▸ Richard Scheringer ab 1931 Mitglieder und Sympathisanten der NSDAP für die KPD zu gewinnen. Im Frühjahr 1933 wurde Römer verhaftet, im Mai entlassen und dann erneut im Juni 1934 festgenommen, er saß bis 1939 in KZs, zuletzt Dachau. Nach seiner Freilassung hatte er Verbindungen zu Widerstandskämpfern aus dem Umfeld des 20. Juli 1944 und zu kommunistischen Widerstandsgruppen in Berlin, u. a. zu ▸ Robert Uhrig und ▸ Wilhelm Knöchel. Josef Römer wurde am 4. Februar 1942 erneut festgenommen, am 19. Juni 1944 vom VGH zum Tode verurteilt und am 25. September 1944 in Berlin-Plötzensee hingerichtet. Gemeinsam mit Hans Coppi hat die Tochter von Josef Römer, Susanne Römer, 2001 eine Dokumentation der Zeitschrift »Aufbruch« herausgegeben.

▸ Rötzscher, Otto Helmut (* 1891 – † 1932)

Geboren am 30. April 1891 in Halle, Sohn eines Dekorationsmalers; besuchte die Präparandenanstalt und das Lehrerseminar in Zschopau und war von 1910 bis 1917 Volksschullehrer in Niederlautenstein im Erzgebirge und in Geringwalde. Aus gesundheitlichen Gründen wurde er nicht zum Militär- und Kriegsdienst eingezogen. 1917 erhielt er eine Stelle als Volksschullehrer in Chemnitz. Er trat 1919 der SPD bei, im Herbst 1920 der KPD. Bis 1924 Sekretär für Gewerkschaftsarbeit der KP in Chemnitz. 1926 wurde Rötzscher als Abgeordneter in den Sächsischen Landtag gewählt, dort Sekretär der kommunistischen Parlamentsfraktion. Er war Anhänger des rechten Parteiflügels und gehörte 1928/29 zu den fünf Abgeordneten des Sächsischen Landtags, die in Opposition zum ZK standen. Deshalb am 1. April 1929 aus der KPD ausgeschlossen, trat Rötzscher der KPO bei und wurde 1929 zu den Sächsischen Landtagswahlen nominiert, da die KPO keinen Sitz erhielt, aber nicht gewählt. Im August 1930 trat er zur SPD über. Otto Rötzscher, der schwer Tbc-krank war, starb am 22. August 1932 in Chemnitz.

▸ Rogalla, Hans (* 1893 – † 1938)

Geboren 1893 in Recklinghausen, Sohn einer Arbeiterfamilie, seit 1919 Mitglied und Funktionär der KPD. Er war 1920 in Sprengstoffattentate verwickelt und nach der März-Aktion 1921 wegen angeblichen Mordes zum Tode verurteilt. Rogalla konnte 1921 in die Sowjetunion flüchten, wurde Mitglied der KPdSU und 1922 Beauftragter der Hungerhilfe in der Tatarischen ASSR. Anschließend Mitarbeiter im ZK der IAH in Moskau, Ende der zwanziger Jahre Bevollmächtigter der KPD für die Emigrantenbetreuung, zeitweise auch mit der Vertretung des RFB in Moskau beauftragt. Zuletzt Leiter des Moskauer Trust für Schweinemast; am 27. August 1936 wurde Rogalla in Moskau vom NKWD verhaftet. Ihm wurde vorgeworfen, gemeinsam mit ▸ Josef Schneider und ▸ Paul Scholze bei Besuchen von ▸ Willi Leow in Moskauer Hotelzimmern und in Kneipen Gespräche »trotzkistischen Inhalts« geführt zu haben. Am 10. Juli 1937 wegen »Teilnahme an einer faschistisch-trotzkistischen Gruppe und konterrevolutionärer Propaganda unter deutschen Emigranten« zunächst zu fünf Jahren Arbeitslager verurteilt, kam er in ein Lager bei Magadan. Hans Rogalla wurde im Mai 1938 wegen »Sabotage« zum Tode verurteilt und erschossen.

▸ Rogg, Ulrich (* 1888 – † 1934)

Geboren am 5. Juli 1888 in Winterrieden/Bayern, Bäckerlehre. Vor dem Weltkrieg übersiedelte er ins Ruhrgebiet und arbeitete in der Konsum-Bäckerei Duisburg. Rogg war Mitglied der SPD, ab 1917 führte er den Vorsitz im Duisburger USPD-Ortsverein und gehörte der Spartakusgruppe an. Während der Novemberrevolution stand er an der Spitze des Arbeiter- und Soldatenrates Duisburg und nahm im Dezember 1918 als Delegierter am 1. Reichsrätekongreß und am Gründungsparteitag der KPD in Berlin teil. Am 12. Januar 1919 beschloß die USPD-Kreiskonferenz für die Wahlkreise Duisburg, Mülheim und Oberhausen den Übertritt zur KPD. Im Februar 1919 wurde Rogg in die Duisburger Stadtverordnetenversammlung gewählt. Vom V. und VI. Parteitag 1920 für den Bezirk Östliches Westfalen in den ZA der KPD berufen, kam er im Februar 1921 für den Wahlkreis Westfalen-Nord in den Preußischen Landtag, dem er bis 1924 angehörte. 1922 hauptamtlicher Parteisekretär der KPD in Bielefeld, 1922/23 Parteisekretär in Wittenberg. Der VIII. Parteitag 1923 in Leipzig wählte Rogg als Vertreter Halle-Merseburgs erneut in den ZA. Im Mai 1924 Kandidat für die Reichstagswahlen (nicht gewählt). 1924 Sekretär für Gewerkschaften der BL Nord- bzw. Südbayern und erneut Mitglied im ZA. Nach Aufhebung seiner Immunität flüchtete Rogg in die UdSSR, von dort kehrte er bereits 1925 zurück und wurde auf Veranlassung des Freistaates Bayern am 24. Juni 1926 verhaftet. Danach hatte er in der KPD keine wichtige Funktion mehr. Er kam Anfang der dreißiger Jahre als hauptamtlicher Funktionär der KPD nach Leipzig, wo ihn die Gestapo am 30. November 1933 verhaftete und zunächst in das Polizeigefängnis Leipzig und anschließend in das KZ Sachsenburg einlieferte. Wegen Krankheit aus dem KZ Burg Hohnstein in Sachsen »beurlaubt«, starb Ulrich Rogg am 26. April 1934 im Krankenhaus in Pirna.

▸ Roninger, Boris, Dr. phil. (* 1896 – † ?)

Geboren am 1. August 1896 in Odessa, übersiedelte nach dem Weltkrieg nach Deutschland und studierte zunächst in Berlin. Seit 1923 Mitglied der KPD; war in der sowjetischen Handelsvertretung beschäftigt. Als Boris einer der Theoretiker der Linken, wegen seiner Kritik an den Bolschewiki geriet er ins Kreuzfeuer der Komintern-Führung, vor allem Grigori Sinowjews. Roninger beteiligte sich 1924 an den theoretischen Debatten in der Zeitschrift »Die Internationale« (die von ▸ Karl Korsch geleitet wurde). Dabei wandte er sich gegen die »Bolschewisierung« der KPD und stützte sich auf die Theorie von ▸ Rosa Luxemburg. Deswegen auch von der Ruth-Fischer-Führung schon 1924 desavouiert, schloß er sich 1925 den Ultralinken an und wurde auf dem X. Parteitag von ▸ Ruth Fischer ebenso wie sein Gesinnungsfreund Rolf Katz heftig als Anti-Bolschewist und von ▸ Arkadi Maslow als Menschewist angegriffen. Wie Rolf Katz schloß sich Boris Roninger der Opposition um Karl Korsch an, zog sich aber später aus der aktuellen Politik zurück. Er studierte in Leipzig, hat dort 1926 promoviert und ging später nach England, wo er eine Universitätsprofessur erhielt.

▸ Roscher, Max (* 1888 – † 1940)

Geboren am 22. Juli 1888 in Pockau/Erzgebirge, Sohn eines Kleinbauern; lernte Maurer. Von 1904 bis 1908 Wandergeselle, arbeitete in Ziegeleien und Baubetrieben, 1911 Mitglied der SPD. Bei Kriegsausbruch Soldat, kam an die Front und unterhielt Verbindung zur Spartakusgruppe. Im Dezember 1918 kehrte er nach Sachsen zurück und wurde Mitglied des Arbeiter- und Soldatenrates in Marienberg. Er trat Ende März 1919 zur KPD über, 1920 Polleiter des UB Pockau. Bis 1922 arbeitete er als Maurer, wurde 1923 hauptamtlicher Orgleiter in Thüringen, kam 1924 nach Pockau zurück. Er wurde im Mai 1924 Reichstagsabgeordneter im Wahlkreis Chemnitz-Zwickau, im Dezember jedoch nicht wiedergewählt. Agitpropsekretär der BL Chemnitz-Erzgebirge; war von Februar bis November 1925 inhaftiert. Von 1926 bis 1929 Abgeordneter des Sächsischen Landtags, UB-Leiter in Flöha, später in Freiberg in Sachsen. Während der Auseinandersetzungen mit den Rechten 1928/29 vertrat Roscher die Linie des ZK. Anfang 1931 verhaftet und im September 1931 wegen »Vorbereitung zum Hochverrat« vom Reichsgericht zu 20 Monaten Gefängnis verurteilt, aber nach einiger Zeit freigelassen, da er sehr krank war. Roscher blieb als Sekretär der KPD in Freiberg, emigrierte im Februar 1933 in die ČSR. Er kehrte im August zur illegalen Arbeit nach Dresden und dann schließlich Ende des Jahres wegen seiner völlig zerrütteten Gesundheit nach Prag zurück. Von dort wurde er zur Wiederherstellung seiner Gesundheit in die Sowjetunion geschickt. Nach einem längeren Kuraufenthalt und einer Tätigkeit als Instrukteur in Charkow ging er bei Ausbruch des Bürgerkriegs nach Spanien und kämpfte im »Edgar-André-Bataillon« der Internationalen Brigaden. Vor Madrid wurde er im November 1936 schwer verwundet. Die hinter der Front und dann nach seinem Transport in die Sowjetunion vorgenommenen Operationen konnten ihn nicht mehr retten. Max Roscher starb am 28. August 1940 in einem Erholungsheim für versehrte Spanienkämpfer in Peredelkino bei Moskau.

Sein Sohn **Paul Roscher** (* 17. 9. 1913 – † 24. 8. 1993) trat 1932 in die KPD ein, wurde 1935 vom OLG Dresden zu zweieinhalb Jahren Zuchthaus verurteilt, 1942 zum Strafbataillon 999 gezogen, geriet in französische Kriegsgefangenschaft. 1947 zurück, wurde er hauptamtlicher SED-Funktionär. Ab 1959 1. Sekretär im Bezirk Gera und von 1963 bis 1976 im Bezirk Karl-Marx-Stadt. Von 1963 bis zum Herbst 1989 gehörte Paul Roscher dem ZK der SED an.

▸ Rosenbaum, Kurt (* 1896 – † ?)

Geboren am 30. März 1896 in Lippstadt, Sohn eines Bankiers; lernte Kaufmann und wurde Büroangestellter. Im Krieg kurze Zeit Soldat, nach der Revolution 1918 Übersiedlung ins Ruhrgebiet, Angestellter der Konsumgenossenschaft. Seit 1918 Mitglied der USPD, mit dem linken Flügel 1920 zur KPD. Delegierter des VII. Jenaer Parteitags 1921. 1922 von der Konsumgenossenschaft entlassen, wurde er hauptamtlicher Mitarbeiter der KPD. Zunächst Redakteur in Essen, ab 1923 Orgleiter des Bezirks Rheinland-Westfalen-Nord (später Ruhr). Ende 1923 schloß sich Rosenbaum dem linken Parteiflügel an. Einige alte Linke (wie etwa ▸ Eugen Eppstein) betrachteten ihn mißtrauisch als einen Opportunisten. Auf dem Bezirksparteitag Ruhr am 9. März 1924 wurde Rosenbaum von der linken Mehrheit zum Polleiter bestimmt und im Mai 1924 im Wahlkreis Westfalen-Süd in den Reichstag gewählt. Die Ruth-Fischer-Führung sandte ihn im Juni 1924 als Polleiter in den Bezirk Halle-Merseburg, früher von der Mittelgruppe dominiert, jetzt von den Linken. Von November 1924 bis Januar 1925 inhaftiert, bereits im Dezember 1924 erneut, diesmal im Wahlkreis Merseburg, in den Reichstag gewählt, dem er bis 1928 angehörte. Bis zum »Offenen Brief« im August 1925 blieb er Polleiter in Halle-Merseburg, doch obwohl er sich für den »Offenen Brief« aussprach, setzte ihn die neue Thälmann-Führung ab. Das ZK schickte ihn im September 1925 als Chefredakteur nach Stuttgart, dort im Oktober verhaftet, kam aber als Abgeordneter schon bald frei. Rosenbaum war anschließend wieder in Berlin, in der Folge vor allem für Reichstagsarbeiten freigestellt sowie in verschiedene Redaktionen entsandt. 1927 arbeitete er einige Zeit an der »Sozialistischen Republik«, dem KPD-Organ in Köln, löste im August 1928 ▸ Paul Langner als Chefredakteur an der Mannheimer »Arbeiter-Zeitung« ab, im Mai 1929 wieder in untergeordneter Funktion in Berlin. Ende 1929 wurde er in Königsberg Chefredakteur des KPD-Organs »Echo des Ostens«, Ende 1931 vom Reichsgericht in Leipzig wegen Vergehens gegen das Pressegesetz zu einer Geldstrafe verurteilt. Über Kurt Rosenbaums weiteren Lebensweg ließ sich nichts in Erfahrung bringen, 1937 soll er in Leipzig arbeitslos gemeldet gewesen sein. Es ist zu vermuten, daß er als Jude emigrierte oder aber im KZ umkam.

▸ Rosenberg, Arthur, Dr. phil. (* 1889 – † 1943)

Geboren am 19. Dezember 1889 in Berlin, Sohn des Kaufmanns Georg Henry Rosenberg. Seine kulturell sehr interessierten Eltern, die aus österreichischen Kaufmannsfamilien stammten, sind schon früh verstorben. Sie ließen als assimilierte Juden Arthur und seine Schwester Jenny protestantisch taufen. Arthur Rosenberg besuchte bis 1907 das Askanische Gymnasium in Berlin, er ließ bald seine Neigung zur Geschichte erkennen und bekam als glänzender Schüler zeitweise eine Freistelle an der Schule. Von 1907 bis 1911 studierte er an der Universität Berlin

Geschichte und klassische Philologie und kam mit einem Stipendium für einige Zeit nach Italien. Er hörte u. a. bei Eduard Meyer, der Rosenberg gut kannte und ihn sehr schätzte. Rosenberg promovierte 1911 bei Otto Hirschfeld mit Untersuchungen zur »römischen Zenturienverfassung« und arbeitete an der Redaktion von Ullsteins Weltgeschichte mit sowie bei der »Frankfurter Zeitung«.
Im Januar 1914 habilitierte sich der 25jährige mit »Der Staat der alten Italiker« und wurde Privatdozent für alte Geschichte an der Berliner Universität. Obwohl seine Forschungen bereits marxistische Ansätze zeigten, stand er politisch der Arbeiterbewegung fern, noch 1914 zollte er Kaiser Wilhelm II. übermäßiges Lob und meldete sich als Kriegsfreiwilliger, wurde aber zurückgestellt. 1915 zum Militär eingezogen, zunächst im Kriegspresseamt, später als Landsturmmann in Frankreich, wo er vor den Soldaten kulturgeschichtliche Vorträge hielt, ab 1917 wieder im Kriegspresseamt. Politisch entwickelte er sich 1918 rasch nach links, trat bei Ausbruch der Revolution der USPD bei. Hier aktiv tätig, ging als Anhänger Lenins mit dem linken USPD-Flügel im Dezember 1920 zur KPD. Auf dem Vereinigungsparteitag hielt er eine ultraradikale Rede. Rosenberg machte sich 1918 bereits durch zahlreiche wissenschaftliche Veröffentlichungen einen Namen. Er exponierte sich nun vor allem politisch, wurde 1921 Stadtverordneter in Berlin und Delegierter des VII. Jenaer Parteitags. 1922/23 im kommunistischen Pressedienst, gehörte Rosenberg in Berlin zur linken Opposition um ▸ Ruth Fischer, er war Mitglied der BL.
Als die Linken 1924 die Parteiführung übernahmen, wurde er auf dem IX. Frankfurter Parteitag in die Zentrale der KPD gewählt. Im Mai 1924 zog er im Wahlkreis Berlin auch als Abgeordneter in den Reichstag ein. Mitglied des Polbüros der Ruth-Fischer-Ära, er spielte ideologisch-politisch sowie als Verantwortlicher für außenpolitische Fragen eine bedeutende Rolle. Auf dem V. Weltkongreß der Komintern 1924 wurde er zum Mitglied des EKKI und auch ins Präsidium des EKKI gewählt. Seit Frühjahr 1925 leitete er zusammen mit ▸ Werner Scholem und ▸ Iwan Katz die ultralinke Opposition gegen die Ruth-Fischer-Führung. Trotzdem wurde er auf dem X. Parteitag im Juli 1925 in Berlin ins ZK gewählt, aber nach dem »Offenen Brief« schrittweise zurückgedrängt. Er distanzierte sich zusammen mit Scholem bereits im Februar 1926 von Katz. Auf der EKKI-Tagung trennte er sich im März 1926 von der ultralinken Gruppe und ging bald zur Thälmann-Fraktion über. Rosenberg war auch im Dezember 1924 wieder in den Reichstag gewählt worden, dort aktiv im außenpolitischen Ausschuß und an den Untersuchungen über die Kriegsschuldfrage beteiligt. Zugleich für die KPD-Presse tätig sowie im März 1927 Delegierter des XI. Parteitags in Essen, wo er bereits die Rechten und ▸ Heinrich Brandler verteidigte. Er stand in der KPD nun rechts und kritisierte z. B. als Hauptfeind der Partei die »scheinradikale Phrase«.
Am 26. April 1927 erklärte Rosenberg »wegen des Versagens der Komintern in der China-Frage« seinen Austritt aus der KPD. In einem »Offenen Brief« schrieb er, die Politik Rußlands führe nach rechts, so daß die Komintern nur ein Hemmschuh für Moskau werde und aufgelöst gehöre. Daraufhin beschimpfte ihn die KPD als Hauptträger antikommunistischer Auffassungen in der Partei, der noch »1917 überzeugter Impe-

rialist und Monarchist« und ohne jede marxistische Bildung gewesen sei. Am 2. November 1927 soll Rosenberg angeblich zur SPD übergetreten sein, das ist umstritten, denn nach eigener Aussage blieb er parteilos. Er behielt sein Reichstagsmandat bis 1928. In der Folgezeit arbeitete er vor allem wissenschaftlich, war (seit 1930 außerpl. Professor) wieder Dozent an der Berliner Universität. Um seine Frau Elly und die Kinder Liselotte und Wolfgang ernähren zu können, ging er als Lehrer ans Köllnische Gymnasium. Er veröffentlichte eine Reihe von Büchern, die ihn als Historiker bekannt machten, in erster Linie seine hervorragende Geschichte der Entstehung der Weimarer Republik (1928) sowie »Geschichte des Bolschewismus« (mit Druckvermerk »Berlin 1933«). Einige dieser Werke sind nach 1945 von seinem Schulfreund ▸ Kurt Kersten neu herausgegeben worden. Vor 1933 gehörte Rosenberg der Deutschen Liga für Menschenrechte an, in der auch Albert Einstein u. a. wirkten.

Bereits im März 1933 von der Berliner Universität entlassen, wurde ihm die Lehrbefugnis im September 1933 auch offiziell entzogen. Rosenberg flüchtete zunächst in die Schweiz und emigrierte dann nach England, wo er von 1934 bis 1937 als Gastprofessor an der Universität Liverpool lehrte. Seine Schrift »Faschismus als Massenbewegung« wurde 1934 in Karlsbad publiziert. Als ihm NS-Behörden die deutsche Staatsangehörigkeit entzogen, wurde in Liverpool gerade sein drittes Kind geboren, deshalb schrieb er an die Deutsche Botschaft in London: »Soweit Sie überhaupt imstande sind, mir die deutsche Staatsangehörigkeit abzusprechen, möchte ich Sie bitten, damit dies in meiner Familie einheitlich geschieht, auch meinem jüngsten, in England geborenen Sohn die deutsche Staatsangehörigkeit abzusprechen.« Rosenbergs Hauptwerk, die »Geschichte der deutschen Republik«, erschien 1935 in Karlsbad, wurde später in zahlreiche Sprachen übersetzt und ist bis heute ein Standardwerk. Sein Buch »Demokratie und Sozialismus« kam 1938 in Amsterdam heraus. Rosenberg galt zwar als Historiker der Weimarer Republik, seine Räte-Theorien und seine Thesen zum Faschismus hatten aber vor allem in den sechziger und siebziger Jahren beachtliche Nachwirkungen. Im Oktober 1938 übersiedelte Rosenberg mit seiner Familie in die USA, lehrte in Brooklyn als Professor für Geschichte und lebte dort zeitweise unter bedrückenden Umständen. Arthur Rosenberg starb, zuletzt krebskrank, am 7. Februar 1943 in Brooklyn. Mario Keßler veröffentlichte 2003 eine Biographie Arthur Rosenbergs.

▸ Rosenhainer-Fleischer, Helene (* 1899 – † 1941)

Geboren am 11. Juni 1899 in Leumnitz bei Gera, Kind eines Arbeiters und langjährigen Sozialisten. Als junge Textilarbeiterin schloß sich Helene Rosenhainer der sozialistischen Jugend an, 1921 Eintritt in die SPD, 1923 Übertritt zur KPD. Seit 1926 Betriebsratsvorsitzende einer Textilfabrik, 1927 Stadtverordnete in Gera. 1929 wurde sie als Abgeordnete in den Thüringer Landtag gewählt, der XII. Parteitag der KPD 1929 berief sie zum ZK-Mitglied. Seit 1930 verheiratet mit einem Arbeiter namens Fleischer, im gleichen Jahr wurde sie Mitglied der BL Thüringen. Im Juli 1932 zog sie im Wahlkreis Thüringen als Abgeordnete in den Reichstag ein, dem sie bis März 1933 angehörte. Im Mai 1932 war

Helene Rosenhainer-Fleischers Haltung Gegenstand einer Polbürositzung. Im Beschlußprotokoll ist festgehalten: »Da die Genossin Rosenhainer sich weigert, ihre Mandate zum Thüringer Landtag und zur Stadtverordnetenfraktion Gera niederzulegen, sowie Parteiarbeit durchzuführen, wird dem ZK empfohlen, beim EKKI um Bestätigung des Ausschlusses aus der Partei nachzusehen.« Es ist nicht sicher, ob sie kurzzeitig aus der KPD ausgeschlossen war. Helene Rosenhainer-Fleischer wurde am 13. Januar 1934 wegen illegaler Arbeit für die KPD in Apolda verhaftet und am 30. Mai vom OLG Jena zu drei Jahren Gefängnis verurteilt, die sie in Gräfentonna und anschließend in den KZs Lichtenburg und Moringen verbüßte. 1938 schwerkrank aus der Haft entlassen, anschließend in der Geraer-Greizer Kammgarnspinnerei beschäftigt. Im Februar 1941 erneute Festnahme durch die Gestapo, wurde sie im Mai 1941 nach schweren Mißhandlungen aus dem Gefängnis Gera in die Heilanstalt Stadtroda überführt. Dort wurde Helene Rosenhainer-Fleischer am 26. Juni 1941 ermordet.

▸ Rosenke, Walter (* 1902 – † 1966)

Geboren am 11. September 1902 in Rüdersdorf bei Berlin, Sohn eines Fabrikschmieds; wurde Schlosser. 1922 Mitglied der KPD, ehrenamtliche Arbeit im UB- und Bezirksmaßstab, u. a. AM-Leiter im UB Neukölln. Bis 1930 in verschiedenen Berliner Metallbetrieben beschäftigt. Ab 1. März 1931 Angestellter der sowjetischen Handelsvertretung in Berlin; von 1930 bis 1933 Ressortleiter im zentralen AM-Apparat der KPD. Am 18. März 1933 verhaftet, bis Ende Mai in »Schutzhaft«, nach Intervention der Handelsvertretung freigelassen. Rosenke emigrierte in die Sowjetunion. Er war in Moskau Kontrolltechniker beim Neubau des Volkskommissariats für Leichtindustrie, dann Ende 1934 Kursant der KUNMS sowie Leiter des »Ernst-Thälmann-Klubs« in Moskau. 1937 durch das NKWD verhaftet, bezichtigte er sich nach brutalen Mißhandlungen schwerster Verbrechen, die wie üblich erlogen waren. Er wurde zu acht Jahren Lager verurteilt. Angeblich gehörte er einer Anti-Komintern-Gruppe unter Leitung Bela Kuns an, in einem Lebenslauf von 1956 nannte Rosenke auch ▸ Hugo Eberlein, ▸ Werner Hirsch, ▸ Fritz Schulte, ▸ Walter Dittbender u. a. als Mitbeschuldigte der angeblich »konterrevolutionären deutschen Gruppe«. Auf einer Liste von 16 verhafteten deutschen Politemigranten, für deren Freilassung sich ▸ Wilhelm Pieck im April 1938 in einem Brief an Dimitroff einsetzte, befand sich Rosenkes Name. Bis 1945 in den hohen Norden verbannt, war er anschließend Werkmeister und Mechaniker. Rosenke kam im Februar 1956 in die DDR und wurde im 11. April 1956 nichtöffentlich »rehabilitiert«. Er studierte von 1956 bis 1959 am Industrie-Institut der Hochschule für Verkehrswesen und arbeitete dann als Diplom-Ingenieur-Ökonom bei der Reichsbahndirektion in Ost-Berlin. Walter Rosenke starb am 3. März 1966 in Ost-Berlin.

▸ Rosenthal, Frieda (* 1891 – † 1936)

Geboren am 9. Juni 1891 in Berlin als Frieda Schrinner, lernte Näherin und war bis 1919 in einer Kleiderfabrik beschäftigt. Nach der Heirat mit dem Angestellten Rosenthal wurde sie ins Amt für Sozialfürsorge übernommen und arbeitete als Fürsorgerin in Berlin-Lichtenberg. 1919 Mitglied der USPD, 1920 mit der linken USPD zur KPD. Sie stand in der KPD auf dem linken Parteiflügel. Seit 1924 Mitglied der BL Berlin-Brandenburg, zunächst Sekretärin für Agitprop, dann für Frauenarbeit. Delegierte des X. Parteitags 1925 in Berlin. Sie schloß sich nach dem »Offenen Brief« im September 1925 der linken Opposition an, ging aber bereits im November 1925 zur Parteimehrheit über. Seit 1924 Stadtverordnete in Berlin, arbeitete Frieda Rosenthal wieder als Fürsorgerin und war ab 1929 hauptamtliche Stadträtin in Berlin. Im Februar 1930 unterschrieb sie den oppositionellen »Brief der 60«, zusammen mit ▸ Erich Raddatz u. a. und wurde aus der KPD ausgeschlossen. Frieda

Rosenthal gehörte einige Zeit zur »Gruppe 60«, war dann Mitglied der SPD und vor 1933 der SAP. Nach 1933 illegal in Berlin-Friedrichshain tätig. Sie wurde am 19. August 1936 verhaftet, endlosen Verhören ausgesetzt und schwer mißhandelt. Um Mitkämpfer nicht zu belasten, beging Frieda Rosenthal am 15. Oktober 1936 im Gefängnis Selbstmord.

▸ Ross, Karl (* 1882 – † 1945)

Geboren am 17. August 1882 in Neubukow/Mecklenburg, Schlosser. Lebte seit 1900 in Lübeck, wo er Mitglied der SPD und 1917 der USPD wurde. Im April 1919 Delegierter des 2. Reichsrätekongresses in Berlin. Ende 1920 ging er zur KPD und gehörte von 1921 bis 1929 der Lübecker Bürgerschaft an. Ab 1923 stand Ross an der Spitze der KPD-Ortsgruppe Lübeck, war auch Betriebsratsvorsitzender einer Werft und kurze Zeit Mitglied der BL Wasserkante. Von 1925 bis 1944 Inhaber einer Bootsvermietung und Reparaturwerkstatt. Er wurde 1944 verhaftet und in das KZ Neuengamme eingeliefert, wo Karl Ross am 13. Januar 1945 an den unmenschlichen Haftbedingungen starb.

▸ Roßberg, Kurt (* 1906 – † 1991)

Geboren am 7. Mai 1906 in Leipzig, Sohn einer Arbeiterfamilie; lernte Maschinenschlosser. 1920 trat er in die FSJ ein, 1923 wurde er Mitglied der KPD. 1928/29 war Roßberg hauptamtlicher Sekretär des ZK des KJVD und arbeitete 1930/31 als Volontär bzw. Redakteur bei der »Sächsischen Arbeiterzeitung« in Leipzig. 1931/32 Kursant an der Internationalen Leninschule in Moskau, kam nach seiner Rückkehr im Dezember 1932 als Chefredakteur an die »Niedersächsiche Arbeiterzeitung« in Hannover. Ab Februar 1933 Orgleiter der illegalen BL Niedersachsen. Roßberg wurde 1934 verhaftet und zu zwei Jahren und drei Monaten Zuchthaus verurteilt. 1939 erneut inhaftiert und in das KZ Buchenwald überführt, aus dem er 1940 entlassen wurde. 1940 Maschinenschlosser in Leipzig, hier 1942 zur Wehrmacht einberufen. Roßberg gehörte zur Widerstandsgruppe um ▸ Georg Schumann in Leipzig, deshalb 1944 festgenommen, er saß bis zur Befreiung in U-Haft in Leipzig. 1945 zeitweise Bürgermeister von Leipzig, Leiter der Volkssolidarität in Sachsen, von 1946 bis 1950 Hauptgeschäftsführer der Volkssolidarität für die SBZ. Wie Karl Plesse durfte er wegen Vorwürfen (Zusammenarbeit mit der Gestapo) keine Parteifunktionen ausüben. Dann FDGB-Funktionär; 1952 Redakteur bzw. stellvertretender Chefredakteur der »Tribüne«. Roßberg wurde im Zusammenhang mit dem Aufstand vom 17. Juni 1953 wegen »kapitulantenhaften Verhaltens« abberufen und nur noch als Wirtschaftsredakteur eingesetzt. Von 1962 bis 1971 stellvetretender Chefredakteur der »Tribüne«, er erhielt 1965 den VVO in Silber. Kurt Roßberg starb am 19. August 1991 in Berlin.

▸ Rost, Karl (* 1902 – † 1950)

Geboren am 3. August 1902 in Hanau, Sohn eines Schuhmachers; Lehre und Arbeit als Werkzeugmacher und Mechaniker. 1919 Mitglied der KPD, ab 1928 bis Ende 1931 hauptamtlicher Sekretär der UBL Hanau. 1929 wegen Auseinandersetzungen mit den Nationalsozialisten wegen »Landfriedensbruchs« vom Schöffengericht Darmstadt zu sechs Monaten Gefängnis verurteilt. Rost wurde im November 1931 in den Landtag des Hessischen Volksstaats gewählt, doch infolge eines Formfehlers wurde sein Mandat am 19. Juni 1932 wieder aufgehoben. Anschließend Leiter der KPD in Mainz und Vertriebschef der KPD-Wochenzeitung »Volksruf«. Ab 1933 illegale Arbeit, Ende 1933 inhaftiert, schwere Mißhandlungen durch die Gestapo in Hanau und Offenbach, bis März 1934 in Haft, u. a. im KZ Osthofen. Im Zusammenhang mit der Aktion »Gewitter« am 2. September 1944 erneut festgenommen und bis 27. Januar 1945 im KZ Dachau. Vom 1. Juni bis 31. Oktober 1945 war Rost Leiter der Betreuungsstelle für rassisch, religiös und politisch Verfolgte beim Oberbürgermeister von Offenbach/Main. Er gehörte auch der Gewerkschaftsleitung in Offenbach an. Im November 1945 wurde er als Vertreter der KPD zum Ministerialdirektor ernannt und arbeitete bei Innenminister Hans Venedy in der Landesregierung Groß-Hessen. Wegen politischer Differenzen mit seiner Partei schied Rost bereits im Mai 1946 aus der Regierung aus und arbeitete anschließend als freier Journalist. Er bewarb sich im März 1947 als Vorsitzender der Spruchkammer für die Entnazifizierung in Offenbach, doch als er am 1. April 1947 den Vorsitz antrat, liefen die KPD-Vertreter Sturm und boykottierten die Sitzungen. Daraufhin legte Rost den Vorsitz am 31. Mai 1947 wieder nieder. Er wurde dennoch aus der KPD ausgeschlossen. Karl Rost starb am 26. Juli 1950 in Offenbach.

▸ Roth, Katharina (* 1882 – † 1967)

Geboren am 26. Juni 1882 in Schaafheim/Hessen, Katharina Sehnert war bis zu ihrer Verheiratung Dienstmagd. 1907 Mitglied der SPD, während des Krieges trat sie zur USPD über und kam mit der linken USPD 1920 zur KPD. Für die KPD übte Katharina Roth in Hessen verschiedene ehrenamtliche Funktionen aus, sie war auch Frauenleiterin. 1922 rückte sie als Abgeordnete für ▸ Aloys Rink in den Hessischen Landtag nach, wurde 1924 erneut in das Landesparla-

ment gewählt. Katharina Roth gehörte dem linken Flügel der KPD an und war nach dem »Offenen Brief« aktiv für die linke Opposition tätig. Am 25. Mai 1927 aus der KPD ausgeschlossen, behielt sie ihr Mandat bis zum Ablauf der Legislaturperiode im November 1927. Sie unterschrieb einen Aufruf der linken Kommunisten im März 1928 und schloß sich dem Leninbund an. Später trat sie politisch nicht mehr hervor, wohnte nach 1945 in Langen, Kreis Offenbach. Katharina Roth starb am 3. Juni 1967 in Darmstadt.

▸ Roth, Leo (Viktor) (* 1911 – † 1937)

Geboren am 18. März 1911 in Rzeszów, Sohn eines jüdischen Textilwarenhändlers. 1913 kam er mit seinen Eltern und Geschwistern nach Berlin und schloß sich als 13jähriger der links-bündisch orientierten Jugendgruppe »Poale Zion« an. Nach der Mittelschule begann er eine Schlosserlehre, da er eine praktische Ausbildung für die geplante Auswanderung nach Palästina anstrebte. 1926 trat Leo Roth in den KJVD ein, ein Jahr später schloß man ihn und ▸ Nathan Steinberger als Korsch-Anhänger aus dem KJVD aus. Er wurde dann Mitglied im Leninbund und verkehrte mit den verfemten ▸ Ruth Fischer, ▸ Arkadi Maslow und ▸ Hugo Urbahns. Nach der Linkswendung 1929 wieder Mitglied des KJVD, avancierte Leo Roth im Bezirk Berlin-Brandenburg zum haupt-

amtlichen Funktionär im illegal operierenden BB-Apparat der KPD. Nach einer nachrichtendienstlichen Ausbildung an der M-Schule in der Sowjetunion Reichsinstrukteur des BB-Apparates und 1932 Sekretär von ▸ Hans Kippenberger. Ab 1931 illegal lebend, stieg Roth, Parteiname Viktor, 1933 zu einem der wichtigsten Funktionäre des Geheimapparates der KPD auf. Er organisierte die Verbindung zwischen dem Politbüro und den einzelnen Mitgliedern des Sekretariats, dabei traf er oft mit ▸ Herbert Wehner, dem technischen Sekretär des Politbüros, zusammen und unterhielt mit Zustimmung von ▸ John Schehr diverse Kontakte zur britischen und französischen Botschaft in Berlin, was ihm später in den Verhören beim NKWD angelastet wurde. Die bei Roth einlaufenden Informationen gelangten über die sowjetische Botschaft nach Moskau. 1934 war er unter dem Namen Ernst Hesse zeitweise Referent an der M-Schule der Komintern in Moskau, anschließend Abwehrleiter der KPD im Saargebiet, später beauftragte ihn das Politbüro mit der Leitung des gesamten Abwehrapparats für Westdeutschland. Als Vertrauter Kippenbergers wurde Roth nach der »Brüsseler Konferenz« 1935 seines Postens enthoben und nach Moskau beordert. Wehner charakterisierte Viktor in seinem »Zeugnis« wie folgt: »Viktor, der damals die Arbeit des Kippenberger-Apparats in diesem Abschnitt leitete, war einer der fähigsten Organisatoren, die ich kennengelernt habe. Er schaffte und unterhielt Verbindungen in einem Ausmaße, wie ich es vorher oder nachher von keinem anderen erreicht gefunden habe ... Seine ganze jugendliche Spannkraft, seinen enormen Drang zu revolutionärer Aktivität, seine außergewöhnliche Auffassungsgabe für politische Nuancen stellte er in den Dienst dieser Arbeit, in der er aufging.« Nach seiner Degradierung arbeitete Roth in einem Forschungsinstitut für Autos und Traktoren. Er geriet als Kippenberger-Mann sowie als Anhänger der ausgeschalteten Politbüromitglieder ▸ Hermann Schubert und ▸ Fritz Schulte in die erste Säuberungswelle. Bereits am 22. November 1936 vom NKWD in Moskau verhaftet, wurde Leo Roth am 10. November 1937 durch das Militärkollegium des Obersten Gerichts wegen »Spionage« und »Vorbereitung von Terroranschlägen« zum Tode verurteilt und am gleichen Tag erschossen. Roth war mit **Helga von Hammerstein** (* 18. 3. 1913), einer Tochter des Generals Kurt von Hammerstein, liiert. Über sie und ihre Schwestern Marie Louise (* 27. 9. 1908 – † 6. 11. 1999) und Marie Therese (* 13. 12. 1909 – † 16. 11. 1994), die ebenfalls für den Nachrichtendienst der KPD tätig waren, erhielt er geheime Informationen aus der Reichswehrführung. So gelangte z. B. eine Abschrift von Hitlers programmatischer Rede vom 3. Februar 1933 vor der Reichswehrführung schon nach wenigen Tagen auf den Tisch des Sekretärs des EKKI, Ossip Pjatnitzki. Über Leo Roth veröffentlichte Reinhard Müller 2001 eine Arbeit.

▸ Roth, Philipp (* 1899 – † 1971)

Geboren am 12. Dezember 1899 in Weibersbrunn/Krs. Aschaffenburg, Maschinenarbeiter. 1917/18 Soldat im Weltkrieg, trat 1919 in den DMV ein und besuchte 1920 die Maschinenbauschule in Duisburg. Maschinist in Duisburg, 1923 Mitglied der KPD, 1928 Arbeiter in der Berzelius-Metallhütte in Duisburg, wo er auch Betriebsratsvorsitzender war. Ab Februar 1928 gehörte er der UBL Duisburg an, nahm im Juni

1929 am XII. Parteitag in Berlin-Wedding teil. Im April 1932 wurde Roth im Wahlkreis Düsseldorf-West in den Preußischen Landtag gewählt. Ab Mitte 1932 war er KPD-Sekretär in Bielefeld, im April 1933 illegaler UB-Sekretär in Hamm. Dort wurde er in der Nacht vom 7. zum 8. Mai 1933 festgenommen. Nach der Untersuchungshaft in Recklinghausen, Essen und Leipzig, verurteilte ihn das Reichsgericht am 1. Juni 1934 zu zweieinhalb Jahren Gefängnis, anschließend kam er im April 1939 in die KZs Esterwegen und Sachsenhausen. Roth wurde wegen »schwerer Krankheitserscheinungen« anläßlich der Amnestie zum 50. Geburtstag von Hitler freigelassen und arbeitete dann als Maschinist in München. 1945 wieder Mitglied der KPD, war er von Februar 1946 bis Ende 1947 Parteiangestellter der KPD-Kreisleitung in Bielefeld. Ende 1947 aus gesundheitlichen Gründen pensioniert, betätigte sich Roth aber weiter für die KPD. 1959 erhielt er eine Gefängnisstrafe von einem Jahr und sechs Monaten wegen »Verdachts der aktiven Betätigung in der verbotenen KPD«. Philipp Roth starb am 21. April 1971.

▸ Rothkegel, Rudolf (* 1889 – † 1964)

Geboren am 10. Dezember 1889 in Winnweiler/Krs. Kaiserslautern, Sohn eines Formermeisters; lernte Former. Die Eltern gehörten der Zentrumspartei an, zwei seiner vier Geschwister engagierten sich in konservativen Parteien. Er war 1910 in Freising der SPD beigetreten, übersiedelte 1912 nach Hamburg, dort bis 1915 Former. Im August 1915 Soldat, geriet er am 9. November 1915 in russische Kriegsgefangenschaft. Rothkegel engagierte sich 1917 als Agitator im Kriegsgefangenenkomitee »Internationalisten«, wurde Ende Januar 1918 nach Moskau gerufen, wo er den Auftrag erhielt, Gefangenenlager aufzusuchen, um dort deutsche Kriegsgefangene für den Eintritt in die Rote Garde zu gewinnen. Rothkegel reiste im Januar 1919 zu Besprechungen nach Berlin, wo er als Vertreter des Zentralrates Deutscher Revolutionärer Arbeiter mit Philipp Scheidemann Gespräche führte über die Rückführung der Kriegsgefangenen nach Deutschland. Er nahm noch am Begräbnis von Karl Liebknecht teil und ging Ende Januar 1919 wieder nach Rußland, wurde Mitglied der Bolschewiki und half in Moskau beim Aufbau der IAH. Auf einer Fahrt nach Deutschland wurde Rothkegel durch litauische Offiziere verhaftet und von Oktober 1919 bis März 1920 in Kowno als bolschewistischer Agent gefangengehalten. Von 1921 bis 1924 war er Leiter der IAH in Leningrad. 1924 kehrte er nach Deutschland zurück und arbeitete ab Mai 1925 wieder als Former in Hamburg, Mitglied der erweiterten KPD-BL Wasserkante. 1927 in die Hamburger Bürgerschaft gewählt, gehörte er dem AM-Apparat der

KPD an. Am 1. April 1933 wurde Rothkegel verhaftet, am 9. Juni 1934 vom OLG Hamburg zu zwei Jahren Zuchthaus verurteilt, anschließend im KZ Esterwegen, von August 1936 bis November 1942 im KZ Sachsenhausen, von dort dann in das KZ Flossenbürg gebracht, er wog nur noch 91 Pfund. Noch im April 1945 mit anderen Häftlingen zur Wehrmacht eingezogen, geriet Rothkegel am 24. April 1945 bei Schwalendorf/Bayern in amerikanische Kriegsgefangenschaft. Im Juli 1945 entlassen, zog er zu seiner Schwester nach Forst/Lausitz und wurde wieder Mitglied der KPD, im Juli 2. Vorsitzender der Gewerkschaft in Forst. Am 24. Oktober 1946 zum Bürgermeister von Forst gewählt, erhielt er 1951 eine »strenge Rüge« wegen »versöhnlerischen Verhaltens« und war nur noch ehrenamtlich Vorsitzender der DSF im Bezirk Cottbus, er bekam 1957 den VVO in Silber. Rudolf Rothkegel starb am 13. Oktober 1964 in Forst.

▸ Ruben-Wolf, Lothar, Dr. med. (* 1882 – † 1938)

Geboren am 17. Juni 1882 in Wiesbaden, Lothar Wolf stammte aus einer bürgerlich-jüdischen Familie. Nach dem Medizinstudium und der Promotion übersiedelte er nach Berlin, ließ sich dort als Arzt nieder. Hier 1921 Mitglied der KPD, er wurde ein bekannter Kommunist. Führend in der Arbeitsgemeinschaft sozialpolitischer Organisationen (ARSO), der 1927 gegründeten Dachorganisation der sozialpolitischen Organisationen der KPD (IAH, RH, IB usw.). Zusammen mit seinem Kollegen und Freund, ▸ Dr. Richard Schmincke sowie seiner Ehefrau ▸ Martha Ruben-Wolf war er in der kommunistischen Ärztegruppe und im Klub der Geistesarbeiter der KPD aktiv.

Die beiden Ruben-Wolfs unternahmen ab 1925 gemeinsam mehrere Reisen in die Sowjetunion, und ihre begeisterten Berichte darüber wurden in Büchern durch KPD-Verlage verbreitet: Martha Ruben-Wolf und Lothar Wolf: »Im freien Asien, Reiseskizzen zweier Ärzte« (1926); dies: »Russische Skizzen.« (1927).

Lothar Ruben-Wolf emigrierte 1933 mit seiner Familie nach Paris, von dort im Februar 1934 in die UdSSR und war in Moskau nun im Volkskommissariat für Gesundheitswesen angestellt. Er wurde am 28. November 1937 (nach anderen Angaben am 15. Januar 1938) vom NKWD verhaftet und am 4. Oktober 1938 zum Tode verurteilt. Lothar Ruben-Wolf ist noch am gleichen Tag, am 4. Oktober 1938 in Butowo erschossen, im Juni 1956 rehabilitiert worden.

▸ Ruben-Wolf, Martha, Dr. med. (* 1887 – † 1939)

Geboren am 17. Juni 1887 in Löhne, Tochter des jüdischen Kleinunternehmers Moritz Ruben. Bis 1914 studierte sie in Berlin und promovierte 1915. Während des Weltkriegs Arbeit in einem Lazarett, eröffnete sie dann eine gynäkologische Praxis in Niederschöneweide bei Berlin. Als progressive Ärztin und Frauenrechtlerin galt ihr Einsatz vor allem Arbeiterfrauen. 1921 wurde sie gemeinsam mit ihrem späteren Ehemann ▸ Lothar (Ruben-)Wolf Mitglied der KPD und gehörte in Berlin bald zu den bekannten kommunistischen Persönlichkeiten. Sie war u. a. Kandidatin zur Preußischen Landtagswahl 1928 und zu den Reichstagswahlen von 1930 bis 1933. Mitbegründerin des kommunistischen RFMB und Referentin auf deren 1. Reichskongreß 1926. Ihre Aufklärungsschrift »Abtreibung oder Verhütung« (mit einem Vorwort von ▸ Friedrich Wolf) erschien in riesiger Auflage. Die Broschüre wurde 1929 durch das Amtsgericht Düsseldorf vorübergehend beschlagnahmt. Martha Ruben-Wolf, als unbequeme, kämpferische Zeitgenossin geschildert, war zunächst im Verband Sozialistischer Ärzte organisiert, der der SPD nahestand. Dort provozierte sie (im Zuge der ultralinken Politik der KPD nach 1929) ihren Ausschluß und war nun ganz für die KPD aktiv. 1933 mit ihrem Ehemann und zwei Kindern nach Paris emigriert und dann im Februar 1934 weiter in die Sowjetunion. Hier arbeitete sie in einem Moskauer Ambulatorium, sah bald die Realität in der von ihr bis dahin bewunderten Sowjetunion immer kritischer. Während ihr

Mann noch krampfhaft versuchte, an den Utopien festzuhalten, resignierte sie während der Säuberungen, bei der fast alle ihre Freunde verhaftet wurden. Nach der Festnahme von Lothar Ruben-Wolf verlor sie ihren Arbeitsplatz im Ambulatorium, später in einer Frauenberatungsstelle beschäftigt. Da sie über Verbleib und Schicksal ihres Mannes – wie üblich – nichts erfuhr, nahm sich Martha Ruben-Wolf voller Verzweiflung mit einer Überdosis Schlaftabletten am 16. August 1939 das Leben und wurde so ebenfalls ein Opfer der stalinistischen Säuberungen.

Die Tochter Sonja (* 1923), in Karaganda zwangsangesiedelt, durfte erst 1958 mit ihrem Ehemann, einem jüdischen Ingenieur, über Ost-Berlin nach Israel auswandern. Der Sohn Walter (* 1925), 1943 zur Roten Armee eingezogen, ist noch im gleichen Jahr an der Front gefallen.

▸ Rubiner, Frida, Dr. phil. (* 1879 – † 1952)

Frida Ichak wurde am 28. April 1879 in Mariampol/Litauen geboren, ältestes von neun Kindern einer ärmlichen jüdischen Kleinbürgerfamilie. Sie lernte Schneiderin und mußte viele Jahre die ganze Familie ernähren. Um die Jahrhundertwende kam sie nach Zürich, wo sie sich als Schneiderin das Studium verdiente und unter großen Schwierigkeiten Philosophie studierte und promovierte. In der Schweiz heiratete sie den deutschen Schriftsteller, Anarchokommunisten und Pazifisten **Ludwig Rubiner** (* 12. 7. 1882 – † 26. 2. 1920). 1906 Übersiedlung nach Frankfurt/M., wo sie sich der SPD anschloß, 1908 nach Berlin. Kurz vor Ausbruch des Weltkrieges ging sie wieder in die Schweiz, gehörte zur Gruppe der »Zimmerwalder Linken« unter Führung Lenins. Diesen hatte sie persönlich kennengelernt und wurde zur Übersetzerin der ersten deutschen Ausgabe von Lenins »Staat und Revolution«. Ende 1918 aus der Schweiz ausgewiesen, kam Frida Rubiner im Februar 1919 nach Deutschland, hier Mitglied der KPD; sie soll am Gründungskongreß der Komintern in Moskau teilgenommen haben, jedoch ohne Mandat. Im Frühjahr 1919 ging sie nach München, wo sie sich aktiv an der Münchner Räterepublik beteiligte, dort gehörte sie unter dem Pseudonym Friedjung dem Propagandaausschuß der Räteregierung an, der im Wittelsbacher Palais tagte, außerdem der Verkehrskommission. Im November 1919 von einem Gericht in München zu einem Jahr neun Monaten Festung verurteilt, nach Strafverbüßung Redakteurin an der Wiener »Roten Fahne« und 1920 als Korrespondentin der »Inprekorr« in Moskau.

1923 sympathisierte sie mit der linken Opposition und stand seit Anfang 1924 in freundschaftlichem Briefwechsel mit ▸ Ruth Fischer und ▸ Arkadi Maslow. Nachdem die Linken 1924 die KPD-Führung übernahmen, kam Frida Rubiner nach Deutschland zurück und übte in der KPD verschiedene Funktionen aus. Bis 1927 war sie politische Redakteurin der »Roten Fahne«, zugleich vom ZK als Referentin und Instrukteurin eingesetzt, war sie u. a. längere Zeit nach Thüringen entsandt, um gegen ▸ Guido Heyms Leninbund zu agitieren, 1928 Lehrerin und Leiterin der KPD-Parteischule auf dem »Weißen Hirsch« in Dresden. Sie verfaßte Broschüren für die KPD und übersetzte wichtige politische Werke aus dem Russischen ins Deutsche (z. B. Sinowjew-Lenin: »Gegen den Strom«; Bucharin: »Ökonomik der Transformationsperiode«; Lenin: »Materialismus und Empiriokritizismus«. Trotzki: »Literatur und Revolution«). Im Zusammenhang mit der Wittorf-Affäre stand Frida Rubiner zunächst auf der Seite der Versöhnler gegen ▸ Ernst Thälmann. Am 8. Oktober 1928 unterschrieb sie eine Erklärung der Parteiarbeiterkonferenz des 5. Berliner Bezirks, der die strikte Einhaltung des ZK-Beschlusses vom 28. September 1928 forderte, nämlich, daß Thälmann nicht weiter im Amt bleiben dürfe. Danach übte sie Selbstkritik und wurde 1930 nach Moskau zur Arbeit im Marx-Engels-Institut geschickt.

In einem späteren Lebenslauf betonte sie ihre Linientreue: »Das Institut wurde damals von Rjasanow und einer menschewistisch-trotzkistischen Clique geleitet, gegen die ich einen aktiven Kampf aufnahm. Ein Jahr später wurde ich vom ZK der KPdSU in den Apparat des ZK übernommen. 1932 wurde ich auf dem Ersten Internationalen Kongreß der Internationalen Roten Hilfe zum Sekretär der IRH gewählt. Später kam ich in den Apparat des EKKI, wo ich ein Ressort in der Presse-Abteilung leitete. Nach der Ermordung des Genossen Kirow, als die Generalreinigung des Apparates des EKKI einsetzte, bekam ich zuerst eine Rüge von der Zelle des EKKI wegen ›mangelnder Wachsamkeit‹ infolge meiner Bekanntschaft mit Feinden des Volkes, die im Apparat des EKKI gearbeitet hatten. Die Rüge wurde von der Kontrollkommission des Moskauer Komitees bald annulliert.« Sie konnte nicht wissen, daß sie weiterhin als Versöhnlerin galt und vom NKWD überwacht wurde. Von 1936 bis 1939 war sie als Leiterin der Presseabteilung in Moskau mit der Aufgabe betraut, die »bürgerliche Presse« des Auslandes mit Material über die Sowjetunion zu versorgen. Von 1939 bis 1941 arbeitete sie in der VAA, »als deutscher Redakteur 1. Kategorie für die Klassiker des Marxismus (Lenin/Stalin)«, wie sie später berichtete. 1941 zur PUR abkommandiert, um Propaganda der Roten Armee unter den deutschen Soldaten zu betreiben.

Im Juni 1946 kehrte Frida Rubiner nach Deutschland zurück, als Mitglied der SED begann sie zunächst als Lehrerin und Leiterin der Lehrmittelabteilung der Parteihochschule »Karl Marx« und wurde dort im Oktober 1947 Dekan der Fakultät Grundfragen des Marxismus. Wegen einer schweren Erkrankung verbrachte sie einen Teil des Jahres 1948 in Krankenhäusern der Sowjetunion. Mitte Februar 1949 zurück, wurde ihr zum 70. Geburtstag von der Universität Leipzig der Dr. h.c. der Sozialwissenschaften verliehen. Frida Rubiner starb am 21. Januar 1952 in Ost-Berlin; ihre Urne wurde am 27. Januar 1952 in einem Ehrengrab beigesetzt. Zeitlebens war Frida Rubiner bemüht, nicht von der Parteilinie abzuweichen. In der Stalin-Ära befürchtete sie das Schlimmste, denn die Hintergründe der Stalinschen Säuberung waren ihr vertraut. Sie hatte ja einst nicht nur die Werke fast aller »Parteifeinde« wie Trotzki, Sinowjew und Bucharin ins Deutsche übersetzt, sondern war lange mit den meisten auch persönlich gut bekannt – gerade zur Zeit der Schauprozesse eine tödliche Gefahr.

▸ Rudolph, Fritz (* 1909 – † 1941?)

Geboren am 25. Juli 1909 in Chemnitz, Sohn eines Handschuhmachers; wurde Metallarbeiter. 1928 trat er in den KJVD ein, war 1929 Orgleiter des UB Limbach. Rudolph wurde 1931 Mitglied der KPD und im April 1931 Leiter des RGO in Chemnitz, gehörte zur engeren Leitung der KJVD-BL und der KPD-BL Sachsen. Zwischen 1930 und 1932 mehrmals inhaftiert, zählte er während der parteiinternen Auseinandersetzungen im Sommer und Herbst 1932 zu den Anhängern von ▸ Heinz Neumann und ▸ Hermann Remmele. Ende 1932 als Praktikant der KJI nach Moskau entsandt, kehrte Rudolph Anfang 1934 zur illegalen Arbeit nach Deutschland zurück. Zunächst Instrukteur des ZK in Leipzig, anschließend in Mitteldeutschland, wurde im Juni 1934 wegen »Verletzung der Konspiration« aus diesem Gebiet abgezogen und als Instrukteur im Bezirk Hessen-Frankfurt eingesetzt. Von August bis November 1934 im Bezirk Süd-West tätig, reiste Rudolph Ende 1934 nach Moskau und war unter dem Decknamen Fritz

Teilnehmer der illegalen Reichskonferenz des KJVD. Zum Kandidaten des ZK des KJVD gewählt, im Februar 1935 zur illegalen Arbeit nach Deutschland geschickt. Als Rudolph, wie er später der Partei berichtete, in Hamburg keine Verbindung bekam, ging er in den Bezirk Süd-West und kam über Prag wieder nach Moskau. Am 16. August 1935 hielt er auf dem VII. Weltkongreß einen Diskussionsbeitrag und war im Oktober unter dem Decknamen Emil Baldur auch Delegierter der »Brüsseler Konferenz« der KPD. Er wurde Ende 1935 nach einem Parteiverfahren wegen angeblicher Betrügereien aus der KPD und dem KJVD ausgeschlossen und zur »Bewährung« nach Sibirien verbannt, wo Fritz Rudolph wahrscheinlich 1941 Opfer der stalinistischen Säuberungen wurde. In seinem Buch »Spuren eines Lebens« berichtete Walter Janka über Begegnungen mit Fritz Rudolph in Prag noch 1935.

▸ Rück, Fritz (* 1895 – † 1959)

Geboren am 1. April 1895 in Stuttgart, Sohn eines Schreiners; lernte von 1909 bis 1913 Schriftsetzer. Schon als Lehrling Funktionär der sozialistischen Jugendbewegung, 1913 wurde er Mitglied der SPD, ging auf Wanderschaft und mußte 1915 zum Militär. 1916 wegen Dienstverletzung aus dem Heeresdienst entlassen. Er begann 1917 als Journalist bei der von der USPD herausgegebenen Stuttgarter Zeitung »Sozialdemokrat«. Rück war Mitglied der Spartakusgruppe, auf dem Gründungsparteitag der USPD 1917 vertrat er die Spartakusgruppe und hielt ein Korreferat. Während der Novemberrevolution 1918 in Stuttgart einer der Führer der Revolution. In der Frühzeit der KPD spielte er eine große Rolle, war auf fast allen Parteitagen der ersten Jahre als Delegierter und Redner. Im Januar 1920 übersiedelte er nach Leipzig, dort bis April 1920 Redakteur. Nach mehrmonatiger Mitarbeit an der »Roten Fahne« in Berlin kehrte er nach Württemberg zurück und war als Wanderredner für die KPD aktiv. 1921 politischer Redakteur der »Roten Fahne« in Berlin und Delegierter auf dem III. Weltkongreß der Komintern in Moskau, danach in Berlin einige Monate inhaftiert. Ab Sommer 1922 politischer Redakteur der kommunistischen Zeitung in Augsburg, nach deren Verbot 1922 politischer Redakteur der Jenaer »Neuen Zeitung«, dann der Chemnitzer Zeitung »Kämpfer«.
Rück zählte zum rechten Parteiflügel, trat daher 1924/25 etwas zurück und war beim Führer-Verlag beschäftigt (ein kommunistischer Gewerkschaftsverlag). 1925 war er wieder Wanderredner der KPD, 1926 im Ausschuß für Fürstenenteignung tätig, kam 1927 in die Agitpropabteilung des ZK und arbeitete dann für die »Inprekorr«. Rück war nicht nur ein begabter Schriftsteller, sondern hatte sich auch als Dichter versucht. Im November 1927 gründete er gemeinsam mit ▸ Johannes R. Becher und ▸ Kurt Kläber die »Proletarische Feuilleton-Korrespondenz«. In den folgenden Jahren veröffentlichte er vor allem Erzählungen und Gedichte in der KP-Presse. Obwohl auf dem rechten Parteiflügel stehend, hat er die Partei mit den Rechten 1928/29 nicht verlassen, sondern ist erst 1930 aus der KPD ausgetreten. 1932 ging er zur SAP, war nun als freier Schriftsteller und Wanderredner für die SAP aktiv. In dieser Partei gehörte Rück zum äußersten linken Flügel, der mit der KPD sympathisierte.
1933 Emigration in die Schweiz, er verdiente seinen Lebensunterhalt als Mitarbeiter verschiede-

ner Gewerkschaftszeitungen und linker sozialdemokratischer Blätter. Im Auftrag schweizerischer Arbeiterzeitungen ging Rück 1937 nach Schweden, dort Korrespondent und später Mitarbeiter mehrerer Zeitungen. Da er die schwedische Sprache rasch beherrschte, schrieb er nicht nur Artikel, sondern auch Bücher in Schwedisch, übersetzte schwedische Gedichte ins Deutsche und verfaßte ein Familienbuch von den ersten Lebensjahren seiner Kinder: »Die Republik der Drillinge«. Rücks Werk »Friede ohne Sicherheit« erschien später auch in Deutschland. 1946 kehrte er nach Deutschland zurück und wurde Redakteur des Organs der Industriegewerkschaft Druck und Papier, »Druck und Papier«, Mitglied des Bundesausschusses dieser Gewerkschaft und Vorsitzender der Touristenorganisation »Die Naturfreunde« in der Bundesrepublik. In der SPD organisiert, war Rück einer der bekanntesten Gewerkschaftsredakteure, oft umstritten, aber eine außergewöhnliche Persönlichkeit. Im Frühjahr 1955 erschien sein Gedichtband »Der Mensch ist frei«. Auch sein Rußlandbuch »Koloß auf stählernen Füßen« fand Beachtung, er widmete sich auch der Malerei. Fritz Rück starb nach längerer Krankheit am 18. November 1959 in Stuttgart.

▸ Rühl, Walter (* 1881 – † 1942?)

Geboren am 15. Mai 1881 in Berlin, kam als Kind nach Hamburg (Zögling im Waisenhaus). Er lernte und arbeitete als Schmied und Schiffsheizer. Im Weltkrieg Soldat, wurde 1918 Mitglied der USPD, 1919 deren Kassierer in Hamburg und dort in die Bürgerschaft gewählt. Mit der linken USPD kam Rühl 1920 zur KPD und blieb bis 1925 für sie Abgeordneter der Hamburger Bürgerschaft. Von 1921 bis 1925 war er Schriftführer und hauptamtlicher Sekretär der BL Wasserkante. Walter Rühl war dann zusammen mit ▸ Hugo Urbahns im Prozeß gegen die Führung des Aufstandes 1923 in Hamburg angeklagt. 1925 gehörte er den Ultralinken an und wurde wegen Verstoßes gegen »Parteibeschlüsse« aus der KPD ausgeschlossen, blieb aber weiter in linken Kreisen aktiv. Er emigrierte 1933 nach Frankreich. Dort 1939 interniert, konnte Walter Rühl zwar fliehen, gilt jedoch seit dem 7. Juli 1942 als vermißt.

▸ Rühle, Otto (* 1874 – † 1943)

Geboren am 23. Oktober 1874 in Groß-Voigtsberg bei Freiberg/Sachsen, Sohn eines Eisenbahnbeamten. Ab 1889 studierte er am Lehrerseminar in Oschatz. Noch während des Studiums Funktionär der Freidenkerbewegung. Er war 1895/96 Hauslehrer bei einer Gräfin von Bühren bzw. Lehrer in Öderan bei Chemnitz. 1896 trat er in die SPD ein und begründete eine sozialistische Sonntagsschule. Nach der Entlassung als Volksschullehrer ab 1902 Schriftsteller und Redakteur sozialdemokratischer Zeitungen u. a. in Hamburg, dann in Breslau, Chemnitz, Pirna und Zwickau. Rühle war früh gegen überholte Schulmethoden eingetreten und leitete um die Jahrhundertwende die sozialdemokratische Bildungsgesellschaft in Hamburg und Umgebung. 1907 wurde er Wanderlehrer des PV der SPD und dadurch in der Partei bekannt, ebenso durch seine sozialkritischen pädagogischen Schriften (u. a. »Arbeit und Erziehung«, 1904, »Die Aufklärung der Kinder über geschlechtliche Dinge«, 1907), machte sich vor allem aber 1911 mit der

Monographie »Das proletarische Kind« weithin einen Namen. 1912 wurde Rühle im Wahlkreis Pirna-Sebnitz als Abgeordneter in den Reichstag gewählt, dem er bis 1918 angehörte.
Er stand auf dem äußersten linken Flügel der SPD. Zusammen mit ▸ Karl Liebknecht stimmte er ab März 1915 gegen die Kriegskredite. Aus Solidarität mit Liebknecht trat er 1916 aus der SPD-Fraktion aus, wurde Mitbegründer der Spartakusgruppe und war Teilnehmer der Konferenz am 1. Januar 1916. Als er sich am 12. Januar 1916 in einem Brief an den »Vorwärts« für die Parteispaltung einsetzte, geriet er in Gegensatz zu ▸ Rosa Luxemburg. 1917 ging er nicht zur USPD, sondern wurde in Dresden und Pirna Führer der Linksradikalen, später der IKD. Am 9. November 1918 übernahm Rühle den Vorsitz des Revolutionären Arbeiter- und Soldatenrates und war einen Tag später Mitvorsitzender des Vereinigten Revolutionären Arbeiter- und Soldatenrates von Groß-Dresden. Schon am 16. November 1918 legte er mit den anderen IKD-Mitgliedern seine Funktion nieder, da er eine Zusammenarbeit mit SPD und USPD ablehnte. Ende Dezember 1918 sprach sich Rühle als Delegierter der IKD auf dem Gründungsparteitag der KPD scharf gegen die Beteiligung an den Wahlen zur Nationalversammlung aus, er war einer der Oppositionsführer der neuen Partei. Anfang 1919 noch mit dem Aufbau der KPD in Sachsen beauftragt, trat er im Laufe des Jahres mit ▸ Heinrich Laufenberg und ▸ Fritz Wolffheim an die Spitze der linken Opposition. Auf dem II. Parteitag der KPD im Oktober 1919 in Mannheim mußten Rühle und andere ultralinke Delegierte die Tagung verlassen, weil sie gegen die »Leitsätze über kommunistische Grundsätze und Taktik« gestimmt hatten. Der III. Parteitag im Februar 1920 in Karlsruhe schloß Rühle aus der KPD aus. Er wurde im April 1920 Mitbegründer der KAPD. Noch im Juni 1920 nahm er als Delegierter der KAPD am III. Weltkongreß der Komintern in Moskau teil. Nach der Rückkehr widersetzte er sich öffentlich nicht nur dem Führungsanspruch Moskaus, sondern war auch gegen jede Zusammenarbeit. Deshalb wurde er im Dezember 1920 aus der KAPD ausgeschlossen. Nun führender Theoretiker eines Rätekommunismus und der »Einheitsorganisation« anstelle von Partei und Gewerkschaft. Zusammen mit ▸ Franz Pfemfert wirkte Rühle in der AAU, von der er sich wieder trennte, blieb aber bis 1923 Mitarbeiter der Zeitschrift »Die Aktion«. Als Herausgeber pädagogischer Zeitschriften wie: »Am anderen Ufer«, »Grundfragen der proletarischen Erziehung« war er danach vor allem als Schriftsteller und Kursuslehrer aktiv. Durch seine Frau war er mit der Individualpsychologie Alfred Adlers bekannt geworden und versuchte, deren Kategorien auf Marx anzuwenden. Seine 1927 publizierte Biographie von Karl Marx war stark umstritten, das dreibändige Werk »Die Revolutionen Europas« (1927) und die »Illustrierte Kultur- und Sittengeschichte des Proletariats« (1930) fanden hingegen weitgehende Anerkennung. Ab 1931 bemühte er sich, unter dem Pseudonym Karl Steuermann wieder Einfluß auf die Politik zu nehmen (u. a. »Weltkrise-Weltwende. Kurs auf den Staatskapitalismus«). Nachdem SA-Horden 1933 sein Haus verwüsteten, emigrierte er nach Prag, zusammen mit seiner Frau (seit 1921) **Alice Rühle-Gerstel** (* 1894 – † 1943), einer bekannten, berühmten Psychologin und Publizistin.
Durch Vermittlung seines Schwiegersohnes Fritz (Frederico) Bach wurde er von der mexikanischen Regierung als Erziehungsberater berufen und übersiedelte 1936 nach Mexiko. Dort mit Leo Trotzki verbunden, war er 1937 Beisitzer im Tribunal, dem Untersuchungsausschuß unter dem amerikanischen Philosophen John Dewey, der die Lügen in Stalins Schauprozeß enthüllen sollte. Deshalb verlor er auf Betreiben der mexikanischen Stalinisten seine Beraterfunktion und lebte als Maler (Carlos Timonero). Otto Rühle starb am 24. Juni 1943 in Mexiko, seine Frau beging am gleichen Tag Selbstmord. An den Gräbern von Alice und Otto Rühle sprachen u. a. ▸ Franz Pfemfert und ▸ Fritz Fränkel.
Otte Rühle, lange in Vergessenheit geraten, wurde dann durch die antiautoritäre Studentenrebellion nach 1968 als Rätekommunist wiederentdeckt und populär, zahlreiche seiner Werke wurden (z. T. als »Raubdrucke«) verbreitet. 1971

erschienen seine Schriften mit vorher unveröffentlichten Texten, etwa »Brauner und Roter Faschismus« von 1939 mit der These, Privatkapitalismus wie Staatskapitalismus (Faschismus und Bolschewismus) seien bankrott.

▸ Rummel, Ernst (* 1890 – † 1974)

Geboren am 18. November 1890 in Kürtow/ Krs. Arnswalde, Sohn eines Landwirts; zunächst Landarbeiter, dann Schlosser in Stettin. Von 1914 bis 1917 Soldat im Weltkrieg. 1918 Mitglied der USPD, im März 1919 der KPD. Zeitweise Polleiter der BL Pommern, besuchte 1922 die Reichsparteischule in Berlin und saß 1923 sowie 1924/25 vier bzw. neun Monate in Haft. Ab Mitte der zwanziger Jahre Funktionär der KPD in Stettin, dort von 1929 bis März 1933 Stadtverordneter. Im März 1933 verhaftet und in das KZ Sonnenburg gebracht, im Dezember 1933 entlassen. Von 1936 bis 1945 arbeitete Rummel bei der Reederei »Glückauf« in Stettin. 1945 Umsiedlung in die sowjetische Besatzungszone, dort als SED-Mitglied Treuhänder für landwirtschaftliche Betriebe. 1948 erhielt Rummel von der SED den Auftrag in die Demokratische Bauernpartei Deutschlands (DBD) einzutreten, er wurde 1. Vorsitzender dieser Partei im Kreis Grimmen und deren Abgeordneter im Kreistag, war auch einige Jahre Mitglied des DBD-Parteivorstandes. Ernst Rummel starb am 5. Dezember 1974.

▸ Rumpf, Hermann (* 1884 – † 1950)

Geboren am 27. Juli 1884 (vermutlich) in Bremen, besuchte das Lehrerseminar und wurde Volksschullehrer in Bremen. Funktionär in der SPD, sandte er mit mehreren anderen Lehrern 1910 ein Glückwunschtelegramm zum Geburtstag an August Bebel und wurde deswegen aus dem Schuldienst entlassen. Er unternahm 1912 eine Reise nach Lappland und hat darüber und über andere Themen bereits vor 1914 in Versammlungen der Arbeiterjugend Vorträge gehalten. Während des Weltkriegs war Rumpf aktiv bei den Bremer Linksradikalen, der späteren IKD. Ab 1919 Mitglied der KPD, wurde er 1923 in die Bremer Bürgerschaft gewählt, der er bis 1930 angehörte. Er trat 1930 aus der KPD aus, ging zur SPD, wurde wieder Lehrer, aber 1933 von den Nazis von der Schule entfernt und mehrfach kurz inhaftiert. Nach 1945 erneut für die SPD aktiv, arbeitete er in Bremen als Schulleiter. Hermann Rumpf starb am 24. April 1950.

▸ Rund, Alice (* 1882 – † 1939?)

Geboren am 28. August 1882 in Berlin, Tochter einer Handwerkerfamilie. Nach dem Abitur Studium in Berlin, dort anschließend Studienrätin an Gymnasien. Vor dem Weltkrieg in der SPD, schloß sie sich dem Spartakusbund an, wurde aber zunächst nicht Mitglied der KPD, um ungehindert im Schuldienst bleiben zu können. Offiziell 1928 in die KPD eingetreten, wurde sie sofort Mitglied der Reichsleitung kommunistischer Lehrer und leitete diese Gruppe kurzzeitig. 1933 aus dem Schuldienst entlassen, emigrierte Alice Rund nach Frankreich und 1935 in die Sowjetunion. Dort soll sie in der VAA beschäftigt gewesen sein. Im April 1938 in Moskau vom NKWD verhaftet, kam Alice Rund 1939 (nach anderen Angaben 1940) im Gulag ums Leben.

▸ Rusch, Oskar (* 1884 – † 1935)

Geboren am 1. Juli 1884 in Lichterfelde/Krs. Teltow, heute Berlin. Er lernte Metalldrücker und war bis 1914 in Berlin in diesem Beruf tätig. In der Gewerkschaft und SPD aktiv, wurde er 1917 Mitglied der USPD. Von 1918 bis 1920 Leiter des Deutschen Metallarbeiterverbandes in Berlin, gehörte im November 1918 dem Berliner Arbeiterrat an und war von Dezember 1918 bis August 1919 Mitglied des Vollzugsrats der Arbeiter- und Soldatenräte Berlins. Mit der linken USPD kam Rusch Ende 1920 zur KPD. Im Februar 1921 wurde er für die KPD als Abgeordneter in den Preußischen Landtag gewählt (Wahlkreis Düsseldorf-West).

Rusch stellte sich in der Krise nach der März-Aktion hinter ▸ Paul Levi und trat aus der KPD aus, war dann von Oktober 1921 bis Mai 1922 in der KAG, danach in der USPD bzw. der SPD. Mit Beendigung seines Landtagsmandats war er ab 1925 als Reisender in Berlin tätig. Oskar Rusch starb am 11. Mai 1935 in Berlin-Friedrichsfelde.

▸ Rytlewski, Hans (* 1899 – † 1972)

Geboren am 4. Juni 1899 in Hamburg, Sohn eines Seemanns; wurde Tischler. Soldat im Weltkrieg, gehörte 1919 dem Hamburger Arbeiter- und Soldatenrat an. 1919 trat er in die USPD ein, 1921 in die KPD. Bergmann im Ruhrgebiet, ab 1923 Tischler in Hamburg; er nahm 1923 am Hamburger Aufstand teil und gehörte als Funktionär des RFB in Hamburg der BL Wasserkante an, führender Mitarbeiter im Abwehrapparat der BL Wasserkante. Er emigrierte im August 1933 nach Dänemark, zunächst Instrukteur in Aarhus, organisierte dann von Kopenhagen aus unter dem Decknamen Schwarzer Hans die Grenz- und Seeleutearbeit. Im November 1936 ging Rytlewski nach Spanien, kämpfte als MG-Schütze in der XIV. Internationalen Brigade und besuchte von Oktober 1937 bis Januar 1938 die von Erich Mielke geleitete Kommissarschule in Pozo Rubio. Ab Mai 1938 nach einer Verwundung in Frankreich, von dort im Juli 1939 in die Sowjetunion, Erzieher bzw. Ausbilder in einem Kinderheim für spanische Waisenkinder. 1941 wurde Rytlewski mit den Wolgadeutschen in die Region Nowosibirsk verbannt; Buchhalter, ab 1943 Instrukteur in Kriegsgefangenenlagern und an der Front als Dolmetscher für das NKWD. Im Dezember 1946 kehrte er nach Deutschland zurück, war ab Januar 1947 Leiter der Wasserschutzpolizei in Schwerin, 1949 Leiter der Verschlußsachenabteilung im mecklenburgischen Innenministerium. Ab März 1950 Erzieher in der Strafanstalt Dreibergen-Bützow, übernahm später die Leitung der Jugendstrafanstalt Neustrelitz-Strelitz, aber abgelöst wegen »Nichteinhaltung von Sicherheitsbestimmungen und der Einführung von Selbstverwaltungsstrukturen nach dem Vorbild Makarenkos«. Zuletzt Kaderinstrukteur der SED Schwerin, ab 1955 Invalide. Hans Rytlewski starb am 9. April 1972 in Schwerin.

S

▸ Sachs, Rudolf (* 1891 – † 1947)

Geboren am 26. Mai 1891 in Braunschweig, Sohn eines Arbeiters; Metallarbeiter. Aktiv in der sozialistischen Jugend Braunschweigs, trat 1909 in die SPD ein. Während des Krieges Anschluß an die Spartakusgruppe und führend im Braunschweiger Jugendausschuß. Sachs war Ende 1918 Delegierter auf dem Gründungsparteitag der KPD. Ab 1919 Parteisekretär der KPD, zunächst in Braunschweig, dann im Bezirk Halle-Merseburg. 1922 wurde er Sekretär für Gewerkschaft der BL Halle-Merseburg, im Februar 1927 in dieser Funktion bestätigt, gehörte er der engeren BL an. Im März 1933 verhaftet, von Mai bis November 1933 im KZ Lichtenburg. Sachs hatte später über ▸ Ernst Graul und ▸ Georg König Kontakt zur Widerstandsgruppe um ▸ Georg Schumann. 1945 wieder Mitglied der KPD und ab 1946 örtlicher SED-Geschäftsführer. Rudolf Sachs starb am 11. August 1947 in Halle.

▸ Sachse, Willy (* 1896 – † 1944)

Geboren am 7. Januar 1896 in Leipzig, Sohn eines Böttchers und späteren Gastwirts; besuchte ein Technikum. Im Oktober 1914 zur Marine eingezogen, Oberheizer auf dem Linienschiff »Friedrich der Große«. Anhänger der USPD, er spielte bei der Flottenmeuterei 1917 eine beachtliche Rolle. Zusammen mit Max Reichpietsch, Albin Köbis, Hans Beckers und Willy Weber wurde Sachse am 26. August 1917 zum Tode verurteilt, Reichpietsch und Köbis wurden erschossen, die Strafen der anderen Verurteilten in Zuchthausstrafen umgewandelt, Sachse erhielt 15 Jahre Zuchthaus. Durch die Revolution 1918 befreit, schloß er sich der USPD an und war zunächst Mitglied des Zentralrats der revolutionären Matrosen, dann des Arbeiter- und Soldatenrates in Leipzig. Er kam mit der linken USPD 1920 zur KPD, war führend an der März-Aktion 1921 in Mitteldeutschland beteiligt und ab 1922 hauptamtlicher Sekretär im UB Bitterfeld. Der VII. Jenaer Parteitag 1921 und der VIII. Leipziger Parteitag 1923 wählten ihn in den ZA der KPD. Im Februar 1923 als Nachfolger von ▸ Georg Schumann Polleiter des Bezirks Halle-Merseburg, 1924 von der linken Führung als Polleiter in den Bezirk Hessen (Frankfurt) gesandt, dort wirkte er unter dem Pseudonym Schuhmann. Ab 1925 in Hamburg (Pseudonym Willy Halle), von Oktober 1925 bis Januar 1926 Polleiter des Bezirks Wasserkante, anschließend Orgleiter. Das SPD-Organ »Hamburger Echo« brachte am 6. März 1926 Auszüge aus einem unterwürfigen Gnadengesuch, das Sachse 1917 angeblich an den Kaiser geschrieben haben soll. Obwohl er versicherte, daß die Gnadengesuche gar nicht von den Verurteilten stammten, wurde Sachse vom ZK abgelöst, da er in Hamburg ohnehin einen schweren Stand hatte. Nach Aufenthalt in Moskau Mitarbeiter an verschiedenen KP-Zeitungen. Die 1925 von Sachse (Pseudonym Anti-Nautikus) verfaßte und mit einem Vorwort von ▸ Ernst Thälmann veröffentlichte Broschüre »Deutschlands revolutionäre Matrosen« wurde im Januar 1926 beschlagnahmt. Ein Prozeß gegen ihn endete im April 1928 mit einem Freispruch. Seit Mai 1926 war er unter ▸ Paul Böttcher Kultur- und Feuilletonredakteur an der Leipziger KP-Zeitung »Sächsische Arbeiterstimme«. Sachse wurde Ende 1928 wegen Rechtsabweichung aus der KPD ausgeschlossen, wieder Techniker. Er trat in Leipzig der KPO bei, von der er sich aber 1932 wieder entfernte, war kurze Zeit Angestellter beim »Münzenberg-Konzern«. Während der Nazizeit publizierte Sachse Reise- und Abenteuerromane, die auch ins Französische übertragen wurden. Die Reichsschrifttumskammer schloß ihn aus, weil er es ablehnte, ein Buch über die Seefahrt im nationalsozialistischen Sinne zu schreiben. Ab 1939 Techniker in einer chemischen Fabrik, lernte er über Alexander Graf Stenbock-Fermor ▸ Josef (Beppo) Römer kennen und übernahm die Gruppe Nord, einer von Römer gegründeten illegalen Widerstandsgruppe. Am 2. Februar 1942 verhaftete die Gestapo Sachse, dessen Sohn zu dieser Zeit als Soldat fiel. Nach zweijähriger Untersuchungshaft im Polizeigefängnis und KZ am 7. Juni 1944 vom VGH zum Tode verurteilt, wurde Willy Sachse am 21. August 1944 in Brandenburg mit dem Fallbeil hingerichtet.

▸ Saefkow, Anton (* 1903 – † 1944)

Geboren am 22. Juli 1903 in Berlin, entstammte einer sozialistischen Arbeiterfamilie. Als Schlosserlehrling trat er 1920 der KJD bei und war seit 1923 Mitglied in deren ZK. Ab 1924 in der KPD; im August 1924 in Bayern mit falschen Papieren verhaftet (Ferdinand Merker) und im November zu drei Monaten Gefängnis verurteilt. 1927 Parteisekretär, zunächst in Berlin, dann Sekretär für Gewerkschaftsfragen in Ostsachsen, ab April 1929 in der BL Ruhr in Essen. Nach Gründung der RGO von 1929 bis Mitte 1932 Leiter dieser Organisation im Ruhrgebiet, danach Polleiter des KPD-Bezirks Wasserkante in Hamburg. Am 16. April 1933 wurde Saefkow mit seiner Frau Thea, geborene Brey, verhaftet, sie wurde freigelassen, emigrierte später nach Frankreich, ihre Ehe wurde 1938 geschieden. Anton Saefkow war bis April 1934 im KZ Fuhlsbüttel eingesperrt, wurde dann zu zweieinhalb Jahren Zuchthaus verurteilt und nach Strafverbüßung 1936 ins KZ Dachau eingeliefert. Dort zu weiteren zwei Jahren Haft wegen »kommunistischer Zellenbildung« bestraft, weil er im KZ eine Gedächtnisfeier für ▸ Edgar André veranstaltet hatte. Im Juni 1939 freigelassen, arbeitete er bei einer Autovermietung in Potsdam, heiratete 1941 Änne Thiebes. Saefkow wirkte wieder illegal und baute während des Krieges in Berlin die neben der Schumann-Gruppe größte und bedeutendste illegale Widerstandsorganisation der KPD auf. Er hatte auch Verbindung zu den Kreisen des 20. Juli, kam gemeinsam mit ▸ Franz Jacob am 22. Juni 1944 in Berlin mit Julius Leber und Adolf Reichwein zusammen. Die Gestapo, über einen Spitzel informiert, verhaftete Saefkow am 4. Juli 1944. Mit Jacob und ▸ Bernhard Bästlein am 5. September 1944 vom VGH zum Tode verurteilt, wurde Anton Saefkow am 18. September 1944 in Brandenburg hingerichtet. Seine zweite Frau **Änne Saefkow**, geb. Thiebes (* 12. 2. 1902), seit 1922 Mitglied der KPD, war u. a. Stenosekretärin im ZK der KPD und beim RGO-Reichskomitee, bis Ende 1933 im illegalen Apparat des ZK Mitarbeiterin von ▸ Theodor Neubauer. Nach dessen Verhaftung bis 1944 Stenotypistin und Korrespondentin bei verschiedenen Firmen, am 5. Juli 1944 verhaftet, beim Evakuierungsmarsch aus dem KZ Ravensbrück am 1. Mai 1945 von der Roten Armee befreit. Bis 1952 stellvertretende Vorsitzende der Kommission für Staatliche Kontrolle von Ost-Berlin, von 1950 bis zur Auflösung der VVN (Februar 1953) Vorsitzende des Landesverbandes Groß-Berlin und Abgeordnete der Volkskammer. Änne Saefkow starb am 4. August 1962 in Ost-Berlin.

▸ Sägebrecht, Willy (* 1904 – † 1981)

Geboren am 21. Februar 1904 in Groß-Schönebeck/Krs. Niederbarnim, Sohn eines Landarbeiters. Land- und Fabrikarbeiter u. a. im Ruhrgebiet. 1923 Mitglied der KJD, 1925 der KPD. Er tendierte zur Weddinger Opposition, wandte sich aber nach einiger Zeit von ihr ab und gehörte ab 1927 zur BL Berlin-Brandenburg. Im November 1929 zum Stadtverordneten in Liebenwalde und zum Abgeordneten des Kreistages Niederbarnim gewählt. Ende 1929 Instrukteur im AM-Apparat der BL Berlin-Brandenburg, 1930/31 Kursant an der M-Schule in Moskau, anschließend hauptamtlicher Polleiter des UB Nord. Am 24. April 1932 wurde Sägebrecht in den Preußischen Landtag gewählt, dort am 21. Mai 1932 beteiligt an einer wüsten Saalschlacht zwischen KPD- und NSDAP-Abgeordneten. Von ▸ August Creutzburg erhielten er und ▸ Max Herm Ende 1932 den Auftrag, eine eigenständige BL Brandenburg zu bilden, Anfang 1933 Mitglied deren Sekretariats. Sägebrecht wurde bereits am 4. April 1933 mit Herm verhaftet und nach Mißhandlungen in einer SA-Kaserne in das KZ Sonnenburg eingeliefert, aus dem er Ende Oktober 1933 entlassen wurde. Er knüpfte Kontakte zum ehemaligen KPD-Reichstagsabgeordneten ▸ Albert Kayser, arbeitete illegal in Berliner Unterbezirken. Am 17. Dezember 1934 erneut festgenommen, im Januar 1936 vom VGH zu fünf Jahren Zuchthaus verurteilt, war er bis 1945 ununterbrochen in verschiedenen Zuchthäusern und KZs. Beim Todesmarsch aus dem KZ Sachsenhausen nach Schwerin von sowjetischen Truppen befreit. Sägebrecht war Mitte Mai 1945 Mitarbeiter bei ▸ Walter Ulbricht. Anschließend Angestellter in der Abteilung Sozialwesen, danach beteiligt am Aufbau der KPD-Provinzialleitung Brandenburg in Potsdam. Er gehörte zu jenen 19 Funktionären, die auf der Parteikonferenz der KPD am 2./3. März 1946 in das ZK der KPD kooptiert wurden. Bis 1949 stand er paritätisch mit Friedrich Ebert, nach dessen Weggang als Oberbürgermeister nach Ost-Berlin dann bis Sommer 1952 mit Paul Bismark an der Spitze der SED Land Brandenburg. Er wechselte 1954 zur KVP und wurde als Oberst Leiter der Verwaltung Koordinierung (Tarnbezeichnung für den militärischen Nachrichtendienst der NVA). 1959 offiziell aus gesundheitlichen Gründen ausgeschieden. Im Ruhestand veröffentlichte er 1968 seine Erinnerungen unter dem Titel: »Nicht Amboß, sondern Hammer sein«, 1979 erhielt er den Karl-Marx-Orden. Willy Sägebrecht starb am 8. April 1981 in Ost-Berlin.

▸ Sämisch, Arthur (* 1878 – † 1940)

Geboren am 21. Februar 1878 in Markranstädt/Sachsen. Nach der Kürschnerlehre auf Wanderschaft in Deutschland und im Ausland. 1904 Eintritt in die SPD. Von 1909 bis Anfang 1914 Krankenkassenangestellter in Schkeuditz, dort ab August 1914 bis 1917 SPD-Parteisekretär. Er war 1917/18 Soldat im Weltkrieg, trat 1917 zur USPD über, deren Sekretär in Halle, 1914 bis 1919 Stadtverordneter in Schkeuditz, später besoldeter Sekretär des DMV des Kreises Merseburg. Im Januar 1919 wurde Sämisch für die USPD in die Preußische Nationalversammlung gewählt, war im Oktober 1920 Delegierter des Spaltungsparteitags der USPD, ging mit der linken USPD zur KPD und gehörte von 1922 bis 1926 als Mitglied und Kassierer der KPD-BL Halle-Merseburg an. Auf dem VIII. Parteitag 1923 in die Revisionskommission berufen und im Februar 1924 in die Stadtverordnetenversammlung von Merseburg gewählt. Sämisch wurde 1927 zum Reichsrevisor der KPD ernannt und war zugleich Mitarbeiter des ZK in Berlin. 1929 Rückkehr nach Halle, dort Sekretär für Gewerkschaft in der BL bis 1931. Im Juni 1933 verhaftet, kam in »Schutzhaft«, im KZ Lichtenburg an Tuberkulose erkrankt, erblindet und daraufhin freigelassen. Arthur Sämisch starb am 6. Juni 1940 in Merseburg.

▸ Sager, Hans (* 1909 – † 1939)

Geboren am 15. Februar 1909 in Reichenbach bei Chemnitz, Sohn einer ledigen Schneiderin, wuchs bei einer Pflegemutter auf; lernte Fräser und verdiente sich seinen Lebensunterhalt als Hausierer. 1924 Mitglied der KJD, 1925 der KPD, Polleiter der KJD in Chemnitz-Ost. Im Herbst 1928 in Chemnitz aktiv bei der Ausschaltung der Rechten, er unterstützte voll den Kurs ▸ Ernst Thälmanns. Ab Januar 1929 hauptamtlicher Angestellter beim KJVD, Polleiter des KJVD Bezirks Chemnitz-Erzgebirge-Vogtland, im November in die Stadtverordnetenversammlung von Chemnitz gewählt. Sager war bei der Reorganisation der Partei in Sachsen 1929/30 eingesetzt, wurde dann Polleiter in Duisburg, gehörte der BL Ruhr an, Polleiter im wichtigen UB Essen, wo er sich bis Anfang Mai 1933 illegal aufhielt. Sager emigrierte in das Saargebiet, anschließend nach Frankreich und in die Tschechoslowakei, wo er bis März 1939 aktive Grenz- und Kurierarbeit leistete. Am 23. März 1939 in Prag von der Gestapo festgenommen, kam Hans Sager dort drei Tage später, am 26. März 1939, in der Haft ums Leben.

▸ Sahling, Hans (* 1904 – † 1984)

Geboren am 29. August 1904, Sohn der ledigen Schneiderin Liane Henriette Sahling; lernte Zimmermann. 1923 wurde er Mitglied der KJD und nahm am Hamburger Aufstand teil. 1925 Mitglied des RFB, 1927 der KPD. 1929/30 Angestellter bei der deutsch-sowjetischen Handelsgesellschaft »Derutra« in Hamburg. Ab 1929 Mitglied der BL Wasserkante, arbeitete Sahling von 1930 bis 1933 als hauptamtlicher KPD-Funktionär in Hamburg, Mitglied der Gauleitung des illegalen RFB. Von 1930 bis Anfang 1933 Sekretär für Propaganda bzw. Orgleiter der KPD-BL Wasserkante. Im September 1931 in die Hamburger Bürgerschaft gewählt, der er aber nur ein Jahr angehörte. Bereits am 3. März 1933 inhaftiert, saß er bis Anfang 1934 im KZ Fuhlsbüttel, am 21. März 1934 erneut festgenommen und im November 1935 zu sechs Jahren Zuchthaus verurteilt. Am 21. März 1941 freigelassen, arbeitete Sahling bis 1945 als Zimmermann. Vom Sommer 1945 bis Frühjahr 1947 hauptamtlicher Sekretär der KPD in Hamburg, übersiedelte dann in die SBZ. Dort Mitglied der SED und seit Juni 1947 Leiter der Polizei in Greifswald, 1949 Chef der Kriminalpolizei Mecklenburg und ab 1950 Chef der Kriminalpolizei in Sachsen. Im September 1951 wurde Sahling aus dem Polizeidienst entlassen, da er aus den Westzonen kam. Er war 1953 in der Staatlichen Versicherung Dresden, dann Leiter der Staatlichen Versicherung im Bezirk Karl-Marx-Stadt, ab Mai 1955 1. Sekretär der SED-Stadtleitung Karl-Marx-Stadt. 1960 abgelöst und bis 1962 Kaderleiter in der VVB Baustoffversorgung in Karl-Marx-Stadt, er erhielt 1980 den VVO in Gold. Hans Sahling starb am 24. November 1984 in Karl-Marx-Stadt.

▸ Salzsieder, Karl (* 1885 – † 1963)

Geboren am 16. Mai 1885 in Pielburg/Krs. Neustettin, Sohn eines Eisenbahners; Landarbeiter, 1901 übersiedelte er nach Köln, war in der Holzindustrie tätig. Von 1905 bis 1907 Militärdienst, anschließend Arbeiter in Duisburg, ab 1910 in Berlin. 1912 Krankenpfleger an der Fachschule für Bade- und Massagewesen, 1914 an der Heil- und Pflegeanstalt in Berlin-Buch. Im August 1914 zum Sanitätsdienst eingezogen, nach Kriegsende zurück nach Berlin-Buch, trat im Januar 1919 der KPD bei, war aber gleichzeitig Leiter der USPD-Ortsgruppe Berlin-Buch. Von Dezember 1920 bis 1932 führte er dort die KPD. Salzsieder gehörte 1924 zu den Mitbegründern des RFB und war eineinhalb Jahre lang Geschäftsführer der RFB-Bundesleitung. 1925 von ▸ Ernst Thälmann und ▸ Willy Leow abgesetzt, kam er im Mai 1926 in den Magistratsdienst nach Berlin-Buch und wurde im November 1929 in die Stadtverordnetenversammlung von Groß-Berlin gewählt. Im Juni 1931 aus dem Magistratsdienst entlassen wegen eines Tumults in der Sitzung der Berliner Stadtverordnetenversammlung am 27. November 1930: Als die KPD-Abgeordneten von der Teilnahme ausgeschlossen werden sollten, hatte sich Salzsieder durch »Verwendung von Stuhlbeinen als Wurfgeschosse« besonders heftig gegen den Ausschluß zur Wehr gesetzt. Anschließend Funktionär der KPD-nahen Kleingärtner- und Siedlerbewegung, wurde dort 1. Vorsitzender der Reichsorganisation. Am 28. Februar 1933 verhaftet, saß er bis Ende August 1933 in Berlin-Spandau in »Schutzhaft«. Aus dem Ortsteil Berlin-Buch 1936 ausgewiesen, von 1938 bis 1944 Betriebssanitäter in Berlin-Tempelhof. 1938 und im August 1944 zeitweilig inhaftiert, u. a. im KZ Sachsenhausen, Anfang Mai 1945 kehrte Salzsieder nach Berlin-Buch zurück. Dort von der sowjetischen Kommandantur Mitte Mai zum Verwaltungsleiter der Krankenanstalt ernannt, geriet von Juni 1945 bis Oktober 1947 in NKWD-Haft. Danach wieder Verwaltungsangestellter in Berlin-Buch. Karl Salzsieder starb am 8. Februar 1963 in Ost-Berlin.

▸ Sandtner, Augustin (Gustl) (* 1893 – † 1944)

Geboren am 8. August 1893 in München, Sohn eines Marmorschleifers; lernte Bäcker. 1912 zur Kriegsmarine einberufen, schloß er sich während des Krieges der Gruppe Internationale bzw. der Spartakusgruppe an. Im November 1918 nahm Sandtner am Matrosenaufstand in Kiel teil, trat Anfang 1919 der KPD bei. Als Angehöriger der bayerischen »Roten Armee« drohte ihm nach Niederschlagung der Räterepublik die standrechtliche Erschießung, Ende 1919 wurde er aber aus der Haft entlassen. Dann Hilfsarbeiter, zeitweise Arbeiterratsvorsitzender, ab Ende 1920 gehörte er zur KPD-BL Südbayern. Sandtner wurde 1922 zu dreieinhalb Jahren Festungshaft wegen Teilnahme am mitteldeutschen Aufstand verurteilt. Nach seiner Freilassung hauptamtlicher Funktionär der KPD in Berlin-Moabit und Berlin-Wedding, 1926 kam er wegen »antimilitaristischer Arbeit unter Reichswehrangehörigen« wieder in Untersuchungshaft. Nach einer Amnestie entlassen, übernahm er 1927 die Leitung der Reichsemigrantenabteilung im ZK der KPD, anschließend bis Dezember 1931 Polleiter des KPD-Unterbezirks Nord der BL Berlin-Brandenburg. Im Februar 1932 wurde Sandtner Polleiter der KPD-BL Schlesien und im April 1932 als Abgeordneter in den Preußischen Landtag gewählt. Im Februar 1933 noch Teilnehmer der illegalen Tagung von KPD-Führern in Ziegenhals bei Berlin, bereits am 27. April 1933 in Breslau festgenommen und im Januar 1934 zu drei Jahren Zuchthaus verurteilt. Er saß zunächst im Zuchthaus Brieg, anschließend im KZ Sachsenhausen. Dort wurde Gustl Sandtner wegen illegaler Tätigkeit zusammen mit ▸ Ernst Schneller, ▸ Mathias Thesen und weiteren 21 Funktionären sowie drei französischen Häftlingen am 11. Oktober 1944 von der SS erschossen.

▸ Sandtner, Hanna (* 1900 – † 1958)

Geboren am 26. August 1900 in München als Hanna Ritter, Tochter eines Chauffeurs; Arbeiterin in einer Kartonagenfabrik bzw. Kontoristin. 1918 Mitglied des Spartakusbundes, gehörte sie der KPD seit Gründung an. 1919 wegen Beteiligung an den Kämpfen der Bayerischen Räterepublik zu sechs Monaten Festungshaft verurteilt, saß sie von 1921 bis 1923 wegen »Vergehens gegen das Sprengstoffgesetz« (Beteilung am mitteldeutschen Aufstand) eineinhalb Jahre im Frauenzuchthaus in Aichach. Später Polleiterin in München und Frauenleiterin der KPD-BL Südbayern, wo sie ihren späteren Mann ▸ Augustin Sandtner kennenlernte und heiratete. 1923 Übersiedlung nach Berlin, dort Angestellte in der sowjetischen Handelsvertretung, ab 1931 hauptamtliche Funktionärin der KPD-BL Berlin-Brandenburg und bis Februar 1933 Berliner Stadtverordnete. Hanna Sandtner kam im Juli 1931 als Nachrückerin in den Reichstag, dem sie bis November 1932 als Abgeordnete angehörte. Ab Februar 1933 illegal als Instrukteurin im Berliner UB Nord. In einer Einschätzung der Politbüro-Kader vom Juli 1933 hieß es über sie: »Auf alle Fälle scheint Hanna Sandtner im Verlauf ihres politischen Lebens immer wieder in unklare Zusammenhänge verwickelt zu werden. Da das nun schon Tradition ist, müßte man sich mal ernsthaft damit beschäftigen.« 1934 Flucht nach Moskau, Kursantin an der Internationalen Leninschule, reiste bereits im Dezember 1934 unter falschem Namen nach Österreich, wirkte in der Leitung der Wiener KPÖ. Am 30. Oktober 1935 als Anna Gelb in Wien verhaftet und im März 1936 zu eineinhalb Jahren schwerem Kerker verurteilt. Im Juli 1936 amnestiert, kam sie 1937 in die Tschechoslowakei, arbeitete bis zur deutschen Besetzung in Prag und flüchtete dann nach Polen. Später ging Hanna Sandtner nach Norwegen und 1940 nach Schweden, dort zunächst interniert, danach Reinemachefrau und Metallarbeiterin. Anfang März 1946 nach Berlin zurückgekehrt, wurde sie Referentin in der Abteilung Arbeit und Sozialfürsorge im SED-Parteivorstand. Ab Mai 1949 VP-Kommandeurin und Leiterin der Pressestelle des Ostberliner Polizeipräsidiums, wurde sie Ende 1950 aufgrund des Befehl Nr. 2 wegen ihrer Westemigration, aber auch wegen einer schweren Krankheit abberufen. Hanna Sandtner lebte seit ihrem Exil in Schweden mit dem deutschen Kommunisten ▸ Paul Jahnke zusammen, war über dessen Absetzung 1951 verbittert und versuchte daraufhin, andere Emigranten und einstige Mitgenossen zu denunzieren. Als ihr Mann Jahnke Ende Oktober 1951 starb, wurde sie mißtrauisch und wandte sich deswegen an ▸ Hermann Matern von der ZPKK. Schließlich vom MfS überwacht, erhielt sie 1954 durch die ZPKK eine Rüge wegen »parteischädigenden Verhaltens«. Zuletzt war sie Leiterin der Fachschule des VEB Textil-Mode in Berlin-Friedrichshain. Hanna Sandtner starb am 26. Februar 1958 in Ost-Berlin.

▸ Sanneck, Albert (* 1901 – † 1988)

Geboren am 13. Januar 1901 in Scharfstorf/Krs. Grevesmühlen (heute Wismar) als sechstes Kind der Tagelöhnerwitwe Marie Sanneck, arbeitete selbst in der Landwirtschaft. Im Oktober 1921 Übersiedlung nach Hamburg, bis 1925 Kutscher, dann Speditionsarbeiter. 1920 trat er der KPD bei, ab 1927 hauptamtlicher Funktionär, zuerst Redakteur an der »Hamburger Volkszeitung«. Sanneck kam 1928 in die BL Wasserkante und wurde Abgeordneter der Hamburger Bürgerschaft, der er bis 1931 angehörte. Nach Differenzen mit der Parteiführung trat er 1930 aus der KPD aus und wurde im gleichen Jahr Mitglied der SPD, für die er noch ein Jahr lang sein Mandat ausübte. Am 15. September 1933 wurde Sanneck verhaftet, am 16. Oktober 1933 zu zweieinhalb Jahren Zuchthaus verurteilt, anschließend bis 6. August 1937 »Schutzhaft« im KZ Sachsenhausen. Dann Notstandsarbeiter, später Vorlader bei Mineralölwerken in Hamburg. Sanneck trat 1945 wieder der KPD bei und war von 1946 bis 1951 2. Vorsitzender der IG Chemie Hamburg. Seit 1951 im Baufach tätig, ab 1966 Rentner und dann im Juni 1969 Mitglied der DKP in Hamburg. 1980 beantragte er seine Übersiedlung in die DDR, deren Staatsbürgerschaft erhielt er im Juli 1981 und wurde in die SED übernommen. Albert Sanneck wohnte in Wismar, wo er am 11. April 1988 starb, beigesetzt auf dem Friedhof Hamburg-Ohlsdorf an der Seite seiner 1979 verstorbenen Ehefrau.

▸ Sasse, Ernst (* 1897 – † 1945)

Geboren am 17. November 1897 in Potsdam, Maschinenschlosser, Meisterprüfung. 1913 Mitglied des DMV. 1916/17 Soldat im Weltkrieg, Verwundung am linken Bein. Ab 1920 wieder in seinem Beruf tätig, trat Sasse in die KPD ein und wirkte als Funktionär im UB Berlin-Pankow. Seit 1927 hauptamtlicher Funktionär im ZK der KPD (Abteilung Technik), arbeitete er von 1931 bis Anfang 1934 als Korrespondent in der sowjetischen Handelsvertretung. Ab 1933 illegal im Widerstand, wohnte bei Genia Bischowski, einer Angestellten der sowjetischen Handelsvertretung in Berlin. Im März 1935 emigrierte er nach Prag, war dort zeitweise Polleiter der Emigrantenheime in Stodulky und Strasnice. Ab 1936 in Kopenhagen Mitarbeiter der Emigrationsleitung. Sasse wurde am 24. September 1937 in Kopenhagen verhaftet und vor einem dänischen Gericht wegen »Vorbereitung zum Hochverrat« angeklagt, jedoch nicht nach Deutschland ausgeliefert. Von Februar 1938 bis November 1939 »zweiter Mann« der Emigrationsleitung, arbeitete er eng mit dem Leiter der AL Nord ▸ Heinrich Wiatrek zusammen, war u. a. verantwortlich für die Einschleusung illegaler Druckschriften nach Deutschland. Im Sommer 1938 nahm er noch als Vertreter der KPD-Emigration für Dänemark an einer Konferenz der skandinavischen Emigrationsleitungen in Helsingborg teil, soll aber im Frühjahr 1940 aus der KPD wegen »Sammlung von Unterlagen über die Tätigkeit der AL Nord« ausgeschlossen worden sein. Am 26. Juli 1940 wurde Sasse erneut in Kopenhagen inhaftiert, Anfang 1941 nach Deutschland gebracht und hier am 23. Juni 1942 durch den VGH zu zwölf Jahren Zuchthaus verurteilt. Im Zuchthaus Brandenburg schwer erkrankt, kam er im Februar 1944 mit einer offenen Lungentuberkulose in die Krankenstation und war bei Kriegsende auf 41 Kilogramm abgemagert. Ernst Sasse starb am 20. Juni 1945 in Brandenburg/Havel.

▸ Sattler, Fritz (* 1896 – † 1964)

Geboren am 1. Juni 1896 in Suhl, Sohn eines Graveurs; Verwaltungslehre, Angestellter in Suhl und Niederzwehren bei Kassel. Von 1915 bis 1918 Soldat im Weltkrieg. Danach Verwaltungsgehilfe beim Magistrat der Stadt Suhl, schloß sich der USPD, Ende 1920 der KPD an. Ab Januar 1921 bis Ende 1927 war Sattler Geschäftsführer der Zeitung »Volkswille« Suhl. Nach Übernahme dieser Zeitung durch die Anhänger des Leninbundes gründete er im Auftrag des ZK der KPD 1928 den Verlag Arbeiterwille. 1929 übernahm er die Leitung des Thüringer Volksverlages, ab August 1930 den Tribüne-Verlag in Magdeburg, im Juni 1932 den Verlag der Zeitung »Kämpfer« in Chemnitz. Im Juni 1933 festgenommen, blieb Sattler bis Dezember 1933 in Haft, danach Leiter der illegalen KPD im Bezirk Chemnitz-Erzgebirge. Am 16. April 1935 erneut verhaftet, wurde er am 18. Oktober 1935 durch den VGH zu sieben Jahren Zuchthaus verurteilt, zuletzt im KZ Sachsenhausen inhaftiert. Sattler wurde 1945 Leiter des KPD-UB Suhl, dort bis 1946 2. Bürgermeister. Von August 1952 bis 1958 Vorsitzender des Rates des Bezirks Suhl. Er erhielt 1955 den VVO in Silber. Fritz Sattler starb am 1. November 1964.

› Sattler, Karl (* 1896 – † 1945)

Geboren am 29. Januar 1896 in Mainz, Sohn eines Tagelöhners; Maschinenschlosser in Köln, trat 1922 in die KPD ein und gehörte seit 1925 der RFB-Gauleitung Mittelrhein an. Ab März 1929 war er Vorsitzender des Erwerbslosen-Bezirksausschusses und Mitglied der BL Mittelrhein. Im November 1929 in die Kölner Stadtverordnetenversammlung gewählt, war er 1930 KPD-Spitzenkandidat zu den Reichstagswahlen im Wahlkreis Köln-Aachen. Seine Kandidatur erregte Aufsehen, nachdem die sozialdemokratische »Rheinische Zeitung« enthüllte, daß Sattler in den Jahren 1918 bis 1921 wegen Betrugs, Unterschlagung und Diebstahls zu insgesamt zwei Jahren Gefängnis rechtskräftig verurteilt worden war. Die KPD hielt an Sattlers Kandidatur fest und verharmloste seine Vergehen als Jugendsünde. Er wurde am 14. September 1930 in den Reichstag gewählt, dem er bis Juli 1932 angehörte. Im September 1931 wegen Beleidigung des Kölner Oberbürgermeisters Adenauer zu vier Monaten Gefängnis verurteilt. Auf einer Parteiarbeiterkonferenz am 11. April 1932 wurde Sattler heftig kritisiert, für den Stimmenrückgang bei den Preußischen Landtagswahlen vom Vortage verantwortlich gemacht und als UB-Leiter nach Aachen versetzt. Nach dem Reichstagsbrand inhaftiert, saß er bis Anfang April 1934 in »Schutzhaft«, wurde dann im März 1937 vom OLG Hamm zu viereinhalb Jahren Zuchthaus verurteilt. Anfang Januar 1941 zwar an seinen Wohnort Alsdorf bei Aachen entlassen, aber am 22. August 1944 im Zusammenhang mit der Gestapoaktion »Gewitter« erneut festgenommen. Karl Sattler war zuletzt Häftling im KZ Bergen-Belsen, wo er am 8. Mai 1945 umgekommen sein soll. Dieses Todesdatum wurde 1950 vom Amtsgericht Aachen festgesetzt.

› Sauber, Fritz (* 1884 – † 1949)

Geboren am 20. August 1884 in Friedrichsgmünd, Sohn einer ledigen Arbeiterin; Gastwirtsgehilfe, trat 1907 der Gewerkschaft bei. Ab April 1911 war er Geschäftsführer des Gastwirtsgehilfenverbandes bzw. des späteren Verbands der Nahrungsmittel- und Getränkearbeiter in Nürnberg, München und Frankfurt/M. Sauber wurde 1917 Mitglied der USPD, gehörte ab November 1918 dem Landessoldatenrat und dem provisorischen Nationalrat Bayerns an. Im Dezember 1918 war er Delegierter zum 1. Reichsrätekongreß in Berlin, aktiv in der Bayerischen Räterepublik. Im Juni 1920 auf der Liste der USPD in den Bayerischen Landtag gewählt, ging er Ende 1920 zur VKPD und bildete mit den vier weiteren zur VKPD übergewechselten USPD-Abgeordneten (▸ Franz Aenderl, ▸ Rosa Aschenbrenner, ▸ August Hagemeister und August Schmidt) sowie den KPD-Abgeordneten ▸ Josef Eisenberger und ▸ Otto Graf die VKPD-Fraktion im Landtag in München. Obwohl Abgeordneter, wurde er 1919 zu zwölf Jahren Festungshaft verurteilt und saß bis zu seiner Amnestierung 1925 in Niederschönfeld. Er ging dann nach Frankfurt/M. und war Gewerkschaftsfunktionär. Dem Bayerischen Landtag gehörte Sauber offiziell bis 1924 an. Nach 1933 emigrierte er zunächst in das Saargebiet, im Juli 1935 nach Frankreich, wurde 1941 vom Vichy-Regime an Deutschland ausgeliefert und zu lebenslänglichem Zuchthaus verurteilt. 1945 aus dem KZ Dachau befreit, baute er in Fürth die KPD auf und arbeitete später für die VVN in Frankfurt/M. Fritz Sauber, der infolge der Haft zwei Schlaganfälle erlitten hatte, starb am 24. April 1949 in Frankfurt/Main.

▸ Sauer, Fritz, Dr. rer. pol. (* 1904 – † 1938)

Geboren 1904 in Frankfurt/M., studierte Nationalökonomie an der Handelshochschule seiner Geburtsstadt, anschließend an der Universität in Freiburg/Breisgau. In der kommunistischen Studentenbewegung aktiv, wurde er Mitglied der Reichsleitung der Kostufra. 1926 Diplom, 1929 Promotion in Frankfurt/M. mit der Dissertation »Wesen, Funktionen und Entwicklungstendenzen der Sozialpolitik und die Stellung der Sozialdemokratie zur Sozialpolitik bis 1914«. Mitglied des KJVD, trat 1927 der KPD bei. Als Publizist tätig, soll Sauer 1929 auch dem AM-Apparat angehört haben. 1930 Übersiedlung in die UdSSR, wurde Mitarbeiter des Marx-Engels-Lenin-Instituts (MELI), Abteilung Werke von Marx und Engels. Nach der Verhaftung des Leiters David Rjasanow im März 1931 wurde er im Zuge von Parteisäuberungen in die Komintern versetzt, dann Rückkehr ins MELI. 1931 von der KPD in die KPdSU überführt, dort 1933 wegen »versöhnlerischer Haltung« gerügt, dann aus der Partei ausgeschlossen. Im September 1936 wurde er aus dem MELI entlassen und sofort vom NKWD verhaftet. Fritz Sauer wurde als Opfer der Stalinschen Säuberungen am 28. Mai 1938 in Butowo erschossen. Seine Frau Irmgard (* 1907) und beider Sohn Ernst (* 1934) wurden ebenfalls inhaftiert und sind im Gulag verschollen.

▸ Sauerland, Kurt (* 1905 – † 1938)

Geboren am 12. Januar 1905 in Köln, Sohn eines Oberpostbeamten. Nach dem Realgymnasium studierte er Ökonomie, Geschichte und Philosophie. 1923 trat er in die KPD ein und war von Mai 1923 bis Anfang 1927 im Nachrichtendienst der KPD tätig. Vom Sommer 1927 bis Sommer 1928 arbeitete Sauerland im Landesvorstand der Internationalen Arbeiterhilfe (IAH) in Köln und im Ortsvorstand der »Liga gegen Imperialismus«. Im Oktober 1928 zum Leiter des Internationalen Sozialpolitischen Archivs beim ZK der IAH berufen, gehörte er von März 1929 bis Januar 1931 dem Sekretariat des ZK der IAH an. Im Mai 1929 wurde er Chefredakteur der Zeitschrift »Roter Aufbau«, ein Blatt des »Münzenberg-Konzerns«. Während eines Aufenthaltes in London verhaftet und ausgewiesen. Ab Oktober 1931 offiziell Mitglied des Reichsvorstandes der IAH, galt Sauerland als einer der stalinistischen »Chefideologen« der KPD, er veröffentlichte 1932 das Pamphlet »Der dialektische Materialismus«. Ende März 1933 emigrierte er nach Paris, war dort Redakteur an der Zeitschrift »Unsere Zeit« und zugleich freier Schriftsteller. Im August 1934 kam er in die Sowjetunion, wurde als Emigrant anerkannt und Referent im Verlag des EKKI. Als deutsches Ehrenmitglied der Akademie der Wissenschaften der UdSSR unter dem Parteinamen Karl Stockinger Mitarbeiter in der Abteilung von Bela Kun. Er wohnte mit seiner Frau und seinem Sohn im berühmt-berüchtigten Moskauer Hotel »Lux«. Kurt Sauerland wurde am 15. Mai 1937 verhaftet, am 22.

März 1938 vom Militärtribunal des Obersten Gerichts der UdSSR wegen »Teilnahme an konterrevolutionärer terroristischer Tätigkeit« zum Tode verurteilt und am gleichen Tag erschossen.
Seit 1928 war Kurt Sauerland mit **Friedel Lange** (* 17. 10. 1905) verheiratet, Tochter eines Handwerkers. 1924 Mitglied der KPD, bis Anfang 1933 im Neuen Deutschen Verlag bzw. beim Verlag Roter Aufbau. Sie emigrierte mit ihrem Mann nach Frankreich und 1934 in die Sowjetunion, wo sie an der KUNMS studierte. Am 8. Juni 1936 wurde der gemeinsame Sohn Karl geboren. Sie blieb auch nach der Verhaftung Kurt Sauerlands von Mai 1938 bis März 1940 im Gorki-Institut beschäftigt. Friedel Sauerland, die sich ständig nach dem Schicksal ihres Mannes erkundigte, erhielt 1939 die Auskunft, daß er sich in einem fernen Lager mit Schreibverbot befinde. Vom NKWD getäuscht und zur Mitarbeit gezwungen, wurde sie mit der Lüge, dort ihren Mann zu treffen, nach Berlin geschickt. Hier begann sie 1940 als Verlagsbuchhändlerin beim Nibelungen-Verlag und heiratete im Januar 1943 Kurt Becker. 1945 KPD-Mitglied, kam sie im November 1948 in der SBZ in den Vorstand des Verbandes Deutscher Konsumgenossenschaften (VDK), dort Hauptsekretärin, zeitweise Leiterin der Presseabteilung. Sie heiratete 1950 den aus schwedischer Emigration nach Deutschland zurückgekehrten Paul Friedländer (* 1895 – † 1964). Da sie sich weiterhin um Aufklärung des Schicksals ihres ersten Mannes Kurt Sauerland bemühte, wurde sie Anfang September 1949 Gegenstand einer parteiinternen Untersuchung. ▸ Philipp Daub, der Leiter der Kaderabteilung im SED-Parteivorstand, schrieb an ▸ Walter Ulbricht:
»Die Genossin Becker wurde als Schülerin für die Parteihochschule vorgeschlagen ...
Die Genossin ist eine geborene Lange. Sie war mit Kurt Sauerland verheiratet, mit dem sie 1934 nach Moskau ging. Kurt Sauerland wird Dir ja kein Unbekannter sein, man hat ihn im Jahre 1937 beim Wickel genommen. Friedel Becker war nicht verhaftet. Sie arbeitete – nach ihrer Darstellung – von 1938 bis Anfang 1940 im Gorki-Institut und kehrte Anfang März des gleichen Jahres mit einem deutschen Paß der deutschen Botschaft nach Deutschland zurück. In ihren Unterlagen sowie auf erneutes Befragen erklärte sie, im Auftrage einer bestimmten russischen Stelle gefahren zu sein ... Da also eine Überprüfung ihrer Angaben unsererseits nicht möglich ist, sahen wir uns veranlaßt, die Genossin Becker nicht für die Parteihochschule vorzuschlagen ... Wir bitten nun um Deine Entscheidung und um Deinen Vorschlag, was wir tun sollen.«
Nachdem sie bis Ende der fünfziger Jahre vom ZK hingehalten worden war, wandte sie sich 1962 selbst an den Suchdienst des Deutschen Roten Kreuzes. Dieser teilte ihr im Mai 1963 mit, Kurt Sauerland sei am 22. März 1938 verstorben. Empört schrieb sie am 5. Januar 1964 an den ZPKK-Vorsitzenden ▸ Hermann Matern:
»In diesem Brief geht es um meinen Mann Kurt Sauerland, der mir im Mai 1963 vom Deutschen Roten Kreuz als tot gemeldet worden ist ... Am 15. Mai 1937 wurde er unter falschem Namen von uns, meinem Sohn und mir, weggeholt, 10 Monate später, als 32jähriger Mann, tot. 26 Jahre bemühte ich mich, Licht in das Dunkel zu bringen. Nun steht fest, daß Kurt Sauerland die Moskauer Gefängnismauern nie verlassen hat. Jetzt fügt sich ein Mosaikstein an den anderen, und das Bild steht plastisch vor mir. Oft habe ich Euch gebeten, Nachricht über Kurt Sauerland einzuholen. Immer wieder wurde ich vertröstet. Im Jahre 1962, nach 25 Jahren, erhielt ich von Euch die Empfehlung, selbst zu forschen, da alle Eure Bemühungen erfolglos geblieben seien. Ich tat es. Schon im Mai 1963 bekam ich Antwort vom Roten Kreuz. Bitte, sage mir, wie soll ich noch glauben, daß Ihr alles getan habt, um aus Moskau Nachricht zu bekommen?
Genosse Matern, ist das aufopferungsvolle Leben Kurt Sauerlands in den Reihen der deutschen kommunistischen Partei und in der Komintern so wenig Wert gewesen? Ist es nicht unaussprechlich hart, unschuldig in der Emigration, der sowjetischen Emigration, sterben zu müssen und auch noch vergessen zu werden?«
Kurt Sauerland wurde auf Beschluß der ZPKK vom 24. April 1964 zwar »rehabilitiert«, Friedel Friedländer-Sauerland im Oktober 1964 aber darüber nur mündlich informiert. Friedel Fried-

länder-Sauerland starb am 28. Oktober 1994 in Berlin. Ihr Sohn Karl Sauerland lebt in Polen. In den fünfziger Jahren studierte er an der Ostberliner Humboldt-Universität Philosophie und gehörte 1956 zu den oppositionellen Studenten. Deshalb exmatrikuliert, mußte er sich in der Produktion »bewähren«. Er übersiedelte 1957 auch aus persönlichen Gründen nach Polen, wurde Professor für Philosophie in Warschau und Torun.

▸ Sawadzki, Johann (Hans) (* 1895 – † 1958)

Geboren am 10. Juni 1895 in Potsdam, Sohn einer Arbeiterfamilie; Universalfräser. 1909 Mitbegründer und Vorstandsmitglied der katholischen »Deutschen Jugendkraft«, wechselte Ende 1913 zur Arbeiterjugend. Von 1914 bis 1918 Soldat im Weltkrieg, beteiligte er sich aktiv an der Novemberrevolution und den Spartakuskämpfen in Berlin-Lichtenberg. Im Januar 1919 trat er in die USPD ein, wurde Ende 1920 Mitglied der VKPD. Seit Gründung des RFB gehörte Sawadzki dessen Bundesführung an und arbeitete im AM-Apparat der KPD, wurde dann bis 1932 zeitweise als Instrukteur des ZK im Reich eingesetzt. Ab 1925 Mitglied der BL Berlin-Brandenburg. Nach der Verhaftung von ▸ Hans Pfeiffer wurde Sawadzki im Oktober 1932 Polleiter der BL Mecklenburg. Nach dem Reichstagsbrand einige Monate in »Schutzhaft«, im Oktober 1933 und im Juni 1935 erneut festgenommen. Seit der Freilassung arbeitete er bei der AEG und gehörte zur illegalen Saefkow-Widerstandsgruppe in Berlin. Im Juni 1945 Ortsgruppenleiter der KPD in Berlin-Treptow, ab September 1946 Leiter der Orgabteilung des SED-LV Groß-Berlin. Hans Sawadzki starb am 5. Februar 1958.

▸ Scariot, Camillo (* 1902 – † 1982)

Geboren am 13. September 1902 in Essen, Sohn des aus Italien stammenden Bergarbeiters Peter Scariot. Zunächst Gärtnergehilfe, dann Gießereiarbeiter in Essen. Wegen politischer Aktivitäten gemaßregelt, war er später wie seine Brüder Kaminbauer. 1921 Mitglied des KJV, 1928 der KPD. Ab Mitte der zwanziger Jahre einer der führenden Funktionäre des KJVD im Ruhrgebiet, Mitglied der sogenannten Plenar-Zentrale des KJVD. Ab 1929 hauptamtlicher Funktionär in der BL Ruhrgebiet, u. a. UB-Sekretär in Bielefeld, beauftragt, trotzkistische Gruppen in Gütersloh und Paderborn zu »liquidieren«. Scariot nahm im Oktober 1930 unten den Decknamen Harry und Iwanow am zweiten Kurs der M-Schule der Komintern in Moskau teil. Nach seiner Rückkehr wurde er Leiter des UB Essen und gehörte zur Leitung des BB-Apparates der BL Ruhrgebiet. Er hatte 1932 mit dem Nachfolger von ▸ Wilhelm Florin, ▸ Max Opitz, politische und persönliche Auseinandersetzungen, legte seine Funktion nieder und wurde wieder Kaminbauer. Von März bis November 1933 in »Schutzhaft« in Kleve, betätigte er sich nach seiner Freilassung illegal für die KPD. 1936 erneut verhaftet und im Februar 1937 durch das OLG Hamm zu vier Jahren Zuchthaus verurteilt, im September 1940 entlassen, wurde er am 15. Mai 1943 abermals festgenommen und saß bis zur Befreiung im KZ Buchenwald. Nach Essen zurückgekehrt, wurde er Mitarbeiter der Essener Stadtpolizei und Vorsitzender der Entnazifizierungskommission. 1946 übersiedelte Scariot in die SBZ, zunächst Kaminbauer, dann Offizier der Volkspolizei in Thüringen. Wegen einer schweren Tbc ab 1950 nur noch hauptamtlicher DSF-Funktionär, ab 1958 Rentner. Camillo Scariot starb am 14. Mai 1982 in Wilhelmshorst, Krs. Potsdam. Sein Bruder Gurino Scariot (* 12. 12. 1905), wie er Mitglied und Funktionär des KJVD, kämpfte ab 1936 auf Seiten der Spanischen Republik und fiel als Offizier der XI. Internationalen Brigade am 9. Juli 1937 in der Nähe der Stadt Brunete.

▸ Schabrod, Karl (* 1900 – † 1981)

Geboren am 9. Oktober 1900 in Perleberg/Krs. Westprignitz, Sohn eines Werkmeisters; lernte Tischler. Er schloß sich während seiner Wanderschaft 1920 dem Holzarbeiterverband, 1921 der Monistischen Jugend an, trat 1922 in die SPD ein und wurde Vorsitzender der SAJ in Karlsruhe. Nach Besuch der bekannten Heimvolksschule in Tinz 1924 Übertritt zur KJD, zog 1925 nach Düsseldorf, wo er zur KJVD-BL gehörte. Ab 1927 Redaktionsvolontär an der »Bergischen Volksstimme« in Remscheid, dann bis Januar 1929 Sekretär des KPD-UB Remscheid. Dort wegen Ablehnung des RGO-Kurses abgelöst, kehrte er nach Düsseldorf zurück und arbeitete für den illegalen RFB. 1930/31 Kursant der Internationalen Leninschule in Moskau. Anschließend Redakteur bei der »Freiheit« in Düsseldorf, ab Juli 1932 Orgleiter der RGO Niederrhein unter ▸ Carl Muhsal und ▸ Konrad Skrentny. Am 28. Februar 1933 verhaftet, bis 1. April 1934 in »Schutzhaft«. Nach seiner Freilassung Instrukteur des ZK der illegalen KPD im Ruhrgebiet. Am 28. Juli 1934 in Essen erneut verhaftet, am 22. Dezember 1935 vom OLG Hamm zu lebenslangem Zuchthaus verurteilt. Im Mai 1945 aus dem Zuchthaus Werl befreit, ab September 1945 Sekretär für Agitation und Propaganda der KPD-BL Niederrhein, von Februar 1946 bis Juni 1947 Chefredakteur der »Freiheit«. Im Oktober 1946 in den Landtag von Nordrhein-Westfalen gewählt, dem er bis 1954 angehörte, von Juli 1947 an Vorsitzender der KPD-Fraktion. Nach dem Verbot der KPD im Sommer 1956 wurde er Sekretär des »Zentralrats zur Verteidigung demokratischer Rechte«. Er kandidierte ab 1956 wiederholt als unabhängiger Landtagskandidat, wurde mehrmals verurteilt, so u. a. 1959 zu neun Monaten Haft, 1962/63 zwei Jahre Gefängnis, wurde aber bedingt freigelassen. 1968 war er Mitbegründer der DKP und Mitglied in deren Zentraler Revisionskommission. Karl Schabrod starb am 31. März 1981 in Düsseldorf.

▸ Schaefer, Cäcilie (Cilly) (* 1898 – † 1981)

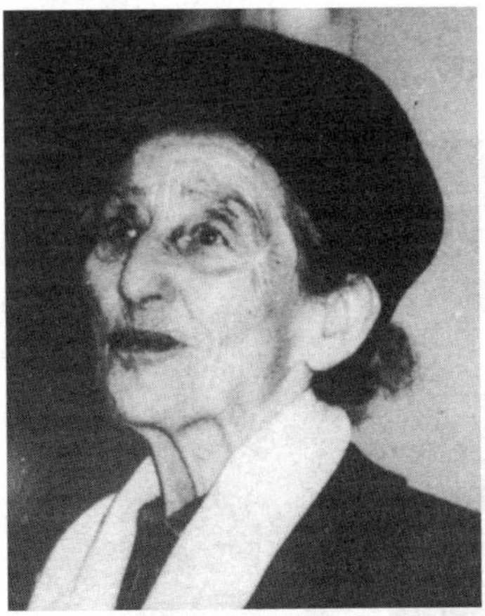

Geboren am 25. Januar 1898 in Friedberg/ Hessen als Cäcilie Tannenberg, Tochter eines Schuhmachers; Schneiderin, legte die Meisterprüfung ab. Im Oktober 1918 trat sie in Friedberg der FSJ bei, schloß sich 1920 der USPD und am Ende des Jahres der VKPD an. 1921 heiratete sie den Schneidermeister und Bad Nauheimer KPD-Funktionär ▸ Jakob Schaefer und zog mit ihm nach Bad Nauheim, wo sie neben ihrer Arbeit als Schneiderin ehrenamtliche Parteifunktionen ausübte, 1931 Frauenleiterin der BL Hessen-Frankfurt. Cäcilie Schaefer wurde im Juni 1932 in den Hessischen Landtag gewählt. Am 10. März 1933 wurde sie in Bad Nauheim verhaftet und am 5. April vom Sondergericht Darmstadt zu einem Jahr Gefängnis verurteilt. Danach Übersiedlung zum Schwager nach Marburg, dort mit ihrem Mann wieder Hausschneiderin. Beide wurden im August 1944 erneut festgenommen. Cäcilie Schaefer kam in das KZ Ravensbrück, konnte beim Todesmarsch im April 1945 fliehen und gelangte im Mai 1945 nach Hessen. Sie gehörte zu den Gründerinnen der VVN in Marburg, übte ehrenamtliche Funktionen für die KPD aus und wurde 1951 gemeinsam mit ihrem Mann ins Marburger Stadtparlament gewählt. Nach dem KPD-Verbot wirkte sie in der Deutschen Friedensunion und der Ostermarschbewegung, trat 1968 der DKP bei. Cäcilie Schaefer starb am 18. Januar 1981.

▸ Schaefer, Jakob (* 1890 – † 1971)

Geboren am 20. Mai 1890 in Cappel bei Marburg, Schneidermeister, gehörte seit 1919 der KPD an und war Vorsitzender der KPD-Ortsgruppe und Stadtverordneter in Bad Nauheim. Im Juni 1921 heiratete er Cäcilie Tannenberg (▸ Cäcilie Schaefer). Von 1927 bis 1931 war Jakob Schaefer Abgeordneter des Hessischen Landtags. Mit seinem Fraktionskollegen ▸ Hermann Sumpf begab er sich nach dem RFB-Verbot im Juni 1929 demonstrativ in der Uniform des Rot-Frontkämpferbundes in den Landtag, wurde daraufhin für vier Sitzungstage von den Plenartagungen ausgeschlossen, trat aber sonst wenig hervor. Im Juni 1933 wurde Jakob Schaefer verhaftet, »Schutzhaft« im KZ Osthofen, ab 1934 wieder Hausschneider. Nach dem 20. Juli 1944 erneut festgenommen, kam er in das KZ Sachsenhausen und wurde im Frühjahr 1945 auf dem Todesmarsch nach Mecklenburg befreit. 1945 Mitglied der KPD, wurde Stadtverordneter, gehörte mit seiner Frau der Marburger VVN an, beide engagierten sich nach dem KPD-Verbot 1956 in der Deutschen Friedensunion. 1968 trat er in die DKP ein. Jakob Schaefer starb während eines Kuraufenthaltes am 12. April 1971 in Karlsbad in der Tschechoslowakei.

▸ Schäfer (Schaefer), Maria (* 1903 – † 1995)

Geboren am 17. Mai 1903 in Osnabrück, Textilarbeiterin. Sie fand über die Naturfreundebewegung und die Monistische Jugend 1923 Anschluß an die KPD. Bis November 1927 Frauenleiterin im UB Berlin-Schöneberg, dann Kursantin der Internationalen Leninschule bzw. der KUNMS in Moskau. Anfang 1932 zurückgekehrt, wurde sie Mitglied der Agitpropabteilung der BL Berlin-Brandenburg und übernahm 1933 die illegale Frauenarbeit dieser BL. Beschäftigt bei der AEG, gehörte sie mit Alice (Marga Eliassohn), Erich Hanke und Siegmund Spieler zur illegalen Leitung des UB Pankow. Sie war in Berlin bis zur Verhaftung Hankes am 10. August 1935 mit diesem liiert. Maria Schäfer nahm 1935 als Delegierte am VII. Weltkongreß der Komintern in Moskau und auch an der »Brüsseler Konferenz« teil. 1936 illegal in Berlin für die KPD aktiv, emigrierte sie 1936 in die ČSR. Nach dem Einmarsch deutscher Truppen in das Sudetenland ging sie in die Schweiz, stand dort bis Mai 1939 im Kontakt zur KPD-Leitung unter ▸ Hans Teubner. Später heiratete sie den Schweizer Staatsbürger Rasch, zog sich von der Politik zurück und schuf sich mit ihm eine neue Existenz. Maria Schäfer-Rasch starb am 16. Februar 1995 in Winterthur (Schweiz).

▸ Schaible, Richard Otto (* 1900 – † 1953)

Geboren am 7. November 1900 in Leipzig, Sohn eines Buchbinders und sozialdemokratischen Funktionärs. Ab 1915 Kaufmannslehre in Hamburg und Eintritt in die Sozialdemokratische Jugend, Kontakt zur Spartakusgruppe und zu den Bremer Linksradikalen. Im September 1917 verhaftet, im Januar 1918 vom Kriegsgericht wegen Verbreitung illegaler Schriften zu sechs Monaten Gefängnis verurteilt. Nach drei Monaten vom Hamburger Senat begnadigt, mußte er zum Heeresdienst, war Pionier-Minenwerfer in Arys (Ostpreußen). Seit der Revolution in Hamburg bei den Linksradikalen (Internationale Kommunisten) und der kommunistischen »Freien Jugend«. 1919 Mitglied der KPD, Mitarbeit an der »Kommunistischen Arbeiterzeitung«. Im März 1921 Volontär der Berliner »Roten Fahne«, Anfang 1922 in der »Hamburger Volkszeitung« zunächst Gewerkschaftsredakteur, dann politischer Redakteur. Schaible war Teilnehmer am Oktoberaufstand 1923 in Hamburg, deswegen 1924 kurze Untersuchungshaft. Danach Versetzung nach Stuttgart, von Mai bis August 1924 Chefredakteur der »Süddeutschen Arbeiterzeitung«. Schaible wurde 1925 im Prozeß gegen ▸ Hugo Urbahns zu zweieinhalb Jahren Festung verurteilt, aber nach sechs Monaten aufgrund der »Hindenburg-Amnestie« entlassen. 1926 Chefredakteur der »Freiheit« in Düsseldorf sowie kurze Zeit Agitpropsekretär der BL Niederrhein, dann politischer Redakteur der »Freiheit«. Ab 1928 im Zentralvorstand der Roten Hilfe in Berlin; Redakteur deren Zeitschrift »Tribunal«. Von 1929 bis März 1931 in der politischen Redaktion der »Roten Fahne«, dann Chefredakteur der »Arbeiterzeitung« Bremen. Am 30. Juli 1933 verhaftet; im März 1934 freigelassen, nochmals – wie seine Frau Elsa – Mitte 1937 etliche Monate inhaftiert. Bei Kriegsausbruch 1939 zum Militär eingezogen, von 1941 bis 1943 Soldat in Afrika. Im Juli 1945 Rückkehr nach Hamburg, wieder Mitglied der KPD, Redakteur und kurz Chefredakteur der »Hamburger Volkszeitung«, aber im Mai 1946 für ein Jahr aller Parteifunktionen enthoben. Im Sommer 1949 übernahm er das Redaktionssekretariat der »Hamburger Volkszeitung«, bis dann im November 1949 die Mitteilung des PV der KPD eintraf, daß Schaible bereits 1947 aus der KPD ausgeschlossen worden sei. Ab Mai 1950 Hamburger Korrespondent des Ostberliner Deutschlandsenders, ab 1952 Geschäftsführer des »Komitees zur Verteidigung deutscher Patrioten« in Hamburg. Nach einem Herzinfarkt starb Richard Schaible am 14. Dezember 1953 in Hamburg.

▸ Schaper, Friedrich (* 1890 – † 1966)

Geboren am 14. Oktober 1890 in Holzminden, in verschiedenen Berufen tätig, kam nach Bayern, wo er als Glasarbeiter in Tettau Beschäftigung fand. Nach dem Weltkrieg Mitglied der USPD, 1920 Übertritt zur KPD. 1928 zog Schaper als Abgeordneter in den Bayerischen Landtag ein und wurde auch 1932 wieder in das Bayerische Parlament gewählt. Ab 1928 Parteisekretär der KPD im UB Hof, war 1931 Lehrgangsteilnehmer an der KPD-Parteischule in Berlin-Fichtenau. 1933 verhaftet und ins KZ Dachau eingeliefert, zwar Weihnachten 1934 entlassen, doch einen Tag später erneut festgenommen, mißhandelt und für längere Zeit festgehalten. 1945 schloß sich Schaper wieder der KPD an und war für sie in Bayern aktiv. Seit 1955 lebte er als Rentner in Tettau/Krs. Kronach. Friedrich Schaper starb am 27. Mai 1966 in Coburg.

▸ Scharrer, Adam (* 1889 – † 1948)

Geboren am 13. Juli 1889 in Klein-Schwarzenlohe/Niederbayern, Sohn eines Gemeindehirten; war erst Hirtenjunge, dann Schlosserlehrling. Er ging auf Wanderschaft durch Mitteleuropa, war später Werftarbeiter in Kiel und Hamburg. Im Weltkrieg Infanterist an der Westfront, ab 1917 Rüstungsarbeiter in Berlin, Teilnehmer am Munitionsarbeiterstreik 1918, Mitglied des Spartakusbundes und 1919 aktiv in der Berliner KPD. Mit der Mehrheit der Berliner Kommunisten trat Scharrer 1920 in die KAPD ein und blieb bis 1933 in dieser Partei, war u. a. Redakteur der »Kommunistischen Arbeiterzeitung« und des theoretischen KAP-Organs »Proletarier«. Ab 1925 veröffentlichte er Erzählungen, 1930 erschien Scharrers Roman mit autobiographischen Zügen »Vaterlandslose Gesellen«, der von der Kritik als erstes antimilitaristisches Buch eines revolutionären Arbeiters über den Weltkrieg gelobt wurde. Er flüchtete 1933 in die Tschechoslowakei, in Prag kam 1934 sein Buch »Maulwürfe« heraus. Scharrer ging 1935 in die Sowjetunion, trennte sich dort von (oder verbarg) seinem Linksradikalismus und arbeitete (obwohl er nicht der KPD angehörte) an Kominternorganen und im Rundfunk mit. Von 1941 bis 1943 in Taschkent evakuiert, lebte er dann bei Moskau und schrieb für Exilblätter, bereits 1942 war sein Roman »Der Hirt von Rauhweiler« publiziert worden. 1945 kam er nach Schwerin, beteiligte sich in Mecklenburg am Aufbau des Kulturbundes zur demokratischen Erneuerung. Adam Scharrer starb am 2. März 1948 in Schwerin.

▸ Scheffler, Ernst (* 1891 – † 1954)

Geboren am 18. September 1891 in Bermsgrün/Erzgebirge, Sohn eines Eisenbahnschaffners; wurde Klempner und 1911 Mitglied der

SPD. Als Gefreiter 1914 an der Westfront, im Oktober 1916 verwundet, arbeitete nach seiner Entlassung 1917 in Schwarzenberg in der Rüstungsindustrie. Hatte Verbindung zur Spartakusgruppe, gründete 1918 in Schwarzenberg die USPD und trat im Januar 1919 der KPD bei. Von 1919 bis 1921 Klempner und ehrenamtlicher Funktionär der Partei. 1921 wegen »Beihilfe zum Hochverrat« zu 16 Monaten Zuchthaus verurteilt, verbüßte wegen einer Amnestie nur neun Monate im Zuchthaus Bautzen. Nun erwerbslos, wurde er 1923 hauptamtlicher UB-Leiter in Schwarzenberg. Im Herbst 1923 aktiv an den Aufstandsvorbereitungen beteiligt, deswegen 1924 drei Monate in Haft. Mitglied der KPD-BL Sachsen, rückte Scheffler im April 1927 in den Sächsischen Landtag nach und blieb bis 1930 Abgeordneter und Sekretär der KPD-Fraktion. Bei den innerparteilichen Diskussionen vertrat er die Linie des ZK, kam Anfang 1933 in die engere Leitung des Bezirks Sachsen und wurde am 1. Juli 1933 Orgleiter der illegalen KPD in Leipzig. Dort am 20. November 1933 verhaftet, im Juli 1934 vom OLG Dresden zu drei Jahren Zuchthaus verurteilt. Am 19. April 1939 entlassen, arbeitete er als Klempner in Schwarzenberg. Im Zusammenhang mit der Gestapoaktion »Gewitter« 1944 erneut verhaftet und ins KZ Sachsenhausen gebracht, auf dem Todesmarsch 1945 in Mecklenburg befreit. Scheffler wurde Ende Juli 1945 Landrat im Kreis Schwarzenberg, das einige Wochen »Niemandsland« war, dann Vorsitzender des Rates des Kreises Aue. Ernst Scheffler starb am 9. Mai 1954. Sein Sohn **Erhard Scheffler** (* 5. 11. 1912 – † 5. 12. 1997) war Bauklempner, arbeitete nach 1933 für die illegale KPD, wurde verhaftet, später zur Wehrmacht eingezogen und kehrte 1949 aus sowjetischer Kriegsgefangenschaft zurück. Er war von 1952 bis 1955 Botschafter der DDR in Albanien, ab 1969 einige Jahre 1. Sekretär an der DDR-Botschaft in Moskau.

▸ Schehr, John (* 1896 – † 1934)

Geboren am 9. Februar 1896 in Altona, Sohn einer Arbeiterfamilie; Schlosser. Ende 1912 Mitglied der SPD, während des Krieges Übertritt zur USPD. Schehr war einer der eifrigsten Hamburger Anhänger von ▸ Ernst Thälmann in der USPD, ging mit diesem 1920 zur KPD. 1924 wurde er Polleiter von Altona, dort auch Stadtverordneter, Schlosser im Hafen, 1925 in den hauptamtlichen Apparat aufgenommen. Von Thälmann protegiert, wählte ihn der X. Parteitag 1925 in die Beschwerdekommission und als Kandidat ins ZK. Zunächst UB-Leiter von Harburg-Wilhelmsburg, 1927 Orgleiter des KPD-Bezirks Wasserkante (unter dem Polleiter ▸ John Wittorf), Delegierter des XI. Parteitags in Essen und erneut als ZK-Kandidat berufen. Schehr hat als Mitglied der Kontrollkommission des Bezirks Wasserkante Thälmann bei der Vertuschung der Wittorf-Unterschlagung 1928 maßgeblich geholfen. Deswegen enthob ihn das ZK im Oktober 1928 aller Funktionen, sogar sein Parteiausschluß wurde gefordert. Doch nach Thälmanns Rehabilitierung wurde Schehr wieder als Orgleiter eingesetzt und auf dem XII. Parteitag 1929 abermals zum Kandidaten des ZK gewählt. Bis März 1930 Orgleiter der BL Wasserkante, dann Polleiter der BL Niedersachsen in Hannover. Im April 1932 rückte er als Abgeordneter in den Preußischen Landtag ein, wurde außerdem in den Reichstag gewählt, dem er von Juli 1932 bis 1933 angehörte. Mitte 1932 ging Schehrs steile Karriere weiter: Zum Vollmitglied des ZK kooptiert, kam er als Sekretär des ZK und als Polbüromitglied nach Berlin, er wurde damit praktisch Stellvertreter Thälmanns (nachdem ▸ Heinz Neumann ausgeschaltet war). Bei seiner Verhaftung am 20. November 1932 fand die Polizei wichtiges Material über den illegalen Apparat der KPD, er wurde dennoch als Reichstagsabgeordneter bereits nach acht Tagen wieder freigelassen. Nach Thälmanns Festnahme im März 1933 übertrug die Komintern den Parteivorsitz an Schehr. Zwischen ihm, ▸ Walter Ulbricht und ▸ Hermann Schubert kam es jedoch zu Auseinandersetzungen um die Leitung der KPD. Aber am 13. November 1933 wurde Schehr verhaftet. Da die Gestapo wußte, daß Schehr ein sehr hoher Parteifunktionär war, versuchte sie, Aussagen zu erpressen und folterte ihn auf schlimmste Weise; dabei erlitt er schwere Verbrennungen, auch das linke Auge soll ihm ausgeschlagen worden sein. Von ihm erfuhr die Gestapo aber nichts, Schehr blieb standhaft: »Ich erkläre, daß ich über die Tätigkeit der Organisation der Kommunistischen Partei Deutschlands, über meine politische Arbeit, über die meiner Mitarbeiter keine Aussagen zu machen habe.« Am 1. Februar 1934 wurde der frühere KPD-Funktionär ▸ Alfred Kattner, der beschuldigt wurde, Thälmann verraten zu haben, im Auftrag des KPD-Apparates ermordet. Dafür rächten sich die Nazis sofort, sie verschleppten John Schehr und mit ihm die KPD-Funktionäre ▸ Erich Steinfurth, ▸ Eugen Schönhaar und ▸ Rudolf Schwarz aus der berüchtigten Gestapozentrale Columbiahaus in Berlin nach Wannsee. Auf dem Weg dahin wurden alle vier am 1. Februar 1934 erschossen. Über den Mord gab es widersprüchliche Meldungen: Einerseits hieß es, Schehr und Genossen seien »auf der Flucht erschossen« worden, andererseits wurde nachdrücklich auf den »Fall Kattner« hingewiesen, das Motiv der »Vergeltung« war offensichtlich.

▸ Scheringer, Richard (* 1904 – † 1986)

Geboren am 13. September 1904 in Aachen, Sohn eines preußischen Offiziers; er besuchte das Gymnasium in Koblenz und in Berlin-Zehlendorf. 1923 in Koblenz gegen Separatisten und die französische Besatzungsmacht aktiv, flüchtete er nach Berlin. Hier in rechtsradikalen Kreisen tätig, nahm er im September 1923 am Küstriner Aufstand der »Schwarzen Reichswehr« teil. Im März 1924 Abitur, am 1. April 1924 Offiziersanwärter bei der Reichswehr in Ulm, dort 1928 Beförderung zum Leutnant. Zusammen mit Hanns Ludin und dem Oberleutnant Hans Friedrich Wendt wurde Scheringer am 19. März 1930 wegen nationalsozialistischer Umtriebe im Offizierskorps verhaftet. Vom 23. September bis 4. Oktober 1930 im »Ulmer Reichswehrprozeß« zu 18 Monaten Festungshaft verurteilt und aus der Reichswehr ausgeschlossen. Als NSDAP-Mann saß er von Oktober 1930 bis Sommer 1931 in der Festung Gollnow. Unter dem Einfluß von KPD-Häftlingen wandte er sich vom Nationalsozialismus ab, gab am 18. März 1931 eine Erklärung gegen Adolf Hitler ab und bekannte sich zu den Zielen der KPD. Im April 1932 wurde Scheringer, nun wegen seiner KPD-Tätigkeit, vom Reichsgericht zu zweieinhalb Jahren Festungshaft verurteilt. Vom Reichspräsidenten begnadigt und freigelassen, zog er sich auf den Dürrnhof in Kösching bei Ingolstadt zurück, den seine Mutter 1929 gekauft hatte. Seit Mai 1934 mit Marianne Heisch verheiratet, mit der er neun Kinder hatte. Während des »Röhm-Putsches« im Juni 1934 kurzzeitige Haft in Landsberg/Lech, jedoch von 1939 bis 1945 Offizier in der Wehrmacht, u. a. ab 1940 Einsatz in Frankreich und in der Sowjetunion. Anfang September 1945 schwerkrank aus amerikanischer Kriegsgefangenschaft in Frankreich entlassen, Mitglied der KPD, zwei Monate Staatssekretär im Bayerischen Landwirtschaftsministerium. Von 1945 bis 1956 Mitglied der Landesleitung der KPD Bayern und bis 1956 Abgeordneter des Landtags. Im Juli 1956 vom BGH in Karlsruhe zu zwei Jahren Gefängnis verurteilt (wegen Krankheit jedoch kein Haftantritt). 1959 erschien sein Buch »Das große Los – unter Soldaten. Bauern und Rebellen«. Seit 1968 Mitglied der DKP. Anläßlich seines 70. Geburtstages verlieh ihm seine Heimatgemeinde die Bürgermedaille für besondere Verdienste, die DDR überreichte ihm den Karl-Marx-Orden. Richard Scheringer starb am 9. Mai 1986 in Hamburg. Einige seiner Söhne haben in der DDR Landwirtschaft studiert und leiteten LPGs. Johannes (* 1936) gehörte von 1990 bis 2001 für die PDS dem Landtag von Mecklenburg-Vorpommern an, Konrad (* 1938) ist seit 1994 für die PDS im Landtag von Thüringen.

▸ Schettkat, Albert (* 1902 – † 1945)

Geboren am 2. August 1902 in Bartscheiten/Ostpreußen, Sohn einer Landarbeiterfamilie;

Landarbeiter in Rohaiten. 1923 in die KJD eingetreten, im Juli 1924 Mitglied der KPD. Schettkat übte zunächst ehrenamtliche Funktionen aus, war Literatur-Obmann bzw. Org- und Polleiter der Ortsgruppe in Rohaiten. 1928 in die BL Ostpreußen berufen und im Juni 1929 auf dem XII. Parteitag als Kandidat ins ZK gewählt. Schettkat wurde hauptamtlicher RGO-Funktionär für die Landarbeiterbewegung und im November 1929 Abgeordneter des Provinziallandtags in Ostpreußen. 1930 fuhr er nach Moskau, nahm dort am V. RGI-Kongreß teil. Von Juni bis August 1931 besuchte er einen Lehrgang an der Reichsparteischule »Rosa Luxemburg« in Berlin-Fichtenau. Das ZK setzte ihn 1932 als Orgleiter des Bezirks Ostpreußen ein und im gleichen Jahr wurde Schettkat auch in den Preußischen Landtag gewählt. Im Mai 1933 in die Tschechoslowakei emigriert, kehrte er Anfang 1935 als Instrukteur des ZK nach Deutschland zurück. Hier am 18. Januar 1935 verhaftet und zu fünf Jahren Zuchthaus verurteilt, kam er anschließend in das KZ Börgermoor, dann in das KZ Sachsenhausen, später ins KZ Bergen-Belsen. Dort ist Albert Schettkat am 26. Februar 1945 ums Leben gekommen.

▸ Schieck, Otto (* 1898 – † 1980)

Geboren am 5. Oktober 1898 in Großenlupnitz/Krs. Eisenach, Sohn der ledigen Arbeiterin

Dorothea Schieck; lernte Schlosser, wurde 1916 Mitglied des DMV und gehörte seit 1922 der KPD an. Von 1926 bis 1933 Mitglied des Betriebsrates, ab 1931 Mitglied der BL Thüringen, Ende 1932 Polleiter des UB Eisenach. Im Juli 1932 als Abgeordneter im Wahlkreis Thüringen in den Reichstag gewählt, dem er ab November 1932 erneut angehörte. Auch im März 1933 gewählt, befand er sich aber bereits seit Ende Februar 1933 in der Illegalität und wirkte als Instrukteur in den UB Gera, Greiz und Altenburg. Ab Januar 1934 Polleiter für den Bezirk Halle-Merseburg, wurde Schieck am 26. März 1934 in Merseburg festgenommen, zu drei Jahren Zuchthaus verurteilt und kam anschließend noch zwei Jahre ins KZ Sachsenhausen. Im Mai 1939 entlassen, arbeitete er als Monteur in Eisenach, hatte Verbindung zu ▸ Theodor Neubauer und ▸ Magnus Poser. Am 24. August 1944 erneut verhaftet und bis April 1945 Häftling im KZ Buchenwald. Nach der Befreiung zunächst Leiter des Weimarer »Anti-Nazi-Komitees«, von Juli 1945 bis Januar 1949 Landrat von Eisenach, später Kulturdirektor der SAG Carl Zeiss Jena, dort im August 1952 wegen »Nichtdurchführung seiner Aufgaben als Kulturdirektor« abgelöst. Schieck erhielt eine Parteistrafe und mußte sich für einige Monate als einfacher Angestellter »bewähren«, dann bis 1963 Werkleiter, bzw. Direktor eines VEB. 1973 erhielt er die Ehrenspange zum VVO in Gold. Otto Schieck starb am 4. März 1980 in Weimar.

▸ Schiff, Hans (* 1896 – † 1937)

Geboren am 30. April 1896 in Karlsruhe, Sohn eines jüdischen Patentanwalts. Mitglied der Wandervogelbewegung, begann 1913 eine Tischlerlehre, ein Jahr später meldete er sich als Kriegsfreiwilliger. Bis August 1918 Flugzeugführer und Offizier, nach einem Nervenzusammenbruch kam er in ein Sanatorium. Schiff wurde im Dezember 1918 Mitglied des Spartakusbundes, der FSJ und 1919 der KPD. Ab Frühjahr 1919 Studium an der Münchner Universität, hörte Vorlesungen bei Max Weber und engagierte sich im »Revolutionären Hochschulrat«. Wegen Beteiligung an der März-Aktion 1921 verhaftet, saß Schiff von 1921 bis 1924 auf der Festung Niederschönfeld. Nach seiner Freilassung Automechaniker in Berlin, 1926 wurde er Redakteur an KPD-Zeitungen, u. a. Feuilletonredakteur der »Roten Fahne«. Im August 1930 reiste er nach einer dreimonatigen Haft in die Sowjetunion, war dann bis 1933 Mitarbeiter im Apparat der Komintern. Zunächst Referent der Genossenschaftsabteilung des EKKI, nach deren Auflösung Referent für Genossenschaftsfragen beim Mitteleuropäischen Ländersekretariat. Schiff wurde 1932 Mitglied der KPdSU(B), brach sein Studium an der Leninschule ab, erhielt wegen »unmoralischen Verhaltens« eine Rüge, deshalb 1932 aus dem Komintern-Apparat entfernt. 1935 besuchte er die KUNMS und unterrichtete nebenbei Deutsch am Institut der Roten Professur. Dort noch 1935 entlassen, aber Redakteur bei der deutschsprachigen Zeitung »Das neue Dorf« beim Parteikomitee in Charkow. Seit 1935 Informant des NKWD, lieferte Schiff auch Hunderte von Meldungen über »von ihm aufgedeckte Verschwörungen« und über »verdächtige Elemente«. 1936 beim Parteikomitee in Simferopol tätig, wurde er Ende Juli 1937 Redakteur bei der in Moskau erscheinenden »Deutschen Zentral-Zeitung«. Doch Schiff geriet selbst in die stalinistischen Säuberungen, wurde am 30. August 1937 vom NKWD verhaftet und der Zugehörigkeit zur »trotzkistisch-terroristischen Gruppe Wollenberg« verdächtigt. Nach schwerer Folter am 8. Dezember 1937 zum Tode verurteilt, wurde Hans Schiff noch am gleichen Tag in Butowo erschossen, erst 1964 in der UdSSR »posthum rehabilitiert«.

▸ Schiller, Hans (* 1905 – † 1962)

Geboren am 18. Juni 1905 in Hof/Bayern, Sohn einer Arbeiterfamilie. Der Fabrikarbeiter wurde Mitglied des Textilarbeiterverbandes, aus dem er 1931 wegen seiner kommunistischen Tätigkeit ausgeschlossen wurde. 1923 Mitglied der KJD, 1926 der KPD, gehörte Schiller Ende der zwanziger Jahre zu den bekanntesten Kommunisten in Hof. Von 1928 bis 1930 Polleiter der Ortsgruppe, stieg 1930 zum Orgleiter des KPD-UB auf und wurde nach einem Lehrgang an der Reichsparteischule in Fichtenau bei Berlin 1932 Polleiter des UB Hof. Im April 1932 wurde Schiller in den Bayerischen Landtag gewählt. Am 23. November 1933 vom Reichsgericht in Leipzig zu einem Jahr und einem Monat Gefängnis verurteilt, später wurde er in das KZ Dachau überführt. 1945 zunächst Mitglied und Funktionär der KPD in Hof, übernahm er 1947 die Leitung der Rechtsstelle des dortigen DGB. Am 26. Mai 1948 noch als KPD-Vertreter in den Stadtrat gewählt, verließ Schiller diese Partei und wurde im Dezember 1949 Mitglied der SPD. Ab 1949 Geschäftsführer des DGB-Kreisausschusses Hof, Anfang Mai 1960 zum Stellvertreter des Oberbürgermeisters und zum Fürsorgereferenten gewählt. Wegen eines schweren Herzleidens zur Erholung in Meran, starb Hans Schiller am 5. April 1962 in Bozen.

▸ Schilling, Ernst (* 1901 – † 1954)

Geboren am 25. Oktober 1901 in Berlin, Sohn einer alleinerziehenden Pelznäherin; wurde Bäcker. Seit 1923 Mitglied der KPD. 1925/26 Betriebsratsvorsitzender einer Brotfabrik in Berlin-Weißensee, 1927 UB-Instrukteur der KPD-BL Berlin-Brandenburg, dann ab 1931 Mitarbeiter der sowjetischen Handelsvertretung. Schilling gehörte dem AM-Apparat an, absolvierte 1932/33 unter dem Decknamen Moritz einen Lehrgang an der M-Schule der Komintern in Moskau. Er kam 1933 zur illegalen Arbeit nach Deutschland, war ab Januar 1934 in der ČSR KPD-Grenzabschnittsleiter. Im November 1938 emigrierte er nach Großbritannien, dort von September 1939 bis Mai 1940 Mitarbeit im »Czech Refugee Trust« (verantwortlich für Arbeitsbeschaffung). Schiller lebte ab 1940 als Farm- und Forstarbeiter in Cumberland, war von Juli bis Dezember 1940 auf der Isle of Man als »feindlicher Ausländer« interniert, anschließend bis 1947 Bäcker in London. Hier 1943 in der KPD-Parteileitung und Mitglied der »Bewegung Freies Deutschland«. Im August 1947 kehrte er nach Berlin zurück, Mitglied der SED, zeitweise Sekretär, von 1949 bis 1953 1. Vorsitzender des ZV der IG Nahrung-Genuß-Gaststätten und Mitglied des FDGB-Bundesvorstandes. Ernst Schilling starb am 25. November 1954 in Ost-Berlin.

▸ Schimanski, Fritz (* 1889 – † 1938)

Geboren am 1. Juli 1889 in Tilsit, lernte Ziseleur und übersiedelte in jungen Jahren nach Berlin, ging dann 1919 als Schlosser nach Danzig und arbeitete in der Artillerie- und Munitionsfabrik. Im November 1918 gehörte er dem Danziger Arbeiter- und Soldatenrat an, kehrte 1919 nach Berlin zurück. Seit 1911 Mitglied der SPD, 1917 der USPD, kam 1920 mit der linken USPD zur KPD, wurde Org-, dann Polleiter der KPD in Berlin-Neukölln und auch unbesoldeter Stadtrat. Seit 1920 gehörte Schimanski der BL Berlin an, aktiver Anhänger der Linken unter ▸ Ruth Fischer und ▸ Arkadi Maslow. Der X. Parteitag wählte Schimanski 1925 als Kandidat ins ZK. Nach dem »Offenen Brief« vom September 1925 vertrat er als Polleiter des 14. Berliner Bezirks im ZK den Standpunkt der linken Opposition. Im August 1926 stimmte er im ZK gegen den Ausschluß von Ruth Fischer und Maslow und unterschrieb im September 1926 den »Brief der 700«, wandte sich im November 1926 auch gegen den Ausschluß von ▸ Hugo Urbahns. Da er nicht kapitulierte, wurde er Anfang 1927 aus der KPD

ausgeschlossen. Danach einer der Mitbegründer des Leninbundes, in dieser Organisation für Verlags- und Zeitungsfragen verantwortlich. Er verließ den Leninbund noch vor den Wahlen vom Mai 1928 mit Ruth Fischer und Maslow. Nach einer Reueerklärung wurde Schimanski 1929 wieder in die KPD aufgenommen und war später hauptamtlich für die RGO tätig. Dann Magistratsangestellter und zeitweilig Vorsitzender des Arbeiter- und Betriebsrates auf dem Vieh- und Schlachthof Berlin, auch 1. Vorsitzender der Freien Turnerschaft in Berlin-Neukölln. Über Prag emigrierte er 1934 nach Moskau, arbeitete dort als Schlosser und geriet schon 1936 in die stalinistischen Säuberungen. Vom NKWD verhaftet, wegen früherer Zugehörigkeit zum Leninbund verurteilt. Fritz Schimanski wurde am 22. November 1938 erschossen.
Seiner Frau **Frieda Schimanski** wurde fälschlich mitgeteilt, daß »Schimanski im Gefängnis irre geworden und verstorben sei«. Frieda Dörfling (* 20. 8. 1893 – † 1. 12. 1980), Schneiderin, ab 1914 mit Fritz Schimanski verheiratet. 1919 Mitglied der USPD, Ende 1920 der KPD, 1933 illegale Arbeit als Grenzkurier, emigrierte sie im Dezember 1934 ebenfalls in die Sowjetunion. Dort Lehrerin für Deutsche Sprache an Moskauer Schulen. Im Dezember 1936 verhaftet, zu acht Jahren Lager verurteilt, aber erst im Januar 1947 freigelassen. Sie mußte als Schneiderin im Altai-Gebiet bleiben, wurde 1950 erneut inhaftiert und in das Krasnojarsker Gebiet verbannt. Dort bis 1954 Waldarbeiterin und Köchin, dann in der Kasachischen SSR in einem Kolchos. Im August 1957 durfte sie in die DDR ausreisen, war von Juni 1958 bis Februar 1964 Archivgehilfin der Abteilung Agitation des ZK der SED und erhielt 1963 den VVO in Bronze. Ihr Sohn **Hans Schimanski** (* 13. 8. 1917 – † 19. 2. 1976) lernte Maler, trat 1926 in den Jungspartakusbund und 1933 in den KJVD ein, kam mit der Familie im Dezember 1934 über Prag in die Sowjetunion, war dort Maler und Maschinist. Im August 1937 verhaftet und zu zehn Jahren Lagerhaft in der ASSR der Komi verurteilt, nach seiner Freilassung in Kasachstan zwangsangesiedelt, dann als Maschinist ebenfalls in einem Kolchos. 1952 erneut festgenommen, zu zehn Jahren Lagerhaft verurteilt, aber im Februar 1955 wegen schwerer Tbc arbeitsunfähig entlassen. Im Mai 1957 vom Obersten Militärtribunal der UdSSR rehabilitiert, kam Hans Schimanski im September 1957 in die DDR.

▸ Schinkel, Helmut (* 1902 – † 1946)

Geboren am 14. Oktober 1902 in Kosten/Posen, Sohn eines Eisenbahners; wuchs in Brandenburg auf, besuchte bis 1918 die Mittelschule, anschließend die Präparandenanstalt und von 1919 bis 1922 das Volksschullehrerseminar in Kyritz. Da er sich gegen die Prügelstrafe wandte und für reformpädagogische Ideen eintrat, verlor er bereits im September 1923 seine Stelle als Lehrer in Brandenburg. Seit 1920 Mitglied der KJD, 1922 der KPD, engagierte sich Schinkel besonders in dem 1924 auf der Reichskonferenz der Kommunistischen Kindergruppen gegründeten JSB. Im August 1924 kam er zunächst nach Berlin und fuhr anschließend nach Worpswede auf den Barkenhoff und arbeitete hier mit ▸ Heinrich Vogeler zusammen. Bis Dezember 1925 Lehrer und Erzieher, verfaßte Kinder- und Jugendlieder sowie Bücher. Seit Januar 1926 wieder in Berlin tätig, Lehrer an Reformschulen. Im April 1929 Delegierung zur Arbeit in das Internationale Kinderbüro, einer Organisation der Kommunistischen Jugendinternationale nach

Moskau. Schinkel organisierte im Juli 1930 das Internationale Kindertreffen in Berlin, schied aber im selben Jahr aus dem Apparat der KJI aus und wurde Lehrer an einer deutschsprachigen Schule im Nordkaukasus. Von 1932 bis 1934 Direktor der deutschen Karl-Liebknecht-Schule in Moskau. Im September 1934 abgelöst, begann er 1934 an der KUNMS zu studieren. Zuletzt war er in der ASSR der Wolgadeutschen u. a. als Lehrer tätig. Er wurde am 5. Juli 1937 unter dem Vorwurf »Mitglied einer konterrevolutionären faschistischen Gruppe« zu sein, vom NKWD verhaftet, am 10. Januar 1938 zu acht Jahren Lager verurteilt, Helmut Schinkel starb am 31. Mai 1946 in einem NKWD-Lager im Nordosten des europäischen Teils der Sowjetunion. Ulla Plener veröffentlichte 1996 eine Biographie Schinkels.

▸ Schirdewan, Karl (* 1907 – † 1998)

Geboren am 14. Mai 1907 in Stettin, Sohn von Josefine Aretz. Er wuchs zunächst als Pflegekind der Familie Barteck, dann im katholischen Waisenhaus in Neurode auf und wurde 1914 von der Familie Robert und Martha Schirdewan adoptiert; war dann Laufbursche, Bürogehilfe und Transportarbeiter. Ab 1923 Mitglied der KJD, 1925 der KPD, wurde er 1927 Sekretär des KJVD in Schlesien und im September 1929 auf dem 11. Kongreß in Berlin-Neukölln in das ZK des KJVD gewählt. Im Frühjahr 1931 Leiter des Verlages Junge Garde in Berlin, er gehörte zum Sekretariat des ZK des KJVD. Während der Auseinandersetzungen innerhalb dessen Führung wurden Schirdewan und ▸ Friedrich Schlotterbeck im Herbst 1931 aus ihren Funktionen abgelöst und Schirdewan als KJVD-Sekretär nach Ostpreußen versetzt. Ende 1932 wieder in Berlin, leitete er den AM-Apparat im ZK des KJVD. Er ging im Februar 1933 nach Sachsen, dann als Oberberater nach Hamburg und gehörte zuletzt dem illegalen »Dreierkopf« der KJVD-Inlandsleitung an. Am 19. Februar 1934 in Hamburg festgenommen und schwer gefoltert, am 12. Mai 1934 vom VGH zu drei Jahren Zuchthaus verurteilt, die er in Coswig verbüßte. Anschließend »Schutzhaft«, er saß bis 1945 ununterbrochen in verschiedenen KZs.

1945 Mitarbeiter im ZK der KPD bzw. ab April 1946 im SED-PV, hier zählte Schirdewan zu den wichtigsten Spitzenfunktionären der Westabteilung, später Leiter des Arbeitsbüros des ZK der SED. Im März 1952 löste er den 1. Sekretär der SED-Landesleitung Sachsen ▸ Ernst Lohagen ab, seit Ende 1952 wieder im Apparat des ZK. Nach den Auseinandersetzungen mit ▸ Wilhelm Zaisser und Rudolf Herrnstadt 1953 in das ZK kooptiert, wurde Mitglied des Politbüros und Sekretär des ZK der SED, dort bald »zweiter Mann« hinter ▸ Walter Ulbricht. Nach dem XX. Parteitag der KPdSU 1956 forderte Schirdewan Reformen in der DDR und dachte, diese als Nachfolger Ulbrichts umzusetzen. Er fand im Politbüro und im Sekretariat Unterstützung, doch nach der Niederschlagung des Volksaufstandes in Ungarn und den polnischen Ereignissen vom Sommer und Herbst 1956 erlangte Ulbricht wieder die Oberhand, Schirdewan wurde am 6. Februar 1958 auf dem 35. Plenum des ZK der SED gemeinsam mit ▸ Ernst Wollweber der »Fraktionstätigkeit« bezichtigt. Schirdewan erhielt eine strenge Rüge, wurde aus dem ZK der SED ausgeschlossen und als Leiter der Staatlichen Archivverwaltung nach Potsdam abgeschoben. Im April 1959 zur öffentlichen Selbstkritik genötigt, ging er 1965 in den Ruhestand. Er bekam 1977 die Ehrenspange zum

VVO in Gold, wurde aber erst im Januar 1990 durch die SED/PDS rehabilitiert. Danach gehörte er zum »Rat der Alten« beim PDS-PV, veröffentlichte 1994 den Bericht »Aufstand gegen Ulbricht« und 1998 seine Erinnerungen unter dem Titel: »Ein Jahrhundert Leben«. Karl Schirdewan starb am 14. Juli 1998 in Potsdam.

▸ Schirmer, Hermann (* 1897 – † 1981)

Geboren am 2. Dezember 1897 in Stockheim bei Kronach/Oberfranken, Sohn eines Glasarbeiters; selbst Glasarbeiter, später Metallarbeiter in Nürnberg. 1916 trat er in die SPD ein und war von 1917 bis 1918 Soldat an der Ostfront. Er nahm 1919 als Mitglied des Soldatenrats an den bewaffneten Kämpfen der Bayerischen Räterepublik teil. 1919 Mitglied der USPD, 1924 der KPD. Von 1925 bis 1927 erwerbslos, 1927 Geschäftsführer der Zeitung der KPD Nordbayern und Mitglied der BL, kam Schirmer 1929 in den Stadtrat von Nürnberg und war von 1929 bis 1933 Orgleiter der BL Nordbayern. Am 29. Mai 1933 verhaftet und bis März 1935 in »Schutzhaft« gehalten, dann zu zwei Jahren Gefängnis verurteilt, zuletzt bis November 1936 im KZ Dachau. Nach der Freilassung Dreher, im September 1939 und im Juli 1944 erneut inhaftiert. 1945 aktiv beim Aufbau der Gewerkschaften und der KPD in Nürnberg und Nordbayern. Ab November 1945 1. Sekretär der KPD Nordbayern, kam er im Juni 1946 in die Bayerische Verfassunggebende Landesversammlung, dort Vorsitzender der KPD-Fraktion. Im August 1948 Vorsitzender der KPD in Bayern, ab 1951 Mitglied des KPD-PV, von 1954 bis zum Verbot der KPD im August 1956 Sekretär für Organisationsfragen, danach illegal tätig. Schirmer gehörte 1968 zu den Mitbegründern der DKP in Nordbayern. Er veröffentlichte 1974 sein Buch »Das andere Nürnberg«, bekam 1975 von der DDR den Karl-Marx-Orden verliehen. Hermann Schirmer starb am 12. Februar 1981 in Ost-Berlin. Sein Sohn **Gregor Schirmer** übersiedelte 1950 in die DDR, promovierte 1959 zum Dr. jur. und war ab 1965 Professor für Völkerrecht an der Friedrich-Schiller-Universität in Jena, von 1963 bis März 1990 Volkskammerabgeordneter, ab 1977 stellvertretender Leiter der Abteilung Wissenschaften des ZK der SED.

▸ Schlaffer, Joseph (* 1891 – † 1964)

Geboren am 27. März 1891 in Kallmünz/Bayern, Sohn eines bayerischen Gendarmerieoberwachtmeisters, wuchs in Armut auf. Nach Beendigung der Schlosserlehre 1907 Wanderschaft, 1911 als Heizer zur Marine eingezogen. Ende 1912 Mitglied der SPD. Während des Weltkrieges Matrose auf einem U-Boot. Nach Ausbruch der Revolution 1918 Mitglied des Soldatenrates in Brunsbüttelkoog. Ende 1918 Rückkehr nach München, dort Übertritt zur USPD und Betriebsratsvorsitzender bei der Reichsbahn. 1920 mit der linken USPD zur KPD, wurde 1921 zu drei Jahren Festung verurteilt, weil er während der März-Aktion 1921 an den Aufstandsvorbereitungen teilgenommen hatte. Da er 1924 als Kandidat für die Reichstagswahlen aufgestellt wurde, vorzeitig aus der Festung Niederschönfeld entlassen. In den Bayerischen Landtag gewählt, war Schlaffer Führer der weiterhin illegalen bayerischen Kommunisten. Der IX. Frankfurter Parteitag 1924 berief ihn in den ZA, er war Delegierter des V. Weltkongresses der Komintern im Juli 1924, Polleiter für Süd- und Nordbayern. Im August 1924 erhielt er – obwohl Abgeordneter – erneut drei

Monate Gefängnis. Im Urteil hieß es: »Schlaffer ist gerichtsbekanntermaßen nicht nur kommunistischer Landtagsabgeordneter und Fraktionsvorsitzender, sondern überhaupt der führende Mann und leitende Geist der kommunistischen Bewegung in Bayern.«
Der X. Parteitag 1925 wählte Schlaffer in Abwesenheit ins ZK. Im Januar 1926 vom Staatsgerichtshof wegen Weiterführung der illegalen KPD in Bayern zu drei Jahren Gefängnis verurteilt, lebte er illegal und war 1925/26 einige Monate Polleiter des KPD-Bezirks Halle-Merseburg (Pseudoym Rudi Berger). Nach Aufhebung seiner Immunität als bayerischer Abgeordneter im Februar 1926 schickte ihn die KPD zur Komintern nach Moskau. Von dort kam er Ende 1926 als Polleiter ins Saargebiet (Pseudonym Paul Richter). Der XI. Parteitag im März 1927 wählte Schlaffer zum Mitglied des ZK. Im August 1927 in Saarbrücken verhaftet, aus dem Saargebiet ausgewiesen, nach Deutschland abgeschoben, abermals inhaftiert und 1928 amnestiert. Ab Frühjahr 1929 Polleiter in Württemberg, vom XII. Parteitag 1929 wieder ins ZK berufen und im September 1930 zum Reichstagsabgeordneten gewählt. Wegen der Niederlage der KPD bei den Kommunalwahlen in Württemberg Ende 1931 wurde Schlaffer im Januar 1932 angegriffen. Dort seiner Funktion enthoben, war er anschließend im Rheinland tätig, dann bis Dezember 1932 in Berlin Leiter des Kampfbundes gegen den Faschismus. Er kam im Juli 1932 über den Reichswahlvorschlag der KPD erneut in den Reichstag, war aber in der Partei als Anhänger der Remmele-Neumann-Gruppe isoliert. 1933 wohnte Schlaffer (zusammen mit ▸ Hermann Remmele) vier Monate illegal in Berlin, war dann unter falschen Namen (Kurt Hagert und Oswald Jaeschke) Kaufmann. Darüber heißt es in seinem Lebenslauf: »Mit meinen neuen illegalen Papieren und mit Hilfe meines Bruders Anton, der auf meinen Vorschlag einen Eiweiß-Großhandel (Milchpulver mit Lecithin) neben seiner Bäckerei und Konditorei aufgenommen hatte, dessen Geschäftsführung ich nun unter meinem illegalen Namen übernommen hatte, verdiente ich persönlich sehr gut und vergrößerte diesen Betrieb immer mehr. ... Meine erste Verhaftung im Jahre 1936 ... machte dieser geschäftlichen Aufwärtsentwicklung ein Ende. Ich wurde in das SS-Gefängnis in die Prinz-Albrecht-Str. eingeliefert – fast sechs Wochen lang verhört und auch einmal verprügelt –, aber meine jahrelange geschäftliche Betätigung, die von der Gestapo genau nachgeprüft wurde, war ein solch überzeugendes Alibi, daß die Gestapo auch von einer Bestrafung wegen Urkundenfälschung, d. h. wegen Führung falscher Papiere, Abstand nahm und mich wieder auf freien Fuß setzte. Von Juni oder Juli 1936 an konnte ich wieder legal, d. h. unter meinem richtigen Namen auftreten ...« Im April 1937 erneut verhaftet und in das KZ Sachsenhausen eingeliefert, wurde Schlaffer nach Unterschreiben eines Revers, sich nicht mehr kommunistisch zu betätigen, im August desselben Jahres freigelassen.
Er arbeitete bis 1943 in verschiedenen Berufen, dann zum Militär eingezogen, geriet er im April 1945 in sowjetische Gefangenschaft bei Küstrin. Später berichtete er: »Von den ca. 60 im Lager Küstrin vorhandenen Kommunisten wurde ich zum Leiter gewählt und wurde schließlich politischer Kommandant des Lagers ... Nach meiner Entlassung im September 1945 meldete ich mich im neuen ZK der KPD ... Dahlem schickte mich sofort zur sowjetischen Militärverwaltung nach Karlshorst. Dort wurde ich von General Gorochow beauftragt, eine neue Zentralverwaltung für die Umsiedlung der Deutschen aus den ehemaligen deutschen Ostgebieten östlich der Oder-Neiße-Linie zu bilden...« Nach Differenzen mit Besatzungsoffizieren von diesem Posten entlassen, wurde Schlaffer Direktor des Industrieverbandes Eisen und Metall des Landes Brandenburg, dann Direktor der Hüttenwerke Hennigsdorf. Dort kündigte er im Sommer 1948, angeblich, um sich aus Gesundheitsgründen ins Privatleben zurückzuziehen. Am 24. August 1948 von ▸ Heinrich Rau, damals Vorsitzender der DWK, nach Hennigsdorf bestellt, um sein restliches Gehalt abzuholen, erwartete ihn dort nicht Rau, sondern der NKWD-Major Popow und der deutsche Kriminalkommissar Bester. Sie verhafteten ihn unter dem Vorwand: Unstimmigkeiten in der Kasse.

Schlaffer war in West-Berlin (er wohnte im französischen Sektor) allerdings mit dem Sozialdemokraten Gustav Klingelhöfer, den er aus der bayerischen Festung Niederschönfeld kannte, in Verbindung getreten und hatte ihm einen Bericht über die Zustände im Sowjetsektor gegeben. Wegen dieses Treffens denunziert, wurde Schlaffer vom 24. August bis 20. Oktober 1948 vom NKWD festgesetzt. Als angeblicher Gestapoagent den deutschen Behörden übergeben. Am 14. März 1949 unter Einstellung seines Falles auf freien Fuß gesetzt, wurde er aber nach einem Parteiverfahren aus der SED ausgeschlossen. Mitte Oktober 1956 wurde er von der ZPKK parteipolitisch rehabilitiert, da es sich bei dem Verfahren gegen ihn ausschließlich um die vier Monate handelte, in denen Schlaffer mit Remmele zusammengewohnt hatte, ohne das ZK zu informieren. Das Politbüro ordnete die Anerkennung seiner Parteimitgliedschaft an, doch er blieb in West-Berlin und betätigte sich nicht mehr für die SED, mit der er innerlich längst gebrochen hatte. Joseph Schlaffer starb am 26. April 1964 in West-Berlin an einem Herzinfarkt.

▸ Schlag, Martha (* 1875 – † 1956)

Geboren am 26. Februar 1875 in Zwickau, Tochter eines Bergwerkzimmermanns; Hausangestellte und Säuglingspflegerin. Sie heiratete 1897 und übersiedelte 1906 nach Chemnitz, arbeitete in Textilbetrieben und wurde Mitglied der SPD. Ab 1912 war sie Führerin der Chemnitzer Frauenbewegung, ab 1915 in der Gruppe Internationale. 1918 trat sie der USPD und dem Spartakusbund bei, war nach Ausbruch der Revolution im Chemnitzer Arbeiter- und Soldatenrat und im Januar 1919 Mitbegründerin der KPD in Chemnitz. Martha Schlag war Delegierte des III. Parteitages 1920 und des VII. Parteitages in Jena 1921. Während des Kapp-Putsches 1920 wurde sie (im Auftrag der Zentrale Wanderrednerin im Reich) in Wismar vom Freikorps »Baltikum« verhaftet, von streikenden Arbeitern jedoch befreit. Sie gehörte dem Präsidium der 1. Reichsfrauenkonferenz am 8. Dezember 1920 in Berlin an und wurde 1921 hauptamtliche Frauenleiterin für die sächsischen KPD-Bezirke. Am 9. Januar 1923 kam sie als Nachfolgerin für ▸ Ernst Grube in den Sächsischen Landtag. Martha Schlag stand auf dem rechten Parteiflügel, sie trat 1924 von ihren Funktionen zurück, blieb aber zunächst in der Landtagsfraktion. Am 1. Februar 1925 verließ sie die KPD wegen des ultralinken Kurses, zehn Tage vorher hatte sie bereits ihren Austritt aus der KPD-Fraktion erklärt. Wieder Mitglied der SPD, zog sie nun für diese erneut in den Sächsischen Landtag ein, dem sie bis 1933 angehörte. Nach 1933 zunächst erwerbslos, später Hausgehilfin, machte 1938/39 noch eine kaufmännische Lehre und arbeitete von Mai 1940 bis März 1945 als Angestellte im Chemnitzer Wirtschaftsamt. 1945 Mitglied der SPD, Delegierte des 40. Parteitages der SPD und des Gründungsparteitages der SED im April 1946 in Berlin. 1946/47 in der Abteilung Statistik des SED-KV Chemnitz beschäftigt, dann Rentnerin. Martha Schlag starb am 14. Juni 1956 in Karl-Marx-Stadt.

▸ Schlag, Otto (* 1889 – † 1944)

Geboren am 5. Januar 1889 in Kraftsdorf/Thüringen, Sohn eines sozialdemokratischen Arbeiters, lernte mit acht Geschwistern früh das Proletarierleben kennen. Noch während der Schlosserlehre 1905 Mitglied der sozialistischen Jugend, kam er

1910 nach Hohenmölsen und arbeitete als Lokheizer, 1912 Mitglied der SPD. Im Krieg zur Marine eingezogen, beteiligte er sich im November 1918 am Flottenaufstand in Kiel. Zurück in Hohenmölsen schloß er sich der USPD an, dort im Januar 1920 Mitbegründer der KPD. Von 1920 bis 1928 arbeitete er im Bergbau, war Betriebsratsvorsitzender und Kreistagsabgeordneter in Weißenfels. Schlag wurde 1928 in den Preußischen Landtag gewählt und blieb bis 1933 Abgeordneter des Parlaments. Seit 1928 hauptamtlicher Funktionär, leitete er ab 1929 die RGO-Gruppe Bergbau in Mitteldeutschland. 1933 arbeitete Schlag illegal, wurde am 14. April 1933 verhaftet und kam in die KZs Lichtenburg, Esterwegen und Sachsenhausen. 1939 als Schwerkranker entlassen, ging er nach Halle. Dort starb Otto Schlag am 22. April 1944 an den Folgen der Haft. Sein Sohn **Walter Schlag** (* 13. 9. 1914 – † 21. 11. 1981) wurde 1933 als Mitglied des KJVD verhaftet und saß bis 1945 im Zuchthaus. Von 1945 bis 1949 Geschäftsführer der KPD-BL Halle bzw. ab 1946 des SED-Landesvorstandes Sachsen-Anhalt, war dann in der KVP und schied 1970 als Oberstleutnant aus der NVA aus.

▸ Schlagewerth, Heinrich (* 1890 – † 1951)

Geboren am 2. Mai 1890 in Duisburg, lernte Einschaler und war wie sein Vater auf dem Bau beschäftigt. Vor dem Weltkrieg übersiedelte er nach München-Gladbach. 1912/13 als Infanterist im Elsaß, von 1914 bis 1918 im Krieg Soldat, verwundet und dann wegen unerlaubter Entfernung von der Truppe 1916 zu einem halben Jahr Gefängnis verurteilt. Schlagewerth trat 1918 der USPD bei und kam mit der Mehrheit 1920 zur KPD. 1923 wurde er in München-Gladbach Vorsitzender der dortigen KPD und wegen seiner politischen Tätigkeit mehrmals zu kurzen Strafen verurteilt. Er stand auf dem ultralinken Parteiflügel. Im Dezember 1924 in den Reichstag gewählt, schloß er sich 1925 der Gruppe um ▸ Karl Korsch an. Als deren Organisator wurde er 1926 aus der KPD ausgeschlossen, zeichnete für die Zeitung der Korsch-Gruppe »Kommunistische Politik« verantwortlich. Der KPD-Führer ▸ Philipp Dengel bot Schlagewerth 2000 Mark, wenn er sein Reichstagsmandat freiwillig niederlege, der wies dieses Angebot entschieden zurück, blieb bis 1928 als Korsch-Anhänger im Reichstag und bis 1931 als unabhängiger Kommunist Stadtverordneter in München-Gladbach. Dort leitete er ab 1929 den Industrieverband unter Führung von ▸ Paul Weyers, eine kleine linksradikale Gewerkschaft. Nach 1933 illegal in verschiedenen linken Gruppen aktiv. Im Oktober 1936 verhaftet, bestritt er zunächst jede politische Tätigkeit, erklärte sich dann aber bereit, auszusagen. Schlagewerths umfassende Aussagen führten dazu, daß die KPO, anarcho-syndikalistische und trotzkistische Gruppen von der Gestapo zerschlagen werden konnten. Er schrieb über seine Beweggründe, er habe »anhand der Praktiken und auch der Theorie gefunden, daß der Nationalsozialismus die Ebene und das Fundament des Sozialismus in sich trägt«. Seine Denunziationen brachten 57 Angeklagte vor den NS-Richter. Besonders schwer belastete er »den Juden Lubinski« (▸ Dagobert Lubinski), der eine illegale Widerstandsgruppe der KPO leitete. Darüber hinaus beschuldigte Schlagewerth eine trotzkistische Organisation sowie seinen Freund Wilhelm Doll und wollte am 28. Oktober 1936 erneut vernommen werden, um eine syndikalistische Widerstandsgruppe zu entlarven. Über seine Trennung von diesen Gruppen notierte Schlagewerth: »1934 habe ich angefangen, mich mit der nationalsozialistischen Lehre zu befassen und war anhand der praktischen Erfahrungen schon im Begriff, meine ganze frühere Einstellung schon über Bord zu werfen, und stellte mir die Frage, ob ich die Sache der Gestapo melden sollte. Ich habe mir gesagt, schaue tiefer in die Sache und habe dann auch im Jahre 1935 von Müngersdorf erfahren, was ich hier angeben kann.« Er betonte zugleich: »Wäre ich noch Kommunist und Gegner des Nationalsozialismus, hätte ich jede Strafe über mich ergehen lassen, aber ich hätte geschwiegen wie ein Grab.« Am 6. April 1938 fand vor dem OLG Hamm ein großer Prozeß statt, in dem Schlagewerth selbst angeklagt war und sämtliche Mitangeklagten belastete. Er erhielt drei Jahre Zuchthaus und drei Jahre Ehrverlust. Als das RSHA anschließend »Schutzhaft« über ihn verhängen wollte, wandte sich die Gestapo München-Gladbach dagegen, denn Schlagewerth habe nach seiner Verhaftung »freiwillig ein umfangreiches Geständnis« abgelegt, wodurch der »gesamte illegale Apparat der KPD, KPO, Anarcho-Syndikalisten« aufgerollt werden konnte. Bereits am 16. Mai 1939 aus dem Zuchthaus Lüttringhausen entlassen, arbeitete er zunächst in Duisburg, zog 1940 nach Osnabrück, wo er bis Kriegsende beschäftigt war. Nach 1945 trat er politisch nicht mehr hervor, Heinrich Schlagewerth starb am 11. August 1951 in Duisburg.

▸ Schlanert, Karl (* 1891 – † 1972)

Geboren am 25. Oktober 1891 in Lübeck, dort Schiffszimmerer. 1920 trat Schlanert der KPD bei und gehörte von 1924 bis 1928 der Lübecker Bürgerschaft an. Nach 1933 betätigte er sich illegal für die KPD, wurde am 11. Oktober 1935 festgenommen und am 30. September 1936 vom Hanseatischen OLG zu einem Jahr und drei Monaten Gefängnis verurteilt, kam anschließend in die KZs Sachsenhausen und Buchenwald. Im Zuge der Amnestie anläßlich Hitlers 50. Geburtstag wurde Schlanert am 20. April 1939 entlassen. Am 20. August 1944 erneut verhaftet, saß er bis zum 23. Oktober 1944 im KZ Neuengamme. 1945 gehörte er der ernannten Bürgerschaft von Lübeck an und arbeitete als Gewerkschaftssekretär. Karl Schlanert starb am 6. September 1972 in Lübeck.

▸ Schlecht, Paul (* 1882 – † 1947?)

Geboren am 26. September 1882 in Rixdorf bei Berlin, Sohn eines Arbeiters; lernte von 1896 bis 1900 in einer Kunstschlosserei. Anschließend Werkzeugmacher in verschiedenen Berliner Betrieben. 1900 Mitglied der SPD, übte kleine ehrenamtliche Parteifunktionen aus. Er kam nicht zum Militär und gehörte während des Krieges der Berliner Opposition in der SPD an, 1917 trat er der USPD bei und war 1918 einer der Revolutionären Obleute. 1919 für die USPD Gemeindevertreter und später Bezirksverordneter in Berlin-Treptow. Mit dem linken Flügel der USPD kam Schlecht Ende 1920 zur KPD. Bis 1923 im Kabelwerk Oberspree beschäftigt, war er seit 1921 ehrenamtliches Mitglied der Berliner BL. Der VIII. Leipziger Parteitag 1923 wählte Schlecht als Kandidat in den ZA.

Nachdem die Linken auf dem IX. Frankfurter Parteitag im April 1924 die Mehrheit hatten, rückte er zur Spitzenführung der KPD auf. Er

wurde als Arbeiter Mitglied der Zentrale und auch ins Polbüro gewählt. Im Mai 1924 (sowie im Dezember 1924) zog er als Abgeordneter (Wahlkreis Potsdam I) in den Reichstag ein. Polizeilich gesucht (Steckbrief: »1,60 m groß, graue Augen, hellblondes, kurzes Haar«) wurde Schlecht Anfang Mai verhaftet. Der Reichstag entschied jedoch am 27. Juni 1924 über seine Freilassung. Anfang Juli 1924 schickte ihn die Zentrale als Polleiter in den Bezirk Erzgebirge-Vogtland, wo zuvor die Mittelgruppe dominierte. Auf dem V. Weltkongreß der Komintern wurde Schlecht Mitglied des EKKI und Kandidat des EKKI-Präsidiums. Ende 1924 übernahm er die Leitung des Bezirks Oberschlesien. Der X. Parteitag 1925 wählte ihn wieder ins ZK der Partei und auch erneut ins Polbüro. Bei den Auseinandersetzungen mit den Ultralinken war Schlecht ein treuer Anhänger der Ruth-Fischer-Führung. Er stand Ende August/September 1926 zusammen mit ▸ Arkadi Maslow und ▸ Anton Grylewicz als Mitglied der Berliner KPD-BL von 1923 vor Gericht. Das Verfahren gegen Schlecht wurde durch Amnestie eingestellt. Als 1925 der »Offene Brief« der Komintern gegen die Ruth-Fischer-Führung veröffentlicht wurde, galt Schlecht, da er keiner der »intellektuellen« Führer war und doch zur linken Opposition hielt, als eine der stärksten Stützen dieser Gruppe. Gemeinsam mit ▸ Hugo Urbahns stimmte er im ZK gegen den Ausschluß von ▸ Ruth Fischer, später wandte er sich ebenso gegen Urbahns Parteiausschluß.
Alle Versuche ▸ Ernst Thälmanns, den Proletarier Schlecht für seine Linie zu gewinnen, schlugen fehl. Schlecht unterschrieb den »Brief der 700« und trat zusammen mit ▸ Wolfgang Bartels und Anton Grylewicz als Vertreter der Urbahns-Gruppe auf dem XI. Essener Parteitag 1927 hervor. Sofort nach dem Parteitag, am 1. April 1927, erfolgte sein Ausschluß aus der KPD. Schlecht nahm an der Konferenz linker Kommunisten im März 1928 teil, und hat im April 1928 den Leninbund mitgegründet, den er jedoch zusammen mit Ruth Fischer und Arkadi Maslow kurz vor der Wahl im Mai 1928 wieder verließ. In der Folgezeit war er politisch nicht mehr aktiv. Nachdem 1928 sein Reichstagsmandat erloschen war, eröffnete er im Osten Berlins eine Gastwirtschaft. Schlecht sympathisierte noch immer mit der linken Opposition und in seinem Lokal konnte 1933 die letzte illegale Sitzung der Reichsleitung des Leninbundes stattfinden. Nach 1933 wechselte er mehrmals seine Wohnung, war nach 1945 noch Gastwirt in Ost-Berlin. Paul Schlecht soll aber der SED nicht angehört haben und 1947 gestorben sein.

▸ Schlich, Robert (* 1875 – † ?)

Geboren am 24. September 1875 in Wittenberg, Arbeiter, übersiedelte um die Jahrhundertwende nach Breslau und wurde Mitglied der SPD. Seit März 1910 Angestellter des Transportarbeiterverbandes in Breslau, im Weltkrieg Soldat. Er gehörte zur Spartakusgruppe, seine Frau betreute ▸ Rosa Luxemburg im Gefängnis. Schlich war als Breslauer Delegierter auf dem Gründungsparteitag der KPD Ende 1918. Anfang 1919 führte er die KPD-Organisation in Breslau, wurde im Frühjahr 1919 verhaftet, kam aber im April wieder frei. Robert Schlich trat später in der KPD nicht mehr hervor, Daten seines Lebenslaufs ließen sich nicht ermitteln.

▸ Schlichting, Alois (* 1886 – † 1953)

Geboren am 8. März 1886 in Heyerode/Thüringen, lernte Schlosser und arbeitete später auch als Handelsvertreter. 1917 Mitglied der USPD, ging Ende 1920 mit dem linken Flügel zur KPD. Auf dem VII. Jenaer Parteitag 1921 als Vertreter des Bezirks Wasserkante in den Zentralausschuß der KPD gewählt. Schlichting war einige Zeit Polleiter des KPD-UB Kiel und gehörte bis 1928 der Stadtverordnetenversammlung von Kiel an. 1931/32 Vorsitzender der Roten Hilfe in Kiel. Über Verhaftungen nach 1933 ist nichts bekannt, er gehörte ab 1945 wieder der KPD an, trat aber politisch nicht mehr hervor. Alois Schlichting, der einen kleinen Gemüsehandel betrieb, starb am 25. Dezember 1953 in Kiel.

▸ Schliebs, Arthur (* 1899 – † 1952)

Geboren am 25. Januar 1899 in Neumarkt/Schlesien, Sohn einer Fabrikarbeiterin; lernte Buchdrukker und nahm 1917/18 als Soldat am Weltkrieg teil. 1919 Mitglied der USPD, ging Ende 1920 in die VKPD, Leiter des KJD-Unterbezirks Zwickau. Von Februar bis April 1924 inhaftiert, nach seiner Freilassung 1924 Bergarbeiter in Waldenburg in Schlesien. 1925 hauptamtlicher Redakteur der KPD-Zeitung »Der Kämpfer« in Chemnitz. Von 1926 bis 1928 Kursant der Internationalen Leninschule in Moskau, wurde im Herbst 1928 Mitarbeiter in der Agitpropabteilung des ZK, anschließend bis 1931 Agitprop- bzw. Orgleiter der KPD-BL Halle-Merseburg. Dann Redakteur der »Arbeiterstimme« Dresden, an der Jahreswende 1932/33 erneut Mitarbeiter im Apparat des ZK der KPD. Schliebs war von April bis Juli 1933 in »Schutzhaft«, wurde im Dezember 1933 wieder festgenommen und vom VGH im Dezember 1935 zu zweieinhalb Jahren Zuchthaus verurteilt. Im Juni 1936 entlassen, erwerbslos, seit 1938 Vertreter für Singer-Nähmaschinen. Im August 1944 erneut verhaftet und im KZ. 1945/46 Mitglied des Sekretariats der KPD-BL Sachsen, später 2. Sekretär des SED-LV Sachsen. Schliebs gehörte zur Gruppe um den sächsischen Innenminister Kurt Fischer und spielte im (neben dem paritätisch besetzten SED-Sekretariat) sogenannten zweiten Apparat der Moskau-Kader eine maßgebliche Rolle. Im April 1951 erhielt Schliebs zunächst eine strenge Rüge und wurde mit völligem Funktionsverlust bestraft. Wegen »parteischädigenden und unmoralischen Verhaltens sowie wegen Nichtdurchführung des Beschlusses des ZK vom April 1951« wurde er am 24. Oktober durch die LPKK Sachsen aus der SED ausgeschlossen. Diesen Beschluß, gegen den er sich wehrte, bestätigte die ZPKK am 7. Dezember 1951. Unmittelbar danach, am 26. Januar 1952, starb Arthur Schliebs in Dresden.

▸ Schloer, Jakob (* 1888 – † 1956)

Geboren am 24. April 1888 in Holzkirchhausen/Bayern, Sohn einer kleinbäuerlichen Familie; lernte Kellner. 1911 trat er in die SPD ein, stand auf dem linken Flügel und gehörte 1918 zur Spartakusgruppe. Während des Krieges arbeitete er eng mit ▸ Paul Levi in Frankfurt/M. zusammen und kam gegen Kriegsende nach Mannheim, wo er 1919 einer der Mitbegründer der KPD wurde. Zunächst hauptamtlicher Sekretär und Redakteur an der Mannheimer KP-Zeitung, dann Polsekretär der KPD Badens und der Pfalz. Anschließend einige Zeit Geschäftsführer der Zentrale der KPD in Berlin, war Delegierter des II., III. und IV. Parteitags der KPD 1919/20. Auf dem III. Parteitag in den ZA gewählt, solidarisierte er sich 1921 mit der KAG, blieb aber in der KPD. Schloer wurde Leiter der noch in den Anfängen steckenden Roten Hilfe. Er kam 1923 nochmals nach Süddeutschland, war bis Anfang 1924 Orgleiter im Oberbezirk Süd (Hessen, Baden, Württemberg, Südbayern). Als Anhänger der Rechten 1924 einige Zeit ohne Funktion, übernahm er 1926 als Generalsekretär erneut die Leitung der Roten Hilfe. Bei den Auseinandersetzungen Ende 1928 wurde er (ebenso wie andere Rote Hilfe-Sekretäre, die den Rechten anhingen, z. B. ▸ Fritz Altwein, ▸ Adolf Ehlers oder ▸ Wilhelm Deisen) seiner Funktion enthoben und im Mai 1929 aus der KPD ausgeschlossen. Schloer trat sofort der KPO bei und übernahm bis 1933 die Leitung der Internationalen Hilfsvereinigung, eine von der KPO geschaffene Parallelorganisation der Roten Hilfe.

Wegen Widerstands gegen das NS-Regime 1933, 1934 und 1937 inhaftiert, saß er zeitweise in den KZs Oranienburg und Lichtenburg. Von 1936 bis 1945 arbeitete er als Korrektor in der Görner-Druckerei in Berlin. Schloer hatte über ▸ Georg Dünninghaus Kontakt zu der von ▸ Anton Saefkow geleiteten Widerstandsgruppe. Im August 1945 wurde er Leiter des Sekretariats und persönlicher Referent des Präsidenten der Deutschen Verwaltung für Arbeit und Sozialfürsorge ▸ Gustav Gundelach, dort 1947 Leiter der Verwaltungsabteilung. 1948/49 Hauptreferent in der Personalabteilung des ZS der SED, dann ab 1949 Geschäftsführer der Zentralen Leitung der HO. Die Säuberungen innerhalb der SED Anfang der fünfziger Jahre überstand Schloer trotz seiner KPO-Zeit zunächst unbeschadet, erhielt aber im März 1953 durch die ZPKK eine Rüge wegen Desavouierung einer chinesischen Regierungsdelegation auf der Leipziger Messe. Ab Juni 1953 arbeitete er in der IG Nahrung-Genuß-Gaststätten im FDGB. Nach längerer Krankheit starb Jakob Schloer am 24. August 1956 in Ost-Berlin. Doch wurde er nicht – wie sonst bei ehemaligen KPD-Führern üblich – mit einem Nachruf des ZK gewürdigt; nur seine Wohnparteigruppe Lichtenberg veröffentlichte eine kleine Todesanzeige im »Neuen Deutschland«.

Seine Frau **Helene Schloer**, geborene Lorenz (* 28. 6. 1887 – † 17. 4. 1964), ebenfalls vor dem Weltkrieg Mitglied der SPD, Kontoristin und Buchhalterin, von 1912 bis 1914 Näherin in Brüssel, dort hatte sie persönliche Verbindung zu ▸ Julian Borchardt. 1917 offiziell als Näherin in Amsterdam, aber als Kurier der Spartakusgruppe eingesetzt und arbeitete eng mit ▸ Wilhelm Pieck, ▸ Willy Schoenbeck und ▸ Oskar Triebel zusammen. Anfang 1918 illegal zurück nach Deutschland, von Mai 1919 bis Februar 1933 Buchhalterin und Kassiererin im ZK der KPD, nach dem Verbot der Partei im illegalen Kassenapparat der KPD. Von Februar bis Juni 1934 in »Schutzhaft«, stand sie anschließend unter Polizeiaufsicht; von 1937 bis 1946 Buchhalterin in Berlin. Bei der illegalen Arbeit hatte Helene Schloer Kontakt zur Saefkow-Gruppe. Sie schloß sich 1945 wieder der KPD und 1946 der SED an, wirkte aber nur noch bei der VVN in Berlin-Lichtenberg.

▸ Schlotterbeck, Friedrich (* 1909 – † 1979)

Geboren am 6. Januar 1909 in Reutlingen, Sohn eines Metallarbeiters; lernte Tischler und schloß sich 1923 der KJD und 1927 der KPD an. Schlotterbeck war Vorsitzender des KJVD in Stuttgart und Gauleiter der Roten Jungfront in Württemberg. 1929 kam er ins ZK des KJVD, 1929/30 Kursant an der Internationalen Leninschule in Moskau, nach Rückkehr zunächst Sekretär des KJVD in Württemberg. Dann nach Berlin geholt, hauptamtlicher Agitpropsekretär und Mitarbeiter am KJVD-Organ »Junge Garde«. Nach Auseinandersetzungen innerhalb des Sekretariats wurde Schlotterbeck seiner Funktionen enthoben, Ende 1931 als Instrukteur der KJI nach Skandinavien geschickt. Pfingsten 1933 organisierte er anläßlich des Europäischen Antifa-Kongresses in Paris eine antifaschistische Jugendkonferenz, kehrte Anfang August 1933 zur illegalen Arbeit nach Deutschland zurück, Instrukteur des KJVD in Ostsachsen. Dort am 1. Dezember 1933 festgenommen, zu drei Jahren Zuchthaus verurteilt und ab Mai 1937 in »Schutzhaft«. Am 28. August 1943 aus dem KZ Welzheim entlassen, arbeitete Schlotterbeck mit seiner ganzen Familie in Stuttgart-Untertürkheim aktiv gegen das NS-Regime, flüchtete vor erneuter Verhaftung Anfang Juni 1944 in die Schweiz. Hier veröffentlichte er den Erlebnisberichts eines Arbeiters »Je dunkler die Nacht, desto heller die Sterne«. Sämtliche Angehörige, Vater, Mutter, Schwester sowie seine Braut Else Himmelheber wurden am 30. November 1944 in Stuttgart hingerichtet. Schlotterbeck hatte in der Schweiz Anna von Fischer, geschiedene ▸ Anna Leibbrand, kennengelernt (sie heirateten im März 1951). Im Juni 1945 nach Deutschland zurückgekehrt, wurde er Vorsitzender der VVN in Württemberg, engagierte sich als Präsident des DRK in Baden-Württemberg und war dort Mitglied der KPD-Landesleitung. Gemeinsam mit

Anna von Fischer übersiedelten er im April 1948 in die SBZ. Als Mitglieder der SED gerieten beide bei der Überprüfung von Westemigranten in das Visier der ZPKK und des gerade gegründeten MfS. Bis Mitte Oktober 1950 Stadtrat für Volksbildung beim Rat der Stadt Dresden, Anfang 1951 wurde er entlassen und am 15. Februar 1951 wegen »Spionageverdachts« aus der SED ausgeschlossen. Schlotterbeck wurde bezichtigt, ein V-Mann der Gestapo gewesen zu sein, vor allem wurden ihm seine Kontakte zu Noel H. Field und Herta Jurr-Tempi in der Schweiz vorgeworfen. Die ZPKK ordnete die Einstampfung seines Buches »Je dunkler die Nacht, desto heller die Sterne« an. Ab Mitte April 1951 war er Bergarbeiter bei der SDAG Wismut im Erzgebirge. Am 15. Februar 1953 wurde er und seine Frau verhaftet und beide am 27. April 1954 vom 1. Strafsenat des Bezirksgericht Rostock wegen »Verbrechens gemäß Artikel 6 der DDR in Verbindung mit einem Vergehen gegen die Kontrollratsdirektive 38« und wegen »verbrecherischen Beziehungen zu dem amerikanischen Agenten Noel H. Field« zu sechs Jahren Zuchthaus verurteilt. Die Strafe wurde 1954 in drei Jahre umgewandelt. Am 15. Februar 1956 nach genau drei Jahren Haft freigelassen, erfolgte dann beider nichtöffentliche »Rehabilitierung« (Strafregistertilgung) und ihre Wiederaufnahme in die SED. Sie lebten in Groß-Glienicke (Bezirk Potsdam), arbeiteten als Schriftsteller und Hörspielautoren. Friedrich Schlotterbeck starb am 7. April 1979.

Schmeer, Heinrich (* 1906 – † 1960)

Geboren am 20. März 1906 in Triberg/Baden, wuchs bei seinem Großvater, einem Versicherungsinspektor, auf. Er war bis 1925 Bürogehilfe, Volontär, Hoteldiener und Bauarbeiter. Seit August 1920 in der KJD, ab 1925 hauptamtlicher KJVD-Funktionär, Leiter des UB Torgau und ab 1929 Agitprop- bzw. Orgleiter des KJVD Halle-Merseburg. 1929 Mitglied der KPD, von Dezember 1930 bis Frühjahr 1931 Schüler an der Parteischule in Leningrad, anschließend Praktikant beim EK der KJI in Moskau. Im Mai 1932 kehrte Schmeer nach Deutschland zurück, wurde Jugendsekretär im Reichserwerbslosenausschuß und gehörte dem Sekretariat des RGO-Reichskomitees an. Bis Ende 1933 ZK-Instrukteur des KJVD, im Januar 1934 festgenommen und im April 1934 vom Kammergericht Berlin zu zweieinhalb Jahren Zuchthaus verurteilt. Im Juli 1936 emigrierte Schmeer nach Prag, Instrukteur der AL Zentrum (Deckname Harry). Ab Oktober 1938 in Göteborg, reiste er 1939/40 mehrmals als Instrukteur der AL Nord nach Berlin und sollte dort im August 1940 gemeinsam mit ▸ Willi Gall die illegale Arbeit koordinieren. Am 9. September 1940 verhaftet und nach schwerer Folter im Juli 1941 vom VGH angeklagt. Der Oberreichsanwalt forderte die Todesstrafe, Schmeer erhielt jedoch lebenslang Zuchthaus und saß bis Ende April 1945 in Brandenburg. Er wurde nach der Befreiung stellvertretender Vorsitzender der KPD bzw. ab 1946 der SED in Berlin-Spandau, im Juli 1947 Nachrichtenredakteur beim Berliner Rundfunk und dann bis 1959 Mitarbeiter beim Staatlichen Rundfunkkomitee der DDR. Heinrich Schmeer starb am 7. Februar 1960 in Ost-Berlin.

Schmidt, Adolf (* 1883 – † 1954)

Geboren am 15. Mai 1883 in München, Sohn eines Vergolders; arbeitete als Hausdiener, machte eine Apotheker- und Buchdruckerausbildung und war später Drogist, Chemiker und Pharmazeut. Vor dem Weltkrieg Mitglied der SPD, trat er 1917 in die USPD ein. Im November 1918 Mitglied des Arbeiterrates von Kempten. Von 1920 bis 1924 gehörte er als Abgeordneter zunächst für die USPD, dann für die VKPD dem Bayerischen Landtag an, wurde aber im Februar 1922 verhaftet und kam auf die Festung Niederschönfeld. Später verließ er die KPD, zog sich aus dem politischen Leben zurück, dann jedoch 1929 erneut Mitglied der KPD. Ab 1931 erwerbslos, leitete er die KPD in Kempten im Allgäu und redigierte das »Kemptner Mosaik«, eine kleine Zeitung der KPD. Am 5. März 1933 festgenommen, kam in »Schutzhaft« und wurde im Oktober 1933 zu einem Jahr und zehn Monaten Gefängnis verurteilt. Im Rahmen der Gestapo-Verhaftungsaktion »Gewitter« nach dem 20. Juli 1944 erneut verhaftet, aber bald wieder freigelassen. Ende April 1945 als bekannter Antifaschist von der amerikanischen Besatzungsmacht zunächst als stellvertretender Bürgermeister von Kempten, am 25. Mai 1945 zum Landrat von Kempten berufen. Er blieb dies bis zur demokratischen Neuwahl im Jahre 1946, trat dann nicht mehr politisch hervor. Adolf Schmidt starb am 3. November 1954.

▸ Schmidt, Agnes (* 1875 – † ?)

Geboren am 14. Oktober 1875 in Gotha, vor der Jahrhundertwende Mitglied der SPD, während des Krieges der USPD, 1920 Übertritt zur KPD. Sie wurde 1921 als Abgeordnete in den Thüringer Landtag gewählt. Agnes Schmidt war einige Zeit für die Frauenarbeit in Thüringen verantwortlich. Als Anhängerin der Linken in der KPD zog sie auch 1924 wieder als Abgeordnete in den Thüringer Landtag ein. Zusammen mit ▸ Otto Geithner leitete sie 1925 die ultralinke Opposition in Thüringen. Nach dem Ausschluß Geithners aus der KPD solidarisierte sie sich mit ihm und trat 1926 aus der Partei aus. Sie gründete mit Geithner in Thüringen die KAG, eine ultralinke Gruppe, für die sie bei den Thüringer Landtagswahlen 1927 kandidierte, aber nicht gewählt wurde. Politisch trat sie dann nicht mehr hervor. Weitere Daten ihres Lebenslaufs ließen sich nicht in Erfahrung bringen.

▸ Schmidt, Alfred (* 1891 – † 1985)

Geboren am 24. November 1891 in Wintersdorf/Thüringen, Sohn eines Schuhmachermeisters und Sozialdemokraten, hatte zwölf Geschwister und arbeitete in verschiedenen Fabriken. 1908 Mitglied der Gewerkschaft und 1909 der SPD. Anfangs Brauereiarbeiter, dann viele Jahre bei der Reichsbahn in Erfurt als Rangierer beschäftigt. Von 1912 bis 1918 Soldat, im Weltkrieg Kriegsgegner, Anhänger der Spartakusgruppe, 1917 Mitglied der USPD. Seit Gründung der KPD 1919 Funktionär der Partei und von 1924 bis 1928 Vorsitzender der KPD in Erfurt, Stadtverordneter (Fraktionsführer). Bis 1928 Akquisiteur der KPD-Zeitung »Das Rote Echo«. Im Mai 1928 wurde Schmidt als Abgeordneter in den Preußischen Landtag gewählt. Er gehörte zum rechten Parteiflügel der KPD, deswegen im Dezember 1928 ausgeschlossen, behielt aber sein Mandat im Landtag bis 1932 für die KPO. In der KPO-BL Thüringen und ab 1930 in deren Reichsleitung aktiv. Nach 1933 leitete Schmidt die illegale KPO im UB Erfurt, schrieb für das KPO-Organ »Arbeiterpolitik«. Im Mai 1934 verhaftet, bis Ende Juni 1934 im Gestapogefängnis, wurde er im August

1935 erneut festgenommen und saß bis Mai 1939 in den KZs Esterwegen und Sachsenhausen.
Bereits in der Weimarer Republik war er wegen seiner politischen Tätigkeit für die KPD zweieinhalb Jahre inhaftiert gewesen. Während des Zweiten Weltkrieges entwarf er zusammen mit ‣ Otto Engert das Manifest der Widerstandsgruppe um ‣ Georg Schumann, war Kohlenträger und Bauarbeiter. 1945 trat Schmidt in Thüringen der KPD, dann der SED bei. Er wurde Landesleiter der IG Nahrung-Genuß-Gaststätten für Thüringen und 2. Vorsitzender der Zonenleitung. Doch schon 1947 hat ihn die SED wegen »antisowjetischer Einstellung« aus der Partei ausgeschlossen. Vom NKWD am 6. Juli 1948 verhaftet, wurde er im Dezember 1948 von einem sowjetischen Militärtribunal in Weimar wegen »antisowjetischer Propaganda« zum Tode verurteilt. Das Urteil wurde in 25 Jahre Arbeitslager umgewandelt und Schmidt zur Verbüßung in die Strafanstalt Bautzen gesperrt. Da er seine oppositionell-kommunistischen Vorstellungen offen vertrat und als Kommunist sowohl die sowjetische Besatzungspolitik als auch die Haltung der SED angriff, bestrafte ihn die sowjetische Besatzungsmacht schärfer, als er je für seine kommunistische Tätigkeit in der Weimarer Republik und selbst unter Hitler belangt worden war.
Nach mehr als acht Jahren Haft in der Strafanstalt Bautzen wurde er am 25. Juli 1956 entlassen. Da Schmidts Frau seit 1954 in der Bundesrepublik wohnte, wollte er zu ihr nach Westdeutschland ziehen, mußte sich aber mit Abgesandten der SED und der sowjetischen Militärpolizei auseinandersetzen, ehe ihm das gestattet wurde. Schmidt ging nach Salzgitter, fand dort Arbeit (bis 1959) und schloß sich der rechtskommunistischen Gruppe Arbeiterpolitik an. Allerdings wurde 1958 wieder ein politisches Verfahren gegen Schmidt eingeleitet. Er war im Zuchthaus Bautzen wegen seiner oppositionell-kommunistischen Haltung denunziert worden, daraufhin wurden ihm Vergünstigungen gestrichen. Dennoch hatte ein ehemaliger Mitgefangener Schmidt 1958 in der Bundesrepublik angezeigt. Er behauptete, daß Schmidt bei seiner politischen Auffassung in der Bundesrepublik wohl im geheimen für die SED und die Organe der Sowjetunion arbeiten würde. Aufgrund einer solchen absurden Unterstellung wurde Schmidt von der politischen Polizei mehrmals vernommen. Der Generalbundesanwalt stellte am 19. Januar 1959 das »Verfahren« ein, weil Zeugenaussagen Bautzener Mithäftlinge die Beschuldigungen widerlegt hatten. Schmidt hatte unter verschiedenen Regimen wegen seiner politischen Tätigkeit und Überzeugung über 15 Jahre hinter Gefängnismauern und Stacheldraht verbringen müssen. Alfred Schmidt starb am 9. Oktober 1985 in Frankfurt/Main.

‣ Schmidt, August Friedrich (* 1884 – † 1939)

Geboren am 13. Juli 1884 in Königsaue bei Quedlinburg, zunächst Landarbeiter, siedelte 1906 nach Hamburg über, Werftarbeiter am Staatskai. 1907 wurde er Mitglied der SPD, bei Kriegsende der USPD, Ende 1920 ging er mit der Mehrheit der Hamburger USPD zur VKPD. Von 1927 bis 1931 war Schmidt Abgeordneter der Hamburger Bürgerschaft. Er beteiligte sich aktiv am Aufbau der RGO und gehörte zur Führung des »Einheitsverbandes der Seeleute, Hafenarbeiter und Binnenschiffer Deutschlands«. 1933 leistete er illegalen Widerstand und leitete die KPD im Hamburger Stadtteil Winterhude. Deswegen wurde er am 17. September 1935 verhaftet und 1936 zu einer zweijährigen Gefängnisstrafe verurteilt. 1939 entlassen, starb August Friedrich Schmidt am 3. August 1939 in Hamburg.

‣ Schmidt, Bernhard (* 1903 – † 1971)

Geboren am 12. September 1903 in Nürnberg, Sohn eines Feinmechanikermeisters und einer Buchhalterin. Nach dem Besuch der Präparandenanstalt zwei Jahre Lehrerseminar in Schwabach, wurde 1921 wegen »Verhöhnung des Religionsunterrichts« von der Anstalt verwiesen. Anschließend Volontär in einer Nürnberger Fabrik, Ende 1922 Statistiker in Holenbrunn. Seit

1922 Mitglied der KJD und der KPD, BL-Mitglied, ab Oktober 1923 illegal tätig, Agitpropleiter für den Oberbezirk Bayern-Württemberg-Frankfurt. Am 15. Dezember 1923 festgenommen und zu sechs Monaten Gefängnis verurteilt, danach bis Mitte Februar 1925 Literaturobmann der BL Nordbayern. Nach Aufhebung des Parteiverbots Orgleiter der KPD Nordbayern, 1927 Redakteur des KP-Blattes »Nordbayrische Volkszeitung«. Anfang 1928 gemeinsam mit ▸ August Creutzburg und ▸ Karl Fischer als ZK-Kommissare in den Parteibezirk Pfalz gegen die Opposition unter ▸ Hans Weber eingesetzt, Ende 1928/Anfang 1929 in gleicher Funktion gegen die Opposition um ▸ Heinrich Galm und ▸ Alwin Heucke in Hessen, anschließend Org- bzw. Polleiter im Bezirk Hessen/Frankfurt. Mitte 1930 in die Orgabteilung des ZK nach Berlin gerufen, übernahm Schmidt im Juli 1931 die Leitung des illegalen Reichsliteraturvertriebs. Im Oktober 1932 wegen Zugehörigkeit zur Gruppe um ▸ Heinz Neumann entlassen. Im März 1933 festgenommen, kam in »Schutzhaft« in das KZ Spandau, nach seiner Freilassung illegale Arbeit und 1935 erneute »Schutzhaft«. Im Oktober 1937 vom Berliner Kammergericht zu zwei Jahren und neun Monaten verurteilt. Unter Anrechnung der U-Haft Entlassung im Januar 1938. Bis 1944 Zuschneider (Heimarbeit) in Berlin. Er übernahm Ende 1945 die Leitung der Brandenburger Parteischule der KPD, ab 1946 der Landesparteischule der SED »Ernst Thälmann« in Schmerwitz. Durch eine Passage in dem Buch des KPD/SED-Funktionärs und thüringischen Ministerpräsidenten Werner Eggerath (* 16. 3. 1900 – † 16. 6. 1977) »Nur ein Mensch« fühlte sich Schmidt 1948 zu Unrecht als Verräter gebrandmarkt. In seiner dokumentarischen Erzählung hatte Eggerath berichtet, daß ihm im Mai 1937 von der Gestapo das Foto eines Mithäftlings vorgehalten und gleichzeitig entsprechende belastende Aussagen vorgelesen wurden. Dieser »Mithäftling«, Bernhard Schmidt, fühlte sich getroffen und forderte eine genaue Prüfung. Daraufhin begann die Kaderabteilung des ZS des SED-PV mit Nachforschungen. Im April 1949 stellte die ZPKK die Untersuchungen ein und sprach Schmidt von allen Anwürfen frei. Er wurde aber 1951 wegen »überheblichen Benehmens und nationalistischen Verhaltens« abgelöst, bis 1961 nur noch Werkleiter des VEB Berliner Werkzeugfabrik, anschließend Leiter der Wirtschaftsstatistik im Magistrat von Ost-Berlin. Er erhielt 1966 den VVO in Silber. Bernhard Schmidt starb am 15. Juni 1971 in Ost-Berlin.

▸ Schmidt, Elli (* 1908 – † 1980)

Geboren am 9. August 1908 in Berlin, Tochter eines Polizeibeamten; lernte Schneiderin. Seit 1927 Mitglied des KJVD und der KPD, von 1929 bis 1932 Mitglied der erweiterten KPD-BL Berlin-Brandenburg. Sie arbeitete in der Frauenabteilung der BL, reiste im Oktober 1932 nach Moskau und studierte bis 1934 unter dem Parteinamen Irene Gärtner an der Internationalen Leninschule. Im Herbst 1934 kehrte sie illegal nach Deutschland zurück, war Anfang des Jahres 1935 Polleiterin im Bezirk Niederrhein. Im Sommer 1935 nahm sie am VII. Weltkongreß der Komintern und anschließend an der »Brüsseler Konferenz« in Moskau teil und wurde als Irene Gärtner ins ZK gewählt. Bis 1937 Polleiterin des Bezirks Berlin, von 1937 bis 1940 im Sekretariat des ZK der KPD in Paris tätig, emigrierte sie 1940 in die Sowjetunion. 1941 zeitweilig aus Moskau evakuiert, arbeitete sie ab 1942 am »Deutschen Volkssender« und wirkte innerhalb des NKFD. Anfang Juni 1945 nach Deutschland zurückgekehrt, unterschrieb sie den Aufruf des ZK der KPD vom 11. Juni 1945 mit ihrem Parteinamen Irene Gärtner, leitete 1945/46 das Frauensekretariat des ZK der KPD und war Vorsitzende des Zentralen Frauenausschusses beim Magistrat von Groß-Berlin. Ab 1946 Mitglied des PV bzw. des ZK der SED und des Zentralsekretariats. Sie war von 1947 bis 1949 Vorsitzende des DFD-Landesverbandes Groß-Berlin, im Mai 1949 wurde sie anstelle von ▸ Emmi Damerius-Koenen 1. Vorsitzende des DFD-Bundesvorstands. Elli Schmidt, die seit ihrer Moskauer Zeit mit ▸ Anton Ackermann zusammenlebte, bis 1949 mit ihm verheiratet war und zwei Kinder hatte, wurde auf dem III. Parteitag der SED 1950 Kandidatin des Politbüros. Nach dem 17. Juni 1953 gehörte sie zu den schärfsten Kritikern ▸ Walter Ulbrichts und forderte dessen Ablösung als Generalsekretär. Deswegen kam sie bei der Neuwahl des Politbüros am 26. Juli 1953 nicht mehr ins Politbüro, erhielt im Januar 1954 eine Rüge und wurde »wegen nicht parteimäßigen Verhaltens« aus dem ZK ausgeschlossen. Am 10. September 1953 verlor Elli Schmidt den Vorsitz des DFD, weil sie, so die offizielle Begründung »in den Tagen der faschistischen Provokation die Interessen der Frauen und des Volkes nicht konsequent vertreten hat«. Die gelernte Schneiderin wurde im Januar 1954 Direktorin des Instituts für Bekleidungskultur, des späteren Deutschen Modeinstituts in Ost-Berlin. Im Juli 1956 formal »rehabilitiert«, lebte sie ab 1967 als Rentnerin in Ost-Berlin, sie erhielt 1978 den Karl-Marx-Orden. Elli Schmidt starb am 30. Juli 1980.

▸ Schmidt, Erich (* 1895 – † 1952)

Geboren am 29. Dezember 1895 in Neubrandenburg, Sohn einer Arbeiterfamilie; lernte von 1910 bis 1912 Bürogehilfe, anschließend arbeitete er bei Gasanstalten. Von 1915 bis 1918 Soldat im Weltkrieg, 1919 Notstandsarbeiter. Im Januar 1919 wurde er Mitglied der SPD, Ende 1919 der USPD, im April 1920 der KPD, Vorsitzender der Ortsgruppe Neubrandenburg und von 1920 bis 1923 Stadtverordneter. Von Juli 1923 bis 1932 gehörte Erich Schmidt als Abgeordneter dem Landtag von Mecklenburg-Strelitz an. Am 6. Mai 1924 verhaftet und am 24. Juni 1925 vom Staatsgerichtshof in Leipzig zu zweieinhalb Jahren Gefängnis verurteilt, Ende August 1925 jedoch durch die »Hindenburg-Amnestie« entlassen. Vom März bis Ende 1933 »Schutzhaft«. Ab 1934 Notstandsarbeiter bzw. ab Februar 1943 Lagerarbeiter in Neubrandenburg. Im Zuge der Gestapo-Verhaftungsaktion »Gewitter« im August/September 1944 erneut inhaftiert. 1945 wurde Schmidt wieder Mitglied der KPD, 2. Sekretär der KL Neubrandenburg, 1946 SED, er zog sich aus der politischen Arbeit zurück und war seit dem 1. September 1947 selbständig. Erich Schmidt starb am 6. Februar 1952 in Neubrandenburg.

▸ Schmidt, Felix (* 1885 – † 1932)

Geboren am 13. Dezember 1885 in Magdala/ Thüringen, lernte Drucker und ging anschließend auf Wanderschaft. Längere Zeit Arbeit in Hannover und Bremen, 1900 Mitglied des Arbeiter-Turnerbundes, 1904 der SPD und der

Gewerkschaft. Während des Krieges war Schmidt in der Leitung der Bremer Linksradikalen. Seit November 1918 Sekretär der Internationalen Kommunisten in Bremen. Er war Delegierter Hannovers auf dem Gründungsparteitag der KPD in Berlin, danach Sekretär der Partei. Schmidt war führend an der Bremer Räterepublik 1919 beteiligt. Ende 1919 Sekretär der KPD in Hannover, 1920 war er für einige Zeit inhaftiert. Felix Schmidt wurde auf dem VII. Jenaer Parteitag 1921 in die Zentrale gewählt, ebenso auf dem VIII. Leipziger Parteitag 1923. Er übernahm in Berlin die wichtige Funktion des Hauptkassierers der Zentrale. Im Herbst 1923 kam er als Polleiter des Oberbezirks Südwest zunächst nach Frankfurt/M., dann übernahm er 1923/24 den Oberbezirk Südost (Lausitz, Schlesien). Bis zum IX. Parteitag 1924 war er nochmals kurze Zeit Hauptkassierer der KPD. Im Mai 1924 in Schlesien als Abgeordneter in den Reichstag gewählt, mußte er aber als Rechter auf Betreiben der linken Führung sein Mandat niederlegen. Für ihn rückte der später als Polizeiagent entlarvte ▸ Alfred Hamann in den Reichstag nach. Bis Dezember 1924 war Schmidt Abgeordneter des Preußischen Landtags, dann wurde er abgeschoben und lebte längere Zeit in Moskau, dort in der Internationalen Roten Hilfe tätig. Als Mitglied der Zentrale von 1923 polizeilich gesucht (Steckbrief: »Hohe Stirn, schwarze Haare, graue Augen, breiter Mund, schmales, fahles Gesicht, gebogene Nase, auffallend lange Arme und große Hände«), konnte erst ab 1926 wieder in Deutschland arbeiten, hier zeitweilig Leiter sämtlicher KPD-Druckereien und auch in der Roten Hilfe führend. Am 14. Juli 1929 als Anhänger der rechten Opposition aus der KPD ausgeschlossen, trat der KPO bei und gehörte zu deren Reichsleitung. Mit der Minderheit der KPO ging er 1932 zur SAP. Felix Schmidt starb nach einer Magenoperation am 20. April 1932.

▸ Schmidt, Heinrich (* 1894 – † 1970)

Geboren am 12. Oktober 1894 in Essen, Sohn eines Schreiners, in ärmlichen Verhältnissen mit

fünf Geschwistern aufgewachsen; Hilfsarbeiter, von 1911 bis 1914 Blechzeichner in einem Essener Blechwalzwerk und im Hüttenbetrieb in Düsseldorf. Vor 1914 Mitglied der SPD, von 1914 bis 1916 Soldat, ab 1916 Vorzeichner bei einer Maschinenfabrik in Düsseldorf, später auch als Schlosser beschäftigt bei den Deutschen Edelstahlwerken, hier von 1927 bis 1929 Betriebsrat. Er wurde 1917 Mitglied der USPD, 1921 der KPD. Von 1924 bis 1929 Gemeindeverordneter für Querenburg, ein Ortsteil der 1929 nach Bochum eingemeindet wurde, sowie von 1929 bis 1933 Stadtverordneter in Bochum. Aktiv in der Freidenkerbewegung, in den dreißiger Jahren Vorsitzender der proletarischen Freidenker in Bochum. 1928 Mitglied der Parteiführung in Bochum. Auf dem XII. Weddinger Parteitag 1929 wurde Schmidt als Kandidat ins ZK berufen. Im gleichen Jahr hauptamtlicher Parteifunktionär, von 1930 bis 1932 UB-Sekretär in Essen, ab Mitte 1932 bis 1933 UB-Sekretär in Oberhausen. Im April 1932 wurde Schmidt im Wahlkreis Westfalen-Nord in den Preußischen Landtag gewählt. Am 14. März 1933 in Lage/Lippe verhaftet, kam er zu Vernehmungen nach Bielefeld und für längere Zeit ins KZ Börgermoor. Nach seiner Freilassung wandte sich Schmidt im Januar 1935 an den Bochumer Oberbürgermeister, ihn als Arbeitslosen bei der Stellensuche zu unterstützen. Später Vorzeichner bei einer Firma in Wanne-Eickel, soll er 1939 wieder in Bochum gewohnt und als Schlosser gearbeitet haben. Nach 1945 trat er politisch nicht mehr hervor. Heinrich Schmidt starb am 9. Juli 1970 in Bonn.

▸ Schmidt, Hermann (* 1886 – † 1939?)

Geboren am 24. Juli 1886 in Jätschau bei Glogau, Metallarbeiter. Übersiedelte nach Berlin und war von 1907 bis 1918 Mitglied der SPD, von 1918 bis 1920 der USPD und seit 1920 der KPD. Er war einige Jahre im AM-Apparat tätig (Pseudonym Andre Berrat) und später in der Roten Hilfe Berlin. Schmidt war 1933 illegal für die KPD aktiv, er flüchtete wegen drohender Verhaftung am 14. Juli 1934 in die Sowjetunion. Dort im Januar 1937 vom NKWD verhaftet, kam Hermann Schmidt 1938 oder 1939 im Gulag ums Leben.

▸ Schmidt, Johann-Lorenz, Dr. phil. (* 1900 – † 1978)

Geboren als László Radványi am 13. Dezember 1900 in Budapest, Sohn eines Versicherungsangestellten. 1918/19 Studium der Volkswirtschaft und Philosophie an der Universität Budapest. 1919 flüchtete er nach der Niederschlagung der Ungarischen Räterepublik nach Österreich und setzte an der Universität Wien bzw. von 1920 bis 1923 in Heidelberg sein Studium fort. Hier promovierte er zum Dr. phil., arbeitete als Buchhändler und trat 1924 der KPD bei. Er heiratete 1925 Netty Reiling (Anna Seghers), sie hatten zwei Kinder: Peter (* 1926) und Ruth (* 1928). Von 1925 bis 1930 war László Radványi, der sich in Deutschland Johann-Lorenz Schmidt nannte, als Ökonom Angestellter der sowjetischen Handelsvertretung in Berlin. Außerdem arbeitete er für die Agitpropabteilung des ZK der KPD und war Mitbegründer und von 1927 bis Anfang 1933 Reichsleiter der MASCH in Berlin. Im Februar 1933 emigrierte er mit seiner Familie nach Frankreich, von 1934 bis 1939 Leiter der »Freien Deutschen Hochschule« in Paris. Dort im Januar 1940 verhaftet und interniert. Im Frühjahr 1941 Emigration nach Mexiko, Professor für Ökonomie an der Arbeiteruniversität »Obrera«. Als aktives Mitglied des »Heinrich-Heine-Klubs« gehörte er der von ▸ Paul Merker geführten KPD-Gruppe an. Ab 1944 hatte er einen Lehrstuhl an der National-Universität Mexiko-City, wurde 1946 mexikanischer Staatsbürger und war zeitweilig Mitarbeiter der sowjetischen Aufklärung. Im Juni 1952, fünf Jahre später als seine Frau Anna Seghers, kam er in die DDR, erhielt als Mitglied der SED einen Lehrstuhl für »Probleme des gegenwärtigen Imperialismus« an der Ostberliner Humboldt-Universität. Bei der Überprüfungen der Westemigranten mehrmals von der ZPKK und dem MfS zu Paul Merker, ▸ Erich Jungmann und anderen Mexiko-Emigranten befragt, belastete er diese in seinen Aussagen. Von 1954 bis 1965 war er Abteilungsleiter am wirtschaftswissenschaftlichen Institut der Akademie der Wissenschaften und erhielt 1971 den VVO in Gold. Johann-Lorenz Schmidt-Radványi starb am 3. Juli 1978 in Ost-Berlin.

▸ Schmidt, Karl (* 1897 – † 1938)

Geboren am 14. August 1897 in Prag, Sohn eines Oberstleutnants der österreichischen Armee. Nach dem Gymnasium meldete er sich 1915 freiwillig zur Artillerie. Wie viele durch die Fronterlebnisse radikalisiert, gehörte er 1918 in Brünn dem Soldatenrat an und gründete eine sozialistische Studentengruppe. Seit 1920 in der KP der ČSR (u. a. Redakteur), 1921 ging er nach Berlin. In der KPD zunächst Redakteur des theoretischen Organs »Die Internationale«, hat er viele Artikel (unter K.S.) publiziert. Karl Schmidt polemisierte gegen alle Abweichungen, trat vor allem in der Kostufra vehement für die Parteilinie ein. Dennoch wegen ultralinker Tendenzen im September 1926 nach Moskau versetzt, dort Referent in der Agitpropabteilung des EKKI. 1928 wieder nach Berlin in die Informationsabteilung des ZK berufen, war Schmidt aktiv am Kampf gegen die Versöhnler beteiligt. Im Mai 1931 kam er erneut nach Moskau, Mitarbeiter im MELI, erhielt dort wegen »nicht genügender Wachsamkeit« eine Rüge. Um seine Parteiloyalität zu beweisen, meldete Schmidt dem Parteisekretär ▸ Fritz Heckert im März 1933, daß er in der Wohnung von ▸ Hermann Taubenberger mit seinem Freund ▸ Erich Wollenberg und einigen anderen die Wahlergebnisse in Deutschland gehört habe und darüber diskutiert wurde. Er denunzierte ▸ Rakow (Felix Wolf), der gesagt habe: »Gott sei Dank, daß der Trottel, der Teddy [Ernst Thälmann] verhaftet ist.« Diese private Zusammenkunft bei Taubenberger nahm das NKWD später zum Anlaß einer großangelegten Säuberung, der dann Karl Schmidt selbst zum Opfer fiel. Im August 1936 wurde auch er aus dem MELI entlassen und im Dezember 1937 aus der KPdSU ausgeschlossen. Am 22. März 1938 verhaftet und wegen »Spionage« am 17. Mai von einer Sonderberatung des NKWD zum Tode verurteilt, wurde Karl Schmidt am 28. Mai 1938 in Butowo erschossen. Seine Frau **Hildegard Schmidt** (* 1902) kam 1931 an das MELI, schied 1932 wegen Lungenkrankheit aus, Invalidin. Am 12. September 1941 in Moskau verhaftet, ist sie am 8. Februar 1942 in Frunse umgekommen.

▸ Schmidt, Kurt (* 1905 – † 1938)

Geboren am 14. Januar 1905 in Marten/Krs. Dortmund, Schlosser, zeitweise Betriebsrat in Dortmund. 1927 trat er in die SPD ein, 1931 wechselte er zur KPD. 1932/33 gehörte Kurt Schmidt der Leitung des UB Dortmund an, er wurde am 5. März 1933 in den Preußischen Landtag gewählt, konnte das Mandat aber wegen der einsetzenden Verfolgung durch das NS-Regime nicht ausüben. Nach kurzer Inhaftierung emigrierte er in das Saargebiet, war dort unter dem Decknamen August Hartmann führend in der Emigrationsleitung tätig. Nach der Saarabstimmung ging er nach Frankreich, arbeitete im Koordinierungsausschuß für Spanienfreiwillige und ging Ende 1937 selbst nach Spanien. Als Angehöriger der Internationalen Brigaden war er Führer einer Maschinengewehr-Kompanie im »Edgar-André-Bataillon«. Kurt Schmidt fiel am 14. März 1938 bei Alcansis an der Ebrofront.

▸ Schmidt, Marie (* 1895 – † 1971)

Geboren als Marie Kühn am 10. Februar 1895 in Egelsbach bei Darmstadt, zweitjüngste von sieben Töchtern eines Landwirts. Sie ging nach Darmstadt »in Stellung«. Im April 1914 heiratete sie den Stukkateur Adolf Theodor Schmidt. Über die proletarische Freidenkerbewegung, wo sich beide stark engagierten, gelangte Marie Schmidt in die KPD. Sie wurde in den Gemeinderat von Egelsbach gewählt und als Rednerin für die KPD in Hessen bekannt. Dabei soll sie sehr aggressiv aufgetreten sein, erhielt deshalb den Namen »Rote Marie«. Am 15. November 1931 als eine der drei weiblichen Abgeordneten in den Hessischen Landtag gewählt, hielt sie ihre einzige kleine Rede im Februar 1932 in der Debatte zu einer Regierungsvorlage. Im März 1933 mit ihrem Mann verhaftet, nach einigen Wochen entlassen. Ihr Sohn Theo flüchtete 1934 ins Saargebiet und ging 1936 nach Spanien, wo er als Angehöriger der Internationalen Brigaden 1937 bei Taragona fiel. Nach dem Tod ihres Mannes 1943 arbeitete Marie Schmidt in einem Frankfurter Postamt. 1945 übersiedelte sie nach Neu-Isenburg zu ihrer Tochter Margot, wurde wieder Mitglied der KPD und des DFD und zog sich dann aus dem politischen Leben zurück. Marie Schmidt starb am 14. Juni 1971 in Neu-Isenburg.

▸ Schmidt, Martin (* 1905 – † 1961)

Geboren am 13. Juni 1905 in Köln, Sohn eines Sattlergesellen und späteren Beamten. 1924 Abitur, dann Lehre als kaufmännischer Angestellter, von 1926 bis 1928 Exportkaufmann und studierte Wirtschaftswissenschaften. 1926 Mitglied der KPD, ab 1928 kaufmännischer Angestellter in Dresden, von 1930 bis 1933 in Düsseldorf. Seit 1930 war Schmidt Mitarbeiter des KPD-Nachrichtendienstes bzw. des AM-Apparats in Düsseldorf, u. a. zuständig für die »Zersetzung« von SPD und Polizei. Er gehörte ab 1931 der BL Niederrhein an und war 1933 verantwortlich für Agitation und Propaganda im Sekretariat der illegalen BL Niederrhein. 1933/34 absolvierte er einen Lehrgang an der M-Schule der Komintern in Moskau, Schuldeckname Emil. Nach seiner Rückkehr Leiter des AM-Apparats für Nord- und Mitteldeutschland sowie Berlin. Er wurde am 30. Oktober 1935 verhaftet, im November 1936 vom VGH zu zehn Jahren Zuchthaus verurteilt, saß bis 1945 im Zuchthaus Brandenburg. Nach der Befreiung war Schmidt bis Mai 1949 stellvertretender Leiter der Magistratsabteilung für Personalfragen in Berlin, nach Spaltung der Stadtverwaltung Ende 1948 Stadtkämmerer für Finanzen des Magistrats von Ost-Berlin. 1954 Stellvertreter bzw. 1. Stellvertreter des Ministers der Finanzen der DDR, von 1955 bis 1958 Professor für Finanzwesen der Humboldt-Universität, danach Präsident der Deutschen Notenbank der DDR. Martin Schmidt starb am 16. Juni 1961.

▸ Schmincke, Richard, Dr. med. (* 1875 – † 1939)

Geboren am 17. Oktober 1875 in Altenritte bei Kassel, Sohn eines Lehrers. Nach dem Besuch des Gymnasiums in Korbach (Hessen) Studium der Medizin an den Universitäten in Leipzig und Marburg. Anschließend forschte er bei Robert Koch und wurde Mikrobiologe. Seit 1905 selbständiger Badearzt in Bad Elster, während des Weltkriegs kurze Zeit Militärarzt an der Westfront. Schmincke, der bereits vor dem Krieg Mitglied der SPD war, kam über die USPD 1919 zur KPD und wurde einer ihrer Führer im Vogtland. Anfang der zwanziger Jahre hatte er eine Praxis in Sachsen. Beeinflußt durch enge Zusammenarbeit mit ▸ Max Hoelz vertrat Schmincke zeitweise ultralinke Positionen. 1923 war er Delegierter auf dem VIII. Parteitag in Leipzig. Er rückte Anfang Mai 1924 für ▸ Ernst Schneller, der in den Reichstag eingezogen war, als Abgeordneter in den Sächsischen Landtag nach und wurde 1926 wiedergewählt. Schmincke reiste mehrmals in die Sowjetunion, behandelte als Arzt dort führende Staats-, Partei- und Komintern-Funktionäre und war 1925 im Auftrag der Komintern in China, wo ihn Sun Yat-sen konsultierte. Im August 1924 übersiedelte Schmincke als praktischer Arzt nach Dresden. Ende 1927 zum besoldeten Stadtrat für Gesundheit nach Berlin-Neukölln (bis Februar 1933) berufen, legte er im November 1927 sein Mandat im Sächsischen Landtag nieder. Auch in Berlin blieb er für die KPD aktiv, 1928 stand er auf der KPD-Reichsliste für die Wahlen zum Reichstag (nicht gewählt), kam für die Partei in die Berliner Stadtverordnetenversammlung und gehörte 1932 zu den Gründern des kommunistischen »Klubs der Geistesschaffenden«. In der Nacht des Reichstagsbrandes im Februar 1933 verhaftet, verbrachte Schmincke zehn Monate in »Schutzhaft« im Gefängnis Berlin-Spandau. Nach seiner Freilassung unter Gestapo-Beobachtung, bemühte er sich als Arzt um jüdische Bürger und um verfolgte Antifaschisten. 1939 wurde ein Prozeß gegen ihn angestrengt, er verlor wegen »mangelnder nationaler Zuverlässigkeit« seine Approbation. Der beruflichen Existenz beraubt und auch wegen seines sich verschlechternden Gesundheitszustandes (Glaukom) wählte Richard Schmincke am 19. August 1939 in Berlin den Freitod.

Sein Sohn Werner Schmincke (* 19. 12. 1920) studierte Medizin, war nach 1945 Kreis und Bezirksarzt und einer der bekanntesten Sozialmediziner der DDR, zeitweise Rektor der Medizinischen Akademie »Carl Gustav Carus« in Dresden und Präsident der »Gesellschaft für die gesamte Hygiene«.

▸ Schmirgal, Otto (* 1900 – † 1944)

Geboren am 15. Dezember 1900 in Bentschen/Posen, Sohn eines Eisenbahnschaffners; lernte Rundschleifer und gehörte von 1918 bis 1920 dem rechtsradikalen Freikorps »Ost« an. Dann als Arbeiter gewerkschaftlich aktiv, trat er 1925 in Berlin in die KPD ein. Ab 1927 bei der BVG angestellt, dort Betriebsrat, war er im November 1932 während des BVG-Streiks von RGO (und NSBO) Mitglied der zentralen Streikleitung. Schmirgal gehörte zur BL Berlin-Brandenburg, wurde am 5. März 1933 in den Preußischen Landtag gewählt, konnte aber wegen der einsetzenden Verfolgung durch die Nationalsozialisten sein Mandat nicht ausüben. Bis August 1933 arbeitete er illegal, wurde dann festgenommen und saß 1933/34 in Brandenburg sowie im KZ Esterwegen in »Schutzhaft«. Nach seiner Freilassung im September 1934 Notstandsarbeiter beim Bau der Autobahn und ab 1937 in seinem Beruf als Rundschleifer. Er bemühte sich in seinem Betrieb in Berlin-Wittenau um Unterstützung für die von ▸ Robert

Uhrig geleitete Widerstandsgruppe. Deshalb am 4. Februar 1942 verhaftet und im September 1944 vom Volksgerichtshof zum Tode verurteilt. Otto Schmirgal wurde am 24. Oktober 1944 im Zuchthaus Brandenburg hingerichtet. Sein Bruder **Hans Schmirgal** (* 28. 12. 1906 – † 19. 12. 1973) trat 1928 der KPD bei, wurde im Oktober 1933 verhaftet und zu zweieinhalb Jahren Zuchthaus verurteilt. Im Krieg Verbindung mit seinem Bruder Otto, wurde er im Februar 1943 zum Strafbataillon 999 eingezogen. Nach kurzer sowjetischer Kriegsgefangenschaft im September 1945 wieder in Berlin, trat er der KPD bei. Hans Schmirgal war langjähriger Leiter des VdN-Referats des Ostberliner Magistrats.

▸ Schmitt, Georg (* 1899 – † 1937)

Geboren am 25. Dezember 1899 in Hochfelden/Elsaß, Transportarbeiter. Schmitt wurde 1920 Schutzpolizist und trat der SPD bei. 1921 wegen »Aufwiegelei zum Ungehorsam« entlassen, wurde er wieder Arbeiter, 1923 Übertritt von der SPD zur KPD, aktiver Funktionär im Bezirk Ruhr. 1930 Kursant der Internationalen Leninschule in Moskau (Deckname Leo), kam er noch im gleichen Jahr in den AM-Apparat, zunächst bei der BL Ruhr, dann in der Zentrale. Er mußte 1932 flüchten und ging in die Sowjetunion, dort Mitarbeiter des ZK der Internationalen Roten Hilfe. 1936 vom NKWD verhaftet, wurde Georg Schmitt 1937 erschossen.

▸ Schmitt, Heinrich (* 1895 – † 1951)

Geboren am 6. Oktober 1895 in Waldbüttelbronn bei Würzburg, Sohn eines Arbeiters, seine Mutter betrieb eine kleine Landwirtschaft. Er lernte Dreher, ab 1913 Mitglied der SPD. 1915 zum Militär einberufen, wurde verschüttet, arbeitete ab Dezember 1916 bei den BASF in Ludwigshafen. 1917 trat er zur USPD über, kam 1920 mit deren linkem Flügel zur KPD. Schmitt zog 1917 nach Leuna, wurde Schlosser in den Leuna-Werken und übernahm verschiedene Funktionen, galt als geschickter und geschulter Redner. Ab Mitte der zwanziger Jahre Betriebsratsvorsitzender der Leuna-Werke, hier 1928 und 1929 wieder in diese Funktion berufen. Im September 1928 wurde Schmitt als Abgeordneter im Wahlkreis Merseburg in den Reichstag gewählt. Er schloß sich den Versöhnlern an, wurde deswegen von der Partei getadelt und kam 1930 nicht wieder in den Reichstag, verlor auch seinen Posten als Betriebsratsvorsitzender und wurde entlassen. Schmitt blieb aber in der KPD und unterwarf sich der Parteidisziplin, ging 1930 als Facharbeiter in die Sowjetunion, arbeitete zunächst als Dreher im Moskauer Werk »Hammer und Sichel« und besuchte dann die Internationale Leninschule. Im Juli 1931 kehrte er nach Deutschland zurück und wurde vom ZK als Generalsekretär des Internationalen Komitees der Chemiearbeiter eingesetzt. Ostern 1933 in die Sowjetunion emigriert, war dort wieder Dreher und wirkte ehrenamtlich in der »Internationale der Chemiearbeiter«. Im Juni 1934 nach Prag entsandt, dann ZK-Instrukteur im Saargebiet. Anschließend reiste er mit einem gefälschten Paß auf den Namen Walter Scheublein nach Deutschland und war Oberberater für Gewerkschaftsarbeit im Rheinland. Schmitt wurde am 7. Mai 1935 festgenommen und nach fast zwei

Jahren Untersuchungshaft am 8. Februar 1937 vom VGH zu 15 Jahren Zuchthaus verurteilt. Im April 1945 von den Amerikanern aus dem Zuchthaus Landsberg/Lech befreit, schloß sich Heinrich Schmitt wieder der KPD an, wurde im September 1945 Inspektor der Ortskrankenkasse Würzburg, dann am 5. Oktober 1945 Staatsminister für Sonderaufgaben in der Bayerischen Regierung, u. a. für die Entnazifizierung verantwortlich. Er gehörte dem Sekretariat der Landesleitung der KPD Bayern an und geriet in Konflikt mit der Partei, die ihn kritisierte, seine Geschäftsführung als Minister sei falsch. Daraufhin trat Schmitt am 1. Juli 1946 als Staatsminister zurück und am 26. Oktober 1947 auch aus der KPD aus. Politisch betätigte er sich nicht mehr, baute sich in München ein Geschäft auf. Heinrich Schmitt starb am 13. August 1951 in München.

Seine Frau Anna (* 9. 11. 1892 – † 29. 9. 1984), geborene Nawroth, zog mit der Familie 1933 in die Sowjetunion. Sein Sohn **Harry Schmitt** (* 1919 – † 1999) besuchte die Karl-Liebknecht-Schule, 1934 in den Komsomol aufgenommen, arbeitete er als Schlosser in einem Forschungsinstitut. Am 17. Februar 1938 vom NKWD verhaftet, in der Lubjanka schwer mißhandelt und am 10. Oktober 1938 zu fünf Jahren Arbeitslager verurteilt. 1940 aus dem Moskauer Butyrka-Gefängnis entlassen, war Harry Schmitt ab 1942 Freiwilliger in der Roten Armee. Nach 1945 Funktionär in der westdeutschen KPD.

▸ Schmitt, Konrad von der (* 1887 – † 1951)

Geboren am 30. Januar 1887 in Darmstadt, besuchte das Realgymnasium, studierte nach dem Abitur in Gießen, München und in Frankfurt/M. und machte die Prüfung für das höhere Lehramt. Bis 1910 an verschiedenen Schulen in Hessen tätig, von 1915 bis 1918 Soldat im Weltkrieg. Danach Studienrat in Offenbach/Main. 1920 Mitglied der KPD, wurde er 1925 wegen seiner kommunistischen Aktivitäten von Offenbach nach Alsfeld strafversetzt. Der XI. KPD-Parteitag 1927 berief von der Schmitt in die Agitpropkommission. Er kam im November 1927 als Abgeordneter in den Hessischen Landtag. 1928 schied er aus dem Schuldienst aus und wurde hauptamtlicher KPD-Funktionär, 1931 aber nicht mehr in den Landtag gewählt, war dann bis 1933 im Arbeitsamt in Offenbach beschäftigt. Nach 1933 längere Zeit inhaftiert, u. a. im KZ Dachau. 1945 wieder Mitglied der KPD. Von der Schmitt war zunächst kommissarischer Leiter des Arbeitsamtes Offenbach, dann von 1946 bis 1949 als Schulrat im hessischen Kultusministerium tätig. Er gehörte von August bis November 1946 für die KPD der Verfassungberatenden Landesversammlung und von Oktober 1949 bis November 1950 dem Hessischen Landtag an. Konrad von der Schmitt starb am 15. September 1951 in Langen (Hessen).

▸ Schmittinger, Emil (* 1904 – † 1972)

Geboren am 12. Februar 1904 in Berlin, Sohn eines Schneiders; lernte Dreher. 1929 Mitglied der KPD, von 1929 bis 1933 leitete er den AM-Apparat in Berlin-Adlershof. Ende November 1933 emigrierte er in die ČSR, arbeitete dort zunächst als Instrukteur des ZK und kam im April 1934 zur illegalen Arbeit nach Deutschland zurück, wirkte in Ostsachsen. Schmittinger nahm im August 1935 am VII. Weltkongreß der Komintern und im Oktober an der »Brüsseler Konferenz« teil. Ab Februar 1936 in der Schweiz für die Anleitung von Frankfurt/M. und Mannheim zuständig. Im März 1937 verhaftet und nach Frankreich ausgewiesen, im Mai 1938 in Holland wegen »Paßvergehens« 19 Monate in Haft. Anschließend in Belgien, wurde 1940 interniert, flüchtete nach Südfrankreich und gelangte im April 1944 (getarnt als französischer Fremdarbeiter) nach Kratzau/Sudeten. Dort stellte sich Schmittinger 1945 dem tschechischen Nationalkomitee zur Verfügung und kehrte Ende Mai 1945 nach Deutschland zurück. Zunächst Angestellter bei der Kriminalpolizei in Berlin-Adlershof, später wurde er Angehöriger der Deutschen Verwaltung des Innern bzw. der

HVDVP, zuletzt im Range eines VP-Oberrats Stabschef des Wachbataillons von Ost-Berlin. Ab Dezember 1949 in verschiedenen Funktionen tätig, u. a. Personalchef im DDR-Zentralamt für Forschung und bis August 1958 Referent an der DDR-Botschaft in Warschau. Zuletzt Mitarbeiter im Büro des Ministerrates, er erhielt 1971 den VVO in Silber. Emil Schmittinger starb am 23. November 1972 in Ost-Berlin.

▸ Schmückle, Carl, Dr. phil. (* 1898 – † 1938)

Geboren am 9. September 1898 in Enzklösterle im Schwarzwald, von 1913 bis 1916 besuchte er ein theologisches Seminar in Maulbronn. 1917 Soldat im Weltkrieg, als Infanterist verwundet. Im November 1918 Mitglied des Ulmer Soldatenrats, wurde Mitglied des »Roten Soldatenbundes« und des Spartakusbundes, schloß sich 1919 der KPD an. Schmückle studierte 1919/20 am Tübinger Stift Philosophie und Theologie und gehörte einer kommunistischen Studentengruppe an. Auf Empfehlung von ▸ Clara Zetkin wechselte er dann zur Nationalökonomie und hörte in Berlin Vorlesungen über den Marxismus bei Gustav Meyer und Heinrich Cunow. Von 1921 bis 1923 Student in Jena, belegte Seminare bei ▸ Karl Korsch, 1924 promovierte er mit einer Dissertation über »Logisch-historische Elemente der Utopie«. Seit September 1923 Redakteur bei verschiedenen KPD-Zeitungen u. a. Chefredakteur der »Bergischen Volksstimme« in Remscheid, dann Angestellter der Zentrale der KPD. Ende 1924 reiste Schmückle auf Parteibeschluß in die Sowjetunion, war dort bis 1931 wissenschaftlicher Mitarbeiter unter David Rjasanow am Marx-Engels-Institut in Moskau, ab 1926 Mitglied der KPdSU(B). Leiter der Deutschen Gruppe in der Redaktionsabteilung der MEGA und auch schriftstellerisch tätig. In der Zeitschrift »Unter dem Banner des Marxismus« veröffentlichte er 1928 eine zweiteilige Studie zur »Kritik des deutschen Historismus« und übersetzte 1929 den Band 19 von Lenins Werken sowie »Die Grundprobleme des Marxismus« von Plechanow ins Deutsche. Wegen »versöhnlerischer Ansichten« erhielt Schmückle 1929 eine Parteirüge. Bei der Anfang 1931 einsetzenden Parteisäuberung des Instituts, der Entlassung Rjasanows und der Besetzung des Instituts durch die GPU wurde er mit weiteren Mitarbeitern entlassen. Von 1931 bis 1934 Redakteur und verantwortlicher Sekretär der »Deutschen Zentral-Zeitung«, zeitweise auch im Büro der Internationalen Vereinigung Revolutionärer Schriftsteller, von 1934 bis 15. April 1935 kam er als Redakteur der deutschen Ausgabe zur Zeitschrift »Internationale Literatur/Deutsche Blätter«. Am 27. August 1936 wurde Schmückle in der »Literaturnaja gaseta« mit anderen Mitgliedern des sowjetischen Schriftstellerverbandes öffentlich als »Parteifeind« angegriffen. Daraufhin erfolgte am 2. Oktober 1936 sein Ausschluß aus der KPdSU(B) wegen »politischer Schwankungen und Verbindung zu trotzkistischen Volksfeinden«. Am 30. November 1937 vom NKWD verhaftet, am 24. Januar 1938 zum Tode verurteilt, wurde Carl Schmückle am 14. März 1938 erschossen (1958 vom Militärtribunal Moskaus »rehabilitiert«).

Seine Frau **Anna Schmückle**, geb. Salomon, geschiedene Bernfeld (* 1. 10. 1892 in Hirschberg), war Psychologin. Sie kam 1924 mit Carl Schmückle ans Marx-Engels-Institut in Moskau, verlor wie er dort 1931 ihren Arbeitsplatz und war in der VAA beschäftigt. Nach der Verhaftung ihres Mannes 1937 als Ärztin tätig, dann nach Saratow evakuiert, wählte Anna Schmückle 1941 den Freitod.

▸ Schneck, Karl (* 1886 – † 1943)

Geboren am 21. April 1886 in Hageloch/Württemberg, lernte Schreiner. 1907 wurde Schneck Mitglied der SPD, stand auf dem linken Flügel seiner Partei und war ab 1910 Vorsitzender der SPD im Stadtbezirk Stuttgart-West. Seit 1915 Soldat, Unteroffizier. Im Frühjahr 1919 Übertritt zur USPD, hauptamtlicher Gewerkschaftssekretär in Stuttgart. Ging 1920 mit der linken USPD zur KPD, obwohl er anfänglich gegen

den Anschluß an die Komintern gestimmt hatte. Ein Jahr lang Redakteur der Stuttgarter KPD-Zeitung, übernahm er 1921 in der BL Württemberg die Kommunalabteilung und zog als Abgeordneter in den Landtag von Württemberg ein, dem er ununterbrochen bis 1932 angehörte. 1923 Leiter der IAH in Württemberg, Teilnahme am II. RGI-Kongreß und am IV. Weltkongreß der Komintern 1922. Anfang 1924 trotz seiner Immunität verhaftet und am 27. September 1924 im Prozeß gegen führende württembergische Kommunisten zu drei Jahren Gefängnis verurteilt. 1925 freigelassen, war Schneck von Februar bis Juni 1926 Polleiter des Bezirks Württemberg, dort ab 1927 Orgleiter und von 1928 bis 1932 auch Vorsitzender der kommunistischen Gruppe im Landtag. Auf der Sitzung der BL am 16./17. Januar 1932 wurde er seiner Funktion als Orgleiter enthoben. Ihm, wie dem gleichfalls abgesetzten Polleiter ▸ Joseph Schlaffer, wurde vorgeworfen, den »Hauptstoß« nicht gegen die Sozialdemokratie gerichtet zu haben. Nun hauptamtlicher Sekretär in Westfalen und ab Ende 1932 Orgleiter des Bezirks Baden. Am 8. Februar 1933 in Mannheim verhaftet, saß er bis Ende März 1934 in den KZs Heuberg und Kislau in »Schutzhaft«. Nach seiner Entlassung illegal für die KPD tätig, emigrierte Schneck im Januar 1935 über die ČSR in die Sowjetunion und war dort bis Ende Januar 1940 unter dem Namen Ernst Feldmann Referent im Sekretariat der IRH. Er wurde 1941 zuerst ins Wolgagebiet und später nach Ostkasachstan evakuiert, aber faktisch verbannt. Karl Schneck starb dort am 3. Februar 1943 an einer schweren Lungenentzündung, die er sich bei der Beschaffung von Bauholz zugezogen hatte. Seine Tochter **Gertrud Schneck** (* 31. 12. 1911) lebte ab 1945 mit ▸ Robert Leibbrand zusammen. Funktionärin der KPD in Württemberg, 1953 Abgeordnete im Deutschen Bundestag. Auf Parteibeschluß mit ihrem Mann in die DDR übergesiedelt, arbeitete sie u. a. beim Ausschuß für Deutsche Einheit. Gertrud Leibbrand starb am 12. Juli 2002 in Berlin.

▸ Schneider, Josef (* 1882 – † 1939)

Geboren am 18. März 1882 in Hontheim in der Eifel, Sohn eines Försters. Er ging auf eine streng katholische Schule und sollte nach dem Willen des Vaters Pfarrer werden, statt dessen fuhr er zur See, war dann 14 Jahre Schiffsjunge, Leicht- und Vollmatrose und Quartiermeister. Nach Besuch der Steuermanns- und Schiffsschule erhielt er das Große Schiffspatent. Von 1901 bis 1904 leistete er Militärdienst, nun begann auch seine politische Entwicklung. Zeitweise hatte sich Schneider den Anarchisten angeschlossen und organisierte auf einem Schlachtschiff eine kleine Meuterei, wofür er 18 Monate Festungshaft erhielt (fünf wegen guter Führung erlassen). 1905 in Hamburg Mitglied der SPD, seine Arbeitskollegen wählten ihn 1909 zum Sekretär des Seemannsverbandes. 1914 zur Kriegsmarine einberufen, diente er auf verschiedenen Schiffen und war am Ende des Krieges Signalmaat in einer Kaserne in Wilhelmshaven. Mit Ausbruch der Revolution stand Josef Schneider, der 1917 der USPD beigetreten war, an der Spitze des Arbeiter- und Soldatenrates in Wilhelmshaven und wurde Mitglied des 21er Rates, der dort als eine Art Präsidium des Arbeiter- und Soldatenrates die Macht ausübte. Einige Zeit gehörte er zur Führung der am 7. November 1918 ausgerufenen Republik Oldenburg-Ostfriesland, deren Präsident der USPD-Funktionär Paul Kuhnt war. Wegen seines Engagements während der nur eintägigen Herrschaft der »Sozialistischen Räte-Republik Wilhelmshaven« wurde Schneider am 1. Februar 1919 verhaftet, nach Berlin gebracht, wo er bis Juni 1919 im Gefängnis saß. Im Auftrag der USPD-Führung ging er im September 1919 als Redakteur an die »Mansfelder Volkszeitung« nach Eisleben und wurde sehr schnell zu einem unter der Arbeiterschaft anerkannten Vertrauensmann.

Während des Kapp-Putsches im März 1920 Mitglied im Aktionsausschuß für den Generalstreik und Leiter des Sicherheits- und Polizeiwesens. Ende 1920 war Schneider für den Anschluß an die III. Internationale und für die Vereinigung mit der KPD zur VKPD. Dank seines Einsatzes kam er im März 1921 an die Spitze des aus VKPD, KAP und Betriebsräten gebildeten Aktionsausschusses, der sich am 19. März nach dem Einmarsch der Sicherheitspolizei ins Mansfelder Land konstituiert hatte. Hier traf Schneider am 22. März 1922 erstmals mit ▸ Max Hoelz zusammen und wurde in der Folgezeit dessen Stellvertreter. Hoelz berichtete darüber in seinem Buch »Vom ›weißen Kreuz‹ zur roten Fahne«: »Schneider war Redakteur an der Parteizeitung in Eisleben und leitete dort die Bewegung. Es war zum Schreien komisch, wenn dieser auffallend kleine, überfette Mensch in einem kleinen Wanderauto, daß er irgendwo requiriert hatte, durch die von streikenden Arbeitern angefüllten Straßen fuhr. Wer ihn nicht persönlich kannte, mußte ihn für einen kapitalistischen Ausbeuter halten. Trotz seines ungeheuren Körperumfangs war Schneider von einer erstaunlichen Beweglichkeit. Bei den in den folgenden Tagen stattfindenden Kämpfen zeigte es sich, daß er organisatorisch begabt war. Ich übertrug ihm die Verpflegung der Truppe sowie die Verwaltung der beschlagnahmten Gelder. Beide Aufgaben erledigte er mit Geschick.«

Im Unterschied zu Hoelz, der verhaftet und verurteilt wurde, gelangte Schneider nach Sowjetrußland, wurde aber in Abwesenheit wegen »Hochverrats, Mordes oder Mordversuchs, Freiheitsberaubung, schweren Raubs« u. a. angeklagt. Erst nach der 1928 erlassenen Amnestie hielt sich Schneider 1930 – nur für vier Wochen – in Deutschland auf. In Moskau kam er zunächst in die Presseabteilung der Komintern und schrieb 1921 die Broschüre »Die blutige Osterwoche im Mansfelder Land«. Darin lobte er im Auftrag der Komintern und der KPD einerseits Hoelz als mutigen Revolutionär, kritisierte ihn aber auch wegen seiner anarchistischen »nichtkommunistischen« Auffassungen. Schneider ging 1922 nach Leningrad, arbeitete in der Hafenverwaltung, wurde als Betriebsleiter einer heruntergekommenen Fabrik für deren Mißmanagement verantwortlich gemacht und sogar verhaftet. Anschließend in die Tatarische ASSR entsandt und – im Auftrag der Hungerhilfe – einige Zeit Leiter eines großen Staatsgutes in der Gegend von Kasan, dessen Erträge und Gewinne der IAH zugute kamen. Ab 1930 bei der Verwaltung der Staatsverlage angestellt und zeitweilig Sekretär der deutschen Sektion des sowjetischen Schriftstellerverbandes. Wegen seiner langjährigen journalistischen und schriftstellerischen Tätigkeit wurde die kleine Wohnung der Schneiders (1933 übersiedelten Frau und Tochter in die Sowjetunion) in der Moskauer Gorkistraße ein beliebter Treffpunkt deutscher Emigranten.

Bereits Ende 1935 geriet er in die Mühlen der stalinistischen Säuberungen, verlor zunächst seine Anstellung im Schriftstellerverband und wurde am 5. Januar 1936 aus der KPdSU ausgeschlossen. Am 5. November 1936 vom NKWD verhaftet, wurde er mit ▸ Hans Rogalla und ▸ Paul Scholze der »konterrevolutionären trotzkistisch-faschistischen Tätigkeit« bezichtigt und am 10. Juli 1937 von einem NKWD-Sondertribunal zu fünf Jahren Arbeitslager verurteilt. Während Rogalla und Scholze 1938 nach erneuter Anklage, Sabotage verübt zu haben, erschossen wurden, starb Josef Schneider am 18. November 1939 infolge Unterernährung und fehlender medizinischer Betreuung. Schneiders Tochter Annemarie (verheiratete Raddünz) erfuhr 1991 erstmals von Fridolin Seydewitz, selbst einst Gulaghäftling: »Deinen Vater traf ich 1939 im Lager für Invaliden ... Ich kam im September dorthin und nicht allzu lange Zeit [danach] ist er, offensichtlich wegen seines kranken Herzens, verstorben. Er war am ganzen Körper geschwollen, ging am Stock und gab in der Speisehalle Löffel aus, so daß er wenigstens in der letzten Zeit nicht übermäßig hungern mußte.«

▸ Schneider, Kurt (* 1899 – † 1971)

Geboren am 30. April 1899 in Chemnitz, Sohn einer Arbeiterfamilie; Modelltischler, 1918 zum Militärdienst einberufen. 1919 schloß er sich der KPD an und war von 1920 bis 1922 Bezirksleiter der FSJ bzw. der KJD in Chemnitz, 1923 Wahl zum Mitglied des ZK. Von 1923 bis 1925 arbeitete er als KJD-Jugendsekretär für Nordwestdeutschland in Hannover, Schneider war von 1927 bis 1930 Gewerkschaftsredakteur der kommunistischen Zeitung »Der Kämpfer«, dann 1931/32 wegen »Vorbereitung zum Hochverrat« zu eineinhalb Jahren Festungshaft verurteilt. Nach der Freilassung Redakteur an der »Arbeiterstimme« in Dresden. Ab Februar 1933 Sekretär der KPD-UB Halle und Plauen, am 15. Mai 1933 verhaftet und nach mehrmonatiger »Schutzhaft« vom Kammergericht Halle zu zweieinhalb Jahren Gefängnis verurteilt. Danach Modelltischler, 1945 zunächst Redakteur, von 1946 bis 1960 Chefredakteur der »Freien Presse« in Zwickau. Er erhielt 1959 den VVO in Silber. Kurt Schneider starb am 17. März 1971.

▸ Schneider, Martin Friedrich (* 1885 – † ?)

Geboren am 10. November 1885 in Zschackwitz bei Dresden, Klempnerlehre, bis 1914 in Dresden Klempner und Schlosser, im Krieg Soldat. 1918 Eintritt in die USPD, ging 1920 mit der linken USPD zur KPD. Aktiver Funktionär, einer der wenigen Linksoppositionellen in Dresden, wurde er im Mai 1924 Polleiter des Bezirks Ostsachsen, blieb in dieser Funktion als Anhänger der Ruth-Fischer-Führung bis zum »Offenen Brief« 1925. Delegierter des V. Weltkongresses in Moskau im Juli 1924, im Dezember 1924 Kandidat bei den Reichstagswahlen, aber nicht gewählt. Nach dem »Offenen Brief« wurde Schneider als Polleiter abgelöst und durch ▸ Siegfried Rädel ersetzt. Er gehörte der linken Opposition an, wurde 1927 aus der KPD ausgeschlossen und sympathisierte mit dem Leninbund. Vor 1933 näherte er sich aber wieder der KPD, doch ist unbekannt, ob er wieder Parteimitglied wurde. 1933 mußte er aus Dresden flüchten, emigrierte in die Tschechoslowakei, wo er 1934/35 aktiv in der deutschen Emigration wirkte. Weitere Daten seines Lebenslaufs ließen sich nicht ermitteln, er soll während der deutschen Besetzung der Tschechoslowakei ums Leben gekommen sein. Laut Mitteilung des Ordnungsamtes Pirna wurde Martin Friedrich Schneider am 31. Juli 1956 für tot erklärt.

▸ Schneider, Richard (* 1876 – † 1941)

Geboren am 12. August 1876 in Crottendorf/ Erzgebirge, Sohn eines Kleinbauern; Landarbeiter, übernahm 1912 den väterlichen Hof von sechs Hektar. Von 1914 bis 1918 Soldat im Weltkrieg. Durch die Not der Kleinlandwirte während der Krise und Inflation 1923 radikalisiert, schloß er sich 1924 dem kommunistischen »Bund schaffender Landwirte« an und übernahm 1925 den Vorsitz dieser Organisation im Bezirk Erzgebirge-Vogtland. Ab 1926 Mitglied der KPD, zeitweise Gemeindevertreter in Crottendorf und Kreistagsmitglied von Annaberg. Von 1929 bis 1933 gehörte Schneider dem Sächsischen Landtag an und war Agrarexperte der KPD. Ab 1932 Mitglied der Reichsleitung des »Bundes schaffender Landwirte«, wurde er im März 1933 verhaftet, befand sich bis Herbst 1934 in »Schutzhaft« im Gefängnis Annaberg und im KZ Colditz. An den Haftfolgen starb Richard Schneider am 26. Februar 1941 in Crottendorf.

▸ Schnellbacher, Friedrich (* 1884 – † 1947)

Geboren am 20. März 1884 in Hanau, Sohn eines Steinmetzes; lernte Lithograph. Er trat 1906 in die SPD ein und löste 1912 Robert Dißmann als Sekretär der SPD-Kreisorganisation Hanau ab. Von 1915 bis 1922 Abgeordneter der Hanauer Stadtverordnetenversammlung, stand Schnellbacher auf dem äußersten linken Flügel der Partei. 1916 zum Militär einberufen, erkrankte er schwer an Gelenkrheumatismus, kam ins Lazarett und wurde aus der Armee entlassen. Auf der Reichskonferenz der SPD im September 1916 Sprecher der Gruppe Internationale und im April 1917 als Vertreter der Spartakusrichtung Mitglied des USPD-Beirates. Er war 1918/19 Vorsitzender des Hanauer Arbeiter- und Soldatenrates, es gelang ihm mit dem Arzt ▸ Dr. Georg Wagner, die große Mehrheit der Hanauer USPD bereits im Frühjahr 1919 in die KPD zu überführen. Er wurde Leiter der KPD-Ortsgruppe Hanau und hauptamtlicher Angestellter in der Konsumgenossenschaft Langenselbold. Auf dem III. Parteitag der KPD im Februar 1920 in Karlsruhe wurde Schnellbacher zum Ersatzmitglied der Zentrale gewählt, er war im April 1920 gemeinsam mit ▸ Wilhelm Pieck Vorsitzender des IV. Parteitages, wieder Ersatzmitglied der Zentrale und Vertreter Hessens im ZA. Als es Ende September 1920 unter ▸ August Thalheimer zur Bildung eines politischen und eines organisatorischen Büros in der Zentrale der KPD kam, wurde Schnellbacher neben ▸ Jacob Walcher, ▸ Rosi Wolfstein u. a. einer der politischen Kommissare bzw. Vertrauensleute. Diese sollten die Verbindung der beiden Büros mit den Bezirken sichern und die Kontrolle über die dortige Ausführung der Parteibeschlüsse gewährleisten. Da sich das System nicht bewährte, wurden danach sogenannte Oberbezirkssekretäre eingesetzt. Schnellbachers Parteilaufbahn endete 1921/22, aber es fehlen Anhaltspunkte, ob er aus politischen Gründen abgelöst wurde. Ab Ende 1922 wirkte Schnellbacher als Sekretär des »Internationalen Bundes der Kriegsopfer und Kriegshinterbliebenen« für den Bezirk Hessen in Frankfurt/M., ab 1929 besoldeter Sekretär in dessen Hauptvorstand in Berlin. Deshalb zog er im Februar 1929 von Hanau nach Birkenwerder bei Berlin, wurde rasch Vorsitzender der dortigen KPD-Ortsgruppe und im November 1929 auch Abgeordneter des Brandenburgischen Provinziallandtages. Er arbeitete einige Zeit als Sekretär der märkischen Siedlungsbaugenossenschaft »Die kinderreiche Familie«. Im SPD-Organ »Vorwärts« wurden Schnellbacher im November 1930 Amtsmißbrauch und Korruption während seiner Langenselbolder Zeit als Konsumangestellter vorgeworfen. Im Januar 1933 zog er nach Berlin-Neukölln, um den Beobachtungen durch die Nazis zu entgehen. Er wurde mehrmals polizeilich vernommen, blieb aber außer Verfolgung, war lange Zeit erwerbslos, später Lithograph. 1945 wurde er Leiter der Hauptabteilung der Berufsfürsorge für Schwerbeschädigte in der Landesversicherungsanstalt Berlin. Seit April 1946 Mitglied der SED, jedoch politisch nicht mehr aktiv. Friedrich Schnellbacher starb am 4. Dezember 1947. »Neues Deutschland« druckte am 7. und 9. Dezember 1947 nur zwei kleine private Traueranzeigen.

▸ Schneller, Ernst (* 1890 – † 1944)

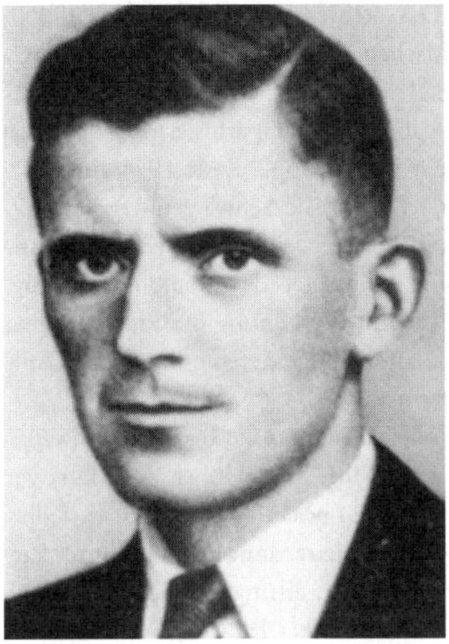

Geboren am 8. November 1890 in Leipzig, sechstes Kind eines Eisenbahnassistenten, der vorher zwölf Jahre bei der königlich-sächsischen Armee gedient hatte und 1895 starb. Ernst Schneller besuchte das Lehrerseminar in Grimma, bestand 1911 die Schulamtskandidaten-Prüfung und war bis 1913 Hilfslehrer in der kleinen Stadt Kirchberg im Erzgebirge. Nach der Abschlußprüfung 1913 Lehrer an der vierten höheren Bürgerschule in Leipzig. Er meldete sich 1914 freiwillig, kam an die Front und wurde 1916 nach einem Ausbildungskurs für Offiziere Leutnant, später Oberleutnant, schließlich 1917/18 Bataillonsadjutant an der Ostfront. Bei Ausbruch der Revolution in den Soldatenrat gewählt, kam Schneller im Januar 1919 nach Sachsen zurück, war ab März 1919 Lehrer in Schwarzenberg/Erzgebirge. Die Linke protestierte im Gemeinderat zunächst gegen die Berufung eines Offiziers, zog den Protest aber zurück, als er der SPD beitrat. Schneller war bis April 1920 Mitglied der SPD und deren Stadtverordneter. Im Erzgebirge wurde dieser unpolitische, kleinbürgerliche Lehrer, der vor dem Kriege Nationalist war, radikalisiert. Während des Kapp-Putsches leitete er in Schwarzenberg die militärische Abwehr gegen die Kapp-Truppen, arbeitete dann eng mit den Kommunisten zusammen und trat zur KPD über, die ihn im November 1920 als Kandidat zur Landtagswahl aufstellte. Zunächst nicht gewählt, rückte er aber im April 1921 anstelle des ausgeschiedenen Abgeordneten ▸ Gottfried Weimer für die KPD in den Sächsischen Landtag nach. Bei der März-Aktion 1921 übernahm Schneller wieder militärische Aufgaben und sympathisierte 1921 einige Zeit mit der Levi-Gruppe. Ende 1921 zum UB-Leiter der KPD in Aue-Schwarzenberg gewählt, blieb aber Lehrer. Er lebte asketisch, war Abstinenzler und Anhänger der Brandler-Führung, die ihn 1923 mit der Leitung der Proletarischen Hundertschaften und anderen militärischen Aufgaben betraute.

Nach der Niederlage im Oktober 1923 schwenkte er sofort zur Mittelgruppe über, doch kurz vor dem Parteitag 1924 bekannte er sich zur Parteilinken, kam als Delegierter zum IX. Frankfurter Parteitag und wurde dort erstmals in die Parteizentrale gewählt. Im Dezember 1924 zog Schneller auch in den Reichstag ein, dem er ununterbrochen bis 1933 angehörte. In der KPD-Zentrale wurden ihm wichtige militärische und organisatorische Aufgaben übertragen. Im November 1924 aus dem Schuldienst entlassen, kam er als hauptamtlicher Funktionär nach Berlin. Schneller leitete als Anhänger der Ruth-Fischer-Führung sehr bald die theoretische Arbeit und die Agitation der KPD. Nachdem die Ultralinken und mit ihnen ▸ Karl Korsch im Frühjahr 1925 in einen Gegensatz zur Zentrale gerieten, wurde Schneller Herausgeber der theoretischen Zeitschrift »Internationale« und Leiter der »Marxistisch-leninistischen Zirkel«. Er machte sich einen Namen als Hauptvertreter des »Kampfes gegen den Trotzkismus und Luxemburgismus«. Auf dem X. Parteitag 1925 erstattete er den Bericht der Zentrale und galt als »Generalsekretär« der Partei, obwohl es diese Funktion offiziell nicht gab. Nach dem »Offenen Brief« 1925 wechselte Schneller sofort zur neuen Thälmann-Führung, aber seine ständigen Schwenkungen riefen viel Kritik hervor. Bucharin soll ihn sogar als das »politisch charakterloseste Subjekt« der KPD bezeichnet haben; die Opposition meinte höhnisch, Schneller spiele nur deshalb eine wichtige Rolle, weil er »klüger als Ernst Thälmann und fleißiger als Philipp Dengel« sei.

Auch in der neuen Führung erhielt er eine bedeutende Position, ging im März 1927 als Polleiter in den Bezirk Erzgebirge-Vogtland, um die dortige linke Gruppe um ▸ Paul Bertz und ▸ Heinrich Wesche zu isolieren. Vom XI. Parteitag 1927 wieder ins ZK und auch wieder ins Polbüro gewählt, kam er im Oktober 1927 als einer der vier Mitglieder des Politsekretariats zurück nach Berlin. Delegierter des VI. Weltkongresses der Komintern 1928, der ihn zum Kandidaten des EKKI berief. Am 26. September 1928 leitete Schneller die ZK-Sitzung, die beschloß, ▸ Ernst Thälmann wegen der Wittorf-Affäre als Parteichef abzusetzen. Nachdem Thälmann von Stalin rehabilitiert wurde, mußte Schneller für seine Abweichung büßen, wurde sofort aus dem Polbüro entfernt, 1929 auf dem XII. Parteitag auch nicht mehr ins ZK gewählt und in die Geschäftsabteilung des ZK abgeschoben, dort für Partei-Druckschriften verantwortlich. Seit Jahren wegen seiner militärpolitischen Arbeit in der KPD und im RFB bekannt, gehörte er zu den gefährdeten Funktionären der Partei. Nach der 3. Parteikonferenz im Oktober 1932 erneut zu Führungsaufgaben herangezogen, leitete er die Agitpropabteilung der ZK und wurde wieder in das ZK berufen. Dort übernahm er die Informationsabteilung und kam auch ins Polbüro. Er war Teilnehmer der Tagung in Ziegenhals am 7. Februar 1933.

Als Schneller in der Nacht des Reichstagsbrandes vom 27. auf den 28. Februar 1933 – entgegen einem Parteibeschluß – bei seiner Familie weilte, wurde er verhaftet und kam ins Gefängnis Alt-Moabit. Die Polizei streute sofort das Gerücht, er sei zur NSDAP übergelaufen und habe Thälmann verraten. Und diese Zwecklüge fand in KPD-Kreisen anfangs sogar Glauben. Schneller wurde ins KZ Sonneburg gebracht, im November 1933 zu sechs Jahren Zuchthaus verurteilt, die er im Zuchthaus Waldheim verbüßte. Danach im Juni 1939 ins KZ Sachsenhausen eingeliefert, gehörte er dort zur Führung der illegalen KPD. Ernst Schneller wurde am 11. Oktober 1944 zusammen mit 26 anderen Häftlingen von der SS erschossen.

Sein Bruder **Wilhelm Schneller** (* 23. 7. 1894 – † 7. 12. 1979) war ebenfalls aktiver KPD-Funktionär, von 1924 bis 1930 Stadtverordneter in

Leipzig und einige Zeit Ultralinker, wurde 1933 gemaßregelt und aus dem Schuldienst entlassen. 1945 zunächst Lehrer in Leipzig, ab 1950 Abteilungsleiter im Ministerium für Volksbildung der DDR. Von Juli 1955 bis zu seinem Ausscheiden 1960 leitete er die Pressestelle im Volksbildungsministerium.

▸ Schnetter, Richard (* 1884 – † 1943)

Geboren am 5. März 1884 in Wüstenahorn bei Coburg, lernte bis 1902 Lithograph. Anschließend übte er seinen Beruf in Frankfurt/M., Leipzig und Stuttgart aus, später in Darmstadt Betriebsführer. 1903 Mitglied der SPD, von 1907 bis 1909 Vorsitzender der Coburger SPD, ab Oktober 1910 hauptamtlicher Funktionär, Lokalredakteur am »Thüringer Volksfreund« in Sonneberg, dann Redakteur dieses Blattes in Erfurt. Im Krieg Soldat, Übertritt zur USPD und Redakteur der »Tribüne« in Erfurt. Mit der linken USPD kam Schnetter Ende 1920 zur KPD, Delegierter des USPD-Spaltungs- und Vereinigungsparteitags mit der KPD. Bis August 1921 Sekretär der KPD in Thüringen, dann Chefredakteur des »Klassenkampfes« in Halle. 1921 zog er für die KPD in den Preußischen Landtag ein. Der VIII. Leipziger Parteitag 1923 berief Schnetter in die Redaktionskommission. Ende 1923 Anhänger der Mittelgruppe, deswegen 1924 als Chefredakteur des »Klassenkampfes« abgelöst, aber erneut in den Preußischen Landtag gewählt. Bis 1927 zunächst Redakteur des »Echo des Ostens« in Königsberg, dann der »Tribüne« in Magdeburg. Schnetter übersiedelte 1927 nach Berlin, wurde dort Redakteur der »Welt am Abend«, kam 1928 aber nicht mehr in den Landtag. Da er zu den Versöhnlern neigte, bekam er keine leitende Funktion mehr und verschwand von der politischen Bühne. Richard Schnetter starb 1943 in Berlin.

▸ Schnichels, Hubert (* 1892 – † 1938?)

Geboren am 27. September 1892 in Wussem/Eifel, wurde Bergarbeiter. Er trat 1916 der SPD bei, war ab 1921 KPD-Funktionär in Brühl bei Köln, dort von 1924 bis 1933 Stadtverordneter und seit 1925 Kreistagsabgeordneter. Funktionär der BL Mittelrhein, war u. a. im AM-Apparat, ab Ende der zwanziger Jahre Angestellter, dann Redakteur beim KPD-Organ »Sozialistische Republik« in Köln. Im April 1933 flüchtete Schnichels nach Holland und emigrierte dann im Februar 1934 in die UdSSR, wohin ihm seine Frau mit den beiden Kindern folgte. Dort vom NKWD im November 1937 verhaftet, soll Hubert Schnichels 1938 im Gulag umgekommen sein. Auch seine Frau wurde inhaftiert, die Familie gilt als verschollen.

▸ Schoenbeck, Willi (* 1886 – † 1957)

Geboren am 14. Februar 1886 in Berlin, Sohn eines Graveurs; besuchte das Luisenstädtische Realgymnasium, das er nach dem Tod des Vater verlassen mußte, daraufhin Lehre und Arbeit als Kaufmann. Schoenbeck wurde 1905 Mitglied der SPD, 1907 Unterbezirkskassierer und Vorstandsmitglied des 3. Berliner SPD-Wahlkreises. 1910 besuchte er die Parteischule in Berlin, von 1911 bis 1914 führte er eine selbständige Betriebswerkstatt für Herrenkonfektion in Brüssel, dort aktiv im DAV. Im August 1914 als

Schneider wieder in Berlin, hielt er Verbindung zu ▸ Julian Borchardt, dem Herausgeber der Zeitschrift »Lichtstrahlen« und ▸ Johann Knief in Bremen. 1915/16 Heeresdienst, desertierte im Juni 1916, lebte bis November illegal in Berlin. Mitglied des Spartakusbundes, flüchtete nach Amsterdam und war hier Mitbegründer der Deutschen Sektion der Sozialistischen Partei Hollands sowie Redaktionsmitglied der Wochenschrift »Der Kampf«. Am 20. November 1918 kehrte Schoenbeck nach Berlin zurück, war bis Mitte Januar 1919 Sekretär des Polizeipräsidenten von Neukölln ▸ Joseph Koering. Schoenbeck war Delegierter des Gründungsparteitags der KPD Ende 1918. Von Januar bis März 1919 Herausgeber und Redakteur der KPD-Zeitung »Spartakus« und Leiter des Bezirksbüros der KPD in Essen, dann bis November 1919 Haft im Zuchthaus Werl (zusammen mit ▸ Otto Brass). Während des Kapp-Putsches mit ▸ Walter Stoecker im Aktionsausschuß Rheinland/Westfalen in Düsseldorf. Er war Delegierter des II., III. und IV. Parteitags der KPD, auf dem IV. Parteitag in die Mandatsprüfungskommission gewählt. 1921 zog Schoenbeck als Abgeordneter in den Preußischen Landtag ein. Von 1920 bis 1922 Orgleiter für Rheinland/Westfalen-Süd in Düsseldorf, vom 1. Januar 1923 bis Ende 1924 Sekretär in der Gewerkschaftsabteilung der Zentrale der KPD. Ab 1925 Geschäftsführer der »Schlesischen Arbeiter-Zeitung« in Breslau, im Januar 1926 Sekretär im Reichsausschuß zur entschädigungslosen Enteignung der Fürsten, von 1927 bis 1930 Prokurist des Kosmos-Verlages (ein Münzenberg-Unternehmen) und Geschäftsführer der »Welt am Abend«. Dort im Januar 1929 gemaßregelt, weil er sich weigerte, die Rechten zu entlassen. Daraufhin im Februar 1929 aus der KPD ausgeschlossen, bis 1930 aktiv in der KPO, näherte sich dann wieder der KPD. Der durch Schwerhörigkeit behinderte Schoenbeck fand Beschäftigung im »Münzenberg-Konzern« und konnte von 1930 bis 1933 unter ▸ Kurt Kersten bei der »Welt am Abend« mitarbeiten. Im März 1933 entzog er sich der Verhaftung durch Flucht und hielt sich längere Zeit in Zeitz und Merseburg auf. Bis 1938 erwerbslos, leistete er gemeinsam mit ▸ Jakob Schloer und ▸ Karl Baier in Berlin illegale Arbeit und wurde 1945 noch inhaftiert. Seit Juni 1945 in der KPD, übte er nur kleinere Funktionen in der Gewerkschaft aus. Im September 1945 gemeinsam mit Otto Brass Begründer der Verlages Die Freie Gewerkschaft und ab 1948 Hauptabteilungsleiter der Vertriebsleitung des Tribüne-Verlages. Willi Schoenbeck starb am 12. Dezember 1957 in Ost-Berlin.

▸ Schönhaar, Eugen (* 1898 – † 1934)

Geboren am 29. Oktober 1898 in Eßlingen/Neckar, Sohn eines Weißgerbers und Kernmacher. Er schloß sich 1912 der sozialistischen Arbeiterjugend an, war während des Weltkrieges Anhänger der Spartakusgruppe, wurde 1916 verhaftet und im Herbst 1917 zum Militärdienst eingezogen. Anfang 1919 Rückkehr nach Eßlingen, Former in der dortigen Maschinenfabrik. KPD-Mitglied und Vorsitzender der Ortsgruppe der FSJ. Schönhaar nahm am 5. Reichskongreß der KJD im Dezember 1920 teil und wurde in die Zentrale gewählt. Bis Mai 1921 war er Redakteur der Zeitschrift »Die junge Garde«. Im

Juli 1921 und im Dezember 1922 Delegierter des II. bzw. III. Kongresses der KJI in Moskau, der II. Kongreß berief ihn in das EK der KJI, in dessen Berliner Büro er bis Dezember 1922 arbeitete. Einige Zeit Former in Moskau, kam er Ende 1923 als Referent ins EK der IRH, im Mai 1924 kehrte er nach Berlin zurück, hier Leiter des Mitteleuropäischen Büros (MEB) der IRH. Wegen drohender Verhaftung (er gehörte auch zum AM-Apparat) emigrierte Schönhaar 1927 nach Moskau und arbeitete erneut im EK der IRH. Im Juli 1928 für ein Jahr in den USA, ging im März 1929 legal nach Deutschland zurück, wurde Mitarbeiter im Sekretariat des ZK der KPD und war u. a. für den Druck illegaler Schriften verantwortlich. Im Februar 1933 gehörte er unter den Parteinamen Eugen bzw. Ewald Rackwitz zu den Mitarbeitern der illegalen Inlandsleitung unter ▸John Schehr. Am 11. November 1933 in Berlin verhaftet, Eugen Schönhaar wurde gemeinsam mit John Schehr, ▸Rudolf Schwarz und ▸Erich Steinfurth (als Vergeltung für die Erschießung des Spitzels ▸Alfred Kattner) am 1. Februar 1934 beim Transport nach Wannsee von der Gestapo »auf der Flucht« erschossen. Seine Frau Odette und sein 1925 geborener Sohn Carlo konnten nach Frankreich emigrieren. Nach der deutschen Besetzung schloß sich Carlo Schönhaar der Résistance an, wurde Anfang 1942 verhaftet und am 17. April 1942 in Paris erschossen.

▸ Schoenlank, Reinhold (* 1890 – † 1960)

Geboren am 2. Januar 1890 in Nürnberg, Sohn des sozialdemokratischen Journalisten und Reichstagsabgeordneten Bruno Schoenlank (* 16. 5. 1859 – † 30. 10. 1901), besuchte die Höhere Bürgerschule in Leipzig und Erfurt und lernte Drogist. 1907 wegen antimilitaristischer Jugendarbeit verhaftet, wanderte dann nach Brasilien aus, gründete dort mit Gleichgesinnten eine »kommunistische Kolonie«, war schließlich Bierbrauer und Apotheker und kehrte wieder nach Deutschland zurück. Als Hotelangestellter 1910 durch einen Unfall erblindet, war er ab 1911 Zögling an der Hallenser Blindenanstalt. Dort 1913 wegen politischer Betätigung entlassen, später Leiter eines Arbeiterjugendheimes in Halle. 1917 Mitglied der USPD, wurde wegen aktiver Antikriegsarbeit festgenommen, kam erst bei Ausbruch der Revolution frei. Seit 1919 Mitglied der KPD, reiste als Wanderredner der Zentrale durch Deutschland, nahm am III., IV. und V. Parteitag 1920 in Karlsruhe, bzw. in Berlin sowie am VII. Parteitag im August 1921 in Jena teil, wo er für den Bezirk Halle-Merseburg in den ZA gewählt wurde. Schoenlank veröffentlichte am 14. Oktober 1925 im Bezirksorgan »Klassenkampf« einen Artikel, der sich u. a. kritisch mit der Taktik der Komintern befaßte. Er wurde deshalb am 20. Oktober 1925 gegen die Stimmen der Ultralinken aus der Partei ausgeschlossen, protestierte zwar dagegen, doch die Komintern bestätigte seinen Ausschluß. Später wieder Mitglied der SPD, er war ein bekannter Schriftsteller und engagierte sich im Zentralverband der Arbeitsinvaliden. Nach 1933 Berufsverbot, aber nicht verhaftet. 1945 wieder Mitglied der SPD, dann der SED, zunächst wurde Schoenlank Oberregierungsrat für Sozialwesen in der Provinzialverwaltung Sachsen-Anhalt, dann Dozent an der Universität Halle. Er geriet 1950 in die stalinistischen Säuberungen, wurde zeitweilig aus der SED ausgeschlossen, später »rehabilitiert« und Arbeiterveteran in Halle. Reinhold Schoenlank starb am 6. Januar 1960 in Berlin.

Sein jüngerer Bruder **Bruno Schoenlank** (* 31. 7. 1891 – † 1. 4. 1965) lernte Buchhändler bei

J. H. W. Dietz in Stuttgart, schrieb Artikel für die »Gleichheit«, die »Schwäbische Tagwacht« und den »Vorwärts«. Leistete während des Weltkrieges wie sein Bruder antimilitaristische Arbeit in Berlin und in der Armee. Mitglied der USPD, ab Mitte November 1918 Feuilletonredakteur der »Freiheit«. Während der Januarkämpfe 1919 aktiv auf Seiten der Spartakisten an der Besetzung des »Vorwärts«-Gebäudes beteiligt, veröffentlichte er in der »Freiheit« am 20. Januar 1919 ein Gedicht auf ▸ Rosa Luxemburg. Von 1919 bis 1921 gehörte er der KPD an, trat aber 1921 als Anhänger ▸ Paul Levis wieder aus und wurde später Mitglied der SPD. Als Schriftsteller und Redakteur zugleich ein führender Sprechchordichter der sozialdemokratischen Arbeiterbewegung, emigrierte er 1933 in die Schweiz und lebte bis zu seinem Tod in Zürich.

▸ Scholem, Werner (* 1895 – † 1940)

Geboren am 29. Dezember 1895 in Berlin, Sohn des wohlhabenden jüdischen Druckereibesitzers Arthur Scholem, der Vater bestimmte autoritär in der Familie, war nationalistisch und auf Distanz zur jüdischen Religion. Werner Scholem besuchte das Luisenstädtische und Dorotheenstädtische Gymnasium in Berlin und auf Weisung des Vaters ab 1908 die Samsonschule, ein jüdisches Internat streng deutsch-nationaler Prägung in Wolfenbüttel. Er näherte sich dem Zionismus (Studentenvereinigung des »Jung Juda-Kreises«), wurde 1912 Mitglied der sozialistischen Jugend und 1913 der SPD. Deswegen geriet er in Konflikt mit seinem bürgerlichen Elternhaus und wurde vom Vater nach Hannover »verbannt«, um sich als Externer auf das Abitur vorzubereiten. Zum endgültigen Bruch mit dem Vater kam es, als Werner Scholem am 31. Dezember 1917 in Hamm seine Freundin Emmy Wichelt (* 20. 12. 1896 – † 1. 6. 1970) aus Hannover heiratete, denn das Kind einer ledigen Mutter (Martha Rock, später verehelichte Wichelt) aus proletarischem Hause galt als nicht »standesgemäß«. Nach dem Abitur studierte Werner Scholem Geschichte und Jura in Göttingen und Halle. Im Juni 1915 zum Infanterieregiment nach Quedlinburg einberufen, im Sommer 1916 während des serbischen Feldzuges wurde er schwer am Fuß verwundet, er brachte lange Zeit in einem Lazarett in Halle zu. Seit Gründung der USPD 1917 Mitglied dieser Partei. Wegen Teilnahme an einer Antikriegsdemonstration (er war in Uniform aufgefallen) wurde Scholem verhaftet, wegen »Landesverrats« angeklagt, aber nach einigen Monaten entlassen.

Nach der Novemberrevolution übernahm der junge Scholem in der USPD wichtige Funktionen. Anfang 1919 Bürgervorsteher (Stadtverordneter) in Hannover-Linden, Mitte 1919 übersiedelte er nach Halle und wurde Redakteur an der USPD-Zeitung »Volksblatt«. Er war Delegierter der USPD-Parteitage im März und November 1919 sowie des Spaltungsparteitags 1920. Scholem kam mit der linken USPD zur KPD, Delegierter des Vereinigungsparteitags im Dezember 1920. Im Januar 1921 trat er in die Redaktion der »Roten Fahne« ein und wurde im Februar 1921 als (jüngster) Abgeordneter für die KPD in den Preußischen Landtag gewählt. Wegen Aktivitäten bei der März-Aktion 1921 polizeilich gesucht, hob der Landtag seine Immunität auf. Scholem lebte zeitweise illegal und wurde am 24. September 1921 verhaftet. Nach einigen Monaten freigelassen, übernahm er verschiedene Aufgaben in der Partei. Er gehörte zur linken Opposition um

▸ Ruth Fischer und wurde Ende 1922 Orgleiter des wichtigen Bezirks Berlin-Brandenburg, Delegierter des VIII. Parteitags 1923, dort in die Beschwerdekommission berufen.
Auf dem IX. Parteitag 1924 kam Scholem in die Spitze der Linken, wurde in die Zentrale sowie ins Polbüro gewählt und lenkte als Orgleiter die gesamte Orgarbeit der KPD. Nach der Verhaftung ▸ Arkadi Maslows 1924 war er neben Ruth Fischer der wichtigste Führer der Partei. Im Mai 1924 zog er im Wahlkreis Potsdam I als Abgeordneter in den Reichstag ein. Nach Auflösung des Reichstags im Oktober 1924 abermals polizeilich gesucht (Steckbrief: »1,67 groß, schwarzes Haar, dunkle Augen, Adlernase, trägt zeitweise Hornbrille«), jedoch im Dezember 1924 im selben Wahlkreis erneut in den Reichstag gewählt. Er war zudem Leiter der Informationsabteilung und des AM-Apparats. Als sich im Frühjahr 1925 die linke Zentrale spaltete, bildete Scholem mit ▸ Arthur Rosenberg und ▸ Iwan Katz die ultralinke Opposition. Der geschickte Organisator wollte die ultralinken Kräfte im Reich zusammenfassen, gab Fraktionsrundbriefe heraus, die er mit dem Pseudonym »semper idem« unterzeichnete.
Auf dem X. Parteitag 1925 war Scholem der Hauptsprecher der ultralinken Opposition und warnte vor der zunehmenden Abhängigkeit von Moskau. Am Ende des Parteitags kam es zu einer Annäherung von Opposition und Führung, Scholem wurde wieder ins ZK (und ins Polbüro) gewählt. Er war auch Teilnehmer des IV. EKKI-Plenums 1924 und des VI. EKKI-Plenums 1926. Den im September 1925 veröffentlichten »Offenen Brief« des EKKI lehnten die Ultralinken unter seiner Leitung ab, Scholem versuchte nunmehr, die »alte Linke« zu sammeln und gegen die neue Führung ▸ Ernst Thälmanns und des EKKI zu mobilisieren. Er hielt auf der Parteikonferenz im Oktober 1925 das Korreferat gegen den Parteivorsitzenden Thälmann und wurde auf dieser Tagung sofort aus dem ZK ausgeschlossen, mußte sich einer Kommission stellen, die die Vorwürfe gegen ihn zu prüfen hatte. Denn angeblich sollte er für die finanziellen Transaktionen des Kassierers ▸ Arthur König verantwortlich sein, dabei war längst nachgewiesen, daß er damit nichts zu tun gehabt hatte. Scholem war nun einer der eifrigsten Funktionäre der linken Opposition. Im September 1926 organisierte er die Unterschriftensammlung für den »Brief der 700«, deshalb am 5. November 1926 aus der KPD ausgeschlossen. Er war überzeugt, Stalin würde noch 1926 die Komintern auflösen. Mitbegründer und Organisator des Leninbundes und bis 1928 für die Gruppe Linke Kommunisten MdR.
Er trat für den Leninbund noch am 20. April 1928 in einer Wahlversammlung in Würzburg auf, verließ dann aber aus persönlichen Gründen kurz vor der Wahl diese Organisation, blieb jedoch Mitarbeiter der Zeitungen des Leninbundes (»Fahne des Kommunismus« und »Volkswille«) sowie des trotzkistischen Blattes »Permanente Revolution«. Ab Ostern 1927 nahm Werner Scholem seine juristischen Studien wieder auf und bestand seine Referendarprüfung am 2. März 1931. Während seiner Berliner Referendarzeit zwar weiterhin an der Entwicklung der KPD interessiert, engagierte sich aber nicht mehr in der Politik. Die schwere Weltwirtschaftskrise seit 1929 nährte seinen Glauben an eine unmittelbar bevorstehende proletarische Revolution in Deutschland. Seinem Bruder Gerhard (Gershom) schrieb er: »Entweder kommt die Revolution .... oder die Herrschaft der Barbarei«; die Gefahr, die im Falle der Machtübernahme Hitlers auf ihn persönlich zukommen würde, unterschätzte er aber: »Mir werden sie schließlich nichts tun, denn ich bin Kriegsversehrter.«
Werner Scholem wurde in der Nacht zum 28. Februar 1933 verhaftet, zunächst ins Polizeigefängnis am Berliner Alexanderplatz und anschließend ins Untersuchungsgefängnis nach Berlin-Moabit gebracht. Nach Protesten am 5. März 1933 entlassen, arbeitete er weiter in einer Anwaltskanzlei und organisierte seine Emigration in die Schweiz. Er wurde jedoch am 23. April 1933 gemeinsam mit seiner Frau Emmy festgenommen und gegen beide ein Hochverratsverfahren wegen »Zersetzung der Reichswehr« eingeleitet. Sie wurden beschuldigt, als Mitglieder einer gewissen »Hansa-Zelle«, die hauptsächlich aus Intellektuellen bestanden

haben sollte, Zersetzungsarbeit in der Reichswehr zur Gewinnung von Reichswehrsoldaten für die »Rote Einheitsfront« zu leisten. Werner und Emmy Scholem gerieten dabei in die Ermittlungen gegen die Töchter des Chefs der Heeresleitung, Generaloberst Freiherr von Hammerstein-Equort, die tatsächlich Verbindungen zum Apparat von ▸ Hans Kippenberger hatten. Gegen Auflagen wurde Emmy Scholem Ende November 1933 entlassen und flüchtete Anfang Februar 1934 nach London. Von dort aus bemühte sie sich intensiv um die Freilassung ihres Mannes, es gab eine internationale Kampagne für Werner Scholem. Der 1. Senat des VGH sprach ihn am 9. März 1935 zwar frei, er blieb jedoch in »Schutzhaft«, kam zunächst in das KZ Lichtenburg, wurde im Februar 1937 ins KZ Dachau transportiert und im September 1938 ins KZ Buchenwald. Dort hatte er als Jude und ehemals führender Kommunist durch die SS viel zu erleiden, außerdem von den kommunistisch-stalinistischen Häftlingen als »Parteifeind« und »Renegat« geächtet, war er isoliert. Werner Scholem wurde am 17. Juli 1940 in Buchenwald ermordet, von einem SS-Wächter erschossen.
Seine Frau **Emmy Scholem**, Ende 1920 Delegierte der USPD auf dem Vereinigungsparteitag mit der KPD, war bis zu seinem Ausschluß 1926 Sekretärin im ZK. Sie flüchtete mit beiden Töchtern nach London und betrieb ein Inseratenbüro, kam nach 1945 aus England in die Bundesrepublik, lebte zunächst in Bad Wimpfen, ab 1963 in Hannover, wo sie als Nichtjüdin auf dem jüdischen Friedhof begraben liegt. Die Töchter blieben in England. Scholems berühmter jüngster Bruder Gershom (Gerhard) war seit 1923 in Palästina und wurde Professor für Religionsgeschichte in Jerusalem, wo er am 21. Februar 1982 starb.

▸ Scholz, Gustav Adolf (* 1890 – † 1980)

Geboren am 13. Januar 1890 in Eibau/Krs. Bautzen, Sohn eines Zimmermanns; Lehre als Holzbildhauer, dann auf Wanderschaft. 1908 Mitglied der SPD, 1910 leistete er seinen Militärdienst in Metz ab, war ab 1912 in einer Pianofabrik in Löbau beschäftigt und zog dann nach Lemgo. 1914 Soldat im Weltkrieg, Verwundung, anschließend Armierungssoldat. Ende 1918 Rükkkehr nach Lemgo, hier Anfang 1919 Mitbegründer und 1. Vorsitzender der USPD, ab Mai 1919 Vorsitzender der USPD in Freistaat Lippe-Detmold. Im Dezember 1920 Delegierter zum Vereinigungsparteitag mit der VKPD in Berlin, stand Scholz bis 1933 an der Spitze der KPD in Lippe-Detmold. Auf dem VII. Parteitag in Jena 1921 sowie dem VIII. Parteitag 1923 in Leipzig wurde er zum Mitglied des ZA gewählt, gehörte der erweiterten BL Ruhr an. Von 1921 bis 1933 war er Abgeordneter des Landtags von Lippe-Detmold. Am 6. Dezember 1933 verhaftet, am 7. Dezember 1934 vom OLG Hamm zu zwei Jahren und neun Monaten Zuchthaus verurteilt, danach bis 1938 in »Schutzhaft« im KZ Sachsenhausen. Scholz kehrte dann nach Eibau zurück und arbeitete als Tischler. Von April 1944 bis April 1945 erneut KZ-Haft. Ab Juni 1945 wieder in Eibau, beteiligte er sich am Aufbau der KPD, dann bis August 1947 1. Vorsitzender des SED-KV Löbau. Später Vorsitzender des Kreistages Löbau, er erhielt 1976 den VVO in Gold. Adolf Scholz starb am 22. Juni 1980 in Herrnhut.

▸ Scholze, Paul (* 1886 – † 1938)

Geboren am 13. April 1886 in Dresden, Sohn eines Arbeiters, lernte Werkzeugschlosser. Er war

Revisor des sozialdemokratischen Zentralwahlvereins Teltow-Beeskow-Storkow-Charlottenburg, stand während des Weltkrieges in Opposition zur offiziellen Parteipolitik und schied aus der SPD aus. In einem Bericht schrieb der Berliner Polizeipräsident, Scholze gehöre »zu den radikalsten Elementen der sozialdemokratischen Arbeitsgemeinschaft. Er versucht überall, wo es ihm nur möglich ist, Unzufriedenheit zu schaffen und eine umstürzlerische Tätigkeit zu entwickeln.« Scholze organisierte 1917 den ersten Munitionsarbeiterstreik in Berlin, war dort ab April 1917 Mitglied der Leitung der Revolutionären Obleute sowie des Arbeiterrats und in den Revolutionsmonaten 1918/19 einer der führenden Funktionäre des Spartakusbundes. Am 11. Dezember 1918 übernahm er die Leitung des Pressedienstes des Vollzugsrates.

Paul Scholzes Name stand neben denen von ▸ Karl Liebknecht und von Georg Ledebour unter dem Aufruf des »Revolutions-Ausschusses« vom 6. Januar 1919 zur »Absetzung« der Ebert-Regierung. Er blieb zunächst in der USPD und kam mit deren linkem Flügel Ende 1920 zur KPD, war Delegierter des USPD-Spaltungsparteitages 1920. In den Jahren der Weimarer Republik war er führend in der IAH, zeitweise deren Leiter und verantwortlicher Redakteur ihrer Zeitung »Sichel und Hammer«. Von 1929 bis 1932 saß er in der Berliner Stadtverordnetenversammlung. Bereits im April 1933 verließ Scholze Deutschland, ging zunächst nach Paris und war dort im Umfeld ▸ Willi Münzenbergs, bei der IAH aktiv. Zusammen mit Paul Scholze hatten seine Ehefrau und beider Sohn Frank Deutschland verlassen, kehrten jedoch nach einiger Zeit nach Berlin zurück. Ab 1935 lebte Scholze in Moskau, wo ihn die Gestapo noch 1941 vermutete. Als er 1938 von den deutschen Behörden ausgebürgert wurde, hieß es in einem Gestapobericht, Scholze sei seit 1921 in zweiter Ehe verheiratet und habe zwei Kinder; die Ehefrau, die zusammen mit den Kindern in Berlin-Prenzlauer Berg lebte, wurde so charakterisiert: »In staatspolizeilich und krimineller Hinsicht ist Nachteiliges über sie nichts zu ermitteln. Sie gibt an, mit ihrem Ehemann nicht mehr in Verbindung zu stehen und seinen Aufenthaltsort nicht zu kennen.« Dies entsprach, wie Sohn Frank Scholze später berichtete, nicht den Tatsachen. Vielmehr hatte seine Mutter inzwischen erfahren, daß Paul Scholze aus Moskau deportiert und als ein Opfer der stalinistischen Säuberungen umgekommen war. Trotz vieler Versuche gelang es der Familie nicht, irgendwelche Einzelheiten über das Schicksal Paul Scholzes in Erfahrung zu bringen. Erst seit der Öffnung der NKWD-Archive war sein Lebensweg in der UdSSR zu rekonstruieren. Scholze kam 1935 in die Sowjetunion, wurde nach eigener Überprüfung selbst Mitarbeiter der Kommission zur Übernahme der KPD-Mitglieder in die KPdSU(B). Er geriet ein Jahr später in die Parteisäuberungen, wurde am 4. November 1936 vom NKWD verhaftet und zusammen mit ▸ Hans Rogalla und ▸ Josef Schneider beschuldigt, »Mitglied einer konterrevolutionären faschistisch-trotzkistischen Gruppe zu sein«. Nach dem Prinzip der Kontaktschuld wurde ihnen vorgeworfen, daß sie bei Besuchen des einstigen RFB-Führers ▸ Willy Leow in Moskau mit ihm in Hotelzimmern und Kneipen Gespräche »trotzkistischen Inhalts« geführt hätten. Deshalb wurde Scholze zusammen mit Rogalla und Schneider vom NKWD-Sondertribunal am 10. Juli 1937 zu fünf Jahren Arbeitslager verurteilt, er wurde anschließend in ein Lager nach Magadan verbannt und dort wegen »Sabotage« erneut festgenommen. Paul Scholze wurde am 11. Mai 1938 erschossen. Nach Stalins Tod insgeheim

»rehabilitiert«, aber erst am 18. Oktober 1991 durch die Generalstaatsanwaltschaft der Russischen Föderation öffentlich rehabilitiert. Sein Sohn **Frank Scholze** (* 1928), lange Zeit Schauspieler u. a. am Theater in Karlsruhe, bemühte sich intensiv, das Schicksal seines Vaters aufzuklären.

▸ Schrader, Karl (Körner, Paul) (* 1900 – † 1962)

Geboren am 25. April 1900 in Wedderstedt/Harz, Sohn eines Dorfstellmachers und Sozialdemokraten; mußte seine Gärtnerlehre 1918 wegen Einberufung zum Militär abbrechen. Da er antimilitaristische Gedichte verbreitete, wurde er im Herbst 1918 zu einem Jahr Festung verurteilt, durch die Novemberrevolution befreit. Mitglied des Arbeiter- und Soldatenrates, im Januar 1919 Eintritt in die KPD. Wegen Teilnahme am mitteldeutschen Aufstand 1921 zu sieben Jahren Zuchthaus verurteilt, er konnte flüchten und lebte bis zur Amnestie von 1928 unter dem Pseudonym Paul Körner. Er schlug sich als Torfstecher, Landarbeiter, Buchhändler, Leichenwagenkutscher und Kellner durchs Leben und schrieb Gedichte, Glossen und Reportagen für die KP-Presse. Von 1926 bis 1930 Redakteur der »Roten Fahne«, für die Arbeiterkorrespondentenbewegung der Zeitung verantwortlich. Dann freier Schriftsteller. In der Weimarer Republik insgesamt u. a. wegen »Literarischen Hochverrats«, Gotteslästerung, Beleidigung usw. fünf Jahre in den Zuchthäusern, Gefängnissen und Festungen Gollnow, Moabit u. a. eingekerkert. Schrader war aktives Mitglied des Bundes proletarisch-revolutionärer Schriftsteller. 1929 erschien sein erster Roman »Schlagende Wetter«, 1930 nahm er am Internationalen Kongreß revolutionärer Schriftsteller in Charkow teil. Nach 1933 einige Male kürzere Zeit inhaftiert und zu Straßen- und Waldarbeiten zwangsdienstverpflichtet. 1939 zum Militär eingezogen, bis 1945 Soldat, danach lebte er wieder als freier Schriftsteller in Berlin, schloß sich der KPD bzw. SED an, war Mitarbeiter der SED-Presse und des DDR-Rundfunks. Er veröffentlichte mehr als 200 Arbeiten, vorwiegend Kurzgeschichten, Humoresken, Glossen. Er erhielt den VVO in Silber. Karl Schrader starb am 18. Mai 1962 in Ost-Berlin.

▸ Schramm, Bruno (* 1894 – † 1959)

Geboren am 8. Februar 1894 in Linda/Sachsen, Sohn einer Bergarbeiterfamilie. Zunächst Bote, lernte dann Kesselschmied. Er mußte von 1914 bis 1918 zur Kriegsmarine, Heizer auf einem Torpedoboot bzw. Linienschiff. Zweimal wegen antimilitaristischer Arbeit zu Festungshaft verurteilt, wurde er 1917 Mitglied der USPD, 1919 der KPD. Ab Ende 1918 Heizer im Bahnbetriebswerk in Dresden. Auf dem VI. Parteitag der KPD im Dezember 1920 als Vertreter Ostsachsens zum Mitglied des ZA gewählt, von 1920 bis 1922 Vorsitzender der KPD Dresden. Ab Juni 1922 offiziell Angestellter in der Kurierabteilung der sowjetischen Botschaft in Berlin, tatsächlich von Oktober 1923 bis Juli 1925 Mitarbeiter im AM-Apparat der KPD. Bis Dezember 1932 Angestellter der sowjetischen Handelsvertretung, zuletzt Kommandant und Wirtschaftsleiter. Er gehörte im November 1932 zu den Organisatoren des Berliner BVG-Streiks. Schramm emigriert Ende 1932 mit seiner Frau Charlotte und

seinem Sohn Günter in die Sowjetunion, wurde in Moskau Angestellter von Intourist, ab November 1933 Wirtschaftsleiter der Komintern und Mitarbeiter der Nachrichtenabteilung. Seit Oktober 1935 Instrukteur bei der IAH (MOPR), ging er 1937 zu den Internationalen Brigaden in Spanien, Panzertruppenleutnant. Ab Oktober 1938 in Paris, im September 1939 interniert, flüchtete im Juni 1940 und lebte illegal im besetzten Teil Frankreichs. Mit sowjetischen Papieren gelangte er im Oktober nach Moskau, 1941/42 wieder Referent bei der IAH, von 1942 bis 1945 Instrukteur in Kriegsgefangenenlagern. Im April 1945 kam Schramm mit der von › Gustav Sobottka geleiteten Gruppe in Mecklenburg an, wurde Mitglied der KPD-BL und im August 1945 Vizepräsident der Reichsbahndirektion Schwerin, ab Februar 1946 Stellvertreter des Generaldirektors der Deutschen Reichsbahn für die sowjetische Besatzungszone, von 1949 bis 1957 Präsident der RBD Schwerin. Bruno Schramm starb am 14. April 1959.
Sein Sohn **Günter Schramm** (*4. 1. 1919) besuchte in Moskau die Karl-Liebknecht-Schule, lernte anschließend Schlosser, ab 1934 Mitglied des Komsomol, 1936 sowjetischer Staatsbürger. Am 19. Juni 1937 vom NKWD verhaftet, im November entlassen, aber am 8. Februar 1938 erneut festgenommen, dann am 28. März 1938 wegen »konterrevolutionärer Tätigkeit in der KPD« zu zehn Jahren Arbeitslager verurteilt. Schramm gehörte zu den kommunistischen deutschen Jugendlichen, die bezichtigt wurden, eine Organisation »Hitlerjugend« aufzubauen, kam wegen dieses absurden Vorwurfs in ein Lager in die ASSR der Komi. Seine Mutter setzte sich in unzähligen Briefen an Stalin, Jeshow und Molotow für ihren Sohn ein, der im März 1939 zur »Überprüfung« seines Falles in das Moskauer Butyrka-Gefängnis zurückgeholt wurde. Im November 1940 verwies › Wilhelm Pieck den Militärstaatsanwalt darauf, Schramm junior sei mit 13 Jahren in die Sowjetunion gekommen und habe unmöglich an »konterrevolutionärer Tätigkeit in der KPD« teilnehmen können. Das Urteil wurde aufgehoben und er am 29. Dezember 1940 freigelassen. Günther Schramm war später aber Angehöriger der Arbeitsarmee und soll dabei 1942 in der Sowjetunion umgekommen sein.

› Schramm, Heinrich (* 1901 – † 1963)

Geboren am 11. Februar 1901 in Bremen, sein Vater, ein Arbeiter, fiel am 4. Februar 1919 bei den Spartakuskämpfen in Bremen. Heinrich Schramm lernte Elektriker, wurde 1923 Mitglied der KPD. Ab 1931 zunächst Polleiter des »Einheitsverbandes der Hafenarbeiter« in der RGO im Bezirk Weser-Ems, anschließend übernahm er die Funktion des Orgleiters bzw. des Polleiters für den gesamten Bezirk Nordwest. Im März 1933 verhaftet, im Dezember 1933 vom OLG Bremen zu neun Monaten Gefängnis verurteilt. Nach der Freilassung im September 1934 Orgleiter der illegalen KPD in Bremen, flüchtete im Januar 1935 nach Amsterdam und wirkte von dort als Instrukteur im Ruhrgebiet. Wegen »unkonspirativen Verhaltens« wurde Schramm für ein Jahr aus der KPD ausgeschlossen, ging 1936 als Freiwilliger nach Spanien und kämpfte bei den Internationalen Brigaden, zeitweise Kommandant des »Thälmann-Bataillons«. Er kam 1938 nach Holland und war 1939/40 Orgleiter der KPD-Emigration in Amsterdam. Dort am 1. Juli 1940 verhaftet und 1942 vom VGH in Berlin zu acht Jahren Zuchthaus verurteilt. Im Mai 1945 nach Bremen zurückgekehrt, zunächst Orgleiter, ab 1947 1. Sekretär der KPD-BL Bremen, Schramm gehörte als Westvertreter 1946/47 dem SED-PV an. Ab 1950 Sekretär des Friedenskomitees in Bremen und 1953 hauptamtlicher Sekretär der KPD-Landesleitung Bremen. Heinrich Schramm starb am 22. August 1963 in Bremen.

› Schreck, Paul (* 1892 – † 1948)

Geboren am 23. Dezember 1892 in Haardorf bei Zeitz, Sohn eines Korbmachers, im sozialistischen Sinne erzogen. Der gelernte Dreher wurde 1908 Mitglied der sozialistischen Arbeiterjugend, 1911 der SPD. Nach der Lehre Wander-

schaft, er arbeitete in Mülheim/Ruhr und Witten. Während des Krieges Übersiedlung nach Mannheim, Dreher bei der Firma Benz, einer der Führer des Munitionsarbeiterstreiks 1918. Er hatte sich den Bremer Linksradikalen angeschlossen und wurde 1919 einer der Mitbegründer der KPD in Mannheim. Delegierter des Vereinigungsparteitags mit der USPD 1920 und des VII. Jenaer Parteitags 1921. Im gleichen Jahr hauptamtlicher Parteisekretär im Kreis Mannheim. Schreck stand auf dem rechten Flügel der Partei, er wurde 1924 nach der Übernahme der Führung durch die Linken in Baden (▸ Georg Kenzler, ▸ Jakob Ritter) abgesetzt, im April 1924 verhaftet und (wegen Weiterführung der illegalen KPD) zu zwei Jahren Gefängnis verurteilt. Nach eineinhalb Jahren mußte er freigelassen werden, da er inzwischen (1925) als Abgeordneter in den Badischen Landtag gewählt worden war. Schreck war wieder als Parteisekretär tätig und spielte Anfang 1927 bei der Ausschaltung der Linken in Baden eine große Rolle. Nach der Ablösung Kenzlers wurde Schreck 1927 Polleiter in Baden. 1928 zog er als Abgeordneter in den Reichstag ein, wurde auch 1930 wiedergewählt. Wegen »versöhnlerischen Verhaltens« 1931 als Polleiter abgelöst, im gleichen Jahr wurden die KPD-Bezirke Baden und Pfalz zusammengelegt, Schreck kam nur noch in die erweiterte BL und wurde zur RGO-Arbeit abgestellt. 1932 beim Reichstagswahlkampf in Mecklenburg eingesetzt, kam er aber nicht mehr in den Reichstag. 1933 in den KZs Heuberg und Kislau festgehalten, bei Vernehmungen schwer mißhandelt. Im April 1935 entlassen, arbeitete er in verschiedenen Fabriken. Bei Kriegsausbruch 1939 erneut verhaftet, er saß bis zum Kriegsende im KZ Buchenwald. Dort wurde Schreck, ein kräftiger Mann und wahrer Volkstribun, Lagerältester. Seine Frau, die ebenfalls ein Jahr lang inhaftiert war, sollte mit der Lechleiter-Gruppe nochmals vor Gericht, ihr Verfahren wurde aber eingestellt, und sie konnte wieder ihre fünf Kinder betreuen. Im Mai 1945 kehrte Schreck nach Mannheim zurück, wurde Polleiter der KPD in Baden und Abgeordneter der KPD im Landtag von Württemberg-Baden. 1947 ging er als Gewerkschaftssekretär zur IG Metall. Am 10. September 1948 kam Paul Schreck durch einen Autounfall ums Leben. Bei der Beerdigung, die unter großer Anteilnahme der Bevölkerung stattfand, erwiesen ihm auch politische Gegner ihre Hochachtung. Von seinen fünf Kindern fiel ein Sohn im Krieg, eine Tochter wohnte in der DDR, die Familie in Mannheim. Eine Schwester Paul Schrecks, die 1901 geborene Ella Schreck, seit 1925 Mitglied der KPD, war nach 1933 dreieinhalb Jahre inhaftiert, heiratete 1949 ▸ Otto Walter, sie starb 1988.

▸ Schrecker, Hans (* 1899 – † 1983)

Als Hans Straschitz am 11. März 1899 in Berlin geboren, Sohn jüdischer Eltern, die während der NS-Zeit im KZ Auschwitz vergast wurden. Er besuchte das Realgymnasium, wurde 1916 zum Militär einberufen und schwer verwundet. 1918 trat er in die USPD ein, gehörte zu der in Berlin gebildeten roten Sicherheitswehr und kämpfte gegen die Freikorpstruppen. Ende 1920 mit dem linken Flügel der USPD zur KPD, wirkte er im Herbst 1923 im Ordnungsdienst der KPD. Von 1925 bis 1928 war Hans Straschitz, der in der

KPD unter dem Namen Schrecker arbeitete, Sekretär der Berliner IAH bzw. Redakteur im Reichssekretariat der RHD. Anschließend bis Anfang 1931 Propagandasekretär der RHD und zugleich Chefredakteur des »Tribunal«. Dann bis Anfang 1933 Sekretär der Zentralen Agitationspropaganda der KPD, in der Illegalität ZK-Kurier. Emigration in die Schweiz, dort nach zwei Verhaftungen nach Paris geschickt. Er war Sekretär des »Dimitroff«- und später des »Thälmann-Komitees«, dann im Sekretariat der illegalen RHD. Ab Ende 1937 Agitationsarbeit in der ČSR, organisierte er nach dem Münchner Abkommen die Überführung deutscher kommunistischer Emigranten in westliche Länder. Schrecker hatte die tschechische Staatsbürgerschaft und wurde nach Ausbruch des Zweiten Weltkrieges in die tschechoslowakische Auslandsarmee einberufen. Nach der Kapitulation Frankreichs kam er nach Großbritannien, wurde einige Zeit interniert und im Februar 1941 nach London entlassen. Hier schloß er sich der Gruppe deutscher Kommunisten in Großbritannien an, war Redakteur ihres Blattes »Die freie Tribüne« und arbeitete auch für die Zeitung der tschechoslowakischen Exilregierung »Central European Observer«.

Im Dezember 1945 wieder in Deutschland, ab 1946 Chefredakteur der Illustrierten »Zeit im Bild«. Ab 1949 Leiter der Abteilung Werbung und Schulung im SED-Landesvorstand Sachsen, dann im Oktober 1952 kommissarischer Chefredakteur der »Leipziger Volkszeitung«. Im Zusammenhang mit den seit 1950 einsetzenden Überprüfungen von Westemigranten und dem Slánský-Prozeß 1952 wurde Schrecker am 24. November 1952 vom MfS verhaftet und beschuldigt, ein »Agent« zu sein. Am 4. Februar 1954 verurteilte ihn das Bezirksgericht Karl-Marx-Stadt unter zynischer Berufung auf die gegen Nazis gerichtete Kontrollratsdirektive 38 wegen »Friedensgefährdung durch Propaganda für den Militarismus« zu acht Jahren Zuchthaus. Im Juni 1956 aus der Haft entlassen und im Dezember 1956 stillschweigend wieder in die SED aufgenommen, von 1957/58 Mitarbeiter am Sender Leipzig bzw. Redakteur der »Volkswacht« Gera. 1959 kam er als Redakteur an die »Lausitzer Rundschau«. Schrecker durfte 1969 nach Berlin zurückkehren und wurde Kommentator der außenpolitischen Zeitschrift »Horizont«. Er erhielt 1977 den Karl-Marx-Orden. Hans Schrecker starb am 19. Dezember 1983 in Ost-Berlin.

▸ Schreiber, Alfred (* 1888 – † 1942)

Geboren am 23. August 1888 in Roßwein/Sachsen, lernte Schlosser. Vor dem Krieg Mitglied der SPD, 1918 Übertritt zur USPD, mit deren linkem Flügel 1920 zur KPD. 1921 als Parteisekretär nach Königsberg geschickt, war bis 1924 in der BL Ostpreußen tätig. Am 17. Februar 1924 verhaftet und zu drei Jahren Gefängnis verurteilt. Anfang 1926 aus der Haft entlassen, kam Schreiber 1926 als Polleiter nach Mecklenburg und blieb in dieser Position bis 1927. Danach wurde er zur Roten Hilfe nach Leipzig abgeschoben, er erhielt nur noch untergeordnete Funktionen. Nach 1933 arbeitete er für die illegale KPD. 1941 von der Gestapo verhaftet und zum Tode verurteilt, Alfred Schreiber wurde Anfang Mai 1942 hingerichtet.

▸ Schreiber, Arthur (* 1893 – † 1960)

Geboren am 20. Januar 1893 in Niederwürschnitz/Sachsen, entstammte einer armen Familie im Erzgebirge, lernte Bergmann. Im 1. Mai 1909 schloß er sich der Arbeiterjugend an, 1913 trat er in die SPD ein. Schreiber wurde 1914 Soldat, 1915 verwundet und 1917 wieder an die Front geschickt. Er desertierte im Sommer 1918, war in der USPD und im Spartakusbund aktiv und engagierte sich im Spätherbst im Chemnitzer Arbeiter- und Soldatenrat. Ab Januar 1919 wieder im Bergbau und in den folgenden Jahren maßgeblich an allen Kämpfen der Bergarbeiter beteiligt, wurde deswegen mehrmals festgenommen und zu Haftstrafen verurteilt. Mitglied des Bezirksausschusses Stollberg, 1923 Leiter des KPD-UB in Oelsnitz. Delegierter des X. Parteitags 1925, 1926 als Abgeordneter in den Sächsischen Landtag gewählt. Bis dahin Gefolgsmann der linken Parteiführung, vertrat er in den Auseinandersetzungen nach dem VI. Weltkongreß der Komintern 1928 die Ansichten der Opposition und wurde deshalb im Januar 1929 aus der KPD ausgeschlossen. Danach war Schreiber in der Chemnitzer KPO-BL aktiv und unterhielt in der Nazi-Zeit Kontakte zum Widerstand. Nach langer Erwerbslosigkeit kam er im September 1938 in eine Chemnitzer Maschinenfabrik und leistete auch hier illegale Arbeit. Im August 1944 verhaftet, saß er bis zur Befreiung im KZ Sachsenhausen. Am 24. Mai 1945 kehrte Schreiber in seine Heimat zurück, die von den Alliierten noch nicht besetzt war, und beteiligte sich am Aufbau der Stollberger »Notgemeinschaft« sowie der Industriegewerkschaft Bergbau. Als 2. Vorsitzender des Zentralvorstands dieser IG setzte er sich couragiert für die Belange der sächsischen Bergarbeiter auch gegenüber der sowjetischen Besatzungsmacht ein. Der damalige Bundesvorsitzende des FDGB, ▸ Hans Jendretzky, verdächtigte Schreiber antisowjetischer Konspiration mit ▸ Alfred Schmidt, seinerseits 2. Vorsitzender der IG Nahrung-Genuß-Gaststätten in der SBZ, und setzte schließlich Schreibers Abberufung durch. Das hat dessen Ansehen im Heimatkreis aber nicht geschadet, die SED-Ortsgruppe bezeichnete ihn auch während der Parteiüberprüfung von 1951 als »außerordentlich guten Parteigenossen«, der es besonders »gut versteht, auf die Massen zu wirken«. Allerdings sei seine Gesundheit »sehr angegriffen«; er wurde 1950 vorzeitig Rentner. Arthur Schreiber starb am 10. Oktober 1960.

▸ Schreiber, Otto (* 1900 – † 1964)

Geboren am 20. Mai 1900 in Stettin, Sohn eines langjährigen SPD- und Gewerkschaftsfunktionärs; lernte Dreher, trat 1914 in die SAJ ein. Im Spätsommer 1918 zum Militärdienst eingezogen, wurde er am 9. November 1918 Vertreter der Rekruten im Stettiner Arbeiter- und Soldatenrat, war 1919 am Übertritt der Stettiner SAJ-Gruppe zur FSJ beteiligt und gehörte zu den Mitbegründern der KPD-Ortsgruppe Stettin. 1921 Bezirksleiter der KJD Pommern, später Redakteur bei der KPD-Zeitung in Stettin, 1923 Lokalredakteur beim »Echo des Ostens« in Königsberg. Im Herbst 1923 angeklagt, entzog er sich dem Prozeß, lebte illegal und flüchtete in die Sowjetunion. Nach der »Hindenburg-Amnestie« kehrte Schreiber nach Deutschland zurück, wurde politischer Redakteur bzw. Chefredakteur der »Sächsischen Arbeiterzeitung« in Leipzig und von 1926 bis 1928 Chefredakteur des »Kämpfer« in Chemnitz. Nach kurzer Schulung in der Sowjetunion Chefredakteur des zunächst noch legalen, dann illegalen Organs des RFB »Rote Front« (zugleich Mitglied der illegalen Bundesführung des RFB). Ab 1931 Redakteur bei der »Hamburger Volkszeitung«. Nach dem Reichstagsbrand Polleiter der KPD in Mekklenburg, aber bereits am 18. Juli 1933 in Berlin verhaftet und am 21. März 1935 vom VGH zu drei Jahren Zuchthaus verurteilt. Nach der Entlassung aus dem Zuchthaus Rendsburg ging Schreiber nach Hamburg-Altona zurück, arbeitete als Dreher, wegen Ausbombung nach Stedersdorf bei Uelzen evakuiert. Ende Juni 1945 kam er nach Berlin, trat der KPD bei und war Mitarbeiter im sowjetischen Nachrichtenbüro in Weißwasser, anschließend Leiter der Auslandsredaktion, Chefredakteur und stellvertretender Direktor des ADN. Später Auslandskorrespondent in Ungarn und der Sowjetunion, von 1956 bis 1961 wissenschaftlicher Mitarbeiter am IML. 1957 erhielt er den VVO in Bronze. Otto Schreiber starb am 4. September 1964 in Ost-Berlin.

▸ Schreiner, Albert (* 1892 – † 1979)

Geboren am 7. August 1892 in Aglasterhausen/Baden, viertes Kind eines SPD-Funktionärs; lernte Schlosser und Mechaniker. 1910 Mitglied der SPD, schloß sich in Stuttgart den Linken in der SPD an. Im Weltkrieg aktives Mitglied der Spartakusgruppe, seit Gründung in der KPD. Schreiner befaßte sich früh mit militärischen Problemen, er spielte in der Novemberrevolution in Stuttgart eine Rolle und wurde am 8. November 1918 Kriegsminister in der ersten württembergischen Revolutionsregierung. Auf Wunsch des Spartakusbundes schied er aber schon nach wenigen Tagen aus der Regierung aus. Bis 1922 hauptamtlicher Funktionär der KPD Württemberg, Delegierter des IV. Weltkongresses der Komintern. Hinweise auf eine angebliche Spitzeltätigkeit Schreiners wies die KPD Württemberg 1922 zurück, da er »volles Vertrauen der ganzen Partei genieße«. Er war 1923 im AM-Apparat der KPD und als AM-Leiter des Bezirks Wasserkante maßgeblich am Hamburger Aufstand beteiligt. 1924 Kursant der ersten M-Schule der Komintern in Moskau. Nach Gründung des Roten Frontkämpferbundes wurde Schreiner einer der Führer des Bundes, war (ab 1924) Chefredakteur des RFB-Organs »Rote Front«, Leiter des Ressorts »Gegner« und der KPD-Parteigruppe im RFB-Vorstand. 1927 Delegierter des XI. Parteitags. Da Schreiner auf dem rechten Parteiflügel stand, bekam er Ende 1927 Differenzen mit ▸ Willy Leow. Zunächst aus der Redaktion der »Roten Front« entlassen; als er versuchte, die Korruptionsaffären im RFB zu enthüllen, wurde er 1928 ganz von der RFB-Arbeit entfernt. Anfang 1929 aus der KPD ausgeschlossen, trat Schreiner der KPO bei, gehörte zu deren Berliner Leitung und blieb auch nach der Spaltung der KPO bei dieser Gruppe. Im Oktober 1932 beantragte er überraschend seinen Wiedereintritt in die KPD, machte das sofort wieder rückgängig, als die von ihm geleitete Spandauer KPO-Gruppe sich widersetzte. Schreiner erklärte gemeinsam mit ▸ Werner Jurr, er habe »den Kopf verloren«, und durfte (gegen den Widerstand ▸ Heinrich Brandlers) in der KPO bleiben. 1933 flüchtete er nach Frankreich, war noch einige Zeit in der KPO, näherte sich aber wieder der KPD, wurde Sekretär des »Thälmann-Komitees«. Von der KPD gefördert, veröffentlichte Schreiner (unter dem Pseudonym A. Müller) mehrere Bücher (u. a. »Hitler treibt zum Krieg«). Wieder Mitglied der KPD, ging er sofort bei Beginn des Bürgerkrieges nach Spanien, wurde dort militärischer Leiter und später Stabschef der XIII. Internationalen Brigade. 1939 in Frankreich und dann in Marokko interniert, erhielt er im Mai 1941 die Ausreisegenehmigung nach Mexiko, wurde aber in den USA festgehalten und blieb bis 1946 in den Vereinigten Staaten. Dort publizierte er neben militärischen Aufsätzen vor allem Arbeiten zur Geschichte, war 1944 im »Council for a Democratic Germany«. Ende 1946 kehrte Schreiner nach Deutschland zurück, trat der SED bei und wurde 1947 zunächst Referent in der Deutschen Zentralverwaltung für Volksbildung. Von 1947 bis 1950 ordentlicher Professor an der Universität Leipzig, anschließend wissenschaftlicher Mitarbeiter im IML. Als ehemaliger KPO-Führer war er in den Jahren 1950 bis 1952 in der SED verfemt. Allerdings wurde wegen Schreiners rascher Rückkehr zur KPD 1932 später oft vermutet, daß er in der KPO für den KPD-Apparat tätig gewesen war. Im Januar 1952 ans Museum für Deutsche Geschichte berufen, übernahm Schreiner die Abteilung »1918 bis 1945« und promovierte 1953 an der Universität Halle. Ab 1956 Leiter der Abteilung »1918 bis 1945« des Instituts für Geschichte an der Akademie der Wissenschaften. 1960 ging er in den Ruhestand, obwohl als Historiker mehrfach mit der Linie der SED in Konflikt, war er noch in verschiedenen Historikergremien der DDR. Er erhielt zum 70. Geburtstag 1962 den Karl-Marx-Orden. Albert Schreiner starb am 4. August 1979 in Ost-Berlin.

▸ Schreiner, Paul (* 1880 – † 1937)

Geboren am 13. Juli 1880 in Schönow bei Berlin, stammte aus einer Arbeiterfamilie; lernte Schweißer. 1902 Mitglied der SPD, schloß sich im Weltkrieg der Spartakusgruppe an und war seit Gründung in der KPD. Zunächst Funktionär in Hennigsdorf, ab Mitte der zwanziger Jahre war er für den AM-Apparat tätig, erst in der BL Berlin-Brandenburg, dann im zentralen Apparat. 1933 illegal in Berlin aktiv, emigrierte Schreiner in die Tschechoslowakei und ging 1935 in die Sowjetunion. Er kam nach Leningrad und wurde dort am 30. Juli 1937 vom NKWD verhaftet. Von der Dwojka, einer Zweierkommission, am 2. Dezember 1937 zum Tode verurteilt, wurde Paul Schreiner am 8. Dezember 1937 hingerichtet und in einem Massengrab in Lewaschowo bei Leningrad verscharrt.

▸ Schreyer, Hans (* 1886 – † ?)

Geboren am 13. März 1886 in Coburg, lernte Schmied und übersiedelte nach Thüringen. Vor dem Weltkrieg Mitglied der SPD, 1917 in Eisenach Übertritt zur USPD, mit der linken USPD kam er Ende 1920 zur KPD. Schreyer zog 1924 für die KPD als Abgeordneter in den Thüringer Landtag ein. Er gehörte zum ultralinken Flügel der Partei und wurde deswegen 1926 aus der KPD ausgeschlossen. Im Januar 1927 kandierte er zusammen mit ▸ Otto Geithner und ▸ Agnes Schmidt auf der Liste der ultralinken KAG zur Thüringer Landtagswahl, wurde aber nicht gewählt. Im Frühjahr 1927 trat er zur SPD über. Er war nach 1933 kurz inhaftiert und lebte auch während des Krieges in Eisenach. Weitere Daten des Lebenslaufs von Hans Schreyer ließen sich nicht ermitteln.

▸ Schröder, Karl, Dr. phil (* 1884 – † 1950)

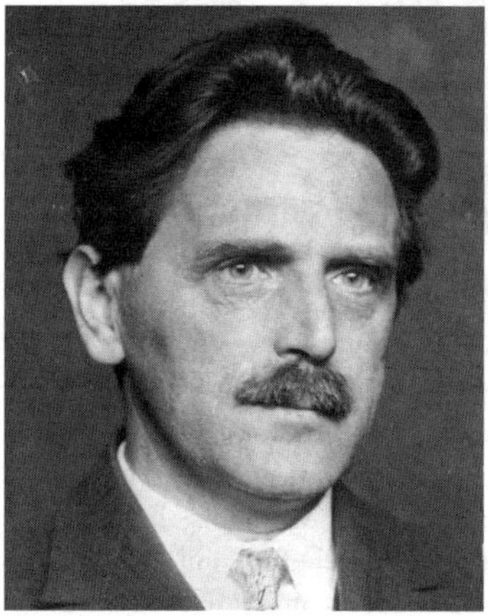

Geboren am 13. November 1884 in Bad Polzin/Pommern, Sohn eines Lehrers. Nach dem Besuch des Gymnasiums in Köslin studierte er in Berlin Literaturwissenschaft, Philosophie Geschichte und Kunstgeschichte, leistete 1908 seinen Militärdienst und arbeitete anschließend an verschiedenen Orten als Privatlehrer. 1912 Promotion an der Universität Marburg. Seit dem Jahre 1913 gehörte Karl Schröder der SPD an, vor Kriegsausbruch wissenschaftliche Hilfskraft im Zentralbildungsausschuß der SPD, wo er ▸ Clara Zetkin und ▸ Franz Mehring kennenlernte. Von 1914 bis 1918 Landsturmmann in Frankfurt/Oder. Während des Krieges in der

Spartakusgruppe aktiv, nahm Schröder am Jahresende 1918 am Gründungsparteitag der KPD in Berlin teil. 1919 war er einer der Leiter der linken Opposition der KPD, deshalb nach dem II. Heidelberger Parteitag im Oktober 1919 mit Dreiviertel der Berliner KPD-Organisation ausgeschlossen. Im April 1920 gehörte er zu den Mitbegründern der KAPD, wurde einer ihrer Führer und reiste mit einer Delegation im November 1920 nach Moskau. Dort erreichte er in zähen Verhandlungen mit Lenin, Trotzki und Bucharin, daß die KAPD am 5. Dezember 1920 offiziell als »sympathisierende Partei mit beratender Stimme ... provisorisch« in die Komintern aufgenommen wurde. Er zog sich aber nach Konflikten in der KAPD aus der aktiven Parteipolitik zurück. Seit 1922 wieder Mitglied der SPD, arbeitete als Stenotypist, Redakteur, Privatsekretär und Buchhändler. Als Schriftsteller veröffentlichte Schröder einige Zeitromane und war von 1928 bis 1933 Lektor beim »Bücherkreis«, dem damals größten Lesering für Arbeiter. Dann Mitbegründer der Gruppe »Rote Kämpfer« und Schriftleiter der gleichnamigen Zeitung. Nach 1933 eröffnete er in Berlin-Neukölln eine Buchhandlung und leistete im Rahmen der »Roten Kämpfer« Widerstand. Am 29. November 1936 wurde Karl Schröder verhaftet und am 30. Oktober 1937 vom VGH zu vier Jahren Zuchthaus verurteilt, ab 1943 noch im KZ Börgermoor. Gesundheitlich ruiniert, beteiligte er sich am Neuaufbau, trat 1945 wieder in die SPD ein und leitete bis 1948 die Volkshochschule in Berlin-Neukölln. Während der Berliner Blockade trat Schröder demonstrativ der SED bei und wurde von der Volkshochschule entlassen, dann Lektor im Ostberliner Schulbuchverlag Volk und Wissen. In seinem Tagebuch notierte er, er wolle nur als freier Schriftsteller leben und keine Partei »auch nur dem Schein« nach repräsentieren. Karl Schröder starb am 6. April 1950.

▸ Schröder, Paul (* 1881 – † 1946)

Geboren am 24. März 1881 in Langenberg/Rheinland, lernte Dreher, später städtischer

Angestellter. Vor dem Weltkrieg Mitglied der SPD, ab 1916 in der Spartakusgruppe in Remscheid aktiv. Schröder war Delegierter auf dem Gründungsparteitag der KPD in Berlin Ende 1918. Er kandidierte für den Spartakusbund im März 1919 bei der Gemeindewahl in Remscheid, kam aber erst als Nachrücker im Januar 1920 in das Remscheider Stadtparlament. Nach der Besetzung Remscheids am 6. Juni 1919 durch das Freikorps »Lichtschlag« zusammen mit ▸ Otto Brass und anderen Remscheider Arbeiterführern festgenommen und in das Zuchthaus Werl gebracht. 1920/21 Parteisekretär der KPD in Remscheid, Delegierter des III. KPD-Parteitags 1920. Als Anhänger ▸ Paul Levis 1921 aus der KPD ausgeschlossen, ging zur KAG und wurde 1923 wieder Mitglied der SPD. Nach einem kurzen Aufenthalt in Kassel lebte Schröder mit seiner Familie in Solingen, wo er 1928 kommissarischer Geschäftsführer der Gewerkschaft öffentliche Betriebe wurde. Vom 23. Mai bis 2. Juni 1933 in »Schutzhaft«, leistete er auch nach seiner Freilassung für die SPD Widerstand, verteilte die illegale »Sozialistische Aktion«. Schröder wurde im Oktober 1935 festgenommen und am 30. April 1936 zu zehn Monaten Zuchthaus verurteilt. Er wirkte 1945 trotz schwerer Krankheit am Aufbau der Gewerkschaft und SPD mit, Paul Schröder starb am 10. November 1946 in Solingen. Sein Sohn **Karl Schröder** (* 14. 3. 1913 – † 16. 3. 1971) war langjähriger SPD-Landtagsabgeordneter in Nordrhein-Westfalen.

▸ Schröder Willy (* 1897 – † 1944)

Geboren am 9. Februar 1897 in Schorrentin/Mecklenburg, Sohn eines Landarbeiters; Arbeiter bei der Eisenbahn. Gegen Kriegsende zum Militär eingezogen. 1920 Mitglied der KPD, 1921 Betriebsrat, Stadtverordneter in Rostock, gleichzeitig Mitglied der BL Mecklenburg. An den Vorbereitungen zum Aufstand 1923 aktiv beteiligt, wurde er 1924 wegen Zersetzung der Reichswehr zu dreieinhalb Jahren Zuchthaus verurteilt, kam aber vorzeitig frei, weil er Ende 1927 in den Landtag von Mecklenburg-Schwerin nachrückte. 1927 Leiter des RFB in Mecklenburg. 1929 wurde Schröder wieder in den Landtag gewählt, im gleichen Jahr auch Orgleiter des Bezirks Mecklenburg. 1931 Kursant der KPD-Parteischule in Berlin (Fichtenau). Dann leitete er bis 1933 die KPD in Rostock. Im November 1933 in Hamburg verhaftet und zu drei Jahren Zuchthaus verurteilt, anschließend kam er ins KZ Sachsenhausen. Dort erlag Willy Schröder am 27. Oktober 1944 den unmenschlichen Haftbedingungen.

▸ Schroer, Alfred (* 1895 – † 1970)

Geboren am 12. Dezember 1895 in Neukausendorf/Schlesien, lernte Bergmann und übersiedelte 1912 nach Essen. Er trat dem Bergarbeiterverband und 1913 der SPD bei. Im Mai 1915 zum Militär eingezogen, kam an die Front und war bis zum Januar 1919 Soldat. Ab Januar 1919 Mitglied und aktiver Funktionär der KPD, bis Ende 1923 Bergmann, dann 1924 hauptamtlicher Parteisekretär. Im Mai 1924 kam Schroer als Abgeordneter in den Reichstag, wurde aber im Dezember nicht mehr gewählt. Von 1925 bis Ende 1932 Parteisekretär und Fraktionsführer der Gelsenkirchener KPD. Anfang 1933 verhaftet, nach einigen Wochen wieder freigelassen und bis 1935 erwerbslos. Von der Gestapo wegen illegaler Widerstandsarbeit im Oktober 1935 festgenommen, verurteilte das OLG Hamm Schroer am 14. April 1936 zu zwei Jahren Gefängnis. Nach der Entlassung 1938 Baufacharbeiter, noch 1944 als Soldat zur Bewährung an die Front geschickt. Nach 1945 zunächst Beton-Polier, dann Gastwirt. Schroer trat wieder der KPD bei, wurde Fraktionsführer der Gelsenkirchener Stadtverordnetenfraktion. 1952 wegen politischer Differenzen (Stalinkult, Ostgrenzen) als »Titoist« aus der KPD ausgeschlossen, trat er 1954 der SPD bei und war als Pensionär im Ruhrgebiet. Alfred Schroer starb am 28. August 1970.

▸ Schröter, Johannnes (* 1896 – † 1963)

Geboren am 23. September 1896 in Erfurt, Arbeitersohn; lernte Schlosser, später Elektromonteur. Im Weltkrieg Soldat, Behinderung durch Kriegsverletzung. 1918 trat er in Zeitz der USPD bei, ging 1920 mit der linken USPD zur KPD, wurde 1923 hauptamtlicher Sekretär der Union der Hand- und Kopfarbeiter zuerst in Mitteldeutschland, dann im Ruhrgebiet. Er kam Ende 1923 als Mitarbeiter in die Gewerkschaftsabteilung der KPD-Zentrale. Im Oktober 1924 wurde Schröter nach längerer polizeilicher Suchaktion (er lebte zuletzt unter dem Namen Schweitzer) verhaftet und wegen »Begünstigung von Sprengstoffdiebstahl« (er hatte 1923 Waffenkäufe der KPD organisiert) zu einem Jahr und neun Monaten Zuchthaus verurteilt. Bei der Freilassung im Mai 1926 wurde er von der KPD groß gefeiert. Er kam nach Halle, war kurze Zeit Orgleiter und übernahm Ende 1926 als Polleiter die Führung des Bezirks Halle-Merseburg. Delegierter des XI. Parteitags 1927 in Berlin, dort wurde Schröter zum Mitglied des ZK gewählt. Im Mai 1928 zog er im Wahlkreis Merseburg als Abgeordneter in den Reichstag ein. Bei den Auseinandersetzungen 1928 war Schröter einer der führenden Versöhnler, die im Bezirk Halle-Merseburg unter seiner Leitung mehrere Monate die Mehrheit besaßen. Vom Bezirksparteitag in Halle im April 1929 als Polleiter in Halle-Merseburg abgelöst und vom XII. Parteitag 1929 auch nicht mehr ins ZK berufen. Schröter unterwarf sich schon Mitte 1929 völlig der Parteilinie und wurde 1930 von der KPD mit der Leitung der ARSO beauftragt. Auch 1930 und 1932 wieder in den Reichstag gewählt, leitete er 1932/33 den kommunistischen Reichsausschuß der Erwerbslosen. 1933 nach Frankreich emigriert, wo er und seine Frau, die Ärztin Henriette Begun, eng mit ▸ Willi Münzenberg zusammenarbeiteten. Sie publizierten anonym im Verlag Editions du Carrefour »Das braune Netz«, ein Buch über die Nazipropaganda im Ausland. Nach einigen illegalen Reisen nach NS-Deutschland fuhr Schröter 1935 im Auftrag der Komintern in die USA, wo er die Arbeit der KP der USA unter den Deutschamerikanern fördern sollte. Unter dem Pseudonym Otto Lehmann blieb er bis Anfang 1940 in den USA. Ende 1939 sperrte die Komintern sein Monatsgehalt, weil er im fernen Moskau als ehemaliger Versöhnler und Mitarbeiter Münzenbergs ins Visier des NKWD geraten war. Ab 1940 lebte er in Mexiko, wurde dort nach dem Eintreffen ▸ Paul Merkers, der für Schröter eine Ehrenerklärung abgab, in den Kreis der deutschen kommunistischen Emigranten aufgenommen. Als Schröter 1945 in die SBZ kommen wollte, erhielt er von der SMAD keine Einreisegenehmigung. Sein Name spielte in den Parteiuntersuchungen gegen Paul Merker Anfang der fünfziger Jahre eine Rolle, einige Belastungszeugen diffamierten ihn sogar als »Agenten«. Johannes Schröter starb am 26. November 1963 in Mexiko.

▸ Schubert, Franz (* 1893 – † 1942)

Geboren am 20. März 1893 in Ketzelsdorf (später ČSR), Schlosser. Er war von 1912 bis 1920 in der Sozialdemokratie, übersiedelte als tschechoslowakischer Staatsbürger 1920 nach Deutschland, trat in die KPD ein und war in Berlin in der Roten Hilfe tätig. 1930/31 war Schubert Kursant an der Internationalen Leninschule in Moskau,

danach wurde er Stellvertretender Leiter des AM-Apparats der KPD (Pseudonym Arthur Sand, Erwin u. a.). Am 11. März 1933 in Berlin festgenommen, in die Tschechoslowakei ausgewiesen und hier als Mitglied der KPD-AL in Prag tätig. Schubert war an etlichen Aktionen beteiligt, die der Befreiung von ▸ Ernst Thälmann dienen sollten. Anfang 1936 kam er als Lehrer an die AM-Schule der KPD in Moskau. Dort wurde er am 4. November 1936, bereits zwei Tage vor ▸ Hans Kippenberger – wie fast alle führenden Mitglieder des deutschen AM-Apparats – vom NKWD festgenommen. Nach langer Haft und den üblichen schweren Folterungen wurde er am 31. März 1940 zu fünf Jahren Lager verurteilt. Franz Schubert starb am 2. Juni 1942 im Gulag in der Mordwinischen ASSR.

▸ Schubert, Hermann (* 1886 – † 1938)

Geboren am 26. Januar 1886 in Lengefeld/Erzgebirge, arbeitete als Bergmann. Nach der Wanderschaft ließ er sich in Leipzig nieder, wurde 1907 Mitglied der SPD. Mitte 1912 in Leipzig hauptamtlicher Sekretär des Arbeiter-Turnerbundes. 1917 Übertritt zur USPD, mit deren linkem Flügel 1920 zur KPD. Ab 1922 Gewerkschaftssekretär in Suhl, Delegierter des VIII. Leipziger Parteitags 1923. Er besuchte als einer der ersten Deutschen einen Kurs an der Internationalen Leninschule in Moskau. Bei den Vorbereitungen zum bewaffneten Aufstand in Thüringen im Herbst 1923 war Schubert leitend tätig. Anfang 1924 verhaftet, haben ihn seine Parteifreunde am 27. April 1924 durch einen Sturm auf das Suhler Gefängnis befreit. Im Mai 1924 zog Schubert in den Reichstag ein, durch die Abgeordnetenimmunität nicht geschützt, legte er schon im Juli sein Mandat nieder. Er ging illegal ins Ruhrgebiet und wurde Parteisekretär in Bochum, wo er am 21. Oktober 1924 trotz eines falschen Passes erneut verhaftet wurde. Als er im Dezember 1924 in den Preußischen Landtag gewählt wurde, kam er im Januar 1925 wieder frei. Er übernahm in der BL Ruhr in Essen die Abteilung Gewerkschaft. Schubert stand auf dem linken Parteiflügel, wandte sich im Mai 1925 gegen die Ultralinken (▸ Werner Scholem u. a.), trat nach dem »Offenen Brief« im September 1925 gegen die Fischer-Maslow-Führung auf. Gewerkschaftssekretär in der BL Ruhr bis 1928, im gleichen Jahr erneut in den Preußischen Landtag gewählt, dem er bis 1933 angehörte. Ende 1928 gab es zwischen Schubert und dem Polleiter ▸ Wilhelm Florin Differenzen. Schubert wurde nach Berlin versetzt, arbeitete einige Wochen in der Genossenschaftsabteilung des ZK und kam im März 1929 als Polleiter in den Bezirk Ostpreußen.

Vom XII. Weddinger Parteitag 1929 zum Kandidaten des ZK berufen, wurde Schubert ab

1931 Polleiter des Bezirks Wasserkante in Hamburg und als Vollmitglied ins ZK kooptiert. Hermann Schubert war ein enger Freund ▸ Ernst Thälmanns, der ihn 1932 auch noch ins Polbüro berief. Nach Thälmanns Verhaftung im März 1933 ging Schubert sofort nach Berlin, um den Parteivorsitz der illegalen KPD zu übernehmen, wie das mit Thälmann ausgemacht war. Das löste einen Streit aus zwischen Schubert, ▸ John Schehr – den die Komintern eingesetzt hatte – und ▸ Walter Ulbricht. Schubert wollte die ultralinke Politik der Thälmann-Periode unbedingt fortsetzen und erreichte (nach Schehrs Verhaftung im November 1933) eine Mehrheit im Politbüro (mit Florin, ▸ Fritz Schulte, ▸ Franz Dahlem) gegen Ulbricht und ▸ Wilhelm Pieck. In den Jahren 1933 bis 1935 spielte er (unter dem Pseudonym Max Richter) in der Emigrations-KPD eine entscheidende Rolle. Im Herbst 1933 in die Tschechoslowakei emigriert, von dort in das Saargebiet, anschließend nach Paris, kam er im Dezember 1934 nach Moskau. Nach der Januartagung der KPD-Führung mit der Komintern 1935 in Moskau wurde Hermann Schubert als Nachfolger ▸ Fritz Heckerts zum KPD-Vertreter beim EKKI bestimmt, allerdings schon Ende 1935 abgelöst.

Durch die strategische Schwenkung der Komintern 1935 verlor Schubert seinen Einfluß, Florin und Dahlem gingen zu Ulbricht über. Auf der »Brüsseler Konferenz« im Oktober 1935 in Moskau mußten Hermann Schubert und sein Freund Fritz Schulte aus dem ZK ausscheiden, wurden zum »Sündenbock« für die Fehler der KPD gemacht und vom EKKI aus dem KPD-Apparat entfernt. Schubert, ein ähnlicher Typ wie Thälmann, ohne dessen Popularität und rabiater auftretend, konnte noch einige Zeit als Referent im Apparat der IRH arbeiten, wurde aber am 15. Mai 1937 vom NKWD in Moskau verhaftet. Bereits vor seiner Festnahme hatte er die Aufforderung einer Funktionärin zurückgewiesen, die bei den (Schau-)Prozessen »aufgedeckte« angebliche Verbindung der Trotzkisten zu Hitler in der Propaganda auszunutzen. Das lehnte Schubert ab, weil die Gegner dagegen einwenden könnten, selbst Lenin sei ja einst mit Hilfe des kaiserlichen Deutschlands im plombierten Wagen nach Rußland gekommen. Wegen dieser Äußerung – als »Provokation« bewertet – unterbrach Togliatti die Rede Schuberts in einer EKKI-Sitzung 1937 und griff ihn heftig an. Hermann Schubert wurde am 22. März 1938 zum Tode verurteilt und am gleichen Tag erschossen. Zwei Monate später wurde dem bereits verscharrten Schubert vom NS-Regime die deutsche Staatsbürgerschaft aberkannt.

▸ Schubert, Richard (* 1886 – † 1955)

Geboren am 1. Juli 1886 in Mülsen/St. Jacob bei Zwickau, Sohn eines Leinewebers; erlernte das Weberhandwerk und arbeitete in Textilbetrieben, 1903 Mitglied der SPD. Aus gesundheitlichen Gründen während des Weltkrieges nicht einberufen, 1917 Übertritt zur USPD. Im November 1918 stand er an der Spitze des Zwikkauer Arbeiter- und Soldatenrates und gehörte zu den Mitbegründern des Spartakusbundes in Zwickau, wurde Mitte Januar 1919 erster Vorsitzender der KPD-Ortsgruppe. Während des Kapp-Putsches im März 1920 Vorsitzender des Zwickauer Aktionsausschusses, trennte sich von der KPD und wurde Vorsitzender der KAPD in Zwickau und Umgegend. 1924 Wiedereintritt in die KPD und in die Stadtverordnetenversammlung von Zwickau gewählt, führte er die KPD-Fraktion im Stadtparlament. Zunächst städtischer Angestellter, arbeitete dann bis 1930 als Konditor bei der Konsumgenossenschaft. Am 26. Februar 1931 kam Schubert als Nachrücker für die zurückgetretene ▸ Margarete Nischwitz in den Sächsischen Landtag. Im März 1933 erklärte er dem Präsidium des Landtages künftig sein Mandat als Parteiloser ausüben zu wollen, kam jedoch nach Schloß Osterstein in »Schutzhaft«, dort im Dezember 1933 entlassen. Danach zog er sich von jeder politischer Betätigung zurück, arbeitete im Blumengeschäft seiner Frau und stand bis 1939 unter Polizeiaufsicht. Richard Schubert starb am 24. Dezember 1955 in Zwickau.

▸ Schütz, Max (* 1894 – † 1961)

Geboren am 10. August 1894 in Greiz, lernte Schlosser. 1913 Mitglied der SPD. 1914 zur Marine eingezogen, bis 1918 Soldat. Danach arbeitete er bei der Reichsbahn. 1917 war er der USPD beigetreten und ging 1919 zur KPD, übte im Ruhrgebiet verschiedene ehrenamtliche Parteifunktionen aus. 1920 Delegierter des Vereinigungsparteitags mit der USPD, ab 1921 hauptamtlicher Sekretär der KPD im UB Gelsenkirchen. Delegierter auf dem VII. Jenaer Parteitag 1921 und auf dem VIII. Leipziger Parteitag 1923, dort als Kandidat in den ZA gewählt. Schütz gehörte im Ruhrgebiet zu den Anhängern der Linken. Auf dem IX. Parteitag 1924 wurde er als einer ihrer Führer in die Zentrale der KPD berufen und auch ins Polbüro aufgenommen. Er kam als einer der »Proletarier« (wie ▸ Paul Schlecht, ▸ Ernst Thälmann oder ▸ Wilhelm Schwan) in die Spitze der Fischer-Maslow-Führung nach Berlin, dort leitete er die Gewerkschaftsarbeit der KPD. Im Mai 1924 zog Schütz im Wahlkreis Westfalen-Süd in den Reichstag ein und wurde auch im Dezember 1924 wiedergewählt. Er hatte viele Freunde in allen Bevölkerungskreisen und lebte zeitweise sehr aufwendig, was bald Angriffe hervorrief. Deswegen führte er im Juli 1925 einen Beleidigungsprozeß gegen die SPD-Presse in Gelsenkirchen. Der Redakteur der SPD-Zeitung konnte seine Behauptungen eines »moralwidersprechenden und strafbaren Verhaltens« von Schütz nicht nachweisen und nahm sie zurück. Doch wegen der Pressekampagne zu seiner Person wurde Schütz, obwohl er in der Auseinandersetzung mit den Ultralinken hinter ▸ Ruth Fischer stand, vom X. Parteitag 1925 nicht wieder ins ZK gewählt.

Bis zum »Offenen Brief« politischer Mitarbeiter des ZK in Berlin, dann aber abgelöst, weil er zur engeren Fischer-Maslow-Führung gezählt hatte. Schütz ging zur linken Opposition, unterschrieb den »Brief der 700« und wurde am 27. November 1926 aus der KPD ausgeschlossen. Bis 1928 gehörte er im Reichstag zur Gruppe der linken Kommunisten, schloß sich jedoch weder dem Leninbund noch andern linken Gruppen an. Nachdem 1928 sein Reichstagsmandat erlosch, Akquisiteur, u. a. einige Zeit für die Zentrumspresse, aber auch für die Inseratenwerbung der KPD-Presse, trat jedoch nicht mehr hervor. Bekannt wurde er dann nochmals wegen seiner Haltung in der Affäre Leow. ▸ Willy Leow hatte im Oktober 1929 Max Schütz in einer Versammlung angegriffen, woraufhin dieser nachzuweisen drohte, daß Leow bereits bei der März-Aktion 1921 Parteigelder unterschlagen habe. Als die SPD-Presse diesen Brief veröffentlichte, distanzierte sich Schütz von der SPD. Ohne Zustimmung des ZK wurde er 1930 von der KPD-Ortsgruppe Glienicke/Krs. Niederbarnim (wohin er aus Berlin übergesiedelt war) wieder als Mitglied aufgenommen. 1934/35 arbeitete er als Vertreter für den Zentrumspressewerbedienst, von 1936 bis 1943 für den Arnim-Verlag. 1945 trat Schütz in Glienicke erneut in die KPD ein, spielte dort zeitweise eine führende Rolle, ab April 1946 Mitglied der SED, amtierte er auch als Bürgermeister von Glienicke. Bei den Parteiüberprüfungen 1950 aus der SED ausgeschlossen, flüchtete er in den Westen, in der Bundesrepublik nicht mehr politisch aktiv. Max Schütz starb am 25. April 1961 in Offenbach/Main.

▸ Schütz, Walter (* 1897 – † 1933)

Geboren am 25. Oktober 1897 in Wehlau/Ostpreußen, arbeitete nach der Lehre als Maschinenschlosser in Königsberger Betrieben. 1921 trat er der KPD bei, war ab 1927 hauptamtlicher Funktionär der KPD, 1928 einige Monate Orgleiter der BL Ostpreußen. Im Juni 1929 Delegierter Ostpreußens zum XII. Parteitag in Berlin, seit 1925 in der Königsberger Stadtverordnetenversammlung, wurde Schütz im September 1930 für die KPD im Wahlkreis Ostpreußen als Abgeordneter in den Reichstag gewählt, dem er bis März 1933 angehörte. Nach dem Reichstagsbrand untergetaucht, wurde er bereits am 29. März 1933 von SA-Leuten in einer illegalen Wohnung in Königsberg aufgespürt, in eine Kaserne verschleppt und so bestialisch mißhandelt, daß Walter Schütz seinen Verletzungen im Krankenhaus erlag. Das Krankenhauspersonal wurde angewiesen, seinen Totenschein auf »Herzschlag« auszustellen. Seine Frau Elise Schütz, geborene Sahnwald (* 6. 4. 1899) emigrierte mit ihrem Sohn Gustav (* 2. 9. 1920) in die Sowjetunion. Hier wurde sie in einer vertraulichen Information von ▸ Paul Jäkel für das ZK der KPD und die deutsche Vertretung beim EKKI vom 29. April 1938 noch neben ▸ Erich Wundersee und Berta Köppe erwähnt, weil alle drei seit Ende 1937 keine Parteibeiträge gezahlt hätten. **Gustav Schütz**, der zunächst im Kinderheim Iwanowo bei Moskau aufwuchs, ging 1936 als Kadett an die Moskauer Militärschule. Als Artillerieleutnant der Roten Armee ist er Ende 1941 gefallen.

▸ Schuldt, Hermann (* 1896 – † 1980)

Geboren am 23. Juni 1896 in Alt-Karstädt bei Ludwigslust, Sohn einer Landarbeiterfamilie; Berg-, Eisenbahn- und Landarbeiter. Von 1915 bis 1918 Soldat im Weltkrieg, trat er 1919 in die USPD ein und kam Ende 1920 in die VKPD. Er war Gemeinde- und Kreistagsabgeordneter in Ludwigslust. Von 1920 bis 1933 gehörte er der BL Mecklenburg an und war ab 1929 hauptamtlich im Sekretariat der BL Mecklenburg, zeitweise in der Landabteilung des ZK in Berlin. Auf dem XII. Parteitag im Juni 1929 wurde Schuldt zum Mitglied des ZK gewählt und zog im September 1930 im Wahlkreis Mecklenburg in den Reichstag ein, dem er (mit Unterbrechung vom Juli bis November 1932) dann bis März 1933 angehörte. Nach dem Reichstagsbrand blieb er bis zum Sommer 1933 noch in Mecklenburg, dann Reichsinstrukteur in Bayern, im Rheinland und zuletzt in Thüringen. Im November 1933 wurde er Orgleiter des illegalen RFB-Apparats in Berlin, Anfang August 1934 Emigration nach Prag, im August 1935 in die Sowjetunion, dort bis Februar 1937

Kursant an der Internationalen Leninschule in Moskau. Schuldt kämpfte vom März 1937 bis August 1938 bei den Internationalen Brigaden in Spanien. Er war zeitweise Bataillonskommandeur des »Hans-Beimler-Bataillons« und besuchte die Kommissarschule in Albacete. Schwer verwundet (Lungenschuß) kam er im September 1938 nach Paris. Im November 1938 emigrierte er nach Dänemark, war dort bis August 1939 Mitglied der Emigrationsleitung, trat zurück und arbeitete als Gärtner. Schuldt wurde am 20. Juni 1940 verhaftet und im Januar 1941 nach Deutschland überführt. Am 11. November 1941 verurteilte ihn der II. Senat des VGH zu sieben Jahren Zuchthaus, er saß bis April 1945 in Dreibergen-Bützow und Waldheim. Im Mai 1945 Landrat des Kreises Ludwigslust, dort zugleich Sekretär der KPD bzw. ab April 1946 der SED. Anfang 1950 kam er zur KVP, zum Chefinspekteur der Grenzpolizei ernannt. Schuldt erhielt im August 1950 eine Parteistrafe wegen »unmoralischen Verhaltens«, wurde aus seiner Funktion abberufen und zur »Bewährung« als Betriebsleiter an die MTS Sollschnitz im Kreis Bautzen geschickt. Ab August 1952 Sekretär für Landwirtschaft der BL Rostock, dort von 1960 bis 1969 Vorsitzender der BPKK und des Sekretariats der BL Rostock. 1966 erhielt er den Karl-Marx-Orden. Hermann Schuldt starb am 30. Januar 1980 in Tessin (Mecklenburg).

› Schulte, Fritz (* 1890 – † 1943)

Geboren am 28. Juli 1890 in Hüsten/Westfalen, Sohn eines Fabrikarbeiters; streng katholisch erzogen, war er zunächst mehrere Jahre Funktionär in katholischen Jugendorganisationen. Von 1904 bis 1912 ungelernter Arbeiter in Düsseldorf, 1912 Chemiearbeiter in Leverkusen. Im Weltkrieg Soldat, nach der Rückkehr schloß er sich 1918 der USPD an. Schulte war anfänglich gegen die Vereinigung der USPD mit der KPD; als aber 1920 in Leverkusen viele Arbeiter gemaßregelt und damit radikalisiert wurden, trat auch er im Dezember 1920 mit zur KPD über. Er wurde Betriebsratsvorsitzender von Bayer Leverkusen, bei der Abspaltung einer Gruppe vom Fabrikarbeiterverband ging Schulte mit dieser linksradikalen Gruppe und wurde 1922 hauptamtlicher Sekretär der neuen Gewerkschaft. Im Herbst 1923 war er für drei Monate Volontär in der Gewerkschaftsabteilung der Zentrale in Berlin. Bis Juni 1925 Org- bzw. Polleiter der KPD-Ortsgruppe Leverkusen-Wiesdorf, Mitglied der UBL Solingen. 1923 stand er auf Seiten der Rechten, sprach vom »Idioten Thälmann« und las 1924 noch die illegalen Rundschreiben der Brandler-Fraktion. Mitte 1924 wechselte er zu den Linken, wurde im gleichen Jahr in die KPD-BL Niederrhein aufgenommen. Ab Juli 1925 zunächst Sekretär für Kommunalpolitik, dann Agitpropsekretär der BL Niederrhein, im Mai 1926 Orgleiter und 1927 Polleiter dieser BL. Ende 1927 zeitweilig von › Lex Ende abgelöst. Der XI. Parteitag 1927 in Essen wählte ihn als Mitglied ins ZK. Von Februar 1926 bis Januar 1930 gehörte Schulte als stellvertretendes Mitglied dem Preußischen Staatsrat an und war von 1928 bis 1930 Abgeordneter des Preußischen Landtags. Im Juli/August 1928 nahm er an einem Schulungskurs in Moskau teil. Nach der Wittorf-Affäre trat er im Bezirk Niederrhein als Führer der Linken gegen die Versöhnler auf, Lex Ende wurde abgesetzt und Schulte stand ab November 1928 wieder als Polleiter an der Spitze. Der XII. Weddinger Parteitag 1929 berief ihn erneut zum Mitglied des ZK und nun auch ins

Polbüro, zugleich blieb er bis 1931 Polleiter im Bezirk Niederrhein. Im September 1930 wurde Schulte im Wahlkreis Düsseldorf-Ost in den Reichstag gewählt und gehörte diesem Parlament bis 1933 an. Ab 1932 in Berlin, er übernahm am 1. Juli 1932 die Reichsleitung der RGO, von deren Kongreß im September des gleichen Jahres offiziell zum Reichsleiter bestimmt. Er blieb im Polbüro der KPD, ab 1933 illegal, er verließ als letztes Polbüro-Mitglied Deutschland.
Schulte kam im Herbst 1933 über Prag nach Paris, wo er zusammen mit ▸ Hermann Schubert zunächst mit der Mehrheit des ZK die alte ultralinke KPD-Taktik fortsetzte, beide aber nach der Umstellung auf die Einheitsfronttaktik in den Hintergrund gedrängt wurden. Im Dezember 1934 ging Schulte nach Moskau, hier bis zum VII. Weltkongreß als Kandidat des Präsidiums des EKKI tätig. Er nahm unter dem Decknamen Fritz Schweitzer an der »Brüsseler Konferenz« teil, kam aber nicht wieder ins ZK. Vom 15. Dezember 1935 bis 1. Juni 1936 Leiter der Agitpropabteilung bei der RGI, anschließend in einen Moskauer Betrieb abgeschoben. Am 21. Februar 1938 verhaftet, war er nach zahlreichen Folterungen gelähmt. Er wurde am 7. April 1941 von einem Sondertribunal des NKWD zu acht Jahren Arbeitslager verurteilt. Fritz Schulte starb am 10. Mai 1943 im Gulag. Sein Sohn Fritz fiel als deutscher Soldat an der Ostfront. Seine Witwe Gertrud, geborene Schorn, war 1933 kurze Zeit in »Schutzhaft«. Noch im Oktober 1960 veröffentlichte sie in der westdeutschen VVN-Zeitung »Die Tat« eine Suchanzeige mit dem Foto ihres Mannes. Dabei war Fritz Schulte am 26. März 1956 in Moskau angeblich »rehabilitiert« worden, was seiner Witwe offensichtlich nicht mitgeteilt wurde.

▸ Schultz, Willi (* 1896 – † 1961)

Geboren am 23. Juli 1896 in Berlin, Sohn eines Oberkellners; lernte Stukkateur. Ab 1916 Soldat im Weltkrieg, 1918 Mitglied der USPD, 1920 der KPD. 1919 Übersiedlung nach Fürstenberg/Havel, ab 1923 Leiter der dortigen KPD-Ortsgruppe. Ab 1926 Stadtverordneter und bis 1933 Vorsitzender der KPD-Fraktion in Fürstenberg. Im Mai 1924 verhaftet und im August 1925 vom Reichsgericht zu zwei Jahren und drei Monaten Zuchthaus verurteilt, durch die »Hindenburg-Amnestie« Ende 1925 vorzeitig entlassen. Schultz wurde 1928 zum Abgeordneten des Landtags von Mecklenburg-Strelitz gewählt und gehörte auch der BL Mecklenburg an. Im März 1933 verhaftet und in das KZ Oranienburg gebracht, nach acht Monaten »Schutzhaft« im November 1933 entlassen, anschließend wieder Bauarbeiter. Von 1939 bis 1942 bei der Wehrmacht, dann zur Organisation Todt dienstverpflichtet. Ab Juni 1945 Mitglied und Funktionär der KPD/SED, von 1948 bis 1950 2. Sekretär der SED Neustrelitz, später Mitarbeiter des Rates des Kreises Neustrelitz. Willi Schultz starb am 12. März 1961 in Fürstenberg/Havel.

▸ Schulz, Annemarie (* 1897 – † 1979)

Geboren am 26. März 1897 in Gablenz/Regierungsbezirk Cottbus als Annemarie Blaeske, Tochter eines Bauern. Sie wurde Textilarbeiterin, trat 1925 dem Textilarbeiterverband bei und wurde im August 1929 Mitglied der KPD. 1930/31 Frauenleiterin bzw. Kassiererin des KPD-UB Cottbus, 1932 Frauenleiterin der UBL Lausitz, 1932 Kursantin der Reichsparteischule in Berlin-Fichtenau. Annemarie Schulz wurde im April 1932 im Wahlkreis Berlin in den Preußischen Landtag gewählt. Sie war von März bis November 1933 im Berliner Frauengefängnis in der Barnimstraße und nochmals von August bis Dezember 1944 im Lager Schwetig bei Frankfurt/Oder inhaftiert. 1945/46 Hilfsfürsorgerin in Cottbus, trat wieder der KPD bei, engagierte sich im Antifaschistischen Frauenausschuß und war 1947/48 Geschäftsführerin des DFD-Kreisvorstandes Cottbus, 1949 VdN-Rentnerin. Sie erhielt 1977 den VVO in Gold. Annemarie Schulz starb am 28. Oktober 1979 in Cottbus.

▸ Schulz, Hans (Johannes) (* 1904 – 1988)

Geboren am 6. Mai 1904 in Zauche bei Lübben, nach der Präparandenanstalt Banklehre, dann Bankangestellter. Bereits 1923 erwerbslos, trat er der KPD bei. Hans Schulz war in erster Ehe mit Sonja Zörgiebel, der Tochter des sozialdemokratischen Polizeipräsidenten von Berlin verheiratet. Er wurde Angestellter der AOK in Halle, später hauptamtlich in der IAH-Zentrale in Berlin beschäftigt, dann Privatsekretär von ▸ Willi Münzenberg. 1931 vertrat er die IAH in Moskau, emigrierte im Februar 1933 nach Paris, blieb dort Angestellter Münzenbergs, beteiligt an der Publikation der Braunbücher. Zusammen mit Münzenberg löste er sich 1938 von der KPD und wurde Mitarbeiter von dessen Gruppe »Freunde der sozialistischen Einheit Deutschlands«. 1939 in Frankreich interniert, konnte Schulz vor der Auslieferung an die Gestapo 1941 in die Pyrenäen entkommen. Mitarbeit an einer illegalen Zeitschrift gegen die Wehrmacht, 1944 ging er nach Paris zurück. Er war in der Landesgruppe deutscher Sozialdemokraten in Frankreich aktiv. Er kam 1946 in die französische Besatzungszone, wurde beauftragt mit der Wiederherstellung des Geburtshauses von Karl Marx und Einrichtung eines Marx-Museums in Trier. Schulz wurde 1949 SPD-Sekretär für die Pfalz, trat aber nach Konflikten mit Franz Bögler 1951 zurück. Zunächst Angestellter einer Siedlungsorganisation, wurde er dann selbständiger Lebensmittelkaufmann in Neustadt/Weinstraße. Hans Schulz starb dort am 12. April 1988.

▸ Schulz, Karl (* 1884 – † 1933)

Geboren am 7. Juni 1884 in Braunschweig als Friedrich Carl Schulze, lernte Schmied. 1905 Mitglied der SPD, ab 1912 Sekretär der Gewerkschaften (»Arbeitersekretär«). 1912/13 Teilnehmer der SPD-Parteischule in Berlin, an der ▸ Rosa Luxemburg lehrte. Während des Weltkrieges schloß er sich in Berlin der Spartakusgruppe an und gehörte Ende 1918 zu den Mitbegründern der KPD. Auf dem Gründungsparteitag der KPD wurde Karl Schulz, der damals den »Roten Soldatenbund« leitete, in die Org- und Programmkommission gewählt. Dann für die Landagitation der KPD verantwortlich, er gründete die Partei in Mecklenburg und Pommern und war Delegierter auf den ersten vier Parteitagen der KPD. 1921 zog er in den Preußischen Landtag ein und gehörte diesem Parlament bis 1924 an. 1923 Oberbezirkssekretär der KPD in Norddeutschland, nahm im gleichen Jahr am VIII. Leipziger Parteitag teil. Wegen seiner Mitwirkung an den Aufstandsvorbereitungen 1923 polizeilich gesucht, als rechter Kommunist aber von der linken Führung 1924 nicht mehr als Kandidat zur Wahl aufgestellt, flüchtete er Anfang 1925 nach Moskau. Schulz reiste von dort als EKKI-Beauftragter nach China (Deckname Friedrich Lienhardt). Danach arbeitete er bis Frühsommer 1928 in Moskau im Genossenschaftsapparat der Komintern. ▸ Ernst Meyer forderte 1928 seine Kandidatur, da Schulz als guter Agitator und Parlamentsredner in Deutschland gebraucht werde. Im Mai 1928 wieder in den Preußischen Landtag gewählt, kehrte er im Juni 1928 nach Berlin zurück. Das ZK beauftragte ihn mit der Durchführung des Volksbegehrens gegen den Panzerkreuzerbau, offiziell war Schulz der Sekretär des »Reichsausschusses für Volksentscheid«. Nachdem der vorgesehene sozialdemokratische Redner vom KPD-Apparat entführt worden war, hielt Schulz am 6. Oktober 1928 eine Rundfunkrede. Dieser von ▸ Karl Frank organisierte Coup wirbelte viel Staub auf. Schulz gehörte zu den Versöhnlern, blieb in der Partei und unterwarf sich der Parteidisziplin. Vorwiegend im Preußischen Landtag tätig, wurde aber 1932 nicht wiedergewählt. Am 22. November 1932 fuhr er nach Moskau, um im Auftrag der Komintern eine erneute China-Mission vorzubereiten. Statt dessen am 22. Februar 1933 Rückkehr nach Berlin, in der Nacht des Reichstagsbrandes hier verhaftet. Schulz kam schwerkrank zunächst ins Polizeipräsidium am Alexanderplatz, dann nach Spandau, wo er Zellennachbar von ▸ Hermann Duncker war. An den Folgen der Mißhandlungen im Polizeigefängnis Spandau starb Karl Schulz am 30. Juni 1933 und wurde am 6. Juli 1933 unter Polizeiaufsicht auf dem Zentralfriedhof Berlin-Friedrichsfelde beigesetzt.

▸ Schulz, Maria (* 1888 – † 1964)

Geboren am 17. Oktober 1888 in Saarbrücken als Maria Stein, Tochter eines Bergmanns; nach kaufmännischer Lehre Verkäuferin. Im Februar 1908 heiratete sie Richard Wagner, mit dem sie 1910 nach Hamburg zog, dort Mitglied der SPD. Im Oktober 1914 übersiedelte sie nach Stettin, war gegen die Bewilligung der Kriegskredite und wurde Mitglied der Spartakusgruppe, 1918 der USPD. Ende 1918 war sie unter dem Namen Maria Wagner Delegierte des Bezirks Pommern auf dem Gründungsparteitag der KPD in Berlin. Sie lernte ▸ Karl Schulz kennen, den sie in zweiter Ehe heiratete. Bis Oktober 1920 war Maria Schulz aktive Funktionärin der BL Pommern, dann folgte sie ihrem Mann mit ihren beiden Kindern nach Berlin. Nach der Geburt des gemeinsamen Sohnes Karl 1922 war sie Hausfrau und nur ehrenamtlich für die KPD tätig. Im Herbst 1923 leistete sie Kurierdienste für die KPD und überbrachte »Material« aus der sowjetischen Botschaft. Nach 1933 beteiligte sie sich an illegalen Aktionen in Berlin-Neukölln. Ab 1945 Funktionärin der KPD in Berlin-Neukölln, bis 1949 dort Vorsitzende einer KPD/SED-Wohngruppe. Sie blieb auch nach der Spaltung der Stadt in Neukölln. Als sie sich 1950 weigerte, den Sonderfragebogen der Dienststelle für politisch und rassisch Verfolgte des Senats von West-Berlin auszufüllen, wurde ihr am 23. November 1950 die Entschädigungsrente entzogen. Daraufhin übersiedelte sie im Dezember 1950 in den Ostteil der Stadt, nach Berlin-Treptow, dort starb Maria Schulz am 23. Dezember 1964.

▸ Schulz, Richard (* 1899 – † ?)

Geboren am 5. Januar 1899 in Königszelt/Schlesien, lernte den Bergmannsberuf und arbeitete im Waldenburger Kohlerevier. 1920 Mitglied der KPD, aktiver Funktionär. Mitte 1924 als Anhänger der Linken zum Orgleiter in die BL Schlesien berufen. Schulz wurde 1924 in den Preußischen Landtag gewählt und der X. Parteitag 1925 berief ihn in die Politische Kommission. Im Oktober 1926 stand er im Mittelpunkt eines Prügelskandals. Weil der jähzornige Schulz die Frau des SPD-Abgeordneten Osterroth beleidigt hatte, wurde er von dessen zwei Söhne mit Peitschen geschlagen. Seit 1928 war Schulz kein Landtagsabgeordneter mehr. Im gleichen Jahr setzte der Polleiter von Schlesien, ▸ Erich Hausen, durch, daß Schulz aus der KPD ausgeschlossen wurde. Danach soll Schulz für die NSDAP aufgetreten sein, verschwand aus der Politik. Er lebte von seiner Frau getrennt, als deren Kind verschwand, kam das Gerücht auf, Schulz habe es ermordet, aber er selbst behauptete, das Kind sei zur Erholung. Später soll sich herausgestellt haben, daß Schulz das Kind in einem Anfall geistiger Umnachtung umgebracht hatte. Soweit sich feststellen ließ, endete Richard Schulz in einer Psychiatrischen Anstalt, genauere Daten seines Lebenslaufs waren nicht zu ermitteln.

▸ Schulz, Walter (* 1895 – † 1972)

Geboren am 26. November 1895 in Hamburg, Sohn eines Lagerarbeiters und Gärtners. Kaufmännische Lehre, dann Handlungsgehilfe bei der Hamburger Volksfürsorge. 1913 trat er in die SPD ein, während des Weltkrieges schloß er sich der Hamburger Gruppe der IKD an. Im Mai 1915 zum Militärdienst gezogen, geriet im November 1917 in Frankreich in britische Kriegsgefangenschaft, aus der er erst Ende 1919 entlassen wurde. Er trat der KPD bei und wurde im März 1921 hauptamtlicher Funktionär der KJD, bis September 1923 verantwortlicher Redakteur der Zeitschrift »Junge Garde«. Mitglied der Zentrale der KJD, von 1922 bis 1924 Kandidat des EK der KJI, bis September 1923 im Sekretariat der KJI. Ende 1923 für die KJD in Schlesien aktiv, wurde verhaftet und saß bis März 1924 in »Schutzhaft«. Im Sommer 1924 Rückkehr zur Arbeit ins Sekretariat der KJI nach Moskau, Ende 1924 schied Schulz aus der Jugendarbeit aus. Nun Redakteur der KPD-Presse, u. a. in Hamburg, dann beim KPD-Pressedienst in Berlin, vom März 1925 bis Februar 1927 Chefredakteur des südbayerischen KPD-Blatts »Neue Zeitung«. Anschließend Sekretär in der Agitpropabteilung des ZK, im Herbst 1928 abgesetzt, weil Schulz der Versöhnlergruppe nahestand, blieb aber im hauptamtlichen Apparat. Im Januar 1929 verhaftet, vom Reichsgericht wegen »literarischen Hochverrats« zu eineinhalb Jahren Festungshaft verurteilt. Danach bis März 1933 Personal- bzw. Transportreferent bei der sowjetischen Handelsgesellschaft (Derop) in Berlin. Schulz emigrierte, war in Paris und Saarbrücken tätig. Im September 1934 kam er nach Moskau, hier unter dem Namen Erich Walter bis 1937 Redakteur bei der VAA, dann im Verlag für fremdsprachige Literatur. Schulz wurde Ende 1941 aus der KPD ausgeschlossen »wegen einer persönlichen Verfehlung«, er hatte sich während der Evakuierung nach Ufa aus einem zerstörten Güterwaggon mit Textilien einen Pullover angeeignet. Von 1943 bis 1945 Redakteur der Zeitung »Freies Deutschland« und von 1945 bis 1953 bei der Zeitschrift »Neue Zeit«. Anfang 1954 kam er in die DDR, bis 1961 Verlagsredakteur im Dietz Verlag, anschließend am IML. Erst Ende 1955 von der ZPKK in die SED aufgenommen, erhielt 1970 den VVO in Gold und bereits 1946 die sowjetische Medaille »Für hervorragende Arbeit im Großen Vaterländischen Krieg 1941-1945«. Walter Schulz starb am 23. September 1972 in Ost-Berlin

▸ Schulz, Willi (* 1886 – † 1938)

Geboren 1886 in Berlin, Sohn einer Arbeiterfamilie; lernte Schriftsetzer und trat 1905 der SPD bei. Er wurde Redakteur, gehörte im Krieg der Spartakusgruppe und seit 1919 der KPD an. In Berlin zeitweilig Redakteur der »Roten Fahne«, war er später an verschiedenen kommunistischen Bezirkszeitungen tätig. Schulz wurde 1932 als Redakteur zur Verlagsgenossenschaft ausländischer Arbeiter nach Moskau geschickt und war vorübergehend in der Komintern beschäftigt. Im

März 1938 vom NKWD verhaftet, daraufhin sofort aus der KPD ausgeschlossen, Willi Schulz wurde noch 1938 in der Sowjetunion erschossen.

▸ Schulze, Alfred (* 1904 – † 1934)

Geboren am 26. August 1904 in Hannover, gelernter Bootsbauer, wurde Anfang 1920 Mitglied der KPD und gehörte ab 1929 der KPD-BL Mecklenburg an. 1931 übernahm er den Vorsitz der RGO Mecklenburg. Im Juni 1932 wurde Schulze in den Landtag von Mecklenburg-Schwerin gewählt. Mitte März 1933 in seinem illegalen Quartier in Warnemünde verhaftet, kam Schulze in das Zuchthaus Bützow-Dreibergen, dort so schwer mißhandelt, daß seine nicht verheilte Tbc wieder ausbrach. Er wurde in die Medizinische Klinik der Universität Rostock überführt, wo Alfred Schulze am 28. August 1934 starb.

▸ Schulze, Friedrich (Fiete) (* 1894 – † 1935)

Geboren am 22. Oktober 1894 in Hamburg-Schiffbek (heute Billstedt), Sohn einer Arbeiterfamilie. Friedrich (Fiete) lernte Schlosser, dann Hafenarbeiter. 1913 Mitglied der SPD. Ab 1915 Soldat, im Herbst 1917 bei einer Fliegerabteilung schwere Verwundung. Anfang 1919 trat er der USPD bei, kam mit deren Mehrheit Ende 1920 zur VKPD. Während des Hamburger Aufstandes im Oktober 1923 einer der Organisatoren, flüchtete dann und fuhr auf dem chilenischen Frachter »Flora« die Südamerikaroute. Er ging in die Sowjetunion, von 1927 bis 1931 Studium an der KUNMS in Moskau, im Frühjahr 1931 wurde er Lektor an der Parteischule in Noworossisk, Ende 1931 Aspirant an der KUNMS. Seit Juli 1932 wieder in Deutschland, war Schulze zunächst Mitarbeiter in der von ▸ Franz Jacob geleiteten Agitpropabteilung der BL Wasserkante. Ab September 1932 organisierte er den aus Mitgliedern des verbotenen RFB gebildeten Massenselbstschutz, der sich erbitterte Straßenschlachten mit der SA lieferte. Er wurde am 16. April 1933 verhaftet und schwer mißhandelt. Noch ehe der Prozeß am 13. Februar 1935 vor dem OLG begann, war das Todesurteil bereits beschlossene Sache, er wurde am 18. März 1935 dreimal zum Tode verurteilt. Friedrich (Fiete) Schulze wurde am 6. Juni 1935 mit dem Handbeil in Hamburg enthauptet.

▸ Schulze, Hermann (* 1897 – † 1967)

Geboren am 4. April 1897 in Gera-Untermhaus, Sohn einer Weberfamilie; lernte Schlosser und arbeitete in Textilfabriken. 1916 Mitglied der SPD, im Weltkrieg aktiv in der Spartakusgruppe, Teilnehmer der linksradikalen Jugendkonferenz in Jena 1916, 1917 Mitglied der USPD. Schulze nahm als Gast am Gründungsparteitag der KPD Ende 1918 in Berlin teil. Vorsitzender der KPD in Gera, dort bis 1929 Stadtrat. Er wurde 1924 und erneut 1927 in den Thüringer Landtag gewählt und war in der BL Thüringen Sekretär für Kommunalpolitik. Bei den Auseinandersetzungen in der Thüringer KPD 1928/29 schloß er sich (wie fast die ganze Fraktion) der KPO an und war dann in der KPO-Thüringen tätig. Er saß 1933 in »Schutzhaft« im KZ Sulza. 1939 Einberufung zur Wehrmacht, abkommandiert zur Bewachung von englischen und französischen Kriegsgefangenen. Schulze wurde 1943 verhaftet unter dem Verdacht, eine illegale Organisation zur Unterstützung der Kriegsgefangenen aufgebaut zu haben, in die Militärstrafanstalt

Naumburg eingeliefert, aber vom Kriegsgericht im April 1944 nicht verurteilt. 1945 trat Schulze der SPD bei, war Bezirksbürgermeister in Gera-Untermhaus. 1946 in die SED übernommen, von 1948 bis 1959 Angestellter in einer Färberei, nach einem Herzanfall arbeitsunfähig, Leiter des Sportamtes und bis 1950 auch Vorsitzender des Wohnungsausschusses für Gera. Als früherer KPO-Funktionär wurde Schulze im Dezember 1950 aus der SED ausgeschlossen mit dem Vorwurf, er hätte »Nazis gedeckt«. Sogar die Verleihung der Medaille »Kämpfer gegen den Faschismus« wurde ihm verwehrt, die VdN-Bezirkskommission Gera erhielt zwischen 1958 und 1967 nicht die dafür notwendige Bestätigung aus Ost-Berlin. Hermann Schulze starb am 11. September 1967 in Gera.

▸ Schulze, Max (* 1891 – † 1940?)

Geboren am 10. Juli 1891 in Jena. Dort Mechaniker bei der Firma Zeiss. Vor dem Weltkrieg in der SPD und im Arbeitersport aktiv, kam er über die USPD 1920 zur KPD. Schulze war von 1925 bis 1933 Bundeshandball-Leiter des Arbeiter-Turn- und Sportbundes. Wegen des Versuchs der KPD, diesen (wie andere) Arbeiter-Verbände mit Beginn der ultralinken Politik 1929 zu spalten, trennte er sich 1929 von der Partei und trat politisch kaum noch hervor. Schulze emigrierte 1933 über die Tschechoslowakei nach Schweden und ging 1935 in die UdSSR, kam als Spezialist in die Putilow-Werke in Leningrad und war dort auch Mitarbeiter der deutschsprachigen »Roten Zeitung«. Während der Stalinschen Säuberungen 1937 vom NKWD verhaftet, Max Schulze kam vermutlich 1940 im Gulag ums Leben.

▸ Schumacher, Ernst (* 1892 – † 1972)

Geboren am 21. Februar 1892 in Eßlingen, lernte Werkzeugmacher und ließ sich in Friedrichshafen/Bodensee nieder. 1912 Mitglied der SPD, während des Weltkrieges Verbindung zur Spartakusgruppe, 1919 Übertritt zur KPD. Er war

1920 Delegierter des Vereinigungsparteitags mit der USPD und ab 1922 Sekretär der Metallgewerkschaft in Friedrichshafen. Schumacher wurde 1924 für die KPD in den Württembergischen Landtag gewählt, dem er bis 1928 angehörte. 1924 einige Zeit verhaftet, kam als Abgeordneter frei und blieb Parlamentarier und Mitglied der BL Württemberg. Da er auf dem äußersten rechten Flügel der Partei stand, 1928 nicht mehr als Wahlkandidat aufgestellt. Im Januar 1929 trat er aus der KPD aus, wechselte kurze Zeit danach zur SPD. Schumacher wurde Angestellter des Arbeitsamtes in Friedrichshafen/Bodensee, übersiedelte 1945 nach Stuttgart, trat wieder der SPD bei und lebte als Pensionär. Ernst Schumacher starb am 18. April 1972 in Stuttgart.

▸ Schumacher, Wilhelm (* 1880 – † 1938)

Geboren am 5. Februar 1880 in Hamburg, lernte Schneider, nach der Lehre Wanderschaft, 1910 Mitglied der SPD. Ende 1913 Sekretär und hauptamtlicher Angestellter der Gewerkschaft (Schneiderverband) in Stuttgart, 1919 Vorsitzender der Filiale Berlin des Schneiderverbandes. 1917 Übertritt zur USPD, seit Gründung 1919 Mitglied der KPD, Funktionär in Berlin. Schumacher war ab 1921 Sekretär der BL Berlin-

Brandenburg für Gewerkschaftsfragen, gehörte von 1921 bis 1924 der Berliner Stadtverordnetenversammlung an. Er stand auf dem linken Parteiflügel, gründete Anfang 1924 den kommunistischen »Verband Internationaler Bekleidungsarbeiter«, dessen Vorsitzender und hauptamtlicher Sekretär Schumacher wurde. Zunächst Anhänger der Ruth-Fischer-Führung, geriet er (zusammen mit ▸ Paul Kaiser und ▸ Paul Weyer) Mitte 1924 in Konflikt mit der Parteilinie, da er die Spaltung der Gewerkschaften propagierte. Als er auf dem V. Weltkongreß der Komintern im Juni/Juli 1924 seine abweichende Haltung vertrat, beschloß die Tagung, »daß die Einstellung von Wilhelm Schumacher und Genossen zur Gewerkschaftsfrage und ihre Tätigkeit in der Gewerkschaftsbewegung den Beschlüssen des V. Weltkongresses der Komintern zuwiderlaufen«. Daraufhin gemeinsam mit Kaiser und Weyer Anfang September 1924 aus der KPD ausgeschlossen. Im September 1924 stand Schumacher (als ehemaliges Mitglied der BL Berlin-Brandenburg) zusammen mit ▸ Arkadi Maslow, ▸ Paul Schlecht und ▸ Anton Grylewicz vor Gericht, bekannte sich dort zum Kommunismus, obwohl er der Partei nicht mehr angehörte. Das Verfahren gegen ihn wurde eingestellt, da es unter Amnestie fiel. Schumacher blieb Vorsitzender seiner linkskommunistischen Gewerkschaft und wurde deshalb von der KPD diffamiert. Im April 1933 von der Gestapo verhaftet, blieb er bis Ende Mai 1933 im Berliner Gefängnis Plötzensee in »Schutzhaft«, war danach erwerbslos, aber weiter illegal aktiv. Wilhelm Schumacher starb am 5. Oktober 1938 in Berlin. Sein Sohn **Kurt** (* 6. 5. 1905 – † 22. 12. 1942) und seine Schwiegertochter **Elisabeth**, geborene Hohenemser (* 28. 4. 1904 – † 22. 12. 1942), gehörten zur Widerstandsgruppe Schulze-Boysen (»Rote Kapelle«), sie wurden beide im Dezember 1942 in Plötzensee hingerichtet.

▸ Schumann, Georg (* 1886 – † 1945)

Am 28. November 1886 in Reudnitz bei Leipzig geboren, vom Vater (Steindrucker und Sozialist)

wurden Georg Schumann und seine zwei Geschwister im sozialistischen Sinne erzogen. Er lernte Werkzeugmacher, wurde 1905 Mitglied der SPD, 1907 Übersiedlung nach Jena. Aktiv in der sozialistischen Jugendbewegung, kam 1912 auf die sozialdemokratische Parteischule in Jena. Dort begegnete er ▸ Rosa Luxemburg, die seine agitatorische und journalistische Begabung erkannte, und auf ihren Vorschlag hin wurde Schumann von der SPD als Redakteur angestellt. Im Oktober 1912 zunächst Lokalredakteur in Hof, dann ab 1913 Redakteur an der »Leipziger Volkszeitung«. Während des Krieges in der Gruppe Internationale aktiv, für die er in Leipzig vor allem unter der Jugend wirkte. 1915 kurze Zeit verhaftet, dann 1916 zum Train eingezogen, wo er seine Aktivitäten für die Spartakusgruppe fortsetzte. Deshalb zweimal vom Kriegsgericht wegen »Kriegsgegnerschaft und Zersetzung der Truppe« zu Festungshaft verurteilt. Zu seinen Bewachungssoldaten gehörte ▸ Max Hoelz, der später schrieb, dieser Gefangene habe ihm erste Einsichten in den Sozialismus vermittelt. Im November 1918 kehrte Schumann nach Leipzig zurück und leitete dort den Spartakusbund. Ab 1919 Polleiter des KPD-Bezirks Leipzig, 1921 des Bezirks Halle-Merseburg, 1921 zum Abgeordneten des Preußischen Landtags gewählt.
Der VII. Parteitag 1921 berief ihn in die Revisionskommission und in den ZA der KPD, der VIII. Parteitag 1923 in die Zentrale der KPD. Da sich Schumann nach der Oktoberniederlage 1923

der Mittelgruppe anschloß, beriefen ihn die Linken 1924 nicht wieder in die Zentrale, er blieb bis Ende 1924 Chefredakteur der »Welt am Abend«. Im Mai 1924 wurde Schumann in den Reichstag gewählt, mußte aber auf Anweisung der linken Zentrale zugunsten von ▸ Hedwig Krüger zurüktreten. Als sein Landtagsmandat Ende 1924 erlosch, stellte ihn die Fischer-Maslow-Führung nicht mehr als Kandidat auf. Nun ohne Immunität polizeilich gesucht, ging er Anfang 1925 nach Moskau, wo er in der RGI arbeitete. Im März 1926 nach Deutschland zurückgekehrt, um wieder Polleiter des Bezirks Halle-Merseburg zu werden, wurde aber im April 1926 als Mitglied der Zentrale von 1923 verhaftet und kam erst 1927 frei. Der XI. Parteitag 1927 berief Schumann ins ZK, er wurde Polleiter des Bezirks Westsachsen (Leipzig). Im Mai 1928 zog er im Wahlkreis Leipzig als Abgeordneter in den Reichstag ein. Schumann zählte zu den führenden Köpfen der Versöhnler und war Mitstreiter ▸ Ernst Meyers. Trotz vielfältiger Proteste wurde er Anfang 1929 als Polleiter in Westsachsen abgesetzt und vom XII. Weddinger Parteitag 1929 nicht wieder ins ZK aufgenommen. Er kapitulierte Ende 1929 vor dem ZK und kam im September 1930 im Wahlkreis Thüringen erneut in den Reichstag, dessen Abgeordneter er bis 1933 blieb. Vom ZK wurde Schumann vor allem für Sozialarbeit sowie in der Erwerbslosenbewegung eingesetzt.

Nach dem Reichstagsbrand illegal in Breslau, am 15. Juni 1933 verhaftet und am 15. August 1934 vom VGH zu drei Jahren Zuchthaus verurteilt, danach 1936 im KZ. Im Frühjahr 1939 bei der großen Entlassungsaktion freigelassen, kehrte Schumann nach Leipzig zurück und arbeitete wieder als Schlosser. Er trat in Verbindung zu bekannten Kommunisten und baute während des Krieges systematisch eine der größten kommunistischen Widerstandsgruppen, die sogenannte Schumann-Engert-Kresse-Gruppe auf. Diese wirkte in Leipzig und Umgebung als »Nationalkomitee Freies Deutschland«. Zur Führung gehörte neben dem ehemaligen Versöhnler Schumann auch der ehemalige Rechte ▸ Otto Engert. Diese Gruppe propagierte entgegen der Linie der Moskauer KPD-Führung und deren Tarnpolitik offen sozialistische Prinzipien. Im Juli 1944 wurde Schumann festgenommen. Der VGH verurteilte ihn nach schwerem Martyrium am 23. November 1944 zum Tode. Georg Schumann wurde am 11. Januar 1945 in Dresden hingerichtet.

Auch sein Sohn **Horst Schumann** (* 6. 2. 1924 – † 28. 12.1993) war in dieser Widerstandsgruppe. Nach 1945 Mitglied der KPD und FDJ, von 1950 bis 1953 1. Sekretär des FDJ-Landesverbandes Sachsen, nach einem Studium an der PHS in Moskau wurde er vom Mai 1959 bis 1967 1. Sekretär des FDJ-Zentralrats. Er war von 1959 bis Herbst 1989 Mitglied des ZK der SED, von 1960 bis 1971 Mitglied des Staatsrates der DDR und von 1970 bis 1983 1. Sekretär der SED-BL Leipzig.

▸ Schumann, Wilhelm (* 1896 – † 1974)

Geboren am 18. Januar 1896 in Münden, Sohn eines Fabrikarbeiters; Metall- und Bauarbeiter, 1913 Mitglied der SPD. Ab 1915 Soldat im Weltkrieg, geriet er in französische Kriegsgefangenschaft und kam 1919 als einer der letzten aus einer Strafkompanie zurück. Nach dem Kapp-Putsch 1920 trat er in die KPD ein, später war er Orgsekretär der RGO für den Bezirk Hessen, Bürgervorsteher und Kreistagsabgeordneter in Hann. Münden. Schumann wurde am 5. März 1933 in den Preußischen Landtag gewählt, konnte sein Mandat aber wegen der einsetzenden Verfolgung nicht ausüben. Über ein Jahr wirkte er illegal für die KPD, geriet dann in Berlin in die Verhaftungsaktion nach dem »Röhm-Putsch« und wurde am 4. Juli 1934 festgenommen. Nach monatelangen Verhören und schweren Mißhandlungen bei der Gestapo 1935 vom 1. Strafsenat Kassel zu zwei Jahren Zuchthaus verurteilt und danach bis April 1945 im KZ Buchenwald festgehalten. 1945 wieder Mitglied der KPD, er wurde Vorsitzender des Kreisausschusses des DGB in Hann. Münden sowie von August bis Oktober 1946 Mitglied des ernannten Hannoverschen Landtages. Später trat er politisch nicht mehr hervor. Wilhelm Schumann starb am 14. Februar 1974 in Hann. Münden.

▸ Schuster, Karl (* 1896 – † 1978)

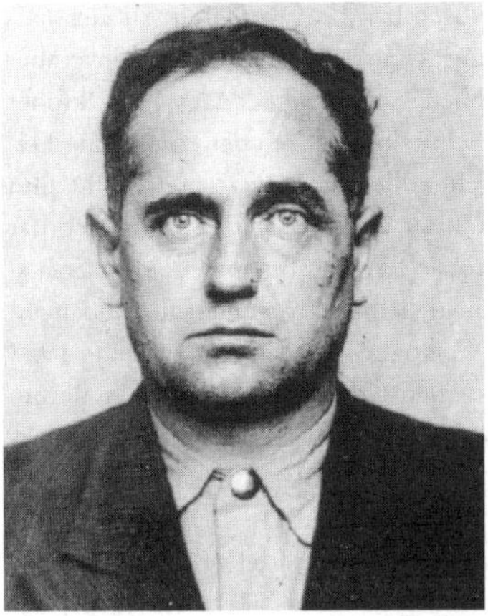

Geboren am 25. Januar 1896 in Neuwallwitz/Krs. Döbeln, Sohn einer Arbeiterfamilie, Maurerlehre. Ab 1916 Soldat im Weltkrieg, 1918/19 in britischer Kriegsgefangenschaft. Am 1. Januar 1920 trat er in die KPD ein, war ab 1924 Leiter von Nachrichtenabteilungen mehrerer KPD-BL. 1929/30 nahm er an einer militärpolitischen Ausbildung in Moskau teil und wurde nach seiner Rückkehr 1930 Gauführer des illegalen RFB in Niedersachsen, wo er auch den Nachrichtenapparat leitete, dann im Bezirk Wasserkante (BB-Apparat) eingesetzt. Er kam Mitte 1932 in den AM-Apparat des ZK nach Berlin und arbeitete eng mit ▸ Rudolf Schwarz zusammen. Im Dezember 1933 verhaftet, wurde Schuster 1935 vom VGH zu drei Jahren Zuchthaus verurteilt, ab Januar 1936 im KZ Sachsenhausen. Zwar im April 1939 freigelassen, aber im Oktober 1939 erneut bis 1942 inhaftiert, im August 1944 wieder festgenommen. Im August 1945 wurde Schuster Referent in der Zentralverwaltung für Verkehr, 1947 Chef der Personalabteilung in der Deutschen Zentralverwaltung für Umsiedler, anschließend in der DWK-Hauptverwaltung Bauindustrie. Später beim Rat des Stadtbezirks Berlin-Köpenick tätig, erhielt er 1971 den VVO in Silber. Karl Schuster starb am 20. Juli 1978 in Ost-Berlin.

▸ Schwab, Alexander, Dr. phil. (* 1887 – † 1943)

Geboren am 5. Juli 1887 in Stuttgart, Sohn eines Kapellmeisters; studierte u. a. Philosophie, Germanistik und Nationalökonomie in Rostock, Jena, Heidelberg und Freiburg. Nach der Promotion 1915 Lehrer an der Freien Schulgemeinde Wickersdorf. 1914 Kriegsfreiwilliger, wegen Erkrankung entlassen, danach Journalist und Kaufmann. Anschluß an die Arbeiterbewegung, 1917 Mitglied der USPD, 1918 des Spartakusbundes, enge Freundschaft zu ▸ Rosa Luxemburg und ▸ Karl Liebknecht. Schwab wurde 1919 zunächst Mitglied der KPD, in der Führung der kommunistischen Linken in Berlin aktiv, 1920 Mitbegründer der KAPD und mit ▸ Karl Schröder ihr ideologischer Kopf. Leiter der KAPD-Delegation zum III. Weltkongreß der Komintern 1921 in Moskau, wo er scharfe Kritik an der Westeuropa-Politik Lenins äußerte. 1922 Austritt aus der KAPD, Schwab baute sich in den folgenden Jahren eine unabhängige Existenz als Journalist und Wirtschaftsschriftsteller auf (Pseudonym Albert Sigrist), gründete dann die Sozialwissenschaftliche Vereinigung. Seit 1929 Pressechef der Reichsanstalt für Arbeitslosenvermittlung und Arbeitslosenversicherung, dort im April 1933 entlassen. Er saß ein halbes Jahr in »Schutzhaft« und gab nach seiner Freilassung mit ▸ Franz Jung die »Wirtschaftskorrespondenz« heraus. Schwab setzte seinen Widerstand gegen das NS-Regime fort und übernahm die Reichsleitung der »Roten Kämpfer«, reiste nach Prag und verfaßte die RK-Rundschreiben. Er wurde im November 1936 verhaftet und am 30. Oktober 1937 vom 2. Senat des VGH im Prozeß »Schwab und Genossen« zu acht Jahren Zuchthaus verurteilt. Zunächst im Zuchthaus Brandenburg, später ins KZ nach Sonnenburg und Börgermoor eingeliefert. Alexander Schwab starb (angeblich an Lungenentzündung) am 12. November 1943 im Zuchthaus Zwickau.

▸ Schwab, Sepp (* 1897 – † 1977)

Geboren am 16. Januar 1897 in München, Sohn eines Hilfsarbeiters und eines Dienstmädchens; trat 1912 in eine katholische Jugendorganisation, 1914 in die sozialistische Arbeiterjugend ein. 1915 Soldat bei der Artillerie, wurde verschüttet und nach längerer Zeit im Lazarett noch Garnisonsdienst. Schwab schloß sich den Bremer Linksradikalen an, trat 1917 in München in die USPD ein und gehörte während der Revolution zum Münchner Arbeiter- und Soldatenrat. Seit Gründung der KPD Mitglied dieser Partei, leitete in der Bayerischen Räterepublik im April 1919 das militärische Eisenbahnwesen. Nach der Niederschlagung geflüchtet, aber im November 1919 verhaftet, zu vier Jahren Festung verurteilt, saß er bis November 1923 in Niederschönfeld, danach bis Oktober 1924 in »Schutzhaft«. Nach der Freilassung Leiter der weiter illegalen bayerischen KPD und Redakteur ihrer »Neuen Zeitung«. Im Februar 1925 abermals festgenommen und vom Staatsgerichtshof in Leipzig zu einem Jahr und neun Monaten Gefängnis verurteilt. Ab Anfang 1927 beim Pressedienst des ZK der KPD in Berlin, dann Mitte 1927 bis 1930 wieder Chefredakteur der »Neuen Zeitung« in München. Im Oktober 1930 Flucht in die Sowjetunion, dort Referent des EKKI im mitteleuropäischen Ländersekretariat, gleichzeitig auch Lektor bei der deutschen Gruppe an der Internationalen Leninschule in Moskau. 1933 wurde Schwab zur Anleitung der KPD nach Deutschland geschickt, kehrte aber nach Moskau zurück, blieb bis 1936 im EKKI und wurde nach der »Brüsseler Konferenz« Mitglied der ZKK der KPD. Unter dem Decknamen Louis Schwarz ab 1936 Leiter der AL Nord in Kopenhagen. Im April 1937 wieder in der UdSSR, übernahm er die deutsche Redaktion des Moskauer Rundfunk. Ende November 1945 kam Schwab in die SBZ, zunächst im Pressedienst der KPD sowie Chefredakteur der Funktionärzeitschrift »Neuer Weg«, von April bis August 1946 Chefredakteur des »Neuen Deutschland«, hier dann bis 1949 stellvertretender Chefredakteur und Chef vom Dienst. Wegen des Abdrucks eines als trotzkistisch verurteilten Artikels der Parteihochschülerin Erna Stracke »Der Frieden von Brest-Litowsk« erhielt Schwab vom Politbüro am 8. März 1949 eine »ernste Verwarnung«. Ab Juni 1949 Generaldirektor der DEFA, im August 1952 Vorsitzender des nach sowjetischem Vorbild geschaffenen »Komitees für Filmwesen«. 1953 Botschafter der DDR in Ungarn und von 1956 bis 1963 Stellvertretender Minister für Auswärtige Angelegenheiten, er bekam zweimal (1957 und 1967) den Karl-Marx-Orden. Sepp Schwab starb am 30. Juli 1977 in Ost-Berlin.

▸ Schwaiger, Max (* 1888 – † 1966)

Geboren am 19. Dezember 1888 in München, Sohn eines Gärtnergehilfen, lernte Kupferschmied, ging auf Wanderschaft, 1913 trat er in die SPD ein. Bei Kriegsausbruch Soldat, schwer verwundet, nach dreijährigem Lazarettaufenthalt entlassen. Er ging 1918 zur USPD, wurde nach der Niederschlagung der Bayerischen Räterepublik verhaftet und zu eineinhalb Jahren Zuchthaus verurteilt. Nach der Freilassung 1920 Mitglied der KPD und von August bis Dezember 1921 Bezirkssekretär in Südbayern, danach unter dem Namen Albert Klemm im Ruhrgebiet, zeitweilig UB-Leiter in Essen und Dortmund. Im Juni 1926 (Pseudonym Hans Eulenburg) Instrukteur in Oberschlesien, anschließend im Saargebiet. Hier verhaftet, zu 20 Monaten Gefängnis verurteilt, ausgewiesen und den deutschen Behörden übergeben, war Schwaiger dann auf der Festung Landsberg/Lech inhaftiert. Durch eine Amnestie im August 1927 frei, wurde er Orgleiter der BL West-Sachsen und vom Frühjahr 1929 bis Juni 1930 Kassierer im ZK der RHD. Nach dem Ausscheiden aus dem Apparat in der Erwerbslosenbewegung. Im Februar 1933 flüchtete er in die ČSR, wurde dort festgenommen und nach Deutschland ausgewiesen. Er saß bis Ende 1934 in »Schutzhaft«, danach Arbeiter in Hennigsdorf, ab 1936 in Blankenfelde im Kreis Teltow. Im Juni 1945 Orgsekretär der KPD Teltow, bis 1951 Arbeitsrichter in den Kreisen Teltow und Luckenwalde, er erhielt 1964 den VVO in Silber. Max Schwaiger starb am 22. März 1966 in Blankenfelde.

▸ Schwan, Wilhelm (* 1884 – † 1960)

Geboren am 6. Februar 1884 in Steele/Krs. Essen, Sohn eines Bergmanns; Bergarbeiter, 1905 während des Bergarbeiterstreiks wegen Bedrohung von Streikbrechern zu fünf Monaten Gefängnis verurteilt. Von 1905 bis 1908 Militärdienst. 1912 Mitglied der SPD. Von 1914 bis 1917 war Schwan bei der Artillerie, dann wieder Bergarbeiter. Er schloß sich der USPD an, erhielt vom Militärkommando Münster Redeverbot, weil er als Vertrauensmann im Bergarbeiterverband gemeinsam mit ▸ Ulrich Rogg Spartakusbriefe verteilt hatte. Im November 1918 Vorsitzender des Arbeiter- und Soldatenrates in Hamm, 1919 »Schutzhaft« in Werl und Münster, schließlich vom Kriegsgericht Münster zu einem Jahr Gefängnis verurteilt. Während des Kapp-Putsches kämpfte er gegen die Truppen der Generäle Lichtschlag und Watter. In Abwesenheit zum Tode verurteilt, flüchtete er ins besetzte Gebiet. Mit der linken USPD kam Schwan (Delegierter des Vereinigungsparteitages) zur KPD. Deren Zentrale setzte den populären Redner als Sekretär im UB Duisburg ein, er wurde auf dem VIII. Parteitag 1923 in die Gewerkschaftskommission und als Kandidat in den ZA gewählt. Bis 1924 leitete er, der sich nach der Oktoberniederlage 1923 dem linken Flügel angeschlossen hatte, den UB Duisburg illegal weiter. Der Bezirksparteitag Ruhr im März 1924 berief ihn zum Sekretär für Gewerkschaftsfragen in die BL Ruhr. Im Juni wurde Schwan als Nachfolger ▸ Kurt Rosenbaums Polleiter des wichtigen Bezirks Ruhr. Im Mai und im Dezember 1924 im Wahlkreis Düsseldorf-West als Abgeordneter in den Reichstag gewählt. Am 1. Februar 1925 übernahm er Funktionen bei der Zentrale in Berlin, im Juli 1925 erneut Polleiter im Ruhrgebiet. Der X. Parteitag im Juli 1925 berief Schwan ins ZK der Partei. Im August Mitglied der Delegation, die in Moskau gegen die Fischer-Führung verhandelte, er unterschrieb den »Offenen Brief«, wurde sofort auf Vorschlag ▸ Ernst Thälmanns ins Polbüro aufgenommen und bildete zusammen mit Thälmann und ▸ Philipp Dengel das Präsidium des Polbüros.

Schwan gehörte im September 1925 neben Thälmann, Dengel, ▸ Arthur Ewert, ▸ Wilhelm Florin und ▸ Ottomar Geschke auch dem Sekretariat an. Doch Ende 1925 verließ er das Polbüro, im März 1926 wurde er aus dem ZK entfernt. Er schloß sich der Ruth-Fischer-Opposition an und versuchte, im Ruhrgebiet die linke Opposition aufzubauen, unterzeichnete am 11. September 1926 den »Brief der 700«. Auf der Tagung des ZK am 5. November 1926 trat Schwan gegen die Parteilinie auf und wurde sofort gemeinsam mit ▸ Werner Scholem und ▸ Hugo Urbahns aus der KPD ausgeschlossen mit der Begründung der »Duldung von Korruption im Ruhrgebiet«. Im Reichstag gehörte er zur Gruppe der linken Kommunisten, war aber in keiner Organisation, auch nicht im Leninbund, sondern schied aus der aktiven Politik aus. Nach dem Erlöschen seines Reichstagsmandats 1928 im Anzeigengeschäft tätig, später Handelsvertreter. Ende Februar 1933 wurde sein Geschäft als getarntes KPD-Unternehmen geschlossen, Schwan verhaftet und ins KZ gebracht, nach einigen Monaten entlassen. 1935 emigrierte er ins Saargebiet, wo er als Handelsvertreter arbeitete, war dann in Berlin, hier 1938 nochmals für vier Monate inhaftiert. Während des Zweiten Weltkrieges in Rüstungsbetrieben dienstverpflichtet. Im Mai 1945 wieder Mitglied der KPD, ab Juni Leiter des Wohnungsamtes Berlin-Lichtenberg, später Personalleiter einer »Personen-Beförderungs-Gesellschaft«. Er wurde am 26. April 1949 aus der SED ausgeschlossen. Als er Widerspruch einlegte, beschäftigte sich die ZPKK am 3. August 1950 mit dem »Fall Schwan«. Sie bestätigte den Beschluß der LPKK auf Ausschluß wegen »parteischädigenden Verhaltens«. Schwans Name tauchte in einer Aufzählung der Ausgeschlossenen als »besonders charakteristischer Fall« auf, er wurde als »Trotzkist mit kriminellen Einschlag« genannt. Wilhelm Schwan starb am 2. Februar 1960 in Ost- Berlin. Seine Ehefrau, Anna Schwan, geborene Kobs (* 12. 7. 1889) flüchtete im März 1960 in die Bundesrepublik Deutschland.

▸ Schwantes, Martin (* 1904 – † 1945)

Geboren am 20. August 1904 in Drengfurt/Krs. Rastenburg, Sohn eines Uhrmachers, besuchte das Lehrerseminar in Quedlinburg, das er 1924 beendete. Er ging auf Wanderschaft, war Kohlentrimmer auf einem Schiff, kam in die USA, schlug sich dort als Gelegenheitsarbeiter durch und besuchte eine Kunstgewerbeschule. Im Juli 1926 kehrte er nach Deutschland zurück, war bis 1933 Lehrer in Magdeburg-Sudenburg, 1928 schloß er sich der KPD an, wurde 1930 Mitglied der BL Magdeburg-Anhalt und 1932 Sekretär für Agitation und Propaganda. Mit dem Kürzel Que schrieb er für die Parteizeitung »Tribüne«. Nach dem Reichstagsbrand 1933 illegaler Instrukteur der BL Magdeburg-Anhalt, ab August 1933 in Thüringen. Schwantes wurde am 20. Januar 1934 verhaftet, schwer mißhandelt und am 20. August 1934 vom 5. Strafsenat des Kammergerichts Berlin zu zweieinhalb Jahren Zuchthaus verurteilt. Anschließend kam er im Februar 1937 ins KZ Sachsenhausen, aus dem er im Februar 1941 entlassen wurde. Danach Lagerverwalter in einer Schuhfabrik in Gommern, erneut im Widerstand, hatte Kontakte zu ▸ Franz Jacob und ▸ Bernhard Bästlein. Schwantes gehörte zu den Verfassern der politischen Plattform: »Wir Kommunisten und das Nationalkomitee Freies Deutschland«. Am 9. Juli 1944 verhaftet und am 1. November 1944 zum Tode verurteilt, wurde Martin Schwantes am 5. Februar 1945 im Zuchthaus Brandenburg hingerichtet.

▸ Schwartz, Paul Anton (* 1904 – † 1963)

Geboren am 15. Januar 1904 in Bremen, Arbeiter, 1926 Mitglied der KPD, ehrenamtlich in der BL Nordwest. Schwartz wurde im September 1930 im Wahlkreis Weser-Ems in den Reichstag gewählt, als die Partei Betriebsarbeiter in den Vordergrund rückte (der Listenplatzerste dieses Wahlkreises, ▸ Wilhelm Pieck, hatte, da er auch in Berlin Listenplatzerster war, den Sitz für Berlin angenommen). 1932 zwar noch auf der KPD-Parteischule in Fichtenau, aber nicht wieder für den Reichstag nominiert, trat Schwartz politisch nicht mehr hervor. Paul Anton Schwartz starb am 12. September 1963 in Bremen.

▸ Schwarz, Ernst, Dr. phil. (* 1886 – † 1958)

Geboren am 18. Januar 1886 in Landsberg/Warthe, besuchte das Gymnasium in Landsberg und Berlin und studierte nach dem Abitur in Grenoble, Bonn und Berlin. Vor dem Weltkrieg promovierte er zum Dr. phil. Er hatte keine Verbindung zur sozialistischen Bewegung, soll sogar Mitglied einer bürgerlichen Partei gewesen sein. Im Krieg war Schwarz nur kurze Zeit Soldat, dann Studienassessor. Nach der Revolution 1918 in Chemnitz Mitglied der SPD, die ihn während des Kapp-Putsches mit der Kontrolle der Polizei in Chemnitz beauftragte (später hieß es deswegen, er sei dort Polizeipräsident gewesen). Schwarz radikalisierte sich und trat Mitte 1920 zur USPD über, wurde im Sommer 1920 deren Bezirkssekretär in Kiel. Er stand auf dem linken Flügel der USPD und ging mit diesem im Dezember 1920 zur KPD. Für die KPD wurde Schwarz (unter dem Pseudonym Tiede) Bezirkssekretär in Hessen-Kassel. Nach der März-Aktion 1921 geflüchtet, kehrte er nach Berlin zurück, hier im Dezember 1921 verhaftet und nach Kassel gebracht. Nach mehrmonatiger Haft wurde Schwarz im Oktober 1922 Studienrat in Berlin. Auch in der KPD gehörte er zum linken Parteiflügel, war Mitglied der BL Berlin-Brandenburg und Delegierter des VIII. Leipziger Parteitags 1923. Als die Linken auf dem IX. Frankfurter Parteitag 1924 die Führung übernahmen, wurde Schwarz (Tiede) hauptamtlicher Polleiter von Thüringen. Der »Dicke«, wie er genannt wurde, konnte jedoch den rechten Thüringer Bezirk nicht für die linke Führung gewinnen. Im Mai und im Dezember 1924 zum Reichstagsabgeordneten gewählt, schloß er sich 1925 der ultralinken Opposition um ▸ Werner Scholem und ▸ Arthur Rosenberg an. Er wurde deswegen von der Ruth-Fischer-Führung seiner Funktion in Thüringen enthoben. Im Mai 1925 kehrte er nach Berlin zurück. Nach dem »Offenen Brief« und dem Auseinanderbrechen der Ultralinken bildete Schwarz zusammen mit ▸ Karl Korsch die Gruppe »Entschiedene Linke«, wurde Mitherausgeber der »Kommunistischen Politik«. Er trat am radikalsten gegen die Komintern auf, im Reichstag wandte er sich gegen die »konterrevolutionäre« Sowjetunion. Am 30. April 1926 wurde Schwarz aus der KPD ausgeschlossen. Er trennte sich mit seinen Anhängern im Herbst 1926 von der Korsch-Gruppe, gab ein eigenes Organ heraus (»Entschiedene Linke«) und näherte sich der KAPD. Im Dezember 1927 trat er aus seiner eigenen Gruppe »Entschiedene Linke« aus, weil diese sich mit der KAPD verschmolz und er als Mitglied der antiparlamentarischen KAPD sein Reichstagsmandat hätte niederlegen müssen. Schwarz blieb bis 1928 Reichstagsabgeordneter und ging dann wieder in den Schuldienst. Politisch entfernte er sich von der Arbeiterbewegung, sympathisierte mit der Paneuropa-Bewegung und bemühte sich um eine deutsch-französische Freundschaft. Im Juli 1933 emigrierte Schwarz nach Frankreich, dann über Kuba und Mexiko in die USA, wo er zunächst in Chicago, später in Washington lebte und 1944 die amerikanische Staatsbürgerschaft erhielt. 1956 kehrte er nach Deutschland zurück, lebte in Bad Godesberg, trat aber politisch nicht mehr hervor. Ernst Schwarz starb bei einem England-Besuch am 29. Mai 1958 in Twickenham.

▸ Schwarz, Georg (* 1896 – † 1945)

Geboren am 27. März 1896 in Zwenkau bei Leipzig, Sohn eines Gastwirts, lernte das Bäckerhandwerk, war dann Hilfsarbeiter in einer Malerwerkstatt in Berlin. Im August 1914 noch Kriegsfreiwilliger, wurde er zum entschiedenen Kriegsgegner, schloß sich 1918 zunächst der SPD und Ende November 1918 der USPD an. Er gehörte zum Berliner Arbeiter- und Soldatenrat, verzog 1919 nach Leipzig und ging hier zur KPD. Nach längerer Erwerbslosigkeit Metallarbeiter in Leipzig und später Betriebsrat in einer Eisengießerei, ab 1926 Stadtverordneter in Leipzig und Mitglied der engeren BL Westsachsen, von 1928 bis 1933 Sekretär des UB Leipzig-Flöha. Schwarz wurde 1929 in den Sächsischen Landtag gewählt, dem er bis 1930 angehörte. Bei den Auseinandersetzungen mit den Rechten in Sachsen stand er auf dem Boden der Thälmann-Führung, war vehement für den Ausschluß der Anhänger ▸ Heinrich Brandlers. Im März 1933 verhaftet, saß er bis Ende März 1934 im KZ, dann Steinsetzhilfsarbeiter in Leipziger Betrieben. Er schloß sich im Krieg der illegalen Schumann-Gruppe an, war als Soldat Wachmann eines belgischen Offiziersgefangenenlagers in Colditz. 1943 Rückkehr nach Leipzig und dort im Juli 1944 erneut festgenommen. Vom VGH in Dresden am 24. November 1944 zum Tode verurteilt, wurde Georg Schwarz am 12. Januar 1945 in Dresden hingerichtet.

▸ Schwarz, Hans (* 1909 – † 1944?)

Geboren am 9. November 1909 in Berlin, Sohn einer Arbeiterfamilie; lernte Bäcker, später Notstandsarbeiter beim Berliner U-Bahnbau. Er schloß sich 1928 dem KJVD und der KPD an, wurde 1932 zu vier Monaten Gefängnis verurteilt. 1933 wurde Schwarz Mitarbeiter im AM-Apparat der Landesleitung in Berlin. Im Oktober 1933 zeitweilig festgenommen, bekam er nach seiner Freilassung den Parteiauftrag, den Gestapo-V-Mann ▸ Alfred Kattner umzubringen, die Tat führte er am 1. Februar 1934 gemeinsam mit ▸ Kurt Granzow in Nowawes aus. Anschließend gelangte Schwarz mit Hilfe von ▸ Leo Roth nach Prag, dann in die Sowjetunion, dort 1934/35 Ausbildung an der M-Schule der Komintern. 1936 kam er als Angehöriger der Internationalen Brigaden nach Spanien. Noch während des Bürgerkrieges wieder in der Sowjetunion, erhielt durch die GRU der Roten Armee weitere Ausbildung zum Funker. Schwarz kam 1940 in die Slowakei, berichtete über Material- und Truppentransporte und bereitete Sprengstoffanschläge vor. Anfang 1942 von der slowakischen Sicherheitspolizei verhaftet und der Gestapo übergeben, machte er umfangreiche Aussagen auch über seine Beteiligung beim Fememord an Kattner. Die Geständnisse von ▸ Heinrich Fomferra und Schwarz sollen zur Verhaftung des illegalen Funkers ▸ Johann Wenzel in Belgien und zur Zerschlagung des gesamten Organisationsnetzes der »Roten Kapelle« beigetragen haben. Die Gestapo hatte Schwarz und Fomferra an die slowakische Sicherheitspolizei zurücküberstellt, und beide wurden im Januar 1944 vom Bezirksgericht Bratislava wegen Sabotage und Spionage zu zwölf Jahren Zuchthaus verurteilt. Befreit aus dem Zuchthaus Ruzomberok, schloß sich Schwarz einer Partisaneneinheit an. Am 2. September 1944 während des slowakischen Nationalaufstandes im Gefecht bei Telgart soll Hans Schwarz gefallen sein.

▸ Schwarz, Heinrich (* 1875 – † 1944)

Geboren am 30. Mai 1875 in Kassel, Bürgerschule, Lehre und Arbeit als Steinmetz; 1899 Umzug nach Hamburg, dort Mitglied der SPD. Schwarz stand auf dem linken Flügel der Partei und ging 1917 zur USPD, 1920 trat er der KPD bei. Ab 1919 Redakteur der »Hamburger Volkszeitung«, saß 1920/21 als Abgeordneter in der Hamburger Bürgerschaft und war Mitglied der BL Wasserkante. Später soll er wieder in der SPD gewesen sein. Heinrich Schwarz starb am 28. Dezember 1944.

▸ Schwarz, Rudolf (* 1904 – † 1934)

Geboren am 3. März 1904 in Berlin, Sohn einer Arbeiterfamilie; lernte nach dem frühen Tod der Eltern Schlosser. 1921 Mitglied des KJD, von 1924 bis 1928 Redakteur des KJVD-Organs »Junge Garde« und hauptamtlicher Mitarbeiter des ZK des KJVD. Er leitete ab 1927 die Rote Jungfront in Berlin-Brandenburg, gehörte zur Bundesführung des RFB und war verantwortlicher Redakteur des RFB-Organ »Die rote Front«. Nach dem RFB-Verbot Mitarbeiter des AM-Apparates unter ▸ Hans Kippenberger und vor allem für die Tätigkeit unter Reichswehr- und Polizeiangehörigen zuständig. Im Juli 1930 zu acht Monaten Haft verurteilt, die er auf der Festung Gollnow verbüßte. Hier beteiligte er sich maßgeblich an den Gesprächen mit dem Reichswehrleutnant ▸ Richard Scheringer, der im März 1931 von der NSDAP zur KPD übertrat. Nach der Freilassung weiterhin enger Mitarbeiter Kippenbergers im ZK. Ab Mitte 1933 leitete Schwarz unter dem Parteinamen Horst das Abwehrressort und verfaßte noch den Abschlußbericht über die Untersuchungen zur Verhaftung ▸ Ernst Thälmanns. Schwarz und ▸ Leo Roth vom Abwehrressort trafen sich am 25. Dezember 1933 in Spindlersmühle in der ČSR mit ▸ Siegfried Rädel, ▸ Herbert Wehner und ▸ Wilhelm Kox von der illegalen Landesleitung, um die rasche Reorganisation des Kippenberger-Apparates vorzubereiten. Bereits Anfang Januar 1934 geriet Rudolf Schwarz in die Hände der Gestapo und wurde (als Reaktion auf die Erschießung des

Spitzels ▸ Alfred Kattner) am 1. Februar 1934 beim Transport nach Wannsee am Kilometerstein 23,7 gemeinsam mit ▸ John Schehr, ▸ Eugen Schönhaar und ▸ Erich Steinfurth »auf der Flucht« ermordet.

▸ Schwebinghaus, Eugen (* 1906 – † 1944)

Geboren am 4. Januar 1906 in Wuppertal, lernte Bau- und Möbeltischler, 1922 Mitglied der KJD, 1924 der KPD. Ab 1931 arbeitete er hauptamtlich als Leiter der dem BPRS angeschlossenen »Interessengemeinschaft für Arbeiterkultur« (IFA) im Bezirk Niederrhein. Nach 1933 im Widerstand, zunächst in Düsseldorf, dann Mitarbeiter der illegalen Landesleitung unter ▸ Robert Stamm. Schwebinghaus emigrierte nach der Verhaftung Stamms zunächst nach Prag, dann in die Sowjetunion. Hier war er unter dem Decknamen Kurt Frank Kursant an der Internationalen Leninschule. Vor Abschluß des Lehrgangs ging er nach Spanien und kämpfte als Angehöriger der Internationalen Brigaden, war zunächst Leutnant, später Politkommissar. Im August 1938 nach Amsterdam geschickt, um Streitigkeiten zu schlichten. Schwebinghaus arbeitete eng mit ▸ Erich Gentsch (Alwin), dem Leiter der AL West zusammen, wurde Vertreter der KPD beim Allgemeinen Flüchtlingskomitee, ab März 1940 KPD-Emigrationsleiter. Am 23. April 1943 in Amsterdam verhaftet und vom VGH zum Tode verurteilt, wurde Eugen Schwebinghaus am 24. August 1944 im Gefängnis Bruchsal hingerichtet.

▸ Schwenk, Paul (* 1880 – † 1960)

Geboren am 8. August 1880 in Meißen, Sohn eines Arbeiters; lernte Schlosser und übersiedelte nach Dresden. 1905 Mitglied der SPD, zog 1907 nach Berlin, da er in Dresden auf der »Schwarzen Liste« stand. 1908 Vorsitzender des SPD-Wahlvereins Berlin-Friedrichsfelde, 1912 hauptamtlicher Funktionär, Lokalberichterstatter des »Vorwärts«. Als Kriegsgegner schloß er sich der Spartakusgruppe an und gab im Weltkrieg deren Informationsmaterial heraus. 1917 Mitglied der USPD, in der er auch nach Gründung der KPD verblieb, 1919 Redakteur am USPD-Organ »Freiheit«, 1920 Sekretär der USPD-Fraktion im Preußischen Landtag. Im Dezember 1920 ging Schwenk mit der linken USPD zur KPD und wurde Sekretär der KPD-Fraktion (ohne selbst Mitglied des Landtags zu sein). Im Mai 1924 in den Preußischen Landtag nachgerückt, wurde er im Dezember 1924 als Abgeordneter gewählt und blieb dies ununterbrochen bis 1933, zeitweilig auch Vorsitzender der Fraktion. Schwenk war Mitglied der Berlin-Brandenburger BL, saß ab 1920 in der Berliner Stadtverordnetenversammlung. Seit 1928 auch Mitarbeiter des ZK der KPD (Kommunalabteilung), galt er als Spezialist für Kommunalarbeit und war als KPD-Vertreter in städtischen Aufsichtsräten. Im April 1933 emigrierte er zusammen mit seiner Frau, ▸ Martha Arendsee, zunächst nach Paris, war dort für die RHD und die IAH tätig und kam im Mai 1934 in die Sowjetunion. Hier arbeitete er unter dem Parteinamen Paul Scherber im Marx-Engels-Institut und im Apparat der Komintern. Während der Moskauer Säuberung im März 1937 verhaftet, legte Schwenk ein »Geständnis« ab und bezichtigte sich, ein »Spion« zu sein. Fast drei Jahre lang in den Kerkern der NKWD festgehalten, kam er nach langen Bemühungen seiner Frau und seiner Freunde am 13. Januar 1941 frei. Anschließend im Verlag für fremdsprachige Literatur, beim Deutschen Volkssender und bei Radio Moskau beschäftigt. Am 28. Mai 1945 nach Berlin zurückgekehrt, wurde Schwenk im Nachkriegsmagistrat unter OB Arthur Werner dritter stellvertretender Oberbürgermeister und Leiter der Abteilung Planung. Ab März 1947 Pressereferent in der Deutschen Verwaltung für Brennstoffindustrie, bis 1952 in verschiedenen Verwaltungen tätig. Als Parteiveteran erhielt er 1955 dem Karl-Marx-Orden, im gleichen Jahr Ehrenbürger von Ost-Berlin. Paul Schwenk starb am 22. August 1960 in Ost-Berlin.

▸ Schwindt, Walter (* 1902 – † 1969)

Geboren am 20. März 1902 in Tilsit, Sohn einer Arbeiterfamilie; lernte Tapezierer. Er trat 1922 in die KPD ein, wurde Mitglied der BL Ostpreußen und Stadtverordneter in Tilsit, 1927 wegen »kommunistischer Propaganda im Memelland« zu drei Jahren Zuchthaus verurteilt. Nach der Haftentlassung übersiedelte er 1930 nach Königsberg, war dort zunächst Instrukteur, später zeitweise auch Orgleiter der BL Ostpreußen. Schwindt kam im März 1932 als Nachrücker in den Reichstag und wurde im Juli 1932 im Wahlkreis Ostpreußen als Abgeordneter in das Parlament gewählt, aber im November 1932 nicht mehr aufgestellt. Ab Februar 1933 illegal für die KPD in Königsberg tätig, wurde Schwindt im Januar 1934 verhaftet, vom OLG angeklagt, jedoch im September 1934 freigesprochen. Er arbeitete als Tapezierer. 1945 trat Schwindt der KPD bei und war Hauptabteilungsleiter im Konsumverband Brandenburg, später Grundstücksverwalter. Während der Parteiüberprüfungen wurde er am 7. Dezember 1951 wegen »passiven Verhaltens in der NS-Zeit« aus der SED ausgeschlossen. 1957 beantragte er die Wiederaufnahme in die SED, die 1961 erfolgte. Er wurde Personalchef im Staatlichen Getränkekontor. Walter Schwindt starb am 23. April 1969 in Ost-Berlin.

▸ Seidel, Ernst (Friedrich) (* 1885 – † 1945)

Geboren am 9. März 1885 in Ebersdorf bei Chemnitz/Amtsbezirk Flöha, Sohn eines Zimmermanns; lernte Steindrucker und zog nach der Wanderschaft 1907 nach Barmen-Elberfeld. Mitglied der SPD, aktiv in der Barmer Partei und der sozialdemokratischen Jugendarbeit. Im Weltkrieg Soldat, durch einen Kopfschuß schwer verletzt, kam er nach längeren Lazarettaufenthalt 1916 zurück nach Barmen-Elberfeld. Dort im Sommer 1917 wegen aktiver Antikriegsarbeit inhaftiert und zu drei Monaten Gefängnis verur-

teilt. Während der Novemberrevolution im Arbeiter- und Soldatenrat in Barmen-Elberfeld und später auch in Düsseldorf, Delegierter beim 1. Reichsrätekongreß in Berlin. Gemeinsam mit ▸ Rosi Wolfstein und ▸ Gustav Triebel nahm Seidel als Vertreter Düsseldorfs am Gründungsparteitag der KPD Ende 1918 in Berlin teil, war KPD-Vertreter im Düsseldorfer Aktionsausschuß. Am 9. März 1919 durch britische Besatzungstruppen verhaftet und wegen »kommunistischer Propaganda« zu zweieinhalb Jahren Gefängnis verurteilt. Nach seiner Entlassung Ende 1921 kehrte er nach Barmen zurück, heiratete dort Anfang 1922 **Käthe Martin** (* 24. 10. 1894 – † 8. 9. 1971). Ab September 1922 besoldeter Bundessekretär des Arbeiter-Abstinenten-Bundes in Berlin, anschließend in der Betriebsräteabteilung der Zentrale der KPD. Später Instrukteur und Referent u. a. in Pommern eingesetzt. Ab Januar 1924 wieder in der KPD-Ortsgruppe Barmen aktiv. Seidel wurde am 1. März 1933 verhaftet, kam bis August 1934 ins KZ. Wegen Sammlungen für hilfsbedürftige Häftlinge, für Anwaltskosten usw. im Juli 1936 erneut festgenommen und mit seiner Frau wegen politischer Arbeit im »Wuppertal-Komitee« am 6. März 1937 zu sechs Jahren bzw. Käthe Seidel zu zwei Jahren und drei Monaten Zuchthaus verurteilt. Er saß von März 1937 bis Juli 1942 im Zuchthaus Münster, dann nach Dachau überführt, blieb er bis April 1945 in Haft. Ernst Seidel starb am 6. Juni 1945 in einem Krankenhaus in München an den Haftleiden.

▸ Seipel, Richard (* 1901 – † 1936)

Geboren am 20. Januar 1901 in Wasserlos (jetzt Alzenau)/Krs. Aschaffenburg, wie sein Vater Fabrikarbeiter. Als Mitglied der KPD und des RFB nahm er im März 1926 an der 3. Reichskonferenz des RFB in Halle teil, war seit Juli 1926 Leiter des RFB Gau Mittelrhein und gehörte der Bundesführung sowie dem Sekretariat der KPD-BL Mittelrhein an. Nach dem RFB-Verbot im Mai 1929 leitete er unter dem Decknamen Erich Lenzner den illegalen RFB-Landesverband Südwest mit Sitz in Mannheim. Ende 1929 wurde Seipel im Impressum der »Sozialistischen Republik« geführt, wegen eines Artikels im Sommer 1930 vom Reichsgericht in Leipzig wegen »Vorbereitung zum Hochverrat« zu einer 15monatigen Festungshaft verurteilt. Er übernahm Ende 1931 die Polleitung des illegalen RFB in Leipzig, war 1932 Teilnehmer des Amsterdamer Weltkongresses gegen den Krieg. Seipel wurde im April 1933 in Plauen im Vogtland verhaftet und 1934 vom OLG Dresden zu anderthalb Jahren Zuchthaus verurteilt. Anfang 1936 emigrierte er in die ČSR, war dort einige Zeit Leiter der KPD-Emigration in Mährisch-Ostrau. Ende 1936 in Spanien als Angehöriger der Internationalen Brigaden Mitglied des »Thälmann-Bataillons«. Am 19. Dezember 1936 ist Richard Seipel bei Boadilla del Monte gefallen.

▸ Seipold, Oskar (* 1889 – † 1966)

Geboren am 28. November 1889 in Lodz, Sohn eines Arbeiters, der von Thüringen nach Rußland ausgewandert war; lernte Töpfer. 1907 kam er nach Deutschland, war in mechanischen Webereien beschäftigt und wurde 1909 Mitglied der SPD. 1911 Rückkehr nach Rußland, um als russischer Staatsbürger seinen Militärdienst abzuleisten. Er geriet im Weltkrieg in deutsche Gefangenschaft, blieb danach in Deutschland und erhielt 1919 die deutsche Staatsbürgerschaft. Im gleichen Jahr Mitglied der USPD, ging mit deren Mehrheit 1920 zur KPD. Als Töpfer auf dem Gut Darkehmen in Ostpreußen beschäftigt, kam als aktiver Kommunist auf eine »Schwarze Liste« und fand in Deutschland keine Arbeitsstelle mehr, wurde wegen »Aufreizung zum Hochverrat« und anderen politischen Delikten bestraft. Von September 1921 bis Januar 1922 war Seipold Verlagsleiter des »Echo des Ostens«, ab März 1923 Leiter des UB Darkehmen, im Herbst 1923 aktiv an den Aufstandsvorbereitungen der KPD in Ostpreußen beteiligt. Nachdem die Linken die Parteiführung übernommen hatten, wurde Seipold als ihr Anhänger im April 1924 Chefredakteur der Zeitung »Echo des Ostens«. Im Juli 1924 verhaftet und vom Staatsgerichtshof wegen seiner Aktivität im Jahre 1923 zu fünf Jahren Zuchthaus verurteilt. Nach der Entlassung von Herbst 1927 bis Februar 1929 Gauführer des RFB in Ostpreußen. Seipold kandidierte 1928 auf der KPD-Liste zum Preußischen Landtag und rückte nach dem Tod ▸ Ernst Meyers (2. Februar 1930) in den Landtag nach. Da er inzwischen zur linken Opposition gehörte, forderte das ZK, er solle auf sein Mandat verzichten, was er verweigerte. Deshalb wurde er am 22. Februar 1930 aus der KPD ausgeschlossen, war danach aktiver Funktionär der Bolschewiki-Leninisten-Opposition, der deutschen Trotzkisten, die er bis 1932 im Preußischen Landtag vertrat. In seinem Lebenslauf schrieb Seipold: »Am 2. März 1933 besuchte ich Freunde in Insterburg (Ostpr.) und wurde dort auf der Straße durch zwei Beamte in Zivil verhaftet und nach einem Verhör sofort in eine Gefängniszelle gebracht. Dort saß ich vom 2. März bis 6. Mai, kam dann in das große Gefängnis Rhein (Ostpr.) und blieb dort bis über Mitte Juli.« Bis zum 23. Dezember 1933 saß er im Zuchthaus Brandenburg/Havel. »Eine Anklageschrift bekam ich nie, auch fand keine Gerichtsverhandlung statt ... Nach meiner Entlassung wohnte ich in Königsberg.« Hier verbreitete er Flugschriften gegen das Hitler-Regime, floh noch 1934 nach Prag. Weil die KPD 1934/35 dort eine Verleumdungskampagne gegen Seipold startete (als Trotzkist wurde er den Faschisten gleichgesetzt), übersiedelte er am 19. Januar 1935 nach Lodz: »Dort änderte ich meinen Namen von Seipold auf Sepold. Mit Hilfe von ›Machern‹ konnte ich legal angemeldet werden und lebte in Lodz bis Oktober 1945, floh von dort nach Sachsen (Russ. Zone) und am 3. März 1949 weiter in die Bundesrepublik.« Im Rheinland hatte er noch Verbindung zu linken Gruppen, politisch betätigte er sich aber nicht mehr. Oskar Seipold starb am 29. Dezember 1966 in Haan/Rheinland.

▸ Selbmann, Fritz (* 1899 – † 1975)

Geboren am 29. September 1899 in Lauterbach/Hessen, Sohn eines Kupferschmieds; Bergmann. Ab 1917 Soldat in Frankreich und Bel-

gien, Ende 1918 im Soldatenrat seiner Batterie, arbeitete dann im Arbeiter- und Soldatenrat in Naumburg und gehörte bis zum Frühjahr 1920 dem Grenzschutz West an. Selbmann wurde 1920 wieder Bergmann, Mitglied der USPD, blieb auch nach der Vereinigung des linken Flügels mit der KPD in der Rest-USPD. 1922 trat er der KPD bei, wurde zwei Jahre später Orgleiter in Bottrop und ab April 1925 Gauführer des RFB im Ruhrgebiet. Mitglied der RFB-Bundesführung und der KPD-BL Ruhrgebiet, stand auf dem linken Flügel der Partei, war 1925 bei den Ultralinken, dann schwenkte er zu ▸ Ernst Thälmann über. 1927 kritisierte Selbmann die Absicht des ZK, Rechte und Versöhnler zur Mitarbeit heranzuziehen. Er reiste Ende 1928 nach Moskau, dort unter dem Decknamen Skowronek bis Juli 1929 Kursant an der Internationalen Leninschule. 1929/30 Gewerkschaftssekretär der BL Ruhrgebiet und Redakteur des »Ruhr-Echos«, Abgeordneter im Rheinischen Provinziallandtag. Ab Mai 1930 Polleiter in Oberschlesien, kam als Nachrücker in den Preußischen Landtag, in dem Selbmann bis 1932 blieb. Anfang 1931 Polleiter des neuen KPD-Bezirks Sachsen, des nach Berlin zweitgrößten Parteibezirks, im Juli 1932 im Wahlkreis Leipzig in den Reichstag gewählt. Am 7. Februar 1933 nahm Selbmann an der Funktionärstagung in Ziegenhals teil, wurde am 11. April 1933 festgenommen. Nach zweieinhalb Jahren Untersuchungshaft am 4. November 1935 vom VGH zu sieben Jahren Zuchthaus verurteilt, saß er bis Mai 1940 in Waldheim, anschließend im KZ Sachsenhausen, ab November 1942 im KZ Flossenbürg. Ende April 1945 gelang ihm auf dem »Todesmarsch« die Flucht aus dem KZ Dachau. Selbmann gehörte 1945 dem Sekretariat der KPD Leipzig an und wurde im August 1945 Präsident des Landesarbeitsamtes, dann im September 1945 Vizepräsident der Landesverwaltung Sachsen, war ab Dezember 1946 Minister für Wirtschaft in der Landesregierung Sachsen; 1948/49 stellvertretender Vorsitzender der DWK und im Oktober 1949 DDR-Minister für Industrie. Von 1954 bis 1958 Mitglied im ZK der SED, wurde Selbmann auf dessen Tagung im Februar 1958 von ▸ Walter Ulbricht und Erich Honecker wegen »Managertums« angegriffen und im März 1959 zur Selbskritik genötigt. Seit 1961 Schriftsteller, in der DDR erschienen u. a. »Die lange Nacht« (1961), »Alternative, Bilanz, Credo. Versuch einer Selbstdarstellung« (1969). Von 1969 bis 1975 Vizepräsident des DDR-Schriftstellerverbandes, er erhielt 1969 den Karl-Marx-Orden und für sein literarisches Schaffen den Nationalpreis II. Klasse. Fritz Selbmann starb am 26. Januar 1975 in Ost-Berlin. Selbmanns Sohn Erich (* 2. 9. 1926) studierte bis 1948 Zeitungswissenschaften, war von 1948 bis 1952 Redakteur, dann 1953 Chefredakteur des Deutschlandsenders, ab 1958 Intendant des Berliner Rundfunks. 1966 Chefredakteur der Hauptnachrichtensendung »Aktuelle Kamera« und von 1978 bis 1989 Stellvertreter des Vorsitzenden des Staatlichen Komitees für Fernsehen und Leiter des Bereichs Dramatische Kunst.

▸ Selig, Arthur (* 1898 – † ?)

Geboren am 27. Januar 1898 in Schönfeld/ Pommern, Sohn einer Arbeiterfamilie. Er wurde Chauffeur, trat 1920 der USPD und 1922 der KPD bei. Ab 1929 in den AM-Apparat übernommen, Selig war direkt für ▸ Hans Kippenberger tätig. Im Januar 1933 in Berlin verhaftet, kam ins KZ, dort im Juli 1934 freigelassen, flüchtete nach Prag und wurde Abwehrleiter der »Gesamtemigration in der Tschechoslowakei«. Im Oktober 1935 in die Sowjetunion delegiert, arbeitete Selig in Moskau nur als Kraftfahrer in einem Transportbetrieb. Er wurde am 18. Februar 1938 vom NKWD verhaftet, danach sofort aus der KPD ausgeschlossen und am 23. Dezember 1940 zu fünf Jahren Lager verurteilt. Im Juli 1946 zwar entlassen, aber ins Gebiet Irkutsk verbannt, wo Arthur Selig starb.

▸ Sellheim, Max (* 1883 – † 1945)

Geboren am 26. Februar 1883 in Berlin, lernte Steindrucker und ging anschließend auf Wanderschaft. 1910 in Berlin Mitglied der SPD, während des Krieges Übertritt zur USPD, kam mit deren linkem Flügel 1920 zur KPD. Delegierter des Vereinigungsparteitags von KPD und USPD 1920. Ab 1921 Stadtverordneter in Berlin, arbeitete im Siemenskonzern und wurde dort Betriebsrat. Im Dezember 1924 zog Sellheim als Abgeordneter in den Preußischen Landtag ein. Mitglied der BL Berlin-Brandenburg, gehörte zu den Linken in der Partei, trat 1927 in den Hintergrund und wurde 1928 auch nicht mehr in den Landtag gewählt, wieder im Betrieb beschäftigt. Nach 1933 wirkte Sellheim für die illegale KPD, wurde am 7. April 1935 in Blankenburg verhaftet und am 2. November 1936 zu fünf Jahren Zuchthaus verurteilt. Die Strafe verbüßte er im Zuchthaus Dessau-Roßlau und kam anschließend ins KZ Sachsenhausen. Nach zehnjähriger Haft wurde Max Sellheim noch in den letzten Kriegstagen am 3. Mai 1945 von der SS erschossen. Er befand sich unter den 1500 Gefangenen, die auf einem »Todesmarsch« in Richtung Schwerin getrieben wurden, entkräftet am Wege liegengebliebene Häftlinge haben die SS-Bewacher ermordet.

▸ Sendhoff, Magda (* 1899 – † 1963)

Geboren am 29. August 1899 in Dortmund als Magda Müller, Tochter eines Kunstgewerbelehrers und Malermeisters; kaufmännische Lehre, Stenotypistin und Kontoristin. Sie wurde 1925 Mitglied der IAH und heiratete ein Jahr später den Schlosser Heinz Sendhoff. 1927 trat sie der KPD bei, Stenotypistin bei der KPD-Zeitung »Westfälischer Kämpfer«, war 1928/29 Frauenleiterin im UB Dortmund und gehörte 1929/30 der KPD-BL Ruhrgebiet an. Im Januar Stenotypistin im Sekretariat der BL Thüringen, dann Bezirksfrauenleiterin und Mitglied des Sekretariats der BL Thüringen. Von Oktober 1932 bis Mai 1934 Kursantin an der Internationalen Leninschule in Moskau. Ihr Mann, Hans Sendhoff, Mitglied der illegalen BL Thüringen, wurde 1933 verhaftet und ermordet. Magda Sendhoff kam Ende Mai 1934 als Oberberaterin für die BL nach Berlin, wurde im Februar 1935 verhaftet und vom VGH zu vier Jahren Zuchthaus verurteilt, die sie in Waldheim verbüßte. Nach der Freilassung Kontoristin in einer Berliner Firma, sie hatte u. a. Verbindung zu Greta Kuckhoff. Von 1945 bis 1947 im Frauenausschuß Berlin, 1946 Leiterin des Zentralen Frauenausschusses. Sie kam im Mai 1946 in die Deutsche Zentralverwaltung für Volksbildung, war 1947 Mitbegründerin des DFD. Ab Oktober 1949 im Amt für Information, 1953/54 Chefredakteurin im Verband der Konsumgenossenschaften, dann bis

Mai 1960 in der Redaktion der Zeitschrift »Wochenpost«. Seit September 1953 war sie mit Hermann Trinkhaus verheiratet, 1959 erhielt sie den VVO in Bronze. Magda Sendhoff starb am 24. November 1963.

▸ Seng, Willi (* 1909 – † 1944)

Geboren am 11. Februar 1909 in Berlin, lernte Schreiner. Seit 1930 Mitglied der RHD, 1932 der KPD, im Frühjahr 1933 »Schutzhaft« im KZ Oranienburg. Nach Freilassung Verbindungsmann der Reichsleitung der Kampfgemeinschaft für rote Sporteinheit (KG) zur Berliner Leitung, anschließend Leiter der KG im Bezirk Niederrhein, wo er die Zeitungen »Westdeutscher Arbeitersport« und »Sportfreund« herausgab. Im Mai 1935 Flucht nach Amsterdam, dann in die Sowjetunion. Bis Frühjahr 1937 Kursant an der Internationalen Leninschule in Moskau, anschließend bis Oktober 1938 Instrukteur der KPD-AL für das Ruhrgebiet. Im Januar 1939 Teilnehmer der »Berner Konferenz« bei Paris. Ende 1941 reiste Seng illegal nach Deutschland und bemühte sich, im Auftrag von ▸ Wilhelm Knöchel Verbindungen im Ruhrgebiet aufzubauen. Unter den Decknamen August und Kurt zusammen mit Alfons Kaps, ▸ Alfred Kowalke und Knöchel gab er illegale Druckschriften wie das »Ruhr-Echo« und den »Friedenskämpfer« heraus. Nach Aussagen von Alfons Kaps gelang es der Gestapo am 20. Januar 1943, Seng zu verhaften. Nach »verschärfter Vernehmung« – also Mißhandlung – gab Seng nicht nur seine Kenntnisse preis, sondern war bereit, die Gestapo zu einem geheimen Treff zu Knöchel in Berlin zu führen. Dies mißlang, da Knöchel schwerkrank im Bett lag und nicht kam. Am 24. Mai 1944 vom VGH zum Tode verurteilt, wurde Willi Seng am 27. Juli 1944 in Köln hingerichtet.

▸ Serotzki, Paul (* 1887 – † ?)

Geboren am 27. März 1887 in Zoppot/Westpreußen, Sohn eines Arbeiters; war Arbeitsbursche und Hafenarbeiter, trat 1905 den Christlichen Gewerkschaften und 1912 der SPD bei. Ab 1915 Soldat im Weltkrieg, danach Hafenarbeiter in Danzig, wurde dort 1919 Sektionsleiter der Internationalen Seeleute-Union im Hafen. 1921 Mitglied der USPD, 1923 der KPD. Nach seinem Ausschluß aus dem Hafenarbeiterverband 1929 führte er die RGO-Hafenarbeiter. 1930 wurde Serotzki in den Volkstag Danzig gewählt, dem er bis 1937 als KPD-Abgeordneter angehörte. Er nahm 1935 in Moskau am VII. Weltkongreß der Komintern und an der »Brüsseler Konferenz« der KPD teil. Ab 1935 erwerbslos, im Juni 1937 kam er in »Schutzhaft«. Nach der Freilassung im Oktober 1937 gab er zusammen mit ▸ Otto Langnau eine schriftliche Erklärung über den Bruch mit der KPD ab, beide wurden Hospitanten der NSDAP-Fraktion im Volkstag. 1938 wieder Hafenarbeiter, im Oktober 1941 auf dem Flughafen Danzig-Langfuhr dienstverpflichtet. Als ehemaliger kommunistischer Abgeordneter wurde er noch im August 1944 in das KZ Stutthof bei Danzig eingeliefert. Mit einem »Antifa-Transport« übersiedelte er im August 1945 nach Hoppenrade bei Güstrow in Mecklenburg. Dort ab Herbst 1946 Bürgermeister, seit April 1946 Mitglied der SED. Bei Überprüfungen von Opfern des Faschismus wurde Serotzki 1950 der OdF-Status aberkannt, weil er »im Oktober 1937 freiwillig sein Abgeordnetenmandat aufgegeben hat«. Er wehrte sich gegen die Entscheidung und bemühte diverse Zeugen, um seinen Schritt aus dem Jahre 1937 als

»Taktik des trojanischen Pferdes« zu stützen. Der Abteilungsleiter im ZK der SED ▸ Anton Plenikowski erklärte: »Serotzki war einer unser fähigsten und besten Hafenarbeiterfunktionäre. Er hat sich einwandfrei verhalten bis 1937.« Zuletzt in einer Rostocker Werftkantine beschäftigt, ließ sich der weitere Lebensweg von Paul Serotzki nicht ermitteln. Serotzkis Sohn **Karl** (* 2. 3. 1913) emigrierte 1935 nach Dänemark, dann in die Sowjetunion, besuchte unter dem Namen Karl Salami die Leninschule und ist 1938 als Angehöriger der Internationalen Brigaden in Spanien gefallen.

▸ Serwe, Hubert (* 1898 – † 1966)

Geboren am 28. Februar 1898 in Baasen bei Schleide/Eifel, streng katholisch erzogen; lernte Schlosser, 1916 als Kriegsfreiwilliger zur kaiserlichen Marine. Durch die Kriegserlebnisse wurde er zum Sozialisten, schloß sich 1918 der USPD an und kam mit deren linkem Flügel 1920 zur KPD. Bis 1924 Metallarbeiter in Köln, übte verschiedene Parteifunktionen aus. 1924 übersiedelte Serwe nach Berlin, dort hauptamtlicher Sekretär der Reichsleitung der Union der Hand- und Kopfarbeiter, Gruppe Metall. Ab 1925 Redakteur an KPD-Zeitungen, zunächst in Saarbrücken, ab November 1925 in Stuttgart, Anfang 1926 an der »Sächsischen Arbeiterzeitung« in Leipzig. Er wurde im Mai 1926 stellvertretender Chefredakteur der »Bremer Arbeiterzeitung« und ab Mitte April 1927 auch kurze Zeit deren Chefredakteur. Serwe kam im März 1929 als politischer Redakteur an das »Ruhr-Echo« in Essen, dann als Lokalredakteur nach Duisburg, wo er bis 1933 arbeitete. Vom 12. Mai 1933 bis 25. Dezember 1936 im KZ, danach Schlosser. 1943 besuchte ihn ▸ Willi Seng, um ihn für die illegale Arbeit zu gewinnen, Frau Serwe besorgte noch eine Unterkunft für Seng. Dieser gab nach seiner Verhaftung als erstes die Eheleute Serwe bei der Gestapo an. Daraufhin wurde Hubert Serwe verhaftet, im Juni 1944 angeklagt und zu einer Zuchthaustrafe von sechs Jahren verurteilt. Von der US-Armee 1945 aus dem Zuchthaus Butzbach befreit, trat er wieder der KPD bei (der er ohne eine Funktion bis zum Verbot angehörte). Bis April 1946 war er politischer Berater der örtlichen Militärbehörde in Erlangen, dann bei der Deutschen Nachrichtenagentur (DANA) als Redakteur beschäftigt. Serwe kam zunächst nach Nürnberg zur Berichterstattung über den Hauptkriegsverbrecher-Prozeß, wurde Ende 1946 beauftragt, das Nürnberger Außenbüro der DANA einzurichten und zu leiten. Bei der Fusion der Nachrichtenagenturen 1949 mit der dpa blieb er in Nürnberg für die neue Agentur in gleicher Position, bis er 1963 in den Ruhestand ging. Hubert Serwe starb am 28. September 1966 in Nürnberg.

▸ Seß, Karl (* 1855 – † 1939)

Geboren am 1. April 1855 in Grevesmühlen/Mecklenburg, Sohn eines Schusters; lernte selbst Schuster, ging auf Wanderschaft, leistete seinen Militärdienst und trat 1879 in die SPD ein. Während des Sozialistengesetzes einige Wochen inhaftiert, gehörte Seß, der in Güstrow als Schuhmacher, Händler und Fabrikarbeiter tätig war, zu den Mitbegründern der SPD-Ortsgruppe. Er war Vertrauensmann der SPD in Mecklenburg und kandidierte 1898 im Wahlkreis Mecklenburg-Schwerin erfolglos zum Reichstag. 1905 übersiedelte er nach Hamburg, war dort ebenfalls Schuhmachermeister und lebte seit 1915 in Hamburg-Bergedorf. 1919 Mitglied der USPD, ging Seß Ende 1920 mit der Mehrheit der Hamburger USPD-Organisation zur KPD. Von 1920 bis 1927 Abgeordneter der Hamburger Bürgerschaft, zunächst für die USPD, dann für die KPD. In den Jahren bis 1933 war er Bürgervertreter und Mitglied des Landesausschusses in Bergedorf. Karl Seß starb am 19. November 1939 in Hamburg.

▸ Seuling, Karl (* 1900 – † 1984)

Geboren am 26. April 1900 in Alten-Buseck/ Krs. Gießen, Sohn eines Landwirts, von 1914 bis 1917 Buchbinderlehre. Von Juni bis Dezember 1918 Soldat im Weltkrieg, dann bis 1928 Buchbindergehilfe, anschließend bis 1930 Bauhilfsarbeiter, danach erwerbslos. Als Mitglied der KPD wurde er 1932 zum Abgeordneter des Hessischen Landtages gewählt. 1933 gemeinsam mit einigen hessischen KPD-Parlamentariern (▸ Wilhelm Beuttel, ▸ Wilhelm Hammann, u. a.) sowie ▸ Heinrich Galm von der SAP festgenommen, für einige Zeit in »Schutzhaft«. Ab 1936 arbeitete er als Former, mußte von 1939 bis 1945 zur Wehrmacht. Im November 1945 wurde er Angestellter des Versorgungsamtes Gießen, 1952 zum Regierungsassistenten ernannt. Politisch trat er dann nicht mehr hervor. Karl Seuling starb am 15. Januar 1984 in Buseck.

▸ Seyfried, Rudolf (* 1897 – † 1949)

Geboren am 29. Juni 1897 in Frankenthal/Pfalz, Sohn eines Stuhlmachers; lernte Schuhmacher. Der Vater, ein freireligiöser Sozialdemokrat, erzog ihn im sozialistischen Sinne. 1916 zur Infanterie eingezogen, erlitt eine schwere Verwundung am Bein. Nach dem Krieg ließ er sich in Mannheim nieder. Ab 1918 Mitglied der USPD, kam Seyfried mit deren linkem Flügel 1920 zur KPD und übte ehrenamtliche Funktionen aus. Bei der Reichsbahn beschäftigt, die ihn 1923 aus politischen Gründen entließ. Als Anhänger der Linken wurde er nach der Übernahme der Parteiführung durch die Linken 1924 Mitglied der BL Baden und im Mai 1924 Chefredakteur der Mannheimer »Arbeiter-Zeitung«. Im Sommer 1925 mit dem Aufbau des RFB in Baden betraut, war er bis 1927 Leiter des RFB und Mitglied der BL Baden. Als enger Mitarbeiter von ▸ Georg Kenzler und ▸ Jakob Ritter 1927 mit diesen aus der KPD ausgeschlossen, wurde Seyfried 1928 Mitbegründer des Leninbundes, den er in Baden gemeinsam mit Ritter leitete. In einer Mannheimer Schuhfabrik als Betriebskontrolleur beschäftigt. Nach dem Übertritt Ritters zur SAP 1932 war er bis 1933 Polleiter des Leninbundes in Baden. 1933 beinamputiert, lebte er nun als Kriegsrentner und arbeitete mit der SAP und anderen Widerstandsgruppen zusammen. 1934 übersiedelte Seyfried nach Scheringen/Odenwald, erwarb eine Mühle und ein Sägewerk. Wegen illegaler Tätigkeit im September 1944 verhaftet, im Dezember schwerkrank entlassen (Frau Seyfried war aus dem gleichen Grunde von September 1944 bis Februar 1945 inhaftiert). 1945 wieder Mitglied der KPD, Kreisrat in Mosbach, nach erneuten Differenzen mit der KPD seit 1947 in der Partei nicht mehr aktiv. Rudolf Seyfried starb am 29. März 1949 in Scheringen.

▸ Sieg, John (* 1903 – † 1942)

Geboren am 3. Februar 1903 in Detroit/USA, Sohn eines Mechanikers. Aufgewachsen in einem katholischen Elternhaus, lebte er seit dem Tod des Vaters 1912 in Schlochau/Westpreußen beim Großvater. Er mußte nach dessen Tod die Lehrerausbildung abbrechen, ging im Juni 1923 wieder in die USA und wohnte seit 1924 mit seiner späteren Frau Sophie in Detroit als Werkstudent. Im Februar 1928 Rückkehr nach Deutschland, freier Autor, veröffentlichte 1928/29 erste Artikel, bald auch in der »Roten Fahne«. Er trat 1929 in die KPD ein und wurde Feuilletonredakteur der »Roten Fahne«. Von März bis Juni 1933 inhaftiert, danach aktiv gegen das NS-Regime, ab 1936 im Kontakt mit dem ZK-Instrukteur ▸ Heinrich Schmeer. Seit 1937 bei der Deutschen Reichsbahn beschäftigt, konnte Sieg Dienstreisen und Freifahrten nutzen, um neue Verbindungen zum illegalen Widerstand herzustellen, u. a. zur Hamburger Gruppe um ▸ Bernhard Bästlein. Mit dem aus der Haft entlassenen ▸ Wilhelm Guddorf u. a. verfaßte er nach dem deutschen Überfall auf die Sowjetunion 1941 eine Analyse zur politischen Situation und initiierte die Herausgabe der illegalen Zeitung »Die innere Front«. Am 11. Oktober 1942 festgenommen und in der Berliner Gestapozentrale in der Prinz-Albrecht-Straße grausamen mißhandelt. Um keine Mitkämpfer zu verraten, beging John Sieg am 15. Oktober 1942 Selbstmord.

Seine Frau **Sophie Sieg** (Heirat 1928), geborene Wloszczynski (* 14. 5. 1893 – † 13. 5. 1987), Stenotypistin, seit 1930 in der KPD, gehörte wie er dem Widerstand an, am 12. Oktober 1942 verhaftet, konnte sie im April 1945 beim Evakuierungsmarsch von Ravensbrück nach Bergen-Belsen flüchten. In der SBZ in der Zentralverwaltung für Verkehr, später im Ministerium für Verkehrswesen der DDR beschäftigt, zuletzt Leiterin der dortigen Bibliothek.

▸ Sieg, Otto (* 1905 – † 1938)

Geboren am 3. Januar 1905 in Berlin-Charlottenburg, Sohn einer Arbeiterfamilie; Lauf- und Arbeitsbursche, lernte Mechaniker. Er wurde 1918 Mitglied der Freien Sozialistischen Jugend, 1919 der KJD und 1923 der KPD. Er war Leiter einer Abteilung der Roten Jungfront und gehörte bereits seit 1923 dem geheimen technischen Apparat der Komintern in Deutschland an. Er erhielt Aufträge von ▸ Jakob Reich und arbeitete eng mit ▸ Wilhelm Wloch und bis 1933 mit

▸ Leo Flieg zusammen. Im Frühjahr 1933 »zur Arbeit in die Sowjetunion kommandiert«, reiste Sieg mit seiner Frau Annemarie und den beiden Töchtern über Kopenhagen und Helsingför nach Leningrad. Von 1933 bis 1935 Mitarbeiter der OMS unter Alexander Mirow-Abramow. Nach der »Umorganisation« dieser Abteilung 1935 entlassen, arbeitete Sieg zunächst bei Mosfilm, später als Chauffeur einer Brotfabrik. Im November 1936 durch eine Einschätzung von F. Goltz (▸ Friedrich Fränken) nicht zur Übernahme in die KPdSU empfohlen, meldete er sich vergeblich als Freiwilliger nach Spanien. Im Juli 1938 wurde Otto Sieg vom NKWD verhaftet, zum Tode verurteilt und am 4. November 1938 erschossen.

Seine Frau **Annemarie Sieg**, geborene Morgenroth (*2. 6. 1906 in Rudolstadt – † 21. 11. 1996 in Berlin), wurde aus der Sowjetunion ausgewiesen und kam 1938 mit den inzwischen drei Kindern nach Deutschland. Sie lebte zunächst bei ihren Eltern in Thüringen, später in Berlin. Nach Ausbombung ging sie nach Thüringen, arbeitete als Gelegenheitsarbeiterin und Putzfrau. 1957 Kreisvorsitzende des DFD in Pößneck. 1956 wandte sie sich an ▸ Walter Ulbricht, daraufhin wurde am 14. Januar 1957 der Parteiausschluß von Otto Sieg aufgehoben. Sie selbst erhielt 1963 die Anerkennung als »Verfolgte des Naziregimes«.

▸ Siegel, Bruno (* 1890 – † 1948)

Geboren am 10. September 1890 in Hilbersdorf/Freiberg, stammte aus einer armen Familie mit zehn Geschwistern. Als Schulkind mußte er Botenarbeit verrichten, lernte Klempner. Siegel durchwanderte Deutschland, trat 1909 der SPD bei. Er wurde 1911 in Hamburg zur Marine gezogen, Obermaat in Kiel, im Weltkrieg bei der Marine Maschinist auf der »Goeben«. Verwundet kam er 1917 nach Wilhelmshaven, heiratete und zog 1919 nach Dresden, Klempner bei der Reichsbahn. 1919 trat Siegel der USPD bei und kam mit der linken USPD 1920 zur KPD, wurde 1924 Mitglied der BL Ostsachsen und des Hauptbetriebsrats der Deutschen Reichsbahn. 1926 wurde Siegel als Abgeordneter in den Sächsischen Landtag gewählt, blieb aber weiterhin bei der Reichsbahn beschäftigt. Der XI. Parteitag 1927 berief ihn in die Gewerkschaftskommission, 1928 Delegierter des VI. Weltkongresses der Komintern. Bis 1930 Landtagsabgeordneter und bis 1933 2. Vorsitzender der RGO-Gruppe Eisenbahn, war Siegel außerdem im illegalen AM-Apparat tätig. Im März 1933 schwerkrank, stellte er sich selbst der Polizei und saß bis 1934 in »Schutzhaft« im KZ, dann Seifenhändler und ab 1935 wieder Klempner. Bei Kriegsausbruch erneut verhaftet, kam bis 1940 ins KZ Buchenwald. Er sollte für die Gestapo geworben werden, als er ablehnte, nochmals zu fünf Jahren Zuchthaus verurteilt. 1945 in Waldheim befreit, wieder KPD-Funktionär, er gab zunächst eine Zeitung für Döbeln heraus, ging nach Dresden, dort Bezirks-Personal-Vertreter der Reichsbahn und im Juli 1945 Staatssekretär für Verkehrswesen bei der Sächsischen Landesregierung. Seit 1946 schwerkrank ans Bett gefesselt, starb Bruno Siegel am 12. August 1948 in Dresden.

▸ Siegmund, Kurt (* 1910 – † 1988)

Geboren am 21. Dezember 1910 in Schönnewitz/Saalekrs., Sohn eines Steinsetzers. Von Beruf Linierer, im Oktober 1927 Mitglied des KJVD, 1931 der KPD. Seit 1929 hauptamtlicher Funktionär des KJVD und der Roten Jungfront in

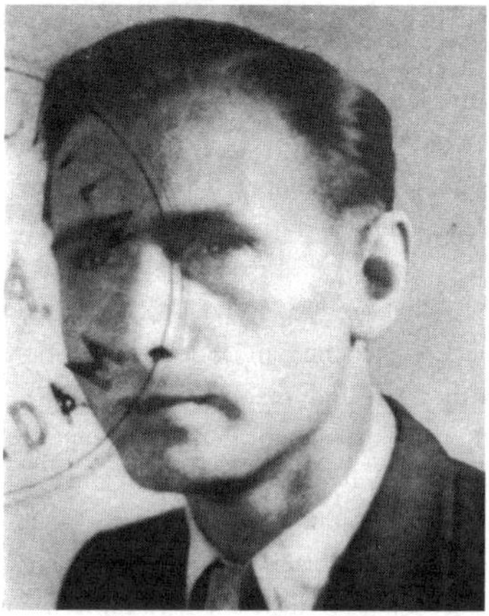

Halle und Berlin. Ende 1932 kam er nach Moskau, dort Praktikant, dann Referent in der Orgabteilung des EK der KJI. Nach einem militärtheoretischen Kurs bei ▸ Wilhelm Zaisser reiste er im Spätsommer 1933 über Skandinavien illegal nach Deutschland, hier Oberinstrukteur für den KJVD in Sachsen. Von Mitte bis Ende 1934 Leiter des KJVD in Berlin. Auf der Moskauer Reichskonferenz Ende 1934 in das ZK des KJVD gewählt, gehörte Siegmund bis Mai 1935 dem in Berlin illegal wirkenden Sekretariat des ZK des KJVD an. Anschließend in der ČSR im Auslandssekretariat, war er 1935/36 deutscher Vertreter in der KJI, Delegierter zum VII. Weltkongreß der Komintern. Unter dem Parteinamen Friedel Stein von November 1936 bis September 1937 Vertreter des KJVD beim Sekretariat des ZK der KPD in Paris. Danach erneut zur illegalen Arbeit in Deutschland und im Mai 1939 nach Schweden zur AL Mitte. Er sollte Anfang 1941 in Deutschland die Jugendarbeit übernehmen, reiste aber in die Niederlande, hielt Kontakte zu deutschen Kommunisten. Im August 1945 nach Deutschland zurückgekehrt, war Siegmund zunächst Redakteur in Halle. Ende 1948 Leiter der MAS-Landesverwaltung Sachsen-Anhalt, Ende 1950 DDR-Staatssekretär und Vizeminister für Land- und Forstwirtschaft. Ab 1958 Stellvertretender Vorsitzender des Rates des Bezirks Neubrandenburg, 1962 entbunden, später Direktor des Instituts der Akademie der Landwirtschaftswissenschaften der DDR. Von 1963 bis 1988 Mitglied der ZRK der SED, er erhielt 1985 den Karl-Marx-Orden. Kurt Siegmund starb am 17. November 1988 in Ost-Berlin.

▸ Sievers, Hans (* 1893 -† 1965)

Geboren am 25. Februar 1893 in Hamburg, Sohn eines Kaufmanns. Nach dem Gymnasium bis 1914 im Lehrerseminar in Braunschweig, von 1914 bis April 1916 Soldat im Weltkrieg, dann Volksschullehrer in kleinen Orten, ab 1919 in Braunschweig. Sievers trat 1917 in die USPD ein, wurde im Mai 1920 als USPD-Abgeordneter in die Landesversammlung von Braunschweig gewählt. Von Juni bis Oktober 1920 war er in Braunschweig Minister für Volksbildung, mit 27 Jahren der jüngste Minister im Reich. Als Befürworter der 21 Bedingungen zum Beitritt zur Kommunistischen Internationale trat er am 23. Oktober 1920 als Volksbildungsminister zurück und wurde aus der USPD-Fraktion ausgeschlossen. Daraufhin bildete er mit den Abgeordneten ▸ Arno Krosse und Heinrich Röhrs die USPD-Fraktion (Linke) im Landtag, Ende 1920 VKPD. Im Januar 1922 zog Sievers mit Krosse für die KPD in den Landtag ein, verließ die Partei aber schon bald und ging zur SPD zurück. Er war von Dezember 1927 bis September 1930 Minister für Justiz und Volksbildung im Braunschweiger Kabinett Jasper. Einige Zeit im Vorstand der SPD-Landtagsfraktion, ab März 1933 illegal, emigrierte im Oktober 1933 nach Dänemark, wo Sievers als Übersetzer und Reiseführer arbeitete. Im Mai 1940 Flucht nach Schweden, lebte als Journalist und Sprachlehrer in Stockholm, war außerdem in der Stockholmer SPD-Gruppe aktiv. Seit 1945 Berater der dänischen Flüchtlingsverwaltung, kehrte Sievers 1948 nach Deutschland zurück. Als Mitglied der SPD war er von August 1948 bis Mai 1957 Regierungsdirektor in der schleswig-holsteinischen Ministerialverwaltung in Kiel und zuletzt Leiter des Landesentschädigungsamtes. Hans Sievers starb am 16. Februar 1965 in Kiel.

▸ Sievers, Max (* 1887 – † 1944)

Geboren am 11. Juli 1887 in Berlin-Tempelhof, aufgewachsen in einem proletarisch-kleinbürgerlichen Milieu, bis 1907 Bürojunge, holte in Abendkursen die Mittlere Reife nach, war kaufmännischer Angestellter und stieg kurz vor Kriegsbeginn zum Prokuristen auf. 1915 zum Militär eingezogen, nach einer schweren Verletzung im Sanitätswesen tätig. 1918 wurde Sievers Mitglied der USPD und Redakteur an den USPD-Zeitungen »Freiheit« und »Klassenkampf«. Er gehörte 1918/19 dem Neuköllner Arbeiterrat an, nahm am 2. Reichsrätekongreß der Arbeiter- und Soldatenräte teil und wurde im Frühjahr 1919 Abgeordneter in der noch selbständigen Stadtgemeinde Neukölln, hauptamtlich im Rathaus Neukölln beschäftigt. Ende 1920 trat er in die VKPD ein, wurde Redakteur des Zentralorgans »Rote Fahne« und für die Abendnummern dieser Zeitung verantwortlich. Als am Ende der 2. Tagung des ZA am 24. Februar 1921 ▸ Paul Levi mit weiteren Mitgliedern der Zentrale zurücktrat, wurden Ergänzungswahlen notwendig. Dadurch kam Max Sievers für wenige Wochen neben ▸ Paul Frölich, ▸ Ernst Meyer und ▸ Paul Böttcher als Sekretär in die Zentrale. Er hat sich dann kritisch über die März-Aktion geäußert und sich gegen die Unterordnung der KPD unter Moskauer Diktat gewandt. Daraufhin am 8. April 1921 seiner Funktion enthoben, verließ Sievers die KPD, wurde Mitglied der SPD. Zunächst hauptamtlicher Sekretär, später Vorsitzender des Deutschen Freidenker-Verbandes, der unter seiner Leitung als sozialdemokratische Nebenorganisation einen starken Aufschwung nahm (zuletzt 600 000 Mitglieder). Ende März 1933 verhaftet, saß Sievers drei Wochen in »Schutzhaft«, floh dann über die ČSR und die Schweiz in das Saargebiet, ging nach Brüssel und setzte von hier aus seinen Kampf gegen das Nazi-Regime fort. In unregelmäßigen Abständen verbreitete Sievers einen »Informationsbrief« unter dem Titel »SIKO«, der den »sozialistischen Kämpfern in Deutschland als theoretisches Rüstzeug dienen« sollte, und gab ab 1936 die Kampfschrift »Freies Deutschland« heraus. Sievers hatte enge Kontakte zu Angehörigen der SAP, den RSD und zu »Neu Beginnen«. Nach der Besetzung Belgiens 1940 interniert, flüchtete er beim Transport und lebte illegal unter falschem Namen in Nordfrankreich. Er versuchte vergeblich, in die Schweiz zu kommen und fiel am 3. Juni 1943 durch Denunziation in die Hände der Gestapo. Unter Vorsitz des berüchtigten Präsidenten des VGH Freisler am 17. November 1943 zum Tode verurteilt, wurde Max Sievers am 17. Januar 1944 im Zuchthaus Brandenburg hingerichtet.

▸ Siewert, Robert (* 1887 – † 1973)

Geboren am 10. Dezember 1887 in Schwersenz/Posen, Sohn eines Zimmermanns; lernte Maurer und ging dann auf Wanderschaft, 1906 in Berlin Mitglied der SPD. Von 1908 bis 1915 Maurer in der Schweiz, lernte dort auch Lenin kennen und arbeitete mit ▸ Heinrich Brandler und ▸ Fritz Heckert zusammen, war hier zugleich Mitglied des Internationalen Arbeitervereins »Eintracht« und 1913/14 Sekretär des schweizerischen Bauarbeiterverbandes in Genf. Im April 1915 verhaftet, nach Deutschland ausgewiesen, mußte er im Weltkrieg als Soldat an die Ostfront. Illegal für die Spartakusgruppe tätig, wurde Siewert 1918 in den Soldatenrat der X. Armee gewählt, dann bis

Januar 1919 beim Soldatenrat in Minsk und in Wilna aktiv. Zurück in Deutschland, Mitglied der KPD, 1919 Polleiter des Bezirks Erzgebirge und Delegierter der Parteitage 1919 und 1920. Auf dem Vereinigungsparteitag mit der USPD 1920 Schriftführer, dann auf dem VII. Jenaer Parteitag 1921 ebenso wie auf dem VIII. Leipziger Parteitag 1923 in den ZA der KPD berufen. 1921 als Abgeordneter in den Sächsischen Landtag gewählt, dem er bis 1929 angehörte. Delegierter des IV. Weltkongresses der Komintern 1922 und Leiter der Parteiverlage der KPD in Berlin. Siewert kam 1923 wieder als Polleiter nach Chemnitz, war Anhänger von Brandler und wechselte dann zur Mittelgruppe. Unter seiner Leitung trat der Bezirk Erzgebirge auf dem IX. Parteitag 1924 noch für die Mittelgruppe ein, deshalb wurde er im Mai 1924 von der linken Zentrale abgelöst. Als Instrukteur nach Kassel und Essen versetzt, wurde er 1924/25 Leiter der Vereinigung Internationale Verlagsanstalten (VIVA). Er organisierte 1926 die Arbeiterdelegationen in die Sowjetunion, kam als Redakteur zur Zeitschrift »Einheit«, die sich vor allem an SPD-Arbeiter richtete. Dort vertrat er zusammen mit ▸ Jacob Walcher und ▸ Hans Beck 1928 eine gegen die ultralinke Parteilinie gerichtete Politik. Als aktiver Anhänger der Rechten Ende 1928 seiner Funktion enthoben und am 14. Januar 1929 aus der KPD ausgeschlossen. Siewert ging zur KPO, war als Mitglied der KPO-BL Westsachsen führender Funktionär dieser Organisation, die er bis 1929 auch im Landtag vertrat. 1929/30 Maurer und Fliesenleger, 1931 Geschäftsführer des Leipziger Verlages Arbeiterpolitik, anschließend wieder in seinem Beruf in Berlin tätig. Aktiv in der illegalen Reichsleitung der KPO nach 1933, wurde er am 8. April 1935 verhaftet und im Dezember 1935 zu drei Jahren Zuchthaus verurteilt, anschließend ab September 1938 im KZ Buchenwald. In der Haft näherte er sich wieder der KPD und gehörte in Buchenwald zur illegalen KPD-Gruppe. Dort wurde er kurz vor der beabsichtigten Erschießung 1945 von den Amerikanern befreit. Siewert trat wieder der KPD bei, wurde 1. Vizepräsident der Provinzialverwaltung Sachsen-Anhalt, dann Innenminister des Landes Sachsen-Anhalt. Er war Mitglied der KPD-BL bzw. des SED-Landesvorstands und ab 1949 im sogenannten Kleinen Sekretariat der Landesleitung Sachsen-Anhalt. Wegen seiner früheren KPO-Zugehörigkeit wurde er im April 1950 degradiert, nur noch Leiter des Sekretariats für örtliche Wirtschaft im Ministerium für Aufbau (Bauwesen). Sein selbstkritischer Artikel über die »parteifeindliche Rolle« der KPO, den »Neues Deutschland« am 25. Januar 1951 druckte, wurde jedoch am 15. März 1951 als unbefriedigend angegriffen. Nun verlor er in der SED jeden politischen Einfluß, wurde erst im Rahmen der »Entstalinisierung« wieder genannt, blieb bis 1967 im Ministerium für Bauwesen und erhielt 1965 den Karl-Marx-Orden. Robert Siewert starb am 2. November 1973 in Ost-Berlin.

▸ Silbermann, Max (* 1896 – † 1968)

Geboren am 18. Januar 1896 in Ehrenberg/Sachsen, Sohn eines Brauers. Lehre und Arbeit als Gärtner und Kürschner. Von 1914 bis 1918 Soldat im Weltkrieg, schloß er sich 1919 der USPD und 1921 der KPD an. Er war von 1924 bis 1930 Betriebsratsvorsitzender und stand 1926 an der Spitze des Fabrikarbeiterverbandes in Waldheim. Mitglied der BL Erzgebirge-Vogtland, ab 1929 Sekretär des UB Döbeln-Riesa. Silbermann wurde 1931 als Abgeordneter in den

Sächsischen Landtag gewählt. Bereits am 9. März 1933 verhaftet, bis Anfang September 1935 in KZs in »Schutzhaft« festgehalten. Nach der Entlassung unter Polizeiaufsicht, übersiedelte Silbermann 1936 nach Süddeutschland, leistete illegale Arbeit gegen das NS-Regime. 1942 erneut kurzzeitig inhaftiert, bekam er 1944 im Elsaß Kontakt zur Résistance. Silbermann war 1945/46 zunächst KPD-Funktionär in Baden, kehrte 1947 nach Sachsen zurück, war einige Zeit Sekretär des VdgB-Kreisvorstandes Döbeln und wohnte zuletzt in Ehrenberg/Waldheim. Dort starb Max Silbermann am 5. Februar 1968.

▸ Sindermann, Kurt Alfred (* 1904 – † 1945)

Geboren am 13. April 1904 in Dresden, Sohn des Buchdruckers und (seit 1892) sozialdemokratischen Funktionärs Karl Sindermann (* 1869 – † 1922), der von 1899 bis 1904 an der Spitze der Landesorganisation Sachsen stand, von 1903 bis 1907 SPD-Reichstagsabgeordneter und von 1909 bis 1922 sächsischer Landtagsabgeordneter war. Kurt Sindermann lernte Eisenschiffbauer, arbeitete dann als Schlosser und Elbschiffssteuermann. Er schloß sich 1920 zunächst der SAJ und später der SPD an. 1923 Mitglied der KJD und der KPD, 1925 wurde er Leiter des KJVD Ostsachsens, Anfang 1927 dort Leiter des RFB. Von November 1927 bis März 1929 Kursant der Internationalen Leninschule in Moskau. Im Mai 1929 als Abgeordneter in den Sächsischen Landtag gewählt, dem er bis 1933 angehörte. Im August 1929 Polleiter des Bezirks Ostsachsen. Nach der Zusammenlegung der sächsischen Bezirke von 1930 bis 1933 UB-Leiter in Chemnitz und hier wesentlich an der Ausschaltung der KPO-Gruppe beteiligt. Sindermann leitete ab März 1933 die illegale KPD in Dresden, dann im Bezirk Niederrhein. Bereits am 23. Juni 1933 in Wuppertal festgenommen, am 31. Oktober 1934 vom VGH zu drei Jahren Zuchthaus verurteilt, dann im KZ Sachsenhausen, zuletzt in Buchenwald eingesperrt. Anläßlich der Amnestie zu Hitlers 50. Geburtstag am 20. April 1939 freigelassen, aber am 1. September 1939 wieder verhaftet und erneut nach Buchenwald überführt. Dort am 16. Januar 1940 entlassen, aber in Dresden wiederholt festgenommen und verhört. Über das weitere Schicksal Kurt Sindermanns liegen widersprüchliche Informationen vor. Im März 1964 berichtete beispielsweise Wilhelm Grothaus (* 1893 – † 1966), Mitglied der Widerstandsgruppe von ▸ Georg Schumann für Dresden: »Infolge Verrates durch den früheren Kommunisten Brüderlein in Leipzig und den Kommunisten Kurt Sindermann in Dresden wurde die aktive Leitung der Widerstandsgruppe Schumann, der ich selbst angehört habe, und auch viele andere Mitglieder dieser Widerstandsgruppe Mitte des Jahres 1944 verhaftet ... Etwa Anfang des Jahres 1943 sprach in meiner Wohnung in Dresden ein Mann vor, der sich als Kurt Sindermann vorstellte und vorgab, sich im Auftrag von Schumann-Leipzig bei mir zu melden, um für illegale Arbeit im Bezirk Dresden eingesetzt zu werden. Ich kannte Sindermann nicht ... Ich bin am folgenden Tag nach Leipzig gefahren, um festzustellen, ob Schumann über diesen angeblichen Sindermann unterrichtet war. Schumann erklärte mir folgendes: Es handele sich tatsächlich um Kurt Sindermann. In der Annahme, daß Sindermann mir bekannt sei, habe er ihm das vereinbarte Erkennungszeichen nicht ausgehändigt. Sindermann sei aus einer seit langem sozialistischen Familie hervorgegangen und auf der Leninschule in Moskau ausgebildet. Er sei auch

Abgeordneter des Sächsischen Landtags gewesen ... Auf meine Frage, aus welchen Gründen Sindermann als Kommunist aus dem Konzentrationslager entlassen worden sei ... erklärte Schumann: Seine Frau habe ein Entlassungsgesuch eingereicht und sich dafür verbürgt, daß er sich in Zukunft nicht mehr in staatsfeindlicher Weise betätigen würde. Restlos überzeugt war ich zwar nicht, aber auf Anweisung Schumanns habe ich Sindermann für die illegale Arbeit in Dresden eingesetzt. In der Folgezeit kam es zu einzelnen Verhaftungen von Kommunisten in den Bezirken Dresden, Leipzig und Chemnitz. Auf meine Rückfrage bei Schumann erklärte dieser, daß es ausgeschlossen sei, daß Sindermann mit diesen Verhaftungen in Verbindung gebracht werden könne ... Kurz darauf setzte die Verhaftungswelle gegen die Widerstandsgruppe Schumann ein. Daß Sindermann aber der Verräter und Agent der Gestapo war, stellte ich selbst im Polizeigefängnis in Dresden-Schießgasse fest, wo Sindermann, der zum Schein auch verhaftet worden war, seine Spitzelarbeit unter den politischen Gefangenen fortsetzte ... Sindermann tauchte in den Tagen des Zusammenbruches in einem Flüchtlingslager in Radebeul unter. Er wurde erkannt und hat vor seinem Tode folgendes erklärt: Die Leitung des Konzentrationslagers Dachau sei an ihn herangetreten und habe ihm unter der Zusage sofortiger Entlassung und der Zusicherung materieller Vorteile angetragen, Spitzeldienste für die Gestapo zu leisten. Er habe das zunächst abgelehnt, sei aber dann doch auf das Angebot eingegangen, in der Annahme, daß er die Gestapo hinhalten und hinters Licht führen könne ... Er [habe] zunächst einzelne kleinere Fälle verraten, sei dann aber immer tiefer in die Netze der Gestapo verstrickt worden ... Sindermann wurde im Flüchtlingslager Radebeul erschlagen.« Grothaus verwies darauf, daß Kurts jüngerer Bruder Horst Sindermann (* 1915 – † 1990) einer der Führer der SED war.

Im Zusammenhang mit der nach der Befreiung einsetzenden Untersuchung gegen Kurt Sindermann liegt eine ganz andere Mitteilung der KPD-Kreisleitung Großenhain vom 3. November 1945 an die Abteilung Kader der KPD-BL Sachsen über den Tod von Kurt Sindermann vor. In ihr heißt es: »Der ehemalige Landtagsabgeordnete Kurt Sindermann war in Radeberg im KZ. Er wurde dort am 17. März 1945 von seinem Arbeitsplatz von 2 Gestapoleuten abgeholt. Er wurde auf der Chaussee abtransportiert und ungefähr 500 m weit vom Lager von der Gestapo erschossen.«

Kurt Sindermanns Frau **Anni Sindermann**, geborene Nietsche (* 17. Februar 1912 – † 4. 2. 1990), Textilarbeiterin, war seit 1925 im KJVD und 1929 in der KPD. Am 14. März 1933 wurde sie als Geisel für ihren Lebensgefährten, den sie dann 1934 heiratete, verhaftet und neun Monate in »Schutzhaft« festgehalten. Am 27. April 1935 erneut festgenommen und am 6. August 1936 vom OLG Dresden zu fünf Jahren Zuchthaus verurteilt, die sie in Waldheim verbüßte. Von 1939 bis 1943 Kartonagenarbeiterin. Am 26. Juni 1944 mit ihrem Mann verhaftet, saß sie bis 1945 im Frauenkonzentrationslager Ravensbrück. Sehr um die Aufklärung des Schicksal ihres Mannes bemüht, mußte Anni Sindermann im Sommer 1945 der KPD-Untersuchungskommission unter ▸ Max Opitz Auskunft geben. Sie widersprach der Behauptung, daß Kurt Sindermann ein Verräter gewesen sei, bestätigte aber, daß er dem Druck der Gestapo nicht gewachsen war. 1956 teilte Anni Sindermann dann schriftlich mit: »Im Frühjahr 1944 kam nach Dresden der Genosse Saefkow, um auch Dresden mit in die zentrale Arbeit der Partei einzubeziehen. Bei dieser Zusammenkunft hat mein Mann dem Genossen Saefkow alles berichtet, in welcher mißlichen Lage mein Mann gegenüber der Gestapo war. Der Genosse Saefkow hatte aber Vertrauen zu meinem Mann und hat ihn mit in die illegale Arbeit der zentralen Leitung einbezogen. Die Gestapo konnte hier meinem Mann viel Konkretes nachweisen, weil auch hier mein Mann mit einem Genossen zusammengearbeitet hat, der zum Spitzel geworden war. Es handelt sich hier um einen jungen Genossen aus Leipzig, der mit meinem Mann in Buchenwald war. Der Name ist mir leider entfallen. Zu einem Prozeß ist es nicht gekommen, aber am letzten Freitag im März 1945 hat die

Gestapo meinen Mann in Radeberg bei Dresden erschossen. Ich möchte hier sagen, daß das Verhalten meines Mannes vor der Gestapo vielleicht nicht immer eines Genossen würdig war. Wichtig ist aber, er ist nicht zum Verräter geworden.« In einem überlieferten Bericht der Gestapoleitstelle Dresden vom Sommer 1944 ist schließlich vermerkt: »Die Stapoleitstelle Dresden nahm den ehemaligen kommunistischen Landtagsabgeordneten Kurt Alfred Sindermann (geb. am 13. 3. 04 zu Dresden) und dessen Ehefrau fest. Sindermann war für das Referat IV H tätig gewesen. Er hatte über diese Tätigkeit mit anlaufenden KPD-Funktionären gesprochen, seiner auftraggebenden Dienststelle diese Funktionäre jedoch verheimlicht.«
Anni Sindermann wurde im August 1946 Sekretärin des Landesvorstandes der IG Druck und Papier Sachsens, 1949 Leiterin der Abteilung Kader und bis 1961 Sekretariatsmitglied bzw. bis 1972 des Präsidiums des Zentralvorstandes der IG Druck und Papier. Ab 1962 politische Mitarbeiterin für internationale Arbeit im ZV der IG Druck und Papier. Sie erhielt 1987 den Karl-Marx-Orden.

▸ Singvogel, Karl (* 1888 – † 1938?)

Geboren 1888 in Tannenhausen/Provinz Hannover, lernte Dreher. Ab 1901 in Berlin Mitglied und Funktionär der SPD, 1918 in der Spartakusgruppe, seit Gründung 1919 in der KPD aktiv. Singvogel kam 1922 als technischer Mitarbeiter in den Apparat der Zentrale und war dann im ZK zeitweise im AM-Apparat eingesetzt, später in der Roten Hilfe. 1933 zunächst illegal für die RHD tätig, emigrierte er im November 1933 in die Sowjetunion, dort Mitarbeiter bei der MOPR (Pseudonym Karl Hellwig), später als Dreher beschäftigt. Karl Singvogel wurde am 23. März 1937 vom NKWD verhaftet, er soll 1938 im Gulag ums Leben gekommen sein. Seine Frau Anna (* 9. 9. 1890) wurde (wie ihre Schwiegertochter) im September 1937 in Moskau festgenommen und im Dezember 1939 an NS-Deutschland ausgeliefert. Der Sohn **Kurt Singvogel** (*8. 12. 1912 in Berlin), Werkzeugmacher, dann Kraftfahrer, 1929 im KJVD und ab 1930 in der KPD, war 1932 einer der Chauffeure des ZK der KPD. 1933 einige Monate in Berlin inhaftiert, flüchtete er im Dezember 1933 mit seiner Familie nach Moskau. Dort wurde er am gleichen Tag wie sein Vater, am 23. März 1937, wegen »antisowjetischer Propaganda« vom NKWD verhaftet. Kurt Singvogel ist ebenfalls im Gulag umgekommen, seine Familie gilt als verschollen.

▸ Skamira, Willi (* 1897 – † 1945)

Geboren am 7. März 1897 in Landsberg/Warthe, Sohn eines Holzarbeiters; lernte Zimmermann, ab 1913 im Deutschen Holzarbeiterverband. Von 1914 bis 1918 Soldat an der Westfront, mehrmals schwer verwundet, trat er 1917 in die SPD ein. Der Kriegsbeschädigte Skamira wirkte politisch unter den Landarbeitern und Bauern, ab 1928 in der KPD. Im Juli 1932 im Wahlkreis Potsdam II als Abgeordneter in den Reichstag gewählt, dem er bis November angehörte. Skamira wurde im März 1933 verhaftet, saß bis Sommer 1934 im KZ Sonnenburg. Dannach Lagerarbeiter in der Landsberger Jutefabrik; er setzte die illegale Tätigkeit gegen das NS-Regime fort und bekam ab 1944 auch Verbindungen zu ▸ Bernhard Bästlein und ▸ Franz Jacob. Von Jacob erhielt er am 1. Juli 1944 illegale Druckschriften. Skamira bemühte sich, in Landsberg eine illegale

Gruppe aus KPD und SPD-Mitgliedern aufzubauen, verfaßte ein 15-Punkte-Programm für die Bauernschaft mit Forderungen für die Zeit nach Hitler. Er wurde im Zusammenhang mit der Gestapoaktion »Gewitter« am 2. August 1944 erneut verhaftet, am 15. Dezember desselben Jahres vom 2. Senat des VGH wegen »Vorbereitung zum Hochverrat, Feindbegünstigung und Wehrkraftzersetzung« zum Tode verurteilt. Willi Skamira wurde am 22. Januar 1945 im Zuchthaus Brandenburg hingerichtet. Seine Ehefrau Frieda Skamira, geborene Schippschak (* 29. 11. 1899 – † 7. 10. 1983), war damals ebenfalls inhaftiert.

▸ Skjellerup, Johann (* 1877 – † 1937?)

Geboren am 20. September 1877 in Hadersleben/Nordschleswig (heute Dänemark), lernte Gärtner. Er ließ sich später in Bramfeld bei Hamburg nieder und war selbständiger Gärtnereibesitzer. 1896 Mitglied der SPD, während des Krieges Übertritt zur USPD, aktiv auf dem linken Flügel dieser Partei. Er war 1920 Delegierter des USPD Spaltungs- und des Vereinigungsparteitags mit der KPD, in den Zentralausschuß der VKPD gewählt und auch vom VII. Jenaer Parteitag 1921 als Kandidat wieder in den ZA entsandt. Skjellerup zog 1921 für die KPD im Wahlkreis Schleswig-Holstein in den Preußischen Landtag ein. 1923 aktiver Anhänger der Linken, nach deren Sieg 1924 wurde er erneut in den Landtag gewählt und auch Mitglied der KPD-BL Wasserkante. Nach dem »Offenen Brief« 1925 schloß er sich der linken Opposition unter ▸ Ruth Fischer an, unterschrieb im September 1926 den »Brief der 700« und war eng mit ▸ Hugo Urbahns liiert. Nachdem es ▸ Ernst Thälmann gelang, Skjellerup von Urbahns zu lösen, kam er auch 1928 wieder für die KPD in den Preußischen Landtag. Politisch trat er aber nur noch wenig hervor und wurde 1932 nicht mehr als Kandidat zur Landtagswahl aufgestellt. Ende 1932 soll er in die Sowjetunion übergesiedelt sein. Viele Anzeichen deuten darauf hin, daß Johann Skjellerup dort während der Stalinschen Säuberungen 1937 verhaftet wurde und umgekommen ist, genaueres konnte aber nicht ermittelt werden.

▸ Skoblewski (Rose), Peter (* 1890 – † 1939)

Geboren am 16. Juni 1890 in Tambow/Rußland, in einer Arbeiterfamilie als Woldemar Rudolfowitsch Rose. Als Fähnrich diente er im Weltkrieg in der zaristischen Armee, gehörte seit Oktober 1917 der Roten Armee an, wo er verschiedene Kommandeursposten innehatte, z. B. war er 1919 Divisionskommandeur und erhielt für seine Tapferkeit den Rotbanner-Orden. Ab 1918 Mitglied der Partei der Bolschewiki. Er absolvierte die Generalstabsakademie, war im März 1921 Anführer einer Sturmkolonne bei der Liquidierung des Aufstandes der Kronstädter Matrosen. Ab Dezember 1922 hielt er sich – nun unter dem Pseudonym Skoblewski – als Beauftragter der Komintern zur Anleitung der illegalen Arbeit in Deutschland auf und wurde im August oder September 1923 als Nachfolger von ▸ Karl Retzlaw (Gröhl) Leiter der AM-Abteilung in der KPD. Hier war er unter dem Decknamen Hellmuth Verfasser der Mobilisierungs- und Bewaffnungspläne für die Vorbereitung des »deutschen Oktober« und maßgeblich an der Gründung und Anleitung der Tscheka-Gruppe von ▸ Felix Neumann beteiligt. Er wurde im März 1924 in Berlin verhaftet und im berüchtigten »Tscheka-Prozeß« 1925 als Peter Skoblewski (und gleichzeitig Goreff) wegen »Anstiftung zum Mord und Hochverrats« angeklagt und zum Tode verurteilt, wurde dann aber 1927 gegen drei in die Sowjetunion gelockte und verhaftetete Deutsche ausgetauscht. Nach seiner Rückkehr erhielt er in Moskau den zweiten Rotbanner-Orden und übernahm wieder hohe Kommandeursstellungen in der Roten Armee. Peter Skoblewski-Rose wurde 1938 vom NKWD verhaftet und 1939 erschossen, später »posthum rehabilitiert«.

▸ Skorzisko, Theodor (* 1899 – † 1941)

Geboren am 9. November 1899 in Raschlowitz/Oberschlesien, besuchte eine landwirtschaftliche Fachschule, war aber später Elektromonteur. Wann Skorzisko Mitglied der KPD wurde, ist unklar, politisch hervorgetreten ist er erst mit der Wahl in die Hamburger Bürgerschaft im September 1931, der er bis zu den Neuwahlen im April 1932 angehörte. Seit Anfang 1933 Leiter der illegalen KPD in Hamburg-Eppendorf, wurde im Herbst 1933 festgenommen und nach längerer Untersuchungshaft 1935 zu 18 Monaten Gefängnis verurteilt. Nach seiner Freilassung ging Skorzisko zunächst nach Gleiwitz, emigrierte dann über Polen in die ČSR und floh vermutlich unmittelbar vor der deutschen Besetzung Prags im März 1939 nach Frankreich. Hier ebenfalls in deutschen Emigrantenzirkeln politisch aktiv, Anfang 1940 mußte er mit einer schweren Lungenentzündung in ein Pariser Krankenhaus. Noch kurz vor dem Einmarsch deutscher Truppen in Paris evakuiert, soll Theodor Skorzisko in einem Internierungslager umgekommen sein. Nach dem Krieg für tot erklärt, setzte das Gericht als Todesdatum den 31. Dezember 1941 fest.

▸ Skrentny, Konrad (* 1894 – † 1955)

Geboren am 23. April 1894 in Usch/Westpreußen, Sohn eines Zimmermanns; lebte bis 1905 in Danzig, dann in Düsseldorf-Gerresheim, lernte dort Glasmacher. Er trat 1913 der SPD und dem DMV bei. Im Weltkrieg Soldat, Unteroffizier, nach Rückkehr aus der Kriegsgefangenschaft bis 1930 Walzer und Betriebsrat im Stahlwerk Düsseldorf. 1918 Mitglied der USPD, 1920 Übertritt zur KPD. Ab 1927 ehrenamtliches Mitglied der BL Niederrhein, 1929 wurde er dort Sekretär für Gewerkschaftsfragen, dann im gleichen Bezirk führend in der RGO. Im September 1930 als Abgeordneter im Wahlkreis Düsseldorf-Ost in den Reichstag gewählt, dem er bis März 1933 angehörte. Skrentny war 1931/32 Orgleiter im Reichskomitee der RGO in Berlin. Ab Februar 1933 für die illegale RGO tätig, am 9. Juni 1933 wurde er verhaftet, nach längerer »Schutzhaft« in Düsseldorf und im KZ Börgermoor am 3. Februar 1934 vom OLG Hamm zu einem Jahr und zehn Monaten Gefängnis verurteilt, die er in Wuppertal und im Strafgefangenenlager III Brual-Rhede-Ems verbüßte. Nach der Freilassung am 5. August 1935 als Arbeiter beschäftigt, wurde er noch öfter für mehrere Monate inhaftiert, u. a. von April bis September 1937 im KZ Sachsenhausen. Von 1939 bis 1943 Schweißer, 1944 Soldat, dann bis 1945 dienstverpflichtet als Fabrikarbeiter. Ab 1945 betätigte sich Skrentny wieder als Funktionär in der KPD, Mitglied der Landesleitung Nordrhein-Westfalen. Er gehörte vom 2. Juni 1946 bis 19. April 1947 dem ernannten Landtag von Nordrhein-

Westfalen an, war dort zeitweise 2. Vizepräsident. Am 29. Februar 1948 trennte er sich von der KPD, da er mit der Parteilinie nicht einverstanden war, Übertritt zur SPD. Zeitweise in der Gewerkschaft aktiv, enger Mitarbeiter von Hans Böckler, ab 1947 war er Arbeitsdirektor in Duisburg. Konrad Skrentny starb am 20. April 1955 in Düsseldorf. In Duisburg-Ruhrort wurde eine Straße nach ihm benannt.

▸ Smolka, Joseph (* 1897 – † ?)

Geboren am 8. August 1897 in Sersno/Gleiwitz, lernte Glasbläser. 1916 Soldat, wurde während des Krieges Mitglied der Spartakusgruppe, trat bei Gründung der KPD bei, für die er ab 1919 als Sekretär in Oberschlesien wirkte. Von 1921 bis 1923 Sekretär für Gewerkschaftsfragen in der BL Oberschlesien bzw. Schlesien. Auf dem VII. Jenaer Parteitag 1921 als Kandidat in den ZA gewählt, war er auch Delegierter des VIII. Leipziger Parteitags 1923. 1924 kam Smolka nach Jena, dort bis 1928 in der BL Thüringen Sekretär für Gewerkschaftsfragen. Er gehörte zum rechten Parteiflügel, war Anhänger ▸ Hans Tittels und wurde Ende 1928 wieder nach Oberschlesien zurückgeschickt. Im Februar 1929 aus der KPD ausgeschlossen, ging Smolka zur KPO und war für sie in Thüringen aktiv. Später arbeitete er in der Gemeindeverwaltung von Ruhla, einem starken KPO-Stützpunkt. Nach 1933 mehrfach verhaftet, übersiedelte Smolka 1943 von Thüringen nach Breslau, wohnte bei der Liberalen Wilhelmine Schirmer-Pröscher und schloß sich einer antifaschistischen Gruppe an. Über Kontakte zu ▸ Otto Engert, mit dem er sich im April 1944 in Leipzig traf, kam er auch in Gespräche mit ▸ Georg Schumann, ▸ Theodor Neubauer und ▸ Anton Saefkow. Letztem übergab er einen größeren Geldbetrag und sie begegneten sich noch einmal im Mai 1944 in Berlin. Smolka entging der Verhaftungswelle und lebte bis Kriegsende unbehelligt in Breslau. 1945 trat er wieder der KPD, 1946 der SED bei, übernahm wichtige Verwaltungsfunktionen im Land Brandenburg, wurde Geschäftsführer der Zentralen Kommission für Sequestrierung und Beschlagnahme, anschließend 1946/47 kaufmännischer Direktor der Hauptverwaltung der landeseigenen Betriebe in Brandenburg. Bereits im Sommer 1949 in den Westen geflüchtet, nannte Smolka Anfang August 1949, bei einer Pressekonferenz in Hamburg, schwere politische Differenzen mit ▸ Heinrich Rau und ▸ Walter Ulbricht als Grund seiner Flucht. In West-Berlin gehörte er 1949 zu einer Gruppe »Unabhängige KPD«. Über Joseph Smolkas weiteres Schicksal konnte nichts in Erfahrung gebracht werden.

▸ Sobottka, Gustav (* 1886 – † 1953)

Geboren am 12. Juli 1886 in Turowen/Ostpreußen, Sohn eines Dachdeckers und späteren Bergmanns. Seine Eltern gehörten zur religiösen Sekte der Mucker und übersiedelten 1895 ins Ruhrgebiet. Ab 1901 arbeitete Gustav Sobottka auf der Grube in Wanne-Eickel und leistete von 1905 bis 1908 seinen Militärdienst in Düsseldorf. Im Oktober 1909 trat er in den Bergarbeiterverband ein und heiratete Henriette Schantowski (* 9. 3. 1888 – † 15. 9. 1971). Seit Januar 1910 Mitglied der SPD und 1913 Leiter der Partei in Eickel. Im August 1914 zum Militär eingezogen und als Artillerist bis November 1918 im Weltkrieg. Dann Mitglied der USPD, deren Leiter im Kreis Bochum-Gelsenkirchen, er war Delegierter des Vereinigungsparteitags mit der KPD im Dezember 1920. Sobottka gehörte zu den Mitbegründern der linksradikalen Union der Hand- und Kopfarbeiter, die einen großen Teil der gewerkschaftlich organisierten Bergleute in ihren Reihen vereinigte. Im Februar 1921 wurde er in den Preußischen Landtag gewählt, dem er ununterbrochen bis 1932 angehörte, und war bis 1925 Vorsitzender der Gruppe Bergbau der Union der Hand- und Kopfarbeitern. Als die KPD 1924/25 die Auflösung dieser Sondergewerkschaft und ihre Überführung in den Bergarbeiterverband beschloß, sträubte sich Sobottka zunächst dagegen und ging zu den Ultralinken. Er blieb aber in der KPD und beugte sich Ende 1925 der Parteilinie. Schließlich liquidierte er im Auftrag der Zentrale und der Komintern die ultralinke Bergarbeiter-Union, war Delegierter des X. KPD-Parteitags 1925 und des XI. 1927, Mitglied der erweiterten BL Ruhr. Im April 1928 aus dem Bergarbeiterverband ausgeschlossen, wurde er einer der Mitbegründer der RGO und Mitglied deren Reichsleitung. Im Oktober 1928 übernahm Sobottka die Funktion des Generalsekretärs des Internationalen Komitees der Bergarbeiter bei der RGI und war zugleich enger Mitarbeiter Georgi Dimitroffs im Mitteleuropäischen Büro der Komintern.

Ende 1932 in den Apparat der RHD abgeschoben, nicht mehr als Kandidat für den Preußischen Landtag nominiert, emigrierte er im April 1933 zunächst nach Saarbrücken, war Vorsitzender der Internationalen Konferenz der Bergarbeiter und ging 1935 nach Paris. Im November 1935 kam Sobottka nach Moskau, bis Sommer 1936 Stellvertretender Generalsekretär des Internationalen Komitees der Bergarbeiter, anschließend Referent im Zentralrat der sowjetischen Gewerkschaften. Im April 1937 wurden er, seine Frau Henriette und seine beiden Söhne Bernhard (* 30. 6. 1911) und Gustav (* 10. 4. 1915) von den Nazi-Behörden ausgebürgert. **Bernhard Sobottka** arbeitete nach 1933 illegal für die KPD, saß von August bis Dezember 1933 im KZ. Am 30. März 1943 erneut verhaftet und vom VGH zu vier Jahren Zuchthaus verurteilt. Von britischen Truppen aus dem Zuchthaus Hamburg-Fuhlsbüttel befreit, sofort in ein Lazarett gebracht, starb Bernhard Sobottka am 20. Juli 1945 in Hamburg. **Gustav Sobottka jun.**, der in Deutschland das Gymnasium besucht hatte, 1929 in den KJVD eintrat, arbeitete nach dem Reichstagsbrand illegal. Am 11. August 1933 festgenommen, saß er bis Ende 1933 in den KZs Oranienburg und Sonnenburg. Dann zu seinem Vater nach Paris emigriert, ging er mit den Eltern 1935 in die Sowjetunion und arbeitete als Schlosser. In der Nacht vom 4. zum 5. Februar 1938 wurde er vom NKWD als Mitglied einer angeblichen Hitlerjugend verhaftet. Die Eltern wandten sich verzweifelt um Hilfe an Dimitroff und Wyschinski. Doch der Sohn blieb in Haft und kam im September 1940 in einem Moskauer Gefängnis als Opfer der Stalinschen Säuberungen ums Leben. Henriette Sobottka wurde wegen des Schicksals ihres Sohnes krank und schwermütig. Gustav Sobottka selbst mußte aus dem Zentralrat der Gewerkschaften ausscheiden und wurde einer Parteiüberprüfung unterzogen. 1938/39 Mitarbeiter und Redakteur der »Deutschen Zentral-Zeitung« und von Radio Moskau, Oktober 1941 nach Kuibyschew evakuiert, später als Instrukteur in Kriegsgefangenenlagern eingesetzt und ab Juli 1943 Mitglied des NKFD.

Am 6. Mai 1945 kehrte Sobottka als Leiter der 3. »Initiativ-Gruppe« (neben der Gruppe Ulbricht in Berlin und der Gruppe Ackermann in Dresden) nach Deutschland zurück. In Stettin stationiert, war er Mitunterzeichner des Aufrufs des ZK der KPD vom 11. Juni 1945, kam Ende November 1945 nach Berlin, wurde in der SBZ zunächst Vizepräsident und im August 1947 Präsident der Deutschen Zentralverwaltung für Brennstoffindustrie. Mit Bildung der DWK 1948 Leiter der Hauptverwaltung Energie und Brennstoffversorgung. Anschließend bis 1951 Leiter der Hauptverwaltung Kohle im DDR-Ministerium für Schwerindustrie, dann nur noch in untergeordneten Funktionen, z. B. für die Schulung im Bergbau verantwortlich. Gustav Sobottka starb am 6. März 1953. Bedrückt wegen der Ermordung seines Sohnes Gustav in der Sowjetunion und auch der folgenden Krankheit seiner Frau soll er Stalin insgeheim so sehr gehaßt haben, daß er über dessen Tod am 5. März 1953 noch jubelte, aber vor Aufregung einen Tag später selbst starb.

▸ Söllner, Leopold (* 1905 – † ?)

Geboren am 10. April 1905 in Dietldorf/Bayern, Sohn eines Schneiders; lernte selbst Schneider und war später bei der Eisenbahn in München. 1920 Mitglied des KJVD, 1926 der KPD. Zunächst übte Söllner ehrenamtliche Funktionen aus, war 1924 Leiter des UB Heilbronn, danach Vorsitzender des KJVD Südbayern und 1928 auch Gauführer der Roten Jungfront Südbayerns. Ende 1928 begann er im RAW München zu arbeiten, war dort Leiter der KPD-Betriebszelle und bis zur Maßregelung im November 1931 Betriebsratsvorsitzender. Söllner gehörte der KPD-BL Südbayern an und war bis 1933 Orgleiter des RGO-Bezirkskomitees. Im Juli 1932 in den Bayerischen Landtag gewählt, setzte er ab April 1933 als Agitpropfunktionär im illegalen Bezirkskomitee seine Arbeit fort. Er emigrierte im Juli 1933 in die Tschechoslowakei, war bis Mitte Dezember Orgleiter der Politemigrantengruppen. Seit Ende 1933 in der Sowjetunion, dort unter dem Parteinamen Max Otto Kursant an der Internationalen Leninschule, anschließend im Auftrag des ZK illegale Einsätze im Ausland. Noch im September 1937 schrieb der Kaderreferent ▸ Georg Brückmann eine Einschätzung Söllners und wies auf eine Rüge hin, die dieser wegen »liberalen Verhaltens« im Zusammenhang mit »fehlerhaftem Auftreten« von Franz Huber und Erich Schneider an der Leninschule bekommen hatte. Im September 1938 wurde Söllner von den NS-Behörden ausgebürgert und vermutlich zur gleichen Zeit vom NKWD verhaftet. Sein weiteres Schicksal ist ungewiß, alles deutet darauf hin, daß Leopold Söllner Opfer der Stalinschen Säuberungen wurde.

▸ Sommer, Heinrich (* 1895 – † 1967)

Geboren am 18. August 1895 in Heiligenwald/Saargebiet, Sohn eines Bergarbeiters; lernte Schlosser und arbeitete als Eisenbahnschlosser. Von 1915 bis 1917 Soldat im Weltkrieg, im Sommer 1920 wurde er Mitglied der KPD und stieg rasch zu einem bekannten Parteifunktionär im Saargebiet auf. Ab 1926 gehörte er zur engeren BL Saar, wurde 1930 Vorsitzender des RGO-Verbandes der Eisenbahner im Saargebiet. Er war von 1926 bis 1932 Mitglied des Kreistages und kam 1932 in den Landesrat, das Parlament der Saar. 1934/35 vom ZK als Instrukteur für den Bezirk Saar eingesetzt, zählte er als Kassierer zur Führungsmannschaft der BL. Im Januar 1935 nach Frankreich geflüchtet, Mitarbeiter der Emigrationsleitung, aber von den französischen Behörden festgenommen und ausgewiesen. Ab September 1935 in Schweden, offiziell als

Schlosser und Werkmeister tätig, aktiv am Aufbau des AIZ-Vertriebs beteiligt sowie von 1936 bis 1939 Leiter der illegalen See- und Hafenarbeiter, dann von November 1939 bis April 1941 interniert. Sommer durfte am 29. April 1941 offiziell in die Sowjetunion ausreisen, kam als Schlosser nach Charabali bei Stalingrad und später nach Kasachstan. Ab September 1943 Instrukteur der Politischen Hauptverwaltung der Roten Armee und bis 1946 in Kriegsgefangenenlagern eingesetzt. Im August 1946 kehrte Sommer nach Deutschland zurück und kam in die Deutsche Zentralverwaltung des Innern, zunächst in die Abteilung K 5, im Oktober 1948 Leiter der Abteilung Eisenbahnpolizei. Ab Ende 1949 Hauptreferent für das gesamte Chiffrierwesen des DDR-Außenministeriums, leitete dann bis Ende 1953 die Abteilung Frankreich und übriges Europa im Außenministerium, er erhielt 1960 den VVO in Silber. Heinrich Sommer starb am 1. Mai 1967 in Ost-Berlin.

Sein Sohn **Hans Sommer** (* 26. 12. 1917 – † 3. 1. 1995), 1932 Mitglied des KJVD, emigrierte mit den Eltern 1935 nach Paris und dann nach Stockholm. Im Februar 1948 nach Deutschland zurückgekehrt, war er viele Jahre im Apparat des ZK der SED, zeitweise stellvertretender Leiter des Personalbüros im ZS des SED-PV.

▸ Sommer, Michael (* 1896 – † 1937)

Geboren am 12. Juli 1896 in Sielsdorf/Köln-Land, Sohn einer Tagelöhnerfamilie; Bergarbeiter, 1912 Mitglied der SPD und des Bergarbeiterverbandes, 1918 der USPD, 1920 der KPD. Als Polleiter der KPD-Ortsgruppe Frechen war er im linksrheinischen Braunkohlegebiet bekannt, dort im Zusammenhang mit dem großen Streik im Januar 1924 entlassen, dann hauptamtlicher UB-Sekretär von Koblenz, von 1925 bis 1929 von Aachen. Sommer war von November 1925 bis 1929 Abgeordneter des Rheinischen Provinziallandtages und stellvertretendes Mitglied des Preußischen Staatsrates. Von Ende 1928 bis 1931 Orgleiter des KPD-Bezirks Mittelrhein. Im November 1929 als Stadtverordneter in Köln gewählt, aber am 23. Januar 1930 wegen »Betruges« zu drei Monaten Gefängnis verurteilt und ihm die Ausübung öffentlicher Ämter auf drei Jahre aberkannt. Er wurde beschuldigt, eine Freifahrkarte der Kölner Verkehrsbetriebe unberechtigt benutzt zu haben. Als Kronzeuge dafür trat der ehemalige kommunistische Stadtverordnete ▸ Joseph Büser auf. Sommer legte im April 1930 das Stadtverordnetenmandat nieder, wurde aber Anfang Oktober 1930 vom ZK als Polleiter der BL Mittelrhein bestätigt. Er gehörte dann zeitweise der RGO-Reichsleitung in Berlin an. Mit seiner Familie ging er im Herbst 1931 in die Sowjetunion, kam als Bergarbeiter im Donbaß auf den Schacht »Amerikanka« bei Stalino. Zuletzt Verwaltungsdirektor einiger deutschsprachiger Schulen, er erhielt 1936 die sowjetische Staatsbürgerschaft und wurde Mitglied der KPdSU. Michael Sommer wurde am 5. Mai 1937 vom NKWD verhaftet, als Führer der »trotzkistischen Antikominternorganisation im Donbaß« zum Tode verurteilt und am 20. September 1937 erschossen.

Seine Frau **Gertrud Sommer**, geborene Selbst (* 13. 2. 1899), 1922 Mitglied der KPD, war ihrem Mann mit vier Kindern 1931 nach Stalino gefolgt, wurde ebenfalls verhaftet, und war von 1937 bis 1946 im Arbeitslager, anschließend nach Karaganda verbannt, konnte 1957 in die DDR ausreisen. Sowohl von ihrem Mann Michael Sommer als auch über ihre drei Söhne, die in den Lagern des NKWD verschwanden, hat Getrud Sommer nie mehr etwas gehört, ihre Tochter hatte in der Sowjetunion geheiratet.

▸ Sorge, Richard, Dr. phil. (* 1895 – † 1944)

Geboren am 4. Oktober 1895 in Baku, Sohn eines deutschen Ingenieurs, die Mutter war Russin. Richards Großvater, Friedrich-Adolph Sorge, war ein Freund von Karl Marx und Mitbegründer der I. Internationale, sein Vater Adolph hingegen unpolitisch. 1898 übersiedelte die Familie nach Berlin, wo Richard Sorge in gutbürgerlichen Verhältnissen aufwuchs. Bei Ausbruch des Krieges meldete er sich als Freiwilliger, wurde an der Front dreimal verwundet, daraufhin 1916 demobilisiert. Zum Kriegsgegner geworden, trat er während der Studienzeit in Kiel 1918 der USPD bei, promovierte im gleichen Jahr in Hamburg und ging anschließend als Assistent an die TH Aachen. Im Dezember 1919 Mitglied der KPD, war von November 1920 bis Ende 1921 Redakteur am Parteiorgan »Bergische Arbeiterstimme« in Solingen. Dank seiner Bildung und Befähigung wurde er rasch ein wichtiger KPD-Funktionär im Rheinland. Im offiziellen Protokoll des VII. Parteitag im August 1921 ist er als »Dr. Richard Sorge, Delegierter aus Rheinland-Westfalen« namentlich und damit öffentlich registriert. Als er sogar in den ZA gewählt werden sollte, verzichtete er zugunsten älterer Kandidaten. Bereits 1921 erschien in Solingen: R. J. Sorge: »Rosa Luxemburgs Akkumulation des Kapitals. Bearbeitet für die Arbeiterschaft«. Er war damals also schon ein bekannter Kommunist, um so erstaunlicher, daß diese politische Vergangenheit des späteren »Meisterspions« der UdSSR nicht früher publik wurde. In der KPD sympathisierte Sorge bald mit den Versöhnlern und war mit ▸ Ernst Meyer verbunden. Darüber berichtete Rosa Meyer-Leviné in ihren Erinnerungen: »Einer aber gelangte wirklich zu Weltruhm – Richard Sorge. Ilka, wie er später mit Spitznamen hieß, und seine Frau Christiane arbeiteten beide in Weils Institut [für Sozialforschung Frankfurt]... Sorge war Anfang dreißig, hochgewachsen, von natürlicher Eleganz ... Ende 1924 gingen die Sorges nach Moskau – sie, um im Marx-Engels-Institut zu arbeiten, er mit einem mir unbekannten Auftrag.« Zunächst reiste Sorge (vermutlich bereits für den sowjetischen Geheimdienst) nach England. Er kam von dort zurück, weil er sich von der KPD und KPdSU im Stich gelassen fühlte und arbeitete nun endgültig als Spion für die Sowjetunion. Seine berühmte und viel beschriebene Agenten-Karriere begann 1929 in Shanghai. Sorge wurde Fernost-Korrespondent der angesehenen »Frankfurter Zeitung«, ging 1933 nach Tokio, fungierte als »Führer« der deutschen NSDAP-Ortsgruppe und »rechte Hand« des deutschen Botschafters Eugen Ott. Schon frühzeitig wurde Moskau von Sorge über Hitlers Angriffspläne gegen die UdSSR (was Stalin bekanntlich nicht glaubte) informiert, auch darüber, daß Japan die Sowjetunion nicht überfallen werde. Er und seine Mithelfer wurden am 18. Oktober 1941 in Tokio verhaftet, und 1944 zum Tode verurteilt. Als einer der berühmtesten Spione der Weltgeschichte wurde Richard Sorge am 7. November 1944 in Japan gehängt.

▸ Spangenberg, Max (* 1907 – † 1987)

Geboren am 2. November 1907 in Berlin, Sohn einer Arbeiterfamilie; lernte Feinmechaniker. Er trat 1924 in die KJD ein, wurde 1929 Mitglied der KPD. Von 1924 bis 1929 kleine Funktionen, ab 1930 Orgleiter der BL Berlin-Brandenburg des KJVD, übernahm er noch im selben Jahr die Polleitung des KJVD Halle-Merseburg bzw. Niederrhein und wurde Mitglied des ZK des KJVD. 1933/34 Org- bzw. Polleiter des KJVD Berlin, Mitglied der illegalen Landesleitung des KJVD, er emigrierte über Prag in die Sowjetunion. Im Dezember 1934 auf der »Berliner« KJVD-Konferenz in Moskau wurde Spangenberg erneut in das ZK des KJVD gewählt. Im Herbst 1935 Teilnehmer der »Brüsseler Konferenz« in Moskau, kam anschließend als Leiter der AL Zentrum nach Prag. Von 1937 bis 1939 Angehöriger der Internationalen Brigaden in Spanien und zeitweise Redakteur der deutschen Abteilung am Sender Barcelona. 1939 emigrierte Spangenberg nach Dänemark und redigierte ab 1943 das Organ »Deutsche Nachrichten« in Kopenhagen. Ab Februar 1946 wieder in Berlin, arbeitete er als Redakteur an der »Deutschen Volkszeitung« bzw. beim »Neuen Deutschland«. Ende 1949 wechselte Spangenberg (auch wegen Auseinandersetzungen mit Rudolf Herrnstadt) als Chefredakteur zur Zeitschrift »Deutschlands Stimme«, Organ der Nationalen Front, war 1951 kurzzeitig Chefredakteur der »Berliner Zeitung« und wurde ab 1952 zur »Westarbeit« der SED abgestellt. Ab März 1971 Mitarbeiter am IML, er erhielt 1972 den Karl-Marx-Orden. Max Spangenberg starb am 27. März 1987 in Ost-Berlin.

▸ Sperling, Fritz (* 1911 – † 1958)

Geboren am 11. Oktober 1911 in Algringen/Lothringen, Sohn eines Bergmanns. Nach kaufmännischer Lehre Buchhalter. 1926 Mitglied der SAJ und Mitbegründer des ZdA-Jugendausschusses in Hamborn. Sperling trat 1931 zum KJVD über und wurde 1932 Mitglied der KPD. Anfang 1933 Leiter des KJVD Hamborn, hier von März bis Juni 1933 inhaftiert. 1934 zunächst stellvertretender Leiter des KJVD Ruhr, dann Leiter des Bezirks Niederrhein. In die Niederlande emigriert, war Sperling 1935 stellvertretender Leiter der KJVD-Auslandsstelle in Amsterdam und ging dann auf Parteibeschluß nach Moskau. Hier absolvierte er unter dem Parteinamen Herbert Wächter bis 1937 einen Kurs an der Internationalen Leninschule. Danach ZK-Instrukteur der KPD und Mitglied der AL Süd in der Schweiz, offiziell war er Gärtnereihilfsarbeiter. Die Schweizer Behörden haben Sperling wegen »fortgesetzter kommunistischer Tätigkeit und Propaganda« verhaftet, zu drei Monaten Gefängnis verurteilt und anschließend interniert. Ab Juli 1945 wieder in Deutschland, wurde er nach Zulassung der Parteien Sekretär der KPD-BL Südbayern und übernahm als Nachfolger von Georg Fischer den Vorsitz des KPD-Landesvorstandes Bayern. Er kam 1947 als KPD-Vertreter in den Bizonalen Wirtschaftsrat, gehörte seit Ende April 1948 dem KPD-PV an und wurde hauptamtlicher Orgsekretär. Nach der Verhaftung ▸ Kurt Müllers in Ost-Berlin im März 1950 rückte Sperling am 10. Mai 1950 zum Stellvertreter von ▸ Max Reimann auf. Obwohl in den folgenden Monaten wesentlich an der Stalinisierung der KPD und der »Entlarvung von Parteifeinden« beteiligt, geriet er selbst in die Säuberungswelle. Seit August 1950 verstärkten Angriffen ausgesetzt, weil er als ehemaliges Leitungsmitglied der KPD in der Schweiz in engem Kontakte zu Noel H. Field gestanden hatte. Er wurde im Januar 1951 unter dem Vorwand gründlicher medizinischer Untersuchung und Behandlung nach Ost-Berlin beordert und reiste gemeinsam mit seiner (aus der Schweiz stammenden) Frau Lydia, geborene Hug (* 26. 7. 1918 – † 15. 6. 1990) in die DDR. Dem schwerkranken Sperling wurde im Regierungskrankenhaus in Ost-Berlin Anfang Februar 1951 von Reimann mitgeteilt, er sei aus dem PV ausgeschlossen, und ▸ Hermann Matern von der ZPKK informierte ihn darüber, »daß seine Angelegenheit deswegen noch nicht abgeschlossen sei, weil sich wahrscheinlich eine andere Stelle eingeschaltet habe«. In der Nacht vom 26. zum 27. Februar 1951 wurde Sperling von einem MfS-Kommando mit ▸ Richard Stahlmann an der Spitze verhaftet, krank in das berüchtigte Untersuchungsgefängnis des MfS eingeliefert. Dort haben ihn KGB- und MfS-Vernehmer schwer gefoltert und ihm mehrere Jahre lang sogar dringende medizinische Hilfe verweigert. Am 18. März 1954 wurde er in einem Geheimprozeß vor dem 1. Strafsenat des Obersten Gerichts in Ost-Berlin, wegen »Verbrechens gegen den Frieden« zu sieben Jahren Zuchthaus verurteilt. Sperling blieb bis zum 8. März 1956 im Zuchthaus Brandenburg bzw. in der MfS-Untersuchungshaftanstalt Berlin-Lichtenberg eingesperrt, dann als »Begnadigter« entlassen und in das Krankenhaus Berlin-Friedrichshain gebracht. Erst Ende Juli 1957 wurde in einer Ausgabe des illegalen KPD-Zentralorgans »Freies Volk« lapidar mitgeteilt, »daß das Parteiverhältnis des Genossen Fritz Sperling geklärt ist, und er das Vertrauen der Partei besitzt«. An den Folgen der MfS-Haft starb Fritz Sperling am 22. April 1958 in Ost-Berlin. 1993 veröffentlichte Karl Heinz Jahnke eine Biographie über Fritz und Lydia Sperling.

▸ Spicher, Wilhelm (* 1898 – † 1987)

Geboren am 21. August 1898 in Hückeswagen/Krs. Rhein-Wupper, Sohn eines Zimmermanns: lernte Dreher. Von 1916 bis 1918 Soldat, schloß er sich 1919 für kurze Zeit der KPD an. Als Betriebsratsvorsitzender trat er 1922 erneut in

die KPD ein, 1923 Leiter der KPD-Ortsgruppe in Remscheid-Lüttringhausen, von 1929 bis 1933 Stadtverordneter in Wuppertal, Sekretär des Landeserwerbslosenausschusses. Mitglied des Sekretariats der BL Niederrhein, ab 1931 war er hauptamtlicher UB-Sekretär für Wuppertal. Im Juli 1932 wurde Spicher im Wahlkreis Westfalen-Süd in den Reichstag gewählt, dem er nur bis November 1932 angehörte. Von Februar bis Ende 1933 in »Schutzhaft«, Ende 1934 für mehrere Monate erneut inhaftiert. Ein Verfahren wegen »Hochverrats« wurde aber aus »Mangel an Beweisen« eingestellt. Spicher arbeitete von 1938 bis 1943 als Werkzeugdreher in Remscheid, wurde im August 1944 abermals festgenommen und tauchte nach seiner Freilassung unter. Ab 1945 Mitglied und Funktionär der KPD, bis zum KPD-Verbot in der Landesleitung Nordrhein-Westfalen, von 1946 bis 1950 Mitglied des ernannten Landtages bzw. des Landtages von Nordrhein-Westfalen. Spicher wurde 1962 wegen Tätigkeit für die verbotene KPD angeklagt und im Juni 1963 zu neun Monaten Gefängnis verurteilt. 1968 Mitbegründer der DKP in Wuppertal, dort bis 1978 Vorsitzender der VVN. Wilhelm Spicher starb am 1. August 1987 in Düsseldorf.

▸ Stäbler, Karl (* 1890 – † 1960)

Geboren am 2. Januar 1890 in Vaihingen/Stuttgart, lernte Schriftsetzer. Vor 1914 Mitglied der

SPD, 1917 Übertritt zur USPD, 1920 (Delegierter des Spaltungsparteitags) zur KPD. Während des Weltkriegs Soldat, schwer verwundet. Delegierter des VIII. Leipziger Parteitags 1923, 1924 Leiter der KPD in Stuttgart, im gleichen Jahr in den Württembergischen Landtag gewählt, dem er bis 1928 angehörte. 1925 kam er als Redakteur zur »Süddeutschen Arbeiterzeitung«, war von 1925 bis 1928 Gauleiter des KPD-nahen Verbandes der »Opfer des Krieges und der Arbeit«. Er wurde 1929 wegen Unterschlagung und Betrug zu sechs Monaten Gefängnis verurteilt, er soll beim Mieterverein 5000 Mark unterschlagen haben. Danach zog er sich aus der Politik zurück, wohnte in Stuttgart. Karl Stäbler starb am 5. September 1960.

▸ Stahl, Peter (* 1885 – † 1952)

Geboren am 3. Februar 1885 in Köln-Mühlheim, Sohn eines Fabrikarbeiters. Zunächst Fabrikarbeiter, trat 1908 in die SPD und die Gewerkschaft ein, ging 1919 zur USPD und Ende 1920 zur KPD. Seit 1922 Redakteur der »Sozialistischen Republik« in Köln, wurde als verantwortlicher Redakteur mehrfach verurteilt und inhaftiert. Im Juli 1925 Delegierter des X. Berliner Parteitags, Berichterstatter der kommunalpolitischen Kommission. Er war seit Juli 1924 Stadtverordneter in Köln, im September 1929 wurde er zeitweise aller Parteiämter enthoben. Stahl legte im Juni 1931 sein Stadtverordnetenmandat nach Zwischenfällen nieder (er hatte z. B. ein Wasserglas nach einem NSDAP-Abgeordneten geworfen). Wegen angeblicher Alkoholprobleme versetzte ihn das ZK im November 1931 als Redakteur nach Mannheim. Im Juli 1932 vom ZK »wegen unproletarischen und parteifeindlichen Verhaltens« sowie »Konspiration mit dem Gegner« und »unzulässiger Toleranz« aus der KPD ausgeschlossen, er soll wegen abweichender Haltung versucht haben, Mitglied der SPD zu werden. Vom Januar bis Juli 1933 in der Redaktion der Wochenzeitung »Welt am Sonnabend« tätig, aber auf Weisung der Gestapo entlassen. Bis 1938 erwerbslos, arbeitete Stahl dann als Lagerist in Köln-Dellbrück. Er wurde mehrfach festgenommen, zuletzt nach dem 20. Juli 1944. Nach 1945 wieder Mitglied der KPD, ohne jedoch politisch hervorzutreten. Peter Stahl starb am 9. Januar 1952 in Köln-Mühlheim.

▸ Stahlmann, Richard (* 1891 – † 1974)

Geboren am 15. Oktober 1891 in Königsberg als Arthur Illner, Sohn eines Zimmermanns; lernte Tischler. 1911/12 Militärdienst, von 1914 bis 1917 Soldat im Weltkrieg, geriet in britische Kriegsgefangenschaft. Danach wieder Zimmermann, trat 1919 in die KPD ein, gehörte der BL Ostpreußen an und wurde dort 1923 Leiter des AM-Apparats. 1924 emigrierte er in die Sowjetunion, erhielt die sowjetische Staatsbürgerschaft und wurde Mitglied der KPdSU(B). Einer militärpolitischen Ausbildung 1924/25 an einer Komintern-Schule in Moskau folgten illegale Einsätze als Mitarbeiter der GRU, u. a. in der ČSR und in Frankreich. Nach der Amnestie 1928 kehrte er im August mit seiner ebenfalls in die Sowjetunion geflüchteten Lebensgefährtin Erna Hackbarth nach Deutschland zurück. Im AM-Apparat tätig, 1931/32 Kursant der Internationalen Leninschule in Moskau, anschließend im illegalen Balkanbüro der Komintern in Berlin Sekretär von Georgi Dimitroff. 1933/34 Einsatz in China, Mitorganisator des Kantoner Aufstands und danach wieder in Moskau. Als Angehöriger der Internationalen Brigaden in Spanien trug er den Decknamen Richard Stahlmann, unter dem er fortan in der KPD tätig war. Von 1938 bis 1940 Sekretär des Balkanbüros in Paris, von 1940 bis 1942 ZK-Instrukteur und mit ▸ Herbert Wehner und ▸ Karl Mewis in der Leitung der illegalen KPD-Landesleitung in Schweden, hielt sich bis Kriegsende in der Nähe von Stockholm versteckt. Im Januar 1946 kehrte Stahlmann nach Deutschland zurück, zuständig für den Aufbau der Polizei in Mecklenburg. Ab Mai 1946 Leiter in der Abteilung Organisation des ZS der SED, 1948 Leiter der geheimen Abteilung Verkehr, der Westkommission im PV bzw. ab 1950 dem ZK der SED. Als Spezialist für Grenzschleusungen von Personen und Material, war er an Spezialkommandos beteiligt, die Entführungen vornahmen (u. a. ▸ Kurt Müller, ▸ Fritz Sperling). Unter Leitung von ▸ Anton Ackermann aktiv bei der Schaffung des APN, dem Vorläufer der Hauptverwaltung Aufklärung (HV A) des MfS. Ab 1952 mit dem Dienstgrad Oberst Leiter verschiedener Arbeitsgruppen, bis 1960 in der HA Kader und Schulung des MfS. Er erhielt 1966 den Karl-Marx-Orden. Richard Stahlmann starb am 25. Dezember 1974 in Ost-Berlin.

Stahlmanns Brüder **Walter** (* 11. 12. 1900 – † 2. 7. 1971) und **Willi** (* 20. 9. 1905 – † 1937) waren Funktionäre der KPD in Königsberg, Willi Illner im AM-Apparat, Kursant (Schuldeckname Artur) eines Lehrgangs an der M-Schule der Komintern. Ab 1933 Kurier des ZK, er wurde 1937 verhaftet und soll sich aus dem Fenster gestürzt haben. Walter Illner wurde später FDGB-Kreisvorsitzender in Angermünde.

Richard Stahlmanns Frau **Erna Stahlmann**, geborene Hackbarth (* 26. 2. 1896 – † 14. 11. 1967), Buchhalterin, seit 1919 in der KPD, war Stenotypistin bei der »Roten Fahne«, zeitweise Sekretärin von ▸ Wilhelm Pieck. Im Sommer 1923 mit dem Aufbau von »Partisanengruppen« betraut, im August 1924 in Moskau Stenographin beim EKKI, später in der sowjetischen Handelsvertretung in Berlin, dann Redakteurin der »Balkan-Korrespondenz«. Im März 1933 verhaftet, flüchtete sie nach Wien, später nach Paris, dort im Auftrag von Georgi Dimitroff an einer Zeitung tätig. Am 14. April 1943 festgenommen, nach Berlin überführt, konnte sie im August 1943 nach einem Bombenangriff fliehen und sich bis Kriegsende verstecken. Ab 1946 war sie Mitarbeiterin im SED-Pressedienst, bzw. Referentin in der Abteilung Werbung, Presse, Rundfunk des SED-PV.

▸ Stahlschmidt, Bruno (* 1883 – † 1950)

Geboren am 16. Dezember 1883 in Berlin, Sohn einer Fabrikarbeiterin und eines Bürovorstehers; kaufmännische Lehre, Angestellter in einem Versicherungsbüro, ab 1910 Rechtsbeistand. Anfang Juni 1915 als Landsturmmann zunächst in Rußland, dann im Westen Soldat. 1919 trat er in die USPD ein, Ende 1920 in die KPD. Stahlschmidt baute sich eine Rechtsbeistandskanzlei auf, hatte eine eigene große Praxis in Berlin und unterhielt mit KPD-Geldern einen Fuhrpark. Als Vorsitzender der Vereinigung der Berliner Rechtsbeistände arbeitete er eng mit ▸ Albert Gromulat, dem Quartiermacher des ZK, zusammen. Während des Verbots der KPD Ende 1923 waren seine Räume Ausweichquartier der Zentrale. Ende 1932 verlegte ▸ Arthur Golke die Kassengeschäfte des ZK in Stahlschmidts Kanzlei. Diese wurde noch Anfang 1933 von Spitzenfunktionären genutzt, z. B. gab es dort Besprechungen der Führung, und auch seine Autos dienten der illegalen Arbeit. Durch Verrat von ▸ Paul Grobis wurde Stahlschmidt am 18. Juli 1933 verhaftet, angeklagt, jedoch am 22. März 1935 vom 1. Senat des VGH überraschend freigesprochen. Er war durch die Untersuchungshaft schwer erkrankt. Nach der Beschlagnahme seiner Büros und der Autos durch die Nazis begann er als Versicherungsvertreter. 1945 setzte die sowjetische Kommandantur Stahlschmidt als Bürgermeister von Schöneiche ein. Er war Mitglied der KPD/SED und arbeitete dann wieder als Rechtsbeistand. Weil er Mandate von ehemaligen Angehörigen der NSDAP übernahm, wollte ihn die SED Niederbarnim im Oktober 1948 ausschließen. Bruno Stahlschmidt starb am 6. November 1950 in Schöneiche bei Berlin.

▸ Stahmer, Heinrich (* 1897 – † 1958)

Geboren am 4. Juli 1897 in Swinemünde, besuchte die Bergbauschule. 1917 als Soldat an die Front geschickt. Nach dem Weltkrieg ließ er sich in Hamburg nieder, schloß sich der USPD an und ging mit der USPD-Mehrheit 1920 zur KPD. Arbeiter am Hamburger Staatskai. Er wurde 1924 in die Hamburger Bürgerschaft gewählt, ab 1927 Mitglied der BL Wasserkante. Nach dem Ausschluß ▸ John Wittorfs wurde er 1928 Vorsitzender der Bürgerschaftsfraktion der KPD. Stahmer stand im Gegensatz zur Mehrheit der Hamburger Funktionäre 1928/29 auf der Seite der Versöhnler. Im März 1930 aus der Partei ausgeschlossen und mit den Vorwürfen »parlamentarischer Kretinismus« und »Parteifeind« beschimpft. Er trat zur SPD über und blieb bis Ende 1930 Abgeordneter der Bürgerschaft. 1932 schloß er sich der SAP an und wurde deren Spitzenkandidat bei den Bürgerschaftswahlen. 1945 wieder Mitglied der SPD, Vorarbeiter am Staatskai. Am 19. November 1958 ist Heinrich Stahmer tödlich verunglückt, als eine Barkasse im Hamburger Hafen unterging.

▸ Staimer, Josef (* 1871 – † 1941)

Geboren am 19. Oktober 1871 in Kay/Bezirksamt Straubing bei München, lernte Gürtler, später Lagerarbeiter, ab 1905 Angestellter des Fabrikarbeiterverbandes und Gewerkschaftssekretär in München. Seit 1894 Mitglied der SPD, trat 1917 zur USPD über. Soldat im Weltkrieg, war von November 1918 bis April 1919 unter Kurt Eisner Polizeipräsident von München. 1919 Angehöriger des Grenzschutzes, schied nach dessen Überführung in die Reichswehr aus. Mit der linken USPD Ende 1920 zur KPD, er stand von Juni 1921 bis Juni 1922 als Sekretär an der Spitze der BL Nordbayern. Von Oktober 1922 bis 1933 hauptamtlicher Vorsitzender der ADGB-Gewerkschaft der Heizer und Maschinisten in Nürnberg, er hatte sich von der KPD getrennt. 1933 festgenommen, saß er mehrere Jahre in »Schutzhaft«, u. a. im KZ Dachau. Josef Staimer starb am 30. November 1941 im KZ Flossenbürg.
Sein Sohn **Richard Staimer** (*25. 1. 1907 – † 24. 10. 1982), Fliesenleger, trat 1922 dem KJD und 1925 der KPD bei. 1931 Kursant der M-Schule der Komintern in Moskau, anschließend Gauleiter des illegalen RFB-Nordbayern. Im Februar 1933 emigrierte er in die Sowjetunion, studierte an der KUNMS. Ab September 1936 in Spanien Kommandeur des »Thälmann-Bataillons« der XI. Internationalen Brigade. 1938 Rückkehr nach Moskau, 1939 in die Schweiz entsandt, dort im Dezember 1939 verhaftet und bis 1941 im Zuchthaus St. Gallen. Über Italien kam Richard Staimer in die Sowjetunion, wurde Politinstrukteur im Gefangenenlager 97. Im Juli 1945 in Berlin, Chef der DVP-Landesbehörde Brandenburg, später Leiter der VP-Bereitschaften Leipzig. Er war zeitweise mit Eleonore Pieck, einer Tochter ▸ Wilhelm Piecks, verheiratet. Ab 1952 Vizeminister für Verkehrswesen, von 1955 bis 1963 Leiter der paramilitärischen Organisation »Gesellschaft für Sport und Technik«, dann bis 1969 der Militärischen Hauptabteilung im DDR-Staatssekretariat für das Hoch- und Fachschulwesen, er erhielt 1976 den Karl-Marx-Orden.

▸ Stamm, Robert (* 1900 – † 1937)

Geboren am 16. Juli 1900 in Remscheid, Sohn eines Werkzeugschlossers und späteren Werkmeisters. Die Eltern waren bekannte Sozialisten, er wuchs im Kreise von sechs Geschwistern auf, lernte Schlosser. Im Frühjahr 1918 zum Kriegsdienst eingezogen, kam aber nicht mehr zum Fronteinsatz. 1919 Mitglied der KPD. Zunächst Schlosser, nach Selbststudium Techniker. Ab 1924 hauptamtlicher Funktionär, Hilfssekretär im UB Remscheid, dann Redaktionsvolontär bei der »Freiheit« in Düsseldorf. Ende 1926 Lokalredakteur in Hagen später kurze Zeit Chefredakteur der Barmer KPD-Zeitung, bis diese ein Kopfblatt wurde.

Ab 1930 Gewerkschafts- und Wirtschaftsredakteur an der »Freiheit«, in dieser Zeit auch Stadtverordneter in Wuppertal. 1930 löste Stamm in Bremen ▸ Paul Taube als Polleiter des Bezirks Nordwest ab. Im Juli 1932 zog er als Abgeordneter im Wahlkreis Weser-Ems in den Reichstag ein, in den er auch im November 1932 und am 5. März 1933 gewählt wurde. Bis Ende März 1933 hielt sich Stamm als Polleiter illegal in Bremen auf. Anfang April 1933 ging er nach Berlin, traf sich mit ▸ Walter Ulbricht und ▸ Hermann Schubert und wurde als ZK-Instrukteur für den Bezirk Hannover eingesetzt. Nach einigen Monaten abberufen, nach einem Treffen mit ▸ Herbert Wehner wurde Stamm Polleiter der illegalen BL Berlin-Brandenburg. Im Oktober 1934 reiste er mit seiner Frau auf dem Namen Schonenburg nach Saarbrücken, anschließend nach Moskau und geriet hier in die Fraktionsauseinandersetzungen im Politbüro. Er wurde beauftragt, zurück nach Berlin zu fahren, um die neue Linie der Einheitsfront im Parteibezirk Berlin-Brandenburg durchzusetzen. Am 3. März 1935 in Berlin eingetroffen, begann er mit ▸ Adolf Rembte, ▸ Max Maddalena und ▸ Käthe Lübeck eine neue Inlandsleitung aufzubauen. Er sollte am 28. März 1935 zur Berichterstattung nach Prag kommen, wurde jedoch einen Tag zuvor mit Maddalena, Rembte, Lübeck und ▸ Walter Griesbach festgenommen. Er saß lange in Haft und wurde grausam gefoltert. Am 4. Juni 1937 verurteilte ihn der VGH zum Tode. Im Prozeß hatte er erklärt: »Ich bitte nicht für mich und bereue auch nichts.« Am 4. November 1937 wurde Robert Stamm in Berlin-Plötzensee hingerichtet.

▸ Stange, Franz (* 1903 – † 1939)

Geboren am 8. Februar 1903 in Berlin, Sohn einer Arbeiterfamilie; lernte Techniker, trat 1923 in die KPD ein und wurde Mitarbeiter des AM-Apparates der BL Wasserkante. Von 1929 bis 1931 Kursant der Internationalen Leninschule in Moskau, anschließend bis 1933 technischer Mitarbeiter im ZK bzw. in der Bundesführung des illegalen RFB, zeitweilig Reichsleiter der Roten Jungfront. Im April 1933 festgenommen, bis Dezember 1933 im KZ Fuhlsbüttel. Stange emigrierte im Januar 1934 in die ČSR, später nach Saarbrücken, Ende 1934 in die Sowjetunion, dort unter dem Parteinamen Stamm Lehrer an der KUNMS und an der Leninschule in Moskau. Redakteur im Verlag für ausländische Literatur, in der Nacht vom 24. zum 25. Juni 1938 wurde er vom NKWD verhaftet. Zunächst zu zehn Jahren Lager mit »Schreibverbot« verurteilt, jedoch am 2. März 1939 zum Tode verurteilt, Franz Stange wurde noch am gleichen Tag erschossen.

Seine Frau **Käthe Stange**, am 28. Oktober 1898 in Berlin als Käthe Heber geboren, war Kontoristin, seit 1920 Mitglied der FSJ. 1928/29 Archivarin im Komintern-Archiv in Moskau, von 1929 bis 1933 Büroangestellte im ZK der KPD bzw. bei der RGO-Reichsleitung. Sie emigrierte im Januar 1934 mit ihm nach Prag, Ende 1934 in die Sowjetunion, dort Sprachlehrerin und Redakteurin. Im September 1941 nach Kasachstan verbannt, Kolchosarbeiterin, ab 1942 Deutschlehrerin bzw. Erzieherin in einem Kinderheim. Sie durfte 1946 nach Deutschland zurück, 1946/47 beim Dietz Verlag, von September 1948 bis Mai 1949 Kursantin des 4. Halbjahreslehrganges an der PHS, dort anschließend bis 1951 Assistentin in der Lehrmittelabteilung, dann Kontrollredakteurin am IML. Bemüht, das Schicksal ihres Mannes aufzuklären, erhielt sie im Juni 1956 die Mitteilung, Franz Stange sei »posthum rehabilitiert« worden. Käthe Stange starb am 23. Dezember 1957 in Ost-Berlin.

▸ Starck, Alexander (* 1909 – † 1963)

Geboren am 5. Oktober 1909 in Bromberg, Sohn eines Handelsreisenden, lernte Zimmerer. 1926 Mitglied des KJVD und 1931 der KPD. Er gehörte 1931/32 dem ZK-Büro des KJVD an, besuchte 1932 einen Lehrgang der Internationalen Leninschule in Moskau und kehrte 1933 zur illegalen Arbeit nach Deutschland zurück. Im Oktober 1933 inhaftiert, 1934 zu zweieinhalb Jahren Zuchthaus verurteilt. Nach seiner Entlassung aus Luckau emigrierte Starck 1937 in die ČSR und im Herbst 1938 nach Großbritannien, wo er in Manchester Mitglied der Leitung der KPD-Gruppe wurde. Von 1940 bis 1944 interniert, arbeitete er als Holzfäller in North-Wales. 1945 Sekretär des Rückwanderungsbüros der »Freien Deutschen Bewegung«, kam 1946 über Jugoslawien nach Deutschland. Starck stieg rasch in der Hierarchie des FDGB zum Mitglied und Sekretär des Bundesvorstandes auf, er wurde 1950 zum Stellvertreter von ▸ Herbert Warnke berufen. Bereits im Mai 1951 wegen »Mängeln in der Arbeit und ungenügender Selbstkritik« seiner Funktion enthoben, als Direktor für Arbeit zum VEB Bau-Union Nord-Ost nach Torgelow abgeschoben, wegen seiner Haltung zum Arbeiteraufstand vom 17. Juni 1953 am 27. August 1953 aus dem FDGB-Bundesvorstand und aus der SED ausgeschlossen. Im Zuge der »Rehabilitierungen« 1956 wieder Mitglied der SED, arbeitete er später im VEB Bau-Union Berlin. Alexander Starck starb am 6. März 1963 in Hessenwinkel bei Berlin.

▸ Stauer, Hans (Berman-Jurin, Konon) (* 1901 – † 1936)

Geboren am 14. November 1901 als Konon Berman-Jurin im lettischen Ilukste/Kurland, Sohn einer kleinbürgerlichen Familie. Er besuchte die Mittelschule und lernte von 1920 bis 1922 in Riga Schlosser. Von 1921 bis 1923 aktives Mitglied der KP und des KJV Lettland, emigrierte 1923 wegen drohender Verhaftung nach Deutschland. Er wurde unter dem Parteinamen Hans Stauer Mitglied der KPD, 1927 Agitpropleiter der BL Berlin-Brandenburg und Mitglied des Sekretariats. Ende 1931 vom ZK gerügt, weil er ▸ Alexander Emel bei Schulungsveranstaltungen der Berliner KPD »falsche Ansichten« verbreiten ließ. Seiner Funktion enthoben, wurde er Mitarbeiter der Orgabteilung der BL. Ab März 1933 in der Sowjetunion, im Apparat der Komintern tätig. Im Mai 1936 vom NKWD verhaftet, er wurde beschuldigt, zusammen mit ▸ Fritz David im Auftrage Trotzkis ein Attentat auf Stalin vorbereitet zu haben. Stauer/Berman-Jurin war Mitangeklagter im ersten Moskauer Schauprozeß gegen Sinowjew, Kamenew u. a. Er »gestand« alle ihm zur Last gelegten Verbrechen. Angeblich war er im November 1932 mit Trotzki in Kopenhagen zusammengetroffen und hatte von diesem direkt den Auftrag zu »terroristischen Akten« erhalten. Am 24. August 1936 wurde Berman-Jurin zum Tode verurteilt und erschossen. Über ihn und die anderen »jungen Angeklagten« des Sinowjew-Prozesses schrieb Trotzki: »Das sind alles jüdische Intellektuelle, und zwar nicht aus der UdSSR, sondern aus den Nachfolgestaaten, die früher Teile des zaristischen Rußlands waren (Litauen, Lettland usw.). Ihre Familien sind seinerzeit vor der bolschewistischen Revolution geflüchtet, die Vertreter der jüngeren Generation aber haben sich dank ihrer Beweglichkeit, Anpassungsfähigkeit, Sprachenkenntnis, insbesondere des Russischen, nicht schlecht im Apparat der Komintern eingerichtet. Durchweg Abkömmlinge des kleinbürgerlichen Milieus, ohne Verbindung mit der Arbeiterklasse irgendeines Landes, ohne revolutionäre Stählung, ohne ernste theoretische Vorbereitung, wurden diese gesichtslosen Beamten der Komintern stets dem letzten Zirkular gehorsam, zu einer wahren Geißel der internationalen Arbeiterbewegung.«

▸ Staubes, Hanna (* 1889 – † 1981)

Geboren am 28. Mai 1889 als Hanna Weber in Horn/Lippe, Tochter einer Arbeiterfamilie. Die ein Jahr jüngere Schwester von ▸ Hermann Weber (dem bekannten Solinger Kommunisten und späteren Opfer der stalinistischen Säuberungen), ging als Dienstmagd und ungelernte Arbeiterin nach Solingen und Düsseldorf. 1911 heiratete sie Walter Staubes, trat 1915 in die SPD ein, 1917 in die USPD und gehörte als Mitglied des Spartakusbundes zu den Mitbegründern der KPD in Solingen. Hanna Staubes war Frauenleiterin der KPD im UB Solingen, 1929 dort Stadtverordnete, 1930 im Provinziallandtag Rheinland. 1931 Mitorganisatorin des »Roten Rhein-Ruhr-Kongresses werktätiger Frauen«. Im April 1932 wurde sie im Wahlkreis Düsseldorf-Ost in den Preußischen Landtag gewählt, in dem sie bis 1933 blieb. Im Juli 1933 festgenommen, saß sie bis April 1934 im Gefängnis in Düsseldorf, anschließend in KZs in »Schutzhaft«. 1934 heiratete sie Otto Rautenbach, war von August 1937 bis Oktober 1938 in Düsseldorf erneut inhaftiert. 1945 wieder Mitglied und Funktionärin der KPD in Solingen, dort ab November 1945 in der Stadtverwaltung. Als anerkannte Kommunalpolitikerin wurde sie am 10. April 1947 in den Landtag von Nordrhein-Westfalen gewählt, dem sie bis 1950 als Abgeordnete angehörte. 1968 trat sie der DKP bei. Hanna Rautenbach starb am 27. August 1981 in Solingen.

▸ Steen, Paul (* 1905 – † 1938)

Geboren am 23. Dezember 1905 in Lübeck, lernte Schlosser, anschließend Heizer und Rohrleger. Er fuhr zur See, arbeitete später bei einer Lübecker Firma und auf der AG Weser Bremen. 1929 Mitglied der KPD, ab Juni 1932 Orgleiter des UB Lübeck und zum Abgeordneten in die Lübecker Bürgerschaft gewählt. Im Frühjahr 1933 festgenommen. Ende 1933 freigelassen, emigrierte er in die ČSR und war unter dem Deckname Helmuth Grenzinstrukteur in Asch. Im Spanischen Bürgerkrieg Angehöriger der XI. Internationalen Brigade, Politkommissar einer Kompanie. Paul Steen fiel 1938 in Spanien.

▸ Steffelbauer, Kurt (* 1890 – † 1942)

Geboren am 16. Februar 1890 in Görlitz, Sohn eines Konditormeisters. Nach einer Lehrerausbildung unterrichtete er an Schulen im Landkreis Görlitz. Im Oktober 1913 als Einjährig-Freiwilliger zum Militärdienst, im Mai 1915 schwere Verwundung. Im Mai 1916 als Leutnant der Reserve entlassen, 1917/18 Lehrer in einem evangelischen Waisenhaus in Beirut. Zurück in Deutschland und zunächst arbeitslos, bewarb er sich um eine Anstellung bei der Deutschen Demokratischen Partei, der er von 1918 bis 1920 angehörte, wurde dann Sekretär der Reichsgewerkschaft des Deutschen Eisenbahner-Verbandes. 1924 trat er in die KPD ein, ab 1927

Lehrer in Berlin-Wedding. Wegen seiner Mitgliedschaft in der KPD, seines Engagements in der Lehrergewerkschaft und der Berliner »Interessengemeinschaft oppositioneller Lehrer« wurde er im Februar 1933 von den Nationalsozialisten aus dem Schuldienst entlassen, im Herbst jedoch wieder eingestellt. Steffelbauers Wohnung diente nach 1933 als Anlaufstelle für Kuriere des ZK der KPD. Seit dem Frühsommer 1934 leitete Steffelbauer illegale Gruppen aus entlassenen und noch im Schuldienst befindlichen Lehrern. Als der Gestapo im Krieg Flugblätter und Schriften aus diesem Kreis in die Hände fielen, hat sie ihn am 28. Mai 1941 festgenommen. Am 10. Januar 1942 vom 2. Senat des VGH gemeinsam mit ▸ Arthur Emmerlich u. a. zum Tode verurteilt, wurde Kurt Steffelbauer am 21. Mai 1942 in Berlin-Plötzensee hingerichtet.

▸ Steffen, Erich (* 1895 – † 1937?)

Geboren am 11. Mai 1895 in Berlin-Reinickendorf, seine Eltern waren Kleinbauern, die 1890 aus Ostpreußen nach Berlin übergesiedelt waren. Er begann 1909 eine Lehre als Glastechniker, studierte drei Semester Chemie an der Universität Greifswald. 1912 Mitglied der Arbeiterjugend, von 1914 bis 1916 Soldat, wurde verschüttet und Anfang 1916 aus dem Heer entlassen. Er war 1917 Mitbegründer des Reichsbundes der Kriegsbeschädigten, später im Internationalen Bund der Kriegsopfer tätig. Am 1. Juli 1919 trat Steffen in die KPD ein. Betriebsleiter in Augsburg, 1920 wegen seines politischen Engagements gemaßregelt, dann Arbeiter in der Quarzindustrie in Hanau. Anfang 1921 Vorsitzender der KPD-Ortsgruppe in Hanau, wegen seiner Verwicklung in die März-Aktion gesucht, übersiedelte er nach Aachen. Dort von den Besatzungsbehörden ausgewiesen, ging er Ende 1921 nach Berlin, wurde in den Hauptvorstand des Verbandes der Glasarbeiter gewählt, Betriebsratsvorsitzender bei Siemens. Nach erneuter Maßregelung hauptamtlicher Sekretär beim ZK der KPD für die Industriegruppe Fabrikarbeiter. Delegierter und Referent auf dem III. Weltkongreß der RGI 1924, nach Auflösung der zentralen Gewerkschaftsabteilung bis Juni 1927 Polleiter in Pommern, dann bis Ende 1928 Reichsleiter der Erwerbslosenbewegung. Danach wieder Leiter der Industriegruppe (Fabrikarbeiter) beim ZK, seit Gründung der RGO Mitglied der Reichsleitung, 1929 Generalsekretär des Internationalen Komitees der Fabrikarbeiter. Er gab die Zeitschrift »Der rote Fabrikarbeiter« heraus. 1931 wurde gegen ihn in einem Werksspionageprozeß der BASF in Ludwigshafen/Rhein ermittelt, er wurde festgenommen, verurteilt und saß von März bis Dezember 1931 im Gefängnis. Nach seiner Freilassung drei Monate illegal in der ČSR tätig, im April 1932 schickte ihn das ZK als Instrukteur nach Oberschlesien, anschließend Geschäftsführer der KPD-Zeitung »Volkswacht« in Mecklenburg. Er kam auf ZK-Beschluß in die Sowjetunion, war von Juni 1932 bis Februar 1933 stellvertretender Leiter der Orgabteilung der RGI, ab März 1933 dort nur noch Mitarbeiter. Als Erich Wagner leitete er den »Ernst-Thälmann-Club« in Moskau, war zuletzt als Glasspezialist in einem Betrieb tätig. Erich Steffen wurde im April 1937 zusammen mit seiner Frau vom NKWD verhaftet, er ist als Opfer der Stalinschen Säuberungen umgekommen.

▸ Stegmaier, Anna (* 1899 – † 1973)

Geboren am 4. November 1899 in Spiegelberg/Krs. Backnang, Tochter einer Arbeiterfamilie; besuchte eine Handelsschule, schloß sich 1913 der Arbeiterjugend an und 1918 der FSJ. Von 1913 bis 1916 Dienstmädchen im Haushalt der Familie ▸ Edwin Hoernle, trat 1919 in die KJD in Stuttgart ein. Ende 1918 verantwortlich für die Expedition der Frauenzeitschrift »Die Kommunistin«, 1919/20 technische Hilfskraft, ab 1920 Hauptkassiererin und später Orgleiterin der BL Württemberg. Anna Stegmaier lebte mit dem kommunistischen Landtagsabgeordneten ▸ Carl Müller zusammen, war Stenotypistin der KPD-Landtagsfraktion. Wegen persönlicher Differenzen mit dem württembergischen Polleiter ▸ Karl Schneck verließ sie die KPD, ab 1927 Stenotypistin in einem Stuttgarter Rechtsanwaltsbüro. 1933 Mitarbeiterin der illegalen RHD in Württemberg, flüchtete sie Ende August 1934 mit ihren Kindern Heinz (* 1. 6. 1925) und Sonja (* 5. 4. 1927) in die Schweiz. Sie wurde 1935 in einem Prozeß in Stuttgart in Abwesenheit zu 15 Jahren Zuchthaus verurteilt. Im Juni 1936 kam sie über Prag in die Sowjetunion, war im Sekretariat der Freidenkerorganisation. Sie geriet in die stalinistischen Säuberungen, wurde am 12. März 1938 in der Moskauer Wohnung von Helene Hoernle vom NKWD verhaftet und nach viermonatiger NKWD-Haft wegen »konterrevolutionärer und trotzkistischer Tätigkeit« zu acht Jahren Lager verurteilt. Danach bis August 1953 Sowchosarbeiterin in Magadan, im September 1953 Wächterin in einem Nahrungsmittellager. Im November 1956 durfte sie in die DDR ausreisen, hier in der Presseabteilung des Ministeriums für Außen- und Innerdeutschen Handel beschäftigt, seit November 1957 Mitglied der SED, sie erhielt 1969 den VVO in Silber. Anna Stegmaier starb am 27. Juli 1973 in Gera. Ihr Sohn Heinz kam nach der Verhaftung der Mutter mit seiner Schwester in ein sowjetisches Kinderheim und wurde 1941 nach Mittelasien verbannt. Von Oktober 1941 bis Mai 1942 beim NKWD inhaftiert, dann Schlosser, aber 1944 erneut festgenommen, erst 1953 freigelassen, blieb in Magadan, Sprengmeister, später in der DDR, starb Heinz Stegmaier am 2. Juni 1989 in Gera.

▸ Steidle, Josef (* 1908 – † 1938)

Geboren am 24. Februar 1908 in St. Georgen/Krs. Tettnang, Bootsbauer. 1930 Eintritt in die KPD, zunächst Stadtteilkassierer, später im AM-Apparat der KPD tätig. Anfang 1932 Teilnehmer eines Lehrgangs an der M-Schule der Komintern in der Sowjetunion. Nach Rückkehr Orgleiter des AM-Apparates der KPD in Württemberg. Beim Versuch, mit dem Reichstechniker ▸ Wilhelm Kox zusammenzutreffen, wurde er am 14. Juni 1933 festgenommen, aber im Dezember 1933 aus der »Schutzhaft« entlassen. Steidle übernahm im Frühjahr 1934 die Leitung des Nachrichtenapparates der KPD in Württemberg, arbeitete eng mit ▸ Stefan Lovacz und ▸ Liselotte Herrmann bei der Beschaffung und Weiterleitung geheimer Rüstungspläne des NS-Regimes zusammen. Josef Steidle wurde am 7. Dezember 1935 verhaftet, vom 2. Senat des VGH am 12. Juni 1937 zum Tode verurteilt und am 20. Juni 1938 in Berlin-Plötzensee hingerichtet.

▸ Steinberger, Nathan, Dr. phil. (* 1910)

Geboren am 16. Juli 1910 in Berlin, wuchs als jüngstes Kind einer jüdisch-orthodoxen Familie in ärmlichen Verhältnissen auf. Unter dem Einfluß seines älteren Bruders Adolf, der später in einem KZ ermordet wurde, schloß er sich zunächst der jüdisch-sozialistischen Jugendbewegung an. 1924 Mitglied der KJD, beteiligte sich am Aufbau der »Kommunistische Pennälerfraktion« und des Sozialistischen Schülerbunds SSB. Da seine Ortsgruppe die Auffassungen von ▸ Karl Korsch teilte, wurde sie 1926 zeitweilig aus dem KJVD ausgeschlossen. 1926/27 gehörte Steinberger der Reichsleitung des SSB an und trat 1928 in die KPD ein. Nach dem Abitur 1929 zunächst Studium an der medizinischen Fakultät, dann Wechsel zur Nationalökonomie, wo er seine spätere Frau **Edith Steinberger**, geborene Lewin (* 21. 6. 1908 – † 2. 2. 2001), kennenlernte. Er spezialisierte sich auf Agrarwissenschaft und arbeitete u. a. mit ▸ Karl Wittfogel zusammen, auf dessen Empfehlung er vor Beendigung seines Studiums 1932 nach Moskau an das Agrarinstitut berufen wurde. Steinberger promovierte 1935 zum Thema »Die Agrarpolitik des Nationalsozialismus«. 1936 aus dem Agrarinstitut entlassen, er war bemüht, seine Familie (1935 war Tochter Marianne geboren) mit Deutschunterricht über die Runden zu bringen. Ende April 1937 vom NKWD festgenommen und wegen »konterrevolutionärer trotzkistischer Tätigkeit« zu lebenslänglicher Verbannung verurteilt, war bis 1946 im Lager Kolyma, dann noch bis 1955 als Verbannter in Magadan. Edith Steinberger wurde 1941 verhaftet, bis 1946 im Arbeitslager bei Karaganda, dann verbannt, sie durfte 1952 zu ihrem Mann nach Magadan. Die im Jahre 1941 sechsjährige Tochter war von einer befreundeten Familie aufgenommen worden und sah ihre Eltern erst 1952 wieder. Nathan und Edith Steinberger kamen Ende 1955 nach Ost-Berlin, er arbeitete zunächst bei der SPK und ab 1960 als Professor an der LPG-Hochschule in Meißen, ab 1964 an der Hochschule für Ökonomie in Ost-Berlin. Nathan Steinberger lebte 2003 in einem Berliner Seniorenheim.

▸ Steinemann, Hans (* 1890 – † 1965)

Geboren am 23. August 1890 (nach anderen Angaben 22. September) in Oschersleben, lernte Schlosser und arbeitete in Mitteldeutschland. Von 1914 bis 1918 Soldat. Nach dem Krieg ließ er sich in Wismar nieder, arbeitete als Maschinenschlossermeister. 1918 Mitglied der USPD und 1920 der KPD, zog Steinemann 1924 als Abgeordneter in den Landtag von Mecklenburg-Schwerin ein. 1925 Vorsitzender des RFB in Mecklenburg. Als Anhänger der linken Opposition 1926 nicht wieder als Kandidat aufgestellt, schied Steinmann aus dem Landtag aus, blieb bis 1928 noch für die KPD aktiv. 1929 wurde er aus der Partei ausgeschlossen, später trat er politisch nicht mehr hervor. Hans Steinemann starb am 18. Januar 1965 in West-Berlin.

▸ Steinfurth, Erich (* 1896 – † 1934)

Geboren am 10. August 1896 in Mittenwalde, Sohn einer Arbeiterfamilie; Schlosser. 1914 zum Militärdienst einberufen, 1916 vor Verdun schwer verwundet, wurde nach notdürftiger Ausheilung wieder an die Front geschickt. Er trat 1918 der USPD bei und ging 1920 mit dem linken Flügel zur KPD. Schlosser in Berlin, wurde 1923 als Mitglied des Betriebsrates gemaßregelt. Von der Zentrale nach München geschickt, organisierte Steinfurth im Herbst 1923 Aktionen der Münchner Eisenbahner, deshalb festgenommen und 1924 zu zwei Jahren Zuchthaus verurteilt. Nach seiner Entlassung hauptamtlicher Mitarbeiter der RHD, er übernahm im November 1925 den Vorsitz der Organisation im Bezirk Berlin-Brandenburg, und war 1927 im RHD-Zentralvorstand. Im Oktober 1929 rückte Steinfurt als Nachfolger in den Preußischen Landtag ein, 1932 als Abgeordneter gewählt, gehörte er dem Parlament bis zu seiner Verhaftung am 25. März 1933 an. Steinfurth kam in das Zuchthaus Berlin-Plötzensee, von dort in das KZ Sonnenburg. Als Vergeltung für die Erschießung des Spitzels ▸ Alfred Kattner am 1. Februar 1934 wurde Erich Steinfurth am gleichen Tag beim Transport nach Wannsee am Kilometerstein 23,7 gemeinsam mit ▸ John Schehr, ▸ Eugen Schönhaar und ▸ Rudolf Schwarz von der SS »auf der Flucht« erschossen. Am Berliner Ostbahnhof ist eine Straße nach ihm benannt.

▸ Stenzer, Franz (* 1900 – † 1933)

Geboren am 9. Juni 1900 in Planegg/Bayern, Sohn eines Arbeiters; Lehre als Bootsbauer, wurde dann Streckenarbeiter bei der Reichsbahn. Mitte 1918 zur Marine eingezogen, während der Bayerischen Räterepublik Soldat der »Roten Armee«, Im Frühjahr 1920 Mitglied der KPD. Betriebsrat bei der Reichsbahn in München, als aktiver Kommunist mehrmals verhaftet. 1924 Mitglied der BL Südbayern. Von Herbst 1928 bis Frühjahr 1929 Kursant an der Internationalen Leninschule in Moskau, anschließend Sekretär für Gewerkschaftsfragen der BL Südbayern. Der XII. Parteitag 1929 berief Stenzer zum Kandidaten des ZK. Ende 1930 Chefredakteur der »Neuen Zeitung« in München, rückte 1932 zum Vollmitglied des ZK auf und wurde im November im Wahlkreis Franken als Abgeordneter in den Reichstag gewählt, zugleich ZK-Instrukteur für Süddeutschland. Am 19. April 1933 wurde seine Frau **Emma Stenzer**, geborene Bausch (* 3. 11. 1897), als Geisel festgenommen, Stenzer geriet bei einer Besprechung am 30. Mai 1933 der Politischen Polizei in die Hände, kam als »Schutzhaftgefangener« in das KZ Dachau. Dort schwer gefoltert und am 10. August 1933 noch in den sogenannten Kommandantur-Arrest gesperrt, damals die Hölle. Am 22. August 1933 wurde Franz Stenzer im Todeskeller ermordet; vom SS-Scharführer Dirnagel angeblich »auf der Flucht erschossen«. Stenzers Frau wurde am Tage seiner Beisetzung bedingt freigelassen und zog mit ihren drei Töchtern, den Zwillingen Emma und Elise (* 2. 9. 1923) und Lilly (* 1. 7. 1927) in ihr Heimatdorf Anspach im Taunus. Die Rote Hilfe organisierte Ende November 1933 ihre Flucht aus Deutschland. Sie lebte mit den Kindern zunächst im Saarland, dann in Paris, konnte Ende August 1934 in die Sowjetunion einreisen und studierte an der KUNMS. Nach deren Auflösung arbeitete sie in einer Kugellagerfabrik. Im Sommer 1937 vom NKWD verhaftet, aus der KPD ausgeschlossen. Sie hatte Glück, wie sie 1997 berichtete, 1938 entlassen, war sie Näherin in einer Fabrik, später Instrukteurin in Kriegsgefangenenlagern. Im August 1946 kehrte sie (mit ihrer Tochter Lilly) nach Deutschland zurück, arbeitete einige Jahre in der Zentralverwaltung für Volksbildung und erhielt 1968 den VVO in Silber. Stenzers Witwe Emma starb am 22. März 1998 in Berlin. Die Tochter Elise kam erst 1956 in die DDR, sie starb am 11. Februar 1968. Emmy Stenzer, die andere Zwillingstochter, heiratete 1944 Markus Wolf und war 30 Jahre dessen Ehefrau. Als promovierte Literaturwissenschaftlerin Verwalterin des Nachlasses ihres Schwiegervaters ▸ Friedrich Wolf in Lehnitz bei Berlin.

▸ Stephan, Franz (* 1894 – † 1936?)

Geboren am 5. Mai 1894 im Habelschwerth/Schlesien, Sohn einer Arbeiterfamilie, lernte Schriftsetzer und kam nach Gera in Thüringen. 1918 Mitglied der USPD, ging er Ende 1920 zur KPD, stand auf dem linken Flügel und war seit 1924 ehrenamtliches Mitglied der BL Thüringen. Auf dem X. Parteitag 1925 für Thüringen in die Politische Kommission gewählt, wurde 1928 vom ZK als Sekretär der BL eingesetzt, zunächst aber von der rechten Mehrheit der BL abgelehnt. Nach dem Sieg der ZK-Anhänger in Thüringen wurde Stephan zunächst Orgleiter und 1929 Agitpropsekretär des Bezirks. Aber 1930 im Bezirk Erfurt Leiter der RGO Thüringen und Redakteur der Zeitung »Der Erwerbslose«. Er übersiedelte 1931 mit seiner Frau Marie Stephan (* 6. 12. 1895) und seiner Tochter Ilse in die Sowjetunion. Franz Stephan kam zunächst unter dem Parteinamen Löffler ins Exekutivkomitee der RGI in Moskau, war 1933/34 Kulturleiter für die ausländischen Arbeiter in Rybinsk und Tscheljabinsk. Dann nach Odessa versetzt, Redakteur an der deutschen Rayonzeitung. Im Herbst 1936 zusammen mit seiner Ehefrau verhaftet, wurde Franz Stephan Opfer der stalinistischen Säuberungen. Tochter Ilse (* 3. 11. 1919) folgte ihren Eltern nach Rybinsk und Odessa, kehrte im Januar 1937 nach Moskau zurück, dort Glasschleiferin. 1941 in die Tschuwaschische ASSR verbannt, ab 1946 in Frunse Schleiferin. Im September 1956 Ausreise in die DDR, Dolmetscherin im Außenhandelsbetrieb Textil. Anfang Januar 1959 hat die ZPKK Ilse Stephan mündlich informiert über die »posthume Rehabilitierung« ihrer Eltern durch die Staatsanwaltschaft der UdSSR.

► Stern, Manfred (* 1896 – † 1954)

Geboren als Moses Stern am 20. Januar 1896 in einem Dorf bei Czernowitz/Bukowina, Sohn einer kindereichen, verarmten kleinbäuerlichen Familie. Er studierte Medizin an der Universität Wien, diente ab 1914 als Freiwilliger in der österreichisch-ungarischen Armee und geriet 1916 in russische Kriegsgefangenschaft. Hier schloß er sich den Bolschewiki an, nahm als Kommissar einer Partisaneneinheit am Bürgerkrieg teil und wurde Stabschef von Truppenteilen der fernöstlichen Roten Armee. Unter dem Parteinamen Fred veröffentlichte er u. a. in der »Kommunistischen Internationale« sowie in der »Prawda« Artikel. Er studierte an der Moskauer Militärakademie, war 1923 Militärberater beim Hamburger Aufstand und schulte militärpolitische Kader der KPD. 1925 trat Stern im Kominternverfahren gegen ► Heinrich Brandler, ► August Thalheimer und Karl Radek auf. Als Parteigänger Stalins beschuldigte er den »Trotzkisten Urbahns«, (► Hugo Urbahns) zusätzlich zur »allgemeinen defätistischen Linie des brandleristischen ZK« der KPD im Jahre 1923 noch »niederträchtiges Streikbrechertum« betrieben zu haben. Er denunzierte die »Radek-Clique«, sie habe technisch-finanziell der KPD-Opposition geholfen. Am 7. November 1927 überfiel Stern mit anderen Stalinisten die Wohnung des Trotzkisten Iwan Smilgas, um diesen und weitere Anhänger Trotzkis daran zu hindern, nichtstalinistische Parolen zum zehnten Jahrestag der Oktoberrevolution zu verbreiten.

Stern war Mitarbeiter der GRU, von 1932 bis 1934 Militärberater der illegalen KP Chinas, anschließend im Komintern-Apparat tätig. 1936 unter dem Namen Emilio Kleber Militärberater der KP Spaniens. Als Kommandeur der XI., später der XII. Internationalen Brigade wurde er als »Retter von Madrid« populär, hatte aber mit kommunistischen Politikern wie André Marty, ► Franz Dahlem und Palmiro Togliatti Auseinandersetzungen. Nach Moskau zurückgeschickt, dort ein Jahr Mitarbeiter bei Otto Kuusinen. Obwohl Stern immer »Parteitreue« bewies, wurde er selber als »Trotzkist« verdächtigt, festgenommen und »gestand« bei NKWD-Verhören und Folterungen wie üblich alles, was verlangt wurde. Vom Militärkollegium des Obersten Gerichts der UdSSR im Mai 1939 zu 15 Jahren Lagerhaft verurteilt, erhielt Stern im November 1945 zusätzlich zehn Jahre Arbeitslager, die er im Gulag Kolyma verbrachte. In mehreren Einga-

ben, u. a. im Januar 1952 an Stalin, suchte er um seine Rehabilitierung nach. Manfred Stern starb am 20. Februar 1954 an den unmenschlichen Bedingungen im Gulag. Zwar im August 1956 juristisch »rehabilitiert«, wurde er noch jahrzehntelang totgeschwiegen. 2000 kam eine ausführliche Arbeit des Moskauer Historikers Waleri Brun-Zechowoj heraus: »Manfred Stern – General Kleber. Die tragische Biographie eines Berufsrevolutionärs (1896-1954)«.
Sterns Brüder Wolf (* 15. 12. 1897 – † 16. 9. 1961) und Leo (* 27. 3. 1901 – † 2. 1. 1982) waren wie er aktiv in der kommunistischen Bewegung. **Wolf Stern** war Redakteur in Wien, Mitarbeiter der GRU 1936 in Spanien. Anfang 1939 wieder in Moskau, von 1941 bis 1950 im sowjetischen Innenministerium für das Kriegsgefangenenwesen tätig. Ab September 1956 in der DDR, Oberst der NVA, 1958 Leiter des Instituts für Deutsche Militärgeschichte in Potsdam. **Leo Stern** promovierte 1925 zum Dr. rer. pol., bis 1934 wissenschaftlicher Assistent bei Professor Max Adler in Wien, seit 1933 Mitglied der KPÖ. 1937/38 Angehöriger der Internationalen Brigaden in Spanien, kam 1945 als Oberst und Chefdolmetscher von Marschall Tolbuchin nach Wien. Seit 1950 in der DDR, bis 1959 Rektor der Martin-Luther-Universität Halle-Wittenberg, von 1963 bis 1968 Vizepräsident der AdW der DDR, bis 1981 Direktor der Forschungsstelle der AdW.

▸ Stern, Viktor, Dr. phil. (* 1885 – † 1958)

Geboren am 29. Oktober 1885 in Triesch/Iglau/Mähren, Sohn eines Rabbiners und einer Erzieherin, streng religiös erzogen; studierte von 1904 bis 1908 an der Universität Wien und promovierte 1908 zum Dr. phil. Seit 1904 in der SPÖ, trotz Habilitation war ihm keine akademische Karriere möglich, bis 1914 Privatmittelschullehrer in Wien. 1914 zum Militär eingezogen, am Ende des Krieges Oberleutnant, er wurde 1919 Redakteur am deutschen sozialdemokratischen »Tagblatt« in Brünn. Im Juni 1919

übersiedelte Stern nach Deutschland, trat in die USPD ein und wurde Redakteur am Wochenblatt »Der Arbeiter-Rat«. Nach dessen Einstellung Wanderredner und zeitweise Chefredakteur der USPD-Zeitung »Ruhr-Echo«. Während des Kapp-Putsches gehörte er dem Zentralrat in Essen an und arbeitetet später im USPD-Pressedienst, in Halle Chefredakteur der dortigen USPD-»Volkszeitung«. Stern trat für die Aufnahme der USPD in die III. Internationale ein, wurde Ende 1920 Mitglied der KPD. 1921 aus Deutschland ausgewiesen, kehrte er illegal zurück, Redakteur der »Roten Fahne«, leitete zeitweilig die »Hamburger Volkszeitung« bzw. die »Arbeiterzeitung« in Stuttgart. Nach erneuter Verhaftung und Ausweisung nach Österreich, war Stern bis Anfang 1923 Chefredakteur der »Roten Fahne« in Wien, Mitglied des Politbüros der KPÖ. Später Chefredakteur des »Vorwärts« in Reichenberg, von 1924 bis 1929 Mitglied des ZK der KP der ČSR und deren Politbüros sowie Abgeordneter der KPČ in der Nationalversammlung und 1925/26 Vertreter der KPČ beim EKKI in Moskau. Hier zunächst Sinowjew-Anhänger ging er zu Stalin über.
1929 wurde Stern als Versöhnler aus dem ZK der KPČ ausgeschlossen. 1934 zu neun Monate Gefängnis und Verlust der bürgerlichen Ehrenrechte verurteilt, wurde ihm auch sein Mandat in der Nationalversammlung entzogen. Stern emi-

grierte 1935 in die Sowjetunion, wurde Lektor an der Internationalen Leninschule, anschließend im Apparat der Komintern. Nach deren Auflösung 1943 Publizist und Vertreter der KPČ in Moskau. Seit Oktober 1946 wieder in Deutschland, wurde Stern Mitglied der SED und ab Januar 1947 Dekan der philosophischen Fakultät an der Parteihochschule »Karl Marx«. Während der Parteisäuberungen Anfang der fünfziger Jahre war er als früherer Versöhnler und Jude gefährdet. Am 10. Februar 1953 brachte »Neues Deutschland« einen Artikel Sterns, in dem ausgerechnet er behauptete, der USA-Imperialismus benutze den Zionismus für das »Einschleusen von Verrätern und Spionen«, weshalb seine »Agentenbanden zu einem großen Teil aus Juden bestehen«. 1954 erhielt er den VVO in Silber. Viktor Stern starb am 27. März 1958.
Sein Sohn **Heinz Stern** (* 18. 5. 1921 – † 27. 7. 1995) kam 1945 aus der Sowjetunion nach Deutschland, war in Ost-Berlin von 1949 bis 1952 Chefredakteur des FDJ-Organs »Junge Welt«, später Redakteur der »Friedenspost« bzw. der »Freien Welt«. Ab 1954 war Heinz Stern Korrespondent für »Neues Deutschlands« in Moskau, später Chefreporter der Monatszeitschrift »Magazin«.

▸ Stetter, Johannes (* 1885 – † 1963)

Geboren am 1. Februar 1885 in Wain am Neckar, Sohn eines Kleinbauern; lernte Schreiner. 1903 Mitglied der SPD, Übersiedlung nach Stuttgart und Anhänger des dortigen linken Flügels der Partei. Im Krieg Soldat, 1917 Eintritt in die USPD, 1918 deren hauptamtlicher Sekretär, mit der linken USPD 1920 zur KPD, deren Parteisekretär in Stuttgart. Stetter war von 1920 bis 1924 Abgeordneter des Württembergischen Landtags, 1923 Polleiter des Bezirks Württemberg. Der VIII. Leipziger Parteitag 1923 wählte Stetter in die Mandatsprüfungs- und Gewerkschaftskommission. Wegen seiner Beteiligung an der Vorbereitung des geplanten Oktoberaufstands Anfang 1924 verhaftet. Im Mai 1924 aus der Haft entlassen, da er (als Spitzenkandidat für Württemberg) in den Reichstag gewählt worden war. Stetter gehörte zum rechten Parteiflügel in Württemberg, deshalb bei der Dezemberwahl 1924 an einen aussichtslosen Platz der Wahlliste gesetzt, kam er nicht mehr in den Reichstag. Polizeilich gesucht (Steckbrief: »hohe Stirn, Geheimratsecken, englischer Schnurrbart«), schickte ihn die Partei nach Lothringen, er leitete dort von Februar bis Mai 1925 die IAH. Dann illegal in Mannheim, hier wurde er (nach seinen Angaben von einem Mannheimer KPD-Stadtverordneten) verraten und am 30. Mai 1925 festgenommen. Bis Oktober 1925 blieb er in Haft, zunächst in Mannheim, dann in Stuttgart, durch die »Hindenburg-Amnestie« frei, arbeitete er wieder als Schreiner. In der KPD hatte Stetter Redeverbot, es gab sogar Gerüchte, er solle »liquidiert« werden.
Am 30. Juni 1926 aus der KPD ausgeschlossen, veröffentlichte er Parteiinterna in einer Artikelreihe der SPD-Zeitung »Schwäbische Tagwacht«, die später als Broschüre erschien: »Der kommunistische Sumpf«. Deshalb von der KPD als »charakterloser Lump« beschimpft, legte er Beweise für seine Behauptungen vor. 1926 Mitglied der SPD, wurde Stetter im Herbst 1928 (bis 1933) hauptamtlicher Sekretär der Gewerkschaft (Gemeinde- und Staatsarbeiterverband) in Königsberg. Ende 1933 Rückkehr nach Stuttgart, einige Monate erwerbslos, dann bis 1945 Schreiner. 1945 maßgeblich am Wiederaufbau der Gewerkschaften beteiligt, im Juli 1945 zum

Vorsitzenden des Ortsausschusses Stuttgart der Gewerkschaft berufen. Diese Funktion behielt er bis zu seiner Pensionierung. Sein Bruder David Stetter war Arbeitsminister in Baden-Württemberg; beide gehörten wieder der SPD an. Er war mit ▸ Albert Schreiner verschwägert (die Frauen waren Schwestern). Johannes Stetter starb am 10. November 1963 in Stuttgart.

▸ Steudner, Hermann (* 1896 – † 1986)

Geboren am 9. Mai 1896 in Arnstadt, Sohn einer Arbeiterfamilie; lernte Tischler. Von 1914 bis 1918 Soldat im Weltkrieg, schloß sich 1919 zunächst der USPD, im August 1919 der KPD an. Ehrenamtlicher Funktionär der KPD im UB Arnstadt, lange Jahre arbeitslos. Von Juli bis September 1932 war Steudner Abgeordneter des Thüringer Landtags. Wegen »Vergehens gegen die Notverordnung« zu sieben Monaten Gefängnis verurteilt, im Oktober 1932 freigelassen, Instrukteur in der Rhön. Von Februar bis April 1933 im KZ Nohra, im September 1933 erneut verhaftet und 1934 zu zweieinhalb Jahren Gefängnis verurteilt. Nach der Entlassung 1936 Tischler, im August 1944 nochmals festgenommen und bis Dezember 1944 im KZ Buchenwald. 1945 wieder Mitglied der KPD, bis 1950 Oberbürgermeister von Arnstadt. Steudner kam 1952 zum MfS, 1. Sekretär der SED-Parteiorganisation in der MfS-Landesverwaltung Thüringen bzw. der MfS-Bezirksverwaltung Erfurt. Im Dezember 1953 wurde er nach Ost-Berlin geholt und als 1. Sekretär der SED-Kreisleitung im Staatssekretariat für Staatssicherheit eingesetzt. 1954 zum Oberstleutnant befördert, ab April 1956 Referatsleiter in der Hauptabteilung III (Volkswirtschaft), Anfang 1957 aus dem Ministerium ausgeschieden, zog dann nach Schwerin. Dort starb Hermann Steudner am 13. Juli 1986.

▸ Stibi, Georg (* 1901 – † 1982)

Geboren am 25. Juli 1901 in Mark-Rettenbach bei Memmingen, Sohn eines Schuhmachers; arbeitete als Hirte und Landarbeiter. 1919 ungelernter Arbeiter in der Holzindustrie, Eintritt in die USPD. Im Frühjahr 1919 in der Münchner Räterepublik aktiv, Ende 1920 Mitglied der KPD, wieder ausgeschieden, war 1922 zeitweise in der freigeistigen Monistischen Jugend. Er kam im Dezember 1922 erneut zur KPD. Ab Juli 1926 Lokalredakteur, dann politischer Redakteur, ab Mitte 1929 Chefredakteur des Düsseldorfer KPD-Organs »Freiheit«. Am 1. Februar 1930 festgenommen und im August desselben Jahres wegen »Hoch- und Landesverrats« – er hatte Artikel über die geheime Wiederaufrüstung veröffentlicht – vom Reichsgericht zu zwei Jahren Gefängnis verurteilt. Danach im Juli 1932 Redakteur der Bremer »Arbeiterzeitung«, im Oktober 1932 kam Stibi als Korrespondent der »Roten Fahne« in die Sowjetunion, nach 1933 Redakteur bei Radio Moskau. Von Juli 1937 bis Januar 1939 bei den Internationalen Brigaden in Spanien, in Frankreich interniert, gelang ihm 1941 mit anderen deutschen Emigranten die Ausreise nach Mexiko, dort 1942 Sekretär der »Bewegung Freies Deutschland« und ab 1943 Leiter einer Kunstgalerie in Mexiko-City. Da er politische und persönliche Differenzen mit ▸ Paul Merker hatte, wurde er auf dessen Weisung im Januar 1943 aus der KPD ausgeschlossen. Im Juli 1946 kam Stibi nach Deutschland, hier am 1. Juli 1949 als Nachfolger Rudolf

Herrnstadts Chefredakteur der »Berliner Zeitung«, 1950 Chefredakteur der »Sächsischen Zeitung« in Dresden, 1953/54 der »Leipziger Volkszeitung« und 1955/56 von »Neues Deutschland«. Im März 1957 Botschafter der DDR in Rumänien, 1958 in der ČSSR und von 1971 bis 1973 einer der Stellvertreter des DDR-Außenministers ▸ Otto Winzer. Sein Parteiausschluß in Mexiko wurde im März 1949 durch einen Politbürobeschluß aufgehoben, er erhielt 1966 den Karl-Marx-Orden. Georg Stibi starb am 30. Mai 1982 in Ost-Berlin.

Seine Frau **Henny Stibi**, geborene Piepenstock (*26. 1. 1902 – † 25. 11. 1982), 1924 Mitglied der KPD, ging 1932 mit ihrem Mann nach Moskau, dort Referentin für deutsche Sendungen beim Rundfunk. Ab 1936 in Frankreich, Sekretärin der Kaderabteilung des KPD-Auslandssekretariats. 1939 interniert, im Oktober 1941 mit ihrem Mann nach Mexiko emigriert. Nach 1946 zeitweise bei ADN in Ost-Berlin beschäftigt.

▸ Sticher, Karl (* 1887 – † 1953)

Geboren am 2. November 1887 in Ottweiler, Eisenbahnarbeiter, Schlosser, Mitglied der USPD, dann der KPD. Am 27. Januar 1924 in den Landesrat Saar gewählt, blieb er aber nur bis 1926 Abgeordneter, ihm folgte als Nachrücker ▸ Friedrich Eifler. Sticher war seit 1920 auch Stadtverordneter in Ottweiler, er legte aber am 4. Juni 1934 sein Stadtratsmandat nieder. Ab Januar 1933 als Gastwirtsgehilfe beschäftigt, von 1943 bis 1945 Angehöriger der Luftschutzpolizei. Nach 1945 selbständiger Gastwirt, politisch trat er nicht mehr hervor. Karl Sticher starb am 6. Januar 1953 in Ottweiler.

▸ Stoecker, Walter (* 1891 – † 1939)

Geboren am 9. April 1891 in Köln, Sohn eines Ingenieurs, besuchte die Realschule, anschließend Lehre als Handlungsgehilfe. 1908 Mitglied der SPD, 1910 Volontär, dann Redakteur an SPD-Zeitungen in Kiel und Köln. 1912/13 Studium der Geschichte und Volkswirtschaft in Berlin, Leipzig und Zürich, dann Leiter der sozialistischen Studentenorganisation in Köln und Berichterstatter sozialdemokratischer Zeitungen. Von Februar 1915 bis November 1918 Soldat. 1917 Übertritt zur USPD, führend im Aktionsausschuß der Soldatenräte während der Novemberrevolution in Köln. Von Dezember 1918 bis Juni 1919 Redakteur am USPD-Organ »Volkstribüne« in Elberfeld, Stadtverordneter in Köln. Für die USPD 1919 in die Verfassunggebende Preußische Nationalversammlung gewählt, war Delegierter der USPD-Parteitage vom März und Oktober 1919. Stoecker wurde im Juni 1919 zum Sekretär der USPD-Zentralleitung nach Berlin berufen. Im Juni 1920 zog er als Abgeordneter der USPD im Wahlkreis Düsseldorf-West in den Reichstag ein.

In der USPD war Stoecker neben ▸ Ernst Däumig und ▸ Wilhelm Koenen die treibende Kraft für den Anschluß an die III. Internationale. Als einer der Führer des linken Flügels war Stoecker auch auf dem Spaltungsparteitag in Halle und wurde Mitglied des ZK der linken USPD, nach der Vereinigung in die Zentrale der VKPD gewählt, einer der sechs Sekretäre der Leitung. Auf dem VII. Jenaer Parteitag 1921 nicht mehr in die Parteispitze entsandt, blieb aber als Reichstagsabgeordneter wichtiger Funktionär.

Der VIII. Parteitag 1923 berief Stoecker wieder in die Zentrale und im gleichen Jahr zum Polleiter des Oberbezirks West (Nordrhein-Westfalen), mit Sitz in Köln. Aktiv an den Vorbereitungen des geplanten Oktoberaufstandes 1923 beteiligt, war er 1924 einer der Führer der Mittelgruppe und bis zum IX. Parteitag 1924 Mitglied im Polbüro, dann nicht mehr in die Zentrale gewählt, zog er aber im Mai 1924 wieder in den Reichstag ein. Nach Auflösung des Parlaments im Oktober 1924 polizeilich gesucht (Steckbrief: »1,60-1,65 groß, blondes Haar, englischer Bart, spitzes Kinn«). Durch seine Wiederwahl im Dezember 1924 erlangte er erneut Immunität und übernahm den Vorsitz der kommunistischen Reichstagsfraktion. Er gehörte dem Parlament bis Juli 1932 an und gab mit ▸ Wilhelm Pieck das Mitteilungsblatt der kommunistischen Fraktion »Der Rote Wähler« heraus. Nach dem »Offenen Brief« 1925 wieder stärker zur aktiven Parteiarbeit herangezogen, berief ihn der XI. Parteitag 1927 ins ZK der KPD. Während der Wittorf-Affäre stimmte er gegen ▸ Ernst Thälmann, schwenkte aber mit der Mehrheit des ZK rasch um, dann auch vom XII. Parteitag 1929 abermals ins ZK gewählt. Stoecker leitete ab 1928 den von ihm mitbegründeten Internationalen Bund der Freunde der Sowjetunion. 1932 in den Hintergrund gedrängt, saß er auch in keinem Parlament mehr, wirkte aber als KI-Instrukteur u. a. längere Zeit in Spanien und reiste als Vorsitzender des Bundes der Freunde der Sowjetunion Ende August 1932 zum Antikriegskongreß nach Amsterdam. Stoecker nahm am 7. Februar 1933 noch an der Tagung der KPD-Führung in Ziegenhals bei Berlin teil. In der Nacht des Reichstagsbrandes festgenommen, kam er in die KZs Sonnenburg und Lichtenburg, im August 1937 nach Buchenwald. Dort starb Walter Stoecker am 10. März 1939 an einer im KZ ausgebrochenen Typhus-Seuche.

Seine Familie war nach England emigriert, seine Frau lebte später in Ost-Berlin, wo sie im August 1966 starb. Der Sohn **Helmut Stoecker** (* 22. 11. 1920 – † 5. 9. 1994) war seit 1933 zusammen mit der Schwester Helga in Großbritannien, dort 1936 Mitbegründer der FDJ, 1939/40 Studium der Geschichte an der Universität Bristol, dann Land- und Fabrikarbeiter. 1947 Rückkehr nach Berlin, bis 1950 Studium in Leipzig, wurde Helmut Stoecker Historiker, Professor an der HU Berlin, 1986 Emeritierung. 1970 veröffentlichte er eine Biographie über Walter Stoeckers Frühzeit bis 1920.

▸ Stolt, Georg (* 1879 – † 1934)

Geboren am 22. November 1879 in Hamburg, lernte Zimmerer und ging auf Wanderschaft. 1900 Mitglied der SPD, 1902 in Frankfurt/M. Kassierer der Gewerkschaft; nach späteren Behauptungen soll es angeblich zu Unregelmäßigkeiten in der Kasse gekommen sein. Stolt wurde 1905 hauptamtlicher Arbeitersekretär, zunächst in Frankfurt/M., dann in Königsberg und anderen Orten. 1912 in Bremen aus dieser Funktion entlassen, da er in Königsberg angeblich Gelder unterschlagen hatte; diese waren ihm – nach seiner Darstellung – aber gestohlen worden. Während des Weltkrieges in Berlin Übertritt zur USPD, 1919 Stadtverordneter. Als die alten Verdächtigungen wieder auftauchten, entschied eine Kommission zu seinen Gunsten. Stolt kam mit der Mehrheit der USPD 1920 zur KPD,

Delegierter des Vereinigungsparteitags. In der KPD gehörte er zum Berliner linken Flügel, er wurde 1924 in den Preußischen Landtag gewählt. 1926 ging er zur Thälmann-Gruppe über, kam 1928 aber nicht mehr in den Landtag. Der Vorsitzende des Freidenkerverbandes, ▸ Max Sievers, wiederholte 1928 die Vorwürfe, Stolt habe Unterschlagungen begangen. Doch der verwies darauf, schon 1926 vor Gericht einen Prozeß gegen die »Vossische Zeitung« gewonnen zu haben, die Anschuldigungen seien also falsch. Bis 1933 arbeitete Stolt in verschiedenen kommunistischen Organisationen, vor allem in der ARSO. Am 19. Januar 1934 zusammen mit 40 Kommunisten in Berlin-Moabit inhaftiert, wurde Georg Stolt zwei Tage später, am 21. Januar 1934, ermordet

▸ Stolzenburg, Albert (* 1884 – † 1967)

Geboren am 20. September 1884 in Dortmund, nach der Oberrealschule technischer Volontär im Stahlwerk Hoesch in Dortmund. 1902 Mitglied der SPD und des Metallarbeiterverbands; er reiste 1905 in die USA, trat der Socialist Party und der Gewerkschaft der Industrie-Arbeiter bei. Er wurde Redakteur am »Philadelphia-Tageblatt«, kehrte im Januar 1912 nach Deutschland zurück, wurde Telefon-Stenograph an der »Neuen Badischen Landeszeitung« in Mannheim und Bezirksvorsitzender des ZdA Ludwigshafen-Mannheim. 1914 zum Militär eingezogen, schloß er sich 1917 der USPD an, deren Vorsitzender er in Mannheim wurde. Im Januar 1919 gehörte Stolzenburg hier zu den Mitbegründern der KPD, als Vorsitzender der Ortsgruppe war er Mitherausgeber der »Roten Fahne« und Vorsitzender des Arbeiter- und Soldatenrates. Beteiligt an der Mannheimer Räterepublik im Februar 1919, flüchtete er nach deren Niederschlagung nach München, wurde dann Vorsitzender des KPD-Bezirks Nordbayern in Nürnberg. 1920 übersiedelte er in das Ruhrgebiet und war von 1920 bis 1924 Vorsitzender des KPD-Bezirks Rheinland-Westfalen-Nord (Ruhr) in Essen. Tagungsleiter des VIII. Parteitags in Leipzig 1923 und in den ZA gewählt. Wegen der Linkswendung verließ er 1924 die KPD, wurde am Jahresende verhaftet und saß fünf Monate im Gefängnis. 1925 wieder Mitglied der KPD, war Stolzenburg ab 1926 im Importhandel tätig. Seit 1929 Mitarbeiter im Arbeitsamt Gelsenkirchen und nicht mehr in der KPD aktiv. Im August 1933 flüchtete er in das Saargebiet, im Februar 1935 nach Frankreich, dort von September 1939 bis Juni 1940 interniert. Von der Gestapo am 1. September 1940 wegen »Landesverrats« festgenommen, saß er vier Monate in Haft. Seit September 1944 wieder in Deutschland, lebte Stolzenburg bei Kriegsende in Quedlinburg. 1945 zunächst Vorsitzender der KPD, im April 1946 der SED, von 1947 bis 1952 Lehrer an der Parteischule in Quedlinburg, dann in Forst/Lausitz Parteiveteran der SED. 1958 einer der Autoren des vom IML herausgegebenen Buches »Vorwärts und nicht vergessen«, er erhielt 1959 den VVO in Silber. Albert Stolzenburg starb am 21. November 1967 in Forst.

Seine Söhne **Oskar** und **Freimut Stolzenburg**, beide in Mannheim geboren, Mitglieder des KJVD, gingen nach 1933 in die Emigration, waren Angehörige der Internationalen Brigaden. Oskar Stolzenburg fiel am 15. Februar 1937 in Spanien. Freimut gelangte nach Chile. Er kam Ende 1960 mit Frau und fünf Kindern in die DDR, hier Direktor der HO Lebensmittel-Gaststätten und Industriewaren. Freimut Stolzenburg starb am 14. August 1976 in Ost-Berlin.

▸ Strobl, Maximilian (Max) (* 1896 – † 1971)

Geboren am 1. Dezember 1896 in Dachau, Sohn eines Großbauern, Klostererziehung. Mit 16 Jahren floh er aus der Anstalt, um der von den Eltern geforderten Priesterweihe zu entgehen, und schloß sich der sozialistischen Arbeiterjugend an. Ab 1914 Soldat im Weltkrieg, wurde Strobl Anhänger des Spartakusbundes, 1919 Mitglied der KPD. Im April 1919 Justizminister der Bayerischen Räterepublik unter ▸ Eugen Leviné. Nach deren Niederlage wegen der »Münchner Geiselmorde«, an denen er völlig unbeteiligt war, zu sieben Jahren Zuchthaus verurteilt. 1925 amnestiert, anschließend in Berlin im Zentralvorstand der Roten Hilfe beschäftigt. Als Rechter 1928 aus der KPD ausgeschlossen, wurde Strobl Mitglied der KPO und arbeitete in deren Internationaler Hilfsvereinigung. Ende 1933 emigrierte er nach Oslo, ging zur Mot-Dag-Gruppe und trat mit dieser 1936 der Norwegischen Arbeiterpartei (DNA) bei, Lektor im Arbeiterbildungsverein. Im April 1940 Flucht nach Schweden, wegen politischer Betätigung in eine Landgemeinde in Südschweden verwiesen, erhielt Strobl 1943 die Erlaubnis zum Umzug nach Kalmar an die Ostküste. Nach Kriegsende Rückkehr nach Norwegen, hier im Archiv der Arbeiterbewegung in Oslo tätig, ab 1948 im staatlichen Zentralbüro für Seeleute. Seit dem Ausschluß der Linken aus der DNA gehörte er der Sozialistischen Volkspartei an. Maximilian Strobl starb am 28. April 1971 in Oslo.

▸ Strötzel, Max (* 1885 – † 1945?)

Geboren am 25. Juli 1885 in Markranstädt/Sachsen, lernte Dreher. 1903 ging er nach Hamburg, 1906 nach Leipzig, im gleichen Jahr Mitglied der SPD. Vor dem Weltkrieg in Leipzig Inhaber eines Fahrradgeschäfts. Im September 1914 eingezogen, er kam nicht an die Front, sondern wurde als Arbeiter der Rüstungsindustrie reklamiert. Er war Kriegsgegner, trat 1917 in die USPD ein, mit deren linkem Flügel (Delegierter des Spaltungsparteitags) 1920 zu KPD. Delegierter des Vereinigungsparteitags 1920 und des VII. Jenaer Parteitags 1921, in den ZA gewählt. Strötzel wurde 1922 Polleiter in Westsachsen (Leipzig). Bei der Vorbereitung zum Aufstand im Oktober 1923 übernahm er wichtige Funktionen in Sachsen, ihm wurde die militärpolitische Führung (MP-Leiter) übertragen. Nach dem Oktober 1923 polizeilich gesucht, schloß er sich den Linken in der Partei an. Im Mai 1924 im Wahlkreis Leipzig in den Reichstag gewählt, dessen Mitglied er ununterbrochen bis Juli 1932 blieb (im Mai 1928 im Wahlkreis Pommern). 1924 erneut Polleiter in Westsachsen, war er der Führer der Leipziger Linken in den Auseinandersetzungen mit den Ultralinken um ▸ Arthur Vogt 1925/26. Der X. Parteitag 1925 wählte ihn als Kandidaten ins ZK. Strötzel ging nach dem »Offenen Brief« 1925 von ▸ Ruth Fischer zu ▸ Ernst Thälmann über und blieb bis 1927 Polleiter in Westsachsen, dann Polleiter des Bezirks Pommern. Anfang 1932 von seinen innerparteilichen Gegnern als »eine der charakterlosesten Gestalten« beschimpft, wurde er seines Postens enthoben, blieb aber in zweitrangigen Funktionen weiterhin in der Partei. Leiter der RH im Bezirk Magdeburg, 1933 kurze Zeit illegal, dann emigrierte er in die Sowjetunion. Während der Säuberung 1937 in Moskau verhaftet, ob er später freigelassen wurde, ist wie sein weiteres Schicksal bisher nicht geklärt. Max Strötzel soll im Januar 1945 in der Sowjetunion gestorben sein.

▸ Stucke, Carl (* 1890 – † 1940)

Geboren am 26. Juli 1890 in Bremen, Sohn des Schneiders und Sozialisten Carl Stucke (* 30. 9. 1850 – † 28. 11. 1937); lernte selber Schneider und wurde Mitglied der SPD, schloß sich den Linken an. Wegen einer Rückgratverkrümmung im Weltkrieg kein Soldat, gehörte zum Führungskreis der Bremer Linksradikalen um ▸ Johann Knief, wurde Mitglied der Internationalen Kommunisten Deutschland (IKD) und trat 1919 in die KPD ein. Während der Novemberrevolution und der Bremer Räterepublik einer der

aktivsten Kommunisten. Zeitweise Sekretär der KPD in Bremen, mitverantwortlich für die Herausgabe der Zeitung »Arbeiterpolitik« und Lokalredakteur der Zeitung »Kommunist«. 1920/21 Redaktionssekretär der »Roten Fahne« in Berlin, Anfang 1921 wurde Stucke Sekretär des KPD-Bezirks Wasserkante und gehörte dem ZA an, Redakteur am »Nordwestdeutschen Echo«. Auf dem VIII. Parteitag Anfang 1923 in Leipzig erneut in den ZA gewählt. Stucke war Anhänger von ▸ Heinrich Brandler, deshalb im Mai 1924 von ▸ Ruth Fischer und ▸ Arkadi Maslow als Sekretär des Bezirks Wasserkante abgesetzt. Später war er in Berlin im Apparat des ZK der KPD tätig, u. a. Redakteur am »Volksecho«, dem Kopfblatt der »Roten Fahne« für die Provinz Brandenburg. Wegen Rechtsabweichung und Zugehörigkeit zur Brandler-Fraktion vom XII. Parteitag der KPD im Juni 1929 aus der Partei ausgeschlossen. 1933 festgenommen, kam für einige Zeit ins KZ. Bis zum Kriegsausbruch lebte er mit seiner jüdischen Frau **Genia Stucke**, geborene Gusyk (* 29. 5. 1897), in Berlin-Tempelhof. Sie arbeitete bei der sowjetischen Handelsvertretung. Im September 1939 wurde Carl Stucke erneut festgenommen und in das KZ Sachsenhausen eingeliefert, wo er am 14. Januar 1940 starb. Seine Frau wurde denunziert, im Juni 1943 verhaftet und im Januar 1944 im KZ Auschwitz ermordet. Beider Sohn Thomas Stucke (* 27. 11. 1927) wurde als sogenannter Mischling verfolgt und noch zur Organisation Todt dienstverpflichtet.

▸ Stucke, Friedrich (* 1895 – † 1937)

Friedrich Stucke, der jüngere Bruder ▸ Carl Stuckes, wurde am 4. April 1895 in Bremen geboren. 1910 trat er der Bremer Arbeiterjugend bei, 1913 der SPD, 1919 der KPD. Er ging in den zwanziger Jahren nach Berlin, gehörte der dortigen BL an, arbeitete als Redakteur der »Roten Fahne« und war einige Zeit Sekretär von Felix Wolf (▸ Werner Rakow), dem Leiter des KPD-Nachrichtendienstes. 1924 bekannte er sich wie sein Bruder zu den Rechten, wurde aus dem Parteiapparat entfernt und war dann bei der sowjetischen Botschaft beschäftigt. In Moskau wurde 1925 auch sein Fall im Parteiverfahren gegen ▸ Heinrich Brandler, Karl Radek und ▸ August Thalheimer verhandelt. Friedrich Stucke ging 1931 in die Sowjetunion, war in Moskau Deutschlehrer am Institut der Roten Professur. Am 27. April 1937 vom NKWD verhaftet, am 26. Oktober 1937 durch das Militärkollegium des Obersten Gerichts zum Tode verurteilt, wurde Friedrich Stucke noch am gleichen Tag erschossen. Erst am 18. Juli 1989 von sowjetischen Justizorganen »posthum rehabilitiert«.

▸ Sturm, Fritz (* 1890? – † 1937)

Geboren ca. 1890 als Samuel Sachs-Gladjew in Rußland, Kindheit und Jugend liegen im dunkeln.

Er selbst behauptete, bis 1907 in Deutschland gelebt zu haben und dann nach Rußland gekommen zu sein. Funktionär der Bolschewiki, aktiv an der bolschewistischen Oktoberrevolution 1917 beteiligt. Im November 1918 kam er als Emissär der RKP nach Deutschland und war in Hamburg als Fritz Sturm tätig. Er nahm als Hamburger Delegierter der Internationalen Kommunisten Deutschlands am Gründungsparteitag der KPD Ende 1918 teil und wurde dort in die Programmkommission gewählt. Zusammen mit ▸ Werner Rakow gründete er in Hamburg den Verlag Carl Hoym Nachf., einen Komintern-Verlag, in dem auch die deutschsprachige Ausgabe der offiziellen Zeitschrift »Die Kommunistische Internationale« sowie später Komintern- und KPD-Publikationen gedruckt oder ausgeliefert wurden. 1919 war Sturm in Hamburg führender Funktionär der KPD, stellte sich zunächst auf den Standpunkt der linken Opposition von ▸ Heinrich Laufenberg und wurde deswegen auf der Reichskonferenz der KPD im März 1919 angegriffen. Im Februar 1920 in Hamburg festgenommen, später aus Deutschland ausgewiesen. Er war in der KPdSU in Petrograd aktiv, anschließend in der Komintern beschäftigt. 1928 als Anhänger Bucharins aus der KPdSU ausgeschlossen, wurde Fritz Sturm (Samuel Sachs-Gladjew) während der Säuberungen als angeblicher Terrorist verhaftet und 1937 erschossen.

▸ Sturm, Hertha, Dr. rer. pol. (Schumann, Edith) (* 1886 – † 1945?)

Geboren am 24. Juli 1886 in Königsberg als Edith Fischer, Tochter eines Buchhändlers. Sie besuchte bis 1902 eine Private Höhere Mädchenschule in Königsberg und von 1903 bis 1906 das Lehrerinnenseminar, anschließend von Ostern 1906 bis Herbst 1907 Hauslehrerin. Nach der Reifeprüfung studierte sie fünf Semester Medizin an der Universität Königsberg. Im April 1911 trat sie in die SPD ein, begann mit dem Studium der Nationalökonomie an den Universitäten Leipzig und Freiburg/Br. Seit 1912 mit Hermann Schumann verheiratet, ließ sie sich im Wintersemester 1914 beurlauben und arbeitete im Statistischen Landesamt in Karlsruhe. Im Juli 1914 Abschluß des Studiums mit der Promotion zum Dr. rer. pol. Von Oktober 1915 bis Ende 1916 wissenschaftliche Hilfsarbeiterin bei der Ermittlungsstelle für Frauenberufe und Arbeitsberatung für Kriegerwitwen in Berlin, von Februar 1917 bis August 1918 Hilfsreferentin im Referat Frauen der Kriegsamtsstelle Magdeburg, ab August 1918 in München. Dort wurde sie im Januar 1919 Mitglied der KPD, deswegen aus der Kriegsamtsstelle entlassen. Edith Schumann war während der Bayerischen Räterepublik technische Mitarbeiterin im Sekretariat des Vollzugrates bzw. im Wirtschaftsrat. Nach der Niederschlagung der Räterepublik flüchtete sie, mit Steckbrief und Haftbefehl wegen »Beihilfe zum Hochverrat« gesucht, aus München. Ende Mai 1919 verhaftet, saß sie zwei Monate in Untersuchungshaft in München-Stadelheim, aber Einstellung des Verfahrens aus »Mangel an Beweisen«.

Edith Schumann kam im Dezember 1919 in die Zentrale der KPD nach Berlin, begann dort ab Januar 1920 unter dem Parteinamen Hertha Sturm als Mitarbeiterin im Reichs-Frauensekretariat der Zentrale. Seit dem III. Parteitag im Februar 1920 verantwortliche Sekretärin des Reichs-Frauensekretariats und außerdem Redakteurin der Zeitschrift »Kommunistin«. 1921 gehörte Hertha Sturm der deutschen Delegation zum II. Weltkongreß der Komintern in Moskau

an, dort zum Mitglied des Internationalen Frauensekretariats (IFS) der Komintern gewählt. Die bekannte Kommunistin wurde Sekretärin des Berliner Büros des IFS für Westeuropa und leitete das Frauensekretariat der KPD-Zentrale. Auf dem IX. Parteitag 1924 erstattete sie den Bericht zur Frauenarbeit, wurde dann von der linken Führung abgesetzt (Nachfolgerin ▸ Erna Halbe) und übersiedelte im Oktober 1924 nach Moskau. Hier war sie bis Oktober 1928 eine enge Mitarbeiterin von ▸ Clara Zetkin im IFS der Komintern. Nach Deutschland zurückgekehrt, galt Hertha Sturm als Rechtsabweichlerin, deshalb erhielt sie in der KPD keine hauptamtliche Funktion mehr, blieb aber Parteimitglied. Sie war zuletzt Hilfsreferentin beim Statistischen Reichsamt in Berlin. Am 10. März 1933 von der SA in Berlin verhaftet, bis 17. Januar 1934 in »Schutzhaft«.
Ab Sommer 1934 bekam sie Kontakte zu »Neu Beginnen« und arbeitete unter den Decknamen Gerda Stein und Ellen Croner in dieser linkssozialistischen Gruppe. Hertha Sturm wurde am 4. September 1935 in Köln inhaftiert, schwer gefoltert, unternahm sie einen Selbstmordversuch. Das Berliner Kammergericht verurteilte sie am 12. März 1936 zu fünf Jahren Zuchthaus. Das weitere Schicksal von Hertha Sturm war nicht zu ermitteln. Überliefert ist lediglich der Hinweis ▸ Ernst Torglers in einem Brief an ▸ Ruth Fischer vom 27. November 1948, er habe von ▸ Theo Koegler erfahren, daß Hertha Sturm »bei einem Luftangriff ums Leben gekommen sei«.

▸ Süßkind, Heinrich (* 1895 – † 1937)

Geboren am 30. Oktober 1895 in Kolmyja/Polen, Sohn eines Rabbiners und Gutpächters. Süßkind, der deutsch erzogen wurde, besuchte das Gymnasium und übersiedelte 1914 nach Wien, wo er das Abitur ablegte und anschließend Rechtswissenschaften, Ökonomie und Philosophie studierte. Er kam im Dezember 1918 nach Deutschland, wohnte hier zunächst bei seiner Schwester in Leipzig, dann belegte er in Tübingen evangelische Theologie und Geschichte. Hier Mitbegründer einer kommunistischen Studentengruppe, übernahm die Chefredaktion der »Politischen Rundbriefe«, die von der FSJ herausgegeben wurden, und nahm als Vertreter dieser Studentengruppe an der Bezirkskonferenz in Stuttgart teil.
Im Herbst 1919 schloß sich Süßkind der KPD an, wurde wegen seiner politischen und vor allem propagandistischen Arbeit im November 1919 aus Württemberg ausgewiesen. In Frankfurt/M. übernahm er auf Veranlassung von ▸ Clara Zetkin und ▸ Wilhelm Pieck das Sekretariat der Zeitschrift »Internationale«. Der hochgebildete junge Mann kam nach Berlin, lebte illegal und wurde unter dem Namen Heinrich politischer Redakteur der »Roten Fahne«. Nach der März-Aktion mußte er Berlin verlassen und erhielt den Auftrag, die starke KAG-Gruppe in Köln zu zerschlagen. Er wurde Chefredakteur der »Sozialistischen Republik« in Köln, kam aber wieder nach Berlin, zunächst stellvertretender Chefredakteur der »Roten Fahne«. Am 1. Dezember 1921 Nachfolger ▸ Ernst Meyers als Chefredakteur des kommunistischen Zentralorgans. In dieser Funktion nahm er auch an Zentrale-Sitzungen teil. Nach politischen Zusammenstößen vor dem Zirkus Busch im November 1922 in Berlin festgenommen, zu drei Wochen Gefängnis verurteilt und als russischer Staatsangehöriger dann aus Deutschland ausgewiesen. Süßkind reiste nach Riga, war dort einige Zeit für die Komintern tätig; anschließend Redakteur in Moskau. Schon im Frühjahr 1923 kehrte er nach Deutschland zurück, übernahm wieder die Chefredaktion der »Roten Fahne«. Bereits im Juni 1923 abgelöst und durch ▸ August Thalheimer ersetzt, schickte ihn die Zentrale als Redakteur nach Leipzig. 1924 schwenkte er zu den Linken über, wurde Chefredakteur in Chemnitz und kämpfte gegen die Brandler-Anhänger.
Nach dem »Offenen Brief« 1925 wurde Süßkind nach Berlin berufen, Mitarbeiter in der Redaktion der »Roten Fahne«. Er gehörte 1926 zu den Wortführern der Chemnitzer Linken, ging aber 1927 zur Thälmann-Gruppe. Auf dem XI. Essener Parteitag 1927 als Kandidat ins ZK gewählt, erneut zum Chefredakteur der »Roten Fahne« berufen, wurde Süßkind auch Kandidat des Polbüros. Er trennte sich im Herbst 1927 von der

Thälmann-Gruppe, schloß sich den Versöhnlern an und war während der Auseinandersetzungen von 1928 als Kurt einer ihrer Führer. Als er auf Betreiben ▸ Ernst Thälmanns schon im Februar 1928 abgelöst werden sollte, gelang es den Versöhnlern, ihn zu halten. Aber nach der Wittorf-Affäre wurde er doch aus der »Roten Fahne« entfernt. Süßkind, an einer Rippenfellentzündung für längere Zeit schwer erkrankt, kapitulierte vor dem ZK, erhielt keine hauptamtliche Funktion mehr und mußte vom Verdienst seiner Frau – die bei der »Inprekorr« tätig war – leben. Er war in seiner Straßenzelle insgeheim für die neue Gruppe der Versöhnler aktiv und stand in enger Verbindung zu ▸ Karl Volk. Nach 1933 ging er mit seiner tschechischen Frau zunächst nach Prag, dann in die Sowjetunion und war in der Komintern beschäftigt. Bereits Anfang 1935 wurde er durch das ZK der KPD und die IKK der Komintern wegen Kontakten zu dem Ende Dezember 1934 verhafteten Komintern-Mitarbeiter Lajos Mildorf (Magyar) auf ein Jahr aus der KPD ausgeschlossen, im Juni 1936 zwar Wiederaufnahme, doch wenige Wochen später, am 3. September 1936, folgte der erneute Ausschluß.
Süßkind war bereits am 9. August 1936 vom NKWD verhaftet worden. Nach über einem Jahr grausamer Verhöre wurde er am 3. Oktober 1937 vom Obersten Militärkollegium als Versöhnler, »Trotzkist« und wegen Verbindung zur »Terrororganisation« der Rechten zum Tode verurteilt, obwohl er im Prozeß die Hauptvorwürfe bestritt und sich für »nicht schuldig« erklärte. Heinrich Süßkind wurde noch am gleichen Tag, am 3. Oktober 1937, erschossen. Süßkinds Frau sagte sich öffentlich von ihm los, wurde zur Arbeit in die Tschechoslowakei geschickt, wo sie während der deutschen Besetzung ums Leben kam.

▸ Suhr, Paul (* 1902 – † 1933)

Geboren am 6. September 1902 in Königsberg, besuchte die Mittelschule, lernte Kaufmann. 1920 Mitglied des KJD, 1922 der KPD, 1927 Leiter des KJVD in Ostpreußen. Ende 1928 Orgleiter der BL Ostpreußen, von Januar bis Juli 1929 Kursant an der Internationalen Leninschule in Moskau. Nach seiner Rückkehr übernahm Suhr wieder verantwortliche Funktionen in der BL Ostpreußen, dann in der BL Wasserkante. Anfang 1932 RGO-Leiter im Bezirk Pommern. Auf dem Februarplenum 1932 als Kandidat ins ZK kooptiert, wurde Suhr Anfang 1932 Polleiter des wichtigen Bezirks Halle-Merseburg und im April 1932 als Abgeordneter in den Preußischen Landtag gewählt. Er nahm am 7. Februar 1933 an der Funktionärstagung in Ziegenhals bei Berlin teil. Im Mai 1933 schickte ihn das ZK als Sekretär der BL Bayern nach München, wo Paul Suhr am 15. August 1933 verschwand und ermordet wurde.
Seine Frau **Margarete Frieda Suhr**, geborene Noeppert (* 31. 7. 1903 – † 26. 4. 1980), berichtete später in ihrem OdF-Antrag: »Ich stand hier [in Berlin] in Verbindung mit dem Z.K. (Gen. Hermann Schubert, MdR) und sollte, als feststand, daß mein Mann am 15. 8. 1933 spurlos verschwunden war (von einem angeblichen Treff mit einem Berliner Kurier nicht zurückgekehrt, vermutlich von der SA erschlagen), nach Dänemark oder nach Moskau als Stenotypistin ... Dabei stellte ich folgendes fest: Am 15. 8. 1933 fuhr der Verschollene mit einem geliehenen Fahrrad nach einem von ihm genau bezeichneten (mir leider entfallenen) Ort vor München. Er bestellte sich zu seiner Rückkehr Essen zu gegen 6 Uhr. Die Wirtin und auch die für 6 Uhr von ihm bestellten Freunde warteten vergebens, er kehrte nicht zurück. Angeblich wollte er in der in

München durch SA-Überfälle berüchtigten Gegend jemand aus Berlin treffen, der Geld für eine Reise bringen sollte. Wie die Freunde weiter erzählten, soll gerade an dem Tage die große Razzia der NSDAP über alle Landstraßen und Verkehrsmitteln stattgefunden haben.«

▸ Sumpf, Hermann (* 1882 – † 1967)

Geboren am 1. Mai 1882 in Neckarau/Mannheim, Sohn eines Polsterers und Dekorateurs; lernte Tapezierer, trat 1902 der SPD bei, von 1905 bis 1910 Wanderschaft durch Europa. Sumpf fand Arbeit in Mainz, wurde dort Vorsitzender des Sattler- und Polstererverbandes und gehörte dem SPD-Vorstand an. 1914 zum Militär eingezogen, viermal verwundet und 1916 als 100 Prozent Kriegsbeschädigter entlassen. Er schloß sich 1917 der USPD an, war während der Revolution in Berlin und nahm an den Januarkämpfen teil. Sumpf gehörte in Frankfurt/M. zu den Begründern des »Internationalen Bundes der Opfer des Krieges und der Arbeit« und war im Dezember 1920 Delegierter beim Vereinigungsparteitag von USPD und KPD in Berlin. Im Juni 1920 hatte er noch für die USPD in Hessen zum Reichstag kandidiert, wurde aber nicht gewählt. Ab 1921 Leiter der KPD in Mainz, dort Stadtverordneter, 1923 Kreistagsabgeordneter, 1924 wurde Sumpf in den Hessischen Landtag gewählt, dem er bis 1932 angehörte. Mitglied der BL Hessen und Vorsitzender des RFB in Mainz, trat nach dem RFB-Verbot im Juni 1929 mit seinem Fraktionskollegen ▸ Jakob Schaefer demonstrativ in der Uniform des Rot-Frontkämpferbundes im Landtag auf und wurde daraufhin von den Plenartagungen ausgeschlossen. Für längere Zeit zur Kur in die Sowjetunion geschickt, dort 1933 als Politemigrant anerkannt, arbeitete er ab Januar 1934 in der MOPR. Sumpf war 1936 Autopolsterer in Simferopol, wurde 1937 vom NKWD verhaftet und war bis 1941 im Lager, kam im Juli 1941 in den Kaukasus, bzw. nach Kasachstan, später nach Sibirien verbannt. Seit 1951 wieder Polsterer, am 17. April 1958 konnte er in die DDR ausreisen und in Eisenach seinen erlernten Beruf ausüben, er erhielt 1962 den VVO in Bronze. Hermann Sumpf starb am 27. Dezember 1967 in Eisenach. Seine Ehefrau Rosa, geborene Eiseman (* 17. 4. 1898 – † 16. 1. 1981) aus Odessa, war Hausmädchen und Arbeiterin. Seit 1934 mit Hermann Sumpf verheiratet, lebte sie bis 1941 mit ihm im Lager, wurde ebenfalls nach Kasachstan verbannt und kam mit ihrem Mann 1958 in die DDR.

▸ Switalla, Anton (* 1896 – † 1970)

Geboren am 6. Oktober 1896 in Koschmin/Provinz Posen, Sohn einer Arbeiterfamilie. Hütejunge, dann Wanderschaft, später Hafenarbeiter in Hamburg. 1915 zum Militärdienst eingezogen, war er nach der Revolution Betriebsratsvorsitzender in Hamburg, von Januar 1919 bis Januar 1920 Mitglied der AAU. Dann in der USPD und im Dezember 1920 Mitglied der VKPD. 1922/23 als Bauarbeiter tätig, nahm am Hamburger Aufstand 1923 teil und saß deswegen von 1924 bis 1926 in Festungshaft in Gollnow. Im Oktober 1927 Sekretär des KPD-UB Hamburg-Barmbek, von April 1928 bis Mai 1931 des UB Harburg-Wilhelmsburg. 1929 wegen »Widerstands gegen die Staatsgewalt« zu neun Monaten Gefängnis verurteilt. Switalla besuchte 1931 die M-Schule in Moskau, nach seiner Rückkehr Mitglied der engeren BL Wasserkante. Am 5. März 1933 in den Preußischen Landtag gewählt, konnte er wegen des NS-Terrors sein Mandat nicht ausüben. Im April 1933 Polleiter des illegalen Bezirks Nordwest (Bremen), vom ZK im Juli 1933 als Polleiter für das Saargebiet eingesetzt. Er kam im Mai 1935 in die Sowjetunion, hier zunächst bei der Fraktion um ▸ Hermann Schubert, mit dem er seit Hamburg verbunden war. Bis Dezember 1935 Instrukteur im Internationalen Klub der Seeleute, dann Gewerkschaftsinstrukteur für die ausländischen Arbeiter in Woroschilowgrad. Von Januar bis April 1937 absolvierte Switalla eine weitere militärische Ausbildung und war von Mai 1937 bis Februar 1939 Angehöriger der Internationalen Brigaden in Spanien, u. a. Politkommissar an einer Offiziersschule. Von Februar 1939 bis November 1941 in Frankreich interniert, anschließend bis Mai 1943 im Wüstenlager Djelfa in Nordafrika. Im Juni 1943 kam er mit einem Transport in die Sowjetunion, von Januar 1944 bis April 1945 Lehrer an Antifa-Schulen. Anfang Mai 1945 kehrte er mit der von ▸ Gustav Sobottka geleiteten Gruppe nach Deutschland zurück, von August bis Dezember 1945 Generalstaatsanwalt von Mecklenburg, ab Januar 1946 1. Sekretär der KPD bzw. ab April 1946 Vorsitzender der SED Schwerin. 1950 zur Polizei, bis 1952 Stellvertreter des Chefs der VP Sachsen, dann bis September 1955 der Politischen Verwaltung der HVDVP. Er wechselte 1954 zeitweilig in das Staatssekretariat für Staatssicherheit, war bis August 1959 Leiter der Hauptabteilung Personal, zuletzt Leiter der Kaderverwaltung des Innenministeriums. Als Generalmajor 1964 ausgeschieden, erhielt er 1966 den Karl-Marx-Orden. Anton Switalla starb am 8. April 1970.

Sein Sohn **Eduard Switalla** (* 27. 11. 1919) emigrierte mit den Eltern 1933 nach Frankreich, später in die Sowjetunion, lernte Schlosser und war seit 1941 in der »Arbeitsarmee«. Er kam 1946 in die SZB, wurde Mitglied der SED und ging zur Polizei. Ab 1950 beim MfS, zeitweise Leiter der Bezirksverwaltung Rostock, später Abteilungsleiter im Ministerium für Staatssicherheit in Ost-Berlin.

▸ Sychalla, Konrad (* 1888 – † 1959)

Geboren am 25. November 1888 in Bobrownik/Oberschlesien, lernte Gärtner, übersiedelte nach Senftenberg, als Landschaftsgärtner tätig. Seit 1907 Mitglied der SPD, 1917 Übertritt zur USPD. Sychalla war einer der Führer der revolutionären Bewegung im Senftenberger Braunkohlerevier und Obmann der USPD. Als Vorsitzender des USPD-Kreisverbandes Calau und des Regierungsbezirkes Frankfurt/Oder kam er Ende 1920 mit der linken USPD zur KPD. Delegierter auf dem Vereinigungsparteitag im Dezember 1920, der ihn – ebenso wie der VII. Jenaer Parteitag 1921 – in den ZA wählte. 1921 KPD-Kreistagsabgeordneter in Calau. Er zählte zum linken Flügel der KPD und wurde 1924 Polleiter des Bezirks Lausitz (der 1925 aufgelöst wurde). Vom Mai bis Dezember 1924 war Sychalla KPD-Reichstagsabgeordneter. In den folgenden Jahren Funktionär im Bezirk Berlin-Brandenburg-Lausitz, gehörte 1925/26 zur linken Opposition, von der er sich aber 1926 wieder trennte. 1928 zog er nach Berlin, wo er als Arbeiter lebte und kleinere Parteifunktionen ausübte, war u. a. Polleiter in Berlin-Zehlendorf. Nach 1933 illegale Arbeit, zeitweise Aufenthalt in der Tschechoslowakei, kurze Zeit verhaftet, dann bis Kriegsende Arbeiter. 1945 wieder Mitglied der KPD bzw. SED, er wurde stellvertretender Hauptabteilungsleiter in der Deutschen Zentralverwaltung für Land- und Forstwirtschaft. Zuletzt Leiter der Abteilung Erwerbsgartenbau in der DWK, dann wohnte er schwerkrank in Berlin-Zehlendorf. Konrad Sychalla starb am 14. September 1959 in West-Berlin.

▸ Sydow, Emil (* 1892 – † 1959)

Geboren am 22. November 1892 in Gunzenhausen/Franken, lernte Schlosser, übersiedelte nach Hamburg. 1918 Mitglied der USPD, mit deren Mehrheit 1920 zur KPD. In der Hamburger KPD gehörte Sydow zum linken Flügel der Partei, 1924 wurde er in die Hamburger Bürgerschaft gewählt, Mitglied der BL Wasserkante, Angestellter bei der sowjetischen Handelsgesellschaft. Er wurde Anfang 1927 aus der KPD ausgeschlossen, angeblich, weil er in der sowjetischen Handelsvertretung Geld unterschlagen hatte, tatsächlich aber wohl, weil er als einer der ultralinken Funktionäre beim Kompromiß der Thälmann-Gruppe mit den Versöhnlern geopfert wurde. Sydow schied 1927 aus der Bürgerschaft aus und arbeitete wieder als Schlosser. Politisch trat er nicht mehr hervor. Emil Sydow starb am 16. Dezember 1959 in Hamburg.

▸ Szillard (Wolf), Karl (* 1896 – † 1938)

Geboren am 26. September 1896 in Györ/Ungarn, wurde nach dem Studium in Budapest Physiker. Er übersiedelte Anfang der zwanziger Jahre nach Berlin, soll dort an der Universität tätig gewesen sein. Als Karl Wolf trat er 1925 der KPD bei und übte verschiedene Funktionen aus. Wolf wurde 1929 zum Mitglied der Reichsleitung der RGO berufen. 1933 emigrierte er in die Sowjetunion und arbeitete als Physiker in Moskau. Dort im März 1938 vom NKWD verhaftet, wurde Kurt Szillard zum Tode verurteilt und erschossen.

T

▸ Tacke, Erich (* 1894 – † 1937)

Geboren am 18. Februar 1894 in Lauterberg/Harz, von 1910 bis 1914 Ausbildung zum Bankbeamten, bei verschiedenen Banken angestellt. Im März 1914 kam er (wie ▸ Werner Rakow) als Korrespondent an die Russisch-Asiatische Bank nach Petersburg und wurde von 1914 bis Juni 1918 als Zivilgefangener in Rußland interniert. Ab August 1918 wieder in Deutschland, in einer Garnison in Wolfenbüttel, arbeitete dann erneut bei Banken. Seit 1919 in der KPD, war Tacke ab 1921 (auch wegen seiner russischen Sprachkenntnisse) im illegalen Nachrichten- und M-Apparat der Partei tätig. Er kam 1924 nach Moskau, wurde Mitarbeiter der GPU und später Redakteur der VAA in der UdSSR. Mit Werner Rakow, ▸ Erich Wollenberg, ▸ Karl Schmidt u. a. befreundet, gehörte er zum Gesprächszirkel, der bei ▸ Hermann Taubenberger die Märzwahl 1933 in Deutschland kritisch diskutierte, und wurde deshalb vom NKWD zu einer fiktiven »Hoelz-Wollenberg-Gruppe« gezählt. Am 15. April 1936 in Moskau verhaftet, am 2. September 1937 wegen Spionage und Homosexualität [!] zum Tode verurteilt, Erich Tacke wurde sofort erschossen.

▸ Tastesen, Paul (* 1899 – † 1974)

Geboren am 5. März 1899 in Hamburg, lernte Feinmechaniker. Von 1917 bis 1919 Soldat im Weltkrieg. 1919 Mitglied der USPD, mit deren linkem Flügel 1920 zur KPD. Bis 1924 als Marmorschleifer, 1925/26 als Gürtler beschäftigt. Er saß 1927 sieben Monate in Untersuchungshaft, Mitte 1927 hauptamtlicher Sekretär des RFB. Im gleichen Jahr zog er als Abgeordneter in die Hamburger Bürgerschaft ein, blieb deren Mitglied bis 1931. Seit 1930 auch Mitarbeiter im

AM-Apparat, absolvierte unter dem Decknamen Friedrich einen Lehrgang an der M-Schule der Komintern. Tastesen kam 1933 in das KZ Fuhlsbüttel. Er trat 1936 im Prozeß gegen ▸ Edgar André mutig als Entlastungszeuge auf und wurde deswegen nach dem Prozeß verhaftet. Im Verfahren gegen ▸ Anton Saefkow u. a. 1938 vom Hanseatischen OLG verurteilt, saß er für längere Zeit im KZ. 1945 wieder Mitglied der KPD, gehörte Tastesen zu deren Hamburger Leitung und unterschrieb im August 1945 den Aufruf zur Bildung einer gemeinsamen Sozialistischen Partei in Hamburg. 1946 Abgeordneter der Bürgerschaft, trat aber dann zurück. Seit Gründung der DKP 1968 Mitglied und Funktionär sowie in den sechziger Jahren Mitbegründer und Vorsitzender des Kuratoriums der »Ernst-Thälmann-Gedenkstätte« in Hamburg. Paul Tastesen starb am 10. Oktober 1974 in Hamburg.

▸ Taube (Staak), Gertrud (* 1908 – † 1941?)

Geboren am 13. Juli 1908 in Berlin, Tochter einer Handwerkerfamilie. Sie wurde Stenotypistin, im Oktober 1925 Mitglied im KJVD. Im Juni 1927 Stenotypistin im ZK der KPD, im Oktober 1927 trat sie der Partei bei. Nach 1928 kam sie als Sekretärin zu ▸ Werner Hirsch und dann als Sekretärin und Telefonistin des Polbüros zum Parteiführer ▸ Ernst Thälmann. Damit erhielt sie eine Vertrauensstellung, sie verwahrte wichtige Dokumente und hatte die Verbindung zu den illegalen Apparaten (AM-Apparat usw.). Gertrud Taube wurde nach Thälmanns Verhaftung im Zusammenhang mit der Vorbereitung des Thälmann-Prozesses polizeilich gesucht und deswegen im Juni 1933 in die Sowjetunion geschickt. Dort lebte sie einige Zeit mit dem jugoslawischen Parteivertreter Fleischer zusammen, der 1937 vom NKWD erschossen wurde. In einer Sitzung »deutscher Genossen vom 21. 12. 1937« wurde Gertrud Taube (nun Staak) die »Verbindung zu Parteifeinden« wie Werner Hirsch vorgeworfen. Außerdem seien »ihre Aussagen über ihre Zusammenarbeit und den Verbleib von wichtigen Dokumenten unglaubwürdig«. Sie wurde am 31. Dezember 1937 aus der KPD »wegen Verbindung mit Volksfeinden und politisch unzuverlässig« ausgeschlossen und am 10. Oktober 1941 vom NKWD verhaftet. Gertrud Taube/Staak soll dann Selbstmord verübt haben, auch sie ein Opfer der stalinistischen Säuberungen.

▸ Taube, Paul (* 1892 – † 1956)

Geboren am 29. Oktober 1892 in Sangerhausen, Sohn eines Malzfabrikarbeiters; lernte Installateur und Kupferschmied. 1909 Mitglied der SAJ, 1910 der SPD. Bis 1912 im Mansfelder Bergrevier tätig, dann beim Militär, von 1914 bis 1918 Maschinistenmaat der Kriegsmarine. Von 1918 bis 1921 Turbinenmaschinist, auch Vorsitzender des Gesamtbetriebsrats der Bitterfelder Film-Farbenfabrik Werk I. 1917 schloß sich Taube der USPD an, ging mit deren linkem Flügel 1920 zur KPD. Von März 1921 bis Juli 1922 hielt er sich nach dem mitteldeutschen Aufstand als Emigrant in der Sowjetunion auf. Dort zunächst beim Bau einer Überlandleitung, anschließend als Korrektor bei einer Zeitung in Moskau tätig. Nach Deutschland zurückgekehrt, lebte er unter dem Namen Hans Tank im Rheinland, war Bauhilfsarbeiter, nach einer Amnestie ging er wieder nach Bitterfeld. Er arbeitete als Schlosser und Rohrleger und war nebenamtlich Leiter des UB Bitterfeld, zeitweise auch Abgeordneter des Kreistages Bitterfeld. 1924 Orgleiter im Bezirk Halle-Merseburg, ab 1925 als Bezirksleiter in Danzig. Nach innerparteilichen und persönlichen Auseinandersetzungen legte Taube im November 1926 seine Funktion in Danzig nieder, danach Polleiter in Bremen, 1927 in die Bremer Bürgerschaft gewählt. Nach der ultralinken Wende Ende 1928/29 wurde er kritisiert, nicht konsequent gegen die Opportunisten vorgegangen zu sein, deshalb im März 1931 von ▸ Robert Stamm als Polleiter abgelöst. Offiziell in das Sekretariat der Reichstagsfraktion der KPD in Berlin »eingebaut«, reiste er im Auftrag des ZK in die Sowjetunion und war bis 1932 Kurier zwischen dem KPD-Polbüro und der Komintern. Am 15. März 1933 in Berlin festgenommen, »Schutzhaft«, am 19. April 1934 vom Berliner Kammergericht zu drei Jahren Zuchthaus verurteilt, die er in Brandenburg verbüßte. Nach seiner Entlassung am 19. April 1937 Rohrleger, stand aber unter Polizeiaufsicht. 1945 Vorsitzender der KPD in Bitterfeld und von 1946 bis Anfang Juni 1949 Vorsitzender der SED. Taube gehörte der SED-Landesleitung Sachsen-Anhalt an, nach schwerer Erkrankung noch einige Zeit Sekretär der SED-Fraktion im dortigen Landtag. Paul Taube starb am 2. Februar 1956 in Bitterfeld.

▸ Taubenberger, Hermann (* 1895 – † 1937)

Geboren am 21. November 1895 in München, von Beruf Eisenbahningenieur, war als Einjährig-Freiwilliger im Weltkrieg, wurde verwundet und 1917 vor ein Kriegsgericht gestellt. Im November 1918 kehrte er nach München zurück, Mitglied des Arbeiter- und Soldatenrates, als dessen Vertreter nahm er an den Waffenstillstandsverhandlungen in Spa teil. In München Elektrotechniker im Bayerischen Kriegsministerium. Er wurde 1919 Mitglied der KPD und während der Kämpfe der Bayerischen Räterepublik Befehlshaber der »Roten Armee« am Dachauer Frontabschnitt. Am 14. Mai 1919 zu drei Jahren Festungshaft verurteilt, die er in Niederschönfeld verbüßte. Nach seiner Freilassung Mitarbeiter

des AM-Apparats, 1923 von der Zentrale beauftragt, für den geplanten »deutschen Oktober« illegale Kampfformationen aufzustellen. Er wurde nach dem Scheitern des Aufstands im Februar 1924 in Stuttgart festgenommen, konnte jedoch im Herbst aus der Haft nach Paris fliehen und emigrierte in die Sowjetunion. Dort zunächst in einem Elektrowerk, dann in einer Stalingrader Kanonenfabrik tätig, er wurde Mitglied der KPdSU(B) und arbeitete als Ingenieur beim Volkskommissariat für Schwerindustrie. Taubenberger wollte – inzwischen amnestiert – nach Deutschland zurück, erhielt aber wegen seiner Beschäftigung in der sowjetischen Rüstungsindustrie keine Ausreisegenehmigung. Er blieb beim Obersten Volkswirtschaftsrat, Stellvertreter des Vorsitzenden des Rats für Flugzeugindustrie und Mitglied des Präsidiums des Technisch-Wissenschaftlichen Komitees für Maschinenbau.
In der Moskauer Wohnung von Hermann und Else Taubenberger trafen sich am Abend des 5. März 1933 mehrere deutsche Emigranten, unter ihnen ▸ Erich Wollenberg, ▸ Werner Rakow, ▸ Hans Schiff, ▸ Karl Schmidt und ▸ Erich Tacke. Bei der Diskussion über die Reichstagswahlen übten sie scharfe Kritik an der deutschen Parteiführung. Dieser Gesprächskreis wurde von einem Teilnehmer denunziert und Rakow und Wollenberg aus der KPdSU ausgeschlossen. Taubenberger mußte sich ebenfalls vor der IKK rechtfertigen und erhielt eine Rüge. Im August 1936 wurde er wegen »trotzkistisch-sinowjewistischer und anderer konterrevolutionärer Verbrechen gegen die Arbeiterklasse« aus der Partei ausgeschlossen. Das ZK veröffentlichte (DVZ vom 11. Oktober 1936) den Ausschluß und die »Begründung«. Vom NKWD am 17. September 1936 verhaftet und vom Militärkollegium des Obersten Gerichts der UdSSR am 29. Mai 1937 wegen »Teilnahme an einer antisowjetischen terroristischen Organisation« zum Tode durch Erschießen verurteilt. Noch am gleichen Tag wurde Hermann Taubenberger erschossen. Am 21. Mai 1959 haben ihn sowjetische Justizorgane »posthum rehabilitiert«.
Seine Frau **Else Taubenberger** (* 24. 7. 1898) wurde am 11. August 1936 in Moskau festgenommen und am 1. Juni 1937 zu zehn Jahren Lagerhaft verurteilt. Später in der Verbannung in Magadan, dann als Freigelassene mit »Zwangsaufenthalt« in Viljandi/Estland. 1972 konnte sie in die Bundesrepublik ausreisen, wo sie im selben Jahr in München starb. Ihr Sohn **Heinz Taubenberger** (* 1915), am 10. September 1937 vom NKWD verhaftet, wurde am 1. November wegen Verbindung zu Wollenberg zum Tode verurteilt und am 3. November 1937 in Butowo erschossen. Der Sohn **Hermann Taubenberger jun.** (* 1923) kam in ein NKWD-Kinderheim und ist verschollen. Die Taubenbergers hatten sich nach der Verhaftung von Anatol Becker und der bekannten Schauspielerin Carola Neher noch um deren Sohn Georg Becker (* 1934) gekümmert, der dann in ein NKWD-Lager für Waisenkinder kam und 1975 in die Bundesrepublik ausreisen konnte.

▸ Tauber, Paul (* 1892 – † 1943)

Geboren als Hieronymus Paulus Tauber am 2. April 1892 in Fürth/Bayern, Sohn eines Vertreters. Nach einer kaufmännischen Lehre arbeitete er in diesem Beruf. Als Soldat im Weltkrieg geriet er in britische Kriegsgefangenschaft, kehrte Anfang April 1919 nach Ingolstadt zurück. Er wurde Mitglied der USPD, Ende 1920 der KPD und war zeitweilig Leiter der KPD-Ortsgruppe Ingolstadt. 1924 in den Stadtrat gewählt (aus beruflichen Gründen nahm er das Mandat nicht an). Im Oktober 1927 kam Tauber als Nachrükker für ▸ Joseph Schlaffer in den Bayerischen Landtag. Er wurde 1933 festgenommen und saß für längere Zeit in »Schutzhaft«. Paul Tauber starb am 15. März 1943 in Ingolstadt.

▸ Tenner, Albin (* 1885 – † 1967)

Geboren am 27. Februar 1885 in Rauenstein/Thüringen, aus Armut schon als Kind Porzellanmaler, dann Lehre als Porzellanarbeiter. Als er eine Freistelle im Lehrerseminar Hildburghausen bekam, konnte er 1905 Volksschullehrer werden.

In Sonneberg holte er das Abitur nach und studierte bis 1915 Naturwissenschaften. Später Soldat, zunächst Dolmetscher in Ohrdruf/Thüringen, dann bis 1918 Leiter der Materialprüfstelle der Flugzeugwerft Gotha. 1918 trat Tenner der USPD bei und wurde bei Ausbruch der Revolution in die Regierung von Sachsen-Meiningen berufen. Anschließend Volksbeauftragter in Gotha und bis 1920 Mitglied der Gothaer Regierung, Landtagsabgeordneter der USPD. Mit der linken USPD kam er 1920 zur KPD. Wieder Lehrer, wurde er vom Schulreformer Greil als Kreisschulrat nach Weimar geholt. Er war führend in der Thüringer KPD, der VIII. Leipziger Parteitag 1923 wählte ihn in den ZA.

Im Oktober 1923 wurde Tenner in der sozialdemokratisch-kommunistischen Regierung Thüringens Wirtschaftsminister, dann Vorsitzender der Landtagsfraktion der KPD. Auf dem rechten Flügel stehend, wurde er während der linken Politik 1924/25 zurückgedrängt, im Januar 1925 legte er den Fraktionsvorsitz nieder. Er wurde aus der KPD ausgeschlossen, aber im Oktober 1925 wieder aufgenommen und 1926 erneut in den Landtag gewählt. Tenner war Schulrat in Gotha. Bei den Auseinandersetzungen zwischen dem ZK und den Rechten 1928/29 stellte er sich auf die Seite der Opposition. Am 1. März 1929 aus der Partei ausgeschlossen, ging er zur KPO, die er bis Ende 1929 im Landtag vertrat. Nach dem Ende der Legislaturperiode ausgeschieden, da die KPO kein Mandat erringen konnte. Er übersiedelte nach Birkenwerder bei Berlin in das Haus von ▸ Frieda Winkelmann. Mit der Minderheit der KPO trat er 1932 zur SAP über. Tenner befaßte sich weniger mit aktueller Politik, sondern hielt vor allem naturwissenschaftliche Vorträge und machte biologische Studien.

1933 festgenommen, nach einigen Monaten aus dem KZ entlassen, noch bevor das Thüringer Fahndungsersuchen bekannt war. Er entkam Ende 1933 nach Amsterdam, wohin ihm seine Frau Elly Janisch-Tenner mit dem Sohn 1934 folgte. In Amsterdam eröffnete Tenner eine Fabrik für kosmetische Artikel, seine Frau wirkte als Lehrerin und übersetzte u. a. das Buch von Henriette Roland-Holst über ▸ Rosa Luxemburg ins Deutsche. Nach der deutschen Besetzung der Niederlande mußte Tenner illegal leben und sein Unternehmen aufgeben, das er nach dem Krieg nur schwer wieder einrichten konnte. 1952 setzte er sich wegen einer Herzkrankheit zur Ruhe. Sein Sohn wurde Physik-Professor in Amsterdam. Nicht mehr nach Deutschland zurückgekehrt, starb Albin Tenner am 20. Januar 1967 in Amsterdam.

▸ Tetens, Fritz (* 1900 – † ?)

Geboren am 19. Februar 1900 in Berlin, Schmied. Bis 1917 in der sozialistischen Jugend in Berlin aktiv, übersiedelte er zunächst nach Süddeutschland und kam in Verbindung zu den Linksradikalen. 1918 schloß er sich in Wilhelmshaven den Internationalen Kommunisten Deutschlands an und war als deren Delegierter auf dem Gründungsparteitag der KPD Ende 1918 in Berlin. Er kritisierte die Führung und in einer persönlichen Erklärung wandte er sich gegen ▸ Hugo Eberlein, von dem er sich wegen seiner Kritik an der Zentrale zu Unrecht angegriffen fühlte. Denn Eberlein hatte Tetens, »diesen jungen Genossen«, gefragt: »was habt ihr geleistet in diesen vier Jahren«. Tetens verwies auf seine Aktivität in der Jugendorganisation. Im Januar 1919 war Tetens an einem Putsch in Wilhelmshaven beteiligt, wurde zu fünf Jahren Festung verurteilt, konnte aber nach Dänemark fliehen. Danach gab es Gerüchte, er habe im Herbst 1919 den Reichsbehörden seine Dienste gegen die KPD angeboten (was diese aber ablehnten). Daraufhin kehrte er nach Deutschland zurück und trat seine Strafe an, von der ihm später zwei Jahre erlassen wurden. Tetens soll 1927 Redakteur in Eberswalde gewesen sein. Es ließ sich nicht ermitteln, ob er noch für die KPD tätig war, denn politisch trat er nicht mehr hervor. Weitere Lebensdaten Fritz Tetens sind nicht bekannt.

▸ Teuber, Heinrich (* 1872 – † 1927)

Geboren am 23. Februar 1872 in Peterwitz/Krs. Frankenstein in Schlesien. Ziegelformer, Erd- und Bergarbeiter. Seit 1900 Mitglied der SPD, er berichtete von 1905 bis 1910 für die »Breslauer Volkswacht« aus Waldenburg. Von 1905 bis 1909 im Bergarbeiterverband in Waldenburg aktiv, von 1906 bis 1910 Vorsitzender der SPD-Wahlkreisorganisation Breslau. Teuber war 1910/11 Angestellter des Bergarbeiterverbandes in Senftenberg und ab Mai 1911 bis 1916 im Hauptbüro des Verbandes in Bochum. 1917 trat er in die USPD ein, war bis 1920 Vorsitzender der USPD in Bochum und 1919 Mitglied des Zentralzechenrats. Im Juni 1920 wurde Teuber im Wahlkreis Westfalen-Süd in den Reichstag gewählt, dem er bis 1924 angehörte. Er trat für die Verschmelzung mit der KPD ein und war von Oktober bis Dezember 1920 Mitglied der Kontrollkommission der USPD-Linken. Mit mehreren USPD-Abgeordneten und mit den beiden KPD-Abgeordneten ▸ Clara Zetkin und ▸ Paul Levi bildete er im Dezember 1920 die gemeinsame VKPD-Reichstagsfraktion. In der VKPD wurde er Sekretär des UB Bochum, Vorsitzender des Bezirks westliches Westfalen und Mitglied des ZA. Bereits am 27. Februar 1921 legte er sein Amt als Bezirksvorsitzender nieder und schied aus dem ZA aus. Teuber gehörte zu jenen VKPD-Reichstagsabgeordneten, die mit der Politik der Mehrheit der Zentrale, ihrer Unterwerfung unter die Komintern nicht einverstanden waren. Er schloß sich zunächst der KAG Paul Levis an, ging im April 1922 zur USPD zurück und wurde im Oktober 1922 wieder Mitglied der SPD. Nun lebte er als freier Schriftsteller in Bochum, schrieb für die von Paul Levi redigierte Zeitschrift »Sozialistische Politik und Wirtschaft«, war vertretungsweise Redakteur an der »Leipziger Volkszeitung«. Bis 1927 war er auch Abgeordneter des Provinziallandtages Westfalen und Mitglied des SPD-Kreisvorstandes Bochum. Heinrich Teuber starb am 1. September 1927 in Leipzig.

▸ Teubner, Hans (* 1902 – † 1992)

Geboren am 25. April 1902 in Aue/Sachsen, Sohn eines Metallarbeiters und Holzbildhauers, war bis 1923 Glasmaler und Angestellter. 1919 trat er die KJD und in die KPD ein, wurde 1923 im Bezirk Sachsen unter ▸ Ernst Schneller Mitarbeiter im Nachrichtendienst der KPD und war dort an der Aufstellung bewaffneter Proletarischer Hundertschaften beteiligt. Seit 1924 Redakteur der Chemnitzer KPD-Zeitung »Kämpfer«, als Anhänger der Mittelgruppe dann der »Freiheit« in Düsseldorf, 1927 Mitarbeiter der ZK-Abteilung Agitation und Propaganda. Ende 1927 Kursant der Internationalen Leninschule Moskau, zusätzlich führte er bis Mitte 1930 auch illegale Aufträge für die Komintern aus. 1931/32 in Berlin Agitpropleiter in der Reichsleitung der RGO, anschließend Redakteur der »Internationalen Gewerkschafts-Korrespondenz«. Bis Ende 1933 illegal in Berlin, hier wurde er durch Verrat von ▸ Helmuth Lass verhaftet, nach brutalen Verhören am 8. November 1934 zu eineinhalb Jahren Zuchthaus verurteilt. Nach seiner Entlassung im November 1935 Wohlfahrtsarbeiter in Berlin, im Juni 1936 emigrierte er nach Prag, dann nach Amsterdam. Bis Januar 1939 Mitarbeiter von ▸ Franz Dahlem in Spanien, dort Redakteur am Sender 29,8 in Valencia, später in Barcelona. Ab März 1939 in der Schweiz, wo er bis Mai 1945 in verschiedenen Lagern interniert war. Teubner gehörte zur illegalen Leitung der KPD-Gruppe und hatte 1944/45 engen Kontakt mit dem Vertreter des »Unitarien Service Commitee«, Noel H. Field.

Im Juli 1945 kam Teubner nach Berlin, wurde Chefredakteur der »Deutschen Volkszeitung«, ab März 1946 Chefredakteur der »Sächsischen Volkszeitung« in Dresden. Von Ende September 1947 bis August 1950 war er Lehrer und Leiter der Lehrmittelabteilung der Parteihochschule »Karl Marx« in Kleinmachnow. Das Sekretariat des SED-PV erteilte ihm am 23. März 1949 eine »Verwarnung wegen mangelnder ideologischer Wachsamkeit«. Teubner hatte es versäumt, im »Neuen Deutschland« den Namen Leo Trotzki aus einem Artikel der Kursantin des Zwei-Jahreslehrgangs der PHS, Erna Stracke, über den Brest-Litowsker Friedensvertrag zu entfernen. Im August 1950 im Zusammenhang mit dem ZK-Beschluß zu den Verbindungen deutscher Emigranten zu Noel H. Field aller Funktionen enthoben und zur »Bewährung« als Statistiker in den VEB Buntweberei nach Seifhennersdorf geschickt. Später Dozent an der Fachschule für Energie in Zittau, 1957 Professor an der Fakultät für Journalistik der Universität Leipzig. Nach Aufhebung der Funktionssperre ab September 1959 Chefredakteur der »Leipziger Volkszeitung«, zuletzt wissenschaftlicher Mitarbeiter am IML. 1975 veröffentlichte er sein Buch: »Exilland Schweiz«. Seit 1973 Ehrenbürger seiner Geburtsstadt Aue, er erhielt 1977 den Karl-Marx-Orden. Hans Teubner starb am 11. September 1992 in Berlin.

▸ Thälmann, Ernst (* 1886 – † 1944)

Geboren am 16. April 1886 in Hamburg. Der Vater Jan, aus Holstein nach Hamburg übersiedelt, betrieb bei der Geburt seines Sohnes Ernst Fritz Johannes eine Kutscherkneipe, saß aber wegen Hehlerei 1892/93 im Zuchthaus. Ernst Thälmann und seine Schwester Frieda lebten zunächst in einer Pflegefamilie. Als die Eltern Mitte der neunziger Jahre dann einen Kolonialwarenladen eröffneten, wurde er zur Mitarbeit herangezogen, mußte die Pferde versorgen und Waren austragen. Nach der Schulentlassung 1900 war Ernst Thälmann noch zwei Jahre als Rollkutscher im Familien-Geschäft. Wegen zahlreicher Streitigkeiten mit dem Vater verließ er das Elternhaus und arbeitete im Hafen. Dann versuchte er sein Glück: Er fuhr auf einem Kohlentrimmer nach Amerika. Das Seemannsleben sagte ihm nicht zu, er verdingte sich bei New York als Landarbeiter, kehrte noch 1907 nach Deutschland zurück und betätigte sich in den verschiedensten Berufen, u. a. als Transportarbeiter und Kutscher. Schon seit Mai 1903 Mitglied der SPD und 1904 des Transportarbeiterverbands. Als Soldat ins 9. Artillerieregiment in Köln eingezogen, wegen Krankheit vorzeitig entlassen, kehrte er nach Hamburg zurück.

Seit 1909 ehrenamtlicher Funktionär der Gewerkschaft, stand er mit vielen anderen jungen Sozialisten und Hafenarbeiter-Kollegen auf dem linken Flügel der SPD. Er wurde in die Ortsverwaltung der Transportarbeiter-Gewerkschaft gewählt, protestierte oft in seiner ungehobelten Weise gegen die Saumseligkeit der »Bonzen«. Im Januar 1915 wurde er als Reservist eingezogen, Soldat an der Westfront, kämpfte an der Aisne, Somme und in der Champagne. Obwohl zweimal verwundet, nicht befördert, denn er revoltierte ständig. Einmal kam er vor ein Kriegsgericht, wurde aber freigesprochen. Im Herbst 1918 kehrte er von einem Urlaub in Hamburg nicht mehr zur Truppe zurück, sondern blieb bis zur Revolution in der Hansestadt. Thälmann wurde Arbeiter auf einer Abwrackwerft. Er schloß sich der USPD an, sein Einfluß in der Partei stieg in dieser revolutionären Situation rasch. 1919 wurde Thälmann für die USPD in die Hamburger Bürgerschaft gewählt. Mit seiner Frau Rosa und seiner 1919 geborenen Tochter Irma lebte er in Hamburg, noch immer als Arbeiter beschäftigt.

Bald galt er als einer der örtlichen Führer der linken USPD und trat 1920 mit der großen Mehrheit der Hamburger USPD für den Anschluß an die Komintern ein. Er war Delegierter auf dem Spaltungsparteitag und schickte von Halle aus eine für ihn typische Nachricht: »Meine lieben Eltern. Sende Euch die herzlichsten Grüße. Hier in Halle ist gestern die Entscheidung gefallen. Wir sind die Ehrlichen, die Aufrichtigen, die Vorwärtstreibenden! Mit revolutionärem Gruß, Euer Ernst!« Der stimmungs- und gefühlsmäßig radikale Thälmann war auch Delegierter des Vereinigungsparteitags von USPD und KPD. Er stand in der KPD ebenfalls auf dem linken Parteiflügel. Seit 1921 Vorsitzender der KPD-Ortsgruppe Hamburg sowie Mitglied der BL Wasserkante. Als Anhänger der »Offensivtheorie« Delegierter auf dem III. Weltkongreß der Komintern 1921. Dort kritisierte Thälmann Lenin und Trotzki und korrigierte sogar Lenin: »Man kann nicht sagen, wie Lenin gesagt hat, man soll den schärfsten Kampf denen ansagen, die die Abänderungsanträge gegen die russischen Thesen vorgelegt haben. In der Kommunistischen Partei ist es das gute Recht jedes Genossen, nach den ökonomschen Verhältnissen jeden Landes das in die Thesen hineinzubringen, was unbedingt hineingehört.« [Diese im Protokoll enthaltenen Sätze sind 1955 in der Ausgabe von Thälmanns Werken im Ostberliner Dietz Verlag, Bd. I, nicht enthalten.] Als Trotzki auf diesem Komintern-Kongreß bemerkte: »Genosse Thälmann ... muß eine sehr gute Fühlung mit den Massen haben«, bestätigte Thälmann stolz: »Jawohl, ausgezeichnete Fühlung.« In Hamburg populär, wurde Thälmann 1921 in der Hansestadt hauptamtlicher Sekretär. Mitglied der Hamburger Bürgerschaft war er ununterbrochen von 1919 bis 1933.

Seit 1921 gehörte er dem ZA der KPD an und stieg 1922/23 neben ▸ Ruth Fischer und ▸ Arkadi Maslow zu einem Führer der linken Opposition in der KPD auf und vertrat auf dem VIII. Leipziger Parteitag im Januar 1923 die linke Opposition gegen die Brandler-Leitung. Er wurde nicht in die Zentrale gewählt, jedoch nach einem Kompromiß ▸ Heinrich Brandlers mit der Opposition im Mai 1923 vom ZA gemeinsam mit Ruth Fischer, ▸ Ottomar Geschke und ▸ Arthur König in die Zentrale der KPD kooptiert. Mitverantwortlich für den Hamburger Aufstand im Oktober 1923, doch spielte Thälmann bei dieser Revolte keineswegs die Rolle, die ihm später glorifizierend zugeschrieben wurde. Im Januar 1924 stellvertretender Parteivorsitzender unter ▸ Hermann Remmele, kam er auf dem IX. Frankfurter Parteitag 1924 mit den Linken in die Spitze der KPD. In die Zentrale und dann auch ins Polbüro gewählt, berief ihn der V. Weltkongreß der Komintern 1924 als Kandidat ins EKKI und ins EKKI-Präsidium, diese wichtige Funktion behielt er bis 1933. Von 1924 bis 1933 vertrat er die KPD als Abgeordneter im Reichstag.

Die sowjetischen Führer umwarben ihn, 1924 nannte Sinowjew die deutschen Kommunisten Thälmann und Remmele »das Gold der Arbeiterklasse«. Als Kandidat der KPD für die Reichspräsidentenwahl 1925 wurde Thälmann überall bekannt, da er Leiter des RFB war, wuchs sein Einfluß in der KPD. Bei der Reichspräsidentenwahl verhalfen freilich die 1,9 Millionen für ihn abgegebenen Stimmen dem Reaktionär Hindenburg (14,6 Millionen) gegen den Demokraten Marx (13,7 Millionen) in den Sattel. Thälmann verkörperte den ultralinken Kurs der KPD, was ein Brief zeigt, in dem er 1924 an ▸ Iwan Katz, den damaligen Vertreter der KPD bei der Komintern, schrieb: »Lieber Iwan! Anbei übersende ich Euch ein Memorandum, welches in je einem Exemplar abgeschickt ist an Genosse Sinowjew, Stalin, außerdem ans Sekretariat des EKKI. Hier versuchen die Rechten mit Bestimmtheit einen Laden aufzumachen und ich habe außerordentliches Material geschnappt, was Euch und der Delegation auch nützlich sein wird. Es kommt ferner hinzu, daß hier versucht wird, mit anonymen Briefen führende Persönlichkeiten zu desavouieren. Sowohl in Hamburg über mich wie auch über Dengel in Niederrhein, was mir soeben mitgeteilt wird, sind Beweise dafür. Keine, aber auch keine Konzessionen, sonst heißt es für mich, mit Lumpen, die die Partei zerschlagen wollen, nicht für die Revolution, sondern für die Evolution, arbeite ich nicht zusammen. Haltet Euch gesund und grüßt alle von Euerm immer derselbe bleibenden Teddy.«

Teddy, wie Thälmann genannt wurde, war aber inzwischen ganz auf die Komintern eingeschworen und ging trotz solcher Töne im Frühjahr 1925 nicht mit den Ultralinken. Während die anderen »Renommier-Proletarier« in der Parteispitze (▸ Paul Schlecht, ▸ Wilhelm Schwan, ▸ Max Schütz) nach der Absetzung Ruth Fischers durch Moskau 1925 weiterhin fest zu ihr hielten, wurde Thälmann als kominterntreuer Linker nun Vorsitzender der KPD. In den folgenden Jahren wurde er auch zum Theoretiker des deutschen Kommunismus stilisiert. Wie Stalin in Rußland, so sollte Thälmann in Deutschland der bedeutende große Führer sein. Das mußte ihm, einem ehrlichen Arbeiter, der gefühlsmäßig zum Radikalismus neigte und der eher als Provinzpolitiker denn als Parteivorsitzender geeignet war, zu Kopfe steigen. Frühere linke Fraktionsfreunde kritisierten ihn nun als Held der linken Phrase, als Opportunist reinsten Wassers, der an einer an Größenwahn grenzenden Einbildung leide, unter Einfluß von Alkohol nicht die geringsten Hemmungen kenne und sich mit einem Stab politischer Chamäleons umgeben habe. Tatsächlich brachten ihn zwielichtige Freunde wie ▸ John Wittorf oder ▸ Willy Leow ja auch fast zu Fall.

Thälmanns Absicht, Wittorfs Unterschlagungen zu vertuschen, führten im September 1928 zu dem ZK-Beschluß, seine Funktion als KPD-Vorsitzender ruhen zu lassen. Einstimmig hatte das ZK seine Absetzung verfügt, und Thälmann willigte in alles ein. Nachdem Stalin ihn im Oktober 1928 aber wieder einsetzte, verstärkte sich sein ehrgeiziger Wunsch, nunmehr der bestimmende Parteichef zu sein. Bis 1933 blieb er an der Spitze der KPD, selbst ▸ Heinz Neumann stolperte über den Versuch, gegen ihn zu intrigieren. Auch 1932 trat er wieder als Präsidentschaftskandidat der KPD an und erhielt im ersten Wahlgang 5 Millionen von 37 Millionen Stimmen, im zweiten Wahlgang votierten nur noch 3,7 Millionen Wähler für ihn (für Hindenburg 19,4, für Hitler 13,4 Mio.). Dennoch wurde er weiter als »der Führer« der deutschen Partei herausgestellt.

Es war Thälmanns persönliche Tragödie, daß er von der Komintern in eine Funktion gehoben wurde, der er geistig und politisch nicht gewachsen war. Am 3. März 1933 festgenommen, blieb er im Gefängnis standhaft. Ein Plan, Thälmann 1936 aus der Haft in Moabit zu befreien, wurde vom ZK der KPD in letzter Minute abgesagt. Weil er sich entdeckt glaubte, verübte Thälmanns Bewacher Moritz, insgeheim Kommunist, Selbstmord. Nach dem Stalin-Hitler-Pakt 1939 hoffte Thälmann (wie Rakosi in Ungarn), nach Moskau ausgetauscht zu werden, und er schrieb entsprechende Briefe an Stalin, doch dieser ließ seinen getreuen Anhänger im Stich. Zwölf Jahre mußte Thälmann in Einzelhaft verbringen, zuerst in Moabit, dann in Hannover und in Bautzen. Ins KZ Buchenwald gebracht, wurde Ernst Thälmann dort am 18. August 1944 ermordet. Doch sein Märtyrertod kann nicht überdecken, daß Thälmann als Hauptverantwortlicher für die katastrophale ultralinke Politik der KPD von 1929 bis 1933 sowie die völlige Unterwerfung der KPD unter Stalin in der Arbeiterbewegung eine verhängnisvolle Rolle spielte. Inzwischen liegen einige Biographien über ihn vor.

Thälmanns Frau **Rosa**, geb. Koch, am 27. März 1890 in Bargfeld/Kreis Storman als Tochter eines Schuhmachers geboren, war Landarbeiterin und Hausangestellte, von 1908 bis 1915 Arbeiterin in einer Hamburger Wäscherei. 1915 heiratete sie Ernst Thälmann, folgte ihrem Mann Ende 1920 in die KPD, blieb aber in Hamburg wohnhaft. Nach 1933 war sie viele Jahre lang die einzige Verbindung zwischen dem Inhaftierten und der KPD-Führung. 1944 wurden sie und ihre Tochter Irma ins KZ Ravensbrück gesperrt. Nach 1945 im Zentralvorstand der VVN, ab 1950 Volkskammerabgeordnete und nach Auflösung der VVN im Februar 1953 Präsidiumsmitglied der Antifaschistischen Widerstandskämpfer in der DDR, sie erhielt 1952 den Karl-Marx-Orden. Rosa Thälmann starb am 21. September 1962 in Ost-Berlin.

Thälmanns Tochter **Irma**, geboren am 6. November 1919 in Hamburg, wirkte in der DDR für die von der SED-Führung propagierte Thälmannlegende. Sie trennte sich 1990 von der PDS, der sie ein »sozialdemokratisches Programm« vorwarf, Neuinterpretationen der Rolle Ernst Thälmanns nannte sie »verleumderisch«. Zur Bundestagswahl 1998 war sie Kandidatin der DKP in Berlin-Lichtenberg. Irma Thälmann-Gabel starb am 10. Dezember 2000 in Berlin.

▸ Thalheimer, August, Dr. phil. (* 1884 – † 1948)

Über seine Jugend schrieb Thalheimer selbst: »Geb. am 18. März 1884 als Sohn des Moritz Thalheimer, Kaufmannes zu Affaltrach, Oberamt Weinsberg, Württemberg und im jüdischen Glauben erzogen, bezog ich nach Absolvierung des Realgymnasiums Stuttgart WS 1902/03 die Universität München, zunächst als Angehöriger der medizinischen Fakultät; vom 2. Semester (SS 1903) ab aber trat ich zur philosophischen Fakultät über, um mich der allgemeinen Sprachwissenschaft, der Völkerkunde und den neueren Sprachen zu widmen. Anfang August 1903 bis Ende März 1904 war ich in Oxford und London. Vom SS 1904 bis SS 1905 besuchte ich die Universität Berlin, wo ich am Kgl. Museum für Völkerkunde unter Leitung von Herrn Geheimrat Prof. Dr. von Luschan praktischen ethnographischen Übungen oblag und ethnographische und anthropologische Vorlesungen hörte, auch bei Herrn Privatdozent Dr. N. Finck, Steinthals Nachfolger, der in der allgemeinen Sprachwissenschaft beflissen war. Von SS 1905/06 bis WS 1906/07 besuchte ich die Universität Straßburg i. E.« Thalheimer promovierte 1907 zum Dr. phil. mit einem Beitrag zur »Kenntnis der Pronomina personalia und possessiva der Sprachen

Mikronesiens«. 1904 Mitglied der SPD, 1909 Chefredakteur am radikalen Organ der SPD, der Göppinger »Freien Volkszeitung«. Danach kam er in Verbindung mit Karl Radek, der Mitarbeiter seiner Zeitung wurde. 1912 Austritt aus der Redaktion, da eine Zusammenlegung mit revisionistischen Zeitungen erfolgte. Dann gehörte er zum linksradikalen Flügel der SPD, er war nicht nur mit den Württemberger Linken (▸ Clara Zetkin, ▸ Friedrich Westmeyer usw.), sondern auch mit den Berlinern ▸ Rosa Luxemburg, ▸ Franz Mehring und ▸ Karl Liebknecht u. a. politisch und persönlich eng befreundet. Am 20. März 1914 verschickte er einen Brief (Absender Dr. A. Thalheimer, Berlin NW 87, Wullenweberstraße 7) mit der Offerte, ab April »eine regelmäßige Korrespondenz über auswärtige Politik zu beziehen«. Er bot monatlich zwei Artikel »mit besonderer Berücksichtigung der sozialen und politischen Hintergründe« an, Abonnement »monatlich M 35,-«.

Bei Kriegsausbruch schloß sich Thalheimer sofort der Gruppe Internationale an, arbeitete an der ersten Nummer der »Internationale« mit und war Teilnehmer der I. Reichskonferenz der Linken im Januar 1916 in Berlin. Ganz im Sinne der Spartakusgruppe leitete er 1915/16 als Chefredakteur das Braunschweiger SPD-Organ »Volksfreund«. Als Liebknecht zur Zuchthausstrafe verurteilt wurde und sein Reichstagsmandat verlor, erklärte dieser, als Nachfolger kämen nur Franz Mehring oder Thalheimer in Frage. Nach dem großen Streik im Mai 1916 wurde Thalheimer zum Militär eingezogen. Er kam an die Front, wurde verwundet und kehrte 1918 nach Stuttgart zurück. Kurz vor Kriegsende noch verhaftet, doch durch die Revolution befreit, übersiedelte er nach Berlin, wurde in die Zentrale des Spartakusbundes aufgenommen und auf dem Gründungsparteitag der KPD in die erste Zentrale der Partei gewählt. Dort für die theoretische Arbeit der Partei verantwortlich, wurde Thalheimer auf allen folgenden Parteitagen bis 1923 ununterbrochen in die Zentrale berufen.

Nach der Ermordung Rosa Luxemburgs galt er (zunächst neben ▸ Paul Levi) als der theoretische Kopf der KPD, war Redakteur des Organs »Internationale« und zeitweise Chefredakteur der »Roten Fahne«. Thalheimer war 1921 einer der Begründer der »Offensivtheorie«, die von Lenin getadelt wurde. Nach dieser linken »Entgleisung« blieb er immer auf dem rechten Flügel der Partei. 1922 verfaßte er den Entwurf des Parteiprogramms der KPD, ging im Juni/Juli des gleichen Jahres als politischer Berater der KPF nach Frankreich. 1922/23 traten ▸ Heinrich Brandler als politischer und Thalheimer als theoretischer Kopf der KPD auf, so daß immer von der Brandler-Thalheimer-Führung gesprochen wird. Nach der Oktoberniederlage 1923 verteidigten beide die Taktik der Zentrale und Thalheimer rückte an die Spitze der Rechten, die auf dem IX. Parteitag 1924 keinen Anhang mehr hatten. Von der Polizei 1924 gesucht (Steckbrief: »1,70-1,75 groß, hohe Stirn, graue Augen, schwäbische Mundart«), mußte er wie Brandler nach Moskau, wo sie bis 1927 in einer Art »Verbannung« lebten.

Thalheimer arbeitete am Marx-Engels-Institut, war Professor an der Sun Yat-sen Universität und veröffentlichte damals das Buch »Einführung in den dialektischen Materialismus« (Wien-Berlin 1928), eine Zusammenfassung von Vorträgen. Im gleichen Jahr erschien: Thalheimer-Deborin »Spinozas Stellung in der Vorgeschichte des dialektischen Materialismus«. Thalheimers Frau **Cläre**, geboren 1892 in Idar-Oberstein, Tochter eines reichen Juweliers, begleitete ihren Mann in das Moskauer Zwangsexil. Ende 1927 erkrankt, reiste sie zur Behandlung nach Deutschland. Da das ZK der KPD der Rückkehr Brandlers und Thalheimers nach Deutschland grundsätzlich zugestimmt hatte, durfte auch er im Mai 1928 nach Berlin. Schon zuvor hatte er insgeheim mit Bucharin ausgemacht, nicht mehr in die Sowjetunion zurückzukommen. In Deutschland sammelte Thalheimer wieder die rechte Gruppe in der KPD um sich und war vor allem nach der Wittorf-Affäre aktiv. Im Januar 1929 aus der Komintern und der KPdSU, der er seit 1924 angehörte, ausgeschlossen. 1928/29 Mitbegründer der KPO, in deren Reichsleitung er führend tätig war und für die er verschiedene Schriften, darunter »Das Jahr 1923«, herausgab. Zusammen mit Brandler leitete er die KPO auch, nachdem sich eine Minderheit unter ▸ Paul Frölich und ▸ Jacob Walcher von ihr getrennt hatte und zur SAP gegangen war.

Nach der Machtübernahme Hitlers emigrierte Thalheimer auf Beschluß der KPO-Leitung, von ▸ Robert Siewert noch mit Geld ausgestattet, nach Frankreich. Bis Kriegsausbruch leitete er mit Brandler die KPO in der französischen Emigration und in der deutschen Illegalität. Von den französischen Behörden 1939 interniert, konnte er 1941 nach Kuba entkommen. Er lebte in Havanna und verfaßte mehrere politische Werke. Die alliierten Besatzungsbehörden verweigerten ihm nach 1945 die Einreise nach Westdeutschland. Von Kuba aus gab Thalheimer der deutschen Gruppe Arbeiterpolitik, der Nachfolgeorganisation der KPO, in den »Briefen aus der Ferne« politische Empfehlungen. 1946 verbreiteten seine Anhänger in Deutschland eine Broschüre, in der er (unter dem Pseudonym Aldebaran) das Potsdamer Abkommen kritisch beleuchtete. August Thalheimer starb am 19. September 1948 in Havanna.

Zu seinem 100. Geburtstag 1984 veröffentlichte die »Arbeiterpolitik« (Bremen) eine Sondernummer mit einer knappen Biographie. Thalheimers Anhänger hatten bereits 1982 das Grab auf dem jüdischen Friedhof bei Havanna restaurieren lassen. Cläre Thalheimer, 1933 nach Straßburg und Paris emigriert, wurde wie ihr Mann nach Kriegsausbruch interniert, gelangte 1941 ebenfalls nach Kuba. Nach Thalheimers Tod zog sie 1949 zu ihrem Sohn nach Australien, lebte in dem Bergarbeiterstädtchen Wandiligong und arbeitete als Lehrerin im nahen Bright (Ovens Valley, Victoria), wo sie am 6. Februar 1990 starb.

▸ Thalheimer, Bertha (* 1883 – † 1959)

Geboren am 17. März 1883 in Affaltrach/ Württemberg, Tochter des jüdischen Kaufmanns Moritz Thalheimer, Schwester von ▸ August Thalheimer. Nach Absolvierung eines Realgymnasiums für Knaben in Cannstatt studierte sie Nationalökonomie in Berlin. Als Mitglied der SPD trat sie aus der jüdischen Gemeinde aus und stand auf dem linken Flügel, war befreundet mit ▸ Rosa Luxemburg, ▸ Clara Zetkin, ▸ Franz und Eva Mehring, und hatte zu ihrem Bruder zeitlebens ein enges politisches Verhältnis. Mitarbeiterin an der von Clara Zetkin redigierten Frauenzeitschrift »Gleichheit« und an der Göppinger »Freien Volkszeitung«. Vor 1914 bereits Mitglied des SPD-Landesvorstandes, gehörte sie zur Linken um ▸ Friedrich Westmeyer, dann zur Spartakusgruppe. Als Vertreterin dieser Gruppe nahm Bertha Thalheimer mit ▸ Ernst Meyer im September 1915 und im April 1916 an den Konferenzen der Kriegsgegner im Schweizer Zimmerwald und Kienthal teil, ebenso an der 1. Spartakuskonferenz im Januar 1916 in Berlin, die sie organisatorisch vorbereitet hatte. Mit Lenin trat sie auf den Schweizer Tagungen für die Gründung einer neuen Internationale ein und wurde Mitglied des ständigen Ausschusses der Zimmerwalder Bewegung. Bertha und ihre Schwägerin Cläre Thalheimer waren enge Mitarbeiterinnen von ▸ Leo Jogiches. 1917 wegen antimilitaristischer Tätigkeit festgenommen und wegen Hochverrats in Stuttgart zu zwei Jahren Zuchthaus verurteilt, die sie bis zur Novemberrevolution in Delitzsch verbüßte. Ende 1918 nahm sie am Gründungsparteitag der KPD in Berlin teil und leitete in deren Zentrale die Frauenarbeit.

Bertha Thalheimer hat 1920 den Mechaniker **Karl Wilhelm Schöttle** geheiratet, ihre Ehe wurde 1933 geschieden. 1925 war sie Mitbegründerin des RFMB, wurde Anfang 1929 aus der KPD ausgeschlossen und arbeitete bis 1933 aktiv in der KPO. Nach 1933 als Kommunistin und Jüdin gefährdet; zwar von Freunden unterstützt, mußte sie ihren Lebensunterhalt durch Hausverkauf von Kaffee verdienen. 1941 in einem »Judenhaus« interniert, wurde sie 1943 ins KZ Theresienstadt deportiert. Dort 1945 von der Roten Armee befreit, kehrte Bertha Thalheimer nach Stuttgart zurück, trat zunächst der KPD bei, die sie 1948 wieder verließ. Sie unterstützte die Gruppe Arbeiterpolitik, zeichnete ab 1952 für deren Zeitschrift verantwortlich. Lange, aber vergeblich bemühte sie sich um ein Einreisevisum für ihren Bruder August. Bertha Schöttle-Thalheimer starb am 23. April 1959 in Stuttgart.

▸ Theissen, Karl Franz (* 1884 – † 1972)

Geboren am 12. Oktober 1884 in Höfen/Nordeifel, Sohn eines Landwirts, aufgewachsen in einer streng katholischen und kaisertreuen Familie; besuchte nach dem Gymnasium eine Landwirtschaftsschule. Er begann im Landratsamt von Malmedy und war ab 1910 bei der Stadtverwaltung von Essen beschäftigt. 1914 Mitglied der SPD, Theissen desertierte bei Kriegsausbruch, stellte sich dann und wurde zu einem Jahr Festungshaft verurteilt. Nach einem halben Jahr wegen guter Führung entlassen, kam er bis Kriegsende zur Marineküstenartillerie auf Wangerooge. Ab 1917 Mitglied der USPD, nahm er am Matrosenaufstand in Kiel teil und wurde 1920 Mitglied der KPD. Im August 1921 Delegierter des VII. Parteitages in Jena, zählte bald zu den führenden Funktionären seiner Partei in Essen. Im Mai 1924 in die Stadtverordnetenversammlung gewählt und dort ab 1925 Fraktionsvorsitzender, gehörte er der erweiterten BL Ruhr an. Von 1924 bis 1928 Redakteur beim »Ruhr-Echo«, Ende 1927 Chefredakteur der Zeitung »Der Abend« bzw. ab Mai 1928 der »Welt am Abend«. Da er den ultralinken RGO-Kurs ablehnte, wurde er Ende 1928 als Versöhnler entlassen, schloß sich der KPO an und wurde nach einjähriger Erwerbslosigkeit Redakteur bzw. Geschäftsführer des »Allgemeinen Bauvereins«, einer Wohnungsbaugenossenschaft. Nach 1933 entzog er sich der politischen Verfolgung, übersiedelte nach Breitbrunn in Bayern und lebte von den Einkünften seiner zweiten Frau. Theissen befaßte sich als Autodidakt auf naturwissenschaftlichem Gebiet mit der Abstammungslehre des Menschen, gegen Ende des Krieges wurde er von der Gestapo gesucht und tauchte in München unter. Nach 1945 nicht mehr parteipolitisch aktiv, starb Karl Theissen am 3. Mai 1972.

▸ Thesen, Matthias (* 1891 – † 1944)

Geboren am 29. April 1891 in Ehrang bei Trier, Sohn einer katholischen Arbeiterfamilie; lernte Dreher. 1910 wurde er Mitglied der SPD. Während des Krieges Soldat, trat er 1917 zur USPD über. Danach übersiedelte er ins Ruhrgebiet und war in verschiedenen Großbetrieben beschäftigt. Mit dem linken Flügel der USPD kam Thesen 1920 zur KPD. Ab 1924 hauptamtlicher UB-Sekretär in Duisburg-Hamborn, von 1924 bis 1928 Mitglied der Stadtverordnetenversammlung in Hamborn. Im Mai 1928 zog Thesen im Wahlkreis Düsseldorf-West, im Juli 1932 im

Wahlkreis Westfalen-Nord in den Reichstag ein, dessen Abgeordneter er bis 1933 blieb. 1929 übernahm er die Leitung des UB Bochum und später des UB Essen. In der illegalen KPD 1933 Oberberater für den Bezirk Wasserkante. Am 14. September 1933 in Hamburg festgenommen, gefoltert, und am 26. Februar 1935 zu dreieinhalb Jahren Zuchthaus verurteilt. Als er nach der Haftzeit in Oslebshausen/Bremen und Brandenburg erklärte, daß er seine Weltanschauung nicht geändert habe, wurde er im April 1937 ins KZ gebracht, zuerst nach Papenburg, dann nach Sachsenhausen. Im Mai 1939 verurteilte ihn das Hanseatische OLG nochmals zu vier Jahren Zuchthaus, nach deren Verbüßung in Vechta und Hamburg-Fuhlsbüttel kam er wieder ins KZ Sachsenhausen. Zusammen mit 26 anderen Häftlingen, darunter ▸ Ernst Schneller und ▸ Augustin Sandtner, wurde Matthias Thesen am 11. Oktober 1944 von der SS erschossen.

▸ Thews, Wilhelm Richard Otto (* 1910 – † 1943)

Geboren am 10. Juni 1910 in Kiel, besuchte Gymnasien in Kiel und Berlin, Lehre als Zimmermann. Studium an der Baugewerbeschule, Tiefbautechniker. Mitglied im Jungnationalen Bund, 1931 des Stahlhelms, 1932 der SA. Thews hatte seit Sommer 1932 intensive Kontakte zu KPD-Mitgliedern, die ihn für den AM-Apparat gewannen. Seit 1933 Mitglied der illegalen KPD, 1934 reiste er nach Moskau und war unter dem Decknamen Friedrich Wehnert Kursant an der M-Schule der Komintern. Anfang Juni 1935 über Skandinavien Rückkehr nach Deutschland, wurde Bauleiter beim Reichsautobahnbau und leistete umfangreiche Arbeit für den Abwehrapparat der KPD. Im August 1936 Flucht über die ČSR nach Spanien, dort Angehöriger der XI. Internationalen Brigade, später auch Ausbilder an einer Offiziersschule. 1939 Internierung in Frankreich, nach Kriegsausbruch Angehöriger einer Arbeitskompanie, hatte Kontakte zum französischen Nachrichtendienst. Nach dem Waffenstillstand in verschiedenen Lagern interniert, flüchtete Thews nach Spanien, wurde beim Grenzübertritt am 12. Juli 1941 verhaftet und in ein französisches Lager gesperrt. Am 25. Oktober 1941 Auslieferung an Deutschland, hier am 2. November 1942 vom VGH zum Tode verurteilt, wurde Wilhelm Thews am 8. Februar 1943 in Berlin-Plötzensee hingerichtet.

▸ Thielemann, Karl (* 1901 – † 1937)

Geboren am 14. April 1901 in Limburg, Sohn eines Landgerichtsdirektors; studierte nach dem Abitur an verschiedenen Universitäten Philologie. Er trat 1928 in die KPD ein und war seit 1930 in der Kostufra-Führung aktiv. Thielemann kam als Redakteur zu KPD-nahen Zeitungen und ging im November 1932 in die Sowjetunion, um bei der VAA in Moskau zu arbeiten. Im September 1937 vom NKWD verhaftet, als »parteifremdes Element« aus der KPD ausgeschlossen, wurde Karl Thielemann am 26. Dezember 1937 vom Militärkollegium des Obersten Gerichts in Moskau zum Tode verurteilt und am gleichen Tag erschossen.

▸ Thielen, Nikolaus (* 1901 – † 1944)

Geboren am 22. November 1901 in St. Sebastian bei Koblenz, lernte Maschinist in Vallendar, trat

1918 in die Gewerkschaft und 1919 in die SPD ein. Anfang 1924 wurde Thielen, seit 1923 KPD-Mitglied, 1. Bevollmächtigter des DMV in Bendorf/Rhein, seine Wahl war nach Darstellung der SPD-Presse unter zweifelhaften Umständen erfolgt. 1927 Delegierter zum XI. Parteitag der KPD, gehörte er ab Ende 1927 zur engeren BL Mittelrhein. Er kam 1929 in den Kreistag Koblenz, wurde im Juli 1932 im Wahlkreis Köln-Aachen in den Reichstag gewählt und blieb auch nach den Novemberwahlen Reichstagsabgeordneter. Thielen flüchtete 1933 nach Lothringen und wirkte ab April 1934 im Saargebiet. Nach Berlin geschickt, sollte er Oberberater in der Pfalz werden, wurde aber am 21. September 1934 bei seiner Ankunft in Berlin erkannt und festgenommen. Die Gestapo brachte ihn so weit, einen Treff preiszugeben, den er am Bahnhof in Weinheim mit ▸ Kurt Müller, dem Bezirksleiter Baden-Pfalz, und ▸ Fritz Bischoff, dem Oberinstrukteur, verabredet hatte. Thielen fuhr am 23. September nach Weinheim und diente der Gestapo dort als Lockvogel. Bereits vorher hatte er eine Zusammenkunft in Berlin, u. a. mit ▸ Georg Handke, hochgehen lassen. Er wurde am 2. Juli 1935 dennoch vom 1. Senat des VGH zu 15 Jahren Zuchthaus verurteilt, saß mehrere Jahre im Zuchthaus Siegburg und Waldheim, schließlich am 18. November 1943 ins KZ Mauthausen gebracht, wo Nikolaus Thielen am 6. Januar 1944 ums Leben kam.

▸ Thomas, Kurt (* 1904 – † 1938)

Geboren am 25. Februar 1904 in Ottweiler/Saar, Bergarbeiter, schloß sich in den zwanziger Jahren der SPD an, war aber insgeheim bereits für die KPD tätig und wurde nach seinem offiziellen Übertritt 1932 im geheimen AM-Apparat eingesetzt. 1934 war Thomas in Saarbrücken im Thälmann-Befreiungskomitee, er gehörte einer Delegation an, die im Namen von 6.000 saarländischen Bergarbeitern auftrat und am 13. Mai 1934 ▸ Ernst Thälmann im Untersuchungsgefängnis Berlin-Moabit besuchen durfte. Er emigrierte 1937 über Paris in die Sowjetunion. Dort bereits am 30. Juni 1937 vom NKWD verhaftet und am 22. März 1938 vom MKGO wegen »Spionage und terroristischer Tätigkeit« zum Tode verurteilt, wurde Kurt Thomas noch am gleichen Tag erschossen.

▸ Thomas, Otto (* 1886 – † 1930)

Geboren am 23. Januar 1886 in Heisterberg/Hessen, Sohn eines Kleinbauern; lernte Dreher und arbeitete in einer Drahtstiftfabrik. 1906 Mitglied der SPD, Ende 1910 Gewerkschaftssekretär in Heidelberg, später in München. Dort während des Krieges Kontakt zu Kurt Eisner. Im März 1919 trat Thomas in die KPD ein. Ein Gerichtsverfahren gegen ihn wegen Beteiligung an der Münchner Räterepublik wurde im November 1919 eingestellt. Thomas wurde Redakteur, dann Chefredakteur des KPD-Organs »Neue Zeitung« in München. 1920/21 nahm er Verbindung zu rechtsgerichteten Kreisen auf, vor allem zum »Bund Oberland« und veröffentlichte in der »Neuen Zeitung« im Februar 1921 »nationalbolschewistische« Artikel, von denen sich die KPD offiziell distanzierte. Nach einer Selbstkritik blieb Thomas weiterhin Redakteur, behielt seine Verbindung zu den Rechtskreisen in Deutschland, diese wurden 1923 beim »Schlageter-Kurs« der KPD ausgenutzt. Ab 1924 lebte Thomas, in der KPD als Rechter verfemt, in Moskau. 1926 wurde er Chefredakteur der »Neuen Zeitung« in Jena und Mitglied der

BL Thüringen. Seine Artikel wurden im Mai 1926 von linken Parteizeitungen (z. B. der HVZ) als reformistisch angegriffen. In den Parteidiskussionen 1928 gehörte er zu den Versöhnlern und wurde deswegen Anfang 1929 als Chefredakteur abgelöst. Thomas kam nach Berlin an die Zeitung des »Münzenberg-Konzerns« »Berlin am Morgen«, publizierte dort 1930 Artikel, die eine Annäherung von Nationalisten und Kommunisten empfahlen. In Erinnerung an den »Schlageter-Kurs« und die Radek-Rede lautete ein Beitrag »Der Wanderer ins Nichts«. Otto Thomas starb am 19. Oktober 1930. Nicht nur die KPD-Presse widmete ihm Nachrufe. Im »Sächsischen Beobachter«, dem Organ des Strasser-Flügels der Nationalsozialisten, schrieb Mossakowski: »... also stehen auch wir vor seiner Gruft und senken grüßend die Standarte«.

▸ Thomas, Wendelin (* 1884 – † ?)

Geboren am 21. Juni 1884 im lothringischen Diedenhofen, dem heutigen Thionville, ging nach der Schulentlassung zunächst als Schiffsjunge, später als Matrose zur See. 1900 ließ er sich als Schiffsbauer in Hamburg nieder, im gleichen Jahr Mitglied der SPD. Von 1914 bis 1918 Matrose bei der Kriegsmarine, zuletzt Signalmaat auf der »Wilhelmshaven«. 1918 im Ausschuß der revolutionären Matrosen, Thomas schloß sich der USPD an. Ab September 1919 Redakteur am USPD-Organ »Volkswillen« in Augsburg, im Juni 1920 zog er als Abgeordneter für die USPD in den Reichstag ein. Seine Gefährtin, die Schauspielerin Gabriele Mahnke, wurde im Sommer 1920 als Polizeispitzel und Provokateurin entlarvt. Die USPD sprach Thomas jedoch von jedem Verdacht frei und erklärte, er sei nicht kompromittiert. Ende 1920 ging er (Delegierter des Spaltungsparteitags) mit der linken USPD zur KPD. Obwohl als Reichstagsabgeordneter immun, verurteilte ihn ein bayerisches Gericht im April 1921 wegen »Anreizung zum Klassenkampf« zu zwei Jahren Gefängnis. Von April bis Oktober 1921 in Haft, mußte er auf Verlangen des Reichstags freigelassen werden und war 1923 aktiv an den Aufstandsvorbereitungen beteiligt. Im Mai 1924 kam Thomas nochmals für die KPD in den Reichstag, wurde aber im Dezember nicht mehr ins Parlament gewählt und mußte nunmehr illegal leben. Er übte verschiedene Parteifunktionen aus, war von 1925 bis 1928 u. a. für die Komintern im Ausland tätig, danach wieder in Deutschland, am 2. Oktober 1928 in Hamburg festgenommen, später amnestiert. Bereits vor 1933 trennte er sich von der KPD und trat politisch kaum noch hervor. Nach 1933 emigriert, lebte Thomas zuletzt in den USA. Dort setzte er sich Ende 1940 für die Einreise von ▸ Ruth Fischer und ▸ Arkadi Maslow in die USA ein und hatte Verbindung zu antistalinistischen Kreisen. Ein Todesdatum von Wendelin Thomas war nicht zu ermitteln.

▸ Thunig, Ewald (* 1897 – † 1991)

Geboren am 15. Dezember 1897 in Straubing, ältester Sohn von sieben Geschwistern einer Schneidermeisterfamilie; Schreinerlehrer. 1915 freiwillig zum Militär, war als Soldat zuerst in Rußland, dann in den Stellungskriegen in Flandern eingesetzt und kehrte im Januar 1919 zurück. Er trat 1919 in die KPD ein, wurde im Juli 1924 verhaftet und saß fünf Monate im

Gefängnis. Zeitweise UB-Leiter in Rosenheim, von Januar 1928 bis Mai 1929 als hauptamtlicher Angestellter im Bezirksbüro der KPD in München. Ab November 1930 Kursant (unter dem Namen German) an der Internationalen Leninschule in Moskau. Danach Lehrer an der Reichsparteischule in Berlin-Fichtenau, ab Oktober 1932 Redakteur bei der »Neuen Zeitung« in München, wo er gemeinsam mit ▸ Willy Grimm arbeitete und unter dem Pseudonym Otto Thomas (dieser war 1930 gestorben) schrieb. Am 20. März 1933 festgenommen, gehörte Thunig zu den ersten Häftlingen des KZ Dachau, aus dem er im Juli 1938 entlassen wurde. Von 1938 bis 1942 Schreiner in Rosenheim, dann dienstverpflichtet, stand er bis Kriegsende unter Gestapokontrolle. 1945 Wohnungsreferent in Kolbermoor, folgte er am 5. Januar 1946 ▸ Richard Scheringer als Staatssekretär ins Bayerische Staatsministerium für Ernährung und Landwirtschaft. Schon nach wenigen Wochen schied er dort aus (sprach von einem Vertrauensbruch der KPD-BL ihm gegenüber), arbeitete noch einige Monate in seinem Beruf. Im Oktober 1946 Kreisvorsitzender des Bayerischen Gewerkschaftsbundes in Rosenheim, diese Funktion übte er bis Juni 1963 als DGB-Vorsitzender aus. Bis zum Verbot im August 1956 in der KPD, ab September 1957 Mitglied der SPD. Ewald Thunig starb am 26. Juli 1991 in Rosenheim.

▸ Thunig, Rudolf (* 1899 – † 1983)

Geboren am 4. August 1899 in Dresden, Sohn eines Schneiders. Kaufmännische Lehre, arbeitete als Angestellter. Er wurde noch 1918 zum Kriegsdienst eingezogen, schloß sich während der Revolution der FSJ, dem Spartakusbund und 1919 der KPD an. Von 1920 bis 1922 Verlagsleiter der Zeitung »Junge Garde«, avancierte Thunig 1922/23 zum Orgsekretär und Finanzfachmann des Westeuropäischen Büros der KJI in Berlin. 1923/24 Mitarbeiter im Verlag der Jugendinternationale in Wien und erneut von 1924 bis 1932 Sekretär für »technische Angelegenheiten« im Westeuropäischen Büro der KJI in Berlin. Im Sommer 1932 im Zusammenhang mit dem Jugendplenum des EKKI in Moskau mit der Organisation der Übersiedlung des WEB der KJI nach Brüssel beauftragt. Von August bis Oktober 1933 wirkte er als Instrukteur beim ZK des KJV der Tschechoslowakei, kehrte im Oktober 1933 nach Moskau zurück und organisierte den Umzug des WEB von Brüssel nach Amsterdam. Bis Mai 1934 hielt sich Thunig in Amsterdam auf, wurde dann im April 1935 in Berlin verhaftet und 1937 vom VGH zu zwölf Jahren Zuchthaus verurteilt. Im April 1945 aus dem Zuchthaus Brandenburg befreit, war er bis 1949 Haupt- bzw. Generalreferent in der Volksbildungsabteilung des Magistrats von Groß-Berlin, leitete ab März 1949 das Büro des Sekretariats des PV bzw. des ZK der SED. Von 1952 bis 1975 stellvertretender Abteilungsleiter im Büro des Politbüros, er erhielt 1959 den Karl-Marx-Orden. Rudolf Thunig starb am 24. Oktober 1983 in Ost-Berlin.

▸ Tichauer, Heinz (* 1901 – † 1938)

Geboren am 24. Oktober 1901 in Königshütte/Oberschlesien, Sohn jüdischer Eltern, der Vater war Möbeltischler, die Mutter Hausfrau. Nach einer Palästinareise lernte er von 1923 bis 1925 in Wien Bildhauer, trat dort in die KPÖ ein. Anläßlich einer Ausstellung seiner Werke in Wien wurde die Büste Lenins von der sowjeti-

schen Botschaft angekauft. Um 1926 übersiedelte er nach Berlin und wurde in die KPD übernommen. Zunächst freischaffend, 1927 an die Kunstgewerbe- und Handwerkerschule in Berlin berufen, wegen seiner KPD-Mitgliedschaft bereits 1929 entlassen. Er arbeitete dann als Spezialist und Techniker, forschte insbesondere zum Korrosionsschutz von Alumetallen und entwikkelte später ein Verfahren zum Eloxieren von Aluminium. Tichauer war zusätzlich Referent der BL Berlin-Brandenburg und des ZK der KPD und wirkte zuletzt im UB Nord. 1928 gründete er im Auftrag des ZK der KPD gemeinsam mit ▸ Max Keilson, ▸ Otto Nagel und ▸ Heinrich Vogeler die Assoziation Revolutionärer Bildender Künstler Deutschlands (ASSO oder ARBKD), die sich im Frühjahr 1931 in Bund revolutionärer bildender Künstler Deutschlands umbenannte. Tichauers Privatwohnung in Berlin-Heiligensee war zugleich Sitz des Vereins, und er firmierte offiziell als Vorsitzender. Ende der zwanziger Jahre arbeitete Tichauer an monumentalen, für den öffentlichen Freiraum bestimmten Werken, vor allem Skulpturen aus Stein, wie z. B. dem »Gedenkstein zu Ehren der gefallenen Leuna-Opfer im Jahre 1921«. Im Februar 1933 emigrierte Tichauer über Belgien nach Frankreich. Dort 1935 ausgewiesen, kam er über die Schweiz Anfang 1936 in die Sowjetunion. Er war Erfindungsingenieur an der Shukowski-Militärflugakademie in Moskau. Im September 1937 vom NKWD verhaftet, wurde Heinz Tichauer am 14. April 1938 erschossen.

Seine Frau **Mia Tichauer** (* 9. 2. 1904 – † 1. 10. 1969) folgte ihm mit dem 1930 geborenen Sohn Peter in die UdSSR. Angestellte an der Flugakademie, verlor sie 1937 ihre Stellung, wurde aus der KPD ausgeschlossen, Schneiderin in einer Genossenschaft in Moskau. Im Sommer 1941 mit ihrem Sohn nach Sibirien evakuiert, zuletzt Deutschlehrerin an einer Mittelschule in Tscheljabinsk, beide durften im September 1956 in die DDR ausreisen. Sie wurde Leiterin des Pädagogischen Kabinetts für Russisch beim Magistrat in Ost-Berlin.

▸ Tiedt, Karl (* 1881 – † 1938)

Geboren am 23. Juni 1881 in Rostock, entstammte einer bürgerlichen Familie; besuchte das Gymnasium. 1897 trat er der Gewerkschaft und 1899 der SPD bei. Spätere Vorwürfe, zeitweise als Wanderredner des »Reichsverbandes gegen die Sozialdemokratie« tätig gewesen zu sein, wies er scharf zurück, doch seine Jugend blieb im dunkeln. Tiedt wurde als Kriegsteilnehmer schwer verwundet. 1917 ging er zur USPD und kam 1920 mit deren Mehrheit zur KPD. Seit 1919 Vorsitzender des von ihm ins Leben gerufenen »Internationalen Bundes der Kriegsbeschädigten und Körperbehinderten«, einer linken Gegenorganisation zum »Reichsbund der Kriegsbeschädigten«. Seit 1924 gab er auch das »Internationale Kriegsopfer-Bulletin« heraus. In der KPD gehörte er zum linken Flügel. Als Nachfolger des verstorbenen KPD-Abgeordneten ▸ Emil Eichhorn kam Tiedt im August 1925 in den Reichstag. Ab 1925 auch Herausgeber der Zeitschrift »Die Ehelosen«. Nach dem »Offenen Brief« im September 1925 agitierte er in seiner Kriegsopfer-Organisation gegen die neue Linie der KPD und vertrat den Standpunkt der linken Opposition. Das ZK forderte ihn im August 1926 auf, diese Fraktionsarbeit einzustellen und außerdem seine Zeitschrift »Die Ehelosen« aufzugeben, da sie amoralisch sei und die Anzeigen den Tatbestand der Kuppelei erfüllten. Tiedt bekam 48 Stunden Bedenkzeit, trat nach 24 Stunden aus der KPD aus und wurde formal am 19. August 1926 aus der Partei ausgeschlossen. Im Reichstag war er bei der Gruppe der linken Kommunisten und kritisierte, daß seltsamerweise die sich »Freiheitskämpfer von Beruf nennenden Kommunisten gegen seine freiheitlichen moralischen Ansichten« stünden. Er verließ dann auch die Gruppe der linken Kommunisten und blieb 1927/28 parteiloser Reichstagsabgeordneter. Als es der KPD gelang, 1927 die Mehrheit im Verband der Kriegsopfer zu gewinnen, trat Tiedt mit seiner Minderheit aus und gründete einen bedeutungslosen Sonderbund. In der Politik spielte er keine Rolle mehr. Karl Tiedt starb am 18. November 1938 in Berlin.

▸ Tittel, Hans (* 1894 – † 1983)

Geboren am 1. September 1894 in Striesen bei Dresden, Sohn einer kinderreichen Arbeiterfamilie; lernte Steindrucker, trat 1909 der Gewerkschaft und der sozialistischen Jugend, 1912 der SPD bei. Er lebte in Stuttgart, gehörte zur radikalen Gruppe um ▸ Friedrich Westmeyer und wurde nach Kriegsausbruch aus der SPD ausgeschlossen. Ende 1914 wegen Antikriegspropaganda und Verbindung mit dem Internationalen Sozialistischen Jugendkongreß in Bern zusammen mit ▸ Clara Zetkin, Friedrich Westmeyer und Georg Dietrich festgenommen. Acht Monate inhaftiert, danach zum Militär eingezogen. Er hatte Kontakte zu den Bremer Linksradikalen und war Delegierter des Gründungsparteitages der KPD Ende 1918 sowie Teilnehmer der Parteitage 1919 und 1920, auf dem IV. Parteitag 1920 zum Schriftführer gewählt, vom V. bis VII. Parteitag 1920/23 zum Mitglied des ZA der KPD. Ab Ende 1919 Polleiter des KPD-Bezirks Württemberg. Auf dem V. Parteitag 1920 wandte er sich gegen den »bürokratischen Zentralismus«.
Tittel stand auf dem rechten Parteiflügel, und die »Stuttgarter Forderungen« von 1922 (von den Berliner Linken als »rechte Schweinerei« bekämpft) waren von ihm inspiriert. Der VIII. Parteitag 1923 berief ihn in die Revisionskommission. Als die Zentrale 1923 ihre Position in den Bezirken Berlin und Thüringen verstärken wollte, wurde Tittel 1923 als Polleiter nach Thüringen entsandt und dort bestätigt. Nach der Oktoberniederlage am 23. November 1923 festgenommen, saß er bis Mitte 1924 in »Schutzhaft«, wurde dann als Kandidat zur Landtagswahl freigelassen. Nach dem IX. Frankfurter Parteitag 1924 von ▸ Ruth Fischer politisch ausgeschaltet, kam Tittel als Redakteur an das »Rote Hilfe Bulletin« nach Berlin. Ende 1924 als Beobachter eines Prozesses gegen Kommunisten in Freiburg kurz verhaftet, ab 1926 leitete er das Pressebüro der KPD in Berlin. Er wurde Ende 1926 wieder als Polleiter nach Thüringen berufen, dort im Januar 1927 in den Landtag gewählt, nahm er im gleichen Jahr am XI. Parteitag teil.
Auf dem VI. Weltkongreß der Komintern 1928 war Tittel der einzige Vertreter der Rechten. Als führender Rechter bereits Ende 1928 aus der KPD ausgeschlossen. Viele Personen und Gruppen in der KPD in Thüringen solidarisierten sich aber mit ihm. Die von Tittel mitbegründete KPO war dort relativ stark, er wurde zusammen mit ▸ Paul Böttcher Redakteur der »Arbeiterpolitik« und gehörte zur Reichsleitung der KPO, in der er bis 1933 aktiv war. Nach dem Reichstagsbrand blieb er als Leiter des Berliner Komitees der Opposition noch einige Zeit illegal in Deutschland, emigrierte in die ČSR und

wurde dort Redakteur der »Arbeiterpolitik«. 1938 Flucht nach Frankreich, schied er im Herbst 1939 aus der KPO aus. Bei Kriegsausbruch in Le Vernet interniert, erhielt er mit Hilfe amerikanischer Freunde ein Visum und gelangte in die USA, wo er in seinem Beruf als Lithograph arbeitete. 1962 kam Tittel als Rentner in die Bundesrepublik, lebte in Nürnberg, trat der SPD bei, stand aber ihrer Politik sehr kritisch gegenüber. Bis zuletzt hielt er freundschaftliche Kontakte zu alten KPO-Mitgliedern aufrecht, nahm an den politischen Entwicklungen regen Anteil und half dank seines hervorragenden Gedächtnisses vielen Historikern mit Auskünften. Hans Tittel starb am 8. August 1983 in Nürnberg.

▸ Tomarkin, Samuel (* 1884 – † 1937)

Geboren 1884 in Königsberg, Sohn einer Handwerkerfamilie; lernte Buchhalter. Er trat 1917 in Berlin der USPD und 1919 der KPD bei. Seit 1923 Staatsbürger der UdSSR, war er im Verbindungsapparat zur Komintern tätig. Von 1926 bis 1933 in sowjetischen Handelseinrichtungen in Deutschland beschäftigt und führend im illegalen Apparat der KPD. Im Juni 1933 emigrierte er mit seiner Frau in die Sowjetunion und wurde Oberbuchhalter im Versandhandel in Moskau. Am 30. April 1937 vom NKWD verhaftet, kam Samuel Tomarkin am 14. September 1937 im Butyrka-Gefängnis in Moskau ums Leben. Seine Frau Rosa, geb. Landau (* 1897 in Tarnow), eine Lehrerin, war ebenfalls seit 1919 in der KPD. Auch sie wurde im April 1937 vom NKWD in Moskau verhaftet und ist verschollen.

▸ Torgler, Ernst (* 1893 – † 1963)

Geboren am 25. April 1893 in Berlin, Sohn eines städtischen Arbeiters; nach der kaufmännischen Fachschule in Berlin kaufmännischer Angestellter. Die Not der Familie verhinderte die Erfüllung seines Wunsches, Lehrer zu werden. 1907 Mitglied der sozialistischen Jugend, 1910 der SPD und Gewerkschaft. 1914 Soldat, bis 1916 Infanterist, dann Fliegerfunker an der Front. Der Bildungshungrige verbrachte jede freie Minute mit Lesen, besuchte im Urlaub in Berlin Bildungskurse von ▸ Julian Borchardt und Vorträge von ▸ Ernst Däumig. 1917 Übertritt zur USPD, wurde er beim Ausbruch der Revolution in Neuruppin Vorsitzender des Arbeiter- und Soldatenrates. Nach Berlin zurückgekehrt, war Torgler wieder Angestellter. Aktiv in der USPD, ging er mit dem linken Flügel Ende 1920 zur KPD, Delegierter auf dem Vereinigungsparteitag. 1920 in Berlin Bezirksverordneter und ehrenamtlicher Stadtrat, Mitglied der BL Berlin-Brandenburg. Seit 1922 hauptamtlicher Sekretär der KPD, 1923 Sekretär der BL, vorübergehend Schulungsleiter.
Im Dezember 1924 als Abgeordneter in den Reichstag gewählt, gehörte er dem Parlament ununterbrochen bis 1933 an, ab 1929 als Fraktionsvorsitzender. Torgler wirkte wie ein pedantischer, ernster Mensch, schien der typische deutsche Angestellte. Es charakterisierte Torgler, daß sich der Deutschnationale Vizepräsident des Reichstages, Walther Gräf, in der Sitzung vom 27. Januar 1928 mit der Bemerkung an ihn wandte: »Herr Abgeordneter Torgler, Sie sind doch ein besonnener Mann. Ich bitte Sie, doch Ihre Kollegen im Zaum zu halten.« Obwohl er innerhalb der Parteiorganisation keine überragende Rolle spielte und niemals Mitglied des ZK war, zählte er als Fraktionsführer doch zu den

prominenten Kommunisten in Deutschland. Ursprünglich sympathisierte er mit der linken Opposition, blieb aber als »Parlaments-Fachmann« immer auf der Linie des ZK.

Bis 1933 als KPD-Parlamentarier bekannt, rückte er nach dem Reichstagsbrand ins Licht der Öffentlichkeit. Als ihn die Nazis verdächtigten, an der Brandstiftung beteiligt gewesen zu sein, stellte er sich (nach einem Gespräch mit ▸ Wilhelm Koenen und ▸ Arthur Vogt) freiwillig der Polizei, um seine Unschuld zu beweisen. Torgler wurde einer der Hauptangeklagten im Reichstagsbrand-Prozeß. Im Gefängnis monatelang an Händen und Füßen gefesselt, verteidigte er vor Gericht sich, aber auch seine politischen Anschauungen, was der »Völkische Beobachter« der NSDAP als »unklug« bezeichnete, da er »besser seine Person verteidigt« hätte. Der Ankläger beantragte für Torgler die Todesstrafe. Das Leipziger Reichsgericht mußte ihn, trotz entgegengesetzter Versuche der NSDAP, mangels Beweisen am 23. Dezember 1933 freisprechen. Dennoch blieb er in »Schutzhaft« und saß bis November 1936 im KZ. Einige SA-Führer versuchten, ihn für die NSDAP zu gewinnen.

Die KPD hatte Torgler 1935 aus der Partei ausgeschlossen und ihm vorgeworfen: 1. »sich gegen den Willen der Partei freiwillig dem Faschismus ausgeliefert« zu haben, weil er sich 1933 stellte; 2. vor Gericht nicht die Parteianweisungen durchgeführt und 3. den Nationalsozialisten Sack als Verteidiger gewählt zu haben. Auch habe er in dem Prozeß seine Person und nicht die KPD verteidigt. Torgler arbeitete dann als Vertreter der Firma »Electrolux«. Er war 1939/40 vermutlich in dem von Goebbels bezahlten deutschen Geheimsender »Humanité« gegen Frankreich beschäftigt. Bis 1945 Grundstückrevisor der Haupttreuhandstelle Ost in Bückeburg, nach Kriegsende dort beim Bürgermeister als Sachbearbeiter für die Sozialbetreuung angestellt.

Er bemühte sich zunächst um Wiederaufnahme in die KPD und wandte sich deshalb im Februar 1946 auch an Arthur Vogt: »Ich habe im November, insbesondere auch auf Drängen der Bückeburger Genossen einen ausführlichen Brief, eine Art Rechtfertigungsschreiben über Karl Abel und die BL Hannover an Wilhelm Pieck gesandt mit der Bitte um Stellungnahme zu der Frage einer evtl. Rücknahme meines 1935 erfolgten Ausschlusses oder einer Art Amnestie. Die Genossen hier wollen mich gern wieder aufnehmen [...]. Könntest Du, lieber Arthur, nicht einmal mit Pieck sprechen, ihn fragen, ob er mein Schreiben bekommen hatte und wie er und die Parteileitung sich dazu stellen. Es ist bestimmt kein persönlicher Ehrgeiz oder irgendein Geltungsbedürfnis, die mich zu diesem Brief veranlaßt haben. Aber schließlich könnte ich so manches leisten und vielleicht auch manches gutmachen, was ich damals vielleicht falsch gemacht habe. Du weißt ja selbst am besten, lieber Arthur, in welcher verzwickten und belämmerten Lage wir drei, Willy [Koenen], Du und ich uns befunden haben. Du bist am ehesten in der Lage, mit Pieck über mich und mein Begehren zu sprechen.«

Torgler trat dann 1949 der SPD bei und wurde Angestellter der Gewerkschaft ÖTV in Hannover. Seit Jahren durch einen Schlaganfall teilweise gelähmt und schwerkrank, starb Ernst Torgler am 19. Januar 1963 in Hannover.

Sein Sohn **Kurt Torgler** (* 1919 – † 1943) hatte 1933 im Gegenprozeß zum Reichstagsbrand in London für den Vater ausgesagt, gelangte dann 1935 in die UdSSR. Dort wurde er im August 1937 vom NKWD verhaftet und zu zehn Jahren Lager verurteilt. Nach dem Hitler-Stalin-Pakt 1940 an Deutschland ausgeliefert, kam Kurt Torgler als Dolmetscher zur Wehrmacht und ist in der Sowjetunion gefallen.

▸ Trautzsch, Walter (* 1903 – † 1971)

Geboren am 16. März 1903 in Lengefeld/Erzgebirge, sechstes von sieben Kindern einer Weberfamilie; lernte Metalldrücker, ging 1920 auf Wanderschaft. Er trat im Juni 1923 in die KPD ein. Aktiver Teilnehmer am Hamburger Aufstand, deshalb inhaftiert, aber bereits im Dezember 1923 entlassen. Trautzsch hielt sich ein halbes Jahr in der Schweiz auf, fand 1926

schließlich Arbeit in Chemnitz und kam 1929 nach Lengefeld zurück. Er gehörte auch dem AM-Apparat an, wurde 1929 Leiter des Erwerbslosenausschusses und 1931 des örtlichen Kampfbundes gegen den Faschismus. Anfang März 1934 festgenommen, saß er bis August im KZ. Danach organisierte er den Transport von Informationsmaterialien über die tschechische Grenze. Im September 1935 emigrierte Trautzsch in die Sowjetunion und nahm unter dem Namen Paul Wittig an der »Brüsseler Konferenz« teil. Er kam in die ČSR und erhielt von ▸ Hermann Nuding den Auftrag, künftig als Kurier über Rosa Thälmann die Verbindung zu ▸ Ernst Thälmann herzustellen.

Von September 1936 bis Februar 1939 war Trautzsch unter dem Parteinamen Edwin »Thälmann-Kurier«, reiste zwischen Paris, Prag, Berlin und Hamburg. Seine diktierten Berichte erhielt Hermann Nuding, der sie redigiert nach Moskau weiterleitete. Als Walter Trautzsch am 16. Februar 1939 beim Grenzübertritt in Aachen festgenommen wurde, hatte er einen Schweizer Paß auf den Namen Wilhelm Bossard bei sich. Doch die Gestapo nahm ihm nicht ab, daß er zum französischen Geheimdienst gehöre. Nun gab er zu, Mitglied der illegalen KPD in Frankreich zu sein, was mit der Pariser Leitung abgesprochen war, um zu verhindern, daß seine Tätigkeit als »Thälmann-Kurier« bekannt wurde. Er ging auf das Angebot der Gestapo ein, als ihr V-Mann in Frankreich zu arbeiten, informierte darüber in Paris sofort die KPD-Leitung. Diese mißtraute Trautzsch und wollte ihn nach Moskau schicken, was der Kriegsausbruch verhinderte. In Frankreich zunächst interniert, flüchtete er beim Einmarsch der deutschen Truppen im Mai 1941 in die Schweiz. Hier arbeitete er als Tscheche Kurt Schneider u. a. mit ▸ Maria Weiterer, Leo Bauer und ▸ Fritz Sperling zusammen. Inzwischen hatte er die Schweizerin Rosemarie Müggeli geheiratet, beide gingen im August 1946 nach Deutschland. Trautzsch wurde 1946/47 Vorsitzender der SED Glauchau, von 1948 bis 1952 Mitarbeiter der SED-Landesleitung Sachsen in Dresden. 1952/53 Mitglied der Bezirks-PKK Leipzig, geriet aber selbst in die stalinistischen Säuberungen. 1954 abgesetzt, wurde er Kaderleiter des VEB Kohle Schwedt, Außenstelle Berlin-Weißensee. Zuletzt Invalidenrentner, er erhielt erst 1964 den VVO in Silber. Walter Trautzsch starb am 23. September 1971 in Leipzig. Über ihn hat Annette Leo 1999 eine biographische Skizze veröffentlicht.

▸ Treuber, Julius (* 1880 – † 1955)

Geboren am 13. Juni 1880 in Reutlingen, Sohn eines Mechanikers; lernte Buchhändler und arbeitete als Verlagsangestellter. 1905 Mitglied der SPD, 1908 Geschäftsführer der Buchhandlung Freie Presse in Elberfeld. Von 1915 bis 1918 Soldat im Weltkrieg, er trat 1917 zur USPD über, gehörte im November 1918 dem Soldatenrat in Kiel bzw. dem Arbeiter- und Soldatenrat in Elberfeld an. Seit 1919 Mitglied der KPD, leitete Treuber seit Februar 1919 die KPD-Buchhandlung Volksfreund in Braunschweig, 1920 berief ihn die Zentrale zum Geschäftsführer des Verlages Carl Hoym Nachf. in Hamburg, von 1921 bis 1925 Leiter der Lessing-Buchhandlung in Berlin-Charlottenburg, einem illegalen Unternehmen der Komintern. Anschließend beim Verlag für Literatur und Politik beschäftigt, war er ab 1926 Einkäufer für wissenschaftliche und technische Literatur im Bist-Verlag, eine staatliche sowjetische Einkaufsstelle. 1927/28 Leiter des Element-Verlages und des Verlages Der Pfaffenspiegel. Seit 1929 Kassierer und Buchhändler des Proletarischen Freidenkerverbandes, 1932 wurde Treuber Geschäftsführer des Internationalen Arbeiter-Verlags in Berlin. Nach 1933 lange Jahre erwerbslos, ab 1938 Versicherungsangestellter. 1945 wieder Mitglied der KPD, im September 1945 Bibliotheksleiter im ZK der KPD bzw. ab April 1946 des SED-PV. Dann 1949 Referent in der Verschlußsachenabteilung in der Kanzlei beim Präsidenten der DDR. Julius Treuber starb am 24. Juli 1955 in Ost-Berlin. Treubers Tochter **Charlotte** (* 24. 1. 1907 – † 21. 10. 1999) war zeitweise Lebensgefährtin von ▸ Herbert Wehner und später Ehefrau von ▸ Erich Wendt.

▸ Triebel, Gustav (* 1889 – † 1968)

Geboren am 10. Februar 1889 in Barmen, Sohn eines Webers (Bruder von ▸ Oskar Triebel); lernte Metallarbeiter und schloß sich mit 16 Jahren dem Christlichen Verein Junger Männer (CVJM) in Barmen an. 1906 trat er in den Metallarbeiterverband ein, zwei Jahre später wurde er Mitglied der SPD. Nach Ausbruch des Weltkriegs flüchtete er in die Niederlande und nach Frankreich, fand später Kontakt zur Spartakusgruppe in Düsseldorf, wurde kurz vor Kriegsende verhaftet und durch die Revolution befreit. Gemeinsam mit ▸ Rosi Wolfstein und ▸ Ernst Seidel nahm er als Düsseldorfer Delegierter am Gründungsparteitag der KPD Ende 1918 in Berlin teil. 1920 Parteisekretär in Ost- und Westpreußen, vom IV. und V. Parteitag 1920 für diesen Bezirk in den Zentralausschuß gewählt. Als Anhänger ▸ Paul Levis trat er 1921 zur KAG über, später zur USPD und 1922 wieder zur SPD. Von 1923 bis 1927 wirkte Triebel als 2. Bevollmächtigter des DMV in Barmen, zog 1929 nach Hagen und war dort bis 1933 Rechtsschutzsekretär des Metallarbeiterverbandes. Triebel, der als Arbeitsrechtler in Hagen anerkannt war, lehnte ein Angebot der Nazis ab, für ihre DAF tätig zu werden. Nach mehrjähriger Erwerbslosigkeit und zeitweiligen Verhaftungen fand er 1936 Arbeit als Monteur. 1945 gehörte Gustav Triebel zu den Mitbegründern der IG Metall und der SPD in Hagen, war von September 1946 bis Dezember 1957 1. Bevollmächtigter der Verwaltungsstelle Hagen. Im November 1945 in die erste Stadtverordnetenversammlung berufen, saß Triebel bis 1965 im Rat der Stadt Hagen und führte von 1952 bis 1961 die SPD-Fraktion. Gustav Triebel starb am 30. April 1968 in Hagen.

▸ Triebel, Oskar (* 1891 – † 1968)

Geboren am 13. Januar 1891 in Barmen, Sohn eines Webers (Bruder von ▸ Gustav Triebel); lernte Schlosser, trat in den DMV und in die Arbeiterjugend ein. Auch er floh bei Kriegsausbruch in die Niederlande, um sich dem Militärdienst zu entziehen. 1918 Mitbegründer des Spartakusbundes in Barmen, war Ende 1918 dessen Delegierter auf dem Gründungsparteitag der KPD. Triebel, seit Anfang 1919 Leiter der Ortsgruppe Barmen, unterzeichnete 1920 als Vertreter der aufständischen Ruhrarbeiter nach der Niederschlagung des Kapp-Putsches das Bielefelder Abkommen. Dafür drohte ihm die BL mit Ausschluß. 1923 wurde er von der belgischen Besatzung als Geisel festgenommen. Von 1923 bis 1929 Redakteur und Verlagsleiter der »Niederrheinischen Arbeiterzeitung« in Duisburg, zugleich dort Stadtverordneter und Vorsitzender der KPD-Fraktion, Mitglied des Provinzialrats. Triebel wurde 1929 als Rechter aus der KPD ausgeschlossen, woraufhin die gesamte Stadtratsfraktion (zwölf Personen) das Mandat niederlegte. Er wurde Mitglied der KPO und leitete deren Ortsgruppe Duisburg-Hamborn. Zuletzt städtischer Angestellter, im Juli 1933 wurde er entlassen. Illegal für die KPO tätig, hatte er enge Verbindungen zu ▸ Dagobert Lubinski in Düsseldorf sowie zu konspirativ arbeitenden SAP-Gruppen. Im März 1934 in Essen festgenommen, wurde er am 12. Oktober 1934 vom OLG Hamm zu einem Jahr und zehn Monaten Gefängnis verurteilt. Danach zwar freigelassen, aber 1937 erneut verhaftet, kam ins KZ Oranienburg. Während des Krieges im Bergbau und nach dem 20. Juli 1944 nochmals für kurze Zeit inhaftiert. Mitte Mai 1945 gründete Oskar Triebel den Kampfbund gegen den Faschismus in Duisburg, einen informellen Zusammenschluß von SPD-, SAP-, KPO- und KPD-Mitgliedern. Er trat 1946 in die SPD ein, hielt losen Kontakt mit der Gruppe Arbeiterpolitik. Bis 1954 Leiter des Arbeitsamts in Duisburg, wieder in den Stadtrat gewählt und dort SPD-Fraktionsvorsitzender. Wegen kommunalpolitischer Differenzen im Oktober 1959 zurückgetreten, verließ er die SPD bei Bildung der Großen Koalition 1966. Oskar Triebel starb am 24. Mai 1968 in Duisburg.

▸ Trillitzsch, Otto (* 1898 – † 1974)

Geboren am 16. Oktober 1898 in Gera, Sohn eines Webers; lernte Maschinenschlosser, trat 1916 in die SPD ein, von 1917 bis 1919 Soldat im Weltkrieg. 1919 Mitglied der USPD, Ende 1920 der KPD, von 1924 bis 1930 Redakteur der »Neuen Zeitung« bzw. der »Ostthüringischen Arbeiterzeitung« in Gera, dann bis Anfang 1933 Redakteur des »Thüringer Volksblattes« in Erfurt. Ende Januar 1933 mit ▸ Hermann Grosse illegale Arbeit in Thüringen, Anfang Januar 1934 Instrukteur des ZK in Oberschlesien und später Rheinland/Westfalen. Trillitzsch wurde im Februar 1935 festgenommen, im August 1935 zu zehn Jahren Zuchthaus verurteilt und saß bis 1945 in Zuchthäusern und KZs. Von 1945 bis 1950 Mitglied des Sekretariats der KPD- bzw. SED-Landesleitung Thüringen, Chefredakteur der »Thüringer Volkszeitung«, anschließend bis 1953 der »Sächsischen Zeitung« in Dresden. Von 1953 bis 1955 ND-Korrespondent in Moskau und von 1956 bis 1966 erneut stellvertretender Chefredakteur der »Sächsischen Zeitung«. 1973 erhielt er den Karl-Marx-Orden. Otto Trillitzsch starb am 15. April 1974 in Dresden.

▸ Tünnermann, August (* 1896 – † 1982)

Geboren am 18. August 1896 in Rolfshagen bei Obernkirchen/Krs. Rintelen, Sohn eines Korbmachers; lernte Schlosser, war anschließend Maschinist und Büromaschinenmechaniker. Von 1915 bis 1918 Soldat im Weltkrieg, schwer verwundet, er verlor das rechte Bein. Erst 1920 aus dem Lazarett entlassen, dann Arbeiter auf dem Kalibergwerk Friedrichshall in Sehnde in Niedersachsen. 1921 trat er in die KPD ein, leitete die KPD-Ortsgruppe in Sehnde und wurde Mitglied der BL Niedersachsen, zeitweise Leiter der Abteilung Land und ab 1932 Mitglied des Sekretariats. Von 1925 bis 1933 Kreistagsabgeordneter und 1931/32 Abgeordneter des Provinziallandtags von Hannover. Tünnermann wurde im April 1932 in den Preußischen Landtag gewählt. Am 27. April 1933 festgenommen, saß er bis April 1934 in »Schutzhaft«. Danach in der Landwirtschaft tätig, im September 1939 erneut inhaftiert, 1940 aus dem KZ Sachsenhausen entlassen, Arbeiter. Von Mai bis November 1945 Landrat in Burgdorf, anschließend Sekretär der KPD Burgdorf, er gehörte von 1946 bis 1950 dem Sekretariat des KPD Niedersachsen an, bis zum Parteiverbot Mitarbeiter für Org. und Kader. Er war 1946 Abgeordneter und Vizepräsident des ernannten Hannoverschen Landtages, 1968 Mitglied der DKP. August Tünnermann starb am 23. Dezember 1982 in Sehnde.

▸ Tugend, Otto (* 1882 – † ?)

Geboren am 7. April 1882 in Berlin-Reinickendorf, Sohn einer Arbeiterfamilie; wurde Filmvorführer. Er trat 1901 der SPD bei und war in Berlin Funktionär. Im Weltkrieg für die Spartakusgruppe aktiv, seit 1920 in der KPD. Ab 1925 war Tugend hauptamtlich im RFB tätig, sowohl in der Berliner BL aktiv als auch Mitglied der Reichsführung. Nach dem Verbot des RFB 1929 führend im Kampfbund gegen den Faschismus. Mit Frau und Tochter emigrierte er im September 1933 in die UdSSR. Dort wurde die ganze Familie im September 1937 vom NKWD verhaftet, das weitere Schicksal ist unbekannt.

▸ Tunkel, Rudolf (* 1898 – † ?)

Geboren am 18. April 1898 in Zülz/Oberschlesien, Landarbeiter, später Bergmann. 1922 Mitglied der KPD, für die er verschiedene Funktionen ausübte. 1927 Sekretär des »Bundes schaffender Landwirte« in Schlesien. 1929 in der zentralen Leitung dieses kommunistischen Bauernbundes in Berlin. Im Mai 1928 wurde Tunkel als Abgeordneter in den Preußischen Landtag gewählt. Er wurde Anfang 1932 aus der KPD ausgeschlossen, war deshalb seit dem 16. März 1932 im Preußischen Landtag fraktionslos und im April 1932 nicht wieder gewählt. Weitere Daten seines Lebenslaufs ließen sich nicht ermitteln.

U

▸ Uhlhorn, Oskar (* 1907 – † 1976)

Geboren am 11. November 1907 in Uelzen, Packer. Mitglied und Funktionär der KPD in Bremen, 1931 Kursant an der Internationalen Leninschule in Moskau, nach seiner Rückkehr hauptamtlicher Funktionär der KPD-BL Nordwest. 1932/33 Abgeordneter der Bremer Bürgerschaft, übernahm Uhlhorn im Februar 1933 die Orgleitung der illegalen BL. Am 30. Juni 1933 festgenommen und am 6. Februar 1934 zu 18 Monaten Gefängnis verurteilt. Später trat er politisch nicht mehr hervor. Oskar Uhlhorn starb am 29. Januar 1976 in Bremen.

▸ Uhlmann, Richard (* 1884 – † 1962)

Geboren am 12. Januar 1884 in Zschopau, Sohn einer Arbeiterfamilie; lernte Eisendreher. 1908 Mitglied der SPD, aus der er 1914 austrat und sich 1917 der Spartakusgruppe anschloß. Seit 1919 Mitglied der KPD, 1921 als Betriebsrat der sächsischen Maschinenfabrik »Hartmann« in Chemnitz gemaßregelt. 1922 Besuch der KPD-Parteischule in Berlin. Uhlmann war Stadtverordneter in Chemnitz, im Frühjahr 1923 als Polleiter der BL Hessen nach Frankfurt/M. geschickt. Nach Aufhebung des KPD-Verbots im Frühjahr 1924 Rückkehr nach Chemnitz, dort bis 1928 Buchhändler verschiedener linker Verlage und Literaturobmann der BL Erzgebirge-Vogtland. Von 1929 bis 1932 Geschäftsführer des Verlages »Der Kämpfer« Chemnitz, 1932/33 Verlagsgeschäftsführer beim »Ruhr-Echo« in Essen. Ab Februar 1933 für die illegale BL Rheinland-Westfalen tätig, Ende März 1933 in Berlin verhaftet und schwer mißhandelt. Nach kurzzeitiger Entlassung erneut festgenommen und bis August 1934 im KZ Sachsenburg. Uhlmann arbeitete bis 1945 als Dreher in Leipzig und hatte hier Kontakt zur Widerstandsgruppe um ▸ Otto Engert. Von 1945 bis 1948 in der Stadtverwaltung Leipzig, ab Juni 1948 Leiter der Gemeindeabteilung des Innenministeriums der Landesregierung Sachsen. Seit 1949 Rentner in Dresden, er erhielt 1959 den VVO in Silber. Richard Uhlmann starb am 29. Dezember 1962 in Dresden.

▸ Uhlmann, Walter (* 1904 – † 1991)

Geboren am 14. Juni 1904 in Leipzig, Sohn einer Arbeiterfamilie; lernte Feinmechaniker. Er trat 1919 der FSJ bei und war seit 1923 Funktionär der KJD, zunächst Mitglied der BL Westsachsen. Uhlmann übersiedelte 1925 nach Köln und war Bezirksleiter des KJVD Mittelrhein. Danach kurze Zeit Mitarbeiter des ZK in Berlin, auch im AM-Apparat der KPD tätig, er kehrte 1928 nach Leipzig zurück. Als führender rechter Oppositioneller wurde er im Dezember 1928 aus der KPD ausgeschlossen und gehörte zu den Mitbegründern der KPO. In Berlin kam er in die Reichsleitung der Kommunistischen Jugend-Opposition und war deren Redakteur. Nach 1933 lebte Uhlmann illegal, war von 1934 bis 1937 Mitglied des Berliner Komitees der KPO. Am 22. Februar 1937 verhaftet, am 24. November 1937 zu acht Jahren Zuchthaus verurteilt, die er in Brandenburg/Havel verbüßte. Darüber veröffentlichte er 1983 das Buch »Leben um zu sterben« und hat in dieser Sammlung von Erinnerungsberichten einige Legenden der SED-Geschichtsschreibung enthüllt. Nach 1945 lebte Uhlmann in Ost-Berlin, war Mitglied der SED und im FDGB aktiv. Wegen drohender Verhaftung flüchtete er 1953 in die Bundesrepublik, wurde später Redakteur bei der IG Metall, u. a. für die Zeitschrift »Der Gewerkschafter«. Walter Uhlmann starb am 11. Juni 1991 in Frankfurt/M. Seine Frau **Margarete (Grete) Uhlmann** geb. Müller (* 1905 – † 1990), eine Schwester von ›Kurt Müller, war ebenfalls Mitglied der KPD und dann der KPO. Sie stammte aus der bekannten kommunistischen Familie Müller in Berlin, deren legendäre »Mutter Müller« wegen ihrer großen Hilfsbereitschaft damals in der revolutionären Berliner Arbeiterbewegung beliebt war.

› Uhrig, Pius (* 1896 – † 1973)

Geboren am 3. Juli 1896 in Plittersdorf/Rastatt, Sohn eines Landwirts. Bis 1915 auf dem väterlichen Hof tätig, dann bis 1918 Soldat im Weltkrieg. 1919 Mitglied der SPD, 1922 der KPD. Er blieb bis 1922 als Landwirt in Plittersdorf, danach in der Rastatter Waggonfabrik beschäftigt, ab 1923 Betriebsrat. Seit 1922 für die KPD im Gemeinderat, übernahm Uhrig 1931 den Vorsitz des kommunistischen »Reichsbauern- und Pächterbundes«. Im Juli 1932 wurde er als Abgeordneter in den Reichstag gewählt, dem er bis März 1933 angehörte. Herausgeber der »Roten Sturmfahne«, des Parteiblatts der Rastatter KPD. Am 1. März 1933 festgenommen, war er bis Ende 1933 im KZ Heuberg in »Schutzhaft«. Anschließend lebte er zurückgezogen in Plittersdorf als Landwirt. 1943 und 1944 erneut verhaftet, kam er zuletzt in das KZ Dachau. Zurückgekehrt, wurde Uhrig von den französischen Besatzungsbehörden am 1. Juni 1945 als Landrat des Kreises Rastatt eingesetzt. Nach der Wahl des Kreistages im Herbst 1946, die eine Mehrheit für die CDU brachte, lehnten deren Vertreter die Bestätigung Uhrigs auf diesem Posten ab. Offiziell blieb er noch bis März 1947 in Rastatt, ging dann für ein Jahr als Landrat nach Lahr. Danach wieder in Plittersdorf, betrieb er ab 1949 einen Großhandel von Landesprodukten, 1950 Handel mit Holz und Kohlen. Politisch zurückgezogen, starb Pius Uhrig am 10. Januar 1973 in Plittersdorf. An das Wirken Pius Uhrigs, des ersten Landrats des Kreises Rastatt nach dem Ende des Nationalsozialismus, erinnert eine dort im Jahre 2001 angebrachte Gedenktafel.

› Uhrig, Robert (* 1903 – † 1944)

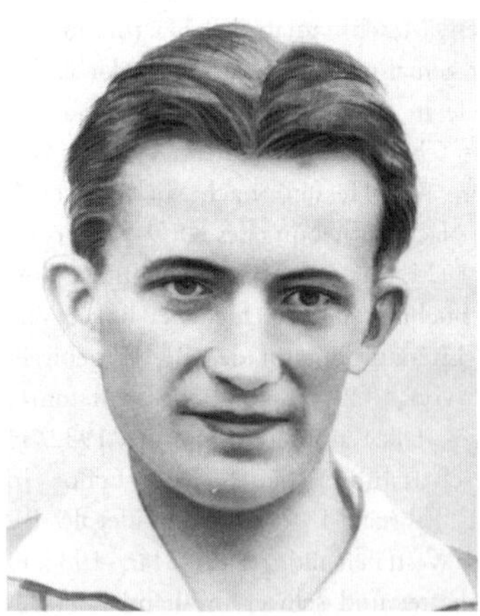

Geboren am 8. März 1903 in Leipzig, Sohn eines Schlossers; lernte Dreher, ging auf Wanderschaft und legte in Berlin die Ingenieursprüfung ab. 1920 trat er in die KPD ein. Seit 1929 im Versuchslabor für Radioröhren bei der Osram GmbH in Berlin, übernahm er Anfang 1933 die Leitung einer illegalen Betriebszelle der KPD. Im Juni 1934 festgenommen und am 28. November 1934 zu 21 Monaten Zuchthaus verurteilt, die er in Luckau verbüßte. Nach seiner Entlassung erneut im Widerstandskampf gegen die NS-Diktatur, leitete Uhrig ab 1938 verschiedene illegale Gruppen aus über 20 Rüstungsbetrieben in Berlin. Er stand 1938 in Kontakt mit dem in Prag residierenden Auslandssekretariat des ZK der KPD. Nach Beginn des Zweiten Weltkriegs konnte er das Netz der Widerstandsorganisation erweitern, hatte Verbindung zu Kommunisten in mehreren deutschen Großstädten. 1940/41 arbeitete er mit der von ▸ Josef (Beppo) Römer geleiteten Gruppe zusammen. Das von Uhrig herausgegebene Untergrundmaterial »Informationsdienst« berichtete über örtliche Mißstände und Verflechtungen betrieblicher Produktionsabläufe mit der Rüstungs- und Kriegswirtschaft des NS-Staates und rief zur Sabotage auf. Im Februar 1942 wurde die Gruppe zerschlagen. Robert Uhrig wurde am 4. Februar festgenommen, am 7. Juni 1944 vom VGH zum Tode verurteilt und am 21. August 1944 im Zuchthaus Brandenburg ermordet.

Uhrigs zweite Frau **Charlotte**, geborene Kirst (* 26. 2. 1907 – † 17. 10. 1992), Kontoristin, 1926 Mitglied der SPD, war von 1928 bis 1933 Sekretärin der SPD-Reichstagsfraktion, u. a. für Rudolf Breitscheid. Seit 1940 verheiratet mit Robert Uhrig, beschaffte sie 1941 geheime Unterlagen über die Rüstungsproduktion, die er der sowjetischen Botschaft zustellen ließ. Charlotte Uhrig wurde am 3. September 1943 festgenommen, vom VGH zwar am 17. April 1944 freigesprochen, jedoch bis Ende April 1945 im KZ Ravensbrück festgehalten. 1945/46 Leiterin des Frauenausschusses beim Bezirksamt Berlin-Schöneberg, später in der Deutschen Verwaltung des Innern bzw. bei verschiedenen DDR-Ministerien tätig, sie erhielt 1972 den VVO in Gold.

▸ Uhse, Bodo (* 1904 – † 1963)

Geboren am 12. März 1904 in Rastatt, Sohn eines Offiziers. Nach Abschluß der Oberrealschule 1920 Zeitfreiwilliger bei der Reichswehr, beteiligte sich am Kapp-Putsch gegen die Republik. 1921 Angehöriger des militaristisch-nationalistischen Bundes »Oberland e.V.« und von 1927 bis 1930 Mitglied der NSDAP, bis 1928 Redakteur von NS-Zeitungen, 1928/29 deren Ortsgruppenleiter und Stadtverordneter in Itzehoe. Uhse war 1930 mit dem Führer der Landvolkbewegung Claus Heim verbunden, noch 1930 trat er zur KPD über und war Sekretär zur Vorbereitung des kommunistischen Reichsbauernkongresses vom Januar 1932, auf dem er referierte. 1933 emigrierte er nach Frankreich, 1935 erschien sein autobiographisches Buch »Söldner und Soldat«. Von 1936 bis 1938 war Uhse Offizier bei den Internationalen Brigaden in Spanien, flüchtete 1940 nach Mexiko, war dort u. a. Mitarbeiter der Zeitschrift »Freies Deutschland«. Er kehrte 1948 nach Berlin zurück, trat in die SED ein und war von 1949 bis 1963 im Präsidialrat des Kulturbundes, von 1949 bis 1958 Chefredakteur der kulturpolitischen Zeitschrift »Aufbau«. Im Vorstand des DDR-Schriftstellerverbandes aktiv, von 1959 an Vizepräsident der Gesellschaft für kulturelle Verbindungen mit dem Ausland, wurde er 1963 noch Chefredakteur der Zeitschrift »Sinn und Form«. Bodo Uhse starb am 2. Juli 1963 in Ost-Berlin.

▸ Ulbricht, Richard (* 1873 – † 1937)

Geboren am 8. Mai 1973 in Altenburg, lernte Schlosser und arbeitete später bei Zeiss in Jena. Mitglied der SPD, seit 1919 der KPD, übersiedelte Ulbricht Anfang der zwanziger Jahre nach Berlin. Er war Angehöriger der Wachmannschaft der KPD-Zentrale, des Karl-Liebknecht-Hauses und des AM-Apparats. 1930 ging er mit seiner Frau Marie Ulbricht in die Sowjetunion, dort als Facharbeiter in der Nähe Moskaus beschäftigt. Am 22. September 1937 vom NKWD verhaftet, wurde Richard Ulbricht bereits am 3. November 1937 in Butowo erschossen, Marie Ulbricht wurde 1940 nach NS-Deutschland ausgewiesen.

▸ Ulbricht, Walter (* 1893 – † 1973)

Geboren am 30. Juni 1893 in Leipzig, Sohn eines Schneiders und sozialdemokratischen Funktionärs. Der damals zurückhaltende, fast scheue Walter Ernst Paul Ulbricht trat mit 15 Jahren der sozialistischen Jugend bei. Nach Abschluß der Tischlerlehre im Mai 1911 auf Wanderschaft, zunächst durch Sachsen, dann über Böhmen, Österreich nach Italien und in die Schweiz. Ein Jahr später kehrte er über Belgien, Holland und Norddeutschland nach Leipzig zurück. Hier 1912 Mitglied der SPD. Nach Kriegsausbruch Anhänger der Gruppe Internationale in Leipzig, die dort von ▸ Georg Schumann geleitet wurde. 1915 zur Infanterie eingezogen, kam Ulbricht nach Galizien und auf den Balkan, diente als Tischler in der Stellmacherei der Truppe. Im Frühjahr 1918 desertierte er bei der Fahrt vom Balkan an die Westfront. Er wurde in Sachsen gefaßt und zu zwei Monaten Gefängnis verurteilt, aber zur Bewährung nach Belgien versetzt. Im November 1918 wieder in Leipzig, schloß er sich nach ihrer Gründung der KPD an. Er arbeitete als Markthelfer, war aber die meiste Zeit für die Partei aktiv, bis er schließlich 1920 hauptamtlicher Funktionär wurde, Redakteur an der Parteizeitung in Halle. 1921 dann mit der Waffenbeschaffung für die März-Aktion beauftragt. Im April 1921 von der Zentrale als Parteisekretär nach Thüringen geschickt, im Juni 1921 zum Polleiter der BL Thüringen gewählt. Auf dem VII. Jenaer Parteitag der KPD 1921 erstmals Parteitagsdelegierter.

Als Polleiter eines KPD-Bezirks war Ulbricht in die zweite Reihe der Funktionäre aufgerückt. Doch er gehörte im ersten Jahrzehnt des Bestehens der KPD noch keineswegs zur engeren Spitzenführung dieser Partei. Ulbricht war ein Funktionär des Apparats ohne Rednergabe und versuchte deshalb, auf organisatorischem Gebiet, seiner eigentlichen Stärke, voranzukommen.

Er orientierte sich an der jeweils herrschenden Parteirichtung, zählte 1923 zu den Anhängern ▸ Heinrich Brandlers und wurde auf dem VIII. Parteitag 1923 erstmals in die Zentrale der KPD gewählt. Bei den Vorbereitungen des Oktober 1923 erhielt Ulbricht seine erste bedeutende Funktion, er wurde Orgleiter des »Revko«, des Revolutionskomitees, dort u. a. erneut mit der Waffenbeschaffung betraut. Nach dem Mißerfolg des »deutschen Oktober«, schwenkte Ulbricht zur Mittelgruppe über. Da er polizeilich gesucht wurde, mußte er illegal leben. Mit dem Umbau der Partei auf »Betriebszellen« beauftragt, wurde dies sein Hauptanliegen und trug ihm den Spitznamen »Genosse Zelle« ein. Inzwischen fest in der Mittelgruppe integriert, wurde er vom Sieg der Linken ▸ Ruth Fischer, ▸ Arkadi Maslow und ▸ Ernst Thälmann auf dem IX. Frankfurter Parteitag 1924 überrascht, dort nicht mehr in die Zentrale gewählt. Obwohl noch polizeilich gesucht, verweigerte ihm der Parteitag

einen Platz auf der Liste der Reichstagskandidaten.
Von der neuen Zentrale nach Moskau abgeschoben, dann nach einem kurzen Besuch der Komintern-Schule als Instrukteur der Komintern im September 1924 nach Wien geschickt. Mit einem falschen Paß (auf den Namen Stephan Subkowiak) am 24. September 1924 von der Fremdenpolizei festgenommen. Ein österreichisches Gericht verurteilte ihn am 4. November 1924 zu vier Wochen Kerker. Nach einer Revisionsverhandlung am 8. Dezember erhielt er sogar zwei Monate Kerker und wurde anschließend des Landes verwiesen. Von der Komintern dann als Instrukteur nach Prag entsandt. Nach dem »Offenen Brief« kam Ulbricht im Oktober 1925 zurück nach Berlin, übernahm hier Funktionen in der Gewerkschaftsabteilung, später in der Agitprop- und schließlich in der Orgabteilung des ZK. 1926 zog er als Abgeordneter in den Sächsischen Landtag ein. Der XI. Parteitag 1927 wählte ihn zum Mitglied des ZK und der VI. Weltkongreß der Komintern 1928 als Kandidat ins EKKI-Präsidium. Während der Wittorf-Affäre im September 1928 befand sich Ulbricht als Vertreter der KPD beim EKKI in Moskau, er war einer der ersten, der die einmütige Absetzung ▸ Ernst Thälmanns durch das ZK kritisierte und sich hinter den Parteivorsitzenden stellte. Ab Februar 1929 wieder in Deutschland, wurde Ulbricht als Nachfolger des gemaßregelten ▸ Wilhelm Pieck Polleiter des Bezirks Berlin-Brandenburg. Von 1928 bis 1933 ununterbrochen Reichstagsabgeordneter. Der XII. Weddinger Parteitag 1929 berief Ulbricht wieder ins ZK und auch ins Polbüro. Er wurde zunächst Kandidat des Sekretariats und 1932 dann Mitglied dieses engsten Führungszirkels.
Nach der Verhaftung Thälmanns 1933 zählte Ulbricht neben ▸ John Schehr und ▸ Hermann Schubert zu den Anwärtern auf den Parteivorsitz. Die Zerschlagung der KPD-Zentrale durch Hitler und dann durch Stalin begünstigte seinen Aufstieg. Im Politbüro trat er seit 1934 für eine Revision der ultralinken Politik ein (zusammen mit Pieck). Nach der Schwenkung der Komintern und der Änderung der Parteilinie gelang es ihm 1935, an die oberste Parteispitze zu kommen. Pieck fungierte zwar als Parteivorsitzender, doch der mächtigste Mann in der Emigrations-KPD war Ulbricht. Er lebte ab 1933 in Frankreich und übersiedelte 1937 in die Sowjetunion. Die stalinistischen Säuberungen der dreißiger Jahre überstand er persönlich und politisch unbeschadet in Moskau und organisierte während des Krieges die Schaffung des »Nationalkomitees Freies Deutschland«.
Am 5. Mai 1945 traf er mit seiner »Initiativ-Gruppe Ulbricht« als erster deutscher Polit-Emigrant aus Moskau in Berlin ein und leitete den Wiederaufbau der KPD. Er gehörte nun ständig zur Spitzenführung der KPD bzw. der SED, war zunächst Generalsekretär, ab 1953 Erster Sekretär der SED und nach Piecks Tod im September 1960 zugleich Staatsratsvorsitzender der DDR. Bis zu seiner Absetzung im Frühjahr 1971 blieb er der bestimmende Politiker und Staatschef der DDR, mit sämtlichen Orden und Ehrenzeichen ausgezeichnet. Ulbricht wurde am 3. Mai 1971 im Politbüro durch den von ihm protegierten Erich Honecker offiziell als Erster Sekretär abgelöst und vom ZK zum einflußlosen Vorsitzenden der SED gewählt. Er hat sich bis zuletzt seiner Entmachtung, ja sogar der »Tilgung« aus der Partei- und DDR-Geschichte durch seinen Nachfolger widersetzt. Walter Ulbricht starb nach kurzer Krankheit am 1. August 1973 in Ost-Berlin. Über Ulbricht liegen inzwischen zahlreiche Biographien vor, u. a. von Carola Stern (1963), Norbert Podewin (1995), Mario Frank (2001).
Seine zweite Frau **Lotte Ulbricht**, geborene Kühn (* 19. 4. 1903 in Berlin), Kontoristin, trat 1919 in die FSJ ein. 1921 Mitglied der KPD, Stenotypistin in der Parteizentrale in Berlin, von 1924 bis 1926 bei der KPD-Reichstagsfraktion. Zeitweilig Mitglied des ZK des KJVD. Von 1927 bis 1931 Angestellte bei der sowjetischen Handelsvertretung, übersiedelte 1931 mit ihrem Lebensgefährten ▸ Erich Wendt in die Sowjetunion. Dort bei der Komintern tätig, traf sie Walter Ulbricht, mit dem sie in einer Partnerschaft lebte, offiziell aber erst im Mai 1953 heiratete. Lotte Kühn wurde nach der Verhaftung Erich Wendts 1937 ebenfalls zu Verhören bei der

IKK der Komintern vorgeladen. Von 1941 bis 1945 Hauptreferentin beim EKKI bzw. am Institut Nr. 99. 1945 wieder in Deutschland, Leiterin der Allgemeinen Abteilung des ZK der KPD. 1946/47 Redakteurin, anschließend bis 1954 persönliche Mitarbeiterin ihres Mannes, dann bis 1972 als Leiterin der Arbeitsgruppe »Walter Ulbricht« am IML. Obwohl ohne Partei- und Staatsfunktionen – sie gehörte lediglich der Frauenkommission beim Politbüro an – nahm sie als Ehefrau Ulbrichts Einfluß auf die Politik. Nach Ulbrichts Sturz wurde sie – wie dieser auf Anweisung Honeckers – in der Öffentlichkeit verdrängt. Sie erhielt zweimal den Karl-Marx-Orden. Lotte Ulbricht starb am 27. März 2002 in Berlin. 2003 erschienen ihre autobiographischen Erinnerungen unter dem Titel: »Lotte Ulbricht. Mein Leben«.

▸ Ullrich, Arthur (* 1894 – † 1969)

Geboren am 26. März 1894 in Görlitz, Sohn eines Maurers, der 1897 tödlich verunglückte. Lernte Elektriker, ab 1915 Militärdienst, im Februar 1916 vor Verdun verwundet, anschließend zum Funker ausgebildet. Im November 1918 Mitglied eines Soldatenrates, ab Dezember in Görlitz wieder Elektriker. Er trat in die USPD ein und wurde DMV-Branchenleiter. Ende 1919 Redakteur der USPD-Wochenzeitung »Freies Wort« in Görlitz, ab 1920 in der KPD. 1922 UB-Leiter für die Kreise Görlitz u. a. Von Oktober 1923 bis Januar 1924 in »Schutzhaft«, bis 1929 Stadtverordneter in Görlitz, gehörte Ullrich bis 1925 der BL Lausitz und ab 1925 der erweiterten BL Schlesien an. Auf dem XI. Essener Parteitag 1927 zum Mitglied der Zentralen Beschwerdekommission gewählt, nach dem XII. Weddinger Parteitag im Juni 1929 Kandidat des ZK. Von Juli 1929 bis Juni 1931 Orgleiter der KPD Schlesien, wo er die starke KPO-Minderheit bekämpfte. Ab Juli 1931 Kursant an der Internationalen Leninschule in Moskau, kehrte im Oktober 1932 nach Deutschland zurück und wurde RGO-Sekretär für Schlesien. Ullrich wurde am 5. März 1933 in den Reichstag gewählt, konnte aber wegen des einsetzenden NS-Terrors sein Mandat nicht wahrnehmen. Am 28. April 1933 in Breslau festgenommen, bis August 1934 »Schutzhaft«, danach bis 1937 Elektriker in Görlitz. Im Juni 1937 erneut verhaftet, saß er bis 1945 in den KZs Dachau und Buchenwald. Von Juni bis August 1945 Angestellter der Stadtverwaltung Görlitz, 1945/46 Vorsitzender der KPD in Görlitz und anschließend bis Anfang 1949 paritätischer, ab 1949 alleiniger Vorsitzender der SED. Seit 1952 in der BPKK Dresden und von 1958 bis 1960 Vorsitzender der Revisionskommission der SED-BL Dresden, er erhielt im Februar 1969 den Karl-Marx-Orden. Arthur Ullrich starb am 16. Juni 1969 in Dresden.

▸ Ullrich, Ferdinand (* 1902 – † 2001)

Geboren am 22. Juni 1902 in Odessa, Sohn österreichischer Eltern – der Vater war Schriftsetzer, Bruder von ▸ Lisa Ullrich. Er besuchte von 1909 bis 1911 die deutsche Schule in Odessa und von 1911 bis 1914 die Elementarschule in Riga. 1915 wurde die Familie aus Rußland ausgewiesen, er lernte in Berlin Schlosser. Von 1917 bis 1921 Verlagsgehilfe, schloß sich 1919 der FSJ an. Ab 1921 Sekretär der KJD für den Bezirk Magdeburg, trat 1922 in die KPD ein, war bis 1923 hauptamtlicher Leiter der Literaturvertriebsstelle in Bielefeld, anschließend Sekretär der BL Magdeburg. 1923 aus Deutschland ausgewiesen, ging er in die ČSR und schlug sich als Hilfsarbeiter durch. Ullrich kam 1924 zurück, wurde Leiter des Literaturvertriebs der KPD-BL Württemberg in Stuttgart. Im Januar 1925 verurteilte ihn der Staatsgerichtshof in Leipzig im sogenannten Buchhändler-Prozeß zu drei Jahren Gefängnis, wegen der »Hindenburg-Amnestie« nur bis Ende 1925 inhaftiert. 1926 Leiter des Literaturvertriebs der KPD-BL Pfalz in Mannheim. Als nichtdeutscher Staatsangehöriger 1926 erneut ausgewiesen, hielt er sich in Frankreich auf. Er wurde 1927 zunächst Mitarbeiter, dann als Nachfolger von ▸ Hans Holm Leiter des Parteiverlags der KPD VIVA in Berlin.

Von 1928 bis 1931 im Apparat der Komintern in Moskau, dort von 1931 bis 1935 Aspirant am Institut der Roten Professur. Ullrich gehörte 1935 dem Orgbüro des VII. Weltkongresses an, war bis 1938 Mitarbeiter des Gebietskomitees der KPdSU und Lehrer am Parteiinstitut in Saratow. Dort am 18. Januar 1938 verhaftet und am 14. Oktober 1938 durch ein Sondergericht des NKWD zu acht Jahren Arbeitslager verurteilt, die er bis 1946 u. a. einem Gulag in der ASSR der Komi verbrachte. Seine Schwester Lisa setzte sich in Briefen an ▸ Wilhelm Pieck und ▸ Walter Ulbricht wiederholt für seine Freilassung und ab 1945 für seine Rückkehr nach Deutschland ein. Nach der Entlassung aus dem Lager blieb er bis 1955 als Lehrer an Mittelschulen im Altaigebiet und wurde am 6. August 1955 durch das Oberste Gericht der UdSSR »strafrechtlich rehabilitiert«. Ende Juni 1956 kam Ullrich in die DDR und begann als Übersetzer bzw. Redakteur in der Leninabteilung des IML, wechselte 1958 an das Institut für Gesellschaftswissenschaften und arbeitete als Dozent in der Abteilung Information/Dokumentation. Er erhielt 1972 die Ehrendoktorwürde, 1977 die Ehrenspange zum VVO in Gold. Ferdinand Ullrich starb am 28. August 2001 in Berlin.

▸ Ullrich, Lisa (* 1900 – † 1986)

Geboren am 12. August 1900 in Odessa, Tochter österreichischer Eltern – der Vater war Schriftsetzer, Schwester von ▸ Ferdinand Ullrich. Sie kam schon mit 11 Jahren in einen Textilbetrieb in Riga. Bei Ausbruch des Weltkriegs wurde der Vater interniert, dann die Eltern mit vier Kindern nach Deutschland ausgewiesen. Lisa Ullrich lernte Schneiderin und arbeitete ab 1918 in der Bekleidungs-, Metall- und Elektroindustrie. Im März 1920 Mitglied der USPD, im Dezember 1920 der KPD, zunächst ehrenamtliche Funktionen in der Frauenarbeit. Um die deutsche Staatsangehörigkeit zu erhalten, heiratete Lisa Ullrich 1924 den Dreher und Kommunisten Adolf Dressler, die Ehe wurde 1927 geschieden. Sie war Delegierte zum V. Weltkongreß der Komintern 1924 in Moskau, danach bis August 1925 deutsche Vertreterin im Internationalen Frauensekretariat der Internationale. Anschließend bis 1927 Arbeiterin in Deutschland, ehrenamtlich im RFMB, dann hauptamtliche Mitarbeiterin der Frauenabteilung des ZK. Von Januar 1931 bis August 1932 war sie im Auftrag der Profintern in Prag, Amsterdam und in Frankreich.

Lisa Ullrich wurde im Juli 1932 und erneut im November im Wahlkreis Köln-Aachen in den Reichstag gewählt. 1933 unter dem Decknamen Marga Instrukteurin der BL Magdeburg. Am 17. November 1933 festgenommen und am 20. Januar 1935 vom Kammergericht Berlin zu drei Jahren Zuchthaus verurteilt, kam dann in KZs. Infolge eines Unfalls im KZ wurde Lisa Ullrich auf persönliche Anordnung des Reichsführers SS Himmler im Frühjahr 1939 freigelassen, war Näherin und Lageristin in Berlin, später Kontoristin und Dolmetscherin. Am 22. August 1944 erneut verhaftet, saß sie bis zur Befreiung im KZ Ravensbrück. 1945 wieder in der KPD, ab Mitte September in der Deutschen Zentralverwaltung für Arbeit und Sozialfürsorge. Ende Juli 1946 wechselte Lisa Ullrich als Hauptreferentin in die Frauenabteilung des ZS der SED. Sie besuchte 1948 einen Halbjahreskurs der SED-Parteihochschule »Karl Marx«, war zunächst wieder im Parteiapparat, dann bis 1964 in der Schulungsabteilung der Zentralverwaltung für MAS des Ministeriums für Land- und Forstwirtschaft tätig. Sie erhielt 1980 die Ehrenspange zum VVO in Gold. Lisa Ullrich starb am 5. Juni 1986 in Ost-Berlin.

▸ Ulrich, Karl (* 1883 – † 1962)

Geboren am 18. Dezember 1883 in Ludweiler/Saar, Bergmann auf der Grube »Luisenthal«. Während des Weltkriegs Unteroffizier, trat er später der USPD, 1920 der KPD bei und gehörte von 1924 bis 1928 dem Landesrat der Saar an. Als Leiter der KPD-Zelle auf der Grube »Luisenthal« ab 1929 Mitglied der erweiterten BL Saar, von 1929 bis 1932 Gemeinderats- und Kreistagsmitglied, 1933 Polleiter der Ortsgruppe in Ludweiler. Im Herbst 1933 kam es zu Verfallserscheinungen innerhalb der saarländischen Parteien, u. a. auch in der KPD. Karl Ulrich flog mit den KPO-Funktionären ▸ Philipp Reinhardt und ▸ Ernst Bekker im November 1933 auf Einladung der NSDAP nach Berlin, um sich »nähere Eindrücke über die Verhältnisse« zu verschaffen. Alle drei traten zur pronazistischen »Deutschen Front« über. Zuvor waren sie aus ihren Parteien wegen »Korruption und Verrats« ausgeschlossen worden, doch bis auf eine Ausnahme solidarisierte sich die gesamte KPD-Fraktion im Ludweilerer Gemeindeparlament mit Ulrich. Nach der Rückkehr aus Berlin engagierten sie sich in der »Deutschen Front« und gründeten mit deren finanzieller Unterstützung die Zeitschrift »Rufer im Warndt«. Dort konnte Ulrich seine Fortsetzungsserie »Mit dem Flugzeug nach Deutschland« veröffentlichen, in der er den NS-»Sozialismus der Tat« pries. Später trat er politisch nicht mehr hervor. Karl Ulrich starb am 29. April 1962.

▸ Unfried, Emil (* 1892 – † 1949)

Geboren am 21. April 1892 in Untergröningen/Württemberg, Sohn eines Konditors; lernte Mechaniker, kam nach Stuttgart, wo er sich 1912 der SPD anschloß und während des Krieges, den er zeitweise als Soldat mitmachte, zur Spartakusgruppe stieß. Im November 1918 zeitweilig Vorsitzender des Aktions- und Vollzugsausschusses des provisorischen Arbeiterrates in Stuttgart, nahm Unfried als Delegierter Württembergs am 1. Reichsrätekongreß in Berlin teil. Im Januar 1919 trat er der KPD bei, war in Stuttgart ihr 2. Vorsitzender und wirkte bis 1921 als hauptamtlicher Sekretär für die Landarbeit der KPD-BL Württemberg. Seit 1920 auch Wanderredner der KPD, nahm er bis 1923 an fast allen Parteitagen teil. Von 1921 bis 1924 Sekretär für Landarbeit in die Zentrale der KPD in Berlin. Der VIII. Leipziger Parteitag 1923 wählte ihn in die Gewerkschaftskommission. Da er zum rechten Parteiflügel zählte, wurde er im August 1924 abgelöst. Er kam kurze Zeit darauf in den »Münzenberg-Konzern«, wo er die Filmabteilung übernahm und bis 1933 als Fachmann für Filmangelegenheiten wirkte. 1926 Mitbegründer und Direktor der »Prometheus – Film-Verleih und Vertriebsgesellschaft mbH« und später der »Weltfilm«.

Es gelang ihm 1933, eine eigene Filmfirma, die »Forum-Film«, aufzubauen, und er produzierte später solche Unterhaltungsfilme wie z. B. »Der Etappenhase«, »Musketier Meier III«, »Das Gewehr über!« Der Schriftsteller Axel Eggebrecht berichtete in seinen Erinnerungen »Der halbe Weg« über Filme, die er mit Unfried schuf: »...Unfried führte die Prometheus unter anderem Namen weiter, seine Gesinnung war unverändert. Die Absicht bestand, mit dem Film ›Musketier Meier III‹ die Wehrpflicht madig zu machen. Die Absicht mißlang, da sich das Publikum köstlich amüsierte. Mit Nadelstichen war nichts auszurichten gegen ein Regime, dem die Mehrheit sich begeistert unterwarf.«

Bis 1945 lebte er in Berlin, er hatte sich – wie seine Frau ▸ Lina Becker – von der Politik zurückgezogen und war keinen Verfolgungen durch die Nationalsozialisten ausgesetzt. Anläßlich seines 50. Geburtstages im April 1942 gratulierte ihm die Zeitschrift »Der Film – Die illustrierte Wochenschrift«: »Am vergangenen Dienstag, dem 21. April wurde der bekannte Filmverleiher und Filmtheaterbesitzer Emil Unfried 50 Jahre. Seine Firma, die Forum-Film, brachte als erste nach der Machtübernahme durch den Nationalsozialismus das gute deutsche Soldatenlustspiel heraus, das im Gegensatz zu den berüchtigten Militärschwänken der Systemzeit den deutschen Soldaten zwar humorvoll, aber unverzerrt und mit Respekt vor der soldatischen Leistung darstellte. Filme wie ›Der Etappenhase‹ und ›Musketier Meier III‹, aber auch der heitere Film vom neuen deutschen Volksheer ›Das Gewehr über!‹ waren unbestrittene und große Erfolge, an deren Zustandekommen Emil Unfried großen Anteil hatte. Als Filmtheaterbesitzer in Hannover und Minden stellte er zwei vorbildlich geführte Häuser dem Publikum vor. Aus allen Kreisen des Films wurde Emil Unfrieds an seinem Geburtstag mit größter Herzlichkeit gedacht.«

1945 wurde Unfried wieder Mitglied der KPD und trat in Versammlungen für die Bodenreform ein. Dann aber Ende 1945 von der sowjetischen Besatzungsmacht verhaftet und ins »Spezial-Lager« Sachsenhausen gebracht. Dort kam Emil Unfried am 16. Juni 1949 ums Leben.

▸ Ungar, Hermann (* 1886 – † 1937?)

Geboren am 7. September 1886 in Kassel, Sohn eines Schneiders; lernte Lithograph, später Techniker und Ingenieur. 1914 heiratete er die Schneiderin Elfriede Roesener (* 14. 8. 1892) und zog mit ihr nach Königsberg, kam 1915 nach Berlin und arbeitete bis 1929 als Ingenieur. Seit 1918 Mitglied der SPD, 1919 der USPD, ab August 1923 der KPD, gehörte er 1920/21 kurzzeitig der Berliner Stadtverordnetenversammlung an. Ab 1929 offiziell Oberingenieur bei der sowjetischen Handelsvertretung, war aber für den Nachrichtendienst der KPD tätig. Als Anfang 1934 mehrere deutsche Mitarbeiter beim Verlassen der sowjetischen Handelsvertretung in der Berliner Lindenstraße von der Gestapo verhaftet wurden, entkam Ungar in die Sowjetunion. Dort bei der Eisenbahn beschäftigt, folgten ihm Frau und Sohn im April 1934. Im Juli 1937 wurde Hermann Ungar vom NKWD verhaftet und verschwand in den stalinistischen Säuberungen. In den fünfziger Jahren legte das Amtsgericht Berlin-Charlottenburg auf Antrag den 31. Dezember 1937 als Todestag fest.

Elfriede Ungar wurde am 2. Dezember 1937 in Moskau festgenommen, im Juni 1938 nach Deutschland ausgewiesen und kam in Berlin bis Ende 1938 in Gestapohaft. Sie wohnte bis zu ihrer Evakuierung 1944 nach Sachsen-Anhalt in Berlin-Steglitz. Aus Furcht vor erneuter Verhaftung durch das NKWD, das sich nach ihr in Halle/Saale erkundigte, verließ sie im Sommer 1948 die SBZ und ging zu ihrem Sohn nach West-Berlin, wo sie am 27. September 1967 starb.

Der Sohn **Kurt Ungar** (* 3. 9. 1915) besuchte das Gymnasium in Berlin, machte 1932 das Abitur, trat in den KJVD ein, wurde im April 1933 von der SA verhaftet und schwer mißhandelt. In Moskau lernte er den Regisseur ▸ Gustav von Wangenheim kennen und erhielt in dessen antifaschistischem Film über den Reichstagsbrand (»Kämpfer«) eine Rolle. Anfang 1936 versuchte er nach Frankreich zu kommen, um in Paris zu studieren. Er gelangte über Warschau und Prag nach Deutschland, wurde hier verhaftet und sollte wegen seiner Teilnahme am Film »Kämpfer« vor den VGH gestellt werden, der Prozeß fand jedoch nicht statt. Kurt Ungar kam in das KZ Sachsenburg, dann nach Buchenwald und wurde im April 1939 entlassen. Im Dezember 1939 zur Wehrmacht eingezogen, geriet er Ende April 1945 noch kurz in sowjetische Kriegsgefangenschaft. Er begann 1946 an der Berliner Universität ein Medizinstudium, ab 1950 an der FU Berlin, promovierte und praktizierte als Arzt in West-Berlin. Kurt Ungar lebte 2003 in Berlin-Zehlendorf.

▸ Unger, Frieda (* 1888 – † 1975)

Geboren am 9. Juli 1888 in Schopfheim/Baden als Frieda Eckert, Tochter eines Kleinbauern; war Dienstmädchen und Verkäuferin. 1910 heiratete sie den Maurer und aktiven Sozialdemokraten Karl Unger. Von 1908 bis 1914 lebte sie in Basel, von 1915 bis 1928 in Lahr. 1911 Mitglied der SPD, 1917 der USPD, war sie eine der Führerinnen der USPD in Südbaden und Stadtverordnete in Lahr. Frieda Unger wurde 1921 für die USPD in den Badischen Landtag gewählt. 1922 Übertritt zur KPD. Im September/Oktober 1923 spielte sie bei den Aufstandsversuchen in Mittelbaden eine führende Rolle. Sie wurde verhaftet und konnte im November mit Hilfe ihres Mannes, Karl Unger, fliehen, der nun ebenfalls in der KPD wirkte. Kurz darauf wieder festgenommen, saß sie bis Mai 1924 in Untersuchungshaft, obwohl sie dem Landtag angehörte, 1925 nicht mehr als Abgeordnete gewählt. Im Mai 1926 vom Reichsgericht in Leipzig wegen ihrer Tätigkeit beim Aufstand 1923 zu zweieinhalb Jahren Zuchthaus verurteilt. »Hartes Urteil – natürlich gegen eine Kommunistin«, kommentierte der sozialdemokratische »Vorwärts«. 1927 aus dem Zuchthaus entlassen, bekam sie in der KPD keine Funktion. Sie übersiedelte 1930 – inzwischen von Unger geschieden und als Frieda Haas wieder verheiratet – nach Berlin, arbeitete im Zentralverband der Arbeitsinvaliden. Nach 1933 hatte sie Verbindung zu Widerstandsgruppen, wurde 1937 verhaftet und kam für acht Monate in U-Haft. Ihr Mann wurde noch zur Wehrmacht eingezogen. 1945 erhielt Frieda Unger durch Vermittlung von ▸ Edwin Hoernle eine Stelle als Instrukteurin und später als Abteilungsleiterin in der Deutschen Zentralverwaltung für Land- und Forstwirtschaft bzw. des ZV der VdgB. Ab 1950 Rentnerin, gehörte sie zeitweise dem DFD-Bundesvorstand an, sie erhielt 1968 den VVO in Silber. Frieda Unger-Haas starb am 13. April 1975 in Ost-Berlin.

▸ Unger, Otto (* 1893 – † 1938)

Geboren am 5. September 1893 in Böllberg/Krs. Halle als Otto Bork, Sohn des Tischlers Traugott Bork; lernte auch Tischler und besuchte die Tischlerfachschule in Leipzig. Mitglied im Leipziger Jugendbildungsverein, war er bald 2., dann 1. Vorsitzender. Seit 1911 Mitglied der SPD, dem Holzarbeiterverband war er bereits zwei Jahre vorher beigetreten. 1912 Wanderschaft durch ganz Deutschland, danach in Stuttgart aktiv in der Jugendarbeit, er schloß sich den Stuttgarter Linken um ▸ Edwin Hoernle, ▸ Clara Zetkin und ▸ Friedrich Westmeyer an. Er mußte im September 1914 zum Militär und im November an die Front nach Frankreich, blieb mit geringen Unterbrechungen durch Verwundung und Krankheit bis Kriegsende Soldat. Als Anhänger der Spartakusgruppe seit 1917 Mitglied der USPD, er lebte 1918/19 in Leipzig. Seit März 1919 Mitglied der KPD, vor allem in der Jugendarbeit aktiv. Er gehörte der BL der FSJ Leipzig an, kam im Herbst 1920 nach Berlin, wurde Geschäftsführer des Verlags »Junge Garde«, des Organs der kommunistischen Jugend. Seit Dezember 1920 Mitglied des ZK der KJD, u. a. für die Schulung des KJD verantwortlich, nun unter dem Parteinamen Unger. Im April 1921 Delegierter des 2. Kongreß der KJI in Moskau, dort in das EK gewählt und zum Sekretär berufen, gleichzeitig war er Vertreter der KJI bei der Komintern.

Auf dem V. Weltkongreß der Komintern im Juli 1924 referierte Unger über Jugendfragen, schied aber im gleichen Jahr aus diesen Funktionen aus. Dann studierte er bis 1925 an der KUNMS, kam im Herbst 1925 als Referent in die Orgabteilung der Komintern. Er war auch schriftstellerisch tätig, schrieb Gedichte und Broschüren, von ihm stammt z. B. der Beitrag über die Kommunistische Jugendinternationale im »Jahrbuch für Wirtschaft, Politik und Arbeiterbewegung«

1923/24. Im Frühjahr 1926 kehrte Unger nach Deutschland zurück und wurde als Instrukteur des ZK in den Bezirken Wasserkante, Nordwest und Niedersachsen eingesetzt. Auf Vorschlag ▸ Ernst Thälmanns im Herbst 1926 zum Orgleiter der BL Wasserkante gewählt und nach Reorganisation des Bezirks Agitpropsekretär. Er gehörte zu den Versöhnlern und wurde während der Auseinandersetzungen im Herbst 1928 nach der Wittorf-Affäre aus seiner Funktion entlassen. Von Hamburg nach Berlin übersiedelt, trennte sich Unger 1930 von den Versöhnlern, war zunächst Parteifunktionär in Wilmersdorf und Wedding. Anschließend im AM-Apparat der KPD tätig (»Spezialarbeit« unter der Berliner Schutzpolizei). Ende 1931 übertrug ihm das ZK die Leitung des Zeitungsverlages »Die Nachrichten«. Ab Frühjahr 1932 Prokurist der Verlagszentrale AG, der Dachgesellschaft sämtlicher Zeitungsverlage der KPD, er begann Anfang 1933 in Zusammenarbeit mit ▸ Willy Reimers den illegalen Literatur- und Zeitungsvertrieb aufzubauen. Durch Verrat am 12. April 1933 festgenommen, mißhandelt und ins KZ eingeliefert. Ende Oktober 1933 entlassen, emigrierte Unger Anfang 1934 in die Sowjetunion und kam in die Moskauer VAA. Vom NKWD im November 1937 verhaftet und am 19. März 1938 durch das Militärkollegium des Obersten Gerichts der UdSSR zum Tode verurteilt, wurde Otto Unger noch am selben Tag erschossen.

▸ Urbahns, Hugo (* 1890 – † 1946)

Geboren am 18. Februar 1890 in Lieth/Süder-Dithmarschen, Sohn einer Bauernfamilie; besuchte die Mittelschule in Heide/Holstein, eine Präparandenanstalt und das Lehrerseminar in Segeberg und Tondern. Seit Februar 1910 Volksschullehrer im Kreis Hadersieben, Wesselburen und in Hamburg. Bei Kriegsausbruch meldete er sich freiwillig und kam an die Front. Als Tbc-Kranker noch vor Kriegsende entlassen, wieder Oberlehrer in Hamburg. Hier seit 1912 Verbindung zu sozialistischen Kreisen, aber nicht Mitglied der SPD. Nach der Revolution trat er dem Spartakusbund und nach ihrer Gründung der KPD bei, übernahm zunächst verschiedene ehrenamtliche Funktionen und blieb bis 1921 Lehrer. Anfang 1920 in die KPD-BL Wasserkante aufgenommen und KPD-Delegierter auf dem Vereinigungsparteitag mit der USPD im Dezember 1920.

Urbahns, als »blonder Recke« der typische Friese, war nun neben ▸ Ernst Thälmann, der erst mit der USPD zur KPD gekommen war, Führer der Partei an der Wasserkante. Zwischen diesen zwei so verschiedenen Personen gab es zwar manche eifersüchtige Reiberei, aber beide gehörten in der KPD zum linken Flügel. Urbahns wurde 1921 Parteisekretär des Bezirks Wasserkante und blieb bis 1923 Polleiter dieses Bezirks. Von 1921 bis 1924 saßen er und Thälmannn als dessen Vertreter im ZA der KPD. Ab 1921 war Urbahns Abgeordneter der Hamburger Bürgerschaft, 1922 deren Schriftführer und bis 1927 in diesem Parlament. Als Parteisekretär spielte Urbahns während des Hamburger Oktoberaufstands 1923 eine wichtige Rolle. Er kam von der Chemnitzer Konferenz zurück und mußte feststellen, daß der Aufstand hier durch ein Mißverständnis begonnen worden war, er sorgte nun für einen geordneten Rückzug. Am 13. Januar 1924 verhaftet und als Leiter des Aufstandes festgehalten, obwohl er im Mai 1924 (und wieder im Dezember 1924) als Abgeordneter in den Reichstag gewählt wurde. Nach einem Jahr Untersuchungshaft stand Urbahns im Januar 1925 als

Hauptangeklagter wegen des Hamburger Aufstands vor Gericht und erklärte, daß er als damaliger Polleiter des Bezirks Wasserkante verantwortlich sei: »Ich übernehme die volle politische Verantwortung.« Urbahns verteidigte sich mutig, machte vor dem Gericht Propaganda für die KPD und schloß mit dem Ruf: »Lieber im Feuer der Revolution verbrennen, als auf dem Misthaufen der Demokratie verfaulen!«
Die KPD feierte ihn und sein Auftreten. Selbst Stalin sagte später, als er Urbahns schon als »Feind« bekämpfte: »Ich habe für Genossen Urbahns als Revolutionär größte Achtung. Ich bin bereit, ihm für seine gute Haltung vor Gericht meine Hochachtung zu bekunden.«
Urbahns wurde im Prozeß zu zehn Jahren Festung verurteilt, kam aber schon am 26. Oktober 1925 frei, da der Reichstag auf seiner Abgeordneten-Immunität bestanden hatte. Auf dem X. Parteitag im Juli 1925 war Urbahns in Abwesenheit als Linker in das ZK der KPD gewählt worden. Bei der Veröffentlichung des »Offenen Briefs« im August 1925 noch in Haft, hielt er zur Führung unter ▸ Ruth Fischer. Auf der 1. Parteikonferenz im Oktober 1925 in Berlin – nun frei – jubelnd begrüßt, obwohl er von Anfang an den Standpunkt der linken Opposition vertrat. Urbahns nahm im März 1926 am erweiterten EKKI teil (wo ihm Stalin das oben erwähnte Lob aussprach). Beim ersten Versuch, die Reichsgrenze zu überschreiten, war er verhaftet worden, denn kurz vor seiner Abfahrt nach Moskau soll das Berliner Polizeipräsidium durch einen anonymen Anruf aus dem ZK der KPD erfahren haben, daß und mit welchem (falschen) Paß Urbahns unterwegs war. Angeblich hatten nur ▸ Franz Dahlem, ▸ Walter Ulbricht und ▸ Ernst Schneller Kenntnis von seiner Reiseroute. Dieser Vorfall erhitzte die innerparteiliche Diskussion. Im August 1926 stimmte Urbahns gegen den Ausschluß von Ruth Fischer und ▸ Arkadi Maslow und unterschrieb im September des gleichen Jahres den »Brief der 700«. Am 5. November 1926 schloß die KPD Urbahns aus ihren Reihen aus.
Er war die treibende Kraft bei der Organisierung der linken Opposition und wurde 1928 Führer und Mitbegründer des Leninbundes, den er auch nach dem Ausscheiden von Ruth Fischer, Maslow und ▸ Werner Scholem als politischer Kopf bis 1933 weiter leitete. Zunächst griff er die KPD von links an, nach der ultralinken Wendung der Partei 1929 setzte er sich vor allem für eine Einheitsfront gegen den Faschismus ein. Da Urbahns besonders scharf gegen die Nazis aufgetreten war, mußte er 1933 sofort emigrieren, kam zuerst in die Tschechoslowakei, dann nach Schweden. Dort lebte er unter sehr kümmerlichen Verhältnissen, hungerte sich die erste Zeit durch, bastelte dann eine Sägemaschine, um den Bauern das Holz zu zerkleinern. Während der Moskauer Schauprozesse 1936, 1937 und 1938 setzte die sowjetische Regierung Schweden unter Druck, um Urbahns auszuweisen, doch wollte ihn kein Land aufnehmen. Nach Kriegsende lehnte er die Rückkehr nach Deutschland ab. Hugo Urbahns starb am 16. November 1946 bei Stockholm.
Seine Freunde veröffentlichten im SED-Organ »Neues Deutschland« eine Todesanzeige, in der es hieß: »Sein gerader und aufrechter Charakter, sein aufrechtes Streben für die Arbeiterklasse lassen ihn uns unvergessen sein ... Arbeiten wir weiter in seinem Sinne.«

▸ Urban, Hans (* 1895 – † 1925)

1895 in Mitteldeutschland geboren, lernte Schlosser. Nahm als Soldat am Krieg teil. 1917 Mitglied der USPD, ging mit der USPD-Mehrheit 1920 zur KPD und arbeitete in Halle-Merseburg. Delegierter des VII. Jenaer Parteitags 1921. Urban gehörte 1922/23 zur linken Opposition gegen die Brandler-Zentrale. Nachdem die Linken 1924 die Parteiführung übernommen hatten, wurde Urban Mitte 1924 hauptamtlicher Funktionär, Sekretär für Gewerkschaftsfragen in der KPD-BL Halle-Merseburg. Anfang 1925 kam er als Redakteur an den »Klassenkampf«. Im April 1925 mußte er, schwer erkrankt, eine längere Festungshaft antreten, bereits am 13. Mai 1925 starb Hans Urban in der Festung Gollnow.

V

▸ Valtin, Jan (Krebs, Richard) (* 1905 – † 1951)

Geboren am 17. Dezember 1905 in Darmstadt als Richard Krebs, Sohn eines Kapitäns des Norddeutschen Lloyd in Asien. Nach dem Realgymnasium 1921 Schiffsjunge auf einem Segelschiff, im Frühjahr 1923 Rückkehr. In Bremen Mitglied der KPD, dann wegen Teilnahme am Hamburger Aufstand Flucht nach Antwerpen. Dort als Matrose angeheuert, gehörte er ab 1924 dem Internationalen Propagandakomitee »Transport«, einer Komintern-Abteilung, an und war zugleich Mitarbeiter der OMS. Nach mehrmonatiger Ausbildung in Leningrad in die USA entsandt, am 16. August 1926 in Los Angeles verhaftet und wegen »Angriffs mit einer tödlichen Waffe« zu einer Strafe von ein bis zehn Jahren Zuchthaus verurteilt. Am 5. Dezember 1929 aus dem Zuchthaus San Quentin freigelassen, kam Valtin Anfang 1930 nach Le Havre, fuhr nach Bremen weiter und erwarb an der Seefahrtsschule 1931 sein Steuermannspatent. Anschließend Leiter des Bremer Internationalen Seemannsklubs (Interklub) und des dortigen kommunistischen Einheitsverbands der Seeleute und Hafenarbeiter, wieder für den Geheimapparat tätig. Ab Sommer 1932 Instrukteur der Komintern in Großbritannien und dann in Norwegen zur Reorganisation der dortigen Seeleutegewerkschaft.

Nach 1933 illegale Arbeit in Deutschland, Dänemark, Schweden und Norwegen. Am 7. November 1933 festgenommen, nach schweren Folterungen im KZ Fuhlsbüttel im Juli 1934 zu vier Jahren Zuchthaus verurteilt. Valtin ließ sich (wohl im Auftrag der Komintern) auf eine Mitarbeit für die Gestapo ein, ging nach Kopenhagen, angeblich um das Westbüro der Komintern auszuspionieren. Da die verantwortlichen Komintern-Stellen nichts unternahmen, seine Frau aus Deutschland herauszuholen und er außerdem seit Jahren Auseinandersetzungen mit ▸ Ernst Wollweber hatte, trennte er sich von der Komintern und »schaltete« sich nach eigenen Angaben selbst als »Gestapo-Spion« ab. Ende November 1937 wurde Valtin in der dänischen KP-Zeitung »Arbeiterbladet« erstmalig als ein auf der Flucht befindlicher Gestapoagent angeprangert. Daraufhin floh er, gejagt von GPU und Gestapo, in die USA. Hier veröffentlichte er sein Buch »Out of the Night« (deutsch »Tagebuch der Hölle«), welches die »Times« 1941 Buch des Jahres nannte und von dem kurz nach Erscheinen schon über eine Million Exemplare verkauft wurden. Später Freiwilliger bei der US-Army, weilte er im Frühjahr 1950 auf Einladung des CIC in der Bundesrepublik. Jan Valtin/Richard Krebs starb am 1. Januar 1951 an einer Lungenentzündung. Eine Biographie über Valtin/Krebs veröffentlichte Ernst von Waldenfels 2002.

▸ Vater, Albert (* 1859 – † 1923)

Geboren am 17. März 1859 in Soldin in der Neumark, Sohn eines Nagelschmieds; erlernte den Beruf des Vaters, übersiedelte Ende der achtziger Jahre nach Magdeburg und arbeitete als Schmied. Während des Sozialistengesetzes gehörte er der illegalen sozialdemokratischen Organisation »Copra« an, erwarb im Jahre 1900 die Gast-

wirtschaft »Bürgerhalle« und gründete in Magdeburg-Buckau zunächst eine eigene Partei, schloß sich aber bald wieder der SPD an. Er stellte der Partei und den Gewerkschaften seine Lokale zur Verfügung. Durch vorteilhafte Grundstückskäufe kam er (bis zur Inflation) zu einigem Wohlstand. Vater war ab 1909 Stadtverordneter in Magdeburg-Sudenburg, in der Magdeburger SPD zählte er zu den Linken und wandte sich während des Weltkrieges gegen die Mehrheitssozialdemokraten. 1917 trat er der USPD bei, gehörte im November 1918 dem Arbeiter- und Soldatenrat in Magdeburg an. Bis April 1919 Polizeipräsident von Magdeburg, wurde Vater im Februar 1919 Mitbegründer der KPD und war erster Bezirksleiter von Magdeburg-Anhalt. Auf seinem Grundstück befanden sich die Geschäftsräume der BL. Nach Einmarsch der General-Maercker-Truppen im April 1919 tauchte Albert Vater unter, gehörte vorübergehend wie die Mehrheit der Magdeburger Partei der KAPD an. Er wurde im Februar 1921 verhaftet und wegen Hochverrats (»Bildung bewaffneter Banden«) angeklagt. Der Prozeß endete mit einem Freispruch. In seinen letzten Lebensjahren sehr krank und schwerhörig, trat er im Mai 1921 als Parteisekretär und Bezirksleiter des VKPD-Bezirks Magdeburg zurück. Zunehmende Existenzsorgen und eine weitere Verschlechterung seiner Gesundheit veranlaßten Albert Vater dazu, sich in der Nacht vom 7. zum 8. Februar 1923 im Bahnhof von Halle zu erschießen.
Seine Tochter **Cläre Vater** war Lebensgefährtin des während der stalinistischen Säuberungen in der UdSSR erschossenen KPD-Spitzenfunktionärs ▸ August Creutzburg.

▸ Vehlow, Franz (* 1895 – † 1936)

Geboren am 24. Oktober 1895 in Köln-Kalk, Sohn eines Fabrikarbeiters, lernte Dreher. Mitglied der KPD und Betriebsrat, sein Mandat für den Anfang September 1928 in Leipzig tagenden ADGB-Kongreß wurde für ungültig erklärt. Wegen einer Unterschriftensammlung gegen seinen Ausschluß vom ADGB-Kongreß dann aus dem Betrieb entlassen, begann er im März 1929 als hauptamtlicher Funktionär der KPD-BL Mittelrhein. 1929/30 hielt er sich in Ostpreußen auf, war Redakteur am KPD-Blatt »Echo des Ostens« bzw. wirkte als Orgleiter der KPD Ostpreußen, dann zeitweise Sekretär des KPD-Reichstagsabgeordneten ▸ Fritz Selbmann. Vehlow absolvierte 1931 den V. deutschen Lehrgang an der M-Schule der Komintern in Moskau und gehörte vor 1933 unter dem Decknamen Louis Schuster dem AM-Apparat der KPD an. Im Frühjahr 1933 wurde er vom ZK beauftragt, die interne Überprüfung von »Fahrlässigkeiten im Zusammenhang mit der Verhaftung von Ernst Thälmann« zu leiten. Er emigrierte 1934 ins Saargebiet, anschließend in die Schweiz, dort Leiter der Roten Hilfe und zugleich für den Kominter-Nachrichtendienst OMS tätig. Deshalb festgenommen, nach Frankreich ausgewiesen, gehörte er hier der KPD-Emigrationsleitung an. 1936 ging er nach Spanien, war u. a. Politkommissar des »Thälmann-Bataillons«. Franz Vehlow ist am 1. Dezember 1936 vor Madrid gefallen.

▸ Vehmeier, Wilhelm (* 1893 – † 1989)

Geboren am 16. Januar 1893 in Detmold, Schlosser in Nienhagen, dort auch Gemeindevertreter. Mitglied der SPD, zeitweise Bevollmächtigter des DMV für Lippe. In den zwanziger Jah-

ren Mitglied der KPD. Seit September 1932 Leiter des KPD-UB Lippe und Mitglied der erweiterten BL Ruhr. Am 15. Januar 1933 gemeinsam mit ▸ Adolf Scholz in den Lippischen Landtag gewählt. Bereits am 15. März 1933 in Osnabrück verhaftet und am 22. Juli 1933 vom OLG Hamm zu einem Jahr und drei Monaten Gefängnis verurteilt. Am 22. Juni 1934 entlassen, im Juli erneut festgenommen, anschließend drei Monate »Schutzhaft«. Danach selbständiger Händler, kaufte Backwaren auf und vertrieb diese im einsamen nordlippischen Bergland. 1945 wieder Mitglied der KPD, bis 1947 Landtagsabgeordneter in Lippe und Vorsitzender der KPD in Lemgo. Nach dem KPD-Verbot kandidierte er auf einer eigenen Liste für einen Sitz im Gemeinderat. Er soll in den fünfziger Jahren beim Straßenverkehrsamt Detmold tätig gewesen sein. Wilhelm Vehmeier starb am 1. November 1989 in Detmold.

▸ Verner, Wenzel (* 1887 – † 1938?)

Geboren am 4. April 1887 in Prag, lernte Horizontalbohrer und ging auf Wanderschaft. Er ließ sich 1906 in Chemnitz nieder und wurde 1909 Mitglied der SPD. 1914 Soldat an der Ostfront, geriet in russische Gefangenschaft. Im Juli 1918 zurückgekehrt, schloß er sich der USPD an und wurde 1919 einer der Mitbegründer der KPD in Chemnitz. Verner arbeitete dort in seinem Beruf, bis er 1924 in der BL Erzgebirge-Vogtland als Agitpropsekretär eingesetzt wurde. In den Auseinandersetzungen der zwanziger Jahre treuer Anhänger von ▸ Ernst Thälmann, wurde er 1930 Polleiter im UB Plauen, ab 1932 in Dresden aktiv. 1933 verhaftet und zu acht Monaten (nach anderen Angaben zwei Jahren) Gefängnis verurteilt, Verner und seiner Familie wurde die deutsche Staatsbürgerschaft aberkannt. Nach der Ausweisung im Oktober 1934 konnte er in die Sowjetunion emigrieren. Dort im Oktober 1937 vom NKWD verhaftet, soll Wenzel Verner 1938 im Gulag umgekommen sein.

▸ Vesper, Walter (* 1897 – † 1978)

Geboren am 26. Juni 1897 in Wuppertal, Sohn einer Arbeiterfamilie; zunächst Hilfsarbeiter, dann Maurerlehre. Im Herbst 1915 Soldat, wurde verwundet und schloß sich während eines Fronturlaubes 1917 der Spartakusgruppe an. Im Sommer 1918 desertiert, lebte er illegal im Bergischen Land. Da er sich gerade in Berlin aufhielt, nahm Vesper Ende 1918 als Gast am Gründungsparteitag der KPD und an den Januarkämpfen 1919 teil. Während des Kapp-Putsches Führer einer MG-Abteilung der Roten Ruhrarmee, gehörte der KAPD an, übernahm jedoch Ende 1920 den Vorsitz der VKPD Wuppertal. Von 1921 bis 1924 in Hamburg Seemann und Schiffsheizer, er schleuste kommunistische Kader in Deutschland ein. Nach der »Hindenburg-Amnestie« 1925 wieder in Wuppertal, Ende 1928 hauptamtlicher Bezirkskassierer und Mitglied des Sekretariats der BL Niederrhein. Am 11. März 1933 in Siegen festgenommen. Nach seiner Freilassung Pfingsten 1934 aus dem KZ Papenburg Leiter der »Reichstechnik« (Koordination der technischen Apparate der KPD im Inland). Im Sommer 1934 emigrierte Vesper in die ČSR, 1935 in die Sowjetunion, wo er am VII. Weltkongreß und an der »Brüsseler Konferenz« teilnahm. Bis 1937 Leiter des »Internationalen Klubs der Seeleute« in Leningrad, 1937 Angehöriger der Internationalen Brigaden in Spanien, u. a. Politkommissar. Dann in Paris, bei Kriegsausbruch interniert. Von Juni 1940 bis zur Befreiung in Frankreich Mitglied der KPD-Leitung in Toulouse und Kämpfer im Maquis, organisierte später die Rückführung der KPD-Emigranten nach Deutschland. Ab Mai 1945 2. Vorsitzender, 1946 1. Vorsitzender des KPD-Bezirks Niederrhein. Von 1946 bis 1949 Abgeordneter des Landtags von Nordrhein-Westfalen. Ab Oktober 1948 Mitarbeiter im KPD-PV, im August 1949 als Abgeordneter in den ersten deutschen Bundestag gewählt. Vesper mußte aber auf Parteibeschluß im Oktober 1951 in die DDR übersiedeln, wurde 1952 Leiter der Westabteilung der Nationalen Front, dann in deren Präsidiums-Büro. 1959 DDR-Botschafter in Ungarn und von 1961 bis 1965 Botschafter in der ČSSR. Zuletzt arbeitete er im IML, er erhielt 1972 den Karl-Marx-Orden. Walter Vesper starb am 17. Dezember 1978 in Ost-Berlin.

▸ Vettermann, Max (* 1878 – † 1937)

Geboren am 11. Oktober 1878 in Schönau bei Chemnitz, lernte Schlosser und trat 1901 in die SPD ein. Im Weltkrieg zusammen mit ▸ Heinrich Brandler und ▸ Fritz Heckert in Chemnitz führend in der Spartakusgruppe tätig, Delegierter auf dem Gründungsparteitag der KPD, einer der Mitbegründer der KPD im Erzgebirge, 1919 Sekretär der KPD in Chemnitz. Mehrere Jahre Orgleiter des Bezirks Erzgebirge-Vogtland. Vom VII. Jenaer Parteitag 1921 in den ZA der KPD und vom VIII. Leipziger Parteitag 1923 in die Beschwerde- und Revisionskommission gewählt. Vettermann gehörte zum rechten Parteiflügel, deswegen wurde er Mitte 1924 als Orgleiter abgelöst, blieb noch einige Wochen Sekretär für Gewerkschaftsfragen und kam dann in untergeordnete Positionen (Rote Hilfe usw.). Anfang 1929 aus der KPD ausgeschlossen, trat er der KPO bei und wurde deren Geschäftsführer im Bezirk Erzgebirge. Große Aufregung gab es im April 1929, als Vettermann, einer der alten KPD-Kämpfer, von KPD(RFB)-Anhängern und -Mitgliedern in einer Versammlung zusammengeschlagen und schwer verletzt wurde. Bis 1933 war er in der KPO aktiv, danach im Widerstand gegen das NS-Regime. Max Vettermann starb am 20. Juli 1937 im Krankenhaus in Rabenstein. Sein Sohn **Primus Vettermann** (* 6. 1. 1904 – † 9. 3. 1982), Werkzeugmaschinendreher, ab 1923 Mitglied der KPD, ging wie sein Vater 1929 zur KPO. Nach 1933 am Widerstandskampf gegen die Nazis beteiligt. 1945 in Rabenstein Mitbegründer der KPD, war zeitweilig Mitarbeiter der Chemnitzer Sozialversicherung, später wieder Dreher. Im Zusammenhang mit den Parteiüberprüfungen 1951 verweigerte Primus Vettermann, sich vom eigenen Vater zu distanzieren, der laut Überprüfungskommission als KPO-Mitglied »Verbrechen an der Partei« begangen hatte. Deshalb aus der SED ausgeschlossen, erst 1958 wurde dieser Beschluß aufgehoben.

▸ Vierath, Karl (* 1884 – † 1951)

Geboren am 29. Februar 1884 in Berlin, lernte Buchdrucker und fand in Berlin eine Anstellung. 1906 SPD-Mitglied, er trat während des Krieges zur USPD über. Er kam mit der USPD-Mehrheit 1920 zur KPD, wo er zum Berliner linken Flügel zählte. Seit 1922 ehrenamtliches Mitglied der BL, spielte er bei den Aufstandsvorbereitungen 1923 eine große Rolle. Vierath wurde auf Vorschlag Sinowjews am 5. Oktober (neben ▸ Arthur Rosenberg und ▸ Paul Schlecht) in die Zentrale gewählt. Im November 1923 stimmte er mit ▸ Ruth Fischer, ▸ Ernst Thälmann und Rosenberg in der Zentrale-Sitzung gegen die Thesen der Mehrheit und stand auch im Dezember 1923 fest zu Ruth Fischer. Vierath zog im Mai 1924 als Abgeordneter in den Reichstag ein und wurde auch im Dezember wiedergewählt. Zwischen den Sitzungspausen des Parlaments polizeilich gesucht (Steckbrief: »Volles Gesicht, Hornbrille«), lebte er illegal. 1924/25 arbeitete er hauptamtlich in der Berliner BL, schloß sich 1925 nach dem »Offenen Brief« der linken Opposition an. Vierath unterschrieb den »Brief der 700«, protestierte im März 1927 gemeinsam mit ▸ Karl Bohla und ▸ Wilhelm Obendiek gegen die Ausschlüsse von Linken: »Über tausend Funktionäre habt Ihr kaltlächelnd aus der Partei hinausgeworfen.« Nach dem Ausschluß von ▸ Jakob Ritter und ▸ Georg Kenzler aus der Partei, trat Vierath am 4. August 1927 unter Protest demonstrativ aus der KPD aus. Im Reichstag gehörte er zur »Gruppe der linken Kommunisten«. Als sein Mandat 1928 erlosch, trat er politisch nicht mehr hervor, war als Vertreter einer Sterbekasse tätig. Er war nach 1933 mehrmals kurz inhaftiert, auch nach 1945 nicht politisch aktiv. Karl Vierath starb am 7. März 1951 in Miersdorf (DDR).

▸ Vieweg, Kurt (* 1911 – † 1976)

Geboren am 29. Oktober 1911 in Göttingen, Sohn eines Angestellten; Landarbeiter, Mitglied der Landvolkbewegung, 1930 der HJ, seit 1931 für den KJVD tätig, ging 1932 offiziell zum KJVD in Weißenfels. Im Oktober 1933 Emigration nach Dänemark, dort ab 1936 Mitarbeiter und Kurier der KPD-AL Nord. Vieweg war ab Oktober 1944 illegal in Schweden, zeitweise interniert, 1945 Studium an der landwirtschaftlichen Hochschule in Uppsala. 1946 Rückkehr nach Deutschland. Mitbegründer und Funktionär der VdgB in Sachsen-Anhalt, von 1947 bis 1953 Generalsekretär der VdgB der SBZ/DDR, Mitglied des DWK-Sekretariats. Er wurde 1949 in den SED-PV kooptiert, dem er bis 1954 angehörte. Von 1950 bis 1953 Sekretär für Landwirtschaft im ZK der SED. Wegen seiner Kritik an der SED-Agrarpolitik vom Politbüro gemaßregelt und am 18. März 1957 aus der SED ausgeschlossen. Er floh in die Bundesrepublik, kehrte am 19. Oktober 1957 aber in die DDR zurück und stand zunächst unter MfS-Hausarrest. Vieweg wurde im März 1958 verhaftet und im Oktober 1959 zu 12 Jahren Zuchthaus verurteilt. Durch eine Amnestie 1964 vorzeitig entlassen, fertigte er für die HV A des MfS Gutachten an. Seit 1965 wissenschaftlicher Mitarbeiter und ab 1971 als außerordentlicher Professor an der Sektion Nordeuropa-Wissenschaften der Universität Greifswald. Kurt Vieweg starb am 2. Dezember 1976 in Greifswald. Die Revision des Urteils von 1959 erfolgte posthum im Dezember 1990. Eine Biographie über Kurt Vieweg (Bauernopfer der deutschen Frage) veröffentlichte Michael F. Scholz 1997.

▸ Vogeler, Heinrich (Johann) (* 1872 – † 1942)

Geboren am 12. Dezember 1872 in Bremen, Sohn eines Kaufmanns und Eisenwarengroßhändlers. Er sollte eine kaufmännische Lehre beginnen, erkrankte schwer und durfte von 1890 bis 1895 seinem Wunsch entsprechend an der Kunstakademie Düsseldorf studieren. Danach gehörte er zum Künstler-Verein Worpswede, dort erwarb er den Barkenhoff, den er bis 1914 zu einem kulturellen Zentrum ausbaute, als Mittelpunkt wirkten zunächst u. a. Rainer Maria Rilke, Paula Becker und Otto Moderson sowie **Martha Schröder** (* 1879 – † 1961), die er 1901 heiratete. Vogeler wurde ab 1901 einer der bedeutendsten Künstler des Jugendstils. 1914 meldete er sich als Kriegsfreiwilliger, war als Beobachter eingesetzt, wandelte sich aber 1917 zum Kriegsgegner. Beim Fronturlaub 1918 richtete er einen Appell für den Frieden an den Kaiser und wurde daraufhin in eine Irrenanstalt eingewiesen.

Er kam 1918 in den Arbeiter- und Soldatenrat Osterholz, veränderte dann den Barkenhoff in eine Arbeitskommune mit Arbeitsschule. Kurzfristig bis Februar 1920 in der KPD, eng mit ▸ Franz Pfemfert verbunden, an dessen Zeitschrift »Aktion« er mitarbeitete. Dann 1920 in der KAPD und der syndikalistischen AAU aktiv, wandte sich vom Jugendstil der modernen Kunst zu und verfaßte Bücher, u. a. »Die Freiheit der Liebe in der kommunistischen Gesellschaft«.

Im September 1919 gehörte er zu den Begründern des »Bundes für proletarische Kultur« (der schon 1921 auseinanderbrach) und engagierte sich für den »Proletkult«. In dieser frühen kommunistischen Kulturorganisation waren Kommunisten, ebenso Anarchisten und Syndikalisten aktiv, neben Vogeler wirkten radikalkommunistische Künstler (die in der späteren KPD keine Rolle spielten, deshalb im Handbuch nicht erfaßt sind), beispielsweise Hermann Schüller (* 1893 – † 1948), der mit Erwin Piscator (* 1893 – † 1966) auch das »Proletarische Theater« in Berlin organisierte. Im Bund für proletarische Kultur waren Arthur Holitscher (* 1869 – † 1941), Max Barthel (* 1893 – † 1975), Ludwig Rubiner (* 1882 – † 1920, vgl. auch ▸ Frida Rubiner). Vogeler war zugleich verbunden mit Oskar Kanehl (* 1888 – † 1929), Max Hermann-Neiße (* 1886 – † 1941), Franz W. Seiwert (* 1894 – † 1933) und vielen anderen, die bald mit dem Parteikommunismus brachen, ebenso mit ▸ Eduard Fuchs, ▸ Adam Scharrer und ▸ Franz Jung.

Im Sommer 1920 hatte sich Martha Vogeler von ihm getrennt und lebte mit ▸ Ludwig Bäumer zusammen. 1923 reiste Vogeler mit seiner späteren Frau **Sonja Marchlewskaja** (* 1898 – † 1983), der Tochter von ▸ Julian Marchlewski, erstmals in die Sowjetunion, und schloß sich 1924 wieder der KPD an. Den Barkenhoff, den er mit seinen berühmten und umstrittenen Fresken geschmückt hatte, überließ er der Roten Hilfe als Kinderheim. Inzwischen ein berühmter Künstler, gehörte Vogeler 1928 zu den Gründern der »Assoziation Revolutionärer Bildender Künstler«.

Die ultralinke Wende der KPD 1929 führte in allen kommunistischen Nebenorganisationen zu Ausschlüssen, besonders in der Roten Hilfe, zu der Vogeler in engster Beziehung stand. Seine Mitstreiter, etwa Eduard Fuchs oder der Generalsekretär der RHD ▸ Jakob Schloer verloren ihre Funktionen, wurden aus der Partei entfernt und gingen zur KPO. Da sich Vogeler mit den Altkommunisten der KPO solidarisierte, wurde auch er 1929 aus der KPD ausgeschlossen und wie üblich beschimpft. Er hielt zwar enge Verbindung zur KPO, war aber politisch nicht mehr organisiert.

Im Sommer 1931 übersiedelte Vogeler ganz in die Sowjetunion, dort künstlerisch tätig, unternahm er in der UdSSR viele ausgedehnte Reisen und erlebte Ausstellungen seiner Werke, etwa der umstrittenen Komplexbilder. Nach 1933 engagierte er sich politisch gegen die NS-Diktatur in Deutschland. Während der stalinistischen Säuberungen zwar nicht verhaftet, überlebte aber verarmt. Im Herbst 1941 wurde Vogeler nach Kasachstan evakuiert, litt in dieser Verbannung, bereits todkrank, unter schrecklichen Entbehrungen. Erst im Mai 1942 wurde er ins »Hospital« des Kolchos »Budjonny« eingeliefert, wo Heinrich Vogeler am 14. Juni 1942 starb. Inzwischen gibt es über ihn und sein Werk eine vielfältige Literatur.

Seine Tochter **Marie Luise** (Mieke) (* 1901 – † 1945) war die Frau von ‣ Gustav Regler. Der Sohn **Jan Vogeler** (* 1923 in Moskau) kam auf die Komintern-Schule, war im Zweiten Weltkrieg Soldat der Roten Armee, danach Philosophie-Professor in Moskau. Jan Vogeler lebte 2003 in Worpswede.

‣ Vogelsang, Johannes (* 1892 – † 1987)

Geboren am 11. Dezember 1892 in Ringethal/Krs. Rochlitz, Sohn einer Arbeiterfamilie, lernte Baumwollspinner und war später Bergarbeiter. 1910 Mitglied der SPD. Von 1912 bis 1919 Militärdienst und Soldat im Weltkrieg. 1919 Mitbegründer der KPD in Mittweida und ab 1924 dort Stadtverordneter. Er wurde 1929 Leiter der Roten Hilfe im Bezirk Erzgebirge-Vogtland, nach Fusion der drei sächsischen Bezirke Sekretär der RHD für Sachsen. Anfang 1931 ging er nach Moskau, dort bis 1933 offizieller Vertreter der RHD bei der Internationalen Roten Hilfe. Im Mai 1933 illegal nach Deutschland zurückgekehrt, wurde Vogelsang schon am 10. August 1933 in Berlin festgenommen und saß bis Mai 1934 in »Schutzhaft«. Erneut im August 1935 verhaftet, bis November 1936 im KZ Sachsenburg, bei Kriegsausbruch 1939 nochmals für zehn Wochen im KZ Buchenwald. Seine Firma, eine kriegswichtige Verbandswattefabrik, reklamierte ihn, von Juli bis November 1944 abermals im KZ. Im Februar 1945 zum Volkssturm eingezogen, desertierte er. Von Mai bis September 1945 Bürgermeister von Mittweida, übernahm er anschließend den Vorsitz der KPD im Kreis Döbeln, dort von 1946 bis 1952 1. Sekretär der SED. Von 1952 bis 1962 Vorsitzender der Bezirks-PKK Leipzig, er erhielt 1972 den Karl-Marx-Orden. Johannes Vogelsang starb am 10. Januar 1987 in Leipzig.

‣ Vogt, Arthur (* 1894 – † 1964)

Geboren am 21. August 1894 in Breslau, Sohn eines Arbeiters und einer Wäscherin, nach der Schulentlassung Hilfsarbeiter in verschiedenen Betrieben, vor allem in der Metallindustrie. 1908 Mitbegründer der Arbeiterjugendbewegung in Breslau, 1912 Mitglied der SPD, er übersiedelte 1914 nach Leipzig. Ab 1915 Soldat, seit 1917 nur noch »arbeitsverwendungsfähig«. 1917 Übertritt zur USPD, in der Revolution 1918 Mitglied des Arbeiter- und Soldatenrates, war 1919 Vorsitzender der Betriebsräte von Leipzig und Delegierter zum 1. Betriebsrätekongreß 1920 in Berlin. Mit der USPD-Mehrheit 1920 zur KPD, wurde Mitglied der VKPD-BL Westsachsen, ab Juli 1922 UB-Sekretär von Riesa. Vogt stand auf dem linken Flügel der KPD, wurde 1924 nach der Übernahme der Parteiführung durch die Linken Orgleiter für den KPD-Bezirk Westsachsen in Leipzig. Er schloß sich 1925 den Ultralinken an und vertrat diese auf dem X. Parteitag 1925 in Berlin. Leipzig war damals ein wichtiger Stützpunkt für die Ultralinken, Vogt ihr Sprecher.

Nach dem Auseinanderfallen der Ultralinken gehörten die Leipziger unter Vogt zur Weddinger Opposition und vertraten diese auf dem XI. Parteitag in Essen im März 1927. Bis Juli 1927 blieb Vogt Orgleiter in Westsachsen. Das ZK degradierte ihn zum Sekretär für Gewerkschaftsfragen, dann wurde er am 24. Juli 1927 aus der KPD ausgeschlossen. Einen Tag darauf mußte er eine achtmonatige Gefängnisstrafe antreten (wegen Störung einer NS-Versammlung). Aus der Haft schickte Vogt Ende September 1927 eine Ergebenheitserklärung an das ZK und wurde wieder in die KPD aufgenommen. Er schrieb: »Ich erkenne an, daß die Partei das Recht hat, über ihre Mitglieder zu verfügen, ihnen Funktionen zuzuweisen oder die Funktionäre aufzufordern, ihre Funktionen niederzulegen (auch Funktionen in überparteilichen Organisationen). Ich verpflichte mich, die Beschlüsse der Partei durchzuführen.« Vogt wurde zunächst Instrukteur in der Orgabteilung des ZK, später im Ruhrgebiet. Erst nachdem er mit der Weddinger Opposition gebrochen hatte, schickte ihn das ZK im August 1928 wieder nach Leipzig, um dort die rechte Opposition zu bekämpfen.

Im Mai 1928 wurde Vogt im Wahlkreis Westfalen-Nord Abgeordneter des Reichstags, dem er bis September 1930 angehörte. Anfang 1929 in Bezirken mit starken »versöhnlerischen« und »rechten Erscheinungen« eingesetzt (Ober- und Niederschlesien, 1929 in Württemberg), löste er Ende 1931 ▸ Hans Warnke als Polleiter für den Bezirk Mecklenburg ab. Im Juli 1932 wieder in den Reichstag gewählt, aber nach dessen Auflösung in Rostock verhaftet, sollte Vogt eine 18monatige Strafe absitzen, wurde aber nach seiner Wiederwahl in den Reichstag im November 1932 aus der Festung Bergedorf entlassen. Vom ZK als Orgleiter in den Bezirk Berlin-Brandenburg entsandt. Da ▸ Wilhelm Florin in die Leitung des ZK wechselte, wurde Vogt für die Überführung des Bezirks in die Illegalität zuständig. Bei seiner Verhaftung am 15. April 1933 fand die Gestapo große Mengen illegalen Materials, sein beschlagnahmter Notizkalender enthielt Hinweise, die zur Festnahme von ▸ Kurt Krautter und ▸ Ewald Blau führten. Vogt wurde von der Gestapo schwer mißhandelt, er sollte ▸ Ernst Thälmann zum Übertritt zum Nationalsozialismus bewegen. In der Haftanstalt mit Thälmann zusammengeführt, wagte er es nicht, diesem die Vorschläge der Nazis zu unterbreiten. Das Reichsgericht verurteilte Vogt 1934 zu drei Jahren Gefängnis, anschließend saß er im Gestapokerker in der Berliner Prinz-Albrecht-Straße. Von 1938 bis 1942 Gießereiarbeiter in Berlin-Reinickendorf, bis Kriegsende Bürogehilfe bei einer Feuerbestattungsfirma.

Vogt war mit ▸ Ernst Torgler befreundet und hatte sich im März 1933 mit diesem und ▸ Wilhelm Kasper getroffen, weshalb es nach 1945 zu umfangreichen Nachfragen und Verhören kam. Als Mitglied der KPD/SED 1945/46 Vizebürgermeister in Berlin-Wedding, ab Juli 1947 Vizepräsident der SBZ-Zentralverwaltung für Umsiedler. Anfang 1948 von der Deutschen Verwaltung des Innern übernommen, er wurde Chefinspekteur und Leiter der Hauptabteilung für die politische Schulung. Im Juli 1949 Geschäftsführer der VVB, nach deren Reorganisation Ende 1950 in untergeordneten Funktionen, er erhielt 1956 den VVO nur in Bronze. Arthur Vogt starb am 6. Juli 1964 in Ost-Berlin.

▸ Voigt, Arno (* 1895 – † 1986)

Geboren am 18. Juni 1895 in Großbreitenbach/Krs. Ilmenau, Sohn eines Nagelschmiedes; lernte Glasmacher, seit 1910 in der Arbeiterjugend. 1915 Soldat, kehrte er Ende 1918 aus dem Krieg zurück, trat zunächst in die USPD, 1919 in die KPD ein. Er leitete die KPD-Ortsgruppe in Oelze und gehörte seit 1926 der KPD-BL Thüringen an. Von 1929 bis 1933 Abgeordneter des Thüringer Landtags, ging Voigt im Februar 1933 in die Illegalität, emigrierte in die ČSR, wurde am 5. März 1935 bei einem Einsatz in Deutschland verhaftet und zu fünf Jahren Zuchthaus verurteilt, die er bis März 1941 verbüßte. Danach bis 1943 wieder Glasmacher, wurde Arno Voigt 1944 zur Organisation Todt dienstverpflichtet und geriet Ende 1944 in amerikanische Kriegsgefangenschaft. Zurückgekehrt nach Thüringen, wurde er Mitglied der SED und 1948/49 Treuhänder der VVB (Glasbetriebe). Ab 1956 Sekretär der Nationalen Front Ilmenau und zuletzt Personalchef beim Rat des Kreises Ilmenau. Arno Voigt starb am 9. Februar 1986.

▸ Voigt, Otto Albert (* 1893 – † 1971)

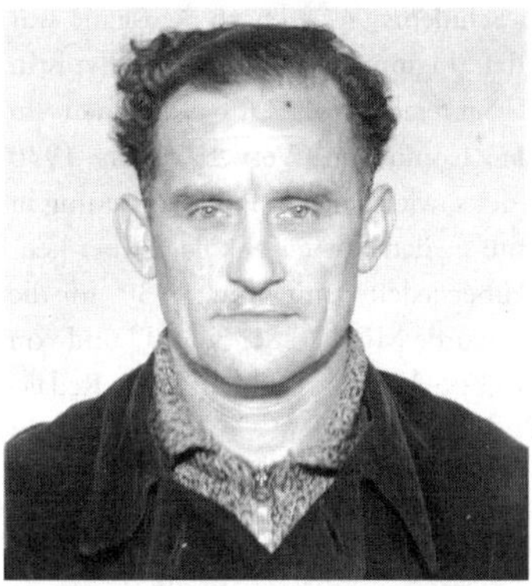

Geboren am 17. März 1893 in Badra bei Sondershausen, Schlosserlehre, dann als Schlosser beschäftigt; im Krieg Soldat. 1918 in Leipzig Mitglied der USPD, 1920 mit der linken USPD zur KPD. Anhänger der Linken, seit 1924 Mitglied der BL Westsachsen und hauptamtlicher Funktionär. In Leipzig 1925 aktiver Anhänger der Ultralinken, deshalb 1927 zusammen mit ▸ Arthur Vogt aus der Partei ausgeschlossen, aber nach einer Selbstkritik wieder in die KPD aufgenommen. 1928 wieder Mitglied der BL Westsachsen, wurde Otto Voigt vom XII. Parteitag 1929 als Kandidat ins ZK gewählt. 1931 sechs Monate Kursant der Komintern-Schule in Moskau, anschließend Parteisekretär der UBL Leipzig. Er arbeitete nach 1933 als Schlosser, zeitweise inhaftiert, trat politisch nicht mehr hervor, weitere Daten ließen sich nicht ermitteln. Otto Albert Voigt starb am 20. Mai 1971 in Dresden.

▸ Voigt, Walter (* 1905 – † ?)

Geboren am 17. Januar 1905 in Dresden, lernte Schlosser, gehörte von 1919 bis 1924 der SAJ, von Mai bis Oktober 1923 der SPD, ab Oktober 1924 der KPD an. Er war Leiter des KPD-UB Siemenswerk Berlin, von 1931 bis 1934 Kursant der Internationalen Leninschule in Moskau. Anschließend zur illegalen Arbeit nach Deutschland entsandt, nahm Voigt als Vertreter Berlins unter den Parteinamen Walter Talkenberg bzw. Erwin Boldt am VII. Weltkongreß und an der »Brüsseler Konferenz« der KPD 1935 in Moskau teil. Der weitere Lebensweg von Walter Voigt konnte nicht ermittelt werden, er soll in Deutschland verhaftet worden sein und ist seitdem verschollen.

▸ Voigt, Willi (* 1892 – † ?)

Geboren 1892 vermutlich in Zeitz, zunächst Holzarbeiter, schloß sich Voigt 1909 der SPD an und kam 1917 zur USPD. Mit der linken USPD wechselte Voigt 1920 zur KPD. Bis 1926 als Verwalter beschäftigt, danach hauptamtlicher Sekretär der KPD-BL Halle-Merseburg, war er zeitweise Orgleiter der BL. Auf dem XII. Parteitag in Berlin-Wedding wurde Willi Voigt zum Kandidaten des ZK gewählt, 1930 war er Gauführer des illegalen RFB in Halle-Merseburg. Er gehörte auch dem dortigen Provinziallandtag an. Das weitere Schicksal von Willi Voigt ließ sich nicht ermitteln.

▸ Volk, Karl (Robert) (* 1896 – † 1961)

Geboren am 1. April 1896 in Zolkiev (damals Galizien), Sohn eines Kaufmanns, verlebte seine

Jugend in Proßnitz/Mähren. Nach dem Gymnasium studierte er in Prag einige Semester Volkswirtschaft und Philosophie. Er wurde nach dem Krieg Mitglied der jüdischen sozialistischen »Poale Zion«, seit Gründung Mitglied der Kommunistischen Partei der Tschechoslowakei. Volk war 1921 kurze Zeit in Rußland, dann Sekretär der russischen Botschaft in Peking, schließlich Leiter des russischen Pressebüros in Wien. Ende 1922 Übersiedlung nach Deutschland, hier als hauptamtlicher Funktionär der KPD 1923 Polleiter des Bezirks Niedersachsen. Von den Linken im April 1924 abgelöst, noch einige Monate Chefredakteur der »Sächsischen Arbeiterzeitung« in Leipzig, kam er dann ein Jahr in den Komintern-Apparat nach Moskau. Dort wechselte er – früher Anhänger der Mittelgruppe – zu den Linken. 1925 ging Volk als Chefredakteur des »Kämpfers« nach Chemnitz (Pseudonym Karl Chemnitz) und bekannte sich damals zu den Chemnitzer Linken, er war eng mit ▸ Heinrich Süßkind befreundet. In Berlin übernahm er 1926 die Leitung des KPD-Pressedienstes.
Gemeinsam mit Süßkind trennte er sich 1928 von den Linken und wurde in der Folgezeit einer der führenden Versöhnler. Durch Vereinbarungen zwischen den Spitzen von KPD und KPdSU im Februar 1928 wurde Volk zu Beginn der ultralinken Wende der Partei vom Pressedienst entfernt und als Chefredakteur an die »Hamburger Volkszeitung« versetzt, aber sofort nach der Wittorf-Affäre als Gegner ▸ Ernst Thälmanns seines Postens enthoben. Wieder in Berlin, leitete er die Versöhnler-Gruppe nach deren offizieller Kapitulation Ende 1929 illegal weiter. Dabei konnte er sich vor allem auf Berliner Funktionäre stützen, die unter seiner Führung auch noch nach 1933 arbeiteten. Volk nahm an der »Versöhnler-Konferenz« 1933 in Zürich teil und hoffte vor allem nach dem VII. Weltkongreß der Komintern 1935 auf eine Wende der Generallinie. Nach den Moskauer Schauprozessen, insbesondere gegen Bucharin 1938, brach er endgültig mit der KPD. Volk lebte zuerst in Frankreich, wanderte während des Krieges illegal in die USA ein und trug dort den Namen Robert Rintel. Unter dem Pseudonym Ypsilon war er Herausgeber des Buches »Pattern for World Revolution«, Chicago-New York 1947, eines der frühen Werke mit internen Kenntnissen über die Stalinisierung der KPD. Als Mitarbeiter für Rußlandfragen an verschiedenen amerikanischen Zeitungen hielt er auch Verbindungen zur SPD. Karl Volk starb im März 1961 in New York.

▸ Volkmann, Irma (* 1904 – † 1988)

Geboren am 5. Mai 1904 in Berlin, Tochter eines Heilmasseurs. Nach dem Lyzeum (Freistelle) Sekretärin und Stenotypistin, 1923/24 in der sowjetischen Handelsvertretung in Berlin beschäftigt. 1924 Mitglied der KPD, von 1924 bis 1927 Sekretärin im ZK der KPD. Sie reiste 1925 gemeinsam mit Emmy Scholem, der Frau ▸ Werner Scholems, u. a. nach Moskau, war während der Tagung des EKKI Stenotypistin und 1927 Sekretärin von Otto Kuusinen im Apparat der Komintern. Von 1928 bis 1930 erneut bei der sowjetischen Handelsvertretung in Berlin, lernte sie den Russen Nikolai Farber kennen und übersiedelte mit ihm 1930 in die UdSSR. Sie wurde Mitglied der KPdSU und von 1930 bis 1932 Sekretärin der deutschen Redaktion am Internationalen Agrarinstitut in Moskau, später Übersetzerin für die Zeitschrift »Kommunistische Internationale«. Ihr Mann Farber, Leiter der Planungsabteilung im Volkskommissariat für Wirtschaft, wurde im Herbst 1937 vom NKWD verhaftet und ist in den Stalinschen Säuberungen umgekommen. Irma Volkmann wurde Anfang 1938 aus der KPdSU ausgeschlossen, als »Frau eines Vaterlandsverräters« zu acht Jahren Arbeitslager verurteilt und nach Archangelsk verbannt. Seit 1946 Lehrerin in Kowrow/Gebiet Wladimir, durfte sie im Februar 1955 in die DDR ausreisen, kam u. a. an das Institut für Sprachen der HU Berlin. Gegen einen verharmlosenden Artikel von Gertraud Teschner im »Neues Deutschland« anläßlich des 100. Geburtstages von Stalin Ende 1979 schrieb sie einen (natürlich nie veröffentlichten) Protestleserbrief; deshalb wurde sie vom ZK der SED zu einer Aussprache vorgeladen. Irma Volkmann starb am 19. April 1988 in Ost-Berlin.

▸ Volkmann, Johannes (Hans) (* 1893 – † 1957)

Geboren am 1. August 1893 in Merseburg, Sohn eines Buchbindermeisters und Kunstmalers; lernte Bau- und Maschinenschlosser, trat 1908 in die sozialistische Arbeiterjugend ein. Während des Weltkriegs in einem Schweißmaschinenbetrieb in Berlin-Schöneberg »unabkömmlich«. Ende November 1918 Schlosser in der Reichsbahn-Hauptwerkstatt Berlin-Tempelhof, aus politischen Gründen entlassen. Von 1920 bis 1923 Lokomotivführer und Betriebsrat bei den Anhaltinischen Kohlewerken in Mücheln, er trat 1922 in die KPD ein. Ab 1924 im Leunawerk beschäftigt, Betriebsratsmitglied und Leiter der KPD-Betriebszelle. Volkmann war Abgeordneter des Provinziallandtages der Provinz Sachsen, wurde im September 1930 im Wahlkreis Merseburg in den Reichstag gewählt, dem er bis 1932 angehörte. Am 4. März 1933 festgenommen, bis Ende Mai 1934 in »Schutzhaft«, 1937 erneut vier Wochen inhaftiert. Von 1937 bis 1945 war Volkmann Angestellter einer Baufirma. Ab Oktober 1945 hauptamtlicher Funktionär der VVN im Land Thüringen, er baute die OdF-Betreuungsstelle in der Stadt sowie im Landkreis Rudolstadt auf. Später Mitarbeiter der IHK des Kreises Rudolstadt. Johannes Volkmann starb am 27. September 1957.

▸ Vollmer, Otto (* 1894 – † 1978)

Geboren am 1. November 1894 in Neckargartach/Württemberg, Sohn eines Maurers; lernte in den NSU-Werken Neckarsulm Eisendreher und arbeitete anschließend in diesem Werk. 1913 Mitglied der SPD, Leiter der Arbeiterjugend und 1914 Anhänger der Kriegsgegner in der Partei. Von 1916 bis 1918 Soldat an der Westfront. Er trat 1918 der USPD bei und kam mit deren linkem Flügel 1920 zur KPD, USPD-Delegierter auf dem Vereinigungsparteitag. Von 1918 bis 1922 Dreher in den NSU-Werken, dort Betriebsrat, wurde er 1922 zum Geschäftsführer des Metallarbeiterverbandes, Zahlstelle Heilbronn, gewählt. Gleichzeitig war er Leiter des KPD-UB Heilbronn und ab 1924 Parteisekretär, Mitglied der BL Württemberg. Vollmer wurde 1928 in den Württembergischen Landtag gewählt, dem er bis 1933 angehörte. Von 1929 bis 1933 Bezirksleiter der RGO. 1933 Emigration in die Schweiz, 1935 Rückkehr nach Deutschland, zunächst erwerbslos, dann Hilfsarbeiter beim Autobahnbau und in verschiedenen Metallbetrieben, die Tätigkeit im erlernten Beruf wurde ihm verweigert. Nach dem Attentat auf Hitler 1944 verhaftet und ins KZ Dachau gebracht. Seit 1945 wieder Mitglied der KPD, als Sekretär am Neuaufbau der Gewerkschaften in Heilbronn beteiligt, dann Leiter der Rechtsabteilung am Arbeitsgericht in Heilbronn. Ab November 1946 Vorsitzender des Arbeitsgerichts Heilbronn und anschließend zum Arbeitsgerichtsrat ernannt. Von 1952 bis zur Pensionierung 1955 beim Arbeitsgericht in Göppingen tätig. Otto Vollmer starb am 6. Mai 1978.

▸ Vorkörper, Ewald (* 1887 – † ?)

Geboren am 19. April 1887 in Teterow, Handlungsgehilfenlehre, Wanderschaft in Deutschland und im Ausland, 1906 Mitglied der SPD. Bis 1909 Handlungsgehilfe, von 1909 bis 1921 Inhaber eines Schreibmaschinengeschäfts in Rostock. Vorkörper wurde 1918 Mitglied der USPD, Ende 1920 der KPD. Im Juni 1920 für die USPD in den Landtag von Mecklenburg-Schwerin gewählt, bildete er ab dem 10. Dezember 1920 bis zum Ende der Legislaturperiode am 3. März 1921 gemeinsam mit ▸ Herbert von Mayenburg, ▸ Hans Kollwitz und ▸ Hans Fuchs die KPD-Fraktion im Landtag. Über Ewald Vorkörpers weiteren Lebensweg konnte nichts ermittelt werden.

▸ Voss, Walter (* 1907 – † 1983)

Geboren am 31. Juli 1907 in Berlin, Sohn eines Schmieds; zunächst Bote und Lagerarbeiter, dann Maschinenbaulehre, später kaufmännischer Angestellter. Seit 1925 Mitglied der SAJ, dann des KJVD und der Roten Jungfront, im Oktober 1927 der KPD. Nach der Ablösung ▸ Konrad Blenkles durch ▸ Kurt Müller wurde Voss im ZK des KJVD »Gegner-Obmann«. Er absolvierte 1930 einen mehrmonatigen Kurs an der KJI-Schule in Moskau, danach enger Mitarbeiter von ▸ Philipp Dengel und zeitweise Büromitglied des ZK des KJVD. Anschließend Jugendleiter der (späteren) Kampfgemeinschaft für rote Sporteinheit unter ▸ Ernst Grube. Voss leitete 1931 die deutsche Spartakiade-Delegation nach Moskau zum Drei-Städte-Treffen Moskau, Leningrad und Charkow. Bis Dezember 1931 Jugendsekretär im Verlag der Kampfgemeinschaft für rote Sporteinheit, dann Ende 1931 zum Polleiter der KJVD-BL Berlin berufen. Mit ▸ Helmut Remmele befreundet, geriet Voss 1932 in die Auseinandersetzungen innerhalb der Parteiführung. Da er Kurt Müller und ▸ Alfred Hiller unterstützte, wurde er im Sommer 1932 auf einer Sitzung des erweiterten Jugend-ZK heftig kritisiert und trotz ergebener Selbstkritik abgesetzt. Voss wurde noch im Juli 1932 in den Reichstag gewählt und daher bis Oktober 1932 Instrukteur (weil er als MdR mit einer Freifahrkarte der Bahn reisen konnte), aber im November 1932 nicht mehr als Abgeordneter nominiert und erwerbslos. Im März 1933 kurzzeitig festgenommen, setzte Voss im UB Reinickendorf die illegale Arbeit fort, war von 1935 bis 1942 Mechaniker in Berlin. Im November 1942 zur Wehrmacht eingezogen, desertierte er im Frühjahr 1945 zur Roten Armee, kam in sowjetische Kriegsgefangenschaft und wurde Angehöriger des NKFD. Am 1. September 1945 wieder in Berlin-Wedding, hier sofort in der KPD-UB-Leitung. Seit Januar 1949 Abteilungsleiter für Arbeit und Sozialfürsorge im SED-LV, von 1954 bis 1956 Sekretär des FDGB von Ost-Berlin und ab März 1957 Leiter der dort angesiedelten Arbeitsschutzinspektion. Er erhielt 1977 den VVO in Gold. Walter Voss starb am 21. März 1983 in Ost-Berlin.

W

▸ Wachner, Arno (* 1876 – † 1950)

Geboren am 16. Februar 1876 in Hamburg, lernte von 1890 bis 1894 Maler und war anschließend in diesem Beruf tätig. Ab 1919 Angestellter beim Hamburger Arbeitsamt. Mitglied der SPD, der USPD, und seit 1920 der KPD. Im März 1919 kam er für die USPD in die Hamburger Bürgerschaft und war von Ende 1920 bis zur Neuwahl am 20. Februar 1921 dort Abgeordneter der KPD. Danach trat er politisch nicht mehr hervor. Arno Wachner starb am 1. Oktober 1950 in Hamburg.

▸ Wachter, Maria (* 1910)

Geboren am 21. April 1910 in Düsseldorf, Tochter einer sozialdemokratisch orientierten Arbeiterfamilie. Die gelernte Kontoristin wurde Mitglied eines Arbeitersportvereins, als dieser sich spaltete, ging sie zu den Kommunisten, im Parteibüro der Düsseldorfer KPD angestellt, gehörte zur Agitpropgruppe »Nordwest-Ran«. Ab 1933 im Widerstand, 1935 Mitglied der UB-Leitung, sie arbeitete dort eng mit ▸ Heinrich Wiatrek und Irene Gärtner (▸ Elli Schmidt) zusammen. Von Wiatrek für einen Kurs an der Leninschule vorgeschlagen, entkam sie so der Verhaftung durch die Gestapo. Unter dem Decknamen Erna blieb Maria Wachter über zwei Jahre in Moskau und kam im Herbst 1937 nach Deutschland zurück. Sie ging gemeinsam mit ▸ Fritz Sperling zunächst nach Paris zur AL West, dann Instrukteurin für Ostwestfalen-Lippe. 1938 reiste sie von Amsterdam nach Bielefeld, betreute dort illegal wirkende Betriebszellen und war anschließend in Paris für das KPD-Auslandssekretariat tätig. Nach Ausbruch des Krieges interniert, an die Gestapo ausgeliefert und zu vier Jahren Zuchthaus verurteilt. Nach der Befreiung 1945 wieder Mitglied der KPD, vor allem für die VVN aktiv, als Sekretärin in einer Düsseldorfer Firma beschäftigt. Nach dem KPD-Verbot 1956 kurzzeitig in Neuss in Untersuchungshaft, sie wurde aber nicht verurteilt. Maria Wachter lebte 2003 in Düsseldorf.

▸ Wackwitz, Marie (* 1865 – † 1930)

Geboren am 11. Januar 1865 in Löbau/Sachsen als Johanna Marie Louise Zinske, Tochter eines Maurergesellen. Sie absolvierte Fortbildungskurse, trat 1889 in den Arbeiterbildungsverein ein, 1890 wurde sie Mitglied der SPD. 1897 heiratete sie den Arbeiter Adolf Clemens Wackwitz. Seit 1901 Agitatorin im Auftrage des SPD-PV zur Organisierung sozialdemokratischer Frauen in Sachsen, Delegierte der Parteitage 1908 in Nürnberg und 1911 in Jena. 1917 Mitglied der USPD, ab Ende 1919 Kreissekretärin der USPD für das Weißenfelser Gebiet, 1919 nahm sie an den USPD-Parteitagen in Berlin und Leipzig teil, war im USPD-Reichsfrauenausschuß. Marie Wackwitz wurde im Juni 1920 im Wahlkreis Merseburg-Weißenfels in den Reichstag gewählt. Als Delegierte des USPD-Spaltungsparteitags in Halle stimmte sie für die Annahme der 21 Bedingungen und den Anschluß an die Komintern. Sie gehörte mit den linken USPD-Abgeordneten ▸ Wilhelm Bartz, ▸ Ernst Däumig, ▸ Hermann Remmele u. a. Anfang Oktober 1920 zunächst zur USPD-Fraktion (Linke), danach Anfang

Dezember 1920 mit den beiden KPD-Abgeordneten ▸ Clara Zetkin und ▸ Paul Levi zur VKPD-Reichstagsfraktion. Im September 1921 aus Protest gegen die Politik der KPD (Putschismus-Vorwurf) aus der Partei ausgetreten, zunächst fraktionslos, schloß sie sich im April 1922 erneut der USPD und im September 1922 der SPD an. Bis April 1924 Reichstagsabgeordnete, sie lebte als Schriftstellerin in Weißenfels, war Vorsitzende der sozialdemokratischen Frauen und Vorsitzende des Bezirksausschusses der Arbeiterwohlfahrt für Halle-Merseburg. Im Mai und Dezember 1924 sowie im Mai 1928 kandidierte sie erfolglos für den Reichstag. Marie Wackwitz starb am 23. November 1930 in Dresden.

▸ Wadle, Anni (* 1909 – † 2002)

Geboren am 18. Juli 1909 in Itzehoe als Anna Maria Dorothea Kreuzer, Tochter eines Steinmetzes; Lauf- und Dienstmädchen. Mitglied des KJVD und der KPD. Ab April 1929 Schreibhilfe im Büro der KPD in Kiel. Volontärin, dann Redakteurin der »Norddeutschen Zeitung« für Schleswig-Holstein. Ab Herbst 1930 in Hamburg Mitarbeiterin der BL Wasserkante und zeitweise verantwortliche Redakteurin der HVZ in Hamburg. 1933 illegale Arbeit, am 15. September 1933 festgenommen und am 1. November 1934 vom OLG Hamburg zu drei Jahren Zuchthaus verurteilt, danach ab April 1937 Arbeit in einem Schuhgeschäft. 1945 wieder Mitglied der KPD, ab 1969 der DKP. 1988 veröffentlichte sie: »Mutti warum lachst Du nie? Erinnerung an Zeiten der Verfolgung und des Krieges«, ihre Memoiren. Anni Wadle starb am 9. April 2002 in Neumünster.

▸ Wagner, Georg, Dr. med. (* 1867 – † 1935)

Geboren am 22. Januar 1867 in Militsch/Bezirk Breslau, studierte Medizin und promovierte zum Dr. med. Umzug nach Hanau, als niedergelassener Arzt Vertrauensarzt der gewerkschaftlichen Organisationen in Hanau. Bereits vor dem Weltkrieg Mitglied der SPD, war Wagner seit 1912 in der Stadtverordnetenversammlung von Hanau. 1917 Wechsel zur USPD und deren Vorsitzender in Hanau. In der Revolutionszeit 1918/19 kommissarischer Landrat und Polizeidirektor für die Stadt und den Landkreis Hanau. Gemeinsam mit ▸ Friedrich Schnellbacher organisierte er im April 1919 den Übertritt der großen Mehrheit der Hanauer USPD zur KPD. Wagner war der populärste Kommunist in Hanau und im Umland und dort auch Führer der KPD. Als Anhänger ▸ Paul Levis trat er 1921 aus der KPD aus und bildete in Hanau sofort einen eigenen kommunistischen Kreis, die Wagner-Gruppe, für die er bis 1933 in der Stadtverordnetenversammlung blieb und als Stadtrat amtierte. Der Arzt Wagner war kein »Theoretisierer«, sondern, wie der Historiker Hartfried Krause schrieb, »ein Mann der unermüdlichen praktischen Arbeit, der sein Lebenszentrum in der täglichen Sorge um die Tagesnöte der Arbeiter sah«.

In der Nacht des Reichstagsbrandes verhaftet, zog Georg Wagner später nach Frankfurt/M., wo er am 30. Mai 1935 im Israelitischen Krankenhaus starb. Wagners geisteskranker Sohn Friedrich (* 8. 5.1898 in Hanau) wurde im Rahmen der »Vernichtung« jüdischer psychischer Kranker aus der Heilanstalt Marburg nach Gießen verlegt und im Oktober 1940 in Cholm II ermordet. Der Sohn Hans Justus (* 25. 5. 1897 in Hanau), der ebenfalls Arzt war, beging 1934 wegen ständiger NS-Verfolgungen gemeinsam mit seiner Frau und seinem Sohn Selbstmord.

▸ Wagner, Heinrich (* 1886 – † 1945)

Geboren am 1. Februar 1886 in Lodz, Sohn eines Maurers; lernte Schmied, von 1906 bis 1909 Militärdienst beim Jägerregiment in Graudenz. Dann Schmiedegeselle in Tilsit, zog 1912 nach Delmenhorst, arbeitete in einer Wagenfabrik. Seit 1913 schwer lungenkrank, wurde Wagner kein Soldat, sondern 1914 Schmied bei den Atlas-Werken in Bremen. Ab 1919 wieder in Tilsit, dort selbständiger Schmied, 1922 kehrte er nach Delmenhorst zurück und war bis 1925 bei mehreren größeren Firmen in Bremen beschäftigt, dann von 1925 bis 1935 erwerbslos. Seit Oktober 1918 Mitglied der USPD, 1922 leitete er die Delmenhorster Ortsgruppe. Ab 1924 Mitglied der KPD, 1929/30 Vorsitzender der Ortsgruppe Delmenhorst, Wagner gehörte zu den aktivsten KPD-Funktionären im Land Oldenburg. Er war 1931/32 im Oldenburger Stadtrat und wurde im Mai 1931 als Abgeordneter in den Oldenburger Landtag gewählt. Sein Mandat legte er 1932 wegen Differenzen mit der Partei nieder und wurde im November 1932 aus der KPD ausgeschlossen. Im März 1933 in »Schutzhaft« und am 1. Mai 1933 wegen des »Verdachts der illegalen Betätigung für die KPD« erneut für mehrere Wochen inhaftiert. Seit Frühjahr 1935 bei einer Straßenbaufirma in Delmenhorst, danach bei der AG Weser in Bremen beschäftigt, stand Wagner unter Gestapoaufsicht. Er verbrachte zehn Monate in Untersuchungshaft und wurde am 17. Mai 1938 zu drei Jahren Zuchthaus verurteilt. Bis Mitte Juli 1940 im Zuchthaus Bremen-Oslebshausen, kam anschließend in das KZ Sachsenhausen, von dort noch nach Bergen-Belsen, wo Heinrich Wagner am 26. Januar 1945 mit Giftgas umgebracht wurde.

▸ Wagner, Josef (* 1896 – † 1946)

Geboren am 13. April 1896 in Mallersdorf/ Niederbayern, Sohn einer kinderreichen Arbeiterfamilie, Maschinenarbeiter in Augsburg. Soldat im Weltkrieg, 1919 Mitglied der USPD, 1920 der KPD. Im Januar 1924 wegen seiner Aktivitäten im »deutschen Oktober« 1923 verhaftet, anschließend Anklage und Verurteilung vor dem Reichsgericht. 1925 Freilassung durch die »Hindenburg-Amnestie«. Später war er wieder Maschinenarbeiter in Augsburg und Betriebsrat. Im April 1932 wurde Wagner in den Bayerischen Landtag gewählt. Ab Februar 1933 illegal tätig, am 20. April 1933 festgenommen und am 24. Juli 1933 vom OLG München zu zwei Jahren und drei Monaten Zuchthaus verurteilt, danach verhängte die Gestapo »Schutzhaft«. Zunächst Häftling im KZ Dachau, ab Ende September 1939 im KZ Flossenbürg, von dort wieder zurück nach Dachau. Im November 1944 »entlassen«, mußte zur SS-Sondereinheit Dirlewanger, Fronteinsätze in Polen und Rumänien. Wagner desertierte am 15. Dezember 1944 zur Roten Armee, wurde Propagandist und Leiter des antifaschistischen Klubs in einem Kriegsgefangenenlager in den östlichen Karpaten. Hier erkrankte er an einer schweren Tbc, trotz einer Operation im Hospital starb Josef Wagner am 6. Dezember 1946 in Focsani.

▸ Wagner, Josef (* 1897 – † 1943)

Geboren am 6. Mai 1897 in Lockweiler/Bezirk Trier, Sohn einer kinderreichen Arbeiterfamilie. Zunächst in der Landwirtschaft, dann im deutschen und französischen Bergbau tätig. Ab 1917 Soldat, geriet er im März 1918 in französische Kriegsgefangenschaft. Aktiver Gewerkschafter, trat er 1924 in die KPD ein. 1928 UB-Leiter und seit 1929 Gemeinde- und Kreistagsmitglied. 1932 kandidierte Wagner erfolglos für den Reichstag und den Preußischen Landtag. Ende 1932 nahm er noch an einem Lehrgang an der Reichsparteischule der KPD in Berlin-Fichtenau teil und ging im Frühjahr 1933 wieder in das Saargebiet. Parteiinstrukteur, organisierte den Schmuggel illegaler Druckschriften in das Reichsgebiet. Nach dem Anschluß des Saargebiets an Deutschland emigrierte er nach Frankreich und erhielt vom Auslandssekretariat des ZK in Paris den Auftrag, zusammen mit ▸ Otto Niebergall die AL Saargebiet im französischen Grenzort Forbach zu übernehmen, war ab Herbst 1937 Abschnittsleiter. Wagner koordinierte die Nachrichtenbeschaffung durch Kuriere und die Einfuhr von Druckschriften nach Deutschland. 1939 als »feindlicher Ausländer« ins französische Landesinnere abgeschoben, interniert und zeitweilig in Arbeitskompanien. Am 7. Oktober 1941 von der französischen Polizei festgenommen und am 16. Juni 1942 an die Gestapo ausgeliefert. Vom 1. Senat des VGH am 21. April 1943 zum Tode verurteilt, wurde Josef Wagner am 1. September 1943 in Berlin-Plötzensee hingerichtet.

▸ Wagner, Josef (* 1898 – † 1967)

Geboren am 8. November 1898 in Irmtraut/Westerwald, Sohn eines Hafenarbeiters, der 1906 nach Hamburg zog. Er besuchte die katholische Schule in Hamburg, anschließend die Jesuitenschule in Sterpenich in der Nähe der belgischen Stadt Arlon bzw. das Jesuitenkloster in Klein-Bettingen in Luxemburg. Dann brach er die Ausbildung ab, kam 1917 zum Militärdienst ins Elsaß, Einsatz an der Westfront. Im November 1919 aus britischer Kriegsgefangenschaft entlassen, besuchte er 1920 das Lehrerseminar in Hamburg. Nach dem Examen noch mehrere Jahre Industriearbeiter, bekam er 1925 eine Anstellung als Lehrer und gehörte von 1927 bis 1933 der Leitung der Allgemeinen Freien Lehrergewerkschaft Deutschlands an und organisierte die kommunistischen Lehrer. An der Hamburger Telemannschule, einer Versuchsschule im Arbeiterviertel Eimsbüttel, war Wagner so beliebt, daß die Elternschaft nach seiner Verhaftung (Beschuldigung des Hochverrats) 1931 einen Schulstreik durchführte. Seit 1928 Mitglied der KPD, engagierte er sich in der Roten Hilfe und gehörte als »SPD-Spezialist« einer Kommission der BL Wasserkante an. Nach schweren Auseinandersetzungen mit nationalsozialistischen Lehrern 1932 wurde er 1933 aus dem Schuldienst entlassen. Der nun in der Abwehrarbeit der KPD eingesetzte Wagner bekam nach Aussagen ▸ Herbert Wehners Differenzen mit der Leitung der illegalen BL Wasserkante (»forderte grundlegende Umstellungen, um aus dem Zirkel des Hochgehens herauszukommen«). Daraufhin 1935 nach Dänemark geschickt, im August 1936 übernahm er in Schweden die Emigrationsleitung. Im Februar 1938 dort von ▸ Herbert Warnke abgelöst, blieb zunächst in der Emigrationsleitung, reiste dann illegal nach Hamburg. Nach einem Kurs in Paris wurde ihm die Kaderschulung in Stockholm übertragen. Im Sommer 1941 ging Wagner im Auftrag Wehners als Instrukteur nach Deutschland, wurde nach seiner Rückkehr im Oktober 1941 in Schweden verhaftet und bis 1943 interniert. Die von ▸ Karl Mewis dominierte KPD-Leitung in Schweden verunglimpfte ihn als »englischen Agenten«. Wagner lebte dann in Uppsala, trennte sich von der KPD und kam 1945 nach Hamburg. Hier trat er in die SPD ein und arbeitete später als außenpolitischer bzw. wirtschaftspolitischer Redakteur am »Hamburger Echo«. Josef Wagner starb am 6. August 1967 in Hamburg.

▸ Wahl, Hugo (* 1884 – † 1948)

Geboren am 5. Oktober 1884 in Bremen, Maschinenarbeiter und Tischler, 1918/19 Mitglied des Arbeiter- und Soldatenrates Bremen, Anfang 1919 besoldeter Parteisekretär der KPD in Bremen und Abgeordneter der Bremer Bürgerschaft. Er lebte mit **Käthe Ahrens** (* 4. 11. 1877 in Emden) zusammen. Auch sie war während des Krieges Mitglied der Bremer Linksradikalen, hier verantwortlich für den Vertrieb der »Arbeiterpolitik«, gehörte ebenfalls dem Bremer Arbeiterrat an und war 1919 Parteisekretärin der KPD. Ende 1919/Anfang 1920 traten Hugo Wahl und Käthe Ahrens aus der KPD aus, beide wurden anschließend Mitglieder und Funktionäre der KAPD in Bremen. Hugo Wahl blieb in der KAPD aktiv, er starb am 2. November 1948 in Bremen. Über Käthe Ahrens weiteren Lebensweg ließen sich keine Daten ermitteln.

▸ Wahlgreen, Johann Friedolf (* 1855 – † 1941)

Geboren am 26. Oktober 1855 in Habe/Schweden, wuchs in großer Armut mit zehn Geschwistern auf. Seine Lehre in einer Schiffstischlerei in Göteborg führte er nicht zu Ende, sondern arbeitete in einer Zuckerfabrik. Mit 18 Jahren kam Wahlgreen 1873 nach Deutschland, zog mit mehreren Landsleuten nach Geesthacht und war in einer Pulverfabrik beschäftigt. Später gemaßregelt, verdiente er sich als Gelegenheitsarbeiter, Landarbeiter und Kohlenträger seinen Lebensunterhalt. Noch unter dem Sozialistengesetz bildete er 1886 in Geesthacht die erste illegale Organisation der SPD. Er war jahrelang Vorsitzender der örtlichen Partei und zu Beginn des Jahrhunderts auch der Gewerkschaft. 1908 nahm er als Delegierter am Kongreß des Fabrikarbeiterverbandes in München teil. Wahlgreen verlor die schwedische Staatsangehörigkeit, erst nach langem Ringen erhielt er die deutsche. Von seinen sieben Kindern fielen im Weltkrieg zwei Söhne. Nach dem Krieg war er Vorsitzender des ADGB Geesthacht. Er blieb bis 1920 in der SPD, trat nach dem Kapp-Putsch zur USPD über, ging 1921 zur KPD. Von 1924 bis 1933 gehörte er der Stadtvertretung und dem Rat in Geesthacht an und von 1927 bis 1933 saß Wahlgreen für die KPD in der Hamburger Bürgerschaft, 1931 und 1932 deren Alterspräsident. Der fast Achtzigjährige wurde 1933 nicht verhaftet, wohnte als Hitler-Gegner weiter in Geesthacht. Dort starb Johann Wahlgreen am 15. November 1941.

▸ Wahls, Robert Otto (* 1907 – † 1990)

Geboren am 4. November 1907 in Hamburg, Sohn eines Bäckers; lernte Buchdrucker und trat 1921 zunächst in die SAJ, dann in die KJD ein. Im Oktober 1923 nahm er am Hamburger Aufstand teil, war 1925 Mitbegründer des RFB und deren Roter Jungfront in Hamburg-Barmbek. Von 1925 bis 1927 Gauführer der Roten Jungfront Wasserkante, 1927 auf dem RFB-Bundeskongreß in die Reichsführung gewählt, übernahm er die Leitung der Roten Jungfront in Berlin-Brandenburg und war zeitweise Reichsleiter. Während der Wittorf-Affäre stand Wahls hinter ▸ Ernst Thälmann und gegen ▸ Werner Jurr und andere kritische Jungfront-Funktionäre. 1929 für ein halbes Jahr Kursant an der Internationalen Leninschule, kehrte Ende des Jahres aus Moskau zurück und wurde Redakteur der Zeitung »Klassenkampf« in Halle, 1930/31 Redakteur am »Ruhr-Echo« in Essen. Im August 1931 wegen »literarischen Hochverrats« zu einem Jahr Festungshaft verurteilt. Ab November 1932 Redakteur der »Hamburger Volkszeitung«, gehörte er im Februar 1933 dem illegalen Sekretariat der

BL Wasserkante an, kam im September 1933 nach Berlin und wurde Polleiter für Berlin-Brandenburg.
Von Anfang 1934 bis März 1935 Chef der Landesleitung der illegalen KPD im Reich in Berlin. Wahls war 1933 in das ZK kooptiert worden. Während der Auseinandersetzungen zwischen ▸ Franz Dahlem, ▸ Fritz Schulte und der Mehrheit des Politbüros gegen ▸ Walter Ulbricht und ▸ Wilhelm Pieck gehörte er zu den »linkssektiererischen Thälmann-Anhängern« (Zitat Knorin). Im März 1935 reiste er (Pseudonym Otto Börner) über Prag nach Moskau, war Delegierter des VII. Weltkongresses und nahm an der »Brüsseler Parteikonferenz« teil. Dort bei den heftigen Gruppenauseinandersetzungen wegen früherer kritischer Berichte über die Lage in Deutschland als Chef der LL des »Pessimimus« bezichtigt und wie ▸ Hermann Schubert und Fritz Schulte angegriffen. Wahls nicht genügend »selbstkritischer« Beitrag auf der Konferenz wurde vor allem von Wilhem Pieck vehement zurückgewiesen, und er nicht mehr ins ZK berufen. Anschließend Mitarbeiter bei der deutschen Redaktion von Radio Moskau. Im September 1936 durch die deutsche Vertretung bei der Komintern »überprüft«, wurde seine Überführung in die KPdSU »wegen gruppenmäßiger Tendenzen und Sektierertum vorläufig zurückgestellt«. Er meldete sich als Freiwilliger nach Spanien, durfte ausreisen und entging so der Liquidierung durch das NKWD. Als Angehöriger der Internationalen Brigaden wurde er für den von ihm organisierten Ausbruch von vierhundert eingekesselten Interbrigadisten bei Condezza mit der Medaille »Tapferkeit vor dem Feind« ausgezeichnet. Nach Kriegsausbruch in Frankreich interniert, flüchtete er und erhielt ein Visum für Mexiko, wo er am 16. Dezember 1941 eintraf.
Als Otto Börner zunächst Orgleiter der Führungsgruppe der KPD, arbeitete im »Bund Freies Deutschland« mit. Nach ▸ Paul Merkers Ankunft im Juni 1942 wurden Börner/Wahls und ▸ Georg Stibi aus ihren Positionen entfernt. Börner gab noch am 6. April 1943 eine schriftliche Erklärung zu seinen »Fehlern« ab, zog sich von der aktiven KPD-Arbeit ohne öffentlichen Bruch zurück. Am 1. November 1945 beschloß dann die Leitung der KPD-Gruppe in Mexiko unter Paul Merker, »Otto Börner wegen gröblicher Vernachlässigung seiner Parteipflichten aus der Partei auszuschließen«. Dem Hamburger Historiker Fritz Pohle gegenüber äußerte Wahls 1977, seine Abkehr vom Kommunismus sei trotz der Erfahrungen in der Sowjetunion und in Spanien langsam erfolgt. Er arbeitete dann als Buchdrucker und Verkäufer, war zuletzt Kassierer in der Farbenfabrik des österreichischen Interbrigadisten Bruno Meier. Otto Wahls starb am 2. April 1990 in Mexiko City.

▸ Waibel, Toni (* 1889 – † 1969)

Geboren am 11. März 1889 in Dewangen bei Aalen, Sohn einer Handwerkerfamilie, die Eltern starben sehr früh. Er lernte Möbelschreiner, war später kaufmännischer Angestellter. 1906 Mitglied der Gewerkschaft und der Arbeiterjugend, trat 1907 in die SPD ein, Teilnehmer an den Internationalen Sozialisten-Kongressen 1907 und 1912 in Basel und Bern. Während des Weltkrieges zeitweise in der Schweiz. Er nahm dort an der Konferenz der Kriegsgegner in Zimmerwald (September 1915) teil, lernte Lenin kennen und schloß sich dessen »Zimmerwalder Linken« an. Später wegen »Meuterei« des Landes verwiesen und nach Deutschland zurückgeschickt. Seit

1919 Mitglied der KPD, proklamierte er am 7. April 1919 in Würzburg die Räterepublik. Wegen seiner aktiven Beteiligung an den Kämpfen der Bayerische Räterepublik im Aktionsausschuß und in der Führung der »Roten Armee« zu 15 Jahren Festung verurteilt. Waibel floh 1921 aus der Festung Niederschönfeld und hielt sich bis 1928 im Ausland auf. Zunächst in Moskau an der KUNMS, dann (als Mitglied der KP Rußlands) für die Komintern im Ausland, u. a. auf dem Balkan. Er nahm am III., IV., V. und VI. Weltkongreß der Komintern teil. Nach der »Hindenburg-Amnestie« 1928 wieder in Deutschland, wurde er Sekretär der RHD (mitverantwortlich für die Zeitschrift »Tribunal«) und Referent auf Parteischulen.

Ende 1932 in Württemberg tätig, bereits am 30. Januar 1933 in Stuttgart festgenommen und am 16. Juni 1933 vom 5. Strafsenat des Reichsgerichts zu zwei Jahren Gefängnis verurteilt. Zusätzlich erhielt er im Juli 1933 vom Landgericht Stuttgart eine Gefängnisstrafe von einem Jahr wegen »Meuterei«. Waibel saß bis 1945 ununterbrochen in Haft, zuletzt im KZ Buchenwald. Nach der Befreiung bis Juli 1945 schwer erkrankt im Lazarett, ging er nach Berlin und leitete bis 1947 die KPD/SED-Ortsgruppe in Berlin-Hermsdorf. Waibel, ein unorthodoxer Kommunist, wandte sich gegen die Stalinisierung der SED, wurde 1951/52 in einem Parteiverfahren als »Trotzkist« angeklagt und aus der SED ausgeschlossen. Er gehörte in West-Berlin zum Freundeskreis um ▸ Max Köhler und blieb ein kritischer, antistalinistischer Kommunist, hielt aber auch Kontakt zu seinen in der DDR lebenden einstigen Buchenwalder Mithäftlingen, wie z. B. zu ▸ Walter Bartel. Toni Waibel starb am 12. Februar 1969 in West-Berlin.

▸ Walcher, Jacob (* 1887 – † 1970)

Geboren am 7. Mai 1887 in Wain/Württemberg, Sohn eines Landwirts; lernte Dreher. Nach der Lehre 1906 in Stuttgart Mitglied der Gewerkschaft und der SPD. Als ehrenamtlicher Funktionär auf dem linken Flügel der SPD aktiv, u. a. Berichterstatter für SPD-Zeitungen. 1910/11 Teilnehmer eines Lehrgangs an der zentralen Parteischule in Berlin. Auf Vorschlag ▸ Rosa Luxemburgs kam er am 1. November 1911 in die Redaktion der »Schwäbischen Tagwacht«, des SPD-Organs in Stuttgart, Redakteur für Partei- und Gewerkschaftsfragen.

Nach Kriegsausbruch wurden er, Arthur Crispien und ▸ Edwin Hoernle vom SPD-Landesvorstand Württemberg (der Ortsvorstand Stuttgart stand hinter den Redakteuren) wegen ihrer internationalistischen Haltung abgesetzt. Sie gaben dann im Auftrag der Stuttgarter Linken ein eigenes Blatt heraus. Walcher und Hoernle wurden Mitglieder der Spartakusgruppe. Nach Berlin übersiedelt und inzwischen beim Militär ausgemustert, engagierte sich Walcher für die Spartakusgruppe, zeitweise verhaftet. Er erhielt 1916 erneut einen Gestellungsbefehl, konnte sich nach Einsätzen als Armierungssoldat, u. a. vor Verdun, wieder ausmustern lassen. Die Novemberrevolution 1918 erlebte er in Berlin, wurde von Rosa Luxemburg bereits am 10. November 1918 nach Stuttgart entsandt, wo er eine wichtige Rolle bei der Gründung der dortigen KPD übernahm.

Ende Dezember 1918 war Walcher Delegierter und (mit ▸ Wilhelm Pieck) Vorsitzender des Gründungsparteitages der KPD in Berlin. Auf dem II. KPD-Parteitag im Oktober 1919 wurde er in die Zentrale der Partei gewählt, der er bis 1923 angehörte, verantwortlich für die Gewerkschaftsarbeit der KPD. Auch innerhalb der Gewerkschaften besaß er starke persönliche Sympathien (bei der Urwahl zum Deutschen Metallarbeiterverband 1923 erhielt er die weitaus meisten Stimmen). Als Typ eines erfahrenen und beweglichen Arbeiterfunktionärs gehörte Walcher in der Zentrale zu den Anhängern ▸ Heinrich Brandlers und blieb nach 1923 weiterhin bei den Rechten. 1924 nicht mehr in die Zentrale gewählt und auch nicht durch eine Abgeordnetenimmunität geschützt, flüchtete er nach Sowjetrußland (Steckbrief: »1,73, englischer Schnurrbart, abstehende Ohren, braune Augen, spricht schwäbische Mundart«). Von Moskau aus agierte er 1925 als einer der Führer der Opposition gegen ▸ Ruth Fischer und stand auch 1926 nach der Rückkehr nach Berlin in Opposition zur Parteilinie. 1927 Mitarbeiter der Gewerkschaftsabteilung des ZK, leitete gemeinsam mit ▸ Robert Siewert die Einheitsbewegung mit der SPD (Zeitschrift »Einheit« usw.). 1928 einer der Führer der Rechten, die besonders nach der Wittorf-Affäre hervortraten.

Im Dezember 1928 aus der KPD ausgeschlossen, kam er als Mitbegründer und Führer der KPO in deren Reichsleitung. Bei den Auseinandersetzungen innerhalb der KPO 1931/32 leitete er mit ▸ Paul Frölich die Minderheit der KPO, die für eine Verschmelzung mit der SAP plädierte. Mit dieser Minderheit wechselte er 1932 zur SAP und wurde Mitglied des PV und hauptamtlicher Sekretär der SAP. 1933 nach Frankreich emigriert, war Walcher das einzige besoldete Mitglied in deren Auslandsleitung (Pseudonym Jim Schwab). Bei Kriegsausbruch interniert, konnte er 1941 in die USA entkommen, lebte in New York und war Mitarbeiter im »Council for a Democratic Germany«.

Ende 1946 kehrte Walcher nach Deutschland zurück, schloß sich der KPD bzw. SED an. Um seine Freunde ebenfalls zu diesem Schritt zu bewegen, hat er sie überall – auch in West-Deutschland – aufgesucht. Ab 1. Juni 1947 Chefredakteur der Gewerkschaftszeitung »Tribüne« in Ost-Berlin, geriet Walcher im Herbst 1950 in das Visier der ZPKK, wurde im Februar 1951 als Chefredakteur entlassen und in das Archiv des Deutschen Instituts für Zeitgeschichte abgeschoben, im Mai 1951 aus der SED ausgeschlossen. Wie Robert Siewert, Max Seydewitz und Edith Baumann wurde auch Walcher aufgefordert, »selbstkritische« Artikel zu schreiben, doch das Urteil über ihn war längst gefällt, und es gab persönliche Angriffe (»verbrecherische Fraktionen und Cliquen der Brandler, Thalheimer und Walcher«, hieß es z. B. im »Neuen Deutschland« am 13. Januar 1952). Zu Walchers 65. Geburtstag im Mai 1952 fand – wie Zeitzeugen sich erinnern – an seiner Arbeitsstätte noch eine kleine Feier statt. Auf die Frage des Parteisekretärs nach einem besonderen Wunsch soll Walcher gesagt haben, er hätte gern sein Parteibuch zurück. Der Sekretär erwiderte, er habe es Walcher erst am nächsten Tage mitteilen wollen, daß er aus der SED ausgeschlossen bleibe und auch an seinen Arbeitsplatz brauche er nun nicht mehr zu kommen. Drei Jahre lang lebte Walcher von einer kleinen Rente, ständig von einer Verhaftung wegen angeblicher »Agententätigkeit« bedroht. Bertolt Brecht, mit dem die Walchers seit der Emigration in den USA befreundet waren, half ihnen über diese Zeit.

Erst 1956 wurde er stillschweigend wieder in die SED aufgenommen. Walcher wehrte sich aber dagegen, daß als Datum seines Parteieintritts (dieses Mitbegründers der KPD 1918) das Jahr 1947 genannt wurde. 1962 wurde entschieden, daß er seit 1906 der »Partei der Arbeiterklasse« angehörte. Walcher erhielt einen Honorarvertrag am IML, durfte 1959 zu Forschungszwecken sogar nach Stuttgart reisen und schrieb von dort an seine Frau: »Mein altes geliebtes Stuttgart! – nein, es gefällt mir nicht mehr, das Stuttgart von heute.« Er arbeitete an einer Geschichte der Sozialdemokratie Stuttgarts von 1906 bis 1914. Offiziell galt er als »Gewerkschaftsveteran«, erhielt zunächst nur zweitrangige DDR-Auszeichnungen, wie die »Fritz-Heckert-Medaille« oder 1962 den VVO in Bronze. Zu Walchers 75. Geburtstag druckte »Neues Deutschland« auf der zweiten Seite eine nichtssagende Meldung, das wiederholte sich auch zum 80. Geburtstag, allerdings erhielt er am 15. September 1967 dann den

VVO in Gold. Jacob Walcher starb am 27. März 1970 in Ost-Berlin. Der Nachruf des ZK war so formuliert, daß unschwer zu erkennen war, Walcher sei aus dem Partei-Gedächtnis zu streichen. Denn nicht nur sein Vorsitz beim Gründungsparteitag sondern auch seine Wahl zum Mitglied der Zentrale auf dem II. Parteitag 1919 blieben unerwähnt. Gewürdigt wurde Walcher in einem kleinen Artikel in der »Weltbühne«.

Walchers Frau **Herta**, geborene Gordon, am 9. August 1894 in Königsberg geboren, war gelernte Stenotypistin. Seit 1915 in engem Kontakt zu ▸ Clara Zetkin, wurde 1917 wegen »pazifistischer Propaganda« verhaftet und im Lager Holzminden interniert. Sie kam erst durch Vermittlung Zetkins und der sowjetrussischen Botschaft in Berlin auf dem Austauschwege frei. Mit einem Brief von Zetkin zu Lenin nach Moskau gereist, kehrte sie nach Ausbruch der Novemberrevolution nach Deutschland zurück. Von 1920 bis 1925 Sekretärin von Clara Zetkin, anschließend in der sowjetischen Handelsvertretung in Berlin und im Malik-Verlag tätig. Wie ihr Mann ab 1929 Mitglied der KPO und ab 1932 der SAP, emigrierte sie im Mai 1933 nach Paris und arbeitete bis zum Kriegsausbruch in der SAP-Auslandsleitung. Im Juni 1940 in den unbesetzten Teil Frankreichs geflüchtet, dann im Dezember 1940 Emigration in die USA. Ende 1946 mit ihrem Mann nach Deutschland zurükgekehrt, trat sie 1947 der SED bei und arbeitete überwiegend als freischaffende Übersetzerin. 1958 erhielt sie die Medaille »Kämpfer gegen den Faschismus«, 1963 die »Clara-Zetkin-Medaille«. Sie hatte sich nach Jacob Walchers Tod geweigert, seinen gesamten Nachlaß an das IML zu geben. Herta Walcher starb am 27. Dezember 1990 in Berlin. Jacob Walcher hatte 1925 das Buch »Ford oder Marx« veröffentlicht. Eine Biographie über Jacob Walcher von Ernst Stock und Karl Walcher erschien 1998.

▸ Wald, Eduard (Edu) (* 1905 – † 1978)

Geboren am 10. März 1905 in Kiel, lernte Gärtner. 1924 Mitglied der KPD, zunächst Funktionär der Ortsgruppe, er gehörte der BL Niedersachsen an, übernahm die Agitpropleitung und war zusätzlich auch für den RFB zuständig. 1926/27 Bezirkskassierer. Seit 1926 bei der »Niedersächsischen Arbeiterzeitung« als »Sitzredakteur« beschäftigt, (zwischen 1926 und 1929 zwölfmal vorbestraft); 1928/29 in Berlin Redakteur für Betriebs- und Gewerkschaftsfragen. Anfang 1929 wegen einer Lungenerkrankung Kuraufenthalt in der Sowjetunion, wieder in Deutschland zurück, war Wald zunächst Lehrer an Parteischulen. Da er sich gegen die ultralinke Wendung der KPD aussprach, noch 1929 als hauptamtlicher Funktionär entlassen, erhielt lediglich untergeordnete Parteifunktionen. Er war in der reichsweit tätigen Versöhnlergruppe aktiv, ein gegen Wald eingeleitetes Ausschlußverfahren wurde 1930 eingestellt. Bis Ende 1930 erwerbslos, dann bis Mai 1933 Fabrikarbeiter in Hannover.

Seit Mai 1933 illegal, sicherte er zusammen mit KPO-, SAP- und ISK-Mitgliedern u. a. mit Otto Brenner die Herausgabe der illegalen Zeitung »Klassenkampf« und gründete in Hannover die bedeutende Widerstandsorganisation »Komitee für proletarische Einheit«. Wald hielt sich ab 1934 illegal in Hamburg auf und hatte dort Verbindung zu ▸ Hans Westermann. Ende 1934 zurück in Berlin, bemühte er sich als Reichssekretär der Versöhnlergruppe das Widerstandsnetz auszubauen. Am 11. Mai 1936 in Berlin verhaftet und am 30. Juni 1937 vom VGH zu 15 Jahren Zuchthaus verurteilt, inhaftiert im Emslandlager, zuletzt im Zuchthaus Brandenburg, aus dem er 1945 befreit wurde. 1945 Funktionär der KPD in Hannover, Redakteur am KPD-Organ »Niedersächsische Volksstimme« und 1946 Abgeordneter des damaligen Hannoverschen Landtags. 1948 Austritt aus der KPD, ab 1950 Sekretär und Redakteur beim DGB, Herausgeber des Informationsdienstes »Feinde der Demokratie« (ab 1960 »Für die Demokratie«) und Mitglied der SPD. Er gehörte dem »Zehnerkreis« an, einer Oppositionsgruppe im DGB. Auch nach der Pensionierung gegen Rechts- und Linksradikalismus aktiv. Eduard Wald starb am 5. November 1978 in Lachen bei Dießen am Ammersee.

▸ Walden, Herwarth (* 1878 – † 1941)

Geboren am 16. September 1878 in Berlin als Georg Levin. Er studierte zunächst erfolgreich Musik, wandte sein Interesse jedoch bald der bildenden Kunst und der Literatur zu. Den Namen Herwarth Walden gab ihm Else Lasker-Schüler, mit der er von 1901 bis 1911 verheiratet war. Während seine literarischen Werke heute fast vergessen sind, ist er als bedeutender Kritiker und Kunsttheoretiker weltweit bekannt sowie als Förderer moderner Kunst. 1904 gründete er den Verein für Kunst und begann mit der Unterstützung junger Autoren, die heute zur Weltliteratur zählen, wie Thomas und Heinrich Mann, Alfred Döblin und Gottfried Benn. Mit seinen Schriften (»Expressionismus. Die Kunstwende«, 1918) und vor allem als Herausgeber der Zeitschrift »Der Sturm« (1910 bis 1932) wurde er zu einem Vorkämpfer des Expressionismus, Futurismus und Kubismus in Deutschland. Bis 1931 wirkte er als Galerist, Kunsthändler und Verleger in Berlin. Führendes Mitglied der Gesellschaft der Freunde des neuen Rußland, 1932 übersiedelte er mit seiner Frau Ellen geborene Bork nach Moskau. Er war dort Lehrer am Fremdsprachen-institut und publizierte Literaturtexte für Schulen. Am 31. März 1941 vom NKWD verhaftet, kam Herwarth Walden am 31. Oktober 1941 in einem Gulag bei Saratow an der Wolga ums Leben. Seine junge Frau Ellen floh mit ihrem Kind in die deutsche Botschaft und kam nach Berlin zurück. Die Tochter erhielt erst nach einem Besuch in Moskau (1966) Informationen über ihren Vater, z. B. das Todesdatum. In einem Zusatz hieß es, daß er »rehabilitiert« sei. Weitere Nachfragen, was es mit dieser Rehabilitation auf sich habe und ob sie Aussicht hätte, das beschlagnahmte Eigentum ihres Vaters, d. h. seine Bibliothek und seinen schriftlichen Nachlaß zu erhalten, blieben unbeantwortet. (»europäische ideen«, Heft 14/15, 1976).

▸ Wallach, Julius (* 1887 – † ?)

Geboren am 22. September 1887 in Neuss, Sohn von Issak Wallach; Lehre und Arbeit als Sattler, Tapezierer und Händler. Er zog 1915 nach Friedrichsort bei Kiel, war dort 1918 aktiv an der Novemberrevolution beteiligt, 1918/19 Vorsitzender der KPD in Kiel, nahm er wahrscheinlich als Delegierter am Gründungsparteitag der KPD Ende 1918 in Berlin teil. Wallach wurde 1920 Mitglied der KAPD, kam später aber wieder zur KPD zurück. Seit 1925 verantwortlich für den Aufbau des RFB in Kiel, übernahm er nach dem RFB-Verbot 1929 den Aufbau der RFB-Ersatzorganisation »Rote Marine Reichspietsch-

Köbis«, dann 1931 Leiter der KPD-Zelle Schifffahrt, einer Hochburg der Ultralinken. Weitere Lebensdaten waren nicht zu ermitteln.

▸ Wallendorf, Philipp (* 1899 – † 1938?)

Geboren am 4. Dezember 1899 in Weinheim/Bergstraße, Sohn einer Arbeiterfamilie; Lederarbeiter. Er trat 1923 in die KPD ein, wurde deren örtlicher Führer sowie Vorsitzender des »Freien Sportkartells«. Wallendorf war im Bezirk Baden-Pfalz im Geheimapparat tätig (Pseudonym Sonntag). Teilnehmer am V. Kursus der M-Schule in Moskau 1932/33 (Schuldeckname Richard), anschließend Mitarbeiter im zentralen AM-Apparat der KPD. Im illegalen Widerstand gegen das NS-Regime tätig, flüchtete er im Juli 1935 in die UdSSR. Nach dem Besuch der Internationalen Leninschule in Moskau kam er in den Komintern-Apparat. Philipp Wallendorf wurde im Januar 1938 vom NKWD verhaftet und soll noch 1938 erschossen worden sein.

▸ Wallstab, Willi(y) (* 1888 – † 1956)

Geboren am 26. Februar 1888 in Leopoldshall/Krs. Bernburg bei Staßfurt, Sohn eines Schneiders, in Berlin Friseurlehre, anschließend Friseurgeselle in Hannover. Von 1910 bis 1932 hatte er ein eigenes Friseurgeschäft in Leopoldshall. Wallstab schloß sich 1911 der SPD an und ging 1917 zur USPD. Im Januar 1917 wurde er als Rüstungsarbeiter nach Magdeburg dienstverpflichtet. Während der Novemberrevolution gehörte er dem Staßfurter Arbeiter- und Soldatenrat an und überführte Mitte 1919 die Mehrheit der USPD-Ortsgruppe in die KPD, deren Vorsitzender er bis 1933 blieb, von 1920 bis 1933 war er in der Staßfurter Stadtverordnetenversammlung. Er kam auf dem VIII. Parteitag im Januar 1923 in Leipzig als Vertreter für Magdeburg-Anhalt in den ZA, organisierte im Herbst 1923 in Staßfurt die militärischen Vorbereitungen für den Aufstand, von 1920 bis 1933 Abgeordneter des Provinziallandtages Anhalt. Am 17. März 1933 festgenommen, saß Wallstab bis Ende September 1933 in »Schutzhaft«. Am 29. April 1936 erneut verhaftet, am 22. März 1937 vom Kammergericht Berlin zu viereinhalb Jahren Zuchthaus verurteilt, die er in Coswig verbüßte. 1941 im »Arbeitserziehungslager« Süpplingen bei Haldensleben in den Steinbruch geschickt, nach Arbeitsverweigerung in seinem Beruf als Friseur beschäftigt. Anfang 1942 in das KZ Neuengamme eingeliefert. Von dort kehrte er im Juni 1945 nach Staßfurt zurück, war Leiter des KPD-UB und Polizeipräsident der Stadt Magdeburg. Im April 1949 seiner wichtigen Funktion entbunden, da Vorwürfe laut wurden, er habe sich im KZ Neuengamme nicht kameradschaftlich verhalten, was aber nicht zutraf. Anschließend bis 1951 Oberreferent im Strafvollzug des Ministeriums für Justiz Sachsen-Anhalt, später stellvertretender Leiter der Justizhaftanstalt Magdeburg-Sudenburg. Willy Wallstab starb am 15. Dezember 1956 in Bahrendorf.

▸ Walter, Albert Paul (* 1885 – † 1980)

Geboren am 22. September 1885 in Flatow/Westpreußen, verlebte die Kindheit in der Neumark. Sein Vater war Kutscher, starb 1886. Walter wurde vom Großvater, einem Bauern, erzogen. Ab 1899 drei Jahre bei der Binnenschiffahrt

auf der Oder und Elbe, Übersiedlung nach Hamburg. Seemann, von Juni 1905 bis November 1907 Dienst bei der Kriegsmarine. Von Juli 1914 bis 1917 lebte er in den USA, dort ab Ostern 1917 interniert; Vorsitzender des »Committee of Interned Seamen«, er führte im Juli 1919 die deutschen Seeleute zurück. Im Januar 1920 Leiter des »Deutschen Seemannsbundes«, einer syndikalistischen Organisation, 1922 schloß sich der nunmehrige »Deutsche Schiffahrtsbund« der Roten Gewerkschaftsinternationale an. Walter war dessen Führer bis zur Auflösung 1925. Dann organisierte er bis 1928 im Auftrag des RGI-Führers Solomon Losowski, die »Internationalen Hafenbüros«. Bis 1914 politisch nicht organisiert, trat er 1919 der USPD bei und kam 1921 zur KPD. 1924 zog er für die KPD in die Hamburger Bürgerschaft ein (Mitglied bis 1933), zeitweise Schriftführer der Bürgerschaft sowie Mitglied der KPD-BL Wasserkante. Als die RGI 1928 die Internationale der Seeleute und Hafenarbeiter (ISH) gründete, wurde Walter deren Generalsekretär (bis 1933). Im März 1933 verhaftet, saß er bis 1934 im KZ Fuhlsbüttel, bis 1938 erwerbslos, dann bis 1942 Akquisiteur. Von 1943 bis Kriegsende vom »Deutschen Fichtebund« als Übersetzer und Dolmetscher beschäftigt Nach Ausbruch der Krieges 1939 veröffentlichte Walter die NS-Propaganda-Schrift »Der englische Krieg und die deutschen Arbeiter«, laut seiner Version, »weil ich überzeugt war, in England den eigentlichen Urheber des Krieges zu sehen«. Der NSDAP gehörte er angeblich nicht an. Dennoch verbreitete die NSDAP seine im Hanseatischen Gildeverlag erschienene Schrift in einer Auflage von 120.000 Exemplaren, schließlich kam darin auch der Satz vor: »Eine lügnerische Propaganda« wolle »jetzt die deutschen Arbeiter von ihrem Führer trennen«. Walter wurde 1948 von den Leitern der rechtsgerichteten »Deutschen Partei« in Hamburg aufgesucht, zur Mitarbeit gewonnen, und schloß sich Anfang 1948 dieser Partei an. 1949 wurde er als Spitzenkandidat der DP in Hamburg in den ersten Deutschen Bundestag gewählt und saß für die DP auch im 1953 gewählten Bundestag. Im Handbuch des Parlaments verschwieg er freilich seine kommunistische Vergangenheit, gab nur an, Gewerkschaftsführer gewesen zu sein. Später betätigte er sich »nur noch gelegentlich politisch«, da sein Leben, wie er meinte, »reichlich stürmisch« gewesen war. Albert Paul Walter starb am 14. Februar 1980 in Hamburg.

▸ Walter, Hermann (* 1874 – † 1964)

Geboren am 16. Januar 1874 in Erfurt, Sohn eines Zimmermanns. Nach Schlachterlehre und Wanderschaft kam er 1890 nach Berlin, wurde Mitglied der SPD und der Gewerkschaften und arbeitete als Schlachter des Berliner Konsumvereins. 1893 wegen »Widerstandes gegen die Staatsgewalt«, »Einbruchs und Diebstahls« zu drei Jahren Zuchthaus verurteilt. Von 1896 bis 1899 Leiter der SPD in Wedding, wurde Leitergerüstbauer. 1914 verließ er die SPD, schloß sich der Spartakusgruppe und 1917 der USPD an. Er gehörte 1917/18 zu den Revolutionären Obleuten, organisierte Waffentransporte nach Berlin und war im Januar 1918 führend beim Generalstreik in den Lichtenberger Großbetrieben. Während der Novemberrevolution in Berlin an Kämpfen und Verhandlungen beteiligt, die zur Übergabe des Polizeipräsidiums führten. Als Vertreter der Revolutionären Obleute nahm er an den Vorbesprechungen und am KPD-Gründungsparteitag als Beobachter teil. Im April

1919 Delegierter der USPD zum 2. Reichsrätekongreß, ab Februar 1920 Mitglied der KPD. Walter saß im Aufsichtsrat der Konsumgenossenschaft Berlin und war Branchenleiter der Gerüstbauer. Er kam mehrmals in Konflikt mit der ultralinken Gewerkschaftspolitik der KPD. Im Sommer 1928 (und erneut im Februar 1931) aus der KPD ausgeschlossen, da er sich weigerte, die Gerüstbauer in die RGO zu überführen und es ablehnte, als Kandidat der »Roten Liste« gegen den ADGB bei den Betriebsrätewahlen in der Konsumgenossenschaft Berlin anzutreten; am 2. April 1932 wieder in die KPD aufgenommen. Im Mai 1933 verhaftet, in der »Schutzhaft« schwer mißhandelt. 1945 gehörte er gemeinsam mit ▸ Hans Pfeiffer zu den Mitbegründern der KPD in Zeuthen, wo er als Partei- und Gewerkschaftsveteran lebte, er erhielt anläßlich seines 90. Geburtstages im Januar 1964 den VVO in Gold. Hermann Walter starb am 3. Mai 1964.

▸ Walter, Johann Georg (* 1899 – † 1990)

Geboren am 5. April 1899 in Hamburg, dort Hafenarbeiter. Er trat 1921 der KPD bei, war 1926 Mitglied der erweiterten BL der KPD Wasserkante, von 1927 bis 1931 Abgeordneter der Hamburger Bürgerschaft und 1927 Delegierter des XI. KPD-Parteitags. Nach 1933 war Walter längere Zeit inhaftiert. Im Krieg als Soldat eingezogen, geriet er in Gefangenschaft. Nach seiner Rückkehr 1945 wieder Mitglied der KPD, er saß als ihr Vertreter im Bezirksausschuß Bergedorf. Johann Georg Walter starb am 14. Januar 1990 in Hamburg.

▸ Walter, Margarete (* 1913 – † 1935)

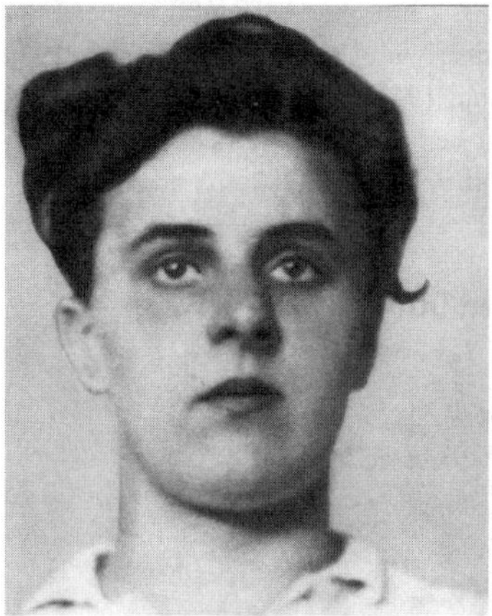

Geboren am 22. März 1913 in Berlin, ihre Eltern waren Inhaber eines Molkereibetriebes in Neukölln. Handelsschule, lernte Kontoristin und trat 1928 in den KJVD, 1930 in die KPD ein. Sie war Leiterin einer Jugendgruppe des JSB in Berlin-Neukölln und wurde Anfang 1930 vom ZK des KJVD zum Studium an die Internationale Leninschule nach Moskau delegiert. Noch 1933 wurde sie als jüngstes Mitglied in das ZK des KJVD kooptiert und gab u. a. die illegalen Drukkschriften »Die Kathreiner-Mühle« und »Rotes Kabel« heraus. Im März 1933 für kurze Zeit inhaftiert, danach zwei Jahre im Kabelwerk Oberspree beschäftigt. Im Frühjahr 1935 wieder festgenommen, anschließend als Landhelferin nach Pommern dienstverpflichtet. Auch hier betätigte sie sich gegen das NS-Regime. Deswegen am 9. Oktober 1935 erneut verhaftet. Nach ihrer Überstellung nach Berlin und schweren Mißhandlungen wählte Margarete Walter während einer Vernehmung am 21. Oktober 1935 den Freitod.

▸ Walter, Maria (* 1895 – † 1988)

Geboren am 27. September 1895 in Stuttgart-Degerloch als Maria Harm, Fabrikarbeiterin bzw. Bürohilfsarbeiterin in Cannstatt und Stuttgart. Seit 1916 verheiratet mit Ludwig Walter, wurde 1920 Mitglied der KPD, gehörte der RFMB-Gauleitung an und war zeitweise auch Vorsitzende des RFMB Württemberg. Von 1928 bis 1933 Leiterin der Frauenabteilung der BL. Maria Walter wurde 1932 in den Landtag von Württemberg gewählt. 1930 Teilnahme an einem Kurs für Funktionärinnen an der Reichsparteischule in Berlin-Fichtenau. Nach dem Reichstagsbrand emigrierte sie in die Schweiz, kehrte aber Anfang September 1934 nach Stuttgart zurück, hier im November 1939 und im Juni 1944 für einige Wochen inhaftiert. Später trat sie politisch nicht mehr hervor. Maria Walter starb am 1. Mai 1988 in Stuttgart.

› Walter, Otto (* 1902 – † 1983)

Geboren am 2. Oktober 1902 in Tarnowitz/Oberschlesien, Sohn einer Arbeiterfamilie, lernte in Gleiwitz Zimmermann. 1919 schloß er sich dem »Bund der freien Jugend«, 1920 der FSJ und der KPD an. Von 1922 bis 1929 Vorsitzender der Zahlstelle des Zimmererverbandes in Gleiwitz, 1929 aus der Gewerkschaft ausgeschlossen. 1928 Delegierter des IV. RGI-Kongresses in Moskau. 1929/30 Stadtverordneter in Gleiwitz, im Januar 1929 zunächst Orgleiter, dann Polleiter des Bezirks Oberschlesien. Im Juni 1930 vom ZK nach Halle-Merseburg geschickt, gehörte dort bis 1933 dem Sekretariat der BL an. Im Juli 1932 wurde Walter im Wahlkreis Merseburg in den Reichstag gewählt, bis März 1933 MdR. Ab Februar 1933 als Leiter des UB Bitterfeld/Wittenberg in der Illegalität, kam er im Sommer 1933 als Polleiter der BL Baden nach Mannheim. Hier am 28. Dezember 1933 festgenommen, vom OLG Karlsruhe zu drei Jahren Gefängnis verurteilt, danach bis 1945 im KZ Sachsenhausen. Nach der Befreiung Spitzenfunktionär der KPD in Sachsen-Anhalt, Abteilungsleiter für Kaderfragen und bis 1949 Mitglied des Sekretariats der SED-Landesleitung Sachsen-Anhalt. Walter wurde im Mai 1949 Chefinspekteur der Volkspolizei, kam zur »Hauptverwaltung zum Schutz des Volkseigentums«, von Mitte 1950 bis Sommer 1953 1. Sekretär der SED-Organisation im MfS. Im Januar 1953 zum Generalinspekteur ernannt. Nach der Ablösung › Ernst Wollwebers und dem Aufstieg Mielkes zum Minister wurde Walter Anfang November 1957 1. Stellvertreter des Ministers für Staatssicherheit. Im Oktober 1959 zum Generalleutnant befördert, schied er Ende 1963 aus gesundheitlichen Gründen aus, er erhielt 1982 den Karl-Marx-Orden. Er war seit November 1949 mit Else Schreck, verwitwete Reinke, (* 1901 – † 1988), einer Schwester des badischen KPD-Funktionärs › Paul Schreck verheiratet. Otto Walter starb am 8. Mai 1983 in Ost-Berlin.

› Walter, Paul (* 1891 – † 1978)

Geboren am 13. Februar 1891 in Viehhofen bei Nürnberg, Sohn eines Metzgergesellen. Lehre als Dreher und anschließend 1908 bis 1914 Wanderschaft durch Europa. Er gehörte 1911 in Zürich dem Internationalen Arbeiterverein an und wurde 1912 Mitglied der SPD. Bei Kriegsausbruch Marinesoldat auf dem Kreuzer »Kolberg« in Wilhelmshaven. Wegen antimilitaristischer Arbeit unter den Marineangehörigen im

August 1916 inhaftiert und zu einem Jahr Festung verurteilt, anschließend als »wehrunwürdig« entlassen und zum Berliner Rüstungsbetrieb Schwartzkopf dienstverpflichtet. Ab 1917 Mitglied der USPD, schloß sich Walter während der Novemberrevolution der Spartakusgruppe an und wurde Mitglied der KPD. Beteiligt an der Besetzung der Vorwärts-Druckerei, deswegen Anfang Januar 1919 wegen »Aufruhrs und Landfriedensbruchs« zu eineinhalb Jahren Gefängnis verurteilt. Danach wieder Dreher und von 1924 bis 1932 beim AEG-Lokomotivbau in Hennigsdorf beschäftigt, gehörte er als Obmann der Funktionäre und Vorsitzender des Arbeiterrates zu den bekannten Kommunisten. Im September 1930 wurde Walter im Wahlkreis Berlin in den Reichstag gewählt, in dem er bis zum März 1933 blieb. Er war 1930 Reichsleiter der RGO Industriegruppe Metall. Anfang März 1933 festgenommen und am 7. November vom Reichsgericht zu drei Jahren Zuchthaus verurteilt, anschließend bis 1938 im KZ Sachsenhausen. Er wurde 1943 erneut verhaftet und kam wieder in das KZ Sachsenhausen.

Im Mai 1945 führend am Aufbau der Einheitsgewerkschaften in Berlin beteiligt, war er Orgleiter des FDGB in Berlin, schied wegen Krankheit 1949 aus dem FDGB Groß-Berlin aus. 1951 übernahm er die Leitung des Vorbereitenden Ausschusses zur Bildung des Nationalen Aufbau-Werkes (NAW) in Ost-Berlin, später hauptamtlicher Mitarbeiter des Nationalrats der Nationalen Front, wo er die Westabteilung bzw. die Abteilung Agitation leitete. Er erhielt 1971 den Karl-Marx-Orden. Paul Walter starb am 1. Dezember 1978 in Ost-Berlin.

▸ Waltz, Max (* 1889 – † 1964)

Geboren am 20. Februar 1889 in Schwenningen, Sohn eines Werkführers. Fürsorgezögling, lernte Heizungsmonteur, wurde Techniker, übersiedelte bereits vor dem Weltkrieg an die Saar, wo er 1910 Mitglied der SPD und 1918 der USPD wurde. Nach der Vereinigung von USPD und KPD zur VKPD wurde er Anfang 1921 Vorsitzender der KP Saar, im März 1922 Mitglied der BL in Köln und im April als Polleiter Saar bestätigt. Aber bereits im Mai 1922 wegen interner Streitigkeiten, es ging um »Kollaboration mit der französischen Besatzungsmacht«, aus der KPD ausgeschlossen. Seine Anträge auf Aufnahme in die SPD wurden abgewiesen. Waltz blieb politisch aktiv, war Leiter der Gesellschaft der Freunde der Sowjetunion. Anfang Mai 1933 Mitbegründer der frankophilen Saarländischen Sozialistischen Partei (SSP) und der Liga für Menschenrechte, aber schon Ende 1933 wurde er als Parteivorsitzender ausgeschlossen. Waltz emigrierte 1935 nach Frankreich, arbeitete dort als Heizungsunternehmer. 1940 interniert, flüchtete er Ende 1942 mit seinem Sohn in die Pyrenäen. Er war 1944/45 von der französischen Regierung mit der Überprüfung gefangener Saarländer beauftragt und kam im Oktober 1945 nach Saarbrücken. Der weitere politische Lebensweg von Max Waltz, der »eine charakterlich wie politisch recht umstrittene Persönlichkeit« gewesen sein soll, »die bei den meisten saarländischen Parteien auf Reserve stieß«, bleibt unklar. Max Waltz starb am 21. Juni 1964 in Saarbrücken.

▸ Wandel, Paul (* 1905 – † 1995)

Geboren am 16. Februar 1905 in Mannheim, Sohn einer Arbeiterfamilie. Der gelernte Maschinentechniker studierte 1929/30 an der Ingenieurschule in Mannheim. Zunächst Mitglied der christlichen Jugend, schloß er sich 1922 der SAJ und 1923 der KJD an, 1926 der KPD. Er wurde 1930/31 Mitglied des Sekretariats der KPD-BL Baden und Vorsitzender der KPD-Fraktion in der Mannheimer Stadtverordnetenversammlung. 1933/34 Kursant und Parteisekretär an der Internationalen Leninschule in Moskau. Wandel arbeitete am Marx-Engels-Institut und zeitweilig als persönlicher Sekretär von ▸ Wilhelm Pieck im EKKI. Im Oktober 1941 aus Moskau evakuiert, leitete er unter dem Parteinamen Klassner die deutsche Sektion an der Komintern-Schule in Kuschnarenkowo. Ab 1943 am Deutschen Volkssender tätig, wurde Wandel Mitglied einer vom ZK der KPD initiierten Arbeitsgruppe für Propagandafragen und Mitarbeiter in der Arbeitskommission des ZK der KPD, ab September 1944 im Auslandsbüro der KPD in Moskau.

Am 10. Juni 1945 kehrte er nach Berlin zurück und wurde Chefredakteur des KPD-Zentralorgans »Deutsche Volkszeitung«. Anfang August 1945 von der SMAD zum Präsidenten der Deutschen Zentralverwaltung für Volksbildung berufen. Von April 1946 bis Juli 1958 gehörte Wandel dem PV bzw. dem ZK der SED an, für Kultur- und Bildungsfragen zuständig. Im Oktober 1949 Minister für Volksbildung der ersten DDR-Regierung, dann von ▸ Else Zaisser abgelöst. Nach dem 17. Juni 1953 Sekretär für Kultur und Erziehung des ZK der SED, geriet Wandel 1956 in die Auseinandersetzung ▸ Walter Ulbrichts mit der Schirdewan-Wollweber-Gruppe. Im Oktober 1957 erhielt er wegen »ungenügender Härte bei der Durchsetzung der kulturpolitischen Linie« eine »strenge Rüge«. Als Sekretär des ZK abgelöst, im April 1958 als Botschafter nach China geschickt, wurde er 1961 einer der Stellvertreter des Außenministers. Seit 1964 Präsident der Liga für Völkerfreundschaft, mußte aber das Amt 1976 dem CDU-Vorsitzenden Gerald Götting überlassen und war bis 1984 Vizepräsident. Er erhielt 1975 den Karl-Marx-Orden, 1985 verlieh ihm die Humboldt-Universität die Ehrendoktorwürde. Nach 1989 gehörte er der PDS an und war Mitglied in deren »Rat der Alten«. Paul Wandel starb am 3. Juni 1995 in Berlin.

▸ Wangenheim, Gustav von (* 1895 – † 1975)

Geboren am 18. Februar 1895 in Wiesbaden, Sohn des Schauspielers Eduard von Winterstein. 1911/12 Landwirtschaftslehre, 1912/13 Militärdienst. 1913/14 Schauspielschüler bei Max Reinhardt; 1914/15 Soldat u. a. in Frankreich und Belgien, zuletzt Leutnant, wegen einer Augenverletzung entlassen. Danach Schauspieler am Burgtheater Wien und am Deutschen Theater in Berlin. 1918 Mitglied der USPD, während der Novemberrevolution Mitglied des Rats Geistiger Arbeiter, ging 1922 zur KPD. Seit 1928 Schauspieler in Berlin, künstlerischer Leiter des Arbeitertheater-Bunds Deutschland (ATBD), erprobte verschiedene Formen der Agitprop-Gruppenarbeit, um die politische Arbeit der KPD zu unterstützen. Regisseur und Autor des von ihm 1931 geleiteten Theaterkollektivs »Truppe 31«. 1933 emigrierte er mit seiner Frau, der Schauspielerin und späteren Schriftstellerin Ingeborg Franke (* 1. 7. 1912 – † 6. 4. 1993) in die Sowjetunion, Leiter der deutschen Agitprop-Truppe »Kolonne Links«. Als Szenarist und Regisseur schuf er 1936 den Film »Kämpfer«, den einzigen Spielfilm mit ausschließlich exilierten deutschen Künstlern. Wangenheim war Mitglied der deutschen Sektion des sowjetischen Schriftstellerverbandes und lieferte der Kaderabteilung des EKKI und dem NKWD zahlreiche Berichte über Mitglieder der »Kolonne Links«, die verfolgt wurden, 1936 aber auch über Zensl Mühsam und Carola Neher. Von 1941 bis 1943 Evakuierung nach Kasan und Taschkent, 1943 im NKFD und Redakteur am Deutschen Volkssender. Anfang 1945 in einer Kommission der Moskauer KPD-Führung für Filmfragen, kehrte Wangenheim als einer der ersten exilierten Künstler im Juni 1945 nach Deutschland zurück, wurde Intendant des Theaters am Schiffbauerdamm, dann des Deutschen Theaters in Berlin. Mitglied der SED und der

AdK, bekam 1950 den Nationalpreis. Er war 1952 Regisseur bei der DEFA, ab 1961 freischaffend, er erhielt die Ehrenspange zum VVO in Gold. Gustav von Wangenheim starb am 5. August 1975 in Ost-Berlin.

▸ Warnke, Hans (* 1896 – † 1984)

Geboren am 15. August 1896 in Hamburg, Sohn eines Sattlers und Dachdeckers; lernte von 1911 bis 1914 ebenfalls Dachdecker. 1914 Mitglied der SPD. Von 1914 bis 1918 Frontsoldat, danach Angehöriger der Volkswehr in Hamburg. Er trat 1919 in die USPD ein und flüchtete im Juni 1919 vor den Truppen des Generals von Lettow-Vorbeck nach Güstrow, wo er bis 1923 als Dachdecker arbeitete. Dort Mitbegründer der USPD, ging mit deren linkem Flügel Ende 1920 zur KPD. Von 1920 bis 1924 und von 1928 bis 1931 Stadtverordneter in Güstrow, seit 1923 hauptamtlicher Funktionär und aktiv an der Vorbereitung des Oktoberaufstandes 1923 beteiligt. Im Januar 1924 wurde Warnke in den Landtag von Mecklenburg-Schwerin gewählt. Wegen der Aktionen von 1923 im August 1924 verhaftet, 1925 zu zweieinhalb Jahren Zuchthaus verurteilt, wodurch er sein Landtagsmandat verlor. Er wurde 1926 jedoch erneut gewählt, im Juli 1926 aus dem Zuchthaus Hamburg entlassen. Zunächst als Instrukteur tätig, dann ab 1. November 1926 Polleiter der BL Mecklenburg. Seit November 1931 schwer erkrankt, fuhr er im April 1932 zur Kur in die Sowjetunion. An seiner Stelle wurden zunächst ▸ Arthur Vogt und nach dessen Verhaftung ▸ Hans Sawadzki Polleiter. Warnke war dann ab Sommer 1932 Orgleiter der BL.
Vom 13. April 1933 bis 1935 in »Schutzhaft«, danach wieder Dachdecker in Güstrow. Bei Kriegsausbruch als ehemaliger KPD-Funktionär erneut verhaftet, bis Ende 1939 im KZ Sachsenhausen, dort im Juli/August 1944 nochmals eingesperrt. Im Mai 1945 Oberbürgermeister von Güstrow. Von Juli 1945 bis Ende 1946 1. Vizepräsident der Landesverwaltung Mecklenburg, dann bis Oktober 1949 Innenminister der Landesregierung Mecklenburg und von 1949 bis 1952 Staatssekretär im DDR-Ministerium des Innern. Warnke gehörte von 1946 bis 1981 dem PV bzw. dem ZK der SED an. Ab August 1952 Vorsitzender des Rates des Bezirks Rostock, mehrmals wegen »Abweichungen« kritisiert, dann im Mai 1959 »wegen seines Gesundheitszustandes« als Vorsitzender des Rates abgelöst und zum Direktor des Hafenamtes von Rostock degradiert. Seit 1965 Mitarbeiter der Direktion des Seeverkehrs und der Hafenwirtschaft in Rostock, er erhielt zu seinem 65. Geburtstag 1971 den Karl-Marx-Orden. Hans Warnke starb am 9. Januar 1984.

▸ Warnke, Herbert (* 1902 – † 1975)

Geboren am 24. Februar 1902 in Hamburg als Sohn eines Maurers. Zunächst Bankbote, lernte Nieter und arbeitete auf der Hamburger Werft Blohm & Voss. 1923 trat er in die KPD ein, während der Wittorf-Affäre im Herbst 1928 gehörte er einige Zeit zur Versöhnlergruppe, brach aber, wie er 1945 schrieb »freiwillig mit ihr, als ich ihren Weg erkannte, wobei ich eine freiwillige mündliche Erklärung auf der Stadtteildelegiertenkonferenz dazu abgab«. 1929 Betriebsratsvorsitzender bei Blohm & Voss, im Dezember 1930 entlassen, dann von 1931 bis 1933 Sekretär der RGO im Bezirk Bremen. Im

November 1932 und im März 1933 wurde Warnke im Wahlkreis Ost-Hannover als Abgeordneter in den Reichstag gewählt. Bis Juni 1933 illegale Arbeit als RGO-Leiter Weser-Ems, anschließend RGI-Sekretär von Saarbrücken und Paris aus. 1936 ging er nach Dänemark, im Februar 1938 nach Schweden, gehörte zur AL Nord. Warnke wurde 1939 von den schwedischen Behörden interniert, im Sommer 1943 freigelassen, 1944 Mitglied des »Freien Deutschen Kulturbundes« in Schweden.
Im Dezember 1945 kehrte Warnke nach Deutschland zurück, wurde im Januar 1946 Sekretär bzw. 1. Vorsitzender des FDGB-Landesverbandes Mecklenburg und war ab Februar 1946 Mitglied des Sekretariats des FDGB-Bundesvorstandes. Im Oktober 1948 löste er ▸ Hans Jendretzky als Vorsitzenden des FDGB ab und blieb dies bis 1975. Von 1949 bis 1975 gehörte Warnke dem PV bzw. dem ZK der SED an, kam 1953 zunächst als Kandidat und 1958 als Mitglied in das Politbüro, er erhielt 1962 den Karl-Marx-Orden. Herbert Warnke starb am 26. März 1975 in Ost-Berlin.

▸ Wastl, Karl (* 1889 – † 1963)

Geboren am 26. Januar 1889 in Dorfen, Landkreis Erding, Sohn eines Braumeisters, lernte Kupferschmied. 1908 Mitglied der SPD. 1914 zum Militär einberufen, 1915 schwer verwundet, arbeitete ab 1919 bei der Bremer Vulkanwerft. 1918 USPD, Ende 1920 KPD. Zwischen 1923 und 1926 flüchtig, da er wegen der »Bildung Proletarischer Hundertschaften« polizeilich gesucht wurde. Wastl soll sich in der Sowjetunion aufgehalten und an militärischen Kursen teilgenommen haben. Nach einer Amnestie zurück, UB-Leiter in Aumund, dann Gauleiter des RFB Bremen, zwischen 1928 und 1931 erwerbslos. Im Sommer 1931 zog Wastl nach Oldenburg, wurde dort hauptamtlicher Sekretär und MdL. Von April bis Dezember 1933 »Schutzhaft«, am 1. September 1939 als ehemaliger KPD-Funktionär erneut festgenommen und in das KZ Sachsenhausen eingeliefert; dann in das KZ Mauthausen gebracht, wo er am 5. Mai 1945 von amerikanischen Truppen befreit wurde. Nach 1945 in Vegesack Mitglied der SPD und Gewerkschaftssekretär der IG Metall, schied er im November 1954 aus Altersgründen aus. Karl Wastl starb am 7. März 1963 in Löhnhorst, Landkreis Osterholz.

▸ Weber, Erna (* 1910 – † ?)

Über die auf dem XII. Weddinger Parteitag 1929 als Kandidat in das ZK gewählte Erna Weber waren keine eindeutigen biographischen Angaben zu ermitteln. Vermutlich handelt es sich um die am 30. April 1910 in Nürnberg als Tochter des Johann Weber geborene Erna Weber, von Beruf Kindergärtnerin. Sie war Ende der zwanziger Jahre in Berlin KPD-Funktionärin und wurde 1929 als junge Frau zur Kandidatin ins ZK berufen. Erna Weber nahm im Oktober 1932 an einer (von ▸ Walter Ulbricht geleiteten) Schulung in Brandenburg/Havel teil. Sie war nach 1933 für einige Jahre im Ausland, u. a. in Nordafrika und Schweden, kehrte später nach Deutschland zurück, wo sich ihre Spur verliert. Nach einer anderen Überlieferung kam Erna Weber 1929 als Delegierte Westssachsens zum XII. Weddinger Parteitag und ins ZK. Im März 1932 wurde Erna Weber vom Polbüro wegen »rechtsopportunistischen Verhaltens« aus der KPD ausgeschlossen.

▸ Weber, Hans (* 1895 – † 1986)

Geboren am 23. Januar 1895 in Mühldorf/Inn, Sohn eines Kachelofensetzers, der früh starb, Bruder von ▸ Joseph Weber. Er konnte wegen der ärmlichen Familienverhältnisse nur die Volksschule besuchen, wurde aber mit einer sehr guten Handschrift als Schreibgehilfe angestellt. In Speyer/Pfalz trat er 1913 der Arbeiterjugendbewegung bei und hielt bei den Arbeiterturnern Bildungsvorträge. Weber stand 1914 in Opposition gegen die Politik der SPD-Führung, wechselte 1917 sofort zur USPD. Er gründete die Gesellschaft »Ideal«, eine »Tarnorganisation« der Spartakusgruppe. Bis 1920 blieb er mit dieser Gruppe in der USPD, war aber seit 1919 zugleich Mitglied der KPD. 1919 UB-Leiter in der Pfalz, 1920 in den ZA der KPD gewählt, dem er bis 1924 angehörte. Als kaufmännischer Angestellter qualifizierte er sich zum Buchhalter und war in Betrieben in Ludwigshafen und Mannheim beschäftigt. Anfang 1923 zum hauptamtlichen Sekretär des KPD-Bezirks Pfalz berufen. Weber stand auf dem linken Flügel der Partei, der Bezirk Pfalz war schon vor 1924 einer der linken KPD-Bezirke. 1925 schloß sich Weber den Ultralinken an und war auf dem X. Parteitag 1925 in Berlin (der Bezirk Pfalz stand fast geschlossen hinter ihm) einer der Sprecher der Ultralinken. Vom Parteitag zum Mitglied des ZK gewählt, nach dem »Offenen Brief« 1925 nach Berlin geholt, arbeitete er in der Gewerkschaftsabteilung des ZK. Weber blieb in der Opposition aktiv, er war einer der Mitunterzeichner des »Briefes der 700«. Beim Auseinanderfallen der Ultralinken trat er mit dem Bezirk Pfalz, in dem er auch von Berlin aus dominierte, der Weddinger Opposition bei. Er hatte seinen Wohnsitz in Berlin-Wedding und war der eigentliche Führer dieser linken Oppositionsgruppe. Im ZK stimmte er 1926 gegen die Ausschlüsse der Linken. Auf dem Parteitag 1927 nicht mehr ins ZK gewählt, aber zunächst noch Angestellter des ZK. Am 14. März 1928 aus der KPD ausgeschlossen, weil er an einer Konferenz der linken Opposition teilgenommen hatte, außerdem das Kopfblatt des linksoppositionellen Suhler »Volkswillen« in der Pfalz verbreitete und dort Sonderbeiträge für die Linken erhob. Einige Zeit Leiter der Weddinger Opposition (Linke Bolschewiki-Leninisten) in der Pfalz, zog er sich dann von der aktiven Politik zurück. Nach Speyer übergesiedelt, wurde er Anzeigenwerber für die IAH und ähnliche Organisationen.
1933 tauchte er unter, stand später unter Polizeiaufsicht, schließlich Anzeigenwerber für »Der Deutsche« (ein früheres Gewerkschaftsblatt, das die DAF übernommen hatte). Er ging nach Gleiwitz, kam dann nach Ludwigshafen/Rhein und machte sich hier als Kunstgewerbler selbständig. Im März 1943 als Angestellter zur BASF dienstverpflichtet, blieb er auch nach 1945 bis zu seiner Pensionierung in der Anilinfabrik. Er wohnte mit seiner Familie in Ludwigshafen. 1946 trat Hans Weber der SPD bei, die er später wieder verließ, da sie ihm zu »rechts« war. Er erklärte, »kein Renegat« zu sein und Sympathien für Josip B. Tito zu haben. Hans Weber starb am 15. Januar 1986.

▸ Weber, Hermann (* 1888 – † 1937)

Geboren am 15. Februar 1888 in Horn/Lippe, Bruder von ▸ Hanna Staubes bzw. Rautenbach, lernte Schlosser und kam vor dem Weltkrieg nach Barmen. 1906 Mitglied der SPD, 1917 Übertritt zur USPD. Mit der linken USPD – Weber war Delegierter des Spaltungsparteitags in Halle – kam er 1920 zur KPD. Seit 1921 hauptamtlicher Sekretär der KPD, zunächst im UB Barmen. Der

VIII. Leipziger Parteitag 1923 wählte ihn in die Gewerkschaftskommission. 1923 wurde er KPD-Sekretär für Gewerkschaftsfragen im Bezirk Rheinland-Süd/Niederrhein und übernahm 1925 die gleiche Aufgabe in der BL Wasserkante in Hamburg und im Mai 1927 in der BL Baden in Mannheim. Anfang 1929 ins Rheinland zurückgerufen, wurde Weber UB-Sekretär in Solingen und Vorsitzender der dortigen Stadtratsfraktion. Am 22. Januar 1930 und am 25. März 1930 jeweils mit einer Mehrheit von 27 Stimmen der KPD, KPO und SPD gegen 25 bürgerliche Stimmen zum Oberbürgermeister von Solingen gewählt, aber von der vorgesetzten Behörde nicht bestätigt. Ab April 1930 wieder Parteisekretär in Hamburg, dann Mitte 1931 als Mitarbeiter zum ZK nach Berlin versetzt. Da Weber Anhänger der Neumann-Gruppe war, wurde er Mitte 1932 seiner Funktionen enthoben. Im August 1932 übersiedelte er in die Sowjetunion, seine Familie folgte ihm Mitte Januar 1933. Weber lebte in Odessa, nahm Anfang 1937 die sowjetische Staatsangehörigkeit an. Er wurde Mitte 1937 in Odessa vom NKWD festgenommen und wegen »faschistischer Agitation« angeklagt. Hermann Weber erklärte sich für »nicht schuldig«, wurde aber am 16. Dezember 1937 erschossen. Seine Frau **Else Weber** (* 1898) wurde 1937 ebenfalls inhaftiert, danach mit dem in Odessa geborene Sohn Werner nach NS-Deutschland ausgewiesen.

▸ Weber, Jakob (* 1892 – † 1979)

Geboren am 5. Januar 1892 in Köln-Mülheim, Sohn eines Seilermeisters. Schlosser, 1914/15 Soldat im Weltkrieg, wurde schwer verwundet. 1915 trat er in die SPD, 1917 in die USPD ein. Inzwischen nach Berlin übergesiedelt, während der Revolution Mitglied des Arbeiterrates, war er Ende 1918 Gast auf dem Gründungsparteitag der KPD und beteiligte sich an den Januarkämpfen. Weber wurde später Leiter der Arbeiterkorrespondenten-Bewegung der »Roten Fahne«, war in der BL Berlin-Brandenburg und gehörte dem Bund proletarisch-revolutionärer Schriftsteller an. Im März 1933 zeitweilig in »Schutzhaft«, im Oktober 1935 erneut festgenommen und im Mai 1936 vom Kammergericht Berlin zu zwei Jahren Zuchthaus verurteilt. Danach bis 1945 Sachbearbeiter bzw. Lohnbuchhalter. 1945/46 Bürgermeister der Gemeinde Rahnsdorf bei Berlin. Im Dezember 1946 wegen angeblichen Amtsmißbrauchs und Korruption aus der SED ausgeschlossen, aber 1947 in eine Rüge wegen »fahrlässiger Handhabung der Amtsgeschäfte und Verletzung der Parteidisziplin« umgewandelt. Weber lebte als freischaffender Schriftsteller in Wilhelmshagen, veröffentlichte u. a. seinen dokumentarischen Erlebnisbericht »Trotz alledem« (1960). In dem Buch »Der Unbeugsame«

porträtierte er ▸ Otto Franke. Mitglied der ZRK des Schriftstellerverbandes der DDR, er erhielt 1972 den VVO in Gold. Jakob Weber starb am 7. März 1979.

▸ Weber, Joseph (* 1894 – † 1932)

Geboren am 19. Februar 1894 in Mühldorf/Inn, Bruder von ▸ Hans Weber. Lernte Schlosser, arbeitete als Kesselschmied und Schiffbauer in Speyer und Ludwigshafen/Rhein und wurde von seinem Bruder in die politische Bewegung eingeführt. Joseph Weber trat 1921 der KPD bei und wurde 1924 Sekretär des UB Pfalz (im Bezirk Rhein-Saar). Durch den Kampf gegen die Separatisten bekannt geworden, wurde er 1924 für die KPD in den Bayerischen Landtag gewählt. Wie sein Bruder stand auch er seit 1925 bei der ultralinken Opposition. Er verließ 1926 die KPD und war zunächst fraktionsloser Abgeordneter. 1928 trat er zur SPD über, für die er im selben Jahr in den Bayerischen Landtag wiedergewählt wurde. Der populäre Joseph Weber starb am 27. März 1932 in Speyer.

▸ Weber, Otto (* 1893 – † 1961)

Geboren am 23. Oktober 1893 in Witzhelden; lernte in Solingen Feilenhauer. 1913 Mitglied der SPD, 1917 Übertritt zur USPD. Während des Krieges Soldat an der Front, kehrte schwerkriegsbeschädigt (der rechte Arm war verkrüppelt) zurück. Mitglied des DMV, 1920 hauptamtlicher Sekretär der Gewerkschaft in Solingen. Ende 1920 ging er mit der linken USPD zur KPD. Im Mai 1921 wies ihn die britische Besatzungsmacht aus dem Rheinland aus. Er arbeitete in verschiedenen Orten als Gewerkschaftssekretär und kam 1923 nach Remscheid, dort 1924 Anhänger der KPD-Linken, Vorsitzender und Sekretär der Partei. Im Dezember 1924 als Abgeordneter in den Reichstag gewählt, dem er bis 1928 angehörte. Schriftführer des XI. Parteitags 1927, blieb er bis Anfang 1928 UB-Leiter in Remscheid, dann nach Solingen versetzt, dort Sekretär und Leiter des UB. 1928 kandidierte Otto Weber wieder zum Reichstag, wurde aber nicht gewählt (bei späteren Wahlen nicht mehr aufgestellt). Er übernahm 1929 die Leitung der Roten Hilfe im Bezirk Niederrhein, wurde im Frühjahr 1931 in deren Zentralleitung nach Berlin berufen und 1932 Kassierer in der Zentrale. Schon 1933 entfernte er sich von der Partei und war nicht mehr aktiv. Im März 1935 kehrte er von Berlin nach Remscheid zurück. Nach dem Kriege trat er wieder der KPD bei, hatte aber keine Parteifunktion. Leiter der Ortskrankenkasse in Remscheid. Kurz vor dem Verbot der KPD in Westdeutschland 1956 soll er noch ausgeschlossen worden sein. Otto Weber starb am 27. Januar 1961 in Remscheid.

▸ Weber, Otto (* 1889 – † 1972)

Geboren am 17. Februar 1889 in Rathenow, Sohn einer Arbeiterfamilie. Der gelernte Optiker arbeitete nach seiner Lehre bis 1914 in Berlin, anschließend für einige Zeit in Paris. Bei Kriegsausbruch interniert, wegen Krankheit in die Schweiz abgeschoben, kam er Oktober 1917 im Rahmen eines Austausches nach Deutschland. Seit 1907 Mitglied der SPD, schloß er sich dem Spartakusbund an und gehörte im November 1918 zum Arbeiter- und Soldatenrat von Rathenow. Dort gemeinsam mit ▸ Karl Gehrmann Gründer und Leiter der KPD. Auf der Parteikonferenz in Frankfurt/M. 1919 vertrat er diese Gruppe. 1924 in die Stadtverordnetenversammlung gewählt, ab 1925 Mitglied des Brandenburgischen Provinziallandtages. Wie fast die gesamte Ortsgruppe Rathenow gehörte er nach dem »Offenen Brief« 1925 der linken Opposition an. Weber unterschrieb den »Brief der 700« und leitete nach dem Überschwenken Gehrmanns zur ZK-Mehrheit die linke Opposition in Rathenow und Brandenburg. Nach dem Tode ▸ Karl Bohlas kam Otto Weber im Januar 1928 als Abgeordneter in den Reichstag. Da er dem Ersuchen des ZK, sein Mandat niederzulegen, nicht folgte, wurde er am 3. Februar 1928 aus der KPD ausgeschlossen. Im Reichstag war er in der Gruppe der linken Kommunisten, im April 1928 einer der Mitbegründer des Leninbundes. Er leitete in den folgenden Jahren die starke Gruppe dieses Bundes in Rathenow. 1928 wegen Landfriedensbruchs zu sechs Monaten Gefängnis verurteilt, die er aber wegen einer Amnestie nicht verbüßen mußte.

Ende Februar 1933 kam er für zehn Tage in »Schutzhaft«, wurde am 17. April 1934 in Rathenow verhaftet und im August vom Kammergericht Berlin zu zwei Jahren Gefängnis verurteilt. Danach bis 1945 in den Rathenower Optischen Werken beschäftigt, wo er französische Kriegsgefangene und Zwangsarbeiter unterstützte. Am 10. Mai 1945 von der sowjetischen Besatzungsmacht zum Stadtrat und Leiter des Dezernats für Volksbildung ernannt, gleichzeitig Vorsitzender des Antifa-Ausschusses und nach Zulassung der Parteien Polleiter der KPD in Rathenow, im April 1946 Mitvorsitzender der SED. Er arbeitete unter dem populären Rathenower Oberbürgermeister Paul Szillat. Weber geriet schon früh in das Visier des Landesparteischiedsgerichts der SED Brandenburg.

Da er sich zur Politik des Leninbundes von vor 1933 bekannte, wurde er am 30. Oktober 1948 »wegen starker sektiererischer Tendenzen« aus der SED ausgeschlossen. In der Begründung hieß es u. a.: »Eine Reihe von Äußerungen zeigen klar, daß er mit der Linie der Partei nicht einverstanden ist, vielmehr versucht er immer zu ›beweisen‹, daß die Politik des Leninbundes vor 1933 die richtige war und zeigt somit seine Verbundenheit mit seiner alten arbeiterfeindlichen Einstellung der damaligen Zeit ... Weber unterstützt auch die Stimmung innerhalb der Partei, daß man nicht offen sprechen darf, jeder hat Angst (!) etwas zu sagen. In diesem Zusammenhang werden dann noch einige Genossen verleumdet und als Spitzel bezeichnet ... Der Genosse Weber hat somit durch seine ganze Handlungsweise gezeigt, daß er nicht gewillt ist, mit der Partei zu marschieren, sondern gegen sie. Weber ist konsequent den Weg gegangen, den er als der frühere Trotzkist gehen mußte – ins opportunistische, sowjetfeindliche Lager. Weber ist damit zum Parteischädling geworden.« Sein Einspruch gegen den Parteiausschluß wurde von der ZPKK trotz einer positiven Stellungnahme seines Mitgenossen Karl Gehrmann abgelehnt. 1965 erhielt er die Medaille »Kämpfer gegen den Faschismus«. Otto Weber starb am 7. Dezember 1972 in Rathenow.

▸ Wecker, Hans (* 1894 – † 1980)

Geboren am 17. März 1894 in Lockweiler/Saar, Sohn eines Bergmanns, sein Vater starb kurz zuvor bei einem Grubenunglück, seine Mutter mußte sich kümmerlich durchschlagen. Er besuchte ein Lehrerseminar, machte im Januar

1914 seine Abschlußprüfungen. Anschließend zum Militärdienst einberufen, kam er im August 1914 an die Front, dann zum Fliegerleutnant befördert und mit dem EK I ausgezeichnet. Von 1919 bis 1924 Volksschullehrer in Waldhölzbach/Krs. Wadern. Durch die Kriegserlebnisse wurde Wecker politisiert und schloß sich 1924 der KPD in Köln an, wo er seit Anfang April 1924 an der »Freien Schule« unterrichtete. Er gehörte ab März 1929 zur BL Mittelrhein, war dort für die Agitproparbeit zuständig und arbeitete auch in der RFB-Gauleitung. Im November 1929 in Köln zum Stadtverordneten gewählt, im März 1931 als Lehrer entlassen, wirkte Wecker seitdem hauptamtlich für die KPD. Im April 1932 wurde er im Wahlkreis Koblenz-Trier in den Preußischen Landtag gewählt und war noch Anfang März 1933 Spitzenkandidat der Kölner KPD zu den Kommunalwahlen. Wecker flüchtete in das Saargebiet, wurde nach der Rückgliederung 1935 verhaftet, nach der Untersuchungshaft in Berlin aber im Januar 1936 aus »Mangel an Beweisen« freigelassen. Später zog er in die Heimat seiner Frau nach Norddeutschland, wurde bei Kriegsausbruch 1939 erneut inhaftiert und kam in das KZ Sachsenhausen, aus dem er Ende Mai 1940 entlassen wurde. Nach 1945 wieder Lehrer in Köln, 1948 pensioniert, verzog er nach Eitorf/Sieg, wo er sich 1955 der SPD anschloß. Nach der Annahme des Godesberger Programms 1959 verließ er die SPD und gründete einen Deutschen Arbeiter-Verlag, in dem bis 1965 u.a. die »Neuen Sozialistischen Hefte« erschienen. Er veröffentliche 1969 das Buch »40 Jahre Stalinismus 1929-1969«, in dem er scharfe Kritik an der KPdSU übte. 1970 verzog er nach Norddeutschland. Hans Wecker starb am 14. August 1980 in Bremen.

▸ Wegmann, Paul (* 1889 – † 1945)

Geboren am 17. September 1889 in Ronsdorf im Rheinland, Sohn eines Bandwirkers. Da der Vater bereits früh starb, mußte Wegmann als Laufbursche zum Lebensunterhalt der Familie beitragen. Er lernte Schmied und arbeitete als Schlosser und Mechaniker in Berlin-Charlottenburg, wo er der SPD und der Gewerkschaft beitrat. Nach Kriegsausbruch gehörte er zu den Linken um ▸ Karl Liebknecht und ▸ Rosa Luxemburg. 1916 zum Militärdienst eingezogen, wurde er 1917 Mitglied der USPD und kehrte nach einem Fronturlaub nicht zur Truppe zurück. Er lebte illegal in Berlin, war bei den Revolutionären Obleuten und von November 1918 bis September 1919 Mitglied des Berliner Vollzugausschusses der Arbeiter- und Soldatenräte. Anschließend Redakteur der »Freiheit« in Sachsen, Wegmann plädierte für den Anschluß an die Komintern und die Vereinigung mit der KPD. Anfang 1921 von der Zentrale als Bezirkssekretär der VKPD in Danzig vorgesehen, trat Wegmann aber bereits im Laufe des Jahres aus der VKPD aus und wurde nach einer kurzen Zugehörigkeit zur KAG wieder Mitglied der USPD. Nach dem Tode ▸ Ernst Däumigs 1922 wurde Wegmann (bis 1924) dessen Nachfolger als USPD-Abgeordneter im Reichstag. Er besuchte Kurse an der Hochschule für Politik in Berlin, 1927 Stadtjugendpfleger beim Bezirksamt Berlin-Weißensee. Er übersiedelte 1930 nach Zeitz, war dort Kreisjugendpfleger, in der SPD und auch der SAP aktiv. 1933 entlassen, im Februar 1934 erstmals festgenommen, wegen »Mangels an Beweisen« nach neun Monaten Untersuchungshaft freigelassen. Wegmann setzte seine illegale Arbeit mit SPD- (und SAP-) Mitgliedern in Zeitz fort, wurde Anfang Dezember 1935 erneut verhaftet.

Am 29. Januar 1937 vom Kammergericht Berlin zu zwei Jahren Gefängnis verurteilt, kam er anschließend in das KZ Sachsenhausen. Am 20. April 1940 entlassen, arbeitete er als Lagerverwalter bei einer Kohlehandlung. Er wurde im Zusammenhang mit der Gestapoaktion »Gewitter« nach dem 20. Juli 1944 als ehemaliger Reichstagsabgeordneter wieder festgenommen. Am 17. Februar 1945 in das KZ Bergen-Belsen eingeliefert, wo Paul Wegmann noch kurz vor Kriegsende am 4. April 1945 an Flecktyphus starb.

▸ Wehner, Herbert (Funk, Kurt) (* 1906 – † 1990)

Geboren am 11. Juli 1906 in Dresden, erster (von zwei Söhnen) des Facharbeiters Richard Wehner und seiner Frau Antonie, geborene Diener. Da der Vater 1914 Soldat wurde, die Mutter mit Näharbeiten nur wenig verdiente, mußte Herbert Wehner bereits früh zum Unterhalt der Familie beitragen. Ein 1921 gewährtes Stipendium ermöglichte ihm eine dreijährige Ausbildung zum Verwaltungsdienst, anschließend kaufmännische Lehre. 1923 trat er in die SAJ ein, zunächst von ▸ Otto Rühle beeinflußt, wurde Wehner Anarchist, war in Dresden zeitweise in einer »Anarchistischen Tatgemeinschaft« jugendlicher Rebellen aktiv. Er schloß sich dann Erich Mühsam an, als dessen Privatsekretär er für kurze Zeit fungierte. 1925/26 gab Wehner die Zeitschrift »Revolutionäre Tat« heraus und publizierte in Mühsams Zeitung »Fanal«. Er überwarf sich aber dann mit Mühsam, trennte sich von den Anarchisten und wurde 1927 Mitglied der KPD. Wehner heiratete die junge Schauspielerin Lotte Loebinger (* 10. 10. 1905 – † 9. 2. 1999), die Ehe ging auseinander, wurde offiziell aber in Deutschland erst später geschieden.

Um die Jahreswende 1927/28 begann Wehners hauptamtliche Parteikarriere: Zunächst Bezirkssekretär der RHD für Ostsachsen, ein Jahr später RGO-Sekretär im Bezirk, seit dem Zusammenschluß dieses Bezirks zum Parteibezirk Sachsen Ende 1929 gehörte er als Orgleiter unter ▸ Rudolf Renner dem Sekretariat der neugeschaffenen KPD-BL an. Im Juni 1930 wurde Wehner in den Sächsischen Landtag gewählt, war stellvertretender Vorsitzender der KPD-Fraktion und Mitglied im Ältestenrat. Wegen der schwachen Verankerung der KPD in den sächsischen Betrieben wurde Anfang 1931 die BL unter Renner, vor allem aber Wehner kritisiert. ▸ Fritz Selbmann trat an Renners Stelle, ▸ Karl Ferlemann löste Wehner ab, der nach Berlin in das ZK im Karl-Liebknecht-Haus geholt wurde. Hier war er zunächst Mitarbeiter der von ▸ August Creutzburg geleiteten Orgabteilung, erlebte die innerparteilichen Rivalitäten zwischen Neumann/Remmele und ▸ Ernst Thälmann, der ihn im Frühsommer 1932 zum Technischen Sekretär des Polbüros berief. In dieser Funktion war er maßgeblich an der Überführung des Apparats in die Illegalität beteiligt und bildete bis Frühjahr 1934 mit ▸ Wilhelm Kox und ▸ Siegfried Rädel die Inlandsleitung der KPD. Im Widerstand der Kommunisten gegen die NS-Diktatur spielte Wehner eine zentrale Rolle, er stieg zu einem der wichtigen Parteiführer in der KPD auf. Er war der Verhaftung wiederholt nur knapp entgangen, emigrierte im Juni 1934 mit seiner (seit 1929) neuen Lebensgefährtin Charlotte Treuber (* 24. 1. 1907 – † 21. 10. 1999), zunächst nach Saarbrücken. Dort Oberberater, koordinierte er unter dem Parteinamen Kurt Funk dann auch von Prag und Paris aus den Widerstand gegen das

NS-Regime. Während der Auseinandersetzungen 1934/35 innerhalb des Politbüros unterstützte Wehner ▸ Wilhelm Pieck und ▸ Walter Ulbricht. Zeitweilig war er Lehrer an der Internationalen Leninschule in Moskau und nahm im Sommer 1935 am VII. Weltkongreß und im Oktober an der »Brüsseler Konferenz« teil.
Wehner wurde hier in das ZK gewählt und zum Kandidaten des Politbüros berufen, war damals das jüngste Mitglied im obersten Führungsgremium der KPD. Er gehörte unter Ulbricht mit ▸ Anton Ackermann, ▸ Franz Dahlem und ▸ Paul Merker zur »operativen Leitung« des Politbüros zur Anleitung der illegalen Organisationen im Reich.
Nach Auseinandersetzungen mit Ulbricht in Paris reiste Wehner Ende 1936 zur Berichterstattung nach Moskau, Referent für deutsche Fragen im Sekretariat der Komintern. Auch er geriet in die »Säuberungen« und wurde in einem »Untersuchungsverfahren« mehrfach vom NKWD verhört. Noch im September 1937 beschloß die Moskauer Parteiführung, in der »Angelegenheit Funk« die Kaderabteilung zu beauftragen, »gegen Funk wegen Verletzung der Konspiration« eine Untersuchung vorzunehmen und ihn »zur Verantwortung zu ziehen«. In der damaligen Situation bedeutete dies, daß Wehner in der UdSSR mit seiner Verhaftung und Liquidierung durch das NKWD rechnen mußte. Selbst gefährdet, schrieb er nun – wie alle Emigranten – zahllose Berichte. Seine Dossiers für die IKK belasteten Mitgenossen, deren vorherige Berichte ihn ebenfalls belasteten. Ob alte Fraktionskämpfe, ob Revanche bei persönlichen Differenzen oder einfach als Schutz im Untersuchungsverfahren der Komintern für die Angaben ausschlaggebend waren, ist schwer auszumachen. Wehner hat in seinen 1946 geschriebenen (1982 dann von Gerhard Jahn herausgegeben) »Notizen« klargestellt, wie er in jenes zum Inquisitionsritual gehörende Netz von Anklagen, Gegenanklagen, Denunziationen und Selbstbezichtigungen geraten und dadurch zum Mittäter geworden war. Das Parteiverfahren in Moskau gegen ihn wurde schließlich 1939 eingestellt.
Im Auftrag der Komintern fuhr Wehner Ende Januar 1941 nach Schweden, um hier die Arbeit der AL Mitte zu reorganisieren. Von Stockholm aus sollte er gemeinsam mit ▸ Karl Mewis und ▸ Richard Stahlmann nach Deutschland reisen, um die Arbeit illegaler kommunistischer Gruppen im Reich zu koordinieren. Am 18. Februar 1942 in Stockholm festgenommen, wurde Wehner im April wegen »Gefährdung der schwedischen Freiheit und Neutralität« zu einem Jahr Gefängnis verurteilt, im November in ein Jahr Zwangsarbeit verschärft. Über Wehners Verhaftung und Verhalten gegenüber den schwedischen Ermittlungsbehörden wurde das Politbüro in Moskau vor allem durch Mewis und Stahlmann verzerrt informiert. Danach wurde Wehner unter dem Vorwurf des Verrats am 6. Juni 1942 aus der KPD ausgeschlossen. Nach der Entlassung aus der Haft war Wehner zunächst in einer Viskosefabrik beschäftigt, anschließend als wissenschaftlicher Mitarbeiter in einem Archiv. 1944 heiratete er Charlotte Burmester, geborene Clausen († 1979), die Witwe eines von den Nazis ermordeten Hamburger Kommunisten. Bei ihr und ihren beiden Kindern fand er private Geborgenheit. Er wurde von früheren Genossen gemieden, isoliert und erkannte, die kommunistische Bewegung, von der er sich während seiner Einzelhaft 1942/43 nach langen innerlichen Kämpfen zu lösen begann, hatte ihn fallengelassen. Der Briefwechsel mit ▸ Günter Reimann von 1946 (1998 veröffentlicht) und vor allem seine »Notizen« (in Schweden niedergeschrieben) zeigen Wehners endgültige Trennung vom »totalitären Kommunismus«. Er benannte Mechanismen der Kaderpolitik, zeigte, daß der Stalinismus die Idee des Sozialismus diskreditiert hatte. Aber deswegen wollte er die Tradition der Arbeiterbewegung keineswegs über Bord werfen, sondern wurde Sozialdemokrat.
Im September 1946 kehrte Wehner nach Deutschland zurück, trat einen Monat später der SPD bei und arbeitete als außenpolitischer Journalist bei der SPD-Zeitung »Hamburger Echo«. Von Kurt Schumacher unterstützt, kandidierte Wehner im August 1949 erfolgreich für den ersten Deutschen Bundestag, dem er ununterbrochen bis 1983 angehörte. Als Vorsitzender des Bundestagsausschusses für gesamtdeutsche und

Berliner Fragen von 1949 bis 1966 setzte er sich insbesondere für die Wiedervereinigung Deutschlands ein. Von 1952 bis 1982 war er Mitglied des SPD-Parteivorstandes und des SPD-Präsidiums, sowie von 1958 bis 1973 Stellvertretender Bundesvorsitzender der SPD. In der Großen Koalition unter Kiesinger/Brandt wirkte er von 1966 bis 1969 als Bundesminister für gesamtdeutsche Fragen und war von 1969 bis 1983 Vorsitzender der SPD-Fraktion im Bundestag. Seine Strenge und sein Pflichtbewußtsein brachten ihm den Ruf eines »Zuchtmeisters« und »Kärrners« in der SPD ein. Nach dem Scheitern der sozial-liberalen Koalition im Herbst 1982 trat Wehner den Rückzug aus der aktiven Politik an. Um Greta Burmester (* 1924), seine Pflegetochter und langjährige vertraute Mitarbeiterin, sozial abzusichern, heiratete er sie 1983. Unter dem Titel »Zeugnis« wurden 1982 seine »Notizen« veröffentlicht. Neben anderen Auszeichnungen erhielt er 1984 die Ehrendoktorwürde der Universität Jerusalem. Die Freie und Hansestadt Hamburg nahm Wehner 1986 in die Reihe der Ehrenbürger auf. Herbert Wehner, zuletzt schwer an Alzheimer erkrankt, starb am 19. Januar 1990 in Bonn.

Seinem Andenken gilt z. B. das im September 1992 in Dresden gegründete »Herbert-Wehner-Bildungswerk«, und die 2004 geschaffene »Herbert und Greta-Wehner-Stiftung«, die in seinem Sinne zur Stärkung der Demokratie beitragen wollen.

Herbert Wehner bleibt auch nach seinem Tod eine der umstrittenen Persönlichkeiten der Nachkriegsgeschichte. Schon zu Lebzeiten wurde der Sozialdemokrat von politischen Gegnern verunglimpft, »immer noch Kommunist« zu sein. Selbst nach seinem Tod sollte Wehner 1993/94 in einer Medien-Schlammschlacht im Wahlkampf instrumentalisiert werden, bis hin zu Verdächtigungen, er habe die »Sache der anderen Seite« vertreten. Die Schmähungen mißlangen, doch wird nun seine Rolle als führender Kommunist und seine Tätigkeit während der stalinistischen Säuberungen zu Verleumdungen benutzt. Aber nicht Wehner war für die Verfolgung und Ermordung von zwei Dritteln der emigrierten deutschen Kommunisten in den dreißiger Jahren verantwortlich, wie jüngst behauptet, sondern Stalin mit seiner Machtfülle und seinen sowjetischen Repressionsorganen. Daß die von Hitler nach Moskau geflüchteten KPD-Führer – und damit bis 1940 auch Wehner – Schuld auf sich luden, bleibt eine tragische Erkenntnis, ist aber nicht neu. Wehner war zwar ein »Schräubchen« in diesem terroristischen Räderwerk, doch natürlich nicht dessen Antreiber oder gar Initiator, er war selbst bedroht. Vor allem aber hat er als einer der ganz wenigen kommunistischen Führer aus den Schrecken des Stalinismus und seinen Irrtümern Lehren gezogen und wurde Demokrat. Herbert Wehners Persönlichkeit ist historisch gesehen geprägt als die eines mutigen Kämpfers gegen die NS-Diktatur und danach als eines aktiven Erbauers der freiheitlichen Demokratie in Deutschland. Diese Probleme werden in der inzwischen breiten Literatur über Wehner thematisiert, hier sei nur verwiesen auf Hartmut Soell: Der junge Wehner, Stuttgart 1991; Reinhard Müller: Die Akte Wehner, Berlin 1993; Michael F. Scholz: Herbert Wehner in Schweden 1941-1946, Berlin 1997.

▸ Weidauer, Walter (* 1899 – † 1986)

Geboren am 28. Juli 1899 in Lauter/Sachsen, Sohn eines Korbmachers, lernte Zimmermann. 1916 Mitglied der sozialistischen Arbeiterjugend. 1918 zum Pionierbataillon nach Riesa eingezogen, ging er nach der Demobilisierung auf Wanderschaft. Er trat 1919 in die USPD ein, wurde 1922 Mitglied der KPD, 1923/24 Agitpropleiter der UB-Leitung in Zwickau, dort von 1925 bis 1929 auch Stadtverordneter. 1929 wegen »kommunistischer Fraktionstätigkeit« aus dem Zentralverband der Zimmerer ausgeschlossen, begann 1929 seine hauptamtliche Arbeit für die KPD. Bis März 1932 Geschäftsführer des KPD-Verlags in Essen, anschließend Polleiter des kommunistischen Proletarischen Freidenkerverbandes in Sachsen, ab Juli 1932 dessen Reichs-Polleiter. Im Juli 1932 wurde Weidauer in den Reichstag gewählt, dem er bis März 1933 angehörte. In der Nacht des Reichstagsbrandes festgenommen, bis Dezember 1933 in »Schutzhaft«. Weidauer setzte die illegale Arbeit fort, war Oberbezirks-Orgleiter für Sachsen und Thüringen, wurde am 19. April 1934 erneut festgenommen und im November 1934 vor dem OLG Dresden angeklagt, jedoch am 28. Februar 1935 überraschend freigesprochen. Er floh im September 1935 in die ČSR, wurde Polleiter für Westsachsen mit Sitz in Karlsbad und emigrierte 1936 nach Dänemark. Dort gehörte er zur KPD-AL Nord. Weidauer wurde nach der Besetzung Dänemarks am 26. Juli 1940 durch dänische Polizei verhaftet und Ende Januar 1941 an die Gestapo nach Hamburg übergeben. Am 3. Juni 1942 vom VGH zu 15 Jahren Zuchthaus verurteilt. Im Mai 1945 zunächst Leiter der Verwaltung des 7. Dresdener Stadtbezirks, ab 5. Juli 1945 1. Bürgermeister, ab 1. Mai 1946 Oberbürgermeister von Dresden. Weidauer war von 1958 bis zu seiner Pensionierung im Januar 1961 Vorsitzender des Rates des Bezirks Dresden. Von 1955 bis 1957 Vorsitzender des ostdeutschen Präsidiums des Deutschen Städte- und Gemeindetages, anschließend Vizepräsident. Er erhielt 1969 den Karl-Marx-Orden. Walter Weidauer starb am 13. März 1986 in Dresden.

▸ Weidmüller, Walter (* 1891 – † 1939?)

Geboren 1891 in Eilenburg, Sohn einer Arbeiterfamilie, Schriftsetzer. Er gehörte von 1911 bis 1919 der SPD an, trat dann in die KPD über. Funktionär in Sachsen, war er Mitte der zwanziger Jahre Mitglied der BL Leipzig, zeitweise Agitpropsekretär. 1933 flüchtete Weidmüller in die Tschechoslowakei, da er aber von der Parteiführung keine Genehmigung zur Emigration hatte, wurde er aus der KPD ausgeschlossen, dann jedoch wieder aufgenommen. Im November 1934 kam er als offizieller deutscher Politemigrant in die Sowjetunion. Er wurde im September 1937 vom NKWD verhaftet und wegen »Verdachts der Verbindung zu Agenten« sofort aus der Emigrations-KPD entfernt. Walter Weidmüller soll 1939 im Gulag ums Leben gekommen sein.

▸ Weiland, Alfred (* 1906 – † 1978)

Geboren am 7. August 1906 in Berlin, Sohn eines Zimmerers; Schlosserlehre, Anschluß an die sozialistische Jugendbewegung und frühe Verbindung zur KPD, ging Mitte der zwanziger Jahre zur KAPD und AAU. Ende der zwanziger Jahre übernahm Weiland ehrenamtliche Führungspositionen in diesen Verbänden (inzwischen politische Sekten). Für verschiedene Zeitungen journalistisch tätig, organisierte er die internationale Arbeit der AAU. 1931 als Telegraphenarbeiter wegen Streikagitation entlassen, Technikerausbildung. 1933 zunächst in die ČSR emigriert, noch im gleichen Jahr nach Deutschland zurück, hier im November 1933 festgenommen. Er kam in das

KZ Hohnstein, aus dem er im Juni 1934 entlassen wurde. Weiland war führender Kopf der Kommunistischen Arbeiter-Union, einem Bündnis verschiedener kleiner rätekommunistischer Gruppen. Im Zentrum deren illegaler Arbeit stand die Diskussion über die aus ihrer Sicht verheerende Rolle des Bolschewismus und das Versagen der »alten« Arbeiterbewegung. In den vierziger Jahren hatte er Kontakte zu Widerstandskreisen um Carl Goerdeler und Julius Leber sowie ▸ Anton Saefkow. Der Verhaftungswelle nach dem 20. Juli 1944 entging Weiland nur dadurch, daß er sich zur Wehrmacht gemeldet hatte. Im Mai 1945 wieder in Berlin, bemühte sich Weiland um die Reorganisation der versprengten rätekommunistischen Gruppen, baute die Gruppe Internationaler Sozialisten auf. Er trat offiziell der KPD/SED bei, arbeitete journalistisch und beteiligte sich Ende 1946 am Aufbau des Instituts für Publizistik in Ost-Berlin. Seit 1947 gab er in Berlin die hektographierte illegale Zeitschrift »Neues Beginnen« heraus. Nach Eröffnung des Instituts für Publizistik im Frühjahr 1947 entlassen, setzte er sich nach West-Berlin ab, war erwerbslos und leitete Volkshochschulkurse. Die Gruppe um Weiland stand seit Sommer 1946 unter Beobachtung der sowjetischen Geheimpolizei und des Abwehrapparates der SED. Am 11. November 1950 wurde Weiland vom MfS aus West-Berlin entführt, sein unter Folter erpreßtes Geständnis widerrief er später, das Verfahren wegen Spionage wurde eingestellt. Trotzdem verurteilte ihn das Landgericht Greifswald am 27. August 1952 zu 15 Jahren Zuchthaus. Im November 1958 entlassen, ging er nach West-Berlin, trat in die SPD ein und engagierte sich in verschiedenen antikommunistischen Organisationen. Alfred Weiland starb am 18. September 1978 in Berlin. Von Michael Kubina erschien 2001 das Buch: »Von Utopie, Widerstand und Kaltem Krieg. Das unzeitgemäße Leben des Berliner Rätekommunisten Alfred Weiland (1906-1978)«.

▸ Weimer, Gottfried (* 1890 – † 1957)

Geboren am 13. September 1890 in Esslingen, Sohn eines Postschaffners. Das sechste von elf Kindern erhielt eine Ausbildung als Lehrer. Vor dem Weltkrieg Lehrer im württembergischen Volksschuldienst. 1917 Mitglied der USPD, Ende 1919 der KPD. Im April 1920 Übersiedlung nach Chemnitz, Redakteur und kurz Chefredakteur beim »Kämpfer«. Im Dezember 1920 Delegierter für den Bezirk Erzgebirge-Vogtland zum Vereinigungsparteitag USPD (Linke) mit der KPD zur VKPD in Berlin. Im April 1921 von einem Gericht in Dresden wegen »Hochverrats« angeklagt, weil er als verantwortlicher Redakteur Artikel aus der »Roten Fahne« übernommen habe. Als Anhänger ▸ Paul Levis verteidigte er auf dem Bezirksparteitag im März 1921 dessen Kritik an der KPD-Politik. Er schied am 23. März 1921 aus der Redaktion des »Kämpfers« aus, legte alle politischen Funktionen nieder. Weimer entzog sich der Vorladung zum Prozeß in Dresden durch Umzug nach Altburg/Württemberg, wurde dort verhaftet und nach Dresden gebracht. Paul Levi vertrat ihn vor Gericht, die Anklage wurde niedergeschlagen, da die besagten Artikel erst nach Ausscheiden Weimers aus der Redaktion erschienen waren. Im Juni 1921 kehrte er nach Württemberg zurück, war ab 1922 wieder als Lehrer tätig. Später Mitglied der SPD, wohnte in Esslingen, dann in Altburg/Calw, wo Gottfried Weimer am 29. Juli 1957 starb.

▸ Weinert, Erich (* 1890 – † 1953)

Geboren am 4. August 1890 in Magdeburg, Sohn eines Ingenieurs. Maschinenbauerlehre, von 1908 bis 1910 an der Kunstgewerbeschule in Magdeburg, bis 1912 Studium an der Königlichen Kunst-Hochschule in Berlin; 1912/13 freischaffender Maler, Graphiker und Buchillustrator. Von 1913 bis 1919 Soldat, Infanterieoffizier. Danach Kunstgewerbelehrer in Magdeburg und Schauspieler in Kissingen. Nach 1921 Veröffentlichung satirischer Gedichte und Auftritte in politischen Kabaretts in Berlin und Leipzig. Mitarbeit an linken Presseorganen, 1928 Mitbegründer und Vorstandsmitglied des BPRS sowie Redaktionsmitglied der »Linkskurve«.

Weinert verfaßte Szenen, Lieder und Gedichte für die Agitpropgruppen, trat 1929 in die KPD ein und erhielt 1931 wegen »Gotteslästerung, Aufreizung zum Klassenhaß, Aufforderung zum bewaffneten Aufstand« sieben Monate Redeverbot. 1933 emigrierte er in die Schweiz, nach Frankreich, 1935 in die Sowjetunion. In Moskau Redaktionsmitglied der Zeitschrift »Internationale Literatur – Deutsche Blätter«. Ab 1937 Soldat im Bürgerkrieg in Spanien, Mitarbeiter des Kommissars der XI. Internationalen Brigade. 1939 Internierung in Südfrankreich, nach Entlassung Rückkehr in die Sowjetunion, dort in verschiedenen Archiven und als Übersetzer tätig, ab Juni 1941 Mitarbeiter am Moskauer Rundfunk und am Deutschen Volkssender. Von 1943 bis 1945 Präsident des NKFD. Im Januar 1946 nach Deutschland, bis 1948 Vizepräsident der Zentralverwaltung für Volksbildung (Stellvertreter von ▸ Paul Wandel). Anschließend einer der Leiter der Hauptabteilung Allgemeine Kunst und Literatur. Weinert erhielt 1949 und 1952 den Nationalpreis, war 1950 Gründungsmitglied der AdK und seit 1951 Mitglied des PEN-Zentrum Deutschland sowie seit 1953 Mitglied des Komitees der antifaschistischen Widerstandskämpfer. Erich Weinert starb am 20. April 1953 in Ost-Berlin. Seine »Gesammelten Werke« wurden in neun Bänden zwischen 1955 und 1960 von seiner Witwe Li Weinert (* 31. 12. 1899 – † 23. 5. 1983) in der DDR herausgegeben.

▸ Weis, Albin (* 1897 – † 1970)

Geboren am 12. August 1897 in Heidersbach bei Suhl, lernte Büchsenmacher, bewarb sich im Herbst 1920 auf eine Ausschreibung des DMV und wurde Sekretär der Ortsverwaltung von Völklingen/Saar. Er gehörte von 1920 bis 1929 der KPD an, war Mitglied des Gemeinderats von Völklingen und kam im Jahre 1928 als Abgeordneter der KPD in den Landesrat, den Saarländischen Landtag. Ende 1928 als Rechter aus der KPD ausgeschlossen, wurde er Mitglied der KPO. Weis kämpfte bis 1935 gegen den Anschluß des Saargebietes an Deutschland, war 1934 Mitorganisator eines großen internationalen antifaschistischen Arbeitersportfestes in Völklingen. 1935 emigrierte er nach Frankreich, bis 1941 in einem kleinen Betrieb beschäftigt. 1939/40 zeitweise interniert, gelang Weis im Spätsommer 1941 mit Hilfe eines US-Hilfskomitees die Ausreise über Spanien und Portugal nach den USA. Weis arbeitete als Werkzeugmacher in Cambridge/Massachusetts und war Mitglied der AFL. Albin Weis starb am 17. September 1970.

▸ Weise, Kurt (* 1900 – † 1978)

Geboren am 30. Januar 1900 in Halle, lernte Kesselschmied, bis 1924 in seinem Beruf in Halle, später als Expedient tätig. Seit 1914 in der Arbeiterjugend, trat er 1921 in die KPD ein. Im April 1921 von einem Gericht in Halle wegen »Vorbereitung zum Hochverrat« zu zwei Jahren und zehn Monaten Zuchthaus verurteilt. Durch Amnestie im Juli 1922 freigelassen, Instrukteur bzw. Bezirkssekretär der RHD. Er kam im August 1927 als Expedient in den Zentralvorstand der RHD, gehörte zuletzt dem Sekretariat an. Da Weise für die Überparteilichkeit der RHD eintrat, Anfang 1929 aus der RHD und der KPD ausgeschlossen. Er trat der KPO bei, lebte zunächst von einem kleinen Buchvertrieb, 1931 als Expedient der Tageszeitung »Arpo«. Seit Februar 1932 erwerbslos, aktiv in der KPO und in der Hauptverwaltung der Internationalen Hilfsvereinigung

(IHV). Nach dem Reichstagsbrand kurz inhaftiert, organisierte er vor allem in der IHV die Solidaritätsarbeit für die Familien verhafteter Genossen. Ab März 1935 Mitglied des Berliner Komitees der KPO (BK), wurde Weise mit den anderen BK-Mitgliedern am 22. Februar 1937 verhaftet. Der VGH verurteilte ihn im Verfahren mit ▸ Walter Uhlmann u. a. am 24. November 1937 zu 15 Jahren Zuchthaus und zehn Jahren Ehrverlust. Nach der Befreiung Angestellter in Bezirksamt Neukölln, im September 1948 als SED-Mitglied vom Bezirksamt entlassen, übersiedelte er nach Ost-Berlin und arbeitete als Werkschutzleiter im Kaufhaus am Alexanderplatz. Kurt Weise starb am 14. Juli 1978 in Ost-Berlin.

▸ Weise, Martin (* 1903 – † 1943)

Geboren am 12. Mai 1903 in Torgau, Sohn eines Lehrers, wuchs in Berlin auf und schloß sich als Realschüler zunächst der Wandervogel-Bewegung, 1921 der FSJ und 1927 der KPD an. Nach dem Abitur 1921 studierte er Geschichte und Philologie, brach 1924 aus finanziellen Gründen das Studium ab und wurde Verlagsangestellter. Am 20. September 1929 wegen schweren Landfriedensbruchs zu sieben Monaten Gefängnis verurteilt, begann für die »Rote Fahne« zu arbeiten und war zuletzt Redakteur. Nach 1933 gab er mit anderen die »Rote Fahne« illegal weiter heraus. Am 5. April 1934 vom Kammergericht Berlin zu drei Jahren Zuchthaus verurteilt, anschließend in das KZ Sachsenhausen gebracht, aus dem er im April 1939 entlassen wurde. Weise baute im Berliner Betrieb »Nordland« eine Widerstandsgruppe auf, die die Kriegsproduktion störte. Über den ehemaligen »Rote Fahne«-Redakteur ▸ Wilhelm Guddorf u. a. kam Weise in Verbindung mit der Widerstandsgruppe um Harro Schulze-Boysen und Arvid Harnack (»Rote Kapelle«). Er verfaßte Beiträge für die illegale Druckschrift »Die innere Front« und nahm an Beratungen teil. Er wurde am 1. Dezember 1942 festgenommen, vom VGH zusammen mit ▸ Fritz Lange angeklagt. Am 8. Oktober 1943 zum Tode verurteilt, wurde Martin Weise am 15. November 1943 im Zuchthaus Brandenburg hingerichtet.

▸ Weisheit, August (* 1898 – † 1985)

Geboren am 9. Oktober 1898 in Bielefeld, Mittelschule, Maurerlehre, 1917 Einberufung zum Militärdienst. Nach dem Krieg Gelegenheitsarbeiter, Maurer und Stahlarbeiter im Ruhrgebiet und Rheinland sowie im Raum Magdeburg. 1920/21 löste er sich aus dem sozialdemokratischen Milieu seines Elternhauses und trat der KPD bei. Seit 1923 UB-Sekretär der Bielefelder KPD, wurde er einer von drei M-Leitern des Bezirks Niedersachsen. Als solcher ließ er im Herbst 1923 aus Steinbrüchen bei Steinhagen geraubten Sprengstoff und von Genossen aus Lippe gestohlene Munition nach Bielefeld und dann nach Hannover bringen und verübte im Dezember 1923 einen Anschlag auf das Gebäude des Oberpräsidenten Gustav Noske. Steckbrieflich gesucht, flüchtete Weisheit dann mit einem gefälschten französischen Reisepaß 1924 nach Marseille und Paris. Dort blieb er sieben Jahre, war aktiv in der CGT und KPF. Im Sommer 1931 kehrte er nach Bielefeld bzw. Oerlinghausen/Lippe zurück, Funktionär im UB Bielefeld, Redakteur beim »Kämpfer« und Leiter einer illegalen RFB-Zelle, im Januar 1932 in den Kreistag Lemgo gewählt. Im

Februar/März 1933 verhaftet, irrtümlich auf freien Fuß gesetzt, versteckte er sich in der Osnabrücker Gegend. Am 1. Mai 1933 wieder festgenommen, vom OLG Hamm Anfang 1934 zu einem Jahr und neun Monaten Haft verurteilt. Anschließend floh er zu seiner französischen Lebensgefährtin und seiner Tochter nach Paris, wurde im April 1937 Sekretär des von der KPD initiierten Koordinationsausschusses Deutscher Gewerkschafter. 1938 oder 1939 als Anhänger von ▸ Willi Münzenberg aus der KPD ausgeschlossen, im September 1939 interniert. Er verpflichtete sich für die Fremdenlegion, kam im Frühjahr 1940 nach Nordafrika zum Gleisbau und überlebte den Krieg, kehrte aber nicht nach Deutschland zurück. August Weisheit starb am 5. August 1985 in Annonay in Südfrankreich.

▸ Weiss, Ali (* 1899 – † 1936)

Geboren 1899 in Berlin, von Beruf Zeichner. Ab 1923 Mitglied der KPD. Seit 1926 in der »Roten Fahne« (auch als Zeichner) beschäftigt, war er eng mit ▸ Fritz David befreundet, der ihn 1930 in die Zentrale der RGO holte. Dort in der Gruppe Bau angestellt, soll er vorübergehend wegen angeblicher Unterschlagung ausgeschlossen worden sein, wurde aber rehabilitiert. Weiss wurde 1931 Orgleiter der Berliner RGO, 1933 in der illegalen RGO kurze Zeit Bezirksleiter sowie in deren Reichsleitung aktiv. Er wurde 1934 in die UdSSR geschickt und kam als Zeichner zur »Deutschen Zentral-Zeitung« in Moskau. Nach der Verhaftung von David ebenfalls 1936 vom NKWD festgenommen, gehörte Weiss zu den KPD-Mitgliedern, die vom Politbüro am 7. September 1936 als erste aus der Partei ausgeschlossen wurden. Die Liste mit 55 Funktionären trug bei ihm den Vermerk: »Er wurde als Trotzkist verhaftet und abgeurteilt.« Sein Name stand in der Liste »Ausschlüsse aus der KPD«, die das ZK am 11. Oktober 1936 in der »Deutschen Volkszeitung« veröffentlichte. Die Funktionäre waren »wegen trotzkistisch-sinowjewistischer und anderer konterrevolutionärer Verbrechen« der »trotzkistischen Mördergruppe« aus der KPD ausgeschlossen worden. Ali Weiss wurde noch 1936 erschossen.

▸ Weißberg-Cybulski, Alexander (* 1901 – † 1964)

Geboren 1901 in Krakau, damals Österreich-Ungarn, Sohn eines wohlhabenden jüdischen Kaufmanns. Die Familie zog nach Wien, wo er technische Physik studierte und dann als Physiker arbeitete. Seit 1920 in der SPÖ, trat er 1927 der KPÖ bei und seit der Übersiedlung nach Deutschland 1929 der KPD. Als inzwischen weithin bekannter Physiker war er u. a. für deren Geheimapparat tätig (Pseudonym Peter Warbeck), was die Kaderabteilung der Komintern am 4. April 1937 bestätigte: »Er hat für den illegalen Parteiapparat der KPD gearbeitet.« Im März 1931 kam Weißberg in die Sowjetunion, er war einem Ruf an das Ukrainische Physikalisch-Technische Institut in Charkow, eine der damals größten Forschungsstätten Europas, gefolgt und bekam dort eine führende Stellung. Am 20. März 1937 wurde Weißberg vom NKWD festgenommen, doch die Inhaftierung des berühmten österreichischen Wissenschaftlers löste eine Welle weltweiter Empörung aus.
Albert Einstein schrieb im Mai 1938 wegen Weißbergs Freilassung sogar an »Herrn Stalin«; die französische Trägerin des Nobelpreises und später bekannte Kommunistin Irene Joliot Curie u. a. verlangten vom Generalstaatsanwalt Wyschinski, die »erforderlichen Schritte zur sofortigen Freilassung zu tun«. Doch Weißberg blieb in NKWD-Haft, im September 1939 unterschrieb er nach Folterungen das übliche »Geständnis«. Nach dem Hitler-Stalin-Pakt im Januar 1940 vom NKWD der Gestapo übergeben, war er drei Monate in deren Gewahrsam und wurde dann ins Ghetto Krakau abgeschoben. Er konnte im Frühjahr 1942 flüchten, schloß sich dem polnischen Widerstand an, war in Warschau, wo er den Aufstand im jüdischen Ghetto (Mai 1943) sowie den Nationalaufstand (Herbst 1944) überlebte. Bis Ende der vierziger

Jahre wohnte er unter dem Namen seiner Frau, Cybulski, als Geschäftsmann in Krakau, dann kam er nach Schweden, übersiedelte Anfang der fünfziger Jahre nach Frankreich. Alexander Weißberg-Cybulski starb im Frühjahr 1964 in Paris. Er hatte sich nach 1945 gründlich mit den Stalinschen Säuberungen auseinandergesetzt, sein mehrfach veröffentlichtes, 1951 in Deutschland erschienenes Buch »Hexensabbat« gehört zu den frühen Standardwerken über den stalinistischen Terror. In der Einleitung dazu hatte Arthur Koestler Weißbergs außerordentliche Persönlichkeit ebenso gewürdigt wie seinen erstaunlichen Lebensweg und seine Haltung. »Ich kenne keinen einzigen, der nach drei Jahren GPU-Haft und fünf Jahren Gestapo-Verfolgung physisch und geistig so unversehrt, so zufrieden mit dieser besten aller möglichen Welten wieder aufgetaucht wäre wie Alexander Weißberg-Cybulski. Er sah wie ein wohlhabender Kaufmann aus ... mit runden, ausgeglichenen Bewegungen, mit einer Vorliebe für Wiener Kaffeehausgeschichten, Pralinés kauend oder seinen vielgeliebten türkischen Honig.« Wichtig bleibt, daß Weißberg aus eigener Erfahrung, lange vor Öffnung der Archive mit seinem berühmten Gedächtnis die Praxis und die Hintergründe des stalinistischen Terrors geschildert und analysiert hat.

▸ Weiterer, Maria (* 1899 – † 1976)

Geboren am 18. Februar 1899 in Essen als Maria Tebbe, Tochter eines Buchhalters und einer Hebamme; kaufmännische Ausbildung. Nach dem Weltkrieg heiratete sie den Arbeiter Mathias Weiterer. Im April 1921 trat sie in die KPD ein und begann als Volontärin beim »Ruhr-Echo«, gehörte dem Frauensekretariat der BL Ruhrgebiet an und wurde Leiterin des RFMB Ruhr. Nach dem XI. Essener Parteitag 1927 nach Berlin berufen, Bundessekretärin des RFMB. Da sie sich gegen den von ▸ Helene Overlach propagierten paramilitärischen Charakter des RFMB aussprach und für eine Frauenorganisation eintrat, die vor allem politische Aufklärungsarbeit leisten sollte, mußte sie Ende 1928 ihre Funktion aufgeben. Anschließend in der Gewerkschaftsabteilung des ZK tätig, nach Gründung der RGO Mitarbeiterin in deren Reichsleitung. Seit 1928 lebte sie mit ▸ Siegfried Rädel zusammen.

Ende Februar 1933 illegal, wurde sie am 1. September 1933 festgenommen, »Schutzhaft« im KZ Moringen. Im März 1934 entlassen, emigrierte sie in die ČSR, Ende des Jahres in die Sowjetunion. Sie arbeitete bei der Profintern und kam im Dezember 1935 zusammen mit Siegfried Rädel in die Schweiz, der dort die Führung der AL Süd übernahm. Im Oktober 1936 nach Frankreich ausgewiesen, in der KPD-Emigrationsleitung aktiv. Am 27. Januar 1940 interniert, gelang ihr 1941 die Flucht in den noch unbesetzten Teil Frankreichs. Von Marseille aus reiste sie in die Schweiz, wo sie sich bis zum Herbst 1944 illegal aufhielt. Ab 1944 Angestellte der Hilfsorganisation »Unitarian Service Commitee« und enge Zusammenarbeit mit Noel H. Field. Im August 1945 kehrte sie nach Deutschland zurück, Gewerkschaftssekretärin in Heidelberg und Mitglied der KPD-BL Baden. Sie übersiedelte im August 1946 in die SBZ, Hauptreferentin, dann Leiterin der Frauenabteilung des SED-PV. Von April bis November 1947 maßgeblich am Aufbau des DFD beteiligt, wurde sie erste Generalsekretärin der kommunistisch gelenkten Frauenorganisation, von Juli 1949 bis August 1950 Sekretärin des DFD-Bundesvorstandes, verantwortlich für Organisationsarbeit.

Mit den 1950 einsetzenden »Säuberungen« und der Überprüfung aller Westemigranten in der SED wurde Maria Weiterer wegen ihrer engen Kontakte zu dem als amerikanischer Agent verleumdeten Noel H. Field Ende August 1950 mit ▸ Paul Merker u. a. aus der SED ausgeschlossen und aller Funktionen enthoben. Anfang Oktober 1950 zur »Bewährung« in den VEB Woll- und Seidenweberei »Novotex« nach Berga/Elster bei Greiz verbannt, mehrere Anträge auf Wiederaufnahme in die SED wurden abgewiesen. Anfang 1955 erhielt sie stillschweigend ihr Mitgliedsbuch zurück, eine von ihr geforderte öffentliche Rehabilitierung lehnte die ZPKK ab. Bis 1959 blieb sie in Berga, war dort zuletzt Schulungsleiterin und Parteisekretärin. Im Januar 1959 durfte sie nach

Ost-Berlin zurückkehren und arbeitete bis April 1965 als Hauptreferentin im Kulturministerium, sie erhielt 1969 den VVO in Silber. Maria Weiterer starb am 1. Dezember 1976 in Ost-Berlin.

▸ Welter, Jakob (* 1907 – † 1944)

Geboren am 31. August 1907 in Dudweiler/Saar, Sohn eines Bergarbeiters; lernte Schlosser, trat dem KJVD und 1927 der KPD bei. Anfang der dreißiger Jahre Leiter der KPD-Ortsgruppe Dudweiler und Mitglied der BL Saargebiet. Nach 1933 übernahm Welter die Leitung der RH für das Saargebiet, im März 1935 Emigration nach Schweden, Mitarbeit in der AL Nord, vor allem als Instrukteur unter deutschen Seeleuten in Göteborg. Im April 1940 interniert, flüchtete er aus dem Lager Langmora in die Niederlande, reiste 1942 zur illegalen Arbeit nach Deutschland. Er sollte im Saargebiet die Tätigkeit verschiedener Widerstandsgruppen koordinieren, aber im Januar 1943 verhaftet und vom VGH zum Tode verurteilt. Jakob Welter wurde am 19. April 1944 in Stuttgart hingerichtet.

▸ Wendt, Erich (* 1902 – † 1965)

Geboren am 29. August 1902 in Leipzig, Sohn eines Fleischers; lernte Schriftsetzer, trat 1919 der FSJ bei und gehörte 1922 der KJD-BL Berlin-Brandenburg an. 1924 Leiter der Wiener Filiale des Verlages der Kommunistischen Jugendinternationale, von 1925 bis 1927 Redakteur der Zeitschrift »Die Jugendinternationale« in Moskau. Dann in Deutschland Mitglied des ZK des KJVD, bis 1931 Redakteur des KJVD-Organs »Junge Garde«. Der zu den Versöhnlern gerechnete Wendt entzog sich einem drohenden Verfahren wegen »literarischen Hochverrats« durch das Reichsgericht und übersiedelte 1931 in die Sowjetunion, dort bis 1936 zunächst Mitarbeiter, zeitweilig auch Leiter der deutschen Sektion der VAA in der UdSSR. Wendt war in erster Ehe mit Lotte Kühn, der späteren Frau von ▸ Walter Ulbricht verheiratet. Am 14. August 1936 im Moskauer Hotel »Lux« verhaftet, saß er bis 1938 im Gefängnis des NKWD, nach seiner Freilassung Deutschlehrer in Engels, wurde 1941 nach Sibirien verbannt. Buchhalter in einem Volksgut, ab 1942 Übersetzer in der deutschen Abteilung des Staatlichen Rundfunkkomitees. Im April 1947 wieder nach Deutschland, bis 1950 Leiter des Aufbau-Verlages, von 1951 bis 1953 1. Bundessekretär des Kulturbundes, seit 1957 Staatssekretär und 1. Stellvertreter des Ministers für Kultur, 1963/64 Beauftragter der DDR für die Verhandlungen mit dem West-Berliner Senat über die Passierscheinabkommen, er erhielt 1964 den Karl-Marx-Orden. Erich Wendt starb am 8. Mai 1965 in Ost-Berlin. Seine zweite Frau **Charlotte Wendt,** geborene Treuber (* 24. 1. 1907 – † 27. 10. 1999), Tochter von ▸ Julius Treuber, war Stenotypistin, Kontoristin und Schneiderin. 1925 Mitglied der KPD. Ab 1929 zeitweise Lebensgefährtin von ▸ Herbert Wehner, betätigte sich bis zur gemeinsamen Emigration im Herbst 1933 illegal für den Apparat der KPD. Zunächst im Saargebiet, nach der Saarabstimmung über Frankreich in Prag. Sie lebte später wieder in der Sowjetunion, war seit 1945 in Deutschland, zeitweise Lektorin am Institut für Zeitgeschichte bzw. am DWI in Ost-Berlin.

▸ Wenzel, Hugo (* 1891 – † 1940)

Geboren am 23. August 1891 in Bojanowa/Posen, Sohn eines Dampfmühlenarbeiters; lernte Schmied, danach Wanderschaft. Im Oktober 1913 zum Militär einberufen, Kanonier im Weltkrieg. Anfang 1918 desertierte er und war während der Novemberrevolution Mitglied des Arbeiter- und Soldatenrates und der Arbeiterwehr in Diedenhofen/Hessen. 1908 Mitglied der SPD, während des Krieges Spartakusgruppe und seit 1917 in der USPD. Anfang 1919 zog Wenzel nach Mecklenburg, wurde Mitglied der KPD in Wismar und zählte bald zu den führenden Funktionären in Mecklenburg, dort im März 1919 Parteisekretär. 1921 in den Landtag von Mecklenburg-Schwerin gewählt, stand er 1923 auf dem linken Flügel, wurde 1924 Orgleiter des KPD-Bezirks Mecklenburg und zog im Februar 1924 wieder in den Landtag ein. Er wurde Vorsitzender der neun Abgeordnete umfassenden KPD-Fraktion. Nach dem »Offenen Brief« 1925 aktiver Anhänger der linken Opposition. Die KPD verlor bei den Wahlen im Juni 1926 drastisch und bekam nur noch drei Abgeordnete (▸ Alfred Buhler, ▸ Hans Warnke und Wenzel). Da diese durch Stimmenthaltung eine sozialdemokratisch geführte Koalitionsregierung ermöglichten, wurden sie vom ZK einer »opportunistischen Entgleisung« bezichtigt. Nach der Landtagsauflösung im Frühjahr 1927 verlor Wenzel seine Immunität, ihm drohte eine lange Haftstrafe. Er wurde als Bezirkssekretär abgelöst und nach einem zweimonatigen Sanatoriumsaufenthalt an die Internationale Leninschule nach Moskau geschickt. Im Oktober 1928 zurück, Chefredakteur des »Volksechos«, eines Kopfblattes der »Roten Fahne« für die Provinz Brandenburg.

Im März 1930 vom Reichsgericht in Leipzig zu einem Jahr und drei Monaten Festung verurteilt. In der Urteilsbegründung hieß es: »Der Angeklagte verdient eine besonders harte Strafe, weil er, von Beruf Schmied, sich aus eigener Kraft und aufgrund seines Besuchs von kommunistischen Parteischulen ein so umfangreiches Wissen angeeignet hat ...« Nach der Entlassung aus der Festung Gollnow im Sommer 1931 wieder Redakteur. Im Februar 1933 zog er nach Berlin, um unterzutauchen, soll aber seine Wohnung Mitarbeitern des AM-Apparates unter ▸ Wilhelm Bahnik, mit dem er verwandt war, zur Verfügung gestellt haben. Im Juli 1933 verhaftet, im Mai 1934 wegen »Mangels an Beweisen« überraschend außer Verfolgung gesetzt, arbeitete Wenzel in den Berliner Siemens-Schuckert-Werken. Bei Kriegsausbruch als ehemaliger KPD-Spitzenfunktionär verhaftet und ins KZ Sachsenhausen eingeliefert, wurde gegen ihn wegen seiner Verbindungen zum AM-Apparat erneut ermittelt. Hugo Wenzel litt an einer schweren Lungen-Tbc und starb am 24. Januar 1940 im KZ Sachsenhausen.

▸ Wenzel, Johann (* 1902 – † 1969)

Geboren am 9. März 1902 in Niedau-Danzig, Sohn einer Arbeiterfamilie. Schlosserlehre und Arbeiter im Steinkohlebergbau, ab 1925 Montagearbeiter in Berlin. 1921 wurde Wenzel Mitglied des KJVD, 1923 der KPD. 1929/30 Kursant (Schuldeckname Horst) eines militärpolitischen Lehrgangs in Moskau, anschließend hauptamtlicher Instrukteur für Militärfragen in Hamburg und Bremen (Deckname Hermann). Er arbeitete 1932 im BB-Ressort und wurde um die Jahreswende 1930/31 zusätzlich für die sowjetische Militärspionage angeworben. Ab Mai 1932 Instrukteur für Militärfragen in den Bezirken Ober-, Mittel- und Niederrhein. Mit ▸ Theodor Bottländer reiste Wenzel im Sommer 1933 im Auftrag des ZK nach Holland, um Informationen über den in Berlin wegen des Reichstagsbrandes angeklagten Marinus van der Lubbe zu beschaffen. Seit Frühjahr 1935 in der Sowjetunion, wurde er nach seiner Funkausbildung Mitarbeiter der 4. Abteilung des Generalstabs der Roten Armee und bildete selbst Funker aus.

Anfang 1937 nach Belgien und die Niederlande geschickt, um eine Funkbasis aufzubauen. Er hatte engen Kontakt mit dem »Grand Chef« der »Roten Kapelle«, Leopold Trepper, und Alexander Kent (Gurewitsch). Er übermittelte im November 1941 Funksprüche nach Moskau mit Informationen, die Kent von Harro Schulze-Boysen Ende Oktober 1941 in Berlin erhalten hatte. Im Juni 1942 verhaftet und schwer gefoltert, ließ sich Wenzel angesichts der aussichtslosen Situation auf das bekannte »Funkspiel« der deutschen Abwehr ein (verhaftete Funker mußten zwecks Täuschung der sowjetischen Seite weiterfunken), er hoffte, die sowjetische Seite würde die richtigen Schlüsse ziehen. Ihm gelang im November 1942 die Flucht, er hielt sich bis zur Befreiung Belgiens illegal in Brüssel auf und meldete sich im Oktober 1944 bei der Vertretung der sowjetischen Militäraufklärung. Im Januar 1945 nach Moskau gebracht, wo sofort gegen ihn ein ermittelt wurde. Wegen des im Auftrag der deutschen Abwehr mit der Zentrale in Moskau geführten »Funkspiels« wurde er ohne Gerichtsurteil von der »Besonderen Kommission« zu fünf Jahren Zwangsarbeitslager verurteilt. Ende Mai 1955 durfte Wenzel in die DDR, zunächst auf einer MTS bei Strausberg. Er wurde Ende 1956 Mitarbeiter des funktechnischen Dienstes bei ADN. Johann Wenzel starb am 2. Februar 1969 in Ost-Berlin.

▸ Werner, Alfred (* 1899 – † 1938)

Geboren am 6. April 1899 in Königsberg. Der gelernte Buchhalter arbeitete in der Heeresabwicklungsstelle in Ostpreußen, wurde 1919 Mitglied der USPD und trat nach dem Vereinigungsparteitag in Halle 1920 in die VKPD ein. Er war ehrenamtlich für die KPD in Allenstein tätig, bald einer der führenden Funktionäre im Bezirk Ostpreußen. 1923/24 Referent der BL, Vertreter Ostpreußens im Angestelltenausschuß des ZK der KPD. Von 1926 bis 1933 in der deutsch-sowjetischen Handelsgesellschaft in Königsberg, leitete Werner dort bis 1933 die Parteizelle und war zugleich Leiter der Roten Hilfe. 1929 soll er den Versöhnlern nahegestanden haben. Im Oktober 1932 Delegierter Ostpreußens auf der 3. Parteikonferenz. Der drohenden Verhaftung durch die SA entzog er sich im April 1933 durch die Flucht in die Sowjetunion. Werner nahm als deutscher Delegierter am VII. Weltkongreß und der »Brüsseler Konferenz« 1935 (Deckname Werner II) teil. Er wurde am

17. März 1938 vom NKWD verhaftet und am 9. August desselben Jahres erschossen.
Seine Frau **Magdalena Werner**, geborene Wasserberg (* 7. 1. 1902 – † 23. 11. 1981), mit der er seit 1924 verheiratet war, folgte ihrem Mann mit den Kindern im Juni 1933 in die Sowjetunion, arbeitete ehrenamtlich im »Klub der Ausländischen Arbeiter«. Nach der Verhaftung ihres Mannes bis 1941 Näherin in einer Moskauer Wäschefabrik, dann bis 1945 Landarbeiterin in einem Kolchos in Karaganda. Im Dezember 1945 durfte sie nach Deutschland zurück und war bis Ende 1948 Buchhalterin auf dem Parteigut der SED in Klein Trebbow/Mecklenburg, ab 1957 Rentnerin.

▸ Werner, August (* 1894 – † 1966)

Geboren am 13. September 1894 in Hannover, Schlosser, dann Gastwirt. 1920 KPD-Mitglied. 1922 auf der KPD-Liste in der Firma Continental gewählt und Arbeiterratsvorsitzender. Ausschluß aus dem DMV, 1922 Entlassung durch die Werksleitung von Continental. Ende 1922 wurde Werner Polleiter des KPD-Bezirks Niedersachsen. Als Delegierter Hannovers auf dem VIII. Parteitag 1923 in Leipzig Mitglied der Beschwerde- und der Orgkommission. Ende 1923 von der Zentrale abgelöst und versetzt. Anfang April 1924 verhaftet, bis Oktober 1925 im Gefängnis. Ab 1925 in verschiedenen ehrenamtlichen Funktionen der BL aktiv. Da er zu den Versöhnlern gehörte, erhielt er ab Mai 1929 Funktionsverbot, arbeitete zusammen mit anderen Versöhnlern wie ▸ Eduard Wald. Über sein weiteres Schicksal konnte nichts in Erfahrung gebracht werden. Bekannt ist lediglich, daß er ab 1929 im hannoverschen Adreßbuch als Kaufmann bzw. Zigarrenhändler aufgeführt ist und ab 1931 Gastwirt war. August Werner starb am 7. Juni 1966 in Hannover.

▸ Werner, Hans (* 1900 – † 1977)

Geboren am 13. Dezember 1900 in Kaulsfeld/Krs. Aue, Sohn eines Glasschmelzers, erlernte den Beruf des Vaters, trat 1915 in die Gewerkschaft ein. Er kam nach der Wanderschaft in die Niederlausitz und wurde im Juni 1918 zum Militär eingezogen. 1917 Mitglied der USPD und Mitglied der Leitung Spremberg. Seit seiner Rückkehr 1919 in Haidemühl Glasbläser. Ende 1920 Mitglied der KPD, gehörte er von 1925 bis 1930 der erweiterten BL Berlin-Brandenburg an. Nach einem dreimonatigen Besuch der Reichsparteischule im Frühjahr 1929 wurde Werner im Mai 1929 Orgleiter des UB Lausitz. Im Dezember 1930 Berufung in das Reichskomitee der RGO, Abteilung Chemie, Glas und Keramik. Hans Werner wurde im April 1932 im Wahlkreis Potsdam in den Preußischen Landtag gewählt. In der Nacht des Reichstagsbrandes verhaftet, nach 14 Tagen »Schutzhaft« in Berlin-Spandau entlassen. Er arbeitete als Kurier des ZK, wurde aber bereits am 25. April 1933 erneut festgenommen und kam ins KZ Oranienburg. Anfang Juni 1934 freigelassen, blieb er bis 1941 in der Glasfabrik Haidemühl. Am 10. Mai 1945 von der sowjetischen Militärverwaltung zum Landrat des Kreises Hoyerswerda ernannt. Ab 1. Juli 1948 wurde Werner Hauptabteilungsleiter im Ministerium für Land- und Forstwirtschaft der Landesregierung Sachsen, später im DDR-Ministerium für Land- und Forstwirtschaft, dann bis 1966 Dozent und Leiter des Instituts für Forstökonomie der TH Dresden. 1965 mit dem VVO in Silber ausgezeichnet. Hans Werner starb 1. Oktober 1977 in Ost-Berlin.

▸ Werner, Hugo (* 1886 – † 1960)

Geboren am 26. April 1886 in Sangerhausen/ Thüringen, in jungen Jahren im Rheinland Mitglied der SPD, während des Krieges Übertritt zur USPD, für die er als Redakteur tätig war. 1920 Delegierter des USPD-Spaltungs- und des Vereinigungsparteitages mit der KPD im Dezember 1920. Als Vertreter des Bezirks Niederrhein in den ZA der VKPD gewählt, übernahm er in Essen die Chefredaktion des »Ruhr-Echos«. Am 20. April 1921 in Essen zu zwei Jahren Zuchthaus verurteilt, kam er aber bereits durch einen Erlaß des Reichspräsidenten vom 12. April 1922 wieder frei. Anschließend Redakteur verschiedener KPD-Zeitungen, z. B. 1925 der »Roten Tribüne« in Hagen, 1928/29 Chefredakteur der »Süddeutschen Arbeiterzeitung« in Stuttgart. Von März 1933 bis April 1934 in »Schutzhaft« u. a. im KZ Heuberg. Nach 1945 trat er politisch nicht mehr hervor. Hugo Werner starb am 27. Dezember 1960 in der Gemeinde Bruch in Württemberg.

▸ Werner, Maria (* 1903 – † 1938?)

Geboren 1903 in Jugoslawien, stammte aus einer bürgerlichen Familie, Journalistin. Sie lebte lange Zeit mit dem jugoslawischen Schriftsteller Theodor Balk zusammen. 1923 kam sie nach Deutschland, trat 1929 in die KPD ein und wurde Leiterin (Sekretärin) des Bundes proletarisch-revolutionärer Schriftsteller. Im März 1933 in Berlin verhaftet, konnte sie nach der Freilassung nach Frankreich emigrieren. Dort wurde sie (Pseudonyme Grete Fodor, Toni Haak) Sekretärin der RGI für Eisenbahner. Durch die RGI kam sie Mitte 1935 in die Sowjetunion, auch dort in der RGI tätig. Vom NKWD im März 1937 verhaftet, wurde Maria Werner am 4. April aus der KPD ausgeschlossen mit dem internen Hinweis: »Es sind Mitteilungen vorhanden, daß sie schon in Jugoslawien zu der ersten trotzkistischen Gruppe gehörte. Im März 1937 wurde sie hier verhaftet.« Maria Werner soll 1938 erschossen worden sein.

▸ Wesche, Heinrich (* 1889 – † 1953)

Geboren am 13. Dezember 1889 in Querfurt, verzog nach dem Tode der Eltern nach Berlin, dort Metallarbeiter. 1908 schloß er sich der SPD und dem DMV an, ging 1912 nach Chemnitz. Im Weltkrieg Soldat, danach im Vollzugausschuß des Chemnitzer Arbeiter- und Soldatenrates. Seit 1917 Mitglied der USPD, trat er im Januar 1919 in die KPD ein. Mitglied des Arbeiterrates der Prestowerke, wurde hier 1921 gemaßregelt und gehörte dann dem Erwerbslosenrat an. Beim Einmarsch der Reichswehr in Sachsen im Herbst 1923 in der Fabrik festgenommen, saß er bis zum 16. Dezember 1923 in »Schutzhaft«. Wesche nahm als Chemnitzer Delegierter am IX. Frankfurter Parteitag 1924 und an der 7. Erweiterten Exekutive der Komintern im November 1926 in Moskau teil. Seit 1924 hauptamtlicher Funktionär und einer der Führer der Chemnitzer Linken. Von 1925 bis März 1927 Polleiter des KPD-Bezirks Chemnitz (Erzgebirge-Vogtland), dann von ▸ Ernst Schneller, den das ZK geschickt hatte, abgelöst, bis Ende 1930 Agitpropsekretär der BL. Der XI. Parteitag 1927 in Essen wählte ihn in die Politische Kommission und als Kandidat ins ZK. Er war auch Delegierter des XII. Weddinger Parteitags 1929, wurde aber nicht mehr ins ZK berufen. 1931 Bezirks-Agitpropleiter des illegalen RFB, mit dem Aufbau des Kampfbundes gegen den Faschismus betraut. Wesche gehörte seit 1920 der Chemnitzer Stadtverordnetenversammlung an, bis 1933 leitete er die Fraktion der KPD und war 1929 zum 2. Stadtverordnetenvorsteher gewählt worden.

Im März 1933 festgenommen und von Juli bis November 1933 im KZ Sachsenburg. Wesche zog dann nach Berlin und arbeitete als Kraftfahrer. Als ehemaliger Spitzenfunktionär im September 1939 verhaftet, blieb er bis Juni 1943 im KZ Sachsenhausen. Nach Aussagen einstiger kommunistischer Weggefährten soll Wesche nach 1933 die Seiten gewechselt und für die Gestapo Spitzeldienste geleistet haben. Im Mai 1945 tauchte er in Chemnitz auf, soll kurzzeitig verhaftet gewesen sein, ihm wurde geraten, »aus Chemnitz für immer zu verschwinden«. Wesche ging nach Berlin, lebte in Neukölln und wurde als VdN anerkannt. Da er im Westteil Berlins wohnte, blieb eine Überprüfung seiner Vergangenheit durch die SED für ihn folgenlos. Zu den Abgeordnetenhauswahlen im Dezember 1950 kandidierte er für die Splitterpartei USPD. Heinrich Wesche starb am 24. November 1953 in Berlin

▸ Westermann, Hans (* 1890 – † 1935)

Geboren am 17. Juli 1890 in Hamburg, lernte Schneider. 1910 Mitglied der SPD, ehrenamtlicher Funktionär. Im Weltkrieg zur Marine eingezogen, schloß sich Westermann den Bremer Linksradikalen an und war führend für sie tätig. Er wurde 1918 Mitglied des Marine-Rates Kiel, Vertreter der Minenräumflottille. Seit Gründung der KPD Mitglied der Partei, einer der wenigen Funktionäre, die sich in Hamburg 1921 nicht der KAPD anschlossen, sondern in der KPD blieben. Seit 1921 hauptamtlicher Sekretär und Beisitzer des Hamburger Vorstandes, Leiter der Betriebsrätebewegung. Westermann, der auf dem rechten Flügel der KPD stand, wurde im Frühjahr 1925 zusammen mit ▸ Karl Jannack u. a. aus der KPD ausgeschlossen. Er hatte sich für die Aufstellung eines gemeinsamen Kandidaten beider Arbeiterparteien zum zweiten Wahlgang der Reichspräsidentenwahl und gegen die Kandidatur ▸ Ernst Thälmanns ausgesprochen. Nach dem »Offenen Brief« im Oktober 1925 wieder aufgenommen, blieb er auch ohne Parteiamt führender Kopf der Mittelgruppe, der späteren Versöhnler, in Hamburg. Ab 1927 wieder Mitglied der BL Wasserkante und Parteisekretär, im selben Jahr in die Hamburger Bürgerschaft gewählt.
Da er bei den Auseinandersetzungen 1928/29 in Hamburg der Wortführer der Versöhnler war, aus der BL entfernt. Anfang Februar 1930 aus der KPD ausgeschlossen, schied er 1930 auch aus der Bürgerschaft aus. Westermann leitete zusammen mit dem ehemaligen Chefredakteur Stephan die (innerhalb und außerhalb der KPD wirkende) straff organisierte Versöhnlergruppe in Hamburg. Nach 1933 kam es zum Bruch zwischen Stefan und Westermann, letzterer bejahte die KPD-These, die Arbeiterbewegung habe durch Hitlers Sieg »keine Niederlage« erlitten. Die KPD hatte unter voller Namensnennung vor Westermann »gewarnt«, und im Juni 1933 wurde er verhaftet. Nach sieben Monaten aus dem KZ zurück, traf er sich 1934 mit ▸ Hermann Schubert und schwenkte nach einer Absprache wieder zur KPD über. Die Versöhnlergruppe spaltete sich. Kurze Zeit später wieder festgenommen, kam er ins KZ Fuhlsbüttel, wo Hans Westermann am 16. März 1935 grausam ermordet wurde. Seine Frau, **Käthe Latzke,** gehörte ebenfalls zu den Versöhnlern. Sie arbeitete 1934 weiter für die KPD, wurde auch verhaftet, aber wieder entlassen. Nach dem 20. Juli 1944 erneut inhaftiert, starb sie am 31. März 1945 im KZ Ravensbrück den Hungertod.

▸ Westmeyer, Friedrich (* 1873 – † 1917)

Geboren am 14. Januar 1873 in Osnabrück, Sohn eines Maurers; lernte Kaminkehrer. Nach der Wanderschaft trat er in Fürth der Holzarbeitergewerkschaft bei und wurde wegen seines Engagements als Anführer eines Streiks gemaßregelt. 1898 Lokalredakteur bei der »Fränkischen Tagespost« in Nürnberg, für die er bereits zuvor Beiträge geschrieben hatte, wechselte 1902 als Feuilletonredakteur nach Hannover zum »Volkswillen«. August Bebel erkannte Westmeyers Talent und riet ihm 1905, sich beim »Vorwärts« als Redakteur zu bewerben. Westmeyer lehnte ab und ging statt dessen an die Stuttgarter »Schwäbische Tagwacht«, bei der er bis 1911 blieb. Dort geriet er in Konflikte zwischen Radikalen und Gemäßigten in der württembergischen SPD, profilierte sich als einer der Wortführer des linken Flügels und wurde SPD-Vorsitzender von Stuttgart. In der Redaktion arbeitete er u. a. mit Wilhelm Keil, einen führenden Reformisten, zusammen. Die ständigen Spannungen endeten 1911 mit der Kündigung Westmeyers durch die Landesversammlung der SPD. Er war fortan freier Journalist, außerdem von 1912 bis 1917 Abgeordneter des Württembergischen Landtags und stand mit der Mehrheit der Stuttgarter SPD zusammen mit ▸ Cara Zetkin, ▸ Jacob Walcher, ▸ Edwin Hoernle u. a. zu den Linken. Nach Ausbruch des Weltkrieges war er scharfer Gegner der Burgfriedenspolitik der Partei und Mitbegründer der Gruppe Internationale. Als Vertreter der Stuttgarter Linken nahm er an der Konferenz der Spartakusgruppe im März 1916 teil. Schon vor Gründung der KPD zählte er zu den führenden deutschen Kommunisten. Im März 1917 zum Kriegsdienst eingezogen, an die Westfront geschickt, starb Friedrich Westmeyer am 14. November 1917 in einem Lazarett in Rethel bei Reims an einer Ruhr-Infektion.

▸ Westphal, Johann Heinrich (* 1886 – † 1954)

Geboren am 21. September 1886 in Dosenmoor bei Kiel, Sohn eines Landbriefträgers. Das älteste von elf Kindern lernte Kesselschmied und arbeitete auf der Deutschen Werft in Hamburg. 1907 Mitglied der SPD, trat er während des Krieges zur USPD über und kam 1920 mit der USPD-Mehrheit zur KPD. Er war Anhänger des linken Parteiflügels, zog 1924 als Abgeordneter in die Hamburger Bürgerschaft ein, der er ununterbrochen bis 1933 angehörte. 1924 Orgleiter des KPD-Bezirks Wasserkante. 1925 abgelöst, blieb aber Mitglied der BL. Seit 1927 Angestellter im Arbeits- und Wohlfahrtsamt. 1930 Leiter des Kampfbundes gegen den Faschismus in Hamburg, war er bis 1933 aktiver KPD-Funktionär. Am 5. März 1933 nochmals in die Bürgerschaft gewählt, am 19. März 1933 festgenommen, bis Januar 1934 im KZ. Im Juni 1934 und im April 1937 erneut kurz inhaftiert. Verbindung zu ▸ Franz Jacob, ▸ Robert Abshagen und ▸ Bernhard Bästlein, daher im Juli 1944 abermals festgenommen. 1945 Mitglied und Funktionär der BL Hamburg, 1946 wieder Abgeordneter der Hamburger Bürgerschaft. Während seiner Teilnahme am Deutschlandtreffen der FDJ in Ost-Berlin starb Johann Heinrich Westphal am 30. Mai 1954 und wurde in Hamburg beigesetzt.

▸ Weyer, Paul (* 1887 – † 1943)

Geboren am 18. April 1887 in Berlin, lernte Schlosser. 1910 Mitglied der SPD, übte Funktionen im Metallarbeiterverband aus. Weyer war einer der Berliner Revolutionären Obleute, nach der Revolution Mitglied des Berliner Arbeiter- und Soldatenrates. Seit 1917 USPD-Funktionär, 1920 Delegierter des Spaltungsparteitags, Übertritt zur KPD. Weyer war Anhänger des linken Flügels der Partei. Delegierter des VII. und VIII. Parteitags 1921 und 1923; seit 1922 Mitglied der BL Berlin-Brandenburg. Nach der Austrittswelle linksradikaler Arbeiter aus den Freien Gewerkschaften gründete er 1923 den Deutschen Industrieverband, Gruppe Metall, dessen Vorsitzender er wurde. Wegen der Schwenkung der KPD in der Gewerkschaftsfrage kam er Mitte 1924 in Gegensatz zur Ruth-Fischer-Führung. Er wurde zusammen mit ▸ Wilhelm Schumacher und ▸ Paul

Kaiser im September 1924 aus der KPD ausgeschlossen. Weyer leitete weiterhin den Deutschen Industrieverband und bildete mit Wilhelm Schumacher (Bekleidung) und Paul Kaiser (Baugewerbe) ein Kartell der linkskommunistischen Gewerkschaften. Sein Verband zählte etwa 8.000 Mitglieder, davon 3.600 in Berlin. Ende der zwanziger Jahre näherte er sich der SPD, er soll auch in die SPD eingetreten sein und bis 1933 verschiedene Gewerkschaftsfunktionen innegehabt haben. Nach 1933 als Arbeiter beschäftigt, starb Paul Weyer am 12. Oktober 1943 in Berlin-Wedding.

▸ Wiatrek, Heinrich (* 1896 – † 1945)

Geboren am 1. Juli 1896 in Gleiwitz, fünftes von zehn Kindern eines Eisenbahnbeamten; ungelernter Arbeiter, im Sommer 1913 freiwillig zur Kaiserlichen Marine. 1916 kam er zur U-Bootflotte, war Bootsmannsmaat und erhielt das Eiserne Kreuz II. Klasse. Von Dezember 1918 bis 1927 arbeitete Wiatrek im Eisenbahnausbesserungswerk Gleiwitz. Wegen eines Herzleidens, das er sich als Soldat zugezogen hatte, bekam er eine Rente. Politisch zunächst nicht aktiv, war allerdings als Mitglied des oberschlesischen Selbstschutzes und des »Verbandes heimattreuer Oberschlesier« an den Abstimmungskämpfen (Anschluß Oberschlesiens an Polen oder Deutschland) beteiligt. Im November 1922 trat er in die KPD ein, ab 1927 Stadtverordneter und Mitglied des Stadtrats Gleiwitz, dann Gauleiter des RFB in Oberschlesien. Im Herbst 1929 in den oberschlesischen Provinziallandtag gewählt und in die BL Oberschlesien kooptiert. Während der innerparteilichen Auseinandersetzungen soll er laut ▸ Herbert Wehner bei den Versöhnlern gestanden haben.

Als Kassierer gehörte er bis 1932 dem Sekretariat der BL Oberschlesien an, zeitweise Org- bzw. Agitpropleiter. Wegen persönlicher Differenzen mit Polleiter ▸ Paul Wojtkowski vom Polbüro aus Gleiwitz abgezogen; von November 1932 bis Oktober 1934 (Parteiname Heinrich Kirsch) Kursant der Internationalen Leninschule in Moskau. Er kam Ende November 1934 nach Düsseldorf, dort Orgleiter, dann Polleiter (Deckname Stefan). Wiatrek nahm 1935 in Moskau als Delegierter Fritz Weber am VII. Weltkongreß sowie der »Brüsseler Konferenz« teil und wurde zum Kandidaten des ZK gewählt. Ab Januar 1936 als Nachfolger des abgelösten ▸ Fritz Schulte deutscher Vertreter bei der Komintern. Gegenüber der Gestapo erklärte Wiatrek später, daß er dieser Funktion nicht gewachsen war. Sein ungenügender Rückhalt bei den in Moskau weilenden KPD-Spitzenfunktionären habe dazu geführt, daß er während der Prozesse 1936/37 sogar als Trotzkist verdächtigt wurde. Wiatrek wurde der Funktion entbunden und als Leiter der KPD-AL Nord nach Kopenhagen geschickt. Unter seiner und ▸ Konrad Blenkles Leitung sollte sich die Arbeit auf die wichtigsten Hafenstädte in Deutschland konzentrieren. Nach Ausbruch des Krieges 1939 blieb Wiatrek in Kopenhagen, wo die AL Nord wegen der durch den Hitler-Stalin-Pakt entstandenen Irritationen vorläufig ihre Tätigkeit einstellte. Mitte Januar 1940 fuhren Wiatrek und Blenkle nach Stockholm zu ▸ Karl Mewis, der aus Moskau neue Weisungen mitgebracht hatte. Danach war in Kopenhagen eine Auslandsleitung aus Mewis, Wiatrek und Wehner zu bilden, was nicht realisiert wurde.

Im Frühjahr 1940 sollte er zur Verstärkung der illegalen Arbeit nach Hamburg gehen, blieb aber in Kopenhagen. Dort wurde Wiatrek am 19. Mai 1941 verhaftet und an die Gestapo in Hamburg überstellt. Nach einigen Wochen machte er ausführliche Aussagen, aufgrund derer die Gestapo umfangreiche Verhaftungen vornehmen konnte.

Am 17. Mai 1943 wurde Wiatrek vom 1. Senat des VGH in Berlin zum Tode verurteilt, die Vollstreckung auf Intervention höchster Gestapostellen mehrmals aufgeschoben und er aus der Todeszelle in Plötzensee sogar wieder nach Hamburg überführt. Kurz vor dem Einmarsch der britischen Armee Ende April 1945 wurde Wiatrek freigelassen und tauchte in Hamburg unter. Aus Furcht, daß einstige Mitgenossen in ihm einen Verräter sahen und »abrechnen« wollten, flüchtete er im Sommer 1945 nach Reichenbach im Vogtland, wo sein jüngerer Bruder Fritz zu den führenden KPD-Funktionären zählte. **Fritz Wiatrek** (* 24. 10. 1910 – † 25. 5. 1982), der selbst aktiver KJVD- bzw. KPD-Funktionär in Oberschlesien war, nach 1933 illegal arbeitete und mehrmals inhaftiert wurde, engagierte sich ab Juni 1945 als Sekretär des FDGB in Reichenbach. Für seinen schwerkranken, an Tbc leidenden Bruder besorgte er einen Platz in der Lungenheilstätte Bad Reiboldsgrün. Dort starb Heinrich Wiatrek kurz nach der Einlieferung am 29. Oktober 1945.

▸ Wiebach, Albert (* 1893 – † 1974)

Geboren am 22. November 1893 in Wettin/ Saalkreis, Sohn eines Steinbrucharbeiters. Der gelernte Gärtner arbeitete ab 1912 als Bergmann und trat im selben Jahr in die SPD ein. 1914 zum Militär einberufen und 1917 schwer verwundet, begann er nach einem längeren Lazarettaufenthalt als Reviergärtner im Botanischen Garten in Berlin-Steglitz. Inzwischen Mitglied der USPD und des Spartakusbundes, trat er 1919 in die KPD ein, bis 1933 Polleiter in Berlin-Steglitz. Wiebach gehörte der BL Berlin-Brandenburg an, war zeitweise stellvertretendes Mitglied des Preußischen Staatsrats, im Juni 1929 Delegierter des XII. Parteitags der KPD. Er wurde als UB-Leiter Süd-West im April 1933 festgenommen, einige Wochen »Schutzhaft«. Bereits im Oktober 1933 erneut verhaftet, wurde er zu einem Jahr und sechs Monaten Gefängnis verurteilt, danach wieder Gärtner. Im Mai 1945 von der sowjetischen Kommandantur zum Bürgermeister in Teltow ernannt, von 1947 bis 1949 Sekretär für Landwirtschaft des dortigen SED-Kreisvorstandes, von 1952 bis 1960 1. Sekretär der VdgB Teltow. Er erhielt 1968 den VVO in Silber. Albert Wiebach starb am 6. Februar 1974.

▸ Wiedmaier, Eugen (* 1900 – † 1940)

Geboren am 16. November 1900 in Stuttgart-Zuffenhausen, Sohn einer Arbeiterfamilie; kaufmännische Lehre, dann Angestellter. 1918 zunächst Mitglied der SPD, dann der USPD und 1919 der KPD. Wiedmaier gehörte zu den Mitbegründern der FSJ in Württemberg, wirkte ab 1920 als Sekretär der KJD in Württemberg und war Mitglied der KPD-BL. Seit 1922 in der Reichszentrale der KJD, Sekretär für antimilitaristische Arbeit. Er war 1923 Instrukteur der KJD im Ruhrgebiet, anschließend in den BL Saar, Pfalz und Württemberg. 1924 wechselte er aus der Jugendarbeit in den Parteiapparat und gehörte bis 1929 der BL Berlin-Brandenburg an. Im Juni 1929 Delegierter des XII. Parteitags, schikkte ihn das ZK 1929/30 als Sekretär zur BL Danzig, 1931/32 in gleicher Funktion zur BL Schlesien. 1932 Orgleiter der BL Württemberg, kam Wiedmaier im Februar 1933 nach Mitteldeutschland und war dort als ZK-Instrukteur für die KPD-Bezirke Magdeburg und Thüringen zuständig, zuletzt Instrukteur in Baden. Er wurde im Januar 1934 in Karlsruhe verhaftet, im

Dezember 1934 zu zweieinhalb Jahren Zuchthaus verurteilt, ihm danach 1936 erneut der Prozeß gemacht und nun zu insgesamt zwölfeinhalb Jahren Zuchthaus verurteilt. Nach sechs Jahren Einzelhaft im Zuchthaus Ludwigsburg bei Stuttgart wurde Eugen Wiedmaier am 12. März 1940 ermordet.

▸ Wiedmaier, Maria (* 1896 – † 1977)

Geboren am 19. Oktober 1896 in Stuttgart-Zuffenhausen als Maria Siegloch, Tochter einer Eisenbahnerfamilie. Die drittälteste von sieben Geschwistern arbeitete von 1910 bis 1916 in der Schuhfabrik Salamander in Kornwestheim. Während des Krieges war sie in der Munitionsfabrik in Feuerbach und heiratete 1916 den Arbeiter Albert Volz. Ende 1918 zunächst Mitglied der USPD, trat 1919 in die KPD ein. Zusammen mit ▸ Heinrich Rau und ▸ Eugen Wiedmaier, den sie 1923 heiratete, gehörte sie zu den Mitbegründern der KPD in Stuttgart-Zuffenhausen. 1923 folgte sie Eugen Wiedmaier nach Berlin, später auch an die Saar und in die Pfalz, war zunächst Jugendfunktionärin, dann 1924/25 Sekretärin der BL Saarbrücken und ab 1925 Instrukteurin des ZK. 1929/30 Kursantin an der Internationalen Leninschule in Moskau, anschließend hauptamtliche Funktionärin der BL Berlin-Brandenburg. Von Januar 1933 bis April 1935 illegale Instrukteurin in Berliner Betrieben. Maria Wiedmaier gehörte ab 1934 zum AM-Apparat von ▸ Emil Pietzuch und reiste mehrmals als Kurier in die Sowjetunion. Am 6. April 1935 in Berlin verhaftet, saß sie drei Jahre in Untersuchungshaft, dann am 28. Februar 1938 zu fünfeinhalb Jahren Zuchthaus verurteilt, zuletzt im KZ Ravensbrück. Von 1945 bis 1949 Referentin für Sozialwesen beim Bezirksamt Berlin-Charlottenburg, nach der Spaltung der Stadtverwaltung Mitarbeiterin des Magistrats von Ost-Berlin. 1948 erhielt sie wegen »mangelnder Zusammenarbeit zwischen der VVN und der SED« eine Rüge, bis 1952 Referentin für Kultur bei der Deutschen Investitionsbank, später nur noch ehrenamtlich. Sie war mit dem Kommunisten, Buchenwaldhäftling und späteren Generalsekretär der VVN ▸ Harry Kuhn verheiratet, erhielt 1976 die Ehrenspange zum VVO in Gold. Maria Kuhn-Wiedmaier starb am 20. Dezember 1977 in Glienicke bei Potsdam

▸ Wiesner, Erich (* 1897 – † 1968)

Geboren am 17. April 1897 in Weimar, Sohn eines Tischlers; lernte Buchbinder und Buchdrucker. 1914 trat er in die SPD ein, aus der er ein Jahr später aus Protest gegen die Politik des Parteivorstandes wieder austrat, dann antimilitaristische Arbeit im Thüringer Jugendbildungsverein. 1917 zum Militär eingezogen, wurde er im November wegen antimilitaristischer Propaganda verhaftet und von einem Militärgericht zum Tode verurteilt. Nach der Befreiung aus dem Militärgefängnis kehrte Wiesner im November 1918 nach Weimar zurück und gehörte dort dem Arbeiter- und Soldatenrat an. 1919 wurde er Bezirksleiter der FSJ und Mitglied der KPD, von 1920 bis 1927 im Büro des ZK der FSJ bzw. der KJD tätig. Er war Vorsitzender der Zentrale der kommunistischen Kindergruppen. Im Sommer 1923 Instrukteur des ZK der KPD in Königsberg, später auch in Breslau. Wiesner emigrierte 1927 wegen drohender Verhaftung mit seiner Lebensgefährtin Lucie Rebentisch (* 30. 10. 1905 – † 25. 7. 1980) in die Sowjetunion, arbeitete bis 1930 im Büro der KJI in Moskau. Nach (teils illegalen) Auslandseinsätzen in mehreren europäischen Ländern kehrte er 1930 nach einer Amnestie nach Deutschland zurück, wurde Chefredakteur der »Volkswacht« und Sekretär für Agitation der BL Pommern in Stettin. Bereits am 17. Februar 1933 verhaftet, saß Wiesner bis Sommer 1934 im Zuchthaus. 1935 erneut festgenommen und zu vier Jahren Zuchthaus verurteilt, zuletzt im KZ Börgermoor. Nochmals 1944 verhaftet, floh er aus dem Straflager Deutsch-Krone, bis zur Befreiung illegal in Stettin. Wiesner war 1945 zwei Monate Oberbürgermeister von Stettin, kam im Sommer 1945 nach Schwerin, hier ebenfalls Oberbürgermeister. Von 1946 bis 1949 Abteilungsleiter der KPD- bzw. SED-

Landesleitung Mecklenburg und bis 1952 Mitglied des Landesvorstandes und Landtagsabgeordneter von Mecklenburg, war er von 1949 bis 1952 Landrat in Güstrow, dann Redakteur an der »Schweriner Volkzeitung«. Unter dem Titel »Man nannte mich Ernst« veröffentlichte er 1956 seine Erinnerungen, erhielt 1962 den Orden Banner der Arbeit. Erich Wiesner starb am 16. Oktober 1968.

▸ Wiest, Fritz (* 1895 – † 1983)

Geboren am 21. Juli 1895 in Botnang/Stuttgart, Sohn eines Obsthändlers; lernte Gürtler, trat 1910 dem Metallarbeiterverband bei und war Mitbegründer der Arbeiterjugend in Botnang. Im Arbeitersport und bei den Naturfreunden aktiv, wurde er 1913 SPD-Mitglied und gehörte zum linken Flügel um ▸ Friedrich Westmeyer. 1915 zum Militär eingezogen, 1917 in den Karpaten schwer verwundet, schloß er sich der Spartakusgruppe an, deswegen Anfang 1918 verhaftet, kam erst im November 1918 frei. Seit Parteigründung Mitglied der KPD, 1921 Jugendsekretär der BL Württemberg. Nach der März-Aktion 1921 mit der Stuttgarter BL der KPD erneut für kurze Zeit inhaftiert. Ab 1922 war Wiest in der Zentrale der KPD angestellt, befaßte sich in der Gewerkschaftsabteilung mit Fragen des Arbeitersports. Er blieb, obwohl Rechter, auch im ZK unter ▸ Ruth Fischer bis 1928 verantwortlich für Sport. Als Anhänger der Rechten wurde Wiest Anfang 1929 aus der KPD ausgeschlossen, war dann in Berlin und Stuttgart bis Ende 1932 in der KPO aktiv. 1933 Gewerkschaftsleiter des illegalen Dreierkopfes der KPO in Berlin, Emigration in die ČSR, dann nach Norwegen und schließlich Großbritannien. Dort arbeitete er in der Metallindustrie. Nach Kriegsende knüpfte er Verbindungen zwischen den in Kuba lebenden ▸ Heinrich Brandler und ehemaligen KPO-Aktivisten in Deutschland. Er kam 1957 als Rentner in die Bundesrepublik und unterstützte die Gruppe Arbeiterpolitik. Fritz Wiest starb am 4. Dezember 1983 in Stuttgart.

▸ Wild, August (* 1881 – † 1953)

Geboren am 12. Dezember 1881 in Idar-Oberstein, Sohn eines Goldschmieds; lernte selbst den Beruf des Vaters und arbeitete als Graveur. Von Oktober 1919 bis 1923 war er Mitglied des Gemeinderates in Oberstein, gehörte 1920 dem Landesausschuß an und war für die KPD von 1923 bis 1925 Abgeordneter im Oldenburgischen Landtag. Er trat aus der KPD aus, war 1926/27 Mitglied der SPD und schloß sich 1931 der SAP an. Später trat er politisch nicht mehr hervor. August Wild starb am 8. Juni 1953 in seinem Geburtsort.

▸ Wilde, Grete (* 1904 – † 1943/44?)

Geboren am 12. Mai 1904 in Berlin, kaufmännische Ausbildung, trat im Januar 1919 in die FSJ ein, war Stenotypistin und Kontoristin. 1921 Mitglied der KPD, bis März 1922 ehrenamtliche KJD-Leiterin eines Berliner Verwaltungsbezirks. Ab März 1922 gehörte sie zur KJD-BL Berlin-Brandenburg und wurde im Herbst 1923 »Sekretär« des KJD Berlin-Brandenburg. Von 1924 bis 1926 war Grete Wilde als Berliner Vertreterin im Sekretariat des ZK des KJVD. 1927 reiste sie in die Sowjetunion, war bis 1930 Kursantin an der Internationalen Leninschule in Moskau, anschließend Instrukteurin der Kaderabteilung der Komintern. Sie wirkte u. a. im Auftrag von Wilhelm Knorin 1931 als Instrukteurin beim ZK der KP Österreich in Wien, später mit gleicher Aufgabe in der Türkei. In Ankara, wo sie u. a. eng mit dem bekannten Dichter Nazim Hikmet und dessen Sohn befreundet war, wurde sie verhaftet und im Dezember 1932 wegen »kommunistischer Umtriebe« zu einer vierjährigen Zuchthausstrafe verurteilt.

Durch eine Amnestie konnte sie in die Sowjetunion zurückkehren. Unter dem Parteinamen Erna Mertens arbeitete sie seit 1935 in der Kaderabteilung der Komintern. Grete Wilde war zusammen mit ▸ Georg Brückmann (ebenfalls Referent in der Kaderabteilung) aufs engste in die Parteisäuberungen verstrickt. An zahlreichen

»Überprüfungen« von deutschen Emigranten in der Sowjetunion und des »Münzenberg-Apparats« direkt beteiligt, geriet Grete Wilde im Sommer 1937 selbst in die Säuberungen. Am 4. August 1937 wurde sie von der Parteigruppe der Kaderabteilung aus der KPdSU(B) ausgeschlossen, unter den Anschuldigungen: »Teilnahme am Fraktionskampf der Ruth-Fischer-Maslow-Gruppe gegen die Parteiführung der KPD im Jahre 1923, Verbindung mit partei- und sowjetfeindlichen Elementen wie Schatzkin, Lominadse, Vujowitsch, prinzipienloser Kampf gegen die Leitung der Leninschule im Jahre 1928, Führung eines Gruppenkampfes gegen die Parteiführung der KPÖ im Jahre 1931 und Belastung eines türkischen Parteigenossen vor der türkischen Polizei.« Grete Wilde wurde am 5. Oktober 1937 vom NKWD in Moskau verhaftet und von einem Sondertribunal »wegen Mitgliedschaft in der rechtstrotzkistischen Antikominternorganisation im EKKI-Apparat« zu acht Jahren Lagerhaft verurteilt. Sofort in den Gulag nach Karaganda deportiert, dort ist Grete Wilde (wahrscheinlich 1943/44) ums Leben gekommen.

▸ Wildt, Albert (* 1887 – † 1952)

Geboren am 12. Januar 1887 in Magdeburg, Sohn eines Bauarbeiters; Lehre und Arbeit als Kunstschlosser und Kaufmann. 1906 Mitglied der Gewerkschaft und der SPD. 1916 schloß er sich in Berlin der Spartakusgruppe an und war an der Jahreswende 1918/19 Delegierter Magdeburgs auf dem Gründungsparteitag der KPD. 1921 zeitweilig in der KAPD, trat aber später wieder der KPD bei. 1932 Politischer Leiter des Kampfbundes gegen den Faschimus in Sachsen. Am 4. Mai 1933 festgenommen und bis November 1933 in »Schutzhaft«. Im Februar 1934 erneute Verhaftung, am 30. November 1934 vom 5. Strafsenat des Kammergerichts Berlin zu zwei Jahren und drei Monaten Gefängnis verurteilt. Nach seiner Entlassung wieder illegal tätig, u. a. mit dem ehemaligen anhaltinischen Landtagsabgeordneten ▸ Alfred Kettig. Wildt wurde am 19. Dezember 1944 nochmals festgenommen und saß bis April 1945 in Magdeburg in Haft. 1945 KPD, 1946 SED, dann im September 1950 durch die LPKK Sachsen-Anhalt aus der SED ausgeschlossen. Als ihm 1951 auch der Status eines Verfolgten des Nazi-Regimes aberkannt wurde, legte er bei der ZPKK gegen seinen Parteiausschluß (erfolglos) Widerspruch ein. Albert Wildt starb bei einem Autounfall am 14. August 1952.

▸ Wilhelm, Paul (* 1887 – † 1940?)

Geboren 1897 in Berlin, Sohn einer Arbeiterfamilie; wurde Metallarbeiter. Von 1911 bis 1915 in der SAJ organisiert, 1915/16 Mitglied der SPD, dann bis 1920 der USPD und ab 1920 der KPD. Zunächst im AM-Apparat tätig, wurde er (Pseudonym Wilhelm Block) 1925 für die Komintern eingesetzt (»Abteilung SS im Ausland«). Einzelheiten seiner geheimen Funktionen waren nicht zu ermitteln. Er kam 1936 in die UdSSR und arbeitete in einem Betrieb. Im Juli 1937 vom NKWD verhaftet, wurde er am 1. August aus der KPD ausgeschlossen. In Moskau zu 20 Jahren Lager verurteilt, soll Paul Wilhelm 1940 im Gulag umgekommen sein.

▸ Wilke, Walter (* 1900 – † 1939)

Geboren 1900 in Berlin, wurde nach dem Abschluß der Präparandenanstalt Volksschullehrer. Er trat 1927 der KPD bei und war in der Leitung der kommunistischen Lehrergruppe in Berlin aktiv. Deswegen Anfang der dreißiger Jahre aus dem Lehrerberuf entlassen, wurde er dann als hauptamtlicher Funktionär der KPD in den AM-Apparat übernommen. Vor drohender Verhaftung floh Wilke 1932 in die Sowjetunion, war in Moskau u. a. Lehrer an der Internationalen Leninschule. Später nach Kustanai in Kasachstan versetzt, dort vom NKWD im Sommer 1937 festgenommen und zu Lagerhaft verurteilt, kam Walter Wilke 1939 im Gulag ums Leben.

Wilkes Frau **Johanna**, geb. Hartog (* 15. 8. 1904 – † 4. 6. 1988) war (wie ihre Schwestern ▸ Golda Fröhlich und Selma [▸ Bernward

Gabelin]) Funktionärin in der KPD. Sie ging mit ihrem Mann Walter und dem Sohn Hans Peter 1932 in die UdSSR, war Redakteurin an Gewerkschaftszeitungen und wurde bereits im September 1936 verhaftet und zu zehn Jahren Arbeitslager verurteilt. Im Gefängnis in Saratow wurde 1937 ihre Tochter Tamara geboren, die zehn Jahre von ihr getrennt blieb. Nach der Haft im Herbst 1946 in Magadan zwangsangesiedelt, durfte Johanna Wilke (nach Rehabilitierung durch die UdSSR-Justiz) erst 1958 in die DDR.

▸ Willmann, Heinz (* 1906 – † 1991)

Geboren am 9. Juli 1906 in Unterliedbach/Krs. Höchst, Sohn eines Möbeltischlers; Forstwirtschaftslehre, dann kaufmännische Lehre, Werbefachmann und Spediteur. 1920 trat er in die SAJ ein, bildete sich in Abendkursen an der TH Darmstadt und der Universität Frankfurt/M. weiter. 1923 Mitglied der KJD, 1925 der KPD. Er begann im Juni 1928 als Instrukteur beim Neuen Deutschen Verlag (NDV), im von ▸ Willi Münzenberg geleiteten KPD-Pressekonzern. Bis 1931 Leiter der Vertriebsstellen des NDV in Bremen, Hamburg, Düsseldorf und Magdeburg, ehrenamtlicher Funktionär der jeweiligen BL. Von April 1931 bis März 1933 leitete er die Vertriebs- und Propagandaabteilung in Berlin, zusätzlich in der Agitpropabteilung des ZK u. a. für Betriebszeitungskontrolle verantwortlich. Ende Februar 1933 für die IAH illegal tätig, sollte er Sachwerte aus dem »Münzenberg-Konzern« retten. Er half mit bei Recherchen für das »Braunbuch« und organisierte den illegalen Vertrieb der AIZ. Am 2. Juni 1933 in Hamburg festgenommen, sieben Monate in »Schutzhaft«. Im Februar 1934 Emigration (ČSR, Schweiz, Saargebiet). Von 1935 bis Mai 1945 lebte er in der Sowjetunion, dort bis 1938 Angestellter in der VAA und bis 1945 in der Redaktion der Zeitschrift »Internationale Literatur«. Im Mai 1945 wieder in Berlin, gehörte Willmann zu den Mitbegründern des Kulturbundes und war von 1945 bis 1949 der erste Generalsekretär dieser Organisation. Ab Sommer 1950 Generalsekretär des Deutschen Komitees der Kämpfer für den Frieden, des späteren DDR-Friedensrates, im März 1966 Botschafter der DDR in Prag. Aus gesundheitlichen Gründen mußte er 1967 nach Ost-Berlin zurück, freischaffender Publizist, verfaßte u. a. eine »Geschichte der Arbeiter-Illustrierten-Zeitung« und veröffentlichte 1977 seine Lebenserinnerungen (»Steine klopft man mit dem Kopf«). Er erhielt 1986 den »Stern der Völkerfreundschaft« in Gold. Heinz Willmann starb am 22. Februar 1991 in Berlin.

▸ Willmer, Arnold, Dr. med. (* 1888 – † 1938?)

Geboren am 4. Februar 1888 in Hilgenburg, Sohn eines Handwerkers. Noch während des Medizinstudiums schloß sich Willmer 1909 der SPD an und praktizierte nach der Promotion in Berlin. Er übersiedelte dann nach Düsseldorf und wurde 1922 Mitglied der KPD. Von 1924 bis 1928 Stadtverordneter und Mitglied der BL Niederrhein, kurzzeitig Agitpropsekretär. Die verschiedentlich verbreitete Auffassung, er sei mit ▸ Margarete Hahne verheiratet gewesen, stimmt nicht, eine Namensverwechslung ist wahrscheinlich. Willmer wurde im Juli 1933 in Deutschland verhaftet, emigrierte nach der Freilassung über Frankreich im November 1933 in die Sowjetunion. Ab Januar 1934 war er in Jalta/Krim als Arzt tätig. Dort wurde er im September 1937 vom

NKWD verhaftet. Arnold Willmer kam (vermutlich 1938) im Gulag ums Leben, im Juli 1962 wurde er von der SED posthum »rehabilitiert«.

▸ Winguth, Fritz (* 1892 – † 1948)

Geboren am 8. Januar 1892 in Berlin, lernte Mechaniker, schloß sich früh der sozialistischen Bewegung an. Von 1908 bis 1913 2. Vorsitzender der Berliner SPD-Jugendsektion, trat 1912 in die SPD ein. Während des Weltkrieges Anschluß an die Spartakusgruppe, 1916 Teilnehmer des illegalen sozialistischen Jugendtreffens. Winguth ging 1917 zur USPD, 2. Vorsitzender der Partei in Berlin-Neukölln. Ende 1918 war er Delegierter des Gründungsparteitags der KPD in Berlin. Ab Juli 1919 Angestellter des Deutschen Metallarbeiter-Verbandes. Der III. und IV. Parteitag der KPD 1920 wählte Winguth als Vertreter Berlins in den ZA, er war auch Kassenrevisor der KPD und Kandidat zu den Reichstagswahlen, Delegierter des Vereinigungsparteitags mit der USPD. Als Anhänger ▸ Paul Levis 1921 aus der KPD ausgeschlossen, zunächst wieder USPD-, dann SPD-Funktionär. Bis 1933 arbeitete er als Sekretär des DMV in Berlin. Am 2. Mai 1933 wurde Winguth zeitweilig in »Schutzhaft« genommen, entzog sich 1934 der ständigen Überwachung und siedelte mit seiner Frau Else von Berlin-Neukölln auf deren Grundstück nach Birkenwerder bei Berlin. Arbeit fand er bei der Firma Zeiss-Ikon in Berlin-Zehlendorf, wo er sich einem illegalen Kreis von Kollegen anschloß, die ausländischen Zwangsarbeitern mit Lebensmitteln und Kleidung halfen. Außerdem hatte er Kontakte zu ▸ Otto Brass. Nach 1945 leitete Winguth das Arbeitsamt in Birkenwerder. Er trat im April 1946 der SED bei, geriet aber als ehemaliger »Abweichler« unter den Druck der sich formierenden »Partei neuen Typus«. Bevor er jedoch ausgeschlossen werden konnte, starb Fritz Winguth am 3. Februar 1948 in Berlin an einem Herzinfarkt.

▸ Winkelmann, Frieda (* 1873 – † 1943)

Geboren am 3. Juli 1873 in Berlin, besuchte die Präparandenanstalt und das Lehrerseminar. Seit 1901 Volksschullehrerin, dann Oberlehrerin in Berlin. Vor dem Weltkrieg trat sie der SPD bei, stand auf deren linkem Flügel. Im Kriege aktiv für die Spartakusgruppe, 1917 Mitglied der USPD, seit Gründung Mitglied der KPD. Nach der Revolution im November 1918 als Vertreterin der USPD in den pädagogischen Fachbeirat des Preußischen Unterrichtsministeriums berufen. 1919 kümmerte sie sich um die Kinder der Verhafteten und wurde durch ihre außergewöhnliche Selbstaufopferung bekannt. 1920 Übersiedlung nach Gotha, zog sie 1921 für die KPD in den Thüringer Landtag ein, dem Frieda Winkelmann bis 1924 angehörte. Von der linken Führung 1924 nicht nominiert und erst 1927 wieder ins Thüringer Parlament gewählt. Längere Zeit Leiterin der Frauenabteilung in der BL Thüringen, trat sie 1925 gegen die Gründung des Roten Frauen- und Mädchenbundes auf, engagierte sich in der IAH in Thüringen. 1928 war sie mit der Mehrheit der Thüringer Landtagsabgeordneten als Rechte gegen die Linie des ZK. Frieda Winkelmann wurde am 1. März 1929 aus der KPD ausgeschlossen, ging dann zur KPO, für die sie bis 1932 tätig war. Mit der KPO-Minderheit wechselte sie – inzwischen wieder in Berlin wohnhaft – zur SAP und war bis 1933 für diese Partei aktiv. 1933 in »Schutzhaft«, zog sie später nach Birkenwerder bei Berlin. Dort starb Frieda Winkelmann am 4. November 1943.

▸ Winkler, Karl (1882 – † ?)

Geboren am 15. August 1882 in Ottendorf, Metallarbeiter. Vor 1914 Mitglied der SPD, im Krieg Anhänger der Spartakusgruppe, nahm er Ende 1918 vermutlich als Delegierter aus Pirna am Gründungsparteitag der KPD teil. Karl Winkler war Delegierter des III. Parteitages 1920 in Karlsruhe und wurde vom IV. Parteitag im April 1920 in Berlin als Vertreter Ostsachsens in den ZA gewählt. 1923 war er Delegierter des VIII. Parteitags. Weitere Daten von Karl Winklers Lebenslaufs ließen sich nicht ermitteln.

▸ Winkler, Willi (* 1899 – † 1938)

Geboren am 16. September 1899 in Berlin, Sohn einer Arbeiterfamilie, seit 1913 in der sozialistischen Jugend aktiv, ab 1918 im Spartakusbund, dann in der KPD. Zunächst Schneider, studierte er nach dem Abitur an der Berliner Universität Wirtschaftswissenschaften. Er wurde wegen politischer Aktionen 1923 verhaftet und zu drei Jahren Gefängnis verurteilt. Da ihm die bürgerlichen Ehrenrechte aberkannt wurden, konnte er nach seiner Freilassung das Studium nicht fortsetzen. Winkler war dann vor allem im Bund geistiger Berufe tätig, veröffentlichte zahlreiche politökonomische Arbeiten. In einer Gestapoliste zu den 250 »Führern der KPD« gezählt. Er emigrierte im März 1933 in die Sowjetunion, in Moskau an dem von Eugen Varga geleiteten Institut für Weltwirtschaft und Weltpolitik beschäftigt. In der Nacht vom 16. zum 17. Februar 1938 wurde Willi Winkler vom NKWD verhaftet, am 21. Oktober 1938 zum Tode verurteilt und am gleichen Tag in Moskau erschossen.
Seine Lebensgefährtin und Mutter seiner beiden Kinder, **Charlotte Rothkamm** (* 31. 10. 1903 – † 4. 10. 1985), seit 1930 in der KPD, arbeitete ebenfalls im Bund geistiger Berufe. Sie folgte Winkler Ende 1933 in die Sowjetunion, wurde nach seiner Verhaftung ausgewiesen und kehrte über Schweden nach Deutschland zurück. Daß Willi Winkler ein Opfer der stalinistischen Säuberungen geworden war, erfuhr sie erst nach 1956.

▸ Winter, Ernst (* 1893 – † 1958)

Geboren am 21. November 1893 in Eilenstedt/Krs. Oschersleben, Sohn eines Schlossers, die Familie zog 1899 nach Braunschweig. Er besuchte das Lehrerseminar, wurde Ende 1915 zum Militär eingezogen und war bis Ende 1918 Soldat. Nach dem Krieg Volksschullehrer. 1920 Mitglied der KPD und Funktionär, wurde Winter im Dezember 1924 als Abgeordneter in den Landtag von Braunschweig gewählt, er blieb bis 1933 in diesem Parlament. Von 1924 bis 1933 in der Führung des UB Braunschweig, zeitweise auch in der BL Niedersachsen. 1928 gehörte er zu den Versöhnlern, er trennte sich aber Ende 1928 von ihnen und übte Selbstkritik. Ende 1932 wurde Winter, der sich mit der Führung der BL überworfen hatte, wegen »opportunistischen Verhaltens« aus der KPD ausgeschlossen. Er legte am 16. Februar 1933 sein Mandat nieder und zog nach Berlin. 1945 trat er wieder der KPD bei, wurde Hauptschulrat in Berlin-Pankow und anschließend Hauptreferent für Lehrerweiterbildung am Pädagogischen Institut in Ost-Berlin. Als bei der Parteiüberprüfung 1951 entdeckt wurde, daß Winter seinen Ausschluß aus der KPD im Jahre 1932 verschwiegen hatte, wurde er durch die Sonderkommission der LPKK Berlin aus der SED ausgeschlossen, sein Einspruch von der ZPKK am 13. Februar 1952 abgewiesen. Am Institut für Berufsschullehrerausbildung tätig, wurde er Ende 1956 wieder in die SED aufgenommen. Nach langer schwerer Krankheit starb Ernst Winter am 5. April 1958 in Ost-Berlin.

▸ Winter, Karl (* 1897 – † 1971)

Geboren am 15. Dezember 1897 in Chemnitz, Sohn eines Holzmalers und Lackierers und einer Textilarbeiterin. Der gelernte Schlosser und Metallarbeiter trat 1913 in den Metallarbeiterverband ein. Im Weltkrieg Soldat, 1919 Mitglied der SPD. Zwei Monate beim Grenzschutz, dann bis 1928 Metallarbeiter in Chemnitz. 1921 trat er aus der SPD aus, war 1921/22 parteilos und

wurde dann Mitglied der KPD. Von 1924 bis 1926 leitete eine KPD-Betriebszelle, zeitweise Betriebsratsvorsitzender. Ab 1926 gehörte Winter der BL Erzgebirge-Vogtland an, war dort Orgleiter und wurde im Juni 1929 auf dem XII. Weddinger Parteitag Mitglied des ZK. Anstelle von ▸ Hans Sager, der als Jugendsekretär zur BL Ruhrgebiet ging, wurde Winter 1930 Stadtverordneter in Chemnitz. Ab Ende 1931 Vorsitzender des RGO-Ortskomitee Chemnitz, war er ab Februar 1933 illegaler RGO-Instrukteur in Sachsen. Am 13. November 1933 in Leipzig festgenommen und im August 1934 vom OLG Dresden zu zweieinhalb Jahren Zuchthaus verurteilt, die er in Waldheim und Zwickau, zuletzt im KZ Sachsenburg verbüßte. Nach seiner Freilassung Metallarbeiter in Chemnitz, hatte er Kontakte zu Widerstandsgruppen. Am 22. August 1944 erneut verhaftet, kam er in das KZ Sachsenhausen und wurde noch in einem der letzten Prozesse des VGH am 13. April 1945 in Waldheim zu drei Jahren Zuchthaus verurteilt. Nach der Befreiung durch die Rote Armee Politischer Sekretär des KPD-UB Chemnitz. Von April 1946 bis Dezember 1949 gehörte Winter dem Sekretariat des SED-Landesvorstandes Sachsen an. 1948 Mitglied der DWK, kam er als Nachrücker für Robert Bialek in den Sächsischen Landtag und leitete ab Januar 1950 die Landeskommission für Staatliche Kontrolle Sachsen. Er erhielt 1968 den Karl-Marx-Orden. Karl Winter starb am 31. Dezember 1971 in Dresden.

▸ Winterich, Jean (Johann) (* 1886 – † 1931)

Geboren am 10. Februar 1886 in dem kleinen Moseldorf Speicher bei Bitburg, Sohn eines Kleinbauern; lernte Müller. Streng katholisch erzogen, kam in jungen Jahren nach Köln und hatte dort erstmals Berührung mit der Arbeiterbewegung. Er trennte sich von der Kirche, trat als Metallarbeiter 1908 dem Metallarbeiterverband und 1909 der SPD bei. Während des Krieges wechselte er zur USPD und ging mit der linken USPD Ende 1920 zur KPD. Bis 1922 Betriebsrat in Köln, ab 1923 hauptamtlicher Sekretär der KPD, zunächst für Gewerkschaftsfragen in der BL Mittelrhein. Winterich stand auf dem linken Fügel der KPD, er wurde 1924 Orgleiter des KPD-Bezirks Mittelrhein und wurde im gleichen Jahr in den Preußischen Landtag gewählt, dem er bis zu seinem Tode angehörte. Der IX. Parteitag 1924 berief ihn in den ZA der Partei. Auf dem X. Parteitag 1925 wurde Winterich, der seine bäuerliche Schüchternheit lange nicht ablegte, in die Beschwerdekommission und als Kandidat ins ZK gewählt. Ab 1925 Polleiter des Bezirks Mittelrhein, war eng mit ▸ Ruth Fischer und ▸ Arkadi Maslow verbunden und ging nach dem »Offenen Brief« von 1925 nur zögernd zur Thälmann-Gruppe. Auf dem XI. Parteitag 1927 wurde Winterich als Mitglied ins ZK berufen. Als die KPD Ende 1928 erneut einen ultralinken Kurs einschlug, wurde er einer der aktiven Vertreter dieser Linie und stieg in die Spitzengruppe der KPD auf. Im Februar 1929 als Polleiter nach Westsachsen geschickt, um den dortigen Bezirk von Rechten und Versöhnlern zu »reinigen«. Vom XII. Weddinger Parteitag 1929 wiederum ins ZK gewählt, außerdem auch ins Polbüro aufgenommen. Er blieb bis Ende 1929 als Polleiter ins Westsachsen, dann kam er nach Berlin, um direkt im Polbüro mitzuarbeiten. Nach kurzer Krankheit starb Jean Winterich am 27. Juni 1931 in Berlin.

▸ Winternitz, Joseph, Dr. phil. (* 1896 – † 1952)

Geboren am 18. Februar 1896 in Oxford, Sohn eines Universitätsprofessors, der noch im Geburtsjahr seines Sohnes nach Prag übersiedelte. Dort besuchte Winternitz das Gymnasium und begann mit dem Studium der Philosophie, Mathematik und Physik an der Universität. 1917 ins österreichische Heer eingezogen. 1918 Mitglied der Sozialdemokratischen Arbeiterpartei, kam er bei Gründung 1920 in die KP der ČSR. Winternitz promovierte 1920 zum Dr. phil. und arbeitete als Wissenschaftler, war aber auch in der KP aktiv, 1921/22 als Chefredakteur der Zeitung »Vorwärts« in Reichenberg. 1923 Übersiedlung nach Deutschland, hauptamtlicher Funktionär der KPD, auf deren linkem Flügel er eine wichtige Rolle spielte. Winternitz wurde – unter den verschiedensten Pseudonymen: Lenz, Sommer u. a. – der Theoretiker der Linken in der KPD. 1924 Sekretär der KPD und Abteilungsleiter für Propaganda in der Zentrale, Delegierter des V. Weltkongresses der Komintern, sympathisierte er 1925 kurze Zeit mit der Ultralinken, blieb aber bei der Linken um ▸ Ruth Fischer.

Auf dem X. Parteitag 1925 Sekretär der Politischen Kommission und als Kandidat ins ZK gewählt. Nach dem »Offenen Brief« 1925 (den er ablehnte) verteidigte er Ruth Fischer und ▸ Arkadi Maslow. Zunächst grenzte er sich von der Gruppe der Ultralinken um ▸ Werner Scholem, später aber auch von Ruth Fischer ab, blieb in der KPD und paßte sich der Parteilinie an. Auf dem XI. Parteitag 1927 wurde er deswegen auch wieder als Kandidat ins ZK berufen, übte aber bis 1928 nur untergeordnete Funktionen im ZK-Apparat aus, so war er Redakteur der Zeitschrift »Internationale« und Leiter des »Rhein-Ruhr-Pressedienstes« in Düsseldorf. Nach der Wittorf-Affäre trat er wieder in den Vordergrund, wurde Leiter der Agitpropabteilung des ZK. Der XII. Parteitag 1929 wählte ihn als Mitglied ins ZK. 1931 war Winternitz (diesmal unter dem Pseudonym Kraus) Leiter der Propagandaabteilung des ZK, doch im Dezember 1931 wurden er und ▸ Alexander Emel ihrer führenden Posten im ZK enthoben, weil sie angeblich Stalin »falsch ausgelegt« und Lenin »verunglimpft« hatten. Daraufhin übte Winternitz-Kraus Selbstkritik: »Ich anerkenne vorbehaltlos und in vollem Umfange die in dem Artikel des Gen. Thälmann ... kritisierten Fehler in meiner Arbeit ...« Winternitz blieb bis 1933 in Deutschland. Bei den Auseinandersetzungen um die Nachfolge ▸ Ernst Thälmanns schloß er sich ▸ Walter Ulbricht an. 1934 emigrierte er in die Tschechoslowakei, 1939 nach Großbritannien und arbeitete während des Krieges in der KP Englands.

Im März 1948 kehrte er nach Deutschland zurück, wurde Mitglied der SED und leitete bis Februar 1950 das »Forschungsinstitut für wissenschaftlichen Sozialismus« in Kleinmachnow bzw. das Marx-Engels-Institut. Durch Beschluß des Politbüros vom 21. Februar 1950 als Leiter abberufen und gerügt, weil er in einem Artikel in der »Einheit« (»Von Stalin lernen«) nach Ansicht des ZK »die Kampagne der Imperialisten und Tito-Agenten gegen Stalin« ungewollt unterstützte (er hatte darin antileninistische Auffassungen des jungen Stalin zitiert). Im März 1950 zum Dekan der wirtschaftswissenschaftlichen Fakultät der Humboldt-Universität in Ost-Berlin berufen, zog er es jedoch vor, 1951 wieder nach England zu gehen. Als Begründung gab er Sorge um seine dort lebende Familie an. Schließlich kannte er die stalinistischen Methoden wohl zu genau und wußte, wie solche »ideologischen Angriffe« endeten. Joseph Winternitz starb am 22. März 1952 in England. Die SED widmete ihm einen Nachruf, vermerkte darin jedoch, er sei »von gewissen Schwankungen nicht ganz frei« gewesen. Mario Keßler veröffentlichte 2002 eine biographische Skizze über Joseph Winternitz.

▸ Winzer, Otto (* 1902 – † 1975)

Geboren am 3. April 1902 in Berlin-Reinickendorf, Sohn eines Droschkenkutschers; lernte bis 1922 Schriftsetzer. 1919 trat er in die FSJ und in die KPD ein, Mitglied der KJD-BL Berlin-Brandenburg. Als Anhänger der Mittelgruppe im Dezember 1923 nicht wieder in die BL gewählt. Bis 1927 Leiter der Wiener Filiale des Verlages der Kommunistischen Jugendinternationale. Von 1928 bis 1930 Redakteur beim EK der KJI in Moskau und Mitglied der KPdSU(B). Im März 1930 zurück nach Berlin, Mitarbeiter im WEB der KJI, leitete ab Oktober 1930 deren Verlag. Ab Februar 1933 führte er die Sektion Graphik der illegalen RGO, war von Ende 1933 bis Juli 1934 Leiter der RGO Berlin, anschließend Emigration und Redakteur der Zeitschrift »Freie Jugend« in Paris. Er kam Ende 1935 in die Sowjetunion, bis März 1937 in der Verlagsabteilung des EKKI. 1937 erhielt Winzer wegen seiner engen Bekanntschaft zum verhafteten ▸ Erich Wendt eine strenge Rüge durch die IKK und mußte aus dem Komintern-Apparat ausscheiden. Von 1937 bis 1941 Übersetzer im Verlag für fremdsprachige Literatur, ab Anfang 1941 wieder bei der Komintern, Mitarbeiter der Presseabteilung für die in Stockholm erscheinende Zeitschrift »Welt«. Nach Kriegsausbruch Redakteur beim Rundfunk, Chefredakteur des Soldatensenders des Deutschen Volkssender. Ende April 1945 kehrte Winzer mit der Gruppe Ulbricht nach Deutschland zurück, wurde in das ZK der KPD kooptiert. Bis zu den Oktoberwahlen 1946 Stadtrat und Leiter der Abteilung Volksbildung des Berliner Magistrats. 1947 Leiter der Abteilung Presse im ZS der SED, Mitglied des PV bzw. ab 1950 des ZK der SED. Im Oktober 1949 wurde er Staatssekretär und Chef der Privatkanzlei des DDR-Präsidenten ▸ Wilhelm Pieck. Im August 1956 wechselte er ins Außenministerium, wurde Vizeaußenminister und im Juni 1965 DDR-Außenminister. Er erhielt 1962 und 1973 den Karl-Marx-Orden. Otto Winzer starb am 3. März 1975.
Seine Schwester Ella (* 27. 10. 1907 – † 14. 10. 2002), die in erster Ehe mit dem im Februar 1934 ermordeten ▸ Rudolf Schwarz verheiratet war, kämpfte in Frankreich auf Seiten der Résistance.

▸ Wiora, Josef (* 1892 – † 1971)

Geboren am 2. Oktober 1892 in Beuthen/Oberschlesien, Sohn eines Eisenbahners; lernte Kaufmann, von 1910 bis 1930 Angestellter der Eisenbahn in Oberschlesien. 1913 eingezogen, von 1914 bis 1916 Soldat im Weltkrieg. Wiora wurde 1911 Gewerkschaftsmitglied, trat 1916 in die SPD ein, gehörte zeitweise dem Hauptvorstand der Eisenbahnergewerkschaft an. 1919 Übertritt zur USPD, ab Ende 1920 Mitglied der KPD. Von 1924 bis 1930 Stadtverordneter in Beuthen und von 1930 bis 1933 Provinziallandtagsabgeordneter für Oberschlesien. Ab 1930 Bezirkssekretär der RGO für Oberschlesien, kam Wiora im Juli 1932 im Wahlkreis Oppeln in den Reichstag (im November nicht wiedergewählt). Seit März 1933 steckbrieflich gesucht, organisierte er die illegale KPD-Arbeit in Oberschlesien. Im November 1937 flüchtete Wiora in die Tschechoslowakei, dort Leiter des Grenzabschnitts Schlesien. Er emigrierte im Dezember 1938 nach Großbritannien, wurde bei Kriegsausbruch interniert und nach Australien gebracht. Ab 1942 wieder in Großbritannien, arbeitete er als Hausverwalter in London und gehörte auf Beschluß der KPD-Emigrationsleitung von 1944 bis 1947 der Polnischen Arbeiterpartei in England an. 1946 kehrte Wiora nach Beuthen, dem heutigen Bytom zurück, war zunächst Hilfsarbeiter und übersiedelte im September 1947 in die SBZ. Er begann am 1. Oktober 1947 als persönlicher Sekretär von ▸ Roman Chwalek, einem Landsmann, im FDGB-Landesvorstand Groß-Berlin. Ab Ende 1949 Referent bzw. Abteilungsleiter für Internationale Verbindungen beim Zentralvorstand der IG Eisenbahn, er erhielt 1962 den VVO in Silber. Josef Wiora starb am 2. August 1971 in Ost-Berlin.

▸ Wischeropp, Oskar (* 1882 – † 1956)

Geboren am 11. Juni 1882 in Magdeburg, lernte Dreher bei Krupp und trat 1906 in die SPD ein. 1907 kam er nach Berlin und arbeitete als Rundschleifer. Soldat im Weltkrieg. 1917 Mitglied der USPD, 1919 der KPD. Wischeropp war zeitweise Betriebsratsvorsitzender bei Borsig und übernahm 1921 die Leitung der Roten Hilfe in Berlin-Brandenburg. Von November 1922 bis 1928 Angestellter der sowjetischen Handelsvertretung in Berlin. Bis Mitte 1925 Polleiter des 2. Bezirks in Berlin, war er einer der bekanntesten Berliner Linkskommunisten und gehörte zu den Anhängern ▸ Ruth Fischers. Deshalb 1926 aus der KPD ausgeschlossen. Dann als Mitbegründer des Leninbundes am 5. Dezember 1926 in deren Reichsleitung gewählt. Wischeropp stellte im August 1927 gemeinsam mit 17 prominenten Linkskommunisten, darunter ▸ Wolfgang Bartels, Ruth Fischer, ▸ Anton Grylewicz, ▸ Werner Scholem und ▸ Hugo Urbahns formal einen Antrag auf Wiederaufnahme in die KPD. Der wurde am 17. September 1927 vom Präsidium des EKKI als »Provokation« abgelehnt. Nach der Linkswendung wurde Wischeropp vom XII. Parteitag 1929 wieder in die KPD aufgenommen und von der BL als Instrukteur eingesetzt. Bis 1933 mehrmals inhaftiert und insgesamt 13 Monate in Gefängnissen. 1933 illegale Arbeit, im Herbst 1933 festgenommen, nach dreijähriger Untersuchungshaft in einem Verfahren des VGH gegen 32 kommunistische Funktionäre angeklagt, aber »aus Mangel an Beweisen« freigesprochen. Anschließend von der Gestapo für ein halbes Jahr in »Schutzhaft« genommen. Nach Georg Elsers Attentat auf Hitler in München im November 1939 erneut sechs Wochen inhaftiert. Erschwerend zu den eigenen Verfolgungen kam noch das Schicksal seiner Frau Gertrud (* 29. 10. 1894). Sie wurde im Dezember 1942 festgenommen und ist an den Folgen der Haft am 19. Juni 1944 im Krankenhaus Höchst gestorben. Ab Mai 1945 war Wischeropp im Bezirksamt Tiergarten tätig, trat der KPD/SED bei und zog 1949 nach Ost-Berlin. Zuletzt hauptamtlicher Mitarbeiter der Gesellschaft für deutsch-sowjetische Freundschaft. Oskar Wischeropp starb am 9. März 1956 in Ost-Berlin.

▸ Wisnewski, Franz (* 1896 – † 1991)

Geboren am 10. März 1896 in Berlin, lernte Mechaniker. Von 1915 bis 1917 Soldat im Weltkrieg, dann wieder in seinem Beruf tätig. 1917 trat er in die USPD ein und ging Ende 1920 zur

KPD. Seit 1924 in der BL Berlin-Brandenburg und von 1925 bis 1933 Abgeordneter der Berliner Stadtverordnetenversammlung. Wisnewski war Mitarbeiter im ZK der KPD, einige Jahre unter ▸ Christoph Wurm in der Informationsabteilung. Er wurde zwar noch bei den Wahlen am 12. März 1933 für die KPD in das Berliner Parlament gewählt, konnte sein Mandat jedoch nicht wahrnehmen, denn er war bereits seit 28. Februar 1933 (bis zum 23. September 1933) in »Schutzhaft«. Er blieb nach der Freilassung unter Polizeiaufsicht, wurde im August 1944 im Rahmen der Gestapoaktion »Gewitter« erneut inhaftiert. Ab Mai 1945 war Wisnewski Leiter des Bezirksarbeitsamtes Berlin-Kreuzberg, von 1946 bis 1948 dort Mitglied der KPD bzw. der SED-Kreisleitung. In den fünfziger Jahren Direktor der Mitropa in Ost-Berlin bzw. Mitarbeiter der Dewag Deutsche Reichsbahnwerbung. Er erhielt 1976 den VVO in Silber. Franz Wisnewski starb am 18. März 1991 in Berlin.

▸ Wistuba, Hans (* 1901 – † ?)

Geboren am 30. August 1901 in Berlin, Sohn vermögender Eltern. Nach abgebrochenem Studium Journalist, wurde er 1924 Mitglied der KPD, Mitarbeiter von »Inprekorr« und dann Redakteur der »Roten Fahne«. Anfang der dreißiger Jahre in den AM-Apparat übernommen, war er eng mit ▸ Erich Wollenberg verbunden. Nach der Freilassung von ▸ Willi Budich aus der Haft, brachte Wistuba diesen nach Prag, wo sich in seiner Wohnung zeitweise auch Wollenberg aufhielt. Im Juli 1933 übersiedelte Wistuba in die Sowjetunion, dort gehörte er zum Freundeskreis um Wollenberg und ▸ Hans Taubenberger. Im Juni 1934 von der Komintern nach Prag geschickt, entging er den stalinistischen Säuberungen. Wistubas Name tauchte in den Untersuchungen gegen »Trotzkisten« immer wieder auf, z. B. bei dem Verhör von Zensl Mühsam. In Prag trennte sich Wistuba von der KPD und hatte Verbindungen zu kommunistischen Oppositionsgruppen. Er kam im Mai 1939 nach Großbritannien, 1945 trat er in London in die SPD ein. Später lebte er in Hamburg und London und stand weiterhin in Verbindung zu Wollenberg. Sein Todesdatum ließ sich nicht ermitteln.

▸ Wittfogel, Karl August, Dr. phil. (* 1896 – † 1988)

Geboren am 6. September 1896 in Woltersdorf/Krs. Lüchow in der Lüneburger Heide, Sohn eines Dorfschullehrers. 1904 übersiedelte die Familie nach Lüneburg, dort besuchte er ein humanistisches Gymnasium und trat 1912 der Lüneburger Ortsgruppe des Wandervogels bei. Während des Weltkrieges entwickelte er sich zum überzeugten Kriegsgegner. Er studierte zunächst in Leipzig, dann ab 1915 an der Münchner Universität, später auch in Berlin. Obwohl 1917 zum Militär einberufen, konnte er weiter studieren. Die russische Revolution 1917 zeigte eine starke Wirkung in Kreisen der Jugendbewegung, Wittfogel gehörte in Berlin zu einem Zirkel studentischer Revolutionäre, in dem sich u. a. ▸ Alexander Schwab und die drei Brüder Reichenbach (▸ Bernhard Reichenbach) engagierten. Im November 1917 Mitglied der USPD, schloß er sich 1920 der KPD an. Anfang 1920 holte Engelbert Graf, einer der bekanntesten Vertreter der Arbeiterbildung in der Weimarer Republik, Wittfogel an die sozialistische Heimvolksschule Schloß Tinz bei Gera. Dort lernte er den späteren Herausgeber der »Internationale« ▸ Karl Korsch kennen, nahm im Mai 1923 an der »Ersten Marxistischen Arbeitswoche« in Thüringen teil. 1925 ging Wittfogel an das Frankfurter Institut für Sozialforschung, wo er mit ▸ Franz Borkenau, ▸ Rudolf Schlesinger und Béla Forgasi zusammentraf. Bereits 1922 hatte er im Verlag Junge Garde seine Schrift »Vom Urkommunismus bis zur proletarischen Revolution« publiziert.

Auf dem VIII. Parteitag der KPD 1923 in Leipzig war er Lüneburger Delegierter, verfaßte gemeinsam mit ▸ Gertrud Alexander und ▸ Hermann Duncker das »Kulturpolitische Notprogramm«. Wittfogel war publizistisch produktiv, schrieb unzählige Artikel in zirka 30 Zeitungen und Zeitschriften. Der Malik-Verlag brachte 1924 sein umfangreiches Werk »Geschichte der bürgerlichen Gesellschaft« heraus. Das wurde von der Agitpropabteilung des EKKI in der »Inprekorr« kritisiert, solche »skandalösen Erzeugnisse« wie die Schrift Wittfogels seien »vernichtend« abzulehnen, schließlich handele es sich um »Literatur allerübelsten Charakters«. Die Redaktion der »Internationale« veröffentlichte hingegen ein positives Gutachten, das durch einen Mitarbeiter des Moskauer Marx-Engels-Instituts erstellt worden war. Wittfogel blieb umstritten, auch wegen seiner Nähe zu Georg Lukács. 1925 als Anhänger ▸ Ruth Fischers Kulturredakteur der »Roten Fahne«, verfaßte ein 180 Seiten starkes Manuskript »Das erwachende China«. Das Buch erschien 1926 in Wien und fand begeisterte Zustimmung in der Fachwelt. In der Folge wurde das Thema zum Hauptforschungsgebiet Wittfogels. Ab 1929 Mitglied des Vorstandes des Schutzverbands Deutscher Schriftsteller, dem er seit 1925 angehörte, ebenso aktiv im Bund proletarisch-revolutionärer Schriftsteller, für dessen Zeitschrift »Linkskurve« er (neben Georg Lukács) einer der wichtigsten Theoretiker war. Außerdem begann er mit der regelmäßigen Lehrtätigkeit an der Berliner »Marxistischen Arbeiter-Schule« und gab dort gemeinsam mit Hermann Duncker und Alfons Goldschmidt die Selbststudienhefte der MASCH heraus.

Nach Abschluß seiner Promotion im Juli 1928 besuchte Wittfogel die Sowjetunion und war von den russischen Verhältnissen geschockt. Der erste Teil seines Werks »Wirtschaft und Gesellschaft in China« erschien 1931 als Publikation des Frankfurter Instituts für Sozialforschung (der zweite wurde nie veröffentlicht). Im Februar 1931 hatte in Leningrad eine Konferenz stattgefunden, die sich mit der Frage der »asiatischen Produktionsweise« beschäftigte. Dort wurde Wittfogel vorgeworfen, in seiner Untersuchung die Klassenanalyse vollständig ignoriert zu haben, die Hoffnung auf eine russische Übersetzung seines Bandes zerschlug sich.

Ende Januar 1933 war er deprimiert von der kampflosen Niederlage und ging verbittert zu Georg Lukács, um ihm von seinem Widerspruch zur KPD zu berichten. Lukács hörte ihm zu und machte den bekannten, berüchtigten Ausspruch, er »werde lieber Dreck fressen«, als sich »von der Bewegung losreißen zu lassen«. Beim Versuch, die Schweizer Grenze zu überqueren, wurde Wittfogel festgenommen und kam in »Schutzhaft«. Seinen Aufenthalt im KZ verarbeitete er in dem autobiographischen Roman »Staatliches Konzentrationslager VIII. Eine ›Erziehungsanstalt‹ im 3. Reich«, der 1936 erschien. Kurz vor Weihnachten 1933 freigelassen, emigrierte er über England in die USA, wurde dort Professor für Sinologie. 1939 erfolgte sein definitiver Bruch mit der KPD. Sein Werk »Die asiatische Despotie« wurde 1957 veröffentlicht. In der antikommunistischen McCarthy-Ära machte Wittfogel Aussagen, die ihm in liberalen Kreisen der USA verübelt wurden. Erst die 68er-Studentenbewegung nahm seine Ideen, vor allem das Problem der »asiatischen Produktionsweise« wieder auf, viele seiner Schriften wurden neu verlegt. Karl August Wittfogel starb am 25. Mai 1988 in New York.

▸ Wittkowski, Wilhelm (* 1913 – † 1964)

Geboren am 22. August 1913 in Hamburg, Sohn eines Metallarbeiters; lernte Schiffsbauer. 1928 Mitglied der SAJ, im September 1931 nach Kritik an der Politik des SPD-PV ausgeschlossen. Er gehörte zu den Mitbegründern der Jugendorganisation der SAPD und trat im September 1932 zum KJVD über, Orgleiter des KJVD in Hamburg. Seit April 1934 in der Sowjetunion, von

Mai 1934 bis August 1935 Kursant der Internationalen Leninschule. Er wurde Mitglied der KPD, die ihn im März 1936 nach Dänemark entsandte. Dort gehörte er der Emigrationsleitung an, arbeitete in der Überprüfungskommission für die Spanienfreiwilligen und war in der AL Nord bei ▸ Heinrich Wiatrek, unter den Parteinamen Anker, Ernst und Jugendernst für die Jugendarbeit verantwortlich. Am 27. Juli 1940 in Kopenhagen durch die dänische Polizei festgenommen, wurde Wittkowski am 31. Januar 1941 an die Gestapo ausgeliefert. Der VGH verurteilte ihn am 20. April 1942 zu zehn Jahren Zuchthaus. In Brandenburg im April 1945 von der Roten Armee befreit, im Jugendreferat des Sozialamtes Berlin-Spandau tätig. 1947 für sieben Wochen zur politischen Schulung in Wilton-Park/Großbritannien, anschließend bis 1948 wieder im Bezirksamt Spandau. Ab 1949 in Ost-Berlin, von 1950 bis 1956 Kulturdirektor im VEB KWO Berlin-Köpenick, bis 1964 Sekretär der SED Berlin-Köpenick. Wilhelm Wittkowski starb am 1. November 1964 an den Folgen eines Verkehrsunfalls.

▸ Wittorf, John Friedrich (* 1894 – † 1981)

Geboren am 5. September 1894 in Stellingen/Hamburg, Hilfsarbeiter und später Hafenarbeiter in Hamburg, trat 1917 der USPD bei und kam mit der linken USPD 1920 zur KPD. Er war ein enger Freund ▸ Ernst Thälmanns. Die Behauptung, er sei auch mit Thälmann verschwägert gewesen, ist falsch, unbestreitbar aber, daß ihn Thälmann protegierte. Wittorf gehörte seit 1925 der BL Wasserkante als hauptamtlicher Funktionär an. Er war einer der drei Vorsitzenden des X. KPD-Parteitags 1925 in Berlin. 1926 UB-Leiter von Kiel, übernahm er im März 1927 als Polleiter den KPD-Bezirk Wasserkante. Der XI. Parteitag 1927 in Essen wählte Wittorf auch zum Mitglied des ZK. Ebenso gehörte er 1927 und 1928 der Hamburger Bürgerschaft als Abgeordneter an. Bei den Reichstagswahlen 1928 kandidierte er in Hamburg hinter Thälmann auf Platz zwei, wurde aber nicht gewählt. 1928 häuften sich die Hinweise, daß Wittorfs Geldausgaben mit seinen Einnahmen nicht übereinstimmten. Als bei einer Kassenrevision Unregelmäßigkeiten entdeckt wurden, schob Wittorf das dem Kassierer der BL, Richard Dehmel, der mit der linken Opposition sympathisierte, unter. Bei einer genauen Überprüfung stellte sich jedoch heraus, daß Wittorf 1800 Mark unterschlagen hatte, später erwies sich, daß die Summe (aus geheimen Mitteln der Komintern) höher war. Thälmann bemühte sich gemeinsam mit ▸ John Schehr, ▸ Willy Presche und ▸ Ludwig Rieß, die Unterschlagungen zu vertuschen. Sie versuchten, Wittorf zu ermöglichen, das Geld wieder beizuschaffen. Doch inzwischen erfuhren die Versöhnler ▸ Hugo Eberlein und ▸ Gerhart Eisler von dieser Angelegenheit und alarmierten das ZK. Daraufhin wurde Wittorf im September 1928 aus der KPD ausgeschlossen. Der Vertuschungsskandal führte zur vorübergehenden Funktionsenthebung Thälmanns (Wittorf-Affäre). In der Politik spielte Wittorf keine Rolle mehr. John Wittorf starb am 19. Juni 1981 in Hamburg.

▸ Wloch, Karl (* 1905 – † 1982)

Geboren am 4. August 1905 in Berlin, Sohn einer Arbeiterfamilie; kaufmännische Lehre. Im November 1919 Mitglied der FSJ, 1924 der KPD. Ab 1928 zunächst ehrenamtlicher Redakteur der Zeitschrift »Der Arbeitslose«, ab Januar 1929 Redakteur am »Thüringer Volksblatt« in Gotha, Ende 1929 in Suhl, Redakteur der KPD-Zeitung »Arbeiterwille«. Nachdem ein Thüringer Bezirksparteitag im Sommer 1930 alle Thüringer Zeitungen zusammenfaßte, wurde Wloch stellvertretender Chefredakteur am »Thüringer Volksblatt« in Erfurt. 1931 Redakteur der »Roten Fahne«, 1932 Mitarbeiter in der Agitpropabteilung des ZK der KPD. Anfang 1933 Redakteur der KPD-Zeitung in Kassel, sollte dort die illegale KPD führen. Von April bis Juli 1933 in Untersuchungshaft, dann zu zweieinhalb Jahren Zuchthaus verurteilt, zuletzt bis Dezember 1938 im KZ. Danach Expedient in Berliner Firmen, Verbindung zur Saefkow-Gruppe. Am 15. Februar 1943 zum Strafbataillon 999 eingezogen, in Jugoslawien Ende März 1945 wegen »Zersetzungsarbeit innerhalb der Wehrmacht« inhaftiert, seine Überführung nach Berlin scheiterte wegen des Vormarsches der jugoslawischen Volksbefreiungsarmee. Wloch wurde Antifa-Leiter im Kriegsgefangenenlager Agram. Er kehrte im Mai 1946 nach Berlin zurück, Hauptreferent in der Abteilung Parteischulung des ZS der SED. Im April 1948 im Parteiauftrag nach Polen, dort Betreuer der deutschen Kriegsgefangenen, wurde er im September 1949 Generalsekretär der Helmuth-von-Gerlach-Gesellschaft, der späteren Deutsch-Polnischen Gesellschaft für Frieden und gute Nachbarschaft. Von 1952 bis 1954 Generalsekretär und Vizepräsident der Gesellschaft für kulturelle Verbindungen mit dem Ausland, anschließend Leiter des Amtes für Literatur und Verlagswesen, ab Mai 1958 Chefredakteur der »Volkswacht« in Gera. Er erhielt 1975 die Ehrenspange zum VVO in Gold. Karl Wloch starb am 30. September 1982 in Ost-Berlin.

▸ Wloch, Wilhelm (* 1897 – † 1939)

Geboren am 13. Februar 1897 in Berlin, Sohn eines Metallarbeiters; Graveurlehre, anschließend Metallarbeiter, 1911 Arbeiterjugend. Er wurde 1915 Mitglied der SPD. Ab April 1916 Soldat im Weltkrieg, Ende 1916 von der Front zurück, Metallarbeiter in der Rüstungsindustrie. Wloch trat 1917 zur USPD über. Wegen Beteiligung am Januarstreik 1917 wieder eingezogen, kam er an die deutsch-russische Front. 1918 aktiv im Soldatenrat, Teilnehmer an den Januarkämpfen 1919 in Berlin, anschließend Bauarbeiter. Wloch wurde 1920 Mitglied der KPD, Bezirksverordneter in Berlin-Treptow, Funktionär im Provinzialausschuß der Erwerbslosen Berlin-Brandenburg. Seit Mitte der zwanziger Jahre offiziell in der sowjetischen Handelsvertretung beschäftigt, war er seit dieser Zeit für die OMS tätig. Nach Einsätzen in China (u. a. Aufbau einer Residentur in Shanghai), kam er 1935 über Kopenhagen, Amsterdam und Brüssel in die Sowjetunion. Am 27. Juli 1937 wurde er vom NKWD verhaftet, am 4. April 1939 zu 20 Jahren Lager verurteilt. Wilhelm Wloch soll nach russischen Angaben beim Transport in ein anderes Gulag am 21. Oktober 1939 an »Herzversagen« ums Leben gekommen sein.

▸ Wölk, Arthur (* 1900 – † 1969)

Geboren am 20. April 1900 in Siegsruhe/Krs. Culm in Westpreußen, Sohn eines Bahnwärters; nach der Schulentlassung Hilfsarbeiter in Thorn, mußte zum Unterhalt der Großfamilie (sechs Geschwister) beitragen. Nach abgebrochener Feinmechanikerlehre ab 1920 Bergarbeiter im Senftenberger Revier. Noch im Juli 1918 Soldat im Weltkrieg, trat er 1919 in die USPD und

Ende 1920 in die KPD ein. Anhänger des linken Flügels in der KPD, ab 1922 Mitglied der BL Lausitz und UB-Leiter für Senftenberg/Calau. Ab 1924 hauptamtlicher Sekretär des KPD-Bezirks Lausitz, Delegierter des V. Weltkongresses der Komintern. Von 1925 bis 1929 Abgeordneter des Provinziallandtages Brandenburg. Nach dem »Offenen Brief« 1925 war Wölk aktiver Anhänger der linken Opposition, deswegen aus dem hauptamtlichen Apparat entlassen. Wieder als Bergarbeiter tätig, mußte er Ende 1926 auch seine Funktion als Leiter der Ortsgruppe Senftenberg niederlegen und wurde Anfang 1928 aus der KPD ausgeschlossen. 1928 war er einer der Mitbegründer des Leninbundes und Leiter des Bundes im Senftenberger Revier. Im Exil schrieb ▸ Arkadi Maslow im November 1941 in einem Brief an ▸ Ruth Fischer noch von »unserem Wölk«. 1928/29 Tiefbauarbeiter und von 1929 bis 1933 städtischer Arbeiter in Senftenberg, hier gehörte er auch von 1929 bis 1933 der Stadtverordnetenversammlung an. Nach der Linkswendung der KPD 1929 näherte sich Wölk der Partei an und wurde im Oktober 1929 wieder Mitglied und aktiver Funktionär.

Anfang März 1933 festgenommen, von Juni bis Dezember 1933 »Schutzhaft«, wurde Wölk am 1. August 1934 erneut verhaftet und durch den IV. Strafsenat des Kammergerichts Berlin zu vier Jahren Zuchthaus verurteilt, die er in Luckau verbüßte. Anschließend in das KZ Buchenwald gebracht und dort bis April 1945 festgehalten. Nach der Befreiung für das Lagerkomitee in Buchenwald tätig, wurde Wölk Mitte Juni 1945 Bürgermeister der Stadt Senftenberg. Mitglied der KPD-BL Brandenburg, seit November 1945 mit der Leitung der Partei im Kreis Calau betraut, führte er diese Funktion ab April 1946 als paritätischer Vorsitzender des SED-Kreisvorstandes. 1947 Parteiinstrukteur in Cottbus, im August 1948 Sekretär der SED-Landesleitung Brandenburg, gehörte er seit Oktober 1946 auch dem Landtag an. Ende 1950 als einstiger »Abweichler« und »Parteifeind« während der SED-Säuberungskampagne zurückgedrängt. Zur Selbstkritik genötigt, schrieb Wölk am 4. und 6. Januar 1951 an die LPKK Brandenburg: »Ich stehe vorbehaltlos zu den Beschlüssen der Partei, ich habe erkannt, wohin letzten Endes, ob gewollt oder nicht von vornherein gewollt, die Tätigkeit parteifeindlicher Gruppierungen führt: in das Lager des Gegners. Dies zeigt ja am eindringlichsten die Tito-Clique. Sie steht in Diensten der angloamerikanischen Imperialisten. Sie ist eine Bande von Agenten, Spionen und Mördern.« Ende 1951 schied er wegen gesundheitlicher Gründe aus dem Sekretariat der Landesleitung aus, arbeitete bis zur Auflösung der Länder 1952 als Direktor des Landtags von Brandenburg. Bis September 1953 Sekretär der Gesellschaft für deutsch-sowjetische Freundschaft in Potsdam, anschließend bis Ende 1958 Redakteur an der »Märkischen Volksstimme«, bis 1958 auch Mitglied der SED-BL Potsdam. Zu seinem 60. Geburtstag erhielt er 1960 den VVO in Silber, wohnte als Parteiveteran in Potsdam. Arthur Wölk starb am 5. Mai 1969.

▸ Wojtkowski, Paul (* 1892 – † 1960)

Geboren am 20. Dezember 1892 in Wollstein/Posen, Sohn eines Schneidermeisters. Da der Vater früh starb, mußte der Zwölfjährige als Laufbursche zum Lebensunterhalt der Familie beitragen. Lehre als Schlosser, dann Wanderschaft. Er trat im September 1913 in die SPD ein, die er nach Kriegsbeginn wieder verließ, 1917 Mitglied der USPD, 1920 der KPD. 1926 hauptamtlicher

Leiter des UB Essen, später des UB Bochum und des UB Hamm/Westfalen, gehörte er zeitweise auch dem Sekretariat der BL Ruhrgebiet an. Kursant der Internationalen Leninschule in Moskau, dann Instrukteur des ZK in Oberschlesien. Im Februar 1931 löste er ▸ Fritz Selbmann als Polleiter ab und blieb in dieser Funktion bis 1933. Im Mai 1928 war Wojtkowski in Düsseldorf-Ost in den Preußischen Landtag gewählt worden, im April 1932 erneut MdL Preußen. Am 27. April 1933 in »Schutzhaft«, dann wieder Schlosser, 1938 erneut verhaftet, kam er in das KZ Buchenwald. Im April 1945 befreit, im Juli Abteilungsleiter in der KPD-Landesleitung Thüringen. Anfang 1946 vom ZK nach Hamburg geschickt, leitete er bis September 1947 das KPD-Zonenbüro und gehörte der Parteileitung für die britische Zone an. Nach dem II. Parteitag der SED 1947 wieder in der SED-Landesleitung Thüringen. Ab August 1949 1. Vorsitzender des FDGB Thüringen, ab 1953 Vorsitzender des Rates des Kreises Nordhausen, er erhielt 1956 den VVO in Silber. Paul Wojtkowski starb am 14. April 1960 in Nordhausen.

▸ Wolf, Friedrich, Dr. med. (* 1888 – † 1953)

Geboren am 23. Dezember 1888 in Neuwied/Rhein, Sohn eines jüdischen Kaufmanns. Nach dem Abitur 1907 Studium der Medizin, Philosophie und Kunstgeschichte in München, Tübingen, Bonn und Berlin. 1913 Promotion zum Dr. med. mit einer Arbeit über »Die multiple Sklerose im Kindesalter«. Anschließend Assistenzarzt, Schiffs- und Lazarettarzt, schrieb auch Gedichte, Erzählungen und Dramen. Bei Kriegsbeginn als Truppenarzt an der Westfront, wurde er zum entschiedenen Kriegsgegner. Im November 1918 Mitglied des Arbeiter- und Soldatenrats in Dresden, Mitglied der USPD. 1920 Stadtarzt in Remscheid, beteiligt am Kampf gegen den Kapp-Putsch. Wolf war sowohl Mediziner als auch Schriftsteller, debütierte 1919 mit dem expressionistischen Stück »Das bist Du«. Seit 1921 Landarzt in Hechingen, spezialisierte er sich auf Naturheilkunde, heiratete 1922 in zweiter Ehe Else Dreibholz, Geburt der Söhne Markus (1923) und Konrad (1925). Mit dem Drama »Der arme Konrad« wurde Wolf ein anerkannter Schriftsteller. 1926 erschien sein »Doktor«-Buch, »Die Natur als Arzt und Helfer«. Wolf war von 1927 bis 1933 Arzt für Homöopathie und Naturheilkunde in Stuttgart, seit 1928 Mitglied der KPD und gehörte dem BPRS an. Sein 1924 uraufgeführtes Drama »Cyankali« leitete in den zwanziger Jahren eine Kampagne gegen den Abtreibungsparagraphen 218 ein. Er wurde deswegen verhaftet und der »gewerbsmäßigen Abtreibung« beschuldigt, Massenproteste führten zu seiner Freilassung.

1933 emigrierte er über Österreich und die Schweiz nach Frankreich, dort verfaßte er sein erfolgreichstes Stück »Professor Mamlock«. Er ging 1934 in die Sowjetunion, wo inzwischen auch seine Familie lebte. Beim Versuch, nach Spanien zu gelangen, um als Arzt auf der Seite der Internationalen Brigaden zu kämpfen, wurde Wolf 1938 in Frankreich verhaftet, 18 Monate Internierung. Er erhielt 1941 die sowjetische Staatsbürgerschaft und konnte wieder nach Moskau. 1943 Mitbegründer und Frontbeauftragter des NKFD, kehrte 1945 nach Deutschland zurück und war in Berlin neben seiner schriftstellerischer Arbeit vor allem Kulturpolitiker. Wolf gehörte 1946 zu den Mitbegründern der DEFA und dem »Bund deutscher Volksbühnen«, war dessen Vorsitzender und Herausgeber der Zeitschrift »Volk und Kunst«. Dann 1948 auch Mitbegründer des PEN-Zentrums Deutschlands sowie 1. Vorsitzender der Deutsch-Polnischen Gesellschaft für Frieden und gute Nachbarschaft, Wolf wohnte ab 1948 in Lehnitz bei Berlin. Er war von 1949 bis 1951 der erste Botschafter der DDR in Polen. Am 5. Oktober 1953 starb Friedrich Wolf nach einem Herzinfarkt in Lehnitz, wo seine Schwiegertochter Emmy Stenzer seinen Nachlaß verwaltete. Wolfs gesammelte Werke wurden in den Jahren von 1960 bis 1968 in 16 Bänden herausgegeben.

▸ Wolff, Fritz (* 1897 – † 1946)

Geboren am 9. Juli 1897 in Graudenz/Westpreußen, Sohn einer begüterten Familie. Er studierte Rechtswissenschaft, schloß sich 1917 der USPD an. Mit der linken USPD trat Wolff 1920 zur KPD über, arbeitete als Graphiker für Parteiorgane, darunter die »Rote Fahne«, und war Mitbegründer sowie einer der Leiter der Assoziation Revolutionärer Bildender Künstler Deutschlands (ASSO). Nach Ausschluß aus der KPD war er 1933 kurzzeitig Mitglied der SAP, emigrierte im gleichen Jahr nach Paris, dort als Zeichner u. a. für das »Pariser Tageblatt« tätig. Er setzte sich für Hilfsorganisationen der Emigranten ein und engagierte sich in KPD-nahen Vereinigungen. Wolff war 1939/40 Herausgeber der »Pariser Tageszeitung«, flüchtete 1942 nach London, dort in der Freien Deutschen Bewegung aktiv. Wegen der KPD-Politik verließ er 1944 die FDB und ging 1946 zur SPD. Fritz Wolff starb 1946 in London.

▸ Wolffheim, Fritz (* 1888 – † 1942)

Geboren am 30. Oktober 1888 in Berlin, Sohn einer Kaufmannsfamilie; Handlungsgehilfe. Mit 20 Jahren Redaktionsvolontär, trat 1909 in die SPD ein. Von 1910 bis 1913 Aufenthalt in den USA, dort Mitglied der Socialist Party of America, 1912 Redakteur des deutschsprachigen sozialistischen »Vorwärts der Pacific-Küste« in San Francisco. Er kehrte 1913 nach Deutschland zurück, lebte in Hamburg. Im Weltkrieg opponierte er gegen die Burgfriedenspolitik der SPD. Gemeinsam mit ▸ Heinrich Laufenberg stand er an der Spitze der Hamburger Linksradikalen, beide publizierten gemeinsame Broschüren, z. B. »Imperialismus und Demokratie. Ein Wort zum Weltkrieg«, 1914, und »Demokratie und Organisation, 1915. Er war von 1915 bis 1918 Soldat, mehrmals inhaftiert. Wolffheim nahm als Vertreter der Hamburger Linksradikalen an der Reichskonferenz der Spartakusgruppe in Berlin am 7. Oktober 1918 teil. Während der Novemberrevolution gehörte er zur Führung des Arbeiter- und Soldatenrates in Hamburg, war allerdings vom 15. November 1918 bis 15. Mai 1919 wegen eines Nervenleidens im Sanatorium. 1919 Mitglied der KPD, Wolffheim stand zusammen mit ▸ Otto Rühle und Laufenberg auf dem ultralinken Flügel der Partei.

Auf dem II. Parteitag der KPD in Heidelberg/Mannheim wandte er sich gegen die »Leitsätze über kommunistische Grundsätze und Taktik« und durfte deshalb an den weiteren Verhandlungen des Parteitages nicht mehr teilnehmen. Der III. Parteitag in Karlsruhe schloß ihn aus der KPD aus. Im April 1920 war er Mitbegründer der KAPD, stand mit Laufenberg an der Spitze des Parteibezirks Nord. Beide wurden im August 1920 vom Parteitag der KAPD in

Berlin-Weißensee wegen »bürgerlich-nationalistischer Anschauungen« aus dieser Partei ausgeschlossen, sie galten nun als Hauptvertreter des »Nationalbolschewismus«. Im Herbst 1920 gründete Wolffheim den Bund der Kommunisten in Hamburg, blieb bis zur Selbstauflösung 1925 und nach der Neugründung 1929 dessen Leiter. Er ging 1930 zur Gruppe Sozialrevolutionärer Nationalisten (Pseudonym Friedrich Wulf). Nach 1933 verhaftet, kam Fritz Wolffheim am 17. März 1942 im KZ Ravensbrück ums Leben.

▸ Wolfstein (Frölich), Rosi (* 1888 – † 1987)

Geboren am 27. Mai 1888 in Witten/Ruhr als Alma Rosali Wolfstein, genannt Rosi, Tochter eines Kaufmanns. Rosis Bruder Paul (* 1884) fiel im Weltkrieg, ihre beiden Schwestern Wilhelmine (* 1886) und Bertha (* 1891) wurden 1942 ins Vernichtungslager Auschwitz deportiert und ermordet. Nach Absolvierung einer höheren Mädchenschule und einer kaufmännischen Lehre jahrelang als Angestellte tätig. 1907 Beitritt zum Frauen- und Mädchen-Arbeiterbildungsverein Hagen, ab 1908 Mitglied der SPD, 1910 des Zentralverbandes der Angestellten. Sie wirkte agitatorisch für die SPD am Niederrhein. 1913 Besuch der Parteischule der SPD in Berlin, an der ▸ Rosa Luxemburg lehrte, bis zu deren Ermordung blieb Rosi Wolfstein deren Schülerin und Weggenossin. 1914 stand sie in Opposition zur Politik des Burgfriedens. Mitarbeit in der Spartakusgruppe, während des Weltkrieges mehrfach verhaftet. Delegierte der Duisburger Arbeiterjugend auf der illegalen Jugendkonferenz Ostern 1916 in Jena. Sie vertrat beim Gründungsparteitag der USPD in Gotha 1917 die Spartakusgruppe. Im November 1918 Mitglied des Arbeiter- und Soldatenrates in Düsseldorf.

Rosi Wolfstein war Ende 1918 Delegierte und Schriftführerin des Gründungsparteitags der KPD. Sie wurde wegen einer Rede zum Gedächtnis von ▸ Karl Liebknecht und Rosa Luxemburg verfolgt und mehrmals verhaftet. Als deutsche Delegierte nahm sie 1920 am II. Weltkongreß der Komintern teil und wurde im gleichen Jahr als Kandidatin in die Zentrale der KPD berufen. Von 1921 bis 1923 Mitglied der Zentrale und des Orgbüros, hier mit der Leitung der Parteiverlage betraut. Rosi Wolfstein wurde 1921 als Abgeordnete in den Preußischen Landtag gewählt, dem sie bis 1924 angehörte. Wegen politischer Differenzen mit der Ruth-Fischer-Führung demissionierte sie nach dem IX. Frankfurter Parteitag 1924. Sie wurde Mitarbeiterin und Lebensgefährtin ▸ Paul Frölichs – den sie 1948 in New York heiratete –, half bei der Herausgabe der Werke Rosa Luxemburgs und war Lektorin am Malik-Verlag. Anfang 1929 mit der rechten Fraktion aus der KPD ausgeschlossen, war sie bis 1932 in der KPO aktiv, ging dann mit der Minderheit der KPO zur SAP. Im März 1933 Flucht nach Belgien, 1936 nach Frankreich. In Paris war Rosi Frölich Mitglied der Auslandsleitung der SAP und unterzeichnete (mit dem Pseudonym Marta Koch) im Januar 1937 den Aufruf für eine Volksfront mit dem Ziel: »Sturz Hitlers und aller Peiniger des deutschen Volkes! Für Freiheit, Frieden und Brot!«

Ab September 1939 in Frankreich interniert, kam sie 1941 mit einem Notvisum (mit Paul Frölich) nach New York und lebte dort bis 1950. 1951 nach Deutschland zurückgekehrt, wohnte sie in Frankfurt/M. und war Mitglied der SPD.

Seit dem Tod Paul Frölichs 1953 dessen Nachlaßverwalterin, bearbeitete sie mit wissenschaftlicher Akribie einige seiner Werke. Im Alter von 99 Jahren starb Rosi Wolfstein-Frölich am 11. Dezember 1987. Der hessische Ministerpräsident Holger Börner sagte beim Begräbnis, daß sie »stets mit Herz und Verstand für die soziale Sache eingetreten« sei, ja er nannte sie sogar »eine zweite Rosa Luxemburg«. In ihrer Geburtsstadt Witten wurde 1991 eine »Rosi-Wolfstein-Gesellschaft« gegründet.

▸ Wollenberg, Erich (* 1892 – † 1973)

Geboren am 15. August 1892 in Königsberg, Sohn eines Sanitätsrats und Militärarztes; besuchte das humanistische Gymnasium, begann nach dem Abitur ein Medizinstudium. 1914 Kriegsfreiwilliger, ab 1917 Leutnant, fünfmal verwundet. Im Oktober 1918 Eintritt in die USPD. Am 9. November stürmte Wollenberg »als einziger Offizier an der Spitze der feldgrauen Massen« das Generalkommando und das Militärgefängnis in Königsberg, wurde Chef des Sicherheitsdienstes des Arbeiter- und Soldatenrates Ostpreußen und Führer der Matrosenvolkswehr. Rücktritt am 1. Januar 1919 aus Protest gegen die Aufstellung von Freiwilligenverbänden und deren Einsatz im Kampf gegen die sowjetische Revolution im Baltikum. Übersiedlung nach München, Fortsetzung des Studiums. Während der Bayerischen Räterepublik (April 1919) war Wollenberg militärischer Führer der Roten Nordarmee (Dachau). Nach der Niederschlagung der Räterepublik zu zwei Jahren Festung verurteilt, bis März 1922 inhaftiert. Im April 1922 Volontär der Berliner »Roten Fahne«, ab Juli 1922 Chefredakteur der »Roten Fahne des Ostens« in Königsberg. Im April 1923 Redakteur der KPD in Bochum, im Mai (unter dem Pseudonym Walter) Leiter des dortigen Maiaufstands, dann Redakteur in Hamborn. Kurze Zeit Orgleiter der KPD im Ruhrgebiet.

Im August 1923 zum »Militär-Politischen Oberleiter Süd-West« ernannt (als Walter), deswegen Strafverfolgung wegen Vorbereitung des bewaffneten Aufstandes, Sprengstoffattentate usw. Ende April 1924 zur »Ersten deutschen Militärschule beim Generalstab der Roten Armee« nach Moskau delegiert. Er veröffentlichte dort ein Buch über die Bayerische Räterepublik (russisch). Im Herbst 1924 Eintritt in die Rote Armee im Range eines Brigadekommandeurs (Brigadegeneral), im Sommer 1926 nach Moskau zur Ersten Proletarischen Division (Gardedivision der Kaderarmee) versetzt. Wollenberg kehrte im Februar 1927 illegal nach Deutschland zurück, kurz Chefredakteur der Saarbrücker »Arbeiterzeitung«. Danach wissenschaftliche Arbeit am Moskauer Marx-Engels-Institut, Leiter des dortigen Militärkabinetts. Ab 1928 Professor für Geschichte der Arbeiterbewegung des Westens an der Internationalen Leninschule.

Nach der Herbstamnestie 1930 seit April 1931 wieder in Deutschland, militärischer Leiter des illegalen RFB, Chefredakteur der »Roten Front«. Auf einer als »Kommunalkonferenz« getarnten RFB-Konferenz in Schlesien im November 1931 verhaftet, wurde Wollenberg im Februar 1932 vorläufig freigelassen. Im März 1932 innenpolitischer Redakteur der »Roten Fahne«, kritisierte er in mehreren Schreiben an das ZK sowohl den RFB als auch die Berliner BL, die damals unter der Führung von ▸ Walter Ulbricht stand. Dafür erhielt er eine »Parteirüge« und wurde aus der Redaktion der »Roten Fahne« entlassen. Bei den in Berlin-Britz lebenden Erich und Zenzl Mühsam, die er seit seiner Münchner Zeit und der gemein-

samen Festungshaft in Niederschönfeld kannte, fand Wollenberg Unterkunft, entfernte sich von der Politik der KPD-Führung. Da mit Haftbefehl gesucht, ging er Ende 1932 wieder in die Sowjetunion und kam zur VAA in Moskau. Dort diskutierte er in der Wohnung von Else und ▸ Hermann Taubenberger nach den Radio-Nachrichten am Abend des 5. März 1933 mit einstigen Mitkämpfern der Münchner Räterepublik über die Ergebnisse der Reichstagswahlen in Deutschland und die Ursachen für die Niederlage der deutschen Arbeiterklasse. Diese Zusammenkunft wurde als Fraktionstreffen denunziert und Wollenberg vor die Internationale Kontrollkommission (IKK) geladen.
Wegen seiner Kritik am ZK der KPD wurde er zusammen mit Felix Wolf (▸ Werner Rakow) am 4. April 1933 von der IKK der Komintern aus der Partei ausgeschlossen. Im Juli 1934 gelang Wollenberg die Flucht nach Prag, im Herbst 1938 nach Paris. Er wurde sowohl durch den Apparat der KPD (Mordanschlag) und die Gestapo verfolgt, arbeitete für antinazistische Zeitungen und Zeitschriften und veröffentlichte das Buch »The Red Army« (1938 und 1940) in London. Der Verhaftung durch die Gestapo entging er 1940 durch Flucht nach Marokko, wurde dann aber von der Vichy-Polizei in Casablanca verhaftet. Nach acht Monaten Untersuchungshaft stellte das Kriegstribunal das Verfahren (angebliche »kommunistische Tätigkeit und Verherrlichung des Sowjetregimes«) ein und verfügte seine sofortige Freilassung. Die zivile Vichy-Verwaltung in Marokko überführte ihn aber in ein Straflager am Rande der Wüste in Ostmarokko.
Die Landung der Alliierten im November 1942 verhinderte seine Auslieferung an die Gestapo. Wollenberg arbeitete für französische Zeitungen und Zeitschriften in Marokko und Algier und forderte 1943 in einem Buch die Schaffung einer »Europäischen Föderation, der Vereinigten Staaten Europas unter Einschluß des demokratischen Deutschlands«. Im April 1946 nach Paris repatriiert, kam Wollenberg im Sommer 1946 nach Bayern. Er wurde Leiter der Außenpolitikredaktion der Zeitschrift »Echo der Woche«, trat 1951 aus der Redaktion aus und lebte als freier Journalist von 1954 bis 1959 in Paris, danach in München. Von ihm erschienen zahlreiche antistalinistische Arbeiten, u. a. zu den Legenden der DDR über ▸ Ernst Thälmann in einem DEFA-Film. Erich Wollenberg starb am 6. November 1973 in München.

▸ Wollweber, Ernst (* 1898 – † 1967)

Geboren am 29. Oktober 1898 in Hannoversch Münden, Sohn eines aus Schlesien stammenden Bautischlers und seiner Frau Lina, hatte eine schwere Kindheit. Ende 1912 wurde er Schiffsjunge bei der »Mündener Schlepp-Schiffahrtsgesellschaft« und schloß sich der sozialistischen Jugendbewegung an. Im Oktober 1916 zur Marine eingezogen, wegen Antikriegsagitation zur U-Boot-Marine strafversetzt. Am 3. November 1918 gehörte Wollweber zu den Matrosen, die in Kiel meuterten und wurde Vertreter der U-Bootsmannschaften im Kieler Soldatenrat. Im März 1919 vom Militär entlassen, gründete er in Hannoversch Münden eine Ortsgruppe der KPD, wurde Mitglied der BL Hannover-Braunschweig und Wanderredner der Partei. Während des Kapp-Putsches leitete er die örtliche Arbeiterwehr. Im März 1921 berief ihn die KPD zum Polleiter des Bezirks Hessen in Kassel, den er bis Ende 1923 leitete. Der VII. Jenaer Parteitag im August 1921 wählte ihn in den ZA. Von Mitte August bis Ende Oktober 1922 Teilnahme an der 1. Reichsparteischulung in Berlin, anschließend Delegierter des IV. Weltkongresses der Komintern in Petrograd und Moskau. Der VIII. Leipziger Parteitag 1923 berief ihn in die Beschwerdekommission und erneut in den ZA. Während der Aufstandsvorbereitungen 1923 war Wollweber militärpolitischer Leiter für Hessen-Waldeck und Thüringen. Nach dem Scheitern des Aufstandes (unter dem Decknamen Stein) Kursant an der Ersten Militärschule in Moskau. Im Frühjahr 1924 kehrte Wollweber nach Deutschland zurück, hier sollte er gemeinsam mit ▸ Christian Heuck einen Spitzel entlarven, der im inneren Kreis der schlesischen Parteiorganisation für die politische Polizei arbeitete. Als Wollweber herausfand, daß es sich dabei um den KPD-Reichstagsabgeordneten ▸ Alfred Hamann handelte, denunzierte dieser Wollweber und Heuck bei der Polizei, beide wurden daraufhin Ende Mai 1924 verhaftet. Nach eineinhalbjähriger Untersuchungshaft verurteilte das Reichsgericht Wollweber am 23. Dezember 1925 zu drei Jahren Gefängnis, am 6. März 1926 begnadigt und entlassen. Das ZK schickte ihn als Instrukteur und Gewerkschaftssekretär zur BL Schlesien nach Breslau, im Mai 1928 zog er als Abgeordneter in den Preußischen Landtag ein.

Bei den Auseinandersetzungen mit der Mehrheit der Rechten in Breslau vertrat Wollweber die Linie des ZK. Mit einigen Gefolgsleuten, unter ihnen der KJVD-Funktionär ▸ Karl Schirdewan, organisierte er einen regelrechten Putsch und besetzte mit thälmanntreuen RFB-Mitgliedern das dortige Parteibüro. Anfang 1929 wurde er als Nachfolger ▸ Erich Hausens Polleiter in Schlesien, Ende 1930 in Berlin Industriegruppenleiter im Reichskomitee der RGO. Seit 1931 Reichsleiter des Einheitsverbandes der Seeleute, gehörte er zum Sekretariat der in Hamburg residierenden Internationale der Seeleute und Hafenarbeiter, Ziel war der Aufbau eines Geheimapparates. Im November 1932 wurde Wollweber im Wahlkreis Schleswig-Holstein in den Reichstag gewählt.

Nach 1933 war Wollweber mit seinem Apparat führend im Widerstandskampf der KPD gegen Hitler. Von Kopenhagen aus leitete er als Sekretär die Aktivitäten der Internationale der Seeleute und Hafenarbeiter, reiste 1934 nach Moskau und wurde stellvertretender Leiter des Internationalen Seemannsclubs (Interclub) in Leningrad. Ende 1935 schuf Wollweber mit massiver sowjetischer Unterstützung eine Sabotage-Truppe, die als »Wollweber-Organisation« in die Geschichte einging und von Dänemark und Norwegen aus Anschläge auf deutsche und italienische Schiffe durchführte. Beim Versuch, in die UdSSR zu kommen, am Grenzort Ottebol/Schweden am 18. Mai 1940 verhaftet. Um Wollwebers geforderte Auslieferung nach Deutschland zu verhindern, verlieh ihm die Sowjetunion ihre Staatsbürgerschaft. Dennoch Ende 1941 in Schweden zu drei Jahren Zwangsarbeit verurteilt, kam er im November 1944 auf dem Luftwege von Stockholm nach Moskau.

Auf eigenen Antrag von seiner »internationalen Arbeit« entbunden, konnte er im März 1946 nach Deutschland zurückkehren. Zunächst Leiter des Schiffahrtsamtes in der SBZ, ab Oktober 1949 Staatssekretär im DDR-Verkehrsministerium. Nach der Absetzung des Staatssicherheitsministers ▸ Wilhelm Zaisser wurde Wollweber 1953 Vize-Innenminister und Leiter des Staatssekretariats für Staatssicherheit, Ende November 1955 dann Minister für Staatssicherheit. Auf dem IV. SED-Parteitag 1954 ins ZK gewählt, erhielt den VVO in Gold. Nach dem XX. Parteitag der KPdSU 1956 gehörte Wollweber mit Karl Schirdewan zu den Opponenten gegen ▸ Walter Ulbricht, der sie nach der Niederschlagung des Volksaufstandes in Ungarn ausschalten konnte. Im November 1957 bat Wollweber (offiziell aus gesundheitlichen Gründen) um seine Ablösung. Er und Schirdewan wurden am 6. Februar 1958 auf dem 35. Plenum des ZK der SED der »Fraktionstätigkeit« bezichtigt und aus dem ZK ausgeschlossen. Er wohnte in Ost-Berlin, wo Ernst Wollweber schwerkrank am 3. Mai 1967 starb. Über ihn und seinen Apparat gibt es mehrere Veröffentlichungen, z. B. Jan v. Flocken/ Michael Scholz: Ernst Wollweber, 1994; Lars Borgersrud: Die Wollweber-Organisation und Norwegen, 2001.

▸ Wolters, Hermann (* 1910 – † 1974)

Geboren am 25. Mai 1910 in Bremen, Sohn eines Schlossers. Schiffsjunge und Matrose, 1930 wurde er Mitglied des KJVD und der KPD. 1931 Instrukteur der BL Wasserkante im Hamburger Hafen. Nach einem Lehrgang im Oktober 1931 an der Reichsparteischule in Berlin-Fichtenau wurde Wolters vom ZK als hauptamtlicher Agitpropleiter im Bezirk Wasserkante eingesetzt. 1932 war er als führendes Mitglied des »Roten Marinesturms« an einem Überfall auf einen NSDAP-Stützpunkt und 1933 an einem »Raubüberfall« beteiligt. Daraufhin im Mai 1933 verhaftet, wurde er zu sechs Jahren Zuchthaus verurteilt. Nach seiner Entlassung im November 1939 kehrte Wolters nach Bremen zurück, Angestellter. 1944 hielt er sich illegal in Bremen auf. Im April 1945 gehörte Wolters zum Vorstand der überparteilichen Bremer Kampfgemeinschaft gegen den Faschismus, war nach deren Auflösung Mitglied der KPD-BL Bremen. Er kritisierte die Politik der KPD/SED, trat am 18. Mai 1946 aus der KPD aus und wurde Mitglied der SPD. Von 1945 bis 1959 war er zunächst für die KPD, dann für die SPD Bremer Senator für Wirtschaft sowie Abgeordneter der Bürgerschaft. Hermann Wolters starb am 24. Oktober 1974 in Bremen.

▸ Wosikowski, Alice (* 1886 – † 1949)

Geboren am 18. Oktober 1886 in Danzig, von Beruf Kindergärtnerin und mit dem Dreher Wilhelm Wosikowski verheiratet. Dieser wurde wegen seiner Gewerkschaftstätigkeit 1911 gemaßregelt, zog deshalb mit der Familie nach Kiel und ist 1914 im Weltkrieg gefallen. Alice Wosikowski war wie ihr Mann aktive Sozialdemokratin und engagierte sich in der Frauen- und Jugendarbeit. Von 1915 bis 1921 Fürsorgerin beim Kieler Magistrat. Sie heiratete den Bruder ihres gefallenen Ehemanns und übersiedelte nach Hamburg, wo sie der KPD beitrat, leitete die Frauenabteilung der BL Wasserkante und gehörte von 1927 bis 1933 der Hamburger Bürgerschaft an. 1930 starb ihr zweiter Mann, der bei der »Hamburger Volkszeitung« gearbeitet hatte. 1933 und 1936/37 war Alice Wosikowski in »Schutzhaft«, im September 1939 erneut inhaftiert, in das KZ Ravensbrück eingeliefert, aus dem sie ihr Sohn Eberhard, der als Soldat bei der Wehrmacht war, 1941 herausholte. Bis 1945 als Buchhalterin bei einer Textilfirma beschäftigt. Ab 1945 stellvertretende Verlagsleiterin der »Hamburger Volkszeitung« und Vorsitzende der Fachgruppe Zeitungsgewerbe in der DAG. Alice Wosikowski starb am 7. April 1949 in Hamburg.

▸ Wosikowski, Irene (* 1910 – † 1944)

Geboren am 9. Februar 1910, Tochter von ▸ Alice Wosikowski, kaufmännische Angestellte u. a. in der sowjetischen Handelsvertretung in Hamburg. 1924 trat sie in die KJD, 1930 in die KPD ein, war ab 1930 in Berlin. Im Sommer 1932 technische Mitarbeiterin im AM-Apparat. Sie war 1933 für die illegale Landesleitung in Berlin tätig, emigrierte 1935 über die ČSR in die Sowjetunion. Unter dem Decknamen Helga Rühler von September 1935 bis Ende 1937 Kursantin der Internationalen Leninschule in Moskau. Anschließend in Paris bei der »Deutschen Volkszeitung« und zeitweilig enge Mitarbeiterin von ▸ Franz Dahlem. Im Mai 1940 in Südfrankreich interniert, gelang ihr im Juli die

Flucht aus dem Lager Gurs. Am 26. Juli 1943 in Marseille verhaftet, vom VGH am 13. September 1944 zum Tode verurteilt. Irene Wosikowski wurde am 27. Oktober 1944 hingerichtet.

▸ Wrobel, Gustav (* 1904 – † 1938?)

Geboren 1904 in Hagen, Sohn einer Arbeiterfamilie; lernte Schlosser und war dann Metallarbeiter. Er trat 1922 in die KJD ein und wurde 1925 Mitglied der KPD. Ende der zwanziger Jahre wurde Wrobel hauptamtlicher Funktionär, Mitglied der BL Niederrhein in Düsseldorf, zeitweise auch im zentralen AM-Apparat tätig (Pseudonym Emil Stölzer). Ab 1933 illegale Widerstandsarbeit in Deutschland, 1934 Emigration in die Tschechoslowakei, in der Grenzarbeit für die KPD eingesetzt. Im Januar 1936 wurde er in die Sowjetunion kommandiert und arbeitete dort kurze Zeit im Komintern-Apparat. Gustav Wrobel wurde im April 1938 vom NKWD verhaftet und soll noch im gleichen Jahr erschossen worden sein.

▸ Wundersee, Erich (* 1889 – † 1978)

Geboren am 25. Mai 1889 in Berlin-Weißensee, Sohn eines Zimmermanns; lernte selbst Zimmermann. Von 1911 bis 1913 Militärdienst, 1913 Eintritt in die SPD, während des Weltkrieges Mitglied der USPD. 1917 desertierte er und lebte illegal in Berlin. Im November 1918 gehörte er unter ▸ Emil Eichhorn zu den Besetzern des Berliner Polizeipräsidiums und war Mitglied des Soldatenrates der Berliner Sicherheitswehr. Ende 1918 nahm Wundersee als Gast am Gründungsparteitag der KPD teil, blieb aber in der USPD, militärischer Leiter des Bezirks Berlin-Kreuzberg. 1920 Mitglied der KPD und Leiter der Proletarischen Hundertschaften. 1923/24 Angestellter in der sowjetischen Botschaft bzw. Handelsvertretung. Im Oktober 1924 verhaftet und nach einjähriger Untersuchungshaft 1925 zu dreieinhalb Jahren Gefängnis wegen »Vorbereitung zum Hochverrat« verurteilt. Nach seiner Freilassung Angestellter des ZK der KPD, ab Dezember 1928 Verwalter der Reichsparteischule »Rosa Luxemburg« in Fichtenau bei Berlin. Am 4. Juli. 1933 floh er über Hamburg in die Sowjetunion, dort ab 1. August 1933 Angestellter an der Parteischule der Komintern. Er kam 1936 als Mechaniker auf einen Sowchos im Rayon Kaluga, wurde 1941 vom NKWD verhaftet und zu acht Jahren Arbeitslager verurteilt. 1949 entlassen, arbeitete er in der Region Altai, zuletzt Reparaturschlosser bei der Eisenbahn. Er beantragte bei der Generalstaatsanwaltschaft der UdSSR seine Rehabilitierung und durfte im Dezember 1957 in die DDR ausreisen. Bis 1962 ehrenamtlicher SED-Funktionär, er erhielt 1974 die Ehrenspange zum VVO in Gold. Erich Wundersee starb am 6. Juni 1978 in Schöneiche bei Berlin.

▸ Wurm, Christoph (* 1891 – † 1939)

Geboren am 8. August 1891 in Offenbach/M., Sohn eines bekannten Sozialisten, besuchte die Reformschule, das Technikum und die Hochschule und absolvierte eine Drechslerlehre. 1905 trat er in die Arbeiterjugend, 1908 in die SPD ein. Wurm arbeitete an sozialdemokratischen Parteizeitungen und hatte während des Weltkrieges Verbindung zur Spartakusgruppe. 1917 Mitglied der USPD, war er 1918/19 einer der Führer des Roten Soldatenbundes und nahm als dessen Delegierter am Gründungsparteitag der KPD Ende 1918 teil. Er hatte die militärische Gesamtleitung des Januaraufstandes und betätigte sich anschließend illegal für den Roten Soldatenbund in Berlin und anderen Städten, damals einer der wichtigsten Mitarbeiter der Zentrale. Nach dem II. Heidelberger Parteitag 1919 kam Wurm in die Schulungsarbeit und war hauptamtlicher Wanderredner für die KPD. Bei der März-Aktion 1921 Beauftragter der Zentrale für Mitteldeutschland, wurde 1923 Oberleiter für die Bezirke Ostpreußen und Danzig. Als Anhänger der Mittelgruppe nach dem IX. Frankfurter Parteitag 1924 aus dem deutschen Parteiapparat entfernt, ging er im Auftrag der Komintern als Redakteur zur Wiener »Roten Fahne«. Am 24. September 1924 zusammen mit ▸ Walter Ulbricht in Wien verhaftet und nach Verbüßung einer kurzen Gefängnisstrafe abgeschoben.

Bis 1929 im Komintern-Apparat zunächst als Referent, zuletzt als Leiter der Informationsabteilung tätig. Nach der Reorganisation der Komintern nach dem X. EKKI-Plenum wurde deren Informationsabteilung aufgelöst und Wurm kehrte im November 1929 nach Deutschland zurück. Gemeinsam mit ▸ Erich Kunik leitete er die Informationsabteilung des ZK der KPD. Während der Auseinandersetzungen mit Neumann-Remmele stand Wurm auf Seiten von ▸ Ernst Thälmann und wurde im Sekretariat des ZK vor allem für theoretische Fragen eingesetzt. Bis Juli 1934 Mitarbeiter der LL in Berlin, emigrierte dann nach Prag und später nach Paris. Ende April 1935 wieder in der Sowjetunion, Lektor, anschließend Leiter des deutschen Sektors an der Internationalen Leninschule. In der bedrückenden Atmosphäre der Moskauer Säuberungen erlitt er 1937 einen Schlaganfall, von dem er sich nicht mehr erholte. Kurz nach Kriegsausbruch, im September 1939, starb Christoph Wurm nach einem zweiten Schlaganfall.

Seine Lebensgefährtin **Hedwig Linke** (*23. 2. 1899 – † 1. 3. 1976), Schneiderin und Kontoristin, seit 1919 KPD, führte gemeinsam mit ihrem ersten Mann, Karl Prinz, illegale Aktionen durch, deshalb 1924 zeitweise inhaftiert. Anfang 1925 nach Moskau geschickt, bis 1929 Archivarin im Dokumentararchiv des EKKI, nach Aussagen von Ruth von Mayenburg auch Sekretärin von ▸ Richard Sorge, arbeitete eng mit der 4. Abteilung der GRU zusammen. Seit der Trennung von Karl Prinz 1927 Lebensgemeinschaft mit Christoph Wurm, mit dem sie Ende 1929 nach Deutschland zurückkehrte. Im April 1935 wieder in die Sowjetunion, erneut im Komintern-Apparat tätig. Im Juli 1945 nach Berlin, bis Januar 1947 Leiterin des Amtes für Wirtschaftshilfe beim Magistrat. Anschließend Chefsekretärin von Rudolf Herrnstadt bei der »Berliner Zeitung«, sie erhielt 1969 den VVO in Gold.

▸ Wuttke, Franz (* 1899 – † 1973)

Geboren am 26. November 1899 in Olesno/Oberschlesien, wurde Heizer und war von 1917 bis 1918 Soldat. Er trat 1923 in die KPD ein, war 1924 kurz inhaftiert und gehörte ab 1928 als hauptamtlicher Funktionär der BL Oberschlesien an. Von 1930 bis 1933 in der RGO aktiv und 1932 Orgleiter für Oberschlesien, Stadtverordneter in Hindenburg. Im Juli 1933 Emigration in die ČSR, dort Leiter des KPD-Grenzstützpunkts Mährisch-Ostrau. Bis 1938 war Wuttke für die Anleitung des Widerstands in Schlesien verantwortlich (Deckname Peter Rudolf), dann Emigration nach Großbritannien. Bis Februar 1945 Mitglied der KPD-Landesgruppe, danach an die polnische Emigration überwiesen und bis Dezember 1945 Sekretär der Parteigruppe der polnischen Arbeiterpartei in Leeds. 1946 ging er zurück nach Oberschlesien, wurde Direktor eines Betriebs und Parteisekretär der polnischen Kommunisten, Stadtverordneter in Zabrze. Dort starb Franz (Franciszek) Wuttke am 14. Oktober 1973.

Z

▸ Zahn, Alfred (* 1903 – † 1972)

Geboren am 17. August 1903 in Hamburg, Sohn eines Maschinisten. Ab 1918 besuchte er das Lehrerseminar, das er 1921 verließ. Im November 1919 Mitglied der KPD. Von 1921 bis 1923 technischer Sekretär im Büro der Hamburger Partei. Wegen Teilnahme am Hamburger Aufstand steckbrieflich gesucht, lebte illegal in Halle und Berlin, flüchtete im Mai 1924 in die Sowjetunion, dort Schulinspektor, von 1925 bis 1927 im Apparat der IRH beschäftigt, Chefredakteur der deutschen Ausgabe deren Funktionärszeitschrift. Anfang 1927 nach einer Amnestie wieder in Deutschland, bis 1932 Geschäftsführer der Hamburger Zweigstelle von »Centro-Sojus«. Zahn war Mitarbeiter des AM-Apparats, 1932/33 zum Schein Inhaber eines Antiquariats, tatsächlich in der Paßfälscherzentrale des ZK. Er wurde am 8. Mai 1933 verhaftet und zu zwei Jahren Gefängnis verurteilt. Im Mai 1935 emigrierte er nach Frankreich, zunächst Fotograf, anschließend im »Komitee für Recht und Freiheit in Deutschland«. Bei Kriegsausbruch interniert, gelangte Zahn im März 1941 in die USA, hier Herausgeber der Zeitung »German today«. Im Dezember 1946 nach Deutschland zurück, zeitweilig in Ludwigsburg interniert, übersiedelte in die SBZ. Lektor bzw. Dozent an der SED-PHS in Liebenwalde, 1947 Intendant des Landessenders Schwerin, 1949 mit dem Aufbau des Deutschlandsenders betraut. Wegen »politischer Unachtsamkeit« zum ADN versetzt, dort Chef vom Dienst, 1954 bei Gründung der Zeitschrift »Magazin« deren stellvertretender Chefredakteur. 1959 im Rundfunkkomitee Leiter der arabischen Redaktion bzw. des Überseeprogramms von Radio Berlin International, ab Ende 1962 Leiter des Pressearchivs und der Bibliothek des Rundfunkkomitees. Er erhielt 1963 den VVO in Silber. Alfred Zahn starb am 14. April 1972 in Ost-Berlin.

▸ Zaisser, Else (Elisabeth) (* 1898 – † 1987)

Geboren am 16. November 1898 in Essen als Elisabeth Knipp, Tochter eines Kaufmanns; besuchte nach der katholischen höheren Mädchenschule ein Oberlyzeum, 1919 Lehramtsprüfung, anschließend Lehrerin in Essen. 1922 heiratete sie ▸ Wilhelm Zaisser, am 22. April 1924 wurde Tochter Renate geboren. 1926 Mitglied der KPD, sie ging mit ihrem Mann nach Berlin, dort führend in der KPD-Frauenarbeit. 1928 folgte sie Zaisser in die Sowjetunion, später nach China, kehrte nach einiger Zeit aber wieder nach Deutschland zurück, ehrenamtliche Funktionärin in Berlin. Anfang April 1932 erneute Übersiedlung in die Sowjetunion, zunächst Lehrerin an der Karl-Liebknecht-Schule in Moskau, später Dozentin an der KUNMS. Ab 1934 Lehrtätigkeit an Instituten und Parteischulen des ZK der KPdSU. Anfang Oktober 1941 nach Stawropol bzw. nach Engels evakuiert, im Herbst 1942 konnte sie nach Moskau zurück und arbeitete als Lehrerin und Übersetzerin sowie Autorin von Lehrbüchern für deutsche Sprache. Im Oktober 1947 wieder in Deutschland, Mitglied der SED, Dozentin an der Universität Halle-Wittenberg. 1950 Direktorin des Deutschen Pädagogischen Zentralinstituts, ab Dezember 1950 Staatssekretärin im Ministerium für Volksbildung. Else Zaisser übernahm im Juli 1952 als Nachfolgerin von ▸ Paul Wandel das Ministerium für Volksbildung. Sie trat jedoch im Zusammenhang mit der Zaisser-Herrnstadt-Affäre im Oktober 1953 »auf eigenen Wunsch« zurück. Danach Lektorin im Verlag Volk und Wissen und bis 1983 freischaffende Übersetzerin. Sie erhielt 1978 die Ehrenspange zum VVO in Gold. Else Zaisser starb am 15. Dezember 1987 in Ost-Berlin.

▸ Zaisser, Wilhelm (* 1893 – † 1958)

Geboren am 20. Juni 1893 in Rotthausen bei Gelsenkirchen, Sohn eines Gendarmeriewachtmeisters. Von 1907 bis 1910 besuchte er die Evangelische Präparandenanstalt zu Essen, danach das Lehrerseminar. Zaisser war wie sein Vater deutsch-national, leistete 1913/14 seinen Militärdienst und begann ab 1. April 1914 als Volksschullehrer in Essen. Von 1914 bis 1918 Soldat im Weltkrieg, 1917 zum Leutnant befördert, er erhielt das EK II. Klasse. Es war wie ein »Blutrausch«, meinte er später: »Ich habe im Nahkampf manchen Menschen getötet, und es erfüllte mich mit Befriedigung.« Im November 1918 verweigerten kriegsmüde Soldaten den Befehl, gegen die Rote Armee zu kämpfen. Zaisser erinnerte sich, man habe »mit der russischen Armee verhandeln müssen. Dabei habe ich gute Organisation, insbesondere bei der Verwaltung, wahrgenommen und bemerkt, daß man von seiten der russischen roten Armee [...] viel rigoroser vorging als es vordem von Seiten der Deutschen der Fall war. Dadurch bin ich veranlaßt worden, den Bolschewismus anders zu beurteilen als ich es vordem getan habe.« Nach dem Weltkrieg blieb er freiwillig zur »Abwicklung der Geschäfte« in Bialystok, wo er den revolutionären Umbruch vor Ort erlebte. Ein Pamphlet hat ihn nach seiner Rückkehr beeinflußt: Paul Eltzbachers »Der Bolschewismus und die deutsche Zukunft«. Der deutsch-nationale Bismarck-Anhänger schrieb, lediglich ein radikaler Bolschewismus und ein Bündnis mit Rußland, wie 1813, könne das Vaterland retten. Diese national-bolschewistischen Ideen beeindruckten Zaisser, für ihn war »der Bolschewismus die einzige Rettung«, und er befaßte sich mit linker Literatur.

Seit April 1919 wieder Volksschullehrer in Essen, sympathisierte er mit der USPD. Im September 1919 Mitglied der KPD, wurde er im März 1920 einer der militärischen Führer der Roten Ruhrarmee, gehörte zur militärischen Zentralleitung in Essen (gemeinsam mit ▸ Viktor Stern). Deshalb im Januar 1921 festgenommen, stand mit ▸ Ernst Lohagen, ▸ Alfred Schroer u. a. im März 1921 in Kassel vor dem Sondergericht der Reichswehr, wurde zu vier Monaten Gefängnis verurteilt und aus dem Schuldienst entlassen. Zaisser begann 1921 als Redakteur des »Ruhr-Echos«, dann der Barmer Lokalausgabe der »Bergischen Volksstimme«. Ab April 1922 Mitglied der BL Essen und der Reichsleitung der Union der Kopf- und Handarbeiter. 1922 heiratete er Else Knipp (▸ Else Zaisser). Er war ab Juli 1923 in der KPD-BL Ruhrgebiet und bis April 1926 der Ober-BL West. Während des »deutschen Oktober« auch M-Leiter für das Ruhrgebiet.

Vom 1. März bis 15. Juni 1924 Kursant an einer Spezialschule der Komintern in Moskau, danach bis November 1925 M-Leiter für den KPD-Bezirk Ober-West (Rheinland und Westfalen). Anschließend wirkte er im Auftrag des Generalstabs der Roten Armee in Syrien, offenbar als militärischer Berater beim Aufstand der Drusen gegen die französische Kolonialmacht sowie als Berater des Präsidenten Abd-el-Krim, des Führers der Berberstämme beim Aufstand der Rifkabylen in Marokko. Zurück in Deutschland kam er in die Reichsleitung des AM-Apparats der KPD. Zaisser ging im Auftrag der Komintern und als Mitarbeiter des militärischen Nachrichtendienstes der Roten Armee von 1927 bis Anfang 1930 nach China, wo er neben ▸ Heinz Neumann u. a. Mitorganisator des Kantoner Aufstands war. Danach Orginstrukteur des EKKI in der ČSR. 1932 als Mitglied in die KPdSU(B) übernommen, arbeitete Zaisser bis August 1936 unter dem Parteinamen Werner Reißner als Lehrer an der M-Schule der Komintern in Bakowka bei Moskau und an der Internationalen Leninschule. Anfang September 1936 reiste er nach Spanien, dort zunächst Berater für das 5. Regiment der spanischen Volksarmee. Im November 1936 zum Brigadegeneral befördert und berühmt als »General Gomez«, er übernahm das Kommando der XIII. Internationalen Brigade und war später verantwortlich für die Ausbildung aller Internationalen Brigadisten in Albacete.

Nach der Demobilisierung im Sommer 1938 Rückkehr in die Sowjetunion, dort Chefredakteur der deutschen Sektion im Verlag für fremdsprachige Literatur. Im Auftrag der Politischen Hauptverwaltung der Roten Armee von 1943 bis 1946 Lehrer an Antifa-Schulen und Chef des deutschen Sektors für antifaschistische Schulung der Kriegsgefangenen. Als Leiter der Kaderabteilung des »Bundes Deutscher Offiziere« war er für die Sowjets so wichtig, daß sie ihn erst im Januar 1947 nach Deutschland zurückließen. Zaisser wurde Mitglied der SED und löste Ende März 1947 ▸ Georg König als Chef der Landespolizeibehörde Sachsen-Anhalt ab. Im September 1948 folgte er Kurt Fischer als Innenminister und Vizeministerpräsident des Landes Sachsen. Im Juni 1949 Vizepräsident der Deutschen Verwaltung des Innern und Chef der Bereitschaftspolizei.

Seit 1950 Mitglied des ZK der SED und des Politbüros, wurde er im Februar 1950 zum ersten DDR-Minister für Staatssicherheit berufen und erhielt noch anläßlich seines 60. Geburtstages am 20. Juni 1953 den Karl-Marx-Orden. Einen Monat später, am 26. Juli 1953, wurde er gemeinsam mit Rudolf Herrnstadt wegen »parteifeindlicher fraktioneller Tätigkeit« aus dem Politbüro und dem ZK der SED ausgeschlossen und als Minister entlassen. Im Januar 1954 zum »Feind der Partei« erklärt und Ausschluß aus der SED. Mitarbeiter des Dietz Verlages und des IML sowie als Übersetzer tätig. Wilhelm Zaisser starb am 3. März 1958. Außer der Todesanzeige der Familie in der »Berliner Zeitung« veröffentlichte »Neues Deutschland« eine kleine Anzeige des IML: »In der Nacht vom 2. zum 3. März 1958 verstarb unser Mitarbeiter Wilhelm Zaisser im Alter von 63 Jahren. Ehre seinem Andenken! Dietz Verlag, Institut für Marxismus-Leninismus.« In der DDR war Zaisser fortan »Unperson«. Von Helmut Müller-Enbergs erschien 2003 eine ausführliche biographische Skizze über Wilhelm Zaisser.

▸ Zeiß, Jakob Franz (* 1886 – † 1952)

Geboren am 29. Oktober 1886 in Lambsheim, Lederarbeiter, Ende der zwanziger Jahre in einer Fabrik in Fürth/Odenwald. Von 1910 bis 1919 gehörte er der SPD an, von 1919 bis 1923 der USPD und ab 1923 der KPD. Ab Dezember 1931 Landtagsabgeordneter des Volksstaats Hessen, wurde Zeiß im November 1932 in den Reichstag gewählt. Am 13. März 1933 in Rheingönheim festgenommen, anschließend noch mehrmals verhaftet, scheiterte im April 1934 ein Verfahren gegen ihn wegen »Vorbereitung zum Hochverrat« aus Mangel an Beweisen. Während der Haft im KZ Osthofen hatte Zeiß schwere körperliche Schäden davongetragen, nach der Freilassung stellte er einen Antrag auf Invalidisierung, wurde Rentner. Bei der Gestapoaktion »Gewitter« am 22. August 1944 erneut inhaftiert und bis Kriegsende im KZ Dachau festgehalten. Er war vom 26. Februar bis 14. Juli 1946 Mitglied des Beratenden Landesausschusses für Hessen. Jakob Zeiß starb am 2. März 1952 in Mannheim.

▸ Zetkin, Clara (* 1857 – † 1933)

Als älteste Tochter (von drei Kindern) des Dorfschullehrers Gottfried Eißner am 5. Juli 1857 in Niederau/Sachsen geboren. Die Mutter, Josephi-

ne Vitale, stammte aus der Familie eines Ordonnanzoffiziers Napoleons. Clara Eißner besuchte nach dem Gymnasium und der Übersiedlung der Eltern nach Leipzig von 1873 bis 1878 das von der Frauenrechtlerin Auguste Schmidt geleitete Lehrerinnenseminar. Sie bestand die Lehrerinnenprüfung »mit Auszeichnung«. Während des Studiums Bekanntschaft mit dem russischen Revolutionär Ossip Zetkin, der sie mit den sozialistischen Theorien von Marx vertraut machte. Daraufhin wurde sie Sozialdemokratin, was zum Bruch mit ihrem Elternhaus und ihrer (demokratisch-bürgerlichen) Umgebung führte. 1880 wurde Ossip Zetkin aus Deutschland ausgewiesen, Clara folgte ihm, war zunächst Hauslehrerin in Linz und Zürich. Sie kam nach Paris, heiratete dort Ossip Zetkin. Ihre Kinder, Maxim (* 1883) und Kostja (* 1885), wuchsen in Paris auf. Als ihr Mann nach langer Krankheit schon Ende Januar 1889 starb, verschlimmerte sich das schwere soziale Los der Familie.

Clara Zetkin nahm als Mitarbeiterin des SPD-Organs »Sozialdemokrat« an der Gründung der II. Internationale 1889 teil und hielt dort das Referat zur Arbeiterinnen- und Frauenfrage. Nach Aufhebung des Sozialistengesetzes kehrte sie 1891 nach Deutschland zurück und wurde Herausgeberin der Frauenzeitschrift »Gleichheit«, deren Redaktion sie bis 1917 leitete. Clara Zetkin zählte bald zu den führenden Sozialdemokraten in Europa, wurde 1907 zur Sekretärin des Frauensekretariats der Sozialistischen Internationale berufen, sie war Delegierte fast aller Kongresse der Internationale und Parteitage der SPD bis zum Weltkrieg. Von 1895 bis 1913 wurde sie auf allen Parteitagen der SPD in die Kontrollkommission gewählt, bis zum Weltkrieg gehörte sie dem Parteivorstand an. Clara Zetkin stand als Marxistin auf dem linken Flügel der Partei und hatte sich eng an ▸ Rosa Luxemburg angeschlossen. Als die Reichstagsfraktion der SPD am 4. August 1914 den Kriegskrediten zustimmte, protestierte sie zusammen mit ▸ Franz Mehring, Rosa Luxemburg und ▸ Karl Liebknecht öffentlich gegen diese Burgfriedenspolitik. Sie wurde Mitbegründerin der Gruppe Internationale bzw. der Spartakusgruppe und der USPD.

Im März 1915 leitete Clara Zetkin in Bern eine internationale Frauenkonferenz der linken Opposition der Sozialdemokratie, geriet jedoch in Konflikt mit Lenin, dem diese Konferenz zu »zentristisch« war. 1916 in »Schutzhaft« genommen, kam sie wegen Krankheit 1917 wieder frei, war an ihrem Wohnsitz Stuttgart aktiv für die Spartakusgruppe. Im Mai 1917 entzog ihr der SPD-Parteivorstand ihr Lebenswerk, die Zeitschrift »Gleichheit«. Ihre schriftstellerische Tätigkeit konnte sie dann in der Beilage der »Leipziger Volkszeitung« fortsetzen. Clara Zetkin war Anhängerin der bolschewistischen Oktoberevolution, die sie öffentlich (wie Franz Mehring, aber anders als Rosa Luxemburg) begeistert begrüßte. Am Gründungsparteitag der KPD Ende 1918 nahm sie nicht teil, sondern blieb bis März 1919 formal in der USPD und vertrat diese im Württembergischen Landtag. Die Ermordung ihrer Freundin Rosa Luxemburg im Januar 1919 hat sie tief erschüttert und auch radikalisiert. Allerdings hatte Luxemburg 1899 in einem Brief an ▸ Leo Jogiches noch ein hartes Urteil über Clara Zetkin gefällt: Sie »schnattert sehr viel und radikal, aber eine eigene Meinung hat sie nicht«.

Clara Zetkin kam 1919 in die Zentrale der KPD und gehörte vom II. Parteitag 1919 bis zum VIII. Parteitag 1923 als gewähltes Mitglied diesem Gremium an. In der KPD war sie die einzige Führerin, die schon in der alten sozialdemokratischen Bewegung großen Respekt genoß, also in der Tradition der Arbeiterbewegung verankert war. Wegen ihres lauteren Charakters allseits geachtet, wurde Clara Zetkin bereits im Juni 1920 (neben ▸ Paul Levi) als einer der beiden kommunistischen Abgeordneten in den Reichstag gewählt. Sie vertrat die KPD dann ununterbrochen bis 1933 im Reichstag.

In den innerparteilichen Auseinandersetzungen gehörte Clara Zetkin zum rechten Flügel. Zusammen mit Levi trat sie Ende 1920 vorübergehend aus der Zentrale aus und beinahe hätte sie mit ihm auch die KPD verlassen (nach der März-Aktion 1921). Lenin, der sie sehr schätzte, konnte sie jedoch zum Verbleib in der Partei bewegen. Sie war eine treue Anhängerin und Verehrerin Lenins und des bolschewistischen Rußlands, auch wenn sie der Politik der Komintern oft kritisch gegenüberstand. Typisch war, daß sie auf dem Vereinigungsparteitag von KPD und linker USPD Ende 1920 pathetisch erklärte, bei einem Besuch in Rußland habe sie empfunden: »Ziehe deine Schuhe aus, der Boden, da du stehst, ist heiliger, revolutionärer Boden.« Die starke Bindung Clara Zetkins an Sowjetrußland bestimmte ihr weiteres politisches Leben. In den zwanziger Jahren oft erkrankt, hielt sie sich die meiste Zeit in der Sowjetunion auf.

1923/24 stellte sich Clara Zetkin hinter ▸ Heinrich Brandler und ▸ August Thalheimer und kämpfte erbittert gegen den Kurs der Ruth-Fischer-Zentrale. Trotz ihrer großen Popularität wurde sie 1924 von den Linken nicht mehr in die Zentrale der KPD gewählt und auch nicht (wie von der alten Zentrale 1923 vorgesehen) als Kandidatin zur Reichspräsidentenwahl 1925 nominiert. Statt ihrer präsentierte die KPD ▸ Ernst Thälmann. Auch auf dem X. Parteitag 1925 kam sie nicht ins ZK, erst nach dem »Offenen Brief« erhielt sie wieder Einfluß in der KPD. Clara Zetkin wandte sich scharf gegen die linke Opposition und besonders gegen ▸ Ruth Fischer. Seit 1927 wieder ZK-Mitglied, war sie Gegnerin der neuen ultralinken Wendung von 1928, und es schien, als wolle sie 1929 zur KPO übergehen. Schwerkrank und fast erblindet blieb sie trotz ihrer Kritik auch nach dieser Schwenkung in der KPD, wurde dennoch vom XII. Parteitag 1929 nicht mehr ins ZK gewählt. In jenen Jahren lebte sie fast ständig in Moskau, eng befreundet mit Lenins Witwe Nadeshda Krupskaja.

Bei den Auseinandersetzungen zwischen Stalin und Bucharin gehörten ihre Sympathien den Rechten, doch äußerte sie öffentlich keinen nennenswerten Einwand, unterstützte aber insgeheim die rechte Opposition in der KPD. Im August 1932 kam Clara Zetkin – sehr gebrechlich – letztmals nach Berlin, um als Alterspräsidentin die Legislaturperiode des Reichstags mit einer Rede zu eröffnen. Unter dem Protest der Nazi- und Rechtsparteien sprach sie scharf gegen die Nationalsozialisten. Einen Tag später konstatierte eine bürgerliche Zeitung: »Freund und Feind hörten dieser Vertreterin bolschewistischer Ideen zu. Ihre kommunistische Weltanschauung ist wahrhaft ehrlich, sie ist überzeugt von dem, was sie sagt, und das gebietet Toleranz ihr gegenüber, auch wenn ihre Auffassungen nicht zu akzeptieren sind.« Bei Hitlers Machtantritt im Januar 1933 war sie wieder in der UdSSR. Clara Zetkin starb am 20. Juni 1933 in Archangelskoje bei Moskau, ihre Urne wurde an der Kreml-Mauer beigesetzt. Die Widersprüche ihrer Haltung scheinen symptomatisch für jene kommunistischen Führer, die trotz aller Bedenken gegen die Politik Stalins und die Entwicklung der KPD nicht nachdrücklich dagegen opponierten, weil sie ihr Idol »Rußland« nicht zu kritisieren wagten und so dem Stalinismus den Weg erleichterten. Dieser Standort, einerseits durch die absolute Ergebenheit zur Sowjetunion, andererseits durch die kritische Sicht der KPD- und der Komintern-Politik geprägt, zeigt das Dilemma Clara Zetkins, die zwischen kritischem und stalinistischem Kommunismus schwankte.

Ihr Sohn Maxim (* 1. 8. 1883 – † 19. 8. 1965) war später führend im Gesundheitswesen der DDR tätig, ihr Sohn Kostja (* 14. 4. 1885 – † 6. 4. 1980) lebte in Kanada. Von ihren zahlreichen Beiträgen gab die SED zwischen 1957 und 1986 eine dreibändige Auswahl heraus, doch darin fehlten vor allem ihre innerparteilichen Streitschriften. Der französische Historiker Gilbert Badia veröffentlichte 1994 eine Clara Zetkin-Biographie, eine umfangreiche kritische Biographie von Tanja Puschnerat erschien 2003.

▸ Zeutschel, Walter (* 1900 – † ?)

Geboren 1900 als Adolf Burmeister in Hamburg. Er wurde Bauarbeiter und war ab 1916 in der oppositionellen sozialistischen Jugend organisiert. Seit 1919 in der KPD, gehörte er zunächst zu den Anhängern ▸ Ernst Thälmanns, war aber 1923 bei denjenigen ultralinken Kreisen in der KPD Hamburgs, die schon 1923 gegen ihn agitierten, weil sie generell hauptamtliche Funktionäre ablehnten. Zeutschel war im Oktober 1923 beim Hamburger Aufstand einer der Anführer. Nach der Niederschlagung kam er in den damals von ▸ Peter Skoblewski aufgebauten Terror-Apparat, war zunächst für Pommern und Mecklenburg zuständig. In ein Bomben-Attentat in Potsdam verwickelt, wurde Zeutschel-Burmeister Ende 1924 verhaftet und 1925 zu acht Jahren Zuchthaus verurteilt. Durch die Amnestie 1928 frei, kam er als Redakteur zur »Hamburger Volkszeitung«, schied aber 1929 aus und trennte sich von der KPD. 1931 erschien im J.H.W. Dietz Verlag seine Enthüllungsschrift »Im Dienste der kommunistischen Terror-Organisation. Tscheka-Arbeit in Deutschland«. Der SPD-Verlag veröffentlichte die Broschüre (157 Seiten) als »Anschauungsunterricht« gegen kommunistische Verschwörungen, distanzierte sich aber im Vorwort von Zeutschel. »Der Verfasser erblickt in der Nachahmung bolschewistischer Terrormethoden das Heil für die deutsche Arbeiterschaft. Der Verlag ist der Ansicht, daß die Überwindung dieser bolschewistischen Terrormethoden eine unerläßliche Voraussetzung des Sieges der sozialistischen Sache ist!« Tatsächlich propagierte Zeutschel-Burmeister weiterhin terroristische Praktiken, er verschwand aus der Arbeiterbewegung. Sein weiteres Schicksal war nicht zu ermitteln.

▸ Ziaja, Georg (* 1891 – † 1938?)

Geboren am 14. Juni 1891 in Gleiwitz, Sohn einer Arbeiterfamilie; lernte Former und war später Angestellter. Er wurde 1911 Mitglied der SPD, 1918 der USPD und 1920 der KPD. Ziaja ging 1921 wieder zur USPD zurück, blieb bis 1924 bei der Rest-USPD und kam dann erneut zur KPD. Er war in Berlin aktiv und wurde 1926 Mitglied der Bundesleitung des RFB. Nach dem Verbot des RFB 1929 illegal tätig und zeitweise im AM-Apparat. 1933 beteiligte sich Ziaja im Widerstand der KPD, flüchtete dann im September 1934 in die Sowjetunion. Dort war er als Martin Drescher im Komintern-Apparat tätig und ab 1936 in Leningrad eingesetzt. Er wurde im Mai 1937 vom NKWD verhaftet, Georg Ziaja soll 1938 umgekommen sein.

▸ Ziegenhagen, Kurt (* 1906 – † 1969)

Geboren am 22. Oktober 1906 in Berlin, Sohn eines Tischlers; lernte ebenfalls Tischler, 1925 Mitglied der KPD, war er bis zum RFB-Verbot 1929 Leiter des RFB Untergau Süd. Im Mai 1929 wegen »Weiterführung des RFB« zu einer Gefängnisstrafe verurteilt, gehörte er ab Ende 1929 der illegalen Gauleitung der RJ Berlin-Brandenburg an, später Sekretär für Agitation und Propaganda der Bundesleitung des RFB. Im Juli 1932 Gauleiter des RFB Ruhr und Redakteur am »Ruhr-Echo«. Bis April 1933 leitete Ziegenhagen den illegalen RFB Ruhr, flüchtete anschließend nach Amsterdam. Beim Versuch nach Polen zu gelangen, am 24. Juli 1933 in Berlin festgenommen, doch nach kurzer Zeit wieder entlassen. Später erneut verhaftet und 1935 in einem Prozeß vor dem Sondergericht Berlin zu zwei Jahren Zuchthaus verurteilt. Anschließend Tischler, 1942 zur Wehrmacht einberufen, desertierte, kam in amerikanische Kriegsgefangenschaft und kehrte im März 1946 nach Deutschland zurück. Hier zunächst Referent in der SED-Landesleitung Groß-Berlin, dann Vorsitzender des Heimkehrerausschusses. Ziegenhagen wurde mehreren Parteiuntersuchungen zu seiner Widerstands- und Haftzeit unterzogen und schied auch wegen seiner undogmatischen Haltung aus dem Parteiapparat aus. Ab 1952 Leiter der Deutschen Handels-Zentrale Glas-Keramik, später Betriebsleiter des Möbel-Spezial-Betriebes »Wohnkultur«, er erhielt 1966 den VVO in Silber. Kurt Ziegenhagen starb am 26. Oktober 1969 in Eichwalde bei Berlin.

▸ Ziegler, Paul (* 1865 – † 1924)

Geboren am 2. Dezember 1865 als Paulus Ziegler in Pretzdorf in Mittelfranken, von Beruf Schneider, auf Wanderschaft durch Deutschland kam er 1885 nach Hamburg. Von 1886 bis 1889 Militärdienst, arbeitete er von 1890 bis 1900 in Nürnberg. Ab 1902 wieder in Hamburg, er gehörte dort von 1909 bis 1914 als Altgeselle der Schneiderinnung an. Ziegler war bereits vor 1914 Mitglied der SPD, wechselte während des Krieges zur USPD und 1920 zur KPD. Von 1920 bis 1924 Abgeordneter der Hamburger Bürgerschaft. Paul Ziegler starb am 17. Januar 1924 in Hamburg.

▸ Ziegler, Willy (* 1879 – † 1939)

Geboren am 13. März 1879 in Celle, Monteur, bis 1914 Parteifunktionär der SPD in Breslau. Von 1914 bis 1918 Soldat im Weltkrieg, 1918 Mitglied der USPD. Ziegler stand im November 1918 an der Spitze des Arbeiter- und Soldatenrates der Garnison Lamsdorf in Oberschlesien, war 1919/20 Parteisekretär der USPD in Breslau. Er trat 1920 für die Aufnahme in die Komintern und im Dezember 1920 für die Vereinigung mit der KPD ein. Anfang 1921 wurde Ziegler erster Bezirkssekretär der VKPD für Schlesien. Bereits seit Januar 1919 für die USPD Abgeordneter in der Preußischen Landesversammlung, wurde er im Februar 1921 Mitglied der VKPD-Fraktion im Preußischen Landtag. Ziegler schloß sich der Opposition von ▸ Paul Levi gegen die März-Aktion an. Im September 1921 trat er aus der KPD aus, weigerte sich in einem Brief an die Zentrale das Landtagsmandat zurückzugeben. Ab Februar 1922 Mitglied der KAG, schied er vor Ablauf der Legislaturperiode aus dem Landtag aus und zog sich von der Politik zurück. Willy Ziegler starb 1939 in Breslau.

▸ Ziehl, August Johann (* 1881 – † 1965)

Geboren am 1. März 1881 in Geesthacht, Sohn eines Korbmachers und SPD-Funktionärs; lernte von 1895 bis 1899 in der Geesthachter Glasfabrik Korbmacher. Am 28. November 1896 Mitglied der SPD, bald einer der führenden Funktionäre der starken Ortsgruppe Geesthacht. Im Weltkrieg Soldat. 1917 trat er mit der großen Mehrheit der SPD-Ortsgruppe zur USPD über. Als er im September 1918 wieder an die Front sollte, desertierte er, wurde von einem Kriegsgericht zu vier Monaten Festung verurteilt, durch die Revolution befreit. Danach Schriftführer des Arbeiterrats in Geesthacht. Ziehl war einer der fünf Delegierten Hamburgs auf dem USPD-Parteitag im März 1919 in Berlin. 1921 schloß er sich mit fast der gesamten USPD-Ortsgruppe der KPD an. Nach der März-Aktion 1921 zu zwei Jahren Zuchthaus verurteilt, nach 14 Monaten amnestiert. Von 1924 bis 1931 war Ziehl Abgeordneter der Hamburger Bürgerschaft und in der BL Wasserkante, von 1924 bis 1933 Stadtvertreter in Geesthacht, 1931 dort stellvertretender Bürgermeister. Als Delegierter des XI. Essener Parteitags 1927 in die Kommunalkommission gewählt. In Opposition zum ultralinken Kurs des ZK und der BL Wasserkante verließ er im August 1931 mit 200 von 320 Mitgliedern die KPD. Diese Gruppe schloß sich der KPO ▸ Heinrich Brandlers an. Unter Ziehls Führung erhielt die KPO bei den Gemeindewahlen zwei Sitze. Mit der Mehrheit seiner KPO-Gruppe trat Ziehl 1932 zur SAP über. Er wurde 1933/34 fast ein Jahr lang im KZ Fuhlsbüttel inhaftiert und war 1944 nochmals 13 Monate im KZ Neuengamme. Ziehl gehörte 1945 zu den Mitbegründern der KPD in Geesthacht. 1949 wurden er und die Mehrheit der Ortsgruppe als Gegner der Stalinisierung aus der KPD ausgeschlossen. Er hat 1951 die Unabhängige Arbeiterpartei (UAP) mitbegründet, die in Geesthacht eine ihrer Hochburgen besaß, sie bekam bei den Wahlen 1951 423 Stimmen (gegen 736 der KPD). Ziehl war Delegierter auf dem UAP-Parteitag 1951 in Worms. Auch nach der Auflösung der UAP blieb er aktiv und führte als politisches Urgestein zunächst die Geesthachter Gruppe als »SAP« fort. Er veröffentlichte 1958 die Schrift »Geesthacht – 60 Jahre Arbeiterbewegung 1890 bis 1950«. 1961 trat er noch der Deutschen Friedensunion (DFU) bei. August Ziehl starb am 17. Mai 1965 in Geesthacht.

▸ Zimmerlich, Willy (* 1896 – † 1972)

Geboren am 12. April 1896 in Berlin, Sohn eines Malers; Versicherungsvertreter, später kaufmänni-

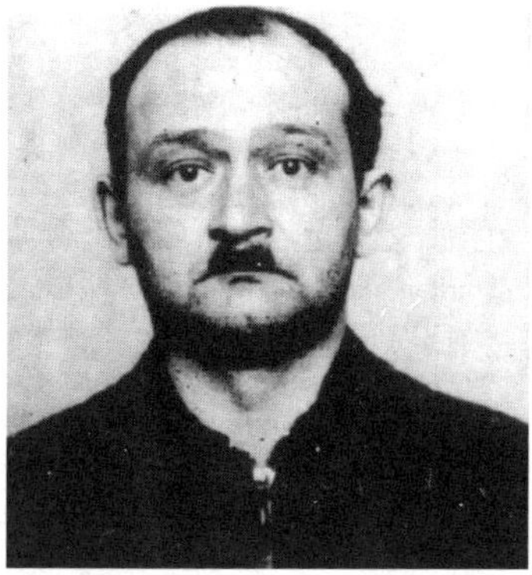

scher Angestellter. Im August 1916 zum Militärdienst eingezogen, Soldat im Weltkrieg. 1912 Mitglied der SPD, ab 1917 der USPD. Während der Revolution im Dezember 1918 an den Kämpfen um den Marstall in Berlin beteiligt. Seit 1919 Mitglied der KPD, ab 1921 Angestellter der Zentrale. Bis 1923 Mitglied der Schiedsgerichtskommission der KPD, außerdem Mitarbeiter im Polbüro und Sekretär mehrerer Reichstagsabgeordneter. 1924 kam er in den M-Apparat, 1930/31 Kursant eines Lehrgangs an der M-Schule der Komintern in Moskau. Im Mai 1931 wurde Zimmerlich von ▸ Leo Flieg beauftragt, als Reichsleiter der Waffenabteilung der KPD die Bezirke zu organisieren und neue Waffenvorräte anzulegen. Dabei arbeitete er eng mit ▸ Hans Kippenberger zusammen. Am 10. November 1933 festgenommen, am 27. Juni 1935 vom VGH zu zehn Jahren Zuchthaus verurteilt. Er war von 1945 bis 1947 Sachbearbeiter im Sozialamt Berlin-Tegel, dann Vertriebsleiter im Verlag Volk und Welt bzw. Kultur und Fortschritt. Willy Zimmerlich starb am 28. April 1972 in Ost-Berlin.

▸ Zimmermann, Richard (* 1876 – † 1969)

Geboren am 31. Dezember 1876 in Dresden, Sohn eines Tabakarbeiters; wurde Maschinenbauer. 1899 Mitglied der SPD, ab 1909 in Jena bei Zeiss beschäftigt. Noch am Ende des Weltkrieges Soldat, ging er zur USPD, wurde Mitglied des

Arbeiter- und Soldatenrats in Jena. 1919 gründete er mit ▸ Emil Höllein den Verlag und die Druckerei der »Neuen Zeitung«, war dort 1921/22 Redakteur und Geschäftsführer. Seit 1920 Mitglied der KPD, jahrelang Betriebsrat in den Zeiss-Werken. Er kam 1921 als Listennachfolger in den Thüringer Landtag, da Höllein in den Reichstag wechselte. Von 1924 bis 1933 ununterbrochen im Thüringer Landtag, gehörte der KPD-BL Thüringen an, für die Kommunal- und Landarbeiterpolitik verantwortlich. Bei den Auseinandersetzungen mit den Rechten in Thüringen 1928/29 war Zimmermann dort zunächst der einzige Abgeordnete, der die Linie des ZK vertrat (später schloß sich ihm noch ▸ Richard Eyermann an). Anfang 1933 Leiter des UB Gotha, wurde am 30. August 1933 festgenommen und war bis Mitte August 1934 im KZ Bad Sulza. Danach Fürsorgearbeiter bzw. später Dreher. Am 22. August 1944 erneut verhaftet, bis zur Befreiung im KZ Buchenwald. Zimmermann war 1945 beim Aufbau der KPD aktiv und wurde am 16. Mai 1945 durch die amerikanische Besatzungsmacht wegen des »Abhaltens illegaler Sitzungen« zu einem halben Jahr Gefängnis oder 1000 Mark Geldstrafe verurteilt, die bezahlt wurde. Nach dem Einzug sowjetischer Besatzungstruppen war er bis 1952 Mitarbeiter der KPD bzw. SED-KL Jena. 1952/53 im Stadtarchiv Jena, anschließend noch wissenschaftlicher Mitarbeiter der Universität Jena. Am 7. Oktober 1954 erhielt er den VVO in Bronze und wurde Ehrenbürger von Jena. Richard Zimmermann starb dort am 11. Juli 1969.

▸ Zinke, Lotte (* 1891 – † 1944)

Geboren am 23. Juni 1891 als Charlotte Maetschke in Zielenzig/Frankfurt/Oder, Tochter eines Tuchmachers. Seit 1911 aktiv in der Arbeiterbewegung, Mitglied der SPD, ab 1920 der KPD und Funktionärin der RHD. Sie heiratete den KPD-Funktionär Zinke, der 1933 verhaftet wurde. Von 1927 bis 1930 wirkte sie als Frauenleiterin der KPD-BL Ruhrgebiet, ab 1929 in der Essener Stadtverordnetenversammlung, gehörte zeitweise dem Rheinischen Provinziallandtag an. Im September 1930 wurde Lotte Zinke im Wahlkreis Westfalen-Süd in den Reichstag gewählt, in dem sie bis 1933 blieb. Ende August 1932 waren sie und ihre KPD-Reichstagskollegin ▸ Hanna Himmler bei ▸ Clara Zetkins Berlin-Aufenthalt anläßlich ihrer Rede als Alterspräsidentin im Reichstag, für deren Betreuung verantwortlich. Nach dem Reichstagsbrand lebte Lotte Zinke illegal und emigrierte im Frühjahr 1933 in die Niederlande. Ab Januar 1934 wieder in Deutschland, wurde sie nach Vernehmungen durch die Gestapo zwar nicht inhaftiert, stand aber unter Polizeikontrolle. Im Zusammenhang mit der Verhaftungsaktion nach dem gescheiterten Attentat auf Hitler wurde Lotte Zinke am 26. August 1944 festgenommen. Zunächst in Essen in »Schutzhaft«, wurde sie Ende September 1944 in das Frauenkonzentrationslager Ravensbrück überführt. Dort starb Lotte Zinke am 6. November 1944 unter nicht geklärten Umständen.

▸ Zipfel, Otto (* 1886 – † 1945)

Geboren am 29. Juni 1886 in Pegau bei Borna, Sohn eines Schuhmachergehilfen. Vor dem Weltkrieg bereits Mitglied der SPD, trat er als hauptamtlicher Gewerkschaftsangestellter in Leipzig 1917 in die USPD ein. Ende 1920 Delegierter des USPD-Spaltungsparteitages, wurde Mitglied der KPD und war bis 1922 Sekretär des KPD-

Bezirks Ostsachsen. Im Dezember 1920 kam Zipfel in den Sächsischen Landtag, Nachfolger von ▸ Friedrich Geyer, der in den Reichstag wechselte. Ab Sommer 1924 vertrat er den in der Sowjetunion weilenden ▸ Rudolf Renner als Polleiter. Zipfel war Anhänger ▸ Heinrich Brandlers, deswegen 1924 abgelöst und im Dezember 1924 zur Rückgabe des Landtagsmandats aufgefordert, sein Nachfolger wurde ▸ Otto Gäbel. Für den Rücktritt als hauptamtlicher Funktionär und für die freiwillige Rückgabe des Abgeordnetenmandats erhielt er von der KPD eine Entschädigung und eröffnete mit der Abfindungssumme ein Zigarrengeschäft in Dresden. 1925 wurde er aus der KPD ausgeschlossen und trat politisch nicht mehr hervor. Otto Zipfel kam bei den alliierten Bombenangriffen auf Dresden am 13. Februar 1945 ums Leben.

▸ Zipperer, William (* 1884 – † 1945)

Geboren am 27. Dezember 1884 in Dresden, Lehre und Arbeit als Graveur, seit 1906 in der SPD. Während des Krieges Anhänger der Spartakusgruppe und Mitglied der USPD, Zipperer gehörte zu den führenden »Spartakisten« in Leipzig. Schon während des Krieges Stadtverordneter in Leipzig, legte er sein Mandat nieder und war 1918 Mitglied des Arbeiter- und Soldatenrates. Seit 1919 Mitglied der KPD, zeitweise Vorsitzender des KPD-Bezirks Westsachsen, später noch Mitglied der BL Westsachsen. Von Mai bis November 1919 auf der Festung Königstein inhaftiert. Von 1923 bis 1925 war er Redakteur der »Sächsischen Arbeiterzeitung«, gehörte 1925 zu den Ultralinken. Im Sommer 1925 trat Zipperer auf dem Bezirksparteitag ▸ Ruth Fischer und ▸ Max Strötzel entgegen und führte mit Otto Burke eine ultralinke Gruppe an, die links von ▸ Arthur Vogts Gruppe stand. Zeitweise aus der KPD ausgeschlossen, dann bis 1926 Redakteur bzw. Leiter der Bücherstube der »Sächsischen Arbeiterzeitung« in Leipzig, danach in den Hintergrund gedrängt. Nach 1933 für einige Zeit im KZ, gelang es Zipperer, mit Hilfe eines Artikels der LVZ »Wieder einer der Besten aus der KPD ausgeschifft« die Gestapo zu täuschen, er sei lange vor 1933 nicht mehr für die KPD tätig gewesen. Daraufhin wurde er aus dem KZ entlassen. Später einer der theoretischen Köpfe des kommunistischen Widerstandes in Leipzig, entwickelte er eine Gegenplattform zu den programmatischen Aussagen von ▸ Georg Schumann und ▸ Otto Engert mit dem Motto »Für den totalen Frieden« oder »Frieden um jeden Preis« (die leider nicht erhalten geblieben ist). Im Juli 1944 verhaftet und vom VGH am 23. November 1944 zum Tode verurteilt. William Zipperer wurde am 11. Januar 1945 in Dresden hingerichtet.

▸ Zirkel, Arthur (* 1898 – † 1945?)

Geboren 1898, Sohn von ▸ Max Zirkel. Er gehörte seit 1921 der KPD an und arbeitete ab 1924 als Angestellter bei der sowjetischen Botschaft in Berlin. Im illegalen AM-Apparat tätig, wurde er 1930 (Pseudonym Max Lehmann) nach Moskau geschickt, wo er im Auftrag der Komintern und des sowjetischen Geheimdienstes eine Funkausbildung absolvierte und u. a. in China eingesetzt wurde. Er kam 1933 in die UdSSR zurück und war im Komintern-Apparat tätig. Im Januar 1938 in der Sowjetunion verhaftet, wurde er nach siebzehnmonatiger U-Haft zu acht Jahren Arbeitslager verurteilt. Arthur Zirkel soll am 9. April 1945 im Gulag gestorben sein. Seine Frau **Grete Zirkel**, geborene Krebs (* 15. 5. 1902 – † 26. 4. 1968), folgte ihrem Mann 1930 in die Sowjetunion und auch nach China. Zunächst am Marx-Engels-Institut, infolge einer schweren Operation später Hausfrau bzw. von 1936 bis 1938 Textilarbeiterin, am 4. März 1938 wurde sie vom NKWD verhaftet und ebenfalls zu acht Jahren Arbeitslager verurteilt. 1946 aus dem Lager entlassen, Eisenbahnarbeiterin, zuletzt Angestellte einer Schule in Workuta. Am 12. Juni 1957 vom Militärtribunal des Obersten Gerichts der UdSSR »rehabilitiert«, durfte sie im April 1958 in die DDR ausreisen.

▸ Zirkel, Max (* 1869 – † 1921)

Geboren am 18. März 1869 in Finsterwalde, Tischler, Mitglied der SPD, betrieb um die Jahrhundertwende in Berlin ein Zigarrengeschäft. 1916/17 war er 2. Vorsitzender der sozialdemokratischen Organisation von Berlin-Neukölln. Ende April 1917 wegen des Verdachts, den Vertrieb von Flugblättern der Spartakusgruppe zentral geleitet zu haben, für einige Zeit in Untersuchungshaft. Ende 1917 wurde Zirkel Angestellter des radikalen linken Berliner Verbandes der Holzarbeitergewerkschaft. Im März 1918 mit ▸ Leo Jogiches wegen illegaler Arbeit in der Spartakusgruppe verhaftet. Zirkel war bei den Revolutionären Obleuten, gehörte während der Novemberrevolution dem Arbeiter- und Soldatenrat Berlins an. Er war Delegierter des Gründungsparteitages der KPD Ende 1918. Für die KPD aktiv, kandidierte er im Juni 1920 zur Reichstagwahl. Max Zirkel starb am 19. September 1921 in Berlin.

▸ Zobel, Paul (* 1891 – † 1945)

Geboren am 13. März 1891 in Berlin, Sohn eines Rollkutschers; lernte Buchhändler. 1913 Mitglied der SPD. Im Weltkrieg Sanitäter an der Ostfront. 1917 trat Zobel in die USPD ein und wurde Ende 1920 Mitglied der KPD. Aktiver Sportler, war ab 1919 ehrenamtlicher Funktionär des Arbeiter-Turn- und Sportbundes. 1928 wurde er wegen seiner kommunistischen Arbeit im Verband ausgeschlossen. Von Herbst 1923 bis Juli 1926 Geschäftsführer bei der Vereinigung Internationaler Verlagsanstalten, dann Parteiangestellter in der Abteilung Sport des ZK. Im November 1927 wegen Herausgabe »hochverräterischer Schriften« vom Reichsgericht zu einem Jahr Festung verurteilt. Da er im Mai 1928 in den Preußischen Landtag gewählt wurde, aus der Haft entlassen. Zobel arbeitete dann wieder in der Geschäfts- bzw. Sportabteilung des ZK und zog auch im April 1932 wieder in den Preußischen Landtag ein. Zusammen mit ▸ Ernst Grube gehörte er zu den wichtigsten Funktionären der Kampfgemeinschaft für rote Sporteinheit und leitete mit Grube die Zeitschrift »Internationaler Arbeitersport«. Bereits in der Nacht des Reichstagsbrandes verhaftet, kam Zobel bis Dezember 1933 in »Schutzhaft«. Danach Handelsreisender, er hatte Kontakte zu ▸ Robert Uhrig und später auch zu ▸ Franz Jacob. Im Juli 1944 inhaftiert, in das KZ Dachau verschleppt. Dort kam Paul Zobel am 22. März 1945 aufgrund der Entbehrungen und Mißhandlungen ums Leben.

▸ Zöllner, Ernst (* 1902 – † 1967)

Geboren am 6. Oktober 1902 in Halle/Saale, Sohn einer Arbeiterfamilie; Modelltischler. 1919

Mitglied des KJD und der KPD. Von 1925 bis 1927 2. Vorsitzender der Ortsgruppe Prenzlau. Zöllner war von 1927 bis 1932 Sekretär für Gewerkschaftspolitik und Mitglied des Sekretariats der BL Halle-Merseburg. Im Oktober 1932 Flucht in die Sowjetunion, bis 1936 Studium an der KUNMS in Moskau, dann wieder Modelltischler. Von Oktober 1936 bis Februar 1939 Angehöriger der Internationalen Brigaden in Spanien, Politkommissar. Anschließend in Frankreich, ab März 1939 illegale Arbeit in Belgien. Er wurde im September 1939 in Antwerpen verhaftet, im Oktober 1940 Überführung in das Wüsten-Internierungslager nach Djelfa/Nordafrika. Ende 1943 kam er mit einer Gruppe deutscher Kommunisten in die Sowjetunion, Lehrer am Institut 99 (Parteischule der KPD) und an mehreren Kriegsgefangenenschulen. Im August 1946 Rückkehr nach Deutschland, Mitglied der SED. Bis 1950 Sekretär des FDGB-Bundesvorstands, Leiter der Hauptabteilung Wirtschaftspolitik, danach Kulturdirektor bei der Deutschen Reichsbahn. Anschließend Personalchef im Ministerium für Post- und Fernmeldewesen. Er erhielt 1962 den Orden »Banner der Arbeit«. Ernst Zöllner starb am 27. Januar 1967 in Ost-Berlin.

Seine zweite Frau **Margarete Zöllner**, geborene Bliesenick (* 15. 1. 1897 – † 15. 4. 1971), war Stenotypistin, seit 1919 USPD und seit 1920 KPD. Von 1927 bis 1933 lebte sie mit ▸ Ottomar Geschke zusammen. Bis 1929 Sekretärin und Korrespondentin in der sowjetischen Handelsvertretung in Berlin, 1929/30 im RHD-Zentralvorstand und zuletzt in der KPD-Reichstagsfraktion. 1934 festgenommen, gelang ihr 1935 die Flucht in die Sowjetunion, dort persönliche Sekretärin von ▸ Walter Ulbricht am Institut 99. 1945 nach Deutschland zurück, 1946 Mitglied der SED. Sie war bis 1949 Referentin in der Abteilung Arbeit des Berliner Magistrats, dann des DSF-Landesverbandes Berlin, ab 1953 Leiterin der Abteilung Wohnungswesen beim Magistrat von Ost-Berlin. Von 1954 bis 1967 Mitglied der ZRK der SED, sie erhielt 1967 den VVO in Gold.

▸ Zollikofer, Ludger (* 1893 – † 1944)

Geboren am 29. Oktober 1893 in Fischlaken/Ruhrgebiet, Eisenbahner, trat nach dem Weltkrieg in die USPD ein. Zollikofer gründete 1922 die KPD-Ortgruppe Werden an der Ruhr. Er war Leiter der Proletarischen Hundertschaften und RFB-Funktionär im Ruhrgebiet und im AM-Apparat tätig. Stadtverordneter in Essen, zuletzt Leiter der IAH im Rhein-Ruhr-Gebiet. Am 1. Mai 1933 festgenommen und in das KZ Cleve eingeliefert. Bis Ende 1933 »Schutzhaft« u. a. im KZ Esterwege. Im Juni 1934 erneut verhaftet, Verurteilung zu einem Jahr und drei Monaten Zuchthaus, kam bei Kriegsausbruch in das KZ Sachsenhausen. Hier wurde Ludger Zollikofer (zuletzt Blockältester in den Baracken sowjetischer Kriegsgefangener) wegen illegaler Tätigkeit zusammen mit ▸ Ernst Schneller, ▸ Mathias Thesen und weiteren 21 Funktionären sowie drei französischen Häftlingen am 11. Oktober 1944 von der SS erschossen.

▸ Zuckermann, Leo, Dr. jur. (* 1908 – † 1985)

Geboren am 12. Juni 1908 in Lublin/Polen, Sohn einer jüdischen Kaufmannsfamilie, aufgewachsen in Wuppertal, 1924 Mitglied der SAJ. 1927 Abitur, Studium der Rechtswissenschaften in Bonn und Berlin, dort aktiv unter den linkssozialistischen und kommunistischen Studenten, in der Leitung der Kostufra. 1931 Promotion zum Dr. jur. Mitglied der SPD, 1928 trat er zur KPD über. 1932 Referendariat bei der Staatsanwaltschaft Wuppertal, emigrierte er im März 1933 nach Frankreich. Dort unter dem Namen Leo Lambert Mitarbeiter beim »Verteidigungskomitee für die Angeklagten im Reichstagsbrandprozeß«, später auch Sekretär im »Weltkomitee gegen Faschismus und Krieg«. Bei Kriegsausbruch 1939 interniert, gelang ihm im Juni 1940 die Flucht nach Marseille, im Oktober 1941 die Emigration nach Mexiko. Hier gehörte Zuckermann zu den führenden deutschen Kommunisten unter ▸ Paul Merker, war Mitglied der »Bewegung Freies Deutschland« und des »Heinrich-Heine-Klubs«. Er redigierte die Zeitschriften »Demokratische Post« und »Alemania Libre«. Im Juli 1947 Rückkehr nach Deutschland, Referent der Abteilung Kommunalpolitik im ZS der SED, ab April 1949 Leiter der außenpolitischen Kommission des SED-PV, Mitarbeiter Merkers und ▸ Walter Ulbrichts. Ab Oktober 1949 Staatssekretär und Leiter der Präsidialkanzlei des Präsidenten der DDR ▸ Wilhelm Pieck. Ende 1950 wegen seiner Westemigration und seiner engen Bekanntschaft zu Paul Merker entlassen, blieb außenpolitischer Mitarbeiter des ZK der SED bzw. des Ministeriums für Auswärtige Angelegenheiten. Im November 1952 Berufung zum Direktor des Instituts für Rechtswissenschaft der Akademie für Staat und Recht in Potsdam-Babelsberg. Nach dem Slánský-Prozeß in Prag und dem entsprechenden Beschluß des ZK der SED vom 20. Dezember 1952 als »zionistischer Agent« diffamiert, flüchtete Zuckermann Mitte Dezember 1952 nach West-Berlin, später nach Frankreich und ging zurück nach Mexiko. Er war Inhaber einer Schallplattenfirma, Soziologieprofessor an der Universität Mexiko-Stadt. Dort starb Leo Zuckermann am 14. November 1985.

Sein jüngerer Bruder **Rudolf Zuckermann** (* 2. 10. 1910 – † 29. 4. 1995) studierte Medizin, emigrierte 1933, setzte sein Studium in Paris und Basel fort, wo er 1937 zum Dr. med. promovierte. Er ging 1936 nach Spanien, Regimentsarzt bei den Internationalen Brigaden, Hauptmann der Brigade »Garibaldi«, dann Direktor des Sanatoriums für die Interbrigadisten in Madrid. 1938 Mitglied der KP Spaniens, 1939 der KPD. Auch er flüchtete 1941 nach Mexiko, wo er bis 1952 eine Privatpraxis führte. In dem Moment, als sein Bruder Leo aus Ost-Berlin floh, kam Rudolf Zuckermann Ende 1952 ahnungslos in die DDR. Sofort festgenommen, saß er bis September 1953 in U-Haft. Danach Arzt in Bad Liebenstein, später Professor mit Lehrstuhl für Kardiologie an der Universität Halle-Wittenberg. Wolfgang Kießling veröffentlichte 1999 ein biographisches Doppelporträt der Brüder Zuckermann. »Rudolf und Leo Zukkermanns Leben zwischen nazistischer Verfolgung, Emigration und stalinistischer Maßregelung«.

▸ Zwicker, Albert (* 1897 – † 1943?)

Geboren am 17. August 1897 in Stuttgart, nach der Schlosserlehre als Soldat eingezogen, 1916 wegen antimilitaristischer Arbeit verhaftet. Nach dem Krieg 1919 in Stuttgart Mitglied der KPD. 1922 hauptamtlicher Parteisekretär, zunächst in Stuttgart, von Sommer 1922 bis Oktober 1923 in der Zentrale der KPD in Berlin. Als Anhänger der Mittelgruppe 1924 verdrängt, arbeitete Zwicker in kommunistischen Massenorganisationen. 1925 zu eineinhalb Jahren Gefängnis verurteilt, weil er Anfang 1924 der illegalen BL Württemberg angehört hatte. Im April 1927 Kursant der KPD-Parteischule, von 1927 bis Anfang 1929 Agitpropsekretär der BL Württemberg. Im Februar 1929 schickte ihn das ZK nach Sachsen, dort zunächst Redakteur der »Arbeiterstimme« in Dresden, dann Mitte bis Ende 1929 Sekretär für Gewerkschaftsfragen in der BL Westsachsen, danach verschiedene Parteifunktionen in Sachsen und Württemberg. Nach 1933 illegale Arbeit, später in die Sowjetunion emigriert, hier Leiter des Klubs ausländischer Arbeiter in Moskau. Er wurde während der Stalinschen Säuberungen am 16. Februar 1938 vom NKWD verhaftet, am 15. März 1941 zu fünf Jahren Lager verurteilt. Albert Zwicker soll am 28. September 1943 in einem Lager in der Autonomen Sowjetrepublik der Komi verstorben sein. Seine Frau **Else Zwicker**, geborene Burow (* 10. 12 1898 – † 16. 11. 1952), Verkäuferin, trat 1917 in die USPD ein, war seit Gründung Mitglied der KPD. 1918/19 Hilfsarbeiterin in der Spartakusdruckerei, später Buchbinderin. Im Februar 1933 reiste sie zu ihrem Mann in die Sowjetunion, war bis 1941 Angestellte im Verlag für ausländische Literatur in Moskau. Danach in der Verbannung in Kasachstan, sie durfte im November 1948 nach Deutschland zurückkehren, war bis zu ihrem Tod Angestellte in der Poststelle des SED-Zentralkomitees.

▸ Zwilling, Georg (* 1892 – † 1944)

Geboren am 21. September 1892, Sohn eines Arbeiters; wurde Bauarbeiter, war schon in jungen Jahren aktiv in der SPD. Ende 1918 Mitglied des Frankfurter Arbeiter- und Soldatenrates, trat er 1919 in die USPD ein und gehörte zu den Gründern der KPD in Mörfelden, das in Hessen immer zu den Hochburgen der KPD zählte. Auf dem VII. Parteitag in Jena im August 1921 wurde Georg Zwilling als Vertreter für den Bezirk Hessen-Frankfurt in den ZA gewählt. Er war einer der Initiatoren des Volkshaus-Vereins und wurde 1931 Bürgermeister von Mörfelden. Im ersten Wahlgang am 27. September 1931 erhielt Zwilling 1022 Stimmen und in der Stichwahl am 8. November 1931 dann 1578 Stimmen, über dreihundert mehr als sein Mitbewerber Ludwig Geiß. Die Hessische Landesregierung bestätigte ihn nicht in diesem Amt. Er erlitt im Februar 1932 einen schweren Motorradunfall, daraufhin wurde ein Staatskommissar für die Gemeinde Mörfelden eingesetzt. 1932 wurde Zwilling als KPD-Abgeordneter in den Hessischen Landtag gewählt. Von März bis Mai 1933 »Schutzhaft« im KZ Osthofen, bis September im Gerichtsgefängnis Frankfurt/M. Danach Arbeiter, im Zweiten Weltkrieg noch Soldat. Georg Zwilling kam am 5. November 1944 auf der Heimfahrt nach Mörfelden in Stadtlohn an der holländischen Grenze bei einem Tieffliegerangriff ums Leben.

IV. Anhang

I) Nachwort

Dieses Biographische Handbuch ist Ergebnis jahrelanger Forschungsarbeit. Wie bei jeder Untersuchung waren die Herausgeber auf die Mithilfe vieler Personen und Institutionen angewiesen. Der Dank gilt zuerst der Fritz-Thyssen-Stiftung, die in den Jahren 1998 bis 2001 das Forschungsprojekt finanziell unterstützt hat. Der Rosa-Luxemburg-Stiftung Berlin ist für einen Druckkostenzuschuß zu danken.

Vielfältige Hilfe bei der Erarbeitung des Handbuchs leistete Gerda Weber (Mannheim), der ebenso der Dank gilt wie Gretel Kilian (Weinheim) und Dorothea Levy (Berlin) für die sorgfältige Durchsicht der Manuskripte. Außerdem bedanken sich die Herausgeber bei Mitarbeitern des Mannheimer Zentrums für Europäische Sozialforschung (Stephan Alfter, Sebastian Burghof, Marek Jäger, Jördis Jung, Martina Kunert und Minhui Ou) für ihre Unterstützung; bei Christine Krauss vom Karl Dietz Verlag sowie für die Erarbeitung des Personenregisters bei Judith Nothdurft und für das Layout bei Anna-Maria Claus.

Die Herausgeber danken der Gedenkstätte Deutscher Widerstand in Berlin, seinen Leitern Professor Peter Steinbach und Dr. Johannes Tuchel, sowie den Mitarbeitern der Gedenkstätte Ulrike Hett, Susanne Brömel und Manfred Warnecke, die vor allem bei der Recherche und der Bereitstellung von Fotos großzügig geholfen haben. Insbesondere danken wir Rainer Sandvoß, der dieses Projekt mit Rat und Tat begleitet hat. Zu danken haben wir auch den Mitarbeiterinnen und Mitarbeitern der Stiftung Archiv der Parteien und Massenorganisationen (SAPMO) im Bundesarchiv, insbesondere Carmen Adam, Heidi Aurich, Sylvia Gräfe, Angela Grüßung, Sieglinde Hartmann, Solveig Nestler, Ute Räuber, Barbara Reußner, Grit Ullrich, Jana Pautsch, Dr. Peter Vier, den Mitarbeitern des Bereichs Benutzerdienst im Bundesarchiv Regina Grüner, Michael Klein, Rene Krüger, Lars-Erik Stadtkus und Torsten Zarwel vom Referat R 2.

Dank sagen wir dem Brandenburgischen Landeshauptarchiv in Bornim, insbesondere Lothar Person und Susanna Wurche, den Mitarbeitern des Landesarchivs Berlin, insbesondere Dr. Jürgen Wetzel und Dr. Klaus Dettmer, Monika Schmidt, Peter Seemel und Helga Sommer.

Weiter gilt unser Dank den Mitarbeitern der Hauptstaats-, Staats- und Landeshauptarchive in Bremen, Bückeburg, Chemnitz, Darmstadt, Dresden, Düsseldorf, Göttingen, Greifswald, Hamburg, Hannover, Karlsruhe, Koblenz, Leipzig, Ludwigsburg, Magdeburg, Meiningen, Merseburg, München, Münster, Oldenburg, Rudolstadt, Schleswig, Schwerin, Weimar und Wiesbaden, Wolfenbüttel.

Bedanken möchten wir uns bei den zahlreichen Einwohnermeldeämtern, Ordnungsämtern, Standesämtern, Stadtarchiven und Stadtmuseen, die Auskunft gaben:

Aalen, Alleusen, Alsenborn, Alten-Buseck, Auerbach/Vogtl., Augsburg, Bad Doberan, Bad Langensalza, Bad Mergentheim, Bergisch-Gladbach, Berlin, Bitterfeld, Bochum, Bonn, Bottrop, Braunschweig, Bremen, Buchholz, Burscheid, Castrop-Rauxel, Chemnitz, Collallo/Merano, Coburg, Darmstadt, Datteln, Delitzsch, Detmold, Dinslaken, Dortmund, Dreieich, Dresden, Duisburg, Düsseldorf, Eibau, Emmendingen, Enkirch, Erfurt, Erkrath, Eschwege, Essen, Esslingen, Eutin, Forst, Frankenthal, Frankfurt a. Main, Fürth, Füssen, Fulda, Geesthacht, Gelsenkirchen, Gersweiler/Saar, Gifhorn, Gladbeck, Goch, Godesberg, Göppingen, Grevenbroich, Grevesmühlen, Grimma, Groß-Zimmern, Guben, Gülze, Gummersbach, Haan, Haaren, Hageloch, Hagen, Halle, Hamburg, Hamm, Hanau, Hannover, Haseldorf, Hattingen, Heidelberg, Heilbronn, Heiligenhaus, Hennef/Sieg, Herne, Hiddestorf/Hannover, Hilden, Hof, Holzkirchhausen, Horn, Hückeswagen, Ingolstadt, Jena, Jugenheim, Karlsruhe, Kassel, Kiel, Kirchen-Hausen, Kleve, Köln, Kohlscheid, Kronberg/Taunus, Lage/Lippe, Lahr, Landsweiler, Langen/Hess., Langenfeld/Rhld., Leipzig, Linde, Lippstadt, Lüdenscheid, Lünen, Ludwigshafen, Mainz, Mannheim, Marburg, Meineringshausen, Meißen, Metzingen, Mönchengladbach, Mühlheim/Ruhr, München, Münster, Nerschau, Neu-Isenburg, Neuss, Neustadt/Schwarzw., Neustadt/Weinstraße, Niedermending, Northeim, Nürnberg, Obernkirchen, Oberursel, Offenbach, Oschersleben, Peine, Pirmasens, Pößneck, Potsdam, Rehna, Recklinghausen, Regensburg, Reichenbach/Fils, Reichenbach/Vogtl., Remscheid, Robern/Baden, Rostock, Saarbrücken, Schaafheim, Schlagbrügge, Schmidtheim, Schwabmünchen, Schwenningen, Schwerin, Senftenberg, Siegen, Söllenthin, Solingen, Speyer, Stuttgart, Tettau, Tübingen, Ummerstadt, Untergröningen/Württ., Waldbüttelbronn, Waltenhofen, Wanne-Eickel, Wattenscheid, Weibersbrunn, Wenderstein, Westen/Verden, Wiehl, Stadt und Bundeskriminalamt Wiesbaden, Winterrieden, Witten, Wittenberg, Witzhelden, Wuppertal, Zeitz, Zwickau.

Folgende Personen halfen uns mit Hinweisen bei den biographischen Recherchen. In vielen Fällen erhielten wir von diesen Personen auch Fotos für dieses Handbuch. Dafür sei Ihnen an dieser Stelle gedankt:

Werner Abel – Chemnitz, Bernhard Albrecht -Torgelow, Karl-Friedrich Alexander – Berlin, Arne Andersen – Bremen, Hans-Jürgen Arendt – Schönheide, Bernd Rainer Barth – Berlin, Bernhard H. Bayerlein – Mannheim, Klaus J. Becker – Ludwigshafen, Helmut Beer – Nürnberg, Katrin Beger – Rudolstadt, Karl Hans Bergmann – Berlin, Theo Bergmann – Stuttgart, Günter Bers – Köln, Manfred Bersch – Waldmichelbach, Horst Beutling – Berlin, Volker Beyes (†) – Berlin, Silvia Biedermann – Berlin, Luitwin Bies – Völkingen, Waltraud und Siegfried Böhme – Berlin, Ulf Bollmann – Hamburg, Lars Borgersrud – Oslo, Helmut Brandt – Rommerskirchen, Herbert Breidbach – Bremen, Armin Breidenbach – Remscheid, Antje Brekle – Leipzig, Jutta Briel – Kiel, Fred Bruder – Berlin, Jochen Brurein – Berlin, Günter Buch (†) – Berlin, Michael Buckmiller – Hannover, Hendrik Bunke – Bremen, Damian Mc Clougt – Berlin, Hans Coppi – Berlin, Martin Creutzburg – Berlin, Joachim Czerny – Berlin, Hildegard Damerius – Berlin, Manfred Demmer – Leverkusen, Barbara Distel – Dachau, Werner Eberlein (†) – Berlin, Uwe Eckhardt – Wuppertal, Ludwig Eiber – München, Volker Eichler – Wiesbaden, Gerhard Engel – Klausdorf, Erik Erdmann – Friedrichsthal, Kurt Erlebach – Hamburg, Peter Erler – Berlin, Margot Erxleben – Berlin, Steffen Fischer – Goch, Bernd Florath – Berlin, Jan Foitzik – Berlin, Reinhild Friedländer – Berlin, Sigrid Fritzlar – Schwerin, Armin Fuchs – München, Winfried R. Garscha – Wien, Uta Gehrmann – Magdeburg, Karl-Ulrich Gelberg – München, Günther Gerstenberg – München, Irma Göhring – Birgland, Arno Gräf – Berlin, Andreas Graf – Berlin, Christian Grages – Hannover, Martin Grass – Stockholm, Elke Günter – Stuttgart, Regina Haasenbruch – Halle, Joachim Halbekann – Esslingen, Gottfried Hamacher – Berlin, Toralf Handke – Leipzig, Erich und Christa Hanke – Berlin, Jürgen Hartmann – Rheine, Rudi Hechler – Mörfelden, Wladislaw Hedeler – Berlin, Beatrix Herlemann – Hannover, Michael Herms – Rostock, Ursel Hochmuth – Hamburg, Tomas Hörz – Enköping, Joachim Hoffmann (†) – Berlin, Bärbel und Eberhard Holtz – Berlin, Günter und Ruth Hortzschansky – Berlin, Christiane Hoss – Berlin, Camilla Hundt – Plettenberg, Elke Imberger – Schleswig, Karl-Heinz Jahnke – Rostock, Jens Jarmer – Neuenhagen, Werner Jung – Köln, Gerd Kaiser – Berlin, Anna Kerstan – Wolfsburg-Unkeroda, Wolfgang Kießling (†) – Berlin, Heinz Knapp – Schwetzingen, Horst Knöchel – Dresden, Ingeborg König – Leipzig, Käte König – Berlin, Hans Koschnik – Bremen, Peter Korn – Berlin, Marlis Kottmann – Remscheid, Werner Kranz – Riesa, Carsten Krinn -Tübingen, Hartmut Krones – Wien, Peter Kruse – Kopenhagen, Peter Kuckuk – Bremen, Daniel Küchenmeister – Berlin, Erich Kunold – Bochum, Werner Lamprecht – Greifswald, Volker Lange (†) – Berlin, Karl Lanius – Zeuthen, Dina Lask – Berlin, Hans Lauter – Chemnitz, Jochen Lengemann – Kassel, Jan Lekschas – Schönow, Annette Leo – Berlin, Wolfgang Leonhard – Manderscheid, Genia Leviné – London, Ottokar Luban – Berlin, Ulrich Mählert – Berlin, Eveline Maguhn – Berlin, Ingo Materna – Berlin, Jacques Mayer – Berlin, Gunhild Meier – Bremen, Kurt Menzel – Bitterfeld, Heinz Mestrup – Jena, Norbert Moczarski – Meiningen, Rosemarie Moogk – Berlin, Reinhard Müller – Hamburg, Werner Müller – Rostock, Helmut Müller-Enbergs – Berlin, Helmut Müssener – Uppsala, Dieter Nelles – Wuppertal, Ulrich Neuhäußer-Wespy – Nürnberg, Anna Notowicz (†) – Berlin, Roland Paul – Kaiserslautern, Erika Pentschke – Berlin, Ulla Plener – Berlin, Norbert Podewin – Berlin, Helmut Polewka – Berlin, Isa Poppe (†) – Rostock, Tamara Post – Berlin, Lutz Prieß – Berlin, Thomas Pusch – Hamburg, Uwe Puschner – Berlin, Klaus-Dieter Rack – Darmstadt, Jürgen Rheker – Ahlen, Michal Reiman – Berlin/Prag, Fritz Reinert – Potsdam, Ilse Reinholz-Hein – Buseck, Erika Retzlaw – Frankfurt/Main, Manuela Richter-Werling – Leipzig, Willi Rischauk – Berlin, Elke

Ristock-Sahnwald – Berlin, Christine Roßberg – Berlin, Hans-Georg Ruppel – Offenbach, Ruth Santos – Berlin, Karol Sauerland – Thorun, Barbara Schaller – Chemnitz, Elke Scherstjanoi – Berlin, Kurt Schilde – Siegen, Gregor Schirmer – Berlin, Ernst Schmidt – Essen, Edith Schmitt – Berlin, Ulrich Schneider – Kassel, Kurt Schnöring – Wuppertal, Michael F. Scholz – Visby, Frank Scholze – Karlsruhe, Heinz-Wilhelm Schroeder – Köln, Ullrich Schröder – Bremen, Volker Schubert – Dresden, Jörn Schütrumpf – Berlin, Horst Peter Schulz – Bonn, Ulrich Schulze-Marmeling – Berlin, Martin Schumacher – Bonn, Kurt Schuster – Wolfsburg, Klaus Schwabe – Schwerin, Fritz Schwark – Berlin, Detlef Siegfried – Kiel, Diemar Simon – Lüdenscheid, Heidi und Wolfgang Speer – Groß-Schönebeck , Heike Stange – Berlin, Gerd-Rüdiger Stephan – Berlin, Wendy Stern-Astor – Bern, Ilse Stößinger – Friedberg, Peter Tichauer – Berlin, Andrè Thiede – Berlin, Judith Uhlig – Berlin, Kurt Ungar – Berlin, Alexander Vatlin – Moskau, Karlen Vesper – Berlin, Claudia Volkmann – Hamburg, Günter und Gisela Wagner – Berlin, Volker Wahl – Weimar, Simone Walter – Berlin, Hellmuth Weber – Halle, Günther Wehner – Berlin, Klaus Weigle – Quickborn, Bianca Welzing – Berlin, H. J. Westphal – Neumünster, Hermann Wichers – Basel, Eva Wilkin-Schoenlank – London, Wolfgang Witte – Tübingen, Irmgard Wittkuhn – Berlin, Werner Wölk – Potsdam, Maja Wolter – Berlin, Rudolf Wyrsch – Oldenburg.

Für das Handbuch konnte auf Band 2 von Hermann Weber: »Die Wandlung des deutschen Kommunismus« (1969) zurückgegriffen werden. Allen dort genannten Personen und Institutionen gilt natürlich weiterhin der Dank für Unterstützung. Auch beim Quellen- und Literaturverzeichnis des Handbuchs ist auf das umfangreiche Verzeichnis von 1969 zu verweisen. In bezug auf die Literatur zur KPD, Zeitungen, Zeitschriften, zeitgenössische Arbeiten, Jahrbücher usw. mußte auf die ausführliche Aufzählung (schon aus Platzgründen) verzichtet werden. Berücksichtigt wurden hingegen die Standardwerke und die neueste Literatur.

Mannheim und Berlin im März 2004 *Die Herausgeber*

Die Parteitage und Parteikonferenzen der KPD

1918/19 30. Dezember – 1. Januar
Gründungsparteitag in Berlin
1919 20. – 23. Oktober
II. (illegaler) Parteitag auf der Wachenburg, Heidelberg, Mannheim und auf dem Dilsberg
1920 25. – 26. Februar
III. (illegaler) Parteitag in Karlsruhe und Durlach
1920 14. – 15. April
IV. (illegaler) Parteitag in Berlin
1920 1. – 3. November
V. Parteitag in Berlin
1920 4. – 7. Dezember
VI. Parteitag in Berlin (Vereinigungsparteitag der USPD (Linke) mit der KPD zur VKPD
1921 22. – 26. August
VII. Parteitag in Jena
1923 28. Januar – 1. Februar
VIII. Parteitag in Leipzig
1924 7. – 10. April
IX. (illegaler) Parteitag in Offenbach und Frankfurt am Main
1925 10. – 17. Juli
X. Parteitag in Berlin
1925 31. Oktober – 1. November
1. Parteikonferenz in Berlin
1927 2. – 7. März
XI. Parteitag in Essen
1928 3. – 4. November
2. Parteikonferenz in Berlin
1929 8. – 15. Juni
XII. Parteitag in Berlin
1932 15. – 18. Oktober
3. Parteikonferenz in Berlin
1935 3. – 15. Oktober
»Brüsseler Konferenz« bei Moskau
1939 30. Januar – 1. Februar
»Berner Konferenz« bei Paris

Zusammensetzung von Zentrale, Zentralausschuß und Zentralkomitee der KPD zwischen 1919 und 1939

Gründungsparteitag
(30. 12. 1918 – 1. 1. 1919 Berlin)

Mitglieder der Zentrale:
Duncker, Hermann
Duncker, Käte
Eberlein, Hugo
Frölich, Paul
Lange, Paul
Jogiches, Leo
Levi, Paul
Liebknecht, Karl
Luxemburg, Rosa
Meyer, Ernst
Pieck, Wilhelm
Thalheimer, August

II. (illegaler Parteitag)
(20. – 23. 10. 1919 in Heidelberg, Mannheim, Dilsberg (Neckar)

Mitglieder der Zentrale:
Brandler, Heinrich
Eberlein, Hugo
Frölich, Paul
Levi, Paul
Meyer, Ernst
Thalheimer, August
Zetkin, Clara

Ersatzmitglieder:
Frölich, Paul
Hammer, Max
Heckert, Fritz
Köring, Josef
Lange, Paul
Reuter-Friesland, Ernst
Walcher, Jacob

III. (illegaler) Parteitag
(25./26. 2. 1920 in Karlsruhe und Durlach)

Mitglieder der Zentrale:
Brandler, Heinrich
Eberlein, Hugo
Frölich, Paul
Meyer, Ernst
Pieck, Wilhelm
Thalheimer, August
Zetkin, Clara

Ersatzmitglieder:
Hammer, Max (Arthur)
Heckert, Fritz
Köring, Josef
Lange, Paul
Reuter-Friesland, Ernst
Schnellbacher, Friedrich
Walcher, Jacob

Mitglieder des Zentralausschusses:
Brandt, Ernst
Forst, Karl
Langrock, Willi
Malachinski, Paul
Pfeiffer, Hans
Schloer, Jakob
Schroers, Hermann
Schulz, Karl
Siewert, Robert
Tittel, Hans
Winguth, Fritz

IV. Parteitag
(14./15. 4. 1920 in Berlin)

Mitglieder der Zentrale:
Brandler, Heinrich
Eberlein, Hugo
Levi, Paul
Meyer, Ernst
Pieck, Wilhelm
Thalheimer, August
Zetkin, Clara

Ersatzmitglieder:
Frölich, Paul
Heckert, Fritz
Walcher, Jacob
Reuter-Friesland, Ernst
Lange, Paul
Schnellbacher, Friedrich
Wolfstein, Rosi

Kassenrevisoren:
Fürst
Peters, Bruno
Winguth, Fritz

Mitglieder des Zentralausschusses:
Baier, Karl – Sachsen-Anhalt
Brandt, Ernst – Schlesien
Forst, Karl- Brandenburg
Garge – Niederlausitz
Geier, Johann – Mecklenburg
Graf, Otto – Süd-Bayern
Graul, Ernst – Rheinland-Westphalen
Halbe, Erna – Hamburg
Jakob – Pommern
Klein, Karl – Thüringen
Langrock, Willi – Mitteldeutschland
Pfeiffer, Hans – Nord-Bayern
Rockow – Niedersachsen
Schmidt – Nordwestdeutschland
Schnellbacher, Friedrich – Hessen/Nassau
Schloer, Jakob – Baden
Siewert, Robert – Erzgebirge
Tittel, Hans – Würtemberg
Winguth, Fritz – Berlin
Winkler, Karl – Ostsachsen

V. Parteitag
(1. – 3. 11. 1920 in Berlin)

Mitglieder der Zentrale:
Brandler, Heinrich
Eberlein, Hugo
Levi, Paul
Meyer, Ernst
Pieck, Wilhelm
Thalheimer, August
Zetkin, Clara

Ersatzmitglieder:
Frölich, Paul
Heckert, Fritz
Walcher, Jacob
Lange, Paul
Reuter-Friesland, Ernst
Schnellbacher, Friedrich
Wolfstein, Rosi

Mitglieder des Zentralausschusses:
Aschauer
Baier, Karl – Sachsen-Anhalt
Brandt, Ernst – Schlesien
Eppstein, Eugen – Bezirk Mittelrhein
Garge – Niederlausitz
Gmeiner, Jakob – Bezirk Niedersachsen
Jannack, Karl – Bezirk Nordost
Konieczny, Jakob – Bezirk Östliches Westfalen
Kühl, Bernhard – Bezirk Schlesien
Langrock, Willi – Bezirk Westsachsen
Lechleiter, Georg – Bezirk Baden
Marks
Meinberg, Valeska – Bezirk Ostsachsen
Miller, Joseph (Sepp) – Bezirk Niedersachsen
Morgner, Edwin – Bezirk Thüringen
Rogg, Ulrich – Bezirk Halle Merseburg
Schnellbacher, Friedrich – Bezirk Hessen/Nassau
Siewert, Robert – Bezirk Erzgebirge-Vogtland
Tittel, Hans – Bezirk Würtemberg
Triebel, Gustav – Bezirk Schlesien
Winguth, Fritz – Bezirk Berlin-Brandenburg
Wolf

VI. Parteitag
(Vereinigungsparteitag von KPD und USPD-Linke zur VKPD 4. – 7. 12. 1920 in Berlin)

Vorsitzende:
Däumig, Ernst
Levi, Paul

Sekretäre:
Brandler, Heinrich
Brass, Otto
Koenen, Wilhelm
Pieck, Wilhelm
Remmele, Hermann
Stoecker, Walter
Zetkin, Clara

Beisitzer:
Gäbel, Otto
Geyer, Curt
Heckert, Fritz
Hoffmann, Adolph
Thalheimer, August
Zetkin, Clara

Leiterin des Frauensekretariats:
Braunthal, Bertha

Revisionskommission:
Fries, Philipp – Köln
Geyer, Fritz – Leipzig
Oelssner, Alfred – Halle
Peters, Bruno – Berlin
Winguth, Fritz – Berlin

Mitglieder des Zentralausschuß
Behrs, Waldemar – Dortmund, Bezirk Westliches Westfalen
Bock, Max – Lörrach, Bezirk Baden
Böttcher, Paul – Stuttgart, Bezirk Württemberg
Böttge, Bruno – Magdeburg, Bezirk Magdeburg-Anhalt
Dahlem, Franz – Köln, Bezirk Mittelrhein
Franken, Paul – Solingen, Bezirk Niederrhein
Reuter-Friesland, Ernst – Berlin, Bezirk Berlin-Brandenburg
Geithner, Otto – Gotha, Bezirk Thüringen
Graf, Otto – München, Bezirk Südbayern
Heydemann, Max – Königsberg, Bezirk Ostpreußen
Hentschel, Alwin – Leipzig, Bezirk Westsachsen
Herzog, Wilhelm – Hamburg, Bezirk Wasserkante
Jannack, Karl – Bremen, Bezirk Nordwest
Kaiser, Walter – Zella-Mehlis, Bezirk Thüringen
Klinger, Leo – Danzig, Bezirk Danzig
König, Arthur – Essen, Bezirk Niederrhein
König, Otto – Halle, Bezirk Halle-Merseburg
Köring, Josef – Braunschweig, Bezirk Niedersachsen
Krause, Hermann – Freiburg in Schlesien, Bezirk Schlesien
Krüger, Hedwig – Halle, Bezirk Halle-Merseburg
Mayenburg, Herbert von – Rostock, Bezirk Mecklenburg
Ohlhoff, Fritz – Stettin, Bezirk Pommern
Poschmann, Karl – Kassel, Bezirk Hessen-Waldeck
Rau, Heinrich – Gleiwitz, Bezirk Oberschlesien
Rogg, Ulrich – Bielefeld, Bezirk Östliches Westfalen
Schnellbacher, Friedrich – Hanau, Bezirk Hessen-Frankfurt
Siewert, Robert – Chemnitz, Bezirk Erzgebirge-Vogtland
Skjellerup, Johann – Hamburg, Bezirk Wasserkante
Sychalla, Konrad – Grube Marga b. Senftenberg, Bezirk Lausitz
Schramm, Bruno – Dresden, Bezirk Ostsachsen
Schumann, Georg – Halle, Bezirk Halle-Merseburg
Staimer, Josef – Fürth, Bezirk Nordbayern
Teuber, Heinrich – Bochum, Bezirk Westliches Westfalen
Thälmann, Ernst – Hamburg, Bezirk Wasserkante
Tittel, Hans – Stuttgart, Bezirk Württemberg
Weber, Hans – Speyer, Bezirk Pfalz
Wegmann, Paul – Berlin, Bezirk Berlin-Brandenburg
Werner, Hugo – Essen, Bezirk Niederrhein
Winkelsässer, Karl – Berlin, Bezirk Berlin-Brandenburg

VII. Parteitag
(22. – 26. 8. 1921 in Jena)

Mitglieder der Zentrale:
Böttcher, Paul
Braunthal, Bertha
Eberlein, Hugo
Reuter-Friesland, Ernst,
Thalheimer, August

Beisitzer:
Gäbel, Otto
Geyer, Curt
Heckert, Fritz
Hoernle, Edwin
Hoffmann, Adolph
Meyer, Ernst
Pieck, Wilhelm
Remmele, Hermann
Schmidt, Felix
Walcher, Jacob
Wolfstein, Rosi
Zetkin, Clara

Revisionskommission:
v. Borstel, Hans, Bezirk Hamburg
Günther, Alfred, Bezirk Berlin
Leutner, Fridolin, Bezirk Hamm
Pfeiffer, Hans, Bezirk Berlin
Schumann, Georg, Bezirk Halle

Mitglieder des Zentralausschusses:
Böschen, Heinrich, Bezirk Mittelrhein
Bochert, Alfred, Bezirk Thüringen
Borowski, August, Bezirk Erzgebirge-Vogtland
Eckhardt, Hannes, Bezirk Rheinland Westfalen Nord
Eppstein, Eugen, Bezirk Mittelrhein
Fischer, Ruth, Bezirk Berlin-Brandenburg
Franken, Paul, Bezirk Rheinland Westfalen Süd
Geithner, Otto, Bezirk Thüringen
Geschke, Ottomar, Bezirk Berlin-Brandenburg
Gohr, Theodor, Bezirk Niedersachsen
Hoffmann, Martin, Bezirk Ostpreußen
Jadasch, Anton, Bezirk Oberschlesien
Jannack, Karl, Bezirk Nordwest
Klinger, Leo, Bezirk Danzig
Kühl, Bernhard, Bezirk Schlesien
Maslow, Arkadi, Bezirk russische Sektion
Mayenburg, Herbert von, Bezirk Mecklenburg

Mieves, Peter, Bezirk Mittelrhein
Obendiek, Wilhelm, Bezirk Pommern
Ritter, Jakob, Bezirk Baden
Sachse, Willi, Bezirk Halle-Merseburg
Siewert, Robert, Bezirk Erzgebirge-Vogtland
Sychalla, Konrad, Bezirk Lausitz
Staimer, Josef, Bezirk Nordbayern
Strötzel, Max, Bezirk Westsachsen
Scholz, Adolf, Bezirk Rheinland Westfalen Nord
Schramm, Bruno, Bezirk Ostsachsen
Schönlank, Reinhold, Bezirk Halle-Merseburg
Schumann, Georg, Bezirk Halle Merseburg
Thälmann, Ernst, Bezirk Wasserkante
Tittel, Hans, Bezirk Württemberg
Urbahns, Hugo, Bezirk Wasserkante
Wallstab, Willi, Bezirk Magdeburg-Anhalt
Weber, Hans, Bezirk Pfalz
Wollweber, Ernst, Bezirk Hessen-Waldeck
Zwilling, Georg, Bezirk Hessen-Frankfurt

Ersatzmitglieder:
Andre, Max, Bezirk Pommern
Donitra, Bezirk Rheinland Westfalen Süd
Fuchs, Hans, Bezirk Mecklenburg
Gentsch, Erich, Bezirk Schlesien
Haubold, Gustav, Bezirk Erzgebirge-Vogtland
Hausen, Erich, Bezirk Lausitz
Hehnen, Karl, Bezirk Niedersachsen
Heisinger, August, Bezirk Magdeburg-Anhalt
Helfgen, Johann, Bezirk Mittelrhein
Herwig, Bezirk Thüringen
Heyer, Rudolf, Bezirk Halle-Merseburg
Hohnerkamp, Karl, Bezirk Mittelrhein
Höcker, Johannes, Bezirk Nordwest
Klose, Josef, Bezirk Thüringen
Köring, Josef, Bezirk Rheinland Westfalen Süd
Langrock, Willi, Bezirk Westsachsen
Lotz, Karl, Bezirk Rheinland Westfalen Nord
Maslow, Arkadi, Bezirk Berlin-Brandenburg
Meier, Fritz, Bezirk Hessen-Frankfurt
Menzel, Gustav, Bezirk Halle-Merseburg
Müller, Peter, Bezirk Pfalz
Pescha, Fritz, Bezirk Baden
Pfeiffer, Hans, Bezirk Berlin-Brandenburg
Prutkow, Kurt, Bezirk russische Sektion
Raube, Artur, Bezirk Danzig
Rädel, Siegfried, Bezirk Ostsachsen
Sippel, Hans, Bezirk Hessen-Waldeck
Skjellerup, Johann, Bezirk Wasserkante
Smolka, Josef, Bezirk Oberschlesien
Schlichting, Alois, Bezirk Wasserkante
Schmidt, Hans, Bezirk Halle-Merseburg
Schreiber, Gustav, Bezirk Württemberg
Vettermann, Max, Bezirk Erzgebirge-Vogtland
Völker, Karl, Bezirk Rheinland-Westfalen Nord
Zimmermann, Kurt, Bezirk Ostpreußen

VIII. Parteitag
(28. 1. – 1. 2.1923 in Leipzig)

Mitglieder der Zentrale:
Becker, Karl
Böttcher, Paul
Brandler, Heinrich
Eberlein, Hugo
Ewert, Arthur
Frölich, Paul
Heckert, Fritz
Hoernle, Edwin
Kleine, August
Koenen, Wilhelm
Lindau, Rudolf
Pfeiffer, Hans
Pieck, Wilhelm
Remmele, Hermann
Schmidt, Felix
Schumann, Georg
Stoecker, Walter
Thalheimer, August
Ulbricht, Walter
Walcher, Jacob
Zetkin, Clara

Leiterin des Frauensekretariats:
Braunthal, Bertha

Revisionskommission:
Callam, Albert, Jena
Günther, Alfred, Berlin
Sämisch, Arthur, Halle
Tittel, Hans, Stuttgart
Vettermann, Max, Chemnitz

Mitglieder des Zentralausschusses:
Alles, Heinrich (Hans), (Saarbrücken), Bezirk Mittelrhein
Böschen, Heinrich, (Solingen), Bezirk Rheinland-Süd
Buhler, Alfred, Rostock, Bezirk Mecklenburg
Czernecki, Erich, Stettin, Bezirk Pommern
Dietrich, Paul, Gotha, Bezirk Thüringen
Ebner, Adam, Frankfurt, Bezirk Hessen-Frankfurt
Eckhardt, Hannes, Essen, Bezirk Rheinland-Nord
Eisenberger, Josef, München, Bezirk Südbayern
Eppstein, Eugen, Köln, Bezirk Mittelrhein
Fischer, Ruth, Berlin, Bezirk Berlin-Brandenburg
Geschke, Ottomar, Berlin, Bezirk Berlin-Brandenburg
Grönsfelder, Karl, Nürnberg, Bezirk Nordbayern
Grünthaler, Kurt, Leipzig, Bezirk Westsachsen
Haubold, Gustav, Chemnitz, Bezirk Erzgebirge-Vogtland
Hausen, Erich, Weißwasser, Bezirk Lausitz
Jannack, Karl, Remscheid, Bezirk Rheinland-Süd
Koenen, Bernard, Halle, Bezirk Halle-Merseburg
Maslow, Arkadi, Berlin, Bezirk Berlin-Brandenburg
Miller, Joseph (Sepp), Hannover, Bezirk Niedersachsen
Mößner, Gustav, Stuttgart, Bezirk Württemberg

Oelßner, Alfred, Breslau, Bezirk Schlesien
Radtke, August, Danzig, Bezirk Danzig
Rädel, Siegfried, Pirna, Bezirk Ostsachsen
Ritter, Jakob, Mannheim, Bezirk Baden
Sachse, Willy, Halle, Bezirk Halle-Merseburg
Siewert, Robert, Chemnitz, Bezirk Erzgebirge-Vogtland
Stolzenburg, Albert, Essen, Bezirk Rheinland-Nord
Stucke, Carl, Bremen, Bezirk Nordwest
Schlichting, Alois, Kiel, Bezirk Wasserkante
Scholz, Adolf, Lemgo, Bezirk Rheinland-Nord
Thälmann, Ernst, Hamburg, Bezirk Wasserkante
Tenner, Albin, Weimar, Bezirk Thüringen
Urbahns, Hugo, Hamburg, Bezirk Wasserkante
Wallstab, Willy, Staßfurth, Bezirk Magdeburg-Anhalt
Weber, Hans, Speyer, Bezirk Pfalz
Wollweber, Ernst, Kassel, Bezirk Hessen-Wadeck
Zimmermann, Otto, Königsberg, Bezirk Ostpreußen

Ersatzmitglieder:
Andre, Max , Stettin, Bezirk Pommern
Bischoff, Hugo, Elmshorn, Bezirk Wasserkante
Borowski, August, Chemnitz, Bezirk Erzgebirge-Vogtland
Böse, Ernst, Bezirk Magdeburg-Anhalt
Deisen, Wilhelm, Bremen, Bezirk Nordwest
Fugger, Karl, Düsseldorf, Bezirk Rheinland-Süd
Gerber, Walter, Gera, Bezirk Thüringen
Gerhardt, G., Bezirk Berlin-Brandenburg
Greiß, Jakob, Wiesbaden, Bezirk Hessen-Frankfurt
Glagau, Fritz, Königsberg, Bezirk Ostpreußen
Günther, Alfred, Berlin, Bezirk Berlin-Brandeburg
Hammer, Max, Stuttgart, Bezirk Württemberg
Heilborn, Ismar, Lübeck, Bezirk Mecklenburg
Heilmann, Fritz, Mannheim, Bezirk Pfalz
Hermann, Albert, Braunschweig, Bezirk Niedersachsen
Hommes, Rudolf, Hamburg, Bezirk Wasserkante
Karas, Eduard, Weißwasser, Bezirk Lausitz
Lischewski, Willy, Danzig, Bezirk Danzig
Lüpnitz, Karl, Kassel, Bezirk Hessen-Wadeck
Meixner, Karl, Heidenau, Bezirk Ostsachsen
Meyer, Johann, Nürnberg, Bezirk Nordbayern
Mieves, Peter, Köln, Bezirk Mittelrhein
Müller, Wilhelm, Kaiserslauter, Bezirk Pfalz
Reichel, Franz, Oberlangenbilau, Bezirk Schlesien
Rieß, Ludwig, Hamburg, Bezirk Wasserkante
Rogg, Ulrich, Wittenberg, Bezirk Halle-Merseburg
Schlecht, Paul, Berlin, Bezirk Berlin-Brandenburg
Schmidt, Hans, Halle, Bezirk Halle-Merseburg
Schneider-Lechner, Jeanpierre, Dillingen, Bezirk Mittelrhein
Schütz, Max, Dortmund, Bezirk Rheinland-Nord
Schwan, Wilhelm, Duisburg, Bezirk Rheinland-Nord
Teuscher, Arthur, Leipzig, Bezirk Westsachsen
Weigel, Fritz, München, Bezirk Südbayern
Weingärtner, Johann, Düsseldorf, Bezirk Rheinland-Süd
Zeltinger, Erwin, Schleusingen, Bezirk Thüringen
Ziselsky, Robert, Hamborn, Bezirk Rheinland-Nord

IX. Parteitag
(7. – 10. 4. 1924 in Offenbach und Frankfurt am Main)

Mitglieder der Zentrale:
Eberlein, Hugo
Fischer, Ruth
Florin, Wilhelm
Geschke, Ottomar
Katz Iwan
König, Arthur
Maslow, Arkadi
Remmele, Hermann
Schlecht, Paul
Schneller, Ernst
Scholem, Werner
Schütz, Max
Pieck, Wilhelm
Rosenberg, Arthur
Thälmann, Ernst

X. Parteitag
(12. – 17. 7. 1925 in Berlin)

Mitglieder des ZK:
Blenkle, Konrad
Dengel, Philipp
Eberlein, Hugo
Fischer, Ruth
Florin, Wilhelm
Geschke, Ottomar
Golke, Arthur
Heckert, Fritz
Maslow, Arkadi
Pieck, Wilhelm
Remmele, Hermann
Schimanski, Fritz
Rosenberg, Arthur
Schlaffer, Joseph
Schlecht, Paul
Schneller, Ernst
Scholem, Werner
Schwan, Wilhelm
Strötzel, Max
Thälmann, Ernst
Urbahns, Hugo
Weber, Hans
Winterich, Jean

Kandidaten:
Bertz, Paul
Ewert, Arthur

Kühne, Otto
Lenz (Winternitz), Joseph
Schehr, John
Strötzel, Max
Winterich, Jean

XI. Parteitag
(2. – 7. 3. 1927 in Essen)

Mitglieder des ZK:
Becker, Karl
Betz, Adolf
Biefang, Julius
Blenkle, Konrad
Dahlem, Franz
Dengel, Philipp
Dietrich, Paul
Eberlein, Hugo
Ewert, Arthur
Flieg, Leo
Florin, Wilhelm
Gerbig, Max
Geschke, Ottomar
Golke, Arthur
Hähnel, Walter
Heckert, Fritz
Hein, Wilhelm
Merker, Paul
Meyer, Ernst
Münzenberg, Willi
Niederkirchner, Michael
Overlach, Lene
Pieck, Wilhelm
Remmele, Hermann
Schlaffer, Joseph
Schneller, Ernst
Schröter, Johannes
Schulte, Fritz
Schumann, Georg
Stoecker, Walter
Thälmann, Ernst
Ulbricht, Walter
Winterich, Jean
Wittorf, John
Zetkin, Clara

Kandidaten:
Bassüner, Albert
Bellemann, Franz
Eisler, Gerhart
Fischer, Karl
Galm, Heinrich
Grasse, Paul
Grube, Ernst
Hark, Josef
Hausen, Erich
Jürgens, Reinhold
Kollwitz, Hans
Leow, Willy
Neumann, Heinz
Noll, Alfred
Schehr, John
Süßkind, Heinrich
Wesche, Heinrich
Lenz (Winternitz), Joseph

XII. Parteitag
(8. – 15. 6. 1929 in Berlin-Wedding)

Mitglieder des ZK:
Büsser, Josef
Dahlem, Franz
Dengel, Philipp
Flieg, Leo
Florin, Wilhelm
Geschke, Ottomar
Golke, Arthur
Grube, Ernst
Häbisch, Walter
Hahne, Gertrud
Hastenreiter, Fritz
Heckert, Fritz
Hein, Wilhelm
Kasper, Wilhelm
Klausmann, Robert
Koenen, Wilhelm
Küll, Karl
Lenz (Winternitz), Joseph
Leow, Willy
Lux, Friedrich
Merker, Paul
Münzenberg, Willi
Neumann, Heinz
Niederkirchner, Michael
Nitsche, Gustav
Overlach, Helene
Pieck, Wilhelm
Pötsch, Gustav
Remmele, Hermann
Renner, Rudolf
Rosenhainer-Fleischer, Helene
Schlaffer, Joseph
Schulte, Fritz
Stoecker, Walter
Thälmann, Ernst
Ulbricht, Walter
Winter, Karl
Winterich, Jean

Kandidaten:
Bertz,Paul
Blinn, Klara
Daub, Philipp
Fischer, Karl
Grosse, Fritz
Kassner, Walter
Kippenberger, Hans
Koska, Willi

Krüger, Frida
Kübler, Karl
Kuntz, Albert
Müller, Kurt
Noll, Alfred
Opitz, Paul
Pfeiffer, Hans
Rädel, Siegfried
Schehr, John
Schettkat, Albert
Schmidt, Heinrich
Schubert, Hermann
Schuldt, Fritz (Hermann)
Stenzer, Franz
Ullrich, Arthur
Voigt, Otto
Voigt, Willi
Weber, Erna

Brüsseler Konferenz
(3. – 15. 10. 1935 bei Moskau)

Mitglieder des ZK:
Ackermann, Anton
Bertz, Paul
Dahlem, Franz
Flieg, Leopold
Florin, Wilhelm
Hähnel, Walter
Heckert, Fritz
Merker, Paul
Münzenberg, Willi
Pieck, Wilhelm
Schmidt, Elli
Thälmann, Ernst
Ulbricht, Walter
Wehner, Herbert
Wiatrek, Heinrich

Kandidaten:
Knöchel, Wilhelm
Kowalski, Wilhelm
Mewis, Karl

Nach der Brüsseler Konferenz wurden Abschnittsleitungen (AL) an den an Deutschland grenzenden Ländern geschaffen. In der Regel bestanden die Abschnittsleitungen bis zum Ausbruch des 2. Weltkrieges:

AL Norden – Sitz Kopenhagen/Dänemark

Leiter:
Wilhelm Adam bis Ende 1935
Sepp Schwab ab März 1936
Paul Helms ab 1937
Heinrich Wiatrek ab Pfingsten 1938

AL Westen – Sitz Amsterdam/Niederlande

Leiter:
Philipp Daub bis Febr. 1936
Paul Bertz ab Febr. 1936
Erich Gentsch ab Mai 1937

AL Süd-Westen – Sitz Brüssel/Belgien

Leiter:
Otto Niebergall ab Ende 1937

AL Saargebiet

Leiter:
Otto Niebergall 1935
Josef Wagner ab Anfang 1938

AL Süden – Sitz Zürich/Schweiz

Leiter:
Paul Bertz bis Febr. 1936
Siegfried Rädel bis Anfang 1937
Konrad Blenkle bis Frühjahr 1938
Paul Elias ab Frühjahr 1938

AL Mitte – bis November 1938 in Prag anschließend in Schweden

Leiter:
Karl Mewis ab Sept. 1938

Berner Konferenz
(vom 30. 1. – 1. 2. 1939 bei Paris)

Mitglieder des ZK:
Ackermann, Anton
Bertz, Paul
Dahlem, Franz
Florin, Wilhelm
Hähnel, Walter
Knöchel, Wilhelm
Merker, Paul
Mewis, Karl
Pieck, Wilhelm
Rädel, Siegfried
Schmidt, Elli
Svoboda, Emil
Thälmann, Ernst
Ulbricht, Walter
Wehner, Herbert
Wiatrek, Heinrich

Koplenig, Johann (KPÖ-Vertreter)

Struktur der Bezirke. Polleiter und Orgleiter 1919 bis 1933

Baden bzw. Baden-Pfalz

Der Bezirk Baden wurde im Juli 1919 gebildet. Sitz der BL von Baden und Baden-Pfalz war Mannheim.

Es gab folgende Unterbezirke:
Freiburg i.Br., Heidelberg, Karlsruhe, Lahr-Offenburg, Lörrach, Mannheim, Neckarelz, Singen (1927 Seekreis), Pforzheim, Villingen
ab 1930 Heidelberg, Lahr-Offenburg, Lörrach, Mannheim, Rastatt, Seekreis, Karlsruhe.

Polleiter zwischen 1919 und 1931 im Bezirk Baden:
Georg Lechleiter, Max Bock, Emil Unfried, Georg Kenzler, Paul Schreck

Polleiter zwischen 1931 und 1933 im Bezirk Baden-Pfalz:
Karl Fischer, Robert Klausmann, Franz Doll

Orgleiter zwischen 1931-1933 im Bezirk Baden-Pfalz:
Emil Pietzuch, Herbert Müller, Karl Schneck

Bayern

1924/25 wurden die bisherigen Bezirke Nord- und Südbayern aufgelöst und der Landesbezirk Bayern gebildet. Gleichzeitig bestanden für Nord- und Südbayern weiterhin Bezirksleitungen.

Sitz der Landesleitung war München.

Polleiter zwischen 1919 und 1933:
Josef Eisenberger, Adolf Berger, Joseph Schlaffer, Albert Buchmann, Karl Grönsfelder, Xaver Büchs

Südbayern

Sitz der BL war München.

Die Unterbezirke des Bezirkes Südbayern wechselten sehr oft, im wesentlichen gab es folgende Unterbezirke:

ab 1921:
Kreis Oberbayern mit den Unterbezirken: München, Rosenheim, Traunstein, Burghausen, Miesbach, Penzberg, Ingolstadt
Kreis Niederbayern mit den Unterbezirken: Landshut, Plattling, Passau, Regen-Teisnach
Kreis Schwaben mit den Unterbezirken: Augsburg, Donauwörth, Neu-Ulm, Memmingen, Blaidach Kemten

ab 1923:
München, Augsburg, Kempten, Neu-Ulm, Nördlingen, Ingolstadt, Landshut, Straubing, Zweisel, Passau, Burghausen, Traunstein, Rosenheim, Miesbach, Penzberg.

Polleiter zwischen 1919 und 1933:
Ferdinand Schwienbacher, Albert Buchmann, Joseph Schlaffer, Hans Beimler

Orgleiter zwischen 1919 und 1933:
Joseph Götz, Fritz Dressel,

Nordbayern

Sitz der BL war Nürnberg.

Die Unterbezirke des Bezirkes Nordbayern wechselten sehr oft, im wesentlichen gab es folgende Unterbezirke:

Mittelfranken mit den Unterbezirken: Groß-Nürnberg, Groß-Fürth, Treuchtlingen, Schwabach, Ansbach, Hirschbruck

Oberfranken mit den Unterbezirken: Culmbach, Selb

Unterfranken mit den Unterbezirken: Würzburg, Schweinfurth

Oberpfalz mit den Unterbezirken: Regensburg, Windisch-Eschenbach, Amberg

ab 1923:
Nürnberg, Fürth, Pegnitz, Schweinfurth, Würzburg, Oberfranken-West, Oberfranken-Ost, Amberg, Oberpfalz-Nord, Regensburg, Mittelfranken Süd

ab 1932:
Nürnberg, Hof, Schweinfurth, Windisch-Eschenbach, Marktredwitz, Naila, Bayreuth, Schwandorf, Würzburg, Bamberg, Lohr a. M., Kronach, Tettau, Amberg, Erlangen, Neumarkt, Cham.

Polleiter zwischen 1919 und 1933:
Emil Eichhorn, Ulrich Rogg, Hans Pfeiffer, Augustin Sandtner, Johannes Baier, Josef Staimer Georg Karl, Karl Grönsfelder, Joseph Schlaffer, Willi Kreikemeyer, Johann Meyer, Jakob Boulanger

Orgleiter zwischen 1919 und 1933:
August Mayer, Georg Karl, Karl Fischer, Jakob Boulanger, Hermann Schirmer

Berlin-Brandenburg

Sitz der BL war Berlin. Das Gebiet Groß-Berlin und die Provinz Brandenburg (ausschließlich die Niederlausitz) und ein Teil der Provinz Posen und Westpreußen bildeten den Bezirk Berlin-Brandenburg. Im Jahre 1924 wurden Gebiete des Bezirks Lausitz an den Bezirk Berlin-Brandenburg angegliedert.

Ab 1926 war der Bezirk Berlin-Brandenburg-Lausitz und ab 1929 der Bezirk Berlin-Brandenburg-Lausitz-Grenzmark in folgende Haupt- bzw. Unterbezirke aufgegliedert:

Hauptbezirk Süd mit den Unterbezirken: Luckenwalde, Straußberg, Zossen, Fürstenwalde, Wildau/Storkow, Lübben.

Hauptbezirk Ost mit den Unterbezirken: Friesen, Landsberg, Soldin, Schneidemühl, Frankfurt/O., Zielenzig, Schwiebus/Züllichau, Driesen.

Hauptbezirk Nord mit den Unterbezirken: Schwedt-Angermünde, Eberswalde, Prenzlau, Templin, Oranienburg, Wriezen-Werneuchen, Küstrin, Königsberg.

Hauptbezirk West mit den Unterbezirken: Rathenow, Brandenburg, Ostprignitz, Osthavelland, Ruppin, Velten, Potsdam/Belzig, Westprignitz, Rheinsberg.

Hauptbezirk Lausitz mit den Unterbezirken: Cottbus, Finsterwalde, Forst, Guben, Senftenberg, Weißwasser, Spremberg.

Hauptbezirk Grenzmark mit den Unterbezirken: Driesen, Arnswalde, Schneidemühl, Landsberg.

Ende 1929 wurden die Hauptbezirke und Verwaltungsbezirke durch Unterbezirke ersetzt. Der Bezirk Berlin-Brandenburg-Lausitz-Grenzmark gliederte sich bis 1933 in folgende Unterbezirke: Zentrum, West, Südwest, Süd, Ost, Nord, Nordost, Lausitz und Grenzmark.

Polleiter zwischen 1919 und 1933:
Hans Pfeiffer, Ruth Fischer, Lilly Korpus, Theodor Koegler, Hermann Remmele, Wilhelm Pieck, Walter Ulbricht, Wilhelm Florin

Orgleiter zwischen 1919 und 1933:
Lilly Korpus, Anton Grylewicz, Paul Langner, Arthur Vogt, Albert Kuntz, Hans Pfeiffer, Hermann Nuding

Danzig

Sitz der BL war Danzig.

Es gab folgende Unterbezirke: Groß-Danzig Stadt, Danzig Werder, Danziger Höhe, Danziger Niederung.

Polleiter zwischen 1919 und 1933:
Leo Klinger, Wilhelm Lischewski, Fritz Raschke, Paul Taube, Paul Wilhelm, Willi Kreikemeyer, Viktor Drewnitzki, Eugen Wiedmaier, Otto Giesselmann, Anton Plenikowski

Orgleiter zwischen 1919 und 1933:
Felix Raschke, Anton Plenikowski, Paul Kreft

Halle-Merseburg

Sitz der BL war Halle.

Es gab folgende Unterbezirke: Halle-Saalkreis, Bitterfeld, Tauchern, Nordhausen, Merseburg, Liebenwerda, Torgau, Wittenberg, Sangerhausen, Naumburg, Mansfeld, Delitzsch.

Polleiter zwischen 1919 und 1933:
Alfred Oelßner, Georg Schumann, Willy Sachse, Kurt Rosenbaum, Paul Merker, Max Lademann, Johannes Schröter, Wilhelm Koenen, Paul Suhr

Orgleiter zwischen 1919 und 1933:
Gustav Borrmann, Fritz Kant, Max Lademann, Paul Richter, Max Lademann, Hans Kiefert

Hessen-Frankfurt

Sitz der BL war Frankfurt/Main.

Es gab folgende Unterbezirke:
Hanau, Groß-Frankfurt, Hoechst, Wiesbaden, Unterlahnkreis, Oberlahnkreis, Dillkreis, Schlüchtern, Offenbach, Südhessen, Mainz, Bingen, Friedberg, Gießen, Wetzlar, Westerwald.

Polleiter zwischen 1919 und 1933:
Fritz Maier, Fritz Kant, Artur Ewert, Adam Ebner, Hans Bohla, Willy Sachse, Alwin Heucke, Albert Kuntz Bernhard Schmidt, Max Opitz, Philipp Daub, Albert Kuntz

Orgleiter zwischen 1919 und 1933:
Franz Xaver Härtle, Albert Kuntz, Oskar Müller, Karl Adolphs, Hans Kiefert, Wilhelm Beuttel

Hessen-Waldeck

Sitz der BL war Kassel.

Es gab folgende Unterbezirke:
Eschwege, Fritzlar, Homberg, Landkreis Kassel, Melsungen, Hannoversch-Münden, Rothenburg, Waldeck.

Polleiter zwischen 1919 und 1933:
Ernst Schwarz, Heinrich Grebe, Karl Sippel, Karl Baier, Gustav Bormann, Franz Müller (Ps. Fritz Reichert), Robert Neddermeyer, Wilhelm Hassel, Ernst Lohagen, Karl Barthel

Orgleiter zwischen 1919 und 1933:
Max Klamm, Ernst Lohagen, Wilhem Beuttel, Karl Bartel

Lausitz

Sitz der BL war in Cottbus.

Es gab folgende Unterbezirke:
Senftenberg, Spremberg, Weißwasser/O/L, Görlitz, Sagan, Neusalz, Guben, Finsterwalde, Grünberg.

1924/25 wurde der Bezirk aufgelöst und die Unterbezirke Grünberg, Görlitz, Sagan und Weißwasser dem Bezirk Schlesien angegliedert, die anderen dem Bezirk Berlin-Brandenburg eingegliedert.

Polleiter zwischen 1919 und 1925:
Georg König, Erich Hausen, Georg Moogk, Konrad Sychalla

Orgleiter zwischen 1919 und 1925:
Arthur Wölk, Martin Hoffmann

Magdeburg/Anhalt

Sitz der BL war Magdeburg.

Es gab folgende Unterbezirke:
Dessau, Bernburg, Burg, Staßfurt, Oschersleben, Halberstadt, Magdeburg und Stendal.

Polleiter zwischen 1919 und 1933:
Karl Baier, Albert Vater, Erna Halbe, August Creutzburg, Ernst Grube, Hermann Matern, Paul Kmiec, Walter Kassner

Orgleiter zwischen 1919 und 1933:
Erich Besser, Walter Kassner, Karl Mewis

Mecklenburg

Sitz der BL war Rostock.

Es gab folgende Unterbezirke:
Rostock, Lübeck, Schwerin und Neubrandenburg.

Polleiter zwischen 1919 und 1933:
Hans Fuchs, Hugo Wenzel, Alfred Buhler, Willi Kreikemeyer, Alfred Schreiber, Hans Warnke, Arthur Vogt, Hans Sawadski

Orgleiter zwischen 1919 und 1933:
Hugo Wenzel, Hans Warnke, Wilhelm Schröder

Mittelrhein

Sitz der BL war Köln.

Es gab folgende Unterbezirke:
ab 1921 Köln, Aachen, Hunsrück-Nahetal, Saargebiet
ab 1925 Köln, Aachen, Saarbrücken, Nahe, Koblenz, Trier
ab 1930 Köln, Aachen, Saarbrücken.

Polleiter zwischen 1919 und 1933:
Henriette Ackermann, Franz Dahlem, Philipp Fries, Peter Mieves, Eugen Eppstein, Peter Maslowski, Willy Kerff,; Jean Winterich, Hans Kollwitz, Michael Sommer, Bernhard Bästlein, Wilhelm Pinnecke

Orgleiter zwischen 1919 und 1933:
Jean Winterich, Michael Sommer

Niederrhein

Sitz der BL war Düsseldorf.

Es gab folgende Unterbezirke:
Düsseldorf, Krefeld, Remscheid, Sauerland, Solingen, Siegen, Barmen, München-Gladbach, Hagen.

1930 kamen die Unterbezirke Wuppertal und Oberruhr neu hinzu, wobei die Unterbezirke Remscheid, Barmen und Sauerland wegfielen.

Polleiter zwischen 1919 und 1933:
Hans Meyer, Karl Fugger, Philipp Dengel, August Creutzburg, Theodor Neubauer, Adolf (Lex) Ende, Fritz Schulte, Max Opitz, Lambert Horn, Erich Glückauf

Orgleiter zwischen 1919 und 1933:
Ernst Oberdörster, Fritz Schulte, August Creutzburg, Heinrich Böschen, Lambert Horn

Niedersachsen

Sitz der BL war Hannover.

Es gab folgende Unterbezirke:
Braunschweig, Göttingen, Hannover und Kassel.

Polleiter zwischen 1919 und 1933:
August Werner, Willi Bohn, Robert Neddermeyer, Willi Kreikemeyer, Otto Richthofer, John Schehr

Orgleiter zwischen 1919 und 1933:
Paul Grobis, Karl Ebeling, Karl Abel, Max Lademann

Nord/ab 1920 Wasserkante

Sitz der BL war Hamburg.

Es gab folgende Unterbezirke:
Harburg, Lüneburg, Stormann, Itzehoe, Heide, Kiel, Neumünster.

Polleiter zwischen 1919 und 1933:
Hugo Urbahns, Fritz Esser, Philipp Dengel, August Creutzburg, Willy Sachse, Max Maddalena, Paul Dietrich, Rudolf Lindau, John Wittorf, Otto Unger, Ernst Grube, Hermann Schubert, Anton Saefkow

Orgleiter zwischen 1919 und 1933:
Ludwig Rieß, Johann Westphal, John Schehr, Erich Klann, Anton Saefkow

Nordwest

Sitz der BL war Bremen.

Es gab folgende Unterbezirke:
Bremen, Oldenburg, Emden, Wilhelmshaven, Bremerhaven, Vegesack.

Polleiter zwischen 1919 und 1933:
Johann Knief, Karl Jannack, Georg König, Wilhem Deisen, Rudolf Lindau, Eugen Eppstein Karl Fugger, Wilhelm Müller, Oskar Plenge, Paul Taube, Robert Stamm

Orgleiter zwischen 1919 und 1933:
Max Kranz, Heinke Heinks, Egon Nickel

Oberschlesien

Sitz der BL war Gleiwitz, ab 1930 Hindenburg.

Es gab folgende Unterbezirke:
Gleiwitz, Oppeln, Neustadt.

Polleiter zwischen 1919 und 1933:
Anton Jadasch, Josef Smolka, Paul Schlecht, Friedrich Jendrosch, Johann Diedrichs, Fritz Glagau, Paul Langner, Otto Walter, Paul Langner, Fritz Selbmann, Paul Wojtkowski

Orgleiter zwischen 1919 und 1933:
Johann Diedrichs, Karl Behr, Heinrich Wiatrek, Otto Walter

Ostpreußen

Sitz der BL befand sich in Königsberg.

Es gab folgende Unterbezirke:
Allenstein, Elbing, Königsberg, Rastenburg, Tilsit, Ortelsburg.

Polleiter zwischen 1919 und 1933:
Karl Klein, Alfred Schreiber, Georg Lengnink, Hans Kollwitz, Hermann Schubert, Paul Grobis, Hermann Matern, Werner Kraus

Orgleiter zwischen 1919 und 1933:
Karl Gehrmann, Paul Suhr

Pfalz

Zeitweilig gehörte die Pfalz zum Bezirk Hessen-Frankfurt. Nach der vom Vereinigungsparteitag von USPD (Linke) und KPD Ende 1920 beschlossenen Bezirkseinteilung wurde die Pfalz als Bezirk selbständig.
Vom Dezember 1923 bis Februar 1926 gehörte die Pfalz als Unterbezirk zum Bezirk Rhein-Saar. Danach bestand die Pfalz, bis zum Zusammenschluß des Bezirks Baden und Pfalz zum Bezirk Baden-Pfalz am 1. 1. 1931, als selbständiger Bezirk.

Sitz der BL Pfalz in Ludwighafen.

Der Bezirk Pfalz gliederte sich in folgende Unterbezirke:
Altenkirchen, Frankenthal, Kaiserslautern, Ludwigshafen, Miesau, Neustadt a. Hdt., Odenbach, Winnweiler, Zweibrücken.

Polleiter zwischen 1919 und 1931:
Peter Müller, Hans Meyer, Fritz Baumgärtner, August Creutzburg, Karl Fischer, Eugen Herbst

Pommern

Sitz der BL befand sich in Stettin.

Es gab folgende Unterbezirke: Demmin, Dramburg, Greifswald, Köslin, Kolberg, Lauenburg, Neu-Stettin, Rummelsburg, Stargard, Stettin, Stralsund, Swinemünde, Torgelow.

Polleiter zwischen 1919 und 1933:
Herta Geffke, Ernst Rummel, Wilhelm Obendiek, Hans Fladung, Erich Steffen, Max Strötzel, Werner Kraus, Hermann Matern

Orgleiter zwischen 1919 und 1933:
Max Andre, Erich Steffen, Werner Kraus, Paul Grobis, Karl Adolphs

Rhein-Saar

Das Saargebiet gehörte als Unterbezirk bis zur Bildung des Bezirkes Rhein-Saar im Dezember 1923

zum Bezirk Mittelrhein. Die Bildung des Bezirkes Rhein-Saar machte sich durch die französische Besetzung und die damit verbundenen Absperrungen der Rheinlande vom übrigen Deutschland erforderlich. Der Bezirk Rhein-Saar, der bis Februar 1926 bestand, setzte sich zusammen aus dem besetzten hessischen Gebiet, aus dem ehemaligen Bezirk Pfalz und dem Saargebiet.
Anfang Mai 1925 wurde das Saargebiet aus dem Bezirk Rhein-Saar herausgelöst und ein selbständiger Bezirk.

Sitz der BL Rhein-Saar war von 1924 bis 1926 in Wiesbaden und Ludwigshafen und für die BL Saargebiet in Saarbrücken.

Es gab folgende Unterbezirke:
Für den Bezirk Rhein-Saar: Saar, Pfalz, Hessen (Wiesbaden) bzw. Hessen-Nahe und Nahe I.
Für den Bezirk Saargebiet: Saarbrücken, Sulzbach, Neunkirchen, Wiebelskirchen, St. Wendel, Illingen, Güchenbach, St. Ingbert, Völklingen, Saarlouis, Bettingen.

Polleiter zwischen 1919 und 1933:
Max Waltz, Hans Alles, Hans Meyer, Hans Weber, Peter Stahl, Fritz Baumgärtner, Karl Fischer, Wienand Kaasch, August Creutzburg, Oskar Müller, Richard Schulz, Philipp Daub, Paul Linnemann Paul Lorenz, Anton Switalla

Orgleiter zwischen 1919 und 1933:
Max Frenzel, Herbert Müller, Hans Kiefert

Ruhrgebiet

Der Bezirk Ruhrgebiet entstand 1923/24 aus dem 1921 gebildeten Bezirk Rheinland-Westfalen-Nord. Die Bezirksbezeichnung Rheinland-Westfalen-Nord bestand bis 1923/24.

Sitz der BL war Essen.

Es gab im Bezirk Rheinland-Westfalen Nord folgende Unterbezirke:
Bochum, Dortmund, Duisburg, Essen, Gelsenkirchen, Hamborn, Hamm, Münster, Recklinghausen.

Es gab im Bezirk Rheinland-Westfalen Süd folgende Unterbezirke:
Barmen, Düsseldorf, Elberfeld, Siegen

Es gab im Bezirk Ruhrgebiet folgende Unterbezirke:
Hamborn-Wesel, Duisburg-Mülheim-Moers, Essen, Buer-Recklinghausen, Bochum, Gelsenkirchen, Dortmund, Hamm-Münster, Bielefeld, Rheine. Die Unterbezirke Rheine und Bielefeld wurden 1930 dem Bezirk Ruhrgebiet angegliedert, Vor 1927 gehörte der Unterbezirk Bielefeld bereits zum Bezirk.

Polleiter zwischen 1919 und 1933:
Albert Stolzenburg, Ernst Graul, Eugen Eppstein, Kurt Rosenbaum, Wilhelm Schwan, Theodor Neubauer, Wilhelm Schwan, Wilhelm Kropp, Lex Ende, Wilhelm Florin, Max Opitz, Hans Fladung

Orgleiter zwischen 1919 und 1933:
Hans Kollwitz, Wilhelm Kropp (1926-1928); Isidor Piontek, Johann Bräuner

Sachsen

Bis Ende 1929 war der Bezirk Sachsen in drei Bezirke Erzgebirge/Vogtland, Ostsachsen und Westsachsen untergliedert. Während die beiden erstgenannten Bezirke unmittelbar nach der Gründung der KPD entstanden waren, ging der westsächsische Parteibezirk nach der Vereinigung von KPD und USPD im Dezember 1920 aus dem vormaligen Bezirk Mitteldeutschland hervor. Bis Mitte der zwanziger Jahre bestand eine gesamtsächsische Landesleitung der KPD. Im Dezember 1929 kam es zum Zusammenschluß der drei sächsischen Bezirke: Ostsachsen, Erzgebirge/Vogtland und Westsachsen.

Es gab folgende Unterbezirke:
Zittau, Bautzen, Radeberg, Pirna, Meißen, Dresden, Freital, Pockau, Freiberg, Döbeln, Riesa, Wurzen, Leipzig, Borna, Limbach, Chemnitz, Flöha, Einsiedel, Ehrenfriedersdorf, Aue, Oelsnitz i. E., Oelsnitz i. V., Glauchau, Zwickau und Falkenstein.

Polleiter zwischen 1930 und 1933:
Rudolf Renner; Fritz Selbmann

Orgleiter zwischen 1930 und 1933:
Hermann Kellermann, Herbert Wehner, Karl Ferlemann

Erzgebirge-Vogtland

Sitz der BL war Chemnitz.

Polleiter Zwischen 1919 und 1929:
Robert Siewert, Ernst Grube, Paul Schlecht, Paul Bertz, Ernst Schneller, Max Opitz

Orgleiter zwischen 1919 und 1929:
Ludwig Kühn, Kurt Kränkel, Paul Bertz, Max Opitz, Karl Winter

Ostsachsen

Sitz der BL war Dresden.

Polleiter zwischen 1919 und 1929:
Otto Zipfel, Rudolf Renner, Martin Schneider, Siegfried Rädel, Erich Melcher, Kurt Alfred Sindermann

Orgleiter zwischen 1919 und 1929:
Siegfried Rädel, Martin Hoop

Westsachsen

Sitz der BL war Leipzig.

Polleiter zwischen 1919 und 1929:
Willi Langrock, Max Strötzel, Georg Schumann, Rudolf Renner, Jean Winterich Siegfried Rädel

Orgleiter zwischen 1919 und 1929:
Albert Kuntz, Arthur Vogt, Paul Nischwitz, Karl Baumgärtel

Schlesien

Sitz der BL war Breslau.

Es gab folgende Unterbezirke:
Breslau, Waldenburg, Riesengebirge, Freiburg, Liegnitz, Görlitz, Neusalz, Eulengebirge, Glatz. Im Jahre 1924 wurden die Unterbezirke Görlitz, Rothenburg, Sagan, Sprottau, Grünberg und Freystadt des Bezirkes Lausitz vom Bezirk Schlesien übernommen.

Polleiter zwischen 1919 und 1933:
Alfred Oelßner, Willi Ziegler, Paul Letsch, Alfred Hamann, Erich Hausen, Ernst Wollweber, Eugen Wiedmaier, Gustl Sandtner

Orgleiter zwischen 1919 und 1933:
Richard Schulz, August Reimann, Fritz Dittner

Thüringen

Sitz der BL war in Erfurt und zeitweise in Jena.

Das Ostthüringer Gebiet Gera, Greiz, Schleiz kam erst 1920 zu Thüringen. Bis dahin gehörte es zum KPD-Bezirk Chemnitz.

Es gab folgende Unterbezirke:
Arnstadt, Eisenach, Erfurt, Gera, Greiz, Gotha, Hildburghausen, Jena, Nordhausen, Rudolstadt, Saalfeld, Sonderhausen, Sonneberg, Suhl und Weimar. 1927 wurde der Unterbezirk Nordhausen dem Bezirk Halle-Merseburg und 1930 der Unterbezirk Altenburg dem Bezirk Thüringen zugeordnet.

Polleiter zwischen 1919 und 1933:
Karl Klein, Richard Schnetter, Walter Ulbricht, Fritz Kant, Ernst Schwarz, Wilhelm Florin, Theodor Neubauer, Wilhelm Kerff, Franz Dahlem, Hans Tittel, Nikolaus Pfaff, Walter Duddins, Hermann Grosse, Jakob Boulanger

Orgleiter zwischen 1919 und 1933:
Karl Bräuning, Alfred Noll, Richard Eyermann

Württemberg

Sitz der BL war Stuttgart.

Es gab folgende Unterbezirke:
ab 1922 Stuttgart, Bietigheim, Heilbronn, Pforzheim, Backnang, Gmünd, Eßlingen, Göppingen, Ulm, Heidenheim, Reutlingen, Ebingen, Tuttlingen, Schramberg, Ravensburg
ab 1929 Ludwigsburg, Heilbronn, Eßlingen, Gmünd-Heidenheim, Oberland, Reutlingen-Ebingen, Schwenningen, Schwarzwald, Stuttgart
ab 1930 Stuttgart, Eßlingen, Heilbronn, Ludwigsburg, Reutlingen, Schwenningen, Freudenstadt, Göppingen, Aalen, Gmünd, Ulm, Oberschwaben, Leonberg, Calw, Hall, Backnang, Böblingen.

Polleiter zwischen 1919 und 1933:
Hans Tittel, Hans Stetter, Hans Bohla, Paul Langner, Max Maddalena, Karl Schneck, Karl Fugger, Arthur Vogt, Joseph Schlaffer, Albert Buchmann

Orgleiter zwischen 1919 und 1933:
Gustav Köhler, Karl Schneck, Eugen Wiedmaier

Wahlergebnisse (Stimmen und Abgeordnete) der KPD im Reichstag, in den Landtagen und den Bürgerschaften in den Jahren 1920 bis 1933

Reichstag

Wahlen zum Reichstag fanden am 19. Januar 1919, 6. Juni 1920, 4. Mai und 7. Dezember 1924, 20. Mai 1928, 14. September 1930, 31. Juli und 6. November 1932 sowie am 5. März 1933 statt.

19. 1. 1919	nicht beteiligt
6. 6. 1920	442 045 (2 Abgeordnete)

Am 9. Oktober 1920 traten die USPD-Abgeordneten Bartz, Berthelé, Braß, Däumig, Düwell, Eckhardt, Eichhorn, Fries, F. Geyer, C. Geyer, Herzfeld, Hoffmann, Höllein, Koenen, Malzahn, Plettner, Reich, Remmele, Stoecker, Teuber, Thomas, Wackwitz aus der Fraktion der USPD aus, bildeten die Fraktion USPD(Linke) und schlossen sich am 9. Dezember 1920 mit den zwei Abgeordneten der KPD (Levi und Zetkin) zur VKPD-Fraktion zusammen.

4. 5. 1924	3. 693 280 (62 Abgeordnete)
7. 12. 1924	2.709.086 (45 Abgeordnete)
20. 5. 1928	3.264.793 (54 Abgeordnete)
14. 9. 1930	4.590.160 (77 Abgeordnete)
31. 7. 1932	5.369.708 (89 Abgeordnete)
6. 11. 1932	5.980.614 (100 Abgeordnete)
5. 3. 1933	4.848.058 (81 Abgeordnete) *

* Die Zuweisung von Sitzen auf Wahlvorschläge der KPD für den am 5. März 1933 gewählten Reichstag wurde mit Erlaß des »Vorläufigen Gesetzes zur Gleichschaltung der Länder mit dem Reich« vom 31. 3. 1933 (RGBl. 1933/I S. 153 f.) für unwirksam erklärt.

Die KPD vertraten im Reichstag zwischen 1920 und 1933 folgende Abgeordnete:

Adler, Julius
Agatz, Wilhelm
Ahlers, Marie
Albrecht, Paul
Alexander, Eduard
Arendsee, Martha
Augustat, Elise
Backenecker, Maria
Bästlein, Bernhard
Bartels, Wolfgang
Bartz, Wilhelm
Barthel, Karl
Becker, Artur
Becker, Karl
Beimler, Hans
Benedum, Fritz
Benkwitz, Max
Berg, Romanus
Berthelé, Georg
Bertz, Paul
Beutling, Theodor
Blenkle, Konrad
Blum, Maria
Bohla, Franz
Bohnenstengel, Karl
Brandt, Ernst
Brass, Otto
Brenzel, Otto
Buchmann, Albert
Budich, Willi
Busse, Ernst
Chemnitz, Walter
Chwalek, Roman
Creutzburg, August
Dahlem, Franz
Däumig, Ernst
Daub, Philipp
Dautzenberg, Jakob
Dengel, Philipp
Dietrich, Paul
Doll, Franz
Düwell, Bernhard
Ebner, Adam
Eckhardt, Karl
Eichhorn, Emil
Eichler, Wilhelmine
Emrich, Fritz
Ende, Adolf (Lex)
Eppstein, Eugen
Esser, Barbara
Esser, Engelbert
Esser, Fritz
Ewert, Arthur
Fischer, Ruth
Fleischer, Helene
Flohr, Gustav
Florin, Wilhelm
Frank, Walter
Fries, Philipp
Frölich, Paul
Funk, Albert
Geisler, Paul
Geschke, Ottomar
Geyer, Curt
Geyer, Friedrich
Gräf, Hugo
Gropper, Roberta
Grosse, Fritz
Grube, Ernst
Grylewitz, Anton
Hamann, Alfred
Heckert, Fritz
Hein, Wilhelm
Hennig, Rudolf

Herbst, Eugen
Herm, Max
Herzfeld, Joseph
Heuck, Christian
Heydemann, Max
Heym, Guido
Himmler, Johanna
Hoffmann, Adolph
Höllein, Emil
Höllerzeder, Michael
Hörnicke, Ernst
Hoernle, Edwin
Horn, Lambert
Hornick, Paul
Horseling, Gerhard
Jaddasch, Anton
Jäkel, Paul
Janka, Albert
Jendrosch, Friedrich
Jungmann, Erich
Jürgensen, Reinhold
Kahmann, Fritz
Kassler, Georg
Katz, Iwan
Kayser, Albert
Kenzler, Georg
Kessel, Franziska
Kippenberger, Hans
Kirsch, Helene
Knab, Peter
Knöchel, Johann
Koenen, Wilhelm
König, Arthur
Kohlmann, Paul
Kollwitz, Hans
Körner, Olga
Korsch, Karl
Koska, Willi
Kraus, Werner
Krüger, Hedwig
Krzikalla, Anton
Lademann, Max
Langenfeld, Joseph
Latzke, Fritz
Leow, Willy
Levi, Paul
Lindau, Rudolf
Löwenthal, Fritz
Lohagen, Ernst
Maddalena, Max
Malzahn, Heinrich
Maslowski, Peter
Meier, Else
Meier, Karl
Meyer, Johann
Mildenberg, Grete
Miller, Joseph (Sepp)
Moericke, Franz
Müller, Gustav
Müller, Wilhelm
Muhsal, Carl
Münzenberg, Willi
Nagel, Arthur
Neddermeyer, Robert
Neubauer, Theodor
Neumann, Heinz
Nieke, Franz
Obendiek, Wilhelm
Öttinghaus, Walter
Olbrysch, Karl
Opitz, Max
Overlach, Helene
Papke, Paul
Paul, Hugo
Pfaff, Nikolaus
Pfeiffer, Hans
Pieck, Wilhelm
Pinnecke, Wilhelm
Plettner, Hans
Plum, Agnes
Prilipp, Willi
Putz, Ernst
Rädel, Siegfried
Redlich, Paul
Reese, Maria
Reich, Hermann
Reinke, Ernst
Reitler, Anna
Remmele, Hermann
Repschläger, Wilhelm
Roscher, Max
Rosenbaum, Kurt
Rosenberg, Arthur
Rosenhainer-Fleischer, Helene
Sandtner, Hanna
Sattler, Karl
Schehr, John
Schiek, Otto
Schlaffer, Joseph
Schlagewerth, Heinrich
Schlecht, Paul
Schmitt, Heinrich
Schneller, Ernst
Scholem, Werner
Schreck, Paul
Schroer, Alfred
Schröter, Johannes
Schubert, Hermann
Schütz, Max
Schütz, Walter
Schuldt, Hermann
Schulte, Fritz
Schumann, Georg
Schwan, Wilhelm
Schwartz, Paul Anton
Schwarz, Ernst
Schwindt, Walter
Selbmann, Fritz

Skamira, Willi
Skrentny, Konrad
Spicher, Wilhelm
Stamm, Robert
Stenzer, Franz
Stetter, Johannes
Stoecker, Walter
Strötzel, Max
Sychalla, Konrad
Teuber, Heinrich
Thälmann, Ernst
Thesen, Matthias
Thielen, Nikolaus
Thomas, Wendelin
Tiedt, Karl
Torgler, Ernst
Uhrig, Pius
Ulbricht, Walter
Ullrich, Artur
Ullrich, Lisa
Urbahns, Hugo
Vierath, Karl
Vogt, Arthur
Volkmann, Hans
Voss, Walter
Wackwitz, Marie
Walter, Otto
Walter, Paul
Warnke, Herbert
Weber, Otto (* 1889 – † 1971)
Weber, Otto (* 1893 – † 1961)
Weidauer, Walter
Wiora, Josef
Wollweber, Ernst
Zeiß, Franz
Zetkin, Clara
Zinke, Lotte

Anhalt

Wahlen zum Landtag von Anhalt fanden am 15. Dezember 1918, am 6. Juni 1920, am 22. Juni 1924 am 20. Mai 1928 und am 24. April 1932 statt.

15. 12. 1918	nicht beteiligt
6. 6. 1920	nicht beteiligt
22. 6. 1924	16 714 (4 Abgeordnete)
9. 11. 1924	11 232 (2 Abgeordnete)
20. 5. 1928	15 057 (3 Abgeordnete)
24. 4. 1932	20 424 (4 Abgeordntee)

Die KPD vertraten im Landtag von Anhalt zwischen 1924 und 1933 folgende Abgeordnete:

Bahn, Anna
Bahn, Karl-Wilhelm
Besser, Erich
Böse, Ernst
Böttge, Bruno
Franz, Gustav
Friemel, Otto
Henze, Emelie
Hinneburg, Friedrich
Kettig, Alfred
Kmiec, Paul
Pultz, Louis
Rödel, Fritz

Baden

Wahlen zum Landtag von Baden fanden am 5. Januar 1919, am 30. Oktober 1921 am 25. Oktober 1925 und am 27. Oktober 1929 statt.

5. 1. 1919	nicht beteiligt
30. 10. 1921	35 375 (3 Abgeordnete)
25. 10. 1925	47 343 (4 Abgeordnete)
27. 10. 1929	55 143 (5 Abgeordnete)

Die KPD vertraten im Badischen Landtag zwischen 1921 und 1933 folgende Abgeordnete:

Bock, Max
Böning, Hermann
Gässler, Ernst
Heymann, Stefan
Klausmann, Robert
Langendorf, Antonie
Lechleiter, Georg
Ritter, Jakob
Steiner, Johann
Unger, Frieda

Bayern

Wahlen zum Bayerischen Landtag fanden am 12. Januar 1919, am 6. Juni 1920, am 6. April 1924 am 20. Mai 1928 und am 24. 4. 1932 statt.

12. 1. 1919	nicht beteiligt
(in der Pfalz am 2. 2. 1919)	
6. 6. 1920	51 602 (2 Abgeordnete)
(in Coburg am 7. 11. 1920)	
6. 4. 1924	247 724 (9 Abgeordnete)
(in der Pfalz am 4. 5. 1924)	
20. 5. 1928	125 842 (5 Abgeordnete)
24. 4. 1932	259 338 (8 Abgeordnete)

Die KPD vertraten im Bayerischen Landtag zwischen 1920 und 1933 folgende Abgeordnete:

Aenderl, Franz Xaver
Aschenbrenner, Rosa
Auweck, Franz
Baumgärtner, Friedrich
Beimler, Hans

Boulanger, Jakob
Büchs, Franz Xaver
Dressel, Fritz
Eisenberger, Josef
Götz, Joseph
Graf, Otto
Grönsfelder, Karl
Hagemeister, August
Hösl, Viktoria
Karl, Georg
Mager, Hermann
Müller, Herbert
Sauber, Fritz
Schaper, Friedrich
Schiller, Hans
Schlaffer, Joseph
Schmidt, Adolf
Söllner, Leopold
Tauber, Paul
Wagner, Josef
Weber, Joseph

Braunschweig

Wahlen zum Landtag von Braunschweig fanden am 22. Dezember 1918, am 16. Mai 1920, am 20. Januar 1922, am 7. Dezember 1924, am 29. November 1927 und am 14. September 1930 statt.

22. 12. 1918	nicht beteiligt
16. 5. 1920	2 423 (0 Abgeordnete)
22. 1. 1922	10 518 (2 Abgeordnete)
7. 12. 1924	12 527 (2 Abgeordnete)
27. 11. 1927	12 954 (2 Abgeordnete)
14. 9. 1930	20 964 (2 Abgeordnete)

Die KPD vertraten im Landtag von Braunschweig zwischen 1922 und 1933 folgende Abgeordnete:

Buchhorn, Richard
Gmeiner, Paul
Krosse, Arno
Sievers, Hans
Winter, Ernst

Bremen

Wahlen zur Bremer Bürgerschaft fanden am 9. März 1919, am 6. Juni 1920 am 20. Februar 1921, am 16. November 1923 am 7. Dezember 1924, am 13. November 1927, am 30. November 1930 statt.

9. 3. 1919	11 358 (15 Abgeordnete)
6. 6. 1920	7 600 (5 Abgeordnete)
20. 2. 1921	10 960 (6 Abgeordnete)
16. 11. 1923	28 115 (18 Abgeordnete)
7. 12. 1924	15 989 (9 Abgeordnete)
13. 11. 1927	19 269 (10 Abgeordnete)
30. 11. 1930	21 692 (12 Abgeordnete)

Die KPD vertraten in der Bremer Bürgerschaft zwischen 1919 und 1933 folgende Abgeordnete:

Argus, Rudolf
Basaniewicz, Ludwig
Becker, Friedrich
Becker, Gesine
Boelke, Richard
Börschmann, August
Böse, Hermann
Both, Georg
Breitmeyer, Wilhelm
Brodmerkel, Hans
Bullwinkel, Wilhelm
Chapkowski, Max
Cunis, Clemens
Dannat, Adolf
Dantz, Wilhelm
Deisen, Wilhelm
Döll, Reinhard
Dörr, Friedrich
Ehlers, Adolf
Ehrhorn, Gustav
Eildermann, Luise
Eitzen, Hermann
Globig, Fritz
Hagedorn, Berta
Hansen, Jakob
Heinks, Heinke
Herz, Wilhelm
Hirsch, Joseph
Höcker, Johannes
Holdt, Andreas
Holtmann, Dietrich
Jannack, Karl
Kesselbeck, Elise
Klima, Johann
van Koll, Karl
Krohn, Albert
Landwehr, Heinrich
Lübeck, Käthe
Lück, Paul
Miller, Josef
Osterloh, Heinrich (Hermann)
Otto, Heinrich
Preusser, Karl
Priemer, Bernhard
Prüser, Hermann
Rumpf, Hermann
Schad, Heinrich
Stein, Ludwig
Stockinger, Alfred
Stöhr, Emil
Taube, Paul
Uhlhorn, Oskar
Wahl, Hugo

Danzig

Wahlen zum Volkstag Danzig fanden am 16. Mai 1920, am 18. November 1923, am 13. November 1927, am 15. November 1930, am 28. Mai 1933 und am 7. April 1935 statt.

16. 5. 1920	nicht beteiligt
18. 11. 1923	14 982 (11 Abgeordnete)
13. 11. 1927	11 700 (8 Abgeordnete)
15. 11. 1930	20 194 (7 Abgeordnete)
28. 5. 1933	14 566 (5 Abgeordnete)
7. 4. 1935	7 916 (zunächst 2 Abgeordnete, nach Wahlanfechtung und Urteil vom 14. 11. 1935 drei Abgeordnete)

Die KPD vertraten im Volkstag Danzig zwischen 1923 und 1935 folgende Abgeordnete:

Andreas, Gustav
Bartsch, Friedrich
Beyer, Paul
Bukmakowski, Paul
Döll, Emma
Geisler, Bruno
Hoffmann, Walter
Klapps, Johann
Kreft, Helene
Kreft, Paul
Langenau, Otto
Laschewski, Hermann
Lischewski, Wilhelm
Malachinski, Paul
Opitz, Karl
Plenikowski, Anton
Raschke, Felix (Fritz)
Raube, Artur
Retzkowski, Robert
Schulz, Walter
Serotzki, Paul
Totzki, Meta

Hamburg

Wahlen zur Hamburger Bürgerschaft fanden am 16. März 1919, am 20. Februar 1921, am 26. Oktober 1924, am 25. Oktober 1927, am 19. Februar 1928, am 27. September 1931 und am 24. April 1932 statt.

16. 3. 1919	nicht beteiligt
20. 2. 1921	59 179 (17 Abgeordnte)
26. 10. 1924	78 522 (24 Abgeordnete)
25. 10. 1927	110 239 (27 Abgeordnete, im November 1927 vom Reichsgericht für ungültig erklärt)
19. 2. 1928	114 257 (27 Abgeordnete)
27. 9. 1931	168 674 (35 Abgeordnete)
24. 4. 1932	119 481 (26 Abgeordnete)

Die KPD vertraten in der Hamburger Bürgerschaft zwischen 1921 und 1933 folgende Abgeordnete:

André, Edgar
Bästlein, Bernhard
Baas, Hans
Becker, Anton
Becker, Lina
Behring, Joseph
Bornkessel, Karl
von Borstel Johannes
Bottin, Otto Gustav
Brandt, Gustav
Bussow, Carl
Dettmann, Friedrich
Dietrich, Paul
Drenghahn, Martin
Duwendag, Wilhelm
Eickhoff, Hugo
Esser, Fritz
Ewert, Alma
Fließ, Walter
Franke, Ernst
Gill, Hugo
Gostomski, Hans
Gundelach, Gustav
Guttmann, Ketty
Halbe, Erna
Hassel, Wilhelm
Häußler, Friedrich
Hennig, Ernst Robert
Hennig, Marie Henriette
Herzog, Wilhelm
Hildebrandt, (Hans) Wilhelm
Hindenburg, August
Hinze, Karl
Hoefer, Hermann Martin
Hochmuth, Walter
Hoffmann, Erich
Hoffmann, Heinrich
Hoffmann, Otto Karl
Hofmeister, Willi
Hommes, Edith
Hommes, Gerhard Rudolf
Igelbrink, Sybilla
Jacob, Franz
Jahnke, Karl Hans Heinrich
Karges, Heinrich
Kelm, Magda
Kippenberger, Hans
Knossalla, Johann
Köppen, Karl Heinrich
Krollmann, Maria
Langhans, Magda
Levy, Alfred
Lindau, Rudolf
Lux, Friedrich
Metscher, Heinrich
Meyer, Heinrich

Michelse(o)n, Friedrich
Oldenburg, Wilhelm
Presche, Willy
Redlich, Friedrich
Reich, Hermann
v. d. Rheydt, (Reith), Wilhelm
Rothkegel, Rudolf
Rühl, Walter
Saling, Hans
Sanneck, Albert
Schmidt, Antonie
Schmidt, August Friedrich
Schmidt, Otto
Schütt, Fritz
Schwarz, Heinrich
Seß, Karl
Setter, Karl
Skorzisko, Theodor
Stahmer, Heinrich
Steckling, Walter
Stein, Otto
Sydow, Emil
Tastesen, Paul
Thälmann, Ernst
Urbahns, Hugo
Wachner, Arno
Wagner, Ehrenfried
Wahlgreen, Johann
Walter, Albert Paul
Walter, Johann Georg
Weinberg, Friedrich
Weseloh, Heinrich
Westermann, Hans
Westphal, Johann
Wieghardt, Hans
Wittorf, John
Wosikowski, Alice
Wulf, Hermann
Ziegler, Paul
Ziehl, August
Zimmer, Wilhelm
Zöllner, Paul

Hessen

Wahlen zum Landtag des Hessischen Volkstaates fanden am 26. Januar 1919, am 27. November 1921, am 7. Dezember 1924, am 13. November 1927, am 15. November 1931 und am 19. Juni 1932 statt.

26. 1. 1919	nicht beteiligt
27. 11. 1921	20 849 (2 Abgeordnete)
7. 12. 1924	33 689 (4 Abgeordnete)
13. 11. 1927	41 280 (6 Abgeordnete)
15. 11. 1931	106 790 (10 Abgeordnete)
19. 6. 1932	82 124 (7 Abgeordnete)

Die KPD vertraten im Landtag des Hessischen Volksstaats zwischen 1921 und 1933 folgende Abgeordnete:

Angermeier, Heinrich
Beuttel, Wilhelm
Ebner, Adam
Galm, Heinrich
Greiner, Daniel
Hamann, Wilhelm
Keil, Ludwig,
Lenz, Wilhelm
Loth, Josef
Mauer, Wilhelm
Otto, Heinrich
Rink, Georg
Rost, Karl
Roth, Katharina
Schaefer, Cäcile
Schaefer, Jakob
Schmidt, Marie
Schmitt, Konrad von der
Seuling, Karl
Sumpf, Hermann
Zeiß, Franz Jakob
Zwilling, Georg

Lippe-Detmold

Wahlen zum Landtag von Lippe/Detmold fanden am 26. Januar 1919, am 23. Januar 1921, am 18. Januar 1925, am 6. Januar 1929 und am 15. Januar 1933 statt.

26. 1. 1919	nicht beteiligt
23. 1. 1921	3 728 (1 Abgeordneter)
18. 1. 1925	3 649 (1 Abgeordneter)
6. 1. 1929	4 987 (1 Abgeordneter)
15. 1. 1933	11 047 (2 Abgeordnete)

Die KPD vertraten im Landtag von Lippe-Detmold zwischen 1921 und 1933:

Scholz, Gustav Adolf
Vehmeier, Wilhelm

Lübeck

Wahlen zur Lübecker Bürgerschaft fanden am 9. Februar 1919, am 13. November 1921, am 10. Februar 1924. am 14. November 1926, am 10. November 1929 und am 13. November 1932 statt.

9. 2. 1919	nicht beteiligt
13. 11. 1921	4 330 (6 Abgeordnete)
10. 2. 1924	8 896 (10 Abgeordnete)
14. 11. 1926	4 758 (5 Abgeordnete)
10. 11. 1929	6 721 (7 Abgeordnete)
13. 11. 1932	9 942 (9 Abgeordnete)

Die KPD vertraten in der Lübecker Bürgerschaft zwischen 1921 und 1933 folgende Abgeordnete:

Bartsch, Paul
Beyer, Adele
Drews, Paul
Ehlert, Richard
Fedder, Paul
Franck, Georg
Grewe, Lina
Grußendorf, Friedrich
Heilborn, Ismar
Klann, Erich
Lübeck, Käthe
Meyer, Anna
Mundt, Heinrich
Nickel, Egon
Olrogge, Albert
Puchmüller, Ernst
Raszkowski, Wilhelm
Rosengart, Rudolf
Ross, Karl
Schlich, Franz
Schmidt, Heinrich
Schwarz, Karl
Steen, Paul
Thimm, Dora
Windisch, Albin

Mecklenburg-Schwerin

Wahlen zum Landtag von Mecklenburg Schwerin fanden am 26. Januar 1919, am 13. Juni 1920, am 13. März 1921, am 17. Februar 1924, am 6. Juni 1926, am 22. Mai 1927, am 23. Juni 1929 und am 5. Juni 1932 statt.

26. 1. 1919	nicht beteiligt
13. 6. 1920	1244 (0 Abgeordnete)
13. 3. 1921	15 328 (3 Abgeordnete)
17. 2. 1924	44 765 (9 Abgeordnete)
6. 6. 1926	18 463 (3 Abgeordnete)
22. 5. 1927	15 746 (3 Abgeordnete)
23. 6. 1929	16 451 (3 Abgeordnete)
5. 6. 1932	26 891 (4 Abgeordnete)

Die KPD vertraten im Landtag Mecklenburg-Schwerin zwischen 1921 und 1933 folgende Abgeordnete:

Ambs, Hans
Böhme, Wilhelm
Buhler, Alfred
Fuchs, Hans
Gerlach, Anton
Goldenbaum, Ernst
Jungbluth, Karl
Kollwitz, Hans
Mayenburg, Herbert von
Niebuhr, Rosa
Nieckhammer, Otto
Pollmann, Walter
Quandt, Bernhard
Rother, Paul
Schröder, Willi
Schulze, Alfred
Steinemann, Hans
Warnke, Hans
Wenzel, Hugo

Mecklenburg-Strelitz

Wahlen zum Landtag von Mecklenburg-Strelitz fanden am 15. Dezember 1918, am 30. März 1919, am 16. mai 1920, am 8. Juli 1923, am 3. Juli 1927, am 29. Januar 1928 und am 13. März 1932 statt.

15. 12. 1918	nicht beteiligt
30. 3. 1919	nicht beteiligt
16. 5. 1920	nicht beteiligt
8. 7. 1923	10 342 (8 Abgeordnete)
3. 7. 1927	4 172 (3 Abgeordnete)
29. 1. 1928	3 572 (3 Abgeordnete)
13. 3. 1932	5 453 (3 Abgeordnete)

Die KPD vertraten im Landtag Mecklenburg-Strelitz zwischen 1921 und 1933 folgende Abgeordnete:

Brack, Fritz
Giese, Adolf
Hartmann, Rudolf
Klebba, Franz
Kock, Wilhelm
Kuhlmey, Fritz
Leistner, Max
Peters, Richard
Pietack, Willi
Raetz, Martin
Schmidt, Erich
Schultz, Willi
Woldegk, Friedrich

Oldenburg

Wahlen zum Landtag von Oldenburg fanden am 23. Februar 1919, am 6. Juni 1920, am 10. Juni 1923, am 20. Mai 1924, am 24. Mai 1925, am 20. Mai 1928, am 17. Mai 1931 und am 29. Mai 1932 statt.

23. 2. 1919	nicht beteiligt
6. 6. 1920	2 625 (0 Abgeordnete)
10. 6. 1923	12 068 (2 Abgeordnete)
20. 5. 1924	1 728 (0 Abgeordnete)
24. 5. 1925	3 579 (0 Abgeordnete)
20. 5. 1928	8 490 (1 Abgeordneter)
17. 5. 1931	18 942 (3 Abgeordnete)
29. 5. 1932	15 596 (2 Abgeordnete)

Die KPD vertraten im Landtag von Oldenburg zwischen 1921 und 1933 folgende Abgeordnete:

Eilts, Johann
Gerdes, Johann
Henke, Hugo
Müller, Gerhard (Paul)
Reimers, Johann
Wagner, Heinrich
Wastl, Karl
Wild, August

Preußen

Wahlen zum Preußischen Landtag fanden am 26. Januar 1919, am 20. Februar 1921 am 7. Dezember 1924, am 20. Mai 1928, am 24. April 1932 und am 5. März 1933 statt.

26. 1. 1919	nicht beteiligt
20. 2. 1921	1 253 346 (31 Abgeordnete)
7. 12. 1924	1 767 932 (44 Abgeordnete)
20. 5. 1928	2 237 160 (56 Abgeordnete)
24. 4. 1932	2 819 763 (57 Abgeordnete)
5. 3. 1933 *	3 137 162 (63 Abgeordnete)

* Die Zuteilung der 63 Sitze auf Wahlvorschläge der KPD wurde aufgr. des »Vorläuf. Gesetzes zur Gleichschaltung der Länder mit dem Reich« unwirksam.

Die KPD vertraten im Preußischen Landtag zwischen 1921 und 1933 folgende Abgeordnete:

Abel, Karl
Albrecht, Paul
Arendsee, Martha
Ausländer, Fritz
Bästlein, Bernhard
Becker, Karl
Benscheid, Gustav Adolf
Böschen Heinrich
Bruhn, Gustav
Charpentier, Fritz
Dahlem, Franz
Damerius, Emmy
Degel, Hans
Deter, Adolf
Duddins, Walter
Eberlein, Hugo
Eckertz, Maria
Ferlemann, Karl
Fischer, Karl
Fladung, Johannes
Flieg, Leopold
Florin, Wilhelm
Fränken, Friedrich
Frank, Walter
Franken, Paul
Franz, Frieda
Frenzel, Max
Geffke, Herta
Gehrmann, Karl
Geschke, Ottomar
Göbel, Jakob
Golke, Artur
Golke, Elfriede (Fischer, Ruth)
Grasse, Paul
Grobis, Paul
Grube, Ernst
Hausladen, Hans
Hiller, Alfred Oskar
Hoffmann, Adolph
Hoffmann, Paul
Horn, Lambert
Jendretzky, Hans
Jendrosch, Friedrich
Kaasch, Wienand
Kahmann, Fritz
Kaiser, Ewald
Kasper, Wilhelm
Kassner, Walter
Katz, Iwan
Kellermann, Hermann
Kerff, Willi
Kilian, Otto
Knoth, Johannes
Koenen, Wilhelm
König, Max
Kollwitz, Hans
Kramer, Richard
Krämer, Walter
Kraus, Werner
Krüger, Hedwig
Kuntz, Albert
Kunze, Otto
Lademann, Max
Leps, Georg
Lewin, Gabriel Gabo
Ligendza, Roman
Loquingen, Peter
Lossau, Fritz
Ludewig, Johanna
Matern, Hermann
Meier, Else
Menzel, Gustav
Merker, Paul
Meyer, Ernst
Moelders, Theo
Moericke, Franz
Müller, Anton
Müller, Gustav
Müller, Oskar
Neddermeyer, Robert
Neumann, Hedwig
Neumann, Paul
Oberdörster, Ernst
Obuch, Gerhard
Opitz, Max
Pechulla, Hans

Pieck, Wilhelm
Pinnecke, Wilhelm
Piontek, Isidor
Plenge, Oskar
Raddatz, Erich
Rau, Heinrich
Rehbein, Karl
Rochler, Erich
Rogg, Ulrich
Roth, Philipp
Rusch, Oskar
Sägebrecht, Willy
Sandtner, Augustin
Schehr, John
Schettkat, Albert
Schlag, Otto
Schmidt, Alfred
Schmidt, Felix
Schmidt, Heinrich
Schmirgal, Otto
Schneider, Gustav
Schnetter, Richard
Schoenbeck, Willy
Scholem, Werner
Scholtz, Annemarie
Scholz, Gerhard
Schubert, Hermann
Schulte, Fritz
Schulz, Karl
Schulz, Richard
Schumann, Georg
Schumann, Wilhelm
Schwenk, Paul
Seipold, Oskar
Selbmann, Fritz
Sellheim, Max
Skjellerup, Johann
Skrentny, Konrad
Sobottka, Gustav
Staubes, Hanna
Steinfurth, Erich
Stolt, Georg
Suhr, Paul
Switalla, Stachus
Tünnermann, August
Tunkel, Rudolf
Wecker, Hanns
Werner, Hans
Winterich, Jean
Wolfstein (Frölich), Rosi
Wollweber, Ernst
Wojtkowski, Paul
Ziegler, Willy
Zobel, Paul

Saargebiet

Wahlen zum Landesrat fanden am 22. Juni 1922, am 27. Januar 1924, am 24. März 1928 und am 16. Februar 1932 statt.

22. 6. 1922	14 532 (2 Abgeordnete)
27. 1. 1924	1 207 211*
	(40 235) (5 Abgeordnete)
24. 3. 1928	46 541 (5 Abgeordnete)
16. 2. 1932	84 112 (8 Abgeordnete)

*Die hohe Zahl bei der Wahl 1924 kam zustande weil bei dieser Wahl jeder Stimmberechtigte eine Liste mit 30 Stimmen abgegeben konnte.

Die KPD vertraten im Landesrat Saar zwischen 1922 und 1934 folgende Abgeordnete:

Berndt, Ludwig
Daub, Philipp
Detjen, Heinrich
Eifler, Friedrich
Frisch, Wilhelm
Helfgen, Johann
Herrmann, Luise
Heckler, Karl
Hey, August
L`Hoste, Johann
Lorenz, Paul
Pfordt, Fritz
Pink, Hans
Reinhard, Philipp
Schäfer, Franz
Sommer, Heinrich
Sticher, Karl
Ullrich, Karl
Weis, Albin

Sachsen

Wahlen zum Sächsischen fanden am 2. Februar 1919, am 14. November 1920, am 5. November 1922, am 31. Oktober 1926 am 12. Mai 1929 und am 12. Juni 1930 statt.

2. 2. 1919	nicht beteiligt
14. 11. 1920	117 280 (6, später 9 Abgeordnete)
5. 11. 1922	266 864 (10 Abgeordnete)
31. 10. 1926	342 382 (14 Abgeordnete)
12. 5. 1929	345 530 (12 Abgeordnete)
12. 6. 1930	355 381 (13 Abgeordnete)

Die KPD vertraten im Sächsischen Landtag zwischen 1920 und 1933 folgende Abgeordnete:

Bertz, Paul
Bleier, Oswald
Böttcher, Paul
Breitenborn, Hugo
Ebert, Albert
Ellrodt, Richard
Ewert, Arthur
Flammiger, Hermann

Gäbel, Otto
Glatzer, Helene
Glombitza, Ewald
Granz, Bruno
Groh-Kummerlöw, Grete
Grube, Ernst
Herrmann, Otto
Körner, Olga
Kühne, Martha
Lange, Richard
Langrock, Willi
Lieberasch, Arthur
Mätzig, Reinhard
Mehlhorn, Willi
Mildenstrey, Richard
Nagel, Arthur
Nischwitz, Margarete
Opitz, Max
Renner, Rudolf
Rötzscher, Otto
Roscher, Max
Scheffler, Ernst
Schlag, Martha
Schmincke, Richard
Schneider, Richard
Schneller, Ernst
Schreiber, Arthur
Schubert, Richard
Schwarz, Georg
Siegel, Bruno
Siewert, Robert
Silbermann, Max
Sindermann, Kurt
Ulbricht, Walter
Wehner, Herbert
Weimer, Gottfried
Zipfel, Otto

Thüringen

Wahlen zum Thüringischen Landtag fanden am 20. Juni 1920, am 11. September 1921, am 10. Februar 1924, am 30. Januar 1927, am 8. Dezember 1929 und am 31. Juli 1932 statt.

20. 6. 1920	8 134 (0 Abgeordnete)
11. 9. 1921	73 700 (6 Abgeordnete)
10. 2. 1924	162 114 (13 Abgeordnete)
30. 1. 1927	113 295 (8 Abgeordnete)
8. 12. 1929	85 209 (6 Abgeordnete)
31. 7. 1932	150 045 (10 Abgeordnete)

Die KPD vertraten im Thüringischen Landtag zwischen 1920 und 1933 folgende Abgeordnete:
Arnold, Rudolf
Beck, Hans
Bischoff, Hermann
Bochert, Alfred
Brömmer, Hugo
Duncker, Käte
Gentsch, Otto (genannt Engert)
Eyermann, Richard
Fischer, Paul
Gäbler, Fritz
Gebhardt, Willy
Geithner,Otto
Heilmann, Friedrich
Korsch, Karl
Kröber, Leander
Müller, Johannes (Hans)
Neubauer, Theodor
Rösel, Josef
Rosenhainer, Helene
Scharf, Erich
Schmidt, Agnes
Schreyer, Hans
Schulze, Hermann
Steudner, Hermann
Tenner, Albin
Tittel, Hans
Voigt, Arno
Winckelmann, Frieda
Zimmermann, Richard

Württemberg

Wahlen zum Landtag von Württemberg fanden am 12. Januar 1919, am 6. Juni 1920, am 4. Mai 1924, am 20. mai 1928 und am 24. 4. 1932 statt

12. 1. 1919	nicht beteiligt
6. 6. 1920	33 147 (0 Abgeordnete)
4. 5. 1924	138 683 (10 Abgeordnete)
20. 5. 1928	82 525 (6 Abgeordnete)
24. 4. 1932	116 652 (7 Abgeordnete)

Die KPD vertraten im Württembergischen Landtag zwischen 1924 und 1933 folgende Abgeordnete:

Becker, Ludwig
Brönnle, Karl
Fischer, Albert
Haag, Alfred
Haller, Eugen
Hammer, Max
Hilsenbeck, Romuald
Keim, Karl
Köhler, Gustav
Müller, Carl (Karl)
Ohnsmann, Gustav
Rehbach, Paul
Schneck, Karl
Schumacher, Ernst
Stäbler, Karl
Stetter, Johannes
Vollmer, Otto
Walter, Maria

I. Archivalien

Stiftung Archiv der Parteien und Massenorganisation im Bundesarchiv Berlin (SAPMO)

SAPMO RY 1/I 2/711 Bd. 22, 23, 24 und 40 Unterlagen der Juristischen Zentralstelle
SAPMO RY 5/I 6/10/93-98 Kaderunterlagen deutscher Kommunisten aus dem Bestand Kommunistische Internationale
SAPMO RY 1/I 2/3/97 Berichte über illegale Arbeit in Oberschlesien, Verhaftungen, Verräter und Spitzel
SAPMO RY 1/I 2/3/98 Berichte über illegale Arbeit in Ostpreußen, Pommern und Danzig, Verhaftungen, Verräter und Spitzel
SAPMO RY 1/I 2/3/110 Hektographierte Liste der Gestapo flüchtiger deutscher und ausländischer Kommunisten
SAPMO RY 1/I 2/3/119 Berichte über illegale Arbeit in Ostpreußen, Pommern und Danzig, Verhaftungen, Verräter und Spitzel
SAPMO RY 1/I 2/3/121 diverse Einzelberichte über illegale Arbeit 1933-1945
SAPMO RY 1/I 2/3/123 diverse Einzelberichte über illegale Arbeit 1933-1945
SAPMO RY 1/I/ 2/3/346 Listen von deutschen Politemigranten, die auf Einreise in die UdSSR warten
SAPMO RY 1/I 2/4 Bd. 40-42 Schriftwechsel der Zentrale/ZK Polbüro/Sekretariat bzw. der Abteilungen des ZK mit den Bezirken usw.
SAPMO RY 1/I 2/6/1 Bd. 1-3 und 83-87 Unterlagen der Zentralen Beschwerdekommission
SAPMO RY 1/I 3/1-2/65 b Verhandlungsberichte und Schiedssprüche der Schiedsgerichte Berlin-Brandenburg Februar 1923-Mai 1927
SAPMO RY 1/I 2/703 142-151 KPD in den Landtagen
SAPMO RY I 2/3 75 a , 76 a u. b Kaderfragen A-Z
SAPMO RY 2/3 113 Kurzbiographien von in Berlin nach 1945 lebenden antifaschistischen Widerstandskämpfern
SAPMO RY 2/3/129 Mecklenburg (Briefwechsel zwischen SED-LV und Personalpolitischer Abteilung des SED-PV)
SAPMO RY 1I/ 2/2/31 Schriftwechsel und Rundschreiben der Zentrale ab 1919
SAPMO RY 1I/ 6/3/151 Schriftwechsel deutsche Vertretung beim EKKI 1925
RY 1 I/2/1/28 Protokoll der ZK-Plenartagung 6.-7. August 1925
SAPMO RY 1I/6/3/88 Reden von Schneller, Thälmann und Dengel auf der Sitzung der »Deutschen Kommission« in Moskau (August 1925)
SAPMO RY 1I/2/1/49 Protokoll der Plenartagung am 5. November 1926
SAPMO RY 1/I 2/3/12 Protokolle der Politbürositzungen von Januar-November 1932
SAPMO RY I 1/ 1/23 u. 24 11. Parteitag der KPD Essen 1927
SAPMO RY I 1/1/28 12. Parteitag der KPD Berlin 1929
SAPMO RY 1 I 4/1/63 u. 64 Bestand Revolutionäre Massenorganisationen KJVD
SAPMO RY 1 I 4/ 4/49 Bestand Rote Hilfe Deutschlands
SAPMO RY 1/I 2/ 5/43 a und b Kaderfragen
SAPMO RY 1/I 2/ 5/49, 50, 51 Protokolle der Sitzungen des Sekretariats und des Erweiterten Sekretariats des ZK der KPD 1945/46
SAPMO RY 1/I 2/ 4/35 Personal- und Kaderfragen/Briefe an das Org-Büro des ZK 1920-1922, 1923/24, 1925/26, 1927-1929
SAPMO RY 1/I 2/4/36 Bestand ZK der KPD Fragebögen von KPD-Funktionären (Registrierung leitender Parteifunktionäre A-L)
SAPMO RY 1/I 2/4/37 Bestand ZK der KPD Fragebögen von KPD-Funktionären (Registrierung leitender Parteifunktionäre Buchstabe M-Z)
SAPMO DY 30 2/4/... Bestand ZPKK
SAPMO DY 30/IV /2/11/v... Kaderakten des Zentralkomitte der SED
SAPMO DY 30 J IV 2/2 001 ff. Arbeitsprotokolle des Politbüros des Zentralkomitees der SED
SAPMO DY 30 J IV 2/3 001 ff. Arbeitsprotokolle des Kleinen Sekretariats bzw. des Sekretariats des Zentralkomitees der SED
SAPMO DY 54 V 277/ 1/16 OdF-Ausschüsse, Hauptausschuß und Landesausschüsse, Totenlisten der Berliner Verwaltungsbezirke (Anfragen und Antworten nach Toten aller Berliner Friedhöfe)
SAPMO DY 54 V 277/ 1/17 OdF-Ausschüsse, Hauptausschuß und Landesausschüsse (Totenlisten u.a. aus Ludwigshafen, Herne, Holzminden, Lukkenwalde, Niederlehme, Oschersleben [20. Juli 1944], Stadt- und Landkreis Pirna und Plauen, Rudolstadt, Spremberg, Wilkau-Haßlau, Zwickau)
SAPMO DY 54 V 277/ 2/34 Listen von anerkannten OdF des Landes Brandenburg
SAPMO DY 54 V 277/ 2/35 Statistische Fragenbögen OdF-Landesausschuß Brandenburg Buchstaben A-F
SAPMO DY 54 V 277/ 2/36 Statistische Fragenbögen OdF-Landesausschuß Brandenburg Buchstaben G-H
SAPMO DY 54 V 277/ 2/37 Statistische Fragenbögen OdF-Landesausschuß Brandenburg Buchstaben I-L
SAPMO DY 54 V 277/ 2/38 Statistische Fragenbögen OdF-Landesausschuß Brandenburg Buchstaben M-N
SAPMO DY 54 V 277/ 2/39 Statistische Fragenbögen OdF-Landesausschuß Brandenburg Buchstaben O-R
SAPMO DY 54 V 277/ 2/40 Statistische Fragenbögen OdF-Landesausschuß Brandenburg Buchstaben S-T

SAPMO DY 54 V 277/ 2/41 Statistische Fragenbögen OdF-Landesausschuß Brandenburg Buchstaben U-Z
SAPMO DY 54 V 277/ 1/21-27 Fragebögen des Hauptausschusses OdF an ehemalige Insassen (oder Angehörige) die in Haftanstalten oder KZs in Sachsen inhaftiert waren. A-F, G-J, K-L, M-Q, R-S, S, T-Z
SAPMO DY 54 V 277/ 1/28 Antworten auf Fragebögen des OdF-Hauptausschusses Berlin von ehemaligen Häftlingen der KZs Mauthausen und Dachau
SAPMO DY 54 V 277/ 1/29 Antworten auf Fragebögen des OdF-Hauptausschusses Berlin von ehemaligen Häftlingen, die in Gefängnissen und Zuchthäusern in Bayern inhaftiert waren
SAPMO DY 54 V 277/ 1/30 Antworten auf Fragebögen des OdF-Hauptausschusses Berlin von ehemaligen Häftlingen, die in Gefängnissen und Zuchthäusern in Schlesien und Polen inhaftiert waren (Majdanek, Auschwitz, Theresienstadt)
SAPMO DY 54 V 277/ 1/31-33 Antworten auf Fragebögen des OdF-Hauptausschusses Berlin von ehemaligen Häftlingen, die in Gefängnissen und Zuchthäusern in Hamburg-Neuengamme und Fuhlsbüttel, in Ostpreußen,inhaftiert waren und von im Rheinland, der Saar, in Württemberg-Baden, Elsaß-Lothringen, Pommern und Westpreußen eingesetzten Häftlinge sowie von Emigranten.
SAPMO DY 54 V 277/1/33 Fragebögen über Haftdatum, Haftorte, Mißhandlungen und Beamte verschiedener KZs und Zuchthäuser
SAPMO DY 55 V 278/117 Generalsekretariat der VVN Hochschulgruppen (Anfragen und Bitten um Material von ermordeten Widerstandskämpfern, Brigaden, Straßenumbenennungen usw.)
SAPMO DY 55 V 278/4/76 Landesverband VVN Brandenburg (Schreiben an das Generalsekretariat der VVN/Forschungsstelle, Überprüfungen, Beschwerden, Auskünfte
SAPMO DY 55 V 278/5/35 Bd.1 - 3 Hauptlagerkartei VVN Thüringen (A-Gl und Go-KI, Kl-N, O-St, T-Z)
SAPMO DY 55 V 278/3/176 Aufnahmeanträge Berliner VVN
SAPMO DY 55 V 278/3/178 Ausschlüsse und Austritte Berliner VVN
SAPMO DY 55 V 278/3/181 Nachfrage der Berliner VVN bei in Berlin wohnhaften Angehörigen von hingerichteten bzw. an den Haftfolgen Verstorbenen
SAPMO DY 55 V 278/2/26 Generalsekretariat VVN Anfragen und Bestätigungen an das Referat Forschung des GS der VVN nach Personen bzw. deren Aussagen über Haftzeiten usw.
SAPMO DY 55 V 278/4/21 VVN-Landesverband Brandenburg
SAPMO DY 55 V 278/4/79-81 VVN-Landesverband Brandenburg
SAPMO DY 55 V 278/6 Biographische Sammlung Dy 55 278/5/34 Bd. 1 und Bd. 2 Lagerkartei Thüringen, nach Gefängnissen geordnet
SAPMO DY 55 278/5/2 VVN-Karteikarten von verstorbenen »Opfern und Kämpfern« aus dem Bezirk Leipzig mit Anschriften der Hinterbliebenen
SAPMO DY 30 2/11/1-5 Fragebögen der Delegierten zum 15. Reichs-Parteitag der KPD 19./20. April 1946

Nachlässe

NY 4109 Ackermann, Anton
NY 4104 Agartz, Viktor
NY 4161 Agatz, Wilhelm
NY 4434 Albrecht, Willi
NY 4225 Alexander, Gertrud
NY 4018 André, Etkar
NY 4146 Apelt, Fritz und Frieda
NY 4017 Arendsee, Martha
NY 4089 Bästlein, Bernhard
NY 4174 Bertz, Paul
NY 4500 Beyling, Fritz
NY 4127 Bittel, Karl
NY 4226 Blenkle, Conrad
NY 4169 Böttcher, Paul
NY 4231 Bohn, Willi
NY 4404 Brass, Otto
NY 4178 Buchmann, Albert und Erika
NY 4405 Chwalek, Roman
NY 4072 Dahlem, Franz und Käthe
NY 4243 Daub, Philipp
NY 4406 Deter, Adolf
NY 4166 Dünow, Hermann
NY 4445 Duncker, Hermann und Käte
NY 4026 Eckardt, Carl
NY 4153 Eckert, Erwin
NY 4131 Eichhorn, Emil
NY 4251 Eildermann, Wilhelm
NY 4117 Eisler, Gerhart
NY 4070 Ende, Lex (Adolf)
NY 4129 Evers, Heinrich und Berta
NY 4203 Ewert, Arthur und Minna
NY 4122 Firl, Wilhelm
NY 4009 Florin, Wilhelm
NY 4257 Frenzel, Max
NY 4132 Fröhlich, Horst
NY 4407 Fugger, Karl
NY 4157 Gäbler, Fritz
NY 4408 Geisler, Paul
NY 4252 Gentsch, Erich
NY 4505 Gladewitz, Richard
NY 4200 Glückauf, Erich
NY 4107 Golke, Artur
NY 4082 Gräf, Hugo
NY 4421 Groh-Kummerlöw, Grete
NY 4066 Gundelach, Gustav
NY 4080 Gyptner, Richard

NY 4098 Hahn, Josef (Sepp)
NY 4128 Handke, Georg
NY 4007 Heckert, Fritz, Wilma, Otto
NY 4186 Heilmann, Friedrich
NY 4476 Heimburger, Arthur
NY 4148 Herzog, Wilhelm
NY 4193 Heymann, Stefan
NY 4051 Hoelz, Max
NY 4030 Hoernle, Edwin
NY 4085 Hoffmann, Erich
NY 4258 Hoffmann, Ernst
NY 4311 Hoffmann, Mathias
NY 4431 Jendretzky, Hans
NY 4236 Jungmann, Erich
NY 4024 Kahle, Hans
NY 4064 Kaßler, Georg
NY 4287 Klepper, Julius
NY 4004 Knief, Johann
NY 4091 Koenen, Bernard
NY 4074 Koenen, Wilhelm und Emmy
NY 4412 Krautter, Paul
NY 4202 Kuhn-Wiedmaier, Maria/Kuhn, Harry
NY 4119 Kuntz, Albert
NY 4143 Kurella, Alfred
NY 4170 Leibbrand, Robert
NY 4126 Levi, Paul
NY 4094 Leviné, Eugen
NY 4001 Liebknecht, Karl
NY 4006 Lindau, Rudolf
NY 4002 Luxemburg, Rosa
NY 4048 Marchlewski, Julian
NY 4076 Matern, Hermann und Jenny
NY 4043 Mehring, Franz
NY 4180 Melzer, Johanna
NY 4102 Merker, Paul und Margarete
NY 4137 Meyer, Ernst
NY 4185 Meyer, Gertrud
NY 4096 Miller, Josef (Sepp)
NY 4471 Moericke, Franz
NY 4571 Morgner, Gertrud
NY 4041 Neubauer, Theodor
NY 4133 Niebergall, Otto
NY 4010 Niederkirchner, Michael
NY 4413 Niederkirchner, Michael
NY 4217 Norden, Albert
NY 4142 Nuding, Hermann
NY 4144 Oelßner, Alfred
NY 4215 Oelßner, Fred
NY 4274 Opitz, Max
NY 4229 Paul, Elfriede und Küchenmeister, Walter
NY 4472 Peschke, Paul
NY 4115 Pfeiffer, Hans
NY 4130 Pieck, Arthur
NY 4036 Pieck, Wilhelm
NY 4141 Plenikowski, Anton
NY 4156 Putz, Ernst
NY 4062 Rau, Heinrich
NY 4460 Rehme, Anna
NY 4230 Reimann, Max
NY 4164 Renner, Heinz
NY 4263 Reutter, Rudolf
NY 4054 Römer, Josef (Beppo)
NY 4150 Rubens, Franziska
NY 4049 Saefkow, Anton und Aenne
NY 4037 Scheringer, Richard
NY 4449 Schilling, Ernst
NY 4106 Schmidt, Elli
NY 4038 Schneller, Ernst
NY 4040 Schoenbeck, Willi
NY 4198 Schreiner, Albert
NY 4015 Schulz, Karl
NY 4123 Schulz, Walter
NY 4093 Schulze, Fritz (Fiete)
NY 4194 Schwab, Josef (Sepp)
NY 4081 Schwenk, Paul
NY 4113 Selbmann, Fritz
NY 4297 Siegmund, Kurt
NY 4008 Sobottka, Gustav
NY 4124 Stamm, Robert
NY 4266 Starck, Alexander und Johanna
NY 4246 Stibi, Georg und Henny
NY 4196 Stoecker, Walter
NY 4163 Tastesen, Paul
NY 4003 Thälmann, Ernst
NY 4206 Tromm, Emma
NY 4312 Uhrig, Charlotte und Robert
NY 4182 Ulbricht, Walter
NY 4268 Ullrich, Lisa
NY 4112 Vesper, Walter
NY 4566 Voss, Walter
NY 4087 Walcher, Jacob und Hertha
NY 4418 Walter, Paul
NY 4175 Warnke, Herbert
NY 4065 Weinert, Erich
NY 4214 Wendt, Erich
NY 4181 Winzer, Otto
NY 4477 Wiora, Josef
NY 4522 Wölk, Werner
NY 4125 Wurm, Christoph
NY 4277 Zaisser, Wilhelm
NY 4005 Zetkin, Clara
NY 4155 Ziehl, August

▸ *Russisches Zentrum zur Aufbewahrung und Erforschung von Dokumenten der neuesten Geschichte (RZChIDNI) und Russisches Staatliches Archiv für soziale und politische Geschichte (RGSAPI) in Moskau*

Bestand der Kommunistischen Internationale, deutsche Sektion und Kaderakten

▸ *Bundesarchiv Berlin*

NJ 15808/1-2 Anklageschrift des Generalstaatsanwalts des OLG Königsberg vom 29. Juni 1934 gegen Emil Paffrath u.a.
R 58 Nr. 2153 RSHA Abt. IV Lagebericht der Gestapo

R 58 Nr. 2159 RSHA Abt. IV
R 58 Nr. 2161 RSHA Abt. IV
R 58 Nr. 2176 RSHA Abt. IV
R 58 Nr. 2194 RSHA Abt. IV
R 58 Nr. 2195 Lageberichte, u. a. der Stapoleitstelle Trier
R 58/2301 RSHA Verzeichnis flüchtiger Antifaschisten (Mitglieder der KPD u. a.)
R 58/2302 RSHA Nachträge zu flüchtigen KPD-Funktionären
R 58/2303 RSHA Verzeichnisse flüchtiger Antifaschisten (Mitglieder der KPD u. a.)
R 58/2304 RSHA Verzeichnisse flüchtiger Antifaschisten (Mitglieder der KPD u. a.)
R 58/2306 RSHA Schreiben von Gestapodienststellen an RSHA
R 58/2308 RSHA Verzeichnis flüchtiger Kommunisten
R 58/2308 a und b Dokumentation »Der Reichsführer-SS und Chef des Sicherheitshauptamtes« No. 027 Erfassung führender Männer der Systemzeit vom Juni 1939
R 58 Nr. 2512 RSHA Festnahmen der Gestapo in Stettin
R 58 Nr. 2518 RSHA Festnahmen der Gestapo in Stettin
R 58 Nr. 3232 RSHA Abt. IV Gestapoberichte der Länder an die Zentrale des RSHA in Berlin über flüchtige bzw. festgenommene Funktionäre der KPD
R 1507 Nr. 13 Max Andre
R 1507 Nr. 564 Ketty Guttmann
R 1507 Nr. 827/3 Fritz Weigel
R 1507 Bd. 1002 Reichskommissar Überwachung der öffentlichen Ordnung
R 1507 Bd. 1080 b Reichskommissar Überwachung der öffentlichen Ordnung
R 1507 Bd. 1081 Reichskommissar Überwachung der öffentlichen Ordnung (vor allem KPD Bayern 1921-1926)
R 1507 Bd. 1109 a und 1109 b Reichskommissar Überwachung der öffentlichen Ordnung
R 1507 Nr. 1110 Teilnehmerliste der am 26. 2. 1920 in Durlach tagenden Reichskonferenz der KPD
ZC 71 A 1-15 Dossier von Hans Kippenberger über den AM-Apparat des ZK der KPD u.a. Einschätzungen von Mitarbeitern z.B. Emil Pietzuch, Franz Vehlow u. a.
ZC 3699 Bd. 7 Verfahren gegen Kurt Antes
ZC 8262 Bd. 11 Anklageschrift und Urteil gegen Felix Bobek u.a.
ZC 9642 Bd. 1-17 Ermittlungsverfahren, Anklageschrift und Urteil gegen Horst Fröhlich
ZC 10757 Bd. 1- 9 Verfahren gegen Willi Koska, Arthur Maschke, Otto Schreiber und Bruno Stahlschmidt
ZC 10857 Bd. 2 Verfahren gegen Alfred Hoernle u. a.
ZC 13101 Bd. 1-6 Verfahren gegen Ernst Sasse u. a.
ZC 13535 Bd. 1-4 Ermittlungen, Anklageschrift und Urteil gegen Heinrich Schmeer
ZC 14136 Bd. 1-9 Verfahren gegen Walter Beling u. a.
ZC 14326 Bd. 1-4 Verfahren gegen Fritz Reuter, Heinrich Schmeer, u. a.
ZC 15929 Bd. 1-15 Ermittlungsverfahren, Anklageschriften und Urteile gegen Ernst Bertram, Hermann Dünow, Fritz Große, Michael Kaczmierczak, Heinrich Schmitt, Heinrich Wiatrek u.a.
ZC 15929 Bd. 16 Personalien und Fotos von Teilnehmern von Lehrgängen an der Militär-Schule der Kommunistischen Internationale in der Sowjetunion aus den Jahren 1930-1934
ZC 19838 Verfahren gegen Heinrich Böschen

Bundesarchiv Koblenz

Akten Reichskanzlei. R 43 I/267r. Akten betr. Kommunistische Partei. Band 7-9 (1924 bis 1929)
Generalakten des Justizministeriums betr. die komm. Partei 135/8472-8475
Nr. 140. Nachlaß Rechberg
379-3 Nachlaß Maria Reese
R 58/8 (RSHA, Personalbogen über KPD-Mitglieder)
R 58/390-92 (Parteitage der KPD)

Brandenburgisches Landeshauptarchiv Abteilungen Potsdam-Bornim (Außenstellen in Cottbus und Frankfurt/Oder)

Rep. 330 Nr. 48-52 Bestand KPD-Bezirksleitung Provinz Brandenburg
Rep. 401 VdN-Antragsakten der Räte der Bezirke Cottbus, Frankfurt/Oder und Potsdam
Rep. 332 Nr. 111- 196 Bestand Landesparteikontrollkommission Brandenburg
Rep 332 Nr. 1193 Einzelfälle von Ausschlüssen durch das Landesparteischiedsgericht Brandenburg
Rep. 332 Nr. 1165 Aufnahmeanträge in die VVN Land Brandenburg
Rep 530 Bestand Bezirksparteiarchiv Potsdam
Rep 730 Bestand Bezirksparteiarchiv Frankfurt/Oder
Rep 930 Bestand Bezirksparteiarchiv Cottbus

Staatsarchiv Bremen

Bestand 4, 65 (Polizei)
IIA 12a. VKPD Reich (bzw. KPD-Reich). Allgemeines. Bd. 1-Bd. 36 (1919-1936)
IIA 12a I VKPD Reich. Besonderes. Bd. 1 und 2
IIA 12a Ia. VKPD Reich. Opposition. Bd. 1 und 2
IIA 12a 2. Kommunistische Arbeitsgemeinschaft 1921
IIA 12a 4. Komm. Opposition in Gewerkschaften. Bd. 1-17. (1924-1935)
IIA 12a 10. VKPD Reich. Presse. Bd. 1-3
IIA 12b. VKPD Bremen. Allgemeines. Bd. 3-16b

(1921-1932)
IIA 12b I. VKPD Bremen. Parteiorganisation. Bd. 2-5 (1924-1929)
IIA 12b Id. KPD Bremen. Opposition
IIA 12b 9. VKPD Bremen. Parlamentsfraktion. Bd. 1 und 2 (1919-1933)
IIA 12b. 20. KPD. Parteischulen. Bd. 1-4 (1921-1933)
IIA 12 30a. Der Parteiarbeiter (1926-1930)
IIA 13a. KAPD. Reich. Allgemeines. Bd. 1-3
IV 13h. Berichte Polizeipräsidium Berlin IA. Bd. 1-4 (1925-1928)
IV I3i. Mitteilungen IA Berlin. Bd. 1-16 (1929-1933)
IV 13k. Berliner Mitteilungen (Rundschreiben ZK der KPD 1932)
IV 23. Landesinformationsdienst Dresden. Bd. 1-4 (1920-1933)
IV 27. Mitt. Landespolizeiamt Stuttgart. Bd. 4-9 (1924-1930)
IV 29. Mitt. Hessen. Polizeiamt Darmstadt. Bd. 1-6 (1923-1930)
IV 30. Mitt. Thüringen. Bd. 1-2 (1923-1929)
IV 31. Berichte Baden. Bd. 1-2 (1924-1929)
IV 33. Berichte Mecklenburg-Schwerin. (1924-1929). Bd. 1-2
IV 4e 2. Mitteilungen Hamburg. Bd. 4-7 (1922-1932)
IV 6. Mitt. Hannover. Bd. 11 (1922-1926)
VI 79a. Wahlen in Thüringen
VI 790. Wahlen in Sachsen
Verhandlungen der Bremischen Bürgerschaft vom Jahre 1924. Sitzung 1-26. Stenogr. aufgezeichnet. O. O. u. J. – Dass. vom Jahr 1925, Sitzung 1-23. O. O

Hauptstaatsarchiv Düsseldorf

15 681. Kommunistische Arbeiterpartei
15 682. Kommunistische Arbeitsgemeinschaft
15 685. Kommunistische Jugend
15 689-15 692. Kommunistische Partei 1921/22
16 910 Komm. Bewegung, Generalia
16 921-16 922. Agitprop KPD
16 923-16 928. Komm. Bewegung, Specialia (1925-1927)
16 929. Komm. Bewegung, Stadt Duisburg
16 930. Komm. Bewegung, Krefeld
16 932. Komm. Bewegung, Hamborn
16 933. Komm. Bewegung, Düsseldorf
16 934. Komm. Bewegung, Essen
16 944. Komm. Bewegung, Solingen
16 949. Komm. Bewegung, Remscheid
16 949. Kommunistische Arbeiterpartei
16 951. KPD. Personalien
16 957. Herausgabe von Zeitungen durch die KPD
16 958-16 959. Zeitungen und Drucksachen-Beschlagnahme
16 960. Organisation der KPD
16 988. Roter Frauen- und Mädchenbund
17 079-17 080. Kommunistische Partei
17 209. KPD 1932
30 648-30 651. KPD Verschiedenes
30 652. Roter Frontkämpferbund.
30 657. Kommunistische Partei
30 659. Roter Frontkämpferbund
30 661 KPD-Opposition
30 662. Kommunistische Partei
30 665. KPD. Oberpräs. Westfalen 1933

Hauptstaatsarchiv Düsseldorf 11 (Gestapo-Archiv)

377 und 4032 (Schlagewerth), 841 (Wolf), 2019 (Gewehr), 2206 (Karg), 2257 (Polenz), 2383 (Weidauer), 2475 (Kaps), 2478 (Seng), 3594 (Jannack), 3731 (Frenkel), 3931 (Gundermann), 3938 (Serwe), 4431 (Bietteck), 4751 und 14 812 (H. Schmidt), 5135 (Mohr), 6690 (Idel), 7009 (Kaasch), 7022 (Zinke), 7140 (Lennartz), 7287 (Wiatrek), 7538 (Ligendza), 11053 und 48 709 (Knodt), 11250 (Groß), 11 325 (Mewis), 12 112, 19 540 und 19 541 (Knöchel), 12 548 (Tippblätter), 13 018 (Kropp), 13 456 (Esser), 14 100 (Lemnitz), 17 083 und 49 005 (Overlach), 17707 (Epe), 17 720 (Fonk), 23 040 (Hertel), 23 047 (Gutsche), 27 501 (Gentsch), 27 753 (Rembte), 27 851 (Recks), 27 917 (Bertz), 29 635 (M. Hoffmann), 31 499, 32 731 und 37 993 (Fränken), 32 938 (Opitz), 33 017 (Glückert), 36 839 (Schroer), 40 338 (Pietzuch), 40 685 (Langenfeld), 43 331 (Birkenhauer), 44 005 (Schwan), 49 462 (Klepper), 52 564 (Firl), 53 660 (O. Weber), 57 686 (Kowalski), 61 823 (Fröhlich), 71 873 (Horn).

Staatliches Archivlager Göttingen

Rep. II, 478. Oberpräsidium Königsberg
3006. Verordnungen zum Schutz der Republik
4129. Bolschewismus
4295. Sowjetrußland

Staatsarchiv Hamburg

Handschriftensammlung. DC I, 601. Bürgerschaftsmitglieder

Niedersächsisches Staatsarchiv Hannover

Hann. 88. Hann. II. Polizei. Sonderakten
Bd. 718 (820) -719 (821)
Hann. 80. Hann. II
Bd. 770 (843)-781 (854). 1929-1932
Hann. 310 I, C II

Badisches Generallandesarchiv Karlsruhe

G. L. A. 234. Justizministerium. Polizei Generalia.
Nr. 10130. Komm. Tl. I (1921-1924).
Nr. 101 31. Komm. 1925-1935.

Bayerisches Hauptstaatsarchiv München (HStA München)

Akten des Staatsministeriums des Innern
M. Inn. 71 490. Reichskommissar f. d. Überwachung der öff. Ordnung
M. Inn. 71 537 Bd. II. Verbotene Organisationen 1923
M. Inn. 71 708/709 Unruhen, politische Umtriebe. Bd. IV, VI, VII

Bayerisches Hauptstaatsarchiv, Abt. II. Geheimes Staatsarchiv (Geh. StA München)

MA 1943 A. V. Akta des Äußern
100 413-100 416. Bolschewismus, Kommunismus (1926-1929)
101 235-101 237. Polizeiberichte (1924-1930)
101 247-101 251. Lageberichte Reichskommissar (1924-1927)
103 010. Deutsch-russische Beziehungen 1930-1932
103 541-103 543. Verzeichnis der Mitglieder des Reichstags-Ausschusses der Nationalversammlung/ Reichstag für auswärt. Angelegenheiten (1919-1932)
104 400. Verhandlungen des Württ. Landtages
104 326. Politisches aus Hessen

Landesarchiv Berlin

C Rep 118-01 VdN-Antragsakten
C Rep 907-01 Bestand SED-Bezirksleitung Berlin/Kaderakten

Landesarchiv Greifswald

VdN-Antragsakten Rat des Bezirks Rostock
Bestand Bezirksparteiarchiv Rostock

Landesarchive Magdeburg und Merseburg

VdN-Antragsakten Rat des Bezirks Magdeburg
VdN-Antragsakten Rat des Bezirks Halle
Bestand Personalunterlagen Landesregierung Sachsen-Anhalt
Bestand Bezirksparteiarchiv Magdeburg
Bestand Bezirksparteiarchiv Halle

Landeshauptarchiv Schwerin

VdN-Antragsakten bei den Räten der Bezirke Schwerin und Neubrandenburg
Bestand Bezirksparteiarchiv Schwerin

Niedersächsisches Staatsarchiv Oldenburg

Bestand 136.
VI-86-13a. Mitt. Berlin. Bd. I-III. (1929-1931)
VI - 86 - 13C. Bd. I und II. (Vertraul. Mitt. Hamburg 1922-1927)
VI- 86 -37. Bd. III-XII. (Mitt. Reichskommissar 1923-1929)

Niedersächsisches Staatsarchiv Wolfenbüttel

710I/283. Polizeidirektion Braunschweig. Akten Radikal-Soz. Partei, Komm. Partei
L. Neu. Abt. 133. Nr. 28. RFB

Staatsarchiv Koblenz

Oberpräsidium Rheinprovinz
403/13 369-13 379. Überwachung linksradikaler Organisationen. (1924-1929)
403/16 767-16 773. Akten betr. Kommunisten. (1925-1929)

Staatsarchiv Ludwigsburg

Württemb. Innenministerium
Bd. 216 - Bd. 219. Maßnahmen gegen staatsfeindliche Umtriebe (192I-1932)
Bd. 221. Maßnahmen gegen staatsfeindl. Umtriebe. Rote Hilfe 1921-1932
Bd. 222. Maßnahmen gegen staatsfeindl. Umtriebe RFB 1925-1931
III. 223. Geheimakten Komm. Partei (1920-1926)

Staatsarchiv Münster

Reg. Arnsberg, I Pa
Bd. 254, Bd. 259. Komm. Bewegung (1924)
Bd. 266. Komm. Funktionäre
Bd. 279-280. Lageberichte
Bd. 281. Ultralinke Bewegung
Reg. Minden, IP (diese Akten befinden sich inzwischen im Staatsarchiv Detmold, sie werden hier noch nach dem alten Standort angegeben)
Bd. 540-547. Anarchismus und Kommunismus (1924-1929)
Bd. 601-603. Komm., Antifaschismus (1933)
Bd. 642. KPD

Staatsarchiv für Oberbayern

Akten Reg. von Oberbayern
RA 3788/16 817-16 822. Komm. Bewegung
Akten d. Staatsanwaltschaft München I, Abgabe 1958
18-157 (Bleybrunner)
19-165 (Mühlbauer)
20-171 (Müriger)
22-180 (Bauer)
30-198b (Torontschick)
Akten d. Staatsanwaltschaft München I, Abgabe 1960
41-20 (Schlaffer)
43-28 (Spielberger)

Thüringisches Staatsarchiv Meiningen

VdN-Antragsakten Rat des Bezirks Suhl
Bestand Bezirksparteiarchiv Suhl

Thüringisches Staatsarchiv Rudolstadt

VdN-Antragsakten Rat des Bezirks Gera
Bestand Bezirksparteiarchiv Gera

Thüringisches Staatsarchiv Weimar

VdN-Antragsakten Rat des Bezirks Erfurt
Bestand Bezirksparteiarchiv Erfurt
Personalakten der Landesregierung Thüringen

Arbetarrörelsens Arkiv Stockholm

Bestand KPD, 1951/12 256. 1723/816.1923/815.
Div. Zeitschriften

Internationaal Instituut voor Sociale Geschiedenis Amsterdam

Nachlaß Kautsky. D IX, 367. D XII, 114. D XVII, 409/12. D XIX, 527, D XIX, 138 (Briefe von K. Duncker, F. Heckert, E. Meyer, A. Rosenberg, H. Remmele). Div. Zeitschriften

NSDAP-Hauptarchiv. Hoover-Institution. Microfilm Collection

Folders 806-838. 1393-1409. 1580-1591

Archiv des Bayerischen Landtages München

Übersicht über die Verhandlungen des Landtages des Freistaats Bayern in den Tagungen 1924/25. Herausgegeben vom Landtagsarchivariat, München 1925.-Dass. Tagungen 1925/26, München 1926. Dass. Tagungen 1928 und 1928/29. München 1929.
Verhandlungen des Bayerischen Landtags. Stenographische Berichte. I. Tagung 1924 bis V. Tagung 1927/28. Bd. I-IX. – Dass. I. Tagung 1928 und II. Tagung 1928/29. Bd. I und II.

Akten der Ausschüsse

1349 (Haushalt Staatsbetriebe)
1352 (Haushalt, direkte Steuern 1924/25)
1358 I und 1358 II (Haushalt und Staatsministerium f. Unterricht)
1387 (Abänderung Landeswahlgesetz)
1388 (Reichsgesetz Jugendwohlfahrt)
1411 (Antrag Götz wegen Haftbefehl Grönsfelder)
1412 (Anträge Reichsbahn)
1422 (Ausnahmezustand)
1427 (Amnestie)
1430 (Achtstundentag)
1436 (Antrag Götz)
1446 (Notlage Arbeiter)
1471 (Erwerbslosenordnung)
1487 (Betriebsrätegesetz)
1496 (Verpachtung staatl. Wiesen)
1599 (Durchsuchung KPD-Räume)
1611 (Haushalt Staatsbetriebe 1926)
1617 (Haushalt d. Äußern 1926)
1620 I (Haushalt Staatsministerium Kultus und Unterricht 1926)
1761 (Haushalt Soz. Fürsorge 1927/28)
1848 (Antrag Büchs)

Befragungen

Hermann Weber erhielt mündliche (m) und schriftliche (s) Mitteilungen von früheren KPD-Funktionären:
Ackerknecht, Erwin, Prof., fr. Sekretär Trotzkis (m).
Altwein, Fritz, fr. KPD-Sekretär in Thüringen und Mitglied der Reichsleitung der »Roten Hilfe« (m und s).
Aschenbrecher, Rosa, fr. KPD-MdL Bayern (m).
Bauer, Leo, fr. Funktionär der KPD (m).
Bartels, Wolfgang, fr. MdR und Chefredakteur der KPD (m und s).
Becker, Ludwig, fr. KPD-MdL Württemberg (m und s).
Belleville, Fritz, fr. Funktionär der KPD (m).
Blinn, Klara, fr. Kandidat des ZK der KPD (m).
Brandler, Heinrich, fr. Vorsitzender der KPD (m und s).
Brandt, Heinz, fr. Funktionär der KPD (m und s).
Dautzenberg, Jakob, fr. MdR (s).
Ebner, Adam, fr. KPD-MdR (s).
Enderle, August, fr. Mitarbeiter des ZK der KPD (m und s).
Fischer, Ruth, fr. Vorsitzende der KPD (m und s).
Frank, Karl, Dr. , fr. Mitarbeiter des ZK der KPD (s).
Frenzel, Max, fr. Orgleiter der KPD Pfalz (m).
Frölich (Wolfstein), Rose, fr. Mitglied der KPD-Zentrale (m und s).
Galm, Heinrich, fr. Kandidat des ZK der KPD (m).
Goren, Anton, fr. Funktionär der KPD (s).
Grade, Alfred, fr. Chefredakteur der KPD (m).
Grönsfelder, Karl, fr. KPD-MdL Bayern (s).
Gross, Babette, fr. komm. Funktionärin. Lebensgefährtin des KPD-Führers Willi Münzenberg, (m und s).
Grylewicz, Anton, fr. KPD-MdR (m und s).
Hahne, Margarete, fr. Mitglied des ZK der KPD (Befr. d. Dr. Fleischer).
Hausen, Erich, fr. Kandidat des ZK der KPD (m und s).
Hempel, Paul, fr. Funktionär der KPD (m und s).
Hesse, Max, fr. Vertreter der KPD in Moskau (m und s).

Heucke, Alwin, fr. Polleiter der KPD Hessen (m und s).
Humbert-Droz, Jules, fr. Mitglied des EKKI in Moskau (m).
Hurm, Ludwig, fr. Funktionär der KPD (m).
Ibel, Joseph, fr. Funktionär der KPD (m und s).
Johansen, Henryk, fr. Funktionär der KPD (m und s).
Jungclas, Georg, fr. Funktionär der KPD (m und s).
Kasper, Wilhelm, fr. Mitglied des ZK und Kandidat des Polbüros der KPD (s).
Koegler, Theodor, fr. Polleiter der KPD Berlin-Brandenburg (s).
Köhler, Max, fr. Mitarbeiter des ZK der KPD (m und s).
Küll, Karl, fr. Mitglied des ZK der KPD (s).
Lang (Halbe), Erna, fr. Reichsfrauenleiterin der KPD (m).
Lang, Joseph, fr. Funktionär der KPD (m).
Langerhans, Heinz, Prof. Dr. fr. Sekretär Ruth Fischers (m).
Lazarus, Ludwig, fr. Funktionär der KPD (m).
Leonhard, Susanne, bis 1925 KPD (m).
Loquingen, Peter, fr. KPD-MdL Preußen (m).
Menne, Bernhard (Rudert), fr. Chefredakteur der KPD (m und s).
Meyer-Levine, Rosa, fr. komm. Funktionärin und Ehefrau des KPD-Führers Ernst Meyer (m und s).
Müller, Herbert, fr. KPD-MdL Bayern (m).
Müller, Kurt, fr. Vorsitzender des Komm. Jugendverbandes (m und s).
Rabe, Kurt, fr. Jugend-Funktionär der KPD (m).
Rattai, Gertrud, fr. Funktionärin der KPD (m und s).
Retzlaw, Karl, fr. Leiter des Geh. Apparates der KPD (m und s).
Riechen, Wilhelm, fr. Mitglied des ZK des KJVD (m).
Riess, Ludwig, fr. Funktionär der KPD (s).
Rück, Fritz, fr. Mitarbeiter des ZK der KPD (m).
Schappe, Joseph, fr. Funktionär der KPD (s).
Schlaffer, Joseph, fr. Mitglied des ZK der KPD (m und s).
Schmidt, Alfred, fr. KPD-MdL Preußen (m und s).
Scholem, Emmi, fr. Funktionärin der KPD und Ehefrau des KPD-Führers Werner Scholem (m und s).
Schroer, Alfred, fr. KPD-MdR (s).
Schumacher, Ernst, fr. KPD-MdL Württemberg (s).
Serwe, Hubert, fr. Chefredakteur der KPD (s).
Springstubbe, Burkhart, fr. Funktionär der KPD (m).
Stetter, Johannes, (Hans) fr. KPD-MdR , (m).
Tenner, Albin, fr. KPD-MdL Thüringen (m).
Tittel, Hans, fr. Polleiter der KPD Thüringen (m und s).
Torgler, Ernst, fr. KPD-Fraktionsführer im Reichstag (m).
Uhlmann, Walter, fr. Funktionär der KPD (m und s).
Vogel, J. N., fr. Redakteuer der KPD (s).
Vollmer, Otto, fr. KPD-MdL Württemberg (s).
Wald, Eduard, fr. Funktionär der KPD (m und s).
Walter, Albert, fr. KPD-Mitglied der Hamburger Bürgerschaft (s).
Weber, Hans, fr. Mitglied des ZK der KPD (m und s).
Wecker, Hanns, fr. KPD-MdL Preußen (s).
Wehner, Herbert, fr. Mitglied des ZK der KPD (m).
Wollenberg, Erich, fr. Sekretär und Redakteur der KPD (m und s).
Ziehl, August, fr. KPD-Mitglied der Hamburger Bürgerschaft (m und s).

▸ *Auskünfte zu den Biographien von Angehörigen, Wissenschaftlern, Politikern erhielt Hermann Weber bis 1969 von:*

Else Ausländer, Emil Birkert, Martha Bräuning, Margarete Buber-Neumann, Melchior Britschgi, Landrat Deppermann (Bielefeld), Frau Diedrichs (befr. d. H. Lippmann), MdL Alfred Dobbert, Gertrud Ende, Max Frank, Sepp Golbach, Gertrud Gollmick, Wilhelm Grothaus, Dr. K. Hagin, Joseph Hark jr., Eugen Hertel, Grete Hoefer, MdB Helmut Kalbitzer, Adam Kenzler, Sophie König, Hedda Korsch, Marthe Kreikemeyer, Günther Kuhlmann, Ministerialrat a. D. Wilhelm Matull, Fritz Lamm, Ernst Laske, Elfriede Menne, Dr. Günther Nollau, Dr. Fritz Opel, Jacob Rieper, Jakob Ritter jr., Elfriede Obuch, Jenny Rosenberg, MdL Hermann Runge, Maria Schäfer, Else Schaible, Ernst Scharnowski, Dora Schelble-Hofmann, Käthe Schreck, Kajo Schulte, Ministerialdirigent Max Schwarz, Martha Sepold, Frau Seyfried, Prof. Dr. Fritz Sternberg, Maria Stetter, Helene Sturz, Emanuel Volk, Alfred Weiland, Ludwig Zindel, Rudolf Zollmann.

2. Zeitungen und Zeitschriften

AIZ. »Die Arbeiter-Illustrierte Zeitung aller Länder«. Berlin, 1. Jg. 1922 bis 15. Jg. 1936.
»Die Aktion«. Hrsg. Franz Pfemfert. Berlin, 13. Jg. 1923 bis 22. Jg. 1932.
»Der freie Arbeiter«. Publikationsorgan der Föderation der kommunistischen Anarchisten Deutschlands. 23. Jg. 1930 bis 25. Jg. 1932.
»Arbeiterpolitik«. Organ der Kommunistischen Partei Deutschland (Opposition). Leipzig/Berlin, 1. Jg. 1929 bis 5. Jg. 1933 (ab 1930: Kommunistische Tageszeitung. Herausgegeben von der KPO, Berlin; ab 1932: Wochenzeitung).
»Arbeiter-Tribüne«. Süddeutsche Zeitung des Werktätigen Volkes. 1. Jg. 1918 bis 15. Jg. 1932.
»Arbeiterwille«. Organ der KPD für die Kreise Schleusingen, Schmalkalden, Hildburghausen und Zella-Mehlis. Suhl, 1. Jg. 1927 bis 4. Jg. 1930.
»Der Rote Aufbau«. Hrsg. Willi Münzenberg. Berlin, 1. Jg. 1928 bis 6. Jg. 1933 .
»Vom Bürgerkrieg«. (Illegales Organ der KPD). 1. Jg. Heft 1, 1923, bis 3. Jg. Heft 4/5, 1925.

»Die Einheit«. Wochenschrift für Fragen des Sozialismus und der Gewerkschaftseinheit. Berlin, 1. Jg. 1926 bis 4. Jg. 1929.
»Entschiedene Linke«. Organ der Gruppe »Entschiedene Linke« (Revolutonäre Kommunisten), innerhalb und außerhalb der KPD. 1. Jg. Nr. 15/16 (d. i. Nr. 1) vom 15. 9. 1926 bis 2. Jg. Nr. 10, Juli 1927.
»Freiheit«. Niederrheinische Tageszeitung der Kommunistischen Partei Deutschlands (Sektion der Komm. Internationale). Düsseldorf, 1. Jg. 1918 bis 16. Jg. 1933.
»Die Fahne des Kommunismus«. Zeitschrift der orthodoxen Marxisten-Leninisten. Hrsg. Hugo Urbahns. Berlin, 1. Jg. 1918 ff. (von Januar bis Juni 1927: Mitteilungsblatt. Linke Opposition der KPD).
»Der Funke«. Hrsg. von der Bezirksleitung der KPD Berlin-Brandenburg. (Früher »Taktik und Organisation«). Berlin, 1. Jg. 1923 ff.
»Der Gegenangriff«. Antifaschistische Wochenzeitung. Paris u. Prag, 1. Jg. ff.
»Gegen den Strom«. Organ der KPD (Opposition). Hrsg. von A. Thalheimer, H. Brandler, J. Walcher, E. Hausen. Berlin, 1. Jg. 1928 bis 5. Jg. 1932 (der 1. Jg. erschien als: Gegen den Strom – Mitteilungsblatt der KPD, Ortsgruppe Breslau [Opposition], Nr. 1 vom 17. 12.1928).
»Hamburger Volkszeitung«. Organ der KPD für den Bezirk Wasserkante. Hamburg, Jg. 1918 ff.
»Die Internationale«. Zeitschrift für Praxis und Theorie des Marxismus. Begründet von Rosa Luxemburg und Franz Mehring. Hrsg. von der Zentrale der KPD. Berlin, 1. Jg. 1919 ff.
»Die Internationale«. Organ der Internationalen Arbeiter-Assoziation. Berlin, 1. und 2. Jg. 1924 und 1925.
»Internationale Presse-Korrespondenz«. (Inprekorr). Deutsche Ausgabe. Berlin, 1. Jg. 1921 ff.
»Der Kämpfer«. Organ der KPD (Sektion der Komm. Internationale), Bezirk Sachsen/Chemnitz, 1. Jg. 1918 bis 16 Jg. 1933.
»Klassenkampf«. Organ der KPD für Halle-Merseburg Halle, 1. Jg. 1921 bis 13. Jg. 1933.
»Der Klassenkampf«. Sozialistische Politik und Wirtschaft. Berlin, 1. Jg. 1927 bis 5. Jg. 1931.
»Die Kommune«. Zeitschrift für kommunistische Kommunalpolitik. Hrsg. vom ZK der KPD (Sektion der Kommunistischen Internationale), 1. Jg. 1921 bis 13. Jg. 1933.
»Der Kommunist«. Zeitschrift der vereinigten linken Opposition der KPD (Bolschewiki-Leninisten). 1. Jg. 1930.
»Kommunistische Arbeiter-Zeitung«. Organ der Kommunistischen Arbeiter Partei Deutschlands, Wirtschaftsbezirk Berlin-Brandenburg. Berlin, 4. Jg. 1923 bis 10. Jg. 1929.
»Der kommunistische Funktionär«. Hrsg. KPD-Ruhr/Essen, 1. Jg. 1924 ff., (Fortf. s. »Der Pionier des Bolschewismus«).
»Die Kommunistische Internationale«. Organ des Exekutivkomitees der Kommunistischen Internationale. Hamburg-Berlin, I. Jg. 1919 bis XXI. (1940) (bis 1926: Hrsg. von G. Sinowjew; ab September 1926: Wochenschrift des Exekutivkomitees der Komm. Internationale).
»Kommunistische Politik«. Diskussionsblatt der Linken. Berlin, 1. und 2. Jg. 1926-1927 (ab 2. Jg. Nr. 8 vom 1. Mai 1927 ohne den Untertitel).
»Marxistische Tribüne« für Politik und Wirtschaft. Berlin, 1. und 2. Jg. 1931 bzw. 1932.
»Mitteilungsblatt« der Gruppe Kommunistische Politik. Bezirk Ruhrgebiet. Hrsg. Schmitz-Bocholt. (hektographiert). September 1928 bis Februar 1929.
»Mitteilungsblatt« der Gruppe Unabhängiger Kommunisten (60 Ausgeschlossene). Berlin 1930 (Einzelnummern).
»Mitteilungsblatt« der Reichsleitung der linken Opposition der KPD. (Bolschewiki-Leninisten). (hektographiert), nur für Mitglieder. Nr. 1 bis 5, Juni bis Dezember 1931.
»Die Neue Zeitung«. Bayerisches Organ der Kommunistischen Partei Deutschlands. (Sektion der Komm. Internationale). München, 1. Jg. 1918 bis 15. Jg. 1933.
»Neues Deutschland«. Organ des ZK der SED. Berlin (DDR), ab 1. Jg. 1946 ff.
»Neue Zeitung« für Mittelthüringen, später für Großthüringen, Organ der KPD, Bezirk Thüringen, 1. Jg. 1919 bis 12. Jg. 1930.
»Niedersächsische Arbeiterzeitung«. Organ der KPD (Sektion der Komm. Internationale), Wirtschaftsbezirk Niedersachsen, Hannover, 1. Jg. 1921 ff. Ab 2. November 1926.
»Neue Arbeiterzeitung«. Organ der KPD (Sektion der Komm. Internationale) für die Gebiete Hannover, Braunschweig, Westfalen-Lippe und Hessen-Waldeck.
»Oktober«. Militärpolitische Zeitschrift (illegale, der KPD). 1. Jg. 1926 ff.
»Der Parteiarbeiter«. Funktionärzeitschrift der Kommunistischen Partei Deutschlands (Sektion der Komm. Internationale). Berlin, 1. Jg. 1923 ff.
»Permanente Revolution«. Zeitschrift der linken Opposition der KPD (Bolschewiki-Leninisten). Berlin, 1. Jg. 1931 bis 3. Jg. (Februar) 1933,(1932: Wochenblatt der linken Opposition).
»Der Pionier des Bolschewismus«. Hrsg. KPD, BL Ruhr, Jg. 2, 1925, Essen (Einzelnummern) Forts. von »Der kommunistische Funktionär«.
»Proletarier«. Monatsschrift der Kommunistischen Arbeiterpartei Deutschlands. Berlin, Jg. 1927.
»Die proletarische Revolution«. Organ der Allgemeinen Arbeiter-Union, Einheitsorganisation. Frankfurt/M., 2. Jg. 1927.
»Der Revolutionär«. Diskussions- und Mitteilungsblatt der KPD, Bezirk Niederrhein. Düsseldorf, 1. Jg. 1924 bis 6. Jg. 1929 (Einzelnummern).

»Die Rote Fahne«. Zentralorgan der Kommunistischen Partei Deutschlands (Sektion der Kommunistischen Internationale). Berlin, 1. Jg. 1918 bis 16. Jg. 1933.
»Schacht und Hütte«. Zeitung der klassenbewußten Hand- und Kopfarbeiter des Ruhrgebietes. 1. und 2. Jg. 1927 bzw. 1928 (lückenhaft).
»Sozialdemokratische Partei-Korrespondenz«. Hrsg. vom Vorstand der SPD. Berlin. Ergänzungsband 1923 bis 1928. Jg. 1929 und 1930.
»Sozialistische Republik«. Organ der Kommunistischen Partei Deutschlands (Sektion der 3. Internationale). Bezirk Mittelrhein. Köln, 1. Jg. 1919 bis 15. Jg. 1933.
»Spartakus«. Organ des Spartakusbundes. Politisch-wirtschaftliche Einheitsorganisation. 1. und 2. Jg. 1926 bzw. 1927.
»Der Syndikalist«. Organ der Freien Arbeiter-Union Deutschlands. Berlin, 3. Jg. 1921.
»Tribunal«. Organ der Roten Hilfe Deutschlands. Berlin, 1 Jg. ff.
»Unser Weg«. (Sowjet). Hrsg. Paul Levi. Berlin, 3. und 4. Jg. 1921 bzw. 1922.
»Volkswille«. Reichsorgan des Leninbundes. (Linke Kommunisten). Berlin, 1. Jg. 1928 bis 5. Jg. 1932 (lückenhaft).
»Unsere Zeit«. Sozialistische Volkszeitung, ab 1973 Organ der DKP, 1. Jg. 1969 ff.
»Volks-Echo«. Organ der KPD-BL Berlin-Brandenburg, 1. Jg. 1928 bis 6. Jg. 1933
»Vorwärts«. Berliner Volksblatt. Zentralorgan der Sozialdemokratischen Partei Deutschlands. Berlin, 35. Jg. 1918 ff.
»Westfälischer Kämpfer«. Rote Fahne Westfalens. Organ der Kommunistischen Partei Deutschlands (Sektion der 3. Internationale). Dortmund, 1. Jg. 1925 bis 9. Jg. 1933.

3. Protokolle und Berichte über Parteitage und Konferenzen

Der Gründungsparteitag der KPD. Protokoll und Materialien. Hrsg. und eingeleitet von Hermann Weber. Frankfurt/M. 1969. (1993)
Bericht über den Gründungsparteitag der Kommunistischen Partei Deutschlands (Spartakusbund) vom 30. Dezember 1918 bis 1. Januar 1919. Hrsg. von der KPD (Spartakusbund), o. O. u. J. (1919).
Bericht über den 2. Parteitag der Kommunistischen Partei Deutschands (Spartakusbund) vom 20. bis 24. Oktober 1919. Hrsg. von der KPD (Spartakusbund), o. O. u. J.
Bericht über den 3. Parteitag der Kommunistischen Partei Deutschlands (Spartakusbund) am 25. und 26. Februar 1920. Hrsg. von der KPD (Spartakusbund), o. O. u. J. (1920).
Bericht über den 4. Parteitag der Kommunistischen Partei Deutschlands (Spartakusbund) am 14. und 15. April 1920. Hrsg. von der KPD (Spartakusbund), o. O. u. J. (1920).
Bericht über den 5. Parteitag der Kommunistischen Partei Deutschlands (Sektion der Kommunistischen Internationale) vom 1. bis 3. November 1920 in Berlin. Hrsg. von der Zentrale der KPD. Berlin 1921.
Bericht über die Verhandlungen des Vereinigungsparteitages der USPD (Linke) und der KPD (Spartakusbund). Abgehalten vom 4. bis 7. Dezember 1920. Hrsg. von der Zentrale der VKPD. Berlin-Leipzig 1921.
Bericht über die Verhandlungen des 2. [d. i. 7.] Parteitages der Kommunistischen Partei Deutschlands (Sektion der Kommunistischen Internationale). Abgehalten in Jena vom 22. bis 26. August 1921. Hrsg. von der Zentrale der KPD. Berlin 1922.
Bericht über die Verhandlungen des III. (8.) Parteitages der Kommunistischen Partei Deutschlands (Sektion der Kommunistischen Internationale). Abgehalten in Leipzig vom 28. Januar bis 1. Februar 1923. Hrsg. von der Zentrale der KPD. Berlin 1923.
Bericht über die Verhandlungen des IX. Parteitages der Kommunistischen Partei Deutschlands (Sektion der Kommunistischen Internationale). Abgehalten in Frankfurt/M. vom 7. bis 10. April 1924. Hrsg. von der Zentrale der KPD. Berlin 1924.
Bericht über die Verhandlungen des 10. Parteitages der Kommunistischen Partei Deutschlands (Sektion der Kommunistischen Internationale). Berlin vom 12. bis 17. Juli 1925. Hrsg. Zentralkomitee der KPD. Berlin 1926.
Bericht über die Verhandlungen des XI. Parteitages der Kommunistischen Partei Deutschlands (Sektion der Kommunistischen Internationale). Essen vom 2. bis 7. März 1927. Herausgegeben vom Zentralkomitee der KPD. Berlin 1927.
Protokoll der Verhandlungen des 12. Parteitages der Kommunistischen Partei Deutschlands (Sektion der Kommunistischen Internationale). Berlin-Wedding 9. bis 16. Juni 1929. Hrsg. vom ZK der KPD. Berlin o. J. (1929).
Der I. Kongreß der Kommunistischen Internationale. Protokoll der Verhandlungen in Moskau vom 2. bis 19. März 1919. Hamburg 1921.
Der II. Kongreß der Kommunistischen Internationale. Protokoll der Verhandlungen vom 19. Juli in Petrograd und vom 23. Juli bis 7. August 1920 in Moskau. Hamburg 1921.
Protokoll des III. Kongresses der Kommunistischen Internationale. (Moskau, 22. Juni bis 12. Juli 1921). Hamburg 1921.
Protokoll des Vierten Kongresses der Kommunistischen Internationale. Petrograd-Moskau vom 5. November bis 5. Dezember 1922. Hamburg 1923.
Protokoll. Fünfter Kongreß der Kommunistischen Internationale. (17. Juni bis 8. Juli 1924 in Moskau). Bd. I und II, Hamburg o. J. (1925).

Protokoll des 6. Weltkongresses der Kommunistischen Internationale. Juli-September 1928. 1.-3. Band. Hamburg-Berlin 1928.
Protokoll. Erweiterte Exekutive der Kommunistischen Internationale. Moskau, 21. März bis 6. April 1925. Hamburg 1925.
Protokoll. Erweiterte Exekutive der Kommunistischen Internationale. Moskau, 17. Februar bis 15. März 1926. Hamburg-Berlin 1926.
Protokoll. Erweiterte Exekutive der Kommunistischen Internationale. Moskau, 22. November bis 16. Dezember 1926. Hamburg-Berlin 1927.
Protokoll. 10. Plenum des Exkutivkomitees der Kommunistischen Internationale. Moskau, 3. bis 19. Juli 1929. Hamburg-Berlin o. J. (1929).
Protokoll. Fünfzehnter Parteitag der Kommunistischen Partei der Sowjetunion. 2.-19. Dezember 1927 in Moskau. Hamburg-Berlin o. J. (1928).
Protokoll des I. Reichskongresses der revolutionären Gewerkschaftsopposition Deutschlands. Abgehalten am 30. November und 1. Dezember 1929 in Berlin. Berlin 1930.
Protokoll über den 4. Weltkongreß der Roten Gewerkschafts-Internationale. Abgehalten in Moskau vom 17. März bis 3. April 1928. Moskau 1928.
Protokoll der 2. Reichskonferenz des Bundes der Freunde der Internationalen Arbeiterhilfe. 15. bis 18. April 1927 in Erfurt. o. O. u. J.
Protokoll der Internationalen IAH-Konferenz in Berlin am 20. November 1927, mit Erläuterungen und Ergänzungen. Berlin o. J.
Protokoll. Der Kongreß der Freunde der Sowjetunion (10. bis 12 November 1927 in Moskau). Berlin 1928.
Protokoll der 2. Reichstagung der Marxistisch-leninistischen Zirkel. Abgehalten in Weimar am 31. Mai und 1. Juni 1924. o. O. u. J.
Der organisatorische Aufbau der Kommunistischen Partei. Organisationsberatung der Erweiterten Exekutive (März-April 1925). Hamburg 1925.
Protokoll der Verhandlungen des 12. Kongresses der Gewerkschaften Deutschlands. Abgehalten in Breslau vom 31. August bis 4. September 1925. Berlin 1925.
Protokoll der Verhandlungen des 13. Kongresses der Gewerkschaften Deutschlands. Abgehalten in Hamburg vom 3. bis 7. September 1928. Berlin 1928.

4. Berichte, Bibliographien, Dokumentationen, Jahrbücher und Sammelbände

Die Arbeit der Abteilung Zentral-Agitprop. Auszug aus dem Bericht der Parteizentrale an den X. Parteitag der KPD. o. O. u. J. (1925).
Die Aufgaben der Roten Hilfe Deutschlands, nebst Bericht des ZK über die Zeit vom 1. Oktober 1924 bis 30. April 1925. Berlin o. J. (1925).
Benser, Günter/Krusch, H. J.: Dokumente zur Geschichte der kommunistischen Bewegung in Deutschland. Reihe 1945/46 Bd. 1-3, München/New Providence/London/Paris 1993, 1994 u. 1995.
Bericht der Bezirksleitung der KPD Berlin-Brandenburg über die Arbeit der Organisation vom Januar bis September 1923. o. O. u. J.
Bericht der Bezirksleitung der KPD Berlin-Brandenburg über die Arbeit der Organisation vom 1. Oktober 1924 bis 1. Mai 1925. Berlin o. J.
Bericht der Bezirksleitung der KPD Berlin-Brandenburg-Lausitz über die Tätigkeit der Organisation vom 1. Januar bis 21. Oktober 1927. Berlin o. J. (1927).
Bericht der Bezirksleitung der KPD Niederrhein an den am 13. und 14. Juni 1925 stattfindenden Bezirksparteitag. August 1924 bis April 1925. o. O. u. J.
Bericht der Exekutive der Kommunistischen Internationale. 15. Dezember 1922 bis 15. Mai 1923. Moskau, 1923.
Bericht über die Tätigkeit der Exekutive der Kommunistischen Internationale vom IV. bis V. Weltkongreß. Hamburg 1924.
Berliner Kommunalpolitik 1921-1925. Tätigkeitsbericht der Stadtverordnetenfraktion der SPD. Berlin 1925.
Collotti, Enzo: Die Kommunistische Partei Deutschlands 1918-1933. Ein bibliographischer Beitrag. Istituto G. Feltrinelli. Mailand 1961.
Degras, Jane (Ed.): The Communist International 1919-1943. Documents. Vol. I, London 1955, Vol. II, London 1960, Vol. III, London 1965.
Der deutsche Kommunismus. Dokumente. Hrsg. und kommentiert von Hermann Weber. Köln-Berlin 1963.
Dokumente und Materialien zur Geschichte der deutschen Arbeiterbewegung. Hrsg. Institut für Marxismus-Leninismus beim ZK der SED. Reihe II: Band 1-3, Berlin (DDR) 1957/58 Band VII, 1. und 2. Halbband (1919-1923). Berlin (DDR) 1966.
Ein Jahr Arbeit und Kampf. Tätigkeitsbericht der Exekutive der Kommunistischen Internationale. 1925-1926. Hamburg 1926.
Geschichte der deutschen Arbeiterbewegung. Chronik. Teil II: 1917 bis 1945. Berlin (DDR) 1966.
Die berufliche und soziale Gliederung des Landes Thüringen. Weimar 1927. Handbuch der Kommunistischen Reichstagsfraktion.
Der Reichstag 1924-1928. 4 Jahre kapitalistische Klassenpolitik. Berlin 1928.
Handbuch der Kommunistischen Reichstagsfraktion 1928-1930. 21 Monate sozialdemokratischer Koalitionspolitik. Berlin 1930.
Handbuch der Kommunistischen Reichstagsfraktion. Zwei Jahre Brüning-Diktatur. Von Brüning zu Papen. April 1930 bis Mai 1932. Berlin o. J. (1932).

Handbuch der KPD zur Sachsenpolitik, Landtagswahl Herbst 1926. Hrsg. Landesvorstand Sachsen der KPD. O. O. u. J.
Handbuch für das Deutsche Reich. 41. bis 43. Jg. Berlin 1922-1926.
Handbuch für den Preußischen Staat. 132. bis 134. Jg. Berlin 1924-1928.
Handbuch für den Preußischen Landtag. 1. Wahlperiode. Berlin 1921.
Handbuch für den Preußischen Landtag. 2. Wahlperiode. Berlin 1925.
Handbuch für den Preußischen Landtag. Ausgabe für die 3. Wahlperiode (von 1928 an). Berlin 1928.
Handbuch für den Preußischen Landtag. Ausgabe für die 4. Wahlperiode (von 1932 an).
Berlin 1932.
Handbuch für den Preußischen Landtag. Ausgabe für die 5. Wahlperiode (von 1933 an).
Berlin 1933
Handbuch des Badischen Landtags. IV. Landtagsperiode. 1929-1933. Karlsruhe o. J.
Amtliches Handbuch des Bayerischen Landtags. München 1921.
Amtliches Handbuch des Bayerischen Landtags. München 1925.
Amtliches Handbuch des Bayerischen Landtags. München 1929.
Handbuch für den Danziger Volkstag. 3. Wahlperiode 1928-1931. Danzig o. J.
Handbuch des Landtags des Volksstaates Hessen. 1.-3. Landtag 1919-1927. Darmstadt 1927.
Handbuch des Württembergischen Landtags. 2. ordentlicher Landtag 1924-1928. Stuttgart 1927.
Handbuch des Vereins Arbeiterpresse. Vierte Folge 1927. Berlin o. J.
Herting, Günter: Bibliographie zur Geschichte der Kommunistischen Internationale (1919 bis 1943). Berlin (DDR) 1960.
Horkenbach, Cuno: Das deutsche Reich von 1918 bis heute. Berlin 1930.
Die internationale Gewerkschaftsbewegung in den Jahren 1924-1927. Bericht des Vollzugsbüros der Roten Gewerkschafts-Internationale an den 4. Kongreß in Moskau am 12. März 1928. Berlin o. J. (1928).
Jahrbuch für Wirtschaft, Politik und Arbeiterbewegung 1922/23. Hamburg o. J.
Jahrbuch für Wirtschaft, Politik und Arbeiterbewegung 1923/24. Hamburg o. J.
Jahrbuch für Wirtschaft, Politik und Arbeiterbewegung 1925/26. Hamburg-Berlin 1926.
Jahrbuch der kommunistischen Presse Niederrhein 1925. Essen o. J.
Jahresbericht 1925/26. Bezirksverband Berlin der SPD. Berlin 1927.
Die Komintern vor dem 6. Weltkongreß. Tätigkeitsbericht der Exekutive der Kommunistischen Internationale für die Zeit vom 5. bis zum 6. Weltkongreß. Hamburg-Berlin 1928.
Die Kommunistische Internationale vor dem VII. Weltkongreß. Materialien. Moskau-Leningrad 1935.
Leonhard, Susanne: Unterirdische Literatur im revolutionären Deutschland während des Weltkrieges. Frankfurt/M. 1968.
Der organisatorische Aufbau der Kommunistischen Parteien. Organisationsberatung der Erweiterten Exekutive (März-April 1925). Hamburg o. J. (1925).
Zweite Organisationskonferenz. Beschlüsse, Resolutionen, angenommen von der Orgkonferenz der Erweiterten Exekuvtive und bestätigt vom Orgbüro des EKKI am 26. März 1926. Hamburg-Berlin o. J. (1926).
Pirker, Theo: Komintern und Faschismus 1920-1940. Stuttgart 1965.
Plate, Alexander: Handbuch für die verfassunggebende preußische Nationalversammlung. Berlin 1919.
Die Reichstagsfraktion der deutschen Sozialdemokratie 1898 bis 1918. Bearbeitet von Erich Matthias und Eberhard Pikart. Bd. I und II. Düsseldorf 1966.
Reichstags-Handbuch. I. Wahlperiode 1920. Berlin 1920.
Reichstags-Handbuch. II. Wahlperiode 1924. Berlin 1924.
Reichtags-Handbuch. III. Wahlperiode 1924. Berlin 1925.
Reichstags-Handbuch. IV. Wahlperiode 1928. Berlin 1928.
Reichstags-Handbuch. V. Wahlperiode 1930. Berlin 1930.
Reichstags-Handbuch. VI. Wahlperiode 1932. (Vordruck). Berlin 1932.
Reichstagshandbuch. VIII. Wahlperiode 1933. Berlin 1933.
Staatshandbuch der freien Hansestadt Bremen. Bremen 1930.
Staatshandbuch für den Freistaat Braunschweig. Braunschweig 1923.
Staatshandbuch für den Freistaat Braunschweig. Braunschweig 1925.
Sworakowski, Witold, S.: The Communist International and its Front Organisations. Stanford, Cal. 1965.
Tätigkeitsbericht der Exekutive der Kommunistischen Internationale. Februar bis November 1926. Hamburg-Berlin 1926.
Verhandlungen des Reichstags. Stenographische Protokolle. 1920 ff.
Verhandlungen der Bremer Bürgerschaft vom Jahre 1924. Sitzung 1 bis 26. Stenographisch aufgezeichnet. Dass. 1925, Sitzung 1 bis 23.
Weber, Hermann: Die Kommunistische Internationale. Eine Dokumentation, Hannover 1966.
Weber, Hermann: Zu den Beziehungen zwischen der KPD und der Kommunistischen Internationa-

le. Dokumentation. »Vierteljahresheft für Zeitgeschichte«. 16. Jg. 1968, 2. Heft, S. 177 ff.
Wir sind die erste Reihe. Der 9. Verbandskongreß der Kommunistischen Jugend Deutschlands. Berlin 1925.
Zwei Jahre Arbeit und Kampf. Bericht des Zentralkomitees der Kommunistischen Partei Deutschlands an den 12. Parteitag. Berlin 1929.

5. Zeitgenössische Literatur

ABC der kommunistischen Zellenarbeit. O. O. u. J. (1930).
Aktionsprogramm, Produktionskontrolle, Übergangslosungen. (Beiträge zu den Auseinandersetzungen innerhalb der KPD.) Berlin o. J. (1929).
Anklageakten gegen die Führer und Funktionärschichten der Dritten Internationale (Weitere Repressalien gegen die Arbeiterlinke). O. O. u. J. (Hamburg 1924).
Allgemeine Arbeiter-Union. (Die revolutionäre Betriebsorganisation). Berlin 1923.
Anklage gegen Zörgiebel. Dokumente über den Blutmai. O. O. u. J. (Berlin 1929).
Anweisungen, Kampfwoche 27. Juli bis 4. August 1924. Zentrale der KPD. An alle Bezirke, Unterbezirke, Ortsgruppen. Berlin 20. Juni 1924. Manuskriptdruck.
Was die Arbeiterlinke der Kommunistischen Internationale zu den Beschlüssen des V. Weltkongreß zu sagen hat. Als Manuskript gedruckt zur innerparteilichen Diskussion. O. O. u. J. (1924).
Arbeits-Plan. Dezember-Januar. Zur Durchführung der Beschlüsse der I. Parteikonferenz. Hrsg. ZK der KPD, Berlin 25. November 1925. Manuskriptdruck (Rundschreiben Nr. 7).
Zum Aufbau der Leitungen. Sonderbeilage »Der Parteiarbeiter«, 3. Jg. 1925, Heft 2.
Die Aufgaben der linken Kommunisten. Beschlüsse der Reichskonferenz linker Kommunisten zur Vorbereitung der Gründung des Leninbundes. O. O. u. J. (1928).
Bemerkungen zur kommunistischen Presse (Material für die Agitpropkonferenz). O. O. u. J. (1925).
Bennet, A.: Die Kriegsgefahr, die chinesische Revolution und die Kommunistische Internationale. Hamburg-Berlin o. J. (1927).
Die Beschlüsse des Frankfurter Parteitags. Hrsg. im Auftrag des Parteitags von der Zentrale der KPD. O. O. u. J. (1924).
Beschlüsse des X. Parteitages der Kommunistischen Partei Deutschlands. Berlin 12. bis 17. Juli 1925. Berlin 1925.
Die wichtigsten Beschlüsse der Kommunistischen Internationale und der KPD nach dem VI. Weltkongreß im Zitat. Berlin o. J. (1932).
Beschlüsse, Resolutionen und Aufrufe des IV. Kongresses der Roten Gewerkschafts-Internationale. Berlin 1928.
Die Betriebszeitung, die jüngste Waffe im Klassenkampf. Bibliothek des Parteiarbeiters, Heft 1. Berlin o. J. (1927).
Die Betriebszelle – die Grundlage der Partei. Rundschreiben Nr. 4 (Brief der Orgabteilung des EKKI an die KPD). O. O. u. J. (1925).
Bewer, A.: ABC der Orgarbeit. Leitfaden für den Parteiarbeiter. Bücherei des Parteiarbeiters, Bd. 3. O. O. u. J. (1930).
Böse, Ernst: Wahnsinn oder Verbrechen? Am Grabe des Kommunismus. Bernburg o. J. (1925).
Böttcher, Paul: Der Klassenkampf in Rußland. Leipzig 1919.
Böttcher, Paul: Der Kampf um das rote Arbeitersachsen. O. O. u. J. (1926).
Brandler, Heinrich: Die Aktion gegen den Kapp-Putsch in Westsachsen. O. O. (Berlin) 1920.
Brandt, F.: Syndikalismus und Kommunismus. Hrsg. KPD (Spartakusbund). O. O., August 1919.
Bucharin, N.: Der Weg zum Sozialismus. Wien 1925.
Bucharin, N.: Die historische Leistung des VI. Weltkongresses der Kommunistischen Internationale. Hamburg-Berlin 1928.
Bucharin, N./Preobraschensky, E.: Das ABC des Kommunismus. Bd. 1 und 2. Wien 1920.
Creutzburg, A(ugust): Die Organisationsarbeit der KPD. Bücherei des Parteiarbeiters, Bd. 4. Hamburg-Berlin 1931.
Crispien, Artur: Die Internationale. Vom Bund der Kommunisten bis zur Inernationale der Weltrevolution. 2. erw. Aufl., Berlin 1920.
Daszynsky, S./Radopolski, Jan: Imperialistischer Kreuzzug gegen den Kommunismus. Die Kriegsvorbereitungen gegen die Sowjetunion. Hamburg-Berlin 1929.
David, F(ritz): Der Bankrott des Reformismus. Berlin 1932.
Denkschrift über Kampfverbände und Kampfgrundsätze radikaler Organisationen. Bearbeiter: Polizeimajor Rathcliff. O. O. 1931.
Dietrich, Paul: Die Internationale der Todfeinde der UdSSR. Interventionskrieg gegen die Sowjetunion und die II. Internationale. Berlin 1931.
Drahn, Ernst: Bürgerkrieg droht! »Süddeutsche Monatshefte«. München. 30. Jg. Heft 3, Dezember 1932.
Friedrich Eberts Vermächtnis. Zur Wahl des Reichspräsidenten muß diese Schrift von jedem Denkenden gelesen werden (Hrsg. KPD). O. O. u. J. (Berlin 1925).
Eichhorn, Emil: Parteien und Klassen im Spiegel der Reichstagswahlen. Eine Studie über den Charakter der Parteien als Klassenorgane. Berlin 1925.
Enderle, August: Die Gewerkschaftsbewegung. Ein Leitfaden für proletarische Gewerkschaftsarbeit. Berlin 1926.

Enderle, August/Schreiner, Heinrich/Walcher, Jacob/Weckerle, Eduard: Das rote Gewerkschaftsbuch. Buch der Roten Bücher der Marxistischen Büchergemeinde. Berlin 1932. (Neuauflage mit Einl. von J. Moneta: Frankfurt/M. 1967).

Entwurf einer Plattform der leninistischen Bolschewiki (Opposition). Zum 15. Parteitag der WKP (B). O. O. u. J. (1927).

Erweitertes Präsidium des EKKI. Februar 1930. Thesen und Resolutionen. Hamburg-Berlin o. J. (1930).

Feind im Rücken. Bilder aus der Geschichte der Kommunistischen Internationale. Wien 1932.

Friedländer, Elfriede (d. i. Ruth Fischer): Sexualethik des Kommunismus. Eine prinzipielle Studie. Wien 1920.

Fröhlich, Horst: Opium für das Volk. Kampf dem Opium. Berlin o. J.

Frölich, Paul: Der Weg zum Sozialismus. Hamburg 1919.

Frölich, Paul: Keinen Pfennig den Fürsten! Berlin o. J. (400.-600. Tausend, 1926).

Frölich, Paul: Der Berliner Blutmai. Berlin o. J. (1929).

Frölich, Paul: 10 Jahre Krieg und Bürgerkrieg. I. Der Krieg, 2. Aufl., Berlin 1924.

Gäbel, Otto: Wider die Neutralitätslüge. Ein Beitrag zur Gewerkschaftsfrage. Berlin 1924.

Gäbel, Otto: Führer durch das Wahlrecht zu den Berliner Gemeindeparlamenten. Berlin 1929.

Garwy, P.: Sowjetdeutschland? Hrsg. SPD. Berlin o. J. (1931).

Gegen Spaltpilze. RGO, Kaiserleute, Nazis. Hrsg. Deutscher Baugewerksbund. Berlin 1931.

Gorter, Hermann: Offener Brief an den Genossen Lenin. Eine Antwort auf Lenins Broschüre »Der ‚linke' Radikalismus, die Kinderkrankheit des Kommunismus«. Hrsg. KAP. Berlin o. J. (1920).

Gorter, Hermann: Die Klassenkampf-Organisation des Proletariats. Hrsg. KAP. Berlin O. J. (1921)

Gumbel, Emil: Vier Jahre politischer Mord. Berlin 1922.

Guttmann, Ketty: Los von Moskau! Hrsg. AAU(E), Hamburg o. J. (1924).

Heckert, Fritz: Ist die Sozialdemokratie noch die soziale Hauptstütze der Bourgeoisie? Basel o. J. (1933).

Die Herrschaft der 894. Die Finanz-Zoll- und Steuerpolitik des Bürgerblocks. Berlin 1928.

Hirsch, Werner: Blutige Maitage in Berlin. Berlin o. J. (1929).

Hoelz, Max: Vom »weißen Kreuz« zur Roten Fahne. Jugend-, Kampf- und Zuchthauserlebnisse. Berlin 1929.

Instruktionen für die neugewählten kommunistischen Gemeindevertreter. Hrsg. Zentrale der KPD, Abt. Kommunalpolitik. O. O. 20. Mai 1924.

Jurr, Werner: Um die proletarische Wehrorganisation. Material zum politischen Zerfall des Roten Frontkämpferbundes. Berlin 1929.

Kalaktschieff, Christo: Die Entstehung und Entwicklung der Komintern. Kurzer Abriß der Geschichte der Komintern. Hamburg-Berlin o. J. (1929).

Der Kampf um die Kommunistische Internationale. Dokumente der russischen Opposition, nicht veröffentlicht vom Stalinschen ZK, veröffentlicht vom Verlag der »Fahne des Kommunismus«. O. O. u. J. (Berlin 1927).

Der Kampf um die Kommunistische Partei. Plattform der linken Opposition. O. O. u. J. (1927).

Klassenkampf und Endziel. Kursusleiter-Material für den Elementarkursus. Hrsg. ZK der KPD (Abt. Agitprop). Berlin 1926.

Die Komintern und der Krieg. Dokumente über den Kampf der Komintern gegen den imperialistischen Krieg und für die Verteidigung der Sowjetunion. Ein Sammelbuch. Hamburg-Berlin 1928.

Das Kommunalprogramm der Kommunistischen Partei Deutschlands (Sektion der 3. Internationale). Berlin 1923.

Kommunistische Gemeindepolitik. Die Exekutive der Komintern und der Weddinger Parteitag zur Kommunalpolitik. Beschlüsse und Erläuterungen. Hrsg. ZK der KPD. O. O. u. J. (1929).

Die Kommunisten in den Gewerkschaften. Material zur Beurteilung der sogenannten Gewerkschaftsopposition und über ihr Verhältnis zur Kommunistischen Partei. Hrsg. Vorstand des Deutschen Holzarbeiter-Verbandes. Berlin 1924.

Kommunisten im Leipziger Rathaus im Kampf gegen kommunale Reaktion. O. O. u. J. (1932).

Die Kommunisten im Reichstag. Hrsg. Parteivorstand der KPD. O. O. u. J. (Berlin 1924).

Sind die Kommunisten berufene Arbeitervertreter? Tatsachen aus Theorie und Praxis. Hrsg. ZK der USPD. O. O. 1921.

Der Kommunisten-Prozeß in Stuttgart vor dem 4. Strafsenat des Reichsgerichts vom 17. Juni bis 25. Juli 1925. Stuttgart 1927.

Das wahre Gesicht der Kommunisten. Hrsg. SPD. O. O. u. J. (1924). Warum Kommunisten wählen? O. O. u. J. (1923).

Was will die Kommunistische Partei? Hrsg. Kommunistische Partei. Berlin o. J. (1923).

Was will die Kommunistische Partei Deutschlands – Opposition? (Verbesserter Entwurf der Plattform der KPD-O.) 3. Aufl., Berlin 1930.

Die Kommunistische Partei und der Parlamentarismus. Eine Flugschrift an das klassenbewußte Proletariat. Wien o. J. (1920).

Die KPD, die einzige Arbeiterpartei in Dawes-Deutschand. Thesen zur politischen Lage und den Aufgaben der KPD. Berlin 1925.

Die KPD im eigenen Spiegel. Aus der Geschichte der KPD und der 3. Internationale. Hrsg. KAPD, Wirtschaftsbezirk Berlin-Brandenburg. Berlin 1926.

Die Krise in der K. P. Deutschlands. Hrsg. Sekretariat des EKKI, Leiter der Informationsabteilung, Pepper (hektogr.). O. O. u. J. (1925).
Komor, I.: 10 Jahre Kommunistische Internationale 1919-1929. Die Komintern – die Führerin im Kampf um die Weltdiktatur des Proletariats. Hamburg-Berlin 1929.
Korsch, Karl: Quintessenz des Marxismus. Eine gemeinverständliche Darlegung. Leipzig 1922.
Künstler, Franz: Kommunistische Katastrophenpolitik. Berlin 1930.
Halle, Felix: Wie verteidigt sich der Proletarier in politischen Strafsachen vor Polizei, Staatsanwaltschaft und Gericht. 3. neubearb. Aufl., Berlin 1929.
Kun, Bela: Was wollen die Kommunisten? Hamburg 1920.
Kuusinen, O(tto): Die internationale Lage und die Aufgaben der Sektionen der Kommunistischen Internationale. Moskau 1933.
Langner, Alfred (Pseud.): Der Weg zum Sieg. Die Kunst des bewaffneten Aufstandes. O. O. u. J. (1931).
Langner, P.: Der Massensereik im Kampf des Proletariats. Berlin 1931.
Laufenberg, Heinrich/Wolffheim, Fritz: Moskau und die deutsche Revolution. Eine kritische Erledigung der bolschewistischen Methoden. Hamburg o. J.
Leder, U.: Das Reparationsproblem, die Gewerkschaften und die Arbeiterklasse. Hrsg. Gewerkschaftsabteilung der KPD. Berlin 1924.
Lehmann, Willy: Hinein in die Gewerkschaften. Warum? Bericht und Beschlüsse des 5. Weltkongresses der KI und der RGI. Hrsg. Deutscher Bekleidungsarbeiterverband. Berlin 1924.
Vom Leipziger Parteitag bis zum Oktober 1923. Material zur Stellungnahme der Opposition der KPD gegenüber der offiziellen Parteipolitik. Berlin o. J.
Leitfaden der Geschichte der Kommunistischen Internationale. Hrsg. Agitpropabteilung des EKKI. Moskau-Leningrad 1934.
Lenz, Joseph (d. i. Winternitz): Was wollen die Kommunisten? Berlin 1927.
Lenz, J.: Proletarische Politik im Zeitalter des Imperialismus und der sozialistischen Revolution. I. Teil: Grundbegriffe der marxistisch-leninistischen Strategie und Taktik. Lehrbücher für den proletarischen Klassenkampf. Bd. 3. Berlin 1931.
Lenzner, N.: Uber die rechte Gefahr in der Komintern. Hamburg-Berlin 1929.
Levi, Paul: Unser Weg. Wider den Putschismus. Mit einem Artikel von Karl Radek als Anhang. Berlin 1921.
Levi, Paul: Was ist das Verbrechen? Die März-Aktion oder die Kritik daran, Berlin 1921.
Der Weg des Dr. Levi, der Weg der VKPD. Hrsg. KAPD. O. O. u. J. (1921).
Levine, Eugen: Skizzen. Rede vor Gericht u. a. Berlin 1922.
Levine, Rosa: Aus der Münchner Rätezeit. Berlin 1925.
Liepmann, M.: Kommunistenprozesse. Ein Rechtsgutachten. München o. J. (1928).
London oder Moskau? Der Kampf der Kommunisten gegen das Londoner Abkommen im Reichstag. Berlin 1924.
Losowsky, A./Brandler, Heinrich: Der Kampf der Kommunisten in den Gewerkschaften. Berlin 1922.
Losowsky, A.: Der Kampf für die Einheit der Weltgewerkschaftsbewegung. Berlin o. J. (1925).
Losowsky, A.: Die Rote Gewerkschaftsinternationale im Angriff. Berlin 1930.
Losowsky, A./Merker, Paul: Lehren und Aussichten der Wirtschaftskämpfe. Berlin 1930.
Mahnrufe deutscher Intellektueller. 30 Antworten zur Frage des Kommunismus. Berlin o. J. (1924).
Manuilski, D(mitri): Die Kommunistischen Parteien und die Krise des Kapitalismus. Bericht vor dem XI. Plenum des EKKI. Hamburg-Berlin 1931.
Marchionini, Karl: Bürgerkrieg und Bolschewismus in Deutschland. Leipzig o. J. (1924).
Maslow, A(rkadi): Die zwei russischen Revolutionen des Jahres 1917. I. Bd.: Die allgemeinen Grundlagen der russischen Revolution Berlin 1922.
Maslow, A.: Die neue Ära des Pazifismus. Berlin 1924.
Zum Fall Maslow. Informationsmaterial für Parteiarbeiter. Hrsg. ZK der KPD. Berlin, 10. Februar 1926. Nur als Manuskript gedruckt.
Materialien zur Frage des Programms der Kommunistischen Internationale. Hamburg 1924.
Merkblatt für die kommunistischen Wahlkomitees zur Reichstagswahl und zur preußischen Landtagswahl am 7. Dezember 1924. Hrsg. Zentrale der KPD. Berlin o. J. (1924).
Merker, Paul: Revolutionäre Gewerkschaftsstrategie und die rechten Liquidatoren in Deutschland. Berlin 1930.
Meyer, Ernst: Die politische Unterdrückung. Kursusleiter-Material für den Elementarkursus. Hrsg. ZK der KPD (Abt. Agitprop). Berlin, Januar 1926.
Meyer, Ernst: Kommunismus, in: Volk und Reich der Deutschen. Hrsg. Bernhard Harms. Bd. 2. Berlin 1929, S. 142 ff.
Molotow, W.: Der sechste Weltkongreß und der Kampf für den Kommunismus. Hamburg-Berlin 1928.
Die monarchistische Gefahr und die Taktik der KPD. Hrsg. Zentrale der KPD. Berlin 1925.
Mobilmachung gegen Mobilmachung Berlin 1929.
Münzenberg, Willi: Solidarität. Zehn Jahre Internationale Arbeiterhilfe. Berlin 1931.
Münzenberg, Willi: Die dritte Front. Aufzeichnungen aus 15 Jahren proletarischer Jugendbewegung. Berlin 1930.

Der neue Kurs. Reden der Genossen Bucharin und Sinowjew. Brief des EKKI. Hrsg. ZK der KPD. Berlin, den 25 September 1921.
Neumann, Heinz: Was ist Bolschewisierung? Hamburg 1925.
Neumann, Heinz: Maslows Offensive gegen den Leninismus. Kritische Bemerkungen zur Parteidiskussion. Hamburg 1925.
Neumann, Heinz: Der ultralinke Menschewismus. Berlin 1926.
Um den Oktober. Trotzki, Kamenew, Sinowjew, Bela Kun, Stalin, Bucharin, Kuusinen.Hamburg 1925.
Organisatorische Flugschriften der KPD:
Nr. 1. Die Kommunistische Partei – die eiserne Kohorte der Revolution. Berlin 1923.
Nr. 2. Organisationsbeschlüsse für die Umgestaltung der Parteiorganisation. Hrsg. Zentrale der KPD, Orgbüro. Mai 1924.
Nr. 3. Instruktion für die Agitation und Propaganda der Betriebszellen. Hrsg. Zenerale der KPD, Abt. Agitprop. Mai 1924.
Nr. 4. Kampferfahrungen und Organisationsaufgaben (Referentenmaterial). Hrsg. Zentrale der KPD, Orgbüro. O. O. u. J. (1924).
Nr. 5. Die Organisation der kommunistischen Weltpartei. Hrsg. Zentrale der KPD, Orgbüro. O. O. u. J. (1924).
Die Organisation der kommunistischen Weltpartei. Erklärt am deutschen Beispiel. Vereinigung für freie Wirtschaft. Berlin o. J. (1930).
Pannekoek, Anton: Weltrevolution und kommunistische Taktik. Wien 1920.
Parlament und Soldaten. Für die Angehörigen der Reichswehr und Marine. O. O. u. J.
Nieder mit den bürgerlichen Parlamenten. Alle Macht den Räten. 2. erw. Aufl. Hrsg. KAP. Berlin o. J.
Pieck, Wilhelm: Wir kämpfen für ein Rätedeutschland. Moskau 1934.
Pjatnizki, O(ssip): Die Kommunistischen Parteien in Aktion. Die Konsolidierung der Kommunstischen Parteien und die Ursachen der ungenügenden Verankerung des wachsenden Einflusses der Kommunistischen Internationale-Sektionen. Hamburg-Berlin 1930.
Pjatnizki, O.: Die Arbeit der Kommunistischen Parteien Frankreichs und Deutschlands und die Aufgaben der Kommunisten in der Gewerkschaftsbewegung. Moskau 1932.
Pjatnizki, O.: Die einundzwanzig Aufnahmebedingungen der Kommunistischen Internationale. Moskau-Leningrad 1934.
Pjatnizki, O./Knorin, W.: Beiträge zur Geschichte der Kommunistischen Internationale. Moskau-Leningrad 1934.
Pohl, Käte: Ebert oder Lenin. Der Bankrott der sozialdemokratischen Politik. Berlin 1924.
Pohl, Käte: Das Maß ist voll. Not und Kampf der Arbeiterfrauen. Berlin 1924.
Programm der Kommunistischen Internationale. Angenommen vom VI. Weltkongreß am 1. September 1928 in Moskau. Anhang: Statuten der Kommunistischen Internationale. Hamburg-Berlin 1928.
Das Programm der Kommunistischen Arbeiter-Partei Deutschlands. O. O. u. J. (1920).
Pütz, Hans: Dokumente kommunistischer Führerkorruption. Die KPD im Dienste der russischen Außenpolitik. Leipzig o. J. (1929).
Radek, Karl: Soll die Vereinigte Kommunistische Partei Deutschlands eine Massenpartei der revolutionären Aktion oder eine zentristische Partei des Wartens sein? 2. Aufl. mit einem Nachwort des Verfassers. Hamburg o. J. (1921).
Radek, Karl,/Frölich, Paul/Reventlow, Ernst Graf/Möller van den Bruck: Schlageter. Eine Auseinandersetzung. O. O. u. J. (Berlin 1923).
Radek, Karl/Thalheimer, August: Gegen den Nationalbolschewismus! Hrsg. KPD (Spartakusbund). O. O. 1920.
Reese, Maria: Abrechnung mit Moskau. Berlin-Leipzig 1938.
Referentenmaterial für die Berichterstattung über den 9. (4.) Parteitag der KPD. Nur für Mitglieder. Hrsg. KPD. O. O. u. J. (Berlin 1924).
Referentenmaterial zur Berichterstattung über den V. Weltkongreß. O. O. u. J. (Berlin 1924).
Referentenmaterial Nr. 2. Zur Kampagne: Gegen Klassenjustiz! Für Amnestie! Für die Rote Hilfe! Hrsg. Zentrale der KPD. Berlin, 1. Oktober 1924. Nur als Manuskript gedruckt.
Referentenmaterial Nr. 3. Über die Tätigkeit der Kommunisten im Reichstag (Teil A). Hrsg. Zentrale der KPD. Berlin, 8. Oktober 1924. Manuskriptdruck.
Referentenmaterial. Disposition für eine Wahlrede im Reichstagswahlkampf Herbst 1924. Hrsg. Zentrale der KPD. Berlin, 8. Oktober 1924. Manuskriptdruck.
Referentenmaterial. Reichspräsidentenwahl 1925. Rededisposition für den 2. Wahlgang. Manuskriptdruck.
Remmele, Hermann: Die Lehren des Berliner Blutmai und das drohende Verbot der KPD. Berlin o. J. (1929).
Remmele, Hermann: Sowjetstern oder Hakenkreuz. Die Rettung Deutschlands aus der Youngsklaverei und Kapitalsknechtschaft. Berlin o. J. (1930).
Remmele, Hermann: Kapitalistischer Zusammenbruch in Deutschland. Sozialistischer Aufbau in der Sowjetunlon. Rede auf dem Plenum des ZK der KPD am 14. und 15. Mai 1931. Berlin o. J. (1931).
Remmele, Hermann: Die Sowjetunion. Bd. 1 und 2. Berlin 1932.
Die Reorganisation der KPD. Der demokratische Zentralismus. Die Organisation der Parteiarbeiter.

Statut der Kommunistischen Partei Deutschlands. Beschlüsse des 10. Parteitages. Berlin 1925.
Resolutionen und Beschlüsse. 9. Plenum des EKKI (Februar 1928). Hamburg-Berlin 1928. Von der Revolution zur Konterrevolution. Rußland bewaffnet die Reichswehr. Hrsg. KAPD. O. O. u. J. (Berlin 1927).
Richter, C. F.: Radikale Sozialdemokraten und Kommunisten im sächsischen Landtag. Leipzig o. J.
Richtlinien für kommunistische Gemeindevertreter. (Entwurf des Genossen Handke-Hanau für den Parteitag der KPD). Berlin o. J.
Richtlinien für die Arbeit der kommunistischen Gemeindevertreter (Diskussionsentwurf zum Parteitag). Hrsg. Zentrale der KPD. Berlin, 25. Juni 1925. Manuskriptdruck.
Schafft Rote Hilfe. Richtlinien für die Arbeit der Roten Hilfe. 2. Aufl., Berlin 1925.
Rocker, Rudolf: Zur Geschichte der parlamentarialen Tätigkeit in der modernen Arbeiterbewegung. 2. erw. Aufl., Berlin o. J. (1925).
Roy, M. N.: Die internationalen Verbindungen der Opposition in der KPdSU. Hamburg-Berlin 1928.
Rundschreiben an die Bezirksleitungen, Unterbezirke, Arbeitsgebiete, Ortsgruppen, Zellen. Hrsg. Polbüro der Zentrale der KPD. Berlin, 28. Mai 1925. Manuskriptdruck.
Das Sachverständigengutachten der Arbeiter. Der Gesetzentwurf der kommunistischen Reichstagsfraktion. Hrsg. KPD. Berlin 1924.
Die dritte Säule der kommunistischen Politik. IAH – Internationale Arbeiterhilfe. Dargestellt nach authentischem Material (Hrsg. ADGB). Berlin 1924.
Ernst Schneller: Krieg und Kriegsgefahr. Kursusmaterial in Anlehnung an die Resolution des EKKI vom 30. Mai 1927. O O. u. J. (Berlin 1927).
Schulte, Fritz: RGO im Angriff. Die Lehren der Streikkämpfe und die Aufgaben der RGO. Berlin o. J. (1932).
Schumann, Arthur: Die kommunistischen Kapitalsknechte. München 1932.
Selbmann, Fritz: KPD oder SPD? Nichtangriffspakt oder proletarische Einheit. O. O. u. J. (Leipzig 1932).
Sinowjew, G(rigori): Die Weltpartei des Leninismus. Hamburg 1924.
Sinowjew, G.: Über die Bolschewisierung der Parteien. (Rede vor dem Erweiterten EKKI. März-April 1925) Hamburg 1925
Sowjetgranaten. Sowjetrußland als Munitionslieferant für die Reichswehr. Hrsg. Vorstand der SPD. Berlin, März 1927.
Vom Spartakusbund zur KPD. Materialien zur Geschichte der KPD. Berlin o. J. (1927).
Spitzel. Aus dem Sumpf der politischen Polizei. Berlin 1922.
J. W. Stalin. Vorwort von Heinz Neumann. Berlin 1930.
Stalin, J(ossif): Der Oppositionsblock und die Fragen der Revolution in der UdSSR. Hamburg-Berlin 1927.
Stetter, Hans: Der kommunistische Sumpf. Mein Ausschluß aus der KPD. Stuttgart o. J. (1926).
Teistler, Hermann: Der Parlamentarismus und die Arbeiterklasse. Berlin 1892.
Thälmann, Ernst: Die Eroberung der Mehrheit der Arbeiterklasse gegen Rechtsopportunismus und Sektierertum, für bolschewistische Massenarbeit. Berlin 1930.
Thälmann, Ernst: Der revolutionäre Ausweg und die KPD. Rede auf der Plenartagung des ZK der KPD am 19. Februar 1932 in Berlin. Hrsg. KPD. (Berlin 1932).
Thälmann, Ernst: Volksrevolution über Deutschland. Hrsg. ZK der KPD. O. O. u. J. (Berlin 1931).
Thälmann, Ernst: Kampfreden und Aufsätze. Hrsg. KPD. O. O. u. J. (Berlin 1932).
Thälmann, Ernst: Im Kampf gegen die faschistische Diktatur. Rede und Schlußwort des Genossen Ernst Thälmann auf der Parteikonferenz der KPD. Die politische Resolution der Parteikonferenz Oktober 1932. Berlin o. J. (1932).
Thalheimer, August: Um was geht es? Zur Krise in der Kommunistischen Partei Deutschlands. (Eine offene Rede zum Offenen Brief.) Berlin 1929.
Thalheimer, August: 1923: eine verpaßte Revolution? Die deutsche Oktoberlegende und die wirkliche Geschichte von 1923. Berlin 1931.
Vor dem Thermidor. Revolution und Konterrevolution in Sowjetrußland. Die Plattform der linken Opposition in der bolschewistischen Partei. Hrsg. von den aus der Kommunistischen Partei ausgeschlossenen Hamburger Oktoberkämpfern. Hamburg o. J. (1927).
Thesen und Resolutionen. Erweiterte Exekutive der Kommunistischen Internationale. März bis April 1925. Hamburg o. J. (1925).
Thesen und Resolutionen. Erweiterte Exekutive der Kommunistischen Internationale. Februar bis März 1926. O. O. u. J. (Hamburg 1926).
Tobler, Max: Der revolutionäre Syndikalismus. Zürich 1919.
Das Tribunal der Republik. Arbeiter und Soldaten vor dem Staatsgerichtshof. Hrsg. Exekutivkomitee der Internationalen Roten Hilfe. Berlin o. J. (1925).
Trotzki, Leo: Die Internationale Revolution und die Kommunistische Internationale. Hrsg. und mit einem Vorwort versehen von Hans Weber. Berlin 1929.
Trotzki, Leo: Die permanente Revolution. Berlin 1930. Trotzki, Leo: Was nun? Schicksalsfragen des deutschen Proletariats. Berlin 1932.
Trotzki, Leo: Soll der Faschismus wirklich siegen? Wie wird der Nationalsozialismus geschlagen? Berlin 1932.
Über den 14. Parteitag der Kommunistischen Partei der Sowjetunion. Informationsmaterial. Hrsg.

ZK der KPD. Berlin, im Februar 1926. Als Manuskript gedruckt.
Unternehmer und Kommunisten während der Bergarbeiterkämpfe im Mai 1924. Hrsg. Vorstand des Verbandes der Bergarbeiter Deutschands. Bochum, August 1924.
Wählen oder nicht wählen? Eine Flugschrift der KAPD. O. O. u. J.
Waffen für den Klassenkampf. Beschlüsse des XII. Parteitags der KPD. O. O. u. J. (Berlin 1929).
Walcher, Jacob: Arbeitsgemeinschaft oder Klassenkampf? Berlin 1928.
Der württembergische Lockspitzelsumpf vor dem Staatsgerichtshof. Hochverratsprozeß gegen Schneck, Bedrer und Genossen. Mit einem Nachwort von Clara Zetkin. Hrsg. KPD Württemberg. O. O. u. J. (1924).

6. Memoiren, Biographien und Literatur mit Hinweisen für die Biographien

Abendroth, Wolfgang: Ein Leben in der Arbeiterbewegung, Gespräche, aufgezeichnet und herausgegeben von B. Dietrich und J. Perels. Frankfurt/M. 1976.
Abusch, Alexander: Der Deckname. Memoiren. Berlin (DDR) 1981.
Abusch, Alexander: Mit offenem Visier. Berlin (DDR) 1982
Abusch, Isaac: Erinnerungen und Gedanken eines oppositionellen Kommunisten. Hrsg. von Joachim Kowalczyk. Mainz 1994.
Agde, Günter: Kämpfer. Biographie eines Films und seiner Macher. Berlin 2001.
Albel, Ursula/Schott, Christian: Verfolgt, Angeklagt, Verurteilt. Politischer Widerstand und oppositionelles Verhalten in Wuppertal 1933-1945. Dokumentation biographischer Daten, Verfahren und Anklagen. Bocholt 2001.
Albrecht, Karl: Der verratene Sozialismus. Berlin/Leipzig 1939.
Antifaschistische Lehrer im Widerstandskampf. Lebensbilder großer Pädagogen. Berlin (DDR) 1967.
Antifaschistischer Gedenk- und Terminkalender – Ehrentafel für Kameraden, die im Kampf gegen den Faschismus fielen. 1974, 1977, 1978, 1979, 1980, 1981, 1982, 1983, 1984, 1986, 1987, 1988. Hrsg. Zentralleitung des Komitees der Antifaschistischen Widerstandskämpfer in der DDR.
Arbeitereinheit siegt über Militaristen. Erinnerungen an die Niederschlagung des Kapp-Putsches März 1920. Berlin (DDR) 1960.
Die Arbeiterklasse im Kampf um ihre Befreiung. Die Rathenower Arbeiterbewegung seit ihren Anfängen bis zur Vereinigung der KPD mit der SPD im Jahre 1946. Rathenow o. J. (1959).
Auer, Erich: »Ruchsackpropheten« – Erinnerungen eines Veteranen der revolutionären deutschen Jugendbewegung. Schriftenreihe zur Geschichte der FDJ. Heft 15 Berlin (DDR) 1970.
Aus dem Leben Revolutionärer Kämpfer. Teil 1. Karl-Marx-Stadt 1979.
Aus dem Leben Revolutionärer Kämpfer. Teil 2. Karl-Marx-Stadt 1983.
Badia, Gilbert: Rosa Luxemburg. Journaliste, Polemiste, Révolutionnaire. Paris 1975.
Badia, Gilbert: Clara Zetkin. Eine neue Biographie. Berlin 1994.
Balzer, Friedrich Martin: Der Fall Erwin Eckert. Zum Verhältnis von Protestantismus und Faschismus am Ende der Weimarer Republik. Frankfurt/M. 1987.
Barck, Simone/Schlenstedt, Silvia/Bürgel, Tanja u. a: Lexikon sozialistischer Literatur. Ihre Geschichte in Deutschland bis 1945. Stuttgart-Weimar 1994.
Barck, Simone/Rudder, Anneke de/Schmeichel-Falkenberg, Beate: Jahrhundertschicksale. Frauen im sowjetischen Exil. Berlin 2003.
Barth, Bernd-Rainer: Die Lebensbeichte eines Quäker-Kommunisten: Der Brief des geheimen Gefangenen Noel H. Field aus dem Staatssicherheitsgefängnis in Budapest an das Zentralkomitee der KPdSU vom März 1954, in: Jahrbuch für Historische Kommunismusforschung 2002. Berlin 2002.
Barthel, Karl: Die Welt ohne Erbarmen. Rudolstadt 1946.
Barthel, Max: Kein Bedarf an Weltgeschichte. Geschichte eines Lebens. Wiesbaden 1950.
Basso, Lelio: Rosa Luxemburgs Dialektik der Revolution. Frankfurt/M. 1969.
Bayerlein, Bernhard (Hrsg.): Georgi Dimitroff: Tagebücher 1933-1943, Band 1: Tagebücher. Band 2: Kommentare und Materialien. Berlin 2000.
Becher, Johannes R.: Walter Ulbricht. Ein deutscher Arbeitersohn. Berlin (DDR) 1958.
Becker, Franz: Vom Berliner Hinterhof zur Storkower Komendatura. Berlin (DDR) 1985.
Becker, Jens u. a. (Hrsg.): Das erste Tribunal. Das Moskauer Parteiverfahren gegen Brandler, Thalheimer und Radek. Mainz 1993.
Becker, Jens: Heinrich Brandler. Eine politische Biographie. Hamburg 2001.
Becker, Klaus J. : Die KPD in Rheinland-Pfalz 1946-1956. Mainz 2001.
Becker, Klaus J.: Der lange Weg von der KPD zur SPD, in: Der Mensch muß zur Geltung kommen. Zur Erinnerung an Herbert Müller. Hrsg. vom SPD-Stadtverband Ludwigshafen. Ludwigshafen a. R. 1997.
Behrens, Alexander: Johannes R. Becher. Eine politische Biographie. Köln 2003.
Beiträge zur Geschichte der deutschen Arbeiterbewegung. Berlin (DDR), ab 1. Jg. 1959 ff.
Benenowski, Hans: Nicht nur für die Vergangenheit. Streitbare Jugend in Berlin um 1930. Berlin 1983.

Benkwitz, Max: Bevor unsere Republik entstand. Halle 1972.
Beradt, Charlotte: Paul Levi. Ein demokratischer Sozialist in der Weimarer Republik. Frankfurt/M. 1969.
Berg-Andre, Martha: Edgar Andre, mein Mann und Kampfgefährte. Paris 1936.
Bergmann, Karl/ Bergmann, Hans: Der Schlaf vor dem Erwachen. Stationen der Jahre 1931-1949. Berlin 2002.
Bergmann, Theodor: »Gegen den Strom«, Geschichte der Kommunistischen Partei-Opposition. Hamburg 1987 (Neuauflage 2001).
Bers, Günter: Der Bezirk Mittelrhein/Saar der KPD im Jahre 1922. Reinbek 1975.
Bers, Günter: »Rote Tage« im Rheinland. Demonstration des Roten Frontkämpfer-Bundes (RFB) im Gau Mittelrhein 1925-1928. Reinbek 1980.
Bers, Günter: Eine Regionalgliederung der KPD. Der Bezirk Mittelrhein und seine Parteitage in den Jahren 1927/1929. Reinbek 1981.
Bers, Günter: Der I. Kongreß der RGO im Bezirk Mittelrhein (Raum Aachen - Köln - Koblenz) im Jahre 1930. Reinbek 1982.
Bers, Günter: Die KPD im Raum Köln - Aachen gegen Ende der Weimarer Republik. Reinbek 1993.
Besonders jetzt tu' Deine Pflicht. Briefe von Antifaschisten, geschrieben vor ihrer Hinrichtung. Berlin-Potsdam 1948.
Bies, Luitwin: Widerstand an der Grenze. Saarländer und Lothringer gegen den Faschismus 1933-1945. Saarbrücken 2002.
Biographisches Handbuch der deutschsprachigen Emigration nach 1933. International biographical dictionary of central European emigrès 1933-1945. Hrsg. vom Institut für Zeitgeschichte München und von der Research Foundation for Jewish Immigration, Inc., New York unter der Gesamtleitung von Werner Röder und Herbert A. Strauss. Bd. 1-3. München u. a. 1980-1983.
Biographisches Handbuch der Mitglieder des Deutschen Bundestages 1949-2002. Hrsg. von Rudolf Vierhaus, Ludolf Herbst unter Mitarbeit von Bruno Jahn.
Bd. 1. A-M, Bd. 2. N-Z und Bd. 3. München 2002.
Biographisches Handbuch der SBZ/DDR 1945-1990. Baumgartner, Gabriele/Hebig, Dieter (Hrsg.): Bd. Abendroth-Lyr, Bd. Maaßen-Zylla. München/New Providence/London/Paris 1996, 1997.
Bobek, Gertrud: »Erinnerungen an mein Leben«. Taucha 1998.
Bohn, Willi: Stuttgart: Geheim! Ein dokumentarischer Bericht. Frankfurt/M. 1969.
Bohn, Willi: Einer von Vielen. Ein Leben für Frieden und Freiheit. Frankfurt/M. 1981.
Bojarskaja, Sinaida: Clara Zetkin – Eine Kämpferin. Berlin 1927.
Boulanger, Jakob/ Tschesno-Hell, Michael: Eine Ziffer über dem Herzen. Erlebnisbericht aus 12 Jahren Haft. Berlin (DDR) 1957.
Brandt, Heinz: Ein Traum, der nicht entführbar ist. Mein Weg zwischen 0st und West. München 1967.
Brandt, Willy/Löwenthal, Richard: Ernst Reuter. Ein Leben für die Freiheit. Eine politische Biographie. München 1957.
Braun, Otto: Chinesische Aufzeichnungen (1932-1939). Berlin (DDR) 1973.
Breidenbach, Armin/Weishoff, Marita: Zwangsbeurlaubt ins KZ : die Verfolgung von Remscheider Stadtverordneten durch die Nationalsozialisten, in: Geschichte u. Heimat. Remscheid 1996.
Breidenbach, Armin: Für's Engagement gebüßt. Nationalsozialismus, Verfolgung und Widerstand von ehemaligen Stadtverordneten, in: Bergische Blätter 19 (1996).
Breidenbach, Armin: Widerstand und Verfolgung in Remscheid 1933-1945, Remscheider Widerstandskämpferinnen und -kämpfer, Oppositionelle und Verfolgte. SPD Kreisverband Remscheid/IG-Metall Verwaltungsstelle Remscheid/Kreisverband Remscheid Die Grünen. Berlin 1992.
Breunig, Werner/Kringe, Wolfgang/Pfetsch, Frank R.: Datenhandbuch Länderparlamentarier 1945-1953. Frankfurt/M. 1985.
Broué, Pierre: Trotzki. Eine politische Biographie. Bd. I und II. Köln 2003.
Brüning, Elfriede (Hrsg.): Lästige Zeugen? Tonbandgespräche mit Opfern des Stalinismus. Leipzig 1990.
Brun-Zechovoj, Valerij: Manfred Stern-General Kleber. Die tragische Biographie eines Berufsrevolutionärs (1896-1954). Berlin 2000.
»Brüsseler Konferenz« der KPD von 1935 auf CD-ROM. Hrsg. von Günther Fuchs/Erwin Lewin/Elke Reuter/Stefan Weber. Berlin 2000.
Buber-Neumann, Margarete: Von Potsdam nach Moskau. Stationen eines Irrwegs. Stuttgart 1957.
Buber-Neumann, Margarete: Kriegsschauplätze der Weltrevolution. Ein Bericht aus der Praxis der Komintern 1919-1943. Stuttgart 1967.
Buch, Günter: Namen und Daten wichtiger Personen der DDR. Berlin/Bonn 1973, 1979, 1982, 1987.
Bürger, K.: Aus Hitlers Konzentrationslagern. Moskau-Leningrad 1934.
Buckmiller, Michael/Nafe, Pascal: »Die Naherwartung des Kommunismus – Werner Scholem«, in: Buckmiller, Michael/Heimann, Dietrich: Judentum und politische Existenz. Siebzehn Portraits deutsch-jüdischer Intellektueller. Hannover 2000.
Carlebach, Emil: Am Anfang stand ein Doppelmord. Kommunist in Deutschland. Köln 1988.
Cartarius, Ulrich: Leo Jogisches-Tyszka als Mensch und Politiker in Deutschland. Mit zehn unbekannten Briefen, in: IWK, 3/1991 S. 314-338.

Černy, Jochen: »Feindliche Elemente« Frühere KPD(O)-Mitglieder in KPD und SED, in: IWK, 2/2002, S. 182-213.
Chlada, Mervin/Heible, Wolfgang: Fritz Rück und die Revolution 1918. Aschaffenburg 1999.
Clemens, Ditte: »Schweigen über Lilo« Die Geschichte der Liselotte Herrmann.
Ravensburg 1993.
Coppi, Hans/Danyel, Jürgen/Tuchel, Johannes: Die Rote Kapelle im Widerstand gegen den Nationalsozialismus. Berlin 1994.
Creutzburg, Martin: Richard Creutzburg: Der Feuerkopf (1905-1936), in: Jahrbuch für Forschungen zur Geschichte der Arbeiterbewegung, Jg. 2/2003, Heft 1, S. 128-148.
Crüger, Herbert: Verschwiegene Zeiten. Vom geheimen Apparat der KPD ins Gefängnis der Staatssicherheit. Berlin 1990.
Dahlem, Franz: Am Vorabend des zweiten Weltkrieges. Erinnerungen. Bd. 1 u. 2. Berlin (DDR) 1977.
Dahlem, Franz: Jugendjahre. Vom katholischen Arbeiterjungen zum proletarischen Revolutionär. Berlin (DDR) 1982 .
Damals in Fichtenau – Erinnerungen an die zentrale Parteischule der KPD. Hrsg. von der Gedenk- und Bildungsstätte Schöneiche-Fichtenau. O. J.
Damerius, Helmut: Über zehn Meere zum Mittelpunkt der Welt – Erinnerungen an die »Kolonne Links«. Berlin (DDR) 1977.
Damerius, Helmut: Unter falscher Anschuldigung. 18 Jahre in Taiga und Steppe. Berlin/Weimar 1990.
Deakin, F. W. : G. R. Storry: The Case of Richard Sorge. New York 1966.
Dehl, Oleg u. a.: Verratene Ideale. Zur Geschichte deutscher Emigranten in der Sowjetunion in den 30er Jahren. Berlin 2000.
Deutsche Widerstandskämpfer 1933-1945. Biographien und Briefe. Band 1 und Band 2. Berlin (DDR) 1970.
Dick, Jutta/Sassenberg, Marina (Hrsg.): Jüdische Frauen im 19. und 20. Jahrhundert. Reinbek 1993.
Dickhut, Willi: So war's damals. Tatsachenbericht eines Solinger Arbeiters 1926-1948. Stuttgart 1979.
Dickhut, Willi: »Was geschah danach«. Tatsachenbericht eines Solinger Arbeiters ab 1949. Stuttgart 1990.
Distel, Barbara: Im Schatten der Helden. Kampf und Überleben von Centa Beimler-Herker und Lina Haag, in: Dachauer Hefte 3/1987, S. 21-57.
Dornemann, Luise: Alle Tage ihres Lebens. Frauengestalten aus zwei Jahrhunderten. Berlin (DDR) 1981.
Drabkin, Jakow: Die Aufrechten. Karl Liebknecht, Rosa Luxemburg, Franz Mehring. Berlin (DDR) 1988.
Dwars, Jens-Fietje: »Abgrund des Widerspruchs. Das Leben des Johannes R. Becher«. Berlin 1998.
Eberlein, Werner: Geboren am 9. November. Erinnerungen. Berlin 2000.
Eggerath, Werner: Nur ein Mensch. Weimar 1947.
Eggerath, Werner: Die fröhliche Beichte. Berlin (DDR) 1977.
Eildermann, Wilhelm: Als Wanderredner der KPD unterwegs. Erinnerungen an die ersten Jahre der KPD 1919-1920. Berlin (DDR) 1977.
Elflein, Paul: Immer noch Kommunist? Erinnerungen. Hrsg. von Rolf Becker und Claus Bremer. Hamburg 1978.
Elling, Hanna: Frauen im deutschen Widerstand. 1933-45. Frankfurt/M. 1981.
Emendörfer, Jan: Verfemt. Mein Vater Max Emendörfer. Frankfurt (Oder) 1997.
Emendörfer, Max: Rückkehr an die Front. Erlebnisse eines deutschen Antifaschisten. Berlin (DDR) 1972.
Engel, Gerhard/Holtz, Bärbel/Materna, Ingo (Hrsg.): Groß-Berliner Arbeiter- und Soldatenräte in der Revolution 1918/19, Dokumente der Vollversammlungen und des Vollzugsrates. Vom Ausbruch der Revolution bis zum 1. Reichsrätekongreß. Berlin 1993.
Engel, Gerhard/Holtz, Bärbel/Huch, Gaby/Materna, Ingo (Hrsg.): Groß-Berliner Arbeiter- und Soldatenräte in der Revolution 1918/19. Dokumente der Vollversammlungen und des Vollzugsrates. Vom 1. Reichsrätekongreß bis zum Generalstreikbeschluß am 3. März 1919.Berlin 1997.
Engel, Gerhard/Huch, Gaby/Materna, Ingo (Hrsg.): Groß-Berliner Arbeiter- und Soldatenräte in der Revolution 1918/19. Dokumente der Vollversammlungen und des Vollzugsrates. Vom Generalstreikbeschluss vom 3. März 1919 bis zur Spaltung der Räteorgane im Juli 1919. Berlin 2002.
Engel, Rudolf: Feinde und Freunde. Berlin (DDR) 1984.
Epstein, Catherine: The Last Revolutionaries. German Communists and their Century. Cambridge, Mass. 2003.
Erkämpft das Menschenrecht. Lebensbilder und letzte Briefe antifaschistischer Widerstandskämpfer. Berlin (DDR) 1958.
Erler, Peter: Die Rückführung deutscher Opfer des Stalinismus aus der UdSSR und ihre Eingliederung in das gesellschaftliche Leben der SBZ/DDR. Eine Bestandsaufnahme, in: Kommunisten verfolgen Kommunisten. Stalinscher Terror und »Säuberungen« in den kommunistischen Parteien Europas seit den dreißiger Jahren. Hrsg. von Hermann Weber u. a. Berlin 1993.
Erler, Peter: Zwischen stalinistischen Terror und Repression. Staatliche Zwang und parteipolitische Strafmaßnahmen gegen deutsche Politemigranten in der UdSSR nach dem 22. Juni 1941, in: Jahrbuch für Historische Kommunisforschung 1996. Berlin 1996.

Ettinger, Elzbieta: Rosa Luxemburg. Ein Leben. Bonn 1990.
Faesekorn, Ilse: Es ging um Kopf und Kragen. Leben und Widerstand von Hugo und Luise Paul. Remscheid 1998.
Feuchtwanger, Franz: Der militärpolitische Apparat der KPD in den Jahren 1928-1935 Erinnerungen, in: IWK, 1981 H. 4, S. 485-533.
Fischer, Georg: Vom aufrechten Gang eines Sozialisten. Ein Parteiarbeiter erzählt. Berlin 1979.
Fischer, Ruth: Stalin und der deutsche Kommunismus. 2 Bde. Frankfurt/M. 1949.
Fladung, Hans: Erfahrungen. Vom Kaiserreich zur Bundesrepublik Hrsg. von Josef Schleifstein. Frankfurt/M. 1986
Fleischhacker, Alfred, unter Mitwirkung v. Holger Stoecker: Das war unser Leben. Erinnerungen u. Dokumente der FDJ in Großbritannien 1939-1946. Berlin 1996.
Flocken, Jan von/Scholz, Michael F.: Ernst Wollweber. Saboteur, Minister, Unperson. Berlin 1994.
Foitzik, Jan: Kadertransfer: Der organisierte Einsatz sudetendeutscher Kommunisten in der SBZ 1945/46, in: Vierteljahrshefte für Zeitgeschichte (31) 1983, S. 308 ff.
Foitzik, Jan: Zwischen den Fronten. Zur Politik, Organisation und Funktion linker politischer Kleinorganisationen im Widerstand 1933 bis 1939/40. Bonn 1986.
Forschungsgruppe des Wuppertaler Widerstands (Hrsg.): »Se krije us nit kaputt.« Geschichte des Wuppertaler Widerstands. Essen 1994.
Frank, Mario: Walter Ulbricht. Eine deutsche Biografie. Berlin 2001.
Frei, Bruno: Der Papiersäbel. Autobiographie. Frankfurt/M. 1972.
Frenzel, Max/Mannbar, Arthur/Thiele, Wilhelm: Gesprengte Fesseln. Berlin (DDR) 1975.
Fricke, August: Erinnerungen, Begegnungen, Erfahrungen. Ein Beitrag zur Geschichte der niedersächsischen Arbeiterbewegung. Einbeck 1981.
Frölich, Erna (Hrsg.): Zum Höchsten der Menschheit emporgestrebt. Kurze Lebensbeschreibungen Dresdner Arbeiterfunktionäre und Widerstandskämpfer. Dresden 1960.
Frölich, Paul: Rosa Luxemburg. Gedanke und Tat. Paris 1939, dritte Auflage mit einem Nachwort von Iring Fetscher. Frankfurt/M. 1967.
Gabbert, Josef/Prieß, Lutz (Hrsg.): SED und Stalinismus. Dokumente aus dem Jahre 1956. Berlin (DDR) 1990.
Gallo, Max: Rosa Luxemburg. Eine Biographie. Zürich 1993.
Galm, Heinrich: Ich war halt immer ein Rebell. Politische Erinnerungen von Heinrich und Marie Galm, nach Gesprächen zusammengestellt von Werner Fuchs und Bernd Klemm. Offenbach 1980.
Gebhardt, Manfred: Max Hoelz. Wege und Irrwege eines Revolutionärs. Biographie. Berlin (DDR) 1985.
Gerstenberg, Günther: Rosa Aschenbrenner – Ein Leben für die Politik. Münchner Skizzen, Heft 12. München 1998.
Geschichte der deutschen Arbeiterbewegung. Biographisches Lexikon. Berlin (DDR) 1970.
Geusendam, Wilhelm: Herausforderungen. KJVD – UdSSR – KZ – SPD. Kiel 1985.
Geyer, Curt: Die Revolutionäre Illusion. Zur Geschichte des linken Flügels der USPD. Erinnerungen von Curt Geyer. Hrsg. von W. Benz/H. Graml. Stuttgart 1976.
Glaser, Georg K.: Geheimnis und Gewalt. Ein Bericht. Reinbek 1994.
Globig, Fritz: ... aber verbunden sind wir mächtig. Berlin (DDR) 1958.
Globig, Martha: 1936/1937: Eine schwere Zeit in Moskau, in: BzG, 1990, H. 4, S. 521-526.
Glückauf, Erich: Begegnungen und Signale. Erinnerungen eines Revolutionärs. Berlin (DDR) 1976.
Granach, Alexander: Da geht ein Mensch. Autobiographischer Roman. Stockholm o.J. (1945).
Grabowski, Bernd/Vesper, Karlen: Wir waren dabei. Veteranen berichten über ihre Teilnahme an der Großen Sozialistischen Oktoberrevolution. Berlin (DDR) 1989.
Grebing, Helga (Hrsg.): Lehrstücke in Solidarität. Briefe und Biographien deutscher Sozialisten 1945 - 1949. Stuttgart 1983.
Grebing, Helga: Sie wollte und konnte nie etwas halbes tun. Die Sozialistin Rosi Wolfstein-Frölich 1914-1924. Witten 1995.
Griebel, Regina/Coburger, Marlies/Scheel, Heinrich: Erfaßt? Das Gestapo-Album zur Roten Kapelle. Halle 1992.
Gross, Babette: Willi Münzenberg. Eine politische Biographie. Mit einem Vorwort von Arthur Koestler. Stuttgart 1967.
Große, Lea: Eine Inventur. Berlin (DDR) 1982.
Grünberg, Karl: Episoden. Berlin (DDR) 1980.
Grünberg, Gottfried: Kumpel, Kämpfer, Kommunist. Berlin (DDR) 1977.
Gutsche, Willibald: Dr. Theodor Neubauer. Weimar 1955.
Haag, Lina: Eine Handvoll Staub. Frankfurt/M. 1995.
Hammer, Walter: Hohes Haus in Henkers Hand. Leidensweg und Opfergang deutscher Parlamentarier. Frankfurt/M. 1956.
Hanke, Erich: Erinnerungen eines Illegalen. Berlin (DDR) 1976.
Hanauske, Dieter: Die Sitzungsprotokolle des Magistrats der Stadt Berlin 1945/46. Teil I: 1945: Teil 2: 1946. Berlin 1995 und 1999.
Hannemann, Simone: Robert Havemann und die Widerstandsgruppe »Europäische Union«. Berlin 2001.

Hartewig, Karin: Zurückgekehrt – Die Geschichte der jüdischen Kommunisten in der DDR. Köln 2000.
Hartmann, Jürgen: Zur Geschichte der KPD und zum kommunistischen Widerstand in Lippe (1920 bis 1945), in: Lippische Mitteilungen aus Geschichte und Landeskunde 62 (1993), S. 199-251.
Havemann, Robert: Ein deutscher Kommunist. Rückblicke und Perspektiven aus der Isolation. Hamburg 1978.
Háy, Julius: Geboren 1900. Aufzeichnungen eines Revolutionärs. München-Wien 1971.
Hedeler, Wladislaw: Die deutschen , S. 370-383.
Helm, Rolf: Anwalt des Volkes. Erinnerungen. Berlin (DDR) 1978.
Hepp, Michael (Hrsg.): Die Ausbürgerung deutscher Staatsbürger 1933-45 nach den im Reichsanzeiger veröffentlichten Listen. Bd. 1-3. München/New York, London, Paris 1985.
Herbst, Andreas: »Trotzkist mit kriminellem Einschlag«: Wilhelm Schwan, in: Jahrbuch für Historische Kommunismusforschung 1999. Berlin 1999.
Herbst, Andreas: Heinrich Wiatrek – Kommunist oder »Überläufer«, in: Jahrbuch für Historische Kommunismusforschung 2002. Berlin 2002.
Hering, Sabine/Schilde, Kurt: Kampfname Ruth Fischer. Wandlungen einer deutschen Kommunistin. Frankfurt/M. 1995.
Hippe, Oskar: Und unsere Fahne ist rot. Erinnerungen an 60 Jahre in der Arbeiterbewegung. Hamburg 1979.
Hirsch, Helmut: Rosa Luxemburg in Selbstzeugnissen und Bilddokumenten. Hamburg 1970.
Hochmuth, Ursel und Gertrud Meyer: Streiflichter aus dem Hamburger Widerstand 19331945. Frankfurt/M. 1969 und 1980.
Hochmuth, Ursel: Illegale KPD und Kampfbewegung »Freies Deutschland« in Berlin-Brandenburg 1942-1945. Biographien und Zeugnisse aus der Widerstandsorganisation um Saefkow, Jacob und Bästlein. Berlin 1998.
Hodos, Hermann Georg: Schauprozesse. Stalinistische Säuberungen in Osteuropa 1948-1954. Frankfurt/M./New York 1988.
Hoernle, Edwin. Ein Leben für die Bauernbefreiung. Das Wirken Edwin Hoernles als Agrarpolitiker und eine Auswahl seiner agrarpolitischen Schriften. Mit einem Nachwort von Walter Ulbricht. Hrsg. N. Steinberger, S. Graffunder und K. Herholz. Berlin (DDR) 1965.
Hohendorf, Gerd: Clara Zetkin. Berlin (DDR) 1965.
Hoffmann, Heinz: Mannheim. Madrid. Moskau. Berlin (DDR) 1981.
Hoffmann, Heinz: Moskau – Berlin. Berlin (DDR) 1989.
Hoffmann, Joachim: Berlin-Friedrichsfelde. Ein deutscher Nationalfriedhof. Berlin 2001.
Horseling, Gerd: Die gerade Linie beibehalten. Lebenserinnerungen. Düsseldorf o. J. (1989).
Hundertmark Willy: Erinnerungen an ein widerständiges Leben. Hrsg. von Hendrik Bunke. Bremen 1997.
Huonker, Thomas: Revolution Moral & Kunst. Eduard Fuchs Leben und Werk. Zürich 1985.
Die illegale Tagung des ZK der KPD am 7. Februar 1933 in Ziegenhals. 3., überarbeitete und erweiterte Auflage, Berlin (DDR) 1980.
Illustrierte Geschichte der deutschen Revolution, Berlin 1929. (Faksimiledruck Frankfurt/M.1968).
»Im Feuer geboren«. Zum Kampf der KPD im Bezirk Magdeburg-Anhalt. Heft 9 der Beiträge zur Geschichte der Stadt und des Bezirkes Magdeburg. Hrsg. Bezirksgeschichtskommission der SED-BL Magdeburg. Magdeburg 1978.
In den Fängen des NKWD. Deutsche Opfer des stalinistischen Terrors in der UdSSR. Hrsg. vom Institut für Geschichte der Arbeiterbewegung. Berlin (DDR) 1990.
»In unverbrüchlicher Treue zur Sache der Arbeiterklasse«. Biographien antifaschistischer Widerstandskämpfer. Heft 12 der Beiträge zur Geschichte der Stadt und des Bezirkes Magdeburg. Hrsg. Bezirksgeschichtskommission der SED-BL Magdeburg. Magdeburg 1980.
Ito, Nahiriko: Rosa Luxemburg. Ich umarme Sie in großer Sehnsucht. Briefe aus dem Gefängnis 1915-1918. Bonn 1981.
Jacobeit, Sigrid/Thoms-Heinrich, Lieselotte: Kreuzweg Ravensbrück. Lebensbilder antifaschistischer Widerstandskämpfer. Leipzig 1987.
Jacobeit, Siegrid: Else Fugger. Das Leben einer Widerstandskämpferin, in: Dachauer Hefte 3/1987, S 205-220.
Jahnke, Karl-Heinz: Ein ungewöhnliches Leben: Bruno Dubber. Hamburg 1990.
Jahnke, Karl-Heinz: ... ich bin nie ein Parteifeind gewesen. Der tragische Weg der Kommunisten Fritz und Lydia Sperling. Bonn 1993.
Jahnke, Karl-Heinz: Vergessen? Opfer im Widerstand 1933-1945. Konstanz 1995.
Jahnke, Karl-Heinz: Antifaschisten I. Unbequeme Zeugen des 20. Jahrhunderts. Bonn 1994.
Jahnke, Karl-Heinz: Antifaschisten II. Unbequeme Zeugen des 20. Jahrhunderts. Bonn 1996.
Jahnke, Karl-Heinz: Ermordet und Ausgelöscht: Zwölf Deutsche Antifaschisten. Freiburg 1995.
Jahrbuch für Forschungen zur Geschichte der Arbeiterbewegung. Berlin 2002 ff.
Jahrbuch für Historische Kommunismusforschung. Hrsg. von Hermann Weber, Egbert Jahn u.a. Berlin 1993 ff.
Janka, Walter: Spuren eines Lebens. Reinbek 1992.
Jannack, Karl: Wir mit der roten Nelke. Bautzen 1959.
Jungclas, Georg: Georg Jungclas 1902-1975. Eine politische Dokumentation. Von der proletarischen

Freidenkerjugend im Ersten Weltkrieg zur Linken der siebziger Jahre. Hamburg 1980.
Kämpfer gegen Faschismus – Vorbilder der Jugend Leben und Kampf der Genossin Hanna Himmler von Paul Lauerwald. Hrsg. von der SED-KL Nordhausen Kreiskommission zur Erforschung der Geschichte der örtlichen Arbeiterbewegung, Heft 3. Nordhausen 1980.
Kämpfer gegen Faschismus und Krieg für Frieden und Sozialismus. Hrsg. von der BL der SED Erfurt und dem Bezirkskomitee der Antifaschistischen Widerstandskämpfer der DDR. Erfurt 1982 u. 1987.
Kämpfer gegen Faschismus und Krieg – Politische Lebensbilder, Teil 1. Hrsg. von der SED-BL Neubrandenburg 1988.
Kämpfer seiner Klasse. Erinnerungen aus dem Leben und Kampf des Genossen Max Herm und seiner engsten Kampfgefährten. Brandenburg 1974.
Kaiser, Gerdhard: Russlandfahrer. Aus dem Wald in die Welt. Facharbeiter aus dem Thüringer Wald in der UdSSR 1930-1965. Tessin 2000.
Kaiser, Gerhard: Die Heyms. Ernst, Guido und Karl. Drei Generationen einer Suhler Arbeiterfamilie. Berlin 2000.
Kantorowicz, Alfred: Deutsches Tagebuch. 2 Bde. München 1959/1961.
Kegel, Gerhard: In den Stürmen unseres Jahrhunderts. Ein deutscher Kommunist über sein ungewöhnliches Leben. Berlin (DDR) 1983.
Kerff, Willy: Karl Liebknecht 1914-1916. Fragment einer Biographie. Berlin (DDR) 1967.
Keßler, Mario: Exil und Nach-Exil. Vertriebene Intellektuelle im 20. Jahrhundert. Hamburg 2002.
Keßler, Mario: Arthur Rosenberg. Ein Historiker im Zeitalter der Katastrophen (1889-1943). Köln, Weimar, Wien 2003.
Kießling, Wolfgang: Stark und voller Hoffnung. Leben und Kampf von Albert Kuntz. Berlin (DDR) 1964.
Kießling, Wolfgang: Ernst Schneller. Lebensbild eines Revolutionärs. Berlin (DDR) 1960.
Kießling, Wolfgang: Alemania Libre in Mexiko. Ein Beitrag zur Geschichte des antifaschistischen Exils 1941-1946. Bd. 1 u. 2. Berlin (DDR) 1974.
Kießling, Wolfgang: Brücken nach Mexiko. Traditionen einer Freundschaft. Berlin (DDR)1989.
Kießling, Wolfgang: Partner im »Narrenparadies« – Der Freundeskreis um Noel Field und Paul Merker. Berlin 1995.
Kießling, Wolfgang: Paul Merker in den Fängen der Sicherheitsorgane Stalins und Ulbrichts. Hefte zur ddr-geschichte, Heft 25, Berlin 1995.
Kießling, Wolfgang: In den Mühlen der großen Politik. Heinrich Mann, Paul Merker und die SED. Hefte zur ddr-geschichte, Heft 36, Berlin 1996.
Kießling, Wolfgang: Willi Kreikemeyer der verschwundene Reichsbahnchef. Hefte zur ddr-geschichte, Heft 42, Berlin 1997.
Kießling, Wolfgang: »Leistner ist Mielke« – Schatten einer gefälschten Biographie. Berlin 1998.
Kießling, Wolfgang: Absturz in den kalten Krieg. Rudolf und Leo Zuckermanns Leben zwischen nazistischer Verfolgung, Emigration und stalinistischer Maßregelung. Hefte zur ddr-geschichte, Heft 57, Berlin 1999.
Kirsch, Ruth: Käte Duncker. Aus ihrem Leben. Berlin (DDR)1982.
Klinger, Katharina: Maria Seyring, Ärztin, Jahrgang 1895. Frankfurt/M. 1999.
Knigge-Tesche, Renate/Ulrich, Axel (Hrsg): »Verfolgung und Widerstand 1933-1945 in Hessen«. Frankfurt/M. 1996.
Knobloch, Heinz: Meine liebste Mathilde. Berlin 1985.
Koch-Baumgarten, Sigrid: Von der Textilarbeiterin zur Stellvertretenden Volkskammerpräsidentin. Grete-Groh-Kummerlöw – eine weibliche Karriere in der DDR, in: IWK, Heft 2/2001, S. 212-227.
Koestler, Arthur: Als Zeuge der Zeit. Frankfurt/M. 1986.
Komitee der Antifaschistischen Widerstandskämpfer der DDR (Hrsg.): Namensverzeichnis ehem. Teilnehmer am Freiheitskrieg gegen den Faschismus 1936-39 in Spanien. Berlin (DDR) 1989.
Simon, Dietmar: Werner Kowalski – Leben, Flucht und Tod eines kommunistischen Funktionärs, in: Jahrbuch für Historische Kommunismusforschung 2003.
Krause, Hartfried, Revolution und Konterrevolution am Beispiel Hanau. Kronberg/Ts. 1974.
Krause, Hartfried: USPD. Zur Geschichte der Unabhängigen Sozialdemokratischen Partei Deutschlands. Frankfurt/M. und Köln 1975.
Krivitsky, Walter G.: Ich war Stalins Agent. Hrsg. von Hellmut G. Haasis. Grafenau 1990. [Neuausg. von »Ich war in Stalins Dienst«. Amsterdam 1940].
Krüger, Horst (Hrsg.): Das Ende einer Utopie. Hingabe und Selbstbefreiung früherer Kommunisten. Olten/Freiburg i.Br. 1963.
Kubina, Michael: Von Utopie, Widerstand und kaltem Krieg. Das unzeitgemäße Leben des Berliner Rätekommunisten Alfred Weiland (1906-1978). Münster-Hamburg 2001.
Kühn, Kurt: Georg Schumann. Eine Biographie. Berlin (DDR) 1965.
Kuczynski, Jürgen: Memoiren. Köln 1983.
Kuhn, Hermann: Bruch mit dem Kommunismus. Über autobiographische Schriften von Ex-Kommunisten im geteilten Deutschland. Münster 1990.
Kurella, Alfred: Unterwegs zu Lenin. Erinnerungen. Berlin (DDR) 1967.
Langguth, Ernst: Erinnerungen des Genossen Ernst Langguth über die Parteiarbeit der KPD-Unterbezirksleitung Berlin Prenzlauer Berg/Nordring in der Zeit vom Frühjahr 1932 bis Frühjahr 1934. Berlin (DDR) 1980.

Langer, Ingrid: »Zwölf Vergessene Frauen. Die weiblichen Abgeordneten im Parlament des Volksstaates Hessen. Ihre politische Arbeit – Ihr Alltag – Ihr Leben«. Frankfurt/M. 1989.
Laschitza, Annelies/Keller, Elke (Mitwirkung): Karl Liebknecht. Eine Biographie in Dokumenten. Berlin 1982.
Laschitza, Annelies:. Im Lebensrausch, trotz alledem. Rosa Luxemburg. Eine Biographie. Berlin 1996.
Lebendige Tradition – Lebensbilder deutscher Kommunisten und Antifaschisten. 1. und 2 Halbband. Berlin (DDR) 1974.
Leber, Annedore (Hrsg.), in Zusammenarbeit mit Willy Brandt und Karl Dietrich Bracher: Das Gewissen entscheidet. Berichte des deutschen Widerstandes von 1933-1945 in Lebensbildern. Frankfurt/M. 1959.
Leber, Annedore (Hrsg.), in Zusammenarbeit mit Willy Brandt und Karl Dietrich Bracher: Das Gewissen steht auf. 64 Lebensbilder aus dem deutschen Widerstand 1933-1945. Frankfurt/M. 1960.
Lehmann, Klaus: Widerstandsgruppe Schulze-Boysen/Harnack. Berlin 1948.
Lemmnitz, Alfred: Beginn und Bilanz. Erinnerungen. Berlin (DDR) 1985.
Lengemann, Jochen: Das Hessen-Parlament 1946-1986. Frankfurt/M. 1986.
Leo, Anette: Briefe zwischen Kommen und Gehen. Berlin 1991.
Leo, Annette/Reif-Spirek, Peter (Hrsg.): Helden, Täter, Verräter. Studien zum DDR-Antifaschismus. Berlin 1999.
Leo, Annette/Reif-Spirek, Peter (Hrsg.): Vielstimmiges Schweigen. Neue Forschungen zum Antifaschismus in der DDR. Berlin 2001.
Leonhard, Susanne: Gestohlenes Leben. Frankfurt/M. 1956.
Leonhard, Wolfgang: Die Revolution entläßt ihre Kinder. Köln 1955.
Levi, Paul: Zwischen Spartakus und Sozialdemokratie. Schriften, Aufsätze, Reden und Briefe. Hrsg. und eingeleitet von Charlotte Beradt. Frankfurt/M. 1969.
Lewis, Flora: Bauer im roten Spiel. Das Leben des Noel H. Field. Berlin (West) 1965.
Lexikon sozialistischer deutscher Literatur. Von den Anfängen bis 1945. Leipzig 1964.
Liebknecht, Karl: Gesammelte Reden und Schriften. Bd. I bis IX. Berlin (DDR) 1958/68.
Lindau, Rudolf: Ernst Thälmann. Leben und Kampf. Berlin (DDR) 1956.
Liquidierung deutscher Kommunisten in der Sowjetunion durch Ulbricht und Stalin. »Der dritte Weg«. Koblenz, 4. Jg. Nr. I, Januar 1962.
Litten, Freddy: Otto Braun in Deutschland 1900 - 1928, in: IWK, 2/1991, S. 171-182.
Löwenthal Richard/zur Mühlen, Patrik von: Widerstand und Verweigerung in Deutschland 1933-1945. Bonn 1982.
Lorenz, Einhart: Die KPD im norwegischen Exil, in: IWK 27, 1991/4, S. 454 - 469.
Lorenz, Einhart: Exil in Norwegen. Lebensbedingungen und Arbeit deutschsprachiger Flüchtlinge 1933-1943. Mit einem Vorwort von Willy Brandt. Baden-Baden 1992.
Lotz, Theodor: »... Einschnitte«. Sechzig Jahre mitten mang. Über das Leben des Hamburger Kommunisten Tetje Lotz. Autobiographische Aufzeichnungen. Hamburg 1986.
Luban, Ottokar: Die »innere Notwendigkeit mithelfen zu dürfen«. Zur Rolle Mathilde Jacobs als Assistentin der Spartakusführung bzw. der KPD-Zentrale, in: IWK, Heft 4/1993, S. 421-470.
Luban, Ottokar: Ermittlungen der Strafvollzugsbehörden gegen Mathilde Jacob und Leo Jogisches (1915-1918) Ergänzungen zu ihren politischen Biographien, in: IWK, Heft 3/1995, S. 307-331.
Luban, Ottokar: Demokratische Sozialistin oder »blutige Rosa«? Rosa Luxemburg und die KPD-Führung im Berliner Januaraufstand 1919, in: IWK, Heft 2/1999, S. 176-207.
Luban, Ottokar: Fanny Thomas Jezierska (1887-1945) – Von Rosa Luxemburg zu Gramsci, Stalin und August Thalheimer – Stationen einer internationalen Sozialistin, in: Jahrbuch für Historische Kommunismusforschung 2003.
Lübbe, Peter (Hrsg.): Ruth Fischer/Arkadi Maslow. Abtrünnig wider Willen. Aus Briefen und Manuskripten des Exils. München 1990.
Luxemburg, Rosa: Gesammelte Briefe, Band 1 bis 6. Berlin ab 1982.
Luxemburg, Rosa: Gesammelte Werke, Band 1 bis 5. Berlin ab 1979.
Luxemburg, Rosa: Politische Schriften. Bd. I bis III. Hrsg. und eingeleitet von Ossip K. Flechtheim. Frankfurt/M. 1966/68.
Mallmann, Klaus-Michael/Paul, Gerhard: Das zersplitterte Nein. Saarländer gegen Hitler. Bonn 1989.
Maslowski, Peter: Thälmann. Leipzig 1932.
Maslowski, Peter: Klerikalismus und Proletariat. Zur Religionsfrage und andere frühe Schriften. (Hrsg.) Christoph Kopke. Aschaffenburg 2003.
Massing, Hede: Die große Täuschung. Geschichte einer Sowjetagentin. Freiburg 1967.
Matthias, Erich/Weber, Hermann: Widerstand gegen den Nationalsozialismus in Mannheim. Mannheim 1984.
Mayenburg, Ruth: Blaues Blut und Rote Fahnen. Revolutionäres Frauenleben zwischen Wien, Berlin und Moskau. Wien 1969.
Mayenburg, Ruth: Hotel Lux, Wien 1979.
Mayer, Herbert: Durchsetzt von Parteifeinden, Agenten, Verbrechern ... ? Zu den Parteisäuberungen in der KPD (1948-1952) und der Mitwirkung der SED. Hefte zur ddr-geschichte, Heft 29. Berlin 1995.
M. d. L. Das Ende der Parlamente 1933 und die Abgeordneten der Landtage und Bürgerschaften

der Weimarer Republik in der Zeit des Nationalsozialismus. Politische Verfolgung, Emigration und Ausbürgerung 1933-1945. Ein Biographischer Index. Herausgegeben von Martin Schumacher. Düsseldorf 1995.

M. d. R. Die Reichstagsabgeordneten der Weimarer Republik in der Zeit des Nationalsozialismus. Politische Verfolgung, Emigration und Ausbürgerung 1933-1945. Eine biographische Dokumentation. Herausgegeben von Martin Schumacher. Dritte, erheblich erweiterte und überarbeitete Auflage, Düsseldorf 1994.

Mehringer, Hartmut: Die KPD in Bayern 1919-1945 in: Bayern in der NS-Zeit. Bd. V. München 1983.

Mensing, Wilhelm: Von der Ruhr in den Gulag. Opfer des Stalinschen Massenterrors aus dem Ruhrgebiet. Essen 2001.

Mensing, Wilhelm (Hrsg.): Willi Harzheim 1904-1937. Arbeiterschriftsteller aus Horst. Essen 2003.

Meuter, Paul: Lebenserinnerungen eines Solinger Kommunisten. Solingen 1992.

Meyer, Gertrud: Nacht über Hamburg. Berichte und Dokumente 1933-1945. Frankfurt/M.1971.

Meyer-Braun, Renate: Frauen ins Parlament! Porträts weiblicher Abgeordneter in der Bremischen Bürgerschaft. Bremen 1991.

Meyer-Leviné, Rosa: Levine. Leben und Tod eines Revolutionärs. München 1972.

Meyer-Leviné, Rosa: Im inneren Kreis. Erinnerungen einer Kommunistin in Deutschland 1920-1933. Köln 1979.

Mielke, Siegfried (Hrsg.): Gewerkschafter in den Konzentrationslagern Oranienburg und Sachsenhausen. Biografisches Handbuch. Band 1. Berlin 2002.

Mielke, Siegfried (Hrsg.): Gewerkschafter in den Konzentrationslagern Oranienburg und Sachsenhausen. Biografisches Handbuch. Band 2. Berlin 2003.

Monteath, Peter (Hrsg.): Ernst Thälmann – Mensch und Mythos. GERMAN MONITOR No. 52. Editions Rodopi B. V., Amsterdam-Atlanta 2000.

Müller, Kurt: Ein historisches Dokument aus dem Jahre 1956. Brief an den DDR-Ministerpräsidenten Otto Grotewohl, in: Aus Politik und Zeitgeschichte, B 11/90, S. 16-90.

Müller, Reinhard: Flucht ohne Ausweg. Lebensläufe aus den geheimen »Kaderakten« der Kommunistischen Internationale, in: Exil, Jg. 1990, H. 2.

Müller, Reinhard (Hrsg.): Lukacs/Becher, Johannes R./Wolf, Friedrich u.a.: Die Säuberung. Moskau 1936: Stenogramm einer geschlossenen Parteiversammlung. Reinbek 1991.

Müller, Reinhard: Die Akte Wehner. Moskau 1937 bis 1941. Berlin 1993.

Müller, Reinhard (unter Mitwirkung v. Natalija Mussijenko): Deutsche Politemigranten in der Sowjetunion, in: Weber, Hermann/Mählert, Ullrich (Hrsg.): Terror. Stalinistische Parteisäuberungen 1936-1953. Paderborn u. a. 1998. S. 121-166.

Müller, Reinhard: Der Fall Werner Hirsch. Vom KZ Oranienburg in die Moskauer Lubjanka, in: IWK, Heft 1/2000, S. 34-61.

Müller, Reinhard: Menschenfalle Moskau – Exil und stalinistische Verfolgung. Hamburg 2001.

Müller, Reinhard: »Hitlers Rede vor der Reichswehrführung« 1933. Eine neue Moskauer Überlieferung«, in: Mittelweg 36, 10/2001, H. 1, S. 73-90

Müller-Enbergs, Hellmut/Wielgohs, Jan/HoffmannDieter (Hrsg.): Wer war wer in der DDR? Ein biographisches Lexikon. Berlin 2000.

Müller-Enbergs, Hellmut: Aufstieg und Fall des Wilhelm Zaisser, in: Horch und Guck, Heft 42/2003.

Müssener, Helmut: Exil in Schweden. Politische und kulturelle Emigration nach 1933. München 1974.

Muschkau, Martin: Entscheidende Jahre 1928-1948. Bericht eines Zeitzeugen. Hannover 1990.

Namenlose Helden gab es nicht – Skizzen aus dem antifaschistischen Widerstandskampf in der Niederlausitz und Lebensbilder von Antifaschisten in zwei Teilen. Hrsg. vom Kreiskomitee der Antifaschistischen Widerstandskämpfer Cottbus, o. J.

Neddermeyer, Robert: Es begann in Hamburg. Ein deutscher Kommunist erzählt aus seinem Leben. Berlin (DDR) 1980.

Nettl, Peter: Rosa Luxemburg. Köln-Berlin 1967.

Neubach, Helmut: Parteien und Politiker in Schlesien. Dortmund 1988.

Niethammer, Lutz (Hrsg.): Der »gesäuberte« Antifaschismus. Die SED und die roten Kapos von Buchenwald. Berlin 1994.

Nitzsche, Gerhard: Die Saefkow-Jacob-Bästlein-Gruppe. Dokumente und Materialien des illegalen antifaschistischen Kampfes. Berlin (DDR) 1957.

Norden, Albert: Ereignisse und Erlebtes. Berlin (DDR) 1981.

Otto, Wilfriede: Erich Mielke – Biographie. Aufstieg und Fall eines Tschekisten. Berlin 2000

Pastor, Werner: Willy Budich, ein unbeugsamer Revolutionär. Eine biographische Skizze. Cottbus 1988.

Pastor, Werner: »Der Besten einer treu, aufrecht, fest !« Willy Budich, in: BzG 2/1990, S. 260-267.

Paul, Elfriede: Einn Sprechzimmer der Roten Kapelle. Berlin (DDR) 1983.

Peters, Jan: Exilland Schweden. Deutsche und schwedische Antifaschisten 1933-1945. Berlin (DDR) 1984.

Petersen, Hans-Uwe (Hrsg.): Hitlerflüchtlinge im Norden. Asyl und politisches Exil 1933-1945. Kiel 1991.

Plener, Ulla: Leben mit Hoffnung in Pein. Deutsche Frauen im GULAG. Frankfurt/Oder 1997.

Plener, Ulla: Helmut Schinkel. Zwischen Vogelers Barkenhoff und Stalins Lager. Biographie eines

Reformpädagogen in Dokumenten (1902-1946). Berlin 1998.
Podewin, Norbert: Walter Ulbricht. Eine neue Biographie. Berlin 1995.
Podewin, Norbert: Der Rabbinersohn im Politbüro. Albert Norden – Stationen eines ungewöhnlichen Lebens. Berlin 2001.
Polzin, Martin: Kapp-Putsch in Mecklenburg. Junkertum und Landproletariat in der revoluitionären Krise nach dem I. Weltkrieg. Rostock 1966.
Popall, Käthe: Ein schwieriges politisches Leben. Erzählte Geschichte, bearbeitet von Peter Altheit und Jörg Wollenberg. Fischerhude 1985.
Pospiech, Friedrich: Unbelehrbar auf der Wahrheit Beharrende ... Paula und Hans Rueß. Zwei Leben im Widerstand gegen Krieg und Faschismus. Köln 2002.
Priess, Heinz: Spaniens Himmel und keine Sterne. Berlin 1996.
Puchmüller, Ernst: Mit beiden Augen. Ein Erinnerungsbuch. Rostock 1966.
Puls, Ursula: Die Bästlein-Jacob-Abshagen-Gruppe. Bericht über den antifaschistischen Widerstandskampf in Hamburg und an der Wasserkante während des Zweiten Weltkrieges. Berlin (DDR) 1959.
Puschnerat, Tania: Clara Zetkin: Bürgerlichkeit und Marxismus. Essen 2003.
Quack, Sibylle: Geistig frei und niemandes Knecht. Paul Levi – Rosa Luxemburg. Politische Arbeit und persönliche Beziehung. Mit 50 unveröff. Briefen. Köln 1983.
Rahn, Friedmar: Rot Front zwischen Spree und Oder. Zur Geschichte des Rotfrontkämpferbundes auf dem Gebiet des heutigen Bezirkes Frankfurt(Oder). Frankfurt/O. 1978.
Ranc, Julijana: Alexandra Ramm-Pfemfert (1883-1963): Russisch-jüdische Emigrantin in Berlin, Exilierte und Remigrantin. Rekonstruktion und Dokumentation einer Biographie. Hamburg 2004.
Reimann, Günter: Zwischenbilanz. Ein Zeuge des Jahrhunderts gibt zu Protokoll. Frankfurt/Oder 1994.
Reimann, Günter/Wehner, Herbert: Zwischen zwei Epochen. Briefe 1946. Hrsg. von C. Baumgart und M. Neuhaus. Mit einem Vorwort von H. Weber. Leipzig 1998.
Renn, Ludwig: Meine Kindheit und Jugend. Berlin (DDR) 1957.
Renn, Ludwig: Anstöße in meinem Leben. Berlin (DDR) 1980.
Rennespieß, Uwe: »Jenseits der Bahn«, die Geschichte der Ahlener Bergarbeiterkolonie und der Zeche Westfalen. Essen 1989.
Reuter, Elke/Hansel, Detlef: Das kurze Leben der VVN von 1947 bis 1953. Berlin 1997.
Rettmann, Fritz: Aus dem Leben eines Sozialisten. Berlin (DDR) 1963.
Retzlaff-Kresse, Bruno: Illegalität – Kerker – Exil. Erinnerungen aus dem antifaschistischen Kampf. Berlin (DDR) 1980.
Retzlaw, Karl: Spartakus – Aufstieg und Niedergang. Erinnerungen eines Parteiarbeiters. Frankfurt/M. 1971.
Revolutionäre Kämpfer. Biographische Skizzen. Teil 1-5. Karl-Marx-Stadt 1971-1985.
Revolutionäre Kämpfer für Frieden und Sozialismus. Biographische Skizzen. Hrsg. von d. Bezirkskommission zur Erforschung der Geschichte der örtlichen Arbeiterbewegung bei der SED-BL Schwerin und dem Bezirkskomitee Schwerin der Historiker-Gesellschaft der DDR. Schwerin 1981.
Revolutionäre Kämpfer für Frieden und Sozialismus. Biographische Skizzen. Erinnerungsberichte. Erarb. von Heinz Najmann u. Karl-Heinz Fehrmann. Schwerin 1983.
Rhefus, Reiner: Spurensicherung 1920. Der Arbeiteraufstand gegen den Kapp-Putsch und die damalige Arbeiterkultur im Bergischen Land. Stadthistorische Wanderungen und Touren durch Remscheid, Wuppertal und Velbert. Essen 2002.
Richter, Hans Werner: Briefe an einen jungen Sozialisten. Hamburg 1974.
Richter, Trude: Totgesagt. Erinnerungen. Halle/Leipzig 1990.
Riege, Katharina: Einem Traum verpflichtet. Hans Mahle – eine Biographie. Hamburg 2003.
Joseph Ries – ein politisches Lebensbild. Berlin (DDR) o. J. (1958).
Röder, Werner: Sonderfahndungsliste UdSSR. (1941; Faksimile). Erlangen 1977.
Roland Holst-van der Schalk, Henriette: Rosa Luxemburg. Ihr Leben und Wirken. Zürich 1937.
Roß, Sabine: Biographisches Handbuch der Reichsrätekongresse 1918/19. Düsseldorf 2000.
Rubiner, Frieda: Einst unglaubliche Berichte. Hrsg. von Helga W. Schwarz. Berlin (DDR) 1987.
Rudolf Rothkegel – Kämpfer für Frieden, Demokratie und Sozialismus. Hrsg. von der Bildungsstätte der SED-KL Forst 1966.
Rothe, Lya/Woitinas, Erich: Hermann Matern. Aus seinem Leben und Wirken. Berlin (DDR), 1981.
Rothschild, Recha: Verschlungene Wege. Identitätssuche einer deutschen Jüdin. Frankfurt 1994.
Ruppel, Hans Georg/Roß, Birgit: Hessische Abgeordnete 1820-1933. Darmstadt 1980.
In Rußland verfolgt und vernichtet. Vom Schicksa deutscher Kommunisten. »Die Neue Zeitung«, München, vom 4. September 1948.
Russig, Peter: Wilhelm Grothaus. Dresdener Antifaschist und Aufstandsführer des 17. Juni. Dresden 1997.
Sägebrecht, Willy: Nicht Amboß, sondern Hammer sein. Erinnerungen. Berlin (DDR) 1968.
Sandvoß, Hans-Rainer: Widerstand in Berlin 1933-1945 in den einzelnen Berliner Bezirken (Schriftenreihe der Gedenkstätte Deutscher Widerstand)

Bd. 1 Widerstand in einem Arbeiterbezirk (Wedding) 1983
Widerstand in Wedding und Gesundbrunnen, 2003
Bd. 2 Widerstand in Steglitz und Zehlendorf, 1986
Bd. 3 Widerstand in Spandau, 1988
Bd. 4 Widerstand in Neukölln, 1990
Bd. 5 Widerstand in Charlottenburg (zus. Mit Heinrich-Wilhelm Wörmann), 1999
Bd. 6 Widerstand in Pankow und Reinickendorf, 1992
Bd. 7 Widerstand in Wilmersdorf (Felicitas Bothe-von Richthofen), 1993
Bd. 8 Widerstand in Mitte und Tiergarten, 2000
Bd. 9 Widerstand in Köpenick und Treptow, (Heinrich-Wilhelm Wörmann), 1995
Bd. 10 Widerstand in Kreuzberg, 1996
Bd. 11 Widerstand in Friedrichshain und Lichtenberg, 1998
Bd. 12 Widerstand in Prenzlauer Berg und Weißensee, 2000.

Sassning, Ronald: Die Verhaftung Ernst Thälmanns und der Fall »Kattner«. Hintergründe, Verlauf, Folgen, T. 1 u. 2. Berlin 1998.

Sbosny, Inge/Schabrod Karl: Widerstand in Solingen. Aus dem Leben antifaschistischer Kämpfer. Frankfurt/M. 1975.

SBZ-Handbuch. Staatliche Verwaltungen, Parteien, gesellschaftliche Organisationen und ihre Führungskräfte in der Sowjetischen Besatzungszone Deutschlands 1945-1949. Hrsg. von Martin Broszat u. Hermann Weber. München 1990.

Sachafranek, Hans (Hrsg.): Die Betrogenen. Österreicher als Opfer stalinistischen Terrors in der Sowjetunion. Wien 1991.

Schafranek, Hans/Mussijenko, Natalja: Kinderheim Nr. 6. Österreichische und deutsche Kinder im sowjetischen Exil. Wien 1998.

Scharrer, Manfred: »Freiheit ist immer ...« – Die Legende von Rosa und Karl. Berlin 2002.

Schaul, Dora (Hrsg.): Resistance. Erinnerungen deutscher Antifaschisten. Berlin (DDR)1973.

Scheringer, Richard: Das große Los. Unter Soldaten, Bauern und Rebellen. München 1979.

Schlotterbeck, Friedrich: Je dunkler die Nacht, desto heller die Sterne. Erinnerungen eines deutschen Arbeiters 1933 bis 1945. Zürich 1945.

Schlotterbeck, Anna: Die verbotene Hoffnung. Aus dem Leben einer Kommunistin. Hamburg 1990.

Schmidt, Ernst: Lichter in der Finsternis. Widerstand und Verfolgung in Essen 1933-1945. Bd. 1 u. 2. Frankfurt/M. 1980 und 1988.

Schmidt, Ernst: Lichter in der Finsternis. Essener Opfer der Stalin-Ära, oppositionelle Linke und Fahnenflüchtige 1933-1945. Bd. 3. Essen 1994.

Schmidt, Walter A.: Damit Deutschland lebe. Ein Quellenwerk über den deutschen antifaschistischen Widerstandskampf 1933-1945. Berlin (DDR) 1959.

Schmidt-Harzbach, Ingrid/Genth, Renate/Jäkl, Reingard: Frauenpolitik und politisches Wirken von Frauen im Berlin der Nachkriegszeit 1945-1949. Berlin 1996.

Schneider, H.-J./Schwarz, Erika/Schwarz, Josef: Die Rechtsanwälte der Roten Hilfe Deutschlands. Bonn 2002.

Schneider, Joseph: Biographische Skizze von Fritz Rösel, in: Jahrbuch für Forschungen zur Geschichte der Arbeiterbewegung (BzG), 1/2002, S. 149-160.

Scholz, Michael F.: Herbert Wehner in Schweden 1941-1946. München 1995 (erweiterte Taschenbuchausgabe Berlin 1997).

Scholz, Michael F.: Bauernopfer der deutschen Frage. Der Kommunist Kurt Vieweg im Dschungel der Geheimdienste. Berlin 1997.

Scholz, Michael F.: Skandinavische Erfahrungen erwünscht? Nachexil und Remigration. Die ehemaligen KPD-Emigranten in Skandinavien und ihr weiteres Schicksal in der SBZ/DDR. Stuttgart 2000.

Schroeder, Wilhelm Heinz: Sozialdemokratische Reichstagsabgeordnete und Reichstagskandidaten 1898-1918. Biographisches-Statistisches Handbuch. Düsseldorf 1984.

Schroeder, Wilhelm Heinz: Sozialdemokratische Parlamentarier in den deutschen Reichs- und Landtagen 1867-1933. Biographien, Chronik, Wahldokumentation. Ein Handbuch. Düsseldorf 1995.

Schütz, Hubert: Ewald Thunig 1897 bis 1991. Ein Leben für die Arbeiterbewegung. Münchner Skizzen, Heft 3. München 1997.

Schumann, Frank (Hrsg.): Lotte Ulbricht. Mein Leben. Selbstzeugnisse, Briefe und Dokumente. Berlin 2003.

Schwarz, Josef: Zu Unrecht vergessen. Felix Halle und die deutsche Justiz. Schkeuditz 1997.

Schwarz, Max: MdR. Biographisches Handbuch der deutschen Reichstage. Hannover 1965.

Schwenk, Paul: Die Gründung der KPD. Berliner Genossen berichten von der Entstehung der KPD. Berlin (DDR) 1960.

Selbmann, Fritz: Alternative – Bilanz – Credo. Versuch einer Selbstdarstellung. Halle 1969.

Siegfried, Detlef: »Linkssektierer« und »Rechtsopportunisten«. Zur politischen Sozialisation regionaler KPD-Führer in Schleswig-Holstein 1945/46, in: IWK, Heft 4/1999, S. 481-508.

Siegfried, Detlef: Zwischen Einheitspartei und »Bruderkampf«. SPD und KPD in Schleswig-Holstein 1945/46. Kiel 1992.

Siegfried, Detlef: Keine Einheit an der Grenze. Deutschnationale Kommunisten und pro-dänische Sozialdemokraten in Flensburg 1945, in: IWK, Heft 1/1994, S. 68-87.

Simon, Dietmar: Werner Kowalski – Leben, Flucht und Tod eines kommunistischen Funktionärs, in: Jahrbuch für Historische Kommunismusforschung, S. 320-337, Berlin 2003.

Skrzypczak, Henryk: »Vertrauliche 09 Verschlußsache«. Zur angeblichen Tagung des Zentralkomitee der KPD am 7. Februar 1933. Ein quellenkritischer Exkurs, in: IWK, Heft 3/1993, S. 294-322.
Soell, Hartmut: Der junge Wehner. Zwischen revolutionärem Mythos und praktischer Vernunft. Stuttgart 1991.
Spicher, Wilhelm: In der Zelle zum Abgeordneten gewählt – Willi Spicher. Nach Interviews und Gesprächen bearbeitet von K. Himmelstein. Wuppertal 1981.
Spira, Steffie: Trab der Schaukelpferde. Autobiographie. Freiburg 1991.
Spitzer, Alfred: Neugersdorf – meine zweite Heimat (1925-1933). Erinnerungsbericht. Löbau 1986.
Sprengel, Rita: Der rote Faden. Lebenserinnerungen. Ostpreußen, Weimarer Republik, Ravensbrück, DDR, Die Wende. Berlin 1994.
Stammberger, Gabriele/Peschke, Michael: Gut angekommen – Moskau. Das Exil der Gabriele Stammberger 1932-1954. Erinnerungen und Dokumente. Berlin 1999.
Stark, Meinhard (Hrsg.): Wenn Du willst Deine Ruhe haben, schweige. Deutsche Frauenbiographien des Stalinismus. Essen 1991.
Stark, Meinhard: »Ich muß sagen, wie es war«. Berlin 1999.
Stark, Meinhard: Frauen im GULag. Alltag und Überleben 1936-1956. München 2003.
Steinberger, Nathan/Boggini, Barbara: Berlin, Moskau, Kolyma und zurück. Berlin 1996.
Stern, Carola: Ulbricht. Eine politische Biographie. Köln-Berlin 1963.
Stern, Carola: In den Netzen der Erinnerung. Lebensgeschichte zweier Menschen. Reinbek 1989.
Stiller, Eicke: Willy Langenberg, Arbeitersportler im Widerstand in Lippe. Bielefeld 2000.
Stock, Ernst/Walcher, Karl: Jacob Walcher. Gewerkschafter und Revolutionär zwischen Berlin, Paris und New York (1887-1970). Berlin 1998.
Stoschek, Horst/Zeidler, Erich: Zum Kampf der KPD-Fraktion im sächsischen Landtag gegen Militarismus und Faschismus in der Weimarer Republik. T. II: Biographien der Abgeordneten der KPD im sächsischen Landtag 1920-1933. 2 Bde. Diss. PH Potsdam 1976.
Strafdivision 999. Erlebnisse und Berichte aus dem antifaschistischen Widerstandskampf. Berlin (DDR) 1965.
Suhling, Lucie: Der unbekannte Widerstand. Erinnerungen. Frankfurt/M. 1980.
Die Toten von Butowo. Moskauer Forscher ermitteln Namen Deutscher, die 1937 und 1938 vom NKWD erschossen wurden, in: Neues Deutschland v. 17. Juni 1993.
Die Toten von Butowo. Moskauer Forscher ermitteln Namen und Daten von deutschen Emigranten und Spezialisten, die Opfer des NKWD wurden, in: Neues Deutschland v. 2. November 1993.
Die Toten von Butowo. Moskauer Forscher ermitteln weitere Namen und Daten von deutschen Emigranten und Spezialisten, die Opfer des NKWD wurden, in: Neues Deutschland v. 10. Mai 1994.
Die Toten von Butowo und Donskoje. Moskauer Forscher ermitteln weitere Namen von Stalin-Opfern aus Deutschland, in: Neues Deutschland v. 27. und 28./29. Juli 2001.
Die Toten von Lewaschowo. Stalins Opfer: deutsche Kommunisten, Sozialdemokraten und Facharbeiter, in: Neues Deutschland v. 30. April 2002.
Teubner, Hans: Exilland Schweiz 1933-1945. Berlin (DDR) 1975.
Ernst Thälmann. Eine Biographie. Berlin (DDR) 1983.
Thälmann, Ernst: An Stalin. Briefe aus dem Zuchthaus 1939 bis 1941. Berlin 1996.
Teich, Hans: Hildesheim und seine Antifaschisten. Hildesheim 1979.
Thoms, Lieselotte/Vieillard, Hans/Berger, Wolfgang: Walter Ulbricht. Arbeiter, Revolutionär, Staatsmann. Berlin (DDR) 1968.
Trotnow, Helmut: Karl Liebknecht. Eine politische Biographie. Köln 1980.
Trotzki, Leo: Tagebuch im Exil. Mit einem Vorwort von Carola Stern. Köln-Berlin 1958.
Tubbesing, Jürgen: Nationalkomitee »Freies Deutschland« – antifaschistischer Block – Einheitspartei. Aspekte der Geschichte der antifaschistischen Bewegung in Leipzig. Beucha 1996.
Tünnermann, August: Mein Leben als Kommunist. Sehnde o.J. (ca. 1980).
Turek, Ludwig: Ein Prolet erzählt. Frankfurt/M. 1985.
Tuttas, Karl: Einer von jenen. Erinnerungen. Halle 1980.
Tych, Feliks: Leo Jogisches Kritik an der bolschewistischen Partei, in: IWK, 3/1991 S. 303-313.
Tych, Feliks: Ein unveröffentlichtes Manuskript von Rosa Luxemburg zur Lage in der russischen Sozialdemokratie (1911), in: IWK, 3/1991, S. 339-357.
Tych, Felix: Drei unbekannte Briefe Rosa Luxemburgs über die Oktoberrevolution, in: IWK, 3/1991, S. 357-366.
Uhlig, Christa: Rückkehr aus der Sowjetunion: Politische Erfahrungen und pädagogische Wirkungen. Emigranten und ehemalige Kriegsgefangene in der SBZ und frühen DDR. Weinheim 1998.
Ullrich, Volker: Der ruhelose »Rebell« Karl Plättner 1893-1945. München 2000.
Ünlüdag, Tánia: »Die Tragödie einer Kämpferin für die Arbeiterbewegung?« – Clara Zetkin 1928-1931. Eine ausgewählte Dokumentation, in: IWK, Heft 3/1997, S. 313-360.
Unter der roten Fahne. Erinnerungen alter Genossen. Berlin (DDR) 1958.
Valtin, Jan (d. i. Richard Krebs): Tagebuch der Hölle. Köln-Berlin 1957.
Vereint sind wir alles. Erinnerungen an die Grün-

dung der SED. Mit einem Vorwort von Walter Ulbricht. Berlin (DDR) 1966.
Vogeler, Heinrich: Erinnerungen. Hrsg. von Erich Weinert. Berlin (DDR) 1952.
Voigt, Carsten: Kommunistischer Widerstand in Leipzig 1943/44, in: IWK, Heft 2/2002, S. 141-181.
Vollgraf, Carl-Erich/Sperl, Richard/Hecker, Rolf (Hrsg): Stalinismus und das Ende der ersten Marx-Engels-Gesamtausgabe (1931-1941), Beiträge zur Marx-Engels-Forschung. Neue Folge, Sonderband 3. Berlin-Hamburg 2001
Voßke, Heinz (Hrsg.): Im Kampf bewährt. Erinnerungen deutscher Genossen an den antifaschistischen Widerstand von 1933 bis 1945. Berlin (DDR) 1969.
Vorwärts und nicht vergessen. Erlebnisberichte aktiver Teilnehmer der Novemberrevolution 1918/19. Berlin (DDR) 1958.
Vorwurf: Mitglied einer Hitlerjugend. 1938 in der UdSSR verhaftet und abgeurteilt: 70 deutsche und österreichische Emigranten und Facharbeiter, in: Neues Deutschland v. 28. August 1995.
Voßke, Heinz/Nitzsche, Gerhard: Wilhelm Pieck. Biographischer Abriß. Berlin (DDR) 1975.
Voßke, Heinz: Geschichte der Gedenkstätte der Sozialisten in Berlin-Friedrichsfelde. Berlin (DDR) 1982.
Voßke, Heinz: Walter Ulbricht. Biographischer Abriß. Berlin (DDR) 1983.
Waack, William: Die vergessene Revolution. Olga Benario und die deutsche Revolte in Rio. Berlin 1994.
Wadle, Anni: Mutti, warum lachst Du nie? Erinnerung an Zeiten der Verfolgung und des Krieges. Drensteinfurt 1988.
Wagner, Änne: Gegen den Strom? Kindheit und Jugend in Widdert 1904-1922. Solingen 1988.
Wagner, Änne: Gegen den Strom? Der rote Traum 1922-1929. Solingen 1988.
Wagner, Änne: Gegen den Strom? Die Jahre 1929-1945 in Solingen. Solingen 1989.
Wangenheim, Inge von: Mein Haus Vaterland. Erinnerungen einer jungen Frau. Halle 1976.
Waldenfels, Ernst von: Der Spion, der aus Deutschland kam – Das geheime Leben des Seemanns Richard Krebs. Berlin 2002.
Warnke, Helmuth: Bloß keine Fahnen. Auskünfte über schwierige Zeiten 1923-1954. Hamburg 1988.
Weber, Hermann: Die Gründung der KPD. Protokoll und Materialien des Gründungsparteitages der Kommunistischen Partei Deutschlands 1918/1919. Mit einer Einführung zur angeblichen Erstveröffentlichung durch die SED. Berlin 1993.
Weber, Hermann: Von Rosa Luxemburg zu Walter Ulbricht. Hannover 1961.
Weber, Hermann: »Weiße Flecken in der Geschichte«. Die KPD-Opfer der Stalinschen Säuberungen und ihre Rehabilitierung. 1. Auflage, Frankfurt/M. März 1989; 2. überarbeitete und erweiterte Auflage Januar 1990, Berlin 1990.
Weber, Hermann: Damals, als ich Wunderlich hieß. Vom Parteihochschüler zum kritischen Sozialisten. Die SED-Parteihochschule. Berlin 2002.
Weber, Jakob: Der Unbeugsame. Erinnerungen an Otto Franke. Berlin (DDR) 1978.
Wegbereiter unserer Zeit – Mitgestalter der Geschichte. Biographische Skizzen Potsdamer revolutionärer Persönlichkeiten. Potsdam 1986.
Wehner, Herbert: Zeugnis. Persönliche Notizen 1929-1942. Köln 1982.
Wehner, Markus/Vatlin, Alexander: »Genosse Thomas« und die Geheimtätigkeit der Komintern in Deutschland 1919-1925, in: IWK, Heft 1/1993, S. 1-19.
Wehner, Markus: Kaderkarrieren der Weltrevolution. Die deutsch-russische Geschichte der Brüder Rakow. in: IWK, Heft 1/1994, S. 29-67.
Weisenborn, Günther (Hrsg.): Der lautlose Aufstand. Bericht über die Widerstandsbewegung des deutschen Volkes 1933-1945. Hamburg 1953.
Weißberg-Cybulski, Alexander: Hexensabbat. Russland im Schmelztiegel der Säuberungen. Frankfurt/M. 1951.
Wer ist wer? Das deutsche Who's Who. XI. Ausgabe von Degeners Wer ist's? Hrsg. Walter Habel. Berlin 1951.
Wer ist wer? Das deutsche Who's Who. XIV. Ausgabe von Degeners Wer ist's? Bd. II (DDR). Hrsg. Walter Habel. Berlin 1965.
Wer ist wer in der SBZ? Ein biographisches Handbuch. Berlin 1958-1965.
Werner, Alfred: Sie kämpften und starben für kommendes Recht. Kurze Lebensbeschreibung Dresdner Arbeiterfunktionäre und Widerstandskämpfer. Dresden 1963.
Werner, Ruth: Olga Benario. Die Geschichte eines tapferen Lebens. Berlin (DDR) 1963.
Werner, Ruth: Sonjas Rapport. Berlin (DDR) 1977.
Wessel, Harald: Münzenbergs Ende – Ein deutscher Kommunist im Widerstand gegen Hitler und Stalin. Berlin 1991.
Whymant, Robert: Der Mann mit den drei Gesichtern. Das Leben des Richard Sorge. Hamburg 1999.
Wickert, Christl (Hrsg.): Frauen gegen die Diktatur – Widerstand und Verfolgung im nationalsozialistischen Deutschland. Berlin 1995.
Wiesner, Erich: Man nannte mich Ernst. Ein Veteran der Arbeiterjugendbewegung erzählt sein Leben. Berlin (DDR) 1978.
Willmann, Heinz: Steine klopft man mit dem Kopf. Lebenserinnerungen. Berlin (DDR) 1977.
Wir sind die junge Garde. Sozialistische Literatur 1914-1945. 2. Band. Leipzig o. J. (1967).
Wollenberg, Erich: Als Rotarmist vor München. Reprint der Originalausgabe aus dem Jahre 1929. Hamburg 1972.

Erich Wundersee. Sein Leben und Kampf – Revolutionäres Vermächtnis. Frankfurt/Oder 1984.
Ypsilon (d. i. Karl Volk und Julian Gumpers): Pattern for World Revolution. Chicago-New York 1947.
Zetkin, Clara: Ausgewählte Reden und Schriften. Hrsg. Institut für Marxismus-Leninismus beim ZK der SED. Bd. 1-3. Berlin (DDR) 1957/60.
Zeutschel, Walter: Im Dienst der kommunistischen Terror-Organisation. (Tscheka-Arbeit in Deutschland). Berlin 1931.
Ziehl, August: Geesthacht – 60 Jahre Arbeiterbewegung 1860-1950. Geesthacht 1958.
Zunder, Rainer: Erschossen in Zicherie. Vom Leben und Sterben des Journalisten Kurt Lichtenstein. Berlin 1994.

7. Darstellungen und Untersuchungen (Auswahl)

Andersen, Arne: »Lieber im Feuer der Revolution sterben, als auf dem Misthaufen der Demokratie verrecken!« Die KPD in Bremen von 1928-1933. Ein Beitrag zur Bremer Sozialgeschichte. München 1987.
Angress, Werner T.: Die Kampfzeit der KPD 1921-1923. Düsseldorf 1973.
Arbeitskreis Widerstand und Arbeitergeschichte: Widerstand und Verfolgung in Südbaden. Waldkirch 1996.
»Auf leninistischem Kurs« – Geschichte der KPD-Bezirksorganisation Halle-Merseburg bis 1933. Halle 1979.
Bästlein, Klaus: »Hitlers Niederlage ist nicht unsere Niederlage, sondern unser Sieg!« Die Bästlein-Organisation. Zum Widerstand aus der Arbeiterbewegung in Hamburg und Nordwestdeutschland während des Krieges (1939-1945), in: Meyer, Beate/Szodrzynski, Joachim (Hrsg.): Vom Zweifeln und Weitermachen. Fragmente der Hamburger KPD-Geschichte. Hamburg 1988, S. 44-89.
Bästlein, Klaus: Der Fall Mielke. Die Ermittlungen gegen den Minister für Staatssicherheit der DDR. Baden-Baden 2002.
Bahne, Siegfried: Die Kommunistische Partei Deutschlands, in: Das Ende der Parteien 1933. Hrsg. Erich Matthias und Rudolf Morsey. Düsseldorf 1960.
Bahne, Siegfried: Zwischen »Luxemburgismus« und »Stalinismus«. Die »ultralinke« Opposition in der KPD, in: Vierteljahrshefte für Zeitgeschichte, 9. Jg. 1961, S. 359 ff.
Bahne, Siegfried: »Sozialfaschismus« in Deutschland. International Review of Social History, Vol. X (1965), Part 2 (S. 211 ff).
Bahne, Siegfried: Der »Trotzkismus« in Geschichte und Gegenwart, in: Vierteljahrshefte für Zeitgeschichte, 15. Jg., 1967, I. Heft, S. 56 ff.
Der Barkenhoff. Kinderheim der Roten Hilfe 1923-1932. Eine Dokumentation zur Ausstellung im Barkenhoff 1991.
Bayerlein, Bernhard H./Babicenko Leonid G. und Firsov, Fridrich I. (Hrsg.): »Deutscher Oktober 1923«. Ein Revolutionsplan und sein Scheitern. Berlin 2003.
Beiträge zur Geschichte des KJVD in Chemnitz. Karl-Marx-Stadt 1981.
Benser, Günter: Die KPD im Jahre der Befreiung. Vorbereitung und Aufbau der legalen kommunistischen Massenpartei (Jahreswende 1944/45 bis Herbst 1945). Berlin (DDR) 1985.
Bergmann, Karl Hans: Die Bewegung »Freies Deutschland« in der Schweiz 1943-1945. München 1974.
Bergmann, Theodor/Keßler, Mario (Hrsg.): Aufstieg und Fall der Komintern. Mainz 1993.
Bies, Luitwin: Klassenkampf an der Saar 1919-1935. Die KPD im Saargebiet im Ringen um die soziale und nationale Befreiung des Volkes. Frankfurt/M.1978.
Bock, Hans Manfred: Syndikalismus und Linkskommunismus von 1918-1923. Zur Geschichte und Soziologie der Freien Arbeiter-Union Deutschlands (Syndikalisten), der Allgemeinen Arbeiter-Union Deutschlands und der Kommunistischen Arbeiter-Partei Deutschlands. Meisenheim/Glan 1969.
Boll, Friedhelm: Sprechen als Last und Befreiung. Holocaust-Überlebende und politisch Verfolgte zweier Diktaturen. Ein Beitrag zur deutsch-deutschen Erinnerungskultur. Bonn 2001.
Borkenau, Franz: The Communist International. London 1938.
Borkenau, Franz: Der europäische Kommunismus. Seine Geschichte von 1917 bis zur Gegenwart. München 1952.
Brauns, Nikolas: Schafft Rote Hilfe! Geschichte und Aktivitäten der proletarischen Hilfsorganisation für politische Gefangene in Deutschland (1919-1938). Bonn 2003.
Braunthal, Julius: Geschichte der Internationale. Bd. 2. Hannover 1963.
Broué, Pierre: Histoire de l`Internationale Communiste. Paris 1997.
Bunke, Hendrik: Die KPD in Bremen. 1945 bis 1968. Köln 2001.
Carsten, Francis L.: Widerstand gegen Hitler. Die deutschen Arbeiter und die Nazis. Frankfurt/M. 1996.
Degras, Jane: United front tactics in the Comintern 1921-1928, in: International Communism. St. Antony's Papers, N. 9. Ed. David Footman. London 1960.
Der antifaschistische Widerstandskampf unter Führung der KPD in Mecklenburg 1933 bis 1945. Berlin (DDR) 1985.
Deutscher, Isaac: Trotzki. Bd. 2: Der unbewaffnete Prophet 1921-1929. Stuttgart 1962.
Deutscher, Isaac: Die unvollendete Revolution 1917-1967. Frankfurt/M. 1967.

Dietzel, Peter: »hier brauchen sie uns nicht«. Maxim Vallentin und das deutschsprachige Exiltheater in der Sowjetunion 1935-1937. Briefe und Dokumente. Berlin 2000.
Drechsler, Hanno: Die Sozialistische Arbeiterpartei Deutschlands (SAPD). Ein Beitrag zur Geschichte der deutschen Arbeiterbewegung am Ende der Weimarer Republik. Meisenheim/Glan 1965.
Duhnke, Horst: Die KPD 1933-1945. Köln 1972.
Eiber, Ludwig: Arbeiter und Arbeiterbewegung in der Hansestadt Hamburg in den Jahren 1929 bis 1939. Werftarbeiter, Hafenarbeiter und Seeleute: Konformität, Opposition, Widerstand. Frankfurt/M. 2002.
Eliasberg, Georg: Der Ruhrkrieg von 1920. Bonn, 1974.
Erler, Peter /Laude, Horst/Wilke, Manfred (Hrsg.): »Nach Hitler kommen wir«. Dokumente zur Programmatik der Moskauer KPD-Führung 1944/45 für Nachkriegsdeutschland. Berlin 1994.
Finker, Kurt: Geschichte des Roten Frontkämpferbundes. Berlin (DDR) 1982.
Fischer-Defoy, Christine: Arbeiterwiderstand in der Provinz 1933-1945. Arbeiterbewegung und Faschismus in Kassel und Nordhessen 1933-1945. Eine Fallstudie. Berlin 1982.
Flechtheim Ossip K.: Die Rolle der KPD; in: Der Weg in die Diktatur 1918-1933. Zehn Beiträge. München 1962.
Flechtheim, Ossip K.: Die KPD in der Weimarer Republik. Mit einer Einleitung von Hermann Weber. Frankfurt/M. 1969.
Flechtheim, Ossip K.: Weltkommunismus im Wandel. Köln 1965.
Flechtheim, Ossip K.: Bolschewismus 1917-1967. Von der Weltrevolution zum Sowjetimperium. Wien-Frankfurt-Zürich 1967.
Fowkes, Ben: Communism in Germany under the Weimar Republic. London 1984.
Fritz, Dieter: Die Kommunistische Arbeitsgemeinschaft (KAG) im Vergleich mit der KPO und SAP. Eine Studie zur politischen Ideologie des deutschen »Rechts«-Kommunismus in der Zeit der Weimarer Republik. Phil. Diss. Bonn 1966.
Geschichte der deutschen Arbeiterbewegung. Hrsg. vom Institut für Marxismus-Leninismus beim ZK der SED, Bd. 3, 4 und 5. Berlin (DDR) 1966.
Geschichte der revolutionären Berliner Arbeiterbewegung. Bd. 2 Von 1917 bis 1945. Berlin (DDR) 1987.
Geyer, Curt: Der Radikalismus in der deutschen Arbeiterbewegung. Ein soziologischer Versuch. Jena 1923.
Gittig, Heinz: Illegale antifaschistische Tarnschriften 1933 bis 1945. Leipzig 1972.
Grundriß der Geschichte der deutschen Arbeiterbewegung. Berlin (DDR) 1963.
Gruppe MAGMA: »denn Angriff ist die beste Verteidigung.« Die KPD zwischen Faschismus und Revolution. Bonn 2001.
Haase, Norbert/Sachs, Birgitt: Münchner Platz. Dresden 2001.
Häder, Monika: Der parlamentarische Kampf der Kommunisten in der Bremischen Bürgerschaft in der Zeit der revolutionären Nachkriegskrise (1919-1923), Diss. Halle 1987.
Hädicke, Karl-Heinz: Der Parteiverlag der Kommunistischen Partei Deutschlands und der Verlag der Kommunistischen Internationale in Deutschland von 1919 bis 1923, Diss. Berlin (DDR) 1974.
Hedeler, Wladislaw/Keßler, Mario/Schäfer, Gert (Hrsg.): Ausblicke auf das vergangene Jahrhundert. Die Politik der internationalen Arbeiterbewegung von 1900 bis 2000. Hamburg 1996.
Hedeler, Wladislaw (Hrsg.): Stalinistischer Terror 1934-41. Eine Forschungsbilanz. Berlin 2002.
Hedeler, Wladislaw: Chronik der Moskauer Schauprozesse 1936, 1937 und 1938. Berlin 2003.
Hempel-Küter, Christa: Die Tages- und Wochenpresse der KPD im deutschen Reich von 1918 bis 1933. Mit einem Titelverzeichnis und einem Personenregister, in: IWK, Heft 1/1987, S. 27-82.
Hempel-Küter, Christa: Die kommunistische Presse und die Arbeiterkorrespondentenbewegung in der Weimarer Republik. Das Beispiel »Hamburger Volkszeitung«. Frankfurt/M. 1989.
Hering, Sabine/Schilde, Kurt (Hrsg.): Die Rote Hilfe. Die Geschichte der internationalen kommunistischen »Wohlfahrtsorganisation« und ihrer sozialen Praxis in Deutschland (1921-1941). Opladen 2003.
Herlemann, Beatrix: Kommunalpolitik der KPD im Ruhrgebiet 1924-1933. Wuppertal 1977.
Herlemann, Beatrix: Die Emigration als Kampfposten. Die Anleitung des kommunistischen Widerstandes in Deutschland aus Frankreich, Belgien und den Niederlanden. Königstein 1982.
Herlemann, Beatrix: Auf verlorenem Posten. Kommunistischer Widerstand im Zweiten Weltkrieg. Die Knöchel-Organisation. Bonn 1986.
Hermann, Rita: Zur Entwicklung der kommunalpolitischen Konzeption der KPD 1919-1929. Diss. A. Halle 1975.
Hermann, Rita: Kommunalpolitik der KPD in der Weimarer Republik. Diss. B. Halle 1986.
Humbert-Droz, Jules: Der Krieg und die Internationale. Die Konferenzen von Zimmerwald und Kienthal. Wien 1964.
Ihlau, Olaf: Die roten Kämpfer. Ein Beitrag zur Geschichte der Arbeiterbewegung in der Weimarer Republik und im Dritten Reich. Meisenheim/Glan 1969.
Imberger, Elke: Widerstand und Dissens aus den Reihen der Arbeiterbewegung und der Zeugen Jehovas in Lübeck und Schleswig-Holstein 1933-1945. Neumünster 1991.
James, C. L. R.: World Revolution 1917-1936. The Rise and Fall of the Communist International. London 1937.

Kaufmann, Bernd u. a.: Der Nachrichtendienst der KPD 1919-1937. Berlin 1993.
Kinner, Klaus: Der deutsche Kommunismus. Selbstverständnis und Realität. Band 1 Die Weimarer Zeit. Berlin 1999.
Klausch, Hans-Peter: Die 999er. Von der Brigade »Z« zur Afrika-Division 999: Die Bewährungsbataillone und ihr Anteil am antifaschistischen Widerstand. Frankfurt/M. 1986.
Koch-Baumgarten, Sigrid: Aufstand der Avantgarde. Die Märzaktion der KPD 1921. Frankfurt/M./New York 1986.
Kommunisten im Reichstag. Reden und biographische Skizzen. Berlin (DDR) 1980.
Kontos, Silvia: Die Partei kämpft wie ein Mann. Zur Frauenpolitik der KPD in der Weimarer Republik. Frankfurt/M./Basel 1978.
Kraushaar, Luise: Berliner Kommunisten im Kampf gegen den Faschismus 1936-1942. Robert Uhrig und Genossen. Berlin (DDR) 1981.
Kuckuk, Peter: Revolution und Räterepublik in Bremen. Frankfurt/M. 1969.
Kuckuk, Peter: Bremer Linksradikale bzw. Kommunisten von der Militärrevolte im November 1918 bis zum Kapp-Putsch im März 1920. Ihre Politik in der Hansestadt und in den Richtungskämpfen innerhalb der KPD. Diss. Hamburg 1970.
Kuckuk, Peter: Bremen in der Deutschen Revolution 1918/1919. Revolution, Räterepublik, Restauration. Hrsg. von Karl-Ludwig Sommer. Bremen 1986.
Kuckuk, Peter: Syndikalisten und Kommunistische Arbeiterpartei in Bremen in der Anfangsphase der Weimarer Republik, in: Archiv für die Geschichte des Widerstandes und der Arbeit, Nr. 14/1996.
Kühnrich, Heinz: Die KPD im Kampf gegen die faschistische Diktatur 1933-1945. Berlin (DDR) 1983.
Kurz, Thomas: »Blutmai«. Sozialdemokraten und Kommunisten im Brennpunkt der Berliner Ereignisse von 1929. Bonn 1988.
Lamprecht, Werner: Der Kampf der Stettiner Parteiorganisation der KPD gegen die faschistische Diktatur (1933-1945). Diss. Greifswald 1965.
Langels, Otto: Die ultralinke Opposition der KPD in der Weimarer Republik. Zur Geschichte und Theorie der KPD-Opposition (Linke KPD), der Entschiedenen Linken, der Gruppe »Kommunistische Politik« und des Deutschen Industrie-Verbandes in den Jahren 1924 bis 1928. Frankfurt/M. 1984.
LaPorte, Norman: The German Communist Party in Saxony, 1924-1933. Factionalism, Fratricide, and Political Failure. Bern (Lang) 2003.
Link, Werner: Die Geschichte des Internationalen Jugendbundes (IJB) und des Internationalen Sozialistischen Kampfbundes (ISK). Ein Beitrag zur Geschichte der Arbeiterbewegung in der Weimarer Republik und im Dritten Reich. Meisenheim/Glan 1964.
Löhn, Hans-Peter: Für die Lebensinteressen der Werktätigen – Das Wirken der KPD-Fraktion in der Hamburger Bürgerschaft während der Periode der revolutionären Nachkriegskrise. Diss. Halle 1984.
Löwenthal, Richard: Rußland und die Bolschewisierung des deutschen Kommunismus, in: Deutsch-russische Beziehungen von Bismarck bis zur Gegenwart. Hrsg. W. Markert. Stuttgart 1964.
Löwenthal, Richard/zur Mühlen, Patrik von (Hrsg.): Widerstand und Verweigerung in Deutschland 1933 bis 1945. Bonn 1982.
Major Patrick: The Death of the KPD. Oxford 1997.
Mallmann, Klaus-Michael: Kommunisten in der Weimarer Republik: Sozialgeschichte einer revolutionären Bewegung. Darmstadt 1996.
Mallmann, Klaus-Michael/Paul, Gerhard: Herrschaft und Alltag. Ein Industrierevier im Dritten Reich. Bonn 1991.
Mammach, Klaus: Die KPD und die deutsche antifaschistische Widerstandsbewegung 1933 bis 1939. Frankfurt/M. 1974.
Marßolek, Inge/Ott, René: Bremen im Dritten Reich. Anpassung, Widerstand, Verfolgung. Bremen 1986.
Mausbach-Bromberger, Barbara: Arbeiterwiderstand in Frankfurt am Main. Frankfurt/M. 1976.
Merson, Allan: Kommunistischer Widerstand in Nazi-Deutschland. Bonn 1999.
Meyer, Beate/Szodrzynski, Joachim (Hrsg.): Vom Zweifeln und Weitermachen. Fragmente der Hamburger KPD-Geschichte. Hamburg 1988.
Müller, Werner: Lohnkampf, Massenstreik, Sowjetmacht. Ziele und Grenzen der »Revolutionären Gewerkschafts-Opposition« (RGO) in Deutschland 1928 bis 1933. Köln 1988.
Neumann, Sigmund: Die deutschen Parteien. Wesen und Wandel nach dem Kriege. Berlin 1932.
Nollau, Günther: Die Internationale. Wurzeln und Erscheinungsformen des proletarischen Internationalismus. Köln 1959.
Paul, Gerhard/Mallmann, Klaus-Michael: Milieus und Widerstand. Eine Verhaltensgeschichte der Gesellschaft im Nationalsozialismus. Bonn1995.
Peukert, Detlev: Die KPD im Widerstand. Verfolgung und Untergrundarbeit an Rhein und Ruhr 1933-1945. Wuppertal 1980.
Pietschmann, Horst: Der politisch-ideologische Klärungsprozeß in der kommunistischen Jugendbewegung Deutschlands zur Durchsetzung marxistisch-leninistischer Auffassungen über die Jugendarbeit Februar 1919 bis September 1921. Diss. Greifswald 1969.
Pietschmann, Horst: Zur politisch-ideologischen Entwicklung des KJVD unter besonderer Berücksichtigung der Auseinandersetzungen um Inhalt und Formen der massenpolitischen Jugendarbeit in

der Zeit der relativen Stabilisierung des Kapitalismus 1924-1929. Diss. Rostock 1984.
Pikarski, Margot/Uebel, Günter: Die KPD lebt! Flugblätter aus dem antifaschistischen Widerstandskampf der KPD 1933-1945. Berlin (DDR) 1980.
Pikarski, Margot/Warning, Elke (Bearb.): Gestapo-Berichte über den antifaschistischen Widerstandskampf der KPD 1933-1945. 3 Bde. Berlin 1989-1990.
Prager, Eugen: Die Geschichte der USPD. Entstehung und Entwicklung der Unabhängigen Sozialdemokratischen Partei Deutschlands. Berlin 1921.
Protokoll der »Brüsseler Konferenz« der KPD 1935. Reden, Diskussionen und Beschlüsse, Moskau vom 3. - 15. Oktober 1935. Hrsg. von Erwin Lewin, Elke Reuter und Stefan Weber, unter Mitarb. von Marlies Coburger, Günther Fuchs, Marianne Jentsch und Rosemarie Lewin. Teil. 1. Teil 2. München 1997.
Raberg, Frank: Biographisches Handbuch der württembergischen Landtagsabgeordneten 1815-1933. Stuttgart 2001.
Reuter, Elke/Hedeler, Wladislaw/Helas, Horst/Kinner, Klaus: Luxemburg oder Stalin. Schaltjahr 1928. Die KPD am Scheideweg. Berlin 2003.
Reuter, Gerd: KPD-Politik in der Weimarer Republik. Politische Vorstellungen und soziale Zusammensetzung der KPD in Hannover zur Zeit der Weimarer Republik. Hannover 1982.
In der Revolution geboren. In den Klassenkämpfen bewährt. Geschichte der KPD-Bezirksorganisation Leipzig-Westsachsen. Leipzig 1986.
Rist, Walter: Die KPD in der Krise, in: Neue Blätter für den Sozialismus, 2. Jg. Heft 9, September 1931, S. 434 ff.
Rist, Walter: Der Weg der KPD, in: Neue Blätter für den Sozialismus, 3. Jg. Heft 2, Februar 1932, S. 79 ff.
Rist, Walter: Die innere Krise der KPD, in: Neue Blätter für den Sozialismus, 3. Jg. Heft 3, März 1932, S.134 ff.
Rist, Walter: Die Splittergruppen der KPD, in: »Neue Blätter für den Sozialismus«. 3. Jg. Heft 4. April 1932. S.207 ff.
Ritter, Ernst (Hrsg.): Lageberichte (1920-1929) und Meldungen (1929-1933). Bestand R 134 des Bundesarchivs Koblenz, veröffentlicht als Mikrofiche-Ausgabe. Einleitung und Indices. München, New York, London, Paris 1979.
Rohrwasser, Michael: Der Stalinismus und die Renegaten. Die Literatur der Exkommunisten. Stuttgart 1991.
Rosenberg, Arthur: Entstehung und Geschichte der Weimarer Republik. Hrsg. von Kurt Kersten. Frankfurt/M. 1955.
Rosenberg, Arthur: Geschichte des Bolschewismus. Mit einer Einleitung von Ossip K. Flechtheim. Frankfurt/M. 1966.
Rosenberg, Arthur: Demokratie und Sozialismus. Zur politischen Geschichte der letzten 100 Jahre. Frankfurt/M. 1962.
Rosenhaft, Eve: Beating the Fascists: The German Communists and Political Violence 1929-1933. Cambridge 1983.
Schaller, Karlheinz: Die Bezirksparteiorganisation Sachsen der KPD von ihrer Gründung im Dezember 1929 bis zum 2. Bezirksparteitag im März 1932. Diss. Karl-Marx-Stadt 1984.
Schartl, Matthias: Rote Fahnen über Flensburg. KPD, linksradikale Milieus und Widerstand im nördlichen Schleswig-Holstein 1919-1945. Flensburg 1999.
Schmädeke, Jürgen/Steinbach, Peter (Hrsg.): Der Widerstand gegen den Nationalsozialismus. Die deutsche Gesellschaft und der Widerstand gegen Hitler. München, 1986.
Schönhoven, Klaus/Staritz, Dietrich (Hrsg.): Sozialismus und Kommunismus im Wandel. Hermann Weber zum 65. Geburtstag. Köln 1993.
Schönhoven, Klaus: Arbeiterbewegung und soziale Demokratie in Deutschland. Bonn 1993.
Schuster, Kurt G. P.: Der Rote Frontkämpferbund 1924-1929. Düsseldorf 1975.
Schwarz, Georg: Völker, höret die Zentrale. KPD bankrott. Berlin 1933.
Sering, Paul (d. i. Richard Löwenthal): Jenseits des Kapitalismus. Nürnberg 1946.
Shurawljow, Sergej: Ich bitte um Arbeit in der Sowjetunion. Das Schicksal deutscher Facharbeiter im Moskau der 30er Jahre. Berlin 2003.
Tischler, Carola: Flucht in die Vertreibung. Deutsche Emigranten im sowjetischen Exil. 1933 bis 1945. Münster 1996.
Tjaden, Karl-Hermann: Struktur und Funktion der »KPD-Opposition« (KPO). Eine organisationssoziologische Untersuchung zur »Rechts«-Opposition im deutschen Kommunismus zur Zeit der Weimarer Republik. Meisenheim/Glan, 1964.
Trotzki, Leo: Verratene Revolution. Zürich o. J. (1957).
Uhlmann, Walter: Sterben, um zu leben. Politische Gefangene im Zuchthaus Brandenburg-Görden. Köln 1983.
Vatlin, Alexander: Tatort Kunezewo. Opfer und Täter des Stalinschen Terrors 1937/38. Berlin 2003.
Vietzke, Siegfried: Die KPD auf dem Wege zur Brüsseler Konferenz. Berlin (DDR) 1966.
Weber, Hellmuth: Die Parlamentspolitik der KPD von 1919 bis 1923, in: Arbeiterbewegung und Parlamentarismus, Heft 15, Halle 1988.
Weber, Hermann: Ulbricht fälscht Geschichte. Ein Kommentar mit Dokumenten zum »Grundriß der Geschichte der deutschen Arbeiterbewegung«. Köln 1964.
Weber, Hermann: Die Wandlung des deutschen Kommunismus. Die Stalinisierung der KPD in der Weimarer Republik. 2 Bde. Frankfurt/M. 1969.

Weber, Hermann: Die Generallinie. Rundschreiben des Zentralkomitee der KPD an die Bezirke 1929-1933. Eingeleitet und bearbeitet von Hermann Weber unter Mitwirkung von Johann Wachtler. Düsseldorf 1981.
Weber, Hermann: Kommunismus in Deutschland 1918-1945. Erträge der Forschung. Darmstadt 1983.
Weber, Hermann/Staritz, Dietrich: Kommunisten verfolgen Kommunisten. Stalinistischer Terror und »Säuberungen in den kommunistischen Parteien Europas seit den dreißiger Jahren, Berlin 1993.
Weber, Hermann/Mählert, Ulrich: Terror, Stalinistische Parteisäuberungen 1936-1953. Paderborn/München/Wien/Zürich 1998, 2. Auflage 2001.
Weber, Hermann/Bayerlein, Bernhard H.: Der Thälmann-Skandal. Geheime Korrespondenzen mit Stalin. Berlin 2003.
Wegbereiter der neuen Schule. Berlin (DDR) 1989.
Weingartner, Thomas: Die Deutschlandpolitik der Sowjetunion und der Kommunistischen Internationale 1929-1934. Phil. Diss. Berlin (West) 1969.
Weißbecker, Manfred: Gegen Faschismus und Kriegsgefahr. Ein Beitrag zur Geschichte der KPD in Thüringen 1933-1935. Erfurt 1967.
Weitz, Eric D.: Creating German Communism. 1890-1990. Princeton 1997.
Wenzel, Otto: 1923 – Die gescheiterte Deutsche Oktoberrevolution. Münster-Hamburg 2003.
Wesselly, Gisela: Der parlamentarische Kampf der KPD im Deutschen Reichstag in den Jahren 1919-1923. Diss. Halle 1979.
Widerstand als »Hochverrat« 1933-1945. Die Verfahren gegen deutsche Reichsangehörige vor dem Reichsgericht, dem Volksgerichtshof und dem Reichskriegsgericht. Erschließungsband zur Mikrofiche-Edition. Herausgegeben vom Institut für Zeitgeschichte, Texte und Materialien zur Zeitgeschichte, Band 7. München 1998.
Wichers, Hermann: Im Kampf gegen Hitler. Deutsche Sozialisten im Schweizer Exil 1933-1940. Zürich 1994.
Wieszt, József: Zur Politik der KPD 1928-1932 unter besonderer Berücksichtigung ihres Verhältnisses zu den reformistischen Gewerkschaften. Frankfurt/M. 1976.
Winkler, Heinrich August: Von der Revolution zur Stabilisierung. Arbeiter- und Arbeiterbewegung in der Weimarer Republik 1918 bis 1924. Berlin 1984.
Winkler, Heinrich August: Der Schein der Normalität. Arbeiter- und Arbeiterbewegung in der Weimarer Republik 1924-1930. Berlin 1988.
Winkler, Heinrich August: Der Weg in die Katastrophe. Arbeiter und Arbeiterbewegung in der Weimarer Republik 1930 bis 1933. Bonn 1990.
Wirsching, Andreas: Vom Weltkrieg zum Bürgerkrieg? Politischer Extremismus in Deutschland und Frankreich 1918-1933/39. München 1999.
Wünderich, Volker: Arbeiterbewegung und Selbstverwaltung. KPD und Kommunalpolitik in der Weimarer Republik. Mit dem Beispiel Solingen. Wuppertal 1980.
Zimmermann, Rüdiger: Der Leninbund. Linke Kommunisten in der Weimarer Republik. Düsseldorf 1978.
Zur Mühlen, Patrik von: »Schlagt Hitler an der Saar«. Abstimmungskampf, Emigration und Widerstand im Saargebiet 1933-1935. Bonn 1979.
Zur Mühlen, Patrik von: Spanien war ihre Hoffnung. Die deutsche Linke im Spanischen Bürgerkrieg 1936 bis 1939. Bonn/Berlin 1985.

AAU	Allgemeine Arbeiter-Union
ABRKD/ ASSO	Assoziation Revolutionärer Bildender Künstler Deutschlands
ADGB	Allgemeiner Deutscher Gewerkschaftsbund
ADN	Allgemeiner Deutscher Nachrichtendienst
AdK	Akademie der Künste
AdW	Akademie der Wissenschaften
AEG	Allgemeine Elektrizitätsgesellschaft
AfA-Bund	Arbeitsgemeinschaft freier Angestelltenverbände
AFL	American Federation of Labor
AG	Aktiengesellschaft
Agitprop	Agitation und Propaganda
AIZ	»Arbeiter-Illustrierte-Zeitung«
AL	Abschnittsleitung
AM	Abteilung Militärpolitik (Tarnbezeichnung für den KPD-Nachrichtendienst)
APN	Außenpolitischer Nachrichtendienst
ARPO	»Arbeiterpolitik«
ARSO	Arbeitsgemeinschaft sozialpolitischer Organisationen
ASB	Arbeiter-Samariter-Bund
ASSR	Autonome Sozialistische Sowjetrepublik
ATBD	Arbeiter-Theater-Bund Deutschlands
ATSB	Arbeiter-Turn- und Sportbund
ATSV	Arbeiter-Turn- und Sportverein
AWO	Arbeiterwohlfahrt
BArch	Bundesarchiv
BB	Betriebs-Berichterstattung
BDVP	Bezirksbehörde der Deutschen Volkspolizei
BFD	Bewegung Freies Deutschland
BHE	Block der Heimatvertriebenen und Entrechteten
BK	Berliner Komitee
BL	Bezirksleitung
BLHA	Brandenburgisches Landeshauptarchiv
BMW	Bayrische Motorenwerke
BPKK	Bezirksparteikontrollkommission
BPRS	Bund proletarisch-revolutionärer Schriftsteller
BVG	Berliner Verkehrsgesellschaft
BzG	Beiträge zur Geschichte der Arbeiterbewegung
CDU	Christlich Demokratische Union
CGT	Confédération générale du travail
CJVM	Christlicher Verein Junger Männer
CIC	Counter Intelligenze Corps (amerikanischer Militärgeheimdienst)
ČSR	Tschechoslowakische Republik
ČSSR	Tschechoslowakische Sozialistische Republik
DAG	Deutsche Angestellten Gewerkschaft
DAF	Deutsche Arbeitsfront
DANA	Deutsche Allgemeine Nachrichtenagentur
DAV	Deutscher Arbeiter-Verein
DBD	Demokratische Bauernpartei Deutschlands
DDP	Deutsche Demokratische Partei bis 1933
DDR	Deutsche Demokratische Republik
DEFA	Deutsche Film-Aktiengesellschaft
DEWAG	Deutsche Werbe- und Anzeigengesellschaft
DFD	Demokratischer Frauenbund Deutschlands
DFU	Deutsche Friedens-Union
DGB	Deutscher Gewerkschaftsbund
DHV	Deutscher Holzarbeiter Verband (vor 1933)
DIZ	Deutsches Institut für Zeitgeschichte
DKP	Deutsche Kommunistische Partei (Bundesrepublik Deutschland)
DLV	Deutscher Landarbeiter-Verband
DMV	Deutscher Metallarbeiter-Verband
DNVP	Deutschnationale Volkspartei
DP	Deutsche Post
Dr.	Doktor
DR	Deutsche Reichsbahn
DRK	Deutsches Rotes Kreuz
DSF	Gesellschaft für Deutsch-Sowjetische Freundschaft (bis 1949 Gesellschaft zum Studium der Kultur der Sowjetunion)
DSP	Deutsche Staatspartei
DTV	Deutscher Transportarbeiterverband (vor 1933)
DVA	Deutsche Verwaltungsakademie
DVP	Deutsche Volkspartei
DVV	Deutsche Zentralverwaltung für Volksbildung
DVZ	»Deutsche Volkszeitung«
DWK	Deutsche Wirtschaftskommission
DWI	Deutsches Wirtschaftsinstitut
DZZ	»Deutsche Zentral-Zeitung«
EK	Exekutivkomitee
EKKI	Exekutivkomitee der Kommunistische Internationale
EVMB	Einheitsverband der Metallarbeiter Berlins
FAUD	Freie Arbeiter Union Deutschland
FDGB	Freier Deutscher Gewerkschaftsbund
FDJ	Freie Deutsche Jugend

FDKB	Freier Deutscher Kulturbund
FIAPP	Fédération Internationale des Anciens Prisonniers Politiques du Fascisme
FIR	Fédération internationale des résistants (Internationale Vereinigung der Widerstandskämpfer)
fr.	früher
FSJ	Freie Sozialistische Jugend
Gestapo	Geheime Staatspolizei
GPU	Gossurdarstwennoje polititscheskoje uprawlenije (Staatliche politische Kontrolle)
GRU	Glawnoje raswedywatelnoje uprawlenije (Hauptverwaltung Aufklärung)
GS	Generalsekretariat
GST	Gesellschaft für Sport und Technik
HAPAG	Hamburg-Amerika-Linie
HBV	Gewerkschaft Handel Banken und Versicherungen
h. c.	honoris causa (ehrenhalber)
Hrsg.	Herausgeber/Herausgegeben
HStA	Hauptstaatsarchiv
HU	Humboldt-Universität
HVA	Hauptverwaltung Aufklärung im MfS
	Hauptverwaltung Ausbildung im Ministerium des Innern
HVDVP	Hauptverwaltung für die Deutsche Volkspolizei im Ministerium des Innern
HV	Hauptvorstand
HVZ	Hamburger Volkszeitung
IAH	Internationale Arbeiterhilfe
IB	Internationaler Bund
IfA	Interessengemeinschaft für Arbeiterkultur
IFS	Internationales Frauensekretariat
IKD	Internationale Kommunisten Deutschlands
IKK	Internationale Kontrollkommission
IML	Institut für Marxismus-Leninismus
Inprekorr	»Internationale Pressekorrespondenz«
IPW	Institut für Internationale Politik und Wirtschaft
IRH	Internationalr Rote Hilfe
ISH	Internationale der Seeleute und Hafenarbeiter
ISK	Internationaler Sozialistischer Kampfbund
ITF	Internationale Transportarbeiter-Föderation
IWK	Internationale Wissenschaftliche Korrespondenz zur Geschichte der deutschen Arbeiterbewegung
IVVdN	Interessenverband ehemaliger Teilnehmer am antifaschistischen Widerstand, Verfolgter des Naziregimes und Hinterbliebener e. V.
JSB	Jung-Spartakus-Bund
KAG	Kommunistische Arbeitsgemeinschaft
KAP	Kommunistische Arbeiterpartei
KAPD	Kommunistische Arbeiterpartei Deutschlands
KG	Kampfgemeinschaft für rote Sporteinheit
KgF	Kampfbund gegen den Faschismus
KI	Kommunistische Internationale
KJD	Kommunistische Jugend Deutschlands (bis 1925)
KJI	Kommunistische Jugendinternationale
KJO	Kommunistische Jugend-Opposition
KJVD	Kommunistischer Jugendverband Deutschlands (ab 1925)
KL	Kreisleitung
Komintern	Kommunistische Internationale
Komsomol	Kommunistitscheski sojus molodjoshi (Kommunistischer Jugendverband der UdSSR)
Kostufra	Kommunistische Studentenfraktion
KPČ	Kommunistische Partei der Tschechoslowakei
KPD	Kommunistische Partei Deutschlands
KPdSU	Kommunistische Partei der Sowjetunion
KPF	Kommunistische Partei Frankreichs
KPO	Kommunistische Partei Deutschlands (Opposition)
KPÖ	Kommunistische Partei Österreichs
KPdSU	Kommunistische Partei der Sowjetunion
KPdSU(B)	Kommunistische Partei der Sowjetunion (Bolschewiki)
Krs.	Kreis
KSČ	Komunistica strana Československa (Kommunistische Partei der Tschechoslowakei)
KUNMS	Kommunistischeski uniwersitet nazionalnych menschinstw sapada (Kommunistische Universität der nationalen Minderheiten des Westens)
KV	Kreisvorstand

KVP	Kasernierte Volkspolizei
KZ/KZs	Konzentrationslager
LDP	Liberal-Demokratische Partei
LKK	Landeskontrollkommission
LPG	Landwirtschaftliche Produktionsgenossenschaft
LPKK	Landesparteikontrollkommission
LPS	Landesparteischule
LVZ	»Leipziger Volkszeitung«
MAS	Maschinen-Ausleih-Station
MASCH	Marxistische Arbeiterschule
MdA	Mitglied des Abgeordnetenhauses
MdB	Mitglied des Bundestages
MdEP	Mitglied des Europäischen Parlaments
MdL	Mitglied des Landtages
MdNV	Mitglied der Nationalversammlung
MdR	Mitglied des Reichstages
MDR	Mitteldeutscher Rundfunk
MdV	Mitglied der Volkskammer
MEB	Mitteleuropäisches Büro
MELI	Marx-Engels-Lenin-Institut
MfK	Ministerium für Kultur
MfS	Ministerium für Staatssicherheit
MKOG	Militärkollegium des Obersten Gerichts der UdSSR
MOPR	Meshdunarodnaja organisazija pomoschtschi borzam rewoljuzi (Internationale Organisation zur Unterstützung der Kämpfer der Revolution – siehe Internationale Rote Hilfe IRH)
MRS	Mouvement pour le Rattachement de la Sarre à la France – Bewegung für den Wiederanschluß der Saar an Frankreich)
M-Schule	Militärschule der Kommunistischen Internationale bei Moskau
NAW	Nationales Aufbauwerk
NBI	»Neue Berliner Illustrierte«
ND	»Neues Deutschland«
NDPD	National-Demokratische Partei Deutschlands
NDV	Neuer Deutscher Verlag
NKFD	Nationalkomitee Freies Deutschland
NKWD	Narodny kommissariat wnutrennich del (Volkskommissariat des Inneren)
NMG	Nationale Mahn-und Gedenkstätten
NRW	Nordrhein-Westfalen
NS	Nationalsozialismus
NSDAP	Nationalsozialistische Deutsche Arbeiterpartei
NSKK	Nationalsozialistisches Kraftfahrer-Korps
NSU	Neckarsulm (Fabrik für Motorzweiräder)
OB	Oberbürgermeister
OD	Ordnerdienst
OdF	Opfer des Faschismus
OKH	Oberkommando des Heeres
OLG	Oberlandesgericht
OMS	Otdel meshdunarodnych swjasej (Abteilung für Auslandsverbindungen des EKKI – Nachrichtendienst der Komintern)
OSS	Office of Strategic Services
OT	Organisation Todt
ÖTV	Gewerkschaft Öffentliche Dienste, Transport und Verkehr
PdA	Partei der Arbeit
PDS	Partei des Demokratischen Sozialismus
Peuvag	Papier-, Erzeugungs- und Verwertungsgesellschaft AG
PHS	Parteihochschule
PKK	Parteikontrollkommission
Polbüro	Politisches Büro
Politbüro	Politisches Büro
Polleiter	Politischer Leiter
Polsekretär	Politischer Sekretär
PPA	Personalpolitische Abteilung
Profintern	Profsojusny Internazional (Revolutionäre Gewerkschaftsinternationale – RGI)
PUR	Polititscheskoje uprawlenije Rabotsche-Krestjanskoi Krasnoi Armii (Politische Verwaltung der Roten Arbeiter- und Bauernarmee)
PV	Parteivorstand
RAD	Reichsarbeitsdienst
RAW	Reichsbahnausbesserungswerk
RBD	Reichsbahndirektion
RFB	Roter Frontkämpferbund
RFMB	Roter Frauen- und Mädchenbund
RGI	Rote Gewerkschaftsinternationale
RGO	Revolutionäre Gewerkschaftsopposition
RGSAPI	Rossijski gossudarstwenny Archiv socialno-polititscheskoi Istorii Russisches Staatliches Archiv für soziale und politische Geschichte
RH	Rote Hilfe
RHD	Rote Hilfe Deutschland
RJ	Rote Jungfront
RL	Reichsleitung
RK	Revolutionäre Kämpfer
RKP	Russische Kommunistische Partei
RSD	Revolutionäre Sozialisten Deutschlands

RSFSR	Russische Sozialistische Sowjetrepublik
RSHA	Reichssicherheitshauptamt
RSI	Rote Sportinternationale
RZChIDNI	Rossijski Zentr Chranenija i Isutschenija Dokumentow Nowejschej Istorii; (Russisches Zentrum zur Aufbewahrung und Erforschung von Dokumenten der neuesten Geschichte), ab 2000 RGSAPI
SA	Sturmabteilung
SAG	Sowjetische Aktiengesellschaft
SAJ	Sozialistische Arbeiterjugend
SAP(D)	Sozialistische Arbeiterpartei (Deutschlands)
SAPMO	Stiftung Archiv der Parteien und Massenorganisationen der DDR
SAPMO-BArch	Stiftung Archiv der Parteien und Massenorganisationen der DDR im Bundesarchiv Berlin
SBZ	Sowjetische Besatzungszone
SDKPiL	Sozialdemokratische Arbeiterpartei des Königreichs Polen und Litauens
SED	Sozialistische Einheitspartei Deutschlands
SMA	Sowjetische Militäradministration
SMAD	Sowjetische Militäradministration in Deutschland
SNB	Sowjetisches Nachrichtenbüro
SPD	Sozialdemokratische Partei Deutschlands
SPJ	Sozialistische Proletarier Jugend
SPK	Staatliche Plankommission
SS	Schutzstaffeln
SSB	Sozialistischer Schülerbund
SSP	Saarländische Sozialistische Partei
SVA	Sozialversicherungs-Anstalt
SWV	Sozialwissenschaftliche Vereinigung
TASS	Telegrafnoe agenstwo Sowetskogo Sojusa (Telegrafenagentur der UdSSR)
TH	Technische Hochschule
TU	Technische Universität
UAPD	Unabhängige Arbeiterpartei Deutschlands
UB	Unterbezirk
UBL	Unterbezirksleitung
UdSSR	Union der Sozialistischen Sowjetrepubliken
USPD	Unabhängige Sozialdemokratische Partei Deutschlands
VAA	Verlagsgenossenschaft ausländischer Arbeiter in der UdSSR
VBK	Verband Bildender Künstler
VdgB	Vereinigung der gegenseitigen Bauernhilfe
VdN	Verfolgte des Naziregimes
VEB	Volkseigener Betrieb
VGH	Volksgerichtshof
VIVA	Vereinigung Internationaler Verlagsanstalten
VKPD	Vereinigte Kommunistische Partei Deutschlands
VP	Volkspolizei
VR	Volksrepublik
VVN	Vereinigung der Verfolgten des Naziregimes
VVO	Vaterländischer Verdienstorden
WEB	Westeuropäisches Büro der Komintern
ZA	Zentralausschuß
ZdA	Zentralverband der Angestellten
Zentrag	Zentrale Druckerei-, Einkaufs- und Revisionsgesellschaft der SED
ZK	Zentralkomitee
ZPA	Zentrales Parteiarchiv der SED
ZPKK	Zentrale Parteikontrollkommission der SED
ZRK	Zentrale Revisionskommission
ZS	Zentralsekretariat
ZV	Zentralvorstand